Símbo...

CH00685341

símbolo   sonido que represen...

símbolo	sonido que representa		
[ɥ]	sonido intermedio entre la *hu* de *huevo* y la *y* de *yo*	nuit	[nɥi]
[j]	como la *y* en *yo* y la *i* en *ionosfera*	paille	[paj]
[i]	como la *i* en *rito*	il	[il]
[e]	como la *e* en *café*	et	[e]
[ɛ]	como una e pero más abierta, un poco como la *e* de *ver*	aile	[ɛl]
[a]	como la *a* en *casta*	à	[a]
[ə]	sonido intermedio entre la *e* y la *o*, pero con tendencia a ser muy corto	ceci	[səsi]
[œ]	sonido intermedio entre la *e* abierta y la *o* abierta	oeuf	[œf]
[ø]	sonido intermedio entre la *e* y la *o*	feu	[fø]
[ɔ]	sonido como la *o* abierta, un poco como la *o* de *por*	or	[ɔʀ]
[o]	como la *o* en *bolsa*	eau	[o]
[u]	como la *u* en *luna*	ou	[u]
[y]	sonido intermedio entre la *i* y la *u*	une	[yn]
[ɛ̃]	sonido como la *e* abierta, pero nasal	vin	[vɛ̃]
[œ̃]	sonido parecido al [ø] (v. más arriba), pero nasal	un	[œ̃]
[ã]	como la *a* pero nasal	an	[ã]
[ɔ̃]	como la *o* abierta, pero nasal	on	[ɔ̃]

OCÉANO

PRÁCTICO

OCÉANO

PRÁCTICO

DICCIONARIO

ESPAÑOL-FRANCÉS
FRANÇAIS-ESPAGNOL

OCEANO

Es una obra de
GRUPO OCEANO

Esta obra ha sido realizada
por el departamento de diccionarios
y lexicografía
de Editorial Océano

* * *

© MMVII EDITORIAL OCEANO
Milanesat, 21-23
EDIFICIO OCEANO
08017 Barcelona (España)
Teléfono: 932 802 020*
Fax: 932 041 073
www.oceano.com

Impreso en España - Printed in Spain

ISBN: 978-84-494-2022-1

Depósito legal: B-33242-XLIV

9000824111006

Prólogo

El diccionario *Océano Práctico* Español-Francés/Français-Espagnol es un excelente instrumento de consulta, rápido y eficaz, para los jóvenes estudiantes hispánicos que se adentran en el conocimiento del francés y para cualquier persona que, en el ejercicio profesional, en sus viajes o en múltiples circunstancias ha de recurrir a su conocimiento de la lengua francesa.

Este diccionario cuenta con más de 45.000 entradas, formas compuestas y locuciones del vocabulario básico fundamental, rigurosamente actualizado y enriquecido con los neologismos más usuales, términos de áreas temáticas específicas y expresiones coloquiales y familiares.

La organización de la información responde a rigurosos criterios de claridad y precisión: primero se ofrecen las diferentes correspondencias de un término en la otra lengua y a continuación las construcciones, las formas compuestas y las frases o locuciones en las que interviene dicho término. Diferentes etiquetas e indicadores informan sobre el uso y las peculiaridades sintácticas y semánticas de la traducción. Los casos de especial dificultad se ilustran con ejemplos. Se ofrece además la transcripción fonética de las voces francesas y se incorporan las precisiones, correspondencias y entradas del español latinoamericano.

Las voces que necesitan un tratamiento especial van acompañadas de una explicación destacada sobre aspectos gramaticales, culturales y de uso. Por último, para la localización de las entradas de forma más clara y precisa se ha recurrido al color.

Los Editores

Abreviaturas

abrev/abrév	abreviatura	*Cuba*	Cuba
adj	adjetivo	*demos/dém*	demostrativo
adv	adverbio	DEP/SPORTS	deportes
AER/AÉR	aeronáutica	DEP/DR	derecho
AGR	agricultura	desp/péj	despectivo
amb	ambiguo	ECOL/ÉCOL	ecología
Amér.	América Latina	ECON/ÉCON	economía
Amér. Centr.	América Central	*Ecuad.*	Ecuador
Amér. Merid.	América Meridional	EDUC	educación
ANAT	anatomía	*El Salv.*	Salvador
Ant.	Antillas	ELEC/ÉLECT	electricidad
arc	arcaísmo	ELECTR	electrónica
Arg.	Argentina	esp.	especialmente
argot	argot	euf/euphém	eufemismo
ARQ/ARCHIT	arquitectura	*f*	sustantivo femenino
art	artículo	fam	familiar
ART	bellas artes	fig	figurado
ASTR	astronomía, astrología	FIL/PHIL	filosofía
AUT	automovilismo	FILOL/PHILOL	filología
aux	verbo auxiliar	FIN	finanzas
BIOL	biología	FÍS/PHIS	física
BIOQ/BIOCH	bioquímica	FON	fonética
Bol.	Bolivia	form	formal
BOLSA	bolsa	FOT/PHOT	fotografía
BOT	botánica	fr/phr	frase
C. Rica	Costa Rica	GAST	gastronomía
card	numeral cardinal	GEOG/GÉOGR	geografía
Chile	Chile	GEOL/GÉOL	geología
CINE	cinematografía	GEOM/GÉOM	geometría
Col.	Colombia	ger/gér	gerundio
coloq	coloquial	GRAM/GRAMM	gramática
COM/COMM	comercio	*Guat.*	Guatemala
comp	comparativo	HIST	historia
compl	complemento	*Hond.*	Honduras
conj	conjunción	hum	humorístico
contr	contracción	*impers*	verbo impersonal
copul/copule	verbo copulativo	*indef/indéf*	indefinido

Abreviaturas

INF	informática/computación
inf	infinitivo
interj	interjección
interr	interrogativo
intr	verbo intransitivo
inv.	invariable
irón/iron	irónico
lit	literario
LIT/LITT	literatura
loc	locución
loc adj	locución adjetiva
loc adv	locución adverbial
loc conj	locución conjuntiva
loc prep/loc prép	locución preposicional
m	sustantivo masculino
m o f/m ou f	sustantivo masculino o femenino
m y f/m et f	sustantivo masculino y femenino
MAR	marina
MAT/MATH	matemáticas
MEC/MÉC	mecánica
MED/MÉD	medicina
MÉT	metalurgia
Méx.	México
MIL	militar
MIN	minería
MÚS/MUS	música
NÁUT	náutica
Nic.	Nicaragua
num	numeral
ÓPT/OPT	óptica
ord	numeral ordinal
p irreg	participio irregular
P. Rico	Puerto Rico
Pan.	Panamá
Par.	Paraguay
pers	personal
Perú	Perú
pl	plural
POL	política
poses/poss	posesivo
pp	participio pasado
pref/préf	prefijo
prep/prép	preposición
pron	pronombre/pronominal
PSIC/PSY	psicología
qqch	quelque chose
qqn	quelqu'un
QUÍM/CHIM	química
R. de la Plata	Río de la Plata
R. Dom.	República Dominicana
RAD	radio
rel	relativo
REL	religión
RET/RHÉT	retórica
sociol	sociología
suf/suff	sufijo
suj	sujeto
super	superlativo
sust	sustantivo
TAUROM	tauromaquia
TEAT/THÉÂM	teatro
TEC/TECH	tecnología
TELECOM	telecomunicaciones
tr	verbo transitivo
TV	televisión
Ur.	Uruguay
vb	verbo
Venez.	Venezuela
vulg	vulgar
ZOOL	zoología

Apéndice gramatical

I. Morfología
1. El sustantivo

1.1. El género

El género de los sustantivos es arbitrario, y sólo hay alternancia masculino-femenino en un conjunto reducido de estas palabras.

En general, puede decirse que tienen género masculino:
(i) las palabras que terminan en *-age, -ment, -eur* (cuando significa oficio o profesión o agente), *-ier, -is, -isme, -on, -oir*, como **voisinage, tremblement, vendeur, pompier, coulis, communisme, brouillon, comptoir**;
(ii) la mayoría de nombres de árboles: **oranger, châtaignier**. Sin embargo son femeninos **aubépine, vigne, yeuse**;
(iii) los nombres de metales y sustancias químicas: **cuivre, argent, fer**;
(iv) los nombres de las lenguas;
(v) los nombres de los días de la semana, los meses y las estaciones del año;
(vi) los colores;
(vii) las letras del alfabeto.

Tienen género femenino, en general:
(i) las palabras terminadas en *-ade, -aie, -aille, -aine, -aison, -ison, -ée, -ence, -esse, -eur (nombres abstractos), -ie, -ise, -sion, -tion, -té, -(i)tude, -ure*, como **promenade, baie, volaille, disaine, livraison, prison, cuillerée, semence, gentillesse, chaleur, courtoisie, marchandise, décision, conjonction, beauté, gratitude, bordure**;
(ii) los nombres de disciplinas o ciencias: **linguistique, psychanalyse, anthropologie**.

Las excepciones son: **le bonheur / le malheur / le droit**.

Formación del femenino
Como regla general, se añade una **-e** a la palabra masculina:
> *un ami - une amie*   *un étudiant - une étudiante*

En ocasiones, este cambio implica otras modificaciones ortográficas:

-on	⟹	-onne:	**baron - baronne**
-el	⟹	-elle:	**personnel - personnelle**
-et	⟹	-ette:	**vieillet - vieillette**
-f	⟹	-ve:	**juif - juive**
-er	⟹	-ère:	**fermier - fermière**
-c	⟹	-che:	**blanc - blanche**
-c	⟹	-que:	**turc - turque**
-gu	⟹	-guë:	**aigu - aiguë**

Otros casos de formación del femenino:

(i) Cambio de sufijo:

-eau	$\Rightarrow$	-elle:	**jumeau - jumelle**
-teur	$\Rightarrow$	-trice:	**directeur - directrice**
-eur	$\Rightarrow$	-euse:	**vendeur - vendeuse**
-eur	$\Rightarrow$	-eresse:	**pêcheur - pécheresse**
-eur	$\Rightarrow$	-eure:	**prieur - prieure**
-eux	$\Rightarrow$	-euse:	**heureux - heureuse**

(ii) Añadido de sufijo:

-esse: **comte - comtesse**
-ïne: **héros - héroïne**

(iii) Finalmente, en algunos nombres se produce un cambio de palabra:

homme - femme
mâle - femelle
garçon - fille
oncle - tante
père - mère
taureau / boeuf - vache
cheval - jument

Hay algunos sustantivos que admiten ambos géneros, pero tienen un significado distinto según sean masculinos o femeninos:

livre   -Masculino: = *libro*
       -Femenino: = *libra*

page   -Masculino: = *paje*
       -Femenino: = *página*

poêle   -Masculino: = *estufa; paño mortuorio*
       -Femenino: = *sartén*

vague   -Masculino: = *vago, poco definido*
       -Femenino: = *ola*

aide   -Masculino: = *ayudante*
       -Femenino: = *ayuda*

guide   -Masculino: = *guía*
       -Femenino: = *riendas*

mode   -Masculino: = modo
       -Femenino: = moda

1.2. El número

Formación del plural

La regla general es que la formación del plural de los sustantivos consiste en añadir una **-s** a la palabra singular: **un ami - des amis; une amie - des amies.**

Las excepciones a esta regla son las siguientes:

(i) Las palabras acabadas en *-al* forman el plural en *-aux*: **cheval - chevaux**. Aunque algunas siguen la regla general y forman el plural añadiendo **-s**:
bal, carnaval, cérémonial, chacal, choral, festival, gavial, récital, régal.

(ii) Siete palabras acabadas en *-ail* forman el plural en *-aux*: **bail, corail, émail, soupirail, travail, ventail, vitrail.** Las otras siguen la regla general.

(iii) Las palabras acabadas en *-au, -eau, -eu* añaden **-x** en vez de **-s**:
tuyau - tuyaux
sceau - sceaux
jeu - jeux

Las excepciones son: **landau, bleu, pneu**, que siguen la regla general.

A esta lista hay que añadir siete sustantivos acabados en *-ou:* **bijou, caillou, chou, genou, pou, hibou, joujou**, que también añaden **-x**.

(iv) Son plurales irregulares los de las siguientes palabras:
   oeil - yeux
   ciel - cieux
   aieul - aieux
   jeune homme / jeune femme - jeunes gens
   madame - mesdames
   monsieur - messieurs
   mademoiselle - mesdemoiselles

(v) Algunas palabras son invariables en cuanto al número; se trata de nombres acabados en *-s, -x, -z:* **permis, prix, gaz.**

2. El adjetivo

La gran mayoría de adjetivos presenta variación de género y número; sin embargo, son invariables los acabados en *-e*: **triste, agréable, large, vaste**.

2.1. Formación del femenino

Por lo general el femenino se forma añadiendo una **-e** a la forma masculina:
   appétissant - appétissante
   grand - grande

Las excepciones son las siguientes:
(i) Cambios ortográficos:
   blanc - blanche
   doux - douce
   long - longue
   neuf - neuve
   ambigu - ambiguë
(ii) Los acabados en *-eau, -ou* forman el femenino respectivo en **-elle, -olle**:
   beau - belle   **mou - molle**
(iii) Algunos doblan la consonante final:
   cruel - cruelle
   pareil - pareille
   bas - basse
   las - lasse
   muet - muette
   ancien - ancienne
   bon - bonne
   muet - muette
Aunque algunos acabados en *-et* hacen el femenino en **-ète** (en vez de doblar la consonante):
   complet - complète
   discret - discrète
   inquiet - inquiète
(iv) Los acabados en *-er* forman el femenino en **-ère:**
   léger - légère

(v)   Los acabados en *-eux, -oux, -eur* forman el femnino, respectivamente, en
      -euse, -ouse, -euse:
      heureux - heureuse
      jaloux - jalouse
      trompeur - trompeuse
Aunque algunos siguen la regla general y añaden **-e**:
      antérieur - antérieure
      meilleur - meilleure
(vi) La mayoría de los acabados en *-teur* hace el femenino con el sufijo **-trice**:
      conservateur - conservatrice
      Aunque algunos añaden el sufijo **-euse**:
      menteur - menteuse
      complimenteur - complimenteuse
(vii) Los adjetivos **faux, roux** hacen el femenino en **fausse, rousse**

2.2. Formación del plural

Las reglas de formación del plural en el adjetivo son las mismas que para el nombre. Las diferencias son:
(i)   Son invariables los adjetivos acabados en *-x, -s:* **faux, gris**.
(ii) Los acabados en *-al* forman el plural en **-aux** (**national > nationaux**) a excepción de **banal, bancal, fatal, glacial, natal, naval, tonal**, que siguen la regla general y añaden **-s**. Admiten ambas posibilidades **final** y **banal**, aunque este último dependiendo del significado: **banal > banals** ('sin importancia, banal'), **banal > banaux** ('feudal').
(iii) Los acabados en *-eau* añaden una **-x: beau - beaux**.

3. El verbo

Los verbos franceses se dividen en tres conjugaciones o grupos. La primera está formada por los verbos acabados en *-er*, como por ejemplo **aimer, nager, arriver** (excepto **aller**); la segunda agrupa a los verbos acabados en *-ir* (por ejemplo **finir, démolir, réussir**) que toman el sufijo **-iss-** en algunos tiempos de la conjugación; por último, la tercera conjugación está formada por las restantes formas verbales (**savoir, vendre, boire, venir**, etc.).

3.1. Paradigma de la conjugación regular

En las siguientes tablas se muestran las conjugaciones verbales. El modelo de la primera conjugación es **aimer** mientras que el de la segunda es **finir**. Para la tercera conjugación no hay un modelo único, puesto que los verbos que la forman son irregulares en la raíz o lexema verbal, no en las terminaciones. Por ello en las siguientes tablas aparecen todos los **tiempos simples** de las dos primeras conjugaciones más las terminaciones verbales correspondientes a la tercera conjugación. Las irregularidades se presentarán más adelante.

1.ª conjugación	2.ª conjugación	3.ª conjugación

INDICATIVO		
INDICATIF PRÉSENT ~ PRESENTE DE INDICATIVO		

	1.ª conjugación	2.ª conjugación	3.ª conjugación
1s	AIM-E	FIN-IS	-S (-X) -E
2s	AIM-ES	FIN-IS	-S (-X) -ES
3s	AIM-E	FIN-IT	-T (-D) -E
1p	AIM-ONS	FIN-ISSONS	-ONS
2p	AIM-EZ	FIN-ISSEZ	-EZ
3p	AIM-ENT	FIN-ISSENT	-ENT (-NT) -ENT

INDICATIF IMPARFAIT ~ IMPERFECTO DE INDICATIVO			
1s	AIM-AIS	FIN-ISSAIS	-AIS
2s	AIM-AIS	FIN-ISSAIS	-AIS
3s	AIM-AIT	FIN-ISSAIT	-AIT
1p	AIM-IONS	FIN-ISSIONS	-IONS
2p	AIM-IEZ	FIN-ISSIEZ	-IEZ
3p	AIM-AIENT	FIN-ISSAIENT	-AIENT

INDICATIF FUTUR SIMPLE ~ FUTURO SIMPLE DE INDICATIVO			
1s	AIM-ERAI	FIN-IRAI	-RAI
2s	AIM-ERAS	FIN-IRAS	-RAS
3s	AIM-ERA	FIN-IRA	-RA
1p	AIM-ERONS	FIN-IRONS	-RONS
2p	AIM-EREZ	FIN-IREZ	-REZ
3p	AIM-ERONT	FIN-IRONT	-RONT

CONDITIONNEL SIMPLE ~ CONDICIONAL SIMPLE			
1s	AIM-ERAIS	FIN-IRAIS	-RAIS
2s	AIM-ERAIS	FIN-IRAIS	-RAIS
3s	AIM-ERAIT	FIN-IRAIT	-RAIT
1p	AIM-ERIONS	FIN-IRIONS	-RIONS
2p	AIM-ERIEZ	FIN-IRIEZ	-RIEZ
3p	AIM-ERAIENT	FIN-IRAIENT	-RAIENT

INDICATIF PASSÉ SIMPLE ~ PRETÉRITO INDEFINIDO				
1s	AIM-AI	FIN-IS	-IS	-US
2s	AIM-AS	FIN-IS	-IS	-US
3s	AIM-A	FIN-IT	-IT	-UT
1p	AIM-ÂMES	FIN-ÎMES	-ÎMES	-ÛMES
2p	AIM-ÂTES	FIN-ÎTES	-ÎTES	-ÛTES
3p	AIM-ÈRENT	FIN-IRENT	-IRENT	-URENT

	1.ª conjugación	2.ª conjugación	3.ª conjugación

SUBJUNTIVO			
SUBJONCTIF PRÉSENT ~ PRESENTE DE SUBJUNTIVO			

	1.ª	2.ª	3.ª
1s	AIM-E	FIN-ISSE	-E
2s	AIM-ES	FIN-ISSES	-ES
3s	AIM-E	FIN-ISSE	-E
1p	AIM-IONS	FIN-ISSIONS	-IONS
2p	AIM-IEZ	FIN-ISSIEZ	-IEZ
3p	AIM-ENT	FIN-ISSENT	-ENT

SUBJONCTIF IMPARFAIT ~ IMPERFECTO DE SUBJUNTIVO

1s	AIM-ASSE	FIN-ISSE	-ISSE	-USSE
2s	AIM-ASSES	FIN-ISSES	-ISSES	-USSES
3s	AIM-ÂT	FIN-ISSE	-ÎT	-ÛT
1p	AIM-ASSIONS	FIN-ISSIONS	-ISSIONS	-USSIONS
2p	AIM-ASSIEZ	FIN-ISSIEZ	-ISSIEZ	-USSIEZ
3p	AIM-ASSENT	FIN-ISSENT	-ISSENT	-USSENT

IMPERATIVO

IMPÉRATIF PRÉSENT ~ IMPERATIVO PRESENTE

2s	AIM-E	FIN-IS	-S	-E
1p	AIM-ONS	FIN-ISSONS	-ONS	
2p	AIM-EZ	FIN-ISSEZ	-EZ	

Los tiempos compuestos se forman con los auxiliares **avoir** y **être** conjugados seguidos del participio del verbo.
La relación entre los tiempos simples y los compuestos es la siguiente:

En el modo indicativo:
presente — passé composé (pretérito perfecto)
imperfecto — plus-que-parfait (pretérito pluscuamperfecto)
indefinido — passé antérieur (pretérito anterior)
condicional — conditionnel passé (condicional compuesto)
futuro simple — futur antérieur (futuro perfecto)

En el modo subjuntivo:
presente — passé (pasado)
imparfait — plus-que-parfait

A continuación aparecen los verbos **aimer** y **finir** conjugados en todos los **tiempos compuestos**:

	AIMER	FINIR
INDICATIF ~ INDICATIVO		
PASSÉ COMPOSÉ	J'ai aimé Tu as aimé Il a aimé Nous avons aimé Vous avez aimé Ils ont aimé	J'ai fini Tu as fini Il a fini Nous avons fini Vous avez fini Ils ont fini
PLUS-QUE-PARFAIT DE L'INDICATIF	J'avais aimé Tu avais aimé Il avait aimé Nous avions aimé Vous aviez aimé Ils avaient aimé	J'avais fini Tu avais fini Il avait fini Nous avions fini Vous aviez fini Ils avaient fini
FUTUR ANTÉRIEUR	J'aurai aimé Tu auras aimé Il aura aimé Nous aurons aimé Vous aurez aimé Ils auront aimé	J'aurai fini Tu auras fini Il aura fini Nous aurons fini Vous aurez fini Ils auront fini
CONDITIONNEL PASSÉ	J'aurais aimé Tu aurais aimé Il aurait aimé Nous aurions aimé Vous auriez aimé Ils auraient aimé	J'aurais fini Tu aurais fini Il aurait fini Nous aurions fini Vous auriez fini Ils auraient fini
PASSÉ ANTÉRIEUR	J'eus aimé Tu eus aimé Il eut aimé Nous eûmes aimé Vous eûtes aimé Ils eurent aimé	J'eus fini Tu eus fini Il eut fini Nous eûmes fini Vous eûtes fini Ils eurent fini
SUBJONCTIF ~ SUBJUNTIVO		
SUBJONCTIF PASSÉ	J'aie aimé Tu aies aimé Il ait aimé Nous ayons aimé Vous ayez aimé Ils aient aimé	J'aie fini Tu aies fini Il ait fini Nous ayons fini Vous ayez fini Ils aient fini
PLUS-QUE-PARFAIT DU SUBJONCTIF	J'eusse aimé Tu eusses aimé Il eût aimé Nous eussions aimé Vous eussiez aimé Ils eussent aimé	J'eusse fini Tu eusses fini Il eût fini Nous eussions fini Vous eussiez fini Ils eussent fini

Los verbos de la primera y segunda conjugación siguen los modelos anteriores. Sin embargo, la primera conjugación presenta algunas irregularidades en la raíz verbal que se comentan más adelante.

3.2. Los auxiliares de los tiempos compuestos

Los verbos auxiliares son los que se combinan con los participios para formar los tiempos compuestos de la conjugación. Los dos auxiliares en francés son **avoir** y **être**, que se presentan conjugados en todos sus tiempos en la siguiente tabla:

	AVOIR	ÊTRE
INDICATIF ~ INDICATIVO		
PRÉSENT	J'ai Tu as Il a Nous avons Vous avez Ils ont	Je suis Tu es Il est Nous sommes Vous êtes Ils sont
IMPARFAIT	J'avais Tu avais Il avait Nous avions Vous aviez Ils avaient	J'étais Tu étais Il était Nous étions Vous étiez Ils étaient
FUTUR	J'aurai Tu auras Il aura Nous aurons Vous aurez Ils auront	Je serai Tu seras Il sera Nous serons Vous serez Ils seront
CONDITIONNEL SIMPLE	J'aurais Tu aurais Il aurait Nous aurions Vous auriez Ils auraient	Je serais Tu serais Il serait Nous serions Vous seriez Ils seraient
PASSÉ SIMPLE	J'eus Tu eus Il eut Nous eûmes Vous eûtes Ils eurent	Je fus Tu fus Il fut Nous fûmes Vous fûtes Ils furent

	AVOIR	ÊTRE
INDICATIF ~ INDICATIVO		
PASSÉ COMPOSÉ	J'ai eu Tu as eu Il a eu Nous avons eu Vous avez eu Ils ont eu	J'ai été Tu as été Il a été Nous avons été Vous avez été Ils ont été
PLUS-QUE-PARFAIT	J'avais eu Tu avais eu Il avait eu Nous avions eu Vous aviez eu Ils avaient eu	J'avais été Tu avais été Il avait été Nous avions été Vous aviez été Ils avient été
FUTUR ANTÉRIEUR	J'aurai eu Tu auras eu Il aura eu Nous aurons eu Vous aurez eu Ils auront eu	J'aurai été Tu auras été Il aura été Nous aurons été Vous aurez été Ils auront été
CONDITIONNEL PASSÉ	J'aurais eu Tu aurais eu Il aurait eu Nous aurions eu Vous auriez eu Ils auraient eu	J'aurais été Tu aurais été Il aurait été Nous aurions été Vous auriez été Ils auraient été
PASSÉ ANTÉRIEUR	J'eus eu Tu eus eu Il eut eu Nous eûmes eu Vous eûtes eu Ils eurent eu	J'eus été Tu eus été Il eut été Nous eûmes été Vous eûtes été Ils eurent été
SUBJONCTIF ~ SUBJUNTIVO		
PRÉSENT	J'aie Tu aies Il ait Nous ayons Vous ayez Ils aient	Je sois Tu sois Il soit Nous soyons Vous soyez Ils soient
IMPARFAIT	J'eusse Tu eusses Il eût Nous eussions Vous eussiez Ils eussent	Je fusse Tu fusses Il fût Nous fussions Vous fussiez Ils fussent

	AVOIR	ÊTRE

SUBJONCTIF ~ SUBJUNTIVO

PASSÉ	J'aie eu Tu aies eu Il ait eu Nous ayons eu Vous ayez eu Ils aient eu	J'aie été Tu aies été Il ait été Nous ayons été Vous ayez été Ils aient été
PLUS-QUE-PARFAIT	J'eusse eu Tu eusses eu Il eût eu Nous eussions eu Vous eussiez eu Ils eussent eu	J'eusse été Tu eusses été Il eût été Nous eussions été Vous eussiez été Ils eussent été

IMPÉRATIF ~ IMPERATIVO

PRÉSENT	Aie Ayons Ayez	Sois Soyons Soyez

Avoir es el principal auxiliar. Aparece con la mayoría de los verbos, incluidos **avoir** y **être**.

*Elle **a** fermé la porte   Nous **avons** dormi longtemps*
*Vous **avez** été jaloux   Elle **a** eu un accident*
*Elle **a** été à Paris*

Être aparece como auxiliar de la voz pasiva en los tiempos simples (y junto con **avoir** en los compuestos), de los verbos pronominales y de algunos verbos intransitivos que expresan movimiento o cambio de estado.

• Voz pasiva:

*Le voleur **est** amené par les gendarmes   Le voleur **a été** amené par les gendarmes*

• Verbos pronominales:

*Elle s'**est** blessée   Il a peur de s'**être** trompé*

• Verbos de movimiento:

aller	arriver	décéder	devenir	tomber
échoir	entrer	mourir	naître	venir
partir	rester	retourner	sortir	

(y sus compuestos: *redevenir, repartir, ressortir, retomber, revenir, parvenir, sur venir*)

*Tu **es** née le 3 Juillet   Il **est** allé à New York*

Algunos verbos pueden conjugarse con ambos auxiliares: con **avoir** si expresan acción, y con **être** si expresan el resultado de la acción:

aborder	atterri	croître	diminuer	finir	pourrir
aboutir	augmenter	crouler	disparaître	grandir	rajeunir
accoucher	baisser	déborder	divorcer	grossir	ressusciter
accourir	camper	dégeler	échapper	maigrir	résulter
accroître	cesser	dégénérer	échouer	monter	sonner
alunir	changer	déménager	empirer	paraître	trépasser
apparaître	crever	descendre	faillir	passer	vieillir

3.3. Paradigma de la conjugación irregular

3.3.1. Irregularidades de la primera conjugación

1. Verbos cuyo infinitivo acaba en -cer: debe escribirse ç en vez de c ante las vocales a, o por motivos fonéticos: *nous commençons, je commençasse.*
2. Verbos cuyo infinitivo acaba en -ger: debe mantenerse e tras g ante las vocales a, o también por motivos fonéticos: *nous nageons, je nageasse.*
3. Verbos acabados en -eler, -eter:
   (a) Por regla general se duplica la consonante ante e muda:
      J' appelle, j' appellerai, j' appellerais;   *Je rejette, je rejetterai, je rejetterais.*
      Si la sílaba siguiente no contiene una e muda, no se produce ningún cambio:
      j' appelais; je rejetais.
   (b) Sin embargo, los siguientes verbos, en vez de doblar la consonante, cambian la última e de la raíz por è: **celer, ciseler, démanteler, écarteler, s'encasteler, geler, marteler, modeler, peler, acheter, bégueter, corseter, crocheter, fileter, fureter, haleter.**
      je modèle, je modèlerai, je modèlerais.
      Si la sílaba siguiente no contiene una e muda, no se produce ningún cambio: *je modelais.*
4. Verbos con una e muda en la penúltima sílaba (verbos acabados en -ecer, -emer, -ener, -eper, -erer, -eser, -ever, -evrer): la e muda debe sustituirse por è ante sílaba muda (lo que también incluye las terminaciones del futuro y del condicional): *je lève, je lèverai, je lèverais;*
   Si la sílaba siguiente no es muda, no se produce ningún cambio: *je levais, levé.*
5. Verbos acabados en -éger: Se producen dos cambios:
   (a) por una parte é se convierte en è ante e muda (excepto en el futuro y en el condicional): *j' assiège; j' assiégerai.*
   (b) por otra, debe escribirse ge ante las vocales a, o: *j' assiégeais.*
6. Verbos con una é (cerrada) en la penúltima sílaba (verbos acabados en -ébrer, -écer, -écher, -écrer, -éder, -égler, -égner, -égrer, -éguer, -éler, -émer, -éner, -éper, -équer, -érer, -éser, -éter, -étrer, -évrer, -éyer): é debe sustituirse por è ante sílaba final muda: *je récupère, je récupérais, je récupérerai, je récupérerais.*
   no debe producirse ningún cambio si la sílaba muda no es final:
7. Verbos acabados en -ayer: en estos verbos se puede o bien mantener y en toda la conjugación, o bien cambiarla por i ante e muda: *je paye, je paie.*
8. Verbos acabados en -oyer, -uyer: se produce un cambio de y por i ante e muda (incluida la del futuro y la del condicional): *je broie, je broierai, je braierais.*
   Si la e de la sílaba siguiente no es muda, no se produce ningún cambio: *broyé*
   La excepción aquí son los verbos **envoyer** y **renvoyer** que tienen un futuro y un condicional irregulares: *j' enverrai, j' enverrais; je renverrai, je renverrais.*

3.3.2. Irregularidades de la tercera conjugación

Existen unos 350 verbos irregulares en su raíz. Pero en todos pueden observarse ciertas características comunes:
1. El <u>imperfecto de indicativo</u> se forma sobre la raíz de la primera persona del plural del presente de indicativo (con excepción del verbo **être**).
   voir: presente: nous **voy**-ons
               imperfecto: je **voy**-ais, tu **voy**-ais, il **voy**-ait, nous **voy**-ions,
               vous **voy**-iez, ils **voy**-aient.
   absoudre: presente: nous **absolv**-ons
               imperfecto: j' **absolv**-ais, ...
   boire: presente: nous **buv**-ons
               imperfecto: je **buv**-ais, ...

2. El <u>condicional</u> se forma sobre la misma raíz que el futuro y con las terminaciones del imperfecto de indicativo:

faire: futuro: je **fe**-r-ai, tu **fe**-r-as, ...

condicional: je **fe**-r-ais, tu **fe**-r-ais, il **fe**-r-ait, nous **fe**-r-ions, vous **fe**-r-iez, ils **fe**-r-aient

savoir: futuro: je **sau**-r-ai, tu **sau**-r-as, ...

condicional: je **sau**-r-ais, tu **sau**-r-ais, il **sau**-r-ait, nous **sau**-r-ions, vous **sau**-r-iez, ils **sau**-r-aient

3. El <u>imperativo</u> se forma sobre la base del presente de indicativo.

• La forma singular (la correspondiente a la segunda persona) es idéntica a la del presente de indicativo excepto en dos casos:

(i) en los verbos **aller, assaillir, couvrir, cueillir, défaillir, offrir, ouvrir, souffrir, tressaillir** y en todos los respectivos compuestos desaparece la **-s** final.

aller presente (de indicativo): tu vas imperativo: **va**

offrir presente (de indicativo): tu offres imperativo: **offre**

(ii) en los verbos **être, avoir, savoir, vouloir** se forma sobre el presente de subjuntivo, con pérdida de **-s** final en los tres últimos casos.

être presente (de subjuntivo): tu sois imperativo: **sois**

savoir presente (de subjuntivo): tu saches imperativo: **sache**

• Las formas plurales se corresponden con las del presente de indicativo, excepto con los verbos **avoir** y **être**, que las toman del presente de subjuntivo, y **savoir** y **vouloir** que hacen **sachons, sachez** y **veuillons, veuillez**, respectivamente.

Por estos motivos, los verbos que aparecen a continuación sólo se presentan en presente y futuro simple de indicativo, así como en presente de subjuntivo. Para todos se da el participio, que aparece en todos los tiempos compuestos de la conjugación de los verbos respectivos.

Verbos de la tercera conjugación

	Indicatif présent	Futur simple	Subjonctif présent	Participe passé
ALLER	je vais tu vas il va nous allons vous allez ils vont	j'irai tu iras il ira nous irons vous irez ils iront	j'aille tu ailles il aille nous allions vous alliez ils aillent	allé
DORMIR	je dors tu dors il dort nous dormons vous dormez ils dorment	je dormirai tu dormiras il dormira nous dormirons vous dormirez ils dormiront	je dorme tu dormes il dorme nous dormions vous dormiez ils dorment	dormi
FUIR	je fuis tu fuis il fuit nous fuyons vous fuyez ils fuient	je fuirai tu fuiras il fuira nous fuirons vous fuirez ils fuiront	je fuie tu fuies il fuie nous fuyions vous fuyiez ils fuient	fui

Verbos de la tercera conjugación

	Indicatif présent	Futur simple	Subjonctif présent	Participe passé
MOURIR	je meurs	je mourrai	je meure	mort
	tu meurs	tu mourras	tu meures	
	il meurt	il mourra	il meure	
	nous mourons	nous mourrons	nous mourions	
	vous mourez	vous mourrez	vous mouriez	
	ils meurent	ils mourront	ils meurent	
SENTIR	je sens	je sentirai	je sente	senti
	tu sens	tu sentiras	tu sentes	
	il sent	il sentira	il sente	
	nous sentons	nous sentirons	nous sentions	
	vous sentez	vous sentirez	vous sentiez	
	ils sentent	ils sentiront	ils sentent	
TENIR	je tiens	je tiendrai	je tienne	tenu
	tu tiens	tu tiendras	tu tiennes	
	il tient	il tiendra	il tienne	
	nous tenons	nous tiendrons	nous tenions	
	vous tenez	vous tiendrez	vous teniez	
	ils tiennent	ils tiendront	ils tiennent	

Se conjugan como <u>dormir</u>: **endormir, redormir, rendormir**.

Se conjugan como <u>fuir</u>: **s'enfuir, refuir**.

Se conjugan como <u>sentir</u>: **consentir, pressentir ressentir, mentir, démentir, partir, départir, repartir, se repentir, sortir, ressortir**.

Se conjugan como <u>tenir</u>: **s'abstenir, appartenir, contenir, détenir, entretenir, maintenir, obtenir, retenir, soutenir, venir, advenir, circonvenir, contrevenir, convenir, devenir, disconvenir, intervenir, obvenir, parvenir, prévenir, provenir, redevenir, se ressouvenir, revenir, se souvenir, subvenir, survenir**.

	Indicatif présent	Futur simple	Subjonctif présent	Participe passé
DEVOIR	je dois	je devrai	je doive	dû
	tu dois	tu devras	tu doives	
	il doit	il devra	il doive	
	nous devons	nous devrons	nous devions	
	vous devez	vous devrez	vous deviez	
	ils doivent	ils devront	ils doivent	
POUVOIR	je peux / je puis	je pourrai	je puisse	pu
	tu peux	tu pourras	tu puisses	
	il peut	il pourra	il puisse	
	nous pouvons	nous pourrons	nous puissions	
	vous pouvez	vous pourrez	vous puissiez	
	ils peuvent	ils pourront	ils puissent	

	Indicatif présent	Futur simple	Subjonctif présent	Participe passé
RECEVOIR	je reçois tu reçois il reçoit nous recevons vous recevez ils reçoivent	je recevrai tu recevras il recevra nous recevrons vous recevrez ils recevront	je reçoive tu reçoives il reçoive nous recevions vous receviez ils reçoivent	reçu
SAVOIR	je sais tu sais il sait nous savons vous savez ils savent	je saurai tu sauras il saura nous saurons vous saurez ils sauront	je sache tu saches il sache nous sachions vous sachiez ils sachent	su
VOIR	je vois tu vois il voit nous voyons vous voyez ils voient	je verrai tu verras il verra nous verrons vous verrez ils verront	je voie tu voies il voie nous voyions vous voyiez ils voient	vu
VOULOIR	je veux tu veux il veut nous voulons vous voulez ils veulent	je voudrai tu voudras il voudra nous voudrons vous voudrez ils voudront	je veuille tu veuilles il veuille nous voulions vous vouliez ils veuillent	voulu

Se conjugan como <u>recevoir</u>: apercevoir, concevoir, décevoir, percevoir.
Se conjugan como <u>voir</u>: entrevoir, prévoir, revoir.

	Indicatif présent	Futur simple	Subjonctif présent	Participe passé
CRAINDRE	je crains tu crains il craint nous craignons vous craignez ils craignent	je craindrai tu craindras il craindra nous craindrons vous craindrez ils craindront	je craigne tu craignes il craigne nous craignions vous craigniez ils craignent	craint
CROIRE	je crois tu crois il croit nous croyons vous croyez ils croient	je croirai tu croiras il croira nous croirons vous croirez ils croiront	je croie tu croies il croie nous croyions vous croyiez ils croient	cru

	Indicatif présent	Futur simple	Subjonctif présent	Participe passé
FAIRE	je fais tu fais il fait nous faisons vous faites ils font	je ferai tu feras il fera nous ferons vous ferez ils feront	je fasse tu fasses il fasse nous fassions vous fassiez ils fassent	fait
METTRE	je mets tu mets il met nous mettons vous mettez ils mettent	je mettrai tu mettras il mettra nous mettrons vous mettrez ils mettront	je mette tu mettes il mette nous mettions vous mettiez ils mettent	mis
NAÎTRE	je nais tu nais il naît nous naissons vous naissez ils naissent	je naîtrai tu naîtras il naîtra nous naîtrons vous naîtrez ils naîtront	je naisse tu naisses il naisse nous naissions vous naissiez ils naissent	né
CONNAÎTRE	je connais tu connais il connaît n. connaissons v. connaissez ils connaissent	je connaîtrai tu connaîtras il connaîtra n. connaîtrons v. connaîtrez ils connaîtront	je connaisse tu connaisses ils connaisse n. connaissions v. connaissiez ils connaissent	connu

Se conjugan como craindre: **contraindre, plaindre.**
Se conjugan como faire: **contrefaire, défaire, forfaire, malfaire, méfaire, parfaire, redéfaire, refaire, satisfaire, surfaire.**
Se conjugan como mettre: **admettre, commettre, compromettre, démettre, émettre, s'entremettre, omettre, permettre, promettre, réadmettre, remettre, retransmettre, soumettre, transmettre.**
Se conjugan como connaître: **méconnaître, reconnaître, paraître, apparaître, comparaître, disparaître, réapparaître, recomparaître, reparaître, transparaître.**

	Indicatif présent	Futur simple	Subjonctif présent	Participe passé
PEINDRE	je peins tu peins il peint nous peignons vous peignez ils peignent	je peindrai tu peindras il peindra nous peindrons vous peindrez ils peindront	je peigne tu peignes il peigne nous peignions vous peigniez ils peignent	peint

	Indicatif présent	Futur simple	Subjonctif présent	Participe passé
PRENDRE	je prends tu prends il prend nous prenons vous prenez ils prennent	je prendrai tu prendras il prendra nous prendrons vous prendrez ils prendront	je prenne tu prennes il prenne nous prenions vous preniez ils prennent	pris
RENDRE	je rends tu rends il rend nous rendons vous rendez ils rendent	je rendrai tu rendras il rendra nous rendrons vous rendrez ils rendront	je rende tu rendes il rende nous rendions vous rendiez ils rendent	rendu
BOIRE	je bois tu bois il boit nous buvons vous buvez ils boivent	je boirai tu boiras il boira nous boirons vous boirez ils boiront	je boive tu boives il boive nous buvions vous buviez ils boivent	bu
ABSOUDRE	j'absous tu absous il absout nous absolvons vous absolvez ils absolvent	j'absoudrai tu absoudras il absoudra n. absoudrons v. absoudrez ils absoudront	j'absolve tu absolves il absolve nous absolvions vous absolviez ils absolvent	absous
SUIVRE	je suis tu suis il suit nous suivons vous suivez ils suivent	je suivrai tu suivras il suivra nous suivrons vous suivrez ils suivront	je suive tu suives il suive nous suivions vous suiviez ils suivent	suivi

Se conjugan como peindre: **dépeindre, repeindre, astreindre, étreindre, restreindre, atteindre, aveindre, ceindre, enceindre, empreindre, épreindre, enfreindre, feindre, geindre, teindre, déteindre, éteindre, reteindre**.

Se conjugan como prendre: **apprendre, comprendre, déprendre, désapprendre, entreprendre, s'éprendre, se méprendre, réapprendre, reprendre, surprendre**.

Se conjugan como rendre: **défendre, descendre, condescendre, redescendre, fendre, pourfendre, refendre, pendre, appendre, dépendre, rependre, suspendre, tendre, attendre, détendre, distendre, entendre, étendre, prétendre, retendre, sous-entendre, sous-tendre, vendre, mévendre, revendre, épandre, répandre, fondre, confondre, se morfondre, parfondre, refondre, pondre, répondre, correspondre, tondre, retondre, perdre, reperdre, mordre, démordre, remordre, tordre, détordre, distordre, retordre, rompre, corrompre, interrompre, foutre, se contrefoutre**.

Se conjugan como absoudre: **dissoudre, résoudre**.

Se conjugan como suivre: **s'ensuivre, poursuivre**.

	Indicatif présent	Futur simple	Subjonctif présent	Participe passé
VIVRE	je vis tu vis il vit nous vivons vous vivez ils vient	je vivrai tu vivras il vivra nous vivrons vous vivrez ils vivront	je vive tu vives il vive nous vivions vous viviez ils vivent	vécu
LIRE	je lis tu lis il lit nou lisons vous lisez ils lisent	je lirai tu liras il lira nous lirons vous lirez ils liront	je lise tu lises il lise nous lisions vous lisiez ils lisent	lu
DIRE	je dis tu dis il dit nous disons vous dites ils disent	je dirai tu diras il dira nous dirons vous direz ils diront	je dise tu dises il dise nous disions vous disiez ils disent	dit
RIRE	je ris tu ris il rit nous rions vous riez ils rient	je rirai tu riras il rira nous rirons vous rirez ils riront	je rie tu ries il rie nous riions vous riiez ils rient	ri
ÉCRIRE	j'écris tu écris il écrit nous écrivons vous écrivez ils écrivent	j'écrirai tu écriras il écrira nous écrirons vous écrirez ils écriront	j'écrive tu écrives il écrive nous écrivions vous écriviez ils écrivent	écrit
CUIRE	je cuis tu cuis il cuit nous cuisons vous cuisez ils cuisent	je cuirai tu cuiras il cuira nous cuirons vous cuirez ils cuiront	je cuise tu cuises il cuise nous cuisions vous cuisiez ils cuisent	cui

Se conjugan como <u>vivre</u>: **revivre, survivre**.

Se conjugan como <u>lire</u>: **élire, réélire, relire**.

Se conjugan como <u>dire</u>: **contredire, dédire, interdire, maudire, médire, prédire, redire**.

Se conjugan como <u>écrire</u>: **circonscrire, décrire, inscrire, prescrire, proscrire, récrire, réinscrire, retranscrire, souscrire, transcrire**.

Se conjugan como <u>cuire</u>: **recuire, conduire, déduire, éconduire, enduire, induire, introduire, produire, reconduire, réduire, réintroduire, renduire, reproduire, retraduire, séduire, traduire, construire, détruire, instruire, reconstruire, luire, entre-luire, nuire, s'entre-nuire**.

Español-Francés

Aa

a *f* a.

a 1 *prep* (introduciendo el *compl directo*): busca a su hermana = elle cherche sa sœur. **2** (introduciendo el *compl indirecto*) à: dáselo a tu hermana = donne-le à ta sœur. **3** (dirección) à, au, en (un lugar): se ha marchado a Toledo = il est parti à Tolède, voy a Panamá = je vais au Panama, fueron a Italia = ils sont allés en Italie; dans (dentro): ha caído a la piscina = il est tombé dans la piscine; chez (una persona): va al dentista = il va chez le dentiste. **4** (tiempo) à (una hora): el tren llega a las tres = le train arrive à trois heures; au bout de, après (al cabo de): abandonó a los dos meses = il a abandonné au bout de deux mois; par (cada): una vez al año = une fois par an. **5** sur (sobre): su habitación da a la plaza = sa chambre donne sur la place, ha subido al escenario = il est monté sur la scène. ■ **~ que** (fam) je te parie que: ¿a que no te atreves a hacerlo? = je te parie que tu n'oseras pas le faire.

a posteriori *loc adv* a posteriori.

a priori *loc adv* a priori.

ábaco 1 *m* ARQ abaque, tailloir. **2** EDUC, MAT abaque; boulier.

abacorar *tr Amér.* accaparer.

abad *m* abbé.

abadejo 1 *m* morue (bacalao). **2** roitelet (ave).

abadesa *f* abbesse.

abadía *f* abbaye.

abajo 1 *adv* en bas. **2** dessous (debajo). ● **3** ¡abajo! *interj* à bas (desaprobación). ■ **~ del todo** tout en bas; **echar ~** démolir; **más ~** plus bas, au-dessous; **ci-dessous** (en un escrito); **venirse ~** s'écrouler, s'effondrer.

abalanzar 1 *tr* jeter; lancer (lanzar). **2** équilibrer; balancer (equilibrar). ● **3 ~se** *pron* (~se *sobre/hacia*) fondre sur; se jeter sur. **4** *R. de la Plata* se cabrer (el caballo).

abalear 1 *tr* AGR débourrer. **2** *Amér.* tirer sur.

abalorio *m* verroterie.

abanderado, da 1 *m* y *f* porte-bannière (de una procesión); porte-drapeau (de un regimiento). **2** (fig) porte-drapeau.

abanderar 1 *tr* y *pron* MAR mettre sous pavillon. ● **2** *tr* (fig) s'ériger en porte-drapeau de.

abandonado, da 1 *adj* nonchalant (descuidado). **2** malpropre; sale (desaseado).

abandonar 1 *tr* abandonner (a alguien). **2** abandonner, renoncer à (una cosa). **3** quitter (un lugar). ● **4 ~se** *pron* (fig) se négliger (descuidar el aseo). **5** se laisser aller (a un estado depresivo).

abandono 1 *m* abandon. **2** (fig) abandon, négligence.

abanicar *tr* y *pron* éventer.

abanico 1 *m* éventail. **2** (fig) éventail (serie de opciones). ■ **en ~** en éventail.

abarajar 1 *tr Amér. Merid.* attraper (una cosa). **2** *Amér. Merid.* (fig) comprendre; saisir (palabras, intenciones).

abaratar 1 *tr* baisser le prix de. ● **2 ~se** *pron* baisser; devenir moins cher.

abarca *f* sandale.

abarcar 1 *tr* embrasser (rodear con los brazos). **2** comprendre; renfermer. **3** embrasser (con la mirada). **4** (fig) cerner, embrasser. **5** *Amér.* accaparer.

abarrancar 1 *tr* raviner. ● **2** *intr* y *pron* MAR échouer. ● **3 ~se** *pron* s'embourber, s'enliser.

abarrotar 1 *tr* garnir de barreaux. **2** bonder; bourrer. ● **3 ~se** *pron Amér.* baisser de prix.

abarrotes 1 *m pl Amér.* articles d'épicerie et de bazar. **2** *Amér.* épicerie.

abastecer *tr* y *pron* approvisionner; ravitailler.

abastecimiento *m* approvisionnement, ravitaillement: abastecimiento de víveres = approvisionnement en vivres.

abasto 1 *m* ravitaillement, approvisionnement. **2** *Arg.* épicerie. ■ **no dar ~** être débordé.

abatatar *tr* y *pron Amér.* intimider, troubler.

abatido, da 1 *adj* abattu (deprimido). **2** vil, méprisable (despreciable).

abatimiento *m* abattement, découragement: *se dejó vencer por el abatimiento* = *il s'est laissé aller au découragement.*

abatir 1 *tr* y *pron* renverser; abattre (derribar). **2** (fig) humilier. • **3** *tr* incliner, rabattre (algo vertical). **4** (fig) abattre (desanimar). • **5** ~**se** *pron* (fig) se laisser abattre.

abdicación *f* abdication.

abdicar *tr* abdiquer: *abdicó la corona en su sucesor = il abdiqua la couronne en faveur de son successeur.*

abdomen 1 *m* ANAT abdomen. **2** ZOOL abdomen.

abdominal 1 *adj* abdominal. • **2 abdominales** *m pl* abdominaux (ejercicios).

abecedario *m* abécédaire; alphabet. ◆ ~ **manual** alphabet des sourds-muets.

abedul *m* BOT bouleau.

abeja *f* abeille. ◆ ~ **machiega, maestra o reina** abeille reine; ~ **obrera o neutra** abeille ouvrière.

abejón 1 *m* faux-bourdon (zángano). **2** bourdon (abejorro).

abejorro 1 *m* bourdon (himenóptero). **2** hanneton (coleóptero). ■ **ser un ~** (fam) être lourd, être une plaie.

aberración *f* aberration.

abertura 1 *f* ouverture. **2** crevasse, fente (grieta).

abeto *m* BOT sapin.

abicharse 1 *pron Arg., Chile, Ur.* se gâter. **2** *Arg., Chile, Ur.* être mangé par les vers (una herida).

abierto, ta 1 *pp →* abrir. • **2** *adj* ouvert. **3** découvert, ras (campo). **4** (fig) franc, extraverti. **5** (fig) tolérant, compréhensif.

abigarrado, da *adj* bigarré.

abismal 1 *adj* abyssal. **2** (fig) impénétrable, insondable.

abismar 1 *tr* y *pron* sombrer dans l'abîme. • **2** ~**se** *pron* (fig) (~se *en*) se plonger dans. **3** *Chile, Hond., Méx.* s'étonner (sorprenderse).

abismo 1 *m* abîme. **2** (fig) abîme, désespoir.

abjurar *tr* e *intr* abjurer.

ablandar 1 *tr* y *pron* ramollir; amollir. **2** (fig) apaiser, calmer (aplacar). • **3** ~**se** *pron* être intimidé.

ablución *f* ablution.

abnegación *f* dévouement, abnégation.

abnegado, da *adj* dévoué.

abocado, da *adj* bouqueté (vino). ■ **estar ~ a** être voué à, être acculé à.

abocar 1 *tr* verser (verter). • **2** *intr* déboucher sur. **3** MAR pénétrer (en un canal, un puerto, etc.).

abochornado, da 1 *adj* (fig) honteux (avergonzado). **2** (fig) confus (molesto).

abochornar 1 *tr* y *pron* suffoquer. • **2** *tr* (fig) faire rougir. • **3** ~**se** *pron* (fig) rougir.

abofetear 1 *tr* gifler. **2** (fig) outrager, bafouer.

abogacía *f* barreau; profession d'avocat.

abogaderas *f pl Amér.* arguments fallacieux.

abogado, da 1 *m* y *f* avocat. **2** intercesseur. **3** (fig) avocat, porte-drapeau (defensor).

abogar 1 *intr* plaider. **2** (fig) intercéder.

abolengo *m* ascendance, lignée. ◆ **rancio ~** haute lignée.

abolición *f* abolition.

abolir *tr* abolir.

abollado, da *adj* bosselé.

abolladura *f* bosse; bosselure.

abollar *tr* y *pron* bosseler; cabosser.

abombado, da *adj* bombé.

abombar 1 *tr* y *pron* bomber. **2** (fig, fam) étourdir.

abominable *adj* abominable.

abominar 1 *tr* avoir en abomination *o* en horreur. • **2** *intr* maudire.

abonado, da 1 *adj* prêt à, disposé à. **2** payé; acquitté (una deuda). **3** AGR fumé, engraissé (tierra). • **4** *m* y *f* abonné.

abonar 1 *tr* affirmer, certifier. **2** régler, payer. **3** AGR fumer; engraisser. **4** ECON créditer. • **5** *tr* y *pron* abonner (inscribir).

abono 1 *m* paiement, versement (de un préstamo). **2** inscription; abonnement (suscripción): *he sacado un abono para el festival de teatro = j'ai pris un abonnement pour le festival de théâtre.* **3** avis de crédit (en una cuenta). **4** crédit acquitté. **5** AGR engrais.

abordaje *m* abordage. ■ **al ~** à l'abordage.

abordar 1 *tr* e *intr* (fig) aborder; accoster (a una persona). **2** (fig) aborder, traiter (un asunto).

aborigen *adj/m o f* aborigène.

aborrecer 1 *tr* abhorrer; détester. **2** abandonner (el nido).

aborricarse *pron Amér.* s'abrutir.

abortar 1 *intr* avorter (de forma provocada); faire une fausse couche (de forma natural). **2** (fig) avorter, échouer. • **3** *tr* INF abandonner.

aborto 1 *m* avortement (provocado). **2** fausse-couche (involuntario). **3** (fig) échec (fracaso).

abotagarse o **abotargarse** *pron* se boursoufler; bouffir (la cara).

abotonar 1 *tr* y *pron* boutonner. • **2** *intr* bourgeonner (las plantas).

abra 1 *f* crevasse. **2** MAR anse, crique. **3** *Amér.* clairière. **4** *Amér.* battant (de una puerta o ventana).

abracar *tr Amér.* embrasser (ceñir).

abrasar 1 *tr* y *pron* brûler. **2** (fig) consumer d'amour, enflammer. • **3** *tr* (lit) embraser, enflammer. **4** (fig) gaspiller. **5** AGR griller, brûler (las plantas). • **6** *intr* brûler; être chaud. • **7** ~**se** *pron* brûler, avoir très chaud.

abrasivo, va *adj* y *m* abrasif.

abrazadera 1 *f* anneau. **2** accolade, crochet (en imprenta).

abrazar 1 *tr* y *pron* serrer; étreindre. • **2** *tr* prendre dans ses bras. **3** (fig) embrasser, choisir: *abrazar el Islam = embrasser l'Islam*.

> No hay que confundir esta palabra con la palabra francesa **embrasser**, que debe traducirse por 'besar'.

abrazo 1 *m* embrassade; étreinte. • **2 abrazos** *m pl* affectueusement (en una carta). ■ **dar un ~** embrasser.

abrecartas *m* coupe-papier.

abrelatas *m* ouvre-boîtes.

abrevadero *m* abreuvoir.

abrevar 1 *tr* abreuver (al ganado). **2** faire boire un breuvage (a una persona). • **3** *intr* y *pron* boire.

abreviar 1 *tr* abréger; raccourcir. • **2** *tr* e *intr* presser (apresurar).

abreviatura 1 *f* abréviation. **2** résumé, abrégé. ■ **en ~** (fam) en abrégé.

abridor 1 *m* ouvre-boîte. **2** ouvre-bouteille.

abrigar 1 *tr* y *pron* abriter, protéger. **2** couvrir (con ropa). • **3** *tr* (fig) aider. **4** (fig) nourrir (ambiciones, proyectos); caresser (esperanzas).

abrigo 1 *m* manteau; pardessus (para hombres). **2** (fig) abri; refuge (refugio). ■ **al ~** à l'abri.

abril 1 *m* avril. **2** (lit) jeunesse. • **3 abriles** *m pl* (lit) printemps, ans. ■ **en ~, aguas mil** (fam) en avril ne te découvre pas d'un fil.

abrillantador 1 *m* brunissoir (instrumento). **2** brillant à métaux (producto).

abrillantar 1 *tr* brillanter; facetter. **2** polir (pulir). **3** (fig) donner de l'éclat à.

abrir 1 *tr, intr* y *pron* ouvrir. • **2** *tr* être en tête (ir delante). **3** écarter, ouvrir: *abrir los brazos = écarter les bras*. **4** creuser (un agujero, un surco). **5** commencer, inaugurer (una sesión, un congreso). **6** COM ouvrir (una cuenta, un crédito). • **7** ~**se** *pron* (fig) s'ouvrir, se confier. **8** (fam) partir, quitter un endroit, prendre le large. **9** *Amér.* (fam) se dégonfler.

abrochar 1 *tr* y *pron* boutonner; agrafer (con broches); attacher (un cinturón). • **2** *tr Amér.* attraper, saisir (a una persona).

abrumar 1 *tr* accabler. **2** (fig) ennuyer (molestar).

abrupto, ta 1 *adj* abrupt; escarpé. **2** (fig) abrupt, brusque.

ABS (siglas de **Anti Blocking System**) *m* AUT ABS.

absceso *m* MED abcès.

abscisa *f* GEOM abscisse.

absentismo *m* absentéisme.

ábside 1 *m* ARQ abside. **2** ASTR apside.

absolución 1 *f* absolution. **2** DER absolution. **3** REL absolution.

absolutismo *m* absolutisme.

absoluto, ta 1 *adj* absolu. **2** MAT absolu (valor). • **3** *adj* y *m* FIL absolu. ■ **en ~** en aucun cas; pas du tout (en respuestas).

absolver 1 *tr* absoudre. **2** DER absoudre, innocenter, acquitter. **3** REL pardonner, absoudre.

absorbente 1 *adj* absorbant. **2** (fig) absorbant (trabajo, actividad). • **3** *m* QUÍM absorbeur.

absorber 1 *tr* absorber. **2** (fig) assimiler, faire disparaître. **3** (fig) séduire, captiver. **4** FÍS absorber (radiaciones).

absorción *f* absorption.

absorto, ta 1 *p irreg* → absorber. • **2** *adj* absorbé (enfrascado en algo). **3** ébahi, étonné (asombrado).

abstemio, mia *adj/m* y *f* abstème; sobre.

abstención 1 *f* abstention; non-intervention. **2** POL abstention.

abstenerse 1 *pron* s'abstenir (de hacer algo). **2** se priver (de una cosa). **3** POL s'abstenir.

abstinencia 1 *f* abstinence. **2** MED abstinence.

abstracción *f* abstraction.

abstracto, ta 1 *p irreg* → abstraer. ● **2** *adj* abstrait; vague. ■ **en** ~ dans l'abstrait.

abstraer 1 *tr* abstraire. ● **2** ~**se** *pron* s'abstraire, s'isoler (enajenarse). **3** (~**se de**) faire abstraction de, omettre.

abstraído, da 1 *adj* (fig) distrait. **2** (fig) (~ **en**) plongé dans; absorbé par (una actividad o trabajo): *está abstraído en la lectura de un libro = il est absorbé par la lecture d'un livre.*

absurdo, da 1 *adj* absurde; déraisonnable. **2** extravagant. ● **3** *m* absurdité.

abubilla *f* ZOOL huppe.

abuchear *tr* siffler; huer.

abuela 1 *f* grand-mère. **2** (fig) vieille femme, femme âgée. ■ **jéramos pocos y parió la ~!** (fam) il ne manquait plus que cela!; **no tener o no necesitar ~** (fam) s'envoyer des fleurs.

abuelo 1 *m* grand-père. **2** (fig) grand-père, vieillard. ● **3 abuelos** *m pl* grands-parents; aïeux, ancêtres (antepasados).

abultar 1 *tr* grossir. **2** (fig) exagérer (una historia, cifras, etc.). ● **3** *intr* être gros. **4** prendre de la place.

abundancia *f* abondance. ■ **en** ~ en abondance.

abundante *adj* abondant.

abundar *intr* abonder.

aburrido, da 1 *adj* ennuyeux (que aburre). **2** dégoûté, las (harto). ■ **estar** ~ s'ennuyer; **estar** ~ **de** être fatigué de, en avoir assez de.

aburrimiento *m* ennui; lassitude.

aburrir 1 *tr* ennuyer; lasser (cansar). **2** abandonner. ● **3** ~**se** *pron* s'embêter, s'ennuyer.

abusar *intr* (~ **de**) abuser de.

abusivo, va *adj* abusif.

abuso *m* abus. ◆ ~ **de autoridad** DER abus d'autorité *o* de pouvoir; ~ **de confianza** DER abus de confiance.

abusón, na *adj/m y f* profiteur.

acá 1 *adv* ici, là: *deja el libro acá = laisse le livre là, ven acá = viens ici.* **2** (pre-

cedido de *adv*) près. ■ ~ **y allá** çà et là, par-ci par-là; **de** ~ **para allá** ici et là.

acabado, da 1 *adj* fini; terminé. **2** achevé, accompli (una obra, un trabajo). ● **3** *m* finissage; finition: *el acabado de las puertas es perfecto = la finition des portes est parfaite.*

acabar 1 *tr y pron* finir; achever, conclure. ● **2** *tr* épuiser, consommer (apurar). **3** donner le coup de grâce à, achever. **4** tuer, éliminer (matar). ● **5** *intr* finir. **6** mourir. **7** (~ **con**) en finir avec. **8** ~ **+ de + inf** venir de. **9 no** ~ **+ de + inf** ne pas arriver à, ne pas parvenir à. ■ **¡acabáramos!** (fam) c'est que trop tôt!, il était temps!; **¡y se acabó!, ¡y sanseacabó!** (fam) un point c'est tout!

acacia *f* BOT acacia.

academia 1 *f* académie: *academia de letras = académie des lettres.* **2** école (escuela).

académico, ca 1 *adj* académique. **2** officiel (título, curso). **3** ART académique. ● **4** *m y f* académicien.

acaecer *intr* arriver; avoir lieu, survenir.

acallar 1 *tr* faire taire; museler (protestas). **2** (fig) faire taire, apaiser (aplacar).

acalorado, da 1 *adj* échauffé. **2** (fig) véhément; passionné (debate, discusión).

acalorar 1 *tr* chauffer. ● **2** *tr y pron* (fig) enflammer; échauffer, exciter. ● **3** ~**se** *pron* s'emporter.

acampar 1 *intr y tr* camper. ● **2** ~**se** *pron* camper.

acanalar 1 *tr* canneler. **2** strier (estriar).

acantilado, da 1 *adj* escarpé; abrupt. **2** en falaise, à pic. ● **3** *m* falaise; escarpement.

acaparar 1 *tr* accaparer; s'emparer. **2** (fig) accaparer, retenir en entier.

acápite *m Amér.* alinéa, paragraphe.

acariciar 1 *tr* caresser. **2** (fig) caresser, effleurer. **3** (fig) caresser, nourrir (esperanzas, proyectos).

acarrear 1 *tr* transporter. **2** (fig) occasionner; provoquer, entraîner (daños, desgracias).

acartonarse 1 *pron* durcir (como el cartón). **2** (fig) se ratatiner, se tasser (un anciano).

acaso *adv* peut-être. ■ **por si** ~ au cas où; **si** ~ à la rigueur, peut-être: *si acaso, podría tratarse de un animal extinguido =*

à la rigueur, il pourrait s'agir d'un animal disparu.

acatar 1 *tr* respecter; honorer. **2** DER respecter (reglas, leyes). **3** *Amér.* remarquer, apercevoir.

acatarrar 1 *tr Amér.* (fam) embêter. • **2 ~se** *pron* s'enrhumer.

acaudalado, da *adj* riche; aisé, fortuné.

acaudillar 1 *tr* commander (una tropa). **2** être à la tête de, diriger (una revolución, un motín).

acceder 1 *intr* accéder. **2** (~ *a*) accéder à, accepter de. **3** (~ *a*) parvenir, atteindre (un puesto, un cargo).

accesible 1 *adj* accessible. **2** (fig) accessible (una persona).

accésit *m* accessit.

acceso 1 *m* accès. **2** entrée (entrada); passage (pasaje). **3** (fig) accès (de cólera, de tristeza); crise (de locura). **4** INF accès (transferencia de información). **5** MED accès; poussée (de fiebre); quinte (de tos).

accesorio, ria 1 *adj* y *m* accessoire. • **2 accesorios** *m pl* accessoires (máquinas, utensilios).

accidentado, da 1 *adj* escarpé; accidenté (terreno). **2** mouvementé, inquiet. • **3** *m* y *f* accidenté; blessé (herido).

accidental 1 *adj* accidentel. **2** provisionnel (cargo). **3** FIL accidentel.

accidente 1 *m* accident. **2** FIL accident. **3** GRAM flexion. **4** MED attaque, syncope. ◆ **~ de circulación** accident de la circulation; **~ de coche** accident de voiture; **~ geográfico** accident de terrain; ■ **por ~** par accident.

acción 1 *f* action. **2** geste. **3** effort, travail (esfuerzo). **4** ECON action: *compra de acciones = achat d'actions.* **5** MIL action (combate, operación). • **6** ¡acción! *interj* CINE on tourne! ■ **en ~** en action.

accionar 1 *tr* actionner (un mecanismo). • **2** *intr* gesticuler.

accionista *m* o *f* actionnaire.

acebo *m* BOT houx.

acechar *tr* guetter; épier (espiar).

acecho *m* guet. ■ **al** o **en ~ de** à l'affût de.

acéfalo, la 1 *adj* acéphale (sin cabeza). • **2** *m* ZOOL acéphale, lamellibranche.

aceite *m* huile. ◆ **~ de colza** huile de colza; **~ de oliva** huile d'olive; **~ virgen** huile vierge.

En Francia no es nada frecuente utilizar **aceite** de oliva en la cocina. Suele utilizarse, en su lugar, el de girasol o la mantequilla.

aceitera 1 *f* burette. • **2 aceiteras** *f pl* huilier (vinagreras).

aceituna *f* olive. ◆ **~ manzanilla** olive petite et verte; **~ rellena** olive farcie; ■ **llegar uno a las aceitunas** (fam) arriver en retard à une fête.

aceleración *f* accélération.

acelerador, ra *m* accélérateur. ◆ **~ lineal, circular** MEC accélérateur linéaire, circulaire.

acelerar 1 *tr* e *intr* accélérer: *acelera el paso = il accélère le pas.* • **2 ~se** *pron* (fig, fam) s'exciter.

acelga *f* BOT bette; blette.

acento *m* accent. ◆ **~ agudo** GRAM accent aigu; **~ prosódico** o **de intensidad** accent prosodique.

acentuación *f* accentuation.

acentuar 1 *tr* y *pron* accentuer. • **2** *tr* (fig) accentuer, intensifier.

acepción 1 *f* acception. **2** préférence, acception (preferencia).

aceptable *adj* acceptable.

aceptación 1 *f* acceptation. **2** approbation.

aceptar 1 *tr* accepter: *aceptó el premio = il accepta le prix.* **2** approuver. **3** tolérer, supporter (tolerar).

acequia *f* canal d'irrigation.

acera 1 *f* trottoir. **2** côté d'une rue (el lado de la calle). ■ **ser de la ~ de enfrente**, o **de la otra ~** (fam, desp) être de la pédale, être de la jaquette.

acerado, da 1 *adj* aciéré. **2** acéré (cortante). **3** (fig) mordant, acerbe.

acerbo, ba 1 *adj* acerbe; aigre. **2** (fig) cruel.

acerca *adv* (lit) près. ■ **~ de** de, sur; à propos de, au sujet de.

acercar 1 *tr* approcher; rapprocher. **2** (fig) rapprocher. • **3 ~se** *pron* approcher; s'approcher de, se rapprocher. **4** passer, aller (a un lugar).

acerico o **acerillo** *m* pelote à épingles.

acero 1 *m* acier. **2** (fig) fer, arme blanche. ◆ **~ inoxidable** acier inoxydable; **~ templado** acier trempé; ■ **de ~** (fig) très dur.

acérrimo, ma 1 super → acre. ● **2** adj (fig) très fort, vigoureux. **3** (fig) acharné, enragé: *un defensor acérrimo = un défenseur acharné.*

acertado, da 1 adj pertinent; opportun: *una observación muy acertada = une remarque très opportune.* **2** réussi (logrado). **3** adroit, hereux (hábil).

acertar 1 tr atteindre; toucher (el blanco). **2** trouver; deviner.

acertijo m devinette.

acervo 1 m tas, amas (montón). **2** biens communs. **3** (fig) patrimoine. ◆ **~ cultural** patrimoine culturel.

acetato 1 m FOT acétate. **2** QUÍM acétate.

acetilsalicílico adj QUÍM acétylsalicylique.

acetona f QUÍM acétone.

achacar tr attribuer; imputer.

achacoso, sa 1 adj maladif, souffreteux (enfermizo). **2** indisposé (indispuesto).

achaque 1 m indisposition. **2** infirmité: *los achaques de la vejez = les infirmités de l'âge.* **3** défaut (vicio).

achatar 1 tr y pron aplatir. ● **2 ~se** pron Arg., *Chile* perdre courage.

achicar 1 tr y pron diminuer; rapetisser. **2** (fig) humilier, abaisser (humillar). ● **3** tr MAR écoper.

achicharrar 1 tr y pron brûler (quemar). ● **2** tr (fig, fam) embêter. ● **3 ~se** pron griller (al sol).

achicoria f BOT chicorée.

achimero m Amér. Centr. colporteur.

achiquitar tr y pron Amér. réduire.

acholado, da adj Amér. à la peau cuivrée.

acholar tr y pron Amér. intimider, effrayer.

achuchar 1 tr y pron écraser; aplatir. **2** bousculer, pousser (empujar). **3** (fam) peloter (manosear). ● **4** intr y pron Arg., *Ur.* grelotter (tiritar).

achucharrar 1 tr Amér. aplatir. ● **2** tr y pron Méx. décourager, intimider.

achuchón 1 m (fam) bousculade; poussée (empujón). **2** (fam) caresse (caricia); embrassade, étreinte (abrazo). ■ **darse un ~** s'embrasser.

achucuyar tr y pron Amér. Merid. accabler; humilier.

achunchar tr y pron Amér. effrayer; faire honte.

achura f Arg., *Ur.* abats; fressure.

aciago, ga 1 adj funeste, malheureux. **2** menaçant; de mauvais augure.

acicalar 1 tr y pron (fig) orner (una cosa); bichonner, pomponner (a una persona). **2** (fig) affiner, aiguiser. ● **3** tr polir; fourbir (armas).

acicate 1 m éperon à broche. **2** (fig) stimulant; aiguillon, attrait.

acidez 1 f acidité (calidad). **2** QUÍM acidité.

ácido, da 1 adj acide. **2** (fig) aigre; caustique, mordant (mordaz). ● **3** m (fam) acide (LSD). **4** QUÍM acide.

acierto 1 m succès; réussite. **2** bonne réponse (en una prueba, en un concurso). **3** (fig) adresse; habileté. **4** (fig) sagesse, justesse.

ácimo adj azyme.

aclamación f acclamation.

aclamar 1 tr acclamer. **2** proclamer; nommer (otorgar).

aclaración f éclaircissement; explication.

aclarar 1 tr y pron éclaircir (una duda, un color, un líquido). ● **2** tr rincer (la ropa). **3** éclairer (alumbrar). **4** expliquer: *su presencia aclaró el misterio = sa présence a expliqué le mystère.* ● **5** intr s'éclaircir (el tiempo). ● **6 ~se** pron voir clair (entender); s'expliquer (explicarse).

aclimatación f acclimatation.

aclimatar 1 tr y pron acclimater (acostumbrar). **2** (fig) acclimater (arraigar).

acné o **acne** m MED acné.

acobardar 1 tr apeurer; intimider. ● **2** intr y pron être intimidé, se laisser intimider: *se acobarda por cualquier cosa = il se laisse intimider par n'importe quoi.* ● **3 ~se** pron (~se ante) reculer devant.

acochambrar tr y pron Amér. salir; tacher.

acodar 1 tr couder (doblar). ● **2 ~se** pron (~se en) s'accouder à.

acogedor, ra adj accueillant.

acoger 1 tr accueillir; recevoir. **2** (fig) recevoir (noticias, información). **3** (fig) protéger. ● **4 ~se** pron se réfugier. **5** (fig) (~se a) recourir à (una ley, un pretexto).

acogida 1 f accueil. **2** protection, refuge (refugio). **3** (fig) acceptation, approbation.

acogotar tr assommer.

acojonar 1 tr (vulg) flanquer la trouille. ● **2 ~se** pron (vulg) avoir la frousse, avoir la trouille.

acolchar 1 tr capitonner (muebles). **2** matelasser, rembourrer: *acolchar un mantel = matelasser une nappe.* **3** (fig) amortir, étouffer.

acolchonar *tr Amér.* → acolchar.

acólito 1 *m* acolyte. 2 enfant de chœur (monaguillo). 3 (fig) acolyte.

acometer 1 *tr* assaillir; attaquer. 2 entreprendre (emprender). 3 prendre (una enfermedad, el sueño). ● 4 *intr* (~ *contra*) s'attaquer à.

acometida 1 *f* attaque. 2 branchement (de un conducto).

acomodador, ra 1 *adj* accommodateur. ● 2 *m* y *f* placeur, ouvreuse (*f*).

acomodar 1 *tr* ajuster; adapter. ● 2 *tr* y *pron* placer (en un espectáculo). 3 installer (cómodamente). 4 conformer (a una norma). ● 5 ~se *pron* s'installer. 6 (fig) (~se *a*) s'accommoder à (conformarse).

acomodo 1 *m* situation (empleo). 2 *Arg.* poste obtenu par piston.

acompañamiento 1 *m* accompagnement. 2 compagnie, suite (cortejo). 3 MÚS accompagnement. 4 TEAT figuration.

acompañante 1 *adj/m* o *f* accompagnateur. ● 2 *m* o *f* partenaire. ● 3 acompañantes *m pl* suite.

acompañar 1 *tr* accompagner. 2 raccompagner, reconduire. 3 tenir compagnie (hacer compañía). 4 (fig) partager: *le acompaño en el sentimiento* = *je partage votre chagrin*.

acompasado, da *adj* rythmé; cadencé.

acomplejar 1 *tr* complexer. ● 2 ~se *pron* avoir des complexes.

aconchar 1 *tr* y *pron* mettre à l'abri. ● 2 *tr Méx.* réprimander. ● 3 ~se *pron* MAR s'affaler.

acondicionador 1 *adj* qui climatise. ● 2 *m* climatiseur (de aire).

acondicionar 1 *tr* aménager (un sitio). 2 conditionner (mercancías). 3 climatiser.

acongojar 1 *tr* y *pron* affliger. 2 angoisser (angustiar).

aconsejar 1 *tr* conseiller: *ella te aconseja que reposes* = *elle te conseille de te reposer*. ● 2 ~se *pron* prendre conseil.

acontecer *intr* arriver; avoir lieu.

acontecimiento *m* événement.

acopio *m* approvisionnement. ■ hacer ~ de amasser.

acoplado *m Amér.* remorque.

acoplamiento *m* accouplement.

acoplar 1 *tr* accoupler. ● 2 *tr* y *pron* accoupler (aparear). ● 3 ~se *pron* (fig) s'entendre.

acorazado, da 1 *adj* cuirassé. 2 blindé. ● 3 *m* cuirassé.

acorcharse 1 *pron* devenir spongieux. 2 (fig) s'engourdir.

acordar 1 *tr* se mettre d'accord. 2 décider de. 3 accorder, concilier. 4 MÚS accorder. ● 5 ~se *pron* se souvenir: *acuérdate de mí* = *souviens-toi de moi*; se rappeler. 6 se mettre d'accord.

acorde 1 *adj* d'accord: *estar acordes* = *être d'accord*. 2 harmonieux (sonido, color). ● 3 *m* MÚS accord.

acordeón *m* accordéon.

acordeonista *m* o *f* accordéoniste.

acordonar 1 *tr* attacher avec un cordon. 2 (fig) encercler. 3 (fig) entourer d'un cordon (de policías).

acorralar 1 *tr* y *pron* parquer (el ganado). 2 *tr* (fig) acculer.

acortar 1 *tr* y *pron* raccourcir (la longitud). ● 2 *tr* réduire (una cantidad, una distancia).

acosar 1 *tr* harceler; poursuivre. 2 (fig) harceler, assaillir.

acoso *m* harcèlement.

acostar 1 *tr* y *pron* coucher. ● 2 *intr* y *pron* s'incliner. ● 3 *intr* MAR accoster. ● 4 ~se *pron* (fig, fam) (~se *con*) coucher avec qqn.

acostumbrar 1 *tr* habituer. ● 2 ~se *pron* (~se *a*) prendre l'habitude de. 3 ~ + *inf* avoir l'habitude de: *acostumbra a madrugar* = *il a l'habitude de se lever tôt*.

> Mientras que en español se utiliza más **acostumbrar** que **habituar**, en francés es más frecuente el uso de *habituer* que el de *accoutumer*.

acotación 1 *f* délimitation. 2 annotation. 3 TEAT indication scénique.

acotar 1 *tr* délimiter (un terreno). 2 limiter. 3 annoter (un texto). ● 4 ~se *pron* (fig) s'abriter derrière.

acotejar 1 *tr Amér.* arranger. ● 2 ~se *pron Cuba, Ecuad.* cohabiter. 3 *Cuba, Ecuad.* obtenir un emploi. 4 *Cuba, Ecuad., R. Dom.* s'installer (cómodamente).

ácrata *adj/m* o *f* anarchiste.

acre 1 *adj* âcre. 2 (fig) aigre; mordant. ● 3 *m* acre.

acrecentar *tr* y *pron* accroître.

acreditado, da 1 *adj* accrédité. 2 réputé: *un artista acreditado = un artiste réputé.* 3 COM crédité.

acreditar 1 *tr* y *pron* accréditer. ● 2 *tr* prouver; démontrer. 3 COM créditer. ● 4 ~se *pron* se faire une réputation.

acreedor, ra *adj/m* y *f* créancier.

acribillar 1 *tr* cribler. 2 (fig, fam) cribler. 3 (fig, fam) importuner.

acrílico *m* QUÍM acrylique.

acriollarse *pron Amér.* s'adapter à un pays hispanophone.

acrobacia *f* acrobatie.

acróbata *m* o *f* acrobate.

acrónimo *m* acronyme.

acrópolis *f* acropole.

acta 1 *f* acte. 2 compte rendu; procès-verbal (de una reunión). 3 certificat.

actitud *f* attitude.

activar 1 *tr* activer. 2 actionner (un mecanismo). 3 FÍS activer.

actividad *f* activité.

activo, va 1 *adj* actif. 2 FÍS radioactif. ● 3 *m* COM actif. ■ en ~ en activité.

acto 1 *m* acte (hecho). 2 cérémonie. 3 DER acte (jurídico). 4 TEAT acte. ■ ~ seguido tout de suite après; en el ~ sur-le-champ.

actor, ra 1 *m* acteur. ● 2 *m* y *f* DER demandeur, demanderesse (*f*).

actriz *f* actrice.

actuación 1 *f* action (acción). 2 conduite. 3 jeu (de un actor). ● 4 **actuaciones** *f pl* DER dossiers d'un procès.

actual *adj* actuel.

actualidad *f* actualité. ■ en la ~ actuellement.

actualizar *tr* y *pron* actualiser; mettre à jour.

actuar 1 *tr* mettre en action. ● 2 *intr* agir. 3 exercer sa fonction. 4 jouer (un actor). 5 DER procéder.

acuache *m* o *f Méx.* copain, copine (*f*).

acuarela *f* aquarelle.

acuario 1 *m* aquarium. ● 2 *adj/m* o *f* verseau (persona). ● 3 **Acuario** *m* ASTR Verseau.

acuartelamiento *m* casernement.

acuartelar 1 *tr* consigner (retener). 2 caserner (alojar).

acuático, ca *adj* aquatique.

acuchillar 1 *tr* poignarder. 2 raboter (la madera). 3 poncer (el suelo).

acuciante *adj* pressant.

acuciar 1 *tr* presser. 2 pousser (incitar).

acudir 1 *intr* aller. 2 fréquenter (asistir con frecuencia). 3 répondre: *él no acudió a su llamada = il n'a pas répondu à son appel.* 4 (~ a) avoir recours à (recurrir).

acueducto *m* aqueduc.

acuerdo 1 *m* accord. 2 décision. 3 avis, opinion. 4 harmonie. 5 *Arg.* conseil des ministres. 6 *Col., Méx.* réunion d'affaires. ■ **de ~ con** en accord avec; **estar de ~** être d'accord; **llegar a un ~** parvenir à un accord.

acuífero, ra 1 *adj* aquifère. ● 2 *m* aquifère.

acumulación 1 *f* accumulation. 2 cumul.

acumular 1 *tr* DER cumuler. ● 2 *tr* y *pron* accumuler.

acunar *tr* bercer.

acuñar 1 *tr* frapper (monedas). 2 coincer (meter cuñas). 3 emboîter (encajar). 4 (fig) consacrer.

acuoso, sa *adj* aqueux.

acupuntura *f* acupuncture.

acurrucarse *pron* se blottir.

acusación *f* accusation.

acusado, da 1 *adj* accusé, saillant (destacado). ● 2 *adj/m* y *f* accusé.

acusar 1 *tr* accuser: *acusar de violación = accuser de viol.* 2 (fam) dénoncer (delatar). 3 (fig) accuser (manifestar). 4 DER accuser.

acusativo *m* GRAM accusatif.

acuse *m* accusé. ◆ ~ **de recibo** accusé de réception.

acusete *m Amér.* (fam) mouchard.

acústico, ca *adj* acoustique.

adalid *m* (fig) chef.

adaptación *f* adaptation.

adaptar *tr* y *pron* adapter.

adecentar 1 *tr* y *pron* arranger (arreglar); nettoyer (limpiar); mettre en ordre (ordenar). ● 2 ~se *pron* s'habiller proprement; s'arranger.

adecuado, da *adj* adéquat; approprié.

adecuar 1 *tr* adapter; accommoder. ● 2 ~se *pron* (~se a) s'adapter à.

adefesio, ra *adj Amér. Merid.* extravagant; ridicule.

adefesio *m* (fam) épouvantail; horreur.

adelantado, da 1 *adj* avancé. 2 en avance. ■ **por ~** d'avance, en avance.

adelantamiento 1 *m* (fig) progrès. 2 AUT dépassement.

adelantar 1 *tr* avancer. **2** dépasser; doubler (un vehículo). **3** (fig) anticiper; annoncer. ● **4** *intr* avancer (un reloj). ● **5** ~se *pron* être en avance.

adelante 1 *adv* en avant; plus loin. ● **2** ¡adelante! *interj* entrez!; continuez! ■ en ~ o de aquí en ~ désormais; ir ~ aller de l'avant; más ~ plus tard; plus loin; sacar ~ faire prospérer, mener à bien.

adelanto 1 *m* avance (de dinero, de un reloj). **2** progrès.

adelgazante *adj* y *m* amaigrissant.

adelgazar 1 *tr* amincir (una cosa); effiler (una punta). **2** faire maigrir (a una persona). ● **3** *intr* maigrir (perder peso).

ademán 1 *m* expression. **2** geste (gesto). ● **3 ademanes** *m pl* manières. ■ hacer ~ de faire signe de.

además *adv* de plus; en plus.

adentrarse 1 *pron* pénétrer, s'enfoncer. **2** (fig) analyser (en un asunto).

adentro 1 *adv* à l'intérieur, dedans: *adentro no hay nadie* = *il n'y a personne dedans*. ● **2 adentros** *m pl* for intérieur.

adepto, ta 1 *adj/m* y *f* adepte (a una asociación). **2** partisan (a una idea).

aderezar 1 *tr* préparer; composer. **2** GAST assaisonner; condimenter, accommoder. ● **3** *tr* y *pron* orner; embellir.

aderezo 1 *m* toilette. **2** parure; ornement (adorno). **3** (fig) préparation; disposition. **4** GAST assaisonnement.

adeudar 1 *tr* devoir. **2** COM débiter. ● **3** ~se *pron* s'endetter.

adherencia *f* adhérence.

adherente 1 *adj* annexe. ● **2** *adj/m* o *f* adhérent.

adherir 1 *tr* coller. ● **2** *intr* y *pron* adhérer. **3** (fig) adhérer à; se ranger à.

adhesión 1 *f* adhésion.

adhesivo, va 1 *adj* adhésif. ● **2** *m* adhésif; autocollant.

adicción *f* dépendance.

adición 1 *f* addition. **2** MAT somme, addition. **3** QUÍM addition.

adicionar *tr* additionner.

adicto, ta 1 *adj/m* y *f* dévoué; fidèle. **2** dépendant (a la droga, al juego).

adiestramiento 1 *m* dressage. **2** instruction.

adiestrar 1 *tr* dresser. ● **2** *tr* y *pron* entraîner; instruire.

adinerado, da *adj* riche.

adiós 1 *m* adieu. ● **2** ¡adiós! *interj* au revoir!

adiposo, sa *adj* adipeux.

aditivo, va *adj* y *m* additif.

adivinanza *f* devinette.

adivinar *tr* deviner.

adivino, na *m* y *f* devin.

adjetivo *m* GRAM adjectif.

adjudicación *f* adjudication.

adjudicar 1 *tr* adjuger; attribuer. **2** décerner (un premio). ● **3** ~se *pron* s'approprier. **4** (fig) gagner, remporter.

adjuntar *tr* joindre.

adjunto, ta 1 *adj* ci-joint. ● **2** *adj/m* y *f* adjoint (persona). **3** assistant (profesor).

administración *f* administration. ◆ ~ pública service public; administration.

administrador, ra 1 *adj/m* y *f* administrateur. ● **2** *m* y *f* gestionnaire.

administrar 1 *tr* administrer; gérer. **2** diriger (una institución). ● **3** *tr* y *pron* économiser; rationner (alimentos, agua). **4** prendre, administrer (medicamentos).

administrativo, va 1 *adj* administratif. ● **2** *m* y *f* employé de bureau.

admiración *f* admiration.

admirador, ra *m* y *f* admirateur.

admirar 1 *tr* admirer. **2** émerveiller; étonner (asombrar). ● **3** ~se *pron* s'étonner.

admisible *adj* admissible; acceptable.

admisión 1 *f* admission. **2** DER acceptation.

admitir *tr* admettre.

admonición *f* admonition; avertissement.

adobar 1 *tr* cuisiner. **2** faire mariner (alimentos); mettre en daube (la carne).

adobe *m* brique crue.

adocenado, da *adj* vulgaire.

adoctrinar *tr* endoctriner.

adolecer 1 *intr* tomber malade. **2** (fig) (~ de) souffrir de, être en proie à.

adolescencia *f* adolescence.

adonde 1 *adv* où: *voy adonde quiero* = *je vais où je veux*. **2** ¿adónde? où?: *¿adónde vas?* = *où vas-tu?*

adondequiera *adv* n'importe où.

adopción *f* adoption.

adoptar *tr* adopter.

adoptivo, va *adj* adoptif.

adoquín *m* pavé.

adorable *adj* adorable.

adorar 1 *tr* adorer. ● **2** *intr* prier.

Colocación del adjetivo calificativo

1. Adjetivos antepuestos

Suelen anteponerse al nombre los adjetivos calificativos de una o dos sílabas: *beau, bon, grand, gros, joli, mauvais, petit, vieux.*

un niño bueno	un bon enfant (y no *un enfant bon*)
un mal augurio	un mauvais augure (y no *un augure mauvais*)

2. Adjetivos pospuestos

Suelen posponerse los adjetivos que provienen de participios (*aimé, fatigué, méconnu*), los gentilicios (*espagnol, français, mexican*), los que se refieren a la religión, la administración, etc. (*catholique, municipal*) y los que indican color o forma (*bleu, rouge, vert; rond, carré*)

un escritor desconocido	un écrivain méconnu
un escritor francés	un écrivain français
un representante municipal	un élu municipal
un vestido rojo	une robe rouge
una mesa redonda	une table ronde

3. Anteposición o posposición

Sin embargo, muchos adjetivos pueden anteponerse o posponerse al nombre, según los siguientes criterios:

a. se pospone cualquier adjetivo que, aunque suela anteponerse, lleve un complemento:

    una sustancia mala para la salud   une substance mauvaise pour la santé

b. se pospone una coordinación de adjetivos:

    una sustancia buena y beneficiosa   une substance bonne et bénéfique

c. es aconsejable no colocar un adjetivo largo ante un nombre de una o dos sílabas en posición final de grupo:

    gritos estremecedores   des cris bouleversants

Algunos adjetivos pueden anteponerse o posponerse, cosa que implica un cambio de significado. Los antepuestos parecen designar una cualidad subjetiva, una apreciación; mientras que los pospuestos tienen un valor puramente descriptivo:

un pobre hombre / un hombre pobre	un pauvre homme / un homme pauvre
mi querido amigo	mon cher ami
una tela cara	un tissu cher

---

adormecer 1 *tr* y *pron* endormir. ● **2** *tr* (fig) calmer.

adormidera *f* BOT pavot.

adormilarse *pron* s'assoupir.

adornar 1 *tr* orner; décorer. **2** (fig) parer (con una cualidad). **3** (fig) broder.

adorno 1 *m* ornement. **2** parure (en personas). **3** (fig) ornement. ■ **de ~** d'ornement.

adosar *tr* adosser.

adquirir *tr* acquérir.

adquisición 1 *f* acquisition (compra). **2** INF acquisition (de datos).

adrede *adv* à dessein; exprès: *no responde adrede = elle fait exprès de ne pas répondre.*

adrenalina *f* BIOQ adrénaline.

adscribir 1 *tr* assigner. 2 destiner, affecter: *lo han adscrito a este puesto = il a été destiné à ce poste.*

aduana *f* douane.

aducir 1 *tr* alléguer. 2 ajouter (añadir).

adueñarse *pron* (~ *de*) s'emparer de; s'attribuer.

adulación *f* flatterie.

adulador, ra *adj/m* y *f* flatteur; flagorneur.

adular *tr* flatter; encenser.

adulteración 1 *f* adultération; corruption. 2 altération; frelatage (de alimentos).

adulterar 1 *tr* y *pron* altérer; frelater (alimentos). 2 (fig) corrompre.

adulterio *m* adultère.

adúltero, ra *adj/m* y *f* adultère.

adulto, ta *adj/m* y *f* adulte.

adusto, ta 1 *adj* sec; acariâtre. 2 (fig) austère; rigide.

advenedizo, za 1 *adj* (desp) parvenu, nouveau riche. ● 2 *adj/m* y *f* étranger.

advenimiento 1 *m* avènement (del mesías, de un monarca). 2 arrivée (solemne).

adverbio *m* GRAM adverbe.

adversario, ria *adj/m* y *f* adversaire.

adversidad *f* adversité.

adverso, sa *adj* défavorable: *condiciones adversas = des conditions défavorables;* adverse.

advertencia 1 *f* avertissement. 2 remarque, observation (nota).

advertir 1 *tr* remarquer (observar). 2 avertir, prévenir. 3 conseiller de (aconsejar).

adyacente *adj* adjacent.

aéreo, a *adj* aérien.

aeróbic o aerobic *m* aérobic.

aerodinámico, ca *adj* y *f* aérodynamique.

aeródromo *m* aérodrome.

aerolínea *f* Amér. compagnie aérienne.

aeromodelismo *m* aéromodélisme.

aeromozo, za *m* y *f* steward, hôtesse de l'air (f).

aeronauta *m* o *f* aéronaute.

aeronáutica *f* aéronautique.

aeronave *f* aéronef.

aeroplano *m* aéroplane.

aeropuerto *m* aéroport.

aerosol *m* aérosol.

aerostático, ca *adj* y *f* aérostatique.

aerotrén *m* aérotrain.

afabilidad *f* affabilité.

afable *adj* affable.

afamado, da *adj* renommé.

afán 1 *m* labeur, besogne (trabajo penoso). 2 désir véhément; soif. 3 ardeur (tesón); empressement (prisa, diligencia).

afanar 1 *tr* (vulg) rafler. ● 2 *intr* y *pron* travailler dur. ● 3 ~se *pron* (~se *por* o *en*) s'efforcer de.

afarolarse *pron* Amér. se mettre en colère.

afear 1 *tr* y *pron* enlaidir. ● 2 *tr* (fig) blâmer.

afección 1 *f* affection. 2 MED affection.

afectación *f* affectation (amaneramiento).

afectado, da 1 *adj* affecté (amanerado, estudiado). 2 souffrant (aquejado). 3 endommagé (perjudicado).

afectar 1 *tr* affecter (una actitud). 2 toucher (atañer). 3 affecter, atteindre (a un órgano). ● 4 *tr* y *pron* affecter (a una persona).

afectivo, va *adj* affectif.

afecto, ta 1 *adj* attaché; affectionné (en una carta). 2 soumis (posesión o renta). 3 affecté, attaché (destinado). 4 MED atteint. ● 5 *m* affection; tendresse.

afectuoso, sa *adj* affectueux.

afeitar *tr* y *pron* raser.

afelpado, da 1 *adj* pelucheux (tela, tejido). ● 2 *m* paillasson (alfombrilla).

afeminado, da *adj* y *m* efféminé.

aferrar 1 *tr* e *intr* saisir fortement; accrocher. ● 2 *intr* jeter l'ancre. ● 3 *intr* y *pron* (fig) s'entêter, s'agripper. ● 4 ~se *pron* s'attacher (a algo).

afianzamiento 1 *m* caution; garantie. 2 affermissement. 3 (fig) consolidation; affermissement.

afianzar 1 *tr* cautionner. 2 (fig) consolider (conocimientos, ideas). ● 3 *tr* y *pron* cramponner; raffermir; soutenir. ● 4 ~se *pron* se stabiliser.

afiche *m* Amér. affiche (cartel).

afición 1 *f* goût, penchant. 2 zèle. 3 amateurs, supporters. ■ de~ amateur; por ~ en amateur, par goût; tener ~ a être un amateur de, raffoler de.

aficionado, da 1 *adj/m* y *f* amateur; passionné (a una actividad). 2 amateur (no profesional).

aficionar 1 *tr* faire aimer; donner le goût de. ● 2 ~se *pron* (~se *a*) aimer (una persona); prendre goût à (una cosa).

afiebrarse *pron* Amér. avoir de la fièvre.

afilado, da *adj* aiguisé (cuchillo); taillé (lápiz); pointu (dientes).

afilalápices *m* taille-crayon.

afilar 1 *tr* aiguiser; repasser (con piedra). 2 affiler, tailler (sacar punta). 3 (fig) affiner (la voz). • 4 ~se *pron* (fig) s'affiner, s'effiler (cara, dedos). 5 *Bol.*, *Méx.* se préparer (prepararse).

afiliado, da *adj/m* y *f* adhérent.

afiliar 1 *tr* y *pron* affilier; inscrire. • 2 ~se *pron* s'affilier (a una asociación); adhérer (a un partido).

afín 1 *adj* proche; contigu. 2 qui a des affinités.

afinar 1 *tr* y *pron* affiner. 2 (fig) affiner, dégrossir. • 3 *tr* MÚS accorder (un instrumento). 4 *Chile* finir, achever.

afincar *intr* y *pron* établir, installer.

afinidad *f* affinité.

afirmación *f* affirmation; assertion.

afirmar 1 *tr* affirmer (asegurar). 2 raffermir (consolidar). 3 consolider (una construcción). 4 *Chile* frapper, bâtonner. • 5 ~se *pron* maintenir ses affirmations; prendre appui (estribar).

afirmativo, va *adj* affirmatif.

aflatarse 1 *pron* *Amér. Centr.* être triste. 2 *Chile* s'évanouir.

aflicción *f* affliction.

afligir 1 *tr* affliger, frapper. • 2 *tr* y *pron* inquiéter, affliger. • 3 ~se *pron* être affligé.

aflojar 1 *tr* y *pron* desserrer (un cinturón, un nudo); détendre (un muelle). • 2 *tr* (fig) relâcher, réduire. 3 (fig, fam) lâcher, abouler (dinero). • 4 ~se *pron* *R. Dom.* avoir peur (acobardarse).

aflorar 1 *intr* affleurer. 2 (fig) affleurer, apparaître (surgir).

afluencia *f* affluence.

afluente *m* affluent.

afluir *intr* affluer.

afonía *f* aphonie.

aforismo *m* aphorisme.

aforo 1 *m* jaugeage. 2 nombre de places.

afortunado, da 1 *adj* heureux; fortuné. 2 chanceux; gagnant (lotería). 3 opportun.

afrancesado, da 1 *adj/m* y *f* très français. 2 partisan des Français.

afrenta 1 *f* déshonneur (deshonor); opprobre (humillación). 2 affront; outrage.

África *f* Afrique.

africano, na 1 *adj* africain. • 2 *m* y *f* Africain.

afrodisiaco, ca o afrodisíaco, ca *adj* y *m* aphrodisiaque.

afrontar 1 *tr* confronter (cara a cara). 2 affronter (hacer frente). 3 faire face (desafiar).

afuera 1 *adv* dehors. • 2 afueras *f pl* banlieue, environs. • 3 ¡afuera! *interj* hors d'ici!; dehors!

afuereño, ña *adj/m* y *f* *Amér.* étranger.

afuetear *tr* *Amér.* fouetter.

agachar 1 *tr* e *intr* (fam) baisser. • 2 ~se *pron* (fam) se baisser; s'accroupir (en cuclillas). 3 *Amér. Centr.* céder, se soumettre.

agalla 1 *f* ANAT amygdale. 2 ZOOL (se usa más en *pl*) ouïe (de los peces). 3 *Amér.* astuce. • 4 agallas *f pl* (fig, fam) cran, courage.

agalludo, da 1 *adj* *Amér.* audicieux, téméraire. 2 *Amér. Merid.*, *Ant.* radin, avare.

agarradera 1 *f* poignée (asa). • 2 agarraderas *f pl* (fam) piston (influencia).

agarradero 1 *m* poignée. 2 (fig, fam) piston, appui.

agarrado, da *adj/m* y *f* (fig, fam) radin, avare.

agarrar 1 *tr* y *pron* saisir, accrocher. • 2 *tr* attraper (una enfermedad).

agarrón *m* *Amér.* accrochage, engueulade.

agarrotado, da *adj* (fig) raide (miembro); raidi (tieso); engourdi (entumecido).

agarrotar 1 *tr* serrer, presser. • 2 ~se *pron* s'engourdir (un miembro); se raidir (un músculo). 3 se gripper, se coincer (un mecanismo).

agasajar *tr* bien accueillir.

agasajo *m* prévenance; accueil chaleureux.

ágata *f* MIN agate.

agazaparse 1 *pron* (fam) se baisser (encogerse). 2 (fig) se cacher.

agencia 1 *f* agence. 2 bureau. ◆ ~ de aduanas bureau de douane; ~ de prensa agence de presse; ~ de viajes agence de voyages; ~ inmobiliaria agence immobilière.

agenciar 1 *tr* e *intr* procurer; agencer. • 2 *tr* y *pron* se débrouiller; se procurer, décrocher.

agenda 1 *f* agenda. 2 ordre du jour (de una reunión). ◆ ~ de direcciones carnet d'adresses; ~ de teléfonos répertoire.

agente *adj* y *m* agent. ◆ ~ de aduanas douanier; ~ de bolsa o de cambio *Chile* agent de change; ~ ejecutivo huissier.

ágil *adj* agile.

agilizar 1 *tr* y *pron* faciliter. **2** accélérer (trámites).

agitación *f* agitation.

agitador, ra *adj/m* y *f* agitateur.

agitar 1 *tr* y *pron* agiter, remuer (un líquido). **2** (fig) troubler (la conciencia).

aglomeración 1 *f* agglomération. **2** cohue (de gente).

aglomerar *tr* y *pron* agglomérer; agglutiner; accumuler.

aglutinar 1 *tr* y *pron* agglutiner. **2** regrouper (reunir).

agnóstico, ca *adj/m* y *f* agnostique.

agobiar 1 *tr* courber, écraser (sobrecargar). ● **2** *tr* y *pron* (fig) épuiser (cansar); ennuyer; abattre.

agolparse 1 *pron* se presser, s'attrouper (gente). **2** (fig) s'accumuler (problemas).

agonía 1 *f* agonie; souffrance. **2** (fig) angoisse.

agonizante *adj/m* o *f* agonisant; moribond.

agonizar *intr* agoniser.

agosto 1 *m* août. **2** moisson; récolte (cosecha). ■ **hacer su ~** (fig, fam) faire son beurre.

agotador, ra *adj* épuisant.

agotamiento *m* épuisement.

agotar 1 *tr* y *pron* (fig) vider; épuiser (consumir). **2** (fig) exténuer.

agraciado, da 1 *adj* ravissant; charmant. **2** heureux (afortunado).

agraciar 1 *tr* embellir (embellecer). **2** accorder une grâce (conceder).

agradable *adj* agréable; charmant, gentil.

agradar *intr* être agréable; plaire (complacer).

agradecer *tr* remercier; être reconnaissant, savoir gré.

agradecido, da *adj* reconnaissant; obligé.

agradecimiento *m* reconnaissance; gratitude.

agrado 1 *m* complaisance (afabilidad). **2** plaisir (gusto).

agrandar *tr* y *pron* agrandir; grossir (exagerar); augmenter (incrementar).

agrario, ria 1 *adj* agraire. ● **2** *adj/m* y *f* agrarien.

agravante *adj* aggravant.

agravar 1 *tr* augmenter, alourdir (los impuestos). ● **2** *tr* y *pron* aggraver (empeorar).

agraviar 1 *tr* offenser; aggraver. ● **2 ~se** *pron* s'offenser; se vexer.

agravio 1 *m* offense (ofensa). **2** injustice. **3** tort, dommage (perjuicio). **4** DER plainte en appel.

agredir *tr* agresser; attaquer.

agregado, da 1 *m* y *f* professeur titulaire *o* suppléant. **2** attaché. ● **3** *m* agrégation. ● **4** *m* y *f* *Arg.*, *Ur.* métayer.

agregar 1 *tr* ajouter. **2** affecter à un service. **3** joindre, adjoindre. ● **4 ~se** *pron* (~se *a*) se joindre à.

agresión *f* agression.

agresividad *f* agressivité.

agresivo, va *adj* agressif.

agresor, ra *adj/m* y *f* agresseur, assaillant.

agreste *adj* agreste, champêtre.

agriar 1 *tr* y *pron* aigrir, faire tourner. **2** (fig) aigrir, irriter.

agricultor, ra *m* y *f* agriculteur.

agricultura *f* agriculture.

agridulce *adj* aigre-doux.

agrietar 1 *tr* y *pron* crevasser (la tierra). **2** gercer (la piel, los labios). **3** lézarder, fissurer (una pared).

agringarse *pron* *Amér.* prendre les habitudes du gringo.

agrio, gria 1 *adj* aigre. **2** (fig) douloureux. **3** (fig) abrupt, revêche (carácter). **4** (fig) accidenté (terreno). ● **5** *m* aigreur. ● **6 agrios** *m pl* agrumes.

agroalimentario, ria *adj* agroalimentaire.

agrónomo, ma *adj/m* y *f* agrónomo.

agropecuario, ria *adj* agricole.

agrupación *f* groupement.

agrupar *tr* y *pron* rassembler, regrouper.

agua 1 *f* eau. **2** eau, pluie (lluvia). ◆ **~ de colonia** eau de cologne; **~ potable** eau potable; ■ **romper aguas** MED perdre les eaux.

aguacate 1 *m* avocatier (árbol). **2** avocat (fruto).

aguacero 1 *m* averse. **2** (fig, fam) pépins.

aguado, da 1 *adj* coupé avec de l'eau; baptisé (bebida). **2** *Amér.* faible.

aguafiestas *m* o *f* rabat-joie, trouble-fête.

aguafuerte *m* eau-forte.

aguaitar 1 *tr* guetter. **2** *Amér.* attendre.

aguamanil 1 *m* pot à eau. **2** cuvette.

aguantar 1 *tr* tenir (un objeto). **2** retenir, réprimer (un impulso). **3** subir, endurer (una penuria). **4** soutenir, tenir (un peso). **5** supporter, tolérer. ● **6 ~se** *pron* subir, supporter.

aguar 1 *tr* y *pron* baptiser. 2 (fig) troubler (turbar). ● 3 ~se *pron* être innondé. 4 (fig) se gâter.

aguardar 1 *tr* y *pron* attendre. ● 2 *tr* espérer. ● 3 *intr* y *pron* s'arrêter, attendre.

aguardiente *m* eau-de-vie.

aguarrás *m* essence de térébenthine.

aguasarse *pron* Arg., Chile, Ur. devenir grossier.

agudeza 1 *f* finesse (de un arma). 2 (fig) acuité (de los sentidos).

agudizar 1 *tr* aiguiser. 2 (fig) intensifier (conflicto). ● 3 ~se *pron* s'aggraver (una enfermedad).

agudo, da 1 *adj* pointu. 2 (fig) aigu, vif (dolor). 3 (fig) subtil, perspicace.

El acento gráfico o tilde **aguda** marca que la vocal es cerrada (**été**), frente a las abiertas (**chène**) o las neutras (**regard**).

---

agüero *m* présage, augure.

aguijón 1 *m* aiguillon (de insecto). 2 pointe de l'aiguillon. 3 (fig) stimulant, aiguillon.

aguijonear *tr* aiguillonner.

águila 1 *f* aigle. 2 (fig) personne perspicace.

aguileño, ña 1 *adj* aquilin (nariz); allongé (rostro). 2 de l'aigle.

aguilucho *m* aiglon.

aguinaldo *m* étrennes.

agüita *f* Chile, Ecuad. tisane, infusion.

aguja 1 *f* aiguille. 2 aiguille, trotteuse (de un reloj). 3 aiguille, aiguillage (de ferrocarril). 4 aiguille (jeringuilla). 5 aiguille à tricoter (para hacer punto). 6 ARQ flèche, chapiteau. ■ buscar una ~ en un pajar chercher une aiguille dans une meule de foin.

agujerear *tr* y *pron* trouer, percer.

agujero 1 *m* trou. 2 trou (deudas). ◆ ~ negro trou noir.

agujeta 1 *f* aiguillette. ● 2 agujetas *f pl* courbatures.

aguzar 1 *tr* aiguiser, affiler. 2 (fig) stimuler, aiguillonner. 3 (fig) tendre, prêter (los sentidos).

¡ah! *interj* ah!

ahí 1 *adv* là. 2 voilà: ahí viene = le voilà. ■ de ~ que c'est pourquoi; por ~ par-là; por ~, por ~ à peu près, plus ou moins.

ahijado, da *m* y *f* filleul.

ahínco 1 *m* véhémence. 2 acharnement.

ahíto, ta 1 *adj* qui a une indigestion. 2 rassasié, repu. 3 (fig) las, fatigué.

ahogado, da 1 *adj* renfermé, sans air. 2 oppressé (sin respiration). ● 3 *m* y *f* noyé.

ahogar 1 *tr* y *pron* noyer, étrangler. ● 2 *tr* (fig) étouffer (reprimir). ● 3 ~se *pron* se noyer (en el agua). 4 s'étouffer (asfixiarse).

ahogo 1 *m* oppression, étouffement. 2 (fig) chagrin.

ahondar 1 *tr* creuser, approfondir. ● 2 *tr* e *intr* (fig) approfondir, scruter.

ahora 1 *adv* maintenant, à présent. 2 à l'instant même (ahora mismo). 3 tout de suite (a continuación). ● 4 *conj* soit que: ahora se acuerde, ahora se olvide = soit qu'il s'en souvienne, soit qu'il oublie. 5 (valor adversativo) or, mais: no estoy de acuerdo, ahora, si lo quieres así... = je ne suis pas d'accord, mais si tu le veux comme ça.... ■ ~ bien or; de ~ en adelante o desde ~ dorénavant; hasta ~ à tout de suite, à plus tard; por ~ pour le moment.

ahorcar 1 *tr* y *pron* pendre. ● 2 *tr* pendre, suspendre.

ahorita *adv* Amér. (fam) tout de suite, à l'instant même.

ahormar 1 *tr* y *pron* mouler, mettre en forme. ● 2 *tr* (fig) mettre qqn au pas.

ahorrar 1 *tr* épargner, économiser. ● 2 *tr* y *pron* (fig) éviter, épargner.

ahorro 1 *m* épargne. 2 économie. 3 (fig) économie.

ahuecar 1 *tr* rendre creux, évider. 2 (fig) enfler (la voz).

ahuesar 1 *intr* y *pron* Perú perdre son prestige. ● 2 ~se *pron* Chile, Perú devenir inutile et invendable. 3 Guat. maigrir.

ahuevado, da *adj* Amér. craintif, timoré.

ahumado, da *adj* fumé.

ahumar 1 *tr* fumer, saurer. ● 2 *tr* y *pron* enfumer.

ahuyentar 1 *tr* mettre en fuite. 2 (fig) chasser, éloigner.

¡aijuna! *interj* Arg., Bol., Ur. ça alors!

aíllo *m* Amér. Merid. lignée, souche.

airar 1 *tr* ébranler, secouer. ● 2 *tr* y *pron* irriter, mettre en colère.

airbag *m* airbag.

aire 1 *m* air. 2 allure, air (aspecto). 3 désinvolture, grâce. ● 4 aires *m pl* prétentions: *va con aires de grandeza* = *elle affiche des prétentions de grandeur.*

airear 1 *tr* aérer. **2** faire de la publicité. **3** (fig) proclamer, dévoiler. ● **4** ~se *pron* prendre l'air.

aislado, da *adj* isolé.

aislamiento 1 *m* isolement. **2** ELEC isolation.

aislar 1 *tr y pron* isoler. **2** (fig) mettre à l'écart. ● **3** *tr* FÍS isoler.

ajar 1 *tr y pron* défraîchir, user. **2** (fig) flétrir, abîmer (la belleza).

ajedrez *m* échecs.

ajeno, na 1 *adj* d'autrui, des autres. **2** différent, étranger.

ajetreo 1 *m* agitation, affairement. **2** grande fatigue.

ají *m* piment rouge.

ajiaco *m Amér.* sauce au piment rouge.

ajo 1 *m* ail. **2** sauce à l'ail (salsa). **3** (fig) affaire, coup.

ajuar 1 *m* mobilier. **2** trousseau (de novia).

ajustado, da 1 *adj* serré, moulé (ropa). **2** serré, juste (dinero). **3** exact, juste.

ajustar 1 *tr y pron* ajuster; adapter (encajar). **2** régler, modérer. **3** régler, liquider (una cuenta). **4** (fig) aménager, arranger. ● **5** *tr* arranger, convenir (una boda, un negocio). **6** fixer, convenir (un precio). **7** *Amér. Centr., Col.* achever, compléter. ● **8** ~se *pron* se concerter, se mettre d'accord. **9** s'adapter. **10** se serrer.

ajuste 1 *m* ajustement, assemblage. **2** réglage. ◆ ~ **de cuentas** règlement de comptes.

al 1 *prep* (dirección, lugar) au, à, chez: *voy al mercado* = *je vais au marché.* **2 al** + **inf** (indica simultaneidad) quand, lorsque, en + gérondif: *al llegar, nos anunció la noticia* = *il nous a appris la nouvelle en arrivant.*

ala 1 *f* aile. **2** rangée (hilera).

¡ala! *interj* ça ne va pas!; n'importe-quoi!

alabanza 1 *f* louange, éloge. **2** vantardise.

alabar *tr y pron* louer, faire l'éloge de.

alabastro *m* albâtre.

alacena *f* placard.

alacrán *m* scorpion.

alacranear *intr Arg., Par., Ur.* médire.

alado, da 1 *adj* ailé. **2** (fig) léger, rapide.

alagarse *pron Arg., Bol.* faire eau (un barco).

alambique *m* alambic.

alambrada *f* MIL barbelés.

alambrado *m* fil de fer, grillage.

alambre *m* fil de fer. ◆ ~ **de púas** o **de espino** fil de fer barbelé.

alameda *f* allée.

álamo *m* peuplier.

alarde *m* étalage, ostentation.

alardear *intr* faire de l'étalage, se targuer.

alargado, da *adj* allongé.

alargador *m* rallonge.

alargar 1 *tr y pron* allonger. **2** prolonger (prolongar). **3** ajourner, remettre. ● **4** *tr* passer, tendre (alcanzar algo). **5** augmenter (el tamaño).

alarido *m* hurlement.

alarma 1 *f* alarme. **2** alerte. **3** (fig) alarme, inquiétude.

alarmante *adj* alarmant.

alarmar 1 *tr y pron* alarmer, inquiéter. ● **2** *tr* donner o sonner l'alarme.

alarmista *adj/m o f* alarmiste.

alba *f* aube, petit jour.

albacea *m o f* exécuteur testamentaire.

albahaca *f* BOT basilic.

Albania *f* Albanie.

albañil *m o f* maçon.

albarán *m* bulletin de livraison. **2** brevet.

albardear 1 *tr Amér. Centr., Méx.* dompter. **2** *Amér. Centr., Méx.* déranger (molestar).

albaricoque *m* abricot.

albaricoquero *m* abricotier.

albedrío 1 *m* arbitre. **2** fantaisie, caprice (capricho). ◆ **libre** ~ libre arbitre.

alberca *f* bassin, réservoir.

albergar 1 *tr* héberger, loger. **2** nourrir (sentimientos). **3** éprouver (emociones).

albergue 1 *m* auberge (lugar). **2** hébergement.

albino, na *adj/m y f* albinos.

albóndiga *f* GAST boulette.

albor 1 *m* blancheur. **2** aube.

albornoz 1 *m* peignoir. **2** tissu-éponge (tela).

alborotar 1 *tr y pron* troubler, altérer. **2** soulever, ameuter (sublevar).

alboroto 1 *m* vacarme, tapage. **2** *Méx.* grande joie.

alborozar *tr y pron* remplir de joie.

alborozo *m* grande joie.

albufera *f* étang salé, lagune.

álbum *m* album.

alcachofa 1 *f* artichaut. **2** pomme (ducha).

alcahuete, ta 1 *m y f* entremetteur. **2** (fig, fam) cancanier.

alcaide *m* gouverneur d'une prison; geôlier (carcelero).

alcalde, sa *m y f* maire.

alcaldía 1 *f* charge de maire. 2 Hôtel de ville, mairie.

alcalino, na *adj* alcalin.

alcance 1 *m* portée. 2 poursuite (persecución). 3 talent (talento). 4 envergure, ampleur. 5 MIL portée (de un arma).

alcancía *f* tirelire.

alcanfor *m* camphre.

alcantarilla 1 *f* égout. 2 *Méx.* réservoir.

alcantarillado *m* réseau d'egouts.

alcanzar 1 *tr* rattraper. 2 saisir, prendre (coger). 3 passer (tender, pasar): *¿me alcanzas el salero? = tu pourrais me passer la salière?* 4 *tr* e *intr* atteindre (llegar). ● 5 *intr* suffire, en avoir. 6 parvenir à, reussir à. ● 7 ~se *pron* se rejoindre.

alcaparra 1 *f* câpre. 2 câprier (arbusto).

alcayata *f* clou à crochet.

alcázar *m* forteresse, château fort.

alce *m* élan.

alcoba 1 *f* chambre à coucher. 2 (fig) alcôve.

alcohol *m* alcool. ◆ ~ **absoluto** alcool absolu.

alcohólico, ca *adj/m y f* alcoolique.

alcoholismo *m* alcoolisme.

alcornoque *m* chêne-liège.

alcurnia *f* lignée, lignage.

alcuza *f* burette à huile.

aldaba 1 *m* heurtoir, marteau de porte. ● 2 **aldabas** *f pl* (fig, fam) piston.

aldea *f* village, hameau.

aldeano, na *adj/m y f* villageois.

aleación *f* alliage (de metales).

aleatorio, ria *adj* aléatoire.

alebrestarse 1 *pron Méx.* se griser. 2 *Méx.* s'alarmer.

aleccionar 1 *tr y pron* instruire, former. ● 2 *tr* réprimander, chapitrer (reprender).

alegar 1 *tr* mettre en avant, invoquer (argumentos). 2 disputer (Amér.). ● 3 *intr* DER plaider (el abogado).

alegato 1 *m* (fig) plaidoyer. 2 DER plaidoirie. 3 *Amér.* dispute, démêlé.

alegoría *f* allégorie.

alegrar 1 *tr* réjouir, égayer. 2 animer. ● 3 ~se *pron* se réjouir, être heureux. 4 (fig, fam) se griser (achisparse).

alegre 1 *adj* gai, joyeux. 2 vif (color). 3 (fig, fam) gris, gai (achispado).

alegría 1 *f* joie, allégresse. 2 insouciance (despreocupación). ■ **no caber en sí de** ~ ne plus se tenir de joie; **saltar de** ~ sauter de joie.

alejar 1 *tr y pron* éloigner. 2 écarter (apartar). ● 3 *tr* (fig) repousser, chasser (una idea). ● 4 ~se *pron* partir.

alelar *tr y pron* hébéter.

aleluya 1 *amb* REL alléluia. ● 2 **¡aleluya!** *interj* bravo!

alemán, na 1 *adj* allemand. ● 2 *m y f* Allemand. ● 3 *m* allemand (lengua).

Alemania *f* Allemagne.

alentar 1 *intr* reprendre son souffle. ● 2 *tr y pron* encourager, animer. ● 3 ~se *pron Amér.* aller mieux (un enfermo).

alergia *f* allergie.

alérgico, ca *adj/m y f* allergique.

alero 1 *m* avant-toit, auvent. 2 côté, bord, flanc.

alerta 1 *f* alerte. ● 2 *adv* en alerte. ■ **estar** ~ être sur ses gardes.

alertar 1 *tr* avertir (avisar).

aleta 1 *f* nageoire. 2 aile (de la nariz, de un coche). 3 palme (de natación).

aletargar 1 *tr* engourdir. ● 2 ~se *pron* entrer en léthargie.

aletear 1 *intr* battre des ailes (un ave). 2 agiter les nageoires (un pez).

alevín 1 *m* (fig) débutant, novice. 2 ZOOL alevin (pez).

alevosía 1 *f* traîtrise. 2 DER traîtrise.

alfabético, ca *adj* alphabétique.

alfabeto *m* alphabet.

alfajor 1 *m* sorte de pain d'épice. 2 *Arg., Chile* crêpe. 3 *R. Dom., Venez.* gâteau au gingembre.

alfalfa *f* BOT luzerne.

alfarero, ra *m y f* potier.

alféizar 1 *m* ARQ tablette (vuelta). 2 ARQ appui (rebaje).

alférez 1 *m* MIL sous-lieutenant (oficial). 2 MIL porte-drapeau (abanderado).

alfil *m* fou.

alfiler *m* épingle. ◆ ~ **de corbata** épingle de cravate; ~ **de la ropa** pince à linge.

alfiletero *m* épinglier, étui à épingles.

alfombra *f* tapis.

alfombrar *tr* recouvrir d'un tapis.

alfombrilla 1 *f* paillasson. 2 MED rubéole.

alforja 1 *f* (se usa más en *pl*) besace. ● 2 **alforjas** *f pl* provisions, vivres.

alga *f* BOT algue.

algarabía 1 f langue arabe. **2** (fig, fam) charabia (habla atropellada). **3** (fig, fam) brouhaha; vacarme (gritería confusa).

algarroba 1 f BOT vesce (planta). **2** BOT caroube (fruto).

algarrobo m BOT caroubier.

algazara f vacarme, brouhaha.

álgebra f MAT algèbre.

Algeria f Algérie.

álgido, da 1 adj algide (muy frío). **2** (fig) critique, décisif.

algo 1 pron indef quelque chose. **2** un peu (un poco): bebe algo de agua o no podrás tragarlo = bois un peu d'eau ou tu ne pourras pas l'avaler. **3** adv un peu: está algo enfadado después de tu respuesta = il est un peu fâché suite à ta réponse. **4** un ~ m (fam) un je-ne-sais-quoi. ■ ~ es ~ cela vaut mieux que rien; por ~ ce n'est pas pour rien; tener ~ que ver y être pour qqch.

algodón 1 m coton. **2** BOT cotonnier.

algoritmo m INF, MAT algorithme.

alguacil 1 m huissier. **2** TAUROM alguazil.

alguien pron indef quelqu'un: he visto a alguien allí = j'ai vu quelqu'un là-bas.

algún (apócope de alguno) adj indef (antepuesto a un m) quelque, un: algún día = un jour. ■ ~ tanto quelque peu, un peu; en ~ lugar quelque part.

alguno, na (pl algunos, algunas) **1** adj quelque: tengo algunos amigos = j'ai quelques amis; un: tengo alguna compañera = j'ai une camarade. **2** aucun (ningún): no tengo suerte alguna en el trabajo = je n'ai aucune chance avec ce travail. **3** un peu (un poco): me das alguna esperanza = si me donnes un peu d'espoir. **4** pron indef l'un: alguna de ellas me lo dirá = l'une d'entre elles me le dira; quelqu'un (singular); certains, d'aucuns (plural): algunos lo creen = certains le pensent.

alhaja 1 f bijou; joyau (de gran valor). **2** bijou (una cosa, un niño). **3** perle.

alharaca f (se usa más en pl) explosion, débordement (de un afecto).

alhelí m BOT giroflée.

aliado, da 1 adj/m y f allié. ● **2 aliados** m pl HIST alliés.

alianza f alliance.

aliar tr y pron allier.

alias 1 m surnom; sobriquet. ● **2** adv autrement dit, surnommé.

alicaído, da 1 adj qui a les ailes tombantes. **2** (fig, fam) abattu, découragé.

alicate m (se usa más en pl) pince.

aliciente 1 m attrait, intérêt. **2** stimulant (incentivo).

alienación f aliénation.

aliento 1 m haleine. **2** respiration; souffle (soplo). **3** (fig) encouragement (estímulo). **4** (fig) vigueur, force. ■ estar sin ~ être essoufflé; être découragé.

aligerar 1 tr y pron alléger. ● **2** tr (fig) soulager, calmer (el dolor, una pena). ● **3** intr abréger (acelerar). ● **4** intr y pron se dépêcher.

alijo 1 m contrebande. **2** MAR déchargement.

alimaña 1 f bête nuisible (en la caza). **2** (fig) vermine, canaille.

alimentación 1 f alimentation. **2** nourriture. **3** INF alimentation.

alimentar 1 tr nourrir; alimenter (enfermos). **2** alimenter, approvisionner. **3** (fig) alimenter, nourrir (vicios, sentimientos). **4** INF alimenter. ● **5** ~se pron (~se de o con) s'alimenter de, se nourrir de.

alimenticio, cia 1 adj alimentaire. **2** nourrissant (nutritivo).

alimento 1 m nourriture. **2** (fig) nourriture.

alinderar tr Amér. borner.

alineación 1 f alignement. **2** DEP formation (de un equipo).

alineado, da adj aligné.

alinear 1 tr y pron aligner. ● **2** tr DEP faire jouer. ● **3** ~se pron DEP (~se en) faire partie de.

aliñar 1 tr y pron arranger, orner. ● **2** tr GAST assaisonner.

aliño 1 m ornement, apprêt (de una cosa). **2** propreté, hygiène (de una persona). **3** GAST assaisonnement.

alioli m GAST aïlloli.

alisar 1 tr aplanir. **2** lisser; polir (pulir). **3** lisser (el cabello).

alistar 1 tr inscrire sur une liste. **2** MIL recruter, enrôler (soldados). ● **3** tr préparer rapidement.

aliviar 1 tr alléger (una carga). **2** soulager, calmer (el dolor). **3** (fig) soulager. **4** (fig) adoucir: tus palabras han aliviado mi pena = tes paroles ont adouci ma peine. ● **5** ~se pron aller mieux (un enfermo).

alivio 1 m allègement. **2** amélioration (de un enfermo). **3** (fig) soulagement. **4** (fig) réconfort (consuelo).

aljibe 1 *m* citerne. **2** MAR bateau-citerne (barco). **3** MAR réservoir. **4** Col. puits d'eau.

allá 1 *adv* là-bas. **2** autrefois: *allá por 1939 = autrefois, vers 1939*. ■ ~ **abajo** là en bas; ~ **arriba** là-haut; ~ **en estos tiempos** dans ce temps-là; ~ **tú** (fam) tan pis pour toi, c'est ton affaire; **el más** ~ l'au-delà; **más** ~ plus loin.

allanamiento 1 *m* aplanissement. **2** DER violation. ◆ ~ **de morada** DER violation de domicile.

allanar 1 *tr, intr* y *pron* aplanir, niveler. • **2** *tr* (fig) vaincre, surmonter. **3** DER violer (una morada). • **4** ~**se** *pron* (fig) se soumettre, se plier (someterse). **5** (fig) s'écrouler, s'écrouler (derrumbarse).

allegado, da 1 *adj* voisin, proche. • **2** *adj/m* y *f* parent, proche. **3** partisan. **4** *Chile* hôte. • **5 allegados** *m pl* entourage.

allí 1 *adv* là: *ves hasta allí = va jusque là*. **2** alors, à cette occasion: *allí empezaron los problemas = alors les problèmes ont commencé*.

alma 1 *f* âme. **2** (fig) âme (persona): *no había ni un alma = il n'y avait pas une âme*. **3** (fig) âme (parte principal). **4** (fig) centre, foyer (foco). **5** (fig) âme, sentiment, vie. ◆ ~ **de cántaro** (fig, fam) gourde, cruche; ~ **de Dios** (fig) bonne âme; ~ **en pena** (fig) âme en peine; ~ **gemela** âme sœur; **con el** ~ (fig) de toute son âme; **en el** ~ (fig) sincèrement; **llegar al** ~ (fig) aller droit au cœur; **partir el** ~ (fig) fendre l'âme.

almacén 1 *m* entrepôt. **2** (se usa más en *pl*) magasin (tienda). **3** *Arg., Ur.* épicerie. **4** *Par., R. Dom.* magasin de vente en gros.

almacenar 1 *tr* stocker, emmagasiner. **2** INF stocker.

almanaque *m* almanach.

almeja *f* ZOOL clovisse.

almena *f* créneau.

almendra *f* amande. ◆ ~ **garapiñada** praline.

almendro *m* BOT amandier.

almíbar *m* sirop.

almibarado, da 1 *adj* au sirop. **2** (fig, fam) doucereux, mielleux.

almidón *m* BIOQ amidon.

almidonar *tr* amidonner, empeser.

almirante *m* amiral.

almirez *m* mortier en métal.

almizcle *m* musc.

almohada 1 *f* oreiller. **2** taie d'oreiller (funda).

almohadilla 1 *f* coussinet (de costura). **2** panneau, coussin de bât (en los arreos). **3** coussinet (para sentarse). **4** tampon encreur (para sellar). **5** ANAT coussinet. **6** ARQ coussinet (de una voluta). **7** ARQ bossage (saliente).

almohadón 1 *m* coussin. **2** ARQ coussinet.

almorrana *f* (fam) (se usa más en *pl*) hémorroïdes.

almorzar *tr* e *intr* déjeuner.

almuerzo 1 *m* déjeuner (al mediodía). **2** petit déjeuner (por la mañana).

alocado, da 1 *adj* écervelé, étourdi (persona). **2** irréfléchi, déraisonnable (acción).

áloe o **aloe** *m* BOT aloès.

alojamiento *m* logement.

alojar 1 *tr* y *pron* loger, héberger: *se aloja en una pensión = il loge dans une pension*. **2** loger, mettre (colocar dentro).

alondra *f* alouette.

alopecia *f* MED alopécie, pelade.

alpargata *f* espadrille.

alpinismo *m* alpinisme.

alpinista *m* o *f* alpiniste.

alpino, na *adj* alpin.

alpiste 1 *m* (fig, fam) pinard (vino). **2** BOT alpiste.

alquilar *tr* y *pron* louer. ■ **se alquila** à louer.

alquiler 1 *m* location. **2** loyer (precio). ■ **de** ~ en location; à louer (pisos).

alquimia *f* alchimie.

alquitrán *m* goudron.

alrededor 1 *adv* autour. **2** (fam) environ. • **3 alrededores** *m pl* alentours, environs.

Las dos traducciones más usuales para **alrededor** son *autour* y *aux alentours*; pero mientras *autour* designa una zona circular y precisa, *aux alentours* se emplea para señalar una zona vaga, más o menos cercana y circular.

alta 1 *f* entrée, admission (en un oficio, una escuela, etc.). **2** bulletin de sortie (de un hospital). **3** incorporation (en una actividad). **4** MIL inscription, conscription. ■ **dar** o **darse de ~** s'inscrire.

altanería 1 f arrogance; fierté, orgueil. **2** haut vol (caza).

altanero, ra 1 adj de haut vol. **2** (fig) hautain, orgueilleux.

altar 1 m autel. **2** MIN autel. ◆ **~ mayor** maître-autel.

altavoz m haut-parleur.

alteración 1 f altération. **2** trouble, agitation (sobresalto). **3** émeute, tumulte. **4** MÚS altération.

alterar 1 tr y pron altérer, transformer. **2** altérer, gâter (estropear). **3** troubler, émouvoir (perturbar). **4** irriter; fâcher (enojar).

altercado m altercation, dispute.

alternancia f alternance.

alternar 1 tr alterner, faire alterner. ● **2** intr (~ con) fréquenter. ● **3** intr y pron alterner, se relayer.

alternativo, va 1 adj alternatif. ● **2** f alternative.

alterno, na 1 adj alternatif. **2** ELEC alternatif (corriente). **3** MAT alterne.

alteza 1 f hauteur. **2** altesse (tratamiento).

altibajos 1 m pl inégalités, irrégularités (de un terreno). **2** (fig, fam) hauts et bas.

altillano m Amér. Merid. plateau.

altillo 1 m soupente. **2** Arg., Ecuad. mansarde (desván). **3** Perú entresol (entresuelo).

altímetro 1 adj altimétrique. ● **2** m AER altimètre.

altipampa f Arg., Bol. haut plateau.

altiplanicie f haut plateau.

altisonante adj pompeux, grandiloquant.

altitud 1 f altitude. **2** GEOG altitude.

altivo, va adj hautain, arrogant (persona).

alto, ta 1 adj haut, élevé. **2** grand (de estatura). **3** fort (volumen). **4** haut, éminent. ● **5** m hauteur. ● **6 altos** m pl Amér. étages élevés. ● **7** adv haut. ● **8** ¡alto! interj halte! ■ **en lo ~** tout en haut; **pasar por ~** échapper, oublier (olvidar); passer sur (omitir); **poner muy ~** porter aux nues (alabar, loar); **por todo lo ~** de premier ordre.

altoparlante m Amér. haut-parleur.

altramuz m BOT lupin.

altruismo m altruisme.

altura 1 f hauteur, haut. **2** altitude (altitud). **3** taille (de una persona). **4** hauteur, niveau (nivel): *están a la misma altura* = ils

sont au même niveau. **5** (fig) mérite, valeur. **6** ASTR, GEOM, MAT hauteur. ● **7 alturas** f pl hauts sommets; cieux. ■ **a estas alturas** (fig) à l'heure actuelle, à présent.

alubia f haricot.

alucinación f hallucination.

alucinante 1 adj hallucinant. **2** trompeur (engañador). **3** (fig, fam) hallucinant.

alucinar 1 tr halluciner. **2** tromper, leurrer (embaucar). ● **3** tr y pron surprendre. ● **4** intr avoir des hallutinations.

alud 1 m avalanche. **2** (fig) avalanche, déluge.

aludir 1 intr faire allusion à, parler de (mencionar). **2** se référer à, renvoyer à (en un texto).

alumbrado, da 1 adj éclairé. **2** (fam) gris, éméché (achispado). ● **3** m éclairage.

alumbrar 1 tr e intr éclairer. **2** enfanter, accoucher (dar a luz). ● **3** tr y pron (fig) éclairer, instruire. ● **4** ~se pron (fam) se griser, s'enivrer.

aluminio m QUÍM aluminium.

alumnado m ensemble des élèves.

alumno, na m y f élève.

alusión f allusion.

aluvión 1 m crue. **2** (fig) torrent; avalanche. ■ **de ~** GEOL alluvionnaire.

aluzar tr Amér. éclairer.

alveolo o **alvéolo** m ANAT alvéole.

alza 1 f hausse (de los precios, de las armas). **2** TEC hausse, vanne. ■ **estar en ~** (fam) avoir la cote; **jugar al ~** BOLSA jouer à la hausse.

alzado, da 1 adj qui fait banqueroute. **2** rebelle. **3** Amér. (fig) insolent, arrogant. ● **4** m assemblage (en serigrafía). **5** ARQ levé. **6** GEOM tracé. ■ **a tanto ~** à forfait.

alzamiento 1 m haussement. **2** levée (acción). **3** soulèvement, révolte (motín). **4** COM banqueroute.

alzar 1 tr y pron lever. ● **2** tr soulever (a poca altura). **3** hausser (los precios, la voz). **4** ériger, bâtir (un edificio). **5** lever (un castigo, una sanción). **6** AGR rentrer (la cosecha). **7** TEC assembler. ● **8** tr y pron relever (del suelo). **9** (fig) soulever (sublevar). ● **10** ~se pron (~se con) s'emparer de. **11** DER interjeter appel, se pourvoir.

ama 1 f maîtresse de maison. **2** propriétaire (dueña). ◆ **~ de casa** maîtresse de maison; **~ de cría** nourrice.

amabilidad f amabilité, gentillesse.

amable *adj* aimable, gentil.

amachinarse *pron* Amér. vivre en concubinage.

amaestrar 1 *tr* y *pron* dresser (animales). 2 exercer, instruire.

amagar 1 *tr* faire mine de (hacer ademán de). 2 menacer, s'annoncer. 3 se déclarer (una enfermedad). 4 esquisser (un saludo, una sonrisa). ● 5 *intr* être sur le point de. ● 6 ~se *pron* (fam) se cacher.

amago 1 *m* signe, commencement. 2 menace (amenaza). 3 tentative. 4 MED symptôme.

amainar 1 *intr* se calmer, faiblir (el viento, la tormenta). 2 (fig) modérer, réduire. ● 3 *tr* MAR amener.

amalgama *f* MIN, QUÍM amalgame.

amalgamar *tr* y *pron* amalgamer.

amamantar *tr* allaiter.

amanecer 1 *impers* faire jour. ● 2 *intr* arriver au lever du jour. 3 se réveiller: amaneció con dolor de cabeza = elle s'est réveillée avec un mal de tête.

amanecer *m* lever du jour.

amanerado, da 1 *adj* maniéré, affecté. 2 (fam) efféminé. 3 Amér. Centr., Amér. Merid. trop courtois.

amansar 1 *tr* dompter. 2 (fig) calmer, apaiser. ● 3 *tr* y *pron* apprivoiser. ● 4 ~se *pron* s'adoucir (el carácter).

amante 1 *adj* qui aime, aimant. ● 2 *m* o *f* amant, maîtresse (*f*). ● 3 **amantes** *m pl* amoureux.

amañar 1 *tr* truquer. ● 2 ~se *pron* se débrouiller, s'arranger. 3 vivre en concubinage (amancebarse).

amapola *f* BOT coquelicot.

amar *tr* aimer.

amarar *intr* amerrir.

amargar 1 *tr* rendre amer. ● 2 *tr* y *pron* (fig) accabler, affliger. 3 (fig) aigrir. 4 (fig) empoisonner, gâter. ● 5 *intr* y *pron* être amer.

amargo, ga 1 *adj* amer. 2 (fig) amer, pénible (que causa aflicción). 3 (fig) amer, blessant. ● 4 *m* amertume.

amargura 1 *f* amertume. 2 (fig) amertume, découragement; mélancolie. ● 3 **amarguras** *f pl* ennuis.

amarillo, lla *adj* y *m* jaune.

amarra 1 *f* martingale (de los caballos). 2 MAR amarre. ● 3 **amarras** *f pl* (fig, fam) piston, relations.

amarrado, da *adj* Amér. avare, pingre.

amarrar 1 *tr* ficeler, ligoter. 2 MAR amarrer. 3 Amér. convenir, agréer. ● 4 ~se *pron* (fam) s'assurer.

amarrete *adj* Arg., Chile, Perú égoïste, radin.

amasar 1 *tr* pétrir. 2 (fig) amasser (fortuna, bienes). 3 (fig, fam) machiner, tramer.

amasijo 1 *m* pétrissage. 2 gâchis, mortier (de yeso, agua, etc.). 3 pâte pétrie (de harina). 4 (fig, fam) ramassis (mezcla confusa). 5 (fam) complot, intrigue.

amateur *adj/m* o *f* DEP amateur.

amatista *f* MIN améthyste.

amazona *f* amazone.

ambages *m pl* (fig) ambages. ■ **sin** ~ (fig) sans ambages.

ámbar *m* ambre.

ambición *f* ambition.

ambicionar *tr* ambitionner.

ambicioso, sa *adj/m* y *f* ambitieux.

ambidextro, tra o **ambidiestro, tra** *adj/m* y *f* ambidextre.

ambientador, ra 1 *m* désodorisant. ● 2 *m* y *f* CINE créateur d'une ambiance.

ambientar 1 *tr* créer l'ambiance de. ● 2 ~se *pron* s'adapter, s'habituer.

ambiente 1 *m* atmosphère. 2 climat, ambiance (entorno). 3 milieu (medio). 4 ECOL milieu ambiant. 5 Arg., Chile pièce. ◆ **medio** ~ ECOL environnement.

ambigüedad *f* ambiguïté.

ambiguo, gua *adj* ambigu, équivoque.

ámbito 1 *m* enceinte, contour (recinto). 2 (fig) cadre.

ambos, bas 1 *adj pl* les deux. ● 2 *pron* tous les deux: vinieron ambos = tous les deux sont venus.

ambucia *f* Chile voracité.

ambulancia *f* ambulance.

ambulante *adj* ambulant, itinérant.

ambulatorio, ria 1 *adj* ambulatoire. ● 2 *m* dispensaire.

ameba *f* ZOOL amibe.

amedrentar *tr* y *pron* effrayer.

amén *m* amen. ■ ~ **de** (fam) en plus de, outre; **decir** ~ **a todo** dire amen à tout.

amenaza *f* menace.

amenazar 1 *tr* menacer. ● 2 *tr* e *intr* menacer de.

amenizar *tr* égayer, distraire.

ameno, na *adj* agréable.

América f Amérique. ◆ ~ **del Norte** Amérique du Nord; ~ **del Sur** Amérique du Sud.

americana f veste.

americano, na 1 adj américain. ● 2 m y f Américain.

amerindio, dia 1 adj amérindien. ● 2 m y f Amérindien.

ameritar 1 tr y pron Amér. donner des mérites. ● 2 intr Amér. acquérir des mérites.

amerizar intr amerrir.

ametralladora f mitrailleuse.

ametrallar tr mitrailler.

amianto m MIN amiante.

amigable 1 adj aimable, amical. 2 (fig) combiné, associé.

amígdala f ANAT amygdale.

amigo, ga 1 adj amical. 2 (fig) amateur (aficionado). ● 3 adj/m y f ami. 4 m y f amant (amante). 5 mon ami (vocativo). ◆ ~ **del alma** ami intime; ■ **como amigos** en amis.

amiguismo m copinage.

amilanado, da adj effrayé, lâche.

amilanar 1 tr (fig) intimider, faire peur. ● 2 ~se pron s'abattre, se décourager.

aminorar 1 tr diminuer. 2 ralentir (la velocidad).

amistad 1 f amitié. 2 affinité (entre cosas). ● 3 amistades f pl amis, relations. ■ **trabar** ~ se lier d'amitié.

amistoso, sa 1 adj amical: partido amistoso = match amical. 2 à l'amiable (de común acuerdo).

amnesia f MED amnésie.

amnistía f amnistie. ◆ ~ **fiscal** ECON amnistie fiscale.

amnistiar tr amnistier.

amo 1 m maître. 2 propriétaire. 3 patron (de un negocio). 4 contremaître (capataz).

amodorrado, da adj assoupi, somnolent.

amodorrarse pron s'assoupir.

amoldar 1 tr y pron mouler. 2 (fig) adapter, ajuster: amoldarse a una situación = s'adapter à une situation.

amonestación 1 f admonestation, avertissement (reprimenda). 2 REL (se usa más en pl) ban.

amonestar 1 tr avertir, réprimander. 2 REL publier les bans.

amoníaco o **amoníaco** m QUÍM ammoniac.

amontonar 1 tr y pron entasser. 2 masser (personas o animales). 3 (fig) accumuler, amonceler. ● 4 ~se pron s'amonceler (sucesos).

amor 1 m amour. ● 2 amores m pl amours; mots d'amour. ◆ ~ **a primera vista** coup de foudre; ~ **platónico** amour platonique; ~ **propio** amour propre; ■ **de mil amores** avec plaisir.

amoral adj amoral.

amoratarse pron devenir violet.

amordazar 1 tr bâillonner. 2 (fig) bâillonner, museler.

amorfo, fa 1 adj amorphe. 2 (fig, desp) bon à rien, imbécile.

amortajar tr ensevelir.

amortiguador, ra 1 adj amortissant. ● 2 m amortisseur.

amortiguar tr y pron amortir.

amortización f amortissement.

amortizar tr amortir.

amostazar tr y pron Amér. rougir.

amotinado, da adj/m y f insurrect, révolté.

amotinar 1 tr y pron ameuter, soulever. 2 (fig) perturber, inquiéter.

amparar 1 tr favoriser, protéger. ● 2 ~se pron s'abriter: ampararse en la ley = s'abriter derrière la loi.

amparo 1 m abri (abrigo). 2 protection. 3 refuge (refugio). ■ **al** ~ **de** à l'abri de (un peligro); sous la protection de (una persona, un beneficio).

amperio m ELEC ampère.

ampliación 1 f élargissement. 2 accroissement (superficie). 3 agrandissement (de una foto). ◆ ~ **de capital** ECON augmentation du capital.

ampliar 1 tr agrandir (un local, una foto). 2 élargir (ensanchar). 3 augmenter (un número, una cantidad). 4 (fig) développer, approfondir.

amplificación f amplification.

amplificar 1 tr amplifier (el sonido). 2 agrandir (ampliar).

amplio, plia 1 adj étendu. 2 ample (prenda de vestir). 3 large (vasto).

amplitud 1 f ampleur. 2 étendue (extensión). 3 (fig) largeur. 4 ASTR amplitude. ■ **con** ~ largement.

ampolla 1 f ampoule (en la piel). 2 ampoule (recipiente). 3 bulle (burbuja). ■ **levantar ampollas** irriter, causer des ennuis.

ampuloso, sa adj ampoulé; emphatique (lenguaje, estilo).

amputar tr amputer.

amuchar tr Amér. (fam) multiplier, augmenter.

amueblar tr meubler.

amuleto m amulette.

amurallar tr entourer de murailles.

amurriarse pron Amér. devenir triste.

anabolizante adj y m anabolisant.

anacardo 1 m anacardier (árbol). **2** anacarde (fruto).

anaconda f ZOOL anaconda.

anacoreta m o f anachorète.

anacrónico, ca adj anachronique.

anacronismo m anachronisme.

anagrama m anagramme.

anal adj ANAT anal.

anales m pl annales.

analfabetismo m analphabétisme.

analfabeto, ta 1 adj/m y f analphabète. **2** ignorant, profane.

analgésico, ca adj y m analgésique.

análisis m analyse.

analista 1 m o f analyste. **2** annaliste (autor de anales).

analizar tr analyser.

analogía f analogie.

analógico, ca adj analogique.

análogo, ga adj analogue.

ananás m ananas.

anaquel 1 m rayon, étagère (armario). **2** tablette (muro).

anarquía f anarchie.

anárquico, ca adj anarchique.

anarquismo m anarchisme.

anatema m o f anathème.

anatomía f anatomie.

anca 1 f hanche (de persona). **2** croupe (de animal). **3** (fam) fesse (nalga). ◆ **ancas de rana** cuisses de grenouille.

ancestral adj ancestral.

anchi 1 m Arg., Chile son grillé. **2** Perú résidu farineux employé pour préparer la "chicha".

ancho, cha 1 adj large. **2** trop large. **3** épais (grueso). ● **4** m largeur (anchura). ■ **estar a mis, tus, sus anchas** être à l'aise; **quedarse tan ~** ne pas s'en faire.

anchoa f anchois.

anchura 1 f largeur. **2** ampleur (de una prenda).

anciano, na 1 adj âgé, vieux. ● **2** m y f vieux, personne âgée.

ancla f ancre. ■ **echar el ~** jeter l'ancre.

anclaje m ancrage, mouillage (fondeadero).

anclar 1 intr ancrer. ● **2** tr y pron (fig) ancrer, enraciner.

ancón m anse.

andador, ra 1 adj/m y f bon marcheur. **2** vagabond.

¡ándale! interj Amér. allez-y!

andaluz, za 1 adj andalou. ● **2** m y f Andalou.

andamio m échafaudage.

andar 1 m démarche. ● **2 andares** m pl allure.

andar 1 intr marcher. **2** marcher; fonctionner (un mecanismo). **3** s'écouler (el tiempo). **4** (~ por) avoir environ. **5** (~ por) se trouver. **6** (fig) être. ● **7** tr se déplacer. **8** ~ + gerundio être en train de + inf. **9** ~ + a + inf aller + inf. ■ **¡anda!** oh là là! (sorpresa); allez! (ánimo); allons donc! (incredulidad); **¡andando!** allons, dépêche toi!; **~ con cuidado** faire attention; **~ de puntillas** marcher sur la pointe des pieds; **~ de puntillas** (fig) être très prudent; **~ tras algo** courir après qqch; **~se con historias** raconter des histoires.

andariego, ga 1 adj bon marcheur. **2** flâneur (azotacalles).

andarivel 1 m va-et-vient (en un río o canal). **2** Amér. ornement excessif.

andén 1 m quai (de estación). **2** bas-côté (de carretera). **3** parapet (pretil). **4** Col., Guat., Hond. trottoir (acera).

andinismo m Amér. Merid. alpinisme.

andino, na adj andin.

Andorra f Andorre.

andorrano, na 1 adj andorran. ● **2** m y f Andorran.

andrajo 1 m haillon; guenille. **2** (fig) loque; guenille (persona).

andrajoso, sa adj déguenillé, loqueteux.

androide m androïde.

anécdota f anecdote.

anecdótico, ca adj anecdotique.

anegar 1 tr y pron inonder (un terreno). **2** noyer (a una persona). ● **3** tr accabler (abrumar). ● **4** ~se pron naufrager.

anejo, ja adj/m y f annexe.

anemia f MED anémie.

anémona o **anemona** f anémone.

anestesia f anesthésie.

anestesiar tr anesthésier.

anexar tr annexer.

anexión f annexion.

anexionar tr y pron annexer.

anexo, xa 1 adj y m annexe. ● 2 **anexos** m pl ANAT annexes.

anfibio, bia 1 adj y m amphibie. ● 2 **anfibios** m pl ZOOL amphibiens.

anfiteatro m amphithéâtre.

anfitrión, na m y f hôte, amphitryon.

ánfora f amphore. 2 Amér. urne.

ángel 1 m ange. 2 (fig) charme. ◆ ~ **de la guarda** ange gardien.

angelical o **angélico, ca** adj angélique.

angina f (se usa más en pl) angine. ◆ ~ **de pecho** MED angine de poitrine.

anglicano, na adj/m y f anglican.

anglosajón, na 1 adj anglo-saxon. ● 2 m y f Anglo-Saxon.

angosto, ta adj étroit; resserré.

anguila f ZOOL anguille.

angula f ZOOL civelle.

angular adj angulaire. ■ **gran ~** ÓPT grand angulaire.

ángulo m ◆ ~ **agudo, llano, obtuso, recto** GEOM angle aigu, plat, obtus, droit; ~ **de reflexión, de refracción, visual** ÓPT angle de réflexion, de réfraction, visuel; ~ **muerto** angle mort.

angurria f Amér. avarice.

angustia 1 f angoisse. 2 peine; chagrin (pena). 3 étouffement (sofoco).

angustiado, da 1 adj angoissé. 2 affligé (afligido).

angustiar 1 tr y pron angoisser. 2 affoler (acongojar).

anhelante 1 adj haletant. 2 (fig) désireux.

anhelar 1 tr souhaiter. 2 attendre avec impatience. 3 aspirer à. ● 4 intr haleter (jadear).

anhelo m désir ardent.

anhídrido m QUÍM anhydride.

anidar 1 intr y pron nicher. 2 (fig) habiter.

anilla 1 f anneau. 2 bague (de un ave, de un cigarro). ● 3 **anillas** f pl anneaux (de gimnasia).

anillo 1 m anneau. 2 bague (sortija). 3 TAUROM arène.

ánima f âme. 2 (fig) âme (en una pieza).

animación 1 f animation. 2 ambiance: *en el local había mucha animación = dans la boîte, il y avait beaucoup d'ambiance.*

animado, da 1 adj animé. 2 en forme (persona).

animador, ra adj/m y f animateur.

animadversión f animadversion.

animal 1 adj y m animal. 2 (fig) brute, bête (insulto). ● 3 m Méx., Perú bestiole (bicho). ◆ ~ **doméstico** animal domestique; ~ **salvaje** bête sauvage.

animalada 1 f (fam) bêtise. 2 (fig, fam) quantité excessive.

animar 1 tr y pron animer. ● 2 tr encourager (estimular). 3 mettre de l'ambiance (una reunión, una fiesta). ● 4 ~se pron s'enhardir (cobrar ánimo). 5 oser, se décider.

ánimo 1 m âme (alma); esprit (espíritu). 2 courage (valor). 3 intention (voluntad). ● 4 **¡ánimo!** interj courage! ■ **levantar el ~** redonner du courage; **sin ~ de** sans l'intention de.

animoso, sa adj courageux.

aniñado, da 1 adj enfantin (aspecto). 2 puéril (comportamiento).

aniquilar 1 tr y pron annihiler (reducir a la nada). 2 (fig) ruiner. 3 (fig) exténuer (agotar).

anís m anis.

anisete m anisette.

aniversario, ria adj y m anniversaire.

ano m anus.

anoche adv hier soir.

anochecer m tombée de la nuit; crépuscule. ■ **al ~** à la nuit tombée.

anochecer 1 intr tomber la nuit. 2 arriver o se trouver à la nuit tombante (en un lugar): *anochecieron en la carretera = ils se trouvaient sur la route à la nuit tombante.*

anodino, na adj anodin.

anomalía f anomalie.

anonadado, da 1 adj abasourdi (estupefacto). 2 anéanti (abatido).

anonadar 1 tr y pron anéantir (reducir a la nada). ● 2 tr (fig) anéantir (apocar). 3 (fig) épater (sorprender).

anonimato m anonymat.

anónimo, ma 1 adj anonyme. ● 2 m lettre anonyme (carta).

anorak m anorak.

anorexia f MED anorexie.

anormal adj/m o f anormal.

anotación f annotation.

anotar 1 tr noter. 2 enregistrer (en un registro público). 3 DEP marquer (tantos).

anovulatorio, ria 1 *adj* anovulatoire. ● **2** *adj* y *m* MED contraceptif oral.

anquilosar *tr* y *pron* ankyloser.

ansia 1 *f* anxiété (congoja). **2** angoisse, affliction. **3** nausée. **4** désir ardent, soif.

ansiar 1 *tr* convoiter (codiciar). **2** rêver de.

ansiedad 1 *f* anxiété. **2** convoitise (anhelo). **3** MED angoisse.

ansioso, sa 1 *adj* anxieux. **2** avide (deseoso).

anta 1 *f* ZOOL élan (alce). **2** ZOOL tapir.

antagónico, ca *adj* antagonique.

antagonismo *m* antagonisme.

antagonista *m* o *f* antagoniste.

antaño *adv* jadis, autrefois (antiguamente).

antártico, ca *adj* antarctique.

Antártida *f* Antarctique.

ante *prep* devant: *se paró ante el umbral = il s'est arrêté devant le seuil*, *hay que ser valiente ante las dificultades = il faut être courageux devant les difficultés*. ■ **~ todo** avant tout.

anteanoche *adv* avant-hier soir.

anteayer *adv* avant-hier.

antebrazo *m* avant-bras.

antecámara *f* antichambre.

antecedente *adj* y *m* antécédent. ◆ **antecedentes penales** DER casier judiciaire; ■ **poner en antecedentes** mettre au courant.

anteceder *tr* précéder.

antecesor, ra 1 *adj/m* y *f* prédécesseur. ● **2** *m* ancêtre (antepasado).

antedicho, cha *adj* dit auparavant.

antediluviano, na *adj* antédiluvien.

antelación *f* anticipation. ■ **con ~** à l'avance.

antellevar *tr* Méx. renverser (atropellar).

antemano (de) *loc adv* d'avance.

antena *f* RAD, ZOOL antenne. ■ **estar en ~** être à l'antenne.

anteojo 1 *m* lunette. ● **2 anteojos** *m pl* lunettes. **3 anteojos** jumelles (prismáticos).

antepasado, da 1 *adj* antérieur. ● **2** *m* (se usa más en *pl*) ancêtre.

antepecho 1 *m* appui (de ventana). **2** poitrail (de las caballerías).

anteponer 1 *tr* y *pron* mettre devant. ● **2** *tr* préférer.

anteproyecto *m* avant-projet.

anterior *adj* antérieur; précédent.

anterioridad *f* antériorité. ■ **con ~** auparavant (antes); à l'avance (con antelación).

antes 1 *adv* avant. ● **2** *conj* plutôt (denota preferencia): *antes morir que resignarse = plutôt mourir que se résigner*. **3** (form) plutôt (más bien, sino que): *no se enfada, antes le divierte = il ne se fâche pas, plutôt ça l'amuse*. ● **4** *adj* précédent: *el día antes = le jour précédent*. ■ **~ bien** bien au contraire; **~ de** avant de: *llámame antes de salir = appelle-moi avant de sortir*; **~ que** avant: *antes que tú = avant toi*; **cuanto ~** le plus tôt possible.

antiabortista *adj/m* o *f* qui s'oppose à la pratique et la légalisation de l'avortement.

antiaéreo, a *adj* antiaérien.

antiarrugas *adj* y *m* antirides.

antibalas *adj* pare-balles.

antibiótico, ca *adj* y *m* BIOL antibiotique.

anticiclón *m* anticyclone.

anticipación *f* anticipation. ■ **con ~** d'avance.

anticipado, da *adj* anticipé. ■ **por ~** à l'avance.

anticipar 1 *tr* anticiper. **2** Amér. prévoir. ● **3 ~se** *pron* devancer. **4** être en avance (ocurrir antes).

anticipo 1 *m* avance. **2** acompte (de una deuda).

anticonceptivo, va *adj* y *m* contraceptif.

anticongelante *adj* y *m* antigel.

anticonstitucional *adj* anticonstitutionnel.

anticuado, da 1 *adj* vieilli. **2** démodé (pasado de moda). **3** vieillot (persona).

anticuario, ria 1 *m* y *f* antiquaire (persona). ● **2** *m* magasin d'antiquités.

anticuerpo *m* BIOL, MED anticorps.

antidopaje 1 *m* antidopage. ● **2** *m* contrôle antidopage.

antídoto *m* antidote.

antiestético, ca *adj* inesthétique.

antifaz 1 *m* masque. **2** loup (que solo cubre frente y ojos).

antigualla *f* vieillerie.

antigüedad 1 *f* antiquité. **2** ancienneté (en un empleo). ● **3 antigüedades** *f pl* antiquités.

antiguo, gua 1 *adj* ancien; vieux. **2** démodé (pasado de moda). ● **3** *m* antique. ● **4 antiguos** *m pl* anciens. ■ **a la antigua** à l'antique.

antihéroe *m* antihéros.

antílope *m* ZOOL antilope.

antiniebla *adj* antibrouillard.

antioxidante 1 *adj* anticorrosif. ● **2** *m* anti-corrosif. ● **3** *adj* y *m* QUÍM antioxydant.

antipatía *f* antipathie.

antipirético, ca *adj* y *m* antipyrétique.

antípoda *adj/m* o *f* (se usa más en *pl*) antipode.

antiséptico, ca *adj* y *m* MED antiseptique.

antisocial *adj* antisocial.

antítesis *f* antithèse.

antivirus *adj* y *m* antivirus.

antojadizo, za *adj* capricieux.

antojarse 1 *pron* avoir envie de. **2** avoir dans l'idée (creer probable).

antojitos *m pl* Méx. apéritif, amuse-gueule.

antojo 1 *m* caprice; envie (de embarazada). **2** envie (lunar). ■ **cada uno a su ~** chacun à sa guise.

antología *f* anthologie.

antónimo, ma *adj* y *m* GRAM antonyme.

antonomasia *f* RET antonomase.

antorcha *f* torche.

antracita *f* anthracite.

antro *m* antre.

antropófago, ga *adj/m* y *f* anthropophage.

antropología *f* anthropologie.

antropólogo, ga *m* y *f* anthropologue.

anual *adj* annuel.

anualidad 1 *f* annualité. **2** annuité (renta).

anuario *m* annuaire.

anudar 1 *tr* y *pron* nouer. **2** attacher (atar). **3** (fig) unir. ● **4** *tr* (fig) renouer (reanudar).

anulación *f* annulation.

anular *adj* y *m* annulaire.

anular 1 *tr* y *pron* annuler. ● **2** *tr* (fig) désavouer (desautorizar).

anunciante *adj/m* o *f* annonceur.

anunciar 1 *tr* annoncer. **2** faire de la publicité pour. **3** pronostiquer.

anuncio 1 *m* annonce. **2** affiche (cartel). **3** publicité. **4** signe (pronóstico). ◆ **anuncios por palabras** petites annonces.

anverso 1 *m* avers. **2** recto (de una página).

anzuelo 1 *m* hameçon. **2** (fig, fam) appât. ■ **picar en el ~** mordre à l'hameçon.

añadidura 1 *f* addition. **2** rallonge (de un vestido). ■ **por ~** en outre.

añadir 1 *tr* ajouter. **2** amplifier.

añejo, ja *adj* vieux.

añicos *m pl* miettes. ■ **hacer ~** réduire en miettes.

añil *adj* y *m* indigo.

año 1 *m* an. **2** année (duración). ◆ **~ académico** o **escolar** année scolaire; **~ entrante** année qui commence; **~ luz** année-lumière; **~ nuevo** nouvel an; **~ sabático** année sabbatique; ■ **entrado en años** d'un âge avancé; **¡feliz ~ nuevo!** bonne année!; **por los años de** vers.

añoranza *f* nostalgie.

añorar *tr* avoir la nostalgie de; regretter.

aorta *f* ANAT aorte.

apabullar 1 *tr* sidérer. **2** (fam) aplatir.

apacentar 1 *tr* faire paître. **2** (fig) repaître (el espíritu). ● **3** *tr* y *pron* (fig) assouvir (deseos, pasiones).

apacible 1 *adj* paisible. **2** doux (dulce).

apaciguar *tr* y *pron* apaiser; pacifier.

apadrinar 1 *tr* parrainer. **2** servir de témoin (en boda o duelo). **3** (fig) patronner (proteger). ● **4 ~se** *pron* recourir à la protection de qqn.

apagado, da 1 *adj* éteint. **2** terne (color). **3** étouffé (ruido). **4** effacé (persona).

apagador 1 *m* éteignoir. **2** MÚS étouffoir. **3** Méx. ELEC interrupteur.

apagar 1 *tr* y *pron* éteindre. ● **2** *tr* étouffer (los sonidos). **3** (fig) étancher (la sed). **4** ART amortir (los colores). **5** INF débrancher.

apagón *m* panne.

apaisado, da *adj* en largeur.

apalabrar 1 *tr* convenir verbalement de. **2** engager (contratar).

apalancar 1 *tr* soulever avec un levier. ● **2 ~se** *pron* (fam) s'incruster (en un sitio).

apalear 1 *tr* battre; rosser. **2** gauler (la fruta). **3** éventer (el grano).

apampar *tr* y *pron* Arg. ébahir.

apañar 1 *tr* arranger; raccommoder. **2** parer (ataviar). **3** prendre (coger). **4** s'emparer de (ilícitamente). **5** Amér. protéger. ● **6 ~se** *pron* (fam) se débrouiller. ■ **apañárselas** se débrouiller.

apaño 1 *m* arrangement. **2** (fam) raccommodage (remiendo). **3** (fam) adresse (maña).

aparador 1 *adj/m* o *f* qui coud les chaussures. ● **2** *m* vitrine (escaparate).

aparato 1 *m* apparat (ostentación). **2** appareil. **3** poste (de radio o televisión). ◆ **aparatos de gimnasia** agrès.

aparatoso, sa 1 *adj* pompeux. **2** exagéré.

aparcacoches *m* o *f* gardien de parking.

aparcamiento 1 *m* stationnement (acción). **2** parking.

aparcar 1 *tr* garer. **2** (fig) ajourner. ● **3** *intr* se garer. ■ **prohibido ~** défense de stationner.

aparear 1 *tr* égaliser. ● **2** *tr* y *pron* appareiller. **3** apparier (animales).

aparecer 1 *intr* y *pron* apparaître. ● **2** *intr* paraître (publicarse). **3** être trouvé.

aparecido, da *m* y *f* revenant.

aparejador, ra *m* y *f* aide-architecte.

aparejar 1 *tr* y *pron* apprêter. **2** parer (adornar). **3** appareiller (emparejar). ● **4** *tr* harnacher (las caballerías). **5** MAR gréer.

aparejo 1 *m* préparation. **2** attirail (lo necesario). **3** harnachement (de una caballería). ● **4 aparejos** *m pl* instruments.

aparentar 1 *tr* faire semblant de. **2** faire (una edad). ● **3** *intr* se faire remarquer.

aparente 1 *adj* apparent. **2** adéquat.

aparición 1 *f* apparition. **2** parution (publicación).

apariencia *f* apparence.

apartadero 1 *m* refuge (de un camino). **2** voie de garage (vía muerta).

apartado, da 1 *adj* écarté, éloigné. ● **2** *m* alinéa (párrafo). ◆ **~ de correos** boîte postale.

apartamento *m* petit appartement.

apartar 1 *tr* y *pron* trier (separar). **2** écarter (alejar). ● **3** *tr* (fig) dissuader. ● **4** **~se** *pron* divorcer.

aparte 1 *adv* de côté (en un otro sitio). **2** à l'écart (en lugar apartado). **3** en plus (además). ■ **~ de** mis à part: *aparte del vestíbulo, la casa era muy luminosa* = *mis à part le vestibule, la maison était très lumineuse.*

aparte 1 *m* alinéa (párrafo). **2** TEAT aparté.

apasionado, da 1 *adj* passionné. **2** partisan.

apasionar *tr* y *pron* passionner.

apatía *f* apathie.

apático, ca *adj/m* y *f* apathique.

apátrida *adj/m* o *f* apatride.

apeadero 1 *m* pied-à-terre. **2** halte (de una estación). **3** montoir (poyo).

apear 1 *tr* y *pron* faire descendre, descendre (de un caballo o vehículo). **2** (fig, fam) dissuader. ● **3** *tr* entraver (las caballerías). **4** caler (un vehículo). **5** délimiter (una finca). **6** abattre (un árbol). **7** (fig) surmonter une difficulté. **8** ARQ étayer (apuntalar). ● **9** **~se** *pron* se loger.

apechugar 1 *intr* pousser avec la poitrine. **2** (fig, fam) (**~ con**) se coltiner. ● **3** **~se** *pron* se tasser (apretujarse).

apedrear 1 *tr* lapider. ● **2** *impers* grêler.

apego 1 *m* affection, attachement: *tiene mucho apego a su hermano mayor* = *il a beaucoup d'affection pour son frère aîné.* **2** intérêt.

apelar 1 *intr* se rapporter (referirse). **2** (fig) avoir recours; faire appel (recurrir). **3** DER faire appel.

apelativo, va 1 *adj* appelatif. ● **2** *m* appellation.

apellidar *tr* y *pron* appeler; nommer.

apellido 1 *m* nom. **2** surnom (mote).

apellinarse *pron Chile* se racornir.

apelmazado, da 1 *adj* compact. **2** (fig) indigeste (obra literaria).

apelotonar *tr* y *pron* pelotonner.

apenado, da *adj* affligé.

apenar 1 *tr* y *pron* affliger; peiner. ● **2** **~se** *pron Amér.* avoir honte.

apenas 1 *adv* à peine (sólo). **2** presque pas (casi no). **3** dès que (luego que): *apenas me vio, cruzó la calle* = *dès qu'il me vit, il traversa la rue.* ■ **~...cuando** à peine... que.

apendejarse 1 *pron Amér. Centr.* avoir peur. **2** *Col., Pan.* devenir sot.

apéndice *m* appendice.

apensionarse *pron Amér. Merid., Méx.* s'attrister.

aperar 1 *tr Amér.* approvisionner. **2** *Arg., Nic., Ur.* seller.

apercibir 1 *tr* avertir; admonester. **2** *Amér.* percevoir (cobrar). ● **3** *tr* y *pron* préparer.

aperitivo, va 1 *adj* apéritif. ● **2** *m* apéritif. **3** amuse-gueule (tapa).

apertura 1 *f* ouverture. **2** percement (de una calle). ◆ **~ centralizada** verrouillage centralisé; **~ de curso** rentrée des classes.

apesadumbrar 1 *tr* affliger; attrister. ● **2** **~se** *pron* (**~se con**, *o* **por**) s'affliger de.

apestar 1 *tr* y *pron* empester. ● **2** *tr* (fig, fam) ennuyer (molestar). ● **3** *intr* empester (oler mal).

apetecer 1 *tr* avoir envie de. ● **2** *intr* plaire.

apetecible *adj* appétissant.

apetencia *f* appétit.

apetito *m* appétit.

apetitoso, sa *adj* appétissant.

apiadar *tr* y *pron* apitoyer.

ápice 1 *m* extrémité; pointe. 2 (fig) partie très petite.

apichonado, da *adj* Chile (fam) amoureux.

apicultura *f* apiculture.

apilar 1 *tr* empiler. 2 entasser (el grano).

apilonar *tr* Amér. empiler.

apiñado, da 1 *adj* en forme de pomme de pin. 2 entassé, serré.

apiñar *tr* y *pron* entasser, empiler.

apio *m* céleri.

apisonadora *f* rouleau compresseur.

apisonar *tr* damer; tasser.

aplacar 1 *tr* y *pron* apaiser. 2 refroidir (el entusiasmo). ● 3 *tr* étancher (la sed).

aplanar 1 *tr* aplanir. 2 (fig, fam) ébahir. ● 3 ~se *pron* (fig) dépérir (perder la animación).

aplastar 1 *tr* y *pron* aplatir. ● 2 *tr* (fig, fam) sidérer.

aplatanar *tr* y *pron* ramollir.

aplaudir 1 *tr* e *intr* applaudir. ● 2 *tr* applaudir à, approuver.

aplauso 1 *m* applaudissement. 2 (fig) éloge.

aplazado, da 1 *adj* Amér. recalé. ● 2 *m* Amér. note éliminatoire.

aplazamiento *m* ajournement.

aplazar 1 *tr* ajourner. 2 convoquer (emplazar).

aplicación 1 *f* application. 2 applique (adorno). 3 (fig) application (esmero). 4 INF application. 5 Amér. requête (solicitud).

aplicar *tr* y *pron* appliquer.

aplique *m* applique.

aplomo *m* aplomb.

apocado, da *adj* timide.

apocalipsis *m* apocalypse.

apocar 1 *tr* diminuer. 2 (fig) limiter. ● 3 *tr* y *pron* (fig) humilier.

apochongarse *pron* Arg., Ur. avoir peur.

apócope *f* GRAM apocope.

apócrifo, fa *adj* apocryphe.

apodar *tr* surnommer.

apoderado, da *adj/m* y *f* fondé de pouvoir.

apoderar 1 *tr* déléguer des pouvoirs à. ● 2 ~se *pron* (~se *de*) s'emparer de.

apodo *m* surnom.

apogeo 1 *m* apogée. 2 ASTR apogée.

apolillarse 1 ~se *pron* être mangé par les mites (la ropa). 2 être vermoulu (la madera). 3 passer de mode.

apolítico, ca *adj/m* y *f* apolitique.

apología *f* apologie.

apoltronarse 1 *pron* se prélasser. 2 mener une vie sédentaire.

apoplejía *f* MED apoplexie.

apoquinar *tr* e *intr* (vulg) cracher.

aporrear 1 *tr* y *pron* frapper, cogner. ● 2 *tr* (fig) importuner.

aportación *f* apport.

aportar 1 *tr* apporter. ● 2 *intr* aborder (tomar puerto).

aposentar 1 *tr* y *pron* loger. ● 2 ~se *pron* (fam) s'asseoir; s'installer.

aposento 1 *m* chambre; pièce. 2 logement (hospedaje).

aposición *f* apposition.

apósito *m* pansement.

aposta *adv* à dessein, exprès.

apostar 1 *tr*, *intr* y *pron* parier. ● 2 *intr* y *pron* rivaliser.

apóstata *adj/m* o *f* apostat.

apostilla *f* apostille.

apóstol *m* apôtre.

apostólico, ca 1 *adj* apostolique. 2 (fig) apologiste.

apóstrofo *m* apostrophe.

apoteosis *f* apothéose.

apoyar *tr* y *pron* appuyer: *su opinión se apoya en la experiencia = son opinion s'appuie sur l'expérience.*

apoyo 1 *m* appui. 2 (fig) protection. 3 (fig) fondement.

apreciar 1 *tr* apprécier. ● 2 ~se *pron* apparaître (dejarse ver).

aprecio 1 *m* appréciation. 2 (fig) estime: *tener gran aprecio a alguien = avoir qqn en grande estime.*

aprehender *tr* appréhender, saisir.

apremiante *adj* pressant; urgent.

apremiar 1 *tr* e *intr* presser (dar prisa). ● 2 *tr* opprimer. 3 contraindre (obligar).

apremio 1 *m* urgence. 2 contrainte (obligación).

aprender *tr* y *pron* apprendre.

aprendiz, za *m* y *f* apprenti.

aprendizaje *m* apprentissage.

aprensión *f* appréhension. ■ dar ~ avoir des scrupules à.

aprensivo, va *adj/m* y *f* appréhensif, craintif.

apresar 1 *tr* saisir. 2 incarcérer (aprisionar).

aprestar 1 *tr* y *pron* apprêter. ● 2 *tr* apprêter (cuero, tejido).

apresurado, da 1 *adj* pressé (persona).
2 (fig) hâtif (decisión, conclusión).

apresurar *tr* y *pron* hâter, presser. ■ **no se apresure** prenez votre temps.

apretado, da 1 *adj* serré. **2** (fig) ardu. **3** (fig) très chargé. **4** (fig) chargé (programa). ■ **estar uno muy ~** (fig, fam) avoir de gros ennuis.

apretar 1 *tr* y *pron* serrer. ● **2** *tr* presser (acelerar, acosar). **3** appuyer sur (un botón). **4** (fig) angoisser; contrarier. ● **5** *tr* e *intr* (fig) harceler (constreñir). ● **6** *intr* redoubler (la lluvia). ■ **~ a correr** se mettre à courir.

apretón 1 *m* serrement. **2** effort (esfuerzo). **3** (fam) besoin pressant (dolor de vientre); pincement (dolor brusco). **4** (fig, fam) embarras (apuro). ◆ **~ de manos** poignée de main.

apretujar 1 *tr* (fam) presser très fort. ● **2 ~se** *pron* se serrer, se tasser.

aprieto 1 *m* oppression. **2** (fig) embarras (apuro).

aprisa *adv* vite.

aprisionar 1 *tr* emprisonner. **2** (fig) lier, tenir.

aprobación *f* approbation.

aprobado, da 1 *adj* approuvé. **2** reçu (examen). ● **3** *m* mention passable.

aprobar 1 *tr* approuver. **2** réussir (un examen).

apropiación *f* appropriation.

apropiado, da *adj* approprié.

apropiar 1 *tr* y *pron* approprier. ● **2 ~se** *pron* (fig) s'attribuer (una idea, un derecho).

aprovechado, da 1 *adj* économe. **2** appliqué (estudiante). **3** employé (dinero, tiempo). **4** conçu (un espacio). ● **5** *adj/m* y *f* (desp) profiteur (persona).

aprovechar 1 *tr* profiter de. ● **2** *intr* profiter; être utile. ● **3** *intr* y *pron* progresser (en estudios, artes). ● **4 ~se** *pron* (~ *de*) profiter de.

aprovisionamiento *m* approvisionnement.

aprovisionar *tr* approvisionner.

aproximación 1 *f* rapprochement (acercamiento). **2** approximation (de un valor).

aproximado, da *adj* approximatif.

aproximar 1 *tr* y *pron* approcher.

aptitud 1 *f* aptitude. **2** disposition.

apto, ta *adj* (~ *para*) apte à.

apuesta *f* pari.

apuesto, ta *adj* élégant.

apuntador, ra 1 *adj/m* y *f* annotateur. ● **2** *m* y *f* TEAT souffleur.

apuntalar *tr* étayer.

apuntar 1 *tr* noter; inscrire. **2** viser (con un arma). **3** montrer (señalar). **4** (fig) faire remarquer. **5** TEAT souffler. ● **6** *intr* poindre (el día). **7** pousser (la barba). ● **8 ~se** *pron* s'inscrire. **9** se piquer (el vino).

apunte 1 *m* note. **2** esquisse (dibujo). **3** TEAT texte du souffleur. ● **4** *apuntes* *m pl* notes (de cours).

apuñalar *tr* poignarder.

apurado, da 1 *adj* gêné. **2** périlleux. **3** précis, exact. **4** pressé (apresurado).

apurar 1 *tr* épuiser, finir. **2** examiner (averiguar). **3** (fig) presser (apremiar). ● **4** *tr* y *pron* attrister. ● **5 ~se** *pron* s'inquiéter. **6** *Amér.* se dépêcher.

apuro 1 *m* gêne; embarras (aprieto). **2** difficulté.

aquejar 1 *tr* affliger. **2** frapper (una enfermedad). ■ **estar aquejado de** souffrir de.

aquel, lla (*pl* **aquellos, llas**) **1** *adj demos* ce, cette (*f*), ces: *aquel perro = ce chien, aquella casa = cette maison, aquellas cosas = ces choses*. **2** (seguido de *vocal o h muda*) cet, cette (*f*), ces: *aquel hombre = cet homme*. ● **3** *m* (fam) charme.

aquél, lla (*pl* **aquellos, llas**) **1** *pron demos* celui-là, celle-là (*f*) ceux-là: *su casa era aquélla = sa maison était celle-là*. **2** *aquello* cela, ce.

aquí 1 *adv* ici. **2** en ce moment. **3** (fig) (precedido de *prep*) là. ■ **~ y allí** çà et là; **de ~ para allí** d'ici là.

aquietar *tr* y *pron* apaiser.

ara 1 *m* autel. **2** *Amér.* ZOOL ara (guacamayo). ■ **en aras de** au nom de.

árabe 1 *adj* arabe. ● **2** *m* o *f* Arabe. ● **3** *m* arabe (lengua).

> Son préstamos lingüísticos del árabe unas 250 palabras, entre las que destacan: **alchimie, algèbre, azur, chiffre, coton, douane, hasard, matraque, sucre, zénith**.

arácnido, da *adj* y *m* ZOOL arachnide.

arado *m* charrue.

aragonés, sa 1 *adj* aragonais. ● **2** *m* y *f* Aragonais. ● **3** *m* aragonais (dialecto).

arancel *m* tarif douanier.

arándano *m* BOT airelle.

arandela 1 *f* bobèche (de candelero). **2** candélabre d'applique. **3** MEC rondelle. **4** *Amér.* jabot.

araña 1 *f* araignée. **2** lustre (lámpara). **3** (fig, fam) profiteur.

arañar 1 *tr* y *pron* griffer. ● **2** *tr* rayer (una superficie). **3** (fig, fam) ramasser.

arañazo 1 *m* égratinure (en la piel). **2** coup de griffe.

arar 1 *tr* labourer.

araucano, na 1 *adj* araucan. ● **2** *m* y *f* Araucan.

arbitraje *m* arbitrage.

arbitrar *tr* arbitrer.

arbitrariedad *f* arbitraire.

arbitrario, ria *adj* arbitraire.

arbitrio 1 *m* autorité. **2** libre arbitre. **3** DER arbitrage. ● **4 arbitrios** *m pl* impôts municipaux.

árbitro, tra 1 *adj* indépendant. ● **2** *m* y *f* DEP, DER arbitre.

árbol 1 *m* arbre. **2** MAR mât. ◆ ~ **de Navidad** sapin de Noël; ~ **genealógico** arbre généalogique.

arboladura *f* MAR mâture.

arboleda *f* bois.

arbusto *m* arbuste.

arca 1 *f* coffre. **2** coffre-fort (para guardar dinero). ● **3 arcas** *f pl* coffres (en las tesorerías). ◆ ~ **de la alianza** REL arche d'alliance; ~ **de Noé** arche de Noé.

arcada 1 *f* arcade. **2** arche (de un puente). **3** nausée (náusea).

arcaico, ca *adj* archaïque.

arcaísmo *m* archaïsme.

arcángel *m* archange.

arce *m* BOT érable.

arcén *m* bas-côté.

archidiócesis *f* archevêché.

archiduque, sa *m* y *f* archiduc, archiduchesse (*f*).

archipiélago *m* archipel.

archivador, ra 1 *m* y *f* archiviste. ● **2** *m* classeur (mueble).

archivar 1 *tr* classer. **2** INF archiver.

archivo 1 *m* archives. **2** INF fichier.

arcilla *f* argile.

arción *m Col., Méx.* arçon situé en avant (de montar).

arco 1 *m* arc. **2** ANAT arcade. **3** ARQ arc. **4** MÚS archet. ◆ ~ **iris** arc-en-ciel; ~ **voltaico** ELEC arc voltaïque.

arder 1 *tr, intr* y *pron* brûler. ● **2** *intr* avoir en feu (una parte del cuerpo).

ardid *m* ruse.

ardido, da 1 *adj* hardi. **2** *Amér.* irrité.

ardiente 1 *adj* ardent. **2** *Chile, Perú* luxurieux.

ardilla *f* ZOOL écureuil.

ardor *m* ardeur. ◆ ~ **de estómago** brûlures d'estomac.

arduo, dua *adj* ardu.

área 1 *f* aire. **2** zone (zona). **3** sujet, domaine. **4** AGR are (medida). **5** DEP surface. **6** GEOM surface. ◆ ~ **de servicio** aire de service; ~ **metropolitana** district urbain.

arena 1 *f* sable. **2** TAUROM arènes. ◆ **arenas movedizas** sables mouvants.

arenga *f* harangue.

arenoso, sa *adj* sablonneux.

arenque *m* ZOOL hareng.

arepa *f Amér.* galette de maïs.

arete *m* boucle d'oreille.

argamasa *f* mortier.

Argelia *f* Algérie.

argelino, na 1 *adj* algérien. ● **2** *m* y *f* Algérien.

Argentina *f* Argentine.

argentino, na 1 *adj* argentin. ● **2** *m* y *f* Argentin.

argolla 1 *f* anneau. **2** *Amér. Merid.* alliance (de matrimonio).

argot *m* argot.

argucia *f* argutie.

argüir 1 *intr* argumenter, arguer de. ● **2** *tr* e *intr* discuter (discutir). ● **3** *tr* déduire.

argumentación 1 *f* argumentation. **2** argument.

argumentar 1 *tr* e *intr* discuter. **2** argumenter. ● **3** *tr* conclure (concluir). **4** prouver (probar).

argumento 1 *m* argument. **2** scénario (de una obra).

aria *f* MÚS aria.

aridez *f* aridité.

árido, da 1 *adj* aride. ● **2 áridos** *m pl* sables; graviers.

Aries *m* ASTR Bélier.

ariete 1 *m* MIL bélier. **2** DEP avant-centre. ◆ ~ **hidráulico** MEC bélier hydraulique.

ario, ria 1 *adj* aryen. ● **2** *m* y *f* Aryen. ● **3** *m* aryen (lengua).

arisco, ca *adj* farouche.

arista 1 *f* arête. ● **2 aristas** *f pl* périls (de un asunto).

aristocracia *f* aristocratie.
aristocrático, ca *adj* aristocratique.
aritmética *f* arithmétique.
arito *m Amér.* boucle d'oreille.
arlequín *m* arlequin.
arma 1 *f* arme. • 2 armas *f pl* MIL armes.
◆ ~ arrojadiza arme de jet; ~ blanca arme blanche; ~ de doble filo arme à double tranchant; ~de fuego arme à feu; ■
alzarse en armas prendre les armes.
armada *f* flotte.
armadillo *m* ZOOL tatou.
armado, da *adj* armé.
armador, ra 1 *m y f* assembleur. 2 MAR
armateur.
armadura 1 *f* armure. 2 armature (armazón). 3 squelette (esqueleto). 4 ARQ charpente (de un tejado). 5 FÍS armature.
armamentista 1 *adj* de l'armement. • 2
m o f partisan *de la course aux armements.*
armamento *m* armement.
armar 1 *tr* armer. 2 monter (un mueble).
3 (fig) faire (un escándalo). 4 (fig, fam)
préparer (un plan). 5 MAR armer, équiper.
• 6 ~se *pron* (fig) s'armer. 7 *Guat., Méx.*
s'arrêter net (un animal). ■ ~la (fig, fam)
provoquer un scandale.
armario *m* armoire.
armatoste 1 *m* monument. 2 (fig, fam)
gros paquet (persona).
armazón 1 *amb* armature. • 2 *f* montage
(de un mueble). 3 *Amér.* rayonnage.
Armenia *f* Arménie.
armería 1 *f* arsenal. 2 armurerie (tienda).
armiño *m* ZOOL hermine.
armisticio *m* armistice.
armonía *f* harmonie.
armónica *f* MÚS harmonica.
armónico, ca 1 *adj* harmonique. • 2 *m*
FÍS, MÚS harmonique.
armonioso, sa *adj* harmonieux.
armonización *f* harmonisation.
armonizar 1 *tr* harmoniser. • 2 *intr* être
en harmonie.
arnés 1 *m* armure. • 2 arneses *m pl* harnais (de las caballerías).
aro 1 *m* cercle. 2 anneau de fer (argolla).
3 cerceau (juguete). 4 *Amér.* boucle d'o-
reille. 5 *Cuba, P. Rico, Venez.* bague. ■
entrar o pasar por el ~ s'incliner, capituler.
aroma *m* arôme.

aromático, ca 1 *adj* aromatique. 2 QUÍM
aromatique (hidrocarburo).
aromatizar *tr* aromatiser.
arpa 1 *f* harpe. 2 *Amér. personne ou animal mince.*
arpear 1 *tr Arg.* (fig) voler. • 2 *intr* réaliser un mouvement brusque (el caballo).
arpegio *m* MÚS arpège.
arpía *f* harpie.
arpillera *f* serpillière.
arpón *m* harpon.
arponear *tr* harponner.
arqueada *f* MÚS coup d'archet.
arquear 1 *tr y pron* arquer. • 2 *tr* MAR
jauger. • 3 *intr* avoir des nausées.
arqueo 1 *m* courbure. 2 MAR jauge.
arqueología *f* archéologie.
arqueológico, ca *adj* archéologique.
arqueólogo, ga *m y f* archéologue.
arquería *f* arcature.
arquero 1 *m* archer. 2 *Amér.* gardien de
but (fútbol).
arquetipo *m* archétype.
arquitecto, ta *m y f* architecte.
arquitectura *f* architecture.
arrabal *m* faubourg.
arraigado, da 1 *adj* enraciné. • 2 *m* MAR
amarrage.
arraigar 1 *tr* enraciner. 2 *Amér.* DER assigner à résidence. • 3 ~se *pron* s'établir.
arraigo 1 *m* enracinement. 2 biens-fonds
(bienes raíces).
arramblar 1 *tr* ensabler (un río). 2 (fig)
emporter avec violence. • 3 *tr* e *intr* (fig)
rafler, embarquer.
arrancar 1 *tr* arracher. 2 déraciner (sacar de
raíz). 3 (fig) arracher, extorquer. 4 INF lancer (un programa). 5 MEC mettre en marche. • 6 *intr* partir. 7 (fig) provenir. 8 MEC
démarrer. • 9 ~se *pron Amér.* se ruiner.
arranchar *tr Amér. Merid.* enlever; s'emparer de.
arranque 1 *m* arrachage. 2 début (principio); origine. 3 (fig) accès (de cólera,
piedad, etc.). 4 (fig) saillie (ocurrencia).
5 MEC démarrage. 6 MEC démarreur (dispositivo).
arras *f pl* arrhes.
arrasar 1 *tr* aplanir (allanar). 2 dévaster;
détruire. 3 rader (rasar).
arrastrar 1 *tr, intr y pron* traîner. • 2 *tr*
entraîner (el agua, el viento). 3 (fig) en-

traîner. **4** (fig) convaincre. **5** (fig) supporter. ● **6** ~se *pron* ramper (reptar). **7** (fig) ramper, se traîner (humillarse).

arrastre 1 *m* traînage. **2** INF, MEC entraînement. **3** *Méx.* bocard.

¡arre! *interj* hue!

¡arrea! 1 *interj* allons! **2** *Ecuad.* berk!; pouah! (¡qué asco!).

arreado, da *adj Amér.* fatigué.

arrear 1 *tr* stimuler (las bestias). **2** dépêcher (dar prisa). **3** flanquer (un golpe). ● **4** *intr* marcher vite.

arrebatado, da 1 *adj* impétueux. **2** (fig) violent; inconsidéré.

arrebatar 1 *tr* arracher. **2** entraîner (arrastrar). **3** (fig) transporter, ravir. ● **4** ~se *pron* s'emporter. **5** *cuire ou rôtir trop vite* mal.

arrebato 1 *m* emportement (furor). **2** extase.

arrebujar 1 *tr* chiffonner (ropa, tela). ● **2** *tr y pron* emmitoufler (arropar).

arrechucho 1 *m* (fam) accès (arranque). **2** (fam) indisposition subite.

arreciar *intr y pron* redoubler; tomber dru (la lluvia).

arrecife *m* récif.

arredrar 1 *tr* écarter. **2** (fig) faire reculer. ● **3** *tr y pron* (fig) effrayer (atemorizar).

arreglado, da 1 *adj* réglé. **2** (fig) ordonné, modéré.

arreglar 1 *tr* arranger. **2** régler (un problema, un asunto). **3** *Cuba, Méx.* préparer pour le combat (los gallos). ● **4** ~se *pron* s'arranger; s'habiller.

arreglo 1 *m* réparation. **2** arrangement; accord (acuerdo). ■ **con ~ a** conformément à.

arrelingarse 1 *pron* *Arg.* se décider. **2** *Chile* se pomponner.

arrellanarse *pron* (~ *en*) se carrer dans.

arremangado, da *adj* retroussé. ■ **ir** ~ (fam) *avoir les manches retroussées*.

arremangar *tr y pron* retrousser.

arremansarse *pron* *Amér.* stagner.

arremeter 1 *intr* (~ *contra*) se jeter sur. **2** (fig) (~ *contra*) s'attaquer à: *la oposición arremetió contra el gobierno* = l'*opposition s'attaqua au gouvernement*.

arremetida *f* attaque.

arremolinarse 1 *pron* tourbillonner. **2** s'entasser (las gentes).

arrendador, ra 1 *m y f* loueur. **2** fermier (arrendatario).

arrendajo 1 *m* (fig) imitation imparfaite. **2** ZOOL geai.

arrendamiento 1 *m* location. **2** bail (contrato).

arrendar 1 *tr* louer. **2** attacher par la bride (una caballería). **3** (fig) tenir (sujetar). **4** *Méx.* prendre une direction.

arrendatario, ria 1 *adj y f* fermier. **2** locataire (el que paga el alquiler).

arreo 1 *m* ornement. ● **2 arreos** *m pl* harnais (de las caballerías). **3 arreos** accessoires.

arrepentido, da *adj/m y f* repenti.

arrepentimiento *m* repentir.

arrepentirse *pron* se repentir.

arrestado, da 1 *adj* audacieux. ● **2** *adj/m y f* arrêté, détenu (preso).

arrestar 1 *tr* arrêter. ● **2** ~se *pron* se déterminer.

arresto 1 *m* emprisonnement. **2** détention préventive (provisional). **3** MIL arrêts.

arretranca *f* *Amér.* frein.

arriar *tr* MAR amener.

arriate 1 *m* plate-bande. **2** planche (encañado).

arriba 1 *adv* en haut: *nuestro vecino de arriba es muy agradable* = *notre voisin d'en haut est très agréable*. **2** là-haut, en haut: *¿dónde está Juan? arriba* = *où est Jean? là-haut*. **3** dessus, au-dessus (encima). **4** ci-dessus, plus haut (más arriba): *este punto lo he mencionado arriba* = *ce point, je l'ai mentionné ci-dessus*. ● **5 ¡arriba!** *interj* debout! (levanta); courage! (ánimo). ◆ **allí** ~ là-haut; ■ **de** ~ **abajo** de haut en bas (cosas); des pieds à la tête (personas).

arribar 1 *intr* arriver. **2** MAR *se laisser aller avec le vent*.

arribeño, ña *adj/m y f* *Amér.* habitant des terres hautes.

arribista *m o f* arriviste.

arriendo *m* → arrendamiento.

arriero *m* muletier.

arriesgado, da 1 *adj* dangereux; risqué. **2** téméraire (imprudente).

arriesgar *tr y pron* risquer.

arrimado, da *m y f* *Amér.* parasite.

arrimar 1 *tr* abandonner (un ejercicio, una profesión). **2** (fig) reléguer (arrinconar). ● **3** *tr y pron* approcher: *arrímate al fuego* = *approche-toi du feu*. ● **4** ~se *pron* s'appuyer. **5** se rapprocher (agregarse). **6** (fig) (~se *a*) se placer sous la protection de.

arrinconar 1 *tr* mettre dans un coin. **2** (fig) délaisser (a una persona). **3** (fig) acculer (al enemigo). ● **4** ~se *pron* (fig, fam) se renfermer.

arrinquín *m Amér.* collant.

arriscar 1 *tr Chile, Col., Méx.* retrousser (levantar). ● **2** *tr* y *pron* risquer (arriesgar). ● **3** ~se *pron* (fig) se mettre en colère.

arritmia *f* arythmie.

arroba 1 *f* arrobe. **2** INF arrobas.

arrobar 1 *tr* ravir. ● **2** ~se *pron* tomber en extase.

arrodillar 1 *tr* agenouiller. ● **2** *intr* y *pron* s'agenouiller.

arrogancia 1 *f* arrogance (altanería). **2** élégance.

arrogante 1 *adj* arrogant. **2** courageux (valiente). **3** élégant (gallardo).

arrojadizo, za *adj* de jet.

arrojar 1 *tr* lancer. **2** jeter (echar). **3** (fig) faire apparaître. **4** (fam) vomir. ● **5** ~se *pron* se jeter. **6** se lancer (en una actividad).

arrojo *m* hardiesse.

arrollador, ra 1 *adj* entraînant. **2** retentissant (éxito). **3** (fig) irrésistible.

arrollar 1 *tr* rouler (enrollar). **2** renverser (atropellar). **3** entraîner (el agua, el viento). **4** (fig) enfoncer (vencer). **5** (fig) laisser sans réplique.

arropar *tr* y *pron* couvrir.

arrostrar 1 *tr* faire face à (un peligro). ● **2** *tr* e *intr* subir (soportar).

arroyo 1 *m* ruisseau. **2** lit (cauce). **3** *Amér. Merid.* rivière navigable.

arroz *m* riz. ◆ ~ con leche riz au lait.

arruga 1 *f* ride. **2** pli (en la ropa).

arrugar 1 *tr* froncer (la frente, el ceño). ● **2** *tr* y *pron* froisser, chiffonner (una tela, un papel). ● **3** ~se *pron* se rétrécir (encogerse).

arruinar *tr* y *pron* ruiner.

arrullar 1 *tr* roucouler. ● **2** *intr* bercer en chantant (a un niño).

arrullo 1 *m* roucoulement. **2** roucoulement (de los enamorados). **3** (fig) berceuse (canción de cuna).

arrumaco *m* (fam) (se usa más en *pl*) cajolerie; câlinerie.

arsenal 1 *m* (fig) arsenal. **2** MAR chantier naval. **3** MIL arsenal.

arsénico *m* QUÍM arsenic.

arte 1 *amb* art. **2** (fig) adresse, art (maña). ● **3 artes** *m pl* attirail (de pesca). ◆ ~ poética LIT art poétique; **artes marciales** DEP arts martiaux; **4 bellas artes** beaux-arts. **buen, mal** ~ bonne, mauvaise disposition; **malas artes** moyens peu orthodoxes.

artefacto 1 *m* engin, machine. **2** objet encombrant (armatoste). **3** engin explosif (explosivo).

arteria 1 *f* (fig) artère (calle, carretera, etc.). **2** ANAT artère.

arterial *adj* artériel.

arteriosclerosis *f* MED artériosclérose.

artesa *f* pétrin.

artesanía *f* artisanat. ■ de ~ artisanal.

artesano, na *adj/m* y *f* artisan.

artesón 1 *m* baquet (para fregar). **2** ARQ caisson (de un techo).

artesonado, da 1 *adj* ARQ à caissons. ● **2** *m* ARQ plafond à caissons.

ártico, ca 1 *adj* arctique. ● **2 Ártico** *m* Arctique.

articulación *f* articulation.

articulado, da *adj* articulé.

articular *tr* articuler.

articulista *m* o *f* journaliste; chroniqueur (cronista).

artículo 1 *m* article. **2** article (objeto de comercio). **3** GRAM article. **4** DER article. ◆ ~ de marca produit de marque; ~ de primera necesidad produit de première nécessité; **artículos de consumo** denrées alimentaires.

artificial *adj* artificiel.

artificiero *m* o *f* artificier.

artificio 1 *m* artifice. **2** machine; engin (artefacto).

artificioso, sa 1 *adj* fait avec art. **2** artificieux (cauteloso).

artillería *f* artillerie.

artillero *m* artilleur.

artilugio 1 *m* engin; machine. **2** (fam) subterfuge.

artimaña 1 *f* piège (trampa). **2** (fam) artifice, ruse (astucia).

artista *m* o *f* artiste.

artístico, ca *adj* artistique.

artritis *f* MED arthrite.

artrosis *f* MED arthrose.

arveja 1 f BOT vesce. **2** *Arg.*, *Chile* petit pois (guisante).

arzobispo m archevêque.

as m as.

asa 1 f anse. **2** manche (mango). ◆ ~ **dulce** o **olorosa** BOT benjoin.

asado m rôti.

asador 1 m broche (varilla). **2** rôtissoire (aparato).

asaduras f pl abats. ■ **echar las** ~ (fig, fam) travailler en excès.

asalariado, da adj/m y f salarié.

asaltante adj/m o f assaillant.

asaltar 1 tr attaquer (una fortaleza, un banco). **2** assaillir (a una persona). **3** (fig) venir à l'esprit.

asalto 1 m assaut; attaque. **2** round (en boxeo). ■ **tomar por** ~ prendre d'assaut.

asamblea 1 f assemblée. **2** MIL rassemblement.

asar 1 tr rôtir (al horno). **2** griller (en una parrilla). ● **3** ~se pron (fig) étouffer (de calor).

ascendencia 1 f ascendance. **2** lignée (linaje).

ascender 1 intr monter. **2** monter, s'élever (una cuenta). **3** (fig) monter en grade (en un empleo). ● **4** tr promouvoir: *lo ascendieron al grado de director = il a été promu au grade de directeur*.

ascendiente adj y m ascendant.

ascensión 1 f ascension. **2** accession.

ascenso 1 m ascension; montée. **2** (fig) avancement, promotion (en un empleo).

ascensor 1 m ascenseur. **2** monte-charge (montacargas).

ascensorista m o f liftier.

asceta m o f ascète.

asco 1 m dégoût. **2** (fig, fam) écœurement (aburrimiento). ■ **coger** ~ **a algo** prendre qqch en dégoût; **dar** ~ répugner, dégoûter; **hacer ascos a algo** faire la fine bouche devant qqch; ¡**qué** ~! c'est dégoûtant!

ascua f charbon ardent, braise. ■ **estar en** o **sobre ascuas** (fig) être sur des charbons ardents; **poner** o **tener en ascuas** (fig) mettre o tenir sur le gril.

aseado, da 1 adj propre (persona). **2** soigné (casa).

asear 1 tr nettoyer (limpiar). **2** arranger. **3** parer (adornar). ● **4** ~se pron faire sa toilette; s'arranger (componerse).

asediar tr assiéger.

asedio 1 m siège (sitio). **2** (fig) harcèlement.

asegurador, ra 1 adj d'assurances (compañía). ● **2** m y f assureur (persona).

asegurar 1 tr fixer; immobiliser, assujettir. **2** mettre en sûreté (poner en sitio seguro). **3** garantir (garantizar). **4** préserver de; assurer contre (poner a cubierto). ● **5** tr y pron assurer, certifier (afirmar). ● **6** ~se pron s'assurer (suscribir un seguro).

asemejar 1 tr rendre semblable (hacer semejante). ● **2** intr ressembler à (parecerse a). ● **3** ~se pron se ressembler; ressembler.

asentado, da 1 adj sage; sensé. **2** (fig) stable; assis, assuré.

asentamiento 1 m action d'asseoir o de s'asseoir. **2** installation (de colonos). **3** emplacement (núcleo de chabolas). **4** (fig) bon sens (juicio).

asentar 1 tr y pron asseoir (sentar). **2** placer (en un empleo). ● **3** tr placer, poser (poner). **4** fonder (fundar). **5** assener (un golpe). **6** établir (un convenio). **7** enregistrer, noter (anotar). ● **8** ~se pron s'établir, s'installer (en un lugar). **9** s'affirmer (una obra).

asentimiento 1 m assentiment. **2** consentiment.

asentir intr acquiescer. ■ ~ **con la cabeza** acquiescer d'un signe de tête.

aseo 1 m hygiène (higiene). **2** propreté (limpieza). **3** soin (cuidado). **4** toilettes (servicios).

asepsia f MED asepsie.

aséptico, ca 1 adj aseptique. **2** (fig) froid (sin pasión).

asequible 1 adj abordable (precio, persona). **2** accessible (meta, persona). **3** INF convivial. ● **ser** ~ à être à la portée de.

aserradero m scierie.

aserrar tr scier.

aserrín m sciure.

aserruchar tr *Amér.* scier (con un serrucho).

aserto m assertion.

asesinar tr assassiner.

asesinato m assassinat; meurtre.

asesino, na adj/m y f meurtrier; assassin.

asesor, ra 1 adj/m y f conseiller. ● **2** m assesseur (magistrado). ◆ ~ **administrativo** conseiller de gestion; ~ **de imagen**

conseiller en relations publiques; ~ **fis-cal** conseiller fiscal.

asesor *tr* conseiller.

asesoría 1 *f* assessorat; assessoriat (oficio). 2 bureau du conseiller (oficina). 3 bureau de conseil (compañía).

asestar 1 *tr* braquer, pointer (un arma). 2 assener (un golpe). 3 envoyer (un tiro).

aseverar *tr* affirmer; assurer.

asexual *adj* asexué.

asfaltado, da 1 *adj* asphalté, goudronné. ● 2 *m* asphaltage, goudronnage.

asfaltar *tr* asphalter, goudronner.

asfalto 1 *m* asphalte; bitume. 2 (fig) route (carretera).

asfixia *f* asphyxie.

asfixiar *tr* y *pron* asphyxier, étouffer.

así 1 *adv* comme cela; ainsi (de esta manera). 2 ainsi donc; alors (entonces): *así... ¿te marchas de viaje? = alors, tu pars en voyage?* 3 ~ + *subj* si seulement (ojalá): *así perdamos = si seulement nous perdions.* ■ **así, así** comme ci comme ça, couci-couça: *¿cómo estás? así, así = comment vas-tu? comme ci comme ça;* ~ **como** de même que: *así como aprendió inglés, aprendió alemán = de même qu'il apprit l'anglais, il apprit l'allemand;* ainsi que (de igual manera que): *esta cuestión afecta a los alumnos así como a sus padres = cette question regarde les élèves ainsi que leurs parents;* comme (como): *fue el estreno de la película así como todos sus amigos = il en allé à la première du film comme tous ses amis;* ~ **como** = n'importe comment; ~ **que** par conséquent, donc (en consecuencia); dès que (en cuanto); *¡~ sea!* ainsi soit-il!; ~ **y todo** malgré tout (a pesar de todo); *¿no es ~?* n'est-ce pas?

Asia *f* Asie.

asiático, ca 1 *adj* asiatique. ● 2 *m* y *f* Asiatique.

asidero 1 *m* anse (asa); manche (mango). 2 (fig) occasion. 3 (fig) appui (apoyo). ■ **no tener** ~ (fig) ne pas tenir debout.

asiduidad *f* assiduité.

asiduo, ca *adj* assidu.

asiento 1 *m* siège. 2 place (en un espectáculo). 3 siège (d'un tribunal o junta). 4 emplacement (de un pueblo o edificio). 5 lie (poso). 6 (fig) stabilité, permanence (estabilidad). 7 (fig) bon sens, sagesse (cordura). ◆ ~ **contable** écriture comptable; ■ **tomar** ~ prendre place.

asignación 1 *f* assignation (reparto). 2 traitement (sueldo); allocation (ayuda). 3 attribution (distribución). ◆ ~ **presupuestaria** crédit budgétaire.

asignar 1 *tr* assigner, attribuer. 2 allouer (un crédito).

asignatario, ria *m* y *f Amér.* légataire.

asignatura *f* matière; discipline. ◆ ~ **pendiente** matière à repasser; ~ **pendiente** (fig) partie remise.

asilado, da *m* y *f* pensionnaire (de un asilo). ◆ ~ **político** réfugié politique.

asilar 1 *tr* donner asile. ● 2 *tr* y *pron* héberger, loger (en un asilo). ● 3 ~**se** *pron* trouver asile.

asilo *m* asile. ◆ ~ **político** asile politique; ■ **buscar** o **dar** ~ demander o donner asile.

asimetría *f* asymétrie.

asimétrico, ca *adj* asymétrique.

asimilación 1 *f* assimilation. 2 BIOL, FON assimilation.

asimilar 1 *tr* assimiler. 2 BIOQ assimiler (sustancias, alimentos). ● 3 ~**se** *pron* se ressembler.

asimismo 1 *adv* également; pareillement (del mismo modo). 2 de même, aussi.

asir 1 *tr* saisir (agarrar); prendre (tomar). ● 2 *intr* prendre racine (las plantas). ● 3 ~**se** *pron* (~se *a*) s'accrocher à (agarrarse). 4 (fig) saisir, profiter.

asistencia 1 *f* présence. 2 soins (de un médico). 3 assistance (auditorio). ◆ ~ **médica** soins médicaux; ~ **pública** assistance publique; ~ **social** assistance sociale; ~ **técnica** assistance technique; ■ **con** ~ **de** en présence de; **prestar** ~ **a uno** donner des soins à qqn.

asistenta *f* femme de ménage.

asistente 1 *adj* assistant. ● 2 *m* présent (en un lugar). 3 REL assistant. ● 4 *m* o *f* MIL officier d'ordonnance. ● 5 **asistentes** *m pl* assistants, assistance. ◆ ~ **social** assistant social.

asistido, da *adj* assisté.

asistir 1 *tr* assister. 2 traiter, soigner (un médico). 3 *intr* assister, aller; être présent.

asma *f* MED asthme.

asmático, ca *adj/m* y *f* asthmatique.

asumir

asna f ZOOL ânesse.

asno 1 m ZOOL âne. ● **2** adj y m (fig) âne.

asociación f association. ◆ ~ **de ideas** association d'idées.

asociado, da adj/m y f associé.

asociar tr y pron associer.

asolar 1 tr dévaster; ravager (arrasar, destruir). ● **2** tr y pron déssecher (los campos).

asoleada f Chile, Col., Guat. insolation.

asoleado, da adj Amér. Centr. maladroit (torpe); fruste, grossier (rudo).

asomar 1 intr se montrer, apparaître; poindre (el sol). **2** sortir. ● **3** tr y pron laisser voir, montrer (mostrar). ● **4** ~ se pron se pencher (por la ventana). **5** (fam) jeter un coup d'œil.

No hay que confundir esta palabra con la palabra francesa **assommer**, que debe traducirse por 'matar a golpes'.

asombrar 1 tr ombrager (hacer sombra). ● **2** tr y pron (fig) effrayer (asustar). **3** (fig) étonner, épater (causar admiración).

asombro 1 m étonnement (gran admiración). **2** peur (susto); frayeur (espanto). ■ **no salir de su ~** ne pas en revenir.

asombroso, sa adj étonnant.

asomo 1 m apparence. **2** indice (indicio). **3** soupçon (sospecha). ■ **ni por ~** pas le moins du monde, en aucune manière; **sin el menor ~ de duda** sans l'ombre d'un doute.

asonante adj/m o f assonant.

asorocharse 1 pron Amér. Merid. avoir le mal de montagne (padecer soroche). **2** Amér. Merid. rougir (ruborizarse).

aspa 1 f croix de Saint André. **2** aile (de molino). **3** Arg., Ur. corne.

aspaviento m (se usa más en pl) simagrées.

aspecto 1 m aspect (apariencia); mine (estado de salud). **2** point de vue, angle (punto de vista). ■ **bajo este ~** de ce point de vue-là, vu sous cet angle; **en ciertos aspectos** à certains égards; **en todos los aspectos** sous tous les rapports; **tener buen ~** avoir bonne mine (una persona); avoir bon aspect (una cosa).

aspereza 1 f rugosité. **2** âpreté (de gusto). **3** aspérité (del carácter). **4** aspérité, rugosité (de un terreno). ■ **limar asperezas** arrondir les angles.

áspero, ra 1 adj rêche, rugueux (al tacto). **2** âpre (al gusto). **3** (fig) dur (respuesta, voz). **4** (fig) mauvais (tiempo).

aspersión f aspersion.

aspersor 1 m asperseur (para jardín). **2** pulvérisateur (para cultivos).

aspiración f aspiration.

aspirador, ra adj/m y f aspirateur.

aspirante adj/m o f aspirant.

aspirar 1 tr aspirer. ● **2** intr (fig) aspirer: *aspiraba a este empleo = il aspirait à ce poste.*

aspirina® f MED aspirine.

asquear 1 tr e intr écœurer, dégoûter. ● **2** ~ **se** pron (~se de) être dégoûté de.

asqueroso, sa 1 adj écœurant, dégoûtant (que causa asco). **2** écœuré, dégoûté (que siente asco). **3** (fam) très sale.

asta 1 f hampe (de la bandera). **2** lance, pique (armas). **3** corne (cuerno). ■ **a media ~** en berne (bandera).

astenia f MED asthénie.

asterisco m astérisque.

asteroide m ASTR astéroïde.

astigmatismo m ÓPT astigmatisme.

astilla 1 f éclat; fragment (de madera o piedra). **2** esquille (esquirla). **3** écharde (de leña). ■ **hacer astillas** briser en éclats.

astillar 1 tr y pron fendre, casser. **2** fendre (la leña).

astillero m chantier naval; arsenal.

astral adj astral.

astringente adj y m MED astringent.

astro 1 m astre. **2** (fig) étoile, vedette (persona).

astrofísica f astrophysique.

astrología f astrologie.

astrológico, ca adj astrologique.

astronauta m o f astronaute.

astronave f astronef.

astronomía f astronomie.

astucia f astuce, ruse.

asturiano, na 1 adj asturien. ● **2** m y f Asturien. ● **3** adj y m asturien (dialecto).

astuto, ta adj rusé, astucieux.

asueto m congé.

asumir 1 tr assumer. **2** Amér. impliquer, considérer comme acquis.

asuntar 1 *tr, intr* y *pron* Ant., Ur. comprendre. ● **2** *intr* Ur. réfléchir, penser (pensar).

asunto 1 *m* sujet (materia). **2** sujet, thème (de una obra). **3** affaire (negocio, ocupación). **4** question (cuestión). **5** affaire. ■ ~ **concluido** affaire réglée; ◆ **asuntos exteriores** affaires étrangères; **eso es ~ mío** c'est mon affaire; **eso es otro ~** c'est une autre histoire; **tener un ~ a tratar** avoir une affaire à régler.

asustadizo, za *adj* peureux.

asustar 1 *tr* effrayer, faire peur. ● **2** ~**se** *pron* avoir peur.

atacar 1 *tr* attaquer (acometer). **2** (fig) contester, réfuter; combattre. **3** (fig) surprendre (prendre (el sueño, una enfermedad). **4** DEP attaquer. **5** MÚS attaquer.

atado 1 *adj* (fig) embarrassé. ● **2** *m* paquet (conjunto de cosas atadas). **3** *Amér.* paquet de cigarettes.

atadura 1 *f* lien. **2** lien; attache (cosa con que se ata). **3** (fig) union; lien. **4** (fig) entrave (traba).

atajar 1 *intr* prendre un raccourci. ● **2** *tr* couper, séparer (un terreno). **3** enrayer (un mal). **4** (fig) couper la parole. ● **5** ~**se** *pron* (fam) s'enivrer, se soûler (emborracharse).

atajo 1 *m* raccourci (camino). **2** séparation, division. **3** (fig) procédé rapide.

atalaya 1 *f* tour de guet (torre de vigilancia). **2** hauteur (mirador); éminence (terreno elevado).

atañer *intr* concerner, incomber. ■ **en lo que atañe a** en ce qui concerne.

ataque 1 *m* attaque. **2** (fig) crise (de nervios, llanto). **3** DEP attaque. ◆ ~ **cardíaco** crise cardiaque; ~ **de risa** fou rire; ~ **de tos** quinte de toux.

atar 1 *tr* y *pron* attacher; lier. **2** nouer (la corbata); lacer. ● **3** *tr* (fig) relier (relacionar). **4** (fig) contraindre (constreñir). ● **5** ~**se** *pron* (fig) (~se *a*) s'en tenir à (ceñirse).

atardecer *intr* décliner, tomber (el día).

atardecer *m* soir; tombée *o* déclin du jour.

atareado, da *adj* occupé, pris; affairé.

atarragar *tr* y *pron* Amér. bourrer; gaver (atiborrar).

atascar 1 *tr* y *pron* boucher; engorger (un conducto). ● **2** *tr* (fig) arrêter. ● **3**

~**se** *pron* (fam) s'embourber, s'enliser (un coche). **4** (fig) bafouiller (en un razonamiento *o* discurso).

atasco 1 *m* engorgement (de un conducto). **2** embouteillage (de vehículos). **3** entrave (dificultad).

ataúd *m* cercueil; bière (féretro).

ataviar 1 *tr* parer; orner (adornar). ● **2** ~**se** *pron* s'habiller (vestirse).

atavío 1 *m* parure; ornement. **2** (fig) toilette; habillement, vêtements.

ateísmo *m* athéisme.

atemorizar *tr* y *pron* effrayer, épouvanter.

atemperar 1 *tr* y *pron* modérer, tempérer (templar). **2** adapter (acomodar).

atenazar 1 *tr* tenailler; empoigner (sujetar). **2** (fig, fam) tenailler, tourmenter (torturar). **3** (fig, fam) paralyser (un sentimiento).

atención 1 *f* attention. **2** politesse, courtoisie (cortesía). **3** soin. **4** soins (asistencia médica). ● **5 atenciones** *f pl* attentions, égards. ■ **llamar la** ~ attirer l'attention, se faire remarquer (atraer); **llamar la** ~ **a alguien** rappeler qqn à l'ordre, réprimender qqn (reprender).

atender 1 *tr* e *intr* répondre, accéder à (un deseo *o* ruego); faire cas de (un consejo *o* mandato). **2** s'occuper de; soigner (un enfermo); servir (un cliente). ● **3** *intr* faire attention à; être attentif.

atenerse *pron* s'en tenir à: *no sabe a qué atenerse = il ne sait pas à quoi s'en tenir*; observer (a la ley).

ateniense 1 *adj* athénien. ● **2** *m o f* Athénien.

atentado *m* attentat.

atentamente 1 *adv* attentivement. **2** poliment, courtoisement (con cortesía).

atentar 1 *tr* (~ contra) attenter à; porter atteinte à (la moral). **2** comettre un attentat. **3** Chile tâter (tocar).

atento, ta 1 *adj* attentif. **2** gentil; attentionné (cortés).

atenuante 1 *adj* atténuant. ● **2** *m* DER circonstance atténuante.

atenuar *tr* atténuer; diminuer.

ateo, a *adj/m* y *f* athée.

aterciopelado, da *adj* velouté; satiné.

aterido, da *adj* transi de froid *o* de peur.

aterir 1 *tr* transir de froid *o* de peur. • **2 ~se** *pron* être transi de froid *o* de peur.

aterrador, da *adj* terrifiant, effrayant.

aterrar 1 *tr* atterrer, effrayer. • **2 ~se** *pron* être atterré, s'effrayer.

aterrizaje *m* atterrissage.

aterrizar 1 *intr* débarquer (una persona). **2** atterrir (un avión).

aterrorizar 1 *tr* terroriser. • **2 ~se** *pron* être terrorisé.

atesorar 1 *tr* amasser (dinero). **2** (fig) réunir (cualidades); accumuler (conocimientos).

atestado, da 1 *adj* entêté, têtu. • **2** *m* attestation (documento).

atestar 1 *tr* remplir, bourrer (rellenar). **2** bonder (de gente). **3** DER attester. • **4** *tr y pron* (fig, fam) bourrer, empiffrer (atiborrar).

atestiguar 1 *tr* témoigner de: *podéis atestiguar su sinceridad = vous pouvez témoigner de sa sincérité.* **2** prouver, démontrer (demostrar).

atiborrar 1 *tr* remplir; bourrer (una cosa). **2** encombrer (un lugar). • **3** *tr y pron* (fam) empiffrer, gaver (de comida).

ático, ca 1 *adj* attique. • **2** *m y f* Attique. • **3** *m* attique, dernier étage.

atildar 1 *tr* accentuer. **2** (fig) censurer (criticar). • **3** *tr y pron* (fig) parer (componer).

atinar 1 *intr* trouver à tâtons (encontrar a tiento). **2** frapper au but (dar en el blanco). **3** (~ *a*) réussir à (lograr).

atingencia *f* *Amér.* relation, connexion.

atingir *tr* *Amér.* être en rapport.

atípico, ca *adj* atypique.

atipujarse *pron* *Amér. Centr., Méx.* se goinfrer, s'empiffrer (atiborrarse).

atisbar 1 *tr* guetter, épier. • **2** *tr y pron* (fig) entrevoir; pressentir (intuir).

atisbo 1 *m* guet. **2** indice; soupçon (vislumbre).

¡atiza! *interj* (fam) fichtre!; sapristi!

atizar 1 *tr* tisonner; attiser (el fuego). **2** flanquer (un golpe); allonger (un puntapié). **3** (fig) attiser (pasiones o discordias).

Atlántico 1 *adj* atlantique. • **2 Atlántico** *m* Atlantique.

atlas *m* atlas.

atleta *m o f* athlète.

atlético, ca *adj* athlétique.

atletismo *m* DEP athlétisme.

atmósfera o **atmosfera 1** *f* atmosphère. **2** (fig) ambiance, climat.

atmosférico, ca *adj* atmosphérique.

atole *m* *Méx.* boisson à base de farine de maïs.

atolladero 1 *m* bourbier. **2** impasse (obstáculo). ■ **salir del ~** sortir de l'ornière.

atolón *m* atoll.

atolondrado, da *adj* (fig) étourdi; écervelé.

atolondrar *tr y pron* étourdir; troubler.

atómico, ca *adj* atomique.

atomizador *m* atomiseur.

atomizar *tr* atomiser.

átomo *m* atome.

atónito, ta *adj* abasourdi, stupéfait.

átono, na *adj* GRAM atone.

atontar 1 *tr* étourdir (aturdir); abrutir, hébéter (atolondrar). • **2 ~se** *pron* s'abêtir; s'abrutir.

atorar 1 *tr, intr y pron* boucher (atascar); bloquer (obstruir); engorger (un conducto). • **2 ~se** *pron* s'étrangler (atragantarse).

atormentar 1 *tr y pron* tourmenter. **2** (fig) torturer.

atornillador *m* tournevis.

atornillar 1 *tr* visser. **2** (fig) faire pression sur (presionar).

atorozarse *pron* *Amér. Centr.* s'étrangler, s'étouffer.

atorrante *adj/m* o *f* *Amér. Merid.* vagabond, clochard (vago); flâneur (callejero).

atortajar *tr y pron* *Amér.* troubler (atortolar).

atosigar 1 *tr y pron* inquiéter (preocupar). **2** (fig) harceler; bousculer (apresurar).

atracadero *m* MAR débarcadère.

atracador, ra 1 *m y f* voleur. **2** *Cuba* racketteur.

atracar 1 *tr* attaquer, voler à main armée (asaltar). **2** *Amér.* prendre, saisir (agarrar). • **3** *tr e intr* MAR amarrer, se mettre à quai: *el barco atracó en el muelle = le bateau s'est mis à quai.* • **4** *tr y pron* (fam) gaver, empiffrer (hartar). • **5 ~se** *pron* *Chile* faire chorus (adherirse).

atracción 1 *f* attraction. **2** attirance: *siente atracción por aquella mujer = il éprouve de l'attirance envers cette femme.* **3** clou (de un espectáculo). • **4 atracciones** *f pl* attractions.

atraco *m* vol *o* attaque à main armée.

atracón *m* (fam) gavage, goinfrerie. ■ **darse un ~** s'empiffrer.

atractivo, va 1 *adj* attractif; attirant (persona); attrayant (cosa). ● **2** *m* attrait; charme.

atraer *tr* attirer.

atragantarse 1 *pron* s'étrangler; avaler de travers. **2 atragantársele a uno una persona** (fig, fam) ne pas pouvoir souffrir qqn.

atrancar 1 *tr* barrer; barricader (una puerta). ● **2** *tr y pron* boucher, obstruer (atascar). ● **3** ~**se** *pron* Méx. se buter, s'entêter (obstinarse).

atrapar 1 *tr* attraper. **2** (fam) décrocher.

atraque *m* MAR accostage, amarrage.

atrás 1 *adv* (de lugar) derrière: *dejábamos esta ciudad atrás = nous laissions la ville derrière nous*; en arrière: *se ha quedado atrás = il est resté en arrière.* **2** (de tiempo) plus tôt: *se fue algunos días atrás = il est parti quelques jours plus tôt*; avant. ● **3** ¡**atrás!** *interj* arrière! ■ **volverse ~** se dédire (desdecirse); revenir sur ses pas.

atrasado, da 1 *adj* en retard. **2** arriéré (pago). **3** sous-développé (subdesarrollado). **4** qui retarde (reloj).

atrasar 1 *tr* retarder. ● **2** *intr y pron* retarder de (un reloj). ● **3** ~**se** *pron* rester en arrière (quedarse atrás); être en retard (llegar tarde). **4** être retardé (en su desarrollo).

atraso 1 *m* retard. ● **2 atrasos** *m pl* arriérés (pagas o rentas).

atravesado, da 1 *adj* en travers. **2** transpercé (perforado). **3** franchi (recorrido). **4** *Chile* de mauvaise humeur.

atravesar 1 *tr* passer à travers; traverser (cruzar). **2** mettre en travers (interponer). **3** transpercer (perforar). **4** (fig) traverser. ● **5** ~**se** *pron* se mettre en travers de. ■ **tener a alguien atravesado** (fig, fam) ne pas pouvoir souffrir qqn.

atrenzo *m* Amér. difficulté, conflit.

atreverse *pron* (~ a) oser: *se atrevió a cantar = il a osé chanter.* ■ ~ **con algo** ne pas reculer devant qqch.; ~ **con alguien** oser s'attaquer à qqn.

atrevido, da 1 *adj* intrépide; hardi; osé (indecoroso). ● **2** *adj/m y f* audacieux (audaz); effronté (insolente).

atrezista *m o f* CINE, TEAT accessoiriste.

atrezo *m* CINE, TEAT accessoires.

atribución *f* attribution.

atribuir *tr y pron* attribuer.

atribular 1 *tr* affliger. ● **2** ~**se** *pron* se tourmenter, être affligé.

atributo *m* attribut.

atril 1 *m* appuie-livres. **2** MÚS lutrin (facistol). **3** MÚS pupitre.

atrincar *tr* Amér. attacher.

atrincherar *tr y pron* MIL retrancher.

atrio 1 *m* atrium (de una casa romana). **2** parvis (de una iglesia).

atrocidad *f* atrocité.

atrofia *f* atrophie.

atrofiar *tr y pron* atrophier.

atronar *tr* assourdir.

atropellado, da *adj* précipité.

atropellar 1 *tr* renverser (un vehículo). **2** bousculer (empujar). **3** (fig) passer par-dessus (las leyes, los derechos). **4** (fig) outrager (ultrajar). ● **5** ~**se** *pron* bafouiller (al hablar).

atropello 1 *m* accident (por un vehículo). **2** bousculade (empujón). **3** (fig) outrage (ultraje). **4** (fig) bafouillage (al hablar).

atroz 1 *adj* atroce. **2** (fam) énorme, démesuré.

ATS (*siglas de* **ayudante técnico sanitario**) *m o f* infirmier; aide-soignant.

atuendo 1 *m* ostentation. **2** habillement (atavío).

atufado, da *adj* étouffé, asphyxié.

atufar 1 *tr y pron* asphyxier, étouffer. **2** (fig) fâcher, irriter (enojar). **3** (fig, fam) puer (oler mal).

atún 1 *m* thon. **2** (fig, fam) abruti, idiot.

aturdido, da *adj* étourdi; écervelé.

aturdimiento 1 *m* étourdissement (perturbación). **2** (fig) étourderie.

aturdir 1 *tr* étourdir: *la multitud lo aturdió = la foule l'a étourdi*; abasourdir. **2** stupéfier (asombrar).

aturrullar *tr y pron* (fam) décontenancer.

atusar 1 *tr* tondre (recortar). **2** lisser (alisar). ● **3** ~**se** *pron* se pomponner (acicalarse).

audacia *f* audace; hardiesse.

audaz *adj* audacieux.

audición *f* audition.

audiencia 1 *f* audience. **2** DER cour. **3** DER palais de justice (edificio).

audífono 1 *m* audiophone. **2** Amér. écouteur (auricular).

audímetro *m* audiomètre.
audiovisual *adj* audiovisuel.
auditivo, va *adj* auditif.
auditor, ra 1 *m y f* auditeur. **2** audit (revisor de cuentas).
auditoría 1 *f* audit. **2** tribunal *o* cabinet d'audit.
auditorio 1 *m* auditoire. **2** auditorium (lugar).
auge *m* essor. ◆ **~ económico** expansion économique.
augurar *tr* augurer; présager.
augurio *m* augure; présage.
aula *f* salle. ◆ **~ magna** grand amphithéâtre.
aullar *intr* hurler.
aullido *m* hurlement.
aumentar *tr, intr y pron* augmenter; grossir.
aumento 1 *m* augmentation; majoration (de un precio). **2** ÓPT grossissement.
aun 1 *adv* même (hasta, también): *aun los más ancianos fueron al concierto = même les plus âgés sont allés au concert.* ● **2** *conj* bien que (aunque): *aun sin hambre, comió = il a mangé bien qu'il n'ait pas faim.* ■ **~ cuando** quand bien même; même si: *se iría aun cuando su padre no estuviera de acuerdo = il partirait même si son père n'était pas d'accord;* **~ así** et encore; **~ si** si encore; **ni ~** même pas, pas même, ni même.
aún *adv* encore, toujours (todavía): *aún no ha llegado = il n'est pas encore arrivé, aún se aman = ils s'aiment toujours.*
aunar 1 *tr y pron* rassembler. **2** allier, unir (para algún fin). **3** unifier (unificar).
aunque *conj* quoique, bien que, encore que: *aunque duerme bien, siempre está cansado = bien qu'il dorme bien, il est toujours fatigué.* **2** même si (incluso si): *aunque duerma, siempre estará cansado = même s'il dort, il sera toujours fatigué.*
aupar 1 *tr y pron* hisser, lever. **2** (fam) encourager.
áureo, a *adj* doré; d'or.
aureola *o* **auréola** *f* auréole.
aurícula 1 *f* BOT auricule. **2** ANAT oreillette (del corazón). **3** ANAT pavillon (del oído).
auricular 1 *adj* auriculaire. ● **2** *m* écouteur (del teléfono).
aurora *f* aurore. ◆ **~ austral, boreal, polar** aurore australe, boréale, polaire.

auscultar *tr* MED ausculter.
ausencia *f* absence.
ausentarse *pron* s'absenter.
ausente *adj/m o f* absent.
auspiciar *tr* protéger, patronner.
auspicio 1 *m* auspice. ● **2 auspicios** *m pl* auspices.
austeridad *f* austérité.
austero, ra *adj* austère.
austral *adj* austral.
Australia *f* Australie.
australiano, na 1 *adj* australien. ● **2** *m y f* Australien.
Austria *f* Autriche.
austriaco, ca *o* **austríaco, ca 1** *adj* autrichien. ● **2** *m y f* Autrichien.
autárquico, ca *adj* autarcique.
autenticidad *f* authenticité.
auténtico, ca 1 *adj* authentique. **2** véritable (no falsificado). **3** (fam) vrai.
autentificar *tr* authentifier.
autillo *m* ZOOL chat-huant.
autismo *m* PSIC autisme.
autista *adj/m o f* autiste.
auto 1 *m* (fam) auto, voiture. **2** DER arrêté (resolución judicial). **3** LIT mystère. ● **4 autos** *m pl* DER pièces d'un procès. ◆ **~ de choque** auto tamponneuse; **~ de fe** autodafé.
autoadhesivo, va *adj* autocollant.
autobiografía *f* autobiographie.
autobiográfico, ca *adj* autobiographique.
autobombo *m* (fam) vantardise, fanfaronnade.
autobús *m* autobus. ◆ **~ de línea** autocar de ligne.
autocar *m* autocar; car.
autocarril *m* Amér. autorail.
autócrata *m o f* autocrate.
autóctono, na *adj y f* autochtone.
autodefensa *f* autodéfense.
autodestrucción *f* autodestruction.
autodeterminación *f* autodétermination.
autodidacto, ta *adj/m y f* autodidacte.
autoescuela *f* auto-école.
autoestop *m* → autostop.
autogestión *f* autogestion.
autogiro *m* AER autogire.
autogobierno *m* autonomie.
autogol *m* DEP but marqué dans sa propre cage.
autografía *f* autographie.
autógrafo, fa *adj y m* autographe.

autómata *m* automate.
automático, ca 1 *adj* automatique. • 2 *m* bouton-pression.
automatismo *m* automatisme.
automatizar *tr* automatiser.
automoción *f* automobilisme.
automotor, ra *adj* automoteur.
automotriz *adj* automotrice.
automóvil *adj* y *m* automobile.
automovilismo *m* automobilisme.
automovilista *m* o *f* automobiliste.
automovilístico, ca *adj* de l'automobile.
autonomía *f* autonomie.
autonómico, ca *adj* autonome.
autonomista *adj/m* o *f* autonomiste.
autónomo, ma 1 *adj/m* y *f* autonome. • 2 *m* y *f* travailleur indépendant (trabajador).
autopista *f* autoroute. ◆ ~ de peaje autoroute à péage; autopistas de la información autoroutes de l'information.
autopsia *f* MED autopsie.
autor, ra *m* y *f* auteur.
autoridad 1 *f* autorité. 2 officiel, représentant. ■ ser una ~ faire autorité.
autoritario, ria *adj* autoritaire.
autorización *f* autorisation.
autorizar 1 *tr* autoriser. 2 accréditer (abonar).
autorretrato *m* autoportrait.
autoservicio *m* self-service.
autostop *m* auto-stop.
autosuficiencia *f* autosuffisance.
autosugestión *f* PSIC autosuggestion.
auxiliar *adj/m* o *f* auxiliaire. ◆ ~ de laboratorio laborantin; ~ sanitario aide-soignant.
auxiliar *tr* assister; aller à la rescousse de.
auxilio *m* secours, aide. ◆ primeros auxilios premiers secours; ■ prestar ~ a alguien porter secours à qqn.
aval *m* aval, garantie.
avalancha *f* avalanche.
avalar *tr* se porter garant de.
avance 1 *m* avancement; progression. 2 avance (de dinero). ◆ ~ informativo flash d'information.
avanzar 1 *tr* avancer: *nos avanzó la última noticia* = *il nous a avancé la dernière nouvelle*. • 2 *intr* y *pron* avancer; prendre une longueur d'avance. • 3 *intr* (fig) avancer, progresser.
avaricia *f* avarice.
avaricioso, sa *adj/m* y *f* avaricieux.

avaro, ra *adj/m* y *f* avare.
avasallar *tr* y *pron* asservir; soumettre.
avatares *m pl* avatars.
ave *f* oiseau. ◆ ~ de rapiña rapace; ~ nocturna oiseau de nuit.
AVE (*siglas de* **Alta Velocidad Española**) *m* TGV.
avellana *f* noisette.
avellanar *m* coudraie.
avellano *m* BOT noisetier, coudrier.

Las traducciones no se utilizan indistintamente, y se dice *le fruit du noisetier* = *el fruto del avellano* ◊ *une branche de coudrier* = *una rama de avellano* ◊ *du bois de coudre* = *madera de avellano*.

---

avemaría 1 *f* avemaria (oración). 2 angélus. ■ en un ~ en un clin d'œil.
avena *f* BOT avoine.
avenencia *f* accord.
avenida 1 *f* crue (de un río). 2 avenue (vía).
avenir 1 *tr* y *pron* mettre d'accord. • 2 ~se *pron* s'entendre (las personas). 3 (~ a) s'adapter à (amoldarse).
aventado, da 1 *adj* étourdi. 2 *Col., Perú* audacieux, osé.
aventajado, da *adj* remarquable.
aventajar 1 *tr* y *pron* avantager. • 2 *intr* y *pron* dépasser (llevar ventaja).
aventar 1 *tr* éventer. 2 (fig, fam) expulser, renvoyer (echar). 3 AGR vanner (el grano). 4 *Méx.* jeter, éloigner. • 5 ~se *pron Col., Méx.* se jeter sur qqn *o* qqch.
aventón *m Méx.* poussée.
aventura *f* aventure.
aventurado, da *adj* hasardeux, aventureux.
aventurar 1 *tr* y *pron* aventurer, risquer. • 2 ~se *pron* s'aventurer (con lo que uno dice).
aventurero, ra *adj/m* y *f* aventurier.
avergonzar 1 *tr* faire honte. • 2 ~se *pron* (~se de) avoir honte de.
avería 1 *f* panne (de una máquina). 2 dommage, avarie (de un género).
averiarse *pron* tomber en panne.
averiguar 1 *tr* rechercher, enquêter sur. • 2 *intr Amér.* se disputer, se quereller.
averigüetas *adj/m* o *f Col., Méx.* curieux, fouinard.

aversión f aversion.

avestruz f ZOOL autruche.

avezado, da adj chevronné.

aviación f aviation.

aviador, ra 1 m y f aviateur. **2** Amér. bailleur de fonds.

aviar 1 tr préparer, disposer. **2** (fam) expédier (despachar). **3** Amér. prêter de l'argent. ◆ **4** ~se pron s'arranger. **5** (fam) se dépêcher (apresurarse).

avícola adj avicole.

avicultura f aviculture.

avidez f avidité.

ávido, da adj avide.

avieso, sa 1 adj torve (mirada). **2** malin, retors (persona).

avinagrado, da 1 adj aigre, vinaigré. **2** (fig, fam) aigre, acariâtre (carácter).

avinagrar 1 tr y pron aigrir. **2** acétifier (acetificar). **3** (fig) aigrir.

avío 1 m préparation, apprêts. **2** Amér. prêt (préstamo). **3** Chile, Perú monture, harnais. ◆ **4 avíos** m pl (fam) outillage.

avión m avion. ◆ ~ cisterna avion-citerne; ~ de bombardeo bombardier; ~ de caza chasseur; ~ de largo recorrido avion long-courrier; ~ nodriza avion de ravitaillement.

avionero m Amér. soldat aviateur.

avioneta f avionette.

avisado, da adj avisé, sage.

avisar 1 tr annoncer (dar noticia). **2** prévenir, avertir (advertir). **3** solliciter, requérir (para prestar un servicio).

aviso 1 m avis (noticia). **2** signe (indicio). **3** avertissement (advertencia); conseil (consejo). **4** TAUROM avertissement. **5** Amér. annonce, affiche.

avispa f ZOOL guêpe.

avispar 1 tr y pron (fig, fam) éveiller, dégourdir. **2** Amér. avoir peur. ◆ **3** ~se pron (fig) s'inquiéter.

avispero 1 m guêpier. **2** (fig, fam) guêpier, micmac.

avistar 1 tr apercevoir. **2** se rencontrer.

avituallamiento m ravitaillement.

avituallar tr ravitailler.

avivar 1 tr exciter, aviver. **2** (fig) échauffer (encender). **3** (fig) raviver, attiser (el fuego). ◆ **4** intr y pron reprendre des forces.

axial adj axial.

axila f ANAT aisselle.

axioma m FIL, MAT axiome.

axiomático, ca adj axiomatique.

¡ay! 1 interj aïe!; ouille! (dolor). **2** hélas! (aflicción).

ayecahue 1 m Chile personne grossière. ● **2 ayecahues** m pl Chile extravagances.

ayer 1 adv hier: ayer por la mañana no fuimos al cole = hier matin on n'est pas allé à l'école. **2** (fig) il n'y a pas longtemps. ● **3 el ~** m le passé. ◆ **antes de ~** avant-hier; ■ **de ~ a hoy** en peu de temps.

ayo, aya m y f précepteur.

ayote m Amér. Centr., Méx. courge.

ayuda 1 f aide; assistance. **2** MED lavement. ■ **con ~ de** à l'aide de.

ayudante, ta 1 m y f assistant, adjoint. **2** MIL adjudant.

ayudar 1 tr aider. **2** porter secours; secourir (auxiliar). ● **3** ~se pron s'aider; s'entraider. **4** (~se de) s'appuyer sur.

ayunar intr jeûner.

ayunas f pl jeun. ■ **estar en ~** être à jeun.

ayuno, na 1 adj à jeun. **2** (fig) (~ de) privé de.

ayuntamiento 1 m conseil municipal (institución). **2** hôtel de ville, mairie (edificio).

ayuyunes m pl Chile câlins, cajoleries.

azabache m jais.

azada f houe.

azadón m houe.

azafata 1 f hôtesse. **2** hôtesse de l'air (de avión).

azafate 1 m Chile, Col. plateau, plat. **2** Col. cuvette de bois (jofaina).

azafrán m safran.

azafranar tr safraner.

azahar m BOT fleur d'oranger.

azalea f BOT azalée.

azar 1 m hasard. **2** malheur imprévu (desgracia).

azarearse pron Chile, Perú se fâcher.

azaroso, sa 1 adj dangereux, hasardeux. **2** agité, inquiet (turbado).

Azerbaiján m Azerbaïdjan.

ázimo adj y m azyme.

azogue m QUÍM mercure, vif-argent.

azolve m Méx. substance bouchant un conduit.

azonzarse tr Méx. s'abrutir, s'abêtir.

azor m ZOOL autour (ave).

azoramiento m trouble; effarement.

azorar 1 tr y pron effrayer (asustar). ● **2** tr (fig) faire honte (avergonzar). ● **3** ~se pron (fig) avoir honte.

azoro m Amér. effarement.

azotaina f (fam) raclée.
azotar 1 tr fouetter (dar latigazos). **2** battre (con la cola o las alas). **3** (fig) faire des ravages (hacer mella). **4** Col. égrener le riz. ● **5** ~se pron se flageller.
azote 1 m coup de fouet. **2** fessée (a un niño). **3** coup de fouet (del agua o del aire). **4** (fig) fléau (calamidad, persona).
azotea 1 f terrasse, toit plat. **2** (fig, fam) cafetière, caboche (cabeza). **3** Arg. maison à toit plat.
azteca 1 adj aztèque. ● **2** m o f Aztèque.
azua f Amér. bière de maïs (chicha).
azúcar f sucre. ◆ ~ cande o candi sucre candi; ~ de caña sucre de canne; ~ glas o glaseado sucre glace; ~ moreno sucre roux.

azucarar 1 tr sucrer. **2** (fig, fam) adoucir.
azucarería f Cuba, Méx. confiserie.
azucarero, ra adj y m sucrier.
azucarillo m sucre spongieux.
azucena f BOT lis.
azufre m QUÍM soufre.
azul adj y m bleu. ◆ ~ celeste bleu ciel; ~ marino bleu marine.
azulado, da adj bleuâtre.
azulejo, ja 1 adj bleuâtre. ● **2** m carreau de faïence.
azumagarse pron Chile moisir.
azuquero m Amér. sucrier.
azurumbarse pron Amér. se troubler, s'effarer.
azuzar 1 tr exciter, éperonner (a un animal). **2** (fig) stimuler, aiguillonner.

Bb

b f b.
baba 1 f bave. **2** P. Rico (fig) bavardage. ■ **caérsele a uno la ~** être aux anges; **ser bobo de ~** être bête à manger du foin.
babear 1 intr baver. **2** (fig, fam) faire le joli cœur.
babel 1 amb (fig, fam) tour de babel (confusión lingüística). **2** (fig, fam) bric-à-brac, foutoir (desorden).
babero 1 m bavette, bavoir. **2** tablier, blouse (bata).
bable m asturien (lengua).
babor m MAR bâbord.
babosa f limace.
baboso, sa 1 adj/m y f baveux. **2** Amér. (fig) nigaud, blaireau. ● **3** m (fig, fam) vieux beau, vert galant.
babucha f babouche.
baca 1 f galerie (coche). **2** bâche (de lona). **3** impériale (diligencia).
bacalao 1 m morue. **2** MÚS musique techno.
bacanal 1 adj relatif au dieu Bacchus. ● **2** f bacchanale, orgie.
bache 1 m nid de poule (carretera). **2** trou d'air (avión). **3** (fig) obstacle, difficulté, contretemps. ■ **salir del ~** sortir de l'ornière.
bachicha 1 m o f Arg., Chile, Perú italien. ● **2 bachichas** f pl Méx. fond de verre.

bachiller, ra 1 adj/m y f (fig, fam) bavard. ● **2** m y f bachelier.
bachillerato 1 m baccalauréat, bac (examen). **2** études secondaires.
bacilo m MED bacille (bacteria).
bacín 1 m pot de chambre, vase de nuit (orinal). **2** sébile (mendigo). **3** (fig, fam) personne méprisable.
bacón m bacon, lard fumé.
bacteria f BIOL bactérie.
bactericida adj y m BIOL bactéricide.
báculo m bâton; bourdon, crosse. ◆ ~ pastoral crosse épiscopale.
badajo 1 m battant (campana). ● **2** m o f (fig, fam) moulin à paroles, bavard.
badana f basane. ■ **zurrar a uno la ~** (fig, fam) rosser qqn, tabasser.
badén 1 m cassis (zanja). **2** rigole (pequeño cauce).
bafle m baffle, enceinte.
bagaje 1 m bagage, bagages (ejército, viaje). **2** (fig) bagage, acquis (riqueza intelectual).
bagatela f bagatelle.
bagual 1 adj/m o f Amér. sauvage, indomptable (ganado). ● **2** m Chile gros homme.
baguette f baguette.

¡bah! *interj* bah!

bahía *f* baie.

bailador, ra *m y f* danseur (de flamenco).

bailar 1 *tr* e *intr* danser. ● 2 *intr* pivoter, tourner (girar). 3 être bancal, boîter.

bailarín, na *adj/m y f* danseur.

baile 1 *m* danse. 2 bal (fiesta). 3 ballet, chorégraphie. ◆ ~ de candil bal populaire; ~ de máscaras bal masqué; ~ de San Vito MED danse de Saint-Guy; ~ de noche soirée dansante.

Bal es una palabra que no sigue las reglas de formación del plural, sino que lo hace de modo irregular: **bals**.

bailotear *intr* dansoter.

bailoteo *m* action de danser (por diversión).

baja 1 *f* baisse. 2 perte (muerte). 3 congé. ◆ ~ por enfermedad congé de maladie; ~ por maternidad congé de maternité.

bajada 1 *f* descente, baisse; chute. 2 *Arg., Ur.* baisse des eaux, baisse de débit.

bajamar *f* marée basse; basse mer.

bajante *m* ARQ descente, tuyau de descente.

bajar 1 *tr* baisser, rabaisser (tono, parte del cuerpo). 2 diminuer, baisser: *el gobierno ha bajado los tipos de interés* = *le gouvernement a diminué les taux d'intérêt*. 3 descendre (alcanzar): *bájame ese vaso de la alacena* = *descends-moi ce verre du placard*. 4 rabattre: *baja el capó que sale humo* = *rabats le capot, il y a de la fumée*. ● 5 *intr* diminuer, baisser (precios, temperatura). 6 *Cuba* payer. ● 7 ~se *pron* se pencher; se baisser, s'accroupir. 8 descendre (apearse).

bajel *m* bateau, vaisseau.

bajeza 1 *f* bassesse, mesquinerie. 2 (fig) infériorité.

bajío 1 *m* banc de sable (arena); bas-fond. 2 *Amér.* terre basse.

bajista *m o f* ECON baissier.

bajo, ja 1 *adj* bas. 2 petit (persona): *un hombre bajo* = *un homme petit*. 3 bas, économique (precio); abordable. 4 méprisable, vil, mesquin (despreciable). 5 vulgaire, grossier (lenguaje). ● 6 *m* bas-fond, terrain bas (lugar hondo). 7 bas-fond, haut-fond (del mar, de los lagos). 8 rez-de-chaussée

(piso bajo). 9 MÚS basse (instrumento, voz). ● 10 *prep* sous: *bajo la férula del dictador* = *sous la férule du dictateur*. ● 11 *adv* bas: *hablar bajo* = *parler bas*. ■ ~ cero au-dessous de zéro; ~ palabra (fig) sur parole.

bajón 1 *m* (fig, fam) baisse. 2 MÚS basson (instrumento).

bakalao *m* MÚS (fam) techno, acid house.

bala 1 *f* balle. 2 boulet (artillería). 3 COM balle (algodón, café). ◆ ~ perdida o cansada balle perdue; ~ perdida (fig, fam) écervelé, tête brûlée; ~ rasa (fig, fam) tête brûlée. ■ como una ~ (fig) comme une flèche; tirar con ~ o con ~ rasa (fig) médire, jaser.

balaca *f Amér.* bravade; fanfaronnade.

balacear *tr Amér.* tirer sur.

balacera *f Amér.* fusillade.

balada *f* LIT, MÚS ballade.

baladí *adj* futile, insignifiant.

balalaica *f* MÚS balalaïka.

balance 1 *m* balancement (movimiento). 2 bilan. 3 ECON bilan. 4 MAR roulis.

balancear 1 *tr* balancer; mettre en équilibre. ● 2 *intr* MAR rouler, avoir du roulis (barco). ● 3 *intr* y *pron* se balancer.

balanceo *m* balancement. 2 AER, MAR roulis.

balancín 1 *m* palonnier. 2 fauteuil à bascule, rocking-chaire (sillón).

balandra *f* MAR cotre.

balandrán *m* balandran.

balandro 1 *m* MAR petit cotre. 2 MAR, DEP voilier.

balanza 1 *f* balance. 2 comparaison, confrontation (entre dos cosas). 3 ECON balance. ◆ ~ comercial ECON balance commerciale; ~ de pagos ECON balance des paiements.

balaquear *intr Amér. Merid.* faire le fanfaron.

balar *intr* bêler.

balay 1 *m Amér.* corbeille de jonc o laîche. 2 *Col.* tamis de liane.

balazo 1 *m* coup de feu. 2 blessure produite par une balle (herida).

balbucear *tr* e *intr* balbutier.

balbuceo *m* balbutiement.

balbucir *intr* balbutier.

balcánico, ca *adj* balkanique.

balcón *m* balcon. ◆ ~ corrido grand balcon.

balconada *f* ensemble des balcons d'un bâtiment avec une balustrade commune.

balda f étagère, rayon.

baldado, da 1 adj infirme, perclus. **2** (fam) claqué (cansado).

baldar 1 tr y pron estropier. **2** (fig) contrarier (a una persona).

balde 1 m seau. **2** MAR baille.

balde 1 de ~ loc adv gratis, gratuitement, à l'œil. **2 en ~** pour rien, en vain. ■ **estar de ~** être de trop, être oisif.

baldío, a 1 adj vain, inutile. ● **2** adj y m vague; inculte, en friche (terreno, solar).

baldón m affront, injure.

baldosa 1 f carreau. **2** dalle (de tamaño mayor).

baldosar tr carreler, daller.

baldosín m carreau (tamaño pequeño).

balduque m bolduc.

balear 1 adj baléare. ● **2** m o f Baléare. ● **3** m baléare (dialecto).

balear tr Amér. blesser o tuer par balle.

baleo m Amér. coups de feu.

balero 1 m moule pour la fonte des balles de plomb. **2** Amér. bilboquet (juguete).

balido m bêlement.

balín 1 m balle de petit calibre. **2** plomb.

balística f FÍS, MIL balistique.

baliza f AER, MAR balise. ■ **estar fuera de balizas** MAR être en partance.

balizar tr baliser.

ballena 1 f baleine. **2** baleine (corsé). **3** (fig, fam, desp) personne très grosse, obèse. **4** ASTR Baleine.

ballenato m baleineau.

ballenero, ra 1 adj baleinier. ● **2** m baleinier (barco). ● **3** f baleinière (bote auxiliar).

ballesta 1 f arbalète (arma antigua). **2** MEC ressort à lames (coche).

ballet m ballet.

balneario, ria 1 adj balnéaire. ● **2** m station balnéaire (mar); station thermale. ■ **ir a un ~** aller prendre les eaux.

balompié m DEP football.

balón 1 m ballon (pelota). **2** ballon (recipiente). **3** Chile, Col., Perú bouteille (para gases). ◆ **~ de oxígeno** (fig) ballon d'oxygène.

baloncesto m DEP basket, basket-ball.

balonmano m DEP hand-ball.

balonvolea m DEP volley-ball. volley.

balsa 1 f mare (charca). **2** radeau. **3** BOT balsa. ■ **ser como una ~ de aceite** (fig) être très calme, être très tranquille.

balsámico, ca adj balsamique.

balsamina f BOT balsamine.

bálsamo m baume.

balsear tr passer une rivière sur un bac.

balsero, ra 1 m y f passeur, batelier. **2** passager d'un bac.

báltico, ca 1 adj baltique, balte. ● **2** m y f Balte. ● **3** adj balte (lengua).

baluarte 1 m bastion. **2** (fig) rempart; défense.

baluma f Amér. amas, fatras.

balumba 1 f fatras, amas. **2** Ecuad. brouhaha.

bamba 1 f bamba. ● **2 bambas** f pl baskets (zapatillas deportivas).

bambalina f TEAT frise.

bambé m BOT bambou.

bambolear 1 intr y pron osciller, branler (cosas). **2** chanceler, vaciller (personas).

bamboleo m ballancement, oscillation.

bambolla 1 f cloque, ampoule. **2** (fam) esbroufe, frime.

banal adj banal, trivial.

banalidad f banalité.

banana 1 f Amér. banane. **2** Col. dénomination de certains confits.

bananal o **bananar** m bananeraie, plantation de bananiers.

bananero, ra adj bananier.

banano 1 m banane (fruto). **2** bananier (planta).

banasta f banne, manne.

banca 1 f banquette, banc. **2** éventaire, étal (puesto de venta). **3** COM banque. **4** Amér. banc en bois (para sentarse). **5** Amér. Merid. siège (escaño).

bancada 1 f MEC bâti. **2** MAR banc de nage. **3** MIN gradin.

bancal 1 m terrasse, gradin. **2** carré (de verduras).

bancario, ria adj bancaire.

bancarrota 1 f banqueroute. **2** (fig) accablement, discrédit.

banco 1 m banc. **2** établi (de carpintero). **3** banc (de peces). **4** GEOL banc. **5** COM banque. ◆ **~ de crédito** COM banque de crédit; **~ de datos** INF banque de données; **~ de órganos** MED banque d'organes; **~ de sangre** MED banque du sang.

banda 1 f bande. **2** écharpe (condecoración); grand cordon. **3** écharpe (faja). **4** bande, troupe. **5** côté (lado). **6** rive (orilla). **7** bande, volée (bandada). **8** DEP touche. **9** FÍS bande. **10** CINE bande. **11** MÚS fanfare. **12** *Amér. Centr.* AUT courroie de ventilateur. ◆ ~ **de frecuencia** RAD bande de fréquence; ~ **sonora** CINE bande sonore.

bandada *f* volée, bande.

bandazo 1 *m* coup de roulis (de un barco). **2** (fig) bouleversement (cambio). ■ **dar bandazos** (fig) flâner, errer.

bandear 1 *tr* *Amér.* traverser. **2** *Chile* transpercer (de un tiro). ● **3** ~**se** *pron* se débrouiller; s'arranger.

bandeja *f* plateau. ■ **servir en** ~ o **en** ~ **de plata** (fig, fam) apporter sur un plateau o sur un plat d'argent.

bandera *f* drapeau.

banderilla 1 *f* (fig) amuse-gueule (tapa). **2** (fig, fam) pique, pointe. **3** TAUROM banderille. ■ **clavar, plantar, poner una** ~ (fig, fam) lancer des piques.

banderillero *m* TAUROM banderillero.

banderola *f* banderole, flamme.

bandidaje *m* banditisme, brigandage.

bandido *m* bandit, brigand.

bando 1 *m* ban, édit. **2** bande (bandada). **3** faction, parti. ■ **ser del** ~ **contrario** o **del otro** ~ (fig, fam) être de la jaquette.

bandolero *m* bandit, brigand.

bandurria *f* MÚS mandore. ◆ ~ **sonora** MÚS *sorte de mandore.*

banjo *m* MÚS banjo.

banquero, ra *adj/m* y *f* banquier.

banqueta 1 *f* banquette (asiento). **2** escabeau, marchepied.

banquete *m* banquet.

banquillo 1 *m* petit banc. **2** DER banc des accusés, sellette (en el tribunal). **3** DEP banc (para reservas y entrenadores).

bañadera *f* *Amér.* baignoire.

bañador, ra *adj/m* y *f* baigneur. ● **2** *m* maillot o costume de bain.

bañar 1 *tr* y *pron* baigner. ● **2** *tr* baigner, tremper. **3** enrober, couvrir (en un líquido); glacer (azúcar). ■ **bañado en lágrimas** (fig) tout en larmes, baigné de larmes; **bañado en sudor** (fig) tout en sueur, ruisselant de sueur.

bañera 1 *f* baignoire. **2** baigneuse (mujer).

bañista *m* o *f* baigneur. **2** curiste.

baño 1 *m* bain. **2** baignoire (bañera). **3** baignade (acción y lugar). **4** salle de bain (cuarto de baño). **5** couche. **6** QUÍM bain.

● **7 baños** *m pl* bains publics; établissement de bains. ◆ ~ **(de) maría** bain-marie; ~ **de vapor** bain de vapeur.

> En Francia es muy frecuente que el **baño** o aseo se halle dividido en dos habitaciones: en una (*salle de bain*) se hallan el lavabo y la bañera; en la otra (*toilette*) se halla exclusivamente el inodoro.

baptisterio 1 *m* fonts baptismaux. **2** ARQ baptistère.

baquelita *f* QUÍM bakélite.

baqueta 1 *f* TAUROM *baguette du picador.* **2** ARQ baguette. ● **3 baquetas** *f pl* MÚS baguettes.

baquetear 1 *tr* (fig) ennuyer, importuner. **2** MIL *infliger la peine des baguettes.*

bar 1 *m* bar. **2** FÍS bar.

baraja 1 *f* jeu de cartes. **2** querelle, dispute. ■ **jugar con dos barajas** (fig, fam) jouer double jeu, miser sur deux tableaux.

> Mientras la **baraja** española tiene 48 cartas, la francesa tiene 52. Los cuatro palos son: *carreaux, trèfles, piques, cœurs* (diamantes, tréboles, picas, corazones).

barajar 1 *tr* battre (naipes). **2** (fig) évoquer, mettre en avant. **3** *Amér. Merid.* saisir au bond. **4** *Amér. Merid. parer les coups.* **5** *Chile, Méx.* empêcher. ● **6** *tr* y *pron* (fig) mêler, brouiller (revolver).

baranda *f* → barandilla.

barandilla 1 *f* balustrade. **2** main courante, rampe (de una escalera).

barata 1 *f* → baratura. **2** troc, échange (trueque). **3** *Méx.* vente au rabais. **4** *Chile* cafard.

baratija *f* (se usa más en *pl*) bagatelle; babiole, bricole.

baratillo 1 *m* bric à brac, brocante. **2** friperie (ropa).

barato, ta 1 *adj* y *adv* bon marché. ● **2** *m* argent donné par les gagnants. **3** vente au rabais, liquidation.

baratura *f* bon marché; bas prix.

barba 1 *f* menton. **2** barbe. **3** barbe (de cabra). **4** caroncules (de ave). **5** fanon (de ballena). ● **6 barbas** *f pl* BOT barbe (de las plantas). ◆ **~ cerrada** barbe touffue; ■ **en las barbas de** à la barbe de; **por ~** par tête.

barbacoa 1 *f* barbecue. **2** *Amér.* grenier. **3** *Amér.* hutte (casita). **4** *Méx.* viande grillée.

barbaridad 1 *f* barbarie. **2** cruauté, atrocité (atrocidad). **3** sottise; bêtise, énormité. ● **4** *adv* (fam) énormément, beaucoup. ■ **decir barbaridades** dire des énormités; **¡qué ~!** quelle horreur!, mon Dieu!; c'est incroyable!

barbarie 1 *f* (fig) barbarie; cruauté. **2** (fig) ignorance, barbarie.

bárbaro, ra 1 *adj* (fig) barbare; cruel, féroce. **2** (fig) barbare, grossier, rude. **3** (fig, fam) formidable, fabuleux. **4** (fig) énorme. ● **5** *adj/m y f* HIST barbare.

barbecho *m* AGR jachère.

barbería 1 *f* boutique du barbier *o* coiffeur. **2** métier de barbier *o* coiffeur.

barbero, ra 1 *adj relatif au barbier, au coiffeur.* **2** *Méx.* flatteur. ● **3** *m* barbier, coiffeur.

barbilla *f* ANAT menton.

barbo *m* ZOOL barbeau.

barbotar *tr* e *intr* marmotter, bredouiller.

barbudo, da *adj* barbu.

barca *f* barque.

barcaza *f* MAR allège. ◆ **~ de desembarco** MAR péniche de débarquement.

barco 1 *m* bateau. **2** ravin peu profond (barranco). ◆ **~ de guerra** navire de guerre; **~ de pasajeros** paquebot; **~ de vapor** bateau à vapeur; **~ de velas** bateau à voiles, voilier.

barda *f* barde.

bardo *m* barde (poeta).

barítono *m* MÚS baryton.

barlovento *m* MAR dessus du vent.

barman *m* barman.

barniz *m* vernis.

barnizar *tr* vernir.

barométrico, ca *adj* barométrique.

barómetro *m* baromètre. ◆ **~ de mercurio** baromètre à mercure.

barón, sa *m* baron.

barquero, ra *m y f* batelier.

barquillo *m* oublie, gaufre.

barra 1 *f* barre. **2** barre, levier (palanca). **3** bâton, barre. **4** baguette (pan). **5** comptoir (en un bar). **6** DER barre (en un tribunal). **7**

Amér. foule, public. **8** *Arg.*, *Par.*, *Ur.* bande de copains. ◆ **~ americana** bar américain; **~ de labios** bâton à lèvres, rouge à lèvre; **~ fija** DEP barre fixe; ■ **en la ~** au comptoir.

barraca 1 *f* baraque. **2** chaumière (en Valencia y Murcia). **3** *Amér.* hangar, magasin, dépôt.

barranco 1 *m* ravin. **2** précipice.

barrena 1 *f* vrille (con mango). **2** mèche (sin mango). **3** barre à mine (mina). ■ **entrar en ~** descendre en vrille.

barrenar 1 *tr* percer. **2** (fig) torpiller (un logro).

barrendero, ra *m y f* balayeur.

barreno 1 *m* grande vrille. **2** trou de vrille. **3** trou de mine (relleno de pólvora).

barreño, ña 1 *m y f* terrine (de barro). **2** cuvette, bassine (de metal o plástico).

barrer 1 *tr* balayer (con la escoba). **2** (fig) balayer (llevarse algo). **3** (fig) vaincre, faire fuir (derrotar). ■ **~ hacia adentro** *o* **para casa** (fig) tirer la couverture à soi.

barrera 1 *f* barrière (valla, límite). **2** barrage (parapeto). **3** (fig) empêchement. **4** DEP mur (fila de jugadores). **5** TAUROM barrière. ◆ **~ del calor** barrière thermique; **~ del sonido** mur du son.

barriada 1 *f* quartier. **2** faubourg (arrabal).

barrica *f* barrique.

barricada *f* barricade.

barrido 1 *m* balayage. **2** balayures (barreduras). **3** TEC balayage, scanning. ◆ **~ de pantalla** balayage sur écran.

barriga 1 *f* ventre. **2** panse (vasija). **3** (fig) courbure (pared). ■ **echar ~** prendre du ventre; **rascarse la ~** (fig) se tourner les pouces.

barril 1 *m* baril. **2** baril (de petróleo).

barrio 1 *m* quartier. **2** faubourg (arrabal). ◆ **~ chino** quartier chaud; ■ **irse al otro ~** partir pour l'autre monde.

barrizal *m* bourbier.

barro 1 *m* boue (lodo). **2** terre glaise (alfarería). **3** poterie (vasija). **4** point noir (granillo).

barrote 1 *m* barreau. **2** barre (para reforzar).

barrueco 1 *m* perle baroque. **2** nodule (rocas).

barruntar 1 *tr* pressentir. **2** présumer, prévoir (suponer).

barrunto *m* indice, pressentiment.

barullo *m* (fam) pagaye, chambard. ■ **armar ~** faire du chambard.

basa 1 *f* base. **2** ARQ base. ◆ ~ **ática** base attique; ~ **corintia** base corinthienne.

basalto *m* MIN basalte.

basar 1 *tr* baser (asentar). ● **2** *tr y pron* (fig) baser, fonder.

basca *f* (se usa más en *pl*) nausée, haut-le-cœur.

báscula *f* bascule. ◆ ~ **de baño** pèse-personne; ~ **hidrostática** balance hydrostatique.

base 1 *f* base. **2** base (de un grupo o partido). **3** assiette (de un impuesto). **4** (fig) base, pilier; fondement. ◆ ~ **de datos** INF base de données; ~ **de lanzamiento** base de lancement; ~ **de operaciones** MIL théâtre d'opérations; ~ **imponible** COM assiette de l'impôt; ~ **naval** base navale.

básico, ca 1 *adj* basique. **2** (fig) fondamental, essentiel.

basílica *f* basilique.

basilisco *m* basilic.

básquet *m Arg., Méx., Par.* basket-ball, basket.

basta 1 *f* piqûre (colchón). **2** *Perú* ourlet (bastilla).

bastante 1 *adj* suffisant. ● **2** *adv* assez.

bastar *intr y pron* suffire: *basta que aparezca para tener problemas = il suffit qu'il apparaisse pour avoir des problèmes*. ■ **¡basta!** ça suffit!; ~ **con** suffire de *o* que.

bastardilla 1 *adj y f* italique (imprenta). ● **2** *f* MÚS *espèce de flûte*.

bastardo, da 1 *adj/m y f* bâtard. ● **2** *m* ZOOL boa, serpent.

bastidor 1 *m* châssis (lienzo, automóvil). **2** *Cuba* sommier. ■ **entre bastidores** dans les coulisses.

bastilla *f* ourlet.

bastión *m* bastion.

basto, ta 1 *adj* grossier, rustique (cosa, persona). ● **2** *m* une carte espagnole (naipe).

bastón 1 *m* canne (vara). **2** bâton (insignia). ■ **empuñar uno el** ~ prendre le commandement.

bastoncillo 1 *m* galon étroit (galón). **2** ANAT bâtonnet.

basura 1 *f* ordures. **2** (fig) ordures. **3** *Cuba* reste utilisable du tabac à mâcher.

basurero, ra 1 *m y f* éboueur (persona). ● **2** *m* décharge (sitio); dépôt d'ordures.

bata 1 *f* robe de chambre (casa). **2** blouse (trabajo).

batacazo 1 *m* bruit d'une chute. **2** (fam) chute inattendue, bûche.

batahola *f* (fam) tapage.

batalla 1 *f* bataille. **2** ordre de bataille (orden). **3** (fig) bataille, lutte. **4** (fig) (se usa más en *diminutivo pl*) histoire, craque. ◆ ~ **campal** bataille rangée; ■ **de** ~ de tous les jours; **perder la** ~ échouer, rater qqch.

batallar 1 *intr* batailler. **2** (fig) batailler, livrer bataille (disputar).

batata *f* batate, patate douce.

bate *m* batte (béisbol).

bateador, ra *m y f* batteur.

batel *m* canot (barca pequeña).

batería 1 *f* batterie (artillería). **2** batterie (instrumento). **3** batterie (ciencias). **4** TEAT (fig) rampe (luces). ◆ ~ **de cocina** batterie de cuisine; ~ **eléctrica** batterie électrique; ~ **solar** batterie solaire; ■ **en** ~ en épi (aparcamiento); **recargar baterías** (fig) recharger ses batteries.

batido, da 1 *adj* chatoyant (tejido). ● **2** *m* pâte (bizcochos). **3** milk-shake, lait battu (bebida). ● **4** *f* battue (en una caza). **5** rafle (registro policial).

batidor, ra 1 *adj* batteur, qui bat. ● **2** *m y f* mixer (cocina). ● **3** *m* batteur (explorador).

batiente 1 *adj* battant. ● **2** *m* battement (cerco de puerta). **3** brisant (mar).

batir 1 *tr* battre (golpear). **2** battre (la lluvia, las olas, el viento). **3** abattre (echar por tierra). **4** battre (mover): *batir las alas = battre des ailes*. **5** battre, fouetter (huevos, nata, etc.). **6** crêper (cabellos). **7** battre, frapper (acuñar). **8** ~**se** *pron* se battre (en un duelo). ■ ~ **un récord** battre un record.

batiscafo *m* bathyscaphe.

batista *f* batiste.

baúl 1 *m* coffre, malle. **2** (fig, fam) bedaine (panza).

bausán o bausano, na 1 *m y f* mannequin revêtu d'une armure. **2** (fig) niais (necio).

bautismal *adj* baptismal.

bautismo *m* baptême. ◆ ~ **de fuego** baptême du feu; ~ **de sangre** baptême du sang.

bautizar 1 *tr* baptiser (sacramento). **2** (fig) baptiser. **3** (fig, fam) baptiser (vino con agua).

bautizo *m* baptême.

bauxita *f* bauxite.

baya 1 *f* baie. **2** liliacée (planta).

bayeta 1 *f* flanelle, bayette (tela de lana). **2** serpillière (trapo).

bayoneta *f* baïonnette.

baza 1 *f* levée, pli (juego). **2** (fig) atout: *tener todas las bazas para triunfar = avoir tous les atouts pour réussir.* ■ **meter ~** fourrer son nez, dire son mot.

bazar *m* bazar.

bazo *m* ANAT rate.

bazofia 1 *f* restes (sobras). **2** ratatouille (comida mala). **3** (fig) immondice.

be 1 *f* b. ● **2** ¡be! *interj* bê, onomatopée du bêlement (balido).

beatería *f* bigoterie.

beatificación *f* béatification.

beatificar *tr* béatifier.

beato, ta 1 *adj/m* y *f* bienheureux (feliz). **2** béat (beatificado). **3** dévot. **4** (fig) bigot (mojigato).

bebé *m* bébé.

bebedor, ra 1 *adj* buveur. ● **2** *adj/m* y *f* (fam) buveur (alcohólico).

beber 1 *intr* y *tr* boire (bebidas, alcohol). **2** (fig) boire, absorber. **3** (fig) troubler (el juicio). ● **4** *intr* boire (brindar).

bebida 1 *f* boisson. **2** boire. **3** boisson: *la bebida destrozó su vida = la boisson a brisé sa vie.*

bebido, da *adj* gris, un peu ivre.

bebistrajo 1 *m* (fam) mixture (mezcla). **2** (fam) bibine (bebida desagradable).

beca *f* bourse.

becado, da *m* y *f* boursier.

becerro *m* veau. ◆ **~ de oro** (fig) veau d'or.

becuadro *m* MÚS bécarre.

bedel, la 1 *m* y *f* appariteur (en un establecimiento de enseñanza). **2** huissier.

beduino, na 1 *adj* bédouin. ● **2** *m* y *f* Bédouin.

befa *f* dérision, raillerie.

bejuco *m* liane.

beldad 1 *f* (form) beauté (belleza). **2** (form) beauté (mujer).

belén 1 *m* (fig) crèche (nacimiento). **2** (fig, fam) pagaille.

beleño *m* BOT jusquiame.

belga 1 *adj* belge. ● **2** *m* o *f* Belge.

Bélgica *f* Belgique.

belicista *adj/m* o *f* belliciste.

bélico, ca *adj* de guerre.

belicoso, sa 1 *adj* belliqueux. **2** (fig) querelleur.

beligerante *adj/m* o *f* belligérant.

bellaco, ca 1 *adj/m* y *f* fripon, voyou. **2** malin, rusé (astuto).

belladona *f* BOT belladone.

bellaquería *f* friponnerie.

belleza 1 *f* beauté (cualidad). **2** beauté (mujer).

bello, lla *adj* beau. ◆ **bellas artes** beaux-arts.

bellota 1 *f* gland (fruto). **2** ANAT gland.

bemol *adj* y *m* MÚS bémol. ■ **tener bemoles** (fig, fam) être très difficile, être très grave (una cosa).

benceno *m* QUÍM benzène.

bencina 1 *f* QUÍM benzine. **2** essence (gasolina).

bendecir *tr* bénir. ■ **¡Dios le bendiga!** Dieu vous bénisse!

bendición *f* bénédiction: *echar la bendición = donner sa bénédiction.*

bendito, ta 1 *adj* béni (persona); bénit (cosa). ● **2** *adj/m* y *f* heureux (feliz). **3** benêt (ingenuo).

beneficencia 1 *f* bienfaisance. **2** assistance publique (servicio).

beneficiar 1 *tr* y *pron* faire du bien (hacer bien). ● **2** *tr* mettre en valeur (cultivar una cosa). **3** cultiver (terreno). **4** exploiter (mina). **5** favoriser (créditos). ● **6** ~se *pron* (~se de) bénéficier de, profiter de (sacar provecho).

beneficio 1 *m* bienfait (bien). **2** avantage, profit: *sacar beneficio de algo = tirer profit de qqch.* **3** bénéfice (ganancia). **4** culture (cultivo). **5** traitement (mina). **6** DER bénéfice. ◆ **~ de inventario** bénéfice d'inventaire; **~ marginal** marge bénéficiaire; ■ **a o en ~ de** au bénéfice de.

beneficioso, sa *adj* avantageux, profitable.

benéfico, ca 1 *adj* bienfaisant, bénéfique (que hace bien). **2** de bienfaisance (ayuda a necesitados).

beneplácito 1 *m* approbation, permission (permiso). **2** complaisance, satisfaction (complacencia).

benevolencia *f* bienveillance.

benévolo, la o **benevolente** *adj* bienveillant, bénévole.

benignidad 1 *f* bénignité. **2** (fig) douceur (clima).

benigno, na 1 *adj* bénin, bénigne (*f*). **2** (fig) doux (clima).

benzol *m* QUÍM benzol.

beodo, da *adj/m y f* ivre, ivrogne.
berberecho *m* coque, bucarde.
berbiquí *m* vilebrequin.
berenjena *f* aubergine.
berenjenal 1 *f* champ d'aubergines. • **2** *m* (fig, fam) pagaille. ■ **meterse en un ~** (fig, fam) se fourrer dans un guêpier.
bergamota *f* bergamote (fruta).
bergante *m* voyou, chenapan.
bergantín *m* brigantin.
berilio *m* QUÍM béryllium.
berilo *m* MIN béryl.
berlina 1 *f* berline (coche). **2** coupé (de una diligencia).
bermejo, ja 1 *adj y m* vermeil. **2** roux (pelo).
bermellón *adj y m* vermillon.
bermudas *m pl* bermuda.
berrear 1 *intr* beugler; mugir (los becerros). **2** (fig) beugler; brailler. **3** (fig) pleurer comme un veau.
berrenchín 1 *m odeur du sanglier furieux.* **2** (fig, fam) → berrinche.
berrido 1 *m* mugissement (del becerro). **2** (fig) braillement, cri. **3** (fig) couac; canard (al cantar).
berrinche 1 *m* (fam) accès de colère, rogne. **2** (fam) contrariété (disgusto).
berro *m* cresson.
berza *f* chou (col).
besamel o **besamela** *f* béchamel.
besar 1 *tr y pron* embrasser. • **2** *tr* (fig, fam) effleurer (tocar). • **3** **~se** *pron* s'effleurer.
beso *m* baiser. ◆ **~ de paz** baiser de paix; ■ **comer a besos a alguien** (fig) dévorer qqn de baisers.
bestia 1 *f* bête. • **2** *adj/m* o *f* (fig) brute. **3** (fig) bête (ignorante). ◆ **~ parda** o **negra** (fig) bête noire.
bestial 1 *adj* bestial. **2** (fig, fam) énorme; démesuré.
bestialidad 1 *f* bestialité. **2** (fig, fam) tonnes de.
besucón, na *adj/m y f* (fam) lécheur.
besugo 1 *m* daurade. **2** (fig, fam) bête; niais.
besuquear *tr y pron* (fam) bécoter.
besuqueo *m* (fam) fricassée de museaux.
betún 1 *m* bitume. **2** cirage (para el calzado). ■ **negro como el ~** noir comme un pruneau.
biberón *m* biberon.
biblia *f* bible.

bibliófilo, la *m y f* bibliophile.
bibliografía *f* bibliographie.
bibliográfico, ca *adj* bibliographique.
bibliógrafo, fa *m y f* bibliographe.
biblioteca *f* bibliothèque.
bibliotecario, ria *m y f* bibliothécaire.
bicarbonato *m* QUÍM bicarbonate.
bicho 1 *m* bestiole. **2** bête. **3** (fig) drôle de phénomène (persona ridícula). **4** INF bogue. ◆ **mal ~** chameau.
bici *f* (fam) vélo.
bicicleta *f* bicyclette. ◆ **~ estática** bicyclette d'appartement.
biciclo *m* bicycle.
bidé o **bidet** *m* bidet.
bidón *m* bidon.
biela 1 *f* bielle. **2** manivelle (de bicicleta).
Bielorrusia *f* Biélorussie.
bien 1 *m* bien. • **2 bienes** *m pl* biens. ◆ **bienes gananciales** acquêts; **bienes inmuebles** biens immeubles; **bienes muebles** biens meubles; ■ **persona de ~** personne de bien.
bien 1 *adv* bien: *él ha hecho bien en aceptar el regalo* = il a bien fait d'accepter le cadeau. **2** (avec plaisir; bien, volontiers (de buena gana). **3** bien: *tu hermano estaba bien contento* = ton frère était bien content. **4** bien, bon (de acuerdo). • **5 bien... bien...** *conj* soit... soit...: *bien en tu casa, bien en la mía* = soit chez toi, soit chez moi. ■ **no ~** à peine: *no bien supo la noticia, me escribió una carta* = à peine eut-elle su la nouvelle qu'elle m'écrivit une lettre; **¡qué ~!** chic!, magnifique!; **si ~** bien que, encore que; **¡ya está ~!** là, ça va!; **y ~** (introduce preguntas) alors, eh bien.
bienal 1 *adj* biennal. • **2** *f* biennale.
bienaventurado, da *adj/m y f* bienheureux.
bienaventuranza 1 *f* béatitude (en el cielo). **2** bonheur (humana).
bienestar *m* bien-être, confort. ◆ **Estado del Bienestar** État-providence.
bienhablado, da *adj* poli.
bienhechor, ra *adj/m y f* bienfaiteur.
bienio *m* période de deux ans.
bienquerer 1 *m* bonne volonté. **2** affection (afecto).
bienquerer *tr* aimer, apprécier.
bienvenido, da 1 *adj* bienvenu. • **2** *f* bienvenue. ■ **dar la bienvenida** souhaiter la bienvenue.

bifásico, ca *adj* FÍS biphasé.
bifocal *adj* à double foyer.
bifurcación *f* bifurcation.
bifurcarse *pron* bifurquer.
bigamia *f* DER bigamie.
bígamo, ma *adj/m* y *f* bigame.
bigote 1 *m* moustache. **2** (se usa más en *pl*) moustaches (bocera). **3** MIN trou de coulée. ● **4 bigotes** *m pl* MIN *infiltrations du métal dans les fentes de l'intérieur du four.* ■ **de ~** (fam) formidable; terrible.
bikini *m* → biquini.
bilingüe *adj* bilingue.
bilioso, sa *adj* bilieux.
bilis *f* bile. ■ **descargar la ~** (fig) décharger sa bile.
billar *m* billard.
billete 1 *m* billet (de banco, espectáculo, lotería, tren). **2** ticket (de andén, metro, tranvía). ◆ **~ de ida** aller simple; **~ de ida y vuelta** aller-retour.
billetero, ra *m* y *f* portefeuille.
billón *m* billion, million de millions.
bimensual *adj* bimensuel.
bimestre 1 *adj* bimestriel. ● **2** *m* bimestre.
binar *tr* biner.
binario, ria *adj* binaire. ◆ **dígito ~** INF chiffre binaire.
binóculo *m* binocle.
biodegradable *adj* biodégradable.
biodiversidad *f* biodiversité.
biografía *f* biographie.
biógrafo, fa *m* y *f* biographe.
biología *f* biologie.
biológico, ca *adj* biologique.
biólogo, ga *m* y *f* biologiste.
biombo *m* paravent.
biopsia *f* MED biopsie.
bioquímica *f* biochimie.
biosfera *f* biosphère.
bípedo, da *adj* y *m* bipède.
biplano *m* biplan.
biquini *m* bikini; deux-pièces (traje de baño).
birlar *tr* (fig, fam) barboter, faucher (robar).
birlocha *f* cerf-volant (cometa).
birreta *f* barrette (de clérigo).
birrete 1 *m* bonnet (de catedrático). **2** toque (de magistrado). **3** bonnet (gorro).
birria 1 *f* épouvantail. **2** (fig) cochonnerie. **3** *Col.* caprice.

bis *adv* bis.
bisabuelo, la 1 *m* y *f* arrière-grand-père. ● **2 bisabuelos** *m pl* arrière-grands-parents.
bisagra *f* charnière (de puertas).
bisbisar o **bisbisear** *tr* (fam) marmotter.
bisección *f* GEOM bissection.
bisector, triz 1 *adj* GEOM bissecteur. ● **2** *f* GEOM bissectrice.
bisel *m* biseau.
bisemanal *adj* bihebdomadaire.
bisexual *adj/m* o *f* bissexuel.
bisiesto *adj* bissextile.
bisnieto, ta 1 *m* y *f* arrière-petit-fils, arrière-petite-fille (*f*). ● **2 bisnietos** *m pl* arrière-petits-enfants.
bisonte *m* bison.
bisoño, ña 1 *adj/m* y *f* (fig, fam) novice. ● **2** *m* MIL bleu.
bistec o **bisté** *m* bifteck.
bisturí *m* MED bistouri.
bisutería *f* bijouterie in toc.
bit *m* INF bit.
bitácora 1 *f* INF journal de bord. **2** MAR habitacle.
bivalvo, va *adj* y *m* bivalve.
bizantino, na 1 *adj* byzantin. ● **2** *m* y *f* Byzantin.
bizarría 1 *f* courage; bravoure. **2** générosité (generosidad).
bizarro, rra 1 *adj* courageux; brave. **2** généreux.
bizco, ca 1 *adj* louche. ● **2** *m* y *f* bigle; loucheur.
bizcocho 1 *m* pâte à biscuit (masa). **2** biscuit (pan). **3** biscuit (objeto de porcelana). **4** *Col.* gâteau à la crème.
biznaga 1 *f* BOT visnage. **2** BOT cactacée du Mexique.
biznieto, ta *m* y *f* → bisnieto.
bizquear *intr* (fam) bigler; loucher.
blanco, ca 1 *adj* y *m* blanc (color). ● **2** *adj/m* y *f* blanc (de raza blanca). ● **3** *m* cible (en el tiro). **4** blanc (en un escrito). **5** (fig) but (finalidad). ■ **dar en el ~** faire mouche; **en ~** en blanc (sin escribir); **quedarse en ~** avoir un trou de mémoire.

La expresión española **blanco y negro** se traduce por *noir et blanc*: *una película en blanco y negro = un film en noir et blanc*.

blandengue 1 *adj* mou, doux. **2** faible.

blandir *tr* brandir.

blando, da 1 *adj* mou. **2** doux (los ojos). **3** doux (el tiempo). **4** (fig) bénin. **5** (fig, fam) lâche (cobarde). ● **6** *adv* doucement; mollement.

blandura 1 *f* mollesse. **2** (fig) flatterie (halago).

blanquear 1 *tr* blanchir (poner blanco). **2** chauler (encalar). **3** blanchir (metales). **4** blanchir (dinero). ● **5** *intr* blanchir; devenir blanc.

blanqueo 1 *m* blanchiment. **2** chaulage (encalado).

blasfemar 1 *intr* blasphémer. **2** (fig) vitupérer.

blasfemia *f* blasphème.

blasón 1 *m* blason. **2** honneur.

blasonar 1 *tr* blasonner (heráldica). ● **2** *intr* (fig) se vanter.

bledo *m* blette (planta). ■ **dársele o no dársele a uno un ~ de alguna cosa** (fig, fam) ne pas donner un sou de qqch; **importar o no importar un ~ una cosa** (fig, fam) ne pas accorder d'importance à qqch; se ficher *o* se moquer de qqch.

blenorrea (*también* **gonorrea**) *f* MED blennorragie, gonorrhée.

blindado, da *adj* blindé.

blindaje *m* blindage.

blindar *tr* blinder.

blíster *m* TEC blister.

blondo, da *adj* blond.

bloque 1 *m* bloc (de piedra). **2** bloc (de papel). **3** immeuble (edificio). **4** INF bloc. **5** POL bloc. ■ **en ~** en bloc, en masse.

bloquear 1 *tr* assiéger. **2** (fig) bloquer (dificultar). **3** MIL, MAR bloquer; faire le blocus de. **4** COM bloquer, geler (dinero, créditos). ● **5** *tr y pron* bloquer (el paso). **6** faire un blocage.

bloqueo 1 *m* blocage. **2** MIL, MAR blocus. ◆ **~ económico** blocus économique.

blusa *f* chemisier, blouse.

boa 1 *f* boa (animal). **2** boa (prenda).

boato *m* ostentation, faste.

bobada *f* bêtise.

bobina *f* bobine. ◆ **~ de inducción** ELEC bobine d'induction.

bobo, ba 1 *adj/m y f* sot, idiot. **2** niais *o* naïf (necio). ● **3** *m* TEAT bouffon.

boca 1 *f* bouche. **2** gueule (carnívoros). **3** (fig) bouche (de metro). **4** (fig) ouverture, trou (abertura). **5** (fig) goût, bouquet (vino). ◆ **~ de riego** bouche d'arrosage; **prise d'eau;** **~ del estómago** creux de l'estomac; **~ del lobo** gueule du loup; ■ **~ arriba** sur le dos; **de ~ en ~** être sur toutes les lèvres; **hacer ~** ouvrir l'appétit; **no abrir la ~** ne pas desserrer les dents.

bocacalle 1 *f* entrée *o* débouché d'une rue. **2** rue (calle).

bocadillo 1 *m* sandwich. **2** bulle (cómic). **3** *Amér.* dessert à base de coco ou de patate douce.

bocado 1 *m* bouchée. **2** morceau (pedazo). **3** mors (freno del caballo). ◆ **~ de Adán** pomme d'Adan.

bocajarro (a) *loc adv* à bout portant (disparo); à brûle-pourpoint (un decir).

bocamanga *f* poignet.

bocanada 1 *f* gorgée (de un líquido). **2** bouffée (de humo).

bocazas *m* (fam) grande gueule.

bocel *m* ARQ tore. ◆ **cuarto ~** ARQ quart-de-rond.

boceto *m* esquisse, ébauche.

bochorno 1 *m* chaleur lourde et étouffante. **2** rougeur (del rostro). **3** (fig) honte (vergüenza).

bochornoso, sa 1 *adj* étouffant. **2** (fig) honteux.

bocina 1 *f* corne. **2** porte-voix (aparato). **3** klaxon (de un coche). **4** pavillon (de un gramófono).

boda 1 *f* mariage, noce. ● **2 bodas** *f pl* noces. ◆ **bodas de diamantes** noces de diamants; **bodas de oro** noces d'or; **bodas de plata** noces d'argent.

La diferencia entre *noce* y *mariage* es que *mariage* se utiliza para el enlace mientras que *noce* se refiere a la fiesta que lo acompaña.

bodega 1 *f* cave; cellier. **2** entrepôt, magasin (almacén). **3** taverne.

bodegón 1 *m* taverne. **2** ART nature morte.

bofetada *f* gifle, claque.

bofetón 1 *m* gifle (bofetada). **2** TEAT machine tournante.

boga 1 *f* bogue. **2** nage (remar). ■ **en ~** en vogue, à la mode.

bogar 1 *intr* MAR ramer, nager. ● **2** *tr Chile* MIN écumer.

bogavante *m* homard.

bohemio, mia 1 *adj* bohème (persona). **2** bohémien (de Bohemia). ● **3** *adj/m y f* gitan, bohémien. ● **4** *adj y f* bohème (en la vida). ● **5** *m y f* Bohémien (habitante de Bohemia). ● **6** *m* tchèque (lengua).

boicot *m* boycott.

boicotear *tr* boycotter.

boicoteo *m* boycott, boycottage.

boina *f* béret.

boj *m* BOT buis.

bol *m* bol.

bola 1 *f* boule. **2** vole. **3** cirage (betún). **4** balle (tenis, golf). **5** bille (canica). **6** (fig, fam) mensonge. **7** *Chile* fausse rumeur. **8** *Méx.* tumulte. ■ **en bolas** (fam) à poil.

bolchevique *adj/m y f* bolchevique.

boleadoras *f pl* instrument de chasse composé de deux ou trois boules de pierre.

bolera 1 *f* bilboquet. **2** jeu de quilles (juego de bolos).

boleta 1 *f* billet d'entrée. **2** *Amér.* bulletin de vote.

boletín *m* bulletin. ◆ **~ de prensa** communiqué de presse; **~ de subscripción** bulletin d'abonnement.

boleto 1 *m* billet (lotería, sorteo); bulletin. **2** *Amér.* billet (teatro, tren).

boliche 1 *m* cochonnet. **2** jeu de quilles. **3** boulodrome, bowling. **4** bilboquet. **5** boule (adorno).

bólido *m* (fig) bolide.

bolígrafo *m* stylo à bille, stylo-bille.

bolillo *m* fuseau (para encajes).

bolívar *m* bolivar.

Bolivia *f* Bolivie.

boliviano, na 1 *adj* bolivien. ● **2** *m y f* Bolivien.

bollería *f* pâtisserie.

bollo 1 *m* pain au lait; brioche. **2** (fig) bosse (chichón). **3** (fig, fam) embrouille (lío). **4** (fam) bosselure.

bolo 1 *m* quille (juego). **2** bois en forme conique ou autre avec la base plane. **3** (fig, fam) empoté. **4** ARQ arbre, axe. ● **5 bolos** *m pl* quilles; bowling.

bolo, la *adj Guat., Hond., Méx.* ivre, poivrot.

bolsa 1 *f* bourse (monedero); sac (de viaje, de plástico). **2** bourse (de comercio, de empleo). **3** poche (debajo de los ojos, de pus). **4** ANAT bourse.

bolsillo 1 *m* bourse, porte-monnaie (para dinero). **2** poche (de un vestido). **3** (fig, fam) bourse, argent (dinero).

bolso *m* sac à main.

boludo, da *adj Arg.* (fam) con, connard.

bomba 1 *f* bombe. **2** (fig, fam) bombe, coup de théâtre. **3** *Amér.* (fig, fam) cuite (embriaguez). **4** *Cuba, Méx.* (fig, fam) haut-de-forme (chistera). **5** *R. Dom., Venez.* pompe à essence. ◆ **~ atómica** MIL bombe atomique; **~ de cobalto** MIL, MED bombe au cobalt; **~ de hidrógeno** MIL bombe à hydrogène; **~ de mano** MIL grenade.

bombardear *tr* bombarder.

bombardeo *m* bombardement.

bombardero *m* bombardier.

bombear 1 *tr* lancer une balle en cloche. **2** pomper (con una bomba).

bombero, ra *m y f* pompier.

bombilla 1 *f* ampoule. **2** *Amér.* pipette.

bombo, ba 1 *adj* (fam) étourdi, abasourdi. ● **2** *m* grosse caisse (tambor). **3** joueur de grosse caisse. **4** sphère (lotería). **5** (fig) éloge exagéré, bruit. **6** (fam) ventre d'une femme enceinte. ■ **darse** ~ s'envoyer des fleurs.

bombón 1 *m* chocolat, bonbon au chocolat. **2** (fig, fam) canon.

bombona 1 *f* bombonne. **2** bouteille (de butano).

bonachón, na 1 *adj* (fam) bonasse. ● **2** *m y f* (fam) brave homme, brave femme (f).

bonanza 1 *f* bonace (mar). **2** (fig) prospérité.

bondad 1 *f* bonté. **2** amabilité. ■ **tener la ~ de** avoir la bonté de

bondadoso, sa *adj* bon, gentil.

bonete 1 *m* bonnet carré, barrette (de eclesiásticos y seminaristas). **2** ZOOL bonnet (de rumiante).

bonificar 1 *tr* bonifier. **2** faire un rabais.

bonito, ta 1 *adj* joli. ● **2** *m* bonite, thon (pez).

bono 1 *m* bon. ECON obligation: *bono del estado = obligation de l'État.*

bonobús *m* coupon d'autobus, carnet de tickets d'autobus.

bonotrén *m* coupon de train, carnet de tickets de train.

boqueada *f* (se usa más en *pl*) dernier soupir.

boquerón 1 *m* large ouverture. **2** anchois (pez).

boquete 1 *m* passage étroit; entrée étroite. **2** brèche; trou (abertura).

boquiabierto, ta 1 *adj* qui a la bouche ouverte. **2** (fig) bouche bée.

boquilla 1 *f* jambe de pantalon. **2** porte-cigarette; fume-cigarette. **3** fume-cigare (para puro). **4** filtre (de cigarillo). **5** MÚS embouchure, bec. **6** ELEC bec, brûleur.

bórax *m* QUÍM borax.

borbollar o **borbollear** *intr* → borbotar o ' orbotear.

borbollón *m* → borbotón.

borbotar o **borbotear** *intr* bouillonner.

borbotón *m* bouillonnement.

borceguí *m* brodequin.

borda *f* MAR bord. ■ echar o tirar algo por la ~ (fig) jeter qqch par dessus-bord.

bordada 1 *f* (fig, fam) allée et venue. **2** MAR bordée.

bordado, da 1 *adj* brodé. **2** (fig) parfait. ● **3** *m* broderie.

bordador, ra *m* y *f* brodeur.

bordar 1 *tr* broder. **2** (fig) soigner, fignoler (hacer muy bien).

borde 1 *adj* BOT sauvage. ● **2** *adj/m* o *f* bâtard. **3** (fam) grossier, lourd; méchant. ● **4** *m* bord (extremo). **5** MAR bord. ■ a o al ~ sur le point de

bordear 1 *tr* longer le bord. **2** encadrer, entourer. **3** (desp) s'approcher de (cualidades). **4** (fig) friser.

bordillo *m* bord, bordure (de la acera).

bordo 1 *m* MAR bord. **2** *Guat.*, *Méx.* levée de terre (natural o artificial).

boreal *adj* boréal.

bórico *adj* QUÍM borique. ◆ ácido ~ acide borique.

borla 1 *f* gland, pompon. **2** bonnet de docteur (universidad).

borra 1 *f* agnelle; petite brebis. **2** bourre (lana). **3** (fig, fam) fadaises; fariboles, balivernes (palabras).

borrachera 1 *f* cuite. **2** soûlerie, beuverie (banquete). **3** (fig, fam) exaltation; ivresse.

borracho, cha 1 *adj/m* y *f* ivre, saoûl. **2** ivrogne. **3** (fig, fam) enivré; ivre (de ira, de pasión, etc.). ● **4** *m* baba (bizcocho).

borrador 1 *m* brouillon. **2** effaceur (de pizarra). **3** *Amér.* gomme (goma de borrar).

borrar 1 *tr* barrer, rayer (tachar). **2** effa-cer; gommer (con goma). **3** (fig) effacer, faire disparaître; oublier.

borrasca 1 *f* bourrasque; tempête. **2** (fig) risque, péril (en cualquier negocio).

borrascoso, sa 1 *adj* orageux; tourmenté. **2** (fig, fam) orageux, tumultueux (vida, diversiones).

borrego, ga 1 *m* y *f* agneau, petit mouton. ● **2** *adj/m* y *f* (fig, fam) nigaud; mouton.

borrico, ca 1 *adj/m* y *f* âne, bourrique (persona necia). ● **2** *m* y *f* âne (asno). ■ ser un ~ (fig, fam) travailler comme un bœuf.

borrón 1 *m* pâté, tache d'encre. **2** (fig) tache, défaut (defecto). **3** (fig) tache (en la reputación). ■ ~ y cuenta nueva tournons la page, passons l'éponge.

borroso, sa 1 *adj* confus, embrouillé (escrito, dibujo, etc.). **2** flou (fotografía).

Bosnia-Herzegovina *f* Bosnie-Herzégovine.

bosque *m* bois, forêt.

bosquejar 1 *tr* esquisser; ébaucher (un dibujo o pintura). **2** (fig) ébaucher, esquisser (un plan, proyecto); brosser.

bosquejo 1 *m* ébauche, esquisse. **2** (fig) esquisse (idea vaga).

bostezar *intr* bâiller.

bostezo *m* bâillement.

bota 1 *f* botte (calzado). **2** gourde (de vino). **3** tonneau (cuba). ◆ botas de agua o de goma bottes en caoutchouc; botas de esquí chaussures de ski; botas de montar bottes d'équitation.

botadura *f* lancement.

botana 1 *f* pièce (en los agujeros de las odres). **2** bouchon. **3** (fig, fam) cicatrice (de una llaga). **4** *Cuba*, *Méx.* capuchon en cuir. **5** *Méx.* amuse-gueule.

botánica 1 *f* botanique. **2** *P. Rico* herboristerie.

botánico, ca 1 *adj* botanique. ● **2** *adj/m* y *f* botaniste. **3** *P. Rico* rebouteur, guérisseur. ◆ jardín ~ jardin botanique.

botar 1 *tr* lancer (arrojar); jeter dehors. **2** (fam) mettre o flanquer à la porte (echar a una persona). **3** MAR lancer, mettre à l'eau (un barco). **4** *Amér.* jeter (tirar). **5** *Amér.* gaspiller (malgastar). ● **6** *intr* rebondir (una pelota). **7** bondir, sauter.

botarate *adj* y *m* (fam) idiot.

bote 1 *m* boîte (lata). **2** pot (tarro). **3** cagnotte (en un juego). **4** pourboire (en un bar). **5** bond (salto). **6** bond (de una pelota). **7** MAR canot.

botella 1 *f* bouteille. **2** *Ant., C. Rica, Pan.* sinécure, prébende.

botica 1 *f* pharmacie. **2** pharmacie (conjunto de medicamentos). **3** (fig) médicament.

boticario, ria *m y f* pharmacien.

botijo 1 *m* cruche. **2** gargoulette (de barro poroso).

botín 1 *m* guêtre (polaina). **2** bottine (calzado). **3** butin (de un robo o atraco). **4** MIL butin.

botiquín 1 *m* infirmerie (enfermería). **2** armoire à pharmacie (armario). **3** trousse à pharmacie (estuche); pharmacie portative (maletín).

botón 1 *m* bouton (de los vestidos). **2** bouton (timbre). **3** BOT bouton (de flor). **4** BOT bourgeon (renuevo). ◆ ~ **automático** bouton-pression; ~ **de arranque** starter; ~ **de contacto** bouton de contact; ~ **de muestra** échantillon.

botonadura *f* boutons.

botones *m* DEP groom.

bóveda 1 *f* crypte (cripta). **2** ARQ voûte. ◆ ~ **celeste** voûte céleste; ~ **craneal** boîte crânienne; ~ **de cañón** ARQ voûte en plein cintre o en berceau.

bovino, na *adj/m y f* bovin.

boxeador, ra *m y f* boxeur.

boxear *intr* boxer.

boxeo *m* DEP boxe.

boya *f* bouée; flotteur (en red).

boyante 1 *adj* (fig) prospère, joyeux. **2** MAR lège.

bozal 1 *adj/m* o *f* sauvage. ● **2** *m* muselière. **3** *Amér.* licou.

bozo 1 *m* duvet (vello). **2** bouche (parte exterior de la boca).

bracear 1 *intr* remuer les bras. **2** nager la brasse (nadar). **3** (fig) s'efforcer.

bracero, ra 1 *m* journalier, manœuvre. **2** *Méx.* travailleur émigré.

bráctea *f* BOT bractée.

braga 1 *f* culotte. **2** couche, couche-culotte (para bebés).

braguero *m* bandage herniaire.

bragueta *f* braguette.

braille *m* braille.

bramar 1 *intr* mugir. **2** (fig) mugir (el viento, el mar). **3** (fig, fam) mugir (de ira); hurler, brailler (gritar).

bramido 1 *m* mugissement. **2** (fig) mugissement (del viento, del mar). **3** (fig, fam) hurlement (grito de cólera).

branquia *f* ZOOL (se usa más en *pl*) branchie.

brasa *f* braise. ◆ **a la** ~ sur la braise, au barbecue; ■ **estar en brasas** être sur des charbons ardents.

Brasil *m* Brésil.

brasileño, ña 1 *adj* brésilien. ● **2** *m y f* Brésilien.

bravata 1 *f* bravade. **2** fanfaronnade (baladronada).

bravío, a 1 *adj* sauvage, féroce. **2** sauvage, rustre (rústico).

bravo, va 1 *adj* brave, vaillant; courageux. **2** bon, excellent. **3** féroce, sauvage (animal). **4** déchaîné (los elementos). **5** en colère (enojado). **6** sauvage (salvaje). **7** acariâtre; bourru (áspero). **8** (fig, fam) somptueux, superbe; magnifique. ● **9** ¡bravo! *interj* bravo! ◆ **toro** ~ taureau de combat.

braza 1 *f* brasse (medida). **2** brasse (modo de nadar).

brazada 1 *f* brasse (del nadador). **2** brassée (lo que abarcan los brazos).

brazal *m* brassard (en la manga).

brazalete *m* bracelet.

brazo 1 *m* bras. **2** branche (rama). **3** (fig) bras, pouvoir. ● **4** **brazos** *m pl* bras. ◆ ~ **de gitano** sorte de biscuit roulé; ~ **secular** bras séculier; ■ **a** ~ **partido** à bras-le-corps; **con los brazos abiertos** à bras ouverts; **con los brazos cruzados** les bras croisés; **cruzarse de brazos** se croiser les bras, ne rien faire; **no dar su** ~ **a torcer** ne pas lâcher prise; **ser el** ~ **derecho de alguien** être le bras droit de qqn.

brazuelo 1 *m* avant-bras (del caballo). **2** éclanche (del carnero); jambonneau (del cerdo).

brea 1 *f* brai. **2** MAR prélart (lona embreada).

brebaje *m* breuvage.

breca 1 *f* ZOOL ablette (albur). **2** ZOOL pagel (pagel).

brecha 1 *f* brèche. **2** (fig) impression. **3** (fig) blessure (en la cabeza).

brécol *m* BOT (se usa más en *pl*) brocoli.

brega 1 *f* lutte (pelea, lucha). **2** dispute (pendencia). **3** (fig) raclée (zumba); niche, tour (chasco, burla). **4** rude besogne (trabajo duro).

bregar 1 *intr* lutter. **2** (fig) trimer, se décarcasser (trabajar). **3** (fig) se démener (con obstáculos).

breña *f* broussaille (maleza).

breva 1 *f* figue-fleur (higo de la higuera breval). **2** gland précoce (bellota temprana). **3** cigare aplati (cigarro). **4** (fig, fam) veine.

breve 1 *adj* bref, court. ● **2** *f* MÚS brève (nota). ◆ **en ~** d'ici peu; prochainement.

brevedad *f* brièveté. ◆ **con ~** brièvement.

breviario 1 *m* précis, abrégé (compendio). **2** REL bréviaire.

brezal *m* bruyère (terreno cubierto de brezo).

brezo *m* bruyère (arbusto).

bribón, na 1 *adj/m* y *f* coquin, fripon. **2** gueux (mendigo).

brida *f* bride.

brigada 1 *f* brigade, équipe (de trabajadores). **2** MIL brigade. ● **3** *m* MIL brigadier. **4** MIL adjudant. ◆ **~ antidisturbios** brigade antiémeutes; **~ antidroga** brigade des stupéfiants.

brigadier *m* brigadier, général de brigade.

brillante 1 *adj* brillant. **2** (fig) brillant (admirable). ● **3** *m* brillant (diamante).

brillantina *f* brillantine.

brillar 1 *intr* briller. **2** (fig) rayonner. **3** (fig) briller (sobresalir).

brillo 1 *m* éclat (resplandor). **2** (fig) éclat, gloire.

brincar *intr* bondir, sauter. ■ **está que brinca** il est fou de rage.

brinco 1 *m* bond, saut. **2** (fig) bond (sobresalto). ■ **de un ~** d'un bond.

brindar 1 *tr* offrir. ● **2** *intr* boire à la santé de; porter un toast à. ● **3** ~se *pron* offrir; proposer, s'offrir.

brindis *m* toast. ■ **echar un ~** porter un toast.

brío 1 *m* énergie (pujanza). **2** (fig) entrain, fougue (resolución). **3** (fig) élégance, grâce (gentileza). ■ **hombre de bríos** homme énergique.

brioso, sa 1 *adj* énergique. **2** fougueux: *caballo brioso = cheval fougueux*.

brisa *f* brise.

británico, ca 1 *adj* britannique. ● **2** *m* y *f* Britannique.

brizna *f* brin.

broca *f* broche (de bordadora). **2** foret (taladro). **3** broquette (clavo).

brocado 1 *adj* broché (tela). ● **2** *m* brocart.

brocal 1 *adj* y *m* brocatelle (mármol). ● **2** *m* margelle (de un pozo). **3** chape (del escudo). **4** bordure (tejido).

brocha 1 *f* brosse (de pintar). **2** blaireau (de afeitar). ■ **pintor de ~ gorda** peintre en bâtiment; barbouilleur (mal pintor).

broche 1 *m* broche. **2** agrafe (en un vestido). **3** *Chile* trombone (para sujetar papeles). ● **4 broches** *m pl Ecuad.* boutons de manchettes. ◆ **~ de oro** o **final** le couronnement, le bouquet.

broma 1 *f* bruit, tapage (bulla). **2** plaisanterie, farce; blague. ◆ **~ de mal gusto** plaisanterie de mauvais goût; **~ pesada** mauvaise plaisanterie; **en ~** pour plaisanter, pour rire; **ni en ~** jamais de la vie, en aucun cas.

bromear *intr* plaisanter.

bromista *adj/m* o *f* farceur; blagueur.

bromuro *m* QUÍM bromure.

bronca 1 *f* bagarre (riña); dispute (disputa). **2** scène. **3** réprimande (represión). **4** *Amér.* colère, brouille. ◆ **~ familiar** scène de famille.

bronce 1 *m* bronze. **2** bronze (moneda). **3** (fig) bronze (objeto de arte).

bronceado, da 1 *adj* bronzé. ● **2** *m* bronzage.

bronceador, ra 1 *adj* bronzant. ● **2** *m* crème solaire, huile de bronzage.

broncear 1 *tr* bronzer. ● **2** ~se *pron* se faire bronzer.

bronco, ca 1 *adj* rude (tosco). **2** (fig) rauque, désagréable (voz, sonido).

bronquio *m* ANAT (se usa más en *pl*) bronche.

bronquitis *f* bronchite.

brotar 1 *tr* (fig) produire. ● **2** *intr* pousser (las plantas). **3** bourgeonner (echar renuevos). **4** jaillir (el agua en las fuentes). **5** (fig) sortir (erupción cutánea). **6** (fig) apparaître; se manifester; se déclarer.

brote 1 *m* pousse (de una planta). **2** début (principio). **3** poussée, accès (de una enfermedad).

broza 1 *f* débris, résidus. **2** feuilles mortes. **3** (fig) remplissage (por escrito); blablabla (de palabra).

bruces (a o **de)** *loc adv* à plat ventre.

bruja 1 *f* sorcière. **2** (fig, fam) sorcière (mujer fea y vieja).

brujería f sorcellerie.

brujo, ja 1 adj pervers; malintentionné. 2 ensorcelant; captivant. 3 Cuba, Méx., P. Rico pauvre, misérable. • 4 m y f sorcier. 5 magicien.

brújula f boussole. ■ **perder la ~** perdre la boussole o le nord.

bruma f brume.

brumoso, sa adj brumeux.

bruno, na 1 adj brun. • 2 m BOT prune noire (ciruela).

bruñido, da 1 adj bruni (pulimento). • 2 m brunissage (acción). 3 brunissure (pulido).

bruñir 1 tr polir (un metal o piedra); brunir (un metal). • 2 tr y pron (fig, fam) farder.

brusco, ca 1 adj brusque (áspero); rude. 2 brusque (repentino).

brusquedad f brusquerie.

brutal 1 adj brutal. 2 (fig, fam) énorme (enorme, colosal).

brutalidad 1 f brutalité. 2 (fig) brutalité. 3 (fam) énormité (barbaridad).

bruto, ta 1 adj brut, rustre (sin cultura). 2 brut (metal, piedra, peso): petróleo bruto = pétrole brut. • 3 adj/m y f bête, idiot (necio). 4 (fig) sauvage. ■ **ser más ~ que un arado** être complètement bouché.

bucal adj buccal.

bucear 1 intr plonger. 2 (fig) explorer, sonder, fouiller.

buceo 1 m plongée (del buzo). 2 plongeon (del nadador). 3 (fig) exploration, sondage (investigación).

buche 1 m jabot (de las aves). 2 gorgée (de líquido).

bucle 1 m boucle (del cabello). 2 INF boucle: bucle de programa = boucle de programme.

budín m pudding.

No hay que confundir esta palabra con la palabra francesa **budin,** que debe traducirse por 'morcilla'.

budista adj/m o f bouddhiste.

buen (apócope de **bueno**) 1 adj bon: fue un buen espectáculo = c'était un bon spectacle. 2 beau (tiempo, clima): hace un buen día = il fait un beau jour. 3 brave: era un buen compañero = c'était un brave copain.

buenamente 1 adv tout bonnement. 2 facilement (fácilmente). 3 volontairement, volontiers (voluntariamente). 4 de bonne foi.

buenaventura 1 f bonne aventure (adivinación). 2 chance (suerte).

bueno, na 1 adj bon. 2 en bonne santé (sano): Juan ya está bueno = Jean est déjà en bonne santé. • 3 adj/m y f bonasse (cándido en exceso). • 4 ¡bueno! interj (fam) bon!, bien! (aprobación); ça alors! (sorpresa); assez!, suffit! (¡basta!). ◆ **buenos días** bonjour; ■ **a buenas o por las buenas** volontiers, de bon gré; **de buenas a primeras** de prime abord (a primera vista); subitement, brusquement (de repente); ¡**esa es buena!** (fam) ça alors!; **estar ~** (fam) être bien foutu; ¡**estaría bueno!** il ne manquerait plus que ça!; **estar de buenas** (fam) être de bonne humeur; **lo ~ es que** (fam) le plus fort c'est que; **lo ~, si breve, dos veces ~** plus c'est court, mieux c'est.

buey m bœuf. ◆ **~ de cabestrillo** sonnailler; **~ de mar** tourteau (crustáceo); **~ marino** lamantin.

bufa f bouffonnerie (bufonada).

búfalo, la m y f buffle.

bufanda 1 f écharpe. 2 gratification, prime (prima).

bufar 1 intr souffler (el toro, el caballo). 2 (fig, fam) écumer de colère (una persona).

bufé o **bufet** m → buffet.

bufete 1 m bureau (mesa). 2 (fig) cabinet. 3 Nic. meuble de cuisine.

bufido 1 m mugissement (de un animal). 2 (fig, fam) bouffée (de rabia).

bufo, fa 1 adj bouffe (ópera). 2 comique, grotesque.

bufón, na 1 adj plaisantin. • 2 m y f bouffon.

bufonada f bouffonnerie.

buhardilla o **buharda** 1 f lucarne (ventana); fenêtre à tabatière. 2 mansarde (desván); sous les combles.

búho 1 m hibou (ave). 2 (fig, fam) ours mal léché (huraño).

Hibou es una palabra que no sigue las reglas de formación del plural, sino que lo hace de modo irregular: **hiboux**.

buhonero *m* camelot; colporteur (ambulante).

buitre 1 *m* vautour (ave). 2 (fig) requin (persona); vautour.

bujía *f* bougie.

bula *f* REL bulle. ■ **tener ~** (fig, fam) avoir carte blanche.

bulbo *m* BOT bulbe. ◆ **~ dentario** ANAT pulpe dentaire.

Bulgaria *m* Bulgarie.

bulimia *f* MED boulimie.

bulla 1 *f* tapage, vacarme; raffut (ruido). 2 affluence, cohue; foule (gente). ■ **meter o armar ~** (fig, fam) faire du raffut.

bullicio 1 *m* brouhaha (rumor); tapage (ruido). 2 agitation, tumulte (alboroto).

bullicioso, sa 1 *adj* animé, bruyant (ruidoso). 2 turbulent (inquieto). ● 3 *m* y *f* nerveux.

bullir 1 *intr* bouillir (hervir); bouillonner (burbujear). 2 (fig) fourmiller; grouiller (masa humana). 3 (fig) remuer (moverse); s'agiter. ■ **~le a alguien hacer algo** avoir une envie folle de faire qqch.

bulto 1 *m* volume, taille. 2 masse, silhouette (cuerpo). 3 bosse, grosseur (hinchazón). 4 paquet, bagage. 5 *Amér.* cartable (cartapacio).

buñuelo 1 *m* beignet. 2 (fig, fam) horreur, navet.

buque *m* navire, bateau; bâtiment. ◆ **~ de carga** cargo; **~ de guerra** navire de guerre; **~ de pasajeros** paquebot; **~ escuela** bateau-école, navire-école; **~ mercante** bateau marchand.

burbuja *f* bulle.

burbujear 1 *intr* bouillonner, faire des bulles. 2 pétiller (bebida).

burdel *m* bordel.

burdo, da *adj* grossier.

burgués, sa *adj/m* y *f* bourgeois.

burguesía *f* bourgeoisie.

buril *m* burin.

burla 1 *f* moquerie (mofa). 2 plaisanterie (broma); tromperie, escroquerie (engaño). ■ **~ burlando** sans s'en rendre compte; **de burlas** pour rire, pour plaisanter; **hacer ~** se moquer.

burladero *m* TAUROM refuge (valla).

burlador, ra 1 *adj/m* y *f* moqueur. ● 2 *m* séducteur, don Juan.

burlar 1 *tr* tromper (engañar). 2 déjouer (vigilancia); contourner (una dificultad). 3 ruiner, faire échouer (un deseo, una ilusión). ● 4 **~se** *pron* (~se *de*) se moquer, railler.

burlesco, ca *adj* (fam) moqueur; burlesque.

burlón, na 1 *adj/m* y *f* moqueur. ● 2 *m* plaisantin.

buró 1 *m* bureau. 2 *Méx.* table de nuit.

burocracia *f* bureaucratie.

burócrata *m* o *f* bureaucrate.

burrada 1 *f* (fig, fam) ânerie, bêtise, sottise (necedad). 2 (fig, fam) flopée, tapée (de gente).

burro, rra 1 *m* chevalet (soporte). ● 2 *adj/m* y *f* (fig) bête; idiot, ignorant. ● 3 *m* *Méx.* table à repasser. 4 âne; baudet, bourricot. 5 *Méx.* (fig) échelle pliante o double.

busca 1 *f* recherche; quête. 2 battue (caza). ■ **en ~ de** à la recherche de.

buscador, ra *adj/m* y *f* chercheur.

buscapiés *m* serpenteau.

buscar 1 *tr* chercher, rechercher. 2 (fam) chercher: *no me busques... = ne me cherche pas....* ■ **~se la vida** (fam) se débrouiller.

buscavidas 1 *m* (fig, fam) démerdard, débrouillard. 2 (fig, fam) fouineur, fureteur (indiscreto); curieux.

buscón, na 1 *adj/m* y *f* chercheur. 2 filou, escroc (estafador). ● 3 *f* (fam, desp) racoleuse (prostituta).

búsqueda *f* recherche.

busto *m* buste.

butaca 1 *f* fauteuil. 2 place (billete). ■ **patio de butacas** orchestre.

butano *m* QUÍM butane.

butifarra *f* saucisse catalane.

buzo 1 *m* plongeur. 2 bleu de travail (vestimenta).

buzón *m* boîte aux lettres. ◆ **~ electrónico** INF boîte aux lettres électronique.

buzonear *intr* distribuer des prospectus.

Cc

c *f* c.

cabal 1 *adj* exact, juste (peso, precio). **2** total, complet. **3** accompli, parfait (persona).

cábala 1 *f* cabale. **2** (se usa más en *pl*) conjecture.

cabalgadura *f* monture (de silla); bête de somme (de carga).

cabalgar 1 *tr* e *intr* chevaucher. ● **2** *tr* (fig) couvrir.

cabalgata 1 *f* chevauchée. **2** défilé (celebración).

caballa *f* ZOOL maquereau.

caballar *adj* chevalin.

caballería 1 *f* chevalerie. **2** monture (animal). **3** MIL cavalerie.

caballeriza *f* écurie.

caballero, ra 1 *adj* à cheval, monté. ● **2** *m* chevalier (orden). **3** gentleman. **4** monsieur (trato directo).

caballerosidad *f* galanterie.

caballete 1 *m* chevalet, tréteau (soporte). **2** arête (de la nariz). **3** ART chevalet.

caballito 1 *m* petit cheval. ● **2 caballitos** *m pl* manège (tiovivo). ◆ **~ del diablo** libellule; **~ de mar** hippocampe.

caballo 1 *m* cheval. **2** cavalier (ajedrez, naipes). **3** (argot) héroïne (droga). ◆ **~ de vapor** FÍS cheval-vapeur; **~ marino** hippocampe; ■ **a ~ entre** à cheval sur.

cabaña *f* cabane.

cabaré o **cabaret** *m* cabaret.

cabecear 1 *intr* hocher la tête (mover). **2** dodeliner de la tête (dormir). **3** dire non de la tête (negar). **4** faire une tête (fútbol). **5** MAR tanguer.

cabecera 1 *f* place d'honneur. **2** tête (de cama). **3** bout (de mesa). **4** tête de chapitre (impreso); frontispice (libro); manchette (periódico).

cabecilla *m* o *f* chef de bande; meneur.

cabellera 1 *f* chevelure. **2** ASTR queue (cometa).

cabello 1 *m* cheveu. **2** chevelure (conjunto). ● **3 cabellos** *m pl* barbes (maíz). ◆ **~ de ángel** *cheveux d'ange*.

cabelludo, da *adj* chevelu.

caber 1 *intr* rentrer, tenir: *el armario cabe en la habitación* = *le placard rentre dans la chambre*. **2** être à, appartenir. **3** pouvoir: *cabe pensar que es lógico* = *on peut penser que c'est logique*. ■ **dentro de lo que cabe** dans la mesure du possible.

cabestrillo *m* MED écharpe.

cabestro *m* sonnailler (buey).

cabeza 1 *f* tête. **2** ville principale (ciudad). ◆ **~ de ajos** BOT tête d'ails; **~ de chorlito** (fam) tête de linotte; **~ de familia** chef de famille; **~ de turco** (fam) tête de turc; **~ lectora** tête de lecture; **~ rapada** skinhead; ■ **a la** o **en ~** à la o en tête; **calentarse la ~** s'échauffer; **darse con la ~ contra la pared** se taper la tête contre le mur; **de ~** la tête la première; **estar mal** o **tocado de la ~** ne pas tourner rond; **írsele la ~** perdre la tête; **levantar ~** s'en sortir; **romperse la ~** se casser la tête; **sentar la ~** se ranger; **tener mucha ~** avoir la tête sur les épaules; **tirarse de ~** se plonger; **venir a la ~** venir à l'esprit.

cabezada 1 *f* coup de tête. **2** dodeliner de la tête; coup de tête. **2** dodelinement (al dormir). **3** MAR tangage. **4** *Amér.* source. **5** *Amér.* arçon. ■ **echar una ~** faire une petite sieste.

cabezal 1 *m* oreiller. **2** tête de lecture (magnetófono).

cabezón, na 1 *adj/m* y *f* (fam) → **cabezudo. 2** (fig) têtu, entêté.

cabezota *adj/m* o *f* (fig, fam) cabochard, têtu.

cabezudo, da 1 *adj* qui a une grosse tête. **2** (fig, fam) têtu, cabochard. ● **3** *m* grosse tête (en fiestas).

cabida *f* contenance, capacité.

cabildo 1 *m* conseil municipal. **2** REL chapitre.

cabina *f* cabine. ◆ **~ electoral** isoloir; **~ telefónica** cabine téléphonique.

cabizbajo, ja *adj* tête basse.

cable 1 *m* câble. **2** MAR encablure.

61   caer

cablegrafiar *intr* câbler.

cablegrama *m* câble, câblogramme.

cabo 1 *m* bout; pointe (de un lápiz). 2 GEOG cap. 3 MAR cordage. 4 MIL brigadier. • 5 cabos *m pl* sujets, questions (discurso). ◆ ~ suelto (fig, fam) affaire non réglée; ■ al ~ à la fin; al ~ de au bout de; de ~ a rabo d'un bout à l'autre.

cabotaje *m* MAR cabotage.

cabra 1 *f* chèvre. 2 *Chile* sorte de sulky (carruaje). 3 *Amér.* tricherie (juego). ◆ ~ montés bouquetin; ■ estar como una ~ (fig, fam) être complètement taré.

cabrero, ra *m* y *f* chevrier.

cabrío, a 1 *adj* caprin. • 2 *m* troupeau de chèvres.

cabriola *f* cabriole.

cabrito, ta 1 *m* chevreau; cabri. • 2 *adj/m* y *f* (fam) salopard. • 3 cabritos *m pl Chile* grains de maïs grillés.

cabrón, na 1 *adj/m* y *f* (fig, fam) salopard, enfoiré. ◆ 2 *adj* y *m* (fig, fam) cocu (cornudo). • 3 *m* ZOOL bouc.

caca 1 *f* (fam) crotte, caca. 2 (fig, fam) cochonnerie.

cacahual *m Méx.* cacaoyère.

cacahuete *m* cacahuète.

cacao 1 *m* cacao. 2 (fig, fam) pagaille (barullo). 3 BOT cacaoyer.

cacarear 1 *intr* caqueter, glousser. • 2 *tr* (fig, fam) crier sur les toits.

cacatúa *f* ZOOL cacatoès.

cacería *f* partie de chasse.

cacerola *f* fait-tout, casserole.

cacha 1 *f* (se usa más en *pl*) manche (de cuchillo). 2 fesse (nalga). 3 joue (mejilla). ■ estar cachas (fam) être baraqué.

cachalote *m* ZOOL cachalot.

cacharrería *f* magasin de poteries.

cacharrero, ra *m* y *f* marchand de poteries.

cacharro 1 *m* pot; poterie (vasija). 2 (fam) machin; truc (trasto).

cachaza 1 *f* tafia (aguardiente). 2 (fam) calme, lenteur.

cachear *tr* fouiller.

cachemir *m* cachemire.

cacheo *m* fouille.

cachete *m* gifle.

cachicamo *m Amér.* ZOOL tatou.

cachiporra 1 *f* massue. • 2 *adj Chile* vaniteux.

cachivache *m* (se usa más en *pl*) truc, machin.

cacho 1 *m* morceau. 2 brelan, bouillotte (naipes). 3 *Amér.* corne. 4 *Chile* objet inutilisable. 5 *Amér. Merid.* régime de bananes.

cachondearse *pron* (fam) se moquer, se ficher.

cachondeo 1 *m* (fam) moquerie, rigolade. 2 (fam) chahut (juerga).

cachondo, da 1 *adj* (fig, fam) en chaleur. 2 (fig, fam) marrant, rigolo.

cachorro, rra 1 *m* y *f* chiot (perro). 2 lionceau (león). 3 petit.

cachupín, na *m* y *f* (desp) Espagnol établi en Amérique.

caco *m* (fig) voleur, filou.

cacto o cactus *m* BOT cactus.

cada 1 *adj* chaque. 2 tous les: *voy cada día* = j'y vais tous les jours. 3 (fam) de ces: *¡tienes cada ocurrencia!* = tu as de ces idées!

cadalso *m* échafaud.

cadáver *m* cadavre.

cadena 1 *f* chaîne. 2 chaîne, station (de radio, televisión). 3 chaîne (de hoteles, tiendas). 4 (fig) chaîne, joug (yugo). 5 (fig) enchaînement (hechos, ideas). 6 BIOL, QUÍM chaîne. ◆ ~ de montañas chaîne de montagnes; ~ perpetua DER emprisonnement à vie; ■ en ~ à la chaîne (trabajo); en chaîne (reacción).

cadencia *f* cadence.

cadera *f* ANAT hanche.

cadete 1 *m* MIL cadet. 2 *Amér.* apprenti.

caducar 1 *intr* être périmé (producto); expirer (plazo). 2 DER se périmer.

caducidad 1 *f* péremption (producto). 2 caducité (institución). 3 expiration (de un plazo).

caduco, ca 1 *adj* vieux, abattu. 2 caduc.

caer 1 *intr* tomber. 2 (fig) tomber (en una trampa); s'effondrer (esperanzas). 3 (fig, fam) comprendre, piger: *¡ya he caído!* = c'est bon, j'ai pigé! 4 (fig, fam) être, se trouver (ubicación). 5 (fig) mourir, disparaître. 6 (fig) aller, convenir (cosa); trouver (persona). 7 (fig) (~ en) deviner, trouver. • 8 ~se *pron* tomber: *se ha caído por la escalera* = il est tombé dans l'escalier. 9 al ~ + *sust* à la tombée de, au coucher de. ■ ~ bien aimer, apprécier.

café 1 *m* café. 2 café, bar (establecimiento). 3 BOT caféier. 4 *Méx.* marron (color). ◆ ~ con leche café au lait; ~ descafeinado café décaféiné, déca; ~ solo café.

Las diferentes formas de pedir **café** en los bares son las siguientes: *un café solo* = un café ◊ *un cortado* = un café crème ◊ *un café con leche* = un café au lait ◊ *un descafeinado* = un décaféiné (un déca).

cafeína *f* QUÍM caféine.
cafetería *f* cafétéria, snack-bar.
cafetero, ra 1 *adj* relatif au café. ● 2 *m y f* planteur de café. 3 amateur de café. ● 4 *f* cafetière.
cafre 1 *adj* cafre. ● 2 *m o f* Cafre. ● 3 *adj/m o f* (fig) sauvage, brute.
cagada 1 *f* excrément, crotte. 2 (fig, fam) bourde, bévue.
cagar 1 *intr* (fam) chier. ● 2 *tr* (fig, fam) cochonner, saloper. ● 3 ~se *pron* (fig, fam) avoir la trouille. 4 (~se *en*) pester, jurer. ■ ~la (vulg) faire une gaffe.
caída 1 *f* chute. 2 pente (declive). 3 tombée, retombée (de la ropa). 4 (fig) chute, effondrement. 5 (fig) trait d'esprit.
caído, da 1 *adj* tombé, déchu. 2 (fig) défaillant, affaibli. ● 3 caídos *m pl* morts, tués (guerra).
caimán *m* ZOOL caïman.
caja 1 *f* boîte (pequeña). 2 caisse, carton (grande). 3 boîtier (de reloj). 4 cercueil, bière (ataúd). 5 casse (imprenta). 6 COM caisse. 7 MÚS caisse; laye (órgano). ◆ ~ de ahorros caisse d'épargne; ~ de caudales coffre-fort.
cajero, ra 1 *m y f* caissier. 2 fabricant de caisses. ◆ ~ automático distributeur automatique.
cajetilla *f* paquet de tabac.
cajón 1 *m* tiroir. 2 grande caisse. 3 compartiment (mueble). 4 *Amér.* épicerie (comercio). 5 *Amér.* cercueil (ataúd). ◆ ~ de sastre bric-à-brac; ■ ser una cosa de ~ (fam) couler de source.
cal *f* chaux. ◆ ~ muerta chaux éteinte; ■ a ~ y canto à double tour.
cala 1 *f* (fig) étude, recherche (disciplina). 2 GEOG crique; anse. 3 MAR cale. 4 MED suppositoire.

calabacín 1 *m* courgette. ● 2 *m o f* (fig, fam) courge, andouille (inepto).
calabaza 1 *f* courge (planta). 2 citrouille (fruto). 3 (fig, fam) courge, andouille (inepto). 4 (fig, fam) citrouille, caboche (cabeza).
calabozo *m* cachot (celda); trou (de cuartel).
calada *f* taffe, latte (cigarrillo).
calado 1 *m* ajour, broderie (bordado). 2 (fig) envergure, percée. 3 MAR tirant d'eau, calaison.
calafate *m* MAR calfat.
calafatear *tr* MAR calfater.
calamar *m* ZOOL calmar.
calambre 1 *m* crampe (en el cuerpo). 2 décharge électrique.
calamidad 1 *f* calamité, fléau (guerra, plaga). 2 (fig, fam) plaie, cas.
calandria *m o f* (fig) malade imaginaire.
calaña 1 *f* échantillon, modèle. 2 (fig) espèce, manière d'être.
calar 1 *tr* imbiber, tremper. 2 percer, transpercer. 3 entamer (melón). 4 (fig, fam) cerner (a una persona). 5 MAR mouiller (redes); caler (velas, barco). ● 6 ~se *pron* se tremper. 7 caler (un motor).
calavera 1 *f* tête de mort. ● 2 *m* (fig) noceur, débauché.
calaverada *f* (fam) débauche.
calcado, da *adj* calqué.
calcar 1 *tr* calquer, décalquer. 2 (fig) imiter, copier.
calcáreo, a *adj* calcaire.
calce *m* coin (cuña).
calceta *f* bas. ■ hacer ~ tricoter.
calcetín *m* chaussette.
calcinación *f* calcination.
calcinar *tr* calciner.
calcio *m* QUÍM calcium.
calco 1 *m* calque. 2 imitation, plagiat.
calcomanía *f* décalcomanie.
calculador, ra 1 *adj* calculateur. 2 (fig) calculateur. ● 3 *f* calculette, machine à calculer.
calcular 1 *tr* calculer. 2 (fig) prévoir.
cálculo 1 *m* calcul. 2 (fig) conjecture, supposition. 3 (fig) prudence. 4 MED calcul.
calda 1 *f* chauffage. ● 2 caldas *f pl* eaux thermales.
caldear 1 *tr y pron* chauffer. 2 (fig) chauffer, exciter (ánimos, ambiente). 3 rougir (metales).

caldera 1 *f* chaudière. **2** *Arg.* théière, cafetière; bouilloire (maté). ◆ ~ **de vapor** chaudière à vapeur.

calderilla *f* (fam) ferraille, petite monnaie.

caldero *m* chaudron.

calderón *m* grand chaudron.

caldo 1 *m* bouillon. **2** assaisonnement, sauce (de ensalada). **3** cru (vino). **4** *Méx.* jus de la canne à sucre. ◆ ~ **de cultivo** bouillon de culture.

calefacción *f* chauffage.

calendario 1 *m* calendrier. **2** ECON échéancier. ◆ ~ **escolar** calendrier scolaire.

calentador, ra 1 *adj* chauffant. ● **2** *m* chauffe-eau (para el agua); bassinoire (para la cama). **3** TEC réchauffeur.

calentamiento 1 *m* chauffage. **2** DEP échauffement.

calentar 1 *tr* y *pron* chauffer, faire chauffer. **2** exciter (sexualmente). **3** (fig) chauffer, enflammer. **4** DEP échauffer. ● **5** *tr* (fig, fam) battre, rosser (pegar).

calentura 1 *f* fièvre. **2** (fam) excitation (sexual). **3** *Col.* colère, emportement. **4** *Cuba* échauffement (del tabaco).

calenturiento, ta 1 *adj/m* y *f* fiévreux. **2** (fig) fiévreux, fébrile (imaginación, mente).

calesa *f* calèche.

caleta *f* GEOG crique.

calibrar 1 *tr* calibrer. **2** (fig) jauger, évaluer.

calibre 1 *m* calibre. **2** (fig) importance.

calidad 1 *f* qualité. **2** nature, caractère. **3** choix: *de segunda calidad = de second choix.* **4** (fig) importance, poids. ◆ ~ **de vida** qualité de la vie; ■ **en ~ de** en qualité de.

cálido, da 1 *adj* chaud: *España es un país cálido = l'Espagne est un pays chaud.* **2** (fig) chaleureux. **3** ART chaud (color).

caliente 1 *adj* chaud. **2** chaud, ardent (sexualmente). **3** (fig) échauffé, violent (disputas, riñas). **4** (fig) chaud. ■ **en ~** (fig) à chaud.

califa *m* calife.

calificación 1 *f* qualification. **2** note (nota).

calificado, da 1 *adj* éminent (autoridad). **2** qualifié.

calificador, ra *m* y *f* qualificateur, examinateur.

calificar 1 *tr* qualifier. **2** noter (poner una nota). **3** traiter. **4** (fig) illustrer, ennoblir.

caligrafía *f* calligraphie.

caligrafiar *tr* calligraphier.

calima *f* brume.

cáliz 1 *m* BOT calice. **2** REL calice.

calizo, za *adj* y *f* GEOL calcaire.

callado, da *adj* silencieux, réservé.

callar 1 *tr* y *pron* se taire. ● **2** *intr* y *pron* se taire. ■ **al buen ~ llaman Sancho** il faut savoir parler avec modération; **quien calla otorga** qui ne dit mot consent.

calle 1 *f* rue. **2** allée (de árboles). **3** rangée de cases (en damas). **3** DEP couloir. ◆ ~ **abajo** en descendant la rue; ~ **arriba** en remontant la rue; ~ **peatonal** rue piétonne; ~ **pública** voie publique; ■ **coger la ~** (fam) prendre la porte; **echar a la ~** (fam) mettre à la porte; **hacer la ~** (fig, fam) faire le trottoir.

callejear *intr* flâner.

callejero, ra 1 *adj* de la rue. **2** flâneur (persona). **3** ambulant (venta). ● **4** *m* répertoire des rues d'une ville.

callejón *m* ruelle. ◆ ~ **sin salida** cul-de-sac (calle); impasse (situación).

callista *m* o *f* pédicure.

callo 1 *m* MED cor (en los pies); durillon (en las manos). **2** MED cal. ● **3 callos** *m pl* GAST tripes. ■ **dar el ~** (fig, fam) bosser.

callosidad *f* callosité.

calma 1 *f* calme. **2** accalmie (en dolores, negocios). **3** (fig) calme, sérénité. **4** (fig, fam) flemme (pereza). ● **5 ¡calma!** *interj* du calme! ◆ ~ **chicha** MAR calme plat; ■ **en ~** calme.

calmar 1 *tr* calmer, apaiser. ● **2** *intr* y *pron* se calmer.

caló *m* FILOL romani.

calor 1 *m* chaleur. **2** (fig) chaleur, vivacité. **3** (fig) chaleur, affection. ■ **dar ~** (fig) encourager; **entrar en ~** se réchauffer.

caloría *f* FÍS calorie.

calorímetro *m* FÍS calorimètre.

calumnia *f* calomnie.

calumniar *tr* calomnier.

caluroso, sa 1 *adj* chaud. **2** (fig) chaleureux.

calva 1 *f* calvitie. **2** partie râpée (de una piel, tejido). **3** clairière (en un bosque).

calvario 1 *m* calvaire. **2** (fig, fam) calvaire. **3** REL chemin de croix.

calvicie *f* calvitie.

calvinismo *m* calvinisme.

calvo, va 1 *adj/m* y *f* chauve. ● 2 *adj* dénudé, pelé (un terreno).

calza 1 *f* (se usa más en *pl*) chausses. 2 cale (cuña). 3 (fam) bas.

calzada *f* chaussée.

calzado, da 1 *adj* chaussé. 2 pattu (pájaros). 3 balzan (caballos). ● 4 *m* chaussure.

calzador *m* chausse-pied.

calzar 1 *tr* y *pron* chausser (zapatos). 2 mettre (guantes). 3 porter (llevar puesto). ● 4 *tr* TEC caler. 5 *Col., Ecuad.* plomber (un diente).

calzón 1 *m* (se usa más en *pl*) culotte, caleçon (de hombre). 2 culotte, slip (de mujer).

calzonazos *m* (fig, fam) chiffe, femmelette.

calzoncillos *m pl* caleçon.

cama 1 *f* lit. 2 gîte, repaire (de animales). 3 bois de lit, châlit (armazón). 4 (fig) couche, lit. ♦ ~ de matrimonio lit à deux places; ~ de paja litière; ■ caer en ~ tomber malade; guardar ~ garder le lit; saltar de la ~ se lever à toute vitesse.

camada 1 *f* portée, nichée. 2 couche (de objetos). 3 *Arg.* bande, équipe.

camafeo *m* camée.

camaleón 1 *m* (fig, fam) caméléon. 2 ZOOL caméléon. 3 *Bol.* ZOOL iguane. 4 *Cuba* ZOOL lézard vert.

cámara 1 *f* chambre, salle. 2 CINE caméra. 3 FOT appareil photo. 4 MAR cabine, carré. 5 MIL chambre (de armas). 6 POL chambre. ● 7 *m* o *f* CINE, TV cadreur, caméraman. ♦ ~ alta POL sénat; ~ baja POL chambre des députés; ~ de aire chambre à air; ~ de comercio chambre de commerce; ~ de gas chambre à gaz; ■ a ~ lenta CINE au ralenti.

camarada *m* o *f* camarade.

camarero, ra 1 *m* y *f* serveur (hombre). ● 2 ¡camarero! *interj* s'il vous plaît!; garçon!

camarilla *f* camarilla, coterie influente.

camarín 1 *m* cabinet, boudoir. 2 chapelle du chœur. 3 TEAT loge.

camarón *m* ZOOL crevette grise.

camarote *m* MAR cabine.

camastro *m* (desp) grabat.

camastrón, na *adj/m* y *f* (fam) roublard, rusé.

cambiador, ra 1 *adj/m* y *f* changeur. ● 2 *m* table à changer.

cambiar 1 *tr, intr* y *pron* changer. ● 2 *tr* échanger (intercambiar). ● 3 *tr* e *intr* faire la monnaie de. ● 4 *tr* y *pron* inverser (los papeles); renverser (la situación). ● 5 *intr* AUT changer de vitesse. ● 6 ~se *pron* se changer (de ropa). 7 changer (de casa); déménager.

Mientras *changer* significa 'cambiar una cosa por otra', *échanger* se emplea más para intercambios con personas y debería traducirse por 'intercambiar'.

---

cambio 1 *m* changement, modification. 2 échange (intercambio). 3 monnaie (dinero menudo). 4 COM, ECON cours (bolsa); change (de moneda). ♦ ~ de velocidades changement de vitesse (coche); dérailleur (bicicleta); ■ a ~ de en échange de; a las primeras de ~ immédiatement, sur-le-champ; en ~ en revanche.

cambista *m* o *f* changeur.

camelar 1 *tr* (fam) draguer, faire du baratin (galantear). 2 (fam) enjôler, vamper (seducir).

camelia *f* BOT camélia.

camellero *m* chamelier.

camello 1 *m* (fig, fam) dealer (drogas). 2 ZOOL chameau.

camelo 1 *m* (fam) baratin, drague (galanteo). 2 (fam) fumisterie, chiqué (tongo). ■ dar el ~ a uno (fam) rouler qqn; de ~ (fam) à la manque, à la gomme.

camerino *m* TEAT loge.

camilla *f* chariot d'hôpital (con ruedas); civière, brancard.

caminante *m* o *f* voyageur à pied; marcheur.

caminar 1 *intr* marcher, cheminer (andar). 2 voyager (viajar). 3 (fig) suivre son cours. ● 4 *tr* parcourir, marcher (distancia).

caminata *f* longue promenade, randonnée.

camino 1 *m* chemin (vía). 2 voyage, route (ruta). 3 (fig) chemin, voie (medio). ♦ ~ de rosas (fig) chemin de velours; ~ trillado chemin battu (frecuentado); sentier battu (modo de obrar); ■ abrir o abrirse ~ ouvrir le chemin (facilitar tránsito); faire son chemin (en la vida); ~ de vers; de ~ en passant; ir cada cual por su ~ prendre chacun son chemin; **llevar ~ una cosa** (fig) avoir raison; **ponerse en ~** se mettre en chemin.

camión 1 *m* camion. **2** *Amér.* autobus.

camionero, ra *m* y *f* camionneur, routier.

camioneta *f* camionnette.

camisa 1 *f* chemise (prenda). **2** peau (fruta, semilla). **3** dépouille (animales). **4** chemise (expediente). **5** MEC chemise. **6** *Chile* papier peint (de empapelar). ◆ **~ de fuerza** chemise de force; ■ **cambiar de ~** (fig, fam) retourner sa veste.

camisería *f* chemiserie.

camiseta 1 *f* t-shirt. **2** maillot (ropa interior).

camisola *f* chemise d'homme.

camisón 1 *m* chemise de nuit. **2** *Amér.* chemisier.

camorra 1 *f* (fam) bagarre (riña). **2** mafia. ■ **armar** o **buscar ~** chercher la bagarre.

camorrista *adj/m* o *f* (fam) bagarreur.

campamento 1 *m* campement (acción). **2** camp, campement (lugar). **3** MIL camp.

campana *f* cloche. ◆ **~ extractora** hotte aspirante; ■ **doblar las campanas** sonner le glas.

campanada 1 *f* coup de cloche. **2** (fig) scandale. ■ **dar la ~** faire un scandale.

campanario *m* clocher. ■ **de ~** d'intention misérable (mezquino).

campanero, ra 1 *m* y *f* fondeur de cloches (fundidor). ● **2** *m* sonneur (que toca). **3** *Amér.* ZOOL passereau.

campanilla 1 *f* clochette (campana). **2** sonnette (timbre).

campante *adj* (fam) satisfait, content de soi.

campanudo, da *adj* en forme de cloche.

campánula *f* BOT campanule.

campaña 1 *f* campagne. **2** *Amér.* champ, terrain.

campar *intr* exceller, dépasser (sobresalir).

campear 1 *intr* paître (animales). **2** pousser, lever (las sementeras). **3** exceller, ressortir (campar).

campechano, na 1 *adj* (fam) franc, ouvert (franco). **2** (fam) simple, sans façon (afable). ● **3** *f Venez.* prostituée.

campeón, na *m* y *f* champion.

campeonato *m* championnat. ■ **de ~** (fig, fam) extraordinaire, terrible.

campera *f Arg., Chile* blouson.

campesino, na 1 *adj* champêtre. ● **2** *adj/m* y *f* paysan, campagnard.

campiña *f* champ, terrain.

campo 1 *m* campagne (opuesto de ciudad). **2** champ (sembrado). **3** (fig) champ, domaine (ámbito). **4** champ (heráldica). **5** DEP terrain. **6** FÍS, FOT champ. **7** MIL camp. ◆ **~ de batalla** MIL champ de bataille; **~ de concentración** camp de concentration; **~ de refugiados** camp de réfugiés; **~ del honor** (fig) champ d'honneur; ■ **a ~ traviesa** à travers champs.

camposanto *m* cimetière.

campus *m* campus (universitario).

can 1 *m* chien (perro). **2** gâchette, chien (gatillo). **3** ARQ corbeau.

cana *f* (se usa más en pl) cheveu blanc. **2** *Amér.* (vulg) taule, trou (cárcel). ■ **echar una ~ al aire** (fig, fam) se payer du bon temps.

Canadá *m* Canada.

canadiense 1 *adj* canadien. ● **2** *m* o *f* Canadien.

canal 1 *amb* canal. **2** chenal (puerto). **3** conduite (conducto). **4** chaîne (de televisión). **5** gouttière (de un libro). **6** ANAT canal. **7** ARQ noue (tejado); cannelure (columna). ● **8** *m* canal (estrecho).

canalizar 1 *tr* canaliser. **2** (fig) canaliser (encauzar).

canalla 1 *f* (fig, fam) canaille (chusma). ● **2** *m* o *f* (fig, fam) canaille, coquin (despreciable).

canallada *f* canaillerie.

canalón 1 *m* gouttière (tejado). **2** descente (conducto).

canana *f* cartouchière.

canapé 1 *m* canapé (sofá). **2** GAST canapé.

canario, ria 1 *adj* canarien. ● **2** *m* y *f* Canarien. ● **3** *m* ZOOL canari.

canasta 1 *f* corbeille. **2** canasta (naipes). **3** panier (baloncesto).

canastilla 1 *f* corbillon (cestilla). **2** layette, trousseau de bébé).

canasto 1 *m* corbeille. ● **2** ¡canastos! *interj* sapristi!

cancel 1 *m* tambour de porte (contrapuerta). **2** paravent (biombo).

cancela *f* grille (verja).

cancelación *f* annulation.

cancelar *tr* annuler.

cáncer 1 *m* cancer (enfermedad). **2** (fig) cancer. **3 Cáncer** ASTR Cancer. ● **4** *adj/m* o *f* cancer (persona).

cancerígeno, na *adj* cancérigène.

cancha

cancha 1 *f* terrain (fútbol); court (tenis). 2 esplanade (pelotaris). 3 maïs grillé. 4 *Amér. Merid.* terrain (terreno). 5 *Chile, R. de la Plata, Perú* terrain de football. 6 *Ur.* chemin (senda). ● 7 ¡cancha! *interj Amér. Merid.* laissez passer!

canciller 1 *m* chancelier. 2 *Amér.* ministre des Affaires étrangères *o* Premier Ministre.

cancillería *f* chancellerie (embajada). 2 métier du chancelier (oficio).

canción 1 *f* chanson. 2 (fig) chanson (repetición). ◆ ~ de cuna berceuse; ■ volver a la misma ~ répéter toujours la même rengaine.

cancionero *m* recueil de poésies *o* chansons.

candado 1 *m* cadenas. 2 *Col.* barbiche (perilla). ■ poner un ~ a la boca (fig, fam) garder un secret.

candela 1 *f* chandelle (vela, candelero). 2 (fam) feu.

candelabro *m* candélabre.

candelaria *f* Chandeleur (fiesta).

candelero *m* chandelier.

candente 1 *adj* incandescent. 2 (fig) à l'ordre du jour.

candidato, ta 1 *m y f* candidat. 2 *Arg.* naïf.

candidatura *f* candidature.

candidez 1 *f* candeur. 2 (fig) naïveté.

cándido, da 1 *adj* candide (sencillo). 2 naïf, niais (bobo).

candil 1 *m* lampe à huile. 2 andouiller (cuernas). 3 *Méx.* lustre (araña).

candileja 1 *f* petite lampe. ● 2 candilejas *f pl* TEAT rampe.

candongo, ga 1 *adj/m y f* (fam) flatteur (zalamero); roublard (astuto). ● 2 *f* (fam) blague, plaisanterie (burla). ● 3 candongas *f pl Col.* boucles d'oreilles.

candor *m* candeur.

canela 1 *f* cannelle. 2 (fig, fam) délice.

canelón 1 *m* descente (canalón). 2 glaçon (carámbano). 3 torsade (pasamanería). 4 GAST (se usa más en *pl*) canelloni (pasta). 5 *Venez.* boucle (rizo).

cangrejo *m* ZOOL crabe (de mar); écrevisse (de río).

canguro *m* kangourou (animal). 2 imperméable (prenda). ● 3 *m o f* baby-sitter (que cuida niños). ■ hacer de ~ faire du baby-sitting.

caníbal 1 *adj/m o f* cannibale. 2 (fig) cannibale (cruel).

canibalismo *m* cannibalisme.

canica *f* bille.

canícula *f* canicule.

canijo, ja *adj/m y f* (fam) chétif; malingre.

canilla 1 *f* os long (pierna o brazo). 2 canette (hilo).

canino, na 1 *adj* canin. ● 2 *m* canine (de hombre); croc (de animal).

canje *m* échange.

canjear *tr* échanger.

cano, na 1 *adj* blanc (pelo). 2 (fig) vieux; ancien.

canoa 1 *f* canoë. 2 *Amér.* conduite d'eau.

canon 1 *m* canon. 2 ECON impôt; taxe. 3 MÚS canon.

canónico, ca *adj* canonique.

canónigo *m* chanoine.

canonizar 1 *tr* canoniser. 2 (fig) louer, vanter.

cansado, da 1 *adj* fatigué; las. 2 (fig) fatigant (que cansa). 3 (fig) ennuyeux (fastidioso).

cansancio *m* fatigue; lassitude.

cansar 1 *tr y pron* fatiguer; lasser. 2 (fig) fatiguer, ennuyer (hartar).

cantante 1 *adj* chantant. ● 2 *m o f* chanteur.

cantar *m* chanson.

cantar 1 *tr e intr* chanter. ● 2 *tr* (fig) annoncer (en juegos). ● 3 *intr* grincer (rechinar). 4 (fig, fam) avouer (confesar). 5 (fig, fam) puer (el cuerpo). ■ ~le a alguien las cuarenta dire à qqn ses quatre vérités.

cántaro 1 *m* cruche. 2 cruchée (contenido).

cantautor, ra *m y f* auteur interprète.

cante *m* chant populaire andalou. ◆ ~ jondo chant flamenco.

cantera 1 *f* carrière. 2 (fig) pepinière; mine.

cantero 1 *m* tailleur de pierres. 2 pièce de terre (haza). 3 *Amér.* parterre.

cántico *m* REL cantique.

cantidad 1 *f* quantité. 2 somme (de dinero). ● 3 *adv* (fam) beaucoup: *esta maleta pesa cantidad* = *cette valise pèse beaucoup.* ■ ~ de beaucoup de.

cantilena *f* (fig, fam) rengaine.

cantimplora 1 *f* gourde. 2 bidon (de soldado). 3 *Col.* poire à poudre.

cantinela *f* → cantilena.

Adverbios de cantidad

1. Formas de los adverbios

à peu près	= aproximadamente, poco más o menos	peu	= poco
		plus	= más
assez	= bastante	presque	= casi
aussi	= tan	quelque	= unos, aproximadamente
autant	= tanto		
autrement	= ni mucho menos	si	= tan
beaucoup	= mucho	tant	= tan
combien	= cuánto	tellement	= tan, tanto, demasiado
davantage	= más		
guère	= apenas, no demasiado	très	= muy
moins	= menos	trop	= demasiado
pas mal	= bastante		

2. Observaciones

a. Los adverbios **aussi** y **si** sólo pueden aparecer acompañando adjetivos o adverbios (nunca verbos ni sustantivos):
No hable tan deprisa   *Ne parlez pas si vite*

b. **autant** y **tant** sólo pueden aparecer acompañando formas verbales:
¡Comieron tanto!   Ils ont tant mangé!

c. Las formas **si** y **tant** indican intensidad:
¡Hay que trabajar tanto!   Il faut travailler si fort!

d. Las formas **aussi** y **tant**, cuando indican igualdad, van acompañadas de la *conjunción que*:
Tiene tantos libros como yo   Il a autant de livres que moi

---

canto 1 *m* chant. **2** bout (extremidad). **3** côté (lado). **4** coin, angle (esquina). **5** dos (de cuchillo). **6** tranche (de libro, moneda). **7** pierre; caillou (guijarro). ◆ ~ rodado galet; ~ del cisne (fig) chant du cygne; ■ de ~ de chant.

cantón 1 *m* coin (esquina). **2** canton (división administrativa). **3** canton (heráldica). **4** MIL cantonnement. **5** *Méx.* tissu de coton.

cantor, ra 1 *adj/m* y *f* chanteur. ● **2** *f Chile* pot de chambre.

canuto 1 *m* petit tube. **2** (fam) joint (porro). **3** BOT entre-nœud.

caña 1 *f* chaume; tige (tallo). **2** roseau; canne. **3** os long. **4** tige (de la bota). **5** verre (vaso). **6** demi (de cerveza). ◆ ~ de azúcar canne à sucre; ~ de pescar canne à pêche.

cañamazo 1 *m* toile d'étoupe. **2** canevas (para bordar).

cáñamo 1 *m* chanvre. **2** *Chile, C. Rica, Hond.* ficelle (bramante).

cañamón *m* chènevis.

cañería *f* conduite.

caño 1 *m* tube; tuyau. **2** égout (albañal). **3** MÚS tuyau (órgano). **4** cave à eau. **5** chai (bodega). **6** MAR chenal. ◆ ~ de escape *Arg., Par.* tuyau d'échappement.

cañón 1 *m* tuyau. **2** tuyau de plume. **3** canon (artillería). **4** canon (de arma). **5** GEOG canyon. **6** *Col.* tronc (de árbol). **7** *Perú* chemin (camino). **8** *Méx.* vallon (cañada). ● **9** *adj* (fam) du tonnerre.

cañonazo 1 *m* coup de canon. **2** shoot (en fútbol).

cañonera 1 *f* embrasure (tronera). **2** *Amér.* étui à pistolet.

caoba 1 *f* acajou (árbol y madera). ● **2** *adj* y *m* acajou (color).

caos *m* chaos.

caótico, ca *adj* chaotique.

capa 1 *f* cape (prenda). **2** cape, robe (de cigarro). **3** couche (de pintura). **4** robe (de animal doméstico). **5** (fig) couche (social). **6** (fig) apparence, allure (apariencia). **7** GEOL couche; banc. ◆ ~ de ozono couche d'ozone; ■ andar o estar de ~ caída tirer le diable par la queue (bienes); filer un mauvais coton (salud).

capacho *m* cabas.

capacidad 1 *f* capacité. **2** (fig) capacité (aptitud). **3** DER habilité; capacité. **4** INF capacité.

capacitado, da *adj* qualifié.

capacitar 1 *tr* y *pron* former, préparer. ● **2** *tr* DER habiliter.

capar 1 *tr* castrer. **2** (fig) diminuer.

capataz, za 1 *m* y *f* contremaître. **2** AGR gérant, fermier.

capaz 1 *adj* assez grand pour. **2** spacieux. **3** (fig) apte. **4** (fig) capable: *es capaz de llegar tarde = il est capable d'arriver en retard*. ■ ser ~ de todo être audacieux.

capazo *m* grand cabas.

capcioso, sa *adj* captieux.

capea *f* TAUROM *combat de jeunes taureaux*.

capear 1 *tr* tromper avec la cape (el toro). **2** (fig, fam) monter le coup (engañar). **3** (fig, fam) tirer au flanc. **4** MAR se mettre à la cape. **5** *Guat.* faire l'école buissonnière.

capellán 1 *m* chapelain. **2** prêtre (sacerdote); aumônier (militar).

caperuza *f* chaperon.

capilar *adj* capillaire.

capilla 1 *f* chapelle. **2** (fig, fam) clan. **3** plis d'une feuille (imprenta). ◆ ~ ardiente (fig) chapelle ardente; ■ estar en ~ (fig, fam) être sur des charbons ardents.

capirotada *f* GAST capilotade.

capirote 1 *m* cagoule (en procesiones). **2** chaperon (para aves). **3** → capirotazo.

capital 1 *adj* capital. **2** (fig) essentiel. ● **3** *f* capitale (de un país). **4** chef-lieu (de provincia). ● **5** *m* ECON capital. ◆ ~ líquido ECON actif net.

capitalismo *m* capitalisme.

capitalista *adj/m* y *f* capitaliste.

capitalizar 1 *tr* capitaliser. **2** (fig) tirer parti de.

capitán 1 *m* MIL capitaine; chef. **2** MAR commandant. **3** *Cuba, Méx.* maître d'hôtel.

capitanear *tr* commander, diriger.

capitanía *f* capitainerie. ◆ ~ de puerto capitainerie de port.

capitel *m* ARQ chapiteau.

capitolio *m* capitole.

capitulación 1 *f* capitulation. ● **2** capitulaciones *f pl* DER contrat de mariage.

capitular *intr* capituler: *capitular con los honores de la guerra = capituler avec les honneurs de la guerre.*

capítulo 1 *m* chapitre (de un libro). **2** sujet (tema). **3** BOT capitule. **4** REL chapitre. ◆ capítulos matrimoniales contrat de mariage; ■ ser ~ aparte être une autre histoire.

capo *m* chef d'une maffia.

capón 1 *adj* y *m* castrat. ● **2** *m* chapon (pollo). **3** (fam) pichenette (golpe).

capote 1 *m* capote. **2** TAUROM cape (de torero). ■ a o para mí ~ en mon for intérieur; dar ~ faire capot; dar ~ *Chile, Méx.* tromper (engañar); echar un ~ a alguien (fam) donner un coup de main à qqn.

capricho *m* caprice. ■ a ~ par caprice.

caprichoso, sa *adj* capricieux.

Capricornio 1 *adj/m* o *f* capricorne (persona). ● **2** *m* ASTR Capricorne.

cápsula 1 *f* capsule. **2** MED gélule. ◆ ~ espacial capsule spatiale.

captar 1 *tr* saisir; comprendre. **2** capter (las aguas, ondas). **3** *tr* y *pron* gagner.

captor, ra 1 *m* capteur (sensor). ● **2** *adj/m* y *f* *Amér.* DER captateur.

captura *f* capture. **2** prise (de pescado).

capturar *tr* capturer.

capucha *f* capuche, capuchon.

capullo 1 *m* cocon (de oruga). **2** bouton (de flor). **3** ANAT (fig, fam) gland. ● **4** *adj/m* o *f* (fig, fam) imbécile.

caqui 1 *adj* y *m* kaki (color). ● **2** *m* BOT plaqueminier (árbol). **3** BOT kaki (fruto).

cara 1 *f* visage, figure. **2** mine (semblante). **3** air, tête: *tiene cara de haber estado llorando = il a l'air de qqn qui a pleuré.* **4** face (de una moneda). **5** (fig) toupet (desfachatez); culot. **6** GEOM face. ◆ ~ de pocos amigos o de vinagre (fig) visage renfrogné; ~ dura (fig) personne culottée; ~ larga (fig) mine allongée; ~ y cruz pile ou face; ■ caérsele a uno la ~ de verguenza (fig) ne plus savoir où se mettre; ~ a face à, vis à vis de; ~ a ~ face à face; en face; dar la ~ (fig) ne pas se dérober; de ~ de face; de ~ a vis-à-vis de; echar en ~ alguna cosa (fig, fam) jeter à la figure qqch.

> En principio *visage* se emplea para la expresión, mientras que *face* tiene un sentido más anatómico: *tener la cara triste = avoir le visage triste* ◊ *tener la cara roja = avoir la face rouge.*

carabela *f* MAR caravelle.

carabina 1 *f* carabine. **2** (fig, fam) chaperon (acompañante).

carabinero 1 *m* carabinier. **2** douanier. **3** *Amér.* agent de police.

caracol 1 *m* escargot; limaçon. **2** accroche-cœur (rizo). **3** caracole (en equitación). **4** ANAT limaçon.

caracola *f* coquillage.

carácter 1 *m* caractère. **2** caractère (personalidad).

característico, ca *adj* y *f* caractéristique.

caracterizar 1 *tr* y *pron* caractériser. ● **2** *tr* interpréter, jouer un rôle (un actor). ● **3** ~se *pron* se maquiller (un actor).

carajillo *m café arrosé de liqueur.*

¡caramba! 1 *interj* zut!, mince! (enfado, extrañeza). **2** tiens!, ça alors! (sorpresa).

carámbano *m* glaçon.

carambola 1 *f* carambolage (billar). **2** (fig, fam) hasard. **3** (fig, fam) embrouillement, intrigue.

caramelo 1 *m* caramel (azúcar fundido). **2** bonbon.

carantoña *f* (fam) (se usa más en *pl*) agaceries, minauderies. ■ **hacer carantoñas** (fig, fam) faire patte de velours.

carátula 1 *f* masque. **2** page de titre, couverture. **3** (fig) visage, expression. **4** *Méx.* cadran.

caravana 1 *f* caravane. **2** file de voitures; embouteillage, bouchon (tráfico intenso). **3** caravane, roulotte (vehículo). **4** *Hond., Méx.* politesses; révérence. ● **5 caravanas** *f pl Amér.* boucles d'oreille.

carbón 1 *m* charbon (combustible). **2** fusain, charbon (carboncillo). ◆ ~ **animal** charbon animal; ~ **vegetal** charbon végétal.

carbonatar *tr* QUÍM carbonater.

carboncillo *m* fusain (para dibujar).

carbonero *m* charbonnier.

carbónico, ca *adj* carbonique.

carbonizar *tr* y *pron* carboniser.

carbono *m* QUÍM carbone.

carburador *m* AUT carburateur.

carburante *m* carburant.

carburar 1 *tr* carburer. **2** (fig, fam) gazer, carburer.

carcajada *f* éclat de rire. ■ **a** ~ **limpia** aux éclats.

carcasa *f* carcasse.

cárcel 1 *f* prison. **2** coulisse. **3** TEC sergent, serre-joint.

carcelero, ra 1 *adj* carcéral. ● **2** *m* y *f* gardien de prison, geôlier.

carcoma 1 *f* vrillette (insecto); vermoulure. **2** (fig) hantise (preocupación).

carcomer 1 *tr* artisonner (la madera). ● **2** *tr* y *pron* (fig) ronger, miner.

cardar 1 *tr* carder (materia textil). **2** crêper (pelo).

cardenal 1 *m* cardinal (prelado). **2** bleu (en la piel). **3** ZOOL cardinal.

cardiaco, ca o **cardíaco, ca** *adj/m* y *f* cardiaque.

cardinal 1 *adj* cardinal. ● **2** *m* MAT cardinal (número).

cardiografía *f* MED cardiographie.

cardiólogo, ga *m* y *f* cardiologue.

cardo 1 *m* (fig) chardon, porte de prison (persona arisca). **2** BOT chardon.

carear *tr* confronter.

carecer *intr* (~ de) manquer de.

carenar *tr* MAR caréner.

carencia 1 *f* manque. **2** MED carence.

carestía 1 *f* pénurie (escasez). **2** cherté (precio alto).

careta 1 *f* masque. **2** (fig) façade, hipocrisie.

carga 1 *f* chargement (acción). **2** charge (peso). **3** cargaison (cargamento). **4** recharge (repuesto). **5** (fig) charge: *cargas familiares = charges de famille.* **6** ELEC charge. ◆ ~ **de profundidad** charge de profondeur.

cargadero 1 *m* quai de chargement. **2** ARQ linteau (dintel).

cargado, da 1 *adj* chargé. **2** lourd (tiempo, atmósfera). **3** tassé (bebida alcohólica); fort (café). ◆ ~ **de espaldas** voûté.

cargador, ra 1 *adj/m* y *f* chargeur. ● **2** *m* MIL chargeur (de armas). **3** *Amér.* portefaix, débardeur. ◆ ~ **de muelle** docker.

cargamento *m* chargement, cargaison.

cargante *adj* (fam) agaçant, casse-pieds.

cargar 1 *tr* charger. **2** charger, recharger (poner repuesto). **3** faire monter, saler. **4** (fig) attribuer, imputer. ● **5** *tr* y *pron* (fig, fam) ennuyer, embêter (molestar). ● **6** *intr* (~ *con*) prendre, emporter: *cargar con el equipaje* = emporter les bagages. **7** (~ *contra*) charger. **8** (fig) (~ *sobre*) retomber sur. ● **9** ~se *pron* (fig, fam) tuer (matar). **10** (fig, fam) bousiller, casser (romper). **11** (fig) (~se *de*) se charger de, avoir plein de.

cargazón *f* cargaison. **2** lourdeur (de cabeza, estómago). **3** excès d'ornements.

cargo **1** *m* charge (peso). **2** débit (de las cuentas). **3** (fig) poste, place; emploi (puesto). **4** (fig) accusation, critique; faute. ◆ **alto** ~ haut responsable; ■ **a** ~ **de** à la charge de; **hacerse** ~ **de** prendre qqn o qqch en charge; se rendre compte de qqch.

carguero 1 *m* cargo. **2** *Arg.* bête de somme.

cariar *intr* y *pron* carier.

caribeño, ña 1 *adj* caribéen. ● **2** *m* y *f* Caribéen.

caricatura *f* caricature.

caricaturesco, ca *adj* caricatural.

caricaturizar *tr* caricaturer.

caricia *f* caresse.

caridad 1 *f* charité. **2** *Méx.* repas des prisonniers.

caries *f* carie.

cariño 1 *m* affection, tendresse. **2** (fig) (se usa más en *pl*) caresse, câlinerie. **3** (fig) amour, soin (esmero). ■ **¡~ mío!** (fam) mon amour!, chéri!; **con** ~ affectueusement.

cariñoso, sa *adj* affectueux.

carisma *m* charisme.

carismático, ca *adj* charismatique.

caritativo, va 1 *adj* charitable. **2** caritatif.

carmelita 1 *adj/m* o *f* REL carmélite. ● **2** *m* REL carme.

carmen *m* REL carme (orden).

carmesí *adj* y *m* cramoisi.

carmín 1 *adj* y *m* carmin. ● **2** *m* rouge à lèvres.

carnada 1 *f* appât, amorce (para pesca, caza). **2** (fig, fam) ruse, leurre.

carnal 1 *adj* charnel. **2** lascif, luxurieux. **3** germain (primo, hermano).

carnaval *m* carnaval.

carnaza 1 *f* appât (cebo). **2** (fam) chair. **3** (fig) tête de turc (inocente).

carne 1 *f* chair: *la carne de la fruta* = *la chair des fruits*. **2** viande (de animales). **3** REL chair. ◆ ~ **blanca** chair blanche; ~ **de cañón** (fig) chair à canon; ~ **de membrillo** pâte de coing; ~ **viva** chair vive; ■ **en** ~ **y hueso** en chair et en os; **metido en carnes** être en chair; **no ser** ~ **ni pescado** (fig) n'être ni chair, ni poisson; **tener la** ~ **de gallina** avoir la chair de poule.

carné o **carnet 1** *m* carte, permis. **2** agenda. ◆ ~ **de identidad** carte d'identité.

carnero 1 *m* mouton. **2** charnier (osario). **3** *Amér.* lama (llama). **4** *Arg., Chile* (fig) mouton (persona sin voluntad).

carnicería 1 *f* boucherie (tienda). **2** (fig) massacre, boucherie.

carnicero, ra 1 *adj/m* y *f* carnivore. ● **2** *adj* (fig) sanguinaire, inhumain. ● **3** *m* y *f* boucher.

carnívoro, ra 1 *adj* carnivore; carnassier. ● **2 carnívoros** *m pl* ZOOL carnivores.

carnoso, sa 1 *adj* charnu. **2** gras.

caro, ra *adj* cher. ■ **costarle a alguien** ~ (fig, fam) coûter cher; **pagar algo muy** ~ (fig) payer qqch très cher.

carpa 1 *f* chapiteau (de circo). **2** ZOOL carpe. **3** *Arg., Ur.* tente (de playa). **4** *Chile, Méx.* tente (de campaña).

carpe *m* BOT charme.

carpeta 1 *f* dossier; classeur. **2** INF dossier.

carpetazo (dar) *loc* (fig) mettre de côté, classer: *dar carpetazo a una solicitud* = mettre de côté une demande.

carpintería 1 *f* menuiserie. **2** charpenterie (obra).

carpintero, ra *m* y *f* menuisier; charpentier.

carraspear *intr* se racler la gorge.

carraspeo *m* enrouement.

carraspera *f* → carraspeo.

carrera 1 *f* course: *carrera de motos* = *course de motos*. **2** études (universitaria). **3** carrière, profession. **4** cours (calle). **5** trajet, parcours (recorrido). **6** (fig) échelle (en las medias). **7** (fig) carrière, chemin (en la vida). ■ **a la** ~ à toute vitesse; **hacer** ~ prospérer.

carrerilla *f* MÚS trait. ■ **de** ~ par cœur; **tomar** ~ prendre de l'élan.

carreta *f* charrette.

carretada 1 *f* charretée (carga). **2** (fig, fam) tas (gran cantidad). ■ **a carretadas** à foison.

carrete 1 *m* bobine. **2** moulinet (para pescar). **3** FOT rouleau. ■ **dar** ~ **a uno** (fig) raconter des histoires à qqn.

carretera *f* route. ◆ ~ **comarcal** route départementale; ~ **nacional** route nationale.

carretero, ra *m* charretier (conductor).

carretilla 1 *f* brouette. **2** chariot (para niños). ■ **de ~** (fig, fam) par cœur.
carretón 1 *m* charrette (carro pequeño). **2** voiturette de rémouleur (del afilador).
carril 1 *m* voie. **2** sillon (surco). **3** rail (de una vía férrea).
carrillo *m* joue.
carro 1 *m* charrette (de dos ruedas); chariot (de cuatro ruedas). **2** charretée (carga). **3** MEC chariot (de una máquina de escribir). ◆ *Amér.* voiture, automobile. ◆ **~ de combate** MIL char de combat; **parar el ~** se calmer; **tirar del ~** tirer la charrue.
carrocería *f* carrosserie.
carromato *m* chariot couvert.
carroza 1 *f* carrosse. ● **2** *m* o *f* (fam) ringard.
carruaje *m* voiture.
carrusel 1 *m* carrousel. **2** manège (tiovivo).
carta 1 *f* lettre: *echar una carta = poster une lettre*. **2** carte (naipe). **3** charte (constitución). **4** carte: *comer a la carta = manger à la carte*. **5** MAR carte. ◆ **~ abierta** lettre ouverte; **~ blanca** carte blanche; **~ credencial** (se usa más en *pl*) lettre de créance; **~ de ajuste** TV grille; **~ de crédito** lettre de crédit; **~ náutica** carte marine (mapa); **~ de pago** reçu; **~ pastoral** lettre pastorale; ■ **echar las cartas** tirer les cartes.

> No hay que confundir esta palabra con la palabra francesa **carte**, que debe traducirse por 'mapa' o 'tarjeta postal'.

cartabón *m* équerre.
cartear 1 *intr* jouer les fausses cartes. ● **2 ~se** *pron* correspondre.
cartel 1 *m* affiche. **2** (fig) prestige. ■ **en ~** à l'affiche; **tener buen ~** (fig, fam) avoir bonne presse.
cartel o **cártel** *m* cartel: *cártel de producción = cartel de production*.
cartelera 1 *f* porte-affiche. **2** rubrique des spectacles. ■ **llevar mucho tiempo en ~** rester longtemps à l'affiche.
cartera 1 *f* portefeuille (de bolsillo). **2** cartable, serviette (de estudiante). **3** (fig) portefeuille (cargo del ministro). **4** *Amér.* sac à main. ■ **tener en ~** un asunto avoir une affaire dans ses dossiers.

carterista *m* o *f* pickpocket.
cartero, ra *m* y *f* facteur.
cartílago *m* ANAT cartilage.
cartilla 1 *f* abécédaire. **2** précis (compendio). ◆ **~ de ahorros** livret de caisse d'épargne; **~ de racionamiento** carte de rationnement; ■ **leerle a uno la ~** (fig, fam) faire la leçon à qqn; **saberse la ~** (fig) savoir comment il faut agir dans une affaire.
cartografía *f* cartographie.
cartógrafo, fa *m* y *f* cartographe.
cartón 1 *m* carton. **2** ART carton. **3** *Amér.* (se usa más en *pl*) dessins animés. ◆ **~ piedra** carton-pierre, carton-pâte; ■ **ser de ~ piedra** être faux, artificiel (una cosa); être insensible (una persona).
cartuchera 1 *f* MIL cartouchière. ● **2 cartucheras** *f pl* (fig) *graisse dans les cuisses*.
cartucho 1 *m* cartouche. **2** gargousse (de pólvora). **3** rouleau (de moneda). ■ **quemar el último ~** (fig) brûler sa dernière cartouche.
cartuja *f* chartreuse.
cartulina *f* bristol.
casa 1 *f* maison; immeuble (edificio). **2** maison (familia). **3** ménage. **4** maison, établissement (comercio). **5** case (en el tablero de juego). ◆ **~ consistorial** hôtel de ville, mairie; **~ cuna** crèche (hospicio, guardería); **~ de baños** établissement de bains; **~ de campo** maison de campagne; **~ de Dios** maison de Dieu; **~ de empeño** maison de prêt sur gages; **~ de huéspedes** pension de famille; **~ de locos** asile de fous; **~ de maternidad** maison d'accouchement; **~ de moneda** hôtel de la monnaie; **~ de socorro** poste de secours; ■ **de andar por ~** (fig) insignifiant, sans valeur; **echar** o **tirar la ~ por la ventana** (fig) jeter l'argent par les fenêtres; **entrar como Pedro por su ~** entrer comme dans un moulin; **poner ~** s'installer dans une maison.

> Con las preposiciones **a, de, en** debe traducirse por *chez*. Si no hay posesivo, debe emplearse el pronombre personal. *Voy a casa de Juan = Je vais chez Jean ◊ Estoy en casa = Je suis chez moi.*

casaca *f* casaque.

casadero, ra *adj* à marier, bon à marier.

casamentero, ra *adj/m* y *f* marieur.

casar **1** *tr* marier. **2** DER casser (anular, derogar). • **3** *tr* e *intr* (fig) assortir, marier (combinar). • **4** *intr* y *pron* se marier.

cascabel *m* grelot. ■ echar el ~ (fig) lâcher une nouvelle inattendue; poner el ~ al gato (fig) attacher le grelot; ser un ~ être une tête en l'air.

cascada **1** *f* cascade, chute. **2** (fig) cascade.

cascanueces **1** *m* casse-noix. **2** ZOOL casse-noix.

cascar **1** *tr* y *pron* casser. • **2** *tr* (fam) cogner (golpear). • **3** *tr* e *intr* (fam) bavarder (charlar). • **4** *intr* (fig, fam) casser sa pipe (morir).

cáscara **1** *f* coquille; peau (de fruta): croûte (de queso). **2** écorce (de tronco).

cascarilla *f* cascarille; quinquina (corteza).

cascarón *m* coquille (de huevo). ◆ ~ de nuez (fam) coquille de noix; ■ no haber salido del ~ (fig, fam) ne pas être sorti de l'œuf o de sa coquille.

cascarrabias *m* o *f* (fam) grincheux.

casco **1** *m* crâne. **2** éclat (de vidrio, ladrillo). **3** casque. **4** bouteille. **5** ZOOL sabot, corne (en las bestias caballares). • **6** cascos *m pl* (fam) cervelle. **7** (fam) écouteurs, auriculaires. ◆ ~ antiguo centre historique; ~ urbano centre ville; ■ calentarse o romperse los cascos se casser la tête; ligero de cascos (fig, fam) écervelé; romper los cascos (fig) casser la tête.

cascote *m* décombres, plâtras (de una edificación).

caserío **1** *m* hameau (conjunto de casas). **2** maison de campagne.

casero, ra **1** *adj* maison: *flan casero = crème caramel maison*. **2** de bonne femme (remedio). **3** domestique (trabajo). **4** casanier (hogareño). • **5** *m* y *f* propriétaire (de una casa). **6** gérant (administrador).

caseta **1** *f* baraque (barraca). **2** niche (de perro). **3** stand (de exposición).

casi **1** *adv* presque: *es casi cuarentón = il est presque quadragénaire*. **2** guère: *casi no sale de casa = il ne sort guère de la maison*. ◆ casi casi pas loin de; pour un peu; ~ nada presque rien; ~ nunca presque jamais.

casilla **1** *f* maison (de un guarda). **2** case (cuadrado). **3** case, casier (de estante, casillero). ◆ ~ postal *Amér.* boîte postale; ■ sacar a alguien de sus casillas (fig, fam) faire sortir qqn de ses gonds; salir uno de sus casillas (fig, fam) sortir de ses gonds.

casillero *m* casier.

casino **1** *m* casino. **2** cercle, club (asociación).

caso **1** *m* cas (suceso). **2** histoire (lance). **3** affaire: *el caso Dreyfus = l'affaire Dreyfus*. **4** MED cas. **5** GRAM cas. ◆ ~ clínico MED cas clinique; ~ de fuerza mayor cas de force majeure; ■ en ~ de que dans le cas où; en todo ~ en tout cas; hacer al ~ venir à propos; hacer ~ de uno o de una cosa (fig, fam) faire cas de; hacer ~ omiso de algo passer outre à qqch; ser un ~ (fig, fam) être un cas.

caspa *f* pellicules.

¡cáspita! *interj* diable!

casquete **1** *m* toque. **2** (vulg) coup (coito). ◆ ~ esférico GEOM calotte sphérique; ~ glaciar calotte glaciaire; ~ polar calotte polaire.

casquillo **1** *m* pointe de flèche. **2** douille (cartucho). **3** culot, douille.

casquivano, na *adj* (fam) écervelé, tête en l'air.

casta **1** *f* race. **2** caste (en la India). **3** (fig) sorte, espèce. ■ cruzar las castas croiser des races.

castaña **1** *f* châtaigne, marron. **2** dame-jeanne (frasco). **3** chignon (moño). **4** (fig, fam) cuite (borrachera). **5** (fig, fam) châtaigne (golpe). **6** *Méx.* petit tonneau. ■ parecerse como un huevo a una ~ être le jour et la nuit; sacar las castañas del fuego (fig) tirer les marrons du feu.

castañero, ra *m* y *f* marchand de marrons.

castañetear **1** *tr* faire claquer (los dedos). • **2** *tr* e *intr* claquer des dents. • **3** *intr* jouer des castagnettes.

castaño, ña **1** *adj* y *m* châtain, marron (color). • **2** *m* châtaignier, marronnier (árbol). ■ pasar de ~ oscuro una cosa être le comble, dépasser les limites.

castañuela *f* castagnette (instrumento). ■ estar alegre como unas castañuelas (fig, fam) être gai comme un pinson.

castellano, na 1 *adj* castillan. • **2** *m* y *f* Castillan. • **3** *m* castillan, espagnol (lengua). **4** châtelain (señor de un castillo).

castidad *f* chasteté.

castigar 1 *tr* punir. **2** affliger. **3** (fig) nuire, malmener (perjudicar). **4** (fig) faire marcher.

castigo 1 *m* punition; châtiment. **2** (fig) correction (de un texto).

castillo 1 *m* château fort, château (edificio). **2** MAR gaillard. ♦ **~ de fuego** pièce d'artifice (pirotecnia). ■ **hacer castillos en el aire** (fig, fam) bâtir des châteaux en Espagne.

castizo, za 1 *adj* pur, de bonne souche (auténtico). **2** châtié (lenguaje).

casto, ta 1 *adj* chaste (sexualmente). **2** pur, honnête.

castor *m* ZOOL castor.

castración *f* castration.

castrar 1 *tr* châtrer, castrer (capar). **2** châtrer (una colmena). **3** tailler (podar). **4** (fig) affaiblir (debilitar).

castrense *adj* militaire.

casual *adj* casuel, fortuit.

casualidad *f* hasard. ■ **dar la ~** advenir, se trouver que; **por ~** par hasard; **¡qué ~!** quel hasard!

cata 1 *f* dégustation. **2** échantillon, morceau (porción). **3** *Amér.* perruche (cotorra).

cataclismo *m* cataclysme.

catacumbas *f pl* catacombes.

catador, ra *m* y *f* dégustateur.

catadura 1 *f* dégustation. **2** (fig, fam) mine, tête (aspecto).

catalán, na 1 *adj* catalan. • **2** *m* y *f* Catalan. • **3** *m* catalan (lengua).

catalejo *m* longue-vue.

catalizador *adj* y *m* QUÍM catalyseur.

catalogar 1 *tr* cataloguer. **2** (fig) cataloguer, classer.

catálogo *m* catalogue.

catamarán *m* catamaran.

cataplasma 1 *f* cataplasme. **2** (fig, fam) pot de colle (pelmazo).

catapulta *f* catapulte.

catapultar *tr* catapulter.

catar 1 *tr* déguster, goûter. **2** châtrer (las colmenas).

catarata 1 *f* chute, cataracte. **2** MED cataracte.

catarro *m* rhume.

catastro *m* cadastre.

catástrofe *f* catastrophe; désastre (desastre); malheur.

catecismo *m* catéchisme.

cátedra *f* chaire: *la cátedra de derecho = la chaire de droit.* ■ **sentar ~** pontifier, donner une leçon.

catedral *adj* y *f* cathédrale. ■ **como una ~** (fig, fam) énorme.

catedrático, ca *m* y *f* professeur.

categoría 1 *f* catégorie, classe: *restaurante de primera categoría = restaurant de première classe;* rang. **2** FIL catégorie. ■ **dar ~** classer; **de ~** de grande classe.

categórico, ca *adj* catégorique.

catequesis *f* REL catéchèse.

catequismo *m* REL catéchisme.

caterva 1 *f* foule, bande (de personas). **2** tas, amas (de cosas).

catéter *m* MED cathéter.

catódico, ca *adj* FÍS cathodique.

cátodo *m* FÍS cathode.

catolicismo *m* REL catholicisme.

católico, ca *adj/m* y *f* catholique.

catorce *adj* y *m* quatorze; quatorzième.

catorceavo, va o **catorzavo, va** *adj* y *m* quatorzième.

catre 1 *m* lit. **2** (fam) pieu, pageot (lecho).

caucásico, ca 1 *adj* caucasien, caucasique. **2** caucasien (lengua).

cauce 1 *m* lit (del río); canal, rigole (acequia). **2** (fig) cours, ordre.

caucho 1 *m* caoutchouc. **2** *Col., Venez.* pneu.

caución *f* caution, garantie.

caudal 1 *adj* de grand débit. • **2** *m* débit (de agua). **3** fortune, richesse. **4** (fig) abondance.

caudaloso, sa 1 *adj* à fort débit, de grand débit (agua). **2** fortuné, riche (persona). **3** (fig) abondant.

caudillaje 1 *m* gouvernement d'un caudillo. **2** *Amér.* caciquisme.

caudillo 1 *m* caudillo. **2** *Amér.* cacique.

causa 1 *f* cause. **2** raison, motif. **3** DER cause, procès. **4** *Chile* collation, lunch. ♦ **~ pública** cause publique; ■ **a ~ de** à cause de: *las tiendas estaban abarrotadas a causa de las rebajas = les magasins étaient encombrés à cause des soldes;* **por ~ de** pour cause de: *cerrado por causa de inventario = fermé pour cause d'inventaire.*

causal *adj* causal.

causar *tr* y *pron* causer, provoquer.

causear *intr* *Chile* manger à une heure indue.

cáustico, ca *adj* y *m* caustique.

cautela 1 *f* précaution, cautèle. **2** ruse (astucia).

cautelar *adj* DER preventif.

cauteloso, sa *adj* cauteleux, prudent.

cautivador, ra *adj* captivant, séduisant.

cautivar 1 *tr* capturer. **2** (fig) captiver, séduire.

cautiverio *m* captivité.

cautivo, va *adj/m* y *f* captif.

cauto, ta *adj* prudent; prévoyant.

cava 1 *f* cave (bodega). **2** *vin champagnisé catalan*. **3** AGR labourage, binage. ● **4** *adj* y *f* ANAT cave (vena).

cavar 1 *tr* bêcher, biner. ● **2** *intr* creuser, excaver; pénétrer.

caverna *f* caverne.

cavernícola 1 *adj/m* o *f* cavernicole; troglodyte. **2** (desp, fig, fam) rétrograde.

cavernoso, sa *adj* caverneux.

caviar *m* caviar.

cavidad *f* cavité.

cavilar *tr* e *intr* réfléchir; se creuser la tête.

caviloso, sa *adj* soucieux, préoccupé.

cayado 1 *m* houlette (de pastor). **2** crosse (de obispo).

caza 1 *f* chasse. ● **2** *m* gibier. **3** MIL avion de chasse. ◆ **~ de brujas** (fig) chasse aux sorcières; **~ furtiva** braconnage; **~ mayor** gros gibier; **~ menor** petit gibier; ■ **dar ~** traquer.

cazador, ra *adj/m* y *f* chasseur. ◆ **~ furtivo** braconnier.

cazadora *f* blouson, vareuse.

cazar 1 *tr* chasser. **2** (fig, fam) attraper (coger); débusquer (sorprender). **3** (fig, fam) décrocher (conseguir). ■ **~ largo** (fig) voir loin.

cazo 1 *m* louche (cucharón). **2** casserole.

cazoleta 1 *f* cassolette; fourneau. **2** bassinet (arma). **3** coquille (espada).

cazuela 1 *f* casserole. **2** ragoût (guisado).

cazurro, rra 1 *adj/m* y *f* (fam, desp) abruti; bourru. **2** niais, bête.

CD (*siglas de* compact disc) *m* MÚS CD.

CD-ROM (*siglas de* compact disk read only memory) *m* INF CD-Rom.

ce *f* c. ■ **~ por ~** (fig, fam) point par point; **por ~ o por be** (fig, fam) d'une façon ou autrement.

cebada *f* BOT orge. ◆ **~ perlada** orge perlé.

cebado *m* amorçage (de bomba hidráulica).

cebar 1 *tr* gaver; engraisser. **2** (fig) mettre en marche, amorcer (una máquina). **3** (fig) alimenter (un horno). **4** *Amér. Merid.* préparer le maté. ● **5** *tr* e *intr* (fig) pénétrer, approfondir, saisir. ● **6** **~se** *pron* (fig) s'acharner.

cebo 1 *m* pâtée (para engordar animales). **2** appât; amorce (de un anzuelo). **3** amorce (armas).

cebolla 1 *f* oignon. **2** (fig) crapaudine.

cebolleta *f* ciboulette.

cebra *f* ZOOL zèbre.

cebú *m* ZOOL zébu.

cecear *intr* zézayer.

ceceo *m* zézaiement.

cecina 1 *f* viande séchée. **2** *Arg., Par.* lamelle de viande séchée.

cedazo *m* tamis, sas.

ceder 1 *tr* céder. ● **2** *intr* s'apaiser: *el público no cederá = le public ne s'apaisera pas*; s'adoucir.

cedro *m* BOT cèdre.

cédula 1 *f* billet. **2** cédule, certificat. ◆ **~ de identidad** *Amér.* carte d'identité; **~ hipotecaria** obligation hipothécaire.

cefalea *f* MED céphalée.

cegar 1 *tr* aveugler: *esta luz lo ciega = cette lumière l'aveugle*. ● **2** *tr* y *pron* (fig) aveugler, obstruer. **3** (fig) aveugler, boucher. ● **4** *intr* devenir aveugle.

cegato, ta *adj/m* y *f* (fam) myope.

ceguera 1 *f* cécité. **2** (fig) aveuglement.

ceja 1 *f* sourcil. **2** (fig) passepoil (ropa); mors (libro). **3** (fig) crête (de un monte). **4** MÚS sillet. ■ **meterse algo entre ~ y ~** (fig, fam) se mettre qqch dans la tête; **quemarse las cejas** (fam) cravacher; **tener a uno entre ~ y ~** avoir qqn dans le nez.

cejar 1 *intr* reculer. **2** (fig) céder.

celada *f* salade.

celador, ra *m* y *f* zélateur.

celar 1 *tr* veiller; surveiller. ● **2** *tr* y *pron* celer, cacher (encubrir).

celda 1 *f* cellule. **2** cachot. ◆ **~ de castigo** cellule disciplinaire.

celdilla 1 *f* alvéole (panal). **2** cellule.

celebración *f* célébration.

celebrar 1 *tr* célébrer, fêter. ● **2** *tr* e *intr* célébrer, officier (misa). ● **3** *tr* y *pron* siéger.

célebre 1 adj célèbre, fameux. **2** (fam) drôle, rigolo.

celebridad f célébrité.

celeste 1 adj céleste. ● **2** adj y m bleu céleste (color).

celestial 1 adj céleste. **2** (fig) divin, parfait.

celestina f (fig) maquerelle, entremetteuse.

celibato m célibat: celibato eclesiástico = célibat ecclésiastique.

célibe adj/m o f célibataire.

celo® m scotch.

celofán® m cellophane.

celosía 1 f jalousie (ventana); treillis (enrejado). **2** jalousie.

celoso, sa 1 adj jaloux. **2** zélé (cuidadoso). **3** méfiant (receloso).

celta 1 adj celte, celtique. ● **2** m o f Celte, Celtique. ● **3** m celte (lengua).

célula f cellule. ◆ ~ **fotoeléctrica** cellule photoélectrique. ◆ ~ **sanguínea** globule.

celular adj cellulaire.

celulitis f cellulite.

celuloide m celluloïd.

celulosa f QUÍM cellulose.

cementerio 1 m cimetière. **2** dépotoir (de cosas). ◆ ~ **de coches** casse; cimetière de voitures.

cemento 1 m ciment; béton (hormigón). **2** ANAT cément (dientes). ◆ ~ **armado** béton armé.

cena f dîner. ◆ **la Última Cena** la Cène.

cenáculo m cénacle.

cenagal 1 m bourbier. **2** (fig, fam) pétrin, guêpier.

cenar intr y tr dîner; souper.

cencerro m sonnaille; clarine. ■ **estar como un ~** (fig, fam) avoir un grain; être fou.

cenefa 1 f lisière; bordure. **2** plinthe (en la pared).

cenicero m cendrier.

cenicienta f cendrillon.

ceniciento, ta adj cendré.

cenit m zénith.

ceniza 1 f cendre; poussière. **2** (se usa más en pl) cendres (de un cadáver). **3** ART enduit.

cenizo, za 1 adj cendré. ● **2** m (fam) trouble-fête.

censar intr recenser.

censo 1 m recensement. **2** redevance (tributo). ◆ ~ **electoral** listes électorales.

censor, ra adj/m y f censeur.

censura f censure; interdiction.

censurar 1 tr censurer; interdire. **2** critiquer.

centauro m centaure.

centavo, va 1 adj y m centième. ● **2** m Amér. centime, cent (moneda).

centella 1 f étincelle. **2** éclair (rayo); foudre. **3** (fig) éclair.

centellear intr étinceler, scintiller.

centena f centaine.

centenar m centaine.

centenario, ria 1 adj/m y f centenaire. ● **2** m centenaire.

centeno, na 1 adj centième. ● **2** m BOT seigle.

centesimal adj centésimal.

centésimo, ma adj/m y f centième.

centímetro m centimètre. ◆ ~ **cuadrado** centimètre carré; ~ **cúbico** centimètre cube.

céntimo m centime (moneda). ■ **no tener ni un ~** n'avoir pas le sou.

centinela m sentinelle.

centollo m araignée de mer.

centrado, da 1 adj centré. **2** équilibré (persona).

central 1 adj central. ● **2** f centrale; maison mère (oficina). ◆ ~ **hidroeléctrica** centrale hydro-électrique; ~ **nuclear** centrale nucléaire; ~ **térmica** centrale thermique.

centralismo m centralisme.

centralita f standard; central téléphonique.

centralizar tr centraliser.

centrar 1 tr centrer; axer. **2** cadrer (foto). **3** (fig) attirer, fixer (la atención). ● **4** ~**se** pron (fig) se stabiliser; se concentrer.

céntrico, ca adj central.

centrifugar tr centrifuger.

centrífugo, ga adj MEC centrifuge.

centro 1 m centre. **2** cible (de las miradas); objet (curiosidad). **3** foyer; institution, institut. ◆ ~ **de gravedad** FÍS centre de gravité; ~ **de mesa** surtout (recipiente); ~ **nervioso** MED centre nerveux; ~ **óptico** FÍS centre optique.

centroamericano, na adj/m y f de l'Amérique Centrale.

centrocampista m o f DEP demi.

ceñido, da 1 adj ajusté; moulant. **2** économe (ahorrador).

ceñidor m ceinture; cordelière (cordel).

ceñir 1 *tr* mouler (una prenda). **2** serrer (cintura). **3** entourer. ● **4** ~se *pron* se modérer; se resteindre. **5** (fig) s'en tenir à.

ceño *m* froncement de sourcils.

cepa 1 *f* souche (árbol). **2** cep (vid); pied de vigne. **3** *Méx.* fosse. ■ **de pura ~** de souche.

cepillar 1 *tr* brosser; bouchonner (caballo). **2** raboter (madera). ● **3** ~se *pron* (fig, fam) buter (matar); bousiller, zigouiller. **4** (fig, fam) coller (en un examen). **5** (fig, vulg) baiser (sexo).

cepillo 1 *m* brosse. **2** rabot (para la madera). **3** tronc (para donativos).

cepo 1 *m* rameau. **2** cep (tortura). **3** rouet à dévider la soie. **4** piège (de caza); traquenard (trampa). **5** sabot (vehículos).

cera *f* cire. ◆ ~ **amarilla** cire jaune; ~ **blanca** cire blanche; ~ **de los oídos** cérumen; ~ **virgen** cire vierge; ■ **hacerse la ~** se faire épiler.

cerámica *f* céramique. **2** poterie.

cerámico, ca *adj* céramique.

cerbatana *f* sarbacane. **2** cornet acoustique.

cerca *f* clôture; enceinte.

cerca 1 *adv* près: *el hotel está muy cerca del centro* = *l'hôtel est tout près du centre.* ● **2 cercas** *m pl* ART premiers plans. ■ **~ de** près de; environ: *su madre tiene cerca de cincuenta años* = *sa mère a environ cinquante ans*; **de ~** de près; **por aquí ~** tout près.

> *Auprès* indica mayor proximidad que *près de*: *estar cerca de París* = *être près de Paris* ◊ *sentarse cerca de alguien* = *s'asseoir auprès de quelqu'un.*

cercado 1 *m* enclos (sitio). **2** clôture (tapia). **3** *Perú* division territoriale.

cercanía 1 *f* proximité. **2** (se usa más en *pl*) banlieue; environs, alentours (alrededores).

cercano, na 1 *adj* proche. **2** voisin.

cercar 1 *tr* clôturer. **2** entourer (la gente). **3** MIL assiéger, encercler; cerner.

cercenar 1 *tr* rogner; couper. **2** réduire; diminuer (gastos, poder).

cerciorar *tr* y *pron* assurer.

cerco 1 *m* cercle. **2** cercle, ceinture (aro). **3** siège (ciudad). **4** cadre (puerta). ◆ ~ **policial** cordon policier; ■ **poner ~** mettre le siège.

cerda 1 *f* truie (hembra del cerdo). **2** soie (pelo); crin (caballerías). **3** (fig) femme grossière.

cerdo, da 1 *m* y *f* porc, cochon (macho). ● **2** *m* (fig, fam) porc.

cereal 1 *m* céréale. ● **2 cereales** *m pl* céréales; flocons de céréales.

cerebelo *m* ANAT cervelet.

cerebral *adj* cérébral.

cerebro 1 *m* cerveau. **2** cervelle. **3** (fig) tête. ◆ ~ **electrónico** cerveau électronique.

ceremonia *f* cérémonie.

ceremonial 1 *adj* cérémoniel. ● **2** *m* cérémonial.

ceremonioso, sa *adj* cérémonieux.

cereza 1 *f* cerise. **2** *Amér. Centr. écorce du grain de café.*

cerezo 1 *m* cerisier. **2** merisier (madera).

cerilla 1 *f* allumette. **2** queue-de-rat (vela).

cerillo *m* allumette.

cero *m* zéro. ◆ ~ **absoluto** FÍS zéro absolu; ■ **ser un ~ a la izquierda** être un zéro.

cerrado, da 1 *adj* fermé. **2** couvert (cielo); nuageux. **3** prononcé (el acento). **4** réservé (persona). **5** (fig) caché (sentido).

cerradura *f* serrure.

cerrajero *m* serrurier.

cerrar 1 *tr* y *pron* fermer. ● **2** *tr* couper (el agua). **3** boucher (bote). **4** plier (paraguas). **5** cacheter (carta). **6** (fig) refermer (herida). **7** serrer (filas). ● **8** *intr* fermer. ● **9** ~se *pron* (fig) s'entêter; s'obstiner.

cerril 1 *adj* accidenté (terreno). **2** sauvage (animal). **3** (fig, fam) buté.

cerrillada *f* *Col.*, *Perú* cordillère de basse altitude.

cerro 1 *m* cou (animal). **2** croupe. **3** colline; coteau. ■ **echar** o **irse por los cerros de Úbeda** (fig, fam) divaguer; s'écarter du sujet.

cerrojo *m* verrou. ■ **echar el ~** mettre le verrou.

certamen *m* concours.

certero, ra 1 *adj* juste, précis. **2** adroit. **3** sûr, fondé (opinión, juicio).

certeza 1 *f* certitude, assurance. **2** exactitude (exactitud).

certificado, da 1 *adj* recommandé (carta). ● **2** *m* certificat; brevet d'études (diploma). ◆ **~ médico** certificat médical.

certificar 1 *tr* certifier; assurer. **2** recommander (carta). **3** (fig) prouver; confirmer.

cerumen *m* cérumen.

cervatillo *m* ZOOL porte-musc.

cervecería *f* brasserie.

cerveza *f* bière. ◆ **~ de barril** bière pression; **~ negra** bière brune.

cerviz *f* ANAT nuque. ■ **doblar la ~** (fig) courber la tête.

cesación *m* cessation.

cesante 1 *adj* suspendu. ● **2** *adj/m* o *f* révoqué.

cesar *intr* cesser; prendre fin.

cesárea *f* MED césarienne.

cese 1 *m* cessation; arrêt. **2** révocation.

cesión *f* cession. ◆ **~ de bienes** DER cession de biens.

césped *m* pelouse, gazon. ◆ **~ inglés** gazon anglais.

cesta 1 *f* panier. **2** DEP panier (de baloncesto). ◆ **~ de la compra** panier de la ménagère.

cestería *f* vannerie.

cesto *m* corbeille, panier. ■ **estar hecho un ~** (fig, fam) être ivre; **ser un ~** (fig, fam) être bête.

cetrería *f* fauconnerie.

cetro 1 *m* sceptre. **2** REL canne.

ch *f* ch.

chabacanería *f* vulgarité, grossièreté.

chabacano, na 1 *adj* ordinaire, quelconque; vulgaire, grossier. ● **2** *m* Méx. sorte d'abricotier (árbol); sorte d'abricot (fruto).

chabola 1 *f* baraque (barraca). **2** cabane (caseta).

chacal *m* chacal.

chacha *f* (desp) bonniche.

chachachá *m* cha-cha-cha.

chachalaca *adj/m* o *f* Méx. bavard, pie.

cháchara 1 *f* (fam) tchache. ● **2** chácharas *f pl* colifichets, babioles.

chaco 1 *m* Amér. Merid. terre sans explorer. **2** Amér. Merid. vénerie, chasse.

chacolí *m* chacoli (vino).

chacra *f* Amér. ferme, métairie.

chafalote *adj* Arg. rustre, ordinaire.

chafar 1 *tr* écraser; aplatir. **2** froisser (la ropa); chiffoner. **3** (fig, fam) bouleverser; flanquer par terre.

chaflán 1 *m* pan coupé (de un edificio). **2** GEOM chanfrein.

chagra *f* Col. ferme.

chal *m* châle.

chalado, da *adj* (fam) dingue; cinglé.

chalán, na 1 *m* maquignon. ● **2** *m* y *f* (fig, desp) fripouille. **3** Amér. dresseur. ● **4** *f* chaland.

chalé o **chalet** *m* pavillon (en jardín); chalet (de montaña).

El francés *chalet* designa especialmente las casas de madera de estilo suizo.

---

chaleco *m* gilet. ◆ **~ salvavidas** gilet de sauvetage.

chalupa 1 *f* NÁUT chaloupe (de vela); canot, barque (bote). **2** Méx. gâteau de maïs.

chamal *m* Arg., Bol., Chile sorte de pantalon araucan.

chamarra *f* pelisse, veste de paysan.

chamberinada *f* Perú luxe, ostentation.

chamizo 1 *m* chaumine (choza). **2** (fig, fam) taudis (tugurio).

chamorro, rra *adj/m* y *f* (fam) tondu.

champán o **champaña** *m* champagne.

champiñón *m* champignon.

champú *m* shampooing.

chamuchina *f* Amér. populace.

chamuscar *tr* y *pron* roussir.

chamusquina 1 *f* roussi; action de roussir. **2** (fig, fam) bagarre. ■ **oler a ~** (fig, fam) sentir le roussi.

chancho, cha 1 *adj* Amér. sale. **2** Amér. grossier. ● **3** *m* Amér. porc, cochon.

chanchullo *m* (fam) magouille, combine; tripotage.

chancla *f* pantoufle; savate (viejo).

chancleta 1 *f* savate, babouche. **2** Amér. gosse, môme, petite fille. ● **3** *m* o *f* (fig, fam) savate (persona).

chándal *m* survêtement.

chantaje *m* chantage.

chantajista *m* o *f* maître chanteur.

chantillí o **chantilly** *m* chantilly.

chanza *f* plaisanterie.

chapa 1 *f* plaque. **2** capsule (de una botella). **3** badge (insignia). **4** (fig, fam) bon sens, jugeote. **5** Amér. serrure (para cerrar). ● **6** chapas *f pl* pile ou face (juego).

chapado, da 1 *adj* plaqué. ● **2** *m* placage. ■ **~ a la antigua** vieux, démodé.

chapar 1 *tr* plaquer. **2** (fig) lâcher, sortir.
chaparrón 1 *m* averse. **2** (fig) savon.
chapetonar *intr* Amér. agir subitement.
chapín 1 *m* claque (chanclo). **2** coffre.
chapotear *intr* barboter, patauger.
chapucería 1 *f* bâclage, sabotage. **2** camelote (obra).
chapucero, ra 1 *adj* bâclé. ● **2** *adj/m* y *f* bâcleur.
chapurrear *intr* y *tr* baragouiner; écorcher.
chapuza 1 *f* bricole (sin importancia). **2** bousillage, bâclage (obra mal hecha); travail de cochon.
chapuzón *m* plongeon: *se dió un chapuzón en el lago* = *il a fait plongeon au lac.*
chaqueta *f* veste; veston. ■ **cambiar de ~** (fig, fam) retourner sa veste.
chaquetón *m* trois-quarts.
charanga 1 *f* fanfare (banda). **2** bastringue (baile).
charca *f* mare.
charco *m* flaque d'eau. ■ **cruzar o pasar el ~** (fig, fam) traverser l'Atlantique.
charcutería *f* charcuterie.
charla 1 *f* causerie. **2** (fam) bavardage.
charlar *intr* (fam) discuter, bavarder; causer.
charlatán, na 1 *adj/m* y *f* bavard. ● **2** *m* baratineur (curandero). **3** camelot (vendedor).
charlatanería *f* baratin.
charlestón *m* charleston.
charm o **charme** *m* charme.
charol 1 *m* vernis noir. **2** Amér. plateau. ■ **darse ~** se faire mousser.
charrada *f* balourdise.
chárter *adj* y *m* charter.
chascar 1 *tr* triturer. ● **2** *intr* craquer (madera); claquer (lengua); croquer (comida).
chascarrillo *m* (fam) craque, histoire drôle.
chasco 1 *m* tour, niche (burla). **2** (fig) déception.
chasis *m* châssis.
chasquear 1 *tr* faire claquer. **2** jouer de tours, duper (engañar). ● **3** *intr* craquer (madera). ● **4** **~se** *pron* avoir une déception. ■ **~ la lengua** claquer la langue.
chasquido *m* claquement (de la lengua); craquement (de la madera).
chatarra 1 *f* ferraille. **2** (fig) mitraille (monedas).

chatear 1 *intr* prendre quelques verres. **2** INF faire un chat.
chato, ta 1 *adj/m* y *f* camus, épaté. ● **2** *m* (fig, fam) petit verre (de vino).
chauvinista *adj/m* o *f* chauvin.
chaval, la 1 *m* y *f* (fam) gamin. ● **2** *f* (vulg) nénette.
chaveta *f* clavette. ■ **perder la ~** (fig, fam) perdre la boule.
¡che! *interj* Arg., Bol., Ur. eh!, tiens!
Checa, República *f* République Tchèque.
checo, ca 1 *adj* tchèque. ● **2** *m* y *f* Tchèque.
chef *m* chef, chef cuisinier.
chelín *m* shilling.
chepa *f* (fam) bosse.
cheque *m* chèque. ◆ **~ al portador** chèque au porteur; **~ de viaje** chèque de voyage; **~ nominativo** chèque nominatif.
chequeo 1 *m* MED bilan de santé. **2** Amér. contrôle, vérification.
chévere *adj* Amér. (fam) super, génial.
chicano, na *adj/m* y *f* chicano.
chicha 1 *f* (fam) viande. **2** Amér. bière de maïs (bebida). ■ **no ser ni ~ ni limonada** (fig, fam) être n'importe quoi.
chícharo *m* petit pois.
chicharra 1 *f* cigale. **2** (fig, fam) bavard.
chicharrón 1 *m* viande carbonisée. ● **2** **chicharrones** *m pl* rillons.
chichón *m* bosse.
chicle o **chiclé** *m* chewing-gum.
chico, ca 1 *adj* petit. ● **2** *m* y *f* garçon, fille (f). **3** enfant (niño). ● **4** *f* bonne (criada). ◆ **chica de alterne** entraîneuse.
chicotazo *m* Amér. coup de fouet.
chiflado, da *adj/m* y *f* (fam) maboul, givré.
chifladura *f* toquade, dada.
chiflar 1 *intr* siffler (silbar). ● **2** *tr* y *pron* chiner, charrier. ● **3** **~se** *pron* se toquer de, raffoler de.
chilaba *f* djellaba.
Chile *m* Chili.
chileno, na 1 *adj* chilien. ● **2** *m* y *f* Chilien.
chillar 1 *intr* pousser des cris aigus. **2** glapir (un animal). **3** grincer (chirriar).
chillido 1 *m* cri aigu. **2** glapissement (de un animal).
chillo *m* Amér. Centr. dette.
chillón, na 1 *adj* criard (color, voz). ● **2** *adj/m* y *f* braillard (persona).
chilpe 1 *m* Ecuad. bande de feuille de l'agave. **2** Ecuad. feuille desséchée du maïs.

chimenea f cheminée.

chimpancé m chimpanzé.

china 1 f petit caillou. **2** (fig, argot) petite dose de haschisch. ■ **tocarle a uno la** ~ (fig, fam) ne pas avoir de chance.

China f Chine.

chinchar tr y pron (fam) casser les pieds, empoisonner (molestar). ■ **¡chínchate!** (fam) c'est bien fait pour toi!

chinche 1 f punaise. ● **2** adj/m o f (fig, fam) empoisonneur; enquiquineur (persona).

chincheta f punaise.

chinchilla f chinchilla.

chinela 1 f mule (zapato). **2** claque.

chingar 1 tr (fam) boire. **2** C. Rica couper la queue (a un animal). **3** El Salv. empoisonner. ● **4** intr (vulg) baiser (fornicar). ● **5** ~se pron (fam) s'enivrer. **6** Amér. Merid. échouer, tomber à l'eau (fracasar).

chinita 1 f Amér. domestique. **2** Chile coccinelle.

chino, na 1 adj chinois. ● **2** adj/m y f Amér. indien; métis. ● **3** m y f Chinois. **4** Amér. Merid. domestique (sirviente). **5** Amér. Merid. chéri. ● **6** m chinois (lengua). **7** (fig) hébreu (lenguaje incomprensible). ● **8** f Amér. concubine, amante. ■ **trabajar como un** ~ travailler comme un nègre.

chip m INF puce. ■ **cambiar el** ~ (fam) changer d'idées.

chipirón m petit calmar, encornet.

Chipre m Chypre.

chiquear 1 tr Amér. Centr. se dandiner (al andar). **2** Cuba, Méx. pourrir (mimar).

chiquero 1 m porcherie (pocilga). **2** TAUROM compartiment du toril.

chiquillo, lla m y f bambin, môme.

chiquito, ta 1 adj/m y f tout petit. ● **2** m y f sorte d'amérindien. ● **3** m sorte de langue amérindienne.

chircal 1 m terrain planté d'une sorte de plante résineuse. **2** Col. tuilerie (tejar).

chiribita 1 f (se usa más en pl) étincelle (chispa). ● **2 chiribitas** m pl (ojos) mouches volantes (de los ojos). ■ **echar chiribitas** (fig, fam) vomir feu et flammes.

chirimbolo m (fam) machin, truc.

chirimoya f anone, cachiman (fruto).

chiripa 1 f coup de chance. **2** raccroc (en el billar). ■ **de o por** ~ sur un coup de pot.

chirla f petite clovisse.

chirona f (fam) tôle, taule. ■ **meter en** o **ir a** ~ aller en taule.

chirriar 1 intr grincer (goznes, ruedas). **2** grésiller (al freír). **3** (fig, fam) chanter faux (cantar).

chirrido 1 m grincement (de goznes o ruedas). **2** grésillement (al freír). **3** chant; cri. **4** (fig, fam) braillement.

chisme 1 m potin, ragot. **2** (fam) machin; truc (trasto).

chismorrear intr (fam) cancaner, potiner.

chismorreo m bavardage, cancan.

chismoso, sa adj/m y f cancanier.

chispa 1 f étincelle. **2** gouttelette (de lluvia). **3** miette; brin (pedacito). **4** (fig) esprit, verve (ingenio). **5** (fam) cuite (borrachera). ● **6** m o f (fig, fam) électricien. ◆ ~ **eléctrica** FÍS étincelle électrique; ■ **echar chispas** (fig, fam) être furieux; **tener** ~ avoir de l'esprit.

chispazo 1 m saut d'une étincelle. **2** (fig) (se usa más en pl) événement qui précède o qui suit d'autres plus importants.

chispeante adj étincelant.

chispear 1 intr étinceler. **2** pétiller (brillar). **3** pleuvoter (lloviznar).

chisporrotear 1 intr (fam) crépiter, pétiller. **2** (fam) grésiller (el aceite).

¡chist! interj chut!

chistar intr (se usa más en negación) ouvrir la bouche. ■ **sin** ~ sans broncher.

chiste 1 m histoire drôle, blague. **2** drôlerie (suceso gracioso). **3** plaisanterie (burla, agudeza). ◆ ~ **verde** histoire cochonne; ■ **caer en el** ~ comprendre.

chistera 1 f chistera (de los pelotaris). **2** (fig, fam) haut-de-forme (sombrero).

chistorra f sorte de saucisson.

chistoso, sa 1 adj blagueur, spirituel. **2** drôle, comique (gracioso).

chivatazo m (fam) mouchardage.

chivato, ta 1 m y f (fam) rapporteur (soplón). ● **2** m chevreau jeune. **3** voyant (dispositivo electrónico).

chivo, va m y f chevreau. ◆ ~ **expiatorio** bouc émissaire.

chocante 1 adj choquant. **2** drôle (raro).

chocantería f Amér. grossièreté, extravagance.

chocar 1 intr heurter, cogner. **2** (fig) se battre. **3** (fig) choquer. ■ **¡chócala!** (fam) tope là! o touche là!

chochear 1 intr devenir gâteux (los ancianos). **2** (fig, fam) perdre la tête.

chocho, cha 1 *adj* radoteur. ● **2** *m* grain comestible du lupin (altramuz). **3** (fig, fam) chatte (vulva). ■ **estar ~ por** raffoler de.

chocolate 1 *m* chocolat. **2** (fam) hasch (hachís). ◆ **~ a la taza** chocolat à cuire.

chocolatera *f* chocolatière.

chocolatería *f* chocolaterie.

chocolatina *f* tablette de chocolat.

chófer o **chofer** *m* chauffeur (conductor).

chola o **cholla** *f* *Amér. Centr.* paresse.

chollo 1 *m* (fam) fromage, sinécure (ganga). **2** (fam) chance (suerte).

chopo 1 *m* peuplier. **2** peuplier noir.

choque 1 *m* choc. **2** bagarre (pelea). **3** (fig) heurt (disputa).

chorizo, za 1 *m* chorizo. ● **2** *m* y *f* (vulg) chapardeur, filou (ladrón).

chorlito *m* chevalier (ave).

chorrear 1 *tr* e *intr* dégouliner, dégoutter. ● **2** *intr* couler. **3** (fig, fam) couler à flots (dinero, etc.).

chorrera 1 *f* rigole (señal). **2** jabot (adorno).

chorro 1 *m* jet (de líquido o gas). **2** filet (de luz). **3** (fig) flot (raudal). ◆ **~ de voz** (fig) voix qui porte; ■ **a chorros** (fig) à flots; **como los chorros del oro** (fig, fam) comme un sou neuf; **llover a chorros** (fig) pleuvoir des cordes.

chotearse *pron* se ficher de (burlarse).

chubasco 1 *m* averse. **2** (fig) contretemps transitoire.

chubasquero *m* ciré.

chucho, cha 1 *m* y *f* (fam) chien. ● **2** *m* *Cuba* aiguille, pointe. **3** *Cuba, Venez.* fouet (látigo). **4** *Amér.* frisson. **5** *Arg., Ur.* (fam) peur. **6** *Chile, R. de la Plata* fièvre paludéenne.

chufa *f* souchet comestible. **2** (fig, fam) gifle.

chulear 1 *tr* exploiter une prostituée. ● **2** *intr* y *pron* crâner (pavonearse). ● **3** *tr* y *pron* se payer la tête de.

chulería 1 *f* crânerie. **2** grâce piquante.

chuleta 1 *f* côte. **2** (fig) pompe, antisèche (para los exámenes). **3** (fig, fam) gifle. ● **4** *m* (fam) effronté (chulo).

chulo, la 1 *adj* (fam) joli. ● **2** *adj/m* y *f* effronté (que actúa con chulería). **3** *type des bas-fonds de Madrid*. ● **4** *m* maquereau, souteneur (rufián).

chupar 1 *tr* e *intr* sucer. **2** (fig, fam) absorber. **3** (fig, fam) sucer, soutirer. ● **4** ~**se** *pron* maigrir. ■ **¡chúpate esa!** (fam)

avale ça!; **estar chupado** (fam) être simple comme bonjour.

chupete 1 *m* sucette. **2** tétine (del biberón).

chupóptero, ra *m* y *f* (fam) cumulard.

churrería *f* commerce de beignets (tienda).

churrigueresco, ca 1 *adj* (fig) surchargé. **2** ARQ churrigueresque (estilo).

churro, rra 1 *adj* jarreux (lana del churro). ● **2** *m* beignet. **3** (fam) bousillage (chapuza). ● **4** *adj/m* y *f* ZOOL *sorte de mouton*.

churruscar *tr* y *pron* brûler.

chusma *f* vermine (gente).

chut o **chute 1** *m* (fam) shoot (de heroína). **2** DEP shoot.

cianuro *m* QUÍM cyanure.

ciberespacio *m* cyberespace.

cibernauta *m* o *f* cybernaute.

cibernética *f* cybernétique.

cicatriz *f* cicatrice.

cicatrización *f* cicatrisation.

cicatrizar *tr, intr* y *pron* cicatriser.

cícero *m* cícéro.

cíclico, ca *adj* cyclique.

ciclista *adj/m* o *f* cycliste.

ciclo 1 *m* cycle. **2** *Cuba* bicyclette. ◆ **~ lunar** cycle lunaire; **~ menstrual** cycle menstruel; **~ solar** cycle solaire.

ciclomotor *m* cyclomoteur.

ciclón *m* cyclone.

ciclópeo, a *adj* cyclopéen.

cicuta *f* cigüe (planta).

cidra *f* cédrat. ◆ **~ cayote** *Amér. Centr.* variété de courge.

ciego, ga 1 *adj/m* y *f* aveugle. ● **2** *adj* bouché (conducto). **3** (fig) aveuglé. ● **4** *m* (fig, fam) cuite (borrachera). ■ **a ciegas** à l'aveuglette (sin luz); en aveugle (sin reflexión).

cielo 1 *m* ciel. **2** (fig) (se usa también en *pl*) ciel (Dios o su providencia). ◆ **~ raso** faux plafond; ■ **a ~ abierto** à ciel ouvert; **bajado del ~** (fig, fam) prodigieux, excellent; **clamar al ~** (fig) crier au meurtre (pedir auxilio); **descargar el ~** pleuvoir, neiger o grêler; **desencapotarse el ~** (fig) s'éclaircir; **llovido del ~** (fig, fam) tombé du ciel; **mover ~ y tierra** (fig, fam) remuer ciel et terre; **venirse el ~ abajo** (fig, fam) y avoir un grand vacarme; **ver el ~ abierto** o **los cielos abiertos** (fig, fam) trouver le joint.

ciempiés *m* mille-pattes.
cien (*apócope de* ciento) *adj* cent. ■ al ~ por ~ à cent pour cent; ir a ~ être tout excité.

> La forma habitual del plural es *cieux*, aunque *ciels* se utiliza para referirse al tiempo: *cielo nublado = ciels nuageux*.

ciénaga *f* marécage.
ciencia *f* science. ◆ ~ ficción science-fiction; ~ infusa (irón) science infuse; ciencias exactas sciences exactes; ciencias experimentales sciences expérimentales; ciencias humanas sciences humaines; ciencias naturales sciences naturelles; ciencias ocultas sciences occultes; ciencias sociales sciences sociales; gaya ~ gai savoir; ■ a ~ cierta se usa generalmente con el vb *saber* de science certaine.
cieno *m* vase.
ciento 1 *adj* y *m* cent. 2 centième (centésimo). ● 3 *m* centaine (centena). ■ ~ y la madre grande foule.
cierre 1 *m* fermeture. 2 fermoir (de bolso o pulsera). 3 clôture (de congreso, sesión o bolsa). ◆ ~ del sistema INF clôture du système; ~ metálico rideau de fer.
cierto, ta 1 *adj* vrai. 2 (antecede al *adj*) certain (indica indeterminación): *después de un cierto tiempo = après un certain temps*. 3 sûr (seguro). ● 4 *adv* certainement. ■ por ~ certes; à propos.
ciervo *m* cerf. ◆ ~ volante cerf-volant (coleóptero).
cifra 1 *f* chiffre. 2 abréviation. ■ en ~ (fig) codé; en abrégé.
cifrado, da 1 *adj* chiffré (código). 2 codé (mensaje).
cifrar 1 *tr* chiffrer (escribir en cifra). ● 2 *tr* y *pron* (fig) résumer. ● 3 *tr* (~ en) mettre en.
cigala *f* langoustine.
cigarra *f* cigale.
cigarrero, ra 1 *m* y *f* fabricant de cigares. 2 buraliste (de tabaco).
cigarrillo *m* cigarette.
cigarro *m* cigare (puro). 2 (fam) cigarette (cigarrillo). ◆ ~ puro cigare.
cigüeña 1 *f* cigogne. 2 manivelle. 3 *sorte de tige en fer*.

cigüeñal 1 *m* chadouf. 2 MEC vilebrequin.
cilindrada *f* cylindrée.
cilíndrico, ca *adj* cylindrique.
cilindro *m* cylindre.
cilio *m* BIOL cil.
cima 1 *f* sommet. 2 cime (de árbol, de montaña). 3 (fig) fin; terme (de una obra).
cimentar 1 *tr* jeter les fondations de (un edificio). 2 cimenter (fijar, consolidar).
cimiento 1 *m* (se usa más en *pl*) fondations. 2 (fig) fondement. 3 (fig) origine. ■ echar los cimientos jeter les fondations.
cinabrio *m* MIN cinabre.
cinc *m* QUÍM zinc.
cincel *m* ciseau.
cincelar *tr* ciseler.
cincha *f* sangle.
cinco 1 *adj* y *m* cinq. ● 2 *adj* cinquième. ● 3 *m* Venez. guitare à cinq cordes.
cincuenta 1 *adj* y *m* cinquante. ● 2 *adj* cinquantième.
cincuentón, na *adj/m* y *f* quinquagénaire.
cine *m* cinéma. ◆ ~ de autor cinéma d'auteur; ■ de ~ (fam) du tonnerre.
cineasta *m* o *f* cinéaste.
cinematografía *f* cinématographie.
cinematografiar *tr* cinématographier.
cinematógrafo *m* cinématographe.
cínico, ca *adj/m* y *f* cynique.
cinismo *m* cynisme.
cinta 1 *f* ruban. 2 bande; film (vídeo, audio). 3 (fam) cassette. 4 ARQ filet. 5 MAR préceinte. ◆ ~ aislante ruban isolant; ~ de vídeo cassette vidéo; ~ magnetofónica bande magnétique; ~ métrica mètre à ruban; ~ transportadora transporteur.
cintura 1 *f* taille, ceinture. 2 ceinture (cinto). ■ meter a uno en ~ (fig, fam) faire entendre raison à qqn.
cinturón 1 *m* ceinture (de cuero, piel, etc.). 2 ceinturon (para espada o sable). 3 (fig) ceinture (de murallas, de alambrada, etc.). ◆ ~ de castidad ceinture de chasteté; ~ de seguridad ceinture de sécurité; ■ apretarse el ~ (fig) se serrer la ceinture.
ciprés *m* BOT cyprès.
circe *f* (fig) *femme rusée et trompeuse*.
circense *adj* du cirque.
circo *m* cirque. ◆ ~ taurino TAUROM arène.
circuito 1 *m* circuit. 2 ELECTR circuit. ◆ corto ~ court-circuit.

circulación 1 *f* circulation. **2** circulation, trafic routier. **3** ECON circulation. ◆ ~ de la sangre BIOL circulation du sang; ■ poner algo en ~ mettre qqch en circulation.

circular 1 *adj* circulaire. ● **2** *f* circulaire (carta).

circular 1 *intr* circuler. **2** (fig) circuler.

circulatorio, ria *adj* circulatoire.

círculo 1 *m* cercle. **2** cercle (casino, club). **3** cercle (agrupación). ◆ ~ polar cercle polaire; ~ vicioso (fig) cercle vicieux; ■ en ~ en cercle.

circuncidar *tr* circoncire.

circuncisión *f* circoncision.

circundar *tr* environner, entourer.

circunferencia *f* circonférence.

circunspección *f* circonspection.

circunspecto, ta *adj* circonspect.

circunstancia *f* circonstance. ◆ ~ agravante DER circonstance aggravante; ~ atenuante DER circonstance atténuante; ■ estar a la altura de las circunstancias être à la hauteur des circonstances; poner cara de circunstancias faire une tête de circonstance.

circunstancial *adj* circonstanciel.

circunvalación *f* circonvallation.

cirio 1 *m* cierge. **2** (fam) embrouillement.

cirrosis *f* MED cirrhose.

ciruela *f* prune. ◆ ~ claudia reine-claude.

ciruelo 1 *m* prunier. ● **2** *adj* y *m* (fig, fam) infichu, incapable.

cirugía *f* MED chirurgie. ◆ ~ estética *o* plástica chirurgie esthétique *o* plastique; ~ mayor MED grande chirurgie.

cirujano, na *m* y *f* chirurgien.

cisma *m* schisme.

cisne *m* cygne.

cister *o* **císter** *m* cîteaux.

cisterna 1 *f* citerne. **2** chasse d'eau (de un retrete o urinario).

cistitis *f* MED cystite.

cita 1 *f* rendez-vous. **2** citation (de una obra).

citación *f* DER citation.

citar 1 *tr* donner rendez-vous (a un paciente). **2** citer (un autor, una obra, etc.). **3** DER citer. ● **4** ~se *pron* prendre rendez-vous (con un profesor).

cítrico, ca 1 *adj* citrique. ● **2** cítricos *m pl* agrumes.

ciudad 1 *f* ville. **2** cité (obrera, universitaria). ◆ ~ dormitorio cité-dortoir; ~

jardín cité-jardin; ~ satélite ville satellite; ~ universitaria cité universitaire.

ciudadanía 1 *f* citoyenneté. **2** civisme.

ciudadano, na 1 *adj/m* y *f* citadin (de una ciudad). ● **2** *m* y *f* citoyen (de un estado).

ciudadela *f* citadelle.

cívico, ca *adj* civique; civil (ciudadano).

civil 1 *adj/m* o *f* civil. ● **2** *m* (fam) gendarme (guardia civil). ■ casarse por lo ~ se marier civilement.

civilización *f* civilisation.

civilizado, da *adj/m* y *f* civilisé.

civilizar *tr* y *pron* civiliser.

civismo 1 *m* civisme. **2** (fig) civisme, courtoisie.

cizalla 1 *f* cisaille (para cortar metal). **2** cisailles (para cartones y cartulinas).

cizaña 1 *f* (fig) zizanie. **2** BOT ivraie. ■ meter ~ (fig) semer la discorde.

clamar 1 *tr* clamer. ● **2** *intr* se récrier, crier. **3** (fig) réclamer.

clamor 1 *m* clameur. **2** acclamation. **3** gémissement (queja).

clan 1 *m* (desp) clan. **2** SOCIOL clan.

clandestino, na *adj* clandestin.

clara 1 *f* blanc de l'œuf. **2** bière panachée. **3** place dénudée (en la cabeza).

claraboya *f* lucarne.

clarear 1 *intr* poindre, se lever (el día). **2** s'éclaircir (el cielo, el día). **3** (fig) *Méx.* transpercer. ● **4** *tr* e *intr* éclairer.

claridad *f* clarté. ■ con ~ clairement; de una ~ meridiana (fig) clair comme le jour.

clarificar 1 *tr* éclairer: *clarificar la estancia = éclairer la pièce*. **2** clarifier (un líquido). **3** (fig) éclaircir (aclarar).

clarinete 1 *m* clarinette (instrumento). ● **2** *m* o *f* clarinettiste (instrumentista).

clarividencia *f* clairvoyance.

clarividente *adj/m* o *f* clairvoyant.

claro, ra 1 *adj* clair. **2** clairsemé. ● **3** *m* ouverture. **4** clair. ● **5** *adv* clairement. ● **6** ¡claro! o ¡claro está! *interj* bien sûr! évidemment! ◆ ~ de luna clair de lune; ■ ~ que sí, ~ que no mais oui, mais non; poner en ~ tirer au clair; sacar en ~ tirer au clair; ver ~ voir clair.

claroscuro *m* clair-obscur.

clase 1 *f* classe. **2** cours. **3** leçon (lección diaria). **4** (fig) genre. **5** (fig) sorte. **6** (fig) classe: *tener clase = avoir de la classe*. **7** BOT, ZOOL classe. ◆ ~ social classe sociale; ~ turista classe touriste; **clases de recuperación** cours de rattrapage; **primera ~** première classe; ■ **dar ~** donner des cours; prendre un cours (el alumno).

clásico, ca 1 *adj/m* y *f* classique. ● **2** *adj* (fig) classique (típico).

clasificación 1 *f* classification. **2** classement (orden).

clasificar 1 *tr* classer. **2** trier (cartas). **3** INF classifier. ● **4** ~**se** *pron* se qualifier.

claudicar *intr* (fig) céder.

claustro 1 *m* cloître (de un convento). **2** assemblée, réunion (de profesores). **3** conseil des professeurs. **4** assemblée des professeurs (junta). ◆ ~ **materno** ANAT matrice.

claustrofobia *f* claustrophobie.

cláusula 1 *f* DER clause (de un contrato). **2** GRAM phrase. ◆ ~ **adicional** additif.

clausura 1 *f* clôture (en los conventos). **2** clôture (de un evento). **3** *Amér.* fermeture (de un local o edificio).

clausurar 1 *tr* clore, clôturer (un congreso, sesión, etc.). **2** fermer (un local o edificio).

clavar 1 *tr* y *pron* enfoncer (algo puntiagudo). ● **2** *tr* clouer (con clavos). **3** (fig) fixer (la mirada); braquer (la atención). **4** (fig, fam) arnaquer.

clave 1 *adj* clef. ● **2** *f* chiffre (de un texto cifrado). **3** livre du maître. **4** (fig) clef. **5** ARQ, MÚS clef. ● **6** *m* MÚS clavecin. ■ **en ~** en code.

clavel *m* œillet.

clavetear *tr* clouter.

clavicémbalo *m* MÚS clavecin.

clavicordio *m* MÚS clavicorde.

clavícula *f* clavicule.

clavija 1 *f* cheville (de madera o metal). **2** ELEC fiche (eléctrica o telefónica). ■ **apretarle las clavijas a uno** (fig, fam) serrer la vis à qqn.

clavo 1 *m* clou. **2** clou de girofle (especia). **3** (fig) douleur poignante. **4** *Hond.*, *Méx.* filon riche (veta rica). ■ **agarrarse a un ~ ardiendo** (fig, fam) saisir n'importe quelle planche de salut; **dar en el ~** (fig, fam) tomber juste.

claxon *m* klaxon. ■ **tocar el ~** klaxonner.

clemencia *f* clémence.

clementina *f* clémentine.

cleptomanía *f* cleptomanie.

cleptómano, na *adj/m* y *f* cleptomane.

clérigo *m* clerc.

clero *m* clergé. ◆ ~ **regular** clergé régulier; ~ **secular** clergé séculier.

cliché 1 *m* (fig) cliché. **2** FOT cliché.

cliente, ta *m* y *f* client.

clientela *f* clientèle.

clima 1 *m* climat. **2** (fig) climat.

climatizado, da *adj* climatisé.

climatizar *tr* climatiser.

climatología *f* climatologie.

clímax 1 *m* climax. **2** orgasme. **3** ECOL climax.

clínica 1 *f* clinique (hospital privado). **2** clinique (enseñanza).

clínico, ca 1 *adj/m* y *f* clinique. ● **2** *m* clinique (hospital clínico). ● **3** *m* y *f* clinicien.

clip o **clipe 1** *m* clip (joya). **2** attache (para papeles). **3** clip (videoclip). **4** barrette (para el pelo).

clisé *m* FOT cliché.

clítoris *m* ANAT clitoris.

cloaca 1 *f* cloaque; égout (para lluvia). **2** (fig) cloaque.

clon *m* BIOL clone.

clorhídrico, ca *adj* QUÍM chlorhydrique (ácido).

cloro *m* QUÍM chlore.

clorofila *f* BOT chlorophylle.

cloroformo *m* QUÍM chloroforme.

cloruro *m* QUÍM chlorure. ◆ ~ **de sodio** QUÍM chlorure de sodium.

clown *m* clown (payaso).

club o **clube 1** *m* club. **2** boîte (de noche).

coacción 1 *f* contrainte (violencia). **2** DER contrainte. **3** BIOL *interaction entre deux espèces.*

coaccionar *tr* contraindre.

coactivo, va *adj* coercitif.

coadyuvar *tr* aider, contribuer.

coagular *tr* y *pron* coaguler.

coalición *f* coalition.

coartada *f* alibi.

coautor, ra *m* y *f* coauteur.

coaxial 1 *adj* GEOM, MEC coaxial. ● **2** *m* coaxial (cable).

cobarde *adj/m* o *f* lâche.

cobardía *f* lâcheté.

cobaya *f* cobaye.

cobertizo 1 *m* auvent (tejado). **2** abri (refugio).

cobertor 1 *m* dessus-de-lit (colcha). **2** couverture de lit (manta).

cobertura *f* couverture.

cobija 1 *f* couverture. 2 *Amér.* couverture de lit. 3 *Cuba* toit de chaume.

cobijar 1 *tr* e *pron* abriter (cubrir). 2 protéger (proteger). 3 (fig) héberger (albergar). 4 (fig) couver (alimentar).

cobijo 1 *m* abri (refugio). 2 hébergement (alojamiento). 3 accueil (acogida). 4 protection.

cobra 1 *f* courroie d'attelage (coyunda). 2 cobra (serpiente).

cobrador, ra 1 *m* y *f* encaisseur (de recibos, cuotas, etc.). 2 receveur (en transportes públicos).

cobrar 1 *tr* e *intr* toucher (un sueldo); être payé; encaisser (un cheque, una deuda); prendre. ● 2 *tr* reprendre (recuperar). 3 prendre. 4 acquérir, prendre. 5 (fam) récolter. 6 rapporter (reses muertas). ● 7 ~se *pron* remporter.

cobre 1 *m* QUÍM cuivre. ● 2 cobres *m pl* MÚS cuivres (instrumentos de viento). ■ batir el ~ (fig, fam) mener une affaire avec efficacité.

cobrizo, za *adj* cuivré.

cobro *m* paye, encaissement. ■ a ~ revertido en PCV.

coca 1 *f* cocaïer (arbusto). 2 coca (hoja). 3 baie (baya). 4 coque. 5 calotte (coscorrón, golpe). 6 (fam) cocaïne. 7 (fam) boule. ■ de ~ *Amér.* gratis.

cocaína *f* cocaïne.

cóccix *m* ANAT coccyx.

cocear 1 *intr* ruer. 2 (fig, fam) regimber, se rebiffer.

cocer 1 *tr* cuire, faire cuire. ● 2 *intr* cuire, fermenter (un líquido). 3 bouillir (hervir). ● 4 ~se *pron* mijoter (tramarse). 5 (fig) cuire (sentir mucho calor).

coche 1 *m* voiture (automóvil, de caballos). 2 voiture, wagon. 3 cochon. ● ~ bomba voiture piégée; ~ cama wagon-lit; ~ de alquiler voiture de location; ~ de bomberos voiture de pompiers; ~ de carreras voiture de course; ~ de línea autocar, car; ~ fúnebre corbillard; ~ patrulla véhicule de patrouille.

cochera 1 *adj* cochère (puerta). ● 2 *f* garage (para coches); dépôt (para autobuses).

cochero, ra 1 *adj* qui cuit facilement. ● 2 *m* cocher.

cochino, na 1 *m* y *f* cochon. ● 2 *adj/m* y *f* (fig, fam) cochon, sale (sucio, desaseado). 3 (fig, fam) cochon, misérable.

cocido *m* pot-au-feu.

cociente *m* MAT quotient. ● ~ intelectual quotient intellectuel.

cocimiento 1 *m* cuisson (cocción). 2 décoction (tisana, líquido medicinal).

cocina 1 *f* cuisine (lugar). 2 cuisinière (aparato). 3 (fig) cuisine. ● ~ casera cuisine maison; ~ económica cuisinière; ~ eléctrica cuisinière électrique.

cocinar 1 *tr* e *intr* cuisiner, faire la cuisine. ● 2 *intr* y *tr* (fig) régler (un asunto). ● 3 *intr* (fam) se mêler des affaires d'autrui.

cocinería *f* Chile, Perú restaurant.

coco 1 *m* cocotier (árbol). 2 noix de coco (fruto). 3 (fig, fam) boule (cabeza). 4 el ~ le grand méchant loup. ■ comer el ~ (fig, fam) prendre la tête; comerse el ~ (fig, fam) se prendre la tête.

cocodrilo *m* crocodile.

cocotero *m* cocotier.

cóctel o **coctel** *m* cocktail (bebida, reunión). ● ~ molotov cocktail molotov.

codear 1 *tr* Amér. Merid. quémander. ● 2 *intr* jouer des coudes. ● 3 ~se *pron* (fig) coudoyer, côtoyer; se coudoyer.

códice *m* codex, manuscrit ancien.

codicia 1 *f* cupidité (de riquezas materiales). 2 (fig) convoitise (envidia). 3 (fig) soif (deseo violento).

codificar 1 *tr* coder (un mensaje). 2 DER codifier. 3 INF encoder.

código *m* code. ● ~ civil code civil; ~ de barras code (à) barres; ~ de circulación code de la route; ~ genético code génétique; ~ penal code pénal; ~ postal code postal; ~ de señales MAR code de signaux.

codillo 1 *m* coude, épaule (en los animales). 2 GAST épaule.

codo 1 *m* coude. 2 tuyau coudé (tubo acodado). 3 coudée (medida). ● ~ con ~ coude à coude; alzar o empinar el ~ (fig, fam) lever le coude.

codo, da *adj* Guat., Méx. ladre, avare; mesquin.

codorniz *f* caille (ave).

coeficiente 1 *m* FÍS, QUÍM, MAT coefficient. 2 ECON ratio, coefficient. ● ~ intelectual quotient intellectuel.

coetáneo, a *adj/m* y *f* contemporain.

coexistir *intr* coexister.

cofia *f* coiffe (especie de gorra).

cofradía 1 *f* confrérie (hermandad religiosa). 2 association (asociación).

cofre 1 *m* coffre. **2** *Amér.* capot (del coche).

coger 1 *tr* y *pron* prendre; saisir (agarrar). • **2** *tr* cueillir (frutos). **3** prendre, occuper (espacio). **4** ramasser (un objeto caído). **5** attraper (la pelota). **6** surprendre (sorprender).

cogida 1 *f* (fam) cueillette (cosecha de frutos). **2** TAUROM (fam) coup de corne.

cognición *f* cognition, connaissance.

cogollo 1 *m* cœur (de la lechuga, la berza, etc.). **2** bourgeon (d'un árbol). **3** (fig) cœur (de un asunto). **4** *Amér.* extrémité de la canne à sucre.

cogorza *f* (fam) cuite.

cogote *m* nuque. ■ **estar hasta el ~** (fig, fam) être jusqu'au cou; **ser tieso de ~** (fig, fam) être prétentieux.

cohabitación *f* cohabitation.

cohabitar *tr* e *intr* cohabiter.

cohecho 1 *m* subornation. **2** AGR époque du dernier labour.

coherencia 1 *f* cohérence. **2** FÍS cohésion.

coherente *adj* cohérent.

cohesión *f* cohésion.

cohete 1 *m* fusée: *cohete espacial* = *fusée spatiale*. **2** *Méx.* mine (barreno o cartucho). **3** *Méx.* confusion, imbroglio (enredo). • **4** *adj* m o *f Méx.* ivrogne. ■ **al ~** *Arg., Ur.* en vain.

cohibir 1 *tr* y *pron* réprimer, retenir. **2** intimider.

coincidir 1 *intr* coïncider. **2** se rencontrer. **3** être d'accord (en ideas).

coito *m* coït.

cojear 1 *intr* boiter (las personas). **2** être bancal (los muebles). **3** (fig, fam) agir mal (obrar mal). **4** (fig, fam) clocher (un razonamiento, una idea).

cojín *m* coussin.

cojinete 1 *m* coussinet (para coser). **2** MEC coussinet, palier (de ferrocarril, de rodamiento, etc.).

cojo, ja 1 *adj/m* y *f* boiteux (persona). • **2** *adj* bancal (mueble). ■ **andar a la pata coja** marcher à cloche-pied.

col *f* chou. ◆ **~ de Bruselas** chou de Bruxelles.

Chou es una palabra que no sigue las reglas de formación del plural, sino que lo hace de modo irregular: **choux**.

cola 1 *f* queue. **2** traîne (de un vestido). **3** colle (substancia gelatinosa). **4** queue de cheval (peinado); ■ **a la ~** (fig, fam) à la queue, derrière; **hacer ~** (fig, fam) faire la queue; **tener o traer ~** (fig, fam) avoir des suites; **no pegar ni con ~** (fig, fam) ne rien avoir à voir.

colaborar *intr* collaborer.

colación *f* collation. ■ **sacar o traer a ~** ressortir.

colada 1 *f* lessive. **2** gorge (paso entre montañas). **3** coulée (de lava). **4** filtrage (filtrado).

colador *m* passoire. ■ **tener más agujeros que un ~** être troué comme une écumoire.

colapso 1 *m* (fig) embouteillage (de la circulación). **2** (fig) effondrement (en la producción). **3** MED collapsus.

colar 1 *tr* passer, filtrer (un líquido). **2** couler (los metales). **3** (fam) refiler (pasar algo falso). • **4** *intr* passer (por un lugar estrecho). **5** (fam) prendre (una mentira). • **6** ~se *pron* se faufiler; resquiller (en una cola). **7** (fam) se gourer (equivocarse). **8** (fam) faire une gaffe (meter la pata). **9** (fam) (~se *por*) s'amouracher de. ■ **por si cuela** pour voir si ça prend.

colateral *adj/m* o *f* collatéral.

colcha *f* couvre-lit, dessus-de-lit.

colchón *m* matelas. ◆ **~ de aire** TEC coussin d'air.

colchoneta 1 *f* matelas étroit (colchón estrecho); matelas pneumatique (inflable). **2** coussin (cojín). ◆ **~ de aire** TEC coussin d'air.

colear 1 *tr Amér.* renverser un taureau en le prenant par la queue. • **2** *intr* remuer la queue. **3** (fig, fam) durer, continuer, ne pas être fini (un asunto). ■ **estar vivito y coleando** (fam) être plus vivant que jamais.

colección *f* collection.

coleccionable 1 *adj* détachable. • **2** *m* supplément détachable.

colecta *f* collecte.

colectividad *f* collectivité.

colectivo, va 1 *adj* y m collectif. • **2** *m* Arg., Bol., Perú* microbus.

colector, ra 1 *adj/m* y *f* collecteur (recaudador). • **2** *m* collecteur, égout (alcantarilla principal). **3** ELEC collecteur.

colega 1 *m* o *f* collègue; confrère (iglesia, corporación, etc.). **2** POL homologue. **3** (fam) copain (amigo).

colegial, la 1 *m* y *f* écolier, lycéen. **2** (fam) jeune inexpérimenté.

colegiarse *pron* s'inscrire dans une corporation.

colegio 1 *m* collège. **2** école (escuela). **3** ordre (de abogados, médicos, etc.). **4** corporation (corporación). ◆ ~ **cardenalicio** sacré collège; ~ **electoral** collège électoral; ~ **mayor** résidence universitaire.

cólera 1 *f* bile (bilis). **2** (fig) colère (ira, enojo). ● **3** *m* MED choléra. ■ **montar en** ~ s'emporter, se mettre en colère.

colesterol *m* BIOL cholestérol.

coleta 1 *f* natte, tresse (de pelo trenzado). **2** queue (de pelo sin trenzar). **3** (fig, fam) addition, appendice. **4** TAUROM petite natte.

coletilla 1 *f* (fig) addition, appendice. **2** (fig) leitmotiv, répétition.

colgado, da 1 *adj* suspendu; pendu. **2** (fam) frustré, déçu. ● **3** *adj/m* y *f* (fam) défoncé (de una droga).

colgante 1 *adj* pendant, suspendu. ● **2** *m* pendeloque, bijou. **3** ARQ feston.

colgar 1 *tr* pendre, suspendre. **2** tapisser, orner. **3** abandonner, renoncer (una profesión o actividad). **4** (fig) attribuer, imputer. ● **5** *tr* e *intr* raccrocher (teléfono). ● **6** *tr* y *pron* suspendre. **7** (fig, fam) pendre (ahorcar). ● **8** *intr* pendre à; être suspendu de. ● **9** ~**se** *pron* (~se de) se pendre à; acquérir une dépendance de. **10** INF se bloquer.

colibrí *m* colibri.

cólico, ca 1 *adj* y *m* colique. ◆ ~ **hepático** o **biliar** colique hépatique; ~ **miserere** colique de miséréré; ~ **nefrítico** o **renal** colique néphrétique.

coliflor *f* chou-fleur.

colilla *f* mégot.

colina *f* colline.

colindante 1 *adj* limitrophe. **2** contigu, voisin.

colirio *m* MED collyre.

coliseo 1 *m* colisée. **2** *Ecuad.* grand stade fermé.

colisión 1 *f* collision. **2** (fig) choc (de ideas, principios, etc.).

collage *m* collage.

collar 1 *m* collier. **2** chaîne (insignia, condecoración). **3** MEC collier, étrier.

collie *m* colley (perro pastor escocés).

colmado, da 1 *adj* comblé, abondant, rempli. ● **2** *m* épicerie.

colmar 1 *tr* remplir à ras de bord. **2** combler. ● **3** *tr* y *pron* satisfaire pleinement.

colmena *f* ruche.

colmillo 1 *m* canine. **2** défense (de elefante). **3** croc (de perro). ■ **enseñar uno los colmillos** (fig, fam) montrer les dents; **tener el** ~ **retorcido** (fig, fam) être un vieux renard o rusé.

colmo 1 *m* chaume. **2** (fig, fam) comble. ■ **ser una cosa el** ~ être le comble.

colocar 1 *tr* y *pron* placer; poser, mettre. ● **2** *tr* placer (dinero). **3** trouver du marché, positionner (un producto). ● **4** *tr* y *pron* (fig) trouver du travail. **5** (fig, fam) se défoncer (tomar drogas).

Colombia *f* Colombie.

colombiano, na 1 *adj* colombien. ● **2** *m* y *f* Colombien.

colon *m* ANAT côlon.

colonia 1 *f* colonie. **2** ensemble urbain, lotissement; quartier, cité. **3** eau de cologne. **4** BIOL colonie.

colonialismo *m* colonialisme.

colonizar *tr* coloniser.

colono 1 *m* colon. **2** fermier, colon (labrador).

coloquio 1 *m* colloque, conversation. **2** LIT dialogue. **3** *Col.* saynete.

color 1 *m* couleur. **2** couleur, teinture (sustancia). **3** maquillage, fard, rouge à lèvres (artificial). ● **4** **colores** *m pl* couleurs (de un equipo, país, etc.). ■ **de** ~ de couleur (ropa, personas); **en** ~ en couleurs; **mudar de** ~ (fam) changer de couleur; **no haber** o **no tener** ~ (fig, fam) être très ennuyant; être sans comparaison; **ponerse de mil colores** (fig, fam) passer par toutes les couleurs; **sacar a uno los colores** (fig) faire rougir qqn.

coloración *f* coloration.

colorado, da 1 *adj* coloré. **2** rouge, rougeâtre. ● **3** *m* rouge.

colorear 1 *tr* colorer, colorier. ● **2** *intr* rougir, commencer à mûrir (fruta). ● **3** *intr* y *pron* tendre vers le rouge.

colorete *m* rouge, fard.

colorido 1 *m* coloris. **2** (fig) couleur (carácter peculiar).

colosal 1 *adj* colossal. **2** (fig) de taille o importance colossale. **3** (fig, fam) extraordinaire, formidable.

coloso 1 *m* colosse. **2** (fig) géant.

columna 1 *f* colonne. 2 pilier. 3 (fig) appui, pilier (persona). 4 FÍS, MIL colonne. ♦ ~ **vertebral** ANAT colonne vertébrale; **quinta** ~ cinquième colonne.

columnata *f* colonnade.

columpiar 1 *tr* y *pron* balancer. ● 2 ~se *pron* (fig, fam) ne pas se décider. 3 (fig, fam) se tromper, se gourer.

columpio 1 *m* escarpolette. 2 *Cuba* fauteuil à bascule.

coma 1 *f* virgule. 2 MÚS comma (intervalo). ● 3 *m* MED coma.

comadre 1 *f* marraine; commère. 2 (fam) entremetteuse (alcahueta). 3 (fam) commère (vecina y amiga).

comadreja *f* ZOOL belette.

comadrona *f* sage-femme, accoucheuse.

comandancia *f* MIL commandement. ♦ ~ **de marina** commandement de la marine.

comandante 1 *m* o *f* commandant. 2 commandant de bord (piloto).

comandar *tr* MIL commander.

comando 1 *m* INF ordre. 2 MIL commando.

comarca *f* contrée, région.

comba 1 *f* courbure, cambrure. 2 corde (juego y cuerda). ■ **saltar a la** ~ sauter à la corde.

combate 1 *m* combat. 2 (fig) agitation, contradiction. ■ **fuera de** ~ hors de combat.

combatiente 1 *adj*/*m* o *f* combattant. ● 2 *m* ZOOL combattant.

combatir 1 *tr*, *intr* y *pron* combattre (acometer). ● 2 *tr* (fig) battre, frapper. 3 (fig) s'attaquer à, combattre.

combativo, va *adj* combatif.

combinación 1 *f* combinaison. 2 cocktail (cóctel).

combinado, da 1 *adj* y *m* combiné. ● 2 *m* cocktail. 3 *Cuba* combinat (industrial). ● 4 *f* DEP combiné (esquí). ♦ **combinada alpina** DEP combiné alpin (esquí); **combinada nórdica** DEP combiné nordique (esquí).

combinar 1 *tr* combiner. 2 (fig) concerter. ● 3 *tr* y *pron* (fig) armoniser; assortir. 4 QUÍM combiner.

combustible *adj* y *m* combustible.

combustión *f* combustion. ♦ ~ **espontánea** combustion spontanée.

comedia *f* comédie. ♦ ~ **de capa y espada** comédie de cape et d'épée; ~ **de enredo** comédie d'intrigue; ~ **musical** comédie musicale; ■ **hacer** ~ (fig, fam) jouer la comédie.

comediante, ta *m* y *f* comédien.

comedido, da *adj* modéré, prudent; courtois, poli.

comedirse 1 *pron* se modérer, se contenir. 2 *Amér.* s'offrir, se disposer.

comedor, ra 1 *adj* mangeur. ● 2 *m* salle à manger (pieza y mobiliario). 3 restaurant, cantine.

comendador *m* commandeur.

comensal 1 *m* o *f* convive. ● 2 *adj* y *m* BIOL commensal.

comentario *m* commentaire.

comentarista *m* o *f* commentateur.

comenzar *tr* e *intr* commencer: *comenzar un trabajo* = *commencer un travail*.

comer 1 *tr* e *intr* manger. ● 2 *tr* (fig) démanger (física o moralmente). 3 (fig) ronger, user. 4 (fig) prendre (en ajedrez o damas). 5 manger, faire passer (color). ● 6 *intr* déjeuner. ● 7 ~se *pron* manger, sauter, omettre. 8 porter des chaussettes *o* des collants rétrécis. ■ ~ **y callar** obéir à celui qui nourrit; **sin** ~**lo ni beberlo** (fig, fam) sans y être pour rien.

comercial 1 *adj* commercial. ● 2 *m* o *f* commerçant. ● 3 *m* annonce publicitaire (de televisión, radio).

comercializar *tr* commercialiser.

comerciar 1 *tr* faire le commerce, commercer. 2 (fig) traiter les uns avec les autres.

comercio *m* commerce. ♦ ~ **al por mayor** commerce de gros; ~ **al por menor** commerce de détail; ~ **exterior** commerce extérieur; ~ **interior** commerce intérieur.

comestible 1 *adj* comestible. ● 2 *m* (se usa más en *pl*) aliment, nourriture.

cometa 1 *m* comète. ● 2 *f* cerf-volant (juguete).

cometer 1 *tr* commettre. 2 GRAM, RET faire, employer.

cometido *m* tâche, mission.

cómic *m* bande dessinée.

comicios *m pl* comices.

cómico, ca 1 *adj* comique. ● 2 *m* y *f* comédien.

comida 1 *f* repas. 2 nourriture (alimento). 3 déjeuner (almuerzo).

comidilla *f* (fig, fam) sujet de conversation, fable.

comienzo *m* commencement, début.

comillas *f pl* guillemets.

comilón, na 1 adj/m y f (fam) glouton. • **2** f (fam) ripaille, gueuleton.

comino 1 m cumin. **2** (fig, fam) personne de petite taille, enfant. ■ **no valer un ~** (fig, fam) ne pas valoir tripette.

comisaría 1 f commissariat. **2** Amér. territoire administré par un commissaire.

comisario, ria 1 m y f commissaire. **2** Amér. inspecteur de police. ◆ **~ de policía** commissaire de police.

comisión 1 f accomplissement. **2** commission.

comisionado, da 1 adj mandaté. • **2** m y f mandataire.

comisura f commissure.

comité m comité. ◆ **~ de empresa** comité d'entreprise.

comitiva f cortège.

como 1 adv comme (modo): come como su padre = il mange comme son père; comment (manière). **2** comme (comparaison); que. **3** comme, selon (conforme): funciona como explica en las intrucciones = ça marche selon il est expliqué dans les instructions. **4** comme, en tant que, à titre de (en calidad de). **5** ainsi, alors (así que). • **6** conj que (copulativa): pensará como me fui sin él = il pensera que je suis partie sans lui. **7** si (condicional): como no me llame, ¡verá! = s'il ne m'appelle pas, gare à lui! **8** comme (causal, temporal): como no la oía, se asustó = comme il ne l'entendait pas, il a eu peur, como era tarde, se durmió = comme il était tard, il s'endormit. **9** **~ + si + subj** comme si + indicatif. **10** **~ + para + inf** au point de + inf. ■ **así ~, tan pronto ~** dès que, aussitôt que.

cómo 1 m comment: lo hizo, el cómo no lo sé = il l'a fait, le comment je ne sais pas. • **2** ¡cómo! interj comment!

cómoda f commode (mueble).

comodidad 1 f commodité. **2** (se usa más en pl) confort; commodités, aises. **3** avantage (ventaja). **4** intérêt.

comodín 1 m jocker. **2** (fig) bouche-trou (persona); passe-partout (cosa, palabra). • **3** adj y m Amér. qui prend à son aise.

cómodo, da adj confortable; commode; facile.

compacto, ta 1 adj compact. • **2** adj y m MÚS compact.

compadecer tr y pron compatir à; plaindre, avoir pitié de.

compadre 1 m parrain. **2** compère, copain (amigo). • **3** adj y m Arg. fanfaron.

compaginar 1 tr y pron assembler, réunir. **2** (fig) concilier, harmoniser.

compañerismo m camaraderie.

compañero, ra 1 m y f compagnon (del colegio). **2** camarade (de colegio); collègue (de trabajo). ◆ **~ de equipo** coéquipier; **~ de viaje** compagnon de voyage.

compañía 1 f compagnie. **2** troupe, compagnie (de teatro, danza, etc.). **3** ECON firme, société. **4** MIL compagnie. ◆ **~ de Jesús** Compagnie de Jésus.

comparación 1 f comparaison. **2** RET comparaison (figura). ■ **en ~ con** par rapport à; **sin ~** de loin.

comparar 1 tr comparer. **2** confronter, comparer (cotejar); collationner.

comparecencia f DER comparution.

comparecer 1 intr se présenter. **2** DER comparaître.

comparsa 1 f mascarade (en carnaval, fiestas, etc.). **2** TEAT figuration. • **3** m o f (fig) figurant, potiche.

compartimento o **compartimiento** m compartiment. ◆ **~ estanco** MAR compartiment étanche.

compartir tr partager.

compás 1 m compas. **2** MAR compas, boussole. **3** MÚS mesure, rythme; compas. ◆ **~ de espera** MÚS mesure d'arrêt; ■ **llevar el ~** tenir le rythme; **perder el ~** perdre le rythme.

compasión f compassion, pitié.

compatible 1 adj compatible. **2** INF compatible.

compatriota m o f compatriote.

compeler tr contraindre; pousser.

compendio 1 m résumé, abrégé; compendium. ■ **en ~** en abrégé.

compenetrarse 1 pron se pénétrer (las partículas). **2** (fig) se compléter (personas).

compensación 1 f compensation. **2** dédommagement (indemnización). **3** MED compensation. ■ **en ~** en échange; en revanche.

compensar 1 tr, intr y pron compenser; payer. • **2** tr y pron dédommager. • **3** intr valoir la peine.

competencia 1 f concurrence (rivalidad). **2** domaine, compétence, ressort. **3** attribution. **4** ECON concurrence. **5** Amér. DEP compétition.

competente 1 *adj* approprié, convenable. **2** compétent. **3** apte.

competición 1 *f* concurrence (competencia). **2** DEP compétition.

competir 1 *intr* concourir, être en compétence; rivaliser. **2** concurrencer, faire concurrence à.

competitivo, va 1 *adj* compétitif. **2** concurrentiel (en competencia).

compilador, ra 1 *adj/m* y *f* de compilation, compilateur. ● **2** *adj* y *m* INF compilateur.

compilar 1 *tr* compiler. **2** INF compiler.

compinche *m* o *f* (fam) copain, ami.

complacer 1 *tr* plaire, complaire. **2** rendre service, être agréable. ● **3** ~se *pron* se complaire; avoir plaisir à.

complejo, ja 1 *adj* complexe. ● **2** *m* complexe (industrial, de edificios). **3** PSIC complexe: *complejo de Edipo = complexe d'Œdipe.*

complementario, ria *adj* complémentaire.

complemento 1 *m* complément. **2** GEOM, GRAM complément.

completar *tr* compléter.

completo, ta *adj* complet.

complexión *f* constitution, complexion.

complicación *f* complication.

complicar 1 *tr* y *pron* compliquer. ● **2** *tr* mélanger, mêler (mezclar, inmiscuir).

cómplice *m* o *f* complice.

complot o **compló** *m* (fam) complot.

componedor, ra 1 *m* y *f* compositeur. ● **2** *m* compositeur (artes gráficas). **3** *Amér.* guérisseur.

componente *adj* y *m* composant; membre.

componer 1 *tr* y *pron* composer. ● **2** *tr* arranger (algo roto). **3** décorer, orner. **4** modérer, corriger. **5** (fam) remettre, retaper (reforzar). **6** ART, LIT composer: *componer música = composer de la musique.* **7** *Amér.* remettre en place (huesos). **8** *Arg.* préparer, entraîner (caballos o gallos). **9** *Chile, Méx.* châtrer. ● **10** *tr* y *pron* arranger, parer, pomponner (una persona). **11** réconcilier, arranger.

comportamiento *m* conduite, comportement.

comportar 1 *tr* comporter, comprendre. ● **2** ~se *pron* se conduire, se comporter.

composición *f* composition. ■ **hacer** o **hacerse ~ de lugar** (fig) se faire une idée de la situation pour tracer un plan.

compositor, ra 1 *adj/m* y *f* qui compose. ● **2** *m* y *f* MÚS compositeur.

compostura 1 *f* composition. **2** réparation. **3** toilette, parure, maintien (aspecto físico). **4** retenue, circonspection (en comportamiento).

compota *f* compote.

compra *f* achat. ◆ ~ **a plazos** achat à terme; ■ **hacer la** ~ faire son marché.

comprador, ra *m* y *f* acheteur.

comprar *tr* acheter.

comprender *tr* y *pron* comprendre.

comprensión 1 *f* compréhension. **2** intelligence.

comprensivo, va *adj* compréhensif.

compresa 1 *f* compresse. **2** serviette périodique o hygiénique (para flujo menstrual).

compresible *adj* compressible.

compresión 1 *f* compression. **2** GRAM synérèse.

compresor, ra *adj/m* y *f* compresseur.

comprimido, da *adj* y *m* comprimé.

comprimir 1 *tr* y *pron* comprimer. **2** (fig) réprimer, retenir.

comprobante 1 *adj* probant. ● **2** *m* preuve, reçu.

comprobar *tr* vérifier.

comprometedor, ra *adj/m* y *f* compromettant.

comprometer 1 *tr* y *pron* impliquer, engager (a alguien). **2** compromettre (exponer a un riesgo).

compromisario, ria 1 *adj* arbitre, responsable. ● **2** *m* y *f* représentant, délégué.

compromiso 1 *m* compromis, accomodement (convenio). **2** engagement (obligación). **3** embarras, difficulté. ■ **de** ~ par obligation o nécessité o éducation; **estar** o **poner en** ~ mettre en question o dans l'embarras; **sin** ~ sans engagement; sans fiancé.

compuerta *f* vanne, porte.

compuesto, ta 1 *adj* y *m* composé. ● **2** *adj* ARQ composite. ● **3 compuestas** *f pl* BOT composées, composacées.

compulsa *f* DER copie conforme.

compulsar 1 *tr* compulser; confronter, collationner. **2** faire des copies conforme de. **3** *Amér.* obliger, contraindre.

compulsión *f* DER contrainte.

compungido, da *adj* contrit, affligé.

computación 1 *f* calcul, computation. **2** *Amér.* informatique.

computador, ra **1** *adj/m* y *f* calculateur. ● **2** *m* y *f* calculateur, calculatrice (*f*) (máquina). **3** *Amér.* (se usa más en *f*) ordinateur.

computar **1** *tr* computer, calculer (calcular). **2** prendre en compte.

cómputo *m* calcul, computation. ◆ ~ eclesiástico comput.

comulgar **1** *tr* e *intr* (fig) partager, coïncider (con ideas, sentimientos). **2** REL communier, donner la communion.

común **1** *adj* commun. ● **2** *m* communauté. **3** cabinet. ■ el ~ de las gentes le commun des gens; en ~ en commun; por lo ~ en général.

comuna **1** *f* communauté (al margen de las convenciones sociales). **2** *Amér.* commune, municipe.

comunicación **1** *f* communication. **2** correspondance. **3** relation, rapport. ● **4** comunicaciones *f pl* postes, télégraphes, téléphones.

comunicado *m* communiqué, déclaration (nota, informe).

comunicar **1** *tr* y *pron* communiquer. ● **2** *tr* consulter.

comunicativo, va *adj* communicatif.

comunidad **1** *f* communauté. ● **2** comunidades *f pl* HIST *mouvement révolutionnaire en Castille.* ◆ ~ autónoma communauté autonome; ~ de bienes communauté de biens; ~ de vecinos association de voisins.

comunión *f* communion.

comunismo *m* communisme.

comunista *adj/m* o *f* communiste.

comunitario, ria *adj* communautaire.

con **1** *prep* avec, grâce à. **2** bien que: *con lo grande que es y no cabemos todos* = *bien qu'il soit très grand on ne rentre pas tous.* **3** avec, en compagnie de. **4** con + inf gérondif: *con andar ya está bien* = *en marchant c'est suffisant.* ■ ~ que du moment que: *me contento con que no grite* = *du moment qu'il ne crie pas, je suis content.*

Cuando expresa una actitud o una forma de comportarse no suele traducirse: *ir con las manos en los bolsillos* = *aller les mains dans les poches.*

conato **1** *m* effort (empeño). **2** tendance, penchant. **3** début, tentative. **4** DER tentative (de delito).

concatenación **1** *f* enchaînement. **2** RET enchaînement.

concatenar *tr* enchaîner, unir.

cóncavo, va *adj* concave.

concebir *intr* y *tr* concevoir.

conceder *tr* accorder, concéder. **2** concéder, admettre, reconnaître. **3** décerner.

concejal, la *m* y *f* conseiller municipal.

concentración **1** *f* concentration. **2** QUÍM concentration. ◆ ~ parcelaria ECON remembrement.

concentrado, da *adj* y *m* concentré.

concentrar **1** *tr* y *pron* concentrer. **2** rassembler (personas).

concepción *f* conception.

concepto **1** *m* concept (idea). **2** opinion. ■ bajo ningún ~ en aucun cas; bajo todos los conceptos à tous égards; en ~ de à titre de, en tant que.

conceptual *adj* conceptuel.

concerniente *adj* concernant.

concernir *intr* concerner, appartenir, toucher.

concertar **1** *tr* concerter. ● **2** *tr* y *pron* convenir de; fixer (una entrevista). **3** MÚS accorder. ● **4** *intr* y GRAM s'accorder.

concertista *m* o *f* MÚS concertiste.

concesión **1** *f* concession. **2** délivrance, octroi.

concesionario, ria *m* y *f* concessionnaire.

concha **1** *f* coquille (de un molusco); carapace. **2** écaille. **3** TEAT trou de souffleur. **4** *Amér.* (vulg) chatte (sexo de mujer).

conchabar **1** *tr* associer, grouper. ● **2** *tr* y *pron* *Amér.* engager, embaucher. ● **3** ~se *pron* s'aboucher, s'acoquiner.

conciencia *f* conscience. ◆ ~ colectiva conscience collective; ■ a ~ consciencieusement.

concienzudo, da *adj* consciencieux.

concierto **1** *m* ordre (orden). **2** accord (convenio). **3** MÚS concert. **4** MÚS concerto (composición). ◆ ~ económico forfait; ■ de ~ de concert.

conciliación *f* conciliation.

conciliar *tr* y *pron* concilier.

concilio *m* concile. ◆ ~ ecuménico o general concile œcuménique.

concisión *f* concision.

conciso, sa *adj* concis.

conciudadano, na *m* y *f* concitoyen.

concluir **1** *tr* y *pron* finir, terminer. ● **2** *tr* e *intr* conclure.

conclusión *f* conclusion. ■ **en ~** en conclusion, en somme.

concomerse *pron* (fig) se ronger (de impaciencia, pesar, etc.).

concomitar *tr* accompagner.

concordancia **1** *f* concordance. **2** GRAM concordance, accord. **3** MÚS accord.

concordar **1** *tr* mettre d'accord. ● **2** *tr e intr* GRAM s'accorder. ● **3** *intr* concorder, être d'accord.

concordia **1** *f* concorde. **2** accord.

concreción **1** *f* concrétion. **2** MED concrétion, calcul.

concretar **1** *tr* concrétiser. **2** préciser. ● **3** ~se *pron* se limiter, se borner.

concreto, ta **1** *adj* concret. ● **2** *m* concrétion.

concubina *f* concubine.

conculcar **1** *tr* fouler aux pieds. **2** transgresser, violer (infringir).

concupiscencia *f* concupiscence.

concurrencia **1** *f* assistance. **2** coïncidence, simultanéité.

concurrente *adj/m* o *f* assistant; concurrent.

concurrir **1** *intr* assister, coïncider. **2** concourir (en un concurso). **3** attribuer.

concursante *m* o *f* participant.

concursar **1** *intr* concourir. ● **2** *tr* DER convoquer (los acreedores de un insolvente).

concurso **1** *m* concours. **2** réunion. **3** appel d'offres (licitación). ◆ **~ de acreedores** DER concours entre créanciers.

condado **1** *m* dignité de comte. **2** comté.

conde *m* comte.

condecoración **1** *f* acte o remise de décoration. **2** décoration (cruz, venera, insignia).

condecorar *tr* décorer (con una condecoración).

condena **1** *f* condamnation. **2** peine (pena). ◆ **~ condicional** condamnation avec sursis.

condenación *f* condamnation.

condenado, da **1** *adj/m* y *f* condamné. **2** (fig, fam) diable, damné; espiègle.

condenar **1** *tr* condamner. **2** (~ *a*) vouer à. ● **3** ~se *pron* se déclarer coupable. **4** se damner.

condensación *f* condensation.

condensador **1** *m* condensateur (eléctrico). **2** condenseur (para el vapor).

condensar *tr* y *pron* condenser.

condescender *intr* condescendre.

condescendiente *adj* condescendant, aimable, complaisant.

condición **1** *f* condition (naturaleza de las cosas). **2** naturel, tempérament; caractère (carácter). **3** condition, situation, circomstances (social, económica). ● **4 condiciones** *f pl* dispositions, aptitudes. ■ **a ~ de** à condition de; **a ~ de que, bajo ~ de que** à condition que, pourvu que; **~ sine qua non** condition sine qua non, condition nécessaire; **en iguales condiciones** dans des conditions semblables; **estar en condiciones de** être en état de; **poner en condiciones de** mettre en état de.

condicional *adj* conditionnel.

condicionamiento *m* conditionnement.

condicionante *adj* y *m* qui conditionne; condition.

condicionar **1** *tr* conditionner. ● **2** *intr* convenir; faire dépendre, cadrer.

condimentar *tr* assaisonner, épicer.

condimento *m* condiment, assaisonnement, aromate.

condolencia *f* condoléance.

condolerse *pron* compatir à; s'apitoyer sur, plaindre.

condominio **1** *m* condominium. **2** DER possession en commun.

condonación *f* remise (de una pena, una deuda).

condonar *tr* remettre (una pena, una deuda).

cóndor **1** *m* ZOOL condor. **2** *Chile, Col., Ecuad.* condor (moneda).

conducción **1** *f* conduite. **2** FÍS conduction.

conducir **1** *tr* conduire, diriger. **2** porter, transporter. ● **3** *tr e intr* conduire (un vehículo). ● **4** *intr* convenir, être approprié. **5** mener, conduire. ● **6** ~se *pron* se conduire, se comporter.

conducta *f* conduite.

conducto **1** *m* conduit (tubo). **2** (fig) intermédiaire, canal, entremise. ◆ **~ arterioso** ANAT conduit artériel; **~ auditivo** ANAT conduit auditif; **~ lacrimal** ANAT conduit lacrymal.

conectar **1** *tr* connecter. **2** (fig) mettre en rapport.

conejillo de Indias *m* cochon d'Inde.

conejo, ja *m* y *f* lapin.

conexión *f* connexion.

confabulación *f* confabulation.

confabular **1** *intr* conférer. ● **2** ~se *pron* comploter.

confección *f* confection.

confeccionar *tr* confectionner.

confederación *f* confédération.

confederar *tr* y *pron* confédérer.

conferencia *f* conférence. ◆ ~ de prensa conférence de presse; ~ interurbana communication interurbaine.

conferenciar *intr* s'entretenir; conférer.

conferir *tr* e *intr* conférer.

confesar **1** *tr* confesser. ● **2** ~se *pron* se déclarer.

confesión *f* confession.

confesional *adj* confessionel.

confeti *m* confetti.

confiado, da *adj* confiant.

confianza *f* confiance. ■ tener ~ en avoir confiance en.

confiar **1** *tr* y *pron* confier. ● **2** *intr* avoir confiance.

confidencia *f* confidence.

confidencial *adj* confidentiel.

confidente, ta **1** *adj* de confiance, fidèle. ● **2** *m* y *f* confident.

configuración *f* configuration.

configurar *tr* y *pron* configurer.

confín **1** *adj* limitrophe, voisin. ● **2** confines *m pl* confins.

confinar *tr*, *intr* y *pron* confiner.

confirmación *f* confirmation.

confirmar *tr* y *pron* confirmer.

confiscar *tr* confisquer.

confitar **1** *tr* confire. **2** (fig) adoucir, atténuer.

confite *f* (se usa más en *pl*) sucrerie.

confitura *f* confiture.

conflagración **1** *f* conflagration. **2** (fig) bouleversement.

conflicto **1** *m* conflit. **2** (fig) situation difficile.

confluencia *f* confluence.

confluir **1** *intr* confluer; se rejoindre. **2** (fig) se réunir.

conformación *f* conformation.

conformar **1** *tr* y *pron* conformer. ● **2** ~se *pron* se résigner.

conforme **1** *adj* conforme. **2** résigné. ● **3** *adv* tel que (tal como). **4** (~ a) conformément, selon (según).

conformidad **1** *f* conformité. **2** accord.

conformista *adj/m* o *f* conformiste.

confort *m* confort.

confortar *tr* y *pron* réconforter.

confraternidad *f* confraternité.

confraternizar *intr* fraterniser.

confrontación *f* confrontation.

confrontar **1** *tr* confronter. ● **2** *intr* y *pron* (~ con) se mettre en face de.

confundir **1** *tr* y *pron* confondre. ● **2** *tr* (fig) perturber. ● **3** ~se *pron* se tromper (equivocarse).

confusión **1** *f* confusion. **2** (fig) désarroi, trouble.

confuso, sa *adj* confus.

congelación **1** *f* congélation. **2** surgélation (de alimentos). **3** (fig) blocage.

congelador *m* congélateur.

congelar **1** *tr* y *pron* congeler. ● **2** *tr* surgeler (alimentos). **3** (fig) paralyser, bloquer.

congénere *adj/m* o *f* congénère.

congeniar *intr* sympathiser.

congénito, ta *adj* congénital.

congestión *f* congestion.

congestionar *tr* y *pron* congestionner.

conglomerado **1** *m* conglomérat. **2** (fig) mélange.

conglomerar *tr* y *pron* conglomérer.

congoja *f* angoisse; affliction.

congraciar *tr* y *pron* gagner *o* s'attirer les bonnes grâces: *congraciarse con su superior = gagner les bonnes grâces de son supérieur*.

congratular *tr* y *pron* congratuler.

congregación *f* congrégation.

congregar *tr* y *pron* réunir; rassembler.

congresista *m* o *f* congressiste.

congreso *m* congrès.

congrio *m* ZOOL congre.

congruencia *f* congruence.

congruente *adj* congruent.

cónico, ca *adj* y *f* GEOM conique.

conjetura *f* conjecture.

conjeturar *tr* conjecturer.

conjugación *f* GRAM conjugaison.

conjugar *tr* conjuguer.

conjunción *f* conjonction.

conjuntar *tr* y *pron* rendre cohérent.

conjunto, ta **1** *adj* conjoint. ● **2** *m* ensemble.

conjuración o conjura *f* conjuration.

conjurado, da *adj/m* y *f* conjuré.

conjurar *tr, intr* y *pron* conjurer.
conjuro *m* conjuration; adjuration.
conllevar 1 *tr* aider à supporter. 2 (fig) entraîner, occasionner.
conmemoración *f* commémoration.
conmemorar *tr* commémorer.
conmigo 1 *pron* avec moi: *¡canta conmigo!* = chante avec moi! 2 à mon égard: *tiene detalles conmigo* = il a des détails à mon égard.
conminar *tr* menacer.
conmoción *f* commotion, choc. ◆ ~ cerebral MED commotion cérébrale.
conmover *tr* y *pron* émouvoir, toucher.
conmutación *f* commutation. ◆ ~ de mensajes INF commutation des messages; ~ de pena DER commutation de peine.
conmutar 1 *tr* échanger. 2 DER commuer.
connatural *adj* conforme à la nature de l'être.
connivencia *f* connivence.
connotación *f* connotation.
connotar *tr* connoter.
cono *m* BOT, GEOM cône.
conocer *tr* y *pron* connaître. ■ dar a ~ faire savoir; darse a ~ se présenter, se faire connaître.
conocido, da 1 *adj* connu. ● 2 *m* y *f* connaissance.
conocimiento 1 *m* connaissance. ● 2 conocimientos *m pl* connaissances, savoir. ■ con ~ de causa en connaissance de cause; perder el ~ perdre connaissance.
conque *conj* ainsi donc, alors: *conque no viene porque está enfermo, ¿no?* = alors il ne vient pas parce qu'il est malade, n'est-ce pas?
conquista *f* conquête.
conquistar *tr* conquérir.
consagrado, da *adj* consacré.
consagrar *tr* y *pron* consacrer.
consanguíneo, a *adj/m* y *f* consanguin.
consanguinidad *f* consanguinité.
consciente *adj* conscient.
consecución 1 *f* obtention. 2 réalisation (de sueños, deseos).
consecuencia *f* conséquence. ■ a o como ~ de à la suite de, par suite de; en ~ en conséquence; por ~ par conséquent.
consecuente *adj* conséquent.
consecutivo, va *adj* consécutif.
conseguir 1 *tr* obtenir. 2 réussir à (lograr).
consejero, ra *m* y *f* conseiller.

consejo *m* conseil. ◆ ~ de Estado conseil d'État; ~ de ministros conseil des ministres.
consenso *m* consentement; consensus.
consentido, da 1 *adj* gâté. ● 2 *m* y *f* enfant gâté.
consentimiento *m* consentement.
consentir 1 *tr* e *intr* consentir. 2 (fig) permettre, tolérer.
conserje 1 *m* o *f* concierge. 2 portier (de un hotel).
conserva *f* conserve. ■ en ~ en conserve.
conservación *f* conservation.
conservador, ra *adj/m* y *f* conservateur.
conservante *adj* y *m* conservateur.
conservar *tr* y *pron* conserver. ● 2 *tr* faire des conserves (hacer conservas).
consideración *f* considération. ■ de ~ considérable, important.
considerado, da 1 *adj* réfléchi. 2 considéré, respecté (respetado).
considerar *tr* y *pron* considérer.
consigna *f* consigne.
consignar *tr* consigner.
consigo *pron* avec soi, sur soi. ■ traer ~ (fig) comporter.
consiguiente *adj* résultant.
consistencia *f* consistance.
consistente *adj* consistant.
consistir 1 *intr* (~ en) consister en o à: *el juego consiste en llegar hasta allí* = le jeu consiste à arriver jusque là. 2 (~ en) être composé de.
consistorio *m* 1 consistoire (de cardenales). 2 conseil municipal.
consola *f* console.
consolar *tr* y *pron* consoler.
consolidación *f* consolidation.
consolidar *tr* consolider.
consomé *m* consommé.
consonancia 1 *f* (fig) conformité, accord. 2 MÚS consonance.
consonante *adj* y *m* consonant.
consorcio 1 *m* association. 2 entente (unión). 3 COM consortium.
consorte *m* o *f* conjoint.
conspicuo, cua *adj* illustre, notable.
conspiración *f* conspiration.
conspirar 1 *intr* conspirer. 2 (fig) concourir (contribuir a).
constancia 1 *f* preuve; certitude (certeza). 2 constance, persévérance. ■ dejar ~ de rendre compte de.

constar 1 *intr* être certain *o* sûr. **2** (~ *de*) être composé de. **3** (~ *en*) figurer: *constar en el contrato* = *figurer sur le contrat*.
constatar *tr* constater.
constelación *f* ASTR constellation.
consternación *f* consternation.
consternar 1 *tr* consterner. ● **2 ~se** *pron* être consterné.
constipar ~se *pron* s'enrhumer.

No hay que confundir esta palabra con la palabra francesa **constiper**, que debe traducirse por 'estreñir'.

constitución *f* constitution.
constituir 1 *tr* constituer; composer, former. ● **2 ~se** *pron* (~se *en o por*) se constituer *o* se porter garant.
constituyente *adj/m o f* constituant.
constreñir 1 *tr* contraindre.
constricción *f* constriction.
construcción *f* construction.
constructivo, va *adj* constructif.
construir *tr* construire.
consuegro, gra *m y f* père ou mère d'un époux par rapport aux parents de l'autre.
consuelo *m* consolation. ■ **sin ~** (fig, fam) sans bornes, sans compter.
consuetudinario, ria *adj* coutumier.
cónsul *m o f* consul. ◆ **~ general** consul général.
consulado *m* consulat.
consulta 1 *f* consultation. **2** cabinet de consultation (consultorio).
consultar *tr* consulter.
consultorio *m* cabinet de consultation.
consumación *f* consommation.
consumado, da *adj* (fig) accompli, achevé.
consumar *tr* consommer.
consumición *f* consommation.
consumir 1 *tr* consommer. ● **2** *tr y pron* (fig, fam) consumer, ronger.
consumismo *m* surconsommation.
consumo *m* consommation.
contabilidad *f* comptabilité.
contabilizar *tr* comptabiliser.
contactar *intr* (~ *con*) contacter, joindre: *no he podido contactar con él* = *je n'ai pas pu le contacter*.
contacto *m* contact.
contado, da 1 *adj* compté (calculado). **2** conté, raconté (narrado).

contagiar 1 *tr* contaminer. ● **2** *tr y pron* (fig) transmettre (una costumbre, una enfermedad). ● **3 ~se** *pron* être contaminé.
contagio *m* contagion, contamination; transmission.
contagioso, sa 1 *adj* contagieux. **2** (fig) communicatif (risa).
container *m* container, conteneur.
contaminación 1 *f* contamination (contagio). **2** pollution (del medio ambiente).
contaminar 1 *tr* contaminer. **2** polluer (el medio ambiente). ● **3 ~se** *pron* être contaminé.
contante *adj* comptant (dinero).
contar 1 *tr* compter (numerar). **2** raconter, conter (narrar). ● **3** *intr* compter, calculer. **4** (~ *con*) compter sur.
contemplación 1 *f* contemplation. ● **2 contemplaciones** *f pl* ménagement, égard.
contemplar 1 *tr* contempler. **2** envisager (considerar).
contemporáneo, a *adj/m y f* contemporain.
contemporizar *intr* (~ *con*) composer avec, s'accorder avec: *contemporizar con el enemigo para evitar el combate* = *composer avec l'ennemi afin d'éviter le combat*.
contención 1 *f* contention, retenue. **2** maintien (de los precios).
contencioso, sa *adj y, m* contentieux: *un contencioso administrativo* = *un contentieux administratif*.
contender 1 *intr* lutter, combattre. **2** (fig) rivaliser, disputer.
contenedor *m* conteneur, container. ◆ **~ de basura** benne à ordures.
contener 1 *tr* contenir. **2** retenir (la respiración, la risa, etc.). ● **3 ~se** *pron* se retenir.
contenido, da 1 *adj* pondéré, modéré (moderado). ● **2** *m* contenu.
contentar 1 *tr* contenter. ● **2 ~se** *pron* (~se *con*) se contenter de, se conformer à.
contento, ta 1 *adj* content. ● **2** *m* contentement, joie.
contestación 1 *f* réponse. **2** contestation (disputa).
contestador *m* répondeur. ◆ **~ automático** répondeur automatique.

contestar 1 *tr* répondre (una pregunta). **2** contester (impugnar). ● **3** *intr* riposter, rétorquer (replicar).

contexto 1 *m* contexte. **2** (fig) entourage, milieu (ambiente).

contienda 1 *f* guerre, conflit. **2** (fig) dispute, altercation.

contigo *pron* avec toi.

contigüidad *f* contigüité.

contiguo, gua *adj* contigu.

continencia 1 *f* continence (virtud). **2** abstinence, modération.

continental *adj* continental.

continente 1 *adj* contenant. **2** continent (en continencia). ● **3** *m* GEOG continent.

contingencia *f* contingence.

contingente *adj* y *m* contingent.

continuación *f* continuation; suite. ■ **a ~** par la suite.

continuar 1 *tr* continuer; poursuivre. ● **2** *intr* continuer, durer. **3 ~ + gerundio** continuer à + inf: *continuar luchando = continuer à se battre.*

continuidad *f* continuité.

continuo, nua 1 *adj* continu. **2** continuel (incesante). ■ **de ~** continuellement.

contonearse *pron* se dandiner.

contorno 1 *m* contour. ● **2 contornos** *m pl* alentours.

contorsión *f* contorsion.

contra *prep* contre: *la lucha contra el cáncer = la lutte contre le cancer.* ■ **en ~** contre, à l'encontre; **en ~ de** à l'encontre de, contre; **tener a alguien en ~** avoir qqn à dos.

contra 1 *m* désavantage, inconvénient. ● **2** *f* (fam) difficulté, ennui.

contraataque *m* MIL contre-attaque.

contrabajo *m* MÚS contrebasse.

contrabandista *adj/m* o *f* contrebandier.

contrabando *m* contrebande.

contracción *f* contraction.

En francés se producen **contracciones** del artículo con dos preposiciones: **à** y **de**, tanto en singular como en plural: **à + le = au** ◊ **à + les = aux** ◊ **de + le = du** ◊ **de + les = des.**

---

contractura *f* contracture.

contradecir *tr* y *pron* contredire, démentir.

contradicción *f* contradiction.

contradictorio, ria *adj* contradictoire.

contraer *tr* y *pron* contracter.

contragolpe *m* contrecoup.

contraindicar *tr* MED contre-indiquer.

contralto *m* MÚS contralto.

contraluz *m* contre-jour. ■ **a ~** à contre-jour.

contramaestre 1 *m* contremaître. **2** MAR second maître.

contraorden *f* contrordre.

contrapartida *f* contrepartie. ■ **como ~** en contrepartie.

contrapelo (a) 1 *loc adv* à contre-poil, à rebrousse-poil. **2** (fig) à contre-cœur.

contrapesar *tr* contrebalancer.

contrapeso *m* contrepoids.

contraponer 1 *tr* y *pron* opposer (oponer). ● **2** *tr* confronter (comparar).

contraproducente *adj* contre-productif, à effets contraires.

contrapuntear 1 *tr* (fig) lancer des piques. **2** MÚS chanter en contrepoint.

contrapunto 1 *m* (fig) contraste. **2** MÚS contrepoint.

contrariar *tr* contrarier.

contrariedad 1 *f* contrariété. **2** obstacle (traba).

contrario, ria 1 *adj* contraire, opposé. **2** adverse (adverso). ● **3** *m* y *f* adversaire. ■ **al ~** au contraire.

contrarreloj *adj* y *f* contre la montre.

contrarrestar 1 *tr* contrecarrer, faire obstacle à. **2** DEP renvoyer (la pelota).

contrasentido *m* contresens.

contraseña *f* mot de passe.

contrastar 1 *tr* contrecarrer, résister à. **2** poinçonner (oro y plata). ● **3** *intr* contraster, ressortir.

contraste 1 *m* contraste. **2** résistance (resistencia).

contrata 1 *f* engagement, accord (previo al contrato). **2** contrat (contrato).

contratación 1 *f* contrat. **2** embauche (de trabajadores).

contratar 1 *tr* accorder, passer un contrat. **2** embaucher (trabajadores).

contratiempo 1 *m* contretemps, imprévu. **2** MÚS contre-mesure. ■ **a ~** (fig) à contretemps.

contrato *m* contrat. ◆ **~ base** contrat de base; **~ de arrendamiento** contrat de location, bail; **~ de empleo** contrat d'emploi, de services; **~ de trabajo** contrat de travail.

contravenir *tr* contrevenir.

contraventana *f* volet, contrevent.

contrayente *adj/m* o *f* contractant.

contribución *f* contribution.

contribuir 1 *intr* contribuer, participer: *hemos contribuido con trescientos euros = nous avons participé à raison de trois cents euros.* 2 contribuer, concourir.

contribuyente 1 *adj* contribuant (que contribuye). • 2 *m* o *f* contribuable.

contrincante *m* o *f* concurrent, rival.

control *m* contrôle.

controlador, ra *m* y *f* contrôleur.

controlar *tr* contrôler.

controversia *f* controverse.

controvertido, da *adj* controversé.

controvertir *tr* e *intr* controverser.

contumaz *adj* entêté, obstiné.

contundente 1 *adj* contondant. 2 (fig) concluant.

conturbar *tr* y *pron* troubler, inquiéter.

contusión *f* contusion.

convalecencia *f* convalescence.

convalecer 1 *intr* entrer en convalescence, se remettre. 2 (fig) se fortifier.

convaleciente *adj/m* o *f* convalescent.

convalidación 1 *f* ratification, confirmation (confirmación). 2 validation. 3 équivalence (de un título).

convalidar 1 *tr* confirmer, ratifier (confirmar). 2 valider.

convecino, na *adj/m* y *f* voisin.

convencer 1 *tr* convaincre. • 2 ~se *pron* se persuader.

convencimiento *m* conviction.

convención *f* convention.

convencional *adj* conventionnel.

conveniencia 1 *f* convenance. 2 utilité, profit (provecho).

conveniente 1 *adj* convenable (situación, atuendo, etc.). 2 utile, opportun.

convenio *m* convention, accord.

convenir 1 *intr* convenir, être d'accord. 2 convenir, être prudent *o* conseillable (ser conveniente).

convento *m* couvent.

convergencia *f* convergence.

convergente *adj* convergent.

converger o convergir *intr* converger.

conversación *f* conversation. ♦ ~ a solas tête-à-tête.

conversar *intr* discuter, causer.

conversión 1 *f* conversion. 2 convertissement (de monedas).

converso, sa 1 *adj* converti (judío o moro). • 2 *m* y *f* convers (lego).

convertibilidad *f* convertibilité.

convertidor *m* TEC convertisseur.

convertir 1 *tr* y *pron* changer, transformer (transformar). 2 REL convertir. • 3 ~se *pron* devenir.

convexo, xa *adj* convexe.

convicción *f* conviction.

convicto, ta 1 *adj* DER convaincu (reo). • 2 *m* convict (en Inglaterra).

convidado, da 1 *m* y *f* invité, convive. • 2 *f* (fam) tournée.

convidar 1 *tr* inviter, convier. 2 (fig) inciter.

convincente *adj* convaincant, persuasif.

convite 1 *m* invitation. 2 banquet, fête.

convivencia *f* cohabitation, vie en commun.

convivir *intr* cohabiter.

convocar 1 *tr* convoquer. 2 ouvrir, fixer (oposiciones, un examen, etc.). 3 appeler à (una huelga).

convocatoria 1 *f* convocation, appel. 2 séance (de un examen).

convoy 1 *m* convoi. 2 (fig, fam) cortège, suite.

convoyar *tr* convoyer, escorter.

convulsión 1 *f* convulsion (contracción). 2 (fig) bouleversement.

convulsionar 1 *tr* convulsionner (producir contracciones). 2 (fig) troubler, bouleverser.

convulso, sa 1 *adj* convulsé. 2 (fig) agité, surexcité.

conyugal *adj* conjugal.

cónyuge *m* o *f* conjoint.

coñá o coñac *m* cognac.

coñazo *m* (vulg) barbe, ennui.

coño 1 *m* (vulg) con, chatte. • 2 ¡coño! *interj* (vulg) merde! putain!

cooperación *f* coopération.

cooperante *adj/m* o *f* coopérant.

cooperar *tr* coopérer.

cooperativa *f* ECON coopérative.

coordinación *f* coordination.

coordinar *tr* coordonner.

copa 1 *f* coupe; verre à pied (recipiente). 2 verre (de vino, etc.). 3 coupe (trofeo). 4 cime, tête (de árbol).

copar 1 *tr* faire banco (en ciertos juegos). 2 accaparer, rafler (votos, escaños).

copear *intr* (fam) picoler.

copetín 1 *m* petit verre. **2** *Amér.* apéritif.
copia 1 *f* copie. **2** exemplaire.

> *Copie* tienen un significado mucho más amplio: 'copia', 'ejercicio de los alumnos' o 'manuscrito'.

copiar *tr* copier. ■ **~ al pie de la letra** copier mot à mot *o* à la lettre.
copiosidad *f* abondance.
copioso, sa 1 *adj* copieux (comida). **2** (fig) abondant.
copla 1 *f* stance, strophe. **2** couplet (canción popular).
copo 1 *m* flocon (de nieve, de avena). **2** quenouillée.
copra *f* copra, moelle de noix de coco.
coproducción *f* CINE coproduction.
cópula 1 *f* liaison, lien. **2** copulation (unión sexual). **3** GRAM copule, mot de liaison.
coquetear 1 *intr* faire la coquette. **2** flirter, draguer (flirtear).
coquetería *f* coquetterie.
coqueto, ta 1 *adj/m* y *f* coquet. **2** aguicheur (provocador). ● **3** *adj* (fam) coquet, joli (una casa, lugar, etc.). ● **4** *f* coiffeuse, toilette (mueble).
coraje 1 *m* courage (valor). **2** colère, irritation (cólera).
corajina *f* (fam) explosion *o* accès de colère.
coral 1 *adj* y *f* MÚS choral. ● **2** *m* ZOOL corail.
Corán *m* REL Coran.
coraza 1 *f* cuirasse. **2** (fig) cuirasse, protection. **3** MIL blindage.
corazón 1 *m* cœur. **2** cœur, centre. **3** cœur (naipe). **4** mon cœur, ma biche, chéri (apelativo cariñoso). ■ **a ~ abierto** à cœur ouvert (operación quirúrgica); **de ~** de bon cœur.
corazonada 1 *f* élan, impulsion (impulso). **2** pressentiment, intuition.
corbata *m* cravate. ◆ **~ de neumático** pare-clous.
corbeta *f* corvette (embarcación).
corcel *m* coursier (caballo).
corcho 1 *m* liège (del alcornoque). **2** bouchon de liège (tapón). ◆ **~ bornizo** *o* **virgen** liège mâle, premier liège; **~ segundero** liège femelle.

corcova 1 *f* bosse. **2** *Amér.* prolongation d'une fête.
cordel *m* cordeau. ■ **a ~** au cordeau, en ligne droite; **dar ~** (fig) contrarier, piquer.
cordero, ra 1 *m* y *f* agneau (cría). ● **2** *m* agneau (piel). **3** agneau (carne de cordero menor); mouton (carne de cordero mayor). **4** (fig) agneau (persona mansa). ◆ **~ de Dios** (fig) Agneau de Dieu; **~ lechal** agneau de lait.
cordial 1 *adj* cordial (estimulante). **2** cordial, affectueux. ● **3** *m* doigt du milieu (dedo).
cordialidad *f* cordialité.
cordillera *f* cordillère; chaîne.
cordillerano, na *adj* *Amér.* de la cordillère des Andes; de la cordillère.
cordón 1 *m* cordon. **2** câble électrique (cable). **3** cordon (de personas). ◆ **~ de zapato** lacet; **~ litoral** cordon littoral; **~ sanitario** cordon sanitaire; **~ umbilical** ANAT cordon ombilical.
cordura *f* sagesse, lucidité.
corear 1 *tr* composer *o* faire des chœurs. **2** (fig) acclamer, applaudir (aclamar). **3** (fig) faire chorus (estar de acuerdo).
coreografía *f* chorégraphie.
coreógrafo, fa *m* y *f* chorégraphe.
corista 1 *m* o *f* choriste. ● **2** *f* girl (de revista).
cornada *f* coup de corne.
cornamenta 1 *f* cornes (de toro, de vaca). **2** ramure (de cérvidos).
corneja *f* ZOOL corneille.
córner *m* corner (en fútbol).
corneta 1 *f* cornet (instrumento). **2** clairon (soldado). ◆ **~ de órdenes** sonnerie militaire réglementaire; clairon de la troupe.
cornetín 1 *m* cornet à pistons (instrumento). **2** cornettiste (músico).
cornisa 1 *f* ARQ corniche. **2** GEOG corniche.
cornudo, da 1 *adj* cornu. ● **2** *adj/m* y *f* (fig) cocu (de cónyuge infiel).
coro *m* chœur. ■ **a ~** à la fois, en même temps.
corola *f* BOT corolle.
corolario *m* corollaire.
corona *f* couronne. ◆ **~ fúnebre** couronne funéraire; **~ real** *o* **de rey** BOT saxifrage à feuilles longues.
coronación 1 *f* couronnement (soberano). **2** couronnement (fin).

coronar 1 *tr* y *pron* couronner (poner corona). ● **2** *tr* damer (en las damas). **3** (fig) couronner (completar). **4** (fig) couronner, surmonter, monter.

coronel, la 1 *m* y *f* colonel. ● **2** *m* Cuba grand cerf-volant (cometa).

coronilla 1 *f* sommet de la tête. **2** tonsure (de los clérigos). ■ **estar uno hasta la ~** en avoir marre.

corotos *m pl* *Amér.* (fam) trucs (trastos).

corpiño 1 *m* corselet. **2** *Amér.* soutien-gorge (sostén).

corporación 1 *f* corporation. **2** *Amér.* société anonyme.

corporal *adj* corporel.

corporeizar o **corporizar** *tr* y *pron* matérialiser.

corpulencia *f* corpulence.

corpus 1 *m* corpus. **2** GRAM corpus.

corpúsculo *m* corpuscule.

corral 1 *m* basse-cour. **2** parc (de pesca). **3** cour (patio).

correa 1 *f* courroie. **2** bracelet (de reloj). **3** ARQ panne. ■ **tener uno ~** avoir bon dos (ser sufrido); être costaud (ser fuerte).

correaje 1 *m* harnais. **2** MIL buffleterie.

corrección 1 *f* correction (enmienda, reprensión). **2** correction (en la conducta). **3** correction (imprenta).

correccional 1 *adj* correctionnel. ● **2** *m* maison de redressement. ◆ **~ de menores** maison de redressement.

correctivo, va 1 *adj* correctif. ● **2** *adj* y *m* MED correctif (medicamento).

correcto, ta 1 *p irreg* → corregir. ● **2** *adj* correct.

corrector, ra 1 *adj/m* y *f* correcteur. ● **2** *m* y *f* corrigeur (imprenta).

corredero, ra 1 *adj/m* y *f* coulissant: *ventana corredera = fenêtre coulissante*. ● **2** *m* terrain pour le terrassement des bêtes à cornes. ● **3** *f* allée cavalière (calle). **4** cloporte (insecto).

corredizo, za *adj* coulant.

corredor, ra 1 *adj/m* y *f* coureur. ● **2** *m* y *f* courtier, commissionaire (comercio). ● **3** *m* couloir (pasillo). ◆ **~ de bolsa** agent de change.

corregir *tr* corriger.

correlación *f* corrélation.

correligionario, ria *adj/m* y *f* coreligionnaire.

correntada *f* *Amér.* courant impétueux.

correntón, na 1 *adj* bon marcheur. **2** farceur, plaisantin (bromista).

correo 1 *m* poste (servicio). **2** bureau de poste (oficina). **3** courrier (correspondencia). **4** messager (mensajero). **5** DER complice, coaccusé. ◆ **~ aéreo** poste aérienne; **~ electrónico** INF courrier électronique; ■ **echar al ~** poster.

correoso, sa 1 *adj* souple. **2** (fig) mou (pan). **3** (fig) coriace (carne, persona).

correr 1 *intr* courir. **2** couler (un líquido). **3** souffler (el viento). **4** passer, courir (el tiempo). **5** coûter (el precio). ● **6** *tr* y *pron* pousser, déplacer. ● **7** *tr* fermer (un cerrojo). **8** courir (un peligro, una aventura). **9** tirer (las cortinas). ● **10** ~se *pron* se glisser. ■ **~ a uno una cosa** être du ressort de qqn; **~ uno con alguna cosa** se charger d'une affaire, payer qqch, prendre; **~la** faire la bombe.

correría 1 *f* aventure. **2** MIL incursion.

correspondencia 1 *f* correspondance. **2** correspondance, courier (correo). **3** correspondance (transporte).

corresponder 1 *intr* y *tr* rendre, payer de retour (pagar). **2** revenir, appartenir. ● **3** *intr* y *pron* corresponder (tener relación). ● **4** ~se *pron* correspondre (por escrito). **5** s'aimer (amarse).

correspondiente *adj* correspondant.

corresponsal *m* o *f* correspondant.

corretear 1 *intr* (fam) flâner, courailler (andar). **2** (fam) s'ébattre (correr). **3** *Amér.* poursuivre (perseguir).

correveidile *m* o *f* (fig, fam) rapporteur (chismoso). **2** (fig, fam) entremetteur (alcahuete).

corrida 1 *f* course. **2** TAUROM corrida. **3** *Amér.* affleurement. **4** *Amér.* foire (juerga).

corrido, da 1 *adj* bon. **2** (fam) confus, penaud (avergonzado). **3** (fam) malin, expérimenté (astuto). ● **4** *m* chanson mexicaine. **5** long (parte de un edificio). ■ **de ~** o **de corrida** couramment.

corriente 1 *adj* courant (que corre): *agua corriente = eau courante*. **2** courant, commun: *una situación corriente = une situation courante*. ● **3** *f* courant. **4** ELEC, FÍS courant. ◆ **~ continua** FÍS courant continu; **~ marina** courant marin; ■ **al ~** sans retard; **dejarse llevar de la o del ~** (fig) suivre le mouvement; **estar al ~ de una cosa** être au courant de qqch; **ir**

contra la ~ remonter le courant; **llevarle** o **seguirle la ~ a alguien** (fig, fam) ne pas contrarier qqn; **navegar contra ~** (fig) aller à contre-courant; **ponerse al ~** se mettre au courant.

corrillo m cercle, petit groupe.

corrimiento m coulée.

corro 1 m cercle. **2** ronde (juego). ■ **en ~** en cercle; **hacer ~ aparte** faire bande apart.

corroborar tr y pron (fig) corroborer (reforzar, confirmar).

corroer 1 tr y pron corroder, ronger. **2** (fig) ronger (la pena, el dolor).

corromper 1 tr y pron corrompre. **2** (fig) corrompre (a una persona).

corrosión f corrosion.

corrupción 1 f corruption. **2** corruption, subornation (soborno). **3** (fig) corruption (vicio, abuso).

corruptela 1 f corruption. **2** abus, mauvaise mœur (abuso).

corruptibilidad f corruptibilité.

corsario, ria adj/m y f corsaire.

corsé 1 m corset. **2** (fig) corset de fer (opresor).

corsetería 1 f fabrique de corsets. **2** boutique de corsets et lingerie.

cortacésped m tondeuse à gazon.

cortacircuitos m ELECTR coupe-circuit.

cortada 1 f gorge, défilé (de una montaña). **2** Amér. coupure, blessure.

cortado, da 1 adj troublé, confus. **2** tourné (la leche). **3** craquelé (la piel). ● **4** m noisette (café).

cortadura 1 f coupure. ● **2 cortaduras** f pl coupures.

cortafrío m ciseau à froid, burin.

cortafuego 1 m AGR coupe-feu. **2** ARQ mur, coupe-feu.

cortapisa 1 f (fig) condition, restriction. **2** (fam) (se usa más en pl) empêchement, difficulté. ■ **sin cortapisas** sans réserve, sans limitation.

cortar 1 tr y pron couper. ● **2** tr trancher (separar limpiamente). **3** couper (una baraja). **4** couper, barrer (atajar). **5** couper, interrompre (una conversación). **6** (fig) fendre (el agua, la piel). ● **7** intr couper, transpercer (el viento, el frío). **8** Chile prendre une direction. ● **9 ~se** pron se troubler (turbarse).

cortaúñas m coupe-ongles.

corte 1 m coupure. **2** coupure (herida). **3** tranchant, fil (filo). **4** métrage (cantidad de tela). **5** coupe (de pelo, de un traje). **6** (fig) réponse cassante. **7** (fig) style, caractère.

corte 1 f cour (residencia). **2** cour (comitiva). **3** cour (celestial). **4** Amér. cour de justice. ● **5 Cortes** f pl parlement espagnol, Cortès. ◆ **cortes ordinarias** parlement sans pouvoir constitutif; ■ **darse ~** Arg. se faire mousser; **hacer la ~** faire la cour.

cortejar tr faire la cour.

cortejo 1 m cour. **2** cortège (acompañamiento). **3** (fam) amant. ◆ **~ fúnebre** cortège funèbre.

cortés adj courtois, poli.

cortesano, na 1 adj de la cour. ● **2** m courtisan (palaciego). ● **3** f courtisane (prostituta).

cortesía 1 f courtoisie. **2** formule de politesse. **3** cadeau (regalo). **4** délai de grâce (prórroga).

corteza 1 f écorce (del árbol). **2** croûte (del pan). **3** couenne (del tocino). **4** (fig) écorce.

cortijo m ferme d'Andalousie et d'Estrémadure.

cortina 1 f rideau (semitransparente); double rideau (opaca). **2** (fig) rideau, écran. ◆ **~ de humo** rideau de fumée.

corto, ta 1 adj court. **2** (fig) timide. **3** (fig) bête, niais (tonto). ● **4** m CINE court métrage. ◆ **~ de vista** qui a la vue basse; ■ **a la corta o a la larga** tôt ou tard; **quedarse ~** être au-dessous du nombre, calculer trop juste.

cortocircuito m ELECTR court-circuit.

cortometraje m CINE court métrage.

corvadura f courbure.

corzo, za m y f chevreuil, chevrette (f).

cosa 1 f chose. **2** DER chose. ■ **como quien no quiere la ~** (fam) mine de rien; **como si tal ~** comme si de rien n'était; **~ de** environ, à peu près; **cosas de alguien** idées à qqn, affaires personnelles; **las cosas de palacio van despacio** tout vient à point à qui sait attendre; **no haber tal ~** ce n'est pas vrai; **no sea ~ que** (fig) au cas où; **no ser ~ del otro jueves** n'être pas extraordinaire.

cosaco, ca adj y m cosaque.

coscarse 1 pron (fam) se ronger (concomerse). **2** (fam) piger.

coscón, na *adj/m* y *f* (fam) narquois.
coscorrón *m* coup sur la tête.
cosecha 1 *f* récolte. 2 cueillette (de las frutas). 3 moisson (de cereales). 4 (fig) cru.
cosechar 1 *tr* récolter. 2 (fig) cueillir, recueillir. ● 3 *intr* faire la récolte.
cosechero, ra 1 *adj* des récoltes. ● 2 *m* y *f* propriétaire récoltant, récoltant.
coseno *m* MAT cosinus.
coser 1 *tr* coudre. 2 piquer (con máquina). 3 (fig) coudre (unir).
cosiaca *f Amér.* chose insignifiante.
cosificar *tr* chosifier.
cosmética *f* cosmétique.
cosmético, ca *adj* y *m* cosmétique.
cósmico, ca *adj* cosmique.
cosmonauta *m/f* cosmonaute.
cosmopolita *adj/m* o *f* cosmopolite.
cosmos *m* cosmos.
coso 1 *m* arènes (plaza de toros). 2 cours (calle principal).
cosquillas *f pl* chatouillement. ■ **buscarle a uno las ~** provoquer qqn, chercher des puces à qqn.
cosquilleo *m* chatouillement.
cosquilloso, sa *adj* chatouilleux.
costa 1 *f* côte (litoral). 2 dépense, frais (gasto). 3 brunisseur des chaussures (de los zapatos). 4 *Arg.* côte (franja de terreno). ● 5 **costas** *f pl* dépens (gastos judiciales). ■ **a ~ de** aux dépens de.
costado 1 *m* côté. 2 flanc (de un ejército). 3 MAR travers, flanc. ■ **por los cuatro costados** (fig, fam) jusqu'au bout des ongles.
costal 1 *adj* costal (de las costillas). ● *m* grand sac. ■ **el ~ de los pecados** (fig, fam) le corps humain; **vaciar el ~** (fig, fam) vider son sac.
costar 1 *intr* coûter, valoir. 2 (fig) coûter.
coste *m* coût, côté. ◆ **~ de la vida** coût de la vie; **~ fijo** coût fixe; **~ marginal** coût marginal; **~ variable** coût variable.
costear 1 *tr* payer, financer (pagar). 2 longer la côte (una embarcación). 3 longer, côtoyer (bordear). ● 4 **~se** *pron* couvrir ses frais.
costero, ra 1 *adj* côtier (costanero). 2 de côté (lateral). ● 3 *m* y *f* habitant de la côte. ● 4 *f* côte (pendiente).
costilla 1 *f* côte. 2 côtelette (chuleta). 3 (fig, fam) moitié, épouse (esposa). 4 ARQ côte. ● 5 **costillas** *f pl* (fam) dos (espalda). ◆ **~ falsa** fausse côte; **~ flotante** côte flottante; **~ verdadera** vraie côte.
costo 1 *m* coût, prix. 2 (argot) hasch (droga).
costoso, sa *adj* coûteux.
costra *f* croûte.
costumbre 1 *f* coutume, habitude. ● 2 **costumbres** *f pl* mœurs. ■ **de ~** d'habitude, de coutume.
costumbrismo *m* LIT peinture des mœurs d'un pays.
costura 1 *f* couture. 2 piqûre (con la máquina de coser). 3 MAR épissure, couture. ◆ **alta ~** haute couture.
costurera *f* couturière.
costurero 1 *m* table à ouvrage (mesita). 2 boîte à couture (caja).
cota 1 *f* (fam) cote, niveau, catégorie. 2 GEOG cote (topografía).
cotarro *m* (fig, fam) pagaille, animation, ambience. ■ **dirigir el ~** (fam) mener la danse.
cotejar *tr* confronter, comparer.
cotejo *m* collationnement, comparaison.
coterráneo, a *adj* compatriote.
cotidiano, na *adj* quotidien, de tous les jours.
cotilla 1 *f* sorte de corset. ● 2 *m* o *f* (fam) cancanier.
cotillear *intr* (fam) cancaner, potiner.
cotización 1 *f* cotisation (cuota). 2 BOLSA cote, cours de la Bourse.
cotizar 1 *tr* payer une cote de. 2 FIN coter (en bolsa). ● 3 *intr* cotiser. ● 4 **~se** *pron* avoir la cote (ser apreciado).
coto 1 *m* clos (terreno). 2 terme, limite. 3 taux (tasa). ◆ **~ de caza** o **de pesca** chasse o pêche gardée; ■ **poner ~** mettre un terme.
cotorra 1 *f* perruche (pájaro). 2 (fig, fam) perruche, pie.
cotorrear *intr* (fig, fam) jacasser.
cotorreo *m* (fig, fam) bavardage.
covacha 1 *f* caveau. 2 (fam) taudis (vivienda pobre). 3 *Ecuad.* épicerie.
coxis *m* coccyx.
coyote 1 *m* coyote. 2 *Méx.* (fig) petit marchand, usurier.
coyuntura 1 *f* (fig) conjoncture (situación). 2 (fig) occasion (oportunidad). 3 ANAT jointure, articulation.
coz 1 *f* ruade (de un animal). 2 coup de pied en arrière. 3 recul (de un arma de

fuego). 4 (fig, fam) grossièreté. ■ **dar, tirar coces** lancer des ruades.

crack o **crac 1** m crack; cocaïne. **2** (fam) crack, as, champion. **3** FIN krach.

cráneo m ANAT crâne.

crápula 1 f ivresse, enivrement. **2** (fig) libertinage; débauche. ● **3** m o f débauché (persona).

crasitud f embonpoint (gordura).

craso, sa 1 adj gras. **2** (fig) grossier: *¡craso error! = erreur grossière!*

cráter m cratère.

creación f création.

creador, ra 1 adj/m y f créateur. ● **2 el Creador** m le Créateur.

crear tr créer.

creativo, va 1 adj créateur, créatif. ● **2** m y f créatif, concepteur (profesional).

crecer 1 intr croître, augmenter. **2** grandir (una persona). **3** pousser (una planta, el pelo, etc.). **4** grossir, monter (un río). ● **5 ~se** pron s'enhardir.

creces f pl augmentation; surplus. ■ **con ~** largement; de beaucoup, au double; **estar ~** avoir grandi.

crecida f crue (de un río).

crecido, da adj important, grand. ■ **muy crecido** de grande taille.

creciente 1 adj croissant; grossissant. **2** crue (crecida). ◆ **cuarto ~** premier quartier o croissant de la Lune.

crecimiento 1 m croissance. **2** augmentation (aumento). ◆ **~ económico** ECON croissance économique.

credencial adj de créance, qui accrédite.

credibilidad f crédibilité.

crédito m crédit. ■ **a ~** à crédit; **dar ~ a** croire, ajouter foi à; **no dar ~ a sus ojos** ne pas en croire à ses yeux.

credo 1 m REL credo. **2** (fig) credo, règle.

credulidad f crédulité.

crédulo, la adj/m y f crédule.

creencia f croyance.

creer 1 tr e intr croire. ● **2** tr considérer, imaginer. ● **3 ~se** pron se croire, s'estimer. ■ **según creo** à ce que je crois.

creído, da adj vaniteux.

crema 1 adj y m crème (color). ● **2** f crème. **3** cirage (betún). ■ **la ~ de la sociedad** (fig) la crème de la société.

cremación f crémation.

cremallera 1 f fermeture à glissière. **2** MEC crémaillère.

crematístico, ca adj monétaire.

crematorio, ria adj y m crématoire.

cremería f Arg. crémerie.

crencha f raie (del cabello).

crepitación f crépitation, crépitement.

crepitar intr crépiter.

crepuscular adj crépusculaire.

crepúsculo m crépuscule.

crescendo m MÚS crescendo.

crespo, pa 1 adj crépu (cabello). **2** (fig) irrité.

crespón m crêpe, crépon.

cresta 1 f crête (de las aves). **2** huppe (copete). **3** (fig) cime, arête (cima). **4** crête (de la ola). ◆ **~ de gallo** BOT crête-de-coq; ■ **estar en la ~ de la ola** (fig) être en vogue.

cretino, na adj/m y f crétin.

creyente adj/m o f croyant.

cría 1 f élevage: *la cría del ganado = l'élevage du bétail*. **2** petit (de un animal). **3** allaitement. **4** nourrisson (niño). **5** Perú, P. Rico, Venez. souche, lignée.

criadero 1 m pépinière (de plantas). **2** élevage (de animales).

criadilla f (se usa más en pl) testicule. ◆ **~ de tierra** truffe.

criado, da 1 adj élevé: *bien, mal criado = bien, mal élevé.* ● **2** m y f domestique.

criador, ra 1 adj producteur. ● **2** m y f éleveur (de animales). ● **3 el Criador** m le Créateur. ◆ **~ de vino** viticulteur.

criandera f Amér. nourrice.

crianza 1 f allaitement (de un bebé). **2** (fig) éducation. **3** Chile élevage.

criar 1 tr allaiter; nourrir. **2** élever; éduquer (niños). **3** élever (animales). **4** (fig) créer, causer, provoquer. **5** produire, pousser (árboles, plantas). ● **6 ~se** pron être élevé, grandir.

criatura 1 f nourrisson (niño de pecho). **2** créature (cosa creada). **3** (fam) enfant, mioche (niño).

criba 1 f crible. **2** (fig) crible, tamis.

cribar tr cribler.

crimen m crime.

criminal adj/m o f criminel.

criminalidad f criminalité.

criminalista adj/m o f criminaliste.

crin 1 f crin. ● **2 crines** f pl crinière (pelos).

crío, a 1 m y f (fam) bébé; nourrisson. **2** (fam) gosse, mioche (chaval).

criollo, lla adj/m y f créole.

cripta f crypte.

criptografía f cryptographie.

crisálida f ZOOL chrysalide.

crisantemo m BOT chrysanthème.

crisis f crise. ◆ ~ económica ECON crise économique.

crisma 1 m chrême. ● 2 f (fig, fam) tête, figure. ■ romperse la ~ (fam) se casser la figure.

crisol m TEC creuset.

crispación f crispation.

crispar 1 tr y pron crisper. 2 (fig) irriter, énerver (enojar).

cristal 1 m verre (vidrio). 2 carreau, vitre (en ventanas, vitrinas). 3 (fig) glace (espejo). 4 Amér. verre (vaso).

cristalera 1 f verrière (de un techo). 2 armoire vitrée. 3 porte vitrée.

cristalería 1 f cristallerie (fábrica). 2 verrerie (objetos).

cristalino, na 1 adj cristallin. ● 2 m ANAT cristallin.

cristalización f cristallisation.

cristalizar 1 tr, intr y pron cristalliser. ● 2 intr (fig) se cristalliser.

cristiandad f chrétienté.

cristianismo m christianisme.

cristianizar tr y pron christianiser.

cristiano, na adj/m y f chrétien. ■ hablar en ~ (fig, fam) parler clairement.

Cristo 1 m Christ. 2 christ, crucifix. ■ armarse un ~ (fig, fam) faire toute une histoire, soulever un tollé.

criterio 1 m critère. 2 jugement, discernement. 3 avis (opinión).

crítica f critique.

criticar 1 tr critiquer. 2 critiquer, blâmer (censurar).

crítico, ca adj/m y f critique.

Croacia f Croatie.

croar intr coasser.

croissant m croissant.

cromático, ca adj FÍS, MÚS chromatique.

cromo m image.

cromosoma m BIOL chromosome.

crónica f chronique. ◆ ~ deportiva o de sucesos rubrique sportive o des faits divers.

crónico, ca adj chronique.

crono m DEP chrono.

cronógrafo, fa m y f chronographe.

cronología f chronologie.

cronometrar tr chronométrer.

cronómetro m chronomètre.

croqueta f croquette.

croquis m croquis.

cruce 1 m croisement. 2 carrefour, intersection (de carreteras, de caminos). 3 TELECOM interférence. ◆ ~ de peatones passage pour piétons.

crucero 1 m croisière (viaje). 2 croisement, carrefour (encrucijada). 3 ARQ croisée du transept. 4 ASTR → cruz. 5 MAR croiseur (buque).

crucial adj crucial.

crucificar 1 tr crucifier. 2 (fig, fam) tourmenter, crucifier.

crucifijo m crucifix.

crucifixión f crucifixion (de Cristo); crucifiement.

Crucifiement es la acción y el efecto de crucificar, mientras que *crucifixion* se refiere únicamente al suplicio de Cristo.

crucigrama m mots croisés.

crudeza 1 f crudité. 2 (fig) rigueur (del tiempo). 3 (fig) dureté (de la verdad, etc.).

crudo, da 1 adj cru. 2 vert. 3 écru (seda, cuero). 4 écru (color). 5 (fig) rigoureux, rude (tiempo). 6 (fig) cruel, rude. ● 7 m brut (petróleo).

cruel adj cruel.

crueldad f cruauté.

cruento, ta adj sanglant.

crujido 1 m craquement. 2 grincement (de dientes). 3 crissement (de la seda). 4 frou-frou.

crujiente 1 adj craquant. 2 croustillant, croquant.

crujir 1 intr craquer. 2 crisser (la arena, la nieve). 3 grincer (los dientes). 4 froufrouter (las telas).

crustáceo, a 1 adj y m ZOOL crustacé. ● 2 crustáceos m pl ZOOL crustacés.

cruz 1 f croix. 2 pile (de una moneda). 3 croix (condecoración). 4 garrot (de los animales). 5 fourche (de las ramas). 6 (fig) croix, calvaire. 7 ASTR Croix du Sud. ■ ~ y raya (fig, fam) c'est fini, on tire un trait.

cruza f Amér. croisement (de animales).

cruzamiento m croisement.

cruzar 1 tr y pron croiser. ● 2 tr traverser (la calle). 3 croiser, échanger (miradas, palabras). **4** BIOL croiser. ● **5 ~se** *pron* s'interposer.

cu *f q*.

cuaderno *m* cahier.

cuadra **1** *f* écurie (caballeriza). **2** grande salle. **3** dortoir, chambrée (dormitorio).

cuadrado, da **1** *adj y m* carré. ● **2** *adj* (fig) parfait. **3** (fig) carré, têtu (persona). ● **4** *m* carrelet (regla).

cuadrángulo, la 1 *adj* GEOM quadrangulaire. ● **2** *m* GEOM quadrangle.

cuadrante **1** *m* quadrant. **2** cadran.

cuadrar 1 *tr* carrer, rendre carré. **2** MAT carrer, élever au carré. ● **3** *intr* s'accorder, cadrer; concorder (una información). **4** tomber juste (las cuentas). **5** *Amér.* convenir, aller (gustar). ● **6 ~se** *pron* (fig, fam) se raidir, se durcir. **7** MIL se mettre au garde-à-vous.

cuadratura *f* quadrature.

cuadrícula *f* quadrillage.

cuadricular *tr* quadriller.

cuadrilátero, ra 1 *adj* GEOM quadrilatère, quadrilatéral. ● **2** *m* ring (boxeo). **3** GEOM quadrilatère.

cuadrilla 1 *f* bande (de amigos); équipe (de trabajadores). **2** quadrille (baile). **3** TAUROM cuadrilla; équipe qui assiste le matador.

cuadro 1 *m* carré, rectangle. **2** tableau (pintura, descripción). **3** cadre (marco, cerco). **4** tableau (gráfico). **5** cadre (de bicicleta, de moto). **6** COM équipe; cadres (directivos). **7** MIL carré (formación); cadre (conjunto de jefes). **8** TEAT tableau (escena). ◆ **~ de mandos** tableau de bord (máquina, vehículo); ■ **a cuadros** à carreaux (tela).

cuadrúpedo *adj y m* ZOOL quadrupède.

cuadruplicar *tr e intr* quadrupler.

cuajada *f* caillé.

cuajar 1 *tr y pron* cailler (la leche); coaguler (la sangre). ● **2** *tr* (fig) couvrir, surcharger (de adornos). ● **3** *intr* prendre (la nieve, la moda, etc.). **4** (fig, fam) plaire, convenir. **5** (fig) réussir, aboutir (tener éxito). ● **6 ~se** *pron* (fig, fam) se remplir (llenarse).

cuajo 1 *m* présure (fermento). **2** caillement (coagulación). **3** (fig, fam) calme. **4** ANAT caillette. ■ **de ~** à la racine (arrancar, etc.).

cual 1 *pron rel* (precedido del art *el / la*) qui, lequel, laquelle (*f*), lesquels, les-

quelles (*f*): *seguía escribiendo a su hijo, el cual no respondía nunca* = elle continuait à écrire à son fils, qui ne répondait jamais; celui-ci, celle-ci (*f*), ceux-ci, celles-ci (*f*): *se fue a ese parque de nuevo, el cual estaba cerca de su casa* = il alla de nouveau à ce parc, celui-ci était près de chez lui. **2** (precedido de *al / a la*) auquel, à laquelle (*f*), auxquels, auxquelles (*f*): *el hombre al cual me refería era su padre* = l'homme auquel je faisais référence était son père. **3** (precedido de *del / de la*) dont, duquel, de laquelle (*f*), desquels, desquelles (*f*): *la cuestión de la que hablamos* = la question dont on parle. **4** (precedido de *lo*) ce qui (sujeto): *estoy resfriado, lo cual es penoso* = je suis enrhumé, ce qui est pénible; ce que (objeto). **5** (precedido de *cada*) chacun: *cada cual tiene sus problemas* = chacun a ses problèmes. ● **6** *adv* tel que, comme: *canta cual baila* = il chante tel qu'il danse. **7** (precedido de *tal*) tel quel: *me gusta tal cual* = je l'aime tel quel; comme ci, comme ça.

cuál 1 *pron interr* quel, quelle (*f*): *¿cuál es el problema?* = quel est le problème? ● **2** *pron indef* l'un, l'autre, l'une (*f*), l'autre (*f*): *están todos ricos, cuál más salado, cuál más dulce* = ils sont tous bons, les uns plus salés, les autres plus sucrés. ● **3** *adv* comment, comme: *¡cuál feo era!* = comme il était laid!

cualidad *f* qualité.

cualificación *f* qualification.

cualitativo, va *adj* qualitatif.

cualquiera 1 *adj indef* (precedido de *sust*) quelconque: *un papel cualquiera* = un papier quelconque. **2** cualquier (seguido de *sust*) n'importe quel *o* quelle (*f*): *cualquier disco le gustará* = il aimera n'importe quel disque. ● **3** *pron indef* n'importe qui: *cualquiera se alegraría* = n'importe qui serait content. **4 ~ que** quiconque: *cualquiera que se oiga...* = quiconque t'entendrait...; quel *o* quelle (*f*) que: *cualquiera que sea la solución, es difícil encontrarla* = quelle que soit la solution, elle est difficile à trouver. ● **5** *m o f* traîné; moins que rien: *no le escuches, es un cualquiera* = ne l'écoute pas, c'est un moins que rien.

cuan 1 *adv* combien, comme: *no sabes cuan enamorada está* = tu ne sais pas *comme elle est amoureuse.* **2 cuán** comme: *¡cuán dura es la vida! = comme la vie est dure!* ■ **tan ~** aussi.. que: *el remedio será tan duro cuan dura fue la enfermedad = le remède sera aussi dur que la maladie.*

cuando 1 *conj* quand, lorsque: *te llamará cuando vuelva = il t'appellera quand il sera revenu.* **2** même si, bien même (aunque). **3** puisque, du moment que (puesto que): *cuando le gusta es que lleva azúcar = puisque ça lui plaît, c'est que c'est sucré.* ■ **~ más** tout au plus; **~ menos** tout au moins; **~ no** sinon.

cuándo 1 *adv* quand: *¿cuándo nos vemos? = quand est-ce qu'on se voit?* ● **2** *m* quand: *cuándo es también importante = quand c'est aussi important.*

cuantía 1 *f* quantité. **2** DER importance.

cuantioso, sa *adj* considérable, important.

cuanto, ta 1 *adj* autant: *hay de posibilidades cuantos juegos haya = il y a autant de possibilités que de jeux.* **2** tout, toute (*f*): *lo hizo cuantas veces quiso = il l'a fait toutes les fois qu'il a voulu.* ● **3** *pron* nl tous ceux qui, toutes celles qui (*f*); tout ce que: *sé cuanto le dijiste = je sais tout ce que tu lui as dit.* ● **4 unos cuantos, unas cuantas** *pron* quelques-uns, quelques-unes (*f*): *quedan unas cuantas = il en reste quelques-unes.* ■ **~ antes** le plus vite possible, dès que possible; **~ más** à plus forte raison; **en ~ a** quant à; **por ~** parce que.

cuánto, ta 1 *adj* combien de (interrogativo): *¿cuánto dinero ganas? = combien d'argent gagnes-tu?*; que de (exclamativo): *¡cuántos postres! = que de desserts!* **2** *pron* combien (interrogativo): *¿cuánto tomas? = combien en prends-tu?*; combien, que (exclamativo): *¡cuánto has crecido! = comme tu as grandi!* ● **3** *adv* comme (exclamativo): *¡cuánto más adulto es tu hermano! = comme ton frère est plus adulte!*

cuarenta 1 *adj* y *m* quarante. ● **2** *m* quarantième (cuadragésimo). ■ **cantar a uno las ~** (fig, fam) dire ses quatre vérités à qqn.

cuarentena *f* quarantaine.

cuarentón, na *adj/m* y *f* quadragénaire.

cuarta 1 *f* quart. **2** empan (palmo). **3** MÚS quarte.

cuartear 1 *tr* diviser en quatre. **2** dépecer (descuartizar). **3** *Méx.* fouetter. ● **4 ~se** *pron* se lézarder, se fendre (una pared, un techo). **5** *Méx.* faire faux bond; avoir peur.

cuartel *m* MIL caserne, quartier. ◆ **~ general** MIL quartier général; ■ **sin ~** (fig) sans merci.

cuarteo *m* crevasse, lézarde (grieta). **2** écart, feinte (del cuerpo).

cuarterón, na *adj/m* y *f* quarteron (mulato).

cuarto, ta 1 *adj* quatre: *Enrique IV (cuarto) = Henri IV (quatre).* ● **2** *adj/m* y *f* quatrième. **3** *Col.* ami. ● **4** *adj* y *m* quart (cuarta parte). ● **5** *m* chambre, pièce (habitación). ◆ **cuatro cuartos** peu de sous; ■ **no tener uno un ~** (fig, fam) n'avoir pas le sou.

cuarzo *m* MIN quartz.

cuatí *m* *Arg.*, *Col.*, *R. de la Plata* ZOOL coati.

cuatrerear *tr* *Arg.* voler.

cuatro 1 *adj* y *m* quatre. ● **2** *m* quatre (naipe). **3** *Venez.* petite guitare à quatre cordes. **4** *Méx.* tromperie, piège (engaño). ◆ **~ por** quatre-quatre (coche); ■ **no haber ni ~ gatos** n'y avoir pas un chat.

cuatrocientos, tas *adj* y *m* quatre cents.

cuba 1 *f* cuve, tonneau. **2** (fig) cuvée (contenido). ■ **estar como una ~** être rond.

Cuba *f* Cuba.

cubalibre *m* rhum-Coca.

cubano, na 1 *adj* cubain. ● **2** *m* y *f* Cubain.

cubeta 1 *f* cuveau (cuba pequeña); petit tonneau. **2** cuvette.

cubicación *f* cubage.

cubicar *tr* GEOM, MAT cuber.

cúbico, ca 1 *adj* cubique. **2** cube (para volúmenes). **3** MAT cubique.

cubierta 1 *f* couverture. **2** housse (funda). **3** pneu (de un neumático). **4** ARQ toit, toiture, couverture. **5** MAR pont.

cubierto, ta 1 *pp* → cubrir. ● **2** *adj* y *m* couvert. ● **3** *m* menu (comida). **4** abri, couverture (abrigo). ■ **a ~** à l'abri, à couvert.

cúbito *m* ANAT cubitus.

cubo 1 *m* seau (recipiente). **2** cuveau (cuba pequeña). **3** GEOM, MAT cube. ◆ **~ de la basura** poubelle.

105   **cuerpo**

cubrecama *m* dessus-de-lit, couvre-lit.
cubrir 1 *tr* couvrir. **2** cacher (ocultar). **3** couvrir (un animal). **4** pourvoir à (un puesto, una vacante). **5** (fig) satisfaire, remplir. **6** (fig) couvrir (una demanda, una deuda).
cucaracha *f* ZOOL blatte, cafard.
cuchara 1 *f* cuiller, cuillère. **2** cuillerée (cucharada). **3** TEC godet, benne. ■ **meter uno su ~** interrompre une conversation; **ser un media ~** (fig, fam) être peu habile *o* peu intelligent.
cucharada *f* cuillerée. ■ **meter uno su ~** (fig, fam) s'occuper de ce qui ne regarde pas qqn.
cucharón *m* louche (para servir); cuiller à pot.
cuchichear *intr* chuchoter.
cuchilla 1 *f* lame. **2** couperet (de carnicero). **3** lame de rasoir (hoja de afeitar). **4** (fig) crête (cumbre); ligne de crêtes. **5** *Amér.* canif (cortaplumas).
cuchillada 1 *f* coup de couteau *o* d'épée. **2** estafilade (herida).
cuchillo *m* couteau. ■ **llevar** *o* **pasar a ~** passer au fil de l'épée.
cuchitril *m* taudis, bouge.
cuchubal *m* *Amér.* confabulation, complot.
cuchufleta *f* (fam) blague, plaisanterie.
cuclillas (en) *loc adv* accroupi. ■ **ponerse en ~** s'accroupir.
cuco, ca 1 *adj* (fam) joli, mignon. ● **2** *adj/m* y *f* (fig, fam) malin, rusé. ● **3** *m* ZOOL coucou (cuclillo).
cucurucho 1 *m* cornet (de papel). **2** cagoule (caperuza).
cuello 1 *m* cou. **2** col (de objetos, prendas). **3** rabat, collet (de los clérigos). **4** BOT collet (tallo). ◆ **~ de botella** goulot; **~ duro** *o* **de foque** col dur *o* empesé; **~ postizo** faux col.
cuenca 1 *f* orbite (del ojo). **2** bassin (de río, minera, etc.). **3** vallée (valle).
cuenco 1 *m* terrine (vaso de barro). **2** concavité.
cuenta 1 *f* compte. **2** opération (suma, resta, etc.). **3** note, addition (de restaurante, etc.). ◆ **4** COM, FIN compte. ◆ **atrás** compte à rebours; ■ **a ~** en acompte, à compte; **ajustar cuentas** régler son compte; **caer** *o* **dar en la ~** (fig, fam) y être, piger; **dar ~ de** (fig, fam) rendre

compte de; en finir avec; **darse ~ de** se rendre compte de; **en resumidas cuentas** en fin de compte; **pedir cuentas** demander compte de; **perder la ~ de** ne pas se rappeler de; **por ~ de uno** à son compte; **tener en ~** tenir compte de, compter sur.
cuentagotas *m* compte-gouttes.
cuentakilómetros *m* compteur kilométrique.
cuentarrevoluciones *m* compte-tours.
cuentista 1 *adj/m* o *f* conteur. ● **2** *adj/m* y *f* (fam) cancanier (chismoso).
cuento 1 *m* conte. **2** histoire, récit. **3** (fig, fam) potin, ragot (chisme). ◆ **~ chino** (fam) histoire à dormir debout; **~ de nunca acabar** (fig) histoire à n'en plus finir; **~ de viejas** (fig) conte de bonne femme; ■ **dejarse de cuentos** aller droit au but; **no venir a ~** n'avoir rien à voir; **tener mucho ~** être très comédien; **venir a ~** venir à propos; **vivir del ~** (fam) vivre de l'air du temps.
cuerda 1 *f* corde; ficelle (de un paquete). **2** ressort (de reloj). **3** ANAT corde. **4** MÚS corde. ◆ **~ floja** corde raide; ■ **aflojar la ~** se reposer, faire une pause; **andar,** *o* **bailar, en la ~ floja** être sur la corde raide; **apretar la ~** serrer la vis; **dar ~ a uno** faire parler à qqn; **por debajo de** *o* **bajo ~** en sous-main, en cachette.
cuerdo, da 1 *adj/m* y *f* raisonnable (en su juicio). **2** sage, prudent (prudente).
cuerno 1 *m* corne. **2** (fig) corne (de la luna). **3** MÚS cor. ● **4** ¡**cuerno!** *interj* (fam) zut! ■ **mandar al ~ a alguien** (fam) envoyer promener qqn; **poner los cuernos** (fig) faire porter des cornes, cocufier; **romperse los cuernos** (fam) travailler *o* s'efforcer beaucoup; **saber a ~ quemado** (fig, fam) sentir le roussi.
cuero *m* cuir. ◆ **~ cabelludo** cuir chevelu; ■ **en cueros** *o* **en cueros vivos** nu comme un ver; **entre ~ y carne** entre cuir et chair; **estar hecho un ~** (fig, fam) être soûl.
cuerpo 1 *m* corps. **2** (fig) partie principale. **3** ARQ corps de logis. **4** DER corpus. ■ **a ~** sans manteau; **a ~ de rey** comme un prince; **a ~ descubierto** à découvert; **~ a ~** corps à corps; **dar ~** prendre du corps (un líquido); **de ~ presente** sur son lit de mort; **de medio ~** en buste; **en**

~ **y alma** (fig) corps et âme; **hacer del
~** (fam) aller à la selle.

cuervo *m* corbeau. ◆ ~ **marino** cormoran.

cuesta *f* côte, pente. ■ **a cuestas** sur le
dos; **hacérsele a uno ~ arriba una cosa** (fig) avoir du mal à faire qqch; **ir ~
abajo** descendre; décliner; **llevar a uno
a cuestas** (fig) avoir qqn à sa charge *o*
sur le dos.

cuestión 1 *f* question. **2** MAT problème. ◆
~ **de confianza** question de confiance.

cuestionar 1 *tr* controverser, débattre. **2**
mettre en question.

cuestionario *m* questionnaire.

cueva *f* grotte, caverne.

cuico, ca 1 *adj* Amér. étranger. ● **2** *m*
Méx. (desp) flic.

cuidado 1 *m* soin; attention. **2** charge
(dependencia). **3** souci (recelo, temor). ●
4 ¡**cuidado**! *interj* attention! ■ **correr al
~ de uno** être à la charge de qqn; **de ~**
grave; **sin ~** sans soin.

cuidar 1 *tr* soigner (a una persona);
prendre soin de (una cosa). ● **2** *tr* y
pron (~ *de*) s'occuper de. ● **3** ~**se** *pron*
se soigner, se ménager.

cuita 1 *f* peine, souci. **2** *Amér. Centr.* fiente d'oiseaux.

culata 1 *tr* crosse (de las armas). **2** croupe (del caballo). **3** culasse (del motor). ■
salir el tiro por la ~ (fam) rater.

culebra 1 *f* MAR cordage fin. **2** ZOOL couleuvre.

culebrón *m* (fig, fam) feuilleton mélo.

culera 1 *f* pièce (remiendo). **2** fond (de
pantalón).

culmen *m* sommet.

culminación 1 *f* point culminant. **2** ASTR
culmination.

culminar 1 *intr* culminer. **2** ASTR culminer. ● **3** *tr* (fig) accomplir; couronner.

culo 1 *m* cul, derrière (nalgas). **2** anus
(ano). **3** (fig) fond (de un objeto, líquido). **4** (fig, fam) cul (de botella). ■ **caerse de ~** (fig, fam) tomber sur le cul; ¡**vete a tomar por ~**! (vulg) va te faire enculer!

culpa 1 *f* faute. **2** tort, torts. ■ **echarle la
~ a alguien** rejeter la faute sur qqn; **por
~ de** à cause de.

culpabilidad *f* culpabilité.

culpable 1 *adj/m o f* coupable. **2** fautif
(de una falta leve).

culpar 1 *tr* inculper (de un delito); accuser. **2** DER rendre responsable; reprocher.
● **3** ~**se** *pron* s'accuser.

cultivar 1 *tr* cultiver. **2** (fig) cultiver (la
memoria, amistad, etc.).

cultivo *m* culture: *cultivo de los cereales
= culture des céréales*. ◆ ~ **intensivo**
culture intensive.

culto, ta 1 *adj* cultivé (tierra). **2** (fig) cultivé, savant (erudito). **3** (fig) précieux
(culterano). ● **4** *m* culte.

cultura *f* culture.

cumbia *f* Amér. cumbia, cumbiamba (danza).

cumbre 1 *f* sommet (cima). **2** (fig) apogée, comble. **3** POL sommet (reunión).

cumpleaños *m* anniversaire. ■ ¡**feliz ~**!
joyeux anniversaire!

cumplido, da 1 *adj* accompli, complet
(lleno). **2** achevé (acabado). **3** ample,
bon (abundante). **4** poli, bien élevé (cortés). ● **5** *m* compliment (cortesía). ● **6**
cumplidos *m pl* politesses.

cumplimentar 1 *tr* complimenter (felicitar). **2** remplir (un impreso). **3** DER exécuter (órdenes).

cumplimiento 1 *m* accomplissement (de
una orden). **2** respect (acatamiento). **3** compliment, politesse (cumplido, ceremonia).

cumplir 1 *tr* y *pron* réaliser; accomplir
(ejecutar). ● **2** *tr* tenir (una promesa). **3**
combler (un deseo). **4** avoir (años). ● **5**
intr tenir sa parole, s'acquitter. ● **6** *intr* y
pron échoir, expirer (un plazo). ● **7** ~ **se**
pron avoir lieu (un aniversario).

cúmulo 1 *m* accumulation (de cosas). **2**
cumulus (nube). **3** (fig) tas.

cuna 1 *f* berceau. **2** (fig) berceau. **3** (fig)
naissance, origine (estirpe).

cundir 1 *intr* s'étaler, s'étendre (un líquido).
2 se multiplier. **3** gonfler, augmenter de volume. **4** (fig) se répandre, se propager. **5**
(fig) avancer, progresser (un trabajo).

cuneta 1 *f* fossé (de carretera). **2** caniveau (de una calle).

cuña 1 *f* cale (para sujetar); coin (para
hender). **2** (fam) piston, appui
(apoyo). **3** ANAT os du tarse.

cuñado, da *m y f* beau-frère, belle-sœur (*f*).

cuota 1 *f* quotité; quote-part (parte proporcional). **2** cote; cotisation (impuestos,
contribución). **3** frais.

cupo 1 *m* quote-part (cuota). **2** MIL
contingent (de reclutas). **3** *Col., Méx.*,

danés

Pan. capacité, contenance (cabida). **4** *Col., Pan.* place d'un véhicule.

cupón 1 *m* coupon-réponse (de un anuncio, etc.). **2** billet (de lotería, de una rifa). **3** ECON coupon.

cúpula 1 *f* ARQ coupole. **2** BOT cupule. **3** MAR tourelle.

cura 1 *m* prêtre, curé (sacerdote). ● **2** *f* cure. **3** soin (de herida, lesión). **4** *Chile* (fam) cuite (borrachera). ◆ ~ **párroco** curé d'une paroisse; ■ **no tener** ~ être incurable.

curandero, ra *m* y *f* guérisseur.

curar 1 *tr* y *pron* soigner, guérir (sanar). ● **2** *tr* panser (con apósitos). **3** sécher (carnes y pescados). **4** tanner (pieles). ● **5** ~se *pron Bol., Chile* (fam) se soûler (emborracharse).

curativo, va *adj* curatif.

curiosear *tr* e *intr* mettre son nez partout; fouiner (fisgonear).

curiosidad 1 *f* curiosité. **2** propreté, soin (limpieza, aseo).

currante *m* o *f* (fam) bosseur.

currar *tr* (fam) bosser, trimer (trabajar).

currículo o **currículum 1** *m* plan d'études (de universidad). **2** curriculum.

currículum vitae *m* curriculum vitae.

curro *m* (fam) boulot, turbin.

cursar 1 *tr* suivre un cours. **2** faire suivre son cours; donner suite à (dar curso). **3** faire (estudios). **4** transmettre (órdenes).

cursi 1 *adj* de mauvais goût (ridículo). **2** (fam) snob. ● **3** *adj/m* y *f* (fam) guindé.

cursillo 1 *m* cours. **2** stage (de formación, perfeccionamiento).

curso 1 *m* cours (evolución, flujo). **2** cours (clases). **3** année (escolar, universitario). ◆ ~ **legal** cours légal; ■ **dar libre** ~ **a** donner libre cours à; **en el** ~ **de** dans le courant de.

cursor *m* TEC curseur, coulisseau.

curtir 1 *tr* tanner, corroyer (pieles). **2** *Arg., Ur.* (fig) fouetter (azotar). ● **3** *tr* y *pron* (fig) hâler (el cutis). **4** (fig) endurcir, aguerrir (una persona).

curva 1 *f* courbe (línea). **2** tournant, virage (de carretera). ◆ ~ **de nivel** courbe de niveau.

curvar *tr* y *pron* courber.

curvo, va *adj* courbe.

cúspide 1 *f* sommet. **2** (fig) faîte, comble. **3** GEOM sommet.

custodia 1 *f* garde, surveillance. **2** DER droit de garde. **3** REL ostensoir. **4** *Chile* consigne (de estación, aeropuerto).

custodiar 1 *tr* surveiller; garder (vigilar). **2** défendre, protéger (proteger).

cutáneo, a *adj* cutané.

cutis *m* peau du visage.

cutre *adj* (fam) merdique; craignos.

cuyo, ya **1** *pron rel* dont le, dont la *(f)*, dont les: *la casa cuyas ventanas están abiertas es la mía* = la maison dont les fenêtres sont ouvertes est la mienne. **2** (precedido de *prep*) de qui, duquel, de laquelle *(f)*, desquels, desquelles *(f)*: *el país en cuya capital vivió el novelista está en guerra* = le pays dans la capitale duquel il a habité le romancier est en guerre. ■ **a** ~ **efecto** à cet effet; **en** ~ **caso** auquel cas.

Dd

d *f* d.

dactilar *adj* digital.

dádiva *f* (form) don, présent.

dado, da **1** *adj* donné. ● **2** *m* dé (de los juegos). ■ ~ **que** étant donné que.

daga 1 *f* dague (puñal). **2** *Amér.* coutelas (machete).

dalia *f* BOT dahlia.

daltónico, ca *adj/m* y *f* MED daltonien.

daltonismo *m* MED daltonisme.

dama 1 *f* dame. **2** dame, reine (en el ajedrez). ● **3 damas** *f pl* dames (juego). ◆ **primera** ~ première dame (política).

damisela *f* demoiselle.

damnificado, da *adj/m* y *f* sinistré.

damnificar *tr* endommager.

dandi o **dandy** *m* dandy.

danés, sa **1** *adj* danois. ● **2** *m* y *f* Danois.

dantesco, ca *adj* dantesque.

danza *f* danse. ■ **en ~** (fig) actif, en mouvement; **entrar en la ~** entrer dans la danse.

danzar 1 *tr* e *intr* danser (bailar). ● **2** *intr* courir, valser (moverse).

dañar 1 *tr* y *pron* nuire. **2** abîmer, endommager (echar a perder).

dañino, na *adj* nuisible.

daño 1 *m* dommage. **2** mal (a un ser vivo). **3** dégât (perjuicio). **4** *Amér.* maléfice (maleficio). ◆ **daños y perjuicios** DER dommages et intérêts.

dar 1 *tr* donner. **2** faire (hacer): *dar un paseo = faire une promenade.* **3** faire (producir, causar). **4** sonner (las horas). ● **5** *tr* y *pron* frapper (zurrar). **6** (~ *por*) donner o tenir pour (suponer). ● **7** *intr* (~ *con*) trouver, rencontrer (encontrar). ● **8 ~se** *pron* arriver, exister. **9** se heurter. **10** (~ *a*) s'adonner à. **11** (~ *por*) se tenir, se sentir.

dardo 1 *m* dard (arma). **2** (fig) trait (dicho).

dársena *f* MAR bassin, darse.

data *f* date.

datar 1 *tr* y *pron* dater. ● **2** *intr* (~ *de*) dater de.

dátil *m* datte (fruto).

dato 1 *m* donnée. ● **2 datos** *m pl* INF données. ◆ **datos personales** coordonnées.

de 1 *prep* de (pertenencia, origen): *la casa de su padre = la maison de son père.* **2** de (causa): *llorar de angustia = pleurer d'angoisse.* **3** en, de (materia): *bolsa de papel = sac de papier.* **4** à (precedido de adjetivo o verbo): *dar de beber = donner à boire.* **5** à, au (características): *una mujer de ojos negros = une femme aux yeux noirs.* **6** à (finalidad): *máquina de escribir = machine à écrire.* ■ **~ que o quien** dont: *la mujer de quien todos hablan = la femme dont tout le monde parle.*

deambular *intr* déambuler.

debajo 1 *adv* dessous. **2** (~ *de*) sous, au dessous de: *mira debajo de la mesa = regarde sous la table*; en dessous de. ■ **por ~** par-dessous, au-dessous.

debate *m* débat.

debatir *tr* y *pron* débattre.

deber 1 *m* devoir. ● **2 deberes** *m pl* devoirs.

deber 1 *tr* devoir (una deuda). ● **2 ~se** *pron* être dû. **3 deber + inf** devoir + inf.

(obligación): *debe hacerlo = il doit le faire.* **4 deber + de + inf** devoir + inf. (probabilidad): *debe de ser mayor que tú = il doit être plus grand que toi.*

debido, da *adj* convenable, pertinent (conveniente). ■ **como es ~** comme il convient; **~ a** à cause de, étant donné.

débil *adj/m* o *f* faible, débile.

No hay que confundir esta palabra con la palabra francesa **débile,** que debe traducirse por 'loco'.

debilidad *f* faiblesse. ■ **tener ~ por alguien o algo** avoir un faible pour qqn o qqch.

debilitar 1 *tr* y *pron* affaiblir, débiliter. ● **2 ~se** *pron* (fig) fléchir, mollir.

debut *m* début (estreno).

debutar *intr* débuter (un espectáculo, un artista).

década *f* décade.

decadencia 1 *f* décadence. **2** décheance (moral).

decadente *adj/m* o *f* décadent.

decaer 1 *intr* déchoir (ir a menos). **2** décliner, s'affaiblir (debilitarse).

decaído, da 1 *adj* déchu. **2** abattu (desanimado).

decaimiento 1 *m* décadence (decadencia). **2** abattement (desaliento).

decano, na *adj/m* y *f* doyen.

decantar 1 *tr* décanter (un líquido). ● **2 ~se** *pron* (fig) (~se *por*) préférer, pencher pour.

decapitar *tr* décapiter.

decatlón *m* DEP décathlon.

decena *f* dizaine.

decencia *f* décence. ■ **con ~** décemment.

decenio *m* décennie.

decente 1 *adj* décent. **2** honnête (honesto).

decepción *f* déception.

decepcionar *tr* décevoir.

decibel o **decibelio** *m* FÍS décibel.

decidido, da *adj* décidé.

decidir 1 *tr* y *pron* décider. ● **2 ~se** *pron* (~ *a*) se décider à.

decimal 1 *adj* décimal. ● **2** *m* décimale (cifra o número).

décimo, ma *adj/m* y *f* dixième.

decimoctavo, va *adj/m* y *f* dix-huitième.

decimocuarto, ta *adj/m* y *f* quatorzième.

decimonono, na *adj/m y f* dix-neuvième.
decimoquinto, ta *adj/m y f* quinzième.
decimoséptimo, ma *adj/m y f* dix-sep-tième.
decimosexto, ta *adj/m y f* seizième.
decimotercero, ra *adj/m y f* treizième.
decir *m* parole, sentence.
decir *tr y pron* dire. ■ **dar que ~** faire parler de soi; **~ por ~** dire comme ça; **¿diga?** o **¿dígame?** allô? (en el teléfono); **digan lo que digan** quoi qu'on en dise; **es ~** c'est-à-dire; **¡no me digas!** pas possible!; **o mejor dicho** ou plutôt.
decisión *f* décision. ■ **tomar una ~** prendre une décision.
decisivo, va *adj* décisif.
declamación *f* déclamation.
declamar *tr e intr* déclamer.
declaración *f* déclaration. ■ **prestar ~** DER faire une déposition.
declarar **1** *tr, intr y pron* déclarer. ● **2** *tr e intr* DER déposer. ● **3 ~se** *pron* déclarer son amour. ■ **~se a favor** o **en contra de** se déclarer pour o contre.
declinar **1** *tr* décliner. ● **2** *intr* s'incliner. **3** (fig) baisser (debilitarse).
declive **1** *m* pente. **2** (fig) déclin; décadence.
decolorar *tr* décolorer.
decomisar *tr* confisquer.
decoración **1** *f* décoration. **2** TEAT décor.
decorado **1** *m* décor. **2** TEAT décor.
decorar *tr* décorer.
decoro **1** *m* respect (respeto). **2** réserve, retenue (circunspección). ■ **con ~** dignement.
decrecer *intr* diminuer; décroître.
decrepitar *intr* décrépiter.
decrépito, ta *adj* décrépit.
decrepitud *f* décrépitude.
decretar *tr* décréter.
decreto *m* décret. ◆ **~ ley** décret-loi.
decurso *m* cours: *el decurso de los años* = *le cours des ans*.
dedicación *f* dévouement. ■ **de ~ exclusiva** o **plena** à plein temps.
dedicar **1** *tr* dédier. **2** consacrer (dinero, esfuerzos). ● **3 ~se** *tr y pron* (~ a) se consacrer à; faire: *¿a qué se dedica?* = *qu'est-ce que vous faites dans la vie?*
dedicatoria *f* dédicace.
dedillo ■ **saber al ~** (fig, fam) savoir sur le bout du doigt.

dedo *m* doigt. ■ **no chuparse el ~** (fig, fam) ne pas être né d'hier; **señalar con el ~** montrer du doigt.
deducción *f* déduction. ◆ **~ fiscal** prélèvement fiscal.
deducir **1** *tr* déduire. **2** retenir (del salario).
defecar *tr e intr* déféquer.
defección *f* défection.
defecto *m* défaut. ■ **por ~** par défaut.
defender *tr y pron* défendre.
defenestrar **1** *tr* défenestrer. **2** (fig) destituer, expulser.
defensa *f* défense. ■ **en ~ propia** à mon corps défendant.
defensiva *f* défensive. ■ **estar** o **ponerse a la ~** (fig) être o se tenir sur la défensive.
defensor, ra *m y f* défenseur.
deferencia *f* déférence.
deficiencia *f* déficience.
deficiente **1** *adj* déficient. **2** médiocre.
déficit *m* déficit. ◆ **~ presupuestario** déficit budgétaire.
definición *f* définition.
definir **1** *tr y pron* définir. **2** décider (decidir).
definitivo, va *adj* définitif. ■ **en definitiva** en définitive, en fin de compte.
deflagración *f* déflagration.
deflagrar *intr* s'enflammer.
deforestación *f* déforestation; déboisement.
deforestar *tr* déboiser.
deformación *f* déformation.
deformar *tr y pron* déformer.
deforme *adj* difforme.
deformidad *f* difformité.
defraudar **1** *tr* frauder (cometer fraude). **2** (fig) décevoir, frustrer (frustrar).
defunción *f* décès.
degeneración *f* déclin.
degenerado, da *adj/m y f* dégénéré.
degenerar **1** *intr y pron* dégénérer. ● **2** *intr* (fig) (~ en) dégénérer en.
degollar **1** *tr* égorger. **2** décoller, décapiter (decapitar).
degradación **1** *f* dégradation. **2** (fig) déchéance; avilissement.
degradar **1** *tr* dégrader. ● **2** *tr y pron* (fig) dégrader, avilir.
degüello *m* égorgement.
degustación *f* dégustation.
degustar *tr* déguster.

deificar 1 *tr* déifier (una persona). 2 diviniser (una cosa).

dejadez *f* laisser-aller.

dejado, da 1 *adj* négligé. 2 apathique, abattu (caído de ánimo).

dejar 1 *tr* laisser: *dejar la ventana cerrada = laisser la fenêtre fermée.* 2 prêter. 3 quitter (una persona, un empleo). ● 4 ~se *pron* laisser, oublier. 5 se laisser aller (descuidarse). ● 6 ~ + de + *inf tr* y *pron* arrêter *o* cesser de + inf.: *dejar de visitar a sus padres = cesser de rendre visite à ses parents.* ● 7 ~se + inf *pron* se laisser + inf. (permitir): *dejarse engañar = se laisser berner.* 8 dejar + pp laisser + pp: *lo dejó arruinado = il l'a laissé ruiné.* ■ ¡déjalo! laisse tomber!

del *contr* (*de* + *el*) du: *vengo del cine = je viens du cinéma;* de l': *la fama del artista = la renommée de l'artiste.*

delación *f* délation.

delantal *m* tablier.

delante 1 *adv* devant:, *delante mío = devant moi.* ● 2 ~ de *loc prep* devant: *delante de la farmacia = devant la pharmacie.*

delantera *f* devant (de un vestido, etc.). ■ llevar la ~ a alguien (fig, fam) mener devant qqn.

delantero, ra 1 *adj* qui va devant (primero). 2 avant. ● 3 *m* y *f* DEP avant: *delantero centro = avant-centre.*

delatar 1 *tr* y *pron* dénoncer. ● 2 *tr* trahir (un gesto, una sonrisa).

delegación 1 *f* délégation. 2 agence. 3 office, centre (de un organismo público).

delegado, da *adj/m* y *f* délégué.

delegar *tr* déléguer.

deleitar 1 *tr* enchanter, charmer. ● 2 ~se *pron* (~se *con* o *en*) prendre un vif plaisir à.

deleite 1 *m* délectation. 2 plaisir, délice.

deletrear 1 *tr* épeller. 2 (fig) déchiffrer.

deleznable 1 *adj* friable (que se deshace). 2 détestable.

delfín *m* ZOOL dauphin.

delgadez 1 *f* maigreur (flacura). 2 minceur, finesse.

delgado, da 1 *adj* maigre (flaco). 2 mince, fin. ■ hilar ~ (fig) couper les cheveux en quatre.

deliberación *f* délibération.

deliberado, da *adj* délibéré.

deliberar *intr* délibérer.

delicadeza 1 *f* délicatesse. 2 attention (atención, tacto); tendresse (ternura). ■ falta de ~ manque de délicatesse; tener la ~ de avoir la délicatesse de.

delicado, da 1 *adj* délicat. 2 délicat, fragile (de salud).

delicia *f* délice. ■ hacer las delicias (fig) faire les délices.

delicioso, sa *adj* délicieux.

delimitar *tr* délimiter.

delincuencia *f* délinquance.

delincuente *adj/m* o *f* délinquant.

delineante *m* o *f* dessinateur industriel.

delinear *tr* dessiner des plans.

delinquir *intr* commettre un délit.

delirar *intr* délirer.

delirio *m* délire. ■ con ~ (fam) à la folie.

delito 1 *m* délit. 2 crime (culpa muy grave). ◆ ~ de sangre crime de sang.

demacrar *tr* y *pron* émacier, maigrir.

demagogia *f* démagogie.

demagogo, ga *adj/m* y *f* démagogue.

demanda 1 *f* demande. 2 ECON commande (pedido). ■ presentar una ~ DER intenter une action.

demandante *adj/m* o *f* DER demandeur; plaidant.

demandar *tr* DER demander, poursuivre: *demandó al empresario por fraude = il a poursuit le chef d'entreprise en fraude.*

demarcación 1 *f* démarcation; délimitation. 2 zone. 3 circonscription (jurisdicción).

demarcar *tr* délimiter.

demás 1 *adj* autre: *los demás niños juegan = les autres enfants jouent.* ● 2 *pron indef* autre: *se ha ido con los demás = il est parti avec les autres.* ● 3 *adv* du reste, au reste, d'ailleurs. ■ por ~ en vain, inutile; por lo ~ à part cela, du reste, d'ailleurs; y ~ et les autres, et le reste.

demasiado, da 1 *adj* trop de: *han encontrado demasiados obstáculos = ils ont rencontré trop d'obstacles.* 2 excessif. ● 3 *adv* trop: *fumas demasiado = tu fumes trop.*

demencia *f* démence.

demente *adj/m* o *f* dément.

demérito *m* démérite.

democracia *f* démocratie.

demócrata *adj/m* o *f* démocrate.

democratizar *tr* y *pron* démocratiser.

demografía f démographie.

demoler tr démolir.

demonio m démon; diable. ■ del ~ (fam) formidable, à tout casser.

demora f retard; délai.

demorar 1 tr retarder. ● 2 intr demeurer, s'arrêter (detenerse). ● 3 ~se pron s'attarder (no apresurarse); être en retard (llegar tarde).

> No hay que confundir esta palabra con la palabra francesa **demeurer**, que debe traducirse por 'quedarse, permanecer'.

demostración 1 f démonstration. 2 manifestation (de dolor, alegría).

demostrar 1 tr démontrer (una teoría, una hipótesis). 2 faire preuve de (afecto, fuerza).

denegar 1 tr refuser; rejeter. 2 DER débouter (una demanda).

denigrar 1 tr dénigrer; humilier. 2 injurier (injuriar).

denominación f dénomination; appellation.

denominar tr y pron dénommer.

denostar tr insulter, injurier.

denotación f dénotation.

denotar tr dénoter; montrer (indicar).

densidad f densité.

denso, sa 1 adj dense. 2 (fig) épais, dense.

dentado, da 1 adj denté; en dents de scie. 2 BOT dentelé (hoja).

dentadura f ANAT denture, dents. ◆ ~ postiza dentier.

dental adj dentaire.

dentellada f coup de dent. ■ morder a dentelladas mordre à belles dents.

dentellar intr claquer des dents.

dentellear tr mordiller.

dentera f agacement (en los dientes). 2 (fig, fam) envie (envidia). ■ dar ~ agacer les dents.

dentición f dentition. ◆ ~ de leche dents de lait.

dentífrico, ca adj y m dentifrice.

dentista adj/m o f dentiste.

dentro 1 adv dedans, à l'intérieur: está ahí dentro = il est là-dedans. ● 2 ~ de loc adv dans: llegará dentro de una semana = il va arriver dans une semaine.

3 hacia ~ vers l'intérieur. 4 por ~ en dedans. ■ ~ de poco d'ici peu.

denuncia f plainte (a la autoridad); dénonciation (de un delito, de un criminal).

denunciante adj/m o f dénonciateur.

denunciar tr dénoncer (un delito); signaler (a la autoridad).

deparar 1 tr procurer, accorder (proporcionar). 2 offrir, présenter (presentar).

departamento 1 m département (división). 2 service (en una empresa). 3 section (en una universidad). 4 Amér. Merid. appartement.

dependencia 1 f dépendance. ● 2 dependencias f pl dépendances.

depender intr dépendre; relever.

dependiente, ta 1 adj dépendant. ● 2 m y f vendeur, employé.

depilación f épilation, dépilation.

depilar tr y pron épiler, dépiler.

deplorar tr déplorer.

deponer 1 tr déposer, poser. 2 déposer (destituir). ● 3 intr Amér. Centr., Méx. vomir.

deportar tr déporter.

deporte m sport.

deportista adj/m o f sportif.

deposición f déposition; destitution.

depositar 1 tr mettre en dépôt; déposer. ● 2 ~se pron se déposer. 3 (fig) se fonder.

depósito m dépôt; réservoir. ◆ ~ bancario dépôt bancaire; ~ de cadáveres morgue.

depravar 1 tr dépraver. ● 2 ~se pron se pervertir.

depreciar tr déprécier.

depredación f déprédation.

depredador, ra adj/m y f déprédateur.

depresión f dépression.

deprimir 1 tr déprimer. ● 2 ~se pron être déprimé.

deprisa adv vite.

depuesto, ta pp → deponer.

depurar tr y pron épurer, dépurer.

derecha f droite. ■ a la ~ à droite, sur la droite.

derecho, cha 1 adj y adv droit: correr derecho = courir droit. ● 2 adj Amér. heureux; chanceux. ● 3 m droit. ◆ ~ civil droit civil; ~ natural droits naturels; ~ penal droit pénal; ■ con ~ à bon droit; de pleno ~ de plein droit; no hay ~ ce n'est pas de jeu.

deriva f dérive. ■ a la ~ à la dérive.

derivación f dérivation.

derivado, da *adj* y *m* dérivé.
derivar 1 *tr* acheminer. **2** MAT dériver. ●
3 *intr* y *pron* dériver, découler.
derogar *tr* abroger, abolir.
derramar 1 *tr* y *pron* répandre. ● **2** *tr*
verser (lágrimas); faire couler (sangre).
derrame 1 *m* écoulement. **2** MED hémorragie. ◆ ~ **cerebral** MED hémorragie cerebral.
derrapar *intr* déraper.
derredor *m* tour, contour. ■ **en** ~ autour.
derretido, da 1 *adj* fondu. **2** (fig) langoureux, amoureux.
derretir 1 *tr* y *pron* fondre: *el hielo se ha
derretido = la glace a fondu.* ● **2** ~**se**
pron (fig) s'enflammer, brûler pour (enamorarse locamente).
derribar 1 *tr* abattre; faire tomber. **2** (fig)
renverser (un gobierno).
derribo *m* démolition (una construcción);
abattage (de un árbol).
derrocar 1 *tr* démolir, abattre (un edificio). **2** (fig) renverser (un gobierno).
derrochar 1 *tr* gaspiller, dilapider. **2** (fig,
fam) déborder de; être plein de.
derroche 1 *m* gaspillage, dissipation. **2**
débauche (de energía). **3** (fig) profusion.
derrota *f* échec; défaite.
derrotar *tr* battre, vaincre.
derrotero 1 *m* (fig) chemin, voie. **2** MAR
route (rumbo).
derruir *tr* démolir, abattre.
derrumbar 1 *tr* abattre; renverser. ● **2**
~**se** *pron* s'écrouler, s'effondrer.
desaborido, da 1 *adj* fade, insipide. ● **2**
m y *f* (fam) personne fade.
desabrido, da 1 *adj* fade, insipide. **2**
maussade (tiempo). **3** (fig) renfrogné,
hargneux (persona).
desabrigar 1 *tr* y *pron* découvrir. **2** (fig)
abandonner.
desabrochar *tr* y *pron* déboutonner (botones).
desacato 1 *m* désobéissance; infraction
(a las leyes). **2** manque de respect (falta
de respeto).
desacierto 1 *m* sottise, maladresse. **2** erreur (error).
desacordar *tr* MÚS désaccorder.
desacorde *adj* discordant.
desacreditar *tr* discréditer.
desactivar 1 *tr* désamorcer (un explosivo). **2** FÍS désactiver.

desacuerdo *m* désaccord. ■ **estar en** ~
être en désaccord.
desafiar *tr* défier; braver (un peligro).
desafinar 1 *tr* MÚS désaccorder. ● **2** *intr*
y *pron* MÚS chanter *o* jouer faux.
desafío *m* défi.
desafortunado, da *adj* malheureux, infortuné.
desafuero 1 *m* infraction. **2** (fig) inconvenance, incongruité. **3** (fig) abus (abuso).
desagradable *adj* désagréable, déplaisant.
desagradar *intr* déplaire; ennuyer (molestar).
desagradecer *tr* se montrer ingrat envers.
desagradecido, da *adj/m* y *f* ingrat.
desagravio *m* dédommagement; réparation.
desaguar 1 *tr* épuiser, tarir. ● **2** *intr* déboucher (un río).
desagüe 1 *m* dégorgement. **2** déversoir
(desaguadero). ◆ **conducto de** ~ tuyau
d'écoulement (cañería).
desahogar 1 *tr* soulager, réconforter
(aliviar). **2** (fig) donner libre cours à. ● **3**
~**se** *pron* (fig) (~se con) s'épancher
auprès de; s'ouvrir à (confiarse). **4** (fig) dire le fond de sa pensée.
desahogo 1 *m* soulagement. **2** aisance,
aise (económico): *vivir con desahogo =
vivre dans l'aisance.* **3** sans-gêne (al hablar).
desahuciar 1 *tr* expulser (a un inquilino). **2** MED condamner (a un enfermo).
desahucio 1 *m* congé (a un inquilino). **2**
DER expulsion, éviction.
desairar 1 *tr* dédaigner (despreciar). **2**
vexer, humilier (a una persona). **3** repousser, renvoyer (rechazar).
desaire 1 *m* affront, vexation. **2** mépris,
dédain (desprecio).
desajustar 1 *tr* désajuster. **2** (fig) déranger, désorganiser (planes, etc.). ● **3** ~**se**
pron se dédire: *desajustarse a lo convenido = se dédire de ce qui a été accordé.*
desajuste 1 *m* désajustement; dérèglement. **2** discordance, désaccord (desacuerdo). **3** décalage (económico, de horarios).
desalar 1 *tr* dessaler (quitar la sal). ● **2**
~**se** *pron* se dépêcher, se hâter.
desalentar 1 *tr* essouffler (dejar sin
aliento). ● **2** *tr* y *pron* (fig) décourager,
abattre.

desaliento *m* découragement, démoralisation.

desaliñar *tr y pron* chiffoner, froisser.

desaliño 1 *m* laisser-aller (descompostura). **2** négligence, manque de soin (negligencia).

desalojar 1 *tr* déloger. **2** quitter, évacuer (abandonar). • **3** *intr* déloger, déménager (mudarse).

desalojo 1 *m* expulsion. **2** déménagement (mudanza).

desamor 1 *m* manque d'affection. **2** haine, inimitié (enemistad).

desamparado, da *adj* abandonné, délaissé.

desamparar 1 *tr* abandonner, délaisser. **2** quitter, abandonner (un lugar).

desandar *tr* rebrousser chemin. ■ ~ **lo andado** revenir sur ses pas.

desangelado, da *adj* sans charme, sans attrait.

desangrar 1 *tr* saigner. **2** (fig) saigner, appauvrir (arruinar).

desanimado, da *adj* **1** abattu, démoralisé. **2** sans ambiance (un lugar, una fiesta).

desanimar *tr y pron* décourager; démoraliser.

desanudar 1 *tr* dénouer. **2** (fig) démêler, débrouiller.

desapacible 1 *adj* désagréable, rude. **2** maussade (tiempo).

desaparecer *intr* disparaître.

desaparecido, da 1 *adj/m y f* disparu. **2** (euf) mort.

desaparición *f* disparition.

desapego *m* (fig) détachement; manque d'intérêt (desinterés).

desapercibido, da *adj* inaperçu (inadvertido). ■ **coger** ~ prendre au dépourvu.

desaprensivo, va *adj/m y f* sans-gêne.

desaprobar *tr* désapprouver.

desaprovechado, da *adj* gaspillé, mal employé.

desaprovechar 1 *tr* ne pas profiter de. **2** gaspiller (dinero, agua). **3** rater, perdre (una ocasión).

desarmar 1 *tr* désarmer. **2** démonter (separar las piezas). **3** (fig) désarçonner, désarmer (desconcertar).

desarme 1 *m* démontage (de una máquina). **2** MIL, POL désarmement.

desarraigado, da 1 *adj* déraciné. • **2** *adj/m y f* (fig) déraciné, dépaysé.

desarraigar 1 *tr y pron* déraciner. **2** (fig) exiler, déraciner (una persona).

desarraigo *m* déracinement.

desarrapado, da *adj/m y f* → **desharrapado**.

desarreglar 1 *tr y pron* mettre en désordre, déranger. **2** dérégler (un mecanismo).

desarreglo 1 *m* désordre. **2** dérèglement (de un mecanismo).

desarrollar 1 *tr y pron* développer. **2** développer (una planta). • **3** *tr* (fig) développer (un plan, una teoría). • **4** ~se *pron* (fig) se produire, avoir lieu (suceder). **5** (fig) se développer, faire des progrès (progresar).

desarrollo 1 *m* déroulement. **2** développement; croissance (de un organismo). ■ **en vías de** ~ ECON en voie de développement.

desarticular 1 *tr y pron* désarticuler. **2** (fig) disloquer (un mecanismo, una máquina). • **3** *tr* (fig) démanteler (una organización, una banda).

desaseo *m* malpropreté, saleté.

desasir 1 *tr y pron* lâcher, détacher. • **2** ~se *pron* (fig) se dessaisir, se défaire (desprenderse).

desasosegar *tr y pron* inquiéter, troubler.

desasosiego *m* inquiétude, trouble.

desastrado, da 1 *adj* malheureux, infortuné (infeliz). **2** déguenillé, malpropre (harapiento).

desastre 1 *m* désastre. **2** (fig) désastre, insuccès (una cosa); nullité, propre-à-rien (una persona). ■ **¡qué** ~! quel désastre!

desatar 1 *tr y pron* détacher, défaire; délacer (los zapatos); dénouer (una cinta); déficeler (un paquete). • **2** ~se *pron* (fig) perdre toute retenue, s'emporter. **3** (fig) se déchaîner (la ira, las pasiones).

desatascar 1 *tr y pron* désembourber. • **2** *tr* déboucher, désobstruer (una cañería).

desatención 1 *f* inattention, distraction (distracción). **2** manque d'égards, impolitesse (descortesía).

desatender 1 *tr* ne pas prêter attention. **2** négliger, délaisser (un deber, una obligación).

desatentar *tr y pron* perturber, troubler (el sentido).

desatinado, da 1 *adj* déraisonnable, absurde (disparatado). • **2** *adj/m y f* fou, insensé (sin juicio).

desatinar 1 *tr* troubler; faire perdre la tête. ● 2 *intr* déraisonner (disparatar).

desatornillar *tr* dévisser.

desautorizar 1 *tr* y *pron* désavouer, désapprouver (desaprobar). 2 interdire (prohibir).

desavenencia *f* mésentente; désaccord (desacuerdo); brouille (entre personas unidas afectuosamente).

desavenir *tr* y *pron* brouiller, fâcher.

desayunar *tr, intr* y *pron* prendre le petit déjeuner; déjeuner.

desayuno *m* petit déjeuner.

desazón 1 *f* fadeur, insipidité (falta de sabor). 2 (fig) malaise (malestar). 3 (fig) peine, chagrin (pesadumbre). 4 (fig) contrariété (disgusto).

desazonar 1 *tr* affadir (hacer perder el sabor). ● 2 *tr* y *pron* (fig) fâcher, contrarier (disgustar). ● 3 ~se *pron* (fig) éprouver un malaise.

desbancar 1 *tr* faire sauter la banque (en el juego). 2 (fig) supplanter (usupar el puesto).

desbandarse 1 *pron* se disperser. 2 MIL se débander.

desbaratado, da 1 *adj* désordonné, défait. ● 2 *adj/m* y *f* (fig, fam) débauché, dissolu.

desbaratar 1 *tr* détruire, défaire. 2 gaspiller, dissiper (malgastar). 3 (fig) bouleverser (un plan). ● 4 ~se *pron* (fig) s'emporter.

desbarrar 1 *intr* glisser (deslizarse). 2 (fig) déraisonner, divaguer.

desbastar 1 *tr* dégrossir. ● 2 *tr* y *pron* (fig) dégrossir, civiliser.

desbocado, da 1 *adj* ébréché, émoussé (un instrumento); égueulé. 2 emporté, emballé (un caballo). 3 (fig) débridé (la imaginación).

desbordar 1 *tr* déborder (sobrepasar). 2 (fig) pousser à bout (la paciencia, la tolerancia). ● 3 *intr* y *pron* déborder (derramarse). ● 4 ~se *pron* s'emporter, se déchaîner (exaltarse).

desbravar 1 *tr* dompter, dresser (el ganado). ● 2 *intr* y *pron* s'apprivoiser, devenir moins farouche. 3 (fig) se calmer, s'apaiser.

descabalgar *intr* descendre de cheval.

descabellado, da *adj* (fig) insensé, saugrenu.

descabezar 1 *tr* décapiter (una persona). 2 (fig) étêter (un árbol, un clavo). ● 3 ~se *pron* (fig, fam) se casser la tête.

descafeinado, da 1 *adj* y *m* décaféiné. ● 2 *adj* (fig) édulcoré (desvirtuado).

descalabrar 1 *tr* y *pron* blesser à la tête. ● 2 *tr* blesser, maltraiter. 3 (fig) nuire, causer préjudice à (perjudicar). ● 4 ~se *pron Amér.* plaisanter, se payer la tête de.

descalificación *f* disqualification.

descalificar *tr* disqualifier.

descalzar 1 *tr* y *pron* déchausser. ● 2 *tr* décaler (los calzos).

descalzo, za 1 *adj* déchaussé, pieds nus. 2 (fig) pauvre, dépourvu de tout.

descambiar 1 *tr* annuler un échange. 2 (fam) échanger.

descaminado, da *adj* égaré, fourvoyé.

descamisado, da 1 *adj* (fam) sans chemise. ● 2 *adj/m* y *f* (fig, desp) déguenillé, loqueteux.

descampado, da *adj* y *m* déboisé, découvert (terreno).

descansar 1 *intr* y *tr* reposer. ● 2 *intr* reposer, appuyer: *la viga descansa sobre una base* = la poutre repose sur une base. 3 dormir. 4 se détendre (relajarse). 5 connaître un répit: *descansó después de tanto trabajo* = il a connu un répit après tant de travail. ■ sin ~ sans relâche.

descanso 1 *m* repos. 2 soulagement (alivio). 3 halte, pause (pausa). 4 mi-temps (en un partido de futbol); entracte (en el cine o en un espectáculo). 5 support, appui (sostén). ■ sin ~ sans repos, sans répit.

descapotable *adj* y *m* décapotable.

descarado, da *adj* effronté, insolent.

descararse *pron* parler o agir avec effronterie o insolence.

descarga 1 *f* déchargement (de mercancías). 2 ARQ décharge. 3 ELEC décharge.

descargar 1 *tr* y *pron* décharger. ● 2 *tr* ELEC décharger. ● 3 *tr* e *intr* assener (golpes).

descargo 1 *m* déchargement. 2 COM, DER décharge. ■ en ~ de conciencia par acquit de conscience.

descarnado, da 1 *adj* (fig) décharné. 2 (fig) dépouillé (estilo).

descaro *m* effronterie, insolence.

descarriar 1 *tr* égarer, fourvoyer. ● 2 *tr* y *pron* séparer d'un troupeau (las reses). ● 3 ~se *pron* (fig) s'égarer (perderse).

descarrilamiento 1 *m* déraillement (de un tren). **2** (fig) égarement.

descarrilar *intr* dérailler (un tren, tranvía, etc.).

descartar 1 *tr* écarter (prescindir de). **2** rejeter, refuser (una ayuda, etc.). ● **3 ~se** *pron* se défausser (en los naipes).

descascarillar *tr* décortiquer (quitar la cascarilla).

descastado, da *adj/m y f* peu affectueux.

descendencia *f* descendance.

descender 1 *intr* y *tr* descendre. ● **2** *intr* baisser (la calidad o cantidad).

descendiente *adj/m* o *f* descendant.

descenso 1 *m* descente. **2** baisse (de precios, de temperatura). **3** réduction, diminution (disminución). **4** (fig) décadence, déclin (decadencia).

descentrar 1 *tr* y *pron* décentrer. ● **2** *tr* (fig) désaxer, déséquilibrer (una persona).

desceñir *tr* y *pron* détacher, défaire (desatar).

descharchar *tr* *Amér. Centr.* congédier, renvoyer.

deschavetarse *pron* *Amér.* (fam) perdre la tête, devenir dingue.

descifrar 1 *tr* déchiffrer. **2** (fig) éclaircir, débrouiller.

descodificar *tr* INF décoder.

descojonarse *pron* (vulg) se poiler.

descolgar 1 *tr* décrocher, dépendre. **2** descendre à l'aide de cordes (con cuerdas). ● **3 ~se** *pron* (fig) se laisser glisser (bajar escurriéndose). **4** (**~se de**) se détacher de.

descolorido, da 1 *adj* décoloré. **2** pâle, blême (pálido).

descomedido, da 1 *adj* excessif. ● **2** *adj/m y f* insolent, grossier.

descompasarse *pron* manquer de respect; être insolent.

descompensar *tr* y *pron* déséquilibrer.

descomponer 1 *tr* décomposer. ● **2** *tr* y *pron* déranger, désordonner (desordenar). **3** *Méx.* dérégler, détraquer (un mecanismo). ● **4 ~se** *pron* se décomposer (corromperse).

descomposición *f* décomposition. ◆ **~ de vientre** diarrhée.

descompostura 1 *f* négligence, laisser-aller (desaseo). **2** décomposition (descomposición). **3** (fig) effronterie, insolence (descaro).

descompuesto, ta 1 *adj* dérangé, détraqué (mecanismo). **2** (fig) impudent, effronté.

descomunal *adj* énorme, démesuré.

desconcentrar *tr* y *pron* déconcentrer.

desconcertado, da *adj* (fig) débauché, dévergondé.

desconcertar 1 *tr* y *pron* (fig) déconcerter, décontenancer. ● **2 ~se** *pron* (fig) se démonter, s'emporter (turbarse).

desconchar 1 *tr* y *pron* décrépir (un muro). **2** écailler (una vasija).

desconcierto 1 *m* désordre, confusion. **2** (fig) confusion, désarroi (desasosiego). **3** (fig) désaccord.

desconectar 1 *tr* ELEC débrancher, couper. **2** MEC débrayer. ● **3** *intr* (fig) se détacher (despegarse).

desconfiar *intr* se méfier.

descongelar 1 *tr* dégeler. **2** (fig) dégeler, débloquer (créditos, salarios, etc.).

desconocer 1 *tr* ne pas connaître, ignorer. **2** renier, désavouer. **3** (fig) ne pas reconnaître (no reconocer).

desconocido, da 1 *adj/m y f* inconnu. ● **2** *adj* méconnu, incompris (mal conocido). **3** méconnaissable (muy cambiado).

desconsolar *tr* y *pron* affliger; navrer, désoler.

desconsuelo *m* chagrin, peine.

descontar 1 *tr* déduire, décompter. **2** (fig) tenir pour sûr. **3** COM escompter.

descontento, ta 1 *adj/m y f* mécontent. ● **2** *m* mécontentement.

descontrol *m* (fam) pagaille.

descontrolarse *pron* perdre le contrôle de soi.

desconvocar *tr* annuler.

descorazonar *tr* y *pron* (fig) décourager.

descorchar *tr* déboucher (una botella).

descorrer 1 *tr* tirer (un cerrojo, una cortina). **2** enlever (un velo).

descortés 1 *adj/m* o *f* grossier; impoli. ● **2** *adj/m y f* discourtois (falto de cortesía).

descoyuntar 1 *tr* y *pron* disloquer. **2** MED luxer. ● **~se de risa** (fig, fam) se tordre de rire.

descrédito *m* discrédit. ■ **caer en ~** tomber dans le discrédit.

descreído, da *adj* incrédule.

descremado, da 1 *adj* écrémé. ● **2** *m* écrémage.

describir *tr* décrire.

descripción *f* description.

descuajaringar o **descuajeringar 1** *tr* y *pron* (fam) déglinguer. **2** *Amér.* se négliger (en el aseo y el vestir). ■ **~se de risa** se tordre de rire.

descuartizar 1 *tr* écarteler (una persona). **2** dépecer (despedazar). **3** (fam) mettre en pièces.

descubierto, ta *pp* → descubrir. ● **2** *adj* découvert. **3** (con los verbos *andar* y *estar*) tête nue. **4** (con los verbos *estar* y *quedar*) exposé à des vifs reproches. **5** spacieux (lugar). ● **6** *m* découvert (déficit). ■ **a la descubierta** o **al ~** ouvertement (sin rebozo); **al ~** COM à découvert.

descubrimiento *m* découverte.

descubrir 1 *tr* découvrir. **2** révéler, dévoiler (un secreto). ● **3 ~se** *pron* enlever son chapeau; se découvrir (quitarse el sombrero).

descuento 1 *m* remise, réduction (rebaja). **2** FIN escompte.

descuidar 1 *intr* y *pron* négliger (no cuidar). ● **2** *tr* distraire (la atención). ● **3 ~se** *pron* ne pas faire attention.

descuido 1 *m* négligence. **2** inattention (inadvertencia). **3** pas de clerc (desliz). ■ **en un ~** *Amér.* au moment le plus inattendu; **por ~** par inadvertance.

desde *prep* depuis (lugar, tiempo): *escribe desde niño = il écrit depuis qu'il est tout petit.* ■ **~ hace** depuis: *toca el piano desde hace siete años = il joue le piano depuis sept ans;* **~ que** depuis que; **~ ya** *Amér.* dès maintenant.

desdecir 1 *intr* (fig) être indigne de. **2** (fig) ne pas aller avec (desentonar). ● **3 ~se** *pron* se dédire.

desdén *m* dédain.

desdentado, da *adj* édenté.

desdeñar 1 *tr* dédaigner; mépriser. ● **2 ~se** *pron* dédaigner de.

desdibujarse *pron* (fig) s'effacer.

desdicha *f* malheur.

desdichado, da 1 *adj/m* y *f* malheureux (infeliz). **2** infortuné (sin suerte).

desdoblar 1 *tr* y *pron* déplier (extender). **2** (fig) dédoubler (duplicar).

desear 1 *tr* désirer. **2** souhaiter (algo a alguien): *te deseo buena suerte = je te souhaite bonne chance.* ■ **dejar mucho que ~** laisser beaucoup à désirer; **es de ~** il est souhaitable.

desecar *tr* y *pron* dessécher.

desechable *adj* jetable. ◆ **envase ~** emballages non consignés.

desechar 1 *tr* rejeter (una oferta, una ayuda). **2** mépriser (menospreciar). **3** *Amér.* prendre un raccourci (atajar).

desecho *m* déchet; rebut. ◆ **desechos radioactivos** déchets radioactifs.

desembalar *tr* déballer.

desembarazar 1 *tr* y *pron* débarrasser. ● **2 ~se** *pron* (fig) se débarrasser.

desembarcadero *m* débarcadère.

desembarcar *tr* e *intr* débarquer.

desembocadura 1 *f* embouchure (de río o canal). **2** sortie (de una calle, etc.).

desembocar 1 *intr* se jeter; déboucher (un río). **2** déboucher (una calle). **3** (fig) aboutir.

desembolsar *tr* débourser.

desembolso 1 *m* déboursement. ● **2 desembolsos** *m pl* dépenses (gastos).

desembragar *tr* MEC débrayer.

desembrollar *tr* (fam) débrouiller (aclarar).

desembuchar 1 *tr* dégorger (los pájaros). **2** (fig, fam) confesser. ● **3** *intr* (fig, fam) avouer. ■ **¡desembucha!** (fig, fam) avoue!

desempacar 1 *tr* déballer (mercancías). **2** *Amér.* défaire les bagages.

desempatar *tr* e *intr* départager. **2** DEP prendre l'avantage.

desempate 1 *m* match d'appui (en fútbol). **2** tie-break (en tenis). ◆ **gol de ~** but de la victoire.

desempeñar 1 *tr* remplir (un cargo, una obligación). **2** jouer (un papel). **3** dégager (lo empeñado). ● **4** *tr* y *pron* libérer de dettes. **5** *Amér.* s'adonner à (una actividad).

desempleado, da *adj/m* y *f* chômeur.

desempleo *m* chômage.

desempolvar 1 *tr* épousseter (el polvo). **2** (fig) tirer de l'oubli (los recuerdos).

desencadenar 1 *tr* désenchaîner. ● **2** *tr* y *pron* déchaîner (la ira, un conflicto, una tempestad). **3** déclencher (una guerra).

desencajar 1 *tr* y *pron* déboîter (un hueso). **2** décrocher (la mandíbula). **3** décoincer (una pieza). ● **4 ~se** *pron* s'altérer (el semblante).

desencallar *tr* renflouer.

desencaminar 1 *tr* égarer; fourvoyer. **2** (fig) fourvoyer.

desencantar 1 *tr* y *pron* désenchanter. **2** désenchanter, décevoir (decepcionar).

desencanto *m* désenchantement.

desenchufar *tr* débrancher.

desencuentro *m* désaccord.

desenfadado, da *adj* désinvolte.

desenfado 1 *m* désinvolture. **2** décontraction; insouciance (despreocupación).

desenfocado, da 1 *adj* trouble (visión). **2** FOT flou.

desenfocar 1 *tr* (fig) mal envisager (un asunto o problema). ● **2** *tr, intr* y *pron* FOT rendre flou.

desenfrenar 1 *tr* (fig) déchaîner (las pasiones). ● **2** ~se *pron* (fig) s'abandonner sans frein. **3** (fig) se déchaîner.

desenfreno 1 *m* libertinage. **2** déchaînement (de las pasiones).

desengañar 1 *tr* (fig) désillusionner. ● **2** *tr* y *pron* détromper (descubrir el engaño).

desengaño *m* désillusion; déception. ■ **llevarse un ~ con alguien** être déçu par qqn; **sufrir un ~ amoroso** avoir un chagrin d'amour.

desengrasar *tr* dégraisser.

desenlace *m* dénouement.

desenmascarar 1 *tr* y *pron* démasquer. ● **2** *tr* (fig) démasquer (sentimientos, intenciones).

desenredar 1 *tr* débrouiller. **2** (fig) dénouer (aclarar). ● **3** ~se *pron* (fig) se débrouiller; s'en sortir.

desenrollar *tr* y *pron* dérouler.

desenroscar *tr* dévisser (desatornillar).

desentenderse 1 *pron* se désintéresser. **2** feindre d'ignorer (ignorar).

desenterrar 1 *tr* déterrer; exhumer. **2** (fig) tirer de l'oubli.

desentonar 1 *intr* (fig) détonner. **2** MÚS détonner; chanter faux.

desentrañar 1 *tr* (fig) percer (un misterio). **2** (fig) éclaircir (el sentido).

desentumecer *tr* y *pron* (fam) dégourdir.

desenvainar *tr* dégainer.

desenvoltura 1 *f* (fig) désinvolture. **2** (fig) aisance (en el decir).

desenvolver 1 *tr* (fig) éclaircir. ● **2** *tr* y *pron* développer; défaire (un paquete). ● **3** ~se *pron* (fig) se débrouiller (en la vida).

deseo **1** *m* désir. **2** souhait (anhelo, voto). ■ **arder en deseos de** (fig) brûler d'envie de.

desequilibrado, da *adj/m* y *f* déséquilibré.

desequilibrar *tr* y *pron* déséquilibrer.

deserción *f* désertion.

desertar 1 *intr* déserter. **2** (fig, fam) (~ de) manquer à (un deber).

desértico, ca *adj* désertique.

desertización *f* désertisation.

desesperación o **desesperanza 1** *f* désespoir. **2** (fig) colère; exaspération (enojo).

desesperado, da *adj/m* y *f* désespéré. ■ **a la desesperada** en risquant le tout pour le tout.

desesperanzar 1 *tr* désespérer. ● **2** ~se *pron* se désespérer.

desesperar 1 *tr* e *intr* désespérer. ● **2** *tr* y *pron* (fam) exaspérer (exasperar). ● **3** ~se *pron* se désespérer; être désespéré.

desestimar 1 *tr* mésestimer (menospreciar). **2** rejeter (rechazar).

desfachatez *f* (fam) culot; aplomb.

desfalcar *tr* détourner.

desfallecer 1 *tr* affaiblir. ● **2** *intr* défaillir (decaer). **3** s'évanouir (desmayarse).

desfase 1 *m* déphasage (desajuste). **2** (fig) décalage (desacuerdo).

desfavorable *adj* défavorable.

desfigurar 1 *tr* y *pron* défigurer. ● **2** *tr* (fig) altérer, déformer (la verdad, los hechos).

desfiladero *m* défilé.

desfilar 1 *intr* défiler. **2** (fam) s'en aller (marcharse).

desfile *m* défilé.

desfogar *tr* y *pron* (fig) se défouler.

desfondar 1 *tr* y *pron* défoncer (romper el fondo). ● **2** ~se *pron* s'effondrer, s'épuiser (una persona).

desgajar 1 *tr* y *pron* arracher (arrancar). ● **2** *tr* dépecer, casser (despedazar).

desgalillarse *pron* *Amér.* → desgañitarse.

desgana 1 *f* dégoût. **2** (fig) manque d'entrain (falta de entusiasmo). ■ **hacer algo con ~** faire qqch à contrecœur.

desgañitarse *pron* (fam) s'époumoner.

desgarbado, da *adj* dégingandé.

desgarrado, da *adj* déchiré.

desgarrar 1 *tr* y *pron* déchirer (rasgar). ● **2** *tr* (fig) fendre; déchirer.

desgarro 1 *m* déchirure. **2** (fig) effronterie (desvergüenza). **3** *Amér.* crachat.

desgastar 1 *tr* y *pron* user. ● **2** ~se *pron* (fig) s'user (perder vigor).

desgaste 1 *m* usure. **2** (fig) affaiblissement.

desglosar 1 *tr* disjoindre. **2** décomposer (un escrito, un tema).

desgracia 1 *f* malheur. **2** événement funeste. ■ **caer en ~** (fig, fam) tomber en disgrâce; **por ~** malheureusement.

desgraciado, da 1 *adj/m* y *f* malheureux. ● **2** *adj* disgracieux (falto de gracia). **3** *Amér.* infâme (insulto grave).

desgraciar 1 *tr* y *pron* gâcher (echar a perder). **2** abîmer, esquinter (estropear). ● **3 ~se** *pron* tourner mal.

desgranar 1 *tr* y *pron* égrener. ● **2 ~se** *pron* se détacher (las piezas ensartadas).

desgravación *f* dégrèvement.

desgravar *tr* dégrever.

desguanzarse *pron Amér. Centr., Méx.* se fatiguer.

desguañangar *tr Amér.* démantibuler.

desguarnecer *tr* dégarnir.

desguazar *tr* mettre à la casse (un coche, un barco).

deshacer 1 *tr* dissoudre (disolver). **2** dépecer, diviser. ● **3** *tr* y *pron* défaire. **4** fondre (derretir). ● **5 ~se** *pron* tomber en morceaux (desbaratarse). **6** (fig) s'évanouir (desvanecerse). **7** (fig) travailler avec ardeur. **8 ~se** (fig) s'affaiblir. ■ **~se de alguien** se défaire de qqn; tuer qqn; **~se por algo** se démener pour qqch.

desharrapado, da *adj/m* y *f* déguenillé.

deshecho, cha *adj* défait.

desheredar *tr* déshériter.

deshidratación *f* déshydratation.

deshidratar *tr* y *pron* déshydrater.

deshielo 1 *m* dégel. **2** dégivrage (de una nevera, de un coche).

deshilvanar *tr* y *pron* défaufiler.

deshinchar 1 *tr* y *pron* désenfler (la hinchazón). **2** dégonfler: *deshinchar un neumático = dégonfler un pneu*.

deshojar *tr* y *pron* effeuiller.

deshollinador, ra 1 *adj* qui ramone (que deshollina). ● **2** *m* ramoneur.

deshonesto, ta 1 *adj* malhonnête. **2** indécent (indecente).

deshonor 1 *m* déshonneur. **2** affront (afrenta).

deshora 1 *f* moment inopportun. ● **2 a ~** o **deshoras** *loc adv* à une heure indue; intempestivement (en un mal momento).

deshuesar 1 *tr* désosser (un animal). **2** dénoyauter (la fruta).

desidia *f* négligence; laisser-aller.

desierto, ta 1 *adj* désert. **2** vacant (premio). ● **3** *m* désert. ■ **predicar en el ~** (fig, fam) prêcher dans le désert.

designar 1 *tr* désigner. **2** indiquer; dénommer (denominar).

designio *m* dessein.

desigual 1 *adj* inégal. **2** accidenté (terreno). **3** (fig) inconstant. **4** (fig) ardu, difficile.

desigualdad 1 *f* inégalité. **2** irrégularité (de un terreno).

desilusión 1 *tr* (fig) désillusionner. ● **2** *tr* y *pron* détromper (descubrir el engaño).

desinfectar *tr* y *pron* désinfecter.

desinflar *tr* y *pron* dégonfler.

desintegración *f* désintégration.

desintegrar *tr* y *pron* désintégrer.

desinterés 1 *m* désintéressement (altruismo). **2** (~ *por*) désintérêt pour.

desinteresado, da *adj* désintéressé.

desintoxicar *tr* y *pron* désintoxiquer.

desistir *intr* (~ *de*) renoncer à: *ha desistido de su proyecto = il a renoncé à son projet*.

desleal *adj* déloyal.

desleír *tr* y *pron* délayer.

deslenguado, da *adj* fort en gueule.

desliar 1 *tr* y *pron* délier (desatar). **2** dénouer (un paquete).

desligar 1 *tr* y *pron* détacher; délier (desatar). **2** séparer. ● **3 ~se** *pron* s'éloigner; perdre contact.

deslindar 1 *tr* délimiter (un lugar). **2** (fig) éclaircir (clarificar).

desliz 1 *m* glissade (de una persona); glissement (de una cosa). **2** (fig) faux pas. ■ **cometer un ~** commettre un impair.

deslizar 1 *tr* y *pron* glisser. ● **2 ~se** *pron* couler (las aguas, las lágrimas).

deslomar 1 *tr* y *pron* casser les reins. ● **2 ~se** *pron* (fig, fam) s'éreinter (trabajar mucho).

deslucir 1 *tr* ôter la grâce *o* l'éclat à (una cosa). **2** (fig) discréditer.

deslumbrar 1 *tr* y *pron* éblouir; aveugler. ● **2** *tr* (fig) éblouir, fasciner.

desmadrarse *pron* (fam) se défouler.

desmadre *m* (fam) pagaille (desbarajuste).

desmán *m* excès; désordre.

desmanchar *tr* y *pron Amér.* faire bande à part.

desmantelar 1 *tr* démanteler (una fortaleza, una organización). **2** (fig) vider (una casa).

desmaquillador *m* démaquillant.

desmarcar *tr* y *pron* démarquer.

desmayar 1 *tr* causer un évanouissement. ● **2** *intr* (fig) se décourager (desanimarse). ● **3** ~se *pron* s'évanouir.

desmayo 1 *m* évanouissement. **2** découragement (desánimo).

desmedirse *pron* dépasser les bornes.

desmejorar 1 *tr* y *pron* détériorer. ● **2** *intr* y *pron* s'affaiblir (perder la salud).

desmelenar 1 *tr* y *pron* écheveler. ● **2** ~se *pron* (fig) s'emballer (soltarse).

desmembrar 1 *tr* démembrer. ● **2** *tr* y *pron* (fig) démembrer (separar una cosa de otra).

desmemoriado, da *adj* qui a une mauvaise mémoire.

desmentir *tr* démentir.

desmenuzar 1 *tr* y *pron* émietter (el pan). ● **2** *tr* couper en morceaux (la carne). **3** (fig) examiner en détail.

desmerecer 1 *tr* ne pas être digne de. ● **2** *intr* perdre de sa valeur (una cosa). être inférieur à (en una comparación).

desmesurado, da *adj* démesuré; excessif.

desmesurar 1 *tr* dérégler. ● **2** ~se *pron* dépasser les bornes.

desmirriado, da *adj* (fam) chétif; rabougri.

desmontar 1 *tr* démonter. **2** désarmer (un arma de fuego). ● **3** *intr* (~ *de*) descendre de (un caballo, un coche).

desmoralizar *tr* y *pron* démoraliser.

desmoronar 1 *tr* défaire; effriter. **2** ébouler (derrumbar). ● **3** ~se *pron* (fig) s'écrouler (planes, esperanzas, imperios).

desmovilizar *tr* démobiliser.

desnatado, da *adj* écrémé.

desnatar *tr* écrémer.

desnaturalizar *tr* y *pron* dénaturer.

desnivel 1 *m* dénivellation. **2** déséquilibre (cultural, económico, etc.).

desnucar *tr* y *pron* rompre le cou.

desnudar 1 *tr* y *pron* déshabiller (desvestir). **2** (fig) dépouiller (despojar).

Los equivalentes de **desnudar** no pueden emplearse indistintamente: *dénuder* se emplea para las cosas; *déshabiller* para las personas; y *dévêtir* es la forma más culta.

desnudo, da 1 *adj* tout nu; nu. **2** (fig) (~ *de*) dénué de (despojado de). **3** (fig) évident, patent (patente). ● **4** *m* ART nu. ■ **al ~** (fig) à nu.

desocupación 1 *f* oisiveté (ociosidad). **2** *Amér.* chômage (desempleo).

desocupar 1 *tr* débarrasser; laisser libre. **2** vider (vaciar). ● **3** ~se *pron Amér.* accoucher (parir).

desodorante *adj* y *m* désodorisant.

desoír *tr* ne pas écouter.

desolado, da 1 *adj* désolé (lugar). **2** affligé (persona).

desolar 1 *tr* ravager (asolar). ● **2** ~se *pron* être affligé.

desollar 1 *tr* écorcher (un animal). **2** (fig) endommager (causar daño). ■ ~le a uno vivo (fig, fam) écorcher vif (criticar).

desorbitado, da 1 *adj* exorbitant (precio). **2** démesuré (deseo). ■ con los ojos desorbitados (fig) les yeux exorbités.

desorden 1 *m* désordre. **2** (se usa más en *pl*) trouble (disturbio). **3** (fig) dérèglement (desajuste). ■ en ~ (precedido de los verbos *estar* o *poner*) en désordre; dans le désordre: *ir en desorden* = marcher dans le désordre.

desordenar 1 *tr* déranger; mettre en désordre. ● **2** ~se *pron* se dérégler (excederse).

desorientar 1 *tr* y *pron* désorienter, égarer. **2** (fig) déconcerter; égarer.

despabilar 1 *tr, intr* y *pron* (fig) dégourdir (avivar el entendimiento). ● **2** *intr* y *pron* se réveiller, s'éveiller (despertarse). **3** (fig) se remuer.

despachar 1 *tr* servir (en una tienda). **2** vendre (mercancías). **3** envoyer (enviar); expédier (paquetes). **4** renvoyer (despedir). ● **5** *tr* y *pron* (fig, fam) se débarrasser de qqn. ● **6** *intr* y *pron* se dépêcher (darse prisa). ● **7** ~se *pron* (~se *de*) se débarrasser de. ■ ~se a gusto (fig, fam) dire tout ce que l'on a sur le cœur.

despacho 1 *m* bureau (oficina). **2** vente (venta). **3** envoi (envío). **4** guichet (taquilla). **5** dépêche (comunicación oficial).

despachurrar *tr* y *pron* (fam) éventrer (reventar). **2** (fam) écrabouiller; écraser (aplastar).

despacio 1 *adv* lentement. **2** doucement. **3** *Amér.* doucement (en voz baja). ● **4** ¡despacio! *interj* doucement!

despampanante adj épatant, extraordinaire.

desparpajo 1 m (fam) désinvolture, sansgêne. **2** Amér. Centr. (fam) désordre.

desparramar 1 tr y pron répandre (un líquido); éparpiller. **2** Amér. répandre (una noticia).

despavorido, da adj terrisé.

despecho m dépit. ■ **a ~ de** en dépit de: *hacer algo a despecho de las críticas* = *faire qqch en dépit des critiques*; **por ~** par dépit.

despectivo, va 1 adj méprisant. **2** GRAM péjoratif.

despedazar 1 tr mettre en pièces. **2** (fig) déchirer. ● **3 ~se** pron tomber en miettes.

despedida 1 f adieux. **2** licenciement (de un empleado). ■ **hacer la ~ de soltero** enterrer sa vie de garçon.

despedir 1 tr y pron dire au revoir. ● **2** tr congédier (al personal doméstico); licencier, renvoyer (a un empleado). **3** jeter, lancer (arrojar). **4** (fig) dégager (olor, calor, etc.). ● **5 ~se** pron (~se de) faire ses adieux à. **6** donner son congé (un empleado). **7** (~se de) faire son deuil de: *despídete del libro, no te lo va a devolver* = *fais ton deuil du livre, il ne te le rendra pas.*

despegar 1 tr y pron décoller. **2** détacher (separar). ● **3** intr décoller (un avión).

despegue 1 m décollage. **2** (fig) décollage.

despeinar tr y pron décoiffer.

despejado, da 1 adj éveillé; désinvolte. **2** dégagé (el cielo, la frente).

despejar 1 tr dégager. **2** débarrasser: *despejar la mesa* = *débarrasser la table*. **3** (fig) éclaircir: *despejar las dudas* = *éclaircir les doutes.* ● **4 ~se** pron s'éclaircir (el tiempo); se découvrir (el cielo). **5** se distraire. ■ **salir a ~se** aller prendre l'air.

despellejar 1 tr écorcher (un animal). **2** (fig) dire du mal de (criticar).

despensa 1 f garde-manger (lugar). **2** provisions (provisiones).

despeñar 1 tr précipiter, jeter. ● **2 ~se** pron (fig) se précipiter (en los vicios).

despercudir tr Amér. nettoyer, laver.

desperdiciar 1 tr gaspiller (el dinero, fuerzas). **2** perdre (el tiempo, una ocasión).

desperdicio 1 m gaspillage. **2** déchet, reste (residuo). **3** perte (de tiempo). ● **4 desperdicios** m pl ordures (basura). ■ **no tener ~** ne pas y avoir de déchet; **no tener ~** (fig) être excellent.

desperdigar tr y pron disperser, éparpiller.

desperezarse pron s'étirer.

desperfecto 1 m dégât (deterioro). **2** imperfection; défaut (defecto). ■ **sufrir desperfectos** être endommagé.

despersonalizar tr dépersonnaliser.

despertador m réveille-matin.

despertar 1 tr réveiller; éveiller. **2** (fig) réveiller (traer a la memoria). **3** (fig) éveiller: *despertar la afición por la lectura* = *éveiller le goût pour la lecture.* ● **4** intr y pron se réveiller; se dégourdir (avisparse).

despiadado, da adj impitoyable.

despichar 1 tr Chile, Col., Venez. presser (estrujar); écraser (aplastar). ● **2** intr (fam) casser sa pipe (morir).

despido 1 m licenciement (en una empresa). **2** renvoi, congé. ◆ **~ improcedente** licenciement abusif.

despierto, ta 1 p irreg → despertar. ● **2** adj réveillé; éveillé. **3** (fig) vif, éveillé.

despiezar tr dépecer (una obra); démonter (una máquina).

despilfarrar tr gaspiller.

despintar 1 tr enlever la peinture de. **2** (fig) défigurer (un asunto). **3** Chile (fig, fam) détourner (la mirada).

despistar 1 tr e intr semer; dépister. **2** (fig) désorienter. ● **3 ~se** pron s'égarer (extraviarse). **4** (fig) perdre la tête. **5** (fig) être distrait.

despiste 1 m distraction; étourderie. **2** confusion. **3** faute d'étourderie (error).

desplante 1 m (fig) insolence; effronterie. **2** incartade (dicho). ■ **dar un ~** (fig) donner un coup de massue.

desplazamiento 1 m déplacement. **2** INF défilement. **3** MAR déplacement.

desplazar 1 tr y pron déplacer. ● **2** tr INF faire défiler. **3** MAR déplacer.

desplegar 1 tr déployer. **2** déplier (la tela, el papel). **3** (fig) montrer; déployer. ● **4** tr y pron MIL déployer.

despliegue m déploiement.

desplomar 1 tr faire pencher; incliner. **2** Venez. réprimander, gronder (reprender).

• 3 ~se *pron* s'écrouler (un edificio). 4 ~se (fig) s'effondrer (una persona).
desplumar 1 *tr* y *pron* déplumer, plumer. • 2 *tr* (fig) plumer (dejar sin dinero).
despoblación *f* dépeuplement.

> *Dépeuplement* tiene un uso mucho más extendido que *dépopulation*.

despoblado 1 *adj* dépeuplé (país, región). 2 inhabité (ciudad, lugar). • 3 *m* endroit inhabité.
despoblar 1 *tr* y *pron* dépeupler. • 2 *tr* (fig) débarrasser (despojar).
despojar 1 *tr* dépouiller. • 2 ~se *pron* se dépouiller (desnudarse). 3 (~ *de*) se dépouiller de.
despojo 1 *m* butin (botín). 2 dépouille (resto). • 3 **despojos** *m pl* abats (vísceras de animales).
desposar 1 *tr* marier. • 2 ~se *pron* se marier.
desposeer *tr* (~ *de*) déposséder de; priver de.
déspota *m* o *f* despote.
despotricar *intr* (fam) pester.
despreciar 1 *tr* mépriser. 2 dédaigner (desdeñar).
desprecio 1 *m* mépris. 2 dédain (desdén). 3 affront (desaire).
desprender 1 *tr* y *pron* détacher (desunir, soltar). 2 dégager (olor, calor). 3 *Arg., Par., P. Rico, Ur.* déboutonner. • 4 ~se *pron* être projeté, jaillir (chispas). 5 (fig) (~se *de*) se dessaisir; se défaire de (renunciar): *desprenderse de todos sus bienes = se défaire de tous ses biens*. 6 (fig) se dégager, découler (deducirse).
desprendido, da *adj* généreux; désintéressé.
desprendimiento 1 *m* éboulement (de tierra). 2 éboulis (de rocas). 3 (fig) générosité. 4 (fig) détachement (despego).
despreocupación 1 *f* insouciance. 2 absence de préjugés (falta de prejuicios). 3 négligence (negligencia).
despreocuparse 1 *pron* se détendre (librarse de una preocupación). 2 (~ *de*) ne plus se soucier de; se désintéresser de (desentenderse).
desprestigiar *tr* y *pron* discréditer.

desprevenido, da *adj* dépourvu (desprovéido). ■ **coger** o **pillar ~** prendre au dépourvu; **estar ~** ne pas s'attendre à qqch.
desproporcionado, da *adj* disproportionné.
despropósito 1 *m* sottise, absurdité. 2 coq-à-l'âne (patochada).
desprovisto, ta 1 *adj* dépourvu. 2 (~ *de*) dépourvu de.
después 1 *adv* après. 2 plus tard (en el tiempo): *hablaremos después = nous parlerons plus tard*. 3 ensuite, puis (a continuación). ■ ~ **de** après: *llegó después de él = elle est arrivée après lui*; **(de) que** après: *se inscribió después que yo = il s'est inscrit après moi*; après que: *después de que tu marcharas, cantó = après que tu sois parti, il s'est mis à chanter*; ~ **de todo** après tout.
despuntar 1 *tr* y *pron* épointer. • 2 *intr* poindre (el alba, el día). 3 (fig) briller, se distinguer. 4 BOT bourgeonner.
desquiciar 1 *tr* dégonder (una puerta, una ventana). 2 (fig) rendre fou (sacar de quicio). • 3 ~se *pron* sortir de ses gonds (una puerta, una ventana). ■ **estar desquiciado** être ébranlé.
desquitar 1 *tr* y *pron* rattraper. 2 dédommager (compensar). • 3 ~se *pron* prendre sa revanche (vengarse).
destacado, da 1 *adj* remarquable (notorio). 2 marquant (hecho, noticia). 3 célèbre (persona). 4 de choix (lugar).
destacamento *m* MIL détachement.
destacar 1 *tr* souligner, mettre en relief. 2 MIL détacher (una tropa). • 3 *tr*, *intr* y *pron* distinguer (una persona).
destajo *m* forfait (contrato). ■ **a ~** à forfait, à la pièce; **a ~** (fig) d'arrache-pied (mucho); **a ~** *Arg., Chile* à l'œil (a ojo).
destapar 1 *tr* y *pron* découvrir. 2 déboucher (quitar la tapa o el tapón). • 3 ~se *pron* (fig) s'ouvrir à: *se destapó con sus padres = il s'est ouvert à ses parents*.
destartalado, da 1 *adj* délabré (una casa). 2 démantibulé (un mueble, un coche).
destellar 1 *tr* émettre. • 2 *intr* étinceler. 3 scintiller (las estrellas).
destello 1 *m* éclair. 2 scintillement (de las estrellas). 3 éclat (de un diamante). 4 (fig) éclair (de lucidez, genio, etc.).
destemplado, da 1 *adj* emporté (falto de temple). 2 légèrement fiévreux. 3

maussade (tiempo). **4** MÚS désaccordé (instrument).

destemplar 1 *tr* déranger (altérer l'harmonie). ● **2** *tr* y *pron* MÚS désaccorder. ● **3** ~se *pron* (fig) s'emporter (irritarse). **4** MED avoir un peu de fièvre. **5** *Amér.* avoir mal aux dents (sentir dentera).

desteñir *tr*, *intr* y *pron* déteindre.

desternillarse *pron* (fig) rire à gorge déployée. ■ ~ **de risa** (fig) se tordre de rire.

desterrar 1 *tr* exiler; bannir. **2** (fig) bannir, chasser (apartar). ● **3** ~se *pron* s'expatrier, s'exiler.

destiempo (a) *loc adv* à contretemps, mal à propos.

destierro *m* exil.

destilación 1 *f* distillation. **2** distillat (producto).

destilar 1 *tr* e *intr* distiller. ● **2** *tr* (fig) se dégager: *esta obra destila un amargo pesimismo = un amère pessimisme se dégage de cette œuvre.* ● **3** *intr* dégoutter (gotear).

destilería *f* distillerie.

destinar 1 *tr* destiner. **2** assigner (un cargo, una tarea). **3** affecter (un militar, un funcionario). **4** affecter (dinero). **5** envoyer (a un lugar). **6** adresser (una carta).

destino 1 *m* destin (hado, suerte). **2** destination (fin, empleo). **3** destination (lugar). **4** affectation (de un militar). **5** poste, place (empleo, plaza). ■ **con ~ a** à destination de; **salir con ~ a** à partir pour.

destitución *f* destitution.

destituir *tr* destituer.

destornillador *m* tournevis.

destornillar 1 *tr* dévisser. ● **2** ~se *pron* (fig) perdre la tête (perder el juicio). **3** (fig, fam) se tordre de rire (desternillarse).

destreza 1 *f* adresse; habileté. **2** dextérité (manual).

destripar 1 *tr* étriper (sacar las tripas). **2** (fig) éventrer. ● **3** *intr* *Méx.* (fig, fam) abandonner ses études.

destronar *tr* détrôner.

destrozar 1 *tr* y *pron* déchirer (despedazar). **2** briser (romper). ● **3** *tr* abîmer (estropear). **4** détruire (destruir). **5** (fig) briser, déchirer: *esta relación le ha destrozado el corazón = cette relation lui a brisé le cœur.* **6** (fig) démolir (la salud).

7 (fig) bouleverser; anéantir (anímicamente). **8** (fig) épuiser, éreinter (agotar). ■ **estar destrozado** (fig) être épuisé (cansado); être accablé (abatido).

destrozo 1 *m* destruction. **2** désastre (resultado). ● **3 destrozos** *m pl* dégâts (daños).

destrucción *f* destruction.

destruir 1 *tr* détruire. **2** (fig) détruire, anéantir. **3** (fig) démolir (un argumento).

desubicar *tr* y *pron* *Amér.* désorienter.

desuso *m* désuétude. ■ **caer en ~** tomber en désuétude.

desvaído, da 1 *adj* pâle, passé (color). **2** effacé (forma, contorno). **3** vague (mirada).

desvalido, da *adj/m* y *f* déshérité.

desvalijar *tr* dévaliser.

desvalimiento *m* délaissement; abandon.

desván *m* grenier.

desvanecer 1 *tr* y *pron* dissiper. **2** effacer (colores). **3** (fig) dissiper (un temor, una duda). ● **4** ~se *pron* s'évanouir (una persona). **5** (fig) s'effacer (los recuerdos).

desvanecimiento 1 *m* évanouissement. **2** effacement (de los colores). **3** (fig) éclaircissement (de dudas, errores).

desvariar *intr* délirer.

desvarío 1 *m* absurdité; folie. **2** divagation; égarement (cosa fuera de razón). **3** délire (estado enfermizo).

desvelar 1 *tr* dévoiler (una noticia, secreto, etc.). **2** empêcher de dormir. ● **3** ~se *pron* se réveiller (despertarse).

desvelo 1 *m* insomnie. **2** peine (afán). **3** souci (preocupación).

desvencijar 1 *tr* y *pron* détraquer (una máquina). **2** délabrer (una casa).

desventaja *f* désavantage; inconvénient. ■ **llevar ~** être désavantagé.

desventura *f* malheur, infortune.

desvergonzado, da 1 *adj/m* y *f* dévergondé. **2** effronté (descarado).

desvergüenza 1 *f* effronterie (atrevimiento). **2** insolence. ■ **tener la ~ de hacer algo** avoir le toupet de faire qqch.

desviación 1 *f* déviation. **2** (fig) déviation, écart (de la conducta).

desviar 1 *tr* y *pron* dévier. ● **2** *tr* détourner (un río). **3** dérouter (un barco, un avión). **4** écarter (de objetivo). **5** (fig) détourner (la conversación, la mirada). **6** (fig) détourner. ● **7** ~se *pron* tourner:

desviarse a la izquierda = tourner à gauche. **8** (fig) se perdre, s'égarer (descaminarse).

desvincular 1 *tr* y *pron* dégager; délier (de una obligación o compromiso). **2** détacher (de una organización, de la familia).

desvío 1 *m* déviation. **2** (fig) détachement. **3** *Arg., Chile* voie de dégagement (de una línea férrea).

desvirgar *tr* déflorer.

desvirtuar 1 *tr* affaiblir. **2** (fig) dénaturer (el pensamiento).

desvivirse 1 *pron* (~ *por*) mourir d'envie de. **2** (~ *por*) se dépenser pour: *desvivirse por sus padres = se dépenser pour ses parents.*

detallar *tr* détailler.

detalle 1 *m* détail. **2** attention (delicadeza). ■ **al** ~ au détail; **con todo** ~ en détail; **entrar en detalles** entrer dans les détails; **no perder** ~ ne pas perdre une miette; **tener un** ~ **con alguien** avoir une attention pour qqn.

detallista 1 *adj* méticuleux. ● **2** *m* o *f* personne méticuleuse. **3** détaillant (comerciante).

detectar *tr* détecter.

detective *m* o *f* détective.

detención 1 *f* arrêt. **2** retard; délai (dilación). **3** attention. **4** arrestation (arresto). **5** détention (prisión).

detener 1 *tr* y *pron* arrêter. ● **2** *tr* arrêter (arrestar). **3** retenir (guardar). ● **4** ~se *pron* s'attarder (entretenerse).

detenido, da 1 *adj* minutieux, approfondi. ● **2** *adj/m* y *f* détenu (preso).

detenimiento 1 *m* arrêt (arresto). **2** retard (dilación). **3** attention, soin (cuidado). ■ **con** ~ avec soin.

detentar 1 *tr* détenir. **2** s'emparer de.

detergente *m* détergent.

deteriorar *tr* y *pron* détériorer.

deterioro *m* détérioration.

determinación *f* détermination, décision. ■ **tomar una** ~ prendre une décision.

determinado, da 1 *adj* déterminé, décidé (carácter). **2** déterminé, précis.

determinar 1 *tr* déterminer, fixer (fijar). ● **3** *tr* y *pron* décider (decidir).

detestable *adj* détestable.

detestar *tr* détester; avoir horreur de.

detonación *f* détonation.

detonante *adj* y *m* détonant.

detonar *intr* détoner.

detractor, ra *adj/m* y *f* détracteur.

detrás 1 *adv* derrière (en el espacio): *nos sentamos detrás = nous nous sommes assis derrière.* **2** après (en el orden): *está detrás de mí en la lista = il est après moi dans la liste.* ■ ~ **de** derrière: *el jardín está detrás de la casa = le jardin est derrière la maison*; **por** ~ par derrière: *atacar a alguien por detrás = attaquer qqn par derrière.*

detrimento *m* détriment. ■ **en** ~ **de** au détriment de.

deuda *f* dette. ◆ ~ **exterior** dette extérieure; ~ **pública** dette publique; ■ **contraer deudas** contracter des dettes; **estar en** ~ **con alguien** (fig) avoir une dette envers qqn; **lo prometido es** ~ chose promise, chose due.

deudor, ra *adj/m* y *f* débiteur. ◆ **saldo** ~ COM solde dû.

devaluación *f* dévaluation.

devaluar *tr* y *pron* dévaluer.

devanear *intr* divaguer, délirer.

devaneo 1 *m* divagation. **2** frivolité (distracción vana). **3** amourette (amorío).

devastar *tr* dévaster.

devengar 1 *tr* toucher (un salario, una retribución). **2** rapporter (intereses).

devenir 1 *intr* advenir; arriver (suceder). **2** (~ *en*) devenir (llegar a ser).

devenir *m* FIL devenir.

devoción 1 *f* dévotion. **2** (fig) dévotion, sympathie.

devolución 1 *f* restitution. **2** retour (de una carta). **3** remboursement (del importe). **4** COM rendu. ◆ ~ **fiscal** remboursement d'impôts.

devolver 1 *tr* rendre. **2** rembourser (dinero). **3** retourner (una carta). **4** renvoyer (una factura, un regalo). **5** remettre (a su sitio). **6** rendre (un favor, una visita). ● **7** *tr* e *intr* (fam) rendre (vomitar). ● **8** ~se *pron Amér.* revenir (regresar).

devorar 1 *tr* dévorer. **2** (fig) dévorer (un libro). ■ ~ **a alguien con los ojos** dévorer qqn des yeux.

devoto, ta 1 *adj/m* y *f* dévot. **2** dévoué (amigo). ● **3** *adj* pieux: *imagen devota = image pieuse.* ● **4** *m* y *f* adepte. ● **5** *m* patron (santo).

día 1 *m* jour. **2** journée (jornada): *durante el día* = *pendant la journée*. **3** temps: *hace buen día* = *il fait beau temps*. **4** fête: *el día de la Madre* = *la fête des Mères*. ◆ ~ **festivo** jour férié; ~ **hábil** jour ouvré; ~ **laborable** jour ouvrable; ~ **libre** jour de repos; ■ **a días** certains jours; **a la luz del** ~ en plein jour; **al** ~ **par jour; al** ~ **siguiente** le lendemain; **buenos días** bonjour; **de un** ~ **para otro** du jour au lendemain; **del** ~ du jour; **estar al** ~ être à jour; être à la page (de moda); **hoy en** ~ de nos jours, aujourd'hui; **poner a alguien al** ~ mettre qqn au courant; **ser de** ~ faire jour; **vivir al** ~ vivre au jour le jour.

> *Jour* y *journée* no son exactamente equivalentes: *Jour* tiene un sentido más literal, de día de la semana o de período con luz, mientras que *journée* hace más referencia al empleo del tiempo.

diabetes *f* MED diabète.
diablo *m* diable. ■ **¡al** ~**!** (fig) au diable!; **de mil diablos** o **de todos los diablos** de tous les diables; **mandar al** ~ (fig) envoyer au diable; **pobre** ~ (fig, fam) pauvre diable; **¡qué diablos!** que diable!
diablura *f* diablerie; niche.
diabólico, ca *adj* diabolique.
diadema 1 *f* diadème (corona). **2** serre-tête (adorno).
diáfano, na 1 *adj* diaphane. **2** (fig) limpide, clair.
diafragma *m* diaphragme.
diagnosticar *tr* diagnostiquer.
diagnóstico, ca 1 *adj* diagnostique. ● **2** *m* MED diagnostic.
diagonal 1 *adj* diagonal. ● **2** *f* diagonale. ■ **en** ~ en diagonale.
diagrama *m* diagramme. ◆ ~ **de barras** diagramme en bâtons; ~ **de flujo** INF organigramme.
dial *m* cadran (de radio).
dialéctica *f* dialectique.
dialecto *m* dialecte.
diálisis *f* FÍS, QUÍM dialyse.
dialogar 1 *tr* e *intr* dialoguer. ■ ~ **con sistema** INF dialoguer avec un système.
diálogo *m* dialogue.

diamante 1 *m* diamant. ● **2 diamantes** *m pl* carreau (en los naipes). ◆ ~ **en bruto** diamant brut.
diámetro *m* diamètre.
diana 1 *f* mouche (blanco). **2** MIL diane. ■ **hacer** ~ faire mouche; **tocar** ~ MIL sonner la diane.
diapasón 1 *m* MÚS diapason. **2** MÚS touche (de un instrumento de cuerda).
diapositiva *f* diapositive.
diario, ria 1 *adj* quotidien. ● **2** *m* journal. **3** COM livre-journal. ◆ ~ **de a bordo** MAR journal de bord; ~ **hablado** journal parlé; ■ **a** ~ tous les jours.
diarrea *f* diarrhée. ■ ~ **mental** (fig, fam) salade.
diáspora *f* diaspora.
diatriba *f* diatribe.
dibujante *m* o *f* dessinateur.
dibujar 1 *tr* dessiner. ● **2** ~**se** *pron* (fig) se dessiner; se préciser. **3** (fig) se peindre (una emoción).
dibujo *m* dessin. ◆ ~ **del natural** dessin d'après nature; ~ **lineal** dessin linéaire; ~ **técnico** dessin industriel; **dibujos animados** dessins animés.
dicción *f* diction.
diccionario *m* dictionnaire.
dicha 1 *f* bonheur (felicidad). **2** chance (suerte feliz). ■ **nunca es tarde si la** ~ **es buena** mieux vaut tard que jamais.
dicharachero, ra *adj/m* y *f* (fam) rigolo.
dicho, cha 1 *p irreg* → decir. ● **2** *adj* dit. ● **3** *adj* demos ce, cette (f): *dicha conferencia* = *cette conférence*. ● **4** *m* dicton, sentence; pensée. ■ ~ **y hecho** aussitôt dit, aussitôt fait; **mejor** ~ plutôt.
dichoso, sa 1 *adj* heureux. **2** (fig, fam) ennuyeux; assommant: *¡dichoso animal!* = *quel animal assommant!* **3** (fig, fam) maudit; sacré: *¡este dichoso camión!* = *ce sacré camion!*
diciembre *m* décembre.
dicotomía *f* dichotomie.
dictado 1 *m* dictée. ● **2 dictados** *m pl* (fig) préceptes. ■ **escribir al** ~ écrire sous la dictée.
dictador, ra *m* y *f* dictateur.
dictadura *f* POL dictature.
dictamen 1 *m* opinion; avis. **2** rapport (de los peritos). ◆ ~ **médico** diagnostic.
dictaminar 1 *tr* opiner. ● **2** *intr* (~ *sobre*) donner son avis sur.

dictar 1 *tr* dicter. **2** édicter (leyes); passer (decretos); prononcer (un fallo). **3** *Amér.* donner (una clase, una conferencia).

didáctico, ca *adj* didactique.

diecinueve *adj* y *m* dix-neuf.

dieciocho *adj* y *m* dix-huit.

dieciséis *adj* y *m* seize.

diecisiete *adj* y *m* dix-sept.

diente 1 *m* dent. **2** MEC dent (de un granaje). ◆ ~ **de ajo** gousse d'ail; ~ **de leche** dent de lait; ~ **incisivo** incisive; ~ **molar** molaire; ■ **hablar entre dientes** (fig) parler entre ses dents; **hincar el ~ a** mordre à belles dents dans (la comida); **hincar el ~ en** (fig, fam) s'attaquer à (acometer); **ponerle a alguien los dientes largos** (fig, fam) faire baver d'envie qqn.

diesel *adj* y *m* diesel.

diestro, tra 1 *adj* droit: *la mano diestra = la main droite*. **2** droitier (persona). **3** adroit (hábil). ● **4** *m* TAUROM matador, toreador. ■ **a ~ y siniestro** (fig) à tort et à travers: *repartir a diestro y siniestro = frapper à tort et à travers*.

dieta 1 *f* régime. ● **2 dietas** *f pl* indemnité, frais (de un empleado): *dietas por desplazamiento = frais de déplacement*. ■ **estar a ~** être au régime; **ponerse a ~** se mettre au régime.

dietario *m* agenda.

dietético, ca *adj* diététique.

diez 1 *adj* y *m* dix. ● **2** *m* dizaine (del rosario).

diezmar *tr* (fig) décimer.

difamación *f* diffamation.

difamar *tr* diffamer; discréditer.

diferencia 1 *f* différence. **2** (fig) (se usa más en *pl*) différend, controverse. ■ **a ~ de** contrairement à.

diferencial 1 *adj* différentiel. ● **2** *m* MEC différentiel.

diferenciar 1 *tr* y *pron* différencier. ● **2** *intr* y *pron* différer (disentir). ● **3** ~**se** *pron* se distinguer (sobresalir).

diferente 1 *adj* différent. ● **2** *adv* différemment.

No hay que confundir la palabra *différent* con **différend**, que debe traducirse por 'disputa'.

diferido, da 1 *adj* différé, ajourné. **2** INF différé. ■ **en ~** en différé.

diferir *tr* e *intr* différer.

difícil 1 *adj* difficile. **2** (fig) difficile, acariâtre (persona). **3** ingrat.

dificultad *f* difficulté.

dificultar 1 *tr* rendre difficile; entraver. **2** déranger (estorbar).

dificultoso, sa *adj* difficile, difficultueux.

difteria *f* MED diphtérie.

difuminar *tr* estomper.

difundir 1 *tr* répandre; propager (una noticia, un conocimiento, etc.). **2** diffuser (la luz, una emisión, etc.).

difuntear *tr* *Amér.* (fam) tuer, assommer.

difunto, ta 1 *adj* feu: *mi difunta madre = feue ma mère*. ● **2** *adj/m* y *f* défunt. ◆ **día de los difuntos** jour des morts.

difusión *f* diffusion.

difuso, sa 1 *p irreg* → difundir. ● **2** *adj* diffus.

digerir 1 *tr* digérer. **2** (fig) assimiler; digérer.

digestión *f* digestion.

digestivo, va *adj* y *m* digestif.

digital *adj* digital.

digitalizar *tr* INF numériser.

dignarse *pron* daigner: *no se digna a pagar = il ne daigne pas payer*.

dignidad *f* dignité.

dignificar *tr* rendre o déclarer digne.

digno, na *adj* digne. ■ **ser ~ de** valoir le détour.

dilación *f* sursis; délai (demora). ■ **sin ~** sans délai.

dilapidar *tr* dilapider; gaspiller.

dilatación *f* dilatation.

dilatar 1 *tr* y *pron* dilater. ● **2** *tr* (fig) reporter; différer (aplazar). **3** (fig) répandre (propagar). ● **4** ~**se** *pron* (fig) s'étendre.

dilema *m* dilemme.

diligencia 1 *f* diligence (premura). **2** démarche (trámite). **3** diligence (carruaje). **4** DER diligence, poursuite.

diligente *adj* diligent.

dilucidar *tr* élucider.

diluir 1 *tr* y *pron* diluer (desleír). ● **2** *tr* QUÍM diluer, étendre.

diluviar *intr* pleuvoir à verse.

diluvio 1 *m* déluge. **2** (fig) déluge, myriade.

dimensión **1** f dimension. **2** (fig) importance, envergure.

La correspondencia entre las **dimensiones** españolas y francesas es la siguiente: *longitud = longueur ◊ anchura = largeur ◊ altura = hauteur;* y los adjetivos: *largo = long ◊ ancho = large ◊ alto = haut.*

diminuto, ta adj minuscule.
dimisión f démission.
dimitir intr démissionner; se démettre.
Dinamarca f Danemark.
dinámico, ca adj y f dynamique.
dinamismo m dynamisme.
dinamita f dynamite.
dinamitar tr dynamiter.
dinamizar tr dynamiser.
dinastía f dynastie.
dineral m grosse somme, fortune.
dinero 1 m argent. **2** richesse (fortuna). ◆ ~ **al contado** argent comptant; ~ **de curso legal** monnaie légale; ~ **efectivo** o **en metálico** espèces; ~ **falso** fausse monnaie; ~ **negro** o **sucio** argent sale; ~ **suelto** petite monnaie.
dinosaurio m dinosaure; dinosaurien.
dintel m linteau.
diñar tr remettre; donner (entregar). ■ ~**la** (fig, fam) passer l'arme à gauche (morir).
diócesis f diocèse.
dioptría f ÓPT dioptrie.
dios, sa 1 m y f dieu, déesse (f) (deidad). ● **2** m Dieu. ● **3** ¡Dios! interj mon Dieu! ◆ **Dios Hijo** Dieu le Fils; **Dios Padre** Dieu le Père; ■ ¡**bendito sea Dios**! Dieu soit loué!; **como Dios manda** comme il faut; ¡**Dios dirá**! (fam) on verra bien; ¡**gracias a Dios**! grâce à Dieu; **por el amor de** ~ pour l'amour de Dieu; **si Dios quiere** s'il plaît à Dieu; ¡**vaya por Dios**! mon Dieu!
diploma m diplôme.
diplomacia f diplomatie.
diplomar 1 tr diplômer. ● **2** ~**se** pron obtenir un diplôme.
diplomático, ca 1 adj diplomatique. **2** (fig, fam) diplomate (sagaz). ● **3** m y f diplomate.
diptongo m GRAM diphtongue.
diputación 1 f députation. **2** Amér. mairie. ◆ ~ **provincial** conseil général.

diputado, da m y f député. ◆ ~ **provincial** conseiller général.
dique 1 m digue. **2** bassin de radoub (en una dársena). ◆ ~ **flotante** dock flottant; ~ **seco** cale sèche.
dirección 1 f direction. **2** adresse (señas). **3** sens (sentido). **4** direction, bureau de direction (despacho). **5** directorat (cargo de director). **6** CINE, TEAT mise en scène. ◆ ~ **prohibida** sens interdit; ■ **en** ~ **a** en direction de.

En francés las **direcciones** postales se expresan de modo distinto: en primer lugar aparece el número seguido de una coma y luego el nombre de la calle: *Avenida de las Palmeras nº 17 = 17, Avenue des Palmiers.*

direccional adj directionnel.
directivo, va adj/m y f directeur.
directo, ta 1 adj direct. ● **2** m direct (en boxeo). ■ **en** ~ en direct; **poner la directa** se mettre en prise directe.
director, ra adj/m y f directeur. ◆ ~ **de cine** o **escena** metteur en scène; ~ **de orquesta** chef d'orchestre.
directorio, ria 1 adj directif. ● **2** m répertoire, guide. **3** INF répertoire.
dirigente adj/m o f dirigeant.
dirigir 1 tr diriger. **2** adresser (la palabra, una carta). **3** dédier (dedicar). **4** CINE, TEAT mettre en scène. ● **5** ~**se a** (~se a) se diriger vers. **6** (~se a) s'adresser à.
dirimir 1 tr dissoudre; annuler (un matrimonio, una sociedad). **2** trancher; régler (una controversia).
discapacitado, da adj/m y f handicapé.
discar tr Arg., Ur. composer, marquer (un número de teléfono).
discernimiento m discernement.
discernir tr discerner; distinguer.
disciplina f discipline.
disciplinado, da adj discipliné.
disciplinar tr y pron discipliner.
discípulo, la 1 m y f disciple. **2** élève (estudiante).
disco 1 m disque. **2** MEC disque (de un freno). **3** MÚS disco. ● **4** f (apócope de *discoteca*) boîte; discothèque. ◆ ~ **compacto** disque compact; ~ **duro** o **rígido** INF disque dur.

disconforme *adj* qui n'est pas d'accord.
disconformidad 1 *f* désaccord. **2** divergence; clivage: *disconformidad de opiniones* = *clivage d'opinions*.
discontinuo, nua *adj* discontinu.
discordancia 1 *f* discordance. **2** MÚS discordance.
discordar 1 *intr* être en désaccord; différer. **2** MÚS discorder.
discordia *f* discorde.
discoteca 1 *f* discothèque (colección). **2** discothèque, boîte (local).
discreción 1 *f* discrétion. **2** bon sens; sagesse (juicio). ■ **a ~** à discrétion.
discrecional 1 *adj* discrétionnaire (poder). **2** facultatif. **3** spécial (servicio de autobús).
discrepancia *f* différence; divergence.
discrepar 1 *intr* diverger. **2** être en désaccord.
discreto, ta 1 *adj* discret. **2** sage; sensé (sensato). **3** spirituel (ingenioso).
discriminación *f* discrimination.
discriminar *tr* discriminer.
disculpa *f* excuse. ■ **pedir disculpas** présenter des excuses.
disculpar 1 *tr* disculper. **2** excuser, pardonner. ● **3 ~se** *pron* s'excuser.
discurrir 1 *tr* inventer. ● **2** *intr* couler (un río, un líquido). **3** (fig) réfléchir. **4** (fig) s'écouler; passer (el tiempo).
discurso 1 *m* discours. **2** raisonnement (razonamiento). **3** cours (del tiempo).
discusión *f* discussion.
discutir 1 *tr* contester (poner en duda). ● **2** *intr* y *tr* discuter, débattre. ● **3** *intr* se disputer; avoir une dispute.
disecar 1 *tr* disséquer (un cadáver o una planta). **2** empailler (un animal).
disección 1 *f* dissection. **2** empaillement (de un animal). **3** dessiccation (de una planta).
diseminar *tr* disséminer.
disentir 1 *intr* diverger. **2** (~ *de*) être en désaccord sur.
diseñar *tr* dessiner.
diseño 1 *m* dessin. **2** ébauche (boceto). ◆ **~ de modas** dessin de mode; **~ gráfico** conception graphique; **~ industrial** conception industrielle; ■ **de ~** design.
disertación *f* dissertation.
disertar *intr* disserter.
disfraz 1 *m* déguisement. **2** (fig) masque; fard (disimulación).

disfrazar 1 *tr* y *pron* déguiser. ● **2** *tr* (fig) maquiller; masquer.
disfrutar 1 *tr* jouir de; profiter de. **2** bénéficier de. ● **3** *intr* être ravi; s'amuser. **4** (~ *de*) jouir de: *disfruta de una excelente salud* = *il jouit d'une très bonne santé*.
disgregar *tr* y *pron* désagréger.
disgustado, da 1 *adj* contrarié, chagriné. **2** fâché (enfadado).
disgustar 1 *tr* déplaire. **2** contrarier, chagriner (causar disgusto). ● **3** *tr* y *pron* mettre en colère; fâcher (enfadar).
disgusto 1 *m* contrariété; ennui (fastidio). **2** chagrin, peine. **3** dégoût (repulsión). **4** brouille (riña). ■ **a ~** à contrecœur; **estar a ~** ne pas être bien; **llevarse un ~** éprouver une contrariété.
disidencia *f* dissidence.
disidente *adj/m* o *f* dissident.
disimular 1 *tr* dissimuler (una cosa). **2** dissimuler, cacher (un sentimiento). ● **3** *intr* faire comme si de rien n'était.
disimulo 1 *m* dissimulation. **2** habileté à dissimuler. ■ **con ~** en cachette.
disipar 1 *tr* dissiper, gaspiller. ● **2** *tr* y *pron* dissiper (esparcir). ● **3 ~se** *pron* se dissiper, s'évaporer.
dislocación 1 *f* dislocation. **2** MED déboîtement.
dislocar *tr* y *pron* disloquer. **2** MED déboîter.
disminuido, da *adj/m* y *f* handicapé. ◆ **~ físico** handicapé physique; **~ psíquico** handicapé mental.
disminuir *tr*, *intr* y *pron* diminuer.
disociar *tr* dissocier.
disolución 1 *f* dissolution. **2** QUÍM solution.
disoluto, ta *adj/m* y *f* dissolu, libertin.
disolvente 1 *adj* y *m* dissolvant. ● **2** *m* solvant (para pinturas).
disolver 1 *tr* dissoudre. **2** disperser (una manifestación).
disonancia *f* dissonance.
disonante *adj* dissonant.
disonar 1 *intr* dissoner. **2** (fig) manquer d'harmonie.
dispar *adj* différent; dissemblable.
disparada *f* *Amér.* fuite (fuga).
disparadero *m* détente. ■ **poner a alguien en el ~** pousser qqn à bout.
disparar 1 *tr* y *pron* décharger (un arma). ● **2** *tr* tirer (una bala, un tiro). **3** lancer,

jeter (tirar con violencia). **4** déclencher (un mecanismo). ● **5** *intr* tirer, faire feu. ● **6** ~se *pron* s'emballer. **7** monter en flèche (los precios).

disparatado, da *adj* absurde, déraisonnable.

disparatar *intr* déraisonner; dérailler.

disparate *m* sottise; absurdité. ■ **costar un** ~ coûter un prix fou; **¡qué** ~! quelle bêtise!

disparidad *f* disparité.

disparo **1** *m* décharge. **2** coup de feu (tiro). **3** déclenchement (de un mecanismo). **4** DEP tir (en fútbol).

dispendio *m* gaspillage, dépense excessive.

dispensar **1** *tr* dispenser. **2** pardonner, excuser (disculpar).

dispensario *m* dispensaire.

dispersar *tr* y *pron* disperser.

dispersión *f* dispersion.

displicencia **1** *f* froideur (actitud). **2** manque d'enthousiasme; indifférence.

disponer *tr* disposer; ranger. **2** prescrire; ordonner (mandar). ● **3** *intr* (~ *de*) disposer de. ● **4** ~se *pron* (~se *a*) s'apprêter à.

disponibilidad *f* disponibilité.

disposición *f* disposition. ◆ ~ **de ánimo** état d'esprit; **última** ~ dernières volontés; ■ **estar** *o* **hallarse en** ~ **de** être *o* se trouver en état de.

dispositivo *m* dispositif. ◆ ~ **de alimentación** INF unité d'alimentation; ~ **de almacenaje** INF unité de stockage; ~ **periférico** INF périphérique.

dispuesto, ta *p irreg* → disponer. ● **2** *adj* disposé, prêt. **3** prêt. **4** serviable (servicial).

disputa *f* dispute. ■ **sin** ~ sans aucun doute.

disputar **1** *tr* disputer, débattre. ● **2** *intr* y *pron* se disputer.

disquete *m* INF disquette.

disquetera *f* INF lecteur de disquette.

disquisición **1** *f* étude; exposé. **2** (se usa más en *pl*) digression.

distancia **1** *f* distance. **2** (fig) écart; distance (diferencia). ◆ ~ **de seguridad** distance de sécurité; ■ **a** ~ à distance; **guardar las distancias** garder ses distances.

distanciamiento **1** *m* distanciation. **2** refroidissement; éloignement (entre personas).

distanciar **1** *tr* éloigner; écarter. ● **2** ~se *pron* s'éloigner, se séparer.

distante **1** *adj* distant (espacio). **2** éloigné (tiempo y espacio). **3** distant, froid, réservé (persona).

distar **1** *intr* être éloigné de; se trouver à. **2** (fig) être loin: *esto dista de ser cierto* = *c'est loin d'être vrai*.

distender *tr* distendre.

distensión *f* distension.

distinción *f* distinction. ■ **a** ~ **de** à la différence de.

distinguido, da **1** *adj* distingué, éminent. **2** élégant (elegante).

distinguir **1** *tr* distinguer. **2** décorer; rendre hommage (rendir homenaje). ● **3** ~se *pron* se distinguer, se singulariser.

distintivo, va **1** *adj* distinctif. ● **2** *m* insigne, emblème (insignia).

distinto, ta *adj* distinct.

distorsión *f* distorsion.

distorsionar *tr* dénaturer; tergiverser.

distracción **1** *f* distraction; amusement. **2** distraction, inattention (falta de atención). **3** dissipation (en las costumbres).

distraer **1** *tr* y *pron* distraire; déconcentrer. **2** distraire, amuser (divertir).

distraído, da **1** *adj* distrayant, amusant. **2** *Chile*, *Méx.* négligé, malpropre. ● **3** *adj/m* y *f* distrait, étourdi. ● **4** *m* y *f Chile*, *Méx.* personne négligée.

distribución **1** *f* distribution. **2** répartition (geográfica, de beneficios).

distribuir *tr* distribuer.

distrito **1** *m* secteur; territoire. **2** arrondissement (en una ciudad). ◆ ~ **postal** secteur postal.

disturbio *m* trouble; désordre.

disuadir *tr* dissuader.

disyunción *f* disjonction; séparation.

disyuntiva *f* alternative.

diurno, na *adj* diurne.

divagación *f* divagation.

divagar *intr* divaguer.

diván *m* divan.

divergencia *f* divergence.

divergente *adj* divergent.

divergir **1** *intr* diverger. **2** (fig) diverger, être en désaccord.

diversidad *f* diversité.

diversificar *tr* diversifier.

diversión **1** *f* divertissement; amusement. **2** distraction (distracción).

diverso, sa 1 *adj* divers. • **2 diversos** *adj pl* plusieurs.

divertido, da 1 *adj* amusant, drôle. **2** *Arg., Chile, Guat., Perú* ivre (ebrio).

divertimiento *m* divertissement; amusement.

divertir 1 *tr* amuser; divertir (entretener). **2** détourner, dévier (desviar); s'amuser. • **3** ~**se** *pron* se distraire; s'amuser.

dividendo *m* ECON, MAT dividende.

dividir 1 *tr* diviser. **2** (fig) partager, tirailler.

divinidad *f* divinité.

divino, na *adj* divin.

divisa 1 *f* insigne. **2** ECON devise (moneda).

divisar *tr* distinguer; apercevoir.

división 1 *f* (fig) clivage; divergence (de opiniones). **2** (fig) discorde. **3** MAT division. **4** MIL division.

divo, va 1 *adj* (lit) divin. • **2** *m y f* vedette. **3** chanteur, diva (*f*) (de ópera).

divorciado, da *adj/m y f* divorcé.

divorciar 1 *tr* prononcer *o* accorder le divorce de. **2** séparer; désunir. • **3** ~**se** *pron* divorcer.

divorcio *m* divorce.

divulgación 1 *f* divulgation. **2** vulgarisation (popularización).

divulgar *tr* divulguer.

DNI (*siglas de* Documento Nacional de Identidad) *m* carte d'identité.

dobladillo *m* ourlet.

doblar 1 *tr* y *pron* plier. • **2** *tr* doubler (duplicar). **3** plier, fléchir (la rodilla, etc.). **4** tourner (la página, la esquina). **5** (fig) plier, soumettre. • **6** ~**se** *pron* se courber (inclinarse). **7** (fig) se soumettre; obtempérer.

doble 1 *adj* y *adv* double. • **2** *m* double. **3** pli (de la ropa). **4** glas, sonnerie (tañido). **5** CINE doublure. • **6 dobles** *m pl* DEP double (en tenis). ◆ ~ **o nada** quitte ou double; ■ **el** ~ **que** deux fois plus que.

doblegar 1 *tr* y *pron* plier; courber. **2** (fig) soumettre.

doce *adj* y *m* douze. ◆ **las** ~ midi (del mediodía); minuit (de la noche).

docena *f* douzaine.

docencia *f* enseignement.

docente *adj/m* o *f* enseignant.

dócil 1 *adj* docile. **2** obéissant (obediente).

docto, ta *adj/m* y *f* savant, lettré.

doctor, ra 1 *m* y *f* docteur. **2** médecin, docteur (médico).

El título de *doctor* sólo se aplica a los doctores en medicina (nunca a las personas que tienen un doctorado).

doctorar 1 *tr* conférer le doctorat. • **2** ~**se** *pron* passer son doctorat.

doctrina 1 *f* doctrine. **2** enseignement (enseñanza). **3** catéchisme (catecismo).

documentación 1 *f* documentation. **2** papiers, pièces d'identité. ◆ ~ **del coche** carte grise.

documental 1 *adj* documentaire. • **2** *m* CINE documentaire.

documentar *tr* y *pron* documenter.

documento *m* document. ◆ **Documento Nacional de Identidad** carte d'identité.

dogma *m* dogme.

dogmatizar *intr* dogmatiser.

dólar *m* dollar.

dolencia *f* maladie, indisposition.

doler 1 *intr* faire mal, avoir mal à: *me duele el estómago = j'ai mal à l'estomac*. **2** (fig) chagriner, faire de la peine. **3** (fig) vexer (molestar). **4** regretter (lamentar). • **5** ~**se** *pron* se plaindre (quejarse). **6** ~**se** regretter (arrepentirse).

doliente 1 *adj* douloureux. **2** souffrant, dolent (enfermo). • **3** *m* o *f* malade.

dolor 1 *m* douleur, mal. **2** (fig) chagrin; peine, douleur. ◆ ~ **de cabeza** mal de tête; ~ **de estómago** maux d'estomac; ~ **de muelas** mal aux dents.

doloroso, sa *adj* douloureux.

domar 1 *tr* dompter (fieras). **2** dresser (domesticar). **3** (fig) dompter.

domesticar 1 *tr* domestiquer, apprivoiser (un animal). • **2** *tr* y *pron* (fig) apprivoiser (una persona).

doméstico, ca *adj* domestique.

domiciliar *tr* domicilier.

domicilio *m* domicile. ◆ ~ **fiscal** domicile fiscal; ~ **social** siège social; ■ **a** ~ à domicile.

dominación *f* domination.

dominante 1 *adj* dominant. • **2** *adj/m* o *f* dominateur.

dominar 1 *tr* dominer. **2** dominer, maîtriser (contener). • **3** *tr* e *intr* dominer (sobresalir). • **4** ~**se** *pron* se dominer (reprimirse).

domingo *m* dimanche.

dominical 1 *adj* dominical. **2** du dimanche. • **3** *m* supplément du dimanche.

Dominicana, República *f* la République Dominicaine.

dominicano, na **1** *adj* dominicain. ● **2** *m* y *f* Dominicain.

dominio **1** *m* autorité, pouvoir (poder). **2** connaissance; maîtrise de una actividad. **3** (se usa más en *pl*) domaine (territorio). ■ ~ de o **sobre sí mismo** maîtrise de soi.

dominó *m* domino.

don **1** *m* don (regalo). **2** don (habilidad). **3** monsieur (señor). ◆ ~ **de gentes** don de plaire; ~ **de mando** sens du commandement; ~ **nadie** moins-que-rien.

donación **1** *f* donation, don. **2** DER donation.

donaire **1** *m* esprit, finesse (al hablar). **2** allure, élégance (al moverse).

donante *adj/m* o *f* donneur.

donar **1** *tr* donner (traspasar, ceder). **2** donner (sangre, órganos).

donativo *m* don, présent.

doncella **1** *f* demoiselle. **2** jeune fille (muchacha).

donde **1** *adv* où: *¿dónde lo ha visto? = où l'a-t-il vu?* ● **2** *pron rel* où, là où: *la casa donde vie = la maison où il habite.* ● **3** *prep* chez: *fue donde su tío = il est allé chez son oncle.* ■ a ~ où; ~ **sea** n'importe où; **en** ~ où; ~ **par où, d'où:** *por donde deducimos = d'où on peut déduire.*

dondequiera **1** *adv* n'importe où. **2** partout, où: *dondequiera que estés = où que tu sois.*

donjuán *m* don Juan (seductor).

doña *f* madame.

dopaje *m* → doping.

dopar **1** *intr* y *pron* DEP, MED doper. **2** ELECTR doper.

doping *m* doping.

doquier o doquiera **1** *adv* (lit) n'importe où. ● *por* ~ (lit) partout: *se veían árboles por doquier = on voyait des arbres partout.*

dorada *f* ZOOL dorade, daurade (pez).

dorado, da *adj* doré (color).

dorar **1** *tr* dorer. **2** (fig) dorer (paliar). ● **3** *tr* y *pron* GAST (fig) rissoler. ● **4** ~se *pron* se dorer.

dormilón, na *adj/m* y *f* (fam) grand dormeur.

dormir **1** *tr, intr* y *pron* dormir. ● **2** *tr* endormir, faire dormir. ● **3** *intr* coucher, passer la nuit (pernoctar). ● **4** *intr* y *pron* (fig) s'endormir (descuidarse). ● **5** ~se *pron* (fig) s'engourdir, s'endormir (un miembro).

dormitar *intr* sommeiller, somnoler.

dormitorio *m* chambre à coucher.

dorsal **1** *adj* ANAT dorsal. ● **2** *m* dossard (camiseta).

dorso *m* dos.

dos *adj* y *m* deux. ■ **cada ~ por tres** très souvent; **de ~ en ~** de deux en deux; **los ~** tous deux, tous les deux; **no hay ~ sin tres** jamais deux sans trois.

doscientos, tas **1** *adj pl* deux cents. **2** deux cent. ● **3** *m* deux cents.

dosel **1** *m* dais (mueble). **2** portière (antepuerta).

dosificar *tr* doser.

dosis *f* dose.

dossier *m* dossier.

dotación **1** *f* dotation. **2** équipage (tripulación).

dotar **1** *tr* doter (una fundación, a una mujer). **2** (~ *de*) doter de (equipar con). **3** allouer (de dinero). **4** (~ *de*) doter de, douer de (una cualidad).

dote **1** *amb* dot (bienes). ● **2** *f* (se usa más en *pl*) don, aptitude.

dragón *m* dragon.

dragonear **1** *intr* Amér. se vanter, se croire (alardear). **2** Amér. faire la cour à (cortejar).

drama *m* drame.

dramatizar *tr* dramatiser.

dramón *m* (fam) sombre drame, mélo.

drástico, ca *adj* (fig) drastique, draconien.

drenaje **1** *m* drainage. **2** MED drainage.

drenar **1** *tr* drainer (aranear). **2** MED drainer.

driblar *tr* dribbler (regatear).

droga **1** *f* drogue. **2** *Chile, Méx., Perú* attrape, piège (trampa).

drogadicto, ta *m* y *f* toxicomane.

drogar *tr* y *pron* droguer.

droguería **1** *f* droguerie. **2** Amér. pharmacie.

dromedario *m* dromadaire.

dual *adj* duel.

ducha *f* douche.

duchar **1** *tr* y *pron* doucher. **2** (fig) mouiller, humidifier.

ducho, cha *adj* expert, fort.

dúctil **1** *adj* ductile (metal). **2** souple (maleable).

duda *f* doute. ■ **no cabe ~** il n'y a pas de doute; **salir de dudas** savoir à quoi s'en tenir; **sin ~** sans doute.

dudar 1 *tr* douter. ● **2** *intr* (~ *de*) douter de. **3** hésiter (vacilar). ■ ~ **en** hésiter à; ~ **si** se demander si.

dudoso, sa 1 *adj* douteux (incierto). **2** hésitant (vacilante).

duelo 1 *m* duel (combate). **2** douleur, chagrin (dolor). **3** deuil (luto).

duende 1 *m* lutin (diablillo). **2** (fig) envoûtement; charme (encanto). ■ **tener uno** ~ avoir du charme.

dueño, ña 1 *m* y *f* propriétaire. ● **2** *m* maître (amo). ■ ~ **de sí mismo** maître de soi; **ser muy** ~ **de hacer una cosa** (fam) être libre de faire qqch.

dulce 1 *adj* doux. **2** sucré. **3** TEC (hierro). ● **4** *m* confiture, entremets (manjar). **5** *Amér. Centr.* sucre brun.

dulcificar *tr* y *pron* adoucir.

dulzor *m* douceur.

dulzura 1 *f* douceur. **2** (se usa más en *pl*) mot d'amour. **3** (fig) douceur (deleite, bondad).

duna *f* GEOL (se usa más en *pl*) dune.

dúo *m* MÚS duo. ■ **a** ~ à duo.

duodécimo, ma *adj/m* y *f* douzième.

duodeno *m* ANAT duodénum.

duplex *m* duplex.

duplicado 1 *adj* doublé. ● **2** *m* double, duplicata (copia). ■ **por** ~ en double exemplaire.

duplicar *tr* y *pron* doubler.

duque, sa *m* duc, duchesse (*f*).

duración *f* durée, longueur. ■ **de larga** o **corta** ~ de longue o courte durée.

duradero, ra *adj* durable.

durante *prep* y *adv* pendant, durant.

durar 1 *intr* durer. **2** rester, demeurer (permanecer).

dureza 1 *f* dureté. **2** durillon (callosidad).

duro, ra 1 *adj* dur. **2** (fig) dur: *un invierno muy duro = un hiver très dur*. ● **3** *m* douro (moneda). ■ **ser** ~ **de oído** être dur d'oreille.

Ee

e *f* e.

e-mail *m* INF e-mail.

¡ea! *interj* allons!

ebanista *m* o *f* ébéniste.

ébano 1 *m* ébène (madera). **2** BOT ébénier (árbol).

ebrio, bria 1 *adj/m* y *f* ivre. **2** (fig) ivre (arrebatado).

ebullición 1 *f* ébullition. **2** (fig) effervescence (agitación).

eccema *m* MED eczéma.

echar 1 *tr* jeter. **2** verser (un líquido). **3** expulser (de un lugar). **4** renvoyer (a un empleado). **5** mettre (añadir). **6** tourner, fermer (la llave). **7** donner: *le echo veinte años = je lui donne vingt ans*. ● **8** *tr* e *intr* pousser (brotar). ● **9** *tr* y *pron* coucher (acostar). ● **10** ~**se** *pron* se jeter (arrojarse). **11** ~ **a** + *inf* commencer à, se mettre à: *echar a reír = commencer à rire*. ■ ~ **a perder** abîmer; ~ **atrás** pencher; ~**se atrás** faire machine arrière.

echarpe *m* écharpe (chal).

ecléctico, ca *adj/m* y *f* éclectique.

eclesiástico, ca *adj* y *m* ecclésiastique.

eclipsar 1 *tr* ASTR éclipser. ● **2** *tr* y *pron* (fig) éclipser (deslucir). ● **3** ~**se** *pron* (fig) s'éclipser (desaparecer).

eclipse *m* ASTR éclipse. ◆ ~ **lunar** éclipse de Lune; ~ **solar** éclipse du Soleil.

eclosión *f* éclosion.

eco 1 *m* écho. ● **2 ecos** *m pl* échos, carnet du jour (en prensa). ■ **hacerse** ~ **de una opinión** se faire l'écho d'une opinion.

ecografía *f* MED échographie.

ecología *f* BIOL écologie.

ecologista 1 *adj* écologique. ● **2** *m* o *f* écologiste.

economato *m* économat.

economía 1 *f* économie. ● **2 economías** *f pl* économies. ◆ ~ **libre** o **de mercado** économie de marché; ~ **planificada** économie dirigée; ~ **sumergida** économie souterraine o parallèle.

económico, ca 1 *adj* économique. **2** économe (ahorrador).

economizar 1 *tr* économiser, ménager. **2** (fig) épargner (un trabajo, etc.).

ecuación *f* MAT équation.

ecuador *m* équateur.

Ecuador *m* Équateur.

ecuánime 1 *adj* impartial. 2 d'humeur égale.

ecuatoriano, na 1 *adj* équatorien. ● 2 *m* y *f* Équatorien.

eczema *m* → eccema.

edad 1 *f* âge. 2 HIST âge, époque. ◆ ~ adulta âge adulte; Edad Antigua Antiquité; ~ del pavo âge ingrat; ~ madura âge mûr; Edad Media Moyen Âge; tercera ~ troisième âge; ■ de ~ d'âge; mayor de ~ majeur; menor de ~ mineur.

edema *m* MED œdème.

edén *m* éden.

edición *f* édition. ◆ ~ crítica édition critique; ~ de texto INF édition de texte; ~ facsímil o facsimilar édition en facsimilé.

edicto *m* édit.

edificación *f* construction, édification.

edificar 1 *tr* édifier, bâtir. 2 (fig) édifier (dar ejemplo).

edificio 1 *m* édifice, bâtiment. 2 immeuble (casa).

edil *m* conseiller municipal, édile.

editar 1 *tr* éditer. 2 INF éditer.

editorial 1 *m* éditorial (artículo). ● 2 *f* maison d'édition (empresa).

edredón *m* édredon. ◆ ~ nórdico duvet.

educación *f* éducation. ◆ buena ~ politesse, savoir-vivre; ~ física éducation physique; ■ mala ~ mauvaise éducation.

educado, da 1 *adj* élevé, éduqué. 2 poli (cortés).

educar 1 *tr* élever (criar). 2 élever, éduquer (enseñar, perfeccionar).

edulcorar *tr* édulcorer.

efe *f* f.

efectivo, va 1 *adj* effectif. ● 2 *m* liquide, espèces (dinero). ● 3 efectivos *m pl* MIL effectifs. ■ hacer ~ encaisser (un cheque); pagar en ~ payer en espèces.

efecto 1 *m* effet. 2 (fig) effet (impresión). ● 3 efectos *m pl* effets. ◆ ~ invernadero effet de serre; efectos especiales effets spéciaux; ■ en ~ en effet; hacer ~ faire de l'effet.

efectuar *tr* y *pron* effectuer, exécuter.

efemérides *f pl* éphéméride.

efervescencia 1 *f* effervescence. 2 (fig) effervescence (agitación).

eficacia *f* efficacité.

eficaz *adj* efficace.

eficiencia *f* efficience.

eficiente *adj* efficient.

efigie *f* effigie.

efímero, ra *adj* éphémère.

efluvio *m* effluve.

efusión 1 *f* effusion (derramamiento). 2 fuite (de gas). 3 (fig) effusion (de sentimientos).

efusivo, va *adj* (fig) expansif.

egocéntrico, ca *adj* égocentrique.

egoísmo *m* égoïsme.

egoísta *adj/m* o *f* égoïste.

egresar *intr* *Amér.* sortir (de une escuela, universidad, etc.).

¡eh! *interj* eh!: *¡eh! ¡ven aquí! = eh! viens ici!*

eje 1 *m* axe. 2 essieu (de una rueda). 3 (fig) axe. 4 AUT arbre. ◆ ~ de abcisas GEOM axe des abscisses; ~ de coordenadas GEOM axe des coordonnées; ~ delantero AUT essieu avant; ~ trasero AUT essieu arrière.

ejecución 1 *f* exécution. 2 DER exécution.

ejecutar 1 *tr* exécuter. 2 DER exécuter (reclamar); saisir (embargar).

ejecutivo, va 1 *adj* expéditif. 2 POL exécutif. ● 3 *m* y *f* cadre supérieur, directeur. ● 4 *m* POL exécutif, gouvernement.

ejemplar 1 *adj* exemplaire. ● 2 *m* exemplaire.

ejemplarizar 1 *tr* exemplifier. 2 servir d'exemple.

ejemplificar *tr* exemplifier.

ejemplo *m* exemple. ■ a ~ de à l'exemple de, à l'instar de; por ~ par exemple; tomar ~ de alguien prendre exemple sur qqn.

ejercer *tr* e exercer.

ejercicio *m* exercice. 2 COM exercice (período). ■ en ~ en exercice; hacer ~ faire de l'exercice.

ejercitación *f* entraînement, exercice.

ejercitar 1 *tr* y *pron* exercer. ● 2 *tr* entraîner (las tropas).

ejército 1 *m* armée. 2 (fig) armée.

el (*pl* los) 1 *art* le, l', les: *el libro = le livre, el árbol = l'arbre.* ● 2 *pron* celui, ceux: *el que está ahí = celui qui est là.* ■ ~ cual lequel; es... ~ que c'est... qui: *es mi amigo el que ha venido = c'est mon ami qui est venu.*

El Salvador *m* le Salvador.
elaboración *f* élaboration.
elaborar *tr* élaborer.
elasticidad 1 *f* élasticité. **2** FÍS élasticité.
elástico, ca 1 *adj* élastique. **2** (fig) élastique, flexible.
ele *f* l.
elección 1 *f* choix: *una elección entre dos posibilidades = un choix entre deux possibilités.* **2** POL élection. ● **3 elecciones** *f pl* élections. ◆ **elecciones generales** élections législatives; ■ **a ~ de** au choix de.
electo, ta *p irreg* → elegir.
electorado *m* électorat.
electoral *adj* électoral.
electricidad *f* électricité. ◆ **~ estática** FÍS électricité statique; **~ negativa** o **resinosa** électricité négative o résineuse; **~ positiva** o **vítrea** électricité positive o vitreuse.
eléctrico, ca *adj* électrique.
electrificación *f* électrification.
electrificar *tr* électrifier.
electrizar 1 *tr* y *pron* électriser. **2** (fig) électriser.
electrocardiograma *m* MED électrocardiogramme.
electrocutar *tr* y *pron* électrocuter.
electrodoméstico 1 *adj* électroménager. ● **2** *m* appareil électroménager.
electromagnético, ca *adj* électromagnétique.
electromagnetismo *m* FÍS électromagnétisme.
electrón *m* FÍS électron.
electrónica *f* électronique.
electrónico, ca *adj* FÍS électronique.
elefante *m* ZOOL éléphant.
elegancia *f* élégance.
elegante *adj/m* o *f* élégant.
elegir 1 *tr* choisir (escoger): *elegir una opción = choisir une option.* **2** élire (por elección).
elemental 1 *adj* élémentaire. **2** (fig) évident, clair (evidente).
elemento 1 *m* élément. **2** (fam) individu, numéro. ● **3 elementos** *m pl* éléments (fundamentos). **4** (fig) éléments, ressources (medios).
elenco 1 *m* catalogue, liste. **2** CINE, TEAT liste (nómina); troupe (compañía).
elepé *m* MÚS trente-trois tours (disco).

elevado, da 1 *adj* élevé, supérieur (alto). **2** (fig) soutenu (estilo); élevé (sublime). ■ **~ a** MAT puissance: *dos elevado a cinco = deux puissance cinq.*
elevalunas *m* AUT lève-glace, lève-vitre.
elevar 1 *tr* y *pron* élever. **2** (fig) élever.
eliminar *tr* éliminer.
eliminatorio, ria *adj* y *f* éliminatoire.
elipse *f* GEOM ellipse.
elite o **élite** *f* élite.
elixir o **elíxir** *m* élixir.
ella (*pl* ellas) *pron* elle: *fue ella quien me habló = c'est elle qui m'a parlé.*
elle *f* ll.
ello 1 *pron* cela. **2** (precedido de la prep *de*) en: *se preocupa de ello = il s'en soucie.* **3** (precedido de la prep *en*) y: *hace tres días que pienso en ello = il y a trois jours que j'y pense.*
ellos, ellas 1 *pron* ils, elles (*f*): *ellos han llegado tarde = ils sont arrivés en retard.* **2** (precedido de *prep*) eux, elles (*f*): *este coche es de ellos = cette voiture est à eux.*
elocuencia *f* éloquence.
elocuente *adj* éloquent.
elogiar *tr* louer; faire l'éloge de.
elogio *m* éloge.
elongación *f* élongation.
elote *m Amér. Centr., Méx.* épi de maïs vert.
elucidar *tr* élucider.
eludir *tr* éluder.
emanación *f* émanation.
emanar *tr* émaner.
emancipación *f* émancipation.
emancipar 1 *tr* y *pron* émanciper. **2** affranchir (a un esclavo).
embadurnar *tr* y *pron* enduire (untar).
embajada 1 *f* ambassade. **2** dépêche (mensaje).
embajador, ra *m* y *f* ambassadeur.
embalaje *m* emballage.
embalar 1 *tr* y *pron* emballer. ● **2 ~se** *pron* (fig) s'emballer (entusiasmarse).
embaldosar *tr* carreler.
embalsamar 1 *tr* embaumer. ● **2** *tr* y *pron* parfumer.
embalse 1 *m* barrage; retenue d'eau. **2** réservoir (balsa artificial).
embarazado, da *adj* y *f* enceinte (mujer).
embarazar 1 *tr* embarrasser. **2** rendre enceinte (una mujer). ● **3 ~se** *pron* être embarrassé.

embarazo 1 *m* embarras (impedimento). **2** grossesse (de mujer). **3** (fig) gaucherie (falta de soltura).

embarcación 1 *f* embarcation. **2** embarquement (embarco). **3** voyage en bateau (duración).

embarcadero *m* embarcadère.

embarcar 1 *tr* y *pron* embarquer. **2** (fig) embarquer.

embargar 1 *tr* embarrasser (embarazar). **2** (fig) saisir (una emoción). **3** DER saisir.

embargo *m* DER saisie. ■ **sin ~** cependant; néanmoins: *come mucho, sin embargo está delgado* = *il mange beaucoup, néanmoins il est maigre.*

embarrancar 1 *intr* y *tr* MAR échouer. ● **2 ~se** *pron* s'embourber. **3** (fig) s'embourber (en una dificultad).

embarrar 1 *tr* y *pron* souiller de boue. **2** *Amér. Centr., Méx.* impliquer (en un asunto). ● **3** *tr* *Amér.* calomnier; discréditer.

embarullar 1 *tr* (fam) embrouiller. ● **2** *tr* y *pron* faire à la hâte. **3** (fam) embrouiller (a alguien).

embate o **embatada 1** *m* coup de mer. **2** poussée.

embaucar 1 *tr* enjôler. **2** tromper.

embeber 1 *tr* absorber. **2** imbiber (empapar). **3** (fig) incorporer (incorporar). ● **4** *intr* rétrécir (encogerse). ● **5 ~se** *pron* (fig) être ébahi. **6** (fig) se plonger (instruirse).

embelesamiento *m* ravissement.

embelesar *tr* y *pron* ravir; captiver.

embellecer *tr* y *pron* embellir.

embestida *f* attaque; charge.

embestir 1 *tr* charger. ● **2** *intr* (fig, fam) attaquer.

emblandecer 1 *tr* y *pron* → ablandar. ● **2 ~se** *pron* (fig) condescendre.

emblema *m* emblème.

embobar 1 *tr* ébahir. ● **2 ~se** *pron* être ébahi; être fasciné.

embocadura 1 *f* embouchure. **2** MÚS embouchure.

embolar *tr* y *pron* *Amér. Centr., Méx.* soûler.

embolia *f* MED embolie.

embolsar 1 *tr* y *pron* empocher (cobrar). ● **2** *tr* mettre dans un sac. ● **3 ~se** *pron* gagner de l'argent.

emborrachar 1 *tr* y *pron* enivrer. ● **2** *tr* GAST tremper (en alcohol). ● **3** *tr* y *pron* soûler (atontar).

emborrascar 1 *tr* y *pron* altérer, irriter. ● **2 ~se** *pron* se gâter (el tiempo). **3** *Arg., Hond., Méx.* s'épuiser (una mina).

emborronar 1 *tr* barbouiller (un papel). **2** (fig) griffonner; gribouiller.

emboscada 1 *f* embuscade. **2** (fig) embûche.

emboscar 1 *tr* y *pron* MIL embusquer. ● **2 ~se** *pron* s'embusquer.

embotar 1 *tr* y *pron* grossir le fil et la pointe (de armas, etc.). **2** (fig) émousser (debilitar).

embotellamiento 1 *m* embouteillage (de un líquido). **2** encombrement; embouteillage (de vehículos).

embotellar *tr* embouteiller.

embozar o **embozalar 1** *tr* y *pron* couvrir le bas du visage. ● **2** *tr* (fig) déguiser; cacher.

embozo 1 *m* pan (de una capa). **2** rabat (de una sábana). **3** (fig) déguisement.

embrague *m* embrayage.

embravecer *tr* y *pron* irriter, mettre en fureur.

embriagar 1 *tr* y *pron* enivrer. **2** soûler (adormecer). **3** (fig) griser (enajenar).

embrión *m* BIOL embryon.

embrollar *tr* y *pron* embrouiller.

embrollo 1 *m* embrouillement (enredo). **2** mensonge (embuste). **3** (fig) embarras (apuro).

embromar 1 *tr* se moquer de. **2** *Amér.* embêter (fastidiar). ● **3** *tr, intr* y *pron* *Chile, Méx.* faire perdre le temps. ● **4** *tr* y *pron* *Amér.* nuire à (perjudicar).

embroncarse *pron* *Arg.* se mettre en colère.

embrujar *tr* ensorceler.

embrujo *m* ensorcellement.

embrutecer *tr* y *pron* abrutir.

embuchar *tr* farcir un boyau.

embudo *m* entonnoir.

embuste *m* mensonge.

embutido 1 *m* charcuterie. **2** *Amér.* entre-deux (de encaje).

embutir 1 *tr* faire des boudins, saucisses, etc. **2** (~ *en*) fourrer dans (meter). ● **3** *tr* y *pron* (fig) insérer (incluir).

eme *f* m.

emergencia 1 *f* émergence (aparición). **2** urgence. ■ **de ~** de rechange.

emerger *intr* émerger.

emérito, ta *adj* émérite.

135   emperifollar

emigración f émigration.
emigrado, da adj/m y f émigré.
emigrante adj/m o f émigrant.
emigrar intr émigrer.
eminencia 1 f éminence (título). 2 génie.
eminente adj (fig) éminent.
emir m émir.
emisario, ria 1 m y f émissaire (mensajero). ● 2 m émissaire (canalización).
emisión f émission.
emitir tr émettre.
emoción f émotion.
emocionante 1 adj émouvant (conmovedor). 2 palpitant.
emocionar tr y pron émouvoir.
emotivo, va 1 adj émouvant. 2 émotif (persona).
empacar 1 tr empaqueter. ● 2 ~se pron Amér. faire les valises.
empachar 1 tr causer une indigestion. ● 2 tr y pron embarrasser (estorbar). ● 3 ~se pron avoir une indigestion.
empacho 1 m honte (vergüenza). 2 embarras (estorbo). 3 indigestion.
empadronamiento 1 m recensement. 2 enregistrement (inscription).
empadronar 1 tr recenser. ● 2 ~se pron se faire recenser.
empalagoso, sa 1 adj écœurant. 2 (fig) à l'eau de rose (estilo, película). ● 3 adj/m y f (fig) mielleux (persona).
empalar 1 tr empaler. ● 2 ~se pron Chile s'entêter.
empalizada f palissade.
empalmar 1 tr raccorder (juntar). 2 (fig) enchaîner (planes, ideas). ● 3 intr assurer une correspondance (trenes, coches). 4 se rejoindre, s'embrancher (carreteras). 5 (~ con) s'enchaîner avec (sin interruption).
empalme 1 m raccordement (de carreteras). 2 correspondance (de trenes). 3 connexion électrique.
empanadilla f friand (de carne); chausson (de dulce).
empanar 1 tr enrober de pâte (en masa). 2 paner (con pan rallado).
empantanar 1 tr y pron inonder (un terreno). 2 arrêter le cours (de un asunto).
empañar 1 tr y pron embuer (con vapor). 2 ternir (la tersura). 3 (fig) ternir (el honor, etc.).
empapar 1 tr y pron détremper (el suelo). 2 tremper (los vestidos). 3 boire (absorber). 4 imbiber. ● 5 ~se pron (fig) se pénétrer (de una idea, etc.).
empapelado 1 m tapisserie (de una pared). 2 papier peint (papel).
empapelar 1 tr envelopper. 2 tapisser (las paredes). 3 (fig, fam) faire un procès (a alguien).
empaque m gravité affectée.
empaquetar tr empaqueter.
emparedado m (fig) sandwich.
emparedar tr y pron emmurer.
emparejamiento m accouplement; assemblage par paires.
emparejar 1 tr mettre au même niveau. ● 2 tr y pron appareiller. ● 3 intr faire la paire (hacer pareja).
emparentar intr être apparenté, s'apparenter: está emparentado con una familia ilustre = il est apparenté à une famille illustre.
empastar 1 tr empâter (con pasta). 2 plomber (un diente).
empaste 1 m empâtement. 2 plombage (de un diente).
empatar 1 tr Amér. assembler (empalmar). ● 2 intr égaliser. 3 DEP faire match nul.
empatía f PSIC empathie.
empecinado da adj obstiné.
empecinarse pron s'obstiner.
empedernido, da adj (fig) invétéré.
empedrado 1 m pavage (con adoquines). 2 empierrement (con piedras).
empedrar 1 tr paver (con adoquines). 2 empierrer (con piedras).
empeine 1 m cou-de-pied. 2 empeigne (del zapato).
empellón m poussée. ■ a empellones brusquement.
empelotarse 1 pron (fam) se mettre à poil, se déshabiller. 2 (fam) se disputer.
empeñado, da adj acharné (una disputa).
empeñar 1 tr engager. ● 2 ~se pron s'endetter (endeudarse). 3 (~se en) s'obstiner à. 4 insister.
empeño 1 m engagement. 2 désir ardent (deseo). 3 acharnement (tesón). ■ tener ~ en être déterminé à; tomar o poner ~ en s'acharner à.
empeorar tr, intr y pron empirer.
empequeñecer tr rapetisser; amoindrir.
emperador m empereur.
emperatriz f impératrice.
emperifollar tr y pron attifer.

emperrarse *pron* (fam) s'obstiner; s'entêter.

empezar 1 *tr* e *intr* commencer. **2 ~ a + inf** commencer à o de: *empezar a hablar = commencer de parler*. ■ **volver a ~** recommencer.

empilcharse *pron* Arg., Ur. bien s'habiller.

empinado, da 1 *adj* très haut. **2** en pente.

empinar 1 *tr* dresser (levantar). **2** incliner (una botella). ● **3 ~se** *pron* se mettre sur la pointe des pieds. ■ **~ el codo** lever le coude.

empingorotar *tr* y *pron* grimper, monter.

empírico, ca *adj/m* y *f* empirique.

emplastar 1 *tr* plâtrer (la cara, etc.). ● **2** *tr* y *pron* (fig) plâtrer (con afeites). ● **3 ~se** *pron* se barbouiller.

emplasto *m* emplâtre.

emplazamiento 1 *m* situation; emplacement. **2** DER assignation.

emplazar 1 *tr* convoquer (citar). **2** placer (poner). **3** DER assigner.

empleado, da *adj/m* y *f* employé. ● **~ de hogar** employé de maison; ■ **le está bien ~** (fam) c'est bien fait pour lui.

emplear 1 *tr* employer. ● **2 ~se** *pron* se faire embaucher.

empleo *m* emploi.

El organismo gubernamental para el empleo es **la ANPE** (*Agence Nationale pour l'Emploi*).

emplumar 1 *tr* emplumer. **2** Chile, Col., Ecuad., P. Rico s'enfuir.

empobrecer *tr, intr* y *pron* appauvrir.

empollar 1 *tr* e *intr* couver (las aves). ● **2** *tr* bûcher; potasser (estudiar mucho).

empollón, na *adj/m* y *f* bûcheur.

empolvar 1 *tr* y *pron* poudrer (el rostro o los cabellos). ● **2 ~se** *pron* s'empoussiérer.

emponzoñar 1 *tr* y *pron* empoisonner (envenenar). **2** (fig) détériorer.

emporcar *tr* y *pron* cochonner.

empotrar 1 *tr* sceller (con cemento). **2** encastrer (un armario, etc.). ● **3 ~se** *pron* s'incruster, s'encastrer.

emprender *tr* entreprendre. ■ **~la** commencer à; **~la con uno** (fam) s'en prendre à qqn.

empreñar 1 *tr* féconder. **2** (fig, fam) gêner; ennuyer.

empresa *f* entreprise. ● **~ pública** entreprise publique.

empresariado *m* patronat.

empresario, ria 1 *m* y *f* entrepreneur. **2** impresario (de un espectáculo). **3** patron (patrono). **4** chef d'entreprise (director).

empréstito 1 *m* emprunt. **2** capital d'emprunt.

empujar 1 *tr* pousser. **2** (fig) pousser.

empuje 1 *m* poussée. **2** (fig) énergie.

empujón 1 *m* coup; poussée rude (a una cosa). **2** bourrade (a una persona).

empuñadura *f* poignée.

empuñar *tr* empoigner.

emulación *f* émulation.

emular *tr* y *pron* imiter; rivaliser avec.

emulsión *f* émulsion. ● **~ nuclear** FÍS émulsion nucléaire.

emulsionar *tr* émulsionner.

en 1 *prep* dans (lugar): *ha guardado los sellos en las cajas = il a rangé les timbres dans les boîtes*. **2** en (lugar): *vive en África = il habite en Afrique*. **3** à (ciudad): *vive en París = il habite à Paris*. **4** sur (sobre): *olvidó el libro en la mesa = il a oublié le livre sur la table*. **5** en (tiempo): *se reencontrarán en verano = ils se retrouveront en été*. **6** à (tiempo): *en aquella época no era famoso = à cette époque il n'était pas célèbre*. **7** dans (tiempo): *en un mes llegará el invierno = l'hiver arrivera dans un mois*. **8** en (modo): *ha abierto la puerta en camisón = elle a ouvert la porte en chemise de nuit*. **9** à (modo): *en voz baja = à voix basse*. **10 adj + ~ + inf** adj + à + inf: *es el alumno más rápido en responder = il est l'élève le plus rapide à répondre*. **11 ~ + gerundio** dès que + verbe: *en entrando el profesor, todos los alumnos guardan silencio = dès que le professeur est entré, tous les élèves gardent le silence*.

No debe traducirse cuando indica una fecha: *en domingo = dimanche* ◊ *en el día dos = le deux*.

enagua *f* (se usa más en *pl*) jupon.

enajenación 1 *f* aliénation. **2** (fig) ravissement. ● **~ mental** aliénation mentale.

enajenar 1 *tr* aliéner (ceder). **2** (fig) faire perdre tout contrôle. ● **3 ~se** *pron* (fig) perdre tout contrôle.

enaltecer *tr* y *pron* exalter; louer.

enamorado, da 1 *adj/m* y *f* amoureux. ● 2 *adj* → enamoradizo.

enamorar 1 *tr* rendre amoureux. 2 conter fleurette, faire la cour (cortejar). ● 3 ~se *pron* tomber amoureux.

enano, na *adj/m* y *f* (fig) nain. ■ **como un ~** (fam) beaucoup.

enarbolar *tr* arborer.

enardecer 1 *tr* y *pron* (fig) exciter. ● 2 ~se *pron* s'enflammer (el animal).

encabezamiento 1 *m* en-tête (de una carta, etc.). 2 manchette (de un periódico).

encabezar 1 *tr* être en tête de (una lista). 2 placer en tête (un escrito). 3 prendre la tête de (presidir). 4 alcooliser.

encabritarse 1 *pron* se cabrer (un caballo). 2 monter en chandelle (un avión). 3 (fig) se fâcher.

encabronar *tr* y *pron* *Arg.*, *Cuba* mettre en colère.

encadenamiento *m* enchaînement.

encadenar 1 *tr* enchaîner. ● 2 *tr* y *pron* (fig) enchaîner.

encajar 1 *tr* y *tr* encastrer (una cosa dentro de otra). ● 2 *tr* faire joindre (ajustar). 3 (fam) encaisser, morfler (un golpe). 4 (fig) essuyer (una crítica, etc.). ● 5 *intr* joindre (una puerta, etc.). 6 entrer. 7 (fig) aller. ● 8 ~se *pron* se fourrer (en un sitio).

encaje 1 *m* encastrement. 2 emboîtement (ajuste). 3 dentelle (tejido).

encajonar 1 *tr* encaisser; emballer. ● 2 *tr* y *pron* mettre dans un endroit étroit.

encalado *m* badigeonnage.

encalambrarse *pron* *Amér.* se geler, être transi.

encalar *tr* chauler.

encallar 1 *intr* échouer (una embarcación). ● 2 *intr* y *pron* (fig) être dans une impasse.

encaminar 1 *tr* montrer le chemin. 2 acheminer (una cosa). 3 (fig) orienter; diriger (la intención). ● 4 ~se *pron* (~se a *o hacia*) se diriger vers.

encamotarse *pron* *Amér.* (fam) → enamorarse.

encandilar 1 *tr* y *pron* éblouir. 2 (fig) éblouir (con apariencias). ● 3 ~se *pron* s'allumer (los ojos).

encantado, da 1 *adj* (fig, fam) enchanté. 2 (fig) dans la lune (distraído). ■ ~ **de conocerle** enchanté de faire votre connaissance.

encantar 1 *tr* enchanter. 2 (fig) enchanter, ravir; adorer.

encanto 1 *m* enchantement. 2 charme (atractivo). ● 3 **encantos** *m pl* charmes (atractivos).

encañonar 1 *tr* introduire dans un tuyau. 2 canaliser (un río). 3 braquer; viser (un arma).

encapotar 1 *tr* y *pron* couvrir d'un manteau. ● 2 ~se *pron* se couvrir (el cielo). 3 couvrir d'une capote.

encapricharse 1 *pron* (~ con) s'emballer pour. 2 (~ con) avoir le béguin pour, s'amouracher de (alguien).

encapuchar *tr* y *pron* encapuchonner.

encaramar 1 *tr* hisser. ● 2 ~se *pron* grimper; monter.

encarar 1 *tr* braquer (un arma). ● 2 *tr* y *pron* (fig) affronter (un problema). ● 3 *intr* y *pron* regarder en face. ● 4 ~se *pron* faire front.

encarcelar *tr* emprisonner.

encarecer 1 *tr*, *intr* y *pron* enchérir. ● 2 *tr* recommander, vanter (alabar).

encarecimiento 1 *m* enchérissement. 2 recommandation. ■ **con ~** instamment.

encargado, da 1 *adj* chargé. ● 2 *m* y *f* responsable (de un negocio, etc.). 3 employé (empleado).

encargar 1 *tr* y *pron* charger: *él se encarga de recibir a los clientes* = *il se charge de recevoir les clients*. ● 2 *tr* commander (pedir).

encargo 1 *m* commission. 2 COM commande. ■ **como hecho de ~** fait sur mesure.

encariñarse 1 *pron* (~ con) prendre goût à (algo). 2 (~ con) s'attacher à (alguien).

encarnación *f* incarnation.

encarnado, da 1 *adj* incarné. ● 2 *adj* y *m* rouge.

encarnar 1 *tr* (fig) incarner, personnifier (una idea, etc.). ● 2 *intr* s'incarner (el Verbo divino). 3 se cicatriser.

encarnizado, da *adj* sanglant, acharné.

encarnizamiento *m* acharnement.

encarnizar 1 *tr* y *pron* acharner (un animal). 2 (fig) endurcir.

encarrilar 1 *tr* diriger. 2 remettre sur ses rails. 3 (fig) mettre sur la voie. ■ ~ **bien o mal un asunto** engager bien *o* mal une affaire.

encasillar 1 *tr* classer (clasificar). ● **2** ~se *pron* (fig) se limiter.

encasquetar 1 *tr* y *pron* enfoncer sur la tête (un sombrero). ● **2** *tr* (fig) faire subir. ● **3** ~se *pron* mettre dans la tête.

encauzar 1 *tr* canaliser, diriger. **2** (fig) mettre sur la voie (encaminar).

encéfalo *m* ANAT encéphale.

encefalograma *m* encéphalogramme.

encelar 1 *tr* rendre jaloux. ● **2** ~se *pron* être jaloux. **3** être en rut (un animal).

encenagarse 1 *pron* s'embourber; s'en-liser (un coche). **2** se rouler dans la boue (una persona, un animal). **3** (fig) (~ *con*) croupir dans.

encendedor 1 *m* briquet (mechero). **2** allume-gaz (de cocina).

encender 1 *tr* y *pron* allumer. **2** (fig) enflammer, provoquer. ● **3** ~se *pron* avoir les joues en feu.

encendido, da 1 *adj* allumé. **2** rouge vif. ● **3** *m* AUT allumage.

encerado, da 1 *adj* ciré. ● **2** *m* tableau noir (pizarra).

encerar *tr* cirer.

encerrar 1 *tr* enfermer. **2** (fig) renfermer. ■ ~se en sí mismo s'enfermer sur soi-même.

encerrona *f* embuscade, piège.

encestar *tr* DEP faire un panier.

encharcar 1 *tr* y *pron* inonder, détremper. ● **2** ~se *pron* avoir une hémorragie interne (los órganos).

enchilada *f* *Guat., Méx., Nic.* galette de maïs au piment.

enchilar 1 *tr* *Amér. Centr.* pimenter. ● **2** *tr* y *pron* *Méx.* (fig) irriter, gêner.

enchironar *tr* (fam) coffrer (encarcelar).

enchufar 1 *tr* e *intr* raccorder (dos caños). ● **2** *tr* y *pron* (fam, desp) pistonner. ● **3** *tr* ELEC brancher.

enchufe 1 *m* embranchement. **2** (fam, desp) piston. **3** ELEC prise de courant. ■ tener ~ avoir du piston.

encía *f* ANAT gencive.

enciclopedia *f* encyclopédie.

encierro 1 *m* retraite; réclusion (de alguien). **2** TAUROM mise au toril.

encima 1 *adv* dessus: *está justo encima* = *il est juste dessus*. **2** en plus (además): *encima, es la verdad* = *en plus, c'est la vérité*. **3** bientôt. ■ de ~ de dessus; echarse ~ de se jeter sur (alguien); por

~ par-dessus; por ~ (fig) superficiellement: *se ha mirado el trabajo por encima* = *il a regardé le travail superficiellement*; por ~ de au-dessus de; par-dessus; por ~ de todo par-dessus tout; plus que tout; quitarse de ~ se débarrasser de.

encina *f* BOT chêne vert.

encinta *adj* enceinte (una mujer).

enclaustrar 1 *tr* y *pron* cloîtrer. **2** (fig) cacher.

enclave *m* enclave.

enclenque *adj/m* o *f* chétif; malingre.

encofrar *tr* TEC coffrer.

encoger 1 *tr* y *pron* contracter (el cuerpo). **2** (fig) démonter, troubler (el ánimo). ● **3** *intr* rétrécir (la ropa).

encolar 1 *tr* encoller (con cola). **2** coller (pegar). **3** coller (los vinos).

encolerizar *tr* y *pron* mettre en colère; irriter.

encomendar 1 *tr* charger; confier. ● **2** ~se *pron* (~se *a*) s'en remettre à; se confier à.

encomiar *tr* louer, vanter.

encomio *m* louange, éloge.

enconar 1 *tr* y *pron* enflammer, envenimer (una llaga, etc.). **2** (fig) irriter, exaspérer.

encono *m* rancune; animosité. **2** *Col.* plaie suppurante.

encontradizo, za *adj* qui rencontre qqch ou qqn. ■ hacerse el ~ feindre une rencontre fortuite.

encontrar 1 *tr* trouver, retrouver. ● **2** *tr* y *pron* trouver, rencontrer (a alguien). ● **3** *intr* heurter (tropezar). ● **4** ~se *pron* se trouver (en cierto estado). **5** (~se *con*) tomber sur, se heurter à.

encorajinar *tr* y *pron* mettre en colère *o* en rage.

encorvado, da 1 *adj* courbé. ● **2** *f* courbement, flexion (del cuerpo).

encorvar 1 *tr* y *pron* courber. ● **2** ~se *pron* se voûter (una persona).

encostrar *tr, intr* y *pron* encroûter.

encrespar 1 *tr* y *pron* friser (el cabello). **2** hérisser. **3** moutonner; agiter (el mar). **4** (fig) irriter (irritar).

encrucijada *f* carrefour. **2** (fig) option, alternative (alternativa).

encuadernación *f* reliure. ◆ ~ en pasta cartonnage; ~ en rústica reliure brochée; ~ en tela entoilage.

encuadernar *tr* relier.

encuadrar 1 *tr* encadrer. **2** (fig) inclure, intégrer. **3** CINE, FOT, TV cadrer.

encubierto, ta 1 *p irreg* → encubrir. ● **2** *adj* caché (escondido). ● **3** *f* fraude.

encubrimiento 1 *m* dissimulation. **2** DER recel.

encubrir 1 *tr* y *pron* cacher; dissimuler. **2** DER receler.

encuentro 1 *m* choc, collision (de cosas). **2** rencontre (de personas). **3** DEP rencontre, engagement. ■ **ir al ~ de** aller à la rencontre de; **salir al ~ de** aller à la rencontre (alguien).

encuesta 1 *f* enquête. **2** sondage (de opinión).

encuestar 1 *tr* interroger (a alguien). ● **2** *intr* faire des sondages.

encumbramiento 1 *m* élévation. **2** (fig) exaltation.

encumbrar 1 *tr* y *pron* élever. **2** (fig) vanter; faire l'éloge de. ● **3** ~**se** *pron* prendre de grands airs.

encurrucarse *pron* *Amér.* se blottir, se pelotonner.

endeble *adj* faible, chétif.

endémico, ca *adj* (fig) endémique.

endemoniado, da 1 *adj/m* y *f* démoniaque, possédé. ● **2** *adj* endiablé. **3** (fig, fam) diabolique (perverso).

endemoniar *tr* ensorceler.

enderezado, da *adj* favorable.

enderezar 1 *tr* y *pron* redresser. ● **2** *tr* corriger (castigar).

endeudarse 1 *pron* s'endetter. **2** se reconnaître débiteur *o* obligé.

endiablado, da *adj* (fig, fam) épouvantable; diabolique (perverso).

endibia *o* **endivia** *f* endive.

endilgar *tr* refiler, coller (endosar).

endiosamiento *m* (fig) orgueil.

endiosar 1 *tr* diviniser. ● **2** ~**se** *pron* (fig) s'enorgueillir.

endocrino, na 1 *adj* endocrinien. ● **2** *m* y *f* MED endocrinologue. ● **3** *f* BIOL endocrine (glándula).

endogamia *f* endogamie.

endosar 1 *tr* endosser. **2** (fig) refiler (una carga, un trabajo).

endulzar 1 *tr* y *pron* sucrer. **2** (fig) adoucir (suavizar).

endurecer 1 *tr* y *pron* durcir (una cosa). **2** endurcir (robustecer). ● **3** ~**se** *pron* (fig) s'endurcir, endurcir le cœur (el carácter).

endurecimiento 1 *m* durcissement. **2** (fig) obstination; entêtement.

ene 1 *f* n. **2** MAT nième, énième. ● **3** *adj* x (cantidad indeterminada): *tiene ene millones = il a x millions*.

enebro *m* BOT genévrier.

eneldo *m* BOT aneth.

enemigo, ga 1 *adj* ennemi, contraire. ● **2** *m* y *f* ennemi.

enemistad *f* inimitié, haine.

enemistar *tr* y *pron* brouiller, fâcher.

energía *f* énergie. ◆ **~ atómica** FÍS énergie atomique; **~ eléctrica** FÍS énergie électrique; **~ hidráulica** énergie hydraulique; **~ solar** énergie solaire.

energizar *intr* y *pron* Col. agir avec énergie.

energúmeno, na *m* y *f* (fig) énergumène.

enero *m* janvier.

enervación *f* énervation.

enervar 1 *tr* y *pron* énerver (poner nervioso). **2** affaiblir (debilitar).

enésimo, ma 1 *adj* énième: *por enésima vez = pour l'énième fois*. **2** MAT n: *enésima potencia = puissance n*.

enfadado, da *adj* fâché.

enfadar *tr* y *pron* fâcher, mettre en colère; agacer.

enfado *m* irritation, colère.

enfangar *tr* y *pron* couvrir de boue.

énfasis *m* emphase.

enfático, ca *adj* emphatique.

enfatizar *tr* souligner, mettre l'accent sur.

enfermar 1 *intr* y *pron* tomber malade. ● **2** *tr* (fig) rendre malade: *su voz me enferma = sa voix me rend malade*.

enfermedad *f* maladie. ◆ **~ contagiosa** maladie contagieuse; **~ profesional** maladie professionnelle.

enfermería *f* infirmerie.

enfermizo, za *adj* maladif.

enfermo, ma 1 *adj/m* y *f* malade. ● **2** *adj* maladif (enfermizo). ■ **caer ~** tomber malade.

> No hay que confundir esta palabra con la palabra francesa **infirme,** que debe traducirse por 'lisiado'.

enfiestarse *pron* *Amér.* être en fête, s'amuser.

enfilar 1 *tr* enfiler (ensartar). **2** aligner, ranger. ● **3** *intr* (~ *hacia* o *por*) se diriger vers (un lugar).

enflaquecer 1 tr amaigrir. **2** (fig) affaiblir (debilitar). • **3** intr y pron maigrir (ponerse flaco).

enfocar 1 tr (fig) envisager (un problema). **2** FOT mettre au point. **3** FOT centrer (la imagen).

enfoque 1 m (fig) point de vue, optique. **2** FOT centrage, cadrage. **3** FOT mise au point.

enfrascar 1 tr mettre en flacon. • **2** ~se pron (~se en) s'absorber dans, se plonger dans.

enfrentar 1 tr, intr y pron mettre face à face. • **2** tr y pron affronter, faire face à (un peligro).

enfrente 1 adv en face: la casa de enfrente = la maison d'en face. **2** contre (en contra).

enfriamiento m refroidissement.

enfriar 1 tr, intr y pron refroidir. • **2** tr y pron Méx., P. Rico tuer.

enfundar 1 tr mettre dans une housse; engainer. **2** rengainer (una pistola).

enfurecer 1 tr rendre furieux; mettre en fureur. • **2** ~se pron devenir furieux.

enfurruñarse pron (fam) se fâcher, bougonner.

engalanar 1 tr y pron parer. **2** décorer, orner (una casa, etc.).

enganchar 1 tr, intr y pron accrocher. **2** (fig, fam) rendre accro. • **3** tr e intr atteler (los caballos). • **4** tr (fig, fam) (~ a alguien) mettre le grappin o la main sur qqn. **5** TAUROM encorner, accrocher. • **6** ~se pron MIL s'engager, s'enrôler.

enganche 1 m crochet (pieza). **2** attelage (de caballos).

engañabobos m o f (fam) attrape-nigaud.

engañar 1 tr y pron tromper: engaña a su marido = elle trompe son mari. • **2** tr duper (con daño). • **3** ~se pron se leurrer (ilusionarse).

engañifa f (fam) tromperie.

engaño 1 m tromperie; duperie. **2** mensonge (mentira). ■ **llevar algo a ~** prêter à confusion.

engarce 1 m enfilage. **2** sertissage (de una joya). **3** fil de collar).

engarzar 1 tr enfiler. **2** enchâsser; sertir (joyas).

engastar tr enchâsser, sertir.

engaste m sertissage (acción); sertissure (efecto).

engatusar tr (fam) entortiller, embobiner.

engendrar tr engendrer.

engendro 1 m avorton. **2** (fig) horreur (obra).

englobar tr englober.

engolosinar 1 tr allécher. • **2** ~se pron prendre goût (con algo): engolosinarse con el lujo = prendre goût au luxe.

engomar tr engommer, gommer.

engordar 1 tr gaver; engraisser (los animales). • **2** intr y pron grossir.

engorde m engraissement; engraissage.

engorro m ennui, embarras.

engorroso, sa adj ennuyeux; embarrassant.

engranaje 1 m (fig) engrenage. **2** MEC engrenage.

engranar 1 intr (fig) enchaîner (enlazar). **2** MEC engrener. • **3** ~se pron Amér. se fâcher.

engrandecer 1 tr agrandir (aumentar). **2** exagérer; louer (alabar). • **3** tr y pron (fig) élever (exaltar).

engrandecimiento 1 m agrandissement (aumento). **2** éloge (ponderación). **3** élévation (de alguien).

engranujarse pron s'encanailler.

engrasar tr graisser.

engrase 1 m graissage. **2** lubrifiant (materia).

engreído, da adj bouffi d'orgueil, suffisant.

engreír 1 tr y pron remplir d'orgueil. **2** Amér. gâter (mimar).

engringarse pron Amér. s'américaniser.

engrosar 1 tr, intr y pron grossir. • **2** tr augmenter (una cantidad).

engrudo m colle de pâte (para papeles).

engullir tr e intr engloutir.

enharinar tr y pron enfariner.

enhebrar 1 tr enfiler. **2** (fig, fam) débiter.

enhiesto, ta 1 p irreg → enhestar. • **2** adj dressé, droit.

enhorabuena f félicitations. ■ **dar la ~ a alguien** féliciter qqn; **mi más cordial ~** toutes mes félicitations.

enigma m énigme.

enjabonado m savonnage.

enjabonar 1 tr savonner. **2** (fig, fam) passer la main dans le dos (adular). **3** (fig) passer un savon à (reprender).

enjambre 1 m essaim (de abejas). **2** (fig) foule, fourmilière (de personas).

enjaular 1 tr mettre en cage. **2** (fig, fam) emprisonner.

enjoyar *tr* y *pron* parer de bijoux.

enjuagar *tr* y *pron* rincer.

enjuague *m* rinçage.

enjugar 1 *tr* y *pron* essuyer. 2 (fig) éponger (una deuda).

enjuiciamiento 1 *m* jugement. 2 DER procédure judiciaire; poursuites.

enjuiciar 1 *tr* (fig) juger. 2 DER mettre qqn en accusation; instruire un procès.

enjundia 1 *f* graisse. 2 (fig) force, substance: *un discurso de mucha enjundia = un discours plein de force.*

enjuto, ta 1 *p irreg* → enjugar. • 2 *adj* sec, maigre.

enlace 1 *m* enchaînement. 2 (fig) rapport, liaison (conexión). 3 (fig) union (matrimonial). 4 QUÍM liaison. ◆ ~ de datos INF liaison de données; ~ sindical délégué syndical.

enladrillar *tr* carreler.

enlatar 1 *tr* mettre en boîte (en botes). 2 latter (con madera).

enlazar 1 *tr* attacher; lier. 2 assurer la correspondance (trenes, etc.). 3 prendre au lasso (un animal). • 4 *tr* y *pron* (fig) rattacher; relier (poner en relación). • 5 ~se *pron* s'unir (en matrimonio).

enloquecer 1 *tr* affoler; rendre fou. 2 (fig) raffoler. • 3 *intr* devenir fou (volverse loco).

enlosado *m* carrelage; dallage.

enlosar *tr* carreler; daller.

enlucir 1 *tr* badigeonner; plâtrer. 2 fourbir (el metal).

enlutar 1 *tr* y *pron* endeuiller. 2 (fig) assombrir. • 3 *tr* (fig) attrister.

enmadrarse *pron* s'attacher excessivement à sa mère.

enmarañar 1 *tr* y *pron* emmêler. 2 (fig) embrouiller (un asunto).

enmarcar *tr* encadrer.

enmascarar *tr* y *pron* masquer. 2 (fig) déguiser (disfrazar).

enmendar 1 *tr* y *pron* corriger. • 2 *tr* réparer (daños). 3 POL amender (textos oficiales).

enmienda 1 *f* correction. 2 POL amendement.

enmohecer 1 *tr* y *pron* moisir (alimentos, etc.). 2 rouiller (el metal).

enmudecer 1 *tr* faire taire (hacer callar). • 2 *intr* devenir muet (quedar mudo). 3 (fig) se taire; rester muet (callarse).

ennegrecimiento *m* noircissement.

ennoblecer 1 *tr* anoblir (hacer noble). 2 (fig) ennoblir. • 3 ~se *pron* devenir noble.

enojado, da *adj* en colère.

enojar 1 *tr* courroucer; irriter (irritar). 2 ennuyer (molestar). • 3 *tr* y *pron* fâcher; mettre en colère (enfadar). • 4 ~se *pron* (fig) se déchaîner (el viento, el mar, etc.).

enojo 1 *m* colère (cólera). 2 fâcherie, bouderie (enfado). 3 (se usa más en *pl*) ennui, tracas.

enología *f* œnologie.

enorgullecer *tr* y *pron* enorgueillir.

enorme *adj* énorme.

enormidad *f* énormité.

enquistado, da 1 *adj* enkysté. 2 (fig) emboîté, encastré.

enraizar *intr* y *pron* enraciner.

enramar 1 *tr* garnir de branchages. • 2 *intr* se développer (echar ramas).

enrarecer 1 *tr* y *pron* raréfier (el aire). • 2 *tr, intr* y *pron* devenir rare (escasear).

enredadera 1 *adj* grimpante. • 2 *f* plante grimpante. 3 BOT liseron. ◆ ~ de campanillas BOT volubilis.

enredar 1 *tr* semer la discorde; embrouiller. 2 (fig) embarquer, emberlificoter (en un mal asunto). • 3 *tr* y *pron* emmêler (enmarañar). • 4 ~se *pron* (fig) se compliquer. 5 (fam) avoir une liaison (con alguien).

enredista *adj/m* o *f Amér.* brouillon, intrigant.

enredo 1 *m* enchevêtrement (maraña). 2 (fig) intrigue (engaño). 3 (fig) confusion, embrouillement. 4 (fam) liaison (sentimental).

enrejado *m* grilles; grillage.

enrevesado, da *adj* embrouillé, compliqué.

enriquecer *tr, intr* y *pron* enrichir.

enristrar *tr* tresser (ajos, cebollas).

enrojecer 1 *tr* y *pron* rougir. • 2 *tr* empourprer (el rostro).

enrolar 1 *tr* y *pron* MAR enrôler. • 2 ~se *pron* s'engager, se ranger (en un ejército, etc.).

enrollar 1 *tr* enrouler. • 2 ~se *pron* (fig, fam) s'éterniser (al hablar). 3 (fig, fam) avoir le contact facile. 4 (fig, fam) (~se con alguien) sortir avec qqn. ■ ~se como una persiana (fam) être un moulin à paroles.

enronquecer *tr* y *pron* enrouer.

enroscar *tr* y *pron* enrouler.

ensalada 1 *f* salade. 2 (fig) salade (de ideas); pagaille (lío). ◆ ~ **de frutas** salade de fruits.

ensaladera *f* saladier.

ensaladilla *f* macédoine de légumes. ◆ ~ **rusa** salade russe.

ensalzar 1 *tr* élever. 2 *tr* y *pron* exalter; louer (alabar).

ensamblado *m* assemblage.

ensamblador *m* INF assembleur.

ensamblaje *m* assemblage.

ensamblar *tr* assembler; joindre.

ensanchar *tr* élargir. 2 dilater (el corazón). ● 3 *intr* y *pron* (fig) s'enorgueillir; se gonfler.

ensanche 1 *m* élargissement (de algo). 2 agrandissement (de una ciudad). 3 quartier neuf (barrio).

ensangrentado, da *adj* ensanglanté.

ensangrentar 1 *tr* ensanglanter. ● 2 ~se *pron* baigner dans le sang. 3 (fig) (~se con o contra) s'irriter contre.

ensañamiento *m* acharnement; rage.

ensañar 1 *tr* rendre furieux; irriter. ● 2 ~se *pron* (~se con) s'acharner sur.

ensartar 1 *tr* enfiler. 2 embrocher (espetar); introduire. 3 (fig) débiter (tonterías). 4 *Amér.* piéger.

ensayar 1 *tr* essayer. 2 répéter (un espectáculo). 3 instruire (un animal). ● 4 ~se *pron* s'exercer.

ensayista *m* o *f* essayiste.

ensayo 1 *m* essai. 2 LIT essai. 3 TEAT répétition. ◆ **el** ~ **general** TEAT la générale.

enseguida *adv* tout de suite; sur-le-champ.

ensenada 1 *f* GEOG anse. 2 *Arg.* enclos.

enseña *f* enseigne.

enseñanza *f* enseignement. ◆ ~ **estatal** o **pública** enseignement public; ~ **primaria** o **primera** ~ enseignement primaire; ~ **secundaria** enseignement secondaire.

enseñar 1 *tr* apprendre (instruir). 2 enseigner (impartir clases). 3 montrer (mostrar). ● 4 ~se *pron* s'habituer. ■ ~ **las cartas** (fig) étaler son jeu.

enseñorearse *pron* s'emparer; se rendre maître.

enseres *m pl* affaires.

enseriarse *pron* *Amér.* se rembrunir; prendre une mine sérieuse.

ensimismarse 1 *pron* s'absorber; s'abstraire. 2 *Chile, Col., Ecuad.* prendre de grands airs; s'enorgueillir (envanecerse).

ensombrecer 1 *tr* assombrir. ● 2 ~se *pron* (fig) s'assombrir; s'attrister.

ensoñación *f* rêverie; illusion.

ensoñar *intr* y *tr* rêver.

ensordecer 1 *tr* rendre sourd (causar sordera). 2 abasourdir, assourdir (perturbar). 3 assourdir (disminuir la intensidad). ● 4 *intr* devenir sourd.

ensortijar *tr* y *pron* boucler; friser.

ensuciar 1 *tr* y *pron* salir. ● 2 *tr* (fig) souiller. ● 3 ~se *pron* (fig, fam) se corrompre; se vendre.

ensueño 1 *m* rêve. 2 rêve, songe (ilusión). ■ **de** ~ de rêve, merveilleux.

entablar 1 *tr* planchéier; couvrir de planches. 2 commencer; entamer (empezar). ● 3 *tr* y *pron Arg.* habituer le gros bétail à marcher en troupeau. ● 4 *intr* faire match nulle (empatar). ■ ~ **amistad con alguien** nouer amitié avec qqn; ~ **negociaciones** entamer des négociations.

entablillar *tr* MED éclisser.

entallar 1 *tr* entailler (un árbol). 2 sculpter; graver. 3 mortaiser (una mortaja). ● 4 *tr* e *intr* ajuster à la taille (un vestido).

ente 1 *m* être (ser). 2 réalité. 3 société, organisme. 4 (fam) individu.

entelequia *f* FIL entéléchie.

entendederas *f pl* (fam) comprenette. ■ **ser duro de** ~ (fam) ne pas avoir la comprenette facile.

entender *m* opinion; avis.

entender 1 *tr* y *pron* comprendre. ● 2 *tr* croire, penser. 3 entendre (interpretar). ● 4 *intr* (~ de) s'y entendre en, s'y connaître en. ● 5 ~se *pron* se mettre d'accord, se concerter. 6 avoir une liaison (tener una relación amorosa). ■ **dar a** ~ laisser entendre, faire comprendre.

entendido, da 1 *adj* compétent, entendu. ● 2 *m* y *f* connaisseur. ■ **no darse por** ~ faire la sourde oreille.

entendimiento 1 *m* entendement, intelligence. 2 bon sens; jugement. 3 entente (entre pueblos o gobiernos).

entente *f* entente; alliance.

enterado, da 1 *adj* au courant, informé. 2 *Chile* bouffi d'orgueil, poseur. ● 3 *adj/m* y *f* (fam) calé. ■ **no darse por** ~ jouer les ignorants.

enterar 1 *tr* y *pron* informer; instruire. ● **2** *tr* *Arg.*, *Chile* compléter (una cantidad). **3** *Amér.* verser (dinero). ● **4** ~se *pron* (~se *de*) apprendre. **5** (~se *de*) se rendre compte. ■ **para que te enteres** (fam) pour ta gouverne.

entereza 1 *f* droiture; intégrité (integridad). **2** (fig) fermeté (firmeza); courage (fortaleza). **3** (fig) discipline.

enternecedor, ra *adj* attendrissant.

enternecer *tr* y *pron* attendrir.

enternecimiento *m* attendrissement.

entero, ra 1 *adj* entier, complet. **2** (fig) robuste, vigoureux (robusto). **3** (fig) intègre; inébranlable (firme). **4** *Guat.*, *Perú* tout pareil. ● **5** *m* MAT entier. **6** *Amér.* versement (de dinero). ■ **por ~** entièrement, en entier.

enterramiento 1 *m* enterrement. **2** sépulture; tombeau (sepulcro).

enterrar 1 *tr* enterrer. ● **2** *tr* y *pron* *Chile*, *Hond.*, *P. Rico* enfoncer, planter.

entibiar 1 *tr* y *pron* tiédir. **2** (fig) modérer; refroidir.

entidad 1 *f* société; organisme. **2** importance.

entierro 1 *m* enterrement. **2** tombeau; sépulture.

entonación 1 *f* intonation. **2** (fig) arrogance, présomption.

entonar 1 *tr* entonner. **2** MED tonifier; fortifier. ● **3** *intr* chanter juste (afinar).

entonces *adv* alors: *entonces, ¿qué hacemos? = alors, qu'est-ce qu'on fait?* ● **2** *conj* en ce cas (en tal caso): *me ha dicho que vendría, entonces, puedes enseñarle las fotos = il m'a dit qu'il viendrait, en ce cas, tu peux lui montrer les photos.* ■ **desde ~** depuis lors; **en** o **por aquel ~** à cette époque-là; **pues ~** et alors.

entontecer 1 *tr* abêtir; rendre stupide. ● **2** *intr* y *pron* s'abêtir.

entornar 1 *tr* entrebâiller; entrouvrir (una puerta o ventana). **2** fermer à demi (los ojos).

entorno 1 *m* environnement. **2** INF environnement.

entorpecer 1 *tr* y *pron* engourdir; alourdir. ● **2** *tr* (fig) gêner (molestar). ● **3** ~se *pron* (fig) être gêné.

entrada 1 *f* entrée. **2** entrée, vestibule (de una casa). **3** accès. **4** affluence (público). **5** recette (dinero recaudado). **6** billet; ticket (para un espectáculo). **7** début (el principio). **8** ECON premier versement. ◆ **~ de datos** INF entrée des données; ■ **de ~** d'emblée; du premier coup.

entrador, ra *adj* *Amér.* hardi.

entramado 1 *m* treillis (enrejado). **2** armature, charpente (armazón).

entrampar 1 *tr* prendre au piège (un animal). **2** (fig) attraper; prendre au piège (engañar). ● **3** ~se *pron* tomber dans un piège. **4** (fig, fam) s'endetter (endeudarse).

entraña 1 *f* viscère. ● **2 entrañas** *f pl* entrailles. **3** (fig) entrailles, cœur. ■ **no tener entrañas** (fig) ne pas avoir de cœur.

entrañable 1 *adj* intime, cher (un amigo). **2** profond, cher (un sentimiento, etc.).

entrañar 1 *tr* contenir, comporter; renfermer. **2** impliquer.

entrar 1 *tr* mettre, entrer. ● **2** *intr* entrer. **3** (fig) commencer (una época). **4** (fig) être admis (ser admitido). **5** (fig) être pris de (sueño, etc.). **6** (fig) être composé de. **7** (fig) y avoir de la place pour. **8** (fig) (~ *en*) se mettre en (un estado de ánimo). ■ **~ por los ojos** (fam) taper dans l'œil.

entre 1 *prep* entre (dos cosas): *hallarse entre la vida y la muerte = se trouver entre la vie et la mort.* **2** parmi (más de dos cosas): *entre mis amigos no hay secretos = parmi mes amis il n'y a pas de secrets.* **3** chez (una colectividad): *entre los españoles, se come tarde = chez les espagnols, on mange tard.* **4** dans (dentro de): *se perdió entre la muchedumbre = il s'est égaré dans la foule.* **5** au milieu de: *entre lágrimas, articuló dos palabras = au milieu des larmes, il a articulé deux mots.* **6** à (juntos). **7** ~ + adj + y + adj mi—: mi-: *se sentía entre triste y alegre = elle se sentait mi-triste, mi-content.* ■ **~ mí** o **sí** en moi-même, en soi-même; **~ otras cosas** entre autres; **~ que** pendant que; **~ tanto** entre-temps.

Se utiliza *entre* si hay dos elementos, y *parmi* si hay más de dos: *parmi eux = entre ellos (más de dos)* ◊ *entr'eux = entre ellos (dos).*

entreabrir *tr* y *pron* entrouvrir.
entrecano, na 1 *adj* gris (cabello, barba). 2 qui a les cheveux gris (persona).
entrecejo *m* espace entre les sourcils. ■ fruncir o arrugar el ~ froncer les sourcils.
entrecortar *tr* entrecouper.
entrecot *m* entrecôte.
entredicho, cha 1 *p irreg* → entredecir. ● 2 *m* défense, interdiction (prohibición). ■ estar en ~ être en question; poner algo en ~ ne pas ajouter foi à qqch.
entrega 1 *f* livraison (de mercancías); remise (de premios, cartas, etc.). 2 dévouement. 3 livraison (fascículo).
entregar 1 *tr* remettre. 2 livrer (una mercancía, una ciudad). ● 3 ~se *pron* s'adonner; se livrer (dedicarse). 4 se livrer (una ciudad, un delincuente). 5 s'abandonner.
entrelazar *tr* y *pron* entrelacer.
entremedias 1 *adv* au milieu (espacio). 2 entretemps, pendant ce temps (tiempo).
entremés 1 *m* GAST hors-d'œuvre. 2 TEAT intermède.
entremeter *tr* y *pron* mêler; entremêler.
entremetido, da *adj/m* y *f* indiscret.
entremezclar *tr* entremêler.
entrenamiento *m* entraînement.
entrenar *tr* y *pron* entraîner.
entrepierna (*también* entrepiernas) 1 *f* entrejambe, entrecuisse. 2 entrejambe (de un pantalón).
entresacar 1 *tr* trier; choisir. 2 éclaircir (los cabellos).
entresijo *m* (fig) secret, mystère. ■ tener muchos entresijos présenter beaucoup de difficultés.
entresuelo *m* entresol.
entretanto *adv* entre-temps. ■ en el ~ dans l'intervalle.
entretejer 1 *tr* entre-tisser, tisser ensemble. 2 (fig) entrelarder, farcir (un discurso).
entretención *f* Amér. amusement.
entretener 1 *tr* y *pron* distraire, amuser. ● 2 *tr* faire perdre son temps. 3 faire traîner en longueur; retarder (dar largas). 4 prendre, occuper. ● 5 ~se *pron* perdre son temps. 6 (~se en o con) s'attarder à.
entretenido, da *adj* amusant, distrayant.
entretenimiento 1 *m* amusement. 2 occupation.

entretiempo *m* demi-saison.
entrever *tr* entrevoir.
entreverar 1 *tr* entremêler. ● 2 ~se *pron* Arg. s'entremêler; se mêler.
entrevista 1 *f* entrevue; entretien. 2 interview (de periodista).
entrevistar 1 *tr* interviewer. ● 2 ~se *pron* avoir une entrevue o un entretien; rencontrer.
entristecer *tr* y *pron* attrister.
entrometer *tr* y *pron* → entremeter.
entrompar 1 *tr* y *pron* (fam) soûler. ● 2 ~se *pron* Amér. se fâcher.
entroncar 1 *tr* rattacher. ● 2 *intr* (~ con) être apparenté à; s'apparenter. ● 3 *intr* y *pron* Cuba, Méx., P. Rico s'embrancher (dos caminos).
entronización *f* intronisation.
entuerto *m* dommage, tort. ■ deshacer entuertos redresser des torts.
entumecer 1 *tr* y *pron* engourdir. ● 2 ~se *pron* (fig) s'agiter (el mar).
enturbiar 1 *tr* y *pron* troubler. 2 (fig) embrouiller.
entusiasmar *tr* y *pron* enthousiasmer.
entusiasmo *m* enthousiasme.
entusiasta *adj/m* o *f* enthousiaste.
enumeración *f* énumération.
enumerar *tr* énumérer.
enunciación *f* énonciation.
enunciado *m* énoncé.
enunciar *tr* énoncer.
envalentonar *tr* y *pron* enhardir; encourager.
envanecer 1 *tr* y *pron* enorgueillir. ● 2 ~se *pron* Chile se gâter (un fruto).
envasado, da 1 *adj* en boîte. 2 en bouteille (un líquido, un gas). ● 3 *m* mise en boîte o en bouteille.
envasar 1 *tr* emballer; conditionner. 2 mettre en bouteille (un líquido). ■ ~ al vacío emballer sous vide.
envase 1 *m* emballage; conditionnement (proceso). 2 mise en bouteille (de un líquido). 3 récipient; bouteille; boîte de conserve (producto).
envejecer *tr, intr* y *pron* vieillir.
envenenamiento *m* empoisonnement.
envenenar 1 *tr* y *pron* empoisonner. ● 2 *tr* (fig) envenimer.
envergadura *f* envergure.
envés *m* envers.
enviado, da *adj/m* y *f* envoyé.

enviar *tr* envoyer.

enviciar 1 *tr* y *pron* corrompre; débaucher. ● **2** ~**se** *pron* (~se *con* o *en*) prendre la mauvaise habitude de.

envidia 1 *f* envie, jalousie. **2** émulation. ■ **dar** ~ faire envie.

envidiar *tr* envier, jalouser.

envidioso, sa *adj* envieux, jaloux.

envilecer *tr* y *pron* avilir.

envío *m* envoi.

envite 1 *m* mise (en algunos juegos). **2** coup; poussée (empujón). **3** (fig) offre (ofrecimiento).

enviudar *intr* devenir veuf.

envoltorio *m* paquet; baluchon.

envoltura *f* enveloppe; couverture.

envolver 1 *tr* envelopper. **2** enrouler (un hilo). ● **3** *tr* y *pron* (fig) impliquer; mêler. ● **4** ~**se** *pron* (~se *en*) s'envelopper dans.

enyesado 1 *m* plâtrage. **2** MED plâtre.

enyesar *tr* plâtrer.

enzarzar 1 *tr* couvrir de ronces. ● **2** *tr* y *pron* (fig) brouiller. ● **3** ~**se** *pron* se prendre dans les ronces. **4** (fig) s'empêtrer. **5** (fig) se disputer (reñir).

enzima *f* BIOL enzyme.

¡epa! 1 *interj Hond., Méx., Venez.* hep!, hé! **2** *Chile* allons!

epicentro *m* GEOL épicentre.

épico, ca 1 *adj* LIT épique. ● **2** *m* poète épique.

epidemia *f* MED épidémie.

epidérmico, ca *adj* épidermique.

epidermis *f* ANAT épiderme.

epígrafe *m* épigraphe.

epilepsia *f* MED épilepsie.

epílogo 1 *m* épilogue. **2** (fig) résumé.

episcopado *m* REL épiscopat.

episcopal *adj* REL épiscopal.

episodio *m* épisode.

epitafio *m* épitaphe.

epíteto *m* épithète.

época 1 *f* époque. **2** temps. ■ **en mi** ~ de mon temps; **hacer** ~ faire date.

epopeya *f* LIT épopée.

equidad *f* équité.

equidistancia *f* équidistance.

equidistante *adj* équidistant.

equidistar *intr* être équidistant.

equilibrar *tr* y *pron* équilibrer.

equilibrio *m* équilibre. ■ **hacer equilibrios** (fig) faire des acrobaties; **mantener el** ~ garder l'équilibre.

equilibrista *adj/m* o *f* équilibriste.

equino, na 1 *adj* équin. ● **2** *m* ZOOL équidé.

equipaje 1 *m* bagages. **2** MAR équipage. ◆ ~ **de mano** bagages à main.

> No hay que confundir esta palabra con la palabra francesa **équipage,** que debe traducirse por 'tripulación'.

equipamiento *m* équipement.

equipar *tr* y *pron* équiper.

equiparar *tr* comparer.

equipo 1 *m* équipe. **2** équipement, matériel (instrumentos). **3** trousseau (de novia, de colegial). ◆ ~ **de música** chaîne stéréo; ■ **en** ~ en équipe.

equis 1 *f* x. **2** MAT x (incógnita).

equitación *f* équitation.

equitativo, va *adj* équitable.

equivalencia *f* équivalence.

equivalente *adj* y *m* équivalent.

equivaler *intr* équivaloir; valoir.

equivocación *f* erreur; méprise. ■ **por** ~ par erreur.

equivocar 1 *tr* confondre. ● **2** ~**se** *pron* se tromper; faire erreur. ■ ~**se con alguien** se tromper sur qqn.

equívoco, ca 1 *adj* équivoque; ambigu. ● **2** *m* équivoque, malentendu.

era *f* ère. ◆ ~ **cristiana** ère chrétienne; ~ **musulmana** ère musulmane.

erección *f* érection.

erguir 1 *tr* dresser. **2** lever (la cabeza, etc.). ● **3** ~**se** *pron* se dresser.

erigir *tr* y *pron* ériger.

erizado, da *adj* hérissé.

erizar *tr* y *pron* hérisser.

erizo *m* hérisson. ◆ ~ **de mar** oursin.

ermita *f* ermitage.

ermitaño, ña 1 *m* y *f* ermite. ● **2** *m* ZOOL bernard-l'ermite.

erosión *f* érosion.

erosionar 1 *tr* éroder. ● **2** *tr* y *pron* (fig) gâter (el prestigio, etc.).

erótico, ca *adj* érotique.

erotismo *m* érotisme.

erradicar *tr* éradiquer; déraciner.

errado, da *adj* qui se trompe; erroné.

errante *adj* errant.

errar 1 *tr* rater; manquer (no acertar). ● **2** *intr* errer (vagar). **3** se tromper (equivocarse). ■ ~ **el camino** s'égarer.

errata *f* erratum; faute d'impression.

erre *f* rr. ■ **erre que erre** (fam) coûte que coûte.

erróneo, a *adj* erroné.

error *m* erreur. ■ **estar en un ~** être dans l'erreur; **por ~** par erreur.

eructar *intr* éructer, roter.

eructo *m* éructation, rot.

erudición *f* érudition.

erupción *f* éruption.

esbelto, ta *adj* svelte.

esbirro *m* sbire.

esbozar *tr* ébaucher, esquisser.

esbozo *m* ébauche, esquisse.

escabechar 1 *tr* mariner. **2** (fig, fam) descendre (matar).

escabeche 1 *m* marinade, escabèche. **2** *Arg.* fruit *o* légume au vinaigre.

escabechina 1 *f* (fig) ravage. **2** (fig) hécatombe (en un examen).

escabroso, sa 1 *adj* accidenté (un terreno). **2** (fig) scabreux (inmoral). **3** (fig) difficile, intraitable (una persona).

escabullarse *pron Amér.* → escabullirse.

escabullirse 1 *pron* glisser des mains. **2** (fig) s'éclipser; s'esquiver (huir).

escacharrar 1 *tr y pron* casser. **2** abîmer.

escala 1 *f* échelle. **2** escale (parada). **3** (fig) envergure, importance. **4** MÚS gamme. ■ **a ~** à l'échelle; **en gran ~** sur une grande échelle.

escalada *f* escalade.

escalafón 1 *m* tableau d'avancement. **2** échelon (grado).

escalar 1 *tr* escalader (una montaña). **2** (fig) monter. **3** *intr* faire de l'escalade. **4** (fig) monter en grade (subir puestos).

escaldar 1 *tr* échauder (con agua). **2** chauffer au rouge (con fuego). ● **3 ~se** *pron* s'échauffer (la piel).

escalera 1 *f* escalier. **2** séquence, suite (de naipes). ◆ **~ de caracol** escalier en colimaçon; **~ de mano** échelle; **~ de servicio** échelle de service; **~ mecánica** *o* **automática** escalier mécanique, escalator.

escalerilla *f* petit escalier.

escalfar *tr* pocher (huevos).

escalofriante 1 *adj* terrifiant. **2** surprenant.

escalofrío *m* frisson.

escalón 1 *m* échelon (de escala). **2** marche (de escalera). **3** (fig) échelon (grado).

escalonamiento 1 *m* échelonnement. **2** étagement (en niveles).

escalonar 1 *tr* échelonner. **2** étager (a distintos niveles).

escalope *m* escalope.

escama 1 *f* écaille (de pez, de serpiente). **2** MED squame.

escamar 1 *tr* écailler. **2** (fig, fam) rendre méfiant. **3** (fig, fam) mettre la puce à l'oreille. ● **4 ~se** *pron* (fig, fam) se méfier.

escamotear *tr* escamoter.

escampar *impers* cesser de pleuvoir; ne plus pleuvoir.

escanciar *tr* verser à boire.

escandalizar 1 *tr* scandaliser. ● **2 ~se** *pron* se scandaliser; être scandalisé.

escándalo 1 *m* scandale. **2** tapage (ruido). **3** chahut (en clase). ■ **armar un ~** faire du scandale *o* un scandale; **formar un ~ a uno** faire une scène à qqn.

escandaloso, sa 1 *adj* scandaleux. **2** (fig) tapageur; bruyant.

escanear *tr* scanner.

escáner *m* scanner.

escaño 1 *m* banc. **2** siège (en el parlamento).

escapada 1 *f* escapade. **2** DEP échappée. ■ **en una ~** en moins de deux.

escapar 1 *intr* échapper. **2** réchapper (con suerte). ● **3 ~se** *pron* s'échapper; se sauver. **4** fuir (un líquido). ■ **escapársele a alguien una cosa** échapper qqch à qqn.

escaparate 1 *m* vitrine; étalage (de tienda). **2** *Amér.* armoire. ■ **ir de escaparates** faire du lèche-vitrines.

escapatoria 1 *f* escapade. **2** (fam) échappatoire. ■ **no tener ~** être au pied du mur.

escape 1 *m* issue. **2** fuite (de gas). **3** échappement (de un motor). ■ **a ~** à toute allure.

escarabajo *m* ZOOL scarabée.

escaramuza *f* escarmouche; accrochage.

escarbar 1 *tr* gratter. **2** (fig) fouiller; faire des recherches.

escarceo 1 escarceos *m pl* (fig) divagations (rodeos). **2** (fig) incursions (tentativas). ◆ **escarceos amorosos** aventures amoureuses.

escarcha *f* gelée blanche.

escarlata *adj y m* écarlate.

escarlatina *f* MED scarlatine.

escarmentar 1 *tr* donner une leçon; corriger. • 2 *intr* tirer la leçon; apprendre à ses dépens. ■ hacer ~ échauder.

escarmiento 1 *m* leçon (aviso). 2 punition (castigo).

escarnio *m* raillerie; outrage.

escarola *f* BOT scarole; chicorée frisée.

escarpar *tr* escarper.

escasear *intr* manquer.

escasez 1 *f* manque. 2 pénurie, indigence (pobreza).

escaso, sa 1 *adj* court, peu abondant. 2 maigre, rare (falto). ■ andar ~ de être à court de.

escatimar *tr* lésiner sur.

escayola 1 *f* plâtre. 2 stuc (escultura).

escayolar *tr* plâtrer.

escena *f* scène. ■ hacer o montar una ~ (fig) faire une scène; poner en ~ mettre en scène; salir a ~ entrer en scène.

escenario 1 *m* (fig) théâtre: *este castillo es el escenario del crimen = ce château est le théâtre du crime.* 2 TEAT scène. 3 CINE cadre.

escenificar *tr* mettre en scène.

escenografía 1 *f* mise en scène (decorados). 2 scénographie (arte).

escepticismo *m* scepticisme.

escéptico, ca *adj/m* y *f* sceptique.

escindir *tr* y *pron* scinder.

escisión 1 *f* scission. 2 BIOL fission (celular). ◆ ~ nuclear FÍS fission nucléaire.

esclarecer 1 *tr* éclairer. 2 (fig) éclaircir, élucider (una duda).

esclavitud *f* esclavage.

esclavizar 1 *tr* réduire en esclavage. 2 (fig) tyranniser.

esclavo, va *adj/m* y *f* esclave.

esclerosis *f* MED sclérose.

esclusa *f* écluse. ◆ ~ de aire sas.

escoba *f* balai.

escobilla 1 *f* balayette. 2 ELECTR balai. ◆ ~ de dientes *Amér.* brosse à dents.

escobillar 1 *tr* brosser. 2 *Amér.* taper des pieds en dansant.

escocedura 1 *f* brûlure. 2 MED inflammation.

escocer 1 *intr* brûler. 2 (fig) blesser. • 3 ~se *pron* s'enflammer. 4 (fig) se vexer.

escoger *tr* choisir; trier (seleccionar). ■ a ~ au choix.

escogido, da *adj* choisi.

escolar 1 *adj* scolaire. • 2 *m* o *f* écolier.

escolaridad *f* scolarité.

escollera *f* brise-lames.

escollo *m* écueil.

escolta *f* escorte.

escoltar 1 *tr* convoyer (convoyar). 2 escorter, encadrer.

escombro *m* (se usa más en *pl*) décombres; gravats.

esconder 1 *tr* cacher. • 2 ~se *pron* se cacher; se dérober.

escondite 1 *m* cachette. 2 cache-cache (juego).

escondrijo *m* cachette.

escopeta *f* fusil de chasse. ◆ ~ de aire comprimido fusil à air comprimé; ~ de cañones recortados fusil à canon court.

escopetear 1 *tr* tirer des coups de fusil. • 2 ~se *pron* (fig, fam) se renvoyer la balle.

escora 1 *f* MAR accore (puntal). 2 MAR gîte (inclinación).

escoria 1 *f* scorie. 2 (fig) déchet.

escorpión 1 *m* ZOOL scorpion. 2 Escorpión ASTR Scorpion. • 3 *m* o *f* scorpion (persona).

escotado, da 1 *adj* échancré (vestido). • 2 *m* décolleté.

escotadura 1 *f* décolletage (corte). 2 décolleté (del cuello). 3 TEAT trappe.

escotar 1 *tr* décolleter; échancrer. • 2 *intr* payer (la cuota).

escote 1 *m* encolure (de un vestido). 2 décolleté (de una persona). 3 écot (monetario). ■ pagar a ~ payer son écot.

escotilla *f* MAR écoutille.

escozor 1 *m* cuisson; brûlure. 2 (fig) douleur cuisante.

escribir *tr* e *intr* écrire.

escrito, ta 1 *p irreg* → escribir. • 2 *m* écrit, texte. ■ está ~ (fig) autant en emporte le vent; por ~ par écrit.

escritorio 1 *m* bureau. 2 secrétaire (de papeles).

escritura 1 *f* écriture. 2 écrit (documento). 3 DER acte. ◆ ~ de propiedad titre de propriété; ~ iconográfica écriture pictographique; la Sagrada Escritura (se usa más en *pl*) l'Écriture sainte.

escriturar *tr* passer un contrat devant notaire.

escrúpulo 1 *m* scrupule. 2 méticulosité (cuidado). ■ sin escrúpulos sans scrupules.

escrupulosidad *f* minutie; soin scrupuleux.

escrupuloso, sa 1 *adj* scrupuleux. **2** (fig) délicat.

escrutinio 1 *m* examen. **2** scrutin (de votos).

escuadra 1 *f* GEOM équerre. **2** NÁUT escadre. **3** MIL escouade. ■ **a ~** d'équerre.

escuadrilla *f* escadrille.

escuálido, da *adj* maigre, décharné.

escucha *f* écoute. ◆ **~ telefónica** écoute téléphonique; ■ **estar a la ~** être aux écoutes.

escuchar *tr* e *intr* écouter.

escudar 1 *tr* (fig) protéger. ● **2 ~se** *pron* (fig) se couvrir d'un bouclier; s'abriter derrière.

escudo 1 *m* bouclier. **2** écu (moneda). **3** escudo (moneda). **4** blason (emblema, armas). **5** armes (de familia). **6** (fig) protection.

escudriñar *tr* fouiller du regard; examiner en détail.

escuela 1 *f* école. **2** enseignement (instrucción). ◆ **~ de artes y oficios** école des arts et métiers; **~ municipal** école communale; **~ privada** école privée *o* libre; ■ **crear ~** faire école; **ser de la vieja ~** être de la vieille école.

escueto, ta *adj* sobre; concis, succint.

esculpir *tr* sculpter.

escultura *f* sculpture.

escupir 1 *tr* e *intr* cracher. ● **2** *tr* (fig) rejeter.

escupitajo o **escupitinajo** *m* (fam) crachat.

escurreplatos *m* égouttoir.

escurridizo, za *adj* glissant; fuyant (persona).

escurridor 1 *m* passoire; égouttoir (de vajilla). **2** essoreuse (de lavadora).

escurrir 1 *tr* égoutter; essorer (ropa). **2** goutter (un líquido). ● **3 ~se** *pron* se glisser. **4** se faufiler (escapar).

ese *f* s. ■ **andar** o **ir uno haciendo eses** tituber; zigzaguer.

ese, esa (*pl* **esos, esas**) **1** *adj* demos ce (cet), cette (*f*), ces, ce... -là (*f*), ces... -là: *dormirá en esa cama = il dormira dans ce lit-là.* ● **2 ése, ésa, ésos, ésas** *pron* demos celui-là, celle-là (*f*), ceux-là, celles-là (*f*): *bebe este vino pero ése no = bois ce vin mais pas celui-là.*

esencia *f* essence; parfum. ◆ **quinta ~** (fig) quintessence; ■ **en ~** par essence.

esencial *adj* essentiel. ■ **en lo ~** pour l'essentiel.

esfera 1 *f* sphère. **2** cadran (de un reloj). **3** (fig) domaine; milieu. ◆ **~ celeste** sphère céleste; **~ terrestre** sphère terrestre.

esférico, ca 1 *adj* sphérique. ● **2** *m* ballon.

esfinge *f* sphinx.

esforzar 1 *tr* forcer. ● **2 ~se** *pron* s'efforcer de; faire un effort pour.

esfuerzo *m* effort. ■ **sin ~** sans effort.

esfumar 1 *tr* estomper. ● **2 ~se** *pron* (fig) disparaître; se volatiliser.

esgrima *f* DEP escrime.

esgrimir 1 *tr* brandir; manier (un arma blanca). **2** (fig) invoquer; présenter un argument.

esguince *m* foulure, entorse.

eslabón 1 *m* maillon (de cadena). **2** (fig) chaînon. ◆ **~ perdido** chaînon manquant.

eslalon *m* DEP slalom.

eslogan *m* slogan.

eslora 1 *f* MAR longueur. ● **2 esloras** *f pl* MAR hiloires.

Eslovaquia *f* Slovaquie.

Eslovenia *f* Slovénie.

esmaltar *tr* émailler.

esmalte 1 *m* émail. **2** émaillerie (arte). ◆ **~ de uñas** vernis à ongles.

esmerado, da 1 *adj* soigné (una tarea). **2** soigneux (persona).

esmeralda 1 *adj* y *m* émeraude (color). ● **2** *f* émeraude (piedra).

esmerar ~se *pron* faire de son mieux; s'appliquer.

esmero *m* soin, application.

esmirriado, da *adj* (fam) chétif.

esmoquin *m* smoking.

esnob *adj*/*m* o *f* snob.

esófago *m* ANAT œsophage.

esos, sas *adj* y *pron demos* → ese, sa.

esotérico, ca *adj* ésotérique.

espabilar 1 *tr* dégourdir; réveiller. ● **2 ~se** *pron* se remuer; se dégourdir. **3 ~se** (fig) se débrouiller.

espacial *adj* spatial.

espaciar 1 *tr* espacer. **2** échelonner (los pagos).

espacio 1 *m* espace. **2** place. **3** interligne (dactilografía). **4** laps (de tiempo). **5** émission (en televisión). ◆ **~ aéreo** espace aérien; **~ vital** espace vital; ■ **a doble ~** à double interligne.

espacioso, sa *adj* spacieux, vaste.

espada 1 *f* épée. ● 2 espadas *f pl* couleur du jeu de cartes espagnol. ◆ ~ de dos filos o doble filo (fig) épée à deux tranchants; ■ estar entre la ~ y la pared être pris entre deux feux.

espagueti *m* (se usa más en *pl*) spaghetti.

espalda 1 *f* dos (del cuerpo). 2 derrière (parte posterior). 3 DEP dos crawlé. ● 4 espaldas *f pl* dos. ■ a espaldas de parderrière; dar o volver la ~ a alguien tourner le dos à qqn; tener cubiertas las espaldas être bien protégé.

espaldarazo 1 *m* accolade (golpe). 2 (fig) consécration.

espantada 1 *f* fuite. 2 écart (del caballo).

espantajo *m* épouvantail.

espantapájaros *m* épouvantail.

espantar 1 *tr* épouvanter, faire peur à. 2 chasser (las moscas). 3 faire fuir (un adversario). ● 4 ~se *pron* s'effrayer, être épouvanté.

espanto 1 *m* épouvante; frayeur. 2 *Amér.* fantôme. ■ de ~ (fig, fam) énorme, scandaleux; estar curado de ~ (fam) en avoir vu bien d'autres.

espantoso, sa 1 *adj* effrayant, épouvantable. 2 (fig) terrible (un hecho). 3 (fig) horrible (una persona).

España *f* Espagne.

español, la 1 *adj* espagnol. ● 2 *m* y *f* Espagnol. ● 3 *m* espagnol (lengua).

Son préstamos lingüísticos del español las palabras **abricot, anchois, caramel, cigare, disparate, embarrasser, fanfaron, romance, sieste**. Constituyen un grupo de unas 300 palabras.

---

españolizar 1 *tr* espagnoliser. ● 2 ~se *pron* prendre le caractère espagnol.

esparadrapo *m* sparadrap.

esparcimiento 1 *m* éparpillement. 2 épanchement (de líquido). 3 distraction (ocio).

esparcir 1 *tr* répandre; éparpiller (objetos). 2 joncher, parsemer (flores). ● 3 ~se *pron* se répandre. 4 (fig) se délasser; se distraire.

espárrago *m* asperge. ■ mandar a freír espárragos (fam) envoyer balader.

esparto *m* BOT alfa.

espasmo *m* spasme.

especia *f* épice.

especial *adj* spécial. ■ en ~ spécialement.

especialidad *f* spécialité. ◆ ~ de la casa GAST spécialité de la maison.

especialista 1 *adj/m* o *f* spécialiste. ● 2 *m* o *f* CINE cascadeur. 3 MED spécialiste.

especialización *f* spécialisation.

especializar *intr* y *pron* spécialiser.

especie 1 *f* espèce; sorte. 2 BIOL espèce. ■ pagar en ~ payer en nature.

especificación *f* spécification.

especificar *tr* spécifier; préciser.

específico, ca 1 *adj* spécifique. ● 2 *m* MED médicament spécifique.

espécimen *m* spécimen.

espectacular *adj* spectaculaire.

espectáculo *m* spectacle. ■ dar un ~ se donner en spectacle.

espectro *m* spectre. ◆ ~ continuo spectre continu; ~ solar spectre solaire.

especulación *f* spéculation.

especular 1 *tr* e *intr* spéculer. 2 (fig) miser.

espejismo *m* mirage.

espejo 1 *m* glace, miroir. 2 (fig) modèle: *un espejo de virtudes = un modèle de vertus*. ◆ ~ retrovisor rétroviseur.

espeleología *f* spéléologie.

espera 1 *f* attente. 2 calme (contención). 3 DER délai. ■ a la ~ de dans l'espoir de; en ~ de dans l'attente de.

esperanto *m* espéranto.

esperanza *f* espoir; espérance. ◆ ~ de vida espérance de vie; ■ tener muchas esperanzas avoir bon espoir.

esperanzar 1 *tr* donner de l'espoir. ● 2 ~se *pron* reprendre espoir.

esperar 1 *tr* e *intr* attendre: *esperar a un amigo = attendre un ami*. 2 espérer (desear). ● 3 ~se *pron* s'attendre à.

esperma *amb* BIOL sperme. ◆ ~ de ballena blanc de baleine.

espermatozoide *m* BIOL spermatozoïde.

espernancarse *pron* *Amér.* écarter les jambes.

esperpento 1 *m* (fam) épouvantail, horreur. 2 (fam) absurde.

espesar 1 *tr* y *pron* épaissir; faire épaissir. ● 2 *tr* presser, rendre dense.

espeso, sa 1 *adj* épais. 2 dense, touffu (junto). 3 (fig) dense, compliqué.

espesor *m* épaisseur.

espesura 1 *f* épaisseur. **2** (fig) fourré (matorral).

espetar 1 *tr* (fig) débiter (declamar). **2** (fig, fam) décocher (insultos).

espía *m* o *f* espion.

espiar 1 *tr* épier. **2** espionner (vigilar). **3** MAR touer.

espichar *intr* (fam) claquer, casser sa pipe.

espiga 1 *f* épi. **2** cheville (de madera). **3** chevron (en telas).

espigar 1 *tr* glaner. • **2** *intr* monter en épi, épier. • **3** ~se *pron* grandir beaucoup, allonger (personas).

espigón *m* jetée.

espina 1 *f* épine (de planta). **2** écharde (de la madera). **3** arête (de pez). **4** ANAT colonne vertébrale. ◆ ~ dorsal épine dorsale; ■ eso me da mala ~ cela ne me dit rien qui vaille; tener clavada una ~ en el corazón en avoir gros sur le cœur.

espinaca *f* épinard.

espinazo *m* échine; épine dorsale. ■ doblar el ~ (fig, fam) courber l'échine; romperse el ~ (fig, fam) se casser les reins.

espinilla 1 *f* bouton (en la piel). **2** ANAT tibia.

espionaje *m* espionnage.

espiración *f* expiration.

espiral 1 *adj* spiral: *una galaxia espiral = une galaxie spirale.* • **2** *f* spirale. **3** (fig) spirale (de acontecimientos).

espirar 1 *tr* exhaler (un olor). • **2** *tr* e *intr* expirer.

espiritismo *m* spiritisme.

espíritu *m* esprit; âme. ◆ ~ de contradicción esprit de contradiction; Espíritu Santo REL Saint-Esprit; ■ ser pobre de ~ être pauvre d'esprit.

espiritual 1 *adj* spirituel. • **2** *m* MÚS negro-spiritual.

espiritualidad *f* spiritualité.

espiritualizar *tr* spiritualiser.

esplendidez *f* largesse (abundancia).

espléndido, da 1 *adj* splendide; magnifique (ostentoso). **2** libéral, généreux (desprendido).

esplendor 1 *m* splendeur; éclat. **2** (fig) apogée.

espliego *m* BOT lavande.

espolear 1 *tr* éperonner. **2** (fig) aiguillonner, stimuler.

espolvorear 1 *tr* saupoudrer (esparcir). • **2** *tr* y *pron* épousseter (despolvorear).

esponja *f* éponge.

esponjoso, sa *adj* spongieux.

esponsales *m pl* fiançailles.

espónsor *m* o *f* sponsor.

espontaneidad *f* spontanéité.

espontáneo, a 1 *adj* spontané. • **2** *m* y *f* TAUROM amateur qui s'élance dans l'arène au cours d'une corrida.

esporádico, ca *adj* (fig) sporadique.

esporrondingarse *pron* *Amér.* jeter l'argent par les fenêtres.

esposar *tr* menotter.

esposo, sa *m* y *f* époux.

esprintar *intr* sprinter.

esprínter *m* o *f* sprinteur.

espuela 1 *f* éperon. **2** (fig) aiguillon (estímulo).

espuma 1 *f* mousse (de cerveza, etc.). **2** écume (del agua). **3** caoutchouc mousse (gomaespuma).

espumadera *f* écumoire.

espumar 1 *tr* écumer (quitar la espuma). • **2** *intr* écumer (el mar); mousser (el jabón, etc.).

esputo *m* MED crachat.

esqueje *m* BOT bouture.

esquela *f* faire-part de décès.

esqueleto 1 *m* ANAT squelette. **2** *Amér.* (fig) formulaire. **3** *Chile* LIT (fig) ébauche.

esquema 1 *m* schéma. **2** (fig) (se usa más en *pl*) schème (mental).

esquí *m* DEP ski.

esquiar *intr* DEP skier.

esquilar *tr* tondre.

esquilmar 1 *tr* récolter. **2** épuiser (la tierra). **3** (fig) appauvrir.

esquimal 1 *adj* esquimau. • **2** *m* o *f* Esquimau.

esquina 1 *f* coin. **2** angle (entre dos calles). ■ doblar la ~ tourner au coin.

esquinar 1 *tr* e *intr* former un coin. • **2** *tr* placer en coin (poner en la esquina). **3** équarrir (un madero).

esquivar *tr* esquiver.

esquivo, va *adj* revêche, acariâtre (huraño).

esquizofrenia *f* PSIC schizophrénie.

estabilidad *f* stabilité.

estabilización *f* stabilisation.

estabilizar *tr* stabiliser.

estable *adj* stable.

establecer *tr* y *pron* établir.

establecimiento *m* établissement.

establo 1 *m* étable. **2** (fig, fam) porcherie.

estaca 1 *f* pieu (con punta). **2** bâton (palo). **3** *Amér. Merid.* concession minière. **4** *Amér.* ergot (espolón).

estación 1 *f* saison (del año). **2** époque. **3** gare (de trenes, de autobuses). **4** station (de metro). **5** TEC station (meteorológica, etc.). ♦ **~ de radio** station d'émission; **~ de servicio** station-service.

estacionamiento 1 *m* estationnement. **2** parc (lugar).

estacionar 1 *tr y pron* garer (un vehículo). ● **2 ~se** *pron* être stationnaire.

estacionario, ria *adj* (fig) stationnaire.

estadio *m* stade.

estadista 1 *m o f* statisticien (estadístico). **2** homme d'État, femme d'État (*f*).

estadística *f* statistique.

estado *m* état. ♦ **~ civil** état civil; **~ de ánimo** état d'âme; **~ de bienestar** État-providence; **~ de guerra** état de guerre; **~ de sitio** état de siège; **~ llano** (fig) tiers état; **~ mayor** MIL état-major.

Estados Unidos *m pl* États-Unis.

estadounidense 1 *adj* des États-Unis d'Amérique. ● **2** *m o f* Américain.

estafa *f* escroquerie.

estafar *tr* escroquer.

estafeta *f* bureau de poste.

estalactita *f* stalactite.

estalagmita *f* stalagmite.

estallar 1 *intr* exploser (una bomba, de ira). **2** éclater (una bomba, neumático, motín, etc.). **3** entrer en éruption. **4** voler en éclats (un vidrio). ■ **~ en llanto** fondre en larmes; **hacer ~** faire éclater.

estambre 1 *m* fil de laine. **2** BOT étamine.

estamento *m* classe (de la sociedad).

estampa 1 *f* estampe (figura impresa). **2** (fig) allure (porte). ■ **ser la fiel o la viva ~ de alguien** (fig, fam) être l'image même de qqn.

estampado, da 1 *adj* estampé. ● **2** *adj y m* imprimé (tejido). ● **3** *m* estampage (estampación).

estampar 1 *tr* imprimer. **2** estamper (metal). **3** gaufrer (en relieve). **4** (fig) imprimer (en el ánimo). ● **5** *tr y pron* (fam) écraser.

estampida 1 *f* → estampido. **2** fuite précipitée.

estampido *m* détonation.

estampilla 1 *f* griffe (con firma). **2** *Amér.* timbre.

estancamiento (*también* **estancación**) **1** *m* stagnation (del agua, de un negocio). **2** étanchement (de la sangre). **3** monopolisation. **4** ECON stagnation économique.

estancar 1 *tr* retenir (el agua). **2** étancher (la sangre). **3** monopoliser. ● **4 ~se** *pron* stagner (un líquido). **5** (fig) stagner (un asunto).

estancia 1 *f* séjour. **2** pièce (habitación). **3** stance (estrofa). **4** *Amér.* ferme (hacienda). **5** *Cuba, Venez.* chalet, villa.

estanco, ca 1 *adj* étanche. ● **2** *m* monopole. **3** bureau de tabac (tienda).

estándar *o* **estándard** *adj y m* standard.

estandarizar *o* **estandardizar** *tr* standardiser.

estandarte *m* étendard.

estanque 1 *m* étang. **2** bassin (en un parque o jardín).

estante 1 *m* bibliothèque. **2** *Amér.* étai (puntal).

estantería *f* étagère; rayonnage.

estaño *m* QUÍM étain.

estar 1 *copul* être (en el espacio y el tiempo): *su primo está en París* = son cousin est à Paris, *estamos en septiembre* = nous sommes en septembre. **2** aller (una prenda). **3** aller (encontrarse): *¿cómo estás?* = comme vas-tu? **4** être prêt (estar listo): *estará para el lunes* = ce sera prêt pour lundi. **5** (**~ a**) être le (con fechas): *estamos a 6 de junio* = nous sommes le 6 juin. ● **6** *intr* rester (permanecer): *ha estado tres semanas en el extranjero* = il est resté trois semaines à l'étranger. **7** (**~ a**) être à (costar). **8** (**~ a**) faire (con grados). **9** (**~ de**) être en: *estar de vacaciones* = être en vacances. **10** (**~ de**) travailler comme (con oficio): *está de recepcionista en el hotel* = il travaille à l'hôtel comme réceptionniste. **11** (**~ con**) avoir (una enfermedad): *está con anginas* = il a une angine. ● **12** *aux* être (uso pasivo): *está acusado de robo* = il est accusé de vol. ● **13 ~se** *pron* rester: *no puede estarse quieto* = il ne peut pas rester tranquille. **14 ~ + adj o adv** (estado): *el atleta está cansado* = l'athlète est fatigué. **15 ~ + a punto de + inf** être prêt à + inf: *está a punto de irse* = il est prêt à partir. **16 ~ + gerun-**

dio être en train de: *está escribiendo una novela* = *il est en train d'écrire un roman*. **17** ~ + **para** + inf être prêt à + inf: *está para salir* = *il est prêt à sortir*. **18** ~ + **pp** être + participe passé: *estar arruinado por las deudas* = être ruiné à cause des dettes. **19** ~ + **por** + inf être à (sin hacer): *el trabajo está por hacer* = *le travail est à faire*. **20** ~ + **por** + inf être tenté de + inf (casi resuelto a): *está por llamar a la policía* = *il est tenté de téléphoner à la police*. **21** ~ + **por** + **alguien** o **algo** être pour qqn o qqch (a favor de). ■ **está bien** c'est bien, c'est bon; ¿**estamos?** nous y sommes? (entender); ~ **de más** être de trop; ~ **en todo** avoir l'œil à tout; ~ **sobre uno** être toujours derrière qqn; ~ **uno para una cosa** être d'humeur à faire qqch.
estárter *m* AUT starter.
estatal *adj* de l'État.
estático, ca *adj* statique.
estatua *f* statue.
estatuir *tr* statuer.
estatura *f* stature; taille.
estatus *m* statut social.
estatuto *m* statut.
este **1** *m* est. **2** vent d'est (viento).
este, esta (*pl* **estos, estas**) **1** *adj* demos ce (cet), cette (*f*), ces:, *este árbol* = *cet arbre*, *estas ideas* = *ces idées*. **2** ce (cet)...-ci, cette...-ci (*f*), ces...-ci: *este chico estudia más* = *ce garçon-ci étudie plus*. ● **3** **éste, ésta, éstos, éstas** *pron* demos celui-ci, celle-ci (*f*), ceux-ci, celles-ci (*f*): *no compres esa chaqueta, ésta es mejor* = *n'achète pas cette veste-là, celle-ci est meilleure*. **4** **éste, ésta, éstos, éstas** (fam, desp) lui, elle: ¿*qué hace aquí éste?* = *qu'est-ce qu'il fait lui ici?*
estela 1 *f* sillage (de un barco). **2** traînée (de estrella fugaz).
estelar 1 *adj* (fig) vedette. **2** ASTR stellaire.
estentóreo, a *adj* de stentor (voz).
estepa *f* steppe.
estera *f* natte.
estercolero 1 *m* tas de fumier. **2** (fig) porcherie.
estéreo 1 *adj* stéréo. ● **2** *m* chaîne stéréo (aparato). ■ **en ~** en stéréo.
estereofónico, ca *adj* stéréophonique.
estereotipar *tr* stéréotyper.

estereotipo 1 *m* stéréotype (de imprenta). **2** (fig) stéréotype.
estéril 1 *adj* stérile. **2** (fig) stérile. **3** MED stérile.
esterilidad *f* stérilité.
esterilización *f* stérilisation.
esterilizar *tr* stériliser.
esterilla *f* petite natte.
esternón *m* ANAT sternum.
estertor 1 *m* râle. **2** MED râle.
esteta *m* o *f* esthète.
estético, ca *adj* esthétique.
estiércol *m* fumier.
estigma 1 *m* stigmate. **2** (fig) stigmate. **3** BOT, ZOOL stigmate.
estilete *m* stylet.
estilista 1 *m* o *f* styliste (escritor). **2** styliste (de imagen).
estilizar *tr* styliser.
estilo 1 *m* style. **2** langage (modo de hablar). **3** style, classe (categoría). ■ **por el** ~ à peu près la même chose.
estima *f* estime.
estimación 1 *f* estimation; évaluation. **2** estime (estima).
estimar 1 *tr* y *pron* estimer (valorar). ● **2** ~**se** *pron* évaluer.
estimulante *adj* y *m* stimulant.
estimular 1 *tr* stimuler. **2** (fig) inciter, pousser. **3** (fig) encourager (animar).
estímulo 1 *m* stimulation. **2** (fig) encouragement (incitación).
estío *m* été.
estipendio *m* rémunération.
estipulación *f* stipulation.
estipular *tr* stipuler.
estirado, da 1 *adj* (fig) guindé (afectado). **2** (fig) hautain (engreído, arrogante).
estiramiento *m* étirement (de los músculos).
estirar 1 *tr* y *pron* étirer (alargar). ● **2** *tr* tirer (alisar). **3** (fig) allonger (alargar); étendre (extender). **4** (fig) faire durer (el dinero). ● **5** ~**se** *pron* s'étirer (desperezarse). **6** s'étendre (tumbarse). **7** (fig, fam) pousser (crecer).
estirpe 1 *f* souche (origen). **2** lignée (descendencia).
estival *adj* estival.
esto *pron* demos ceci, cela (*f*), ça, c': *el niño pide esto* = *l'enfant demande cela*, *esto no es muy agradable* = *ça n'est pas très agréable*. ■ **con ~** malgré cela; **en ~** sur

ce; ~ **es** c'est-à-dire; c'est ça (de acuerdo); **por** ~ c'est pour ça, c'est pourquoi.

estocada 1 *f* botte (esgrima). **2** TAUROM estocade.

estofa *f* qualité, aloi. ■ **de baja** ~ de mauvais aloi.

estoico, ca 1 *adj/m* y *f* stoïque; stoïcien. ● **2** *adj* (fig) stoïque.

estomacal 1 *adj* stomacal. ● **2** *adj* y *m* stomachique.

estomagar 1 *tr* rester sur l'estomac (empacher). **2** (fig, fam) dégoûter, écœurer.

estómago *m* estomac. ■ **revolver el** ~ (fig, fam) soulever le cœur; **tener mucho** ~ (fig, fam) avoir de l'estomac.

Estonia *f* Estonie.

estoque *m* estoc.

estorbar 1 *tr* gêner (molestar); embarrasser. **2** (fig) entraver (poner obstáculos). **3** (fig) gêner, déranger (incomodar).

estorbo 1 *m* gêne (molestia). **2** entrave (obstáculo).

estornino *m* ZOOL étourneau.

estornudar *intr* éternuer.

estornudo *m* éternuement.

estos, estas (*también* **éstos, éstas**) *adj* y *pron demos* → este, esta.

estrado 1 *m* estrade (tarima). ● **2 estrados** *m pl* DER salle d'audience, tribunal.

estrafalario, ria 1 *adj* (fam) négligé, débraillé (desaliñado). ● **2** *adj/m* y *f* (fam) bizarre, extravagant (persona). **3** (fig, fam) extravagant (idea).

estrago 1 *m* ruine, destruction. **2** (fig) ravage.

estrambótico, ca *adj* (fam) extravagant.

estrangulación *f* étranglement; strangulation.

estrangular 1 *tr* y *pron* étrangler (ahogar). ● **2** *tr* MED obstruer, ligaturer.

estraperlo *m* marché noir.

estratagema *f* stratagème.

estrategia *f* stratégie.

estratégico, ca 1 *adj* stratégique. ● **2** *m* stratège.

estratificar *tr* y *pron* stratifier.

estrato 1 *m* stratus (nube). **2** (fig) couche (social). **3** GEOL strate.

estrechar 1 *tr* rétrécir. ● **2** *tr* (fig) resserrer (relaciones). **3** (fig) serrer: *estrechar la mano* = *serrer la main*. ● **4** ~**se** *pron* (fig) se restreindre (gastos). **5** (fig) se rapprocher.

estrechez 1 *f* étroitesse. **2** (fig) étroitesse. **3** (fig) situation critique (escasez). ◆ ~ **de miras** (fig) étroitesse de vues.

estrecho, cha 1 *adj* étroit. **2** (fig) étroit. **3** (fig) strict. ● **4** *m* GEOG détroit.

estregar *tr* y *pron* frotter.

estrella 1 *f* étoile. **2** (fig) vedette, star (celebridad). **3** (fig) étoile (destino). ◆ ~ **de mar** étoile de mer; ~ **fugaz** étoile filante; ~ **polar** étoile polaire; ■ **tener** ~ (fig) être né sous une bonne étoile.

estrellado, da *adj* étoilé.

estrellar 1 *tr* y *pron* briser, mettre en pièces. **2** écraser (aplastar). ● **3** ~**se** *pron* (fig) échouer (fracasar).

estremecer 1 *tr* ébranler (sacudir). **2** (fig) faire tressaillir *o* frémir (sobresaltar). ● **3** ~**se** *pron* trembler (de miedo). **4** ~**se** (fig) sursauter (sobresaltarse). **5** (fig) tressaillir, frémir (temblar).

estrenar 1 *tr* étrenner: *estrenar un vestido* = *étrenner une robe*. **2** TEAT donner la première. **3** CINE passer en exclusivité. ● **4** ~**se** *pron* débuter (en un empleo). **5** sortir (una película).

estreno 1 *m* débuts (en un empleo). **2** TEAT première. **3** CINE sortie. ■ **de** ~ d'exclusivité.

estreñimiento *m* constipation.

estreñir 1 *tr* constiper. ● **2** ~**se** *pron* être constipé.

estrépito 1 *m* fracas (estruendo). **2** (fig) pompe (ostentación).

estrés *m* MED stress.

estresado, da *adj* MED stressé.

estresar *tr* y *pron* stresser.

estría 1 *f* strie. ● **2 estrías** *f pl* MED vergetures.

estriar 1 *tr* strier. ● **2** *tr* y *pron* canneler.

estribación *f* GEOG contrefort, chaînon.

estribar 1 *intr* s'appuyer. **2** (fig) résider.

estribillo 1 *m* refrain (de canción). **2** (fig) refrain (repetición).

estribo 1 *m* étrier (de montura). **2** marchepied (de coche, tren). ■ **perder los estribos** (fig) perdre les pédales; monter sur ses grands chevaux.

estribor *m* MAR tribord. ■ **a** ~ à tribord.

estricto, ta *adj* strict.

estridencia 1 *f* bruit strident. **2** (fig) excentricité, extravagance.

estridente 1 *adj* strident. **2** criard (color).

estrilar *intr* Arg. enrager, rager.

estrofa f strophe.
estropajo 1 m lavette (de esparto). 2 (fig) rebut (desecho). ◆ ~ metálico éponge métallique.
estropear 1 tr y pron abîmer. ● 2 tr estropier (un miembro). 3 ravager (a alguien). 4 (fig) gâcher (un negocio); faire échouer (planes). ● 5 ~se pron tomber en panne (averiarse). 6 vieillir (envejecer). 7 (fig) échouer (planes).
estropicio 1 m (fam) bruit de casse. 2 (fig, fam) dégât.
estructura f structure.
estructurar tr structurer.
estruendo 1 m fracas; vacarme (ruido grande). 2 grondement (de trueno).
estrujar 1 tr y pron presser. ● 2 tr tordre (un tejido). 3 (fig) serrer (a alguien). ■ ~se los sesos (fig, fam) se creuser la cervelle.
estuario m estuaire.
estucar tr stuquer.
estuche 1 m étui. 2 trousse (de escolar). 3 coffret (para joyas). ◆ ~ de baño nécessaire de toilette.
estuco m stuc.
estudiar 1 tr étudier. ● 2 tr e intr faire des études (una carrera). ● 3 intr travailler. ■ ~ de memoria apprendre par cœur.
estudio 1 m étude. 2 atelier (de pintor). 3 studio (piso). ● 4 estudios m pl études. ◆ ~ de mercado ECON étude de marché; ■ estar en ~ être à l'étude; tener estudios avoir fait des études.
estudioso, sa 1 adj studieux; appliqué. ● 2 m y f spécialiste.
estufa 1 f poêle (para calentar). 2 étuve (para secar). 3 radiateur (calentador). 4 (fig, fam) étuve.
estupefacción 1 f stupéfaction. 2 stupeur (estupor).
estupefaciente m MED stupéfiant.
estupefacto, ta adj stupéfait. ■ dejar ~ stupéfier.
estupendo, da adj excellent, extraordinaire; formidable.
estupidez f stupidité.
estúpido, da adj/m y f stupide.
estupor m stupeur.
esturión m ZOOL esturgeon.
etapa f étape. ■ por etapas par étapes; quemar etapas (fig) brûler les étapes.
etcétera adv et caetera.

éter m FÍS, QUÍM éther.
etéreo, a adj éthéré.
eternidad f éternité.
eternizar tr y pron éterniser.
eterno, na 1 adj éternel. 2 (fig) interminable (larguísimo).
ética 1 f morale (educación). 2 FIL éthique.
ético, ca adj éthique (moral).
etílico, ca 1 adj QUÍM éthylique. ● 2 adj/m y f (fig) éthylique.
etimología f étymologie.
etiqueta 1 f étiquette. 2 griffe (en un traje). 3 INF étiquette. ■ de ~ d'apparat (cena); de soirée (traje); ir o vestir de ~ être en tenue de soirée.
etiquetar 1 tr étiqueter. 2 (fig) (~ a) étiqueter.
étnico, ca adj ethnique.
eucalipto m BOT eucalyptus.
eucaristía f REL eucharistie.
eufemismo m euphémisme.
euforia f euphorie.
eunuco m eunuque.
¡eureka! interj eurêka!
euro m euro (moneda).
Europa f Europe.
europeización f européisation.
europeizar tr européaniser.
europeo, a 1 adj européen. ● 2 m y f Européen.
eutanasia f MED euthanasie.
evacuar 1 tr évacuer. 2 aller à la selle (defecar). 3 exécuter, effectuer (un encargo, etc.). 4 MIL évacuer.
evadir 1 tr fuir (un peligro). 2 éviter (una dificultad). 3 frauder (impuestos). 4 éluder (una pregunta). ● 5 ~se pron s'évader (fugarse).
evaluación 1 f évaluation. 2 EDUC contrôle des connaissances (examen). 3 EDUC trimestre.
evaluar 1 tr évaluer. 2 noter (calificar).
evangelio 1 m Évangile. 2 (fig, fam) évangile.
evangelización f évangélisation.
evangelizar tr évangéliser.
evaporación f évaporation.
evaporar 1 tr y pron évaporer. ● 2 ~se pron (fig, fam) s'évaporer (desaparecer).
evaporizar tr, intr y pron vaporiser.
evasión f évasion. ◆ ~ de capitales évasion de capitaux; ~ fiscal évasion fiscale; ■ de ~ (fig) d'évasion.

evasivo, va 1 *adj* évasif. ● 2 *f* faux-fuyant.

evento *m* événement.

eventual 1 *adj* éventuel. 2 temporaire (trabajador).

eventualidad *f* éventualité.

evidencia *f* évidence. ■ **poner a alguien en ~** tourner qqn en ridicule; **poner algo en ~** mettre qqch en évidence; **ponerse en ~** se mettre en évidence.

evidenciar 1 *tr* mettre en évidence; rendre évident. ● 2 **~se** *pron* être manifeste; s'affirmer.

evidente *adj* évident.

evitar 1 *tr* éviter. 2 empêcher, s'empêcher.

evocar *tr* évoquer.

evolución *f* évolution.

evolucionar *intr* évoluer.

exabrupto *m* sortie intempestive.

ex profeso *loc adv* ex professo.

exacción 1 *f* exaction (abuso). 2 taxe (tasa).

exacerbar *tr y pron* exacerber.

exactitud *f* exactitude, précision.

exacto, ta 1 *adj* exact. ● 2 ¡**exacto!** *interj* exactement!

exageración *f* exagération.

exagerado, da 1 *adj* exagéré. 2 excessif (excesivo).

exagerar *tr e intr* exagérer.

exaltación *f* exaltation.

exaltado, da *adj/m y f* exalté.

exaltar 1 *tr y pron* exalter (enaltecer). 2 (fig) exalter, exciter (excitar).

examen 1 *m* examen: *presentarse a un examen = se présenter à un examen.* 2 épreuve. 3 examen (investigación). ◆ **~ de conciencia** examen de conscience; **~ médico** visite médicale; **libre ~** libre examen.

examinar 1 *tr* examiner (una cosa). 2 faire passer un examen. 3 MED examiner. ● 4 **~se** *pron* passer un examen.

exánime *adj* inanimé (inanimado).

exasperar *tr y pron* exaspérer, énerver.

excarcelar 1 *tr* élargir. ● 2 **~se** *pron* sortir de prison.

excavación 1 *f* excavation. 2 fouille (en arqueología).

excavar 1 *tr* creuser (cavar). 2 faire des fouilles.

excedencia 1 *f* congé (de empleados). 2 disponibilité (de un funcionario). ◆ **~ por maternidad** congé de maternité.

excedente 1 *adj* excédentaire (producto, dinero). 2 en congé (empleado). 3 en

disponibilité (funcionario). ● 4 *m* excédent. ◆ **~ de cupo** exemption du service militaire.

exceder 1 *tr e intr* excéder, dépasser. ● 2 **~se** *pron* dépasser les bornes (propasarse). 3 exagérer.

excelencia 1 *f* excellence. ● 2 **Excelencia** *m o f* Excellence. ■ **por ~** par excellence.

excelente *adj* excellent.

excelso, sa *adj* éminent, insigne (persona).

excentricidad *f* excentricité.

excéntrico, ca *adj/m y f* excentrique.

excepción *f* exception. ■ **a o con ~ de** à l'exception de; **de ~** d'exception.

excepcional *adj* exceptionnel.

excepto *adv* excepté, sauf, hormis: *iremos todos excepto mi hermano = nous irons tous excepté mon frère.*

exceptuar 1 *tr* excepter, faire exception. ● 2 **~se** *pron* être excepté.

excesivo, va *adj* excessif.

exceso 1 *m* excès. 2 excédent. 3 (se usa más en pl) abus (abuso). ◆ **~ de equipaje** excédent de bagages; **~ de peso** excès de poids; **~ de velocidad** excès de vitesse.

excipiente *m* excipient.

excitabilidad *f* excitabilité.

excitante *adj y m* excitant.

excitar 1 *tr y pron* exciter. ● 2 *tr* exciter, éveiller (deseos).

exclamación *f* exclamation.

exclamar *tr e intr* s'exclamer, s'écrier.

exclamativo, va *adj* exclamatif.

exclaustrar *tr y pron* séculariser.

excluir 1 *tr* exclure. ● 2 **~se** *pron* s'exclure, s'annuler (dos opciones).

exclusiva 1 *f* exclusivité (privilegio). 2 exclusive (noticia). ■ **en ~** exclusivement.

exclusive *adv* non compris: *hasta el diez de marzo exclusive = jusqu'au dix mars non compris.*

exclusivo, va *adj* exclusif.

excomulgar *tr* REL excommunier.

excomunión *f* REL excommunication.

excremento *m* (se usa más en pl) excrément.

exculpar 1 *tr y pron* disculper. ● 2 *tr* DER acquitter.

excursión *f* excursion. ■ **ir de ~** faire une excursion.

excursionismo *m* excursionnisme.

excusa f excuse.

excusar 1 tr y pron excuser (disculpar). ● **2** tr éviter (impedir). **3** exempter (eximir). **4** esquiver (esquivar, rehusar).

> La expresión **présenter ses excuses** es mucho más frecuente que *s'excuser*

execrar tr exécrer.

exégesis o **exegesis** f exégèse.

exención f exemption.

exento, ta 1 adj exempt. **2** exempté (del servicio militar). **3** dispensé (de clase). **4** en franchise. ◆ **~ de impuestos** exempt d'impôts.

exequias f pl obsèques, funérailles.

exfoliación f exfoliation.

exfoliar tr y pron exfolier.

exhalación 1 f exhalation (suspiro). **2** exhalaison (emanación).

exhalar 1 tr exhaler (emanar). **2** (fig) pousser (suspiros); proférer (quejas).

exhaustivo, va adj exhaustif.

exhausto, ta adj épuisé.

exhibición 1 f exhibition. **2** exposition (de cuadros). **3** projection (de película).

exhibicionismo m exhibitionnisme.

exhibir 1 tr y pron exhiber. ● **2** tr exposer (cuadros); projeter (películas). **3** présenter (productos).

exhortación f exhortation.

exhortar tr exhorter.

exhumación f exhumation.

exhumar 1 tr exhumer. **2** (fig) exhumer (algo pasado).

exigencia f exigence.

exigente adj/m o f exigeant.

exigir 1 tr exiger. **2** (fig) crier, demander (necesitar).

exiguo, gua adj exigu.

exiliado, da adj/m y f exilé.

exiliar tr y pron exiler.

exilio m exil.

eximir tr y pron (~ de) libérer de.

existencia 1 f existence; vie. ● **2 existencias** f pl stock.

existencial adj existentiel.

existir intr exister; être.

éxito m succès; réussite. ◆ **~ editorial** best-seller; ■ **tener ~** remporter du succès (un espectáculo, etc.); réussir (en la vida); marcher (un negocio, una empresa).

éxodo m exode. ◆ **~ rural** exode rural.

exoneración 1 f exonération. **2** destitution.

exonerar 1 tr exonérer (de una carga fiscal); exempter (de una obligación). **2** licencier, renvoyer (del trabajo).

exorbitante adj exorbitant.

exorcismo m exorcisme.

exorcizar tr exorciser.

exótico, ca adj exotique.

exotismo m exotisme.

expandir tr y pron dilater; répandre (difundir).

expansión 1 f expansion (dilatación). **2** (fig) expansion, épanchement (de un afecto o pensamiento). **3** (fig) distraction. ◆ **~ económica** expansion économique.

expansionarse 1 pron s'ouvrir; s'épancher (desahogarse). **2** s'amuser; se délasser (recrearse).

expansivo, va adj expansif.

expatriar tr y pron expatrier.

expectación f attente, expectative.

expectativa 1 f expectative. **2** perspective (perspectiva). ■ **contra toda ~** contre toute attente; **mantenerse a la ~** rester dans l'expectative.

expectorante adj y m MED expectorant.

expectorar tr expectorer.

expedición 1 f expédition, envoi (envío). **2** expédition (viaje). **3** promptitude, diligence (prontitud).

expedientar tr instruire (un proceso).

expediente 1 m dossier (documentos). **2** enquête (procedimiento administrativo). **3** DER affaire (negocio); dossier, casier judiciaire. ◆ **~ de regulación de empleo** ECON plan pour la restructuration de l'emploi; ■ **cubrir el ~** (fig) sauver les apparences; **instruir un ~** DER instruire une affaire.

expedir 1 tr faire suivre son cours à (una causa, un negocio). **2** expédier (enviar). **3** DER expédier. ● **4 -se** pron Amér. Merid. se débrouiller.

expeditivo, va adj expéditif.

expedito, ta 1 adj dégagé, libre (desembarazado). **2** prompt, à l'aise.

expeler 1 tr expulser (a alguien). **2** rejeter (una cosa). **3** MED expulser (mucosidades).

expendeduría f bureau, débit. ◆ **~ de tabaco** bureau de tabac.

expender 1 *tr* dépenser (gastar). **2** délivrer (un billete). **3** débiter (al por menor). **4** écouler.

expensas *f pl* frais, dépens. ■ **a ~ de** aux dépens de.

experiencia *f* expérience. ■ **por ~** par expérience.

experimentación *f* expérimentation.

experimentado, da *adj* expérimenté; chevronné.

experimental *adj* expérimental.

experimentar 1 *tr* expérimenter (en una ciencia). **2** faire l'expérience de (probar). **3** éprouver, ressentir. **4** subir; souffrir, essuyer (padecer).

experto, ta *adj/m y f* expert.

expiar *tr* expier; purger.

expiración *f* expiration.

expirar 1 *intr* expirer. **2** (fig) expirer (un plazo).

explanada *f* esplanade.

explayar 1 *tr* étendre; élargir. ● **2 ~se** *pron* s'étendre (en un discurso). **3** (fig) se confier. **4** (fig) se détendre; se récréer (divertirse).

explicación *f* explication.

explicar *tr y pron* expliquer.

explícito, ta *adj* explicite.

exploración *f* exploration.

explorar 1 *tr* explorer. **2** MED explorer.

explosión *f* explosion. ◆ **~ demográfica** explosion démographique.

explosionar 1 *tr* faire éclater. ● **2** *intr* exploser; éclater.

explosivo, va *adj y m* explosif.

explotación *f* exploitation. ◆ **~ agrícola** exploitation agricole.

explotar 1 *intr* exploser, éclater (una bomba, etc.). ● **2** *tr* (fig) exploiter, profiter de. **3** MIN exploiter.

expoliación *f* spoliation.

expoliar *tr* spolier (desposeer).

exponente 1 *adj/m o f* exposant. ● **2** *m* représentant. **3** exemple, preuve.

exponer 1 *tr* exposer; expliquer (explicar). **2** FOT exposer. ● **3 ~se** *pron* s'exposer.

exportación *f* exportation.

exportar *tr* exporter.

exposición 1 *f* exposition (de pintura, etc.). **2** exposé (escrito). **3** FOT exposition.

exprés 1 *adj y m* express (café, tren). ● **2** *m Amér.* messageries.

expresar *tr y pron* exprimer.

expresión 1 *f* expression. ● **2 expresiones** *f pl* amitiés; salutations (recuerdos).

expresividad *f* expressivité.

expresivo, va 1 *adj* expressif. **2** affectueux (afectuoso).

expreso, sa 1 *p irreg* → expresar. ● **2** *adj* exprimé. **3** exprès (explícito). ● **4** *adj y m* express (tren). ● **5** *m* exprès (mensajero).

exprimidor *m* presse-fruits.

exprimir 1 *tr* presser (presionar). **2** (fig) pressurer (estrujar). **3** (fig) exploiter (a alguien).

expropiación *f* expropriation.

expropiar *tr* exproprier.

expuesto, ta 1 *p irreg* → exponer. ● **2** *adj* exposé. **3** risqué, dangereux (peligroso).

expulsar *tr* expulser.

expulsión *f* expulsion.

expurgación *f* expurgation.

expurgar *tr* expurger.

exquisitez *f* exquisité; délicatesse.

exquisito, ta *adj* exquis.

extasiarse *pron* s'extasier.

éxtasis *m* extase.

extender 1 *tr y pron* étendre. ● **2** *tr* délivrer (un documento). **3** libeller (un cheque). **4** dresser, rédiger (un acta). **5** dérouler (un mapa, etc.). ● **6 ~se** *pron* se propager.

extensión 1 *f* extension; étendue: *por toda la extensión del bosque = sur toute l'étendue de la forêt.* **2** longueur. **3** TELECOM poste.

extensivo, va *adj* extensif.

extenso, sa 1 *p irreg* → extender. ● **2** *adj* étendu. **3** très grand, vaste. **4** long (largo). ■ **por ~** in extenso.

extenuar *tr y pron* exténuer.

exterior 1 *adj y m* extérieur. ● **2 exteriores** *m pl* CINE extérieurs.

exterioridad *f* extériorité.

exteriorizar *tr* extérioriser.

exterminar *tr* exterminer.

exterminio *m* extermination.

externo, na 1 *adj* externe; superficiel. ● **2** *adj/m y f* externe (alumno, trabajador).

extinción *f* extinction.

extinguir 1 *tr* éteindre. ● **2 ~se** *pron* s'éteindre (fallecer).

extinto, ta 1 *p irreg* → extinguir. ● **2** *adj* éteint. ● **3** *adj/m y f* mort, défunt (muerto).

extintor, ra *adj* y *m* extincteur. ◆ ~ de
espuma extincteur à mousse.
extirpación *f* extirpation.
extirpar *tr* extirper.
extorsión 1 *f* extorsion. 2 usurpation. 3
dommage; gêne (molestia).
extorsionar 1 *tr* extorquer; usurper
(usurpar). 2 porter préjudice.
extra 1 *adj* (fam) extra (extraordinario). 2
(fam) supplémentaire. ● 3 *m* (fam) gratification. 4 extra (gasto extraordinario). ●
5 *m* o *f* CINE figurant.
extracción 1 *f* extraction. 2 (fig) extraction, condition. 3 MIN fonçage.
extracto 1 *m* extrait. 2 QUÍM extrait.
extractor *m* extracteur.
extraer *tr* extraire.
extralimitarse *pron* dépasser les limites.
extramuros *adv* extra-muros.
extranjero, ra *adj/m* y *f* étranger.
extranjis (de) *loc* (fam) en cachette.
extrañar 1 *tr* y *pron* surprendre; étonner
(sorprender). ● 2 *tr* regretter, manquer
(echar de menos). 3 trouver étrange; ne
pas être habitué. ■ no es de ~ cela n'a
rien d'étonnant.
extraño, ña 1 *adj/m* y *f* étranger. ● 2 *adj*
étrange, bizarre (raro). 3 inhabituel (no
común). 4 (~ a) étranger à.
extraoficial *adj* officieux.

extraordinario, ria 1 *adj* extraordinaire.
● 2 *m* courrier exprès. ◆ edición extraordinaria numéro spécial (de un periódico).
extrapolación *f* MAT extrapolation.
extrapolar *tr* extrapoler.
extravagancia *f* extravagance.
extravagante *adj/m* o *f* extravagant.
extraviar 1 *tr* y *pron* égarer. ● 2 ~se *pron*
(fig) sortir du droit chemin.
extravío *m* égarement.
extremado, da *adj* extrême.
extremar 1 *tr* pousser à l'extrême. ● 2
~se *pron* se surpasser.
extremaunción *f* REL extrême-onction.
extremidad 1 *f* extrémité. ● 2 extremidades *f pl* ANAT extrémités (pies y manos).
extremo, ma 1 *adj* extrême. ● 2 *m* extrémité, extrême. 3 DEP ailier. ■ pasar
de un ~ al otro passer d'un extrême à
l'autre.
extrínseco, ca *adj* extrinsèque.
exuberancia *f* exubérance.
exuberante *adj* exubérant.
exudación *f* exsudation.
exudar *tr* e *intr* exsuder.
exultación *f* exultation.
exultar *intr* exulter.
exvoto *m* REL ex-voto.
eyaculación *f* éjaculation.
eyacular *tr* éjaculer.

Ff

f *f* f.
fa *m* MÚS fa.
fabada *f* ragoût asturien.
fábrica 1 *f* usine; manufacture. 2 fabrique
(fabricación). 3 bâtiment (edificio). ◆ ~
de cerveza brasserie; ~ de harinas mi-
noterie.
fabricación *f* fabrication.
fabricante *adj/m* o *f* fabricant.
fabricar 1 *tr* fabriquer. 2 bâtir; construire (un edificio). 3 (fig) inventer.
fábula *f* fable.
fabuloso, sa *adj* fabuleux.
facción 1 *f* faction. ● 2 facciones *f pl*
traits (de la cara).

faceta 1 *f* facette (lado). 2 (fig) aspect (de
un asunto).
facha 1 *adj/m* o *f* (fam, desp) facho (fascista). ● 2 *f* (fam) allure; dégaine.
fachada 1 *f* façade. 2 (fig, fam) façada,
dehors.
facial *adj* facial.
fácil 1 *adj* facile. 2 probable.
facilidad 1 *f* facilité. ● 2 facilidades *f pl*
facilités (medios).
facilitar 1 *tr* faciliter. 2 fournir; procurer
(proporcionar).
facón *m* Arg., Ur. grand couteau, poignard.
facsímil o **facsímile** *m* fac-similé.
factible *adj* faisable.

factor *m* facteur.

factoría 1 *f* factorat (cargo de factor). 2 comptoir, factorerie (establecimiento comercial). 3 usine (fábrica).

factura *f* facture. ■ extender una ~ facturer; pasar ~ (fig, fam) faire payer cher qqch.

facturación 1 *f* facturation. 2 chiffre d'affaires (ventas). 3 enregistrement (en el ferrocarril).

facturar 1 *tr* facturer. 2 enregistrer (en los ferrocarriles).

facultad *f* faculté.

facultar *tr* autoriser, habiliter.

facultativo, va 1 *adj* facultatif. 2 médical (del médico). ● 3 *m* y *f* médecin; chirurgien.

faena 1 *f* tâche. 2 TAUROM *travail du toréador.* 3 *Guat., Méx.* heures supplémentaires (de trabajo). ■ hacer una ~ (fam) jouer un tour pendable.

faenar 1 *tr* tuer et dépecer (las reses); *préparer pour la consommation* (las reses). ● 2 *intr* pêcher (pescar). 3 travailler (trabajar).

fafarachero, ra *adj Amér.* vantard (jactancioso).

fagot 1 *m* MÚS basson (instrumento). ● 2 *m* o *f* MÚS basson (persona).

faisán *m* faisan.

faja 1 *f* ceinture (para la cintura). 2 gaine (de mujer). 3 bande (de terreno, de libro, etc.). 4 écharpe (insignia). 5 ARQ bandeau (moldura).

fajar 1 *tr* mettre une ceinture. 2 emmailloter (un niño). 3 bander (poner una venda). 4 mettre sous bande (un periódico). 5 *Cuba* faire la cour à (cortejar). ● 6 *tr* y *pron Amér.* battre (pegar).

fajín *m* écharpe (de general).

fajo *m* liasse.

falacia *f* tromperie.

falange *f* ANAT phalange. ◆ la Falange Española la Phalange espagnole.

falaz *adj* fallacieux.

falda 1 *f* jupe. 2 basque (parte de una prenda). 3 flanc (de una montaña). 4 genoux (regazo). 5 bord (de un sombrero). ◆ ~ acampanada jupe cloche.

faldeo *m Arg., Chile, Cuba* flancs (de una montaña).

faldón 1 *m* basque (de casaca, de levita); pan, queue (de chaqueta, de camisa). 2 ARQ pente (de un tejado).

falencia 1 *f* erreur. 2 *Arg., Chile, Col., Hond., Nic., Par., Perú* faillite (de un comerciante).

falla 1 *f* défaut. 2 GEOL faille. ● 3 Fallas *f pl Fêtes de la Saint-Joseph, à Valence.*

fallar 1 *tr* manquer (un golpe). 2 couper (en los naipes). 3 DER prononcer (una sentencia). ● 4 *intr* échouer, rater. 5 manquer (a una persona). 6 ne pas venir. 7 céder (una rama, un muro, los frenos). 8 rater (la puntería). 9 perdre (la memoria).

fallecer *intr* mourir; décéder.

fallero, ra 1 *adj* qui concerne les "fallas" de Valence. ● 2 *m* y *f* personne qui prend part aux "fallas" de Valence.

fallido, da 1 *adj* échoué, raté. 2 déçu; frustré. 3 COM irrécouvrable.

fallo, lla 1 *m* erreur (error); faille. 2 sentence (de un juez); décision (de un árbitro).

falo *m* phallus.

falsear 1 *tr* fausser (manipular, contrahacer). ● 2 *intr* perdre sa résistance. 3 MÚS dissoner (la cuerda de un instrumento).

falsedad 1 *f* fausseté (carácter de falso, hipocresía). 2 fausseté, mensonge (mentira).

falsete *m* MÚS fausset.

falsificación 1 *f* falsification. 2 contrefaçon (objeto). 3 DER faux.

falsificador, ra *adj/m* y *f* falsificateur.

falsificar *tr* falsifier; contrefaire.

falso, sa 1 *adj* faux. 2 hypocrite (hipócrita). 3 vicieux (caballo). 4 *Chile* lâche (cobarde). ● 5 *m* faux. 6 renfort (de un vestido). ■ dar un paso en ~ faire un faux pas; en ~ à faux.

falta 1 *f* manque (carencia). 2 faute (error). 3 défaut (defecto). 4 DEP faute. ■ a ~ de faute de; echar en ~ regretter; hacer ~ falloir: *nos hace falta azúcar = il nous faut du sucre*; avoir besoin; por ~ de par manque de; sin ~ sans faute.

faltar 1 *intr* manquer. 2 rester. 3 (~ *a*) manquer à (incumplir). 4 (~ *a*) manquer de respect à (una persona). ■ ¡lo que faltaba! c'est le bouquet!; ¡no faltaba más! il ne manquait plus que cela!

falto, ta *adj* dépourvu; privé de.

fama *f* réputation, renommée. ■ de ~ renommé, célèbre; tener ~ de avoir la réputation de.

famélico, ca *adj* famélique.

familia *f* famille. ◆ ~ numerosa famille nombreuse.

familiar 1 adj familial; de famille. **2** familier (conocido, informal). • **3** m parent.

familiaridad f familiarité.

familiarizar tr y pron familiariser.

famoso, sa 1 adj célèbre; renommé. • **2** m y f personne célèbre.

fan m o f fan.

fanático, ca adj/m y f fanatique.

fanatismo m fanatisme.

fandango 1 m fandango (baile español). **2** (fig, fam) tapage (bullicio).

fanfarria 1 f fanfare (conjunto musical). **2** (fam) jactance, fanfaronnade.

fanfarrón, na adj/m y f fanfaron.

fanfarronear intr fanfaronner.

fango m boue; fange.

fangoso, sa adj boueux; fangeux.

fantasear 1 tr imaginer. • **2** intr rêver, rêvasser.

fantasía 1 f fantaisie. **2** fiction (ficción). **3** MÚS fantaisie.

fantasma 1 adj fantôme. • **2** m fantôme. **3** fantasme (alucinación). **4** (fig) frimeur (vacilón).

fantástico, ca adj fantastique.

fantoche 1 m fantoche (títere). **2** bêcheur (presumido).

faquir m fakir.

faraón m pharaon.

fardar 1 intr (fam) poser, faire bien. **2** (fam) frimer (presumir).

fardo m ballot.

farfulla 1 f (fam) bafouillage. • **2** adj/m o f bafouilleur (persona).

farfullar 1 tr bafouiller (hablar). **2** (fig, fam) bâcler (hacer con atropello).

faringe f ANAT pharynx.

faringitis f MED pharyngite.

fariña f Arg., Bol., Col., Perú, Ur. farine de manioc.

farmacéutico, ca 1 adj pharmaceutique. • **2** m y f pharmacien.

farmacia f pharmacie. ◆ ~ **de guardia** pharmacie de garde.

fármaco m médicament.

farmacología f pharmacologie.

faro m phare.

farol 1 m lanterne; falot. **2** réverbère (farola). **3** fanal (de locomotora, de barco). **4** (fig, fam) bluff, esbroufe (fanfarronada). **5** (fig) bluff (en los naipes). **6** TAUROM passe de cape. ■ **echarse un ~** bluffer, esbroufer.

farola 1 f réverbère. **2** fanal (de los puertos).

farolazo 1 m coup de lanterne. **2** Amér. Centr., Méx. coup de liqueur.

farolero, ra 1 adj/m y f (fig, fam) fanfaron, esbroufeur. • **2** m y f allumeur de réverbères.

farra f (fam) bombance, bringue (juerga).

farrear intr Amér. Merid. faire la fête.

farsa 1 f farce (pieza cómica). **2** (fig) tromperie; comédie, plaisanterie.

farsante, ta adj/m y f (fig, fam) comédien.

fascículo m fascicule.

fascinación f fascination.

fascinar tr (fig) fasciner.

fascismo m fascisme.

fascista adj/m o f fasciste.

fase f phase. **2** ASTR phase.

fastidiar 1 tr (fig) ennuyer (enfadar, molestar). **2** (fig, fam) embêter, assommer. • **3** ~se pron (fam) prendre sur soi. ■ **¡fastídiate!** (fam) tant pis pour toi!

fastidio 1 m (fig) ennui. **2** dégoût (asco); nausée (náusea).

fastidioso, sa 1 adj fastidieux. **2** fâcheux, ennuyeux.

fastuoso, sa adj fastueux, somptueux.

fatal 1 adj fatal. **2** très mauvais (malo). • **3** adv très mal.

fatalidad f fatalité.

fatalismo m fatalisme.

fatalista adj/m o f fataliste.

fatídico, ca adj fatidique.

fatiga 1 f fatigue. **2** essoufflement (en la respiración). **3** (fig) (se usa más en pl) ennui; chagrin.

fatigar tr y pron fatiguer.

fatuo, tua adj/m y f fat, présomptueux.

fauces f pl gosier, arrière-bouche. **2** gueule (de un animal).

fauna f faune.

favela f Amér. baraque, hutte (chabola).

favor 1 m faveur; aide. **2** faveur, service. ■ **a ~ de** en faveur de; **en ~ de** en faveur de; **por ~** s'il vous plaît, s'il te plaît.

favorable adj favorable.

favorecer 1 tr favoriser; jouer en la faveur de. **2** aller bien; avantager.

favoritismo m favoritisme.

favorito, ta 1 adj/m y f favori. • **2** m y f favori; préféré.

fax m fax.

faz 1 f face (cara). **2** face (superficie). **3** face (de las monedas).

fe 1 *f* foi. **2** foi, confiance. **3** acte, extrait (documento). ◆ ~ **de erratas** errata; ■ **dar** ~ rendre compte, faire foi de; **de buena** ~ de bonne foi; **de mala** ~ de mauvaise foi.

fealdad *f* laideur.

febrero *m* février.

febril 1 *adj* fébrile, fiévreux. **2** fébrile (intenso).

fecal *adj* fécal.

fecha 1 *f* date. **2** jour. **3** moment actuel. ◆ ~ **de caducidad** date limite de consommation; ■ **hasta la** ~ jusqu'à présent.

fechar *tr* dater.

fechoría 1 *f* forfait, mauvais tour. **2** espièglerie (travesura).

fecundación *f* fécondation. ◆ ~ **artificial** fécondation artificielle; ~ **in vitro** fécondation in vitro.

fecundar *tr* féconder.

fecundidad *f* fécondité.

fecundizar *tr* féconder.

fecundo, da 1 *adj* fécond (la mujer); fertile (la tierra). **2** (fig) fécond.

federación *f* fédération.

federal *adj/m* o *f* fédéral.

federar *tr* y *pron* fédérer.

fehaciente *adj* DER qui fait foi, digne de foi.

felicidad 1 *f* bonheur; félicité (dicha). ● **2** ¡**felicidades!** *interj* félicitations (por un suceso feliz); meilleurs vœux.

felicitación 1 *f* félicitation. ● **2 felicitaciones** *f pl* souhaits, vœux; carte de vœux (escrito).

felicitar 1 *tr* y *pron* féliciter. ● **2** *tr* souhaiter: *felicitar el cumpleaños a alguien = souhaiter un joyeux anniversaire à qqn.*

feligrés, sa 1 *m* y *f* paroissien. **2** (fam) client, habitué.

felino, na *adj* y *m* félin.

feliz 1 *adj* heureux. **2** heureux (oportuno).

felpa 1 *f* peluche: *perro de felpa = chien en peluche.* **2** tissu-éponge (para toallas, manoplas, etc.). **3** (fig, fam) raclée (zurra).

felpudo 1 *adj* pelucheux. ● **2** *m* paillasson (esterilla).

femenino, na 1 *adj* féminin. **2** GRAM féminin.

feminidad *f* féminité.

feminismo *m* féminisme.

feminista *adj/m* o *f* féministe.

fémur *m* ANAT fémur.

fenomenal *adj* phénoménal.

fenómeno 1 *m* phénomène. **2** (fig, fam) phénomène. ● **3** *adj* (fig, fam) formidable.

feo, a 1 *adj* laid; vilain. **2** (fig) vilain: *una conducta fea = une vilaine conduite.* ● **3** *m* (fam) affront (desaire); grossièreté (grosería).

féretro *m* cercueil; bière.

feria 1 *f* foire. **2** fête foraine (festejo).

fermentar *intr* y *tr* fermenter, faire fermenter.

fermento *m* BIOL ferment.

ferocidad *f* férocité.

feroz 1 *adj* féroce; farouche. **2** (fig) féroce, brutal.

férreo, a 1 *adj* de fer, ferré. **2** ferré.

ferretería 1 *f* ferronnerie (taller). **2** *Amér.* quincaillerie.

ferretero, ra 1 *adj/m* y *f* quincailler (quincallero). **2** ferronier (fabricante).

ferrocarril *m* chemin de fer. ◆ ~ **funicular** funiculaire.

ferrocarrilero, ra *adj* *Amér.* (fam) cheminot.

ferroviario, ria 1 *adj* ferroviaire. ● **2** *m* cheminot (empleado).

fértil 1 *adj* fertile. **2** (fig) fertile: *una imaginación fértil = une imagination fertile.*

fertilidad *f* fertilité.

fertilizante 1 *adj* fertilisant. ● **2** *m* AGR engrais (abono).

fertilizar *tr* fertiliser.

ferviente *adj* (fig) fervent.

fervor 1 *m* chaleur. **2** (fig) ferveur.

fervoroso, sa *adj* fervent.

festejar 1 *tr* fêter. **2** faire fête à (obsequiar).

festejo 1 *m* fête. **2** cour (galanteo). ● **3 festejos** *m pl* fêtes, festivités.

festín *m* festin.

festinar *tr* *Amér.* hâter; presser.

festival *m* festival.

festividad *f* fête, festivité.

festivo, va 1 *adj* de fête. **2** enjoué, spirituel (agudo). **3** joyeux (alegre).

feta *f* *Arg.* tranche de charcuterie.

fetiche *m* fétiche.

fétido, da *adj* fétide.

feto 1 *m* fœtus. **2** avorton (aborto).

feudal *adj* féodal.

feudalismo 1 *m* féodalisme (sistema). **2** époque féodale.

fiable 1 *adj* fiable, de confiance. **2** fiable (material).

fiador, ra 1 *m* y *f* répondant; garant. ● **2** *m* agrafe (de una capa). **3** cran d'arrêt (de un arma). **4** verrou de sûreté (cerrojo).

fiambre 1 *adj* qui se mange froid. ● **2** *m* plat froid; charcuterie. **3** (fig, fam) macchabée (cadáver). ◆ **fiambres variados** assiette anglaise.

fiambrera 1 *f* gamelle. **2** *Arg., Ur.* garde-manger (fresquera).

fiambrería *f Arg., Ur.* charcuterie.

fianza 1 *f* caution (obligación); garantie. **2** caution, cautionnement (prenda).

fiar 1 *tr* se porter caution (salir garante de otro). ● **2** *tr* y *pron* avoir confiance, se fier. ● **3** *intr* avoir confiance.

fiasco *m* fiasco.

fibra 1 *f* fibre. **2** (fig) nerf (vigor). ◆ ~ **de vidrio** fibre de verre; ~ **muscular** ANAT fibre musculaire; ~ **nerviosa** ANAT fibre nerveuse; ~ **óptica** TEC fibre optique.

fíbula *f* fibule.

ficción *f* fiction.

ficha 1 *f* fiche. **2** jeton (de juegos, de teléfono). **3** DEP fiche.

fichaje 1 *m* inscription. **2** (fig, fam) recrue (persona contratada).

fichar 1 *tr* mettre sur fiche (anotar). **2** (fig, fam) classer (juzgar). **3** DEP engager. ● **4** *intr* pointer (las horas). **5** DEP signer un contrat.

fichero 1 *m* fichier. **2** INF fichier.

ficticio, cia 1 *adj* fictif. **2** d'emprunt.

fidedigno, na *adj* digne de foi.

fidelidad 1 *f* fidélité. ■ **alta ~** haute fidélité.

fideo 1 *m* (se usa más en *pl*) vermicelle. **2** (fig, fam) échalas.

fiebre 1 *f* fièvre. **2** (fig) fièvre (agitación). ◆ ~ **amarilla** fièvre jaune.

fiel 1 *adj* fidèle. **2** fidèle (exacto). ● **3** *adj/m* o *f* fidèle (creyente).

No hay que confundir esta palabra con la palabra francesa **fiel**, que debe traducirse por 'hiel'.

fieltro *m* feutre.

fiera 1 *f* fauve; bête féroce. **2** (fig) brute. ■ **estar** o **ponerse hecho una ~** (fig, fam) être en rage.

fiero, ra 1 *adj* féroce. **2** cruel. **3** (fig) affreux, horrible.

fierro 1 *m Amér.* fer. **2** *Amér.* marque au fer (para el ganado).

fiesta 1 *f* fête. **2** (fam) plaisanterie. ● **3 fiestas** *f pl* fêtes (vacaciones de Pascua y otras). ◆ ~ **de guardar** o **de precepto** fête d'obligation; ■ **aguar** o **aguarse la** ~ (fig, fam) troubler la fête; **hacer** ~ (fig, fam) manquer au travail ou à l'école.

figura 1 *f* figure. **2** silhouette; allure. **3** figure (rostro). **4** figurine (de cristal, de porcelana, etc.). **5** figure (naipe). **6** (fig) vedette. **7** (fig) figure, personnage. **8** GEOM figure. ◆ ~ **decorativa** (fig, fam) poste accessoire.

figuración *f* figuration.

figurado, da *adj* figuré. ■ **en sentido ~** au sens figuré.

figurar 1 *tr* figurer. **2** feindre, simuler (aparentar). ● **3** *intr* figurer. ● **4** ~**se** *pron* se figurer, s'imaginer.

fijación *f* fixation.

fijador, ra 1 *adj* y *m* fixateur. ● **2** *m* FOT fixateur.

fijar 1 *tr* fixer (sujetar). **2** fixer (determinar). **3** afficher, coller (carteles). ● **4** *tr* y *pron* fixer (estabilizar). ● **5** ~**se** *pron* se fixer (determinarse). **6** remarquer, observer; faire attention. **7** prendre garde, faire attention (tener cuidado).

fijo, ja *adj* fixe. ■ **de ~** sûrement, sans doute.

fila 1 *f* file. **2** rang. ● **3 filas** *f pl* rang, ligne. ◆ ~ **india** file indienne, queue leu leu; ■ **en** ~ en ligne, en rang; **romper filas** MIL rompre les rangs.

filamento *m* filament, fil.

filantropía *f* philanthropie.

filatelia *f* philatélie.

filatélico, ca 1 *adj* de philatélie. ● **2** *m* y *f* philatéliste.

filete 1 *m* filet (moldura). **2** filet (de carne o pescado).

filiación 1 *f* filiation. **2** signalement (datos personales). **3** affiliation (a un partido).

filial 1 *adj* filial (del hijo). ● **2** *adj* y *f* filiale.

filigrana *f* filigrane.

film o **filme** *m* film.

filmar *tr* filmer.

filmoteca *f* cinémathèque.

filo *m* fil; tranchant. ■ **al ~ de** sur le coup de, peu avant de; **dar ~** aiguiser, affiler; **ser algo un arma de doble ~** (fig) être qqch une arme à double tranchant.

filología f philologie.
filón 1 m filon (mineral). **2** filon (negocio).
filosofar intr philosopher.
filosofía f philosophie. ■ **tomar algo con ~** (fig) prendre qqch avec philosophie.
filósofo, fa m y f philosophe.
filtración f filtration, filtrage.
filtrar 1 tr, intr y pron filtrer. ● **2** tr (fig) avoir une fuite (información).
filtro 1 m filtre. **2** ÓPT filtre.
filudo, da adj Amér. aiguisé, affilé.
fin 1 m fin (término). **2** but (objetivo). ◆ **~ de fiesta** fin de la séance, clôture; **~ de semana** week-end; ■ **a ~ de** afin de; **a ~ de que** afin que; **al ~** à la fin, enfin; **al ~ del mundo** au bout du monde; **dar o poner ~** mettre fin, finir; **en o por ~** enfin; **sin ~** sans fin.
final 1 adj final. ● **2** m fin, bout, terme (término): *el final de la historia = la fin de l'histoire.* ● **3** f finale (competición). ◆ **~ de trayecto** terminus.
finalidad 1 f (fig) but (objetivo). **2** FIL, REL finalité.
finalista adj/m o f finaliste.
finalizar tr e intr finir; achever.
financiación f financement.
financiar tr financer.
financiero, ra adj/m y f financier.
financista m o f Amér. financier.
finanzas f pl finances.
finca 1 f propriété. **2** ferme, terrain.
finés, sa 1 adj finnois. ● **2** m y f Finnois. ● **3** m finnois (lengua).
fingido, da adj feint, trompeur.
fingir 1 tr e intr feindre. ● **2** tr feindre de (aparentar). ● **3** tr e intr jouer, simuler. ● **4 ~se** pron feindre d'être. **5** faire, se faire passer pour.
finiquitar tr solder, liquider.
finiquito 1 m solde (saldo). **2** DER quitus.
finito, ta adj fini.
finlandés, sa 1 adj finlandais. ● **2** m y f Finlandais. ● **3** m finlandais (lengua).
Finlandia f Finlande.
fino, na 1 adj fin. **2** poli, distingué (cortés). **3** fin (sagaz). ● **4** adj y m fin (vino de jerez).
finura f finesse, délicatesse.
firma 1 f signature. **2** firme (empresa). ◆ **~ en blanco** blanc-seing.
firmamento m firmament.
firmante adj/m o f signataire.

firmar tr signer.
firme 1 adj ferme. **2** (fig) ferme, constant. ● **3** m terrain ferme, empierrement (terreno). **4** chaussée (de la carretera). ● **5** adv fermement. ■ **¡firmes!** MIL garde-à-vous!
firmeza 1 f fermeté; solidité. **2** (fig) fermeté.
firulete m Amér. Merid. babiole; bricole.
fiscal 1 adj fiscal. ● **2** m o f procureur, accusateur. ■ **política ~** ECON politique fiscale.
fiscalía 1 f magistrature. **2** ministère public.
fisco m fisc.
fisgar tr épier, fouiner.
fisgón, na adj/m y f fouineur; fouinard.
física f physique.
físico, ca 1 adj physique. ● **2** m physique (aspecto).
fisiología f physiologie.
fisonomía f physionomie.
fisonomista adj/m o f physionomiste.
fístula f MED fistule.
fisura f fissure.
flaccidez f flaccidité.
fláccido, da 1 adj faible (débil). **2** flasque, mou.
flacidez f → flaccidez.
flácido adj → fláccido.
flaco, ca 1 adj maigre. **2** (fig) faible (flojo). ● **3** m point faible. ■ **punto ~** point faible.
flagelar 1 tr y pron flageller. ● **2** tr (fig) blâmer, vitupérer.
flagrante adj flagrant.
flamante 1 adj flamboyant, brillant (resplandeciente). **2** flambant (nuevo).
flamear 1 intr flamber (llamear). **2** ondoyer, battre (una bandera).
flamenco, ca 1 adj flamand. ● **2** m y f Flamand. ● **3** m flamand (lengua). **4** flamand (ave). **5** MÚS flamenco.
flan m crème caramel. ■ **estar como un ~ o hecho un ~** (fig, fam) avoir les nerfs à vif.
flanco m flanc.
flanquear tr flanquer.
flaquear intr faiblir (debilitarse).
flaqueza 1 f maigreur. **2** (fig) faiblesse (debilidad).
flash-back m CINE, LIT flash-back.
flato m flatuosité; point de côté.
flatulencia f flatulence.

flauta 1 *f* flûte. • 2 *m* o *f* flûte, flûtiste (flautista). ◆ ~ **dulce** flûte à bec; ~ **travesera** flûte traversière.

flautista *m* o *f* flûtiste, flûte.

flecha *f* flèche.

flechazo 1 *m* coup de flèche. 2 (fig, fam) coup de foudre (enamoramiento).

fleco *m* frange (tela y pelo).

flema 1 *f* flegme (mucosidad). 2 (fig) flegme (lentitud).

flemático, ca *adj* flegmatique.

flemón *m* phlegmon, flegmon.

flequillo *m* frange.

fleta *f* *Chile, Cuba* volée (zurra).

fletar 1 *tr* fréter (alquilar). 2 *Arg., Chile, Ur.* chasser (de un empleo). • 3 *tr* y *pron* embarquer.

flete 1 *m* fret (alquiler). 2 charge (carga). 3 *Arg.* véhicule de transport.

flexible 1 *adj* flexible. 2 (fig) souple, flexible.

flexión 1 *f* flexion, fléchissement. 2 GRAM flexion.

flexo *m* lampe d'architecte.

flipar 1 *tr* (fam) botter, brancher (entusiasmar). • 2 *intr* (fam) flipper, halluciner (alucinar).

flirtear *intr* flirter.

flojedad o flojera 1 *f* faiblesse, débilité. 2 (fig) mollesse, paresse (pereza).

flojo, ja 1 *adj* lâche. • 2 *adj/m* y *f* mou, flasque; faible (débil). 3 (fig) mou, négligent (perezoso); nonchalant.

flor 1 *f* fleur. 2 (se usa más en *pl*) compliment. 3 (fig) fleur. ◆ ~ **de lis** fleur de lys (heráldica); **la** ~ **y nata** la fine fleur, le dessus du panier; ■ **a** ~ **de piel** à fleur de peau.

flora *f* flore.

florecer 1 *tr* e *intr* fleurir. • 2 *intr* (fig) fleurir, être florissant. • 3 ~se *pron* moisir.

floreciente 1 *adj* fleurissant. 2 (fig) florissant.

florero 1 *m* vase. • 2 *adj/m* o *f* (fig, fam) inutile (una persona).

florete *m* fleuret (arma de esgrima).

florido, da 1 *adj* fleuri. 2 (fig) fleuri, précieux (lenguaje, estilo).

florín *m* florin (moneda).

florista *m* o *f* fleuriste.

floristería *f* magasin de fleurs.

flota 1 *f* flotte. 2 *Col.* (fig) fanfaronnade.

flotador, ra 1 *adj* flottant. • 2 *m* flotteur. 3 bouée (para nadar).

flotar 1 *intr* flotter. 2 (fig) flotter, errer.

flote *m* flottage. ■ **a** ~ à flot; **salir a** ~ (fig) se tirer d'affaire, s'en sortir.

fluctuación 1 *f* fluctuation. 2 (fig) flottement, hésitation (irresolución).

fluctuar 1 *intr* fluctuer, flotter. 2 (fig) hésiter, fluctuer (vacilar).

fluidez *f* fluidité.

fluido, da 1 *adj* y *m* fluide. • 2 *adj* (fig) fluide, coulant.

fluir 1 *intr* filer (un líquido). 2 s'écouler; couler.

flujo 1 *m* flux. 2 flux, flot (marea). 3 INF débit. 4 MED fleurs o pertes.

flúor *m* QUÍM fluor.

fluorescente *adj* y *m* fluorescent.

fluvial *adj* fluvial.

fobia *f* phobie.

foca *f* phoque.

foco 1 *m* foyer (punto de convergencia). 2 projecteur (lámpara). 3 (fig) centre. 4 *Amér.* ampoule, lampe.

fofo, fa *adj* flasque, mou.

fogaje 1 *m* fouage (tributo). 2 *Amér.* canicule (bochorno). 3 *Arg., Méx.* éruption (de la piel).

fogata *f* flambée, feu.

fogón 1 *m* fourneau. 2 *Amér.* feu, flambée (fogata).

fogoso, sa *adj* fougueux.

foie-gras 1 *m* foie gras (en Francia). 2 pâté.

foja *f* *Amér.* feuille, folio.

folclórico, ca *adj* → folklórico, ca.

fólder *m* *Amér.* chemise, dossier.

folículo *m* BOT, ZOOL follicule.

folio 1 *m* feuillet (de libro o cuaderno). 2 folio (tamaño). ■ **de a** ~ (fig, fam) énorme, gigantesque; **en** ~ in-folio.

folklor (*también* folclor o folclore) *m* folklore.

folklórico, ca 1 *adj* folklorique. • 2 *m* y *f* artiste de flamenco.

follaje 1 *m* feuillage. 2 (fig) falbala (adorno). 3 ARQ rinceau.

folletín *m* feuilleton.

folleto *m* brochure, notice; dépliant.

follón 1 *m* (fam) chahut (alboroto); potin. 2 (fam) micmac, pagaille (desorden, lío); histoire (complicación).

fomentar 1 *tr* encourager, favoriser. 2 fomenter, susciter.

fomento 1 *m* aide, encouragement; promotion. 2 développement (desarrollo).

fonda 1 *f* pension; auberge. 2 *Chile, Perú* gargote (tasca).

fondeado, da *adj Amér.* riche.

fondear 1 *tr* sonder (el fondo del agua). 2 (fig) examiner. ● 3 *intr* MAR mouiller. ● 4 ~se *pron Amér.* s'enrichir.

fondero, ra *m y f Amér.* restaurateur; aubergiste (fondista).

fondo 1 *m* fond. 2 profondeur (profundidad). 3 (fig) fond (lo esencial, lo principal). 4 ECON, COM fonds. 5 DEP endurance. ◆ **bajos fondos** bas-fonds; **~ de pensiones** ECON, COM caisse de retraite; ■ **a ~** à fond; **dar ~** MAR mouiller; **en el ~** au fond; **irse a ~** MAR couler, sombrer; **tocar ~** (fig) toucher le fond.

fonema *m* phonème.

fonética *f* phonétique.

fónico, ca *adj* phonique.

fono *m Amér., Bol., Chile* écouteur téléphonique.

fonología *f* phonologie.

fontanería *f* plomberie.

fontanero, ra *m y f* plombier.

forado *m Amér. Merid.* trou.

forajido, da *adj/m y f* hors-la-loi.

foráneo, a *adj* forain.

forastero, ra *adj/m y f* étranger.

forcejear 1 *intr* se démener, lutter (luchar). 2 se débattre (debatir).

forcejeo *m* lutte.

forense 1 *adj* relatif au tribunal; légiste. ● 2 *m o f* médecin légiste.

forja 1 *f* forge (fragua). 2 forgeage (forjadura).

forjar 1 *tr* forger. ● 2 ~se *pron* (fig) se faire, se forger.

forma 1 *f* forme. 2 moyen; façon (manera). ● 3 **formas** *f pl* formes (silueta, modales). ■ **dar ~** façonner; donner une forme; **de ~ que** de sorte que; **en ~** en forme.

formación *f* formation. ◆ **~ profesional** enseignement technique (en España); formation professionnelle.

formal 1 *adj* formel. 2 sérieux (serio); bien élevé (educado). 3 précis, déterminé (determinado).

formalidad *f* formalité.

formalizar 1 *tr* régulariser (una situación); officialiser; légaliser. 2 concrétiser (precisar). ● 3 ~se *pron* se formaliser (una persona).

formar 1 *tr* former. 2 composer, constituer (componer). 3 (fig) façonner, former

(educar). 4 MIL rassembler. ● 5 ~se *pron* se former (una persona). 6 se faire (una idea, una ilusión).

formatear *tr* INF formater.

formativo, va *adj* formateur, formatif.

formato *m* format.

fórmica *f* formica.

formidable *adj* formidable.

fórmula *f* formule. ◆ **~ de cortesía** formule de politesse.

formular 1 *tr* formuler. 2 former, formuler: *formular un deseo = formuler un souhait.* ● 3 *intr* QUÍM rédiger des formules.

formulario *adj y m* formulaire.

formulismo *m* formalisme.

fornicar *intr y tr* forniquer.

fornido, da *adj* robuste; costaud.

foro 1 *m* forum. 2 DER barreau.

forraje *m* fourrage.

forrar 1 *tr* couvrir (libro, mueble); doubler (de vestido). ● 2 ~se *pron* (fam) se remplir les poches (enriquecerse). 3 *Amér.* se gaver (atiborrarse).

forro 1 *m* housse (de un mueble); doublure (de vestido). 2 *Chile* attitude. 3 *Cuba* ruse, piège. ■ **ni por el ~** (fig, fam) pas le moins du monde; **pasarse algo por el ~** (fig, vulg) s'en foutre.

fortalecer *tr y pron* fortifier.

fortaleza 1 *f* force (fuerza, virtud). 2 forteresse (recinto).

fortificación *f* fortification.

fortificar *tr y pron* fortifier.

fortuito, ta *adj* fortuit.

fortuna 1 *f* fortune. 2 chance (suerte). 3 sort (destino). ■ **por ~** heureusement; **probar ~** tenter fortune; **tener la ~ de** avoir la bonne *o* l'heureuse fortune de.

forúnculo *m* MED furoncle.

forzado, da 1 *adj* forcé; obligé. ● 2 *m* forçat (galeote).

forzar 1 *tr* forcer. 2 abuser de, violer (violar). ● 3 *tr y pron* (fig) obliger, forcer.

forzoso, sa *adj* forcé, inévitable.

fosa *f* fosse. ◆ **~ común** fosse commune; **~ séptica** fosse septique.

fosforescente *adj* phosphorescent.

fósforo 1 *m* allumette (cerilla). 2 QUÍM phosphore.

fósil 1 *adj y m* fossile. ● 2 *adj* (fig, fam) vieux fossile.

foso 1 *m* fosse. 2 fossé (de una fortaleza).

foto (*apócope de* **fotografía**) *f* photo.

fotocomposición f photocomposition (artes gráficas).

fotocopia f photocopie.

fotocopiadora f photocopier, photocopieuse.

fotocopiar tr photocopier.

fotogénico, ca adj photogénique.

fotografía f photographie.

fotografiar tr, intr y pron photographier.

fotográfico, ca adj photographique.

fotógrafo, fa m y f photographe.

fotomatón m photomaton.

fotosíntesis f photosynthèse.

foxterrier m fox-terrier.

frac m frac, habit.

fracasado, da m y f raté.

fracasar intr rater; échouer.

fracaso 1 m échec. 2 (fig) four (fiasco).

fracción f fraction. ◆ ~ decimal MAT fraction décimale.

fraccionar tr y pron fractionner.

fraccionario, ria adj MAT fractionnaire.

fractura f fracture.

fracturar tr y pron fracturer.

fragancia f fragance; parfum, senteur.

fragata f frégate.

frágil 1 adj fragile. 2 (fig) fragile, faible.

fragilidad f fragilité.

fragmentar tr y pron fragmenter.

fragmento m fragment.

fragua f forge.

fraguar 1 tr forger. 2 (fig) forger, fabriquer. ● 3 intr prendre (la cal, el yeso, el cemento).

fraile m frère, religieux.

frambuesa f framboise.

frambueso m framboisier.

francés, sa 1 adj français. ● 2 m y f Français. ● 3 m français (lengua). ■ a la francesa à la française; despedirse o irse a la francesa (fam) filer à l'anglaise.

Francia f France.

franco, ca 1 adj/m y f franc, sincère (sincero). 2 ouvert, généreux (generoso). 3 exempt (exento). ● 4 m franc (moneda). ◆ ~ de servicio Arg., Chile, Ur. libre de service.

francófono, na adj/m y f francophone.

francotirador, ra m y f franc-tireur.

franela f flanelle.

frangollón, na adj Amér. bâcleur.

franja f frange.

franquear 1 tr affranchir, exempter (liberar). 2 affranchir (el correo). 3 dégager, ouvrir (abrir camino). 4 franchir. ● 5 ~se pron s'ouvrir, parler à cœur ouvert.

franqueo m affranchissement.

franqueza f franchise.

franquicia f franchise.

frasco m flacon.

frase f phrase. ◆ ~ hecha phrase toute faite; ~ proverbial locution proverbiale; ■ gastar frases (fam) faire des phrases.

fraseología f phraséologie.

fraternal adj fraternel.

fraternidad f fraternité.

fraternizar intr fraterniser.

fraude m fraude.

fraudulento, ta adj frauduleux.

fray (apócope de fraile) m frère.

frazada f couverture de lit.

freático, ca adj phréatique.

frecuencia 1 f fréquence. 2 FÍS fréquence.

frecuentar tr fréquenter.

frecuente adj fréquent.

free-lance adj free-lance.

fregadero m évier.

fregado, da 1 pp → fregar. ● 2 adj Col. obstiné, têtu. 3 Méx. canaille, voyou. ● 4 m récurage (de la vajilla); lavage. 5 (fam) grabuge (pelea). 6 (fig, fam) histoire, affaire embrouillée.

fregar 1 tr frotter. 2 récurer, écurer (las vasijas, etc.). ● 3 tr y pron Amér. (fig, fam) embêter, ennuyer (fastidiar).

fregona 1 f balai-serpillière (utensilio). 2 laveuse de vaisselle (mujer). 3 (fig, fam) souillon.

freidora f friteuse.

freiduría f friterie.

freír 1 tr y pron faire frire, frire. ● 2 tr (fig, fam) enquiquiner, bombarder.

fréjol m haricot.

frenado 1 m freinage. 2 Amér. coup de frein.

frenar 1 tr freiner. ● 2 ~se pron se modérer, se calmer.

frenazo m coup de frein.

frenesí m frénésie.

frenético, ca 1 adj frénétique. 2 fou, furieux (furioso).

frenillo 1 m ANAT frein. 2 Amér. Centr. espèce de bretelles de chaque côté du cerf-volant.

freno 1 m frein. 2 mors (de caballerías). 3 Amér. faim (hambre). ● 4 frenos m pl freinage (sistema).

frente 1 f front. ● **2** m devant (parte delantera); tête. **3** face (de un objeto). ■ al ~ devant; con la ~ alta o levantada front levé; de ~ de face; de front (con resolución); en ~ en face, devant; ~ a en face de; par rapport à; ~ a ~ face à face; ponerse al ~ de se mettre à la tête de (una colectividad, etc.).

fresa 1 f fraisier (planta). **2** fraise (fruto). **3** TEC fraise (herramienta).

fresca 1 f frais (aire fresco). **2** marie-couche-toi-là; drôlesse (mujer).

fresco, ca 1 adj y m frais. ● **2** adj (fig) frais, reposé. ● **3** adj/m y f sans-gêne (desvergonzado). ● **4** m fraîcheur (frescura). **5** ART fresque (pintura). **6** Amér. rafraîchissement.

frescura 1 f fraîcheur. **2** (fig) sans-gêne, culot.

fresno m frêne.

fresón m fraise.

fresquería f Amér. débit de boissons fraîches.

frialdad 1 f froideur. **2** (fig) froideur, indifférence.

fricandó m GAST fricandeau.

fricción 1 f friction. ● **2 fricciones** f pl (fig) frictions (desavenencias).

friccionar tr frictionner.

friega 1 f friction. **2** Chile volée, fouettée (zurra). **3** Col., C. Rica ennui, corvée (fastidio).

frigidez f frigidité.

frígido, da 1 adj (lit) très froid. ● **2** adj/m y f MED frigide.

frigorífico, ca 1 adj frigorifique. ● **2** m réfrigérateur; frigo.

frijol o **fríjol** m haricot.

frío, a adj y m froid. ■ dejar ~ (fig) ahurir (sorprender); ne faire aucune impression (dejar indiferente); en ~ à froid; un ~ que pela (fam) un froid de canard.

friolero, ra adj frileux.

friso m ARQ frise.

fritanga 1 f friture. **2** Amér. friture de viande.

fritar tr Arg., Col. faire frire.

frito, ta 1 p irreg → freír. ● **2** adj frit. **3** (fig, fam) frit, grillé (exhausto); exaspéré (harto). ● **4** m friture. ■ quedarse ~ (fig, fam) s'endormir profondément; tener o traer a uno ~ (fig, fam) enquiquiner, casser les pieds.

frivolidad f frivolité.

frívolo, la adj frivole.

frondoso, sa adj touffu.

frontal 1 adj y m frontal. **2** ANAT frontal (hueso). ● **3** m parement d'autel. **4** Amér. frontail (frontalera).

frontera 1 f frontière (de un estado). **2** (fig) frontière, limite.

fronterizo, za adj frontalier.

frontón 1 m fronton. **2** MAR fronteau.

frotar tr y pron frotter, frictionner.

fructífero, ra adj fructifère; fructueux.

fructificar intr fructifier.

frugal adj frugal.

fruición f délectation, délice.

fruncir tr froncer (para tela y para ceño).

fruslería f bagatelle, vétille.

frustración f frustration.

frustrar 1 tr frustrer. ● **2** tr y pron décevoir (decepcionar). **3** échouer (hacer fracasar).

fruta f fruit. ◆ ~ del tiempo fruits de saison; ~ prohibida (fig) fruit défendu; ~ seca fruits secs.

frutal adj y m fruitier.

frutería f fruiterie.

frutero, ra 1 adj/m y f fruitier. ● **2** m coupe à fruits.

frutilla f Amér. Merid. fraise.

fruto m fruit. ◆ ~ seco (se usa más en pl) fruit sec; ■ dar ~ (fig) porter ses fruits; sacar ~ de (fig) tirer profit de.

fucsia 1 adj y m fuchsia (color). ● **2** f BOT fuchsia (arbusto).

fuego 1 m feu. ● **2 ¡fuego!** interj au feu! (en un incendio). ◆ ~ fatuo feu follet; fuegos artificiales feux d'artifice; ■ a ~ lento à petit feu; ¡alto el ~! cessez-le-feu!; echar ~ por los ojos (fig) jeter feu et flamme; echar leña al ~ (fig) jeter de l'huile sur le feu; jugar con ~ (fig) jouer avec le feu; pegar ~ mettre le feu (incendiar).

fuel 1 m fuel-oil; mazout. **2** fuel, fuel-oil (para motores).

fuelle 1 m soufflet (instrumento). **2** (fig) souffle (capacidad respiratoria).

fuente 1 f fontaine. **2** source (manantial). **3** plat (plato grande). **4** (fig) source (origen).

fuera 1 adv dehors. ● **2 ¡fuera!** interj dehors! ■ desde ~ du dehors; estar ~ de sí (fig) être hors de soi; ~ de en dehors de; mis à part, hormis (aparte de); en plus de (además de); **hacia ~** en dehors; **por ~** du dehors (en apariencia); à l'extérieur (exteriormente).

fuero 1 *m* juridiction. **2** privilège (privilegio). ■ **en su ~ interno** (fig) dans son for intérieur.

fuerte 1 *adj* fort. **2** solide; résistant (un material, una pared, etc.). **3** dur (duro). **4** intense (frío, calor, etc.). ◆ **5** *m* fort.

fuerza 1 *f* force. **2** FÍS force. ● **3 fuerzas** *f pl* MIL forces. ◆ **~ centrífuga, centrípeta** FÍS force centrifuge, centripète; **~ mayor** DER force majeure; **fuerzas aéreas, armadas** MIL forces aériennes, armées; ■ **a ~ de** à force de; **a la ~ de** force (contra la voluntad); forcément (por necesidad).

fuetazo *m Amér.* coup de fouet.

fuete *m Amér.* fouet (látigo).

fuga 1 *f* fuite (huida). **2** fuite (de gas, agua, etc.). **3** MÚS fugue. ■ **darse a la ~** prendre la fuite.

fugarse *pron* s'enfuir.

fugaz *adj* fugace.

fugitivo, va *adj/m y f* fugitif.

ful *m* (fam) faux (falso).

fulano, na 1 *m y f* Untel, Unetelle (*f*): *Fulano de tal = Monsieur Untel*. ● **2** *f* grue, cocotte (prostituta).

fulgor *m* éclat; lueur.

fullero, ra *adj/m y f* tricheur.

fulminante 1 *adj* foudroyant. **2** (fig) fulminant. ● **3** *m* détonateur.

fulminar *tr* foudroyer. ■ **~ a alguien con la mirada** (fig) foudroyer qqn du regard.

fumador, ra *adj/m y f* fumeur. ◆ **no ~** non fumeur.

fumar 1 *tr, intr y pron* fumer. ● **2 ~se** *pron* (fig, fam) manger.

fumigación *f* fumigation.

fumigador, ra 1 *adj/m y f* qui fumige. ● **2** *m* fumigateur (aparato).

fumigar *tr* fumiger.

funámbulo, la *m y f* funambule.

función 1 *f* fonction. **2** représentation (de teatro). ◆ **~ de noche** soirée (en el teatro); **~ de tarde** matinée (en el teatro); ■ **en ~ o en funciones** en fonction; **en ~ de** en fonction de.

funcional *adj* fonctionnel.

funcionar 1 *intr* marcher; fonctionner (un aparato, una máquina). **2** marcher

(un plan, una actividad). ■ **no funciona** en panne (un ascensor, etc.).

funcionario, ria *m y f* fonctionnaire.

funda 1 *f* étui (de gafas, fusil, instrumento...). **2** taie (de almohada). **3** housse (de mueble, máquina, etc.). **4** pochette (de disco).

fundación *f* fondation.

fundador, ra *adj/m y f* fondateur.

fundamental *adj* fondamental.

fundamentalismo *m* fondamentalisme.

fundamentar 1 *tr* jeter les fondements de (un edificio). ● **2** *tr y pron* (fig) (~ *en*) fonder sur: *fundamentar una teoría en los estudios realizados = fonder une théorie sur les études réalisées.*

fundamento 1 *m* fondement (de un edificio). **2** (fig) fondement. ● **3 fundamentos** *m pl* fondements (de una ciencia, arte o técnica). ■ **carecer de ~** (fig) ne pas tenir debout; **tener fundamentos para** (fig) avoir de bonnes raisons pour.

fundar 1 *tr* fonder (edificar). **2** (fig) fonder. ● **3 ~se** *pron* s'appuyer; reposer (estribar). **4** (fig) s'appuyer.

fundición 1 *f* fonte. **2** fonderie (taller o fábrica). **3** fonte (hierro colado).

fundir 1 *tr e intr* fondre. ● **2 ~se** *pron* fondre. **3** griller (una bombilla). **4** (fig) fusionner (intereses, ideas, etc.). **5** *Amér.* (fig, fam) faire faillite (arruinarse).

fúnebre 1 *adj* funèbre. **2** (fig) sombre.

funeral 1 *adj* funéraire. ● **2** *m* funérailles (entierro). **3** obsèques; messe d'anniversaire (en el aniversario de la muerte).

funeraria 1 *f* entreprise de pompes funèbres. **2** pompes funèbres (tienda).

funerario, ria 1 *adj* funéraire. ● **2** *m* employé des pompes funèbres.

funesto, ta *adj* funeste.

fungible *adj* fongible.

fungicida *adj y m* fongicide.

funicular *adj y m* funiculaire.

furcia *f* (desp) grue; garce (prostituta).

furgón *m* fourgon. ◆ **~ de cola** fourgon de queue.

furgoneta *f* fourgonnette.

furia *f* furie. ■ **estar hecho una ~** être fou de rage; **ponerse hecho una ~** entrer en furie.

furioso, sa 1 *adj* furieux. **2** (fig) violent (violento).

furor m fureur. ■ **con ~** (fig) à la foie; **hacer ~** (fig) faire fureur.

furtivo, va adj furtif.

furúnculo m MED furoncle.

fuselaje m fuselage.

fusible 1 adj fusible. ● **2** m ELECTR fusible.

fusil m fusil. ◆ **~ automático** fusil à lunette.

fusilar 1 tr fusiller. **2** (fig, fam) plagier (plagiar).

fusión f fusion. **2** fonte (de la nieve). **3** (fig) fusionnement (de sociedades, ideas, etc.). ◆ **~ nuclear** FÍS fusion nucléaire.

fusionar tr y pron fusionner.

fustal o **fustán 1** m futaine (tela). **2** Amér. Merid. jupon (enagua).

fuste 1 m bâton (vara). **2** arçon (de la silla del caballo). **3** hampe (de lanza). **4** (fig) fond (fundamento). **5** ARQ fût (de la columna).

fustigar tr fustiger.

fútbol m football.

futbolista m o f footballeur.

fútil adj futile.

futurista adj/m o f futuriste.

futuro, ra 1 adj y m futur. **2** GRAM futur. ◆ **~ imperfecto** GRAM futur simple; **~ perfecto** GRAM futur antérieur.

Gg

g f g.

gabán m pardessus (abrigo).

gabardina f gabardine.

gabarra f péniche.

gabela 1 f gabelle (impuesto). **2** Amér. avantage.

gabinete 1 m cabinet (de ministros, de lectura, etc.). **2** étude (de abogados). ◆ **~ de consulta** cabinet de consultation.

gacela f gazelle.

gaceta 1 f gazette. **2** (fig, fam) gazette (correveidile).

gacha 1 f bouillie (masa blanda). **2** Col., Venez. écuelle (cuenco). ● **3 gachas** f pl bouillie (alimento).

gacho, cha adj courbé (encorvado); penché (inclinado). ■ **a gachas** à quatre pattes.

gafar tr (fam) porter la poisse à.

gafas f pl lunettes.

gafe ■ **ser ~** (fam) porter la poisse.

gag m gag.

gago, ga adj bègue.

gaita 1 f cornemuse (gallega); biniou (bretona). **2** (fig, fam) cou (pescuezo). **3** (fig, fam) corvée (cosa engorrosa). ■ **templar gaitas** (fig, fam) arrondir les angles.

gaitero, ra m y f cornemuseur.

gaje m (se usa más en pl) gages (salario). ■ **gajes del oficio** (fam) aléas du métier.

gajo 1 m branche d'arbre. **2** grappe (racimo). **3** quartier (de naranja).

gala 1 f gala (fiesta). **2** habit de fête (vestido). ● **3 galas** f pl atours (atuendo). ■ **con sus mejores galas** dans ses plus beaux atours; **de ~** de gala; **hacer ~ de algo** (fig) faire étalage de qqch; **vestir de ~** mettre sa tenue de gala.

galán 1 m bel homme (apuesto). **2** chevalier servant (enamorado). **3** CINE, TEAT jeune premier.

galante adj galant.

galantear tr courtiser, faire la cour.

galanteo m cour.

galantería f galanterie.

galápago m ZOOL tortue marine.

galardón m récompense.

galardonar tr récompenser.

galaxia f galaxie.

galeón m MAR galion (barco).

galera 1 f galère (embarcación). **2** galée (en imprenta). **3** Amér. Centr., Méx. hangar (cobertizo). ● **4 galeras** f pl galères (condena).

galería 1 f galerie. **2** tringle (para cortinas). **3** TEAT galerie, poulailler. ◆ **~ comercial** (se usa más en pl) galerie marchande.

galerista m o f galeriste.

galés, sa 1 adj gallois. ● **2** m y f Gallois. ● **3** m gallois (lengua).

galgo, ga *m* y *f* lévrier, levrette (*f*).

galguear *intr Amér.* chercher de quoi manger.

galimatías *m* (fam) galimatias.

gallardía 1 *f* prestance (buena presencia). 2 bravoure (valor).

gallardo, da 1 *adj* de belle allure. 2 brave (valiente).

gallego, ga 1 *adj* galicien. ● 2 *m* y *f* Galicien. ● 3 *m* galicien (lengua). ● 4 *m* y *f* Amér. (desp) Espingouin.

galleta 1 *f* gâteau sec; petit-beurre (rectangular). 2 (fig, fam) tarte (bofetada).

gallina 1 *f* poule. ● 2 *m* y *f* (fig, fam) poule mouillée (cobarde). ◆ ~ ciega colin-maillard (juego); ~ clueca poule pondeuse; ~ de río foulque; acostarse con las gallinas (fig) se coucher comme les poules; matar la ~ de los huevos de oro (fig) tuer la poule aux œufs d'or.

gallinero 1 *m* poulailler. 2 (fig) volière. 3 TEAT poulailler.

gallo 1 *m* coq. 2 limande (pez). 3 (fig) despote. 4 (fig, fam) couac (nota falsa). ◆ ~ de pelea coq de combat; ~ de roca coq de roche; ~ silvestre coq de bruyère; ■ en menos que canta un ~ (fig, fam) en un clin d'œil.

galón 1 *m* gallon (medida). 2 MIL galon.

galopar *intr* galoper.

galpón *m Amér. Merid.* hangar (cobertizo).

galuchar *intr Amér.* galoper.

galvanizar *tr* galvaniser.

gama 1 *f* gamme (gradación, serie). 2 MÚS gamme. 3 ZOOL daine (hembra del gamo).

gamba *f* crevette rose. ■ meter la ~ (fig, fam) faire une gaffe.

gamberrada *f* (fam) acte de vandalisme.

gamberro, rra 1 *adj* grossier, incivil. ● 2 *m* y *f* garnement; voyou.

gambeto *m* capote (abrigo).

gamma *f* gamma.

gamo *m* ZOOL daim.

gamonal 1 *m* région peuplée de daims. 2 Amér. cacique.

gamuza 1 *f* peau de chamois (paño). 2 ZOOL chamois.

gana 1 *f* envie (deseo). ● 2 ganas *f pl* appétit (apetito). ■ darle a uno ganas de avoir envie de; de buena ~ de bon gré; de mala ~ à contrecœur; no darle a uno

la ~ (fam) ne pas en avoir envie; hacer uno lo que le da la ~ (fam) faire ce qui lui chante; quedarse con las ganas rester sur sa faim; tenerle ganas a uno (fig, fam) avoir une dent contre qqn.

ganadería 1 *f* troupeau (conjunto de reses). 2 élevage (cría de ganado). 3 bétail (ganado).

ganadero, ra *m* y *f* éleveur de bétail.

ganado 1 *m* bétail. 2 (fig, fam) gens (gente). ◆ ~ mayor gros bétail; ~ menor petit bétail; ~ ovino ovins; ~ vacuno bovins.

ganador, ra *adj/m* y *f* gagnant.

ganancia 1 *f* gain. 2 (se usa más en *pl*) profit (beneficio). 3 *Guat., Méx.* gratification (propina).

gananciaI *adj* bénéficiaire.

ganar 1 *tr* y *pron* gagner. ● 2 *tr* conquérir (una plaza, una ciudad). 3 (fig) surpasser (superar). ● 4 *tr* e *intr* gagner (vencer). ● 5 *intr* gagner (mejorar). ● 6 ~se *pron* gagner, mériter. ■ ~se a alguien (fig) gagner la faveur de qqn; salir ganando (fig) trouver son compte.

ganchillo *m* crochet (aguja y labor).

gancho 1 *m* crochet (para colgar). 2 (fig) crochet (puñetazo). 3 (fig, fam) racoleur (que atrae clientes). 4 Amér. épingle à cheveux (horquilla).

gandido, da *adj Amér.* glouton; goinfre.

gandul, la *adj/m* y *f* (fam) fainéant.

gandulear *intr* fainéanter; paresser.

ganga 1 *f* (fig, fam) occasion; bonne affaire. 2 MIN gangue.

ganglio *m* ANAT ganglion.

gangoso, sa *adj/m* y *f* nasillard.

gangrena *f* MED gangrène.

gangrenarse *pron* se gangrener.

gángster o gánster *m* o *f* gangster.

ganso, sa 1 *m* y *f* jars, oie (*f*). ● 2 *adj/m* y *f* (fig) oie, bête. ■ hacer el ~ (fig, fam) faire l'imbécile.

ganzúa *f* crochet; rossignol (de una puerta).

garabatear *intr* y *tr* griffonner.

garabato 1 *m* crochet (gancho). 2 croc (garfio). 3 griffonnage (mala escritura). 4 *Chile* gros mot, insulte. 5 *Amér.* AGR fourche.

garaje *m* garage.

garandumba *f Amér. Merid. sorte de péniche.*

garantía *f* garantie. ■ con ~ sous garantie; dejar como ~ laisser en garantie;

garantizar *tr* garantir.

garbanzo *m* pois chiche. ◆ ~ negro (fig) brebis galeuse.

garbeo *m* (fam) tour, balade (paseo). ■ darse un ~ faire un tour.

garbo *m* allure, élégance. 2 grâce (gracia).

garboso, sa *adj* élégant, qui a de l'allure.

gardenia *f* BOT gardénia.

garfio *m* croc; crochet.

gargajear *intr* (fam) cracher.

gargajo *m* crachat.

garganta *f* gorge. 2 (fig) gorge (desfiladero).

gargantilla *f* collier.

gárgara 1 *f* (se usa más en pl) gargarisme. 2 gárgaras *Amér.* gargarisme. ■ mandar a uno a hacer gárgaras (fig, fam) envoyer promener qqn.

gárgola *f* gargouille.

garita *f* guérite.

garito 1 *m* tripot (casa de juego). 2 (fam, desp) boui-boui (local).

garosina *f Col.* gloutonnerie.

garoso, sa *adj Col., Venez.* affamé (hambriento); glouton (comilón).

garra 1 *f* griffe. 2 serre (de aves de rapiña). 3 *Amér.* cuir durci. ● 4 garras *f pl Amér.* haillons (harapos). ■ caer en las garras de uno (fig, fam) tomber entre les griffes de qqn.

garrafa 1 *f* carafe. 2 *Arg.* bouteille (bombona).

garrafal *adj* (fig, fam) monumental.

garrancha *f Col.* crochet.

garrapata *f* ZOOL tique.

garrear *intr Arg.* vivre aux crochets de qqn.

garrota 1 *f* gourdin (garrote). 2 houlette (cayado).

garrotazo *m* coup de bâton.

garrote 1 *m* gourdin, bâton. 2 garrot (ligadura). 3 garrot (ejecución). 4 *Méx.* frein (del coche).

garrotear *tr Amér.* bâtonner (apalear).

garrotero, ra 1 *adj Chile, Cuba* avare. ● 2 *m Méx.* serre-freins (guardafrenos).

garrudo, da *adj Méx.* fort, vigoureux.

garúa *f Amér.* bruine.

garuar *impers Amér.* bruiner.

garza *f* ZOOL héron.

gas 1 *m* gaz. 2 *Amér. Centr.* pétrole. ● 3 gases *m pl* MED gaz. ◆ ~ ciudad gaz de ville; ~ natural gaz naturel; ■ a todo ~ (fig, fam) à plein gaz.

gasa *f* gaze.

gaseoso, sa *adj* gazeux.

gasfitero *m Perú* gazier.

gasoducto *m* gazoduc.

gasoil o oil *m* gasoil.

gasóleo *m* → gasoil.

gasolina *f* essence. ◆ ~-plomo supercarburant, super; ■ poner ~ prendre de l'essence.

gasolinera 1 *f* poste d'essence (surtidor). 2 station-service.

gastado, da 1 *adj* usé. 2 dépensé (dinero). 3 (fig) usé.

gastador, ra *adj/m y f* dépensier.

gastar 1 *tr* e *intr* dépenser (dinero). ● 2 *tr* y *pron* user (desgastar). ● 3 *tr* consommer. 4 porter (llevar). 5 avoir. 6 (fig) dépenser (el tiempo, las fuerzas, etc.). 7 gastarlas (fig, fam) agir, se conduire.

gasto 1 *m* dépense. 2 FÍS débit (de agua, gas, etc.). ● 3 gastos *m pl* frais. ◆ gastos de mantenimiento frais d'entretien; ■ cubrir gastos couvrir les frais.

gastritis *f* MED gastrite.

gastroenteritis *f* MED gastro-entérite.

gastronomía *f* gastronomie.

gastrónomo, ma *m y f* gastronome.

gata 1 *f* chatte. 2 *Chile* MEC manivelle. 3 *Méx.* servante.

gatas (a) 1 *loc adv* à quatre pattes. 2 *Amér.* à peine.

gatear 1 *intr* grimper (trepar). 2 (fam) marcher à quatre pattes. 3 *Amér.* faire la cour.

gatillo 1 *m* détente, gâchette (disparador). 2 davier (de dentista). 3 (fig, fam) filou.

gato 1 *m* chat. 2 (fig, fam) filou (ladrón). 3 *Méx.* pourboire (propina). 4 *Méx.* domestique (sirviente). 5 AUT cric. ■ dar ~ por liebre (fig, fam) rouler; haber ~ encerrado (fig, fam) il y a anguille sous roche; llevarse el ~ al agua (fig, fam) emporter le morceau.

gauchada 1 *f Amér.* action propre aux gauchos. 2 *Amér.* (fig) service.

gauchear 1 *intr Arg.* agir comme un gaucho. 2 *Arg.* errer, flâner.

gaucho, cha 1 *adj* de gaucho. ● 2 *m y f* gaucho.

gaveta *f* tiroir.

gavilán 1 *m* ZOOL épervier. 2 *Amér.* ongle incarné.

gaviota *f* ZOOL mouette.

gay *adj y m* gay.

gazapo 172

gazmonería 1 *f* pruderie. 2 tartuferie (devoción).
gaznatada *f* coup sur la gorge.
gaznate *m* gosier.
gaznatear *intr* Col. gifler.
gazpacho *m* sorte de soupe froide.
ge *f* g.
géiser *m* geyser.
gel *m* gel.
gelatina *f* QUÍM gélatine.
gélido, da 1 *adj* glacé; gelé. 2 (fig) froid (distante).
gema *f* gemme.
gemelo, la 1 *adj/m* y *f* jumeau. ● 2 *adj* y *m* ANAT (se usa más en *pl*) mollet. ● 3 gemelos *m pl* boutons de manchette (de camisa). 4 jumelles (prismáticos).
gemido *m* gémissement.
geminar 1 *tr* géminer. ● 2 ~se *pron* être géminé.
Géminis 1 *adj/m* o *f* gémeaux (persona). ● 2 *m* ASTR Gémeaux.
gemir *intr* gémir.
gen *m* BIOL gène.
genealogía *f* généalogie.
genealógico, ca *adj* généalogique.
generación *f* génération. ◆ ~ espontánea génération spontanée.
generador, ra 1 *adj* générateur. ● 2 *m* TEC générateur.
general 1 *adj* général. ● 2 *m* MIL général. ◆ ~ en jefe MIL général en chef; ■ en o por lo ~ en général.
generalidad *f* généralité.
generalizar *tr* y *pron* généraliser.
generar 1 *tr* produire. 2 générer (engendrar).
genérico, ca *adj* générique.
género 1 *m* genre. 2 sorte (clase). 3 article, marchandise (mercancía). 4 tissu (tejido). ◆ ~ femenino GRAM genre féminin; ~ lírico art lyrique; ~ masculino GRAM genre masculin.
generosidad *f* générosité.
generoso, sa *adj* généreux.
génesis 1 *m* Genèse (de la Biblia). ● 2 *f* genèse (origen).
genética *f* génétique.
genético, ca *adj* génétique.
genial 1 *adj* génial. 2 (fig, fam) génial, super.

genialidad 1 *f* génie. 2 coup de génie.
genio 1 *m* caractère. 2 humeur (humor). 3 génie (genio). ■ estar de mal ~ être de mauvaise humeur.
genital 1 *adj* génital. ● 2 genitales *m pl* ANAT organes génitaux.
genocidio *m* génocide.
genoma *m* BIOL génome.
genotipo *m* BIOL génotype.
gente 1 *f* gens. 2 monde: *aquí hay demasiada gente* = il y a trop de monde ici. 3 *Amér.* personne convenable. ◆ ~ de bien les gens bien.
gentil *adj* gentil; aimable.
gentileza 1 *f* gentillesse; élégance. 2 politesse (educación).
gentío *m* monde; foule.
gentuza *f* (desp) racaille.
genuflexión *f* génuflexion.
genuino, na *adj* authentique, vrai.
GEO (*siglas de* Grupo Especial de Operaciones) *m* brigade d'intervention spéciale de la police nationale espagnole.
geografía *f* géographie. ◆ ~ física géographie physique; ~ política géographie politique.
geográfico, ca *adj* géographique.
geología *f* géologie.
geológico, ca *adj* géologique.
geólogo, ga *m* y *f* géologue.
geometría *f* géométrie. ◆ ~ analítica géométrie analytique; ~ descriptiva géométrie descriptive.
geométrico, ca *adj* géométrique.
geopolítica *f* géopolitique.
Georgia *f* Géorgie.
geranio *m* BOT géranium.
gerencia *f* gérance.
gerente *m* o *f* gérant.
geriatra *m* o *f* gériatre.
geriatría *f* MED gériatrie.
germánico, ca 1 *adj* germanique. ● 2 *m* germanique (lengua).
germen 1 *m* germe. 2 (fig) germe.
germinar *intr* germer.
gerundio *m* GRAM gérondif.
gesta *f* haut fait, geste.
gestación *f* gestation.
gestar 1 *tr* concevoir. ● 2 ~se *pron* (fig) se préparer, couver.
gesticulación *f* gesticulation.
gesticular *intr* gesticuler; grimacer.
gestión *f* démarche; gestion.

gestionar 1 *tr* faire des démarches. **2** négocier, traiter.

gesto 1 *m* grimace (expresión). **2** geste, acte (hecho).

gestor, ra 1 *adj* y *m* gestionnaire. ● **2** *m* y *f* gérant.

gestoría 1 *f* agence. **2** cabinet d'affaires.

ghetto *m* ghetto.

giba *f* bosse.

gibar 1 *tr* rendre bossu. **2** (fig, fam) ennuyer, empoisonner.

gigante 1 *adj* y *m* géant. ● **2** *m* (fig) géant.

gigantesco, ca *adj* gigantesque.

gimnasia *f* gymnastique. ◆ **~ deportiva** gymnastique sportive; **~ rítmica** gymnastique rythmique.

gimnasio *m* gymnase.

gimnasta *m* o *f* gymnaste.

gimotear *intr* pleurnicher.

gin *f* → ginebra.

gin-tonic o **gintonic** *m* gin tonic.

ginebra *f* gin, genièvre.

ginecología *f* MED gynécologie.

ginecólogo, ga *m* y *f* gynécologue.

gingivitis *f* MED gingivite.

gira 1 *f* excursion. **2** tournée.

girar 1 *tr* e *intr* tourner: *girar a la izquierda = tourner à gauche*. ● **2** *tr* virer (dinero). ● **3** *intr* COM tirer (una letra). **4** AUT braquer. ■ **~ alrededor de** (fig) tourner autour.

girasol *m* tournesol.

giratorio, ria 1 *adj* giratoire. **2** tournant (que gira).

giro 1 *m* tour: *un giro a la derecha = un tour à droite*. **2** tournure (de lengua). ◆ **~ postal** virement postal; **~ telegráfico** mandat télégraphique.

gis *m* Col. craie.

gitano, na *adj/m* y *f* gitan.

glaciación *f* glaciation.

glacial *adj* glacial.

glaciar 1 *adj* glaciaire. ● **2** *m* GEOG glacier.

gladiador *m* gladiateur.

gladiolo o **gladíolo** *m* BOT glaïeul.

glándula *f* ANAT glande. ◆ **~ lacrimal** glande lacrymale; **~ prostática** prostate; **~ sebácea** glande sébacée.

glaucoma *m* MED glaucome.

glicerina *f* QUÍM glycérine.

global *adj* global.

globo 1 *m* globe. **2** ballon (juguete). **3** AER ballon; montgolfière. ◆ **~ dirigible**

ballon dirigeable; **~ sonda** ballon-sonde; **~ terráqueo** o **terrestre** globe terrestre.

glóbulo *m* globule. ◆ **~ blanco** BIOQ globule blanc; **~ rojo** BIOQ globule rouge.

gloria 1 *f* gloire (esplendor, grandeza). **2** plaisir, joie (placer). **3** REL ciel, paradis. ● **4** *m* gloria (rezo). ■ **estar en la ~** être aux anges; **saber a ~** (fig, fam) être délicieux.

glorieta 1 *f* gloriette. **2** rond-point (de calles). **3** tonnelle (de una casa).

glorificar *tr* y *pron* glorifier.

glosa *f* glose.

glosar 1 *tr* gloser. **2** Col. reprimander.

glosario *m* glossaire.

glotón, na *adj/m* y *f* glouton.

glucemia *f* MED glycémie.

glucosa *f* QUÍM glucose.

glúteo, a *adj* y *m* ANAT fessier.

gnosticismo *m* FIL gnosticisme.

gobernador, ra 1 *adj* gouvernant. ● **2** *m* y *f* gouverneur.

gobernanta *f* gouvernante.

gobernante *adj/m* o *f* gouvernant.

gobernar 1 *tr* e *intr* gouverner. ● **2** *tr* y *pron* conduire, diriger (guiar). ● **3** *intr* MAR gouverner.

gobierno 1 *m* gouvernement. **2** gouverne (conducta). ◆ **~ absoluto** gouvernement absolu; **~ civil** préfecture; **~ parlamentario** gouvernement parlementaire.

goce 1 *m* jouissance. **2** plaisir (placer).

gofio 1 *m* Amér. farine de maïs grillé. **2** Cuba, P. Rico sorte de pain d'épice.

gol *m* DEP but. ■ **colar** o **meter un ~** (fig, fam) être trompé.

> En francés existe la palabra **goal,** que se empleaba para designar al portero de fútbol, pero ya no se utiliza (ahora se llama **gardien de but**).

goleada *f* DEP (fam) carton.

golf *m* golf.

golfear *intr* (fam) glandouiller.

golfería 1 *f* (fam) bande de voyous. **2** friponnerie (gamberrada).

golfo, fa 1 *adj/m* y *f* (fam) voyou. ● **2** *m* GEOG golfe.

golondrina 1 *f* ZOOL hirondelle. **2** NÁUT vedette; mouche.

golosina f friandise.

goloso, sa 1 adj/m y f gourmand. ● 2 adj appétissant (apetitoso).

golpe 1 m coup. 2 heurt (encontronazo). 3 accrochage (entre coches). 4 battement (del corazón). 5 (fig) coup dur, choc (disgusto). 6 (fig) admiration, étonnement. ◆ ~ de Estado coup d'État; ~ de fortuna coup de chance; ~ de vista coup d'œil; ■ a golpes à force de frapper; par à-coups (con intermitencias); dar el ~ épater, étonner; de ~ y porrazo (fig, fam) tout à coup.

golpear tr e intr frapper.

golpiza f Amér. raclée.

goma 1 f gomme. 2 caoutchouc (caucho). 3 élastique (tira). 4 (fam) capote (condón). 5 MED gomme. 6 Amér. Centr. gueule de bois.

gomina f gomina.

gónada f gonade.

góndola f gondole.

gordiflón, na o gordinflón, na adj (fam) grassouillet.

gordo, da 1 adj gros. 2 gras (graso). 3 (fig, fam) important, gros. 4 (fig, fam) énorme. ■ caerle ~ a alguien (fam) ne pas pouvoir sentir qqn.

gordura 1 f graisse. 2 Arg., P. Rico crème.

gorgorito m (fam) (se usa más en pl) roulades.

gorila 1 m gorille. 2 (fam) videur (en discoteca).

gorjear 1 intr gazouiller (pájaros). 2 faire des roulades (personas). ● 3 ~se pron Amér. se moquer.

gorjeo 1 m gazouillement (de pájaros). 2 gazouillis (de pájaros y niños). 3 roulade (de personas).

gorobeto, ta adj Col. bossu.

gorra 1 f casquette. ● 2 m (fig, fam) pique-assiette. ■ de ~ (fam) à l'œil.

gorrear 1 intr (fam) vivre en parasite. 2 Ecuad. être oisif. 3 Chile faire qqn cocu.

gorrino, na 1 m y f goret, cochonnet. 2 (fig) cochon, goret.

gorrión m moineau. 2 Amér. Centr. colibri.

gorro m bonnet. ◆ ~ catalán bonnet catalan; ■ estar hasta el ~ en avoir ras la casquette.

gorrón, na 1 adj de parasite. ● 2 m y f parasite, pique-assiette.

gorronear intr (fam) vivre en parasite.

gota f goutte. ◆ cuatro ~ trois gouttes; ■ ~ a ~ goutte-à-goutte; sudar la ~ gorda suer à grosses gouttes.

gotear 1 intr goutter; dégoutter. 2 couler (un grifo). 3 pleuvioter, bruiner (lluvia).

goteo m dégouttement.

gotera 1 f gouttière. 2 fuite d'eau (escape). ● 3 goteras m pl Amér. environs (de una población).

gotero m Amér. compte-gouttes.

gótico, ca adj y m gothique.

gozar 1 intr jouir. 2 se réjouir. ● 3 ~se pron se plaire, se complaire.

gozne m gond.

gozo 1 m joie; plaisir. 2 (fig) flambée (llamarada). ■ mi ~ en un pozo (fam) c'est bien ma veine; no caber en sí de ~ (fam) ne pas se sentir de joie.

grabación f enregistrement.

grabado m gravure.

grabador, ra 1 adj d'enregistrement. ● 2 m y f graveur. ● 3 f magnétophone.

grabar 1 intr graver (labrar). ● 2 tr y pron enregistrer. 3 (fig) graver, enregistrer (una impresión).

gracia 1 f grâce. 2 talent. 3 charme (encanto). 4 drôlerie (chiste). ● 5 gracias f pl merci: gracias por tu ayuda = merci pour ton aide; remerciements. ■ caer en ~ plaire; dar las gracias remercier; hacer ~ être sympathique; hacerle a uno poca ~ ne pas plaire beaucoup; tener ~ être amusant.

grácil adj gracile.

gracioso, sa 1 adj drôle, amusant; comique. 2 gracieux, charmant (atractivo). ● 3 m TEAT gracioso, bouffon. ■ hacerse el ~ (fam) faire le pitre.

grada 1 f degré, marche. 2 tribune; gradin (de anfiteatro). 3 Amér. portique (atrio).

gradación f gradation.

graderío, a 1 m y f degrés; tribune. 2 gradins (de un estadio). ● 3 m public.

grado 1 m degré. 2 gré; grâce (voluntad). 3 MIL, EDUC grade. ◆ ~ centesimal GEOM degré centésimal; ~ sexagesimal GEOM degré sexagésimal; ■ de buen ~ de bon gré; de segundo ~ MAT du second degré; en mayor o menor ~ sur une plus ou moins grande échelle; en sumo ~ au dernier degré.

graduado, da 1 *adj* gradué. ● **2** *adj/m* y *f* diplômé (universitario).

gradual *adj* graduel.

graduar 1 *tr* graduer. **2** échelonner (escalonar). **3** titrer (el vino). **4** MIL nommer, conférer un grade. ● **5** ~se *pron* être reçu; obtenir son diplôme. **6** MIL être élevé au grade de.

grafía *f* graphie.

gráfico, ca 1 *adj* graphique. **2** (fig) imagé. ● **3** *m* graphique (dibujo). ● **4** *f* graphique (técnica).

grafismo *m* graphisme.

grafito 1 *m* graffiti. **2** MIN graphite.

grafología *f* graphologie.

gragea *f* dragée.

grajo 1 *m* ZOOL crave. **2** *Amér.* odeur nauséabonde (del sudor).

gramática *f* grammaire. ◆ ~ **comparada** grammaire comparée; ~ **estructural** grammaire structurale; ~ **parda** (fam) système D.

gramo *m* FÍS gramme.

gramófono *m* gramophone.

gramola *f* phonographe.

gran (*apócope de* **grande**) *adj* grand: *un gran hombre = un grand homme*.

grana 1 *adj* y *f* écarlate (color). ● **2** *f* graine (semilla). ■ **ponerse como la** ~ devenir rouge comme une écrevisse.

granada 1 *f* grenade (fruto). **2** grenade (arma). ◆ ~ **de mano** grenade à main.

granado, da 1 *adj* mûr, expert. ● **2** *m* grenadier (árbol).

granar *intr* grener.

granate 1 *adj* y *m* grenat (color). ● **2** *m* grenat (mineral).

grande 1 *adj* grand. **2** (fam) d'un certain âge. ● **3** *m* grand (noble). ■ **a lo** ~ dans le faste; **pasarlo en** ~ s'amuser comme un fou.

grandeza 1 *f* grandeur. **2** grandesse (dignidad).

grandilocuente *adj* grandiloquent.

grandioso, sa *adj* grandiose.

grandullón, na *adj/m* y *f* (fam) grande perche.

granel (a) 1 *loc adv* en vrac. **2** (fig) à foison: *hubo peticiones a granel = il y a eu des demandes à foison*.

granero 1 *m* grenier. **2** (fig) grenier (territorio).

granito *m* GEOL granit; granite.

granizada 1 *f* averse de grêle. **2** granité (bebida).

granizado, da 1 *adj* glacé. ● **2** *m* granité.

granizal *m* *Chile, Col.* averse de grêle (granizada).

granizar *impers* grêler.

granizo 1 *m* grêle. **2** grêlon (grano de hielo).

granja 1 *f* ferme (hacienda); exploitation agricole. **2** crémerie, café (establecimiento).

granjear 1 *tr* y *pron* gagner. ● **2** *tr* *Méx.* se concilier qqn. ● **3** *intr* MAR gagner (avanzar).

granjero, ra *m* y *f* fermier.

grano 1 *m* grain. **2** graine (semilla). **3** grain (partícula). **4** bouton (de la piel). **5** FOT grain. ■ **ir al** ~ (fig, fam) aller droit au but; **separar el** ~ **de la paja** (fig, fam) séparer le bon grain de l'ivraie.

granuja *m* fripouille (bribón).

grapa 1 *f* agrafe. **2** grappa, marc (aguardiente). **3** TEC crampon.

grapadora *f* agrafeuse.

grapar *tr* agrafer.

grasa 1 *f* graisse. **2** crasse (mugre).

grasiento, ta *adj* graisseux.

graso, sa *adj* gras.

gratificación *f* gratification.

gratificar *tr* gratifier.

gratis *adv* gratis.

gratitud *f* gratitude.

grato, ta 1 *adj* agréable. **2** *Bol., Chile* obligé (agradecido).

gratuito, ta *adj* gratuit.

grava *f* gravier.

gravamen 1 *m* charge (carga). **2** hypothèque (impuesto). ■ **libre de** ~ franc de charges.

gravar *tr* grever.

grave *adj* grave.

gravedad *f* gravité.

grávido, da 1 *adj* enceinte (preñada). **2** (lit) chargé.

gravitar 1 *intr* graviter. **2** (fig) (~ *sobre*) peser sur (una responsabilidad).

gravoso, sa 1 *adj* ennuyeux. **2** coûteux (costoso).

graznar 1 *intr* croasser (el cuervo). **2** cacarder (el ganso). **3** criailler (las aves).

graznido 1 *m* croassement (del cuervo). **2** cacardement (del ganso). **3** criaillement (de otras aves).

greca 1 *f* grecque (adorno). **2** *Amér.* cafetière à filtre.

Grecia f Grèce.
gregario, ria 1 adj grégaire. ● **2** m (fig) mouton.
gregorito m Amér. moquerie (burla); tour (chasco).
greifrut m Amér. pamplemousse.
gremio m corporation.
greña f (se usa más en pl) tignasse. ■ **andar a la ~** (fam) se crêper le chignon (reñir).
greñudo, da adj chevelu.
gres m grès.
gresca 1 f vacarme (ruido). **2** dispute; querelle (riña).
griego, ga 1 adj grec. ● **2** m y f Grec. ● **3** m grec (lengua).
grieta 1 f crevasse. **2** (fig) difficulté (en un asunto).
grifo, fa 1 adj crépu (cabello). **2** Col. présomptueux. ● **3** adj/m y f Méx. drogué (con marihuana). **4** Méx. ivrogne (borracho). ● **5** m robinet (llave). **6** griffon (animal fabuloso).
grilla 1 f grillon femelle. **2** Amér. ennui (contrariedad). **3** Col. bagarre (riña).
grillarse 1 pron (fig, fam) devenir cinglé. **2** Cuba s'enfuir.
grillete m fer (de los presos).
grillo m zool grillon.
grima f déplaisir; dégoût. ■ **dar ~** avoir horreur.
grimillón m Chile foule.
gringo, ga 1 adj/m y f (fam) étranger. ● **2** adj Amér. Merid. (fam) ricain, yankee. ● **3** m y f Amér. Merid. (fam) Ricain, Yankee.
gripa f Col., Ur. grippe (gripe); rhume (catarro).
gripe f MED grippe.
gris 1 adj y m gris. ● **2** adj (fig) triste. **3** (fig) terne (sin atractivo).
grisáceo, a adj grisâtre.
grisma f Amér. Centr., Chile brin; miette (pizca).
grisú m grisou.
gritadera f Amér. criaillerie.
gritar 1 intr y tr crier. **2** siffler (el público).
griterío m criaillerie; brouhaha.
grito m cri. ■ **a ~ pelado** à grands cris; **pedir algo a gritos** (fig, fam) réclamer à cor et à cri; **ser una cosa el último ~** (fig, fam) être qqch le dernier cri.
grosella f groseille (fruto).
grosería f grossièreté.
grosero, ra adj grossier.

grosor m épaisseur.
grotesco, ca adj grotesque.
grúa 1 f grue. **2** dépanneuse (vehículo remolque). ◆ **~ abatible** grue repliable; **~ de torre** grue à tour; **~ móvil** pont roulant; **~ puente** grue à chevalet.
grueso, sa 1 adj gros (abultado, gordo). **2** épais (cristal, tela). **3** Amér. grossier (grosero). ● **4** m grosseur. **5** épaisseur (grosor). **6** gros (la parte principal).
grulla 1 f zool grue (ave). **2** Méx. fine mouche, rusé (persona astuta).
grumete m mousse.
grumo 1 m grumeau. **2** grappe (de cosas apiñadas).
gruñido m grognement.
gruñir 1 intr grogner. **2** (fig) grogner (refunfuñar).
gruñón, na adj (fam) grognon.
grupa f croupe.
grupo m groupe. ◆ **~ electrógeno** groupe électrogène; **~ sanguíneo** groupe sanguin.
gruta f grotte.
¡gua! interj Amér. ah!, oh! (temor o admiración).
guaca 1 f Amér. huaca (sepulcro). **2** Amér. Merid. trésor caché. **3** C. Rica, Cuba trou où l'on dépose des fruits verts pour hâter leur maturation. **4** Bol., C. Rica, Cuba tirelire. **5** Venez. ulcère grande.
guacamayo m zool ara.
guacamote m Méx. BOT yucca.
guacarnaco, ca 1 adj Amér. niais (tonto). **2** Cuba à longues jambes.
guachada f Col. vulgarité.
guachafita f Amér. vacarme (algazara).
guachapear intr Chile voler; arracher (arrebatar).
guachimán m Amér. gardien.
guacho, cha 1 adj Amér. qui a perdu sa mère (cría). ● **2** adj/m y f Amér. orphelin. ● **3** m oisillon (pollo de pájaro). **4** Pan. plat de riz.
guadal m Arg. marécage.
guadaña f faux.
guagua 1 m o f Amér. bébé. ● **2** f Amér. Centr. autobus.
guaguatear tr Chile, Guat. allaiter; nourrir au sein.
guaico m Amér. cuvette (hondonada).
guaina 1 adj Chile jeune. ● **2** m Chile jeune homme (mozo).
guajada f Méx. sottise.

guaje 1 *m* enfant. 2 *Méx.* BOT sorte d'a-
cacia. 3 *Hond.*, *Méx.* gourde; calebasse
(calabaza vinatera).

guajiro, ra 1 *adj Cuba* rustique. ● 2 *m* y
f paysan de Cuba. 3 *R. Dom.* paysan.

guajolote 1 *adj* y *m Méx.* (fig) sot; niais.
● 2 *m Méx.* ZOOL dindon (pavo).

guama 1 *m Amér.* (fig) mensonge (mentira). 2 *Col.*, *Venez.* BOT inga.

guampa *f Amér. Merid.* corne (asta).

guanaco, ca 1 *m* y *f Amér.* (fig) paysan.
2 *Amér.* (fig) balourd (tonto). ● 3 *m* ZOOL
guanaco (rumiante).

guanal *m Amér.* palmeraie.

guando *m Amér.* civière (camilla).

guanear *intr Amér.* déféquer (los animales).

guangocho, cha *adj Méx.* large (ancho).

guano *m* guano (abono). 2 *Arg.*, *Chile*,
Perú fumier (estiércol).

guantazo 1 *m* claque. 2 (fam) coup (contra algo).

guante 1 *m* gant. 2 *Chile* martinet. ■ echar
el ~ a alguien mettre le grappin sur qqn.

guantear *tr Amér.* gifler.

guantero, ra *m* y *f* gantier.

guantón *m Amér.* → guantazo.

guapango *m Méx.* fandango (baile popular).

guapo, pa 1 *adj/m* y *f* beau. 2 (fam) brave (valiente). ● 3 *adj* (fam) joli. ● 4 *m*
fanfaron.

guaraca *f Amér.* fronde.

guaragua 1 *f Amér.* dandinement. 2
Amér. circonlocution (rodeo).

guarango, ga 1 *adj Amér. Merid.* négligé (zarrapastroso). 2 *Arg.*, *Chile* mal élevé (maleducado).

guaraní 1 *adj* guarani. ● 2 *m* o *f* Guarani. ● 3 *m* guarani (lengua).

guarapo 1 *m* vesou (jugo de caña). 2 alcool de vesou, rhum.

guaraquero *m Amér.* voleur.

guarda *m* o *f* garde; gardien. ◆ ~ jurado
vigile.

guardabarrera *m* o *f* garde-barrière.

guardabarros *m* garde-boue.

guardabosque o guardabosques *m*
garde forestier.

guardacostas *m* MAR garde-côte.

guardaespaldas *m* o *f* garde du corps.

guardaganado *m Arg.* AGR saut-de-loup.

guardameta *m* o *f* gardien de but (en
fútbol).

guardapolvo 1 *m* blouse (prenda). 2
housse (funda).

guardar 1 *tr* garder. 2 mettre à sa place
(poner en su sitio). 3 ranger (en sitio seguro). 4 observer (una ley). ● 5 ~se *pron*
(~se *de*) se garder de (un riesgo). 6 (~se
de) se garder de.

guardarropa 1 *m* garde-robe. 2 vestiaire (de un lugar público).

guardarropía 1 *f* TEAT accessoires. 2
TEAT magasin d'accessoires.

guardería *f* garderie.

guardia 1 *f* garde. ● 2 *m* o *f* agent (municipal, de tráfico, etc.). 3 policier (policía). ◆ ~ civil garde civile espagnole; ~
de tráfico agent de la circulation; ■ bajar la ~ baisser la garde; en ~ sur la défensive (prevenido); hacer o montar ~
monter la garde; poner a uno en ~ avertir qqn, mettre la puce à l'oreille à qqn.

guardián, na *m* y *f* gardien.

guarecer 1 *tr* mettre à l'abri. ● 2 ~se
pron se réfugier. 3 se protéger (de alguna cosa).

guaricha *f Amér.* femme.

guarida 1 *f* abri; refuge. 2 tanière (de animales). 3 (fig) repaire (de maleantes).

guarismo *m* chiffre.

guarnecer 1 *tr* garnir. 2 équiper (dotar).

guarnición 1 *f* ornement (de los vestidos). 2 chaton (para piedras presiosas). 3
garniture (de los alimentos). 4 MIL garni-
son. ● 5 guarniciones *m pl* harnais.

guarrada 1 *f* cochonnerie (porquería). 2
(fig) tour de cochon (acción sucia).

guarrería *f* → guarrada.

guarro, rra 1 *m* y *f* cochon, truie (*f*) (cerdo). ● 2 *adj/m* y *f* (fig, fam) cochon (persona sucia o ruin).

guasa *f* (fam) plaisanterie, blague. ■ estar de ~ (fam) plaisanter.

guasada *f Arg.* grossièreté.

guasamaco, ca *adj Chile* grossier (tosco).

guasanga *f Amér.* chahut (bulla).

guasearse 1 *pron* blaguer (chancear). 2
se moquer (burlarse).

guasería 1 *f Arg.*, *Chile* grossièreté. 2
Arg., *Chile* gaucherie (torpeza).

guaso, sa *adj Amér.* (fig) grossier.

guasón, na *adj/m* y *f* (fam) blagueur
(bromista); moqueur (burlón).

guata *f* ouate (algodón en rama).

guatearse *pron Chile* prendre du ventre.

Guatemala m Guatemala.

guatemalteco, ca 1 adj guatémaltèque. ● **2** m y f Guatémaltèque.

guateque m surprise-partie.

guatuso, sa adj Amér. Centr. blond.

guayaba 1 f goyave (fruto). **2** Amér. (fig, fam) jeune fille. **3** Amér. (fig, fam) mensonge (mentira). **4** Guat., El Salv. présidence de la République. **5** Guat. baiser (beso).

guayabear 1 intr Amér. (fam) draguer. **2** Amér. (fam) mentir. ● **3** tr Guat. embrasser (besar).

guayabera f veste en toile légère.

guayabo 1 m (fam) belle gosse (muchacha). **2** BOT goyavier (árbol). **3** Col. gueule de bois (resaca).

guayar 1 intr pleurer. **2** se plaindre (quejarse).

gubernamental adj gouvernemental.

gubia f gouge.

guepardo m guépard.

güero, ra 1 adj → huero. ● **2** adj/m y f Méx. blond.

guerra f guerre. ◆ **~ biológica** guerre biologique; **~ civil** guerre civile; **~ fría** guerre froide; **~ santa** guerre sainte; **~ sin cuartel** combat sans merci; ■ **dar ~** (fig, fam) donner du fil à retordre; **de antes de la ~** (fam) très vieux (muy antiguo); **declarar la ~** déclarer la guerre.

guerrear intr guerroyer.

guerrero, ra adj/m y f guerrier.

guerrilla 1 f bande de partisans. **2** guérrilla.

guerrillero, ra m y f guérillero.

gueto m ghetto.

guía 1 m o f guide. ● **2** f guide (libro). **3** annuaire (de teléfonos). **4** MEC glissière. ● **5 guías** f pl guides (riendas).

guiar 1 tr guider. **2** conduire (un vehículo). **3** (fig) mener (en un negocio). ● **4 ~se** pron (~se por) suivre.

guigue m Arg., Chile MAR canot.

guijarro m galet.

guillotina 1 f guillotine. **2** coupe-papier (para papel).

guillotinar 1 tr guillotiner. **2** couper (papel).

güilón, na adj Amér. lâche, poltron.

güinche m Amér. cabestan (cabestrante).

guinda 1 f griotte (fruto). **2** (fig, fam) point culminant (culminación). **3** MAR guindant.

guindilla f piment rouge.

guindo m BOT guignier (árbol).

guiñapo 1 m haillon (harapo). **2** (fig) chiffe molle (persona). **3** Chile maïs moulu (para hacer chicha).

guiñar 1 tr cligner de l'œil. ● **2** intr Guat. tirer avec force.

guiño m clin d'œil.

guiñol m guignol.

guión 1 m plan (esquema). **2** scénario (de una película). **3** tiret (signo ortográfico). **4** trait d'union (en las palabras compuestas). **5** oiseau guide (en las migraciones). **6** (fig) guide (persona).

guionista m o f scénariste.

güira 1 f calebasse (fruto). **2** calebassier (árbol). **3** Amér. (fam) caboche, citrouille (cabeza).

guirigay 1 m (fam) charabia (lenguaje ininteligible). **2** (fam) vacarme (griterío).

guirlache m nougat au caramel.

guirnalda (también **guirlanda**) f guirlande.

guisa f guise. ■ **a ~ de** en guise de; **de o en tal ~** de telle manière.

guisado m ragoût.

guisante 1 m petit pois (legumbre). **2** pois (planta).

guisar 1 tr e intr cuisiner; faire cuire. ● **2** tr (fig) disposer.

guiso 1 m ragoût (con carne). **2** plat; mets (un manjar).

güisqui m whisky.

guitarra f guitare.

guitarrista m o f guitariste.

gula f gourmandise.

gurguciar intr Amér. Centr. (fam) rechercher (averiguar).

gurrumina 1 f Amér. bagatelle; futilité (fruslería). **2** Ecuad., Guat., Méx. fatigue.

gurrupié m Amér. croupier.

gusano 1 m ver. **2** ver de terre (lombriz). **3** (fig) larve (persona). ◆ **~ de luz** ver luisant; **~ de seda** ver à soie.

gusarapo, pa m y f vermisseau.

gustar 1 tr goûter. ● **2** intr plaire (agradar); aimer. **3** (~ de) aimer à (gozar).

gusto 1 m goût. **2** plaisir: tener el gusto de conocer a alguien = avoir le plaisir de connaître qqn. ■ **a ~** à l'aise; bien; **despacharse a su ~** (fam) en faire à sa guise; **¡mucho ~!** enchanté de faire votre connaissance.

gustoso, sa 1 adj savoureux. **2** plaisant (agradable). **3** avec joie: lo haré gustoso = je le ferai avec joie.

gutural adj guttural.

Hh

h f h.

¡ha! *interj* ah!

haba 1 f fève. 2 grain (de café). 3 graine. 4 cloque (roncha). ■ son habas contadas c'est une chose certaine.

habanero, ra 1 *adj* havanais. ● 2 *m y f* Havanais.

habano, na 1 *adj* havanais. ● 2 *m* havane.

haber 1 *m* COM avoir. ● 2 haberes *m pl* avoir (bienes). 3 émoluments.

haber 1 *aux* avoir: *ha comido manzanas* = il a mangé des pommes. 2 (con *vb pron y de movimiento*) être: *han salido de la escuela* = ils sont sortis de l'école. ● 3 *tr* avoir, posséder. ● 4 *impers* y avoir (ocurrir): *mañana habrá un concierto de rock* = demain il y aura un concert de rock. 5 y avoir (hallarse o existir). ● 6 ~se *pron* se conduire (bien o mal). 7 ~ + de + inf devoir (tener la obligación de): *él ha de pronunciar un discurso* = il doit prononcer un discours. 8 ~ + que + inf falloir (ser necesario o conveniente): *hay que encontrar a su hermano* = il faut retrouver son frère. ■ habérselas con uno (fam) avoir affaire à qqn; ¡habráse visto! a-t-on déjà vu ça!; no hay de qué il n'y a pas de quoi; no hay tal cosa ce n'est pas vrai; ¿qué hay? ça va?

habichuela f haricot.

hábil 1 *adj* habile; adroit. 2 utile (una cosa).

habilidad f habileté; adresse.

habilidoso, sa *adj* habile, adroit.

habilitado, da *m y f* trésorier-payeur.

habilitar 1 *tr* aménager (una casa). 2 pourvoir (proveer). 3 DER habiliter.

habitable *adj* habitable.

habitación 1 f habitation. 2 chambre (para dormir). 3 pièce. ◆ ~ de invitados chambre d'amis; ~ doble chambre double.

habitáculo *m* habitacle.

habitante *m* habitant.

habitar *tr* e *intr* habiter.

hábitat *m* habitat.

hábito 1 *m* habitude (costumbre). 2 habit (traje). 3 MED accoutumance. ■ colgar

los hábitos REL jeter le froc aux orties; el ~ no hace al monje l'habit ne fait pas le moine.

habitual *adj* habituel.

habituar *tr* y *pron* habituer.

habla 1 f parole: *recuperar el habla* = récupérer la parole. 2 langue (idioma). 3 parler (dialecto). 4 langage (forma de hablar). ■ al ~ à portée de voix.

habladero *m* Chile critique, médisance.

hablado, da *adj* parlé. ◆ bien ~ poli; mal ~ grossier.

hablador, ra *adj/m y f* bavard.

habladuría 1 f bavardage; commérage. 2 (fam) (se usa más en *pl*) bobard, cancan (chisme).

hablar 1 *intr* parler. ● 2 *tr* parler (un idioma). ● 3 ~se *pron* (fig) se fréquenter, se parler. ■ ~ alguien consigo mismo penser en son for intérieur; ~ bien o mal de alguien dire du bien *o* du mal de qqn; ~ por ~ parler pour parler; ~ sin rodeos parler sans détour; ¡ni ~! (fam) pas question!; sólo le falta ~ (fam) il ne lui manque que la parole.

habón *m* ampoule; cloque.

hacendado, da 1 *adj* fortuné. ● 2 *m y f* propriétaire foncier. 3 *Arg.*, Chile éleveur.

hacendoso, sa *adj* laborieux; travailleur.

hacer 1 *tr* faire. 2 dresser (un contrato). 3 faire (causar). 4 faire (dar como resultado): *dos más dos hacen cuatro* = deux plus deux font quatre. 5 faire, arranger. 6 faire, accoutumer. 7 supposer, croire. 8 faire, contenir: *este paquete hace cinco kilos* = ce paquet fait cinq kilos. 9 faire (obligar). 10 (~ con) pourvoir de (proveer). ● 11 *intr* faire (obrar). 12 convenir, aller. 13 importer, faire. 14 (~ de) servir de (ejercer). 15 (~ para o por) faire son possible pour; tâcher de. ● 16 *intr* y *pron* (~ de) faire (fingirse): *hacer el tonto* = faire l'idiot. ● 17 *impers* faire: *hace frío este año* = cette année il fait froid. **18** faire, y avoir (tiempo). ● **19** ~se *pron* se faire. **20** se changer en, se transformer en. **21** devenir: *hacerse profesor de inglés = devenir professeur d'anglais.* **22** se faire, s'habituer (acostumbrarse). **23** (~ *con*) s'approprier. ■ ~ **alguna** (fam) en faire une bonne; ~ **como que** faire semblant de; ~**se atrás** reculer; ~**se de rogar** se faire prier; **haz bien y no mires a quien** que ta main gauche ignore le bien que fait ta main droite.

hacha *f* hache. ■ **ser un** ~ (fig, fam) être un as.

hache *f* h. ■ **llámalo** ~ (fig) c'est la même chose; **por** ~ **o por be** pour une raison ou une autre.

hachís *m* haschich.

hacia **1** *prep* vers (lugar): *dirigirse hacia la meta = se diriger vers la ligne d'arrivée.* **2** vers (tiempo): *llegará hacia las dos = il arrivera vers deux heures.*

hacienda **1** *f* propriété rurale; ferme. **2** fortune, biens (bienes). **3** *Amér.* hacienda. ◆ ~ **pública** ECON Trésor public.

hacinamiento *m* entassement.

hacinar **1** *tr* entasser. ● **2** *tr y pron* (fig) accumuler.

hada *f* fée. ◆ ~ **madrina** bonne fée.

hado *m* destin, sort.

Haití *m* Haïti.

¡hala! *interj* allons!, allez!

halagar **1** *tr* flatter. **2** (fig) plaire; agréer.

halago *m* flatterie.

halagüeño, ña **1** *adj* flatteur. **2** encourageant, prometteur (prometedor).

halar *tr Cuba, Nic., Pan., Par.* tirer vers soi.

halcón *m* faucon.

¡hale! *interj* allez!

hálito *m* haleine.

halitosis *f* haleine fétide.

hall *m* hall, entrée.

hallar **1** *tr y pron* trouver. ● **2** *tr* rencontrer (a una persona). ● **3** ~**se** *pron* être. ■ **no** ~**se** (fam) se sentir perdu.

hallazgo *m* découverte; trouvaille.

halo *m* halo.

halógeno, na *adj y m* QUÍM halogène.

halterofilia *f* haltérophilie.

hamaca **1** *f* hamac. **2** chaise longue (asiento).

hamacar o **hamaquear** **1** *tr y pron Amér.* bercer. ● **2** ~**se** *pron Arg.* (fig, fam) affronter (las dificultades).

hamaquear **1** *tr y pron Amér.* bercer. ● **2** *tr Cuba* (fig) assommer, ennuyer (marear a uno).

hambre **1** *f* faim. **2** famine (escasez). **3** (fig, fam) soif; faim (deseo ardiente). ◆ ~ **canina** (fig) faim de loup; ■ **matar el** ~ tuer la faim; **morirse de** ~ mourir de faim; **ser un muerto de** ~ (desp) être un crève-la-faim.

hambriento, ta **1** *adj/m y f* affamé. ● **2** *adj* (fig) désireux.

hambruna *f* famine.

hamburguesa *f* hamburger.

hamburguesería *f* fast-food.

hampa *f* pègre; gueuserie.

hámster *m* hamster.

handicap *m* handicap.

hangar *m* hangar.

haragán, na *adj/m y f* fainéant.

haraganear *intr* fainéanter.

haraganería *f* fainéantise.

harapiento, ta *adj* déguenillé; loqueteux.

harapo *m* haillon; guenille.

hardware *m* INF hardware; matériel.

harén o **harem** *m* harem.

harina **1** *f* farine. **2** (fig) poudre fine, poussière. ■ **ser** ~ **de otro costal** (fig, fam) être une autre histoire.

harinoso, sa **1** *adj* farineux. **2** farinacé (farináceo).

harmonía *f* → armonía.

harnear *tr Chile, Col.* cribler.

hartar **1** *tr y pron* rassasier. **2** (fig) satisfaire (un deseo). **3** (fig) lasser (cansar, fastidiar). ● **4** *tr* (fig) (~ *de*) accabler, couvrir.

hartazgo *m* rassasiement. ■ **darse un** ~ **de** (fig, fam) se rassasier de.

harto, ta **1** *p irreg* → hartar. ● **2** *adj* rassasié (lleno). **3** (fig) fatigué; las (cansado). ■ **estar** ~ **de** en avoir assez de.

hartón, na **1** *m* (fam) indigestion. ● **2** *adj/m y f Amér. Centr., Méx., R. Dom.* glouton.

hasta **1** *prep* jusque, jusqu'à: *han llegado hasta la puerta = ils sont arrivés jusqu'à la porte.* **2** avant: *no cerrará hasta las diez de la noche = il ne fermera pas avant dix heures du soir.* ● **3** *conj* même. ■ ~ **que** jusqu'à ce que.

hastiar **1** *tr y pron* dégoûter; écœurer (causar repugnancia). **2** ennuyer, fatiguer (aburrir).

hastío 1 *m* dégoût. **2** (fig) ennui, lassitude.

hatajo 1 *m* petit troupeau. **2** (desp) tas.

hatillo 1 *m* petit troupeau (rebaño). **2** baluchon.

hato 1 *m* baluchon. **2** troupeau (rebaño). **3** provision de vivres (hatería). **4** bivouac (de pastores). **5** (fig) tas, ramassis (montón). ■ **menear el ~ a uno** (fig, fam).

haya *f* BOT hêtre.

haz 1 *m* gerbe (de hierba, flores, etc.). **2** botte; fagot (de leña). **3** FÍS faisceau. **4** *f* face, visage (cara). **5** face, surface (de la Tierra, del agua, etc.). ◆ ~ **de electrones** FÍS faisceau d'électrons o électronique; ■ **ser de dos haces** (fig) ne pas être franc.

hazaña *f* exploit; prouesse.

hazmerreír *m* risée.

he ¡he! *interj* hé! ■ ~ **aquí** voici; ~ **allí** voilà; ~**le aquí** le voici; ~**me aquí me** voici; ~**te aquí** te voici.

hebilla *f* boucle.

hebra 1 *f* aiguillée; brin (de hilo). **2** fibre (de la carne, de la madera). **3** filament. **4** (fig) fil (del discurso). **5** MIN filon. ■ **pegar la ~** (fig, fam) discuter le coup.

hebreo, a 1 *adj* hébreu, hébraïque. ● **2** *m* **y** *f* Hébreu. ● **3** *m* hébreu (lengua).

hecatombe *f* hécatombe.

hechicero, ra 1 *adj/m* **y** *f* sorcier. ● **2** *adj* (fig) ensorceleur, envoûtant.

hechizar 1 *tr* ensorceler. **2** (fig) ensorceler, charmer.

hechizo, za 1 *adj* artificiel; feint. ● **2** *m* sortilège. **3** (fig) charme.

hecho, cha 1 *p irreg* → hacer. ● **2** *adj* fait: *unas piernas bien hechas* = *des jambes bien faites.* ● **3** *m* fait, évènement. ◆ ~ **consumado** fait accompli; ■ **a lo ~ pecho** (fam) ce qui est fait est fait; **de ~** en fait; **del dicho al ~ hay un gran trecho** faire et dire sont deux; **dicho y ~** sitôt dit sitôt fait; **estar ~** un demonio, una fiera, un artista, etc. être un vrai démon, une vraie bête féroce, un vrai artiste, etc.; ~ **a la medida** fait sur mesure; **por el ~ de que** par le fait que, du fait que.

hechura 1 *f* façon. **2** (se usa más en *pl*) façon (de un vestido, de un traje, etc.). **3** créature (criatura). **4** œuvre, ouvrage (obra). **5** forme, figure (forma). **6** (fig) créature, protégé (persona). **7** *Chile* invitation à boire.

hectárea *f* hectare.

heder 1 *intr* puer. **2** (fig) être insupportable; embêter.

hediondo, da 1 *adj* puant; infect. **2** (fig) répugnant. **3** (fig) empoisonnant, ennuyant (molesto).

hedor *m* puanteur; fétidité.

hegemonía *f* hégémonie.

hegemónico, ca *adj* hégémonique.

hégira o **héjira** *f* hégire.

heladera *f* sorbetière.

heladería *f* glacier.

helado, da 1 *adj* glacé; gelé (muy frío). **2** (fig) de glace (insensible). **3** *Venez.* confit, glacé. ● **4** *m* glace.

helar 1 *tr, intr* **y** *pron* geler, glacer (el agua); figer (el aceite). ● **2** *tr* (fig) saisir, glacer. ● **3** *impers* geler.

helecho *m* BOT fougère.

helénico, ca *adj* hellénique.

helera *f Arg.* réfrigérateur.

hélice 1 *f* hélice. **2** GEOM spirale.

helicóptero *m* hélicoptère.

helio *m* QUÍM hélium.

helipuerto *m* héliport.

hematíe *m* ANAT (se usa más en *pl*) hématie.

hematoma *m* MED hématome.

hembra 1 *f* femelle. **2** (fam) femme, fille. **3** TEC femelle (de broches, enchufes).

hemeroteca *f* département des périodiques.

hemiciclo *m* hémicycle.

hemiplejía o **hemiplejia** *f* MED hémiplégie.

hemipléjico, ca *adj/m* **y** *f* hémiplégique.

hemisferio *m* hémisphère. ◆ ~ **austral** hémisphère austral; ~ **boreal** hémisphère boréal.

hemofilia *f* MED hémophilie.

hemofílico, ca *adj/m* **y** *f* hémophile.

hemoglobina *f* BIOL hémoglobine.

hemorragia *f* hémorragie. ◆ ~ **nasal** saignement de nez.

hemorroide *f* MED (se usa más en *pl*) hémorroïde.

henchir 1 *tr* emplir; bourrer. **2** gonfler (inflar). **3** (fig) gonfler (de favores, de orgullo).

hendedura *f* → hendidura.

hender *tr* **y** *pron* fendre.

hendidura *f* fente; crevasse.

hendir *tr* → hender.

heno *m* foin.

hepático, ca *adj/m* y *f* MED hépatique.

hepatitis *f* MED hépatite.

heptágono, na *adj* y *m* GEOM heptagone.

heráldica *f* héraldique.

herbario, ria 1 *adj* relatif aux herbes. ● **2** *m* herbier (colección de plantas).

herbívoro, ra *adj* y *m* herbivore.

herbolario, ria 1 *m* y *f* herboriste. ● **2** *m* herboristerie (tienda).

heredar *tr* hériter.

heredero, ra *adj/m* y *f* héritier. ◆ **~ forzoso** DER héritier réservataire; **~ universal** légataire universel; **príncipe ~** prince héritier.

hereditario, ria *adj* héréditaire.

hereje *m* o *f* hérétique.

herejía 1 *f* hérésie. **2** (fig) injure; insulte.

herencia 1 *f* héritage, hérédité (derecho). **2** héritage (bienes heredados). **3** BIOL hérédité. ■ **lo trae** o **lo tiene de ~** (fam) c'est de famille.

herida 1 *f* blessure. **2** (fig) blessure. **3** (fig) offense, plaie (ofensa). ◆ **~ contusa** contusion; ■ **hurgar en la ~** (fig) retourner le couteau dans la plaie; **tocar a uno en la ~** (fig) mettre le doigt sur la plaie.

herido, da *adj/m* y *f* blessé. ◆ **mal ~** grièvement blessé.

herir 1 *tr* blesser. **2** frapper (el sol). **3** MÚS jouer. **4** (fig) blesser, offenser.

hermafrodita *adj* y *m* hermaphrodite.

hermanar 1 *tr* y *pron* assortir, unir. ● **2** *tr* rendre frères. **3** jumeler (dos localidades). ● **4 ~se** *pron* fraterniser.

hermanastro, tra *m* y *f* demi-frère, demi-sœur (*f*).

hermandad 1 *f* fraternité. **2** (fig) amicale, association (asociación). **3** (fig) confrérie (cofradía). **4** (fig) harmonie, conformité.

hermano, na 1 *m* y *f* frère, sœur (*f*). **2** REL frère, sœur (*f*). ◆ **~ bastardo** frère bâtard; **~ carnal** frère germain; **~ de leche** frère de lait; **~ menor** cadet; **~ político** beau-frère, belle-sœur (*f*).

hermético, ca *adj* hermétique.

hermetismo *m* hermétisme.

hermoso, sa *adj* beau, belle (*f*).

hermosura *f* beauté. ■ **ser una ~** être d'une toute beauté.

hernia *f* MED hernie. ◆ **~ discal** MED hernie discale.

herniarse 1 *pron* MED développer une hernie. **2** (fam) travailler dur.

héroe *m* héros.

heroico, ca *adj* héroïque.

heroína 1 *f* héroïne. **2** MED héroïne (droga).

herpes o **herpe** *m* o *f* MED (se usa más en *pl*) herpès.

herradura *f* fer à cheval. ■ **mostrar las herraduras** prendre ses jambes à son cou.

herraje *m* ferrure.

herramienta 1 *f* outil. **2** outils, outillage (conjunto de herramientas).

herrar 1 *tr* ferrer (las caballerías). **2** marquer au fer (el ganado).

herrumbre 1 *f* rouille. **2** goût de fer (gusto).

herrumbroso, sa *adj* rouillé.

hertz *m* FÍS hertz.

hervidero 1 *m* bouillonnement. **2** (fig) source bouillonnante (manantial). **3** (fig) foule (muchedumbre).

hervido 1 *m* ébullition. **2** Amér. Merid. pot-au-feu, bouilli.

hervir 1 *tr* e *intr* bouillir. **2** bouillonner (borbollar). ● **3** *intr* (fig) s'agiter (el mar). **4** (fig) bouillonner (arder). **5** (fig) (~ **en**) bouillir de (cólera).

hervor *m* ébullition. **2** bouillonnement (burbujeo). **3** (fig) ardeur, vivacité.

heterodoxo, xa *adj/m* y *f* hétérodoxe.

heterogéneo, a *adj* hétérogène.

heterosexual *adj/m* o *f* hétérosexuel.

hexaedro *m* GEOM hexaèdre.

hexagonal *adj* hexagonal.

hexágono, na 1 *adj* hexagonal. ● **2** *m* GEOM hexagone.

hez 1 *f* (se usa más en *pl*) lie. **2** (fig) rebut; déchêt. ● **3 heces** *f pl* selles (excrementos).

hiato *m* hiatus.

hibernar *intr* hiberner.

híbrido, da *adj/m* y *f* hybride.

hidratante *adj* y *m* hydratant.

hidratar *tr* y *pron* hydrater.

hidráulico, ca *adj* hydraulique.

hidroavión *m* hydravion.

hidrógeno *m* QUÍM hydrogène.

hidromasaje *m* massage par l'eau.

hidrosfera *f* GEOG hydrosphère.

hiedra *f* BOT lierre.

hiel 1 *f* fiel. **2** (fig) fiel, amertume. ● **3 hieles** *f pl* (fig) chagrins, afflictions. ■ **echar** o **sudar uno la ~** (fig, fam) se tuer au travail; **no tener ~** (fig, fam) être très modéré, très doux.

hielo 1 *m* glace. **2** verglas (en la carretera). ■ **romper el ~** (fig, fam) rompre la glace.

hiena *f* ZOOL hyène. **2** (fig) hyène.

hierba 1 *f* herbe. **2** (fam) herbe (planta alucinógena). ◆ **~ de los canónigos** mâche; **~ mora** morelle; **mala ~** mauvaise herbe; **mala ~** (fig) mauvaise graine; ■ **mala ~ nunca muere** (fig, fam) mauvaise herbe croît toujours.

hierbabuena *f* BOT menthe.

hierografía *f* hiérographie.

hierro 1 *m* fer. **2** marque (señal). **3** *Cuba* (fig) soc (reja de arado). ■ **de ~** de fer (salud, voluntad); ◆ **~ colado** fonte; **~ forjado** fer forgé, fer rouge; **quien a ~ mata a ~ muere** qui tue par l'épée périra par l'épée.

hígado 1 *m* ANAT foie. ● **2 hígados** *m pl* (fig) courage. ◆ **malos hígados** (fig) mauvaise volonté; ■ **echar los hígados** (fig, fam) se tuer au travail.

higiene *f* hygiène.

higienizar *tr* soumettre aux règles d'hygiène.

higo 1 *m* figue. **2** (fig, fam) chose insignifiante. **3** (fam) vulve (vulva). ◆ **~ chumbo, de pala o de tuna** figue de Barbarie; ■ **de higos a brevas** (fig, fam) tous les trente-six du mois; **no dársele a uno un ~ de algo** (fig, fam) se moquer de quelque chose comme de l'an quarante; **no valer un ~** (fig, fam) ne pas valoir tripette.

higuera *f* figuier. ◆ **~ chumba** figuier de Barbarie; ■ **estar en la ~** (fig, fam) être dans la lune.

hijastro, tra *m y f* beau-fils, belle-fille *(f)*.

hijear *intr Amér.* BOT bourgeonner (ahijar).

hijo, ja 1 *m y f* fils, fille *(f)*. **2** œuvre. ● **3 hijos** *m pl* fils, descendants (descendientes). **4 hijos** enfants. ◆ **~ adoptivo** fils adoptif; **~ bastardo** fils bâtard; **~ de papá** (fam) fils à papa; **~ de puta** (vulg) salaud, fils de pute; **~ ilegítimo** enfant illégitime; **~ político** beau-fils, belle-fille *(f)*; **~ predilecto** enfant préféré (de una familia); enfant chéri (de una comunidad); **~ pródigo** enfant prodigue; ■ **cada ~ de vecino** tout un chacun.

hilada 1 *f* file, rang. **2** ARQ assise.

hilar 1 *tr* filer. **2** (fig) ourdir. ■ **~ fino o delgado** (fig, fam) chercher la petite bête.

hilarante *adj* hilarant.

hilera 1 *f* file, rang. **2** fil fin (hilo). **3** TEC filière.

hilo 1 *m* fil. **2** (fig) filet (de un líquido). **3** (fig) fil (de la narración). ◆ **~ de perlas** rang de perles; **~ de voz, de luz, de sangre** filet de voix, de lumière, de sang; ■ **estar pendiente de un ~** ne tenir qu'à un fil; **perder, seguir el ~** perdre, suivre le fil.

hilvanar 1 *tr* faufiler. **2** (fig) tramer; bâtir.

himen *m* ANAT hymen.

himno *m* hymne.

hincapié *m* effort que l'on fait en s'appuyant sur les pieds. ■ **hacer ~ en** (fig, fam) mettre l'accent sur; souligner.

hincar 1 *tr* planter; enfoncer. ● **2 ~se** *pron* se mettre à genoux.

hincha 1 *m y f* supporter; fan. ● **2** *f* (fam) haine, inimitié.

hinchado, da 1 *adj* gonflé; boursouflé (cara, piel); ballonné (vientre). **2** (fig) enflé, ampoulé (estilo). **3** (fig) arrogant, orgueilleux.

hinchar 1 *tr y pron* gonfler; enfler. **2** boursoufler (la cara). **3** ballonner (el vientre). ● **4** *tr* (fig) gonfler, exagérer. **5** (fig, fam) gêner, enquiquiner (molestar). ● **6 ~se** *pron* (fig) se soûler (hartarse). **7** (fig) s'enorgueillir (envanecerse).

hinchazón 1 *f* gonflement. **2** ballonnement (del vientre). **3** (fig) vanité, arrogance.

hindú 1 *adj* hindou. ● **2** *m o f* Hindou.

hinduismo *m* REL hindouisme.

hiniesta *f* BOT genêt (retama).

hinojo 1 *m* (se usa más en *pl*) genou. **2** BOT fenouil. ◆ **~ marino** fenouil marin; ■ **de hinojos** à genoux.

hiper *m* (fam) hypermarché.

hiperbaton *m* GRAM hyperbate.

hipérbola *f* GEOM hyperbole.

hipérbole *f* RET hyperbole.

hiperespacio *m* MAT hyperespace.

hipermercado *m* hypermarché.

hipertexto *m* INF hypertexte.

hípico, ca *adj* hippique.

hipnosis *f* hypnose.

hipnotizador, ra *m y f* hypnotiseur.

hipnotizar *tr* hypnotiser.

hipo 1 *m* hoquet. **2** (fig) envie. ■ **quitar el ~** (fam) couper le souffle.

hipoalérgico, ca *adj* hypoallergénique.
hipocondría *f* MED hypocondrie.
hipocresía *f* hypocrisie.
hipócrita *adj/m* o *f* hypocrite.
hipodérmico, ca *adj* hypodermique.
hipódromo *m* hippodrome.
hipófisis *f* ANAT hypophyse.
hipopótamo *m* ZOOL hippopotame.
hipotálamo *m* ANAT hypothalamus.
hipoteca *f* hypothèque. ■ **levantar una ~** lever une hypothèque.
hipotecar *tr* hypothéquer.
hipotenusa *f* GEOM hypoténuse.
hipótesis *f* hypothèse.
hirsuto, ta *adj* hirsute.
hispánico, ca *adj* hispanique.
hispanista *m* o *f* hispaniste.
hispano, na 1 *adj* espagnol; hispano-américain. ● **2** *m* y *f* Espagnol; Hispano-Américain.
hispanoamericano, na 1 *adj* hispano-américain. ● **2** *m* y *f* Hispano-Américain.
histeria *f* MED hystérie.
historia *f* histoire. ■ **dejarse de historias** aller droit au but; **pasar a la ~** appartenir au passé; passer à la postérité.
historiador, ra *m* y *f* historien.
historial 1 *adj* historique. ● **2** *m* historique (reseña). **3** dossier (médico). **4** curriculum vitae (profesional). **5** DEP palmarès.
histórico, ca *adj* historique.
historieta *f* historiette (anécdota). **2** bande dessinée (cómic).
hito, ta 1 *adj* fixe; ferme. ● **2** *m* borne (mojón). **3** (fig) but (blanco). ■ **mirar de ~ en ~** regarder fixement; **ser un ~** faire date (una persona, un hecho).
hocico 1 *m* museau. **2** groin (de puerco, de jabalí). **3** (fig, fam, desp) gueule (cara). ■ **caer o dar de hocicos** se casser la figure; **meter el ~ en todo** fourrer son nez partout.
hogar 1 *m* foyer. **2** (fig) foyer.
hogareño, ña 1 *adj* familial. **2** pantouflard (amante del hogar).
hogaza *f* miche, pain de campagne.
hoguera *f* bûcher. **2** feu de joie.
hoja 1 *f* feuille. **2** page (página). **3** lame (de cuchillo). **4** battant (de puerta). ◆ **~ de afeitar** lame de rasoir; **~ de servicios** état de services; ■ **no tener vuelta de ~** ne pas faire de doute.

hojalata *f* fer-blanc.
hojaldra *f* *Amér.* → hojaldre.
hojaldre *m* pâte feuilletée (la masa); feuilleté (el pastel).
hojarasca 1 *f* feuilles mortes. **2** (fig) verbiage.
hojear *tr* feuilleter (pasar las hojas); parcourir (leer por encima).
¡hola! *interj* bonjour!; bonsoir! (por la noche); salut! (con amigos).
Holanda *f* Hollande.
holandés, sa 1 *adj* hollandais. ● **2** *m* y *f* Hollandais. ● **3** *m* hollandais (lengua).
holgado, da 1 *adj* large, ample (ancho). **2** (fig) oisif (desocupado). **3** (fig) aisé (con bienestar).
holgar 1 *intr* se reposer. **2** être oisif (estar ocioso). **3** être inutile: *huelgan comentarios = tout commentaire est inutile*. ● **4** **~se** *pron* se divertir.
holgazán, na *adj/m* y *f* paresseux; fainéant.
holgazanear *intr* paresser; fainéanter.
holgura 1 *f* largeur, ampleur (anchura). **2** aisance (bienestar). **3** MEC jeu.
hollar 1 *tr* fouler, marcher sur. **2** (fig) humilier.
hollín *m* suie.
holocausto *m* holocauste.
holograma *m* hologramme.
hombre 1 *m* homme. **2** monsieur (señor). **3** (fam) homme, mari (marido). ● **4** **¡hombre!** *interj* enfin! tiens! (sorpresa). ◆ **~ de estado** homme d'État; **~ de mundo** homme du monde; **~ de negocios** homme d'affaires; **~ de paja** homme de paille; **~ de pelo en pecho** (fig, fam) brave à trois poils; **~ de provecho** homme de bien.
hombrera *f* épaulette (de un vestido). **2** rembourrage (de una chaqueta).
hombro *m* épaule. ■ **encogerse de hombros** hausser les épaules; **mirar a alguien por encima del ~** regarder qqn de haut.
homenaje *m* hommage.
homenajear *tr* rendre hommage.
homeopatía *f* MED homéopathie.
homicida 1 *adj* homicide, du crime (arma). ● **2** *m* o *f* homicide.
homicidio *m* homicide.
homilía *f* homélie.
homínido *m* hominidé.
homogeneidad *f* homogénéité.

homogeneizar *tr* homogénéiser.
homogéneo, a *adj* homogène.
homógrafo, fa *adj* y *m* GRAM homographe.
homologación *f* homologation.
homologar *tr* homologuer.
homólogo, ga *adj/m* y *f* homologue.
homónimo, ma *adj* y *m* homonyme.
homosexual *adj/m* o *f* homosexuel.
homosexualidad *f* homosexualité.
honda *f* fronde.
hondear 1 *tr* sonder (fondear). **2** décharger (una embarcación). ● **3** *intr fronder* (manejar la honda).
hondo, da 1 *adj* profond. **2** bas (terreno).
hondonada *f* dépression; creux.
hondura *f* profondeur.
Honduras *f* Honduras.
hondureño, ña 1 *adj* hondurien. ● **2** *m* y *f* Hondurien.
honestidad 1 *f* honnêteté; décence. **2** modestie, pudeur (pudor).
honesto, ta 1 *adj* honnête; décent. **2** pudique (púdico).
hongo 1 *m* champignon. **2** melon (sombrero). ■ **crecer como hongos** pousser comme des champignons.
honor 1 *m* honneur. ● **2 honores** *m pl* honneurs. ■ **hacer ~ a** faire honneur à; **hacer los honores** faire les honneurs.
honorabilidad *f* honorabilité.
honorable *adj* honorable.
honorario 1 *adj* honoraire. ● **2 honorarios** *m pl* honoraires.
honorífico, ca *adj* honorifique.
honoris causa *loc* honoris causa.
honra 1 *f* honneur. **2** prestige. ● **3** *f pl* honneurs funèbres. ■ **tener a mucha ~ una cosa** être très fier de qqch.
honradez *f* honnêteté; probité.
honrado, da 1 *adj* honnête. **2** honoré.
honrar *tr* y *pron* honorer: *se honra con vuestro ofrecimiento = il s'honore de votre offre.*
honroso, sa *adj* honorable.
hontanar *m* endroit où abondent les sources.
hora *f* heure. ◆ **~ de la verdad** minute de la vérité; **~ libre** heure creuse; **~ oficial** heure légale; **~ punta** heure de pointe; **horas extraordinarias** heures supplémentaires; **horas muertas** temps à ne rien faire; **una ~ escasa** une petite heu-

re; ■ **a última ~** au dernier moment, en dernière heure; **de última ~** de dernière heure; **por horas** à l'heure; **ya es ~ de** il est (grand) temps de.
horadar 1 *tr* percer. **2** TEC forer.
horario, ria 1 *adj* y *m* horaire. ● **2** *m* emploi du temps. ◆ **~ guía de ferrocarriles** indicateur de chemins de fer; **~ laboral** horaire de travail.

> Las tiendas y locales comerciales suelen abrir de 8.30-9.00 a 12.00 h por la mañana y de 14 a 17.30-18.00 h por las tardes.

horca 1 *f* fourche. **2** potence (de ejecución). **3** chapelet (de ajos, cebollas). **4** *P. Rico, Venez.* cadeau (regalo).
horcajadas (a) *loc adv* à califourchon.
horchata *f* orgeat.
horda *f* horde.
horizontal 1 *adj* horizontal. ● **2** *f* horizontale.
horizonte *m* horizon.
horma 1 *f* forme (de zapatos, sombreros). **2** embauchoir (molde). **3** mur en pierres sèches (pared).
hormiga 1 *f* fourmi. ■ **ser una ~** être une vraie fourmi.
hormigón *m* béton. ◆ **~ armado** béton armé.
hormigonera *f* bétonnière.
hormigueo 1 *m* fourmis. **2** fourmillement (de una multitud).
hormiguero, ra 1 *adj* qui se nourrit de fourmis. ● **2** *m* fourmilière.
hormona *f* BIOL hormone.
hornacina *f* ARQ niche.
hornada 1 *f* fournée. **2** (fig, fam) fournée.
hornear 1 *intr* exercer le métier de fournier. ● **2** *tr Amér.* cuire au four.
hornillo 1 *m* fourneau. **2** réchaud (portátil). ◆ **~ de gas** réchaud à gaz.
horno 1 *m* four. **2** (fig) fournaise. ◆ **alto ~** haut fourneau.
horóscopo *m* horoscope.
horquilla 1 *f* fourche. **2** épingle à cheveux (para el pelo). **3** fourche (de bicicleta).
horrendo, da *adj* affreux.
horrible *adj* horrible.
horripilante *adj* horripilant.

horripilar 1 *tr* horripiler. **2** hérisser (los cabellos). **3** répugner.

horror 1 *m* horreur. ● **2 horrores** *m pl* horreurs (atrocidades). **3** (fam) énormément, beaucoup: *el chocolate me gusta horrores* = j'aime beaucoup le chocolat. ■ ¡qué horror! quelle horreur!

horrorizar 1 *tr* horrifier; épouvanter. ● **2 ~se** *pron* s'effrayer, frémir d'horrreur.

horroroso, sa 1 *adj* affreux, horrible. **2** affreux; hideux (muy feo). **3** horrible, terrible.

hortaliza *f* légume.

hortelano, na 1 *adj* maraîcher. ● **2** *m* ZOOL ortolan (pájaro). ● **3** *m* y *f* maraîcher.

hortensia *f* BOT hortensia.

hortera *adj/m* o *f* (fam) plouc, ringard.

horticultor, ra *m* y *f* horticulteur.

horticultura *f* horticulture.

hosco, ca 1 *adj* brun, basané (color). **2** antipathique; renfrogné (ceñudo). **3** exécrable (lugar, tiempo).

hospedaje 1 *m* pension; logement. **2** loyer, pension (dinero). ■ tomar ~ se loger.

hospedar 1 *tr* loger; héberger. ● **2 ~se** *pron* se loger, prendre pension.

hospedería 1 *f* hôtellerie. **2** logement, pension (hospedaje).

hospedero, ra *m* y *f* logeur.

hospicio *m* hospice.

hospital *m* hôpital. ◆ ~ clínico clinique.

hospitalario, ria *adj* hospitalier.

hospitalidad *f* hospitalité.

hospitalización *f* hospitalisation.

hospitalizar *tr* hospitaliser.

hosquedad *f* rudesse, âpreté.

hostal *m* pension, petit hôtel.

hostelería 1 *f* hôtellerie (industria hotelera). **2** pension, petit hôtel (hostal).

hostelero, ra 1 *adj* hôtelier. ● **2** *m* y *f* hôtelier, aubergiste.

hostería *f* auberge.

hostia 1 *f* hostie. **2** (vulg) torgnole; beigne (bofetada): *dar una hostia = donner une beigne*. ● **3** ¡hostia! *interj* (vulg) putain! c'est pas vrai! (sorpresa, asombro). ■ estar de mala ~ être de mauvais poil; ser la ~ être d'enfer (ser muy bueno); être nul (ser desconcertante); tener mala ~ avoir un caractère de cochon.

hostigar 1 *tr* fustiger, fouetter. **2** (fig) harceler (incordiar).

hostigoso, sa *adj* Amér. écœurant.

hostil *adj* hostil.

hostilidad *f* hostilité. ■ romper las hostilidades MIL cesser les hostilités.

hotel 1 *m* hôtel. **2** villa, pavillon (chalet).

hotelero, ra *adj/m* y *f* hôtelier.

hoy 1 *adv* aujourd'hui. **2** de nos jours (actualmente). ■ de ~ en adelante dorénavant, désormais; ~ día o en día de nos jours, aujourd'hui; ~ por ~ actuellement, pour le moment.

hoya 1 *f* trou, creux. **2** fosse, sépulture (sepultura).

hoyo 1 *m* trou. **2** fosse; sépulture (sepultura). **3** fossette (en las mejillas).

hoyuelo *m* fossette.

hoz 1 *f* AGR faucille. **2** GEOG gorge.

huacamole *m* Méx. → guacamole.

huahua *m* o *f* Ecuad., Perú → guagua.

huambra *m* Ecuad., Perú garçon, enfant.

hucha 1 *f* tirelire. **2** huche (arca). **3** (fig) bas de laine (ahorros).

hueco, ca 1 *adj* creux, vide (cóncavo). **2** creux (estilo, voz). **3** (fig) vaniteux, présomptueux. ● **4** *m* creux (cavidad). **5** vide (espacio). **6** (fam) poste o emploi vacant. **7** ARQ ouverture, baie (de un muro). **8** ARQ enfoncement (de una puerta, ventana, etc.).

huelga *f* grève. **2** champ fertile (terreno). ◆ ~ de brazos caídos grève sur le tas; ~ de celo grève du zèle; ~ de hambre grève de la faim; ■ estar en ~ être en grève.

huelguista *m* o *f* gréviste.

huella 1 *f* trace, marque. **2** foulée (del pie de un animal). **3** trace (señal). ◆ ~ dactilar empreinte digitale, empreinte; ■ dejar ~ o huellas laisser des traces; seguir las huellas de alguien suivre les traces de qqn.

huérfano, na *adj/m* y *f* orphelin.

huero, ra 1 *adj* vide, creux. **2** clair (huevo). **3** Guat., Méx. amusant, spirituel (gracioso).

huerta 1 *f* verger (de árboles). **2** jardin potager (de hortalizas).

huertero, ra 1 *adj* Amér. jardinier, potager. ● **2** *m* y *f* maraîcher.

huerto 1 *m* verger (de árboles frutales). **2** jardin potager (de verduras).

huesillo *m* Amér. pêche séchée.

huesista *m* y *f* Méx. fonctionnaire.

hueso 1 *m* os. **2** noyau (de fruta). **3** (fig, fam) bête noire. **4** (fig, fam) personne difficile. **5** Méx. emploi. ◆ ~ de la alegría le petit juif (del codo); ~ palomo coccyx; la sin ~ (fam) la menteuse, la langue; ■ **quedarse en los huesos** n'avoir que la peau et les os; **ser ~ duro de roer** être un dur à cuire.

huésped, da 1 *m* y *f* hôte; amphitryon (persona que aloja). **2** hôte, invité (persona alojada).

hueste 1 *f* armée; troupe (tropa). **2** partisans (partidarios).

huesudo, da *adj* osseux.

hueva *f* frai.

huevada *f Chile, Perú* (vulg) connerie, couillonade.

huevera 1 *f* coquetier (para comer). **2** œufrier (para servir). **3** ZOOL oviducte.

huevería *f* marchand d'œufs (tienda).

huevo 1 *m* œuf. **2** (vulg) couille. ◆ **~ duro** œuf dur; **~ estrellado** œuf sur le plat; **~ pasado por agua** œuf à la coque; **huevos revueltos** œufs brouillés; ■ **andar** o **ir pisando huevos** (fam) marcher sur des œufs; **costar un ~** (fig, fam) être coton (ser difícil); coûter la peau des fesses (ser muy caro).

huevón, na 1 *adj/m* y *f* (fam) bébête (bobalicón). ● **2** *adj Amér.* fainéant (holgazán). **3** *Nic.* (fam) courageux.

¡huf! *interj* ouf!

huida *f* fuite.

huidizo, za 1 *adj* fuyant. **2** fugace (fugaz).

huinche *m Amér.* grue.

huipil *m Amér. Centr.* chemisier, blouse.

huir 1 *intr* (**~ de**) fuir. **2** s'enfuir, prendre la fuite. ● **3** *intr* y *tr* éviter.

huiro *m Chile* BOT sorte d'algue.

huisachar *intr Amér. Centr.* plaider.

hule 1 *m* toile cirée (tela). **2** caoutchouc, gomme des Indes (caucho).

hulla *f* houille.

humanidad 1 *f* humanité. **2** (fig) embonpoint (corpulencia). ● **3 humanidades** *f pl* humanités (estudios, disciplinas).

humanitario, ria *adj* humanitaire.

humanizar *tr* y *pron* humaniser.

humano, na *adj/m* y *f* humain.

humareda *f* nuage de fumée.

humeante *adj* fumant.

humear 1 *intr* fumer. ● **2** *tr Amér.* fumiger (fumigar).

humedad *f* humidité.

humedecer *tr* y *pron* humecter.

húmedo, da *adj* humide.

húmero *m* ANAT humérus.

humidificador *adj* y *m* humidificateur.

humildad *f* humilité.

humilde *adj* humble.

humillación *f* humiliation.

humillante *adj* humiliant.

humillar 1 *tr* y *pron* humilier. ● **2** *tr* baisser (la cabeza). **3** (fig) rabattre, abaisser.

humita *f Amér.* pâte à base de farine de maïs.

humo 1 *m* fumée. **2** vapeur (vapor). ● **3 humos** *m pl* (fig) airs, suffisance. ■ **bajarle los humos a alguien** (fig, fam) remettre qqn à sa place; **echar ~** fumer; **tener muchos humos** prendre de grands airs.

humor 1 *m* humeur. **2** humour (gracia). **3** naturel, caractère. **4** MED humeur. ■ **estar de ~** être d'humeur; **estar de un ~ de todos los diablos** (fig, fam) être d'une humeur de chien.

humorismo *m* humour.

humorista *m* o *f* humoriste.

humorístico, ca *adj* humoristique.

humus *m* BIOL humus.

hundimiento 1 *m* enfoncement. **2** affaissement (del suelo); écroulement (de un edificio). **3** naufrage (naufragio). **4** (fig) écroulement.

hundir 1 *tr* enfoncer. **2** couler (un barco). **3** plonger (un puñal). **4** (fig) détruire, ruiner. ● **5 ~se** *pron* couler, sombrer (un barco). **6** s'affaisser (el suelo). **7** (fig) s'écrouler, s'effondrer (moralmente).

húngaro, ra 1 *adj* hongrois. ● **2** *m* y *f* Hongrois.

Hungría *f* Hongrie.

huracán *m* ouragan.

huracanado, da *adj* impétueux, violent.

huraño, ña *adj* insociable, bourru.

hurgar 1 *tr* remuer (remover). **2** (fig) fouiner; fureter.

hurguetear *tr Arg., Chile* remuer, fureter (hurgar).

hurón 1 *m* ZOOL furet. ● **2** *adj/m* o *f* (fig, fam) ours mal léché (huraño).

¡hurra! *interj* hourrah!

hurtadillas (a) *loc adv* en tapinois, en cachette.

hurtar 1 *tr* dérober, voler. ● **2 ~se** *pron* se cacher, s'esquiver.

hurto *m* larcin, vol.

husmear 1 *tr* flairer. **2** (fig, fam) fouiner, fureter.

huso *m* fuseau. ◆ **~ horario** fuseau horaire.

¡huy! *interj* aïe! oh!

Ii

i *f* i. ◆ ~ **griega** y.

ibérico, ca 1 *adj* ibérique. ● **2** *m y f* Ibérique.

iberoamericano, na 1 *adj* latino-américain. ● **2** *m y f* Latino-Américain.

ibídem *adv* ibidem.

iceberg *m* iceberg.

icono o **ícono 1** *m* icône (signo). **2** ART icône (imagen).

iconoclasta *adj/m* o *f* iconoclaste.

iconografía *f* iconographie.

ictericia *f* MED ictère, jaunisse.

ida 1 *f* aller. **2** (fig) élan, impulsion.

idea 1 *f* idée. **2** image, souvenir. **3** intention, idée. ● **4 ideas** *f pl* idées. ◆ **ideas fijas** idées fixes; ■ **hacerse a la ~ de algo** accepter qqch; **no tener ni remota ~** n'avoir aucune idée; **tener mala ~** avoir de mauvaises intentions.

ideal 1 *adj* idéal. ● **2** *m* idéal. ● **3 ideales** *m pl* idéaux o idéals.

idealismo *m* idéalisme. ◆ ~ **platónico** idéalisme platonicien.

idealista *adj/m* o *f* idéaliste.

idealizar *tr* idéaliser.

idear 1 *tr* inventer, concevoir; imaginer. **2** projeter (planear).

ideario *m* idéologie.

ideático, ca *adj* Amér. déséquilibré, capricieux.

ídem *pron* idem. ■ ~ **de ~** (fam) idem.

idéntico, ca *adj* identique.

identidad 1 *f* identité (semejanza). **2** identité: *una identidad falsa = une fausse identité*.

identificación *f* identification.

identificar 1 *tr y pron* identifier: *identificar una cosa con otra = identifier une chose à une autre*. ● **2** *tr* DER identifier. ● **3** ~**se** *pron* s'identifier.

ideograma *m* idéogramme.

ideología *f* idéologie.

ideológico, ca *adj* idéologique.

ideólogo, ga *m y f* idéologue, théoricien.

idílico, ca *adj* idyllique.

idilio *m* idylle.

idioma 1 *m* langue (lengua). **2** langage (lenguaje).

idiosincrasia *f* idiosyncrasie.

idiota *adj/m* o *f* idiot.

idiotez *f* idiotie, imbécilité.

ido, ida 1 *adj* (fam) dans la lune. **2** (fam) halluciné, toqué (chalado).

idólatra *adj/m* o *f* idolâtre.

idolatría *f* idolâtrie.

ídolo 1 *m* idole (deidad). **2** (fig) idole.

idóneo, a *adj* propre, convenable.

iglesia 1 *f* église. **2** Église (conjunto de los fieles). ◆ ~ **catedral** cathédrale; ~ **católica** Église catholique; ~ **parroquial** église paroissiale; ■ **acogerse a la ~** (fam) entrer dans les ordres o en religion; **casarse por la ~** se marier à l'église; **llevar uno a la ~ a una mujer** (fig) conduire une femme à l'autel.

iglú *m* igloo.

ignición *f* ignition.

ignominia *f* ignominie.

ignorancia *f* ignorance. ◆ ~ **de derecho** DER ignorance de droit; ~ **de hecho** DER ignorance de fait; ~ **supina** ignorance crasse; ■ **no pecar uno de ~** faire qqch malgré les avertissements.

ignorar 1 *tr* ignorer (desconocer). **2** ignorer.

ignoto, ta *adj* inconnu, ignoré.

igual 1 *adj* égal. **2** semblable, pareil. **3** GEOM égal. ● **4** *m* MAT signe égal. ■ **al ~** à l'égal; **dar ~** être égal; **de ~ a ~** d'égal à égal; **es ~** ça ne fait rien; **por ~** o **por un ~** de la même façon, autant; **sin ~** sans pareil.

igualado, da *adj* Méx. grossier (grosero).

igualar 1 *tr y pron* égaliser (las cosas). ● **2** *tr, intr y pron* égaler (ser igual a): *nada iguala su bondad = rien n'égale sa bonté*. ● **3** *tr* aplanir; niveler (la tierra). **4** (fig) mettre sur le même pied (juzgar por igual).

igualdad 1 *f* égalité. **2** MAT égalité. ■ **en ~ de condiciones** dans les mêmes conditions; ~ **ante la ley** égalité devant la loi.

igualitario, ria *adj* égalitaire.
iguana *f* iguane.
ilegal *adj* illégal.
ilegalidad *f* illégalité.
ilegible *adj* illisible.
ilegitimidad *f* illégitimité.
ilegítimo, ma *adj* illégitime.
ileso, sa *adj* sain et sauf, indemne.
iletrado, da *adj* illettré.
ilícito, ta *adj* illicite.
ilimitado, da *adj* illimité, sans limites.
ilógico, ca *adj* illogique.
iluminación 1 *f* illumination. **2** éclairage (alumbrado).
iluminar 1 *tr* illuminer, éclairer (alumbrar). **2** illuminer (adornar con luces). **3** enluminer (las estampas, los grabados). **4** (fig) éclairer (ilustrar, enseñar).
ilusión 1 *f* illusion. **2** espoir (esperanza). **3** joie, plaisir. ■ **hacerse ilusiones** se faire des illusions.
ilusionar 1 *tr* illusionner (forjar ilusiones). **2** remplir de joie (alegrar). ● **3** ~se *pron* s'illusionner, se faire des illusions. **4** (con) se réjouir de.
iluso, sa 1 *adj/m* y *f* dupe, préoccupé (engañado). **2** rêveur, utopiste (soñador).
ilusorio, ria *adj* illusoire.
ilustración 1 *f* connaissance, instruction (saber). **2** illustration (gráfico).
ilustrado, da 1 *adj* cultivé, instruit (sabio). **2** illustré.
ilustrar 1 *tr* y *pron* éclairer (el entendimiento). ● **2** *tr* illustrer. **3** (fig) instruire (instruir).
ilustre *adj* illustre (célebre).
ilustrísimo, ma *adj* illustrissime. ◆ **su Ilustrísima** sa Grandeur.
imagen 1 *f* image. **2** statue. **3** ELECTR, RET, BIOL image. ◆ ~ **pública** (fig) image publique; ~ **tridimensional** ÓPT image en trois dimensions, hologramme; ~ **virtual** ÓPT image virtuelle.
imaginación 1 *f* imagination. **2** idée (suposición). ■ **pasarle** o **pasársele a uno algo por la** ~ venir qqch à l'esprit.
imaginar *tr* y *pron* imaginer.
imaginario, ria *adj* imaginaire. ■ **número** ~ MAT nombre imaginaire.
imaginativo, va *adj* imaginatif.
imaginería 1 *f* sorte de broderie. **2** imagerie (talla o pintura).
imam *m* imam.

imán 1 *m* FÍS aimant. **2** REL imam (sacerdote). ◆ ~ **artificial** FÍS aimant artificiel.
imantar o **imanar** *tr* y *pron* aimanter.
imbatible *adj* imbattable.
imbécil *adj/m* o *f* imbécile.
imbecilidad *f* imbécilité.
imberbe *adj* imberbe.
imborrable *adj* ineffaçable, indélébile.
imbuir *tr* inculquer, inspirer: *imbuir mentiras a alguien = inculquer à qqn des mensonges.*
imitación 1 *f* imitation. **2** LIT pastiche. ■ **a** ~ **de** à l'imitation de.
imitar *tr* imiter.
impaciencia *f* impatience.
impacientar 1 *tr* y *pron* impatienter. ■ ~**se con** o **por algo** s'impatienter de qqch; ~**se con alguien** s'impatienter contre qqn.
impaciente *adj* impatient.
impactar 1 *tr* heurter (chocar). **2** choquer, frapper.
impacto 1 *m* impact (colisión). **2** (fig) coup (golpe emocional). **3** (fig) répercussion.
impalpable *adj* impalpable.
impar *adj* impair.
imparcial *adj/m* o *f* impartial.
imparcialidad *f* impartialité.
impartir *tr* impartir, accorder; donner (clases).
impasible *adj* impassible.
impasse *m* impasse (atolladero).
impávido, da *adj* impavide, impassible; intrépide.
impecable *adj* impeccable.
impedido, da *adj/m* y *f* perclus, impotent.
impedimento *m* empêchement.
impedir *tr* empêcher.
impeler 1 *tr* pousser (empujar). **2** (fig) pousser, inciter.
impenetrable *adj* impénétrable.
impensable *adj* impensable, irréalisable.
imperar 1 *tr* régner. **2** (fig) régner, dominer.
imperativo, va 1 *adj* y *m* impératif. ● **2** *adj* GRAM impératif. ◆ ~ **categórico** FIL impératif catégorique.
imperceptible *adj* imperceptible, insaisissable.
imperdible 1 *adj* imperdable. ● **2** *m* épingle de nourrice, épingle anglaise.
imperecedero, ra *adj* impérissable.
imperfección *f* imperfection.
imperfecto, ta 1 *adj* imparfait. ● **2** *adj* y *m* GRAM imparfait.

imperial 1 *adj* impérial. ● 2 *f* impériale (de un carruaje).
imperialismo *m* impérialisme.
impericia *f* impéritie.
imperio 1 *m* empire. 2 (fig) domination, pouvoir: *el imperio de las multinacionales = la domination des multinationales*.
imperioso, sa *adj* impérieux.
impermeabilizar *tr* imperméabiliser.
impermeable *adj* y *m* imperméable.
impersonal 1 *adj* impersonnel. 2 GRAM impersonnel.
impertinencia *f* impertinence.
impertinente 1 *adj/m* o *f* impertinent. ● 2 **impertinentes** *m pl* face-à-main (anteojos).
imperturbable *adj* imperturbable.
ímpetu *m* élan, impétuosité.
impetuoso, sa *adj* impétueux.
impío, a *adj/m* y *f* impie.
implacable *adj* implacable.
implantar 1 *tr* y *pron* implanter. ● 2 *tr* MED implanter.
implicancia 1 *f* incompétence, contradiction. 2 *Amér.* incompatibilité (impedimento).
implícito, ta *adj* implicite.
implorar *tr* implorer.
implosión *f* implosion.
impoluto, ta *adj* (fig) impollu, non souillé.
imponencia *f Chile, Col.* grandiosité, majesté (grandeza).
imponente *adj/m* o *f* imposant.
imponer 1 *tr* imposer. 2 mettre en pages,

imposer (en artes gráficas). 3 déposer (dinero). ● 4 *tr* e *intr* imposer, en imposer (infundir respeto). ● 5 ~se *pron* s'imposer: *imponerse ante todos = s'imposer devant tous*. 6 gagner.
imponible *adj* imposable.
importación *f* importation.
importador, ra *adj/m* y *f* importateur.
importancia *f* importance. ■ darse uno ~ faire l'important; de gran ~ de la plus haute importance.
importante *adj* important. ■ lo ~ l'important.
importar 1 *tr* importer. 2 valoir (valer). 3 (fig) entraîner (acarrear). ● 4 *intr* importer: *no me importa lo que pase = peu importe ce qui va se passer*. 5 ennuyer: *¿le importaría dejarme pasar? = ça vous ennuierait de me laisser passer?* 6 avoir de l'importance: *lo que pasó no importa = ce qui s'est passé n'a point d'importance*. ■ no importa ça ne fait rien; eso no te importa ça ne te regarde pas.
importe *m* prix, somme. ■ por un ~ de pour la somme de.
importunar *tr* importuner.
imposibilidad 1 *f* impossibilité. 2 DER impossibilité. ◆ ~ metafísica impossibilité métaphysique; ~ moral impossibilité morale.
imposibilitado, da *adj* perclus, impotent (tullido).
imposibilitar 1 *tr* rendre impossible. 2 empêcher.

Formas de expresión de la impersonalidad

1. Verbos exclusivamente impersonales
Los verbos meteorológicos son impersonales:
Llueve = Il pleut

2. Verbos intransitivos
Muchos verbos intransitivos admiten una construcción impersonal con sujeto **il, ce, cela.**
Al trabajo le falta una conclusión = il manque une conclusion au mémoire
Han venido numerosos visitantes = il est venu de nombreux visiteurs

3. El pronombre ON
Las frases en que aparece este pronombre como sujeto, pueden considerarse también impersonales, en el sentido en que esta forma se utiliza para generalizar:
Aquí se trabaja bien = on travaille bien ici

imposible 1 *adj* y *m* impossible. ● **2** *adj* impossible (intratable). ● **3** *m* RET impossible. ■ **hacer lo ~** (fig, fam) faire l'impossible; **estar** o **ponerse ~** devenir impossible.

imposición 1 *f* imposition. **2** dépôt (en una cuenta). ◆ **~ de manos** REL imposition des mains.

impostor, ra 1 *adj/m* y *f* trompeur (que engaña). ● **2** *m* y *f* imposteur.

impotencia *m* impuissance.

impotente 1 *adj* impotent (sin fuerza). ● **2** *adj/m* o *f* impuissant.

impracticable 1 *adj* irréalisable (un objetivo). **2** impraticable (un camino).

imprecación *f* imprécation.

imprecar *tr* proférer des imprécations.

imprecisión *f* imprécision.

impreciso, sa *adj* imprécis.

impregnar *tr* y *pron* imprégner.

imprenta *f* imprimerie. ◆ **libertad de ~** liberté de la presse; ■ **dar a la ~** faire imprimer.

imprescindible *adj* indispensable.

impresentable *adj* qui n'est pas présentable: *este trabajo es impresentable* = *ce travail n'est pas présentable*.

impresión 1 *f* impression. **2** (fig) impression. ◆ **~ dactilar** empreinte digitale; ■ **cambiar impresiones** échanger des impressions; **hacer ~** (fig) faire une vive impression (una cosa).

impresionar 1 *tr* y *pron* impressionner. **2** toucher (conmover).

impresionismo *m* impressionnisme.

impresionista *adj/m* o *f* impressionniste.

impreso, sa 1 *p irreg* → imprimir. ● **2** *adj* y *m* imprimé.

impresor, ra 1 *adj* imprimant. ● **2** *m* y *f* imprimeur.

impresora *f* INF imprimante.

imprevisto, ta 1 *adj* y *m* imprévu. ● **2 imprevistos** *m pl* dépenses imprévues.

imprimir 1 *tr* imprimer, enduire. **2** *Col., Perú* goudronner (una carretera).

improbar *tr Amér.* désapprouver.

improcedente 1 *adj* inconvenant, inopportun. **2** DER irrecevable.

improductivo, va *adj* improductif.

impronta 1 *f* empreinte. **2** (fig) marque, empreinte (moral).

improperio *m* injure, insulte.

impropio, pia 1 *adj* impropre. **2** peu conforme.

improvisación 1 *f* improvisation. **2** MÚS improvisation.

improvisar *tr* improviser.

improviso, sa *adj* imprévu. ■ **al** o **de ~** à l'improviste.

imprudencia *f* imprudence. ◆ **~ temeraria** DER imprudence.

imprudente *adj/m* o *f* imprudent.

impúdico, ca *adj/m* y *f* impudique.

impudor *m* impudeur.

impuesto, ta 1 *p irreg* → imponer. ● **2** *adj* imposé. ● **3** *m* impôt. ◆ **~ directo** impôt direct; **~ indirecto** impôt indirect; **~ progresivo** impôt progressif; **~ revolucionario** *impôt de financiation d'une organisation terroriste*; impôt révolutionnaire; **~ sobre la renta** impôt sur le revenu.

impugnar 1 *tr* attaquer (combatir). **2** contester, réfuter (refutar).

impulsar 1 *tr* pousser. **2** (fig) pousser, inciter.

impulsivo, va *adj* impulsif.

impulso 1 *m* impulsion: *actuó llevado por un impulso* = *il a agi dans l'impulsion du moment*. **2** élan (fuerza). **3** PSIC impulsion. ◆ **~ nervioso** BIOQ impulsion nerveuse; **tomar** o **coger ~** DEP prendre de l'élan.

impune *adj* impuni.

impunidad *f* impunité.

impureza *f* impureté.

impuro, ra *adj* impur.

imputar *tr* imputer.

inacabable *adj* interminable.

inadaptado, da *adj/m* y *f* inadapté.

inadvertido, da *adj* inattentif, inaperçu.

inaguantable *adj* insupportable, intolérable.

inalámbrico, ca *adj* y *m* sans fil. ■ **teléfono ~** téléphone sans fil.

inamovible *adj* inamovible.

inanición *f* MED inanition.

inanimado, da *adj* inanimé.

inapelable 1 *adj* sans appel (sentencia o fallo). **2** (fig) inévitable.

inapetencia *f* inappétence.

inaplicable *adj* inapplicable.

inapropiado, da *adj* inadéquat.

inaudito, ta *adj* inouï.

inauguración *f* inauguration.

inaugurar *tr* inaugurer.

incalificable *adj* inqualifiable.

incandescente *adj* incandescent.

incansable *adj* infatigable, inlassable.

incapacitado, da 1 *adj* incapable (incapaz). **2** interdit (por prohibición).

incapacitar 1 *tr* inhabiliter, rendre incapable. **2** DER interdire (por decreto).

incapaz 1 *adj* incapable. **2** (fig) incapable (inepto). **3** DER incapable.

incautación *f* saisie, confiscation.

incautarse *pron* saisir, confisquer: *los aduaneros se incautaron de la droga en la frontera = les douaniers ont saisi la drogue à la frontière.*

incauto, ta 1 *adj* imprudent. ● **2** *adj/m* y *f* naïf (ingenuo).

incendiar 1 *tr* incendier. ● **2** ~se *pron* prendre feu.

incendiario, ria 1 *adj/m* y *f* incendiaire. **2** (fig) scandaleux, subversif.

incendio 1 *m* incendie. **2** (fig) passion, feu.

incentivar *tr* stimuler.

incentivo, va 1 *adj* y *m* stimulant, aiguillon. ● **2** *m* ECON prime.

incertidumbre *f* incertitude.

incesto *m* inceste.

incestuoso, sa *adj/m* y *f* incestueux.

incidencia 1 *f* incident (suceso). **2** incidence (repercusión). **3** FÍS, GEOM incidence.

incidente *adj* y *m* incident.

incidir 1 *tr* faire une incision, inciser. ● **2** *intr* tomber (incurrir). **3** insister (insistir). **4** se répercuter.

incienso 1 *m* encens. **2** Cuba plante aromatique.

incierto, ta *adj* incertain.

incinerar *tr* incinérer.

incisión 1 *f* incision. **2** LIT césure (en poesía).

incisivo, va 1 *adj* incisif. ● **2** *adj* y *m* ANAT incisive (diente).

inciso, sa 1 *adj* hâché. ● **2** *m* GRAM incise.

incitar *tr* inciter, pousser.

inclemencia *f* inclémence.

inclinación 1 *f* inclinaison. **2** inclination (reverencia). **3** (fig) inclination.

inclinar 1 *tr* y *pron* incliner; pencher. ● **2** *tr* (fig) incliner. ● **3** ~se *pron* tendre à (preferir).

incluir 1 *tr* insérer (meter). **2** renfermer (contener). **3** inclure (un precio). **4** comprendre.

inclusión *f* inclusion.

inclusive *adv* inclus: *eran treinta en clase, el profesor inclusive = ils étaient trente dans la classe, le professeur inclus.*

incluso 1 *prep* même (hasta): *el pastel ha gustado, incluso a mí = le gâteau a plu,*

même à moi. ● **2** *adv* même (con inclusión de).

incoar 1 *tr* engager. **2** intenter (un pleito).

incógnita 1 *f* (fig) énigme. **2** MAT inconnue.

incógnito, ta *adj* y *m* inconnu.

incoloro, ra *adj* incolore.

incomodar 1 *tr* incommoder. ● **2** *tr* y *pron* fâcher (enfadar). **3** vexer (molestar).

incomodidad 1 *f* incommodité. **2** manque de confort (de una vivienda). **3** gêne (molestia).

incómodo, da 1 *adj* incommode. **2** incommodant (molesto). **3** inconfortable (una vivienda, una silla, etc.). **4** mal à l'aise (sentirse).

incomparable *adj* incomparable.

incomparecencia *f* non-comparution.

incompatibilidad *f* incompatibilité.

incompetencia *f* incompétence.

incompetente *adj/m* o *f* incompétent.

incomprendido, da *adj/m* y *f* incompris.

incomprensible *adj* incompréhensible.

incomprensión *f* incompréhension.

incomunicado, da 1 *adj* isolé (una persona, un pueblo). **2** mis au secret (un preso).

incomunicar 1 *tr* mettre au secret (a un preso). ● **2** *tr* y *pron* isoler.

inconcebible *adj* inconcevable.

inconcluso, sa *adj* inachevé.

incondicional *adj/m* o *f* inconditionnel.

inconfesable *adj* inavouable.

inconfundible *adj* caractéristique.

incongruencia *f* incongruité.

incongruente 1 *adj* incongru. **2** (~ *con*) en désaccord avec.

inconmensurable 1 *adj* incommensurable. **2** (fam) immense.

inconsciencia *f* inconscience.

inconsciente *adj/m* o *f* inconscient.

inconsistencia *f* inconsistance.

inconstancia *f* inconstance.

incontable 1 *adj* inracontable (inenarrable). **2** incalculable (numerosísimo).

incontenible *adj* irrépressible.

incontinencia *f* incontinence.

inconveniencia 1 *f* inconvenance (despropósito). **2** inconvénient.

inconveniente 1 *adj* inconvenant (inoportuno). ● **2** *m* inconvénient.

incordiar *tr* (fam) enquiquiner.

incordio 1 *m* (fig, fam) enquiquinement. **2** (fig, fam) casse-pieds (persona).

incorporación 1 *f* incorporation. **2** redressement (del cuerpo).

incorporar 1 *tr* y *pron* incorporer. **2** rattacher (un territorio). ● **3 ~se** *pron* se redresser.

incorrecto, ta *adj* incorrect.

incorregible *adj* incorrigible.

incorruptible *adj* incorruptible.

incorrupto, ta 1 *adj* incorrompu. **2** (fig) pure (mujer).

incredulidad *f* incrédulité.

incrédulo, la 1 *adj/m* y *f* incrédule. **2** incroyant (falto de fe).

increíble *adj* incroyable.

incrementar *tr* y *pron* augmenter.

incremento 1 *m* augmentation. **2** développement (desarrollo). **3** GRAM crément. **4** INF incrément.

increpar 1 *tr* réprimander sévèrement. **2** apostropher (insultar).

incriminar *tr* incriminer.

incruento, ta *adj* non sanglant.

incrustación *f* incrustation.

incrustar *tr* y *pron* incruster.

incubadora *f* couveuse.

incubar 1 *tr* couver (empollar). **2** (fig) couver (una enfermedad). ● **3** *intr* couver (encobar).

incuestionable *adj* incontestable.

inculpar *tr* inculper.

inculto, ta 1 *adj* incultivé (un terreno). **2** (fig) inculte (una persona).

incumbencia *f* ressort.

incumbir *intr* incomber.

incumplir *tr* manquer à, ne pas accomplir.

incurable *adj/m* o *f* incurable.

incurrir 1 *intr* (~ *en*) tomber dans (un error). **2** (~ *en*) encourir (castigo, ira, etc.). **3** (~ *en*) se rendre coupable de (un delito).

incursión *f* incursion.

indagar *tr* rechercher; enquêter sur.

indebido, da 1 *adj* indu. **2** déplacé (un dicho).

indecencia *f* indécence.

indecente 1 *adj* indécent. **2** incorrect (un comportamiento). **3** infâme.

indecisión *f* indécision.

indeciso, sa *adj/m* y *f* décis.

indefectible *adj* indéfectible.

indefenso, sa *adj* sans défense.

indefinido, da 1 *adj* indéfini. **2** GRAM indéfini.

indeleble *adj* indélébile.

indemnización 1 *f* indemnisation. **2** indemnité (compensación).

indemnizar *tr* y *pron* indemniser.

independencia *f* indépendance.

independiente *adj* indépendant.

independizar *tr* y *pron* émanciper.

indeseable *adj/m* o *f* indésirable.

indestructible *adj* indestructible.

indeterminado, da 1 *adj* indéterminé. **2** GRAM indéfini.

indicación 1 *f* indication. **2** *Chile* proposition. **3** *Chile* consultation.

indicador, ra *adj* y *m* indicateur. ◆ **~ de velocidad** compteur de vitesse.

indicar *tr* indiquer.

indicativo, va 1 *adj* indicatif. ● **2** *m* GRAM mode indicatif.

índice 1 *adj* y *m* index (dedo). ● **2** *m* indice (indicio). **3** index (lista ordenada). **4** catalogue (de una biblioteca). **5** MAT indice. ◆ **~ de alcoholemia** taux d'alcool; **~ de precios** indice des prix.

indicio 1 *m* indice. **2** INF repère.

Índico 1 *adj* indien. ● **2 Índico** *m* Indien.

indiferencia *f* indifférence.

indiferente *adj* indifférent. ■ **ser ~ una cosa** peu importer qqch.

indígena 1 *adj/m* o *f* indigène. ● **2** *adj/m* y *f Amér.* indien o métis non assimilé.

indigencia *f* indigence.

indigente *adj/m* o *f* indigent.

indigestarse 1 *pron* avoir une indigestion. **2** (fig, fam) ne pas pouvoir digérer (una persona).

indigestión *f* indigestion.

indigesto, ta 1 *adj* indigeste. **2** (fig) indigeste, confus.

indignación *f* indignation.

indignar *tr* y *pron* indigner.

indigno, na *adj* indigne.

índigo *m* indigo (colorante).

indio, dia 1 *adj* indien. ● **2** *m* y *f* Indien. ■ **hacer el ~** faire le zouave.

indirecto, ta *adj* indirect.

indisciplina *f* indiscipline.

indiscreción *f* indiscrétion.

indiscreto, ta *adj/m* y *f* indiscret.

indiscutible *adj* indiscutable.

indisoluble *adj* indissoluble.

indispensable *adj* indispensable.

indisponer 1 *tr* indisposer. ● **2 ~se** *pron* se sentir indisposé (estar enfermo). **3** se fâcher (malquistarse).

Adjetivos y pronombres indefinidos

Se incluye aquí una lista de las principales formas de los indefinidos, adjetivos y pronombres. Los cuantificadores también aparecen aquí.

Adjetivos
1. Variables

singular		plural		equivalencia
masc.	fem.	masc.	fem.	
-	-	plusieurs	plusieurs	varios, varias
aucun	aucune	-	-	ningún, ninguna...
autre	autre	autres	autres	otro, otra...
certain	certaine	certains	certaines	cierto, cierta...
chaque	chaque	-	-	cada
même	même	mêmes	mêmes	mismo
nul	nulle	-	-	ningún, ninguna...
pas un	pas une	-	-	ni un(o), ni una
quelconque	quelconque	quelconques	quelconques	cualquier, cualesquiera
quelque	quelque	quelques	quelques	alguno, alguna...
tel	telle	tels	telles	tal, tales
tout	toute	tous	toutes	todo, toda...

2. Invariables
Están formados por adverbios seguidos de la preposición **de** (funcionalmente pueden considerarse adjetivos).

assez de	= bastante, bastantes	combien de	= cuánto, cuánta...
autant de	= tanto, tanta...	moins de	= menos
beaucoup de	= mucho, mucha...	pas mal de	= bastante, bastantes

Pronombres
1. Variables

singular		plural		equivalencia
masc.	fem.	masc.	fem.	
-	-	certains	-	ciertos
-	-	plusieurs	plusieurs	varios, varias
aucun	aucune	-	-	ninguno, ninguna
chacun	chacune	-	-	cada uno, cada una, cada cual
l'autre	l'autre	les uns	les autres	otro, otra, otros, otras
l'un	l'une	les uns	les unes	uno, una, unos, unas
le même	la même	les mêmes	les mêmes	el mismo, la misma...
nul	nulle	-	-	ninguno, ninguna
quelqu'un	quelqu'une	quelques-uns	quelques-unes	algunos, alguna...
tel	telle	-	-	tal
tout	toute	tous	toutes	todo, toda...

2. Invariables

autre chose	= otra cosa	quelque chose	= algo
n'importe qui	= cualquiera	rien	= nada
n'importe quoi	= cualquier cosa	tout le monde	= todos, todas
personne	= nadie		

inflar

indisposición f indisposition.
indispuesto, ta adj indisposé.
individual adj individuel.
individualizar tr individualiser.
individuo, dua 1 adj individuel. ● 2 m individu. ● 3 m y f (fam) personne.
indocumentado, da 1 adj sans pièces d'identité. ● 2 m y f personne dépourvue de pièces d'identité.
índole 1 f caractère (carácter). 2 nature, caractère (condición).
indolente adj indolent.
indomable adj indomptable.
inducción f induction. ◆ ~ eléctrica FÍS induction électrique; ~ electromagnética FÍS induction électromagnétique.
inducir 1 tr induire: inducir a error = induire en erreur. 2 conduire; amener (instigar). 3 FIL, FÍS induire. 4 Amér. provoquer.
indudable adj indubitable.
indulgencia f indulgence. ◆ ~ plenaria REL indulgence plénière.
indulgente adj indulgent.
indultar 1 tr gracier. 2 Cuba se tirer d'affaire (salir de apuros).
indulto m grâce.
indumentaria f habillement, vêtement.
industria 1 f industrie. 2 adresse (habilidad). ■ de ~ exprès.
industrial adj y m industriel.
industrializar tr y pron industrialiser.
inédito, ta adj y m inédit.
inefable adj ineffable.
ineficacia f inefficacité.
ineludible adj inéluctable.
ineptitud f inaptitude (inhabilidad).
inepto, ta 1 adj inapte (no apto). ● 2 adj/m y f incapable (incapaz).
inequívoco, ca adj indubitable.
inercia f inertie.
inerte adj inerte.
inesperado, da adj inattendu.
inestable adj instable.
inestimable adj inestimable.
inevitable adj inévitable.
inexacto, ta adj inexact.
inexcusable adj inexcusable.
inexorable adj inexorable.
inexperiencia f inexpérience.
inexperto, ta adj/m y f inexpérimenté.
inexpresivo, va adj inexpressif.
inexpugnable adj inexpugnable.
inextricable adj inextricable.

infalible adj infaillible.
infalsificable adj infalsifiable.
infamar tr rendre infâme.
infame adj/m o f infâme.
infamia f infamie.
infancia f enfance.
infante, ta 1 m y f infant. 2 enfant (niño). ● 3 m fantassin (soldado).
infantería f MIL infanterie. ◆ ~ de marina MIL infanterie de marine; ~ ligera MIL infanterie légère.
infantil 1 adj infantile. 2 pour enfants (juegos, programas, etc.). 3 (fig) enfantin (cándido).
infarto 1 m MED infarctus. 2 MED engorgement (hinchazón u obstrucción). ◆ ~ de miocardio MED infarctus du myocarde.
infatigable adj infatigable.
infección f MED infection.
infeccioso, sa adj MED infectieux.
infectar tr y pron infecter.
infeliz adj/m o f malheureux.
inferior adj/m o f inférieur.
inferioridad f infériorité.
inferir 1 tr déduire (deducir). 2 causer (ocasionar).
infernal adj infernal.
infestar 1 tr infester (causar estragos). 2 (fig) envahir (llenar un lugar). ● 3 tr y pron infecter.
infidelidad f infidélité.
infiel adj/m o f infidèle.
infierno 1 m enfer. 2 Cuba (fig) jeu de cartes. ■ anda o vete al ~ (fam) va-t'en au diable.
infiltración f infiltration.
infiltrar 1 tr faire s'infiltrer. ● 2 ~se pron s'infiltrer.
ínfimo, ma adj infime.
infinidad f infinité.
infinitesimal adj MAT infinitésimal.
infinitivo adj y m GRAM infinitif.
infinito, ta 1 adj y m infini. ● 2 adv infiniment.
inflación 1 f gonflement (hinchamiento). 2 ECON inflation.
inflamable adj inflammable.
inflamación f inflammation.
inflamar tr y pron enflammer.
inflamatorio, ria adj MED inflammatoire.
inflar 1 tr y pron enfler; gonfler (hinchar). ● 2 tr (fig) grossir (exagerar). ● 3 ~se pron (~ de) se bourrer de (comida).

inflexible *adj* inflexible.
inflexión *f* inflexion.
infligir *tr* infliger.
influencia *f* influence.
influenciar *tr* → influir.
influir 1 *tr* e *intr* influer: *el tiempo influye en su estado de ánimo = le temps influe sur son état d'âme.* 2 (fig) influencer.
influjo 1 *m* influence. 2 flux (de la marea).
influyente *adj* influent.
información 1 *f* information. 2 renseignement (teléfono, etc.). 3 informations (noticias). ◆ ~ genética BIOL information génétique.
informador, ra 1 *adj/m* y *f* informateur. ● 2 *m* y *f* journaliste.
informal 1 *adj* peu sérieux. 2 informel (estilo, reunión).
informalidad *f* manque de sérieux.
informar 1 *tr* y *pron* informer; renseigner. ● 2 *intr* se prononcer (dictaminar). 3 DER plaider.
informática *f* informatique.
informático, ca 1 *adj* informatique. ● 2 *m* y *f* informaticien.
informativo, va 1 *adj* informatif. ● 2 *m* informations (de radio, televisión).
informatizar *tr* y *pron* informatiser.
informe 1 *adj* informe. ● 2 *m* rapport: *el informe de la policía está muy claro = le rapport de la police est très clair.* 3 information; renseignement (información). 4 DER réquisitoire. ● 5 informes *m pl* références (de una persona).
infortunio *m* infortune.
infracción *f* infraction.
infraestructura *f* infrastructure.
infraganti *adv* sur le fait; en flagrant délit.
infrahumano, na *adj* infrahumain.
infranqueable *adj* infranchissable.
infrarrojo, ja *adj* y *m* FÍS infrarouge.
infringir *tr* transgresser.
infructuoso, sa *adj* infructueux.
infundio *m* mensonge.
infundir 1 *tr* inspirer. 2 insuffler (ánimo, valor).
infusión *f* infusion.
ingeniar 1 *tr* inventer. ● 2 ingeniárselas *pron* (~ para) s'arranger pour; se débrouiller pour.
ingeniería *f* génie civil. ◆ ~ genética génie génétique.
ingeniero, ra *m* y *f* ingénieur. ◆ ~ civil ingénieur civil; ~ de caminos, canales

y puertos ingénieur des ponts et chaussées; ~ de minas ingénieur des mines; ~ de telecomunicaciones ingénieur des télécommunications; ~ químico ingénieur chimiste; ~ técnico technicien supérieur.
ingenio 1 *m* génie (talento). 2 génie (persona con talento). 3 ingéniosité (habilidad). 4 esprit (agudeza). 5 engin (artificio mecánico). 6 *Amér.* plantation de canne à sucre. ◆ ~ de azúcar sucrerie.
ingenioso, sa 1 *adj* ingénieux (hábil). 2 spirituel (divertido).
ingente *adj* énorme.
ingenuidad *f* ingénuité.
ingenuo, nua *adj* ingénu.
ingerir *tr* ingérer.
ingestión *f* ingestion.
Inglaterra *f* Angleterre.
ingle *f* aine.
inglés, sa 1 *adj* anglais. ● 2 *m* y *f* Anglais. ● 3 *adj* y *f* anglaise (letra). ● 4 *m* anglais (lengua).
ingratitud *f* ingratitude.
ingrato, ta *adj* ingrat.
ingrávido, da 1 *adj* sans pesanteur (sin gravedad). 2 léger.
ingrediente *m* ingrédient.
ingresar 1 *tr* déposer (dinero). ● 2 *intr* entrer, être admis (en un hospital, sociedad, etc.).
ingreso 1 *m* entrée (entrada). 2 admission. 3 (se usa más en *pl*) revenu (dinero).
íngrimo, ma *adj Amér.* seul, isolé.
inhábil 1 *adj* inhabile. 2 DER de fermeture (hora).
inhabilitar 1 *tr* déclarer inapte. ● 2 ~se *pron* devenir inhabile.
inhabitable *adj* inhabitable.
inhalación *f* inhalation.
inhalador *m* MED inhalateur.
inhalar *tr* MED inhaler.
inherencia *f* inhérence.
inherente *adj* inhérent.
inhibición *f* inhibition.
inhibir 1 *tr* inhiber. ● 2 *tr* y *pron* MED inhiber. ● 3 ~se *pron* s'abstenir d'intervenir.
inhóspito, ta *adj* inhospitalier.
inhumano, na 1 *adj* inhumain. 2 *Chile* très sale.
inhumar *tr* inhumer.

iniciación 1 f commencement (comienzo). 2 initiation.

inicial 1 adj initial. ● 2 f initiale.

iniciar 1 tr y pron commencer. 2 (~ en) initier à: *mi tío me inició en la astronomía = mon oncle m'a initié à l'astronomie.*

iniciativa f initiative. ■ por ~ propia de sa propre initiative.

inicio m commencement.

inicuo, cua adj inique.

inimaginable adj inimaginable.

iniquidad f iniquité.

injerencia f ingérence.

injertar tr greffer.

injerto, ta 1 m AGR greffe. 2 AGR greffon (yema implantada). 3 MED greffe (opération).

injuria f injure.

injuriar 1 tr injurier. 2 endommager.

injurioso, sa adj injurieux.

injusticia f injustice.

injustificado, da adj injustifié.

injusto, ta adj/m y f injuste.

inmaculado, da adj immaculé.

inmadurez f immaturité.

inmediación 1 f immédiateté. ● 2 inmediaciones f pl environs; abords.

inmejorable adj excellent.

inmemorial adj immémorial.

inmensidad f immensité.

inmenso, sa adj immense.

inmerecido, da adj immérité.

inmersión f immersion.

inmerso, sa adj immergé.

inmigración f immigration.

inmigrante adj/m o f immigrant.

inmigrar intr immigrer.

inminencia f imminence.

inminente adj imminent.

inmiscuir 1 tr mêler. ● 2 ~se pron (fig) s'immiscer.

inmobiliario, ria adj immobilier.

inmoderado, da adj immodéré.

inmolar tr y pron immoler.

inmoral adj immoral.

inmoralidad f immoralité.

inmortal adj immortel.

inmortalidad f immortalité.

inmortalizar tr y pron immortaliser.

inmóvil adj immobile.

inmovilidad f immobilité.

inmovilizar tr y pron immobiliser.

inmueble adj y m immeuble.

inmundicia f immondice.

inmundo, da adj immonde.

inmune 1 adj exempt (exento). 2 immunisé (a una enfermedad).

inmunidad f immunité. ◆ ~ diplomática immunité diplomatique.

inmunizar tr immuniser.

inmutable adj immutable.

inmutar 1 tr altérer. ● 2 ~se pron s'altérer; se troubler, perdre contenance.

innato, ta adj inné.

innovación f innovation.

innovar tr e intr innover.

innumerable adj innombrable.

inocencia f innocence.

inocentada 1 f (fam) *plaisanterie du jour des Saints-Innocents.* 2 (fam) niaiserie, bêtise.

inocente 1 adj/m o f innocent. 2 naïf, simple d'esprit (ingenuo). ■ declarar ~ innocenter.

inocular tr y pron MED inoculer.

inocuo, cua adj inoffensif.

inodoro, ra 1 adj inodore. ● 2 m watercloset, W.-C. (retrete).

inofensivo, va adj inoffensif.

inolvidable adj inoubliable.

inoperante adj inopérant.

inopia f indigence, dénuement. ■ estar en la ~ être dans les nuages.

inopinado, da adj inopiné.

inoportuno, na adj inopportun.

inorgánico, ca adj inorganique.

inoxidable adj inoxydable.

input 1 m ECON input, intrant. 2 INF entrée.

inquebrantable 1 adj incassable. 2 (fig) inébranlable.

inquietante adj inquiétant.

inquietar tr y pron inquiéter: *se inquieta por la tardanza de su hijo = il s'inquiète du retard de son fils.*

inquieto, ta 1 adj inquiet. 2 (fig) agité.

inquietud 1 f inquiétude. 2 (fig) agitation.

inquilino, na 1 m y f locataire. 2 *Amér.* habitant.

inquina f aversion, haine.

inquirir tr s'enquérir de; enquêter sur.

inquisición 1 f enquête, recherche. 2 Inquisition (tribunal eclesiástico).

inquisidor, ra 1 adj/m y f enquêteur (inquiridor). ● 2 m inquisiteur (juez eclesiástico).

insaciable adj insatiable.

insalubre adj insalubre.

insatisfacción f insatisfaction.
inscribir 1 tr inscrire. • **2** ~se pron s'engager, s'inscrire.
inscripción 1 f inscription. **2** engagement (en una competición).
insecticida adj y m insecticide.
insecto m insecte.
inseguridad f insécurité. ◆ ~ **ciudadana** insécurité urbaine.
inseguro, ra 1 adj incertain; chancelant (salud). **2** dangereux (un lugar, edificio, etc.). **3** qui n'est pas sûr de soi-même (persona).
inseminación f BIOL insémination. ◆ ~ **artificial** MED insémination artificielle.
insensatez 1 f manque de bon sens. **2** (fig) bêtise.
insensato, ta adj/m y f insensé.
insensibilidad f insensibilité.
insensible adj insensible.
inseparable adj/m o f inséparable.
inserción f insertion.
insertar 1 tr insérer. • **2** ~se pron BOT, ZOOL s'insérer.
inservible adj inutilisable.
insidia 1 f (se usa más en pl) piège; embûche (asechanza). **2** coup bas.
insidioso, sa adj/m y f insidieux.
insigne adj insigne.
insignia 1 f insigne. **2** bannière (pendón); enseigne (estandarte).
insignificante adj insignifiant.
insinuación f insinuation.
insinuar 1 tr y pron insinuer. • **2** ~se pron (fig, fam) faire des avances.
insípido, da adj insipide.
insistencia f insistance.
insistente adj insistant.
insistir intr (~ en) insister sur.
insobornable adj incorruptible.
insolación f insolation; coup de soleil.
insolencia f insolence.
insolente adj/m o f insolent.
insólito, ta adj insolite.
insoluble adj insoluble.
insolvencia f insolvabilité.
insolvente adj/m o f insolvable.
insomne adj insomnieux.
insomnio m insomnie.
insondable adj insondable.
insonorizar tr insonoriser.
insonoro, ra adj insonore.
insoportable adj insupportable.

insospechado, da adj insoupçonné.
insostenible adj insoutenable.
inspección 1 f inspection. **2** contrôle (examen, reconocimiento).
inspeccionar tr inspecter.
inspector, ra adj/m y f inspecteur. ◆ ~ **de Hacienda** inspecteur des Finances.
inspiración f inspiration.
inspirador, ra adj/m y f inspirateur.
inspirar 1 tr e intr inspirer. • **2** ~se pron s'inspirer: se inspira en el teatro de Shakespeare = il s'inspire du théâtre de Shakespeare.
instalación 1 f installation. • **2** instalaciones f pl installations (deportivas, militares, etc.).
instalar 1 tr installer; poser (la luz, la electricidad). • **2** ~se pron s'installer.
instancia 1 f instance (solicitud). **2** pétition (petición). **3** DER instance. ■ **a** ~ o **instancias de** à la demande de, à la requête de; **de primera** ~ tout d'abord; **en última** ~ en dernier ressort.
instantáneo, a adj instantané.
instante m instant, moment. ■ **al** ~ à l'instant, sur l'heure; **a cada** ~ à tout instant; **en todo** ~ à tout instant.
instar 1 tr insister. **2** prier instamment. • **3** intr presser, être urgent.
instaurar tr instaurer.
instigador, ra adj/m y f instigateur.
instigar tr inciter.
instinto m instinct. ■ **por** ~ d'instinct.
institución 1 f institution. ◆ ~ **benéfica** société de bienfaisance; ~ **de heredero** DER institution d'héritier.
institucionalizar tr y pron institutionnaliser.
instituir tr instituer.
instituto 1 m lycée (de enseñanza secundaria). **2** institut.
institutriz f institutrice, préceptrice.
instrucción 1 f instruction. • **2** instrucciones f pl instructions.
instructivo, va adj instructif.
instrumental 1 adj instrumental. • **2** m instruments.
instrumento 1 m instrument. **2** DER acte (acta). ◆ ~ **de cuerda, de percusión, de viento** MÚS instrument à cordes, à percussion, à vent.
insubordinado, da adj/m y f insubordonné.

insubordinar *tr* y *pron* révolter, soulever.
insuficiencia *f* insuffisance. ◆ ~ **cardiaca, renal** MED insuffisance cardiaque, rénale.
insuficiente 1 *adj* insuffisant. ● 2 *m* EDUC note inférieure à la moyenne.
insufrible *adj* insupportable.
ínsula *f* île.
insular *adj/m* o *f* insulaire.
insulina *f* MED, BIOQ insuline.
insulso, sa 1 *adj* fade, insipide. 2 (fig) plat.
insultada *f Amér.* insulte o série d'insultes.
insultar *tr* insulter.
insulto *m* insulte.
insumiso, sa *adj/m* y *f* insoumis.
insuperable *adj* insurpassable; imbattable (invincible); insurmontable (insalvable).
insurgente *adj/m* o *f* insurgé.
insurrección *f* insurrection.
insurrecto, ta *adj/m* y *f* insurgé.
intachable *adj* irréprochable.
intacto, ta *adj* intact.
intangible *adj* intangible.
integración *f* intégration.
integral 1 *adj* intégral. 2 complet. ● 3 *f* MAT intégrale.
integrar 1 *tr* composer, constituer; intégrer. 2 MAT intégrer. ● 3 ~**se** *pron* (~ *en*) s'intégrer dans.
integridad 1 *f* intégrité. 2 virginité (virginidad).
integrismo *m* intégrisme.
íntegro, gra 1 *adj* intégral, total. 2 (fig) intègre.
intelecto *m* intellect.
intelectual *adj/m* o *f* intellectuel.
inteligencia *f* intelligence. ◆ ~ **artificial** intelligence artificielle.
inteligente 1 *adj* intelligent. ● 2 *m* o *f* personne intelligente.
inteligible *adj* intelligible.
intemperie *f* intempérie. ■ **a la** ~ à découvert, sans abri.
intempestivo, va *adj* intempestif.
intención *f* intention. ◆ **primera** ~ (fam) franchise; **segunda** ~ (fam) arrière-pensée; ■ **tener** ~ **de** avoir l'intention de; **tener malas intenciones** être mal intentionné.
intencionado, da *adj* intentionné.
intendencia *f* intendance.
intendente *m* intendant.
intensidad *f* intensité.

intensificar *tr* y *pron* intensifier.
intenso, sa *adj* intense.
intentar *tr* essayer de; tenter de.
intento 1 *m* tentative, essai. 2 intention (propósito). ■ **al primer** ~ à la première tentative, du premier coup; **de** ~ exprès, à dessein.
interactivo, va *adj* INF interactif.
intercalar *tr* intercaler.
intercambiar *tr* échanger.
intercambio *m* échange. ◆ ~ **de opiniones** échange de vues.
interceder *intr* intercéder: *ella intercedía ante mis padres por mi hermana* = *elle intercédait auprès de mes parents en faveur de ma sœur.*
interceptar 1 *tr* intercepter. 2 barrer, couper (un camino, calle, etc.).
intercity *m* rapide (tren).
interés 1 *m* intérêt. ● 2 **intereses** *m pl* biens. ◆ **intereses creados** intérêts communs; ■ **tener** ~ **en** tenir à; **tener** ~ **por** être intéressé par.
interesado, da *adj/m* y *f* intéressé.
interesante *adj* intéressant.
interesar 1 *tr* e *intr* intéresser. ● 2 *intr* être intéressant. ● 3 ~**se** *pron* (~ *por*) s'intéresser à.
interfaz *f* INF, ELEC interface.
interferencia *f* interférence.
interferir 1 *tr* (fig) intervenir, s'interposer. 2 TELECOM brouiller. ● 3 *intr* ELECTR, FÍS interférer.
interfono *m* interphone.
ínterin *m* intérim.
interino, na *adj/m* y *f* intérimaire.
interior 1 *adj* y *m* intérieur. ● 2 **interiores** *m pl* entrailles (entrañas). 3 CINE scènes d'intérieur.
interiorizar *tr* intérioriser.
interjección *f* GRAM interjection.
interlocutor, ra *m* y *f* interlocuteur.
intermediario, ria *adj/m* y *f* intermédiaire.
intermedio, dia 1 *adj* intermédiaire. ● 2 *m* intermède, intervalle. 3 TEAT entracte, intermède.
interminable *adj* interminable.
intermitente 1 *adj* intermittent. ● 2 *m* AUT clignotant.
internacional 1 *adj* international. ● 2 *adj/m* o *f* international (deportista).
internacionalizar *tr* internationaliser.

internado, da 1 *adj* interné. ● **2** *m* internat.
internar 1 *tr* interner. ● **2** ~**se** *pron* pénétrer, s'enfoncer. **3** (fig) approfondir.
internauta *m* o *f* INF internaute.
internet *f* internet.
interno, na 1 *adj/m* y *f* interne. ● **2** *adj* intérieur. **3** interne (en un hospital); pensionnaire, interne (de un colegio).
interpelar *tr* interpeller.
interponer 1 *tr* y *pron* interposer. ● **2** *tr* DER interjeter.
interpretación *f* interprétation.
interpretar *tr* interpréter.
intérprete *m* o *f* interprète.
interrogación *f* interrogation.
interrogante 1 *adj* interrogateur. ● **2** *m* point d'interrogation (signo). ● **3** *amb* question.
interrogar *tr* interroger, questionner.
interrogatorio *m* interrogatoire.
interrumpir *tr* interrompre.
interrupción *f* interruption.
interruptor, ra 1 *adj* interrupteur. ● **2** *adj* y *m* ELEC interrupteur.
intersección *f* intersection.
interurbano, na *adj* interurbain.
intervalo *m* intervalle.
intervención 1 *f* intervention. **2** contrôle (oficio del interventor). **3** bureau du contrôleur (oficina del interventor). **4** MED intervention. **5** TELECOM écoute téléphonique.
intervenir 1 *tr* contrôler (fiscalizar). **2** saisir (embargar). **3** MED opérer. ● **4** *intr* intervenir. **5** survenir; arriver.
interventor, ra 1 *adj/m* y *f* intervenant. ● **2** *m* y *f* contrôleur, vérificateur. **3** assesseur (en las elecciones).
interviú *m* o *f* (se usa más como *f*) interview.
intestino, na 1 *adj* (fig) intestin. ● **2** *m* ANAT intestin. ◆ ~ **ciego** caecum; ~ **delgado** intestin grêle; ~ **grueso** gros intestin.
intimar 1 *tr* intimer (notificar). ● **2** *intr* (fig) se lier d'amitié.
intimidad *f* intimité.
intimidar *tr* y *pron* intimider.
íntimo, ma *adj* y *m* intime.
intocable *adj/m* o *f* intouchable.
intolerable *adj* intolérable.
intolerancia *f* intolérance.
intoxicación *f* intoxication.

intoxicar *tr* y *pron* intoxiquer.
intranet *f* INF intranet.
intranquilidad *f* inquiétude.
intranquilizar *tr* y *pron* inquiéter, alarmer.
intranquilo, la *adj* inquiet.
intransferible *adj* intransférable.
intransigencia *f* intransigeance.
intransigente *adj* intransigeant.
intransitable *adj* impraticable.
intrascendente *adj* insignifiant.
intratable *adj* intraitable.
intrépido, da 1 *adj* intrépide. **2** (fig) irréfléchi.
intriga *f* intrigue.
intrigar *tr* e *intr* intriguer.
intrincado, da *adj* embrouillé.
intríngulis 1 *m* (fam) arrière-pensée, intention cachée. **2** (fam) difficulté, hic, nœud (complicación).
intrínseco, ca *adj* intrinsèque.
introducción *f* introduction.
introducir *tr* y *pron* introduire.
intromisión *f* intromission.
introvertido, da *adj/m* y *f* introverti.
intruso, sa *adj/m* y *f* intrus.
intuición *f* intuition.
intuir *tr* pressentir, avoir l'intuition de.
intuitivo, va *adj* intuitif.
inundación *f* inondation.
inundar *tr* y *pron* inonder.
inusitado, da *adj* inusité.
inútil 1 *adj/m* o *f* inutile. **2** (fam, desp) bon à rien (persona).
inutilizar 1 *tr* rendre inutile. **2** rendre inutilisable, mettre hors d'état (intencionadamente).
invadir *tr* envahir.
invalidar *tr* invalider.
inválido, da *adj/m* y *f* invalide.
invariable *adj* invariable.
invasión *f* invasion.
invasor, ra 1 *adj* envahissant. ● **2** *adj/m* y *f* envahisseur.
invención *f* invention.
inventar *tr* inventer.
inventario *m* inventaire.
inventivo, va *adj* inventif.
invento *m* invention.
inventor, ra *adj/m* y *f* inventeur.
invernadero 1 *m* serre (para plantas). **2** abri (refugio).
invernal 1 *adj* hivernal. ● **2** *m* étable d'hiver.

invernar 1 *intr* hiverner. **2** *Amér.* AGR paître dans une embouche.
inverosímil *adj* invraisemblable.
inversión 1 *f* inversion. **2** placement, investissement (de capital, de tiempo).
inverso, sa *adj* inversé, renversé. ■ **a o por la inversa** à l'inverse.
inversor, ra 1 *adj/m y f* investisseur. • **2** *m* ELEC inverseur.
invertir 1 *tr* intervertir; invertir (simétricamente). **2** investir (dinero). **3** mettre, passer (tiempo).
investidura *f* investiture.
investigación 1 *f* enquête, investigation (policíaca). **2** recherche (científica).
investigar 1 *tr* enquêter sur. • **2** *intr* faire des recherches (en los científicos).
investir *tr* (~ con, de) investir de.
inveterado, da *adj* invétéré.
invicto, ta *adj* invaincu.
invidente 1 *adj* aveugle. • **2** *m o f* nonvoyant; aveugle.
invierno *m* hiver.
invisible 1 *adj* invisible. **2** (fam) invisible, imperceptible.
invitación *f* invitation.
invitado, da 1 *adj/m y f* invité. • **2** *m y f* hôte (huésped).
invitar 1 *tr* inviter. **2** (~ a) inviter à, inciter à.
invocar *tr* invoquer.
involucrar 1 *tr* insérer (incluir). • **2** *tr y pron* mêler (comprometer).
involuntario, ria *adj* involontaire.
invulnerable *adj* invulnérable.
inyección 1 *f* piqûre, injection. **2** (fig) injection.

La palabra *piqûre* tiene un uso mucho más extendido que la palabra *injection*.

inyectable 1 *adj* injectable. • **2** *m* substance injectable.
inyectar 1 *tr* injecter. **2** (fig) injecter, stimuler.
iodo *m* → yodo.
ión *m* FÍS, QUÍM ion.
ir 1 *intr y pron* aller. • **2** *intr* aller: *el rojo te va bien* = *le rouge te va bien*. **3** parier, y aller de (apostar). **4** être: *hoy va muy guapa* = *elle est très belle aujourd'hui*. • **5 ~se** *pron* s'en aller, partir: *nos fuimos a las dos* = *nous sommes partis à deux*

heures. **6** s'écouler (un líquido); s'épuiser (consumirse). **7** (fam) s'oublier (ventosear). **8** ~ + a + inf aller + infinitif: *iba a salir cuando sonó el teléfono* = *il allait sortir quand le téléphone a sonné*. ■ **el no va más** le summum; ~ **a lo suyo** (fig, fam) ne penser qu'à soi; ~ **a parar** se trouver, échouer; ~ **de** s'agir: *¿de qué va este libro?* = *ce livre, de quoi s'agit-il?*; ~ **detrás de algo** (fig) courir après qqch; ~ **para largo** traîner en longueur; ~ **sobre** s'agir; ~ **tirando** (fam) faire aller; ~ **y venir** (fig, fam) va-et-vient; ~**se abajo** alguien o algo s'écrouler, s'effondrer; **no ~le ni venirle a uno una cosa** (fig, fam) se ficher de qqch; **¡vaya!** (fam) allons!, quoi!
ira 1 *f* colère, courroux. **2** colère, fureur (de los elementos).
iracundo, da *adj/m y f* coléreux, colérique.
iris 1 *m* arc-en-ciel (arco iris). **2** opale (ópalo).
Irlanda *f* Irlande.
irlandés, sa 1 *adj* irlandais. • **2** *m y f* Irlandais. • **3** *m* irlandais (lengua).
ironía 1 *f* ironie. **2** (fig) ironie (fortuna). **3** RET ironie.
irónico, ca *adj* ironique.
ironizar *tr e intr* ironiser.
irracional 1 *adj* irrationnel. **2** irraisonné (que carece de razón). **3** MAT irrationnel. • **4** *m* animal.
irradiar 1 *tr* irradier. **2** (fig) irradier, rayonner.
irreal *adj* irréel.
irreconciliable *adj* irréconciliable.
irrecuperable *adj* irrécupérable.
irreflexión *f* irréflexion.
irreflexivo, va *adj/m y f* irréfléchi.
irregular *adj* irrégulier.
irrelevante *adj* insignifiant, sans importance.
irremediable *adj* irrémédiable.
irreparable *adj* irréparable.
irrepetible *adj* unique.
irresistible *adj* irrésistible.
irresoluto, ta *adj/m y f* irrésolu.
irrespetuoso, sa *adj* irrespetueux.
irrespirable *adj* irrespirable.
irresponsable *adj/m o f* irresponsable.
irreverente 1 *adj* irrespetueux, irrévérencieux. • **2** *m o f* personne irrévérencieuse.

irreversible *adj* irréversible.
irrevocable *adj* irrévocable.
irrigar *tr* irriguer.
irrisorio, ria *adj* dérisoire.
irritación *f* irritation, agacement. **2** irritation (de una parte del cuerpo).
irritar 1 *tr* y *pron* irriter, mettre en colère. **2** aviver, exacerber. **3** irriter (inflamar).
irrogar *tr* causer, occasionner (un perjuicio).
irrumpir *intr* faire irruption.
irrupción *f* irruption.
isla 1 *f* île. **2** pâté de maisons. **3** (fig) boqueteau, bosquet (de árboles). ■ **en ~** isolément.
islam 1 *m* islam (religión). **2** Islam.
islandés, sa 1 *adj* islandais. ● **2** *m* y *f* Islandais. ● **3** *m* islandais (lengua).
isleño, ña 1 *adj/m* y *f* insulaire. **2** *Cuba, P. Rico, R. Dom., Venez.* immigrant canarien.
isleta 1 *f* refuge (acera). **2** *Arg.* boqueteau.
islote *m* îlot.
Israel *m* Israël.

israelí 1 *adj* israélien. ● **2** *m* o *f* Israélien.
istmo 1 *m* isthme (de tierra). **2** ANAT isthme.
Italia *f* Italie.
italiano, na 1 *adj* italien. ● **2** *m* y *f* Italien. ● **3** *m* italien (lengua).

Son préstamos lingüísticos del italiano unas 800 palabras, entre las que destacan: **alarme, ambassade, appartement, banque, canon, carnaval, million, moustache, opéra, parasol, piano, sorbet, trafic**.

ítem *m* chapitre (capítulo); article (artículo).
iterar *tr* itérer, réitérer.
itinerante 1 *adj* itinérant. **2** volant (militar).
itinerario, ria *adj* y *m* itinéraire.
izar *tr* hisser.
izquierda *f* gauche. ◆ **~ real** gelée royale. ■ **a la ~ de** à gauche de, sur la gauche de.
izquierdo, da 1 *adj* gauche. **2** tordu, tors (torcido).

Jj

j *f* j.
jabalí *m* sanglier. ◆ **~ alunado** sanglier miré.
jabalina 1 *f* laie (hembra). **2** DEP javelot.
jabón 1 *m* savon. **2** *Arg., P. Rico* frousse, peur (susto). ◆ **~ en polvo** savon en poudre; **~ de sastre** craie de tailleur; ■ **dar ~ a uno** faire du plat à qqn.
jabonar 1 *tr* y *pron* savonner (el cuerpo). ● **2** *tr* savonner (una cosa). **3** (fig, fam) passer un savon (reprender).
jabonoso, sa *adj* savonneux.
jaca 1 *f* petit cheval. **2** jument. **3** (fig, fam) belle femme.
jacinto *m* jacinthe.
jactancia *f* vantardise, jactance.
jactarse *pron* se vanter.
jacuzzi *m* jacuzzi.
jade *m* jade (piedra).
jadear *intr* haleter.
jaguar *m* jaguar.

jaiba 1 *f* *Amér.* crabe (de mar); écrevisse (de río). ● **2** *m* o *f* *Cuba* (fig) paresseux, fainéant.
jalar 1 *tr* (fam) bouffer (comer). **2** (fam) tirer, haler (halar). ● **3** *intr* y *pron* *Amér.* se tirer (irse). ● **4** ~se *pron* *Amér.* se soûler (emborracharse).
jalea *f* gelée. ◆ **~ real** gelée royale.
jalear 1 *tr* exciter les chiens. **2** animer, encourager. **3** *Chile* (fam) agacer, se moquer.
jaleo 1 *m* cris pour exciter les chiens. **2** sorte de danse andalouse. **3** (fam) tapage, chahut. ■ **armar ~** faire du chahut.
jallo, lla *adj* *Méx.* prétentieux, pointilleux.
jalón 1 *m* jalon (vara). **2** (fig) jalon (hito). **3** *Amér.* traite (distancia). **4** *Guat., Méx.* coup (trago). **5** *Amér.* (fam) traction (tirón).
jalonar 1 *tr* jalonner. **2** (fig) jalonner.
Jamaica *f* Jamaïque.

jamás *adv* jamais. ■ ~ de los jamases jamais de la vie.

jamba *f* ARQ jambe, jambage.

jambar *tr* Hond., Méx. manger, bouffer.

jamón *m* jambon. ◆ ~ de york o en dulce jambon cuit; ~ serrano jambon de montagne; ■ ¡y un ~! (fig, fam) et puis quoi encore!

Japón *m* Japon.

japonés, sa **1** *adj* japonais. ● **2** *m* y *f* Japonais. ● **3** *m* japonais (lengua).

jaque *m* échec. ◆ ~ mate échec et mat.

jaqueca *f* migraine.

jarabe *f* sirop (medicamento). **2** (fig) sirop. **3** Méx. sorte de zapateado (baile).

jarana **1** *f* (fam) foire, riboldingue. **2** (fam) tapage (tumulto). **3** Amér. Centr. dette. **4** Amér. Centr. danse populaire.

jaranero, ra **1** *adj* fêtard, noceur. **2** Amér. Centr. tricheur.

jarcha *f* LIT kharja (vers).

jarcia **1** *f* MAR cordages, agrès. **2** MAR (se usa más en *pl*) gréement. **3** Cuba, Méx. corde, cordeau.

jardín *m* jardin. ◆ ~ botánico jardin botanique o des plantes; ~ de infancia o de infantes jardin d'enfants.

jardinería *f* jardinage.

jardinero, ra *m* y *f* jardinier.

jarearse **1** *pron* Méx. mourir de faim. **2** Méx. s'évader (huir). **3** Méx. ballot-ter (bambolearse).

jarra **1** *f* jarre. **2** pot. ■ de jarras o en jarras les poings sur les hanches.

jarro *m* pot; broc (grande); pichet (pequeño). ■ echarle a uno un ~ de agua o de agua fría (fig, fam) faire à qqn l'effet d'une douche froide.

jarrón **1** *m* vase d'ornement. **2** potiche (vaso).

jaspe *m* jaspe.

jauja *f* pays de Cocagne. ■ ¡esto es ~! (fam) c'est le Pérou!

jaula **1** *f* cage (para animales). **2** cageot (de madera). **3** (fig, fam) cage (prisión). ◆ ~ de grillos (fig) panier de crabes.

jauría *f* meute.

jazmín *m* jasmin.

jazz *m* jazz.

jefa **1** *f* chef, supérieure. **2** femme du chef.

jefatura **1** *f* dignité o charge de chef. **2** direction. **3** préfecture. ◆ ~ de Policía préfecture de Police.

jefe **1** *m* chef. **2** patron (de empresa). **3** MIL officier supérieur. ◆ ~ de administración chef de bureau; ~ de estación chef de gare; ~ de estado chef d'état; ~ de gobierno chef de gouvernement.

jemiquear *intr* Chile geindre.

jeque *m* cheikh.

jerarquía *f* hiérarchie.

jeremiada *f* jérémiade, lamentation.

jeremiquear *intr* Amér. geindre, se plaindre.

jerez *m* xérès.

jerga **1** *f* étoffe grossière de laine (tela). **2** paillasse (jergón). **3** argot, jargon (lenguaje).

jergón **1** *m* paillasse (colchón). **2** (fig, fam) robe ample. **3** (fig, fam) gros pata-pouf (persona gruesa). **4** MIN jargon.

jeringa **1** *f* seringue. **2** Amér. (fig, fam) ennui, embêtement.

jeringar **1** *tr* y *pron* injecter avec une seringue. **2** (fig, fam) raser, empoisonner (molestar).

jeroglífico, ca *m* hiéroglyphique.

jersey *m* pull-over.

Jesucristo *m* Jésus-Christ. ■ ¡Jesucristo! Jésus!

jesuita *adj* y *m* jésuite.

Jesús *m* Jésus. ■ en un decir ~ o en un ~ (fig, fam) en un clin d'œil; ¡Jesús! Jésus!; à vos souhaits!; sin decir ~ (fig) subitement (morir).

jet **1** *m* jet (reactor). ● **2** *f* jet-set.

jeta **1** *f* museau. **2** groin (del cerdo). **3** robinet (grifo). **4** (fam) tête, gueule. ● **5** *adj m* y *f* culot, toupet: *es un jeta, no nos ha ayudado* = c'est un culot, il ne nous a pas aidé.

jibia *f* seiche.

jícara **1** *f* Amér. tasse. **2** Guat. calebasse.

jilguero *m* chardonneret.

jilote *m* Amér. Centr., Méx. épi de maïs.

jineta **1** *f* genette. **2** épaulette de sergent. **3** Amér. écuyère (amazona).

jinete **1** *m* écuyer. **2** cheval de selle (caballo).

jinetear **1** *tr* e *intr* se promener à cheval. ● **2** *tr* Amér. dompter (los caballos). ● **3** ~se *pron* Col., Méx. monter (al caballo).

jirafa **1** *f* girafe. **2** CINE girafe.

jirón **1** *m* lambeau (pedazo). **2** (fig) brin. **3** Perú voie, allée.

jockey *m* jockey.

jocoso, sa *adj* amusant, drôle.

joder 1 *intr* y *tr* (vulg) baiser. ● **2** *tr, intr* y *pron* (vulg) emmerder. ● **3** *tr* y *pron* (vulg) foutre en l'air (destrozar). ● **4** ¡**joder!** *interj* (vulg) merde!, putain!

jodido, da 1 *adj* (vulg) mal foutu (cansado). **2** (vulg) coton (difícil). **3** (vulg) chiant (pesado). **4** (vulg) foutu (estropeado). **5** (desp) putain de.

jofaina *f* cuvette.

jogging 1 *m* jogging. **2** *Ur.* survêtement.

jolgorio *m* (fam) foire, noce, fête.

jornada 1 *f* journée. ● **2 jornadas** *f pl* cours, congrès. ◆ **~ de reflexión** jour de trêve précédant les élections; **~ intensiva** journée continue.

jornal *m* journée. ■ **a ~** à la journée, à tant par jour.

jornalero, ra *m* y *f* journalier.

joroba 1 *f* bosse. **2** (fig, fam) corvée, embêtement.

jorobado, da 1 *adj/m* y *f* bossu. ● **2** *adj* (fig, fam) embêté.

jorobar *tr* y *pron* (fig) embêter.

jorongo *m Méx.* poncho.

jota 1 *f* j. **2** brin, rien. **3** jota (baile). ■ **no entender uno** o **no saber una ~** (fig, fam) ne comprendre rien du tout; **no ver ~** o **no ver ni ~** (fig, fam) ne voir rien du tout.

joven 1 *adj/m* o *f* jeune. ● **2** *m* o *f* jeune homme, jeune fille *(f)*.

jovial *adj* jovial, gai.

joya 1 *f* bijou. **2** (fig) perle (persona). ● **3 joyas** *f pl* corbeille de mariage.

joyería *f* bijouterie, joaillerie.

joyero, ra 1 *m* y *f* bijoutier. ● **2** *m* coffret à bijoux.

juanete 1 *m* oignon (inflamación). **2** os du gros orteil (del pie).

jubilación *f* retraite.

jubilado, da *adj/m* y *f* retraité, en retraite.

jubilar *adj* jubilaire.

jubilar 1 *tr* mettre à la retraite. ● **2** *~se* *pron* prendre la retraite. **3** *Col.* déchoir. **4** *Cuba, Méx.* s'instruire.

jubileo 1 *m* jubilé. **2** (fig) remue-ménage, va-et-vient.

júbilo *m* joie, allégresse.

jubón *m* pourpoint.

judaísmo *m* judaïsme.

judería *f* juiverie, quartier juif.

judicial *adj* judiciaire.

judío, a 1 *adj/m* y *f* juif. ● **2** *f* haricot.

judo *m* judo.

juego 1 *m* jeu. **2** assortiment, lot (de útiles); service (de café); parure (de ropa interior, de cama). **3** jeu (holgura, movimiento). **4** (fig) habileté, adresse. **5** AUT train. ◆ **~ de cartas** o **de naipes** jeu de cartes; **~ de manos** jeu de mains; **~ de niños** (fig) jeu d'enfant; **~ de palabras** jeu de mots; **juegos malabares** jongleries, tours d'adresse; **juegos olímpicos** jeux olympiques; ■ **a ~** assorti: *blusa y falda a juego = blouse et jupe assorties*; **fuera de ~** DEP hors-jeu; **hacer ~** aller ensemble.

juerga *f* (fam) noce, foire; bombe.

juerguista *adj/m* o *f* (fam) noceur, fêtard.

jueves *m* jeudi. ◆ **~ santo** jeudi saint.

juez *m* o *f* juge. ◆ **~ árbitro** DEP, DER juge-arbitre; **~ de paz** o **municipal** juge de paix.

jueza *f* juge. **2** (fam) femme du juge.

jugada 1 *f* coup. **2** (fig) mauvais tour.

jugador, ra *adj/m* y *f* joueur. ◆ **~ de manos** prestidigitateur; **~ de ventaja** tricheur.

jugar 1 *intr* y *tr* jouer. ● **2** *intr* jouer (en Bolsa). **3** DEP jouer. **4** MEC jouer, avoir du jeu (moverse). ● **5** *~se* *pron* jouer, mettre en jeu. **6** être en jeu o en cause. ■ **~ limpio** (fig) jouer franc jeu; **~ sucio** (fig) ne pas jouer franc jeu; **jugársela a alguien** (fig) jouer un mauvais tour à quelqu'un.

jugarreta 1 *f* (fam) coup mal joué. **2** (fig, fam) mauvais tour.

juglar *m* jongleur.

jugo 1 *m* jus. **2** suc (secreción). **3** (fig) substance, suc.

jugoso, sa 1 *adj* juteux. **2** (fig) substantiel; lucratif; savoureux.

juguete 1 *m* jouet. **2** plaisanterie, moquerie.

juguetear *intr* jouer, s'amuser.

juguetería *f* magasin de jouets.

juguetón, na *adj* joueur.

juicio 1 *m* jugement. **2** raison, esprit. **3** sagesse. **4** DER jugement. ◆ **~ de Dios** REL jugement de Dieu; **~ final** REL jugement dernier; **~ oral** DER procédure orale; ■ **estar fuera** o **falto de ~** avoir perdu l'esprit, être fou; **poner en tela de ~** mettre en question.

juicioso, sa *adj/m* y *f* judicieux, sensé.

julepear 1 *tr Amér.* faire peur. **2** *Col.* gêner, déranger. **3** *Col.* insister, presser. **4** *P. Rico* fatiguer. ● **5** *intr* jouer aux cartes.
julio 1 *m* juillet. **2** FÍS joule.
jumar 1 *tr Arg.* (fam) fumer. ● **2 ~se** *pron* (fam) se cuiter.
jumbo *m* jumbo-jet.
junco 1 *m* BOT jonc. **2** MAR jonque.
jungla *f* jungle.
junio *m* juin.
júnior 1 *adj* y *m* junior. ● **2** *adj/m* o *f* DEP junior.
junta 1 *f* réunion, séance. **2** assemblée. **3** comité. **4** junte (militar). **5** ARQ joint, jointure. ● **6 juntas** *f pl Amér.* confluent.
juntar 1 *tr* joindre, unir. **2** assembler. ● **3** *tr* y *pron* réunir, rassembler. ● **4 ~se** *pron* se rapprocher, s'approcher. **5** avoir une liaison. **6** (~ *con*) se joindre à.
junto, ta 1 *adj* uni, réuni. **2** ensemble. **3** côte à côte (al lado). ■ **en ~** au total; **~ a** auprès de; **todo ~** tout ensemble.
Júpiter 1 *m* Jupiter (dios). **2** ASTR Jupiter.
jurado, da 1 *adj* juré. ● **2** *m* jury (tribunal). **3** membre du jury. ● **~ de empresa** comité d'entreprise.
juramento 1 *m* serment. **2** juron (reniego).

jurar 1 *tr* jurer. **2** prêter serment. ● **3** *intr* proférer des jurons, jurer. ■ **jurársela a alguien** (fam) promettre de se venger de qqn.
jurel *m* ZOOL saurel.
jurídico, ca *adj* juridique.
jurisdicción *f* juridiction. ◆ **~ civil** DER juridiction civile; **~ contenciosa** juridiction administrative; **~ ordinaria** juridiction de droit commun.
jurisprudencia *f* jurisprudence.
jurista *m* o *f* juriste.
justicia *f* justice. ■ **administrar ~** administrer la justice; **de ~** à bon droit; **hacer ~** faire o rendre justice.
justiciero, ra *adj* justicier.
justificación *f* justification. ◆ **~ automática** INF justification automatique.
justificante 1 *adj* justifiant. ● **2** *m* pièce justificative.
justificar 1 *tr* y *pron* justifier. ● **2** *tr* justifier (imprenta).
justo, ta 1 *adj/m* y *f* juste. ● **2** *adj* juste. ● **3** *adv* juste. **4** juste, de justesse.
juvenil *adj* juvénile.
juventud *f* jeunesse.
juzgado *m* tribunal.
juzgar 1 *tr* juger, estimer.

Kk

k *f* k.
ka *f* k.
kamikace 1 *m* kamikaze (avión, piloto). ● **2** *adj/m* o *f* (fig) kamikaze (temerario).
karate o **kárate** *m* DEP karaté.
karateca *m* o *f* DEP karatéka.
kazako, ka 1 *adj* kazakh. ● **2** *m* y *f* Kazakh.
keniano, na o **keniata 1** *adj* kenyan. ● **2** *m* y *f* Kenyan.
kilo *m* kilo.

kilociclo *m* FÍS kilocycle.
kilogramo *m* kilogramme.
kilolitro *m* mètre cube.
kilometraje *m* kilométrage.
kilómetro *m* kilomètre. ◆ **~ cuadrado** kilomètre carré.
kimono *m* kimono.
kiosco *m* → quiosco.
kivi *m* kiwi (fruta).
kiwi *m* → kivi.
K.O. (*abrev de* **knock-out**) *m* K.O.

LL

l *f* l.

la 1 *art* la: *la niña está triste* = *la fille est triste*. ● **2** *pron* la: *debes superarla si quieres ganar* = *tu dois la surpasser si tu veux gagner*. **3** celle: *la del colegio* = *celle de l'école*; celle que *o* qui: *la que he visto yo es buena* = *celle que j'ai vue est bonne, la que cantaba era tu hija* = *celle qui chantait était ta fille*. ● **4** *m* MÚS la.

laberinto 1 *m* labyrinthe. **2** (fig) situation confuse.

labia *f* (fam) bagout, verve.

labio 1 *m* lèvre. **2** (fig) bouche. **3** (fig) bord, contour. **4** BOT lèvre (lóbulo). ● **5 labios** *m pl* (fig) paroles. **6** ANAT lèvres (de la vulva). ◆ **cerrar** *o* **sellar los labios** (fig) se taire; **morderse los labios** (fig) se mordre les lèvres; **no morderse los labios** (fig) dire ce que l'on pense.

labor 1 *f* travail. **2** ouvrage, œuvre. **3** AGR labour. ◆ **~ de equipo** travail d'équipe; **labores de aguja** travaux d'aiguille; ■ **sus labores** femme au foyer.

laborable 1 *adj* ouvrable. **2** AGR labourable.

laboral *adj* du travail, de travail.

laboratorio *m* laboratoire.

laborioso, sa 1 *adj* laborieux. **2** difficile.

laborismo *m* travaillisme.

labrado, da 1 *adj* taillé. ● **2** *m* taille des pierres.

labrador, ra 1 *adj/m y f* paysan. ● **2** *m y f* laboureur. **3** propriétaire cultivateur.

labranza *f* labourage, labour. **2** champs cultivés, terres cultivées.

labrar 1 *tr* travailler; tailler (la madera, la piedra). **2** cultiver, labourer. **3** édifier, bâtir. **4** (fig) faire, travailler à. **5** ouvrer, ouvrager (con minuciosidad). **6** façonner.

labriego, ga 1 *m y f* paysan. **2** laboureur.

laburo *m* Amér. (fam) boulot.

laca *f* laque. ◆ **~ de uñas** vernis à ongles.

lacayo, ya 1 *adj* rampant, vil. ● **2** *m* laquais, valet de pied.

laceador *m* Amér. personne qui attrape au lasso.

lacear 1 *tr* enrubanner. **2** prendre au collet (la caza menor). **3** Arg. fouetter avec le lasso **4** Chile, Perú attraper au lasso.

lacerar 1 *tr y pron* lacérer, déchirer. ● **2** *tr* (fig) blesser, salir. ● **3** *intr* endurer, subir.

lachear *tr* Chile faire sa cour.

lacio, cia 1 *adj* fané; flétri. **2** faible; abattu. **3** raide (los cabellos).

lacón *m* épaule de porc.

lacónico, ca *adj* laconique.

lacra 1 *f* marque, trace (de una enfermedad). **2** (fig) défaut; vice, tare. **3** (fig) cancer, gangrène, fléau.

lacrar 1 *tr* cacheter à la cire. **2** rendre malade; contaminer. **3** (fig) nuire, faire du tort à.

lacre 1 *adj* Amér. (fig) rouge. ● **2** *m* cire à cacheter.

lacrimógeno, na *adj* lacrymogène.

lacrimoso, sa 1 *adj* larmoyant. **2** pleurnichard.

lactancia *f* allaitement.

lactante 1 *adj* qui allaite (madre). **2** qui est nourri au sein, qui tète. ● **3** *m* nourrisson (niño).

lácteo, a *adj* lacté.

lactosa *f* QUÍM lactose.

ladear 1 *tr, intr y pron* pencher; incliner; tordre. ● **2** *intr* marcher sur les flancs (de una montaña). **3** (fig) s'écarter *o* dévier du droit chemin. ● **4** **~se** *pron* (fig) se laisser porter.

ladera 1 *f* versant; pente, flanc (de una montaña). **2** coteau (de una colina).

ladilla *f* ZOOL morpion (insecto).

ladino, na 1 *adj* malin, finaud. ● **2** *adj/m y f* Amér. Centr., Méx. métis.

lado 1 *m* côté. **2** place (sitio). **3** (fig) faveur, protection. **4** GEOM côté. ■ **al ~** à côté; **de ~** de côté; **de uno y otro ~** de tous côtés; **ponerse de ~ de** se ranger du côté de; **ver el ~ bueno** *o* **lo bueno de las cosas** voir le bon côté des choses.

ladrar 1 *intr* aboyer; japper (los cachorros). **2** (fig, fam) menacer, montrer les dents. **3** (fig, fam) hurler. ■ **estar que ladra** (fam) être d'une humeur de chien.
ladrido 1 *m* aboiement; jappement (de un cachorro). **2** (fig, fam) médisance.

> *Aboi* sólo se utiliza en plural y para referirse a los perros de caza, mientras que *aboiment* puede emplearse en singular y hace referencia a los perros en general.

ladrillo 1 *m* brique. **2** carreau (del suelo). **3** (fig) chose ennuyeuse *o* barbante. ◆ **~ azulejo** carreau de faïence.
ladrón, na 1 *adj/m* y *f* voleur. ● **2** *m* larron d'eau (portillo para el agua). **3** ELEC douille voleuse.
lagar *m* pressoir.
lagarta 1 *f* ZOOL femelle du lézard. **2** chenille. **3** (fig, fam) prostituée.
lagartija *f* petit lézard.
lagarto 1 *adj* y *m* (fig, fam) renard, malin, fine mouche. ● **2** *m* ZOOL lézard. **3** *Amér.* caïman.
lago *m* lac.
lágrima 1 *f* larme. **2** (fig) larme (pequeña cantidad). ● **3 lágrimas** *f pl* (fig) souffrances, douleurs. ◆ **lágrimas de cocodrilo** (fig) larmes de crocodile; ■ **llorar a ~ viva** (fig) pleurer à chaudes larmes; **saltarle** *o* **saltársele a uno las lágrimas a los ojos** (fig) venir *o* monter les larmes aux yeux.
lagrimal *adj* lacrymal.
lagrimear *intr* larmoyer.
laguna 1 *f* lagune. **2** lagon (de un atolón). **3** (fig) lacune (de la memoria).
laico, ca *adj/m* y *f* laïque.
laísmo *m* emploi incorrect des pronoms *"la"* et *"las"*.
laja 1 *f* pierre plate. **2** MAR bas-fond. **3** *Ecuad.* terrain en pente. **4** *Col.* cordelette d'agave.
lama 1 *f* vase, boue. **2** lame; planche métallique. **3** *Amér.* mousse. **4** *Bol., Col., Méx.* moisissure, vert-de-gris. **5** *Chile* tissu de laine frangée.
lamber 1 *tr Amér.* lécher. **2** *Amér.* flatter.
lambido, da *adj Amér. Centr., Méx.* affecté, effronté.

lamentable 1 *adj* lamentable. **2** regrettable.
lamentar 1 *tr* y *pron* lamenter; être désolé. ● **2** *tr* déplorer, regretter. ● **3 ~se** *pron* se plaindre.
lamento *m* lamentation.
lamer 1 *tr* y *pron* lécher. ● **2** *tr* (fig) caresser.
lámina 1 *f* lame (de metal). **2** planche (plancha grabada). **3** plaque. **4** estampe, gravure (grabado).
laminar *adj* laminaire.
laminar 1 *tr* laminer. **2** lamer (guarnecer).
lámpara 1 *f* lampe. **2** lampe (de radio o televisión). **3** (fig) tache d'huile. ◆ **~ de aceite** lampe à huile; **~ de incandescencia** lampe à incandescence; **~ de minero** *o* **de seguridad** lampe de mineur *o* de sûreté; **~ de pie** lampadaire; **~ de techo** plafonnier.
lamparazo *m Col.* coup (trago).
lamparilla *f* petite lampe, veilleuse.
lamparón *m* tache d'huile.
lampiño, ña *adj* imberbe, glabre.
lampista *m* o *f* électricien; plombier.
lamprea *f* ZOOL lamproie.
lana 1 *f* laine. **2** lainage. **3** (fam) argent. ● **4** *m Amér. Centr.* tricheur. ● **5 lanas** *f pl* (fam) cheveux.
lanar *adj* à laine.
lance 1 *m* lancement; lancer, jet. **2** coup (jugada). **3** situation critique; circonstance (trance). **4** incident, péripétie. **5** rencontre, dispute. **6** affaire. ◆ **~ de fortuna** coup de hasard; ■ **de ~** d'occasion.
lancha 1 *f* pierre plate. **2** MAR barque; canot, chalupe. **3** *Ecuad.* (fam) givre, brouillard.
landa *f* lande.
landó *m* landau.
langosta 1 *f* ZOOL sauterelle, locuste. **2** ZOOL langouste (crustáceo).
langostino *m* grosse crevette.
languidecer *intr* languir.
languidez 1 *f* langueur, faiblesse. **2** indolence, apathie.
lánguido, da 1 *adj* languissant, faible. **2** languissant, langoureux, morne (la mirada).
languso, sa *adj Méx.* rusé, malin.
lanilla 1 *f* duvet, poil. **2** étoffe légère de laine.
lanolina *f* lanoline.
lanudo, da 1 *adj* laineux. **2** *Ecuad., Venez.* (fig) grossier.
lanza 1 *f* lance. **2** timon, flèche (de un coche). **3** lance (de una manguera). **4** MIL

lance, lancier. **5** *Amér.* (fam) voleur. ■
romper o quebrar lanzas con alguien
(fig) se disputer avec qqn; **romper una ~
en defensa de** (fig) rompre une lance en
faveur de.

lanzacohetes *adj* y *m* lance-fusées.

lanzadera 1 *f* navette. **2** marquise
(anillo). **3** (fig, fam) paquet de nerfs. ◆ **~
espacial** AER navette.

lanzamiento 1 *m* lancement, jet. **2** (fig)
lancement (al mercado). **3** DEP lancement (de disco); coup (del balón).

lanzar 1 *tr* y *pron* lancer, jeter. ● **2** *tr* larguer, lâcher. **3** vomir. **4** (fig) lancer (al
mercado). **5** (fig) pousser (gritos, suspiros). ● **6** **~se** *pron* (fig) se lancer.

lanzatorpedos *adj* y *m* lance-torpilles.

lapa 1 *f* moisissure, fleurs. **2** patelle, ber-
nique (molusco). **3** (fig) *bombe cram-
ponnée à une voiture*. **4** (fig, fam) pot-
de-colle, crampon. **5** BOT bardane. **6**
Amér. Merid. paca (roedor).

lapicera *f Arg., Chile* porte-plume.

lapicero 1 *m* porte-crayon. **2** crayon.

lápida *f* pierre qui porte une inscription.
◆ **~ sepulcral** pierre tombale.

lapidar 1 *tr* lapider. **2** *Amér.* tailler.

lapidario, ria 1 *adj* lapidaire. ● **2** *m* lapidaire (de piedras); marbrier (de lápidas).

lápiz *m* crayon. ◆ **~ de labios** rouge à
lèvres; **~ de ojos** crayon pour les yeux;
~ óptico o electrónico INF crayon optique *o* électronique.

lapso 1 *m* laps (de tiempo). **2** lapsus (error).

lapsus *m* lapsus.

largar 1 *tr* lâcher, laisser aller. **2** (fam) lâcher, dire; flanquer. **3** (fig) lâcher, sortir. **4**
(fig) congédier. **5** MAR déployer (velas);
larguer (un cable). ● **6** **~se** *pron* (fig) filer;
décamper. **7** MAR prendre le large.

largo, ga 1 *adj* long. **2** grand (alto). **3**
(fig) copieux, abondant. **4** (fig) large, libéral. **5** (fig) rusé, astucieux. **6** (fig) bon:
*tendrá que pasar un largo mes = un bon
mois devra passer*. ● **7** *m* longueur, long.
8 DEP longueur. ● **9** *adv* largement. **10**
longuement. ● **11** **¡largo!** *interj* allez-
vous-en!, au large!, du vent! ■ **de ~** long.

No hay que confundir esta palabra
con la palabra francesa **large**, que debe traducirse por 'ancho'.

largometraje *m* CINE long-métrage.

larguero, ra 1 *adj Chile* généreux. ● **2** *m*
montant. **3** traversin (almohada). **4** DEP
barre transversale.

larguirucho, cha *adj* (fam, desp) dégingandé, efflanqué.

largura *f* longueur.

laringe *f* ANAT larynx.

laringitis *f* MED laryngite.

larva *f* ZOOL larve.

las 1 *art* les: *las niñas = les filles*. ● **2**
pron les: *las compraré mañana = je les
acheterai demain*. **3** (**~ de**) (**~ que**)
celles: *las de Madrid, que levanten la
mano = celles de Madrid, levez la main,
las que bailan son mis primas = celles
qui dancent sont mes cousines*.

lasca *f* éclat de pierre.

lascivia *f* lascivité.

lascivo, va *adj/m* y *f* lascif.

láser *m* TEC laser.

laso, sa *adj* las, faible.

lástima 1 *f* pitié, compassion. **2** objet de
pitié *o* compassion. **3** plainte, lamentation. **4** dommage. ■ **dar o hacer ~** faire
pitié; **¡qué ~!** quel dommage!, c'est malheureux!; **ser una ~** être dommage; **tener ~ de** avoir pitié de.

lastimar 1 *tr* y *pron* faire mal, blesser. **2**
plaindre (compadecer). ● **3** *tr* (fig) blesser, faire du mal.

lastimero, ra *adj* plaintif.

lastre 1 *m* lest. **2** (fig) obstacle, difficulté.
3 (fig) fardeau.

lata 1 *f* fer-blanc (hojalata). **2** boîte (envase). **3** bidon. **4** (fam) ennui, embêtement. ■ **dar la ~** (fam) casser les pieds.

latente *adj* latent.

lateral 1 *adj* latéral. ● **2** *m* contre-allée
(de una avenida). **3** DEP latéral.

latero, ra 1 *adj Amér.* (fam) ennuyeux. ●
2 *m* y *f Amér.* (fam) ferblantier.

látex *m* latex.

latido *m* battement.

latifundio *m* latifundium.

latigazo 1 *m* coup de fouet; claquement
de fouet. **2** (fig, fam) coup (trago).

látigo 1 *m* fouet. **2** *Amér.* coup de fouet.
3 *Chile* arrivée (de carreras de caballos).
4 *Perú* cavalier.

latín *m* latin. ◆ **~ clásico** latin classique; **~
vulgar** latin vulgaire; ■ **saber ~ o mucho
~** (fig, fam) être malin comme un singe.

latinismo *m* latinisme.

latino, na 1 *adj* latin. • 2 *m y f* Latin. • 3 *m* latin (lengua).

latinoamericano, na 1 *adj* latino-américain. • 2 *m y f* Latino-Américain.

latir 1 *intr* battre (el corazón). 2 aboyer (ladrar). • 3 *tr e intr Méx.* pressentir, avoir un pressentiment.

latitud 1 *f* largueur; étendue (de un reino). 2 GEOG latitude.

latón 1 *m* laiton. 2 BOT micocoulier. 3 BOT micocoule.

latoso, sa *adj* (fam) ennuyeux.

latrocinio *m* vol; fraude.

laucha 1 *f Arg., Ur.* personne maligne. 2 *Chile* personne maigre. 3 *Arg., Chile* ZOOL *sorte de petit souris.*

laúd 1 *m* luth. 2 MAR *sorte de felouque.*

laurel 1 *m* laurier. • 2 **laureles** *m pl* (fig) lauriers (triunfos). ■ **dormirse en los laureles** (fig, fam) s'endormir sur ses lauriers.

lava 1 *f* lave. 2 MIN lavage (de los metales).

lavabo 1 *m* lavabo. 2 toilettes (servicios).

lavadero 1 *m* buanderie; lavoir (público). 2 *Amér.* endroit au lit d'une rivière où on ramasse et lave du sable aurifère.

lavado, da *m* lavage. ♦ **~ de cerebro** lavage de cerveau; **~ de estómago** lavage d'estomac.

lavador, ra *adj/m y f* laveur.

lavafrutas *m* rince-doigts.

lavanda *f* BOT lavande.

lavandería *f* blanchisserie.

lavaplatos 1 *m o f* plongeur. • 2 *m* lave-vaisselle. 3 *Chile, Col., Méx.* évier (fregadero).

lavar 1 *tr y pron* laver. • 2 *tr* laver (un dibujo).

lavativa 1 *f* lavement. 2 seringue à lavements.

lavavajillas *m* lave-vaisselle.

laxante *adj y m* laxatif.

laxar 1 *tr* relâcher. 2 relâcher l'intestin; purger.

laxo, xa 1 *adj* lâche. 2 (fig) relâché.

lazada *f* nœud; laçage.

lazarillo 1 *adj* d'aveugle (perro). • 2 *m* guide d'aveugle.

lazo 1 *m* nœud; ruban (para el pelo); lasso (de vaquero); collet, lacet (para cazar). 2 (fig) lien. 3 ARQ entrelacs.

le 1 *pron* (*compl directo*) le (a él): *no le oye* = *il ne l'entend pas*; vous (a usted):

le mira fijamente = *il vous regarde fixement.* 2 (*compl indirecto*) lui (a él): *le ha regalado un libro* = *il lui a offert un livre*; vous (a usted): *le prestará dinero* = *il vous prêtera de l'argent.*

leal 1 *adj* loyal; fidèle (un animal, una persona). • 2 *adj/m o f* loyaliste.

lealtad *f* loyauté; fidélité.

lebrel *m* lévrier. ♦ **perro ~** lévrier.

lebrillo *m* bassine; cuvette.

lección *f* leçon. ♦ **~ magistral** cours magistral; ■ **dar a uno una ~** (fig) donner une leçon à qqn.

lechal 1 *adj* de lait. 2 BOT laiteux. • 3 *m* agneau de lait.

leche 1 *f* lait. 2 (fig, fam) gnon (golpe); marron (puñetazo). ♦ **~ condensada** lait concentré sucré; **~ en polvo** lait en poudre; **~ homogeneizada** lait homogénéisé; **~ limpiadora** lait démaquillant; **~ merengada** boisson à base de lait, de blanc d'œuf, de cannelle et de sucre; **~ pasteurizada** lait pasteurisé; ■ **a toda ~** (vulg) à toute berzingue; **ser la ~** (vulg) être super; **tener mala ~** (fig, fam) être une teigne.

lechería *f* laiterie.

lechero, ra 1 *adj/m y f* laitier. • 2 *adj Méx.* chanceux (con suerte).

lecho 1 *m* lit; couche. 2 (fig) fond (del mar). 3 GEOL lit, strate.

lechón 1 *m* cochon de lait. • 2 *adj y m* (fig, fam) porc, cochon (hombre sucio).

lechuga *f* laitue. ■ **ser más fresco que una ~** (fig, fam) avoir du toupet.

lechuguino 1 *m* petite laitue. 2 plant de laitues. 3 (fig, fam) gommeux; petit-maître.

lechuza 1 *f* chouette. 2 (fig, fam) sorcière.

lectivo, va *adj* scolaire (año); de classe (día).

lector, ra 1 *m y f* lecteur. • 2 *m* INF lecteur. 3 REL lecteur.

lectura 1 *f* lecture. 2 relevé (de un contador). 3 INF lecture.

leer 1 *tr e intr* lire. • 2 *tr* INF lire.

legado 1 *m* légat (enviado). 2 (fig) héritage. ♦ **~ pontificio** légat du pape.

legajo *m* liasse de papiers; dossier.

legal 1 *adj* légal. 2 loyal (en el cumplimiento de su cargo). 3 (fam) régló.

legalidad *f* légalité.

legalizar *tr* légaliser.

legaña *f* chassie.

legar 1 *tr* léguer (por testamento). 2 réunir; rassembler. 3 (fig) léguer.

legendario, ria 1 *adj* légendaire. ● 2 *m* recueil de légendes.

legión *f* légion.

legionario, ria 1 *adj* de la légion. ● 2 *m* légionnaire.

legislación *f* législation.

legislatura 1 *f* législature. 2 *Arg.*, *Méx.*, *Perú* assemblée législative. 3 *Méx.* chambre des députés.

legitimar *tr* légitimer.

legítimo, ma 1 *adj* légitime. 2 authentique.

lego, ga 1 *adj/m* y *f* laïque. 2 (fig) profane (falto de conocimientos). ● 3 *m* frère convers.

legua *f* lieue. ◆ ~ marítima lieue marine; ■ a la ~ (fig) à une lieue.

legumbre *f* légume.

leído, da *adj* très cultivé; instruit.

lejanía 1 *f* lointain. 2 éloignement (distancia).

lejano, na *adj* lointain; éloigné. ◆ Lejano Oriente Extrême-Orient.

lejía *f* eau de Javel.

lejos *adv* loin. ■ a lo ~ au loin; de ~ de loin; ~ de loin de; ni de ~ loin de là.

lelo, la *adj/m* y *f* sot, niais.

lema 1 *m* sommaire (argumento breve). 2 devise (emblema). 3 thème; sujet (de un discurso). 4 nom d'emprunt (en un concurso). 5 FILOL lemme (en un diccionario).

lencería 1 *f* lingerie. 2 blanc (conjunto de lienzos).

lengua *f* langue. ◆ ~ materna langue maternelle; ~ oficial langue officielle; ~ viva langue vivante; ■ darle a la ~ (fig, fam) avoir la langue bien pendue; morderse la ~ (fig) se mordre la langue; sacar la ~ (fig, fam) tirer la langue; tener una cosa en la punta de la ~ (fig, fam) avoir qqch sur le bout de la langue; tirar de la ~ a uno (fig, fam) tirer les vers du nez à qqn.

lenguado *m* ZOOL sole.

lenguaje *m* langage. ◆ ~ cifrado langage codé; ~ coloquial langue parlée; ~ de alto nivel langage évolué; ~ de máquina *o* de ordenador langage machine; ~ de programación langage de programmation; ~ vulgar langue usuelle.

lengüeta 1 *f* languette (de una balanza). 2 languette (de un zapato). 3 épiglotte. 4

languette, tenon (en carpintería). ● 5 *adj* *Amér.* bavard.

lente 1 *f* lentille; verre (de gafas). ● 2 lentes *m pl* lunettes. ◆ ~ de aumento lentille grossissante; ~ de contacto lentille *o* verre de contact.

lenteja 1 *f* lentille. 2 lentille du balancier (de reloj).

lentejuela *f* paillette.

lentilla *f* lentille *o* verre de contact.

lentitud *f* lenteur.

lento, ta *adj* lent.

leña 1 *f* bois. 2 (fig, fam) volée, rossée (paliza); correction (castigo). ■ repartir ~ (fig, fam) administrer une volée.

leñador, ra 1 *m* y *f* bûcheron. 2 marchand de bois.

leño 1 *m* bûche. 2 (fig, fam) bûche, souche (persona torpe). ■ dormir como un ~ (fam) dormir comme une souche.

leñoso, sa *adj* ligneux.

Leo 1 *adj/m* *o* *f* lion (persona). ● 2 *m* ASTR Lion.

león *m* ZOOL lion. ◆ ~ americano *Arg.*, *Bol.*, *Chile*, *Par.*, *Perú* puma; ~ marino otarie.

leona *f* ZOOL lionne.

leopardo *m* ZOOL léopard.

leotardo 1 *m* (se usa más en *pl*) collant. 2 *Amér.* justaucorps.

leporino, na *adj* de lièvre.

lepra *f* MED lèpre.

leproso, sa *adj/m* y *f* lépreux.

lerdear 1 *intr* *Amér. Centr.*, *Arg.* être long (tardar). 2 *Amér. Centr.*, *Arg.* arriver en retard.

lerdo, da *adj/m* y *f* empoté.

les *pron* leur (a ellos): *les ha mandado una carta* = il leur a envoyé une lettre; vous (a ustedes): *él les explicará el proyecto* = il vous expliquera le projet.

lesbiano, na *adj* lesbien.

lesión 1 *f* lésion (daño corporal). 2 (fig) dommage (cualquier daño). 3 DER lésion.

letal *adj* mortel.

letanía *f* REL litanie.

letargo *m* MED léthargie.

Letonia *f* Lettonie.

letra 1 *f* lettre. 2 caractère (de imprenta). 3 écriture: *este alumno tiene buena letra* = cet élève a une belle écriture. 4 paroles (de una canción). 5 lettre de change (letra de cambio). ◆ ~ bastardilla italique;

~ **capital, versal** o **de caja alta** grande capitale; ~ **cursiva** lettre italique; ~ **de caja baja** caractère de bas de casse; ~ **de imprenta** o **de molde** caractère d'imprimerie; ~ **negrilla** o **negrita** caractère gras; ~ **redonda** o **redondilla** lettre ronde; ~ **versalita** petite capitale.

letrado, da 1 *adj* lettré. **2** (fam) poseur, pédant. ● **3** *m* y *f* avocat.

letrero *m* écriteau; enseigne.

letrina 1 *f* latrines. **2** (fig) saleté.

leucemia *f* MED leucémie.

leucocito *m* MED leucocyte.

leucoma *f* MED leucome.

leva 1 *f* NÁUT départ; partance. **2** MIL levée. **3** MEC came. **4** *Amér.* redingote (levita).

levadizo, za *adj* → puente.

levadura *f* levure; levain (para el pan).

levantamiento 1 *m* levée. **2** soulève-ment. ● **3** MEC levée du corps.

levantar 1 *tr* y *pron* lever. **2** soulever (su-blevar). ● **3** *tr* relever; lever (poner dere-cho). **4** hausser; élever (la voz). **5** construire. **6** monter (los naipes). **7** faire (un chichón, una ampolla). ● **8** ~**se** *pron* s'élever (sobresalir).

levante 1 *m* levant. **2** vent de l'est. **3** *Chile* droit qu'on paye au maître pour la coupe en forêt. **4** *Hond.* calomnie.

levar 1 *tr* MAR lever (el ancla). ● **2** ~**se** *pron* MAR mettre à la voile.

leve 1 *adj* léger. **2** (fig) peu grave.

levita *f* redingote.

levitar *intr* léviter.

léxico, ca 1 *adj* lexical. ● **2** *m* lexique.

lexicografía *f* lexicographie.

ley 1 *f* loi. **2** titre, aloi (de un metal). **3** règlement (de un concurso). ● **4 leyes** *f pl* droit. ◆ ~ **del embudo** (fig, fam) deux poids et deux mesures; ~ **natural** loi naturelle; ~ **seca** loi sèche; ■ **con todas las de la** ~ (fig) dans les règles; en bonne et due forme; **de** ~ véritable, pur (oro, plata); **dictar la** ~ faire la loi.

leyenda *f* légende. ◆ ~ **negra** légende noire.

liana *f* BOT liane.

liar 1 *tr* lier; attacher. **2** enrouler (envol-ver). **3** rouler (un cigarrillo). **4** (fig, fam) embobiner (embaucar). ● **5** *tr* y *pron* (fig, fam) mêler (en un asunto). ● **6** ~**se** *pron* s'envelopper. **7** (fig, fam) avoir une liai-son (amancebarse). **8** ~**se** + **a** + **inf** se

mettre à: *se ha liado a pintar la casa* = *il s'est mis à peindre sa maison.* ■ ~**se a palos** (fam) se taper dessus.

libar 1 *tr* sucer. **2** butiner (los insectos). **3** goûter (un licor).

libelo *m* libelle.

libélula *f* libellule.

liberación 1 *f* libération. **2** quittance (re-cibo). **3** *Chile* délivrance (parto).

liberal *adj/m* o *f* libéral.

liberalismo *m* libéralisme.

liberar *tr* libérer; dégager.

libertad 1 *f* liberté. **2** désinvolture (des-pejo). ● **3 libertades** *f pl* libertés; privi-lèges. ◆ ~ **condicional** DER liberté conditionnelle; ~ **de conciencia** liberté de conscience; ~ **de imprenta** o **de prensa** liberté de la presse; ~ **de pen-samiento** liberté d'opinion; ~ **provisio-nal** o **bajo fianza** DER liberté provisoire *o* sous caution; ■ **poner a alguien en** ~ mettre qqn en liberté; **tomarse liber-tades** prendre des libertés.

libertar 1 *tr* délivrer. ● **2** *tr* y *pron* libérer (de una obligación).

libertinaje *m* libertinage.

libertino, na 1 *adj/m* y *f* libertin. ● **2** *m* y *f* fils *o* fille d'affranchi.

Libia *f* Libye.

libido *f* PSIC libido.

libra 1 *adj/m* o *f* balance (persona). ● **2** *f* livre. **3 Libra** ASTR Balance. ◆ ~ **esterli-na** livre sterling.

libranza *f* ordre de paiement. **2** tirage (de una letra de cambio).

librar 1 *tr* sauver. **2** soustraire (de una obligación). **3** placer (la confianza). **4** li-vrer (una batalla). ● **5** *intr* accoucher (parir). **6** (fam) avoir un jour de congé. ● **7** ~**se** *pron* échapper à; se libérer.

libre 1 *adj* libre. **2** exempt (de impuestos). **3** dégagé. ■ **por** ~ (con los verbos *ir, ac-tuar, estudiar...*) de sa propre initiative; de son côté.

librea *f* livrée.

librecambista *adj/m* o *f* libre-échangiste.

librería 1 *f* librairie (tienda). **2** biblio-thèque. **3** *Arg.* papeterie.

librero, ra *m* y *f* libraire.

libreta 1 *f* cahier. **2** pain d'une livre. ◆ ~ o **cartilla de ahorros** livret de caisse d'épargne.

libreto *m* MÚS livret, livretto.

libro 1 *m* livre. **2** ZOOL feuillet. ◆ ~ **de caballerías** roman de chevalerie; ~ **de cabecera** livre de chevet; ~ **de caja** livre de caisse; ~ **de escolaridad** livret scolaire; ~ **de estilo** mémento typographique; ~ **de familia** livret de famille; ~ **de texto** livre au programme; **libros sagrados** livres saints; ■ **hablar como un** ~ parler comme un livre.

licencia 1 *f* permission, licence. **2** ECON licence. **3** permis (documento). **4** licence (abusiva libertad). ◆ ~ **poética** licence poétique; ■ **tomarse la** ~ **de** prendre la liberté de.

licenciado, da 1 *adj/m* y *f* titulaire d'une maîtrise. ● **2** *m* MIL soldat libéré. ◆ ~ **vidriera** (fig, fam) mauviette.

licenciar 1 *tr* donner une permission. **2** congédier (despedir). **3** accorder la maîtrise (a un estudiante). ● **4** ~**se** *pron* passer sa maîtrise.

licencioso, sa *adj* licencieux.

liceo 1 *m* société littéraire. **2** lycée (instituto).

licitar 1 *tr* enchérir. **2** *Amér.* vendre aux enchères.

lícito, ta *adj* licite.

licor *m* liqueur.

licuadora *f* mixeur.

licuar 1 *tr* liquéfier. **2** MIN liquater.

lid 1 *f* lutte; combat. **2** (fig) discussion, controverse. ■ **en buena** ~ loyalement.

líder *m* o *f* leader.

liderato *m* leadership.

lidia *f* combat.

lidiar 1 *intr* lutter; combattre. **2** (fig) (~ **con**) batailler avec. ● **3** *tr* TAUROM combattre (un toro).

liebre *f* lièvre. ◆ ~ **de mar** lièvre de mer; ■ **levantar la** ~ (fig, fam) lever le lièvre.

Liechtenstein *m* Liechtenstein.

liendre *f* lente.

lienzo 1 *m* toile (de lino). **2** ART toile. **3** *Amér.* morceau de clôture.

liga 1 *f* jarretière. **2** bandage (venda). **3** ligue (entre Estados). **4** alliage (aleación). **5** glu (para cazar pájaros). **6** BOT gui. **7** DEP championnat. **8** *Arg.* bonne chance.

ligadura 1 *f* ligature. **2** (fig) lien. **3** MED ligature (de un vaso). ◆ ~ **de trompas** MED ligature des trompes.

ligamento 1 *m* liaison. **2** ANAT ligament.

ligar 1 *tr* lier; attacher. **2** allier (metales). **3** lier (una salsa). ● **4** *intr* (fam) draguer. ● **5** ~**se** *pron* s'allier, s'unir.

ligazón *f* liaison; union.

ligereza *f* légèreté.

ligero, ra *adj* léger. ■ **a la ligera** à la légère.

lignito *m* GEOL lignite.

ligón, na 1 *adj/m* y *f* (fam) dragueur. ● **2** *m* bêche (azada).

liguero, ra 1 *adj* DEP du championnat. ● **2** *m* porte-jarretelles.

lija 1 *adj* P. Rico sagace. ● **2** *f* ZOOL roussette (pez). **3** papier de verre.

lila 1 *f* lilas (arbusto). ● **2** *adj* y *m* lilas (color). ● **3** *f* lainage (tela).

lima 1 *f* lime. **2** BOT lime (fruto). **3** BOT limettier (árbol).

limadura *f* limage.

limar 1 *tr* limer, passer la lime. **2** (fam) peaufiner.

limbo 1 *m* limbe. **2** limbes (de las almas).

limitar 1 *tr* limiter, borner. ● **2** *intr* limiter, confiner. ● **3** ~**se** *pron* (~ **a**) se limiter à, se borner à.

límite 1 *m* limite. **2** ECON plafond.

limítrofe *adj* limitrophe.

limo *m* boue.

limón 1 *m* citron (fruto). **2** citronnier (árbol). **3** limon (de un coche). **4** ARQ limon (de un escalera).

limonada *f* citronnade.

limonero, ra 1 *m* y *f* marchand de citrons. ● **2** *m* BOT citronnier (árbol).

limosna *f* aumône.

limpiabotas *m* cireur.

limpiacristales *m* produit pour les vitres.

limpiaparabrisas *m* essuie-glace.

limpiar 1 *tr* nettoyer; essuyer. **2** curer (un pozo). **3** (fig, fam) voler, faucher (hurtar).

limpieza 1 *f* propreté, netteté. **2** nettoyage. **3** nettoiement (de la vía pública). **4** ménage (de la casa). **5** (fig) pureté; intégrité.

limpio, pia 1 *adj* propre, net. **2** pur (puro). **3** net (sin cargas). **4** (fig) libre, exempt (de exento).

linaje 1 *m* lignée, souche. **2** (fig) genre, espèce. ● **3** **linajes** *m* pl noblesse.

lince 1 *m* lynx, loup-cervier. **2** (fig, fam) lynx (persona aguda).

linchar *tr* lyncher.

lindar *intr* (~ **con**) être contigu à, être attenant à.

linde o **lindero 1** *f* borne, lisière. **2** orée; lisière (de un bosque).

lindero, ra 1 *adj* attenant, limitrophe. ● **2** *m* limite, bord.

lindo, da 1 *adj* joli; gentil. **2** parfait, exquis (exquisito).

línea 1 *f* ligne. **2** classe, sorte (clase). ◆ **~ de exploración** ligne de balayage; **~ de meta** DEP ligne d'arrivée; **~ de transporte** ELEC ligne électrique; **~ discreta** GEOM ligne discontinue.

lineal *adj* linéaire, linéal.

linfocito *m* MED lymphocite.

lingote 1 *m* lingot (barra de metal). **2** gueuse (para fundición).

lingüista *m o f* linguiste.

lingüística *f* linguistique.

linimento *m* liniment.

lino 1 *m* lin. **2** toile de lin (tela).

linóleo o linóleum *m* linoléum.

linterna 1 *f* lanterne. **2** lampe de poche (portátil).

lío 1 *m* paquet, baluchon. **2** (fig, fam) confusion, embrouillement (embrollo). **3** (fig, fam) affaire, amourette (relación amorosa). **4** (fig, fam) histoire, pagaille. **5** (fig, fam) casse-tête (quebradero de cabeza).

liposoluble *adj* liposoluble.

liposucción *f* liposuccion.

lipotimia *f* MED lipothymie.

liquen *m* BOT lichen.

liquidación *f* liquidation.

liquidar 1 *tr* liquéfier. **2** (fig) régler, payer (pagar). **3** (fig) liquider (poner término). **4** (fig, fam) liquider, descendre (matar). **5** COM liquider, solder: *liquidar existencias = solder les stocks.*

líquido, da *adj* y *m* liquide. ◆ **~ imponible** ECON somme imposable.

lira 1 *f* lire (moneda). **2** MÚS lire.

lírico, ca *adj/m* y *f* LIT lyrique.

lirio *m* BOT iris. ◆ **~ blanco** lis (azucena); **~ cárdeno** iris; **~de los valles** muguet.

lirón 1 *m* BOT alisma, plantain d'eau (planta). **2** ZOOL loir (roedor).

lis *f* lis.

lisiado, da *adj/m* y *f* estropié.

lisiar *tr* y *pron* blesser, estropier.

liso, sa 1 *adj* lisse. **2** plat (llano). **3** uni (un color, una tela).

lisonja *f* flatterie.

lisonjear *tr* flatter, aduler.

lisonjero, ra *adj/m* y *f* flatteur.

lista 1 *f* rayure (franja). **2** liste; catalogue. ◆ **~ de difusión** INF liste de diffusion; **~ de espera** liste d'attente; **~ de precios** tarif, liste des prix.

listín *m* petite liste. ◆ **~ telefónico** répertoire téléphonique.

listo, ta 1 *adj* intelligent, vif. **2** malin, rusé (astuto). **3** prêt (preparado).

listón 1 *m* baguette, latte (en carpintería). **2** (fig) racloire, mesure (rasero).

litera 1 *f* lit superposé. **2** couchette (en un tren). **3** litière (vehículo).

literal *adj* littéral.

literato, ta *adj* cultivé. ● **2** *m* y *f* littérateur, personne de lettres.

literatura *f* littérature.

litigar 1 *tr* plaider. ● **2** *intr* (fig) disputer.

litigio *m* litige.

litio *m* QUÍM lithium.

litografía *f* lithographie.

litosfera *f* GEOL lithosphère.

litoral 1 *adj* y *m* littoral. ● **2** *m Arg., Par., Ur.* rive d'un río.

litro 1 *m* litre. **2** *Chile* lainage grossier.

Lituania *f* Lituanie.

liturgia *f* liturgie.

liviano, na 1 *adj* léger (de poco peso). **2** (fig) inconstant. **3** (fig) lascif (lascivo).

lívido, da *adj* livide.

liza *f* (fig) combat, lutte. ■ **entrar en ~** entrer en lice.

llaga 1 *f* plaie. **2** joint (entre dos ladrillos).

llagar *tr* causer ou faire une plaie.

llama 1 *f* flamme. **2** ZOOL lama (mamífero). **3** (fig) flamme, passion.

llamada 1 *f* appel. **2** rappel. **3** renvoi (remisión de un libro). **4** (fig) attirance. ◆ **~ al orden** rappel à l'ordre; **~ de programa** INF appel de programme.

llamamiento *m* appel.

llamar 1 *tr* y *pron* appeler, nommer: *¿ya sabéis cómo llamaréis al niño? = vous savez déjà comment vous apellerez l'enfant?* ● **2** *tr* appeler au téléphone; téléphoner. **3** appeler, faire venir. ● **4** *intr* sonner (con timbre).

llamarada 1 *f* flambée. **2** (fig) flambée, emportement éphémère.

llamativo, va *adj* (fig) criard, voyant, tapageur: *colores llamativos = couleurs criardes.*

llamear *intr* flamber; flamboyer.

llanero, ra *m* y *f* habitant de la plaine.

llaneza 1 *f* (fig) simplicité (en el estilo). **2** (fig) simplicité, familiarité (en el trato).

llano, na 1 *adj* plat. 2 (fig) simple, spontané. 3 (fig) clair (claro). 4 GRAM qui a l'accent tonique sur la pénultième syllabe. ● 5 *m* plaine.

llanta 1 *f* sorte de chou. 2 jante (de coche).

llanto *m* pleurs, sanglot.

llanura *f* plaine.

llapa *f Amér. Merid.* supplément, surplus.

llave 1 *f* clef, clé. 2 robinet (del agua, del gas). 3 remontoir (de un reloj). 4 (fig) clef (de un enigma). ◆ ~ **de paso** robinet d'arrêt; ~ **maestra** passe-partout.

llavero, ra 1 *m* y *f* personne qui garde les clefs. ● 2 *m* porte-clefs.

llegada *f* arrivée.

llegar 1 *intr* arriver. 2 atteindre (alcanzar). 3 (~ a) en arriver à, aller jusqu'à: *llegó a insultarle* = *il en est arrivé à l'insulter*. 4 (~ a) parvenir à (conseguir). ● 5 *tr* rapprocher (acercar). ● 6 **~se** *pron* se rapprocher de, s'approcher de.

llenar 1 *tr* y *pron* remplir. ● 2 *tr* (fig) satisfaire, épanouir. 3 combler (de favores); couvrir (de injurias, de elogios).

lleno, na 1 *adj* plein, rempli. 2 pétri. 3 plein, comble. ● 4 *m* pleine lune.

llevadero, ra *adj* supportable.

llevar 1 *tr* porter; emporter (algo a lo lejos); emmener (en coche). 2 endurer, subir: *lleva su situación con dignidad* = *elle endure sa situation avec dignité*. 3 amener, conduire (inducir). 4 porter (ropa). 5 être depuis, cela fait: *llevo tres días esperando* = *cela fait trois jours que j'attends*; depuis: *llevo tres días a régimen* = *je suis au régime depuis trois jours*. 6 conduire, mener à (un asunto, un proyecto). ● 7 **~se** *pron* s'entendre: *nos llevamos muy bien* = *nous nous entendons très bien*. 8 se porter (estar de moda).

llorar *intr* y *tr* pleurer.

llorera *f* sanglot, crise de larmes.

lloriquear *intr* pleurnicher.

llorón, na 1 *adj/m* y *f* pleurnicheur. ● 2 *m* saule pleureur (sauce llorón).

lloroso, sa *adj* larmoyant, en larmes.

llover *impers* pleuvoir.

llovizna *f* bruine, pluie fine.

lloviznar *impers* bruiner.

lluvia 1 *f* pluie. 2 *Chile* douche. ◆ ~ **ácida** pluies acides; ~ **de estrellas** pluie d'étoiles.

lluvioso, sa *adj* pluvieux.

lo 1 *art* le, l', ce qui: *me hubiera extrañado que hiciera lo contrario* = *cela m'aurait étonné qu'elle fasse le contraire*, lo extraño es que no llame = *ce qui est bizarre c'est qu'elle n'appelle pas*. 2 ~ **+ pron posesivo** ce qui est à, ce qui appartient à: *lo mío está en el cajón* = *ce qui est à moi se trouve dans le tiroir*. 3 ~ **+ pron relativo** ce qui (cuando es sujeto): *lo que me molesta es que no haya avisado* = *ce qui me dérange c'est qu'elle n'ait pas appelé*; ce que (cuando es complemento): *lo que te digo es totalmente cierto* = *ce que je te dis est absolument vrai*. 4 *pron* le: *lo creo casi imposible* = *je le crois presque impossible*, *lo veo desde la ventana* = *je le vois de la fenêtre*. ■ ~ **a** ~ à la manière de: *se vistió a lo burgués* = *elle s'est habillée à la manière des bourgeois*.

loa 1 *f* louange. 2 LIT poème laudatif.

loable *adj* louable.

loar *tr* louer.

loba *f* soutane (de eclesiástico).

lobezno *m* louveteau.

lobo, ba 1 *m* y *f* loup, louve (*f*). ● 2 *m* ANAT lobe (de la oreja). 3 (fig, fam) cuite (borrachera). ◆ ~ **de mar** loup de mer (marino); el ~ **feroz** le grand méchant loup.

lóbrego, ga 1 *adj* sombre, ténébreux. 2 (fig) triste, mélancolique.

lóbulo *m* lobe.

local 1 *adj* local. ● 2 *m* local. 3 bar (bar).

localidad 1 *f* localité. 2 lieu (sitio). 3 place (en un espectáculo).

localizar 1 *tr* localiser, trouver; repérer. 2 joindre.

loción *f* lotion.

loco, ca *adj/m* y *f* fou, folle (*f*). ◆ ~ **de atar** fou à lier; ~ **de remate** fou à lier; ~ **perdido** fou furieux; ■ **volver** ~ **a alguien** rendre qqn fou; **volverse uno** ~ devenir fou.

locomotora *f* locomotive.

locuaz *adj* loquace.

locución *f* locution.

locura *f* folie.

locutor, ra *m* y *f* présentateur, annonceur.

locutorio 1 *m* parloir. 2 cabine téléphonique.

lodo *m* boue.

lógica *f* logique.

lógico, ca 1 *adj* logique. ● 2 *m* y *f* logicien.

logotipo *m* logotype, logo.

lograr 1 *tr* obtenir. **2** atteindre (un propósito). **3** ~ + *inf* réussir à, parvenir à: *no logro entender lo que busca = je ne réussis pas à comprendre ce qu'il recherche.* • **4** ~se *pron* réussir.

logrero, ra 1 *m* y *f* usurier. **2** arriviste, profiteur (aprovechado).

logro 1 *m* obtention (acción). **2** réussite, succès: *nunca hace ostentación de sus logros = il n'étale jamais ses réussites*; accomplissement. **3** satisfaction (de un anhelo).

loma *f* colline, coteau.

lombriz 1 *f* ver de terre, lombric. ◆ ~ **intestinal** ver intestinal; ~ **solitaria** ver solitaire.

lomo 1 *m* dos, échine (de animal). **2** filet (carne de cerdo). **3** entrecôte (carne de vaca). **4** dos (de libro). • **5 lomos** *m pl* côtes. **6** ANAT lombes.

lona *f* toile; toile à voile (para velas).

loncha *f* tranche.

longaniza *f* saucisse.

longevo, va *adj* très âgé.

longitud 1 *f* longueur. **2** ASTR, GEOG longitude. ◆ ~ **de onda** FÍS longueur d'onde.

lonja 1 *f* tranche (de carne). **2** bourse de commerce. **3** halle au poisson (de pescado).

loor *m* louange.

loquería *f* *Amér.* maison de fous.

lora *f* *Chile* perruche, femelle du perroquet.

loro 1 *m* ZOOL perroquet. **2** (fig, fam) moulin à paroles. **3** (fig, fam) guenon, laideron (mujer fea). **4** *Chile* (fig, fam) espion. ■ **estar al** ~ (fam) être au parfum.

los 1 *art* (*m pl*) les: *los niños = les enfants et les filles*; → **el.** • **2** *pron* (pers) les: *los he escuchado atentamente = je les ai écoutés attentivement*; ceux: *los de tu hermano son mejores = ceux de ton frère sont meilleurs*; → **lo.** ■ ~ **que** ceux de nous, de vous, d'entre eux, qui: *los que cantamos estamos de pie = ceux de nous qui chantons sommes debout.*

losa 1 *f* dalle; carreau (pequeña). **2** (fig) sépulcre. ◆ ~ **sepulcral** pierre tombale.

loseta *f* petite dalle; carreau.

lote *m* lot; part. ■ **darse** o **pegarse el** ~ (fig, fam) se peloter (magrearse).

lotería 1 *f* loterie. **2** bureau de loterie. **3** loto (juego casero). ■ **caerle** o **tocarle a uno la** ~ gagner à la loterie.

lotero, ra *m* y *f* vendeur de billets de loterie.

loto 1 *m* BOT lotus. **2** BOT fleur de lotus. • **3** *f* loto (lotería primitiva).

loza 1 *f* faïence (barro cocido). **2** vaisselle (vajilla).

lozanía 1 *f* exubérance (en las plantas). **2** jeunesse; vigueur (en los hombres y animales).

LP (*siglas de* **Long Play**) *m* lp.

lubina *f* ZOOL loubine, bar.

lubricante *adj* y *m* lubrifiant.

lubricar *tr* lubrifier.

lubrificar *tr* → **lubricar.**

lucero 1 *m* Vénus; étoile du berger. **2** étoile brillante. **3** guichet (postigo). **4** ZOOL étoile. **5** (fig, lit) (se usa más en *pl*) yeux. ◆ ~ **del alba** Vénus, étoile du berger.

lucha 1 *f* lutte. ◆ ~ **libre** DEP lutte libre.

lucidez *f* lucidité.

lucido, da *adj* brillant.

lúcido, da *adj* lucide.

luciérnaga *f* ver luisant.

lucifer 1 *m* (lit) Vénus, Lucifer (lucero). **2** (fig) démon.

lucimiento *m* éclat.

lucir 1 *tr* faire preuve *o* des effets de; montrer. **2** porter (ropa). • **3** *intr* briller; resplendir. **4** (fig) profiter (cundir). **5** (fig) faire de l'effet (causar efecto). • **6** *intr* y *pron* (fig) briller (sobresalir). • **7** ~se *pron* (fig) réussir; se tirer avec honneur.

lucrarse *pron* tirer profit. **2** s'enrichir.

lucro *m* gain; lucre. ◆ ~ **cesante** DER lucrum cessans.

luctuoso, sa *adj* affligeant; triste.

lucubrar *tr* élucubrer.

lúdico, ca *adj* ludique.

luego 1 *adv* tout de suite: *luego llamo = j'appelle tout de suite.* **2** ensuite, après; *déjalo para luego = laisse-le pour après.* • **3** *conj* donc: *confesó, luego era culpable = il confessa, donc il était coupable.* ■ **desde** ~ évidemment; ~ **que** dès que.

lugar 1 *m* lieu: *en segundo lugar = en deuxième lieu.* **2** endroit: *conservar en lugar seco = à conserver dans un endroit sec.* **3** place (de una persona): *en su lugar no iría = à sa place je n'irais pas.* **4** temps, moment: *hay lugar para todo = il y a du temps pour tout.* ◆ ~ **común** lieu commun; ■ **fuera de** ~ hors de propos; **sin** ~ **a dudas** sans aucun doute.

lugareño, ña *adj/m* y *f* villageois; campagnard.

lugarteniente *m* lieutenant.

lúgubre *adj* lugubre.

Adverbios de lugar

1. Formas de los adverbios

à côté	= al lado	en avant	= adelante
à droite	= a la derecha	en bas	= abajo
à gauche	= a la izquierda	en face	= enfrente
ailleurs	= en otro lugar	en haut	= arriba
autour	= alrededor	ici	= aquí
autre part	= en otra parte	là	= ahí, allí
dedans	= dentro	là-bas	= allá
dehors	= fuera	là-haut	= ahí arriba
dessous	= debajo	loin	= lejos
dessus	= encima	nulle part	= en ninguna parte
au-dessous	= por debajo	où	= dónde / donde
au-dessus	= por encima	partout	= en todas partes
derrière	= detrás	près	= cerca
devant	= delante		
en arrière	= detrás, atrás		

2. Observaciones

a. En principio, los adverbios **ici** / **là** marcan la oposición de cercanía / lejanía; pero en la lengua actual esta oposición desaparece a favor de la pareja **là** / **là-bas**.

b. Con el verbo **être**, los adverbios **ici** y **là** toman un significado diferente: *je suis ici* indica que el hablante se encuentra en un lugar determinado, mientras que *je suis là* indica simplemente la presencia de la persona que habla.

lujo *m* luxe. ◆ ~ **asiático** luxe oriental.
lujoso, sa *adj* luxueux.
lujuria 1 *f* luxure. **2** excès; profusion.
lumbre 1 *f* feu. **2** clarté; lumière (luz). **3** jour (de una puerta). ● **4 lumbres** *f pl* briquet à amadou. ■ **dar** ~ donner du feu.
lumbrera 1 *f* lucarne. **2** (fig) lumière (persona inteligente). **3** *Méx.* tribune (palco).
luminosidad *f* luminosité.
luminoso, sa *adj* lumineux.
luna 1 *f* lune. **2** glace (de un espejo). ◆ ~ **creciente** premier quartier; ~ **de miel** lune de miel; ~ **llena** pleine lune; ~ **menguante** dernier quartier; ~ **nueva** nouvelle lune; **media** ~ croissant; **media** ~ (fig) le Croissant (Imperio Turco).
lunar 1 *adj* lunaire. ● **2** *m* grain de beauté. **3** pois (en telas).
lunático, ca *adj/m* y *f* lunatique.
lunes *m* lundi.
luneta 1 *f* lentille. **2** verre de lunettes. **3** ARQ lunette. **4** TEAT fauteuil d'orchestre.

◆ ~ **delantera** AUT pare-brise; ~ **térmica** AUT dégivreur.
lupa *f* loupe.
lúpulo *m* BOT houblon.
lusitano, na 1 *adj* lusitanien, lusitain. ● **2** *m* y *f* Lusitanien, Lusitain.
lustrabotas *m Amér.* cireur (limpiabotas).
lustrar 1 *tr* lustrer. **2** cirer (los zapatos).
lustre 1 *m* lustre; brillant. **2** (fig) éclat (esplendor).
lustro *m* lustre.
lustroso, sa *adj* brillant, lustré.
luto *m* deuil. ■ **estar de** ~ être en deuil.
Luxemburgo *m* Luxembourg.
luz 1 *f* lumière. **2** électricité. **3** AUT feu. ● **4 luces** *f pl* lumières; culture. **5** intelligence. ◆ ~ **de tráfico** (se usa más en *pl*) feu de signalisation; ~ **intermitente** AUT clignotant; **luces de carretera** AUT feux de route; **luces de cruce** AUT feux de croisement; **media** ~ demi-jour; ■ **dar a** ~ (fig) donner le jour *o* naissance à publier.
lycra *f* lycra.

Mm

m *f* m.

macabro, bra *adj* macabre.

macaco, ca 1 *adj Amér.* laid; difforme. ● **2** *m* y *f* ZOOL macaque.

macana 1 *f* massue (de los indios americanos). **2** *Amér.* gourdin (garrote). **3** *Amér.* (fig) bourde; blague.

macanudo, da 1 *adj Amér.* (fam) formidable; épatant. **2** *Arg., Chile* absurde.

macarrón *m* (se usa más en *pl*) macaroni.

Macedonia *f* Macédoine.

macedonio, nia 1 *adj* macédonien. ● **2** *m* y *f* Macédonien.

macerar 1 *tr* macérer. ● **2** ~se *pron* (fig) se mortifier.

maceta 1 *f* pot à fleurs (tiesto); pot de fleurs (con flores). **2** *Chile* bouquet de fleurs. ● **3** *adj P. Rico* misérable, avaricieux.

macetero *m* jardinière.

machacar 1 *tr* broyer; écraser. **2** piler (en un mortero). ● **3** *intr* (fig, fam) rabâcher, ressasser.

machacón, na *adj/m* y *f* rabâcheur; ressasseur.

machamartillo (a) *loc adv* obstinément. ■ **repetir a ~** répéter sur tous les tons.

machaquear *tr Amér.* → machacar.

machar 1 *tr* → machacar. ● **2** ~se *pron Amér. Merid.* se soûler.

machete 1 *m* machette. **2** *Amér. Centr.* coutelas.

machismo *m* machisme.

machista *adj/m* o *f* machiste.

macho 1 *adj* y *m* mâle. ● **2** *m* mulet (mulo). **3** martinet (mazo). **4** enclume (yunque). **5** (fig) macho (hombre autoritario). **6** (fig) crochet (parte del corchete). **7** ARQ pilier; pied-droit. ◆ ~ **cabrío** bouc; ~ **de aterrajar** TEC taraud.

maciento, ta *adj* émacié (rostro); pâle (luz).

macizo, za 1 *adj* massif. **2** baraqué (persona). ● **3** *m* massif (de montañas o plantas). **4** ARQ trumeau.

macramé *m* macramé.

macrobiótico, ca *adj* y *f* macrobiotique.

macrocosmo o **macrocosmos** *m* macrocosme.

macuco, ca 1 *adj Chile* malin, rusé. ● **2** *m Arg., Col.* échalas (grandullón).

mácula 1 *f* macule; tache. **2** (fig, fam) tromperie. **3** ANAT macula (del ojo). **4** ASTR tache.

macuto 1 *m* sac à dos. **2** *Venez.* coupelle pour faire l'aumône.

madeja 1 *f* écheveau. **2** (fig) touffe (de pelo). ◆ ~ **sin cuenda** (fig, fam) embrouille; personne désorganisée.

madera 1 *f* bois. **2** morceau de bois. **3** (fig, fam) étoffe, aptitudes. ■ **tener ~ de** avoir l'étoffe de; **tocar ~** toucher du bois.

maderamen o **maderaje** *m* charpente.

madrastra *f* belle-mère; marâtre.

madraza *f* (fam) maman gâteau.

madre 1 *f* mère. **2** mère (religiosa). **3** matrice (matriz). **4** (fig) mère (origen). **5** (fig) canal d'irrigation principal (acequia). **6** (fig) lie (del mosto o vino); mère (del vinagre). **7** TEC (fig) mèche. ◆ ~ **de familia** mère de famille; ~ **política** belle-mère (suegra); ■ **de puta ~** (fam) merveilleusement.

madreperla *f* huître perlière (molusco).

madrero, ra *adj* (fam) pendu aux jupes de sa mère.

madreselva *f* BOT chèvrefeuille.

madriguera 1 *f* terrier. **2** (fig) repaire (de maleantes).

madrina 1 *f* marraine. **2** témoin (de boda). **3** (fig) protectrice.

madroñal *m* lieu planté d'arbousiers.

madroño 1 *m* arbousier (árbol). **2** arbouse (fruto).

madrugada 1 *f* petit matin; aube (alba). **2** lever matinal. ■ **de ~** à l'aube, de bon matin.

madrugador, ra 1 *adj* matinal. ● **2** *m* y *f* lève-tôt.

madrugar 1 *intr* se lever de bonne heure. **2** (fig) prendre les devants (ganar tiempo).

madurar *tr* e *intr* mûrir.

madurez *f* maturité.

maduro, ra *adj* mûr.

maestría 1 *f* maestria (destreza). 2 maîtrise (título).

maestro, tra 1 *adj* y *m* maître. • 2 *m* y *f* maître d'école; instituteur. 3 professeur (de una materia). • 4 *m* MÚS maestro (compositor). 5 TAUROM matador. ◆ ~ de armas maître d'armes; ~ de ceremonias maître de cérémonies; ~ de obras entrepreneur, chef de chantier.

mafia *f* mafia.

magancear *intr* Chile, Col. fainéanter, lambiner.

magdalena *f* madeleine. ■ estar hecha una ~ (fam) pleurer comme une madeleine.

magia 1 *f* magie. 2 (fig) charme. ◆ ~ negra magie noire.

mágico, ca *adj* magique;

magisterio 1 *m* magistère; enseignement primaire. 2 métier d'instituteur. 3 corps des instituteurs.

magistrado, da *m* y *f* magistrat.

magistral *adj* magistral.

magistratura *f* magistrature.

magma *m* GEOL magma.

magnánimo, ma *adj* magnanime.

magnesia *f* magnésie.

magnesio *m* QUÍM magnésium.

magnético, ca *adj* magnétique.

magnetismo *m* magnétisme. ◆ ~ animal magnétisme animal; ~ terrestre FÍS magnétisme terrestre.

magnetizar *tr* magnétiser.

magneto *f* magnéto.

magnetófono o magnetofón *m* magnétophone.

magnicidio *m* magnicide.

magnificencia *f* magnificence.

magnífico, ca *adj* magnifique.

magnitud 1 *f* grandeur (tamaño). 2 (fig) importance; envergure.

magnolia 1 *f* BOT magnolier (árbol). 2 BOT magnolia (flor).

mago, ga 1 *adj/m* y *f* magicien. • 2 *adj* y *m* REL mage.

magrebí 1 *adj* maghrébin. • 2 *m* o *f* Maghrébin.

magro, gra 1 *adj* maigre. • 2 *m* (fam) maigre (carne).

maguey (*también* magüey) *m* Cuba, Méx. BOT pite, agave.

magulladura *f* meurtrissure.

magullar *tr* y *pron* meurtrir.

mahometano, na *adj/m* y *f* mahométan.

mahonesa 1 *f* mayonnaise. 2 BOT giroflée de Mahon.

maicena® *f* GAST maïzena.

maître *m* maître d'hôtel.

maíz *m* maïs. ◆ ~ de Guinea sorgho (zahína).

maizal *m* champ de maïs.

majaderear *tr* e *intr* Amér. (fam) taquiner, déranger.

majadería *f* sottise, bêtise.

majadero, ra 1 *adj/m* y *f* sot, imbécile. • 2 *m* pilon (maza).

majareta o majara *adj/m* o *f* (fam) cinglé, maboule.

majestad *f* majesté. ■ Su Divina Majestad Dieu, Notre-Seigneur.

majestuoso, sa *adj* majestueux.

majo, ja 1 *adj* beau, élégant, chic; sympathique. 2 (fam) fanfaron, bravache.

mal 1 *adj* (apócope de malo) mauvais. • 2 *m* mal. 3 malheur, mal (desgracia). 4 maladie, mal (enfermedad). • 5 *adv* mal: cantar mal = chanter mal. 6 mauvais. ◆ ~ de ojo mauvais œil; ■ de ~ en peor de mal en pis; llevar a ~ una cosa mal supporter qqch; ~ que bien tant bien que mal, vaille que vaille; menos ~ heureusement; no hay ~ que por bien no venga à qqch malheur est bon.

mala *f* malle (maleta).

malabar *adj/m* o *f* malabare.

malabarismo 1 *m* jongleries; tours d'adresse. 2 (fig) acrobatie intellectuelle.

malabarista *m* o *f* jongleur.

malaconsejado, da *adj/m* y *f* mal conseillé.

malacostumbrado, da 1 *adj* mal habitué. 2 gâté, choyé.

malacrianza *f* Amér. mauvaise éducation.

malagradecido, da *adj* Amér. ingrat.

malandante *adj* malheureux; infortuné.

malandrín, na *adj/m* y *f* coquin, fripon.

malaria *f* MED malaria, paludisme.

malasangre *adj/m* o *f* malintentionné.

malasombra 1 *m* o *f* manque de charme, fadeur. 2 empoisonnage.

malaventurado, da *adj* malchanceux, malheureux.

malbaratar 1 *tr* gaspiller, dissiper. 2 vendre à vil prix.

malcarado, da *adj* peu avenant; rébarbatif, bourru.

malcriado, da *adj/m y f* mal élevé.

malcriar *tr* mal élever (a los hijos); gâter.

maldad *f* méchanceté.

maldecir 1 *tr* maudire. • 2 *intr* médire, dire du mal (criticar).

maldición 1 *f* malédiction. 2 imprécation. • 3 ¡maldición! *interj* malédiction!, malheur!

maldispuesto, ta 1 *adj* indisposé. 2 mal disposé.

maldito, ta 1 *p irreg* → maldecir. • 2 *adj* méchant, pervers. • 3 *adj/m y f* maudit, damné. ■ ¡maldita sea! (fam) merde alors!

maleable 1 *adj* malléable. 2 (fig) docile, obéissant, discipliné.

maleante 1 *adj/m o f* pervers, méchant. • 2 *m o f* malfaiteur; criminel.

malecón *m* jetée; môle, digue.

maledicencia *f* médisance.

maleducado, da *adj/m y f* mal élevé.

maleficio *m* maléfice.

maléfico, ca 1 *adj* malfaisant. 2 maléfique. • 3 *m y f* sorcier.

malentendido *m* malentendu.

malestar *m* malaise.

maleta 1 *f* valise. 2 *Amér.* balluchon, baluchon. 3 *Amér. Centr., P. Rico* (fam) pauvre type. • 4 *m* TAUROM (fam) mazette, empoté.

maletero 1 *m* coffre à bagages (del coche). 2 malletier. 3 porteur (mozo de estación).

maletín 1 *m* mallette, petite valise. 2 trousse (de médico o veterinario).

malevo, va *adj/m y f Arg., Ur.* méchant, malveillant.

malévolo, la 1 *adj* malintentionné. • 2 *adj/m y f* malveillant.

maleza 1 *f* mauvaises herbes. 2 broussailles (zarzas). 3 *Arg., Chile* pus.

malformación *f* MED malformation.

malgastar *tr* gaspiller, dissiper.

malgenioso, sa *adj/m y f Amér.* irritable, irascible.

malhablado, da *adj/m y f* grossier; mal embouché.

malhadado, da *adj* infortuné.

malhechor, ra *adj/m y f* malfaiteur.

malherir *tr* blesser grièvement.

malhumorado, da *adj* de mauvaise humeur.

malicia 1 *f* malignité, malice; méchanceté. 2 astuce, sagacité, malice.

malicioso, sa 1 *adj* malicieux. 2 malin.

maligno, na 1 *adj/m y f* méchant. • 2 *adj* malin (pernicioso).

malintencionado, da *adj/m y f* malintentionné.

malla 1 *f* maille (de red, tejido). 2 filet. 3 maillot (de un deportista). 4 *Amér.* maillot de bain.

malmandado, da *adj/m y f* désobéissant.

malmeter 1 *tr* fâcher, brouiller. 2 pousser qqn à commettre de mauvaises actions.

malmirado, da 1 *adj* mal vu. 2 impoli, grossier.

malo, la 1 *adj* mauvais: *una mala comida* = *un mauvais repas*. 2 méchant: *es un hombre malo* = *il est un méchant homme*. 3 malade, indisposé (enfermo). 4 (fam) peu doué. 5 (fam) espiègle, vilain. • 6 ¡malo! *interj* mauvais signe!, mauvais présage! • 7 *m* le Malin (el diablo); le méchant (en una película o novela). ■ andar a malas (fig) être à couteaux tirés o être brouillé; estar de malas (fam) avoir maille à partir; lo ~ es que ce qui est difficile, ce qui est ennuyeux c'est que; por las buenas o por las malas de gré ou de force.

malograr 1 *tr* ne pas savoir profiter de; laisser perdre (una cosa). • 2 ~se *pron* tomber à l'eau (un plan); échouer (frustrarse). 3 avorter, échouer (un proyecto).

maloliente *adj* malodorant; qui sent mauvais.

malparado, da *adj* en mauvais état; mal en point.

malquerencia 1 *f* malveillance. 2 aversion, antipathie (antipatía).

malquistar *tr y pron* fâcher, brouiller.

malsano, na 1 *adj* malsain. 2 maladif.

malsonante *adj* malsonnant.

malta *f* malt.

Malta *f* Malte.

maltraer *tr* maltraiter, malmener.

maltratar 1 *tr y pron* maltraiter; malmener. • 2 *tr* abîmer.

maltrecho, cha *adj* en piteux état.

malva 1 *adj y m* mauve. • 2 *f* BOT mauve. ◆ ~ loca o real o rósea BOT rose trémière.

malvado, da *adj/m y f* méchant; scélérat.

malvender *tr* mévendre.

malversación *f* malversation. ◆ ~ de fondos détournement de fonds.

malversar tr détourner des fonds.

malvivir intr vivre mal.

mama 1 f mamelle (teta). **2** sein (pecho). **3** (fam) maman.

mamado, da adj (vulg) rond, soûl.

mamar 1 tr téter. **2** (fam) avaler, engloutir (engullir). **3** (fig) acquérir dès l'enfance. ◆ **4** ~**se** pron (vulg) se soûler (emborracharse).

mamarracho 1 m (fam) imbécile. **2** (fam) sottise, ânerie. **3** (fig, fam) polichinelle, fantoche.

mameluco 1 m mamelouk. **2** (fig, fam) nigaud, sot. **3** Méx. grenouillère (para bebés).

mamengue adj Arg. timoré, timide.

mamífero, ra adj/m y f ZOOL mammifère.

mamografía f MED mammographie.

mamón, na 1 adj/m y f qui tète encore. **2** goulu, qui tète beaucoup. ● **3** adj (vulg) sot, idiot. ◆ **4** m Amér. (fam) ivrogne (borracho).

mamotreto 1 m chose encombrante. **2** (fig, fam) gros bouquin.

mampara f paravent. **2** contre-porte.

mamporro m (fam) coup, gnon.

mampostería f maçonnerie.

mamúa f Arg., Ur. cuite, ivresse.

mamut m ZOOL mammouth.

maná 1 m manne. **2** (fig) manne (biens reçus).

manada 1 f troupeau (rebaño). **2** bande, meute (de lobos, de personas). **3** poignée (de hierbas).

mánager m o f manager.

manantial 1 m GEOL source. **2** (fig) source.

manar 1 intr y tr jaillir. ● **2** intr (fig) abonder.

manazas m o f (fam) empoté, grosse main.

mancebo 1 m jeune homme. **2** célibataire, garçon.

mancha 1 f tache. **2** tavelure (en la fruta). **3** (fig) souillure, tache (ofensa).

manchar 1 tr y pron tacher (hacer manchas); salir (ensuciar). **2** (fig) souiller, salir.

mancilla f (fig) souillure, flétrissure.

mancillar tr y pron tacher; déshonorer, souiller.

manco, ca 1 adj/m y f manchot. ● **2** adj (fig) boiteux (cojo).

mancomunar 1 tr y pron réunir, associer. ● **2** tr réunir, mettre en commun.

mancomunidad 1 f union, association. **2** copropriété.

mandado, da 1 pp → mandar. ● **2** m commission, course. **3** ordre.

mandamás m o f (fam) grand manitou.

mandamiento 1 m commandement, ordre. **2** REL commandement. **3** DER mandat. ◆ ~ **de arresto** o **de detención** DER mandat d'arrêt.

mandanga 1 f flegme, calme. ● **2 mandangas** f pl sottises, bêtises.

mandar 1 tr ordonner, donner l'ordre. **2** commander. **3** envoyer: mandar un paquete por correo = envoyer un paquet par la poste. **4** léguer (por testamento). ● **5** intr commander. ● **6** ~**se** pron se déplacer seul. **7** Amér. vouloir. **8** Chile, Cuba s'en aller. **9** Chile s'offrir, se proposer. ■ ~ **al otro barrio** o **al otro mundo** (fam) envoyer dans l'autre monde; ¡**mande!** à vos ordres, à votre service.

mandarín, na m y f mandarin.

mandarina f mandarine.

mandatario, ria 1 m y f mandataire. ● **2** m chef, président.

mandato 1 m ordre, commandement (orden). **2** mandat (procuración, misión). **3** POL mandat (de un diputado).

mandíbula f mâchoire; mandibule.

mandil m tablier.

mandinga 1 m Arg. sorcellerie, enchantement (brujería). **2** Amér. (fam) le diable.

mandioca 1 f BOT manioc. **2** BOT tapioca.

mando 1 m commandement. **2** cadre (jefatura). **3** MEC commande. ◆ ~ **a distancia** commande à distance.

mandrágora f BOT mandragore.

mandril 1 m ZOOL mandrill. **2** TEC mandrin.

manducar intr (fam) bouffer; becqueter, manger.

manecilla 1 f aiguille (de reloj). **2** manette, maneton. **3** fermoir.

manejable adj maniable.

manejar 1 tr manier. **2** utiliser. **3** (fig) diriger, manœuvrer. **4** Amér. conduire (un automóvil). ● **5** ~**se** pron se débrouiller; savoir se conduire. **6** se déplacer tout seul (un enfermo).

manejo 1 m maniement. **2** (fig) conduite (de un negocio). **3** (fig) manigances, manœuvres, magouilles. **4** Amér. conduite (de un automóvil).

manera 1 f manière, façon. **2** ART manière. ● **3 maneras** f pl manières.

manga 1 f manche (de un vestido). **2** tuyau (tubo). **3** bannière (estandarte). **4** filet (red). **5** MAR largeur (de un buque).

6 *Amér.* goulet, passage. ◆ ~ **corta** manche courte; ~ **de agua** trombe d'eau; ~ **de viento** tourbillon; ■ **estar en mangas de camisa** être en bras de chemise; **ser de ~ ancha** avoir les idées larges.

manganeso *m* QUÍM manganèse.

mangante *adj/m o f* (fam) voleur.

mangar 1 *tr* demander, mendier. **2** (fam) chiper, chaparder.

mango 1 *m* manche (de un instrumento). **2** queue (de una sartén). **3** manette, poignée (puño). **4** BOT mangue (fruto). **5** BOT manguier (árbol).

mangonear 1 *intr* (fam) se mêler de tout (entremeterse). **2** (fam) commander. **3** *Méx.* voler.

mangosta *f* ZOOL mangouste.

manguear 1 *intr* *Amér.* traquer, rabattre. **2** *Arg., Chile* (fig, fam) enjôler, amadouer.

manguera *f* tuyau d'arrosage.

manguito 1 *m* manchon (de piel). **2** manchette, fausse manche (manga postiza). **3** manche longue et large (de oficinista).

maní 1 *m* BOT arachide. **2** BOT cacahouète.

manía 1 *f* manie. **2** obsession. ■ **tenerle ~ a uno** (fig, fam) avoir pris qqn en grippe.

maníaco, ca *adj/m y f* maniaque, obsédé.

maniatar *tr* lier les mains.

maniático, ca *adj/m y f* maniaque.

manicomio *m* asile d'aliénés.

manicuro, ra 1 *m y f* manucure (persona). ● **2** *f* manucure (técnica).

manido, da 1 *adj* faisandé. **2** (fig) rebattu, banal.

manifestación 1 *f* manifestation. **2** preuve, démonstration.

manifestante *m o f* manifestant.

manifestar 1 *tr y pron* manifester. **2** montrer, témoigner. ● **3** *tr* faire savoir, déclarer. **4** REL exposer (el Santísimo Sacramento).

manifiesto, ta 1 *p irreg* → manifestar. **2** *adj y m* manifeste. ■ **poner de ~** mettre en évidence.

manigua *f* *Amér.* terrain broussailleux.

manija *f* poignée. **2** frette, bague (abrazadera de metal).

manilla *f* poignée. **2** menotte, manille (de preso). **3** aiguille (de reloj). **4** bracelet.

manillar *m* guidon (de bicicleta).

maniobra 1 *f* manœuvre. **2** MIL (se usa más en *pl*) manœuvre.

maniobrar *intr* manœuvrer.

manipulación *f* manipulation.

manipulador, ra 1 *adj/m y f* manipulateur. ● **2** *m* ELEC manipulateur.

manipular 1 *tr* manipuler. **2** (fig) manipuler, manœuvrer (influenciar).

maniquí 1 *m* mannequin (figura). ● **2** *m o f* mannequin, modèle (persona). **3** (fig, fam) mannequin, pantin (persona sin carácter).

manirroto, ta *adj/m y f* panier percé.

manisero, ra o **manicero, ra** *m y f* *Amér.* marchand de cacahuètes.

manivela *f* manivelle.

manjar *m* mets, plat.

mano 1 *f* main. **2** aiguille (de reloj). **3** pilon (de mortero). **4** couche (de pintura). **5** partie (jugada). **6** patte (habilidad). ◆ ~ **de obra** main-d'œuvre; ~ **derecha** (fig) bras droit; ■ **a ~ armada** à main armée; **alzar la ~ a uno** lever la main sur qqn; **atar a uno las manos** (fig) lier les mains de qqn; **con las manos en la masa** (fig, fam) la main dans le sac; **con las manos vacías** (fig) les mains vides; **de ~ en ~** (fig) de main en main; **de segunda ~** d'occasion; **echar ~ de se** servir de (una cosa); faire appel à (uno); **echar una ~** donner un coup de main; **escaparse de las manos** glisser des mains; **irse de la ~ una cosa** (fig) être entre les mains; **írsele a uno la ~** (fig) avoir la main lourde; **meter ~** (fam) faire main basse; **tener entre manos** (fig) s'occuper de; **tener ~ izquierda** savoir s'y prendre; **traerse algo entre manos** (fig) manigancer qqch.

manojo 1 *m* botte; bouquet (de flores). **2** (fig) poignée (puñado). ■ **a manojos** (fig) en abondance.

manómetro *m* FÍS manomètre.

manopla 1 *f* gantelet (de la armadura). **2** moufle (guante). **3** gant de toilette (para lavarse). **4** *Arg., Chile, Perú* coup-de-poing (arma).

manosear *tr* tripoter.

manotear 1 *tr* frapper de la main. **2** *Arg.* voler. ● **3** *intr* gesticuler.

manoteo *m* gesticulation.

mansalva (a) *loc adv* sans danger.

mansarda *f* *Amér. Centr., Amér. Merid.* mansarde.

mansedumbre *f* douceur (de una persona, del tiempo); docilité (de un animal).

mansión *f* demeure.

manso, sa 1 *adj* doux; docile (animal). **2** (fig) paisible (apacible). ● **3** *m* sonnailler (de un rebaño). **4** mas, ferme (masería). **5** métairie. **6** bœuf conducteur.

manta 1 *f* couverture (de cama, de viaje). **2** cape, manteau (abrigo). **3** (fig) volée de coups. **4** ZOOL raie cornue. **5** *Arg.* poncho. **6** *Méx.* cotonnade (tela de algodón). ■ a ~ (fam) en abondance; liarse uno la ~ a la cabeza (fig) passer par-dessus tout.

mantear 1 *tr* faire sauter dans une couverture. **2** *Arg.* maltraiter, malmener.

manteca 1 *f* beurre (mantequilla). **2** graisse (grasa). **3** crème du lait. ● **4** mantecas** *f pl* (fam) graisse (gordura). ◆ ~ de cerdo saindoux.

mantecado 1 *m* gâteau au saindoux (bollo). **2** glace à la vanille (helado).

mantecoso, sa *adj* gras.

mantel *m* nappe.

mantelería *f* linge de table.

mantener 1 *tr y pron* nourrir (alimentar). ● **2** *tr* maintenir (conservar). **3** entretenir (una familia). **4** soutenir (un edificio). **5** (fig) soutenir; maintenir (una opinión). ● **6** ~se *pron* se maintenir; se tenir.

mantenimiento 1 *m* subsistance. **2** nourriture (alimento). **3** (fig) maintien (de una idea). **4** entretien (de una familia). **5** maintenance (de una máquina).

mantequera 1 *f* beurrier (vasija). **2** baratte (aparato).

mantequería *f* crémerie.

mantequilla *f* beurre.

mantilla 1 *f* mantille (de mujer). **2** (se usa más en *pl*) lange (de bebé).

mantillo 1 *m* humus; terreau (capa del suelo). **2** fumier (abono).

manto 1 *m* cape; mante (de mujer). **2** manteau (de ceremonia). **3** (fig) voile (lo que oculta). **4** MIN couche.

mantón *m* châle. ◆ ~ de Manila châle en soie brodée.

manual 1 *adj y m* manuel. ● **2** *m* COM brouillard (borrador).

manubrio 1 *m* manivelle. **2** manche (de un instrumento).

manufactura 1 *f* manufacture. **2** produit manufacturé. **3** usine (fábrica).

manufacturar *tr* manufacturer.

manumitir *tr* affranchir.

manuscrito, ta *adj y m* manuscrit.

manutención 1 *f* entretien. **2** manutention (de piezas, mercancías).

manzana 1 *f* pomme. **2** pâté de maisons (conjunto de casas). **3** *Amér.* pomme d'Adam (nuez). ◆ ~ de la discordia (fig) pomme de discorde.

manzanilla 1 *f* camomille (planta, infusión). **2** sorte d'olive. **3** manzanilla (vino).

manzano *m* pommier.

maña 1 *f* habileté. **2** ruse (astucia). **3** (se usa más en *pl*) vice. ■ tener ~ para (fam) savoir s'y prendre pour.

mañana 1 *f* matin: han llegado a las diez de la mañana = ils sont arrivés à dix heures du matin; matinée (duración). ● **2** *m* avenir; lendemain (futuro). ● **3** *adv* demain: hasta mañana = à demain. ■ de ~ de bonne heure; muy de ~ de bon matin.

mañosear *intr* Chile, Perú ruser.

mañoso, sa 1 *adj* habile; adroit. **2** astucieux, rusé (astuto).

mapa *m* carte. ◆ ~ de bits INF table d'éléments binaires; ■ borrar a uno del ~ (fig, fam) tuer qqn; desaparecer del ~ (fig, fam) disparaître de la circulation.

mapache *m* ZOOL carcajou.

mapamundi *m* mappemonde.

maqueta *f* maquette.

maquillaje *m* maquillage.

maquillar *tr y pron* maquiller.

máquina 1 *f* machine. **2** locomotive (locomotora). ◆ ~ de afeitar rasoir; ~ de coser machine à coudre; ~ de escribir machine à écrire; ~ fotográfica appareil photo; ~ herramienta machine-outil; ~ registradora caisse enregistreuse; ~ tragaperras machine à sous; ■ a toda ~ à fond de train; escribir a ~ taper à la machine.

maquinación *f* machination.

maquinal *adj* machinal.

maquinar *tr* machiner, tramer, manigancer.

maquinaria 1 *f* machinerie (conjunto de máquinas). **2** mécanisme. **3** (fig) appareil.

maquinilla *f* rasoir.

maquinista 1 *m o f* machiniste. **2** mécanicien (del tren).

mar *amb* mer. ◆ ~ de fondo lame de fond; ~ en calma o en leche bonace; ■ a mares (fam) abondamment; estar hecho un ~ de lágrimas être tout en larmes; hacerse a la ~ prendre la mer; la ~ de énormément de.

maraca 1 *f* MÚS (se usa más en *pl*) maracas. **2** P. Rico hochet (sonajero).

maracaná *m* Arg. ara, perroquet.

maraña 1 *f* broussaille (maleza). **2** bourre de soie. **3** (fig) enchevêtrement.

maratón *m* marathon.

maravilla 1 *f* merveille. **2** émerveillement (admiración). ■ **a las mil maravillas** (fig) à merveille; **hacer maravillas** (fig, fam) faire des merveilles.

maravillar *tr* y *pron* émerveiller.

maravilloso, sa *adj* merveilleux.

marca 1 *f* marque (señal). **2** trace (cicatriz). **3** DEP record. ◆ ~ **de fábrica** marque de fabrique; ~ **registrada** marque déposée.

marcación *f* MAR marque.

marcado, da 1 *adj* marqué. ● **2** *m* marquage.

marcador, ra 1 *adj/m* y *f* marqueur. ● **2** *m* DEP tableau d'affichage.

marcaje *m* DEP marquage.

marcapasos *m* régulateur cardiaque.

marcar 1 *tr* marquer. **2** composer (un número de teléfono). ● **3** *tr* e *intr* DEP marquer. ● **4** *tr* y *pron* faire une mise en plis (el pelo).

marcha 1 *f* marche. **2** départ. **3** (fig) marche. **4** (fam) ambiance. **5** AUT vitesse. ■ **a marchas forzadas** (fig) en mettant les bouchées doubles; **a toda ~** (fig) à toute vitesse; **sobre la ~** au fur et à mesure, dans la foulée; **tener ~** (fig, fam) être animé, avoir la pêche.

marchamo *m* plomb.

marchante *m* o *f* marchand.

marchante, ta *m* y *f Amér.* client.

marchantería *f Amér.* clientèle.

marchar 1 *intr* marcher (caminar). **2** (fig) marcher (funcionar). ● **3** ~se *pron* partir: *ellas se han marchado = elles sont parties.*

> No hay que confundir esta palabra con la palabra francesa **marcher,** que debe traducirse por 'caminar, andar'.

marchitar *tr* y *pron* faner.

marchito, ta *adj* fané.

marchoso, sa 1 *adj* plein d'entrain. ● **2** *adj/m* y *f* fêtard (juerguista).

marciano, na *adj/m* y *f* martien.

marco 1 *m* cadre (de un cuadro). **2** mark (moneda). **3** encadrement (de una puerta o ventana). **4** (fig) cadre.

marea 1 *f* marée. **2** brise marine. ◆ ~ **negra** marée noire.

marear 1 *tr* diriger (un barco). **2** (fig, fam) assommer. ● **3** ~se *pron* avoir des nausées; être étourdi.

marejada 1 *f* houle. **2** (fig) effervescence.

maremagno *m* (fig, fam) foule (de personas); profusion (de cosas).

maremoto *m* raz de marée.

marengo *adj* y *m* marengo.

mareo 1 *m* mal au cœur. **2** (fig, fam) ennui.

marfil *m* ivoire.

marga 1 *f* serge. **2** GEOL marne.

margarina *f* margarine.

margarita *f* marguerite.

margen 1 *amb* marge. **2** rive (de un río). **3** apostille, annotation. ◆ ~ **de error** marge d'erreur; ■ **al ~** en marge, à l'écart.

marginado, da *adj/m* y *f* marginal.

marginar 1 *tr* écarter (dejar al margen). **2** marginaliser (socialmente).

mariachi 1 *m* mariachis (música). **2** mariachi (instrumentista).

marica 1 *f* pie (urraca). ● **2** *m* (fig, fam, desp) pédale, pédé; tapette (afeminado).

mariconada 1 *f* (fig, fam) connerie. **2** (fig, fam) vacherie (mala pasada).

maridar 1 *intr* se marier. ● **2** *tr* (fig) assortir, marier.

marido *m* mari.

marihuana o **mariguana** *f* marijuana.

marimorena *f* (fam) dispute, bagarre.

marina *f* marine. ◆ ~ **de guerra** marine de guerre.

marinar 1 *tr* mariner. **2** MAR équiper d'hommes (un buque).

marinero, ra *adj* y *m* marin.

marino, na *adj* y *m* marin.

marioneta *f* marionnette.

mariposa 1 *f* papillon. **2** veilleuse (candelilla).

mariposear *intr* papillonner.

mariquita 1 *f* coccinelle. ● **2** *m* (fam, desp) tapette, pédé (homosexual).

marisabidilla *f* (fam) madame je-sais-tout.

mariscal *m* maréchal.

marisco 1 *m* coquillage. ● **2 mariscos** *m pl* fruits de mer.

marisma *f* marais.

marisquería *f* restaurant de poissons.

marítimo, ma *adj* maritime.

marketing *m* marketing.

marmita *f* marmite.

mármol *m* marbre.

marmota *f* marmotte.

maroma 1 *f* câble. **2** *Amér.* voltige.

maromear 1 *intr Amér.* voltiger. **2** *Amér.* (fig, fam) être un godillot.

maromero, ra 1 *m* y *f Amér.* équilibriste; acrobate. **2** *Amér.* POL opportuniste.

marqués, esa *m* marquis.

marquesina *f* marquise.

marquetería *f* marqueterie.

marra 1 *f* manque. **2** masse (para romper piedras).

marranada 1 *f* cochonnerie. **2** (fig, fam) tour de cochon (acción).

marrano, na 1 *m* y *f* cochon, truie (*f*). ● **2** *adj/m* y *f* (fig, fam) cochon. ● **3** *m* TEC tambour de la roue (de una noria). **4** TEC sommier (de una prensa).

marras 1 *adv* (fam) de jadis, d'autrefois. ● **2 de marras** *loc adv* (desp) en question, fameux, maudit.

marrón 1 *m* palet (para jugar al marro). ● **2** *adj* y *m* marron (color).

marroquí 1 *adj* marocain. ● **2** *m* o *f* Marocain. ● **3** *m* maroquin (cuero).

marroquinería *f* maroquinerie.

Marruecos *m* Maroc.

marrullería *f* roublardise, ruse.

marta *f* ZOOL marte. ◆ **~ cebellina** o **cibelina** ZOOL zibeline.

Marte 1 *m* Mars (dios). **2** ASTR Mars.

martes *m* mardi.

martillazo *m* coup de marteau.

martillear *tr* marteler.

martillo 1 *m* marteau. **2** ANAT marteau (del oído). ◆ **~ neumático** marteau piqueur.

mártir *m* o *f* martyr.

martirio *m* martyre.

martirizar *tr* martyriser.

marxismo *m* marxisme.

marxista *adj/m* o *f* marxiste.

marzo *m* mars.

mas *conj* mais: *vendré, mas no antes de mañana = je viendrai, mais pas avant demain.*

más 1 *adv* plus: *he comprado más que ayer = j'en ai acheté plus que hier.* **2** davantage: *por mucho dinero que tenga, siempre quiere más = il a beau avoir de l'argent, il en veut toujours davantage.* **3** (~ *sust*) plus de: *tiene más valentía que su hermano = il a plus de courage que son frère.* **4** encore. **5** tellement, vrai-

ment. ● **6** *m* plus (signo de la suma). **7 nada ~ + inf** à peine. **8 no hacer ~ que + inf** ne faire que + inf.. ■ **a lo ~** tout au plus; **de ~** en trop, de trop; **~ o menos** plus ou moins; **por ~ que** avoir beau; **ir a ~** (fam) marcher, prospérer.

masa 1 *f* masse. **2** pâte (mezcla). **3** (fig) totalité, ensemble. **4** (fig) foule (muchedumbre). ◆ **~ encefálica** ANAT encéphale.

masacrar *tr* massacrer.

masacre *f* massacre; tuerie.

masaje *m* massage. ■ **dar masajes** masser.

masajista *m* o *f* masseur.

masar 1 *tr* pétrir (amasar). **2** masser (dar masaje).

mascada 1 *f* bouchée. **2** *Arg.* utilité, profit.

mascar 1 *tr* mâcher. **2** chiquer (tabaco). **3** (fig, fam) mâchonner, marmotter. ● **4 ~se** *pron* sentir, pressentir.

máscara 1 *f* masque. **2** loup (antifaz). ◆ **~ antigas** masque à gaz.

mascarilla *f* masque.

mascota *f* mascotte.

masculino, na 1 *adj* masculin. **2** (fig) viril. ● **3** *adj* y *m* GRAM masculin.

mascullar *tr* (fig, fam) mâchonner, marmotter.

masía *f* ferme; maison de campagne.

masificar *tr* y *pron* massifier.

masilla *f* mastic.

masivo, va 1 *adj* massif. **2** en masse.

masón *m* franc-maçon.

masón, na 1 *m* y *f* franc-maçon. ● **2** *m* petit pain, brioche.

masoquismo *m* masochisme.

masoquista *adj/m* o *f* masochiste.

máster *m* mastère.

masticar 1 *tr* mâcher. **2** (fig) ruminer, cogiter.

mástil 1 *m* MAR mât. **2** MAR perroquet (mastelero). **3** manche (de una guitarra).

mastín, na *adj* y *m* mâtin (perro).

mastodonte *m* ZOOL mastodonte.

masturbación *f* masturbation.

masturbarse *pron* se masturber.

mata 1 *f* arbrisseau. **2** pied (de una planta); touffe (de hierba). **3** buisson. **4** (fig) chevelure épaisse.

matadero 1 *m* abattoir. **2** (fig, fam) corvée.

matador, ra 1 *adj/m* y *f* tueur. **2** meurtrier. ● **3** *m* y *f* TAUROM matador.

matahambre 1 *m Arg.* massepain. **2** *Cuba dessert de yucca.*

matamoscas *m* tue-mouches.
matanza 1 *f* tuerie, massacre (de gente). **2** abattage (de cerdo). **3** saison de l'abattage du cochon (época). **4** viande du cochon.
matar 1 *tr* y *pron* tuer. ● **2** *tr* éteindre (la cal, el yeso). **3** ternir. **4** adoucir (una arista). **5** (fig) tuer, martyriser. **6** (fig) assommer (fastidiar).
matarife *m* boucher d'abattoir.
matarratas 1 *adj* y *m* mort-aux-rats. ● **2** *m* (fam) tord-boyaux (aguardiente).
matasanos *m* (fig, fam) médicastre; charlatan.
matasellos 1 *m* cachet de la poste; tampon. **2** oblitérateur (instrumento).
matasiete *m* (fig, fam) fanfaron; bravache.
matasuegras *m* langue de belle-mère.
match *m* DEP match.
mate 1 *adj* mat (color). ● **2** *m* mat (en ajedrez). **3** maté (planta y bebida); infusion (de otras plantas). **4** récipient à maté. **5** *Amér. Merid.* calebasse.
matear *intr Amér. Merid.* prendre du maté.
matemática *f* (se usa más en *pl*) mathématique (ciencia).
matemático, ca 1 *adj* mathématique. ● **2** *m* y *f* mathématicien.
materia 1 *f* matière. **2** (fig) sujet, matière. **3** MED humeur, matière purulente. ◆ ~ **prima** matière première; ■ **entrar en** ~ entrer en matière.
material 1 *adj* matériel. ● **2** *m* matériel. **3** TEC matériau. ● **4 materiales** *m pl* matériaux (de construcción).
materialismo *m* matérialisme.
materializar *tr* matérialiser.
maternal *adj* maternel.
maternidad *f* maternité.
materno, na *adj* maternel.
matero, ra *adj/m* y *f* amateur de maté.
matinal *adj* matinal.
matiz *m* nuance.
matizar *tr* nuancer.
matojo 1 *m* buisson. **2** *Cuba* rejeton.
matraca 1 *f* crécelle (instrumento). **2** (fig, fam) pilonnage.
matraz *m* QUÍM matras; ballon.
matrero, ra 1 *adj* rusé, astucieux. **2** méfiant (receloso).
matriarcado *m* matriarcat.
matriarcal *adj* matriarcal.
matricida *adj/m* o *f* matricide.

matrícula 1 *f* matricule (lista). **2** immatriculation (de un coche). **3** inscription (en la universidad). **4** AUT plaque d'immatriculation. ◆ ~ **de honor** félicitations du jury.
matricular 1 *tr* immatriculer (coche). ● **2** *tr* y *pron* inscrire (un alumno).
matrimonial *adj* matrimonial.
matrimonio 1 *m* mariage (boda). **2** ménage (familia); couple (pareja). ◆ ~ **canónico** mariage catholique; ~ **civil** mariage civil; ~ **de conveniencia** mariage de raison; ■ **contraer** ~ se marier avec.
matriz 1 *adj* y *f* mère. ● **2** *f* souche, talon (de un registro). **3** ANAT matrice. **4** TEC matrice.
matrona 1 *f* matrone (madre de familia). **2** sage-femme (comadrona).
matusalén *m* (fig) Mathusalem.
matutino, na *adj* matinal; du matin.
maula 1 *f* chose inutile, rebut. ● **2** *m* o *f* (fig, fam) mauvais payeur. **3** (fam) bon à rien, inutile.
maullar *intr* miauler.
maullido *m* miaulement.
mausoleo *m* mausolée.
maxilar *adj* y *m* ANAT maxillaire.
máxima 1 *f* maxime. **2** température maximale.
máxime *adv* principalement.
máximo, ma 1 *adj* le plus grand. **2** maximal. ● **3** *m* maximum.
maya *f* BOT pâquerette.
mayo *m* mai.
mayonesa *f* mayonnaise.
mayor 1 *adj* plus grand: *el macho es mayor que la hembra* = *le mâle est plus grand que la femelle*. **2** plus âgé, plus vieux. **3** majeur (de edad). **4** MÚS majeur. ● **5** *adj/m* y *f* aîné (el hijo). ● **6** *m* MIL major, commandant. ● **7** *m pl* grands-parents; ancêtres (antepasados). **8 los mayores** les grandes personnes.
mayoral 1 *m* maître-berger. **2** contremaître (capataz).
mayorazgo 1 *m* majorat. **2** héritier d'un majorat.
mayordomo 1 *m* majordome. **2** *Perú* domestique.
mayoría 1 *f* majorité. **2** plupart. ◆ ~ **absoluta** majorité absolue; ~ **relativa** majorité relative.
mayorista *adj/m* o *f* grossiste.

mayúsculo, la 1 *adj* très grand. ● **2** *adj* y *f* majuscule.

maza 1 *f* massue (arma). **2** masse (insignia). **3** maillet, fléau (para machacar el esparto y el lino).

mazacote 1 *m* mortier (mortero); béton (hormigón). **2** (fig, fam) colle (de pasta, arroz).

mazapán *m* massepain.

mazazo *m* coup de masse.

mazmorra *f* cachot; basse-fosse.

mazo 1 *m* maillet. **2** (fig) paquet.

mazorca 1 *f* épi (de maíz). **2** cabosse (de cacao).

me 1 *pron* me; m': *me ha llamado mi madre* = *ma mère m'a téléphoné*. **2** moi: *espérame en la estación* = *attend-moi à la gare*.

meada *f* (fam) pisse.

meandro *m* méandre.

mear *intr* (fam) pisser.

mecánica 1 *f* mécanique. **2** mécanisme.

mecanicismo *m* machinisme.

mecánico, ca 1 *adj* mécanique. ● **2** *m* y *f* mécanicien.

mecanismo *m* mécanisme.

mecanizado, da 1 *adj* mécanisé. ● **2** *m* TEC usinage.

mecanizar *tr* mécaniser.

mecanografía *f* dactylographie.

mecanografiar *tr* taper à la machine.

mecate *m Amér. Centr., Méx.* corde.

mecedora *f* fauteuil à bascule.

mecenas *m* y *f* (fig) mécène.

mecer 1 *tr* y *pron* balancer. **2** bercer (a un bebé).

mecha *f* mèche. ■ **a toda ~** à toute vitesse.

mechero 1 *m* bec (de lámpara). **2** briquet (encendedor).

mechificar *intr Amér. Merid.* persifler, se moquer.

mechón 1 *m* mèche (de cabellos). **2** touffe (de pelo, de algodón).

medalla *f* médaille.

medallón *m* médaillon.

media 1 *f* bas (prenda). **2** MAT moyenne.

mediación *f* médiation.

mediado, da *adj* à moitié plein o à moitié vide (botella); à moitié fait (trabajo). ■ **a mediados de** au milieu de.

mediagua *f Amér.* toit à un seul versant.

mediana *f* GEOM médiane.

medianero, ra 1 *adj* mitoyen. ● **2** *adj/m* y *f* médiateur.

mediano, na 1 *adj* moyen. **2** médiocre. **3** modéré.

medianoche *f* minuit.

mediante 1 *prep* moyennant: *mediante dinero* = *moyennant finances*. **2** grâce à: *mediante su apoyo* = *grâce à votre soutien*.

mediar 1 *intr* intercéder; servir d'intermédiaire. **2** s'interposer (interponerse). **3** se trouver au milieu. **4** s'écouler (el tiempo).

mediatizar *tr* médiatiser.

medicación *f* médication.

medicamento *m* médicament.

medicar 1 *tr* prescrire un médicament. ● **2 ~se** *pron* prendre des médicaments.

medicina 1 *f* médecine. **2** médicament (medicamento). ◆ **~ laboral** médecine du travail; **~ legal** o **forense** médecine légale.

medicinal *adj* médicinal.

medición *f* mesure; mesurage.

médico, ca 1 *adj* médical. ● **2** *m* o *f* médecin. ◆ **~ de cabecera** médecin traitant; **~ forense** médecin légiste.

medida 1 *f* mesure. **2** taille (de ropa). **3** (fig) prudence, retenue (prudencia). ◆ **medidas preventivas** mesures préventives; **medidas represivas** mesures de répression; ■ **a la ~** sur mesure; **a ~ que** au fur et à mesure.

medieval *adj* médiéval.

medievo *m* Moyen Âge.

medio, dia 1 *adj* demi. **2** moyen. ● **3** *m* milieu (centro). **4** moyen (método). **5** milieu (ambiente social). **6** DEP demi. ● **7 medios** *m pl* moyens. ● **8** *adv* à moitié: *lo encontraron medio muerto* = *ils l'ont trouvé à moitié mort*. ◆ **~ ambiente** environnement; **medios de comunicación** médias; **término ~** (fig) juste milieu; ■ **a medias** à moitié; demi; **de por ~** au milieu; **en ~ de** au milieu de; **por ~ de** au milieu de.

(adj.) El francés ***demi*** ha de ir obligatoriamente precedido del artículo indefinido: *medio kilo* = *un demi-kilo* ◊ *media hora* = *une demi-heure*.

---

medioambiental *adj* environnemental.

mediocre *adj* médiocre.

mediodía *m* midi.

mediofondista *m* o *f* coureur de demi-fond.

medir *tr* y *pron* mesurer.

meditación *f* méditation.

meditar *tr* e *intr* méditer.

mediterráneo, a 1 *adj* méditerranéen. ● 2 Mediterráneo *m* Méditerranée (mar).

medra *f* réussite, développement.

medrar 1 *intr* croître, grandir (los animales, las plantas). 2 (fig) prospérer.

medroso, sa *adj/m* y *f* peureux, craintif.

medula o médula *f* moelle. ◆ ~ espinal moelle épinière; ~ ósea moelle osseuse.

medular *adj* médullaire.

medusa *f* ZOOL méduse.

megabyte *m* INF mégaoctet.

megáfono *m* mégaphone.

megalítico, ca *adj* mégalithique.

megalito *m* mégalithe.

megalomanía *f* mégalomanie.

megalópolis *f* mégalopole.

megatón *m* FÍS mégatonne.

mejicano, na 1 *adj* mexicain. ● 2 *m* y *f* Mexicain. ● 3 *m* aztèque (idioma).

mejilla *f* joue.

mejillón *m* moule.

mejor 1 *adj* meilleur: *este vino es de mejor calidad que el de ayer = ce vin est de meilleure qualité que celui de hier.* ● 2 *adv* mieux: *este vino es mejor = ce vin est mieux.* 3 le mieux, la mieux (*f*): *es el retrato mejor acabado = c'est le portrait le mieux achevé.* ■ a lo ~ peut-être; cada vez ~ de mieux en mieux; lo ~ de lo ~ le fin du fin; lo ~ posible le mieux possible; ~ que tant mieux.

mejora 1 *f* amélioration; progrès. 2 enchère (puja).

mejorar 1 *tr* améliorer. 2 enchérir (en una puja). ● 3 *intr* y *pron* s'améliorer. 4 se rétablir (un enfermo).

mejoría *f* amélioration.

mejunje 1 *m* mélange cosmétique; mélange médicamenteux. 2 breuvage.

melancolía *f* mélancolie.

melancólico, ca *adj* mélancolique.

melanina *f* BIOL mélanine.

melar 1 *tr* donner la seconde cuisson (al azúcar de cáñamo). ● 2 *intr* faire le miel et remplir les rayons (las abejas).

melaza *f* mélasse.

melena 1 *f* cheveux longs. 2 crinière (del león).

melifluo, flua *adj* melliflue.

melindre 1 *m* beignet au miel. 2 (fig) minauderies, manières.

mella o melladura 1 *f* brèche, ébréchure (rotura). 2 vide, brèche (hueco). 3 (fig) brèche. ■ hacer ~ détruire, abîmer; hacer ~ (fig) faire du tort.

mellado, da *adj/m* y *f* édenté.

mellar 1 *tr* ébrécher. 2 (fig) ternir, discréditer. ● 3 ~se *pron* perdre ses dents.

mellizo, za *adj/m* y *f* faux jumeau.

melocotón 1 *m* pêche (fruto). 2 pêcher (árbol).

melocotonero *m* BOT pêcher (árbol).

melodía *f* mélodie.

melodioso, sa *adj* mélodieux.

melodrama *m* mélodrame.

melodramático, ca *adj* mélodramatique.

melómano, na *m* y *f* mélomane.

melón 1 *adj* (fam) cornichon, sot. ● 2 *m* melon. ◆ ~ de agua melon d'eau, pastèque.

melopea 1 *f* mélopée. 2 (fam) cuite (borrachera).

meloso, sa *adj* mielleux, doux.

membrana *f* membrane.

membrete *m* en-tête. 2 annotation.

membrillo 1 *m* cognassier (árbol). 2 coing (fruto). 3 GAST pâte de coings.

memez *f* sottise, niaiserie.

memo, ma *adj/m* y *f* sot, niais.

memorable *adj* mémorable.

memorándum o memorando *m* mémorandum.

memoria 1 *f* mémoire (facultad). 2 souvenir (recuerdo). 3 mémoire (estudio); rapport (informe). ● 4 memorias *f pl* mémoires. ■ de ~ par cœur; en ~ de en mémoire de.

memorial 1 *m* mémorial. 2 bulletin.

memorizar *tr* mémoriser.

mena *f* minerai.

menaje 1 *m* mobilier (muebles). 2 trousseau (ajuar). 3 batterie (de cocina).

mención *f* mention. ◆ ~ honorífica mention honorable.

mencionar *tr* mentionner.

mendicidad *f* mendicité.

mendigar 1 *tr* mendier. 2 (fig) quémander.

mendigo, ga *m* y *f* mendiant.

mendrugo 1 *m* croûton (pan duro). 2 (fig) gourde, cruche.

menear 1 *tr* remuer, secouer. 2 (fig) diriger. ● 3 ~se *pron* remuer, s'agiter.

menester 1 *m* besoin. 2 (se usa más en pl) occupation. ● 3 **menesteres** *m pl* outils, attirail.
menestra 1 *f sorte de ragoût*. 2 macédoine de légumes.
mengano, na *m* y *f* Untel, Unetelle (*f*).
mengua 1 *f* manque. 2 diminution. 3 pénurie. 4 (fig) discrédit.
menguante 1 *adj* décroissant. ● 2 *f* baisse (de las aguas). 3 marée descendante (del mar). 4 dernier quartier (de la luna). ● 5 *adj* (fig) déclin, décadence. ◆ **cuarto ~** dernier quartier.
menguar 1 *intr* diminuer, tomber. 2 décroître (la luna). ● 3 *tr* diminuer.
menhir *m* menhir.
meninge *f* ANAT méninge.
menisco *m* ANAT ménisque.
menopausia *f* MED ménopause.
menor 1 *adj* plus petit. 2 moindre. ● 3 *adj/m* o *f* mineur (menor de edad). ● 4 **los menores** *m pl* les petits.
menos 1 *adv* moins: *es menos adinerado que su familia = il est moins fortuné que sa famille*. 2 (~ *sust*) moins de: *esta solución presenta menos riesgos = cette solution a moins de risques*. 3 en moins: *dos puntos menos = deux points en moins*. ● 4 *prep* sauf, excepté: *asistieron todos menos él = tout le monde a assisté sauf lui*. ■ **a ~ de** à moins de; **a ~ que** à moins que; **al ~** au moins; **echar de ~** regretter, manquer.
menoscabar 1 *tr* amoindrir, diminuer. 2 détériorer. 3 (fig) discréditer.
menoscabo 1 *m* diminution. 2 dommage, dégât.
menospreciar 1 *tr* mépriser; dédaigner. 2 sous-estimer.
mensaje *m* message.
mensajero, ra *adj/m* y *f* messager.
menso, sa *adj/m* y *f Col.*, *Méx.* sot, niais.
menstruación *f* menstruation.
menstruar *intr* avoir ses règles.
mensual *adj* mensuel.
mensualidad *f* mensualité.
menta 1 *f* menthe. 2 *Arg.* (se usa más en pl) réputation.
mental *adj* mental.
mentalidad 1 *f* mentalité. 2 esprit.
mentalizar 1 *tr* faire prendre conscience. ● 2 ~**se** *pron* prendre conscience: *mentalizarse de un fracaso = prendre conscience d'un échec*.

mentar *tr* mentionner, nommer.
mente 1 *f* esprit: *una mente abierta = un esprit ouvert*. 2 intention, propos (propósito). ■ **tener en ~ una cosa** avoir qqch en tête; **venir a la ~** passer par la tête.
mentecato, ta *adj/m* y *f* sot, niais.
mentir 1 *intr* mentir. 2 induire en erreur. ● 3 *tr* y *pron* (fig) feindre, simuler (fingir).
mentira 1 *f* mensonge. 2 erratum (errata). 3 (fig, fam) albugo (en las uñas). ◆ ~ **piadosa** pieux mensonge; ■ **parece ~** c'est incroyable.
mentiroso, sa 1 *adj* mensonger, fallacieux (engañoso). ● 2 *adj/m* y *f* menteur.
mentís *m* démenti.
mentor *m* (fig) mentor.
menú 1 *m* menu. 2 INF menu.
menudear 1 *tr* e *intr* abonder, arriver souvent. 2 relater (contar).
menudencia 1 *f* petitesse. ● 2 **menudencias** *f pl* abattis (de las aves).
menudillo 1 *m* boulet (articulación). ● 2 **menudillos** *m pl* abattis (de las aves).
menudo, da 1 *adj* petit. 2 minime, insignifiant. 3 (en *exclamaciones*) drôle de, quel: *¡menudo problema! = quel problème!* ● 4 **menudos** *m pl* abats (de res); abattis (de las aves). ■ **a ~** souvent.
meñique *adj* y *m* petit: *dedo meñique = petit doigt*.
meollo 1 *m* moelle (médula). 2 (fig) substance. 3 (fig) cervelle, jugement (inteligencia).
mequetrefe *m* o *f* (fam) freluquet, gringalet.
merca *f* (fam) achat.
mercachifle 1 *m* colporteur (buhonero). 2 (desp) mercanti, margoulin (comerciante).
mercader *m* marchand.
mercadería *f* marchandise.
mercadillo *m* (fam) petit marché.
mercado *m* marché. ◆ ~ **de trabajo** marché du travail; ~ **de valores** marché des valeurs; ~ **financiero** marché financier; ~ **monetario** marché monétaire; ~ **negro** marché noir.
mercancía *f* marchandise.
mercante 1 *adj* marchand. 2 commercial (mercantil).
mercantil *adj* commercial.
merced 1 *f* grâce, faveur. 2 volonté, merci (arbitrio). ■ **a ~ de** à la merci de; ~ **a** grâce à.

mercenario, ria adj/m y f mercenaire.
mercería f mercerie.
mercromina® f Mercurochrome.
mercurio 1 m Mercure (dios). **2** ASTR Mercure. **3** QUÍM mercure.
merecer tr e intr mériter.
merendar 1 intr goûter. ● **2** tr manger à son goûter.
merendero m guinguette.
merengue 1 m meringue (dulce). **2** (fig) mauviette (persona). **3** Amér. Centr. merengué; méringue (danza).
meridiano, na 1 adj de midi; méridien. **2** (fig) éclatant. ● **3** adj y m GEOG méridien. ● **4** adj y f GEOM méridienne. ◆ **~ astronómico** o **geodésico** plan méridien; **~ cero** méridien d'origine o international.
meridional adj méridional.
merienda 1 f goûter. **2** (fig, fam) bosse (joroba). ◆ **~ de negros** (fig, fam) foire, pagaille.
mérito m mérite. ■ **de ~** de mérite, méritoire; **hacer méritos** (fig) faire du zèle.
meritorio, ria 1 adj méritoire. ● **2** m y f stagiaire (empleado).
merlo 1 m merlan (pez). **2** Arg. sot, niais.
merluza 1 f colin, merluche. **2** (fig, fam) cuite (borrachera).
merma f diminution.
mermar 1 intr y pron diminuer. ● **2** tr amenuiser (reducir).
mermelada f confiture.
mero, ra 1 adj pur, simple. **2** Méx., Hond. même. **3** Méx., Hond. principal, vrai. ● **4** m ZOOL mérou.
merodeador, ra adj/m y f maraudeur.
merodear intr marauder.
mes 1 m mois. **2** règles (menstruo). **3** mois, mensualité (sueldo). ◆ **~ anomalístico** ASTR mois lunaire; **~ lunar periódico** ASTR mois lunaire périodique; **~ sinódico** ASTR mois sinodique; **~ solar** o **astronómico** ASTR mois solaire; ■ **el ~ que viene** le mois prochain.
mesa 1 f table. **2** bureau (de asamblea, oficina). **3** (fig) table (comida). ◆ **~ de mezclas** table de mixage; **~ de noche** table de nuit; **~ electoral** bureau de vote; **~ redonda** table ronde (debate); ■ **poner la ~** mettre o dresser la table; **quitar** o **levantar la ~** desservir la table.
meseta 1 f plateau (llanura). **2** palier (de una escalera).

mesiánico, ca adj messianique.
mesilla 1 f petite table. **2** palier (de escalera).
mesón m auberge.
mestizaje m métissage.
mestizo, za adj/m y f métis.
mesura 1 f mesure, modération. **2** respect, politesse (respeto).
mesurado, da adj mesuré, modéré; sobre.
mesurar 1 tr modérer, mesurer. ● **2 ~se** pron se modérer.
meta 1 f ligne d'arrivée (de una carrera). **2** buts (portería). **3** (fig) but, objectif.
metabolismo m BIOL métabolisme.
metáfora f métaphore.
metafórico, ca adj métaphorique.
metal 1 m métal. **2** MÚS cuivre. ◆ **~ blanco** métal blanc; **~ precioso** métal précieux; **no ~** QUÍM non métal o métalloïde; ■ **el vil ~** (fam) le vil métal.
metálico, ca 1 adj métallique. ● **2** m travailleur du métal. **3** espèces (dinero). ■ **en ~** en espèces.
metalizar 1 tr métalliser. ● **2 ~se** pron devenir métallique.
metalurgia f métallurgie.
metamorfosear tr y pron métamorphoser.
metamorfosis f métamorphose.
metano adj y m QUÍM méthane.
metástasis f métastase.
metedura f pose, mise. ◆ **~ de pata** gaffe.
meteórico, ca adj météorique.
meteorito m ASTR météorite.
meteoro o **metéoro** m météore.
meteorología f météorologie.
meter 1 tr y pron mettre. ● **2** tr entrer, faire entrer: *meter el coche en el garaje* = *entrer la voiture dans le garage*. **3** faire (ocasionar). **4** engager (en un asunto). **5** rentrer (una costura). **6** serrer (apretar). ● **7 ~se** pron se fourrer, s'engager. **8** s'engager (en un asunto). **9** (~ a) se faire, devenir (una profesión). **10** (fig) prendre (drogas). ■ **estar metido en algo** être fourré dans qqch; **~se a hacer algo** se mettre à faire qqch; **~se con alguien** embêter, taquiner qqn; **~se uno en todo** (fig) se mêler de tout.
meticuloso, sa adj méticuleux.
metido, da 1 adj abondant. ● **2** adj/m y f Amér. indiscret. ● **3** m rentré (tela). **4** (fig) élan, progression (en un trabajo).
metódico, ca adj méthodique.

método 1 *m* méthode. **2** FIL méthode.
metodología *f* méthodologie.
metralla 1 *f* mitraille. **2** mitraille, ferraille (en metalurgia).
metralleta *f* mitraillette.
métrico, ca *adj* métrique.
metro 1 *m* mètre (verso). **2** mètre (medida). **3** métro (transporte). ◆ ~ **cuadrado** mètre carré; ~ **cúbico** mètre cube.
metrópoli o **metrópolis** *f* métropole.
metropolitano, na *adj* y *m* métropolitain.
mexicano, na *adj/m* y *f* → mejicano.
México *m* Mexique.
mezcla 1 *f* mélange. **2** mortier (argamasa). **3** CINE mixage. **4** RAD mélange.
mezclar 1 *tr* y *pron* mêler, mélanger. **2** (fig) mêler (entrometer).
mezcolanza *f* mélange, mélimélo.
mezquino, na *adj* mesquin.
mezquita *f* mosquée.
mi *m* MÚS mi.
mi (*pl* **mis**) *adj poses* mon, ma (*f*), mes: *mi marido = mon mari, mi mujer = ma femme, mis hijas = mes filles.*

> Debe emplearse **mon** en vez de **ma** ante nombres femeninos que empiecen por vocal o **h** muda: *mi amiga = mon amie.*

mí *pron* moi: *es para mí = c'est pour moi.* ■ **por lo que a ~ respecta** quant à moi.
miaja *f* miette, tout petit peu.
michelín *m* (fam) poignée d'amour.
mico, ca 1 *m* y *f* singe, guenon (*f*) (mono). ● **2** *m* (fam) petit cochon (insulto cariñoso). ■ **quedarse uno hecho un ~** (fam) être tout penaud; **volverse uno ~ haciendo algo** s'embrouiller pour faire qqch.
microbio *m* microbe.
microcosmos *m* microcosme.
microfilm *m* microfilm.
micrófono *m* microphone.
microprocesador *m* INF microprocesseur.
microscopio *m* ÓPT microscope.
miedo *m* peur: *eso le da miedo = cela lui fait peur.* ◆ ~ **cerval** (fig) peur bleue; ■ **de ~** sensationnel, formidable; **morirse uno de ~** (fig) mourir de peur; **por ~ a** de peur que.
miel 1 *f* miel. **2** mélasse (de caña). **3** (fig) douceur, tendresse. ■ **dejar a uno con la ~ en los labios** (fig, fam) laisser qqn sur sa faim.

miembro 1 *m* membre. **2** ANAT membre. **3** MAT membre. ■ **hacerse ~** devenir membre.
mientes *f pl* esprit, pensée. ■ **caer en** o **en las ~** imaginer; **pasar por las ~** venir à l'esprit.
mientras 1 *adv* pendant que; tandis que (simultaneidad). **2** tant que. ■ ~ **más** plus; ~ **que** tandis que (oposición); ~ **tanto** pendant ce temps, entre-temps.
miércoles *m* mercredi. ◆ ~ **de ceniza** mercredi des cendres.
mierda 1 *f* (vulg) merde. **2** (vulg) cuite (borrachera). ■ **¡vete a la ~!** (vulg) va te faire foutre!
mies 1 *f* moisson. ● **2 mieses** *f pl* terre cultivée, semis.
miga 1 *f* miette. **2** mie (del pan). **3** (fig, fam) substance, moelle. ● **4 migas** *f pl* miettes de pain frites. ■ **hacer buenas** o **malas migas** (fig, fam) faire bon o mauvais ménage.
migaja *f* miette.
migración *f* migration.
migraña *f* migraine.
migrar *intr* migrer.
mijo *m* millet, mil.
mil 1 *adj* mille. **2** mil (en fechas). ● **3** *m* mille (signo).
milagro 1 *m* miracle. **2** TEAT miracle. ■ **de ~** (fig) par hasard.
milagroso, sa *adj* miraculeux.
milenario, ria *adj/m* y *f* millénaire.
milenio *m* millénaire.
milésimo, ma *adj/m* y *f* millième.
mili *f* (fam) service militaire.
milicia 1 *f* milice (tropa). **2** service militaire.
miligramo *m* milligramme.
milímetro *m* millimètre.
militante *adj/m* o *f* militant.
militar *adj/m* o *f* militaire.
militar 1 *intr* servir dans l'armée. **2** (fig) militer.
milla *f* mille. ◆ ~ **marina** mille marin.
millar 1 *m* millier. ● **2 millares** *m pl* milliers. ■ **a millares** par milliers.
millón 1 *m* million. **2** (fig) million, maintes et maintes (gran cantidad). ■ **a millones** par millions.
millonario, ria *adj/m* y *f* millionnaire.
miloca *f* ZOOL sorte de hibou.
milonga 1 *f* (fig) mensonge, histoire. **2** Arg. chanson ou bal populaire.
mimar 1 *tr* dorloter, cajoler. **2** gâter (a los niños).

mimbre 1 *amb* osier (arbusto). **2** baguette d'osier (varita).

mimético, ca *adj* mimétique.

mímica *f* mimique.

mimo 1 *m* cajolerie, caresse (cariño). **2** gâterie (a un niño). **3** TEAT mime.

mimoso, sa 1 *adj* caressant, câlin. **2** minaudier (melindroso).

mina 1 *f* mine. **2** (fig) mine, filon. **3** MIL mine. ◆ ~ **antipersona** mine antipersonnel.

minar *tr* miner, ronger.

mineral 1 *adj* minéral. ● **2** *m* minéral, nerai.

minería 1 *f* travaux des mines. **2** mineurs (población).

minero, ra 1 *adj* minier. ● **2** *m* mineur.

miniatura *f* miniature.

minicadena *f* minichaîne.

minifalda *f* minijupe.

minimizar *tr* minimiser.

mínimo, ma 1 *adj* minimal (lo más pequeño). **2** minime (muy pequeño). ● **3** *m* minimum. ■ **como** ~ (fam) minimum; **sin el más** ~ **esfuerzo** sans le moindre effort.

ministerial *adj/m* o *f* ministériel.

ministerio *m* ministère. ◆ ~ **de Asuntos Exteriores** ministère des Affaires étrangères; ~ **de Hacienda** ministère des Finances.

ministro, tra *m* y *f* ministre. ◆ ~ **de Dios** ministre de Dieu.

minoría 1 *f* minorité. **2** (fig) minorité (de edad).

minucioso, sa *adj* minutieux.

minúsculo, la *adj* y *f* minuscule.

minusválido, da *adj/m* y *f* handicapé.

minuta 1 *f* minute (borrador). **2** bordereau (factura). **3** note des honoraires (de un abogado).

minutero *m* aiguille des minutes, minuterie.

minuto *m* minute.

mío, a (*pl* **míos, as**) **1** *adj poses* mon, ma (*f*), mes: *una prima mía* = *une de mes cousines*. **2** à moi: *esta casa es mía* = *cette maison est à moi*. ● **3** *pron poses* le mien, la mienne (*f*): *los míos son sagrados* = *les miens sont sacrés*. ■ **ésta es la mía** (fam) c'est à moi de jouer.

miope *adj/m* o *f* myope.

miopía *f* MED myopie.

mira 1 *f* mire. **2** (fig) (se usa más en *pl*) intention. ■ **con miras a** en vue de; **de miras estrechas** avoir des idées *o* des vues bornées.

mirada 1 *f* regard. **2** coup d'œil (ojeada). ◆ ~ **perdida** regard lointain, les yeux dans le vague; ■ **apartar la** ~ détacher le regard; **levantar la** ~ lever les yeux.

mirado, da 1 *adj* réfléchi (cauto). **2** (precedido de los adv **bien, mal, mejor, peor**) considéré. ■ **bien** ~ tout bien considéré.

mirador 1 *m* mirador; belvédère. **2** bow-window (balcón).

miramiento 1 *m* regard. **2** prudence, circonspection. **3** (se usa más en *pl*) égard.

mirar 1 *tr, intr* y *pron* regarder. ● **2** *tr* (fig) viser (pretender). **3** (fig) penser à, juger. **4** (fig) regarder, s'informer de. ● **5** *intr* (~ *a*) être orienté au; donner sur. **6** (fig) (~ *por*) veiller sur. ■ **de mírame y no me toques** (fig, fam) très fragile, très délicat; ¡**mira!** regarde!, tiens!; ~ **bien a alguien** (fig) penser du bien de qqn; ~ **mal a alguien** penser du mal de qqn; ~ **una cosa por encima** (fig) jeter un coup d'œil à qqch.

mirilla 1 *f* judas (para observar). **2** œilleton (para dirigir visuales).

mirlo *m* ZOOL merle.

mirón, na 1 *adj/m* y *f* curieux. **2** badaud (en la calle).

mirra *f* myrrhe.

mirto *m* myrte.

misa *f* messe. ◆ ~ **cantada** messe chantée; ~ **de campaña** messe en plein air; ~ **de cuerpo presente** messe des trépassés *o* de Requiem; ~ **del gallo** messe de minuit; ~ **gregoriana** messe grégorienne; ~ **mayor** grand-messe; ~ **solemne** messe solennelle; ■ **cantar** ~ dire sa première messe; **decir** ~ dire la messe.

misal *adj* y *m* missel.

misántropo, pa *m* y *f* misanthrope.

miscelánea *f* mélange.

miseria 1 *f* misère. **2** avarice. **3** (fig, fam) misère, petite quantité (insignificancia).

misericordia *f* miséricorde.

misericordioso, sa *adj/m* y *f* miséricordieux.

misil *o* **mísil** *m* missile.

misión *f* mission.

misionero, ra *adj/m* y *f* missionnaire.

mismo, ma 1 *adj* même: *siempre la misma historia* = *toujours la même histoire*. **2** (después de *pron pers* y *adv*) même: *ella misma* = *elle-même*. ■ **ahora** ~ à l'instant; **así** ~ de la même façon; aussi; **lo** ~ la même chose; **lo** ~ **da** cela revient

au même; **mañana ~** dès demain; **por lo ~** pour la même raison; **volver a las mismas** retomber dans les mêmes erreurs.
misógino, na *adj/m y f* misogyne.
misterio 1 *m* mystère. **2** TEAT mystère (auto).
misterioso, sa *adj* mystérieux.
místico, ca 1 *adj/m y f* mystique. **2** *Cuba, P. Rico* minaudier (remilgado).
mitad 1 *f* moitié. **2** milieu (centro). ■ **~ y ~** moitié moitié; **partir por la ~** couper en deux.
mitigar *tr y pron* mitiger; calmer.
mitin *m* POL meeting. ■ **dar el ~** (fig, fam) sermonner; donner des leçons à qqn.
mito *m* mythe.
mitología *f* mythologie.
mixto, ta 1 *adj* mixte. **2** métis (mestizo). ● **3** *m* allumette.
mobiliario, ria 1 *adj* mobilier. ● **2** *m* mobilier; meubles.
mocedad *f* jeunesse.
mochila 1 *f* sac à dos. **2** havresac (de soldado). **3** *Méx.* valise.
moción 1 *f* motion. **2** (fig) mouvement. ◆ **~ de censura** motion de censure.
moco 1 *m* morve. **2** battiture (del hierro). **3** écoulement (de una vela). **4** *Chile* BOT chaton. ■ **llorar a ~ tendido** (fig, fam) pleurer à chaudes larmes; **no ser ~ de pavo** (fig, fam) n'être pas de la petite bière.
mocoso, sa 1 *adj/m y f* morveux. **2** (fig) insignifiant.
moda *f* mode. ■ **estar de ~** être à la mode; **pasar de moda** être démodé.
modal 1 *adj* modal. ● **2 modales** *m pl* manières.
modalidad *f* modalité.
modelar 1 *tr* modeler. **2** (fig) former, modeler.
modelo 1 *adj y m* modèle. ● **2** *m o f* mannequin (de moda); modèle (para artistas).
modem o módem *m* INF modem.
moderación *f* modération.
moderado, da *adj/m y f* modéré.
moderador, ra *m y f* modérateur.
moderar 1 *tr y pron* modérer. ● **2** *tr* animer (un debate).
modernidad *f* modernité.
modernizar 1 *tr y pron* moderniser.
moderno, na 1 *adj* moderne. ● **2** *m y f* branché.
modestia *f* modestie.
modesto, ta *adj* modeste.

módico, ca *adj* modique.
modificación *f* modification.
modificar *tr y pron* modifier.
modo 1 *m* façon, manière: *su modo de hablar = sa façon de parler*. ● **2 modos** *m pl* manières: *buenos modos = bonnes manières*. ◆ **~ adverbial** GRAM locution adverbiale; **~ de empleo** mode d'emploi; **~ de ser** manière d'être; ■ **a ~ de** en guise de; **de cualquier ~** de toute façon; **de ningún ~** en aucune façon; **de todos modos** de toute façon.
modorro, rra *adj* assoupi.
modoso, sa *adj* sage.
modular *intr y tr* moduler.
módulo *m* module.
mofa *f* moquerie.
mofarse *pron* (~ *de*) se moquer de.
mofeta 1 *f* mofette (gas). **2** ZOOL mouffette, mofette.
mogollón 1 *m* (fam) pagaïe (alboroto). **2** (fig, fam) tas, max (gran cantidad). ■ **de ~** à l'œil, gratuitement.
mohín *m* grimace, moue.
mohína 1 *f* bouderie (enojo). **2** dispute (pendencia).
mohíno, na 1 *adj* triste; mélancolique; fâché (disgustado). **2** maure (caballo). **3** noir (buey). ◆ **mulo ~** bardot.
moho 1 *m* moisissure; moisi. **2** rouille (del hierro).
mohoso, sa 1 *adj* moisi (cubierto de moho). **2** rouillé (cubierto de herrumbre).
mojado, da *adj* mouillé.
mojar 1 *tr y pron* mouiller; tremper. ● **2** *tr* (fig, fam) poignarder. ● **3** *intr* (fig) avoir son mot à dire. ● **4 ~se** *pron* (fig) se mouiller; se compromettre.
mojigato, ta 1 *adj/m y f* bigot (beato). **2** hypocrite, tartufe.
mojón *m* borne. **2** crotte (excremento).
molde 1 *m* moule. **2** aiguille (en costura). **3** forme (imprenta).
moldear 1 *tr* mouler. **2** faire une mise en plis (el pelo). **3** (fig) modeler (el carácter).
moldura *f* moulure.
mole 1 *m* *Méx.* GAST plat de viande épicé. ● **2** *f* masse (cosa voluminosa).
molécula *f* FÍS molécule. ◆ **~ gramo** QUÍM molécule-gramme.
moler 1 *tr* broyer; moudre (trigo, café, pimienta). **2** (fig) fatiguer; éreinter (cansar). **3** *Méx.* (fig) fatiguer (fastidiar).

Adverbios de modo

1. Formas de los adverbios

ainsi	= así	pis	= peor
bien	= bien	plutôt	= más bien
comme	= como	surtout	= sobre todo
comment	= cómo	tellement	= de tal manera, así
debout	= de pie	tout à fait	= del todo,
en fin	= por fin		completamente
ensemble	= conjuntamente	tout	= del todo,
exprès	= adrede		completamente
mal	= mal	vite	= de prisa
mieux	= mejor	volontiers	= de buena gana

2. Formación de los adverbios en -ment

Por regla general, el sufijo **-ment** se añade a las formas femeninas de los adjetivos:

masculino	femenino	adverbio
grand	*grande*	*grandement*
sec	*sèche*	*sèchement*
trompeur	*trompeuse*	*trompeusement*

Excepciones a esta regla:

a. cuando el adjetivo masculino acaba en **-ai, -é, -i, -u,** el sufijo se añade a esta forma masculina:

vrai	*vraiment*
aisé	*aisément*
poli	*poliment*
éperdu	*éperdument*

La excepción aquí es la forma "gaiement"

b. algunos adverbios presentan un final en **-ément**:

aveuglément	*commodément*	*communément*	*conformément*
confusément	*diffusément*	*énormément*	*expressément*
exquisément	*immensément*	*importunément*	*incommodément*
indivisément	*intensément*	*obscurément*	*opportunément*
précisément	*profondément*	*profusément*	*uniformément*

c. si el adjetivo acaba en **-ant, -ent,** entonces el adverbio acaba en **-amment, -emment**:

puissant	*puissamment*
prudent	*prudemment*

d. hay adverbios en **-ment** que no provienen de adjetivos:

vachement	*diablement*	*chattement*
aucunement	*nullement*	*mêmement*
quasiment		

---

molestia 1 *f* gêne. 2 dérangement (fastidio). 3 douleur (daño físico leve). ■ **tomarse la ~ de** prendre *o* se donner la peine de.

molesto, ta 1 *adj* gênant (que molesta). 2 gêné (incómodo). 3 fâché (enfadado).

molino *m* moulin. ◆ ~ **de agua** moulin à eau; ~ **de viento** moulin à vent.

molleja 1 *f* ris (de ternera, de cordero). 2 gésier (de las aves).

mollera 1 *f* sommet de la tête. 2 (fig) cervelle; jugeote (seso). ■ **cerrado de ~**

(fig, fam) qui a la tête dure, bouché; **ser duro de ~** (fig, fam) avoir la tête dure, être bouché à l'émeri.

molusco *adj* y *m* ZOOL mollusque.

momentáneo, nea *adj* momentané.

momento *m* moment. ■ **al ~** à l'instant; **a cada ~** tout le temps; **de un ~ a otro** d'un moment à l'autre; **por momentos** progressivement.

momia *f* momie.

mona 1 *f* guenon (hembra del mono). 2 *jeu de cartes.* 3 (fig, fam) singe (imitador). 4 (fig, fam) cuite (borrachera). 5 *Chile* mannequin. 6 *Hond.* personne méchante; chose mauvaise. ◆ **~ de Pascua** *galette mangée pour fêter les Pâques.*

Mónaco *m* Monaco.

monada 1 *f* singerie. 2 chose mignonne. 3 (fig) cajolerie (mimo).

monaguillo *m* enfant de chœur.

monarca *m* monarque.

monarquía *f* monarchie.

monárquico, ca 1 *adj* monarchique. ● 2 *m* y *f* monarchiste.

monasterio *m* monastère.

monda 1 *f* taille, émondage (de árboles). 2 épluchage (de frutas o legumbres). ■ **ser la ~** (fam) être tordant (en buen sentido); être le comble (en mal sentido).

mondadientes *m* cure-dent.

mondar 1 *tr* nettoyer; débarrasser de (limpiar). 2 émonder (podar). 3 éplucher; peler (frutas, verduras). 4 tondre (cortar el pelo). 5 (fig, fam) fouetter, battre. ■ **~se de risa** (fig, fam) se tordre de rire.

moneda 1 *f* monnaie. 2 pièce de monnaie (pieza). 3 (fig, fam) argent. ◆ **~ corriente** monnaie courante *o* en cours; **~ divisionaria** monnaie divisionnaire; **~ fiduciaria** monnaie fiduciaire; ■ **pagar con la misma ~** (fig) payer à qqn la monnaie de sa pièce, payer de retour; **pagar en buena ~** (fig) être satisfaisant.

monedero *m* porte-monnaie.

monetario, ria *adj* monétaire.

mongólico, ca 1 *adj* mongolique, mongol. ● 2 *m* y *f* Mongol (de Mongolia). ● 3 *adj/m* y *f* MED mongolien.

monigote 1 *m* (fig, fam) polichinelle, pantin (muñeco ridículo). 2 (fig, fam) pantin (persona). 3 REL frère lai, convers.

monitor, ra 1 *m* y *f* moniteur. ● 2 *m* INF, TEC, MED moniteur. 3 MAR monitor.

monitorizar *tr* monitoriser.

monja 1 *f* religieuse; bonne sœur. 2 *Méx. pain sucré et rond.*

monje *m* moine.

monjil *adj* monacal; de bonne sœur.

monjita *f Arg.* ZOOL veuve.

mono, na 1 *adj* (fig, fam) mignon; joli. ● 2 *m* singe. 3 (fig) bleu de travail (traje de una pieza); salopette (con peto). 4 (fig, fam) manque (síndrome de abstinencia). 5 *Chile* (fig) pile de fruits (en el mercado). ■ **tener el ~** être en manque; **tener monos en la cara** (fig) attirer l'attention.

monobloc *adj* y *m* monobloc.

monocameral *adj* monocaméral.

monocorde *adj* monocorde.

monocromo, ma *adj* y *m* monochrome.

monóculo, la 1 *adj* qui n'a qu'un œil. ● 2 *m* monocle.

monocultivo *m* monoculture.

monofásico, ca *adj* ELEC monophasé.

monofisismo *m* monophysisme.

monofisita *adj/m* o *f* monophysite.

monogamia *f* monogamie.

monógamo, ma *adj/m* y *f* monogame.

monogenismo *m* monogénisme.

monografía *f* monographie.

monográfico, ca *adj* monographique.

monograma *m* monogramme.

monolítico, ca *adj* monolithique.

monolito *m* monolithe.

monólogo *m* monologue.

monopolio *m* monopole.

monopolización *f* monopolisation.

monopolizar *tr* monopoliser.

monosílabo, ba *adj* y *m* monosyllabe.

monotonía *f* monotonie.

monótono, na *adj* monotone.

monstruo *m* monstre. 2 (fig) génie, monstre.

monstruoso, sa *adj* monstrueux.

monta 1 *f* monte (acaballadero). 2 somme, montant (suma). ■ **de poca ~** sans envergure *o* importance.

montacargas *m* monte-charge.

montaje 1 *m* montage. 2 organisation, mise sur pied.

montante 1 *adj* y *m* montant. ● 2 *m* ARQ meneau.

montaña *f* montagne. ◆ **~ rusa** montagnes russes.

montañoso, sa *adj* montagneux.

montar 1 *tr, intr* y *pron* monter. • 2 *tr* TEAT, CINE monter. 3 GAST monter. • 4 *intr* (~ *a*) s'élever à (en las cuentas). 5 (fig) avoir de l'importance. ■ **tanto monta** c'est du pareil au même.

monte 1 *m* montagne; mont. 2 bois (bosque). 3 *Méx.* pâture, fourrage (hierba). ◆ ~ **de piedad** mont-de-piété; ~ **de Venus** ANAT mont de Vénus.

montepío *m* caisse de secours.

montera 1 *f* bonnet. 2 toque (de los toreros). 3 verrière (cubierta de cristales).

montículo *m* monticule.

montón 1 *m* tas. 2 (fig, fam) masse, monceau; tas (número considerable).

montura 1 *f* monture (animal). 2 harnais (arreos). 3 selle (silla de montar). 4 monture (de las gafas).

monumental *adj* monumental.

monumento 1 *m* monument. 2 sépulcre; tombeau. 3 (fig, fam) canon (persona atractiva).

monzón *m* mousson.

moño 1 *m* chignon (de pelo). 2 nœud de rubans. 3 *Chile* (fig) sommet, cime.

mora 1 *f* mûre (fruto). 2 DER retard. 3 *Hond.* framboise.

morada 1 *f* maison; demeure. 2 séjour (estancia).

morado, da *adj* y *m* violet. ■ **pasarlas moradas** (fig) en voir de toutes les couleurs, en voir des vertes et des pas mûres; **ponerse ~** (fig, fam) s'empiffrer, se gaver.

moral 1 *adj* moral. • 2 *f* morale (ética). 3 moral (ánimo). • 4 *m Écuad.* BOT mûrier.

moraleja *f* moralité, morale.

moralidad *f* moralité.

moralizar *tr, intr* y *pron* moraliser.

morar *intr* habiter; demeurer.

mórbido, da 1 *adj* morbide. 2 doux (blando, suave).

morbo 1 *m* maladie. 2 (fig) curiosité morbide.

morbosidad *f* morbidité.

morboso, sa 1 *adj* malade. 2 morbide.

morcilla 1 *f* boudin noir. 2 (fig, fam) bâclage (chapuza). 3 *Cuba* (fig) mensonge.

mordaz 1 *adj* mordant. 2 (fig) mordant, cuisant.

mordaza 1 *f* bâillon. 2 MAR étrangloir.

mordedura *f* morsure.

morder 1 *tr, intr* y *pron* mordre. • 2 *tr* (fig) railler, médire de (satirizar). • 3 ~**se** *pron* se ronger (las uñas).

mordiente *adj* y *m* mordant.

mordisco 1 *m* coup de dent, morsure. 2 bouchée. 3 (fig) profit (en un negocio).

morena 1 *f* murène (pez). 2 pain noir.

moreno, na 1 *adj* brun. 2 bronzé (por el sol). • 3 *adj/m* y *f* (fig, fam) noir. 4 *Cuba* (fam) mulâtre.

morera *f* BOT mûrier blanc.

morfina *f* morphine.

morfología *f* morphologie.

moribundo, da *adj/m* y *f* moribond.

morir 1 *intr* y *pron* mourir. 2 (fig) mourir (por deseo, pasión). 3 (fig) mourir, s'éteindre (el fuego, la luz). 4 (fig) mourir, s'achever.

mormón, na *m* y *f* mormon.

moro, ra 1 *adj* y *m* maure, mauresque. • 2 *adj* (fig, fam) non baptisé (niño o persona mayor). 3 (fig, fam) pur, non baptisé (vino). ■ **haber moros en la costa** (fig, fam) devoir prendre garde, aller à l'œil.

moroso, sa 1 *adj/m* y *f* lent, nonchalant. 2 retardataire; en retard.

morral 1 *m* musette. 2 carnassière (de cazador).

morriña 1 *f* (fig, fam) nostalgie; mal du pays. 2 (fig, fam) tristesse; cafard.

morro 1 *m* mufle, museau. 2 extrémité arrondie. 3 tête, pomme. 4 colline, morne (monte). 5 (fam) grosses lèvres, lippe (labios). ■ **beber a ~** (fam) boire au goulot *o* à la bouteille; **estar de ~** bouder, faire la tête; **tener ~** (fig, fam) ne pas manquer de culot, être gonflé.

morsa *f* ZOOL morse.

mortadela *f* mortadelle.

mortal 1 *adj/m* o *f* mortel. • 2 *adj* (fig) mortel. 3 (fig, fam) ennuyeux à mourir, mortel.

mortalidad *f* mortalité.

mortecino, na 1 *adj* (fig) mourant, moribond. 2 (fig) éteint, sans vigueur (la luz).

mortero 1 *m* mortier (almirez). 2 meule. 3 mortier (argamasa). 4 MIL mortier.

mortífero, ra *adj* meurtrier.

mortificar *tr* y *pron* mortifier.

mortuorio, ria *adj* mortuaire.

mosaico, ca 1 *adj* mosaïque (de Moisés). • 2 *adj* y *m* mosaïque.

mosca 1 *f* mouche. **2** (fig, fam) poison (persona molesta). **3** (fig, fam) fric, galette (dinero). ◆ ~ **muerta** (fig, fam) sainte nitouche; ■ **tener la ~ detrás de la oreja** (fig, fam) avoir la puce à l'oreille.

moscardón 1 *m* œstre. **2** mouche bleue. **3** frelon (avispa). **4** (fig, fam) raseur, casse-pied.

moscatel 1 *adj* y *m* muscat (uva y vino). ◆ **2** *m* grand adolescent.

mosquear 1 *tr* y *pron* chasser les mouches. **2** (fig) se piquer, prendre la mouche.

mosquetero *m* mousquetaire.

mosquetón *m* mousqueton (arma, anilla).

mosquitera *f* moustiquaire.

mosquito 1 *m* moustique. **2** moucheron.

mostacho 1 *m* moustache. **2** (fig, fam) tache (facial).

mostaza 1 *f* moutarde. **2** cendrée, plomb de chasse (perdigones). ◆ ~ **blanca** moutarde blanche; ~ **negra** moutarde noire.

mosto *m* moût.

mostrador, ra 1 *adj/m* y *f* montreur. ● **2** *m* comptoir.

mostrar 1 *tr* y *pron* montrer. ● **2** *tr* montrer, faire voir.

mota 1 *f* brin de fil. **2** (fig) petit défaut. **3** *Méx.* marihuana. **4** *Chile* (fig) morceau de laine.

mote 1 *m* surnom, sobriquet. **2** devise. **3** *maís cuit.* **4** *Chile* erreur grammaticale. **5** *Chile* GAST *sorte de pot-au-feu.*

motín 1 *m* émeute. **2** mutinerie.

motivación *f* motivation.

motivar *tr* motiver, donner lieu à.

motivo 1 *m* motif; raison. **2** ART motif. ● **3 motivos** *m pl Chile* manières, minauderies. ■ **con ~ de** à cause de, à l'occasion de.

moto (*apócope de* **motocicleta**) **1** *f* (fam) moto. ● **2** *m* borne.

motocicleta *f* motocyclette.

motociclismo *m* motocyclisme.

motociclista *m* o *f* motocycliste.

motor, ra 1 *adj* moteur. **2** mouvant. ● **3** *m* moteur. ◆ ~ **de explosión** MEC moteur à explosion; ~ **de gasolina** MEC moteur à essence; ~ **diesel** MEC moteur diesel.

motorista *m* o *f* motocycliste.

motorizar *tr* y *pron* motoriser.

motriz *adj* y *f* motrice.

movedizo, za 1 *adj* mouvant. **2** (fig) inconstant, changeant.

mover 1 *tr* y *pron* remuer, déplacer. ● **2** *tr* (fig) susciter; faire agir. **3** (fig) (~ *a*) pousser à, inspirer (incitar a algo). ■ ~ **a piedad** faire pitié; ~ **a risa** faire rire; ~ **la curiosidad** piquer la curiosité; ~ **los hilos** (fig) tirer les ficelles.

movido, da 1 *adj* mû, poussé. **2** mouvementé, agité. **3** FOT flou. ● **4** *f* ambiance.

móvil 1 *adj* mobile. **2** (fig) mouvant. ● **3** *m* mobile (de un crimen). **4** portable (teléfono). **5** FÍS mobile.

movilidad *f* mobilité.

movilizar *tr* y *pron* mobiliser.

movimiento 1 *m* mouvement. **2** soulèvement, mouvement (revuelta). **3** (fig) accès, crise. **4** ASTR, COM mouvement. **5** MÚS mouvement. ◆ ~ **acelerado** mouvement accéléré; ~ **continuo** o **perpetuo** mouvement perpétuel; ~ **uniforme** mouvement uniforme.

mozo, za 1 *adj* jeune. ● **2** *m* y *f* jeune homme, jeune fille (*f*). **3** célibataire. ◆ ~ **de escuadra** *police de la Catalogne.*

muchacho, cha 1 *m* y *f* enfant. **2** domestique.

muchedumbre *f* foule.

mucho, cha 1 *adj* beaucoup de: *mucho pan = beaucoup de pain.* **2** (precedido de *los, sus, etc.*) nombreux: *recuerdo los muchos libros que tenía = je me rappelle des nombreux livres qu'il avait.* ● **3** *adv* beaucoup: *llovía mucho = il pleuvait beaucoup.* ◆ **muchas gracias** merci beaucoup; **muchas veces** très souvent; ■ **con ~** de beaucoup, de loin; **muy ~** (fam) un peu beaucoup; **ni con ~** tant s'en faut, loin de là; **por ~ que** avoir beau.

mucosidad *f* mucosité.

muda 1 *f* changement, déménagement. **2** mue (de los animales). **3** linge de rechange.

mudar 1 *tr* e *intr* changer. **2** muer (un animal, la voz). **3** (fig) changer (de idea). ● **4** ~se *pron* déménager. **5** se changer (de ropa).

mudéjar *adj/m* o *f* mudéjar.

mudo, da *adj/m* y *f* muet. ■ ~ **como una tumba** (fig, fam) muet comme une carpe.

mueble *m* meuble.

mueca *f* grimace, moue.

muela 1 *f* molaire. **2** dent. **3** meule (piedra). **4** butte, morne. ◆ ~ **del juicio** dent de sagesse.

muelle 1 *adj* doux; mou, moelleux (blando). ● **2** *m* ressort. **3** quai (de puerto). **4** môle (de embarque).

muermo 1 *m* (fig) lassitude, ennui. **2** (fig) casse-pieds.

muerte 1 *f* mort. **2** meurtre, homicide (asesinato). **3** (fig) mort, disparition. ◆ ~ civil DER mort civile; ~ natural mort naturelle; ~ súbita DEP tie-break, jeu décisif; ■ a ~ à mort, à outrance.

muerto, ta 1 *pp* → morir. ● **2** *adj/m* y *f* mort. ● **3** *adj* éteint, terne (la cal). **4** (fig) très fatigué, épuisé. ■ más ~ que vivo plus mort que vif; ser un ~ de hambre (fig, fam) être un crève-la-faim.

muesca *f* mortaise, entaille.

muestra 1 *f* échantillon (costura). **2** prélèvement (de sangre). **3** enseigne (letrero). **4** modèle (modelo). **5** échantillonnage (estadística). **6** (fig) preuve. **7** MIL revue. ■ dar muestras de faire preuve de.

muestrario *m* échantillonnage.

muestreo *m* échantillonnage (estadística).

mugido *m* mugissement, beuglement.

mugir 1 *intr* mugir, beugler. **2** (fig) mugir.

mugre *f* crasse, saleté.

mugriento, ta *adj* crasseux, sale.

mujer *f* femme. ◆ ~de mal vivir o perdida femme de mauvaise vie, femme perdue; ~ de su casa femme d'intérieur, bonne ménagère; ~ fatal femme fatale, vamp; ~ pública femme publique.

mujeriego, ga 1 *adj* féminin, de la femme. ● **2** *adj* y *m* coureur de jupons, dragueur.

mula 1 *f* mule (animal). **2** (fig, fam) vigoureux; fort. **3** (fig) mule.

mulato, ta 1 *adj/m* y *f* mulâtre. ● **2** *adj* (fig) brun. ● **3** *m* Amér. minerai d'argent.

muleta 1 *f* béquille. **2** TAUROM muleta.

muletilla 1 *f* cheville (palabra inútil). **2** (fig) refrain. **3** TAUROM muleta.

mullido, da 1 *adj* moelleux. ● **2** *m* bourre.

mullir *tr* ramollir, assouplir.

mulo 1 *m* mulet. **2** (fig, fam) âne, animal. ■ trabajar como un ~ travailler comme un cheval.

multa *f* amende.

multar *tr* condamner à une amende.

multicolor *adj* multicolore.

multimedia *m* multimédia.

multimillonario, ria *adj/m* y *f* multimillionaire, milliardaire.

multinacional *adj* y *f* multinational.

múltiple *adj* multiple.

multiplicación *f* multiplication.

multiplicar *tr*, *intr* y *pron* multiplier.

múltiplo, pla *adj* y *m* MAT multiple.

multitud *f* multitude, foule.

multitudinario, ria *adj* populaire.

mundano, na *adj* mondain.

mundial 1 *adj* mondial. ● **2** *m* championnat du monde.

mundo 1 *m* monde. **2** globe terrestre. **3** BOT boule-de-neige. ◆ medio ~ (fig) beaucoup de monde; Nuevo Mundo Nouveau Monde; Tercer Mundo Tiers Monde; ■ hundirse el ~ (fig) arriver une catastrophe; irse al otro ~ (fig) aller dans l'autre monde, mourir; tener ~ avoir du monde.

munición 1 *f* munition. **2** plomb de chasse. **3** Hond. MIL uniforme de soldat.

municipal 1 *adj* municipal. ● **2** *m* sergent de ville.

municipio 1 *m* municipalité; commune. **2** hôtel de ville, mairie (ayuntamiento).

munido, da *adj* Arg., Chile défendu, armé.

muñeca 1 *f* poupée (juguete). **2** (fig, fam) poupée. **3** ANAT poignet. **4** Amér. Merid. habileté, influence.

muñeco 1 *m* poupée. **2** (fig, fam) bonhomme. **3** (fig, fam) jeune homme prétentieux. ◆ ~ de nieve bonhomme de neige.

muñón *m* moignon.

mural 1 *adj* mural. ● **2** *m* fresque, peinture murale.

muralla *f* muraille.

murciélago *m* ZOOL chauve-souris.

murga *f* amurgue. ■ dar la ~ (fig, fam) raser, casser les pieds.

murmullo *m* murmure.

murmuración *f* médisance, critique.

murmurar 1 *tr* e *intr* murmurer. **2** (fig) marmonner. **3** (fig, fam) médire.

muro 1 *m* mur. **2** muraille.

musa *f* muse.

musaraña 1 *f* musaraigne. **2** bestiole (bicho). **3** (fig, fam) jeune homme ridicule. ■ mirar a las musarañas (fig, fam) regarder les mouches voler.

musculatura *f* musculature.

músculo *m* muscle.

museo *m* musée, muséum.

música *f* musique. ◆ ~ celestial (fig, fam) vaines paroles, du vent; ~ clásica musique classique; ~ **instrumental** musique instrumentale; ~ **vocal** musique vocale; ■ **irse con la ~ a otra parte** (fig, fam) plier bagage.

musical *adj* y *m* musical.

músico, ca 1 *adj* musical. ● 2 *m* y *f* musicien.

musitar *tr* e *intr* susurrer, marmonner.

muslo *m* ANAT cuisse.

mustio, tia 1 *adj* fané, flétri (planta). 2 morne; triste, abattu.

musulmán, na *adj/m* y *f* musulman.

mutación 1 *f* changement. 2 BIOL mutation.

mutilación *f* mutilation.

mutilar *tr* y *pron* mutiler.

mutismo *m* mutisme.

mutualidad 1 *f* mutualité. 2 mutuelle (asociación).

mutuo, tua *adj/m* y *f* mutuel.

muy 1 *adv* très: *muy grande = très grand*. 2 fort (denota insistencia): *estoy muy decepcionado = je suis fort déçu*. ■ **por ~... que** tout... que, si... que: *por muy genio que sea, no ganará = tout génie qu'il est, il ne gagnera pas*.

Nn

n *f* n.

nabo *m* BOT navet.

nácar *m* nacre.

nacer 1 *intr* naître. 2 se lever (los astros, el día); poindre (el alba). 3 naître, pousser. ■ **haber nacido de pie** (fig, fam) être né coiffé; **haber vuelto a ~** l'avoir échappé belle; ~ **con buena estrella** o **con fortuna** naître sous une bonne étoile.

nacido, da *adj/m* y *f* né. ◆ **recién ~** nouveau-né; **bien** o **mal ~** bien o mal né; bien o mal élevé.

naciente 1 *adj* naissant. ● 2 *m* Levant.

nacimiento 1 *m* naissance. 2 source. 3 (fig) naissance, origine. 4 crèche (belén). ■ **de ~** de naissance, né.

nación *f* nation.

nacional 1 *adj* national. ● 2 **nacionales** *m pl* ressortissants, nationaux.

nacionalismo *m* nationalisme.

nacionalista *adj/m* o *f* nationaliste.

nacionalizar *tr* y *pron* nationaliser.

nada 1 *f* néant, rien: *perderse en la nada = s'égarer dans le néant*. ● 2 *pron indef* rien: *no hacer nada = ne rien faire*. 3 (~ *de*) rien de. ● 4 *adv* pas du tout: *no tiene nada de intelectual = il n'est pas du tout intellectuel*. ● 5 ¡**nada**! *interj* ce n'est rien! ■ **de ~** il n'y a pas de quoi; ~ **de** rien de rien; ~ **más** rien de plus; ~ **más y ~ menos** un point, c'est tout; ~ **menos** rien de moins; **ni** ~ (fam) même pas.

nadar 1 *intr* nager. 2 (fig) nager: *nadar en la abundancia = nager dans l'abondance*.

nadie 1 *pron indef* personne. ● 2 *m* (fig) nullité. ■ **ser un don ~** (fig, fam) être un pas grand-chose.

nado *m* nage.

nafta *f* naphte.

naftalina *f* naphtaline.

naipe 1 *m* carte. ● 2 **naipes** *m pl* (fig) jeu de cartes.

nalga *f* fesse.

nana 1 *f* berceuse. 2 (fam) mémé, grandmaman. 3 *Amér.* bobo. 4 *Hond.* mère.

naranja 1 *adj* y *m* orange (color). ● 2 *f* orange (fruto). ◆ **media ~** (fig) moitié (esposa); coupole (arquitectónica); ~ **mandarina** mandarine; ■ ¡**naranjas de la China!** (fam) des nèfles!, des clous!

naranjo *m* BOT oranger.

narciso 1 *m* BOT narcisse. 2 (fig) narcisse.

narcótico, ca *adj* y *m* MED narcotique.

nardo *m* BOT nard.

nariz 1 *f* nez. 2 narine (orificio). 3 naseau (de animal). 4 (fig) nez; odorat, flair. ● 5 **narices** *f pl* nez. ● 6 ¡**narices!** *interj* des figues! ◆ ~ **aguileña** o **aquilina** nez aquilin; ~ **chata** nez camus; ~ **respingona** nez retroussé; ■ **estar hasta las narices** (fig, fam) en avoir marre.

narración *f* narration, récit.

narrar *tr* raconter.

nasal *adj* y *f* nasal.

nata 1 f crème. **2** (fig) crème, fleur (lo más estimado). • **3 natas** f pl crème renversée (natillas). ◆ ~ **batida** crème fouettée.
natación f natation.
natal adj natal.
natalicio, cia 1 adj y m naissance. • **2** m anniversaire (cumpleaños).
natalidad f natalité.
natillas f pl crème renversée.
Natividad f Nativité.
nativo, va adj/m y f natif.
nato, ta 1 adj né. **2** DER de droit.
natural 1 adj y m naturel. • **2** adj/m o f natif. ◆ **tamaño** ~ grandeur nature; ■ **al** ~ au naturel; **del** ~ d'après nature (esculpir, pintar).
naturaleza 1 f nature. **2** nationalité (nacionalidad). ◆ ~ **humana** nature humaine; ~ **muerta** ART nature morte.
naturalidad 1 f naturel. **2** nationalité.
naturalista adj/m o f naturaliste.
naturalizar 1 tr naturaliser. • **2** ~**se** pron se faire naturaliser.
naturismo m naturisme.
naturista adj/m o f naturiste.
naufragar 1 intr faire naufrage. **2** (fig) échouer, sombrer (un intento, un negocio).
naufragio m naufrage.
náufrago, ga adj/m y f naufragé.
náusea f (se usa más en pl) nausée. ■ **dar náuseas** donner la nausée.
nauseabundo, da adj nauséabond.
náutico, ca adj nautique.
navaja 1 f couteau pliant. **2** canif (cortaplumas). **3** ZOOL couteau (molusco). ◆ ~ **de afeitar** rasoir à main.
naval adj naval.
nave 1 f navire (barco). **2** nef (de una iglesia). **3** hall (de una fábrica). **4** hangar (cobertizo). ◆ ~ **espacial** vaisseau spatial.
navegación f navigation. ◆ ~ **aérea** navigation aérienne; ~ **de altura** navigation hauturière; ~ **de cabotaje** navigation de cabotage.
navegar 1 intr naviguer. **2** INF (fig) surfer.
Navidad 1 f nativité. **2** (también se usa en pl) Noël. ■ **¡Feliz** ~! joyeux Noël!
navío m vaisseau. ◆ ~ **mercante** vaisseau marchand.
neblina f brouillard.
nebuloso, sa 1 adj nébuleux. **2** (fig) nébuleux, brumeux.
necedad f sottise; niaiserie.

necesario, ria adj nécessaire. ■ **es** ~ il est nécessaire, il faut.
neceser m nécessaire.
necesidad 1 f besoin. **2** nécessité (de aquello necesario). **3** faim (hambre continuada). • **4 necesidades** f pl besoins naturels. ■ **en caso de** ~ en cas de besoin; **por** ~ par nécessité.
necesitado, da 1 adj dans le besoin (pobre). • **2** adj/m y f nécessiteux. ■ **estar** o **andar** ~ **de** avoir grand besoin de.
necesitar 1 tr avoir besoin de; falloir. **2** demander: se necesita dependiente = on demande un employé. • **3** intr (~ de) avoir besoin de.
necio, cia adj/m y f niais, bête.
necrología f nécrologie.
necrópolis f nécropole.
néctar m nectar.
nefasto, ta adj néfaste.
negación 1 f négation. **2** refus (negativa). **3** GRAM négation.
negado, da adj/m y f incapable.
negar 1 tr nier. **2** refuser (no conceder). **3** interdire (prohibir). • **4** ~**se** pron (~ a) refuser de.
negativo, va 1 adj négatif. • **2** m FOT négatif.
negligencia f négligence.
negligente adj/m o f négligent.
negociación f négociation.
negociado 1 m bureau. **2** affaire (negocio). **3** Amér. Merid. affaire louche.
negociante 1 adj qui négocie. • **2** m o f négociant. • **3** m commerçant (comerciante).
negociar 1 intr tr négocier (tratar asuntos). • **2** intr faire du commerce (comerciar).
negocio 1 m affaire. **2** commerce (local). **3** fonds (casa comercial). ◆ ~ **redondo** (fig, fam) affaire en or; ~ **sucio** (fig, fam) affaire louche.
negrero, ra 1 adj/m y f négrier. • **2** m y f (fig) despote, négrier.
negro, gra 1 adj (fig) sombre, triste. • **2** adj y m noir (color). • **3** adj/m y f noir (persona). • **4** m y f Chile, Col., Cuba chéri (voz de cariño). ■ **estar uno** ~ (fig, fam) être furieux; **ponerse** ~ (fig, fam) enrager; **trabajar como un** ~ (fig, fam) travailler comme un forcené; **verlo todo** ~ (fig, fam) voir tout en noir, broyer du noir.

nene, na 1 *m* y *f* (fam) bébé. **2** (fam) mon petit (expresión de cariño).

nenúfar *m* BOT nénuphar.

neolítico, ca *adj* y *m* néolithique.

neologismo *m* néologisme.

nepotismo *m* népotisme.

Neptuno 1 *m* Neptune (dios). **2** ASTR Neptune.

nervio 1 *m* nerf. **2** (fig) nerf, vigueur, cran (vigor). **3** ARQ, BOT nervure. ◆ **~ acústico** ANAT nerf acoustique; **~ ciático** ANAT nerf sciatique; **~ óptico** ANAT nerf optique; ■ **alterar** o **crispar los nervios a uno** (fig, fam) taper sur les nerfs de qqn; **poner los nervios de punta** (fig, fam) taper sur les nerfs.

nerviosismo *m* nervosité.

nervioso, sa 1 *adj* nerveux. **2** énervé (inquieto). ■ **ponerse ~** (fam) s'énerver.

neto, ta 1 *adj* net (limpio). **2** net (peso, precio). ■ **en ~** net.

neumático, ca 1 *adj* y *f* FÍS pneumatique. ● **2** *m* pneu.

neumonía *f* MED pneumonie.

neuralgia *f* MED névralgie.

neurálgico, ca *adj* névralgique.

neurastenia *f* PSIC neurasthénie.

neurología *f* neurologie.

neurona *f* MED neurone.

neurosis *f* PSIC névrose.

neutral *adj* neutre.

neutralizar 1 *tr* y *pron* neutraliser. ● **2** *tr* QUÍM neutraliser.

neutro, tra *adj* neutre.

neutrón *m* FÍS neutron.

nevado, da 1 *adj* enneigé. ● **2** *m* Amér. montagne couverte de neiges éternelles.

nevar 1 *impers* neiger. ● **2** *tr* (fig) blanchir (blanquear).

nevera 1 *f* réfrigérateur. **2** (fig) glacière (lugar frío).

nexo *m* lien; nœud.

ni 1 ni... ni... *loc conj* ni... ni...: *no quiere ni uno ni otro = il ne veut ni l'un ni l'autre.* **2** ni... ni... (precediendo a dos *verbos*) ne... ni...: *ni estudia ni trabaja = il n'étudie ni ne travaille.* **3** no... ni... ne... ni...: *no vendrá al cine ni a la cena = elle ne viendra pas au cinéma ni au dîner.* ● **4** *adv* même pas: *ni ha ido a verle = il n'est même pas allé le voir.* ■ **~ siquiera** ne... même pas: *ni siquiera lo sabe = il ne le sait même pas.*

Nicaragua *f* Nicaragua.

nicaragüense 1 *adj* nicaraguayen. ● **2** *m* o *f* Nicaraguayen.

nicho *m* niche.

nicotina *f* QUÍM nicotine.

nido 1 *m* nid. **2** (fig) nid, repaire. ◆ **~ de urraca** MIL nid de pie.

niebla *f* brouillard.

nieto, ta 1 *m* y *f* petit-fils, petite-fille (*f*). ● **2 nietos** *m pl* petits-enfants.

nieve 1 *f* neige. **2** *Amér.* glace (helado). ● **3 nieves** *f pl* chutes de neige.

nigromante *m* o *f* nécromancien.

nimbo 1 *m* nimbe (aureola). **2** nimbus (nube).

nimiedad *f* petitesse, insignifiance.

nimio, mia *adj* insignifiant, minime.

ninfa *f* nymphe. **2** ZOOL nymphe (insecto).

ninfómana *f* nymphomane.

ningún (*apócope de* **ninguno**) *adj indef* aucun: *ningún obrero ha ido a trabajar = aucun ouvrier est allé au travail.*

ninguno, na 1 *adj indef* aucun: *su éxito no tiene mérito ninguno = son succès n'a aucun mérite*; nul: *ninguna alumna ha aprobado el examen = nulle élève a réussi l'examen.* ● **2** *pron indef* aucun: *ninguno entre vosotros lo sabe = aucun d'entre vous ne le sait*; personne: *ninguno duerme = personne ne dort.*

niñero, ra 1 *adj* qui aime les enfants. **2** qui fait l'enfant.

niñez *f* enfance.

niño, ña 1 *adj* jeune, petit. ● **2** *m* enfant, petit garçon. **3** (fig, fam) mon petit. ◆ **~ de pecho** nourrisson; **~ probeta** enfant-éprouvette.

níquel *m* QUÍM nickel.

niquelar *tr* nickeler.

níspero 1 *m* BOT néflier (arbusto). **2** BOT nèfle (fruto). **3** *Amér.* BOT sapotier (árbol).

nitidez *f* netteté.

nítido, da 1 *adj* net (limpio). **2** clair (no confuso).

nitrato *m* QUÍM nitrate. ◆ **~ de Chile** QUÍM salpêtre du Chili.

nitro *m* nitre. ◆ **~ de Chile** QUÍM sâlpetre du Chili.

nitrógeno *m* QUÍM azote.

nitroglicerina *f* nitroglycérine.

nivel *m* niveau. ◆ **~ de agua** niveau d'eau; **~ de aire** niveau à bulle d'air; **~ de vida** niveau de vie; ■ **sobre el ~ del mar** au-dessus du niveau de la mer.

nivelar 1 *tr* niveler. 2 équilibrer (la balanza comercial). ● 3 ~**se** *pron* (fig) (~ con) se mettre au même niveau que.

no *adv* non (en respuestas): *¿quieres? no = tu en veux? non*; ne... pas: *no hables = ne parle pas*; ne (con nadie, nunca): *no escucha nunca = il n'écoute jamais*; pas (en frases sin verbo): *¿por qué no? = pourquoi pas?* ◆ ~ **agresión** non-agression; ~ **comprometido** non-engagé; **¡a que ~!** chiche!; **¡cómo ~!** bien sûr!; **¡eso sí que ~!** ça alors non!; ~ **mucho** pas beaucoup; ~ **obstante** cependant; **¡pues ~!** eh bien, non!

nobiliario, ria *adj* y *m* nobiliaire.

noble *adj/m* o *f* noble.

nobleza *f* noblesse.

noche 1 *f* nuit. 2 soir (principio de la noche). ◆ ~ **de bodas** nuit de noces; ~ **de perros** nuit terrible; **al caer la ~** à la tombée de la nuit; **buenas noches** bonsoir (al atardecer); bonne nuit (al acostarse); **de la ~ a la mañana** (fig) du jour au lendemain; **pasar la ~ en blanco** o **en vela** passer la nuit blanche.

nochebuena *f* nuit de Noël.

nochevieja *f* nuit de la Saint-Sylvestre.

noción *f* notion.

nocivo, va *adj* nocif.

noctámbulo, la *adj/m* y *f* noctambule.

nocturno, na 1 *adj* nocturne; du soir (clase); de nuit (tren). 2 BOT, ZOOL nocturne, de nuit. ● 3 *m* MÚS nocturne.

nodriza *f* nourrice. ◆ **buque, avión, ~** bateau, avion, de ravitaillement.

nogal *m* BOT noyer.

nómada *adj/m* o *f* nomade.

nombramiento *m* nomination.

nombrar *tr* nommer.

nombre *m* nom. ◆ ~ **artístico** nom de scène; ~ **de pila** prénom; **en ~ de** au nom de.

nomenclatura *f* nomenclature.

nomeolvides 1 *f* gourmette. 2 BOT myosotis.

nómina 1 *f* liste. 2 fiche de paie (hoja de sueldo). 3 paie: *¿has cobrado la nómina? = as-tu touché la paie?* ◆ ~ **de salarios** bordereau des salaires.

nominar *tr* nommer.

non *adj* y *m* impair. **decir que nones** refuser catégoriquement.

nordeste *m* nord-est.

nórdico, ca 1 *adj* nordique. ● 2 *m* nordique (grupo de lenguas).

noreste *m* nord-est.

noria 1 *f* noria (para agua). 2 grande roue (de feria).

norma 1 *f* règle, norme. 2 équerre, règle (escuadra). **por ~ general** en règle générale.

normal 1 *adj* normal. ● 2 *f* GEOM normale.

normalidad *f* normalité, normale.

normalizar *tr* normaliser.

normativo, va *adj* normatif.

noroeste 1 *m* nord-ouest. 2 noroît (viento).

norte *m* nord. ◆ ~ **magnético** nord magnétique.

Norteamérica *f* Amérique du Nord.

norteamericano, na 1 *adj* des États-Unis, nord-américain. ● 2 *m* y *f* Nord-Américain.

Noruega *f* Norvège.

nos *pron* nous: *cuéntanos cómo pasó = raconte-nous comment ça s'est passé*, *nos busca = il nous cherche*.

nosotros *pron* nous: *lo hacemos nosotros = nous le faisons*.

nostalgia *f* nostalgie.

nota 1 *f* note. 2 EDUC note. ● 3 **notas** *f pl* EDUC résultats (calificación). ◆ ~ **a pie de página** note de bas de page; **dar la ~** (fig, fam) se faire remarquer; **tomar ~ de algo** prendre note de qqch.

notable 1 *adj* remarquable. ● 2 *m* EDUC mention bien.

notar 1 *tr* remarquer; sentir, trouver. 2 sentir (una sensación). 3 trouver: *le noto muy triste = je le trouve très triste*. ● 4 ~**se** *pron* se voir; sentir.

notaría 1 *f* notariat (oficio). 2 étude de notaire (oficina).

notario, ria *m* y *f* notaire.

noticia *f* nouvelle. ◆ ~ **de última hora** nouvelle de dernière minute; **no tener ~ de** n'être pas au courant de.

noticiario 1 *m* CINE actualités. 2 RAD, TV informations.

notificación *f* notification.

notificar *tr* notifier.

notorio, ria *adj* notoire.

novatada *f* bizutage. **pagar la ~** faire les frais de son inexpérience.

novato, ta *adj/m* y *f* débutant, nouveau.

novecientos, tas *adj* neuf cents.

novedad 1 *f* nouveauté. 2 nouveau (cambio). 3 nouvelle (noticia). ● 4 **novedades** *f pl* COM nouveautés. **sin ~** rien de nouveau.

novel *adj/m* o *f* débutant, nouveau.

novela *f* roman. ◆ ~ corta nouvelle; ~ policíaca roman policier; ~ por entregas roman-feuilleton; ~ rosa roman à l'eau de rose.

noveno, na *adj* neuvième.

noventa *adj* quatre-vingt-dix.

noviazgo *m* fiançailles.

novicio, cia 1 *adj/m* y *f* novice. 2 (fig) nouveau (principiante).

noviembre *m* novembre.

novillo, lla 1 *m* y *f* jeune taureau, génisse (*f*). ● 2 *m Chile, Méx.* veau castré. ■ hacer novillos (fam) faire l'école buissonnière.

novio, via 1 *m* y *f* petit ami. 2 fiancé (prometido). 3 jeune marié (recién casado).

nubarrón *m* gros nuage.

nube 1 *f* nuage. 2 (fig) nuée (de gente). ■ andar, estar o vivir en las nubes (fig) être dans les nuages; estar por las nubes (fig) être hors de prix; poner por las nubes (fig) porter aux nues.

nublado, da 1 *adj* nuageux. 2 (fig) troublé. ● 3 *m* nuage noir.

nublar 1 *tr* assombrir. ● 2 ~se *pron* se couvrir de nuages (el cielo). 3 se voiler (los ojos).

nubloso, sa *adj* nuageux.

nubosidad *f* nébulosité.

nuca *f* nuque.

nuclear *adj* nucléaire.

núcleo *m* noyau. ◆ ~ atómico noyau atomique; ~ residencial grand ensemble; ~ urbano centre urbain.

nudillo *m* jointure.

nudismo *m* nudisme.

nudo, da 1 *m* nœud. 2 (fig) lien. ◆ ~ corredizo nœud coulant; ~ marinero nœud marin.

nuera *f* belle-fille.

nuestro, tra (*pl* nuestros, nuestras) 1 *adj poses* notre: *tiene nuestros libros =* *il a nos livres.* ● 2 *pron poses* nôtre: *sus padres son mayores que los nuestros =* *ses parents sont plus âgés que les nôtres;* à nous: *este álbum es nuestro = cet album est à nous.* ■ en nuestra casa chez nous.

nueve *adj* y *m* neuf.

nuevo, va 1 *adj* nouveau, nouvelle (*f*) (reciente). 2 neuf (no usado). 3 nouveau, nouvelle (*f*) (principiante, recién llegado). ■ ¿qué hay de ~? (fam) quoi de neuf?

nuez 1 *f* noix. 2 ANAT pomme d'Adam. ◆ ~ moscada noix muscade.

nulidad *f* nullité.

nulo, a *adj* nul.

numeración 1 *f* numérotation. 2 chiffres (sistema). ◆ ~ decimal numération décimale.

numeral *adj* numéral.

numerar 1 *tr* compter. 2 numéroter (marcar con números).

número 1 *m* numéro. 2 nombre (cantidad). 3 chiffre (cifra). 4 billet (de lotería). ◆ ~ atómico nombre atomique; ~ entero nombre entier; ~ mixto nombre fractionnaire; ~ de matrícula numéro d'immatriculation; ~ de teléfono numéro de téléphone; ~ redondo chiffre rond; ■ hacer números (fig, fam) faire des comptes; ser el ~ uno (fig, fam) être le premier.

numeroso, sa *adj* nombreux.

nunca *adv* jamais. ■ hasta ~ à jamais; más que ~ plus que jamais; ~ jamás jamais plus.

nuncio *m* nonce.

nupcias *f pl* noces.

nutria *f* ZOOL loutre.

nutrición *f* nutrition.

nutrido, da 1 *adj* nourri. 2 (fig) nombreux.

nutrir *tr* y *pron* nourrir.

ñ *f* (no existe en el alfabeto francés).

ñoño, ña 1 *adj* (fam) niais, sot. 2 douillet, délicat.

ñu *m* ZOOL gnou.

Oo

o f o.

o *conj* ou: *compraré uno o dos = j'en achèterai un ou deux.*

oasis *m* oasis.

obcecación *f* aveuglement, éblouissement.

obcecar *tr* y *pron* aveugler, éblouir, ofusquer.

obedecer 1 *tr* obéir à. ● 2 *intr* obéir.

obediencia 1 *f* obéissance. 2 REL obédiance.

obediente *adj* obéissant.

obelisco *m* obélisque.

obesidad *f* obésité.

obeso, sa *adj* obèse.

óbice *m* obstacle, empêchement.

obispo *m* REL évêque.

objeción *f* objection.

objetar *tr* objecter.

objetivo, va 1 *adj* objectif. ● 2 *m* but, cible.

objeto 1 *m* objet. 2 but, fin. ◆ ~ de primera necesidad article de première nécessité; ■ con ~ de dans le but de, afin de.

oblación *f* REL oblation.

oblicuo, cua 1 *adj* oblique. ● 2 *m* ANAT oblique (músculo). ● 3 *f* MAT oblique (línea).

obligación 1 *f* obligation (deber). 2 contrainte. 3 (se usa más en *pl*) devoir.

obligar 1 *tr* obliger. ● 2 ~se *pron* s'obliger, s'engager.

obligatorio, ria *adj* obligatoire.

oboe *m* MÚS hautbois (instrumento).

obra 1 *f* œuvre. 2 œuvre (producción artística). 3 ouvrage (libro). 4 travail (construcción); chantier. 5 œuvre (buena acción). ◆ ~ de teatro pièce de théâtre; ~ maestra chef d'œuvre; obras públicas travaux publics.

obrar 1 *tr* faire, mettre en œuvre. 2 bâtir, construire. ● 3 *intr* agir. 4 aller à la selle.

obrero, ra *adj/m* y *f* ouvrier. ◆ ~ estacional o temporero ouvrier saisonnier.

obscenidad *f* obscénité.

obsceno, na *adj* obscène.

obscuridad 1 *f* obscurité. 2 ombre.

obscuro, ra 1 *adj* obscur. 2 sombre, foncé. 3 (fig) sombre.

obsequiar 1 *tr* faire cadeau, offrir (regalar). 2 combler d'attentions. 3 courtiser (galantear).

obsequio 1 *m* cadeau. 2 prévenance, attention.

observación 1 *f* observation. 2 remarque.

observar 1 *tr* observer. 2 remarquer.

observatorio *m* observatoire.

obsesión 1 *f* obsession. 2 hantise (idea persistente).

obsesivo, va 1 *adj* obsédant (que obsesiona). 2 obsessionnel.

obseso, sa *adj* obsédé.

obsoleto, ta *adj* obsolète.

obstaculizar *tr* entraver, mettre un obstacle à.

obstáculo *m* obstacle.

obstante no ~ *conj* cependant, néanmoins, nonobstant.

obstar 1 *intr* empêcher. ● 2 *impers* s'opposer à.

obstetricia *f* MED obstétrique.

obstinación *f* obstination, opiniâtreté.

obstinado, da *adj/m* y *f* obstiné.

obstinarse *pron* s'obstiner, s'entêter.

obstrucción *f* obstruction.

obstruir 1 *tr* obstruer. 2 (fig) entraver. ● 3 ~se *pron* s'obstruer, se boucher.

obtención *f* obtention.

obtener *tr* obtenir.

obturador, ra *adj* y *m* obturateur.

obturar *tr* obturer.

obtuso, sa *adj* obtus.

obús 1 *m* obusier. 2 obus.

obviar *tr* obvier à, contourner.

obvio, via *adj* évident.

oca *f* ZOOL oie.

ocarina *f* ocarina.

ocasional *adj* occasionnel.

ocasionar 1 *tr* occasionner, causer. 2 exposer (poner en peligro).

ocaso 1 *m* ASTR coucher. 2 (fig) déclin.

occidental *adj/m* o *f* occidental.

occidente *m* occidente.

Oceanía f Océanie.

océano 1 m océan. **2** (fig) océan, monde.

ochenta adj y m quatre-vingts.

En Suiza se dice **huitante**.

ocho adj huit.

ochocientos, tas adj y m huit cents.

ocio 1 m oisiveté, repos. **2** loisir. **3** délassement, distraction.

ocioso, sa adj/m y f oisif.

oclusión f occlusion.

ocre 1 adj y m ocre (color). ● **2** m ocre (mineralogía).

octavilla 1 f feuille en papier de petit format. **2** tract (propaganda).

octavo, va adj huitième.

octubre m octobre.

ocular adj y m oculaire.

ocultar tr y pron cacher, dissimuler.

oculto, ta 1 adj oculte. **2** caché.

ocupación f occupation.

ocupante adj/m o f occupant.

ocupar 1 tr y pron occuper. ● **2** ~se pron assumer, prendre en charge.

ocurrencia 1 f occurence, circonstance. **2** mot d'esprit.

ocurrir 1 intr arriver, avoir lieu: explicó lo que le había ocurrido = il nous a raconté ce qui lui était arrivé. ● **2** ~se pron venir à l'idée de, penser à: se me ha ocurrido darle una sorpresa = il m'est venu à l'idée de lui faire une surprise.

oda f LIT ode.

odiar tr haïr, détester.

odio m haine.

odioso, sa adj odieux.

odisea f odyssée.

odontólogo, ga m y f dentiste, chirurgien-dentiste.

oeste m ouest.

ofender tr y pron offenser, faire affront à; vexer.

ofensa f offense, outrage.

ofensivo, va 1 adj offensant, outrageant. **2** offensif (un arma).

oferta 1 f offre. **2** promotion (de un producto). **3** don. ◆ ~ **pública de adquisición** offre publique d'achat.

oficial 1 adj officiel. **2** legal. ● **3** m ouvrier; employé. **4** official (eclesiásti-

co). ◆ ~ **de la sala** DER greffier; ~ **de sanidad** officier de santé.

oficiar 1 tr célébrer (misa). ● **2** intr officier (un sacerdote).

oficina 1 f bureau. **2** office. **3** officine (de farmacia); laboratoire. ◆ ~ **de colocación** office de la main d'œuvre; ~ **de objetos perdidos** bureau des objets trouvés.

oficinista m o f employé de bureau.

oficio 1 m métier, profession. **2** office, fonctions. **3** communication, rapport. **4** REL office. ◆ **artes y oficios** arts et métiers; **buenos oficios** bons offices.

ofimática f bureautique.

ofrecer 1 tr offrir. **2** (fig) offrir, présenter. ● **3** tr y pron offrir, proposer. ● **4** ~se pron venir à l'esprit.

ofrenda f offrande.

ofuscación f aveuglement.

ofuscar 1 tr offusquer, aveugler. **2** égarer.

ogro m ogre.

oída f audition.

oído 1 m ouïe (sentido). **2** oreille.

oír 1 tr entendre. **2** écouter.

ojal 1 m boutonnière. **2** trou, orifice.

¡ojalá! 1 interj plaise à Dieu. **2** pourvu que: ¡ojalá pudieras verlo! = pourvu que tu pusses le voir!

ojeada f coup d'œil.

ojear tr regarder, examiner.

ojera f (se usa más en pl) cerne.

ojeriza f aversion, haine.

ojete 1 m œillet. **2** (fam) trou de balle.

ojiva 1 f ARQ ogive. **2** MIL ogive (proyectil).

ojo 1 m œil. **2** chas (de una aguja). **3** trou (de la cerradura). **4** attention, soin (cuidado). **5** ocelle, œil (de la cola del pavo). **6** œil (de pan). ● **7** ¡ojo! interj attention! ◆ **cuatro ojos** (fig, fam) binoclard; ~ **de gallo** œil-de-perdrix; ~ **de gato** œil-dechat (ágata); **ojos rasgados** yeux en amande; **ojos saltones** o **de sapo** yeux saillant.

ola 1 f vague. **2** tendance. **3** (fig) poussée, flambée (subida repentina).

¡olé! interj très bien! bravo!

oleada 1 f grande vague. **2** paquet de mer. **3** bonne récolte d'huile. **4** (fig) vague. **5** (fig) remous (de la muchedumbre).

óleo m huile.

oler 1 tr e intr sentir (un olor). ● **2** intr (fig, fam) sentir, puer. ● **3** tr (fig) flairer, renifler. • 4 ~se *pron* (fig) sentir, pressentir. 5 se douter.

olfatear *tr* flairer.

olfato *m* odorat, flair.

oligarquía *f* oligarchie.

olimpiada u olimpíada 1 *f* jeux olympiques. 2 olympiade (período).

olímpico, ca 1 *adj* olympien (del Olimpo). 2 olympique.

oliva *f* olive.

olivo *m* BOT olivier.

olla 1 *f* marmite, pot. 2 pot-au-feu (guiso). ◆ ~ presión autocuiseur; ~ ciega tirelire.

olmo *m* BOT orme. ◆ ~ pequeño ormeau.

olor 1 *m* odeur. 2 fumet (de comida). 3 senteur, parfum.

oloroso, sa *adj* odorant.

olvidar 1 *tr* oublier. • 2 ~se *pron* (~ de) oublier: *se olvida de todo lo que le dicen = il oublie tout ce qu'on lui dit.*

olvido *m* oubli.

ombligo *m* nombril.

omisión *f* omission.

omitir *tr* omettre.

ómnibus *m* omnibus.

omnipotente *adj* omnipotent.

omnívoro, ra *adj* y *m* ZOOL omnivore.

once *adj* y *m* onze.

El artículo definido no debe elidirse ante esta palabra (ni ante el número escrito en cifras): *el 11 de marzo = le 11 (onze) Mars.*

onceno, na *adj/m* y *f* onzième.

onda 1 *f* onde. 2 ondulation (del pelo).

ondear 1 *intr* ondoyer. 2 flotter (la ropa, una bandera).

ondulación *f* ondulation.

ondular 1 *tr* onduler. • 2 *intr* onduler (pelo); ondoyer (el trigo); flotter (una bandera).

oneroso, sa *adj* onéreux.

onomástico, ca 1 *adj* onomastique. • 2 *f* onomastique. 3 fête (de una persona).

onza *f* once (medida).

opaco, ca 1 *adj* opaque. 2 sombre. 3 (fig) mélancolique.

opción 1 *f* choix; option. 2 droit (derecho).

ópera *f* MÚS opéra. ◆ ~ bufa opéra bouffe.

operación *f* opération.

operador, ra 1 *m* y *f* CINE opérateur de prise de vues. 2 CINE projectionniste (en

proyección). 3 MED chirurgien. 4 TELECOM opérateur. ◆ ~ turístico tour-opérateur.

operar 1 *tr, intr* y *pron* opérer. • 2 *tr* y *pron* MED opérer. • 3 *intr* COM réaliser une opération. 4 MAT faire une opération.

operario, ria *m* y *f* ouvrier.

operativo, va *adj* opérant.

opinar 1 *tr* penser. • 2 *intr* avoir une opinion (tener opinión). 3 donner son opinion (expresar la opinión).

opinión 1 *f* opinion; avis. 2 réputation (fama). ◆ ~ pública opinion publique; ■ tener buena, mala ~ de avoir une bonne, mauvaise opinion de.

opio *m* opium.

opíparo, ra *adj* copieux.

oponente *adj/m* o *f* opposant.

oponer *tr* y *pron* opposer.

oportunidad 1 *f* opportunité. 2 occasion. 3 chance.

oportunismo *m* opportunisme.

oportuno, na *adj* opportun.

oposición 1 *f* opposition. 2 (se usa más en *pl*) concours (procedimiento selectivo).

opositar *intr* se présenter à un concours; passer un concours.

opositor, ra 1 *m* y *f* opposant. 2 candidat (aspirante). 3 *Amér.* POL opposant, membre de l'opposition.

opresión *f* oppression.

opresor, ra *adj/m* y *f* oppresseur.

oprimir 1 *tr* presser. 2 serrer (la ropa). 3 (fig) opprimer (tiranizar). 4 (fig) oppresser (el corazón).

oprobio *m* opprobre.

optar 1 *intr* choisir. 2 (~ a) aspirer à. 3 (~ por) opter pour.

optativo, va 1 *adj* optionnel. • 2 *adj* y *m* GRAM optatif.

óptico, ca 1 *adj* optique. • 2 *m* y *f* opticien.

optimismo *m* optimisme.

optimista *adj* optimiste.

óptimo, ma 1 *adj* excellent, optimal. • 2 *adj* y *m* optimum.

opuesto, ta 1 *p irreg* → oponer. • 2 *adj* opposé.

opulencia *f* opulence.

opúsculo *m* opuscule.

oración 1 *f* prière. 2 GRAM proposition, phrase. 3 GRAM discours. ◆ ~ simple, compuesta phrase simple, complexe.

oráculo *m* oracle.

orador, ra **1** *m* y *f* orateur. • **2** *m* prédicateur.

oral *adj* oral.

orar **1** *intr* prier. **2** parler en public.

órbita **1** *f* orbite. **2** (fig) orbite, sphère d'influence. ■ poner en ~ ASTR placer *o* mettre sur orbite.

orden **1** *m* ordre (disposition de las cosas). • **2** *f* ordre (exigencia). • **3** *m* domaine (ámbito). • **4** *f* DER mandat. **5** REL ordre. ◆ ~ abierto, cerrado MIL ordre dispersé, serré; ~ de batalla MIL, MAR ordre de bataille; ~ de caballería ordre de chevalerie; ~ de combate MAR, MIL → orden de batalla; ~ del día ordre du jour; ~ a las órdenes! (también *a las órdenes*) à vos ordres!; en ~ par ordre.

ordenación **1** *f* ordre, ordonnance (disposición). **2** ordre (mandato). **3** REL ordination.

ordenado, da *adj* ordonné.

ordenador, ra **1** *adj/m* y *f* ordonnateur. • **2** *m* INF ordinateur. ◆ ~ portátil INF (ordinateur) portable.

ordenanza **1** *f* ordre, disposition. **2** MIL (se usa más en *pl*) ordonnance. • **3** *m* employé de bureau. **4** MIL ordonnance.

ordenar **1** *tr* ordonner (mandar). **2** ranger; mettre de l'ordre dans (ideas). • **3** ~se *pron* REL être ordonné.

ordeñar **1** *tr* traire. **2** (fig, fam) profiter de.

ordinal **1** *adj* ordinal. • **2** *m* (nombre) ordinal. **3** GRAM (adjectif numéral) ordinal.

ordinario, ria **1** *adj* ordinaire (corriente). **2** vulgaire, grossier. • **3** *m* y *f* personne vulgaire. ■ de ~ d'ordinaire.

orear **1** *tr* aérer, rafraîchir (refrescar). • **2** *tr* y *pron* sécher, faire sécher. **3** (fig) prendre l'air.

orégano *m* origan. ■ no todo el monte es ~ (fig) tout n'est pas rose.

oreja *f* oreille. ■ aguzar las orejas dresser les oreilles; bajar las orejas renoncer; calentar a uno las orejas (fig, fam) tirer les oreilles à qqn; con las orejas gachas o caídas (fig, fam) la queue entre les jambes; ver uno las orejas al lobo (fig) sentir le vent tourner.

orejudo, da *adj/m* y *f* oreillard.

orfanato *m* orphelinat.

orfebre *m* orfèvre.

orfebrería *f* orfèvrerie.

orfeón *m* MÚS orphéon.

organismo **1** *m* organisme. **2** (fig) institution.

organista *m* o *f* MÚS organiste.

organización *f* organisation.

organizador, ra *adj/m* y *f* organisateur.

organizar *tr* y *pron* organiser.

órgano **1** *m* organe. **2** MÚS orgue.

orgánulo *m* BIOL organelle.

orgasmo *m* orgasme.

orgia u orgía *f* orgie.

orgullo **1** *m* orgueil. **2** fierté (satisfacción).

orgulloso, sa **1** *adj/m* y *f* orgueilleux. **2** fier (satisfecho).

orientación *f* orientation. ◆ ~ profesional orientation professionnelle.

oriental **1** *adj* oriental. • **2** *m* o *f* Oriental.

orientar **1** *tr* y *pron* orienter. • **2** *tr* exposer, orienter.

oriente *m* orient.

orificio *m* orifice.

origen *m* origine. ◆ ~ de las coordenadas GEOM origine des coordonnées; ■ dar ~ a donner lieu à.

original **1** *adj* originel (relativo al origen). • **2** *adj* y *m* original.

originar **1** *tr* causer, provoquer. • **2** ~se *pron* avoir son origine; prendre naissance (nacer).

originario, ria *adj* originaire.

orilla **1** *f* bord. **2** trottoir (de una calle). **3** brise, vent léger. • **4** orillas *f pl* Arg., Méx. banlieue, faubourg (de una población). ■ a la ~ (fig) près, aux alentours, au bord de.

orín *m* (se usa más en *pl*) urine.

orina *f* urine.

orinal *m* vase de nuit; urinal (para enfermos).

orinar *tr*, *intr* y *pron* uriner.

oriundo, da *adj* originaire.

ornamentar *tr* ornementer.

ornamento *m* ornement.

oro *m* or. ◆ ~ batido o battu; ~ en polvo poudre d'or; ■ ir de ~ azul être tiré à quatre épingles; oros son triunfos l'argent est roi.

oropel *m* oripeau. **2** (fig) clinquant.

orquesta u orquestra *f* MÚS orchestre.

orquídea *f* BOT orchidée.

ortiga *f* BOT ortie. ◆ ~ de mar ortie de mer; ~ muerta ortie blanche.

ortodoxo, xa *adj/m* y *f* orthodoxe.

ortografía *f* GRAM orthographe.

ortopedia f MED orthopédie.
oruga 1 f BOT roquette. **2** ZOOL chenille.
orujo m marc de raisin.
orzuelo m MED orgelet, compère-loriot.
os pron vous: *os escucha atentamente = il vous écoute attentivement*.
osa f ZOOL ourse. ◆ **~ mayor, menor** ASTR grande, petite ourse.
osadía f hardiesse, audace.
osado, da adj hardi, audacieux.
osamenta 1 f squelette, carcasse (esqueleto). **2** ossements.
osar tr e intr oser (atreverse).
oscilación f oscillation.
oscilar intr osciller.
oscurecer 1 tr obscurcir; assombrir, foncer. ● **2** intr commencer à faire sombre. ● **3 ~se** pron s'obscurcir (el cielo).
oscuridad f obscurité.
oscuro, ra 1 adj obscur. **2** foncé, sombre (color). ■ **a oscuras** dans l'obscurité; **estar** o **hacer ~** faire sombre (estar nublado).
óseo, a adj osseux.
oso m ZOOL ours. ◆ **~ blanco** ours blanc; **~ hormiguero** fourmilier; **~ lavador** raton laveur; **~ marino** ours marin; **~ panda** panda.
ostentación f ostentation.
ostentar 1 tr montrer. **2** étaler; faire ostentation o étalage de (hacer gala de).
ostentoso, sa adj magnifique.
ostra f huître. ■ **aburrirse como una ~** (fig, fam) s'ennuyer comme un rat mort; **¡ostras!** (fam) merde!

ostracismo m ostracisme.
otear 1 tr guetter; observer. **2** fureter (escudriñar).
otitis f MED otite.
otoñal 1 adj automnal. ● **2** adj/m o f (fig) d'âge mûr (persona).
otoño m automne.
otorgar tr octroyer, concéder.
otro, otra (pl otros, otras) **1** adj un autre, une autre: *¡tomemos otra cerveza! = prenons une autre bière!* ● **2** pron autre: *la otra era más simpática = l'autre était plus sympathique*. ■ **ésa es otra** (fam) en voilà une autre; **~ que tal** (desp) les deux font la paire.
ovación f (fig) ovation.
ovario m ANAT, BOT ovaire.
oveja 1 f ZOOL brebis (hembra del carnero). **2** ZOOL mouton (carnero). **3** Amér. Merid. ZOOL lama (llama). ◆ **~ negra** (fig) brebis galeuse.
ovillo 1 m pelote (de hilo). **2** (fig) tas (montón). ■ **hacerse un ~** (fig, fam) se pelotonner; s'embrouiller (confundirse).
ovino, na adj y m ovin.
ovíparo, ra adj/m y f ZOOL ovipare.
ovulación f ovulation.
ovular intr ovuler.
óvulo m ovule.
oxidar tr y pron QUÍM oxyder.
óxido m QUÍM oxyde.
oxigenar 1 tr y pron QUÍM oxygéner. ● **2 ~se** pron (fig) s'oxygéner, prendre l'air.
oxígeno m QUÍM oxygène.
oyente adj/m o f auditeur.
ozono m QUÍM ozone.

Pp

p f p.
pabellón 1 m pavillon (edificio). **2** (fig) drapeau (bandera). **3** MIL faisceau (de fusiles).
pabilo o **pábilo** m mèche.
paca f balle, ballot (fardo).
pacer tr e intr paître.
pachanguero, ra adj de bastringue.
pachorra f (fam) mollesse, lenteur, indolence.

paciencia 1 f patience. **2** gâteau aux amandes (bollo). ■ **armarse de ~** s'armer de patience; **perder la ~** perdre la patience.
paciente 1 adj patient. ● **2** m o f MED patient.
pacificación f pacification.
pacificar 1 tr y pron (fig) réconcilier; apaiser.
Pacífico m Pacifique.

pacífico, ca *adj* pacifique.

pacotilla 1 *f* pacotille. 2 *Chile, Ecuad., Guat.* (fam) racaille, vermine. ■ de ~ de pacotille.

pactar *tr* faire un pacte; pactiser.

pacto *m* pacte; accord. ◆ ~ de no agresión pacte de non-agression.

padecer 1 *tr* e *intr* souffrir de, souffrir. ● 2 *tr* être atteint de, souffrir de (enfermedades, dolencias).

padecimiento *m* souffrance; épreuve.

padrastro 1 *m* beau-père. 2 MED (fig) envie (en las uñas).

padre 1 *m* père. 2 (fig) mère, origine. 3 (fig) père (creador, fundador). ● 4 *adj* (fam) très grand; énorme. ● 5 padres *m pl* parents. 6 pères, ancêtres (antepasados). ◆ ~ de familia père de famille; ~ espiritual père spirituel; ~ nuestro REL notre-père; ~ putativo DER père putatif; ~ santo REL le saint-père.

En español se emplea **padres** para referirse al padre y a la madre. En francés, para este caso se utiliza la palabra *parents*. El plural *pères* refiere únicamente a los padres hombres.

padrino 1 *m* parrain. 2 (fig) protecteur; appui. ● 3 padrinos *m pl* le parrain et la marraine.

padrón 1 *m* cens, recensement. 2 colonne; monument commémoratif. 3 *Amér.* étalon.

paella *f* GAST paella.

paga 1 *f* paye, paie (sueldo). 2 paiement. ◆ ~ extraordinaria treizième mois.

pagano, na *adj/m* y *f* païen.

pagar 1 *tr* y *pron* payer. ● 2 *tr* (fig) payer en retour. ■ ~ al contado o en metálico payer en espèces; ~ por anticipado payer à l'avance.

pagaré *m* billet à ordre.

página 1 *f* page. 2 (fig) page, évènement (suceso). ■ pasar ~ (fig) tourner la page.

pago 1 *m* paiement; payement. 2 (fig) prix. ■ en ~ (fig) en paiement; pour prix (en recompensa).

país *m* pays.

paisaje *m* paysage.

paisano, na 1 *adj/m* y *f* (fam) compatriote, pays. ● 2 *m* y *f* paysan. ■ de ~ en civil.

pajar *m* pailler; grenier à foin.

pajarita 1 *f* nœud papillon. 2 cocotte (de papel). ◆ ~ de las nieves ZOOL bergeronnette (ave).

pájaro 1 *m* oiseau. 2 ZOOL passereau. ● 3 *adj* y *m* (fig) vieux renard, homme rusé. ◆ ~ bobo guillemot (pingüino); ~ carpintero pivert; ~ de cuenta (fig, fam) drôle d'oiseau; ~ de mal agüero oiseau de malheur; ~ mosca oiseau-mouche.

paje 1 *m* page. 2 MAR mousse.

pajizo, za 1 *adj* jaune paille, paillé (color). 2 de paille.

pala 1 *f* pelle. 2 fer, lame (de una herramienta, bisagra). 3 pale (de hélice, de remo). 4 batte. 5 échanoir. 6 empeigne. 7 palette. ◆ ~ mecánica pelle mécanique.

palabra 1 *f* parole. 2 mot. 3 parole (promesa): *mantener su palabra* = maintenir *sa parole.* ◆ ~ de Dios o divina parole de Dieu, bonne parole; ~ de honor parole d'honneur; ~ picante mot blessant; palabras mayores injures, grossièretés; ■ cogerle a uno la ~ prendre qqn au mot; con medias palabras (fig) à mots couverts, à demi-mot; dar uno su ~ donner sa parole; de ~ de vive voix; decir la última ~ avoir le dernier mot.

palabrota *f* (fam) gros mot.

palacio *m* palais; château.

palada 1 *f* pelletée. 2 coup d'aviron.

paladar 1 *m* palais. 2 (fig) goût. ■ tener el ~ delicado (fig) avoir le palais fin, être une fine bouche.

paladear 1 *tr* y *pron* savourer, déguster. ● 2 *intr* (fig) faire prendre goût à, donner le goût de.

palanca 1 *f* levier. 2 manette. 3 palanque (fortificación). 4 (fig) piston (influencia, contactos). 5 DEP tremplin. ◆ ~ de cambio AUT levier de vitesse.

palangana 1 *f* cuvette (jofaina). ● 2 *adj/m* o *f* *Arg., Perú* (fig) fanfaron, vantard.

palco *m* tribune (tabladillo). 2 loge (espectáculo). ◆ ~ de platea TEAT baignoire; ~ escénico TEAT scène.

paleolítico, ca *adj* y *m* paléolithique.

paleta 1 *f* petite pelle. 2 palette (de pintor). 3 pale (de hélice, ventilador). 4 ANAT omoplate.

palenque 1 *m* enceinte (recinto). 2 palissade (empalizada). 3 *Arg., Bol., Ur.* poteau.

pantalón

paletilla f ANAT omoplate.
paleto, ta 1 *adj/m* y *f* (desp) rustre, paysan. ● 2 *m* daim.
paliar *tr* pallier (mitigar).
paliativo, va *adj* y *m* palliatif.
palidecer 1 *intr* pâlir. 2 (fig) s'affaiblir, s'estomper.
palidez *f* pâleur.
pálido, da *adj* pâle.
palillo 1 *m* petit bâton, bâtonnet. 2 curedents (para los dientes). 3 baguette (de tambor). 4 côte (de tabaco). 5 fuseau (de encajera). 6 (fig, fam) personne très maigre. ● 7 palillos *m pl* quilles (del billar). 8 baguettes. 9 spatules (de los escultores).
palio 1 *m* pallium. 2 dais (dosel). 3 pairle.
palique *m* (fam) causerie, conversation. ■ dar ~ a alguien (fam) parler à qqn; estar de ~ (fam) tailler une bavette, faire un brin de causette.
paliza 1 *f* raclée, volée. ● 2 *adj/m* o *f* casse-pieds, enquiquineur (persona).
palma 1 *f* palme. 2 palmier (árbol). 3 dattier (datilera). 4 paume (de la mano). ● 5 palmas *f pl* applaudissements. ◆ ~ indiana cocotier; ■ conocer como la ~ de la mano connaître comme sa poche; dar palmas battre des mains, applaudir; llevarse la ~ (fig, fam) remporter la palme.
palmada 1 *f* claque, tape. 2 (se usa más en *pl*) battements de mains, applaudissements.
palmar 1 *adj* palmaire (de la mano). 2 (fig) évident, clair. ● 3 *m* palmeraie.
palmatoria *f* bougeoir.
palmera 1 *f* palmier (árbol); dattier. 2 palme (hoja).
palmo *m* empan. ■ ~ a ~ pas à pas; dejar con un ~ de narices (fig, fam) laisser pantois; quedarse con dos palmos de narices (fig, fam) rester le bec dans l'eau.
palmotear *intr* battre des mains.
palo 1 *m* bois (trozo de madera). 2 bout de bois. 3 bâton (bastón). 4 coup de bâton (golpe). 5 couleur (en los naipes). 6 mât (de barco). 7 quille (en el billar). 8 (fig, fam) tracas, ennui. 9 (fig, fam) critique, dommage. ◆ ~ brasil bois du Brésil; ~ de ciego (fig, fam) coup donné à l'aveuglette, coup involontaire; ~ santo gaïac.
paloma 1 *f* pigeon. 2 colombe. 3 (fig) agneau. ● 4 palomas *f pl* MAR moutons. ◆ ~ mensajera pigeon voyageur.

palomar *m* pigeonnier, colombier.
palomita 1 *f* pop-corn, maïs grillé. 2 anisette à l'eau.
palpación *f* palpation.
palpar 1 *tr* palper. 2 tâtonner. 3 (fig) connaître clairement.
palpitación *f* palpitation.
palpitar 1 *intr* palpiter. 2 battre. 3 (fig) affleurer les sentiments.
palta *f* Amér. avocat.
palto *m* Amér. avocatier.
paludismo *m* MED paludisme.
palurdo, da *adj/m* y *f* (desp) paysan, rustre.
pampa *f* pampa, plaine.
pamplina 1 *f* BOT mouron. 2 (fig, fam) niaiserie, fadaise, bêtise.
pan 1 *m* pain. 2 pâte. 3 (fig) feuille: *pan de oro = feuille d'or.* 4 (fig) blé. ◆ ~ de molde pain de mie; ~ integral pain complet; ~ rallado chapelure.
pana *f* velours côtelé.
panacea *f* panacée.
panadería *f* boulangerie.
panadero, ra *m* y *f* boulanger.
panal 1 *m* rayon (de las abejas). 2 gâteau de miel.
Panamá *m* Panama.
panameño, ña 1 *adj* panaméen. ● 2 *m* y *f* Panaméen.
pancarta *f* pancarte.
páncreas *m* ANAT pancréas.
pandereta *f* tambourin.
pandero 1 *m* tambourin. 2 (fig, fam) derrière, popotin.
pandilla 1 *f* bande. 2 ligue, coterie. 3 équipe.
panegírico, ca *adj* y *m* panégyrique.
panera *f* corbeille à pain.
pánfilo, la *adj/m* y *f* flemmard, endormi, mou.
panfleto *m* pamphlet.
pánico *adj* y *m* panique.
panificadora 1 *f* fabrique de pain (fábrica). 2 pétrin (máquina).
panocha *f* épi.
panorama 1 *m* panorama. 2 (fig) perspective, décor.
panqueque *m* Amér. crêpe.
pantalla 1 *f* abat-jour. 2 écran, garde-feu. 3 (fig) paravent (protección). 4 CINE écran.
pantalón 1 *m* pantalon. 2 culotte (de mujer). ◆ ~ corto short; ~ tejano o vaquero blue-jean.

pantano 1 *m* marais, marécage. **2** barrage. **3** (fig) obstacle, difficulté.

pantanoso, sa 1 *adj* marécageux. **2** (fig) difficile, épineux.

panteón 1 *m* panthéon. **2** *Amér.* cimetière.

pantera *f* ZOOL panthère.

pantomima 1 *f* pantomime. **2** (fig) fiction, simulation.

pantorrilla *f* mollet.

pantufla *f* pantoufle.

pantuflo *m* pantoufle.

panty *m* collant.

panza *f* panse, ventre.

pañal 1 *m* lange, couche. ● **2 pañales** *m pl* couches, maillot.

paño 1 *m* drap (de lana). **2** étoffe, tissu (tela). **3** torchon (de cocina). **4** tenture (colgadura). **5** MAR toile (vela). ● **6 paños** *m pl* draperies; vêtements. ◆ ~ **de altar** nappe d'autel; ~ **de manos** essuie-mains (toallas); **paños menores** sous-vêtements.

pañoleta *f* fichu.

pañuelo 1 *m* mouchoir. **2** foulard, fichu (prenda de abrigo).

papa *m* pape.

papá 1 *m* (fam) papa. ● **2 papás** *m pl* les parents. ◆ **Papá Noel** Père Noël.

papada *f* double menton.

papagayo 1 *m* perroquet. **2** mouchard, rapporteur.

papamoscas 1 *m* gobe-mouches. ● **2** *m o f* (fig, fam) gobe-mouches, nigaud.

papanatas *m o f* (fig, fam) gobe-mouches, nigaud.

papel 1 *m* papier. **2** morceau de papier. **3** (fig) rôle. **4** COM papier-monnaie. ● **5 papeles** *m pl* papiers (de identidad). ◆ ~ **carbón** papier carbone; ~ **de aluminio** o **de plata** papier d'aluminium; ~ **de lija** o **de vidrio** papier de verre; ~ **higiénico** papier hygiénique; ~ **moneda** COM papier monnaie.

papelería 1 *f* papeterie (tienda). **2** paperasse.

papeleta 1 *f* billet. **2** bulletin. **3** attestation. **4** cornet. **5** (fig, fam) affaire difficile.

papera 1 *f* MED goitre. ● **2 paperas** *f pl* MED oreillons.

papilla *f* bouillie.

papiro *m* papyrus.

paquebote *m* MAR paquebot.

paquete, ta 1 *m* paquet. **2** (fig) équipier. **3** (fam) parties (testículos). **4** INF progiciel.

par 1 *adj* pair. **2** pareil (igual). ● **3** *m* paire. **4** couple, deux (conjunto de dos). ■ **a la** ~ ensemble.

para 1 *prep* pour: *un regalo para el presidente = un cadeau pour le président*. **2** à: *un cepillo para los dientes = une brosse à dents*. **3** comme: *serviría para veterinario = il servirait comme vétérinaire*. **4** vers, à: *ir para Madrid de viaje = aller à Madrid en voyage*. **5** pour (tiempo): *trabajar duro para dos meses = travailler dur pour deux mois*. **6** pour, en ce qui concerne. ■ ~ **con** à l'égard de; ~ **mí, ti** à mon avis; ~ **que** pour que.

parabién *m* félicitation.

parábola 1 *f* parabole. **2** MAT parabole.

parabrisas *m* pare-brise.

paracaídas *m* parachute.

paracaidista *m o f* parachutiste.

parachoques *m* pare-chocs.

parada 1 *f* arrêt. **2** arrêt, parade. **3** station. **4** MÚS pause. **5** MIL parade. **6** DEP parade (esgrima).

paradero 1 *m* endroit. **2** destination. **3** (fig) fin, terme. **4** *Col.* station d'autobus. **5** *Cuba* gare.

paradisíaco, ca o **paradisiaco, ca** *adj* paradisiaque.

parado, da 1 *adj* timide, lent. **2** déconcerté, hésitant. **3** *Amér.* debout. ● **4** *m y f* chômeur.

paradoja *f* paradoxe.

paradójico, ca *adj* paradoxal.

parador, ra 1 *adj* qui s'arrête. ● **2** *adj/m y f* audacieux. ● **3** *m* auberge.

parafina *f* QUÍM paraffine.

parafrasear *tr* paraphraser.

paráfrasis *f* paraphrase.

paraguas *m* parapluie.

Paraguay *m* Paraguay.

paraguayo, ya 1 *adj* paraguayen. ● **2** *m y f* Paraguayen. ● **3** *m* *Bol.* biscuit au sucre.

paraíso *m* paradis. ◆ ~ **fiscal** paradis fiscal; ~ **terrenal** paradis terrestre.

paraje *m* endroit. **2** état, situation.

paralelo, la *adj/m y f* parallèle.

parálisis 1 *f* MED paralysie. **2** (fig) arrêt (paro completo).

paralítico, ca *adj/m y f* paralytique.

paralizar 1 *tr y pron* MED paralyser. **2** (fig) paralyser (parar completamente).

paramento *m* parement; ornement.

páramo 1 *m* étendue désertique. **2** (fig) endroit glacial. **3** *Bol., Col., Ecuad.* pluie fine.

parangón *m* comparaison.

paraninfo *m* grand amphithéâtre.

paranoia *f* PSIC paranoïa.

paranoico, ca *adj/m* y *f* paranoïaque.

parapeto 1 *m* ARQ parapet. **2** MIL paréclats.

parar 1 *intr* y *pron* arrêter; cesser (cesar). • **2** *intr* s'arrêter (detenerse). **3** loger. • **4** *tr* arrête. ■ **sin ~** sans arrêt.

pararrayos o **pararrayo** *m* paratonnerre.

parásito, ta *adj* y *m* parasite.

parasol *m* parasol.

parcela *f* parcelle (de terreno).

parcelar *tr* parceller.

parche 1 *m* emplâtre (en una herida). **2** rustine (en un neumático); pièce. **3** peau de tambour.

parcial 1 *adj* partiel (incompleto). **2** partial (con parcialidad). • **3** *adj/m* o *f* partisan. • **4** *m* partiel (examen).

parco, ca 1 *adj* sobre. **2** modéré (moderado).

pardo, da 1 *adj* brun. **2** sombre (tiempo). **3** sourd. • **4** *adj/m* y *f* Cuba, P. Rico, Ur. mulâtre.

parear 1 *tr* apparier. **2** TAUROM planter les banderilles.

parecer 1 *m* avis (opinión). **2** air; physique (aspecto).

parecer 1 *intr* avoir l'air: *pareces irritada = tu as l'air agacé*; sembler. **2** penser, trouver: *me parece correcto = je trouve ça correct*. **3** ressembler à (asemejarse a). **4** (se usa como *impers*) sembler: *parece que se han ido todos = il semble qu'ils sont tous partis*. **5** vouloir bien. • **6 ~se** *pron* ressembler: *no se parece a su hermano = il ne ressemble pas à son frère*; se ressembler: *el padre y el hijo se parecen en el carácter = le père et le fils se ressemblent de caractère*. ■ **al ~** apparemment.

parecido, da 1 *adj* semblable. • **2** *m* ressemblance.

pared 1 *f* mur. **2** paroi. **3** (fig) face (superficie lateral). **4** DEP paroi (de una montaña). • **~ maestra** mur porteur.

paredón 1 *m* gros mur. **2** pan de mur (ruina). **3** poteau d'exécution.

pareja 1 *f* paire (par). **2** couple (de personas). **3** partenaire (de juego, de baile). **4** pendant (objeto).

parejo, ja 1 *adj* pareil. **2** plat (liso).

parentela *f* parenté.

parentesco *m* parenté.

paréntesis *m* parenthèse.

pareo *m* paréo.

paria *m* o *f* paria.

paridad *f* parité.

pariente, ta *adj/m* y *f* parent.

parir *tr* e *intr* accoucher (la mujer); mettre bas (los animales).

parisiense 1 *adj* parisien. • **2** *m* o *f* Parisien.

parking *m* parking.

parlamentar *intr* parlementer.

parlamentario, ria *adj/m* y *f* parlementaire.

parlamento 1 *m* parlement. **2** TEAT tirade.

parlanchín, na *adj/m* y *f* (fam) bavard.

parlotear *intr* (fam) papoter.

paro 1 *m* arrêt (de un movimiento). **2** chômage (desocupación). • **~ cardíaco** MED arrêt cardiaque.

parodia *f* parodie.

parodiar *tr* parodier.

paroxismo *m* paroxysme.

parpadear 1 *intr* clignoter (los ojos). **2** vaciller (una luz).

párpado *m* paupière.

parque *m* parc. • **~ de atracciones** parc d'attractions; **~ de bomberos** caserne de pompiers.

parqué *m* parquet.

parquímetro *m* parcmètre.

parra 1 *f* treille. **2** *Amér. Centr.* sorte de liane. ■ **subirse uno a la ~** (fig, fam) monter sur ses grands chevaux.

párrafo *m* paragraphe.

parranda 1 *f* troupe de musiciens. **2** (fam) foire, fête. ■ **irse de ~** (fam) faire la bringue.

parricida *adj/m* o *f* parricide.

parrilla *f* gril (asador o restaurante). • **~ de salida** DEP grille de départ.

párroco *m* curé.

parroquia 1 *f* clientèle. **2** REL paroisse.

parroquiano, na 1 *adj/m* y *f* paroissien. • **2** *m* y *f* client (cliente).

parsimonia 1 *f* parcimonie. **2** lenteur (lentitud).

parsimonioso, sa *adj* parcimonieux.

parte 1 *f* partie: *una parte de la población = une partie de la population*. **2** part. **3** endroit (lugar). **4** côté (lado):

p

*siempre está de parte del más sincero =
il est toujours du côté du plus sincère.* **5**
faction (bando). ● **6** *m* rapport; bulletin.
● **7 partes** *f pl* parties intimes. ◆ ~ **médico** bulletin de santé; ■ **dar** ~ informer;
de ~ **de alguien** de la part de qqn; **en** ~
en partie; **la mayor** ~ la plupart des;
por partes point par point; **por todas
partes** partout; **tomar** ~ **en** avoir part à.

parterre *m* parterre.

partición 1 *f* partage (de una herencia, de
un territorio, etc.).

participación 1 *f* participation. **2** communication (noticia). **3** tranche (de lotería). ◆ ~ **de boda** faire-part de mariage.

participar 1 *tr* annoncer. ● **2** *intr* participer à; prendre part à. **3** partager (compartir).

partícipe *adj/m* o *f* participant à. ■ **hacer**
~ **de** faire partager; **ser** ~ **en** prendre
part à.

participio *m* GRAM participe.

partícula *f* particule. ◆ ~ **prepositiva**
GRAM particule.

particular 1 *adj* particulier. **2** privé. ● **3**
m o *f* particulier. ● **4** *m* sujet, matière.

particularizar 1 *tr* particulariser. **2** préférer (favorecer). ● **3** ~**se** *pron* se particulariser.

partida 1 *f* départ. **2** partie (en el juego).
3 acte (registro de nacimiento). **4** extrait
(copia del registro de nacimiento). **5** COM
lot (de una mercancía). **6** MIL parti. ◆ ~
de caza partie de chasse.

partidario, ria *adj/m* y *f* partisan.

partido, da 1 *adj* divisé. ● **2** *m* parti. **3**
profit (provecho). **4** district (distrito). **5**
DEP match. ◆ **buen** ~ beau parti; ~ **político** parti politique; ■ **tomar** ~ **por** prendre parti pour.

partir 1 *tr* y *pron* diviser. ● **2** *tr* partager
(repartir). **3** casser (romper). **4** couper
(cortar). **5** MAT diviser. ● **6** *intr* partir.

partitura *f* partition.

parto 1 *m* accouchement (de una mujer);
mise bas (de un animal). **2** (fig) enfantement. ■ **estar de** ~ être en couches.

parturienta 1 *adj* qui a accouché. ● **2** *f*
parturiente.

parvo, va *adj* petit.

parvulario *m* école maternelle.

párvulo, la 1 *adj/m* y *f* petit. **2** (fig) naïf.

pasa *f* raisin sec.

pasada *f* passage. ■ **de** ~ en passant; **hacer una mala** ~ (fig, fam) jouer un mauvais tour.

pasadizo 1 *m* passage (en las calles). **2**
corridor (en las casas).

pasado, da 1 *adj* passé. **2** dernier: *el año
pasado = l'année dernière.* **3** dépassé
(anticuado). **4** passé (fruta). **5** trop cuit
(muy hecho). ● **6** *m* passé.

pasador, ra 1 *adj/m* y *f* passeur. ● **2** *m*
verrou (de una puerta). **3** barrette (para
el pelo). **4** épingle (de corbata). **5** agrafe
(para la falda).

pasaje 1 *m* passage. **2** passage (de un libro). **3** passagers (de un buque o avión).
4 billet (de barco o avión).

pasajero, ra *adj/m* y *f* passager.

pasamontañas *m* passe-montagne.

pasante 1 *adj* passant. ● **2** *m* o *f* stagiaire (de abogado).

pasaporte 1 *m* passeport. **2** (fig) carte
blanche.

pasar 1 *tr* passer. **2** traverser (cruzar). **3**
passer (transmitir). **4** dépasser (rebasar).
5 tourner (las páginas). **6** réussir (un examen). ● **7** *intr* passer. **8** entrer: *¡pasen! =
entrez!* **9** se passer, arriver: *el desastre
pasó a medianoche = le désastre est
arrivé à minuit.* ● **10** *impers* se passer,
arriver: *¿qué ha pasado? = que s'est-il
passé?* ● **11** ~**se** *pron* passer: *pasarse al
otro bando = passer à l'autre faction.* **12**
laisser passer. **13** oublier. **14** se gâter (la
comida). **15** (fam) aller trop loin. **16** ~ **+
a** + inf aller + inf: *pasar a hablar de
otros aspectos = aller parler d'autres aspects.*

pasarela *f* passerelle.

pasatiempo *m* passe-temps.

Pascua 1 *f* Pâque (de los judíos); Pâques
(de los católicos). ● **2 Pascuas** *f pl*
Noël.

pase 1 *m* permis. **2** laissez-passer (autorización). **3** passage (de una película). **4**
DEP, TAUROM passe.

pasear 1 *tr* promener. ● **2** *intr* y *pron* se
promener.

paseo 1 *m* promenade. **2** pas.

pasillo *m* couloir.

pasión *f* passion.

pasional *adj* passionnel.

pasivo, va 1 *adj* passif. ● **2** *m* COM passif.

pasmado, da *adj* ébahi, stupéfait.

Formas del participio presente

El francés utiliza el participio presente (formas verbales acabadas en **-ant**). Por lo general deben traducirse por proposiciones relativas, ya que el español no dispone de este uso. Estas formas suelen ser homófonas con las de los adjetivos derivados verbales, por lo que conviene tener claro su uso. De un modo general, puede afirmarse que el participio presente expresa una acción en desarrollo y que es invariable, mientras que el adjetivo verbal expresa un estado, sin delimitación de la duración, y tiene variación de género y número.

Il connaît les collines environnant la ville (part) = las colinas que rodean la ciudad
Il connaît les collines environnantes (adj) = las colinas de los alrededores

Además, en algunos casos, hay una diferencia ortográfica entre el adjetivo y el participio presente:

ADJETIVO -ent	PARTICIPIO -ant	ADJETIVO -cant	PARTICIPIO -quant
adhérent	adhérant	communicant	communiquant
affluent	affluant	convaincant	convainquant
coïncident	coïncidant	provocant	provoquant
confluent	confluant	suffocant	suffoquant
convergent	convergeant	vacant	vaquant
déférent	déférant		
détergent	détergeant	**-gant**	**-guant**
différent	différant	délégant	déléguant
divergent	divergeant	divagant	divaguant
émergent	émergeant	extravagant	extravaguant
équivalent	équivalant	fatigant	fatiguant
excellent	excellant	intrigant	intriguant
expédient	expédiant	navigant	naviguant
influent	influant	zigzagant	zigzaguant
interférent	interférant		
négligent	négligeant		
précédent	précédant		
somnolent	somnolant		
violent	violant		

pasmar 1 *tr* ébahir. **2** geler (las plantas). ● **3** ~se *pron* être ébahi. **4** geler (las plantas).

pasmo 1 *m* refroidissement. **2** (fig) stupéfaction.

paso 1 *m* pas. **2** passage. **3** allure (modo de andar). **4** col (de montaña). **5** (se usa más en *pl*) démarche. ◆ ~ **a nivel** passage à niveau; ~ **de cebra** passage clouté; ■ **abrirse** ~ (fig) faire son chemin; **ceda el** ~ vous n'avez pas la priorité (señal de tráfico); **de** ~ au passage; ~ **a** ~ pas à pas; **salir del** ~ (fig, fam) se tirer d'affaire.

pasta 1 *f* pâte (masa). **2** petit four. **3** pâtes (italiana). **4** (fam) fric (dinero). ◆ ~ **de dientes** dentifrice.

pastar *tr* e *intr* paître.

pastel 1 *m* gâteau. **2** friand (de carne). **3** ART pastel.

pastelería *f* pâtisserie.

pastelero, ra *adj* y *m* y *f* pâtissier.

pastilla 1 *f* morceau. **2** carré (de chocolate). **3** pastille. **4** MED pilule. ◆ ~ **de jabón** savonnette; ■ **a toda** ~ (fig, fam) à toute pompe.

pasto 1 *m* pâture. **2** fourrage (hierba). **3** (se usa más en *pl*) pâturage.

pastor, ra 1 *m* y *f* berger. ● 2 *m* pasteur.
pastoso, sa 1 *adj* pâteux. 2 bien timbrée, douce (voz).
pata 1 *f* patte. 2 pied (de un mueble). 3 cane (hembra del pato). ◆ mala ~ poisse; ~ de gallo patte-d'oie (arruga); ■ a la ~ coja à cloche-pied; meter la ~ (fig, fam) faire une gaffe; patas arriba (fig, fam) sens dessus dessous.
patada *f* coup de pied. ■ a patadas (fig, fam) abondamment.
patalear 1 *intr* gigoter. 2 trépigner (en el suelo).
pataleo *m* trépignement.
patán *m* (fam) paysan, rustre.
patata *f* pomme de terre. ◆ patatas fritas frites.
patatús *m* (fam) évanouissement.
paté *m* pâté.
patear 1 *tr* (fam) donner des coups de pied. 2 (fig, fam) mépriser (despreciar).
patena *f* patène. ■ limpio como una ~ (fig) propre comme un sou neuf.
patentar *tr* breveter.
patente 1 *adj* manifeste. ● 2 *f* patente. 3 brevet (de una invención).
patera *f* radeau.
paternal *adj* paternel.
paternidad *f* paternité.
paterno, na *adj* paternel.
patético, ca *adj* pathétique.
patíbulo *m* échafaud.
patidifuso, sa *adj* (fig, fam) épaté.
patilla 1 *f* favori (de la barba). 2 branche (de las gafas).
patín 1 *m* patin. 2 pédalo (embarcación).
patinaje *m* patinage.
patinar 1 *intr* patiner. 2 (fig, fam) se planter (equivocarse).
patinazo 1 *m* dérapage. 2 (fig, fam) boulette.
patio 1 *m* cour. 2 TEAT orchestre.
patitieso, sa 1 *adj* (fam) paralysé des jambes. 2 (fig, fam) baba.
pato *m* canard.
patología *f* pathologie.
patraña *f* bobard.
patria *f* patrie. ◆ ~ potestad puissance paternelle.
patriarca *m* patriarche.
patrimonio 1 *m* patrimoine. 2 (fig) apanage (exclusividad).
patriota *adj/m* o *f* patriote.

patrocinar 1 *tr* protéger (a una persona). 2 patronner (una cosa).
patrocinio *m* patronage, protection.
patrón, na 1 *m* y *f* patron. ● 2 *m* patron (modelo).
patronal 1 *adj* patronal. ● 2 *f* patronat.
patronato *m* patronage (asociación benéfica).
patrulla *f* patrouille.
patrullar *intr* patrouiller.
paulatino, na *adj* lent.
pausa *f* pause.
pausado, da *adj* calme, posé.
pauta 1 *f* règle. 2 lignes (rayas). 3 (fig) modèle.
pautar *tr* régler.
pavesa *f* flammèche, brandon.
pavimentar *tr* revêtir; paver (con adoquines).
pavimento *m* revêtement; pavé (de adoquines).
pavonear *intr* y *pron* se pavaner.
pavor *m* frayeur, épouvante.
payaso, sa *m* y *f* clown, pitre.
paz *f* paix. ■ dejar en ~ laisser tranquille; hacer las paces faire la paix.
PC (*siglas de* Personal Computer) *m* pc.
pe *f* p.
peaje *m* péage.
peana 1 *f* socle. 2 marchepied (del altar).
peatón, na *m* y *f* piéton.
peca *f* tache de rousseur.
pecado *m* péché.
pecaminoso, sa *adj* coupable.
pecar *intr* pécher.
pecera *f* aquarium; bocal (redonda).
pechera 1 *f* devant (de una prenda de vestir); jabot (chorrera). 2 (fam) poitrine (de una mujer).
pecho 1 *m* poitrine. 2 sein; poitrine (de la mujer). 3 (fig) courage, force d'âme. 4 voix; coffre.
pechuga 1 *f* (se usa más en *pl*) blanc (del ave). 2 (fig, fam) poitrine (de un mujer).
pecoso, sa *adj* plein de tâches de rousseur.
peculiar *adj* particulier, propre.
pedagogía *f* pédagogie.
pedal 1 *m* pédale. 2 MÚS pédalier.
pedante *adj/m* o *f* pédant.
pedantería *f* pédanterie.
pedazo *m* morceau. ■ a pedazos en morceaux.

pedernal 1 *m* silex. **2** pierre à fusil. **3** (fig) objet dur.

pedestal 1 *m* piédestal (de estatua). **2** socle (peana). **3** (fig) appui.

pedestre 1 *adj* pédestre. **2** (fig) vulgaire.

pediatra *m* o *f* pédiatre.

pediatría *f* pédiatrie.

pedicuro, ra *m* y *f* pédicure.

pedido 1 *m* demande. **2** COM commande.

pedigüeño, ña *adj/m* y *f* quémandeur.

pedir 1 *tr* demander, commander (encargar). **3** mendier (pedir limosna).

pedo 1 *m* pet. **2** (fam) cuite (borrachera).
◆ ~ de lobo vesse-de-loup (hongo).

pedrada *f* coup de pierre.

pedrea 1 *f* jet de pierre. **2** grêle (granizada).

pedregal *m* terrain pierreux.

pedrería *f* pierreries.

pedrisco 1 *m* grêle (granizo). **2** rocaille.

pega 1 *f* collage. **2** colle (pegamento). **3** (fig) colle (pregunta capciosa). **4** (fig, fam) rossée, raclée. **5** (fig, fam) désavantage; mauvais côté, inconvénient.

pegadizo, za 1 *adj* collant. **2** contagieux.

pegajoso, sa 1 *adj* collant, visqueux. **2** contagieux. **3** (fig, fam) collant (una persona).

pegamento *m* colle.

pegar 1 *tr* y *pron* coller. ● **2** *tr* poser; fixer (fijar). **3** coudre (coser). **4** (fig) battre, frapper (dar golpes). **5** (fig) coller, passer (una enfermedad). ● **6** *intr* venir à propos (venir al caso). **7** aller bien ensemble, s'assortir. **8** heurter, trébucher (tropezar). ● **9** ~se *pron* attacher (un guiso).

pegatina *f* autocollant.

pegote 1 *m* emplâtre. **2** (fig) pâtée, cataplasme (sustancia espesa). **3** (fig, fam) ornement ridicule (parche). **4** (fig, fam) bousillage, bâclage (chapuza).

peinado, da 1 *adj* peigné, coiffé. ● **2** *m* coiffure.

peinar 1 *tr* y *pron* peigner, coiffer (el cabello). ● **2** *tr* peigner (la lana).

peine *m* peigne (de peinar, de tejer).

peineta *f* peigne d'ornement; peigne de mantille.

peladilla 1 *f* dragée (almendra). **2** caillou.

pelagatos *m* o *f* (fig, fam) pauvre diable.

pelaje 1 *m* pelage, robe (de un animal). **2** (fig) nature, acabit.

pelar 1 *tr* couper, tondre (el pelo). **2** peler, éplucher. **3** (fam) plumer (dejar sin dinero). **4** (fig, fam) éreinter (criticar). **5** (fig, fam) tuer. ● **6** ~se *pron* se faire couper les cheveux. **7** peler. ■ ~se uno de frío (fig) mourir de froid.

peldaño *m* marche; échelon (de una escalera de mano).

pelear 1 *intr* combattre, lutter. ● **2** ~se *pron* se battre, se bagarrer.

pelele 1 *m* bonhomme, mannequin. **2** (fig, fam) pantin. **3** (fig, fam) fantoche (inútil).

peletería *f* pelleterie.

peletero, ra 1 *adj/m* y *f* pelletier. ● **2** *m* fourreur.

peliagudo, da 1 *adj* à pelage long et fin. **2** (fig, fam) difficile, ardu. **3** (fig, fam) délicat.

pelícano *m* pélican.

película 1 *f* pellicule, couche (piel). **2** film. **3** CINE, FOT pellicule (cinta de celuloide). ◆ ~ de dibujos dessin animé; ~ de miedo o de terror film d'épouvante.

peligrar *intr* être en danger.

peligro *m* risque, danger, péril. ◆ ~ de muerte danger de mort; ~ público danger public; ■ en ~ en danger.

peligroso, sa *adj* dangereux, périlleux.

pelirrojo, ja *adj/m* y *f* roux.

pellejo 1 *m* peau. **2** peau, pelure (de fruta). **3** peau, cuir (de animal).

pellizcar 1 *tr* y *pron* pincer. ● **2** *tr* prendre un peu, goûter.

pellizco 1 *m* pincement. **2** pincée (porción pequeña).

pelma *m* o *f* (fam) casse-pieds.

pelo 1 *m* poil. **2** cheveu; cheveux (cabellos). **3** poil, pelage, robe (de animal); duvet (de ave, de fruta, de planta, etc.). ■ con pelos y señales en long et en large; no ver a alguien el ~ no voir jamais qqn; por los pelos de justesse; un ~ un peu.

pelota 1 *f* balle. **2** ballon. **3** boule (de nieve, de manteca, etc.). ● **4** *m* o *f* lèche-bottes. ● **5** pelotas *f pl* (fig, vulg) couilles. ■ en pelotas (fam) à poil.

pelotón *m* peloton.

peluca 1 *f* perruque. **2** (fig, fam) réprimande, savon.

peluche *m* peluche.

peludo, da 1 *adj* poilu. ● **2** *m* *Amér.* cuite (borrachera).

peluquería 1 *f* salon de coiffure. **2** métier de coiffeur (oficio).

peluquero, ra *m* y *f* coiffeur.

pelusa 1 *f* duvet (de una fruta, del rostro, etc.). **2** peluche (de las telas). **3** mouton (polvo). **4** (fig, fam) jalousie (de los niños).

pelvis 1 *f* ANAT pelvis, bassin. **2** ANAT bassinet (del riñón).

pena 1 *f* peine (sanción). **2** peine, chagrin (tristeza). **3** mal, difficulté. ◆ **~ capital** o **de muerte** peine capital o de mort; ■ **a duras penas** à grand-peine; **dar ~** faire peine; **merecer la ~** valoir la peine.

penacho 1 *m* huppe, aigrette (de ave). **2** panache (adorno).

penal 1 *adj* pénal. ● **2** *m* pénitencier (centro).

penalidad 1 *f* souffrance, peine. **2** DER pénalité.

penalizar *tr* pénaliser.

penalti *m* DEP penalty.

penar 1 *tr* punir, condamner. ● **2** *intr* peiner, souffrir.

pendencia *f* dispute, querelle.

pendenciero, ra *adj* bagarreur, querelleur.

pender 1 *intr* pendre. **2** (fig) être en suspens (un negocio, un pleito). **3** (~ *de*) dépendre de.

pendiente 1 *adj* pendant. **2** (fig) en suspens, en attente; inachevé. ● **3** *m* boucle d'oreille. ● **4** *f* pente. ■ **estar ~ de** être en suspens, être suspendu.

pendón, na 1 *adj/m* y *f* (fig, fam) grue, gourgandine. ● **2** *m* étendard; bannière. **3** pennon (de caballero).

péndulo 1 *m* pendule. **2** balancier (del reloj).

pene *m* ANAT pénis.

penetración *f* pénétration.

penetrante 1 *adj* pénétrant, profond. **2** (fig) aigu, perçant (grito).

penetrar 1 *tr* e *intr* pénétrer. **2** (fig) pénétrer, marquer (en los sentimientos).

península *f* péninsule; presqu'île. ◆ **~ ibérica** péninsule ibérique.

peninsular *adj/m* o *f* péninsulaire.

penitencia *f* pénitence.

penitenciaría *f* pénitencerie.

penitente *adj/m* o *f* pénitent.

penoso, sa *adj* pénible.

pensado, da 1 *adj* pensé; prévu (previsto). **2** pesé, réfléchi (proyecto, etc.). ◆ **mal ~** méfiant; ■ **bien ~** tout bien considéré.

pensamiento 1 *m* pensée. **2** doctrine, courant. **3** (fig) soupçon.

pensar 1 *tr* e *intr* penser, imaginer. **2** concevoir, inventer. **3** (~ *en*) penser à, réfléchir sur.

pensativo, va *adj* pensif, songeur.

pensión *f* pension. ◆ **media ~** demi-pension; **~ completa** pension complète.

pensionado, da 1 *adj/m* y *f* pensionné. ● **2** *m* pensionnat.

pentágono, na *adj* y *m* GEOM pentagone.

pentagrama o **pentágrama** *m* MÚS portée.

penúltimo, ma *adj/m* y *f* avant-dernier.

penumbra *f* pénombre.

penuria *f* pénurie.

peña 1 *f* rocher. **2** cercle, bande (de amigos).

peñasco *m* rocher.

peñón *m* rocher.

peón 1 *m* manœuvre (obrero). **2** pion (en las damas). **3** piéton.

peonza 1 *f* toupie. **2** (fig, fam) personne agitée.

peor *adj* pire: *su situación es peor que la tuya* = *sa situation est pire que la tienne*; plus mauvais: *este vino es peor* = *ce vin est plus mauvais*. ■ **en el ~ de los casos** au pis aller.

pepinillo *m* cornichon.

pepino *m* concombre.

> No hay que confundir esta palabra con la palabra francesa **pépin**, que debe traducirse por 'pipa, pepita'.

pepita 1 *f* pépin (de fruta). **2** pépite (de oro).

pequeñez 1 *f* petitesse. **2** enfance. **3** (fig) mesquinerie, petitesse. **4** (fig) petitesse; bagatelle, vétille.

pequeño, ña *adj/m* y *f* petit.

pera 1 *f* poire (fruto). **2** barbiche (perilla). **3** poire (propulsor o interruptor).

peral *m* poirier.

percal *m* percale.

percance *m* contretemps.

percatar 1 *tr* voir, remarquer. ● **2 ~se** *pron* (~ *de*) se rendre compte de, s'apercevoir de.

percepción *f* perception.

percha 1 *f* cintre; portemanteau (fija en la pared). **2** perche (pértiga).

perchero *m* portemanteau.

percibir 1 *tr* percevoir. **2** percevoir, toucher (cobrar).

percusión *f* percussion.
perder 1 *tr, intr* y *pron* perdre. • **2** *tr* e *intr* (fig) abîmer, endommager (echar a perder). • **3** *tr* (fig) perdre. **4** (fig) rater, manquer (el autobús, la ocasión, etc.). • **5** *intr* (fig) déteindre (una tela). • **6** ~se *pron* (fig) s'égarer.
perdición 1 *f* perte. **2** (fig) perte, ruine: *el chocolate es mi perdición = le chocolat est ma ruine.*
pérdida *f* perte. ◆ **pérdidas y ganancias** profits et pertes (en contabilidad).
perdigón 1 *m* plomb de chasse. **2** perdreau (ave). **3** postillon (de saliva).
perdiz *f* perdrix.
perdón *m* pardon.
perdonar 1 *tr* pardonner. **2** épargner. **3** excuser: *¡perdone usted! = excusez-moi!* **4** renoncer à (un derecho, un goce).
perdurar *intr* durer longtemps.
perecedero, ra *adj* périssable.
peregrinación 1 *f* pèlerinage. **2** pérégrination (viaje).
peregrinar 1 *intr* aller en pèlerinage. **2** (fig) pérégriner, voyager.
peregrino, na 1 *adj/m* y *f* pèlerin. • **2** *adj* (fig) étrange, bizarre.
perejil *m* persil.
perenne 1 *adj* (fig) perpétuel, éternel. **2** BOT vivace (planta); persistant (hoja).
perentorio, ria 1 *adj* péremptoire; décisif. **2** pressant (urgente).
pereza *f* paresse.
perezoso, sa *adj* paresseux, fainéant.
perfección *f* perfection.
perfeccionar 1 *tr* y *pron* perfectionner. • **2** *tr* parfaire (una obra).
perfecto, ta *adj* parfait.
perfidia *f* perfidie.
pérfido, da *adj/m* y *f* perfide.
perfil 1 *m* profil. **2** contour, silhouette. **3** (fig) esquisse, portrait.
perfilado, da 1 *adj* profilé (de perfil). **2** effilé, long (rostro).
perfilar 1 *tr* profiler, ébaucher. **2** (fig) parfaire, peaufiner (afinar).
perforación *f* perforation.
perforar 1 *tr* perforer. **2** percer (un túnel, las orejas, etc.).
perfumar *tr* e *intr* parfumer.
perfume *m* parfum.
perfumería *f* parfumerie.
pergamino *m* parchemin.

pericia 1 *f* compétence (sabiduría). **2** adresse (práctica).
perico 1 *m* perruche. **2** grand éventail (abanico). **3** pot de chambre (orinal).
periferia *f* périphérie.
perilla 1 *f* barbiche. **2** pommeau (de la silla de montar).
perímetro *m* périmètre.
periódico, ca 1 *adj* périodique. • **2** *m* journal.
periodismo *m* journalisme.
periodista *m* o *f* journaliste.
periodo o **período 1** *m* période. **2** règles (menstruación).
peripecia *f* péripétie.
periquete *m* (fam) instant. ■ **en un ~** (fam) en un clin d'œil, en un tour de main.
periquito *m* perruche (ave).
perito, ta *adj/m* y *f* expert.
perjudicar *tr* y *pron* nuire à, porter préjudice à.
perjudicial *adj* nuisible, préjudiciable.
perjuicio *m* préjudice.
perjurar 1 *intr* y *pron* se parjurer (jurar en falso). • **2** *intr* jurer souvent (jurar por vicio).
perjurio *m* parjure (falso juramento).
perjuro, ra *adj/m* y *f* parjure (persona).
perla 1 *f* perle. **2** (fig) perle (persona).
permanecer 1 *intr* rester; demeurer (en un lugar). **2** rester (mantenerse).
permanencia 1 *f* permanence; durée. **2** séjour (estancia).
permanente 1 *adj* permanent. • **2** *f* permanente (del cabello).
permeabilidad *f* perméabilité.
permiso 1 *m* permission, autorisation. **2** permis; licence. **3** tolérance (en las monedas). ◆ **~ de conducir** permis de conduire; **~ de residencia** permis de séjour.
permitir *tr* y *pron* permettre.
permuta *f* permutation, échange.
permutar *tr* permuter.
pernicioso, sa *adj* pernicieux, dangereux.
pernil 1 *m* cuisse (de un animal). **2** jambon.
pernio *m* penture.
perno *m* boulon.
pernoctar 1 *intr* passer la nuit. **2** découcher (fuera del propio domicilio).
pero 1 *conj* mais: *llegué puntual pero ya se había ido = je suis arrivé ponctuel mais il n'était plus là.* • **2** *m* (fam) défaut, inconvénient.

p

perogrullada f (fam) lapalissade.
perol m bassine.
perorata f harangue, tirade.
perpendicular adj y f GEOM perpendiculaire.
perpetrar tr perpétrer.
perpetuar tr y pron perpétuer.
perpetuo, tua adj perpétuel. ◆ cadena perpétua réclusion à perpétuité.
perplejidad f perplexité.
perplejo, ja adj perplexe.
perra 1 f chienne (hembra del perro). 2 (fam) rogne (rabieta). 3 (fam) entêtement (idea fija). ● 4 perras f pl (fam) argent.
perrera 1 f chenil. 2 fourrière. 3 fourgon à chiens (vehículo).
perro, rra 1 m chien. ● 2 adj (fig, fam) épouvantable, affreux: he pasado unos días perros con fiebre = j'ai passé des jours épouvantables avec fièvre. ◆ ~ callejero chien errant; ~ faldero chien de manchon; ~ guardián chien de garde; ~ policía chien policier.
persa 1 adj persan. ● 2 m o f Perse. ● 3 m persan (lengua).
persecución 1 f poursuite. 2 POL, REL persécution.
perseguir 1 tr poursuivre. 2 pourchasser (ir a la caza de). 3 (fig) rechercher. 4 (fig) briguer. 5 POL, REL persécuter.
perseverancia f persévérance.
perseverar intr persévérer.
persiana 1 f persienne; store (enrollable). 2 perse (tela).
persistencia f persistance.
persistente adj persistant.
persistir intr (~ en) persister à.
persona 1 f personne. 2 personnalité (persona destacada). ◆ ~ física DER personne physique; ~ jurídica DER personne morale; tercera ~ tierce personne; ■ en ~ personne; por ~ par personne.
personaje m personnage.
personal adj y m personnel.
personalidad f personnalité.
personalizar tr personnaliser.
personificar tr personnifier.
perspectiva f perspective. ■ en ~ en perspective.
perspicacia f perspicacité.
perspicaz adj perspicace.
persuadir tr y pron persuader.

persuasión f persuasion.
pertenecer intr appartenir, être à: esto te pertenece = c'est à toi.
pertenencia 1 f appartenance. 2 (se usa más en pl) bien.
pértiga f perche.
pertinaz 1 adj obstiné. 2 (fig) persistant.
pertinente 1 adj pertinent. 2 approprié.
pertrechar 1 tr y pron munir, équiper. 2 (fig) préparer.
pertrechos 1 m pl munitions. 2 MIL équipement, matériel.
perturbación f perturbation; trouble.
perturbado, da adj/m y f déséquilibré.
perturbar 1 tr perturber, troubler; déranger. ● 2 ~se pron avoir un déséquilibre mental.
Perú m Pérou.
peruano, na 1 adj péruvien. ● 2 m y f Péruvien.
perversión f perversion.
perverso, sa adj/m y f pervers.
pervertir tr y pron pervertir.
pesa 1 f poids. ● 2 pesas f pl DEP haltères.
pesadez 1 f lourdeur, poids. 2 (fig) obésité. 3 (fig) obstination, entêtement. 4 (fig) lenteur. 5 (fig) ennui.
pesadilla f cauchemar. 2 (fig) cauchemar.
pesado, da 1 adj lourd. 2 (fig) lourd, profond. 3 (fig) obèse. 4 (fig) ennuyeux, assommant. 5 (fig) embêtant. ● 6 f pesée.
pesadumbre f lourdeur. 2 (fig) ennui, tracas. 3 (fig) chagrin (pena, disgusto).
pésame m condoléances. ■ dar el ~ présenter ses condoléances.
pesar 1 m chagrin, peine (disgusto, melancolía). 2 regret (de culpa). ■ a ~ de malgré: a pesar de la lluvia, dimos un largo paseo = malgré la pluie, on a fait une longue promenade; a ~ de los pesares o de todo malgré tout.
pesar 1 tr e intr peser. 2 (fig) regretter; causer du chagrin. ● 3 intr (fig) peser, être d'un grand poids. ■ pese a malgré; pese a quien pese (fig) envers et contre tous.
pesca 1 f pêche. 2 poisson (pescado). ◆ ~ de altura pêche en haute mer; ~ de bajura pêche côtière.
pescadería f poissonnerie.
pescadilla f merlan.
pescado m poisson. ◆ ~ blanco poisson blanc.

pescar 1 *tr* pêcher. **2** (fig, fam) attraper. **3** (fig, fam) pincer, coincer (sin prevención). **4** (fig, fam) accrocher, décrocher (lograr, conseguir).

pescuezo *m* cou.

pesebre 1 *m* mangeoire. **2** crèche.

pesetta *f* peseta (moneda).

pesimismo *m* pessimisme.

pesimista *adj/m* o *f* pessimiste.

pésimo, ma *adj* très mauvais; désastreux.

peso 1 *m* poids. **2** balance (balanza). **3** peso (moneda). **4** (fig) charge, poids. **5** DEP pesage. ◆ ~ **bruto** poids brut; ~ **específico** FÍS poids spécifique; ~ **gallo** DEP poids coq; ~ **ligero** DEP poids léger; ~ **molecular** QUÍM poids moléculaire; ~ **neto** poids net; ~ **pesado** DEP poids lourd; ~ **pluma** DEP poids plume; ■ **caerse por su ~** (fig) tomber sous le sens; **de ~** (fig) important.

pespunte *m* point arrière.

pesquero, ra 1 *adj* de pêche. ● **2** *m* bateau de pêche.

pesquisa 1 *f* recherche, enquête. **2** *Arg.*, *Ecuad.* enquêteur (policía).

pestaña 1 *f* cil. **2** galon (adorno). **3** rebord (saliente). ● **4 pestañas** *f pl* BOT cils. ◆ ~ **vibrátil** BIOL cil vibratile.

pestañear 1 *intr* cligner des yeux, ciller. **2** (fig) être vivant. ■ **sin ~** (fig) sans sourciller.

peste 1 *f* peste. **2** (fig) puanteur, infection (mal olor). **3** (fig) pourriture, corruption. **4** *Chile* variole. **5** *Col.* rhume. **6 pestes** (desp) jurons.

pestilencia *f* pestilence.

pestillo 1 *m* targette, verrou. **2** pêne (de la cerradura). **3** *P. Rico* (fig) fiancé. ◆ ~ **de golpe** pêne dormant.

petaca 1 *f* blague à tabac. **2** flasque (para bebidas). **3** *Amér.* malle; valise.

pétalo *m* pétale.

petardo *m* pétard.

petate 1 *m* natte. **2** sac de marin. **3** (fam) balluchon, bagages. **4** MIL paquetage. ■ **liar el ~** (fig, fam) plier bagage, faire son paquet.

petición 1 *f* demande. **2** DER requête, pétition. ◆ ~ **de mano** (fig) demande en mariage; ~ **de principio** pétition de principe.

petizo, za *adj* *Amér.* petit (persona).

peto 1 *m* plastron (armadura). **2** bavette (de un delantal); salopette (de trabajo). **3** ZOOL plastron.

pétreo, a *adj* pierreux.

petrificar 1 *tr* y *pron* pétrifier. **2** (fig) figer, pétrifier.

petrolear 1 *tr* pulvériser (de petróleo). ● **2** *intr* se ravitailler de pétrole (un buque).

petróleo *m* pétrole.

petrolero, ra *adj* y *m* pétrolier.

petroquímico, ca *adj* pétrochimique.

petulancia *f* arrogance, fierté.

petunia *f* BOT pétunia.

peyorativo, va *adj* péjoratif.

pez *m* poisson. ◆ ~ **espada** espadon, poisson-épée; ~ **luna** poisson-lune; ~ **martillo** marteau; ~ **sierra** poisson-scie; ~ **gordo** (fig, fam) gros bonnet, grosse légume; ■ **estar como ~ en el agua** (fig, fam) être comme un poisson dans l'eau; **estar ~** (fig, fam) être ignare.

pezón 1 *m* mamelon. **2** (fig) bout, tête. **3** BOT queue.

pezuña *f* sabot.

pi 1 *f* pi (letra griega). **2** MAT pi (número).

piadoso, sa 1 *adj* pieux. **2** miséricordieux.

pianista *m* o *f* pianiste.

piano 1 *m* MÚS piano. ● **2** *adv* MÚS piano. ◆ ~ **de cola** piano à queue.

pianola *f* pianola.

piar 1 *intr* piailler, piauler. **2** (fig, fam) râler, réclamer (clamar).

piara *f* troupeau (de cerdos).

pibe, ba *m* y *f* *Arg.* gosse, gamin.

pica 1 *f* pique. **2** pic (escoda). **3** TAUROM pique. **4** (se usa más en *pl*) pique (palo de la baraja francesa). ■ **poner una ~ en Flandes** (fig, fam) être très difficile o très dur.

picada 1 *f* coup de bec (picotazo). **2** touche (en la pesca). **3** *Amér.* gué (vado). **4** *Chile, Perú* charbon (carbunclo).

picadero 1 *m* manège (de caballos). **2** tin (madero). **3** (fig, fam) garçonnière (para parejas).

picadillo *m* GAST hachis. ■ **hacer ~** (fig, fam) hacher menu comme chair à pâté (una persona); mettre en pièces (una cosa).

picado, da 1 *adj* piqué. **2** GAST haché, pilé. **3** *Amér.* pompette. ● **4** *m* piqûre.

picador 1 *m* dresseur de chevaux. **2** TAUROM picador. **3** MIN mineur.

picadura 1 *f* piqûre. **2** coup de bec (de aves). **3** tabac à fumer. **4** début de carie.

picajoso, sa *adj/m* y *f* chatouilleux, susceptible.

p

picante 1 *adj* y *m* piquant. ● **2** *m Méx.* plat très épicé.

picap *m Amér.* tourne-disque.

picapica *m* o *f* collation, apéritif.

picapleitos 1 *m* (fam) chicaneur (pleitista). **2** (fam) avocat sans cause, avocaillon.

picaporte 1 *m* loquet. **2** clef (llave). **3** poignée de porte (tirador).

picar 1 *tr* y *pron* piquer. ● **2** *tr* mordre, piquer (reptiles, insectos). **3** picorer (comer las aves). **4** mordre (los peces). **5** poinçonner (los billetes). **6** (fig) piquer, titiller, vexer. **7** GAST hacher. ● **8** *tr* e *intr* piquer (la pimienta, la guindilla). ● **9** *intr* gratter, démanger. **10** taper (el sol). **11** grignoter. **12** (fig) saisir. ● **13** ~se *pron* se miter (la ropa). **14** se gâter, s'abîmer (dientes, fruta). **15** s'agiter, moutonner (el mar). ■ ~ más o muy alto viser trop haut.

picardía 1 *f* bassesse (vileza). **2** sottise (travesura). **3** malice (astucia). ● **4** picardías *m pl* nuisette.

pícaro, ra 1 *adj/m* y *f* vaurien, voyou. **2** malin, débrouillard. ● **3** *adj* (fig) coquin. ● **4** *m* y *f* LIT picaro, filou.

picazón 1 *f* picotement, démangeaison. **2** (fig) mécontentement (disgusto).

pichi *m* robe chasuble.

pichí *m Arg., Chile* (fam) pipi.

pichicato, ta *adj Amér.* chiche, radin.

pichicho *m Arg.* petit chien.

pichincha *f Amér.* aubaine.

pichón *m* pigeonneau.

pichula *f Chile, Perú* (fam) bitte.

picnic *m* pique-nique.

pico 1 *m* bec. **2** coin, pointe. **3** pic (herramienta, montaña). **4** dose (droga). **5** (fig, fam) bec, bouche (boca). **6** *Col.* (fig, fam) bisou (beso). ● ~ de cigüeña géranium; ~ de oro (fig) beau parleur; ■ callar o cerrar el ~ (fig, fam) se taire, fermer son bec; de ~ (fig, fam) en paroles; tener mucho ~ (fig, fam) être trop bavard.

picor *m* démangeaison.

picota 1 *f* pilori. **2** bigarreau (cereza).

picotazo *m* coup de bec.

picotear 1 *tr* picorer. ● **2** *intr* grignoter. **3** (fig) hocher la tête (el caballo). **4** (fig, fam) baratiner. ● **5** ~se *pron* (fig) se chamailler (reñir).

pictórico, ca *adj* pictural.

picudo, da 1 *adj* pointu. **2** à grand bec. **3** à museau pointu (hocicudo). **4** (fig, fam) bavard. ● **5** *m* broche (espetón).

pie 1 *m* pied. **2** bas (de un escrito). **3** occasion; réplique. **4** *Chile* caution. ● **5** pies *m pl* jambes. ● ~ de atleta MED pied d'athlète; ~ de imprenta nom de l'imprimeur; ~ de rey TEC palpeur; ~ plano pied plat; ■ no dar ~ con bola (fig, fam) faire tout de travers; saber de qué ~ cojea alguien connaître le point faible de qqn; tenerse de ~ tenir debout.

piedad 1 *f* pitié (compasión). **2** REL piété.

piedra *f* pierre. ● ~ angular pierre angulaire; ~ berroqueña granit, granite; ~ de afilar pierre à aiguiser; ~ de cal pierre à chaux; ~ de chispa pierre à feu; ~ de toque pierre de touche; ~ filosofal pierre philosophale; ~ litográfica pierre lithographique; ~ pómez pierre ponce; ~ preciosa pierre précieuse.

piel 1 *f* peau. **2** cuir (cuero). **3** fourrure (animal de pelo largo). ● ~ de Rusia cuir de Russie; ~ roja peau-rouge.

pienso *m* tourteau.

pierna 1 *f* jambe. **2** patte (de animal). **3** GAST gigot. ■ a ~ suelta o tendida (fig, fam) à son aise, tranquillement; estirar las piernas (fig, fam) se dégourdir les jambes.

pieza *f* pièce. ● ~ de artillería pièce d'artillerie; ~ de autos DER dossier d'un procès.

pifia 1 *f* fausse-queue (en el billar). **2** (fig, fam) gaffe. **3** *Amér.* raillerie.

pifiar 1 *intr* faire fausse queue. ● **2** *tr Amér.* se moquer. ■ ~la (fig, fam) faire une gaffe.

pigmentación *f* pigmentation.

pigmentar *tr* y *pron* pigmenter.

pigmento *m* pigment.

pigmeo, a 1 *adj/m* y *f* pygmée. **2** (fig) très petit, insignifiant.

pijama *m* pyjama.

pila 1 *f* pile, tas. **2** bassin, vasque; évier. **3** ARQ pile (machón de un puente).

pilar 1 *m* borne. **2** bassin, vasque. **3** ARQ pilier. ● ~ del velo del paladar ANAT pilier du voile du palais.

pilastra *f* ARQ pilastre.

píldora 1 *f* pilule. **2** (fig, fam) mauvaise nouvelle. ■ dorar la ~ (fig, fam) dorer la pilule; tragarse la ~ (fig, fam) avaler la pilule.

pillaje *m* pillage.

pillar 1 *tr* piller. **2** (fam) attraper, coincer. ◆ **3** *intr* (fam) se trouver, être situé. ◆ **4** ~se *pron* se prendre, se coincer.

pilleria 1 *f* (fam) canaille. **2** (fam) friponnerie (bribonada).

pillo, lla 1 *adj/m* y *f* (fam) canaille. **2** (fam) rusé.

pilón 1 *m* bassin, vasque (de fuente). **2** pain de sucre. **3** tas, montagne (montón).

píloro *m* ANAT pylore.

pilotaje *m* pilotage.

pilotar *tr* piloter.

piloto *m* pilote. ◆ ~ **automático** pilote automatique; ~ **de altura** pilote hauturier.

piltrafa 1 *f* carne. **2** (fig, fam) loque (persona débil). ◆ **3 piltrafas** *f pl* restes.

pimentón 1 *m* piment rouge (polvo). **2** gros poivron, poivron.

pimienta 1 *f* poivre. ◆ ~ **blanca** poivre blanc; ~ **de Cayena** poivre de Cayenne; ~ **negra** poivre noir.

pimiento 1 *m* piment. **2** poivron, piment. **3** poivrier (pimentero). ◆ ~ **de cornetilla** poivre long; ~ **de la India** piment d'Inde; ~ **morrón** piment carré; **no valer un** ~ (fig, fam) ne pas valoir un sou.

pimpollo 1 *m* rejeton, rejet (tallo). **2** arbrisseau, petit arbre. **3** (fig, fam) chérubin, petit ange.

pinar *m* pinède; pineraie.

pincel 1 *m* pinceau. **2** MAR brosse à goudronner.

pincelada 1 *f* coup de pinceau. **2** (fig) touche, trait. ◆ **dar la última** ~ (fig) mettre la dernière main.

pinchadiscos *m o f* disc-jockey.

pinchar 1 *tr* y *pron* piquer. ◆ **2** *tr* mettre sur écoutes (un teléfono). **3** (fig) énerver, taquiner. **4** (fig, fam) tanner (incitar). ◆ **5** *intr* crever (rueda). ◆ **6** ~se *pron* (fam) se piquer (droga). ■ **ni pincha ni corta** (fig, fam) il n'a pas voix au chapitre.

pinchazo 1 *m* piqûre. **2** crevaison (de neumático).

pinche 1 *m o f* marmiton (de cocina). ◆ **2** *adj Méx.* méprisable.

ping-pong *m* ping-pong.

pingüino *m* ZOOL pingouin.

pinito 1 *m* (se usa más en *pl*) premiers pas (de un niño, un convaleciente). ◆ **2 pinitos** *m pl* (fig) premiers pas (en un arte o ciencia).

pino, na 1 *adj* raide. ◆ **2** *m* pin. **3** (fig, lit) nef, navire. **4** (se usa más en *pl*) premiers pas. ■ **a** ~ à toute volée; **en** ~ debout.

pinta 1 *f* tache, moucheture. **2** goutte. **3** pinte (medida). **4** (fig) allure, air. ◆ **5** *m* vaurien, voyou. ◆ **6 pintas** *f pl* fièvre typhoïde.

pintalabios *m* rouge à lèvres.

pintar 1 *tr* peindre. **2** (fig) dépeindre. ◆ **3** *tr* e *intr* dessiner. ◆ **4** *intr* (fig, fam) percer, se découvrir. **5** (fig) avoir de l'importance, jouer un rôle. ◆ **6** *intr* y *pron* se colorer, mûrir (fruta). ◆ **7** ~se *pron* se maquiller; se farder.

pintarrajar *tr* (fam) peinturlurer.

pintor, ra *m* y *f* peintre. ◆ ~ **de brocha gorda** peintre en bâtiment.

pintoresco, ca *adj* pittoresque.

pintura 1 *f* peinture. **2** (fig) tableau, description. ◆ ~ **a la aguada** gouache; ~ **al fresco** peinture à fresque; ~ **al óleo** peinture à l'huile; ~ **al pastel** pastel; ~ **al temple** peinture à la détrempe; ~ **rupestre** peinture rupestre.

pinza *f* pince.

piña 1 *f* pomme de pin, pigne. **2** ananas. **3** (fam) coup de poing. **4** (fig) groupe uni (de personas). **5** MAR nœud.

piñón 1 *m* pignon. **2** noix (del fusil). **3** dernier âne d'un troupeau. **4** BOT médicinier. ■ **estar a partir un** ~ **con otro** (fig, fam) s'entendre comme larrons en foire.

pío, a 1 *adj* pieux. **2** charitable.

piojo 1 *m* pou. **2** *Col.* tripot. ◆ ~ **de mar** ZOOL pou de mer.

piojoso, sa 1 *adj/m* y *f* pouilleux. **2** (fig) chiche, radin.

piolet *m* piolet.

pionero, ra *m* y *f* pionnier.

pipa 1 *f* barrique, tonneau. **2** pipe. **3** détonateur. **4** graine, pépin (de girasol). **5** MÚS anche.

pipeta *f* pipette.

pipí *m* (fam) pipi.

pipón, na *adj Amér.* repu.

pique 1 *m* brouille. **2** point d'honneur. **3** *Amér.* piment (ají).

piqueta *f* pic, pioche.

piquete 1 *m* piqûre. **2** petit trou. **3** (fig, fam) peloton, piquet. **4** *Col.* goûter champêtre.

pira *f* bûcher.

piragua *f* pirogue; canoë (de madera).
piragüismo *m* canoë-kayak.
piramidal *adj* pyramidal.
pirámide *f* pyramide. ◆ ~ de edades o de población pyramide des âges.
piraña *f* piranha.
pirarse *pron* (fam) se casser.
pirata *adj/m* o *f* pirate. ● 2 *m* (fig) cœur de pierre.
piratería *f* piraterie.
pircar *tr Amér. Merid.* entourer d'un mur.
pirita *f* MIN pyrite.
piropo *m* (fam) compliment, galanterie.
pirotecnia *f* pyrotechnie.
pirrarse *pron* (~ *por*) raffoler de.
pirueta *f* pirouette.
piruleta *f* sucette.
pirulí *m* sucre d'orge, sucette.
pis *m* (fam) pipi.
pisada *f* pas, trace.
pisapapeles *m* presse-papier.
pisar 1 *tr* marcher sur. 2 fouler (las uvas). 3 (fig) mettre les pieds à. 4 (fig) humilier, rabaisser. 5 (fig, fam) devancer. 6 MÚS pincer (las cuerdas).
piscifactoría *f* établissement piscicole.
piscina 1 *f* piscine. 2 bassin (estanque). 3 REL piscine sacrée.
Piscis *adj/m* o *f* poissons (persona). 2 ASTR Poissons.
piscolabis 1 *m* (fam) collation. 2 *Amér.* apéritif de aguardiente).
piso 1 *m* étage. 2 appartement (vivienda). 3 GEOL couche. 4 *Amér.* sol.
pisotón *m action de marcher sur le pied.*
pispar o pispiar *tr Arg.* surveiller, guetter.
pista 1 *f* piste. 2 (fig) piste.
pistola 1 *f* pistolet (arma, utensilio). 2 GAST (fam) petite baguette. ◆ ~ ametralladora pistolet-mitrailleur.
pistolero 1 *m* bandit, gangster. 2 tueur.
pistoletazo 1 *m* coup de pistolet. 2 *blessure produite par un coup de pistolet.*
pistón 1 *m* piston. 2 capsule, amorce. 3 MÚS clef, piston.
pita 1 *f* agave. 2 (se usa más en *pl*) poule.
pitar 1 *tr* siffler. 2 *Amér. Merid.* fumer. 3 *Chile* tromper. ● 4 *intr* siffler. 5 (fig, fam) marcher, gazer.
pitido 1 *m* sifflement. 2 coup de sifflet; coup de klaxon.
pitillera *f* porte-cigarette.
pitillo 1 *m* cigarette. 2 *Cuba* plante.

pito 1 *m* sifflet. 2 bec (de vasija). 3 (fam) clope, cigarette. 4 (fig, fam) zizi. 5 ZOOL tique. ■ no valer un ~ (fig, fam) ne rien valoir.
pitón 1 *m* corne. 2 bec (de botijos y porrones). 3 bourgeon (de un árbol).
pitonisa 1 *f* pythonisse. 2 (fam) voyante.
pitorrearse *pron* (fam) se moquer, se payer la tête.
pitorreo *m* (fam) rigolade.
pivote *m* TEC pivot.
piyama *m* o *f Amér.* pyjama.
pizarra 1 *f* ardoise. 2 tableau (encerado).
pizarrón *m Amér.* tableau noir.
pizca *f* (fam) petit morceau, miette; pincée (de sal, etc.); goutte (de líquido). ■ ni ~ (fam) rien, pas du tout.
pizpireta *adj* (fam) guillerette.
placa 1 *f* plaque. 2 plaquette (conmemorativa). 3 AUT plaque d'immatriculation. ◆ ~ giratoria plaque tournante.
placaje *m* DEP placage.
placenta *f* ANAT, BOT placenta.
placentero, ra *adj* agréable, plaisant.
placer *m* plaisir. ■ a ~ à plaisir.

Régal es una palabra que no sigue las reglas de formación del plural, sino que lo hace de modo irregular: **régals**.

plácido, da *adj* placide; agréable.
plafón 1 *m* plafonnier. 2 ARQ soffite.
plaga 1 *f* plaie; épidémie. 2 (fig) invasion.
plagiar 1 *tr* plagier. 2 *Amér.* kidnapper.
plan *m* plan. ◆ ~ de estudios cursus; ~ de pensiones régime de retraite; ■ en ~ de (fam) comme, en.
plana *f* page; plaine.
plancha 1 *f* plaque. 2 fer à repasser. 3 gril. 4 (fam) gaffe.
planchar *tr* repasser.
planchazo *m* (fam) gaffe.
plancton *m* BIOL plancton.
planeador *m* planeur.
planear 1 *tr* planifier. ● 2 *intr* planer (un avión).
planeo *m* vol plané.
planeta *m* ASTR planète.
planetario, ria *adj* planétaire.
planicie *f* plaine.
planificación *f* planification.
planificar *tr* planifier.

planilla *f Amér.* formulaire.
planisferio *m* planisphère.
plano, na 1 *adj* plat. ● **2** *m* plan. ◆ **primer ~** premier plan.
planta 1 *f* plante. **2** étage (de un edificio). **3** usine. ◆ **~ baja** rez-de-chaussée.
plantación *f* plantation.
plantar 1 *tr* planter. **2** (fig, fam) flanquer (una bofetada). ● **3 ~se** *pron* (fig, fam) se planter.
plante *m* revendication collective.
planteamiento *m* approche; exposé.
plantear 1 *tr* envisager. ● **2 ~se** *pron* (fig) se poser une question, considérer.
plantel 1 *m* pépinière. **2** (fig) groupe.
plantificar 1 *tr* (fig, fam) coller (golpes); jeter à la figure. ● **2 ~se** *pron* (fig, fam) débarquer.
plantilla 1 *f* semelle (de un zapato). **2** patron. **3** personnel (de una empresa).
plantío, a *m* plantation.
plañir *intr* y *pron* se plaindre, pleurer.
plaqueta *f* plaquette.
plasma *m* plasma.
plasmar 1 *tr* façonner. ● **2 ~se** *pron* (fig) se concrétiser.
plasta 1 *f* bouillie. ● **2** *adj/m* o *f* (fig, fam) enquiquineur.
plástica *f* plastique.
plasticidad *f* plasticité.
plástico, ca *adj* y *m* plastique.
plastificar *tr* plastifier.
plastilina *f* pâte à modeler.
plata *f* argent.
plataforma 1 *f* plate-forme. **2** (fig) tremplin.
plátano 1 *m* bananier (árbol). **2** banane (fruto).
platea *f* parterre.
plateado, da 1 *adj* argenté. ● **2** *m* argentage.
platero, ra *m* y *f* orfèvre.
plática *f* conversation.
platicar *tr* e *intr* converser, parler.
platillo *m* soucoupe; plateau (de balanza). ◆ **~ volador** soucoupe volante.
platina *f* platine.
platino *m* platine.
plato 1 *m* assiette; plat. **2** plateau (de balanza).
plató *f* plateau.
platónico, ca *adj* platonique.
platudo, da *adj Amér.* (fam) friqué.

playa *f* plage.
playero, ra 1 *adj* de plage. ● **2** *f* chemise-veste.
plaza 1 *f* place. **2** poste (de trabajo). **3** marché.
plazo *m* délai; versement (de dinero).
plazoleta *f* rond-point.
pleamar *f* marée haute.
plebe *f* plèbe.
plebeyo, ya *adj/m* y *f* plébéien.
plebiscito *m* plébiscite.
plegar 1 *tr* y *pron* plier. ● **2 ~se** *pron* (fig) se plier.
plegaria *f* prière.
pleitear *tr* plaider.
pleitesía *f* hommage.
pleito *m* querelle; procès.
plenario, ria *adj* plénier.
plenilunio *m* pleine lune.
plenitud *f* plénitude.
pleno, na 1 *adj* plein. ● **2** *m* séance plénière.
pletórico, ca *adj* pléthorique.
pliego 1 *m* feuille de papier. **2** pli.
pliegue *m* pli.
plisado, da 1 *adj* plissé. ● **2** *m* plissage.
plisar *tr* plisser.
plomazo 1 *m* blessure faite par un plomb de chasse. **2** (fig, fam) ennuyeux, embêtant.
plomo 1 *m* plomb. **2** (fig, fam) casse-pieds.
pluma *f* plume. ◆ **~ estilográfica** stylo.
plumaje 1 *m* plumage. **2** plumet (adorno).
plumero *m* plumeau. ■ **vérsele a uno el ~** (fig, fam) montrer le bout de l'oreille.
plural *adj* y *m* pluriel.
pluralidad *f* pluralité.
pluralismo *m* pluralisme.
pluralizar *intr* pluraliser.
pluriempleo *m* cumul d'emplois.
pluripartidismo *m* pluripartisme.
plus *m* prime.
pluscuamperfecto *adj* y *m* GRAM plus-que-parfait.
plusmarca *f* DEP record.
plusvalía *f* plus-value.
plutocracia *f* ploutocratie.
Plutón 1 *m* Pluton (dios). **2** ASTR Pluton.
plutonio *m* plutonium.
pluvial *adj* pluvial.
pluviómetro *m* pluviomètre.
poblacho *m* (desp) trou, bled.

población 1 *f* population. **2** localité; village (lugar).

poblado *m* village.

poblano, na *adj/m* y *f* *Amér.* villageois, paysan.

poblar 1 *tr* peupler. **2** planter, boiser (un bosque). ● **3 ~se** *pron* se développer.

pobre *adj/m* o *f* pauvre.

pobretería 1 *f* pauvreté, misère. **2** radinerie.

pobreza 1 *f* pauvreté. **2** manque.

pocho, cha 1 *adj* pâle. **2** blet (fruta); patraque (persona).

pocilga *f* porcherie.

pócima *f* potion.

poción *f* potion.

poco, ca 1 *adj* peu de: *hay poca gente = il y a peu de monde*. ● **2** *adv* peu: *fuma poco = il fume peu*. ■ **~ a ~** petit à petit.

poda *f* élagage.

podar *tr* élaguer; tailler.

poder *m* pouvoir; puissance.

poder 1 *tr* pouvoir. ● **2** *impers* être possible.

poderío *m* puissance.

poderoso, sa *adj/m* y *f* puissant.

podio *m* podium.

pódium *m* → podio.

podredumbre *f* pourriture.

podrido, da *adj* pourri.

poema *m* poème.

poesía *f* poésie.

poeta *m* o *f* poète.

poético, ca *adj* poétique.

poetisa *f* poétesse.

póker *m* → póquer.

polar *adj* polaire.

polaridad *f* polarité.

polarizar 1 *tr* y *pron* polariser. ● **2** *tr* (fig) centrer.

polea *f* poulie. ◆ **~ fija** poulie fixe; **~ loca** poulie folle; **~ simple** poulie simple.

polémico, ca *adj* y *f* polémique.

polemizar *intr* polémiquer.

polen *m* pollen.

poleo *m* BOT pouliot.

polichinela *m* polichinelle.

policía 1 *f* police. ● **2** *m* o *f* policier.

policíaco, ca o **policiaco, ca** *adj* policier.

polideportivo *m* omnisports.

poliedro *m* polyèdre.

poliéster *m* polyester.

polifacético, ca *adj* éclectique.

poligamia *f* polygamie.

polígamo, ma *adj/m* y *f* polygame.

políglota *adj/m* o *f* polyglotte.

polígono, na *m* polygone.

polilla *f* mite.

poliomielitis *f* MED poliomyélite.

pólipo *m* ZOOL polype.

polisemia *f* polysémie.

política *f* politique.

político, ca 1 *adj* politique. **2** courtois. ● **3** *m* y *f* politicien.

politiquear *intr* politiquer.

politizado, da *adj* politisé.

póliza *f* police (de seguros).

polizón *m* passager clandestin.

polla *f* poulette.

pollera 1 *f* poulailler. **2** chariot d'enfant. **3** *Amér.* jupe.

pollería *f* magasin de volailles.

pollino, na 1 *m* y *f* ânon, petite ânesse (*f*). ● **2** *adj/m* y *f* (fig) âne.

pollo 1 *m* poussin; poulet. **2** (fig, fam) jeune garçon.

polo 1 *m* pôle. **2** glace. **3** polo (camisa).

pololear *tr* *Amér.* ennuyer, embêter.

Polonia *f* Pologne.

poltrón, na 1 *adj* paresseux. ● **2** *f* bergère.

polución *f* pollution.

polvareda *f* nuage de poussière. ■ **levantar ~** (fig) faire beaucoup de bruit.

polvillo *m* *Amér.* urédinales.

polvo *m* poussière.

pólvora 1 *f* poudre. **2** (fig) feux d'artifice.

polvoriento, ta *adj* poussiéreux.

polvorín *m* poudrière.

pomada *f* pommade.

pomelo 1 *m* pamplemoussier (árbol). **2** pamplemousse (fruto).

pomo *m* bouton (de puerta).

pompa *f* pompe. ◆ **~ de jabón** bulle de savon.

pompis *m* (fam) derrière, fesse.

pomposo, sa *adj* pompeux.

pómulo *m* pommette.

ponchada *f* *Arg.*, *Chile*, *Ur.* grande quantité.

ponche *m* punch (bebida).

poncho *m* poncho.

ponderación 1 *f* éloge exagéré. **2** pondération, équilibre.

ponderar 1 *tr* vanter; pondérer. **2** (fig) examiner.

ponencia f rapport; communication.
ponente adj/m o f rapporteur.
poner 1 tr y pron mettre; poser. ● **2** tr miser (en el juego). ● **3** tr e intr pondre (las aves). **4 ~se + a + inf** se mettre à: *se puso a hablar = il s'est mis à parler.*
poniente 1 m ponant, ouest; couchant. **2** vent d'ouest.
pontificado m pontificat.
pontificar intr (fig) pontifier.
pontífice m pontife.
ponzoña f poison, venin.
pop adj y m MÚS pop.
popa f poupe.
populacho m (desp) populace.
popular adj populaire.
popularidad f popularité.
popularizar tr populariser.
populismo m populisme.
popurrí m MÚS pot-pourri.
póquer m poker.
por 1 prep par (agente): *el cuadro está pintado por él mismo = le tableau est peint par lui-même.* **2** pour: *lo hizo por él = il l'a fait pour lui.* **3** à cause de (causa): *por su enfermedad no trabaja = il ne travaille pas à cause de sa maladie.* **4** vers (tiempo): *vendrá por el mes de mayo = elle viendra vers le mois de mai*; à: *viene siempre por Navidad = il vient toujours à Noël.* **5** sur: *tres metros por cuatro = trois mètres sur quatre.* **6** par (lugar): *pasar por París = passer par Paris.* ■ **~ ciento** pour cent: *el diez por ciento = le dix pour cent*; **¿~ qué?** pourquoi?
porcelana f porcelaine.
porcentaje m pourcentage.
porcentual adj en pourcentage.
porche m porche.
porcino, na adj porcin.
porción f part.
pordiosero, ra adj/m y f mendiant.
porfía f obstination.
porfiado, da adj/m y f obstiné, têtu.
porfiar intr se disputer. **2** s'entêter.
pormenor m (se usa más en pl) détail. **2** à-côté.
pormenorizar tr détailler.
pornografía f pornographie.
pornográfico, ca adj pornographique.
poro m pore.
poroso, sa adj poreux.
poroto m Amér. Merid. haricot.

porque 1 conj parce que (causal): *no quiere trabajar porque es rico = il ne veut pas travailler parce qu'il est riche.* **2** pour que (final): *grita porque te oigan = crie pour qu'ils t'écoutent.*
porqué m (fam) pourquoi, motif: *quiere saber el porqué de tu carta = il veut savoir le pourquoi de ta lettre.*
porquería f (fam) saleté; cochonnerie.
porra f massue; matraque (de policía).
porrada 1 f coup de massue. **2** quantité.
porrazo m coup.
porro m (fam) pétard, joint.
porrón, na adj (fig, fam) casse-pieds.
portaaviones m MIL porte-avions.
portabebés m porte-bébé.
portada 1 f couverture (de una revista); page de titre (de un libro). **2** ARQ portail.
portador, ra adj/m y f porteur. ■ **al ~** au porteur.
portaequipajes m porte-bagages.
portaesquís m galerie (del coche).
portafolio o portafolios m porte-documents.
portal m entrée; vestibule.
portalámpara o portalámparas m douille.
portamonedas m porte-monnaie.
portar 1 tr porter. ● **2 ~se** pron se conduire.
portátil adj portable.
portavoz m o f porte-parole.
portazo m claquement de porte.
porte 1 m port, transport. **2** conduite. **3** prestance.
portear 1 tr porter. ● **2** intr claquer.
portento 1 m prodige, merveille. ● **2** m o f prodige (una persona).
portería 1 f hall, vestibule. **2** loge de concierge. **3** emploi de concierge.
portero, ra adj/m y f concierge; portier. ● **2** m DEP gardien de but. ◆ **~ automático** interphone.
pórtico 1 m portique. **2** porche. **3** portail. **4** parvis (atrio).
portuario, ria adj portuaire.
Portugal m Portugal.
portugués, sa 1 adj portugais. ● **2** m y f Portugais. ● **3** m portugais (lengua).
porvenir m avenir.
pos adv derrière. ■ **en ~ de** derrière.
posada 1 f auberge; petit hôtel, pension de famille. **2** hospitalité.

posar 1 *intr* y *pron* se poser, se percher (un pájaro). ● **2** *intr* poser: *posar para un retrato = poser pour un portrait.* ● **3 ~se** *pron* déposer (un líquido); retomber (partículas). **4** s'arrêter, se reposer.

posavasos *m* dessous de verre.

posdata *f* post-scriptum.

pose 1 *f* attitude affectée, pose. **2** FOT pose.

poseer 1 *tr* posséder. **2** détenir (un récord, un cargo). ● **3 ~se** *pron* se dominer, prendre sur soi.

poseído, da 1 *adj/m* y *f* possédé. **2** dominé. **3** imbu de sa personne.

posesión 1 *f* possession. **2** propriété (finca). **3** (fig) possession (del demonio).

posesivo, va 1 *adj/m* y *f* possessif.

poseso, sa 1 *adj/m* y *f* possédé: *poseso del demonio = possédé du démon.*

posibilidad 1 *f* possibilité. **2** occasion. ● **3 posibilidades** *f pl* chances.

posibilitar *tr* faciliter; rendre possible.

posición 1 *f* position. **2** rang; position, situation (en la sociedad). **3** (fig) attitude, posture.

positivado *m* FOT positivé.

positivismo *m* positivisme.

positivo, va 1 *adj* positif. **2** certain, évident. **3** (fig) positif, bienfaiteur; favorable. ● **4** *m* FOT positif.

poso 1 *m* lie (de vino u otro líquido); marc (de café). **2** (fig) marque, trace (por una experiencia negativa).

posología *f* MED posologie.

posponer 1 *tr* subordonner, faire passer après. **2** ajourner, reporter.

postal 1 *adj* postal. ● **2** *f* carte postale.

poste 1 *m* poteau (telegráfico); pilier. **2** (fig) piquet (castigo).

póster *m* affiche, poster.

postergar 1 *tr* ajourner. **2** laisser en arrière, reléguer.

posteridad *f* postérité.

posterior *adj* postérieur, ultérieur.

postgrado *m* diplôme de troisième cycle.

postigo 1 *m* guichet, petite porte. **2** porte dérobée. **3** volet.

postín *m* grands airs, présomption.

postizo, za 1 *adj* postiche; faux. **2** faux, affecté. ● **3** *m* postiche.

postor *m* enchérisseur, offrant.

postración 1 *f* prostration, prosternation. **2** (fig) prostration, accablement.

postrar 1 *tr* abattre. **2** (fig) abattre, affaiblir, accabler. ● **3 ~se** *pron* se prosterner.

postre 1 *adj* dernier, ultime (postrero). ● **2** *m* dessert.

postular 1 *tr* postuler. **2** quêter.

póstumo, ma *adj* posthume.

postura 1 *f* posture, position. **2** enchère; taxe (de mercancías). **3** pari; mise en jeu. **4** (fig) attitude.

postventa *adj* après-vente.

posventa *f* → postventa.

potabilidad *f* potabilité.

potable 1 *adj* potable. **2** (fig, fam) potable, acceptable.

potaje 1 *m* plat de légumes secs. **2** potage. **3** (fig) pêle-mêle, bazar.

potasa *f* QUÍM potasse.

potasio *m* QUÍM potassium.

pote 1 *m* pot. **2** marmite.

potencia 1 *f* puissance, capacité. **2** puissance, force, vigueur.

potencial 1 *adj* potentiel. ● **2** *m* potentiel. **3** INF fonctionnalités.

potencialidad *f* potentialité.

potenciar 1 *tr* donner de la puissance. **2** (fig) encourager, favoriser.

potentado *m* potentat.

potente *adj* puissant.

potestad *f* puissance, pouvoir, capacité.

potingue 1 *m* (fam) médicament; breuvage. **2** (fam) cosmétique.

potito *m* petit-pot (alimento para bebés).

potosí *m* (fig) fortune.

potra 1 *f* pouliche. **2** (fam) pot, bol, pot.

potro 1 *m* poulain. **2** cheval de bois (gimnasia); cheval d'arçons (gimnasia). **3** chevalet (de tormento).

poza *f* mare.

pozo 1 *m* puits. **2** fosse. ◆ **~ de sabiduría** o **ciencia** (fig) puits de science (una persona); **~ sin fondo** (fig) *personne ou chose insatiable.*

practicante 1 *adj/m* o *f* pratiquant (en religión). **2** auxiliaire médical, infirmier.

practicar 1 *tr* pratiquer, exercer. **2** pratiquer, faire.

práctico, ca 1 *adj* pratique. ● **2** *m* pilote (costero); pratique (piloto). ● **3** *f* pratique. **4** méthode, expérience. ● **5 prácticas** *f pl* travaux pratiques; stage.

pradera *f* prairie.

prado 1 *m* pré. **2** promenade.

pragmático, ca *adj* pragmatique.

pragmatismo *m* pragmatisme.
preámbulo 1 *m* préambule. **2** (fig) détour.
prebenda 1 *f* prébende. **2** (fig, fam) prébende, sinécure.
precampaña *f* campagne préélectorale.
precario, ria *adj* précaire.
precaución *f* précaution.
precaver 1 *tr* prévenir, prévoir. ● **2 ~se** *pron* se prémunir, se parer.
precavido, da 1 *adj* prévoyant. **2** avisé.
precedente *adj* y *m* précédent.
preceder *tr* précéder.
preceptivo, va 1 *adj* obligatoire. ● **2** *f* préceptes, règles.
precepto 1 *m* précepte. **2** instruction, ordre.
preceptuar *tr* établir, prescrire.
preciado, da 1 *adj* estimé, apprécié. **2** prisé.
preciarse *pron* se vanter de.
precintar *tr* sceller, plomber (un paquete).
precinto 1 *m* pose des scellés (acción). **2** bande de sûreté. ◆ **~ de garantía** bande de scellé.
precio 1 *m* prix. **2** (fig) prix, coût, travail. ◆ **~ de coste** prix de revient; **~ de fábrica** prix coûtant; **~ de ocasión** prix d'occasion; **~ fijo** prix fixe; **~ neto** prix net, T.T.C.; ■ **poner ~** fixer le prix de.
preciosidad 1 *f* grand prix, grande valeur. **2** ravissant. **3** charme, beauté.
precioso, sa 1 *adj* précieux. **2** très coûteux. **3** très joli, ravissant (una persona); splendide, magnifique (un objeto).
precipicio *m* précipice.
precipitación *f* précipitation.
precipitado, da 1 *adj* précipité. ● **2** *m* QUÍM précipité.
precipitar 1 *tr* y *pron* précipiter. ● **2 ~se** *pron* (fig) se précipiter, se hâter.
precisar 1 *tr* préciser, concrétiser. **2** avoir besoin, rechercher. ● **3** *impers* falloir.
precisión 1 *f* précision; justesse. **2** besoin.
preciso, sa 1 *adj* nécessaire, indispensable. **2** précis.
preclaro, ra *adj* illustre.
precocido, da *adj* précuit, cuisiné.
precocinado, da 1 *adj* précuit, cuisiné. ● **2** *m* plat cuisiné.
preconcebir *tr* préconcevoir, former à l'avance.
preconizar *tr* préconiser, prôner.
precoz *adj* précoce.

precursor, ra *adj/m* y *f* précurseur.

Precurseur no tiene femenino: *una mujer precursora = une femme precurseur*.

predecesor, ra 1 *m* y *f* prédécesseur. **2** ancêtre (antepasado).
predecir *tr* prédire.
predestinar *tr* prédestiner.
predeterminar *tr* prédéterminer.
prédica *f* prêche.
predicar 1 *tr* prêcher. **2** (fig) sermonner.
predicción *f* prédiction.
predilección *f* prédilection.
predilecto, ta *adj* préféré, favori; chéri, bien aimé.
predisponer *tr* prédisposer.
predisposición *f* prédisposition.
predispuesto, ta *adj* prédisposé.
predominante *adj* prédominant.
predominar *tr* e *intr* prédominer.
predominio *m* prédominance.
preeminencia *f* prééminence, primauté.
preexistencia *f* préexistence.
prefabricado, da *adj* y *m* préfabriqué.
prefabricar *tr* préfabriquer.
prefacio *m* préface.
preferencia 1 *f* préférence. **2** prédilection. **3** tribunes (en un campo de fútbol).
preferente 1 *adj* préférentiel. **2** préférable.
preferir *tr* préférer.
prefijar *tr* préfixer, fixer d'avance.
prefijo, ja 1 *adj* préfixe. ● **2** *adj* y *m* GRAM préfixe. ● **3** *m* indicatif (teléfono).
pregón *m* annonce publique.
pregonar 1 *tr* crier, annoncer publiquement. **2** (fig) publier, crier sur tous les toits. **3** (fig) prôner, vanter.
pregunta 1 *f* question, demande. ● **2 preguntas** *f pl* interrogatoire.
preguntar 1 *tr* y *pron* demander. ● **2** *tr* interroger, questionner.
prehistoria *f* préhistoire.
prehistórico, ca *adj* préhistorique.
prejuicio *m* préjugé.
prejuzgar *tr* préjuger.
prelado *m* prélat.
prelavado *m* prélavage.
preliminar *adj* y *m* préliminaire.
preludiar 1 *tr* (fig) préluder, entamer. ● **2** *intr* y *tr* MÚS préluder.

preludio *m* prélude.

prematuro, ra *adj/m* y *f* prématuré.

premeditación *f* préméditation.

premeditar *tr* préméditer.

premiar 1 *tr* récompenser. 2 décerner un prix.

premio 1 *m* prix; récompense. 2 COM prime. ◆ ~ gordo gros lot.

premioso, sa *adj* lourd, gauche.

premisa *f* FIL prémisse (en lógica).

premonición *f* prémonition.

premonitorio, ria *adj* prémonitoire.

premura 1 *f* urgence. 2 hâte.

prenatal *adj* prénatal.

prenda 1 *f* gage. 2 vêtement. 3 arrhes (señal). 4 (fig) bijou, perle (una persona).

prendar 1 *tr* gagner l'affection de. ● 2 ~se *pron* (~ *de*) s'éprendre de.

prender 1 *tr* saisir. 2 attacher, fixer. 3 arrêter, prendre (atrapar). 4 allumer; mettre le feu. 5 *Amér.* allumer (encender). ● 6 *intr* s'enraciner. 7 prendre (el fuego).

prensa 1 *f* presse (máquina); pressoir. 2 presse. ◆ ~ amarilla presse à sensation; ~ del corazón presse du cœur.

prensar 1 *tr* presser. 2 pressurer.

preñar *tr* féconder.

preñez *f* grossesse.

preocupación *f* préoccupation, souci, tracas.

preocupar *tr* y *pron* préoccuper.

preparación *f* préparation.

preparado, da 1 *adj* préparé. ● 2 *m* préparation.

preparar 1 *tr* préparer. 2 préparer, étudier, réviser (para un examen). ● 3 ~se *pron* se préparer.

preparatorio, va 1 *adj* préparatoire. ● 2 *m* (se usa más en *pl*) préparatif.

preponderancia *f* prépondérance.

preponderar 1 *intr* peser davantage. 2 prévaloir.

preposición *f* préposition.

prepotencia *f* prépotence, puissance supérieure.

prepucio *m* ANAT prépuce.

prerrogativa *f* prérogative.

presa 1 *f* proie. 2 prise (cosa apresada). 3 barrage. ◆ ~ de contención prise de retenue.

presagiar *tr* présager.

presagio *m* présage.

presbítero *m* prêtre.

prescindir 1 *intr* (~ *de*) se passer de. 2 (~ *de*) faire abstraction de; passer sous silence.

prescribir 1 *tr* prescrire. 2 MED prescrire. ● 3 *intr* (fig) devenir caduc. 4 DER prescrire, s'éteindre.

prescripción *f* 1 ordonnance. 2 DER prescription, forclusion.

prescrito, ta 1 *adj* prescrit, fixé. 2 DER périmé.

preselección *f* présélection.

presencia 1 *f* présence. 2 prestance, allure. ◆ ~ de ánimo présence d'esprit.

presencial *adj* qui est présent.

presenciar 1 *tr* être témoin de. 2 assister à, être présent à.

presentación *f* présentation.

presentador, ra *m* y *f* présentateur.

presentar 1 *tr* y *pron* présenter. ● 2 *tr* offrir, présenter: *esta alternativa presenta muchas ventajas* = *cette alternative présente de nombreux avantages*. 3 proposer. ● 4 ~se *pron* se produire, arriver.

presente 1 *f* présent (máquina). ● 2 *m* présent, cadeau. ■ en el ~ à présent, en ce moment.

presentimiento *m* pressentiment.

presentir *tr* pressentir.

preservación *f* préservation.

preservar *tr* y *pron* préserver.

preservativo, va *adj* y *m* préservatif.

presidencia *f* présidence.

presidencialismo *m* présidentialisme.

presidente, ta *m* y *f* président.

presidiario, ria *m* y *f* forçat, bagnard.

presidio *m* bagne.

presidir 1 *tr* présider. 2 (fig) présider à.

presión *f* pression. ◆ ~ arterial o sanguínea pression artérielle; ~ atmosférica pression atmosphérique; ~ fiscal pression fiscale; ~ social pression sociale.

presionar 1 *tr* appuyer, presser. 2 (fig) faire pression sur.

preso, sa 1 *adj* emprisonné. ● 2 *m* y *f* prisonnier. ● 3 *adj* (fig) dominé. ◆ ~ político prisonnier politique.

prestación 1 *f* prestation (servicio prestado). 2 allocation. 3 performance.

prestamista *m* o *f* prêteur; bailleur de fonds.

préstamo 1 *m* prêt. 2 emprunt.

prestancia *f* excellence, distinction.

prestar 1 *tr* prêter. 2 faire, rendre. ● 3 *intr* être utile. 4 prêter, s'étirer (un tejido). ● 5 ~se *pron* prêter.

presteza *f* agilité, promptitude, prestesse.
prestidigitación *f* prestidigitation.
prestidigitador, ra *m* y *f* prestidigitateur.
prestigiar *tr* donner du prestige.
prestigio *m* prestige.
prestigioso, sa *adj* prestigieux.
presto, ta **1** *adj* preste. **2** prêt, préparé.
presumido, da **1** *adj/m* y *f* prétentieux, présompteux. **2** coquet. **3** (fam) crâneur, bêcheur.
presumir **1** *tr* présumer, conjecturer. ● **2** *intr* se vanter, se targuer.
presunción **1** *f* prétention, présomption. **2** DER présomption. ◆ ~ de ley o de solo derecho présomption légale.
presunto, ta **1** *adj* présumé: *presunto inocente* = présumé innocent. **2** prétendu. **3** présomptif.
presuntuoso, sa *adj/m* y *f* présomptueux, prétentieux.
presuponer *tr* présupposer.
presuposición *f* présupposition.
presupuestar *tr* e *intr* établir un budget.
presupuesto, ta **1** *adj* y *m* présupposé. ● **2** *m* budget. **3** devis. **4** supposition.
presuroso, sa **1** *adj* pressé. **2** empressé.
pretencioso, sa *adj* prétentieux.
pretender **1** *tr* prétendre, briguer. **2** essayer, chercher à. **3** courtiser (cortejar).
pretendiente *adj/m* o *f* aspirant. **2** prétendant.
pretensión *f* prétention.
pretérito, ta **1** *adj* passé. ● **2** *m* GRAM passé. ◆ ~ indefinido GRAM passé simple; ~ imperfecto GRAM imparfait; ~ perfecto GRAM passé composé; ~ pluscuamperfecto GRAM plus-que-parfait.
pretexto *m* prétexte.
pretil *m* garde-fou, parapet.
prevalecer *intr* prévaloir.
prevaler *intr* y *pron* prévaloir.
prevaricación *f* prévarication.
prevaricar **1** *intr* prévariquer. **2** extravaguer, déraisonner.
prevención **1** *f* prévention; disposition, précaution. **2** préjugé. **3** poste de police; poste de garde.
prevenir **1** *tr* préparer, disposer. **2** prévoir, présager; devancer. **3** prévenir, avertir (advertir). **4** influencer. ● **5** ~se *pron* se préparer.
preventivo, va *adj* préventif.
prever *tr* prévoir.

previo, via *adj* préalable.
previsión **1** *f* prévision. **2** estimation. **3** prévoyance.
previsto, ta *pp* → prever. ■ según lo ~ comme prévu.
prieto, ta **1** *adj* ferme. **2** serré, moulant. **3** très foncé (color).
prima **1** *f* cousine. **2** prime. **3** COM, ECON prime (hora).
primacía *f* primauté. **2** primatie (dignidad).
primado, da **1** *adj* primatial. ● **2** *m* primat.
primar **1** *tr* primer. ● **2** *intr* primer sur.
primario, ria *adj* y *m* primaire.
primavera **1** *f* printemps. **2** (fig) printemps, éclat. **3** (fig) primevère (planta).
primer (apócope de **primero**) *adj* premier: *ha obtenido el primer puesto* = *il a obtenu la première place*.
primerizo, za **1** *adj/m* y *f* débutant, novice. ● **2** *adj* y *f* primipare (en el parto).
primero, ra **1** *adj/m* y *f* premier. **2** excellent. **3** primaire. ● **4** *adv* d'abord; premièrement (en una enumeración). **5** plus tôt, avant. **6** plutôt: *primero muerto que rendido* = *plutôt mort que battu*.
primicia **1** *f* primeur. **2** (fig) nouvelle de dernière heure. ● **3** primicias *f pl* prémices.
primigenio, nia *adj* primitif, originel.
primitivo, va **1** *adj* primitif. **2** rude, grossier. ● **3** *m* ART primitif (pintor).
primo, ma **1** *adj* premier: *materia prima* = *matière première*. ● **2** *m* y *f* cousin. **3** (fam) poire (tonto).
primogénito, ta *adj/m* y *f* premier-né.
primor **1** *m* dextérité, habileté. **2** merveille.
primordial *adj* primordial.
primoroso, sa **1** *adj* soigné, délicat. **2** adroit, habile.
princesa *f* princesse.
principado **1** *m* principat. **2** principauté.
principal **1** *adj* y *m* principal. ● **2** *adj* de première importance. **3** essentiel. ● **4** *m* patron. **5** premier étage (de una casa).
príncipe *m* prince. ◆ ~ azul prince charmant.
principiante *adj/m* o *f* débutant.
principio **1** *m* commencement, début. **2** principe, fondement. **3** origine. **4** rudiment (de una disciplina).
pringado, da **1** *m* y *f* (fig, fam) naïf. **2** (fig, fam) bon à rien.
pringar **1** *tr* y *pron* tacher. ● **2** *tr* tacher avec de la graisse.

pringoso, sa 1 *adj* graisseux. **2** collant, gluant.

pringue 1 *m* o *f* graisse fondue. **2** saleté, crasse.

prioridad *f* priorité.

prisa 1 *f* hâte, empressement. **2** urgence. ■ a ~ o de ~ en hâte; ¡de ~! pressons! vite!; **meter ~** presser.

prisión 1 *f* prison. **2** emprisonnement, détention. **3** (fig) lien.

prisionero, ra *m* y *f* prisonnier.

prisma *m* GEOM, ÓPT prisme.

prismático, ca 1 *adj* prismatique. ● **2 prismáticos** *m pl* jumelles.

privación *f* privation.

privado, da 1 *adj* privé. **2** particulier. ● **3** *m* familier, favori (del rey).

privar 1 *tr* priver. **2** interdire, défendre. ● **3** *intr* être en vogue, être à la mode. **4** (fam) aimer, adorer, raffoler de. ● **5** ~se *pron* se priver.

privilegiado, da *adj/m* y *f* privilégié.

privilegiar *tr* privilégier.

privilegio *m* privilège.

pro 1 *m* o *f* profit. ● **2** *prep* pro: *asociación pro gubernamental = association pro-gouvernementale.* ■ **el ~ y el contra** le pour et le contre; **en ~ de** en faveur de.

proa *f* MAR proue.

probabilidad 1 *f* probabilité. **2** chance: *tiene muchas probabilidades de aprobar la oposición = il a de fortes chances de réussir le concours.*

probar 1 *tr* prouver (demostrar). **2** goûter (catar). ● **3** *tr* y *pron* essayer.

probeta *f* éprouvette.

problema *m* problème.

problemático, ca *adj* y *f* problématique.

procacidad *f* insolence.

procaz *adj* insolent.

procedencia 1 *f* origine. **2** provenance (punto de partida).

proceder *m* conduite, procédé.

proceder 1 *intr* procéder, provenir. **2** être originaire. **3** agir, se comporter. **4** convenir; être pertinent, sensé. ■ ~ **contra uno** DER entamer des poursuites contre qqn.

procedimiento 1 *m* procédé, méthode. **2** DER procédure.

procesado, da *adj/m* y *f* accusé.

procesador *m* INF processeur.

procesamiento 1 *m* accusation. **2** INF traitement.

procesar 1 *tr* DER poursuivre; instruire un procès. **2** INF traiter.

procesión *f* procession. ■ **la ~ va por dentro** (fig, fam) garder ça pour soi-même.

proceso 1 *m* processus. **2** procédé (método). **3** DER procédure.

proclama *f* proclamation.

proclamación 1 *f* proclamation (publicación). **2** intronisation (ceremonia).

proclamar *tr* y *pron* proclamer.

proclive *adj* enclin à.

procreación *f* procréation.

procrear *tr* procréer.

procurar 1 *tr* s'efforcer de, essayer de. ● **2** *tr* y *pron* procurer.

prodigalidad 1 *f* prodigalité. **2** abondance, profusion.

prodigar 1 *tr* prodiguer. ● **2** ~se *pron* s'exhiber, parader.

prodigio *m* prodige.

pródigo, ga *adj/m* y *f* prodigue.

producción *f* production.

producir *tr* y *pron* produire.

productividad *f* productivité.

productivo, va *adj* productif.

producto *adj* y *m* produit. ● ~ **interior bruto** produit intérieur brut; ~ **nacional bruto** produit national brut.

productor, ra 1 *adj/m* y *f* producteur. ● **2** *f* CINE, MÚS maison de production.

proeza *f* prouesse.

profanación *f* profanation.

profanar *tr* profaner.

profano, na *adj/m* y *f* profane.

profecía *f* prophétie.

proferir *tr* proférer, prononcer.

profesar 1 *tr* professer. **2** (fig) vouer. **3** REL pratiquer.

profesión *f* profession. ● ~ **liberal** profession libérale.

profesional *adj/m* o *f* professionnel.

profesionalidad *f* professionnalisme.

profesionalizar *tr* professionnaliser.

profesor, ra 1 *m* y *f* professeur. ● ~ **agregado** professeur agrégé; ~ **asociado** maître de conférences; ~ **de baile** maître à danser; ~ **titular** professorat titulaire.

profesorado 1 *m* professorat (cargo). **2** enseignants; corps enseignant.

profeta *m* prophète.

profetisa *f* prophétesse.

profetizar *tr* prophétiser.

profiláctico, ca 1 *adj* MED prophylacti-que. ● **2** *m* préservatif.

profilaxis *f* MED prophylaxie.

prófugo, ga 1 *adj/m* y *f* fugitif. ● **2** *m* MIL déserteur.

profundidad *f* profondeur.

profundizar 1 *tr* approfondir. ● **2** *tr* e *intr* (fig) approfondir.

profundo, da *adj* profond.

profusión 1 *f* prodigalité. **2** profusion.

profuso, sa *adj* abondant.

progenitor, ra 1 *m* y *f* progéniteur. ● **2 progenitores** *m pl* géniteurs. **3** ancêtres.

programa 1 *m* programme. **2** TV programme, émission (de televisión, de radio). ◆ ~ **de aplicación** INF logiciel d'application.

programación *f* programmation.

programador, ra 1 *adj/m* y *f* INF programmateur. ● **2** *m* ELECTR programmeur.

programar 1 *tr* y *pron* programmer. ● **2** *tr* envisager.

progre *adj/m* o *f* (fam) progressiste; baba cool.

progresar *intr* progresser.

progresión *f* progression. ◆ ~ **aritmética** MAT progression arithmétique; ~ **geométrica** MAT progression géométrique.

progresista *adj/m* o *f* progressiste.

progresivo, va *adj* progressif.

progreso *m* progrès.

prohibición 1 *f* prohibition. **2** défense, interdiction.

prohibir *tr* défendre, interdire.

prójimo *m* prochain.

prole *f* progéniture.

proletariado *m* SOCIOL prolétariat.

proletario, ria *adj/m* y *f* prolétaire.

proliferación *f* prolifération.

proliferar *intr* proliférer.

prolífico, ca *adj* prolifique.

prolijo, ja 1 *adj* prolixe. **2** méticuleux (esmerado).

prologar *tr* préfacer.

prólogo *m* prologue; préface, avant-propos.

prolongación *f* prolongation.

prolongar *tr* y *pron* prolonger.

promediar 1 *tr* partager en deux. **2** trouver la moyenne. ● **3** *intr* arriver à la moitié.

promedio *m* moyenne.

promesa 1 *f* promesse. **2** REL vœu.

prometer 1 *tr* y *pron* promettre. ● **2** *tr* assurer, affirmer. ● **3** ~**se** *pron* se fiancer. ■

prometérselas felices (fam) s'en promettre de belles.

prometido, da 1 *adj/m* y *f* promis. ● **2** *m* y *f* fiancé.

prominente *adj* proéminent.

promiscuidad *f* promiscuité.

promiscuo, cua *adj* dissolu.

promisión *f* promission.

promoción *f* promotion.

promocionar 1 *tr* y *pron* promouvoir. ● **2** *tr* faire la promotion, promotionner (publicidad).

promontorio *m* promontoire.

promover 1 *tr* promouvoir. **2** provoquer, favoriser.

promulgación *f* promulgation.

promulgar *tr* promulguer.

pronombre *m* GRAM pronom.

pronosticar *tr* pronostiquer.

pronóstico *m* pronostic. ◆ ~ **reservado** MED diagnostic réservé.

prontitud *f* promptitude.

pronto, ta 1 *adj* prompt; rapide. ● **2** *m* (fam) mouvement d'humeur soudain. ● **3** *adv* vite, rapidement. **4** tôt: *vino pronto = il est venu tôt*. ■ **al ~ o de ~** tout d'abord, au début; **por de ~** pour le moment; **¡hasta ~!** à bientôt!

pronunciación *f* prononciation.

pronunciamiento 1 *m* soulèvement, putsch. **2** DER prononcé.

pronunciar 1 *tr* y *pron* prononcer. ● **2** *tr* DER prononcer, rendre. ● **3** ~**se** *pron* se soulever, s'insurger.

propaganda *f* propagande.

propagandista *adj/m* o *f* propagandiste.

propagar 1 *tr* y *pron* propager. **2** (fig) répandre, diffuser.

propalar *tr* divulguer, propager.

propano *m* QUÍM propane.

propasarse *pron* dépasser les bornes.

propensión 1 *f* penchant, propension. **2** MED prédisposition.

propenso, sa *adj* enclin, porté.

propiciar 1 *tr* favoriser. **2** rendre propice.

propicio, cia *adj* propice, adéquat.

propiedad 1 *f* propriété. **2** (fig) ressemblance. **3** GRAM justesse. ■ **pertenecer en ~** appartenir en propre.

propietario, ria 1 *adj/m* y *f* propriétaire. ● **2** *adj* titulaire (de cargo).

propina *f* pourboire. ■ **de ~** (fam) en plus.

propinar *tr* (fig) flanquer, administrer (una paliza).

p

propio, pia 1 *adj* propre: *tener casa propia* = *avoir son propre chez soi*. 2 approprié (adecuado). 3 naturel, véritable. 4 lui-même, elle-même (*f*): *la propia cantante aplaudió* = *la chanteuse elle-même applaudit*.

proponer *tr* y *pron* proposer.

proporción *f* proportion.

proporcionado, da *adj* proportionné.

proporcional *adj* proportionnel.

proporcionalidad *f* proportionnalité.

proporcionar 1 *tr* proportionner. ● 2 *tr* y *pron* fournir, procurer.

proposición *f* proposition.

propósito 1 *m* intention. 2 but, propos. ■ a ~ à propos; exprès (a posta); a ~ de par rapport à.

propuesta *f* proposition.

propugnar *tr* défendre, protéger.

propulsar *tr* rejeter, repousser.

propulsión *f* propulsion.

prórroga 1 *f* prorogation. 2 DEP prolongation. 3 MIL prorogation, sursis.

prorrogar *tr* proroger.

prorrumpir 1 *intr* jaillir. 2 (fig) éclater.

prosa 1 *f* prose. 2 (fig) prosaïsme.

prosaico, ca 1 *adj* en prose. 2 (fig) prosaïque.

proscribir 1 *tr* proscrire. 2 (fig) proscrire, interdire.

proscrito, ta 1 *p irreg* → proscribir. ● 2 *adj/m* y *f* proscrit.

proselitismo *m* prosélytisme.

prosélito *m* prosélyte.

prosificar *tr* mettre en prose.

prospección *f* prospection.

prospecto *m* prospectus.

prosperar 1 *tr* rendre prospère. ● 2 *intr* prospérer.

prosperidad *f* prospérité.

próspero, ra *adj* prospère.

próstata *f* ANAT prostate.

prostíbulo *m* bordel, maison close.

prostitución *f* prostitution.

prostituir *tr* y *pron* prostituer.

prostituto, ta 1 *p irreg* → prostituir. ● 2 *m* y *f* prostitué.

protagonismo *m* rôle principal.

protagonista *m* o *f* protagoniste.

protagonizar *tr* jouer (un papel); être le protagoniste.

protección *f* protection.

proteccionismo *m* ECON protectionnisme.

protectorado *m* protectorat.

proteger *tr* y *pron* protéger.

protegido, da *m* y *f* protégé, favori.

proteína *f* BIOL protéine.

prótesis *f* prothèse.

protesta *f* protestation.

protestante 1 *adj* protestataire (que protesta). ● 2 *adj/m* o *f* REL protestant.

protestantismo *m* protestantisme.

protestar 1 *tr* protester. ● 2 *intr* râler, rouspéter.

protocolo *m* protocole.

prototipo *m* prototype.

protuberancia *f* protubérance.

provecho *m* profit. ■ buen ~ (fam) bon appétit; de ~ utile, profitable; en ~ de au profit de.

provechoso, sa *adj* profitable.

proveer 1 *tr* y *pron* pourvoir. ● 2 *tr* approvisionner. 3 DER prononcer.

provenir *intr* provenir, venir.

provenzal 1 *adj* provençal. ● 2 *m* o *f* Provençal. ● 3 *m* provençal (lengua).

proverbial *adj* proverbial.

proverbio *m* proverbe.

providencia 1 *f* dispositions. 2 **Providencia** Providence (divina).

providencial *adj* providentiel.

provincia *f* province; département (división administrativa).

provincial *adj* provincial.

provisión *f* (se usa más en *pl*) provision.

provisional *adj* provisoire.

provisto, ta 1 *p irreg* → proveer. ● 2 *adj* pourvu. ● 3 *f Arg.* comestibles.

provocación *f* provocation.

provocar 1 *tr* provoquer. 2 *Amér.* (fam) faire envie, plaire.

provocativo, va 1 *adj* provocant. 2 agressif, provocateur.

proxeneta *m* o *f* proxénète.

proximidad 1 *f* proximité. 2 (se usa más en *pl*) proximité, voisinage.

próximo, ma 1 *adj* proche. ● 2 *adj/m* y *f* prochain (siguiente): *la próxima semana* = *la semaine prochaine*.

proyección 1 *f* projection. 2 (fig) rayonnement, influence.

proyectar *tr* projeter.

proyectil *m* projectile.

proyecto *m* projet.

proyector *m* projecteur.

prudencia *f* prudence, modération.

prudente *adj* prudent, sage.

prueba 1 *f* preuve. 2 épreuve (examen). 3 essai (comprobación). 4 MED analyse, test. ■ a ~ de à l'épreuve; poner a ~ mettre à l'épreuve.

prurito 1 *m* prurit, démangeaison. 2 (fig) envie, démangeaison.

psicoanálisis *m* PSIC psychanalyse.

psicoanalizar *tr* y *pron* psychanalyser.

psicología *f* psychologie.

psicológico, ca *adj* psychologique.

psicólogo, ga *m* y *f* psychologue.

psicópata *m* y *f* MED psychopathe.

psicosis *f* MED psychose.

psicosomático, ca *adj* psychosomatique.

psiquiatra *m* o *f* MED psychiatre.

psiquiatría *f* psychiatrie.

psiquiátrico, ca 1 *adj* MED psychiatrique. ● 2 *m* maison de santé (residencia).

psíquico, ca *adj* psychique.

púa 1 *f* pointe. 2 AGR greffon, greffe (injerto). 3 MÚS médiator, plectre.

pub *m* pub; bar, brasserie.

pubertad *f* puberté.

pubis *m* ANAT pubis.

publicación *f* publication.

publicar 1 *tr* publier. ● 2 ~se *pron* paraître, être publié.

publicidad *f* publicité.

publicitario, ria *adj/m* y *f* publicitaire.

público, ca *adj* y *m* public. ◆ el gran ~ le grand public; ■ en ~ en public; hacer ~ rendre public.

publirreportaje *m* publi-reportage; film publicitaire.

puchero 1 *m* marmite. 2 pot-au-feu (guiso). 3 (fig, fam) (se usa más en *pl*) la moue (antes del llanto).

pucho *m* Amér. reste.

púdico, ca *adj* pudique.

pudiente *adj/m* o *f* riche, puissant.

pudor *m* pudeur.

pudoroso, sa *adj* pudique.

pudrir *tr* y *pron* pourrir.

pueblerino, na 1 *adj/m* y *f* villageois. ● 2 *adj* (fig) provincial; paysan.

pueblo 1 *m* village. 2 peuple (personas).

puente 1 *m* pont. 2 bridge (de los dientes). 3 MAR passerelle. ◆ ~ aéreo pont aérien; ~ colgante pont suspendu; ~ levadizo pont-levis.

puerco 1 *m* porc (animal). ● 2 *adj* (fig, fam) sale, cochon. ◆ ~ espín porc-épic.

puericultura *f* puériculture.

pueril *adj* puéril.

puerro *m* poireau.

puerta 1 *f* porte. 2 portière (de un automóvil). ◆ ~ accesoria porte secondaire; ~ blindada porte blindée; ~ corredera porte à glissière; ~ falsa fausse porte.

puerto 1 *m* port. 2 défilé, col (entre montañas). 3 (fig) port, refuge. ◆ ~ de mar port maritime; ~ franco port franc.

Puerto Rico *m* Porto-Rico, Puerto Rico.

puertorriqueño, ña 1 *adj* portoricain. ● 2 *m* y *f* Portoricain.

pues 1 *conj* puisque, car. 2 donc. ■ ¿pues? comment?; ¡pues! eh bien!

puesta 1 *f* mise: *puesta en marcha = mise en œuvre*. 2 coucher (del sol). 3 ponte, pondaison (de huevos). ◆ ~ a punto mise au point; ~ de largo entrée dans le monde.

puesto, ta 1 *p irreg* → poner. ● 2 *adj* habillé, mis. ● 3 *m* poste (sitio, empleo). 4 place (lugar). 5 marchand (tienda). ◆ 6 ~ que *conj* puisque: *se va puesto que es demasiado tarde = il part puisque c'est trop tard*. ◆ ~ de socorro poste de secours.

¡puf! *interj* pouah!

púgil *m* pugiliste.

pugna *f* lutte.

pugnar *intr* se battre.

puja 1 *f* enchère. 2 mise (cantidad).

pujante *adj* vigoureux.

pujanza *f* nerf.

pujar 1 *tr* enchérir. 2 (fig) lutter.

pulcritud 1 *f* propreté. 2 soin.

pulcro, cra *adj* propre, soigné.

pulga *f* puce (insecto). ■ tener uno malas pulgas (fig, fam) avoir mauvais caractère.

pulgada *f* pouce (medida).

pulgar *adj* y *m* pouce (dedo).

pulir 1 *tr* polir (alisar). 2 peaufiner (perfeccionar). 3 (fig, fam) faucher (robar). 4 (fam) engloutir (derrochar). ● 5 *tr* y *pron* (fig) dégrossir, raffiner; polir.

pulla 1 *f* grossièreté. 2 (fam) pique, vanne.

pullover *m* pull-over.

pulmón *m* poumon. ◆ ~ de acero MED poumon d'acier.

pulmonía *f* MED pneumonie.

pulpa *f* pulpe. ◆ ~ dentaria pulpe dentaire.

pulpería *f* Amér. épicerie.

pulpo *m* poulpe, pieuvre (molusco).

pulsación 1 *f* pulsation. **2** frappe (mecanografía).

pulsar 1 *tr* appuyer sur. **2** jouer, gratter (un instrument). **3** prendre le pouls. **4** (fig) sonder (un asunto). ● **5** *intr* battre (latir el pulso).

pulsera *f* bracelet (joya).

pulso 1 *m* pouls. **2** bras de fer. ■ **a ~** à la force du poignet; à bout de bras; **echar un ~** faire un bras de fer; **tomar el ~** tâter le pouls.

pulular *intr* pulluler.

pulverización *f* pulvérisation.

pulverizador *m* pulvérisateur.

pulverizar 1 *tr* y *pron* pulvériser. ● **2** *tr* (fig) claquer (la fortuna); défaire.

¡pum! *interj* pan!

puma *m* ZOOL puma.

punchar *tr* piquer.

punción *f* MED ponction.

pundonor *m* point d'honneur.

punitivo, va *adj* punitif.

punk o **punki** *adj/m* o *f* punk.

punta 1 *f* pointe. **2** bout. **3** clou. **4** *Amér.* groupe, ensemble.

puntal 1 *m* étai. **2** (fig) appui.

puntapié *m* coup de pied.

puntear 1 *tr* pointer; pointiller. **2** MÚS pincer.

puntera *f* bout.

puntería *f* visée; adresse.

puntero, ra 1 *adj* bon tireur. ● **2** *m* y *f* leader.

puntiagudo, da *adj* pointu.

puntillo *m* point d'honneur.

puntilloso, sa *adj* pointilleux.

punto 1 *m* point. **2** tricot. **3** point, lieu. ◆ **~ de partida** point de départ; **~ de vista** point de vue; **~ y aparte** point à la ligne; **~ y coma** point-virgule; **puntos cardinales** points cardinaux; ■ **desde mi ~ de vista** à mon avis.

puntuación *f* ponctuation.

puntualizar *tr* préciser.

puntuar *tr* ponctuer; noter.

punzada 1 *f* piqûre. **2** (fig) élancement; souffrance.

punzar 1 *tr* piquer. **2** (fig) élancer.

punzón *m* poinçon.

puñado *m* poignée.

puñal *m* poignard.

puñalada 1 *f* coup de poignard. **2** (fig) affliction.

puñeta *f* (fam) connerie.

puñetazo *m* coup de poing.

puñetero, ra *adj* (fam) fichu.

puño 1 *m* poing. **2** poignet (de camisa).

pupa 1 *f* éruption sur les lèvres. **2** bouton. **3** bobo (en lenguaje infantil).

pupilaje 1 *m* tutelle. **2** pension (cuota).

pupilo, la 1 *m* y *f* pupille. **2** pensionnaire.

pupitre *m* pupitre.

purasangre *m* pur-sang.

puré *m* purée.

pureza *f* pureté.

purga *f* purge.

purgar 1 *tr* purifier. **2** purger. **3** expier.

purgatorio *m* purgatoire.

purificación *f* purification.

purificar *tr* y *pron* purifier.

purista *adj/m* o *f* puriste.

puritano, na *adj/m* y *f* puritain.

puro, ra 1 *adj* pur: *aire puro = air pur*. ● **2** *m* cigare.

púrpura 1 *adj* y *f* pourpre (color). ● **2** *f* ZOOL pourpre (molusco).

purpurina *f* paillettes.

purulento, ta *adj* purulent.

pus *m* pus.

pusilánime *adj/m* o *f* pusillanime.

pústula *f* MED pustule.

putada *f* (vulg) vacherie.

putativo, va *adj* putatif.

putear 1 *tr* (vulg) faire chier. ● **2** *intr* (vulg) fréquenter les putains.

puticlub *m* (vulg) bordel.

puto, ta 1 *adj* (vulg) putain. ● **2** *f* pute; putain.

putrefacción *f* putréfaction.

puzzle *m* puzzle.

PVP (*siglas de* precio de venta al público) *m* ppv.

pyme (*acrónimo de* pequeña y mediana empresa) *f* pme.

Qq

q f q.

que 1 *pron rel* qui (sujeto): *la niña que duerme = la fille qui dort*; que (complemento): *la canción que conoces = la chanson que tu connais*; lequel, laquelle: *el vaso con que bebes = le verre avec lequel tu bois.* ● 2 *conj* que: *quiere que vayamos juntos = il veut qu'on y aille ensemble.* ● 3 qué *adj* quel, quelle: *¡qué casa! = quelle maison!, ¿qué día? = quel jour?* ● 4 qué *pron interr* que, qu'est-ce que: *¿qué quiere? = qu'est-ce qu'il veut?*; quoi: *¿qué? = quoi?*

quebrado, da 1 *adj* accidenté (terreno); cassé. ● 2 *adj/m* y *f* failli (un negocio).

quebrantar 1 *tr* casser, briser. 2 (fig) violer, enfreindre; abattre.

quebranto 1 *m* affaiblissement. 2 (fig) perte.

quebrar 1 *tr* casser; interrompre. 2 (fig) tempérer. ● 3 *intr* faire faillite.

quedar 1 *intr* rester. 2 prendre rendez-vous. ● 3 ~se *pron* rester; devenir. ■ ~ en convenir de; ~ mal ne rien donner, mal s'en tirer; ~ por rester à: *quedar por descubrir = rester à découvrir, la casa queda por el centro = la maison se trouve dans le centre*; se trouver; ~se con garder.

quehacer *m* (se usa más en *pl*) travail.

queja *f* plainte.

quejarse *pron* se plaindre.

quejica *adj/m* o *f* (fam) geignard.

quejido *m* gémissement.

quejoso, sa *adj* mécontent.

quejumbroso, sa *adj* plaintif.

quema *f* brûlage.

quemado, da *adj/m* y *f* brûlé.

quemadura *f* brûlure.

quemar 1 *tr* brûler; griller. 2 (fig) vendre au rabais. ● 3 *intr* brûler. ● 4 ~se *pron* brûler, se brûler.

quemazón 1 *m* brûlure. 2 (fig) démangeaison.

querella *f* plainte; querelle.

querellarse *pron* DER porter plainte.

querer *m* amour.

querer 1 *tr* vouloir (desear). 2 aimer (amar). ● 3 ~se *pron* s'aimer.

querido, da 1 *adj* cher. ● 2 *m* y *f* amant.

queroseno *m* kérosène.

queso *m* fromage.

quicio *m* gond.

quid *m* hic.

quiebra *f* cassure; crevasse; faillite.

quiebro 1 *m* écart. 2 MÚS trille.

quien 1 *pron rel* qui: *es él quien lo sabe = c'est lui qui le sait*; celui qui, celle qui: *quien ha escrito este libro es su madre = celle qui a écrit ce livre est sa mère.* ● 2 quién *pron* qui: *¿quién te ha dicho esto? = qui t'a dit ça?, ¿quién es? = qui est là?* ■ a ~ que: *el señor a quien busca = le monsieur que vous cherchez*; à qui.

quienquiera *pron indef* quiconque.

quieto, ta *adj* tranquille.

quietud *f* tranquillité; quiétude.

quijada *f* mâchoire.

quilate *m* carat.

quilla 1 *f* NÁUT quille. 2 ZOOL bréchet.

quilo *m* kilo.

quilombo 1 *m Venez.* hutte. 2 *Chile, R. de la Plata* lupanar.

quimera *f* chimère.

quimérico, ca *adj* chimérique.

química *f* chimie.

químico, ca 1 *adj* chimique. ● 2 *m* y *f* chimiste.

quimioterapia *f* chimiothérapie.

quincalla *f* quincaillerie.

quincallería *f* COM quincaillerie.

quince *adj* y *m* quinze.

quincena *f* quinzaine.

quincenal *adj* bimensuel.

quiniela *f* bulletin (de lotería); combinaison.

quinielista *m* o *f* parieur.

quinientos, tas *adj* y *m* cinq cents.

quinina *f* quinine.

quinquenal *adj* quinquennal.

quinquenio *m* quinquennat.

quinta 1 *f* maison de campagne. 2 MIL contingent.

quintaesencia *f* quintessence.

quinteto *m* MÚS quintette.
quinto, ta 1 *adj* y *m* cinquième. • **2** *m* cinquième. **3** MIL conscrit.
quintuplicar *tr* y *pron* quintupler.
quíntuplo, pla *adj* y *m* quintuple.
quiosco *m* kiosque.
quirófano *m* bloc opératoire.
quiromasaje *m* chiromancie.
quirúrgico, ca *adj* chirurgical.
quisque (cada) *loc* (fam) chacun.
quisquilloso, sa *adj* pointilleux; chatouilleux.
quiste *m* kyste.

quitamanchas *adj* y *m* détachant.
quitanieves *m* chasse-neige.
quitar 1 *tr* enlever; ôter. • **2 ~se** *pron* se pousser (de un lugar); enlever.

No hay que confundir esta palabra con la palabra francesa **quitter**, que debe traducirse por 'dejar, abandonar, irse'.

quite *m* parade.
quizá o **quizás** *adv* peut-être.
quórum *m* quorum.

Rr

r *f* r.
rabadilla 1 *f* coccyx. **2** croupion (de ave).
rábano *m* radis.
rabia *f* rage.
rabiar 1 *intr* (fig) se fâcher (enfadarse). **2** (~ *por*) mourir d'envie de.
rabieta *f* (fig, fam) rogne.
rabino *m* rabbin.
rabioso, sa 1 *adj* enragé. **2** (fig) en colère, furieux (enojado).
rabo *m* queue. ■ **irse** o **salir con el ~ entre las piernas** (fig, fam) s'en aller la queue entre les jambes.
rácano, na *adj/m* y *f* pingre.
racha *f* vague; période.
racial *adj* racial.
racimo 1 *m* grappe. **2** régime (de dátiles).
raciocinio 1 *m* raison. **2** raisonnement (razonamiento).
ración *f* ration; portion (en fondas).
racional 1 *adj* rationnel. • **2** *adj/m* o *f* raisonnable (dotado de razón).
racionalidad *f* rationalité.
racionalizar *tr* rationaliser.
racionar *tr* rationner.
racismo *m* racisme.
racista *adj/m* o *f* raciste.
radar *m* radar.
radiación *f* rayonnement (solar, atómica).
radiactividad *f* FÍS radioactivité.
radiactivo, va *adj* radioactif.
radiador *m* radiateur.

radiante *adj* radiant.
radiar 1 *tr* FÍS irradier. **2** RAD radiodiffuser.
radical *adj* y *m* radical.
radicalizar 1 *tr* radicaliser. • **2 ~se** *pron* se radicaliser.
radicar 1 *intr* résider; se trouver. **2** (fig) consister à.
radio 1 *m* rayon. • **2** *f* radio.
radioaficionado, da *m* y *f* radioamateur.
radiocasete *m* radiocassette.
radiodespertador *m* radioréveil.
radiodifusión *f* radiodiffusion.
radioescucha *m* o *f* auditeur.
radiografía *f* radiographie.
radiología *f* MED radiologie.
radionovela *f* *Arg.* feuilleton radiodiffusé.
radiotaxi *m* radio-taxi.
radioyente *m* o *f* auditeur.
raer *tr* racler.
ráfaga 1 *f* rafale. **2** jet.
rafia *f* raphia.
raído, da *adj* râpé (tela).
raigambre 1 *f* racines. **2** (fig) attaches.
raíl o **rail** *m* rail.
raíz *f* racine. ◆ **~ cuadrada** MAT racine carrée; ■ **a ~ de** (fig) à la suite de; **de ~** (fig) entièrement.
raja 1 *f* tranche (de melón, de sandía). **2** fente (hendedura).
rajar 1 *tr* fendre, couper. • **2** *intr* (fig, fam) jacasser (hablar mucho). **3** *Amér.* (~ *de*) critiquer.

rajatabla (a) *loc adv* à la lettre.

ralea 1 f espèce. **2** (desp) acabit, engeance.

ralentí m ralenti.

ralentizar tr ralentir.

rallador m râpe.

rallar 1 tr râper. **2** (fig, fam) embêter (molestar).

rally m rallye.

ralo, la *adj* espacé (dientes).

rama f branche. ■ **andarse por las ramas** (fig, fam) tourner autour du pot.

ramal 1 m embranchement (de vía). **2** brin (de cuerda).

ramalazo m (fig) crise; douleur.

rambla 1 f ravin. **2** allée, promenade (paseo).

ramera f (fam) prostituée.

ramificación f ramification.

ramificarse *pron* se ramifier.

ramillete 1 m bouquet. **2** (fig) grappe.

ramo 1 m rameau. **2** bouquet (de flores). **3** branche (disciplina, sector).

rampa 1 f rampe. **2** MED crampe.

ramplón, na *adj* (fig) vulgaire.

rana f grenouille. ■ **salir ~** (fig, fam) rater.

rancho 1 m popote (comida). **2** Amér. ranch (granja).

rancio, cia 1 *adj* rance. ● **2** m rance.

rango m rang.

ranura f rainure; fente (para monedas).

rapapolvo m (fam) savon. ■ **dar un ~ a alguien** passer un savon à qqn.

rapar 1 tr y pron raser (afeitar). ● **2** tr tondre (cortar el pelo). ● **3 ~se** *pron* se faire tondre.

rapaz 1 *adj/m* o f rapace. ● **2 rapaces** f pl ZOOL rapaces.

rape 1 m baudroie (pez). ● **2 al ~** *loc adv* ras.

rapidez f rapidité.

rápido, da *adj* y m rapide. ● **¡rápido!** (fam) vite!

rapiña f rapine.

raptar tr enlever.

rapto 1 m enlèvement. **2** impulsion (arrebato). **3** extase (éxtasis).

raqueta f raquette.

raquítico, ca *adj/m* y f rachitique.

raquitismo m MED rachitisme.

rareza 1 f rareté. **2** extravagance.

raro, ra 1 *adj* rare (poco común). **2** bizarre (extraño). ■ **¡qué cosa más rara!** comme c'est bizarre!

ras m égalité de niveau. ■ **a ~ de** au ras de.

rasante 1 *adj* rasant. ● **2** f inclinaison.

rascacielos m gratte-ciel.

rascadura f grattement.

rascar 1 tr gratter (con las uñas). **2** racler. ● **3 ~se** *pron* se gratter.

rasgado, da 1 *adj* déchiré. **2** (fig) fendu (boca, ojos).

rasgadura f déchirure.

rasgar tr déchirer.

rasgo 1 m trait. ● **2 rasgos** m pl traits (del rostro).

rasguear 1 tr plaquer des accords sur (una guitarra). ● **2** *intr* faire des traits de plume.

rasguño 1 m égratignure; éraflure (en la superficie). **2** esquisse, croquis (bosquejo).

raso, sa 1 *adj* ras. **2** plat (llano). **3** découvert, dégagé. ● **4** m satin.

raspa 1 f rachis (de una espiga). **2** arête (de un pescado). **3** rafle (de uvas). **4** Amér. reproche, réprimande.

raspadura 1 f grattage. **2** gratture, râpure (lo que se quita).

raspar 1 tr gratter; racler. **2** râper (limar).

rasqueta f raclette.

rastrear tr suivre la piste.

rastrero, ra 1 *adj* rampant. **2** (fig) rampant, vil. **3** BOT rampant.

rastrillo 1 m peigne (carda). **2** râteau (rastro).

rastro 1 m trace, indice. **2** piste. **3 el Rastro** le marché aux puces (de Madrid). **4** AGR râteau.

rastrojo 1 f chaume. ● **2 rastrojos** m pl résidus.

rasurar tr y pron raser.

rata 1 f rat. ● **2** m o f (fig, fam) radin, pingre (tacaño). ◆ **~ de alcantarilla** rat d'égoût.

ratero, ra 1 *adj* bas, vil; mesquin. ● **2** *adj/m* y f voleur (ladrón).

raticida m raticide.

ratificación f ratification.

ratificar 1 tr ratifier. ● **2 ~se** *pron* être ratifié.

rato m moment, instant. ■ **a ratos** par moments; **pasar el ~** passer le temps; **un ~** (fig, fam) rudement, bigrement, terriblement: *el examen fue un rato difícil* = *l'examen a été terriblement difficile*.

ratón 1 m souris. **2** INF souris.

raudal 1 m torrent. **2** (fig) torrent; flot. ■ **a raudales** à flots.

raudo, da *adj* rapide, violent.

raviolis *m pl* ravioli.

raya 1 *f* raie (señal, del pelo). **2** limite, frontière. **3** rayure (de un arma de fuego). **4** GRAM trait, tiret.

rayano, na 1 *adj* limitrophe. **2** (fig) proche.

rayar 1 *tr* rayer (hacer rayas, tachar); biffer, barrer (tachar). **2** souligner. **3** laisser des traces *o* des marques (un mueble). ● **4** *intr* (~ *con*) confiner à, être limitrophe de. **5** (~ *en*) friser: *esta situación raya en lo absurdo* = *cette situation frise l'absurde*; frôler, cotoyer. ● **6** ~se *pron* (fig, fam) péter un plomb.

rayo 1 *m* rayon (de sol). **2** rayon, rai (de luz). **3** foudre (en una tormenta). **4** rayon (de la rueda). **5** vif-argent (persona viva). ◆ **rayos infrarrojos** rayons infrarouges; **rayos ultravioleta** rayons ultraviolets; **rayos X** rayons X.

rayón *m* rayonne.

rayuela 1 *f* palet (juego). **2** petite raie.

raza *f* race.

razón 1 *f* raison. **2** raison, cause, motif. **3** (fam) message, commission (recado). **4** MAT raison. ◆ ~ **de Estado** raison d'État; ~ **social** raison sociale.

razonable *adj* raisonnable.

razonado, da *adj* raisonné.

razonamiento *m* raisonnement.

razonar 1 *tr* e *intr* justifier. ● **2** *intr* raisonner.

reacción *f* réaction. ◆ ~ **en cadena** réaction en chaîne.

reaccionar 1 *intr* réagir. **2** FÍS, QUÍM réagir.

reaccionario, ria *adj/m* y *f* réactionnaire.

reacio, cia *adj* réticent.

reactivación *f* réactivation.

reactivar *tr* réactiver.

reactor 1 *m* FÍS, MEC réacteur. **2** avion à réaction.

readmitir *tr* réadmettre.

reafirmar *tr* réaffirmer.

reagrupar *tr* regrouper.

reajuste 1 *m* rajustement, réajustement. **2** remaniement (de un gobierno).

real 1 *adj* réel. **2** royal (del rey). **3** (fig) royal, grandiose.

realce *m* relief.

realeza *f* royauté.

realidad *f* réalité.

realismo 1 *m* réalisme. **2** royalisme (doctrina favorable a la monarquía).

realista *adj* réaliste.

realización *f* réalisation.

realizar *tr* réaliser.

realzar 1 *tr* y *pron* rehausser. **2** (fig) rehausser, mettre en valeur.

reanimar *tr* réanimer.

reanudar 1 *tr* renouer. **2** reprendre (una conversación, una historia, etc.). ● **3** ~se *pron* reprendre.

reaparecer *intr* réapparaître, reparaître.

rearme *m* réarmement.

reavivar *tr* y *pron* raviver.

rebaja 1 *f* rabais; réduction, remise. ● **2 rebajas** *f pl* soldes.

rebajar 1 *tr* rabaisser, abaisser. **2** réduire, solder (abaratar); rabattre. **3** (fig) humilier, rabaisser. ● **4** ~se *pron* se rabaisser.

rebanada *f* tranche.

rebanar 1 *tr* couper en tranches. **2** couper, trancher (cortar).

rebañar 1 *tr* ramasser, rafler. **2** racler *o* ramasser les restes de, gratter les fonds de; saucer son pain (con pan).

rebaño 1 *m* troupeau. **2** (fig) troupeau, congrégation de fidèles.

rebasar 1 *tr* dépasser. **2** *Amér.* doubler (un automóvil).

rebatir 1 *tr* repousser (rechazar). **2** réfuter (combatir).

rebato 1 *m* alarme. **2** MIL attaque par surprise.

rebeca *f* cardigan.

rebelarse *pron* se rebeller.

rebelde 1 *adj/m* o *f* rebelle. ● **2** *adj/m* y *f* DER défaillant, contumace.

rebeldía 1 *f* → rebelión. **2** DER défaut, contumace.

rebelión *f* rébellion, révolte.

rebenque *m* fouet.

rebobinar *tr* rebobiner.

reborde *m* rebord.

rebosar *intr* déborder (un líquido).

rebotar 1 *intr* rebondir (una pelota); ricocher (una bala, una piedra). ● **2** *tr* river (un clavo). **3** (fig, fam) faire sortir de ses gonds, mettre en colère.

rebote *m* rebond, rebondissement.

rebozar 1 *tr* paner (un alimento). ● **2** *tr* y *pron* couvrir le visage ave son manteau.

rebuscado, da 1 *adj* recherché. **2** (fig) précieux.

rebuscamiento 1 *m* recherche. **2** affectation (en el lenguaje).

rebuscar 1 *tr* rechercher. **2** grappiller (uvas); glaner (cereales).

rebuznar *intr* braire.
rebuzno *m* braiment.
recabar 1 *tr* obtenir. **2** demander, solliciter.
recado 1 *m* commission. **2** message (mensaje). **3** mission (misión).
recaer 1 *intr* retomber. **2** rechuter (un enfermo).
recaída *f* rechute.
recalcar 1 *tr* presser (comprimir). **2** (fig) souligner; rabâcher.
recalcitrante *adj* récalcitrant.
recalcitrar 1 *intr* reculer (retroceder). **2** (fig) regimber, se montrer récalcitrant (resistir).
recalentar 1 *tr* réchauffer. **2** surchauffer (calentar en exceso). ● **3 ~se** *pron* se réchauffer. **4** s'échauffer, se gâter (los alimentos).
recambio *m* rechange.
recapacitar *tr* e *intr* réfléchir.
recapitulación *f* récapitulation, récapitulatif.
recapitular *tr* récapituler.
recargado, da *adj* rechargé.
recargar 1 *tr* recharger. **2** alourdir (los impuestos); grever (un presupuesto); majorer (un precio).
recargo 1 *m* surcharge. **2** majoration (de un impuesto).
recatado, da 1 *adj* prudent. **2** honnête, modeste.
recato 1 *m* prudence, réserve. **2** pudeur, honnêteté.
recaudación 1 *f* recouvrement, perception (de impuestos, etc.). **2** recette (cantidad).
recaudador, ra *adj/m* y *f* percepteur, receveur.
recaudar *tr* recouvrer, percevoir.
recaudo 1 *m* perception (recaudación). **2** précaution.
recelar 1 *tr* craindre (temer). **2** soupçonner (sospechar).
recelo 1 *m* crainte (temor). **2** méfiance. **3** soupçon, suspicion (sospecha).
recensión *f* notice, compte rendu; recension.
recepción *f* réception.
receptáculo *m* réceptacle.
receptividad *f* réceptivité.
recesión *f* récession.
receso 1 *m* séparation. **2** pause. **3** *Amér.* vacances.

receta 1 *f* ordonnance (del médico). **2** recette (de cocina, etc.).
recetar *tr* faire une ordonnance.
recetario 1 *m* ordonnance. **2** livre d'ordonnances. **3** pharmacopée.
rechazar 1 *tr* repousser. **2** rejeter: *me rechazó sin contemplaciones* = *elle m'a rejeté sans ménagements*. **3** (fig) réfuter (refutar).
rechazo 1 *m* refus, rejet. **2** contrecoup, ricochet (rebote). **3** MED rejet.
rechiflar 1 *tr* huer. **2** railler, se moquer (hacer burla).
rechinar 1 *intr* grincer. **2** (fig) faire qqch à contrecœur.
rechistar *intr* murmurer, marmotter; broncher.
rechoncho, cha *adj* (fam) trapu.
recibidor *m* salon, entrée; antichambre.
recibimiento 1 *m* réception. **2** accueil (acogida). **3** salon, entrée; antichambre (lugar).
recibir 1 *tr* recevoir: *he recibido tu paquete* = *j'ai reçu ton colis*. **2** recevoir, accueillir (acoger). **3** admettre, accepter (admitir). ■ **~se** (~ *de*) obtenir le diplôme *o* titre *o* grade de.
recibo 1 *m* réception. **2** COM quittance, reçu. ■ **acusar ~** accuser réception.
reciclaje *m* recyclage.
reciclar *tr* recycler.
recién *adv* (seguido de *pp*) récemment, nouvellement; nouveau, nouvelle (*f*): *es recién llegado a la ciudad* = *c'est un nouveau venu à la ville*. ◆ **~ nacido** nouveau né.
reciente *adj* récent.
recinto *m* enceinte.
recio, cia 1 *adj* robuste, vigoureux. **2** dur, rude (duro, áspero).
recipiente *m* récipient.
reciprocidad *f* réciprocité.
recíproco, ca *adj* réciproque.
recital *m* récital.
recitar *tr* réciter.
reclamación *f* réclamation.
reclamar 1 *tr* e *intr* réclamer. ● **2** *tr* appeler (las aves).
reclamo 1 *m* appeau (pito del ave). **2** réclame (publicidad). **3** (fig) attrait, appât.
reclinar 1 *tr* incliner, pencher. ● **2 ~se** *pron* (~se en *o* sobre) s'appuyer sur.
recluir 1 *tr* reclure, enfermer. **2** incarcérer (en prisión).
reclusión *f* réclusion.

recluso, sa *adj/m* y *f* reclus.

recluta 1 *m* MIL recrue; conscrit. ● 2 *f* recrutement, conscription.

reclutar *tr* MIL recruter.

recobrar 1 *tr* récupérer; reprendre; recouvrer (la salud). ● 2 ~se *pron* se dédommager. 3 se remettre (de una enfermedad); revenir à soi (de un desvanecimiento o enajenación).

recochinearse *pron* se moquer.

recodo 1 *m* coude (de un río). 2 tournant (de carretera); détour (de un camino).

recoger 1 *tr* ramasser. 2 reprendre (volver a coger). 3 accueillir, recueillir (acoger). 4 (fig) retenir: *he recogido todos sus comentarios* = *j'ai retenu toutes ses remarques.* ● 5 ~se *pron* se recueillir.

recogido, da 1 *adj* retiré, reclus, isolé (persona). 2 trapu, ramassé (animal). 3 retiré (lugar).

recolección *f* récolte.

recolectar 1 *tr* récolter. 2 recueillir (reunir).

recomendación *f* recommandation.

recomendar *tr* recommander.

recomenzar *tr* recommencer.

recompensa *f* récompense.

recompensar 1 *tr* récompenser. 2 dédommager (compensar).

reconcentrar 1 *tr* concentrer. ● 2 ~se *pron* se concentrer. 3 (fig) s'abstraire.

reconciliación *f* réconciliation.

reconciliar *tr* y *pron* réconcilier.

reconcomerse *pron* (fig) se consumer.

recóndito, ta *adj* secret, caché.

reconfortar *tr* réconforter.

reconocer 1 *tr* reconnaître. 2 fouiller (registrar). 3 examiner (el médico). ● 4 ~se *pron* se reconnaître.

reconocido, da 1 *adj* reconnu. 2 reconnaissant (agradecido).

reconocimiento 1 *m* reconnaissance. 2 fouille (registro). ◆ ~ médico examen médical.

reconquista *f* reconquête.

reconquistar *tr* reconquérir.

reconstituir *tr* reconstituer.

reconstrucción *f* reconstruction.

reconstruir *tr* reconstruire.

reconvención 1 *f* reproche. 2 DER reconvention.

reconvenir *tr* reprocher.

reconversión 1 *f* reconversion. 2 recyclage.

reconvertir *tr* reconvertir.

recopilación 1 *f* compilation, recueil. 2 résumé, abrégé (resumen).

recopilar *tr* compiler.

récord *m* record.

recordar 1 *tr* rappeler: *te recuerdo cuál es tu obligación* = *je te rappelle quelle est ton obligation*; se souvenir: *te recuerdo perfectamente* = *je me souviens de toi parfaitement.* 2 rappeler: *me recuerdas a tu madre* = *tu me rappelles ta mère.*

recordatorio, ria *m* rappel, avis, avertissement (advertencia).

recorrer 1 *tr* parcourir. 2 examiner.

recorrido *m* parcours, trajet.

recortado, da 1 *adj* découpé. ● 2 *m* découpage.

recortar 1 *tr* découper. 2 rogner (los bordes o puntas de algo). ● 3 ~se *pron* se profiler.

recorte 1 *m* découpage. 2 découpure (cosa recortada). ◆ ~ de prensa coupure de presse; ~ presupuestario ECON compression budgétaire.

recostar 1 *tr* y *pron* appuyer. 2 pencher; incliner. ● 3 ~se *pron* se pencher.

recoveco 1 *m* détour (de un camino). 2 (fig) subterfuge.

recrear 1 *tr* recréer, refaire (volver a crear). 2 distraire (divertir). ● 3 ~se *pron* s'amuser, se distraire.

recreativo, va *adj* récréatif.

recreo 1 *m* récréation. 2 agrément. 3 (fig) plaisir, régal.

recriminar 1 *tr* récriminer. 2 reprocher (reprochar). ● 3 ~se *pron* s'incriminer, s'accuser.

recrudecer *intr* y *pron* s'intensifier.

recrudecimiento *m* recrudescence.

recta 1 *f* ligne droite. 2 ASTR, GEOM droite.

rectangular *adj* rectangulaire.

rectángulo, la *adj* y *m* GEOM rectangle.

rectificar *tr* rectifier.

rectilíneo, a *adj* rectiligne.

rectitud 1 *f* rectitude. 2 (fig) droiture (moral).

recto, ta 1 *adj* droit. 2 propre (sentido). 3 (fig) droit: *es una persona de principios muy rectos* = *c'est quelqu'un avec des principes très droits.* ● 4 *m* ANAT rectum.

rector, ra 1 *adj/m* y *f* recteur; directeur. ● 2 *m* y *f* curé (cura). ● 3 *m* président d'université (de una universidad).

recuadro 1 *m* case. **2** entrefilet (en un periódico).

recubrir *tr* recouvrir.

recuento 1 *m* comptage; dénombrement. **2** inventaire.

recuerdo 1 *m* souvenir. **2** souvenir, mémoire.

recular *intr* reculer.

recuperación 1 *f* récupération. **2** rattrapage (de una clase, etc.). **3** redressement (de la economía).

recuperar 1 *tr* récupérer. **2** rattraper. ● ~**se** *pron* se remettre; revenir à soi.

recurrente *adj/m* o *f* récurrent.

recurrir 1 *intr* recourir, faire recours à. **2** DER se pourvoir.

recurso 1 *m* recours. **2** ressource, moyen (medio). **3** DER recours, pourvoi. ◆ **recursos económicos** ressources économiques.

red 1 *f* filet (para pescar). **2** chaîne: *red de tiendas = chaîne de magasins*; réseau: *red de comunicaciones = réseau de communications*. **3** résille (para el pelo). **4** grille. **5** (fig) piège, embûche, ruse (trampa).

redacción *f* rédaction.

redactar *tr* rédiger.

redada 1 *f* bande. **2** (fig, fam) coup de filet, rafle (de la policía).

redención 1 *f* rédemption. **2** REL salut.

redicho, cha 1 *adj* redit. **2** (fam) chochotte (afectado).

redimir 1 *tr* y *pron* racheter. ● **2** *tr* éteindre une dette; lever une hypothèque.

rédito *m* intérêt.

redoblar 1 *tr* y *pron* redoubler. ● **2** *intr* battre le tambour.

redoble 1 *m* redoublement. **2** roulement (de tambor).

redomado, da *adj* fieffé.

redondear *tr* y *pron* arrondir.

redondel 1 *m* (fam) cercle. **2** (fam) arène (en una plaza de toros).

redondez *f* rondeur.

redondo, da 1 *adj* rond. **2** (fig) clair (claro). **3** (fig) excellent, total. ● **4** *m* GAST gîte, noix. ● **5** *f* ronde (tipo de letra). ■ **caer en ~** s'écrouler, s'effondrer.

reducción *f* réduction.

reducido, da *adj* réduit, petit.

reducir 1 *tr* y *pron* réduire. ● **2** *tr* soumettre (enemigos, rebeldes). ● **3** *intr* AUT ralentir.

redundancia *f* redondance.

redundante *adj* redondant.

redundar *intr* déborder (rebosar).

reeditar *tr* rééditer.

reeducar *tr* MED rééduquer.

reembolsar *tr* y *pron* rembourser.

reembolso *m* remboursement.

reemplazar *tr* remplacer.

reemplazo 1 *m* remplacement. **2** classe (quinta).

reencarnación *f* réincarnation.

reencarnar *intr* y *pron* réincarner.

reestreno *m* CINE, TEAT reprise.

reestructurar *tr* refondre; réorganiser; remanier.

refaccionar *tr* Amér. réparer.

referencia 1 *f* référence. **2** renvoi (remisión).

referéndum *m* référendum.

referente *adj* relatif à, concernant.

referir 1 *tr* rapporter (contar). ● **2** ~**se** *pron* faire allusion.

refilón (de) *loc* de biais; en passant.

refinado, da 1 *adj* raffiné. ● **2** *m* raffinage.

refinamiento *m* raffinement.

refinar 1 *tr* raffiner. **2** (fig) polir.

refinería *f* raffinerie.

reflejar 1 *tr* y *pron* réfléchir, refléter. **2** (fig) traduire, refléter. ● **3** ~**se** *pron* se refléter.

reflejo, ja 1 *adj* réfléchi. **2** réflexe (fisiología). ● **3** *m* reflet. **4** ANAT réflexe.

reflexión *f* réflexion.

reflexionar *intr* réfléchir.

reflexivo, va *adj* réfléchi.

refluir *intr* refluer.

reflujo *m* reflux.

reforestar *tr* reforester.

reforma 1 *f* réforme. **2** REL Réforme.

reformar 1 *tr* réformer. **2** transformer (restaurar).

reformatorio, ria 1 *adj* réformateur. ● **2** *m* maison de correction.

reforzar *tr* y *pron* renforcer.

refractar *tr* y *pron* réfracter.

refractario, ria *adj* réfractaire.

refrán *m* proverbe.

> No hay que confundir esta palabra con la palabra francesa **refrain,** que debe traducirse por 'estribillo'.

refranero *m* recueil de proverbes.

refregar *tr* frotter.

refrenar 1 *tr* brider (un caballo). ● **2** *tr* y *pron* (fig) refréner.

refrendar *tr* viser, légaliser (un documento).

refrendo 1 *m* visa. **2** approbation.

refrescante *adj* rafraîchissant.

refrescar 1 *tr* y *pron* rafraîchir. ● **2** *intr* se rafraîchir. ● **3** ~se *pron* prendre le frais.

refresco *m* rafraîchissement.

refriega *f* bagarre.

refrigeración 1 *f* réfrigération. **2** climatisation (aire acondicionado).

refrigerador, ra *adj/m* y *f* réfrigérateur.

refrigerar 1 *tr* réfrigérer. **2** congeler (congelar).

refrigerio *m* collation.

refrito, ta 1 *p irreg* → refreír. ● **2** *adj* refrit. ● **3** *m* (fig, fam) réchauffé.

refuerzo 1 *m* renfort. **2** FOT renforcement.

refugiado, da *m* y *f* réfugié.

refugiar *tr* y *pron* réfugier.

refugio 1 *m* refuge. **2** refuge, abri (abrigo).

refulgencia *f* éclat.

refulgir *intr* resplendir.

refundir *tr* refondre, recouler.

refunfuñar *intr* grogner, bougonner.

refutación *f* réfutation.

refutar *tr* réfuter.

regadío *m* terrain d'irrigation.

regalado, da 1 *adj* offert, donné en cadeau. **2** (fig, fam) donné (baratísimo).

regalar 1 *tr* offrir, faire cadeau de. **2** flatter (halagar).

regaliz 1 *m* réglisse. **2** jus de réglisse (zumo). **3** bâton de réglisse (barra).

regalo *m* cadeau, présent.

regañar 1 *tr* (fam) gronder. ● **2** *intr* (fam) se fâcher, se disputer.

regañina *f* gronderie.

regar *tr* arroser.

regata *f* rigole (reguera). **2** MAR régate.

regate 1 *m* dérobade, feinte (del cuerpo). **2** (fig, fam) échappatoire.

regatear 1 *tr* y *pron* marchander. ● **2** *intr* DEP feinter, faire une feinte.

regazo *m* giron.

regencia *f* régence.

regeneración *f* régénération.

regenerar *tr* y *pron* régénérer.

regentar *tr* diriger.

regente *adj/m* o *f* régent.

régimen 1 *m* régime. **2** règlement (reglamento).

regimiento *m* régiment.

regio, gia *adj* royal.

región *f* région.

regional *adj* régional.

regir 1 *tr* régir. ● **2** *intr* être en vigueur. ● **3** ~se *pron* (~se por) se guider sur.

registrar 1 *tr, intr* y *pron* fouiller. ● **2** *tr* contrôler. **3** enregistrer (poner en un registro). **4** inscrire (inscribir). ● **5** ~se *pron* se produire, avoir lieu.

registro 1 *m* enregistrement. **2** registre (libro, asiento). **3** signet (para marcar las páginas). **4** MÚS registre.

regla 1 *f* règle. **2** règles (menstruación). ◆ **las cuatro reglas** MAT les quatre règles.

reglaje *m* réglage.

reglamentar *tr* réglementer.

reglamentario, ria *adj* réglementaire.

reglamento *m* règlement.

reglar *tr* régler.

regocijar *tr* y *pron* réjouir.

regocijo *m* joie.

regodearse 1 *pron* se délecter. **2** (fam) (~se con o en) se réjouir de.

regodeo *m* délectation.

regresar 1 *tr* Amér. rendre, restituer. ● **2** *intr* revenir, rentrer.

regresión *f* régression.

reguero *m* traînée.

regular 1 *adj* régulier. **2** moyen (mediano). ● **3** *adj/m* o *f* REL régulier. ● **4** *m* MIL régulier. ● **5** *adv* comme ci comme ça.

regular 1 *tr* régler. **2** réglementer, contrôler (reglamentar).

regularidad *f* régularité.

regularizar *tr* y *pron* régulariser.

regurgitar *intr* régurgiter.

regusto *m* arrière-goût.

rehabilitación 1 *f* réhabilitation. **2** MED rééducation.

rehabilitar 1 *tr* y *pron* réhabiliter. **2** MED rééduquer.

rehacer 1 *tr* y *pron* refaire. ● **2** ~se *pron* (fig) se remettre.

rehén *m* otage.

rehogar *tr* faire mijoter; faire revenir.

rehuir 1 *tr* y *pron* fuir. ● **2** *tr* éviter, esquiver.

rehusar *tr* refuser.

reimpresión *m* réimpression.

reina *f* reine.

reinado *m* règne.

reinar *intr* régner.

reincidencia f récidive.
reincidente adj/m o f récidiviste.
reincidir intr récidiver.
reingresar intr rentrer.
reino 1 m royaume (de un rey). **2** BIOL règne.
reinserción f réinsertion.
reinsertar tr y pron réinsérer.
reintegrar 1 tr réintégrer. ● **2** ~se pron être réintégré à.
reintegro 1 m paiement (pago). **2** remboursement (en la lotería).
reír 1 tr rire de, trouver drôle. ● **2** intr y pron rire. ● **3** ~se pron (fig) se moquer (burlarse).
reiteración f réitération.
reiterar tr y pron réitérer.
reivindicación f revendication.
reivindicar tr revendiquer.
reja f grille.
rejilla 1 f grillage. **2** guichet (de confesionario).
rejón m TAUROM javelot.
rejonear tr TAUROM toréer à cheval.
rejuvenecer tr, intr y pron rajeunir.
relación 1 f relation. **2** liste (lista). **3** relation (narración). ● **4** relaciones f pl relations.
relacionar 1 tr rattacher, relier. ● **2** tr y pron mettre en rapport (personas).
relajación 1 f relâchement. **2** relaxation (de un músculo, del ánimo).
relajado, da adj décontracté.
relajar 1 tr y pron relâcher. **2** décontracter (un músculo). **3** détendre (el ánimo).
relajo 1 m scandale. **2** moquerie (burla). **3** Amér. dépravation, débauche.
relamer 1 tr y pron pourlécher. ● **2** ~se pron (fig, fam) se farder, se pomponner (componerse). **3** (fig, fam) s'en lécher o s'en pourlécher les babines (al comer); s'en frotter les mains (de alegría).
relamido, da adj affecté, recherché.
relámpago m éclair.
relampaguear 1 impers y avoir des éclairs. ● **2** intr (fig) faire des éclairs, étinceler.
relampagueo m éclair.
relatar 1 tr raconter. **2** rapporter (referir).
relatividad f relativité.
relativo, va adj relatif.
relato 1 m récit. **2** rapport, compte rendu (informe).

relax 1 m relaxation. **2** détente (tranquilidad).
relé m ELEC relais.
releer tr relire.
relegar tr reléguer.
relente m fraîcheur nocturne.
relevancia f importance.
relevante 1 adj éminent, remarquable. **2** brillant.
relevar 1 tr y pron relayer. ● **2** tr remplacer. **3** relever (exonerar).
relevo 1 m DEP relais. **2** MIL relève.
relieve m relief. ◆ **alto, bajo, medio ~** haut, bas, demi-relief.
religión f religion. ◆ **~ católica, reformada** religion catholique, réformée.
religiosidad f religiosité.
religioso, sa 1 adj pieux. **2** (fig) scrupuleux, ponctuel. ● **3** adj/m y f religieux.
reliquia 1 f relique. **2** (fig) vestige.
rellano m palier.
rellenar 1 tr y pron remplir. **2** bourrer (un cojín, un sofá). ● **3** tr GAST farcir.
relleno, na 1 adj rempli. **2** GAST farci, fourré. ● **3** m remplissage.
reloj m horloge; montre (de pulsera). ◆ **~ de agua** clepsydre; **~ de arena** sablier; **~ de cuarzo** montre à quartz; **~ de péndulo** horloge à balancier; **~ de sol** cadran solaire; **~ despertador** réveillematin.

Horloge se reserva para los relojes de pared y los de torre, mientras que montre se utiliza para los de pulsera.

---

relojería f horlogerie.
relucir intr briller, luire.
relumbrar intr briller, étinceler.
remachar 1 tr river, riveter. **2** (fig) rabâcher.
remache 1 m rivetage. **2** (fig) couronnement.
remake m remake.
remanente m reste.
remangar 1 tr relever, retrousser. ● **2** ~se pron se trousser. **3** retrousser.
remansarse pron former une nappe, stagner.
remanso 1 m nappe d'eau dormante. **2** (fig) refuge, havre.
remar intr ramer.

r

rematar 1 tr achever (dar muerte). **2** terminer, mettre fin à. **3** arrêter (en costura).

remate 1 m fin, terme. **2** ARQ couronnement. **3** DEP tir au but. **4** DER adjudication. **5** Amér. Merid. vente aux enchères.

remediar 1 tr remédier à. ● **2** tr y pron (fig) éviter, empêcher (impedir).

remedio m remède. ◆ ~ **casero** remède de bonne femme.

remedo m imitation, copie.

rememorar tr remémorer.

remendar tr raccommoder, rafistoler (lo roto).

remesa f remise, envoi; expédition.

remezón m Amér. tremblement de terre.

remiendo 1 m raccomodage, rapiéçage. **2** pièce (pedazo de tela).

remilgado, da adj minaudier, maniéré.

remilgo m minauderie.

reminiscencia f réminiscence.

remirar 1 tr regarder à nouveau. ● **2** ~se pron s'appliquer, mettre du soin.

remisión 1 f remise. **2** renvoi (en un escrito).

remiso, sa adj réticent.

remitente 1 adj/m o f qui remet. ● **2** m o f expéditeur.

remitir 1 tr remettre, envoyer. **2** renvoyer (en un escrito).

remo 1 m rame, aviron. **2** aile (en las aves). **3** DEP aviron, canotage.

remojar 1 tr y pron tremper. ● **2** tr (fig) arroser (celebrar).

remojo 1 m trempage. **2** Amér. pourboire.

remojón m (fam) douche (por la lluvia).

remolacha f betterave. ◆ ~ **azucarera** betterave à sucre.

remolcador adj y m remorqueur.

remolcar tr remorquer.

remolino 1 m tourbillon. **2** remous (del agua). **3** épi (de pelos). **4** (fig) remous (de gente).

remolón, na adj/m y f lambin.

remolonear intr lambiner.

remolque 1 m remorque. **2** remorquage (acción y efecto). ■ **a** ~ à la remorque.

remontar 1 tr gravir (una pendiente); remonter (un río). **2** (fig) surmonter. ● **3** ~se pron s'élever.

remonte m remontée.

rémora 1 f rémora (pez). **2** (fig) obstacle.

remordimiento m remords.

remoto, ta 1 adj lointain. **2** (fig) improbable.

remover 1 tr remuer. **2** déplacer (cambiar de sitio). ● **3** ~se pron s'agiter.

remuneración f rémunération.

remunerar tr rémunérer.

renacentista adj de la Renaissance.

renacer intr renaître.

renacimiento m renaissance.

renacuajo 1 m (fig) bout de chou. **2** ZOOL têtard.

renal adj rénal.

rencilla f (se usa más en pl) querelle.

rencor m rancune.

rencoroso, sa adj/m y f rancunier.

rencuentro m rencontre.

rendición f reddition.

rendido, da adj rendu, soumis.

rendija f fente.

rendir 1 tr soumettre. **2** rendre (homenaje). **3** épuiser (fatigar). ● **4** ~se pron se rendre.

renegado, da adj/m y f rénégat.

renegar 1 tr renier. **2** (fig, fam) ronchonner.

renglón m ligne. ■ **a** ~ **seguido** tout de suite après.

rengo, ga adj/m y f boiteux.

renguear intr Amér. boiter.

reno m renne.

renombre m renom.

renovación f renouvellement.

renovar 1 tr renouveler. **2** rénouver (hacer de nuevo). ● **3** ~se pron se renouveler.

renquear 1 intr clopiner. **2** (fig) vivoter (ir tirando).

renquera f Amér. boiterie.

renta 1 f rente. **2** revenu. ◆ ~ **fija, variable** revenu fixe, variable; ~ **per capita** revenu par habitant; ~ **vitalicia** rente viagère.

rentabilidad f rentabilité.

rentar tr e intr rapporter.

rentista m o f rentier.

renuncia f renoncement.

renunciar 1 tr renoncer. **2** abandonner. **3** renoncer, abdiquer. **4** DER délaisser (a una herencia).

reñido, da 1 adj brouillé. **2** serré (lucha).

reñir 1 tr gronder. ● **2** intr se disputer. **3** se brouiller (enfadarse).

reo, a 1 m y f inculpé. ● **2** m ZOOL truite de mer.

reojo (de) loc adv (se usa con el vb mirar) du coin de l'œil (con disimulo); de travers (con enfado).

repanchigarse o **repanchingarse** *pron* se vautrer.

repantigarse *pron* → repanchigarse.

reparación *f* réparation.

reparar 1 *tr* réparer. ● **2** *intr* (~ *en*) remarquer.

reparo 1 *m* remarque. **2** objection.

repartición *f* répartition. **2** *Amér.* service de l'administration.

repartir 1 *tr* répartir. **2** distribuer (correo). **3** COM livrer.

reparto 1 *m* distribution. **2** répartition, partage. **3** livraison (de mercancía). **4** CINE, TEAT distribution. ◆ **~ de mercado** COM partage du marché.

repasador *m* Amér. torchon.

repasar 1 *tr* revoir, réviser. **2** raccommoder (la ropa).

repaso 1 *m* révision. **2** (fam) savon.

repatear *tr* (fam) dégoûter.

repatriado, da *adj/m* y *f* rapatrié.

repatriar *tr* y *pron* rapatrier.

repecho *m* raidillon.

repeinar *tr* recoiffer.

repelente *adj* repoussant, répugnant.

repeler 1 *tr* repousser. **2** dégoûter (repugnar).

repelo 1 *m* contre-poil. **2** fibre (de la madera). **3** (fig, fam) répugnance.

repente 1 *m* sursaut. **2** accès (de ira). ■ **de ~** tout à coup.

repentino, na *adj* soudain, subit.

repercusión 1 *f* répercussion. **2** (fig) lendemain, conséquence.

repercutir *intr* se répercuter.

repertorio *m* répertoire.

repesca *f* repêchage.

repetición *f* répétition.

repetidor, ra 1 *adj/m* y *f* répétiteur. **2** redoublant (alumno). ● **3** *m* répéteur (de teléfono); relais (de télévision).

repetir 1 *tr* répéter. **2** reprendre (un plato). **3** redoubler (un alumno). ● **4** ~se *pron* se répéter. **5** revenir.

repipi *adj/m* o *f* (fam) gnangnan.

repiquetear *intr* carillonner.

repiqueteo *m* carillon.

repisa 1 *f* tablette. **2** ARQ console.

replantear *tr* réexaminer.

replegar 1 *tr* replier. ● **2** ~se *pron* MIL se replier.

repleto, ta 1 *adj* plein. **2** bondé (abarrotado).

replicar *tr* e *intr* répliquer.

repliegue *m* repli.

repoblación *f* repeuplement. ◆ **~ forestal** reboisement.

repoblar 1 *tr* repeupler. **2** reboiser (con árboles).

repollo *m* chou pommé.

reponer 1 *tr* remettre. **2** rétablir (en un cargo). **3** remplacer (reemplazar). **4** CINE, TEAT reprendre. ● **5** ~se *pron* se remettre.

reportaje *m* reportage. ◆ **~ gráfico** reportage photo.

reportar 1 *tr* apporter. **2** atteindre; obtenir (conseguir). **3** diffuser (una información). ● **4** ~se *pron* se contenir.

reportero, ra *m* y *f* reporter.

reposado, da *adj* posé.

reposar *intr* y *pron* reposer.

reposo *m* repos.

repostar 1 *tr* y *pron* se ravitailler en. ● **2** *intr* se ravitailler.

repostería *f* pâtisserie.

reprender 1 *tr* réprimander. **2** blâmer (un comportamiento).

reprensión *f* réprimande.

represalia *f* (se usa más en *pl*) représaille.

representación *f* représentation. ◆ **~ proporcional** représentation proportionnelle.

representante 1 *adj/m* o *f* représentant. ● **2** *m* o *f* agent (de artistas).

representar 1 *tr* y *pron* représenter. ● **2** *tr* paraître (una edad). **3** TEAT jouer.

represión 1 *f* répression. **2** PSIC refoulement.

reprimenda *f* réprimande.

reprimido, da *adj/m* y *f* refoulé.

reprimir 1 *tr* y *pron* réprimer. ● **2** *tr* (fig) refouler; retenir (contener).

reprise *m* AUT reprise.

reprobar *tr* réprouver; blâmer.

réprobo, ba *adj/m* y *f* réprouvé.

reprochar *tr* y *pron* reprocher.

reproche *m* reproche.

reproducción *f* reproduction.

reproducir *tr* y *pron* reproduire.

reptar *intr* ramper.

reptil o **réptil** *adj* y *m* reptile.

república *f* république.

repudiar 1 *tr* repousser. **2** répudier (a la mujer propia).

repudio *m* répudiation.

repuesto, ta 1 *adj* rétabli. ● **2** *m* pièce de rechange.

repugnancia *f* répugnance.

repugnante *adj* répugnant.
repugnar *intr* répugner; dégoûter.
repujar *tr* repousser.
repulsa *f* rejet.
repulsar *tr* rejeter, repousser.
repulsión 1 *f* répulsion. **2** rejet (repulsa).
repulsivo, va *adj* répulsif, repoussant.
repuntar 1 *intr* commencer à monter o à descendre (la marea). ● **2 ~se** *pron* se piquer (el vino).
reputación *f* réputation.
reputar *tr* réputer.
requebrar 1 *tr* courtiser. **2** flatter (adular).
requemar 1 *tr y pron* brûler. ● **2** *tr* échauffer. ● **3 ~se** *pron* (fig) se consumer.
requerimiento 1 *m* requête. **2** DER commandement; sommation.
requerir 1 *tr* requérir. **2** DER intimer.
requesón 1 *m* fromage blanc. **2** lait caillé.
requiebro *m* galanterie.
requisito, ta *adj* condition requise.
res *f* bête.
resabido, da *adj* pédant.
resabio 1 *m* arrière-goût (mal gusto). **2** vice, mauvaise habitude.
resaca 1 *f* (fam) gueule de bois. **2** MAR ressac.
resaltar 1 *intr* ressortir. **2** saillir (un balcón). **3** (fig) se distinguer.
resalte *m* saillie.
resarcir *tr y pron* dédommager.
resbaladizo, za *adj* glissant.
resbalar 1 *intr y pron* glisser. **2** déraper (un coche). **3** (fig) se tromper.
resbalón 1 *m* glissade. **2** (fig) faux pas. ■ **dar un ~** glisser.
rescatar 1 *tr* racheter. **2** sauver. **3** récupérer (un objeto).
rescate 1 *m* rachat. **2** rançon (dinero). **3** sauvetage.
rescindir *tr* résilier.
rescoldo 1 *m* dernières braises. **2** (fig) restes (d'un sentimiento).
resecar *tr y pron* dessécher.
reseco, ca 1 *adj* desséché. **2** sec (muy delgado).
resentido, da *adj/m y f* fâché. ■ **estar ~ contra uno** en vouloir à qqn.
resentimiento *m* ressentiment.
resentirse 1 *pron* se ressentir. **2** (fig) en vouloir.
reseña 1 *f* compte rendu (de un texto literario). **2** notice (nota). **3** renvoi (en un escrito).

reseñar *tr* faire le compte rendu de (una obra literaria).
reserva 1 *f* réserve. **2** réservation (de hotel). ● **3 reservas** *f pl* réserves.
reservado, da 1 *adj* réservé. ● **2** *m* compartiment réservé (en el tren); cabinet particulier (en un restaurante).
reservar *tr* réserver. ● **2 ~se** *pron* se réserver.
resfriado *m* rhume.
resfriarse *pron* s'enrhumer.
resguardar 1 *tr* protéger. ● **2 ~se** *pron* (~ **de**) se mettre à l'abri de.
resguardo *m* récépissé; reçu.
residencia 1 *f* résidence. **2** foyer.
residencial *adj* résidentiel.
residente 1 *adj* résidant. ● **2** *m o f* résident.
residir *intr* résider.
residual 1 *adj* résiduel. **2** résiduaire (agua).
residuo 1 *m* résidu. ● **2 residuos** *m pl* déchets.
resignación *f* résignation.
resignarse *pron* se résigner.
resina *f* résine.
resistencia 1 *f* résistance. **2** endurance, résistance (aguante). ◆ **~ física** résistance physique.
resistente *adj* résistant.
resistir 1 *tr* résister à. **2** supporter (tolerar). ● **3** *intr* résister. ● **4 ~se** *pron* être réticent à.
resol *m* réverbération du soleil.
resollar *intr* respirer bruyamment.
resolución 1 *f* résolution. **2** décision.
resoluto, ta 1 *adj* résolu. **2** désinvolte.
resolver 1 *tr* résoudre. ● **2 ~se** *pron* se résoudre.
resonancia 1 *f* résonance. **2** (fig) retentissement. ◆ **~ magnética** résonance magnétique.
resonar 1 *intr* résonner. **2** (fig) retentir.
resoplar *intr* souffler.
resoplido o **resoplo** *m* souffle.
resorte *m* ressort.
respaldar 1 *tr* (fig) appuyer, soutenir. ● **2 ~se** *pron* s'adosser.
respaldo 1 *m* dossier. **2** (fig) soutien.
respectivo, va *adj* respectif.
respecto *m* rapport. ■ **al ~** ce sujet; à ce propos; **con ~ a**, **~ a**, **~ de** en ce qui concerne.

respetabilidad f respectabilité.

respetar tr respecter.

respeto m respect.

respetuoso, sa adj respectueux.

respingar 1 intr regimber. **2** (fam) remonter (una prenda de vestir). **3** (fig, fam) faire qqch à contrecœur.

respingo m sursaut.

respiración 1 f respiration. **2** souffle, haleine (aliento). ◆ ~ **artificial** respiration artificielle.

respiradero m soupirail.

respirar tr e intr respirer. ■ **sin** ~ (fig) sans répit.

respiratorio, ria adj respiratoire.

respiro 1 m respiration. **2** (fig) pause, repos. **3** (fig) soulagement (alivio).

resplandecer 1 intr resplendir. **2** (fig) briller (sobresalir).

resplandeciente 1 adj resplendissant. **2** (fig) brillant.

resplandor m éclat.

responder tr e intr répondre.

respondón, na adj/m y f (fam) ronchon.

responsabilidad f responsabilité.

responsabilizar 1 tr rendre responsable. ● **2** ~**se** pron assumer la responsabilité.

respuesta 1 f réponse. **2** réplique.

resquebrajar tr e pron fendiller.

resquemor 1 m tourment. **2** rancune (rencor).

resquicio 1 m fente. **2** entrebâillement (de una puerta). **3** (fig) possibilité, occasion.

resta f soustraction (operación).

restablecer 1 tr rétablir. ● **2** ~**se** pron se rétablir.

restallar 1 tr faire claquer. ● **2** intr claquer.

restante adj restant.

restañar tr y pron étancher.

restar 1 tr soustraire. **2** (fig) ôter (quitar).

restauración f restauration.

restaurante m restaurant.

restaurar tr restaurer.

restitución f restitution.

restituir tr restituer, rendre.

resto 1 m reste. **2** DEP relanceur. ● **3 restos** m pl dépouille. ◆ **restos mortales** dépouille mortelle.

restregar tr frotter.

restricción 1 f restriction. **2** (se usa más en pl) rationnement (de alimentos).

restringir tr restreindre.

resucitar tr e intr ressusciter.

resuello m souffle, haleine.

resuelto, ta 1 p irreg → resolver. ● **2** adj résolu, décidé.

resulta f effet, conséquence.

resultado m résultat. ■ **dar** ~ réussir.

resultante adj y f résultant.

resultar 1 intr résulter (ser consecuencia): esta diferencia resulta de muchos factores = ce différend résulte de plusieurs facteurs. **2** être: resulta muy difícil no poder contar con ella = c'est très difficile de ne pas pouvoir compter sur elle; demeurer, rester. **3** (precedido de pron. indirecto) trouver: esta salsa me resulta demasiado fuerte = je trouve cette sauce trop forte. **4** réussir (salir bien). **5** (~ que) se trouver que, s'avérer que: resulta que no llegaron dos sino tres personas = il se trouve que trois et non pas deux personnes sont arrivées.

resultón, na adj mignon, attirant.

resumen 1 m résumé; abrégé. **2** exposé, sommaire (sumario). ■ **en** ~ en résumé.

resumir 1 tr résumer. ● **2** ~**se** pron se résumer.

resurgimiento 1 m renaissance. **2** résurgence (de un curso de agua). **3** (fig) redressement; renouveau.

resurgir intr resurgir, réapparaître.

resurrección f résurrection.

retablo m retable.

retaco, ca 1 adj/m y f (fig, fam) nabot. ● **2** m fusil court (en billar).

retaguardia f MIL arrière-garde.

retahíla f rimbambelle, chapelet.

retal m coupon (de tela).

retama f BOT genêt.

retar 1 tr provoquer, lancer un défi. **2** (fig, fam) reprocher.

retardar tr retarder.

retardo m retard.

retazo 1 m morceau, coupon. **2** (fig) fragment, morceau.

retención 1 f rétention. **2** retenue (de mercancías, de un salario). **3** MED rétention.

retener 1 tr retenir; garder, conserver. **2** retenir, mémoriser (memorizar). **3** prélever (un salario).

reticencia f réticence.

reticente adj réticent.

retina f ANAT rétine.
retintín m (fig, fam) ton moqueur, persiflage.
retirado, da 1 adj retiré; écarté. ● 2 adj/m y f retraité.
retirar 1 tr retirer, enlever. 2 mettre à la retraite (jubilar). 3 (fig) se dédire de, revenir sur. ● 4 ~se pron prendre la retraite (jubilarse). 5 s'écarter, s'éloigner.
retiro 1 m retraite (reposo): ha hecho un retiro para descansar = il a fait une retraite pour se reposer. 2 retraite, pension. 3 MIL retraite.
reto 1 m défi. 2 menace (amenaza).
retobado, da adj Amér. indomptable.
retobar 1 tr Arg. recouvrir de cuir. ● 2 intr Méx. rouspéter. ● 3 ~se pron Arg. se montrer très rétif.
retocar 1 tr retoucher: retocar una fotografía = retoucher une photographie. ● 2 tr y pron raccorder (el maquillaje).
retomar tr reprendre.
retoño 1 m rejeton, pousse. 2 (fig, fam) ouaille.
retoque 1 m retouche. 2 raccord (al maquillaje).
retorcer 1 tr retordre; tordre. 2 (fig) retourner. ● 3 ~se pron se tortiller. 4 (fig) se tordre (de dolor, etc.).
retorcido, da 1 adj tordu, retors. 2 (fig) mal tourné (mente).
retorcimiento 1 m torsion. 2 (fig) entortillement (del estilo).
retórica 1 f rhétorique. ● 2 retóricas f pl (fam) balivernes, billevesées.
retornar 1 tr retourner, rendre. ● 2 intr retourner, revenir.
retorno 1 m retour. 2 échange (cambio).
retortero m tour.
retortijar tr retordre.
retortijón 1 m entortillement. ● 2 retortijones m pl tranchées, coliques. ◆ ~ de tripas mal au ventre.
retozar 1 intr bondir, gambader (saltar). 2 folâtrer, s'ébattre (travesear).
retozo 1 m saut, bond (salto); gambade. 2 folâtrerie, ébat (jugueteo). ● 3 retozos m pl ébats.
retractación f rétractation, désaveu.
retractar 1 tr rétracter. ● 2 ~se pron se rétracter, se dédire.
retráctil adj rétractile.

retraer 1 tr dissuader de. ● 2 ~se pron se dédire, revenir sur ses pas. 3 se retirer (retirarse).
retraído, da adj solitaire; renfermé.
retranca f avaloire.
retransmisión f retransmission.
retransmitir tr retransmettre.
retrasar 1 tr retarder. ● 2 intr empirer, se détériorer. 3 retarder de (un reloj). ● 4 ~se pron être en retard.
retratar 1 tr faire le portrait de. 2 photographier. 3 (fig) dépeindre, décrire. ● 4 ~se pron se refléter.
retrato m portrait.
retreta f MIL retraite.
retrete m cabinets, toilettes.
retribución f rétribution.
retribuir 1 tr rétribuer. 2 Amér. payer de retour.
retro adj rétro.
retroacción f BIOL, FÍS rétroaction.
retroactividad f rétroactivité.
retroactivo, va adj rétroactif.
retroceder 1 intr reculer. 2 régresser (disminuir). 3 (fig, fam) revenir (en el tiempo).
retroceso 1 m recul. 2 MED aggravation, rechute.
retrógrado, da adj/m y f rétrograde.
retronar intr retentir avec fracas.
retropropulsión f rétropropulsion.
retrospección f rétrospection.
retrospectivo, va 1 adj rétrospectif. ● 2 f rétrospective.
retrotraer tr transporter dans le passé.
retrovisor m rétroviseur.
retumbar intr retentir, résonner.
reúma o reuma m MED rhumatisme.
reumatismo m MED rhumatisme.
reunión 1 f réunion. 2 rencontre. 3 (fig) session; assemblage; congrès.
reunir 1 tr réunir, rassembler. ● 2 ~se pron se réunir, se rassembler. 3 rejoindre, se joindre à.
reutilizar tr réutiliser.
reválida f examen de fin d'études.
revalidar tr revalider.
revalorización f revalorisation.
revalorizar tr revaloriser.
revancha f revanche.
revanchismo m revanchisme.
revelación f révélation.
revelado m FOT développement.

revelar 1 *tr* révéler. **2** FOT développer.

revender *tr* revendre.

reventa *f* revente.

reventar 1 *intr* éclater. **2** céder (una presa). **3** (fig, fam) (~ *por*) mourir *o* crever d'envie de. • **4** *tr* crever; faire éclater. **5** (fig, fam) casser les pieds, embêter. • **6** ~**se** *pron* (fig, fam) se crever, se claquer.

reventón 1 *adj* saillant (ojos); double (clavel). • **2** *m* éclatement. **3** (fig) grand travail.

reverberación *f* réverbération.

reverberar *tr* e *intr* réverbérer.

reverencia *f* révérence.

reverenciar *tr* révérer, honorer.

reverendo, da *adj* y *m* révérend.

reversible *adj* réversible.

reverso *m* revers, envers. ♦ **el ~ de la medalla** (fig, fam) l'antithèse.

reverter *intr* déborder, regorger.

revertir *intr* retourner, revenir.

revés 1 *m* revers, envers. **2** (fig) revers, défaite (derrota). ■ **al ~** à l'envers; **de ~** de travers (comprender, ir); **de ~** à l'envers, à rebours.

revestimiento 1 *m* revêtement. **2** revêtement, lambris (de una pared).

revestir 1 *tr* revêtir. **2** revêtir, lambrisser (una pared). **3** (fig) revêtir: *una reunión que reviste importancia* = *un entretien qui revêt de l'importance.* • **4** ~**se** *pron* se revêtir.

revisación *o* **revisada** *f* Amér. → revisión.

revisar 1 *tr* réviser, revoir. **2** contrôler (los billetes).

revisión 1 *f* révision. **2** contrôle (de los billetes).

revisor, ra 1 *m* y *f* réviseur. **2** contrôleur (de tren, de autobús).

revista 1 *f* revue, magazine. **2** revue (espectáculo). ♦ **~ de prensa** revue de presse; **~ del corazón** magazine sentimental.

revivir 1 *intr* revivre; ressusciter. **2** (fig) vivre *o* sentir à nouveau.

revocar 1 *tr* révoquer. **2** crépir (enlucir).

revolcar 1 *tr* renverser. • **2** ~**se** *pron* se rouler, se vautrer.

revolcón *m* (fig) chute.

revolotear *intr* voltiger, voleter.

revoloteo *m* voltigement.

revoltijo *o* **revoltillo 1** *m* fouillis, pêle-mêle. **2** œufs brouillés (huevos).

revoltoso, sa *adj* turbulent, dissipé.

revolución *f* révolution.

revolucionar *tr* révolutionner.

revolucionario, ria *adj/m* y *f* révolutionnaire.

revolver 1 *tr* remuer. **2** fouiller dans: *revolver un armario* = *fouiller dans une armoire.* **3** mettre sens dessus dessous. **4** (fig) troubler, brouiller. • **5** ~**se** *pron* s'agiter. **6** se rouler (revolcarse).

revólver *m* revolver.

revuelo 1 *m* vol. **2** (fig) trouble, confusion. **3** Amér. coup de ergot (de un gallo de pelea). ■ **de ~** en passant; **levantar ~** faire du bruit, soulever un tollé.

revuelta *f* révolte, rébellion.

revuelto, ta 1 *adj* brouillé, trouble. **2** retourné (estómago).

revulsivo, va *adj* y *m* MED révulsif.

rey *m* roi. ♦ **~ de arenques** roi des harengs; **~ Sol** Roi Soleil; **Reyes Católicos** Rois Catholiques; **Reyes magos** Rois mages.

reyerta *f* dispute, querelle.

rezagarse *pron* traîner, rester en arrière.

rezar 1 *tr* réciter, dire (una oración, una súplica). **2** (fam) dire: *el cartel rezaba una frase patriótica* = *l'affiche disait une phrase patriotique.* • **3** *intr* prier. ■ **~ una cosa con uno** (fam) concerner *o* regarder qqch à qqn.

rezongar *intr* (fig, fam) grogner, rouspéter.

rezumar 1 *tr* laisser passer. **2** (fig) distiller, dégager. • **3** *intr* suinter; ressuer (una pared). • **4** ~**se** *pron* laisser paraître.

ría 1 *f* estuaire, golfe. **2** DEP rivière (en equitación).

riachuelo *m* ruisseau.

riada *f* crue; innondation.

ribazo *m* berge, talus.

ribera *f* rive, rivage.

ribete 1 *m* liseré, passepoil; bordure. • **2 ribetes** *m pl* (fig) trace, indice.

ribetear *tr* border, passepoiler.

ricacho, cha *o* **ricachón, na** *m* y *f* (fig, fam) rupin, richard.

ricino *m* BOT ricin.

rico, ca 1 *adj* riche, abondant: *un producto rico en minerales* = *un produit riche en minéraux.* **2** bon, savoureux (la comida). • **3** *adj/m* y *f* riche. ♦ **nuevo ~** nouveau riche.

rictus *m* rictus.

ricura 1 f délice, régal. **2** (fig) amour.

ridiculez f chose ridicule; extravagance.

ridiculizar tr ridiculiser.

ridículo, la adj y m ridicule.

riego 1 m arrosage. **2** irrigation. ◆ ~ sanguíneo ANAT irrigation sanguine.

riel 1 m lingot (de metal). **2** rail (carril).

rienda 1 f rêne, bride. **2** (fig) (se usa más en pl) rêne.

riesgo m risque. ◆ seguro a todo ~ assurance tous risques; ■ con ~ de quitte à, au risque de; correr el ~ de courir le risque de.

riesgoso, sa adj Amér. dangereux.

rifa f tirage au sort (sorteo); tombola, loterie.

rifar 1 tr tirer au sort; faire un tirage. ● **2** ~se pron se disputer pour, s'arracher.

rifirrafe m (fam) bagarre.

rifle m rifle.

rigidez f rigidité.

rígido, da 1 adj rigide. **2** raide (tieso). **3** sévère, rigoureux.

rigor 1 m rigueur. **2** rigueur, rudesse, inclémence (de un clima). **3** âpreté, dureté (severidad).

rigurosidad f rigueur.

riguroso, sa 1 adj rigoureux, sévère. **2** (fig) rigoureux, minutieux.

rima f (lit) rime.

rimar intr y tr rimer.

rimbombante 1 adj retentissant. **2** ronflant (estilo). **3** (fig, fam) voyant, tapageur.

rímel m rimmel.

rincón 1 m coin, encoignure. **2** coin, recoin (sitio apartado). **3** Perú vallée étroite.

ring m ring (boxeo).

ringorrango m (fig, fam) (se usa más en pl) fioriture.

rinoceronte m ZOOL rhinocéros.

riña f querelle, bagarre (pelea). **2** dispute.

riñón 1 m ANAT rein. **2** GAST rognon.

riñonera f banane (pequeña bolsa).

río 1 m rivière (que desemboca en un río); fleuve (que desemboca en el mar). **2** (fig) ruisseau (de lágrimas, de sangre). ◆ ~ abajo en aval; ~ arriba en amont.

riqueza f richesse.

risa 1 f rire. **2** risée: ser la risa del barrio = être à la risée de tout le monde. ◆ ~ burlona rire moqueur; ~ nerviosa rire nerveux; ~ sardónica rire sardonique.

risco m rocher escarpé.

risotada f éclat de rire.

ristra 1 f chapelet (de ajos). **2** (fig, fam) file, chapelet, kyrielle (de embustes).

risueño, a 1 adj souriant. **2** (fig) prospère (favorable).

rítmico, ca adj y f rythmique.

ritmo m rythme.

rito m rite.

ritual adj y m rituel.

rival adj/m o f rival.

rivalizar intr rivaliser.

rivera f ruisselet.

rizado, da 1 adj frisé. **2** ridé (mar, agua). ● **3** m frisure (del pelo).

rizar 1 tr friser (el pelo). **2** rider (el mar, el agua). ● **3** ~se pron se friser (el pelo). **4** se rider (el mar, el agua). **5** (fig) se compliquer.

rizo 1 m boucle (de pelo). **2** velours bouclé (terciopelo).

robar 1 tr voler; dérober. **2** (fig) conquérir, ravir (el cariño, el corazón). ■ ~ con fractura o efracción cambrioler.

roble 1 m chêne. **2** (fig) chêne, personne très forte.

robo 1 m vol. **2** chose volée. ◆ ~ a mano armada vol à main armée; ~ con fractura o efracción cambriolage.

robot m robot.

robótica f robotique.

robustecer tr y pron fortifier.

robustez o **robusteza** f robustesse.

robusto, ta adj robuste.

roca 1 f roche. **2** rocher; roc (peña). **3** (fig) chose très dure.

rocambolesco, ca adj rocambolesque.

roce 1 m frottement. **2** frôlement (caricia). **3** (fig) fréquentation, contact. **4** (fig) friction, différend (desavenencia).

rociar 1 tr arroser; asperger; mouiller. ● **2** intr se déposer la rosée.

rocín o **rocino** m roussin.

rocío m rosée.

rock m rock.

rockero, ra 1 adj rock. ● **2** adj/m y f rockeur.

rodaballo m turbot (pez).

rodaja f tranche.

rodaje 1 m tournage (de una película). **2** rodage (de un automóvil).

rodamiento m MEC roulement.

rodar 1 tr tourner (una película). ● **2** intr rouler. **3** rouler, dégringoler (descender precipitadamente. **4** (fig) traîner, errer, déambuler.

rodear 1 *tr* entourer; encercler. **2** faire le tour, contourner (dar un rodeo). **3** faire un détour (un camino, un río).

rodeo 1 *m* détour, crochet. **2** rodéo (espectáculo con ganado). **3** (fig) détour, subterfuge.

rodilla *f* genou. ■ **de rodillas** à genoux.

> *Genou* es una palabra que no sigue las reglas de formación del plural, sino que lo hace de modo irregular: **genoux**.

rodillera 1 *f* genouillère (adorno o defensa). **2** genou d'un pantalon, poche au genou.

rodillo *m* rouleau.

roedor, ra 1 *adj/m* y *f* rongeur. ● **2 roedores** *m pl* ZOOL rongeurs.

roedura 1 *f* rongement. **2** mangeure (señal).

roer 1 *tr* ronger, grignoter. **2** (fig) grignoter (gastar poco a poco); ronger (destruir poco a poco). **3** (fig) ronger, tourmenter.

rogar *tr* prier. ■ **se ruega...** prière de....

rogativas *f pl* prières publiques.

roído, da 1 *adj* rongé. **2** (fig, fam) misérable.

rojez *f* rougeur (cualidad, mancha).

rojizo, za *adj* rougeâtre.

rojo, ja 1 *adj* rouge; roux. ● **2** *adj/m* y *f* (fig) rouge, de gauche. ◆ **~ vivo** rouge vif.

rol *m* rôle (papel).

rollizo, za 1 *adj* rond. **2** potelé, dodu, rondelet (persona).

rollo 1 *m* rouleau. **2** FOT film. **3** (fig, fam) casse-pieds; chose barbante: *el discurso ha sido un rollo = le discours a été barbant.*

romance 1 *adj* y *m* roman. ● **2** *m* romance (composición poética). **3** aventure, affaire; amourette. ● **4** *m pl* excuse, histoire.

románico, ca *adj* y *m* roman (arte).

romano, na *adj/m* y *f* romain.

romanticismo *m* romantisme.

romántico, ca *adj/m* y *f* romantique.

rombo *m* GEOM losange.

romería 1 *f* pèlerinage. **2** fête populaire autour d'un sanctuaire.

romero, ra 1 *adj* qui fait un pèlerinage. ● **2** *m* y *f* pèlerin. ● **3** *m* BOT romarin.

romo, ma *adj* émoussé.

rompecabezas 1 *m* puzzle. **2** (fig, fam) casse-tête (adivinanza).

rompehielos *m* brise-glace.

rompenueces *m* *Amér.* casse-noix.

rompeolas *m* brise-lames.

romper 1 *tr* casser, rompre; déchirer (papel); briser. **2** user, abîmer (gastar). **3** fendre (surcar). **4** (fig) rompre, interrompre, briser. ● **5** *intr* déferler, échouer (las olas). **6** s'épanouir (las flores). **7** (fig) rompre (una pareja, etc.). ● **8** ~**se** *pron* se casser. **9** ~ **+ a + inf** commencer; éclater: *romper a llorar = éclater en sanglots.*

rompiente *m* écueil.

ron *m* rhum.

roncar *intr* ronfler.

roncha *f* éruption cutanée.

ronco, ca 1 *adj* enroué (persona). **2** rauque (voz).

ronda 1 *f* ronde; guet. **2** ceinture, circonvallation (de una ciudad). **3** (fam) tournée: *¡yo pago esta ronda! = cette tournée est à moi!*

rondar 1 *tr* tourner autour (dar vueltas alrededor). **2** guetter (una enfermedad). **3** faire la cour (a una mujer). **4** (fig) s'approcher, friser. ● **5** *intr* faire une ronde (de vigilancia). **6** rôder, flâner; déambuler.

ronquear *intr* être enroué.

ronquera *f* enrouement.

ronquido *m* ronflement.

ronronear *intr* ronronner.

roña 1 *f* gale (sarna). **2** crasse (suciedad). **3** (fig, fam) mesquinerie.

roñería *f* (fig, fam) pingrerie, mesquinerie.

roñica *m* o *f* (fig, fam) radin, pingre.

roñoso, sa *adj* crasseux (carnero).

ropa *f* vêtements; habits. ◆ **~ de cama** literie; **~ interior** linge de corps, sous-vêtements.

ropaje *m* vêtements. **2** habit de cérémonie.

ropero 1 *m* armoire. **2** garde-robe, penderie (guardarropa). **3** association de bienfaisance.

roquero, ra 1 *adj* → rocker. ● **2** *adj/m* y *f* → rocker.

rosa 1 *adj* y *m* rose. ● **2** *f* rose (flor). ◆ **~ de los vientos** rose des vents.

rosado, da 1 *adj* rose (rosa). **2** rosé. ● **3** *m* rosé (vino rosado).

rosal *m* rosier. ◆ **~ silvestre** rosier sauvage, églantier; **~ trepador** rosier grimpant.

rosario 1 *m* chapelet. 2 rosaire (cuentas).

rosbif *m* rosbif.

rosca 1 *f* filet (de tornillo). 2 couronne (pan). 3 *Chile* tortillon (rodete). ◆ **paso de ~** pas de vis.

rosco *m* couronne de pain.

rosquilla *f* gimblette (bollo).

rostro *m* visage, figure. ■ **tener ~** (fig, fam) avoir un toupet *o* un culot monstre.

rotación *f* rotation. ◆ **~ de cultivos** AGR rotation des cultures.

rotar *intr* tourner.

rotativo, va 1 *adj* rotatif. ● 2 *m* journal. ● 3 *f* rotative (máquina de imprimir).

rotisería *f* *Arg.*, *Chile* charcuterie.

roto, ta 1 *adj* cassé; déchiré (tela, papel). ● 2 *m* accroc (en la ropa). 3 *Arg.*, *Perú* (fam, desp) chilien. 4 *Chile* ouvrier. 5 *Méx.* homme du peuple. ■ **nunca falta un ~ para un descosido** on trouve toujours plus malheureux que soi.

rotonda *f* rotonde.

rotor *m* FÍS rotor.

rotoso, sa *adj* *Amér.* déguenillé.

rótula *f* ANAT rotule.

rotular 1 *tr* dessiner des lettres. 2 mettre la legende à (un mapa, etc.).

rótulo 1 *m* enseigne (título). 2 écriteau (letrero).

rotundidad 1 *f* rotondité. 2 (fig) sonorité.

rotundo, da 1 *adj* (fig) sonore, bien frappé. 2 (fig) catégorique. 3 (fig) éclatant (éxito).

rotura 1 *f* rupture. 2 cassure, brisure (quiebra).

roulotte *f* caravane.

rozamiento 1 *m* frôlement, effleurement (roce). 2 MEC friction, frottement.

rozar 1 *tr* érafler (raspando, ensuciando). ● 2 *tr*, *intr* y *pron* frôler, effleurer. ● 3 ~se *pron* (fig) (~se con) se frotter à, fréquenter (personas).

rúa *f* rue.

rubéola *f* MED rubéole.

rubí *m* rubis. ◆ **~ de Bohemia** rubis de Bohême; **~ del Brasil** rubis du Brésil; **~ espinela** rubis spinelle; **~ oriental** rubis oriental.

rubiales *m* o *f* (fam) blondinet.

rubicundo, da 1 *adj* rubicond. 2 roux. 3 éclatant de santé.

rubio, bia *adj/m* y *f* blond. ◆ **~ platino** blond platiné; **tabaco ~** tabac blond.

rublo *m* rouble.

rubor 1 *m* rougeur (color). 2 (fig) honte.

ruborizarse *pron* rougir, devenir rouge.

rúbrica 1 *f* rubrique. 2 parafe, paraphe (de la firma).

rubricar 1 *tr* parapher, parafer. 2 (fig) signer.

rudeza *f* rudesse.

rudimentario, ria *adj* rudimentaire.

rudimento *m* rudiment.

rudo, da 1 *adj* rude. 2 grossier (persona, modales).

rueda 1 *f* roue. 2 ronde (corro). 3 rouelle (rodaja); darne (de pescado). ◆ **~ de la fortuna** (fig) roue de la fortune; **~ de molino** meule; **~ de prensa** conférence de presse; **~ dentada** roue dentée; **~ hidráulica** roue hydraulique.

ruedo 1 *m* cercle. 2 paillasson (esterilla). 3 TAUROM arène (redondel).

ruego *m* prière (súplica).

rufián 1 *m* (fig) ruffian, rufian. 2 souteneur, maquereau.

rugby *m* rugby.

rugir 1 *intr* rugir. 2 (fig) hurler, mugir (de enojo). 3 (fig) gargouiller (las tripas).

rugoso, sa *adj* rugueux.

ruibarbo *m* BOT rhubarbe.

ruido *m* bruit. ■ **meter ~** (fig) faire beaucoup de bruit; **quitarse de ruidos** ne pas s'impliquer; **mucho ~ y pocas nueces** (fig, fam) beaucoup de bruit pour rien.

ruidoso, sa 1 *adj* bruyant. 2 (fig) tapageur.

ruin 1 *adj* vil, bas (vil). 2 avare, mesquin (miserable). ● 3 *m* queue des chats.

ruina *f* ruine. ■ **estar hecho una ~** être une loque.

ruinoso, sa 1 *adj* ruineux. 2 en ruine, délabré.

ruiseñor *m* rossignol.

rulero *m* *Arg.*, *Ur.* bigoudi.

ruleta *f* roulette. ◆ **~ rusa** roulette russe.

ruletero, ra *m* y *f* *Amér. Centr.*, *Méx.* chauffeur de taxi.

rulo 1 *m* rouleau. 2 boucle (de pelo). 3 (se usa más en *pl*) bigoudi.

Rumanía *f* Roumanie.

rumba *f* rumba.

rumbar 1 *tr* *Amér.* jeter, lancer. ● 2 *intr* *Chile* s'orienter. 3 *Col.* bourdonner, tinter.

rumbear *intr* *Amér.* s'orienter.

rumbo 1 *m* cap, route. 2 rumb, rhumb (ángulo de dirección). 3 (fig) direction.

■ **corregir el ~** MAR corriger la route; **hacer ~ a** MAR mettre *o* avoir le cap sur.

rumboso, sa 1 *adj* (fam) pompeux, fastueux. **2** (fam) large, généreux.

rumiante *adj* y *m* ruminant.

rumiar 1 *tr* ruminer. **2** (fig, fam) ruminer, remâcher (considerar).

rumor 1 *m* rumeur. **2** bruit (chisme, noticia).

rumorearse *pron* courir le bruit: *se rumorea que se suicidó* = le bruit court qu'il se suicida.

runrún 1 *m* bruit continu. **2** (fam) rumeur. **3** *Arg., Chile* jouet. **4** *Chile* oiseau-mouche.

runruneo 1 *m* rumeur. **2** ronronnement.

rupestre *adj* rupestre. ◆ **pinturas rupestres** peintures rupestres.

rupia *f* roupie (moneda).

ruptura *f* rupture.

rural *adj* rural.

Rusia *f* Russie.

ruso, sa 1 *adj* russe. ● **2** *m* y *f* Russe.

rusticidad *f* rusticité.

rústico, ca *adj* rustique. ■ **en rústica** broché.

rustir 1 *tr* rôtir. **2** *Venez.* supporter avec patience.

ruta 1 *f* route, itinéraire. **2** (fig) voie, chemin.

rutilante *adj* rutilant.

rutina *f* routine.

rutinario, ria *adj* routinier.

Ss

s *f* s.

s.a. *(abrev de* **sinne anno***) f* s.a.

sábado *m* samedi.

sabana *f* savane. ■ **estar uno en la ~** *Venez.* (fig, fam) être heureux.

sábana *f* drap, drap de lit. ■ **pegársele a uno las sábanas** (fig, fam) faire la grasse matinée.

sabandija 1 *f* bestiole (animal). **2** (fig) sale bête, vermine.

sabañón *m* engelure.

sabático, ca *adj* sabbatique.

sabelotodo *m* o *f* (fam) savantasse; "je sais tout".

saber *m* savoir.

saber 1 *tr* savoir. **2** s'y connaître en. ● **3** *intr* savoir, s'y connaître. **4** avoir du goût (tener sabor). ● **5** ~**se** *pron* savoir, avoir appris. ■ **~ de** avoir des nouvelles de qqn; être au courant de qqch; **~ de memoria** savoir par cœur; **no ~ por dónde se anda** (fig) ne pas savoir ce qu'on fait; **~ mal a alguien** (fig) ne pas plaire à qqn; faire de la peine à qqn; **sabérselas todas** (fig, fam) avoir plus d'un tour dans son sac; **vete a ~** (fam) va savoir.

sabiduría 1 *f* sagesse. **2** savoir, science (conocimiento profundo).

sabiendas (a) *loc adv* sciemment.

sabihondo, da (*también* **sabiondo, da**) *adj/m* y *f* (fam) pédant, savantasse.

sabio, bia 1 *adj/m* y *f* savant. **2** sage.

sablazo 1 *m* coup de sabre. **2** (fig, fam) tapage, emprunt.

sable 1 *m* sabre. **2** *Cuba* poisson en forme de sabre.

sablear *intr* (fig, fam) taper de l'argent (sacar dinero).

sabor 1 *m* goût. **2** (fig) saveur.

saborear 1 *tr* assaisonner, parfumer (aderezar). **2** savourer. ● **3** ~**se** *pron* se délecter, se régaler.

sabotaje *m* sabotage.

sabotear *tr* saboter.

sabroso, sa *adj* délicieux, savoureux.

sabrosura *f* *Ant.* saveur, délectation; douceur.

sabueso 1 *m* sorte de griffon (perro). **2** (fig) limier, fin limier.

sacacorchos *m* tire-bouchon.

sacapuntas *m* taille-crayon.

sacar 1 *tr* tirer, sortir. **2** enlever, retirer (quitar). **3** puiser, tirer (extraer). **4** gagner (en el juego, por suerte). **5** remporter, obtenir (conseguir). **6** montrer, faire voir (mostrar). **7** citer, faire référence. **8** créer, inventer. **9** donner (apodo, mote). ● **10** ~**se** *pron* avoir.

11 se faire faire. ■ **~ a uno de sí** mettre hors de soi.

sacarina *f* QUÍM saccharine.

sacerdocio *m* REL sacerdoce.

sacerdote, tisa *m* prêtre.

saciar 1 *tr y pron* rassasier. **2** (fig) satisfaire, assouvir.

saciedad *f* satiété. ■ **hasta la ~** jusqu'à satiété.

saco 1 *m* sac. **2** *Amér.* veste (chaqueta).

sacramentar 1 *tr y pron* consacrer (la hostia). ● **2** *tr* administrer les derniers sacrements.

sacramento *m* sacrement. ◆ **~ del altar** le saint sacrement de l'autel; **últimos sacramentos** derniers sacrements.

sacrificar 1 *tr* sacrifier. **2** abattre. ● **3 ~se** *pron* (fig) se sacrifier.

sacrificio *m* sacrifice.

sacrilegio *m* sacrilège.

sacrílego, ga *adj/m y f* sacrilège.

sacristán *m* sacristain.

sacristía *f* sacristie.

sacro, cra 1 *adj* sacré. ● **2** *m* ANAT sacrum.

sacrosanto, ta *adj* sacro-saint.

sacudida *f* secousse.

sacudir 1 *tr* secouer; battre. **2** (fig, fam) battre; donner une rouste à (pegar).

sádico, ca *adj/m y f* sadique.

sadismo *m* sadisme.

sadomasoquismo *m* sadomasochisme.

saeta 1 *f* flèche (arma). **2** aiguille de montre (manecilla).

safari 1 *m* safari (excursión). **2** parc animalier (parque).

sagacidad *f* sagacité.

sagaz 1 *adj* sagace. **2** astucieux (astucioso).

Sagitario 1 *adj/m o f* sagittaire (persona). ● **2** *m* ASTR Sagittaire.

sagrado, da 1 *adj* sacré. **2** saint.

sagrario 1 *m* sanctuaire (parte del templo). **2** tabernacle.

sahariana *f* saharienne.

sainete *m* TEAT saynète.

saíno (*también* **sahino**) *m* ZOOL pécari.

sake *m* saké, saki (bebida japonesa).

sal 1 *f* sel. **2** (fig) sel, piquant. ◆ **~ amoniaco** sel ammoniac; **~ de frutas** sel de fruit; **~ infernal** nitrate d'argent; **~ marina** sel marin.

sala 1 *f* salle. **~ de espera** salle d'attente; **~ de estar** salle de séjour.

salado, da 1 *adj* salé. **2** (fig) gracieux, drôle.

salamandra 1 *f* Salamandre. **2** ZOOL salamandre. ◆ **~ acuática** triton.

salamanquesa *f* gecko, gekko. ◆ **~ de agua** triton.

salame 1 *m* Amér.* salami. **2** *Arg.* imbécile (tonto).

salar 1 *tr* saler. ● **2** *tr y pron* C. Rica, Méx., Perú, P. Rico* abîmer, esquinter. **3** *Cuba, Hond., Perú* déshonorer.

salarial *adj* salarial, des salaires.

salario *m* salaire. ◆ **~ base o básico** salaire de base; **~ mínimo** salaire minimum.

> El **salario mínimo interprofesional** es el **SMIC**, y la persona que lo percibe se llama **smicard**.

salazón *f* salaison.

salchicha *f* saucisse.

salchichón *m* saucisson.

saldar 1 *tr* solder. **2** s'acquitter de (una deuda). **3** (fig) régler.

saldo 1 *m* règlement (de deudas). **2** solde (de una cuenta). **3** soldes (mercancías).

salero 1 *m* salière. **2** (fig, fam) piquant, charme.

salida 1 *f* sortie. **2** débouché. **3** lever (de un astro). **4** (fig) échappatoire (pretexto); issue (solución). **5** (fig, fam) boutade; mot d'esprit. ● **6 salidas** *f pl* débouchés (profesionales). ◆ **~ de tono** remarque désobligeante.

salido, da 1 *adj* saillant. **2** en chaleur (los animales). ● **3** *adj/m y f* (fam) chaud, excité (persona).

salina *f* saline, mine de sel.

salinidad *f* salinité.

salir 1 *intr y pron* sortir. **2** quitter. ● **3** *intr* partir (irse). **4** paraître; passer (en la televisión). **5** pousser (brotar). **6** partir, s'en aller (manchas). **7** dépasser, ressortir (sobresalir). **8** se révéler, être (descubrirse). **9** venir (proceder). **10** avoir la main (en juegos). **11** revenir (costar). **12** (~ a) revenir à, coûter; ressembler à. **13** être élu (por votación); être tiré (por suerte). ● **14 ~se** *pron* s'échapper (líquido, gas). **15** déborder (rebosar). ■ **~ bien o mal** réussir; échouer; **salir zumbando** (fam) sortir comme une flèche.

salitre *m* salpêtre.

saliva *f* salive.

salivar *intr* saliver.
salivazo *m* crachat.
salmo *m* psaume.
salmodia *f* psalmodie.
salmón *adj y m* saumon.
salmonete *m* rouget, barbet.
salmorejo *m* vinaigrette, saupiquet.
salmuera *f* saumure.
salobre *adj* saumâtre.
salón 1 *m* salon. **2** salle (de un apartamento). ◆ **~ de belleza** institut de beauté; **~ de peluquería** salon de coiffure; **~ de té** salon de thé.
salpicadera *f Amér.* garde-boue.
salpicadero *m* tableau de bord.
salpicadura *f* éclaboussure.
salpicar 1 *tr e intr* éclabousser. **2** (fig) concerner; toucher, impliquer. ● **3** *tr y pron* (fig) parsemer.
salpicón 1 *m* GAST matelote, salpicon. **2** *Amér.* jus de fruit.
salpimentar *tr* saupoudrer de sel et de poivre.
salpullido *m* éruption.
salsa *f* sauce. ◆ **~ blanca** sauce blanche; **~ de San Bernardo** (fig, fam) faim, appétit; **~ mahonesa** o **mayonesa** mayonnaise; **~ rosa** sauce cocktail; **~ tártara** sauce tartare.
salsera *f* saucière.
saltamontes *m* sauterelle.
saltar 1 *tr, intr y pron* sauter. ● **2** *tr* faire sauter (hacer estallar). ● **3** *intr* plonger (al agua). **4** bondir. **5** jaillir (un líquido). **6** se casser (romperse). **7** sauter, bondir (enfadarse). ● **8** **~se** *pron* enfreindre (una ley); brûler (un semáforo). ■ **estar a la que salta** être prêt à profiter de toutes les occasions.
saltarín, na 1 *adj* sautillant. ● **2** *adj/m y f* danseur.
saltear 1 *tr* brigander. **2** espacer (separar). **3** GAST faire sauter, sauter.
saltimbanqui *m o f* saltimbanque, baladin.
salto 1 *m* saut. **2** précipice (despeñadero). **3** chute (de agua). **4** (fig) progrès. **5** DEP saut; plongeon (natación).
saltón, na *adj* sauteur.
salubre *adj* salubre.
salubridad 1 *f* salubrité. **2** *Amér.* service sanitaire (sanidad).
salud 1 *f* santé. **2** REL salut. ● **3** ¡**salud!** *interj* salut!; à votre santé! (brindis).

saludable 1 *adj* sain. **2** (fig) salutaire.
saludar *tr* saluer; dire bonjour *o* au revoir.
saludo 1 *m* salut. **2** salutation: *un atento saludo = mes sincères salutations.* ● **3** **saludos** *m pl* salutations, respects.
salva *f* MIL salve. ◆ **~ de aplausos** tonnerre d'applaudissements.
salvación 1 *f* secours (rescate). **2** REL salut.
salvado *m* son.
salvador, ra 1 *adj/m y f* qui sauve, sauveur. ● **2** *m* REL Jésus-Christ.
salvadoreño, ña 1 *adj* du Salvador. ● **2** *m y f* habitant du Salvador.
salvaguardar *tr* sauvegarder.
salvaguardia o **salvaguarda** *f* sauvegarde.
salvajada *f* monstruosité; acte de sauvagerie.
salvaje 1 *adj/m y f* sauvage. **2** (fig) violent, sauvage.
salvajismo *m* sauvagerie.
salvamento *m* sauvetage.
salvar 1 *tr y pron* sauver. ● **2** *tr* éviter, contourner (una dificultad). **3** exclure, écarter (excluir). **4** franchir, sauter (un obstáculo). ■ **~se por los pelos** (fam) échapper de justesse.
salvaslip *m* protège-slip.
salvavidas 1 *m* bouée de sauvetage. **2** chasse-pierres (en tranvías). ● **3** *m o f Amér.* secouriste.
salvedad 1 *f* réserve, exception. **2** certification (de un documento).
salvia *f* BOT sauge, salvia.
salvo, va 1 *adj* sauf. ● **2** *prep* sauf, excepté. ■ **a ~** sain et sauf; **dejar a ~** sauvegarder, préserver.
salvoconducto 1 *m* sauf-conduit. **2** (fig) liberté.
samaritano, na *adj/m y f* samaritain.
samba *f* MÚS samba (baile).
sambenito 1 *m* san-benito, sanbenito. **2** (fig) discrédit, mauvaise réputation.
samblaje *m* assemblage.
san (*apócope de* **santo**) *adj* saint.
San Marino *m* Saint-Marin.
sanador, ra *m y f* guérisseur.
sanar *tr e intr* guérir.
sanatorio 1 *m* sanatorium. **2** clinique, hôpital (clínica).
sanción *f* sanction.
sancionar *tr* sanctionner.

S

sandalia *f* sandale.
sándalo **1** *m* santal. **2** bois de santal.
sandez *f* sottise, bêtise.
sandía *f* pastèque.
sandunga *f* (fam) charme.
sándwich *m* sandwich.
sandwichera *f* appareil électroménager pour faire des sandwichs.
sanear *tr* assainir.
sangrante *adj* saignant.
sangrar **1** *tr* e *intr* saigner. ● **2** *tr* gemmer (resinar). **3** composer en alinéa (artes gráficas).
sangre *f* sang. ◆ ~ **azul** (fig) sang bleu; ~ **de horchata** (fig) sang de navet; ~ **fría** (fig) sang-froid; ~ **negra** sang noir; ~ **roja** sang rouge; **mala** ~ (fig, fam) méchanceté; **pura** ~ pur-sang (caballo).
sangría **1** *f* saignée. **2** alinéa (artes gráficas). **3** (fig) sangria (boisson).
sangriento, ta **1** *adj* sanglant. **2** sanguinaire.
sanguijuela *f* sangsue.
sanguinario, ria **1** *adj* sanguinaire. ● **2** *f* sanguine (piedra preciosa). ◆ **sanguinaria mayor** BOT renouée; **sanguinaria menor** perce-neige.
sanguíneo, a *adj* sanguin.
sanguinolento, ta *adj* sanguinolent.
sanidad **1** *f* santé. **2** service sanitaire.
sanitario, ria **1** *adj* sanitaire. ● **2** *m* y *f* Col. cabinets. ● **3 sanitarios** *m pl* sanitaires.
sano, na **1** *adj/m* y *f* sain. ● **2** *adj* (fig) intact.
sanseacabó (fam) un point c'est tout.
sansón *m* (fig) hercule.
santería *f* sainteté.
santero, ra *adj* cagot, bigot.
santiamén (en un) *loc adv* (fig, fam) en un clin d'œil.
santidad *f* sainteté.
santificar *tr* sanctifier.
santiguar *tr* y *pron* faire le signe de la croix.
santo, ta **1** *adj/m* y *f* saint. ● **2** *m* fête. **3** (fam) image. ■ **¿a ~ de qué?** en quel honneur?
santón **1** *m* santon (mahometano). **2** (fig, fam) tartufe, pharisien (hipócrita).
santoral **1** *m* recueil de la vie des saints. **2** martyrologe (lista).
santuario **1** *m* sanctuaire. **2** Col. trésor.
saña **1** *f* rage. **2** acharnement (intención).

sapiencia *f* sagesse.
sapo *m* crapaud.
saque **1** *m* DEP service (tenis). **2** DEP coup d'envoi. ◆ ~ **de esquina** DEP corner.
saquear **1** *tr* piller, mettre à sac. **2** (fig) faire une razzia sur.
saqueo *m* pillage.
sarampión *m* rougeole.
sarao *m* soirée. ■ **montar un ~** (fig, fam) faire du foin.
sarasa *m* (fam, desp) tapette.
sarcasmo *m* sarcasme.
sarcástico, ca *adj* sarcastique.
sarcófago *m* sarcophage.
sarcoma *m* MED sarcome.
sardina *f* sardine.
sardónico, ca *adj* sardonique.
sargento, ta **1** *m* sergent. **2** (fig, fam) gendarme. ◆ ~ **mayor** sergent-major.
sarmiento *m* sarment.
sarna *f* MED gale.
sarnoso, sa *adj/m* y *f* galeux.
sarpullido *m* éruption cutanée.
sarro **1** *m* dépôt (en una vasija). **2** tartre (en los dientes).
sarta **1** *f* chapelet. **2** (fig) série (de sucesos).
sartén *f* poêle.
sastra *f* couturière.
sastre *m* tailleur.
sastrería **1** *f* métier de tailleur. **2** atelier et boutique du tailleur.
Satán o Satanás *m* Satan.
satánico, ca *adj* satanique.
satélite *adj* y *m* satellite. ◆ ~ **artificial** satellite artificiel; ~ **de comunicaciones** satellite de télécommunication.
satén *m* satin.
satinado, da **1** *adj* satiné. ● **2** *m* satinage.
satinar *tr* satiner.
sátira *f* satire.
satírico, ca **1** *adj* satirique. **2** satyrique (del sátiro).
satirizar *tr* e *intr* satiriser.
sátiro, ra *m* y *f* satyre.
satisfacción *f* satisfaction.
satisfacer **1** *tr* honorer (una deuda). **2** satisfaire.
satisfactorio, ria *adj* satisfaisant.
satisfecho, cha **1** *p irreg* → satisfacer. ● **2** *adj* satisfait. **3** content de soi.
saturación *f* saturation.
saturar **1** *tr* saturer. ● **2** ~se *pron* être saturé.

Saturno 1 *m* Saturne (dios). **2** ASTR Saturne.

sauce *m* saule. ◆ ~ **cabruno** marsault; ~ **llorón** saule pleureur.

saúco *m* sureau.

sauna *f* sauna.

savia *f* sève.

saxofón o **saxófono** *m* saxophone.

sayo *m* veste ample.

sazón 1 *f* maturité. **2** goût. **3** (fig) occasion.

sazonado, da 1 *adj* assaisonné; épicé. **2** agrémenté.

sazonar 1 *tr* assaisonner. ● **2** ~se *pron* mûrir.

se 1 *pron* (acusativo con acción reflexiva) se: *ella se peina* = *elle se coiffe*; vous (usted o ustedes): *no se enfaden* = *ne vous ennuyez pas*. **2** (acusativo con acción no reflexiva) on: *se precisa un cocinero* = *on demande un cuisinier*. **3** (indef) on: *en esta oficina se fuma mucho* = *on fume beaucoup dans ce bureau*. **4** (dativo) lui: *se lo dan* = *ils lui donnent*; leur (pl); vous (usted o ustedes).

sebo 1 *m* graisse. **2** ANAT sébum.

seborrea *f* MED séborrhée.

seboso, sa 1 *adj* suiffé. **2** (fig) gras.

secador, ra 1 *adj* qui sèche. ● **2** *m* séchoir. **3** sèche-linge (para la ropa). **4** sèche-cheveux (para el pelo).

secano *m* terrain non irrigué.

secante 1 *adj* y *f* siccatif. ● **2** *m* buvard (papel). ● **3** *adj* y *f* MAT sécant.

secar 1 *tr* sécher. **2** dessécher (una planta). **3** essuyer (los platos). ● **4** ~se *pron* sécher; se dessécher.

sección 1 *f* section. **2** rayon (en un almacén). **3** coupe (de un dibujo). **4** page (de un periódico).

seccionar *tr* sectionner.

secesión *f* sécession.

seco, ca 1 *adj* sec. **2** à sec (río). **3** desséché. ● **4** *m* *Chile* coup.

secreción *f* sécrétion.

secretar *tr* sécréter.

secretaría 1 *f* secrétariat. **2** *Amér.* ministère.

secretariado *m* secrétariat.

secretario, ria *m* y *f* secrétaire. ◆ ~ **de Estado** secrétaire d'État.

secretear *intr* (fam) faire des messes basses.

secreto, ta 1 *adj* secret. ● **2** *m* secret. ◆ ~ **a voces** (fig, fam) secret de polichinelle; ■ **en** ~ en secret.

secta *f* secte.

sectario, ria *adj/m* y *f* sectaire.

sector *m* secteur. ◆ ~ **primario** secteur primaire; ~ **secundario** secteur secondaire; ~ **terciario** secteur tertiaire.

sectorial *adj* sectoriel.

secuaz *adj/m* o *f* acolyte.

secuela *f* séquelle.

secuencia *f* séquence.

secuestrar 1 *tr* enlever (una persona). **2** détourner (un avión). **3** saisir (bienes).

secuestro 1 *m* enlèvement (de una persona). **2** détournement (de un avión). **3** saisie (de bienes).

secular 1 *adj* séculaire. ● **2** *adj* y *m* séculier.

secularización *f* sécularisation.

secularizar *tr* séculariser.

secundar *tr* seconder.

secundario, ria *adj* secondaire.

sed *f* soif.

seda *f* soie. ◆ ~ **artificial** soie artificielle; ~ **cruda** soie grège.

sedal *m* ligne.

sedante 1 *adj* apaisant. ● **2** *adj* y *m* MED sédatif.

sedar *tr* calmer.

sede *f* siège. ◆ ~ **apostólica** o **Santa Sede** Saint-Siège; ~ **social** siège social.

sedentario, ria *adj* sédentaire.

sedición *f* sédition.

sedimentación *f* sédimentation.

sedimentar 1 *tr* déposer. ● **2** ~se *pron* se déposer.

sedimento 1 *m* dépôt. **2** GEOL sédiment.

sedoso, sa *adj* soyeux.

seducción *f* séduction.

seducir *tr* séduire.

seductor, ra 1 *adj* séduisant. ● **2** *m* y *f* séducteur.

segador, ra 1 *adj* moissonneur. ● **2** *f* moissonneur (máquina). ● **3** *m* y *f* moissonneur (persona).

segar 1 *tr* moissonner. **2** (fig) faucher.

seglar *adj* séculier.

segmentar *tr* segmenter.

segmento *m* segment.

segregación *f* ségrégation. ◆ ~ **racial** ségrégation raciale.

segregar 1 tr séparer. **2** sécréter (un líquido).

seguido, da 1 adj suivi. **2** de suite. ● **3** adv tout droit.

seguir 1 tr e intr suivre. ● **2** tr poursuivre (continuar). ● **3** intr être toujours. **4** ~ + gerundio continuer à + inf.: *sigue trabajando en Madrid* = *il continue à travailler à Madrid*.

según 1 prep selon, d'après: *según ellos, la película es excelente* = *selon eux, le film est excellent*. **2** comme. **3** à mesure que: *según se alejaban, encontraban más gente* = *à mesure qu'ils s'éloignaient, ils rencontraient plus de monde*. ● **4** adv ça dépend. ■ ~ que selon que; ~ qué certain; ~ y como tel que, telle que.

segundar 1 tr recommencer. ● **2** intr venir en second lieu.

segundo, da 1 adj deuxième, second. ● **2** m seconde (de tiempo). **3** second (en una jerarquía).

seguridad 1 f sécurité; sûreté. **2** assurance (certidumbre). ◆ Seguridad Social Sécurité sociale.

seguro, ra 1 adj sûr; certain. ● **2** m assurance. ◆ ~ a todo riesgo assurance tous risques; ~ contra terceros assurance au tiers; ~ de vida assurance-vie.

seis adj y m six.

seiscientos, tas adj y m six cents.

seísmo m séisme.

selección 1 f choix. **2** sélection. ◆ ~ natural BIOL sélection naturelle.

seleccionador, ra 1 adj de sélection. ● **2** m y f DEP sélectionneur.

seleccionar tr sélectionner.

selectividad 1 f sélectivité. **2** examen d'entrée à l'université.

selectivo, va adj sélectif.

selecto, ta adj choisi.

sellado, da 1 adj scellé. **2** cacheté (de una carta). **3** timbré (de un papel).

sellar 1 tr sceller. **2** cacheter (una carta). **3** timbrer (un papel). **4** (fig) terminer.

sello 1 m timbre (viñeta de papel). **2** cachet (de metal o de caucho). **3** sceau (documento oficial). **4** bague. **5** (fig) marque.

seltz m seltz.

selva f forêt. ◆ ~ virgen forêt vierge.

semáforo m feu.

semana f semaine. ◆ ~ grande, mayor o santa semaine sainte; Semana Santa Pâques.

> La expresión **Semana Santa** se traduce por *Pâques*.

semanal adj hebdomadaire.

semanario adj y m hebdomadaire.

semántica f sémantique.

semblante 1 m mine; visage. **2** (fig) aspect.

semblantear tr e intr Amér. dévisager.

semblanza f notice biographique.

sembrado m terre cultivée.

sembradura f ensemencement.

sembrar 1 tr semer. **2** (fig) diffuser.

semejante 1 adj semblable. ● **2** m semblable.

semejanza 1 f ressemblance. **2** comparaison (símil).

semejar intr y pron ressembler.

semen m semence.

semental adj y m étalon.

semestral adj semestriel.

semestre m semestre.

semiautomático, ca adj semi-automatique.

semicírculo m GEOM demi-cercle.

semiconserva f semi-conserve.

semidesnatado, da adj demi-écrémé.

semifinal f demi-finale.

semilla 1 f graine. **2** (fig) source.

semillero 1 m pépinière. **2** germoir (para conservar). **3** (fig) source.

seminario m séminaire.

seminarista m séminariste.

semita 1 adj sémite. ● **2** m o f Sémite.

sémola f semoule.

sempiterno, na 1 adj éternel. **2** (fig) sempiternel. ● **3** BOT immortelle (flor).

senado m sénat.

senador, ra m y f sénateur.

sencillez f simplicité.

sencillo, lla 1 adj simple. ● **2** m Amér. petite monnaie.

senda 1 f sentier. **2** (fig) chemin. **3** Amér. voie (de una carretera).

senderismo m randonnée.

sendero m sentier.

sendos, das adj pl chacun un, chacun une, chacune un, chacune une: *los cuatro músicos tocaban sendos instrumentos =*

les quatre musiciens jouaient chacun un instrument.

senectud *f* vieillesse.

senil *adj* sénile.

sénior *adj/m* o *f* senior.

seno *m* sein.

sensación 1 *f* sensation. **2** impression. **3** clou.

sensacional *adj* sensationnel.

sensacionalismo *m* sensationnalisme.

sensatez *f* bon sens.

sensato, ta *adj* sensé.

sensibilidad *f* sensibilité.

sensibilización *f* sensibilisation.

sensibilizar *tr* sensibiliser.

sensible *adj* sensible.

sensiblería *f* sensiblerie.

sensitivo, va *adj* sensitif.

sensor *m* capteur.

sensorial *adj* sensoriel.

sensual *adj* sensuel.

sensualidad *f* sensualité.

sensualismo *m* sensualisme.

sentada *f* sit-in.

sentado, da *adj* réfléchi.

sentar 1 *tr* y *pron* asseoir. ● **2** *intr* (fig, fam) aller: *le sienta bien esta falda = cette jupe lui va bien.*

sentencia 1 *f* sentence. ◆ ~ **firme** DER jugement sans appel.

sentenciar *tr* condamner.

sentencioso, sa *adj* sentencieux.

sentido, da 1 *adj* émouvant. **2** ému. **3** (fig) susceptible. ● **4** *m* sens. **5** connaissance (conocimiento). ◆ ~ **común** sens commun; ~ **del humor** sens de l'humour; ■ **sin** ~ non-sens; **perder el** ~ perdre connaissance.

sentimental *adj* sentimental.

sentimentalismo *m* sentimentalisme.

sentimiento 1 *m* sentiment. **2** peine (aflicción).

sentir 1 *m* sentiment. **2** avis (opinión).

sentir 1 *tr* sentir. **2** avoir: *siente demasiada tristeza = il a trop de tristesse*; éprouver. **3** regretter. **4** entendre (oír). ● **5** ~se *pron* se sentir.

seña 1 *f* signe. ● **2 señas** *f pl* adresse. ■ **hacer señas** faire des signes.

señal 1 *f* marque (marca). **2** signal. **3** signe (indicio). **4** acompte (dinero). ◆ ~ **de tráfico** panneau de signalisation; ■ **en** ~ en signe de.

señalado, da *adj* remarquable.

señalar 1 *tr* signaler. **2** montrer (indicar). **3** fixer (una cita). **4** marquer (una herida). ● **5** ~se *pron* se distinguer (distinguirse).

señalización *f* signalisation.

señalizar *tr* signaliser.

señor, ra 1 *adj* distingué. **2** (fam) beau: *es una señora casa = c'est une belle maison.* ● **3** *m* y *f* maître, maîtresse (*f*). **4** monsieur, madame (*f*). ● **5 Señor** *m* Seigneur (Dios). ● **6** *f* (fam) femme, épouse.

señorear 1 *tr* dominer. ● **2** ~se *pron* s'emparer.

señoría *f* seigneurie. ◆ **Su Señoría** DER Votre Honneur (a un juez).

señorial 1 *adj* seigneurial. **2** majestueux (imponente).

señorío 1 *m* autorité. **2** seigneuriage (derecho del señor). **3** (fig) gravité (seriedad).

señorita 1 *f* mademoiselle. **2** jeune fille.

señorito 1 *m* (fam) monsieur. **2** (fam) fils à papa.

señuelo 1 *m* appeau. **2** (fig) leurre. **3** *Arg., Bol.* groupe de bêtes domestiquées.

seo *f* cathédrale.

separación 1 *f* séparation. **2** écart (distancia). ◆ ~ **de bienes** DER séparation de biens; ~ **matrimonial** séparation de corps.

separado, da *adj/m* y *f* séparé.

separar 1 *tr* séparer. **2** écarter. **3** mettre à part (poner a un lado). ● **4** ~se *pron* se séparer. **5** s'éloigner.

separata *f* tirage à part.

separatismo *m* séparatisme.

sepelio *m* inhumation.

sepia 1 *f* seiche (molusco). **2** sépia (materia colorante).

septenio *m* septennat.

septentrional *adj* septentrional.

septiembre *m* septembre.

séptimo, ma *adj/m* y *f* septième.

sepulcral *adj* sépulcral.

sepulcro *m* sépulcre.

sepultar 1 *tr* enterrer. **2** (fig) ensevelir, enterrer.

sepultura 1 *f* sépulture. **2** tombeau (tumba).

sequedad *f* sécheresse.

sequía *f* sécheresse.

séquito *m* cortège.

ser 1 *m* être. **2** essence (esencia).

ser 1 *copul* (en la voz pasiva) être: *la puerta fue abierta por él = la porte a été* *ouverte par lui.* **2** être: *su hermano es moreno = son frère est brun.* ● **3** *intr* (*~ de*) être à: *es de mi amigo = c'est à mon ami*; être en: *la estatua es de mármol = la statue est en marbre.* **4** (*~ para*) être pour: *es para escuchar música = c'est pour écouter de la musique*; être apte à.

Serbia *f* Serbie.

serbio, bia 1 *adj* serbe. ● **2** *m* y *f* Serbe. ● **3** *m* serbe (lengua).

serenar 1 *tr* y *pron* calmer. ● **2** *tr* apaiser (una persona).

serenata *f* sérénade.

serenidad *f* sérénité.

sereno, na 1 *adj* serein. **2** (fig) calme. ● **3** *m* veilleur de nuit.

serial *m* feuilleton.

seriar *tr* sérier.

serie *f* série.

seriedad *f* sérieux.

serigrafía *f* sérigraphie.

serio, ria *adj* sérieux.

sermón *m* sermon.

sermonear *tr* e *intr* sermonner.

seropositivo, va *adj/m* y *f* séropositif.

serpentear *intr* serpenter.

serpiente *f* serpent. ◆ **~ de anteojo** serpent à lunettes; **~ de cascabel** serpent à sonnettes; **~ de verano** serpent de mer; **~ pitón** python.

serraduras *f pl* sciure.

serranía *f* région montagneuse.

serrano, na 1 *adj/m* y *f* montagnard. **2** (fig) superbe.

serrar *tr* scier.

serrín *m* sciure.

servicial *adj* serviable.

servicio 1 *m* domestiques, employés de maison. **2** service. **3** service (de mesa). **4** service (personal). **5** service (en el tenis). ● **6 servicios** *m pl* toilettes. ◆ **~ a domicilio** livraison à domicile; **~ de comunicación** desserte; **~ discrecional** service spécial; **~ militar** service militaire; **~ público** service public.

servidor 1 *m* y *f* serveur; domestique. ● **2** *m* INF serveur. ◆ **~ público** *Amér.* fonctionnaire; **su seguro ~** votre dévoué serviteur.

servidumbre 1 *f* servitude. **2** domestiques, employés de maison. **3** DER servitude. ◆ **~ de paso** servitude de passage.

servil *adj* servile.

servilleta *f* serviette.

servilletero *m* rond de serviette.

servir 1 *tr, intr* y *pron* servir. ● **2** *tr* e *intr* rendre service. **3** livrer, servir, fournir (entregar). **4** servir (hacer el servicio militar). **5** fonctionner, marcher (funcionar). ● **6 ~se** *pron* (*~se de*) utiliser, bénéficier de.

servofreno *m* MEC servofrein.

servomotor *m* MEC servomoteur.

sésamo *m* BOT sésame.

sesear *intr* prononcer les "c" et les "z" comme des "s".

sesenta *adj* y *m* soixante.

sesentón, na *adj* y *m* (fam) sexagénaire.

sesera 1 *f* crâne. **2** (fig, fam) cervelle, jugeote.

sesgado, da 1 *adj* en biais. **2** (fig) biaisé.

sesgar *tr* couper en biais.

sesgo, ga 1 *adj* en biais. **2** (fig) au visage grave. ● **3** *m* biais. **4** tournure (de un asunto).

sesión 1 *f* séance. **2** session (de un concilio, de un examen). ◆ **~ a puerta cerrada** séance à huis clos; **~ de apertura** séance d'ouverture; **~ de Bolsa** séance boursière.

seso 1 *m* cervelle. **2** (fig, fam) bon sens, jugeote. ● **3 sesos** *m pl* GAST cervelle. ■ **perder el ~** perdre la tête.

sestear *intr* faire la sieste.

sesudo, da *adj* sage, prudent; réfléchi.

seta *f* champignon.

setecientos, tas *adj* y *m* sept cents.

setenta *adj* y *m* soixante-dix.

En Bélgica y Suiza se dice **septante**.

setiembre (*también* **septiembre**) *m* septembre.

seto *m* haie. ◆ **~ vivo** haie vive.

seudónimo, ma (*también* **pseudónimo**) *adj* y *m* pseudonyme.

severo, ra 1 *adj* sévère. **2** grave, posé.

sexagenario, ria *adj/m* y *f* sexagénaire.

sexenio *m* période de six ans.

sexo *m* sexe. ◆ **el ~ débil** le sexe faible; **el ~ fuerte** le sexe fort.

sexto, ta *adj* y *m* sixième: *llegó en sexto lugar = il est arrivé en sixième lieu.*

sexual *adj* sexuel.

sexualidad *f* sexualité.

sexy (*también* **sexi**) *adj* sexy.

shock *m* MED choc.

shorts *m pl* shorts (pantalones cortos).

show *m* show.

si **1** *conj* si (condición): *si vas a te lo encontrarás = si tu y vas tu le rencontreras.* **2** mais, alors, c'est que (denota énfasis): *¡si se lo dije yo que se estaba equivocando! = mais je lui ai dit qu'il se trompait!;* puisque: *si te lo digo = puisque je te le dis.* **3** si, alors que (matiz adversativo): *no entiendo que no quieras ir si ayer era tu gran ilusión = je ne comprends pas que tu ne veuilles pas y aller alors qu' hier c'était ton rêve.* **4** como + ~ + vb comme si: *lo cuidó como si de su propio hijo se tratara = il s'en est occupé comme s'il s'agissait de son propre fils.* **5** incluso + ~ + vb même si: *lo haría incluso si me lo impidieran = je le ferais même si on m'en empêchait.* **6** ~ + bien bien que: *si bien no te das cuenta, el peligro es inminente = bien que tu ne t'en aperçoives pas, le danger est imminent.*

sí **1** *adv* oui: *¿te ha gustado? sí, mucho = tu l'as aimé? oui, beaucoup;* si (respuesta a un frase negativa): *¿no has llamado? sí que lo he hecho = tu n'as pas appelé? si, je l'ai déjà fait.* ● **2** *pron* soi (uno mismo): *no piensa más que en sí = il ne pense qu'à soi.* **3** ~ + que + vb voilà que, vraiment (fórmula de refuerzo): *sí que ha mejorado mucho = il a vraiment fait des efforts.* ■ cada uno para ~ chacun pour soi; de por ~ lui o d'elle-même; en soi: *de por sí el programa está bien pensado = le programme en soi est bien conçu;* para ~ à part soi.

siamés, sa *adj/m* y *f* siamois.

sibarita *adj/m* o *f* sybarite.

sicario *m* sicaire.

sida (*acrónimo de* síndrome de inmunodeficiencia adquirida) *m* sida.

sidecar *m* side-car.

sideral *adj* ASTR sidéral.

siderurgia *f* sidérurgie (metalurgia).

siderúrgico, ca *adj* sidérurgique.

sidra *f* cidre.

siega *f* moisson.

siembra **1** *f* semailles. **2** champ ensemencé.

siempre **1** *adv* toujours. **2** tout le temps: *siempre se está quejando = il se plaint tout le temps.* **3** ~ que o ~ y cuando ~ subj pourvu que, du moment que, chaque fois que, si: *te lo contaré siempre que seas discreto = je te raconterai pourvu que tu sois discret.* ■ ¡hasta ~! à tout jamais!; para o por ~ pour toujours.

sien *f* tempe.

sierra **1** *f* scie. **2** chaîne (de montañas).

siervo, va **1** *m* y *f* serf (esclavo). **2** serviteur, servante (*f*) (de una religión).

siesta *m* sieste.

siete *adj* y *m* sept.

sietemesino, na *adj/m* y *f* né à sept mois de grossesse.

sífilis *f* MED syphilis.

sifón *m* siphon.

sigilo **1** *m* sceau. **2** secret (secreto). **3** silence (silencio, cuidado). ■ con gran ~ très discrètement.

sigiloso, sa **1** *adj* secret. **2** discret.

sigla *f* sigle.

siglo *m* siècle. ◆ ~ de oro période de paix et de prosperité; Siglo de Oro Siècle d'or.

signatura **1** *f* signe, marque. **2** cote (para archivar libros).

significación **1** *f* signification, sens. **2** (fig) importance.

significado, da **1** *adj* signifié, indiqué. **2** (fig) connu, réputé. ● **3** *m* signification, sens.

significante **1** *adj* significatif. ● **2** *m* signifiant (en lingüística).

significar **1** *tr* signifier, vouloir dire; avoir le sens de. **2** désigner. **3** (fig) représenter, entraîner, impliquer. **4** (fig) représenter: *que vengas significa mucho para mí = que tu viennes représente beaucoup pour moi.*

significativo, va *adj* significatif.

signo **1** *m* signe. **2** signe, signal, indice (indicio). **3** signal (en Morse). **4** ASTR signe (del zodiaco). **5** MAT, MÚS signe (en morse). ◆ ~ de puntuación signe de ponctuation; ~ monetario unité monétaire; ~ político tendance politique.

siguiente **1** *adj/m* o *f* suivant. **2** ultérieur (ulterior).

sílaba *f* syllabe. ◆ ~ abierta syllabe ouverte; ~ aguda syllabe accentuée; ~ átona syllabe atone; ~ cerrada o trabada syllabe fermée; ~ tónica syllabe tonique.

silabear *intr* détacher les syllabes.

silbar *intr* y *tr* siffler.

silbato *m* sifflet.

silbido 1 *m* sifflement. 2 coup de sifflet. ◆ ~ **de oídos** sifflement d'oreilles.

silenciador, ra *m* MEC silencieux (de coche, de arma de fuego).

silenciar *tr* étouffer (un ruido); passer sous silence.

silencio 1 *m* silence. 2 DER abscence de réponse.

silencioso, sa *adj* silencieux.

silicona *f* QUÍM silicone.

silla 1 *f* chaise. 2 selle. 3 (fig) siège. ◆ ~ **de ruedas** fauteuil roulant; ~ **de tijera** chaise pliante; ~ **eléctrica** chaise électrique.

sillín 1 *m* selle (de bicicleta, de motocicleta). 2 selle anglaise.

sillón *m* fauteuil.

silo *m* silo (construcción subterránea).

silueta 1 *f* silhouette. 2 profil (perfil).

silvestre 1 *adj* sauvage. 2 sylvestre, fôrestier. 3 rude, rustique, ignare.

simbólico, ca *adj* symbolique.

simbolismo *m* symbolisme.

simbolizar *tr* symboliser.

símbolo *m* symbole.

simetría *f* symétrie.

simétrico, ca *adj* symétrique.

simiente 1 *f* semence, graine. 2 (fig) semence.

símil 1 *m* similitude. 2 RET comparaison.

similar *adj* semblable, similaire.

similitud *f* similitude, similarité.

simio, mía 1 *m* y *f* singe, guenon (*f*). ● 2 **simios** *m pl* simiens.

simpatía *f* sympathie.

simpático, ca 1 *adj* sympathique. ● 2 *adj* y *m* ANAT sympathique.

simpatizante *adj/m* o *f* sympathisant.

simpatizar *intr* sympathiser.

simple 1 *adj* simple. 2 simple, facile (fácil). 3 fade (aburrido). 4 (fig) simple, naïf, niais. 5 (fig) paisible, calme.

simpleza *f* sottise, niaiserie.

simplicidad *f* simplicité.

simplificar *tr* simplifier.

simplista *adj/m* o *f* simpliste.

simplón, na *adj/m* y *f* simplet.

simposio (*también* **simpósium**) *m* symposium.

simulación *f* simulation.

simulacro *m* simulacre.

simulado, da *adj* simulé.

simular *tr* simuler.

simultanear 1 *tr* faire simultanément, faire en même temps. 2 faire alterner.

simultaneidad *f* simultanéité.

simultáneo, a *adj* simultané.

sin 1 *prep* sans: *sin él las reuniones son aburridas = sans lui les rencontres sont ennuyeuses.* 2 non: *problemas sin resolver = problèmes non résolus.* 3 ~ + inf ne pas être fait: *la casa está sin ordenar = la maison n'est pas rangée.*

sinagoga *f* synagogue.

sincerar *tr* justifier, disculper.

sinceridad *f* sincérité.

sincero, ra *adj* sincère.

sincopar 1 *tr* GRAM, MÚS syncoper. 2 (fig) abréger.

síncope 1 *m* GRAM syncope. 2 MED syncope.

sincretismo *m* syncrétisme (en lingüística).

sincronía 1 *f* synchronie. 2 synchronie (en lingüística).

sincronismo *m* synchronisme.

sincronización *f* synchronisation.

sincronizar *tr* synchroniser.

sindical *adj* syndical.

sindicalismo *m* syndicalisme.

sindicar *tr* y *pron* syndiquer.

sindicato *m* syndicat.

síndrome *m* MED syndrome. ◆ ~ **de abstinencia** syndrome de sevrage.

sinfín *m* infinité, kyrielle; myriade.

sinfonía *f* symphonie.

sinfónico, ca 1 *adj* symphonique. ● 2 *f* orchestre symphonique.

singladura 1 *f* MAR cinglage. 2 (fig) voie, chemin.

single 1 *m* simple (tenis). 2 single (coche cama).

singular 1 *adj* singulier; unique, sans égal. ● 2 *adj* y *m* GRAM singulier.

singularidad *f* singularité.

singularizar *tr* y *pron* singulariser.

siniestro, tra 1 *adj* gauche. 2 (fig) sinistre. ● 3 *m* sinistre, catastrophe.

sinnúmero *m* infinité, grand nombre.

sino *m* sort, destinée.

sino 1 *conj* mais: *no he ido hoy sino ayer = je n'y suis pas allé aujourd'hui mais hier.* 2 sauf, hormis, à l'exception de: *nadie lo sabe sino nosotros = personne ne le sait sauf nous.* 3 ~ + vb ne + vb +

que: *el niño no ha hecho sino llorar* = *l'enfant n'a fait que pleurer.* **4 no sólo... + ~ que** non seulement... mais, non seulement mais encore: *no sólo no vino sino que no avisó* = *non seulement il n'est pas venu mais encore il n'a pas prévenu.*

sinonimia *f* synonymie.

sinónimo, ma *adj y m* synonyme.

sinopsis *f* synopsis.

sinrazón *f* injustice. **2** égarement, aberration (aberración); dérèglement.

sinsabor *m* (fig) déboire, désagrément, chagrin.

sintaxis *f* GRAM syntaxe.

síntesis *f* synthèse.

sintetizador 1 *adj* de synthèse. • **2** *m* MÚS synthétiseur.

sintetizar *tr* synthétiser.

síntoma *m* symptôme.

sintonía 1 *f* syntonie. **2** indicatif, station (en radio).

sintonización *f* syntonisation.

sintonizar 1 *tr* syntoniser. • **2** *intr* (fig) être sur la même longueur d'ondes.

sinuosidad 1 *f* sinuosité. **2** (fig) méandre, détour.

sinuoso, sa *adj* sinueux.

sinusitis *f* MED sinusite.

sinvergonzonería *f* effronterie, dévergondage, culot.

sinvergüenza 1 *adj/m o f* dévergondé. • **2** *adj* voyou, fripon. • **3** *adj/m o f* crapule, personne sans scrupules.

siquiera 1 *conj* au moins, ne serait-ce que: *acompáñame, siquiera hasta la esquina* = *raccompagne-moi, ne serait-ce que jusque l'angle.* • **2** *adv* au moins: *tomaré siquiera dos* = *j'en prendrai au moins deux.* **3** même: *se marchó sin siquiera decir adiós* = *elle est parti sans même dire au revoir.* **4** soit: *siquiera llame, siquiera no llame* = *soit qu'il l'appelle, soit qu'il n'appelle pas.* **5 no + vb + ~** ne + verbe + même pas: *no tiene siquiera qué comer* = *il n'a même pas de quoi manger.*

sirena *f* sirène.

sirimiri *m* crachin, bruine (lluvia fina).

sirope *m* sirop.

sirviente, ta 1 *m y f* domestique, serviteur. • **2** *m* MIL servant (de cañón).

sisa 1 *f* (fam) carottage. **2** échancrure; entournure.

sisar 1 *tr* chaparder. **2** échancrer (un vestido).

sisear *tr* e *intr* siffler, huer.

sísmico, ca *adj* sismique.

sismo *m* séisme.

sistema *m* système. ◆ **~ de explotación u operativo** INF système d'exploitation; **~ de gestión de base de datos** INF système de gestion de base de données; **~ nervioso** ANAT système nerveux; **~ numérico** ASTR système de numération; **~ planetario** ASTR système planétaire; **~ tributario** régime fiscal.

sistemático, ca *adj* systématique.

sistematizar *tr* systématiser.

sitiar *tr* assiéger.

sitio 1 *m* endroit, place (lugar). **2** siège.

sito, ta 1 *adj* situé. **2** DER sis.

situación *f* situation.

situado, da *adj* situé; placé.

situar 1 *tr* situer; placer. **2** repérer (en un mapa). **3** placer, assigner, affecter. • **4 ~se** *pron* se repérer, se retrouver, se relever.

sketch *m* sketch.

slalom *m* slalom.

slip *m* slip.

slogan *m* slogan.

snack-bar *m* snack-bar.

snob *adj/m o f* snob.

snowboard *m* snowboard.

so *m* (~ *adjetivo*) espèce de: *¡so memo, mira lo que has hecho!* = *espèce d'idiot, regarde ce que tu as fait!*

soba 1 *f* pétrissage. **2** tripotage (manoseo). **3** râclée, volée.

sobaco *m* aisselle.

sobado, da 1 *adj* rebattu, rabâché. • **2** *adj y m* pâte trop huilée.

sobar 1 *tr* pétrir. **2** (fig, fam) tripoter. **3** *Arg.* masser.

soberanía *f* souveraineté. ◆ **~ medieval** suzeraineté.

soberano, na 1 *adj* magistral. • **2** *adj/m y f* souverain. • **3** *m y f* roi, reine (*f*); gouvernant.

soberbio, bia 1 *adj* coléreux. **2** hautain, arrogant (arrogante). **3** (fig) superbe, magnifique: *este bailarín es soberbio* = *ce danseur est magnifique*; exceptionnel.

sobón, na *adj/m y f* peloteur, excessivement tactile.

soborno 1 *m* subornation; pot-de-vin. **2** *Amér.* surcharge.

sobra f reste, excédent.

sobrado, da 1 adj de trop, en trop, de reste. **2** courageux, audacieux. **3** aisé, riche. ● **4 sobrados** m pl restes.

sobrante 1 adj restant, en trop. ● **2** m reste, restant.

sobrar 1 intr y en avoir en trop. **2** rester. **3** (fig) être en trop.

sobrasada f pâte de saucisson très épicé.

sobre 1 prep sur: *la ropa está sobre la cama* = *le linge est sur le lit.* **2** au-dessus, sur: *el ayuntamiento queda sobre la plaza* = *la mairie se trouve au-dessus de la place.* **3** environ, à peu près: *costará sobre los quinientos euros* = *cela doit coûter cinq cents euros environ*; vers: *la película empieza sobre las ocho* = *le film commence vers huit heures.* **4** sur, au sujet de, à propos de: *reflexionar sobre la situación* = *réfléchir à propos de la situation.* ■ **~ todo** surtout.

sobre m enveloppe.

sobreabundar intr surabonder.

sobrealimentar tr y pron suralimenter.

sobrecarga 1 f surcharge. **2** (fig) chagrin.

sobrecargar tr surcharger.

sobrecargo m MAR commis, subrécargue.

sobrecoger 1 tr surprendre, saisir. ● **2 ~se** pron être o rester saisi.

sobredosis f surdose.

sobreentender o **sobrentender** tr sous-entendre.

sobreestimar (*también* **sobrestimar**) tr surestimer, surévaluer.

sobreexcitar (*también* **sobrexcitar**) tr y pron surexciter.

sobrehumano, na adj surhumain.

sobrellevar tr endurer, supporter.

sobremanera adv au plus haut point, beaucoup, extrêmement.

sobremesa f réunion autour de la table après le repas. ■ **de ~** (fig) après le repas.

sobrenatural adj surnaturel.

sobrenombre 1 m surnom. **2** sobriquet.

sobrepaga f prime, surpaye.

sobrepasar 1 tr dépasser. ● **2 ~se** pron se dépasser, se surpasser.

sobrepeso 1 m surcharge. **2** excédent (de equipaje).

sobreponer 1 tr superposer. **2** rajouter (añadir). ● **3 ~se** pron se remettre, surmonter.

sobreproducción f surproduction.

sobresaliente 1 adj/m o f excellent; remarquable. ● **2** m mention très bien (nota).

sobresalir 1 intr dépasser; s'avancer. **2** (fig) se distinguer, se singulariser.

sobresaltar 1 tr effrayer, faire peur. ● **2 ~se** pron ressortir, se détacher, se distinguer.

sobresalto 1 m sursaut. **2** (fig) soubresaut; émotion, trouble.

sobreseer tr e intr DER surseoir à.

sobreseimiento 1 m suspension, interruption. **2** DER non-lieu.

sobresueldo m gratification, prime, surpaye.

sobretodo m pardessus; cachemisère.

sobrevenir intr survenir.

sobrevivir intr survivre.

sobrevolar tr survoler.

sobriedad f sobriété.

sobrino, na m y f neveu, nièce (f). ◆ **~ carnal** neveu; **~ político** neveu par alliance.

sobrio, bria adj sobre.

socapa f prétexte.

socarrar tr brûler légèrement, roussir.

socarrón, na adj/m y f moqueur.

socarronería f sournoiserie.

socavar 1 tr creuser. **2** (fig) saper, miner (el ánimo).

socavón 1 m galerie creusée dans une colline. **2** excavation; affaissement du terrain.

sociable adj sociable.

social adj social.

socialismo m socialisme.

socialista adj/m o f socialiste.

socializar tr socialiser.

sociedad 1 f société. **2** société, compagnie; groupement. ◆ **~ anónima** société anonyme; **~ civil** société civile; **~ conyugal** union conjugale; **~ cooperativa** coopérative; **~ de cartera** société de portefeuille; **~ de consumo** société de consommation; **~ limitada** o **de responsabilidad limitada** société à responsabilité limitée; **~ matriz** société mère.

socio, cia 1 m y f associé. **2** membre, sociétaire. **3** (fam) type, gars.

sociología f sociologie.

socorrer tr secourir.

socorrido, da 1 adj secourable. **2** bien approvisionné. **3** pratique. **4** passe-partout.

305 **sombrear**

socorrismo *m* secourisme.

socorrista *m* o *f* secouriste.

socorro 1 *m* secours. • 2 ¡socorro! *interj* au secours!

soda *f* soda.

sodio *m* QUÍM sodium.

sodomía *f* sodomie.

soez *adj* grossier.

sofá *m* canapé; sofa. ◆ ~ cama canapé-lit.

sofisticado, da *adj* sophistiqué.

sofisticar *tr* sophistiquer.

soflama 1 *f* réverbération (del fuego); rougeur (del rostro). 2 (fig) tromperie.

sofocante *adj* suffocant; étouffant (calor).

sofocar 1 *tr* suffoquer. 2 étouffer (un fuego). • 3 ~se *pron* étouffer. 4 (fig) rougir.

sofoco *m* suffocation. 2 étouffement. 3 (fig) gros ennui.

sofocón *m* (fam) coup au cœur.

sofrito, ta 1 *pp* → sofreír. • 2 *m* friture d'oignons et de tomates.

software *m* INF logiciel.

soga 1 *f* corde. 2 *Arg*. lanière en cuir.

soja *f* soja.

sojuzgar *tr* subjuguer.

sol 1 *m* soleil. 2 (fig, fam) amour. 3 *Perú* sol (moneda).

solana *f* endroit ensoleillé.

solapa 1 *f* revers (de vestido). 2 rabat (de libro). 3 (fig) prétexte.

solapado, da *adj* (fig) sournois.

solapar 1 *tr* mettre des revers à (una prenda). 2 recouvrir. 3 (fig) dissimuler.

solar 1 *adj* solaire. • 2 *m* maison, lignée. 3 terrain.

solárium *m* solarium.

solaz *m* soulagement.

soldado *m* soldat. ◆ ~ voluntario engagé volontaire.

soldadura 1 *f* soudure. 2 (fig) remède. ◆ ~ autógena soudure autogène.

soldar 1 *tr* y *pron* souder. • 2 *tr* (fig) réparer.

soledad 1 *f* solitude. 2 nostalgie, regret (nostalgia).

solemne 1 *adj* solennel. 2 monumental (monumental).

solemnidad *f* solennité.

soler ~ + inf avoir l'habitude de: *suelo acostarme a las ocho* = j'ai l'habitude de me coucher à huit heures.

solera 1 *f* solive (viga). 2 (fig) tradition.

solicitar 1 *tr* demander. 2 solliciter (por escrito).

solícito, ta *adj* prévenant.

solicitud 1 *f* demande. 2 pétition (diligencia). 3 empressement, sollicitude.

solidaridad *f* solidarité.

solidario, ria *adj* solidaire.

solidarizarse *pron* se solidariser.

solidez *f* solidité.

solidificación *f* solidification.

solidificar *tr* y *pron* solidifier.

sólido, da *adj* y *m* solide.

solista *m* o *f* MÚS soliste.

solitario, ria 1 *adj/m* y *f* solitaire. • 2 *m* patience, réussite; solitaire (juego de naipes). 3 solitaire. • 4 *f* ver solitaire (tenia).

soliviantar 1 *tr* soulever. 2 (fig) inquiéter. • 3 ~se *pron* se révolter.

sollozar *intr* sangloter.

sollozo *m* sanglot.

solo, la 1 *adj* seul. 2 simple. • 3 *m* MÚS solo.

sólo 1 *adv* seulement; ne... que: *sólo tengo un disco* = je n'ai qu'un disque. 2 sólo con + inf rien que de: *sólo con pensarlo, llora* = rien que d'y penser, il pleure.

solomillo 1 *m* aloyau. 2 filet.

soltar 1 *tr* lâcher. 2 relâcher (un preso). • 3 ~se *pron* se détacher. 4 (fig) se dégourdir (una persona); se débrouiller.

soltería *f* célibat.

soltero, ra *adj/m* y *f* célibataire.

solterón, na *adj/m* y *f* vieux garçon, vieille fille (*f*).

soltura 1 *f* action de lâcher. 2 aisance.

solubilidad *f* solubilité.

soluble *adj* soluble.

solución *f* solution. ◆ ~ de continuidad solution de continuité.

solucionar *tr* résoudre.

solvencia *f* solvabilité.

solventar 1 *tr* acquitter (una deuda). 2 résoudre.

somanta *f* (fam) raclée.

somático, ca *adj* somatique.

sombra 1 *f* ombre. 2 TAUROM place située à l'ombre. 3 *Amér. Merid.* transparent (falsilla). 4 *Chile* ombrelle. ◆ sombras chinescas ombres chinoises; ■ hacer ~ (fig) faire ombre.

sombrear 1 *tr* faire de l'ombre. 2 ombrer (un dibujo).

sombrero *m* chapeau. ◆ ~ **cordobés** chapeau de feutre à larges bords; ~ **de copa** chapeau haut de forme; ~ **hongo** chapeau melon.

sombrilla *f* ombrelle.

sombrío, a *adj* sombre.

somero, ra *adj* sommaire.

someter 1 *tr* soumettre. ● **2** ~**se** *pron* se soumettre.

sometimiento *m* soumission.

somier *m* sommier.

somnífero, ra *adj y m* somnifère.

somnolencia *f* somnolence.

somnoliento, ta *adj* somnolent.

son 1 *m* son. **2** (fig) façon, manière.

sonado, da 1 *adj* fameux. **2** (fig) sonné.

sonajero *m* hochet.

sonámbulo, la *adj/m y f* somnambule.

sonar 1 *intr* sonner. **2** se prononcer (una letra). **3** (fam) avoir l'air (parecer); être familier. ● **4** ~**se** *pron* se moucher.

sonar *m* sonar.

sonda *f* sonde.

sondar *tr* sonder.

sondear *tr* → sondar.

sondeo *m* sondage.

soneto *m* sonnet.

songa *f Amér.* raillerie.

sonido *m* son.

sonoridad *f* sonorité.

sonorización *f* sonorisation.

sonorizar *tr* sonoriser.

sonoro, ra *adj* sonore.

sonreír 1 *intr* sourire. ● **2** ~**se** *pron* sourire.

sonriente *adj* souriant.

sonrisa *f* sourire.

sonrojar 1 *tr* faire rougir. ● **2** ~**se** *pron* rougir.

sonrojo *m* honte.

sonrosado, da *adj* rose.

sonrosar 1 *tr* rendre rose. ● **2** ~**se** *pron* rougir.

sonsacar 1 *tr* soutirer. **2** (fig) faire avouer.

sonso, sa *adj Arg.* sot.

soñador, ra *adj/m y f* rêveur.

soñar *tr* e *intr* rêver. ■ **ni ~lo** (fig, fam) pas question.

sopa 1 *f* soupe. **2** morceau de pain. ◆ ~ **juliana** o **de hierbas** julienne; ~ **de ajo** soupe à l'ail.

sopapo *m* (fam) claque.

sopero, ra 1 *adj* creux (plato). **2** à soupe. ● **3** *f* soupière.

sopesar 1 *tr* soupeser. **2** (fig) peser.

sopetón *m* taloche. ■ **de ~** à l'improviste.

soplamocos *m* (fig, fam) taloche.

soplar 1 *intr y tr* souffler. ● **2** *tr* (fig, fam) dénoncer.

soplete *m* chalumeau.

soplo 1 *m* souffle. **2** (fig) instant. **3** (fig, fam) mouchardage. ■ **dar el ~** (fig, fam) moucharder.

soplón, na *adj/m y f* (fam) mouchard.

soponcio *m* (fam) évanouissement.

sopor *m* (fig) assoupissement; somnolence.

soporífero, ra *adj y m* soporifique.

soportal 1 *m* porche. ● **2 soportales** *m pl* arcades.

soportar 1 *tr* supporter. **2** (fig) souffrir. ● **3** ~**se** *pron* se supporter.

soporte *m* support.

soprano *m* o *f* soprano.

sorber 1 *tr* gober. **2** (fig) absorber; boire.

sorbete 1 *m* sorbet. **2** *P. Rico, Ur.* paille (para beber).

sorbo *m* gorgée.

sordera *f* surdité.

sordidez *f* sordidité.

sórdido, da *adj* sordide.

sordo, da *adj/m y f* sourd.

sordomudez *f* surdi-mutité.

sordomudo, da *adj/m y f* sourd-muet.

sorna *f* goguenardise.

soroche 1 *m Amér.* mal des montagnes. **2** *Chile* rougeur. **3** *Bol., Chile* MIN galène.

sorprendente *adj* surprenant; étonnant.

sorprender 1 *tr* surprendre; étonner. ● **2** ~**se** *pron* s'étonner.

sorpresa *f* surprise. ■ **dar una ~** faire une surprise; **llevarse una ~** avoir une surprise.

sorpresivo, va *adj Amér.* surprenant.

sortear 1 *tr* tirer au sort. **2** (fig) éviter.

sorteo *m* tirage au sort.

sortija 1 *f* bague. **2** boucle (de cabello).

sortilegio *m* sortilège.

SOS (*siglas de* save our souls) *m* SOS.

sosa *f* soude.

sosegado, da *adj* calme.

sosegar 1 *tr* calmer. ● **2** *intr* reposer. ● **3** ~**se** *pron* se calmer.

sosera o **sosería** *f* niaiserie.

sosiego *m* calme.

soslayar 1 *tr* mettre de biais. **2** (fig) esquiver.

soslayo, ya *adj* oblique.

soso, sa 1 *adj* fade. **2** (fig) sans esprit, sans humour.

sospecha *f* soupçon.

sospechar *tr* e *intr* soupçonner; se douter de.

sospechoso, sa *adj/m* y *f* suspect.

sostén 1 *m* soutien. **2** soutien-gorge (de mujer).

sostener 1 *tr* soutenir. **2** entretenir (una relación). **3** (fig) supporter. ● **4** ~se *pron* se tenir.

sostenido, da *adj* y *m* MÚS dièse.

sostenimiento 1 *m* soutien. **2** maintien (de relaciones).

sota *f* valet (naipe).

sotabarba 1 *f* collier (barba). **2** double menton.

sotana *f* soutane.

soterrar *tr* enfouir; enterrer.

soto 1 *m* bois. **2** buisson (matorral).

spaghetti *m* spaghetti.

spot *m* spot.

sprint *m* DEP sprint.

sprinter *m* o *f* DEP sprinter.

squash *m* DEP squash.

stand *m* stand.

standard *adj* y *m* standard.

starter *m* AUT starter.

status *m* statut social.

stock *m* stock.

stop *m* stop.

su, sus *adj* poses son, sa (*f*) (de él, de ella):, *su idea es brillante = son idée est magnifique*; leur (de ellos, de ellas): *sus padres están allí = leurs parents sont là*; votre (de usted, de ustedes): *señores, he aquí sus billetes = messieurs, voici vos billets*.

Debe emplearse **son** en vez de **sa** ante nombres femeninos que empiecen por vocal o **h** muda: *su amiga = son amie*.

suave *adj* doux.

suavidad *f* douceur.

suavizante 1 *adj* y *m* adoucissant. ● **2** *m* assouplissant (para la ropa).

suba *f Arg., Ur.* hausse des prix.

subalterno, na *adj/m* y *f* subalterne.

subarrendar *tr* sous-louer.

subasta *f* vente aux enchères.

subastar *tr* vendre aux enchères.

subconsciente *adj* y *m* subconscient.

subcontratación *f* sous-traitance.

subdesarrollado, da *adj* sous-développé.

subdesarrollo *m* sous-développement.

subdirector, ra *m* y *f* sous-directeur.

subdirectorio *m* INF sous-répertoire.

súbdito, ta 1 *adj/m* y *f* sujet. ● **2** *m* y *f* ressortissant (de un país).

subdividir *tr* y *pron* subdiviser.

subempleo *m* sous-emploi.

subestimar *tr* sous-estimer.

subgénero *m* sous-genre.

subida 1 *f* montée. **2** ascension (de una montaña).

subido, da 1 *adj* vif (color). **2** élevé.

subir 1 *tr* augmenter. ● **2** *intr* monter. ● **3** ~se *pron* monter; remonter (los pantalones). ■ **subírsele a alguien los humos a la cabeza** (fig, fam) devenir prétentieux; ~se **a la cabeza** (fig, fam) monter à la tête.

súbito, ta 1 *adj* soudain. **2** violent. ■ **de** ~ soudain.

subjefe, fa *m* y *f* sous-chef.

subjetividad *f* subjectivité.

subjetivo, va *adj* subjectif.

sublevar 1 *tr* révolter. **2** (fig) soulever (excitar). ● **3** ~se *pron* se soulever.

sublimación *f* sublimation.

sublimar *tr* sublimer.

sublime *adj* sublime.

submarinismo *m* plongée sous-marine.

submarinista 1 *adj* de plongée sous-marine. ● **2** *m* o *f* plongeur.

submarino, na *adj* y *m* sous-marin.

subnormal *adj/m* o *f* anormal; retardé.

suboficial *m* MIL sous-officier.

subordinación *f* subordination.

subordinado, da *adj/m* y *f* subordonné.

subordinar 1 *tr* subordonner. ● **2** ~se *pron* se subordonner.

subrayado, da 1 *adj* souligné. ● **2** *m* soulignage.

subrayar *tr* souligner.

subrepticio, cia *adj* subreptice.

subrogar *tr* subroger.

subsanar 1 *tr* excuser (un delito). **2** réparer.

subscribir 1 *tr* souscrire. ● **2** ~se *pron* s'abonner.

subscripción 1 *f* souscription. **2** abonnement.

subsecretario, ria *m* y *f* sous-secrétaire.

subsidiariedad o **subsidiaridad** *f* subsidiarité.

subsidiario, ria *adj* subsidiaire.

subsidio 1 *m* subvention. **2** allocation.

subsiguiente *adj* subséquent.

subsistencia *f* subsistance.

subsistir *intr* subsister.

subsuelo *m* sous-sol.

subterfugio *m* subterfuge.

subterráneo, a 1 *adj* y *m* souterrain. ● **2** *m* Arg. métro.

subtitular *tr* sous-titrer.

subtítulo *m* sous-titre.

suburbano, na 1 *adj* suburbain. ● **2** *m* y *f* banlieusard. ● **3** *m* train de banlieue.

suburbio *m* faubourg.

subvención *f* subvention.

subvencionar *tr* subventionner.

subvenir *intr* subvenir.

subversión *f* subversion.

subversivo, va *adj* subversif.

subvertir *tr* perturber; troubler.

subyacer *intr* être sous-jacent.

subyugar *tr* subjuguer.

succión *f* succion.

succionar *tr* sucer; absorber (raíces).

sucedáneo, a *adj* y *m* succédané.

suceder 1 *intr* succéder. ● **2** *impers* arriver: *¿qué te sucede? = qu'est-ce qu'il t'arrive?*

sucesión 1 *f* succession. **2** MAT suite. ◆ ~ **intestada** DER succession légale; ~ **testada** DER succession testamentaire.

sucesivo, va *adj* successif.

suceso 1 *m* événement. **2** (se usa más en *pl*) fait divers (en el periódico).

sucesor, ra *m* y *f* successeur.

suciedad *f* saleté.

sucinto, ta *adj* succinct.

sucio, cia 1 *adj* sale. **2** (fig) salissant. ● **3** *adv* malhonnêtement.

suculento, ta *adj* succulent.

sucumbir *intr* succomber.

sucursal *adj* y *f* succursale.

sudadera *f* sweat-shirt.

Sudáfrica *f* Afrique du Sud.

Sudamérica *f* Amérique du Sud.

sudamericano, na 1 *adj* sud-américain. ● **2** *m* y *f* Sud-Américain.

Sudán *m* Soudan.

sudar *intr* y *tr* suer.

sudeste *m* sud-est.

sudoeste *m* sud-ouest.

sudor 1 *m* sueur. **2** (fig) suintement.

sudoroso, sa *adj* en sueur.

sueco, ca 1 *adj* suédois. ● **2** *m* y *f* Suédois.

suegro, gra 1 *m* y *f* beau-père, belle-mère (*f*). ● **2 suegros** *m pl* beaux-parents.

suela 1 *f* semelle. **2** cuir à semelles. ■ **no llegarle a uno a la ~ del zapato** (fig) ne pas arriver à la cheville de qqn.

sueldo *m* salaire; traitement (de un funcionario).

suelo *m* sol; terre. ◆ ~ **natal** sol natal.

suelto, ta 1 *adj* agile. **2** libre. **3** aisé (estilo). ● **4** *m* monnaie (calderilla).

sueño 1 *m* sommeil. **2** rêve; songe. ◆ ~ **dorado** (fig) désir ardent; ~ **eterno** (fig) repos éternel; ~ **pesado** (fig) sommeil lourd; ■ **conciliar el ~** trouver le sommeil.

suero *m* sérum. ◆ ~ **de la leche** petit-lait.

suerte 1 *f* sort (destino). **2** chance (fortuna). **3** hasard (azar). **4** genre, sorte.

suéter *m* pull.

suficiencia 1 *f* aptitude; capacité. **2** (fig) suffisance.

suficiente *adj* suffisant.

sufragar *tr* payer, supporter.

sufragio *m* suffrage. ◆ ~ **restringido** suffrage restreint; ~ **universal** suffrage universel.

sufrido, da 1 *adj* résigné. **2** non salissant (un color).

sufrimiento 1 *m* patience, résignation. **2** souffrance (dolor).

sufrir 1 *tr* souffrir de. **2** subir, essuyer (daño moral). **3** supporter, tolérer.

sugerencia *f* suggestion.

sugerir *tr* suggérer.

sugestión *f* suggestion.

sugestionar 1 *tr* suggestionner. ● **2 ~se** *pron* faire de l'auto-suggestion.

sugestivo, va 1 *adj* suggestif. **2** (fig) séduisant.

suicida 1 *adj* suicidaire, suicide. ● **2** *adj/m* o *f* suicidé. **3** (fig) casse-cou.

suicidarse *pron* se suicider.

suicidio *m* suicide.

Suiza *f* Suisse.

sujeción 1 *f* assujettissement. **2** sujétion, fixation.

sujetador, ra 1 *adj/m* y *f* assujettissant. ● **2** *m* soutien-gorge.

sujetar 1 *tr* tenir; retenir. **2** fixer; attacher. ● **3** *tr* y *pron* soumettre, assujettir.

sujeto, ta 1 *adj* sujet, exposé. ● **2** *m* sujet (asunto). **3** individu (persona). **4** GRAM sujet.

> La expresión del sujeto es obligatoria en francés: *hemos llegado hoy = nous sommes arrivés aujourd'hui.* Sólo debe omitirse en las oraciones imperativas: *cierra la puerta = ferme la porte.*

sulfato *m* QUÍM sulfate.
sulfurar 1 *tr* y *pron* (fig) fâcher, mettre en colère. ● **2** *tr* QUÍM sulfurer.
suma 1 *f* somme. **2** addition.
sumar 1 *tr* abréger, résumer. **2** MAT additionner. ● **3** ~se *pron* (~ en) se plonger dans.
sumario, ria 1 *adj* y *m* sommaire. ● **2** *m* résumé (resumen). **3** DER instruction.
sumergir 1 *tr* submerger. ● **2** *tr* y *pron* (fig) plonger. ● **3** ~se *pron* (~ en) se plonger dans.
suministrar *tr* fournir.
suministro 1 *m* fourniture. **2** livraison (entrega).
sumir 1 *tr* y *pron* enfoncer. **2** (fig) plonger: *sumir a alguien en la miseria = plonger qqn dans la misère.*
sumisión *f* soumission.
sumiso, sa *adj* soumis.
sumo, ma 1 *adj* suprême, extrême. **2** (fig) suprême, énorme. ● **3** *m* DEP sumo.
suntuosidad *f* somptuosité.
suntuoso, sa *adj* somptueux.
supeditación *f* subordination.
supeditar 1 *tr* assujettir. **2** subordonner, soumettre (subordinar).
súper 1 *m* super (carburante). **2** supermarché.
superabundancia *f* surabondance.
superabundar *intr* surabonder.
superar 1 *tr* surpasser. **2** surmonter (un obstáculo). ● **3** ~se *pron* se dépasser, se surpasser.
superávit *m* excédent.
superchería *f* supercherie.
superdotado, da *adj* surdoué.
superficial *adj* superficiel.
superficialidad *f* manque de profondeur.
superficie 1 *f* surface. **2** superficie (extensión). **3** GEOM surface. ◆ ~ **aprovechable** AGR surface exploitable.
superfluo, flua *adj* superflu.

superíndice *m* superindice.
superior, ra 1 *adj* y *m* supérieur. ● **2** *m* y *f* REL père supérieur, mère supérieure (*f*).
superioridad *f* supériorité.
superlativo, va *adj* superlatif.
supermercado *m* supermarché.
superponer *tr* superposer.
superposición *f* superposition.
superpotencia *f* superpuissance.
superproducción 1 *f* surproduction. **2** CINE, TEAT superproduction (obra).
supersónico, ca *adj* y *m* supersonique.
superstición *f* superstition.
supersticioso, sa *adj/m* y *f* superstitieux.
supervisar *tr* superviser.
supervisión *f* supervision.
supervivencia 1 *f* survie (de seres vivos). **2** survivance (de pueblos, costumbres).
superviviente *adj/m* o *f* survivant.
supino, na 1 *adj* couché sur le dos. **2** crasse (ignorancia).
suplantar *tr* supplanter.
suplementario, ria *adj* supplémentaire.
suplemento *m* supplément.
suplencia *f* suppléance.
suplente 1 *adj/m* o *f* suppléant. **2** DEP remplaçant.
supletorio, ria 1 *adj* supplémentaire. **2** d'appoint. ● **3** *m* deuxième poste (teléfono).
súplica 1 *f* supplication. **2** DER requête.
suplicar 1 *tr* supplier. **2** DER faire appel.
suplicio 1 *m* supplice. **2** (fig) tourment, supplice. ◆ **último** ~ dernier supplice, peine capitale.
suplir 1 *tr* suppléer (completar). **2** remplacer (sustituir). **3** rattraper, excuser (compensar).
suponer 1 *tr* supposer. **2** impliquer (implicar). ● **3** *intr* être important.
suposición *f* supposition.
supositorio *m* suppositoire.
supremacía *f* suprématie.
supremo, ma *adj* suprême.
supresión *f* suppression.
suprimir *tr* supprimer.
supuesto, ta 1 *adj* supposé. ● **2** *m* hypothèse, supposition.
supuración *f* suppuration.
supurar *intr* suppurer.
sur *m* sud.
surcar *tr* sillonner.

surco 1 *m* sillon. **2** ride (señal). **3** *Col.* ados, billon (caballón).

surf *m* surf.

surgir 1 *intr* surgir. **2** jaillir (agua). **3** (fig) apparaître. **4** MAR mouiller (fondear).

surtido, da 1 *adj/m* y *f* assorti. ● **2** *m* assortiment. **3** choix.

surtidor, ra 1 *adj/m* y *f* qui fournit. ● **2** *m* jet d'eau (chorro). **3** pompe à essence (de gasolina).

surtir 1 *tr* y *pron* fournir, pourvoir. ● **2** *intr* jaillir (brotar). ■ **~ efecto** faire de l'effet.

¡sus! *interj* sus! allons!

susceptibilidad *f* susceptibilité.

susceptible *adj* susceptible.

suscitar *tr* susciter.

suscribir 1 *tr* souscrire. **2** (fig) approuver. ● **3** *tr* y *pron* abonner. ● **4** ~se *pron* souscrire.

suscripción 1 *f* souscription. **2** abonnement (abono).

susodicho, cha *adj/m* y *f* susdit.

suspender 1 *tr* y *pron* suspendre. ● **2** *tr* (fig) étonner, ébahir. **3** (fig) refuser, recaler.

suspense *m* suspense.

suspensión *f* suspension. ◆ **~ de pagos** cessation de paiements.

suspenso, sa 1 *adj* suspendu. **2** (fig) étonné, ébahi. ● **3** *m* insuffisant, note éliminatoire (nota). **4** *Amér.* suspense.

suspensores *m pl Amér.* bretelles.

suspicacia *f* méfiance, défiance.

suspicaz *adj* méfiant.

suspirar *intr* soupirer.

suspiro 1 *m* soupir. **2** *Arg., Chile* BOT pensée.

sustancia *f* substance. ◆ **~ gris** ANAT matière grise.

sustancioso, sa *adj* substantiel.

sustantivo, va *adj* y *m* substantif.

sustentar 1 *tr* y *pron* nourrir, sustenter. **2** soutenir (una cosa). ● **3** *tr* entretenir (conservar). **4** soutenir (una opinión).

sustento 1 *m* subsistance, nourriture. **2** soutien (apoyo).

sustitución 1 *f* remplacement. **2** DER substitution.

sustituir *tr* remplacer, substituer.

sustitutivo, va *adj/m* y *f* substitutif.

sustituto, ta 1 *p irreg* → sustituir. ● **2** *m* y *f* substitut, remplaçant.

susto *m* peur. ■ **dar** o **pegar un ~** faire peur.

sustracción 1 *f* vol (robo). **2** MAT soustraction.

sustraer 1 *tr* y *pron* soustraire. ● **2** *tr* voler, subtiliser (robar).

sustrato *m* substrat.

susurrar 1 *tr* e *intr* chuchoter. **2** (fig) murmurer, chuchoter.

susurro *m* murmure.

sutil 1 *adj* fin, mince. **2** (fig) subtil.

sutileza *f* subtilité.

sutura *f* suture.

suturar *tr* suturer, coudre.

suyo, ya 1 *adj* poses à lui, à eux: *es asunto suyo = c'est une affaire à lui*; à elle, à elles: *una prima suya = une cousine à elle*; à vous. ● **2** *pron* poses (después de *art*) le sien, le vôtre, le leur: *el suyo es el rojo = le sien est le rouge*; la sienne, la vôtre, la leur: *esta casa es la suya = cette maison est la vôtre.* ■ **de ~** en soi, par nature; **lo ~** (fam) assez dur o important; **los suyos** les siens, les vôtres (parientes, amigos).

Swazilandia *f* Swaziland.

Tt

t *f* t.

tabacalero, ra 1 *adj* du tabac. ● **2** *m* y *f* planteur de tabac.

tabaco 1 *m* tabac. **2** cigare (cigarro puro). ◆ **~ negro** tabac brun; **~ rubio** tabac blond.

tábano *m* taon (insecto).

tabarra *f* (fam) ennui, chose assomante. ■ **dar la ~** (fam) casser les pieds.

tabasco *m* tabasco.

taberna *f* taverne, cabaret.

tabicar *tr* cloisonner.

tabique *m* cloison.

tabla 1 *f* planche (de madera). **2** plaque (de metal). **3** table. **4** tableau (esquema, gráfico). ◆ ~ **de dibujo** table de dessin; ~ **de planchar** planche à repasser; ~ **a vela** DEP planche à voile.

tablado 1 *m* plancher (suelo de tablas). **2** scène, planches (escenario).

tablero 1 *adj* de sciage. ● **2** *m* planche (tabla). **3** échiquier (de ajedrez). **4** tableau de bord (mandos). **5** tableau d'affichage.

tableta 1 *f* tablette (medicinal, de chocolate). **2** *Arg.* macaron (alfajor).

tablón *m* grosse planche.

tabú *m* tabou.

tabular *tr* *présenter sous forme de tableaux.*

taburete *m* tabouret.

tacañear *intr* lésiner.

tacañería *f* lésinerie, ladrerie.

tacaño, ña *adj/m* y *f* ladre, avare.

tacha *f* tache; défaut.

tachadura *f* biffage, rature.

tachar *tr* rayer, biffer; barrer (borrar).

tachón *m* rature, trait de plume.

tácito, ta *adj* tacite.

taciturno, na *adj* taciturne.

taco 1 *m* taquet (cuña). **2** baguette de fusil. **3** queue de billard. **4** bloc (calendario). **5** (fam) embrouille. **6** (fig, fam) juron.

tacón *m* talon.

taconear 1 *intr* faire claquer ses talons. **2** (fig) marcher avec arrogance.

táctico, ca 1 *adj* y *f* tactique. ● **2** *m* y *f* tacticien.

táctil *adj* tactile.

tacto 1 *m* toucher, tact. **2** (fig) tact.

Tadjikistán *m* Tadjikistan.

taekwondo *m* taekwondo.

taimado, da *adj/m* y *f* rusé, sournois.

tajada *f* tranche. ■ **sacar uno ~** (fig, fam) emporter le morceau.

tajante *adj* (fig) tranchant, catégorique.

tajar *tr* trancher, couper.

tajo 1 *m* coupure, entaille. **2** turbin (trabajo).

tal 1 *adj* tel: *se ha comprado tal coche = il a acheté telle voiture.* ● **2** *pron* ceci, cela (f): *¿hice yo tal? = j'ai fait cela?* ■ **con ~ de** o **que** pourvu que, du moment que; ~ **cual** tel quel.

tala 1 *f* coupe, taille (de árboles). **2** abattis (defensa).

taladrar *tr* percer (horadar).

taladro *m* foret, tarière.

talante 1 *m* humeur. **2** volonté (voluntad).

talar 1 *tr* couper, abattre. **2** (fig) détruire, dévaster (destruir).

talco *m* talc.

talento 1 *m* talent. **2** intelligence, esprit.

talgo (*acrónimo de* **Tren Articulado Ligero Goicoechea Oriol**) *m* train espagnol.

talismán *m* talisman.

talla 1 *f* taille. **2** sculpture (en madera). **3** (fig) taille, envergure. ■ **dar la ~** être à la hauteur.

tallar 1 *tr* tailler. **2** mesurer; toiser.

tallarín *m* nouille.

talle 1 *m* silhouette; allure. **2** taille; tour de taille (cintura). **3** forme, coupe (de un vestido).

taller *m* atelier.

tallista *m* o *f* sculpteur, tailleur.

tallo *m* tige. **2** pousse, rejeton.

talón 1 *m* talon. **2** volant (volante). **3** chèque (cheque).

talonario, ria 1 *adj* à souche. ● **2** *adj* y *m* registre à souche.

talud *m* talus.

talvez *adv Amér.* peut-être.

tamaño, ña 1 *adj* si gros; si petit. **2** comme ça: *tamaño ejemplar no es muy común = un exemplaire comme ça n'est pas très commun.* ● **3** *m* taille, dimensions.

tambalear *intr* y *pron* chanceler; tituber (al andar).

también *adv* aussi.

tambor 1 *m* tambour. **2** tamis (para el azúcar). **3** brûloir (para tostar café). **4** barillet (de revólver). ◆ ~ **magnético** INF tambour magnétique.

tamboril *m* tambourin.

tamborileo *m* tambourinement.

tamiz *m* tamis. ■ **pasar algo por el ~** passer qqch au crible.

tamizar 1 *tr* tamiser. **2** (fig) trier.

tampoco *adv* non plus.

tampón *m* tampon.

tan 1 *adv* si, tellement: *no es tan complicado = ce n'est pas si compliqué.* **2** aussi (en comparaciones): *tu hermano es tan alto como tú = ton frère est aussi grand que toi.* ■ ~ **siquiera** au moins, seulement; ~ **pronto como** aussitôt que.

tanatorio *m* funérarium.

tanda 1 *f* tour (turno). **2** série. **3** tâche (tarea). **4** *Amér.* TEAT séance.

tándem 1 *m* tandem. **2** (fig) duo; paire.

tanga *m* string.

tángana 1 *f* vacarme; tapage. **2** escroquerie. **3** *P. Rico* bagarre.

tangente *adj* y *f* tangent. ■ **salir por la ~** (fig) s'échapper par la tangente; s'en tirer par une pirouette.

tangible *adj* tangible.

tango *m* tango.

tanque 1 *m* tank, char d'assaut (carro de combate). **2** citerne (cisterna).

tantear 1 *tr* mesurer (medir). **2** (fig) tâter. ● **3** *tr* e *intr* compter les points (en el juego).

tanteo 1 *m* mesure. **2** essai (intento). **3** nombre de points, score (en el juego). ■ **al ~** à vue d'œil.

tanto, ta 1 *adj* tant de, tellement de: *¡tiene tantos defectos! = il a tellement de défauts!* ● **2** *adv* tant, tellement, autant: *no comas tanto = ne mange pas tant.* ● **3** *m* point (número determinado); but (en fútbol). **4** jeton, fiche (en algunos juegos). ● **5 tantos** *m pl* tant (número indeterminado). ■ **al ~** au courant; **en o entre ~** entre-temps, pendant ce temps; **en ~ que** pendant que; **por lo ~** par conséquent.

tañer *tr* jouer de (un instrumento musical).

tapa 1 *f* couvercle. **2** talon (de una bota). **3** couverture (de un libro). **4** "tapa" (aperitivo); amuse-gueule. **5** *Chile, Col.* bouchon (de una vasija). **6** *Chile* plastron. ◆ **~ de los sesos** (fig, fam) cervelle.

tapadera 1 *f* couvercle. **2** (fig) couverture, paravent.

tapar 1 *tr* y *pron* couvrir, fermer. **2** (fig) cacher.

taparrabo o **taparrabos** *m* pagne (de algunas tribus).

tapete 1 *m* tapis (alfombra pequeña). **2** napperon (en la mesa).

tapia 1 *f* mur en pisé. ■ **más sordo que una ~** (fig, fam) sourd comme un pot.

tapiar *tr* élever un mur de clôture autour de.

tapicería 1 *f* tapisserie. **2** *magasin du tapissier.* **3** *tissu d'ameublement* (tela para cortinajes y muebles).

tapicero, ra *m* y *f* tapissier.

tapioca *f* tapioca.

tapiz *m* tapisserie.

tapizar 1 *tr* tapisser. **2** couvrir, recouvrir (un mueble).

tapón 1 *m* bouchon (de botella). **2** tampon. **3** (fig, fam) pot à tabac (persona gruesa y pequeña). **4** DEP lancer tapé.

taponar *tr* y *pron* boucher.

tapujo 1 *m* déguisement (embozo). **2** (fig, fam) cachotterie. ■ **andarse con tapujos** faire des cachotteries.

taquicardia *f* MED tachycardie.

taquigrafía *f* sténographie, tachygraphie.

taquigrafiar *tr* sténographier.

taquigráfico, ca *adj* tachygraphique, sténographique.

taquígrafo, fa *m* y *f* tachygraphe, sténographe.

taquilla 1 *f* casier. **2** guichet (para venta de billetes). **3** armoire (armario). **4** recette (recaudación).

taquillero, ra 1 *adj* (fam) qui fait recette (espectáculo o actor). ● **2** *m* y *f* guichetier; employé de guichet.

tara *f* tare.

tarado, da *adj* taré.

tarambana *adj/m* o *f* (fam) écervelé.

tarántula *f* tarentule.

tararear *tr* fredonner.

tardanza *f* retard.

tardar 1 *intr* mettre longtemps. **2** tarder.

tarde 1 *f* après-midi; soir (al anochecer). ● **2** *adv* tard. **3** en retard (con retraso). **4** trop tard (en exceso). ■ **buenas tardes** bonjour (hasta el anochecer); bonsoir (al anochecer).

tardío, a *adj* tardif.

tardo, da *adj* lent.

tarea *f* tâche; travail. ◆ **tareas de colegio** devoirs.

tarifa *f* tarif.

tarifar *tr* tarifer.

tarima *f* estrade.

tarjeta *f* carte. ◆ **~ de crédito** carte de crédit; **~ de visita** carte de visite; **~ postal** carte postale.

tarrina *f* barquette.

tarro 1 *m* pot. **2** (fig, fam) caboche (cabeza).

tarso *m* ANAT tarse.

tarta *f* tarte (plana y rellena); gâteau.

tartaja *adj/m* o *f* (fam) bégayeur.

tartajear *intr* bégayer.

tartamudear *intr* bégayer.

tartamudeo *m* bégaiement.

tartera 1 *f* tourtière (cazuela). **2** gamelle (fiambrera).

tarugo 1 *m* quignon de pain. **2** (fam) abruti, bûche.

tarumba *adj* (fam) fou; toqué. ■ **volverse ~** (fam) être tout étourdi.

tasa 1 *f* taxe (precio). **2** taux (índice).
tasación *f* taxation.
tasar 1 *tr* taxer (fijar precio). **2** évaluer (valorar).
tasca 1 *f* bistrot. **2** tripot (casa de juego).
tata 1 *f* (fam) nounou. ● **2** *m* Amér. (fam) papa.
tatami *m* DEP tatami (tapiz).
tatarabuelo, la *m* y *f* trisaïeul.
tataranieto, ta *m* y *f* arrière-arrière-petit-fils.
¡tate! 1 *interj* (fam) attention! **2** (fam) doucement! (poco a poco). **3** (fam) j'y suis! (ya veo).
tatuaje *m* tatouage.
tatuar *tr* tatouer.
taurino, na *adj* taurin.
Tauro 1 *m* o *f* taureau (persona). ● **2** *m* ASTR Taureau.
tauromaquia *f* tauromachie.
taxativo, va *adj* précis.
taxi *m* taxi.
taxímetro 1 *m* taximètre. **2** taxi.
taxista *m* o *f* chauffeur de taxi.
taza 1 *f* tasse (de café). **2** cuvette (del retrete).
tazón *m* bol.
te *f* té.
te *pron* te: *te mira = il te regarde*; t' (delante de vocal): *te escuchan = ils t'écoutent*; toi (en imperativo): *¡diviértete! = amuse-toi bien!*
té *m* thé.
tea *f* torche.
teatral *adj* théâtral.
teatro *m* théâtre. ■ **hacer ~** (fig, fam) jouer la comédie.
tebeo *m* bande dessinée. ■ **está más visto que el ~** (fam) tout le monde le connaît.
techado *m* toiture.
techar *tr* poser la toiture.
techo 1 *m* plafond (parte interior). **2** toit.
techumbre *f* toiture.
tecla *f* touche.
teclado *m* clavier.
teclear *intr* taper.
técnica *f* technique.
tecnicismo 1 technicité (calidad). **2** terme technique (término).
técnico, ca 1 *adj* technique. ● **2** *m* y *f* technicien.
tecnicolor® *m* CINE technicolor.

tecnócrata 1 *adj* technocratique. ● **2** *m* o *f* technocrate.
tecnología *f* technologie.
tecnológico, ca *adj* technologique.
tedio *m* ennui.
teja *f* tuile.
tejado *m* toit.
tejanos *m pl* jean.
tejar *tr* couvrir de tuiles.
tejemaneje 1 *m* (fam) manigance (destreza). **2** (fam) manigance (maquinación).
tejer 1 *tr* tisser. **2** tresser (esparto). **3** (fig) machiner, tramer.
tejido, da *m* tissu.
tejón *m* ZOOL blaireau.
tela 1 *f* tissu (tejido). **2** toile. ◆ **~ de araña** toile d'araignée.
telar *m* métier à tisser (máquina).
telaraña *f* toile d'araignée.
telecompra *f* télé-achat.
telecomunicación *f* télécommunication.
telediario *m* journal télévisé.
teledirigir *tr* téléguider.
teleférico *m* téléphérique.
telefilme *m* téléfilm.
telefonear *tr* e *intr* téléphoner.
telefonía *f* téléphonie.
telefonista *m* o *f* standardiste.
telegrafiar *tr* e *intr* télégraphier.
telegráfico, ca *adj* télégraphique.
telégrafo *m* télégraphe.
telegrama *m* télégramme.
telele *m* (fam) évanouissement.
telemando *m* télécommande.
telemarketing *m* télémarketing.
telemática *f* télématique.
telenovela *f* feuilleton télévisé.
telepatía *f* télépathie.
telescopio *m* télescope.
telesilla *f* télésiège.
telespectador, ra *m* y *f* téléspectateur.
telesquí *m* téléski.
teletexto *m* télétexte.
teletipo® *m* télétype.
teletrabajo *m* travail à domicile.
televenta *f* télévente.
televidente *m* o *f* téléspectateur.
televisar *tr* téléviser.
televisión *f* télévision.
televisivo, va *adj* télévisé.
televisor *m* téléviseur.
telón *m* rideau. ◆ **~ de fondo** (fig) toile de fond.

tema 1 *m* sujet. **2** question (de una asignatura).

temario *m* programme.

temática *f* thème.

temático, ca *adj* thématique.

temblar *intr* trembler.

tembleque *m* (fam) tremblement.

temblequear *intr* (fam) trembloter.

temblor 1 *m* tremblement. **2** *Amér.* tremblement de terre.

tembloroso, sa *adj* tremblant.

temer *tr, intr* y *pron* craindre; avoir peur.

temerario, ria *adj* téméraire.

temeridad *f* témérité.

temeroso, sa 1 *adj* redoutable (temible). **2** peureux (cobarde).

temor *m* crainte.

tímpano *m* glaçon (hielo).

temperamento *m* tempérament.

temperar 1 *tr* tempérer. **2** MED calmer.

temperatura *f* température.

tempestad *f* tempête.

tempestuoso, sa *adj* tempétueux.

templado, da 1 *adj* tempérant. **2** tiède (bebida). **3** tempéré (clima).

templanza 1 *f* tempérance. **2** douceur (del clima).

templar 1 *tr* tempérer (moderar). **2** tiédir (un líquido). **3** (fig) calmer. ● **4** *intr* s'adoucir (el tiempo). ● **5** ~se *pron* (fig) être tempérant.

temple 1 *m* trempe (del metal). **2** (fig) humeur.

templo 1 *m* temple. **2** église.

temporada 1 *f* saison. **2** époque.

temporal 1 *adj* temporel. **2** temporaire (de corta duración). ● **3** *m* tempête.

temporalidad *f* temporalité.

temporero, ra 1 *adj* temporaire. ● **2** *m* y *f* saisonnier.

temporizar *intr* temporiser.

temprano, na 1 *adj* précoce. ● **2** *adv* tôt.

tenaz *adj* tenace.

tenazas *f pl* tenailles.

tenca 1 *f* ZOOL tanche (pez). **2** *Arg.*, *Chile* ZOOL sorte d'alouette.

tendedero *m* étendoir.

tendencia *f* tendance.

tendencioso, sa *adj* tendancieux.

tenderete *m* étalage.

tendero, ra *m* y *f* commerçant.

tendón *m* ANAT tendon.

tenebroso, sa *adj* ténébreux.

tenedor, ra 1 *m* y *f* détenteur. ● **2** *m* fourchette (cubierto).

tenencia *f* possession.

tener 1 *tr* avoir; tenir (coger). ● **2** ~se *pron* se tenir. **3** ~ que + inf devoir + inf: *tienes que ir a su casa = tu dois aller chez lui*. **4** ~ + pp avoir + participe: *tiene acabado el trabajo = il a fini le travail*.

tenia *f* ténia.

teniente *m* lieutenant. ◆ ~ alcalde adjoint au maire.

tenis *m* tennis. ◆ ~ de mesa tennis de table.

tenista *m* o *f* joueur de tennis.

tenor *m* MÚS ténor.

tensar *tr* tendre.

tensión *f* tension.

tenso, sa *adj* tendu.

tensor, ra 1 *adj* qui tend. ● **2** *m* tendeur.

tentación *f* tentation.

tentáculo *m* tentacule.

tentar 1 *tr* tâter (examinar). **2** tenter.

tentativa *f* tentative.

tentempié *m* (fam) en-cas.

tenue *adj* faible, ténu.

teñido, da 1 *adj* teint. ● **2** *m* teinture.

teñir 1 *tr* teindre. ● **2** ~se *pron* se teindre.

teología *f* théologie.

teoría *f* théorie.

teórico, ca 1 *adj* théorique. ● **2** *m* y *f* théoricien.

teorizar *tr* e *intr* théoriser.

tequila *f Méx.* tequila.

terapeuta *m* o *f* thérapeute.

terapéutico, ca *adj* thérapeutique.

terapia *f* thérapie.

tercer (*apócope de* **tercero**) *adj* troisième.

tercero, ra 1 *adj* y *m* troisième. **2** tiers (intermediario).

terciar 1 *tr* mettre en travers. **2** diviser en trois. ● **3** *intr* intervenir. ● **4** ~se *pron* se présenter.

terciario, ria *adj* y *m* tertiaire.

tercio, cia 1 *adj* troisième. ● **2** *m* tiers.

terciopelo *m* velours.

terco, ca *adj* têtu.

tergiversar *tr* déformer, fausser.

termal *adj* thermal.

termas *f pl* thermes.

térmico, ca *adj* thermique.

terminación 1 *f* terminaison. **2** achèvement.

terminal 1 *adj* terminal. ● **2** *f* terminal (de aviones); terminus (de trenes y autobuses).

terminante *adj* concluant; formel.

terminar *tr, intr* y *pron* terminer, finir.

término 1 *m* fin, terme. **2** délai (plazo).

terminología *f* terminologie.

termita *f* ZOOL termite.

termo *m* thermos.

termómetro *m* thermomètre.

termostato o **termóstato** *m* thermostat.

ternera *f* veau (carne).

ternero, ra *m* y *f* génisse, veau (animal).

ternilla *f* cartilage.

terno 1 *m* trio. **2** complet (traje).

ternura *f* tendresse.

terquedad *f* entêtement.

terrado *m* terrasse.

terraplén *m* terre-plein.

terrario *m* terrarium.

terrateniente *m* o *f* propriétaire foncier.

terraza *f* terrasse.

terremoto *m* tremblement de terre.

terrenal *adj* terrestre.

terreno, na 1 *adj* terrestre. ● **2** *m* terrain.
3 (fig) domaine. ■ **sobre el ~** sur place.

terrestre *adj* terrestre.

terrible *adj* terrible.

terrícola *m* o *f* terrien.

territorial *adj* territorial.

territorio *m* territoire.

terrón *m* motte (de tierra); morceau (de azúcar).

terror *m* terreur.

terrorífico, ca *adj* terrifiant.

terrorismo *m* terrorisme.

terrorista *adj/m* o *f* terroriste.

terso, sa 1 *adj* poli (limpio). **2** lisse (liso).

tersura 1 *f* poli. **2** douceur (piel).

tertulia *f* réunion.

tesis *f* thèse.

tesitura 1 *f* (fig) état d'âme. **2** MÚS tessiture.

tesón *m* fermeté, inflexibilité.

tesorería 1 *f* charge du trésorier. **2** trésorerie (oficina).

tesorero, ra *m* y *f* trésorier.

tesoro *m* trésor. ◆ **~ público** trésor public.

test *m* test.

testamentario, ria 1 *adj* testamentaire.
● **2** *m* y *f* exécuteur testamentaire.

testamento *m* testament.

testar *intr* tester (hacer testamento).

testarada 1 *f* coup de tête. **2** obstination (obstinación).

testarazo *m* coup de tête.

testarudez *f* entêtement.

testarudo, da *adj/m* y *f* têtu.

testera 1 *f* face. **2** front (de un animal).

testículo *m* ANAT testicule.

testificación *f* attestation.

testificar 1 *tr* attester. ● **2** *intr* témoigner.

testigo *m* o *f* témoin.

testimonial *adj* testimonial.

testimoniar *tr* e *intr* témoigner.

testimonio 1 *m* attestation légale (atestación). **2** témoignage (prueba).

teta *f* (fam) nichon (de mujer).

tétanos *m* MED tétanos.

tetera *f* théière.

tetilla 1 *f* mamelle (de los mamíferos machos). **2** tétine (del biberón).

tetina *f* tétine.

tetrabrik *m* tétrabrick.

tétrico, ca *adj* triste, lugubre.

textil *adj* y *m* textile.

texto *m* texte.

textual *adj* textuel.

textura *f* texture.

tez *f* teint.

Thailandia *f* Thaïlande.

tía 1 *f* tante. **2** (fam) bonne femme. ◆ **~ abuela** grand-tante.

tibia 1 *f* flûte. **2** ANAT tibia.

tibieza *f* tiédeur.

tibio, bia *adj* tiède.

tiburón *m* requin.

tic *m* MED tic.

ticket *m* ticket.

tictac *m* tic-tac.

tiempo *m* temps. ◆ **~ muerto** DEP temps mort; **~ real** INF temps réel.

tienda 1 *f* tente (para acampar). **2** magasin, boutique.

tienta *f* épreuve effectuée aux jeunes taureaux pour déterminer leur aptitude au combat.

tiento 1 *m* toucher (tacto). **2** bâton d'aveugle. **3** adresse, coup de main (pulso). **4** (fig) tact, prudence (consideración). **5** *Arg., Chile* lanière de cuir.

tierno, na 1 *adj* tendre. **2** (fig) récent. **3** (fig) relatif à l'âge des enfants, tendre. **4** *Chile, Ecuad., Nic.* vert. ● **5** *m* y *f Nic.* bébé, nouveau-né.

tierra 1 *f* terre. **2** pays, terre natale (patria). **3** la Tierra la Terre. ■ **echar por ~** (fig) abattre, jeter à terre; **por ~** à terre, par terre.

Adverbios de tiempo

1. Formas de los adverbios

alors	= entonces	ensuite	= a continuación
après	= después	hier	= ayer
après-demain	= pasado mañana	jadis	= antaño,
aujourd'hui	= hoy		en otro tiempo
auparavant	= anteriormente	jamais	= nunca
aussitôt	= enseguida	longtemps	= mucho tiempo
autrefois	= antaño	maintenant	= ahora
avant	= antes	parfois	= a veces
avant-hier	= anteayer	puis	= luego, después
bientôt	= pronto	quand	= cuando
d'abord	= en primer lugar	quelquefois	= a veces
déjà	= ya	soudain	= de repente
demain	= mañana	souvent	= a menudo
désormais	= en adelante,	sur-le-champ	= en el acto
	en lo sucesivo	tard	= tarde
dorénavant	= en adelante,	tôt	= pronto
	en lo sucesivo	toujours	= siempre
encore	= todavía	tout à l'heure	= enseguida
enfin	= finalmente	tout de suite	= inmediatamente

2. Observaciones

a. El adverbio **jamais** puede aparecer en oraciones afirmativas con el significado de 'alguna vez':

Si (alguna vez) llama...   *Si jamais il téléphone...*

b. El adverbio **toujours** tiene, a veces, el mismo significado que **encore**:

Todavía le quiere   *Elle l'aime toujours*
Todavía no has acabado   *Tu n'a pas toujours fini*

---

tieso, sa 1 *adj* rigide, dur. **2** raide, tendu.

tiesto 1 *m* pot à fleurs (maceta). **2** *Chile* tesson (vasija).

tifón *m* typhon.

tifus *m* MED typhus.

tigre 1 *m* tigre. **2** *Amér.* jaguar. ■ **oler a ~** sentir le fauve.

tigresa *f* tigresse.

tijera 1 *f* (se usa más en *pl*) ciseaux. **2** chevalet, chèvre.

tila *f* tilleul.

tilde 1 *f* tilde, accent. **2** (fig) marque.

tilín *m* drelin.

tilo *m* tilleul.

timar 1 *tr* voler; escroquer. **2** rouler; empiler (engañar).

timba 1 *f* (fam) partie (de juego). **2** (fam) tripot (garito). **3** *Amér. Centr., Méx.* gros ventre, bedaine.

timbrar *tr* timbrer.

timbrazo *m* coup de sonnette.

timbre 1 *m* sonnette. **2** timbre (de un sonido, fiscal).

timidez *f* timidité.

tímido, da *adj* timide.

timo 1 *m* timbre (pez). **2** escroquerie, estampage.

timón 1 *m* gouvernail (de un barco o un avión). **2** timon (del arado). **3** (fig) barre, timon (dirección de un asunto). **4** *Col.* timon (del coche).

timonel *m* timonier.

tímpano 1 *m* tympan. **2** MÚS tympanon.

tinaja *f* jarre.

tinglado 1 *m* hangar (cobertizo). **2** estrade (tablado). **3** (fig) pagaille (lío); stratagème (artificio).

tinieblas *f pl* ténèbres.

tino 1 *m* adresse (acierto). **2** (fig) bon sens, jugement. ■ **a buen ~** (fam) à l'œil; **sin ~** sans mesure.

tinta 1 *f* encre. ● **2 tintas** *f pl* couleurs. ■ **medias tintas** (fig, fam) demi-mesures (hechos); paroles vagues (dichos vagos).

tinte 1 *m* teinture. **2** teinturerie, teinturier (tienda).

tintero *m* encrier.

tintinear o **tintinar** *intr* tintinnabuler.

tintineo *m* tintement.

tinto, ta 1 *adj* teint (teñido). ● **2** *adj y m* rouge (vino). **3** *Col.* tisane à base de café.

tintorería *f* teinturerie, teinturier.

tintura 1 *f* teinture. **2** fard (afeite).

tiña 1 *f* teigne (afección e insecto). **2** (fig, fam) radinerie, ladrerie.

tío 1 *m* oncle. **2** père (tratamiento de respeto). **3** (fam) type.

tiovivo *m* chevaux de bois, manège.

tipejo *m* polichinelle, fantoche.

típico, ca *adj* typique.

tipificar *tr* standardiser; normaliser.

tipo 1 *m* type (modelo). **2** genre, sorte (clase). **3** (fam) type (persona). **4** (fam) silhouette (figura); ligne. ■ **aguantar** o **mantener el ~** (fig, fam) encaisser; **jugarse el ~** (fig, fam) risquer sa peau.

tipografía *f* typographie.

tipología *f* typologie.

tique, tíquet o **tiquet 1** *m* note; reçu. **2** *Amér. Centr., Col., Perú, Venez.* billet.

tiquismiquis 1 *m pl* scrupules ridicules, chichis. ● **2** *m* o *f* pinailleur.

tira *f* bande (de tela, papel). ■ **la ~ de** une tripotée de.

tirabuzón *m* tire-bouchon.

tirada 1 *f* tirage. **2** tirade (de palabras, versos). **3** (fam) trotte (distancia).

tirado, da 1 *adj* (fam) bon marché; donné. **2** (fam) facile, simple comme bonjour. **3** (fam) effronté, dévergondé (una persona).

tiraje *m* tirage.

tiralíneas *m* tire-ligne.

tiranía *f* tyrannie.

tiránico, ca *adj* tyrannique.

tiranizar *tr* tyranniser.

tirano, na 1 *adj* tyrannique. ● **2** *m y f* tyran.

tirante 1 *adj* tendu (tenso). **2** (fig) tendu, froid. ● **3** *m* bretelle (del pantalón). **4** épaulette (de combinación, camiseta).

tirar 1 *tr* jeter. **2** lancer (lanzar). **3** abattre (derribar). **4** (fig) dilapider (malgastar).

● **5** *tr* e *intr* tirer. ● **6** *intr* attirer. **7** (fig) ressembler à, sembler. ● **8** ~**se** *pron* se jeter; plonger (al agua). ■ ~ o **arrojar la toalla** laisser tomber.

tirita *f* pansement adhésif.

tiritar *intr* grelotter.

tiro 1 *m* tir. **2** coup (disparo, estampido). **3** balle (señal, herida). **4** portée (alcance). **5** tirage (de chimenea). **6** entrejambe (de pantalón). ◆ ~ **al plato**, ~ **de pichón** tir au pigeon; ~ **de gracia** coup de grâce.

tiroides *m* ANAT glande thyroïde, thyroïde.

tirón 1 *m* secousse. **2** vol à l'arraché (robo). **3** crampe, contracture (de un músculo). ■ **de un** ~ d'un seul coup.

tirotear 1 *tr y pron* tirer sur. ● **2** *intr* tirailler.

tirria *f* (fam) hostilité, antipathie.

tisana *f* tisane.

tisis *f* phtisie.

titánico, ca 1 *adj* titanesque, titanique. **2** QUÍM titanique.

títere 1 *m* marionnette. **2** (fig, fam) polichinelle, pantin. ■ **no dejar** o **no quedar** ~ **con cabeza** (fig, fam) il ne reste rien debout.

titilar 1 *intr* titiller. **2** scintiller (un cuerpo luminoso).

titiritar *intr* grelotter.

titiritero, ra 1 *m y f* montreur de marionnettes. **2** danseur, équilibriste, bateleur.

titubear 1 *intr* tituber, chanceler. **2** hésiter (dudar).

titulación 1 *f* diplôme (académica). **2** titre.

titulado, da *adj/m y f* diplômé.

titular 1 *adj/m* o *f* titulaire. ● **2** *m* gros titre (en una publicación); manchette.

titular 1 *tr* intituler. ● **2** *intr* obtenir un titre. ● **3** ~**se** *pron* se qualifier; obtenir un diplôme.

título 1 *m* titre. **2** diplôme, titre. **3** noble (dignatario). ◆ ~ **al portador** titre au porteur.

tiza *f* craie.

tiznado, da *adj Amér. Centr., Arg.* gris (ebrio).

tiznar *tr y pron* noircir; tacher de noir.

tizne *m* o *f* suie.

tizón 1 *m* tison (palo). **2** BOT nielle, charbon.

toalla *f* serviette.

tobillo *m* ANAT cheville.

tobogán *m* toboggan.

tocadiscos *m* tourne-disque.

tocado, da *adj* (fig) toqué, timbré.

tocador, ra **1** *adj* joueur. ● **2** *m* table de toilette; coiffeuse (mueble).

tocante *adj* touchant, contigu.

tocar **1** *tr* y *pron* toucher. ● **2** *tr* MÚS jouer de. **3** (fig) aborder (un tema). ● **4** *intr* gagner. **5** frapper (a la puerta). ● **6** ~se *pron* se coiffer (peinarse).

tocateja (a) *loc adv* rubis sur l'ongle; comptant, cash.

tocayo, ya *m* y *f* homonyme.

tocho, cha **1** *adj/m* y *f* (fam) maladroit; bête. ● **2** *m* (fam) pavé (libro).

tocino *m* lard.

tocólogo, ga *m* y *f* médecin accoucheur.

tocón **1** *m* souche (de un árbol). **2** moignon (muñón).

todavía **1** *adv* encore: *todavía no estoy lista* = *je ne suis pas encore prête*. **2** toujours: *¿todavía le quieres?* = *tu l'aimes toujours?*

todo, da **1** *adj* tout. **2** un vrai (para ponderar). ● **3** *adv* tout, entièrement. ● **4** *m* tout. ■ **ante ~** avant tout.

todopoderoso, sa **1** *adj* tout-puissant. ● **2** el ~ *m* le Tout-puissant.

todoterreno *adj* y *m* tout-terrain.

toga *f* toge (de romano, de magistrado).

toldo **1** *m* vélum. **2** banne (de una tienda). **3** store (de una ventana). **4** *Arg.*, *Chile* tente.

tolerancia *f* tolérance.

tolerar **1** *tr* tolérer. **2** supporter (sufrir con paciencia).

toma **1** *f* prise. **2** dose (dosis). ◆ ~ **de posesión** prise de possession; investiture.

tomado, da *adj* prise, voilée (la voz).

tomadura *f* prise.

tomar **1** *tr* e *intr* prendre. ● **2** ~se *pron* prendre (bebida, comida). ■ ~la con uno prendre qqn en grippe.

tomate **1** *m* tomate. **2** (fig, fam) tapage, confusion. ■ **ponerse como un ~** (fam) devenir rouge comme une tomate.

tomatera *f* BOT tomate (planta).

tomavistas *m* appareil de prise de vues.

tómbola *f* tombola.

tomillo *m* thym.

tomo *m* tome. ■ **de ~ y lomo** (fig, fam) de taille, extraordinaire.

tonada *f* chanson.

tonal *adj* MÚS tonal.

tonalidad *f* tonalité.

tonel *m* tonneau.

tonelada **1** *f* tonne (peso). **2** MAR tonneau.

tonelaje *f* tonnage.

tongo *m* chiqué (trampa).

tónico, ca **1** *adj* y *m* tonique. ● **2** *m* fortifiant. **3** lotion tonique (cosmético). ● **4** *f* ton (tendencia). **5** Schweppes (bebida). **6** MÚS tonique.

tonificar *tr* fortifier, tonifier.

tonillo **1** *m* ton monotone. **2** accent (deje). **3** emphase (entonación enfática).

tono *m* ton. ■ **a ~** en harmonie, en accord; **darse ~ uno** (fam) faire l'important, prendre de grands airs; **estar a ~ con** (fig) correspondre à.

tontaina *adj/m* o *f* (fam) idiot.

tontear **1** *intr* dire *o* faire des bêtises. **2** (fig, fam) flirter (flirtear).

tontería *f* sottise; bêtise. **2** (fig) bricole.

tonto, ta **1** *adj* bête. ● **2** *adj/m* y *f* sot, idiot. ◆ ~ **de capirote** (fam) idiot fini, parfait idiot.

topacio *m* MIN topaze.

topar **1** *tr* se heurter. **2** cosser, se doguer. ● **3** *tr*, *intr* y *pron* rencontrer, tomber sur.

tope **1** *m* arrêt (mecanismo). **2** butoir, tampon. **3** (fig) limite; frein.

tópico, ca **1** *adj* y *m* topique. ● **2** *m* lieu commun, cliché.

topo **1** *m* taupe. ● **2** *m* o *f* (fig, fam) maladroit.

topografía *f* topographie.

topográfico, ca *adj* topographique.

topónimo *m* toponyme.

toque **1** *m* attouchement. **2** sonnerie (sonoro). **3** coup léger. **4** (fig) touche. **5** (fig) avertissement. **6** (fig, fam) coup. ◆ ~ **de queda** couvre-feu; **último ~** (se usa más en *pl*) la dernière main.

toquetear *tr* (fam) tripoter, toucher.

tórax *m* ANAT thorax.

torbellino **1** *m* tourbillon (de viento). **2** (fig) abondance, tourbillon. **3** (fig, fam) coup de vent, tourbillon (persona).

torcedura **1** *f* torsion. **2** MED entorse.

torcer **1** *tr* tordre. **2** faire la grimace (el gesto). **3** (fig) fausser, dénaturer. ● **4** *tr* y *pron* se tordre. **5** dévier (desviar). **6** tourner. ● **7** ~se *pron* tourner mal. **8** (fig) se laisser corrompre.

torcido, da **1** *adj* tordu. **2** (fig) retors (persona).

tordo, da **1** *adj/m* y *f* gris; pommelé (caballo). ● **2** *adj* maladroit. ● **3** *m* y *f* grive (ave).

torear 1 *tr* e *intr* toréer. ● **2** *tr* (fig) éviter. **3** (fig) se payer la tête, faire marcher (burlarse).

torería *f* ensemble, corporation de toréros.

toril *m* TAUROM toril.

tormenta *f* tempête.

tormento *m* tourment.

tornado *m* tornade (huracán).

tornar 1 *tr* rendre (devolver). ● **2** *tr* y *pron* devenir. ● **3** *intr* retourner (regresar). **4** recommencer (volver a empezar).

tornear 1 *tr* tourner; façonner au tour. ● **2** *intr* tourner (dar vueltas). **3** participer à un tournoi.

torneo *m* tournoi.

tornillo *m* vis. ◆ ~ de banco presse.

torniquete 1 *m* tourniquet. **2** MED tourniquet, garrot.

torno 1 *m* tour (máquina). **2** coude (recodo). ■ en ~ a autour de; environ.

toro 1 *m* taureau. **2** ASTR → Tauro. ● **3** toros *m pl* corrida, course de taureaux. ■ coger al ~ por los cuernos (fig) prendre le taureau par les cornes; pillarle el ~ a alguien être angoissé, ne pas pouvoir s'en sortir.

torpe 1 *adj* maladroit. **2** lourd, gauche (de movimiento). **3** bête, lent (tonto, lento). **4** incorrect, inopportun (incorrecto).

torpedear *tr* torpiller.

torpedero, ra *adj* y *m* torpilleur.

torpedo 1 *m* torpille (pez, máquina). **2** AUT torpédo (coche).

torpeza 1 *f* maladresse, gaucherie. **2** bêtise, stupidité (estupidez).

torpor *m* lourdeur, engourdissement.

torrar *tr* griller.

torre 1 *f* tour. **2** clocher (campanario). ◆ ~ de Babel (fig, fam) tour de Babel; ~ de control tour de contrôle; ~ del homenaje donjon; ~ de marfil (fig) tour d'ivoire.

torrefacto, ta *adj* torréfié.

torrencial *adj* torrentiel.

torrente *m* torrent.

torreón *m* grosse tour.

tórrido, da *adj* torride.

torso *m* torse.

torta 1 *f* galette. **2** (fig, fam) claque, gifle. ■ costar la ~ un pan (fig) coûter les yeux de la tête; ni ~ (fig, fam) rien du tout.

tortazo *m* (fig, fam) gifle (bofetada). baffe. ■ darse un ~ (fam) se casser la figure, se cogner.

tortilla 1 *f* omelette. **2** *Amér. Centr., Méx.* crêpe de maïs. ■ dar la vuelta a la ~ renverser la situation.

tórtola *f* tourterelle.

tortuga *f* tortue.

tortuoso, sa *adj* tortueux.

tortura 1 *f* torture. **2** (fig) torture, tourment.

torturar *tr* y *pron* torturer.

torvo, va *adj* torve.

tos *f* toux. ◆ ~ ferina MED coqueluche.

tosco, ca *adj* grossier; rustique.

toser *intr* tousser.

tostado, da 1 *adj* foncé; hâlé (la tez). ● **2** *m* torréfaction (del café).

tostar 1 *tr* y *pron* griller. **2** (fig) griller, brûler. **3** (fig) hâler, bronzer (la piel). **4** *Chile* (fig) rosser (zurrar).

total 1 *adj* y *m* total. ● **2** *adv* bref.

totalidad *f* totalité.

totalitario, ria *adj* totalitaire.

totalizar *tr* totaliser.

tóxico, ca *adj* y *m* BIOL toxique.

toxicomanía *f* toxicomanie.

toxina *f* BIOL toxine.

tozudez *f* obstination, entêtement.

tozudo, da *adj* têtu, entêté.

traba 1 *f* lien, assemblage. **2** entrave (caballos). **3** (fig) entrave, obstacle.

trabado, da 1 *adj* entravé. **2** (fig) robuste.

trabajado, da 1 *adj* travaillé. **2** (fig) fatigué.

trabajador, ra *adj/m* y *f* travailleur.

trabajar 1 *intr* travailler. ● **2** ~se *pron* étudier.

trabajo 1 *m* travail. **2** peine (esfuerzo). ● **3** trabajos *m pl* (fig) peines, souffrances. ◆ trabajos forzados travaux forcés.

trabajoso, sa 1 *adj* pénible, difficile. **2** laborieux, pénible (falto de espontaneidad).

trabalenguas *m* allitération.

trabar 1 *tr* lier. **2** assembler, joindre. **3** (fig) engager, entamer. **4** (fig) lier, nouer. ● **5** ~se *pron* se lier. **6** *Amér.* fourcher (la lengua).

trabazón 1 *f* assemblage. **2** épaisseur, consistance (de un líquido).

trabucar 1 *tr* y *pron* renverser. **2** (fig) troubler. **3** (fig) mélanger, confondre (confundir).

trabuco *m* espingole (arma de fuego).

traca *f* chapelet de pétards.

tracción *f* traction.

tractor *adj* y *m* tracteur.

tradición *f* tradition.

tradicional *adj* traditionnel.

traducción *f* traduction.

traducir *tr* traduire.

traductor, ra *adj/m* y *f* traducteur.

traer **1** *tr* apporter. **2** rapporter, ramener. **3** causer (provocar). **4** porter (llevar puesto).

traficante *adj/m* o *f* trafiquant.

traficar *intr* trafiquer; faire le commerce de.

tráfico *m* trafic. ◆ ~ de influencias trafic d'influence.

tragaldabas *m* o *f* (fam) glouton, goinfre.

tragaluz *m* lucarne, tabatière.

tragaperras *adj* y *f* à sous (aplicado a las máquinas).

tragar **1** *tr* avaler. **2** (fig) engloutir (comer vorazmente). ● **3** *tr* y *pron* (fig) engloutir (la tierra). **4** (fig) croire, avaler (una mentira). **5** (fig) encaisser (soportar). ■ no ~ a una persona (fig, fam) ne pas pouvoir encaisser qqn.

tragedia *f* tragédie.

trágico, ca *adj* tragique.

tragicomedia *f* tragi-comédie.

trago **1** *m* gorgée, coup. **2** trait. **3** (fig, fam) coup dur, mauvais moment. **4** *Col.* verre de liqueur.

tragón, na *adj/m* y *f* (fam) glouton, goinfre.

traición *f* trahison. ◆ alta ~ haute trahison; a ~ traîtreusement.

traicionar *tr* trahir.

traicionero, ra *adj/m* y *f* traître.

traído, da **1** *adj* apporté, amené. ● **2** *f* apport.

traidor, ra *adj/m* y *f* traître.

tráiler **1** *m* semi-remorque (vehículo). **2** CINE film-annonce, bande-annonce.

traje *m* vêtement. ◆ ~ de baño maillot, costume de bain; ~ de ceremonia o de etiqueta habit de cérémonie; ~ de luces TAUROM habit de lumière.

trajeado, da *adj* habillé, sapé.

trajear *tr* y *pron* habiller.

trajín **1** *m* transport (tráfico). **2** besogne, occupations. **3** (fam) remue-ménage; turbin, boulot.

trajinar **1** *tr* transporter. ● **2** *intr* s'affairer, aller et venir.

trallazo *m* coup de fouet *o* de corde.

trama **1** *f* trame. **2** intrigue (de obra). **3** (fig) trame, machination.

tramar *tr* tramer.

tramitar *tr* s'occuper de, faire les démarches nécessaires pour.

trámite **1** *m* démarche (diligencia). **2** formalité (requisito).

tramo **1** *m* lot (de terreno). **2** étage, volée.

tramoya *f* TEAT machinerie.

trampa **1** *f* piège (caza). **2** trappe (en el suelo). **3** (fig) tricherie (en el juego). ■ caer en la ~ tomber dans le piège; hacer ~ tricher.

trampear **1** *intr* (fam) vivre d'expédients. **2** (fam) vivoter, faire aller.

trampero, ra **1** *m* piégeur (para cazar). **2** *Chile* trébuchet, piège (para pájaros).

trampilla *f* trappe (de una habitación).

trampolín *m* tremplin.

tramposo, sa **1** *adj/m* y *f* menteur, trompeur. **2** tricheur (en el juego).

tranca **1** *f* trique (palo). **2** barre (de puerta, ventana). ■ a trancas y barrancas (fam) clopin-clopant.

trancazo **1** *m* coup de trique. **2** (fig, fam) crève (gripe).

trance **1** *m* moment difficile. **2** transe (estado hipnótico). ■ a todo ~ à tout prix.

tranquilidad *f* tranquillité (quietud); répit (descanso). ■ con toda ~ en toute tranquillité.

tranquilizante *adj* y *m* tranquillisant.

tranquilizar *tr* y *pron* tranquilliser; rassurer.

tranquillo *m* (fig) moyen, truc.

tranquilo, la *adj* tranquille; calme.

transacción *f* transaction.

transatlántico, ca o trasatlántico, ca *adj* y *m* transatlantique.

transbordador, ra o trasbordador, ra **1** *m* transbordeur, bac. **2** navette (espacial).

transbordar *tr* transborder.

transbordo *m* transbordement. ■ hacer ~ changer (de barco, de tren).

transcendencia o trascendencia **1** *f* importance. **2** FIL transcendance.

transcendental o trascendental **1** *adj* capital. **2** FIL transcendantal.

transcendente *adj* transcendant.

transcender o trascender **1** *intr* se répandre (noticias); se dégager (olor); embaumer (perfumes). **2** avoir des répercussions (acontecimientos).

transcribir o trascribir *tr* transcrire.

transcripción *f* transcription.

transcurrir o trascurrir *intr* s'écouler, passer (el tiempo); se dérouler.

transcurso o **trascurso 1** m cours (de tiempo); déroulement (de hechos). **2** espace (período).
transeúnte 1 adj de passage. ● **2** adj/m o f passant, promeneur.
transexual adj/m y f transsexuel.
transferencia 1 f transfert. **2** FIN virement. ◆ **~ bancaria** virement bancaire; **~ crédito** virement de crédit.
transferir o **trasferir 1** tr transférer. **2** FIN virer (fondos).
transformación f transformation.
transformador, ra 1 adj/m y f transformateur. ● **2** m ELEC transformateur.
transformar 1 tr y pron transformer. **2** (~ en) transformer en.
transformismo m BIOL transformisme.
transfusión f transfusion.
transgredir tr transgresser.
transgresión f transgression.
transición 1 f transition. **2** changement, altération (de tono y expresión).
transido, da adj affligé.
transigencia 1 f débonnaireté, indulgence. **2** arrangement.
transigente adj conciliant, arrangeant.
transigir tr e intr transiger: *no transijo con la falta de educación = je ne transige pas sur le manque de politesse.*
transistor m transistor.
transitar intr circuler, passer.
transitivo, va adj GRAM transitif.
tránsito 1 m lieu de passage (lugar). **2** passage (transeúntes); circulation (vehículos); transit (mercancías). ■ **de ~** de passage (personas); en transit (mercancías).
transitorio, ria 1 adj transitoire. **2** fugace, éphémère, (efímero).
translación f → traslación.
transliterar tr translittérer.
translúcido, da adj translucide.
transmisión o **trasmisión** f transmission. ◆ **~ de datos** INF transmission de données.
transmisor, ra o **trasmisor, ra 1** adj qui transmet. ● **2** m FÍS transmetteur.
transmitir o **trasmitir 1** tr transmettre. ● **2** tr e intr diffuser (una emisora).
transmutación f transmutation.
transmutar o **trasmutar** tr y pron transmuer.
transoceánico, ca adj transocéanique.
transparencia 1 f transparence. **2** FOT transparent; diapositive.

transparentar o **trasparentar 1** tr révéler, laisser voir (un cuerpo). ● **2** tr y pron (fig) laisser transparaître. ● **3** intr y pron être transparent.
transparente o **trasparente 1** adj transparent. ● **2** m transparent (de un altar); rideau.
transpiración o **traspiración** f transpiration.
transpirar o **traspirar 1** intr y pron transpirer. ● **2** tr (fig) exsuder.
transportar 1 tr transporter. ● **2** ~se pron (fig) être transporté.
transporte o **trasporte 1** m transport. **2** MÚS transposition. ◆ **transportes públicos** transports en commun.
transportista o **trasportista** m o f transporteur.
transposición o **trasposición** f transposition.
transvasar tr transvaser.
transvase m transvasement (de líquido).
transversal o **trasversal** adj transversal.
tranvía m tramway; tram.
trapacería f fraude, escroquerie (en una venta).
trapatiesta f (fam) raffut; boucan (ruido); bagarre (riña).
trapecio 1 m trapèze (gimnasia). **2** GEOM trapèze.
trapecista m o f trapéziste.
trapero, ra m y f chiffonnier.
trapichear 1 intr vendre au détail. **2** (fam) se démener (ingeniarse); trafiquer (andar en trapicheos).
trapo 1 m chiffon; torchon (de cocina). ● **2 trapos** m pl (fam) chiffons (de mujer). ■ **a todo ~** (fig, fam) à toute vitesse, avec efficacité; **poner a uno como un ~** descendre qqn en flammes; **sacar los trapos sucios** (fig, fam) dire les quatre vérités.
tráquea f ANAT trachée.
traqueal 1 adj trachéal. **2** ZOOL trachéen.
traquetear 1 tr agiter, secouer. ● **2** intr pétarader (de detonaciones); éclater (un cohete).
traqueteo 1 m pétarade (de cohetes). **2** cahot (de un coche); secousse (de una persona).
tras 1 prep après (después): *tras el verano viene el otoño = l'automne vient après l'été*; derrière (detrás). **2** après: *el*

perro corre tras el gato = le chien court après le chat; à la poursuite de. **3** après, à la suite de: uno tras otro = l'un après l'autre. **4** en plus (además).
trasbordar tr → transbordar.
trascendental adj → transcendental.
trascribir tr → transcribir.
trascripción f → transcripción.
trasegar 1 tr déranger, bouleverser. **2** transvaser (un líquido).
trasero, ra 1 adj postérieur, qui suit; de derrière (en una casa): la puerta trasera = la porte de derrière; arrière (de un vehículo). ● **2** m ANAT postérieur.
trasfondo m fond.
trasformación f → transformación.
trasgresión f → transgresión.
trashumante adj transhumant.
traslación 1 f transfert. **2** ASTR translation. **3** MAT, MEC translation.
trasladar 1 tr y pron déplacer. ● **2** tr déplacer; muter (un empleado). **3** reporter, différer (fecha). **4** traduire. **5** copier, dupliquer (un texto). ● **6** ~se pron se rendre: el presidente se trasladó a Guernica = le président s'est rendu à Guernica; déménager (mudarse).
traslado 1 m copie (de un escrito). **2** déplacement; mutation (de un empleado); transfert (de un prisionero). **3** déménagement (mudanza).
traslucirse 1 pron être translucide (objeto); se voir au travers (color, figura). **2** (fig) se révéler, apparaître.
trasluz 1 m lumière tamisée. **2** reflet. ■ al ~ par transparence.
trasmisión f → transmisión.
trasnochado, da 1 adj (fig) amaigri, en mauvaise santé (personas). **2** (fig) vieux, dépassé (ideas, planes).
trasnochar intr passer une nuit blanche (no dormir); se coucher tard.
traspapelar tr y pron égarer (un papel).
trasparente adj y m → transparente.
traspasar 1 tr transpercer. **2** traverser: traspasar la pared = traverser le mur. **3** céder (propiedad, derecho). **4** (fig) transpercer (de dolor).
traspaso 1 m transfert, traversée. **2** cession (de un comercio); transfert (de un jugador). **3** reprise (precio).
traspié 1 m faux pas (tropezón). **2** croche-pied.

trasplantar 1 tr transplanter (una planta). **2** MED greffer (un órgano).
trasplante 1 m AGR transplantation; greffe (de esqueje). **2** MED greffe.
trasporte m → transporte.
trasquilar 1 tr tondre. **2** (fig, fam) entamer, écorner.
trastabillar 1 intr faire des faux pas. **2** tituber, chanceler.
trastada 1 f espièglerie. **2** (fam) mauvais tour.
trastazo m (fam) coup. ■ darse un ~ se cogner.
traste m MÚS touchette. ■ dar al ~ con una cosa en finir avec qqch.
trastear intr y tr fouiller.
trastero, ra 1 adj de débarras. ● **2** m débarras.
trastienda f arrière-boutique.
trasto 1 m vieillerie; vieux meuble. **2** (fig, fam) propre à rien, incapable (persona). ● **3** trastos m pl engins, attirail. ■ tirarse los trastos a la cabeza (fig, fam) s'envoyer la vaisselle en l'air.
trastocar 1 tr déranger. ● **2** ~se pron perdre la raison.
trastornado, da adj dérangé, fou.
trastornar 1 tr remuer. **2** (fig) inquiéter, troubler. ● **3** tr y pron (fig) bouleverser, être bouleversé; devenir fou.
trastrocar tr y pron transformer, changer.
trasunto m copie (d'un original).
trasvasar tr → transvasar.
trasversal adj → transversal.
trata f traite.
tratado m traité.
tratamiento 1 m traitement. **2** titre (título). **3** MED traitement. ◆ ~ de textos INF traitement de texte.
tratante 1 adj traitant. ● **2** m o f négociant, marchand.
tratar 1 tr traiter. **2** traiter (bien o mal). ● **3** tr, intr y pron fréquenter: lo trato hace poco tiempo = je le fréquente depuis peu. ● **4** tr y pron (~ de) traiter de: lo trató de idiota = il l'a traité d'imbécile. ● **5** intr (~ de) essayer de: trató de no dormirse = il essaya de ne pas s'endormir. **6** (~ en) être négociant en. ● **7** ~se pron (~ de) s'agir de: ¿de qué se trata? = de quoi s'agit-il?
trato 1 m traitement; relations. **2** traité (tratado). **3** titre (título). **4** (fam) marché (en feria). ■ ~ hecho marché conclu.

trauma *m* PSIC traumatisme.

traumático, ca *adj* traumatique.

traumatizar *tr* y *pron* traumatiser.

través 1 *m* travers (inclinación). **2** (fig) malheur, revers. ■ a ~ de à travers; par: *se enteró a través de su padre = il a appris la nouvelle par son père*; **de ~** de travers.

travesaño *m* traversin.

travesía 1 *f* chemin de traverse. **2** passage, ruelle. **3** traversée: *la travesía del Pacífico = la traversée du Pacifique*.

travesti o **travestí** *m* travesti.

travestido, da *adj* travesti.

travesura *f* diablerie, espièglerie.

traviesa 1 *f* pari (apuesta). **2** traverse (de ferrocarril). **3** ARQ mur.

travieso, sa 1 *adj* de travers. **2** (fig) astucieux. **3** (fig) espiègle (niño); malin (adulto).

trayecto *m* trajet, parcours.

trayectoria *f* trajectoire.

traza 1 *f* allure, air (aspecto). **2** ARQ plan, tracé.

trazado, da 1 *adj* planté, fait. ● **2** *m* traçage. **3** tracé (de carretera). **4** ARQ plan.

trazar *tr* tracer (letras, líneas); tirer (planos).

trazo 1 *m* trait. **2** trait, ligne.

trébol *m* trèfle.

trece 1 *adj/m* o *f* treize. **2** treizième: *el siglo trece = le treizième siècle*.

trecho 1 *m* distance (distancia). **2** moment (momento). ■ **de ~ a ~, de ~ en ~** de loin en loin.

tregua 1 *f* trève. **2** (fig) trève, répit.

treinta *num* trente.

treintavo, va *adj* y *m* trentième.

treintena *f* trentaine.

tremebundo, da *adj* effrayant, affreux.

tremendo, da 1 *adj* terrible, impressionnant. **2** (fam) énorme, terrible. ■ **tomarse las cosas por la tremenda** (fig, fam) prendre les choses au tragique.

trémulo, la *adj* tremblant.

tren *m* train. ◆ ~ **de aterrizaje** AER train d'atterrissage; ~ **de vida** train de vie; ■ **a todo ~** à grands frais, dans le luxe; **estar como un ~** (fam) être canon.

trenza *f* tresse.

trenzado *m* natte, tresse (peinado).

trenzar *tr* tresser.

trepa 1 *f* grimpée, grimpe. ● **2** *m* o *f* (fam) arriviste.

trepanar *tr* MED trépaner (un hueso).

trepar 1 *tr* e *intr* monter, grimper. ● **2** *tr* percer. **3** soutacher. ● **4** *intr* grimper (una planta). **5** (fig, fam) monter (en la escala social).

trepidante *adj* trépidant.

trepidar 1 *intr* trépider (estremecerse). **2** *Amér.* hésiter.

tres 1 *adj* y *m* trois. ● **2** *adj/m* o *f* troisième. ■ **de ~ al cuarto** à la gomme; **ni a la de ~** d'aucune façon.

trescientos, tas 1 *adj* y *m* trois cents: *trescientos treinta = trois cents trente*. **2** trois centième.

tresillo 1 *m* ensemble d'un canapé et deux fauteuils. **2** jeu de l'hombre (de naipes). **3** bague ornée de trois pierres précieuses. **4** MÚS triolet.

treta 1 *f* ruse, artifice. **2** feinte (en esgrima).

triangular *adj* triangulaire.

triangular *tr* ARQ trianguler.

triángulo 1 *m* GEOM triangle. **2** MÚS triangle. ◆ ~ **escaleno** triangle scalène; ~ **isósceles** triangle isoscèle; ~ **rectángulo** triangle rectangle.

tribal o **tribual** *adj* tribal.

tribu *f* tribu.

tribulación *f* tribulation.

tribuna *f* tribune.

tribunal 1 *m* tribunal, cour (lugar). **2** DER tribunal (magistrados). ◆ **Tribunal Constitucional** conseil constitutionnel; ~ **de apelación** Cour d'appel; **Tribunal de Cuentas** Cour des comptes; ~ **de la penitencia** tribunal de la pénitence; ~ **de menores** tribunal pour enfants; ~ **militar** cour martiale; **Tribunal Supremo** Cour suprême.

tributación *f* contribution, tribut.

tributar 1 *tr* contribuer. **2** (fig) temoigner, rendre (un reconocimiento).

tributario, ria *adj* tributaire.

tributo 1 *m* tribut. **2** ECON contribution.

tríceps *adj* y *m* ANAT triceps.

triciclo *m* tricycle.

tricotar *tr* e *intr* tricoter.

trienio *m* triennat.

trifulca *f* (fam) bagarre.

trigésimo, ma *adj/m* y *f* trentième.

trigo *m* blé (cereal). ◆ ~ **candeal** blé tendre; ~ **cuchareta** blé herisson; ~ **duro** blé dur; ~ **marzal** blé de mars; ~ **mocho** tousselle; ~ **sarraceno** blé sarrasin; ~ **trechel** blé trémois; ■ **no ser ~ limpio**

(fig, fam) être louche (una cuestión); ne pas jouer franc jeu (una persona).

trigonometría f MAT trigonométrie. ◆ **~ plana** trigonométrie rectiligne.

trigueño, ña adj basané, hâlé; châtain-clair (pelo).

triguero, ra 1 adj à blé, du blé. ● **2** f BOT sorte de millet (planta). ● **3** m y f marchand de blé. **4** Col. cultivateur de blé.

trillado, da 1 adj battu. **2** (fig) rebattu (común).

trillar 1 tr (fig) battre. **2** AGR battre.

trillizo, za 1 adj/m y f trigémellaire. ● **2** trillizos m pl triplés.

trillón m trillion.

trilogía f trilogie.

trimestral adj trimestriel.

trimestre m trimestre.

trinar 1 intr gazouiller. **2** (fig, fam) s'énerver. ■ **está que trina** (fig, fam) il enrage.

trincar 1 tr attacher. **2** (fam) chiper, barboter (robar). **3** (fam) écluser (beber). **4** Amér. Centr., Méx. serrer (oprimir). ● **5** intr MAR amarrer.

trinchar tr découper (la viande).

trinchera 1 f tranchée. **2** percée. **3** imperméable militaire (sobretodo). ■ **abrir una ~** ouvrir une tranchée.

trineo m traîneau.

Trinidad Trinidad f REL Trinité. ◆ **la santísima Trinidad** la sainte Trinité.

trino, na 1 adj ternaire. **2** REL trin, trine.

trío 1 m trio. **2** tri, triage. ◆ **~ de reyes** brelan de rois.

tripa 1 f intestin. **2** tripe (de un cigarro). **3** (fam) ventre. ● **4 tripas** f pl viscères, tripes. ■ **echar las tripas** rendre tripes et boyaux; **echar ~** prendre du ventre; **revolver las tripas** (fig) soulever le cœur.

tripartito, ta adj triparti o tripartite.

triple adj y m triple.

triplicado, da adj/m y f triplicata.

triplicar 1 tr tripler. **2** trisser. ● **3 ~se** pron tripler.

trípode 1 m trépied (armazón). ● **2** amb trépied (banquillo).

tríptico 1 m triptyque. **2** ART triptyque (pintura).

tripulación f équipage.

tripulante m o f homme d'équipage.

tripular 1 tr former l'équipage de. **2** piloter (un barco o avión).

triquiñuela f (fam) subterfuge. ■ **andarse con triquiñuelas** user de subterfuges.

triquitraque m vacarme, raffut (golpes).

tris m (fam) un rien. ■ **en un ~** en deux temps; **estar en un ~ de hacer algo** être sur le point de faire qqch.

triste 1 adj triste, malheureux. **2** (fig) pauvre, maigre.

tristeza f tristesse.

tristón, na adj (fam) tristounet, morose.

triturar 1 tr y pron triturer. **2** (fig) triturer.

triunfador, ra adj/m y f triomphateur.

triunfal adj triomphal.

triunfalismo m triomphalisme.

triunfante adj triomphant.

triunfar 1 intr triompher. **2** (fig) triompher. ■ **~ sobre su enemigo** triompher de son adversaire.

triunfo 1 m triomphe. **2** atout (naipe). **3** (fig) trophée. ■ **costar un ~** donner beaucoup de mal; **en ~** en triomphe.

trivial adj trivial, banal.

trivialidad f trivialité, banalité.

triza f morceau, miette. ■ **hacer trizas** réduire qqch en miettes (una cosa); tailler qqn en pièces (una persona o animal).

trocar 1 tr troquer. **2** (fig) mélanger (confundir). ● **3 ~se** pron se changer.

trocear tr couper en morceaux.

trofeo m trophée.

troglodita 1 adj/m o f troglodyte. **2** (fig) barbare. **3** (fig) glouton. ● **4** m ZOOL troglodyte.

trola f (fam) mensonge, bidon.

trolebús m trolleybus.

trolero, ra adj/m y f (fam) menteur.

tromba f trombe. ◆ **~ de agua** trombe d'eau; ■ **en ~** en trombe.

trombón m MÚS trombone (instrumento, músico). ◆ **~ de pistones** trombone à pistons; **~ de varas** trombone à coulisse.

trompa 1 f toupie. **2** (fam) cuite. **3** ZOOL trompe. ◆ **~ de Eustaquio** ANAT trompe d'Eustache; **~ de Falopio** ANAT trompe de Fallope; ■ **estar ~** (fam) être paf.

trompazo 1 m coup de trompe. **2** (fig) coup.

trompear intr Amér. frapper.

trompeta 1 f trompette (instrumento). ● **2** m trompettiste (músico).

trompetazo m coup de trompette.

trompetilla f cornet acoustique.

trompicar 1 tr faire trébucher. **2** (fig, fam) *promouvoir qqn d'une façon irrégulière.* ● **3** intr trébucher (tropezar).

trompicón m faux pas. ■ **a trompicones** par à-coups.

trompo 1 m toupie. **2** (fam) zéro (torpe).

tronado, da 1 adj nase. **2** (fig, fam) dingue. ● **3** m orage (tormenta).

tronar 1 impers tonner. ● **2** tr Amér. tuer. ● **3** intr tonner (un cañón). **4** (fig) tonner: *tronar contra la injusticia* = *tonner contre l'injustice.* ■ **está que truena** il est fou furieux.

tronchante adj (fam) tordant.

tronchar 1 tr y pron briser, abattre (un vegetal). ● **2** ~se pron se tordre (de risa).

troncho m tige (tallo).

tronco 1 m tronc. **2** (fam) pote (colega). **3** (fig) souche (ascendiente). ■ **dormir como un** ~ (fig, fam) dormir comme une souche.

tronera 1 f meurtrière. **2** fenêtre étroite (ventana).

trono 1 m trône. **2** (fig) trône: *el heredero del trono* = *l'héritier du trône.* ● **3 tronos** m pl REL trônes.

tropa 1 f cohue, foule (muchedumbre). **3** Amér. Merid. troupeau (de animales). ■ **en** ~ en troupe.

tropel 1 m cohue, pagaille (de gente). **2** MIL *sorte de détachement.* ■ **en** ~ en se bousculant.

tropelía f sauvagerie.

tropezar 1 intr trébucher, buter. **2** (~ con) se heurter à: *tropezar con un muro* = *se heurter à un mur.* ■ ~**se con alguien** tomber sur qqn.

tropezón, na 1 m faux pas. **2** (fig) (se usa más en pl) lardons, morceaux. ● **3** adj trébuchant. ■ **a tropezones** (fig, fam) clopin-clopant.

tropical adj tropical.

trópico m GEOG tropique.

tropiezo 1 m obstacle. **2** faux pas. **3** (fig) difficulté (impedimento). **4** (fig) glissade (desliz). **5** (fig) chamaillerie (riña).

tropo m RET trope.

troquel 1 m étampe, virole, coin (para metales). **2** coin.

troquelar tr étamper, estamper.

trotacalles m o f (fam) flâneur.

trotamundos m o f globe-trotter.

trotar 1 intr trotter (un caballo). **2** (fig, fam) trotter (una persona).

trote m trot. ◆ ~ **a la española** trot assis; ~ **a la inglesa** trot enlevé; ~ **cochinero** petit trot; ■ **¡al** ~**!** au trot!; **no estar para esos trotes** ne pas pouvoir suivre ce rythme; **para todo** ~ pour tout aller.

trovador 1 adj/m o f poète. ● **2** m troubadour.

trozo 1 m morceau. **2** partie: *sólo vi un trozo de la película* = *je n'ai vu qu'une partie du film.* ■ **a trozos** par endroits.

trucaje m trucage.

trucar 1 tr e intr truquer. ● **2** intr déposer la première mise.

trucha 1 f truite. **2** MEC chèvre. ● **3** m o f (fig, fam) coquin.

truco 1 m truc. **2** *sorte de sonnaille.* **3** CINE trucage, truquage. **4** Arg. jeu de cartes. ● **5 trucos** m pl jeu de billard.

truculento, ta adj truculent.

trueno 1 m tonnerre. **2** coup de tonnerre. **3** (fig, fam) écervelé.

trueque m échange, troc. ■ **en** ~ en échange.

trufa 1 f truffe (tubérculo). **2** *pâte de chocolat et beurre.*

truhán, na 1 adj/m y f truand. **2** plaisantin.

truncado, da adj tronqué.

truncar 1 tr tronquer; abréger (vida). **2** (fig) briser (esperanzas).

trust m ECON trust.

tu (pl **tus**) adj poses ton, ta: *tu perro* = *ton chien, tu casa* = *ta maison.*

> Debe emplearse **ton** en vez de **ta** ante nombres femeninos que empiecen por vocal o **h** muda: *tu amiga* = *ton amie.*

tú 1 pron tu: *tú no lo sabes* = *tu ne le sais pas.* **2** toi: *tú, ven aquí* = *toi, viens ici.* ■ **tratar de** ~ tutoyer.

tubérculo m tubercule.

tuberculosis f MED tuberculose.

tubería 1 f tuyau, conduite. **2** tuyauterie (conjunto de tuberías).

tubo 1 m tube. ◆ ~ **de ensayo** tube à essais; ~ **de escape** tube d'échappement; ~ **digestivo** tube digestif; ~ **lanzatorpedos** tube lance-torpilles.

tubular adj tubulaire.

tucán m toucan (ave).

tuerca f écrou. ■ **apretar las tuercas a alguien** serrer la vis à qqn.

tuerto, ta 1 *adj/m* y *f* borgne. ● **2** *m* tort.
● **3 tuertos** *m pl* tranchées utérines. ■ **a
tuertas** à l'envers; **a ~ o a derecho** à
tort et à travers.
tueste *m* grillage du pain.
tuétano *m* moelle. ■ **hasta los tuétanos**
(fig, fam) jusqu'à la moelle.
tufo 1 *m* relent. **2** patte (pelo). **3** tuf (piedra). ● **4 tufos** *m pl* (fig, fam) vanité.
tugurio 1 *m* cabane. **2** (fig) taudis, galetas.
tul *m* tulle.
tulipán *m* tulipe.
tullido, da *adj/m* y *f* estropié, perclus.
tullir 1 *tr* y *pron* estropier. ● **2** *intr* fienter
(las aves). ● **3 ~se** *pron* devenir perclus.
tumba 1 *f* tombe, tombeau. **2** cahot, va-
et-vient. ■ **ser una ~** (fig, fam) être silencieux comme une tombe.
tumbar 1 *tr* faire tomber, renverser. **2**
(fig, fam) étourdir. ● **3** *intr* tomber. ● **4
~se** *pron* s'allonger; se coucher. **5** (fig)
se relâcher.
tumbo 1 *m* cahot, culbute. **2** ondulation
(del mar, del terreno). **3** retentissement.
■ **ir dando tumbos** avancer par à-coups.
tumbona *f* transatlantique, chaisse longue.
tumefacto, ta *adj* tuméfié.
tumor *m* MED tumeur. ◆ **~ benigno** tumeur bénigne; **~ maligno** tumeur maligne.
tumulto 1 *m* tumulte. **2** émeute (revuelta).
tumultuoso, sa *adj* tumultueux.
tuna 1 *f petit orchestre d'étudiants*. **2** vie
errante.
tunda 1 *f* raclée, voilée. **2** tonde, tondure
(los paños).
tundir 1 *tr* tondre. **2** (fig, fam) rosser;
fouetter (azotar).
tundra *f* toundra.
túnel *m* tunnel. ◆ **~ de lavado** station de
lavage automatique.
tungsteno *m* QUÍM tungstène.
túnica *f* tunique.
tuno, na 1 *adj* coquin, fripon. ● **2** *m
membre d'une tuna*. **3** *figue d'une tuna*.
tuntún (al buen) *loc adv* au petit bonheur.
tupé *m* toupet.
tupido, da 1 *adj* épais, serré. **2** (fig) obtus.

tupir *tr* y *pron* serrer, comprimer.
turba 1 *f* tourbe (combustible). **2** tourbe,
foule (muchedumbre).
turbación *f* trouble (confusión).
turbamulta *f* (fam) foule, cohue.
turbante *m* turban.
turbar 1 *tr* y *pron* troubler. **2** (fig) troubler: *turbar el silencio = troubler le silence*.
turbina *f* turbine.
turbio, bia 1 *adj* trouble. **2** (fig) trouble.
3 (fig) louche, suspect (oscuro, confuso).
turbulencia *f* turbulence.
turbulento, ta 1 *adj* trouble (turbio). ● **2**
adj/m y *f* (fig) turbulent.
turgencia 1 *f* gonflement. **2** MED turges-
cence.
turgente 1 *adj* gonflé. **2** MED turgescent.
turismo 1 *m* tourisme. **2** AUT voiture par-
ticulière.
turista *adj/m* o *f* touriste.
turístico, ca *adj* touristique.
Turkmenistán *m* Turkménistan.
turnar 1 *intr* alterner. ● **2** *tr Méx*. DER remettre, délivrer. ● **3 ~se** *pron* se relayer:
*los dos equipos se turnan = les deux
équipes se relayent*.
turno *m* tour. ■ **de ~** de service, de garde;
por turnos tour à tour.
turquesa *adj* y *f* turquoise.
Turquía *f* Turquie.
turrón 1 *m* touron (dulce). **2** (fig, fam) sinécure, bénéfice.
turulato, ta *adj* (fam) hébété, ahuri.
tutear *tr* y *pron* tutoyer.
tutela 1 *f* tutelle. **2** (fig) protection. ◆ **~
legítima** tutelle légitime.
tutelar 1 *adj* tutélaire. **2** DER tutélaire.
tutelar *tr* tuteurer, mettre sous tutelle.
tuteo *m* tutoiement.
tutor, ra 1 *m* y *f* tuteur. **2** (fig) protecteur,
tuteur. ◆ **~ dativo** tuteur datif; **~ testamentario** DER tuteur testamentaire.
tuyo, ya (*pl* **tuyos, yas**) **1** *pron poses*
tien, tienne (*f*): *mi madre ha llegado y la
tuya no = ma mère est arrivée et la tienne non*. **2** à toi: *este coche es tuyo = cette voiture est à toi*. ■ **la tuya** (fam) la
tienne: *ahora es la tuya = maintenant
c'est la tienne*.

Uu

u *f* u.

u *conj* ou: *siete u ocho* = *sept ou huit*.

ubicación *f* emplacement, situation.

ubicar 1 *tr Amér.* situer, repérer. ● 2 *intr y pron* se trouver, être situé.

ubicuidad *f* ubiquité.

ubicuo, cua *adj* ubiquiste (omniprésent).

ubre *f* mamelle; pis.

UCI (*siglas de* **Unidad de Cuidados Intensivos**) *f* MED unité de soins intensifs.

Ucrania *f* Ukraine.

¡uf! 1 *interj* oh là là!, ouf! (sofoco, fastidio). 2 pouah!

ufanarse *pron* se vanter, s'enorgueillir.

ufano, na 1 *adj* suffisant (engreído). 2 fier, satisfait (orgulloso).

¡uh! *interj* ouf!, pouah!

ujier *m* huissier.

úlcera *f* MED ulcère.

ulterior *adj* ultérieur.

últimamente 1 *adv* finalement (por último). 2 dernièrement.

ultimar *tr* conclure: *ultimar un acuerdo* = *conclure un accord*.

ultimátum *m* ultimatum.

último, ma *adj* dernier: *es el último tren* = *c'est le dernier train*. ■ **a la última** à la dernière: *a la última moda* = *à la dernière mode*; **a últimos** à la fin: *se irá a últimos de año* = *il partira à la fin de l'année*; **estar en las últimas** être à la fin de la vie; **por ~** finalement.

ultra *adj/m o f* ultra (extremista).

ultrajante *adj* outrageant.

ultrajar *tr* outrager, injurier.

ultraje *m* outrage.

ultraligero, ra 1 *adj* très léger. ● 2 *m* AER U.L.M. (ultra léger motorisé).

ultramar *m* outre-mer.

ultramarino, na 1 *adj* ultramarin, d'outre-mer. ● 2 *m* (se usa más en *pl*) épicerie.

ultranza (*a*) *f* outrance. ■ **a ~** à outrance.

ultratumba 1 *f* outre-tombe. ● 2 *adv* outre-tombe.

ultravioleta *adj* FÍS ultraviolet.

ulular *intr* hululer.

umbilical *adj* ANAT ombilical.

umbral *m* seuil. ■ **en el ~ de** au seuil de.

umbrío, a *adj* ombreux, ombragé.

un, una (*pl* unos, unas) 1 *art* un, une (*f*): *una rosa* = *une rose*, *un águila* = *un aigle*. ● 2 *adj* (apócope de *uno*) → uno.

unánime *adj* unanime.

unanimidad *f* unanimité.

undécimo, ma *adj/m y f* onzième: *el undécimo día* = *l'onzième jour*.

ungir *tr* oindre.

ungüento *m* onguent.

unicameral *adj* unicaméral.

único, ca 1 *adj* unique. 2 seul (entre otros): *es el único que lo ha visto* = *c'est le seul qui l'a vu*. 3 (fig) unique, exceptionnel.

unidad 1 *f* unité. 2 MIL unité. ◆ **~ central** INF unité centrale; **~ monetaria** unité monétaire; **unidades de medida** unités de mesure.

unido, da *adj* uni.

unifamiliar *adj* unifamilial.

unificación *f* unification.

unificar *tr y pron* unifier.

uniformar 1 *tr y pron* uniformiser. ● 2 *tr* pourvoir d'un uniforme.

uniforme 1 *adj* uniforme. ● 2 *m* uniforme (traje). ◆ **~ de gala** uniforme de cérémonie; ■ **en** o **de ~** en uniforme.

uniformidad *f* uniformité.

uniformizar *tr* uniformiser.

unilateral *adj* unilatéral.

unión 1 *f* union. 2 union, association: *unión de sindicatos* = *union de syndicats*. 3 *Chile* entre-deux (de bordado). ◆ **~ aduanera** union douanière; **~ conyugal** union conjugale; ■ **la ~ hace la fuerza** l'union fait la force.

unipersonal *adj* unipersonnel.

unir 1 *tr* unir. 2 unir, réunir: *unir dos regiones* = *unir deux régions*. 3 lier (vincular). ● 4 *tr y pron* joindre. ● 5 **~se** *pron* s'unir, s'associer.

unisex *adj* unisexe.

unísono, na 1 *adj* unisson. ● 2 *m* MÚS unisson. ■ **al ~** (fig) à l'unisson.

u

unitario, ria adj y f unitaire.
universal 1 adj universel. • **2 universales** m pl FIL universaux.
universalidad f universalité.
universidad f université: *estudiar en la universidad = étudier à l'université.*
universitario, ria adj/m y f universitaire.
universo, sa 1 m univers. • **2** adj universel.
unívoco, ca adj univoque.
uno, una (pl unos, unas) **1** adj un, une (f): *una o dos veces = une ou deux fois.* • **2** art un, une (f): *un juego = un jeu.* • **3** pron un, une (f): *tiene tres coches y su mujer uno = il a trois voitures et sa femme une.* **4** l'un, l'une (f) (entre varios): *uno de los autores más conocidos = l'un des auteurs les plus connus.* • **5** unos, unas art des, quelques: *unos zapatos = des chaussures, unos meses más tarde = quelques mois plus tard.* ■ a una tous ensemble; **cada ~** chacun: *cada uno sabe el resultado = chacun sait le résultat;* **de ~ en ~** l'un après l'autre: *andar de uno en uno = marcher l'un après l'autre;* **ni ~ pas un; ~ a otro** l'un l'autre; **~ a ~** un à un; **~ de dos** de deux choses l'une; **~ mismo** soi-même; **~ por ~** un à un; **~ y otro** l'un et l'autre.
untar 1 tr graisser; enduire: *untar con vaselina = enduire de vaseline.* **2** (fig, fam) graisser la patte (sobornar). • **3 ~se** pron se tacher.
untuoso, sa adj onctueux.
untura f graissage.
uña 1 f ongle. **2** ZOOL griffe (garra). **3** ZOOL sabot (casco). ■ a ~ de caballo (fig, fam) ventre à terre, très vite; **comerse las uñas** ronger ses ongles; **enseñar las uñas** (fig, fam) montrer les dents; **ser ~ y carne** (fig, fam) être comme les deux doigts de la main.
uñero m panaris (inflamación del dedo); ongle incarné.
uralita® f fibrociment.
uranio, nia m QUÍM uranium.
Urano 1 m Uranus (dios). **2** ASTR Uranus.
urbanidad f urbanité, politesse.
urbanismo m urbanisme.
urbanización 1 f urbanisation. **2** ensemble résidentiel (de casas).
urbanizar 1 tr urbaniser. • **2** tr y pron civiliser, rendre sociable.

urbano, na 1 adj urbain. **2** (fig) poli, courtois. • **3** m (fam) agent de police.
urbe f ville, métropole.
urdimbre 1 f ourdissage. **2** (fig) machination.
urdir 1 tr ourdir. **2** (fig) ourdir, machiner (tramar).
urgencia 1 f urgence. • **2 urgencias** f pl MED service des urgences.
urgente adj urgent.
urgir intr urger, presser; être urgent.
úrico, ca adj urique.
urinario, ria 1 adj urinaire. • **2** m urinoir.
urna f urne. ■ acudir a las urnas aller aux urnes (votar).
urraca f ZOOL pie.
urticaria f MED urticaire.
Uruguay m Uruguay.
uruguayo, ya 1 adj uruguayen. • **2** m y f Uruguayen.
usado, da adj usé, vieux; usagé.
usanza f usage. ■ a la antigua ~ à l'ancienne mode.
usar 1 tr utiliser, employer. **2** porter: *usar gafas = porter des lunettes.* • **3** intr user de, faire usage de.
uso 1 m usage. **2** usage, coutume. ◆ ~ de razón âge de raison; **al ~** à la mode; **en buen ~** en bon état; **fuera de ~** hors d'usage; **hacer ~ de** faire usage de; **para ~ de** à l'usage de.
usted pron vous: *usted es muy amable = vous êtes très aimable.* ■ tratar de ~ vouvoyer.
usual adj usuel, courant.
usuario, ria adj/m y f usager.
usufructo m usufruit.
usufructuario, ria adj/m y f usufruitier.
usura f usure.
usurero, ra m y f usurier.
usurpación f usurpation.
usurpar tr usurper.
utensilio m (se usa más en pl) ustensile.
uterino, na adj utérin.
útero m ANAT utérus.
útil 1 adj utile. • **2** m (se usa más en pl) outil.
utilidad 1 f utilité. **2** profit, bénéfice.
utilitario, ria 1 adj utilitaire. • **2** adj y m utilitaire (vehículo).
utilización f utilisation.
utilizar tr y pron utiliser.
utillaje m outillage.
utopía o **utopia** f utopie.

329 valía

utópico, ca *adj* utopique.
uva *f* raisin. ◆ ~ moscatel raisin muscat; ~ pasa raisin sec; ■ tener mala ~ (fig, fam) être de mauvais poil.

uve *f* v. ◆ ~ doble w.
UVI *f* → uci.
¡uy! *interj* aïe!
Uzbekistán *m* Ouzbékistan.

v *f* v. ◆ ~ doble double v (w).
vaca 1 *f* vache (animal). 2 bœuf (carne). ◆ ~ lechera vache laitière; ~ marina vache marine; vacas flacas vaches maigres; vacas gordas vaches grasses (abundancia).
vacación 1 *f* (se usa más en *pl*) vacance: *las vacaciones de Navidad = les vacances de Noël.* 2 congé: *vacaciones pagadas = congés payés.* ◆ vacaciones escolares vacances scolaires; ■ ir de vacaciones partir en vacances.
vacante 1 *adj* vacant. ● 2 *f* vacance.
vacar *intr* vaquer; être vacant.
vaciar 1 *tr y pron* vider. 2 *tr* évider (dejar hueco). 3 mouler (el yeso). 4 affûter. ● 5 *intr* déboucher (los ríos).
vacilar 1 *intr* vaciller, balancer. 2 (fig) vaciller, hésiter: *vaciló en aceptar = il a hésité à accepter.* 3 (fig, fam) charrier.
vacío, a 1 *adj* vide: *las calles estan vacías = les rues sont vides.* 2 (fig) vide, creux. 3 (fig) vain, prétentieux. ● 4 *m* vide: *la muerte deja un gran vacío = la mort laisse un grand vide.* 5 vide, abîme.
vacuna 1 *f* vaccin: *vacuna antirrábica = vaccin antirabique.* 2 vaccine (que preserva de las viruelas).
vacunar 1 *tr* vacciner. ● 2 ~se *pron* se faire vacciner.
vacuno, na *adj y m* bovin.
vacuo, cua 1 *adj* vide. 2 vacant.
vadear 1 *tr* traverser à gué. 2 (fig) surmonter, franchir. ● 3 ~se *pron* se conduire.
vado 1 *m* gué (de un río). 2 bateau (de una acera).
vagabundear *intr* vagabonder.
vagabundo, da *adj/m y f* vagabond.
vagancia 1 *f* vagabondage. 2 oisiveté (ociosidad).
vagar 1 *m* temps libre. 2 calme, lenteur.

vagar 1 *intr* traîner, flâner. 2 être oisif (estar ocioso).
vagina *f* ANAT vagin.
vago, ga 1 *adj* vague, imprécis. 2 flou (color, idea, trazo). ● 3 *adj/m y f* fainéant.
vagón *m* wagon. ◆ ~ cisterna wagon-citerne; ~ de pasajeros wagon à passagers; ~ restaurante wagon-restaurant.
vagoneta *f* wagonnet.
vaguada *f* thalweg.
vaguear *intr* → vagar.
vaguedad 1 *f* vague. 2 imprécision.
vaharada *f* bouffée.
vahído *m* étourdissement.
vaho 1 *m* vapeur, buée. ● 2 vahos *m pl* inhalation.
vaina 1 *f* gaine, fourreau. 2 cosse (de legumbre). ● 3 *m* (fig, fam) imbécile, pauvre type.
vainilla *f* vanille.
vaivén 1 *m* va-et-vient. 2 (fig) instabilité, vicissitude.
vajilla *f* vaisselle.
vale 1 *m* bon: *vale de caja = bon de caisse.* 2 billet à ordre (pagaré).
valentía 1 *f* valeur, vaillance. 2 fanfaronnade. 3 hardiesse, vigueur.
valentonada o valentona *f* fanfaronnade.
valer 1 *tr* valoir: *esto vale mucho dinero = cela vaut beaucoup d'argent.* 2 (fig) valoir, causer. 3 compter: *este resultado no vale = ce résultat ne compte pas.* 4 (~ para) servir à. 5 (~ por) compter pour: *esta mujer vale por dos = cette femme compte pour deux.* ● 6 ~se *pron* (~se de) se valoir de, se servir de: *valerse de sus derechos = se servir de ses droits*; s'aider de. ■ más vale il vaut mieux; ¡vale! d'accord.
valeroso, sa 1 *adj* courageux, valeureux. 2 précieux (de mucho valor).
valía *f* valeur.

válido

válido, da *adj* valide, valable.

valiente 1 *adj* courageux, vaillant. **2** (fig, irón) grand, fameux: *¡valiente amigo eres! = tu es un fameux ami!*

valija 1 *f* valise. **2** sacoche (de correos). ◆ **~ diplomática** valise diplomatique.

valimiento 1 *m* faveur. **2** protection, défense (amparo).

valla 1 *f* clôture, palissade; estacade. **2** (fig) obstacle. **3** DEP haie. ◆ **~ publicitaria** panneau publicitaire.

vallado *m* clôture.

vallar *tr* palissader.

valle *m* vallée.

valor 1 *m* valeur, prix: *el valor de un terreno = la valeur d'un terrain.* **2** valeur, vaillance: *armarse de valor = s'armer de valeur.* **3** insolence, effronterie: *tuvo el valor de negarlo = il a eu l'effronterie de le nier.* **4** ART, MÚS valeur. ● **5** *m pl* FIN valeurs. ◆ **~ en cartera** valeur en portefeuille; **~ nominal** valeur nominale; **valores fiduciarios** valeurs fiduciaires; **valores mobiliarios** valeurs mobilières.

valorar 1 *tr* priser (poner precio). **2** estimer, évaluer.

valorizar 1 *tr* valoriser. **2** estimer (valorar).

vals *f* valse.

válvula 1 *f* valve, clapet; soupape (de un motor). **2** ANAT valvule. ◆ **~ de escape** soupape d'échappement; **~ de mariposa** papillon; **~ de seguridad** soupape de sûreté; **~ mitral** ANAT valvule mitrale; **~ tricúspide** ANAT valvule tricúspide.

vampiresa 1 *f* vamp. **2** femme fatale.

vampiro *m* vampire.

vanagloria *f* vaine gloire, gloriole.

vanagloriarse *pron* se glorifier, se vanter.

vandálico, ca *adj* vandalique.

vandalismo *m* vandalisme.

vándalo, la *adj/m y f* vandale.

vanguardia *f* avant-garde. ■ **estar en la ~** être à l'avant-garde; **de ~** d'avant-garde.

vanguardismo *m* avant-gardisme.

vanidad *f* vanité.

vanidoso, sa *adj* vaniteux, infatué.

vano, na 1 *adj* vain; futile; inutile. **2** vaniteux. ● **3** *m* ARQ embrasure. ■ **en ~** en vain, inutilement.

vapor 1 *m* vapeur. ■ **al ~** (fig, fam) à vapeur (rápidamente); **a todo ~** à toute vapeur.

vaporoso, sa 1 *adj* vaporeux. **2** (fig) vaporeux, léger.

vapulear 1 *tr y pron* frapper, rosser. ● **2** *tr* (fig) critiquer, éreinter.

vapuleo 1 *m* rossée. **2** (fig) critique, éreintement.

vara 1 *f* perche (rama). **2** baguette (de una autoridad). ◆ **~ alta** (fig) autorité, influence.

varar 1 *intr* (fig) échouer. **2** *Amér.* (fig) tomber en panne.

variable 1 *adj* variable, changeant. ● **2** *f* MAT variable.

variación 1 *f* variation, changement. **2** MÚS variation.

variado, da *adj* varié.

variante 1 *f* variante. **2** déviation (de carretera).

variar 1 *tr* varier, diversifier. ● **2** *intr* varier, modifier.

variedad 1 *f* variété. **2** BOT, ZOOL variété. ● **3 variedades** *f pl* variétés.

varilla 1 *f* baguette. **2** baleine (del paraguas). **3** tringle (de cortinas).

vario, ria 1 *adj* divers, différent. ● **2 varios** *adj pl* plusieurs: *varias veces = plusieurs fois.* ● **3** *pron indef* quelques-uns: *varios se van de viaje = quelques-uns partent en voyage.*

variopinto, ta *adj* bigarré, bariolé.

variz *f* varice.

varón *m* homme; garçon: *no ha tenido ningún varón = il n'a pas eu de garçon.* ◆ **hijo ~** enfant mâle; **santo ~** brave homme.

varonil *adj* viril.

vasco, ca 1 *adj* basque. ● **2** *m y f* Basque. ● **3** *m* basque (lengua).

vaselina *f* vaseline.

vasija *f* pot, récipient.

vaso 1 *m* verre. **2** ANAT, BOT vaisseau. ■ **ahogarse en un ~ de agua** se noyer dans un verre d'eau.

vástago 1 *m* rejeton, rejet. **2** (fig) rejeton, descendant. **3** *C. Rica, Venez.* tige (del plátano).

vasto, ta *adj* vaste; immense.

váter 1 *m* water. **2** toilette.

Vaticano *m* Vatican.

vaticinar *tr* prédire; pronostiquer.

vatio *m* ELEC watt.

vaya 1 *f* raillerie (burla). ● **2 ¡vaya!** *interj* super! (satisfacción); non! (decepción). **3** (seguido de *sust*) quel, quelle (*f*): *¡vaya mujer! = quelle femme!*

vecinal *adj* vicinal.
vecindad 1 *f* voisinage. **2** voisins.
vecindario *m* voisinage.
vecino, na 1 *adj/m* y *f* voisin. • **2** *m* y *f* voisin, habitant. • **3** *adj* (fig) voisin, semblable.
vedar *tr* interdire; défendre.
vedette *f* vedette (artista).
vega 1 *f* plaine fertile. **2** *Cuba* plantation de tabac.
vegetación 1 *f* végétation. • **2 vegetaciones** *f pl* MED végétations. ◆ **~ adenoidea** MED végétation adénoïde.
vegetal *adj* y *m* végétal.
vegetar 1 *intr* végéter. **2** (fig) végéter: *no hace nada; solamente vegeta* = il ne fait rien; seulement végète.
vegetariano, na *adj/m* y *f* végétarien.
vehemencia *f* véhémence.
vehemente *adj* véhément.
vehículo 1 *m* véhicule (transporte). **2** (fig) véhicule. ◆ **~ espacial** véhicule spatial.
veinte 1 *adj* y *m* vingt. • **2** *adj* vingtième.
vejación *f* vexation.
vejatorio, ria *adj* vexatoire.
vejestorio *m* (desp) birbe, viellard.
vejez *f* vieillesse. ■ **a la ~, viruelas** prendre sur le tard.
vejiga 1 *f* vessie. **2** ampoule; cloque (ampolla). ◆ **~ natatoria** ZOOL vessie natatoire.
vela 1 *f* veille (vigilia). **2** veillée (de un enfermo). **3** bougie, chandelle (cilindro de cera). **4** MAR voile. ◆ **~ cuadra** MAR voile carrée; **~ latina** MAR voile latine; **~ mayor** MAR grand-voile; ■ **alzar velas** (fig, fam) partir rapidement; **estar a dos velas** (fig, fam) être sans le sou; **no dar ~ en un entierro** ne pas demander l'avis.
velada *f* soirée; veillée.
velador, ra 1 *adj/m* y *f* veilleur. • **2** *m* guéridon (mesita). • **3** *f* *Amér.* lampe de chevet.
velar 1 *intr* y *tr* veiller. • **2** *tr* y *pron* voiler. **3** (fig) voiler, cacher.
velatorio *m* veillée (de un difunto).
velcro *m* velcro.
veleidad *f* velléité.
velero, ra 1 *adj* à voile. • **2** *m* voilier (embarcación).
veleta 1 *f* girouette. • **2** *m* o *f* (fig) girouette.
vello *m* duvet.

vellosidad *f* villosité.
velo 1 *m* voile. **2** voilette (fijado en un sombrero). ◆ **~ del paladar** voile du palais; ■ **correr un tupido ~ sobre** jeter un voile sur; **tomar el ~** REL prendre le voile.
velocidad *f* vitesse. ◆ **~ angular** vitesse angulaire; **~ de crucero** vitesse de croisière; ■ **a toda ~** à toute vitesse; **cambiar de ~** changer de vitesse; **perder ~** être en perte de vitesse.
velocista *m* o *f* DEP sprinter.
velódromo *m* vélodrome.
veloz *adj* véloce; rapide.
vena 1 *f* veine, filon. **2** veine, veinure (en la madera). **3** veine (en plantas). **4** (fig) veine, inspiration. **5** ANAT veine. ◆ **~ cava** ANAT veine cave; **~ coronaria** ANAT veine coronaire; **~ porta** veine porte.
venado 1 *m* cerf (ciervo). **2** grand gibier.
vencedor, ra *adj/m* y *f* vainqueur.
vencer 1 *tr* vaincre; battre. **2** vaincre, surmonter. **3** franchir: *vencer una distancia* = franchir une distance. **4** *intr* échoir, expirer. • **5** *intr* y *pron* dominer, retenir. • **6** ~se *pron* se tordre, se courber.
vencido, da *adj/m* y *f* vaincu. ■ **darse por ~** s'avouer vaincu.
vencimiento 1 *m* défaite (derrota). **2** victoire. **3** échéance (de un plazo); expiration. **4** (fig) torsion.
venda *f* bandage, bande. ■ **se le cayó la ~ de los ojos** les écailles lui sont tombées des yeux; **tener una ~ en los ojos** avoir un bandeau sur les yeux.
vendaje 1 *m* bandage. **2** *Amér.* prime, surplus.
vendar *tr* bander.
vendaval *m* vent violent.
vendedor, ra *adj/m* y *f* vendeur. ◆ **~ ambulante** marchand *o* vendeur ambulant.
vender 1 *tr* vendre. **2** (fig) vendre, trahir. • **3** ~se *pron* se vendre (dejarse sobornar). ■ **se vende** à vendre; **~ a subasta** vendre aux enchères; **~ al por mayor** vendre en gros; **~ al por menor** vendre au détail; **~ cara una cosa** (fig, fam) vendre cher.
vendimia *f* vendange.
vendimiar *tr* vendanger.
veneno 1 *m* poison; venin (de un animal). **2** (fig) venin.
venenoso, sa *adj* vénéneux.
venerar *tr* vénérer.

venéreo, a *adj* MED vénérien.
venezolano, na **1** *adj* vénézuélien. ● **2** *m* y *f* Vénézuélien.
Venezuela *m* Venezuela.
venganza *f* vengeance.
vengar *tr* y *pron* venger.
vengativo, va *adj* vindicatif.
venia **1** *f* pardon. **2** permission; autorisation. ■ con la ~ avec l'autorisation.
venial *adj* véniel.
venida **1** *f* venue, arrivée. **2** crue (de un río).
venidero, ra **1** *adj* futur, à venir. ● **2** venideros *m pl* successeurs. ■ en lo ~ dans le futur.
venir **1** *intr* venir. **2** (~ de) venir de, provenir. **3** ~ a + inf revenir: *viene a ser lo mismo* = *cela revient au même*. ■ ¿a qué viene esto? ça rime à quoi?; ¡venga! allez!
venta **1** *f* vente. **2** auberge (posada). ◆ ~ al por mayor vente en gros; ~ al por menor vente au détail; ~ por correspondencia vente par correspondance; ~ pública vente publique; ■ en ~ en vente.
ventaja **1** *f* avantage: *tener ventaja sobre los demás* = *avoir avantage sur les autres*. **2** avantage, bénéfice. **3** DEP avantage (tenis).
ventajista *adj/m* o *f* profiteur.
ventajoso, sa *adj* avantageux.
ventana **1** *f* fenêtre. **2** ANAT narine. ◆ ~ de guillotina fenêtre à guillotine; ■ arrojar algo por la ~ jeter qqch par la fenêtre.
ventanal *m* baie vitrée.
ventanilla **1** *f* guichet. **2** fenêtre (del coche); hublot (del barco). **3** fenêtre, blanc. **4** ANAT narine.
ventear **1** *impers* venter. ● **2** *tr* flairer. **3** (fig) fureter.
ventilación *f* aération; ventilation: *la ventilación de una habitación* = *la ventilation d'une chambre*. ◆ ~ térmica ventilation thermique.
ventilador *m* ventilateur.
ventilar **1** *tr* y *pron* ventiler, aérer. ● **2** *tr* (fig) élucider, clarifier.
ventisca **1** *f* bourrasque (de nieve). **2** vent violent.
ventolera *f* coup de vent.
ventosa **1** *f* ventouse (abertura). **2** MED ventouse.
ventosear *intr* y *pron* péter.
ventosidad *f* ventosité, pet.

ventoso, sa *adj* venteux, venté.
ventrículo *m* ANAT ventricule.
ventrílocuo, cua *adj/m* y *f* ventriloque.
ventura **1** *f* bonheur (dicha). **2** contingence; éventualité. ■ a la buena ~ à l'aventure; por ~ par aventure.
venturoso, sa **1** *adj* heureux. **2** verni (sortudo).
Venus **1** *f* Vénus (diosa). ● **2** *m* ASTR Vénus.
ver **1** *tr* voir. **2** voir, visiter: *ir a ver a alguien* = *aller voir qqn*. ● **3** ~se *pron* se voir, se sentir: *verse en un estado lamentable* = *se voir dans un état lamentable*. **4** se voir, se fréquenter: *se ven todas las mañanas* = *ils se voient tous les matins*. ■ a mi modo de ~ à mon avis; a ~ voyons; no tener nada que ~ n'avoir aucun rapport; no ~ tres en un burro n'y voir que du feu; ~ las estrellas (fig) en voir trente-six chandelles; ~ para creer voir pour croire; ~ todo negro voir tout en noir; vérselas con alguien avoir affaire à qqn; ya veremos on verra bien.
veraneante *adj/m* o *f* estivant.
veranear *intr* estiver.
veraniego, ga *adj* estival.
verano *m* été.
veras *f pl* réalité; vérité. ■ de ~ vraiment.
veraz *adj* véritable; véridique.
verbal *adj* verbal.
verbena **1** *f* fête populaire nocturne. **2** BOT verveine.
verbo **1** *m* verbe (tono de voz). **2** GRAM verbe. **3** REL Verbe.
verborrea *f* (fam) verbosité.
verdad **1** *f* vérité. **2** vrai: *poseer la verdad* = *posséder le vrai*. ■ a decir ~ à vrai dire; a la ~ à la vérité; de ~ pour de vrai; vraiment; decir las cuatro verdades (fig, fam) dire ses quatre vérités; en ~ en vérité; ¿verdad? n'est-ce pas?
verdadero, ra *adj* véritable, vrai.
verde **1** *adj/m* o *f* vert. ● **2** *adj* (fig) obscène, indécent. ● **3** los verdes *m pl* les verts (partido político). ◆ ~ botella vert bouteille; ~ oliva vert olive; ■ poner ~ a alguien traiter quelqu'un de tous les noms.
verdear **1** *intr* verdir. **2** verdoyer (brotar).
verdor *m* verdure (de los vegetales). **2** vert (color). **3** (fig) (se usa más en *pl*) verdeur.
verdoso, sa *adj* verdâtre.
verdugo **1** *m* rejeton (de un árbol). **2** fouet (látigo). **3** bourreau; exécuteur.

verdulería f magasin de légumes.
verdulero, ra 1 *m y f* marchand de légumes. ● 2 *f* (fig, fam) poissarde.
verdura 1 *f* verdure (color). 2 (se usa más en *pl*) légumes.
vereda 1 *f* sentier. 2 *Amér. Merid.* trottoir. ■ **hacer entrar por ~** (fig, fam) remettre dans le droit chemin.
veredicto *m* verdict.
verga 1 *f* baguette, verge (palo). 2 ANAT verge. 3 MAR vergue.
vergonzoso, sa *adj/m y f* honteux; timide (una persona).
vergüenza 1 *f* honte. ● 2 **vergüenzas** *f pl* génitaux. ■ **perder la ~** perdre toute retenue; **¡qué ~!** quelle honte!; **ser la ~** faire la honte; **ser un poca ~** avoir du culot.
vericueto *m* lieu escarpé.
verídico, ca *adj* véridique.
verificación *f* vérification.
verificar 1 *tr* vérifier, prouver: *verificar un cálculo matemático = vérifier un calcul mathématique*; examiner. ● 2 *tr y pron* réaliser; effectuer.
verja *f* grille.
verosímil 1 *adj* vraisemblable. 2 croyable.
verruga *f* verrue.
verrugoso, sa *adj* verruqueux.
versado, da *adj* versé.
versar 1 *intr* tourner autour. 2 (~ *sobre*) porter sur, traiter de: *la lección versaba sobre los verbos = la leçon portait sur les verbes*.
versátil 1 *adj* versatile, inconstant.
versión *f* version.
verso *m* vers. ◆ **~ alejandrino** vers alexandrin; **~ blanco** vers blanc; **~ libre** vers libre.
vértebra *f* ANAT vertèbre.
vertebrado, da 1 *adj/m y f* vertébré. ● 2 **vertebrados** *m pl* ZOOL vertébrés.
vertebral *adj* vertébral.
vertedero *m* dépotoir; vidoir.
verter 1 *tr y pron* verser, renverser: *verter el café en la mesa = verser le café sur la table*. ● 2 *tr* traduire. 3 (fig) énoncer (decir).
vertical 1 *adj* vertical. ● 2 *f* GEOM verticale.
vértice *m* GEOM sommet.
vertido 1 *m* déversement. ● 2 **vertidos** *m pl* résidus.
vertiente 1 *amb* versant, pente. ● 2 *f* (fig) tendance, aspect.

vertiginoso, sa *adj* vertigineux.
vértigo *m* vertige. ■ **tener ~** éprouver du vertige.
vesícula *f* vésicule. ◆ **~ biliar** vésicule biliaire.
vespa® *f* AUT vespa (motocicleta).
vespertino, na 1 *adj* vespéral, du soir. ● 2 *m o f* REL vespéral (sermón).
vespino® *f* AUT mobylette.
vestíbulo 1 *m* vestibule. 2 ANAT vestibule.
vestido, da 1 *adj* habillé, vêtu. ● 2 *m* vêtement. 3 robe (de femme).
vestidura 1 *f* vêtement. 2 REL habit. ■ **rasgarse las vestiduras** crier au scandale.
vestigio 1 *m* vestige. 2 vestige, trace (señal).
vestimenta *f* vêtement.
vestir 1 *tr y pron* habiller. ● 2 *tr* porter. 3 (fig) habiller: *vestir el discurso = habiller le discours*. ● 4 *intr* habiller bien. 5 s'habiller.
vestuario 1 *m* vestiaire. 2 garde-robe (conjunto de trajes). 3 TEAT costumes.
veta 1 *f* veine. 2 *Ecuad.* sorte de lanière.
vetar *tr* mettre son veto à.
veteranía *f* ancienneté, longue expérience.
veterano, na *adj/m y f* vétéran.
veterinario, ria *adj/m y f* vétérinaire.
veto *m* veto.
vetusto, ta *adj* vétuste.
vez 1 *f* fois. 2 coup: *de una sola vez = d'un seul coup*. 3 tour: *perder la vez = perdre son tour*. ■ **a la ~** en même temps; **a veces** parfois, quelquefois; **cada ~ más** de plus en plus; **cada ~ menos** de moins en moins; **cada ~ que** chaque fois que; **de una ~ para siempre** une bonne fois pour toutes; **de ~ en cuando** de temps en temps; **en ~ de** au lieu de; **érase una ~** il était une fois; **otra ~** encore un fois; **de nuevo** (de nuevo); **tal ~** peut-être; **una ~ y otra ~** à mantes reprises, coup sur coup.
vía *f* voie. ◆ **~ aérea** par avion; **~ férrea** voie ferrée; **~ láctea** voie lactée.
viabilidad *f* viabilité.
viable *adj* viable.
viaducto *m* viaduc.
viajante 1 *adj/m o f* voyageur. ● 2 *m* voyageur de commerce.
viajar *tr* voyager.
viaje 1 *m* voyage. 2 (fam) coup. 3 (fig) trip (alucinación). ◆ **~ de ida y vuelta** voyage aller-retour; **~ de novios** voya-

ge de noces; ■ ¡buen ~! bon voyage!;
estar de ~ être en voyage; **irse de ~**
partir en voyage.
viajero, ra *adj/m y f* voyageur.
vial 1 *adj* routière. ● **2** *m* allée.
vianda *f* victuaille.
viandante 1 *m o f* piéton. **2** voyageur à
pied. **3** vagabond.
víbora *f* vipère. **2** (fig) vipère (persona).
vibración *f* vibration.
vibrador, ra 1 *adj* qui vibre. ● **2** *m* vibreur, vibrateur.
vibrar *intr* vibrer.
vibratorio, ria *adj* vibratoire.
vicario, ria 1 *adj* vicaire. ◆ **~ general** grand vicaire *o* vicaire général.
viceversa *adv* vice versa; vice-versa.
viciar 1 *tr y pron* pervertir. ● **2** *tr* corrompre. **3** DER vicier. ● **4 -se** *pron* prendre la
mauvaise habitude de. **5** devenir vicié (el
aire).
vicio 1 *m* vice. **2** mauvaise habitude. ■
quejarse de puro ~ se plaindre par habitude.
vicioso, sa *adj/m y f* vicieux.
vicisitud *f* vicissitude.
víctima *f* victime.
victoria 1 *f* victoire. **2** victoria (coche). **3**
BOT victoria. ■ **cantar ~** chanter victoire.
victorioso, sa *adj/m y f* victorieux.
vid *f* vigne.
vida 1 *f*. ◆ **~ color de rosa** la vie en rose; **~ de perros** vie de chien; ■ **de ~ o
muerte** de vie ou de mort; **en la ~ de la
vie;** **¡esto es vida!** c'est la belle vie!; **ganarse la ~** gagner sa vie; **vivir su ~** vivre sa vie.
vidente 1 *adj* voyant. ● **2** *m o f* voyant.
vídeo *m* vidéo.
videocámara *f* caméra vidéo.
videocaset *m* vidéocassette.
videoclip *m* vidéoclip.
videoclub *m* vidéoclub.
videoconferencia *f* vidéoconférence.
videoconsola *f* vidéoconsole.
videodisco *m* vidéodisque.
videojuego *m* jeu vidéo.
videotex *m* → videotexto.
videotexto *m* vidéotex.
vidorra *f* (fam) vie de débauche *o* de pa-
tachon.
vidriera *f* vitrail, vitrage.
vidriero, ra *m y f* vitrier.

vidrio *m* verre.
vidrioso, sa 1 *adj* vitreux. **2** (fig) vitreux.
viejo, ja 1 *adj/m y f* (fam) vieux, père, vieille *(f)*, mère *(f)* (padres).
■ **hacerse ~** se faire vieux.
viento 1 *m* vent. **2** flair (olfato). ◆ **instrumentos de ~** instruments à vent; ■ **ir ~
en popa** aller à bon vent.
vientre *m* ventre. ■ **ir de ~** aller à la selle.
viernes *m* vendredi.
viga 1 *f* poutre. **2** solive (transversal). ◆ **~
maestra** poutre maîtresse.
vigencia *f* vigueur, validité.
vigente *adj* en vigueur. ■ **estar ~** être en
vigueur.
vigésimo, ma *adj/m y f* vingtième.
vigía 1 *m o f* guetteur. ● **2** *f* vigie, guet
(acción). **3** vigie, poste de guet (lugar).
vigilancia *f* surveillance, vigilance.
vigilante 1 *adj* vigilant, surveillant. ● **2** *m
o f* surveillant; vigile (de noche).
vigilar *tr e intr* surveiller, veiller.
vigilia 1 *f* vigile (de una fiesta). **2** veille
(víspera, privación de sueño). **3** REL vigile. ◆ **día de ~** jour maigre.
vigor 1 *m* vigueur. **2** DER vigueur. ■ **en ~**
en vigueur.
vigorizar *tr y pron* fortifier.
vigoroso, sa *adj* vigoureux.
VIH (*siglas de* virus de inmunodeficiencia humana) *m* VIH.
vil *adj/m o f* vil. ◆ **garrote ~** garrote vil
(tortura).
vileza *f* vilenie.
vilipendiar *tr* vilipender.
villa 1 *f* ville (población). **2** villa (casa).
villancico *m* chant de Nöel, nöel.
villanía *f* vilenie.
villano, na 1 *adj/m y f* villageois. **2** (fig)
vilain, malfrat.
vilo (en) *loc* en l'air, en suspens.
vinagre *m* vinaigre.
vinagrera 1 *f* vinaigrier. **2** oseille (acedera). **3** *Amér. Merid.* aigreur, acidité (acedía). ● **4 vinagreras** *f pl* huilier, huilier-
vinaigrier.
vinagreta *f* vinaigrette.
vinculación 1 *f* lien (vínculo). **2** inalié-
nation.
vinculante *adj* qui lie.
vincular 1 *tr y pron* lier, rapprocher. ● **2**
tr (fig) (~ **en**) fonder sur. **3** (fig) perpétuer.

vínculo 1 *m* lien. **2** (fig) lien. **3** DER inaliénabilité.

vindicar 1 *tr y pron* venger (vengar). **2** défendre (defender). ● **3** *tr* DER revendiquer (reivindicar).

vinícola *adj* vinicole.

vino *m* vin. ◆ ~ **blanco** vin blanc; ~ **de crianza** grand cru; ~ **de mesa** vin de table; ~ **rosado** vin rosé; ~ **seco** vin sec; ~ **tinto** vin rouge; ~ **peleón** (fam) piquette, gros vin, vinasse.

vinoso, sa *adj* vineux.

viña *f* vigne.

viñedo *m* vignoble.

viñeta 1 *f* vignette. **2** cul-de-lampe (al final de un capítulo).

violación 1 *f* viol (de alguien); violation (de algo). **2** DER violation.

violado, da *adj/m y f* violacé.

violar *tr* violer.

violencia *f* violence.

violentar 1 *tr* violenter, violer. **2** (fig) violer. ● **3** *tr y pron* faire violence.

violento, ta 1 *adj* violent. **2** gênant.

violeta 1 *adj y m* violet. ● **2** *f* BOT violette.

violín 1 *m* violon (instrumento). **2** violon (músico).

violinista *m o f* violoniste.

violonchelo *m* violoncelle.

viperino, na 1 *adj* vipérin. **2** (fig) vipérin. ◆ **lengua viperina** langue de vipère.

viraje 1 *m* virage. **2** (fig) virage (cambio). **3** FOT virage.

virar 1 *tr* e *intr* MAR virer. ● **2** *tr* FOT virer. ● **3** *intr* virer.

virgen *adj/m o f* vierge. ◆ **la Virgen María** la Vierge Marie; ■ **ser un viva la ~** être un vive-la-joie.

virginal *adj* virginal.

virginidad *f* virginité.

virgo 1 *adj/m o f* vierge (persona). ● **2** *m* ANAT hymen. **3** Virgo ASTR Vierge.

virguería *f* (fam) merveille, bijou.

viril 1 *adj* viril. ● **2** *m* verre transparent. **3** REL custode.

virilidad *f* virilité.

virtual *adj* virtuel.

virtualidad *f* virtualité.

virtud *f* vertu. ■ **en ~ de** en vertu de.

virtuosismo *m* virtuosité.

virtuoso, sa *adj/m y f* virtuose.

viruela *f* pétite vérole, variole. ◆ **picado de viruelas** grêlé.

virulencia *f* virulence.

virulento, ta 1 *adj* virulent. **2** (fig) virulent.

virus 1 *m* virus. **2** INF virus.

viruta *f* copeau.

visa *f* *Amér.* visa.

visado *m* visa.

visar 1 *tr* viser. **2** MIL viser.

víscera *f* ANAT viscère.

viscosa *f* QUÍM viscose.

viscosidad *f* viscosité.

viscoso, sa *adj* visqueux.

visera *f* visière, garde-vue.

visibilidad *f* visibilité. ◆ **curva sin ~** virage sans visibilité.

visillo *m* rideau.

visión *f* vision. ◆ ~ **de conjunto** vue d'ensemble; ■ **ver visiones** avoir des visions.

visionario, ria *adj/m y f* visionnaire.

visita *f* visite.

visitador, ra *adj/m y f* visiteur.

visitante *adj* qui visite, visiteur.

visitar *tr* visiter, rendre visite.

vislumbrar 1 *tr* apercevoir (conocer). **2** entrevoir (ver).

viso 1 *m* moirure, chatoiement, moire (reflejo). **2** fond (forro). **3** hauteur (eminencia). **4** (fig) apparence.

visón *m* vison.

visor 1 *m* viseur. **2** *Amér.* masque de plongée.

víspera *f* veille. ■ **en vísperas de** à la veille de.

vista 1 *f* vue. **2** DER audience. ◆ **corto de ~** myope; pas très perspicace; ■ **a simple ~** au premier abord; **à vue d'œil**; **a ~ de pájaro** à vol d'oiseau; **en vistas de** vu; **hacer la ~ gorda** fermer les yeux; **¡hasta la ~!** au revoir!; **no perder de ~** ne pas perdre de vue; **saltar a la ~** sauter aux yeux.

vistazo *m* coup d'œil. ■ **echar un ~** jeter un coup d'œil.

visto, ta 1 *p irreg* → ver. ● **2** *adj* vu. ■ **bien o mal ~** bien o mal vu; **nunca ~** jamais vu; **por lo ~** apparemment; ~ **y no ~** très vite.

vistosidad *f* magnificence, splendeur.

vistoso, sa *adj* voyant.

visual 1 *adj* visuel. ● **2** *f* rayon visuel.

vital 1 *adj* vital. **2** plein de vitalité. **3** (fig) vital (très important).

vitalicio, cia 1 *adj* à vie. ● **2** *m* DER viager.

vitalidad *f* vitalité.

vitamina *f* vitamine.
vitícola **1** *adj* viticole. ● **2** *m o f* viticulteur.
viticultura *f* viticulture.
vitorear *tr* acclamer.
vitrina *f* vitrine.
vituperar *tr* vitupérer.
viudedad **1** *f* veuvage. **2** pension de veuve.
viudo, da **1** *adj/m y f* veuf. ● **2** *adj* qui n'a pas de viande (guiso).
¡viva! *interj* vivat!, vive!: *¡viva Francia!* = *vive la France!*
vivacidad *f* vivacité.
vivaracho, cha *adj* (fam) vif.
vivaz **1** *adj* vivace (que vive mucho tiempo). **2** vif (agudo, enérgico).
víveres *m pl* vivres.
vivero **1** *m* vivier (de peces). **2** pépinière (de plantas).
vivienda **1** *f* logement, habitation. **2** habitat (modo de vida).
viviente *adj* vivant.
vivificar *tr* vivifier.
vivir **1** *tr* e *intr* vivre. ● **2** *intr* habiter (tener domicilio). ■ **saber ~** savoir vivre; **~ de renta** vivre de ses rentes.
vivo, va **1** *adj* vif. **2** vivant (ser, lengua). ● **3** *m y* vivant. **4** DER vif. ■ **en ~** en direct (un espectáculo); **~ y coleando** tout frétillant, plus vivant que jamais.
vocablo *m* mot, vocable.
vocabulario *m* vocabulaire.
vocación *f* vocation.
vocacional *adj* de vocation.
vocal **1** *adj* vocal. ● **2** *adj y f* FON voyelle. ● **3** *m o f* membre. ◆ **~ abierta** voyelle ouverte; **~ cerrada** voyelle fermée.
vocalizar **1** *intr* vocaliser. **2** MÚS vocaliser. ● **3** *intr y pron* GRAM vocaliser.
vocear **1** *intr* vociférer, crier. ● **2** *tr* acclamer. **3** héler (llamar). **4** proclamer (publicar). **5** (fig) publier (pregonar).
vociferar **1** *tr* crier. ● **2** *intr* hurler.
vocinglero, ra *adj/m y f* bavard, criard.
vodka *m* vodka.
voladura **1** *f* explosion, destruction. **2** MIN minage.
volante **1** *adj* volant. **2** (fig) itinérant. ● **3** *m* volant (de una prenda de vestir). **4** volant (juego y zoquetillo). **5** AUT, TEC volant. **6** balancier (del reloj, para acuñar moneda).
volar **1** *intr* voler. **2** (fig) voler: *el tiempo vuela* = *le temps vole*. ● **3** *tr* (fig) faire exploser *o* sauter. ● **4** ~se *pron* s'envoler.

volátil **1** *adj* volatil. **2** (fig) inconstant. **3** FÍS volatil. ● **4** *m* volatile.
volatilizar **1** *tr y pron* volatiliser. **2** (fig) volatiliser.
volcán **1** *m* volcan. **2** (fig) volcan.
volcánico, ca *adj* volcanique.
volcar **1** *tr* renverser (un adversario); verser (un líquido). ● **2** *intr* capoter (un vehículo). ● **3** ~se *pron* (fig) se donner.
voleibol *m* DEP volley-ball.
volquete **1** *m* tombereau. **2** camion à benne (camión).
voltaje *m* ELEC voltage.
voltear **1** *tr* faire tourner. **2** *Amér.* tourner. **3** *Arg., Chile* faire tomber. ● **4** *intr* voltiger, volter. ● **5** ~se *pron Amér.* se tourner.
voltereta *f* cabriole, culbute.
voltio **1** *m* (argot) virée. **2** ELEC volt.
voluble **1** *adj* versatil, inconstant. **2** BOT volubile.
volumen **1** *m* volume. **2** GEOM volume. **3** MÚS volume.
voluminoso, sa *adj* volumineux, encombrant.
voluntad *f* volonté. ◆ **buena ~** bonne volonté; **última ~** dernières volontés; **~ de hierro** volonté de fer; ■ **a ~** à volonté; **de buena ~** de bon gré.
voluntariado *m* volontariat.
voluntario, ria *adj/m y f* volontaire.
voluntarioso, sa **1** *adj* volontariste. **2** (desp) volontaire (testarudo).
voluptuosidad *f* volupté.
voluptuoso, sa *adj/m y f* voluptueux.
volver **1** *tr y pron* retourner: *volver la cabeza* = *tourner la tête*. **2** rendre: *les ha vuelto locos* = *il les a rendus fous*. ● **3** *intr y pron* retourner: *volver a su antigua profesión* = *retourner à son ancien métier*. ● **4** *tr* retrousser. **5** ~ **a + inf** se mettre à, recommencer à: *ha vuelto a trabajar* = *il a s'est remis à travailler*. ■ **~ a nacer** renaître; **~ en sí** revenir à soi.
vomitar **1** *tr* vomir, rendre. **2** (fig) vomir.
vómito *m* vomissement, vomissure, vomi.
vorágine **1** *f* tourbillon, remous. **2** (fig) tourbillon, remous.
voraz **1** *adj* vorace. **2** (fig) vorace.
vos *pron Amér.* tu, toi: *¿vos lo viste?* = *tu l'as vu?*
vosotros, tras *pron* vous: *vosotros tenéis hambre* = *vous avez faim*.
votación *f* vote.

votante *adj/m* o *f* votant.
votar 1 *intr* y *tr* voter. ● **2** *intr* blasphémer, jurer.
voto 1 *m* vote. **2** vœu (promesa). ◆ **~ de censura** vote-sanction; **~ de confianza** vote de confiance; ■ **derecho a ~** droit de vote.
voz 1 *f* voix. **2** GRAM voix. **3** MÚS voix, son. ● **4 voces** *f pl* cris. ◆ **~ cantante** qui mène la danse; **~ cascada** voix cassée; **~ en off** voix off; ■ **correr la ~ de que** le bruit court que; **en ~ alta** à haute voix; **en ~ baja** (fig) à voix basse, tout bas; **levantarle la ~ a alguien** (fig) élever la voix; **tener ~ y voto** avoir voix et chapitre.
vozarrón *m* grosse voix.
vuelco 1 *m* culbute, chute (caída). **2** tonneau (de coche); chavirement (de barco).
vuelo 1 *m* vol. **2** ampleur (de falda, vestido). ◆ **~ rasante** AER vol en rase-mottes; **~ sin motor** vol sans moteur; ■ **al ~** au vol; **alzar** o **levantar el ~** prendre son vol; **alzar el ~** (fig) décamper, mettre les voiles; **cazarlas** o **cogerlas al vuelo** (fig, fam) ne pas en laisser passer une; **cortar los vuelos a uno** (fig) couper les ailes à qqn; **de altos vuelos** (fam) de haut vol; **levantar el ~** (fig) laisser courir l'imagination; **tomar ~** (fig) prendre de l'essor.

vuelta 1 *f* tour. **2** tournant, détour (recodo). **3** retour. **4** envers (de una tela); verso (de un papel). **5** monnaie: *dar la vuelta = rendre la monnaie*. **6** DEP tour (ciclismo). ◆ **media ~** demi-tour; **~ de campana** tonneau (de un coche); ■ **a la ~ de** (fig) au bout de: *a la vuelta de tres meses = au bout de trois mois*; **a la ~ de la esquina** (fig) à deux pas; **dar una ~** faire un tour; **dar vueltas** tourner; tourner en rond; **estar de ~ de todo** (fig, fam) être revenu de tout, être blasé.
vuestro, tra (*pl* **vuestros, tras**) **1** *adj poses* votre, vos. ● **2** *pron poses* à vous: *¿es te coche es vuestro?* = cette voiture est à *vous?* **3** le vôtre, la vôtre (*f*), les vôtres. ◆ **los vuestros** les vôtres (parientes).
vulgar 1 *adj* populaire, vulgaire. **2** vulgaire, grossier.
vulgaridad *f* vulgarité.
vulgarizar 1 *tr* vulgariser. ● **2 ~se** *pron* devenir vulgaire.
vulnerable *adj* vulnérable.
vulnerar 1 *tr* enfreindre, transgresser (una ley, un precepto). **2** (fig) blesser (herir); bafouer (la reputación); violer (la intimidad).
vulva *f* ANAT vulve.

w *f* w.
walkie-talkie *m* talkie-walkie.
walkman® *m* baladeur; walkman.
waterpolo *m* DEP water-polo.

watt *m* watt (vatio).
whisky *m* whisky.
windsurf o **windsurfing** *m* DEP planche à voile.

x *f* x.
xenofobia *f* xénophobie.
xenófobo, ba *adj* xénophobe.

xerocopia *f* xérocopie.
xerografía *f* xérographie.
xilófono *m* MÚS xylophone.

y *f* y.

y 1 *conj* et: *Adán y Eva = Adam et Ève*. **2** et: *horas y horas = des heures et des heures*; après: *días y días = jour après jour*; sur: *leía libros y libros = il lisait livre sur livre*.

ya 1 *adv* déjà (pasado). **2** maintenant (presente). **3** bientôt (futuro); plus tard. **4** tout de suite, immédiatement: *ya vienen = ils arrivent tout de suite*. **5** bien: *ya ves = tu vois bien*. ■ ¡ya! (fam) évidemment (por supuesto); ● ya... ya *conj* soit... soit: *ya en mi casa, ya en tu casa = soit chez moi, soit chez toi*; que ce soit... ou: *ya con usted, ya sin usted = que ce soit avec vous ou sans vous*; ~ está ça y est; ¡~ está bien! ça suffit!; ~ no ne... plus: *ya no tengo dinero = je n'ai plus d'argent*; ~ que puisque; ~ se ve ça se voit; ~ veremos on verra bien; ¡~ voy! j'arrive!

yacaré *m* Amér. Merid. caïman.

yacente *adj* DER vacant: *herencia yacente = succession vacante*.

yacer 1 *intr* être étendu. **2** gésir (los muertos): *aquí yace = ci-gît*.

yacimiento *m* GEOL gisement. ◆ ~ de petróleo gisement pétrolifère.

yanqui 1 *adj* yankee. ● **2** *m* o *f* Yankee.

yarda *f* yard (medida).

yate *m* yacht.

yayo, ya *m* y *f* papi, mamie (*f*).

yedra *f* BOT lierre.

yegua *f* jument.

yema 1 *f* jaune (del huevo). **2** bout (del dedo). **3** BOT bourgeon. **4** GAST confiserie à base de jaune d'œuf.

yen *m* yen.

yermo, ma 1 *adj* désert (inhabitado). ● **2** *m* friche (terreno no cultivado).

yerno *m* gendre, beau-fils.

yerto, ta *adj* raide (tieso); transi (de frío, de miedo).

yesero, ra 1 *adj* du plâtre. ● **2** *m* y *f* plâtrier.

yeso 1 *m* gypse (mineral). **2** plâtre (polvo): *un saco de yeso = un sac de plâtre*.

yo *pron* je: *yo no lo creo = je ne le crois pas*; moi je (para insistir): *yo soy así = moi, je suis comme ça*; moi: *soy yo = c'est moi*. ■ ~ que tú à ta place.

yodo (*también* **iodo**) *m* QUÍM iode.

yoga *m* yoga.

yogur *m* yaourt.

yóquey o **yoqui** *m* jockey.

yuca *f* BOT yucca.

yugo *m* joug.

Yugoslavia *f* Yougoslavie.

yugular *adj* y *f* ANAT jugulaire.

yunque *m* enclume.

yuppie *m* yuppie.

yute *m* jute.

yuxtaponer *tr* juxtaposer.

z *f* z.

zafar 1 *tr* MAR défaire, détacher. ● **2** ~se *pron* (fig) se libérer; esquiver: *zafarse de un encuentro desagradable = esquiver une rencontre désagréable*.

zafarrancho 1 *m* (fig, fam) branle-bas. **2** MAR branle-bas. ◆ ~ de combate branle-bas de combat.

zafiro *m* saphir.

zaga *f* arrière, derrière (parte posterior). ■ a la ~ à la traîne, en arrière; no ir en ~ de alguien (fig, fam) ne rien avoir à envier à qqn.

zaguán *m* vestibule, entrée.

zaguero, ra 1 *adj* attardé, qui est en arrière. ● **2** *m* DEP arrière.

zaherir *tr* mortifier, humilier.

zalamería *f* cajolerie, câlinerie.

Zambia *f* Zambie.

zambo, ba 1 *adj/m y f* cagneux. **2** *Amér.* métis né d'un Noir et d'une Indienne ou vice versa.

zambomba *f* MÚS *instrument traditionnel de percussion.*

zambombazo *m* détonation, explosion.

zambullida *f* plongeon.

zambullir 1 *tr* plonger: *zambulló el pollo en la olla = il plongea le poulet dans la marmite.* ● **2** ~**se** *pron* plonger. **3** (fig) se plonger: *zambullirse en el trabajo = se plonger dans le travail.*

zampabollos *m o f* (fam) goinfre, glouton.

zampar 1 *tr* fourrer (meter). **2** engloutir, engouffrer (comer). ● **3** ~**se** *pron* engloutir, se gaver.

zanahoria *f* carotte.

zanca *f* patte (de las aves).

zancada *f* enjambée: *dar zancadas = faire de grandes enjambées.*

zancadilla *f* croche-pied. ■ **echar** o **poner la** ~ **a alguien** (fig) mettre des bâtons dans les roues à qqn.

zángano 1 *m* (fig, fam) feignant. **2** ZOOL faux bourdon.

zanja *f* fossé (en una carretera); tranchée (en una construcción).

zanjar 1 *tr* creuser une tranchée (abrir zanjas). **2** (fig) trancher: *zanjar un litigio = trancher un différend*; régler (un asunto).

zapar *intr* pelleter.

zapata 1 *f* chaussure montante, brodequin. **2** MEC patin de frein.

zapatazo *m* coup de chaussure.

zapatear 1 *tr* taper des pieds (en el suelo). ● **2** *intr* claquer des pieds (bailar).

zapatería 1 *f* cordonnerie (fabricación y reparación). **2** magasin de chaussures (tienda).

zapatero, ra 1 *m y f* chausseur. ● **2** *m* meuble à chaussures. ◆ ~ **de viejo** savetier, cordonnier.

zapatiesta *f* remue-ménage, tapage.

zapatilla 1 *f* sandale (para la calle). **2** chausson (para casa). ◆ ~ **de deporte** basket.

zapato *m* chaussure. ◆ ~ **botín** bottine; ~ **de tacón** chaussure à talon.

zapear o **zapar** *intr* zapper: *zapeamos para huir de los anuncios = on zappe pour fuir les publicités.*

zapping *m* zapping: *hacer zapping = faire du zapping.*

zarandajas *f pl* (fam) balivernes, sornettes.

zarandear 1 *tr* cribler. **2** (fig) secouer (sacudir).

zarcillo 1 *m* boucle d'oreille. **2** BOT vrille.

zarpa *f* ZOOL griffe; patte armée de griffes.

zarpar 1 *intr* MAR lever l'ancre, démarrer. **2** MAR sortir du port, prendre la mer.

zarpazo *m* coup de griffe.

zarza *f* BOT ronce.

zarzal *m* ronceraie.

zarzamora 1 *f* mûre (fruto). **2** ronce (zarza).

zarzuela 1 *f* GAST *plat de poissons et fruits de mer en sauce.* **2** MÚS zarzuela.

¡zas! *interj* pan!, vlan! (golpe).

zascandilear *intr* flâner, traîner (vagar).

zenit *m* zénith.

zeta 1 *f z.* **2** zêta (letra griega).

zigzag *m* zigzag. ■ **en** ~ en zigzag.

zigzaguear *intr* zigzaguer.

zinc *m* QUÍM zinc.

zipizape *m* (fam) bagarre.

zócalo 1 *m* plinthe (de una pared). **2** ARQ soubassement (de un edificio).

zodiaco o **zodíaco** *m* ASTR zodiaque: *los doce signos del zodíaco = les douze signes du zodiaque.*

zombi *m* zombie.

zona 1 *f* zone. **2** région: *vive en la zona = il vit dans la région.* ◆ ~ **catastrófica** zone à risques; ~ **del dólar** zone dollar; ~ **fronteriza** zone frontalière; ~ **verde** espace vert.

zonzo, za 1 *adj* fade, insipide. ● **2** *adj/m y f* bête, niais.

zoo *m* zoo.

zoología *f* zoologie.

zoológico, ca *adj* zoologique. ◆ **parque** ~ parc zoologique, zoo.

zoom *m* FOT zoom.

zopenco, ca *adj/m y f* (fam) abruti, cruche.

zoquete 1 *m* morceau de bois. ● **2** *adj y m* (fig, fam) abruti, empoté.

zorra 1 *f* ZOOL renarde. **2** (fig, fam) garce, maligne (astuta). **3** (fig, fam, desp) putain, prostituée (prostituta).

zorro 1 *m* ZOOL renard. **2** (fig, fam) fin renard, rusé. ■ **hacerse el** ~ (fig, fam) faire l'ignorant.

zote *adj/m o f* sot, stupide.

zozobra 1 *f* (fig) inquiétude, angoisse. **2** MAR naufrage.

zozobrar 1 *intr* (fig) échouer (un plan). **2** MAR chavirer (volcarse); couler, sombrer (hundirse).

zueco *m* sabot.

zulo *m* cache, cachette: *un zulo de armas = une cache d'armes*.

zumbar 1 *intr* bourdonner: *me zumban los oídos = j'ai les oreilles qui bourdonnent*; vrombir (el motor). ● **2** *tr* (fam) flanquer (una bofetada).

zumbido *m* bourdonnement: *zumbido de una abeja = bourdonnement d'une abeille*; vrombissement (de un insecto, de un motor).

zumbón, na *adj/m y f* (fig, fam) moqueur, railleur.

zumo *m* jus: *zumo de tomate = jus de tomate*.

zurcido *m* raccommodage; reprise.

zurcir *tr* raccommoder; repriser. ■ ¡que te **zurzan!** (fam) va-t'en au diable!

zurdo, da 1 *adj* gauche (mano). ● **2** *adj/m y f* gaucher (persona).

zurra 1 *f* tannage. **2** (fig, fam) volée, raclée.

zurrar 1 *tr* corroyer. **2** (fig, fam) fouetter (con azotes).

zutano, na *m y f* (fam) un tel, une telle (*f*).

Français-Espagnol

Aa

a [a] *m* a.

à [a] **1** *prép* en (sin movimiento): *il est né à Madrid* = ha nacido en Madrid; a (con movimiento): *venez à la piscine* = venid a la piscina. **2** a (tiempo preciso); en (tiempo indefinido); por (aproximadamente); hasta: *à plus tard!* = ¡hasta luego! **3** a, en (con objeto indirecto): *donne-le à Marie* = dáselo a María, *je pense à eux* = pienso en ellos. **4** a, en (modo): *nous partons à pied* = nos vamos a pie. **5** a, de (con cifra): *cartes à 2 euros* = tarjetas de 2 euros. **6** de (posesión); mío, tuyo, suyo, etc. (con un pronombre personal). **7** de (característica): *maison à tuiles* = casa de tejas. **8** de, para, que (fin, destino): *c'est à manger?* = ¿es para comer?

abaissant, e [abɛˈsɑ̃, t] *adj* humillante.

abaisser [abɛˈse] **1** *tr* bajar (una cortina). **2** reducir (el precio). **3** (fig) abatir; sobajar (Amér.). • **4 s'~** *pron* bajarse. **5** (fig) rebajarse (humillarse).

abandon [abɑ̃ˈdɔ̃] **1** *m* abandono. **2** renuncia (un derecho). **3** cesión (de un bien). ■ **avec ~** con confianza.

abandonner [abɑ̃dɔˈne] **1** *tr et pron* abandonar. • **2** *tr* renunciar a. • **3** *intr* rendirse (al enemigo). • **4 s'~** *pron* (fig) desahogarse.

abasourdir [abazuʀˈdiʀ] **1** *tr* aturullar. **2** (fig, fam) dejar estupefacto.

abat [aˈba] **1** *m* aguacero. • **2 abats** *m pl* GAST menudos, asadura; achura (Amér.).

abat-jour [abaˈʒuʀ] **1** *m* pantalla. **2** tulipa (de vidrio). **3** tragaluz (en la ventana).

abattoir [abaˈtwaʀ] *m* matadero.

abattre [aˈbatʀ] **1** *intr et pron* derribar. • **2** *tr* talar (árboles). **3** matar. **4** (fig) debilitar; agotar. **5** (fig) desmoralizar. • **6 s'~** *pron* desplomarse.

abbaye [abeˈi] *f* abadía.

abbé [aˈbe] *m* abad.

abc [abeˈse] *m* abecé.

abcès [apˈsɛ] **1** *m* absceso. **2** flemón (en las encías).

abdication [abdikaˈsjɔ̃] *f* abdicación.

abdiquer [abdiˈke] **1** *intr et tr* abdicar. **2** renunciar a.

abdomen [abdɔˈmɛn] *m* abdomen.

abdominal, e [abdɔmiˈnal] **1** *adj* abdominal. • **2 abdominaux** *m pl* abdominales.

abécédaire [abeseˈdɛʀ] *m* abecedario.

abeille [aˈbɛj] *f* abeja. ♦ **~ mâle** zángano; **~ mère** abeja maestra; **nid d'abeilles** panal.

aberrant, e [abeˈʀɑ̃, t] *adj* aberrante.

abêtir [abeˈtiʀ] *tr* atontar.

abhorrer [abɔˈʀe] *tr* aborrecer.

abîme [aˈbim] *m* abismo.

abîmer [abiˈme] **1** *tr et pron* estropear. • **2** *tr* destruir, desbaratar. **3** (fam) criticar. • **4 s'~** *pron* hundirse (en pensamientos, dolor). **5** sumirse (en pensamientos).

> No debe confundirse con la palabra española **abismar,** que debe traducirse por **plonger dans un abîme**.

abject, e [abˈʒɛkt] *adj* abyecto.

abjection [abʒɛkˈsjɔ̃] *f* abyección.

abjurer [abʒyˈʀe] *tr et intr* abjurar.

ablation [ablaˈsjɔ̃] *f* ablación.

ablution [ablyˈsjɔ̃] *f* ablución.

abnégation [abnegaˈsjɔ̃] *f* abnegación.

aboi [aˈbwa] **1** *m* ladrido. • **2 aux abois** *loc adj* acorralado.

aboiement [abwaˈmɑ̃] *m* ladrido.

abolir [abɔˈliʀ] *tr* abolir.

abolition [aboliˈsjɔ̃] *f* abolición.

abomination [abominaˈsjɔ̃] *f* abominación.

abominer [abɔmiˈne] *tr* abominar; odiar.

abondance [abɔ̃ˈdɑ̃s] *f* abundancia.

abondant, e [abɔ̃ˈdɑ̃, t] *adj* abundante.

abonnement [abɔnˈmɑ̃] **1** *m* abono. **2** suscripción. ■ **payer par ~** pagar a plazos.

abonner [abɔˈne] **1** *tr et pron* abonar. • **2 s'~** *pron* suscribirse (a un periódico).

abord [aˈbɔʀ] *m* acceso. ■ **d'~** ou **tout d'~** en primer lugar, ante todo.

aborder [abɔʀˈde] **1** *tr* abordar (un barco). **2** (fig) atacar, asaltar. ● **3** *intr* abordar, atracar. ● **4** s'~ *pron* abordarse.

aborigène [abɔʀiˈʒɛn] *adj/m* ou *f* aborigen.

aboutir [abuˈtiʀ] **1** *intr* acabar en, llegar a. **2** (fig) (~ à) desembocar en. ■ faire ~ llevar a buen término.

aboyer [abwaˈje] **1** *intr* ladrar. **2** (fig, fam) berrear (una persona). **3** (fig, fam) hostigar (acosar).

abracadabrant, e [abʀakadaˈbʀɑ̃, t] *adj* portentoso, estrafalario.

abrasif, ive [abʀaˈzif, iv] *adj* et *m* abrasivo.

abrégé, e [abʀeˈʒe] **1** *adj* abreviado. ● **2** *m* compendio.

abréger [abʀeˈʒe] **1** *tr* et *pron* abreviar, resumir. ● **2** *tr* acortar.

abreuver [abʀœˈve] **1** *tr* abrevar. **2** regar. **3** (fig) colmar. ● **4** s'~ *pron* beber; abrevarse.

abreuvoir [abʀœˈvwaʀ] *m* abrevadero; aguada (Amér.).

abréviation [abʀevjaˈsjɔ̃] *f* abreviatura.

abri [aˈbʀi] **1** *m* abrigo; refugio, cobertizo. **2** (fig) amparo.

abricot [abʀiˈko] *m* albaricoque.

abricotier [abʀikɔˈtje] *m* albaricoquero.

abriter [abʀiˈte] **1** *tr* abrigar (cubrir). **2** alojar. **3** (fig) proteger; resguardar. ● **4** s'~ *pron* ponerse a cubierto, resguardarse.

abroger [abʀɔˈʒe] *tr* derogar; abrogar.

abrupt, e [aˈbʀypt] **1** *adj* abrupto. **2** (fig) rudo (estilo, maneras); tosco.

abrutir [abʀyˈtiʀ] **1** *tr* et *pron* embrutecer. ● **2** *tr* (fig, fam) agobiar (abrumar).

ABS [abeˈɛs] (*sigles de* **anti-blocking system**) *m* ABS.

absence [apˈsɑ̃s] **1** *f* ausencia. **2** falta, carencia (escasez).

absent, e [apˈsɑ̃, t] *adj/m* et *f* ausente.

> A diferencia de **présent**, que puede construirse con la preposición **à**, indicando lugar, **absent** debe llevar la preposición **de**: *il était absent de la réunion* = *estaba ausente de la reunión*.

absenter (s') [sapsɑ̃ˈte] *pron* ausentarse.

absinthe [apˈsɛ̃t] **1** *f* absenta (bebida). **2** BOT ajenjo (planta).

absolu, e [apsɔˈly] *adj* absoluto.

absolution [apsɔlyˈsjɔ̃] *f* absolución.

absolutoire [apsɔlyˈtwaʀ] *adj* absolutorio.

absorbant, e [apsɔʀˈbɑ̃, t] *adj* absorbente.

absorber [apsɔʀˈbe] **1** *tr* absorber. **2** ingerir. **3** (fig) consumir, devorar. ● **4** s'~ *pron* (s'~ *dans*) sumergirse en.

absorption [apsɔʀpˈsjɔ̃] **1** *f* absorción. **2** ingestión.

absoudre [apˈsudʀ] *tr* absolver.

abstème [apsˈtɛm] *adj* abstemio.

abstenir (s') [sapstəˈniʀ] *pron* abstenerse.

abstention [apstɑ̃ˈsjɔ̃] *f* abstención.

abstinence [apstiˈnɑ̃s] *f* abstinencia.

abstraction [apstʀakˈsjɔ̃] *f* abstracción.

abstraire [apsˈtʀɛʀ] *tr* et *pron* abstraer.

abstrait, e [apsˈtʀɛ, t] *adj* abstracto. **2** abstraído.

absurde [apˈsyʀd] *adj* absurdo.

abus [aˈby] **1** *m* abuso. **2** error, equivocación.

abuser [abyˈze] **1** *tr* et *pron* engañar. ● **2** *intr* abusar.

abusif, ive [abyˈzif, iv] *adj* abusivo.

acacia [akaˈsja] *m* acacia.

académicien, enne [akademiˈsjɛ̃, ɛn] *m* et *f* académico.

académie [akadeˈmi] *f* academia.

académique [akadeˈmik] *adj* académico.

acajou [akaˈʒu] *m* caoba.

acarien [akaˈʀjɛ̃] *m* ácaro.

accablant, e [akaˈblɑ̃, t] **1** *adj* abrumador. **2** agobiante.

accabler [akaˈble] **1** *tr* agobiar. **2** aplastar. **3** (fig) colmar, abrumar.

accaparer [akapaˈʀe] **1** *tr* acaparar; abarcar (Amér.). ● **2** s'~ *pron* apropiarse.

accéder [akseˈde] *intr* (~ à) acceder a; tener acceso a.

accélérateur, trice [akseleʀaˈtœʀ, tʀis] *adj* et *m* acelerador.

accélérer [akseleˈʀe] **1** *tr* acelerar. ● **2** *intr* aligerar; acelerar.

accent [akˈsɑ̃] **1** *m* acento. ● **2** accents *m pl* acentos. ■ mettre l'~ sur (fig) poner énfasis en.

> El **acento** gráfico o tilde tiene la finalidad de marcar la calidad del sonido vocálico (abierto o cerrado). Hay tres tipos de acento: agudo (´), grave (`) y circunflejo (^).

accentuation [aksãtɥa'sjɔ̃] *f* acentuación.

accentuer [aksã'tɥe] 1 *tr* et *pron* acentuar. • 2 *tr* (fig) subrayar; aumentar. • 3 s'~ *pron* aumentar.

acceptation [aksɛpta'sjɔ̃] *f* aceptación.

accepter [aksɛp'te] *tr* aceptar, consentir.

acception [aksɛp'sjɔ̃] *f* acepción, extensión.

accès [ak'sɛ] 1 *m* acceso. 2 entrada (vestíbulo). 3 arrebato: *accès de colère = arrebato de cólera.* 4 (fig) comprensión, entendimiento (ciencia, asunto).

accessoire [akse'swar] 1 *adj* et *m* accesorio. • 2 *m* (se usa más en *pl*) complemento (de moda).

accident [aksi'dã] *m* accidente. ■ **par** ~ por casualidad.

accidentel, elle [aksidã'tɛl] *adj* accidental, fortuito.

acclamation [aklama'sjɔ̃] *f* aclamación.

acclamer [akla'me] *tr* aclamar.

acclimatation [aklimata'sjɔ̃] *f* aclimatación.

acclimater [aklima'te] 1 *tr* aclimatar. • 2 s'~ *pron* (s'~ à) aclimatarse a.

accoler [ako'le] 1 *tr* juntar. 2 rodrigar (una planta).

accommodant, e [akɔmɔ'dã, t] 1 *adj* complaciente. 2 conciliador.

accommoder [akɔmɔ'de] 1 *tr* acomodar. 2 adaptar; conformar. 3 aderezar, preparar (la carne, el pescado). • 4 s'~ *pron* (s'~ de) conformarse con. 5 (s'~ à) adaptarse a.

accompagner [akɔ̃pa'ɲe] *tr* et *pron* acompañar.

accomplir [akɔ̃'plir] 1 *tr* et *pron* cumplir. • 2 *tr* realizar, llevar a cabo.

accomplissement [akɔ̃plis'mã] 1 *m* cumplimiento. 2 realización.

accord [a'kɔr] 1 *m* acuerdo. 2 aprobación. 3 GRAMM concordancia. 4 MUS acorde, afinación. ■ d'~ de acuerdo; être ou se mettre d'~ ponerse de acuerdo.

accordéon [akɔrde'ɔ̃] *m* acordeón.

accorder [akɔr'de] 1 *tr* conceder, otorgar. 2 MUS afinar (instrumentos). • 3 *tr* et *pron* GRAMM concordar. • 4 s'~ *pron* ponerse de acuerdo. 5 entenderse, llevarse bien.

accoster [akɔs'te] 1 *tr* abordar (una persona). 2 MAR acostar, atracar.

accouchement [akuʃ'mã] *m* parto, alumbramiento. ♦ **maison d'** ~ casa de maternidad; ■ **faire un** ~ asistir a un parto (el médico).

accoucher [aku'ʃe] 1 *tr* asistir a un parto (el médico). • 2 *intr* dar a luz (la madre); parir. 3 (fig, fam) explicarse.

accouder (s') [saku'de] *pron* acodarse.

accoudoir [aku'dwar] 1 *m* reclinatorio. 2 brazo (de sillón).

accoupler [aku'ple] 1 *tr* et *pron* aparear. • 2 *tr* MÉC, TECH acoplar.

accourir [aku'rir] *intr* acudir.

accoutrement [akutrə'mã] *m* atavío.

accoutumance [akuty'mãs] *f* costumbre.

accoutumer [akuty'me] *tr* et *pron* acostumbrar.

accréditeur [akredi'tœr] *m* fiador.

accro [a'kro] *adj/m* ou *f* (fam) enganchado, fanático.

accroc [a'kro] 1 *m* desgarrón. 2 contratiempo, incidente. 3 (fig) mancha.

accrocher [akrɔ'ʃe] 1 *tr* enganchar. • 2 *tr* colgar. • 3 *tr* et *pron* chocar: *accrocher un camion = chocar con un camión.* • 4 s'~ *pron* agarrarse. 5 (fig) aferrarse.

accroire [a'krwar] faire ~ *loc* hacer creer.

accroître [a'krwatr] *tr* et *pron* aumentar, incrementar; acrecentar.

accroupir (s') [sakru'pir] *pron* ponerse en cuclillas.

accueil [a'kœj] 1 *m* acogida; recibimiento. 2 recepción (en un hotel). ♦ **centre d'~** centro de ayuda.

accueillant, e [akœ'jã, t] *adj* acogedor.

accueillir [akœ'jir] 1 *tr* acoger, recibir. 2 alojar, albergar.

acculer [aky'le] 1 *tr* acorralar; arrinconar. 2 (fig) llevar, conducir (dirigir).

accumulation [akymyla'sjɔ̃] *f* acumulación.

accumuler [akymy'le] *tr* et *pron* acumular.

accusation [akyza'sjɔ̃] *f* acusación.

accusé, e [aky'ze] 1 *adj* acusado. 2 marcado. • 3 *m* et *f* reo, acusado.

accuser [aky'ze] 1 *tr* acusar. 2 (fig) revelar, indicar. 3 ART resaltar. • 4 s'~ *pron* culparse; acusarse.

acerbe [a'sɛrb] *adj* acerbo.

acétate [ase'tat] *m* acetato.

acétique [ase'tik] *adj* acético.

acétone [ase'tɔn] *f* acetona.

acétyle [ase'til] *m* acetilo.

achalander [aʃalɑ̃'de] **1** tr aparroquiar. **2** (fam) surtir, abastecer.

acharné [aʃaʀ'ne] **1** adj encarnizado. **2** empedernido.

acharner [aʃaʀ'ne] **1** tr azuzar. ● **2** s'~ pron encarnizarse, ensañarse. **3** perseguir; obstinarse.

achat [a'ʃa] m compra. ■ **faire ses achats** ir de compras.

acheminer [aʃmi'ne] **1** tr et pron encaminar. ● **2** tr transportar. **3** encauzar.

acheter [aʃ'te] **1** tr comprar. **2** (fig) sobornar.

acheteur, euse [aʃ'tœʀ, øz] m et f comprador.

achevé, e [aʃ've o aʃə've] **1** adj acabado. **2** rematado.

achèvement [aʃɛv'mɑ̃] m terminación.

achever [aʃ've o aʃə've] **1** tr acabar. **2** acabar con (aniquilar). **3** rematar; ultimar (Amér.). ● **4** s'~ pron acabarse, terminarse.

achopper [aʃɔ'pe] **1** intr tropezar. **2** (fig) fracasar.

acide [a'sid] adj et m ácido.

acidifier [asidi'fje] tr acidificar.

acidité [asidi'te] f acidez.

acidulé, e [asidy'le] adj acidulado; ácido.

aciduler [asidy'le] tr acidular.

acier [a'sje] m acero.

aciérie [asje'ʀi] f acería.

acné [ak'ne] f acné.

acolyte [akɔ'lit] m acólito.

acompte [a'kɔ̃t] m anticipo; cantidad a cuenta.

acoquiner (s') [sakɔki'ne] pron conchabarse.

à-côté [ako'te] **1** m punto accesorio. ● **2** à-côtés m pl pormenores. **3** extras.

No debe confundirse con **à côté**, que significa 'al lado de'.

à-coup [a'ku] **1** m sacudida. **2** parón. ■ **par ~ a** trompicones.

acoustique [akus'tik] **1** adj acústico. ● **2** f acústica.

acquérir [ake'ʀiʀ] **1** tr adquirir. **2** conseguir; lograr. ● **3** s'~ pron granjearse.

acquiescer [akje'se] intr consentir en, asentir a.

acquis [a'ki] m experiencia; conocimiento.

acquisition [akizi'sjɔ̃] f adquisición.

acquittement [akit'mɑ̃] **1** m pago. **2** absolución.

acquitter [aki'te] **1** tr et pron pagar. ● **2** tr satisfacer. **3** absolver. ● **4** s'~ pron cumplir.

âcreté [akʀə'te] f acritud.

acrimonie [akʀimɔ'ni] f acrimonia.

acrobate [akʀɔ'bat] **1** m ou f acróbata; maromero (Amér.). ● **2** m ZOOL acróbata.

acrobatie [akʀɔba'si] f acrobacia.

acrobatique [akʀɔba'tik] adj acrobático.

acronyme [akʀɔ'nim] m acrónimo.

acrylique [akʀi'lik] adj acrílico.

acte [akt] **1** m acto. **2** DR partida, certificado; acta (de acusación). ● **3** actes m pl actas. ■ **faire ~ de** dar pruebas de; **prendre ~ de** tomar nota de.

acteur, trice [ak'tœʀ, tʀis] m et f actor.

actif, ive [ak'tif, iv] **1** adj activo. ● **2** m activo (haber). ● **3** actifs m pl activos.

action [ak'sjɔ̃] **1** f acción. **2** hecho (acto). ■ **mettre en ~** poner en movimiento; **sous l'~ de** bajo el efecto de.

actionnaire [aksjɔ'nɛʀ] m ou f accionista.

activation [aktiva'sjɔ̃] f activación.

activer [akti've] **1** tr activar; acelerar. **2** avivar. ● **3** s'~ pron apresurarse.

activité [aktivi'te] f actividad.

actualisation [aktɥaliza'sjɔ̃] f actualización.

actualiser [aktɥali'ze] tr actualizar.

actualité [aktɥali'te] **1** f actualidad. ● **2** actualités f pl noticiario.

actuel, elle [ak'tɥɛl] adj actual.

acuité [akɥi'te] f agudeza.

acupuncteur, trice [akypɔ̃k'tœʀ, tʀis] m et f especialista en acupuntura.

acupuncture [akypɔ̃k'tyʀ] f acupuntura.

adage [a'daʒ] m adagio.

adaptation [adapta'sjɔ̃] f adaptación.

adapter [adap'te] **1** tr et pron adaptar. ● **2** tr acoplar, acomodar.

additif, ive [adi'tif, iv] **1** adj aditivo. ● **2** m cláusula adicional; aditivo.

addition [adi'sjɔ̃] **1** f adición. **2** cuenta (en el restaurante). **3** MATH suma.

additionnel, elle [adisjɔ'nɛl] adj adicional.

additionner [adisjɔ'ne] **1** tr adicionar, sumar. **2** añadir, agregar. ● **3** s'~ pron sumarse.

adepte [a'dɛpt] m ou f adepto.

Action / *Acción*

Début	**Inicio**
commencer	*empezar*
quelque chose	*algo*
à faire quelque chose	*a hacer algo*
se mettre	*ponerse*
à (faire) quelque chose	*a (hacer) algo*
s'engager (dans quelque chose)	*comprometerse (a algo)*
entreprendre	*proponerse*
quelque chose	*algo*
de faire quelque chose	*hacer algo*
entamer (quelque chose)	*iniciar, ponerse a (algo)*
démarrer (quelque chose)	*arrancar, iniciar (algo)*

Arrêt momentané	**Parón momentáneo**
interrompre (quelque chose)	*interrumpir (algo)*
s'interrompre (de faire quelque chose)	*dejar (de hacer algo)*
s'arrêter (de faire quelque chose)	*parar (de hacer algo)*
suspendre (quelque chose)	*suspender (algo)*

Fin	**Final**
finir	*acabar*
quelque chose	*algo*
de faire quelque chose	*de hacer algo*
s'arrêter (de faire quelque chose)	*dejar (de hacer algo)*
terminer (de faire quelque chose)	*terminar (de hacer algo)*
cesser	*cesar*
quelque chose	*algo*
de faire quelque chose	*de hacer algo*
en finir (avec quelque chose)	*acabar (algo) de una vez por todas*
mettre un point final	*poner punto final*

Continuation	**Continuación**
être en train de faire quelque chose	*estar haciendo algo*
continuer	*continuar*
quelque chose	*algo*
à / de faire quelque chose	*haciendo algo*
poursuivre (quelque chose)	*continuar (algo), seguir (haciendo algo)*
prolonger (quelque chose)	*prolongar (algo)*
persister	*persistir*
encore, toujours	*todavía*
sans cesse	*sin cesar*
en permanence	*permanentemente*
continuellement	*continuamente*
sans arrêt	*sin parar*

---

adéquat, e [ade'kwa, t] *adj* adecuado.
adéquation [adekwa'sjɔ̃] *f* adecuación.
adhérence [ade'ʀɑ̃s] *f* adherencia.
adhérent, e [ade'ʀɑ̃, t] **1** *adj/m* et *f* adherente. ● **2** *adj* adherido.

adhérer [ade'ʀe] **1** *intr* adherir, adherirse (a una idea). **2** afiliarse (a una asociación, etc.).
adhésif, ive [ade'zif, iv] *adj* et *m* adhesivo.
adhésion [ade'zjɔ̃] *f* adhesión.

adieu [a'djø] **1** *m* adiós. ● **2 adieux** *m pl* despedida: *il n'aime pas les adieux* = *no le gustan las despedidas.* ■ **faire ses adieux** despedirse.

> *Adieu* no equivale a **adiós** más que en el sur de Francia. Por lo general, se utiliza *adieu* para despedirse de alguien a quien seguramente no se volverá a ver jamás.

adipeux, euse [adi'pø, øz] *adj* adiposo.
adjacent, e [adʒa'sɑ̃, t] *adj* adyacente.
adjectif, ive [adʒɛk'tif, iv] *adj* et *m* adjetivo.
adjectival, e [adʒɛkti'val] *adj* adjetival.
adjoindre [ad'ʒwɛ̃dʀ] **1** *tr* agregar. **2** designar adjunto o ayudante. ● **3 s'~** *pron* tomar (un colaborador, un experto).
adjoint, e [ad'ʒwɛ̃, t] **1** *adj* adjunto. ● **2** *m* et *f* adjunto, sustituto.
adjonction [adʒɔ̃k'sjɔ̃] **1** *f* añadidura. **2** DR adjunción.
adjudant [adʒy'dɑ̃] *m* MIL ayudante; brigada.
adjudication [adʒydika'sjɔ̃] **1** *f* contrata (contrato). **2** DR adjudicación.
adjuger [adʒy'ʒe] **1** *tr* et *pron* adjudicar (atribuir). ● **2** *tr* subastar (puja, licitación).
adjuration [adʒyʀa'sjɔ̃] **1** *f* adjuración (mandamiento). **2** súplica.
adjuvant, e [adʒy'vɑ̃, t] *adj* et *m* coadyuvante.
admettre [ad'mɛtʀ] **1** *tr* admitir (persona, opinión). **2** aprobar (un examen).
administrateur, trice [administʀa'tœʀ, tʀis] *m* et *f* administrador. ◆ **~ civil** administrador civil; **~ de biens** administrador de bienes.
administratif, ive [administʀa'tif, iv] *adj* administrativo.
administration [administʀa'sjɔ̃] **1** *f* administración. **2** Estado.
administrer [adminis'tʀe] **1** *tr* administrar (una empresa). **2** suministrar (alimentos, medicinas). **3** (fam) propinar, dar (una paliza).
admiratif, ive [admiʀa'tif, iv] *adj* admirativo.
admiration [admiʀa'sjɔ̃] *f* admiración. ■ **être en ~ devant** admirarse ante.

admirer [admi'ʀe] *tr* admirar.
admission [admi'sjɔ̃] **1** *f* admisión. **2** aprobado (un examen). **3** ingreso.
admonestation [admɔnɛsta'sjɔ̃] *f* amonestación.
admonester [admɔnɛs'te] *tr* amonestar.
admonition [admɔni'sjɔ̃] *f* admonición.
ADN [ade'ɛn] (*sigles de* **acide desoxyribonucléique**) *m* ADN.
ado [a'do] *adj/m* ou *f* (fam) adolescente.
adolescence [adɔle'sɑ̃s] *f* adolescencia.
adolescent, e [adɔle'sɑ̃, t] *adj/m* et *f* adolescente.
adonis [adɔ'nis] *m* adonis.
adonner (s') [sadɔ'ne] **1** *pron* consagrarse. **2** (péj) entregarse: *il s'est adonné au jeu* = *se ha entregado al juego.*
adoptant, e [adɔp'tɑ̃, t] *adj/m* et *f* adoptante.
adopter [adɔp'te] **1** *tr* adoptar. **2** aprobar (un informe).
adoptif, ive [adɔp'tif, iv] *adj* adoptivo.
adoption [adɔp'sjɔ̃] **1** *f* adopción (de un niño). **2** aprobación (informe, atestado).
adoration [adɔʀa'sjɔ̃] **1** *f* adoración (religión). **2** apasionamiento (amor ferviente).
adorer [adɔ'ʀe] **1** *tr* adorar. **2** (fam) encantar.
adosser [ado'se] **1** *tr* adosar. ● **2 s'~** *pron* respaldarse, apoyarse.
adoucir [adu'siʀ] **1** *tr* endulzar (con azúcar). **2** suavizar, atenuar (el rostro, las maneras). **3** (fig) aliviar (sufrimiento). **4** (fig) aplacar (ira, rabia).
adrénaline [adʀena'lin] *f* adrenalina.
adresse [a'dʀɛs] **1** *f* dirección (cartas); señas. **2** intención. **3** destreza, habilidad (agilidad). ■ **à l'~ de qqn** dirigido a alguien.
adresser [adʀe'se] **1** *tr* et *pron* dirigir. ● **2** *tr* enviar (carta, paquete). **3** INF dirigir, direccionar.
adroit, e [a'dʀwa, t] **1** *adj* hábil, diestro (ágil). **2** mañoso (con las manos).
aduler [ady'le] *tr* adular.
adulte [a'dylt] *adj/m* ou *f* adulto.
adultère [adyl'tɛʀ] **1** *adj/m* ou *f* adúltero (persona). ● **2** *m* adulterio (acto).
adultérer [adylte'ʀe] **1** *tr* adulterar (el sabor). **2** falsificar (dinero).
advenir [advə'niʀ] *intr* ocurrir, suceder, acaecer.
adventice [advɑ̃'tis] *adj* adventicio.
adventif, ive [advɑ̃'tif, iv] *adj* adventicio.

adverbe [ad'vɛrb] *m* adverbio.

adverbial, e [adver'bjal] *adj* adverbial.

adversaire [adver'sɛr] *m* ou *f* adversario.

adverse [ad'vɛrs] *adj* adverso, contrario.

adversité [adversi'te] *f* adversidad.

aération [aera'sjɔ̃] *f* ventilación.

aérer [ae're] 1 *tr* ventilar, airear (una habitación). 2 orear (algo húmedo). ● 3 s'~ *pron* airearse, tomar el aire.

aérien, enne [ae'rjɛ̃, ɛn] *adj* aéreo.

aérodrome [aero'drom] *m* aeródromo.

aérodynamique [aerodina'mik] 1 *adj* aerodinámico. ● 2 *f* aerodinámica.

aéronautique [aerono'tik] 1 *adj* aeronáutico. ● 2 *f* aeronáutica.

aéronaval, e [aerona'val] *adj* aeronaval.

aéronef [aero'nɛf] *m* aeronave.

aéroport [aero'pɔr] *m* aeropuerto.

aéroportuaire [aeropor'tɥɛr] *adj* aeroportuario.

aéropostal, e [aeropos'tal] *adj* aeropostal.

aérosol [aero'sɔl] *m* aerosol.

aérospatial, e [aerospa'sjal] *adj* aeroespacial.

aérostat [aeros'ta] *m* aeróstato.

affabulation [afabyla'sjɔ̃] 1 *f* fantasía, invención (imaginación). 2 enredo, trama (de una novela).

affabuler [afaby'le] *intr* fantasear, fabular.

affadissant, e [afadi'sã, t] 1 *adj* empalagoso. 2 insípido, insulso (soso).

affaiblir [afe'blir] 1 *tr* et *pron* debilitar. ● 2 *tr* rebajar (el color).

affaiblissant, e [afebli'sã, t] *adj* debilitante.

affaire [a'fɛr] 1 *f* ocupación, quehacer (asuntos). 2 asunto, cuestión. 3 complicación, dificultad (problema). 4 negocio (transacción). 5 conflicto. 6 dr pleito, proceso; caso. ● 7 affaires *f pl* cosas, chismes, bártulos. ◆ ~ d'État asunto de Estado; ■ faire son ~ à qqn ajustar las cuentas a alguien.

affairé, e [afe're] *adj* muy ocupado, atareado.

affairer (s') [safe're] 1 *pron* afanarse, esforzarse. 2 colmar de atenciones.

affairiste [afe'rist] *m* ou *f* especulador.

affaisser [afe'se] 1 *tr* et *pron* hundir (el suelo). 2 (fig) abatir, postrar. ● 3 s'~ *pron* desplomarse (caer). 4 sucumbir.

affaler [afa'le] 1 *tr* et *intr* mar amollar, arriar (hilar un cordaje). ● 2 s'~ *pron*

(fam) desplomarse, dejarse caer. 3 mar aconcharse (hacia la costa); descolgarse.

affamé, e [afa'me] 1 *adj/m* et *f* hambriento. 2 ansioso, ávido.

affamer [afa'me] *tr* dar hambre, hacer pasar hambre.

affectation [afɛkta'sjɔ̃] 1 *f* afectación. 2 asignación, destinación (puesto). 3 destino. 4 inf asignación.

affecter [afɛk'te] 1 *tr* afectar, concernir. 2 afectar, afligir. 3 fingir. 4 asignar, destinar (designar).

affectif, ive [afɛk'tif, iv] *adj* afectivo.

affection [afɛk'sjɔ̃] 1 *f* afección (emoción). 2 afecto, cariño (ternura).

affectionné, e [afɛksjo'ne] *adj* afectísimo (en una carta).

affectionner [afɛksjo'ne] *tr* querer, tener cariño.

affectueux, euse [afɛk'tɥø, øz] *adj* afectuoso.

afférent, e [afe'rã, t] 1 *adj* anat aferente. 2 dr correspondiente.

affermir [afɛr'mir] 1 *tr* afirmar, dar firmeza. 2 (fig) consolidar, reforzar, confirmar.

affiche [a'fiʃ] *f* anuncio, cartel; afiche (Amér.).

afficher [afi'ʃe] 1 *tr* fijar carteles. 2 (fig) pregonar (en voz alta).

affichiste [afi'ʃist] *m* ou *f* cartelista.

affilée (d') [dafi'le] *loc adv* de un tirón, seguido.

affiler [afi'le] *tr* afilar.

affiliation [afilja'sjɔ̃] *f* afiliación.

affilier [afi'lje] *tr* et *pron* afiliar.

affinerie [afin'ri] *f* refinería.

affinité [afini'te] *f* afinidad.

affirmatif, ive [afirma'tif, iv] *adj/m* et *f* afirmativo. ■ dans l'~ en caso afirmativo.

affirmation [afirma'sjɔ̃] *f* afirmación.

affirmer [afir'me] 1 *tr* afirmar. ● 2 *tr* et *pron* afirmar, asentar, confirmar.

affleurer [aflœ're] 1 *tr* emparejar, nivelar. ● 2 *intr* aflorar (en la superficie).

afflictif, ive [aflik'tif, iv] *adj* aflictivo.

affliction [aflik'sjɔ̃] *f* aflicción.

affliger [afli'ʒe] 1 *tr* et *pron* afligir (apenar). ● 2 *tr* aquejar (enfermedad). 3 torturar, mortificar (humillar).

affluence [afly'ãs] 1 *f* afluencia. 2 abundancia (bienes).

affluent [afly'ã] *adj* et *m* afluente (de un río).

affluer [afly'e] *intr* afluir.

afflux [a'fly] *m* aflujo.

affolant, e [afɔ'lɑ̃, t] *adj* enloquecedor.

affolé, e [afɔ'le] 1 *adj* enloquecido. 2 espantado, horrorizado.

affoler [afɔ'le] 1 *tr* enloquecer. 2 espantar. ◆ 3 *tr et pron* MAR perturbar (la brújula). ◆ 4 s'~ *pron* volverse loco, perder la cabeza (agobiarse).

affourager [afuʀa'ʒe] *tr* dar forraje, echar pienso.

affranchi, e [afʀɑ̃'ʃi] 1 *adj* libre, exento (de prejuicios). 2 emancipado. 3 franqueado (correo). ◆ 4 *m et f* liberto (esclavo).

affranchir [afʀɑ̃'ʃiʀ] 1 *tr* libertar (esclavos). 2 franquear (correo).

affréter [afʀe'te] *tr* fletar.

affreux, euse [a'fʀø, øz] *adj* espantoso.

affront [a'fʀɔ̃] *m* afrenta. ■ avaler ou dévorer un ~ tragar una afrenta; faire ~ afrentar.

affronter [afʀɔ̃'te] 1 *tr* afrontar, hacer frente a. ◆ 2 *tr et pron* enfrentar.

affubler [afy'ble] *tr* vestir ridículamente (disfrazar).

affûter [afy'te] *tr* afilar.

afghan, e [af'gɑ̃, an] 1 *adj* afgano. ◆ 2 Afghan, e *m et f* afgano.

afin [a'fɛ̃] 1 ~ de *loc prép* a fin de: *afin de nous revoir = a fin de volver a vernos.* ◆ 2 ~ que *loc conj* a fin de que, con el fin de que: *afin que je puisse y aller = a fin de que pueda ir.*

africain, e [afʀi'kɛ̃, ɛn] 1 *adj* africano. ◆ 2 Africain, e *m et f* africano.

Afrique [a'fʀik] *m* África.

afro [a'fʀo] *adj* afro (peinado).

afro-américain, e [afʀoameʀi'kɛ̃, ɛn] (*pl* afro-américains) 1 *adj* afroamericano. ◆ 2 Afro-Américain, e *m et f* afroamericano.

afro-asiatique [afʀoazja'tik] (*pl* afro-asiatiques) 1 *adj* afroasiático. ◆ 2 Afro-Asiatique *m ou f* afroasiático.

afro-cubain, e [afʀoky'bɛ̃, ɛn] (*pl* afro-cubains) 1 *adj* afrocubano. ◆ 2 Afro-Cubain, e *m et f* afrocubano.

agaçant, e [aga'sɑ̃, t] 1 *adj* irritante, molesto. 2 provocativo.

agacer [aga'se] 1 *tr* dar dentera. 2 (fig) irritar, impacientar.

agape [a'gap] *f* ágape.

agate [a'gat] *f* ágata.

âge [aʒ] *m* edad. ◆ ~ de raison edad de juicio; ~ ingrat edad del pavo; ■ prendre de l'~ envejecer.

âgé, e [a'ʒe] *adj* de edad. ◆ moins ~ de menor edad; plus ~ mayor, de más edad.

agence [a'ʒɑ̃s] *f* agencia. ◆ ~ de placement agencia de colocación; ~ de voyages agencia de viajes.

agencer [aʒɑ̃'se] 1 *tr* disponer (elementos, apartamentos). ◆ 2 *tr et pron* armonizar (los colores).

agenda [aʒɛ̃'da] *f* agenda.

agenouiller (s') [saʒənu'je o saʒnu'je] *pron* arrodillarse.

agent [a'ʒɑ̃] 1 *m* agente. 2 agente (de policía). ◆ ~ chimique agente químico; ~ d'assurances agente de seguros; ~ de change agente de cambio y bolsa.

agglomération [aglɔmeʀa'sjɔ̃] 1 *f* aglomeración. 2 área metropolitana.

aggloméré, e [aglɔme'ʀe] *adj et m* aglomerado.

agglomérer [aglɔme'ʀe] *tr et pron* aglomerar.

agglutinant, e [aglyti'nɑ̃, t] *adj/m et f* aglutinante.

agglutination [aglytina'sjɔ̃] *f* aglutinación.

agglutiner [aglyti'ne] *tr et pron* aglutinar.

aggravant, e [agʀa'vɑ̃, t] *adj* agravante.

aggravation [agʀava'sjɔ̃] *f* agravación.

aggraver [agʀa've] *tr et pron* agravar.

agile [a'ʒil] *adj* ágil.

agilité [aʒili'te] *f* agilidad.

agio [a'ʒjo] *m* agio.

agir [a'ʒiʀ] 1 *intr* obrar, actuar. 2 comportarse. 3 actuar, influir. ◆ 4 s'~ *pron* (s'~ de) tratarse.

agissant, e [aʒi'sɑ̃, t] *adj* activo.

agissements [aʒis'mɑ̃] *m pl* artimañas.

agitation [aʒita'sjɔ̃] *f* agitación.

agiter [aʒi'te] 1 *tr* agitar. 2 (fig) agitar, excitar. ◆ 3 s'~ *pron* agitarse, moverse.

agneau, elle [a'ɲo, ɛl] 1 *m et f* cordero (hasta un año); borrego (de uno a dos años). ◆ 2 *m* (fig) cordero (persona). ◆ ~ de Dieu cordero de Dios.

agnostique [agnɔs'tik] *adj/m ou f* agnóstico.

agonie [agɔ'ni] 1 *f* agonía. 2 (fig) agonía, declive.

agonisant, e [agɔni'zɑ̃, t] *adj/m et f* agonizante.

agoniser [agɔni'ze] *intr* agonizar.

agrafe [a'gʁaf] **1** *m* corchete (de ropa). **2** broche, alfiler (adorno). **3** grapa (para papeles).

agrafer [agʁa'fe] **1** *tr* abrochar (ropa). **2** grapar, engrapar (papeles).

agrafeuse [agʁa'føz] *f* grapadora.

agraire [a'gʁɛʁ] *adj* agrario.

agrandir [agʁã'diʁ] **1** *tr* et *pron* agrandar, ampliar. ● **2** *tr* ensanchar. ● **3** s'~ *pron* crecer.

agréable [agʁe'abl] *adj* agradable.

agréer [agʁe'e] **1** *tr* (form) aceptar, recibir con agrado. ● **2** *intr* (form) agradar, convenir (placer).

agrég [a'gʁeg] (*abrév de* **agrégation**) *f* (fam) oposición a una cátedra.

agrégation [agʁega'sjɔ̃] **1** *f* agregación. **2** oposición a una cátedra (de instituto o universidad). **3** título de catedrático (de universidad); profesor (de instituto). **4** (form) admisión.

agrégé, e [agʁe'ʒe] *m* et *f* catedrático *por oposición* (de instituto o universidad).

agréger [agʁe'ʒe] **1** *tr* et *pron* agregar; asociar. ● **2** *tr* admitir (en una sociedad).

agrément [agʁe'mã] **1** *m* beneplácito, consentimiento. **2** atractivo, encanto. **3** placer: *voyage d'agrément = viaje de placer.*

agresser [agʁe'se] **1** *tr* agredir, asaltar. **2** (fig) atacar: *il n'a pas arrêté de m'agresser = no ha dejado de atacarme.*

agressif, ive [agʁe'sif, iv] *adj* agresivo.

agression [agʁe'sjɔ̃] *f* agresión.

agressivité [agʁesivi'te] *f* agresividad.

agreste [a'gʁɛst] **1** *adj* agreste. **2** silvestre (una planta).

agricole [agʁi'kɔl] *adj* agrícola.

agriculteur, trice [agʁikyl'tœʁ, tʁis] *m* et *f* agricultor.

agriculture [agʁikyl'tyʁ] *f* agricultura.

agripper [agʁi'pe] **1** *tr* et *pron* agarrar. ● **2** s'~ *pron* aferrarse.

aguerrir [age'ʁiʁ] **1** *tr* et *pron* aguerrir. ● **2** *tr* (fig) avezar, acostumbrar.

aguets (aux) [oza'ɡɛ] *loc adv* al acecho.

aguichant, e [agi'ʃã, t] *adj* (fam) incitante.

aguicher [agi'ʃe] *tr* (fam) incitar.

ah! [a] *interj* ¡ah!

ahuri, e [ay'ʁi] **1** *adj* anonadado, estupefacto. **2** (fam) atontado.

ahurissant, e [ayʁi'sã, t] *adj* (fam) pasmoso.

aide [ɛd] **1** *f* ayuda: *avoir besoin d'aide = necesitar ayuda.* ● **2** *m* et *f* ayudante, ayuda. ◆ ~ à domicile ayuda a domicilio; ~ de laboratoire auxiliar de laboratorio; ~ humanitaire ayuda humanitaria; ~ sociale asistencia social.

aide-mémoire [ɛdme'mwaʁ] (*pl* **aide-mémoire**) *m* memorándum.

aider [e'de] **1** *tr* et *pron* ayudar. ● **2** *tr* socorrer, amparar. ● **3** s'~ *pron* (s'~ *de*) servirse, valerse.

aïe! [aj] **1** *interj* ¡ay! (dolor). **2** ¡vaya! (lamento).

aïeul [a'jœl] **1** *m* et *f* abuelo. ● **2** aïeuls *m pl* abuelos. **3** aïeux antepasados.

> Aïeul tiene dos plurales aïeuls y aïeux. El primero designa a los **abuelos** y el segundo a los **antepasados**.

aigle [ɛgl] *m* águila.

aiglon [ɛ'glɔ̃] *m* aguilucho.

aigre [ɛgʁ] **1** *adj* agrio (de sabor). **2** (fig) agrio, áspero, acre. ● **3** *m* agrio (del limón).

aigre-doux, douce [ɛgʁə'du, s] *adj* agridulce.

aigrefin [ɛgʁə'fɛ̃] *m* estafador.

aigreur [ɛ'gʁœʁ] **1** *f* lo agrio, acritud, agrura. **2** acidez. **3** (fig) acritud, aspereza. ● **4** aigreurs *f pl* acidez (de estómago).

aigrir [ɛ'gʁiʁ] *tr* et *pron* agriar.

aigu, ë [e'gy] **1** *adj* agudo. **2** vivo, intenso (un dolor). **3** (fig) agudo, sagaz.

aiguille [e'gɥij] **1** *f* aguja. **2** aguja, manecilla (de reloj). **3** picacho (montaña). **4** aguja (del ferrocarril). ◆ ~ à tricoter aguja de hacer punto; grande ~ minutero; petite ~ horario.

aiguiller [egɥi'je] **1** *tr* cambiar las agujas (del ferrocarril). **2** encaminar, orientar.

aiguillon [egɥi'jɔ̃] **1** *m* aguijón (de insecto). **2** púa, aguijón, espina (de una planta). **3** (fig) aguijón, acicate.

aiguillonner [egɥijɔ'ne] **1** *tr* aguijonear. **2** (fig) aguijonear, acicatear.

aiguiser [egi'ze] **1** *tr* aguzar (poner puntiagudo). **2** amolar, afilar: *aiguiser un* *couteau = afilar un cuchillo.* **3** (fig) aguzar.

ail [aj] *m* ajo.

aile [ɛl] **1** *f* ala (de un pájaro, avión). **2** aleta (de la nariz). **3** pala, paleta. **4** aspa (de molino). **5** (fig) protección. **6** SPORTS ala, extremo (de un equipo).

ailé, e [e'le] *adj* alado.

aileron [ɛl'Rɔ̃] **1** *m* alón (de pájaro). **2** aleta (de pez). **3** alerón (de avión).

ailette [ɛ'lɛt] **1** *f* aleta (de avión). **2** barreta (de un zapato). **3** MÉC aleta, álabe (de un ventilador).

ailier [e'lje] *m* SPORTS extremo, ala (en fútbol).

ailleurs [a'jœR] *adv* en otra parte. ■ par ~ por otro lado.

ailloli [ajo'li] *m* → aïoli.

aimable [ɛ'mabl] *adj* amable.

aimant, e [ɛ'mɑ̃, t] **1** *adj* cariñoso. ● **2** *m* imán.

aimanter [ɛmɑ̃'te] *tr* imantar, imanar.

aimer [e'me] **1** *tr* et *pron* querer, amar (amor, pasión): *j'aime mes enfants = quiero a mis hijos.* ● **2** *tr* gustar: *j'aime le théâtre = me gusta el teatro.* **3** ~ + autant + que + subj preferir + que + sub: *j'aime autant que tu n'y ailles pas = prefiero que no vayas.* ■ ~ mieux preferir.

aine [ɛn] *f* ANAT ingle.

aîné, e [e'ne] **1** *adj/m* et *f* mayor, primogénito (parentesco). **2** mayor: *elle est mon aînée de six ans = es seis años mayor que yo.*

ainsi [ɛ̃'si] *adv* así. ■ ~ de suite así sucesivamente; ~ que así como, al igual que.

aïoli [ajo'li] *m* alioli, ajiaceite.

air [ɛR] **1** *m* aire, aspecto. **3** semblante, cara. ◆ ~ conditionné aire acondicionado; bouffée d'~ bocanada de aire; courant d'~ corriente de aire; ■ à l'~ libre ou au grand ~ al aire libre; avoir l'~ parecer, tener pinta de; changer d'~ cambiar de aires; mettre en l'~ poner todo patas arriba; prendre l'~ tomar el aire; sans avoir l'~ de rien como quien no quiere la cosa; se donner des airs de dárselas de.

aire [ɛR] **1** *f* área (en geometría). **2** zona, área: *aire linguistique = zona lingüística.*

aisance [ɛ'zɑ̃s] **1** *f* naturalidad. **2** soltura: *aisance à s'exprimer = soltura al expresarse.* **3** desahogo (material).

aise [ɛz] **1** *adj* (precedido de un *adv*) contento: *je suis bien aise que tu sois venu = estoy contento de que hayas venido.* ● **2** *f* comodidad. ■ à l'~ a gusto; être à l'~ estar a gusto, estar cómodo; ne pas se sentir à l'~ sentirse incómodo; se mettre à son ~ ponerse cómodo; vivre à l'~ vivir con acomodo.

aisé, e [e'ze] **1** *adj* cómodo. **2** acomodado, pudiente.

aisément [eze'mɑ̃] **1** *adv* fácilmente. **2** con soltura. **3** holgadamente.

aisselle [ɛ'sɛl] **1** *f* axila. **2** BOT axila.

ajourner [aʒuR'ne] *tr* aplazar, posponer.

ajout [a'ʒu] *m* añadido.

ajouter [aʒu'te] **1** *tr* añadir. **2** agregar. ● **3** *intr* (~ à) aumentar, acrecentar: *cette nouvelle ajoute à nos peines = esta noticia aumenta nuestro dolor.* ● **4** s'~ *pron* añadirse, sumarse.

ajuster [aʒys'te] **1** *tr* ajustar (la ropa). **2** ajustar, rectificar (un salario, un precio). **3** apuntar (a un blanco). **4** MÉC ajustar, encajar (piezas).

alambic [alɑ̃'bik] *m* alambique.

alambiqué, e [alɑ̃bi'ke] *adj* enrevesado, alambicado.

alangui, e [alɑ̃'gi] *adj* lánguido.

alarmant, e [alaR'mɑ̃, t] *adj* alarmante.

alarme [a'laRm] **1** *f* alarma. **2** (fig) alarma, sobresalto.

alarmer [alaR'me] *tr* alarmar.

alarmiste [alaR'mist] *adj/m* ou *f* alarmista.

albâtre [al'batR] *m* alabastro.

albinos [albi'nos] *adj/m* ou *f* albino.

album [al'bɔm] *m* álbum.

albumine [alby'min] *f* albúmina.

alcalin, e [alka'lɛ̃, in] *adj* et *m* alcalino.

alcaliniser [alkalini'ze] *tr* alcalizar.

alcaloïde [alkalo'id] **1** *adj* alcaloideo. ● **2** *m* alcaloide.

alcarazas [alkaRa'zas] *m* alcarraza.

alchimie [alʃi'mi] *f* alquimia.

alchimique [alʃi'mik] *adj* alquímico.

alchimiste [alʃi'mist] *m* ou *f* alquimista.

alcool [al'kɔl] **1** *m* alcohol. **2** licor.

alcoolé, e [alkɔ'le] *adj* alcoholado.

alcoolémie [alkɔle'mi] *f* alcoholemia.

alcoolique [alkɔ'lik] *adj/m* ou *f* alcohólico.

alcoolisation [alkɔliza'sjɔ̃] *f* alcoholización.

alcooliser [alkɔli'ze] *tr* alcoholizar.

353 alliage

alcoolisme [alkɔ'lism] *m* alcoholismo.
Alcootest® [alkɔ'test] *m* alcohómetro.
aléa [a'lea] **1** *m* suerte, azar. **2** incertidumbre.
aléatoire [alea'twaʀ] *adj* aleatorio.
alentour [alɑ̃'tuʀ] **1** *adv* alrededor, en torno. ● **2 alentours** *m pl* alrededores: *les alentours d'une ville = los alrededores de una ciudad.* ■ aux alentours de en los alrededores, en torno a.
alerte [a'lɛʀt] **1** *adj* vivo, activo, ágil. ● **2** *f* alerta (alarma). ● **3 alerte!** *interj* ¡alerta!, ¡ojo! ◆ fausse ~ falsa alarma.
alerter [alɛʀ'te] *tr* alertar.
alevin [alə'vɛ̃] *m* alevín, alevino. ◆ ~ d'anguille angula.
aleviner [alvi'ne] *tr* poblar o repoblar de alevines.
alevinier [alvi'nje] *m* vivero (de peces).
alezan [al'zɑ̃, an] *adj et m* alazán.
alfa [al'fa] *m* esparto, alfa.
alfatier, ère [alfa'tje, jɛʀ] *adj* del esparto.
algarade [alga'ʀad] **1** *f* andanada, salida de tono. **2** encontronazo.
algèbre [al'ʒɛbʀ] *f* álgebra.
algébrique [alʒe'bʀik] *adj* algebraico.
algérien, enne [alʒe'ʀjɛ̃, ɛn] **1** *adj* argelino. ● **2 Algérien, enne** *m et f* argelino.
algide [al'ʒid] *adj* álgido.
algorithmique [algɔʀit'mik] *adj* algorítmico.
algue [alg] *f* alga.
alias [a'ljas] *adv* alias.
alibi [ali'bi] *m* coartada.
aliénant, e [alje'nɑ̃, t] *adj* alienante.
aliéné, e [alje'ne] *adj/m et f* alienado, loco.
aliéner [alje'ne] **1** *tr* alienar, enajenar (ceder). **2** perturbar (la mente). ● **3** s'~ *pron* (s'~ *de*) enajenarse, desprenderse.
aliéniste [alje'nist] *adj/m ou f* alienista.
aligner [ali'ne] **1** *tr et pron* alinear, poner en fila. ● **2** *tr* (fig) ajustar, adaptar. ● **3** s'~ *pron* (fig) ponerse frente a otro (para un desafío).
aliment [ali'mɑ̃] **1** *m* alimento. **2** pienso.
alimentaire [alimɑ̃'tɛʀ] *adj* alimenticio.
alimentation [alimɑ̃ta'sjɔ̃] **1** *f* alimentación. **2** abastecimiento (de una ciudad).
alimenter [alimɑ̃'te] **1** *tr et pron* alimentar. **2** *tr* abastecer (una ciudad). **3** (fig) alimentar, mantener: *alimenter des haines ancestrales = alimentar odios ancestrales.* **4** INF alimentar.

alinéa [aline'a] **1** *m* aparte, punto y aparte. **2** apartado. **3** sangría (en imprenta).
aliter [ali'te] **1** *tr* encamar. ● **2** s'~ *pron* guardar cama.
allaiter [ale'te] **1** *tr* amamantar, criar. **2** dar el pecho.
allant, e [a'lɑ̃, t] **1** *adj* activo. ● **2** *m* empuje, brío.
alléchant, e [ale'ʃɑ̃, t] *adj* apetitoso. **2** (fig) seductor, tentador.
allécher [ale'ʃe] *tr* atraer, seducir.
allée [a'le] **1** *f* alameda (paseo); calle (camino). **2** ida.
allégation [alega'sjɔ̃] **1** *f* alegación. **2** alegato (por escrito).
allégé, e [ale'ʒe] *adj* bajo en calorías.
allégeance [ale'ʒɑ̃s] **1** *f* alivio. **2** juramento de fidelidad.
alléger [ale'ʒe] **1** *tr et pron* aligerar. ● **2** *tr* disminuir, desgravar: *alléger les charges sociales = disminuir las cargas sociales.* **3** (fig) calmar, aliviar. **4** MAR alijar.
allégorie [alegɔ'ʀi] *f* alegoría.
allégorique [alegɔ'ʀik] *adj* alegórico.
allègre [a'lɛgʀ] *adj* vivo, ágil. **2** alegre.
allégresse [ale'gʀɛs] *f* alegría.
alléguer [ale'ge] *tr* alegar, esgrimir.
Allemagne [al'maɲ] *f* Alemania.
allemand, e [al'mɑ̃, d] **1** *adj* alemán. ● **2 Allemand, e** *m et f* alemán. ● **3** *m* alemán (lengua).
aller [a'le] *m* ida.
aller [a'le] **1** *intr* ir: *aller au marché = ir al mercado.* **2** ir, andar: *aller très vite = andar muy deprisa.* **3** andar, funcionar. **4** llevar: *cette rue va jusqu'à la place du marché = esta calle lleva a la plaza del mercado.* **5** ir vestido, llevar. **6** estar, encontrarse (de salud, ánimo). **7** sentar, quedar, pegar: *le rouge va bien avec le noir = el rojo pega con el negro.* **8** (fam) convenir, gustar: *cet emploi du temps ne me va pas = este horario no me conviene.* ● **9** s'en ~ *pron* irse, marcharse. ● **10** allez! *interj* ¡venga! ¡vamos! ■ laisser ~ dejar estar, desinteresarse; se laisser ~ relajarse, dejarse llevar.
allergène [alɛʀ'ʒɛn] *m* alérgeno.
allergie [alɛʀ'ʒi] *f* alergia.
allergique [alɛʀ'ʒik] *adj/m ou f* alérgico.
alliacé, e [alja'se] *adj* aliáceo.
alliage [a'ljaʒ] *m* aleación, liga.

alliance [a'ljɑ̃s] **1** *f* alianza (coalición). **2** alianza, enlace (boda). **3** alianza, anillo de boda. **4** parentesco político. **5** (fig) unión, mezcla.

allié, e [a'lje] *adj/m* et *f* aliado.

allier [a'lje] **1** *tr* et *pron* aliar, unir, juntar. ● **2** *tr* casar. **3** ligar, alear (metales). ● **4** **s'~** *pron* combinarse.

alligator [aliga'tɔʀ] *m* aligator.

allô! [a'lo] **1** *interj* ¡oiga! (quien llama). **2** ¿sí? ¡dígame! ¡diga! (quien responde). **3** ¿aló? (Amér.).

> Esta interjección se utiliza sólo en conversaciones telefónicas, tanto cuando se llama como cuando se responde.

allocataire [alɔka'tɛʀ] *m* ou *f beneficiario de una prestación social.*

allocation [alɔka'sjɔ̃] **1** *f* asignación, gratificación. **2** subsidio.

allocution [alɔky'sjɔ̃] *f* alocución, discurso.

allonge [a'lɔ̃ʒ] **1** *f* añadidura, añadido. **2** larguero (de madera). **3** garabato (para colgar la carne). **4** CHIM alargadera (de una retorta).

allongé, e [alɔ̃'ʒe] *adj* largo, alargado.

allonger [alɔ̃'ʒe] **1** *tr* et *pron* alargar. ● **2** *tr* aclarar (una salsa). **3** estirar (un elástico). **4** (fam) largar: *elle lui a allongé une gifle = le largó una bofetada.* **5** CHIM diluir (un líquido). ● **6** *intr* crecer, alargarse. ● **7** **s'~** *pron* echarse, tumbarse; extenderse.

allouer [a'lwe] *tr* conceder, asignar.

allume-cigare [alymsi'gaʀ] *m* encendedor (en los coches).

allumer [aly'me] **1** *tr* et *pron* encender. ● **2** *tr* (fig) encender, atizar.

allumette [aly'met] *f* cerilla.

allure [a'lyʀ] **1** *f* paso, andar. **2** velocidad. **3** (fig) aspecto, apariencia, pinta. **4** aire (en equitación). **5** MAR, MÉC marcha. ■ **à toute ~** a toda prisa, a toda marcha.

allusif, ive [aly'zif, iv] *adj* alusivo.

allusion [aly'zjɔ̃] *f* alusión, indirecta.

alluvial, e [aly'vjal] *adj* aluvial.

alluvion [aly'vjɔ̃] *f* aluvión.

aloès [alɔ'ɛs] **1** *m* áloe (planta). **2** acíbar, áloe (resina).

aloi [a'lwa] **1** *m* ley (metales preciosos). **2** valor (cosa, persona).

alors [a'lɔʀ] **1** *adv* entonces, en aquel momento. **2** en tal caso: *alors ça ne m'intéresse plus = en tal caso ya no me interesa.* ● **3** **alors!** *interj* ¡desde luego!; ¿y qué? ■ **~ que** cuando, mientras que (valor adversativo): *il y est allé alors que je le lui avais interdit = fue cuando yo se lo había prohibido.*

alouette [a'lwet] *f* alondra.

alourdir [aluʀ'diʀ] **1** *tr* et *pron* hacer pesado, volver pesado. ● **2** *tr* agravar (impuestos, gastos). **3** (fig) sobrecargar, recargar.

alpestre [al'pɛstʀ] *adj* alpestre, alpino.

alpha [al'fa] *m* alfa. ◆ **rayons ~** rayos alfa.

alphabet [alfa'bɛ] *m* alfabeto, abecedario.

alphabétique [alfabe'tik] *adj* alfabético.

alphabétisation [alfabetiza'sjɔ̃] *f* alfabetización.

alphabétiser [alfabeti'ze] *tr* alfabetizar.

alphanumérique [alfanyme'ʀik] **1** *adj* alfanumérico. **2** INF alfanumérico.

alpin, e [al'pɛ̃, in] *adj* alpino.

alpinisme [alpi'nism] *m* alpinismo.

alpiniste [alpi'nist] *m* ou *f* alpinista.

altération [alteʀa'sjɔ̃] **1** *f* alteración. **2** adulteración (de un producto).

altercation [alteʀka'sjɔ̃] *f* altercado.

altérer [alte'ʀe] **1** *tr* alterar. **2** adulterar (un producto). **3** falsificar (dinero). **4** demudar (expresión, voz). **5** dar sed: *ce soleil harassant m'a altéré = este sol abrasador me ha dado sed.*

alternance [alteʀ'nɑ̃s] *f* alternancia.

alternatif, ive [alteʀna'tif, iv] **1** *adj* alternativo. **2** ÉLEC alterno.

alternative [alteʀna'tiv] *f* alternativa, opción.

alterne [al'teʀn] *adj* alterno.

alterner [alteʀ'ne] *intr* et *tr* alternar.

altesse [al'tɛs] *f* alteza.

altier, ère [al'tje, jeʀ] *adj* altivo.

altimètre [alti'metʀ] *m* altímetro.

altitude [alti'tyd] **1** *f* altitud. **2** altura.

altruiste [altʀɥist] *adj/m* ou *f* altruista.

alumine [aly'min] *f* CHIM alúmina.

aluminium [alymi'njɔm] *m* aluminio.

alun [a'lœ̃] *m* alumbre, jebe.

alvéole [alve'ɔl] **1** *m* celdilla (de las abejas). **2** MÉD alvéolo.

amadou [ama'du] *m* yesca.

amadouer [ama'dwe] *tr* engatusar, embobar.

amaigrissant, e [amegʀi'sɑ̃, t] *adj* adelgazante, de adelgazamiento.

amalgame [amal'gam] *m* amalgama.

amalgamer [amalga'me] *tr* et *pron* amalgamar.

amande [a'mɑ̃d] *f* almendra. ◆ **~ pralinée** almendra garapiñada; **~ verte** almendruco.

amandier [amɑ̃'dje] *m* almendro.

amanite [ama'nit] *f* BOT amanita.

amant, e [a'mɑ̃, t] *m* et *f* amante.

amarrer [ama'ʀe] *tr* MAR amarrar.

amas [a'ma] *m* montón, pila.

amasser [ama'se] **1** *tr* et *pron* amontonar. ◆ **2** *tr* reunir, recabar (información). **3** (fig) atesorar (riquezas).

amazone [ama'zon] **1** *f* amazona. **2** traje de amazona.

ambassade [ɑ̃ba'sad] *f* embajada.

ambiance [ɑ̃'bjɑ̃s] *f* ambiente; entorno. ■ **mettre de l'~** animar.

ambiant, e [ɑ̃'bjɑ̃, t] *adj* ambiente.

ambidextre [ɑ̃bi'dɛkstʀ] *adj/m* ou *f* ambidiestro.

ambigu, ë [ɑ̃bi'gy] *adj* ambiguo.

ambiguïté [ɑ̃bigɥi'te] *f* ambigüedad.

ambitieux, euse [ɑ̃bi'sjø, øz] **1** *adj/m* et *f* ambicioso; agalludo (Amér.). **2** (péj) pretencioso.

ambition [ɑ̃bi'sjɔ̃] *f* ambición.

ambitionner [ɑ̃bisjɔ'ne] *tr* ambicionar.

ambivalence [ɑ̃biva'lɑ̃s] *f* ambivalencia.

ambivalent, e [ɑ̃biva'lɑ̃, t] *adj* ambivalente.

ambre [ɑ̃bʀ] *m* ámbar.

ambré, e [ɑ̃'bʀe] *adj* ambarino.

ambulance [ɑ̃by'lɑ̃s] *f* ambulancia.

ambulancier, ère [ɑ̃bylɑ̃'sje, jɛʀ] *m* et *f* enfermero de ambulancia.

ambulant, e [ɑ̃by'lɑ̃, t] *adj* ambulante. ◆ **vente ambulante** venta ambulante.

âme [am] **1** *f* alma. **2** habitante: *une ville de cent mille âmes* = *una ciudad de cien mil habitantes*. **3** alma, sentimiento: *jouer un instrument avec âme* = *tocar un instrumento con alma*. **4** (fig) alma: *être l'âme d'une équipe* = *ser el alma de un equipo*. ◆ **~ du purgatoire** alma del purgatorio; **~ sœur** alma gemela; ■ **à fendre l'~** que parte el corazón; **comme ~ en peine** como alma en pena; **de toute son ~** con toda el alma; **ne pas trouver ~ qui vive** (fam) no encontrar alma viviente.

amélioration [ameljɔʀa'sjɔ̃] **1** *f* mejoramiento, mejora (acción). **2** mejora, mejoría (de una enfermedad). **3** perfeccionamiento. ◆ **4 améliorations** *f pl* DR mejoras, reparaciones.

améliorer [ameljo'ʀe] **1** *tr* perfeccionar. ◆ **2** *tr* et *pron* mejorar.

amen [a'mɛn] *m* amén.

aménager [amena'ʒe] **1** *tr* arreglar, disponer. **2** acondicionar (una casa, un terreno). **3** aprovechar: *aménager un terre-plein* = *aprovechar un terraplén*. **4** ajustar, adaptar. **5** habilitar.

amende [a'mɑ̃d] *f* multa. ■ **mettre une ~** multar.

amenée [am'ne] *f* traída.

amener [am'ne] **1** *tr* traer. **2** ocasionar, acarrear (unas consecuencias negativas). **3** llevar, conducir: *amener à la plage* = *llevar a la playa*. **4** (fig) (~ *à*) inducir a: *amener qqn à prendre des risques* = *inducir a alguien a correr riesgos*. **5** (fig) conducir, dirigir: *amener un débat* = *conducir un debate*. ◆ **6 s'~** *pron* (fam) venir, presentarse.

aménité [ameni'te] **1** *f* amabilidad, atención. ◆ **2 aménités** *f pl* (iron) palabras agradables, piropos.

amenuiser [amənɥi'ze] **1** *tr* adelgazar. ◆ **2 s'~** *pron* disminuir.

amer, ère [a'mɛʀ] **1** *adj* amargo. **2** (fig) amargo; hiriente.

américain, e [ameʀi'kɛ̃, ɛn] **1** *adj* americano. ◆ **2 Américain, e** *m* et *f* americano. ◆ **3** *m* americano (lengua).

américaniser [ameʀikani'ze] *tr* et *pron* americanizar.

amérindien, enne [ameʀɛ̃'djɛ̃, ɛn] **1** *adj* amerindio. ◆ **2 Amérindien, enne** *m* et *f* amerindio.

Amérique [ame'ʀik] **1** *f* América. **2 l'~** los Estados Unidos. ◆ **l'~ centrale** América Central o Centroamérica; **l'~ du Nord** América del Norte o Norteamérica; **l'~ du Sud** América del Sur o Sudamérica; **l'~ latine** América Latina o Latinoamérica.

amertume [amɛʀ'tym] *f* amargura, amargor.

améthyste [ame'tist] *f* amatista.

ameublement [amœblə'mɑ̃] *m* moblaje, mueblaje, mobiliario. ◆ **tissus d'~** tapicería.

ameuter [amø'te] **1** *tr* et *pron* sublevar, amotinar. ● **2** *tr* reunir en jauría (a perros). **3** alborotar, alertar.

ami, e [a'mi] **1** *adj/m* et *f* amigo. ● **2** *m* et *f* (euphém) amante. ◆ **petit ~** novio.

amiante [a'mjɑ̃t] *m* amianto.

amical, e [ami'kal] **1** *adj* amistoso. ● **2** *f* sociedad, asociación, peña.

amidon [ami'dõ] *m* almidón.

amidonner [amidɔ'ne] *tr* almidonar.

amincir [amɛ̃'siʀ] **1** *tr* rebajar, adelgazar (una viga). **2** afinar (la silueta). ● **3** *tr* et *pron* adelgazar.

amincissant, e [amɛ̃si'sɑ̃, t] *adj* adelgazante.

amine [a'min] *f* CHIM amina.

aminé, e [ami'ne] *adj* CHIM aminado.

amiral, e [ami'ral] **1** *adj* almirante. ● **2** *m* almirante.

amitié [ami'tje] **1** *f* amistad. **2** cariño, afecto: *j'ai de l'amitié pour lui = siento cariño por él*. **3** favor, amabilidad: *faire l'amitié d'assister à une célébration = hacer el favor de asistir a una celebración*. ● **4 amitiés** *f pl* atenciones, amabilidades. **5** recuerdos.

ammoniaque [amɔ'njak] *f* amoniaco o amoníaco.

ammonium [amɔ'njɔm] *m* CHIM amonio.

amnésie [amne'zi] *f* amnesia.

amniotique [amnjɔ'tik] *adj* ANAT, ZOOL amniótico.

amnistie [amnis'ti] *f* amnistía.

amnistier [amnis'tje] *tr* amnistiar.

amocher [amɔ'ʃe] **1** *tr* et *pron* (fam) estropear. **2** (fam) herir.

amoindrir [amwɛ̃'dʀiʀ] **1** *tr* et *pron* aminorar, amenguar. ● **2** *tr* empequeñecer, disminuir.

amollir [amɔ'liʀ] **1** *tr* et *pron* ablandar. **2** (fig) mitigar, aplacar, debilitar.

amonceler [amõs'le] *tr* amontonar.

amont [a'mõ] **1** *adj que está situado más arriba*. ● **2** *m* parte de río arriba.

amoral, e [amɔ'ral] *adj* amoral.

amorce [a'mɔʀs] **1** *f* cebo, pistón, mixto, cebo (de un cartucho, de una mina). **3** (fig) principio, comienzo, inicio: *amorce des pourparlers = principio de las negociaciones*. **4** (fig) aliciente, incentivo, atractivo.

amorcer [amɔʀ'se] **1** *tr* cebar (poner un cebo). **2** cebar, cargar, poner un fulminante (en un arma). ● **3** *tr* et *pron* co-

menzar, iniciar, empezar (un trabajo, un asunto); entablar (unas negociaciones). ● **4** *tr* (fig) seducir, atraer.

amorphe [a'mɔʀf] *adj* amorfo.

amortir [amɔʀ'tiʀ] **1** *tr* et *pron* amortiguar. **2** amortizar (un gasto, una deuda). ● **3** *tr* (fig) embotar, mitigar, calmar: *la peur amortit le courage = el miedo embota el valor*. **4** (fam) amortizar, rentabilizar: *amortir un cours d'anglais = rentabilizar un curso de inglés*.

amortisseur [amɔʀti'sœʀ] *m* amortiguador.

amour [a'muʀ] **1** *m* amor. **2** cariño, afecto. **3** amor, pasión: *l'amour de la nature = el amor por la naturaleza*. ◆ **chagrin d'~** pena de amor.

amour-propre [amuʀ'pʀɔpʀ] *m* amor propio.

amouracher (s') [samuʀa'ʃe] *pron* enamoriscarse.

amourette [amu'ʀɛt] *f* amorío, devaneo.

amoureux, euse [amu'ʀø, øz] **1** *adj* amoroso. ● **2** *adj/m* et *f* enamorado. **3** (fig) enamorado, amante: *amoureux des grandes villes = enamorado de las grandes urbes*. ■ **tomber ~** enamorarse.

ampère [ɑ̃'pɛʀ] *m* amperio.

amphi [ɑ̃'fi] (*abrév de* **amphithéâtre**) *m* (fam) aula (en una universidad).

amphibie [ɑ̃fi'bi] *adj* et *m* BIOL anfibio.

amphigourique [ɑ̃figu'ʀik] *adj* confuso, ininteligible, oscuro.

amphithéâtre [ɑ̃fite'atʀ] **1** *m* anfiteatro. **2** aula (de universidad). ◆ **grand ~** aula magna.

amphitryon, onne [ɑ̃fitʀi'jõ, ɔn] *m* et *f* anfitrión.

amphore [ɑ̃'fɔʀ] *f* ánfora.

ample [ɑ̃pl] **1** *adj* amplio. **2** holgado (una prenda).

ampleur [ɑ̃'plœʀ] **1** *f* amplitud. **2** anchura (de una prenda).

ampli [ɑ̃'pli] (*abrév de* **amplificateur**) *m* (fam) amplificador.

amplification [ɑ̃plifika'sjõ] **1** *f* amplificación, ampliación. **2** (fig) amplificación (del estilo). **3** (fig, péj) verborrea.

amplifier [ɑ̃pli'fje] **1** *tr* et *pron* ampliar; desarrollar. ● **2** *tr* amplificar (el estilo). **3** PHYS amplificar.

amplitude [ɑ̃pli'tyd] **1** *f* amplitud. **2** (fig) magnitud, amplitud: *l'amplitude d'une* *tragédie humaine = la magnitud de una tragedia humana*. **3** PHYS amplitud.

ampoule [ɑ̃'pul] **1** *f* ampolla (recipiente). **2** ÉLEC bombilla. **3** MÉD ampolla, vejiga.

ampoulé, e [ɑ̃pu'le] *adj* ampuloso.

amputation [ɑ̃pyta'sjɔ̃] **1** *f* amputación. **2** (fig) amputación, reducción (de un texto, etc.).

amputer [ɑ̃py'te] **1** *tr* amputar. **2** (fig) amputar, reducir.

amulette [amy'lɛt] *f* amuleto.

amusant, e [amy'zɑ̃, t] **1** *adj* divertido, gracioso. **2** curioso, extraño.

amuse-bouche [amyz'buʃ] *m* (euphém) → amuse-gueule.

amuse-gueule [amyz'gœl] **1** *m* (fam) tapa, pincho (en un aperitivo); antojitos (Amér.). **2** (fig) distracción, entretenimiento.

amuser [amy'ze] **1** *tr et pron* entretener, distraer: *il s'amuse à compter les voitures = se entretiene en contar los coches*. **2** divertir: *la pièce l'a beaucoup amusé = la obra le divirtió mucho*. ● **3** *s'~ pron* retozar, juguetear. **4** (péj) andar de picos pardos. ■ **si ça t'amuse** si te apetece.

amusette [amy'zɛt] *f* distracción, entretenimiento.

amygdale [amig'dal] *f* ANAT amígdala.

an [ɑ̃] *m* año: *il y a cinquante ans = hace cincuenta años*. ◆ **le jour de l'~** el día de Año Nuevo; **le nouvel ~** Nochevieja: *que fais-tu au nouvel an? = ¿qué haces en Nochevieja?*; ■ **en l'~ de grâce** en el año de gracia; **être chargé d'ans** ser muy mayor; **je m'en moque comme de l'~ quarante** me importa un bledo.

anabolisant, e [anaboli'zɑ̃, t] *adj et m* MÉD anabolizante.

anacardier [anakar'dje] *m* BOT anacardo (árbol).

anachronique [anakrɔ'nik] *adj* anacrónico.

anaconda [anakɔ̃'da] *m* ZOOL anaconda.

anagogie [anagɔ'ʒi] *f* anagogía, anagoge.

anagramme [ana'gram] *f* anagrama.

anal, e [a'nal] *adj* ANAT anal.

analeptique [analɛp'tik] *adj* MÉD analéptico.

analgésie [analʒe'zi] *f* MÉD analgesia.

analgésique [analʒe'zik] *adj et m* MÉD analgésico.

anallergique [analɛr'ʒik] *adj et m* MÉD analérgico.

analogie [analɔ'ʒi] *f* analogía. ■ **par ~** por analogía.

analogique [analɔ'ʒik] *adj* analógico.

analogue [ana'lɔg] *adj et m* análogo.

analphabète [analfa'bɛt] *adj/m ou f* analfabeto.

analyse [ana'liz] *f* análisis. ◆ **~ grammaticale** análisis gramatical; ■ **avoir l'esprit d'~** tener una mente analítica; **en dernière ~** después de todo.

analyser [anali'ze] **1** *tr et pron* analizar. ● **2** *tr* desmenuzar, pormenorizar: *analyser l'attitude de qqn = desmenuzar la actitud de alguien*.

analyseur [anali'zœr] *m* PHYS analizador.

analytique [anali'tik] *adj* analítico.

ananas [ana'na o ana'nas] *m* piña; ananás.

anaphore [ana'fɔr] *f* RHÉT anáfora.

anar [a'nar] (*abrév de* **anarchiste**) *m ou f* POL (fam) anarco; anarquista.

anarchie [anar'ʃi] *f* POL anarquía.

anarchique [anar'ʃik] *adj* anárquico.

anarchiste [anar'ʃist] *adj/m ou f* anarquista.

anathématiser [anatemati'ze] *tr* anatematizar.

anathème [ana'tem] *m* anatema.

anatomie [anatɔ'mi] *f* anatomía.

anatomique [anatɔ'mik] *adj* anatómico.

anatomiste [anatɔ'mist] *m ou f* anatomista.

ancestral, e [ɑ̃ses'tral] *adj* ancestral.

ancêtre [ɑ̃n'setr] **1** *m* antepasado. **2** (fig) precursor: *l'ancêtre du romantisme = el precursor del romanticismo*. **3** (fam) anciano. ● **4 ancêtres** *m pl* antepasados.

anche [ɑ̃ʃ] *f* MUS lengüeta.

anchois [ɑ̃'ʃwa] **1** *m* anchoa (en conserva). **2** ZOOL boquerón.

ancien, enne [ɑ̃'sjɛ̃, ɛn] **1** *adj* antiguo: *mon ancien appartement = mi antiguo piso*. **2** viejo: *une maison ancienne = una casa vieja*. **3** anticuado, pasado de moda. ■ **à l'ancienne** a la antigua.

ancienneté [ɑ̃sjɛn'te] *f* antigüedad.

ancillaire [ɑ̃si'lɛr] *adj* ancilar.

ancre [ɑ̃kr] **1** *f* ancla. **2** ARCHIT ancla. ■ **jeter l'~** (fig, fam) instalarse; **~** MAR echar el ancla; **lever l'~** (fig, fam) alzar el vuelo, marcharse; MAR levar anclas, zarpar.

ancrer [ã'kʀe] **1** tr anclar, echar el ancla.
● **2** tr et pron (fig) arraigar, afianzar (una
idea, unas costumbres, etc.).

andalou, ouse [ãda'lu, z] **1** adj andaluz. ● **2 Andalou, ouse** m et f andaluz.

andin, e [ã'dɛ̃, in] **1** adj andino. ● **2 Andin, e** m et f andino.

andouille [ã'duj] **1** f GAST embutido a
base de tripas de cerdo. **2** (fam) imbécil,
necio. ■ **faire l'~** (fam) hacer el imbécil.

andouillette [ãdu'jet] f GAST embutido
caliente a base de tripas.

androïde [ãdʀɔ'id] adj et m androide.

âne [an] **1** m asno; burro, borrico. **2** (fig)
burro, estúpido. ◆ ~ **bâté** (fig) ignorante; ■ **être comme l'~ de Buridan** ser indeciso; **faire l'~ pour avoir du son** hacerse el tonto; **têtu comme un ~** terco
como una mula.

anéantir [aneã'tiʀ] **1** tr aniquilar, exterminar: anéantir une armée = aniquilar un
ejército. **2** (fig) anonadar: la nouvelle l'a
anéanti = la noticia lo dejó anonadado.

anecdote [anek'dɔt] f anécdota.

anecdotique [anekdɔ'tik] adj anecdótico.

anémier [ane'mje] tr MÉD volver anémico.

anémique [ane'mik] adj MÉD anémico.

anémone [ane'mɔn] f BOT anémona. ◆ ~
de mer ZOOL anémona de mar.

ânerie [an'ʀi] f (fam) burrada, tontería.

ânesse [a'nes] f asna; burra, borrica.

anesthésiant, e [aneste'zjã, t] adj et m
anestésico.

anesthésie [aneste'zi] f anestesia.

anesthésier [aneste'zje] tr anestesiar.

anesthésique [aneste'zik] adj et m
anestésico.

anesthésiste [aneste'zist] m ou f anes-
tesista.

ange [ãʒ] **1** m ángel. **2** ZOOL angelote. ◆ ~
déchu ángel caído; ~ **gardien** ángel de
la guarda; ■ **être aux anges** estar en la
gloria; **un ~ passe** ha pasado un ángel.

angelot [ãʒ'lo] m angelote.

angine [ã'ʒin] f angina. ◆ ~ **de poitrine**
angina de pecho.

anglais, e [ã'gle, z] **1** adj inglés. ● **2 Anglais, e** m et f inglés. ● **3** m inglés (lengua). ● **4 anglaises** f pl tirabuzones. ■ **à
l'anglaise** GAST al vapor; **filer à l'anglaise** despedirse a la francesa.

angle [ãgl] **1** m ángulo. **2** esquina (de
una calle); rincón (de una habitación). ◆

~ **aigu** ángulo agudo; ~ **droit** ángulo recto; ~ **mort** ángulo muerto; ■ **arrondir les
angles** limar las asperezas; **sous un
certain ~** desde un determinado ángulo.

Angleterre [ãglə'teʀ] f Inglaterra.

anglican, e [ãgli'kã, an] adj/m et f anglicano.

anglo-saxon, onne [ãglɔsak'sɔ̃, ɔn]
(pl **anglo-saxons**) **1** adj anglosajón. ● **2
Anglo-saxon, onne** m et f anglosajón. ●
3 m anglosajón (lengua).

angoissant, e [ãgwa'sã, t] adj angustioso.

angoisse [ã'gwas] f angustia.

angoisser [ãgwa'se] tr et pron angustiar; acongojar.

angora [ãgɔ'ʀa] **1** adj de Angora. ● **2** m
angora (lana). ◆ **chat ~** gato de Angora.

anguille [ã'gij] f anguila. ◆ ~ **de mer**
congrio; ■ **il y a ~ sous roche** hay gato
encerrado.

angulaire [ãgy'leʀ] adj angular.

anguleux, euse [ãgy'lø, øz] **1** adj an-
guloso. **2** (fig) esquinado (carácter).

anhélation [anela'sjɔ̃] f anhelación.

anhéler [ane'le] intr anhelar; jadear.

anicroche [ani'kʀɔʃ] f engorro, pega.

ânier, ère [a'nje, jeʀ] m et f arriero de
asnos; burrero (Amér.).

aniline [ani'lin] f CHIM anilina.

animadversion [animadveʀ'sjɔ̃] f animadversión.

animal, e [ani'mal] **1** adj et m animal. ●
2 adj (fig) animal, bruto. ◆ ~ **de compagnie** animal de compañía; ~ **domestique** animal doméstico.

animalier, ère [anima'lje, jeʀ] **1** adj de
animales; sobre animales. ● **2** m ART ani-
malista.

animalité [animali'te] f animalidad.

animation [anima'sjɔ̃] f animación. ■
mettre de l'~ animar.

animé, e [ani'me] adj animado.

animer [ani'me] tr et pron animar.

animosité [animozi'te] f animosidad.

anis [a'nis o ani] m BOT anís. ◆ ~ **des
Vosges** comino (especia).

aniser [ani'ze] tr anisar.

ankyloser [ãkilo'ze] tr et pron anquilosar.

annales [a'nal] f pl anales.

annaliste [ana'list] m ou f analista.

annalité [anali'te] f DR anualidad.

anneau [a'no] **1** m anillo (aro pequeño);
argolla (aro grueso). **2** anilla (de cortina);

eslabón (de cadena). **3** ASTR anillo. • **4 anneaux** *m pl* SPORTS anillas. ◆ **à clefs** llavero; **~ de mariage** alianza.

année [a'ne] *f* año. ◆ **~ budgétaire** año presupuestario; **~ scolaire** curso escolar; ■ **d'~ en ~** año tras año; **souhaiter la bonne ~** felicitar el año nuevo.

> Suele utilizarse acompañado de adjetivos: *une année bissextile* = *un año bisiesto* = l' *année a été mauvaise* = *el año ha sido malo*.

année-lumière [anely'mjɛʀ] (*pl* **années-lumière**) *f* ASTR año luz.

annexe [a'nɛks] **1** *adj* anejo; adjunto (un documento). • **2** *f* anexo, dependencia (sala).

annexer [anɛk'se] **1** *tr* anexar; anexionar (un territorio). **2** adjuntar (un documento).

annexion [anɛk'sjɔ̃] *f* anexión.

annihilation [aniila'sjɔ̃] *f* aniquilamiento.

annihiler [anii'le] *tr* et *pron* aniquilar; anular.

anniversaire [anivɛʀ'sɛʀ] **1** *adj* conmemorativo; de aniversario. • **2** *m* cumpleaños (de una persona): *bon anniversaire* = *feliz cumpleaños*; aniversario (de una organización o suceso).

annonce [a'nɔ̃s] **1** *f* anuncio; aviso (Amér.). **2** aviso; información, noticia. **3** (fig) indicio, presagio (de un acontecimiento). ◆ **petite ~** anuncio por palabras.

annoncer [anɔ̃'se] **1** *tr* et *pron* anunciar: *cette erreur annonce de futurs problèmes* = *este error anuncia futuros problemas*. • **2** *tr* acusar (naipes); cantar (juegos). ■ **s'~ bien** presentarse bien.

annonceur [anɔ̃'sœʀ] *m* anunciador, anunciante.

annotateur, trice [anɔta'tœʀ, tʀis] *m* et *f* anotador.

annotation [anɔta'sjɔ̃] *f* anotación.

annoter [anɔ'te] *tr* anotar.

annuaire [any'ɛʀ] *m* anuario. ◆ **~ téléphonique** listín; guía telefónica.

annualiser [anyali'ze] *tr* dar una periodicidad anual.

annualité [anyali'te] *f* anualidad.

annuel, elle [a'nyɛl] *adj* anual.

annuité [anҷi'te] *f* (se usa más en *pl*) anualidad.

annulaire [any'lɛʀ] *adj* et *m* anular.

annulation [anyla'sjɔ̃] *f* anulación.

annuler [any'le] *tr* et *pron* anular.

anoblir [anɔ'bliʀ] *tr* et *pron* ennoblecer.

anodin, e [anɔ'dɛ̃, in] *adj* anodino.

anomal, e [anɔ'mal] *adj* anómalo.

anomalie [anɔma'li] *f* anomalía.

ânon [a'nɔ̃] *m* pollino, rucho.

anonymat [anɔni'ma] *m* anonimato.

anonyme [anɔ'nim] *adj/m* ou *f* anónimo.

anorak [anɔ'ʀak] *m* anorak.

anorexie [anɔʀɛk'si] *f* MÉD anorexia.

anorexique [anɔʀɛk'sik] *adj/m* ou *f* anoréxico.

anormal, e [anɔʀ'mal] **1** *adj* anormal: *un bruit anormal* = *un ruido anormal*. • **2** *adj/m* et *f* subnormal (una persona).

anse [ɑ̃s] **1** *f* asa: *l'anse d'une tasse* = *el asa de una taza*. **2** GÉOGR ensenada.

ansé, e [ɑ̃'se] *adj* provisto de un asa.

antagonique [ɑ̃tagɔ'nik] *adj* antagónico.

antagoniste [ɑ̃tagɔ'nist] **1** *adj/m* ou *f* antagonista, adversario. **2** ANAT antagonista.

antarctique [ɑ̃taʀ'tik] **1** *adj* antártico: *le pôle antarctique* = *el polo antártico*. • **2** *f* **Antarctique** *m* Antártico (océano). • **3** *f* Antártida (continente).

antécédent [ɑ̃tese'dɑ̃] **1** *m* antecedente: *avoir de mauvais antécédents* = *tener malos antecedentes*. • **2 antécédents** *m pl* historial médico o clínico.

antédiluvien, enne [ɑ̃tedily'vjɛ̃, ɛn] *adj* antediluviano.

antenne [ɑ̃'tɛn] **1** *f* antena (de radio). **2** MAR entena. **3** ZOOL antena. **4** delegación (oficina). ◆ **~ parabolique** antena parabólica; **~ télescopique** antena telescópica; ■ **avoir des antennes** (fam) tener la antena puesta; **être à l'~** estar en antena; **hors ~** fuera de antena; **passer à l'~** salir por la televisión.

antépénultième [ɑ̃tepenyl'tjɛm] *adj* antepenúltimo.

antérieur, e [ɑ̃te'ʀjœʀ] *adj* anterior.

antériorité [ɑ̃teʀjɔʀi'te] *f* anterioridad.

anthologie [ɑ̃tɔlɔ'ʒi] *f* antología.

anthracite [ɑ̃tʀa'sit] **1** *adj* et *m* antracita (color). • **2** *m* antracita.

anthropocentrique [ɑ̃tʀɔpɔsɑ̃'tʀik] *adj* antropocéntrico.

anthropologie [ɑ̃tʀɔpɔlɔ'ʒi] *f* antropología.

anthropologique [ãtʀɔpɔlɔ'ʒik] *adj* antropológico.

anthropologue [ãtʀɔpɔ'lɔg] *m ou f* antropólogo.

anthropomorphe [ãtʀɔpɔ'mɔʀf] *adj* antropomorfo.

anthroponymie [ãtʀɔpɔni'mi] *f* antroponimia.

anthropophage [ãtʀɔpɔ'faʒ] *adj/m ou f* antropófago.

anthropophagie [ãtʀɔpɔfa'ʒi] *f* antropofagia.

antiaérien, enne [ãtiae'ʀjɛ̃, ɛn] *adj* antiaéreo.

antialcoolique [ãtialkɔ'lik] *adj* antialcohólico.

antiatomique [ãtiatɔ'mik] *adj* antiatómico.

antibiotique [ãtibjɔ'tik] *m* MÉD antibiótico.

antibrouillard [ãtibʀu'jaʀ] *adj* antiniebla: *des phares antibrouillards = unos faros antiniebla.*

antibruit [ãti'bʀɥi] *adj* contra el ruido: *une lutte antibruit = una campaña contra el ruido.*

antichambre [ãti'ʃãbʀ] *f* antecámara. ■ **faire ~** hacer antesala.

antichoc [ãti'ʃɔk] *adj* antichoque.

anticipation [ãtisipa'sjɔ̃] *f* anticipación; anticipo (dinero). ● **d'~** LITT de ciencia ficción; **par ~** por adelantado (pago); con anticipación.

anticipé, e [ãtisi'pe] *adj* anticipado.

anticiper [ãtisi'pe] **1** *tr* anticipar (un suceso); adelantar (dinero). ● **2** *intr* (~ *sur*) gastar (lo aún no cobrado). ■ **n'anticipons pas** no nos adelantemos.

anticlérical, e [ãtikleʀi'kal] *adj/m et f* anticlerical.

anticoagulant, e [ãtikɔagy'lã, t] *adj et m* MÉD anticoagulante.

anticommunisme [ãtikɔmy'nism] *m* anticomunismo.

anticonceptionnel, elle [ãtikɔ̃sɛpsjɔ'nɛl] *adj et m* anticonceptivo.

anticonstitutionnel, elle [ãtikɔ̃stitysjɔ'nɛl] *adj* anticonstitucional.

anticorps [ãti'kɔʀ] *m* BIOL anticuerpo.

anticyclone [ãtisi'klɔn] *m* anticiclón.

anticyclonique [ãtisiklɔ'nik] *adj* anticiclónico.

antidater [ãtida'te] *tr* antedatar.

antidémocratique [ãtidemɔkʀa'tik] *adj* antidemocrático.

antidépresseur [ãtidepʀe'sœʀ] *adj et m* antidepresivo.

antidérapant, e [ãtideʀa'pã, t] *adj et m* antideslizante (suelas, neumáticos).

antidétonant, e [ãtidetɔ'nã, t] *adj et m* antidetonante.

antidote [ãti'dɔt] *m* antídoto.

antigang [ãti'gãg] **1** *adj* contra el crimen organizado. ● **2** *m ou f* policía judicial.

antigel [ãti'ʒɛl] *adj et m* anticongelante.

antiglisse [ãti'glis] *adj* antideslizante.

antigouvernemental, e [ãtiguvɛʀnəmã'tal] *adj* antigubernamental.

antihausse [ãti'os] *adj* antiinflacionista.

antihéros [ãti'eʀo] *m* antihéroe.

antihygiénique [ãtiʒje'nik] *adj* antihigiénico.

anti-inflammatoire [ãtiɛ̃flama'twaʀ] *adj et m* MÉD antiinflamatorio.

antillais, e [ãti'jɛ, z] **1** *adj* antillano. ● **2 Antillais, e** *m et f* antillano.

antilope [ãti'lɔp] *f* antílope.

antimite [ãti'mit] *adj et m* matapolillas.

antimonarchique [ãtimɔnaʀ'ʃik] *adj* antimonárquico.

antinational, e [ãtinasjɔ'nal] *adj* antinacional.

antinomie [ãtinɔ'mi] *f* antinomia.

antinomique [ãtinɔ'mik] *adj* antinómico.

antinucléaire [ãtinykle'ɛʀ] *adj* antinuclear.

antioxydant, e [ãtiɔksi'dã, t] *adj et m* antioxidante.

antiparasite [ãtipaʀa'zit] *adj et m* antiparasitario.

antiparlementaire [ãtipaʀləmã'tɛʀ] *adj/m ou f* antiparlamentario.

antipathie [ãtipa'ti] *f* antipatía: *j'ai de l'antipathie pour lui = siento antipatía hacia él.*

antipathique [ãtipa'tik] *adj* antipático.

antipatriotique [ãtipatʀjɔ'tik] *adj* antipatriótico.

antipelliculaire [ãtipeliky'lɛʀ] *adj* anticaspa: *un shampoing antipelliculaire = un champú anticaspa.*

antiphrase [ãti'fʀaz] *f* RHÉT antífrasis.

antipode [ãti'pɔd] *m* antípoda. ■ **être aux antipodes** (fig) estar en los antípodas.

antipoison [ãtipwa'zõ] *adj* antiveneno-so. ◆ centre ~ centro de desintoxica-ción.

antipollution [ãtipɔly'sjõ] *adj* contra la contaminación.

antiquaille [ãti'kaj] *f* (péj) antigualla.

antiquaire [ãti'kɛʀ] *m* ou *f* anticuario.

antique [ã'tik] **1** *adj* antiguo: *la Grèce antique = la Grecia antigua*. ● **2** *m* ou *f* obra de la antigüedad (en arte, historia).

antiquité [ãtiki'te] **1** *f* antigüedad. **2 An-tiquité** Antigüedad (época). ● **3 antiqui-tés** *f pl* antigüedades (objetos).

antiracisme [ãtiʀa'sism] *m* antirracismo.

antiradar [ãtiʀa'daʀ] *adj* et *m* antirradar.

antireflet [ãtiʀə'flɛ] **1** *adj* antirreflejo. **2** OPT antirreflector.

antiréglementaire [ãtiʀeɡləmã'tɛʀ] *adj* antirreglamentario.

antireligieux, euse [ãtiʀəli'ʒjø, øz] *adj* antirreligioso.

antirides [ãti'ʀid] *adj* antiarrugas.

antirouille [ãti'ʀuj] *adj* et *m* antioxidante.

antisémite [ãtise'mit] *adj/m* ou *f* antise-mita.

antiseptique [ãtisɛp'tik] *adj* et *m* anti-séptico.

antisocial, e [ãtiso'sjal] *adj* antisocial.

antisportif, ive [ãtispɔʀ'tif, iv] *adj* an-tideportivo.

antistatique [ãtista'tik] *adj* et *m* anti-estático.

antitabac [ãtita'ba] *adj* antitabaco.

antiterroriste [ãtiteʀo'ʀist] *adj* antite-rrorista.

antithèse [ãti'tɛz] *f* antítesis.

antithétique [ãtite'tik] *adj* antitético.

antitoxique [ãtitɔk'sik] *adj* antitóxico.

antivenimeux, euse [ãtiveni'mø, øz] *adj* antivenenoso.

antiviral, e [ãtivi'ʀal] *adj* et *m* antiviral.

antivirus [ãtivi'ʀys] *m* antivirus.

antivol [ãti'vɔl] *adj* et *m* antirrobo (dis-positivo): *alarme antivol = alarma an-tirrobo*.

antonyme [ãto'nim] *m* antónimo.

antre [ãtʀ] *m* antro.

anus [a'nys] *m* ano.

anxiété [ãksje'te] *f* ansiedad.

anxieux, euse [ã'ksjø, øz] *adj* ansioso.

anxiolytique [ãksjoli'tik] *adj* et *m* MÉD ansiolítico.

août [u o ut] *m* agosto.

apache [a'paʃ] **1** *m* apache. **2** (fig, fam) apache (bandido).

apaisant, e [ape'zã, t] *adj* tranquilizador.

apaisement [apɛz'mã] *m* apacigua-miento; calma, sosiego.

apaiser [ape'ze] **1** *tr* et *pron* apaciguar, sosegar, calmar (el miedo, el terror). **2** apagar, aplacar (un deseo, etc.). **3** amai-nar (los elementos): *la tempête a apaisé = la tempestad ha amainado*.

apartheid [apaʀ'tɛd] *m* apartheid.

apathie [apa'ti] *f* apatía; indolencia.

apathique [apa'tik] *adj/m* ou *f* apático.

apatride [apa'tʀid] *adj/m* ou *f* apátrida.

aperception [apɛʀsɛp'sjõ] *f* PHIL per-cepción.

apercevoir [apɛʀsə'vwaʀ] **1** *tr* et *pron* percibir, ver: *il l' aperçut dans la rue = la vio en la calle*. **2** divisar, distinguir (a lo lejos). ● **3 s'~** *pron* (fig) darse cuenta de, reparar (notar): *je m' aperçois de ma fau-te = me doy cuenta de mi falta*.

aperçu [apɛʀ'sy] **1** *m* ojeada (vistazo); estimación (idea general). **2** compendio.

apériodique [apɛʀjo'dik] *adj* aperiódico.

apéritif [apɛʀi'tif] *adj* et *m* aperitivo: *of-frir l' apéritif = ofrecer un aperitivo*. ◆ ~ dînatoire merienda cena.

> Tomar el aperitivo en un bar o en casa es algo muy común en Francia, tanto antes de la comida como antes de la cena.

apéro [ape'ʀo] *m* (fam) aperitivo.

aperture [apɛʀ'tyʀ] *f* apertura.

à-peu-près [apø'pʀɛ] *m* aproximación.

apeurer [apœ'ʀe] *tr* amedrentar, atemo-rizar.

aphonie [afo'ni] *f* afonía.

aphrodisiaque [afʀodi'zjak] *adj* et *m* afrodisíaco.

api [a'pi] *m* especie de manzana pequeña.

API [a'pi] (*sigles de* **alphabet phoné-tique international**) *m* AFI.

à-pic [a'pik] *m* escarpa (de un acantila-do); acantilado (abrupto): *des à-pic de trois cents mètres = acantilados de tres-cientos metros*.

apical, e [api'kal] *adj* et *f* apical (fonema).

apiculteur, trice [apikyl'tœʀ, tʀis] *m* et *f* apicultor.

apiculture [apikyl'tyʀ] f apicultura.

apitoyer [apitwa'je] tr et pron apiadar, compadecer; conmover.

aplanir [apla'niʀ] 1 tr aplanar (una superficie). 2 (fig) allanar (facilitar): *aplanir les obstacles* = allanar los obstáculos.

aplatir [apla'tiʀ] 1 tr et pron aplastar (machacar). 2 aplanar (un objeto, una superficie). 3 (fig) abatir, rebajar. ◆ 4 s'~ pron (fig) rebajarse: *s'aplatir devant qqn* = rebajarse ante alguien.

aplomb [a'plɔ̃] 1 m aplomo, verticalidad (de pared, etc.). 2 equilibrio, estabilidad. 3 (fig) aplomo, seguridad (de una persona). 4 TECH aplomo, plomada. ■ d'~ verticalmente.

apocalypse [apɔka'lips] f apocalipsis.

apocalyptique [apɔkalip'tik] adj apocalíptico.

apocryphe [apɔ'kʀif] adj et m apócrifo.

apogée [apɔ'ʒe] m apogeo: *à l'apogée de sa vie* = en el apogeo de su vida.

apolitique [apɔli'tik] adj/m ou f apolítico.

apologie [apɔlɔ'ʒi] 1 f apología. 2 DR defensa.

apophtegme [apɔf'tɛgm] m apotegma (máxima).

apostille [apɔs'tij] f apostilla.

apostiller [apɔsti'je] tr apostillar.

apostolat [apɔstɔ'la] m apostolado.

apostolique [apɔstɔ'lik] adj apostólico.

apostropher [apɔstʀɔ'fe] 1 tr apostrofar. 2 increpar, reprender (regañar).

apothéose [apɔte'oz] f apoteosis.

apôtre [a'potʀ] m apóstol: *les douze apôtres* = los doce apóstoles. ■ faire le bon ~ (fig) hacerse el santo; se faire l'~ de qqch (fig) ser el apóstol de algo.

apparaître [apa'ʀɛtʀ] 1 intr aparecer. 2 (fig) parecer: *la solution lui apparaissait trop compliquée* = la solución le parecía demasiado complicada. ■ faire ~ revelar; il apparaît que resulta que; es evidente que.

apparat [apa'ʀa] m pompa, etiqueta: *tenue d'apparat* = traje de etiqueta.

appareil [apa'ʀɛj] 1 m aparato: *appareil électrique* = aparato eléctrico. 2 (fig) atavío (ropa). 3 (fig) pompa, ostentación (boato). 4 ANAT aparato: *appareil reproducteur* = aparato reproductor. ◆ ~ photo cámara de fotos; ~ productif ÉCON aparato productivo; ■ dans le plus simple ~ en cueros (desnudo).

appareiller [apaʀe'je] 1 tr emparejar (cosas, animales). 2 aparear (animales). ● 3 intr MAR zarpar.

appareilleur, euse [apaʀe'jœʀ, øz] m et f ARCHIT aparejador.

apparemment [apaʀa'mã] 1 adv al parecer. 2 aparentemente (por fuera).

apparence [apa'ʀãs] f apariencia, aspecto. ■ en ~ aparentemente; juger sur les apparences juzgar por las apariencias; malgré les apparences a pesar de las apariencias; sauver les apparences guardar las apariencias; se fier aux apparences fiarse de las apariencias.

apparent, e [apa'ʀã, t] 1 adj aparente (visible). 2 (fig) evidente (obvio). 3 (fig) ilusorio.

apparenter [apaʀã'te] 1 tr emparentar. ● 2 s'~ pron (s'~ à) emparentarse con: *s'apparenter à la noblesse* = emparentarse con la nobleza. 3 (s'~ à) agruparse, unirse (política). 4 (fig) (s'~ à) parecerse a.

apparier [apa'ʀje] 1 tr et pron aparear (animales). ● 2 tr emparejar (cosas).

apparition [apaʀi'sjɔ̃] f aparición. ■ faire une courte ~ aparecer brevemente; faire son ~ hacer su aparición.

apparoir [apa'ʀwaʀ] impers constar, resultar: *il appert de cet acte qu'il est coupable* = resulta de este acto que es culpable.

appartement [apaʀtə'mã] m apartamento, piso; departamento (Amér.).

appartenance [apaʀtə'nãs] 1 f pertenencia. 2 adhesión (a un partido).

appartenir [apaʀtə'niʀ] 1 intr (~ à) pertenecer a. 2 (~ à) ser propio de. ● 3 impers incumbir, corresponder: *il lui appartient de diriger le congrès* = le corresponde dirigir el congreso.

appât [a'pa] 1 m cebo. 2 (fig) cebo, incentivo.

appâter [apa'te] 1 tr cebar (las aves de corral). 2 cebar (atraer con el cebo). 3 (fig) seducir, atraer.

appauvrir [apo'vʀiʀ] tr et pron empobrecer.

appel [a'pɛl] 1 m llamada: *appel téléphonique* = llamada telefónica. 2 llamamiento: *un appel à la paix* = un llamamiento a la paz. 3 (fig) llamada, reclamo. 4 MIL llamamiento. ◆ ~ au secours llamada de socorro; ~ **d'air** aspiración de aire; ■ **faire ~ à qqn** recurrir a alguien; **faire l' ~** pasar lista.

appelé, e [apəˈle o apˈle] **1** *adj* destinado. ● **2** *m* MIL recluta.

appeler [apəˈle o apˈle] **1** *tr* et *pron* llamar: *comment t' appelles-tu? = ¿cómo te llamas?* ● **2** *tr* pedir: *appeler à son aide = pedir ayuda.* **3** interpelar. **4** destinar. **5** nombrar: *appeler à une fonction importante = nombrar para una función importante.* **6** DR citar: *appeler en témoignage = citar a juicio.* ■ **~ au téléphone** llamar por teléfono; **~ en justice** llevar a los tribunales; **en ~ à** recurrir a, apelar a.

appellatif, ive [apelaˈtif, iv] *adj* et *m* apelativo.

appellation [apelaˈsjɔ̃] *f* denominación. ◆ **~ d'origine** denominación de origen.

appendice [apɛ̃ˈdis] *m* apéndice.

appendicite [apɛ̃diˈsit] *f* apendicitis.

appentis [apɑ̃ˈti] *m* cobertizo.

appétence [apeˈtɑ̃s] *f* apetencia.

appétissant, e [apetiˈsɑ̃, t] **1** *adj* apetitoso. **2** (fig) apetecible.

appétit [apeˈti] **1** *m* apetito. **2** (fig) apetencia, ganas. **3** (fig) ambición, sed. ■ **bon ~!** ¡buen provecho!; ◆ **gros ~** apetito insaciable.

applaudir [aploˈdir] **1** *tr* et *intr* aplaudir. ● **2 s'~** *pron* congratularse: *s' applaudir du triomphe de qqn = congratularse del triunfo de alguien.*

applaudissements [aplodisˈmɑ̃] *m pl* aplausos.

application [aplikaˈsjɔ̃] *f* aplicación. ■ **avec ~** aplicadamente; **mettre en ~** poner en aplicación.

appliquer [apliˈke] **1** *tr* aplicar (una ley, etc.). **2** dar, soltar: *appliquer une gifle = dar una bofetada.* ● **3 s'~** *pron* (s'~ à) aplicarse a.

appoint [aˈpwɛ̃] **1** *m* pico (de dinero). **2** suelto: *avez-vous l' appoint? = ¿tiene suelto?* **3** (fig) ayuda (apoyo). ■ **faire l'~** dar el importe exacto.

appointements [apwɛ̃tˈmɑ̃ o apwɛ̃tɑ̃ˈmɑ̃] *m pl* honorarios, sueldo: *toucher ses appointements = cobrar los honorarios.*

appointer [apwɛ̃ˈte] *tr* pagar el sueldo: *appointer un employé = pagar el sueldo a un empleado.*

apponter [apɔ̃ˈte] *intr* aterrizar (en un portaaviones).

apport [aˈpɔr] **1** *m* aportación. **2** (fig) aportación, contribución. ◆ **~ en nature** aportación en especie; **~ en numéraire** aportación en metálico.

apporter [apɔˈrte] **1** *tr* traer. **2** (fig) aportar, procurar (abastecer). **3** DR aportar.

apposer [apoˈze] **1** *tr* poner, fijar (colocar). **2** insertar: *apposer une clause = insertar una cláusula.* ■ **~ une signature** firmar.

appréciation [apresjaˈsjɔ̃] **1** *f* apreciación, estimación: *appréciation d'une joie = apreciación de una joya.* **2** (fig) apreciación en metálico.

apprécier [apreˈsje] **1** *tr* apreciar, estimar (evaluar, valorar): *apprécier un objet au-dessous de sa valeur = apreciar un objeto por debajo de su valor.* **2** apreciar, tener aprecio (a una persona).

appréhender [apreɑ̃ˈde] **1** *tr* aprehender, prender. **2** temer (tener aprensión): *il appréhende cet examen = teme este examen.*

appréhension [apreɑ̃ˈsjɔ̃] *f* aprensión, temor.

apprendre [aˈprɑ̃dr] **1** *tr* aprender: *apprendre à écrire = aprender a escribir.* **2** enseñar: *il m'a appris à nager = me ha enseñado a nadar.* **3** enterarse: *apprendre un secret = enterarse de un secreto.* **4** informar, decir.

> La traducción depende de la construcción en que aparezca (sin complemento de persona o con él): *apprendre à lire = aprender a leer = apprendre à quelqu' un à lire = enseñar a alguien a leer.*

apprenti, e [aprɑ̃ˈti] **1** *m* et *f* aprendiz: *un apprenti menuisier = un aprendiz de carpintero.* **2** (fig) principiante.

apprentissage [aprɑ̃tiˈsaʒ] *m* aprendizaje. ■ **être en ~** estar como aprendiz.

apprêter [apreˈte] **1** *tr* et *pron* preparar, disponer. ● **2 s'~** *pron* arreglarse: *s' apprêter pour la fête = arreglarse para la fiesta.*

apprivoisement [aprivwazˈmɑ̃] *m* domesticación; amansamiento.

apprivoiser [aprivwaˈze] **1** *tr* et *pron* domesticar. **2** (fig) amansar (hacer más dócil. ● **3 s'~** *pron* familiarizarse: *s'approvoiser à la situation* = *familiarizarse con la situación*.

approbatif, ive [apʀɔbaˈtif, iv] *adj* aprobatorio.

approbation [apʀɔbaˈsjɔ̃] *f* aprobación (autorización); asentimiento (juicio favorable).

approche [aˈpʀɔʃ] **1** *f* aproximación (acción de acercarse). **2** proximidad: *l'approche de la nuit* = *la proximidad de la noche*. **3** acceso (entrada). **4** enfoque (óptico). **5** (fig) enfoque (de un tema). ● **6 approches** *f pl* inmediaciones (alrededores).

approcher [apʀɔˈʃe] **1** *tr* acercar, aproximar: *approcher la table* = *acercar la mesa*. ● **2** *intr et pron* acercarse, aproximarse: *approcher de la vérité* = *acercarse a la verdad*.

approfondir [apʀɔfɔ̃ˈdiʀ] **1** *tr* profundizar (cavar). **2** (fig) profundizar, ahondar (en un tema).

appropriation [apʀɔpʀjaˈsjɔ̃] *f* apropiación.

approprier [apʀɔˈpʀije] **1** *tr* apropiar, adaptar: *approprier le style au sujet traité* = *adaptar el estilo al tema tratado*. ● **2 s'~** *pron* apropiarse de, adueñarse de (por fuerza o sin autorización): *s'approprier les biens d'autrui* = *apropiarse de los bienes ajenos*.

approuver [apʀuˈve] *tr* aprobar, estar de acuerdo con.

approvisionnement [apʀɔvizjɔnˈmɑ̃] **1** *m* aprovisionamiento, abastecimiento. **2** provisiones.

approvisionner [apʀɔvizjɔˈne] *tr et pron* aprovisionar, abastecer: *s'approvisionner en bois pour l'hiver* = *abastecerse de leña para el invierno*.

approximatif, ive [apʀɔksimaˈtif, iv] *adj* aproximativo; aproximado.

approximation [apʀɔksimaˈsjɔ̃] *f* aproximación.

appui [aˈpɥi] **1** *m* apoyo. **2** antepecho (de la ventana). **3** (fig) apoyo, ayuda. ■ **à l'~ de** en apoyo de; **prendre ~ sur** apoyarse en.

appuyer [apɥiˈje] **1** *tr, intr et pron* apoyar. ● **2** *tr* sostener. **3** (fig) respaldar. **4** (fig) basar en. ● **5** *intr* (fig) recalcar, acentuar. ● **6 s'~** *pron* (fig, fam) apechu-

gar con, cargar con. **7** (s'~ *sur*) apoyarse en, fundarse en.

âpre [aˈpʀ] **1** *adj* áspero (al tacto, de sabor). **2** (fig) penoso: *une vie âpre* = *una vida penosa*. **3** (fig) hosco (carácter). **4** (fig) riguroso, rudo (tiempo). **5** (fig) ávido: *être âpre au gain* = *estar ávido de ganancias*.

après [aˈpʀɛ] **1** *adv* después: *on va le faire après* = *lo haremos después*. ● **2** *prép* después de, después que: *il est parti après le déjeuner* = *se fue después de la comida*. **3** tras, detrás de: *elle courait après son fils* = *corría tras su hijo*. ■ **~ tout** después de todo; **bientôt ~** poco después; **crier ~ qqn** reñir a uno; **d'~ ~** según: *d'après lui, sa maladie n'était pas grave* = *según él, su enfermedad no era grave*; siguiente: *la semaine d'après* = *la semana siguiente*; **être ~ qqch** (fig) afanarse en obtener algo; **être ~ qqn** (fig) no dejar a uno en paz.

après-demain [apʀɛdˈmɛ̃] *adv* pasado mañana.

après-guerre [apʀɛˈgɛʀ] *m* posguerra.

après-midi [apʀɛmiˈdi] *m ou f* tarde: *il est venu cet après-midi* = *ha venido esta tarde*.

après-rasage [apʀɛʀaˈzaʒ] *adj et m* after-shave: *lotion après-rasage* = *loción after-shave*.

après-vente [apʀɛˈvɑ̃t] *adj* posventa: *service après-vente* = *servicio posventa*.

âpreté [apʀɔˈte] **1** *f* aspereza. **2** codicia: *l'âpreté au gain* = *la codicia de ganancia*.

à-propos [apʀɔˈpo] *m* ocurrencia, ingenio: *avoir de l'à-propos* = *tener ingenio*.

apte [apt] *adj* apto: *il est apte au travail en équipe* = *es apto para el trabajo en equipo*; capacitado (competente).

aptère [apˈtɛʀ] *adj* áptero (sin alas).

aptitude [aptiˈtyd] *f* aptitud; capacidad.

aquarelle [akwaˈʀɛl] *f* acuarela.

aquarelliste [akwaʀeˈlist] *m ou f* acuarelista.

aquarium [akwaˈʀjɔm] *m* acuario.

aquatique [akwaˈtik] *adj* acuático.

aqueduc [akˈdyk] *m* acueducto.

aqueux, euse [aˈkø, øz] *adj* ácueo; acuoso.

aquilin, e [akiˈlɛ̃, in] *adj* aquilino; aguileño.

aquosité [akoziˈte] *f* acuosidad.

arabe [aˈʀab] **1** *adj* árabe. ● **2 Arabe** *m ou f* árabe. ● **3** *m* árabe (lengua).

arabesque [aʀa'bɛsk] f arabesco (adorno).

arabique [aʀa'bik] adj arábigo.

arable [a'ʀabl] adj arable: *terre arable = tierra arable*.

arachide [aʀa'ʃid] f BOT cacahuete.

arachnéen, enne [aʀakne'ɛ̃, ɛn] adj arácneo.

araignée [aʀe'ɲe] f araña. ◆ ~ de mer araña de mar; ■ avoir une ~ au ou dans le plafond (fam) estar mal de la azotea.

arbitrage [aʀbi'tʀaʒ] m arbitraje.

arbitraire [aʀbi'tʀɛʀ] 1 adj arbitrario. ● 2 m arbitrariedad.

arbitral, e [aʀbi'tʀal] adj arbitral.

arbitre [aʀ'bitʀ] m árbitro. ◆ libre ~ libre albedrío.

arbitrer [aʀbi'tʀe] 1 tr arbitrar. 2 (fig) moderar.

arborer [aʀbɔ'ʀe] 1 tr arbolar; enarbolar (una bandera, etc.). 2 (fig, fam) lucir.

arborescence [aʀbɔʀe'sãs] f arborescencia.

arboriculture [aʀbɔʀikyl'tyʀ] f arboricultura.

arbouse [aʀ'buz] f madroño (fruto).

arbre [aʀbʀ] 1 m árbol. 2 TECH árbol, eje. ◆ ~ de Diane CHIM árbol de Diana; ~ de la croix árbol de la cruz; ~ de Noël árbol de Navidad; ~ généalogique árbol genealógico; ■ on connaît l' ~ à l'écorce (fig) por el fruto se conoce el árbol.

arbuste [aʀ'byst] m arbusto.

arc [aʀk] 1 m arco. 2 ARCHIT arco. ◆ ~ de triomphe arco de triunfo; ~ en fer à cheval arco de herradura; ~ en lancette arco apuntado; ~ en ogive arco ojival; ~ plein cintre arco de medio punto; ~ surbaissé arco rebajado; ~ surhaussé arco realzado.

arcade [aʀ'kad] f arcada; soportal (en una calle). ◆ ~ sourcilière arco superciliar.

arcane [aʀ'kan] m arcano (misterio).

arc-en-ciel [aʀkã'sjɛl] m arco iris.

archaïque [aʀka'ik] adj arcaico.

archaïsant, e [aʀkai'zã, t] adj arcaizante.

archaïsme [aʀka'ism] m arcaísmo.

archange [aʀ'kãʒ] m arcángel.

arche [aʀʃ] 1 f arca. 2 arco (de un puente). ■ ~ de Noé arca de Noé.

archéologie [aʀkeɔlɔ'ʒi] f arqueología.

archéologue [aʀkeɔ'lɔg] m ou f arqueólogo.

archer, ère [aʀ'ʃe, ɛʀ] m et f arquero.

archétype [aʀke'tip] m arquetipo.

archevêché [aʀʃəve'ʃe] m arzobispado (curia).

archevêque [aʀʃə'vɛk] m arzobispo.

archidiocèse [aʀʃidjɔ'sɛz] m archidiócesis.

archiduc, archiduchesse [aʀʃi'dyk, aʀʃidy'ʃes] m et f archiduque.

archipel [aʀʃi'pɛl] m archipiélago.

architecte [aʀʃi'tekt] m ou f arquitecto.

architectural, e [aʀʃitekty'ʀal] adj arquitectural.

architecture [aʀʃitek'tyʀ] f arquitectura.

architecturer [aʀʃitekty'ʀe] tr (fig) estructurar, planear.

archiver [aʀʃi've] tr archivar.

archives [aʀ'ʃiv] f pl archivo. ◆ ~ familiales archivo familiar; ~ nationales archivo nacional.

archiviste [aʀʃi'vist] m ou f archivero, archivista.

arçon [aʀ'sõ] 1 m arzón, fuste (silla). 2 arco (para sacudir la lana).

arctique [aʀk'tik] 1 adj ártico: *cercle arctique = círculo ártico*. ● 2 Arctique m Ártico.

ardemment [aʀda'mã] adv ardientemente.

ardent, e [aʀ'dã, t] 1 adj ardiente; abrasador (muy caliente). 2 (fig) ardiente, apasionado: *un baiser ardent = un beso apasionado*.

ardeur [aʀ'dœʀ] 1 f ardor. 2 (fig) ardor, viveza; entusiasmo: *ardeur juvénile = ardor juvenil*; entusiasmo.

ardoise [aʀ'dwaz] 1 f pizarra. 2 (fam) deuda.

ardu, e [aʀ'dy] adj arduo.

are [aʀ] m área (medida).

arénacé, e [aʀena'se] adj arenáceo, arenoso.

arène [a'ʀɛn] 1 f ruedo (tauromaquia). 2 (fig) palestra, arena. 3 GÉOL arena. ● 4 arènes f pl anfiteatro romano. 5 plaza de toros.

arête [a'ʀɛt] 1 f espina, raspa. 2 arista (de un cubo). 3 cresta (de una montaña).

argent [aʀ'ʒã] 1 m plata: *vaisselle d'argent = vajilla de plata*. 2 dinero; plata (Amér.). ◆ ~ liquide dinero líquido; ~ mignon ahorrillos; ■ l'~ ne fait pas le bonheur el dinero no hace la felicidad.

argenté, e [aʀʒã'te] 1 adj plateado. 2 (fam) adinerado.

argenter [aʀʒɑ̃'te] **1** *tr* platear. **2** (fig) argentar.

argenterie [aʀʒɑ̃t'ʀi] *f* vajilla, cubertería (de plata).

argentin, e [aʀʒɑ̃'tɛ̃, tin] **1** *adj* argentino. **2** argentino (voz, sonido). ● **3 Argentin, e** *m* et *f* argentino.

Argentine [aʀʒɑ̃'tin] *f* Argentina.

argenture [aʀʒɑ̃'tyʀ] *f* plateado, plateadura.

argile [aʀ'ʒil] *f* arcilla; barro. ◆ ~ **rouge** arcilla roja.

argileux, euse [aʀʒi'lø, øz] *adj* arcilloso.

argot [aʀ'go] **1** *m* jerga. **2** argot.

argotique [aʀgɔ'tik] *adj* de argot.

arguer [aʀ'ge] **1** *tr* argumentar; argüir. **2** deducir, inferir. **3** alegar.

argument [aʀgy'mɑ̃] *m* argumento.

argumentant [aʀgymɑ̃'tɑ̃] *m* argumentador; arguyente.

argumentation [aʀgymɑ̃ta'sjɔ̃] *f* argumentación.

argumenter [aʀgymɑ̃'te] *intr* argumentar: *argumenter contre qqn = argumentar contra alguien.*

argus [aʀ'gys] *m* argos, vigilante.

argutie [aʀgy'si] *f* argucia.

aride [a'ʀid] *adj* árido.

aridité [aʀidi'te] *f* aridez.

arien, enne [a'ʀjɛ̃, ɛn] *adj/m* et *f* arriano (herético).

aristocrate [aʀistɔ'kʀat] *adj/m* ou *f* aristócrata.

aristocratie [aʀistɔkʀa'si] *f* aristocracia.

aristocratique [aʀistɔkʀa'tik] *adj* aristocrático.

arithméticien, enne [aʀitmeti'sjɛ̃, ɛn] *m* et *f* aritmético.

arithmétique [aʀitme'tik] **1** *adj* aritmético. ● **2** *f* aritmética.

arlequin [aʀlə'kɛ̃] *m* arlequín.

armada [aʀma'da] *f* armada.

armagnac [aʀma'ɲak] *m* armagnac (aguardiente).

armateur [aʀma'tœʀ] *m* armador, naviero.

armature [aʀma'tyʀ] **1** *f* armazón (caparazón). **2** (fig) soporte, pilar.

arme [aʀm] **1** *f* arma. ● **2 armes** *f pl* armas (oficio militar). ◆ ~ **à feu** arma de fuego; ~ **blanche** arma blanca.

armé, e [aʀ'me] **1** *adj* armado. **2** armado (el hormigón).

armée [aʀ'me] *f* ejército. ◆ ~ **de l'air** ejército del aire.

armement [aʀmə'mɑ̃] *m* armamento.

armer [aʀ'me] **1** *tr* et *pron* armar. ● **2** *tr* armar, montar (un arma): *armer une machine = armar una máquina*. ● **3** s'~ *pron* (fig) armarse: *s'armer de courage = armarse de valor.*

armistice [aʀmis'tis] *m* armisticio.

armoire [aʀ'mwaʀ] *f* armario; escaparate (Amér.). ◆ ~ **à glace** (fig, fam) mole (un hombre); ~ **à glace ou de lune** armario de luna; ~ **à linge** ropero; ~ **à pharmacie** botiquín.

armon [aʀ'mɔ̃] *m* telera (del coche).

armure [aʀ'myʀ] **1** *f* armadura. **2** (fig) defensa, protección. **3** MUS armadura.

armurerie [aʀmyʀ'ʀi] *f* armería.

ARN [ae'ʀɛn] (*sigles de* **acide ribonucléique**) *m* ARN.

arnaque [aʀ'nak] **1** *f* engaño; calote (Amér.). **2** (fam) estafa, timo.

arnaquer [aʀna'ke] **1** *tr* arrestar, detener. **2** (fam) timar, chorizar.

arnaqueur, euse [aʀna'kœʀ, øz] *m* et *f* (fam) timador, chorizo.

arnica [aʀni'ka] **1** *f* árnica (planta, tinte). **2** BOT árnica.

arobas [aʀɔ'bas] *f* INF arroba.

arobe [a'ʀɔb] *f* → **arrobe**.

aromate [aʀɔ'mat] **1** *m* planta aromática. **2** especia.

aromatique [aʀɔma'tik] *adj* aromático.

aromatiser [aʀɔmati'ze] *tr* aromatizar.

arôme [a'ʀom] **1** *m* aroma (olor). **2** aroma (aditivo).

arpent [aʀ'pɑ̃] *m* arpende.

arpenter [aʀpɑ̃'te] **1** *tr* medir (un terreno). **2** (fig) recorrer a paso largo.

arpion [aʀ'pjɔ̃] *m* (vulg) queso, pinrel (pie).

arqué, e [aʀ'ke] *adj* arqueado, combado.

arquer [aʀ'ke] **1** *tr* et *pron* arquear, combar. ● **2** *intr* arquearse, doblarse. **3** (fam) ahuecar el ala (marcharse).

arrachage [aʀa'ʃaʒ] *m* **1** arranque, recolección. **2** (fam) extracción (de un diente).

arrache-pied (d') [daʀaʃ'pje] *loc adv* sin desmayo, a brazo partido.

arracher [aʀa'ʃe] **1** *tr* arrancar. **2** arrancar, arrebatar (una posesión). **3** arrancar, desarraigar (un árbol, una planta). **4** (fig) desgarrar, destrozar (el alma, el corazón). **5** (fig) desarraigar (una pasión, un vicio). ● **6** s'~ *pron* disputarse (algo o a alguien). **7** (fam) largarse. **8** (s'~ *de*) librarse de, abandonar. ■ **s'~ les yeux** sacarse los ojos.

arraisonner [aʀɛzɔ'ne] *tr* MAR abordar, inspeccionar (un barco).

arrangement [ũʀɑ̃ʒ'mɑ̃] **1** *m* arreglo. **2** DR arreglo, avenencia. **3** MATH combinación.

arranger [aʀɑ̃'ʒe] **1** *tr* et *pron* arreglar. **2** arreglar, avenir. ● **3** *tr* convenir, satisfacer. ● **4** s'~ *pron* apañárselas, arreglárselas. **5** arreglarse, entenderse. ■ ~ qqn (fam) maltratar.

arrestation [aʀɛsta'sjɔ̃] *f* detención.

arrêt [a'ʀɛ] **1** *m* parada; paro, detención (de un movimiento). **2** parada (de autobús). **3** cese (de obras, de una actividad). **4** DR fallo (de un tribunal). ◆ ~ **de travail** baja; ~ **du cœur** paro cardiaco; ~ **d'un fusil** seguro de un fusil; ~ **du travail** paro; **mandat d'~** orden de detención; ■ **sans ~** sin cesar, sin tregua.

arrêté, e [aʀe'te] **1** *adj* firme, decidido. ● **2** *m* decreto. **3** liquidación, cierre. ◆ ~ **des comptes** ÉCON estado o situación de cuentas.

arrêter [aʀe'te] **1** *tr* et *pron* detener, parar (un movimiento). **2** detener, fijar. ● **3** *tr* detener (apresar, encarcelar). **4** fijar (una fecha, etc.). ● **5** *intr* parar, detenerse. **6** ~ **de** + *inf* dejar de + inf: *arrête de faire ça! = ¡deja de hacer eso!*

arrhes [aʀ] *f pl* arras (en un contrato).

arrière [a'ʀjɛʀ] **1** *adv* atrás. ● **2** *adj* de atrás. **3** MAR de popa (el viento, un barco). ● **4** *m* MAR popa. **5** SPORTS defensa. ● **6 arrières** *m pl* MIL retaguardia. ■ **en** ~ hacia atrás; **en** ~ **de** detrás de; **rester en** ~ quedar atrás, a la zaga.

arriéré, e [aʀje'ʀe] **1** *adj/m* et *f* retrasado, atrasado (mental). ● **2** *adj* atrasado, pendiente (pago). **3** (péj) retrógrado, trasnochado. ● **4** *m* cúmulo, acumulación. **5** atraso (pago).

arrière-bouche [aʀjɛʀ'buʃ] *f* fauces.

arrière-boutique [aʀjɛʀ'butik] *f* trastienda (de tienda); rebotica (de farmacia).

arrière-gorge [aʀjɛʀ'gɔʀʒ] *f* parte posterior de la garganta.

arrière-goût [aʀjɛʀ'gu] **1** *m* sabor de boca, deje, dejo. ● **2** *m* ou *f* (fig) resabio (negativo); deje, dejo.

arrière-grand-mère [aʀjɛʀgʀɑ̃'mɛʀ] *f* bisabuela.

arrière-grand-père [aʀjɛʀgʀɑ̃'pɛʀ] *m* bisabuelo.

arrière-grands-parents [aʀjɛʀgʀɑ̃'paʀɑ̃] *m pl* bisabuelos.

arrière-pays [aʀjɛʀpe'i] *m* interior, tierra adentro.

arrière-pensée [aʀjɛʀpɑ̃'se] *f* segunda intención.

arrière-plan [aʀjɛʀ'plɑ̃] **1** *m* segundo plano, segundo término. **2** INF plano secundario.

arrière-saison [aʀjɛʀsɛ'zɔ̃] **1** *f* fin de temporada. **2** otoño; fin de otoño.

arrivage [aʀi'vaʒ] *m* remesa, envío.

arrivée [aʀi've] *f* llegada.

arriver [aʀi've] **1** *intr* llegar. **2** suceder, ocurrir, pasar: *quand cela arrive, il faut vite réagir = cuando esto sucede, hay que reaccionar deprisa.* **3** triunfar, prosperar. ● **4** *impers* suceder, ocurrir, pasar: *il est arrivé un malheur = ha ocurrido una desgracia.* **5** ~ **à** + qqn + **de** + inf soler + inf: *il m'arrive de perdre le dernier train = suelo perder el último tren.* ■ **il arrive que** ocurre que, sucede que; **quoi qu'il arrive** pase lo que pase.

arriviste [aʀi'vist] *m* ou *f* arribista.

arrobas [aʀɔ'bas] *f* INF → arobas.

arrobe [a'ʀɔb] *f* arroba (medida).

arrogance [aʀɔ'gɑ̃s] *f* arrogancia.

arrogant, e [aʀɔ'gɑ̃, t] *adj* arrogante, altanero.

arroger (s') [saʀɔ'ʒe] *pron* arrogarse.

arrondir [aʀɔ̃'diʀ] **1** *tr* et *pron* redondear. ● **2** *tr* (fig) redondear.

arrondissement [aʀɔ̃dis'mɑ̃] *m* distrito.

> Reciben este nombre los **barrios** de las grandes ciudades como París y Marsella. A cada *arrondissement* le corresponde un número ordinal: *le cinquième arrondissement.*

arroser [aʀo'ze] **1** *tr* regar. **2** regar, bañar. **3** rociar (una comida); emborrachar (un postre o café). **4** (fig, fam) untar, sobornar. ■ ~ **de larmes** inundar de lágrimas.

arrosoir [aʀo'zwaʀ] *m* regadera.

arsenal [aʀsə'nal] **1** *m* arsenal. **2** (fig) arsenal.

arsenic [aʀsə'nik] *m* CHIM arsénico.

art [aʀ] *m* arte. ◆ ~ **dramatique** arte dramático; **arts ménagers** artes domésticos; **beaux-arts** bellas artes; **critique d'~** crítico de arte; **œuvre d'~** obra de arte; **le septième** ~ el séptimo arte; ■ **faire qqch avec** ~ hacer algo con arte o habilidad; **faire qqch pour l'amour de l'~** hacer algo por amor al arte.

artefact [aʀte'fakt] *m* artefacto.

artère [aʀ'tɛʀ] **1** *f* arteria. **2** (fig) arteria, vía principal.

artériel, elle [aʀte'ʀjɛl] *adj* arterial.

artichaut [aʀti'ʃo] **1** *m* alcachofa. **2** TECH barda (de hierro).

article [aʀ'tikl] **1** *m* artículo. **2** ANAT nudillo, artejo. **3** ZOOL artejo. **4** BOT segmento. ◆ ~ **de fond** artículo de fondo (periodismo); ■ **à l'~ de la mort** in artículo mortis, a punto de morir.

articulaire [aʀtiky'lɛʀ] *adj* articular.

articulation [aʀtikyla'sjɔ̃] *f* articulación.

articuler [aʀtiky'le] **1** *tr* et *pron* articular. ● **2** s'~ *pron* (fig) organizarse.

artifice [aʀti'fis] **1** *m* artificio. **2** artimaña, astucia.

artificiel, elle [aʀtifi'sjɛl] *adj* artificial.

artificier [aʀtifi'sje] **1** *m* artificiero, pirotécnico, polvorista. **2** MIL artificiero.

artificieux, euse [aʀtifi'sjø, øz] *adj* LITT artificioso, ampuloso.

artillerie [aʀtij'ʀi] *f* artillería. ◆ ~ **légère** artillería ligera; ~ **lourde** artillería pesada.

artisan [aʀti'zɑ̃, an] **1** *m* et *f* artesano. **2** (fig) artífice.

artisanal, e [aʀtiza'nal] *adj* artesanal.

artisanat [aʀtiza'na] *m* artesanía, artesanado.

artiste [aʀ'tist] *adj/m* ou *f* artista.

aryen, enne [a'ʀjɛ̃, ɛn] *adj/m* et *f* ario.

as [as] **1** *m as*. **2** (fig) as, hacha (una persona). ■ **être aux** ~ ou **être plein aux** ~ (fam) estar forrado de dinero; **être fichu comme l'~ de pique** (fam) estar hecho un adefesio.

ascendance [asɑ̃'dɑ̃s] **1** *f* ascendencia (árbol genealógico). **2** ascensión (meteorológica).

ascendant, e [asɑ̃'dɑ̃, t] *adj* et *m* ascendente. ◆ **progression** ~ progresión ascendente.

ascenseur [asɑ̃'sœʀ] *m* ascensor; elevador (Amér.). ■ **renvoyer l'~** devolver el favor.

ascension [asɑ̃'sjɔ̃] **1** *f* ascensión. **2** (fig) ascenso, promoción. **3 l'Ascension** REL la Ascensión.

ascète [a'sɛt] **1** *m* ou *f* (fig) asceta. **2** REL asceta.

ascétique [ase'tik] **1** *adj* (fig) ascético. **2** REL ascético.

ASCII [as'ki] (*sigles de* American Standard Code for Information Interchange) *m* INF ASCII.

asepsie [asɛp'si] *f* MÉD asepsia.

aseptique [asɛp'tik] *adj* MÉD aséptico.

aseptiser [asɛpti'ze] *tr* MÉD esterilizar (destruir gérmenes).

asexué, e [asɛk'sɥe] *adj* asexuado, asexual.

asiatique [azja'tik] **1** *adj* asiático. ● **2 Asiatique** *m* ou *f* asiático.

Asie [a'zi] *f* Asia. ◆ ~ **centrale** Asia central; ~ **du Sud-Est** Sudeste asiático.

asile **1** *m* refugio. **2** asilo (establecimiento benéfico).

asocial, e [asɔ'sjal] *adj/m* et *f* asocial.

aspect [as'pɛ] **1** *m* aspecto. **2** (fig) perspectiva, ángulo. ■ **à l'~ de** en vista de, teniendo en cuenta.

asperge [as'pɛʀʒ] **1** *f* espárrago. **2** (fig, fam) espingarda (una persona).

asperger [aspɛʀ'ʒe] **1** *tr* et *pron* rociar, asperjar. ● **2** *tr* espurrear (con la boca).

aspérité [aspeʀi'te] **1** *f* aspereza. **2** (fig) aspereza.

asphalte [as'falt] **1** *m* asfalto. **2** (fam) asfalto (calzada).

asphalter [asfal'te] *tr* asfaltar.

asphyxie [asfik'si] **1** *f* asfixia, opresión. **2** (fig) asfixia.

asphyxier [asfik'sje] **1** *tr* et *pron* asfixiar. **2** (fig) oprimir, asfixiar.

aspirant, e [aspi'ʀɑ̃, t] *adj/m* et *f* aspirante. ◆ ~ **de marine** MAR guardiamarina.

aspirateur, trice [aspiʀa'tœʀ, tʀis] **1** *adj* aspirador. ● **2** *m* aspirador, aspiradora.

aspiration [aspiʀa'sjɔ̃] **1** *f* aspiración (deseo). **2** inspiración, aspiración (respiración).

aspirer [aspi'ʀe] **1** *tr* aspirar. **2** (fig) (~ *à*) aspirar a.

aspirine® [aspi'ʀin] *f* aspirina. ◆ ~ **effervescente** aspirina efervescente; ■ **blanc comme un cachet d'~** (fam) blanco como la leche.

assaillant, e [asa'jɑ̃, t] *adj* et *m* asaltante.

assaillir [asaˈjiʀ] **1** *tr* asaltar. **2** (fig) asaltar, atormentar. **3** (~ *de*, *par*) acosar con.

assainir [aseˈniʀ] **1** *tr* sanear. **2** ÉCON sanear, estabilizar (el mercado, las ventas).

assaisonner [asɛzɔˈne] **1** *tr* sazonar (en cocina). **2** (fig) sazonar, salpimentar (las ensaladas).

assassin, e [asaˈsɛ̃, in] *adj/m* et *f* asesino. ◆ **œillade assassine** mirada asesina; ■ **à l'~!** ¡al asesino!

assassinat [asasiˈna] *m* asesinato.

assassiner [asasiˈne] **1** *tr* asesinar. **2** (~ *de*) abrumar con. **3** (fig) asesinar, destruir. **4** (fam) extorsionar.

assaut [aˈso] **1** *m* asalto. **2** SPORTS asalto. ■ **à l'~!** ¡a la carga!; **prendre d'~** tomar por asalto.

assécher [aseˈʃe] *tr* desecar.

assemblage [asɑ̃ˈblaʒ] **1** *m* ensambladura, ensamblaje. **2** reunión, conjunto. ◆ **langage d'~** INF lenguaje ensamblador.

assemblée [asɑ̃ˈble] **1** *f* asamblea. **2** ÉCON junta. ◆ **Assemblée nationale** Asamblea Nacional; Congreso de los Diputados (en Francia).

assembler [asɑ̃ˈble] **1** *tr* et *pron* juntar, reunir (cosas). **2** reunir, congregar (personas). ● **3** *tr* ensamblar.

assembleur, euse [asɑ̃ˈblœʀ, øz] **1** *adj/m* et *f* ensamblador. ● **2** *m* INF ensamblador (de programas).

assener [aseˈne] **1** *tr* asestar (un golpe). **2** imponer (una opinión).

assentiment [asɑ̃tiˈmɑ̃] **1** *m* asentimiento, asenso (aceptación). **2** asentimiento, consentimiento (aprobación).

asseoir [aˈswaʀ] **1** *tr* et *pron* sentar. ● **2** **s'~** *pron* incorporarse (en una cama, un sofá). ■ **s'~ dessus qqch** (fam) pasar de algo.

assermenté, e [asɛʀmɑ̃ˈte] *adj* juramentado.

assertion [asɛʀˈsjɔ̃] *f* aserción, aserto, aseveración.

asservir [asɛʀˈviʀ] **1** *tr* et *pron* sojuzgar, avasallar. ● **2** *tr* dominar, controlar.

assesseur [aseˈsœʀ] *m* asesor. ◆ **juge ~** DR magistrado adjunto.

assez [aˈse] **1** *adv* bastante. **2** (~ *de*) bastante; bastantes. ■ **assez!** ¡basta!; **avoir ~ de** tener suficiente de; **en avoir ~ de** estar harto de.

assidu, e [asiˈdy] *adj* asiduo.

assiéger [asjeˈʒe] **1** *tr* sitiar, asediar. **2** (fig) asediar (con preguntas).

assiette [aˈsjɛt] **1** *f* plato (recipiente o contenido). **2** asiento (equilibrio). **3** DR base, bien. ◆ **~ à soupe** plato sopero; ■ **ne pas être dans son ~** estar inquieto; **perdre son ~** perder los estribos.

assigner [asiˈɲe] **1** *tr* asignar. **2** DR emplazar, citar.

assimilation [asimilaˈsjɔ̃] *f* asimilación.

assimiler [asimiˈle] **1** *tr* et *pron* asimilar. **2** (~ *à*) equiparar a, asimilar a (comparar).

assis, e [aˈsi, z] **1** *adj* sentado. **2** (fig) asentado.

assistance [asisˈtɑ̃s] *f* asistencia. ◆ **Assistance publique** Asistencia social, Ayuda social; **~ technique** asistencia técnica.

assistant, e [asisˈtɑ̃, t] *m* et *f* asistente. ◆ **assistante maternelle** nodriza, ama de cría; **~ sociale** asistente social.

assister [asisˈte] **1** *tr* asistir (ayudar, acompañar). ● **2** *intr* (~ *à*) asistir a.

associatif, ive [asɔsjaˈtif, iv] *adj* asociativo.

association [asɔsjaˈsjɔ̃] *f* asociación. ◆ **~ d'idées** asociación de ideas.

associé, e [asɔˈsje] **1** *adj* asociado. **2** *m* et *f* COMM asociado, socio.

associer [asɔˈsje] **1** *tr* et *pron* asociar. ● **2** *tr* (~ *à*) hacer participar en. **3** (~ *à*) vincular, relacionar. ● **4** **s'~** *pron* adherirse, sumarse.

assoiffé, e [aswaˈfe] *adj/m* et *f* sediento.

assoiffer [aswaˈfe] *tr* dar sed.

assombrir [asɔ̃ˈbʀiʀ] **1** *tr* et *pron* ensombrecer. **2** (fig) ensombrecer.

assommant, e [asɔˈmɑ̃, t] *adj* (fam) pesado.

assommer [asɔˈme] **1** *tr* acogotar. **2** aporrear, aturdir. **3** (fig, fam) fastidiar, reventar.

assorti, e [asɔʀˈti] **1** *adj* a juego, apropiado. **2** surtido (completo).

assortir [asɔʀˈtiʀ] **1** *tr* et *pron* combinar, armonizar, casar (personas). **2** COMM surtir.

assoupir [asuˈpiʀ] **1** *tr* et *pron* adormecer, amodorrarse. **2** (fig) adormecer (un dolor).

assouplir [asuˈpliʀ] **1** *tr* et *pron* flexibilizar, dar flexibilidad. **2** (fig) doblegar (el carácter).

assourdir [asuʀˈdiʀ] **1** *tr* et *pron* ensordecer. ● **2** *tr* (fig) abrumar.

assourdissant, e [asuʀdiˈsã, t] *adj* ensordecedor.

assouvir [asuˈviʀ] *tr* et *pron* saciar, satisfacer.

assujetti, e [asyʒeˈti] **1** *adj* sujeto. ● **2** *m* et *f* DR contribuyente.

assujettir [asyʒeˈtiʀ] **1** *tr* et *pron* sujetar (someter). ● **2** *tr* sujetar (fijar).

assumer [asyˈme] *tr* et *pron* asumir.

assurance [asyˈʀãs] **1** *f* seguridad (confianza). **2** promesa, garantía. **3** COMM seguro. ◆ ~ **accidents** seguro contra accidentes; ~ **maladie** seguro de enfermedad; ~ **tous risques** seguro a todo riesgo; ~ **sur la vie** seguro de vida; ~ **vieillesse** seguro de vejez.

assuré, e [asyˈʀe] **1** *adj/m* et *f* asegurado. ● **2** *adj* seguro.

assurément [asyʀeˈmã, t] *adv* seguramente.

assurer [asyˈʀe] **1** *tr* et *pron* asegurar (garantizar). **2** asegurar, cerciorar (un hecho). ● **3** *tr* (fam) ser muy bueno, estar a la altura. ● **4** s'~ *pron* procurarse, abastecerse (material).

astérisque [asteˈʀisk] *m* asterisco.

asthme [asm] *m* MÉD asma.

astigmatisme [astigmaˈtism] *m* MÉD astigmatismo.

astiquer [astiˈke] *tr* dar brillo, lustrar.

astral, e [asˈtʀal] *adj* ASTR astral.

astre [astʀ] **1** *m* astro. **2** (fig) astro (una persona). ■ **il est beau comme un ~** (fig) es bello como un sol.

astreignant, e [astʀeˈɲã, t] *adj* apremiante.

astreindre [asˈtʀɛ̃dʀ] *tr* et *pron* apremiar.

astringent, e [astʀɛ̃ˈʒã, t] *adj* astringente.

astrologie [astʀɔlɔˈʒi] *f* astrología.

astrologue [astʀɔˈlɔg] *m* ou *f* astrólogo.

astronaute [astʀɔˈnot] *m* ou *f* astronauta.

astronome [astʀɔˈnɔm] *m* ou *f* astrónomo.

astronomie [astʀɔnɔˈmi] *f* astronomía.

astronomique [astʀɔnɔˈmik] **1** *adj* astronómico. **2** (fig) astronómico.

astuce [asˈtys] **1** *f* astucia. **2** (fam) chiste, broma (chanza).

astucieux, euse [astyˈsjø, øz] *adj* astuto. **2** (fam) chistoso.

asymétrie [asimeˈtʀi] *f* asimetría.

atavique [ataˈvik] *adj* atávico.

atelier [atəˈlje] **1** *m* taller (de artesano, de obrero). **2** estudio, taller (de artista).

atemporel, elle [atɑ̃pɔˈʀɛl] *adj* intemporal.

atermoiement [atɛʀmwaˈmã] **1** *m* demora. **2** DR moratoria, demora.

athée [aˈte] *adj/m* ou *f* ateo.

athlète [atˈlɛt] *m* ou *f* atleta.

athlétisme [atleˈtism] *m* atletismo.

atlantique [atlɑ̃ˈtik] **1** *adj* atlántico. ● **2** **Atlantique** *m* Atlántico (océano).

atlas [atˈlas] *m* atlas.

atmosphère [atmɔsˈfɛʀ] **1** *f* atmósfera (aire). **2** PHYS atmósfera (medida, unidad).

atoll [aˈtɔl] *m* atolón (de coral).

atome [aˈtom] **1** *m* átomo. **2** (fig) átomo (pizca).

atomique [atɔˈmik] *adj* PHYS, CHIM atómico.

atomisation [atɔmizaˈsjõ] *f* atomización.

atomiser [atɔmiˈze] *tr* atomizar.

atomiseur [atɔmiˈzœʀ] **1** *m* pulverizador. **2** PHYS, CHIM atomizador.

atone [aˈtɔn o aˈton] **1** *adj* átono (fonética). **2** GRAMM, MÉD átono (inexpresivo, apagado).

atonie [atɔˈni] *f* atonía.

atout [aˈtu] **1** *m* triunfo (carta ganadora). **2** (fig) baza (medio). ■ **avoir l'~** llevar triunfos.

atroce [aˈtʀɔs] **1** *adj* atroz (espantoso). **2** (fam) atroz (muy desagradable).

atrocité [atʀɔsiˈte] *f* atrocidad.

atrophier [atʀɔˈfje] *tr* et *pron* atrofiar.

attabler (s') [sataˈble] *pron* sentarse a la mesa. ■ **s'~ à son travail** ponerse a trabajar.

attachant, e [ataˈʃã, t] *adj* atractivo, interesante.

attache [aˈtaʃ] **1** *f* atadura, ligadura (vínculo). **2** grapa, clip (para papeles). **3** (fig) lazo, apego (cariño). **4** ANAT ligamento. ● **5 attaches** *f pl* relaciones, contactos.

attaché, e [ataˈʃe] **1** *adj* liado, atado. **2** (~ *à*) entregado a, fiel a (una idea, etc.); encariñado con (una persona). ● **3** *m* agregado.

attacher [ataˈʃe] **1** *tr* et *pron* atar, fijar (amarrar). ● **2** *tr* sujetar (alfileres); abrochar (la ropa, el cinturón). **3** adjuntar. **4** (fig) ligar, vincular (un sentimiento). **5** (fig) destinar, agregar (un servicio). **6** (fig) atribuir, achacar, dar. ● **7** intr et pron (fam) pegarse (al cocinar). ● **8** s'~ pron unirse, acompañar. **9** (s'~ à) encariñarse con. ■ s'~ à faire qqch consagrarse a hacer algo.

attaquant, e [ata'kã, t] m et f atacante.

attaque [a'tak] **1** f ataque, acometida. **2** MÉD (fig) ataque, acceso.

attaquer [ata'ke] **1** tr et pron atacar, acometer (asaltar). ● **2** tr (fig, fam) abordar, acometer. **3** DR atacar (acusar). ● **4** s'~ pron acometer, abordar.

attarder [atar'de] **1** tr et pron retrasar. ● **2** s'~ pron (s'~ à) pararse a.

atteindre [atẽ'dR] **1** tr alcanzar, lograr (un objetivo). **2** alcanzar, herir (en un combate). **3** llegar a.

atteint, e [a'tẽ, t] pp → atteindre.

atteinte [a'tẽt] **1** f perjuicio, daño. **2** ataque, atentado. **3** (form) alcance (de un golpe). ■ hors d'~ fuera del alcance.

atteler [atə'le] **1** tr enganchar (caballos). **2** uncir (al buey). ● **3** tr et pron consagrar, aplicar (dedicarse).

attenant, e [atə'nã, t] adj contiguo, colindante.

attendre [a'tãdR] **1** tr esperar, aguardar. ● **2** intr esperar: vous attendez depuis quand? = ¿desde cuándo espera? **3** (~ après) anhelar, ansiar. ● **4** s'~ pron (s'~ à) esperarse: je m'attendais à sa réaction = me esperaba su reacción.

attendrir [atã'dRiR] **1** tr ablandar. ● **2** tr et pron (fig) enternecer (conmover).

attendu [atã'dy] prép en vista de, en atención a. ■ ~ que dado que, puesto que.

attentat [atã'ta] **1** m atentado. **2** (fig) atentado.

attente [a'tãt] **1** f espera (de tiempo). **2** espera, expectativa. ◆ salle d'~ sala de espera; ■ dans l'~ de qqch a la espera de algo; en ~ en espera; répondre à l'~ de qqn responder a la expectativa de alguien.

attenter [atã'te] intr atentar.

attention [atã'sjõ] **1** f atención (concentración). **2** cuidado. ● **3** attention! interj ¡cuidado!

attentionné, e [atãsjɔ'ne] adj solícito, atento.

atténuant, e [ate'nɥã, t] adj atenuante.

atténuation [atenɥa'sjõ] f atenuación.

atténuer [ate'nɥe] tr et pron atenuar.

atterrer [ate'Re] **1** tr aterrar (terror). **2** abatir, abrumar (agobiar).

atterrir [ate'RiR] tr aterrizar.

atterrissage [ateRi'saʒ] **1** m aterrizaje (de un avión). **2** MAR atraque.

attestation [atesta'sjõ] **1** f atestación (testimonio). **2** certificado, atestado (documento).

attesté, e [ates'te] **1** adj certificado (documento). **2** comprobado, confirmado (aprobado).

attester [ates'te] **1** tr atestar, testificar. **2** (form) poner por testigo.

attiédir [atje'diR] tr entibiar, templar.

attifer [ati'fe] tr et pron (fam, péj) acicalar; peinar (el pelo).

attique [a'tik] adj et m ático.

attirance [ati'Rãs] **1** f atractivo (carisma). **2** atracción.

attirant, e [ati'Rã, t] **1** adj atractivo (seductor). **2** atrayente (que atrae).

attirer [ati'Re] **1** tr et pron atraer (arrastrar, llevar). **2** tr llamar, captar (la atención). **3** ocasionar, acarrear (causar). **4** (fig) atraer. ● **5** s'~ pron granjearse; ganarse.

attiser [ati'ze] **1** tr atizar. **2** (fig) atizar, fomentar.

attitré, e [ati'tRe] **1** adj titulado, titular. **2** habitual.

attitude [ati'tyd] **1** f postura, posición (corporal). **2** actitud.

attractif, ive [atRak'tif, iv] adj atractivo.

attraction [atRak'sjõ] f atracción.

attrait [a'tRɛ] **1** m atractivo, atracción, encanto (tendencia). ● **2** attraits m pl encantos.

attrape-nigaud [atRapni'go] m engañabobos.

attraper [atRa'pe] **1** tr coger. **2** atrapar, echar mano. **3** imitar, copiar. **4** (fam) engañar. **5** (fam) echar la bronca (reprender). ● **6** tr et pron (fam) pillar, coger. ● **7** s'~ pron atraparse (contagiarse). **8** pegarse.

attrayant, e [atRɛ'jã, t] adj atrayente.

attribuer [atRi'bɥe] **1** tr et pron atribuir (adjudicar). ● **2** tr atribuir, achacar (imputar, dar).

attribut [atRi'by] m atributo.

attribution [atʀiby'sjɔ̃] **1** f atribución. **2** DR adjudicación.

attristant, e [atʀis'tɑ̃, t] adj entristecedor.

attrister [atʀis'te] **1** tr et pron entristecer. ● **2** s'~ pron amurriarse (Amér.).

attrouper [atʀu'pe] tr et pron agrupar.

au [o] **1** art (contr à + le) al (lugar): aller au marché = ir al mercado. **2** en (lugar): être à l'étranger = estar en el extranjero. **3** con (descripción): un homme au chapeau vert = un hombre con sombrero verde. **4** de (precio): une maison à dix millions = una casa de diez millones. **5** aux (pl, contr à + les) a los, a las: aller aux champs = ir a los campos. **6** de los, de las: l'homme aux yeux noirs = el hombre de los ojos negros.

aube [ob] f alba.

aubépine [obe'pin] f espino blanco, majuelo.

auberge [o'bɛʀʒ] **1** m albergue. **2** posada, mesón (rústico). **3** parador (de lujo). ◆ ~ de jeunesse albergue juvenil.

aubergine [obɛʀ'ʒin] f berenjena.

aucun, e [o'kœ̃, yn] **1** adj indéf ningún. ● **2** pron ninguno. **3** nadie. ■ en aucune manière de ningún modo, de ninguna manera.

audace [o'das] **1** f audacia. **2** (péj) atrevimiento, osadía.

audacieux, euse [oda'sjø, øz] adj audaz.

au-dedans [odə'dɑ̃ o od'dɑ̃] loc adv → dedans.

au-dehors [odə'ɔʀ] loc adv → dehors.

au-delà [od'la] loc adv más allá.

au-dessous [od'su o odə'su] loc adv → dessous.

au-dessus [od'sy o odə'sy] loc adv → dessus.

au-devant [od'vɑ̃ o odə'vɑ̃] loc adv → devant.

audibilité [odibili'te] f audibilidad.

audience [o'djɑ̃s] **1** f audiencia. **2** DR audiencia, vista.

audiovisuel, elle [odjɔvi'zɥel] adj audiovisual.

auditeur, trice [odi'tœʀ, tʀis] **1** m et f auditor, oyente. **2** radioescucha. **3** DR oidor (funcionario).

auditif, ive [odi'tif, iv] adj auditivo.

audition [odi'sjɔ̃] f audición.

auditionner [odisjɔ'ne] tr dar una audición.

auditoire [odi'twaʀ] m auditorio, oyentes.

augmentation [ɔgmɑ̃ta'sjɔ̃] **1** f aumento, incremento. **2** subida, aumento (precio, sueldo).

augmenter [ɔgmɑ̃'te] **1** tr et intr aumentar, incrementar. **2** subir, aumentar (precio, sueldo). ● **3** s'~ pron aumentarse.

augure [ɔ'gyʀ] **1** m augur (cura). **2** augurio, agüero (presagio).

aujourd'hui [oʒuʀ'dɥi] **1** adv hoy. **2** hoy día, hoy en día.

aumône [o'mɔn] f limosna. ■ demander l'~ pedir limosna; faire l'~ dar limosna.

aumônier, ère [omo'nje, jɛʀ] **1** adj limosnero. ● **2** m capellán. ● **3** f limosnera (bolsa).

aune [on] **1** m aliso (árbol). ● **2** f vara (medida). ■ faire une mine longue d'une ~ poner cara larga.

auparavant [opaʀa'vɑ̃] adv antes, anteriormente.

auprès [o'pʀɛ] adv al lado, cerca.

auquel, a laquelle [o'kel, ala'kɛl] **1** pron rel a quien (personas): l'homme auquel tu viens de t'adresser est mon père = el hombre a quien acabas de dirigirte es mi padre; al cual, a la cual (afirmaciones): le café auquel tu fais allusion est fermé = el café al cual haces referencia está cerrado. ● **2** pron interr a cuál: auquel des trois as-tu parlé? = ¿a cuál de los tres has hablado? ■ ~ cas en cuyo caso.

auréole [ɔʀe'ɔl] **1** f aureola (nimbo). **2** halo (astro). **3** cerco (huella). **4** (fig) aureola, gloria (éxito).

auriculaire [ɔʀiky'lɛʀ] **1** adj auricular. ● **2** m meñique (dedo).

aurore [ɔ'ʀɔʀ] **1** f aurora. **2** (fig) aurora (origen). ◆ ~ boréale aurora boreal.

ausculter [ɔskyl'te] tr MÉD auscultar.

auspice [ɔs'pis] m (se usa más en pl) auspicio.

aussi [o'si] **1** adv también. **2** también, además, asimismo (igualmente). **3** tan (comparación). ● **4** conj por eso, por lo que (así). **5** (fam) en realidad, después de todo (finalmente). ■ ~ bien además (por otro lado); ~ bien que tan bien como, lo mismo que; ~ bien ... que tanto... como, lo mismo... que; ~ ... que tan... como (comparación).

aussitôt [osi'to] adv en seguida, al punto. ■ ~ après inmediatamente después;

~ **dit**, ~ **fait** dicho y hecho; ~ **que** tan pronto como, al mismo tiempo que.

austère [ɔs'tɛʀ] *adj* austero.

austérité [ɔsteʀi'te] *f* austeridad.

austral, e [ɔs'tʀal] *adj* austral.

Australie [ɔstʀa'li] *f* Australia.

autant [o'tɑ̃] **1** *adv* tanto. **2** lo mismo. **3** más, mejor (comparación). ● **4** *adj indéf* (~ *de*) tanto; otro tanto (equivalencia). ■ ~ **de ...** ~ **de** tantos... tantos; ~ **que** tanto como; tantos como; ~ **que possible** en lo posible, en lo que cabe; **d'~** otro tanto; **d'~ moins que** menos aún cuando; **pour** ~ sin embargo; por eso.

> Equivale a *tanto* invariable cuando va con un verbo y al adjetivo *tanto/a* cuando, seguido de la preposición **de**, va con un nombre: *il lit autant que toi = lee tanto como tú* ◊ *il lit autant de livres que toi = lee tantos libros como tú.*

autarcie [otaʀ'si] *f* autarquía.

autel [ɔ'tɛl] *m* altar; ara (sacrificios). ◆ **maître-autel** altar mayor.

auteur [o'tœʀ] *m*. ◆ ~ **interprète** cantautor; **droits d'~** derechos de autor.

authenticité [ɔtɑ̃tisi'te] *f* autenticidad.

authentification [ɔtɑ̃tifika'sjɔ̃] *f* autenticación, legalización.

authentifier [ɔtɑ̃ti'fje] *tr* autentificar; autentizar.

authentique [ɔtɑ̃'tik] *adj* auténtico.

autiste [ɔ'tist] *adj/m* ou *f* autista.

auto [o'to] *f* auto; coche; carro (Amér.).

autoadhésif, ive [otoade'zif, iv] *adj* autoadhesivo.

autobiographie [otobjɔgʀa'fi] *f* autobiografía.

autobus [ɔto'bys] *m* autobús; colectivo (Amér.). ◆ ~ **à impériale** autobús de dos pisos.

autocar [ɔto'kaʀ] *m* autocar; autobús.

autochtone [ɔtɔk'tɔn] *adj/m* ou *f* autóctono.

autocollant, e [otokɔ'lɑ̃, t] **1** *adj* adhesivo (imagen). ● **2** *m* pegatina.

autocratie [otokʀa'si] *f* autocracia.

autocritique [otokʀi'tik] *f* autocrítica.

autocuiseur [otokɥi'zœʀ] *m* olla a presión.

autodéfense [otode'fɑ̃s] *f* autodefensa.

autodestruction [otodestʀyk'sjɔ̃] *f* autodestrucción.

autodétermination [otodetɛʀmina'sjɔ̃] *f* autodeterminación.

autodidacte [otodi'dakt] *adj/m* ou *f* autodidacto.

autodiscipline [otodisi'plin] *f* autodisciplina.

auto-école [otoe'kɔl] *f* autoescuela.

autofinancement [otofinɑ̃s'mɑ̃] *m* autofinanciación.

autographe [ɔtɔ'gʀaf] *adj et m* autógrafo.

automate [ɔtɔ'mat] *m* autómata.

automaticité [ɔtɔmatisi'te] *f* automaticidad.

automation [ɔtɔma'sjɔ̃] *f* automatización.

automatique [ɔtɔma'tik] *adj* automático.

automatisation [ɔtɔmatiza'sjɔ̃] *f* automatización.

automatiser [ɔtɔmati'ze] *tr* automatizar.

automédication [otomedika'sjɔ̃] *f* automedicación.

automne [ɔ'tɔn] *m* otoño.

automobile [ɔtɔmɔ'bil] *adj et f* automóvil.

automobiliste [ɔtɔmɔbi'list] *m* ou *f* automovilista.

autonettoyant, e [otonɛtwa'jɑ̃, t] *adj* autolimpiable.

autonome [ɔtɔ'nɔm] *adj* autónomo.

autonomie [ɔtɔnɔ'mi] *f* autonomía. ◆ ~ **de vol** AÉR autonomía de vuelo.

autoportrait [otopɔʀ'tʀɛ] *m* autorretrato.

autopsie [ɔtɔp'si] *f* MÉD autopsia.

autopsier [ɔtɔp'sje] *tr* autopsiar.

autorail [ɔtɔ'ʀaj] *m* autovía (vehículo); autocarril (Amér.).

autorisation [ɔtɔʀiza'sjɔ̃] *f* autorización, permiso.

autoriser [ɔtɔʀi'ze] **1** *tr* autorizar, permitir. ● **2 s'~** *pron* fundarse en.

autoritaire [ɔtɔʀi'tɛʀ] *adj/m* ou *f* autoritario.

autorité [ɔtɔʀi'te] *f* autoridad. ◆ ~ **parentale** autoridad de los padres; ■ **d'~** autoritariamente, imperativamente; **de sa propre** ~ sin derecho, por su propia autoridad; **avoir de l'~ sur qqn** tener ascendencia con alguien.

autoroute [oto'ʀut] *f* autopista (carretera).

autoroutier, ère [otoʀu'tje, jɛʀ] *adj* relativo a la autopista.

autosatisfaction [otosatisfak'sjɔ̃] *f* autosatisfacción.

auto-stop [otɔsˈtɔp] *m* autoestop.

autosuffisant, e [otɔsyfiˈsɑ̃, t] *adj* autosuficiente.

autosuggestion [otɔsygʒesˈtjɔ̃] *f* autosugestión.

autour [oˈtuʀ] **1** *adv* alrededor; en torno. **2** (fam) alrededor: *autour de dix mille* = *alrededor de diez mil*. ■ **tout** ~ por todas partes.

autre [otʀ] **1** *adj indéf* otro, distinto: *c'est un tout autre pays* = *es un país totalmente distinto*. ● **2** *pron* otro: *il n'a vu ni l'un ni l'autre* = *no ha visto ni uno ni el otro*. ■ **entre autres** entre otras cosas; **rien d'~** nada más; **sans ~** sin más.

autrefois [otʀəˈfwa] *adv* antes, en otro tiempo, antaño.

autrement [otʀəˈmɑ̃] **1** *adv* de otro modo: *il faut le faire autrement* = *se tiene que hacer de otro modo*. **2** de lo contrario, si no: *viens, autrement il va se fâcher* = *ven, si no se va a enfadar*. **3** mucho más: *il est autrement gentil que son frère* = *es mucho más amable que su hermano*. ■ **pas** ~ no de otro modo; no mucho: *il ne s'est pas autrement amusé* = *no se ha divertido mucho*.

Autriche [oˈtʀiʃ] *f* Austria.

autrichien, enne [otʀiˈʃjɛ̃, ɛn] **1** *adj* austríaco. ● **2 Autrichien, enne** *m et f* austríaco.

autruche [oˈtʀyʃ] *f* avestruz. ■ **estomac d'~** (fam) estómago de acero; **pratiquer la politique de l'~** (fam) comportarse como el avestruz.

autrui [oˈtʀɥi] *pron* el prójimo. ■ **d'~** ajeno.

auvent [oˈvɑ̃] **1** *m* tejadillo. **2** toldo (tela).

aux [o] *art* (pl de *au*) → au.

auxiliaire [ɔksiˈljɛʀ] *adj/m* ou *f* auxiliar.

avachi, e [avaˈʃi] **1** *adj* deformado. **2** marchito. **3** (fig, fam) hecho polvo.

avachir (s') [savaˈʃiʀ] **1** *pron* deformarse. **2** apoltronarse (personas).

aval [aˈval] (pl *avals*) **1** *m* río abajo. **2** COMM aval. ■ **donner son** ~ avalar; **pour** ~ por aval.

avalanche [avaˈlɑ̃ʃ] *f* alud, avalancha.

avaler [avaˈle] **1** *tr* tragar; ingerir (un medicamento). **2** (fam) engullir (zamparse); tomar: *il n'a rien avalé pendant tout le repas* = *no ha tomado nada en toda la cena*. **3** (fig) comerse, zamparse. **4** (fig, fam) creer, tragarse: *ils n'avalent pas cette his-*

toire et pourtant elle est réelle = *no se tragan esta historia y sin embargo es real*. ● **5** *intr* ir río abajo. ■ **en faire** ~ (fam) engañar.

avaliser [avaliˈze] *tr* COMM avalar.

avance [aˈvɑ̃s] **1** *f* adelanto (tiempo); anticipo (dinero). **2** ventaja: *il a perdu son avance* = *ha perdido ventaja*. ■ **à l'~** por adelantado; **d'~** por anticipado: *il a payé d'avance* = *pagó por anticipado*; **en** ~ con anticipación.

avancé, e [avɑ̃ˈse] **1** *adj* avanzado; adelantado. **2** precoz: *il est un enfant avancé* = *es un niño precoz*.

avancer [avɑ̃ˈse] **1** *tr* avanzar. **2** adelantar, anticipar (dinero). **3** acercar: *il avance la table* = *acerca la mesa*; alargar (la mano). **4** emitir, exponer: *on a prouvé ce qu'il avait avancé* = *se ha probado lo que había expuesto*. ● **5** *intr* avanzar. **6** progresar (en una tarea). **7** ascender. ● **8** **s'~** *pron* adelantarse.

avant [aˈvɑ̃] **1** *prép* antes de; antes que: *elle va finir avant vous* = *ella acabará antes que vosotros*. ● **2** *adv* antes: *écoutez avant* = *antes escuchad*; dentro, lejos: *il ne veut pas aller plus avant* = *no quiere llegar más lejos*. ■ ~ **peu** dentro de poco; ~ **tout** ante todo; **d'~** anterior: *le jour d'avant* = *el día anterior*; **en** ~ delante de.

avant [aˈvɑ̃] **1** *m* delantera; parte anterior. **2** SPORTS delantero. **3** MAR proa. **4** MIL frente. ■ **aller de l'~** avanzar salvando los obstáculos.

avantage [avɑ̃ˈtaʒ] **1** *m* ventaja; gabela (Amér.). **2** (fam) atractivos. ■ ~ **en nature** pago en especies; **à l'~ de** en provecho de; **tirer** ~ **de** sacar partido de.

avantageux, euse [avɑ̃taˈʒø, øz] **1** *adj* ventajoso. **2** favorable. **3** presuntuoso.

avant-bras [avɑ̃ˈbʀa] **1** *m* antebrazo. **2** brazuelo (caballo).

avant-dernier, ère [avɑ̃dɛʀˈnje, jɛʀ] *adj/m et f* penúltimo.

avant-garde [avɑ̃ˈgaʀd] *f* vanguardia. ■ **d'~** de vanguardia; vanguardista; **être à l'~ du progrès** (fig) ir a la vanguardia del progreso.

avant-goût [avɑ̃ˈgu] *m* anticipo, indicio.

avant-hier [avɑ̃ˈtjɛʀ] *adv* anteayer. ◆ ~ **soir** anteanoche.

avant-projet [avɑ̃pʀɔˈʒɛ] *m* anteproyecto.

avant-propos [avɑ̃pʀɔˈpo] *m* prólogo; prefacio.

avant-veille [avɑ̃'vɛj] *f* antevíspera.

avare [a'vaR] **1** *adj/m* ou *f* avaro (tacaño). **2** (fig) parco.

avarice [ava'Ris] *f* avaricia; angurria (Amér.).

avaricieux, euse [avaRi'sjø, øz] *adj/m* et *f* avaricioso.

avarie [ava'Ri] **1** *f* deterioro, daño. **2** avería.

avarié, e [ava'Rje] **1** *adj* deteriorado. **2** averiado.

avatar [ava'taR] **1** *m* avatar. **2** (fig) transformación.

avec [a'vɛk] *prép* con: *il est d'accord avec elle* = está de acuerdo con ella, *c'est son ordinateur et il travaille avec* = es su ordenador y trabaja con éste. ■ ~ *ça* además.

avenant, e [av'nɑ̃, t] **1** *adj* afable, agradable. ● **2** *m* cláusula adicional. ■ à l'~ en proporción, en armonía; à l'~ de conforme con, de acuerdo con.

avènement [avɛn'mɑ̃] **1** *m* acceso. **2** REL advenimiento.

avenir [av'niR] **1** *m* futuro, porvenir (tiempo). **2** posteridad. ■ à l'~ de ahora en adelante.

aventure [avɑ̃'tyR] *f* aventura. ■ à l'~ a la aventura; d'~ por ventura, casualmente.

aventuré, e [avɑ̃ty'Re] *adj* aventurado.

aventurer [avɑ̃ty'Re] **1** *tr* et *pron* aventurar. ● **2** *tr* arriesgar.

aventureux, euse [avɑ̃ty'Rø, øz] **1** *adj* aventurado. **2** arriesgado.

aventurier, ère [avɑ̃ty'Rje, jɛR] *adj/m* et *f* aventurero.

avenue [av'ny] **1** *f* avenida (calle). **2** (fig) camino.

avéré, e [ave'Re] *adj* probado.

avérer [ave'Re] **1** *tr* comprobar, verificar. ● **2** s'~ *pron* revelarse: *le conflit s'avère dangereux* = el conflicto se revela peligroso.

avers [a'vɛR] *m* anverso, cara.

averse [a'vɛRs] **1** *f* chaparrón; chubasco. **2** (fig) diluvio. **3** (fig) multitud.

aversion [avɛR'sjɔ̃] *f* aversión.

avertir [avɛR'tiR] *tr* advertir (de un peligro); avisar (una noticia).

aveu [a'vø] **1** *m* confesión; declaración. **2** reconocimiento (de una deuda). ■ **faire l'~** de confesar; **passer aux aveux** confesar la culpabilidad.

aveugle [a'vœgl] *adj/m* ou *f* ciego. ■ à l'~ a ciegas.

aveugler [avœ'gle] **1** *tr* et *pron* cegar. ● **2** *tr* (fig) deslumbrar. **3** (fig) ofuscar. ● **4** s'~ *pron* equivocarse.

aveuglette (à l') [alavœ'glɛt] *loc adv* a ciegas; a tientas.

aviateur, trice [avja'tœR, tRis] *m* et *f* aviador.

aviation [avja'sjɔ̃] *f* aviación.

aviculture [avikyl'tyR] *f* avicultura.

avide [a'vid] **1** *adj* ávido; ansioso. **2** (fig) codicioso. ■ **être ~ d'apprendre** tener sed de conocimientos.

avilir [avi'liR] **1** *tr* et *pron* envilecer, degradar. ● **2** *tr* despreciar (el valor).

aviné, e [avi'ne] **1** *adj* aguardentoso. **2** (fam) borracho.

avion [a'vjɔ̃] *m* avión. ◆ ~ **à réaction** avión de reacción; ■ **par** ~ por vía aérea.

avionnette [avjɔ'nɛt] *f* avioneta.

avis [a'vi] **1** *m* opinión, parecer. **2** aviso, advertencia. ◆ ~ **de réception** acuse de recibo; **à mon** ~ a mi parecer; **de l'~ de** según opinión de.

avisé, e [avi'ze] **1** *adj* avisado. **2** prudente.

aviser [avi'ze] **1** *tr* avisar. **2** divisar, ver. ● **3** *intr* pensar, reflexionar. ● **4** s'~ *pron* percatarse de: *il s'est avisé que tu étais là* = se percató de que estabas allí.

aviver [avi've] **1** *tr* avivar (el fuego). **2** afilar. **3** irritar (una herida). ● **4** s'~ *pron* avivarse.

avocaillon [avɔka'jɔ̃] *m* (fam) abogadillo, picapleitos.

avocat, e [avɔ'ka, t] **1** *m* et *f* abogado. ● **2** *m* aguacate (fruto). ◆ ~ **de la défense** abogado defensor; ~ **de la partie civile** acusador particular; ~ **plaidant** abogado defensor.

avocatier [avɔka'tje] *m* aguacate (árbol).

avoine [a'vwan] *f* avena.

avoir [a'vwaR] **1** *m* haber. ● **2 avoirs** *m pl* ÉCON activos. ◆ ~ **fiscal** abono de dividendo.

avoir [a'vwaR] **1** *tr* tener: *ils ont faim* = tienen hambre. **2** obtener, conseguir. **3** pasar; suceder; ocurrir: *qu'est-ce que tu as?* = ¿qué te ocurre? **4** vencer: *tu l'auras* = le vencerás. ● **5** *aux* haber: *je l'ai vu ce matin* = lo he visto esta mañana. ● **6 il y a** *impers* hay: *il y a de la bière dans le frigo* = hay cerveza en la nevera. **7** hace (tiempo): *il y a trois mois qu'ils sont arrivés* = hace tres meses que llegaron. **8** ~ **+ à + inf** tener + que + infinitivo: *j'ai à faire le repassage* = tengo que planchar. ■ ~ **comme** tener por; **en** ~ **assez** estar harto; **n'** ~ **qu'à** no tener más que.

avoisinant, e [avwazi'nɑ̃, t] **1** *adj* vecino. **2** contiguo. **3** próximo.
avortement [avɔʁtə'mɑ̃] **1** *m* aborto. **2**
(fig) fracaso.
avorter [avɔʁ'te] **1** *tr* abortar. **2** (fig) fracasar. ■ **faire ~** impedir el desarrollo.
avorton [avɔʁ'tɔ̃] **1** *m* aborto; abortón
(animal). **2** (fig) feto, engendro.
avoué, e [a'vwe] *adj* reconocido.
avouer [a'vwe] **1** *tr* confesar; reconocer.
2 reconocer por suyo. **3** aprobar: *il
avoue toutes vos actions = él aprueba
todas sus acciones*. ● **4 s'~** *pron* declararse, darse por: *s'avouer vaincu = darse por vencido*.
avril [a'vʁil] *m* abril. ■ **en ~ ne te découvre pas d'un fil** hasta el cuarenta de
mayo no te quites el sayo.

axe [aks] **1** *m* eje. **2** (fig) orientación (de
ideas). ■ **dans l' ~ de** (fig) en la línea de.
axer [ak'se] *tr* (fig) centrar.
axial, e [ak'sjal] *adj* axial.
axiome [ak'sjɔm] **1** *m* (fig) axioma, principio. **2** PHIL axioma.
azimut [azi'myt] *m* acimut (ángulo). ■
dans tous les azimuts (fig, fam) en todas las direcciones; **tous azimuts** (fig)
por todas partes.
azote [a'zɔt] *m* CHIM nitrógeno.
azoté, e [azɔ'te] *adj* nitrogenado.
aztèque [as'tek] **1** *adj* azteca. ● **2 Aztèque** *m* ou *f* azteca.
azur [a'zyʁ] **1** *m* azul (blasón). **2** LITT
(form) azul. **3** LITT (form) el cielo, el aire, el infinito.
azyme [a'zim] *adj* et *m* ácimo.

Bb

b [be] *m* b.

> "B" y "v" no se pronuncian igual en
> francés: "b" es oclusiva bilabial sonora
> y "v" es fricativa labiodental sonora.

B.A.-ba [bea'ba] *m* abecé: *il leur ap-
prend le B.A.-ba de la littérature = les
enseña el abecé de la literatura*.
babil [ba'bil] **1** *m* balbuceo. **2** cháchara. **3**
gorjeo.
babillard, e [babi'jaʁ, d] *adj/m* et *f* charlatán.
babine [ba'bin] **1** *f* morro. **2** (fam) morro (de una persona). ■ **s'en lécher les
babines** (fam) chuparse los dedos.
babiole [ba'bjɔl] **1** *f* friolera, fruslería
(dijecillo, bujería). **2** (fig, fam) fruslería
(baratija, tontería).
bâbord [ba'bɔʁ] *m* MAR babor.
babouche [ba'buʃ] *f* babucha.
baby-sitter [babisi'tœʁ o bebisi'tœʁ]
(*pl* **baby-sitters**) *m* ou *f* canguro.
bac [bak] *m* (fam) bachillerato (examen).
◆ **~ d'alimentation papier** INF alimenta-
dor de papel.

baccalauréat [bakalɔʁe'a] *m* bachillerato.
bacchanale [baka'nal] *f* bacanal.
bâche [baʃ] **1** *f* toldo. **2** baca. **3** estufa (para las plantas). **4** depósito (de una caldera).
bachelier, ère [baʃə'lje, jɛʁ] *m* et *f* bachiller.
bâcher [ba'ʃe] **1** *tr* entoldar. **2** cubrir con
una lona (un coche).
bachot [ba'ʃo] **1** *m* barca pequeña, bote.
2 (fam) bachillerato.
bacille [ba'sil] *m* bacilo.
bachoter [baʃɔ'te] *intr* (fam) empollar.
bâcler [ba'kle] **1** *tr* atrancar (una puerta).
2 (fig, fam) hacer deprisa y corriendo,
chapucear.
bacon [be'kɔn] *m* bacon.
bactérie [bakte'ʁi] *f* bacteria.
bactérien, enne [bakte'ʁjɛ̃, ɛn] *adj*
bacteriano.
bactériologie [bakteʁjɔlɔ'ʒi] *f* bacte-
riología.
badaud, e [ba'do, d] *m* et *f* curioso,
mirón.
badauder [bado'de] *intr* curiosear.
badge [badʒ] *m* chapa.
badigeon [badi'ʒɔ̃] *m* encalado, enlucido.

badigeonner [badiʒɔ'ne] **1** *tr* encalar, enlucir. **2** formar una capa de. **3** MÉD untar.

badin, e [ba'dɛ̃, in] **1** *adj* juguetón (entusiasta). **2** bromista. **3** jocoso.

badine [ba'din] **1** *f* bastoncillo (para apoyarse). **2** varilla (bastoncillo).

badiner [badi'ne] **1** *intr* bromear (charlar). **2** tomar a broma. **3** jugar.

badminton [badmin'tɔn] *m* bádminton.

baffe [baf] *f* (fam) bofetada, torta.

baffle [bafl] *m* bafle.

bafouer [ba'fwe] **1** *tr* mofarse de, escarnecer. **2** ridiculizar.

bafouiller [bafu'je] *intr* (fam) farfullar.

bâfrer [ba'fʀe] *tr et intr* (fam) atracarse.

bagage [ba'gaʒ] **1** *m* (se usa más en *pl*) equipaje: *enregistrer ses bagages = facturar su equipaje.* **2** (fig) bagaje: *bagage culturel = bagaje cultural.* **3** MIL bagaje. ◆ **bagages à main** equipaje de mano; ■ **plier ~** (fig, fam) irse al otro barrio (morir).

bagagiste [baga'ʒist] *m* mozo de equipajes.

bagarre [ba'gaʀ] **1** *f* pelea. **2** (fam) bronca, camorra.

bagarrer [baga'ʀe] **1** *intr* (fam) (~ *pour*) pelearse por. ● **2 se ~** *pron* pelearse.

bagarreur, euse [baga'ʀœʀ, øz] *adj/m et f* (fam) peleón, camorrista.

bagatelle [baga'tɛl] **1** *f* baratija; tiliche (Amér.). **2** (fig) pequeñez, frivolidad. **3** (fig) tontería: *s'amuser à des bagatelles = divertirse con tonterías.*

bagne [baɲ] *m* presidio.

bagnole [ba'nɔl] **1** *f* (fam) coche. **2** (fam) cacharro (coche malo).

bagou [ba'gu] *m* (fam) labia (carisma): *avoir du bagou = tener labia.*

bague [bag] **1** *f* anillo, sortija. **2** anilla (para identificar a los pájaros). **3** pasador (de corbata).

baguette [ba'gɛt] **1** *f* varilla (ramita). **2** vara (de las autoridades). **3** listón (carpintería). **4** MIL baqueta. **5** MUS batuta. ◆ **~ magique** varita mágica.

bah! [ba] *interj* ¡bah!

bahut [ba'y] **1** *m* arcón. **2** bargueño (mueble). **3** (fam) colegio (instituto).

baie [bɛ] **1** *f* bahía. **2** baya (fruta). **3** ARCHIT vano. ◆ **~ vitrée** ventanal.

baignade [bɛ'naʀd] *f* baño.

baigner [be'ɲe] **1** *tr et pron* bañar (mojar): *se baigner dans la mer = bañarse en el mar.* ● **2** *intr* estar bañado, estar en remojo. **3** estar anegado.

baignoire [be'ɲwaʀ] *f* bañera; bañadera (Amér.).

bail [baj] (*pl* **baux**) *m* arrendamiento (contrato).

bâillement [baj'mã] *m* bostezo.

bâiller [ba'je] **1** *intr* bostezar. **2** estar entreabierto.

bâillon [ba'jɔ̃] *m* mordaza.

bain [bɛ̃] **1** *m* baño. ● **2 bains** *m pl* baños, balneario. ◆ **~ de foule** (fig) baño de multitudes; **~ de pieds** baño de pies; ■ **prendre un ~** tomar un baño.

bain-marie [bɛ̃ma'ʀi] (*pl* **bains-marie**) *m* baño María.

baïonnette [bajɔ'nɛt] **1** *f* bayoneta. **2** ÉLEC bayoneta.

baise [bɛz] *f* (vulg) polvo.

baiser [be'ze] **1** *m* beso. ● **2** *tr* besar. **3** (vulg) joder; coger (Amér.).

baisse [bɛs] **1** *f* bajada (descenso): *la baisse de la marée = la bajada de la marea.* **2** baja: *baisse des actions = baja de las acciones.* ■ **être en ~** estar de capa caída (de moral).

baisser [be'se] **1** *f* caída. ● **2** *tr et intr* bajar. ● **3** *tr* rebajar. **4** MAR arriar (una bandera). ● **5** *intr* disminuir (reducir, decrecer). **6** perder (debilitarse, decaer): *ses facultés baissent progressivement = pierde facultades progresivamente.* ● **7** **se ~** *pron* agacharse, inclinarse. ■ **~ l'oreille** (fig) bajar las orejas.

bajoue [ba'ʒu] *f* carrillada. **2** (fam) moflete.

bakchich [bak'ʃiʃ] **1** *m* propina. **2** (fam) soborno.

bal [bal] (*pl* **bals**) *m* baile. ◆ **~ masqué** baile de máscaras; **~ musette** baile popular.

balade [ba'lad] *f* (fam) paseo.

balader [bala'de] *tr et pron* (fam) pasear. ■ **envoyer ~** (fam) enviar a paseo.

baladeur, euse [bala'dœʀ, øz] **1** *adj* TECH móvil. ● **2** *m* walkman. ◆ **train ~** MÉC engranaje móvil.

baladin, e [bala'dɛ̃, in] **1** *m et f* farsante. **2** juglar, saltimbanqui.

balai [ba'le] **1** *m* escoba. **2** ÉLEC escobilla. ◆ **train ~** (fig, fam) último tren del día; ■ **donner un coup de ~** dar un barrido ligero (barrer); hacer una limpieza general (despedir empleados).

balance [ba'lɑ̃s] **1** *f* balanza. **2** balance: *la balance de l'actif et du passif d'un compte = el balance del activo y del pasivo de una cuenta.* **3** (fig) equilibrio. **4 Balance** ASTR Libra. ● **5** *m* ou *f* libra (persona). ■ **mettre en ~** (fig) cotejar, sopesar.

balancer [balɑ̃'se] **1** *tr et pron* balancear; menear. ● **2** *tr* (fig, fam) despedir. **3** COMM hacer el balance. ● **4** *intr* vacilar. **5** oscilar, mecer. ● **6 se ~** *pron* mecerse, columpiarse.

balancier [balɑ̃'sje] **1** *m* balancín. **2** péndola. **3** balancín (de un equilibrista).

balançoire [balɑ̃'swar] *f* columpio.

balayer [bale'je] **1** *tr* barrer. **2** TECH explorar (radar, faro).

balayette [bale'jɛt] *f* escobilla.

balbutiant, e [balby'sjɑ̃, t] *adj* balbuceante.

balbutier [balby'sje] *tr et intr* balbucear.

balcon [bal'kɔ̃] **1** *m* balcón. **2** piso principal (en el teatro).

baleine [ba'lɛn] **1** *f* ballena. **2** varilla (de paraguas).

baleinier, ère [bale'nje, jɛr] *adj et m* MAR ballenero.

balise [ba'liz] **1** *f* MAR baliza. **2** radio-faro de guía (emisor).

balistique [balis'tik] **1** *adj* balístico: *machine balistique = máquina balística.* ● **2** *f* balística (ciencia).

balkanique [balka'nik] *adj* balcánico.

ballant, e [ba'lɑ̃, t] **1** *adj* colgante. ● **2** *m* balanceo (oscilación).

balle [bal] **1** *f* pelota. **2** fardo. **3** bala. **4** cascabillo (de las semillas). ● **5 balles** *f pl* (fam) francos. ■ **faire ~ de balles** pelotear; **renvoyer la ~** (fig) devolver la pelota, pagar con la misma moneda.

ballerine [bal'rin] **1** *f* bailarina. **2** zapatilla de ballet (zapato).

ballet [ba'lɛ] **1** *m* ballet, baile. **2** (fig) actividad, juego.

ballon [ba'lɔ̃] **1** *m* balón (juegos). **2** globo (aeróstato, juguete). **3** copa (de vino). **4** (fig) sondeo (encuesta). ◆ **~ de baudruche** pelota de goma; **~ d'essai** (fig) globo sonda; **~ d'oxygène** MÉD balón de oxígeno; **~ de rouge** (fig, fam) vaso de tinto.

ballotter [balɔ'te] **1** *tr* hacer tambalear; sacudir. ● **2** *intr* traquetear, tambalearse. ■ **être ballotté entre deux choses** ou **deux sentiments** (fig) debatirse entre dos cosas o sentimientos.

balluchon [baly'ʃɔ̃] *m* (fam) petate.

balnéaire [balne'ɛr] *adj* balneario; costero (pueblo, ciudad).

balnéothérapie [balneotera'pi] *f* balneoterapia.

balourd, e [ba'lur, d] *adj/m et f* palurdo.

balourdise [balur'diz] *f* (fam) torpeza; simpleza.

balsamique [balza'mik] *adj* balsámico.

balustrade [balys'trad] *f* balaustrada; barandilla (apoyo).

bambin, e [bɑ̃'bɛ̃, in] *m et f* chiquillo.

bambou [bɑ̃'bu] *m* bambú.

banal, e [ba'nal] **1** *adj* común; corriente. **2** (fig) trivial.

banaliser [banali'ze] **1** *tr* hacer común, trivializar. **2** camuflar. ● **3 se ~** *pron* generalizarse.

banalité [banali'te] *f* (fig) trivialidad.

banane [ba'nan] **1** *f* plátano; banana (Amér.). **2** riñonera (bolsa).

bananier, ère [bana'nje, jɛr] **1** *adj* bananero. ● **2** *m* plátano tropical. **3** bananero.

banc [bɑ̃] **1** *m* banco; banca (Amér.). **2** GÉOL, MAR banco. ◆ **~ d'essai** banco de pruebas; **~ des accusés** DR banquillo de los acusados.

bancaire [bɑ̃'kɛr] *adj* bancario.

bancal, e [bɑ̃'kal] (*pl* **bancals**) **1** *adj* patituerto. **2** cojo (un mueble). **3** (fig) equivocado.

bandage [bɑ̃'daʒ] **1** *m* venda, vendaje. **2** llanta.

bande [bɑ̃d] **1** *f* tira (papel, tejido). **2** venda. **3** pandilla (grupo). **4** cinta (de vídeo). **5** banda (radio). ◆ **~ dessinée** cómic; **~ sonore** banda sonora (cine); ■ **faire ~ à part** hacer rancho aparte; **par bandes** a bandadas; **par la ~** (fig) con rodeos.

bandeau [bɑ̃'do] **1** *m* venda. **2** velo (religiosas). **3** (fig) ceguera, ofuscación. ● **4 bandeaux** *m pl* bandós (en el pelo). ◆ **~ royal** diadema real.

bander [bɑ̃'de] **1** *tr* vendar. **2** tensar, atirantar (estirar). ● **3** *intr* estar tirante. **4** (vulg) empalmarse.

banderole [bɑ̃d'rɔl] *f* banderola.

bandit [bɑ̃'di] *m* bandido.

banditisme [bɑ̃di'tism] *m* bandolerismo.

bandoulière [bɑ̃du'ljɛʀ] *f* bandolera. ■ **en ~** en bandolera; terciar (un arma).

bang! [bɑ̃g] *interj* ¡pan!

banlieue [bɑ̃'ljø] *f* afueras. ◆ **grande ~** extrarradio; **proche ~** municipios adjuntos.

banlieusard, e [bɑ̃ljø'zaʀ, d] *m et f* (fam) habitante del extrarradio.

banni [ba'ni] *adj/m et f* desterrado.

bannière [ba'njɛʀ] *f* estandarte; bandera. ■ **en ~** con la camisa fuera.

bannir [ba'niʀ] **1** *tr* desterrar. **2** (fig) rechazar; alejar.

banque [bɑ̃k] **1** *f* banco. **2** banca (juego y comercio de los valores). ◆ **~ de données** INF banco de datos.

banquer [bɑ̃'ke] *intr* (fam) apoquinar.

banqueroute [bɑ̃k'ʀut] *f* bancarrota; quiebra.

banquet [bɑ̃'kɛ] *m* banquete.

banquette [bɑ̃'kɛt] **1** *f* banqueta. **2** asiento (de un coche).

banquier, ère [bɑ̃'kje, jɛʀ] *m et f* banquero.

baptême [ba'tɛm] **1** *m* bautismo (sacramento). **2** bautizo (ceremonia). ◆ **~ de la ligne** paso del Ecuador.

baptiser [bati'ze] *tr* bautizar.

baptismal, e [batis'tɛʀ] *adj* bautismal.

baptistère [batis'tɛʀ] *m* baptisterio.

baquet [ba'kɛ] *m* cubeta.

bar [baʀ] **1** *m* bar. **2** lubina, robalo (pez). **3** PHYS bar. ■ **au ~** en la barra.

baragouin [baʀa'gwɛ̃] *m* jerga; jerigonza.

baraque [ba'ʀak] **1** *f* barraca. **2** (fam) casa (hogar).

baraqué, e [baʀa'ke] *adj* (fam) cachas: *il est baraqué* = está cachas.

baratin [baʀa'tɛ̃] *m* (fam) charlatanería. ■ **faire du ~ à qqn** camelarse a alguien.

baratiner [baʀati'ne] **1** *tr* (fam) charlatanear; camelar. **2** *intr* contar cuentos.

baratineur, euse [baʀati'nœʀ, øz] *adj/m et f* (fam) camelista, cuentista.

barbant, e [baʀ'bɑ̃, t] *adj* (fam) latoso; pesado.

barbare [baʀ'baʀ] **1** *adj/m* ou *f* bárbaro. **2** (fig) incorrecto.

barbarie [baʀba'ʀi] *f* barbarie.

barbarisme [baʀba'ʀism] *m* barbarismo.

barbe [baʀb] **1** *f* barba; chiva (Amér.). **2** (fam) lata, tostón. ◆ **~ à papa** algodón (golosina); **vieille ~** (fam) anciano; ■ **la barbe!** ¡ya basta!; ¡qué lata!

barbecue [baʀbə'ky o baʀbə'kju] *f* barbacoa.

barbelé, e [baʀbə'le] **1** *adj* espinoso; arpado, dentado. ● **2** *m* alambrada de espino o de púas.

barber [baʀ'be] **1** *tr* (fam) dar la lata, aburrir; fastidiar. ● **2 se ~** *pron* (fam) aburrirse.

barbiche [baʀ'biʃ] *f* perilla; chiva (Amér.).

barbiturique [baʀbity'ʀik] *adj et m* barbitúrico.

barboter [baʀbɔ'te] **1** *intr* chapotear. ● **2** *tr* (fam) enredarse (embrollarse). **3** (fam) birlar, afanar (robar).

barbouiller [baʀbu'je] **1** *tr* embadurnar. **2** embrollar (complicar). **3** (péj) pintarrajear. ■ **avoir l'estomac barbouillé** tener el estómago revuelto.

barbu, e [baʀ'by] *adj et m* barbudo.

barder [baʀ'de] **1** *tr* bardar (un caballo). **2** GAST enalbardar, emborrazar (con albardilla). ■ **cela va ~!** (fam) ¡se va a armar!

barème [ba'ʀɛm] *m* baremo.

baril [ba'ʀil o ba'ʀi] *m* barril. ◆ **~ de lessive** tambor de detergente.

barillet [baʀi'lɛ o baʀi'je] **1** *m* barrilete. **2** tambor (del revólver, de reloj). **3** cilindro (de cerradura).

bariolé, e [baʀjɔ'le] *adj* abigarrado.

barman [baʀ'man] *m* barman.

baromètre [baʀɔ'mɛtʀ] *m* barómetro.

baron, onne [ba'ʀɔ̃, ɔn] **1** *m et f* barón. **2** (fam) barón (persona importante). ◆ **~ d'agneau** GAST cuarto trasero del cordero.

baroque [ba'ʀɔk] **1** *adj* barroco. **2** (fig) barroco, estrambótico. ● **3** *m* ARCHIT, ART barroco.

barque [baʀk] *f* barca. ■ **mener la ~** (fig) llevar el timón.

barquette [baʀ'kɛt] **1** *f* barquilla, tartaleta. **2** cestita, bandejita (recipiente).

barrage [ba'ʀaʒ] **1** *m* barrado. **2** barrera, barricada. **3** presa, embalse; represa (Amér.). ◆ **~ de police** cordón policial; **match de ~** SPORTS partido de desempate.

barre [baʀ] **1** *f* barra. **2** raya, palote (línea). **3** lingote (oro). **4** banco (de arena). **5** MAR timón. ◆ **~ d'espacement** INF espaciador; ■ **passer la ~** (fig) sobrepasar la barrera; **placer la ~ trop haut** poner el listón muy alto.

barré, e [ba'ʀe] **1** *adj* barrado. ● **2** *m* MUS barrido.

barreau [ba'ʀo] **1** *m* barrote. **2** DR tribunal (para abogados). **3** DR foro, abogacía.

barrer [ba'ʀe] **1** *tr* barrar. **2** tachar (una frase). ● **3** *intr* MAR gobernar, llevar el timón. ● **4 se ~** *pron* (fam) largarse. ■ **~ le passage à qqn** barrarle el paso a alguien.

barrette [ba'ʀɛt] **1** *f* pasador (de pelo). **2** birreta (de eclesiástico). **3** broche.

barricade [baʀi'kad] *f* barricada. ■ **être à l'autre côté de la ~** (fig) estar al otro lado de la trinchera.

barricader [baʀika'de] **1** *tr* atrancar. ● **3 se ~** *pron* parapetarse, atrincherarse. **4** (fig) encerrarse.

barrière [ba'ʀjɛʀ] **1** *f* barrera. **2** (fig) barrera. ■ **avoir franchi la ~** (fig) haber cruzado la barrera.

barrique [ba'ʀik] *f* barrica. ■ **être gros comme une ~** (fam) estar como un tonel.

baryton [baʀi'tõ] *m* MUS barítono.

bas, basse [ba, bas] **1** *adj* bajo: *une table basse = una mesa baja.* **2** (fig) bajo, ruin. ● **3** *m* bajo (de la ropa). ● **4** *adv* bajo, quedamente. ■ **à ~!** ¡abajo!, ¡fuera!; **avoir la vue basse** (fig) tener la vista corta; **des hauts et des ~** altibajos; **en ~** abajo; **en ~ de** debajo de; **là ~** allá.

basané, e [baza'ne] *adj* moreno, tostado.

bas-côté [bako'te] **1** *m* arcén; acotamiento (Amér.). **2** nave lateral (de una iglesia).

bascule [bas'kyl] *f* báscula.

basculer [basky'le] **1** *intr* et *tr* bascular, volcar. ● **2** *intr* (fig) volcar, inclinarse (cambiar).

base [baz] **1** *f* base. **2** ARCHIT basa. **3** MATH base. **4** POL base, bases. ◆ **~ de données** INF base de datos; ■ **à ~ de** a base de; **de ~** básico; **jeter les bases** sentar las bases; **sur la ~ de** sobre la base de.

base-ball [bɛz'bɔl] *m* béisbol.

baser [ba'ze] *tr* et *pron* (*~ sur*) basar en. ■ **être basé à** MIL tener base en; estar destacado en.

bas-fond [ba'fõ] **1** *m* hondonada (del terreno); bajío (Amér.). ● **2 bas-fonds** *m pl* (fig) bajos fondos (galicismo), barrios bajos.

basilic [bazi'lik] *m* albahaca.

basique [ba'zik] *adj* básico.

basket [bas'kɛt] **1** *m* baloncesto, básquet. **2** zapatilla de baloncesto. ■ **lâche-moi les baskets!** ¡déjame en paz!

basque [bask] **1** *adj* vasco. ● **2 Basque** *m* ou *f* vasco. ● **3** *m* vasco, euskera (lengua). ● **4** *f* faldón.

bas-relief [baʀə'ljɛf] *m* bajorrelieve.

basse [bas] **1** *f* MUS bajo (instrumento). **2** MAR banco (de rocas o coral).

basse-cour [bas'kuʀ] **1** *f* aves de corral. **2** corral.

basse-fosse [bas'fɔs] *f* mazmorra, calabozo.

bassesse [ba'sɛs] *f* bajeza.

basset [ba'sɛ] *m* basset (perro).

bassin [ba'sɛ̃] **1** *m* barreño. **2** estanque; pilón. **3** cuenca. **4** ANAT pelvis. ◆ **~ de balance** plato de balanza.

bassine [ba'sin] *f* barreño.

bassiner [basi'ne] **1** *tr* humedecer. **2** (fam) dar la lata (fastidiar).

baste! [bast] **1** *interj* ¡bah!, ¡pues vaya! **2** ¡basta!

bastion [bas'tjõ] **1** *m* bastión. **2** (fig) bastión, baluarte.

bastonnade [bastɔ'nad] *f* apaleamiento, tunda, paliza.

bas-ventre [ba'vãtʀ] *m* bajo vientre.

bataclan [bata'klã] *m* (fam) bártulos, cachivaches.

bataille [ba'taj] **1** *f* batalla. **2** guerrilla (juego de cartas). **3** (fig) reyerta, riña. ◆ **~ rangée** (fig) batalla campal; **cheval de ~** (fig) caballo de batalla; ■ **avoir les cheveux en ~** tener el pelo revuelto; **en ~** en batería (los coches).

batailler [bata'je] *intr* batallar, disputar.

bataillon [bata'jõ] **1** *m* (fig) regimiento. **2** MIL batallón.

bâtard, e [ba'taʀ, d] *adj/m* et *f* bastardo, espurio. ◆ **pain ~** barra de pan (tipo baguette).

bâtarde [ba'taʀd] **1** *f* bastarda. **2** TECH bastarda (lima).

bateau [ba'to] **1** *m* barco. **2** vado. ● **3** *adj* banal. ◆ **~ à vapeur** barco de vapor; **~ à voiles** barco de vela o velero; **bateau-citerne** barco cisterna; **~ de plaisance** barco de recreo; ■ **monter un ~ à qqn** (fig, fam) meter una bola a alguien.

batelier, ère [batə'lje, jɛʀ] *adj/m* et *f* barquero.

bâti, e [ba'ti] **1** *adj* edificado. **2** constituido, fornido (personas). • **3** *m* armazón. **4** hilván.

batifoler [batifɔ'le] *intr* (fam) juguetear.

bâtiment [bati'mã] **1** *m* edificio. **2** construcción. **3** TECH buque. ♦ **industrie du ~** industria de la construcción; ■ **être du ~** (fam) ser del ramo.

bâtir [ba'tiʀ] **1** *tr* et *pron* edificar, construir. • **2** *tr* hilvanar, embastar. ♦ ~ **sa fortune** edificar su fortuna.

bâton [ba'tɔ̃] **1** *m* bastón; cayado (de pastor); báculo. **2** palo. **3** MUS batuta. ♦ ~ **de commandement** vara de mando; ~ **de ski** palo de esquiar; ~ **de vieillesse** (fig) báculo para la vejez; ■ **à bâtons rompus** sin ton ni son; **mettre des bâtons dans les roues** meter el palo entre las ruedas.

bâtonner [batɔ'ne] *tr* bastonear, apalear.

bâtonnet [batɔ'nɛ] *m* palito, bastoncillo.

battant, e [ba'tã, t] *adj* et *m* batiente. ■ **ouvrir une porte à deux ~** abrir una puerta de par en par.

battement [bat'mã] **1** *m* golpeo; batir. **2** latido; palpitación. **3** intervalo. **4** TECH moldura (de una puerta). **5** MÉD pulsación. ♦ ~ **de mains** palmadas; ~ **de paupières** parpadeo.

batterie [ba'tʀi] **1** *f* batería (de cocina). **2** MIL batería (de tests). **3** MUS batería. ■ **mettre en ~** MIL entrar en batería; **recharger les batteries** recargar las pilas.

battoir [ba'twaʀ] **1** *m* pala, paleta. **2** (fig, fam) manaza.

battre [batʀ] **1** *tr* golpear, batir; fajar (Amér.). **2** MUS llevar. • **3** *intr* latir, palpitar. **4** romper, batirse (las olas). • **5** se ~ *pron* batirse (en duelo). **6** pelearse, luchar. ■ ~ **des mains** aplaudir; ~ **le pavé** callejear; ~ **un record** batir un récord.

battu, e [ba'ty] **1** *adj* apaleado, abatido. **2** derrotado (el enemigo). **3** batido (de huevos). • **4** *f* batida. ♦ **terre battue** tierra batida; ■ **avoir les yeux battus** tener ojeras.

baudroie [bo'dʀwa] *f* rape.

baudruche [bo'dʀyʃ] **1** *f* tripa. **2** (fig) botarate.

baume [bom] **1** *m* bálsamo. **2** (fig) bálsamo, consuelo. ■ **mettre du ~ au cœur** servir de bálsamo.

bavard, e [ba'vaʀ, d] **1** *adj* charlatán, parlanchín. **2** indiscreto.

bavarder [bavaʀ'de] **1** *intr* charlar. **2** irse de la lengua.

bave [bav] *f* baba.

baver [ba've] **1** *intr* babear; babosear. **2** chorrear, gotear. **3** (fig, fam) (~ *de*) babear de. **4** (fig) (~ *sur*) escupir sobre. ■ **en ~** (fam) pasarlo fatal, sufrir.

bavette [ba'vɛt] **1** *f* babero. **2** peto (de un delantal). **3** mascarilla (de cirujano).

baveux, euse [ba'vø, øz] *adj* baboso. ♦ **lettre baveuse** letra borrosa o corrida.

bavoir [ba'vwaʀ] *m* babero.

bayer [ba'je] *tr* embobarse. ■ ~ **aux corneilles** estar en babia.

bazar [ba'zaʀ] **1** *m* bazar. **2** (fig) bazar. **3** (fig, fam) leonera. ■ **emporter tout son ~** llevarse todos sus trastos.

bazarder [bazaʀ'de] *tr* (fam) liquidar (malvender).

BCBG [besebe'ʒe] (*abrév de* **bon chic bon genre**) *m* pijo, bien. ♦ **des femmes ~** chicas bien.

BD [be'de] (*abrév de* **bande dessinée**) *f* (fam) cómic.

béant, e [be'ã, t] **1** *adj* abierto. **2** (fig) boquiabierto.

béat, e [be'a, t] **1** *adj/m* et *f* beato, plácido. **2** REL beato.

béatification [beatifika'sjɔ̃] *f* beatificación.

béatitude [beati'tyd] **1** *f* beatitud. **2** (fam) placidez. ♦ **les Béatitudes** las Bienaventuranzas.

beau, belle [bo, bɛl] **1** *adj* bueno. **2** bonito; bello; lindo (Amér.). **3** guapo (una persona). ■ **avoir le sens du ~** tener sentido de lo bello; **il fait ~** hace bueno (tiempo).

> Ante nombres masculinos que empiecen por vocal o **h** muda debe emplearse **bel**: *un bel air* = *una bella canción*.

beaucoup [bo'ku] *adv* mucho. ♦ ~ **de** mucho, muchos; ~ **plus** mucho más; ~ **trop** demasiado; **de ~** con mucho.

beau-fils [bo'fis] **1** *m* hijastro. **2** yerno.

beau-frère [bo'fʀɛʀ] *m* cuñado.

beau-père [bo'pɛʀ] **1** *m* suegro, padre político. **2** padrastro.

beauté [bo'te] *f* belleza; hermosura. ♦ **une ~** una belleza o beldad; ■ **de toute**

~ de gran belleza; **en** ~ elegantemente; **être en** ~ estar más guapa que nunca; **se faire une** ~ (fam) arreglarse.

beaux-arts [bo'zaʀ] *m pl* bellas artes.

beaux-parents [bopa'ʀɑ̃] *m pl* suegros; padres políticos.

bébé [be'be] *m* bebé. ■ **faire le** ~ hacerse la criatura; **refiler le** ~ **à qqn** pasarle el bulto a alguien.

bec [bɛk] **1** *m* pico. **2** punta. **3** MUS boquilla. **4** (fig, fam) pico, morro. **5** GÉOGR punta. ◆ ~ **de gaz** farola; ■ ~ **à** ~ cara a cara; **clouer le** ~ **à qqn** (fam) cerrarle el pico a alguien; **donner un** ~ **darse un pico; se défendre** ~ **et ongles** defenderse con uñas y dientes.

bécane [be'kan] **1** *f* (fam) bici; moto. **2** (fam) máquina, cacharro; ordenador.

béchamel [beʃa'mɛl] *f* bechamel (salsa blanca).

bêche [bɛʃ] *f* AGR laya.

bêcher [be'ʃe] **1** *tr* layar, cavar (la tierra). **2** (fam) presumir. **3** (fam) despotricar, despreciar (desdeñar).

bécot [be'ko] *m* (fam) besito.

bécoter [beko'te] *tr et pron* (fam) besuquear.

becquée [be'ke] *f* bocado. ■ **donner la** ~ dar de comer.

becqueter [bɛk'te] **1** *tr et pron* picotear. ● **2** *tr* ~ bocear.

becter [bɛk'te] *tr* (fam) zampar, jalar.

bedaine [be'dɛn] *f* (fam) barriga, tripa.

bédé [be'de] *f* (abrév de **bande dessinée**, **BD**) *f* cómic.

bedon [be'dɔ̃] *m* (fam) panza, barriga.

bée [be] **1** *adj et f* abierta: **bouche bée** = **boquiabierto.** ● **2** *f* → abée.

beffroi [be'fʀwa] **1** *m* atalaya (torre). **2** campanario; campana (de rebato).

bégaiement [bege'mɑ̃] **1** *m* tartamudeo. **2** balbuceo. **3** (fig) titubeo, tanteo.

bégayer [bege'je] **1** *intr* tartamudear. **2** (fig) mascullar, farfullar.

bégonia [bego'nja] *m* BOT begonia.

bégueule [be'gœl] **1** *adj* santurrón, gazmoño. ● **2** *f* mojigata.

béguin [be'gɛ̃] **1** *m* (fam) capricho, enamoramiento (pasión pasajera); camote (Amér.). **2** enamorado. ■ **avoir un** ~ **pour** estar encaprichado con.

beige [bɛʒ] *adj et m* beige (color).

beigne [bɛɲ] *f* (fam) bofetón, torta.

beignet [bɛ'ɲɛ] *m* buñuelo.

bel [bɛl] **1** *adj* → beau. ● **2** *m* PHYS bel, belio.

belette [be'lɛt] *f* comadreja.

belge [bɛlʒ] **1** *adj* belga. ● **2 Belge** *m* ou *f* belga.

Belgique [bɛl'ʒik] *f* Bélgica.

bélier [be'lje] **1** *m* carnero. **2** ariete. **3 Bélier** ASTR Aries. ● **4** *m* ou *f* aries (persona). ◆ ~ **hydraulique** TECH ariete hidráulico.

bellâtre [bɛ'latʀ] *m* niño bonito.

belle [bɛl] *adj* → beau.

belle-famille [bɛl'famij] *f* familia política.

belle-fille [bɛl'fij] **1** *f* nuera; hija política. **2** hijastra.

belle-mère [bɛl'mɛʀ] **1** *f* suegra; madre política. **2** madrastra.

belle-sœur [bɛl'sœʀ] *f* cuñada; hermana política.

belliciste [beli'sist] *adj/m* ou *f* belicista.

belligérance [beliʒe'ʀɑ̃s] *f* beligerancia.

belligérant, e [beliʒe'ʀɑ̃, t] *adj/m et f* beligerante.

belliqueux, euse [beli'kø, øz] *adj* belicoso.

belote [bə'lɔt] *f* juego de naipes.

belvédère [belve'dɛʀ] **1** *m* mirador. **2** terraza, azotea.

bémol [be'mɔl] *adj et m* MUS bemol.

bénard [be'naʀ] *m* (fam) pantalón.

bénédiction [benedik'sjɔ̃] **1** *f* bendición. **2** REL bendición. ■ **c'est une** ~ (fam) es una bendición.

bénéfice [bene'fis] *m* beneficio. ■ **au** ~ **de** en provecho de; **sous** ~ **d'inventaire** (fig) a beneficio de inventario.

bénéficier [benefi'sje] **1** *tr* (~ *de*) beneficiarse de. **2** (~ *à*) beneficiar a.

bénéfique [bene'fik] **1** *adj* benéfico. **2** ASTR favorable.

benêt [be'nɛ] *adj et m* bendito, pánfilo (inocente).

bénévole [bene'vɔl] **1** *adj* benévolo. **2** voluntario.

bénin, igne [be'nɛ̃, iɲ] *adj* benigno.

bénir [be'niʀ] *tr* bendecir. ■ **être béni des dieux** estar tocado por los dioses.

bénit, e [be'ni, t] *adj* bendito.

benjamin, e [bɛ̃ʒa'mɛ̃, in] **1** *m et f* benjamín. **2** SPORTS alevín.

benzène [bɛ̃'zɛn] *m* benceno.

benzine [bɛ̃'zin] *f* gasolina, benzina.

beurré

benzol [bɛ̃'zɔl] *m* benzol, benceno.

béotien, enne [beɔ'sjɛ̃, ɛn] **1** *adj/m* et *f* (fig) beocio (de Beocia). **2** grosero, torpe.

BEP [beaˈpe] (*sigles de* **brevet d'études professionnelles**) *m* → brevet.

béquillard, e [beki'jar, d] *adj* (fam) *que se desplaza con muletas.*

béquille [beki'je] **1** *f* muleta. **2** (fig) muleta. **3** TECH caballete (de una moto); escora (de un barco).

béquiller [beki'je] **1** *intr* andar con muletas. ● **2** *tr* poner el caballete (a una moto). **3** apuntalar con escoras (un barco).

berbère [bɛr'bɛr] **1** *adj* berberisco, bereber. ● **2 Berbère** *m* ou *f* bereber, berberisco.

bercail [bɛr'kaj] **1** *m* (fig) redil (majada). **2** REL redil.

berceau [bɛr'so] **1** *m* cuna. **2** MAR basada. **3** MÉC soporte. **4** MIL armón.

bercer [bɛr'se] **1** *tr* acunar, mecer. **2** (fig) adormecer (un dolor). ● **3** *tr* et *pron* ilusionar, entretener (mentir). ■ **se ~ d'illusions** (fig) ilusionarse.

béret [be'rɛ] *m* boina.

berge [bɛrʒ] *f* orilla, ribera.

berger, ère [bɛr'ʒe, ɛr] **1** *m* et *f* pastor. ● **2** *m* (fig) pastor (de almas). ◆ **~ allemand** pastor alemán (perro).

berk! [bɛrk] *interj* ¡ecs! ¡puf! (disgusto).

berlingot [bɛrlɛ̃'go] **1** *m* cartón, botellita, tubo. **2** caramelo.

berlue [bɛr'ly] *f* alucinación. ■ **avoir la ~** (fam) tener visiones; hacerse ilusiones.

bermuda [bɛrmy'da] *m* bermudas.

berne [bɛrn] *f* manteamiento. ■ **en ~** a media asta (una bandera).

berner [bɛr'ne] **1** *tr* mantear. **2** (fig) burlarse.

béryl [be'ril] *m* GÉOL berilo.

béryllium [beri'ljɔm] *m* CHIM berilio.

besace [bə'zas] *f* alforjas.

besogne [bəˈzɔɲ] *f* trabajo, tarea. ■ **abattre de la ~** trabajar mucho; **se mettre à la ~** ponerse manos a la obra.

besogner [bəzɔ'ɲe] *intr* ajetrearse, atarearse.

besogneux, euse [bəzɔ'nø, øz] *adj/m* et *f* explotado.

besoin [bə'zwɛ̃] **1** *m* necesidad. **2** necesidad, estrechez (pobreza). ■ **au ~** en caso de necesidad; **avoir ~ de** necesitar, ser necesario; **avoir ~ que** necesitar que:

il a besoin qu'on l'aide = necesita que se le ayude.

bestiaire [bɛs'tjɛr] *m* bestiario.

bestial, e [bɛs'tjal] *adj* bestial.

bestialité [bɛstiali'te] *f* bestialidad.

bestiaux [bɛs'tjo] *m pl* ganado, reses.

bestiole [bɛs'tjɔl] *f* bicho.

best-seller [bɛstseˈlœr] (*pl* **best-sellers**) *m* best-seller.

bêta, asse [be'ta, s] **1** *adj/m* et *f* (fam) tonto, bobalicón. ● **2** *m* beta (letra).

bétail [be'taj] *m* ganado. ◆ **~ humain** (fig, péj) ganado humano.

bétaillère [beta'jɛr] *f* camioneta para ganado.

bête [bɛt] **1** *adj* et *f* animal, bestia. ● **2** *adj* (fam) bestia. **3** tonto, estúpido (imbécil). ◆ **~ de somme** bestia de carga; **~ noire** (fig) bestia negra; **bonne ~** (fig) bonachón; ■ **c'est ~** es absurdo; **chercher la petite ~** (fig) ser un chinche.

bêtifier [beti'fje] **1** *tr* et *pron* atontar. ● **2** *intr* tontear.

bêtise [be'tiz] **1** *f* tontería, estupidez (bobería); macana, boludez (Amér.). **2** disparate, locura; macana (Amér.). ◆ **~ de Cambrai** caramelo de menta.

bêtiser [beti'ze] *intr* tontear.

bétoire [be'twar] *f* GÉOL sumidero.

béton [be'tɔ̃] *m* hormigón; concreto (Amér.). ◆ **~ armé** hormigón armado; **~ précontraint** hormigón precomprimido; ■ **en ~** sólido.

bétonner [betɔ'ne] **1** *tr* construir con hormigón (un edificio). ● **2** *intr* SPORTS hacer el cerrojo (en fútbol).

bétonnière [betɔ'njɛr] *f* hormigonera.

bette [bɛt] *f* acelga.

betterave [bɛt'rav] *f* remolacha; betarraga. ◆ **~ sucrière** remolacha azucarera.

beuglant, e [bø'glɑ̃, t] *m* (fam) café-concierto popular.

beugler [bø'gle] **1** *intr* mugir; bramar. **2** (fam) berrear.

beur [bœr] *adj/m* ou *f* (fam) *francés de padres inmigrantes de origen magrebí.*

beurre [bœr] *m* mantequilla; manteca (Amér.). ◆ **~ de cacao** crema de cacao; **beurre-frais** color de mantequilla; ■ **faire son ~ de qqch** (fig) hacerse el agosto con algo.

beurré, e [bœ'ʀe] **1** *adj* (fam) borracho. ● **2** *m* pera de donguindo.

beurrée [bœ'ʀe] f rebanada de pan con mantequilla.

beurrer [bœ'ʀe] tr untar con mantequilla.

beurrier [bœ'ʀje] m mantequera.

beuverie [bœ'vʀi] f borrachera.

bévue [be'vy] f (fam) metedura de pata. ■ **commettre une ~** meter la pata.

bézef [be'zɛf] adv (fam) mucho, bastante.

biais [bjɛ] **1** m bies, sesgo. **2** costado, lado. **3** rodeo, vuelta. **4** ARCHIT esviaje. ■ **en ~** al bies, al sesgo.

bibelot [bi'blo] m (fam) souvenir, recuerdo.

biberon [bi'bʀɔ̃] m biberón; chupón, mamadera (Amér.). ■ **donner le ~** dar el biberón.

biberonner [bibʀɔ'ne] intr (fam) empinar, soplar.

bibi [bi'bi] **1** pron (fam) mí: c'est pour bibi = es para mí. ● **2** m (fam) sombrerito de señora.

bibine [bi'bin] f (fam) pipí (cerveza).

Bible [bibl] f Biblia.

bibliographie [biblijɔgʀa'fi] f bibliografía.

bibliothécaire [biblijɔte'kɛʀ] m ou f bibliotecario.

bibliothèque [biblijɔ'tɛk] f biblioteca.

biblique [bi'blik] adj bíblico.

Bic® [bik] **1** m bic, bolígrafo. **2** → bicot.

bicarbonate [bikaʀbɔ'nat] m CHIM bicarbonato.

bicentenaire [bisɑ̃t'nɛʀ] adj et m bicentenario.

bicéphale [bise'fal] adj bicéfalo.

biceps [bi'sɛps] m ANAT bíceps (músculo). ■ **avoir des ~** (fam) tener bíceps.

biche [biʃ] f cierva.

bichlorure [biklɔ'ʀyʀ] m CHIM bicloruro.

bicolore [biko'lɔʀ] adj bicolor.

biconcave [bikɔ̃'kav] adj bicóncavo.

biconvexe [bikɔ̃'vɛks] adj biconvexo.

bicorne [bi'kɔʀn] **1** m bicornio. ● **2** adj bicorne (sombrero): un chapeau bicorne = un sombrero bicorne.

bicross [bi'kʀɔs] **1** m bicicleta de ciclocross. **2** ciclocross (deporte).

bicyclette [bisi'klɛt] f bicicleta.

bide [bid] **1** m fiasco: prendre un bide = tener un fracaso total. **2** (fam) panza (vientre). **3** (fam) bluf, bola.

bidet [bi'dɛ] **1** m bidé. **2** jaca.

bidimensionnel, elle [bidimɑ̃sjɔ'nɛl] adj bidimensional.

bidoche [bi'dɔʃ] f (fam) carne.

bidon [bi'dɔ̃] **1** m bidón; cántaro. **2** (fam) barriga, panza. **3** (fam) camelo. ● **4** adj amañado: des élections bidon = elecciones amañadas. ■ **ça c'est du ~** (fam) esto es un camelo; **il est ~** no es lo que parece.

bidonner [bidɔ'ne] **1** tr amañar, trucar: une émission bidonnée = un programa amañado. ● **2 se ~** pron (fam) desternillarse, mondarse (de risa).

bidonville [bidɔ̃'vil] m chabolas.

bidouiller [bidu'je] **1** tr (fam) apañar, remendar. **2** (fig) trucar.

bidule [bi'dyl] m (fam) chisme.

bielle [bjɛl] f TECH biela.

bien [bjɛ̃] **1** adj bien. ● **2** m bien; hacienda, fortuna. ◆ **biens collectifs** bienes colectivos; **le ~ public** los bienes públicos; ■ **ce n'est pas si ~ que ça** no es para tanto; **dire du ~ de** hablar bien de; **en ~** bien; **en tout ~ tout honneur** con buena intención; **faire du ~** hacer bien, sentar bien; **mener a ~** llevar a buen término; **penser du ~ de qqn** pensar bien de alguien.

bien [bjɛ̃] **1** adv bien. **2** muy, mucho: c'est bien bon = está muy bueno. **3** unos, unas, aproximadamente: il y a bien trois ans = hace unos tres años. **4** con gusto, gustosamente: il le fera bien = lo hará gustosamente. **5** ya: on verra bien = ya veremos. ◆ **bel et ~** completamente, aunque parezca imposible; **~ assez** bastante, suficientemente; **~ au contraire** todo lo contrario; **~ entendu** desde luego; **~ que** aunque; **~ sûr** por supuesto; **~ trop** demasiado; ■ **aimer ~** gustar mucho; **eh ~!** ¡vaya!; **faire ~ de** hacer bien en; **il est ~ de** conviene que; **il faut ~ le faire** hay que hacerlo de todas formas; **il semble ~ que** parece claro que; **tant ~ que mal** mal que bien.

bien-aimé, e [bjɛ̃n̩'me] (pl bien-aimés) **1** adj/m et f querido (persona). ● **2** m et f amante.

bien-être [bjɛ̃'nɛtʀ] m bienestar.

bienfaisance [bjɛ̃fə'zɑ̃s] f beneficencia. ■ **de ~** benéfico, de beneficencia.

bienfaisant, e [bjɛ̃fə'zɑ̃, t] adj bienhechor, benefactor.

bienfait [bjɛ̃'fe] **1** *m* beneficio, ventaja (favor). **2** buena acción. ■ **un ~ n'est jamais perdu** haz el bien y no mires a quién.

bien-fondé [bjɛ̃fɔ̃'de] *m* DR legitimidad; fundamento de derecho.

bienheureux, euse [bjɛ̃nø'RØ, øz] **1** *adj/m* et *f* bienaventurado. **2** REL bienaventurado.

biennal, e [bje'nal] *adj* bienal.

bien-pensant, e [bjɛ̃pɑ̃'sɑ̃, t] *adj* et *m* bienpensante, conformista.

bienséance [bjɛ̃se'ɑ̃s] **1** *f* decoro. ● **2 bienséances** *f pl* conveniencias.

bienséant, e [bjɛ̃se'ɑ̃, t] *adj* decente, decoroso.

bientôt [bjɛ̃'to] *adv* pronto; luego. ■ **à ~** hasta luego; **cela est ~ dit** eso se dice pronto.

bienveillance [bjɛ̃vɛ'jɑ̃s] *f* benevolencia.

bienveillant, e [bjɛ̃vɛ'jɑ̃, t] *adj* benévolo.

bienvenu, e [bjɛ̃və'ny] **1** *adj/m* et *f* bienvenido. ● **2** *f* bienvenida. ■ **souhaiter la bienvenue à qqn** dar a alguien la bienvenida.

bière [bjɛR] **1** *f* cerveza: *un demi de bière = una caña de cerveza*. **2** ataúd. ◆ **~ (à la) pression** cerveza de barril; **~ blonde** cerveza rubia.

biffer [bi'fe] *tr* tachar (un dibujo, una palabra escrita).

biffure [bi'fyR] *f* tachadura.

bifocal, e [bifɔ'kal] *adj* OPT bifocal.

bifteck [bif'tɛk] *m* bistec, bisté, filete; bife (Amér.).

bifurcation [bifyRka'sjɔ̃] *f* bifurcación.

bifurquer [bifyR'ke] **1** *intr* bifurcarse. **2** desviarse. **3** (fig) decantarse, decidirse.

bigame [bi'gam] *adj/m* ou *f* bígamo.

bigamie [biga'mi] *f* bigamia.

bigarade [biga'Rad] *f* naranja amarga.

bigarré, e [biga'Re] *adj* abigarrado, bigarrado.

bigarreau [biga'Ro] *m* tipo de cereza.

bigarrer [biga'Re] *tr* abigarrar.

bigarrure [biga'RyR] *f* abigarramiento (de colores).

bigle [bigl] *adj/m* ou *f* bizco, bisojo.

bigorne [bi'gɔRn] **1** *f* bigornia. **2** mazo.

bigot, e [bi'go, ɔt] *adj/m* et *f* santurrón, beato.

bigoudi [bigu'di] *m* bigudí.

bijou [bi'ʒu] (*pl* bijoux) **1** *m* joya; alhaja. **2** (fig) joya. ◆ **~ fantaisie** bisutería.

bijouterie [biʒu'tRi] **1** *f* joyería (tienda). **2** joyas, artículos de joyería.

bijoutier, ère [biʒu'tje, jɛR] *m* et *f* joyero.

Bikini® [biki'ni] *m* bikini, biquini.

bilabial, e [bila'bjal] *adj* et *f* bilabial.

bilan [bi'lɑ̃] **1** *m* balance. **2** (fig) balance. ◆ **~ de santé** chequeo médico; ■ **déposer son ~** declararse en quiebra.

bilatéral, e [bilate'Ral] *adj* bilateral.

bile [bil] *f* bilis. ■ **se faire de la ~** (fig) hacerse mala sangre.

biler (se) [səbi'le] *pron* (fam) hacerse mala sangre.

bileux, euse [bi'lø, øz] *adj* (fam) bilioso.

biliaire [bi'ljɛR] *adj* biliar, biliario.

bilieux, euse [bi'ljø, øz] *adj/m* et *f* bilioso.

bilingue [bi'lɛ̃g] *adj/m* ou *f* bilingüe.

bilinguisme [bilɛ̃'gwism] *m* bilingüismo.

bilirubine [biliRy'bin] *f* bilirrubina.

billard [bi'jaR] *m* billar. ◆ **~ électrique** flipper; ■ **c'est du ~** (fam) es pan comido, está tirado.

bille [bij] **1** *f* bola de billar. **2** canica: *jouer aux billes = jugar a las canicas.* ◆ **~ de clown** pinta de payaso; **déodorant à ~** desodorante roll-on; **stylo-bille** bolígrafo.

billet [bi'je] **1** *m* billete. **2** billete, pasaje; boleto (Amér.). **3** entrada, localidad. **4** artículo (de periódico). ◆ **~ aller retour** billete de ida y vuelta; **~ à ordre** COMM pagaré; **~ de commerce** letra de cambio; **~ doux** carta de amor; **~ simple** billete de ida.

billetterie [bije'tRi] **1** *f* taquilla. **2** cajero automático.

billion [bi'ljɔ̃] *m* billón.

bimbeloterie [bɛ̃blɔ'tRi] **1** *f* comercio de baratijas, bazar. **2** baratijas.

bimensuel, elle [bimɑ̃'sɥɛl] *adj* et *m* quincenal; bimensual.

bimestriel, elle [bimɛstRi'jɛl] *adj* et *m* bimestral.

bimoteur [bimɔ'tœR] *adj* et *m* bimotor.

binaire [bi'nɛR] *adj* binario.

bing! [bɛ̃g] *interj* ¡bumba!

bingo [biŋ'go] *m* bingo. ■ **bingo!** ¡bingo!

binocle [bi'nɔkl] **1** *m* binóculo. ● **2 binocles** *m pl* (fam) quevedos.

binoculaire [binɔky'lɛR] *adj* et *f* binocular.

binôme [bi'nɔm] **1** m (fig) binomio. **2** MATH binomio.

bin's [bins] m (fam) desbarajuste.

bio [bi'jo] f → biographie; → biologie.

biocarburant [bjokaʀby'ʀɑ̃] m biocarburante.

biochimie [bjoʃi'mi] f bioquímica.

biochimiste [bjoʃi'mist] m et f bioquímico.

biodégradable [bjodegʀa'dabl] adj biodegradable.

bioénergie [bjoenɛʀ'ʒi] f bioenergética.

biogenèse [bjoʒə'nɛz] f biogénesis.

biographie [bjogʀa'fi] f biografía.

biologie [bjolo'ʒi] f biología.

biologiste [bjolo'ʒist] m et f biólogo.

biomasse [bjo'mas] f biomasa.

biophysique [bjofi'zik] f biofísica.

biopsie [bjɔp'si] f biopsia.

biorythme [bjo'ʀit] m biorritmo.

biosphère [bjos'fɛʀ] f biosfera.

biosynthèse [bjosɛ̃'tɛz] f biosíntesis.

biotechnologie [bjotɛknɔlɔ'ʒi] f biotecnología.

bip [bip] **1** m bip (onomatopeya). **2** (fam) busca.

bipartisme [bipaʀ'tism] m bipartidismo.

bipartition [bipaʀti'sjɔ̃] f bipartición.

bip-bip [bip'bip] m → bip.

biplace [bi'plas] adj et m biplaza.

bique [bik] f (fam) cabra. ◆ **vieille ~** (fam, péj) bruja.

biquet, ette [bi'kɛ, t] m et f chivo, choto. ■ **mon ~** (fam) pichoncito mío.

birbe [biʀb] m (péj) carcamal, vejestorio. ◆ **vieux ~** (fam) viejo cascarrabias.

biréacteur [biʀeak'tœʀ] m birreactor.

bis [bis] **1** adv bis. ● **2** m MUS bis. ■ **bis!** ¡otra! (en un espectáculo).

bisannuel, elle [biza'nɥɛl] adj bianual, bienal.

bisbille [biz'bij] f (fam) pique, pelotera. ■ **être en ~ avec qqn** estar picado con alguien.

biscornu, e [biskɔʀ'ny] **1** adj deforme. **2** (fig, fam) estrafalario, descabellado.

biscotte [bis'kɔt] f biscote.

biscuit [bis'kɥi] **1** m bizcocho. **2** galleta (seca). **3** TECH bizcocho. ◆ **~ à la cuiller** bizcocho; **~ glacé** bizcotela.

bise [biz] **1** f cierzo (viento). **2** (fig) invierno. **3** (fam) beso. ■ **se faire la ~** besarse (en la mejilla).

biseau [bi'zo] m bisel. ■ **en ~** biselado.

biseauter [bizo'te] **1** tr biselar. **2** marcar (las cartas).

biser [bi'ze] **1** tr (fam) besar. **2** AGR deteriorarse.

bisexuel, elle [bisɛk'sɥɛl] adj bisexual.

bison [bi'zɔ̃] m bisonte.

bisou [bi'zu] m (fam) besito.

bisquer [bis'ke] intr (fam) rabiar. ■ **bisque, bisque, rage!** ¡chincha rabiña!; **faire ~ qqn** hacer rabiar a alguien.

bisser [bi'se] **1** tr hacer repetir (el público). **2** bisar (el artista).

bissexte [bi'sɛkst] m día bisiesto.

bissextile [bisɛks'til] adj bisiesto.

bistouri [bistu'ʀi] m bisturí.

bistrot [bis'tʀo] m (fam) bar, tasca.

bit [bit] m INF, TECH bit.

bite [bit] f (fam) polla.

bitter [bi'te] m bitter.

bitume [bi'tym] **1** m asfalto. **2** bitumen (sustancia).

bitumer [bity'me] tr asfaltar.

biture [bi'tyʀ] f (fam) cogorza, mona.

bizarre [bi'zaʀ] adj et m raro.

bizut [bi'zyt] m (fam) novato, pipiolo.

bizutage [bizy'taʒ] m (fam) novatada.

bizuth [bi'zyt] m → bizut.

bla-bla [bla'bla] m (fam) habladurías.

black [blak] adj (fam) negro (de raza).

blackbouler [blakbu'le] **1** tr derrotar (en política). **2** catear (en un examen).

black-out [blaka'ut] **1** m black-out (oscuridad contra aviación enemiga). **2** (fig) silencio como respuesta (a una decisión oficial).

blague [blag] **1** f broma, bola. **2** chiste. **3** metedura de pata, desatino; macana (Amér.). ■ **~ à part** bromas aparte.

blaguer [bla'ge] intr bromear.

blair [blɛʀ] m (fam) napia (nariz).

blaireau [blɛ'ʀo] **1** m tejón (animal). **2** brocha (de afeitar). **3** (fam) bobo.

blairer [ble'ʀe] tr (fam) tragar; aguantar.

blâme [blam] m censura; sanción (a un funcionario).

blâmer [bla'me] tr et pron censurar, reprochar.

blanc, blanche [blɑ̃, ʃ] **1** adj et m blanco (color). ● **2** adj claro. ◆ **~ cassé** roto, hueso; **~ d'œuf** clara de huevo; ■ **en ~ de** blanco, en blanco; **se marier en ~** casarse de blanco; **tirer à ~** tirar al blanco.

387 boire

blanc-bec [blãˈbɛk] m (fam) mocoso, engreído.
blanchâtre [blãˈʃatʀ] adj blanquecino.
blancheur [blãˈʃœʀ] f blancura.
blanchir [blãˈʃiʀ] 1 tr et intr blanquear. • 2 tr blanquecer, blanquear (metales). 3 lavar.
blanchissage [blãʃiˈsaʒ] 1 m lavado (de ropa blanca). 2 blanqueo (del azúcar).
blanchissant, e [blãʃiˈsã, t] adj blanqueador, lejía.
blanchisserie [blãʃisˈʀi] f lavandería.
blasé, e [blaˈze] adj hastiado.
blaser [blaˈze] tr et pron hastiar, agotar.
blason [blaˈzõ] m blasón.
blasphème [blasˈfɛm] m blasfemia.
blasphémer [blasfeˈme] intr et tr blasfemar.
blazer [blaˈzœʀ] m bléiser.
blé [ble] 1 m trigo. 2 (fig) trigo (dinero). ◆ ~ d'hiver trigo de invierno; ~ en herbe trigo en ciernes; ■ manger son ~ en herbe gastar la renta antes de cobrarla.
blême [blɛm] adj pálido, macilento.
blêmir [bleˈmiʀ] intr palidecer.
blessant, e [bleˈsã, t] adj hiriente.
blessé, e [bleˈse] adj herido, lastimado. ■ ~ à mort herido de muerte; ~ dans son amour-propre (fig) herido en su amor propio.
blesser [bleˈse] 1 tr et pron herir, lastimar. • 2 tr (fig) herir, ofender. • 3 tr et pron sports lesionar.
blessure [bleˈsyʀ] 1 f herida (física). 2 (fig) herida (moral). 3 sports lesión. ■ raviver la ~ reavivar la herida.
bleu, e [blø] (pl bleus) 1 adj et m azul. • 2 m morado, moratón. 3 mono (combinación). 4 (fam) quinto, recluta. ■ être ~ de froid estar pálido de frío.
bleuâtre [bløˈatʀ] adj azulado.
bleuir [bløˈiʀ] tr et intr azular, azulear.
bleuté, e [bløˈte] adj azulado.
blinder [blɛ̃ˈde] 1 tr blindar. 2 (fig, fam) blindar. 3 élec aislar.
bloc [blɔk] 1 m bloque. 2 taco, bloc (de papel). ◆ ~ de contrôle inf bloque de control; ~ de mémoire inf bloque de memoria; ~ opératoire quirófano; ~ sanitaire conjunto sanitario; ■ en ~ en bloque; faire ~ hacer piña.
blocage [blɔˈkaʒ] 1 m bloqueo. 2 (fig) congelación. 3 archit ripio. ◆ vis de ~ tech tornillo de ajuste.
bloc-notes [blɔkˈnɔt] m bloc, taco.

blond, e [blõ, d] 1 adj/m et f rubio. 2 (fig) rubio: tabac blond = tabaco rubio.
blondasse [blõˈdas] adj (péj) rubial, rubiales.
blonde [blõd] f tech blonda.
blondin, e [blõˈdɛ̃, in] m et f rubio, pelirrubio.
blondir [blõˈdiʀ] intr et tr dorar (el pelo, el trigo).
bloquer [blɔˈke] 1 tr bloquear. 2 reunir, juntar. 3 (fig) bloquear (una cuenta bancaria). 4 archit enripiar, ripiar.
blottir (se) [səblɔˈtiʀ] 1 pron acurrucarse. 2 resguardarse.
blouse [bluz] 1 f blusa. 2 bata (de médico, profesor). 3 agujero (en el billar).
blouser [bluˈze] 1 intr ablusar. • 2 tr (fig, fam) engañar.
blouson [bluˈzõ] m cazadora. ◆ ~ noir chaqueta de cuero, gamberro.
blue-jean [bludˈʒin] m tejano, pantalón vaquero (pantalones).
blues [bluz] 1 m blues. 2 (fam) depre (pena).
bluff [blœf] m farol.
bluffer [blœˈfe] intr et tr farolear, tirarse un farol.
bluffeur, euse [blœˈfœʀ, øz] adj/m et f farolero.
boa [bɔˈa] m boa.
bob [bɔb] m gorro flexible de fieltro.
bobard [bɔˈbaʀ] m patraña, bola.
bobine [bɔˈbin] 1 f bobina (de hilo). 2 (fam) cara, jeta. 3 élec bobina. 4 phot carrete (de fotos).
bobiner [bɔbiˈne] tr devanar, bobinar.
bobinette [bɔbiˈnɛt] f aldabilla.
bobo [bɔˈbo] m (fam) pupa.
bobonne [bɔˈbɔn] 1 f (fam) pichoncita. 2 (péj) maruja.
bocal, e [bɔˈkal] m bocal.
bœuf [bœf] (pl bœufs) 1 m buey. 2 vaca (carne). ◆ un succès ~ un exitazo; ■ travailler comme un ~ trabajar como un burro.
bof! [bɔf] interj ¡bah!: bof! ça m'est égal! = ¡bah! ¡me da igual!
bogue [bɔg] 1 m erizo. 2 inf virus.
bohème [bɔˈɛm] 1 adj/m ou f bohemio (artista). • 2 m vaso de cristal de Bohemia.
boire [bwaʀ] 1 tr et pron beber. • 2 tr (péj) beber; tomar (Amér.). ■ ~ un coup echar un trago.

bois [bwa] *m* madera; bosque; leña. ◆ ~ **blanc** madera de pino; ~ **de construction** madera de construcción; ~ **mort** madera seca; leña; ■ **avoir la gueule de** ~ (fam) tener resaca; **en** ~ de madera.

boisé, e [bwa'ze] *adj* arbolado.

boiser [bwa'ze] **1** *tr* plantar árboles, reforestar. **2** artesonar (un techo). **3** MIN entibar.

boiserie [bwaz'ʀi] *f* enmaderamiento.

boisson [bwa'sɔ̃] *f* bebida. ◆ ~ **alcoolisée** bebida alcohólica; ■ **être pris de** ~ estar bebido; **s'adonner à la** ~ darse a la bebida.

boîte [bwat] **1** *f* caja, bote, lata. **2** (fam) curro. **3** TECH cubo, morterete. ◆ ~ **à ordures** cubo de basura; ~ **aux lettres** buzón; ~ **de conserves** lata de conservas; ~ **de nuit** sala de baile (discoteca); ~ **de vitesses** caja de cambios; ~ **noire** AÉR caja negra; ~ **postale** apartado de correos.

boiter [bwa'te] **1** *intr* cojear. **2** (fig) cojear.

boiterie [bwa'tʀi] *f* cojera (de los animales).

boiteux, euse [bwa'tø, øz] *adj/m* et *f* cojo.

boîtier [bwa'tje] **1** *m* caja (de reloj). **2** AUT cárter. **3** PHOT estuche, cuerpo.

bol [bɔl] **1** *m* tazón. **2** bolo (píldora). ◆ ~ **de punch** ponchera.

bolée [bɔ'le] *f* tazón (contenido).

boléro [bɔle'ro] **1** *m* bolero. **2** torera.

bolide [bɔ'lid] **1** *m* bólido. **2** ASTR bólido.

Bolivie [bɔli'vi] *f* Bolivia.

bombance [bɔ̃'bɑ̃s] *f* (fam) festín, comilona.

bombarde [bɔ̃'baʀd] **1** *f* bombarda. **2** MUS bombarda.

bombardement [bɔ̃baʀdə'mɑ̃] *m* bombardeo.

bombarder [bɔ̃baʀ'de] **1** *tr* bombardear. **2** (fig, fam) bombardear: *bombarder qqn de lettres* = bombardear a alguien con cartas.

bombe [bɔ̃b] **1** *f* bomba. **2** juerga. ◆ ~ **atomique** bomba atómica; ■ **arriver comme une** ~ (fig) caer como una bomba.

bombé, e [bɔ̃'be] *adj* abombado; convexo.

bomber [bɔ̃'be] **1** *intr* abombarse. ● **2** *tr* abombar; sacar (pecho). **3** (fam) hacer pintadas (graffitis).

bon, bonne [bɔ̃, ɔn] **1** *adj* bueno. **2** correcto. ● **3** *m* bono, vale. ◆ ~ **sens** sentido común; ■ **ah** ~?; ah, ¿sí?; **avoir qqn à la bonne** estar a buenas con alguien; **bon!** ¡bueno!; **bien!**; **à rien** inútil; **bonne nuit!** ¡buenas noches!; **pour de** ~ de verdad.

bonasse [bɔ'nas] *adj* buenazo, bonachón.

bonbon [bɔ̃'bɔ̃] *m* caramelo. ■ **tu me casses les bonbons** (fam) me estás tocando las pelotas.

> La palabra *bonbon* designa siempre los **caramelos**. Para referirse a los **bombones** hay que decir *chocolats* o *bonbons au chocolat*.

bonbonne [bɔ̃'bɔn] *f* bombona.

bond [bɔ̃] *m* salto; bote. ■ **faire faux** ~ faltar a un compromiso; **faire un** ~ **en arrière** dar un salto atrás.

bondé, e [bɔ̃'de] *adj* atestado, abarrotado.

bonder [bɔ̃'de] *tr* atestar, abarrotar.

bondir [bɔ̃'diʀ] **1** *intr* brincar, saltar. **2** (fig) brincar.

bon enfant [bɔnɑ̃'fɑ̃] *adj* bonachón. ■ **des manières** ~ de maneras bonachón.

bonheur [bɔ'nœʀ] **1** *m* ventura. **2** éxito, acierto. **3** dicha, ventura. ■ **au petit** ~ a la buena de Dios; **avoir le** ~ **de** tener el placer de; **par** ~ por ventura; **porter** ~ dar suerte.

bonhomme [bɔ'nɔm] **1** *adj* bonachón. ● **2** *m* (fam) tipo, individuo. **3** chico, niño. **4** (fam) monigote. ◆ ~ **de neige** muñeco de nieve.

boni [bɔ'ni] *m* sobrante, beneficio, bonificación.

bonification [bɔnifika'sjɔ̃] **1** *f* bonificación (de la tierra). **2** abono (de la tierra).

bonjour [bɔ̃'ʒuʀ] *m* buenos días. ■ ~ **la confiance!** ¡adiós a la confianza!; **simple comme** ~ más claro que el agua; **souhaiter le** ~ **à qqn** desear los buenos días a alguien.

bon marché [bɔ̃maʀ'ʃe] *adj* barato.

bonne [bɔn] *f* criada. ◆ ~ **d'enfant** niñera.

bonne-maman [bɔnma'mɑ̃] *f* abuelita.

bonnet [bɔ'nɛ] **1** *m* gorro; bonete. **2** ZOOL bonete, redecilla. ◆ ~ **phrygien** gorro frigio; **un gros** ~ un cabecilla; ■

avoir la tête près du ~ ser irascible; c'est blanc ~ et ~ blanc lo mismo da una cosa que la otra; **prendre qqch sous son ~** cargarse de algo sobre sus espaldas; **quel ~ de nuit!** ¡qué triste!

bon-papa [bɔ̃pa'pa] *m* abuelito.

bonsaï [bɔ̃'zaj o bɔ̃d'zaj] *m* bonsái.

bonsoir [bɔ̃'swaʀ] **1** *m* buenas tardes; buenas noches. **2** (fig, fam) ¡adiós! ■ **c'est bonjour ~** es un hola y adiós.

bonté [bɔ̃'te] *f* bondad. ■ **~ divine!** ¡bondad divina!

bonus [bo'nys] *m* bonus, plus.

boomerang [bum'ʀɑ̃g] *m* bumerán, boomerang.

boots [buts] *f pl* botines.

boqueteau [bɔkə'to] *m* bosquecillo.

borate [bɔ'ʀat] *m* borato.

borax [bɔ'ʀaks] *m* bórax.

borborygme [bɔʀbɔ'ʀigm] *m* borborigmo.

bord [bɔʀ] **1** *m* borde. **2** MAR borda. **3** MAR bordo (en un buque). ◆ **~ de la mer** orilla del mar; **~ d'un bois** linde de un bosque; **~ du trottoir** bordillo; ■ **à ~** a bordo (de un buque); **au ~** al borde; **à ~** ~ tocándose los bordes; **être du même ~** (fig) ser de la misma opinión; **virer de ~** cambiar de parecer.

bordel [bɔʀ'del] **1** *m* burdel. **2** (fig, fam) burdel. ■ **et tout le ~** todo el resto; **mettre le ~** armar un follón (en una habitación, una situación); **quel ~!** ¡qué desorden!

bordélique [bɔʀde'lik] *adj* desordenado.

border [bɔʀ'de] **1** *tr* bordear. **2** limitar. **3** cercar. **4** arropar (en la cama). **5** ribetear, orlar (ropa).

bordereau [bɔʀdə'ro] **1** *m* factura; extracto de cuenta (en el banco). **2** inventario, memoria. ◆ **~ des salaires** nómina de salarios.

bordure [bɔʀ'dyʀ] **1** *f* borde, reborde (de un objeto); ribete (de un vestido); marco (de un cuadro); linde (de un bosque). **2** MAR pujamen. ■ **~ de trottoir** bordillo; **en ~ de** a orillas de.

boréal, e [bɔʀe'al] *adj* GÉOGR boreal.

borgne [bɔʀɲ] **1** *adj* (fig) de mala fama, dudoso: *hôtel borgne* = hotel de mala fama. **2** *adj/m* o *f* tuerto.

borne [bɔʀn] **1** *f* hito, mojón (a delimitar). **2** (fam) kilómetro. **3** ARCHIT arqueta. **4** ÉLEC borne. ◆ **5 bornes** *f pl* (fig)

fronteras. ■ **dépasser les bornes** (fig) extralimitarse, pasarse de la raya; **sans bornes** sin límites.

borné, e [bɔʀ'ne] **1** *adj* amojonado, limitado. **2** corto, limitado (una persona).

borner [bɔʀ'ne] **1** *tr* amojonar, acotar (un terreno). ● **2** *tr et pron* limitar; restringir.

boss [bɔs] *m* (fam) jefe, amo.

bosse [bɔs] **1** *f* montículo. **2** joroba. **3** chichón, bulto; cototo (Amér.). **4** relieve. **5** ARCHIT almohadilla. ■ **avoir la ~ des maths** ser muy bueno en matemáticas; **rouler sa ~** ver mundo; **se payer une ~ de rire** desternillarse de risa.

bosseler [bɔs'le] *tr* abollar; repujar.

bosser [bɔ'se] **1** *tr* MAR sujetar con bozas. ● **2** *intr* (fam) currar, pencar. **3** (fam) empollar.

bossu, e [bɔ'sy] *adj/m* et *f* jorobado, giboso.

bossuer [bɔ'sɥe] *tr* abollar, bollar.

botanique [bɔta'nik] **1** *adj* botánico. ● **2** *f* botánica (disciplina).

botaniste [bɔta'nist] *m* ou *f* botánico, botanista.

botte [bɔt] **1** *f* bota. **2** manojo, gavilla (de verduras); haz. ◆ **~ à l'écuyère** bota de montar; ■ **être sous la ~ de** vivir bajo opresión política; **graisser ses bottes** (fam) prepararse para salir; **lécher les bottes de qqn** (fam) hacer la pelota a alguien; **pousser une ~** dar una estocada; **proposer la ~ à qqn** proponer a alguien hacer el amor.

botter [bɔ'te] **1** *tr* calzar las botas. **2** (fam) dar un puntapié, una patada. **3** (fig, fam) encantar, chiflar: *ça me botte = eso me chifla*. **4** SPORTS sacar, tirar.

bottillon [bɔti'jɔ̃] *m* botín.

Bottin® [bɔ'tɛ̃] *m* anuario del comercio.

bottine [bɔ'tin] *f* botina, botín.

bouc [buk] **1** *m* macho cabrío. **2** perilla (barba). ◆ **~ émissaire** chivo expiatorio, cabeza de turco.

boucan [bu'kɑ̃] **1** *m* ahumadero. **2** (fam) alboroto, jaleo. ■ **faire du ~** armar jaleo.

boucaner [buka'ne] **1** *tr* ahumar, acecinar. **2** tostar, ennegrecer (la piel).

bouche [buʃ] *f* boca. ◆ **~ d'aération** respiradero; **~ d'égout** alcantarilla, sumidero; **~ de chaleur** entrada de aire caliente; **~ de métro** boca de metro; ■ **à ~ que**

veux-tu à tutiplén; **à pleine** ~ con toda la boca; **avoir l'eau à la** ~ hacérsele a alguien la boca agua; **avoir plein la** ~ **de qqch** hablar continuadamente y con entusiasmo; ~ **cousue!** ¡punto en boca!; **dans toutes les bouches de** boca en boca; **de** ~ **à oreille** de boca en boca; **manger à pleine** ~ comer a dos carrillos; **ne pas ouvrir la** ~ no decir ni pío; **parler par la** ~ **de qqn** hablar por boca de alguien; **ta** ~! (fam) ¡cierra el pico!; **une** ~ **à nourrir** una boca que mantener.

bouché, e [bu'ʃe] **1** *adj* tapado, taponado. **2** encapotado (el cielo). ◆ **à l'émeri** tonto de capirote; ■ **avoir le nez** ~ tener la nariz tapada.

bouche-à-bouche [buʃa'buʃ] *m* boca a boca.

bouchée [bu'ʃe] **1** *f* bocado, pedazo. **2** pastelillo relleno, bombón relleno. ◆ **à la reine** pastel de hojaldre de pollo; ■ **d'une** ~ de un bocado, de un trago; **mettre les bouchées doubles** darse el tute, trabajar por cuatro; **ne faire qu'une** ~ **de qqn** hacer picadillo a alguien; **ne faire qu'une** ~ **d'un mets** comer con glotonería; **pour une** ~ **de pain** por una bicoca.

boucher [bu'ʃe] **1** *tr* et *pron* taponar, tapar. ● **2** *m* carnicero (persona). ● **3** *tr* cubrir (el cielo). ■ **en** ~ **un coin à qqn** (fam) quitarle el hipo a alguien; **se** ~ **les oreilles** taparse los oídos.

boucherie [buʃ'ri] **1** *f* carnicería. **2** matadero. **3** (fig) carnicería. ■ **faire** ~ matanza del cerdo.

bouche-trou [buʃ'tRu] *m* (fam) comodín, tapahuecos (persona).

bouchon [bu'ʃɔ̃] **1** *m* corcho. **2** tapón. **3** (fam) atasco (de coches). **4** (fam) bichito (apelativo). ◆ **doseur** tapón dosificador; **goût de** ~ sabor acorchado; **vêtement en** ~ vestido arrugado.

boucle [bukl] **1** *f* curva. **2** meandro. **3** bucle. **4** hebilla. **5** argolla, anilla. ◆ **de pont** MAR amarre; **de programme** INF bucle; ~ **d'oreille** pendiente; ■ **boucler la** ~ volver al punto de partida.

boucler [bu'kle] **1** *tr* ajustar (un cinturón). **2** equilibrar (un presupuesto). **3** (fam) cerrar (una maleta, una tienda). **4** (fig, fam) encerrar. **5** MIL acordonar, ro-

dear. ● **6** *tr* et *intr* rizar, ensortijar (el pelo). ■ **arriver à** ~ **ses fins de mois** llegar a fin de mes; **boucle-la!** ¡cierra el pico!; ~ **un budget** equilibrar un presupuesto.

bouclier [bukli'je] **1** *m* escudo. **2** puntales. **3** (fig) escudo. **4** ZOOL caparazón. **5** GÉOL meseta. **6** MIL placa de blindaje. ■ **faire un** ~ **de son corps à qqn** hacer de escudo humano de alguien.

bouddha [bu'da] *m* buda.

bouddhiste [bu'dist] *adj/m* ou *f* budista.

bouder [bu'de] *tr, intr* et *pron* poner mala cara, enfurruñarse.

boudin [bu'dɛ̃] **1** *m* morcilla. **2** bucle. **3** (fig) dedo gordo. **4** (fam) tapón. **5** TECH pestaña. **6** ARCHIT moldura, toro. ◆ ~ **blanc** morcilla blanca; **ressort à** ~ muelle en espiral; ■ **s'en aller en eau de** ~ volverse agua de borrajas.

boudiné, e [budi'ne] *adj* embutido.

boudoir [bu'dwar] *m* saloncito.

boue [bu] **1** *f* barro, fango. **2** poso. ◆ **boues industrielles** vertidos industriales; ■ **couvrir qqn de** ~ cubrir a alguien de mierda; **se vautrer dans la** ~ revolcarse en su propia mierda.

bouée [bwe] **1** *f* boya. **2** flotador.

boueux, euse [buø, øz] **1** *adj* fangoso. ● **2** *m* embarrado (cubierto).

bouffant, e [bu'fɑ̃, t] *adj* bufado. ◆ **pantalon** ~ pantalones bombachos.

bouffe [buf] **1** *adj* bufo (género artístico). ● **2** *f* (fam) comida.

bouffée [bu'fe] **1** *f* bocanada (de humo): *bouffée de fumée = bocanada de humo*. **2** ráfaga, racha (de aire). **3** bufido, arranque (de ira): *avoir une bouffée d'orgueil = tener un arranque de orgullo*. ■ **par bouffées** a ráfagas.

bouffer [bu'fe] **1** *intr* (fam) jalar (comer). **2** (fam) absorber, acaparar. ● **3** *tr* (fam) consumir. ■ **avoir envie de** ~ **qqn** estar furioso con alguien; **se** ~ **le nez** (fam) tirarse los platos por la cabeza.

bouffi, e [bu'fi] **1** *adj* hinchado (cara, ojos). **2** (fig) hinchado, engreído.

bouffir [bu'fiR] *intr* et *tr* hinchar, abotargar.

bouffissure [bufi'syR] *f* hinchazón. ◆ ~ **du style** prosopopeya, ampulosidad en el estilo.

bouffon, onne [bu'fɔ̃, ɔn] *adj/m* et *f* bufón (payaso).

bouffonnerie [bufɔn'ʀi] *f* bufonada.
bougeotte [bu'ʒɔt] *f* (fam) manía de moverse. ■ **avoir la ~** (fam) ser culo de mal asiento.
bouger [bu'ʒe] **1** *tr*, *intr* et *pron* mover. ● **2** *intr* movilizarse.
bougie [bu'ʒi] **1** *f* vela. **2** bujía. **3** AUT bujía. **4** MÉD candelilla, sonda.
bougon, onne [bu'gɔ̃, ɔn] *adj/m* et *f* (fam) gruñón, regañón.
bougonner [bugɔ'ne] *intr* gruñir, refunfuñar.
bougre, esse [bugʀ, ɛs] **1** *m* et *f* tipo, tiparraco. **2** (fam) bribón, bellaco. ◆ **bon ~** buen tipo, buena persona; **pauvre ~** pobre diablo.
bouillant, e [bu'jɑ̃, t] *adj* hirviente, hirviendo. **2** (fig) ardiente. ■ **~ de colère** ardiente de cólera.
bouille [buj] **1** *f* cuévano. **2** (fam) cara.
bouillie [bu'ji] **1** *f* papilla (para los niños). **2** pasta. ■ **mettre qqn en ~** (fam) hacer a alguien papilla.
bouillir [bu'jiʀ] **1** *intr* hervir. **2** (fig) arder, hervir.
bouilloire [bu'jwaʀ] *f* hervidor.
bouillon [bu'jɔ̃] **1** *m* borbotón, burbuja (de un líquido). **2** caldo. **3** bullón, bollo (de una tela). ◆ **~ de culture** caldo de cultivo; **~ de légumes** caldo de verduras; **~ d'onze heures** (fam) jícarazo (veneno); **~ gras** caldo; ■ **à gros bouillons** a grandes borbotones; **boire un ~** (fig) hacer un mal negocio, pasar un mal trago (en negocios); (fam) tragar agua (al nadar).
bouillonner [bujɔ'ne] **1** *intr* borbotar, borbollar; burbujear. **2** (fig) hervir (de rabia, de ideas). ● **3** *tr* ahuecar, afollar.
bouillotte [bu'jɔt] *f* bolsa de agua caliente, calentador (recipiente).
bouillotter [bujɔ'te] *intr* hervir a fuego lento.
boulange [bu'lɑ̃ʒ] *f* (fam) panadería (oficio de panadero).
boulanger, ère [bulɑ̃'ʒe, ɛʀ] *m* et *f* panadero.
boulangerie [bulɑ̃ʒ'ʀi] *f* panadería. ◆ **~ industrielle** panificadora, panadería industrial.
boule [bul] **1** *f* bola. **2** bolo (para jugar). **3** (fam) azotea, chaveta. ◆ **~ de billard** bola de billar; ■ **être en ~** (fam) estar

histérico; **faire ~ de neige** hacer una bola de nieve; **prendre la ~** (fam) perder la chaveta; **se rouler en ~** hacerse un ovillo.
bouledogue [bul'dɔg] *m* bulldog (perro).
bouler [bu'le] **1** *intr* rodar. **2** embolar (a los toros). ■ **envoyer ~** (fam) mandar a paseo.
boulet [bu'lɛ] **1** *m* bala (de cañón). **2** bola de hierro (de condenado). **3** bola de carbón. **4** menudillo (del caballo). **5** (fig) cruz, carga. ■ **tirer à boulets rouges sur qqn** (fig) hacer una guerra sin cuartel a alguien.
boulette [bu'lɛt] **1** *f* bolita, bolilla (de pan, etc.). **2** albóndiga (de carne). ■ **faire une ~** (fig) cometer una pifia.
boulevard [bul'vaʀ] **1** *m* bulevar. **2** THÉÂT vodevil. ◆ **~ extérieur** ronda de circunvalación.
bouleversant, e [bulveʀ'sɑ̃, t] **1** *adj* conmovedor. **2** turbador.
bouleverser [bulveʀ'se] **1** *tr* revolver. **2** conmover. **3** (fig) turbar, trastornar.
boulier [bu'lje] **1** *m* ábaco. **2** boliche (de pesca).
boulimie [buli'mi] *f* bulimia.
boulon [bu'lɔ̃] *m* perno.
boulot [bu'lo] *m* (fam) curro. ■ **au ~!** manos a la obra.
boulot, otte [bu'lo, ɔt] *adj* (fam) rechoncho, regordete.
boulotter [bulɔ'te] *tr* (fam) manducar, jalar.
boum [bum] **1** *m* boom (explosión). **2** (fig) boom (éxito). ● **3** *f* (fam) fiesta sorpresa. ■ **boum!** ¡bum! ¡bang!
bouquet [bu'ke] **1** *m* ramo, ramillete. **2** manojo (de perejil). **3** bosquecillo. **4** castillo (de fuegos artificiales). **5** buqué; boca, aroma (de un vino). ◆ **~ des programmes** paquete de programas (de televisión); ■ **c'est le ~** (fam) esto es el colmo.
bouquin [bu'kɛ̃] **1** *m* liebre macho. **2** boquilla. **3** (fam) libro.
bouquiner [buki'ne] *intr* (fam) leer.
bouquiniste [buki'nist] *m* ou *f* librero de viejo.
bourbe [buʀb] *f* cieno.
bourbeux, euse [buʀ'bø, øz] *adj* cenagoso.
bourbier [buʀ'bje] **1** *m* cenagal, lodazal, barrizal. **2** (fig) cenagal.

bourde [buʀd] **1** *f* sandez; error. **2** bola, mentira.

bourdon [buʀ'dɔ̃] **1** *m* abejorro. **2** bordón. **3** campana mayor. **4** MUS fabordón. ◆ **faux ~** zángano; ■ **avoir le ~** (fam) tener morriña.

bourdonner [buʀdɔ'ne] **1** *intr* zumbar (los insectos). **2** murmurar (la gente). **3** MÉD zumbar.

bourg [buʀ] *m* villa.

bourgade [buʀ'gad] *f* aldea, lugar.

bourgeois, e [buʀ'ʒwa, z] **1** *adj/m* et *f* burgués. **2** (péj) burgués.

bourgeoisie [buʀʒwa'zi] *f* burguesía.

bourgeon [buʀ'ʒɔ̃] **1** *m* brote; yema. **2** (fig) espinilla, grano.

bourgeonner [buʀʒɔ'ne] **1** *intr* brotar, echar brote. **2** (fig) tener granos o espinillas.

bourrade [bu'ʀad] *f* porrazo.

bourrasque [bu'ʀask] **1** *f* borrasca. **2** (fig) borrasca, arrebato.

bourre [buʀ] **1** *f* borra. **2** (fig) borra, nadería. ◆ **~ de soie** adúcar; ■ **être a la ~** (fam) llegar tarde.

bourré, e [bu'ʀe] **1** *adj* abarrotado (lleno). **2** (fam) piripi, borracho.

bourreau [bu'ʀo] *m* verdugo. ◆ **~ des cœurs** rompecorazones; ■ **être un ~ de travail** (fig) ser una fiera para el trabajo.

bourrelet [buʀ'lɛ] **1** *m* cabecil; rodete. **2** burlete (de ventana o puerta). **3** MIL bocel. ◆ **bourrelets de chair** michelines.

bourrer [bu'ʀe] **1** *tr* rellenar. **2** cargar; atiborrar (de comida); taquear (Amér.). **3** zumar, maltratar. ◆ **4** *intr* apresurarse. ◆ **5 se ~** *pron* emborracharse. ■ **~ le crâne à qqn** (fam) hinchar la cabeza a alguien.

bourriche [bu'ʀiʃ] *f* banasta, cesta.

bourricot [bu'ʀiko] *m* (fam) borriquillo. ■ **être chargé comme un ~** ir cargado como un borrico.

bourrique [bu'ʀik] **1** *f* borrico. **2** (fig, fam) borrico.

bourru, e [bu'ʀy] **1** *adj* basto, tosco. **2** (fig) basto, tosco.

bourse [buʀs] **1** *f* bolsa; bolso. **2** beca. **3** ANAT, BOT cápsula. **4** Bourse Bolsa. ◆ **5 les bourses** *f pl* ANAT escroto. ◆ **~ de l'emploi** bolsa de trabajo; ■ **la ~ ou la vie!** ¡la bolsa o la vida!; **sans ~ délier** sin soltar un duro.

boursier, ère [buʀ'sje, jɛʀ] **1** *adj* de Bolsa: *opération boursière = operación de Bolsa*. ◆ **2** *adj/m* et *f* becario. ◆ **3** *m* et *f* bolsista.

boursouflé, e [buʀsu'fle] *adj* hinchado, abotargado.

boursoufler [buʀsu'fle] *tr* hinchar, abotargar.

boursouflure [buʀsu'flyʀ] **1** *f* abotargamiento; hinchazón. **2** ampolla (de la pintura). **3** (fig) ampulosidad.

bousculade [busky'lad] **1** *f* empellón, zarandeo. **2** bullicio.

bousculer [busky'le] **1** *tr* et *pron* zarandear, empujar. ◆ **2** *tr* revolver. **3** (fig) agolpar, mezclar. **4** (fig, fam) meter prisa. ■ **être bousculé** estar desbordado o atareado.

bouse [buz] *f* bosta, boñiga.

boussole [bu'sɔl] *f* brújula.

bout [bu] **1** *m* punta; extremidad. **2** cabo; final: *le bout de la route = el final de la carretera*. **3** trozo, pedazo: *un bout de bois = un trozo de madera*. ◆ **~ de chou** (fam) chiquitín, pequeñito; **~ de cigarette** colilla; **~ à ~** al cabo de; **jusqu'au ~** hasta el fin; **mener à ~** llevar a cabo; **pousser à ~** sacar de sus casillas; **venir à ~ de** conseguir, llevar a cabo.

boutade [bu'tad] **1** *f* ocurrencia. **2** capricho (humorada).

boute-en-train [butɑ̃'tʀɛ̃] *m* ou *f* bromista.

bouteille [bu'tej] **1** *f* botella. **2** bombona (de butano). ■ **prendre de la ~** envejecer.

bouter [bu'te] *tr* tirar, arrojar; expulsar.

boutique [bu'tik] **1** *f* tienda. **2** escaparate.

boutiquier, ère [buti'kje, jɛʀ] *m* et *f* tendero (vendedor).

bouton [bu'tɔ̃] **1** *m* botón. **2** yema (del árbol); capullo (de flor). **3** pulsador (de un aparato eléctrico). **4** tirador (de cajón); pomo (de puerta). **5** MÉD grano.

boutonner [buto'ne] **1** *intr* echar botones. ◆ **2** *tr* et *pron* abotonar, abrochar.

boutonneux, euse [buto'nø, øz] *adj* lleno de granos.

bouton-poussoir [butɔ̃pu'swaʀ] *m* pulsador.

bouture [bu'tyʀ] *f* esqueje.

bovin, e [bɔ've, in] **1** *adj* bovino. ◆ **2 bovins** *m pl* bovinos.

boxe [bɔks] *f* SPORTS boxeo.

boxer [bɔk'se] **1** intr boxear. • **2** tr (fam) dar puñetazos.

boxeur [bɔk'sœr] m boxeador.

boyau [bwa'jo] **1** m tripa. **2** manga (de bomba). **3** (fig) pasillo estrecho (galería).

boycotter [bɔjkɔ'te] tr boicotear.

bracelet [bras'le] **1** m pulsera. • **2** f correa. ◆ **bracelet-montre** reloj de pulsera.

braconner [brakɔ'ne] intr cazar o pescar furtivamente.

braconnier [brakɔ'nje] m cazador furtivo; pescador furtivo.

brader [bra'de] tr vender saldos, rebajar; rematar.

braderie [brad'ri] **1** f mercadillo, rastro. **2** venta de saldos; rebajas.

braguette [bra'gɛt] f bragueta.

brai [brɛ] m brea.

braillard, e [bra'jar, d] adj (fam) gritón.

braille [braj] m braille.

brailler [bra'je] intr (fam) berrear; chillar.

braiment [brɛ'mã] m rebuzno.

braire [brɛr] **1** intr rebuznar. **2** (fam) berrear.

braise [brɛz] **1** f brasa. **2** (fig) ardiente.

braiser [brɛ'ze] tr asar; estofar.

bramer [bra'me] intr bramar.

brancard [brã'kar] m varal (de un carro).

brancardier [brãkar'dje] m camillero.

branche [brãʃ] **1** f rama. **2** brazo, ramal. **3** pierna (de un compás). **4** brazo (de candelabro). **5** patilla (de las gafas). **6** (fig) ramo (familia). ■ **avoir la ~** (fig) tener distinción o elegancia.

branché, e [brã'ʃe] adj de moda; moderno.

brancher [brã'ʃe] tr enchufar; conectar. ■ **~ qqch, qqn sur** orientar, dirigir algo o a alguien hacia.

branchial, e [brã'kjal] adj branquial.

branchies [brã'ʃi] f pl branquias.

brandir [brã'dir] **1** tr blandir, esgrimir (un arma). **2** (fig) agitar.

brandon [brã'dõ] m antorcha.

branlant, e [brã'lã, t] adj oscilante.

branle [brãl] **1** m vaivén. **2** MAR hamaca.

branler [brã'le] **1** tr menear. • **2** intr moverse.

braquer [bra'ke] **1** tr asestar; dirigir, apuntar (con un arma). **2** clavar; fijar (la mirada). **3** (fig) predisponer: être braqué

contre qqn = estar predispuesto contra alguien. • **4** intr girar: voiture qui braque mal = coche que gira bien.

bras [bra] **1** m brazo. **2** MAR brazo (del ancla). ◆ **~ de Dieu** brazo de Dios; **~ de fer** pulso; ■ **à ~ ouverts** con los brazos abiertos; **avoir le ~ long** (fig) tener mucha influencia; **en ~ de chemise** en mangas de camisa.

brasier [bra'sje] m hoguera.

brassard [bra'sar] m brazalete.

brasse [bras] **1** f braza (medida). **2** brazada (movimiento). **3** braza (natación).

brassée [bra'se] f brazado.

brasser [bra'se] **1** tr fabricar cerveza. **2** bracear. ■ **~ de l'argent** manejar dinero; **~ des affaires** (fig) manejar negocios.

brasserie [bras'ri] **1** f cervecería. **2** fábrica de cerveza.

brassière [bra'sjɛr] f camisita (de bebé).

bravache [bra'vaʃ] adj et m bravucón; fanfarrón.

brave [brav] **1** adj (seguido de un sust) bueno: c'est une brave femme = es una buena mujer. • **2** adj/m ou f valiente.

Brave nunca tiene el sentido de 'agitado' o de 'salvaje' que puede tener el español **bravo**.

---

braver [bra've] **1** tr desafiar; afrontar. **2** arrostrar.

bravo [bra'vo] m bravo.

bravo! [bra'vo] interj ¡bravo!

bravoure [bra'vur] f valentía; bravura.

brebis [brə'bi] **1** f oveja. **2** (fig) cordero.

brèche [brɛʃ] **1** f brecha, abertura; mella (cuchillo). **2** MIN brecha.

bredouille [brə'duj] **rentrer ~** volver con las manos vacías (de la caza o la pesca).

bredouiller [brədu'je] intr et tr balbucear; farfullar.

bref, brève [brɛf, ɛv] **1** adj breve. • **2** adv en resumen, en pocas palabras.

brème [brɛm] **1** f (fam) carta, naipe. **2** ZOOL brema.

Brésil [bre'zil] m Brasil.

brésilien, enne [brezi'ljɛ̃, ɛn] **1** adj brasileño. • **2** Brésilien, enne m et f brasileño.

bretelle [brə'tɛl] **1** f correa; tirante; bretel (Amér.). **2** TECH línea de comunicación. ● **3 bretelles** *f pl* tirantes; suspensores (Amér.).

breuvage [bʀø'vaʒ] **1** *m* brebaje. **2** bebida sin alcohol.

brevet [bʀə've] **1** *m* patente. **2** título, diploma.

breveter [bʀəv'te] *tr* patentar.

bréviaire [bʀe'vjɛʀ] *m* REL breviario.

briard, e [bʀi'jaʀ, d] **1** *adj* et *m* de Brie (región francesa). **2** mastín (perro).

bribe [bʀib] **1** *f* pizca, poquito. ● **2** **bribes** *f pl* migajas, sobras.

bric-à-brac [bʀika'bʀak] **1** *m* baratillo. **2** tienda de ocasión.

bricole [bʀi'kɔl] **1** *f* petral (arreos). **2** menudencia, fruslería.

bricoler [bʀikɔ'le] **1** *intr* hacer toda clase de oficios. ● **2** *tr* chapucear, hacer pequeños trabajos.

bride [bʀid] **1** *f* brida; rienda. **2** presilla. ■ **à ~ abattue** a rienda suelta.

brider [bʀi'de] **1** *tr* embridar. **2** (fig) refrenar, contener.

brie [bʀi] *m* brie.

brièveté [bʀijev'te] *f* brevedad, concisión.

brigade [bʀi'gad] **1** *f* MIL brigada. **2** destacamento. ◆ **brigades internationales** brigadas internacionales.

brigand [bʀi'gɑ̃] **1** *m* bandolero; salteador. **2** (fam) tunante, pillo.

brigue [bʀig] *f* artimaña; maniobra. **2** intriga.

briguer [bʀi'ge] **1** *tr* intrigar. **2** pretender.

brillant, e [bʀi'jɑ̃, t] **1** *adj* brillante. ● **2** *m* brillo, brillantez. **3** brillante (joya).

brillantine [bʀijɑ̃'tin] *f* brillantina (para el pelo).

briller [bʀi'je] **1** *intr* brillar. **2** (fam) lucirse, destacar.

brimade [bʀi'mad] *f* novatada.

brimbaler [bʀɛ̃ba'le] *tr* → bringuebaler.

brimer [bʀi'me] *tr* (fam) hacer una novatada; humillar.

brin [bʀɛ̃] **1** *m* brizna. **2** ramita.

brindille [bʀɛ̃'dij] *f* ramita.

bringuebaler [bʀɛ̃gba'le] *intr* et *tr* bambolear, agitar.

brioche [bʀi'jɔʃ] *f* bollo de leche (pasta); brioche.

brioché, e [bʀijo'ʃe] *adj* de brioche.

brique [bʀik] *f* ladrillo.

briquer [bʀi'ke] *tr* frotar con asperón; lustrar.

briquet [bʀi'kɛ] **1** *m* mechero. **2** eslabón.

bris [bʀi] *m* quebranto; fractura.

brisant, e [bʀi'zɑ̃, t] **1** *adj* TECH frangente. ● **2** *m* MAR batiente, rompiente.

brise [bʀiz] *f* brisa.

brisé, e [bʀi'ze] **1** *adj* quebrado. **2** plegable. **3** (fig) molido, destrozado.

brise-fer [bʀiz'fɛʀ] *m* → brise-tout.

brise-lames [bʀiz'lam] *m* rompeolas.

briser [bʀi'ze] **1** *tr* et *pron* romper; quebrar. ● **2** *tr* destrozar; truncar. ● **3** *intr* romper (olas).

brise-tout [bʀiz'tu] *m* destrozón.

brisure [bʀi'zyʀ] **1** *f* rotura. **2** juntura, articulación.

britannique [bʀita'nik] **1** *adj* británico. ● **2** **Britannique** *m* ou *f* británico.

brocante [bʀɔ'kɑ̃t] *f* chamarileo.

brocanter [bʀɔkɑ̃'te] **1** *intr* chamarilear, chamar. ● **2** *tr* revender.

brocart [bʀɔ'kaʀ] *m* brocado.

broche [bʀɔʃ] **1** *f* asador. ● **2** *m* broche (joya); alfiler, imperdible.

brochet [bʀɔ'ʃɛ] *m* lucio (pez).

brochette [bʀɔ'ʃɛt] **1** *f* brocheta; pincho. **2** (fam) brochadura.

brochure [bʀɔ'ʃyʀ] *f* folleto.

brocoli [bʀɔkɔ'li] *m* brécol; bróculi.

broder [bʀɔ'de] **1** *tr* bordar. **2** (fig) adornar, embellecer.

broderie [bʀɔ'dʀi] **1** *f* bordado. **2** (fig) adornos, detalles.

brodeur, euse [bʀɔ'dœʀ, øz] *m* et *f* bordador.

bronche [bʀɔ̃ʃ] *f* ANAT bronquio.

broncher [bʀɔ̃'ʃe] *intr* tropezar. ■ **sans ~** (fam) sin rechistar.

bronchite [bʀɔ̃'ʃit] *f* MÉD bronquitis.

bronze [bʀɔ̃z] *m* bronce (metal, aleación). ◆ **~ d'aluminium** bronce de aluminio.

bronzé, e [bʀɔ̃'ze] *adj* bronceado.

bronzer [bʀɔ̃'ze] **1** *tr* broncear; pavonar (el acero). ● **2** *tr* et *pron* tostar, broncear (la piel).

brosse [bʀɔs] **1** *f* cepillo. **2** brocha (de pintor). ◆ **~ à dents** cepillo de dientes; escobilla de dientes (Amér.).

brosser [bʀɔ'se] **1** *tr* et *pron* cepillar. ● **2** *tr* abocetar.

brou [bʀu] *m* cáscara (de la nuez). ◆ **de noix** nogalina.

brouette [bʀuɛt] *f* carretilla.

b

brouettée [bʀuɛ'te] *f* carretada, carretillada.

brouhaha [bʀua'a] *m* batahola, algarabía.

brouillard [bʀu'jaʀ] **1** *m* niebla. **2** COMM borrador.

brouille [bʀuj] *f* desavenencia.

brouiller [bʀu'je] **1** *tr* mezclar. **2** revolver. **3** alterar.

brouillerie [bʀujə'ʀi] *f* → brouille.

brouillon, onne [bʀu'jɔ̃, ɔn] **1** *adj* enmarañado. ● **2** *m* borrador.

broussaille [bʀu'saj] *f* (se usa más en *pl*) maleza; zarzal.

brousse [bʀus] **1** *f* maleza. **2** selva.

brouter [bʀu'te] **1** *tr* pacer. **2** ramonear. ● **3** *intr* TECH engranar mal.

broutille [bʀu'tij] **1** *f* ramojo. **2** (fig) fruslería, nadería.

broyer [bʀwa'je] *tr* moler, triturar.

brrr! [bʀʀ] *interj* ¡huy!

bru [bʀy] *f* hija política; nuera.

bruine [bʀɥin] *f* llovizna.

bruiner [bʀɥi'ne] *intr* lloviznar.

bruire [bʀɥiʀ] **1** *intr* zumbar. **2** murmurar.

bruissement [bʀɥis'mã] **1** *m* zumbido. **2** rumor, susurro.

bruit [bʀɥi] **1** *m* ruido. **2** (fig) rumor. ◆ **~ de fond** ruido de fondo.

brûlant, e [bʀy'lã, t] **1** *adj* ardiente; abrasador. **2** (fig) ardiente, apasionado.

brûlé, e [bʀy'le] **1** *adj* quemado. **2** (fig) acabado.

brûler [bʀy'le] **1** *tr* et *pron* quemar: *brûler des mauvaises herbes* = *quemar malas hierbas*. ● **2** *tr* tostar. ● **3** *intr* arder: *un bois qui brûle lentement* = *un madero que arde lentamente*. ● **~ de** desear ardientemente.

brûlerie [bʀyl'ʀi] **1** *f* destilería. **2** tostadero.

brûloir [bʀy'lwaʀ] *m* tostador.

brûlure [bʀy'lyʀ] **1** *f* quemadura. **2** escaldadura. **3** ardor, acidez: *brûlure d'estomac* = *acidez de estómago*. ◆ **~ du premier degré** quemadura de primer grado.

brume [bʀym] **1** *f* bruma. **2** (fig) incertidumbre.

brumeux, euse [bʀy'mø, øz] *adj* brumoso.

brun, e [bʀœ̃, yn] **1** *adj/m* et *f* pardo; moreno: *peau brune* = *piel morena*. ● **2** *m* sombra.

brunâtre [bʀy'natʀ] *adj* pardusco, moreno.

brune [bʀyn] *f* anochecer: *à la brune* = *al anochecer*.

brunet, ette [bʀy'nɛ, t] *m* et *f* morenito.

brunir [bʀy'niʀ] **1** *tr* bruñir; pulimentar. **2** tostar. ● **3** *intr* et *pron* ponerse moreno, tostarse: *elle a bruni pendant les vacances* = *se ha puesto morena durante las vacaciones*; broncearse.

brusque [bʀysk] *adj* brusco.

brusquer [bʀys'ke] *tr* atropellar, tratar bruscamente.

brusquerie [bʀyskə'ʀi] *f* brusquedad.

brut, e [bʀyt] **1** *adj* bruto; en bruto, crudo (el petróleo). **3** (fig) bruto.

brutal, e [bʀy'tal] *adj* brutal.

brutaliser [bʀytali'ze] *tr* brutalizar.

brutalité [bʀytali'te] *f* brutalidad.

brute [bʀyt] *f* bestia; bruto. ■ **sale ~!** ¡so bestia!

bruyant, e [bʀy'jã, t] *adj* ruidoso.

bruyère [bʀy'jɛʀ] **1** *f* brezo. **2** brezal.

buanderie [byã'dʀi] *f* lavandería; lavadero.

buccal, e [by'kal] *adj* bucal.

bûche [byʃ] **1** *f* leño. **2** (fam) tarugo, alcornoque (persona). ◆ **~ de Noël** bizcocho de Navidad; ■ **prendre** ou **ramasser une ~** (fig) caerse.

bûcher [by'ʃe] **1** *m* hoguera. ● **2** *f* leñera (para la madera). ● **3** *tr* desbastar. **4** (fam) empollar.

bûcheron, onne [byʃ'ʀɔ̃, ɔn] *m* et *f* leñador.

bûcheur, euse [by'ʃœʀ, øz] **1** *adj/m* et *f* trabajador; currante. **2** (fam) empollón.

bucolique [byko'lik] *adj* bucólico.

budget [byd'ʒɛ] *m* presupuesto. ◆ **~ économique** presupuesto económico; **~ de l'État** presupuesto del Estado.

budgétaire [bydʒe'tɛʀ] *adj* presupuestario.

budgétiser [bydʒeti'ze] *tr* presupuestar.

buffet [by'fɛ] **1** *m* aparador (mueble). **2** bufé (en una recepción). **3** bufé, cafetería.

> No debe confundirse con la palabra española **bufete,** que debe traducirse por **bureau, cabinet**.

buffle [byfl] *m* búfalo.

buis [bɥi] *m* boj (planta).

buisson [bɥi'sɔ̃] *m* matorral, zarzal.

buissonnier, ère [bɥisɔˈnje, jɛʀ] *adj* montaraz, de monte.

bulgare [bylˈgaʀ] **1** *adj* búlgaro. ● **2 Bulgare** *m* ou *f* búlgaro. ● **3** *m* búlgaro (lengua).

Bulgarie [bylgaˈʀi] *f* Bulgaria.

bulldozer [byldoˈzɛʀ] *m* bulldozer (tractor).

bulle [byl] **1** *f* burbuja. **2** pompa (de jabón). **3** bocadillo (de los tebeos). **4** bula (papal).

bulletin [bylˈtɛ̃] **1** *m* boletín (de información). **2** folleto. **3** recibo (de equipaje). ◆ ~ **de commande** pedido; ~ **d'information** noticias, boletín informativo; ~ **de naissance** partida de nacimiento; ~ **de salaire** nómina; ~ **de santé** parte médico; ~ **météorologique** boletín o parte meteorológico.

bureau [byˈʀo] **1** *m* escritorio. **2** despacho. **3** oficina. ◆ ~ **de change** oficina de cambio; ~ **d'embauche** oficina de empleo; ~ **d'état-major** sección de Estado Mayor; ~ **d'inscription** registro; ~ **de tabac** estanco; ~ **de vote** colegio electoral; ~ **syndical** delegación sindical.

bureaucrate [byʀoˈkʀat] *m* ou *f* burócrata.

bureaucratie [byʀokʀaˈsi] *f* burocracia.

bureaucratiser [byʀokʀatiˈze] *tr* burocratizar.

bureautique [byʀoˈtik] *f* ofimática.

burette [byˈʀɛt] **1** *f* aceitera. **2** CHIM bureta.

burin [buˈʀɛ̃] *m* buril, escoplo (de grabador).

buriné, e [byʀiˈne] *adj* marcado profundamente (la piel): *visage buriné = rostro de rasgos muy marcados*.

buriner [byʀiˈne] *tr* burilar (grabar).

burlesque [byʀˈlɛsk] *adj* burlesco.

burnous [byʀˈnu] *m* albornoz.

bus [bys] *m* bus, autobús.

buste [byst] **1** *m* busto. **2** pecho (de mujer).

bustier [bysˈtje] *m* sujetador con cuerpo.

but [byt] **1** *m* objetivo; meta. **2** (fig) destino. **3** SPORTS portería. **4** SPORTS gol, tanto. ■ **avoir pour** ~ tener como objetivo; **dans le** ~ **de** con el propósito de.

butane [byˈtan] *m* butano.

buté, e [byˈte] *adj* terco, obstinado.

butée [byˈte] **1** *f* tope (para parar). **2** contrafuerte (de un puente).

buter [byˈte] **1** *intr* tropezar (contra algo). ● **2** *tr* apuntalar (una pared).

butin [byˈtɛ̃] **1** *m* botín. **2** (fig) cosecha (resultado).

butte [byt] **1** *f* loma. **2** cerro, colina. ■ **être en** ~ **à** estar expuesto a.

buvable [byˈvabl] *adj* bebible.

buvard [byˈvaʀ] **1** *m* secante: *papier buvard = papel secante*. **2** cartera, cartapacio (para escribir).

buvette [byˈvɛt] *f* puesto de bebidas.

buveur, euse [byˈvœʀ, øz] *m* et *f* bebedor; borracho.

Cc

c [se] *f* c.

> *C* debe pronunciarse /k/ ante **a, o, u,** ante **consonante** y a **final de palabra**. Ante **e, i, y** se pronuncia /s/.

CA (*sigles de* **chiffre d'affaires**) *m* volumen de negocios.

ça [sa] *pron dém* esto: *donne-moi ça = dame esto*; eso; aquello. ■ ~ **alors!** ¡pero bueno! (desaprobación); ¡y entonces!

(sorpresa); ~ **et là** aquí y allá; ~ **va?** ¿vale? (¿de acuerdo?); ~ **y est!** ¡ya está!; **c'est** ~ eso es; **comme** ~ así, de esta manera: *haut comme ça = así de alto*; **comme ci, comme** ~ así, así; **comment** ~ **va?** ¿qué tal?

cabalistique [kabalisˈtik] *adj* cabalístico.

cabane [kaˈban] **1** *f* cabaña. **2** refugio (de montaña). ◆ ~ **à lapins** conejar.

cabaret [kabaˈʀɛ] *m* cabaré.

cabaretier, ère [kabaʀˈtje, jɛʀ] *m* et *f* cabaretero.

cabas [ka'ba] *m* capazo, cenacho.

cabillaud [kabi'jo] *m* bacalao fresco.

cabine [ka'bin] **1** *f* cabina (de un vehículo). **2** camarote (de barco). **3** cabina, vestuario (de piscina, etc.). ◆ ~ d'ascenseur caja de ascensor; ~ d'essayage probador; ~ mère nave nodriza; ~ téléphonique cabina telefónica.

cabinet [kabi'nɛ] **1** *m* gabinete, despacho. **2** consulta (de médico). **3** bufete (de abogados). ◆ ~ d'affaires gestoría; ~ de toilette cuarto de baño; ~ odontologique clínica dental; dentistería (Amér.).

câble [kabl] **1** *m* cable. **2** cablegrama (telegrama). ◆ ~ électrique cable eléctrico.

câblé, e [ka'ble] **1** *adj* retorcido (hilo). **2** cableado.

câbler [ka'ble] **1** *tr* cablear (un circuito). **2** cablegrafiar (un mensaje).

cabochard, e [kabɔ'ʃar, d] *adj/m* et *f* cabezota, testarudo.

caboche [ka'bɔʃ] **1** *f* broca, tachuela. **2** (fam) chola, cabeza.

cabosser [kabɔ'se] *tr* abollar.

cabotiner [kabɔti'ne] *intr* (fam) fanfarronear, farolear.

cabrer [ka'bre] **1** *tr* hacer encabritarse (a un caballo). **2** (fig) irritar, ofuscar. ● **3** se ~ *pron* (fig) irritarse, rebelarse.

cabri [ka'bri] *m* cabrito.

cabriole [kabri'jɔl] **1** *f* voltereta. **2** cabriola (de un caballo, de un gimnasta).

cabrioler [kabrijo'le] *intr* hacer cabriolas.

cabriolet [kabrijo'lɛ] *m* cabriolé (coche).

caca [ka'ka] **1** *m* (fam) caca. **2** (fig, fam) suciedad, inmundicia. ■ ~ d'oie de color verdoso.

cacahouète [kaka'wɛt] *f* cacahuete; maní (Amér.).

cacao [kaka'o] *m* cacao.

cachalot [kaʃa'lo] *m* ZOOL cachalote.

cache [kaʃ] **1** *f* escondite. ● **2** *m* PHOT ocultador.

cache-cache [kaʃ'kaʃ] *m* escondite (juego).

cache-col [kaʃ'kɔl] *m* bufanda.

cachemire [kaʃ'mir] *m* cachemir (tejido).

cache-nez [kaʃ'ne] *m* bufanda, tapaboca.

cache-pot [kaʃ'po] *m* macetero.

cacher [ka'ʃe] **1** *tr* et *pron* ocultar, esconder. ● **2** *tr* disimular: *il cache sa tristesse = disimula su tristeza.* ■ ~ son jeu ou ses cartes ocultar sus intenciones.

cache-sexe [kaʃ'sɛks] *m* taparrabo.

cachet [ka'ʃɛ] **1** *m* sello. **2** matasellos. **3** caché, remuneración (de un artista). **4** pastilla, cápsula (medicamento).

cacheter [kaʃ'te] *tr* sellar, lacrar.

cachette [ka'ʃɛt] *f* escondite, escondrijo. ■ en ~ a escondidas.

cachot [ka'ʃo] *m* calabozo; prisión.

cachotterie [kaʃɔ'tri] *f* misterio, secreto; tapujo. ■ faire des cachotteries andar con tapujos.

cachottier, ère [kaʃɔ'tje, jɛr] *adj/m* et *f* misterioso, callado.

cachou [ka'ʃu] *m* cato, cachú (colorante).

cactus [kak'tys] *m* cactus.

cadastre [ka'dastr] *m* catastro.

cadavéreux, euse [kadave'rø, øz] *adj* cadavérico.

cadavérique [kadave'rik] *adj* cadavérico.

cadavre [ka'davr] *m* cadáver. ■ rester comme un ~ quedarse inmóvil.

cadeau [ka'do] *m* regalo, obsequio. ■ faire ~ de qqch regalar algo; ne pas faire de ~ à qqn (fig) no ponérselo fácil a alguien.

cadenas [kad'na] *m* candado.

cadenasser [kadna'se] *tr* cerrar con candado.

cadence [ka'dãs] **1** *f* compás; ritmo (del trabajo). **2** MUS cadencia. ■ en ~ rítmicamente.

cadet, ette [ka'de, ɛt] **1** *adj/m* et *f* menor: *sa sœur cadette = su hermana menor.* ● **2** *m* SPORTS cadete.

cadran [ka'drã] **1** *m* esfera (de un reloj). **2** disco (del teléfono). ◆ ~ solaire reloj de sol.

cadre [kadr] **1** *m* marco (de cuadro, de puerta, etc.). **2** cuadro (de bicicleta). **3** recuadro (en un formulario). **4** límite: *il est dans le cadre de ses fonctions = está en el límite de sus funciones.* **5** ejecutivo. ■ rayer des cadres dar de baja.

cadrer [ka'dre] **1** *intr* cuadrar, encajar: *ce discours ne cadre pas avec sa manière de penser = este discurso no cuadra con su modo de pensar.* ● **2** *tr* PHOT encuadrar.

caducité [kadysi'te] *f* caducidad.

cafard [ka'far] *m* cucaracha. ■ avoir le ~ estar melancólico.

cafarder [kafaʀ'de] **1** *tr* (fam) chivar, denunciar. ● **2** *intr* estar deprimido.

cafardeux, euse [kafaʀ'dø, øz] *adj/m* et *f* triste, melancólico.

café [ka'fe] **1** *m* café. **2** café (cafetería). ● **~ au lait** café con leche; **~ crème** café cortado; **~ décaféiné** café descafeinado; **~ en poudre** café molido; **~ glacé** café frío; **~ noir** café solo.

caféine [kafe'in] *f* cafeína.

cafétéria [kafete'ʀja] *f* cafetería.

cafetier, ère [kaf'tje, jɛʀ] *m* et *f* cafetero.

cafetière [kaf'tjɛʀ] **1** *f* cafetera. **2** (fam) cabeza.

cafouiller [kafu'je] *intr* (fam) fallar, funcionar mal.

cafouillis [kafu'ji] *m* (fam) follón, desorden.

cafre [kafʀ] **1** *adj* cafre. ● **2 Cafre** *m* ou *f* cafre.

cage [kaʒ] **1** *f* jaula. **2** MÉC cárter. **3** SPORTS portería.

cageot [ka'ʒo] *m* cesto, caja (de frutas y verduras).

cagibi [kaʒi'bi] *m* (fam) cuchitril.

cagneux, euse [ka'nø, øz] *adj* patizambo, zambo.

cagnotte [ka'nɔt] **1** *f* hucha. **2** dinero ahorrado. **3** bote, banca (en los juegos).

cagot, e [ka'ʒo, ɔt] *adj/m* et *f* mojigato, santurrón.

cagoule [ka'gul] **1** *f* cuculla, cogulla (hábito). **2** capirote (de penitente). **3** pasamontañas.

cahier [ka'je] *m* cuaderno, libreta. ● **~ de doléances** libro de quejas; **~ d'exercices** cuaderno de ejercicios; **~ des charges** pliego de condiciones.

cahin-caha [kaɛ̃ka'a] **1** *adv* tal cual, así: *aller cahin-caha = ir tal cual*. **2** (fig) a trompicones: *la vie continue, cahin-caha = la vida continúa, a trompicones*.

cahot [ka'o] **1** *m* traqueteo (de un vehículo). **2** (fig) bache; dificultad: *éviter les cahots de la vie = evitar las dificultades de la vida*.

cahotant, e [kao'tã, t] *adj* que traquetea. **2** lleno de baches.

cahoter [kao'te] **1** *tr* sacudir, traquetear. ● **2** *intr* traquetear, dar tumbos: *voiture qui cahote = coche que traquetea*.

cahute [ka'yt] *f* chabola, choza.

caillé, e [ka'je] **1** *adj* cuajado. ● **2** *m* cuajada, requesón.

cailler [ka'je] **1** *tr* et *pron* cuajar (la leche). ● **2** *tr* coagular (la sangre). ● **3** *intr* (fam) helarse (tener frío).

caillot [ka'jo] *m* coágulo (de sangre).

caillou [ka'ju] (*pl* cailloux) **1** *m* piedra, guijarro. **2** (fam) cabeza; chola.

cailloutis [kaju'ti] *m* guijo; grava.

caïman [kai'mã] *m* ZOOL caimán.

caisse [kɛs] **1** *f* caja. **2** MUS tambor. ● **~ à outils** caja de herramientas; **~ d'épargne** caja de ahorros; **~ de retraite** caja de pensiones.

caissier, ère [kɛ'sje, jɛʀ] *m* et *f* cajero.

caisson [kɛ'sɔ̃] **1** *m* arcón (de una coche). **2** artesón (de techo). **3** (fam) chola, cabeza.

cajoler [kaʒɔ'le] *tr* mimar.

cajolerie [kaʒɔl'ʀi] *f* mimo, arrumaco.

calamar [kala'maʀ] *m* calamar.

calamité [kalami'te] *f* calamidad.

calamiteux, euse [kalami'tø, øz] *adj* calamitoso.

calanque [ka'lãk] *f* cala.

calcaire [kal'kɛʀ] **1** *adj* calcáreo. ● **2** *m* caliza.

calcification [kalsifika'sjɔ̃] *f* calcificación.

calciner [kalsi'ne] *tr* et *pron* calcinar.

calcium [kal'sjɔm] *m* CHIM calcio.

calcul [kal'kyl] *m* cálculo. ● **~ différentiel** MATH cálculo diferencial; **~ intégral** MATH cálculo integral.

calculatrice [kalkyla'tʀis] *f* calculadora. ● **~ de poche** calculadora de bolsillo.

calculer [kalky'le] *tr* calcular.

cale [kal] **1** *f* MAR bodega. **2** MAR cargadero (para embarcar mercancías). ● **~ de construction** grada; **~ sèche** dique seco.

calé, e [ka'le] *adj* empollado, instruido: *un élève calé = un alumno empollado*.

calebasse [kal'bas] *f* calabaza; güira (Amér.).

calèche [ka'lɛʃ] *f* calesa, carreta.

caleçon [kal'sɔ̃] *m* calzoncillos. ● **~ de bain** bañador.

calembour [kalã'buʀ] *m* calambur; retruécano.

calendrier [kalã'dʀje] **1** *m* calendario. **2** programa: *un calendrier de travail = un programa de trabajo*. ● **~ grégorien** calendario gregoriano; **~ perpétuel** calendario perpetuo.

calepin [kal'pɛ̃] *m* agenda; bloc de notas.

caler [ka'le] **1** tr calzar (con una cala). **2** acuñar (con un calzo). ● **3** intr MÉC (fam) calarse, pararse (un motor). ● **4** se ~ pron arrellanarse: se ~ dans un lit = arrellanarse en una cama.

calfeutrer [kalfø'tre] **1** tr guarnecer de burletes. ● **2** se ~ pron (fig) encerrarse.

calibre [ka'libʀ] **1** m calibre. **2** diámetro (de una fruta).

calibrer [kali'bʀe] **1** tr calibrar. **2** clasificar.

calice [ka'lis] **1** m BOT cáliz. **2** REL cáliz.

calife [ka'lif] m califa.

califourchon (à) [akalifuʀ'ʃɔ̃] loc adv a horcajadas.

câlin, e [kɑ'lɛ̃, in] adj mimoso; cariñoso. ■ **faire un ~ à qqn** mimar a alguien.

câliner [kɑli'ne] tr mimar.

câlinerie [kɑlin'ʀi] f mimo.

calleux, euse [ka'lø, øz] adj calloso.

calligraphie [kaligʀa'fi] f caligrafía.

calligraphier [kaligʀa'fje] tr caligrafiar.

callosité [kalozi'te] f callosidad.

calmant, e [kal'mɑ̃, t] adj et m calmante; sedante.

calmar [kal'maʀ] m → calamar.

calme [kalm] **1** adj tranquilo: une mer calme = un mar tranquilo. ● **2** m calma: après la tempête vient le calme = después de la tormenta viene la calma.

calmer [kal'me] **1** tr et pron calmar: calmer la douleur = calmar el dolor. **2** sosegar, tranquilizar.

calomnie [kalɔm'ni] f calumnia.

calomnier [kalɔm'nje] tr calumniar.

calorie [kalɔ'ʀi] f PHYS caloría.

calorique [kalɔ'ʀik] m calórico.

calque [kalk] **1** m calco. **2** papel de calcar. **3** (fig) calco, imitación; plagio.

calquer [kal'ke] **1** tr calcar. **2** (fig) calcar, imitar; plagiar.

calvaire [kal'vɛʀ] **1** m calvario. **2** (fig) vía crucis.

calvitie [kalvi'si] f calvicie.

camaïeu [kama'jø] m camafeo (piedra preciosa).

camarade [kama'ʀad] **1** m ou f camarada; compañero (de trabajo, de escuela). **2** amigo.

camaraderie [kamaʀa'dʀi] f camaradería; compañerismo.

cambré, e [kɑ̃'bʀe] adj combado; arqueado.

cambrer [kɑ̃'bʀe] **1** tr combar; arquear. ● **2** se ~ pron ponerse recto.

cambriolage [kɑ̃bʀjɔ'laʒ] m robo; atraco.

cambrioler [kɑ̃bʀjɔ'le] tr robar; atracar.

cambrioleur, euse [kɑ̃bʀjɔ'lœʀ, øz] m et f ladrón; atracador.

cambrure [kɑ̃'bʀyʀ] f combadura; arqueo.

camé, e [ka'me] adj/m et f (fam) drogata.

camée [ka'me] m camafeo.

caméléon [kamele'ɔ̃] m camaleón.

camelot [kam'lo] m vendedor ambulante.

camelote [kam'lɔt] **1** f baratija. **2** chapucería.

camembert [kamɑ̃'bɛʀ] m camembert.

caméra [kame'ʀa] f cámara: caméra de télévision = cámara de televisión.

camériste [kame'ʀist] f camarista.

Caméscope® [kames'kɔp] m videocámara.

camion [ka'mjɔ̃] **1** m camión. **2** alfiler muy pequeño. **3** cubo (de pintura). ◆ ~ de déménagement camión de mudanza.

camion-citerne [kamjɔ̃si'tɛʀn] m camión cisterna.

camionner [kamjɔ'ne] tr transportar en camión.

camionnette [kamjɔ'net] f camioneta.

camionneur [kamjɔ'nœʀ] m camionero; transportista.

camisole [kami'zɔl] f blusa. ◆ ~ de force camisa de fuerza.

camomille [kamɔ'mij] f manzanilla.

camoufler [kamu'fle] **1** tr et pron camuflar. ● **2** tr (fig) disimular; disfrazar.

camouflet [kamu'fle] m (fig, fam) desaire; feo.

camp [kɑ̃] **1** m campo. **2** campamento. ◆ ~ de concentration campo de concentración; ~ de vacances campamento de vacaciones; ■ foutre le ~ largarse.

campagnard, e [kɑ̃pa'ɲaʀ, d] adj/m et f campesino.

campagne [kɑ̃'paɲ] **1** f campo: maison de campagne = casa de campo. **2** campiña: campagne romaine = campiña romana. **3** campaña (electoral, publicitaria).

campanile [kɑ̃pa'nil] m campanil; campanario.

campé, e [kɑ̃'pe] **1** adj plantado: un homme bien campé = un hombre bien plantado. **2** construido: recit bien campé = relato bien construido.

camper [kɑ̃'pe] **1** *intr* acampar. • **2** *tr* (fam) plantarse; ponerse (un sombrero). **3** (fig) construir. • **4 se ~** *pron* (fam) plantarse (delante de alguien o algo).

camphre [kɑ̃fʀ] *m* alcanfor.

camping [kɑ̃'piŋ] *m* cámping. ◆ **~ sauvage** acampada libre.

campus [kɑ̃'pys] *m* campus (universitario).

camus, e [ka'my, z] *adj/m* et *f* chato.

Canada [kana'da] *m* Canadá.

canadien, enne [kana'djɛ̃, ɛn] **1** *adj* canadiense. • **2 Canadien, enne** *m* et *f* canadiense.

canaille [ka'naj] **1** *adj* chabacano; barriobajero. • **2** *f* canalla.

canal [ka'nal] **1** *m* canal. **2** ANAT canal: *canal médullaire = canal medular.* ◆ **~ de distribution** canal de distribución; **~ d'injection** canal de inyección.

canalisation [kanaliza'sjɔ̃] *f* canalización. **2** tubería; cañería.

canaliser [kanali'ze] *tr* canalizar.

canapé [kana'pe] **1** *m* sofá; canapé. **2** GAST canapé.

canard [ka'naʀ] **1** *m* pato. **2** (fam) bulo. **3** (fam) periódico. **4** MUS gallo.

canari [kana'ri] *m* canario.

cancan [kɑ̃'kɑ̃] **1** *m* chisme. **2** cancán (baile).

cancaner [kɑ̃ka'ne] *intr* (fam) chismorrear; cotillear.

cancanier, ère [kɑ̃ka'nje, jɛʀ] *adj/m* et *f* chismoso; cotilla.

cancer [kɑ̃'sɛʀ] **1** *m* MÉD cáncer. **2 Cancer** cáncer (persona). **3 Cancer** ASTR Cáncer.

cancéreux, euse [kɑ̃se'ʀø, øz] *adj/m* et *f* canceroso.

cancre [kɑ̃kʀ] **1** *m* cangrejo de mar. **2** holgazán, gandul (estudiante).

candélabre [kɑ̃de'labʀ] *m* candelabro.

candeur [kɑ̃'dœʀ] *f* candor.

candidat, e [kɑ̃di'da, t] *m* et *f* candidato; aspirante (a un puesto).

candidature [kɑ̃dida'tyʀ] *f* candidatura: *poser sa candidature = presentar su candidatura.*

candide [kɑ̃'did] *adj* cándido.

caner [ka'ne] *intr* (fam) tener canguelo; rajarse.

caneton [kan'tɔ̃] *m* patito.

canette [ka'nɛt] **1** *f* botellín (de cerveza). **2** canilla (de hilo). **3** ZOOL pata pequeña.

canevas [kan'va] **1** *m* cañamazo (para bordar). **2** (fig) bosquejo; boceto (de una obra).

caniche [ka'niʃ] *m* caniche (perro).

caniculaire [kaniky'lɛʀ] *adj* canicular.

canicule [kani'kyl] **1** *f* canícula. **2** bochorno (calor).

canif [ka'nif] *m* navaja.

canin, e [ka'nɛ̃, in] *adj* canino.

caniveau [kani'vo] **1** *m* cuneta (de una carretera). **2** arroyo (de la calle).

cannabis [kana'bis] *m* cannabis.

canne [kan] **1** *m* bastón. **2** BOT caña: *canne à sucre = caña de azúcar.* ◆ **~ à pêche** caña de pescar.

canné, e [ka'ne] *adj* de rejilla (silla).

cannelé, e [kan'le] *adj* acanalado.

canneler [kan'le] *tr* acanalar.

cannelle [ka'nɛl] **1** *f* canela. **2** canilla, espita.

cannelure [kan'lyʀ] *f* acanaladura; estría.

cannibale [kani'bal] *adj/m* ou *f* caníbal.

canoë [kano'e] *m* canoa.

canoéiste [kanoe'ist] *m* ou *f* canoero; piragüista.

canon [ka'nɔ̃] **1** *m* cañón. **2** caña (hueso del caballo). **3** DR canon. **4** MUS canon. **5** REL canon.

canonial, e [kano'njal] *adj* canónico.

canonique [kano'nik] **1** *adj* canónico. **2** (fig, fam) católico.

canoniser [kanoni'ze] *tr* canonizar.

canonnade [kano'nad] *f* cañoneo.

canonner [kano'ne] *tr* cañonear.

canonnier [kano'nje] *m* artillero.

canonnière [kano'njɛʀ] **1** *f* cañonera. **2** trabuco.

canot [ka'no] *m* bote; lancha. ◆ **~ de sauvetage** bote salvavidas; **~ pneumatique** bote neumático.

canoter [kano'te] *intr* pasearse en bote; remar.

canotier [kano'tje] *m* canoero; barquero.

cantate [kɑ̃'tat] *f* cantata.

cantatrice [kɑ̃ta'tʀis] *f* cantatriz.

cantilène [kɑ̃ti'lɛn] *f* cantilena.

cantine [kɑ̃'tin] **1** *f* cantina. **2** baúl.

cantinier, ère [kɑ̃ti'nje, jɛʀ] *m* et *f* cantinero.

cantique [kɑ̃'tik] *m* cántico.
canton [kɑ̃'tɔ̃] *m* cantón (división administrativa).
cantonal, e [kɑ̃tɔ'nal] *adj* cantonal.
cantonner [kɑ̃tɔ'ne] **1** *tr* acantonar. • **2** se ~ *pron* aislarse: *il se cantonne chez lui = se aísla en su casa.*
canular [kany'laʀ] *m* (fam) broma.
canuler [kany'le] *tr* (fam) fastidiar; molestar.
CAO [seao] (*sigles de* conception assistée par ordinateur) *f* CAD.
caoutchouc [kaut'ʃu] *m* caucho. • ~ artificiel caucho artificial.
caoutchouter [kautʃu'te] *tr* encauchar.
capable [ka'pabl] *adj* capaz.
capacité [kapasi'te] *f* capacidad: *capacité intellectuelle = capacidad intelectual.* ■ ~ de chargement capacidad de carga; ~ de mémoire INF capacidad de memoria.
caparaçon [kapaʀa'sɔ̃] *m* caparazón.
cape [kap] *f* capa. ■ rire sous ~ reír para sus adentros.
capeline [ka'plin] *f* capellina.
capillaire [kapi'lɛʀ] *adj et m* capilar: *veines capillaires = venas capilares.*
capilotade [kapilo'tad] *f* capirotada.
capitaine [kapi'tɛn] *m* capitán. • ~ de frégate capitán de fragata; ~ de port capitán de puerto.
capital, e [kapi'tal] **1** *adj* capital: *cette affaire est d'un intérêt capital = este asunto es de un interés capital.* • **2** *m* capital; caudal. • **3** *f* capital. **4** mayúscula (letra).
capitalisme [kapita'lism] *m* capitalismo.
capitaliste [kapita'list] *adj/m ou f* capitalista.
capiteux, euse [kapi'tø, øz] **1** *adj* embriagador (olor). **2** atractivo (persona).
capiton [kapi'tɔ̃] *m* borra (de seda).
capitonner [kapito'ne] *tr* acolchar.
capitulaire [kapity'lɛʀ] *adj et m* capitular.
capitulation [kapityla'sjɔ̃] *f* capitulación.
capituler [kapity'le] *intr* capitular.
caporal [kapo'ʀal] **1** *m* tabaco picado. **2** MIL caporal; cabo.
capot [ka'po] **1** *m* capó (del coche). **2** MAR escotilla. • **3** *adj* zapatero (en el juego de cartas). **4** (fig, fam) turbado.

capote [ka'pot] **1** *f* capota. **2** capote. • ~ anglaise condón.
capoter [kapo'te] **1** *tr* encapotar. • **2** *intr* volcar (un coche).
câpre [kɑpʀ] *f* alcaparra.
caprice [ka'pʀis] *m* capricho. ■ avoir un ~ pour estar encaprichado con; faire des caprices tener antojos; faire un ~ coger una rabieta.
capricieux, euse [kapʀi'sjø, øz] *adj/m et f* caprichoso.
Capricorne [kapʀi'kɔʀn] **1** *m* capricornio (persona). **2** ASTR Capricornio.
capsule [kap'syl] **1** *f* cápsula. **2** pistón (de arma de fuego). • ~ spatiale cápsula espacial; ~ synoviale ANAT cápsula sinovial.
capter [kap'te] *tr* captar: *capter l'attention = captar la atención, capter une émission = captar una emisión.*
captieux, euse [kap'sjø, øz] *adj* capcioso.
captif, ive [kap'tif, iv] *adj/m et f* cautivo.
captivant, e [kapti'vɑ̃, t] *adj* cautivador.
captiver [kapti've] *tr* cautivar.
captivité [kaptivi'te] *f* cautiverio, cautividad.
capture [kap'tyʀ] *f* captura.
capturer [kapty'ʀe] *tr* capturar.
capuche [ka'pyʃ] *f* capucha.
capuchon [kapy'ʃɔ̃] **1** *m* capuchón; capucha. **2** capuchón (de bolígrafo).
capucine [kapy'sin] *f* BOT capuchina.
caquet [ka'kɛ] **1** *m* cacareo (de las gallinas). **2** (fig) cháchara.
caqueter [kak'te] **1** *intr* cacarear. **2** (fam) chismorrear.
car [kaʀ] *conj* pues, porque: *dépêche-toi, car il est tard = date prisa, pues es tarde.*
carabine [kaʀa'bin] *f* carabina (arma).
carabiné, e [kaʀabi'ne] *adj* (fam) fuerte, violento.
carabinier [kaʀabi'nje] *m* carabinero.
caracoler [kaʀako'le] *intr* caracolear (un caballo).
caractère [kaʀak'tɛʀ] **1** *m* carácter (letra). **2** carácter, genio: *elle a un mauvais caractère = tiene mal carácter.* **3** carácter, atributo. • caractères d'imprimerie letras de molde; ■ avoir du ~ tener carácter.
caractériser [kaʀakteʀi'ze] *tr et pron* caracterizar.
caractéristique [kaʀakteʀis'tik] **1** *adj* característico. • **2** *f* característica.

carafe [ka'ʀaf] *f* garrafa. ■ **rester en ~** (fam) quedarse plantado.

caraïbe [kaʀa'ib] **1** *adj* caribe. ● **2 Caraïbe** *m* ou *f* caribe.

caramboler [kaʀãbɔ'le] *intr* hacer carambola.

caramel [kaʀa'mɛl] *m* caramelo.

caraméliser [kaʀameli'ze] *tr* caramelizar.

carapace [kaʀa'pas] *f* concha (de tortuga); caparazón (de crustáceo).

carat [ka'ʀa] *m* quilate.

caravane [kaʀa'van] *f* caravana.

carbone [kaʀ'bɔn] **1** *m* papel carbón. **2** CHIM carbono.

carbonique [kaʀbɔ'nik] *adj* CHIM carbónico.

carbonisation [kaʀbɔniza'sjɔ̃] *f* carbonización.

carboniser [kaʀbɔni'ze] *tr* carbonizar.

carburant, e [kaʀby'ʀã, t] *adj* et *m* carburante.

carburation [kaʀbyʀa'sjɔ̃] *f* CHIM carburación.

carburer [kaʀby'ʀe] *intr* carburar.

carcasse [kaʀ'kas] **1** *m* caparazón. **2** armazón.

carde [kaʀd] *f* cardo (planta).

carder [kaʀ'de] *tr* cardar.

cardiaque [kaʀ'djak] *adj/m* ou *f* cardiaco.

cardinal, e [kaʀdi'nal] **1** *adj* cardinal: *points cardinaux = puntos cardinales*. ● **2** *m* cardenal (prelado). **3** ZOOL cardenal (pájaro).

cardiologie [kaʀdjɔlɔ'ʒi] *f* MÉD cardiología.

cardiologue [kaʀdjɔ'lɔg] *m* ou *f* cardiólogo.

carême [ka'ʀɛm] *m* cuaresma.

carence [ka'ʀãs] **1** *f* carencia. **2** DR insolvencia: *procès-verbal de carence = certificación de insolvencia.*

caressant, e [kaʀe'sã, t] *adj* acariciador; cariñoso.

caresse [ka'ʀɛs] *f* caricia.

caresser [kaʀe'se] *tr* acariciar. **2** (fig) abrigar (una esperanza, etc.): *caresser un projet = abrigar un proyecto.*

cargaison [kaʀgɛ'sɔ̃] *f* cargamento.

caribou [kaʀi'bu] *m* caribú (reno).

caricatural, e [kaʀikaty'ʀal] *adj* caricaturesco.

caricature [kaʀika'tyʀ] *f* caricatura.

caricaturer [kaʀikaty'ʀe] *tr* caricaturizar.

caricaturiste [kaʀikaty'ʀist] *m* ou *f* caricaturista.

carie [ka'ʀi] *f* caries.

carier [ka'ʀje] *tr* cariar.

carillon [kaʀi'jɔ̃] **1** *m* carillón (conjunto de campanas). **2** reloj con carillón.

carillonner [kaʀijɔ'ne] **1** *intr* repicar (las campanas). **2** (fig) campanillear (a una puerta).

carmélite [kaʀme'lit] *f* carmelita.

carmin [kaʀ'mɛ̃] *m* carmín.

carnation [kaʀna'sjɔ̃] *f* encarnación.

carnaval [kaʀna'val] (*pl* **carnavals**) *m* carnaval.

carnavalesque [kaʀnava'lɛsk] *adj* carnavalesco.

carné, e [kaʀ'ne] *adj* encarnado.

carnet [kaʀ'ne] *m* libreta; agenda. ◆ **~ de chèques** talonario de cheques; chequera (Amér.); **~ d'adresses** agenda de direcciones; **~ de commandes** cartera de pedidos.

carnivore [kaʀni'vɔʀ] *adj/m* ou *f* carnívoro.

carotte [ka'ʀɔt] **1** *f* zanahoria. **2** andullo (tabaco para mascar). **3** (fam) engaño.

carotter [kaʀɔ'te] *tr* (fam) engañar.

caroube [ka'ʀub] *f* BOT algarroba.

carpe [kaʀp] *f* carpa (pez). ■ **s'ennuyer comme une ~** aburrirse como una ostra.

carpette [kaʀ'pɛt] *f* alfombrilla.

carré, e [ka'ʀe] **1** *adj* et *m* cuadrado. ● **2** *adj* cuadrado, fornido (persona). **3** (fig) terminante, rotundo. ◆ **~ de soie** pañuelo de seda; **~ d'agneau** brazuelo de cordero.

carreau [ka'ʀo] **1** *m* baldosa. **2** cristal (de una ventana, puerta). **3** diamante (en las cartas).

carrefour [kaʀ'fuʀ] *m* encrucijada; cruce.

carrelage [kaʀ'laʒ] *m* embaldosado.

carreler [kaʀ'le] *tr* embaldosar; enlosar.

carrelet [kaʀ'le] **1** *m* red cuadrada. **2** platija; acedía (pez).

carrer [ka'ʀe] **1** *tr* cuadrar. **2** MATH elevar al cuadrado. ● **3 se ~** *pron* arrellanarse, repantigarse.

carrier [ka'ʀje] *m* cantero.

carrière [ka'ʀjɛʀ] **1** *f* carrera. **2** cantera (de piedras).

carriole [ka'ʀjɔl] **1** *f* carreta. **2** (péj) carricoche (coche malo).

carrosse [ka'ʀɔs] *m* carroza.

catapulte

carrosserie [karɔsˈʀi] *f* carrocería.

carrousel [karuˈsɛl] *m* carrusel.

carrure [kaˈʀyʀ] **1** *f* anchura de espaldas. **2** (fig) clase; envergadura.

cartable [kaʀˈtabl] *m* cartera.

carte [kaʀt] **1** *f* carta: *manger à la carte = comer a la carta.* **2** mapa. **3** carta, naipe. ◆ ~ **à mémoire** INF tarjeta de memoria; ~ **de crédit** tarjeta de crédito; ~ **d'identité** carnet de identidad; cédula (Amér.); ~ **de séjour** permiso de residencia; ~ **de visite** tarjeta de visita; ~ **postale** tarjeta postal.

cartel [kaʀˈtɛl] *m* ÉCON cartel.

carter [kaʀˈtɛʀ] *m* MÉC cárter.

carte-réponse [kaʀtʀeˈpɔ̃s] *f* cupón de respuesta.

cartésien, enne [kaʀteˈzjɛ̃, ɛn] *adj/m* et *f* cartesiano.

cartilage [kaʀtiˈlaʒ] *m* ANAT cartílago.

cartilagineux, euse [kaʀtilaʒiˈnø, øz] *adj* cartilaginoso.

cartographie [kaʀtɔgʀaˈfi] *f* cartografía.

carton [kaʀˈtɔ̃] **1** *m* cartón. **2** caja de cartón. **3** mapa (de carreteras). ◆ **carton-pierre** cartón piedra.

cartonner [kaʀtɔˈne] *tr* encartonar.

cartonnier, ère [kaʀtɔˈnje, jɛʀ] **1** *adj/m* et *f* cartonero. ● **2** *m* clasificador.

carton-pâte [kaʀtɔ̃ˈpat] *m* cartón piedra.

cartouche [kaʀˈtuʃ] **1** *f* cartucho (de fusil). **2** cartucho; recambio (de bolígrafo). **3** cartón (de cigarrillos).

cartoucherie [kaʀtuʃˈʀi] *f* fábrica de cartuchos.

cas [ka] *m* caso. ■ **en ce ~** en ese caso; **en tout ~** en todo caso.

casanier, ère [kazaˈnje, jɛʀ] *adj/m* et *f* casero; hogareño.

cascade [kasˈkad] *f* cascada.

case [kaz] **1** *f* choza; bohío (Amér.). **2** casilla (de ajedrez). **3** casilla (de papel cuadriculado).

caser [kaˈze] **1** *tr* colocar: *caser un employé = colocar a un empleado.* ● **2 se ~** *pron* (fam) encontrar una colocación.

caserne [kaˈzɛʀn] *f* MIL cuartel.

caserner [kazɛʀˈne] *tr* acuartelar.

cash [kaʃ] *adv* al contado. ■ **payer ~** pagar al contado.

casier [kaˈzje] **1** *m* casillero; taquilla (en el gimnasio). **2** revistero (de oficina).

casino [kaziˈno] *m* casino.

casque [kask] *m* casco. ◆ **Casques bleus** cascos azules.

casqué, e [kasˈke] *adj* con casco.

casquer [kasˈke] *intr* (fam) apoquinar; soltar la mosca (pagar).

casquette [kasˈkɛt] *f* gorra.

cassant, e [kaˈsɑ̃, t] **1** *adj* quebradizo, frágil. **2** (fig) tajante, áspero.

casse [kas] **1** *f* rotura. **2** destrozo. **3** cazo. **4** desguace.

cassé, e [kaˈse] **1** *adj* roto, quebrado. **2** cascado: *une voix cassée = una voz cascada.*

casse-cou [kasˈku] **1** *m* resbaladero. ● **2** *m* ou *f* (fam) temerario.

casse-croûte [kasˈkʀut] *m* tentempié, refrigerio.

casse-noisettes ou **casse-noix** [kasnwaˈzɛt, kasˈnwa] *m* cascanueces; rompenueces (Amér.).

casse-pieds [kasˈpje] *adj/m* ou *f* (fam) pesado, pelmazo.

casser [kaˈse] **1** *tr, intr* et *pron* romper. ● **2** *tr* destituir (a un empleado). **3** interrumpir (un trabajo, etc.). ● **4 se ~** *pron* cansarse. ■ **se ~ la tête** (fig) romperse los cascos.

casserole [kasˈʀɔl] **1** *f* cacerola. ● **2 à la ~** *loc* GAST a la cazuela.

casse-tête [kasˈtɛt] **1** *m* rompecabezas (arma). **2** (fig) rompecabezas, quebradero de cabeza.

cassette [kaˈsɛt] **1** *f* tesoro particular (de un príncipe). **2** TECH cassette, casete.

cassoulet [kasuˈle] *m* guiso de alubias.

cassure [kaˈsyʀ] **1** *f* rotura. **2** (fig) ruptura. **3** MÉD fractura (de un hueso).

castagnettes [kastaˈɲet] *f pl* castañuelas.

caste [kast] *f* casta.

castillan, e [kastiˈjɑ̃, an] **1** *adj* castellano. ● **2 Castillan, e** *m* et *f* castellano. ● **3** *m* castellano (lengua).

castrat [kasˈtʀa] *m* castrado.

castration [kastʀaˈsjɔ̃] *f* castración.

castrer [kasˈtʀe] *tr* castrar.

casuel, elle [kaˈzɥɛl] *adj* casual.

cataclysme [kataˈklism] *m* cataclismo.

catacombes [kataˈkɔ̃b] *f pl* catacumbas.

catalogue [kataˈlɔg] *m* catálogo.

cataloguer [katalɔˈge] *tr* catalogar.

cataplasme [kataˈplasm] **1** *m* (fig, fam) mazacote. **2** MÉD cataplasma.

catapulte [kataˈpylt] *f* catapulta.

catapulter [katapyl'te] *tr* catapultar.

cataracte [kata'ʀakt] **1** *f* catarata (de agua). **2** MÉD catarata (del ojo).

catarrheux, euse [kata'ʀø, øz] *adj/m et f* MÉD catarroso.

catastrophe [katas'tʀɔf] *f* catástrofe. ■ **atterrir en ~** efectuar un aterrizaje de emergencia.

catastrophique [katastʀɔ'fik] *adj* catastrófico.

catéchèse [kate'ʃez] *f* catequesis, catequismo.

catéchiser [kateʃi'ze] *tr* catequizar.

catéchiste [kate'ʃist] *m ou f* catequista.

catégorie [katego'ʀi] *f* categoría.

catégoriel, elle [katego'ʀjɛl] *adj* categorial.

catégorique [katego'ʀik] **1** *adj* categórico. **2** tajante.

cathédrale [kate'dʀal] *f* catedral.

catholique [kato'lik] *adj/m ou f* católico.

catimini (en) [ãkatimi'ni] *loc adv* a escondidas.

cauchemar [koʃ'maʀ] **1** *m* pesadilla. **2** (fam) obsesión.

causal, e [ko'zal] *adj* causal.

causalité [kozali'te] *f* causalidad.

causant, e [ko'zã, t] *adj* (fam) hablador.

cause [koz] *f* causa. ■ **à ~ de** a causa de; **être en ~** tratarse de; estar en juego; **faire ~ commune avec qqn** hacer causa común con alguien; **pour ~ de décès** por defunción.

causer [ko'ze] **1** *tr* causar. ● **2** *intr* conversar; platicar.

causette [ko'zɛt] *f* (fam) charla, palique.

causeur, euse [ko'zœʀ, øz] *m et f* conversador.

cauteleux, euse [kotlø, øz] *adj* cauteloso.

caution [ko'sjõ] **1** *f* fianza, caución. **2** (fig) garantía. ■ **déposer une ~** dar una fianza.

cautionner [kosjo'ne] *tr* afianzar.

cavalcade [kaval'kad] **1** *f* cabalgata; cabalgada. **2** (fam) bullicio, gentío.

cavalcader [kavalka'de] *intr* (fam) correr.

cavalerie [kaval'ʀi] *f* caballería.

cavalier, ère [kava'lje, jɛʀ] **1** *adj/m et f* jinete. **2** pareja (en el baile). **3** (péj) insolente. ● **4** *m* caballo (en el ajedrez). ◆ **propos cavaliers** palabras ligeras de tono.

cave [kav] **1** *f* sótano. **2** bodega: *il a du vin en cave = tiene vino en la bodega*. ● **3** *m* (fam) primo. ● **4** *adj* hundido.

caveau [ka'vo] **1** *m* bodega pequeña. **2** panteón.

caver [ka've] **1** *intr* apostar. ● **2 se ~** *pron* hundirse.

caverne [ka'vɛʀn] *f* caverna. ◆ **~ de voleurs** cueva de ladrones.

cavernicole [kavɛʀni'kɔl] *adj et m* cavernícola.

caviar [ka'vjaʀ] *m* caviar.

cavité [kavi'te] *f* cavidad.

CD [se'de] (*sigles de* **Compact Disc**) *m* CD.

CD-I [sede'i] (*sigles de* **Compact Disc Interactif**) *m* CD-I.

CD-ROM [sede'ʀɔm] (*sigles de* **Compact Disc Read Only Memory**) *m* CD-ROM.

ce, cette [sə, sɛt] (*pl* **ces**) **1** *adj dém* este, esta (*f*), estos, estas (*f*): *ce garçon est très intelligent = este chico es muy inteligente, cet oiseau chante chaque matin = este pájaro canta cada mañana*; ese, esa (*f*), esos, esas (*f*): *ces chiens sont comme les miens = esos perros son como los míos*; aquel, aquella (*f*), aquellos, aquellas (*f*). ● **2** *pron dém* lo: *ce que je pense = lo que pienso*. **3** (designa la cosa o la persona que se tiene en mente): *ce doit être son père = debe de ser su padre*. ■ **c'est, ce sont** es, son: *c'est un écrivain très connu = es un escritor muy conocido, c'est vous qui le dites! = ¡es usted quien lo dice!, c'est à mourir de rire = es para morirse de risa*; **c'est à moi, nous ... de ...** me, nos... toca... a mí, a nosotros...: *c'est à lui de chanter = le toca cantar a él*; **c'est pourquoi** por eso; **c'est que** es que: *s'il est content, c'est qu'il a vu son aimée = si está contento es que ha visto a su amada*; **qu'est-ce?** ¿qué es?

ceci [sə'si] *pron dém* esto: *prenez ceci = tome esto*.

> Esta forma del demostrativo su utiliza muy poco. Suele aparecer sólo en contraposición con **cela**.

céder [se'de] *tr et intr* ceder. ■ **~ le pas à** dejar paso a.

CEDEX [se'dɛks] (*sigles de* **Courrier d'Entreprise à Distribution Exceptionnelle**) *m* correo de empresa con reparto especial.

cédille [se'dij] *f* cedilla.

cédrat [se'dʀa] *m* cidra.

ceindre [sɛ̃dʀ] *tr* ceñir.

ceinture [sɛ̃'tyʀ] **1** *f* cinturón. **2** cintura. ◆ ~ **de sécurité** cinturón de seguridad; ■ **se serrer la** ~ (fig) apretarse el cinturón.

ceinturon [sɛ̃ty'ʀɔ̃] *m* MIL cinto.

cela [sə'la] **1** *pron dém* eso: *goûtez cela = pruebe eso*. **2** aquello: *cela lui appartient = aquello le pertenece*. **3** (péj) ése, ésa (*f*).

célébrant [sele'bʀɑ̃] *m* REL celebrante.

célébration [selebʀa'sjɔ̃] *f* celebración.

célèbre [se'lebʀ] *adj* célebre.

célébrer [sele'bʀe] **1** *tr* celebrar. **2** REL celebrar, oficiar.

célébrité [selebʀi'te] *f* celebridad.

céleri [sel'ʀi] *m* BOT apio.

célérité [seleʀi'te] *f* celeridad.

céleste [se'lest] **1** *adj* celeste. **2** celestial.

célibat [seli'ba] *m* celibato, soltería.

célibataire [seliba'tɛʀ] *adj/m ou f* célibe, soltero.

celle [sɛl] (*pl* **celles**) *pron dém* → **celui**.

cellier [se'lje] *m* bodega.

Cellophane® [selɔ'fan] *f* celofán.

cellule [se'lyl] **1** *f* celda. **2** célula. **3** BIOL célula.

cellulite [sely'lit] *f* celulitis.

celtique [sel'tik] *adj* céltico, celta.

celui, celle [sə'lɥi, sɛl] (*pl* **ceux, celles**) **1** *pron dém* el, la (*f*), los, las (*f*): *celui de mon frère = el de mi hermano*, *celle qu'on a rencontré = la que hemos encontrado*, *celui qui veut = el que quiera*, *celui du dessous = el de abajo*. **2 celui-ci, celle-ci** (*pl* **ceux-ci, celles-ci**) éste, ésta (*f*), éstos, éstas (*f*): *celui-ci est mon livre = éste es mi libro*. **3 celui-là, celle-là** (*pl* **ceux-là, celles-là**) ése, ésa (*f*), ésos, ésas (*f*): *celle-là est sa mère = ésa es su madre*; aquél, aquélla (*f*), aquéllos, aquéllas (*f*). ■ ~ **dont** el de que, la de que (*f*), aquél de quien, aquélla de quien (*f*): *celle dont vous parlez = aquélla de quien habláis*.

cément [se'mɑ̃] *m* cemento.

cémenter [semɑ̃'te] *tr* cementar.

cendre [sɑ̃dʀ] *f* ceniza.

cendreux, euse [sɑ̃'dʀø, øz] *adj* cenizoso.

cendrier [sɑ̃'dʀje] *m* cenicero.

cens [sɑ̃s] *m* censo.

censé, e [sɑ̃'se] *adj* supuesto. ■ **il est ~ ne pas le savoir** se supone que no lo sabe.

censure [sɑ̃'syʀ] *f* censura: *motion de censure* = moción de censura.

censurer [sɑsy'ʀe] *tr* censurar.

cent [sɑ̃] *adj et m* cien. ■ ~ **pour** ~ (fig) cien por cien; **pour** ~ por ciento.

centaine [sɑ̃'tɛn] **1** *f* centena. **2** centenar.

centenaire [sɑt'nɛʀ] *adj/m ou f* centenario.

centésimal, e [sɑtesi'mal] *adj* centesimal.

centième [sɑ̃'tjɛm] **1** *adj/m ou f* centésimo. ● **2** *m* centésima parte.

centigrade [sɑti'gʀad] *adj et m* centígrado.

centigramme [sɑti'gʀam] *m* centigramo.

centilitre [sɑti'litʀ] *m* centilitro.

centime [sɑ'tim] *m* céntimo. ◆ ~ **additionnel** suplemento de impuesto.

centimètre [sɑti'mɛtʀ] **1** *m* centímetro. **2** cinta métrica.

central, e [sɑ̃'tʀal] **1** *adj* central. ● **2** *f* central. ● **3** *m* central (telefónica). ◆ ~ **électrique** central eléctrica; ~ **nucléaire** central nuclear.

centralisation [sɑtʀaliza'sjɔ̃] *f* centralización.

centraliser [sɑtʀali'ze] *tr* centralizar.

centre [sɑtʀ] *m* centro. ◆ ~ **commercial** centro comercial; ~ **culturel** centro cultural; ~ **d'attraction** PHYS centro de atracción; ~ **hospitalier** centro hospitalario.

centrer [sɑ̃'tʀe] **1** *tr* centrar. **2** SPORTS centrar.

centrifugation [sɑtʀifyga'sjɔ̃] *f* TECH centrifugación.

centrifuge [sɑtʀi'fyʒ] *adj* centrífugo: *force centrifuge = fuerza centrífuga*.

centrifuger [sɑtʀify'ʒe] *tr* centrifugar.

centripète [sɑtʀi'pɛt] *adj* PHYS centrípeto: *force centripète = fuerza centrípeta*.

centuple [sɑ̃'typl] *adj et m* céntuplo. ■ **au** ~ centuplicado.

cep [sep] **1** *m* cepa. **2** dental (del arado).

cependant [səpɑ̃'dɑ̃] **1** *adv* sin embargo: *il travaille beaucoup, mais il ne gagne cependant assez = trabaja mucho, pero sin embargo no gana lo suficiente*. **2** entretanto.

céramique [seʀa'mik] *f* cerámica.

céramiste [seʀa'mist] m ou f ceramista.
cerceau [seʀ'so] 1 m cerco (de tonel). 2 aro.
cercle [sɛkl] m círculo. ■ faire un ~ autour de qqn formar un círculo alrededor de alguien.
cercler [sɛʀ'kle] tr enarcar.
cercueil [sɛʀ'kœj] m ataúd.
céréale [seʀe'al] f cereal.
cérébral, e [seʀe'bʀal] adj cerebral.
cérémonial [seʀemɔ'njal] m ceremonial.
cérémonie [seʀemɔ'ni] f ceremonia. ■ sans ~ sin cumplidos.
cérémoniel, elle [seʀemɔ'njel] adj ceremonial.
cérémonieux, euse [seʀemɔ'njø, øz] adj ceremonioso.
cerf [sɛʀ] m ZOOL ciervo.
cerf-volant [sɛʀvɔ'lɑ̃] m cometa (juguete).
cerise [sɔ'ʀiz] 1 f cereza. ● 2 adj cereza.
cerne [sɛʀn] m ojera.
cerné, e [sɛʀ'ne] adj amoratado.
cerner [sɛʀ'ne] 1 tr cercar. 2 rodear. 3 (fig) delimitar.
certain, e [sɛʀ'tɛ̃, ɛn] 1 adj cierto. 2 seguro: une mort certaine = una muerte segura. ● 3 certains, es pron algunos, algunas (f): certains d'entre eux viendront = algunos de ellos vendrán. ■ il est ~ que no hay duda que.
certes [sɛʀt] adv sin duda alguna, desde luego.
certificat [sɛʀtifi'ka] 1 m certificado. 2 diploma. ◆ ~ d'études primaires diploma de estudios primarios; ~ médical certificado médico.
certification [sɛʀtifika'sjɔ̃] f certificación, comprobante.
certifier [sɛʀti'fje] tr certificar.
certitude [sɛʀti'tyd] f certeza.
cerveau [sɛʀ'vo] m cerebro. ■ avoir le ~ fêlé estar chiflado.
cervelas [sɛʀvɔ'la] m salchichón corto y grueso.
cervelle [sɛʀ'vɛl] 1 f sesos. 2 (fig) mente. ◆ tête sans ~ cabeza de chorlito.
ces [se] adj dém → ce.
cessant, e [se'sɑ̃, t] toutes affaires cessantes dejando a un lado todo lo demás: toute affaires cessantes, il est allé a Paris = dejando a un lado todo lo demás, se fue a París.
cessation [sesa'sjɔ̃] f cese, cesación; receso (Amér.).

cesse [sɛs] f tregua, interrupción. ■ sans ~ sin tregua.
cesser [se'se] 1 intr cesar. ● 2 tr suspender. 3 ~ + de + inf dejar + de + inf.
cession [se'sjɔ̃] f DR cesión.
cet [se] adj dém → ce.
cette [sɛt] adj dém → ce.
ceux [sø] pron dém → celui.
CFC [seɛf'se] (sigles de chlorofluorocarbone) m CFC.
chacal [ʃa'kal] (pl chacals) m ZOOL chacal.
chacun, e [ʃa'kœ̃, yn] 1 pron cada uno, cada una (f): chacun de ces élèves = cada uno de estos alumnos. 2 cada cual; todos, todas (f): chacun fait le même = todos hacen lo mismo.
chagrin [ʃa'gʀɛ̃] m pena, tristeza. ■ avoir du ~ tener pena.
chagriner [ʃagʀi'ne] 1 tr apenar, entristecer. 2 TECH preparar (las pieles, el cuero).
chahut [ʃa'y] m (fam) jaleo, escándalo.
chahuter [ʃay'te] 1 intr (fam) armar jaleo. ● 2 tr perturbar, trastornar.
chai [ʃɛ] m bodega.
chaîne [ʃɛn] 1 f cadena. 2 urdimbre (una tela). 3 canal, cadena (de televisión). ● 4 chaînes f pl cadenas (para la nieve). ◆ ~ de bicyclette MÉC cadena de bicicleta; ~ d'haute fidélité cadena de alta fidelidad; ~ de montage cadena de montaje.
chaînon [ʃɛ'nɔ̃] 1 m eslabón. 2 (fig) eslabón, enlace.
chair [ʃɛʀ] f carne. ◆ ~ à saucisse carne picada.
chaire [ʃɛʀ] 1 f púlpito. 2 cátedra.
chaise [ʃɛz] f silla. ◆ ~ électrique silla eléctrica; ~ longue hamaca, tumbona.
chaland, e [ʃa'lɑ̃, d] 1 m et f parroquiano (cliente). ● 2 m chalana (embarcación).
châle [ʃal] m chal, mantón. ◆ ~ de Manille mantón de Manila.
chaleur [ʃa'lœʀ] 1 f calor. 2 (fig) ardor.
chaleureux, euse [ʃalœ'ʀø, øz] adj caluroso.
chaloupe [ʃa'lup] f chalupa. ◆ ~ de sauvetage bote salvavidas.
chalouper [ʃalu'pe] intr contonearse.
chalumeau [ʃaly'mo] 1 m paja, pajilla (para las bebidas). 2 soplete.
chalut [ʃa'ly] m red barredera.
chamailler [ʃama'je] 1 intr reñir, combatir. ● 2 se ~ pron pelearse.

chamaillerie [ʃamaj'Ri] f riña.

chamarrer [ʃama'Re] tr recargar.

chamarrure [ʃama'RYR] f adorno recargado (en un vestido, tela).

chambard [ʃã'baR] 1 m jaleo, alboroto. 2 (fam) trastorno, confusión.

chambarder [ʃãbaR'de] tr (fam) revolver, desordenar.

chambouler [ʃãbu'le] tr (fam) poner patas arriba, desordenar.

chambranle [ʃã'bRãl] m chambrana.

chambre [ʃãbR] 1 f habitación, cuarto; recámara (Amér.). 2 cámara: chambre froide = cámara frigorífica. 3 recámara (de un arma). ◆ ~ à air TECH cámara de aire; ~ à coucher alcoba; recámara (Amér.); ~ à gaz cámara de gas; ~ d'amis habitación de invitados, ■ travailler en ~ trabajar en su domicilio.

chambrée [ʃã'bRe] f dormitorio.

chameau [ʃa'mo] 1 m camello. 2 (fig, fam) mal bicho (persona mala).

chamelier [ʃamə'lje] m camellero.

chamelle [ʃa'mɛl] f camella.

champ [ʃã] m campo. ◆ ~ de courses hipódromo; ~ de repos camposanto, cementerio; à tout bout de ~ a cada momento; avoir ou laisser le ~ libre tener o dejar el campo libre; dans le ~ PHOT en el campo visual; prendre du ~ alejarse, tomar distancia (para ver o entender mejor).

champagne [ʃã'paɲ] 1 m champán. ● 2 f GÉOGR campaña, campiña. ◆ fine ~ coñac; vin façon ~ vino achampañado.

champêtre [ʃã'pɛtR] adj campestre.

champignon [ʃãpi'ɲɔ̃] 1 m hongo, seta. 2 AUT (fam) acelerador.

> Champignon es el nombre genérico para cualquier clase de hongos. El champiñón se llama champignon de Paris.

champion, onne [ʃã'pjɔ̃, ɔn] 1 m et f campeón. 2 paladín (de una causa).

championnat [ʃãpjɔ'na] 1 m campeonato. 2 torneo: championnat d'échecs = torneo de ajedrez.

chançard, e [ʃã'saR, d] adj/m et f (fam) afortunado.

chance [ʃãs] 1 f suerte: bonne chance! = ¡buena suerte!; bolada (Amér.). 2 opor-

tunidad: donner sa chance à qqn = dar una oportunidad a alguien. ● 3 chances f pl posibilidades, probabilidades: il a des chances de gagner = tiene posibilidades de ganar. ■ porter ~ dar buena suerte; tenter sa ~ probar fortuna.

chancelant, e [ʃãs'lã, t] 1 adj vacilante, inseguro. 2 (fig) frágil, delicado (de salud).

chanceler [ʃãs'le] 1 intr vacilar, titubear. 2 (fig) tambalearse.

chancelier [ʃãsə'lje] m canciller.

chancelière [ʃãsə'ljɛR] 1 f folgo (para los pies). 2 esposa del canciller.

chancellerie [ʃãsɛl'Ri] f cancillería.

chanceux, euse [ʃã'sø, øz] adj afortunado; suertero (Amér.).

chandail [ʃã'daj] m jersey.

chandelier [ʃãdə'lje] m candelabro.

chandelle [ʃã'dɛl] f candela. ■ brûler la ~ par les deux bouts tirar la casa por la ventana.

change [ʃãʒ] m cambio. ◆ cours du ~ cotización; ■ donner le ~ à qqn dar gato por liebre; perdre au ~ perder con el cambio; prendre le ~ dejarse engañar.

changement [ʃãʒ'mã] m cambio. ◆ ~ de vitesse cambio.

changer [ʃã'ʒe] 1 tr et pron cambiar: se changer de vêtement = cambiarse de ropa. ● 2 intr cambiar: le temps a changé = el tiempo ha cambiado. ● 3 tr et pron (~ en) convertir en; transformar en. ■ ~ de face cambiar de aspecto; ~ du tout au tout cambiar por completo; ~ de visage cambiar de cara; ~ en mieux mejorar; ~ qqch à modificar algo de.

chanoine [ʃa'nwan] m canónigo.

chanson [ʃã'sɔ̃] 1 f canción. 2 canto: la chanson de la pluie = el canto de la lluvia. 3 LITT canción, cantar: chanson de geste = cantar de gesta.

chansonnette [ʃãsɔ'nɛt] f cancioncilla.

chansonnier, ère [ʃãsɔ'nje, jɛR] 1 adj/m et f cancionista. ● 2 m cancionero (libro de canciones).

chant [ʃã] 1 m canto. 2 cante (canto popular): chant "flamenco" = cante flamenco. 3 canto, lado: poser une pierre de chant = colocar una piedra de canto. ◆ ~ de Noël villancico; ■ au ~ du coq al cantar el gallo.

chantant, e [ʃã'tã, t] 1 adj cantante. 2 cantarín. 3 melodioso.

chanter [ʃãˈte] **1** *intr* et *tr* cantar. **2** (fam) contar: *qu'est-ce que tu nous chantes?* = *¿qué nos cuentas?* ■ ~ faux desafinar, desentonar; **si ça vous chante** si le apetece.

chanteur, euse [ʃãˈtœʀ, øz] *adj/m* et *f* cantante.

chantier [ʃãˈtje] **1** *m* obra (de construcción). **2** taller, almacén. **3** depósito de maderas o de carbón. **4** MAR astillero.

chantilly [ʃãtiˈji] ◆ **crème** ~ chantillí.

chantonner [ʃãtɔˈne] *intr* et *tr* canturrear.

chaos [kaˈo] *m* caos.

chaotique [kaoˈtik] *adj* caótico.

chaparder [ʃapaʀˈde] *tr* (fam) sisar, robar.

chapeau [ʃaˈpo] **1** *m* sombrero. **2** tapa. **3** sombrerete (de un hongo). **4** copa (de un árbol). ● **5 chapeau!** *interj* (fam) ¡bravo! ◆ ~ **de cardinal** capelo cardinalicio; ~ **haut de forme** sombrero de copa, chistera; ~ **melon** bombín. ■ **partir sur les chapeaux de roues** arrancar a toda velocidad.

chapelain [ʃapˈlɛ̃] *m* capellán.

chapelet [ʃapˈlɛ] **1** *m* serie, sarta: *chapelet d'injures* = *sarta de mentiras*. **2** ristra (de ajos). **3** REL rosario. ■ **dire un** ~ rezar un rosario.

chapelle [ʃaˈpɛl] **1** *f* capilla. **2** oratorio (capilla privada). ◆ ~ **ardente** capilla ardiente.

chapellerie [ʃapɛlˈʀi] *f* sombrerería.

chapelure [ʃapˈlyʀ] *f* pan rallado.

chaperon [ʃapˈʀɔ̃] **1** *m* caperuza. **2** (fig) carabina.

chapiteau [ʃapiˈto] **1** *m* carpa (de circo). **2** montera (de un alambique). **3** ARCHIT capitel.

chapitre [ʃaˈpitʀ] **1** *m* capítulo (de un libro). **2** cabildo. **3** (fig) tema, materia (asunto). ■ **avoir voix au** ~ tener voz y voto.

chapitrer [ʃapiˈtʀe] **1** *tr* reprender, echar una bronca. **2** REL llamar a capítulo.

chapon [ʃaˈpɔ̃] *m* capón (gallo).

chaque [ʃak] **1** *adj* cada: *chaque personne* = *cada persona*. **2** cada uno: *deux euros chaque* = *dos euros cada uno*.

char [ʃaʀ] **1** *m* carro. **2** carroza (de carnaval). ◆ ~ **d'assaut** carro de combate; ~ **funèbre** coche fúnebre; ■ **arrête ton** ~ (fam) ¡para el carro, ¡basta ya!; **s'attacher** ou **s'enchaîner au** ~ **de qqn** ponerse en manos de uno.

charabia [ʃaʀaˈbja] *m* (fam) galimatías, algarabía.

charade [ʃaʀad] *f* charada.

charbon [ʃaʀˈbɔ̃] **1** *m* carbón. **2** carboncillo (lápiz).

charbonner [ʃaʀbɔˈne] **1** *tr* pintar al carbón. **2** tiznar (ennegrecer). ● **3** *intr* carbonizar.

charbonneux, euse [ʃaʀbɔˈnø, øz] *adj* carbonoso.

charbonnier, ère [ʃaʀbɔˈnje, jɛʀ] *adj/m* et *f* carbonero.

charcuterie [ʃaʀkytˈʀi] **1** *f* charcutería; chanchería (Amér.). **2** embutidos.

charcutier, ère [ʃaʀkyˈtje, jɛʀ] *m* et *f* charcutero, chacinero.

chardon [ʃaʀˈdɔ̃] **1** *m* púas de hierro (en una pared o reja). **2** BOT cardo.

chardonneret [ʃaʀdɔnˈʀɛ] *m* ZOOL jilguero (pájaro).

charge [ʃaʀʒ] **1** *f* carga, peso. **2** carga (munición). **3** cargo: *il a l'enfant à sa charge* = *tiene al niño a su cargo*. **4** cargo (empleo). **5** factura. **6** gasto. **7** caricatura. **8** MIL ataque. **9** DR cargo: *témoin à charge* = *testigo de cargo*. ◆ **à** ~ **de revanche** en desquite; **à la** ~ **de** a cargo de; **prendre à** ou **en** ~ hacerse cargo de.

chargé, e [ʃaʀˈʒe] **1** *adj* cargado (de un peso). **2** pesado (estómago). **3** encargado (de hacer algo). ■ ~ **de** lleno de.

chargement [ʃaʀʒəˈmã] **1** *m* cargamento. **2** carga (de arma).

charger [ʃaʀˈʒe] **1** *tr* cargar. **2** llevar: *charger un sac sur son épaule* = *llevar un saco en su hombro*. **3** (~ **de**) encargar. **4** (~ **de**) llenar de. **5** ridiculizar, caricaturizar. **6** exagerar. **7** embestir (impetuosamente). **8** DR declarar en contra. ● **9 se** ~ *pron* (se ~ **de**) encargarse de, ocuparse de: *je me charge de tout* = *me encargo de todo*.

chariot [ʃaˈʀjo] **1** *m* carro. **2** carreta. **3** carretilla. **4** travelling, plataforma rodante (cine). **5** TECH rodillo (de máquina de escribir). ◆ ~ **élévateur** elevador.

charismatique [kaʀismaˈtik] *adj* carismático.

charisme [kaˈʀism] *f* carisma.

charité [ʃaʀiˈte] **1** *f* caridad. **2** bondad, amabilidad. ◆ **fête** ~ fiesta benéfica; ■ **faire la** ~ dar limosna.

charlatan [ʃaʀlaˈtã] **1** *m* charlatán, impostor. **2** curandero.

charlatanerie [ʃaʀlatanʀi] f charlatanería.

charmant, e [ʃaʀmɑ̃, t] **1** adj encantador. **2** seductor. ◆ **le prince ~** el príncipe azul.

charme [ʃaʀm] **1** m encanto: *cela a son charme = eso tiene su encanto.* **2** hechizo. **3** atracción, seducción. **4** BOT carpe (árbol). ■ **c'est qui en fait le ~** es lo que le da el encanto; **faire du ~** coquetear; **se porter comme un ~** estar más sano que una manzana.

charmer [ʃaʀme] **1** tr fascinar, cautivar. **2** encantar.

charnel, elle [ʃaʀnɛl] adj carnal.

charnier [ʃaʀnje] **1** m carnero; osario. **2** montón de cadáveres.

charnière [ʃaʀnjɛʀ] f bisagra, charnela.

charnu, e [ʃaʀny] adj carnoso.

charognard, e [ʃaʀɔɲaʀ, d] m buitre.

charogne [ʃaʀɔɲ] f carroña.

charpente [ʃaʀpɑ̃t] **1** f armazón, armadura (de una construcción). **2** esqueleto, osamenta (lo que sostiene). **3** (fig) estructura (de una obra literaria).

charpenterie [ʃaʀpɑ̃tʀi] f albañilería.

charpentier [ʃaʀpɑ̃tje] m albañil.

charretée [ʃaʀte] f carretada.

charrette [ʃaʀɛt] f carreta. ◆ **~ à bras** carretón.

charroi [ʃaʀwa] m acarreo (transporte).

charrue [ʃaʀy] f arado. ■ **mettre la ~ devant les bœufs** empezar la casa por el tejado.

charte [ʃaʀt] f carta (conjunto de leyes o reglas).

chas [ʃa] m ojo (de una aguja).

chasse [ʃas] **1** f caza. **2** cacería. **3** coto de caza (lugar). **4** veda (prohibición): *ouvrir la chasse = levantar la veda.* ◆ **avion de ~** caza; **~ d'eau** cisterna; ■ **aller à la ~** ir de caza; **tirer la ~** tirar de la cadena.

châsse [ʃas] **1** f relicario. **2** montura (de gafas).

chassé-croisé [ʃaskʀwaze] **1** m cruzado (danza). **2** cambio recíproco de lugar o de situación (entre dos personas).

chasse-neige [ʃasnɛʒ] m quitanieves.

chasser [ʃase] **1** tr cazar. **2** desechar, ahuyentar (una idea). ● **3** intr venir: *les nuages chassent du sud = las nubes vienen del sur.* **4** patinar, derrapar.

chassie [ʃasi] f legaña.

chassieux, euse [ʃasjø, øz] adj legañoso.

châssis [ʃasi] **1** m bastidor (marco). **2** claraboya. **3** contramarco (de puertas o ventanas). **4** AUT chasis; bastidor. **5** PHOT chasis. **6** TECH armazón. ■ **avoir un beau ~** (fig, fam) tener un buen cuerpo.

chaste [ʃast] adj casto.

chasteté [ʃastəte] f castidad.

chasuble [ʃazybl] f casulla.

chat, chatte [ʃa, t] m et f gato. ◆ **~ de gouttière** gato callejero; **~ sauvage** gato montés; **le ~ botté** el gato con botas; ■ **appeler un ~ un ~** llamar al pan pan y al vino vino; **avoir d'autres chats à fouetter** tener cosas más importantes; **avoir un ~ dans la gorge** tener carraspera.

châtaigne [ʃatɛɲ] **1** f castaña. **2** (fam) puñetazo, castaña. ◆ **~ de mer** erizo de mar.

châtain, e [ʃatɛ̃, ɛn] adj castaño: *cheveux châtains = pelo castaño.*

château [ʃato] **1** m castillo. **2** palacio (habitación real). ◆ **~ fort** fortaleza, alcázar.

châtier [ʃatje] **1** tr et pron castigar. ● **2** tr (fig) pulir, perfeccionar: *châtier son langage = perfeccionar su lenguaje.*

chatière [ʃatjɛʀ] **1** f gatera (apertura para gatos). **2** tragaluz; ventanilla de tejado.

chaton, onne [ʃatɔ̃, ɔn] **1** m et f gatito. ● **2** m engaste (de un anillo). **3** pelusa (de polvo).

chatouiller [ʃatuje] **1** tr cosquillear, hacer cosquillas. **2** (fam) excitar. ■ **~ l'amour propre** tocar el amor propio; **~ le palais** estimular el paladar.

chatouilles [ʃatuj] f pl cosquillas. ■ **faire des ~** hacer cosquillas.

chatouilleux, euse [ʃatujø, øz] **1** adj cosquilloso. **2** (fig) quisquilloso.

chatoyant, e [ʃatwajɑ̃, t] adj tornasolado.

châtrer [ʃatʀe] **1** tr castrar, capar. **2** (fig) suprimir, eliminar (pasajes de un libro). **3** AGR podar, castrar.

chatterie [ʃatʀi] **1** f zalamería, arrumaco. **2** (se usa más en pl) golosinas.

chaud, e [ʃo, d] **1** adj caliente. **2** cálido, caluroso: *la nuit était chaude et sereine = la noche era cálida y serena.* ● **3** m calor: *il fait très chaud = hace mucho calor.* ■ **à ~** en caliente: *régler un problème à chaud = arreglar un problema en caliente.*

chaudeau [ʃo'do] **1** *m* caldo caliente. **2** ponche de huevos.

chaudière [ʃo'djɛr] *f* caldera.

chaudron [ʃo'drɔ̃] *m* caldero.

chauffage [ʃo'faʒ] **1** *m* calentamiento; caldeamiento. **2** calefacción: *chauffage électrique = calefacción eléctrica.*

chauffard [ʃo'far] *m* mal conductor.

chauffe [ʃof] **1** *f* fogón. **2** TECH caldeo.

chauffe-eau [ʃof'o] *m* calentador de agua.

chauffer [ʃo'fe] **1** *tr* et *intr* calentar. ● **2** *tr* activar, poner en marcha. ● **3** *intr* caldear. **4** (fig, fam) agravarse. ● **5** se ~ *pron* calentarse: *se chauffer avant d'une course = calentarse antes de una carrera.*

chaufferette [ʃof'rɛt] **1** *f* rejuela, calientapiés. **2** calientaplatos pequeño.

chauffeur [ʃo'fœr] **1** *m* chófer, conductor. **2** fogonero (de una caldera). ◆ ~ **de taxi** taxista; ruletero (Amér.).

chaume [ʃom] *m* paja. **2** caña.

chaumière [ʃo'mjɛr] *f* choza.

chaussant, e [ʃo'sã, t] **1** *adj* que calza bien (zapato). **2** de calzado: *articles chaussants = artículos de calzado.* ● **3** *m* calzado (forma).

chaussée [ʃo'se] **1** *f* calzada, carretera. **2** malecón, dique.

chausse-pied [ʃos'pje] *m* calzador.

chausser [ʃo'se] **1** *tr* et *pron* calzar: *chausser du 38 = calzar el 38.* ● **2** *intr* quedar, sentar: *ces bottes vous chaussent bien = estas botas le sientan bien.*

chaussette [ʃo'sɛt] *f* calcetín; media (Amér.).

chausson [ʃo'sɔ̃] **1** *m* zapatilla. **2** patuco (de bebé). **3** *pastel con compota de fruta.*

chaussure [ʃo'syr] **1** *f* zapato. **2** calzado (comercio). ◆ **chaussures montantes** botas, botinas.

chauve [ʃov] *adj* calvo.

chauvin, e [ʃo'vɛ̃, in] *adj/m* et *f* chauvinista.

chaux [ʃo] *f* cal. ■ à ~ et à sable a cal y canto.

chavirer [ʃavi're] **1** *intr* et *tr* zozobrar (un buque). ● **2** *intr* ponerse en blanco (los ojos). **3** (fig) hundirse, irse a pique.

chef [ʃef] **1** *m* cabeza. **2** jefe. ◆ ~ **de chantier** maestro de obras; ~ **d'orchestre** director de orquesta; ■ **au premier** ~ en primer lugar.

chef-d'œuvre [ʃef'dœvr] *m* obra maestra.

chef-lieu [ʃef'ljø] *m* cabeza de distrito.

chemin [ʃmɛ̃] *m* camino. ◆ ~ **de roulement** carril; ~ **de table** centro de mesa; ~ **de traverse** atajo; ~ **forestier** senda de bosque; ■ **faire son** ~ abrirse camino.

chemin de fer [ʃmɛ̃d'fɛr] *m* ferrocarril.

cheminée [ʃmi'ne] *f* chimenea.

cheminer [ʃmi'ne] **1** *intr* caminar. **2** (fig) progresar, evolucionar.

cheminot, e [ʃmi'no, ɔt] *adj/m* et *f* ferroviario.

chemise [ʃə'miz] **1** *f* camisa. **2** carpeta, dosier. ◆ ~ **de nuit** camisa de dormir.

chemiserie [ʃmiz'ri] *f* camisería.

chemisette [ʃmi'zɛt] **1** *f* camiseta (de hombre). **2** blusa (de mujer).

chemisier, ère [ʃmi'zje, jɛr] **1** *m* et *f* camisero. ● **2** *m* blusa (de mujer).

chenapan [ʃna'pã] *m* tuno, pillastre.

chêne [ʃɛn] *m* roble.

chenil [ʃni] **1** *m* perrera. **2** criadero de perros. **3** (fig) pocilga (local sucio).

chenille [ʃnij] **1** *f* oruga (larva). **2** felpilla (pasamanería). **3** MÉC oruga (de vehículos).

chèque [ʃɛk] *m* cheque; talón. ◆ ~ **à ordre** cheque nominativo; ~ **barré** cheque cruzado; ~ **sans provision** cheque sin fondos.

chéquier [ʃe'kje] *m* talonario de cheques.

cher, ère [ʃɛr] **1** *adj* querido, apreciado. **2** caro (precio).

chercher [ʃɛr'ʃe] **1** *tr* buscar. **2** (~ **à**) tratar de: *chercher à comprendre = tratar de comprender.*

> Si este verbo va precedido de **aller**, **envoyer** o **venir** se traduce simplemente por la preposición por: *aller chercher du pain = ir a por pan.*

chère [ʃɛr] *f* comida.

chéri, e [ʃe'ri] *adj/m* et *f* querido.

chérir [ʃe'rir] *tr* amar; querer.

cherté [ʃɛr'te] *f* carestía, precio elevado.

chérubin [ʃery'bɛ̃] *m* querubín.

chétif, ive [ʃe'tif, iv] **1** *adj* endeble, enclenque (persona). **2** escaso, pobre: *un repas chétif = una comida escasa.*

cheval [ʃval] *m* caballo. ◆ ~ **à bascule** caballito de balancín; ~ **d'arçons** potro (gimnasia); **chevaux de bois** tiovivo; ■ **à ~ donné on ne regarde pas la bride** a caballo regalado no le mires el diente; **faire du ~** practicar equitación.

chevalerie [ʃval'ʁi] f caballería.

chevalet [ʃva'lɛ] m caballete (de pintor, de obrero).

chevalier [ʃva'lje] 1 m caballero. 2 chorlito (pájaro). ◆ **~ servant** galán.

chevalin, e [ʃva'lɛ̃, in] 1 adj caballar. 2 caballuno (aire, perfil). ◆ **boucherie chevaline** carnicería de carne de caballo.

chevaucher [ʃvo'ʃe] 1 tr cabalgar, montar (a caballo). ● 2 intr et pron imbricar.

chevelu, e [ʃəv'ly] 1 adj cabelludo. 2 peludo, melenudo.

chevelure [ʃəv'lyʁ] 1 f cabellera. 2 ASTR cola (de un cometa).

chevet [ʃve] 1 m cabecera (de cama). 2 ARCHIT presbiterio (de iglesia). ◆ **lampe de ~** lámpara de cabecera; **livre de ~** libro de cabecera; ■ **au ~ de qqn** al lecho de alguien.

cheveu [ʃvø] m cabello, pelo. ◆ **~ blanc** cana; **cheveux d'ange** cabello de ángel (decoración de Navidad); **faux cheveux** cabellos postizos; ■ **se faire des cheveux** (fam) quemarse la sangre, preocuparse; **tiré par les cheveux** (fig) inverosímil (una historia).

cheville [ʃvij] 1 f clavija (caña de metal o madera). 2 ANAT tobillo. ◆ **~ ouvrière** clavija maestra; ■ **être en ~ avec qqn** estar en estrecha asociación.

chèvre [ʃɛvʁ] f cabra. ◆ **~ sauvage** cabra montés.

chevreau [ʃə'vʁo] 1 m cabrito, chivo. 2 cabritilla (piel).

chevron [ʃə'vʁɔ̃] 1 m ARCHIT cabrio. 2 MIL galón (en forma de V).

chevrotant, e [ʃəvʁɔ'tɑ̃, t] adj tembloroso, trémulo.

chevroter [ʃəvʁɔ'te] intr temblar la voz.

chevrotin [ʃəvʁɔ'tɛ̃] 1 m cabritilla (piel). 2 queso de cabra.

chewing-gum [ʃwiŋ'gɔm] m chicle.

chez [ʃe] 1 prép en casa de: chez mes grands-parents = en casa de mis abuelos. 2 a casa de (dirección): il s'en va chez son oncle = se va a casa de su tío. 3 entre: chez les Anglais = entre los ingleses. 4 en: on trouve ceci chez Flaubert = se encuentra esto en Flaubert.

chez-soi [ʃe'swa] (pl chez-soi) m hogar.

chialer [ʃja'le] intr (fam) llorar.

chiant, e [ʃjɑ̃, t] adj (fam) coñazo.

chic [ʃik] 1 adj et m chic. ● 2 chic! interj (fam) ¡estupendo! ■ **avoir le ~ pour** tener el don de.

chicaner [ʃika'ne] 1 intr et tr enredar, liar. 2 trapacear (en un proceso). ■ **~ sur qqch** ser quisquilloso con algo.

chicanerie [ʃikan'ʁi] f chicana.

chiche [ʃiʃ] 1 adj tacaño. ● 2 chiche! interj (fam) ¿a que no?: tu n'est pas chiche de lui parler! = ¿a que no tienes narices de ir a hablar con él?

chichi [ʃi'ʃi] m cursilerías.

chichiteux, euse [ʃiʃi'tø, øz] adj cursi.

chicorée [ʃiko'ʁe] f BOT achicoria. ◆ **~ frisée** escarola.

chicot [ʃi'ko] 1 m tocón (árbol roto). 2 (fam) raigón (diente roto).

chien, enne [ʃjɛ̃, ɛn] 1 m et f perro. 2 canalla. ◆ **~ d'aveugle** perro lazarillo; **~ de berger** perro ganadero; ■ **vivre comme ~ et chat** vivir como perro y gato.

chien-loup [ʃjɛ̃'lu] m perro lobo.

chier [ʃje] intr (fam) cagar. ■ **faire ~** (fam) dar el coñazo; **se faire ~** aburrirse como una ostra.

chiffon [ʃi'fɔ̃] m trapo.

chiffonner [ʃifɔ'ne] 1 tr arrugar. 2 (fig) molestar (fastidiar). ● 3 intr remendar.

chiffonnier, ère [ʃifɔ'nje, jɛʁ] 1 m et f trapero. ● 2 m costurero (mueble).

chiffre [ʃifʁ] 1 m cifra, número. 2 cantidad. 3 importe, total. 4 inicial. ◆ **~ d'affaires, de ventes** volumen de negocios, de ventas.

chiffrer [ʃi'fʁe] 1 tr cifrar. 2 numerar. ● 3 intr (~ à) sumar, ascender a.

chignon [ʃi'ɲɔ̃] m moño.

chili [ʃi'li] m chile.

Chili [ʃi'li] m Chile.

chimère [ʃi'mɛʁ] f quimera.

chimérique [ʃime'ʁik] adj quimérico.

chimie [ʃi'mi] f química.

chimique [ʃi'mik] adj químico.

chimiste [ʃi'mist] m ou f químico.

chimpanzé [ʃɛ̃pɑ̃'ze] m chimpancé (mono).

chine [ʃin] 1 m porcelana de China. 2 papel de China. ● 3 f chamarileo.

Chine [ʃin] f China.

chinois, e [ʃi'nwa, z] 1 adj chino. ● 2 Chinois, e m et f chino. ● 3 m chino (lengua).

chiot [ʃjo] *m* cachorro.
chiper [ʃi'pe] *tr* (fam) birlar, mangar.
chipie [ʃi'pi] *f* (fam) bruja, arpía.
chipolata [ʃipɔla'ta] *f salchicha larga y delgada.*
chipoter [ʃipɔ'te] **1** *intr* picotear, comiscar. **2** (fig) regatear.
chips [ʃips] *f pl* patatas fritas.
chique [ʃik] **1** *f* mascada (de tabaco). **2** capullo de seda. **3** (fam) inflamación (de la mejilla).
chiqué [ʃi'ke] **1** *m* ostentación. **2** farol, tongo (mentira).
chiquenaude [ʃik'nod] *f* papirotazo, papirotada.
chiquer [ʃi'ke] *tr* mascar (tabaco).
chiromancie [kirɔmɑ̃'si] *f* quiromancia.
chirurgical, e [ʃiryrʒi'kal] *adj* quirúrgico.
chirurgie [ʃiryr'ʒi] *f* cirugía.
chirurgien, enne [ʃiryr'ʒjɛ̃, ɛn] *m et f* cirujano.
chlore [klɔr] *m* CHIM cloro.
chloroforme [klɔrɔ'fɔrm] *m* CHIM cloroformo.
chlorophylle [klɔrɔ'fil] *f* BOT clorofila.
chlorurer [klɔry're] *tr* clorurar.
choc [ʃɔk] *m* choque. ◆ **~ en retour** choque de rechazo; **~ nerveux** ataque de nervios; **état de ~** estado de choque; **prix ~** precio de choque.
chocolat [ʃɔkɔ'la] **1** *m* chocolate. **2** bombón. ◆ **~ à croquer** chocolate para crudo; **~ à cuire** chocolate a la taza; **~ au lait** chocolate con leche; **~ en poudre** chocolate en polvo.
chocolatier, ère [ʃɔkɔla'tje, jɛr] *adj/m et f* chocolatero.
chœur [kœr] *m* coro.
choir [ʃwar] *intr* caer. ■ **laisser ~** (fam) abandonar.
choisi, e [ʃwa'zi] *adj* escogido.
choisir [ʃwa'zir] **1** *tr* escoger. **2** elegir.
choix [ʃwa] **1** *m* elección. **2** selección, surtido: *un choix de charcuterie = un surtido de embutidos.* **3** alternativa, opción: *laisser le choix = dejar una alternativa.* ■ **au ~** al gusto de; **avoir le ~** tener donde escoger; **de premier ~** de primera calidad.
choléra [kɔle'ra] **1** *m* cólera (enfermedad). **2** (fam) peste, mala persona.
cholestérol [kɔlɛste'rɔl] *m* colesterol.

chômage [ʃo'maʒ] **1** *m* paro. **2** desempleo; desocupación (Amér.). ◆ **~ déguisé** paro encubierto; ■ **être au ~** estar en paro; **mettre au ~** enviar al paro.
chômer [ʃo'me] *intr* estar en paro.
chômeur, euse [ʃo'mœr, øz] *m et f* parado.
chope [ʃɔp] *f* jarra de cerveza.
choper [ʃɔ'pe] **1** *tr* (fam) mangar (robar). **2** (fam) agarrar (una enfermedad): *j'ai chopé un bon rhume = he agarrado un buen resfriado.*
choquant, e [ʃɔ'kɑ̃, t] *adj* chocante.
choquer [ʃɔ'ke] *tr* chocar. ■ **~ les verres** brindar.
choral, e [kɔ'ral] (*pl* chorals) **1** *adj* coral. ● **2** *m* coral (composición). ● **3** *f* MUS coral, coro.
chorégraphe [kɔre'graf] *m ou f* coreógrafo.
chorégraphie [kɔregra'fi] *f* coreografía.
choriste [kɔ'rist] *m ou f* corista.
chose [ʃoz] *f* cosa (objeto). ◆ **quelque ~** algo: *qqch de bon = algo bueno*; ■ **c'est peu de ~** no tiene importancia.
chou [ʃu] (*pl* choux) *m* col. ◆ **~ à la crème** petisú; **~ de Bruxelles** col se Bruselas; **mon petit ~** (fam) amor mío, cariño; ■ **faire ~ blanc** fracasar.
chouannerie [ʃwan'ri] *f* sublevación de los chuanes.
chouchou, oute [ʃu'ʃu, t] **1** *m et f* (fam) favorito, preferido. ● **2** *m* coletero (para el pelo).
chouchouter [ʃuʃu'te] *tr* (fam) mimar (dar cariño).
choucroute [ʃu'krut] *f* GAST choucroute, chucrut.
chouette [ʃwɛt] **1** *f* lechuza. ● **2 chouette!** *interj* ¡estupendo!
chou-fleur [ʃu'flœr] (*pl* choux-fleurs) *m* coliflor.
chou-rave [ʃu'rab] (*pl* choux-raves) *m* colinabo.
choyer [ʃwa'je] *tr* mimar (dar cariño).
chrétien, enne [kre'tjɛ̃, ɛn] *adj/m et f* cristiano.
chrétienté [kretjɛ̃'te] *f* cristiandad.
christianiser [kristjani'ze] *intr* cristianizar.
christianisme [kristja'nism] *m* cristianismo.
chromatique [krɔma'tik] *adj* cromático.

chrome [kʀɔm] *m* cromo (metal).

chromer [kʀɔ'me] *tr* cromar (metales).

chromo [kʀɔ'mo] *m* cromo (impresión en color).

chromosome [kʀɔmo'zom] *m* BIOL cromosoma.

chromosomique [kʀɔmozɔ'mik] *adj* cromosómico.

chronique [kʀɔ'nik] **1** *adj* crónico. ● **2** *f* crónica.

chroniqueur [kʀɔni'kœʀ] *m ou f* cronista.

chronologie [kʀɔnɔlɔ'ʒi] *f* cronología.

chronologique [kʀɔnɔlɔ'ʒik] *adj* cronológico.

chronomètre [kʀɔnɔ'mɛtʀ] *m* cronómetro.

chronométrer [kʀɔnɔme'tʀe] *tr* cronometrar.

chronométrique [kʀɔnɔme'tʀik] *adj* cronométrico.

chrysanthème [kʀizã'tɛm] *m* crisantemo.

chuchoter [ʃyʃɔ'te] *intr* cuchichear.

chuchoterie [ʃyʃɔt'ʀi] *f* cuchicheo.

chuinter [ʃwɛ̃'te] *intr* silbar (el búho).

chut! [ʃyt] *interj* ¡chitón!

chute [ʃyt] *f* caída. ◆ ~ d'eau salto de agua; ~ de neige alud; ~ des reins rabadilla; ~ libre caída libre (paracaídas).

chuter [ʃy'te] **1** *intr* (fam) fracasar (una obra de teatro). **2** (fam) caerse: *chuter dans les escaliers = caerse por las escaleras*. **3** (fig) disminuir, bajar: *le prix de la viande a chuté = ha bajado el precio de la carne*.

ci [si] **1** *adv* aquí. ● **2** *pron dém* esto: *demander ci et ça = pedir esto y aquello*. ■ ci-après a continuación; ci-contre al lado; ci-dessous más abajo, más adelante; ci-dessus arriba indicado, susodicho; ci-inclus incluso; ci-joint adjunto.

cible [sibl] *f* blanco, objetivo.

cibler [si'ble] *tr* dirigirse a (un público, una clientela).

ciboulette [sibu'lɛt] *f* cebolleta.

ciboulot [sibu'lo] *m* (fam) chola (cabeza).

cicatrice [sika'tʀis] *f* cicatriz.

cicatrisation [sikatʀiza'sjɔ̃] *f* cicatrización.

cicatriser [sikatʀi'ze] *tr et intr* cicatrizar.

ci-contre [si'kɔ̃tʀ] *adv* → ci.

ci-dessous [sid'su] *adv* → ci.

ci-dessus [sid'sy] *adv* → ci.

cidre [sidʀ] *m* sidra.

cidrerie [sidʀə'ʀi] *f* sidrería.

ciel [sjɛl] (*pl* cieux) **1** *m* cielo. ● **2** ciel! *interj* ¡cielos! ◆ ~ de lit dosel; ■ à ~ ouvert a cielo abierto; au nom du ~! ¡cielos!, ¡por Dios!; tomber du ~ venir como caído del cielo.

cierge [sjɛʀʒ] *m* cirio (vela).

cigale [si'gal] *f* ZOOL cigarra, chicharra.

cigare [si'gaʀ] *m* cigarro (puro).

cigarette [siga'ʀɛt] *f* cigarrillo.

ci-gît [si'ʒi] *adv* → ci.

cigogne [si'gɔɲ] *f* cigüeña (pájaro).

ci-inclus [siɛ̃'kly] *adv* → ci.

ci-joint [siʒwɛ̃] *adv* → ci.

cil [sil] *m* pestaña.

ciller [si'le] *intr* parpadear; pestañear.

cime [sim] *f* cima.

ciment [si'mã] *m* cemento. ◆ ~ armé cemento u hormigón armado.

cimenter [simã'te] **1** *tr* cementar. **2** (fig) cimentar, afirmar.

cimetière [sim'tjɛʀ] *m* cementerio; panteón (Amér.). ◆ ~ de voitures cementerio de coches.

cinéaste [sine'ast] *m ou f* cineasta.

ciné-club [sine'klœb] (*pl* ciné-clubs) *m* cine-club.

cinéma [sine'ma] *m* cine. ◆ ~ d'animation cine de animación; ~ muet, parlant cine mudo, sonoro.

cinématographe [sinemato'gʀaf] *m* cinematógrafo.

cinématographie [sinematogʀa'fi] *f* cinematografía.

cinétique [sine'tik] **1** *adj* cinético. ● **2** *f* cinética.

cinglant, e [sɛ̃'glã, t] **1** *adj* azotador (frío, viento). **2** (fig) mordaz, cruel.

cinglé, e [sɛ̃'gle] *adj/m et f* (fam) chiflado.

cinq [sɛ̃k] **1** *adj et m* cinco: *le cinq décembre = el cinco de diciembre*. **2** quinto: *Charles V (cinq) = Carlos V (quinto)*. ■ à ~ heures a las cinco.

cinquantaine [sɛ̃kã'tɛn] **1** *f* cincuentena. **2** los cincuenta. ■ avoir la ~ haber cumplido los cincuenta; friser la ~ andar por los cincuenta.

cinquante [sɛ̃'kãt] *adj et m* cincuenta.

cinquantenaire [sɛ̃kãte'nɛʀ] **1** *adj/m ou f* cincuentón. ● **2** *m* cincuentenario (aniversario).

cinquantième [sɛ̃kã'tjɛm] *adj/m ou f* quincuagésimo.

cinquième [sẽ'kjɛm] *adj/m* ou *f* quinto.

cirage [si'Raʒ] *m* betún.

circonférence [siRkõfe'Rãs] *f* circunferencia.

circonflexe [siRkõ'flɛks] *adj* circunflejo.

circonlocution [siRkõlɔky'sjõ] *f* circunloquio, rodeo.

circonscription [siRkõskRip'sjõ] *f* circunscripción. ◆ ~ **électorale** circunscripción electoral.

circonscrire [siRkõs'kRiR] *tr* circunscribir.

circonspect, e [siRkõs'pɛkt] *adj* circunspecto.

circonstance [siRkõs'tãs] *f* circunstancia. ◆ **air** ou **tête de** ~ cara de circunstancias; ~ **aggravantes, atténuantes** circunstancias agravantes, atenuantes.

circonstanciel, elle [siRkõstã'sjɛl] *adj* circunstancial.

circonvenir [siRkõv'niR] *tr* embaucar, engañar.

circonvolution [siRkõvɔly'sjõ] *f* circunvolución.

circuit [siR'kɥi] *m* circuito. ◆ ~ **automobile** circuito automovilístico; ~ **de distribution** ÉCON circuito de distribución; ~ **fermé, intégré** ÉLEC circuito cerrado, integrado.

circulaire [siRky'lɛR] *adj* et *f* circular.

circulation [siRkyla'sjõ] *f* circulación. ◆ ~ **aérienne** tráfico aéreo; ~ **arterielle** circulación arterial; ■ **avoir une bonne, mauvaise** ~ tener una buena, mala circulación.

circulatoire [siRkyla'twaR] *adj* circulatorio.

circuler [siRky'le] *intr* circular.

cire [siR] *f* cera. ◆ ~ **à cacheter** lacre.

cirer [si'Re] **1** *tr* encerar (el parqué, los tejidos). **2** encerar, sacar brillo a (los zapatos).

cirque [siRk] *m* circo.

ciseau [si'zo] **1** *m* cincel (de escultor). **2** formón (de carpintero). ● **3 ciseaux** *m pl* tijeras.

ciseler [siz'le] **1** *tr* cincelar. **2** recortar con tijeras.

ciselure [siz'lyR] *f* cinceladura; cincelado.

citadelle [sita'dɛl] *f* ciudadela.

citadin, e [sita'dẽ, in] *adj/m* et *f* ciudadano.

citation [sita'sjõ] **1** *f* cita (texto citado). **2** DR, MIL citación.

cité [si'te] **1** *f* ciudad. **2** casco antiguo (de una ciudad). ◆ ~ **ouvrière, universitaire** ciudad obrera, universitaria.

citer [si'te] *tr* citar: *citer en justice* = *citar ante la justicia*.

citerne [si'tɛRn] *f* cisterna.

citoyen, enne [sitwa'jẽ, ɛn] *m* et *f* ciudadano.

citrique [si'tRik] *adj* cítrico.

citron [si'tRõ] *adj* et *m* limón. ◆ ~ **pressé** zumo de limón natural.

citronnade [sitRɔ'nad] *f* limonada.

citrouille [si'tRuj] *f* calabaza.

civière [si'vjɛR] **1** *f* parihuelas. **2** camilla.

civil, e [si'vil] *adj/m* et *f* civil.

civilisation [siviliza'sjõ] *f* civilización.

civiliser [sivili'ze] *tr* civilizar.

civilité [sivili'te] *f* urbanidad. ■ **présenter ses civilités à qqn** presentar sus respetos a alguien.

civique [si'vik] *adj* cívico. ◆ **instruction** ~ educación cívica.

cl (*abrév de* **centilitre**) *m* cl.

clair, e [klɛR] **1** *adj* claro. ● **2** *m* claro: *le clair de lune* = *el claro de la luna*. ● **3** *adv* claro, claramente. ■ **mettre au** ~ poner en limpio; **tirer qqch au** ~ sacar algo en claro; **y voir** ~ verlo claro.

claire-voie [klɛR'vwa] **1** *f* claraboya. **2** vidrieras (de una iglesia). ◆ **à** ~ calado.

clairière [klɛ'Rjɛʀ] *f* claro (de un bosque).

clair-obscur [klɛRɔbs'kyʀ] *m* claroscuro.

clairon [klɛ'Rõ] *m* clarín.

claironnant, e [klɛRɔ'nã, t] *adj* estrepitoso, estruendoso.

claironner [klɛRɔ'ne] **1** *intr* tocar el clarín. ● **2** *tr* (fig) pregonar.

clairsemé, e [klɛRsə'me] **1** *adj* esparcido (población, árboles). **2** (fig) escaso (pelo).

clairvoyance [klɛRvwa'jãs] *f* clarividencia.

clairvoyant, e [klɛRvwa'jã, t] *m* et *f* clarividente.

clamer [kla'me] *tr* clamar.

clan [klã] *m* clan.

clandestin, e [klãdɛs'tẽ, in] *adj/m* et *f* clandestino. ◆ **passager** ~ polizón.

clandestinité [klãdɛstini'te] *f* clandestinidad. ■ **entrer dans la** ~ pasar a la clandestinidad.

clapier [kla'pje] **1** *m* conejera, madriguera. **2** (fig) antro.

clapoter [klapɔ'te] *intr* chapotear.

clapotis [klapɔ'ti] *m* chapoteo.

clapper [kla'pe] *intr* chascar (con la lengua).

claque [klak] **1** *f* bofetada. **2** clac (sombrero). **3** (fam) claque, conjunto de alabarderos (en el teatro). ■ **prendre une ~** (fig) estrellarse.

claquemurer [klakmy'ʀe] **1** *tr* emparedar, encerrar. ● **2 se ~** *pron* encerrarse en casa.

claquer [kla'ke] **1** *intr* crujir. **2** castañear (con los dedos). **3** (fam) tener una distensión (un músculo). ● **4** *tr* abofetear. ■ **~ la porte** dar un portazo.

claqueter [klak'te] *intr* cacarear.

clarification [klaʀifika'sjɔ̃] **1** *f* clarificación (de un líquido). **2** (fig) aclaración (de un problema).

clarifier [klaʀi'fje] **1** *tr* clarificar: *clarifier du vin = clarificar vino*. **2** purificar. **3** (fig) aclarar.

clarine [kla'ʀin] *f* esquila, cencerro.

clarinette [klaʀi'net] *f* clarinete.

clarinettiste [klaʀine'tist] *m ou f* clarinetista.

clarté [klaʀ'te] *f* claridad.

classe [klas] **1** *f* clase (categoría, importancia). **2** clase, curso (escolar). **3** aula, clase. ◆ **~ de mer** colonia escolar en la playa; **~ de neige** semana blanca (escuela); **~ sociale** clase social; **~ touriste** clase turista o económica; **de ~ de calidad.

classer [kla'se] *tr et pron* clasificar.

classeur [kla'sœʀ] **1** *m* clasificador, archivador. **2** carpeta de anillas.

classification [klasifika'sjɔ̃] *f* clasificación.

classifier [klasi'fje] *tr* clasificar.

classique [kla'sik] *adj/m ou f* clásico. ◆ **études classiques** estudios clásicos.

claudication [klodika'sjɔ̃] *f* cojera.

claudiquer [klodi'ke] *intr* cojear.

clause [kloz] *f* cláusula. ◆ **~ résolutoire** DR cláusula resolutoria.

claustrer [klos'tʀe] *tr et pron* enclaustrar.

claustrophobie [klostʀofo'bi] *f* claustrofobia.

clavier [kla'vje] *m* teclado.

clé [kle] *f →* clef.

clef [kle] **1** *f* llave. **2** (fig) clave (de un misterio, etc.). **3** MUS clave (escolar): *clef de sol = clave de sol*. **4** TECH llave. ◆ **~ à la molette ou anglaise** llave inglesa; **~ de contact** llave de contacto; **~ de voûte** clave de arco, piedra angular; **~ maî-**

tresse llave maestra; **film, livre à ~** película, libro con mensaje; ■ **mettre sous ~** cerrar bajo llave.

clémence [kle'mɑ̃s] *f* clemencia.

clément, e [kle'mɑ̃, t] *adj* clemente.

clémentine [klemɑ̃'tin] *f* clementina (mandarina).

clerc [klɛʀ] *m* clérigo. ◆ **~ de notaire, d'avocat** pasante de notario, de abogado.

clergé [klɛʀ'ʒe] *m* clero.

clérical, e [kleʀi'kal] *adj/m et f* clerical.

client, e [kljɑ̃, t] **1** *m et f* cliente. ● **2** *m* ÉCON cliente, consumidor: *la Belgique est un client de la France sur le marché automobile = Bélgica es un cliente de Francia en el mercado automóvil*.

clientèle [kljɑ̃'tɛl] *f* clientela. ■ **accorder sa ~ à** ser cliente habitual de.

cligner [kli'ɲe] **1** *tr* entornar. **2** guiñar (los ojos). ● **3** *intr* parpadear.

clignotant, e [kliɲo'tɑ̃, t] **1** *adj* parpadeante; intermitente. ● **2** *m* intermitente (de un vehículo).

clignoter [kliɲo'te] *intr* pestañear, parpadear.

climat [kli'ma] **1** *m* clima. **2** (fig) ambiente.

climatiser [klimati'ze] *tr* climatizar, acondicionar.

climatiseur [klimati'zœʀ] *m* climatizador.

clin d'œil [klɛ̃'dœj] *m* guiño. ■ **en un ~** en un abrir y cerrar de ojos.

clinique [kli'nik] **1** *adj* clínico. ● **2** *f* clínica.

clinquant, e [klɛ̃'kɑ̃, t] **1** *adj* brillante, chillón. ● **2** *m* lentejuela, oropel. **3** (fig) relumbrón (brillo engañoso).

clique [klik] *f* (fam) pandilla. ■ **prendre ses cliques et ses claques** liar el petate.

cliquer [kli'ke] *intr* INF pulsar el ratón.

cliqueter [klik'te] *intr* sonar, restallar.

cliquetis [klik'ti] *m* ruido (metálico).

cloaque [klo'ak] *m* cloaca.

clochard, e [klo'ʃaʀ, d] *m et f* mendigo, vagabundo.

cloche [klɔʃ] **1** *f* campana. **2** (fam) tonto. ◆ **~ à fromage** quesera; ■ **sonner les ~ à qqn** echar una bronca a alguien.

cloche-pied (à) [aklɔʃ'pje] *loc adv* a la pata coja.

clocher [klɔ'ʃe] *m* campanario (de iglesia).

clochette [klɔ'ʃet] **1** *f* campanilla. **2** esquila (para el ganado).

cloison [klwaˈzɔ̃] 1 *f* tabique. 2 (fig) separación, barrera.

cloisonner [klwazɔˈne] 1 *tr* tabicar. 2 (fig) compartimentar.

cloître [klwatR] 1 *m* claustro. 2 monasterio.

cloîtrer [klwaˈtRe] *tr* et *pron* enclaustrar.

clone [klɔn] *m* clon.

clopin-clopant [klɔpĕklɔˈpɑ̃] *loc adv* (fam) cojeando.

clopiner [klɔpiˈne] *intr* cojear.

cloporte [klɔˈpɔRt] *m* cochinilla.

cloque [klɔk] 1 *f* ampolla (de la piel). 2 BOT herrumbre.

clore [klɔR] 1 *tr* cercar, rodear. 2 (fig) cerrar, concluir.

clos, e [klo, z] *pp* → clore. ● 2 *adj* cerrado. 3 cercado (rodeado). ● 4 *m* huerta.

clôture [kloˈtyR] 1 *f* clausura (de un monasterio). 2 cerca, valla. 3 cierre, clausura.

clôturer [klotyˈRe] 1 *tr* cercar, cerrar. 2 clausurar, terminar (un debate, etc.).

clou [klu] 1 *m* clavo. 2 (fig) guinda, colofón. ● 3 clous *m pl* paso de peatones. ◆ ~ de girofle clavo de especia.

clouer [klue] *tr* clavar: *clouer un tableau = clavar un cuadro*.

clouter [kluˈte] *tr* clavetear.

clown [klun] *m* clown; payaso. ■ faire le ~ hacer el payaso.

clownerie [klunˈRi] *f* payasada.

club [klœb] *m* club.

coagulation [kɔagylaˈsjɔ̃] *f* coagulación.

coaguler [kɔagyˈle] *tr, intr* et *pron* coagular.

coaliser [kɔaliˈze] *tr* et *pron* mancomunar.

coasser [kɔaˈse] *intr* croar (las ranas).

cobaye [kɔˈbaj] *m* cobaya, conejillo de Indias; cuy (Amér.).

cobra [kɔˈbRa] *m* cobra (serpiente).

cocaïne [kɔkaˈin] *f* cocaína.

cocaïnomane [kɔkainɔˈman] *m* ou *f* cocainómano.

cocasse [kɔˈkas] *adj* (fam) chistoso, divertido.

coccinelle [kɔksiˈnɛl] *f* mariquita (insecto).

cocher [kɔˈʃe] *m* cochero.

cochère [kɔˈʃɛR] *adj* cochera.

cochon [kɔˈʃɔ̃] 1 *m* cerdo, cochino; chancho (Amér.). 2 (fam) cerdo (sucio). ◆ ~ d'Inde ZOOL conejillo de Indias; ~ de lait lechón, cochinillo.

cochonnerie [kɔʃɔnˈRi] *f* (fam) porquería, marranada.

cochonnet [kɔʃɔˈnɛ] *m* cochinillo.

cocktail [kɔkˈtɛl] *m* cóctel.

coco [kɔˈko] *m* coco (fruto).

cocorico [kɔkɔRiˈko] *m* quiquiriquí.

cocotte [kɔˈkɔt] 1 *f* gallina (en lenguaje infantil). 2 olla. 3 (fam) niñita (lenguaje cariñoso).

coction [kɔkˈsjɔ̃] *f* cocción.

cocu, e [kɔˈky] *adj/m* et *f* cornudo; coronado (Amér.).

code [kɔd] *m* código: *code de la route = código de circulación*. ◆ ~ civil DR Código Civil; ~ (de) Gray INF código de Gray; ~ postal código postal.

coder [kɔˈde] *tr* codificar, cifrar.

codeur [kɔˈdœR] *m* INF codificador.

codification [kɔdifikaˈsjɔ̃] *f* codificación.

codifier [kɔdiˈfje] *tr* codificar.

coefficient [kɔefiˈsjɑ̃] *m* coeficiente.

coéquipier, ère [kɔekiˈpje, jɛR] *m* et *f* compañero de equipo.

coercitif, ive [kɔɛRsiˈtif, iv] *adj* coercitivo.

coercition [kɔɛRsiˈsjɔ̃] *f* coerción.

cœur [kœR] 1 *m* corazón. 2 BOT cogollo. 3 (fig) valor, coraje. ◆ ~ d'artichaud (fig) corazón de melón; ■ à ~ ouvert MÉD a corazón abierto; avoir du ~ tener buen corazón; avoir mal au ~ estar mareado, tener náuseas; parler à ~ ouvert hablar con el corazón en la mano; tenir à ~ tener un gran interés.

coexistence [kɔɛkzisˈtɑ̃s] *f* coexistencia.

coexister [kɔɛkzisˈte] *intr* coexistir.

coffre [kɔfR] 1 *m* cofre (arca). 2 AUT maletero; portaequipajes. 3 MAR casco (de un barco).

coffre-fort [kɔfRəˈfɔR] *m* caja fuerte.

coffrer [kɔˈfRe] 1 *tr* (fam) enjaular, entalegar. 2 TECH encofrar (hormigón).

coffret [kɔˈfRɛ] *m* cofrecito (de joyas).

cognac [kɔˈnak] *m* coñac.

cogner [kɔˈne] 1 *tr* et *pron* golpear, pegar. ● 2 *intr* golpear, hacer ruido: *le moteur cogne = el motor hace ruido*.

cohabitation [kɔabitaˈsjɔ̃] *f* cohabitación.

cohabiter [kɔabiˈte] *intr* cohabitar.

cohérence [kɔeˈRɑ̃s] *f* coherencia.

cohérent, e [kɔeˈRɑ̃, t] *adj* coherente.

cohésif, ive [kɔeˈzif, iv] *adj* cohesivo.

cohésion [kɔe'zjɔ̃] *f* cohesión.

cohorte [kɔ'ɔRt] *f* cohorte.

cohue [kɔy] *f* tropel.

coi, coite [kwa, t] *adj* quieto, callado. ■ **rester ~** no decir esta boca es mía.

coiffe [kwaf] **1** *f* cofia. **2** forro (de abrigo).

coiffé, e [kwa'fe] **1** *adj* peinado: *bien ou mal coiffé = bien o mal peinado.* **2** tocado, cubierto: *coiffé d'un béret = cubierto con una boina.* ■ **~ en arrière** peinado hacia atrás; **~ en brosse** peinado al cepillo.

coiffer [kwa'fe] **1** *tr et pron* (~ *de*) cubrir la cabeza con; poner: *coiffer un enfant d'une casquette = poner una gorra a un niño.* **2** peinar. ● **3** *tr* cubrir, rematar. **4** abarcar, englobar.

coiffeur, euse [kwa'fœR, øz] *m et f* peluquero. ■ **aller chez le ~** ir a la peluquería.

coiffure [kwa'fyR] **1** *f* peinado. **2** tocado (en la cabeza).

coin [kwɛ̃] **1** *m* esquina (ángulo saliente o entrante). **2** pico (de un mueble). **3** trocito, pellizco. **4** (fig) rincón. ◆ **~ repas** rincón de comer; ■ **au ~ de la rue** a la vuelta de la esquina.

coincer [kwɛ̃'se] **1** *tr* calzar, acuñar (fijar). **2** encajar, meter. **3** atascar, atrancar (un mecanismo). ● **4 se ~** *pron* atascarse.

coïncidence [kɔɛ̃si'dɑ̃s] *f* coincidencia.

coïncider [kɔɛ̃si'de] *intr* coincidir.

coing [kwɛ̃] *m* membrillo (fruta).

coït [kɔ'it] *m* coito.

col [kɔl] **1** *m* cuello. **2** puerto, paso (entre dos montañas).

colère [kɔ'lɛR] *f* cólera, ira. ■ **être en ~** estar furioso; **se mettre en ~** ponerse furioso.

coléreux, euse [kɔle'Rø, øz] *adj* colérico.

colibri [kɔli'bRi] *m* colibrí (pájaro).

colifichet [kɔlifi'ʃɛ] **1** *m* baratija. **2** perifollo (ornamento).

colimaçon [kɔlima'sɔ̃] *m* ZOOL caracol. ■ **en ~** (fig) en espiral.

colin [kɔ'lɛ̃] *m* merluza (pez).

colique [kɔ'lik] *adj et f* cólico. ■ **avoir la ~** (fam) morirse de miedo; **quelle ~!** ¡qué tostón!

colis [kɔ'li] *m* paquete. ◆ **~ de Noël** cesta de Navidad; **~ postal** encomienda; paquete postal (Amér.).

collaborateur, trice [kɔlabɔRa'tœR, tRis] **1** *m et f* colaborador. **2** POL colaboracionista.

collaboration [kɔlabɔRa'sjɔ̃] *f* colaboración.

collaborationniste [kɔlabɔRasjɔ'nist] *adj/m ou f* colaboracionista.

collaborer [kɔlabɔ'Re] *intr* colaborar.

collant, e [kɔ'lɑ̃, t] **1** *adj* pegajoso. **2** ceñido (ajustado). **3** (fig, fam) pesado.

collatéral, e [kɔlate'Ral] *adj/m et f* colateral.

collationner [kɔlasjɔ'ne] **1** *tr* cotejar, confrontar. ● **2** *intr* merendar.

colle [kɔl] **1** *f* cola; pegamento. **2** examen parcial. **3** castigo (en la escuela). **4** (fam) lata, rollo.

collecte [kɔ'lɛkt] **1** *f* colecta. **2** recolecta.

collecter [kɔlɛk'te] **1** *tr* colectar. **2** recolectar, recaudar (fondos).

collectif, ive [kɔlɛk'tif, iv] *adj et m* colectivo. ◆ **immeuble ~** edificio comunitario.

collection [kɔlɛk'sjɔ̃] *f* colección. ■ **faire ~ de** coleccionar.

collectionner [kɔlɛksjɔ'ne] *tr* coleccionar.

collectivité [kɔlɛktivi'te] *f* colectividad.

collège [kɔ'lɛʒ] *m* colegio. ◆ **~ électoral** cuerpo electoral.

collégial, e [kɔle'ʒjal] *adj* colegial.

collégien, enne [kɔle'ʒjɛ̃, ɛn] *m et f* colegial; escolar.

collègue [kɔ'lɛg] *m ou f* colega.

coller [kɔ'le] **1** *tr* encolar, pegar. **2** pegar, golpear: *coller une gifle = pegar un guantazo.* **3** (fam) poner, colocar. ● **4** *intr* pegarse (adherirse). **5** ajustarse, ceñirse (una prenda de vestir).

collet [kɔ'lɛ] **1** *m* cuello (de una prenda): *saisir qqn au collet = agarrar a alguien de o por el cuello.* **2** TECH collar. ◆ **~ monté** (fam) encopetado.

collier [kɔ'lje] *m* collar. ◆ **~ à pointes** carlanca; **~ de serrage** abrazadera; ■ **à plein ~** con todas las fuerzas.

colline [kɔ'lin] *f* colina.

collision [kɔli'zjɔ̃] **1** *f* colisión; choque. **2** (fig) conflicto. ■ **entrer en ~** colisionar.

collocation [kɔlɔka'sjɔ̃] *f* clasificación.

colloïdal, e [kɔlɔi'dal] *adj* coloidal.

colloque [kɔ'lɔk] *m* coloquio.

collusion [kɔly'zjɔ̃] *f* colusión.

colmater [kɔlma'te] **1** *tr* taponar. **2** (fig) arreglar.

colombe [kɔ'lɔ̃b] f paloma.

Colombie [kɔlɔ̃'bi] f Colombia.

colon [kɔ'lɔ̃] m colono.

colonel, elle [kɔlɔ'nel] m et f coronel.

colonial, e [kɔlɔ'njal] 1 adj colonial. • 2 m et f colono.

colonie [kɔlɔ'ni] f colonia. ◆ ~ de vacances colonia de verano.

coloniser [kɔlɔni'ze] tr colonizar.

colonnade [kɔlɔ'nad] f columnata.

colonne [kɔlɔn] 1 f columna. 2 (fig) pilar, sostén. ◆ ~ de direction AUT columna de dirección; ~ de secours MIL columna de socorro.

colorant, e [kɔlɔ'rɑ̃, t] adj et m colorante.

coloration [kɔlɔra'sjɔ̃] f coloración.

coloré, e [kɔlɔ're] 1 adj colorado. 2 (fig) brillante, expresivo: style coloré = estilo brillante.

colorer [kɔlɔ'ʀe] tr colorear.

colorier [kɔlɔ'ʀje] tr colorear: colorier un dessin = colorear un dibujo.

coloris [kɔlɔ'ʀi] m colorido.

coloriste [kɔlɔ'ʀist] m ou f colorista.

colossal [kɔlɔ'sal] adj colosal.

colosse [kɔ'lɔs] m coloso.

colporter [kɔlpɔʀ'te] tr llevar mercancías consigo para venderlas.

coltiner [kɔlti'ne] 1 tr cargar, llevar a cuestas. • 2 se ~ pron (fam) hacer (una tarea).

combat [kɔ̃'ba] 1 m combate, batalla. 2 duelo. 3 (fig) lucha: un combat entre la vie et la mort = una lucha entre la vida y la muerte. ◆ ~ de boxe combate de boxeo; ~ de coqs pelea de gallos; ~ de gladiateurs lucha de gladiadores; ~ de rue pelea callejera; ~ singulier duelo; ■ hors de ~ fuera de combate.

combatif, ive [kɔ̃ba'tif, iv] adj combativo.

combativité [kɔ̃bativi'te] f combatividad.

combattant, e [kɔ̃ba'tɑ̃, t] adj/m et f combatiente.

combattre [kɔ̃'batʀ] 1 tr et intr combatir; luchar. 2 (fig) combatir: combattre une épidémie = combatir una epidemia.

combien [kɔ̃'bjɛ̃] 1 adv cuánto: ça fait combien? = ¿cuánto es? 2 (precediendo a un adj) qué, lo... que: combien il est gentil = qué amable es o lo amable que es. 3 tan: mais combien orgueilleux = pero tan orgulloso. 4 ~ cuánto, cuántos: combien de travail = cuánto trabajo. ■ ô ~ con mucho (de lejos); muchísimo.

combine [kɔ̃'bin] f (fam) truco, estrategia.

combiné, e [kɔ̃bi'ne] 1 adj combinado. • 2 m CHIM compuesto.

combiner [kɔ̃bi'ne] 1 tr combinar. 2 (fig) compaginar.

comble [kɔ̃bl] 1 adj lleno. • 2 m colmo (el último grado). 3 remate. 4 armazón (de un edificio). ■ c'est un ~ es el colmo.

combler [kɔ̃'ble] 1 tr llenar, colmar. 2 rellenar, cegar (un vacío). 3 cumplir, satisfacer (un deseo).

combustion [kɔ̃bys'tjɔ̃] f combustión.

comédie [kɔme'di] 1 f comedia (obra de teatro). 2 (fig) comedia: la comédie du monde = la comedia del mundo. 3 (fam) historia, lío: c'est toute une comédie pour entrer au marché = entrar en el mercado es toda una historia. ◆ ~ musicale comedia musical; ■ jouer la ~ hacer teatro, representar una farsa.

comédien, enne [kɔme'djɛ̃, ɛn] 1 m et f comediante. 2 (fig) farsante (hipócrita).

comète [kɔ'mɛt] f ASTR cometa.

comice [kɔ'mis] m comicio. ◆ comices agricoles círculos de agricultores.

comique [kɔ'mik] adj/m ou f cómico.

comité [kɔmi'te] m comité; junta, comisión. ◆ ~ d'autodéfense comité de autodefensa; ~ de fêtes comisión de fiestas; ~ de lecture comité de lectura; petit ~ reunión íntima.

commandant [kɔmɑ̃'dɑ̃] m comandante.

commande [kɔ'mɑ̃d] 1 f encargo; pedido. 2 TECH mando. ◆ ~ à distance mando a distancia; ■ tenir les commandes llevar las riendas.

commander [kɔmɑ̃'de] 1 tr mandar. 2 ordenar, pedir. 3 encargar: commander une robe = encargar un vestido. 4 (fig) exigir: cet examen commande l'attention = este examen exige atención. • 5 intr mandar en. 6 refrenar: commander à ses désirs = refrenar sus deseos. • 7 se ~ pron dominarse.

commanditaire [kɔmɑ̃di'tɛʀ] m ou f comanditario.

commandite [kɔmɑ̃'dit] f comandita. ◆ société en ~ sociedad en comandita.

commando [kɔmɑ̃'do] m MIL comando.

comme [kɔm] 1 conj como: comme deux gouttes d'eau = como dos gotas de agua. 2 cuando: il est parti, comme je dînais = se marchó cuando cenaba. • 3 adv cuán;

qué: *comme c'est cher!* = ¡qué caro es! **4** casi.

commémoratif, ive [kɔmemɔʀa'tif, iv] *adj* conmemorativo.

commémorer [kɔmemɔ'ʀe] *tr* conmemorar.

commencer [kɔmɑ̃'se] *intr* et *tr* comenzar; empezar. ◆ **ça commence bien!** (fam) ¡empezamos bien!

commensal, e [kɔmɑ̃'sal] *m* et *f* comensal.

comment [kɔ'mɑ̃] **1** *adv* cómo. ● **2 comment!** *interj* ¡cómo! ■ ~ **faire?** ¿qué hacer?; **et ~!** ya lo creo; **n'importe ~** como sea.

commentaire [kɔmɑ̃'tɛʀ] **1** *m* comentario. **2** INF comentario.

commenter [kɔmɑ̃'te] *tr* comentar.

commerçant, e [kɔmɛʀ'sɑ̃, t] *adj/m* et *f* comerciante. ◆ ~ **en gros** mayorista; **petit ~** tendero.

commerce [kɔ'mɛʀs] **1** *m* comercio. **2** tienda (establecimiento). ◆ ~ **de gros** comercio al por mayor.

commercialiser [kɔmɛʀsjali'ze] **1** *tr* comercializar. **2** poner a la venta: *ce produit sera bientôt commercialisé* = este producto se pondrá a la venta.

commère [cɔ'mɛʀ] *f* cotilla.

commettre [kɔ'mɛtʀ] **1** *tr* cometer: *commettre une imprudence* = cometer una imprudencia. **2** nombrar: *commettre un huissier* = nombrar un ordenanza.

commis [kɔ'mi] **1** *m* dependiente. **2** empleado (de correos).

commisération [kɔmizeʀa'sjɔ̃] *f* conmiseración.

commissaire [kɔmi'sɛʀ] **1** *m* ou *f* comisario. ● **2** *m* SPORTS juez. ◆ ~ **adjoint** comisario adjunto.

commissariat [kɔmisa'ʀja] *m* comisaría.

commission [kɔmi'sjɔ̃] **1** *f* comisión. **2** encargo, recado; compras.

commissionner [kɔmisjɔ'ne] *tr* comisionar.

commissure [kɔmi'syʀ] *f* comisura.

commode [kɔ'mɔd] **1** *adj* cómodo. **2** fácil: *commode à faire* = fácil de hacer. ● **3** *f* cómoda (mueble).

commodité [kɔmɔdi'te] **1** *f* comodidad. ● **2 commodités** *f pl* comodidades.

commotion [kɔmɔ'sjɔ̃] *f* conmoción.

commotionner [kɔmɔsjɔ'ne] *tr* conmocionar.

commuer [kɔ'mɥe] *tr* conmutar.

commun, e [kɔ'mœ̃, yn] **1** *adj* común. **2** ordinario (vulgar). ● **3** *m* mayoría. ● **4 communs** *m pl* dependencias (de una casa). ■ **en ~** en común.

communal, e [kɔmy'nal] **1** *adj* municipal. ● **2 communaux** *m pl* bienes de un municipio.

communautaire [kɔmyno'tɛʀ] *adj* comunitario.

communauté [kɔmyno'te] **1** *f* comunidad. **2** REL congregación, orden. ◆ ~ **urbaine** comunidad urbana.

commune [kɔ'myn] **1** *f* municipio; comuna (Amér.). **2** HIST comuna (de París). ● **3 communes** *f pl* Comunes (Cámara de los Diputados en Gran Bretaña).

communicant, e [kɔmyni'kɑ̃, t] **1** *adj* comunicante. ● **2** *m* et *f* comunicador.

communicatif, ive [kɔmynika'tif, iv] **1** *adj* comunicativo. **2** contagioso.

communication [kɔmynika'sjɔ̃] *f* comunicación. ◆ ~ **avec préavis** conferencia personal; ~ **en PCV** conferencia a cobro revertido; ~ **téléphonique** llamada telefónica.

communion [kɔmy'njɔ̃] *f* comunión.

communiqué [kɔmyni'ke] *m* comunicado.

communiquer [kɔmyni'ke] **1** *tr* comunicar. ● **2** *intr* comunicar (dos o más espacios). **3** comunicarse, relacionarse. ● **4 se ~** *pron* contagiarse (una enfermedad).

communiste [kɔmy'nist] *adj/m* ou *f* comunista.

commutation [kɔmyta'sjɔ̃] *f* conmutación. ◆ ~ **de messages** INF conmutación de mensajes.

commuter [kɔmy'te] *tr* conmutar.

compact, e [kɔ'pakt] *adj* compacto.

Compact Disc® [kɔ̃pakt'disk] (*pl* **Compact Discs**) *m* disco compacto.

compagne [kɔ̃'paɲ] *f* compañera.

compagnie [kɔ̃pa'ɲi] **1** *f* compañía. **2** ZOOL bandada (de pájaros). ◆ ~ **d'assurances** compañía de seguros; ■ **en ~** en compañía.

compagnon [kɔ̃pa'ɲɔ̃] **1** *m* compañero. **2** artesano.

comparaison [kɔ̃paʀɛ'zɔ̃] *f* comparación.

comparaître [kɔ̃pa'ʀɛtʀ] *intr* comparecer.

comparatif, ive [kɔ̃paʀa'tif, iv] *adj* et *m* comparativo.

comparer [kɔ̃pa'ʀe] *tr* comparar.

comparse [kɔ̃'paʀs] *m* ou *f* comparsa.

compartiment [kɔ̃paʀti'mɑ̃] **1** *m* compartimiento. **2** casilla (de un tablero).

compas [kɔ̃'pa] **1** *m* compás. **2** MAR brújula. ■ au ~ con compás.

compassion [kɔ̃pa'sjɔ̃] *f* compasión.

compatibilité [kɔ̃patibili'te] **1** *f* compatibilidad. **2** INF compatibilidad.

compatissant, e [kɔ̃pati'sɑ̃, t] *adj* compasivo.

compatriote [kɔ̃pa'tʀjɔt] *m* ou *f* compatriota.

compensation [kɔ̃pɑ̃sa'sjɔ̃] *f* compensación. ◆ ~ horaire compensación horaria.

compenser [kɔ̃pɑ̃'se] *tr* et *pron* compensar.

compère [kɔ̃'pɛʀ] **1** *m* compadre. **2** cómplice.

compétence [kɔ̃pe'tɑ̃s] *f* competencia.

compétent, e [kɔ̃pe'tɑ̃, t] *adj* competente.

compétitif, ive [kɔ̃peti'tif, iv] *adj* competitivo.

compétition [kɔ̃peti'sjɔ̃] *f* competición.

compétitivité [kɔ̃petitivi'te] *f* competitividad.

compilateur, trice [kɔ̃pila'tœʀ, tʀis] *m* et *f* compilador. ● **2** *m* INF compilador.

compilation [kɔ̃pila'sjɔ̃] **1** *f* compilación. **2** recopilación (de canciones). **3** INF compilación.

compiler [kɔ̃pi'le] **1** *tr* compilar. **2** (péj) plagiar. **3** INF compilar.

complaire [kɔ̃'plɛʀ] **1** *tr* complacer. ● **2** se ~ *pron* deleitarse: *il se complaît dans son erreur = se deleita con su error.*

complaisance [kɔ̃plɛ'zɑ̃s] *f* complacencia. ■ avoir la ~ de hacer el favor de.

complaisant, e [kɔ̃plɛ'zɑ̃, t] *adj* complaciente.

complément [kɔ̃ple'mɑ̃] **1** *m* complemento. **2** INF complemento. ◆ ~ circonstanciel GRAMM complemento circunstancial.

complémentaire [kɔ̃plemɑ̃'tɛʀ] **1** *adj* complementario. **2** INF complementario.

complet [kɔ̃'plɛ] **1** *adj* completo; lleno: *le train est complet = el tren está lleno.* ● **2** *m* terno. ■ au ~ sin que falte ninguno.

compléter [kɔ̃ple'te] **1** *tr* completar. ● **2** se ~ *pron* complementarse (las personas): *leurs caractères se complètent = sus caracteres se complementan.*

complexe [kɔ̃'plɛks] *adj* et *m* complejo. ◆ ~ industriel complejo industrial.

complexé, e [kɔ̃plɛk'se] *adj/m* et *f* (fam) cortado, apocado.

complexion [kɔ̃plɛk'sjɔ̃] *f* complexión.

complexité [kɔ̃plɛksi'te] *f* complejidad.

complication [kɔ̃plika'sjɔ̃] *f* complicación.

complice [kɔ̃'plis] *adj/m* ou *f* cómplice.

complicité [kɔ̃plisi'te] *f* complicidad.

compliment [kɔ̃pli'mɑ̃] **1** *m* cumplido. **2** enhorabuena: *mes compliments = mi enhorabuena.* ● **3** *m pl* recuerdos.

compliqué, e [kɔ̃pli'ke] *adj* complicado.

compliquer [kɔ̃pli'ke] *tr* et *pron* complicar.

complot [kɔ̃'plo] *m* complot, conspiración.

comploter [kɔ̃plɔ'te] **1** *tr* et *intr* conspirar. **2** (fam) tramar.

comportement [kɔ̃pɔʀt'mɑ̃] *m* comportamiento, conducta.

comporter [kɔ̃pɔʀ'te] **1** *tr* implicar, conllevar. **2** constar de, comprender. ● **3** se ~ *pron* portarse, comportarse.

composé, e [kɔ̃pɔ'ze] *adj* et *m* compuesto.

composer [kɔ̃pɔ'ze] **1** *tr* componer. **2** marcar (un número de teléfono). ● **3** *intr* pactar. ● **4** se ~ *pron* estar integrado, estar compuesto: *le jury se compose de cinq membres = el jurado está compuesto por cinco miembros.*

compositeur, trice [kɔ̃pɔzi'tœʀ, tʀis] *m* et *f* compositor.

composition [kɔ̃pɔzi'sjɔ̃] *f* composición.

compost [kɔ̃'pɔst] *m* AGR abono.

composter [kɔ̃pɔs'te] **1** *tr* componer (en imprenta). **2** picar, validar (un billete). **3** AGR abonar.

compote [kɔ̃'pɔt] *f* compota.

compréhensif, ive [kɔ̃pʀeɑ̃'sif, iv] *adj* comprensivo.

compréhension [kɔ̃pʀeɑ̃'sjɔ̃] *f* comprensión.

comprendre [kɔ̃'pʀɑ̃dʀ] **1** *tr* comprender, incluir (englobar). **2** *je ne comprends pas ce qu'il dit = no entiendo lo que dice.* ● **3** se ~ *pron* entenderse, comprenderse.

compresse [kɔ̃'pʀɛs] *f* compresa.

compresseur [kɔ̃pʀɛ'sœʀ] *adj* et *m* compresor.

compression [kɔ̃pʀɛ'sjɔ̃] **1** *f* compresión. **2** (fig) reducción (del personal, de los gastos, etc.). **3** INF compactación.

comprimer [kɔ̃pʀi'me] **1** *tr* comprimir. **2** (fig) contener (las lágrimas).

compris, e [kɔ̃'pʀi, z] **1** *pp* → comprendre. • **2** *adj* comprendido. ■ **bien ~** bien concebido; **non ~** sin incluir; **y ~** incluido.

compromettre [kɔ̃pʀo'metʀ] **1** *tr* comprometer; embarrar (Amér.). • **2 se ~** *pron* comprometerse.

compromis [kɔ̃pʀo'mi] *m* compromiso.

comptabiliser [kɔ̃tabili'ze] *tr* contabilizar.

comptabilité [kɔ̃tabili'te] **1** *f* contabilidad. **2** contaduría (oficina).

comptable [kɔ̃'tabl] **1** *m* contable. • **2** *adj* (~ de) responsable de.

compte [kɔ̃t] *m* cuenta. ◆ **~ à rebours** cuenta hacia atrás; **~ bloqué** cuenta bloqueada; **~ courant** cuenta corriente; ■ **~ tenu de** teniendo en cuenta que; **ouvrir un ~** abrir una cuenta; **régler son ~ à qqn** ajustarle las cuentas a uno; **travailler à son ~** trabajar por su cuenta.

compte-gouttes [kɔ̃t'gut] *m* cuentagotas; gotero (Amér.).

compter [kɔ̃'te] **1** *tr* contar (enumerar). **2** pagar: *vous lui compterez mille euros pour ce travail = le pagaréis mil euros por este trabajo.* • **3** *intr* contar (calcular). **4** valer (equivaler). **5** (~ *avec*) contar con. **6** (~ *sans*) no contar con. **7** (~ *sur*) contar con. • **8 se ~** *pron* contarse.

compteur [kɔ̃'tœʀ] *m* contador. ◆ **~ à gaz** contador del gas.

comptoir [kɔ̃'twaʀ] **1** *m* mostrador. **2** barra (de bar). **3** sucursal (de un banco). **4** cartel (de venta).

compulsif, ive [kɔ̃pyl'sif, iv] *adj* compulsivo.

comte [kɔ̃t] *m* conde.

comté [kɔ̃'te] **1** *m* condado. **2** *tipo de queso.*

comtesse [kɔ̃'tɛs] *f* condesa.

con, conne [kɔ̃, ɔn] **1** *adj/m* et *f* imbécil; boludo, conchudo (Amér.). • **2** *m* (vulg) coño; concha (Amér.).

concave [kɔ̃'kav] *adj* cóncavo.

concavité [kɔ̃kavi'te] *f* concavidad.

concéder [kɔ̃se'de] *tr* conceder.

concentration [kɔ̃sɑ̃tʀa'sjɔ̃] *f* concentración.

concentrer [kɔ̃sɑ̃'tʀe] *tr* et *pron* concentrar.

concept [kɔ̃'sept] *m* concepto.

conception [kɔ̃sep'sjɔ̃] **1** *f* concepción. **2** BIOL concepción. **3** TECH diseño. ◆ **Immaculée Conception** Inmaculada Concepción.

conceptuel, elle [kɔ̃sep'tɥɛl] *adj* conceptual.

concernant [kɔ̃sɛʀ'nɑ̃] **1** *prép* relativo a, referente a: *tu dois observer la loi concernant la détention d'armes = tienes que observar la ley referente a la tenencia de armas.* **2** en lo concerniente a: *concernant la nouvelle proposition du directeur ... = en lo concerniente a la nueva propuesta del director....*

concerner [kɔ̃sɛʀ'ne] **1** *tr* concernir a, atañer a. **2** referirse a: *en ce qui concerne le service, c'est un bon restaurant = por lo que se refiere al servicio, es un buen restaurante.*

concert [kɔ̃'sɛʀ] *m* concierto. ■ **de ~** de común acuerdo.

concerter [kɔ̃sɛʀ'te] *tr* et *pron* concertar.

concertiste [kɔ̃sɛʀ'tist] *m* ou *f* concertista.

concession [kɔ̃se'sjɔ̃] *f* concesión.

concessionnaire [kɔ̃sesjo'nɛʀ] *adj* et *m* concesionario.

concevoir [kɔ̃s'vwaʀ] *tr* concebir.

concierge [kɔ̃'sjɛʀʒ] **1** *m* ou *f* portero; arquero (Amér.). **2** conserje (de una administración).

conciergerie [kɔ̃sjɛʀʒ'ʀi] *f* conserjería.

concile [kɔ̃'sil] *m* concilio.

conciliation [kɔ̃silja'sjɔ̃] *f* conciliación.

concilier [kɔ̃si'lje] **1** *tr* et *pron* conciliar. • **2 se ~** *pron* ganarse: *se concilier l'amitié de qqn* = ganarse la amistad de alguien.

concis, e [kɔ̃'si, z] *adj* conciso.

concision [kɔ̃si'zjɔ̃] *f* concisión.

concitoyen, enne [kɔ̃sitwa'jɛ̃, ɛn] *m* et *f* conciudadano.

conclave [kɔ̃'klav] *m* REL cónclave.

concluant, e [kɔ̃kly'ɑ̃, t] *adj* concluyente.

conclure [kɔ̃'klyʀ] **1** *tr* concluir, cerrar: *conclure un contrat = cerrar un contrato.* **2** concertar, convenir: *conclure la paix = concertar la paz.* • **3** *intr* concluir; acabar. ■ **~ à** llegar a la conclusión.

conclusion [kɔ̃kly'zjɔ̃] *f* conclusión. ■ **en ~** en conclusión, en definitiva.

concombre [kɔ̃'kɔ̃bʀ] *m* BOT pepino. ◆ ~ de mer ZOOL cohombro de mar.

concomitance [kɔ̃kɔmi'tãs] *f* concomitancia.

concomitant, e [kɔ̃kɔmi'tã, t] *adj* concomitante.

concordance [kɔ̃kɔʀ'dãs] *f* concordancia.

concorde [kɔ̃'kɔʀd] *f* concordia.

concorder [kɔ̃kɔʀ'de] **1** *intr* concordar. **2** converger.

concourant, e [kɔ̃ku'ʀã, t] **1** *adj* concurrente. **2** MATH convergente.

concourir [kɔ̃ku'ʀiʀ] **1** *intr* concurrir, cooperar. **2** concursar, opositar. **3** GÉOM concurrir, converger.

concours [kɔ̃'kuʀ] **1** *m* afluencia (multitud). **2** concurso. **3** oposición (examen). **4** DR concurrencia.

concret, ète [kɔ̃'kʀɛ, t] *adj* concreto.

concréter [kɔ̃kʀe'te] **1** *tr* solidificar. **2** (fig) concretar.

concrétion [kɔ̃kʀe'sjɔ̃] *f* concreción, materialización.

concubine [kɔ̃ky'bin] *f* concubina.

concurrence [kɔ̃ky'ʀãs] *f* competencia.

concurrencer [kɔ̃kyʀã'se] *tr* competir con.

concurrent, e [kɔ̃ky'ʀã, t] **1** *adj/m* et *f* competidor; rival. **2** SPORTS competidor. ● **3** *m* et *f* opositor (a un puesto).

concurrentiel, elle [kɔ̃kyʀã'sjɛl] *adj* competitivo.

condamnation [kɔ̃dana'sjɔ̃] **1** *f* condenación (juicio, sentencia). **2** condena (castigo).

condamné, e [kɔ̃da'ne] *adj/m* et *f* condenado; sentenciado.

condamner [kɔ̃da'ne] **1** *tr* condenar, sentenciar. **2** desahuciar (a un enfermo).

condensation [kɔ̃dãsa'sjɔ̃] *f* condensación.

condenser [kɔ̃dã'se] *tr* condensar.

condescendance [kɔ̃desã'dãs] *f* condescendencia.

condescendant, e [kɔ̃desã'dã, t] *adj* condescendiente.

condiment [kɔ̃di'mã] *m* condimento.

condisciple [kɔ̃di'sipl] *m* ou *f* condiscípulo.

condition [kɔ̃di'sjɔ̃] **1** *f* condición. ● **2** conditions *f pl* condiciones, circunstancias. ◆ conditions de visibilité condiciones de visibilidad; ■ à ~ que con tal que; sous ~ que a condición de que.

conditionné, e [kɔ̃disjɔ'ne] **1** *adj* condicionado. **2** acondicionado: air conditionné = aire acondicionado.

conditionnel, elle [kɔ̃disjɔ'nɛl] **1** *adj* condicional. ● **2** *m* GRAMM condicional.

conditionnement [kɔ̃disjɔn'mã] **1** *m* acondicionamiento (climatización). **2** condicionamiento. **3** embalaje, envasado: le conditionnement d'un produit = el envasado de un producto.

conditionner [kɔ̃disjɔ'ne] **1** *tr* acondicionar. **2** embalar (productos). **3** condicionar. **4** PSY condicionar.

condoléances [kɔ̃dɔle'ãs] *f pl* condolencia, pésame. ■ toutes mes ~ mi más sentido pésame.

conducteur, trice [kɔ̃dyk'tœʀ, tʀis] **1** *adj/m* et *f* conductor. ● **2** *m* PHYS conductor.

conduction [kɔ̃dyk'sjɔ̃] *f* conducción.

conduire [kɔ̃'dɥiʀ] **1** *tr* conducir; manejar (Amér.). **2** llevar: conduire un enfant à l'école = llevar a un niño al colegio. ● **3** se ~ *pron* portarse: se conduire mal = portarse mal. ■ ~ un taxi conducir un taxi; ruletear (Amér.).

conduit [kɔ̃'dɥi] **1** *m* conducto. **2** ANAT conducto.

conduite [kɔ̃'dɥit] **1** *f* conducta; comportamiento. **2** conducción (de un vehículo). **3** conducto; cañería. ◆ ~ à gauche AUT conducción por la izquierda.

cône [kon] **1** *m* BOT piña. **2** GÉOM cono. ◆ ~ volcanique GÉOL cono volcánico.

confection [kɔ̃fɛk'sjɔ̃] *f* confección.

confectionner [kɔ̃fɛksjɔ'ne] *tr* confeccionar.

confédéral, e [kɔ̃fede'ʀal] *adj* confederal.

confédération [kɔ̃fedeʀa'sjɔ̃] *f* confederación.

confédéré, e [kɔ̃fede'ʀe] *m* et *f* confederado.

conférence [kɔ̃fe'ʀãs] *f* conferencia. ◆ ~ de presse rueda de prensa.

conférer [kɔ̃fe'ʀe] **1** *tr* conferir (otorgar). ● **2** *intr* conferenciar.

confesser [kɔ̃fe'se] **1** *tr* confesar. ● **2** se ~ *pron* REL confesarse.

confesseur [kɔ̃fe'sœʀ] *m* confesor.

confession [kɔ̃fe'sjɔ̃] *f* confesión.

confiance [kɔ̃'fjãs] *f* confianza. ◆ vote de ~ POL voto de confianza; ■ de ~ con toda confianza.

Lleva la preposición **en** si va seguido de un pronombre (*avoir confiance en soi* = tener confianza en sí mismo) y **dans** si va con un nombre (*avoir confiance dans son voisin* = tener confianza en el vecino).

confiant, e [kɔ̃ˈfjɑ̃, t] *adj* confiado.

confidence [kɔ̃fiˈdɑ̃s] *f* confidencia. ■ **être dans la ~** estar en el secreto.

confident, e [kɔ̃fiˈdɑ̃, t] *m et f* confidente.

confidentialité [kɔ̃fidɑ̃sjaliˈte] *f* carácter confidencial.

confidentiel, elle [kɔ̃fidɑ̃ˈsjɛl] *adj* confidencial.

confier [kɔ̃ˈfje] **1** *tr et pron* confiar: *il s'est confié à sa mère* = se confió a su madre. ● **2 se ~** *pron* (se ~ à) fiarse de.

configuration [kɔ̃figyʀaˈsjɔ̃] *f* configuración.

configurer [kɔ̃figyˈʀe] **1** *tr* configurar. **2** INF configurar.

confiner [kɔ̃fiˈne] **1** *tr* lindar con, limitar con. **2** confinar: *il fut confiné dans une île* = fue confinado a una isla. ● **3 se ~** *pron* confinarse, recluirse.

confins [kɔ̃ˈfɛ̃] *m pl* confines. ■ **aux ~ de** en los confines de.

confire [kɔ̃ˈfiʀ] *tr* conservar; confitar (con azúcar); encurtir (con vinagre).

confirmation [kɔ̃fiʀmaˈsjɔ̃] *f* confirmación.

confirmer [kɔ̃fiʀˈme] **1** *tr* confirmar. **2** ratificar: *il a confirmé le travailleur dans ses fonctions* = ha ratificado al trabajador en sus funciones.

confiserie [kɔ̃fizˈʀi] **1** *f* confitería. **2** (se usa más en *pl*) dulce.

confisquer [kɔ̃fisˈke] **1** *tr* quitar, confiscar. **2** (fig) adueñarse, incautarse. **3** DR confiscar.

confit [kɔ̃ˈfi] *adj* conservado; confitado (en azúcar); encurtido (en vinagre).

confiture [kɔ̃fiˈtyʀ] *f* mermelada. ■ **mettre en ~** (fig) estar hecho papilla.

conflit [kɔ̃ˈfli] *m* conflicto. ◆ **~ social** conflicto laboral o social.

confluence [kɔ̃flyˈɑ̃s] *f* confluencia.

confluent [kɔ̃flyˈɑ̃] *m* confluente.

confluer [kɔ̃flyˈe] *intr* confluir.

confondre [kɔ̃ˈfɔ̃dʀ] **1** *tr* confundir. ● **2 se ~** *pron* mezclarse. ■ **se ~ en excuses** deshacerse en excusas.

conforme [kɔ̃ˈfɔʀm] *adj* conforme.

conformer [kɔ̃fɔʀˈme] **1** *tr* conformar; ajustar. ● **2 se ~** *pron* (se ~ à) acomodarse a.

conformité [kɔ̃fɔʀmiˈte] *f* conformidad. ■ **en ~ avec** en conformidad con.

confort [kɔ̃ˈfɔʀ] **1** *m* comodidad. **2** (fig) confortación. ■ **avec tout le ~** con todas las comodidades.

conforter [kɔ̃fɔʀˈte] *tr* apoyar (una tesis, una política, etc.).

confraternel, elle [kɔ̃fʀatɛʀˈnɛl] *adj* confraternal.

confraternité [kɔ̃fʀatɛʀniˈte] *f* confraternidad.

confrère [kɔ̃ˈfʀɛʀ] *m* compañero, colega.

confrontation [kɔ̃fʀɔ̃taˈsjɔ̃] *f* confrontación.

confronter [kɔ̃fʀɔ̃ˈte] *tr* confrontar.

confus, e [kɔ̃ˈfy, z] **1** *adj* confuso. **2** desordenado. ■ **être ~** estar avergonzado.

confusion [kɔ̃fyˈsjɔ̃] **1** *f* confusión (error). **2** confusión, desorden; entrevero (Amér.).

congé [kɔ̃ˈʒe] **1** *m* vacaciones. **2** descanso: *il a pris une semaine de congé* = se ha tomado una semana de descanso. **3** MIL permiso. ◆ **~ de maladie** baja por enfermedad; **congés payés** vacaciones pagadas; ■ **donner ~** despedir; **être en ~** estar de vacaciones.

congédier [kɔ̃ʒeˈdje] *tr* despedir.

congélateur [kɔ̃ʒelaˈtœʀ] *m* congelador.

congélation [kɔ̃ʒelaˈsjɔ̃] *f* congelación.

congeler [kɔ̃ʒˈle] *tr et pron* congelar.

congénital, e [kɔ̃ʒeniˈtal] **1** *adj* congénito. **2** (fig, péj) innato: *il est un imbécile congénital* = es un imbécil innato.

congestion [kɔ̃ʒɛsˈtjɔ̃] **1** *f* congestión. **2** (fig) congestión (de una carretera).

congestionner [kɔ̃ʒɛstjɔˈne] *tr* congestionar.

conglomérat [kɔ̃glɔmeˈʀa] **1** *m* ÉCON conglomerado. **2** GÉOL conglomerado.

congolais, e [kɔ̃ɡɔˈlɛ, z] **1** *adj* congoleño, congolés. ● **2 Congolais, e** *m et f* congoleño, congolés.

congre [kɔ̃ɡʀ] *m* congrio.

congrégation [kɔ̃ɡʀeɡaˈsjɔ̃] *f* congregación.

congrès [kɔ̃ˈɡʀɛ] *m* congreso.

congressiste [kɔ̃ɡʀɛˈsist] *m ou f* congresista.

congruence [kɔ̃gry'ɑ̃s] f congruencia.
congruent, e [kɔ̃gry'ɑ̃, t] adj congruente.
conique [kɔ'nik] adj cónico.
conjectural, e [kɔ̃ʒɛkty'ʀal] adj conjetural.
conjecture [kɔ̃ʒɛk'tyʀ] f conjetura.
conjecturer [kɔ̃ʒɛkty'ʀe] tr conjeturar.
conjoint, e [kɔ̃'ʒwɛ̃, t] 1 adj conjunto; unido. ● 2 m et f cónyuge.
conjonctif, ive [kɔ̃ʒɔ̃k'tif, iv] adj conjuntivo.
conjonction [kɔ̃ʒɔ̃k'sjɔ̃] 1 f conjunción. 2 GRAMM conjunción.
conjoncture [kɔ̃ʒɔ̃k'tyʀ] f coyuntura.
conjugaison [kɔ̃ʒyge'zɔ̃] f conjugación.

En francés, hay tres **conjugaciones** verbales: la primera es la de los verbos en **–er**; la segunda, la de los verbos en **–ir** (que añaden **–iss–** en algunos tiempos de la conjugación); y la tercera, la de los restantes verbos.

conjugal, e [kɔ̃ʒy'gal] adj conyugal.
conjuguer [kɔ̃ʒy'ge] 1 tr aunar, mancomunar. 2 GRAMM conjugar.
connaissance [kɔnɛ'sɑ̃s] 1 f conocimiento. 2 conocido. ■ avoir des connaissances tener cultura; faire la ~ de conocer a.
connaisseur, euse [kɔnɛ'sœʀ, øz] adj/m et f conocedor, experto.
connaître [kɔ'nɛtʀ] 1 tr et pron conocer. ● 2 tr saber.
connecter [kɔnɛk'te] tr TECH conectar.
connerie [kɔn'ʀi] f (fam) gilipollada (tontería).
connexe [kɔ'nɛks] adj conexo.
connexion [kɔnɛk'sjɔ̃] f conexión.
connotation [kɔnɔta'sjɔ̃] f connotación.
connoter [kɔnɔ'te] tr connotar.
connu, e [kɔ'ny] adj conocido.
conquérant, e [kɔ̃ke'ʀɑ̃, t] adj/m et f conquistador.
conquérir [kɔ̃ke'ʀiʀ] 1 tr conquistar. 2 (fig) conquistar, cautivar.
conquête [kɔ̃'kɛt] f conquista.
conquis, e [kɔ̃'ki, z] adj conquistado.
consacrer [kɔ̃sa'kʀe] 1 tr et pron consagrar, dedicar. 2 REL consagrar.
consanguin, e [kɔ̃sɑ̃'gɛ̃, in] adj/m et f consanguíneo: frère consanguin = hermano consanguíneo.

conscience [kɔ̃'sjɑ̃s] f conciencia. ■ avoir bonne ~ tener la conciencia limpia; avoir la ~ en paix tener la conciencia tranquila; prendre ~ de darse cuenta de.
conscient, e [kɔ̃'sjɑ̃, t] adj/m et f consciente.
conscrit [kɔ̃s'kʀi] m recluta, quinto; conscripto (Amér.).
consécutif, ive [kɔ̃seky'tif, iv] 1 adj consecutivo. 2 (~ à) debido a.
conseil [kɔ̃'sɛj] m consejo. ■ ~ municipal ayuntamiento; ■ donner un ~ dar un consejo.
conseiller [kɔ̃sɛ'je] tr aconsejar; asesorar.
conseiller, ère [kɔ̃sɛ'je, jɛʀ] m et f consejero. ◆ ~ juridique asesor jurídico; ~ municipal concejal.
consensus [kɔ̃sɛ̃'sys] m consenso.
consentir [kɔ̃sɑ̃'tiʀ] 1 tr et intr consentir: ils ont consenti à changer le jour = han consentido en cambiar el día. ● 2 tr conceder (otorgar).
conséquence [kɔ̃se'kɑ̃s] f consecuencia. ■ en ~ en consecuencia.
conséquent, e [kɔ̃se'kɑ̃, t] 1 adj consecuente. 2 (fam) importante, considerable. ■ par ~ por consiguiente.
conservateur, trice [kɔ̃sɛʀva'tœʀ, tʀis] 1 adj/m et f conservador. ● 2 adj et m conservante (de alimentos). ◆ ~ des hypothèques registrador de la propiedad.
conservation [kɔ̃sɛʀva'sjɔ̃] f conservación.
conservatoire [kɔ̃sɛʀva'twaʀ] adj et m conservatorio.
conserve [kɔ̃'sɛʀv] f conserva. ■ en ~ en conserva, de lata.
conserver [kɔ̃sɛʀ've] tr et pron conservar.
considération [kɔ̃sideʀa'sjɔ̃] f consideración. ■ en ~ de en consideración a.
considérer [kɔ̃side'ʀe] 1 tr considerar. 2 respetar. ■ tout bien considéré bien pensado.
consigne [kɔ̃'siɲ] 1 f consigna. 2 importe del casco (para las botellas).
consigner [kɔ̃si'ɲe] 1 tr consignar. 2 MIL arrestar.
consistance [kɔ̃sis'tɑ̃s] 1 f consistencia. 2 (fig) solidez. ■ prendre ~ tomar cuerpo.

consistant, e [kõsis'tã, t] **1** *adj* consistente. **2** (fig) fundamentado.
consister [kõsis'te] **1** *intr* (~ *en* o *dans*) consistir en. **2** ~ **+ à + inf** consistir + en + inf.
consolateur, trice [kõsɔla'tœʀ, tʀis] *m et f* consolador.
consolation [kõsɔla'sjõ] *f* consuelo.
console [kõ'sɔl] **1** *f* consola. **2** ARCHIT ménsula, repisa.
consoler [kõsɔ'le] *tr et pron* consolar.
consolidation [kõsɔlida'sjõ] *f* consolidación.
consolider [kõsɔli'de] *tr et pron* consolidar.
consommateur, trice [kõsɔma'tœʀ, tʀis] *m et f* consumidor.
consommation [kõsɔma'sjõ] **1** *f* consumo. **2** consumición (de bebidas). **3** consumación (del matrimonio).
consommé, e [kõsɔ'me] **1** *adj* consumado. ● **2** *m* GAST consomé.
consommer [kõsɔ'me] **1** *tr et intr* consumir. ● **2** *tr* consumar (llevar a cabo). ● **3** *intr* consumir (en un bar).
consonne [kõ'sɔn] *f* consonante.
conspiration [kõspiʀa'sjõ] *f* conspiración.
conspirer [kõspi'ʀe] **1** *intr* conspirar. ● **2** *tr* (~ *à*) tender a, contribuir a.
conspuer [kõs'pɥe] *tr* abuchear.
constance [kõs'tãs] *f* constancia.
constant, e [kõs'tã, t] *adj* constante.
constat [kõs'ta] *m* acta. ■ ~ **de police** atestado.
constatation [kõstata'sjõ] *f* constatación.
constater [kõsta'te] *tr* comprobar, constatar.
constellation [kõstela'sjõ] *f* ASTR constelación.
consternation [kõstɛʀna'sjõ] *f* consternación.
consterner [kõstɛʀ'ne] *tr* consternar.
constipation [kõstipa'sjõ] *f* estreñimiento.
constiper [kõsti'pe] *tr* estreñir.
constituer [kõsti'tɥe] *tr et pron* constituir.
constitution [kõstity'sjõ] *f* constitución. ■ **être d'une forte ~** ser de constitución fuerte.
constitutionnel, elle [kõstitysjɔ'nɛl] *adj* constitucional.

constructif, ive [kõstʀyk'tif, iv] *adj* constructivo.
construction [kõstʀyk'sjõ] *f* construcción. ◆ ~ **grammaticale** GRAMM construcción gramatical.
construire [kõs'tʀɥiʀ] *tr* construir. ■ **faire ~** mandar construir una casa.
consul [kõ'syl] *m* cónsul.
consulaire [kõsy'lɛʀ] *adj* consular.
consulat [kõsy'la] *m* consulado.
consultatif, ive [kõsylta'tif, iv] *adj* consultivo.
consultation [kõsylta'sjõ] *f* consulta.
consulter [kõsyl'te] *tr* consultar.
consumer [kõsy'me] *tr et pron* consumir.
contact [kõ'takt] *m* contacto. ■ **mettre le ~** AUT poner el contacto; **se mettre en ~ avec** ponerse en contacto con.
contacter [kõtak'te] *tr* contactar.
contagieux, euse [kõta'ʒjø, øz] *adj* contagioso.
contagion [kõta'ʒjõ] *f* contagio.
contamination [kõtamina'sjõ] *f* contaminación.
contaminer [kõtami'ne] *tr* contaminar.
conte [kõt] *m* cuento. ◆ ~ **à dormir debout** cuento chino.
contemplatif, ive [kõtãpla'tif, iv] *adj* contemplativo.
contemplation [kõtãpla'sjõ] *f* contemplación.
contempler [kõtã'ple] *tr et pron* contemplar.
contemporain, e [kõtãpɔ'ʀɛ̃, ɛn] **1** *adj/m et f* contemporáneo. **2** actual, moderno.
contenant [kõt'nã] *m* continente (lo que contiene).
contenir [kõt'niʀ] **1** *tr* contener. **2** tener capacidad para: *ce wagon contient soixante personnes* = este vagón tiene capacidad para sesenta personas. ● **3 se ~** *pron* contenerse; controlarse.
content, e [kõtã, t] **1** *adj* contento: *il est content de ses amis* = está contento con sus amigos. **2** alegre.
contention [kõtã'sjõ] *f* MÉD contención.
contenu [kõt'ny] **1** *adj* reprimido. ● **2** *m* contenido.
conter [kõ'te] *tr* contar (historias). ■ **en ~ à qqn** tomar el pelo a uno.
contestataire [kõtɛsta'tɛʀ] *adj/m ou f* contestatario.

contestation [kɔ̃tɛsta'sjɔ̃] **1** *f* discusión. **2** conflicto. ■ **mettre en ~** poner en duda.

contester [kɔ̃tɛs'te] *tr* discutir.

contexte [kɔ̃'tɛkst] *m* contexto.

contextuel, elle [kɔ̃'tɛks'tɥɛl] *adj* contextual.

contigu, ë [kɔ̃ti'gy] *adj* contiguo.

contiguïté [kɔ̃tigɥi'te] *f* contigüidad.

continent [kɔ̃ti'nɑ̃] *m* continente.

continental, e [kɔ̃tinɑ̃'tal] *adj* continental.

continu, e [kɔ̃ti'ny] *adj* et *m* continuo.

continuation [kɔ̃tinɥa'sjɔ̃] *f* continuación.

continuer [kɔ̃ti'nɥe] *tr* et *intr* seguir; continuar: *il continue encore à étudier* = *aún continúa estudiando.*

continuité [kɔ̃tinɥi'te] *f* continuidad.

contondant, e [kɔ̃tɔ̃'dɑ̃, t] *adj* contundente.

contorsion [kɔ̃tɔʀ'sjɔ̃] **1** *f* contorsión. **2** mueca.

contorsionniste [kɔ̃tɔʀsjɔ'nist] *m* ou *f* contorsionista.

contour [kɔ̃'tuʀ] **1** *m* contorno. **2** límite.

contourner [kɔ̃tuʀ'ne] **1** *tr* rodear, dar un rodeo. **2** (fig) esquivar, eludir: *contourner à la loi* = *eludir la ley.*

contraceptif, ive [kɔ̃tʀasɛp'tif, iv] *adj* et *m* anticonceptivo.

contraception [kɔ̃tʀasɛp'sjɔ̃] *f* contracepción.

contracté, e [kɔ̃tʀak'te] **1** *adj* tenso; crispado. **2** (fig, fam) nervioso.

contracter [kɔ̃tʀak'te] **1** *tr* et *pron* contraer (un músculo, etc.). ● **2** *tr* contratar. **3** contraer (una enfermedad).

contraction [kɔ̃tʀak'sjɔ̃] *f* contracción.

contradiction [kɔ̃tʀadik'sjɔ̃] *f* contradicción.

contradictoire [kɔ̃tʀadik'twaʀ] *adj* contradictorio.

contraire [kɔ̃'tʀɛʀ] *adj* et *m* contrario. ■ **au ~** al contrario.

contrarier [kɔ̃tʀa'ʀje] *tr* contrariar.

contrariété [kɔ̃tʀaʀje'te] *f* contrariedad. ■ **esprit de ~** manía de llevar la contraria.

contraste [kɔ̃'tʀast] *m* contraste.

contraster [kɔ̃tʀas'te] **1** *tr* hacer contrastar. ● **2** *intr* contrastar.

contrat [kɔ̃'tʀa] **1** *m* contrato. **2** escritura. ◆ **~ de mariage** capitulaciones.

contravention [kɔ̃tʀavɑ̃'sjɔ̃] **1** *f* DR contravención, infracción. **2** DR multa.

contre [kɔ̃tʀə] **1** *prép* contra. **2** junto a: *son appartement est contre le mien* = *su apartamento está junto al mío.* **3** por (a cambio de). ● **4** *adv* en contra: *je ne sais pas s'ils sont pour ou contre* = *no sé si están a favor o en contra.* ● **5** *m* contra. ■ **par ~** en cambio.

contre-attaque [kɔ̃tʀa'tak] *f* contraataque.

contrebalancer [kɔ̃tʀəbalɑ̃'se] **1** *tr* contrabalancear, contrapesar. **2** contrarrestar.

contrebande [kɔ̃tʀə'bɑ̃d] *f* contrabando, matute. ■ **faire la ~ de** (fam) dedicarse al contrabando de.

contrebandier, ère [kɔ̃tʀəbɑ̃'dje, jɛʀ] *adj/m* et *f* contrabandista.

contrebasse [kɔ̃tʀə'bas] *f* MUS contrabajo.

contrebassiste [kɔ̃tʀəba'sist] *m* ou *f* MUS contrabajo, contrabajista.

contrecarrer [kɔ̃tʀəka'ʀe] *tr* oponerse a, contrariar.

contrecœur [kɔ̃tʀə'kœʀ] *m* trashoguero. ■ **à ~** a regañadientes, a disgusto.

contrecoup [kɔ̃tʀə'ku] **1** *m* rebote. **2** (fig) repercusión. ■ **par ~** de rebote.

contredire [kɔ̃tʀə'diʀ] *tr* et *pron* contradecir.

contrée [kɔ̃'tʀe] *f* comarca, región.

contre-exemple [kɔ̃tʀɛk'zɑ̃pl] *m* excepción de la regla.

contrefaçon [kɔ̃tʀəfa'sɔ̃] *f* falsificación; plagio.

contrefaire [kɔ̃tʀə'fɛʀ] **1** *tr* reproducir, copiar. **2** falsificar: *contrefaire une monnaie* = *falsificar una moneda.*

contrefait, e [kɔ̃tʀə'fɛ, t] *adj* contrahecho.

contrefort [kɔ̃tʀə'fɔʀ] *m* contrafuerte.

contre-indication [kɔ̃tʀɛ̃dika'sjɔ̃] *f* contraindicación.

contre-indiquer [kɔ̃tʀɛ̃di'ke] *tr* MÉD contraindicar.

contre-jour [kɔ̃tʀə'ʒuʀ] *m* contraluz.

contremaître, esse [kɔ̃tʀə'mɛtʀ, ɛs] *m* et *f* contramaestre, encargado.

contrepartie [kɔ̃tʀəpaʀ'ti] *f* contrapartida. ■ **en ~** como contrapartida, en cambio.

contre-pied [kɔ̃tʀə'pje] *m* contrario. ■ **prendre le ~ de** hacer o defender exactamente lo contrario de.

contrepoids [kɔ̃tʀə'pwa] *m* contrapeso.

contre-poil (à) [akɔ̃tʀə'pwal] *loc adv* a contrapelo.

contrepoint [kɔ̃trə'pwɛ̃] *m* contrapunto.

contresens [kɔ̃trə'sɑ̃s] *m* contrasentido. ■ à ~ en sentido contrario.

contresigner [kɔ̃trəsi'ɲe] *tr* refrendar.

contretemps [kɔ̃trə'tɑ̃] *m* contratiempo. ■ à ~ a destiempo.

contribuable [kɔ̃tri'bɥabl] *m* ou *f* contribuyente.

contribuer [kɔ̃tri'bɥe] *tr* contribuir.

contributif, ive [kɔ̃triby'tif, iv] *adj* DR contributivo.

contribution [kɔ̃triby'sjɔ̃] *f* contribución.

contrition [kɔ̃tri'sjɔ̃] *f* REL contrición.

contrôle [kɔ̃'trol] **1** *m* verificación; comprobación. **2** control, inspección. **3** dominación, control. ■ ~ continu evaluación continua.

contrôler [kɔ̃tro'le] **1** *tr* controlar, inspeccionar. **2** sellar (objetos de oro o plata). **3** dominar: *contrôler une région stratégique = dominar una región estratégica.* ◆ **4** se ~ *pron* contenerse; dominarse.

controverse [kɔ̃tro'vɛrs] *f* controversia.

controverser [kɔ̃trovɛr'se] *tr* controvertir, discutir.

contumace [kɔ̃ty'mas] *f* DR contumacia.

contus, e [kɔ̃'ty, z] *adj* contuso.

contusion [kɔ̃ty'zjɔ̃] *f* contusión.

contusionner [kɔ̃tyzjɔ'ne] *tr* contusionar.

convaincant, e [kɔ̃vɛ̃'kɑ̃, t] *adj* convincente.

convaincre [kɔ̃'vɛ̃kr] *tr* et *pron* convencer.

convaincu, e [kɔ̃vɛ̃'ky] *adj* convencido.

convalescence [kɔ̃vale'sɑ̃s] *f* convalecencia.

convalescent, e [kɔ̃vale'sɑ̃, t] *adj* convaleciente.

convenance [kɔ̃v'nɑ̃s] *f* conveniencia.

convenir [kɔ̃v'nir] **1** *tr* convenir, ser apropiado. **2** (~ *de*) reconocer: *convenir de mon tort = reconocer mi error.* **3** il convient de + inf es conveniente + inf: *il convient de défendre son opinion = es conveniente defender su opinión.* **4** il convient que + subj es deseable que + subj: *il convient que vous partiez = es deseable que os vayáis.*

convention [kɔ̃vɑ̃'sjɔ̃] *f* convenio, convención. ■ de ~ convencional.

conventionnel, elle [kɔ̃vɑ̃sjɔ'nɛl] *adj* convencional.

convergence [kɔ̃vɛr'ʒɑ̃s] *f* convergencia.

convergent, e [kɔ̃vɛr'ʒɑ̃, t] *adj* convergente.

converger [kɔ̃vɛr'ʒe] *intr* convergir, converger.

conversation [kɔ̃vɛrsa'sjɔ̃] *f* conversación.

converser [kɔ̃vɛr'se] *intr* conversar.

conversion [kɔ̃vɛr'sjɔ̃] *f* conversión.

convertir [kɔ̃vɛr'tir] *tr* et *pron* convertir.

convexe [kɔ̃'vɛks] *adj* convexo.

conviction [kɔ̃vik'sjɔ̃] *f* convicción.

convier [kɔ̃'vje] *tr* invitar, convidar.

convive [kɔ̃'viv] *m* ou *f* comensal, convidado.

convocation [kɔ̃vɔka'sjɔ̃] *f* convocatoria, convocación.

convoi [kɔ̃'vwa] **1** *m* convoy. **2** cortejo (en un entierro).

convoiter [kɔ̃vwa'te] *tr* codiciar.

convoitise [kɔ̃vwa'tiz] *f* codicia, ansia.

convoquer [kɔ̃vɔ'ke] *tr* convocar.

convulsif, ive [kɔ̃vyl'sif, iv] *adj* convulsivo.

convulsion [kɔ̃vyl'sjɔ̃] *f* convulsión.

convulsionner [kɔ̃vylsjɔ'ne] *tr* convulsionar.

coopérant, e [kɔɔpe'rɑ̃, t] *adj/m* et *f* cooperante.

coopération [kɔɔpera'sjɔ̃] *f* cooperación.

coopérative [kɔɔpera'tiv] *f* cooperativa. ■ ~ de consommation asociación de consumidores.

coopérer [kɔɔpe're] *tr* cooperar.

coordination [kɔɔrdina'sjɔ̃] *f* coordinación.

coordonner [kɔɔrdɔ'ne] *tr* coordinar.

coordonnés [kɔɔrdɔ'ne] *f pl* coordenadas.

copain, ine [kɔ'pɛ̃, in] **1** *adj/m* et *f* compañero. **2** amigo.

copeau [kɔ'po] *m* viruta.

copie [kɔ'pi] **1** *f* copia. **2** deberes (en la escuela). ◆ ~ blanche hoja en blanco.

copier [kɔ'pje] *tr* copiar.

copieur, euse [kɔ'pjœr, øz] **1** *m* et *f* copión. ◆ **2** *m* copiadora.

copieux, euse [ko'pjø, øz] *adj* copioso.

copilote [kɔpi'lɔt] *m* ou *f* copiloto.

copiste [kɔ'pist] *m* ou *f* copista.

coproduction [kɔprɔdyk'sjɔ̃] *f* coproducción (en cine).

copropriétaire [kɔpʀɔpʀjeˈtɛʀ] *m* ou *f* copropietario.

copropriété [kɔpʀɔpʀjeˈte] *f* copropiedad.

copulation [kɔpylaˈsjɔ̃] *f* cópula.

copuler [kɔpyˈle] *intr* copular; coger (Amér.).

coq [kɔk] **1** *m* gallo. **2** gallito (hombre seductor). **3** MAR cocinero. ◆ ~ de bruyère urogallo; ■ sauter du ~ à l'âne saltar de un tema a otro.

coque [kɔk] **1** *f* cascarón (de un huevo). **2** cáscara (de nuez, avellana, etc.). **3** berberecho. **4** coca (peinado). ◆ œuf à la ~ huevo pasado por agua.

coquelicot [kɔkliˈko] **1** *m* amapola. ● **2** coquelicots *m pl* (fam) menstruación.

coqueluche [kɔkˈlyʃ] *f* tos ferina. ■ être la ~ de ser el preferido de.

coquet, ette [kɔˈkɛ, t] **1** *adj* presumido. **2** coquetón: *c'est coquet chez vous = vuestra casa es coquetona.* **3** considerable: *il a gagné la coquette somme de ... = ha ganado la considerable suma de ...* ● **4** *f* coqueta.

coqueter [kɔkˈte] *intr* coquetear.

coquetier [kɔkˈtje] *m* huevera.

coquetterie [kɔkɛtˈʀi] *f* coquetería. ■ avoir une ~ dans l'œil tener un poco de estrabismo.

coquillage [kɔkiˈjaʒ] **1** *m* marisco. **2** concha.

coquille [kɔˈkij] **1** *f* concha (de molusco). **2** cáscara (de huevo, etc.). **3** errata, gazapo. ◆ ~ de noix barquita, cáscara de nuez.

coquin, e [kɔˈkɛ̃, in] **1** *adj/m* et *f* pillo, tunante. ● **2** *m* (fam) amante.

corail [kɔˈʀaj] (*pl* coraux) *m* coral.

Coran [kɔˈʀɑ̃] *m* Alcorán, Corán.

corbeau [kɔʀˈbo] *m* cuervo.

corbeille [kɔʀˈbɛj] **1** *f* cesto, canasto. **2** corro (en Bolsa). ◆ ~ à ouvrage costurero; ~ à pain panera.

corbillard [kɔʀbiˈjaʀ] *m* coche fúnebre.

corde [kɔʀd] **1** *f* cuerda. **2** trama (de un tejido). **3** comba. **4** ANAT cuerda: *les cordes vocales = las cuerdas vocales.* **5** MUS cuerda. ◆ ~ raide cuerda floja; ■ avoir la ~ au cou estar con la soga al cuello.

cordeau [kɔʀˈdo] **1** *m* cordel. **2** mecha (de explosivos).

cordée [kɔʀˈde] *f* cordel.

cordeler [kɔʀdəˈle] *tr* torcer, retorcer; trenzar.

cordelette [kɔʀdəˈlɛt] *f* cuerdecilla.

corder [kɔʀˈde] **1** *tr* torcer, retorcer. **2** atar (con cuerda). **3** acordelar (medir con cuerda).

cordial, e [kɔʀˈdjal] *adj* cordial.

cordialité [kɔʀdjaliˈte] *f* cordialidad.

cordillère [kɔʀdiˈjɛʀ] *f* cordillera.

cordon [kɔʀˈdɔ̃] **1** *m* cordón. **2** ANAT cordón: *cordon ombilical = cordón umbilical.*

cordon-bleu [kɔʀdɔ̃ˈblø] *m* (fig, fam) buen cocinero.

cordonner [kɔʀdɔˈne] *tr* retorcer; trenzar.

cordonnerie [kɔʀdɔnˈʀi] *f* zapatería.

cordonnet [kɔʀdɔˈnɛ] **1** *m* cordoncillo. **2** torzal (para bordar).

cordonnier, ère [kɔdɔˈnje, jɛʀ] *m* et *f* zapatero.

coréen, enne [kɔʀeˈɛ̃, ɛn] **1** *adj* coreano. ● **2** Coréen, enne *m* et *f* coreano. ● **3** *m* coreano (lengua).

coreligionnaire [kɔʀɔliʒjɔˈnɛʀ] *m* ou *f* correligionario.

coriace [kɔˈʀjas] **1** *adj* coriáceo. **2** (fig) tenaz.

coriandre [kɔˈʀjɑ̃dʀ] *f* BOT cilantro.

corne [kɔʀn] **1** *f* cuerno. **2** ANAT cuerno (de la médula). **3** MUS corneta. ◆ ~ à chaussure calzador.

corné, e [kɔʀˈne] *adj* córneo.

cornée [kɔʀˈne] *f* ANAT córnea.

corneille [kɔʀˈnɛj] *f* corneja.

cornemuse [kɔʀnəˈmyz] *f* MUS cornamusa, gaita.

cornet [kɔʀˈnɛ] **1** *m* cucurucho (de helado). **2** cubilete (de los dados). **3** MUS corneta.

cornettiste [kɔʀnɛˈtist] *m* ou *f* corneta (músico).

corniche [kɔʀˈniʃ] *f* cornisa.

cornichon [kɔʀniˈʃɔ̃] **1** *m* pepinillo. **2** majadero, bobo.

cornu, e [kɔʀˈny] **1** *adj* cornudo. **2** corneado (que tiene puntas).

corollaire [kɔʀɔˈlɛʀ] *m* corolario.

corporation [kɔʀpɔʀaˈsjɔ̃] *f* corporación, gremio.

corporel, elle [kɔʀpɔˈʀɛl] *adj* corpóreo. **2** corporal.

corps [kɔʀ] **1** *m* cuerpo (de persona o animal). **2** cuerpo, consistencia: *ce vin a du corps = este vino tiene cuerpo.* **3** corpus (recopilación de textos). **4** MIL cuerpo. ◆ ~ **céleste** cuerpo celeste; ~ **noir** agujero negro; ■ **à ~ perdu** a cuerpo descubierto; **faire ~ avec** confundirse con; **prendre ~** tomar cuerpo.

corpulence [kɔrpy'lɑ̃s] *f* corpulencia.
corpulent, e [kɔrpy'lɑ̃, t] *adj* corpulento.
corpuscule [kɔrpys'kyl] *m* corpúsculo.
correct, e [kɔ'rɛkt] **1** *adj* correcto. **2** (fam) aceptable, razonable.

Le corps humain / *El cuerpo humano*

Le corps humain	El cuerpo humano	La tête	La cabeza
l'estomac	*el estómago*	*l'œil, les yeux*	*el ojo, los ojos*
l'os	*el hueso*	*l'oreille*	*la oreja*
la colonne vertébrale	*la columna vertebral*	*la barbe*	*la barba*
la peau	*la piel*	*la bouche*	*la boca*
le cœur	*el corazón*	*la dent*	*el diente*
le foie	*el hígado*	*la gorge*	*la garganta*
le muscle	*el músculo*	*la joue*	*la mejilla*
le nerf	*el nervio*	*la langue*	*la lengua*
le sang	*la sangre*	*la lèvre*	*el labio*
le squelette	*el esqueleto*	*la mâchoire*	*la mandíbula*
les poumons	*los pulmones*	*la moustache*	*el bigote*
les reins	*los riñones*	*la nuque*	*la nuca*
		le cerveau	*el cerebro*
		le cou	*el cuello*
Le tronc et les membres	**El tronco y las extremidades**	*le crâne*	*el cráneo*
la poitrine	*el pecho*	*le front*	*la frente*
le derrière	*el trasero*	*le menton*	*la barbilla*
le dos	*la espalda*	*le nez*	*la nariz*
le ventre	*el vientre*	*le palais*	*el paladar*
les fesses	*las nalgas*	*le visage*	*la cara, el rostro*
les seins	*los pechos*	*les cheveux*	*el pelo*
		les cils	*las pestañas*
l'épaule	*el hombro*	*les paupières*	*los párpados*
l'ongle	*la uña*	*les sourcils*	*las cejas*
la cheville	*el tobillo*		
la cuisse	*el muslo*	**Les sens**	**Los sentidos**
la hanche	*la cadera*	*la vue*	*la vista*
la jambe	*la pierna*	*voir*	*ver*
la main	*la mano*	*regarder*	*mirar*
la paume	*la palma*	*le regard*	*la mirada*
le bras	*el brazo*	*aveugle*	*ciego*
le coude	*el codo*	*l'ouïe*	*el oído*
le doigt	*el dedo*	*entendre*	*oír*
le genou	*la rodilla*	*écouter*	*escuchar*
le mollet	*la pantorrilla*	*sourd*	*sordo*
le pied	*el pie*	*l'odorat*	*el olfato*
le poignet	*la muñeca*	*sentir*	*oler*
le poing	*el puño*	*l'odeur*	*el olor*
le talon	*el talón*	*le goût*	*el gusto*
les orteils	*los dedos del pie*	*savourer*	*saborear*
		la saveur	*el sabor*
		le toucher	*el tacto*
		toucher	*tocar*

correcteur, trice [kɔʀɛk'tœʀ, tʀis] *adj/m* et *f* corrector.

correctif, ive [kɔʀɛk'tif, iv] *adj/m* et *f* correctivo.

correction [kɔʀɛk'sjɔ̃] **1** *f* corrección. **2** cortesía. **3** (fam) paliza.

correctionnel, elle [kɔʀɛksjɔ'nɛl] **1** *adj* correccional. ● **2 la correctionnelle** *f* el tribunal correccional.

corrélation [kɔʀela'sjɔ̃] *f* correlación.

correspondance [kɔʀɛspɔ̃'dɑ̃s] **1** *f* correspondencia (informe). **2** correspondencia, enlace (en los transportes). **3** correspondencia, correo. ■ **en ~ avec** de acuerdo con.

correspondant, e [kɔʀɛspɔ̃'dɑ̃, t] **1** *adj* correspondiente. ● **2** *m* et *f* corresponsal.

correspondre [kɔʀɛs'pɔ̃dʀ] **1** *tr* (~ *à*) corresponder a, equivaler a. ● **2** *intr* cartearse.

corridor [kɔʀi'dɔʀ] *m* corredor, pasillo.

corriger [kɔʀi'ʒe] **1** *tr* corregir. **2** nivelar, compensar. ● **3 se ~** *pron* curarse: *il s'est corrigé de sa gaucherie = se ha curado de su torpeza.*

corroboration [kɔʀɔbɔʀa'sjɔ̃] *f* corroboración.

corroborer [kɔʀɔbɔ'ʀe] *tr* corroborar.

corrodant, e [kɔʀɔ'dɑ̃, t] *adj* et *m* corrosivo.

corroder [kɔʀɔ'de] *tr* corroer.

corrompre [kɔ'ʀɔ̃pʀ] *tr* corromper.

corrompu, e [kɔʀɔ̃'py] **1** *adj* corrompido. **2** corrupto (persona).

corrosif, ive [kɔʀɔ'zif, iv] *adj* corrosivo.

corrosion [kɔʀɔ'zjɔ̃] *f* corrosión.

corruption [kɔʀyp'sjɔ̃] *f* corrupción.

corsage [kɔʀ'saʒ] **1** *m* blusa. **2** cuerpo (de una ropa).

corsaire [kɔʀ'sɛʀ] *m* corsario, pirata.

corse [kɔʀs] **1** *adj* corso. ● **2 Corse** *m* ou *f* corso.

corsé, e [kɔʀ'se] **1** *adj* con cuerpo, fuerte (café, vino, queso). **2** picante: *une sauce très corsée = una salsa muy picante.* **3** complicado (problema).

corser [kɔʀ'se] **1** *tr* dar cuerpo, dar consistencia. **2** (fig) aumentar el interés de (una intriga, una historia). ● **3 se ~** *pron* complicarse (un asunto).

corset [kɔʀ'sɛ] *m* corsé.

cortège [kɔʀ'tɛʒ] **1** *m* cortejo. **2** procesión.

corvée [kɔʀ've] **1** *f* (fig) carga, incordio. **2** MIL servicio.

cosaque [kɔ'zak] *m* cosaco.

cosmétique [kɔsme'tik] *adj* et *m* cosmético.

cosmique [kɔs'mik] *adj* cósmico.

cosmonaute [kɔsmɔ'not] *m* ou *f* cosmonauta.

cosmopolite [kɔsmɔpɔ'lit] *adj/m* ou *f* cosmopolita.

cosmos [kɔs'mɔs] *m* cosmos.

cossard, e [kɔ'saʀ, d] *adj/m* et *f* (fam) holgazán, perezoso.

cosse [kɔs] **1** *f* vaina (de verdura). **2** (fam) pereza.

cossu, e [kɔ'sy] *adj* rico, acaudalado.

costaud, e [kɔs'to, d] **1** *adj/m* et *f* instruido, ducho. **2** sólido, resistente. **3** (fam) fuerte, robusto (persona).

costume [kɔs'tym] **1** *m* traje. **2** vestuario (en teatro, cine). ◆ **~ de bain** bañador.

costumé, e [kɔsty'me] *adj* disfrazado.

costumer [kɔsty'me] **1** *tr* et *pron* vestir. **2** disfrazar.

cotation [kɔta'sjɔ̃] *f* cotización.

cote [kɔt] **1** *f* contribución (de un impuesto). **2** cotización (de un valor en Bolsa). **3** valoración.

côte [kɔt] **1** *f* chuleta (de cordero, etc.). **2** cuesta, pendiente. **3** costa (litoral). **4** ANAT costilla. ◆ **~ de melon** raja de melón; ■ **à ~** juntos, uno al lado del otro.

côté [ko'te] **1** *m* costado. **2** lado (parte lateral). **3** canto (límite exterior). **4** cara (de papel, de moneda). **5** GÉOM lado; cateto (de un triángulo). ■ **à ~** al lado, junto; **à ~ de moi** a mi lado; **de mon ~** por mi parte, en cuanto a mí; **d'un autre ~** por otra parte; **du ~ de** cerca de.

coté, e [kɔ'te] **1** *adj* apreciado, valorado. **2** cotizado (en Bolsa).

coteau [kɔ'to] **1** *m* collado, otero. **2** ladera (vertiente).

côtelé, e [kot'le] *adj* de canalé.

côtelette [kot'lɛt] **1** *f* chuleta. **2** (fam) costilla (de una persona).

coter [kɔ'te] **1** *tr* numerar. **2** calificar, poner nota a (un examen). **3** ÉCON cotizar.

coterie [kɔt'ʀi] *f* (péj) camarilla, grupo.

côtier, ère [ko'tje, jɛʀ] *adj* costero, costanero.

cotisation [kɔtiza'sjɔ̃] *f* cotización.

cotiser [kɔti'ze] **1** *intr* cotizar. ● **2 se** ~ *pron* pagar a escote.

coton [kɔ'tɔ̃] **1** *m* algodón: *coton hydrophile = algodón hidrófilo.* ● **2** *adj* (fam) difícil. ■ c'est ~! (fam) ¡no es moco de pavo!

cotonneux, euse [kɔtɔ'nø, øz] **1** *adj* algodonoso. **2** acorchado (fruta).

côtoyer [kɔtwa'je] **1** *tr* bordear. **2** (fig) rozar, rayar. ● **3** *tr* et *pron* (fig) codearse con.

cotte [kɔt] *f* mono (de trabajo).

cou [ku] *m* cuello. ◆ cou-rouge petirrojo (pájaro); cou-tors torcecuello (pájaro).

couard, e [kwaʀ, d] *adj* cobarde.

couardise [kwaʀ'diz] *f* cobardía.

couchage [ku'ʃaʒ] *m* ropa de cama.

couchant, e [ku'ʃɑ̃, t] *adj* et *m* poniente: *soleil couchant = sol poniente.*

couche [kuʃ] **1** *f* lecho, cama. **2** pañal. **3** capa: *la neige formait une épaisse couche = la nieve formaba una espesa capa.* **4** AGR semillero. ● **5 couches** *f pl* parto.

couché, e [ku'ʃe] **1** *adj* acostado (en la cama); tumbado, echado. **2** inclinado.

coucher [ku'ʃe] **1** *tr* acostar (en la cama); tender (en el suelo). **2** alojar. **3** inclinar. ● **4** *intr* dormir. **5** (fam) hacer el amor. ● **6** *intr* et *pron* acostarse. ● **7 se** ~ *pron* echarse, tumbarse. ■ allez vous ~! ¡id a hacer gárgaras!; se ~ comme les poules acostarse con las gallinas.

couchette [ku'ʃɛt] **1** *f* pequeña cama. **2** litera (en un barco, un tren).

couci-couça [kusiku'sa] *adv* regular (así así).

coucou [ku'ku] **1** *m* cuclillo, cuco (pájaro). **2** reloj de cuco. **3** BOT narciso silvestre. ● **4 coucou!** *interj* ¡hola!

coude [kud] *m* codo. ◆ huile de ~ energía, esfuerzo: *il a mis tout l'huile de coude pour parvenir à ce résultat = ha puesto muchas energías para llegar a este resultado;* ■ ~ à ~ codo a codo; se serrer ou se tenir les coudes (fig) ser solidario, ir a una.

cou-de-pied [kud'pje] *m* ANAT garganta del pie.

coudoyer [kudwa'je] **1** *tr* chocar con el codo. **2** rozar, pasar rozando. **3** (fig) codearse con.

coudre [kudʀ] *tr* coser. ◆ machine à ~ máquina de coser.

couette [kwet] **1** *f* lecho de plumas. **2** tipo de edredón. **3** coleta (en el pelo). **4** TECH chumacera, rangua.

couffin [ku'fɛ̃] *m* capacho (cuna).

couille [kuj] **1** *f* (fam, vulg) cojón. **2** error, dificultad. ◆ ~ molle (fam, vulg) cobarde.

couillon, onne [ku'jɔ̃, ɔn] *adj/m* et *f* (fam) gilipollas, imbécil.

couillonner [kujɔ'ne] *tr* (fam) embaucar, engañar.

coulant, e [ku'lɑ̃, t] **1** *adj* fluyente, fluente. **2** ágil, fácil (estilo). ◆ nœud ~ nudo corredizo.

coule [kul] **1** *f* REL cogulla. ● **2 à la** ~ *loc adj* (fam) liso y llano, sin dificultad.

coulée [ku'le] **1** *f* colada, vaciado. **2** corriente (de agua, lava). **3** sendero, vereda.

couler [ku'le] **1** *intr* fluir, correr (un líquido); gotear (un grifo). **2** manar, salirse (un líquido orgánico). **3** derretirse, deshacerse. **4** rezumar, salirse (un líquido). **5** (fig) escurrirse, escaparse. ● **6** *tr*, *intr* et *pron* hundir: *le bateau a coulé = el barco se ha hundido;* ahogar: *le nageur a coulé = el nadador se ha ahogado.* ● **7** *tr* verter, colar (un líquido). **8** pasar (el tiempo). **9** TECH echar en un molde.

couleur [ku'lœʀ] **1** *f* color. **2** colorante, color. **3** palo (en las cartas). **4** (fig) opinión, carácter. **5** (fig) color, tono. **6** PHYS color. ● **7 en** ~ *loc adj* en color. ● **8 sous** ~ de *loc prép* so color de, so pretexto de.

couleuvre [ku'lœvʀ] *f* ZOOL culebra. ■ être paresseux comme une ~ ser un gandul.

coulissant, e [kuli'sɑ̃, t] *adj* corredero, corredizo: *porte coulissante = puerta corredera.*

coulisse [ku'lis] **1** *f* jareta (en costura). **2** corredera: *porte à coulisse = puerta corredera.* **3** ÉCON bolsín. **4** MÉC articulación, guía. **5** THÉÂT bastidor. **6** TECH ranura.

couloir [ku'lwaʀ] **1** *m* pasillo, corredor. **2** pasaje estrecho, canal. **3** carril: *couloir d'autobus = carril bus.* **4** GÉOGR estrecho, paso; garganta, desfiladero. **5** SPORTS calle (en atletismo); banda lateral (en tenis). ◆ bruits de ~ rumores oficiosos.

coup [ku] **1** *m* golpe. **2** herida. ◆ ~ bas golpe bajo; ~ de bâton bastonazo; ~ de botte ou de pied patada, puntapié; ~ de chance golpe de suerte; ~ de corne cornada; ~ d'État golpe de Estado; ~ de feu tiro; ~ de fil llamada; ~ de filet redada; ~ de foudre flechazo; ~ de fouet latigazo; fuetazo, cuerazo (Amér.); ~ de soleil insolación; ~ de tête cabezonada; ~ d'œil vistazo; ■ à ~ sûr con seguridad; donner un ~ de main à qqn echar una mano a alguien; du ~ (fam) por consiguiente; faire ~ double matar dos pájaros de un tiro; sur le ~ inmediatamente; tenir le ~ (fam) soportar; tout à ~ de golpe.

coupable [ku'pabl] adj/m ou f culpable.

coupant, e [ku'pã, t] 1 adj cortante. 2 tajante, autoritario.

coupe [kup] 1 f copa: coupe à champagne = copa de champán. 2 corte. 3 tala, corta (de árboles). 4 (fig) forma, contorno. 5 TECH corte, sección. ◆ ~ claire tala masiva; ~ réglée tala periódica; ~ sombre tala parcial; ■ à la ~ a cala y cata.

coupé, e [ku'pe] 1 adj cortado. 2 dividido, interrumpido.

coupe-feu [kup'fø] m cortafuego.

coupe-ongles [kup'ɔ̃gl] m cortauñas.

coupe-papier [kuppa'pje] m cortapapel.

couper [ku'pe] 1 tr, intr et pron cortar. ◆ 2 tr (~ en) cortar en, dividir en. 3 talar (un árbol). 4 cortar, amputar. 5 cortar, herir. 6 aislar, separar. 7 atravesar, pasar por el medio. 8 interrumpir, entrecortar (una acción, una comunicación). 9 mezclar (dos líquidos). ◆ 10 intr (fam) (~ à) evitar, escapar de. ◆ 11 se ~ pron (se ~ de) perder el contacto con. ■ à ~ au couteau que podría cortarse con un cuchillo; ~ dans le vif (fig) cortar por lo sano.

couperet [kup'rɛ] 1 m tajadera (para la carne). 2 cuchilla (de la guillotina).

couple [kupl] 1 f trailla doble (de perros); reata (de caballos). ◆ 2 m pareja. 3 MAR cuaderna. 4 PHYS, TECH par.

coupler [ku'ple] 1 tr atraillar (los perros); uncir (los bueyes, las mulas). 2 aparejar, emparejar. 3 ÉLEC conectar.

couplet [ku'ple] 1 m cantinela (dicho repetitivo). 2 MUS estrofa (estancia); cuplé (canción). ◆ 3 couplets m pl canción.

coupole [ku'pɔl] 1 f ARCHIT cúpula. 2 MIL torreta.

coupon [ku'pɔ̃] 1 m retal, retazo (de tejido). 2 bobina (de tejido, de tela). 3 COMM cupón.

coupure [ku'pyr] 1 f corte, herida. 2 brecha, fractura. 3 corte, parte censurada (de una película, una obra, etc.). 4 billete de banco. 5 corte (en el suministro de agua, gas, etc.). 6 (fig) ruptura.

cour [kur] 1 f patio. 2 corte (de un rey). 3 tribunal. 4 HIST consejo, parlamento. ◆ ~ d'appel Tribunal de Apelación; ~ d'assises Audiencia, Sala de lo Criminal; Cour de cassation Tribunal Supremo; Cour des comptes Tribunal de Cuentas; ~ martiale tribunal militar; la Haute Cour de justice Tribunal Supremo.

courage [ku'raʒ] m coraje, ánimo; valor. ■ avoir le ~ de ses opinions manifestar sus opiniones; prendre son ~ à deux mains armarse de valor, sacar fuerzas de flaqueza.

courageux, euse [kura'ʒø, øz] adj valiente; atrevido.

couramment [kura'mã] 1 adv fácilmente. 2 comúnmente, habitualmente.

courant, e [ku'rã, t] 1 adj corriente. 2 actual, en curso. ◆ 3 m corriente. ◆ 4 f (fam) diarrea. ■ au ~ al corriente: je l'ai mis au courant de tout = le he puesto al corriente de todo.

courbatu, e [kurba'ty] 1 adj laso, cansado. 2 que tiene agujetas.

courbature [kurba'tyr] 1 f lasitud, cansancio. ◆ 2 courbatures f pl agujetas.

courbaturer [kurbaty're] 1 tr anquilosar. 2 llenar de agujetas.

courbe [kurb] 1 adj curvo, curvado. ◆ 2 f curva. ◆ ~ de niveau GÉOGR curva de nivel.

courber [kur'be] 1 tr curvar. ◆ 2 tr et intr encorvar, doblar. ◆ 3 se ~ pron encorvarse; inclinarse, prosternarse.

coureur, euse [ku'rœr, øz] 1 m et f corredor. 2 asiduo, frecuentador. 3 aventurero. ◆ 4 coureurs m pl ZOOL corredoras.

courge [kurʒ] 1 f (fam) inepto (tonto). 2 BOT calabacera (planta). 3 BOT calabaza (fruto).

courgette [kur'ʒet] f BOT calabacín.

courir [ku'rir] 1 intr correr. ◆ 2 tr perseguir, buscar. 3 surcar, recorrer. 4 frecuentar, ser asiduo de. ■ ~ après qqn

433 couvrir

perseguir a alguien; andar tras uno; ~ les rues ser corriente, ser frecuente.

couronne [ku'ʀɔn] f corona. ◆ ~ héraldique corona heráldica; ~ solaire ASTR corona solar; la ~ d'épines REL la corona de espinas; ■ en ~ en círculo.

couronner [kuʀɔ'ne] 1 tr coronar. 2 talar en corona (un árbol). ● 3 tr et pron herir en la rodilla.

courrier [ku'ʀje] 1 m correo. 2 crónica, artículo (de un periódico). ◆ ~ électronique INF correo electrónico.

courroie [ku'ʀwa] f correa: courroie de transmission = correa de transmisión.

courroucer [kuʀu'se] tr encolerizar, irritar.

cours [kuʀ] 1 m curso. 2 clase: cours magistral = clase magistral. 3 manual, tratado. ◆ ~ d'eau curso de agua; ■ au ou en ~ (de) en el transcurso de, durante; en ~ en curso, actual; en ~ de en curso de.

course [kuʀs] 1 f carrera. 2 trayecto. 3 TECH recorrido, carrera. ● 4 les courses f pl la compra (cotidiana): il fait ses courses à midi = hace la compra al mediodía. ◆ ~ aux armements carrera armamentística; ■ de ~ de carreras.

coursier, ère [kuʀ'sje, jɛʀ] m et f recadero.

court, e [kuʀ, t] 1 adj corto. 2 (fam) insuficiente, justo, escaso. ● 3 adv corto. ■ tout ~ simplemente, a secas.

court-circuit [kuʀsiʀ'kɥi] m ÉLEC cortocircuito.

courtisan, e [kuʀti'zã, e] 1 adj et m cortesano. ● 2 m (fig) lisonjero.

court-métrage [kuʀme'tʀaʒ] m cortometraje; corto.

courtois, e [kuʀ'twa, z] adj cortés; amable, educado.

courtoisie [kuʀtwa'zi] 1 f cortesía (educación). 2 cortesanía (urbanidad).

couru, e [ku'ʀy] 1 adj buscado. 2 concurrido. 3 (fam) previsto.

couscous [kus'kus] m GAST alcuzcuz.

cousette [ku'zɛt] 1 f costurero. 2 (fam) modistilla.

cousin, e [ku'zɛ̃, in] 1 m et f primo. ● 2 m mosquito. ◆ ~ à la mode de Bretagne pariente lejano; ~ germain primo hermano.

coussin [ku'sɛ̃] 1 m cojín, almohada. 2 TECH almohadilla.

coût [ku] 1 m coste, costo. 2 (fig) precio (de una imprudencia). ■ ~ de la vie coste de la vida; ~ de production coste de producción.

couteau [ku'to] 1 m cuchillo. 2 navaja (molusco). ■ être à couteaux tirés estar en guerra.

coutellerie [kutɛl'ʀi] f cuchillería (tienda).

coûter [ku'te] intr et tr costar. ■ coûte que coûte cueste lo que cueste: il faut que nous y allons coûte que coûte = tenemos que ir cueste lo que cueste; ~ les yeux de la tête ou la peau des fesses (fam) costar muy caro.

coûteux, euse [ku'tø, øz] adj costoso.

coutume [ku'tym] f costumbre. ■ de ~ de costumbre, habitualmente: il l'a fait plus vite que de coutume = lo ha hecho más rápido que de costumbre.

couture [ku'tyʀ] 1 f costura. 2 cicatriz. ■ examiner sur ou sous toutes les coutures (fig) examinar con cuatro ojos.

couturier [kuty'ʀje] m modisto.

couturière [kuty'ʀjɛʀ] f costurera; modista.

couvent [ku'vã] 1 m convento. 2 colegio de monjas.

couver [ku've] 1 tr incubar (los huevos). 2 tramar, preparar (un complot). 3 incubar (una enfermedad). ● 4 intr prepararse en silencio, estar latente (una venganza). ■ ~ qqn mimar a alguien.

couvercle [ku'vɛʀkl] m tapa (de un bote); tapadera (de una sartén).

couvert, e [ku'vɛʀ, t] 1 adj cubierto. 2 abrigado. ● 3 m abrigo (lugar resguardado). 4 cubierto (para comer). 5 comida. 6 TECH cobertizo. ■ être à ~ estar a salvo; se mettre à ~ resguardarse.

couverture [kuvɛʀ'tyʀ] 1 f cubierta, cobertura (para resguardar algo). 2 manta; cubrecama. 3 cubierta (de un libro). 4 forro (de un libro). 5 portada (de una revista). 6 ARCHIT techumbre, cubierta.

couveuse [ku'vøz] 1 f llueca, clueca (gallina). 2 ponedora. 3 incubadora.

couvre-feu [kuvʀə'fø] m queda. 2 toque de queda (señal).

couvre-lit [kuvʀə'li] m cubrecama, colcha.

couvrir [ku'vʀiʀ] 1 tr cubrir. 2 cubrir, colmar (de besos). 3 abrigar (a un niño). 4 ocultar, esconder: elle couvre la vérité =

esconde la verdad. **5** recorrer (una distancia). **6** abarcar. ● **7 se ~** *pron* cubrirse; ponerse el sombrero. **8** llenarse (de gente). **9** nublarse. **10** reguardarse, esconderse.

coyote [kɔ'jɔt] *m* coyote.

crabe [kʀab] *m* ZOOL cangrejo de mar.

crachat [kʀa'ʃa] **1** *m* escupitajo. **2** (fam) placa, insignia (de decoración).

craché, e [kʀa'ʃe] **tout** ~ *loc adj* clavado, muy parecido: *elle est sa sœur tout craché = es clavada a su hermana.*

cracher [kʀa'ʃe] **1** *tr* escupir. **2** esputar (sangre). **3** proferir (injurias). **4** arrojar (lava). ● **5** *intr* escupir; esputar. **6** crujir, chasquear. ■ ~ **sur qqn** (fig, fam) insultar, calumniar.

crack [kʀak] **1** *m* crack, favorito (potro). **2** as (genio).

craie [kʀɛ] **1** *f* tiza (para escribir). **2** jaboncillo (de sastre). **3** MIN creta.

craindre [kʀɛ̃dʀ] *tr* temer; tener miedo de: *je crains que tu y ailles = tengo miedo de que vayas.*

crainte [kʀɛ̃t] *f* temor. ■ **de** ~ **que** por miedo de que, temiendo que.

craintif, ive [kʀɛ̃'tif, iv] *adj* temeroso.

crampe [kʀɑ̃p] **1** *f* calambre, tirón (de los músculos). **2** dolor (de estómago). **3** (fig, fam) rollo (una cosa); pelma, lapa (una persona).

crampon [kʀɑ̃'pɔ̃] **1** *m* grapa. **2** crampón (montaña). **3** (fam) pesado, pelma.

cramponner [kʀɑ̃pɔ'ne] **1** *tr* enganchar, grapar. **2** (fam) molestar, importunar. ● **3 se** ~ *pron* aferrarse, agarrarse. **4** (fam) engancharse como una lapa.

cran [kʀɑ̃] **1** *m* muesca. **2** grado, punto: *monter d'un cran = subir un grado.* **3** agujero (de un cinturón). **4** ondulación (de los cabellos). **5** (fam) coraje, audacia.

crâne [kʀan] **1** *m* (fam) cabeza. **2** ANAT cráneo.

crâner [kʀa'ne] *tr* (fam) presumir, fanfarronear.

crâneur, euse [kʀa'nœʀ, øz] *adj/m et f* (fam) presumido, fanfarrón.

crapaud [kʀa'po] **1** *m* sapo. **2** defecto (de una piedra preciosa). **3** sillón bajo. **4** pequeño piano de cola. **5** (fam) chiquillo.

crapule [kʀa'pyl] *f* crápula.

crapulerie [kʀapyl'ʀi] *f* canallada.

craquant, e [kʀa'kɑ̃, t] **1** *adj* crujiente. **2** (fam) mono, encantador.

craque [kʀak] *f* (fam) fanfarronada.

craquelure [kʀak'lyʀ] *f* resquebrajadura.

craquer [kʀa'ke] **1** *intr* crujir; chascar. **2** deshacerse (las costuras). **3** hundirse, venirse abajo (un proyecto). **4** estallar (de nervios). ● **5** *tr* desgarrar, romper. **6** (fam) despilfarrar. ■ **plein à** ~ de bote en bote (lleno).

crasse [kʀas] **1** *adj* craso (ignorancia). ● **2** *f* roña, mugre. **3** porquería. **4** escoria. ● **5** *adj et f* burdo, tosco, grosero.

crasseux, euse [kʀa'sø, øz] **1** *adj/m et f* mugriento. **2** (fig, fam) tacaño, roñica.

cratère [kʀa'tɛʀ] *m* cráter (de volcán).

cravache [kʀa'vaʃ] *f* fusta (de jinete).

cravate [kʀa'vat] *f* corbata.

crayon [kʀɛ'jɔ̃] **1** *m* lápiz, lapicero. **2** dibujo a lápiz.

crayonner [kʀɛjɔ'ne] **1** *tr* escribir o dibujar con un lápiz. **2** trazar, esbozar (con un lápiz).

créance [kʀe'ɑ̃s] *f* COMM crédito.

créancier, ère [kʀeɑ̃'sje, jɛʀ] *m et f* acreedor.

créateur, trice [kʀea'tœʀ, tʀis] **1** *adj/m et f* creador; inventor. ● **2 le Créateur** *m* REL el Creador (Dios).

créatif, ive [kʀea'tif, iv] *adj* creativo.

création [kʀea'sjɔ̃] *f* creación.

créativité [kʀeativi'te] *f* creatividad.

créature [kʀea'tyʀ] *f* criatura.

crèche [kʀɛʃ] **1** *f* pesebre, belén. **2** guardería infantil.

crédit [kʀe'di] **1** *m* crédito. **2** autoridad, poder. ■ **à** ~ a plazos; **faire** ~ **à** fiarse de, contar con.

créditeur, trice [kʀedi'tœʀ, tʀis] *adj/m et f* acreedor.

credo [kʀe'do] *m* credo.

crédule [kʀe'dyl] *adj/m ou f* crédulo.

crédulité [kʀedyli'te] *f* credulidad.

créer [kʀe'e] *tr* crear.

crémaillère [kʀema'jɛʀ] *f* cremallera.

crémation [kʀema'sjɔ̃] *f* cremación.

crème [kʀɛm] **1** *f* nata. **2** natilla. **3** espuma (de afeitar). **4** crema (para la piel, el calzado, etc.). ● **5** *adj* crema (color).

crémerie [kʀɛm'ʀi] *f* lechería.

crémeux, euse [kʀe'mø, øz] *adj* cremoso.

crémier, ère [kʀe'mje, jɛʀ] *m et f* lechero.

créneau [kʀe'no] **1** *m* almena. **2** tronera, aspillera.

créole [kʀeˈɔl] **1** adj/m ou f criollo. ● **2** m lengua criolla. ■ riz à la ~ GAST arroz hervido.

crêpe [kʀɛp] **1** m crespón (tejido). ● **2** f GAST crêpe.

crêpelé, e [kʀɛpˈle] adj crespo.

crêpelure [kʀɛpˈlyʀ] f encrespado, cardado (del cabello).

crêper [kʀɛˈpe] **1** tr encrespar. **2** cardar (el cabello).

crépi [kʀeˈpi] **1** m revestimiento de argamasa. **2** revoque (con cal).

crépitation [kʀepitaˈsjɔ̃] m crepitación.

crépiter [kʀepiˈte] intr crepitar.

crépon [kʀeˈpɔ̃] m crespón (tejido). ◆ papier ~ papel crepé.

crépu, e [kʀeˈpy] adj crespo (cabello).

crépusculaire [kʀepyskyˈlɛʀ] adj crepuscular.

crépuscule [kʀepysˈkyl] m crepúsculo.

cresson [kʀeˈsɔ̃] m BOT berro. ◆ ~ alénois BOT mastuerzo.

crête [kʀɛt] **1** f cresta (de un pájaro). **2** (fig) cresta (de una montaña, de una ola).

crétin, e [kʀeˈtɛ̃, in] adj/m et f cretino.

cretonne [kʀeˈtɔn] f cretona (tejido).

creuser [kʀøˈze] **1** intr et tr cavar; excavar. **2** ahuecar. **3** surcar. **4** (fig) profundizar (una cuestión). **5** (fig) sondear. ● **6** se ~ pron ahuecarse. ■ se ~ la tête ou la cervelle devanarse los sesos.

creuset [kʀøˈzɛ] m crisol.

creux, euse [kʀø, øz] **1** adj hueco. **2** hondo (plato). **3** hundido (ojos, mejillas). ● **4** m cavidad, hueco, agujero. ■ avoir l'estomac ~ (fam) tener hambre.

crevaison [kʀøvɛˈzɔ̃] m pinchazo (de un neumático).

crevant, e [kʀøˈvɑ̃, t] adj (fam) agobiante.

crevasse [kʀøˈvas] f grieta.

crevasser [kʀøvaˈse] tr agrietar.

crevé, e [kʀøˈve] **1** adj pinchado (neumático). ● **2** m cuchillada (en una prenda de vestir).

crève-cœur [kʀɛvˈkœʀ] **1** m desconsuelo. **2** tormento.

crever [kʀøˈve] **1** tr et intr estallar; explotar. **2** pinchar (neumáticos). **3** saltar (los ojos). **4** (fam) estirar la pata (morir). ■ ~ de faim morirse de hambre.

crevette [kʀøˈvɛt] ~ grise camarón; ◆ ~ rose gamba.

cri [kʀi] **1** m grito: pousser des cris = dar gritos. **2** chirrido (de una herramienta). **3** voz propia de los animales. ◆ ~ de la conscience voz de la conciencia; ■ le dernier ~ la última moda.

criaillerie [kʀiajˈʀi] f gritería.

criard, e [kʀiˈaʀ, d] adj/m et f chillón.

crible [kʀibl] m criba; tamiz. ■ passer au ~ pasar por el tamiz.

cribler [kʀiˈble] **1** tr cribar; cerner. **2** (fig) acribillar: il est criblé de dettes = está acribillado de deudas. ■ ~ de questions acribillar a preguntas.

cric [kʀik] m AUT gato.

criée [kʀiˈe] f subasta.

crier [kʀiˈe] **1** intr gritar; chillar. **2** chirriar (rechinar). **3** pregonar (para vender). **4** (fig) llamar; pedir. ● **5** tr gritar. **6** proclamar (en voz alta). **7** pregonar (subasta). **8** (fig) clamar: crier la vérité = clamar la verdad. ■ ~ au scandale poner el grito en el cielo; ~ cassecou avisar de un peligro.

crime [kʀim] m crimen.

criminalité [kʀiminaliˈte] f criminalidad.

criminel, elle [kʀimiˈnɛl] adj/m et f criminal.

crin [kʀɛ̃] m crin; cerda. ◆ ~ végétal fibra vegetal; ■ à tous crins de todo su lomo.

crinière [kʀiˈnjɛʀ] **1** f crines (del caballo). **2** melena (del león). **3** (fig, fam) pelambrera; cabellera larga.

crique [kʀik] f MAR caleta; cala.

criquet [kʀiˈkɛ] m langosta; saltamontes.

crise [kʀiz] f crisis. ◆ ~ cardiaque MÉD ataque al corazón; ~ de foie (fam) crisis del hígado; ~ de larmes (fam) crisis de llanto; ~ de nerfs ataque de nervios; ~ ministérielle crisis ministerial.

crispant, e [kʀisˈpɑ̃, t] adj (fam) crispante; horripilante.

crispation [kʀispaˈsjɔ̃] f crispamiento.

crisper [kʀisˈpe] tr crispar.

crisser [kʀiˈse] tr rechinar; crujir.

cristal [kʀisˈtal] **1** m cristal. ● **2** cristaux m pl cristalería. ◆ ~ de roche cristal de roca; cristaux de soude cristales de sosa.

cristallerie [kʀistalˈʀi] f cristalería.

cristallin, e [kʀistaˈlɛ̃, in] adj et m cristalino.

cristalliser [kʀistaliˈze] **1** tr et intr cristalizar. **2** (fig) materializar; concretar. ● **3** se ~ pron cristalizarse.

critère [kʀi'tɛʀ] *m* criterio. ◆ **critères d'implantation** criterios de implantación (de una fábrica).

critique [kʀi'tik] **1** *adj* crítico. ● **2** *f* crítica (reprobación). ● **3** *m* ou *f* crítico (artístico o literario).

critiquer [kʀiti'ke] *tr* criticar.

croasser [kʀɔa'se] *intr* graznar.

croc [kʀo] **1** *m* gancho. **2** colmillo. **3** garabato (de carnicero). **4** bichero (de marinero).

croc-en-jambe [kʀɔkɑ̃'ʒɑ̃b] *m* zancadilla.

crochet [kʀɔ'ʃɛ] **1** *m* gancho. **2** ganchillo (aguja o labor). **3** TECH ganzúa (cerradura). ◆ **~ à bottines** abrochador.

crochu, e [kʀɔ'ʃy] *adj* ganchudo; curvo. ■ **avoir les doigts crochus** (fig) tener las uñas afiladas.

crocodile [kʀɔkɔ'dil] **1** *m* cocodrilo. **2** TECH paro automático de trenes.

croire [kʀwaʀ] **1** *tr* et *intr* creer: *je crois à sa bonté* = creo en su bondad. ● **2 se ~** *pron* creerse. ■ **~ dur comme fer** creer a pie juntillas.

croisade [kʀwa'zad] *f* cruzada.

croisé, e [kʀwa'ze] *adj* et *m* cruzado. ◆ **étoffe ~** tejido asargado; **feux croisés** MIL tiro convergente.

croisée [kʀwa'ze] **1** *f* ventana. **2** encrucijada.

croiser [kʀwa'ze] **1** *tr* cruzar. ● **2** *intr* patrullar (un buque de guerra). ● **3 se ~** *pron* cruzarse. ■ **~ le fer avec** cruzar la espada con.

croisière [kʀwa'zjɛʀ] *f* crucero. ◆ **vitesse de ~** velocidad de crucero.

croisillon [kʀwazi'jɔ̃] **1** *m* travesaño. **2** crucero (de ventana). **3** brazo (cruz).

croissance [kʀwa'sɑ̃s] *f* crecimiento. ◆ **~ économique** crecimiento económico.

croissant, e [kʀwa'sɑ̃, t] **1** *adj* creciente. ● **2** *m* media luna (luna). **3** croissant (pasta). **4** podadera (de jardinero).

croissanterie [kʀwasɑ̃t'ʀi] *f* croissantería; bollería.

croître [kʀwatʀ] **1** *intr* crecer. **2** (fig) desarrollarse. ■ **~ en largeur** ensancharse.

croix [kʀwa] *f* cruz. ◆ **Croix Rouge** Cruz Roja; ■ **en ~** en cruz.

croquant, e [kʀɔ'kɑ̃, t] **1** *adj* crujiente. ● **2** *m* almendrado.

croque-mort [kʀɔk'mɔʀ] *m* (fam) enterrador.

croquer [kʀɔ'ke] **1** *intr* cuscurrear. ● **2** *tr* ronzar; cascar. **3** comer. **4** mascar. ■ **~ sous les dents** crujir entre los dientes.

croquet [kʀɔ'kɛ] **1** *m* cróquet (juego). **2** pastel cuscurroso almendrado.

croquette [kʀɔ'kɛt] **1** *f* GAST albóndiga; croqueta (de carne); bola de patatas. **2** chocolatina.

croquis [kʀɔ'ki] *m* croquis.

crosse [kʀɔs] **1** *f* báculo (de obispo). **2** garrote. **3** culata (de fusil). **4** palo (de hockey).

crotale [kʀɔ'tal] *m* crótalo.

crotte [kʀɔt] **1** *f* caca; cagarruta (de los perros). **2** (fig) porquería (cosa sin valor). ● **3 crotte!** *interj* ¡córcholis!

crotter [kʀɔ'te] *tr* manchar de barro.

crottin [kʀɔ'tɛ̃] *m* estiércol de caballo.

croulant, e [kʀu'lɑ̃, t] **1** *adj* ruinoso. ● **2** *m* et *f* (fam) vejestorio; carcamal.

crouler [kʀu'le] **1** *intr* desplomarse. **2** (fig) venirse abajo.

croupe [kʀup] *f* grupa.

croupetons (à) [akʀup'tɔ̃] *loc adv* en cuclillas.

croupier [kʀu'pje] *m* croupier (de un casino).

croupion [kʀu'pjɔ̃] *m* rabadilla.

croupir [kʀu'piʀ] **1** *intr* corromperse; estancarse (el agua). **2** pudrirse.

croupissant, e [kʀupi'sɑ̃, t] *adj* corrompido; estancado (agua).

croustade [kʀus'tad] **1** *f* empanada (paté). **2** picatoste.

croustillant, e [kʀusti'jɑ̃, t] **1** *adj* cuscurrante (pan). **2** (fig) picaresco.

croustiller [kʀusti'je] *intr* curruscar; crujir.

croûte [kʀut] **1** *f* corteza (de pan). **2** mendrugo (trozo de pan). **3** (fam) cernícalo. **4** MÉD costra. ◆ **~ au fromage** pastel hojaldrado de queso.

croûton [kʀu'tɔ̃] **1** *m* mendrugo. **2** pico (del pan).

croyance [kʀwa'jɑ̃s] *f* creencia.

croyant, e [kʀwa'jɑ̃, t] *adj* creyente.

cru, e [kʀy] **1** *adj* crudo. ● **2** *m* viñedo. **3** caldo, vino. **4** (fig) cosecha. ■ **monter à ~** montar a pelo.

cruauté [kʀyo'te] *f* crueldad.

cruche [kʀyʃ] **1** *f* cántaro. ● **2** *adj* et *f* bodoque; ceporro.

cruchon [kʀy'ʃɔ̃] **1** *m* cantarillo. **2** botijillo (con pitorro).

crucial, e [kʀyˈsjal] *adj* crucial.

crucifié, e [kʀysiˈfje] *adj* crucificado.

crucifier [kʀysiˈfje] *tr* crucificar.

crucifix [kʀysiˈfi] *m* crucifijo.

crucifixion [kʀysifikˈsjɔ̃] *f* crucifixión.

crudité [kʀydiˈte] **1** *f* crudeza. ● **2 crudités** *f pl* verduras y hortalizas aliñadas en crudo.

crue [kʀy] **1** *f* crecida (de un río). **2** (fig) crecimiento.

cruel, elle [kʀyˈel] *adj* et *f* cruel.

cruenté, e [kʀyãˈte] *adj* cruento.

crustacé, e [kʀystaˈse] *adj* et *m* ZOOL crustáceo.

crypte [kʀipt] *f* cripta.

Cuba [kyˈba] *f* Cuba.

cubage [kyˈbaʒ] *m* cubicación.

cube [kyb] **1** *adj* cúbico. ● **2** *m* cubo. ■ élever au ~ elevar al cubo.

cubique [kyˈbik] **1** *adj* cúbico. ● **2** *f* cúbica.

cubiste [kyˈbist] *adj/m* ou *f* cubista.

cucul [kyˈky] *adj* (fam) repipi.

cueillaison [kœjɛˈzɔ̃] *f* AGR recolección.

cueillette [kœjˈjet] *f* recolección; cosecha (de frutos).

cueilleur, euse [kœjˈjœʀ, øz] *adj/m* et *f* recolector; cosechador.

cueillir [kœjˈjiʀ] **1** *tr* recoger. **2** coger (fruta, flores). **3** (fam) pillar (a un ladrón).

cueilloir [kœjˈjwaʀ] **1** *m* cogedera (para los árboles). **2** cesta.

cuiller [kɥiˈjeʀ] *f* cuchara. ◆ ~ à café cucharilla; ~ à pot cucharón; ~ à soupe cuchara sopera.

cuillerée [kɥijˈʀe] *f* cucharada. ◆ ~ à café cucharada de café.

cuir [kɥiʀ] **1** *m* cuero. **2** curtido. **3** piel (de los animales). ◆ ~ à rasoir suavizador; ~ chevelu cuero cabelludo; ■ avoir le ~ épais tener mucha cara.

cuirasse [kɥiˈʀas] **1** *f* coraza (armadura). **2** cubierta; capa (envoltura). **3** ZOOL coraza.

cuirassé, e [kɥiʀaˈse] *adj* et *m* acorazado.

cuirasser [kɥiʀaˈse] *tr* acorazar.

cuirassier [kɥiʀaˈsje] *m* coracero (soldado).

cuire [kɥiʀ] **1** *intr* et *tr* cocer (al vapor). **2** freír (en la sartén). **3** asar (al horno). ● **4** *tr* cocer (materiales). ● **5** *intr* escocer. ■ être dur à ~ (fig) ser duro de pelar.

cuisant, e [kɥiˈzã, t] **1** *adj* agudo (picor). **2** (fig) humillante, vergonzoso (derrota).

cuisine [kɥiˈzin] **1** *f* cocina. **2** (fig, fam) trapicheos, tejemanejes. ■ faire la ~ cocinar.

cuisiner [kɥiziˈne] *intr* et *tr* guisar, cocinar.

cuisinier, ère [kɥiziˈnje, jeʀ] **1** *adj/m* et *f* cocinero. ● **2** *f* cocina (electrodoméstico): *cuisinière à gaz* = cocina de gas.

cuissard [kɥiˈsaʀ] **1** *m* quijote (de la armadura). **2** SPORTS elástica.

cuissardes [kɥiˈsaʀd] *f pl* botas altas: *cuissardes de pêcheur* = botas altas de pescador.

cuisse [kɥis] *f* muslo. ■ se croire sorti de la ~ de Jupiter creerse un dios.

cuisson [kɥiˈsɔ̃] **1** *f* cocción. **2** escozor (dolor).

cuissot [kɥiˈso] *m* pernil.

cuistre [kɥistʀ] *m* pedante.

cuit, e [kɥi, t] **1** *adj* cocido. ● **2** *f* hornada; cochura (de pan); almíbar (de azúcar). **3** (fam) cogorza, taja; bomba, jáquima (Amér.). ◆ bien ~ muy hecho; ~ à point en su punto; pas assez ~ poco hecho; trop ~ demasiado hecho.

cuivre [kɥivʀ] *m* cobre. ◆ ~ jaune latón.

cuivré, e [kɥiˈvʀe] **1** *adj* cobrizo. **2** metálico (sonido): *sa voix cuivrée* = su voz metálica.

cul [ky] **1** *m* (fig) culo: *cul de bouteille* = culo de botella. **2** (vulg) culo. ◆ trou du ~ (vulg) ano, ojete; ■ être comme ~ et chemise ser como uña y carne.

culasse [kyˈlas] **1** *f* MIL culata (del cañón). **2** TECH culata (motor a explosión).

culbute [kylˈbyt] **1** *f* voltereta. **2** batacazo. **3** (fig, fam) quiebra, ruina. ■ faire la ~ revender, hacer reventa.

culbuter [kylbyˈte] *tr* derribar, tumbar.

cul-de-basse-fosse [kydbasˈfos] *m* mazmorra.

cul-de-lampe [kydˈlãp] **1** *m* viñeta final de capítulo. **2** ARCHIT pingante.

cul-de-sac [kydˈsak] *m* callejón sin salida.

culée [kyˈle] **1** *f* estribo (de un puente). **2** pilar (de un arco).

culinaire [kyliˈneʀ] *adj* culinario.

culminant, e [kylmiˈnã, t] *adj* culminante.

culmination [kylminaˈsjɔ̃] *f* culminación.

culminer [kylmiˈne] *intr* culminar.

culot [kyˈlo] **1** *m* casquillo. **2** poso, residuo. **3** (fam) caradura.

culotte [ky'lɔt] **1** *f* pantalón corto; calzón (de hombre). **2** bragas (de mujer). **3** pérdida (en el juego). ◆ ~ **de cheval** pantalón de montar; ■ **porter la** ~ (fig, fam) llevar los pantalones; **trembler dans sa** ~ (fam) cagarse en los pantalones.

culotté, e [kylɔ'te] *adj* (fam) caradura.

culpabiliser [kylpabili'ze] *tr* culpabilizar.

culpabilité [kylpabili'te] *f* culpabilidad.

culte [kylt] **1** *m* (fig) culto (admiración). **2** REL culto.

cultivé, e [kylti've] **1** *adj* cultivado. **2** culto (instruido).

cultiver [kylti've] **1** *tr* cultivar. ● **2** *tr* et *pron* (fig) cultivar.

culture [kyl'tyʀ] **1** *f* cultivo. **2** (fig) cultura. ◆ ~ **classique** cultura clásica; ~ **fruitière** fruticultura; ~ **physique** culturismo, gimnasia.

culturel, elle [kylty'ʀɛl] *adj* cultural.

culturiste [kylty'ʀist] *adj/m* ou *f* culturista.

cumin [ky'mɛ̃] *m* comino.

cumul [ky'myl] *m* cúmulo. ◆ ~ **de peines** DR acumulación de penas.

cumulard [kymy'laʀ] *m* (péj) pluriempleado.

cumuler [kymy'le] *tr* acumular (cargos); reunir (ventajas).

cupide [ky'pid] *adj* codicioso.

cupidité [kypidi'te] *f* codicia.

cuprique [ky'pʀik] *adj* CHIM cúprico.

cupule [ky'pyl] *f* BOT cúpula.

curateur, trice [kyʀa'tœʀ, tʀis] *m* et *f* DR curador.

curatif, ive [kyʀa'tif, iv] *adj* curativo.

cure [kyʀ] **1** *f* cura (tratamiento). **2** curato (función del cura). **3** casa del cura. ◆ ~ **d'amaigrissement** cura de adelgazamiento; ■ **faire une** ~ **thermale** hacer una cura termal; **n'avoir** ~ **de** traerle a uno sin cuidado.

curé [ky'ʀe] *m* cura; párroco.

cure-dent [kyʀ'dɑ̃] *m* palillo de dientes.

curée [ky'ʀe] **1** *f* encarne (cebo). **2** (fig) saqueo (forcejeo).

cure-ongles [ky'ʀɔ̃gl] *m* limpiaúñas.

cure-oreille [kyʀɔ'ʀɛj] *m* mondaoídos; escarbaorejas.

curer [ky'ʀe] *tr* et *pron* limpiar.

curieux, euse [ky'ʀjø, øz] **1** *adj/m* et *f* ávido, deseoso. **2** curioso. ● **3** *m* et *f* mirón. ■ **regarder comme une bête curieuse** mirar como un bicho raro.

curiosité [kyʀjozi'te] **1** *f* curiosidad. ● **2** **curiosités** *f pl* antigüedades.

curry [ky'ʀi] *m* curry.

cursif, ive [kyʀ'sif, iv] **1** *adj* cursivo. ● **2** *f* cursiva. ◆ **écriture cursive** letra cursiva.

cursus [kyʀ'sys] *m* estudios universitarios.

cuvée [ky've] *f* cuba, tinaja (capacidad).

cuvette [ky'vɛt] **1** *f* palangana, cubeta (para lavarse). **2** taza, cisterna (del wáter). **3** PHYS, PHOT cubeta.

cyberespace [sibɛʀɛs'pas] *m* ciberespacio.

cybernaute [sibɛʀ'not] *m* ou *f* cibernauta.

cybernétique [sibɛʀne'tik] *f* cibernética.

cyclamen [sikla'mɛn] *m* ciclamen, ciclamino.

cycle [sikl] **1** *m* ciclo. **2** LITT ciclo. ◆ ~ **économique** ciclo económico; ~ **ovarien** ou **menstruel** ciclo menstrual; **premier** ~ primer ciclo (de estudios).

cyclique [si'klik] *adj* cíclico.

cycliste [si'klist] *adj/m* ou *f* ciclista.

cyclomoteur [siklomo'tœʀ] *m* ciclomotor.

cyclope [si'klɔp] *m* cíclope.

cygne [sin] *m* cisne.

cylindre [si'lɛ̃dʀ] **1** *m* rodillo (compresor). **2** GÉOM cilindro. **3** TECH cilindro.

cylindrer [silɛ̃'dʀe] **1** *tr* apisonar (una carretera). **2** enrollar (papel).

cynique [si'nik] *adj/m* ou *f* cínico.

cynisme [si'nism] *m* cinismo.

Dd

d [de] *m* d.

A final de palabra precedida de nasal es
muda (*défend*), excepto cuando la palabra siguiente empieza por vocal o **h**
muda: entonces debe pronunciarse /t/.

dactylo [dakti'lo] (*abrév de* **dactylo-
graphe**) **1** *m* ou *f* dactilógrafo, mecanógrafo. ● **2** *f* dactilografía, mecanografía.
dactylographie [daktiloɡʀa'fi] *f* dactilografía, mecanografía.
dactylographier [daktiloɡʀa'fje] *tr et
intr* mecanografiar.
dada [da'da] **1** *adj* et *m* dadá. ● **2** *m* (fig,
fam) manía, capricho. ■ **à** ~ a caballito
(lenguaje infantil).
dadais [da'dɛ] *m* bobo.
dague [daɡ] **1** *f* daga (espada). **2** cerceta;
mogote (del ciervo).
dahlia [da'lja] *m* BOT dalia.
daigner [dɛ'ɲe] *tr* dignarse.
daim [dɛ̃] **1** *m* gamo (animal). **2** ante (piel).
dallage [da'laʒ] **1** *m* embaldosado. **2** so-
lería (material).
daller [da'le] *tr* enlosar, embaldosar.
dalmatien, enne [dalma'sjɛ̃, ɛn] *m* et *f*
dálmata (perro).
daltonien, enne [dalto'njɛ̃, ɛn] *adj/m* et
f daltoniano.
dam [dam o dɑ̃] *m* REL condenación. ■
au ~ **de** qqn en perjuicio de alguien.
damage [da'maʒ] *m* TECH apisonado.
damas [da'ma] **1** *m* damasco (tela). **2** sable damasquino. **3** ciruela damascena
(fruta).
damassé, e [dama'se] **1** *adj* adamascado (tela). **2** damasquino (metal). ● **3** *m*
damasco (tela).
damasser [dama'se] **1** *tr* adamascar (tela). **2** damasquinar (metal).
damassure [dama'syʀ] *f* adamascado.
dame [dam] **1** *f* dama. **2** señora. **3** reina
(en el ajedrez); dama (en las damas, en
las cartas). ◆ ~ **de compagnie** mujer de

compañía; ~ **de la charité** señora de la
caridad; ~ **pipi** (fam) señora de la limpieza; ■ **faire la** ~ dárselas de señora.
dame-jeanne [dam'ʒan] *f* damajuana.
damier [da'mje] **1** *m* tablero (de ajedrez,
damas). **2** damero.
damnation [dana'sjɔ̃] *f* condenación (al
infierno).
damné, e [da'ne] **1** *adj/m* et *f* condenado. **2** (fig, fam) maldito, jodido. ■ **souffrir comme un** ~ sufrir como un condenado.
damner [da'ne] *tr* et *pron* condenar. ■
faire ~ qqn (fam) enfurecer a uno.
damoiselle [damwa'zɛl] *f* doncella.
dandiner (se) [sədãdi'ne] *pron* contonearse.
dandy [dã'di] *m* dandi, dandy.
Danemark [dan'mark] *m* Dinamarca.
danger [dã'ʒe] **1** *m* peligro. **2** MAR escollo. ◆ **un** ~ **public** un peligro público (una
persona); ■ **courir un grave** ~ correr un
grave peligro; **être en** ~ peligrar, estar en
peligro; **mettre en** ~ poner en peligro.
dangereux, euse [dãʒ'ʀø, øz] *adj* peligroso.
danois, e [da'nwa, z] **1** *adj* danés. ● **2
Danois, e** *m* et *f* danés. ● **3** *m* danés (lengua).
dans [dã] **1** *prép* en (lugar): *dans sa
chambre* = en su habitación; por: *se promener dans la campagne* = pasearse por
el campo; entre: *dans ses mains* = entre
sus manos. **2** durante (tiempo): *dans la
nuit* = durante la noche; dentro de: *je
partirai dans un mois* = me iré dentro de
un mes. **3** alrededor de (aproximación):
cela coûte dans les deux cents euros = esto cuesta alrededor de doscientos euros.
4 con (intención): *dans quel but dis-tu
cela?* = ¿con qué objeto dices eso?
dansant, e [dã'sã, t] **1** *adj* bailable (una
música). **2** bailante (que baila).
danse [dãs] *f* danza, baile. ◆ ~ **du ventre** danza del vientre; ~ **folklorique** baile folclórico; ■ **entrer dans la** ~ entrar

en juego; **mener la** ~ llevar la voz cantante.

danser [dɑ̃'se] *intr* et *tr* bailar, danzar.

danseur, euse [dɑ̃'sœr, øz] *m* et *f* bailarín (de ballet). ◆ ~ **de claquettes** bailarín de claqué.

dansotter [dɑ̃sɔ'te] *intr* (fam) bailotear.

dard [daʀ] **1** *m* dardo (arma). **2** aguijón (de insecto). **3** ARCHIT punta de flecha.

darder [daʀ'de] *tr* lanzar (como un dardo).

dare-dare [daʀ'daʀ] *loc adv* (fam) deprisa.

dariole [da'ʀjɔl] *f* GAST flan ligero.

darne [daʀn] *f* rodaja, rueda (de pescado).

DAT [dea'te] (*sigles de* Digital Audio Tape) *f* DAT.

datation [data'sjɔ̃] *f* datación.

date [dat] *f* fecha. ◆ ~ **de naissance** fecha de nacimiento; ~ **limite** fecha límite; ■ **de longue** ~ desde hace mucho tiempo; **faire** ~ marcar un hito; **prendre** ~ fijar una fecha (citarse).

En las **fechas** nunca aparecen preposiciones entre el número del día y el mes ni entre el mes y el año: *le 9 novembre 1999 = el 9 de noviembre de 1999.*

dater [da'te] **1** *tr* fechar; datar. ● **2** *intr* (~ *de*) datar de. ■ à ~ **de** a partir de.

datif [da'tif, iv] **1** *adj* DR dativo. ● **2** *m* GRAMM dativo.

datte [dat] *f* dátil.

dauber [do'be] **1** *tr* et *intr* burlarse (de alguien). ● **2** *tr* adobar, estofar (la carne).

daubeur, euse [do'bœr, øz] *adj/m* et *f* burlón.

dauphin, e [do'fɛ̃, in] **1** *m* et *f* HIST delfín. ● **2** *m* delfín.

daurade [dɔ'ʀad] *f* dorada, besugo.

davantage [davɑ̃'taʒ] *adv* más: *il en veut davantage = quiere más.* ■ **bien** ~ mucho más; ~ **que** más que.

davier [da'vje] **1** *m* gatillo (de dentista). **2** TECH tenazas, alicates.

de [də] *art*: *je ne veux pas de chocolat = no quiero chocolate.*

de [də] **1** *prép* de: *je viens de Paris = vengo de París, mourir de faim = morir de* hambre. **2** *a partir de*: *d'aujourd'hui je ne ferai rien = a partir de hoy no haré nada.* **3** *durante*: *ici, on travaille de nuit = aquí se trabaja durante la noche.* **4** *con*: *faire non de la tête = decir que no con la cabeza.* **5** *por*: *il est bien aimé de tous = es muy querido por todos.* **6** *entre*: *j'en ai acheté de trente à quarante = compré entre treinta y cuarenta.* ● **7** *conj*: *elle craint de penser à lui = teme pensar en él.* **8** *que*: *je vous demande de faire ça = os pido que hagáis esto.*

dé [de] **1** *m* dado (para jugar). **2** dedal (para coser). ◆ **coup de dés** golpe de suerte; ■ **les dés sont jetés** la suerte está echada.

dealer [di'lœr] *m* (fam) camello.

déambuler [deɑ̃by'le] *tr* deambular.

débâcle [de'bakl] **1** *f* deshielo. **2** (fig) ruina (hundimiento); desbandada (huida).

déballer [deba'le] **1** *tr* desembalar. **2** (fam) soltar (confesar).

débandade [debɑ̃'dad] *f* desbandada. ■ à la ~ a la desbandada, en desbandada.

débaptiser [debati'ze] *tr* rebautizar.

débarbouiller [debaʀbu'je] **1** *tr* et *pron* lavar. ● **2 se** ~ *pron* (fam) apañarse.

débarder [debaʀ'de] **1** *tr* sacar, transportar (madera). **2** MAR descargar, estibar.

débardeur [debaʀ'dœr] **1** *m* descargador, estibador. **2** mallot, chaleco ceñido.

débarquer [debaʀ'ke] **1** *tr* et *intr* desembarcar. ● **2** *intr* (fam) plantarse. **3** (fig, fam) aterrizar (enterarse).

débarras [deba'ʀa] **1** *m* trastero. **2** (fig, fam) alivio.

débarrasser [deba'ʀase] *tr* et *pron* desembarazar, quitar: *il a débarrassé tous les livres de la table = ha quitado todos los libros de la mesa.*

débat [de'ba] *m* debate. ◆ ~ **parlementaire** debate parlamentario; ~ **télévisé** debate televisivo.

débâter [deba'te] *tr* desalbardar, desenalbardar.

débâtir [deba'tiʀ] *tr* deshilvanar, descoser.

débattre [debatʀ] **1** *tr* et *pron* debatir. ● **2** *tr* discutir.

débauche [de'boʃ] **1** *f* exceso. **2** desenfreno, disolución. **3** (fig) derroche. ■ **vivre dans la** ~ vivir con desenfreno.

débauché, e [debo'ʃe] *adj/m* et *f* libertino. ◆ **vie débauchée** vida disoluta.

débaucher [debo'ʃe] **1** *tr* despedir. **2** convencer, seducir (a dejar el trabajo); incitar (a la huelga).

débile [de'bil] **1** *adj* débil, endeble. **2** (fam) imbécil. ■ un ~ mental un atrasado mental.

débilitant, e [debili'tã, t] *adj* debilitante.

débiliter [debili'te] **1** *tr* et *pron* debilitar. ● **2** (fig) deprimir.

débine [de'bin] *f* (fam) miseria.

débiner [debi'ne] **1** *tr* (fam) criticar, hablar mal de. ● **2 se ~** *pron* (fam) largarse.

débit [de'bi] **1** *m* despacho, venta. **2** tienda (local). **3** flujo; caudal (de un río). **4** aserrado de árboles, etc.); troceado. **5** COMM debe, débito. ◆ ~ de tabac estanco.

débitage [debi'taʒ] *m* aserrado, corte; troceado (madera).

débitant, e [debi'tã, t] *adj/m* et *f* vendedor, tendero (de un local); estanquero (de un estanco).

débiter [debi'te] **1** *tr* despachar (vender). **2** cortar, serrar (madera). **3** (fig) recitar, declamar (en público). **4** COMM cargar (en cuenta).

débiteur, trice [debi'tœʀ, tʀis] *adj/m* et *f* deudor.

déblai [de'blɛ] **1** *m* allanamiento; desmonte, nivelación. ● **2 déblais** *m pl* escombros.

déblatérer [deblate'ʀe] **1** *intr* despotricar. ● **2** *tr* decir, soltar (injurias).

déblayer [deble'je] **1** *tr* despejar. **2** (fig) allanar.

débloquer [deblɔ'ke] **1** *tr* desbloquear. **2** ÉCON liberar (el mercado). ● **3** *intr* (fam) desvariar (decir tonterías).

déboguer [debɔ'ge] *tr* INF eliminar errores de programación.

déboire [de'bwaʀ] *m* sinsabor, desengaño.

déboîter [debwa'te] **1** *tr* desencajar. **2** MÉD dislocar (un hueso). ● **3** *intr* salirse de la fila.

débonder [debɔ̃'de] **1** *tr* et *pron* destapar, abrir. ● **2** *tr* (fig) destapar, abrir (el corazón, etc.).

débonnaire [debɔ'neʀ] *adj* buenazo, bonachón.

débord [de'bɔʀ] **1** *m* desbordamiento. **2** reborde, ribete.

débordant, e [debɔʀ'dã, t] *adj* desbordante, rebosante.

débordé, e [debɔʀ'de] *adj* desbordado.

déborder [debɔʀ'de] **1** *intr* desbordarse. **2** (~ *de*) rebosar de. ● **3** *tr* sobrepasar, sobresalir. **4** MAR desabordar, desatracar.

débotter [debɔ'te] *tr* et *pron* descalzar (las botas).

débouché [debu'ʃe] **1** *m* desembocadura, salida. **2** (fig) salida (económica, profesional, etc.).

déboucher [debu'ʃe] **1** *tr* destapar. **2** descorchar (una botella). ● **3** *intr* desembocar. **4** (fig) (~ *sur*) desembocar en, llegar a.

débouchoir [debu'ʃwaʀ] *m* desatascador.

déboucler [debu'kle] **1** *tr* desabrochar, soltar. **2** desrizar.

débouler [debu'le] **1** *intr* rodar, dar vueltas de campana. **2** (fam) rodar (por la escalera). **3** dejarse caer (llegar).

déboulonner [debulɔ'ne] **1** *tr* desmontar, desempernar. **2** (fig, fam) cargarse, echar abajo.

débourber [debuʀ'be] *tr* desenlodar, desembarrar.

débourrer [debu'ʀe] **1** *tr* desborrar, alijar. **2** desatascar, vaciar.

débours [de'buʀ] *m* (se usa más en *pl*) desembolso, gasto (de dinero).

débourser [debuʀ'se] *tr* desembolsar.

déboussoler [debusɔ'le] *tr* (fam) desorientar.

debout [də'bu] **1** *adv* de pie. **2** levantado, en pie. **3** MAR aproado, de cara. ■ mettre ~ poner en marcha; mourir ~ morir con las botas puestas; ne pas tenir ~ no tenerse en pie.

déboutonner [debutɔ'ne] **1** *tr* et *pron* desabrochar; desabotonar. ● **2 se ~** *pron* (fam) sincerarse, abrir su corazón. ■ rire à ventre déboutonné reír como un descosido.

débrailler (se) [sədebʀa'je] **1** *pron* (fig) desmadrarse. **2** (fam) despechugarse.

débridé, e [debʀi'de] *adj* desenfrenado, desbocado.

débrider [debʀi'de] **1** *tr* desembridar. **2** MÉD desbridar.

débris [de'bʀi] **1** *m* pedazo. ● **2** *m pl* ruinas (de una institución); restos.

débrouillard, e [debʀu'jaʀ, d] *adj/m* et *f* (fam) espabilado, listo.

débrouillardise [debʀujaʀ'diz] *f* (fam) maña, astucia.

débrouiller [debʀu'je] **1** tr et pron desembrollar. **2** (fam) espabilar, despabilar (a alguien). ● **3** tr (fig) desembrollar. ● **4 se ~** pron (fig) arreglárselas, desenvolverse.

débroussailler [debʀusa'je] **1** tr desbrozar. **2** (fig) aclarar, esclarecer (una cuestión).

début [de'by] **1** m principio, comienzo. ● **2 débuts** m pl estreno, debut. ■ **au ~ al** principio; **du ~ à la fin** de principio a fin.

débutant, e [deby'tɑ̃, t] adj/m et f principiante, debutante.

débuter [deby'te] **1** intr debutar. **2** comenzar, principiar (algo).

deçà [də'sa] **1 en ~ de** loc prép de este lado. **2** (fig) sin llegar a.

décacheter [dekaʃ'te] tr abrir, desellar (una carta).

décade [de'kad] f década.

décadence [deka'dɑ̃s] f decadencia.

décadent, e [deka'dɑ̃, t] **1** adj/m et f decadente. **2** LITT decadente, decadentista.

décaféiné, e [dekafei'ne] adj et m descafeinado.

décalage [deka'laʒ] **1** m aplazamiento. **2** desplazamiento. **3** (fig) desfase.

décalcifier [dekalsi'fje] tr descalcificar.

décalcomanie [dekalkɔma'ni] f calcomanía.

décaler [deka'le] **1** tr aplazar; adelantar, retrasar. ● **2** tr et pron desplazar, mover (algo).

décalogue [deka'lɔg] m decálogo.

décalquer [dekal'ke] tr calcar.

décamper [dekɑ̃'pe] intr esfumarse (alguien).

décanal, e [deka'nal] adj decanal, del decanato.

décaniller [dekani'je] intr (fam) largarse, pirarse.

décanter [dekɑ̃'te] **1** tr, intr et pron decantar. ● **2** tr et pron (fig) decantar, aclarar.

décaper [deka'pe] **1** tr decapar, desoxidar. **2** limpiar, pulir.

décapitation [dekapita'sjɔ̃] f decapitación.

décapiter [dekapi'te] **1** tr decapitar. **2** (fig) decapitar, descabezar.

décapotable [dekapɔ'tab] adj descapotable; convertible (Amér.).

décapsuler [dekapsy'le] tr abrir, descorchar (una botella); decapsular.

décapsuleur [dekapsy'lœʀ] m abrebotellas.

décarcasser (se) [sədekaʀka'se] pron (fam) matarse, partirse el pecho.

décarreler [dekaʀ'le] tr desenlosar.

décasyllabe [dekasi'lab] adj et m decasílabo.

décati, e [deka'ti] adj (fam) deslustrado, deslucido; ajado.

décatir [deka'tiʀ] **1** tr TECH deslustrar. ● **2 se ~** pron (fam) ajarse (una persona).

décavé, e [deka've] adj/m et f arruinado (una persona).

décéder [dese'de] intr fallecer.

déceler [des'le] tr descubrir, revelar.

décélérer [desele'ʀe] intr desacelerar.

décembre [de'sɑ̃bʀ] m diciembre.

décence [de'sɑ̃s] f decencia.

décennal, e [dese'nal] adj decenal.

décennie [dese'ni] f decenio.

décent, e [de'sɑ̃, t] adj decente, decoroso.

décentraliser [desɑ̃tʀali'ze] tr descentralizar.

décentrer [desɑ̃'tʀe] tr et pron descentrar.

déception [desɛp'sjɔ̃] f decepción, desengaño.

décerner [desɛʀ'ne] tr otorgar, conceder (un premio).

décès [de'sɛ] m DR deceso, defunción. ■ **acte de ~** partida de defunción; **fermé pour cause de ~** cerrado por defunción.

décevant, e [des'vɑ̃, t] adj decepcionante.

décevoir [des'vwaʀ] tr decepcionar; defraudar.

déchaîné, e [deʃɛ'ne] adj desencadenado.

déchaîner [deʃɛ'ne] **1** tr et pron desencadenar. **2** (fig) desatar, dar rienda suelta.

décharger [deʃaʀ'ʒe] **1** tr et pron descargar. ● **2** tr (fig) dispensar, descargar (de una obligación). ● **3** intr (fam) correrse.

décharné, e [deʃaʀ'ne] adj demacrado, descarnado.

décharner [deʃaʀ'ne] tr descarnar, demacrar.

déchausser [deʃo'se] **1** tr et pron descalzar. **2** descalzar, socavar.

dèche [dɛʃ] f (fam) miseria, pobreza. ■ **être dans la ~** estar en la miseria.

déchéance [deʃe'ɑ̃s] **1** f decadencia. **2** DR inhabilitación, pérdida.

déchet [de'ʃɛ] **1** m desperdicio; desecho: *déchets radioactifs* = *deshechos radiactivos*. **2** mengua, pérdida.

déchiqueter [deʃik'te] *tr* despedazar (carne); desmenuzar.

déchirant, e [deʃi'ʀɑ̃, t] *adj* desgarrador.

déchirer [deʃi'ʀe] **1** *tr* et *pron* rasgar, desgarrar. ● **2** *tr* (fig) dividir (un país, etc.). **3** (fig) desgarrar. ■ **~ le voile** (fig) descorrer el velo.

déchirure [deʃi'ʀyʀ] *f* desgarrón (en un tejido, músculo); rasgón.

déchoir [de'ʃwaʀ] **1** *intr* decaer, venir a menos. ● **2** *tr* (~ *de*) despojar de (un derecho).

déchu, e [de'ʃy] *adj* caído; despojado: *être déchu de ses droits* = estar despojado de sus derechos.

décibel [desi'bel] *m* decibel, decibelio.

décidé, e [desi'de] *adj* decidido. ■ **être ~ à** estar decidido a.

décider [desi'de] **1** *tr*, *intr* et *pron* decidir. ● **2** *tr* et *pron* (~ *de*) resolver, decidir sobre.

décimal, e [desi'mal] *adj* et *f* decimal.

décime [de'sim] *f* décima, diezmo.

décimer [desi'me] *tr* diezmar.

décimètre [desi'metʀ] *m* decímetro.

décintrer [desɛ̃'tʀe] *tr* TECH descimbrar.

décisif, ive [desi'zif, iv] *adj* decisivo.

décision [desi'zjɔ̃] **1** *f* decisión. **2** DR fallo.

déclamation [deklama'sjɔ̃] *f* declamación.

déclamer [dekla'me] **1** *tr* et *intr* declamar. ● **2** *intr* (~ *contre*) declamar, despotricar.

déclarant, e [dekla'ʀɑ̃, t] *m* et *f* COMM declarante.

déclaratif, ive [deklaʀa'tif, iv] *adj* declarativo.

déclarer [dekla'ʀe] **1** *tr* et *pron* declarar. ● **2 se ~** *pron* pronunciarse.

déclassé, e [dekla'se] *adj/m* et *f* descalificado.

déclic [de'klik] **1** *m* trinquete. **2** (fig) disparador.

déclin [de'klɛ̃] *m* decadencia, ocaso. ■ **~ du jour** ocaso (crepúsculo).

déclive [de'kliv] *adj* en declive, en pendiente.

déclivité [deklivi'te] *f* declive, pendiente.

décloisonner [deklwazɔ'ne] *tr* liberalizar (la economía, las ideas).

déclouer [deklu'e] *tr* desclavar.

décocher [dekɔ'ʃe] **1** *tr* disparar, lanzar (una flecha). **2** (fig) lanzar, echar. **3** TECH extraer del molde.

décoder [dekɔ'de] *tr* descodificar.

décodeur [dekɔ'dœʀ] *m* descodificador.

décoiffer [dekwa'fe] **1** *tr* et *pron* quitarse el sombrero. **2** despeinar. ● **3** *tr* (fam) alucinar, sorprender.

décoincer [dekwɛ̃'se] **1** *tr* desencajar. **2** (fam) animar.

décolérer [dekɔle'ʀe] *intr* desencolerizarse.

décollation [dekɔla'sjɔ̃] *f* degollación, decapitación.

décolleté, e [dekɔl'te] **1** *adj* escotado (pecho); descubierto (espalda). ● **2** *m* escote.

décolleter [dekɔl'te] **1** *tr* et *pron* escotar. ● **2** *tr* TECH tornear.

décolonisation [dekɔlɔniza'sjɔ̃] *f* descolonización.

décolorant, e [dekɔlɔ'ʀɑ̃, t] *adj* et *m* decolorante, descolorante.

décoloration [dekɔlɔʀa'sjɔ̃] *f* descoloramiento, decoloración.

décolorer [dekɔlɔ'ʀe] *tr* et *pron* decolorar; descolorar, descolorir.

décombres [de'kɔ̃bʀ] *m pl* escombros, cascotes.

décommander [dekɔmɑ̃'de] **1** *tr* anular, cancelar (una cita). ● **2 se ~** *pron* excusarse.

décomplexer [dekɔ̃plɛk'se] *tr* desacomplejar.

décomposer [dekɔ̃po'ze] *tr* et *pron* descomponer.

décomposition [dekɔ̃pozi'sjɔ̃] *f* descomposición.

décompresser [dekɔ̃pʀe'se] **1** *tr* TECH descomprimir. ● **2** *intr* (fam) relajarse.

décompression [dekɔ̃pʀe'sjɔ̃] *f* descompresión.

décomprimer [dekɔ̃pʀi'me] *tr* descomprimir.

décompte [de'kɔ̃t] **1** *m* descuento. **2** descomposición, detalle. ■ **faire le ~** hacer el descuento.

décompter [dekɔ̃'te] **1** *tr* descontar. ● **2** *intr* atrasar (un reloj).

déconcentration [dekɔ̃sɑ̃tʀa'sjɔ̃] **1** *f* delegación, desconcentración. **2** CHIM disolución.

déconcentrer [dekɔ̃sɑ̃'tʀe] **1** *tr* et *pron* desconcentrar. ● **2** *tr* desconcentrar, delegar.

déconcertant, e [dekɔ̃sɛʀ'tɑ̃, t] *adj* desconcertante.

déconcerter [dekɔ̃sɛʀ'te] *tr* desconcertar.

déconfit, e [dekɔ̃'fi, t] **1** *adj* deshecho, descompuesto. **2** confuso (una persona).

déconfiture [dekɔ̃fi'tyʀ] **1** *f* (fam) derrota. **2** (fam) hundimiento (económico).

décongeler [dekɔ̃ʒ'le] *tr* descongelar.

décongestionner [dekɔ̃ʒɛstjo'ne] *tr* descongestionar.

déconner [dekɔ'ne] *intr* (fam) estar de cachondeo (decir tonterías). ■ **sans ~** en serio.

déconseiller [dekɔ̃sɛ'je] *tr* desaconsejar. ■ **c'est tout à fait déconseillé** no es nada recomendable.

déconsidération [dekɔ̃sideʀa'sjɔ̃] **1** *f* desconsideración. **2** descrédito.

déconsidérer [dekɔ̃side'ʀe] **1** *tr* desconsiderar. **2** desacreditar.

décontaminer [dekɔ̃tami'ne] *tr* descontaminar.

décontenancer [dekɔ̃tənɑ̃'se] *tr et pron* desconcertar, turbar.

décontracter [dekɔ̃tʀak'te] **1** *tr et pron* relajar. **2** (fam) tranquilizar.

déconvenue [dekɔ̃v'ny] *f* desengaño.

décorateur, trice [dekɔʀa'tœʀ, tʀis] *m et f* decorador.

décoratif, ive [dekɔʀa'tif, iv] *adj* decorativo.

décoration [dekɔʀa'sjɔ̃] **1** *f* decoración. **2** condecoración (medalla). ◆ **~ d'intérieures** interiorismo.

décorer [dekɔ'ʀe] **1** *tr* decorar. **2** condecorar (con una medalla). **3** (fig) conferir, revestir.

décorner [dekɔʀ'ne] **1** *tr* descornar. **2** desdoblar.

décortiquer [dekɔʀti'ke] **1** *tr* descascarillar; descortezar, pelar (frutas, semillas). **2** (fig, fam) desmenuzar (un texto).

décorum [dekɔ'ʀɔm] **1** *m* decoro. **2** etiqueta. ■ **observer le ~** observar la etiqueta.

décote [de'kɔt] **1** *m* exoneración. **2** COMM quebranto.

découcher [deku'ʃe] *intr* dormir fuera de casa.

découdre [de'kudʀ] **1** *tr* descoser. **2** destripar (un animal). ■ **en ~ avec qqn** pelearse con uno.

découler [deku'le] **1** *intr* chorrear, fluir. **2** (fig) derivarse, resultar.

découper [deku'pe] **1** *tr et pron* recortar. **2** trinchar (un pavo, etc.).

découplé, e [deku'ple] *adj* (precedido de *bien*) bien plantado, airoso.

décourageant, e [dekuʀa'ʒɑ̃, t] *adj* desalentador.

décourager [dekuʀa'ʒe] **1** *tr* desalentar, desanimar. ◆ **2** *tr* (~ de) desanimar a, disuadir de.

découronner [dekuʀɔ'ne] **1** *tr* descoronar. **2** (fig) desmochar.

décousu, e [deku'zy] **1** *adj* descosido (ropa, tejido). **2** (fig) deshilvanado.

découverte [deku'vɛʀt] *f* descubrimiento. ■ **à la ~** en búsqueda, a la búsqueda.

découvrir [deku'vʀiʀ] **1** *tr et pron* descubrir. ◆ **2** *tr* averiguar. **3** destapar (quitar la manta, el tapón). **4** dejar al descubierto. ◆ **5** **se ~** *pron* despejarse (el cielo). **6** (fig) abrirse, confesar. ■ **~ son jeu** descubrir su juego.

décrasser [dekʀa'se] **1** *tr* desengrasar. ◆ **2** *tr et pron* (fig) desbastar.

décrépit, e [dekʀe'pi, t] *adj* decrépito.

décret [de'kʀɛ] *m* decreto (norma, reglamento).

décréter [dekʀe'te] *tr et pron* decretar.

décrier [dekʀi'e] *tr* criticar, desprestigiar.

décrire [de'kʀiʀ] *tr* describir.

décrocher [dekʀɔ'ʃe] **1** *tr et pron* descolgar. **2** desenganchar. ◆ **3** *tr* desencajar. **4** (fig, fam) ganar, conseguir. **5** (fig) separar. ◆ **6** *intr* MIL retirarse.

décroiser [dekʀwa'ze] *tr* descruzar.

décroissance [dekʀwa'sɑ̃s] *f* decrecimiento.

décroissant, e [dekʀwa'sɑ̃, t] *adj* decreciente.

décroître [de'kʀwatʀ] *intr* decrecer, menguar.

décrotter [dekʀɔ'te] **1** *tr* quitar el barro; desenlodar. **2** (fig) desbastar, pulir.

décrue [de'kʀy] *f* descenso, decrecimiento (del agua).

décrypter [dekʀip'te] *tr* descifrar, descodificar.

déçu, e [de'sy] *adj* decepcionado, defraudado.

déculottée [dekylɔ'te] *f* (fam) paliza (derrota).

déculotter [dekylɔ'te] **1** *tr et pron* quitar los pantalones. ◆ **2** **se ~** *pron* (fig, fam) bajarse los pantalones.

déculpabiliser [dekylpabili'ze] *tr* disculpar.

décupler [deky'ple] **1** *tr* et *intr* decuplicar, decuplar. **2** (fig) centuplicar.

dédaigner [dedε'ɲe] **1** *tr* desdeñar. **2 ~ + de + inf** no + dignarse + a + inf.

dédain [de'dɛ̃] *m* desdén.

dédale [de'dal] **1** *m* dédalo, laberinto (de calles). **2** (fig) lío.

dedans [də'dɑ̃] **1** *adv* dentro, adentro. ● **2** *m* interior. ∎ **au-dedans** dentro, por dentro; **en ~** por dentro, interiormente; **de ~** de dentro; **là-dedans** allí dentro; **mettre ~** (fig, fam) dar el pego; **par-dedans** en el interior.

dédicace [dedi'kas] **1** *f* dedicatoria (de un libro). **2** dedicación, consagración.

dédicacer [dedika'se] *tr* dedicar (una dedicatoria).

dédicatoire [dedika'twar] *adj* dedicatorio.

dédier [de'dje] **1** *tr* dedicar, consagrar. **2** (fig) dedicar.

dédire [de'dir] **1** *tr* et *pron* desdecir. ● **2** *tr* desmentir.

dédit [de'di] **1** *m* retractación. **2** DR indemnización.

dédommager [dedɔma'ʒe] *tr* et *pron* resarcir (indemnizar).

dédouaner [dedwa'ne] **1** *tr* declarar, liberar (de derechos de aduana). ● **2** *tr* et *pron* (fig) rehabilitar.

déduction [dedyk'sjɔ̃] *f* deducción.

déduire [de'dɥir] *tr* deducir.

déesse [de'ɛs] *f* diosa.

défaillant, e [defa'jɑ̃, t] **1** *adj* desfalleciente. **2** que falla.

défaire [de'fεr] **1** *tr* et *pron* deshacer. ● **2** *tr* desatar. ● **3 se ~** *pron* (se ~ de) deshacerse de.

défait, e [de'fε, t] **1** *adj* deshecho (una cama); desatado (un nudo). **2** descompuesto (el rostro, etc.).

défaite [de'fεt] **1** *f* derrota, fracaso. **2** MIL derrota.

défalcation [defalka'sjɔ̃] *f* desfalcación, desfalco.

défalquer [defal'ke] *tr* desfalcar (descontar).

défaut [de'fo] **1** *m* defecto. **2** carencia, falta. **3** fallo. **4** DR vicio. ◆ **~ de la cuirasse** punto débil; ∎ **à ~ de** a falta de; **au ~ de** en lugar de; **faire ~** hacer falta; **par ~** DR en rebeldía.

défavoriser [defavɔri'ze] *tr* desfavorecer.

défécation [defeka'sjɔ̃] *f* defecación.

défection [defek'sjɔ̃] **1** *f* defección, deserción. **2** plantón.

défectueux, euse [defek'tɥø, øz] *adj* defectuoso.

défectuosité [defektɥozi'te] *f* defectuosidad, defecto.

défendre [de'fɑ̃dr] **1** *tr* et *pron* defender. ● **2** *tr* prohibir. ● **3** *tr* et *pron* (~ de) proteger, preservar. ● **4 se ~** *pron* (se ~ de) negarse a. **5** (fig, fam) defenderse, no dársele mal.

défendu, e [defɑ̃'dy] *pp* → défendre.

défenestration [defənεstra'sjɔ̃] *f* defenestración.

défenestrer [defənεs'tre] *tr* defenestrar (arrojar).

défense [de'fɑ̃s] **1** *f* defensa. **2** prohibición. **3** DR defensa. **4** SPORTS defensa, zaga. ◆ **légitime ~** DR legítima defensa; **Ministère de la Défense nationale** Ministerio de Defensa; ∎ **aller à la ~ de qqn** salir en defensa de alguien; **sans ~** indefenso.

défensif, ive [defɑ̃'sif, iv] **1** *adj* defensivo. ● **2** *f* defensiva. ∎ **être sur la défensive** estar a la defensiva (desconfiar).

déféquer [defe'ke] **1** *intr* defecar. ● **2** *tr* CHIM defecar.

déférence [defe'rɑ̃s] *f* deferencia.

défi [de'fi] *m* desafío, reto. ∎ **lancer un ~** lanzar un desafío.

défiance [de'fjɑ̃s] *f* desconfianza, recelo. ∎ **vote de ~** voto de censura.

défiant, e [de'fjɑ̃, t] *adj* desconfiado, receloso.

déficeler [defis'le] *tr* desatar (un objeto).

déficient, e [defi'sjɑ̃, t] *adj/m* et *f* deficiente.

défier [de'fje] **1** *tr* desafiar, retar. **2** (fig) desafiar, arrostrar.

défigurer [defigy're] *tr* desfigurar.

défilé [defi'le] **1** *m* desfiladero. **2** desfile (de moda). **3** MIL desenfilado. ◆ **~ des Rois mages** cabalgata de los Reyes Magos; **~ religieux** procesión.

défiler [defi'le] **1** *tr* desensartar, deshebrar. ● **2** *intr* desfilar. ● **3** *tr* MIL desenfilar, poner a cubierto. ● **4 se ~** *pron* (fam) escabullirse, escaquearse.

défini, e [defi'ni] *adj* definido. ◆ **article ~** artículo definido.

définir [defiˈniʀ] *tr* definir.

définitif, ive [definiˈtif, iv] *adj* definitivo.

définition [definiˈsjɔ̃] *f* definición.

déflagration [deflagʀaˈsjɔ̃] *f* deflagración.

défloration [deflɔʀaˈsjɔ̃] *f* desfloración.

déflorer [defloˈʀe] *tr* desflorar.

défonçage ou **défoncement** [defɔ̃ˈsaʒ, defɔ̃sˈmɑ̃] *m* desfonde, desfondamiento.

déforestation [defɔʀɛstaˈsjɔ̃] *f* desforestación.

déformation [defɔʀmaˈsjɔ̃] *f* deformación.

déformer [defɔʀˈme] *tr* et *pron* deformar.

défouler [defuˈle] *tr* et *pron* desfogar (una tensión, etc.).

défourner [defuʀˈne] *tr* deshornar, desenhornar.

défraîchir [defʀɛˈʃiʀ] *tr* et *pron* ajar.

défrayer [defʀɛˈje] *tr* costear, pagar.

défriper [defʀiˈpe] *tr* desarrugar.

défriser [defʀiˈze] **1** *tr* desrizar, estirar (el pelo). **2** (fig, fam) decepcionar.

défroncer [defʀɔ̃ˈse] *tr* desfruncir.

défroquer [defʀɔˈke] *intr* et *pron* colgar los hábitos.

défunt, e [deˈfœ̃, t] *adj/m* et *f* difunto.

dégagé, e [degaˈʒe] *adj* despejado: *ciel dégagé* = *cielo despejado*.

dégager [degaˈʒe] **1** *tr* liberar. **2** exhalar, desprender (un olor). **3** despejar: *le ciel se dégage* = *el cielo se despeja*. **4** *tr* retirar (una promesa). **5** sacar, retirar (dinero). **6** extraer. ● **7 se ~** *pron* ponerse en evidencia: *la vérité se dégage peu à peu* = *la verdad se pone en evidencia poco a poco*.

dégaine [deˈgɛn] *f* (fam) facha (estilo).

dégainer [degɛˈne] **1** *tr* desenvainar (un arma blanca); desenfundar (una pistola). **2** blandir.

dégât [deˈga] *m* daño, desperfecto, mal. ■ **limiter les dégâts** evitar males mayores.

dégauchir [degoˈʃiʀ] **1** *tr* TECH enderezar (una pieza). **2** TECH aplanar (una superficie).

dégel [deˈʒɛl] *m* deshielo.

dégelée [deʒˈle] *f* (fam) paliza, tunda.

dégeler [deʒˈle] **1** *tr* et *intr* deshelar. ● **2** *intr* descongelar. ● **3** *tr* desbloquear.

dégénération [deʒeneʀaˈsjɔ̃] *f* degeneración.

dégénéré, e [deʒeneˈʀe] *adj/m* et *f* degenerado.

dégénérer [deʒeneˈʀe] **1** *intr* degenerar. **2** (~ *en*) desembocar en, degenerar en.

dégingandé, e [deʒɛ̃gɑ̃ˈde] *adj* desgarbado; escachalandrado (Amér.).

dégivrer [deʒiˈvʀe] *tr* descongelar, quitar la escarcha.

déglacer [deglaˈse] **1** *tr* deshelar. **2** TECH deslustrar (papel).

déglinguer [deglɛ̃ˈge] *tr* et *pron* dislocar, desbaratar.

déglutir [deglyˈtiʀ] *tr* deglutir.

déglutition [deglytiˈsjɔ̃] *f* deglución.

dégobiller [degɔbiˈje] *tr* (fam) vomitar.

dégoiser [degwaˈze] *intr* et *tr* (fam, péj) charlotear.

dégommer [degɔˈme] **1** *tr* desengomar. **2** (fam) destituir, echar (de un empleo). **3** (fam) tirar, tumbar (con balas).

dégonfler [degɔ̃ˈfle] **1** *tr, intr* et *pron* desinflar, deshinchar. ● **2** *tr* (fig) denunciar. ● **3 se ~** *pron* (fam) desinflarse, desanimarse.

dégorgement [degɔʀʒəˈmɑ̃] **1** *m* vertido (canal, acantilado). **2** TECH lavado (de lanas, cueros, etc.).

dégorger [degɔʀˈʒe] **1** *tr* verter (un líquido, etc.). ● **2** *intr* et *pron* desbordarse. ● **3** *tr* TECH lavar, purificar (lanas, cueros, etc.). ■ **faire ~** purgar (los caracoles).

dégoter [degɔˈte] *tr* (fam) localizar, encontrar.

dégouliner [deguliˈne] *intr* gotear.

dégoût [deˈgu] *m* asco, rechazo; disgusto.

> No debe confundirse con la palabra española **disgusto**, que debe traducirse por **contrariété**.

dégoûtant, e [deguˈtɑ̃, t] *adj* asqueroso, repugnante.

dégoûtation [degutaˈsjɔ̃] *f* (fam) asquerosidad, repugnancia.

dégoûté, e [deguˈte] **1** *adj* delicado (con la comida). **2** (~ *de*) asqueado de. ■ **faire le ~** hacerse el delicado; **prendre un air ~** poner cara de asco.

dégoûter [deguˈte] **1** *tr* repugnar, asquear. ● **2 se ~** *pron* (se ~ *de*) cansarse de.

dégoutter [deguˈte] *intr* gotear.

dégradant, e [degʀaˈdɑ̃, t] *adj* degradante.

dégrader [degʀa'de] **1** *tr* et *pron* degradar. **2** deteriorar, estropear (monumentos, edificios).

dégrafer [degʀa'fe] *tr* et *pron* desabrochar (la ropa); desgrapar (el papel).

dégraisser [degʀɛ'se] **1** *tr* desengrasar. **2** AGR desbastar. **3** ÉCON reducir (gastos, plantilla, etc.).

degré [də'gʀe] **1** *m* grado. **2** peldaño, escalón. **3** nivel, clase (social). **4** gradación (matiz). **5** (fig) grado. ■ **au dernier ~** en grado sumo; **enseignement de second ~** enseñanza media; **le plus haut ~** el súmmum; **par degrés** progresivamente.

dégrever [degʀə've] *tr* desgravar.

dégriffé, e [degʀi'fe] *adj* sin marca, de imitación.

dégringolade [degʀɛ̃gɔ'lad] *f* (fam) batacazo, caída.

dégringoler [degʀɛ̃gɔ'le] **1** *intr* caer rodando, rodar. **2** extenderse, descender. **3** (fig) hundirse. ● **4** *tr* descender.

dégripper [degʀi'pe] *tr* desbloquear (un mecanismo).

dégriser [degʀi'ze] **1** *tr* et *pron* desembriagar. ● **2** *tr* (fig) desilusionar.

déguenillé, e [degəni'je] *adj/m* et *f* harapiento, andrajoso.

déguerpir [degɛʀ'piʀ] **1** *intr* largarse, esfumarse. ● **2** *tr* DR abandonar.

dégueulasse [degœ'las] **1** *adj/m* ou *f* (fam) asqueroso, repugnante. ● **2** *m* ou *f* (fam) cabrón. ■ **c'est pas ~!** ¡no está mal!

dégueuler [degœ'le] *tr* et *intr* (fam, vulg) potar.

dégueulis [degœ'li] *m* (vulg) potada.

déguiser [degi'ze] *tr* et *pron* disfrazar.

dégustation [degysta'sjɔ̃] *f* degustación.

déguster [degys'te] **1** *tr* catar (un vino); degustar. **2** (fam) cobrar, recibir (golpes).

déhanché, e [deã'ʃe] **1** *adj* derrengado, descaderado. **2** contorneado.

déhancher (se) [sədeã'ʃe] *pron* contonearse.

dehors [də'ɔʀ] **1** *adv* fuera: *être dehors toute la nuit* = *estar fuera toda la noche.* ● **2** *m* exterior: *un dehors aimable* = *una apariencia amable.* ■ **au-dehors** fuera, al exterior; **en ~** desde fuera, por fuera; **en ~ de** fuera de, aparte de; **mettre** ou **jeter qqn ~** echar fuera a alguien.

déifier [dei'fje] **1** *tr* deificar. **2** idolatrar.

déité [dei'te] *f* deidad.

déjà [de'ʒa] *adv* ya: *il a déjà fini son travail* = *ha acabado ya su trabajo.* ■ **ce n'est ~ pas si mal** no está tan mal; **comment vous appelez-vous, ~?** ¿cómo me ha dicho que se llamaba?

déjeuner [deʒœ'ne] **1** *intr* desayunar (por la mañana); almorzar (al mediodía). ● **2** *m* almuerzo, comida. **3** servicio (vajilla).

déjouer [de'ʒwe] *tr* desbaratar.

déjuger (se) [sədeʒy'ʒe] *pron* echarse atrás (cambiar de opinión).

delà [də'la] *prép* más allá de. ■ **au-delà** más lejos, más allá; **deçà et ~** de uno y otro lado; **par-delà** allende, del otro lado de.

délabrer [dela'bʀe] **1** *tr* estropear, echar a perder. ● **2** se **~** *pron* deteriorarse.

délacer [dela'se] *tr* desatar.

délai [de'lɛ] **1** *m* plazo (de tiempo). **2** prórroga. ■ **à bref ~** en breve; **sans-délai** inmediatamente.

délassant, e [dela'sã, t] **1** *adj* relajante. **2** entretenido (una actividad).

délasser [dela'se] *tr* et *pron* relajar; descansar, distraer.

délayer [dele'je] *tr* desleír.

délectation [delɛkta'sjɔ̃] *f* deleite, delectación. ◆ **~ morose** delectación morosa.

délecter [delɛk'te] *tr* et *pron* deleitar.

délégation [delega'sjɔ̃] *f* delegación.

délégué, e [dele'ge] *m* et *f* delegado, comisionado. ◆ **~ syndical** enlace sindical.

déléguer [dele'ge] *tr* delegar.

délester [delɛs'te] **1** *tr* et *pron* deslastrar. ● **2** *tr* descongestionar (el tráfico). ● **3** se **~** *pron* (fig, iron) desvalijar, robar.

délibérant, e [delibe'ʀã, t] *adj* deliberante.

délibératif, ive [delibeʀa'tif, iv] *adj* deliberativo.

délibération [delibeʀa'sjɔ̃] *f* deliberación.

délibéré, e [delibe'ʀe] *adj* deliberado. **2** (fig) decidido, resuelto. ● **3** *m* DR deliberación.

délibérer [delibe'ʀe] *intr* deliberar.

délicat, e [deli'ka, t] *adj* delicado.

délicatesse [delika'tes] **1** *f* delicadeza; finura. **2** exquisitez (de gusto).

délice [de'lis] **1** *m* deleite, placer. **2** delicia: *le rôti est un délice* = *el asado es una delicia*. ◆ **3 délices** *f pl* delicias.

délicieux, euse [deli'sjø, øz] *adj* delicioso.

délictueux [delik'tɥø, øz] *adj* delictivo.

délié, e [de'lje] **1** *adj* et *m* delgado, fino (un objeto). **2** (fig) sutil, agudo (una persona).

délier [de'lje] **1** *tr* desatar, soltar (una cuerda); desanudar (un nudo). ◆ **2** *tr* et *pron* (fig) liberar. ■ **~ la langue de qqn** hacer soltar la lengua a alguien.

délimitation [delimita'sjɔ̃] *f* delimitación.

délimiter [delimi'te] **1** *tr* delimitar. **2** (fig) fijar, delimitar.

délinquance [delɛ̃'kɑ̃s] *f* delincuencia.

délinquant, e [delɛ̃'kɑ̃, t] *adj/m* et *f* delincuente.

déliquescence [delike'sɑ̃s] **1** *f* (fig) delicuescencia. **2** CHIM delicuescencia.

déliquescent, e [delike'sɑ̃, t] **1** *adj* (fig) delicuescente. **2** CHIM delicuescente.

délirant, e [deli'rɑ̃, t] *adj* delirante.

délire [de'lir] **1** *m* delirio. **2** (fam) pasada, delirio.

délirer [deli'ʀe] *intr* delirar, desvariar.

délit [de'li] **1** *m* delito. **2** MIN veta. ■ **prendre en flagrant ~** coger in fraganti.

délivrance [deli'vʀɑ̃s] **1** *f* liberación. **2** entrega, expedición.

délivrer [deli'vʀe] **1** *tr* librar, entregar. ◆ **2** *tr* et *pron* liberar (a un preso). ◆ **3 se ~** *pron* expedir (un pasaporte).

déloger [delɔ'ʒe] *tr* desalojar.

déloyal, e [delwa'jal] *adj* desleal. ■ **coups déloyaux** golpes bajos.

déloyauté [delwajo'te] *f* deslealtad.

déluge [de'lyʒ] *m* diluvio, torrente.

déluré, e [dely're] **1** *adj* espabilado, avispado. **2** (péj) desvergonzado.

délurer [dely're] *tr* espabilar, avispar.

démagnétiser [demaɲeti'ze] *tr* desmagnetizar, desimanar.

démagogie [demagɔ'ʒi] *f* demagogia.

démagogue [dema'gɔg] *adj/m* ou *f* demagogo.

démailler [dema'je] **1** *tr* et *pron* desmallar (las mallas). ◆ **2** *tr* deslabonar (una cadena).

démailloter [demajo'te] *tr* quitar los *pañales* (a un niño); desvendar, desenvolver.

demain [də'mɛ̃] **1** *adv* mañana: *demain matin* = *mañana por la mañana*. ◆ **2** *m* mañana: *un demain prestigieux* = *un mañana prestigioso*. ◆ **après-demain** pasado mañana; ■ **à ~** hasta mañana; **~ il fera jour** mañana será otro día; **en avoir jusqu'à ~** tener para un rato.

demande [də'mɑ̃d] **1** *f* pregunta. **2** pedido, encargo.

demander [dəmɑ̃'de] **1** *tr* et *pron* preguntar. ◆ **2** *tr* pedir: *demander une faveur* = *pedir un favor*. **3** DR demandar. ■ **~ qqn en mariage** pedir a alguien en matrimonio; **ne pas ~ mieux** no desear otra cosa.

démanger [demɑ̃'ʒe] **1** *intr* picar. **2** (fig) tener ganas de, desear.

démanteler [demɑ̃tə'le] *tr* desmantelar.

démantibuler [demɑ̃tiby'le] *tr* (fam) desbaratar, desmantelar.

démaquiller [demaki'je] *tr* et *pron* desmaquillar.

démarcation [demarka'sjɔ̃] *f* demarcación.

démarche [de'maʀʃ] **1** *f* paso, andares. **2** actitud, comportamiento.

démarcheur, euse [demaʀ'ʃœʀ, øz] **1** *m* et *f* gestor. **2** vendedor a domicilio.

démarque [de'maʀk] **1** *f* rebaja. **2** COMM desfase.

démarrer [dema'ʀe] **1** *tr* MAR desamarrar. ◆ **2** *intr* (~ de) abandonar. **3** MAR zarpar. ◆ **4** *intr* et *tr* arrancar, ponerse en marcha.

démêlé [deme'le] *m* altercado, disputa.

démêler [deme'le] **1** *tr* desenredar, desenmarañar (red, pelo, hilo). **2** discernir, distinguir: *démêler le vrai du faux* = *distinguir lo verdadero de lo falso*.

démembrer [demɑ̃'bʀe] *tr* desmembrar.

déménager [demena'ʒe] **1** *intr* et *tr* mudar, trasladar. ◆ **2** *intr* (fam) desbarrar. **3** (fig, fam) conmover.

déménageur [demena'ʒœʀ] *m* encargado de mudanzas.

démence [de'mɑ̃s] **1** *f* demencia. **2** delirio, locura. ◆ **~ sénile** demencia senil.

démener (se) [sədem'ne o sədemə'ne] **1** *pron* agitarse, bregar. **2** (fig) bregar, afanarse (para llegar a un objetivo).

dément, e [de'mɑ̃, t] *adj/m* et *f* demente.

démentiel, elle [demɑ̃'sjel] *adj* demencial, demente.

Demandes / *Peticiones*

Introduction

Excusez-moi ...
Je suis désolé ...
Je suis très ennuyé de
  vous importuner / ennuyer
Est-ce que vous auriez un moment?
Est-ce que vous pourriez m'accorder
  un instant?

Introducción

Perdone...
Disculpe...
Siento mucho molestarle

¿Tiene un momento?
¿Puede dedicarme un minuto?

Demande

Est-ce que vous pourriez ...?
Est-ce que vous auriez la
  gentillesse de ...?
Est-ce qu'il vous serait possible de ...
Il me faudrait ...
J'aurais voulu / souhaité ...
J'aimerais bien que ...

Petición

¿Podría usted...?
¿Tendría usted la amabilidad de...?

¿Le sería (a usted) posible...?
Necesitaría...
Quisiera / Desearía...
Me gustaría que...

Insistance

Je me permets
  d'insister
  de vous rappeler que ...
  de vous redemander ...

Insistencia

Me permito
  insistir
  recordarle que...
  volverle a pedir...

---

démentir [demā'tiʀ] *tr* et *pron* desmentir. ■ **ne pas se ~** no perder la vigencia.

démerder (se) [sədemeʀ'de] *pron* espabilarse, arreglárselas.

démérite [deme'ʀit] *m* demérito, desmerecimiento.

démériter [demeʀi'te] *intr* desmerecer.

démesuré, e [demzy'ʀe o demazy'ʀe] *adj* desmedido, desmesurado.

démeubler [demœ'ble] *tr* desamueblar.

demeurant (au) [odmœ'ʀā o odəmœ'ʀā] *loc adv* en el fondo, por lo demás.

demeure [dmœʀ o də'mœʀ] **1** *f* demora, retraso. **2** domicilio, morada. ■ **à ~** fijo, de manera estable; **c'est une véritable mise en ~** es un verdadero ultimátum.

demeurer [dmœ'ʀe o demœ'ʀe] **1** *intr* quedarse, permanecer (en el mismo sitio). **2** morar, vivir. **3** seguir siendo (mantenerse). **4** persistir. ■ **en ~ là** quedarse así.

demi, e [dmi o də'mi] **1** *adj* medio: *une douzaine et demie = una docena y media.* ● **2** *m* ou *f* mitad, medio. ● **3** *m* caña (de cerveza). **4** SPORTS medio. ● **5** *f* media (de media hora): *il est la demie passée = es la media pasada.* ● **6** *adv* medio: *boîte demi-pleine = recipiente medio lleno;* semi: *lait demi-écrémé = leche semidesnatada.* ■ **à ~** a medias.

demi-cercle [dmi'seʀkl o dəmi'seʀkl] *m* semicírculo.

demi-douzaine [dmidu'zen o dəmidu'zen] *f* media docena.

demi-finale [dmifi'nal o dəmifi'nal] *f* semifinal.

demi-frère [dmi'fʀeʀ o dəmi'fʀeʀ] *m* hermanastro.

demi-heure [dmi'jœʀ o də'mjœʀ] *f* media hora.

demi-jour [dmi'ʒuʀ o dəmi'ʒuʀ] *m* media luz, penumbra.

demi-lune [dmi'lyn o dəmi'lyn] *f* media luna.

demi-pension [dmipā'sjɔ̃ o dəmipā'sjɔ̃] *f* media pensión.

demi-saison [dmise'zɔ̃ o dəmise'zɔ̃] *f* entretiempo.

demi-sœur [dmi'sœʀ o dəmi'sœʀ] *f* hermanastra.

demi-tarif [dmita'ʀif o dəmita'ʀif] *m* media tarifa.

demi-teinte [dmi'tɛ̃t o dəmi'tɛ̃t] **1** *f* media tinta; medio tono. **2** (fig) medias tintas: *parler en demi-teintes = hablar a medias tintas.*

demi-tour [dmi'tuʀ o dəmi'tuʀ] *m* media vuelta.

démilitariser [demilitaʀi'ze] *tr* desmilitarizar.

déminéraliser [demineʀali'ze] *tr* desmineralizar.

démis, e [de'mi, z] *adj* dislocado (un hueso).

démission [demi'sjɔ̃] **1** *f* dimisión. **2** (fig) renuncia.

démissionner [demisjɔ'ne] **1** *intr* dimitir. **2** (fig) renunciar.

démobilisation [demɔbiliza'sjɔ̃] *f* desmovilización.

démobiliser [demɔbili'ze] *tr* desmovilizar.

démocrate [demɔ'kʀat] *adj/m* ou *f* demócrata.

démocratie [demɔkʀa'si] *f* democracia.

démocratiser [demɔkʀati'ze] *tr* democratizar.

démodé, e [demɔ'de] *adj* pasado de moda, anticuado.

démoder [demɔ'de] *tr* et *pron* pasar de moda.

démographie [demɔgʀa'fi] *f* demografía.

demoiselle [dmwa'zɛl o dəmwa'zɛl] *f* señorita. **2** soltera. ◆ ~ **d'honneur** dama de honor.

démolir [demɔ'liʀ] **1** *tr* demoler, derribar (un edificio). **2** destrozar, hacer pedazos (un coche, un aparato). **3** (fig) arruinar, echar por tierra (un sistema). **4** (fam) moler a palos.

démolition [demɔli'sjɔ̃] *f* demolición, derribo.

démon [de'mɔ̃] *m* demonio.

démonétiser [demɔneti'ze] *tr* desmonetizar.

démoniaque [demɔ'njak] *adj/m* ou *f* demoníaco; endemoniado.

démonstratif, ive [demɔ̃stʀa'tif, iv] *adj* demostrativo.

démonstration [demɔ̃stʀa'sjɔ̃] *f* demostración.

démontage [demɔ̃'taʒ] *m* desmontaje.

démontrer [demɔ̃'tʀe] *tr* demostrar.

démoralisant, e [demɔʀali'zɑ̃, t] *adj* desmoralizante.

démoralisation [demɔʀaliza'sjɔ̃] *f* desmoralización.

démoraliser [demɔʀali'ze] *tr* et *pron* desmoralizar.

démordre [de'mɔʀdʀ] *tr* (~ *de*) desistir de, renunciar a.

démotivation [demotiva'sjɔ̃] *f* desmotivación.

démotiver [demoti've] *tr* desmotivar.

démouler [demu'le] *tr* desmoldar.

démuseler [demyz'le o demyzə'le] *tr* quitar el bozal.

démystifier [demisti'fje] *tr* et *pron* desengañar, banalizar.

démythifier [demiti'fje] *tr* desmitificar.

dénationaliser [denasjɔnali'ze] *tr* desnacionalizar.

dénatter [dena'te] *tr* destrenzar.

dénaturaliser [denatyʀali'ze] *tr* desnaturalizar.

dénaturé, e [denaty'ʀe] *adj* desnaturalizado.

dénaturer [denaty'ʀe] **1** *tr* (fig) desnaturalizar, tergiversar. **2** TECH desnaturalizar.

dénégation [denega'sjɔ̃] *f* denegación, negación.

déneiger [dene'ʒe] *tr* quitar la nieve.

déni [de'ni] **1** *m* negativa, denegación. **2** DR denegación.

déniaiser [denje'ze] *tr* espabilar.

dénicher [deni'ʃe] **1** *tr* desanidar. **2** encontrar, descubrir: *dénicher un appartement = encontrar un apartamento.*

dénier [de'nje] *tr* denegar.

dénigrant, e [deni'gʀɑ̃, t] *adj* denigrante.

dénigrer [deni'gʀe] *tr* denigrar.

déniveler [deniv'le o denivə'le] *tr* desnivelar.

dénombrer [denɔ̃'bʀe] *tr* contabilizar.

dénominatif, ive [denɔmina'tif, iv] *adj* GRAMM denominativo.

dénomination [denɔmina'sjɔ̃] *f* denominación.

dénommer [denɔ'me] *tr* denominar.

dénoncer [denɔ̃'se] **1** *tr* denunciar. **2** (fig) delatar.

dénonciateur, trice [denɔ̃sja'tœʀ, tʀis] *adj/m* et *f* denunciante, denunciador.

dénonciation [denɔ̃sja'sjɔ̃] *f* denuncia (en un juzgado, en una comisaría).

451 **dépersonnaliser**

dénotation [denɔta'sjɔ̃] *f* denotación.
dénoter [denɔ'te] *tr* denotar.
dénouement [denu'mã] *m* desenlace.
dénouer [de'nwe] **1** *tr* et *pron* desanudar. **2** (fig) esclarecer, resolver (un problema, una intriga).
dénoyauter [denwajo'te] *tr* deshuesar, despepitar.
denrée [dã'ʀe] *f* producto, género. ◆ **denrées alimentaires** artículos de consumo.
dense [dãs] *adj* denso.
densité [dãsi'te] *f* densidad.
dent [dã] **1** *f* diente. **2** pico, diente (de montaña). **3** púa (de un peine). **4** TECH bellote (clavo). ◆ **arracheur de dents** sacamuelas; ~ **de lait** diente de leche; ~ **de sagesse** muela del juicio.
dental, e [dã'tal] *adj* dental.
denté, e [dã'te] *adj* dentado.
dentée [dã'te] *f* dentellada (de un perro).
denteler [dã'tle o dãtə'le] *tr* et *pron* dentar.
dentelle [dã'tɛl] *f* encaje, puntilla.
dentier [dã'tje] **1** *m* dentadura postiza. **2** TECH dientes.
dentifrice [dãti'fʀis] *m* dentífrico.
dentiste [dã'tist] *m* ou *f* dentista.
denture [dã'tyʀ] **1** *f* dentadura. **2** TECH dientes (de una rueda).
dénucléariser [denykleaʀi'ze] *tr* desnuclearizar.
dénuer (se) [səde'nɥe] *pron* privarse, desposeer.
dénutrition [denytʀi'sjɔ̃] *f* desnutrición.
déodorant [deɔdɔ'ʀã] *adj* et *m* desodorante.
dépanner [depa'ne] *tr* reparar, arreglar.
dépanneur, euse [depa'nœʀ, øz] **1** *adj/m* et *f* reparador. ◆ **2** *f* grúa (vehículo).
dépaqueter [depak'te o depakə'te] *tr* desempaquetar.
dépareiller [depaʀe'je] *tr* desparejar.
déparer [depa'ʀe] **1** *tr* afear: *cette construction dépare le paysage* = esta construcción afea el paisaje. **2** (fig) estropear.
départ [de'paʀ] **1** *m* partida, salida. **2** SPORTS salida: *signal du départ = señal de salida*. **3** separación. ◆ **faux** ~ paso en falso; salida nula; **point de** ~ punto de partida; ■ **au** ~ al principio; **être sur son** ~ estar a punto de partir.

départager [depaʀta'ʒe] **1** *tr* desempatar (en votos). **2** arbitrar (personas, métodos, etc.). **3** separar.
département [depaʀtə'mã] **1** *m* provincia (división territorial). **2** departamento (administrativo).

> Nombre dado a cada una de las divisiones administrativas del territorio francés y que se sitúa bajo la autoridad del **prefecto**. En total hay 101 departamentos.

départir [depaʀ'tiʀ] **1** *tr* repartir. ◆ **2 se** ~ *pron* abandonar; renunciar a (una actitud).
dépasser [depa'se] **1** *tr* et *pron* dejar detrás, adelantar: *véhicule qui dépasse un cycliste = vehículo que adelanta a un ciclista*. **2** sobrepasar, superar: *l'élève a dépassé le maître = el alumno ha superado al profesor.* ◆ **3** *tr* ir más allá de, dejar atrás. **4** exceder.
dépaver [depa've] *tr* desadoquinar, desempedrar.
dépayser [depei'ze] *tr* desorientar, despistar.
dépecer [depə'se] **1** *tr* despedazar; destajar (Amér.). **2** (fig) desmembrar.
dépêche [de'pɛʃ] **1** *f* carta, despacho (de asuntos públicos). **2** despacho, comunicación.
dépêcher [depe'ʃe] **1** *tr* despachar (enviar). ◆ **2 se** ~ *pron* apresurarse, darse prisa.
dépeindre [de'pɛ̃dʀ] *tr* describir.
dépendance [depã'dãs] *f* dependencia.
dépendant, e [depã'dã, t] *adj* dependiente.
dépendre [de'pãdʀ] *tr* (~ *de*) depender de.
dépens [de'pã] *m pl* DR costas (en un juicio). ◆ **comdamné à** ~ DR condenado a costas; ■ **aux** ~ **de** a costa de, a expensas de.
dépenser [depã'se] **1** *tr* et *pron* gastar. ◆ **2 se** ~ *pron* desvivirse.
dépensier, ère [depã'sje, jɛʀ] *adj/m* et *f* gastador, pródigo.
déperdition [depeʀdi'sjɔ̃] *f* pérdida.
dépérir [depe'ʀiʀ] **1** *intr* desmejorarse. **2** (fig) deteriorarse, estropearse.
dépersonnaliser [depeʀsɔnali'ze] *tr* et *pron* despersonalizar.

dépêtrer 452

dépêtrer [depe'tʀe] **1** *tr* destrabar (un animal). • **2** *tr* et *pron* desbaratar: *dépêtrer qqn d'une mauvaise affaire* = *librar a alguien de un mal asunto*.
dépeuplement [depœplə'mɑ̃] *m* despoblación, despoblamiento.
dépeupler [depœ'ple] *tr* despoblar.
déphaser [defa'ze] *tr* defasar.
dépilation [depila'sjɔ̃] *f* depilación.
dépilatoire [depila'twaʀ] *adj* et *m* depilatorio.
dépit [de'pi] *m* despecho. ■ en ~ de a pesar de, a despecho de; en ~ du bon sens sin sentido común.
dépiter [depi'te] *tr* et *pron* despechar.
déplacé, e [depla'se] **1** *adj* desplazado, trasladado. **2** desplazado, desterrado. **3** (fig) fuera de lugar.
déplacer [depla'se] **1** *tr* et *pron* desplazar, trasladar. • **2** *tr* atraer (multitudes). **3** (fig) desviar.
déplaire [de'plɛʀ] **1** *tr* disgustar. • **2 se ~** *pron* estar a disgusto (en un lugar).
déplaisant, e [deplɛ'zɑ̃, t] *adj* desagradable, molesto.
déplaisir [deplɛ'ziʀ] *m* desagrado, disgusto.
déplanter [deplɑ̃'te] *tr* desplantar, trasplantar.
dépliant, e [depli'jɑ̃, t] *adj* et *m* desplegable: *un canapé dépliant* = *un sofá cama*.
déplier [depli'je] *tr* et *pron* desplegar (desdoblar).
déplisser [depli'se] **1** *tr* et *pron* desfruncir, desarrugar (una falda). • **2** *tr* descoser (los pliegues de una tela).
déplomber [deplɔ̃'be] **1** *tr* desempastar (un diente). **2** TECH desellar, desprecintar.
déplorer [deplɔ'ʀe] *tr* deplorar, lamentar.
déployer [deplwa'je] **1** *tr* et *pron* desplegar. • **2** *tr* (fig) desplegar, hacer alarde de.
déplumer [deply'me] **1** *tr* et *pron* desplumar (un pájaro). • **2 se ~** *pron* (fam) perder el pelo.
dépoitraillé, e [depwatʀa'je] *adj* despechugado, descamisado.
dépolir [depɔ'liʀ] *tr* TECH deslustrar; esmerilar (el vidrio).
dépopulation [depɔpyla'sjɔ̃] *f* despoblación, despoblamiento.
déportation [depɔʀta'sjɔ̃] *f* deportación (en los campos nazis).

déporté, e [depɔʀ'te] *adj/m* et *f* deportado.
déportement [depɔʀtə'mɑ̃] **1** *m* excesos, extravíos. **2** desvío (de un vehículo).
déporter [depɔʀ'te] **1** *tr* deportar, desterrar. **2** desviar. • **3 se ~** *pron* DR inhibirse, declararse incompetente.
déposant, e [depo'zɑ̃, t] **1** *adj/m* et *f* depositante (de dinero). **2** DR demandante, deponente.
déposer [depo'ze] **1** *tr* et *pron* depositar (colocar). • **2** *tr* deponer. • **3** *intr* DR declarar, deponer. ■ ~ ses hommages rendir homenaje.
déposition [depozi'sjɔ̃] *f* deposición, declaración (de un testigo). ◆ ~ de croix ART descendimiento (de Jesucristo).
déposséder [depose'de] *tr* desposeer (por el Estado).
dépossession [depɔse'sjɔ̃] *f* desposeimiento.
dépôt [de'po] **1** *m* depósito (de dinero). **2** cochera: *dépôt d'autobus* = *cochera de autobuses*. **3** prevención, prisión. **4** GÉOL tierras de aluvión. ◆ ~ d'ordures basurero, vertedero de basura; ~ légal DR depósito legal.
dépoter [depɔ'te] **1** *tr* cambiar de tiesto, trasplantar (plantas). **2** trasegar, trasvasar (líquidos).
dépotoir [depɔ'twaʀ] **1** *m* vertedero. **2** (fam) muladar, estercolero.
dépouille [de'puj] **1** *f* despojo. **2** piel (del animal). **3** botín, despojo. ◆ ~ mortelle despojo, restos mortales.
dépouiller [depu'je] **1** *tr* et *pron* despojar (quitar la piel). • **2** *tr* despojar, analizar (un documento). **3** desollar (un animal).
dépourvu, e [depuʀ'vy] *adj* desprovisto. ■ au ~ de improviso, desprevenido; être ~ de estar desprovisto de.
dépoussiérer [depusje'ʀe] *tr* desempolvar, quitar el polvo.
dépravation [depʀava'sjɔ̃] *f* depravación.
dépravé, e [depʀa've] *adj/m* et *f* depravado.
dépraver [depʀa've] **1** *tr* depravar, pervertir (a alguien). **2** alterar, corromper (el gusto).
déprécier [depʀe'sje] **1** *tr* et *pron* depreciar, desvalorizar. • **2** *tr* infravalorar. • **3** *tr* et *pron* (fig) menospreciar.

déprédation [depʀeda'sjɔ̃] f depredación (pillaje).

dépressif, ive [depʀe'sif, iv] **1** adj/m et f depresivo. **2** deprimente (que deprime).

dépression [depʀɛ'sjɔ̃] f depresión. ◆ ~ nerveuse crisis o depresión nerviosa.

déprimant, e [depʀi'mɑ̃, t] adj deprimente.

déprime [de'pʀim] f (fam) depre: j'ai la déprime = tengo depre.

déprimer [depʀi'me] **1** tr et pron deprimir (hundir). ● **2** tr (fig) deprimir (desmoralizar). ● **3** intr (fam) deprimirse.

dépuceler [depys'le] tr desvirgar, desflorar.

depuis [də'pɥi] **1** prép desde: je suis ici depuis mardi = estoy aquí desde el martes; de: depuis le matin jusqu'au soir = de la mañana a la noche. **2** desde hace: on se connaît depuis longtemps = nos conocemos desde hace tiempo. ● **3** adv después, desde entonces: je ne l'ai pas vu depuis = no lo he visto desde entonces. ● **4** ~ que loc conj desde que: depuis que je suis ici, je n'ai rien mangé = desde que estoy aquí, no he comido nada. ■ ~ le premier jusqu'au dernier del primero al último.

dépuratif, ive [depyʀa'tif, iv] adj et m depurativo.

dépuration [depyʀa'sjɔ̃] f depuración.

dépurer [depy'ʀe] tr depurar: dépurer l'eau = depurar el agua.

député [depy'te] m et f diputado: chambre des députés = cámara de los diputados.

déraciner [deʀasi'ne] **1** tr desarraigar, arrancar (un diente). **2** (fig) desarraigar (una pasión). **3** (fig) desarraigar, exilar (migraciones).

dérailler [deʀa'je] **1** intr descarrilar: faire dérailler un train = descarrilar un tren. **2** (fig) desatinar. **3** (fam) descarriarse.

déraison [deʀɛ'zɔ̃] f LITT sinrazón.

déraisonner [deʀɛzɔ'ne] intr desatinar.

déranger [deʀɑ̃'ʒe] **1** tr desordenar (una habitación). **2** alterar (el tiempo, un plan). **3** molestar (incomodar): est-ce que la fumée vous dérange? = ¿le molesta el humo? ● **4** se ~ pron trasladarse, interrumpirse (hacer un esfuerzo). ■ ~ l'estomac (fig) descomponer el estómago: ce repas lui a dérangé l'estomac

= esta comida le ha descompuesto el estómago.

dératé, e [deʀa'te] adj/m et f endemoniado. ■ courir comme un ~ (fam) correr como un endemoniado.

dératiser [deʀati'ze] tr desratizar.

déréglé, e [deʀe'gle] adj desarreglado, desbaratado.

dérégler [deʀe'gle] **1** tr desreglar; desordenar (descomponer). **2** desajustar: dérégler une montre = desajustar un reloj.

dérider [deʀi'de] **1** tr desarrugar. **2** alegrar (entretener, divertir): rien ne le déride = nada le alegra.

dérision [deʀi'zjɔ̃] **1** f burla, escarnio (ironía); pifia (Amér.). **2** insignificancia. ■ tourner en ~ burlarse de.

dérisoire [deʀi'zwaʀ] **1** adj despreciativo, burlón (cínico). **2** insignificante, irrisorio: un salaire dérisoire = un salario irrisorio.

dérivatif, ive [deʀiva'tif, iv] **1** adj derivativo. ● **2** m distracción (diversión).

dérivé, e [deʀi've] adj derivado.

dériver [deʀi've] **1** tr desviar. **2** GRAMM, MATH derivar.

derme [dɛʀm] m ANAT dermis.

dermique [dɛʀ'mik] adj ANAT dérmico.

dernier, ère [dɛʀ'nje, jɛʀ] **1** adj/m et f último: c'est le dernier de la classe = es el último de clase. **2** pasado: l'année dernière = el año pasado.

dérober [deʀɔ'be] **1** tr robar, hurtar; cachar (Amér.). ● **2** tr et pron ocultar, esconder (un objeto). ● **3** tr (fig) obtener, sacar (arrebatar). ● **4** se ~ pron eludir, esquivar: se dérober à ses obligations = eludir sus obligaciones.

dérogation [deʀɔga'sjɔ̃] f derogación.

déroger [deʀɔ'ʒe] **1** tr (~ à) derogar (una ley); ir contra (una obligación, ley): déroger à ses convictions = ir contra sus convicciones. ● **2** intr rebajarse, humillarse (inclinarse).

déroulement [deʀul'mɑ̃] **1** m desarrollo. **2** desenrollamiento. **3** (fig) evolución: le déroulement des faits = la evolución de los hechos.

déroute [de'ʀut] **1** f derrota (de un ejército); desbandada. **2** (fig) confusión, desorden. ■ mettre en ~ derrotar.

derrière [de'ʀjɛʀ] **1** prép detrás de, tras: derrière la maison = detrás de la casa. ●

2 *adv* detrás, tras: *les hommes allaient derrière = los hombres iban detrás.* ● **3** *m* parte posterior, trasera: *le derrière d'une maison = la trasera de una casa.* **4** (euphém) trasero, culo.

des [de] **1** *art* (contr *de* + *les*): *manger des oranges = comer naranjas.* **2** (*indéf pl*) unos, unas (*f*): *acheter des livres = comprar unos libros.*

dès [de] *prép* desde: *dès demain = desde mañana.* ■ **~ lors** desde entonces; por lo tanto, por consecuencia (una causa); **~ lors que** en cuanto (desde el momento en que); ya que; **~ que** tan pronto como, en cuanto: *dès qu'il viendra, on pourra commencer le jeu = tan pronto como venga, podremos empezar el juego.*

désabuser [dezaby'ze] *tr* desengañar, desencantar (desilusionar).

désaccord [deza'kɔʀ] **1** *m* desacuerdo, desavenencia (personas). **2** discordancia (cosas).

désaccoutumer [dezakuty'me] *tr* et *pron* desacostumbrar.

désacraliser [dezakʀali'ze] *tr* desacralizar.

désactiver [dezakti've] *tr* desactivar.

désadapter [dezadap'te] *tr* et *pron* desadaptar (de un ambiente habitual).

désaffecter [dezafɛk'te] *tr* DR cambiar de destino un edificio público.

désaffection [dezafɛk'sjɔ̃] *f* desafecto, desapego; indiferencia (alejamiento).

désagréable [dezagʀe'abl] *adj* desagradable; molesto (cosas); descortés, ofensivo (personas).

désagrégation [dezagʀega'sjɔ̃] **1** *f* disgregación. **2** (fig) descomposición (de un sistema organizado).

désagréger [dezagʀe'ʒe] **1** *tr* disgregar, desagregar (disolver). **2** descomponer, destruir.

désajuster [dezaʒys'te] **1** *tr* desajustar (un aparato). **2** desarreglar (desordenar).

désaltérant, e [dezalte'ʀɑ̃, t] *adj* refrescante: *le thé est très désaltérant = el té es muy refrescante.*

désaltérer [dezalte'ʀe] **1** *tr* quitar la sed. **2** (fig) colmar (un hueco). ● **3 se ~** *pron* beber (hidratarse).

désamorcer [dezamɔʀ'se] **1** *tr* et *pron* desactivar (una bomba de agua). ● **2** *tr* descebar (una bomba). **3** (fig) neutralizar.

désappointement [dezapwɛ̃t'mɑ̃] *m* decepción; desengaño.

désappointer [dezapwɛ̃'te] *tr* decepcionar; desengañar (desilusionar).

désapprobation [dezapʀɔba'sjɔ̃] *f* desaprobación; reprobación.

désapprouver [dezapʀu've] *tr* desaprobar; reprobar.

désapprovisionner [dezapʀɔvizjɔ'ne] **1** *tr* desaprovisionar. **2** descargar (un arma de fuego).

désarçonner [dezaʀsɔ'ne] **1** *tr* desmontar (un caballero). **2** (fig) desconcentrar; confundir.

désarmement [dezaʀmə'mɑ̃] *m* desarme.

désarroi [deza'ʀwa] **1** *m* desasosiego. **2** desconcierto (moral).

désarticuler [dezaʀtiky'le] *tr* et *pron* desarticular (un juguete).

désastre [de'zastʀ] *m* desastre (catástrofe).

désastreux, euse [dezas'tʀø, øz] *adj* desastroso; desgraciado.

désavantage [dezavɑ̃'taʒ] **1** *m* desventaja. **2** inconveniente: *cette situation présente des désavantages = esta situación presenta inconvenientes.*

désavantager [dezavɑ̃ta'ʒe] *tr* perjudicar, desfavorecer: *la situation désavantageait les femmes = la situación perjudicaba a las mujeres.*

désavantageux, euse [dezavɑ̃ta'ʒø, øz] *adj* desventajoso; desfavorable.

désaveu [deza'vø] **1** *adj* repudiación; desautorización. ● **2** *m* desaprobación. ◆ **~ de paternité** DR negación de la paternidad.

désavouer [deza'vwe] **1** *tr* desaprobar. **2** repudiar.

desceller [dese'le] **1** *tr* arrancar. **2** desellar.

descendance [desɑ̃'dɑ̃s] *f* descendencia.

descendant, e [desɑ̃'dɑ̃, t] *adj/m* et *f* descendiente.

descendre [de'sɑ̃dʀ] **1** *intr* et *tr* descender, bajar: *descendre d'une montagne = bajar de una montaña, descendre un paquet de l'armoire = bajar un paquete del armario.* ● **2** *intr* estar en pendiente. **3** descender, proceder (de una familia).

descente [de'sɑ̃t] **1** *f* descenso (de una montaña). **2** bajada, pendiente.

descriptif, ive [deskʀip'tif, iv] *adj* descriptivo: *style descriptif = estilo descriptivo.*

description [deskʀipˈsjɔ̃] *f* descripción.
désembourber [dezɑ̃buʀˈbe] *tr* desatascar; desatorar.
désembuer [dezɑ̃ˈbɥe] *tr* desempañar.
désemparé, e [dezɑ̃paˈʀe] *adj* desamparado; desconcertado, perdido.
désemparer [dezɑ̃paˈʀe] *tr* desamparar.
désenchaîner [dezɑ̃ʃeˈne] *tr* desencadenar.
désenchanter [dezɑ̃ʃɑ̃ˈte] **1** *tr* desencantar. **2** (fig) desencantar, desilusionar.
désenfler [dezɑ̃ˈfle] *intr et pron* deshinchar, desinflar (una herida).
désengorger [dezɑ̃ɡɔʀˈʒe] *tr* desatascar (una carretera, un tubo, etc.); desatrancar.
désenrayer [dezɑ̃ʀeˈje] **1** *tr* desencasquillar (un arma). **2** TECH reparar.
désensibiliser [dezɑ̃sibiliˈze] *tr et pron* insensibilizar.
désentortiller [dezɑ̃tɔʀtiˈje] *tr* desenredar.
désépaissir [dezepeˈsiʀ] *tr* aclarar.
déséquilibrer [dezekiliˈbʀe] *tr* desequilibrar.
désert, e [deˈzɛʀ, t] **1** *adj* desierto: *les rues sont désertes = las calles están desiertas.* ● **2** *m* desierto; yermo.
déserter [dezɛʀˈte] **1** *tr* abandonar. **2** (fig) renegar, traicionar. ● **3** *intr* MIL desertar.
déserteur [dezɛʀˈtœʀ] *adj et m* MIL desertor.
désertifier (se) [sədezɛʀtiˈfje] *pron* desertizarse: *les campagnes se désertifient = los campos se desertizan.*
désespérance [dezespeˈʀɑ̃s] *f* desesperanza.
désespérant, e [dezespeˈʀɑ̃, t] *adj* desesperante.
désespéré, e [dezespeˈʀe] *adj* desesperado.
désespérer [dezespeˈʀe] *tr, intr et pron* desesperar, desesperanzar: *il ne faut pas désespérer = no hay que desesperarse.*
désespoir [dezesˈpwaʀ] *m* desesperación. ■ **en ~ de cause** como último recurso; **être le ~ de qqn** ser la desesperación de alguien.
déshabillé, e [dezabiˈje] **1** *adj* desvestido; desnudo (sin ropa). ● **2** *m* salto de cama.
déshabiller [dezabiˈje] *tr et pron* desnudar; desvestir.

déshabituer [dezabiˈtɥe] *tr et pron* desacostumbrar.
déshériter [dezeʀiˈte] *tr* desheredar.
déshonnête [dezɔˈnɛt] *adj* deshonesto.
déshonorant, e [dezɔnɔˈʀɑ̃, t] *adj* deshonroso.
déshonorer [dezɔnɔˈʀe] *tr et pron* deshonrar.
déshumaniser [dezymaniˈze] *tr* deshumanizar.
déshydratation [dezidʀataˈsjɔ̃] *f* deshidratación.
déshydrater [dezidʀaˈte] *tr et pron* deshidratar.
design [diˈzajn] *m* diseño.
désignation [deziɲaˈsjɔ̃] *f* designación.
désigner [deziˈɲe] **1** *tr* designar; señalar (indicar). **2** nombrar (a una persona). **3** significar. ■ **être tout désigné pour** ser el más indicado para.
désillusion [dezilyˈzjɔ̃] *f* desilusión (desengaño).
désillusionner [dezilyzjɔˈne] *tr* desilusionar.
désinence [deziˈnɑ̃s] *f* desinencia.
désinfecter [dezɛ̃fɛkˈte] *tr* desinfectar.
désinfection [dezɛ̃fɛkˈsjɔ̃] *f* desinfección.
désinformation [dezɛ̃fɔʀmaˈsjɔ̃] *f* desinformación.
désinformer [dezɛ̃fɔʀˈme] *tr* desinformar.
désintégration [dezɛ̃teɡʀaˈsjɔ̃] *f* desintegración.
désintégrer [dezɛ̃teˈɡʀe] *tr et pron* desintegrar; disgregar.
désintéresser [dezɛ̃teʀeˈse] **se ~** *pron* (se ~ de) desinteresarse de.
désintérêt [dezɛ̃teˈʀɛ] *m* desinterés; indiferencia.
désintoxication [dezɛ̃tɔksikaˈsjɔ̃] *f* desintoxicación: *faire une cure de désintoxication = hacer una cura de desintoxicación.*
désintoxiquer [dezɛ̃tɔksiˈke] *tr et pron* desintoxicar.
désinvolture [dezɛ̃vɔlˈtyʀ] **1** *f* desenvoltura. **2** descaro; insolencia.
désir [deˈziʀ] *m* deseo: *formuler un désir = pedir un deseo;* anhelo (gran deseo). ◆ **~ de savoir** curiosidad.
désirer [deziˈʀe] *tr* desear: *désirer faire qqch = desear hacer algo;* anhelar (de-

désireux

sear fuertemente). ■ ça laisse à ~ deja mucho que desear.

désireux, euse [dezi'Rø, øz] adj deseoso.

désister [dezis'te] pron desistir; renunciar.

désobéir [dezɔbe'iʀ] tr (~ à) desobedecer.

désobéissance [dezɔbei'sɑ̃s] f desobediencia.

désobéissant, e [dezɔbei'sɑ̃, t] adj/m et f desobediente.

désobligeant, e [dezɔbli'ʒɑ̃, t] adj desatento.

désobliger [dezɔbli'ʒe] tr disgustar.

désodoriser [dezɔdɔʀi'ze] tr desodorizar.

désolant, e [dezɔ'lɑ̃, t] 1 adj desolador (triste); desconsolador (aflictivo). 2 enojoso.

désolation [dezɔla'sjɔ̃] f desolación.

désoler [dezɔ'le] tr et pron afligir, desconsolar.

désopilant, e [dezɔpi'lɑ̃, t] adj (fig) jocoso.

désordonné, e [dezɔʀdɔ'ne] adj desordenado.

désordre [de'zɔʀdʀ] 1 m desorden; desarreglo. 2 disturbios. ■ en ~ en desorden.

désorganisation [dezɔʀganiza'sjɔ̃] f desorganización.

désorganiser [dezɔʀgani'ze] tr et pron desorganizar.

désorientation [dezɔʀjɑ̃ta'sjɔ̃] f desorientación.

désorienter [dezɔʀjɑ̃'te] tr desorientar.

désormais [dezɔʀ'mɛ] adv en adelante.

despote [dɛs'pɔt] 1 adj despótico: un mari despote = un marido despótico. • 2 m déspota.

despotique [dɛspɔ'tik] adj despótico.

désquamer [dɛskwa'me] intr et tr descamar.

desquels [de'kɛl] pron rel → lequel.

dessaler [desa'le] 1 tr desalar (quitar la sal). • 2 intr MAR zozobrar (un barco).

dessécher [dese'ʃe] 1 tr desecar (plantas, terreno, piel); secar. 2 resecar: lèvres desséchées = labios resecos.

dessein [de'sɛ̃] m propósito, intención (objetivo). ■ à ~ a propósito; aposta; dans le ~ de con la intención de.

desserrer [dese'ʀe] 1 tr et pron aflojar: desserrer un écrou = aflojar una tuerca; soltar (el freno). • 2 tr desapretar (los puños, los dientes).

dessert [de'sɛʀ] m postre. ■ comme ~ de postre.

desserte [de'sɛʀt] 1 f aparador (en un restaurante). 2 servicio de comunicación: desserte du village par voie ferrée = servicio de comunicación del pueblo por ferrocarril.

dessiccation [desika'sjɔ̃] f desecación.

dessin [de'sɛ̃] m dibujo. ◆ ~ à main levée dibujo a mano alzada; ~ industriel diseño industrial; dessins animés dibujos animados; cartones (Amér.).

dessinateur, trice [desina'tœʀ, tʀis] m et f dibujante. ◆ ~ de mode diseñador de moda; ~ industriel delineante.

dessiner [desi'ne] 1 tr et pron dibujar: dessiner un paysage = dibujar un paisaje. • 2 tr diseñar. 3 describir, pintar (un carácter). 4 (fig) resaltar (una silueta). • 5 se ~ pron perfilarse (un paisaje, una silueta).

dessoûler [desu'le] 1 tr et pron (fam) desemborrachar, desembriagar. • 2 intr pasársele a alguien la borrachera.

dessous [dsu o dǝ'su] 1 adv debajo, abajo: le prix est marqué dessous = el precio está marcado debajo. • 2 m parte inferior; el fondo. • 3 m pl ropa interior (lencería). ■ au-dessous de debajo de: cinq degrés au-dessous de zéro = cinco grados bajo cero; en ~ por debajo; être au-dessous de estar por debajo de: être au-dessous de ses possibilités = estar por debajo de sus posibilidades; être au-dessous de tout ser lamentable; par ~ por debajo.

dessous-de-plat [dsud'pla o dǝsud'pla] m salvamantel.

dessous-de-verre [dsud'vɛʀ o dǝsud'vɛʀ] m posavasos.

dessus [dǝ'sy] 1 adv encima, arriba. • 2 m parte superior. 3 dorso. ■ au-dessus encima; au-dessus de por encima de, sobre; être par-dessus de estar por encima de; là-dessus en eso, sobre ese asunto; par-dessus tout por encima de todo; sens ~ dessous en completo desorden.

dessus-de-lit [dǝsyd'li] m colcha.

déstabilisation [destabiliza'sjɔ̃] f desestabilización.

déstabiliser [destabili'ze] tr desestabilizar.

destin [dɛs'tɛ̃] **1** *m* destino. **2** sino.

destinataire [dɛstina'tɛʀ] *m* ou *f* destinatario.

destination [dɛstina'sjɔ̃] **1** *f* destinación, destino. **2** empleo, utilización (uso). **3** función. ■ **à ~ de** con destino a.

destinée [dɛsti'ne] *f* destino.

destiner [dɛsti'ne] **1** *tr* destinar. ● **2 se ~** *pron* destinarse, pensar dedicarse. ■ **être destiné à** estar destinado a.

destituer [dɛsti'tɥe] *tr* destituir.

destructif, ive [dɛstʀyk'tif, iv] *adj* destructivo.

destruction [dɛstʀyk'sjɔ̃] *f* destrucción.

déstructurer [destʀykty'ʀe] *tr* et *pron* desorganizar.

désuet, ète [de'sɥe, t] *adj* desusado; anticuado.

désunion [dezy'njɔ̃] *f* desunión.

désunir [dezy'niʀ] **1** *tr* desunir, separar. **2** (fig) enemistar, desunir.

détacher [deta'ʃe] **1** *tr* desatar (desligar). **2** apartar. **3** desprender (desunir). ● **4 se ~** *pron* perder apego: *se détacher de ses amis* = *perder apego a sus amigos*. ■ **ne pas ~ les yeux de** no apartar la vista de.

détail [de'taj] *m* detalle: *connaître tous les détails* = *conocer todos los detalles*. ■ **au ~** al por menor (venta): *vente au détail* = *venta al por menor*; **en ~** detalladamente; con detalles.

détaillant, e [deta'jɑ̃, t] *m* ou *f* detallista, minorista.

détailler [deta'je] **1** *tr* vender al por menor; vender al detalle. **2** detallar, pormenorizar: *détailler un rapport* = *detallar un informe*.

détaler [deta'le] *intr* (fam) salir pitando.

détartrer [detaʀ'tʀe] *tr* desincrustar (un radiador, etc.): *détartrer le radiateur d'un moteur* = *desincrustar el radiador de un motor*.

détaxer [detak'se] *tr* desgravar (impuestos, tasas).

détecter [detɛk'te] *tr* detectar: *détecter une fuite de gaz* = *detectar un escape de gas*.

détection [detɛk'sjɔ̃] **1** *f* detección. **2** descubrimiento.

détective [detɛk'tiv] *m* ou *f* detective. ◆ **~ privé** detective privado.

déteindre [de'tɛ̃dʀ] **1** *tr* desteñir, descolorar. ● **2** *intr* desteñir; desteñirse: *cette*

étoffe déteint facilement = *esta tela destiñe fácilmente*. **3** (fig) (~ *sur*) influir sobre.

dételer [det'le] **1** *tr* desenganchar; desuncir (los bueyes). ● **2** *intr* (fig) descansar, parar.

détendre [de'tɑ̃dʀ] **1** *tr* et *pron* aflojar. **2** (fig) relajar (descansar).

détente [de'tɑ̃t] **1** *f* distensión. **2** gatillo; disparador (de un arma). **3** expansión (de un gas). **4** tranquilidad, calma. **5** descanso; esparcimiento.

détention [detɑ̃'sjɔ̃] *f* detención (de un delincuente). ◆ **~ d'armes** tenencia de armas.

détenu, e [det'ny] *adj/m* et *f* detenido; preso.

détergent, e [detɛʀ'ʒɑ̃, t] *adj* et *m* detergente.

détérioration [deteʀjoʀa'sjɔ̃] **1** *f* deterioro (de una cosa). **2** empeoramiento (de una situación).

détériorer [deteʀjo'ʀe] **1** *tr* et *pron* estropear; deteriorar (objetos). ● **2 se ~** *pron* empeorar (una situación): *leurs relations se sont détériorées* = *sus relaciones han empeorado*.

déterminant, e [detɛʀmi'nɑ̃, t] *adj* et *m* determinante.

détermination [detɛʀmina'sjɔ̃] **1** *f* determinación: *prendre une détermination* = *tomar una determinación*. **2** resolución, decisión (voluntad): *agir avec détermination* = *actuar con decisión*.

déterminé, e [detɛʀmi'ne] **1** *adj* determinado. **2** decidido, determinado (una persona).

déterminer [detɛʀmi'ne] **1** *tr* determinar. **2** decidir. **3** provocar, causar: *le progrès détermine une crise des mœurs* = *el progreso provoca una crisis en las costumbres*. ● **4 se ~** *pron* (se ~ *à*) decidirse a, determinarse a.

déterrer [dete'ʀe] **1** *tr* desenterrar. **2** (fig) desenterrar: *déterrer un secret* = *desenterrar un secreto*; descubrir.

détester [detɛs'te] *tr* detestar, aborrecer.

détonant, e [deto'nɑ̃, t] *adj* et *m* detonante.

détonation [detɔna'sjɔ̃] *f* detonación.

détoner [detɔ'ne] *intr* detonar.

détortiller [detɔʀti'je] *tr* destorcer (deshacer).

détour [de'tuʀ] **1** *m* curva, recodo (de un río). **2** rodeo: *faire un détour* = dar un rodeo. ■ parler sans détours hablar sin rodeos.

détourné, e [detuʀ'ne] **1** *adj* indirecto: *allusion détournée* = alusión indirecta. **2** apartado.

détourner [detuʀ'ne] **1** *tr* desviar. **2** volver, girar: *il détourna la tête* = volvió la cabeza. ● **3** se ~ *pron* apartar la vista; girarse. ■ ~ l'attention de qqn desviar la atención de alguien.

détracter [detʀak'te] *tr* detractar, infamar (criticar, atacar).

détraquer [detʀa'ke] *tr* estropear (un objeto, mecanismo).

détremper [detʀɑ̃'pe] **1** *tr* remojar. **2** destemplar (el acero). **3** diluir, desleír (los colores).

détriment [detʀi'mɑ̃] *m* detrimento, perjuicio.

détromper [detʀɔ̃'pe] *tr* et *pron* desengañar.

détrôner [detʀo'ne] *tr* destronar.

détrousser [detʀu'se] *tr* atracar; asaltar.

détrousseur, euse [detʀu'sœʀ, øz] *m* et *f* atracador, asaltador.

détruire [de'tʀɥiʀ] **1** *tr* destruir. **2** (fig) destruir, suprimir. ● **3** se ~ *pron* suicidarse.

dette [dɛt] *f* deuda; dita (Amér.). ◆ ~ publique deuda pública; ■ acquitter une ~ pagar una deuda; faire des dettes contraer deudas, endeudarse.

deuil [dœj] **1** *m* duelo (dolor). **2** luto. ■ en ~ de luto; porter le ~ llevar luto.

deux [dø] **1** *adj* dos: *les deux yeux* = *los dos ojos*. **2** segundo. ◆ ~ à ~ dos a dos; ■ ~ fois ~ dos por dos, de dos en dos; tous les ~ jours cada dos días.

deuxième [dø'zjɛm] *adj/m* ou *f* segundo: *le deuxième chapitre du livre* = *el segundo capítulo del libro*.

deux-roues [dø'ʀu] *m* vehículo de dos ruedas.

dévaler [deva'le] **1** *intr* bajar rápidamente (descender); rodar cuesta abajo. ● **2** *tr* bajar.

dévaliser [devali'ze] *tr* desvalijar.

dévalorisation [devalɔʀiza'sjɔ̃] *f* desvalorización.

dévaloriser [devalɔʀi'ze] *tr* desvalorizar.

dévaluation [devalɥa'sjɔ̃] *f* devaluación (moneda).

dévaluer [deva'lɥe] *tr* devaluar (moneda).

devancer [devɑ̃'se o dəvɑ̃'se] **1** *tr* adelantar. **2** adelantarse. ■ ~ l'appel MIL alistarse como voluntario (en el ejército).

devancier, ère [dvɑ̃'sje, jeʀ] *m* et *f* antecesor, predecesor.

devant [dvɑ̃ o də'vɑ̃] **1** *prép* delante de: *devant la maison* = *delante de la casa.* **2** ante (en presencia de): *comparaître devant le tribunal* = *comparecer ante el tribunal.* ● **3** *adv* delante:, *marcher devant* = *caminar delante.* ● **4** *m* delantera (de una prenda de vestir, etc). ■ au-devant de al encuentro de; de ~ delantero; par-devant por delante; prendre les devants adelantarse, salir al paso.

devanture [dvɑ̃'tyʀ o dəvɑ̃'tyʀ] *f* escaparate, aparador.

dévastation [devasta'sjɔ̃] *f* devastación.

dévaster [devas'te] *tr* devastar (destruir).

développement [devlɔp'mɑ̃] **1** *m* desarrollo: *le développement humain* = *el desarrollo humano.* **2** desenvolvimiento, despliegue. **3** PHOT revelado.

développer [devlɔ'pe] **1** *tr* et *pron* desarrollar. ● **2** *tr* PHOT revelar.

devenir [dəv'niʀ] **1** *intr* volverse: *il est devenu fou* = *se volvió loco.* **2** ser: *que voulez-vous devenir?* = *¿qué quiere ser?* **3** ponerse: *devenir rouge* = *ponerse colorado.* **4** llegar a: *devenir président* = *llegar a presidente.* ● **5** *m* PHIL devenir.

dévergondé, e [devɛʀgɔ̃'de] *adj/m* et *f* desvergonzado.

dévergonder (se) [sədevɛʀgɔ̃'de] *pron* desvergonzarse.

déverrouiller [deveʀu'je] *tr* quitar el cerrojo (el pestillo).

devers [də'vɛʀ] **1** *prép* hacia. ● **2** par ~ *loc prép* ante. ■ garder par-devers soi guardar en su poder.

déverser [devɛʀ'se] *tr* et *pron* verter, derramar (un líquido): *déverser l'eau dans un bassin* = *verter el agua en un estanque.*

dévêtir [deve'tiʀ] *tr* et *pron* desvestir; desnudar.

déviant, e [de'vjɑ̃, t] *adj/m* et *f* marginal.

déviation [devja'sjɔ̃] **1** *f* desviación. **2** desvío.

dévider [devi'de] *tr* devanar.

dévier [de'vje] **1** *intr* desviarse: *dévier de son chemin* = *desviarse de su camino.* ●

2 *tr* desviar (una conversación, la circulación, etc.). ● **3** *intr* et *pron* (fig) apartarse.

devin, devineresse [dəˈvɛ̃, dəvinˈʀɛs] *m* et *f* adivino.

deviner [dviˈne o dəviˈne] **1** *tr* adivinar. **2** descubrir, adivinar: *deviner un secret = descubrir un secreto*. **3** intuir, suponer.

devinette [dviˈnɛt o dəviˈnɛt] *f* adivinanza.

dévisager [devizaˈʒe] **1** *tr* mirar de arriba abajo. **2** desfigurar.

devise [dviz o dəˈviz] **1** *f* lema, divisa. **2** ÉCON divisa.

deviser [dəviˈze] *intr* platicar.

dévisser [deviˈse] **1** *tr* destornillar. ● **2** *intr* (fam) despeñarse (de una montaña).

dévitaliser [devitaliˈze] *tr* desvitalizar (los dientes).

dévoiler [devwaˈle] **1** *tr* desvelar. **2** (fig) descubrir, revelar: *dévoiler le futur = revelar el futuro*.

devoir [dəˈvwaʀ] **1** *tr* deber; estar en deuda. **2** deber, tener que (obligación): *il doit terminer ce travail aujourd'hui = tiene que terminar este trabajo hoy*. **3** deber de (probabilidad): *il doit être grand maintenant = debe de ser mayor ahora*. ● **4 se ~** *pron* deberse: *se devoir à sa patrie = deberse a su patria*. ● **5** *m* deber: *le sentiment du devoir = el sentimiento del deber*. ● **6 devoirs** *m pl* deberes; obligaciones.

dévolution [devɔlyˈsjɔ̃] *f* devolución.

dévorant, e [devɔˈʀɑ̃, t] **1** *adj* devorador. **2** voraz, insaciable. **3** (fig) devastador.

dévorer [devɔˈʀe] **1** *tr* devorar. **2** consumir. ■ **~ qqn des yeux** comerse a alguien con los ojos.

dévot, e [deˈvo, ɔt] *adj/m* et *f* devoto.

dévotion [devɔˈsjɔ̃] *f* devoción. ■ **avoir une ~** tener una devoción.

dévouer [deˈvwe] *tr* et *pron* consagrar: *se dévouer à une noble cause = consagrarse a una causa noble*.

dévoyé, e [devwaˈje] *adj* descarriado, extraviado.

dextérité [dɛksteʀiˈte] *f* destreza, maña (habilidad).

diabétique [djabeˈtik] *adj/m* ou *f* diabético.

diable [djabl] **1** *m* diablo; mandinga (Amér.). **2** carretilla (para transportar objetos). ● **3 diable!** *interj* ¡diantre!, ¡de-

monios! ◆ **~ de mer** rape; ■ **au ~** al diablo; **avoir le ~ au corps** ou **dans la peau** tener el diablo en el cuerpo; **ce serait bien le ~ si** me extrañaría mucho que; **envoyer au ~** enviar al diablo.

diablesse [djaˈblɛs] *f* diablesa.

diabolique [djabɔˈlik] *adj* diabólico.

diabolo [djabɔˈlo] **1** *m* diábolo (juguete). **2** mezcla de gaseosa con jarabe (bebida azucarada).

diacre [djakʀ] *m* diácono.

diadème [djaˈdɛm] *m* diadema.

diagnostic [djagnɔsˈtik] *m* diagnóstico.

diagnostique [djagnɔsˈtik] *adj* diagnóstico.

diagramme [djaˈgʀam] *m* diagrama.

dialecte [djaˈlɛkt] *m* dialecto.

dialogue [djaˈlɔg] *m* diálogo.

dialoguer [djalɔˈge] *tr* et *intr* dialogar.

diamant [djaˈmɑ̃] *m* diamante. ◆ **~ brut** diamante en bruto.

diamanter [djamɑ̃ˈte] *tr* abrillantar; diamantar.

diamétral, e [djameˈtʀal] *adj* diametral.

diaphane [djaˈfan] *adj* diáfano.

diapositive [djapoziˈtiv] *f* diapositiva.

diaprer [djaˈpʀe] **1** *tr* matizar; colorear. **2** abrillantar.

diarrhée [djaˈʀe] *f* diarrea.

diatribe [djaˈtʀib] *f* diatriba.

dictame [dikˈtam] *m* BOT díctamo.

Dictaphone® [diktaˈfɔn] *m* dictáfono.

dictateur, trice [diktaˈtœʀ, ʀis] *m* et *f* dictador.

dictatorial, e [diktatɔˈʀjal] *adj* dictatorial.

dictature [diktaˈtyʀ] *f* dictadura: *une dictature militaire = una dictadura militar*.

dictée [dikˈte] *f* dictado: *avoir trois fautes dans la dictée = tener tres faltas en el dictado*. ■ **écrire sous la ~** escribir al dictado.

dicter [dikˈte] **1** *tr* dictar. **2** imponer. **3** (fig) inspirar.

diction [dikˈsjɔ̃] *f* dicción.

dictionnaire [diksjɔˈnɛʀ] *m* diccionario. ◆ **~ encyclopédique** diccionario enciclopédico; ■ **être un ~ vivant** ser una enciclopedia.

dicton [dikˈtɔ̃] *m* dicho; refrán.

didactique [didakˈtik] **1** *adj* didáctico. ● **2** *f* didáctica.

diesel [djeˈzɛl] *m* diesel.

diététique [djeteˈtik] **1** *adj* dietético. ● **2** *f* dietética.

dieu [djø] **1** *m* dios. **2 Dieu** Dios. ◆ **Bon Dieu!** (fam) ¡Dios santo!; **Dieu le Fils** Dios Hijo; **Dieu le Père** Dios Padre; ■ **Dieu merci!** ¡gracias a Dios!; **Dieu vous le rende!** ¡Dios se lo pague!; **grâce à Dieu** gracias a Dios; **pour l'amour de Dieu** por el amor de Dios; **que Dieu ait son âme** que Dios lo tenga en la gloria.

diffamation [difama'sjɔ̃] *f* difamación.

diffamatoire [difama'twaʀ] *adj* difamatorio.

diffamer [difa'me] *tr* difamar.

différé, e [dife'ʀe] *adj* diferido (retrasado, aplazado): *émission différée de télévision = emisión diferida de televisión.*

différence [dife'ʀɑ̃s] *f* diferencia. ■ **à cette ~ près** con la sola diferencia de que; **à la ~ de** a diferencia de; **faire la ~** notar la diferencia.

différencier [difeʀɑ̃'sje] *tr* et *pron* diferenciar.

différent, e [dife'ʀɑ̃, t] *adj* diferente: *avoir une opinion différente = tener una opinión diferente;* distinto.

différentiel, elle [difeʀɑ̃'sjɛl] **1** *adj* MATH diferencial. ● **2** *m* MÉC, ÉCON diferencial.

différer [dife'ʀe] **1** *intr* diferir, distinguirse; ser diferente. ● **2** *tr* diferir, aplazar. ■ **sans ~** sin demora.

difficile [difi'sil] **1** *adj* difícil. **2** (fig) delicado: *une situation difficile = una situación delicada.* ■ **rendre ~** hacer difícil.

difficulté [difikyl'te] *f* dificultad. ■ **avoir de la ~ à faire qqch** tener dificultades para hacer algo; **avoir des difficultés d'argent** tener apuros de dinero; **faire des difficultés** poner impedimentos.

difficultueux, euse [difikyl'tɥø, øz] *adj* dificultoso; difícil.

difformité [difɔʀmi'te] *f* deformidad; disformidad (malformación).

diffus, e [di'fy, z] **1** *adj* difuso. **2** prolijo, verboso.

diffuser [dify'ze] **1** *tr* et *pron* difundir, expandir. ● **2** *tr* retransmitir, emitir (por la radio, televisión).

diffusion [dify'zjɔ̃] **1** *f* difusión (de una noticia). **2** emisión (radio, televisión).

digérer [diʒe'ʀe] **1** *tr* et *pron* digerir (comida). **2** (fig) asimilar. **3** (fam) tragar (aguantar).

digest [di'ʒɛst] *m* selección; resumen.

digestion [diʒɛs'tjɔ̃] *f* digestión.

digit [di'ʒit] *m* dígito.

digital, e [diʒi'tal] **1** *adj* digital; dactilar. **2** MATH digital. ● **3** *f* BOT digital.

digitaliser [diʒitali'ze] *tr* INF, MATH digitalizar.

digne [diɲ] *adj* digno: *c'est un digne représentant de la famille = es un digno representante de la familia.* ◆ **~ de foi** fidedigno; ■ **être ~ de** ser digno de.

dignitaire [diɲi'tɛʀ] *m* dignatario.

dignité [diɲi'te] *f* dignidad: *avoir de la dignité = tener dignidad.*

digression [digʀe'sjɔ̃] *f* digresión.

digue [dig] **1** *f* dique. **2** malecón (muelle). **3** (fig) freno, barrera.

dilapidation [dilapida'sjɔ̃] *f* dilapidación.

dilapider [dilapi'de] *tr* dilapidar (malgastar dinero).

dilatant, e [dila'tɑ̃, t] *adj/m* et *f* dilatador.

dilatation [dilata'sjɔ̃] *f* dilatación (de un metal, etc.)

dilater [dila'te] **1** *tr* et *pron* dilatar: *dilater la pupille = dilatar la pupila.* ● **2** *tr* (fig) dilatar (una substancia); ensanchar: *la joie dilate le cœur = la alegría ensancha el corazón.*

dilemme [di'lɛm] *m* dilema.

dilettante [dile'tɑ̃t] **1** *adj/m* ou *f* diletante. **2** aficionado (arte, deporte).

diligent, e [dili'ʒɑ̃, t] *adj* diligente.

diluer [di'lɥe] **1** *tr* diluir. **2** (fig) mitigar.

dilution [dily'sjɔ̃] *f* dilución; disolución.

diluvien, enne [dily'vjɛ̃, ɛn] *adj* diluviano.

dimanche [di'mɑ̃ʃ] *m* domingo. ◆ **~ de Pâques** domingo de Resurrección; **~ des Rameaux** domingo de Ramos; ■ **du ~** (fam, péj) dominguero: *un chauffeur du dimanche = un conductor dominguero.*

dimension [dimɑ̃'sjɔ̃] **1** *f* dimensión. **2** medida: *prendre les dimensions d'un meuble = tomar las medidas de un mueble.*

diminuer [dimi'nɥe] **1** *tr* et *intr* disminuir: *diminuer la vitesse = disminuir la velocidad.* **2** rebajar.

diminutif, ive [diminy'tif, iv] *adj* et *m* diminutivo.

diminution [diminy'sjɔ̃] *f* disminución (reducción); descenso.

dînatoire [dina'twaʀ] *adj* (fam) *que sirve de comida o cena.*

dinde [dɛ̃d] **1** f pava. **2** (fig) pava (mujer tonta).

dindon [dɛ̃'dɔ̃] m pavo.

dîner [di'ne] **1** intr cenar: dîner à huit heures = cenar a las ocho. ● **2** m cena: l'heure du dîner = la hora de la cena.

dînette [di'net] f comidita.

dingue [dɛ̃g] adj/m ou f (fam) chiflado; majareta.

dinguer [dɛ̃'ge] intr (fam) caer. ■ envoyer ~ (fam) mandar a paseo.

dinosaure [dino'zɔʀ] m dinosaurio.

diocèse [djɔ'sɛz] m diócesis.

diplomatie [diploma'si] f diplomacia.

diplomatique [diploma'tik] adj diplomático.

diplôme [di'plom] m diploma; título.

diptyque [dip'tik] m díptico.

dire [diʀ] **1** tr decir. **2** explicar, divulgar (revelar): dire ses projets = explicar sus proyectos. **3** asegurar (afirmar); confirmar. **4** decidir (elegir): c'est dit = está decidido. **5** criticar. **6** pensar: que dites-vous sur cette affaire? = ¿qué piensa sobre este asunto?; opinar. **7** gustar; apetecer: ça te dit? = ¿te apetece? **8** recordar: ça me dit qqch = esto me recuerda algo. **9** parecer: on dirait qu'il vient chez nous = parece que viene a nuestra casa. **10** intr hablar. ● **11 se** ~ pron pretenderse; darse de. ■ à ce qu'on dit según lo que se dice; autrement dit dicho de otro modo; ~ ses quatre vérités decirle a uno cuatro frescas; il a beau ~ por más que diga; on dirait que se diría que; pour ainsi ~ por así decirlo.

direct, e [di'ʀɛkt] **1** adj directo: c'est le chemin le plus direct = es el camino más directo. ● **2** m SPORTS directo (en boxeo). ■ en ~ en directo (en radio y televisión).

directeur, trice [diʀɛk'tœʀ, tʀis] adj/m et f director.

directif, ive [diʀɛk'tif, iv] adj directivo.

direction [diʀɛk'sjɔ̃] **1** f dirección: il est chargé de la direction de l'équipe = se encarga de la dirección del equipo. **2** destino. ● ~ assistée AUT dirección asistida.

directionnel, elle [diʀɛksjɔ'nɛl] adj direccional.

directoire [diʀɛk'twaʀ] m directorio.

dirigeant, e [diʀi'ʒɑ̃, t] adj/m et f dirigente: les classes dirigeantes = las clases dirigentes.

diriger [diʀi'ʒe] **1** tr dirigir. **2** conducir (guiar): diriger une voiture = conducir un coche. ● **3 se** ~ pron (se ~ vers) dirigirse hacia.

discerner [disɛʀ'ne] **1** tr discernir: discerner qqn de loin = discernir a alguien de lejos. **2** distinguir (entre dos cosas).

disciple [di'sipl] m discípulo.

disciplinaire [disipli'nɛʀ] adj et m disciplinario.

discipline [disi'plin] **1** f disciplina. **2** asignatura (en el instituto, la universidad).

discipliner [disipli'ne] tr disciplinar.

discobole [disko'bɔl] m discóbolo.

discontinu, e [diskɔti'ny] adj discontinuo.

discontinuer [diskɔti'nɥe] tr et intr discontinuar; interrumpir. ■ sans ~ sin interrupción.

discontinuité [diskɔtinɥi'te] f discontinuidad.

disconvenance [diskɔ̃v'nɑ̃s] f desacuerdo (incompatibilidad).

disconvenir [diskɔ̃v'niʀ] intr desconvenir; disentir; negar.

discordance [diskɔʀ'dɑ̃s] f discordancia; disonancia.

discordant, e [diskɔʀ'dɑ̃, t] adj discordante; disonante.

discorde [dis'kɔʀd] f discordia.

discothèque [disko'tɛk] f discoteca.

discount [dis'kaunt] m descuento.

discourir [disku'ʀiʀ] intr disertar, discurrir.

discours [dis'kuʀ] m discurso.

discourtois, e [diskuʀ'twa, z] adj descortés.

discourtoisie [diskuʀtwa'zi] f descortesía.

discrédit [diskʀe'di] m descrédito. ■ jeter le ~ sur desacreditar a; tomber dans le ~ desacreditarse.

discret, ète [dis'kʀɛ, t] adj discreto.

discrétion [diskʀe'sjɔ̃] f discreción. ■ à ~ a discreción; à la ~ de qqn a merced de alguien.

discrimination [diskʀimina'sjɔ̃] f discriminación. ■ sans ~ sin discriminación, por igual.

discriminer [diskʀimi'ne] tr discriminar.

disculper [diskyl'pe] tr et pron disculpar.

discuter [disky'te] tr et intr discutir; hablar. ■ ~ le coup (fam) charlar, estar de palique.

disert, e [di'zɛʀ, t] adj diserto; elocuente.

disette [di'zɛt] **1** *f* falta: *disette d'argent* = *falta de dinero*; escasez (de alimentos). **2** hambruna.

disgrâce [dis'gʀas] *f* desgracia. ■ **tomber en ~** caer en desgracia.

disgracié, e [disgʀa'sje] **1** *adj/m* et *f* caído en desgracia. **2** (fig) desgraciado, desfavorecido.

disgracier [disgʀa'sje] *tr* desfavorecer, destituir.

dislocation [dislɔka'sjɔ̃] **1** *f* dislocación (mecanismo). **2** (fig) desarticulación: *dislocation d'un empire* = *desarticulación de un imperio*.

disloquer [dislɔ'ke] **1** *tr* et *pron* dislocar. **2** (fig) desmembrar.

disparaître [dispa'ʀɛtʀ] *intr* desaparecer. ■ **faire ~** hacer desaparecer.

disparate [dispa'ʀat] **1** *adj* dispar, discordante. ● **2** *f* disparidad; contraste.

disparité [dispaʀi'te] *f* disparidad; desigualdad.

disparition [dispaʀi'sjɔ̃] *f* desaparición.

disparu, e [dispa'ʀy] **1** *adj/m* et *f* desaparecido. **2** difunto (muerto).

dispendieux, euse [dispɑ̃'djø, øz] *adj* dispendioso.

dispense [dis'pɑ̃s] *f* dispensa.

dispenser [dispɑ̃'se] **1** *tr* dispensar (dar). ● **2** *tr* et *pron* (~ *de*) dispensar de; eximir de: *dispenser qqn d'impôts* = *eximir a alguien de pagar impuestos*.

disperser [dispɛʀ'se] **1** *tr* dispersar, desperdigar. **2** disolver (un grupo de personas).

dispersion [dispɛʀ'sjɔ̃] *f* dispersión.

disponible [dispɔ'nibl] *adj* disponible.

dispos, e [dis'po, z] **1** *adj* dispuesto. **2** ágil, en forma (fresco, descansado).

disposer [dispo'ze] **1** *tr* et *pron* disponer; preparar. ● **2** *intr* (~ *de*) disponer de.

disposition [dispozi'sjɔ̃] **1** *f* disposición. **2** intención. **3** distribución (arreglo, muebles). ● **4 dispositions** *f pl* precauciones; disposiciones.

disproportion [dispʀɔpɔʀ'sjɔ̃] *f* desproporción.

dispute [dis'pyt] *f* disputa; discusión; alegato (Amér.).

disputer [dispy'te] **1** *tr* disputar. ● **2** *intr* rivalizar. **3** discutir; disputar. ● **4 se ~** *pron* pelearse, enfadarse.

disqualification [diskalifika'sjɔ̃] *f* descalificación.

disqualifier [diskali'fje] **1** *tr* descalificar. **2** (fig) descalificar, desacreditar.

disque [disk] *m* disco. ◆ **~ compact** disco compacto; **~ d'embrayage** disco de embrague; **~ dur** INF disco duro.

disquette [dis'kɛt] *f* INF disquete.

dissection [disɛk'sjɔ̃] *f* disección.

dissemblance [disɑ̃'blɑ̃s] *f* desemejanza; diferencia.

dissémination [disemina'sjɔ̃] *f* diseminación.

disséminer [disemi'ne] *tr* et *pron* diseminar.

dissension [disɑ̃'sjɔ̃] *f* disensión.

disséquer [dise'ke] **1** *tr* disecar. **2** (fig) analizar (en detalle).

dissertation [disɛʀta'sjɔ̃] **1** *f* disertación. **2** redacción (en el instituto).

disserter [disɛʀ'te] *intr* disertar.

dissidence [disi'dɑ̃s] **1** *f* disidencia. **2** desacuerdo, disidencia.

dissident, e [disi'dɑ̃, t] *adj/m* et *f* disidente.

dissimilation [disimila'sjɔ̃] *f* disimilación.

dissimilitude [disimili'tyd] *f* disimilitud.

dissimulation [disimyla'sjɔ̃] *f* disimulación; disimulo.

dissimuler [disimy'le] **1** *tr* disimular. ● **2** *tr* et *pron* encubrir; ocultar.

dissipation [disipa'sjɔ̃] **1** *f* disipación; derroche. **2** indisciplina (de un alumno).

dissiper [disi'pe] **1** *tr* et *pron* disipar (eliminar): *dissiper les doutes* = *disipar las dudas*. **2** distraer. ● **3** *tr* dispar, malgastar (derrochar dinero).

dissociation [disɔsja'sjɔ̃] *f* disociación.

dissocier [disɔ'sje] **1** *tr* et *pron* disociar (separar). ● **2** *tr* (fig) desunir.

dissolu, e [disɔ'ly] *adj* disoluto; licencioso.

dissolvant, e [disɔl'vɑ̃, t] *adj* et *m* disolvente.

dissonance [disɔ'nɑ̃s] *f* disonancia.

dissoudre [di'sudʀ] **1** *tr* et *pron* disolver. ● **2** *tr* (fig) disolver, suprimir. **3** (fig) disolver, anular: *dissoudre un mariage* = *anular un matrimonio*.

dissuader [disɥa'de] *tr* disuadir.

dissuasif, ive [disɥa'zif, iv] *adj* disuasivo.

distance [dis'tɑ̃s] **1** *f* distancia. **2** (fig) diferencia. **3** GÉOM distancia. ◆ **~ de sé-**

curité distancia de seguridad; ■ à ~ a distancia, de lejos; à ~ respectueuse (fig) a respetuosa distancia; **rapprocher les distances** acortar las distancias.

distancer [distã'se] *tr et pron* distanciar.

distancier (se) [sədistã'sje] *tr et pron* distanciar.

distant, e [dis'tã, t] **1** *adj* distante. **2** (fig) distante, reservado (una persona).

distendre [dis'tãdr] **1** *tr* distender (aflojar). ● **2** *tr et pron* (fig) relajar.

distension [distã'sjõ] *f* distensión.

distillateur [distila'tœr] *adj et m* destilador.

distillation [distila'sjõ] *f* destilación.

distiller [disti'le] *tr et intr* destilar.

distinct, e [dis'tẽ, kt] **1** *adj* distinto. **2** (fig) claro, neto.

distinctif, ive [distẽk'tif, iv] *adj* distintivo; característico.

distingué, e [distẽ'ge] *adj* distinguido.

distinguer [distẽ'ge] *tr et pron* distinguir (separar, escoger).

distraction [distrak'sjõ] *f* distracción; entretenimiento.

distraire [dis'trer] *tr et pron* distraer; entretener.

distrait, e [dis'tre, t] **1** *adj* distraído. **2** entretenido.

distribuer [distri'bɥe] **1** *tr* distribuir. **2** repartir. ■ ~ **des coups** (fam) propinar golpes.

district [dis'trikt] *m* distrito. ◆ ~ **urbain** área metropolitana.

dit, e [di, t] **1** *adj* llamado. ● **2** *m* dicho; máxima, sentencia.

diurne [diyrn] *adj* diurno.

divagation [divaga'sjõ] **1** *f* divagación. **2** *desplazamiento del curso de un río.*

divaguer [diva'ge] **1** *intr* divagar. **2** errar, vagar.

divan [di'vã] *m* diván; sofá.

divergence [diver'ʒãs] **1** *f* divergencia. **2** (fig) divergencia, discrepancia.

divergent, e [diver'ʒã, t] **1** *adj* divergente: *lignes divergentes* = líneas divergentes. **2** (fig) divergente, discrepante.

diverger [diver'ʒe] **1** *intr* divergir; apartarse. **2** (fig) discrepar, disentir.

divers, e [di'ver, s] **1** *adj* diverso, vario. **2** versátil; cambiante.

diversifier [diversi'fje] *tr et pron* diversificar (actividades).

diversité [diversi'te] *f* diversidad.

divertir [diver'tir] **1** *tr et pron* divertir; distraer. ● **2** *tr* apartar, alejar.

divertissant, e [diverti'sã, t] *adj* divertido, distraído.

divin, e [di'vẽ, in] *adj* divino.

divination [divina'sjõ] *f* adivinación.

divinatoire [divina'twar] *adj* divinatorio, adivinatorio.

diviniser [divini'ze] *tr* divinizar.

divinité [divini'te] *f* divinidad.

diviser [divi'ze] **1** *tr et pron* dividir (cálculo). **2** (fig) separar, dividir.

division [divi'zjõ] **1** *f* división. **2** (fig) división, desunión.

divorce [di'vors] *m* divorcio.

divorcer [divor'se] *intr* divorciarse.

divulgation [divylga'sjõ] *f* divulgación.

divulguer [divyl'ge] *tr* divulgar.

dix [dis] **1** *adj* diez: *il est dix heures* = *son las diez.* **2** décimo.

dix-huit [di'zɥit] *adj* dieciocho.

dixième [di'zjem] **1** *adj/m* ou *f* décimo. ● **2** *m* décima parte. **3** décimo (de lotería).

dix-neuf [diz'nœf] *adj* diecinueve.

dix-sept [di'set] *adj* diecisiete.

dizaine [di'zen] *f* decena.

do [do] *m* MUS do.

DOC (*sigles de* **Disque Optique Compact**) *m* CD-ROM.

docile [dɔ'sil] **1** *adj* dócil. **2** dócil, obediente.

docilité [dɔsili'te] *f* docilidad.

docte [dɔkt] *adj/m* ou *f* docto.

docteur [dɔk'tœr] **1** *m* doctor: *docteur en droit* = *doctor en derecho.* **2** médico, doctor.

doctoral, e [dɔktɔ'ral] *adj* doctoral.

doctoresse [dɔktɔ'res] *f* doctora; médico.

doctrinal, e [dɔktri'nal] *adj* doctrinal.

doctrine [dɔk'trin] *f* doctrina.

document [dɔky'mã] *m* documento.

documentaire [dɔkymã'ter] *adj et m* documental: *un documentaire sur les dauphins* = *un documental sobre los delfines*; documentario.

documenter [dɔkymã'te] *tr* documentar.

dodeliner [dɔdli'ne o dɔdɔli'ne] **1** *intr* cabecear (mover la cabeza). ● **2** *tr* balancear; mecer.

dodo [do'do] *m* (fam) sueño. ■ **aller au ~** (fam) ir a dormir (lenguaje infantil); **faire ~** (fam) dormir.

dodu, e [dɔ'dy] *adj* rollizo; regordete (un bebé).

dogmatique [dɔgma'tik] **1** *adj* dogmático. ● **2** *f* dogmática.

dogme [dɔgm] *m* dogma (norma, doctrina): *des dogmes politiques = dogmas políticos.*

dogue [dɔg] *m* dogo (perro). ■ **être d'une humeur de ~** (fam) estar de un humor de perros.

doigt [dwa] *m* dedo. ◆ **~ auriculaire** dedo auricular o meñique; ■ **à un ~ de** a dos dedos de; **mettre le ~ sur la plaie** (fig) poner el dedo en la llaga; **montrer du ~** señalar con el dedo; **se mettre le ~ dans l'œil** (fam) llevarse un chasco, equivocarse.

doléances [dɔle'ɑ̃s] *f pl* quejas.

dolent, e [dɔ'lɑ̃, t] **1** *adj* doliente (enfermo). **2** doliente, triste (afligido).

DOM [dɔm] (*sigles de* **département d'outre-mer**) *m provincia de ultramar.*

domaine [dɔ'mɛn] **1** *m* dominio; posesión. **2** ámbito, campo. ◆ **~ public** dominio público.

domestication [dɔmɛstika'sjɔ̃] *f* domesticación.

domestique [dɔmɛs'tik] **1** *adj* doméstico. ● **2** *m ou f* criado, doméstico.

domestiquer [dɔmɛsti'ke] **1** *tr* domesticar (un animal): *domestiquer un cheval = domesticar un caballo.* **2** (fig) dominar, esclavizar.

domicile [dɔmi'sil] *m* domicilio. ■ **à ~** a domicilio: *livrer à domicile = entregar a domicilio.*

dominant, e [dɔmi'nɑ̃, t] **1** *adj* dominante (principal). ● **2** *f* MUS dominante.

domination [dɔmina'sjɔ̃] **1** *f* dominación. **2** (fig) dominio, imperio. ● **3** **dominations** *m pl* REL dominaciones.

dominer [dɔmi'ne] **1** *tr et pron* dominar: *il n'a pas pu se dominer = no pudo dominarse.* ● **2** *intr* dominar, predominar.

dominicain, e [dɔmini'kɛ̃, ɛn] **1** *adj* dominicano. ● **2** **Dominicain, e** *m et f* dominicano. ● **3** *adj/m et f* REL dominicano.

dominical, e [dɔmini'kal] *adj* dominical.

domino [dɔmi'no] *m* dominó.

dommage [dɔ'maʒ] **1** *m* daño; perjuicio. **2** desperfecto. **3** (fig) lástima. ◆ **dommages-intérêts** daños y perjuicios; ■ **c'est ~** (fig) es una lástima.

dompter [dɔ̃'te o dɔ̃p'te] **1** *tr* domar (un animal salvaje). **2** amansar. **3** (fig) dominar, reprimir.

donation [dɔna'sjɔ̃] *f* donación (dinero, obra de arte, herencia).

donc [dɔ̃k] **1** *conj* pues, luego. **2** así pues. ■ **allons ~!** ¡pero vamos!, ¡anda ya!; **viens ~!** ¡pues ven!

donnant, e [dɔ'nɑ̃, t] *adj* generoso. ■ **donnant donnant** toma y daca.

donne [dɔn] *f* mano; lance (de cartas).

donnée [dɔ'ne] *f* dato; elemento.

donner [dɔ'ne] **1** *tr* dar. **2** regalar (ofrecer). **3** producir. **4** ceder, ofrecer (su asiento, etc). **5** echar, poner (una película, un espectáculo). **6** prescribir, recetar (medicinas). **7** DR otorgar. ● **8** *intr* (~ *sur*) dar a (una ventana, una habitación). ● **9** **se ~** *pron* entregarse, darse; consagrarse. ■ **à penser** dar qué pensar; **~ l'heure à qqn** dar la hora a alguien; **se ~ de la peine** afanarse, trabajar mucho; **se ~ la peine de** tomarse la molestia; **se ~ pour** hacerse pasar por.

dont [dɔ̃] **1** *pron rel* de quien, de quienes (personas); del cual, de la cual (f), de los cuales, de las cuales (f); del que, de la que (f), de los que, de las que (f): *le film dont il parle est américain = la película de la que habla es americana.* **2** cuyo, cuya (f), cuyos, cuyas (f): *l'homme dont j'ai oublié le nom = el hombre cuyo nombre he olvidado.*

donzelle [dɔ̃'zɛl] *f* (péj) damisela.

dorade [dɔ'Rad] *f* → daurade.

doré, e [dɔ'Re] **1** *adj* dorado. ● **2** *m* dorado, doradura.

dorénavant [dɔRena'vɑ̃] *adv* en adelante, desde ahora.

dorer [dɔ'Re] *tr* dorar.

dorloter [dɔRlɔ'te] **1** *tr* mimar (a un niño). ● **2** **se ~** *pron* darse buena vida.

dormant, e [dɔR'mɑ̃, t] **1** *adj* durmiente. **2** estancado (agua). **3** fijo. ● **4** *m* bastidor.

dormir [dɔR'miR] *intr* dormir. ■ **~ à poings fermés** dormir a pierna suelta; **~ debout** caerse de sueño; **~ du sommeil du juste** dormir con la conciencia tranquila; **ne ~ que d'un œil** dormir con un ojo abierto.

dortoir [dɔR'twaR] *m* dormitorio (en un internado, albergue).

465 **drapier**

dorure [dɔ'ʀYʀ] f dorado; doradura.

dos [do] 1 m espalda. 2 lomo (de un animal). 3 dorso. 4 respaldo (de una silla). ■ avoir sur le ~ tener que cargar con; ~ à ~ de espaldas; porter sur le ~ llevar a cuestas; se mettre qqn à ~ enemistarse con uno; tomber sur le ~ caerse de espaldas; voir au ~ ver al dorso.

doser [do'ze] tr dosificar.

dossier [do'sje] 1 m respaldo (de una silla); cabecera (de una cama). 2 expediente. 3 informe; historial. 4 carpeta (cartera).

dot [dɔt] m dote (al casarse).

dotation [dɔta'sjɔ̃] f dotación.

doter [dɔ'te] 1 tr dotar. 2 asignar.

douaire [dwɛʀ] m viudedad (pensión).

douane [dwan] f aduana.

double [dubl] 1 adj et m doble; duplo. ● 2 m duplicado. ● 3 adv doble. ◆ ~ face doble cara; ■ au ~ al doble de; en ~ dos veces; por duplicado.

doublé, e [du'ble] 1 adj duplicado. 2 doblado (plegado). 3 forrado (zapatos, ropa). ● 4 m metal sobredorado. 5 doble triunfo. 6 SPORTS pareja, doblete. ■ ~ de además de, a la par que.

doubler [du'ble] 1 tr duplicar. 2 redoblar, aumentar. 3 adelantar, pasar (un coche). 4 forrar (una prenda de vestir). 5 doblar (una película).

douce [dus] adj → doux.

doucereux, euse [dusə'ʀø, øz] adj dulzón.

doucet, ette [du'sε, t] adj dulce.

douceur [du'sœʀ] 1 f suavidad. 2 dulzura (de una persona, sabor, etc.). ● 3 douceurs m pl golosinas. 4 requiebros, piropos. ■ avec ~ con tranquilidad.

douche [duʃ] 1 f ducha. 2 (fig, fam) reprimenda. ◆ ~ froide (fig) jarro de agua fría; ■ prendre une ~ ducharse.

doucher [du'ʃe] 1 tr duchar. 2 (fig) desilusionar; llevarse un chasco. ● 3 se ~ pron ducharse; bañarse (Amér.).

doué, e [dwe] 1 adj dotado. 2 capaz, capacitado. ■ être ~ pour tener facilidad para; darse bien una cosa.

douer [dwe] tr dotar.

douille [duj] f ÉLEC casquillo.

douillet, ette [du'jε, t] 1 adj blando. 2 confortable.

douleur [du'lœʀ] 1 f dolor: éprouver une douleur = sentir dolor. 2 (fig) dolor, sufrimiento (moral).

douloureux, euse [dulu'ʀø, øz] adj doloroso.

doute [dut] m duda. ■ sans ~ sin duda; mettre en ~ poner en duda.

douter [du'te] 1 tr dudar. 2 (~ de) dudar de, desconfiar de. ● 3 se ~ pron imaginar, suponer. ■ ne ~ de rien no temer nada.

douteux, euse [du'tø, øz] 1 adj dudoso: son succès est douteux = su éxito es dudoso. 2 equívoco.

doux, douce [du, s] 1 adj suave. 2 dulce (sabor): vin doux = vino dulce. 3 agradable, grato (una persona). 4 lento. ● 5 adv lentamente, poco a poco. ◆ ~ propos galanterías, piropos; ■ en ~ discretamente; filer ~ someterse, obedecer; tout ~ despacio.

douzaine [du'zɛn] f docena. ■ une ~ de unos doce, unas doce (f).

douze adj et m doce.

douzième [du'zjɛm] adj/m ou f duodécimo, dozavo.

doyen, enne [dwa'jɛ̃, εn] 1 adj/m et f mayor. ● 2 m REL deán.

Dr (abrév de docteur) m Dr.

draconien, enne [dʀakɔ'njɛ̃, εn] adj draconiano.

dragée [dʀa'ʒe] 1 f peladilla. 2 perdigón. 3 MÉD gragea. ■ tenir la ~ haute à qqn hacer pagar caro un favor.

dragon [dʀa'gɔ̃] m dragón.

drague [dʀag] 1 f draga. 2 red barredera. 3 (fam) ligue.

draguer [dʀa'ge] 1 tr dragar: draguer le port = dragar el puerto. 2 pescar con red barredera. 3 (fam) ligar.

dramatique [dʀama'tik] 1 adj dramático. ● 2 m dramatismo.

dramatiser [dʀamati'ze] tr dramatizar.

drame [dʀam] m drama. ◆ ~ lyrique drama lírico. ■ faire un ~ (fig, fam) hacer un drama.

drap [dʀa] 1 m paño. 2 sábana.

drapé, e [dʀa'pe] adj et m drapeado.

drapeau [dʀa'po] 1 m bandera. 2 anderado. 3 (fig) símbolo, bandera. ◆ ~ blanc bandera blanca; ~ noir bandera negra; ■ être sous les drapeaux MIL estar sirviendo en el ejército; planter un ~ (fam) dejar una trampa.

drapier, ère [dʀa'pje, jɛʀ] adj/m et f pañero.

drastique 466

drastique [dʀas'tik] *adj* et *m* drástico: *mesures drastiques = medidas drásticas*.
dresser [dʀe'se] **1** *tr* et *pron* enderezar; poner derecho. ● **2** *tr* alzar, levantar; montar. **3** instruir, formar (a un niño). ● **4** se ~ *pron* ponerse en pie. **5** (fig) elevarse, alzarse: *se dresser contre le tyran = alzarse contra el tirano*. ■ se ~ sur la pointe des pieds ponerse de puntillas.
dresseur, euse [dʀe'sœʀ, øz] *m* et *f* domador.
dressoir [dʀe'swaʀ] *m* aparador, trinchero.
drogue [dʀɔg] *f* droga. ♦ ~ douce droga blanda; ~ dure droga dura.
drogué, e [dʀɔ'ge] *adj/m* et *f* drogado.
droguer [dʀɔ'ge] **1** *tr* et *pron* drogar. ● **2** *intr* (fam) esperar: *faire droguer qqn = hacer esperar a alguien*.
droguerie [dʀɔg'ʀi] *f* droguería.
droguiste [dʀɔ'gist] *m* ou *f* droguero.
droit, e [dʀwa, t] **1** *adj* et *m* derecho. ● **2** *adj* diestro. **3** recto. ● **4** *m* justicia: *faire droit = hacer justicia*. ● **5** *adv* derecho: *marcher droit = ir derecho*. **6** en pie. **7** (fig) directamente. ♦ ~ civil derecho civil; ~ réel derecho real; ~ tout ~ todo seguido.
droite [dʀwat] **1** *f* derecha, diestra. **2** GÉOM recta. ■ à ~ a la derecha.
droitier, ère [dʀwa'tje, jɛʀ] **1** *adj/m* et *f* diestro. **2** derechista, de la derecha (político).
droiture [dʀwa'tyʀ] *f* rectitud, derechura.
drôle [dʀol] **1** *adj* divertido, gracioso: *une histoire drôle = una historia graciosa*. **2** extraño: *il l'a trouvé drôle = le ha parecido extraño*. ● **3** *m* bribón, truhán.
drôlerie [dʀol'ʀi] *f* gracia (broma).
dromadaire [dʀɔma'dɛʀ] *m* dromedario.
dru, e [dʀy] **1** *adj* tupido: *une herbe haute et drue = una hierba alta y tupida*. **2** fuerte, recio: *une pluie drue = una lluvia fuerte*.
druide [dʀɥid] *m* druida.
du [dy] **1** *art* del: *le plat du jour = el plato del día*. **2** (contr *de* + *le*): *il boit du vin = bebe vino*.
dû, due [dy] **1** *pp* → devoir. ● **2** *m* deuda, lo que se debe. ■ payer son ~ pagar su deuda.
dual, e [dɥal] *adj* dual.

dualité [dɥali'te] *f* dualidad, dualismo.
dubitatif, ive [dybita'tif, iv] *adj* dubitativo.
duc, duchesse [dyk, dy'ʃɛs] **1** *m* et *f* duque. ● **2** *m* ZOOL búho.
ducal, e [dy'kal] *adj* ducal.
duché [dy'ʃe] *m* ducado.
duel [dɥɛl] *m* duelo, desafío.
dulcifier [dylsi'fje] *tr* dulcificar.
dune [dyn] *f* duna (de arena).
dupe [dyp] *adj* et *f* crédulo, inocente.
duper [dy'pe] *tr* embaucar, engañar.
duperie [dyp'ʀi] *f* engaño, timo.
duplicateur [dyplika'tœʀ] *m* multicopista.
duplication [dyplika'sjɔ̃] *f* duplicación.
duplicité [dyplisi'te] **1** *f* duplicidad. **2** (fig) doblez (falsedad).
dupliquer [dypli'ke] *tr* duplicar.
duquel [dy'kɛl] *pron rel* → lequel.
dur, e [dyʀ] **1** *adj* et *m* duro: *cet objet est dur comme le fer = este objeto es duro como el hierro*. ● **2** *adj* (fam) difícil: *un exercice dur = un ejercicio difícil*. **3** (fig) duro, áspero: *une voix dure = una voz dura*. ● **4** *adv* duramente, intensamente: *le soleil commença à frapper dur = el sol empezó a pegar intensamente*. ■ avoir l'oreille dure ser duro de oído; avoir la tête dure ser duro de mollera.
durant [dy'ʀɑ̃] *prép* durante: *durant la nuit = durante la noche, sa vie durant = durante toda su vida*.
durcir [dyʀ'siʀ] **1** *tr* endurecer. ● **2** *intr* et *pron* endurecerse: *le pain durcit rapidement = el pan se endurece rápidamente*.
durée [dy'ʀe] *f* duración.
durer [dy'ʀe] **1** *intr* durar. **2** conservarse: *le vin dure plus que la champagne = el vino se conserva más que el champán*.
dureté [dyʀ'te] *f* dureza.
durillon [dyʀi'jɔ̃] *m* dureza, callosidad.
duveté, e [dyv'te o dyvə'te] *adj* velloso.
dynamique [dina'mik] **1** *adj* dinámico. ● **2** *f* dinámica.
dynamiser [dinami'ze] *tr* dinamizar.
dynamite [dina'mit] *f* dinamita.
dynamiter [dinami'te] **1** *tr* dinamitar. **2** (fig) dinamitar, destruir.
dynastie [dinas'ti] *f* dinastía.
dynastique [dinas'tik] *adj* dinástico.

Ee

e [ø] *m* e.

A final de palabra y sin acento es siempre muda, excepto cuando va seguida de **z, t** o **r**: *allez, bouquet, aimer*.

E (*abrév de* **est**) *m* E.
eau [o] *f* agua. ◆ ~ **bénite** agua bendita; ~ **de cologne** agua de colonia; ~ **de Javel** lejía; **les eaux d'égout** las aguas residuales; ■ **comme un poisson dans l'~** como pez en el agua; **de la même** ~ del mismo género; **rester le bec dans l'~** quedarse con dos palmos de narices.
ébahir [eba'iʀ] *tr et pron* sorprender, asombrar.
ébats [eba] *m pl* jugueteos.
ébattre (s') [se'batʀ] *pron* juguetear, divertirse.
ébaucher [ebo'ʃe] *tr et pron* (fig) iniciar, esbozar.
ébauchoir [ebo'ʃwaʀ] **1** *m* desbastador. **2** espátula (de un escultor).
ébène [e'bɛn] *f* ébano.
ébénier [ebe'nje] *m* ébano.
ébéniste [ebe'nist] *m ou f* ebanista.
éberlué, e [ebɛʀ'lɥe] *adj* asombrado, estupefacto.
éblouir [eblu'iʀ] *tr* deslumbrar.
éblouissant, e [eblui'sɑ̃, t] *adj* deslumbrante, deslumbrador.
éboueur [e'bwœʀ] *m* basurero.
ébouillanter [ebujã'te] *tr* escaldar.
ébouler [ebu'le] *tr et pron* derrumbar.
éboulis [ebu'li] *m* desprendimiento.
ébourgeonner [ebuʀʒɔ'ne] *tr* AGR desyemar.
ébouriffant, e [ebuʀi'fɑ̃, t] *adj* (fam) despampanante; asombroso.
ébouriffer [ebuʀi'fe] *tr* despeluzar (el pelo).
ébrancher [ebʀɑ̃'ʃe] *tr* podar, desramar (un árbol).
ébranler [ebʀɑ̃'le] **1** *tr* sacudir, agitar. **2** hacer vacilar, quebrantar: *rien n'ébranle sa vo-*

lonté = nada quebranta su voluntad. ● **3 s'~** *pron* ponerse en movimiento (un camión).
ébrécher [ebʀe'ʃe] **1** *tr* mellar. **2** (fig, fam) disminuir, mermar.
ébriété [ebʀije'te] *f* embriaguez.
ébrouer (s') [sebʀu'e] *pron* resoplar, bufar (el caballo).
ébruiter [ebʀɥi'te] *tr et pron* divulgar, difundir.
ébullition [ebyli'sjɔ̃] *f* ebullición, hervor.
écaille [e'kaj] **1** *f* escama. **2** caparazón, concha (de tortuga).
écailler [eka'je] **1** *tr* escamar. **2** desbullar (ostras). ● **3** *tr et pron* desconchar (la pintura).
écailleux, euse [eka'jø, øz] *adj* escamoso.
écale [e'kal] *f* cáscara (de nuez, etc.).
écaler [eka'le] *tr* descascarar; pelar.
écarlate [ekaʀ'lat] *adj et f* escarlata.
écarquiller [ekaʀki'je] *tr abrir* desmesuradamente los ojos.
écart [e'kaʀ] **1** *m* distancia. **2** diferencia.
écarté [ekaʀ'te] *adj* apartado, aislado.
écarter [ekaʀ'te] **1** *tr* separar. **2** desviar, apartar. **3** abrir: *écarter les bras = abrir los brazos*. ● **4 s'~** *pron* apartarse.
ecclésiastique [eklezjas'tik] *adj et m* eclesiástico.
écervelé, e [esɛʀvo'le] **1** *adj/m et f* atolondrado. ● **2** *m* cabeza de chorlito.
échafaud [eʃa'fo] **1** *m* cadalso, patíbulo (para condenados). **2** tablado, estrado. **3** andamio.
échafauder [eʃafo'de] **1** *intr* levantar un andamio. ● **2** *tr* amontonar, apilar.
échalas [eʃa'la] *m* estaca.
échalier [eʃa'lje] *m* seto, vallado.
échancrer [eʃɑ̃'kʀe] *tr* escotar.
échange [e'ʃɑ̃ʒ] **1** *m* cambio. **2** intercambio.
échanger [eʃɑ̃'ʒe] **1** *tr* cambiar. **2** intercambiar.
échantillon [eʃɑ̃ti'jɔ̃] **1** *m* muestra. **2** marco. **3** (fig) indicio, prueba.
échappatoire [eʃapa'twaʀ] *f* escapatoria.

échappée [eʃaˈpe] **1** f escapatoria. **2** vista.

échapper [eʃaˈpe] **1** intr escapar. ● **2** tr dejar escapar. ● **3** s'~ pron salvarse, escaparse.

écharde [eˈʃaʀd] f astilla.

écharpe [eˈʃaʀp] **1** f faja, fajín. **2** bufanda.

échasse [eˈʃas] f zanco.

échauder [eʃoˈde] tr escaldar.

échauffer [eʃoˈfe] **1** tr calentar. **2** (fig) enardecer, acalorar. **3** (fig) impacientar, irritar.

échauffourée [eʃofuˈʀe] f escaramuza.

échauguette [eʃoˈɡet] f atalaya.

échéance [eʃeˈɑ̃s] **1** f vencimiento (de pago, de un billete). **2** plazo, término.

échéant, e [eʃeˈɑ̃, t] adj que vence, pagadero.

échec [eˈʃɛk] **1** m jaque. **2** (fig) fracaso. ● **3** échecs m pl ajedrez. ◆ ~ et mat jaque mate.

échelier [eʃəˈlje] m escalerón, espárrago.

échelle [eˈʃel] **1** f escalera, escala. **2** gama (de colores). **3** (fig) jerarquía. ◆ ~ de corde escala de cuerda.

écheniller [eʃniˈje o eʃəniˈje] tr descocar, desorugar.

écheveau [eʃˈvo o eʃəˈvo] m madeja, ovillo.

échevelé, e [eʃavˈle o eʃəvəˈle] adj desgreñado, desmelenado.

écheveler [eʃavˈle o eʃəvəˈle] tr despeinar, desmelenar.

échiner (s') [seʃiˈne] pron deslomarse, matarse.

écho [eˈko] m eco.

échoir [eˈʃwaʀ] intr tocar, caer en suerte.

échouer [eˈʃwe] **1** intr ser suspendido: échouer à un examen = ser suspendido en un examen. **2** (fig) fracasar, salir mal; chingarse (Amér.).

échu, e [eˈʃu] adj expirado, vencido. ■ à terme ~ a plazo vencido.

éclabousser [eklabuˈse] tr salpicar.

éclaboussure [eklabuˈsyʀ] f salpicadura.

éclair [eˈklɛʀ] **1** m relámpago. **2** (fig) chispa.

éclaircie [eklɛʀˈsi] f claro: une éclaircie entre les nuages = un claro entre las nubes.

éclaircir [eklɛʀˈsiʀ] **1** tr et pron aclarar. ● **2** s'~ pron despejarse: le ciel s'est un peu éclairci = el cielo se ha despejado un poco.

éclairé, e [ekleˈʀe] adj ilustrado.

éclairer [ekleˈʀe] **1** tr et intr alumbrar, iluminar. ● **2** tr aclarar.

éclat [eˈkla] **1** m pedazo, fragmento. **2** resplandor, destello (de luz). **3** (fig) estrépito, fragor.

éclatant, e [eklaˈtɑ̃, t] **1** adj estrepitoso, ruidoso. **2** brillante, resplandeciente.

éclater [eklaˈte] **1** tr et intr estallar, reventar. **2** escindir, dividir. ● **3** intr resplandecer, brillar: l'or éclate = el oro resplandece.

éclectique [eklɛkˈtik] adj ecléctico.

éclipse [eˈklips] f eclipse.

éclopé, e [eklɔˈpe] **1** adj cojo. **2** lisiado.

éclore [eˈklɔʀ] **1** intr salir del huevo, salir del cascarón. **2** abrirse (las flores).

éclosion [ekloˈzjɔ̃] f nacimiento, salida del cascarón.

écluse [eˈklyz] f esclusa.

éclusier, ère [eklyˈzje, jɛʀ] m et f esclusero.

écœurant, e [ekœˈʀɑ̃, t] adj repugnante, asqueroso.

écœurer [ekœˈʀe] **1** tr dar asco, repugnar. **2** empalagar (la comida).

école [eˈkɔl] **1** f escuela, colegio. **2** academia.

écolier, ère [ekɔˈlje, jɛʀ] **1** m et f alumno, estudiante. **2** colegial, escolar.

écolo [ekɔˈlo] adj/m ou f (fam) verde, ecologista.

écologie [ekɔlɔˈʒi] f ecología.

éconduire [ekɔ̃ˈdɥiʀ] **1** tr despedir. **2** rechazar.

économie [ekɔnɔˈmi] f economía.

économique [ekɔnɔˈmik] adj et m económico.

économiser [ekɔnɔmiˈze] tr economizar, ahorrar.

économiste [ekɔnɔˈmist] m ou f economista.

écope [eˈkɔp] f achicador.

écoper [ekɔˈpe] tr achicar (el agua).

écorçage [ekɔʀˈsaʒ] m descortezamiento, descorche.

écorce [eˈkɔʀs] **1** f corteza. **2** cáscara, piel (de una fruta).

écorcer [ekɔʀˈse] **1** tr descortezar (un árbol). **2** pelar (una fruta).

écorcher [ekɔʀˈʃe] **1** tr desollar, despellejar. **2** arañar, rozar.

écorchure [ekɔr'ʃyr] f desolladura.

écorner [ekɔr'ne] 1 tr descornar (un toro). 2 doblar las puntas de una página (de un libro, de una revista). ● 3 intr (fig) disminuir (un capital).

écossais, e [ekɔ'sɛ, z] 1 adj escocés. ● 2 Écossais, e m et f escocés. ● 3 m escocés (lengua).

Écosse [e'kɔs] f Escocia.

écot [eko] 1 m escote; cuota. 2 cuenta (nota).

écouler [eku'le] 1 tr dar salida a; vender. 2 deshacerse de (mercancías). ● 3 s' ~ pron fluir (líquidos). 4 evacuarse (agua). 5 transcurrir (tiempo). 6 venderse. 7 (fig) irse; retirarse.

écouter [eku'te] 1 tr escuchar. 2 hacer caso a. 3 atender. ● 4 s'~ pron escucharse. ■ écoute! ¡oye!; ¡mira!

écouteur, euse [eku'tœr, øz] 1 m et f escuchador. ● 2 m auricular.

écrabouiller [ekrabu'je] tr (fam) aplastar.

écran [e'krã] 1 m pantalla. 2 INF pantalla. ◆ ~ de contrôle monitor.

écrasant, e [ekra'zã, t] 1 adj abrumador; agobiante. 2 (fig) aplastante.

écraser [ekra'ze] 1 tr aplastar (un insecto). 2 atropellar (con un vehículo). 3 pisar (la uva). 4 machacar (ajo). 5 humillar (despreciar). 6 (fig) destruir (al enemigo). ● 7 s'~ pron estrellarse.

écrémer [ekre'me] 1 tr desnatar. 2 (fig) escoger la flor y nata de.

écrevisse [ekrə'vis] 1 f cangrejo de río. 2 TECH tenaza.

écrier (s') [sekri'je] pron exclamar; gritar.

écrin [e'krɛ̃] m joyero; estuche.

écrire [e'krir] 1 tr escribir. 2 inscribir. ● 3 s'~ pron escribirse, cartearse.

écrit, e [e'kri, t] adj et m escrito. ■ par ~ por escrito.

écriteau [ekri'to] m letrero; rótulo.

écriture [ekri'tyr] 1 f escritura (la Biblia). 2 letra. ● 3 écritures f pl libros; cuentas (contabilidad).

écrivailler [ekriva'je] intr emborronar cuartillas; escribir mal.

écrivailleur, euse [ekriva'jœr, øz] m et f (fam) escritorzuelo.

écrivain [ekri'vɛ̃] m escritor. ◆ ~ public memorialista; femme ~ escritora.

écrou [e'kru] 1 m tuerca. 2 encarcelamiento. ◆ ~ de blocage tuerca de seguridad.

écrouer [ekru'e] 1 tr encarcelar. 2 registrar (en la cárcel).

écrouler (s') [sekru'le] 1 pron derrumbarse; hundirse (un edificio). 2 desplomarse; caerse al suelo.

écru, e [e'kry] adj crudo.

écu [eky] m escudo.

écueil [e'kœj] m escollo.

écuelle [e'kɥel] f escudilla. ■ manger à la même ~ (fig) comer en el mismo plato.

écumant, e [eky'mã, t] 1 adj espumante. 2 cubierto de espuma.

écume [e'kym] 1 f espuma. 2 escoria (de los metales). 3 espumarajos (baba). ◆ ~ de mer espuma de mar.

écumer [eky'me] 1 tr espumar. 2 (fig) pasar por un tamiz. ● 3 intr hacer espuma. 4 echar espumarajos por la boca (un caballo).

écumoire [eky'mwar] f espumadera.

écurer [eky're] tr limpiar.

écureuil [eky'rœj] m ZOOL ardilla.

écurie [eky'ri] 1 f cuadra (lugar). 2 (fig) equipo (de ciclistas). 3 (fig) escudería (de automóviles).

écuyer [ekɥi'je] 1 m jinete. 2 caballista (en un espectáculo). 3 picador; domador. ◆ ~ du roi caballerizo del rey.

écuyère [ekɥi'jɛr] 1 f amazona; caballista. 2 artista ecuestre.

éden [e'dɛn] m edén.

édenté, e [edã'te] 1 adj/m et f desdentado (persona). 2 mellado (cosa).

édenter [edã'te] tr desdentar.

édicter [edik'te] tr promulgar; dictar; decretar.

édifiant, e [edi'fjã, t] adj edificante.

édification [edifika'sjɔ̃] f edificación.

édifice [edi'fis] m edificio.

édifier [edi'fje] tr edificar.

édit [e'di] m edicto.

éditer [edi'te] tr editar; publicar.

édition [edi'sjɔ̃] 1 f edición. 2 INF edición; visualización. ◆ ~ brochée edición en rústica.

éditorial, e [edito'rjal] adj editorial.

édredon [edrə'dɔ̃] m edredón.

éducateur, trice [edyka'tœr, tris] 1 adj/m et f educador. ● 2 adj educativo (libros). ◆ ~ spécialisé educador especializado.

éducatif, ive [edyka'tif, iv] adj educativo.

éducation [edyka'sjɔ̃] f educación. ◆ ~ **physique** educación física.

édulcorant, e [edylkɔ'ʀɑ̃, t] adj et m edulcorante.

édulcorer [edylkɔ'ʀe] 1 tr endulzar; edulcorar. 2 (fig) suavizar (atenuar).

éduquer [edy'ke] tr educar.

effacer [efa'se] 1 tr borrar. 2 tachar; rayar. 3 (fig) hacer olvidar. ● 4 s'~ pron borrarse. 5 apartarse.

effarer [efa'ʀe] tr despavorir; espantar.

effaroucher [efaʀu'ʃe] 1 tr asustar; espantar. 2 infundir temor; alarmar.

effectif, ive [efɛk'tif, iv] 1 adj/m et f efectivo. ● 2 effectifs m pl plantilla. ◆ ~ scolaire alumnado.

effectuer [efɛk'tɥe] tr efectuar; llevar a cabo; realizar. ■ ~ un paiement efectuar un pago.

efféminé, e [efemi'ne] adj afeminado.

efféminer [efemi'ne] tr afeminar.

effervescence [efɛʀve'sɑ̃s] 1 f efervescencia. 2 (fig) agitación.

effet [e'fɛ] 1 m efecto. 2 impresión. ■ à cet ~ con este fin; faire de l'~ surtir efecto; faire l'~ de parecer.

effeuiller [efœ'je] tr deshojar.

efficace [efi'kas] adj eficaz; eficiente.

efficacité [efikasi'te] f eficacia; eficiencia.

efficience [efi'sjɑ̃s] f eficiencia.

efficient, e [efi'sjɑ̃, t] adj eficiente.

effigie [efi'ʒi] f efigie.

effilocher [efilɔ'ʃe] 1 tr deshilachar. ● 2 s'~ pron deshilacharse.

effilochure [efilɔ'ʃyʀ] f hilacha, hilacho.

efflanqué, e [eflɑ̃'ke] adj trasijado, flaco (caballos, perros); flaco, enjuto (personas).

effleurer [eflœ'ʀe] 1 tr rozar, tocar ligeramente. 2 tocar, tratar superficialmente. 3 (fig) ocurrirse, venir a la mente.

effluve [e'flyv] m efluvio.

effondrer [efɔ̃'dʀe] 1 tr et pron derrumbar, hundir. ● 2 s'~ pron desplomarse, caerse (una persona).

efforcer (s') [sefɔʀ'se] pron esforzarse, procurar.

effort [e'fɔʀ] m esfuerzo. ■ faire l'~ de hacer el esfuerzo de; faire tous ses efforts hacer todos los esfuerzos posibles; faire un ~ hacer un esfuerzo; faire un ~ de mémoire hacer un esfuerzo en recordar; sans ~ sin esfuerzo.

effrayant, e [efʀɛ'jɑ̃, t] adj horroroso, espantoso.

effrayer [efʀɛ'je] tr et pron asustar, espantar.

effréné, e [efʀe'ne] adj desenfrenado.

effriter [efʀi'te] tr et pron desmoronar, pulverizar.

effroi [e'fʀwa] m pavor; espanto, terror.

effronté, e [efʀɔ̃'te] adj/m et f descarado.

effronterie [efʀɔt'ʀi] f descaro; desfachatez.

effusion [efy'zjɔ̃] 1 f derramamiento. 2 (fig) efusión, fervor.

égal, e [e'gal] 1 adj/m et f igual; constante, regular (velocidad, ritmo). 2 justo (exacto). ■ avoir des chances égales tener las mismas oportunidades; c'est ~ (fam) es igual, lo mismo da; ça m'est ~ me da igual; d'~ à ~ de igual a igual; être à qqn serle igual, darle igual; sans ~ sin igual, sin par.

égaler [ega'le] tr igualar.

égaliser [egali'ze] 1 tr igualar. 2 allanar, nivelar. ● 3 intr SPORTS empatar.

égalité [egali'te] f igualdad. ◆ ~ de droits igualdad de derechos; ~ d'humeur igualdad de ánimo; ■ à ~ de en igualdad de; être à ~ SPORTS estar empatados.

égard [e'gaʀ] 1 m (se usa más en pl) consideración. ● 2 égards m pl miramientos, atenciones. ■ à certains égards en ciertos aspectos, desde cierto punto de vista; à cet ~ a este respecto; à l'~ de con respecto a; manque d'égards desconsideración, falta de consideración; par ~ pour en consideración a; sans ~ pour sin consideración para.

égaré, e [ega'ʀe] 1 adj extraviado, perdido. 2 (fig) desorientado, despistado.

égarer [ega'ʀe] 1 tr extraviar, perder. 2 (fig) desorientar, despistar: son discours nous égare = su discurso nos desorienta. ● 3 s'~ pron extraviarse, perderse.

église [e'gliz] f iglesia. ◆ l'Église catholique la Iglesia católica; ■ se marier à l'~ casarse por la iglesia.

égocentrique [egosã'tʀik] adj/m ou f egocéntrico.

égoïne [ego'in] f serrucho.

égoïste [ego'ist] adj/m ou f egoísta.

égorger [egɔʀ'ʒe] 1 tr degollar (un animal). 2 matar, pasar a cuchillo.

égout [e'gu] **1** *m* alcantarilla; cloaca, albañal. • **2 égouts** *m pl* alcantarillado, cloacas.

égoutier [egu'tje] *m* alcantarillero.

égoutter [egu'te] *tr, intr* et *pron* escurrir.

égratigner [egrati'ɲe] **1** *tr* arañar, rasguñar. **2** (fig) burlarse de, hacer rabiar a.

égratignure [egrati'ɲyʀ] *f* rasguño, arañazo (en un mueble).

égrenage [egʀə'naʒ] *m* desgranamiento; desgrane.

égrener [egʀə'ne] *tr* desgranar.

égrillard, e [egʀi'jaʀ, d] *adj* chocarrero.

égruger [egʀy'ʒe] *tr* TECH moler (sal, pimienta).

égueuler [egœ'le] *tr* desbocar; abocardar, romper la boca.

égyptien, enne [eʒip'sjɛ̃, ɛn] **1** *adj* egipcio. • **2 Égyptien, enne** *m* et *f* egipcio.

eh! [e o e] *interj* ¡eh!; ¡ah! **2 eh, eh!** ¡ya, ya! (ironía). ■ **eh, là-bas!** ¡eh!, ¡oiga!

éhonté, e [eɔ̃'te] *adj* desvergonzado.

éjaculation [eʒakyla'sjɔ̃] *f* eyaculación.

éjaculer [eʒaky'le] *tr* eyacular.

éjecter [eʒɛk'te] **1** *tr* eyectar. **2** (fam) echar.

éjection [eʒɛk'sjɔ̃] *f* eyección, expulsión.

élaboration [elabɔʀa'sjɔ̃] *f* elaboración.

élaborer [elabɔ'ʀe] *tr* elaborar.

élaguer [ela'ge] **1** *tr* podar, escamondar. **2** (fig) aligerar, podar.

élan [e'lɑ̃] *m* arranque, impulso. ■ **prendre de l'~** tomar carrerilla.

élancé, e [elɑ̃'se] *adj* esbelto.

élancer [elɑ̃'se] **1** *intr* punzar, dar punzadas. • **2 s'~** *pron* abalanzarse; alzarse (árbol, campanario); afinarse, ponerse esbelto (el cuerpo).

élargir [elaʀ'ʒiʀ] **1** *tr* ensanchar; agrandar, ampliar (el tamaño). **2** (fig) extender, ampliar. **3** DR poner en libertad, soltar (a un detenido). • **4 s'~** *pron* ensancharse.

élasticité [elasti'sit̪e] **1** *f* elasticidad. **2** (fig) agilidad, flexibilidad (del cuerpo). ■ **l'~ de l'offre, de la demande** ÉCON la elasticidad de la oferta, de la demanda.

élastique [elas'tik] **1** *adj* elástico. • **2** *m* goma.

électif, ive [elɛk'tif, iv] *adj* electivo.

élection [elɛk'sjɔ̃] *f* elección. ■ **d'~** de elección; predilecto.

électoral, e [elɛktɔ'ʀal] *adj* electoral.

électorat [elɛktɔ'ʀa] *m* electorado.

électricien, enne [elɛktʀi'sjɛ̃, ɛn] *adj/m* et *f* electricista.

électricité [elɛktʀisi'te] **1** *f* electricidad. **2** (fig) tensión. ■ **allumer, éteindre l'~** encender, apagar la luz; **avoir l'~** tener corriente eléctrica.

électrifier [elɛktʀi'fje] *tr* electrificar.

électrique [elɛk'tʀik] **1** *adj* eléctrico. **2** (fig) tenso.

électrisation [elɛktʀiza'sjɔ̃] *f* electrización.

électriser [elɛktʀi'ze] *tr* electrizar.

électroaimant [elɛktʀoe'mɑ̃] *m* TECH electroimán.

électrocuter [elɛktʀɔky'te] *tr* electrocutar.

électrocution [elɛktʀɔky'sjɔ̃] *f* electrocución.

électrode [elɛk'tʀɔd] *f* electrodo.

électrolyte [elɛktʀɔ'lit] *m* CHIM electrolito.

électromagnétique [elɛktʀomaɲe'tik] *adj* electromagnético.

électroménager [elɛktʀomena'ʒe] *adj* et *m* electrodoméstico.

électron [elɛk'tʀɔ̃] *m* electrón.

électronique [elɛktʀɔ'nik] **1** *adj* electrónico. • **2** *f* electrónica.

élégance [ele'gɑ̃s] *f* elegancia.

élégant, e [ele'gɑ̃, t] *adj* elegante.

élément [ele'mɑ̃] **1** *m* elemento. **2** dato (información). • **3 éléments** *m pl* elementos, principios (de una ciencia). ■ **être dans son ~** (fig) estar en su elemento, estar como pez en el agua.

élémentaire [elemɑ̃'tɛʀ] *adj* elemental.

éléphant [ele'fɑ̃] *m* elefante. ◆ **~ de mer** elefante marino; ■ **pantalon à pattes d'~** pantalón de campana.

éléphantin, e [elefɑ̃'tɛ̃, in] *adj* elefantino.

élevage [el'vaʒ o elɑ'vaʒ] *m* ganadería; cría (de animales).

élévation [eleva'sjɔ̃] **1** *f* elevación; ascensión. **2** construcción, levantamiento. **3** alza, subida (del precio). **4** (fig) ascenso, promoción.

élève [e'lɛv] *m* ou *f* alumno.

élever [el've o elɑ've] **1** *tr* elevar, alzar; levantar. **2** construir, levantar (un edificio). **3** (fig) alzar, subir (un precio). **4** criar (niños o animales); educar. • **5 s'~** *pron* elevarse.

6 (fig) ascender. ■ ~ **la voix, le ton** alzar la voz, el tono; ~ **une critique** elevar una crítica; **s'~ à** elevarse a, ascender a (gastos); **s'~ contre** sublevarse contra.

éleveur, euse [el'vœr, øz] *m* et *f* ganadero, criador.

éligibilité [eliʒibili'te] *f* elegibilidad.

élimer [eli'me] *tr* raer, gastar (un tejido).

élimination [elimina'sjɔ̃] *f* eliminación.

éliminatoire [elimina'twar] **1** *adj* eliminatorio. ● **2** *f* eliminatoria.

éliminer [elimi'ne] *tr* eliminar.

élire [e'lir] *tr* elegir. ■ ~ **domicile à** fijar domicilio en, domiciliarse en.

élite [e'lit] *f* elite. ■ **d'~** de primera, selecto.

élixir [elik'sir] *m* elixir.

elle [el] (*pl* **elles**) *pron* → il.

ellipse [e'lips] **1** *f* GÉOM elipse. **2** GRAMM elipsis.

elliptique [elip'tik] *adj* GÉOM, GRAMM elíptico.

élocution [elɔky'sjɔ̃] *f* elocución.

éloge [e'lɔʒ] *m* (se usa más en *pl*) elogio. ◆ ~ **funèbre** oración fúnebre; ■ **faire l'~ de** alabar; **ne pas tarir d'éloges sur** cantar las alabanzas de.

élogieux, euse [elɔ'ʒjø, øz] *adj* elogioso.

éloigné, e [elwa'ɲe] **1** *adj* alejado. **2** lejano, remoto.

éloigner [elwa'ɲe] **1** *tr* alejar; apartar; ahuyentar (el peligro). **2** retrasar, aplazar. ● **3** s'~ *pron* alejarse, apartarse.

éloquence [elɔ'kɑ̃s] *f* elocuencia.

éloquent, e [elɔ'kɑ̃, t] *adj* elocuente.

élu, e [ely] *adj/m* et *f* elegido; electo.

élucidation [elysida'sjɔ̃] *f* elucidación.

élucider [elysi'de] *tr* elucidar, dilucidar.

élucubration [elykybra'sjɔ̃] *f* elucubración, lucubración.

élucubrer [elyky'bre] *tr* elucubrar, lucubrar.

éluder [ely'de] *tr* eludir.

émacié, e [ema'sje] *adj* demacrado, enflaquecido.

émail [e'maj] (*pl* **émaux**) *m* esmalte.

émailler [ema'je] **1** *tr* esmaltar. **2** (fig) colorear (adornar).

émailleur, euse [ema'jœr, øz] *m* et *f* esmaltador.

émanation [emana'sjɔ̃] *f* emanación.

émancipation [emɑ̃sipa'sjɔ̃] *f* emancipación, liberación.

émanciper [emɑ̃si'pe] *tr* et *pron* emancipar.

émaner [ema'ne] **1** *intr* (~ *de*) emanar. **2** (fig) proceder, provenir.

émargement [emarʒə'mɑ̃] **1** *m* anotación. **2** firma (de contrato).

émarger [emar'ʒe] **1** *tr* anotar al margen; firmar al margen. **2** recortar el margen de (roer).

émasculer [emasky'le] **1** *tr* emascular (castrar). **2** (fig) debilitar.

emballage [ɑ̃ba'laʒ] **1** *m* embalaje. **2** envase.

emballer [ɑ̃ba'le] **1** *tr* envasar (un objeto); embalar (un motor). **2** (fam) embarcar.

embarcation [ɑ̃barka'sjɔ̃] *f* MAR embarcación.

embargo [ɑ̃bar'go] **1** *m* confiscación, embargo. **2** MAR embargo. ■ **mettre l'~** embargar.

embarquer [ɑ̃bar'ke] **1** *tr* embarcar (en un barco). **2** comenzar, empezar. **3** (fam) embarcar, liar (en un asunto). ● **4** s'~ *pron* embarcarse.

embarras [ɑ̃ba'ra] **1** *m* obstáculo, estorbo; atasco (de coches). **2** complicación, dificultad. **3** confusión, turbación. ◆ ~ **gastrique** empacho.

embarrassant, e [ɑ̃bara'sɑ̃, t] **1** *adj* voluminoso, molesto. **2** (fig) embarazoso, molesto.

embarrasser [ɑ̃bara'se] **1** *tr* molestar, estorbar. **2** desconcertar, confundir (a alguien). **3** poner en un aprieto. ● **4** s'~ *pron* preocuparse, inquietarse.

embaucher [ɑ̃bo'ʃe] *tr* contratar.

embaumer [ɑ̃bo'me] **1** *tr* embalsamar. **2** perfumar.

embaumeur [ɑ̃bo'mœr] *m* embalsamador.

embellir [ɑ̃be'lir] **1** *tr* embellecer. **2** decorar, adornar. ● **3** *intr* ponerse más hermoso. ● **4** s'~ *pron* embellecerse.

embêtant, e [ɑ̃be'tɑ̃, t] *adj* (fam) fastidioso, molesto.

embêter [ɑ̃be'te] **1** *tr* (fam) jorobar; fregar (Amér.). ● **2** s'~ *pron* (fam) aburrirse.

emblématique [ɑ̃blema'tik] *adj* emblemático.

emblème [ɑ̃'blɛm] *m* emblema.

embobiner [ɑ̃bɔbi'ne] **1** *tr* enrollar, bobinar (hilo). **2** (fig, fam) liar, embaucar (engañar).

emboîter [ãbwa'te] **1** *tr* encajar, ajustar. • **2 s'~** *pron* encajarse: *les pièces s'emboîtent = las piezas se encajan.* ■ **~ un livre** encuadernar un libro.

embonpoint [ãbɔ̃'pwɛ̃] *m* gordura. ■ **perdre de l'~** adelgazar; **prendre de l'~** engordar.

embouche [ã'buʃ] *f* engorde (del ganado). ◆ **pré d'~** pastizal.

embouchoir [ãbu'ʃwaʀ] *m* boquilla.

embourber [ãbuʀ'be] **1** *tr* encenagar; atascar (un vehículo). **2** (fig) meter en un atolladero. • **3 s'~** *pron* encenagarse; atascarse.

embourgeoiser (s') [sãbuʀʒwa'ze] *pron* aburguesarse.

embouteillage [ãbute'jaʒ] *m* atasco, embotellamiento.

embouteiller [ãbute'je] **1** *tr* embotellar. **2** obstaculizar, obstruir.

emboutissage [ãbuti'saʒ] *m* moldeamiento, estampado.

embranchement [ãbʀãʃ'mã] **1** *m* ramificación (de un árbol). **2** cruce, bifurcación (de caminos).

embrancher [ãbʀã'ʃe] *tr* empalmar, unir (enchufar).

embrasser [ãbʀa'sad] *f* abrazo.

embrasser [ãbʀa'se] **1** *tr* abrazar. **2** besar. **3** (fig) abrazar, elegir (una doctrina, religión).

embrayer [ãbʀe'je] *tr* et *intr* embragar.

embrocher [ãbʀɔ'ʃe] **1** *tr* espetar (carne). **2** (fam) ensartar, atravesar.

embrouillamini [ãbʀujami'ni] *m* (fam) embrollo, baturrillo.

embrouille [ã'bʀuj] *f* (fam) enredo, embrollo.

embrouiller [ãbʀu'je] **1** *tr* enredar, embrollar. **2** (fig) enredar, liar. • **3 s'~** *pron* embrollarse, enredarse.

embrumer [ãbʀy'me] **1** *tr* anublar, nublar. **2** (fig) anublar, oscurecer.

embryon [ã'bʀjɔ̃] **1** *m* embrión. **2** (fig) embrión, comienzo.

embryonnaire [ãbʀjɔ'nɛʀ] *adj* embrionario.

embu, e [ã'by] **1** *adj* apagado (un color). • **2** *m* tonalidad apagada.

embûche [ã'buʃ] **1** *f* emboscada. **2** (fig) (se usa más en *pl*) dificultades, obstáculos.

embuer [ã'bɥe] *tr* empañar (vaho).

embuscade [ãbys'kad] **1** *f* emboscada. **2** (fig) obstáculo, dificultad (trampa).

embusquer [ãbys'ke] **1** *tr* emboscar. **2** MIL emboscar, enchufar.

émécher [eme'ʃe] *tr* (fam) alegrar, achispar.

émeraude [ɛm'ʀod] *adj* et *f* esmeralda.

émergence [emɛʀ'ʒãs] *f* emergencia.

émerger [emɛʀ'ʒe] *intr* emerger, surgir.

émeriser [emʀi'ze] *tr* esmerilar.

émersion [emɛʀ'sjɔ̃] *f* ASTR emersión.

émerveiller [emɛʀve'je] *tr* et *pron* maravillar.

émetteur, trice [eme'tœʀ, tʀis] **1** *adj* emisor. • **2** *m* emisora (de radio, TV). ◆ **poste ~** estación emisora.

émettre [e'mɛtʀ] *tr* emitir (documentos); poner en circulación (billetes).

émeute [e'møt] *f* disturbio, motín.

émeutier, ère [emø'tje, jɛʀ] *adj/m* et *f* amotinador, agitador.

émietter [emje'te] *tr* desmenuzar, fragmentar; disgregar, dividir.

émigrant, e [emi'gʀã, t] *m* et *f* emigrante.

émigré, e [emi'gʀe] *adj/m* et *f* emigrado.

émigrer [emi'gʀe] *intr* emigrar.

émincer [emɛ̃'se] *tr* cortar en lonchas.

éminence [emi'nãs] *f* eminencia.

émissaire [emi'sɛʀ] **1** *m* emisario (enviado). **2** desaguadero.

émission [emi'sjɔ̃] **1** *f* emisión; puesta en circulación (de billetes). **2** emisión, producción (de televisión).

emmagasiner [ãmagazi'ne] **1** *tr* almacenar. **2** (fig) guardar, acumular.

emmailloter [ãmajo'te] **1** *tr* poner pañales. **2** (fig) envolver (cubrir).

emmancher [ãmã'ʃe] **1** *tr* enmangar (una herramienta); enastar (el arma). **2** (fig, fam) empezar, emprender.

emmanchure [ãmã'ʃyʀ] *f* sisa.

emmêler [ãme'le] *tr* enmarañar, embrollar.

emménagement [ãmenaʒ'mã] **1** *m* mudanza. **2** MAR distribución.

emménager [ãmena'ʒe] **1** *intr* instalar, mudar (con muebles). • **2 s'~** *pron* instalarse.

emmener [ãm'ne] **1** *tr* llevar, conducir (a alguien). **2** MIL llevar, instruir.

emmenthal [ãmɛn'tal] *m* emmenthal.

emmerdant, e [ãmɛʀ'dã, t] *adj* (fam) coñazo, cargante.

emmerder [ãmɛʀ'de] **1** *tr* (fam) fastidiar, jorobar. • **2 s'~** *pron* aburrirse.

emmitoufler [ɑ̃mitu'fle] **1** *tr* (fam) arropar, abrigar. ● **2 s'~** *pron* arroparse, abrigarse.

emmurer [ɑ̃my'ʀe] *tr* emparedar; sepultar.

émoi [e'mwa] **1** *m* emoción. **2** agitación. ■ **être en ~** estar agitado o sobresaltado.

émonder [emɔ̃'de] *tr* escamondar, podar.

émotif, ive [emɔ'tif, iv] *adj/m* et *f* emotivo, emocional.

émotion [emɔ'sjɔ̃] *f* emoción. ■ **avoir des émotions** inquietarse, sobresaltarse; **sans ~** sin emoción, con indiferencia.

émotionnel [emɔsjɔ'nɛl] *adj* PSY emocional.

émotionner [emɔsjɔ'ne] *tr* (fam) emocionar, conmover.

émotivité [emɔtivi'te] *f* emotividad, impresionabilidad.

émoulu, e [emu'ly] *adj* amolado, afilado. ■ **être frais ~ de** de recién salido de.

émousser [emu'se] **1** *tr* embotar. **2** (fig) embotar; debilitar. ● **3 s'~** *pron* (fig) debilitarse.

émoustiller [emusti'je] *tr* alegrar; excitar.

émouvant, e [emu'vɑ̃, t] *adj* conmovedor, emocionante.

émouvoir [emu'vwaʀ] **1** *tr* emocionar. **2** turbar. ● **3 s'~** *pron* emocionarse, inquietarse.

empailler [ɑ̃pa'je] **1** *tr* disecar. **2** empajar (cubrir, guarnecer). **3** empajar.

empailleur, euse [ɑ̃pa'jœʀ, øz] *m* et *f* disecador.

empaler [ɑ̃pa'le] *tr* et *pron* empalar.

empaqueter [ɑ̃pak'te] **1** *tr* empaquetar. **2** embalar, envolver.

emparer (s') [sɑ̃pa'ʀe] **1** *pron* (~ *de*) apoderarse de (algo). **2** (~ *de*) adueñarse de (una persona).

empâter [ɑ̃pɑ'te] **1** *tr* cebar (aves). **2** volver pastoso. ● **3 s'~** *pron* engordarse (rasgos).

empatter [ɑ̃pa'te] **1** *tr* sostener (una pared). **2** unir; ensamblar.

empêchement [ɑ̃pɛʃ'mɑ̃] *m* impedimento.

empêcher [ɑ̃pe'ʃe] **1** *tr* impedir. ● **2 s'~** *pron* dejar de. ■ **il n'empêche que** esto no impide que.

empeigne [ɑ̃'pɛɲ] *f* empeine.

empereur [ɑ̃'pʀœʀ] *m* emperador.

empester [ɑ̃pɛs'te] **1** *tr* apestar, contagiar la peste. **2** (fig) corromper, envenenar. **3** (fam) oler mal, apestar.

empêtrer [ɑ̃pe'tʀe] **1** *tr* trabar. **2** (fam) enredar. **3** (fig) estorbar. ● **4 s'~** *pron* (fig) enredarse.

emphase [ɑ̃'faz] **1** *f* énfasis. **2** afectación.

emphatique [ɑ̃fa'tik] *adj* enfático.

empierrer [ɑ̃pje'ʀe] *tr* empedrar.

empiétement [ɑ̃pjet'mɑ̃] **1** *m* intrusión (en el terreno). **2** (fig) usurpación (de los derechos).

empiéter [ɑ̃pje'te] **1** *tr* invadir. **2** (fig) usurpar.

empiffrer (s') [sɑ̃pi'fʀe] *pron* (fam) atracarse, apiparse.

empiler [ɑ̃pi'le] **1** *tr* et *pron* apilar, amontonar. ● **2** *tr* (fig) estafar, timar.

empire [ɑ̃'piʀ] **1** *m* imperio. **2** (fig) autoridad, dominio.

empirer [ɑ̃pi'ʀe] *intr* empeorar.

empirique [ɑ̃pi'ʀik] **1** *adj* empírico. **2** experimental (espontáneo).

emplâtre [ɑ̃'plɑtʀ] **1** *m* emplasto. **2** torta (bofetada).

emplir [ɑ̃'pliʀ] *tr* et *pron* llenar.

emploi [ɑ̃'plwa] **1** *m* empleo; trabajo. **2** uso.

employé, e [ɑ̃plwa'je] *m* et *f* empleado, oficinista.

employer [ɑ̃plwa'je] *tr* et *pron* emplear.

employeur, euse [ɑ̃plwa'jœʀ, øz] *m* et *f* empleador, patrono.

empocher [ɑ̃pɔ'ʃe] **1** *tr* cobrar. **2** (fig, fam) apoyar, avalar.

empoigne [ɑ̃'pwaɲ] *f* agarrada, altercado.

empoigner [ɑ̃pwa'ne] **1** *tr* empuñar. **2** (fig) conmover, emocionar. ● **3 s'~** *pron* llegar a las manos (recíproco).

empoisonnant, e [ɑ̃pwazɔ'nɑ̃, t] **1** *adj* venenoso. **2** (fig) molesto.

empoisonner [ɑ̃pwazɔ'ne] **1** *tr* envenenar; intoxicar. **2** apestar. **3** (fam) dar la lata. ● **4 s'~** *pron* envenenarse. **5** (fam) aburrirse.

emport [ɑ̃'pɔʀ] *m* carga.

emporté, e [ɑ̃pɔʀ'te] **1** *adj* irascible, colérico. ● **2** *pp* ~ emporter.

emporter [ɑ̃pɔʀ'te] **1** *tr* llevarse. **2** arrancar, arrebatar. **3** aventar; arrojar (Amér.). **4** llevar, conducir. **5** (fig) tomar, apoderarse de. ● **6 s'~** *pron* enfurecerse. ■ **l'~** lograr, ganar.

empoté, e [ɑ̃pɔ'te] *adj/m* et *f* (fam) torpe, zopenco.

empoter [ãpo'te] *tr* poner en un tiesto (una planta).

empreindre [ã'prɛdr] **1** *tr* imprimir. **2** (fig) impregnar. ● **3** s'~ *pron* impregnarse.

empreinte [ã'prɛt] **1** *f* huella. **2** señal.

empressé, e [ãpre'se] *adj* apresurado. **2** diligente.

empresser (s') [ãpre'se] **1** *pron* apresurarse. **2** afanarse.

emprisonner [ãprizo'ne] **1** *tr* aprisionar. **2** (fig) encerrar. ● **3** s'~ *pron* encerrarse.

emprunter [ãprœ̃'te] **1** *tr* tomar prestado. **2** (fig) tomar, adoptar.

empuantir [ãpɥã'tir] *tr* infestar, apestar.

ému, e [e'my] *adj* conmovido, emocionado.

émulation [emyla'sjõ] *f* emulación.

émule [e'myl] *m* ou *f* émulo.

émuler [emy'le] *tr* emular.

émulsion [emyl'sjõ] *f* emulsión.

en [ã] **1** *prép* en (situación): *il est en classe* = está en clase; a (dirección): *partir en Italie* = irse a Italia; (tiempo): *c'était en décembre* = fue en diciembre; en (estado): *le pays était en guerre* = el país estaba en guerra; de (materia): *montre en or* = reloj de oro. ● **2** *adv* de allí: *aller chez lui? mais j'en viens!* = ¿ir a su casa? ¡pero si vengo de allí!

en [ã] *pron* pronombre equivalente: *j'en parle qu'à toi* = sólo hablo de ello contigo.

encadrer [ãka'dre] **1** *tr* encuadrar, enmarcar. **2** MIL encuadrar, apuntar (un objetivo).

encaisseur [ãkɛ'sœr] *m* cobrador.

encanailler [ãkana'je] *tr* encanallar.

encart [ã'kar] *m* folleto.

encarter [ãkar'te] *tr* encartar.

en-cas [ã'ka] *m* provisión.

encastrer [ãkas'tre] *tr et pron* encastrar, encajar.

encaustique [ãkos'tik] **1** *f* encáustico. **2** ART encausto.

enceindre [ã'sɛdr] *tr* rodear, cercar.

enceinte [ã'sɛt] **1** *adj* encinta, embarazada. ● **2** *f* cerco. **3** recinto; cercado.

encens [ã'sã] *m* incienso.

encensoir [ãsã'swar] *m* incensario.

enchaîner [ãʃe'ne] **1** *tr* encadenar. **2** (fig) subyugar (avasallar). **3** (fig) retener. ● **4** s'~ *pron* encadenarse.

enchanté, e [ãʃã'te] *adj* encantado; muy contento.

enchanter [ãʃã'te] **1** *tr* encantar, hechizar. **2** (fig) fascinar.

enchâsser [ãʃa'se] **1** *tr* engastar, engarzar. **2** (fig) intercalar, insertar.

enchère [ã'ʃɛr] *f* puja.

enchérir [ãʃe'rir] *intr* subastar.

enclave [ã'klav] *f* enclave.

enclenche [ã'klãʃ] *f* TECH trinquete, enganche.

enclenchement [ãklãʃ'mã] *m* armadura, enganche.

enclencher [ãklã'ʃe] *tr* enganchar, engranar.

enclin, e [ã'klɛ, in] *adj* propenso.

enclitique [ãkli'tik] *adj et m* enclítico.

enclos [ã'klo] **1** *m* cercado, vallado. **2** recinto.

enclume [ã'klym] *f* yunque.

encoche [ã'kɔʃ] **1** *f* muesca, entalladura. **2** marca (en el canto de un libro).

encocher [ãkɔ'ʃe] **1** *tr* hacer una muesca. **2** empulgar.

encoder [ãkɔ'de] *tr* codificar.

encodeur, euse [ãkɔ'dœr, øz] *m et f* codificador. ● **2** *m* INF codificador.

encoller [ãkɔ'le] **1** *tr* encolar, engomar, aprestar. **2** aderezar (un libro).

encolure [ãkɔ'lyr] *f* cuello; escote.

encombrant, e [ãkõ'brã, t] **1** *adj* que ocupa mucho sitio. **2** (fig) inoportuno.

encombrer [ãkõ'bre] **1** *tr* atestar. **2** ocupar mucho espacio. **3** (fig) recargar. **4** (fig) molestar (a alguien). ● **5** s'~ *pron* (s'~ *de*) cargarse de.

encontre [ã'kõtr] à l'~ de *loc prép* contra, en contra de; contrariamente a.

encore [ã'kɔr] **1** *adv* todavía, aún: *elle est encore jeune* = ella aún es joven; todavía, aún (sentido negativo): *pas encore fini?* = ¿todavía no está acabado? **2** todavía otro: *vous prendrez bien encore un verre?* = ¿tomaréis otra copa? **3** más: *il faut le réduire encore* = hay que reducirlo más. ● **4** ~ que *loc conj* aunque. ● ~ un peu un poco más; ■ ~! ¡otra vez!; et puis, quoi ~? (fam) ¿y qué más?; être ~ seguir: *elle est encore malade* = ella sigue enferma; pas ~ todavía no; si ~ si al menos.

encorner [ãkɔr'ne] **1** *tr* cornear; coger (el toro). **2** (fam) poner los cuernos.

encourageant, e [ākuRa'ʒā, t] *adj* alentador, esperanzador.

encourager [ākuRa'ʒe] **1** *tr* infundir coraje, alentar. **2** incitar; favorecer, fomentar.

encourir [āku'RiR] *tr* incurrir en; exponerse a.

encrasser [ākRa'se] **1** *tr* enmugrecer. **2** atascar. ● **3** s'~ *pron* enmugrecerse; engrasarse. **4** atascarse.

encre [ākR] **1** *f* tinta. **2** ZOOL tinta (de calamar). ◆ ~ **de Chine** tinta china; ■ **faire couler beaucoup d'~** hacer correr ríos de tinta.

encroûter [ākRu'te] **1** *tr* encostrar; envolver. **2** (fig) embrutecer. ● **3** s'~ *pron* encostrarse; envolverse.

enculé [āky'le] *m* (vulg) maricón.

enculer [āky'le] *tr* (vulg) dar por el culo.

encyclopédie [āsiklɔpe'di] *f* enciclopedia.

encyclopédique [āsiklɔpe'dik] *adj* enciclopédico.

endémique [āde'mik] *adj* endémico.

endetter [āde'te] **1** *tr* llenar de deudas. ● **2** s'~ *pron* endeudarse; entramparse; endrogarse (Amér.).

endeuiller [āde'je] **1** *tr* enlutar. **2** (fig) entristecer, ensombrecer.

endêver [āde've] *intr* rabiar. ■ **faire ~** hacer rabiar.

endiablé, e [ādja'ble] *adj* endiablado, fogoso.

endiguer [ādi'ge] **1** *tr* poner un dique. **2** (fig) canalizar; contener.

endimancher [ādimā'ʃe] *tr* vestir de fiesta.

endive [ā'div] *f* endibia.

endocrine [ādɔ'kRin] *adj* endocrina. ◆ **glandes endocrines** glándulas endocrinas.

endoctriner [ādɔktRi'ne] *tr* adoctrinar.

endogame [ādɔ'gam] *adj* endogámico.

endogamie [ādɔga'mi] *f* endogamia.

endolori, e [ādɔlɔ'Ri] *adj* dolorido.

endommager [ādɔma'ʒe] *tr* perjudicar, dañar.

endormi, e [ādɔR'mi] **1** *adj* dormido. **2** perezoso, lento (una persona).

endormir [ādɔR'miR] **1** *tr* adormecer, dormir (a una persona). **2** (fig) engañar, distraer; burlar (al enemigo); adormecer, calmar (un dolor, una pena); adormecer, aburrir. ● **3** s'~ *pron* dormirse. **4** (fig) atenuarse, calmarse.

endossement [ādɔs'mā] *m* endoso.

endosser [ādɔ'se] **1** *tr* ponerse (ropa). **2** endosar (un cheque). **3** (fig) endosar, asumir.

endroit [ā'dRwa] **1** *m* sitio, lugar. **2** derecho (de un tejido): *mets ta robe à l'endroit* = *ponte el vestido del derecho*. ■ **à l'~ de** para con, con respecto a; **par endroits** en algunos sitios.

enduire [ā'dɥiR] *tr* untar, embadurnar; recubrir.

enduit [ā'dɥi] *m* baño, capa; enlucido, revoque.

endurance [ādy'Rās] *f* resistencia, aguante (al cansancio, al dolor).

endurant, e [ādy'Rā, t] *adj* resistente.

endurci, e [ādyR'si] **1** *adj* endurecido. **2** (fig) inveterado; insensible, duro.

endurcir [ādyR'siR] **1** *tr* et *pron* endurecer. **2** avezar, curtir; insensibilizar.

endurer [ādy'Re] *tr* aguantar, soportar; tolerar.

énergie [eneR'ʒi] *f* energía.

énergique [eneR'ʒik] *adj* enérgico.

énergumène [eneRgy'men] *m* energúmeno.

énervant, e [eneR'vā, t] *adj* irritante, muy molesto.

énerver [eneR've] *tr* et *pron* poner nervioso; exasperar.

enfance [ā'fās] **1** *f* infancia, niñez. **2** (fig) infancia, principio. ■ **c'est l'~ de l'art** (fam) está tirado (muy fácil); **retomber en ~** volver a la infancia.

enfant [ā'fā] **1** *m* ou *f* niño. **2** hijo, descendiente. **3** (fig) resultado. ◆ ~ **de chœur** REL monaguillo.

enfanter [āfā'te] **1** *tr* dar a luz, parir. **2** (fig) dar a luz, crear (una obra).

enfantin, e [āfā'tē, in] *adj* infantil.

enfariner [āfaRi'ne] *tr* enharinar.

enfer [ā'fɛR] *m* infierno.

enfermer [āfɛR'me] **1** *tr* encerrar. ● **2** s'~ *pron* encerrarse. **3** (fig) recluirse.

enferrer [āfɛ'Re] **1** s'~ *pron* picar el anzuelo (pez). **2** (fig) enredarse, liarse.

enfiévrer [āfje'vRe] *tr* (fig) apasionar, inflamar.

enfiler [āfi'le] **1** *tr* enhebrar; ensartar; ponerse (un anillo). **2** ponerse (una prenda de vestir). **3** enfilar, meterse por (una calle, un pasillo).

enfin [ā'fē] **1** *adv* por fin, al fin. **2** por último. **3** en fin (resignación). **4** es decir, para abreviar (para terminar).

enflammer [ãfla'me] **1** tr et pron inflamar, incendiar. **2** inflamar, irritar. **3** (fig) agitar, entusiasmar.

enflé, e [ã'fle] adj hinchado, inflado.

enfler [ɑ'fle] tr hinchar, inflar.

enfleurer [ãflœ'ʀe] tr extraer (un perfume).

enflure [ã'flyʀ] **1** f hinchazón, inflamación. **2** (fig) exageración.

enfoncer [ãfõ'se] **1** tr clavar (un clavo); hincar (un palo). **2** hundir; derribar. **3** calar (un sombrero). • **4** intr hundirse (en el barro). • **5** s'~ pron hundirse; arrellanarse (en un sofá). **6** adentrarse (en un lugar). **7** (fig) sumirse; arruinarse, hundirse.

enfouir [ã'fwiʀ] **1** tr enterrar. **2** meter (en un sitio cubierto); esconder. • **3** s'~ pron ocultarse, refugiarse.

enfourcher [ãfuʀ'ʃe] tr montar a horcajadas. ■ ~ son dada comenzar con su tema, con su manía.

enfourner [ãfuʀ'ne] **1** tr meter en el horno. **2** (fam) zamparse, engullir (comer); meter (bruscamente).

enfreindre [ã'fʀɛ̃dʀ] tr infringir; transgredir.

enfuir (s') [sã'fwiʀ] **1** pron huir. **2** (fig) desvanecerse, desaparecer.

enfumer [ãfy'me] tr ahumar.

engagé, e [ãga'ʒe] **1** pp → engager. • **2** adj contratado. **3** comprometido (en política). **4** comenzado, entablado (un combate). • **5** m et f MIL voluntario.

engageant, e [ãga'ʒã, t] adj atractivo, atrayente.

engager [ãga'ʒe] **1** tr contratar. **2** meter, introducir; colocar (dinero). **3** (fig) incitar; aconsejar. • **4** tr et pron (fig) comprometer; dar (su palabra). **5** (fig) iniciar, empezar: *le débat s'engage mal = el debate empieza mal*. • **6** s'~ pron introducirse; enfilar, dirigirse. **7** (fig) meterse, aventurarse. **8** MIL alistarse.

engeance [ã'ʒãs] f mala ralea o calaña.

engelure [ãʒ'lyʀ] f sabañón.

engendrer [ãʒã'dʀe] tr engendrar.

englober [ãglɔ'be] **1** tr englobar. **2** anexar.

engloutir [ãglu'tiʀ] **1** tr tragar, engullir. **2** sepultar. • **3** s'~ pron hundirse.

engoncer [ãgõ'se] tr envarar, afear.

engouer (s') [sã'gwe] pron apasionarse.

engouffrer [ãgu'fʀe] **1** tr tragar, hundir (comer). • **2** pron precipitarse, entrar con violencia (en el metro).

engourdir [ãguʀ'diʀ] tr et pron entumecer (los miembros); entorpecer (el espíritu).

engourdissement [ãguʀdis'mã] m entumecimiento; embotamiento.

engrais [ã'gʀɛ] m abono; fertilizante.

engraisser [ãgʀe'se] **1** tr cebar. **2** abonar (la tierra). • **3** s'~ pron (fig) enriquecerse, forrarse.

engranger [ãgʀã'ʒe] tr entrojar.

engrenage [ãgʀə'naʒ] m engranaje.

engrènement [ãgʀɛn'mã] m TECH engranaje.

engueulade [ãgœ'lad] f (fam) bronca.

engueuler [ãgœ'le] **1** tr echar una bronca. • **2** s'~ pron (fam) discutir.

enguirlander [ãgiʀlã'de] **1** tr enguirnaldar. **2** (fam) echar una bronca.

enhardir [ãaʀ'diʀ] **1** tr envalentonar. • **2** s'~ pron atreverse.

énième [e'njɛm] adj/m ou f enésimo.

énigmatique [enigma'tik] adj enigmático.

énigme [e'nigm] f enigma.

enivrant, e [eni'vʀã, t] adj embriagador.

enivrer [ãni'vʀe o eni'vʀe] **1** tr et pron embriagar. **2** (fig) embriagar, enajenar. • **3** s'~ pron abombarse (Amér.).

enjambée [ãʒã'be] f zancada. ■ d'une ~ de una zancada.

enjeu [ã'ʒø] **1** m puesta (en el juego). **2** (fig) *lo que está en juego.*

enjoindre [ã'ʒwɛ̃dʀ] tr ordenar, conminar.

enjôler [ãʒo'le] tr embaucar.

enjôleur, euse [ãʒo'lœʀ, øz] adj/m et f embaucador, engatusador.

enjoliver [ãʒɔli've] tr adornar; engalanar.

enjoué, e [ã'ʒwe] adj alegre.

enlacer [ãla'se] **1** tr et pron enlazar; entrelazar. **2** abrazar.

enlaidir [ãle'diʀ] **1** tr afear. • **2** intr et pron afearse.

enlèvement [ãlɛv'mã] m rapto, secuestro.

enlever [ãl've] **1** tr quitar. **2** sacar, limpiar (una mancha). **3** raptar; secuestrar.

enliser [ãli'ze] **1** tr hundir (en arena, barro). • **2** s'~ pron hundirse. **3** (fig) llegar a un punto muerto, estancarse.

enluminer [ãlymi'ne] tr iluminar (un libro).

enlumineur, euse [ãlymi'nœʀ, øz] *m* et *f* iluminador.

enluminure [ãlymi'nyʀ] *f* iluminación, estampa (de viejos manuscritos).

enneigé, e [ãne'ʒe] *adj* nevado; cubierto de nieve.

ennemi, e [en'mi] *adj/m* et *f* enemigo. ■ **se passer à l'~** pasarse al enemigo.

ennoblir [ãno'bliʀ] *tr* ennoblecer.

ennui [ã'nɥi] **1** *m* dificultad; molestia, problema; grilla, gurrumina (Amér.). **2** aburrimiento.

ennuyer [ãnɥi'je] **1** *tr* et *pron* aburrir; enfadar (Amér.). ● **2** *tr* molestar; fastidiar; embromar, fregar (Amér.).

ennuyeux, euse [ãnɥi'jø, øz] **1** *adj* molesto. **2** aburrido (cansado).

énoncé [enõ'se] *m* enunciado.

énoncer [enõ'se] *tr* enunciar.

énonciatif, ive [enõsja'tif, iv] *adj* enunciativo.

énonciation [enõsja'sjõ] *f* enunciación.

enorgueillir [enɔʀgœ'jiʀ] **1** *tr* et *pron* enorgullecer. ● **2** s'~ *pron* (péj) engreírse, envanecerse; compadrear (Amér.).

énorme [e'nɔʀm] *adj* enorme.

énormité [enɔʀmi'te] *f* enormidad.

enquérir (s') [sãke'ʀiʀ] **1** *pron* inquirir. **2** (~ *de*) preguntar por.

enquête [ã'kɛt] **1** *f* encuesta. **2** investigación (judicial, policial).

enquêter [ãke'te] **1** *intr* investigar (la policía). **2** hacer una encuesta (en un periódico).

enquiquinant, e [ãkiki'nã, t] *adj* (fam) chinchoso, pesado.

enquiquiner [ãkiki'ne] *tr* (fam) chinchar; fastidiar.

enraciner [ãʀasi'ne] **1** *tr* arraigar. ● **2** s'~ *pron* arraigarse; echar raíces.

enragé, e [ãʀa'ʒe] **1** *adj* rabioso, furioso. **2** apasionado.

enrager [ãʀa'ʒe] *intr* dar rabia. ■ **faire ~ qqn** hacer rabiar a alguien.

enrayage [ãʀe'jaʒ] *m* encasquillamiento.

enrégimenter [ãʀeʒimã'te] *tr* enrolar, reclutar.

enregistrer [ãʀʒis'tʀe] **1** *tr* registrar; inscribir. **2** grabar (discos, películas). **3** facturar.

enrhumé, e [ãʀy'me] *adj* resfriado.

enrhumer [ãʀy'me] *tr* et *pron* resfriar, acatarrar.

enrichir [ãʀi'ʃiʀ] **1** *tr* enriquecer. ● **2** s'~ *pron* enriquecerse; fondearse (Amér.).

enrichissant, e [ãʀiʃi'sã, t] *adj* enriquecedor, instructivo.

enrôlement [ãʀol'mã] **1** *m* alistamiento. **2** (fig) afiliación.

enrôler [ãʀo'le] **1** *tr* alistar; reclutar. ● **2** s'~ *pron* enrolarse, alistarse, afiliarse (a un partido).

enroué, e [ã'ʀwe] *adj* ronco.

enrouement [ãʀu'mã] *m* ronquera.

enrouer [ã'ʀwe] **1** *tr* enronquecer. ● **2** s'~ *pron* enronquecerse.

enrouler [ãʀu'le] **1** *tr* enrollar (un papel); arrollar. ● **2** s'~ *pron* enrollarse.

enrubanner [ãʀyba'ne] *tr* adornar con cintas.

ensacher [ãsa'ʃe] *tr* ensacar.

ensanglanter [ãsãglã'te] *tr* ensangrentar.

enseignant, e [ãse'ɲã, t] **1** *adj* docente. ● **2** *m* et *f* profesor.

enseigne [ã'sɛɲ] **1** *f* letrero, rótulo. **2** (fig) seña.

enseignement [ãsɛɲ'mã] *m* enseñanza.

enseigner [ãse'ɲe] **1** *tr* enseñar, dar clase. ● **2** *intr* dar clases (ser profesor).

ensemble [ã'sãbl] **1** *adv* juntos (personas). **2** juntos, al mismo tiempo (simultáneamente). ● **3** *m* conjunto. ■ **aller ~** ir o pegar bien juntos; **dans l'~** en conjunto.

ensemblier [ãsã'bje] *m* decorador.

ensemencer [ãsmã'se] *tr* sembrar.

enserrer [ãse'ʀe] *tr* ceñir, rodear.

ensevelir [ãsəv'liʀ] **1** *tr* sepultar. **2** (fig) ocultar, sepultar.

ensoleiller [ãsole'je] **1** *tr* solear, llenar de sol. **2** (fig) iluminar, alegrar.

ensommeillé, e [ãsome'je] *adj* adormilado.

ensorcelant, e [ãsɔʀsə'lã, t] *adj* hechicero.

ensorceler [ãsɔʀsə'le] *tr* hechizar; embelesar.

ensuite [ã'sɥit] **1** *adv* luego, después (más tarde). **2** a continuación (luego).

ensuivre (s') [sã'sɥivʀ] *pron* resultar. ■ **il s'ensuit que** resulta que; **et tout ce qui s'ensuit** y toda la pesca.

entailler [ãta'je] **1** *tr* cortar. ● **2** s'~ *pron* cortarse.

entame [ã'tam] *f* primer pedazo.

entasser [ãta'se] **1** *tr* amontonar (personas). **2** hacinar (personas). **3** (fig) acumular, amontonar: *entasser des connaissances = amontonar conocimientos.* ● **4 s'~** *pron* amontonarse; hacinarse.

entendre [ã'tãdʀ] **1** *tr* oír. **2** exigir, querer: *j'entends que vous m'obéissiez = exijo que me obedezcan;* querer, tener intención de. ● **3 s'~** *pron* oírse. **4** comprenderse; entenderse. **5** llevarse bien. ■ **cela s'entend** por supuesto, naturalmente; **~ raison** entrar en razón; **ne rien vouloir ~** cerrar los oídos; **s'~ en** ser un entendido en.

entente [ã'tãt] **1** *f* armonía, entendimiento. **2** acuerdo (político); alianza (entre estados). ■ **à double ~** de doble sentido.

entériner [ãteʀi'ne] *tr* ratificar; confirmar.

enterrement [ãtɛʀ'mã] *m* entierro.

enterrer [ãtɛ'ʀe] **1** *tr* enterrar. **2** sepultar. **3** (fig) echar tierra a: *enterrer des projets = echar tierra a unos proyectos.* ● **4 s'~** *pron* (fig) enterrarse en vida (aislarse).

en-tête [ã'tɛt] *m* membrete.

entêté, e [ãtɛ'te] *adj/m* et *f* testarudo, terco.

entêter [ãtɛ'te] **1** *tr* subir a la cabeza (un olor, vino). ● **2 s'~** *pron* obstinarse; empeñarse.

enthousiasme [ãtu'zjasm] *m* entusiasmo.

enthousiasmer [ãtu'zjas'me] *tr* et *pron* entusiasmar.

enthousiaste [ãtu'zjast] **1** *adj* entusiasta. ● **2** *m* ou *f* entusiasta.

enticher (s') [sãti'ʃe] *pron* encapricharse.

entier, ère [ã'tje, jɛʀ] **1** *adj* entero; completo. **2** (fig) íntegro (persona). ■ **en ~** por completo.

entoiler [ãtwa'le] *tr* fijar en tela.

entôler [ãto'le] *tr* estafar.

entomologie [ãtɔmɔlɔ'ʒi] *f* entomología.

entonnoir [ãtɔ'nwaʀ] **1** *m* embudo. **2** agujero (en un volcán).

entortiller [ãtɔʀti'je] **1** *tr* envolver (pelo). **2** enredar (embrollar). **3** (fig) embaucar, enredar.

entourer [ãtu'ʀe] **1** *tr* rodear, cercar. **2** envolver. **3** (fig) colmar: *entourer qqn de soins = colmar a alguien de cuidados.* ● **4 s'~** *pron* rodearse.

entouloupette [ãtuʀlu'pɛt] *f* (fam) jugarreta, mala pasada.

entracte [ãtʀ'akt] **1** *m* entreacto (teatro); intermedio. **2** interrupción.

entraider (s') [sãtʀe'de] *pron* ayudarse mutuamente.

entrailles [ã'tʀaj] *f pl* entrañas.

entrain [ã'tʀɛ̃] *m* entusiasmo, exaltación; viveza (palabras).

entraînant, e [ãtʀɛ'nã, t] *adj* irresistible; elocuente.

entraînement [ãtʀɛn'mã] **1** *m* arrastre. **2** SPORTS entrenamiento.

entraîner [ãtʀe'ne] **1** *tr* arrastrar. **2** llevar (conducir). **3** acarrear, conllevar. **4** SPORTS entrenar. ● **5 s'~** *pron* SPORTS entrenarse.

entrant, e [ã'tʀã, t] *adj/m* et *f* entrante.

entr'apercevoir [ãtʀapɛʀsə'vwaʀ] *tr* entrever.

entrave [ã'tʀav] **1** *f* traba. **2** (fig) traba, obstáculo.

entraver [ãtʀa've] **1** *tr* trabar (un caballo). **2** (fig) poner trabas, obstaculizar. **3** (fam) comprender.

entre [ã'tʀ] *prép* entre: *entre toi et moi = entre tú y yo.* ■ **d'~** de: *l'un d'entre nous doit partir = uno de nosotros tiene que irse.*

> Se elide cuando aparece en algunos compuestos: *s'entr'égorger = degollarse unos a otros.*

entrebâiller [ãtʀəba'je] *tr* et *pron* entreabrir.

entrechoquer [ãtʀəʃɔ'ke] **1** *tr* entrechocar. ● **2 s'~** *pron* chocar entre sí.

entrecôte [ãtʀə'kot] *f* entrecot.

entrecouper [ãtʀəku'pe] *tr* interrumpir, cortar.

entrecroiser [ãtʀəkʀwa'ze] *tr* entrecruzar.

entre-deux [ãtʀə'dø] **1** *m* separación, hueco. **2** entredós (al bordar).

entrée [ã'tʀe] **1** *f* entrada. **2** GAST entrante (primer plato). ◆ **~ d'air** entrada de aire; ■ **à l'~ de** al principio; **avoir ses entrées** (fig) tener libre acceso; **d'~** desde el principio, de entrada.

entrejambe [ãtʀə'ʒãb] **1** *m* entrepierna. ● **2 entrejambes** *m pl* entrepiernas (de pantalones).

entrelacer [ãtʀəla'se] *tr* entrelazar, entrecruzar.

entrelarder [ãtʀəlaʀ'de] **1** *tr* mechar. **2** (fig) salpicar.

entremêler [ɑ̃trəme'le] **1** *tr* entremezclar. **2** incluir, intercalar. **3** (fig) entrecortar.

entremettre (s') [sɑ̃trə'mɛtr] **1** *pron* intervenir, mediar. **2** entrometerse.

entremise [ɑ̃trə'miz] *f* mediación, intervención. ■ **par l'~ de** por mediación de.

entreposer [ɑ̃trəpɔ'ze] *tr* almacenar; depositar.

entrepôt [ɑ̃trə'po] *m* almacén; depósito.

entreprenant, e [ɑ̃trəprə'nɑ̃, t] *adj* emprendedor.

entreprendre [ɑ̃trə'prɑ̃dr] **1** *tr* emprender (iniciar). **2** atacar, acometer. **3** (~ de) intentar, tratar de.

entreprise [ɑ̃trə'priz] *f* empresa.

entrer [ɑ̃'tre] **1** *intr* entrar. **2** ingresar, entrar. **3** participar. **4** abrazar, adherirse (a un partido). **5** (~ en) entrar en; montar en. **6** (fig, fam) chocar: *la voiture est entrée dans un arbre = el coche ha chocado contra un árbol*. ● **7** *tr* entrar, introducir.

entresol [ɑ̃trə'sɔl] *m* entresuelo.

entre-temps [ɑ̃trə'tɑ̃] **1** *adv* entre tanto. ● **2** *m* intervalo de tiempo.

entretenir [ɑ̃trət'nir] **1** *tr* mantener. **2** conservar. **3** sustentar (a alguien). ● **4** **s'~** *pron* conversar, hablar.

entretien [ɑ̃trə'tjɛ̃] **1** *m* mantenimiento, conservación. ● **2** *f* entrevista. **3** sustento.

entre-tuer (s') [sɑ̃trə'tɥe] *pron* matarse unos a otros.

entrevoir [ɑ̃trə'vwar] **1** *tr* entrever. **2** (fig) vislumbrar, entrever.

entrevue [ɑ̃trə'vy] *f* entrevista.

entrouvrir [ɑ̃tru'vrir] *tr* entreabrir.

énumération [enymera'sjɔ̃] *f* enumeración.

énumérer [enyme're] *tr* enumerar.

envahir [ɑ̃va'ir] *tr* invadir.

envahissant, e [ɑ̃vai'sɑ̃, t] *adj* invasor.

envaser [ɑ̃va'ze] **1** *tr* encenagar. **2** hundir en el fango.

enveloppe [ɑ̃v'lɔp] **1** *f* envoltorio, envoltura. **2** sobre. **3** cubierta (de un neumático).

envelopper [ɑ̃vlɔ'pe] *tr* envolver; cubrir.

envenimer [ɑ̃vni'me] **1** *tr* envenenar. **2** infectar, enconar (una herida). **3** (fig) envenenar.

envers [ɑ̃'ver] *prép* con, para con: *il a beaucoup d'attentions envers elle = tiene muchos detalles con ella*.

envers *m* revés, vuelta. ■ **à l'~** al revés.

envie [ɑ̃'vi] **1** *f* envidia. **2** ganas: *il a envie d'y aller = tiene ganas de ir*.

envier [ɑ̃'vje] **1** *tr* envidiar. **2** ambicionar, desear.

envieux, euse [ɑ̃'vjø, øz] *adj/m* et *f* envidioso. ■ **faire des ~** dar envidia.

environ [ɑ̃vi'rɔ̃] *adv* aproximadamente, alrededor de.

environnant, e [ɑ̃virɔ'nɑ̃, t] *adj* cercano, próximo.

environnement [ɑ̃virɔn'mɑ̃] *m* medio ambiente; entorno.

environner [ɑ̃virɔ'ne] *tr* rodear, circundar; estar alrededor.

envisager [ɑ̃viza'ʒe] **1** *tr* considerar, examinar. **2** prever: *envisager les conséquences = prever las consecuencias*; pensar en. **3** (~ de) proyectar, pensar.

envoi [ɑ̃'vwa] *m* envío.

envol [ɑ̃'vɔl] **1** *m* vuelo (de un pájaro). **2** despegue (de un avión).

envoler (s') [sɑ̃vɔ'le] **1** *pron* levantar el vuelo, echar a volar. **2** despegar (un avión). **3** volar, pasar rápidamente (el tiempo). **4** (fig) volar, desaparecer.

envoûter [ɑ̃vu'te] **1** *tr* hechizar, embrujar. **2** cautivar, seducir.

envoûter [ɑ̃vu'te] **1** *tr* hechizar, embrujar. **2** cautivar, seducir.

envoyé, e [ɑ̃vwa'je] *adj/m* et *f* enviado. ◆ **~ spécial** enviado especial.

envoyer [ɑ̃vwa'je] **1** *tr* enviar; mandar. **2** tirar, lanzar. **3** dar, propinar. ● **4** **s'~** *pron* enviarse (cartas).

éolien, enne [eɔ'ljɛ̃, ɛn] **1** *adj/m* et *f* eólico. ● **2** *adj* eolio.

épais, aisse [e'pɛ, s] **1** *adj* espeso, tupido. **2** grueso. **3** denso. **4** (fig) grosero, ordinario (vulgar).

épaisseur [epe'sœr] **1** *f* espesor. **2** grosor (nieve). **3** densidad (niebla).

épaissir [epe'sir] **1** *tr* espesar. ● **2** *intr* espesarse: *la mayonnaise épaissit = la mayonesa se espesa*. **3** engordar.

épancher [epɑ̃'ʃe] **1** *tr* derramar. **2** (fig) desahogar, confiar. ● **3** **s'~** *pron* derramarse, esparcirse. **4** (fig) desahogarse, confiarse.

épandage [epɑ̃'daʒ] *m* AGR esparcimiento (de fertilizantes). ◆ **champ d'~** estercolero; **~ d'engrais** abonado.

épanoui, e [epa'nwi] **1** *adj* abierto, brotado (flores). **2** radiante, alegre (una persona).

épanouir [epa'nwiʀ] **1** tr abrir (las flores). **2** alegrar.

épargne [e'paʀɲ] f ahorro.

épargner [epaʀ'ɲe] **1** tr ahorrar (dinero). **2** evitar. **3** salvar, proteger.

éparpiller [epaʀpi'je] tr dispersar, esparcir.

épars, e [e'paʀ, s] adj disperso, esparcido.

épatant, e [epa'tɑ̃, t] adj (fam) estupendo, formidable; macanudo (Amér.).

épaté, e [epa'te] **1** adj achatado; chato. **2** (fig, fam) asombrado, estupefacto.

épater [epa'te] **1** tr achatar. **2** (fig, fam) asombrar, impresionar.

épaule [e'pol] f hombro. ■ **donner un coup d'~** (fig) arrimar el hombro; **faire toucher les épaules** poner de espaldas; **hausser les épaules** encogerse de hombros.

épaulette [epo'lɛt] **1** f hombrera. **2** tirante. **3** MIL charretera.

épave [e'pav] f (fig) desecho.

épée [e'pe] f espada, espadín. ◆ **coup d'~** estocada; ■ **donner des coups d'~ dans l'eau** dar palos de ciego; **passer au fil de l'~** pasar a cuchillo.

épeler [e'ple] tr deletrear.

épellation [epela'sjɔ̃ o epelɑ'sjɔ̃] f deletreo.

éperdu, e [epeʀ'dy] **1** adj loco (asustado). **2** violento.

éperon [ep'ʀɔ̃] **1** m espuela. **2** espolón (de una flor). **3** contrafuerte.

épervier [epeʀ'vje] **1** m gavilán (pájaro). **2** esparavel.

éphèbe [e'fɛb] m efebo.

éphémère [efe'mɛʀ] **1** adj efímero. ● **2** m efímera, cachipolla (insecto).

éphéméride [efeme'ʀid] f (se usa más en pl) efeméride.

épi [e'pi] **1** m espiga. **2** panícula, espiga (de las flores). **3** remolino (del pelo).

épice [e'pis] f especia. ◆ **boîte à épices** especiero.

épicé, e [epi'se] **1** adj sazonado con especias; picante. **2** (fig) picante (cínico).

épicentre [epi'sɑ̃tʀ] m epicentro.

épicer [epi'se] tr sazonar, condimentar.

épicerie [epis'ʀi] f tienda de comestibles o de ultramarinos.

épicurien, enne [epiky'ʀjɛ̃, ɛn] adj epicúreo.

épidémie [epide'mi] **1** f epidemia. **2** (fig) oleada.

épidermique [epidɛʀ'mik] adj epidérmico.

épier [e'pje] **1** tr espiar. **2** estar pendiente (observar); estar al acecho.

épierrer [epjɛ'ʀe] tr despedregar.

épieu [e'pjø] m venablo, chuzo.

épigraphe [epi'gʀaf] f epígrafe.

épigraphie [epigʀa'fi] f epigrafía.

épilation [epila'sjɔ̃] f depilación.

épileptique [epilɛp'tik] adj/m ou f epiléptico.

épiler [epi'le] tr depilar.

épilogue [epi'lɔg] m epílogo.

épiloguer [epilɔ'ge] **1** tr criticar. **2** (~ sur) comentar.

épinard [epi'naʀ] m espinaca.

épine [e'pin] **1** f espina. **2** BOT espino (árbol pequeño). ■ **tirer à qqn une ~ du pied** (fig) sacar a alguien de apuros.

épineux, euse [epi'nø, øz] **1** adj espinoso. **2** (fig) delicado.

épine-vinette [epinvi'nɛt] f agracejo.

épingle [e'pɛ̃gl] f alfiler. ◆ **~ à cheveux** horquilla; **~ anglaise** imperdible; **~ de cravate** alfiler de corbata.

épingler [epɛ̃'gle] tr prender con alfileres. ■ **~ qqn** (fig, fam) prender, echar mano.

épinoche [epi'nɔʃ] f picón.

Épiphanie [epifa'ni] f Epifanía.

épiphyse [epi'fiz] f ANAT epífisis.

épique [e'pik] adj épico.

épiscopal, e [episkɔ'pal] adj REL episcopal.

épiscopat [episkɔ'pa] m episcopado.

épisode [epi'zɔd] m episodio.

épisodique [epizɔ'dik] adj episódico.

épistémologie [epistemɔlɔ'ʒi] f PHIL epistemología.

épistolaire [epistɔ'lɛʀ] adj epistolar.

épitaphe [epi'taf] f epitafio.

épithalame [epita'lam] m epitalamio.

épithélial, e [epite'ljal] adj ANAT epitelial.

épithète [epi'tet] f GRAMM epíteto.

éploré, e [eplɔ'ʀe] adj desconsolado.

épluche-légumes [eplyʃle'gym] m pelador.

éplucher [eply'ʃe] **1** tr mondar, pelar. **2** limpiar. **3** (fig) examinar minuciosamente.

épluchure [eply'ʃyʀ] **1** f monda, mondadura. **2** borra.

éponge [e'pɔ̃ʒ] f esponja.

éponger [epɔ̃'ʒe] tr enjugar, secar con una esponja.

épopée [epɔ'pe] f epopeya.

époque [e'pɔk] f época. ■ d'~ de época; faire ~ hacer época.

épouiller [epu'je] tr despiojar.

époumoner (s') [sepumɔ'ne] pron desgañitarse.

épousailles [epu'zaj] f pl desposorio, boda.

épouse [e'puz] f esposa.

épouser [epu'ze] 1 tr contraer matrimonio, desposar (una pareja). 2 abrazar, adherirse. 3 amoldarse.

époussetage [epus'taʒ] m limpieza del polvo.

épousseter [epus'te] tr quitar el polvo.

époustouflant, e [epustu'flɑ̃, t] adj (fam) asombroso, despampanante.

époustoufler [epustu'fle] tr (fam) asombrar, dejar atónito.

épouvantail [epuvɑ̃'taj] 1 m espantapájaros. 2 (fig) espantajo, esperpento (persona fea).

épouvante [epu'vɑ̃t] f pavor, terror.

épouvanter [epuvɑ̃'te] tr aterrorizar, espantar.

époux, ouse [e'pu, z] m et f esposo.

éprendre (s') [se'prɑ̃dr] 1 pron (~ de) enamorarse. 2 apasionarse (por algo).

épris, e [e'pri, z] adj enamorado, prendado; apasionado.

éprouvant, e [epru'vɑ̃, t] adj duro, penoso.

éprouver [epru've] 1 tr probar; poner a prueba. 2 sentir, experimentar. 3 sufrir, experimentar.

éprouvette [epru'vɛt] f probeta, tubo de ensayo.

epsilon [epsi'lɔn] m épsilon.

épuisant, e [epɥi'zɑ̃, t] adj agotador.

épuisé, e [epɥi'ze] 1 adj agotado, extenuado. 2 agotado (libro, disco).

épurateur [epyra'tœr] adj et m depurador.

épuration [epyra'sjɔ̃] f depuración.

épurer [epy're] 1 tr depurar. 2 eliminar, expulsar.

équarrir [eka'rir] 1 tr escuadrar (volver cuadrado). 2 desollar, descuartizar (animales).

équarrisseur [ekari'sœr] m desollador, descuartizador.

équation [ekwa'sjɔ̃] f MATH ecuación. ◆ ~ du premier degré ecuación de primer grado; ■ résoudre une ~ resolver una ecuación.

équatorial, e [ekwatɔ'rjal] adj et m ecuatorial.

équerre [e'kɛr] f escuadra. ■ à l'~ en ángulo recto; d'~ a ángulo recto; en ~ a escuadra.

équestre [e'kɛstr] adj ecuestre.

équeuter [ekœ'te] tr quitar el rabillo (a la fruta).

équidistance [ekɥidis'tɑ̃s] f equidistancia.

équidistant, e [ekɥidis'tɑ̃, t] adj equidistante.

équilatéral, e [ekɥilate'ral] adj equilátero.

équilibre [eki'libr] m equilibrio. ◆ ~ budgétaire equilibrio presupuestario; ~ économique equilibrio económico; ~ stable, instable equilibrio estable, inestable; ■ mettre en ~ poner en equilibrio; perdre l'~ perder el equilibrio.

équilibrer [ekili'bre] 1 tr equilibrar, compensar. 2 estabilizar. ● 3 s'~ pron equilibrarse.

équilibriste [ekili'brist] m ou f equilibrista.

équin, e [e'kɛ̃, in] adj equino.

équinoxe [eki'nɔks] m ASTR equinoccio.

équipe [e'kip] f equipo. ■ faire ~ avec qqn formar equipo con alguien.

équipée [eki'pe] 1 f aventura. 2 escapada.

équiper [eki'pe] tr equipar, dotar (un barco).

équipier [eki'pje] m ou f SPORTS miembro de un equipo; jugador.

équitation [ekita'sjɔ̃] f equitación.

équité [eki'te] f equidad.

équivalence [ekiva'lɑ̃s] 1 f equivalencia. 2 convalidación (de un diploma).

équivaloir [ekiva'lwar] tr equivaler.

équivoque [eki'vɔk] 1 adj equívoco; dudoso. ● 2 f equívoco.

équivoquer [ekivɔ'ke] intr usar equívocos.

érable [e'rabl] m arce (árbol).

éradication [eradika'sjɔ̃] 1 f (fig) erradicación. 2 MÉD extirpación.

éradiquer [eradi'ke] 1 tr erradicar. 2 extirpar.

érafler [era'fle] tr arañar; rozar.

éraflure [eʀaˈflyʀ] *f* arañazo; rozadura.

éraillé, e [eʀaˈje] **1** *adj* rasgado; arañado. **2** ronca, cascada (voz).

érailler [eʀaˈje] **1** *tr* rasgar, rayar. **2** enronquecer (la voz). ● **3 s'~** *pron* rayarse. **4** enronquecerse.

éraillure [eʀaˈjyʀ] *f* rasgadura; roce.

ère [eʀ] **1** *f* era. **2** época, periodo.

érectile [eʀekˈtil] *adj* eréctil.

érection [eʀekˈsjɔ̃] *f* erección.

éreintant, e [eʀɛ̃ˈtɑ̃, t] *adj* extenuante.

éreinté, e [eʀɛ̃ˈte] *adj* agotado (cansado).

éreinter [eʀɛ̃ˈte] **1** *tr* agotar (fatigar). **2** (fig) vapulear (criticar). ● **3 s'~** *pron* agotarse.

ergonomie [eʀgɔnɔˈmi] *f* ergonomía.

ergonomique [eʀgɔnɔˈmik] *adj* ergonómico.

ergoter [eʀgɔˈte] *intr* ergotizar; ser quisquilloso (discutir).

ériger [eʀiˈʒe] **1** *tr* erigir (construir, levantar). **2** crear. **3** (~ *en*) erigir en.

ermite [eʀˈmit] *m* ermitaño.

éroder [eʀɔˈde] **1** *tr* desgastar; corroer (un metal); erosionar (la roca). ● **2 s'~** *pron* erosionarse.

érogène [eʀɔˈʒen] *adj* erógeno.

érosion [eʀɔˈzjɔ̃] *f* erosión. ◆ **~ monétaire** (fig) depreciación de la moneda.

érotique [eʀɔˈtik] *adj* erótico.

érotiser [eʀɔtiˈze] *tr* erotizar.

errant, e [eˈʀɑ̃, t] *adj* errante, errabundo.

errements [eʀˈmɑ̃] *m pl* malos hábitos.

errer [eˈʀe] **1** *intr* errar (equivocarse). **2** errar, vagar. **3** (fig) pasearse, flotar.

erreur [eˈʀœʀ] **1** *f* error; equivocación, confusión. **2** DR error, vicio. ■ **il n'y a pas d'~** (fam) no cabe la menor duda.

erroné, e [eʀɔˈne] *adj* erróneo.

ersatz [eʀˈsats] *m* sucedáneo.

éructation [eʀyktaˈsjɔ̃] *f* eructo.

éructer [eʀykˈte] **1** *tr* eructar. **2** (fig) proferir, soltar.

érudit, e [eʀyˈdi, t] *adj/m* et *f* erudito.

érudition [eʀydiˈsjɔ̃] *f* erudición.

éruption [eʀypˈsjɔ̃] *f* erupción.

esbroufe [esˈbʀuf] *f* fanfarronería, chulería. ■ **faire qqch à l'~** hacer algo con chulería o con violencia.

esbroufer [esbʀuˈfe] *tr* fanfarronear, fachandear.

escabeau [eskaˈbo] **1** *m* taburete; escabel. **2** escalera.

escadre [esˈkadʀ] *f* escuadra.

escadrille [eskaˈdʀij] *f* escuadrilla (de aviones); flotilla (de barcos).

escadron [eskaˈdʀɔ̃] *m* escuadrón (de blindados, aviones).

escalade [eskaˈlad] *f* escalada, escalamiento. ◆ **vol à l'~** DR robo con escalo.

escalader [eskalaˈde] *tr* escalar.

escale [esˈkal] *f* escala (pausa, descanso). ■ **faire ~ à** hacer escala en.

escalier [eskaˈlje] *m* escalera. ◆ **~ de secours** escalera de emergencia; **~ en colimaçon** escalera de caracol; **~ roulant** escalera mecánica.

escalope [eskaˈlɔp] *f* escalopa.

escapade [eskaˈpad] *f* escapada.

escape [esˈkap] *f* fuste.

escarbille [eskaʀˈbij] *f* carbonilla.

escargot [eskaʀˈgo] *m* caracol. ■ **avancer comme un ~** ir a paso de tortuga.

escarmouche [eskaʀˈmuʃ] *f* escaramuza.

escarole [eskaˈʀɔl] *f* escarola.

escarpé, e [eskaʀˈpe] *adj* escarpado, abrupto.

escarpin [eskaʀˈpɛ̃] *m* escarpín.

escient [esˈsjɑ̃] **à bon ~** con discernimiento; ■ **à mauvais ~** sin discernimiento.

esclaffer (s') [sesklaˈfe] *pron* reírse a carcajadas.

esclandre [esˈklɑ̃dʀ] *m* escándalo, escena.

esclavage [esklaˈvaʒ] *m* esclavitud.

esclave [esˈklav] **1** *adj/m* ou *f* esclavo. **2** (fig) sumiso, dependiente.

escogriffe [eskɔˈgʀif] *m* espingarda, grandullón.

escompte [esˈkɔ̃t] *m* descuento. ◆ **~ de caisse** descuento por pronto pago.

escompter [eskɔ̃ˈte] **1** *tr* descontar. **2** atenderse a.

escorte [esˈkɔʀt] **1** *f* escolta. **2** séquito.

escorter [eskɔʀˈte] *tr* escoltar.

escouade [esˈkwad] *f* cuadrilla.

escrime [esˈkʀim] *f* esgrima.

escrimer (s') [seskʀiˈme] **1** *pron* esgrimir; batirse. **2** afanarse, esforzarse.

escroc [esˈkʀo] *m* timador.

escroquer [eskʀɔˈke] *tr* timar.

escroquerie [eskʀɔkˈʀi] *f* timo, estafa, chuchada (Amér.).

eskimo [eskiˈmo] *adj/m* ou *f* esquimal.

ésotérique [ezɔteˈʀik] *adj* esotérico; oscuro.

espace [ɛs'pas] *m* espacio. ◆ ~ **vert** zona verde.

espacer [ɛspa'se] *tr* espaciar.

espadrille [ɛspa'dʀij] *f* alpargata.

Espagne [ɛs'paɲ] *f* España.

espagnol, e [ɛspa'ɲɔl] **1** *adj* español. ● **2 Espagnol, e** *m et f* español. ● **3** *m* español (lengua).

espalier [ɛspa'lje] *m* espaldera.

espèce [ɛs'pɛs] **1** *f* especie, clase. ● **2 espèces** *f pl* metálico, efectivo (dinero). **3** hierbas (para infusión). ■ **en espèces** en metálico; ~ **de** especie de, suerte de; (péj) pedazo de (injuria).

espérance [ɛspe'ʀɑ̃s] *f* esperanza. ◆ ~ **de vie** esperanza de vida; ~ **mathéma-tique** esperanza matemática.

espéranto [ɛspeʀɑ̃'to] *m* esperanto.

espérer [ɛspe'ʀe] **1** *tr* esperar. ● **2** *intr* confiar.

espiègle [ɛs'pjɛgl] *adj* travieso.

espièglerie [ɛspjɛglə'ʀi] *f* travesura.

espion, onne [ɛs'pjɔ̃, ɔn] *m et f* espía.

espionner [ɛspjo'ne] *tr* espiar.

esplanade [ɛspla'nad] *f* explanada.

espoir [ɛs'pwaʀ] *m* esperanza.

esprit [ɛs'pʀi] **1** *m* espíritu. **2** intelecto. **3** aptitud, capacidad. **4** carácter.

esquif [ɛs'kif] *m* esquife.

esquimau, aude [ɛski'mo, d] *adj* esquimal.

esquintant, e [ɛskɛ̃'tɑ̃, t] *adj* (fam) reventador.

esquinter [ɛskɛ̃'te] **1** *tr* agotar, matar. **2** (fam) cascar, cargar. **3** (fig) vapulear (criticar). ● **4 s'~** *pron* agotarse, matarse. **5** (fam) cascarse, estropearse.

esquisse [ɛs'kis] *f* esbozo. ■ ~ **d'un sourire** (fig) esbozo de una sonrisa.

esquisser [ɛski'se] *tr* esbozar.

esquive [ɛs'kiv] *f* SPORTS finta.

esquiver [ɛski've] **1** *tr* esquivar. **2** (fig) eludir. ● **3 s'~** *pron* esquivarse, evitarse.

essai [e'se] *m* ensayo.

essaim [e'sɛ̃] *m* enjambre.

essaimer [ese'me] **1** *intr* enjambrar. **2** (fig) emigrar, dispersarse.

essayer [ese'je] **1** *tr* probar (poner a prueba). **2** probarse (un vestido). ● **3 s'~** *pron* (s'~ à) ejercitarse. **4** ~ + **de** + inf intentar + inf: *il a essayé de s'évader = ha intentado escapar.*

essayiste [ese'jist] *m ou f* ensayista.

essence [e'sɑ̃s] **1** *f* esencia (extracto, substancia). **2** gasolina (carburante); nafta (Amér.). **3** BOT especie (árbol). ■ **par ~** por esencia.

essentiel, elle [esɑ̃'sjɛl] *adj et m* esencial.

esseulé, e [esœ'le] *adj* solo, abandonado.

essieu [e'sjø] *m* eje.

essor [e'sɔʀ] **1** *m* expansión, desarrollo. **2** vuelo (de los pájaros).

essorer [esɔ'ʀe] *tr* escurrir; centrifugar (a máquina).

essoreuse [esɔ'ʀøz] *f* centrifugadora; secadora.

essouffler [esu'fle] **1** *tr et pron* ahogar, sofocar. ● **2 s'~** *pron* (s'~ à) fracasar.

essuie-mains [esɥi'mɛ̃] *m* toalla.

essuie-tout [esɥi'tu] *m* papel de cocina.

essuyer [esɥi'je] **1** *tr et pron* secar. **2** limpiar, quitar (el polvo). **3** (fig) sufrir.

est [est] *m* este.

estafette [ɛsta'fɛt] *f* estafeta.

estafilade [ɛstafi'lad] *f* chirlo.

est-allemand, e [ɛstal'mɑ̃, d] *adj* HIST de Alemania del Este.

estampe [ɛs'tɑ̃p] **1** *f* estampa. **2** TECH cuño, lámina.

estamper [ɛstɑ̃'pe] **1** *tr* estampar. **2** (fig, fam) timar.

estampille [ɛstɑ̃'pij] *f* estampilla.

esthète [ɛs'tɛt] *adj/m ou f* esteta.

esthéticien, enne [ɛsteti'sjɛ̃, ɛn] **1** *m et f* esteta. **2** esteticista.

esthétique [ɛste'tik] **1** *adj* estético. ● **2** *f* estética. **3** ART, PHIL estética.

estimatif, ive [ɛstima'tif, iv] *adj* estimativo.

estimation [ɛstima'sjɔ̃] *f* estimación.

estimer [ɛsti'me] **1** *tr et pron* estimar (un precio). **2** apreciar (a alguien). **3** (fig) estimar (valorar a una persona).

estival, e [ɛsti'val] *adj* estival.

estivant, e [ɛsti'vɑ̃, t] *m et f* veraneante.

estivation [ɛstiva'sjɔ̃] *f* ZOOL estivación.

estocade [ɛstɔ'kad] *f* estocada.

estomac [ɛstɔ'ma] *m* estómago. ■ **avoir de l'~** (fig) tener agallas; **ouvrir l'~** abrir el apetito.

estomaquer [ɛstɔma'ke] *tr* (fam) pasmar.

estompe [ɛs'tɔ̃p] *f* difumino, esfumino. ◆ **dessin à l'~** diseño al difumino.

estomper [ɛstɔ̃'pe] **1** *tr* difuminar, esfuminar. ● **2** *tr et pron* desdibujarse. **3** (fig) atenuar.

estonien, enne [ɛstɔ'njɛ̃, ɛn] 1 adj estonio. ● 2 Estonien, enne m et f estonio. ● 3 m estonio (lengua).

estourbir [ɛstur'biʀ] tr (fam) cargarse.

estrade [ɛs'tʀad] f tarima.

estrapasser [ɛstʀapa'se] tr fatigar (a un caballo).

estropie, e [ɛstʀɔ'pje] adj/m et f tullido.

estropier [ɛstʀɔ'pje] 1 tr et pron tullir. ● 2 tr (fig) estropear, deformar.

estuaire [ɛs'tɥɛʀ] m estuario.

estudiantin, e [ɛstydjã'tɛ̃, in] adj estudiantil.

et [e] 1 conj y. ● 2 ~ ne loc ni.

étable [e'tabl] f establo.

établir [eta'bliʀ] 1 tr establecer, poner. ● 2 s'~ pron establecerse.

établissement [etablis'mã] m establecimiento.

étage [e'taʒ] 1 m piso, planta. 2 nivel.

étager [eta'ʒe] tr et pron escalonar.

étagère [eta'ʒɛʀ] 1 f estantería. 2 estante (tabla).

étain [e'tɛ̃] m estaño.

étal [e'tal] 1 m puesto (de mercado). 2 tabla de carnicero.

étalage [eta'laʒ] 1 m escaparate. 2 muestrario (de mercancías). ■ faire ~ de hacer alarde de.

étalagiste [etala'ʒist] m ou f escaparatista.

étaler [eta'le] 1 tr exponer. 2 desplegar. 3 extender (mantequilla).

étalon [eta'lɔ̃] 1 m semental (caballo). 2 patrón. 3 modelo: groupe étalon = grupo modelo.

étalonner [etalɔ'ne] 1 tr contrastar (una medida). 2 afinar. ■ ~ son pas medir sus pasos.

étamer [eta'me] 1 tr estañar. 2 azogar: miroir étamé = espejo azogado.

étanche [eta'tɑ̃ʃ] 1 adj et f estanco, impermeable. 2 hermético. ◆ cloison ~ (fig) incomunicación, separación; montre ~ reloj sumergible.

étanchéité [etɑ̃ʃei'te] f impermeabilidad.

étançonner [etɑ̃sɔ'ne] tr TECH apuntalar.

étang [e'tɑ̃] m estanque.

étape [e'tap] f etapa. ■ brûler les étapes (fig) ir más rápido de lo previsto; faire ~ à hacer etapa en.

état [e'ta] 1 m estado. 2 registro (inventario). ◆ ~ civil estado civil; ~ d'excep-

tion estado de emergencia; ~ de santé estado de salud; ~ de services hoja de servicios; ~ des choses situación; États généraux HIST Estados Generales; ■ en tout ~ de cause de todos modos, en todo caso.

étatique [eta'tik] adj estatal.

étatiser [etati'ze] tr nacionalizar, colectivizar.

états-unien, enne [etazy'njɛ̃, ɛn] 1 adj estadounidense. ● 2 États-unien, enne m et f estadounidense.

États-Unis [etazy'ni] m pl Estados Unidos.

étau [e'to] m TECH torno (de banco). ■ être pris ou serré comme dans un ~ (fig) estar acorralado.

étayer [ete'je] 1 tr et pron apuntalar. ● 2 tr (fig) apoyar, sostener.

etc. [ɛtsete'ʀa] (abrév de et caetera) loc etc.

et cetera [ɛtsete'ʀa] loc etcétera.

été [e'te] m verano. ■ ~ de la Saint-Martin veranillo de San Martín.

éteignoir [ete'ɲwaʀ] 1 m apagavelas, matacandelas. 2 (fig) aguafiestas (persona seria).

éteindre [e'tɛ̃dʀ] 1 tr et pron apagar. 2 (fig) apagar, calmar (la sed, el hambre, etc.). 3 DR anular, amortizar (una deuda). ● 4 s'~ pron destruir, borrar.

éteint, e [e'tɛ̃, t] adj apagado. ◆ regard ~ mirada triste.

étendard [etã'daʀ] 1 m estandarte. 2 BOT estandarte.

étendre [e'tɑ̃dʀ] 1 tr et pron extender (los brazos, las alas). 2 acostar. ● 3 tr colgar, tender (la ropa). 4 alargar. 5 aumentar: étendre la puissance = aumentar el poder. ● 6 s'~ pron darse (la ropa).

étendu, e [etã'dy] 1 adj extendido, desplegado (alas, brazos); tendido (la ropa). 2 extenso (amplia superficie): forêt très étendue = bosque muy extenso.

étendue [etã'dy] 1 f superficie, extensión (de un terreno). 2 duración: l'étendue de la vie = la duración de la vida. 3 amplitud.

éternel, elle [eteʀ'nɛl] adj eterno.

éterniser [eteʀni'ze] tr et pron eternizar.

éternité [eteʀni'te] f eternidad.

éternuer [eteʀ'nɥe] intr estornudar.

étêter [ete'te] tr descabezar.

éther

éther [e'tɛʀ] *m* éter.

éthiopien, enne [etjɔ'pjɛ̃, ɛn] **1** *adj* etíope, etiope. • **2 Éthiopien, enne** *m* et *f* etíope, etíope. • **3** *m* etíope (lengua).

éthique [e'tik] *adj* ético.

ethnie [ɛt'ni] *f* etnia.

ethnique [ɛt'nik] *adj* étnico.

ethnographie [ɛtnɔɡʀa'fi] *f* etnografía.

ethnologie [ɛtnɔlɔ'ʒi] *f* etnología.

ethnologique [ɛtnɔlɔ'ʒik] *adj* etnológico.

éthologie [etɔlɔ'ʒi] *f* etología.

éthologique [etɔlɔ'ʒik] *adj* etológico.

éthylique [eti'lik] *adj* etílico.

étincelant, e [etɛ̃s'lɑ̃, t] *adj* resplandeciente, centelleante.

étinceler [etɛ̃s'le] **1** *intr* resplandecer. **2** destellar (la luz).

étincelle [etɛ̃'sɛl] *f* chispa. ■ **jeter des étincelles** echar chispas.

étioler [etjɔ'le] **1** *tr* ahilar. **2** (fig) debilitar.

étique [e'tik] **1** *adj* MÉD hético, ético (descarnado). **2** enteco, demacrado.

étiqueter [etik'te] **1** *tr* etiquetar. **2** (fig) clasificar.

étiquette [eti'kɛt] **1** *f* etiqueta. **2** etiqueta, protocolo.

étirer [eti'ʀe] **1** *tr* et *pron* estirar (extender). • **2** s'~ *pron* estirarse (desentumecerse). **3** prolongarse (el día).

étoffe [e'tɔf] *f* tejido; tela.

étoffer [etɔ'fe] **1** *tr* enriquecer (una obra). • **2** s'~ *pron* ponerse cachas.

étoile [e'twal] **1** *f* estrella (astro). **2** rotonda, cruce (de varias vías). **3** asterisco (signo tipográfico). ◆ ~ **de mer** estrella de mar; ■ **à la belle** ~ al aire libre, al raso.

étoiler [etwa'le] **1** *tr* et *pron* estrellar. • **2** *tr* salpicar. **3** resquebrajarse (el hielo, un vidrio).

étole [e'tɔl] *f* estola.

étonnant, e [etɔ'nɑ̃, t] *adj* asombroso. **2** sorprendente.

étonner [etɔ'ne] *tr* et *pron* sorprender (asombrar). ■ **être étonné de** ou **par** estar sorprendido de o por.

étouffer [etu'fe] **1** *tr*, *intr* et *pron* ahogar; asfixiar. • **2** *tr* oprimir, sofocar. **3** apagar (un incendio). **4** suprimir (un sentimiento). **5** tapar, ocultar (un escándalo). • **6** s'~ *pron* atragantarse.

étourderie [etuʀdə'ʀi] **1** *f* descuido. **2** irreflexión (carácter). ◆ **faute d'** ~ despiste.

étourdi, e [etuʀ'di] *adj/m* et *f* distraído.

étourdir [etuʀ'diʀ] *tr* et *pron* aturdir.

étourdissant, e [etuʀdi'sɑ̃, t] **1** *adj* aturdidor. **2** (fig) impresionante, sensacional.

étourneau [etuʀ'no] *m* estornino (pájaro); tordo (Amér.).

étrange [e'tʀɑ̃ʒ] **1** *adj* extraño; raro. **2** curioso, extraño.

étranger, ère [etʀɑ̃'ʒe, ɛʀ] **1** *adj/m* et *f* extranjero (nación, país); afuereño (Amér.). **2** extraño (familia, grupo social): *il se sent étranger dans la réunion* = *se siente extraño en la reunión*. **3** forastero (de un lugar). **4** ajeno (asunto).

étrangeté [etʀɑ̃ʒ'te] *f* extrañeza.

étrangler [etʀɑ̃'gle] **1** *tr* et *pron* ahogar. • **2** *tr* estrangular (matar).

être [etʀ] **1** *m* ser. **2** PHIL existencia (identidad). ◆ ~ **humain** ser humano.

être [etʀ] **1** *intr* existir. **2** ser: *la terre est ronde* = *la tierra es redonda*. **3** estar: *je suis chez moi* = *estoy en mi casa*. **4** (~ à) pertenecer: *cela est à moi* = *esto me pertenece*. • **5** *impers* haber. **6** **ce** + ~ ser (cualificación): *c'est mon frère* = *es mi hermano*, *ce sont des pommes* = *son manzanas*. ■ ~ **bien/mal** estar bien/mal; ~ **qqch pour qqn** ser algo para alguien: *il est tout pour elle* = *lo es todo para ella*.

étreindre [e'tʀɛ̃dʀ] **1** *tr* abrazar, estrechar (una persona). **2** oprimir.

étreinte [e'tʀɛ̃t] **1** *f* abrazo. **2** apretón (de manos). **3** (fig) opresión.

étrenne [e'tʀɛn] **1** *f* aguinaldo. **2** estreno (primer uso). ■ **en avoir l'** ~ estrenar (utilizar por primera vez).

étrenner [etʀɛ'ne] *tr* et *intr* estrenar.

étrille [e'tʀij] **1** *f* almohaza. **2** ZOOL nécora (cangrejo).

étriller [etʀi'je] **1** *tr* almohazar (caballos). **2** desplumar, clavar.

étriper [etʀi'pe] **1** *tr* destripar. • **2** s'~ *pron* (fig, fam) matarse.

étriquer [etʀi'ke] **1** *tr* estrechar; apretar. **2** TECH recortar.

étroit, e [e'tʀwa, t] **1** *adj* estrecho (poca anchura). **2** (fig) íntimo. **3** (péj) limitado. ■ **à l'** ~ estrechamente.

étroitesse [etʀwa'tɛs] *f* estrechez. ◆ ~ **d'esprit** estrechez de espíritu.

étude [e'tyd] **1** *f* estudio. **2** trabajo. • **3 études** *f pl* estudios. ◆ **salle d'**~ sala de estudio.

étudiant, e [ety'djã, t] *adj/m* et *f* estudiante.

étudier [ety'dje] *tr* et *intr* estudiar.

étui [e'tɥi] *m* estuche. ♦ **à lunettes** estuche para gafas; **~ de cuir** estuche de cuero.

étuve [e'tyv] 1 *f* sauna. 2 autoclave (para desinfectar).

étuver [ety've] 1 *tr* desinfectar (con autoclave). 2 GAST estofar.

étymologie [etimɔlɔ'ʒi] *f* etimología.

étymologique [etimɔlɔ'ʒik] *adj* etimológico.

eucalyptus [økalip'tys] *m* eucalipto.

eucharistie [økaris'ti] *f* REL eucaristía.

euh! [ø] *interj* ¡pues! (vacilación).

eunuque [ø'nyk] *m* eunuco.

euphémique [øfe'mik] *adj* eufemístico.

euphémisme [øfe'mism] *m* eufemismo.

euphonie [øfɔ'ni] *f* eufonía.

euphonique [øfɔ'nik] *adj* eufónico.

euphorie [øfɔ'ʀi] *f* euforia.

euphorique [øfɔ'ʀik] *adj* eufórico.

euphorisant, e [øfɔʀi'zã, t] *adj* et *m* euforizante.

eurêka! [øʀe'ka] *interj* ¡eureka!

eurodevise [øʀɔdə'viz] *f* eurodivisa.

eurodollar [øʀɔdɔ'laʀ] *m* eurodólar.

Europe [ø'ʀɔp] *f* Europa.

européaniser [øʀɔpeani'ze] *tr* et *pron* europeizar.

européen, enne [øʀɔpe'ɛ̃, ɛn] 1 *adj* europeo. ● 2 **Européen, enne** *m* et *f* europeo.

euthanasie [øtana'zi] *f* MÉD eutanasia.

eux [ø] *pron* → lui.

évacuation [evakɥa'sjõ] *f* evacuación.

évacuer [eva'kɥe] *tr* evacuar.

évader (s') [eva'de] *pron* evadirse.

évaluation [evalɥa'sjõ] *f* evaluación.

évaluer [eva'lɥe] 1 *tr* evaluar. 2 estimar, calcular (aproximadamente).

évanescence [evane'sãs] *f* evanescencia.

évangélique [evãʒe'lik] 1 *adj* evangélico. 2 protestante (religión).

évangéliser [evãʒeli'ze] *tr* evangelizar.

évangile [evã'ʒil] 1 *m* evangelio. 2 (fig) credo.

évanouir (s') [seva'nwiʀ] 1 *pron* desvanecerse, desaparecer. 2 desmayarse, perder el sentido (perder la conciencia).

évaporation [evapɔʀa'sjõ] *f* evaporación.

évaporé, e [evapɔ'ʀe] *adj* evaporado.

évaporer [evapɔ'ʀe] *tr* et *pron* evaporar.

évaser [eva'ze] *tr* et *pron* ensanchar.

évasif, ive [eva'zif, iv] *adj* evasivo.

évasion [eva'zjõ] *f* evasión. ♦ **~ des capitaux** fuga de capitales; **~ fiscale** evasión de impuestos.

évêché [eve'ʃe] *m* obispado.

éveil [e'vej] *m* despertar. ♦ **activités d'~** actividades de aprendizaje (para niños); **~ de l'imagination** despertar de la imaginación; ■ **donner l'~** dar la alerta; **être en ~** estar en aviso, alerta.

éveillé, e [eve'je] 1 *adj* despierto. 2 (fig) despierto, vivo: *avoir le regard éveillé = tener la mirada viva.*

éveiller [eve'je] *tr* et *pron* despertar.

évènement [even'mã] *m* evento, acontecimiento. ♦ **~ imprévu** accidente.

éventail [evã'taj] *m* abanico. ♦ **~ d'articles** variedad de artículos; ■ **en ~** en abanico.

éventaire [evã'tɛʀ] *m* escaparate.

éventer [evã'te] 1 *tr* et *pron* ventilar, airear (una habitación). 2 abanicar. 3 (fig) descubrir.

éventrer [evã'tʀe] 1 *tr* et *pron* destripar. ● 2 *tr* (fig) reventar.

éventualité [evãtɥali'te] 1 *f* eventualidad. 2 posibilidad, circunstancia.

éventuel, elle [evã'tɥɛl] *adj* eventual.

évêque [e'vɛk] *m* obispo.

évertuer (s') [sevɛʀ'tɥe] *pron* esforzarse.

évidence [evi'dãs] *f* evidencia. ■ **à l'~** sin duda alguna; **de toute ~** con toda evidencia, a todas luces; **en ~** con evidencia; **nier l'~** negar la evidencia; **se rendre à l'~** admitir las cosas como son.

évident, e [evi'dã, t] *adj* evidente. ■ **ce n'est pas ~** (fam) no es nada fácil, no está claro.

évider [evi'de] *tr* vaciar.

évier [e'vje] *m* fregadero.

évincer [evɛ̃'se] 1 *tr* excluir, eliminar. 2 despojar.

éviter [evi'te] 1 *tr* evitar. 2 eludir (una pregunta). 3 esquivar (un obstáculo).

évocation [evɔka'sjõ] *f* evocación.

évolué, e [evɔ'lɥe] 1 *adj* evolucionado, desarrollado (un país, una ciudad, etc.). 2 moderno (persona).

évoluer [evɔ'lɥe] 1 *intr* evolucionar. 2 transformarse, cambiar.

évolution [evɔly'sjõ] *f* evolución.

évoquer [evɔ'ke] *tr* evocar.

ex [eks] *m* ou *f* (fam) ex: *elle est venue à la fête avec son ex* = ha venido a la fiesta con su ex.

exacerbation [εgzasεʀba'sjɔ̃] *f* exacerbación.

exacerber [εgzasεʀ'be] *tr* exacerbar.

exact [εg'zakt o εg'za] **1** *adj* exacto (preciso). **2** puntual. ♦ l' **heure exacte** la hora exacta.

exactitude [εgzakti'tyd] *f* exactitud.

exagération [εgzaʒeʀa'sjɔ̃] *f* exageración.

exagéré, e [εgzaʒe'ʀe] *adj* exagerado.

exagérer [εgzaʒe'ʀe] **1** *tr* exagerar. ● **2** *intr* abusar. ■ **encore en retard, tu exagères!** ¡otra vez tarde, te estás pasando!; **sans** ~ sin exagerar; **s'** ~ **qqch** sobreestimar algo.

exaltation [εgzalta'sjɔ̃] *f* exaltación.

exalter [εgzal'te] *tr* et *pron* exaltar.

examen [εgza'mɛ̃] *m* examen. ♦ ~ **blanc** prueba preliminar; ~ **de conscience** examen de conciencia; ~ **de la vue** revisión de la vista; ~ **médical** reconocimiento médico.

examiner [εgzami'ne] *tr* examinar (mirar atentamente).

exaspérer [εgzaspe'ʀe] *tr* exasperar.

excavation [εkskava'sjɔ̃] *f* excavación.

excavatrice [εkskava'tʀis] *f* excavadora.

excaver [εkska've] *tr* excavar.

excédant, e [εkse'dɑ̃, t] *adj* excedente.

excédent [εkse'dɑ̃] **1** *m* excedente. **2** exceso: *excédent de poids* = exceso de peso.

excéder [εkse'de] **1** *tr* exceder; sobrepasar. **2** crispar, cansar (irritar): *excédé par ses enfantillages* = cansado de su infantilismo. ■ ~ **ses forces** abusar de sus fuerzas.

excellence [εksε'lɑ̃s] *f* excelencia (perfección). ■ **par** ~ por excelencia (representativo).

excellent, e [εksε'lɑ̃, t] *adj* excelente.

exceller [εksε'le] *intr* destacar, sobresalir.

excentricité [εksɑ̃tʀisi'te] **1** *f* (fig) excentricidad, extravagancia. **2** GÉOM excentricidad.

excentrique [εksɑ̃'tʀik] *adj* excéntrico.

excepté [εksεp'te] *prép* excepto: *tous les jours, excepté le dimanche* = todos los días, excepto el domingo.

Como preposición es siempre invariable. Como adjetivo debe concordar con el nombre cuando va pospuesto: *tout le monde, les filles exceptées* = todos excepto las chicas.

excepté, e [εksεp'te] **1** *pp* → excepter. ● **2** *adj* excepto, exceptuado.

excepter [εksεp'te] *tr* exceptar, exceptuar.

exception [εksεp'sjɔ̃] *f* excepción. ■ **à l'** ~ **de** con excepción de; **faire** ~ hacer una excepción.

exceptionnel, elle [εksεpsjɔ'nεl] *adj* excepcional.

excès [εk'sε] **1** *m* exceso. **2** abuso. ♦ ~ **de pouvoir** abuso de poder; ~ **de vitesse** exceso de velocidad.

excessif, ive [εksε'sif, iv] *adj* excesivo.

excitant, e [εksi'tɑ̃, t] *adj* et *m* excitante.

excitation [εksita'sjɔ̃] *f* excitación.

excité, e [εksi'te] *adj/m* et *f* excitado.

exciter [εksi'te] **1** *tr* excitar. ● **2 s'** ~ *pron* excitarse (perder el control). ■ ~ **qqn** excitar a alguien (provocar deseo); incitar a alguien.

exclamatif, ive [εksklama'tif, iv] *adj* exclamativo.

exclamation [εksklama'sjɔ̃] *f* exclamación. ♦ **point d'** ~ punto de admiración.

exclamer (s') [εskla'me] *pron* exclamarse: *s'exclamer d'indignation* = exclamarse de indignación.

exclu, e [εks'kly] *adj/m* et *f* excluido.

exclure [εks'klyʀ] *tr* excluir.

exclusif, ive [εkskly'zif, iv] *adj* exclusivo.

exclusion [εskly'zjɔ̃] *f* exclusión. ■ **à l'** ~ **de** con exclusión de.

exclusivité [εsklyzivi'te] **1** *f* exclusividad. **2** exclusiva. ■ **en** ~ en exclusiva.

excommunier [εkskɔmy'nje] *tr* REL excomulgar.

excréter [εkskʀe'te] *tr* excretar.

excursion [εkskyʀ'sjɔ̃] *f* excursión.

excursionner [εkskyʀsjɔ'ne] *intr* ir de excursión; *hacer una excursión científica*.

excursionniste [εkskyʀsjɔ'nist] *adj/m* ou *f* excursionista.

excuse [εks'kyz] *f* excusa, pretexto. ■ **présenter ses excuses** disculparse.

excuser [εksky'ze] **1** *tr* excusar (perdonar). **2** disculpar, dispensar: *excusez-moi*

491   expédier

de vous interrompre = dispénseme que le interrumpa. ● **3** s'~ *pron* excusarse: *tous les politiciens se sont excusés = todos los políticos se han excusado.*

exécrer [εgze'kʀe o εkse'kʀe] *tr* execrar.

exécuter [εgzeky'te] **1** *tr* ejecutar (una orden). **2** efectuar, realizar. ● **3** s'~ *pron* cumplir, hacer (algo difícil).

exécutif, ive [εgzeky'tif, iv] *adj et m* ejecutivo.

exécution [εgzeky'sjɔ̃] *f* ejecución.

exemplaire [εgzã'plεʀ] *adj et m* ejemplar. ■ **en deux/trois exemplaires** por duplicado/triplicado.

exemple [εg'zãpl] **1** *m* ejemplo. **2** modelo, ejemplo. **3** caso: *citer l'exemple de = citar el caso de.* ■ **donner l'**~ dar ejemplo; **par** ~ por ejemplo; **prêcher d'**~ predicar con el ejemplo.

exemplifier [εgzãpli'fje] *intr* ejemplificar.

exempt, e [εg'zã, t] **1** *pp* → exempter. ● **2** *adj et m* exento: *les exempts de la réunion = los exentos de la reunión.*

exempter [εgzã'te] *tr* exentar; eximir. ● **2** s'~ *pron* dispensarse.

exemption [εgzãp'sjɔ̃] *f* exención.

exercer [εgzεʀ'se] **1** *tr* et *pron* ejercer, ejercitar. ● **2** *tr* ejercitar, adiestrar (a alguien). **3** ejercer, desempeñar (una función). ● **4** s'~ *pron* ejercitarse, entrenarse.

exercice [εgzεʀ'sis] **1** *m* ejercicio. **2** desempeño (aplicación). ■ **en** ~ en servicio, en activo.

exhalaison [εgzale'zɔ̃] *f* exhalación (gas, olor).

exhalation [εgzala'sjɔ̃] *f* exhalación (acción).

exhaler [εgza'le] **1** *tr* exhalar. ● **2** s'~ *pron* desprenderse (un olor).

exhausser [εgzo'se] *tr* elevar, levantar (una construcción).

exhaustif, ive [εgzos'tif, iv] *adj* exhaustivo.

exhaustivité [εgzostivi'te] *f* exhaustividad.

exhiber [εgzi'be] *tr* et *pron* exhibir.

exhibition [εgzibi'sjɔ̃] *f* exhibición.

exhibitionniste [εgzibisjɔ'nist] *m* ou *f* exhibicionista.

exhortation [εgzɔʀta'sjɔ̃] *f* exhortación.

exhorter [εgzɔʀ'te] *tr* (~ à o de) exhortar.

exhumation [εgzyma'sjɔ̃] *f* exhumación.

exhumer [εgzy'me] *tr* exhumar.

exigeant, e [εgzi'ʒã, t] *adj* exigente.

exigence [εgzi'ʒãs] *f* exigencia.

exiger [εgzi'ʒe] **1** *tr* exigir. **2** requerir: *les circonstances l'exigent = las circunstancias lo requieren.*

exil [εg'zil] *m* exilio.

exilé, e [εgzi'le] *m* et *f* exiliado.

exiler [εgzi'le] *tr* et *pron* exiliar.

existant, e [εgzis'tã, t] *adj* existente.

existence [εgzis'tãs] *f* existencia.

existentialiste [εgzistãsja'list] *adj/m ou f* existencialista.

existentiel, elle [εgzistã'sjεl] *adj* existencial.

exister [εgzis'te] *intr* existir.

exode [εg'zɔd] *m* éxodo, emigración. ◆ ~ **de capitaux** emigración de capitales; ~ **rural** éxodo rural.

exonérer [εgzone'ʀe] *tr* exonerar.

exorbitant, e [εgzɔʀbi'tã, t] **1** *adj* exorbitante. **2** (fig) desorbitado.

exorbité, e [εgzɔʀbi'te] *adj* desorbitado.

exorciser [εgzɔʀsi'ze] *tr* exorcizar.

exorciste [εgzɔʀ'sist] **1** *m* et *f* exorcista. ● **2** *m* exorcista (clérigo).

exotique [εgzɔ'tik] *adj* exótico.

expansibilité [εkspãsibili'te] *f* PHYS expansibilidad.

expansif, ive [εkspã'sif, iv] *adj* expansivo.

expansion [εkspã'sjɔ̃] **1** *f* expansión. **2** ensanche (de una ciudad).

expansivité [εkspãsivi'te] *f* carácter muy expansivo.

expatriation [εkspatrja'sjɔ̃] *f* expatriación.

expatrier [εkspatri'e] **1** *tr* et *pron* expatriar. ● **2** s'~ *pron* desterrarse.

expectant, e [εkspεk'tã, t] *adj* expectante.

expectation [εkspεkta'sjɔ̃] *f* expectación.

expectative [εkspεkta'tiv] *f* expectativa.

expectoration [εkspεktɔra'sjɔ̃] *f* MÉD expectoración.

expectorer [εkspεktɔ'ʀe] *tr* expectorar.

expédient, e [εkspe'djã, t] **1** *adj* expediente; conveniente, oportuno. ● **2** *m* expediente. ■ **vivre d'expédients** vivir del cuento.

expédier [εkspe'dje] **1** *tr* expedir. **2** despedir (a un empleado).

expéditif, ive [εkspedi'tif, iv] *adj* expeditivo.

expédition [εkspedi'sjõ] **1** *f* expedición. **2** remesa (de mercancías).

expérience [εkspe'rjᾶs] **1** *f* experiencia. **2** experimento: *expérience scientifique = experimento científico*. ■ avoir l'~ de tener la experiencia de.

expérimentation [εkspeʀimᾶta'sjõ] *f* experimentación.

expérimenté, e [εkspeʀimᾶ'te] *adj* experimentado.

expérimenter [εkspeʀimᾶ'te] *tr* experimentar.

expert, e [εks'pεʀ, t] **1** *adj* experto. ● **2** *m* experto; perito. ◆ ~ en assurances perito de seguros.

expertise [εkspεʀ'tiz] *f* informe de peritos.

expertiser [εkspεʀti'ze] *tr* someter al juicio perital.

expier [εks'pje] *tr* expiar.

expirant, e [εkspi'ʀᾶ, t] *adj* moribundo.

expiration [εkspiʀa'sjõ] *f* espiración.

expirer [εkspi'ʀe] **1** *tr* espirar (morir). ● **2** *intr* expirar (un plazo).

explicatif, ive [εksplika'tif, iv] *adj* explicativo.

explication [εksplika'sjõ] **1** *f* explicación. **2** altercado (discusión). ◆ ~ de texte comentario de texto.

explicite [εkspli'sit] *adj* explícito.

expliciter [εkspli'site] *tr* explicitar.

expliquer [εkspli'ke] **1** *tr* et *pron* explicar. ● **2** *tr* exponer (unos pensamientos).

exploit [εks'plwa] **1** *m* hazaña. **2** DR mandato judicial.

exploitation [εksplwata'sjõ] **1** *f* explotación. **2** aprovechamiento (de una información).

exploiter [εksplwa'te] **1** *tr* explotar (una mina). **2** abusar, aprovecharse.

exploration [εksplɔʀa'sjõ] *f* exploración.

explorer [εksplɔ'ʀe] **1** *tr* explorar. **2** examinar, estudiar. ■ ~ du regard explorar con la vista.

exploser [εksplo'ze] **1** *intr* explotar, explosionar. **2** (fig) explotar, estallar.

explosif, ive [εksplo'zif, iv] *adj* et *m* explosivo.

explosion [εksplo'zjõ] *f* explosión. ◆ ~ démographique explosión demográfica; moteur à ~ motor de explosión.

exportation [εkspɔʀta'sjõ] *f* exportación.

exporter [εkspɔʀ'te] *tr* exportar.

exposé, e [εkspo'ze] **1** *pp* → exposer. ● **2** *adj* expuesto. ● **3** *m* exposición, conferencia (explicación).

exposer [εkspo'ze] **1** *tr* et *pron* exponer. ● **2** *tr* explicar. **3** (~ *à*) exponer, orientar (una cosa).

exposition [εkspozi'sjõ] *f* exposición.

exprès, esse [εks'pʀε, s] **1** *adj* expreso. **2** urgente (correo). ● **3** *adv* expresamente; adrede. ■ sans le faire ~ sin querer.

express [εks'pʀεs] **1** *adj* et *m* expreso. **2** exprés (café).

expressif, ive [εkspʀε'sif, iv] *adj* expresivo.

expression [εkspʀε'sjõ] *f* expresión.

expressivité [εkspʀεsivi'te] *f* expresividad.

exprimer [εkspʀi'me] *tr* et *pron* expresar: *le poète exprime qqch = el poeta expresa algo*.

exproprier [εkspʀɔpʀi'e] *tr* expropiar.

expulser [εkspyl'se] *tr* expulsar.

expulsion [εkspyl'sjõ] *f* expulsión.

exquis, e [εks'ki, z] *adj* exquisito.

extase [εks'taz] *f* éxtasis. ■ être dans l'~ estar embelesado.

extasier (s') [sεksta'zje] *pron* extasiarse.

extatique [εksta'tik] *adj* extático.

extension [εkstᾶ'sjõ] *f* extensión.

exténuant, e [εkste'nɥᾶ, t] *adj* extenuante.

exténuation [εkstenɥa'sjõ] *f* extenuación.

exténuer [εkste'nɥe] *tr* extenuar.

extérieur, e [εkste'ʀjœʀ] *adj* et *m* exterior.

extérioriser [εksteʀjɔʀi'ze] *tr* et *pron* exteriorizar.

extériorité [εksteʀjɔʀi'te] *f* exterioridad.

extermination [εkstεʀmina'sjõ] *f* exterminación, exterminio.

exterminer [εkstεʀmi'ne] *tr* exterminar.

externat [εkstεʀ'na] *m* externado.

externe [εks'tεʀn] *adj/m* ou *f* externo.

extincteur, trice [εkstɛ̃k'tœʀ, tʀis] *adj* et *m* extintor. ◆ ~ d'incendie extintor de incendios.

extinction [εkstɛ̃k'sjõ] *f* extinción. ◆ ~ de voix afonía.

extirpation [εkstiʀpa'sjõ] *f* extirpación.

extirper [εkstiʀ'pe] *tr* extirpar.

extorquer [εkstɔʀ'ke] *tr* extorsionar.

extorsion [ɛkstɔʀ'sjɔ̃] f extorsión. ◆ ~ **de fonds** extorsión de fondos; ~ **de signature** falsificación de firma.

extra [ɛks'tʀa] **1** adj de primera. **2** (fam) formidable: c'est un film extra = es una película formidable. ● **3** extra, extraordinario.

extractif, ive [ɛkstʀak'tif, iv] adj extractivo.

extraction [ɛkstʀak'sjɔ̃] **1** f extracción. **2** extracción, linaje.

extrader [ɛkstʀa'de] tr extraditar.

extradition [ɛkstʀadi'sjɔ̃] f extradición.

extrafin, e [ɛkstʀa'fɛ̃, in] adj extrafino.

extrafort, e [ɛkstʀa'fɔʀ, t] **1** adj extrafuerte. ● **2** m tipo de cinta (en el interior de las costuras).

extraire [ɛks'tʀɛʀ] **1** tr extraer (un diente). **2** sacar (un preso).

extrait [ɛks'tʀɛ] m extracto (de libro). ◆ ~ **de baptême** fe de bautismo; ~ **de naissance** partida de nacimiento.

extraordinaire [ɛkstʀaɔʀdi'nɛʀ] **1** adj extraordinario. **2** magnífico; macanudo (Amér.). ◆ **assemblée** ~ junta general extraordinaria.

extrapolation [ɛkstʀapola'sjɔ̃] f extrapolación.

extrapoler [ɛkstʀapo'le] intr extrapolar.

extraterrestre [ɛkstʀatɛ'ʀɛstʀ] adj/m ou f extraterrestre.

extra-utérin, e [ɛkstʀayte'ʀɛ̃, in] adj MÉD extrauterino.

extravagance [ɛkstʀava'gɑ̃s] f extravagancia.

extravagant, e [ɛkstʀava'gɑ̃, t] adj/m et f extravagante.

extravaguer [ɛkstʀava'ge] intr (fig) delirar.

extrême [ɛks'tʀɛm] **1** adj extremo (intenso): extrême pauvreté = extrema pobreza. ● **2** m extremo: elle s'est portée aux extrêmes = ella se ha ido a los extremos. ◆ ~ **droite, gauche** extrema derecha, izquierda (en política).

extrême-onction [ɛkstʀɛmɔ̃k'sjɔ̃] f extremaunción.

extrême-oriental, e [ɛkstʀɛmɔʀjɑ̃'tal] adj de Extremo Oriente.

extrémiste [ɛkstʀe'mist] adj/m ou f extremista.

extrémité [ɛkstʀemi'te] **1** f extremidad. ● **2 extrémités** f pl ANAT extremidades. ■ **en dernière** ~ en el último extremo; **être à l'**~ estar en las últimas.

exubérance [ɛgzybe'ʀɑ̃s] f exuberancia.

exubérant, e [ɛgzybe'ʀɑ̃, t] adj exuberante.

exultation [ɛgzylta'sjɔ̃] f exultación.

exulter [ɛgzyl'te] intr exultar.

Ff

f [ɛf] m f.

Suele pronunciarse a final de palabra (bœuf). Las excepciones son: bœufs, œufs, chef-d'œuvre, clef, nerf.

fa [fa] m MUS fa.

fable [fabl] **1** f fábula. **2** fábula, hazmerreír: il est la fable de la rue = él es el hazmerreír de la calle.

fabricant, e [fabʀi'kɑ̃, t] m et f fabricante.

fabrication [fabʀika'sjɔ̃] f fabricación.

fabrique [fa'bʀik] f fábrica.

fabriquer [fabʀi'ke] **1** tr fabricar. **2** forjar, inventar (historias, mentiras). **3** (fig) fabricar, crear.

fabulation [fabyla'sjɔ̃] f fabulación.

fabuler [faby'le] intr fabular.

fabuleux, euse [faby'lø, øz] adj fabuloso.

façade [fa'sad] **1** f fachada. **2** (fig) fachada, apariencia: honnêteté de façade = honestidad de apariencia.

face [fas] **1** f faz, rostro. **2** frente (de un objeto). **3** cara, lado (de un objeto). **4** cara, anverso (de moneda). **5** (fig) aspecto (de un asunto). ◆ ~ **de carême** (fam) cara de viernes; ■ **à la** ~ **de** en presencia de; **de** ~ de frente; **en** ~ enfrente.

facette [faˈsɛt] f faceta.

fâcher [fɑˈʃe] tr et pron enfadar; disgustar. ■ **je n'en suis pas fâché** no me desagrada.

fâcherie [fɑʃˈʀi] f enfado; disgusto.

fâcheux, euse [fɑˈʃø, øz] adj fastidioso, enojoso.

facial, e [faˈsjal] adj facial.

facile [faˈsil] **1** adj fácil. **2** suelto (estilo). ■ **avoir le rire ~** fácil de hacer reír.

facilité [fasiliˈte] f facilidad.

> Si va con la preposición **à** indica que se posee la aptitud para hacer algo; si lleva **de** se indica la posibilidad de hacerlo.

faciliter [fasiliˈte] tr facilitar.

façon [faˈsɔ̃] **1** f modo, manera. **2** TECH trabajo, confección (de una prenda). ● **3 façons** f pl maneras, modales: *avoir bonnes façons* = tener buenos modales. ■ **à la ~ de** como si fuera; **de ~ à** de tal modo que; **de telle ~ que** de manera que; **de toute ~** de todos modos; **en aucune ~** de ningún modo; **en quelque ~** en cierto modo.

façonner [fasɔˈne] **1** tr formar. **2** confeccionar, fabricar (materiales). **3** (fig) formar, educar (una persona).

fac-similé [faksimiˈle] (pl **fac-similés**) m facsímil.

facteur [fakˈtœʀ] **1** m factor. **2** cartero. **3** factor (de ferrocarril).

faction [fakˈsjɔ̃] f facción.

factuel, elle [fakˈtɥɛl] adj factual.

facturation [faktyʀaˈsjɔ̃] f facturación.

facture [fakˈtyʀ] f factura.

facturer [faktyˈʀe] tr facturar.

facultatif, ive [fakyltaˈtif, iv] adj facultativo.

faculté [fakylˈte] **1** f facultad (posibilidad); virtud. **2** facultad (en la universidad).

fadaise [faˈdɛz] f tontería.

fade [fad] **1** adj soso. **2** (fig) insulso; insignificante.

fagot [faˈgo] m haz (de leña). ■ **c'est un ~ d'épines** (fig, fam) es una persona intratable; **conter des fagots** (fam) contar cuentos chinos.

fagoter [fagoˈte] **1** tr hacinar. **2** (fig, fam) ataviar, vestir (con mal gusto).

faible [fɛbl] **1** adj et m débil. ● **2** adj flojo: *un enfant faible en mathématiques* = *un niño flojo en matemáticas*. **3** feble (la moneda).

faiblesse [fɛˈblɛs] f debilidad. ◆ **~ d'esprit** debilidad mental.

faiblir [fɛˈbliʀ] intr debilitarse.

faïence [faˈjɑ̃s] f loza. ◆ **carreau de ~** azulejo.

faillir [faˈjiʀ] **1** intr fallar (incurrir en falta). **2** faltar. **3** estar a punto de: *il a failli partir* = *ha estado a punto de irse*.

faillite [faˈjit] **1** f fracaso. **2** COMM quiebra. ■ **faire ~** quebrar.

faim [fɛ̃] **1** f hambre. **2** (fig) deseo: *faim de liberté* = *deseo de libertad*.

fainéant, e [fɛneˈɑ̃, t] adj/m et f holgazán.

fainéanter [fɛneɑ̃ˈte] intr holgazanear; cauchear (Amér.).

fainéantise [fɛneɑ̃ˈtiz] f holgazanería.

faire [fɛʀ] **1** tr hacer. **2** formar. **3** recorrer (una distancia). **4** THÉÂT representar. ● **5** impers hacer, estar (el tiempo): *aujourd'hui il fait clair mais il fait froid* = *hoy está claro pero hace frío*. ● **6 se ~** pron hacerse: *se faire vieux* = *hacerse viejo*. **7** (se ~ à) acostumbrarse a. ■ **c'est bien fait** esta bien hecho.

faire-part [fɛʀˈpaʀ] **1** m esquela. **2** participación (de boda).

fair-play [fɛʀˈplɛ] m juego limpio.

faisan [fəˈzɑ̃] **1** m et f faisán. ● **2** m (fig) estafador.

fait, e [fɛ, t] **1** adj et m hecho. ● **2** adj concluido, acabado. ● **3** m manera de obrar. ◆ **~ de société** hecho social; **~ juridique** caso; **hauts faits** hazañas; ■ **aller au ~** ir al grano; **à prix ~** a un precio convenido; **au ~** a propósito; **de ce ~** por esto; **de ~** de hecho; **du ~** de debido a; **du ~ que** por el hecho de que; **en ~** en realidad; **être au ~** estar al corriente; **tout à ~** por completo.

falaise [faˈlɛz] f acantilado.

fallacieux, euse [falaˈsjø, øz] adj falaz.

falloir [faˈlwaʀ] **1** impers haber que, ser necesario: *il faut l'avertir tout de suite* = *hay que avisarle ahora mismo*. **2** necesitar, hacer falta: *il faut deux ouvriers pour ce travail* = *hacen falta dos obreros para este trabajo*. **3** tener que. ■ **il faut voir!** ¡hay que ver!

falsification [falsifikaˈsjɔ̃] f falsificación.

falsifier [falsi'fje] *tr* falsificar.

famé, e [fa'me] *adj* reputado, afamado.
♦ **mal ~** de mala fama.

famélique [fame'lik] *adj* famélico (débil, flaco).

fameux, euse [fa'mø, øz] *adj* famoso. ■ **se rendre ~** conquistar fama.

familial, e [fami'ljal] *adj* familiar.

familiariser [familjaRi'ze] *tr et pron* familiarizarse.

familiarité [familjaRi'te] *f* familiaridad.

familier, ère [fami'lje, jɛR] *adj/m et f* familiar.

famille [fa'mij] *f* familia. ■ **carte de ~ nombreuse** carnet de familia numerosa.

> Para referirse a la **familia** política se utilizan las palabras *beau-* / *belle-* antepuestas al nombre de parentesco: *belle-mère = suegra ◊ beau-frère = cuñado ◊ belle-fille = nuera ◊ beaux-parents = suegros.*

famine [fa'min] *f* hambre.

fan [fan] *m* ou *f* fan.

fanatique [fana'tik] *adj/m ou f* fanático.

fanatiser [fanati'ze] *tr* fanatizar.

fanfare [fɑ̃'faR] *f* charanga.

fanfaron, onne [fɑ̃fa'Rɔ̃, ɔn] *adj/m et f* fanfarrón.

fanfaronnade [fɑ̃faRɔ'nad] *f* fanfarronada.

fanfaronner [fɑ̃faRɔ'ne] *intr* fanfarronear.

fangeux, euse [fɑ̃'ʒø, øz] *adj* fangoso.

fanon [fa'nɔ̃] **1** *m* papada. **2** cerneja.

fantaisie [fɑ̃tɛ'zi] *f* fantasía.

fantaisiste [fɑ̃tɛ'zist] *adj* fantasioso.

fantasmagorique [fɑ̃tasmagɔ'Rik] *adj* fantasmagórico.

fantasme [fɑ̃'tasm] *m* fantasma (sueño, fantasía).

fantasmer [fɑ̃tas'me] *intr* fantasear.

fantastique [fɑ̃tas'tik] *adj et m* fantástico.

fantoche [fɑ̃'tɔʃ] **1** *m* fantoche. **2** (fig) monigote.

fantomatique [fɑ̃tɔma'tik] *adj* fantástico, fantasmal.

fantôme [fɑ̃'tom] **1** *m* fantasma. **2** quimera, ilusión.

faon [fɑ̃] *m* cervato; cervatillo.

farandole [faRɑ̃'dɔl] *f* farándula.

farce [faRs] *f* farsa.

farceur, euse [faR'sœr, øz] *adj/m et f* farsante.

farcir [faR'siR] **1** *tr* rellenar. **2** (fig) atestar, atiborrar.

fard [faR] *m* pintura, maquillaje.

farfelu, e [faRfə'ly] *adj* (fam) extravagante, estrafalario.

farfouiller [faRfu'je] *intr* (fam) revolver; fisgonear.

faribole [faRi'bɔl] *f* pamplina; tontería.

farine [fa'Rin] *f* harina. **~ de blé** harina de trigo; **~ de maïs** harina de maíz.

fariner [faRi'ne] *tr* enharinar.

farouche [fa'Ruʃ] **1** *adj* feroz. **2** cruel: *un regard farouche = una mirada cruel.*

fascinant, e [fasi'nɑ̃, t] *adj* fascinante.

fascination [fasina'sjɔ̃] *f* fascinación.

fasciner [fasi'ne] *tr* fascinar.

fasciste [fa'ʃist] *adj/m ou f* fascista.

faste [fast] **1** *adj* fasto (feliz): *c'est un jour faste = es un día fasto.* ● **2** *m* fausto: *le faste d'une cérémonie = el fausto de una ceremonia.*

fastidieux, euse [fasti'djø, øz] *adj* fastidioso.

fastueux, euse [fas'tɥø, z] *adj* fastuoso.

fat, e [fa, t] *adj et m* fatuo.

fatal, e [fa'tal] (*pl* **fatals**) *adj* fatal.
♦ **femme ~** mujer fatal.

fataliste [fata'list] *adj/m ou f* fatalista.

fatalité [fatali'te] *f* fatalidad.

fatidique [fati'dik] *adj* fatídico.

fatigant, e [fati'gɑ̃, t] *adj* fatigoso (un trabajo).

fatigue [fa'tig] *f* fatiga; cansancio. ■ **la ~ du voyage** las fatigas del viaje.

fatiguer [fati'ge] **1** *tr et pron* fatigar; cansar. ● **2** *intr* forzarse, cansarse.

fatras [fa'tRa] *m* fárrago.

fatuité [fatɥi'te] *f* fatuidad.

faubourg [fo'buR] *m* suburbio, arrabal.

> Reciben este nombre algunas calles de París: *le faubourg Saint-Germain.*

fauchaison [foʃɛ'zɔ̃] *f* siega.

fauche [foʃ] *f* siega.

fauché, e [fo'ʃe] *adj* segado.

faucher [fo'ʃe] **1** *tr* segar (el trigo). **2** derribar, abatir. ● **3** *intr* cojear, falsear.

faucille [fo'sij] *f* hoz.

faucon [fo'kɔ̃] *m* halcón, falcón.

Las personas y las relaciones familiares

La personne	La persona	La personne	La persona
l'adolescence	la adolescencia	le bébé	el bebé
l'adulte	el adulto	le gamin (la gamine)	el crío
l'enfance	la infancia	le garçon	el chico,
l'enfant	el niño		el muchacho
l'enterrement	el entierro		
l'homme	el hombre	le jeune homme	el joven
la femme	la mujer	le vieillard	el anciano
la fille	la chica,	les jeunes	los jóvenes
	la muchacha	majeur	mayor (de edad)
la jeune fille	la joven	mineur	menor (de edad)
la jeunesse	la juventud	mourir	morir
la mort	la muerte	naître	nacer
la vie	la vida	vieux, vieille	viejo, vieja
la vieillesse	la vejez	vivant	vivo
		vivre	vivir

La famille	La familia	La famille	La familia
aîné	primogénito	le ménage	la pareja,
beau-fils, gendre	yerno		el matrimonio
beau-frère	cuñado	les beaux-parents	los suegros
beau-père	suegro	les enfants	los hijos
belle-fille	nuera	les grands-parents	los abuelos
belle-mère	suegra	les parents	los padres
belle-sœur	cuñada	les petits-enfants	los nietos
cadet	benjamín	mari	marido
cousin	primo	marraine	madrina
cousine	prima	maternel	materno
épouse	esposa	mère (maman)	madre (mamá)
époux	esposo	neveu	sobrino
fille	hija	nièce	sobrina
filleul	ahijado	oncle	tío
filleule	ahijada	parrain	padrino
fils	hijo	paternel	paterno
frère	hermano	père (papa)	padre (papá)
grand-mère	abuela	petite-fille	nieta
grand-père	abuelo	petit-fils	nieto
la noce	la boda	se marier	casarse
la parenté	el parentesco	sœur	hermana
le mariage	el matrimonio	tante	tía

faufil [fo'fil] *m* hilván.

faufiler [fofi'le] **1** *tr* hilvanar (al coser). ● **2 se ~** *pron* colarse, escurrirse.

faune [fo'n] *f* fauna.

faussaire [fo'sɛʀ] *m* ou *f* falsario.

fausser [fo'se] **1** *tr* falsear. **2** deformar, forzar: *fausser une serrure = forzar una cerradura.*

faute [fot] *f* falta. ◆ **~ lourde** falta grave; ■ **c'est ma ~** es culpa mía; **faire une ~** cometer una falta.

fauteuil [fo'tœj] **1** *m* sillón; butaca. **2** (fig) presidencia. ◆ **~ club** sillón de cuero.

faux, fausse [fo, s] **1** *adj* et *m* falso. ● **2** *adj* MUS desafinado, desentonado. ● **3** *f*

AGR hoz. ◆ ~ ami falso amigo; ■ jouer ~ mentir.

faux-filet [fofi'lɛ] (pl faux-filets) m solomillo bajo.

faux-fuyant [fofɥi'jɑ̃] m (fig) pretexto, evasiva.

faux-semblant [fosɑ̃'blɑ̃] (pl faux-semblants) m falsa apariencia.

faveur [fa'vœʀ] **1** f favor. **2** preferencia, consideración: *elle a gagné la faveur du public = ella ha ganado la consideración del público.* ■ à la ~ de con ayuda de, gracias a; en ~ de en beneficio de; tour de ~ turno preferente.

favori, ite [favo'ʀi, t] **1** adj/m et f favorito. ● **2** m patillas.

favoriser [favoʀi'ze] tr favorecer.

fayot [fa'jo] **1** m (fam) judía (blanca). **2** (fam) pelota (un niño).

fayoter [fajo'te] intr (fam) hacer la pelota.

fécal, e [fe'kal] adj fecal.

fèces [fɛs] f pl heces.

fécond, e [fe'kɔ̃, d] adj fecundo.

fécondation [fekɔ̃da'sjɔ̃] f fecundación.

féconder [fekɔ̃'de] tr fecundar.

fécondité [fekɔ̃di'te] f fecundidad.

fécule [fe'kyl] f fécula.

fédéral, e [fede'ʀal] adj et m federal.

fédéraliser [fedeʀali'ze] tr federar.

fédéraliste [fedeʀa'list] adj/m ou f federalista.

fédératif, ive [fedeʀa'tif, iv] adj federativo.

fédération [fedeʀa'sjɔ̃] f federación.

fédéré, e [fede'ʀe] adj federado.

fédérer [fede'ʀe] tr et pron federar.

fée [fe] f hada.

féerique [fee'ʀik] adj mágico, maravilloso.

feignant, e [fɛ'ɲɑ̃, t] adj/m et f (fam) vago, holgazán.

feindre [fɛ̃dʀ] tr fingir.

feint, e [fɛ̃, t] adj fingido.

feinter [fɛ̃'te] **1** intr fintar; regatear. ● **2** tr (fam) engañar.

fêlé, e [fe'le] **1** adj resquebrajado. ● **2** adj/m et f (fam) chiflado.

fêler [fe'le] **1** tr cascar. **2** astillar, tener una fisura.

félicitation [felisita'sjɔ̃] **1** f felicidad; felicitación. **2** enhorabuena.

félicité [felisi'te] f felicidad.

féliciter [felisi'te] tr felicitar; dar la enhorabuena.

fêlure [fɛ'lyʀ] **1** f raja; cascadura. **2** fisura.

femelle [fə'mɛl] **1** adj et f hembra. ● **2** f hembra, hembrilla.

féminin, e [femi'nɛ̃, in] adj et f femenino.

féministe [femi'nist] adj/m ou f feminista.

féminité [femini'te] f feminidad.

femme [fam] **1** f mujer. **2** esposa. ◆ ~ de chambre doncella, camarera; ~ de ménage asistenta; ~ grosse embarazada.

fendre [fɑ̃dʀ] **1** tr rajar; hender. ● **2** tr et pron partir. **3** resquebrajar, agrietar. ● **4** se ~ pron henderse.

fendu, e [fɑ̃'dy] adj hendido, partido (una roca).

fenêtre [fə'nɛtʀ] f ventana. ■ se mettre à la ~ asomarse a la ventana.

fenouil [fə'nuj] m BOT hinojo.

fente [fɑ̃t] **1** f hendidura; raja, hendedura. **2** ranura. **3** grieta.

féodal, e [feo'dal] adj feudal.

féodalité [feodali'te] f feudalidad.

fer [fɛʀ] m hierro. ◆ ~ à repasser plancha.

fer-blanc [fɛʀ'blɑ̃] m hojalata; hoja de lata, lata.

ferblanterie [fɛʀblɑ̃t'ʀi] **1** f hojalatería. **2** (fam) chatarras.

ferblantier [fɛʀblɑ̃'tje] m hojalatero.

férié, e [fe'ʀje] adj festivo (día de fiesta).

ferme [fɛʀm] **1** f granja; chacra (Amér.). **2** hacienda.

fermentation [fɛʀmɑ̃ta'sjɔ̃] **1** f fermentación. **2** (fig) agitación, efervescencia.

fermenter [fɛʀmɑ̃'te] **1** intr fermentar. **2** (fig) agitarse.

fermer [fɛʀ'me] tr, intr et pron cerrar. ■ ~ au verrou cerrar con cerrojo.

fermier, ère [fɛʀ'mje, jɛʀ] m et f arrendatario.

fermoir [fɛʀ'mwaʀ] **1** m manecilla; broche. **2** boquilla.

féroce [fe'ʀɔs] adj feroz.

férocité [feʀɔsi'te] f ferocidad.

ferraille [fe'ʀaj] **1** f chatarra. **2** (fam) calderilla. **3** (fig, fam) desguace.

ferré, e [fe'ʀe] adj herrado, ferrado.

ferrer [fe'ʀe] **1** tr herrar. **2** guarnecer de hierro. **3** sellar, marchamar.

ferreur [fe'ʀœʀ] m herrador.

ferronnerie [feʀɔn'ʀi] f ferretería. ◆ ~ d'art artesanía de hierro forjado.

ferroviaire [feʀo'vjɛʀ] adj ferroviario.

ferrure [fe'ʀyʀ] f herraje.

ferry [fe'ʀi] (pl ferries) m ferry, transbordador.

fertile [fɛʀ'til] 1 adj fértil; feraz. 2 (fig) fecundo.

fertilisation [fɛʀtiliza'sjɔ̃] f fertilización.

fertiliser [fɛʀtili'ze] tr fertilizar.

fertilité [fɛʀtili'te] f fertilidad.

féru, e [fe'ʀy] 1 adj herido. 2 (fig) enamorado.

férule [fe'ʀyl] 1 f férula; palmeta. 2 palmetazo.

fervent, e [fɛʀ'vɑ̃, t] adj ferviente; fervoroso.

ferveur [fɛʀ'vœʀ] f fervor.

fesse [fɛs] 1 f nalga. 2 anca.

fessée [fe'se] f azotaina.

fesser [fe'se] 1 tr azotar; dar una azotaina. 2 batir.

fessu, e [fe'sy] adj (fam) nalgudo, culón.

festin [fɛs'tɛ̃] m festín (comida opulenta).

festival [fɛsti'val] (pl festivals) m festival.

festivalier, ère [fɛstiva'lje, jɛʀ] adj/m et f festivalero.

festivité [fɛstivi'te] f fiesta.

festoyer [fɛstwa'je] 1 tr festejar. ● 2 intr festejarse, juerguearse.

fêtard, e [fɛ'taʀ, d] m (fam) juerguista.

fête [fɛt] 1 f fiesta; festividad. 2 feria. 3 santo. 4 (fam) juerga.

Fête-Dieu [fɛt'djø] (pl Fêtes-Dieu) f Corpus Christi.

fêter [fɛ'te] 1 tr celebrar. 2 festejar.

fétiche [fe'tiʃ] m fetiche.

fétichiste [feti'ʃist] adj/m ou f fetichista.

fétide [fe'tid] adj fétido.

fétidité [fetidi'te] f fetidez, hedor.

fétu [fe'ty] 1 m pajilla. 2 comino.

feu [fø] 1 m fuego. 2 lumbre. 3 luz (señal luminosa). 4 hoguera. ◆ ~ de signalisation semáforo; ~ du ciel rayo; feux d'artifice fuegos artificiales; feux de détresse luces de emergencia; feux de position luz de posición; ■ jouer avec le ~ jugar con fuego; mettre le ~ à prender fuego a; prendre ~ incendiarse.

feuille [fœj] 1 f hoja. 2 periódico. 3 (fig, fam) oído. ◆ ~ de paye nómina; ~ morte hoja seca; ■ être dur de la ~ (fig, fam) estar un poco sordo.

feuilleter [fœj'te] 1 tr hojear. 2 hojaldrar.

feuilleton [fœj'tɔ̃] 1 m folletín. 2 serial (en televisión).

feuler [fø'le] intr dar bufidos.

feutre [føtʀ] 1 m fieltro. 2 sombrero de fieltro.

feutrer [fø'tʀe] 1 tr enfurtir. 2 fieltrar.

fève [fɛv] f haba.

février [fevʀi'e] m febrero.

fiançailles [fjɑ̃'saj] 1 f pl esponsales. 2 noviazgo.

fiancé, e [fjɑ̃'se] m et f novio.

fiancer [fjɑ̃'se] 1 tr desposar. ● 2 se ~ pron prometerse, desposarse.

fiasco [fjas'ko] m fiasco; fracaso. ■ faire ~ fracasar.

fibre [fibʀ] 1 f fibra. 2 (fig) vena, madera: il a la fibre artistique = tiene la vena artística.

ficeler [fis'le] 1 tr atar; encordelar, poner una cuerda. 2 (fig, fam) arreglar. ● 3 se ~ pron (fam) componerse, arreglarse.

ficelle [fi'sɛl] 1 f bramante; guita. 2 pistola, tornillo. 3 (fig, fam) recurso.

fiche [fiʃ] 1 f papeleta; ficha. 2 fija. 3 clavija. 4 MÉD protocolo. 5 ÉLEC enchufe.

ficher [fi'ʃe] 1 tr fichar. ● 2 tr et pron hincar, clavar. ● 3 tr (fam) largar. 4 (fam) hacer. ● 5 se ~ pron (fam) reírse, burlarse. 6 (fam) tomar a broma. 7 (fam) meterse. ■ se ~ par terre tirarse al suelo.

fichier [fi'ʃje] m fichero.

fichu, e [fi'ʃy] 1 adj (fam) detestable. 2 (fam) perdido. 3 (fam) tirado (en el vestir).

fictif, ive [fik'tif, iv] adj ficticio.

fiction [fik'sjɔ̃] f ficción.

fidèle [fi'dɛl] adj/m ou f fiel.

fidélité [fideli'te] f fidelidad.

fief [fjɛf] m feudo.

fielleux, euse [fjɛ'lø, øz] adj amargo.

fiente [fjɑ̃t] f excremento.

fienter [fjɑ̃'te] intr estercolar (expulsar los excrementos).

fier, fière [fjɛʀ] 1 adj altivo. 2 orgulloso: il est fier de son travail = está orgulloso de su trabajo. 3 soberbio.

fier (se) [sə'fje] 1 pron fiarse. 2 (~ à) fiarse de, confiar en.

fierté [fjɛʀ'te] f orgullo, soberbia.

fiesta [fjɛs'ta] f (fam) juerga.

fièvre [fjɛvʀ] f fiebre; calentura. ◆ ~ chaude calentura.

fiévreux, euse [fje'vʀø, øz] 1 adj calenturiento, febril. ● 2 m et f calenturiento.

figer [fi'ʒe] 1 tr et pron cuajar; coagular. ● 2 tr paralizar, petrificar.

fignoler [fiɲɔ'le] *tr* et *intr* (fam) perfilar, refinar.

figue [fig] *f* higo. ◆ ~ **fleur** breva; ■ **mi-figue mi-raisin** (fig) entre chanzas y veras.

figuier [fi'gje] *m* higuera.

figurant, e [figy'Rã, t] *m* et *f* figurante, comparsa.

figuratif, ive [figyRa'tif, iv] *adj* figurativo.

figure [fi'gyR] *f* **1** figura. **2** cara (rostro). **3** símbolo.

figuré, e [figy'Re] *adj* figurado.

figurer [figy'Re] **1** *tr, intr* et *pron* figurar. ● **2** *tr* representar. ● **3** *intr* hacer comparsa.

figurine [figy'Rin] *f* figurilla; estatuita.

fil [fil] **1** *m* hilo. **2** alambre. **3** (fig) filo (de cuchillo, espada, etc.).

filamenteux, euse [filamɑ̃'tø, øz] *adj* filamentoso.

filandreux, euse [filɑ̃'dRø, øz] *adj* fibroso, hebroso.

filant, e [fi'lɑ̃, t] *adj* fluente.

filasse [fi'las] *f* **1** estopa; hilaza. **2** (fam) estropajo.

filature [fila'tyR] *f* hilatura.

file [fil] *f* fila; hilera.

filer [fi'le] **1** *tr* hilar. **2** tejer (la araña). ● **3** *intr* formar hilos. **4** (fam) ir rápidamente. **5** (fam) largarse.

filet [fi'le] **1** *m* red. **2** redecilla (para el cabello). **3** filete (carne, pescado); lomo (de cerdo). **4** hilo, chorrillo (de agua). ■ **tendre un ~** (fig) caer en la red.

filial, e [fi'ljal] **1** *adj* filial. ● **2** *f* filial, sucursal.

filiation [filja'sjɔ̃] *f* filiación (vínculos de parentesco).

filiforme [fili'fɔRm] *adj* filiforme.

filigrane [fili'gRan] *m* filigrana.

fille [fij] **1** *f* hija. **2** niña; chica; muchacha. ◆ ~ **mère** madre soltera; **jeune** ~ soltera; **petite-fille** nieta.

fillette [fi'jet] *f* niña; chiquilla.

filleul, e [fi'jœl] *m* et *f* ahijado.

film [film] **1** *m* película. **2** capa. ◆ ~ **annonce** avance, trailer; ~ **en noir et blanc** película en blanco y negro; ~ **muet** película muda; ~ **parlant** película sonora.

filmer [fil'me] *tr* filmar.

filou [fi'lu] *m* **1** canalla (ladrón); ratero. **2** fullero; tramposo. **3** travieso (niño).

fils [fis] *m* hijo. ◆ ~ **à papa** (péj) hijo de papá, señorito; ~ **de famille** niño bien; **petit-fils** nieto.

filtrant, e [fil'tRɑ̃, t] *adj* filtrante.

filtre [filtR] *m* filtro.

filtrer [fil'tRe] **1** *tr* filtrar. **2** controlar (a personas). ● **3** *intr* filtrarse: *ce café filtre lentement = este café se filtra lentamente*.

fin [fɛ̃] *f* fin; final. ■ **à la** ~ finalmente; **arriver à ses fins** triunfar; **en** ~ **de compte** en resumidas cuentas; **faire une** ~ sentar cabeza; **mettre** ~ **à** acabar con.

final, e [fi'nal] *adj* et *f* final.

finaliser [finali'ze] **1** *tr* finalizar; ultimar. **2** dar una finalidad.

finaliste [fina'list] *adj/m* ou *f* finalista.

finalité [finali'te] *f* finalidad.

finance [fi'nɑ̃s] *f* **1** banca. ● **2 finances** *f pl* finanzas; hacienda.

financer [finɑ̃'se] *tr* financiar.

financier, ère [finɑ̃'sje, jeR] *adj* et *m* financiero.

finaud, e [fi'no, d] *adj* astuto.

fine [fin] *f* fino; aguardiente (de alta calidad).

fini, e [fi'ni] **1** *adj* acabado, terminado. **2** pasado (de moda); obsoleto (máquina). **3** consumado, rematado: *un menteur fini = un mentiroso rematado*. ● **4** *m* remate, acabado (de un objeto); perfección.

finir [fi'niR] **1** *tr* acabar; finalizar. ● **2** *intr* acabar; terminar. ■ **en** ~ acabar de una vez; **ne pas en** ~ no terminar nunca.

finition [fini'sjɔ̃] *f* última mano, acabado.

Finlande [fɛ̃'lɑ̃d] *f* Finlandia.

finnois, e [fi'nwa, z] **1** *adj* finés. ● **2 Finnois, e** *m* et *f* finés. ● **3** *m* finés (lengua).

fiole [fjɔl] *f* frasco.

fioriture [fjɔRi'tyR] *f* floritura.

fioul [fjul] *m* fuel, fueloil.

firmament [fiRma'mɑ̃] *m* firmamento.

firme [fiRm] *f* firma, razón social.

fisc [fisk] *m* fisco.

fiscal, e [fis'kal] *adj* fiscal.

fiscaliser [fiskali'ze] *tr* obligar al pago de impuestos.

fiscalité [fiskali'te] *f* sistema de contribuciones.

fissile [fi'sil] **1** *adj* escindible. **2** PHYS fisible.

fissurer [fisy'Re] *tr* et *pron* agrietar.

fiston [fis'tɔ̃] *m* (fam) hijito, pequeño (apelativo).

fistuleux, euse [fisty'lø, øz] *adj* MÉD fistuloso.

fixation [fiksa'sjɔ̃] *f* fijación.

fixe [fiks] *adj* fijo. ■ **à heure ~** a la misma hora.

fixer [fik'se] **1** *tr* fijar. ● **2 se ~** *pron* establecerse. ■ **être fixé** saber; **~ son choix** escoger; **~ un rendez-vous** citarse.

fixité [fiksi'te] *f* fijeza.

flac! [flak] *interj* ¡chof!

flacon [fla'kɔ̃] *m* frasco.

flageller [flaʒe'le] *tr* flagelar.

flageoler [flaʒɔ'le] *intr* flaquear; temblar. ■ **~ sur ses jambes** flaquearle a uno las piernas.

flagrant, e [fla'grɑ̃, t] *adj* flagrante. ■ **en ~ délit** en flagrante delito, in fraganti.

flair [flɛr] *m* olfato. ■ **avoir du ~** (fig) tener olfato.

flairer [fle're] **1** *tr* olfatear; husmear (los perros). **2** (fig) oler, sospechar.

flamant [fla'mɑ̃] *m* ZOOL flamenco.

flambeau [flɑ̃'bo] *m* antorcha. ■ **reprendre le ~** (fig) tomar el relevo.

flamber [flɑ̃'be] **1** *intr* llamear. ● **2** *tr* chamuscar. **3** (fig) malgastar, tirar (el dinero). **4** GAST flambear.

flamboyer [flɑ̃bwa'je] *intr* llamear.

flamme [flam] **1** *f* llama. **2** (fig) ardor; pasión. ● **3 flammes** *f pl* fuego: *jeter aux flammes = echar al fuego*.

flan [flɑ̃] *m* flan. ■ **en rester comme deux ronds de ~** (fam) quedarse patidifuso.

flanc [flɑ̃] **1** *m* flanco; costado (de persona); ijada (de animal). **2** falda; ladera (de montaña). **3** MIL flanco. ■ **prêter le ~** (fig) dar pie, exponerse; **tirer au ~** (fam) escurrir el bulto.

flanelle [fla'nɛl] *f* franela (tejido).

flâner [fla'ne] **1** *intr* callejear; deambular. **2** gandulear.

flânerie [flan'ri] *f* callejeo.

flapi, e [fla'pi] *adj* (fam) reventado, hecho polvo.

flaque [flak] *f* charco.

flatter [fla'te] **1** *tr* halagar; adular. **2** acariciar (un animal). **3** favorecer (quedar bien). **4** causar satisfacción, enorgullecer: *tes propos me flattent = tus palabras me enorgullecen*. ● **5 se ~** *pron* jactarse, vanagloriarse.

flatterie [flat'ri] *f* halago; adulación.

flatulent, e [flaty'lɑ̃, t] *adj* MÉD flatulento.

flatuosité [flatyozi'te] *f* flato.

flèche [flɛʃ] **1** *f* flecha. **2** (fig) dardo (crítica). **3** ARCHIT aguja (de campanario). **4** TECH aguilón. ■ **monter en ~** subir rápidamente; **partir en ~** salir disparado; **se trouver en ~** ir en vanguardia.

fléchir [fle'ʃir] **1** *tr* flexionar (las rodillas); doblar (el cuerpo). **2** (fig) ablandar, conmover; doblegar. ● **3** *intr* doblarse. **4** bajar, disminuir (precios). **5** (fig) ceder, claudicar.

flegmatique [flɛgma'tik] *adj* flemático.

flegme [flɛgm] *m* flema. ■ **faire perdre son ~ à qqn** sacar de quicio a alguien.

flemmard, e [fle'mar, d] *adj/m* et *f* (fam) gandul, vago.

flemmarder [flemar'de] *intr* (fam) vaguear, holgazanear.

flemme [flɛm] *f* (fam) flojera, pereza. ■ **avoir la ~ de faire qqch** dar pereza hacer algo.

flétrir [fle'trir] **1** *tr* et *pron* marchitar (flor); secar (fruto); ajar (la piel). ● **2** *tr* mancillar, infamar (la reputación): *flétrir la mémoire de qqn = mancillar la memoria de alguien*; deshonrar.

fleur [flœr] *f* flor. ◆ **~ de lis** flor de lis; ■ **à ~ de peau** a flor de piel; **être en ~** estar en flor; **être ~ bleue** ser sentimental; **faire une ~ à qqn** (fam) hacer un favor a alguien; **la fine ~ de** la flor y nata de.

fleurer [flœ're] *tr* despedir, exhalar (un olor agradable).

fleuret [flœ'rɛ] *m* florete (esgrima).

fleuri, e [flœ'ri] **1** *adj* florido, florecido. **2** floreado (papel, tejido); colorado.

fleurir [flœ'rir] **1** *intr* florecer. **2** (fig) prosperar, florecer. ● **3** *tr* poner flores, florear.

fleuriste [flœ'rist] *m* ou *f* florista (vendedor).

fleuve [flœv] *m* río.

> Es un nombre masculino que suele designar ríos que van a parar al mar o bien ríos grandes, importantes o caudalosos. El nombre propio no tiene por qué coincidir en género: *la Seine est un fleuve = el Sena es un río*.

flexible [flɛk'sibl] *adj* flexible.

flexion [flɛk'sjɔ̃] *f* flexión.

flexionnel, elle [flɛksjɔ'nɛl] *adj* GRAMM flexional.

flic [flik] *m* (fam) poli.

flinguer [flɛ̃'ge] *tr* (fam) matar a tiros.

flipper [fli'pe] **1** *intr* (fam) amargarse; estar hecho polvo. **2** (fam) tener el mono (un drogadicto).

flirt [flœrt] *m* flirteo, flirt.

floc! [flɔk] *interj* ¡plaf! (zambullida).

flocon [flɔ'kɔ̃] *m* copo (de nieve).

floconneux, euse [flɔkɔ'nø, øz] *adj* en copos.

flonflon [flɔ̃'flɔ̃] *m* MUS (se usa más en *pl*) chínchín.

floraison [flɔrɛ'zɔ̃] *f* floración, florescencia.

floral, e [flɔ'ral] *adj* floral.

floriculture [flɔrikyl'tyr] *f* AGR floricultura.

florilège [flɔri'lɛʒ] *m* florilegio.

florissant, e [flɔri'sã, t] **1** *adj* floreciente; próspero (negocios, empresa). **2** resplandeciente (piel); rebosante (de salud).

flot [flo] **1** *m* (fig) mar (de lágrimas); río (de palabras); raudal, chorro (de luz, ideas, etc.). ● **2 flots** *m pl* olas (del mar). ■ **à ~** a flote.

flottant, e [flɔ'tã, t] **1** *adj* flotante. **2** (fig) fluctuante, indeciso (que vacila).

flotter [flɔ'te] **1** *intr* flotar; ondear (una bandera); ir ancho (un vestido). **2** ÉCON fluctuar. **3** *impers* (fam) llover: *il flotte depuis hier* = *llueve desde ayer*.

flou, e [flu] **1** *adj* borroso (dibujo, pintura). **2** (fig) vago, impreciso: *une promesse floue* = *una promesa vaga*.

flouer [flu'e] *tr* estafar, timar.

fluctuation [flyktɥa'sjɔ̃] *f* fluctuación.

fluctuer [flyk'tɥe] *intr* fluctuar.

fluet, ette [fly'ɛ, t] **1** *adj* endeble; delgado. **2** débil y agudo (voz).

fluide [flɥid o fly'id] *adj et m* fluido.

fluidifier [flɥidi'fje] *tr* fluidificar.

fluidité [flɥidi'te] *f* fluidez.

fluor [fly'ɔr] *m* CHIM flúor.

fluorescence [flyɔrɛ'sãs] *f* fluorescencia.

flûte [flyt] **1** *f* flauta; flautista. ● **2 flûtes** *f pl* (fam) zancas (piernas). ● **3 flûte!** *interj* ¡caramba! ■ **jouer des flûtes** pirárselas.

flûté, e [fly'te] *adj* aflautado.

flûtiste [fly'tist] *m* ou *f* flautista.

fluvial, e [fly'vjal] *adj* fluvial.

flux [fly] *m* flujo.

focaliser [fɔkali'ze] *tr* enfocar (la atención).

fœtus [fe'tys] *m* feto.

foi [fwa] *f* fe. ■ **avoir ~ en** tener fe en; **donner sa ~** dar su palabra; **être de bonne ~** actuar con buena fe; **être de mauvaise ~** actuar con mala fe; **faire ~** dar fe, acreditar; **sur la ~ de** en base a.

foie [fwa] *m* hígado (carnicería). ◆ **~ gras** "foie gras".

foin [fwɛ̃] *m* heno. ◆ **~ d'artichaut** pelusa de la alcachofa; ■ **faire du ~** (fam) armar jaleo.

foirade [fwa'rad] *f* (fam) fracaso, chasco.

foire [fwar] **1** *f* mercado; feria (de pueblo). **2** (fam) jaleo. ■ **faire la ~** (fam) irse de juerga.

foirer [fwa're] **1** *intr* pasarse de rosca (un tornillo); fallar (un cohete). **2** (fam) fracasar, quedarse en la estacada.

foireux, euse [fwa'rø, øz] *adj* (fam) que saldrá mal (un proyecto).

fois [fwa] *f* vez (multiplicación). ■ **à la ~** a la vez; **c'est trois ~ rien** eso no es nada; **des ~** (fam) a veces; **en une seule ~** de una vez, en un golpe; **encore une ~** una vez más; **une ~ que** en cuanto; una vez que.

foison [fwa'zɔ̃] *f* abundancia. ■ **à ~** con profusión.

foisonnant, e [fwazɔ'nã, t] *adj* abundante.

foisonner [fwazɔ'ne] *intr* abundar; rebosar.

fol [fɔl] *adj* → fou.

folie [fɔ'li] *f* locura. ■ **à la ~** con locura; **faire des folies** hacer locuras; **la ~ des grandeurs** el delirio de grandezas.

folklore [fɔl'klɔr] *m* folclore, folclor.

folklorique [fɔlklɔ'rik] *adj* folclórico.

folle [fɔl] *adj* → fou.

follet, ette [fɔ'lɛ, t] *adj* locuelo.

fomenter [fɔmã'te] *tr* fomentar.

foncé, e [fɔ̃'se] *adj* oscuro.

foncer [fɔ̃'se] **1** *tr* et *pron* oscurecer (un color). ● **2** *intr* lanzarse, arremeter. **3** (fam) ir volando.

foncier, ère [fɔ̃'sje, jɛr] **1** *adj* territorial. **2** (fig) innato.

fonction [fɔ̃k'sjɔ̃] **1** *f* función. **2** profesión; cargo. ● **3 fonctions** *f pl* competencias; funciones. ■ **en ~ de** dependiendo de; con arreglo a; **entrer en** ~ tomar posesión de un cargo; **être ~ de** depender de; **faire ~ de** hacer las veces de; servir para.

fonctionnaire [fõksjɔ'nɛʀ] *m* ou *f* funcionario; servidor público (Amér.).

fonctionnalité [fõksjɔnali'te] *f* carácter funcional.

fonctionnel, elle [fõksjɔ'nɛl] *adj* funcional.

fonctionner [fõksjɔ'ne] *intr* funcionar. ■ **faire** ~ poner en funcionamiento.

fond [fõ] **1** *m* fondo. **2** el resto; lo que queda (de una botella). ◆ ~ **musical** hilo musical; ~ **de teint** maquillaje de fondo; ■ **à** ~ **de train** a todo correr; **aller au** ~ **des choses** ir hasta el fondo de una cuestión; **sans** ~ sin fondo (muy profundo); **toucher le** ~ tocar fondo (también figurado).

fondamental, e [fõdamã'tal] *adj* fundamental.

fondamentaliste [fõdamãta'list] *adj/m* ou *f* fundamentalista.

fondant, e [fõ'dã, t] **1** *adj* fundente. **2** *que se deshace en la boca*. ◆ **3** *m* GAST dulce (a base de azúcar).

fondation [fõda'sjõ] **1** *f* fundación. **2** ARCHIT cimentación. ◆ **3 fondations** *f pl* ARCHIT cimientos.

fondé, e [fõ'de] **1** *adj* fundado. **2** autorizado.

fonder [fõ'de] **1** *tr* fundar. ◆ **2** *tr et pron* (fig) fundar, basar: *sur quoi te fondes-tu pour l'accuser?* = ¿en qué te basas para acusarlo?

fonderie [fõd'ʀi] *f* fundición.

fondeur [fõ'dœʀ] *m* fundidor.

fondre [fõdʀ] **1** *tr et pron* fundir (nieve, hielo, metal); derretir. ◆ **2** *tr* disolver, deshacer (azúcar, sal). **3** (fig) mezclar, degradar (colores); refundir. ◆ **4** *intr* fundirse, derretirse; disolverse, deshacerse. **5** abalanzarse, arrojarse. ◆ **6 se** ~ *pron* confundirse, mezclarse. ■ **faire** ~ disolver.

fonds [fõ] **1** *m* propiedad, heredad. ◆ **2** *m pl* fondos (dinero). ◆ ~ **de commerce** negocio, comercio; ~ **de roulement** fondo de operaciones; ■ **à** ~ **perdus** a fondo perdido; **être en** ~ estar en fondos.

fontaine [fõ'tɛn] *f* fuente, manantial.

fonte [fõt] *f* fundición. ■ **la** ~ **des neiges** el deshielo.

football [fut'bol] *m* fútbol.

Las posiciones de los jugadores son: *gardien de but* = portero ◊ *arrière* = *defensa* ◊ *demi* = medio ◊ *ailier* = extremo ◊ *intérieur (inter)* = interior.

forain, e [fɔ'ʀɛ̃, ɛn] *m et f* feriante.

forçat [fɔʀ'sa] **1** *m* presidiario. **2** (fig) esclavo (condenado a trabajos forzados).

force [fɔʀs] **1** *f* fuerza. **2** resistencia, solidez (un objeto); potencia (ejército). **3** (fig) fortaleza (intelectual, moral). ◆ ~ **d'âme** ánimo, valor; ~ **de frappe** fuerza de disuasión; ■ **à** ~ **de** a fuerza de; **c'est au-dessus de mes forces** supera mis fuerzas; **dans la** ~ **de l'âge** en la madurez; **de** ~ a la fuerza; **de toute sa** ~ con toda su fuerza; **être à bout de** ~ estar agotado; **ménager ses forces** ahorrar las fuezas; **par** ~ por fuerza; **par la** ~ **des choses** debido a las circunstancias.

forcé, e [fɔʀ'se] *adj* forzado (sonrisa, actitud); forzoso (inevitable); rebuscado (comparación). ■ **c'est** ~! (fam)-¡es de cajón!, ¡era evidente!

forcené, e [fɔʀsə'ne] **1** *adj/m et f* loco. **2** furioso.

forcer [fɔʀ'se] **1** *tr* forzar. **2** (~ *à*) obligar. **3** acosar, acorralar. **4** apresurar (dar prisa). **5** aumentar. ◆ **6** *intr* hacer un esfuerzo. ◆ **7 se** ~ *pron* esforzarse.

forcir [fɔʀ'siʀ] *intr* engordar; fortalecerse.

forer [fɔ'ʀe] **1** *tr* barrenar, horadar. **2** perforar.

forestier, ère [fɔʀɛs'tje, jɛʀ] *adj/m et f* forestal. ◆ **agent** ~ agente forestal.

forêt [fɔ'ʀɛ] **1** *f* bosque. **2** selva.

forfait [fɔʀ'fɛ] **1** *m* crimen. **2** destajo, ajuste (de un trabajo). **3** indemnización (hípica). ■ **à** ~ a destajo; **déclarer** ~ retirarse, renunciar, abandonar.

forfaitaire [fɔʀfe'tɛʀ] *adj* fijo, concertado.

forfanterie [fɔʀfãt'ʀi] *f* fanfarronería.

forge [fɔʀʒ] **1** *f* fragua; forja. **2** herrería.

forger [fɔʀ'ʒe] **1** *tr* forjar, fraguar. **2** inventar. **3** (fig) forjar, elaborar (un plan). ◆ **4 se** ~ *pron* (fig) forjarse, imaginarse.

forgeron [fɔʀʒə'ʀõ] *m* herrero.

formaliser (se) [sɔfɔʀmali'ze] *pron* ofenderse, molestarse.

formaliste [fɔʀma'list] *adj/m* ou *f* formalista.

formalité [fɔʀmali'te] *f* formalidad, trámite.

format [fɔʀ'ma] *m* formato, tamaño.

formater [fɔʀma'te] *tr* INF formatear.

formation [fɔʀma'sjɔ̃] **1** *f* formación (educación). **2** SPORTS alineación (colocación).

forme [fɔʀm] **1** *f* forma. • **2 formes** *f pl* modales. ■ **être en ~** estar en forma.

formel, elle [fɔʀ'mɛl] *adj* formal.

former [fɔʀ'me] **1** *tr* et *pron* formar. • **2** *tr* concebir. **3** formar, instruir.

formidable [fɔʀmi'dabl] **1** *adj* estupendo, formidable; macanudo. **2** asombroso, considerable.

formulaire [fɔʀmy'lɛʀ] *m* formulario.

formulation [fɔʀmyla'sjɔ̃] *f* formulación.

formule [fɔʀ'myl] *f* fórmula. ◆ **~ de politesse** fórmula de cortesía.

forniquer [fɔʀni'ke] *intr* fornicar.

fort [fɔʀ] **1** *adv* fuerte. **2** muy, mucho. ■ **aller ~** (fam) exagerar; **de plus en plus ~** cada vez más difícil.

fort, e [fɔʀ, t] **1** *adj* fuerte. **2** grueso. **3** grande (considerable). **4** excesivo. **5** difícil. **6** sólido (resistente). • **7** *m* fuerte, potente. ◆ **~ en gueule** mal hablado; ■ **à plus forte raison** con mayor motivo; **au plus ~ de** en pleno, en medio de; **être ~ en** saber mucho de; **se faire ~ de** comprometerse a; estar seguro de.

forteresse [fɔʀtə'ʀɛs] *f* fortaleza (fortificación).

fortifiant, e [fɔʀti'fjɑ̃, t] *adj* et *m* reconstituyente.

fortification [fɔʀtifika'sjɔ̃] *f* fortificación.

fortifier [fɔʀti'fje] **1** *tr* fortificar. **2** (fig) fortalecer, reforzar.

fortuit, e [fɔʀ'tɥi, t] *adj* fortuito, casual.

fortune [fɔʀ'tyn] **1** *f* fortuna, caudal. **2** (fam) dineral. ■ **courir ~** correr riesgo; **être ~** estar de suerte.

fortuné, e [fɔʀty'ne] *adj* afortunado.

fosse [fos] **1** *f* fosa, hoyo (tumba). **2** foso (garaje).

fossé [fo'se] **1** *m* zanja, foso. **2** (fig) abismo: *il y a un fossé entre nous* = hay un abismo entre nosotros.

fossette [fo'sɛt] *f* hoyuelo (en la mejilla, barbilla).

fossile [fo'sil] *adj* et *m* fósil.

fossiliser [fosili'ze] *tr* fosilizar.

fou, folle [fu, fɔl] **1** *adj/m* et *f* loco. • **2** *adj* (fig) excesivo, exagerado. ■ **à chaque ~ sa marotte** cada loco con su tema; **avoir le ~ rire** tener un ataque de risa; **être ~ de** estar loco por.

> Ante un nombre masculino que empiece por vocal o **h** muda debe emplearse la forma **fol**: *un fol esprit* = *un espíritu loco*.

foudre [fudʀ] **1** *f* rayo. • **2** *m* fudre, cuba. • **3 foudres** *f pl* reproches, críticas.

foudroyant, e [fudʀwa'jɑ̃, t] *adj* fulminante.

foudroyer [fudʀwa'je] **1** *tr* fulminar. **2** (fig) aterrar. ■ **~ qqn du regard** fulminar a alguien con la mirada.

fouet [fwɛ] *m* látigo; rejo, fuete (Amér.).

fouetter [fwe'te] **1** *tr* azotar, pegar; afuetear (Amér.). **2** golpear: *le vent fouette les fenêtres* = *el viento golpea las ventanas*. **3** batir (en cocina).

fougère [fu'ʒɛʀ] *f* BOT helecho.

fougueux, euse [fu'gø, øz] *adj* fogoso, impetuoso.

fouille [fuj] **1** *f* excavación (en arqueología). **2** registro, cacheo.

fouiller [fu'je] **1** *tr* excavar (en arqueología). **2** registrar, cachear: *la police a fouillé le voleur* = *la policía ha cacheado al ladrón*. **3** (fig) profundizar. • **4** *intr* et *pron* registrar, rebuscar.

fouiner [fwi'ne] *intr* fisgonear, curiosear.

fouir [fwiʀ] *tr* escarbar.

foulant, e [fu'lɑ̃, t] *adj* compresor. ◆ **pompe ~** bomba impelente.

foulard [fu'laʀ] *m* fular (bufanda); pañuelo (para el cuello).

foule [ful] **1** *f* muchedumbre, gentío. **2** (fig) vulgo, plebe. ■ **en ~** en masa; **une ~ de** una infinidad de, un montón de.

foulée [fu'le] **1** *f* huella, pisada. **2** zancada. ■ **dans la ~** inmediatamente después.

fouler [fu'le] **1** *tr* pisar. • **2 se ~** *pron* torcerse. ■ **~ aux pieds** (fig) pisotear, hollar (uva).

four [fuʀ] **1** *m* horno. **2** (fig) fracaso. ◆ **petits fours** pastelitos, pastas.

fourbe [fuʀb] *adj/m* ou *f* trapacero, bribón.

fourbi [fuʀˈbi] *m* (fam) trastos, bártulos.

fourbir [fuʀˈbiʀ] *tr* bruñir, acicalar.

fourche [fuʀʃ] **1** *f* horca, horcón. **2** bifurcación (de un camino). **3** horcadura (de un árbol). **4** horquilla.

fourché, e [fuʀˈʃe] **1** *adj* horquillado. **2** bifurcado.

fourcher [fuʀˈʃe] **1** *intr* bifurcarse; ramificarse. **2** (fig) trabarse.

fourchette [fuʀˈʃɛt] *f* tenedor.

fourgon [fuʀˈgɔ̃] **1** *m* furgón (vehículo). **2** hurgón.

fourgonnette [fuʀgɔˈnɛt] *f* furgoneta.

fourmi [fuʀˈmi] *f* hormiga. ■ **avoir des fourmis dans le corps** tener un hormigueo en el cuerpo; **être une ~** (fig) ser trabajador.

fourmilière [fuʀmiˈljɛʀ] *f* hormiguero.

fourmiller [fuʀmiˈje] **1** *intr* abundar. **2** (fig) hormiguear, pulular.

fournaise [fuʀˈnɛz] **1** *f* hoguera. **2** horno.

fourneau [fuʀˈno] **1** *m* horno. **2** hornillo, fogón (de cocina). **3** cazoleta (pipa). ◆ **haut ~** alto horno.

fournée [fuʀˈne] *f* hornada.

fourni, e [fuʀˈni] **1** *adj* surtido, provisto. **2** espeso, tupido.

fournil [fuʀˈni] *m* amasadero.

fournir [fuʀˈniʀ] **1** *tr* et *pron* abastecer, suministrar. ● **2** *tr* proporcionar. **3** producir.

fourniture [fuʀniˈtyʀ] *f* suministro, abastecimiento.

fourrager [fuʀaˈʒe] **1** *intr* forrajear. **2** hurgar. ● **3** *tr* (fam) revolver.

fourré, e [fuˈʀe] **1** *adj* espeso, tupido. **2** engañoso. **3** relleno (un bizcocho). **4** forrado de pieles.

fourrer [fuˈʀe] **1** *tr* forrar. **2** (fam) meter: *fourrer les mains dans les poches = meter las manos en los bolsillos*. ● **3** *se ~ pron* (fig) meterse.

fourrière [fuˈʀjɛʀ] **1** *f* depósito (vehículos). **2** perrera (refugio).

fourrure [fuˈʀyʀ] **1** *f* piel (de animal). **2** abrigo de piel; forro de piel. **3** TECH relleno.

fourvoyer [fuʀvwaˈje] **1** *tr* et *pron* descarriar, extraviar. **2** equivocar.

foutre [futʀ] **1** *tr* (fam) hacer. ● **2** *se ~ pron* (se ~ *de*) pasar de, importar un comino: *il s'en fout de tout = pasa de todo*.

foutu, e [fuˈty] *adj* → fichu.

foyer [fwaˈje] **1** *m* hogar. **2** saloncillo (de un teatro). **3** (fig) foco, centro. ● **4** **foyers** *m pl* país natal, hogar. ◆ **~ d'étudiants** residencia de estudiantes.

fracas [fʀaˈka] *m* estrépito, estruendo.

fracassant, e [fʀakaˈsɑ̃, t] **1** *adj* estrepitoso, estruendoso. **2** (fig) resonante, estrepitoso.

fracasser [fʀakaˈse] *tr* et *pron* romper, estrellar.

fraction [fʀakˈsjɔ̃] **1** *f* rotura. **2** fracción, parte. **3** MATH fracción.

fractionnel, elle [fʀaksjɔˈnɛl] *adj* fraccionario.

fractionner [fʀaksjɔˈne] *tr* et *pron* fraccionar.

fracture [fʀakˈtyʀ] *f* fractura.

fracturer [fʀaktyˈʀe] *tr* fracturar; romper.

fragile [fʀaˈʒil] *adj* frágil.

fragilité [fʀaʒiliˈte] **1** *f* fragilidad. **2** debilidad, delicadeza.

fragment [fʀagˈmɑ̃] *m* fragmento.

fragmenter [fʀagmɑ̃ˈte] *tr* fragmentar.

fraîche [fʀɛʃ] *adj* → frais.

fraîcheur [fʀɛˈʃœʀ] **1** *f* frescura. **2** fresco. **3** (fig) frescura, lozanía.

fraîchir [fʀɛˈʃiʀ] *intr* refrescar.

frais, fraîche [fʀɛ, ʃ] **1** *adj* et *m* fresco. ● **2** *adj* (fig) frío. ● **3** *m pl* gastos. ◆ **faux ~** gastos imprevistos; ■ **à grands ~** costosamente; **à peu de ~** económicamente; fácilmente; **aux ~ de qqn** a costa de alguien; **faire ses ~** cubrir gastos; **mettre qqn au ~** (fam) meter a alguien en prisión; **se mettre en ~** hacer muchos gastos; hacer esfuerzos.

fraise [fʀɛz] *f* fresa; frutilla (Amér.). ◆ **~ des bois** fresa silvestre.

framboise [fʀɑ̃ˈbwaz] *f* frambuesa.

franc [fʀɑ̃] *m* franco (moneda).

franc, franche [fʀɑ̃, ʃ] **1** *adj* franco, sincero. **2** libre. **3** franco, exento.

français, e [fʀɑ̃ˈsɛ, z] **1** *adj* francés. ● **2** **Français, e** *m* et *f* francés. ● **3** *m* francés (lengua).

franchir [fʀɑ̃ˈʃiʀ] **1** *tr* salvar, saltar: *il franchit une barrière de bois = saltó una barrera de madera*. **2** atravesar, recorrer. **3** (fig) vencer, superar (una dificultad).

franchise [fʀɑ̃ˈʃiz] **1** *f* franquicia. **2** (fig) franqueza (sinceridad).

francophile [fʀɑ̃kɔˈfil] *adj/m* ou *f* francófilo.

francophilie [fʀɑ̃kɔfi'li] f francofilia.
francophobe [fʀɑ̃kɔ'fɔb] adj francófobo.
francophobie [fʀɑ̃kɔfɔ'bi] f francofobia.
francophone [fʀɑ̃kɔ'fɔn] adj/m ou f francófono.
francophonie [fʀɑ̃kɔfɔ'ni] f francofonía.
frange [fʀɑ̃ʒ] 1 f fleco (tejido). 2 flequillo (pelo). 3 fracción: une frange importante d'étudiants = una fracción importante de estudiantes.
franger [fʀɑ̃'ʒe] tr franjar; adornar con flecos.
frappant, e [fʀa'pɑ̃, t] adj sorprendente, asombroso.
frappé, e [fʀa'pe] 1 adj golpeado. 2 acuñado (moneda). 3 afectado, aquejado (de una enfermedad).
frapper [fʀa'pe] 1 tr et pron golpear, pegar. ● 2 tr acuñar (moneda). 3 estampar (imprimir). 4 afectar, asolar: cette maladie a frappé toute la ville = esta enfermedad ha afectado a toda la ciudad. ● 5 intr llamar (a la puerta). ● 6 se ~ pron preocuparse, inquietarse.
frasque [fʀask] f travesura; calaverada.
fraternel, elle [fʀatɛʀ'nɛl] adj fraternal.
fraterniser [fʀatɛʀni'ze] intr fraternizar.
fraternité [fʀatɛʀni'te] f fraternidad.
fraude [fʀod] f fraude. ■ en ~ fraudulentamente.
frauder [fʀo'de] 1 tr defraudar: il a fraudé le fisc = ha defraudado al fisco. ● 2 intr cometer fraude.
frauduleux, euse [fʀody'lø, øz] adj fraudulento.
frayeur [fʀɛ'jœʀ] f espanto, miedo.
fredonner [fʀədɔ'ne] tr canturrear, tararear.
frein [fʀɛ̃] 1 m freno, bocado (del caballo). 2 freno (de un mecanismo). 3 (fig): il a mis un frein à ses illusions = puso freno a sus ilusiones. ◆ coup de ~ frenazo.
freiner [fʀɛ'ne] 1 intr et tr frenar. ● 2 tr (fig) frenar, disminuir.
frelater [fʀəla'te] 1 tr adulterar, falsificar. 2 (fig) corromper.
frêle [fʀɛl] adj débil, endeble.
frelon [fʀə'lɔ̃] m abejón (insecto).
frémir [fʀe'miʀ] 1 intr estremecerse, temblar (personas). 2 empezar a hervir (el agua).
frémissant, e [fʀemi'sɑ̃, t] adj tembloroso. 2 (fig) estremecido.

frénésie [fʀene'zi] f frenesí.
frénétique [fʀene'tik] adj frenético.
fréquent, e [fʀe'kɑ̃, t] adj frecuente.
fréquentation [fʀekɑ̃ta'sjɔ̃] 1 f frecuentación. 2 relaciones, compañías.
fréquenter [fʀekɑ̃'te] 1 tr frecuentar. 2 relacionarse, tratar con: il fréquente ses voisins = se relaciona con sus vecinos.
frère [fʀɛʀ] 1 m hermano. 2 REL hermano, religioso. ◆ frères jumeaux hermanos gemelos; frères siamois hermanos siameses.
fresque [fʀɛsk] f fresco, pintura al fresco.
fresquiste [fʀɛs'kist] m ou f fresquista.
fret [fʀɛt o fʀɛ] m flete.
fréter [fʀe'te] tr fletar; alquilar (un coche).
frétillant, e [fʀeti'jɑ̃, t] adj vivaracho, bullicioso.
frétiller [fʀeti'je] 1 intr agitarse. 2 colear (un perro).
freudien, enne [fʀø'djɛ̃, ɛn] adj freudiano.
friand, e [fʀi'ɑ̃, d] 1 adj apetitoso. 2 goloso.
friandise [fʀiɑ̃'diz] f golosina.
fric [fʀik] m (fam) pasta (dinero).
fricandeau [fʀikɑ̃'do] m GAST fricandó (carne).
fricassée [fʀika'se] f GAST fricasé. ◆ ~ de museaux (fig) besuqueo.
fricasser [fʀika'se] 1 tr guisar. 2 (fig) derrochar, malgastar.
friche [fʀiʃ] f baldío. ■ en ~ erial, sin cultivar.
frichti [fʀiʃ'ti] m (fam) comida (rápida); guisado.
fricoter [fʀikɔ'te] 1 tr guisar. 2 (fig) tramar: il est en train de fricoter qqch = está tramando algo. ● 3 intr trapichear.
friction [fʀik'sjɔ̃] 1 f fricción. 2 (fig) roce.
frictionner [fʀiksjɔ'ne] tr friccionar, dar friegas.
frigo [fʀi'go] m cámara frigorífica; nevera.
frigorifier [fʀigɔʀi'fje] tr congelar (alimentos).
frigorifique [fʀigɔʀi'fik] adj et m frigorífico.
frileux, euse [fʀi'lø, øz] adj friolero.
frilosité [fʀilozi'te] f pusilanimidad.
frimas [fʀi'ma] m escarcha.
frime [fʀim] f (fam) comedia, farsa.
frimer [fʀi'me] tr (fam) farolear, fachendear.

frimousse 504

frimousse [fʀi'mus] f carita, palmito.
fringale [fʀɛ̃'gal] 1 f (fam) gazuza, carpanta (hambre). 2 (fig) anhelo.
fringant, e [fʀɛ̃'gɑ̃, t] 1 adj brioso, fogoso. 2 apuesto.
fringues [fʀɛ̃g] f pl (fam) ropas, vestidos.
friper [fʀi'pe] tr et pron arrugar (ropa); ajar (la piel).
friperie [fʀip'ʀi] 1 f ropa vieja. 2 ropavejería (ropa de segunda mano); prendería (objetos).
fripon, onne [fʀi'pɔ̃, ɔn] 1 m et f (fam) pillo, pícaro (niño); bribón (persona). ● 2 adj pícaro.
friponnerie [fʀipɔn'ʀi] f picardía, bribonería.
fripouille [fʀi'puj] f (fam) canalla.
fripouillerie [fʀipuj'ʀi] f (fam) canallada.
friquet [fʀi'kɛ] m ZOOL gorrioncillo.
frire [fʀiʀ] tr et intr freír.
frisant, e [fʀi'zɑ̃, t] adj de soslayo, oblicuo.
friser [fʀi'ze] 1 tr et intr rizar. ● 2 tr rasar, rozar.
frisette [fʀi'zɛt] f rizo.
frisotter [fʀizɔ'te] tr et intr rizar ligeramente.
frisottis [fʀizɔ'ti] m rizo pequeño.
frisquet, ette [fʀis'kɛ, t] adj et m (fam) fresquito.
frisson [fʀi'sɔ̃] 1 m escalofrío. 2 (fig) escalofrío, estremecimiento.
frissonnant, e [fʀisɔ'nɑ̃, t] adj tembloroso.
frissonner [fʀisɔ'ne] 1 intr tiritar, sentir escalofríos. 2 (fig) temblar, agitarse.
frit, e [fʀi, t] 1 adj frito. 2 (fam) perdido. ● 3 f (se usa más en pl) patata frita.
friterie [fʀit'ʀi] f freiduría.
friture [fʀi'tyʀ] 1 f freidura. 2 fritura. 3 (fig) parásito, ruido.
frivole [fʀi'vɔl] adj frívolo.
frivolité [fʀivɔli'te] f frivolidad.
froid, e [fʀwa, d] 1 adj et m frío. ● 2 adj (fig) frío. 3 frígido. ● 4 m frialdad. ■ à ~ en frío; jeter un ~ helar; prendre ~ coger frío.
froisser [fʀwa'se] 1 tr et pron magullar. 2 arrugar. 3 ofender, vejar.
frôler [fʀo'le] 1 tr rozar. 2 (fig) rozar.
fromage [fʀɔ'maʒ] 1 m queso. 2 (fig) chollo, sinecura. ■ entre la poire et le ~ sobremesa.
fromagerie [fʀɔmaʒ'ʀi] 1 f quesera. 2 quesería, mantequería; cremería (Amér).

froment [fʀɔ'mɑ̃] m AGR trigo.
fronce [fʀɔ̃s] f frunce, fruncido.
froncer [fʀɔ̃'se] tr et pron fruncir.
froncis [fʀɔ̃'si] m frunce, fruncido.
frondaison [fʀɔ̃dɛ'zɔ̃] 1 f floración. 2 BOT fronda.
fronder [fʀɔ̃'de] 1 tr (fig) criticar, reprender. ● 2 intr HIST ser partidario de la Fronda.
front [fʀɔ̃] 1 m frente. 2 frente (cara). 3 POL frente. ■ baisser le ~ bajar la cabeza.
frontal, e [fʀɔ̃'tal] adj frontal.
frontalier, ère [fʀɔ̃ta'lje, jɛʀ] adj et m fronterizo.
frontière [fʀɔ̃'tjɛʀ] 1 f frontera. ● 2 adj fronterizo.
frontispice [fʀɔ̃tis'pis] m frontis, frontispicio.
frotter [fʀɔ'te] 1 tr et pron frotar, restregar. 2 untar. ● 3 tr fregar. 4 lustrar. ● 5 intr rozar. ● 6 se ~ pron atacar, provocar a alguien (desafiar).
frottoir [fʀɔ'twaʀ] m rascador, frotador.
frou-frou [fʀu'fʀu] m frufrú.
froufrouter [fʀufʀu'te] intr crujir (la seda).
froussard, e [fʀu'saʀ, d] adj (fam) cagado, gallina.
frousse [fʀus] f (fam) canguelis, jindama.
fructifère [fʀykti'fɛʀ] adj BOT fructífero.
fructification [fʀyktifika'sjɔ̃] f fructificación.
fructifier [fʀykti'fje] 1 intr fructificar. 2 (fig) fructificar.
fructueux, euse [fʀyk'tɥø, øz] adj fructuoso.
frugal, e [fʀy'gal] adj frugal.
frugalité [fʀygali'te] f frugalidad.
fruit [fʀɥi] 1 m fruta. 2 ARCHIT desplome. ● 3 fruits m pl DR frutos, rentas. ◆ fruits de mer marisco.
fruiterie [fʀɥit'ʀi] 1 f frutería. 2 maduradero (local industrial).
fruitier, ère [fʀɥi'tje, jɛʀ] 1 adj frutal. ● 2 m et f frutero (vendedor). 3 quesero. ● 4 m frutero (recipiente). 5 vergel.
fruste [fʀyst] 1 adj tosco. 2 TECH gastado, usado.
frustration [fʀystʀa'sjɔ̃] f frustración.
frustrer [fʀys'tʀe] tr frustrar.
fuel [fjul] m fuel.
fugace [fy'gas] adj fugaz.
fugacité [fygasi'te] f fugacidad.

fugitif, ive [fyʒi'tif, iv] *adj/m* et *f* fugitivo.
fugue [fyg] **1** *f* fuga. **2** MUS fuga.
fuguer [fy'ge] *intr* (fam) fugarse.
fuir [fɥiʀ] **1** *intr* huir. **2** alejarse: *les arbres fuyaient rapidement = los árboles se alejan rápidamente.* **3** escaparse (de un depósito). ● **4** *tr* et *pron* evitar, huir de. ■ **faire ~ qqn** ahuyentar a alguien.
fuite [fɥit] **1** *f* huida. **2** fuga, escape. ◆ **point de ~** punto de fuga; ■ **prendre la ~** darse a la fuga.
fulgurance [fylgy'ʀɑ̃s] *f* fulgor.
fulgurant, e [fylgy'ʀɑ̃, t] *adj* fulgurante.
fulguration [fylgyʀa'sjɔ̃] *f* PHYS fulgor, fulguración.
fulgurer [fylgy'ʀe] *intr* fulgurar.
fulminant, e [fylmi'nɑ̃, t] *adj* fulminante.
fulmination [fylmina'sjɔ̃] *f* REL fulminación.
fulminer [fylmi'ne] **1** *intr* fulminar, despotricar (enfadarse). **2** estallar.
fumant, e [fy'mɑ̃, t] **1** *adj* humeante. **2** (fam) sensacional.
fumé, e [fy'me] *adj* ahumado.
fumée [fy'me] **1** *f* humo. **2** vapor de humo. ● **3 fumées** *f pl* humos (vanidad). **4** vapores.
fumer [fy'me] **1** *tr* fumar. **2** ahumar. **3** AGR abonar, estercolar. ● **4** *intr* humear. **5** (fam) echar humo. ■ **~ comme un pompier** fumar como un carretero.
fumet [fy'mɛ] **1** *m* olor. **2** aroma. **3** buqué (del vino). **4** rastro oloroso (de los animales).
fumeux, euse [fy'mø, øz] **1** *adj* humoso. **2** borroso.
fumier [fy'mje] **1** *m* estiércol. **2** (fig) desecho, residuo. **3** (fam) canalla.
fumigation [fymiga'sjɔ̃] *f* fumigación.
fumigène [fymi'ʒɛn] *adj* fumígeno.
fumiste [fy'mist] *m* fumista.
fumisterie [fymistə'ʀi] **1** *f* fumistería. **2** cuento.
fumoir [fy'mwaʀ] *m* fumadero.
funambule [fynɑ̃'byl] *m* et *f* funámbulo.
funèbre [fy'nɛbʀ] *adj* fúnebre. ◆ **pompes funèbres** pompas fúnebres, funeraria.

funérailles [fyne'ʀaj] *f pl* funeral, funerales.
funéraire [fyne'ʀɛʀ] *adj* funerario.
funeste [fy'nɛst] *adj* funesto.
funiculaire [fyniky'lɛʀ] *adj* funicular.
furax [fy'ʀaks] *adj* (fam) hecho una fiera.
furet [fy'ʀɛ] *m* ZOOL hurón.
fureter [fyʀ'te] **1** *intr* huronear. **2** (fig) huronear.
fureur [fy'ʀœʀ] *f* furor. ■ **faire ~** causar furor.
furie [fy'ʀi] **1** *f* furia. **2** furia (divinidad). **3** furia (mujer furiosa).
furieux, euse [fy'ʀjø, øz] *adj* furioso.
furtif, ive [fyʀ'tif, iv] *adj* furtivo.
fusée [fy'ze] **1** *f* cohete (de fuego artificial). **2** AÉR cohete. **3** AUT manguera. **4** TECH rueda espiral (de reloj).
fuser [fy'ze] **1** *intr* fundirse (la cera). **2** deflagrar. **3** escurrirse, deslizarse.
fusible [fy'zibl] *adj* et *m* fusible.
fusil [fy'zi] **1** *m* fusil. **2** chaira, eslabón. ◆ **coup de ~** (fam) sablazo; **~ sous-marin** fusil submarino; ■ **changer son ~ d'épaule** (fig) cambiarse de chaqueta.
fusilier [fyzi'lje] **~ marin** soldado de infantería de marina.
fusillade [fyzi'jad] **1** *f* descarga de fusilería. **2** fusilamiento.
fusiller [fyzi'je] *tr* fusilar. ■ **~ qqn du regard** fulminar a alguien con la mirada.
fusion [fy'zjɔ̃] *f* fusión.
fusionner [fyzjɔ'ne] *tr* et *intr* fusionar.
fustigation [fystiga'sjɔ̃] *f* fustigación.
fustiger [fysti'ʒe] *tr* fustigar.
futé, e [fy'te] *adj* taimado, ladino.
futile [fy'til] *adj* fútil.
futilité [fytili'te] *f* futilidad.
futur, e [fy'tyʀ] *adj* et *m* futuro.
futuriste [fyty'ʀist] *adj* futurista.
futurologie [fytyʀɔlɔ'ʒi] *f* futurología.
futurologue [fytyʀɔ'lɔg] *m* et *f* futurólogo.
fuyant, e [fɥi'jɑ̃, t] **1** *adj* huidizo. ● **2** *m* et *f* perspectiva, línea de fuga.
fuyard, e [fɥi'jaʀ, d] **1** *adj* et *m* fugitivo. ● **2** *m* MIL prófugo, fugitivo.

Gg

g [ʒe] *m* g.

gabardine [gabaʀ'din] *f* gabardina.
gabegie [gab'ʒi] *f* desbarajuste.
gâcher [ga'ʃe] **1** *tr* arruinar, estropear. **2** hacer la mezcla, argamasar (mortero y yeso). **3** (fig) hacer una chapuza, chapucear.
gâchette [ga'ʃet] **1** *f* TECH gacheta. **2** gatillo, disparador.
gâchis [ga'ʃi] **1** *m* argamasa. **2** desperdicio. **3** (fig) lío.
gadget [gad'ʒɛt] *m* artilugio.
gaélique [gae'lik] *adj/m* ou *f* gaélico.
gaffe [gaf] *f* (fam) pifia, metedura de pata.
gag [gag] *m* gag.
gage [gaʒ] **1** *m* prenda. **2** (fig) prueba. ● **3 gages** *m pl* sueldo.
gager [ga'ʒe] *tr* garantizar.
gagiste [ga'ʒist] **créancier ~** acreedor con garantía de deuda.
gagnant, e [ga'ɲɑ̃, t] **1** *adj/m* et *f* ganador, vencedor. **2** gananciоso.
gagne-pain [gaɲ'pɛ̃] *m* sustento, sostén; medio de vida.
gagner [ga'ɲe] **1** *tr* ganar. **2** vencer. **3** alcanzar. **4** invadir. **5** (fig) ganarse, merecer. **6** (fig) obtener, ganar. ● **7** *intr* extenderse. **8 ~ + de + inf** conseguir. ■ **~ au loto** tocarle a uno la lotería; **~ un rhume** pillar un resfriado.
gai, e [ge] **1** *adj* alegre. **2** contento (ebrio). **3** cómico. **4** homosexual.
gaieté [ge'te] *f* alegría. ■ **de ~ de cœur** de buena gana.
gaillard, e [ga'jaʀ, d] *adj/m* et *f* gallardo.
gaillardise [gajaʀ'diz] *f* desvergüenza, palabra atrevida.
gain [gɛ̃] **1** *m* victoria. **2** ganancia. **3** provecho.
gainer [ge'ne] **1** *tr* enfundar. **2** envainar (una espada). **3** forrar (un cable).

gaîté [ge'te] *f* → gaieté.
gala [ga'la] *m* gala. ◆ **soirée de ~** fiesta de gala o etiqueta.
galant, e [ga'lɑ̃, t] *adj* galante, galano. ◆ **femme galante** (péj) mujer galante.

galanterie [galɑ̃t'ʀi] **1** *f* galantería. **2** intriga amorosa.
galantine [galɑ̃'tin] *f* galantina.
galaxie [galak'si] *f* ASTR galaxia.
galère [ga'lɛʀ] **1** *f* galera (barco). **2** (fig) infierno; berenjenal.
galerie [gal'ʀi] **1** *f* galería. **2** baca (de un coche). ● **3 galeries** *f pl* galerías (grandes almacenes). ◆ **~ d'art** ART galería de arte; **~ marchande** galería comercial.
galérien [gale'ʀjɛ̃, ɛn] *m* galeote.
galet [ga'lɛ] **1** *m* guijarro. **2** TECH rodillo, arandela.
galette [ga'lɛt] *f* galleta, torta. ◆ **~ des Rois** roscón o tortel de Reyes.
galeux, euse [ga'lø, øz] *adj* sarnoso, roñoso.
galimatias [galima'tja] *m* galimatías.
galle [gal] *f* agalla.
gallec [ga'lek] *adj/m* ou *f* galo.
gallo [ga'lo] *adj/m* ou *f* galo.
galop [ga'lo] *m* galope. ■ **au ~** al galope.
galopade [galo'pad] **1** *f* galopada. **2** galope sostenido.
galopant, e [galo'pɑ̃, t] *adj* galopante.
galoper [galo'pe] **1** *intr* galopar. **2** (fig) correr rápido.
galopin [galo'pɛ̃] *m* galopín.
galvanique [galva'nik] *adj* galvánico.
galvaniser [galvani'ze] *tr* galvanizar.
galvanoplastie [galvanoplas'ti] *f* TECH galvanoplastia.

galvauder [galvo'de] *tr* et *pron* mancillar, corromper.

gambade [gɑ̃'bad] *f* brinco.

gambader [gɑ̃ba'de] *intr* brincar.

gamberger [gɑ̃bɛʁ'ʒe] *intr* et *tr* (fam) cavilar.

gamelle [ga'mɛl] **1** *f* fiambrera, tartera; escudilla (de los soldados). **2** (fam) batacazo. **3** MAR rancho.

gamin, e [ga'mɛ̃, in] *m* et *f* (fam) chaval, chiquillo.

gaminerie [gamin'ʁi] *f* chiquillada.

gamme [gam] **1** *f* gama. **2** MUS gama, escala. ◆ **basse de ~** gama baja; **haut de ~** gama alta.

gang [gɑ̃g] *m* banda (de malhechores).

ganglionnaire [gɑ̃glijɔ'nɛʁ] *adj* ANAT ganglionar.

gangrener [gɑ̃gʁə'ne] **1** *tr* et *pron* gangrenar. **2** (fig) corromper.

gangreneux, euse [gɑ̃gʁə'nø, øz] *adj* gangrenoso.

gangster [gɑ̃g'stɛʁ] *m* gángster.

gant [gɑ̃] *m* guante. ◆ **~ de toilette** manopla de baño; ■ **aller comme un ~** venir como anillo al dedo; **être souple comme un ~** ser blando de carácter; **prendre des gants** tener miramientos; **se donner les gants de** atribuirse el mérito de.

garage [ga'ʁaʒ] **1** *m* garaje; taller mecánico. **2** aparcamiento. ◆ **~ d'avions** hangar; **~ souterrain** aparcamiento subterráneo.

garance [ga'ʁɑ̃s] **1** *adj* et *m* rojo vivo (color). ● **2** *f* BOT rubia, granza.

garant, e [ga'ʁɑ̃, t] *m* et *f* DR avalador, garante. ■ **se porter ~ de** ser garante de.

garantie [gaʁɑ̃'ti] *f* garantía. ■ **prendre des garanties** tomar precauciones.

garantir [gaʁɑ̃'tiʁ] **1** *tr* garantizar. **2** proteger.

garce [gaʁs] *f* (fam) zorra.

garçon [gaʁ'sɔ̃] **1** *m* chico, muchacho. **2** mozo, oficial. **3** camarero. ◆ **~ coiffeur** oficial de peluquería; **~ d'ascenseur** ascensorista; **~ d'honneur** amigo del novio que lo acompaña en la boda; **petit ~** niño; **vieux ~** solterón; ■ **enterrer sa vie de ~** dejar la vida de soltero.

garçonnet [gaʁsɔ'ne] *m* niño.

garde [gaʁd] **1** *f* guardia, vigilancia. **2** cuidado. ● **3** *m* ou *f* guardia, guarda. ● **4** *f* guarda (de un libro, etc.). **5** DR custodia. ◆ **à vue** detención preventiva; **~ d'enfants** niñera, canguro; **~ de nuit** vigilante nocturno; **~ du corps** guardaespaldas; ■ **descendre la ~** bajar la guardia; **être de ~** estar de guardia; **faire bonne ~ sur** estar ojo avizor a; **mettre en ~** alertar, advertir; **prendre ~ de** tener cuidado con; **se tenir sur ses gardes** estar al acecho.

garde-barrière [gaʁdba'ʁjɛʁ] *m* ou *f* guardabarrera (persona).

garde-fou [gaʁdə'fu] *m* barandilla, parapeto.

garde-malade [gaʁdma'lad] *m* ou *f* enfermero.

garde-manger [gaʁdmɑ̃'ʒe] *m* fresquera.

garde-meuble [gaʁdə'mœbl] *m* guardamuebles.

garder [gaʁ'de] **1** *tr* guardar. **2** vigilar. **3** cuidar (niños). **4** conservar. **5** no quitarse: *il avait toujours gardé son bracelet* = nunca se había quitado su pulsera. ● **6** **se ~** *pron* (se ~ *de*) tener cuidado con. **7** (se ~ *de*) abstenerse de.

garderie [gaʁdə'ʁi] *f* guardería.

garde-robe [gaʁdə'ʁɔb] *f* guardarropa, ropero.

garde-vue [gaʁdə'vy] *f* visera.

gardien, enne [gaʁ'djɛ̃, ɛn] *m* et *f* guardián; guarda. ◆ **~ de but** SPORTS portero; arquero (Amér.); **~ d'immeuble** conserje, portero; **~ de la paix** policía de seguridad; **~ de nuit** vigilante nocturno.

gardon [gaʁ'dɔ̃] *m* ZOOL gobio (pez). ■ **frais comme un ~** fresco como una rosa.

gare [gaʁ] **1** *f* estación. ● **2** gare! *interj* ¡cuidado!; ¡ojo! ◆ **~ aérienne** aeropuerto; **~ maritime** estación marítima; **~ routière** estación de autobuses; **~ terminus** estación terminal.

garer [ga'ʁe] **1** *tr* et *pron* aparcar; parquear (Amér.). **2** apartar, poner a un lado. ● **3** **se ~** *pron* protegerse: *il faut se garer des coups* = hay que protegerse de los golpes.

gargantua [gaʁgɑ̃'tɥa] *m* tragón, comilón.

gargariser (se) [səgaʁgaʁi'ze] **1** *pron* hacer gárgaras. **2** (fig, fam) deleitarse.

gargouille [gaʁ'guj] **1** *f* gárgola. **2** canalón (tubería).

gargouiller [gaʁgu'je] **1** *intr* hacer ruido, sonar (tripas, estómago). **2** gorgotear (el agua).

garni, e [gaʀ'ni] **1** *adj* provisto de. **2** adornado. **3** con guarnición: *le plat est servi garni* = el plato se sirve con guarnición.

garnir [gaʀ'niʀ] **1** *tr* proveer. **2** adornar. **3** GAST poner guarnición. ◆ **4** *tr* et *pron* llenar: *la salle se garnissait peu à peu* = la sala se llenaba poco a poco.

garrotter [gaʀɔ'te] *tr* agarrotar.

gars [ga] *m* (fam) tío, chaval.

gascon, onne [gas'kõ, ɔn] **1** *adj* gascón. ◆ **2 Gascon, onne** *m* et *f* gascón.

gasconnade [gaskɔ'nad] *f* fanfarronada.

gas-oil [ga'zɔl] *m* gasóleo, gasoil.

gaspiller [gaspi'je] **1** *tr* malgastar. **2** derrochar, despilfarrar (dinero).

gastronome [gastʀɔ'nɔm] *m* ou *f* gastrónomo.

gastronomie [gastʀɔnɔ'mi] *f* gastronomía.

gastronomique [gastʀɔnɔ'mik] *adj* gastronómico.

gâté, e [ga'te] **1** *adj* podrido (fruta). **2** picado (diente). **3** mimado; consentido.

gâteau [ga'to] **1** *m* tarta, pastel. **2** dulce. ◆ ~ **d'anniversaire** tarta de cumpleaños; ~ **de miel** panal; ~ **des Rois** roscón de Reyes; **maman** ~ madraza; ■ **c'est du** ~! ¡está chupado!; **se partager le** ~ repartirse el pastel.

gâter [ga'te] **1** *tr* et *pron* estropear; echar a perder. **2** pudrir. ◆ **3** *tr* agasajar.

gâterie [ga'tʀi] **1** *f* atenciones (golosina, caramelos). **2** detalle (regalo).

gâteux, euse [ga'tø, øz] *adj* chocho. ■ **être ~ de qqn** perder la cabeza por alguien.

gauche [goʃ] **1** *adj* izquierdo. **2** torcido. ◆ **3** *adj/m* ou *f* torpe, torpón. ◆ **4** *f* izquierda. ■ **à ~** a la izquierda; **être de ~** ser de izquierdas; **jusqu'à la ~** completamente.

gaucher, ère [go'ʃe, ɛʀ] *adj/m* et *f* zurdo.

gaucherie [goʃ'ʀi] **1** *f* torpeza. **2** timidez.

gauchir [go'ʃiʀ] **1** *intr* et *tr* torcer, deformar. ◆ **2** *tr* (fig) deformar, falsear. **3** POL dar un giro a la izquierda.

gauchisant, e [goʃi'sã, t] *adj/m* et *f* izquierdista.

gauchiste [go'ʃist] *adj/m* ou *f* izquierdista.

gaufre [gofʀ] **1** *f* panal de miel. **2** GAST gofre (pasta belga).

gaufrer [go'fʀe] *tr* gofrar (pelo, tejido).

gaulois, e [go'lwa, z] *adj* galo.

gausser (se) [səgo'se] *pron* burlarse (de alguien).

gaver [ga've] **1** *tr* cebar (animales). **2** colmar: *il l'a gavé d'éloges* = lo colmó de elogios. ◆ **3** *tr* et *pron* atiborrar.

gay [gɛ] *adj* et *m* gay (homosexual).

gaz [gaz] *m* gas. ◆ **cuisinière à** ~ cocina de gas; ~ **lacrymogène** gas lacrimógeno; ~ **naturel** gas natural; ~ **rare** gas noble; ■ **à plein** ~ a toda máquina; **avoir des** ~ tener gases; **mettre les** ~ dar gases.

gaze [gaz] *f* gasa (tejido).

gazéifier [gazei'fje] *tr* gasificar.

gazette [ga'zɛt] *f* gaceta.

gazeux, euse [ga'zø, øz] *adj* gaseoso.

gazoduc [gazo'dyk] *m* gasoducto.

gazole [ga'zɔl] *m* gasóleo (carburante).

gazon [ga'zõ] **1** *m* hierba. **2** césped (en el jardín). **3** green (golf). ◆ **hockey sur** ~ hockey sobre hierba.

gazonner [gazo'ne] *tr* et *intr* encespedar.

gazouiller [gazu'je] **1** *intr* gorjear (los pájaros). **2** balbucear (un bebé). **3** murmurar.

gazouillis [gazu'ji] **1** *m* murmullo. **2** gorjeo (de un pájaro). **3** balbuceo (de un bebé).

geai [ʒɛ] *m* ZOOL arrendajo (pájaro).

géant, e [ʒe'ã, t] **1** *adj/m* et *f* gigante. ◆ **2** *m* et *f* genio. ■ **c'est** ~! ¡es magnífico!

geignard, e [ʒɛ'ɲaʀ, d] *adj* (fam) quejica.

geindre [ʒɛ̃dʀ] **1** *intr* gemir. **2** (fam) lloriquear.

gel [ʒɛl] **1** *m* hielo. **2** helada. **3** gomina. **4** (fig) congelación (de precios, salarios).

gélatine [ʒela'tin] *f* gelatina.

gélatineux, euse [ʒelati'nø, øz] *adj* gelatinoso (pegajoso).

gelé, e [ʒə'le] **1** *adj* helado. **2** congelado (crédito).

gelée [ʒə'le] **1** *f* helada. **2** jalea. **3** gelatina (de la carne). ◆ ~ **royale** jalea real.

geler [ʒə'le] **1** *tr*, *intr* et *pron* helar, congelar (frío). ◆ **2** *tr* congelar (un crédito, salario). **3** dejar helado: *son opinion a gelé l'assistance* = su opinión dejó helado al público.

gélule [ʒe'lyl] *f* cápsula (medicamento).

gémeau, elle [ʒe'mo, ɛl] *adj/m* et *f* gemelo.

Gémeaux [ʒe'mo] **1** *m pl* géminis (persona). **2** ASTR Géminis.

509 gérant

gémir [ʒe'miʀ] *intr* gemir (de dolor).
gémissant, e [ʒemi'sɑ̃, t] *adj* quejumbroso.
gênant, e [ʒe'nɑ̃, t] *adj* molesto.
gendarme [ʒɑ̃'daʀm] **1** *m* roca. **2** gendarme (policía). **3** (fam) sargento (persona autoritaria). ■ **faire le ~** ser un sargento.
gendarmerie [ʒɑ̃daʀmə'ʀi] *f* gendarmería.
gendarmer (se) [sɔʒɑ̃daʀ'me] *pron* irritarse, ponerse furioso.
gendre [ʒɑ̃dʀ] *m* yerno.
gène [ʒɛn] *m* BIOL gen. ◆ **~ dominant** gen dominante; **~ récessif** gen recesivo.
gêne [ʒɛn] **1** *f* molestia, malestar. **2** incomodidad. ■ **éprouver de la ~** sentirse incómodo; **sans ~** sin miramientos.
généalogie [ʒenealɔ'ʒi] *f* genealogía.
gêner [ʒe'ne] **1** *tr* et *pron* molestar. ● **2** *tr* estorbar, entorpecer. **3** *poner en apuros económicos*. ● **4** *intr* incomodar, hacer sentir violento. ■ **je vais me ~!** ¡me importa un bledo!
général, e [ʒene'ʀal] **1** *adj* general (global). ● **2** *m* MIL general. ■ **en ~** en general, por lo general.
généralisation [ʒeneʀaliza'sjɔ̃] *f* generalización.
généraliser [ʒeneʀali'ze] *tr* et *pron* generalizar.
généraliste [ʒeneʀa'list] *adj/m* ou *f* generalista (médico).
généralité [ʒeneʀali'te] *f* generalidad.
génération [ʒeneʀa'sjɔ̃] *f* generación. ◆ **~ montante** generación que viene.
générer [ʒene'ʀe] *tr* generar.
généreux, euse [ʒene'ʀø, øz] *adj* generoso.
générique [ʒene'ʀik] **1** *adj* genérico. ● **2** *m* MÉD genérico. **3** créditos (de una película).
générosité [ʒeneʀozi'te] *f* generosidad.
genèse [ʒə'nɛz] *f* génesis.
génésique [ʒene'zik] *adj* genésico.
génétique [ʒene'tik] *f* genética.
génialité [ʒenjali'te] *f* genialidad.
génie [ʒe'ni] **1** *m* genio (divinidad). **2** genio, talento. **3** cuerpo de ingenieros. ◆ **~ civil** ingeniería; ■ **de ~** genial.
genièvre [ʒə'njɛvʀ] **1** *m* ginebra (bebida alcohólica). **2** BOT enebro.
génisse [ʒe'nis] *f* becerra, novilla.
génital, e [ʒeni'tal] *adj* genital.
génocide [ʒenɔ'sid] *m* genocidio.

génois, e [ʒe'nwa, z] **1** *adj* genovés. ● **2** **Génois, e** *m* et *f* genovés.
genou [ʒə'nu] (*pl* **genoux**) **1** *m* rodilla. **2** rodillera (de un pantalón). **3** MÉC articulación. ■ **c'est à se mettre à genoux** (fig) es para quitarse el sombrero; **demander à genoux** (fig) pedir de rodillas; **être aux genoux de qqn** (fig) estar a los pies de alguien; **être sur les genoux** (fig, fam) estar agotado; **mettre un ~ à terre** hincar la rodilla; **se mettre à genoux** ponerse de rodillas, arrodillarse.
genre [ʒɑ̃ʀ] **1** *m* género, especie. **2** estilo. **3** LITT, GRAMM género. ◆ **~ de vie** estilo de vida; ■ **avoir bon ~** tener clase; **se donner du ~** ser amanerado.
gens [ʒɑ̃] *m pl* gente. ◆ **jeunes ~** jóvenes.
gent [ʒɑ̃] **1** *f* gente. **2** (fam) raza (de animales).
gentil, ille [ʒɑ̃'ti, j] **1** *adj* amable, atento. **2** mono, majo (cosas).
gentilhomme [ʒɑ̃ti'jɔm] *m* gentilhombre.

El plural de esta palabra es **gentilshommes**.

gentilhommière [ʒɑ̃tijɔ'mjɛʀ] *f* casa solariega.
gentillesse [ʒɑ̃ti'jɛs] **1** *f* gentileza; amabilidad. **2** atenciones: *il a trop de gentillesses pour moi* = tiene demasiadas atenciones conmigo.
géographe [ʒeɔ'gʀaf] *m* ou *f* geógrafo.
géographie [ʒeɔgʀa'fi] *f* geografía.
géographique [ʒeɔgʀa'fik] *adj* geográfico.
géologique [ʒeɔlɔ'ʒik] *adj* geológico.
géologue [ʒeɔ'lɔg] *m* ou *f* geólogo.
géomètre [ʒeɔ'mɛtʀ] **1** *m* ou *f* geómetra. **2** agrimensor.
géométrie [ʒeɔme'tʀi] *f* geometría.
géométrique [ʒeɔme'tʀik] *adj* geométrico.
géopolitique [ʒeopɔli'tik] *f* geopolítica.
géorgique [ʒeɔʀ'ʒik] **1** *adj* geórgico. ● **2 géorgiques** *f pl* LITT geórgicas (poema).
géothermie [ʒeoteʀ'mi] *f* geotermia.
gérance [ʒe'ʀɑ̃s] *f* gerencia.
gérant, e [ʒe'ʀɑ̃, t] *m* et *f* gerente; gestor. ◆ **~ d'immeuble** presidente de la comunidad de propietarios.

gerbe [ʒɛʀb] **1** f haz. **2** gavilla (de mies).
3 ramo (de flores). **4** chorro (de agua).
gercer [ʒɛʀ'se] tr, intr et pron agrietar.
gerçure [ʒɛʀ'syʀ] f grieta.
gérer [ʒe'ʀe] **1** tr administrar, gestionar.
2 afrontar.
germain, e [ʒɛʀ'mɛ̃, ɛn] **1** adj germano.
● **2** Germain, e m et f germano.
germanique [ʒɛʀma'nik] **1** adj germánico. ● **2** Germanique m ou f germano.
germaniser [ʒɛʀmani'ze] tr germanizar.
germaniste [ʒɛʀma'nist] m ou f germa-
nista.
germe [ʒɛʀm] **1** m germen. **2** (fig) germen, causa. ■ en ~ en estado latente.
germer [ʒɛʀ'me] **1** intr germinar; brotar.
2 (fig) nacer, formarse.
gésir [ʒe'ziʀ] **1** intr yacer. **2** (fig) residir,
encontrarse.
gestation [ʒɛsta'sjɔ̃] f gestación.
geste [ʒɛst] **1** m ademán. **2** gesto (cara).
3 gesto, acción. ■ avoir le ~ large ser
desprendido; faire un beau ~ hacer una
buena acción; ne pas faire un ~ no mover ni un dedo.
gesticulation [ʒɛstikyla'sjɔ̃] **1** f gesticulación. **2** ademanes.
gesticuler [ʒɛstiky'le] **1** intr gesticular.
2 hacer ademanes.
gestion [ʒɛs'tjɔ̃] f gestión, administración. ◆ ~ de bases de données gestión
de bases de datos.
gestionnaire [ʒɛstjɔ'nɛʀ] **1** adj gestor. ●
2 m ou f gestor, gerente. ● **3** m INF gestor.
gestuel, elle [ʒɛs'tɥɛl] **1** adj gestual. ● **2**
f gestualidad.
geyser [ʒe'zɛʀ] m géyser, géiser.
ghetto [ge'to] **1** m gueto. **2** judería, barrio
judío.
gibbeux, euse [ʒi'bø, øz] adj gibado,
giboso.
gibier [ʒi'bje] **1** m caza. **2** (fig) carne, pasto. ◆ ~ de potence (fam) carne de horca;
gros ~ caza mayor; menu ~ caza menor.
giboulée [ʒibu'le] f chaparrón.
giboyeux, euse [ʒibwa'jø, øz] adj
abundante en caza.
gicler [ʒi'kle] **1** intr salir con fuerza (un
líquido). **2** (fam) poner de patitas en la
calle.
gifle [ʒifl] f bofetada.
gifler [ʒi'fle] **1** tr abofetear; guantear
(Amér.). **2** (fig) humillar.

gigantesque [ʒigã'tɛsk] adj gigantesco.
gigolo [ʒigɔ'lo] m (fam) gigolo.
gigot [ʒi'go] **1** m anca (de caballo). **2**
GAST pierna de cordero.
gigoter [ʒigɔ'te] intr (fam) patalear.
gilet [ʒi'le] **1** m chaleco. **2** cárdigan. ◆ ~
de sauvetage chaleco salvavidas; ~ pare-balles chaleco antibalas.
gin [dʒin] m ginebra. ◆ ~ tonic gin-tonic.
girafe [ʒi'ʀaf] f jirafa.
giration [ʒiʀa'sjɔ̃] f rotación.
giratoire [ʒiʀa'twaʀ] adj giratorio.
girofle [ʒi'ʀɔfl] m BOT clavo (especia).
girolle [ʒi'ʀɔl] f BOT mízcalo (seta).
girond, e [ʒi'ʀɔ̃, d] adj (fam) rellenito.
gisant, e [ʒi'zã, t] **1** adj tendido. ● **2** m
estatua yacente.
gitan, e [ʒi'tã, an] adj/m et f gitano.
gîte [ʒit] **1** m albergue, morada. **2** madriguera (animales). **3** yacimiento.
givre [ʒivʀ] m escarcha.
givrer [ʒi'vʀe] tr escarchar.
givreux, euse [ʒi'vʀø, øz] adj resquebrajado.
glaçant, e [gla'sã, t] **1** adj glacial (helado). **2** (fig) frío; glacial (severo, distante).
glace [glas] **1** f hielo. **2** helado: glace au
chocolat = helado de chocolate. **3** vidrio,
cristal; luna (de coche, armario). **4** espejo.
glacer [gla'se] **1** tr helar. **2** dejar helado
(petrificar, asombrar). **3** escarchar, glasear (con azúcar). **4** TECH glasear (abrillantar, pulir).
glaciaire [gla'sjɛʀ] adj glaciar.
glacial, e [gla'sjal] adj glacial.
glacier [gla'sje] **1** m glaciar. **2** heladero
(oficio); horchatero. **3** cristalero (espejero).
glacière [gla'sjɛʀ] f nevera. ◆ ~ portative nevera portátil.
glaçon [gla'sɔ̃] **1** m carámbano. **2** cubito de
hielo. **3** (fig, fam) témpano (persona fría).
glaireux, euse [glɛ'ʀø, øz] adj viscoso;
flemoso.
glaise [glɛz] f arcilla (barro).
glaiseux, euse [glɛ'zø, øz] adj arcilloso.
glander [glã'de] intr (fam) gandulear;
holgazanear.
glapir [gla'piʀ] **1** intr gañir (un perrito);
aullar (un animal). ● **2** intr et tr chillar
(una persona).
glas [gla] m tañido fúnebre. ◆ sonner le
~ tocar a muerto.

glauque [glok] **1** adj glauco. **2** (fig) triste, siniestro (un ambiente, etc.).

glissade [gli'sad] **1** f resbalón. **2** paso de lado (en danza). **3** bajada (de un valor bursátil). **4** (fig) desliz (error).

glissant, e [gli'sā, t] adj resbaladizo.

glisse [glis] f deslizamiento.

glisser [gli'se] **1** intr resbalar. **2** patinar (con esquís). **3** derrapar (un vehículo). ● **4** intr et pron deslizarse. ● **5** tr decir, susurrar (al oído). **6** deslizar: *glisser une lettre sous la porte = deslizar una carta bajo la puerta.* **7** (fig) insinuar, dejar caer (un comentario, etc.). ■ **~ sur qqn** pasar desapercibido ante alguien; **se laisser ~** (fig, fam) palmar, estirar la pata.

glissoir [gli'swar] **1** m pasador. **2** resbaladero (en una montaña).

glissoire [gli'swar] f patinadero, pista de patinaje.

global, e [glɔ'bal] adj global.

globaliser [glɔbali'ze] tr globalizar.

globalité [glɔbali'te] f carácter global.

globe [glɔb] **1** m globo. **2** fanal de cristal (esfera). ◆ **~ oculaire** ANAT globo ocular; **~ terrestre** globo terráqueo; ■ **mettre qqn ou qqch sous ~** (fig) sobreproteger a alguien o algo.

globuleux, euse [glɔby'lø, øz] adj globuloso.

gloire [glwar] f gloria. ■ **à la ~ de** en honor de; **se faire ~ de** enorgullecerse de.

gloriette [glɔ'rjɛt] f glorieta.

glorieux, euse [glɔ'rjø, øz] **1** adj glorioso. **2** fanfarrón; vanidoso (presuntuoso).

glorification [glɔrifika'sjɔ̃] f glorificación.

glorifier [glɔri'fje] tr et pron glorificar.

gloser [glo'ze] **1** tr et intr glosar (anotar, apuntar). **2** (fam) criticar, cotillear.

glossaire [glɔ'sɛr] m glosario.

glousser [glu'se] **1** intr cloquear. **2** (fam) reír ahogadamente.

glouton, onne [glu'tɔ̃, ɔn] **1** adj/m et f glotón; tragón. ● **2** m ZOOL glotón (animal).

gloutonnerie [gluton'ri] f glotonería.

glu [gly] **1** f liga. **2** resina (del árbol). **3** (fig) atractivo.

gluant, e [gly'ā, t] **1** adj viscoso; pegajoso. **2** (fig) pelmazo; pegajoso (una persona).

glutineux, euse [glyti'nø, øz] **1** adj glutinoso. **2** viscoso (pegajoso).

gnognote [nɔ'nɔt] f (fam) chorrada, bagatela. ■ **ce n'est pas de la ~!** (fam) ¡no es ninguna chorrada!

gnole [nol] f (fam) aguardiente.

gnome [gnom] m gnomo.

gnon [nɔ̃] m (fam) porrazo.

goal [gol] m SPORTS portero.

gobelet [gɔ'blɛ] m cubilete. ◆ **~ en carton** vaso de papel.

gober [gɔ'be] **1** tr sorber. **2** (fig, fam) tragarse (creerse). ● **3** se ~ pron ser un creído.

godasse [gɔ'das] f (fam) zapato.

godelureau [gɔdly'ro] m pijo, cursi (pisaverde, currutaco).

godiche [gɔ'diʃ] adj et f (fam) torpe.

godillot [gɔdi'jo] **1** m borceguí de soldado (zapato). **2** (fam) perrito faldero, incondicional.

goémon [gɔe'mɔ̃] m fuco (alga).

gogo [gɔ'go] m (fam) primo; tonto (crédulo). ■ **à ~** (fam) a voluntad (comida, bebida); ● **3 se ~** pron ser un creído.

goguenard, e [gɔg'nar, d] adj guasón; burlón (irónico).

goguenot [gɔg'no] **1** m orinal. ● **2 goguenots** m pl letrina.

goguette [gɔ'gɛt] f (fam) broma; chanza.

goinfrer (se) [sɔgwɛ̃'fre] pron (fam) engullir.

golfe [gɔlf] m golfo.

gomme [gɔm] f goma. ◆ **arabique** goma arábiga.

gommer [gɔ'me] **1** tr engomar. **2** borrar (una palabra, un dibujo).

gommeux, euse [gɔ'mø, øz] **1** adj gomoso. ● **2** m pijo; gomoso (un joven).

gommier [gɔ'mje] m gomero (árbol).

gond [gɔ̃] m gozne. ■ **mettre hors de ses gonds** (fig, fam) sacar de sus casillas.

gondole [gɔ̃dɔl] f góndola.

gondolier [gɔ̃dɔ'lje] m gondolero.

gonfler [gɔ̃'fle] **1** tr hinchar (dilatar). **2** inflar; hinchar (un globo). **3** hacer crecer. **4** (fig) llenar (de orgullo). ● **5** intr et pron hincharse (engordar). **6** (fig) engreírse, hincharse (de orgullo).

gonflette [gɔ̃'flɛt] **1** f (fam) músculo, cachas. **2** (fig) exageración. ■ **faire de la ~** (fam) sacar bola.

gonfleur [gɔ̃'flœr] m bomba (para hinchar).

gong [gɔ̃g] m gong.

gonzesse [gɔ̃'zɛs] f (fam) tía, piba.

gordien [gɔʀ'djɛ̃] *adj* et *m* gordiano.

goret [gɔ'ʀɛ] **1** *m* gorrino; cerdito. **2** (fam) cerdo; cochino (persona sucia).

gorge [gɔʀʒ] **1** *f* garganta. **2** cuello. **3** LITT pechos, senos. ■ **rire à ~ déployée** reír a carcajadas.

gorgée [gɔʀ'ʒe] *f* trago; sorbo.

gorger [gɔʀ'ʒe] **1** *tr* cebar. **2** (se usa más como *pp*) colmar; llenar. • **3** *tr* et *pron* hartarse; atiborrarse (de comida, bebida).

gorille [gɔ'ʀil] **1** *m* gorila. **2** (fam) guardaespaldas, gorila.

gosier [gɔ'zje] *m* gaznate; garguero. ■ **chanter à plein ~** cantar a voz en grito; **rire à plein ~** reír a carcajadas.

gosse [gɔs] *m* ou *f* (fam) chiquillo; chaval.

gothique [gɔ'tik] **1** *adj* et *m* gótico. • **2** *f* letra gótica.

gotique [gɔ'tik] *m* gótico (lengua).

gouache [gwaʃ] *f* pintura al agua.

gouacher [gwa'ʃe] *tr* pintar al agua.

gouaille [gwaj] *f* guasa, cachondeo.

gouailler [gwa'je] *tr* et *intr* cachondearse; pitorrearse.

gouaillerie [gwaj'ʀi] *f* (fam) guasa; burla.

goudron [gu'dʀɔ̃] *m* alquitrán; chapapote (Amér.).

goudronner [gudʀɔ'ne] *tr* alquitranar; asfaltar.

goudronneux, euse [gudʀɔ'nø, øz] **1** *adj* alquitranado. • **2** *f* alquitranadora (máquina).

gouffre [gufʀ] **1** *m* precipicio, fosa, barranco (sima). **2** remolino (corriente). **3** (fig) abismo. ■ **être au bord du ~** estar al borde del precipicio.

gouine [gwin] *f* (vulg) tortillera, bollera (lesbiana).

goujat [gu'ʒa] *m* patán; grosero.

goulée [gu'le] *f* (fam) bocado (de comida). **2** (fam) trago (de bebida).

goulet [gu'le] **1** *m* paso estrecho. **2** bocana (entrada de un puerto).

goulot [gu'lo] **1** *m* gollete. **2** cuello (de una botella). ■ **boire au ~** beber a morro.

goulu, e [gu'ly] *adj/m* et *f* tragón, glotón.

goupille [gu'pij] *f* pasador de bisagra. **2** clavija. ◆ **~ fendue** pasador.

gourd, e [guʀ, d] *adj* arrecido; yerto; entumecido (de frío).

gourde [guʀd] **1** *f* cantimplora. **2** BOT calabaza. • **3** *adj* et *f* (fig, fam) zoquete; tonto, torpe (persona).

gourdin [guʀ'dɛ̃] *m* garrote; porra.

gourer (se) [səgu'ʀe] *pron* colarse, equivocarse.

gourmand, e [guʀ'mã, d] **1** *adj/m* et *f* glotón, tragón. **2** sibarita, refinado (amante de la cocina). **3** (fig) ansioso, ávido (ambicioso).

gourmander [guʀmã'de] **1** *tr* reprender; reñir. **2** (fig) contener, dominar.

gourmandise [guʀmã'diz] **1** *f* glotonería. **2** golosina (azucarada). **3** (fig) ansia, avidez (de éxito, dinero).

gourmé, e [guʀ'me] *adj* tieso (rígido); estirado, pretencioso.

gourmet [guʀ'me] **1** *m* sibarita (fino); gastrónomo. **2** catador (de vinos).

gourou [gu'ʀu] *m* gurú.

goût [gu] **1** *m* gusto (sentido); sabor. **2** gusto (juicio, opinión): *ils ont des goûts communs = tienen gustos parecidos.* ■ **à chacun selon son ~** a gusto del consumidor; **au ~ du client** a gusto del cliente; **dans ce goût-là** (fam) por el estilo: *c'est qqch dans ce goût-là = es algo por el estilo*; **des goûts et des couleurs on ne dispute point** sobre gustos no hay nada escrito.

goûter [gu'te] **1** *tr* et *intr* probar: *est-ce que je peux goûter? = ¿puedo probar?*; saborear, degustar. • **2** *tr* (form) gustar, apreciar. • **3** *intr* merendar.

goutte [gut] **1** *f* gota. **2** copita (de alcohol). **3** (fam) aguardiente. **4** ARCHIT gota. **5** MÉD gota (enfermedad). • **6** gouttes *f pl* gotas (para el oído, etc.). ■ **~ à ~** gota a gota; **jusqu'à la dernière ~** hasta la última gota; **passer entre les gouttes** evitarse el chaparrón; **suer à grosses gouttes** sudar la gota gorda.

goutter [gu'te] *intr* gotear.

gouttière [gu'tjɛʀ] *f* canalón; canal (lagrimal).

gouvernant, e [guvɛʀ'nã, t] **1** *adj* gobernante. • **2** *f* ama de llaves, gobernanta. **3** aya, institutriz (educador). • **4** gouvernants *m pl* gobernantes (de un Estado).

gouvernement [guvɛʀnə'mã] *m* gobierno.

gouvernemental, e [guvɛʀnəmã'tal] *adj* gubernamental.

gouverner [guvɛʀ'ne] **1** *tr, intr* et *pron* gobernar, dirigir. • **2** *tr* GRAMM regir.

grabat [gʀa'ba] *m* camastro, catre (cama).

grabuge [gʀa'byʒ] *m* (fam) gresca, bulla, algazara.

grâce [gʀas] 1 *f* gracia. 2 favor (servicio). 3 indulto. ■ **rendre ~** dar gracias.

gracier [gʀa'sje] *tr* indultar.

gracieuseté [gʀasjøz'te] 1 *f* atención, amabilidad (servicio). 2 obsequio, gratificación (regalo).

gracieux, euse [gʀa'sjø, øz] 1 *adj* gracioso. 2 gratuito (benévolo). ● 3 *m* THÉÂT gracioso (personaje).

gracile [gʀa'sil] *adj* grácil (fino, frágil).

gracilité [gʀasili'te] *f* gracilidad.

gradation [gʀada'sjɔ̃] *f* gradación.

grade [gʀad] *m* grado.

gradé, e [gʀa'de] *adj* et *m* MIL suboficial.

gradient [gʀa'djã] *m* gradiente.

gradin [gʀa'dɛ̃] 1 *m* grada. ● 2 **gradins** *m pl* gradería (de un estadio).

graduation [gʀadua'sjɔ̃] *f* graduación.

graduel, elle [gʀa'dɥɛl] 1 *adj* gradual. ● 2 *m* gradual (parte de la liturgia).

graduer [gʀa'dɥe] *tr* graduar.

graffiti [gʀafi'ti] 1 *m* grafito. 2 graffiti (pintada).

grain [gʀɛ̃] 1 *m* grano: *grain de blé = grano de trigo.* 2 cuenta (del rosario). 3 (fig) pizca: *un grain de folie = una pizca de locura.* ● 4 **grains** *m pl* cereales. ◆ **~ de beauté** lunar; **~ de raisin** grano de uva.

graine [gʀɛn] 1 *f* pepita. 2 BOT semilla (para la siembra). 3 ZOOL granito (del gusano de seda). ◆ **mauvaise ~** (fig) malahierba (persona).

graisse [gʀɛs] *f* grasa. ◆ **~ de porc** manteca de cerdo.

graisser [gʀe'se] 1 *tr* engrasar. 2 manchar de grasa. ● 3 *intr* TECH ahilarse.

graisseux, euse [gʀe'sø, øz] *adj* grasiento.

grammaire [gʀa'mɛʀ] *f* gramática.

grammatical, e [gʀamati'kal] *adj* gramatical.

gramme [gʀam] *m* gramo.

grand, e [gʀã, d] 1 *adj* grande (tamaño, importancia). 2 alto: *un homme grand et maigre = un hombre alto y delgado.* 3 mayor; adulto. 4 largo: *trois grandes heures = tres horas largas.* ● 5 *adv* bien, a lo grande.

grand-chose [gʀã'ʃoz] *m* gran cosa. ■ **pas ~** poca cosa; **un pas-grand-chose** un don nadie, un pobre diablo.

grandeur [gʀã'dœʀ] 1 *f* tamaño, dimensión. 2 (fig) grandeza, prosperidad: *la grandeur d'un empire = la grandeza de un imperio.* 3 magnitud (de una estrella, etc.). 4 (fig) importancia, gravedad. ◆ **~ d'âme** grandeza de espíritu, magnimidad; **~ nature** tamaño natural; ■ **en vraie ~** en circunstancias reales.

grandiloquence [gʀãdilo'kãs] *f* grandilocuencia.

grandiloquent, e [gʀãdilo'kã, t] *adj* grandilocuente.

grandiose [gʀã'djoz] 1 *adj* grandioso. ● 2 *m* grandiosidad, grandeza.

grandir [gʀã'diʀ] 1 *intr* crecer. 2 aumentar (en intensidad). ● 3 *tr* agrandar (ensanchar). 4 abultar. 5 engrandecer (exaltar). ● 6 **se ~** *pron* engrandecerse.

grandissant, e [gʀãdi'sã, t] *adj* creciente.

grand-mère [gʀã'mɛʀ] *f* abuela.

grand-oncle [gʀã'tɔ̃kl] *m* tío abuelo.

grand-père [gʀã'pɛʀ] *m* abuelo.

grands-parents [gʀãpa'ʀã] *m pl* abuelos.

grand-tante [gʀã'tãt] *f* tía abuela.

grange [gʀãʒ] *f* granero.

granit [gʀa'nit] *m* granito; piedra (roca).

granité, e [gʀani'te] 1 *adj* granitoide. ● 2 *m* granillo (tejido). 3 granizado (bebida helada).

granitique [gʀani'tik] *adj* granítico.

granulaire [gʀany'lɛʀ] *adj* granular.

granulation [gʀanyla'sjɔ̃] *f* granulación.

granule [gʀa'nyl] *m* gránulo.

granuleux, euse [gʀany'lø, øz] *adj* granuloso.

graphie [gʀa'fi] *f* grafía.

graphique [gʀa'fik] *adj* et *m* gráfico.

graphiste [gʀa'fist] *m* ou *f* grafista.

graphite [gʀa'fit] *m* grafito.

graphologie [gʀafɔlɔ'ʒi] *f* grafología.

grappe [gʀap] *f* racimo. ■ **en ~** (fig) en racimo; **lâche-moi la ~** (fig, fam) déjame en paz.

gras, grasse [gʀa, s] 1 *adj* graso: *une crème grasse = una crema grasa.* 2 gordo (una persona). 3 grasiento. ● 4 *m* grasa (de la carne). ● 5 *adv* con gordura. ■ **faire la grasse matinée** pegársele a uno las sábanas.

gratifiant, e [gʀati'fjã, t] *adj* gratificante.

gratification [gʀatifika'sjɔ̃] *f* gratificación.

gratifier [gʀati'fje] tr gratificar.

gratiner [gʀati'ne] tr gratinar (cocina).

gratis [gʀa'tis] adv gratis.

gratitude [gʀati'tyd] f gratitud.

gratte-ciel [gʀat'sjɛl] m rascacielos.

gratte-papier [gʀatpa'pje] m (fam) chupatintas.

gratter [gʀa'te] 1 tr raspar. 2 rascar (con las uñas). 3 (fig, fam) rascar (sacar provecho). ● 4 intr llamar suavemente (a la puerta). 5 (fam) currar, trabajar. ● 6 se ~ pron rascarse. ■ tu peux toujours te ~ (fam, iron) ya puedes insistir.

grattoir [gʀa'twaʀ] 1 m raspador. 2 rascador (herramienta).

gratuit, e [gʀa'tɥi, t] adj gratuito.

gratuité [gʀatɥi'te] f gratuidad.

graver [gʀa've] tr grabar.

graveur, euse [gʀa'vœʀ, øz] m et f grabador.

gravier [gʀa'vje] m grava; guijo.

gravir [gʀa'viʀ] 1 tr escalar, trepar. 2 (fig) trepar (en una jerarquía).

gravité [gʀavi'te] f gravedad.

gravure [gʀa'vyʀ] f grabado. ◆ ~ en creux huecograbado.

gré [gʀe] 1 m grado. 2 voluntad. ■ bon ~ mal ~ a pesar de, en contra de los deseos de alguien; de ~ ou de force por las buenas o por las malas.

grec, grecque [gʀɛk] 1 adj griego. ● 2 Grec, Grecque m et f griego. ● 3 m griego (lengua).

Grèce [gʀɛs] f Grecia.

gredin, e [gʀə'dɛ̃, in] m et f pillo; granuja.

greffe [gʀɛf] 1 m DR escribanía y archivo de un tribunal. ● 2 f AGR injerto. 3 MÉD trasplante.

greffer [gʀe'fe] 1 tr AGR injertar. 2 MÉD trasplantar.

grégaire [gʀe'gɛʀ] adj gregario.

grège [gʀɛʒ] adj cruda (seda).

grêle [gʀɛl] 1 adj delgaducho; canijo. ● 2 f granizo. 3 (fig) granizada.

grêlé, e [gʀɛ'le] 1 adj dañado por el granizo. 2 picado (por la viruela, etc.).

grêler [gʀɛ'le] 1 tr dañar el granizo. ● 2 impers granizar.

grêlon [gʀɛ'lɔ̃] m granizo.

grelot [gʀə'lo] m cascabel.

grelottant, e [gʀəlɔ'tɑ̃, t] adj aterido.

grelotter [gʀəlɔ'te] intr tiritar; temblar de frío.

grenade [gʀə'nad] 1 f granada (fruta). 2 MIL granada.

grenadine [gʀəna'din] 1 f granadina (bebida). 2 granadina (tela).

grenier [gʀə'nje] 1 m granero. 2 desván.

grenouille [gʀə'nuj] f rana. ◆ ~ de bénitier (fam) rata de sacristía.

grenu, e [gʀə'ny] 1 adj granado. 2 granoso.

grès [gʀɛ] m GÉOL arenisca.

gréseux, euse [gʀe'zø, øz] adj arenisco.

grésil [gʀe'zil] m granizo.

grésiller [gʀezi'je] 1 intr chirriar. ● 2 impers granizar.

gressin [gʀe'sɛ̃] m colín.

grève [gʀɛv] 1 f huelga. 2 playa (arenal).

grever [gʀe've] tr gravar.

gréviste [gʀe'vist] adj/m ou f huelguista.

gribouiller [gʀibu'je] intr et tr garabatear.

gribouillis [gʀibu'ji] m garrapatos.

grief [gʀi'ef] m queja, reproche.

griffe [gʀif] 1 f uña. 2 firma (sello). 3 etiqueta, marca (de ropa).

griffé, e [gʀi'fe] adj de marca.

griffer [gʀi'fe] tr arañar.

griffonner [gʀifɔ'ne] tr garabatear.

griffure [gʀi'fyʀ] f arañazo.

grigner [gʀi'ne] intr plegar.

grignoter [gʀiɲɔ'te] tr et intr roer. ● 2 tr (fig) carcomer.

gril [gʀil] m grill, parrilla.

grillade [gʀi'jad] f parrillada.

grillage [gʀi'jaʒ] m reja, alambrera.

grillager [gʀija'ʒe] tr enrejar, alambrar.

grille [gʀij] 1 f reja. 2 verja.

grille-pain [gʀij'pɛ̃] m tostadora (de pan).

griller [gʀi'je] 1 tr et intr asar (carne). ● 2 tr tostar.

grillon [gʀi'jɔ̃] m grillo.

grimace [gʀi'mas] 1 f gesto, mueca. 2 arruga.

grimacer [gʀima'se] 1 intr gesticular, hacer muecas. 2 arrugar.

grimacier, ère [gʀima'sje, jɛʀ] adj gestual, que hace muecas.

grimoire [gʀi'mwaʀ] 1 m libro mágico. 2 (fig, fam) galimatías.

grimpant, e [gʀɛ̃'pɑ̃, t] adj trepador.

grimper [gʀɛ̃'pe] 1 intr et tr trepar. ● 2 intr subirse; subir. 3 (fig) subir, montar.

grimpette [gʀɛ̃'pɛt] f repecho; gradiente (Amér.).

grinçant, e [gʀɛ̃'sɑ̃, t] *adj* chirriante.

grincer [gʀɛ̃'se] **1** *intr* rechinar. **2** chirriar: *les roues du vélo grincent = las ruedas de la bicicleta chirrían.*

grincheux, euse [gʀɛ̃'ʃø, øz] *adj* gruñón, cascarrabias.

griotte [gʀi'jɔt] *f* guinda.

grippal, e [gʀi'pal] *adj* gripal.

grippe [gʀip] *f* gripe.

grippé, e [gʀi'pe] *adj* griposo.

grippe-sou [gʀip'su] *m* roñoso, tacaño (avaro).

gris, e [gʀi, z] **1** *adj/m* et *f* gris (color). ● **2** *adj* canoso (el pelo). **3** (fam) ebrio. ◆ ~ **miroité** bellorio.

grisaille [gʀi'zaj] *f* grisalla.

grisant, e [gʀi'zɑ̃, t] *adj* embriagador.

grisâtre [gʀi'zatʀ] *adj* grisáceo.

griser [gʀi'ze] **1** *tr* et *pron* embriagar. ● **2** *tr* excitar.

griserie [gʀiz'ʀi] *f* embriaguez.

griset [gʀi'ze] **1** *m* tiburón pequeño. **2** pollezno (con el plumaje gris).

grisonnant, e [gʀizɔ'nɑ̃, t] *adj* gríseo (el pelo).

grisonner [gʀizɔ'ne] *intr* grisear.

grive [gʀiv] *f* tordo (pájaro).

grog [gʀɔg] *m* grog.

grognard [gʀɔ'naʀ] *m* veterano (de guerra).

grogne [gʀɔɲ] *f* queja.

grogner [gʀɔ'ne] *intr* gruñir.

grognon, onne [gʀɔ'nɔ̃, ɔn] *adj/m* et *f* gruñón.

grognonner [gʀɔnɔ'ne] *intr* gruñir.

grommeler [gʀɔm'le] **1** *tr* mascullar. ● **2** *intr* refunfuñar.

grondant, e [gʀɔ̃'dɑ̃, t] **1** *adj* gruñidor. **2** rugidor.

gronder [gʀɔ̃'de] **1** *tr* regañar: *gronder un enfant désobéissant = regañar a un niño desobediente.* ● **2** *intr* gruñir: *chien qui gronde = perro que gruñe.* **3** rugir.

gronderie [gʀɔ̃'dʀi] *f* regañina, reprimienda.

gros, osse [gʀo, s] **1** *adj/m* et *f* gordo. **2** grande, importante. **3** rico, influyente. ● **4** *adj* grueso. **5** gran: *un gros buveur = un gran bebedor.* **6** vulgar, tosco. ● **7** *adv* mucho.

groseille [gʀɔ'zɛj] *f* grosella.

grossesse [gʀɔ'sɛs] *f* embarazo.

grossier, ère [gʀɔ'sje, jɛʀ] *adj* grosero.

grossièreté [gʀɔsjɛʀ'te] *f* grosería.

grossir [gʀɔ'siʀ] **1** *intr* et *tr* engrosar. **2** engordar: *elle a grossi de cinq kilos = ella ha engordado cinco quilos.*

grossissant, e [gʀɔsi'sɑ̃, t] *adj* engordador.

grosso modo [gʀɔsɔmɔ'do] *loc adv* grosso modo; aproximadamente.

grotesque [gʀɔ'tɛsk] **1** *adj/m* ou *f* grotesco. ● **2** *m* ou *f* ART grutescos.

grotte [gʀɔt] *f* gruta.

grouillant, e [gʀu'jɑ̃, t] *adj* bullicioso.

grouiller [gʀu'je] **1** *intr* bullir. **2** (~ de) rebosar. ● **3** se ~ *pron* (fam) moverse: *grouille-toi un peu! = ¡muévete un poco!*

groupe [gʀup] *m* grupo.

grouper [gʀu'pe] *tr* et *pron* agrupar.

grue [gʀy] *f* grúa.

gruger [gʀy'ʒe] *tr* timar, robar.

grumeau [gʀy'mo] *m* grumo.

grumeler (se) [sɔʀym'le] *pron* engrumecerse.

grumeleux, euse [gʀym'lø, øz] *adj* grumoso.

Guatemala [gwatema'la] *f* Guatemala.

gué [ge] *m* vado.

guenille [gə'nij] **1** *f* andrajo; harapo. **2** (fig) miseria, guiñapo.

guépard [ge'paʀ] *m* onza (felino).

guêpe [gɛp] *f* avispa.

guêpier [ge'pje] **1** *m* avispero. **2** ZOOL abejaruco (trampa).

guère [gɛʀ] *adv* casi, apenas: *il ne mange guère = apenas come.*

> Sólo aparece en frases negativas. **Ne ... guère** significa 'no demasiado, poco': *il ne travaille guère = no trabaja demasiado / trabaja poco.*

guéridon [geʀi'dɔ̃] *m* velador.

guérilla [geʀi'ja] *f* guerrilla.

guérillero [geʀije'ʀo] *m* guerrillero.

guérir [ge'ʀiʀ] *tr, intr* et *pron* curar: *le docteur guérit les blessures = el doctor cura las heridas.*

guérison [geʀi'zɔ̃] *f* curación.

guerre [gɛʀ] *f* guerrra. ◆ ~ **civile** guerra civil; ~ **sainte** guerra santa; ■ **être en** ~ estar en guerra; **faire la** ~ hacer la guerra; **faire la** ~ **à qqn** (fig) dar guerra a alguien.

guerrier, ère [gɛ'ʀje, jɛʀ] *adj/m* et *f* guerrero.

guerroyer [gɛʀwa'je] *intr* guerrear.

guet [gɛ] *m* acecho.

guetter [gɛ'te] 1 *tr* acechar. 2 aguardar, esperar. 3 (fig) amenazar: *la mort le guette = la muerte le amenaza.*

gueule [gœl] 1 *f* hocico, morro. 2 gola. 3 (fam) jeta, pinta. ■ faire la ~ poner mala cara.

gueuler [gœ'le] *intr* et *tr* (fam) gritar, chillar.

gueuleton [gœl'tɔ̃] *m* (fam) comilona.

gueuserie [gœz'ʀi] 1 *f* miseria. 2 canallada (vildad).

gueux, euse [gø, øz] *m* et *f* mendigo, pobre.

guichet [gi'ʃɛ] 1 *m* portillo, postigo. 2 taquilla.

guichetier [giʃ'tje] *m* taquillero.

guide [gid] *m* ou *f* guía.

guider [gi'de] *tr* et *pron* guiar: *guider qqn dans son chemin = guiar a alguien en su camino.*

guigner [gi'ɲe] 1 *tr* mirar de reojo. 2 (fig) codiciar.

guignol [gi'ɲɔl] *m* guiñol. ■ faire le ~ (fam) hacer el payaso.

guillemet [gij'mɛ] *m* comilla: *il écrit ce mot entre guillemets = escribe esta palabra entre comillas.*

guillotine [gijɔ'tin] *f* guillotina.

guillotiner [gijɔti'ne] *tr* guillotinar.

guindé, e [gɛ̃'de] *adj* tieso, afectado (rígido).

guinder [gɛ̃'de] 1 *tr* et *pron* guindar. ● 2 *tr* MAR izar.

guingois (de) [dəgɛ̃'gwa] *loc adv* (fam) de soslayo, de través.

guirlande [giʀ'lɑ̃d] *f* guirnalda. ◆ ~ de Noël guirnalda de Navidad.

guise [giz] *f* guisa. ■ à sa ~ a su antojo.

guitare [gi'taʀ] *f* guitarra. ◆ ~ électrique guitarra eléctrica; ~ sèche guitarra clásica.

guitariste [gita'ʀist] *m* ou *f* guitarrista.

gustatif, ive [gysta'tif, iv] *adj* gustativo.

gustation [gysta'sjɔ̃] *f* gustación.

guttural, e [gyty'ʀal] *adj* gutural: *cris guturaux = gritos guturales.*

gymnaste [ʒim'nast] *m* ou *f* gimnasta.

gymnastique [ʒimnas'tik] 1 *adj* gimnástico. ● 2 *f* gimnasia: *gymnastique rythmique = gimnasia rítmica.*

gymnique [ʒim'nik] 1 *adj* gímnico. ● 2 *f* gimnasia.

gynécologie [ʒinekɔlɔ'ʒi] *f* ginecología.

gynécologue [ʒinekɔ'lɔg] *m* ou *f* ginecólogo.

gypse [ʒips] *m* yeso.

Hh

h [aʃ] *m* h.

En francés se habla de **h** muda y **aspirada**. La diferencia es que la última vocal de la palabra que la precede se elide en el primer caso (*l'homme*), pero no en el segundo (*le héros*).

ha! [a] *interj* ¡ah!

habile [a'bil] *adj* hábil.

habileté [abil'te] *f* habilidad.

habilité [abili'te] *f* habilidad.

habiliter [abili'te] *tr* habilitar.

habiller [abi'je] 1 *tr* et *pron* vestir. ● 2 *tr* poner.

habit [a'bi] 1 *m* vestido, traje. 2 frac (elegante). ● 3 habits *m pl* ropa.

habitant, e [abi'tɑ̃, t] *m* et *f* habitante.

habitat [abi'ta] *m* hábitat.

habitation [abita'sjɔ̃] 1 *f* habitación. 2 vivienda (domicilio).

habiter [abi'te] *tr* habitar, vivir: *habiter à la campagne = vivir en el campo.*

habitude [abi'tyd] *f* costumbre. ■ d'~ habitualmente, generalmente.

S'habiller / *Vestirse*

S'habiller	Vestirse	La mode et les tissus	La moda y los tejidos
l'imperméable	el impermeable	à carreaux	a cuadros
la blouse	la blusa	à rayures	a rayas
la botte	la bota	c'est à la mode	está de moda
la cape	la capa	démodé	pasado de moda
la chaussette	el calcetín	élégant	elegante
la chaussure, le soulier	el zapato	imprimé	estampado
		l'anneau	el anillo
la chemise	la camisa	l'émeraude	la esmeralda
la gabardine	la gabardina	l'éventail	el abanico
la jupe	la falda	la bague	la sortija
la pantoufle	la zapatilla	la boucle d'oreille	el pendiente
la robe de chambre	la bata, el batín	la casquette	la gorra
		la ceinture	el cinturón
la robe	el vestido	la cravate	la corbata
la sandale	la sandalia	la fermeture Éclair	la cremallera
la veste	la chaqueta, la americana	la laine	la lana
		la perle	la perla
le bas	las medias	la soie	la seda
le blouson	la cazadora	la toile, l'étoffe	la tela
la chemise de nuit	el camisón	le béret	la boina
le collant	el panty	le bijou	la joya
le costume	el traje	le bonnet	el gorro
le gilet	el cárdigan, el chaleco	le bracelet	la pulsera
		le cache-nez, l'écharpe	la bufanda
le linge	la ropa interior, la lencería, la colada	le chapeau	el sombrero
		le collier	el collar
le manteau	el abrigo	le coton	el algodón
le mocassin	el mocasín	le cuir	la piel, el cuero
le pardessus	el gabán	le diamant	el diamante
le polo	el polo	le drap	el paño
le pull	el jersey	le gant	el guante
le pyjama	el pijama	le mouchoir	el pañuelo
le slip	los calzoncillos, las bragas	le nylon	el nailon
		le parapluie	el paraguas
le soutien-gorge	el sujetador	le portefeuille	la cartera
le tee-shirt	la camiseta	le porte-monnaie	el monedero
les jeans	los vaqueros	le rubis	el rubí
les sous-vêtements	la ropa interior	le sac à main	el bolso
les vêtements	la ropa	le saphir	el zafiro
		le tissu	el tejido
		le velours	el terciopelo
		les lunettes	las gafas
		un défilé de mannequins	un desfile de modelos

habitué, e [abi'tчe] **1** *m* et *f* asiduo. **2** acostumbrado, habituado.

Como adjetivo lleva la preposición **à** *il est habitué à réagir vite = está acostumbrado a reaccionar rápidamente*; como nombre, lleva **de**: *les habitués des courses = los habituales de las carreras.*

habituel, elle [abi'tчεl] *adj* habitual.
habituer [abi'tчe] **1** *tr* (~ *à*) acostumbrar a. ● **2** s'~ *pron* (s'~ *à*) acostumbrarse a.
hache [aʃ] *f* hacha. ◆ **~ de guerre** hacha de guerra.
hacher [a'ʃe] **1** *tr* picar. **2** despedazar (cortar toscamente). **3** (fig) interrumpir.
hachisch [a'ʃiʃ] *m* hachís.
hachoir [a'ʃwaʀ] *m* picadora (máquina).
hachures [a'ʃyʀ] *f pl* plumeado.
haie [ɛ] **1** *f* seto. **2** hilera. ■ **faire la ~** alinearse, formar calle.
haillon [a'jõ] *m* harapo.
haillonneux, euse [ajɔ'nø, øz] *adj* harapiento, andrajoso.
haine [ɛn] *f* odio.
haineux, euse [ε'nø, øz] **1** *adj* malévolo. **2** acerbo, cruel.
haïr [a'iʀ] *tr* et *pron* odiar.
hâlé, e [a'le] *adj* bronceado.
haleine [a'lɛn] **1** *f* aliento, hálito. **2** respiración. ■ **courir à perdre ~** correr hasta no poder más; **reprendre ~** tomar aliento.
hâler [a'le] *tr* et *pron* broncear.
haletant, e [al'tã, t] **1** *adj* jadeante. **2** (fig) anhelante.
haleter [al'te] **1** *intr* jadear. **2** (fig) estar anhelante.
halle [al] **1** *f* mercado. ● **2 halles** *f pl* mercado (almacén central).
hallucinant, e [alysi'nã, t] *adj* alucinante.
hallucination [alysina'sjõ] *f* alucinación.
hallucinatoire [alysina'twaʀ] *adj* alucinatorio.
halluciner [alysi'ne] *intr* (fam) alucinar.
hallucinogène [alysinɔ'ʒεn] *adj* et *m* alucinógeno.
halte [alt] **1** *f* pausa, parada. **2** parada; apeadero (de tren). ● **3 halte!** *interj* ¡alto!; basta ya: *halte à la corruption! = ¡basta ya de corrupción!*
haltérophilie [alteʀɔfi'li] *f* halterofilia.

hamburger [ambyʀ'gœʀ] *m* hamburguesa.
hameçon [ams'õ] *m* anzuelo.
hamster [ams'tεʀ] *m* hámster.
hanche [ãʃ] **1** *f* cadera. **2** ZOOL anca.
hand-ball [ãd'bal] *m* balonmano.
handicapant, e [ãdika'pã, t] *adj* inválido.
handicapé, e [ãdika'pe] *adj/m* et *f* minusválido; imposibilitado. ◆ **~ mental** disminuido psíquico; **~ physique** inválido.
handicaper [ãdika'pe] *tr* perjudicar, desventajar.
hangar [ã'gaʀ] *m* hangar; almacén. ◆ **~ à récoltes** granero.
hanter [ã'te] **1** *tr* frecuentar. **2** (fig) atormentar, obsesionar.
hantise [ã'tiz] *f* obsesión.
happer [a'pe] *tr* atrapar; arrollar.
harangue [a'ʀãg] *f* arenga.
haranguer [aʀã'ge] **1** *tr* arengar. **2** (fig, fam) sermonear.
harassé, e [aʀa'se] *adj* agotado.
harasser [aʀa'se] *tr* agotar.
harcelant, e [aʀsə'lã, t] *adj* hostigador.
harceler [aʀsə'le] **1** *tr* hostigar. **2** acosar, perseguir.
hard [aʀd] **1** *adj* et *m* (fam) fuerte, duro. ● **2** *m* INF hardware.
harde [aʀd] *f* manada. **2** traílla (de perros).
hardi, e [aʀ'di] **1** *adj* audaz, intrépido. **2** osado. **3** original. ● **4 hardi!** *interj* ¡ánimo!, ¡venga!
hardiesse [aʀ'djεs] **1** *f* audacia. **2** originalidad. **3** libertad (licencia): *se permettre certaines hardiesses = permitirse ciertas libertades.* **4** (péj) osadía, descaro.
hareng [a'ʀãg] *m* arenque. ■ **être serrés comme des harengs en caque** (fam) estar como sardinas en lata.
hargne [aʀɲ] *f* cólera, rabia, saña.
hargneux, euse [aʀ'ɲø, øz] **1** *adj* malhumorado. **2** arisco, huraño. **3** agresivo.
haricot [aʀi'ko] *m* judía (planta). ◆ **haricots rouges** frijoles; **haricots verts** judías verdes; ■ **c'est la fin des haricots** es el colmo; **travailler pour des haricots** (fig, fam) trabajar por poco dinero.
harmonie [aʀmɔ'ni] *f* armonía. ■ **en ~ avec** en armonía con; **vivre en ~** llevarse bien.
harmonieux, euse [aʀmɔ'njø, øz] *adj* armonioso.
harmonique [aʀmɔ'nik] *adj/m* ou *f* armónico.

harmonisation [aʀmɔniza'sjɔ̃] f armonización.

harmoniser [aʀmɔni'ze] **1** tr armonizar. ● **2** s'~ pron (se ~ à o avec) estar en armonía con.

harnacher [aʀna'ʃe] **1** tr enjaezar (un caballo). ● **2** tr et pron ataviar.

harnais [aʀ'nɛ] **1** m arnés. **2** arreos (de un caballo). ◆ ~ **de sécurité** arnés de seguridad.

haro! [a'ʀo] interj ¡justicia! ■ crier ~ sur protestar contra.

harpe [aʀp] f arpa.

harpie [aʀ'pi] **1** f arpía (en mitología). **2** (fig) arpía.

harpon [aʀ'pɔ̃] m arpón.

harponner [aʀpɔ'ne] **1** tr arponear. **2** (fig, fam) echar el guante.

hasard [a'zaʀ] m azar, casualidad. ■ au~ al azar.

hasarder [azaʀ'de] **1** tr arriesgar; atrever. ● **2** se ~ pron arriesgarse; aventurarse.

hasardeux, euse [azaʀ'dø, øz] adj aventurado, arriesgado; imprudente.

haschisch [a'ʃiʃ] m hachís; cannabis.

hâte [at] f prisa, precipitación.

hâter [a'te] tr et pron acelerar; apresurar; festinar (Amér.).

hâtif, ive [a'tif, iv] **1** adj apresurado. **2** temprano, tempranero (fruta).

hausse [os] **1** f aumento, revalorización. **2** alza (de las armas).

hausser [o'se] tr et pron alzar; levantar; subir.

haut, e [o, ot] **1** adj alto; elevado: la haute société = la alta sociedad. ● **2** m et f alto; altura; cima. ● **3** adv alto.

hautain, e [o'tɛ̃, ɛn] adj altivo; altanero; noble.

hauteur [o'tœʀ] f altura; nivel.

haut-fourneau [ofuʀ'no] m alto horno.

haut-le-cœur [olə'kœʀ] m náusea.

haut-parleur [opaʀ'lœʀ] **1** m altavoz. **2** altoparlante (Amér.).

haut-relief [oʀə'ljef] m ART alto relieve.

havanais, e [ava'nɛ, z] **1** adj habanero. ● **2 Havanais**, e m et f habanero. ● **3** m tipo de perro faldero.

hâve [av] adj macilento; pálido; famélico.

havresac [avʀə'sak] m mochila.

hé! [e] interj ¡eh!

hebdomadaire [ɛbdɔma'dɛʀ] adj et m hebdomadario.

héberge [e'bɛʀʒ] f alojamiento.

hébergement [ebɛʀʒ'mã] m hospedaje, alojamiento.

héberger [ebɛʀ'ʒe] tr albergar, alojar.

hébété, e [ebe'te] adj/m et f alelado.

hébraïser [ebʀai'ze] tr hebraizar.

hébreu [e'bʀø] **1** adj hebreo. ● **2 Hébreu** m hebreo.

hécatombe [eka'tɔ̃b] f hecatombe.

hectare [ɛk'taʀ] m hectárea.

hectolitre [ɛktɔ'litʀ] m hectolitro.

hectomètre [ɛktɔ'mɛtʀ] m hectómetro.

hégémonie [eʒemɔ'ni] f hegemonía.

hein! [ɛ̃, hɛ̃] interj (fam) ¡eh!, ¿eh?, ¿cómo?

hélas! [e'las] interj desgraciadamente; desafortunadamente.

héler [e'le] tr llamar (desde lejos).

hélice [e'lis] f hélice.

hélicoïdal [elikɔi'dal] adj helicoidal.

hélicoptère [elikɔp'tɛʀ] m helicóptero.

héligare [eli'gaʀ] f estación para los pasajeros de helicópteros.

héliport [eli'pɔʀ] m helipuerto.

hellène [e'lɛn o ɛ'lɛn] **1** adj heleno. ● **2 Hellène** m ou f heleno.

hellénique [ele'nik] adj helénico.

helvétique [ɛlve'tik] adj helvético.

hem! [ɛm o hem] interj ¡eh!; ¡hum!

hémicycle [emi'sikl] m hemiciclo.

hémisphère [emis'fɛʀ] m hemisferio.

hémisphérique [emisfe'ʀik] adj hemisférico.

hémorragique [emɔʀa'ʒik] adj MÉD hemorrágico.

hémorroïdal, e [emɔʀɔi'dal] adj MÉD hemorroidal.

henné [e'ne] m BOT alheña.

hennir [e'niʀ] intr relinchar.

hep! [ɛp o hɛp] interj ¡eh!

herbe [ɛʀb] **1** f hierba; yerba. **2** (fam) hierba, marihuana. ◆ **fines herbes** finas hierbas; **herbes de Provence** GAST hierbas provenzales; ~ **de Saint-Jean** hierba de San Juan (corazoncillo); ■ **en ~** en verde, en cierne: violonista en herbe = violinista en ciernes.

herbeux, euse [ɛʀ'bø, øz] adj herboso.

herbicide [ɛʀbi'sid] adj et m herbicida.

herbier [ɛʀ'bje] m herbario.

herbivore [ɛʀbi'vɔʀ] adj/m ou f herbívoro.

herborisation [ɛʀbɔʀiza'sjɔ̃] f herborización.

herboriser [ɛʁbɔʁiˈze] *intr* herborizar.
herboriste [ɛʁbɔˈʁist] *m* ou *f* herbolario (vendedor).
herboristerie [ɛʁbɔʁistəˈʁi] *f* herbolario, herboristería (tienda).
herbu, e [ɛʁˈby] *adj* herboso.
hercule [ɛʁˈkyl] *m* hércules.
herculéen, enne [ɛʁkuleˈɛ̃, ɛn] *adj* hercúleo, colosal: *une force herculéenne = una fuerza hercúlea.*
héréditaire [eʁediˈtɛʁ] *adj* hereditario.
hérésiarque [eʁeˈzjaʁk] *m* REL heresiarca.
hérésie [eʁeˈzi] *f* herejía.
hérétique [eʁeˈtik] 1 *adj* herético. ● 2 *m* ou *f* hereje.
hérisser [eʁiˈse] 1 *tr* erizar; poner los pelos de punta. ● 2 **se ~** *pron* erizarse. 3 (fig) erizarse, indignarse.
hérisson [eʁiˈsɔ̃] *m* erizo.
héritage [eʁiˈtaʒ] *m* herencia: *laisser en héritage = dejar en herencia.*
hériter [eʁiˈte] *intr* et *tr* heredar: *il a hérité d'une fortune = heredó una fortuna.*

> Si sólo lleva un complemento, éste aparece con la preposición **de**: *hériter d'une fortune* = heredar una fortuna; sin embargo: *hériter une fortune d'un oncle* = heredar una fortuna de un tío.

héritier, ère [eʁiˈtje, jɛʁ] *m* et *f* heredero.
hermaphrodite [ɛʁmafʁɔˈdit] *adj/m* ou *f* hermafrodita.
hermétique [ɛʁmeˈtik] *adj* hermético.
hermine [ɛʁˈmin] *f* armiño.
hernie [ɛʁˈni] *f* MÉD hernia.
héroïne [eʁɔˈin] 1 *f* heroína. 2 protagonista (de una novela, etc.). 3 heroína (droga).
héroïnomane [eʁɔinɔˈman] *adj/m* ou *f* heroinómano.
héros [eˈʁo] *m* 1 héroe. 2 héroe, protagonista (de una película, etc.).
herpès [ɛʁˈpɛs] *m* MÉD herpes.
hertz [ɛʁts] *m* PHYS hercio; hertz.
hésitant, e [eziˈtɑ̃, t] *adj* vacilante, indeciso.
hésitation [ezitaˈsjɔ̃] *f* vacilación, titubeo.
hésiter [eziˈte] *intr* dudar: *je le dis sans hésiter = lo digo sin dudar*; vacilar, titubear.

hétéro [eteˈʁo] (*abrév de* **hétérosexuel**) *adj/m* ou *f* (fam) hetero.
hétéroclite [eteʁɔˈklit] *adj* heteróclito.
hétérogène [eteʁɔˈʒɛn] *adj* heterogéneo.
hétérogénéité [eteʁɔʒeneiˈte] *f* heterogeneidad.
hétérosexuel, elle [eteʁɔsɛkˈsɥɛl] *adj/m* et *f* heterosexual.
hêtre [ɛtʁ] *m* haya (árbol).
heure [œʁ] 1 *f* hora: *revenez dans une heure = volved dentro de una hora.* 2 momento, situación. 3 clase: *l'heure de français = la clase de francés.* ◆ ~ **d'été** hora de verano; ~ **de pointe** hora punta; **heures supplémentaires** horas extraordinarias; **les heures creuses** las horas muertas; **une bonne ~** una hora larga; **une petite ~** una hora escasa; ■ **à cette ~** ahora; **à l'~ où** en el momento en que; **à toute ~** a todas horas; **de bonne ~** temprano; **d'~ en ~** de hora en hora; **tout à l'~** hace un momento, hace poco; dentro de un momento, después.

> Obsérvese la diferencia en el uso de las preposiciones: **deux fois par heure; dix euros l'heure / dix euros par heure; vingt kilomètres à l'heure.**

heureusement [øʁøzˈmɑ̃] *adv* por suerte, afortunadamente.
heureux, euse [øˈʁø, øz] 1 *adj* feliz: *un mariage heureux = un matrimonio feliz*; afortunado (en el juego). 2 feliz, acertado (idea, frase). ■ **encore ~ que ...** menos mal que...; **être ~ de** alegrarse de; **s'estimer ~** darse por contento.
heuristique [øʁisˈtik] 1 *adj* heurístico. ● 2 *f* heurística.
heurt [œʁ] *m* 1 golpe. 2 (fig) desacuerdo, desavenencia. 3 (fig) contraste (de colores).
heurté, e [œʁˈte] 1 *adj* entrecortado (elocución). 2 contrastado (colores, tonos).
heurter [œʁˈte] 1 *tr* chocar, tropezar. 2 (fig) chocar, ofender: *heurter ses idées = chocar con sus ideas.* ● 3 **se ~** *pron* chocar: *les deux camions se sont heurtés = los dos camiones chocaron.* 4 (fig) enfrentarse. ■ ~ **de front** (fig) enfrentarse, encararse.
heurtoir [œʁˈtwaʁ] *m* aldaba.

521homme

hévéa [eve'a] *m* hevea.
hexagone [εgza'gɔn] *m* GÉOM hexágono.
hexamètre [εgza'mεtʀ] *adj et m* LITT hexámetro.
hiatus [ja'tys] **1** *m* (fig) paréntesis, interrupción. **2** GRAMM hiato. **3** MÉD hiato.
hibernal, e [ibεʀ'nal] *adj* hibernal.
hibernant, e [ibεʀ'nɑ̃, t] *adj* hibernante.
hibernation [ibεʀna'sjɔ̃] *f* hibernación.
hiberner [ibεʀ'ne] *intr* hibernar.
hibou [i'bu] (*pl* hiboux) *m* ZOOL búho.
hideur [i'dœʀ] *f* fealdad extrema.
hideux, euse [i'dø, øz] *adj* horrendo; repugnante.
hier [jεʀ] *adv* ayer. ◆ ~ **soir** anoche.
hiérarchie [jeʀaʀ'ʃi] *f* jerarquía.
hiérarchique [jeʀaʀ'ʃik] *adj* jerárquico.
hiératique [jeʀa'tik] *adj* hierático.
hiéroglyphe [jeʀɔ'glif] *m* jeroglífico.
hilarant, e [ila'ʀɑ̃, t] *adj* hilarante.
hilare [i'laʀ] *adj* risueño, jovial.
hilarité [ilaʀi'te] *f* hilaridad.
hindou [ɛ̃'du] **1** *adj/m et f* indio, hindú. **2** REL hindú.
hippie [i'pi] *adj/m ou f* hippy.
hippique [i'pik] *adj* hípico.
hippocampe [ipɔ'kɑ̃p] *m* ZOOL hipocampo, caballito de mar.
hippodrome [ipɔ'dʀɔm] *m* hipódromo.
hippogriffe [ipɔ'gʀif] *m* hipogrifo.
hippologie [ipɔlɔ'ʒi] *f* hipología.
hippopotame [ipɔpɔ'tam] *m* ZOOL hipopótamo.
hippy [i'pi] *adj/m ou f* → hippie.
hirondelle [iʀɔ̃'del] *f* ZOOL golondrina.
hirsute [iʀ'syt] *adj* hirsuto; desgreñado, despeinado.
hispanique [ispa'nik] *adj* hispánico.
hispanisant, e [ispani'zɑ̃, t] *m et f* hispanista.
hispano-américain, e [ispanoameʀi'kɛ̃, εn] **1** *adj* hispanoamericano. ● **2** Hispano-Américain, e *m et f* hispanoamericano.
hispanophone [ispanɔ'fɔn] *adj/m ou f* hispanohablante.
hisser [i'se] **1** *tr* izar. ● **2** se ~ *pron* subirse, alzarse.
histoire [is'twaʀ] **1** *f* historia. **2** asunto, cuestión: *une histoire d'argent* = *un asunto económico*. **3** lío: *quelle histoire!* = *¡qué lío!*; problema: *il va s'attirer des histoires* = *va a tener problemas*. ◆ ~

drôle chiste; ■ **c'est une autre ~** es harina de otro costal; **ne me raconte pas d'histoires** no me vengas con historias.
histologie [istɔlɔ'ʒi] *f* BIOL histología.
historicité [istɔʀisi'te] *f* historicidad.
historié, e [istɔ'ʀje] *adj* historiado.
historien, enne [istɔ'ʀjɛ̃, εn] *m et f* historiador.
historier [istɔ'ʀje] *tr* ART historiar.
historiette [istɔ'ʀjεt] *f* historieta.
historique [istɔ'ʀik] **1** *adj* histórico. ● **2** *m* historial.
HIV [aʃi've] (*sigles de* **human immunodeficiency virus**) *m* VIH.
hiver [i'vεʀ] *m* invierno.
hivernal, e [ivεʀ'nal] *adj* invernal.
hiverner [ivεʀ'ne] *intr* invernar.
HLM [aʃεl'εm] (*sigles de* **habitation à loyer modéré**) *m ou f* viviendas de protección oficial.
ho! [o u ho] *interj* ¡eh! (para llamar); ¡oh! (sorpresa).
hobby [ɔ'bi] *m* hobby; entretenimiento.
hocher [ɔ'ʃe] *tr* menear.
hochet [ɔ'ʃε] *m* sonajero.
hold-up [ɔld'œp] *m* atraco a mano armada.
hollandais, e [ɔlɑ̃'dε, z] **1** *adj* holandés. ● **2** Hollandais, e *m et f* holandés. ● **3** *m* holandés (lengua).
Hollande [ɔ'lɑ̃d] *f* Holanda.
holocauste [ɔlɔ'kost] *m* holocausto.
homard [ɔ'maʀ] *m* bogavante. ■ **être rouge comme un ~** estar rojo como una gamba.
homélie [ɔme'li] *f* REL homilía.
homéopathe [ɔmeɔ'pat] *m ou f* MÉD homeópata.
homéopathie [ɔmeɔpa'ti] *f* MÉD homeopatía.
homicide [ɔmi'sid] **1** *adj/m ou f* homicida. ● **2** *m* homicidio.
hommage [ɔ'maʒ] **1** *m* homenaje. ● **2** hommages *m pl* respetos: *mes hommages à votre épouse* = *mis respetos a su señora*. ■ **faire ~ de qqch à qqn** obsequiar algo a alguien; **rendre ~ à** rendir homenaje a.
homme [ɔm] *m* hombre. ◆ ~ **d'affaires** hombre de negocios; ~ **d'Église** eclesiástico; ~ **d'État** estadista; ~ **de lettres** literato; ~ **de loi** abogado, juez; ~ **de main** hombre que hace el trabajo sucio, matón; ~ **de paille** testaferro; **un brave** ~ un buen hombre; **un jeune** ~ un joven,

un muchacho; ■ **un ~ à la mer!** ¡hombre al agua!

homme-grenouille [ɔmgrə'nuj] *m* hombre rana.

homme-orchestre [ɔmɔr'kɛstr] *m* hombre orquesta.

homme-sandwich [ɔmsɑ̃d'witʃ] *m* hombre anuncio.

homo [ɔ'mo] (*abrév de* **homosexuel**) *adj/m* ou *f* (fam) gay.

homogène [ɔmɔ'ʒɛn] *adj* homogéneo.

homogénéisation [ɔmɔʒeneiza'sjɔ̃] *f* homogeneización.

homogénéiser [ɔmɔʒenei'ze] *tr* homogeneizar.

homogénéité [ɔmɔʒenei'te] *f* homogeneidad.

homologue [ɔmɔ'lɔg] *adj/m* ou *f* homólogo.

homologuer [ɔmɔlɔ'ge] *tr* homologar.

homonyme [ɔmɔ'nim] *adj* et *m* homónimo.

homosexualité [ɔmɔsɛksuali'te] *f* homosexualidad.

homosexuel, elle [ɔmɔsɛk'sɥel] *adj/m* et *f* homosexual.

Honduras [ɔ̃dy'ra] *m* Honduras.

Hongrie [ɔ̃'gri] *f* Hungría.

hongrois, e [ɔ̃'grwa, z] **1** *adj* húngaro. ● **2 Hongrois, e** *m* et *f* húngaro. ● **3** *m* húngaro (lengua).

honnête [ɔ'nɛt] **1** *adj* honrado; honesto; decente. **2** justo, razonable (un precio).

honnêteté [ɔnɛtə'te] *f* honradez, honestidad.

honneur [ɔ'nœr] **1** *m* honor, honra. **2** honor (decencia). ● **3 honneurs** *m pl* honores, cargos. ◆ **affaire d'~** lance de honor; **honneurs funèbres, militaires** honores fúnebres, militares.

honoraire [ɔnɔ'rɛr] **1** *adj* honorario. ● **2 honoraires** *m pl* honorarios.

honorer [ɔnɔ're] **1** *tr* honrar. **2** COMM pagar (un cheque); satisfacer (una deuda). ● **3** s'~ *pron* honrarse. ■ **~ son père et sa mère** honrar padre y madre.

honorifique [ɔnɔri'fik] *adj* honorífico.

honte [ɔ̃t] *f* vergüenza.

honteux, euse [ɔ̃'tø, øz] **1** *adj* vergonzoso: *une affaire honteuse = un asunto vergonzoso.* **2** avergonzado (de un acto, etc.): *honteux de son retard = avergonzado por su retraso.*

hop! [ɔp u hɔp] *interj* ¡aúpa!; ¡hala!

hôpital [ɔpi'tal] *m* hospital. ◆ **~ de campagne** MIL hospital de sangre.

hoquet [ɔ'kɛ] *m* hipo: *avoir le hoquet = tener hipo.*

hoqueter [ɔk'te] *intr* tener hipo.

horaire [ɔ'rɛr] *adj* et *m* horario. ◆ **~ souple** horario flexible.

horde [ɔrd] *f* horda.

horion [ɔ'rjɔ̃] *m* (se usa más en *pl*) golpe, puñetazo.

horizon [ɔri'zɔ̃] **1** *m* horizonte; panorama, paisaje. ● **2 horizons** *m pl* (fig) horizontes.

horizontal, e [ɔrizɔ̃'tal] *adj* et *f* horizontal.

horizontalité [ɔrizɔ̃tali'te] *f* horizontalidad.

horloge [ɔr'lɔʒ] *f* reloj (de pared).

horloger, ère [ɔrlɔ'ʒe, ɛr] *m* et *f* relojero.

horlogerie [ɔrlɔʒ'ri] *f* relojería.

hormis [ɔr'mi] *prép* excepto, salvo.

hormone [ɔr'mɔn] *f* BIOL hormona.

horodateur [ɔrɔda'tœr] *m* fechador.

horoscope [ɔrɔs'kɔp] *m* horóscopo.

horreur [ɔ'rœr] **1** *f* horror. ● **2 horreurs** *f pl* horrores: *les horreurs de la guerre = los horrores de la guerra.* **3** obscenidades: *il raconte toujours des horreurs = siempre cuenta obscenidades.*

horrible [ɔ'ribl] *adj* horrible.

horrifiant, e [ɔri'fjɑ̃, t] *adj* horripilante, espantoso.

horrifier [ɔri'fje] *tr* horrorizar, aterrar.

horrifique [ɔri'fik] *adj* horrífico, horrendo.

horripilant, e [ɔripi'lɑ̃, t] *adj* horripilante.

horripiler [ɔripi'le] *tr* horripilar.

hors [ɔr] **1** *prép* fuera de: *une maison hors de la ville = una casa fuera de la ciudad.* **2** excepto, menos. ■ **être ~ de soi** estar fuera de sí.

hors-bord [ɔr'bɔr] *m* MAR fueraborda.

hors-d'œuvre [ɔr'dœvr] *m* GAST entremés.

hors-jeu [ɔr'ʒø] *m* SPORTS fuera de juego.

hors-la-loi [ɔrla'lwa] *m* forajido.

hortensia [ɔrtɑ̃'sja] *m* BOT hortensia.

horticulture [ɔrtikyl'tyr] *f* horticultura.

hospice [ɔs'pis] *m* hospicio.

hospitalier, ère [ɔspita'lje, jɛr] *adj* hospitalario: *c'est une femme très hospitalière = es una mujer muy hospitalaria.*

hospitaliser [ɔspitali'ze] *tr* hospitalizar: *hospitaliser un malade = hospitalizar a un enfermo*.

hospitalité [ɔspitali'te] *f* hospitalidad.

hostie [ɔs'ti] *f* REL hostia.

hostile [ɔs'til] **1** *adj* hostil: *regard hostile = mirada hostil*. **2** contrario: *il est hostile à ce projet = es contrario a este proyecto*.

hôte, esse [ot, ɛs] **1** *m* et *f* huésped; invitado. **2** anfitrión. ◆ **hôtesse de l'air** azafata; aeromoza (Amér.).

hôtel [ɔ'tɛl] *m* hotel: *hôtel de première classe = hotel de primera clase*. ◆ ~ **de ville** ayuntamiento.

hôtel-Dieu [ɔtɛl'djø] *m* hospital.

hôtelier, ère [ɔtə'lje, jɛʀ] *adj/m* et *f* hotelero.

hôtellerie [ɔtɛl'ʀi] **1** *f* hospedería; hostal. **2** hostelería: *travailler dans l'hôtellerie = trabajar en la hostelería*.

hotte [ɔt] **1** *f* cuévano. **2** campana (de una chimenea).

houille [uj] *f* hulla.

houiller, ère [u'je, jɛʀ] **1** *adj* hullero, carbonífero. ◆ **2** *f* mina de hulla.

houppe [up] **1** *f* borla. **2** copete (pelo).

houppette [u'pɛt] *f* borla (para empolvarse).

hourra! [u'ʀa o hu'ʀa] *interj* ¡hurra!

houspiller [uspi'je] *tr* reprender, reñir.

housse [us] **1** *f* gualdrapa (del caballo). **2** funda.

housser [u'se] **1** *tr* enfundar. **2** quitar el polvo.

houx [u] *m* BOT acebo.

HT [aʃ'te] (*sigles de* **hors taxe**) *adj* IVA no incluido.

hublot [y'blo] **1** *m* ventanilla. **2** MAR portilla. ◆ **œil du** ~ MAR ojo de buey.

huche [yʃ] *f* arca.

hue! [y o hy] *interj* ¡arre!

huée [ɥe] **1** *f* grita. ● **2 huées** *f pl* abucheo.

huer [ɥe] *tr* abuchear: *huer un acteur = abuchear a un actor*.

huile [ɥil] *f* aceite: *il aime cuisiner avec de l'huile = le gusta cocinar con aceite*. **2** ART óleo (pintura). **3** REL óleo: *les saintes huiles = los santos óleos*. ◆ ~ **de foie de morue** aceite de hígado de bacalao; ~ **d'olive** aceite de oliva; ~ **de ricin** aceite de ricino; ~ **essentielle** aceite esencial; ~ **vierge** aceite virgen.

huiler [ɥi'le] *tr* aceitar; engrasar: *huiler une machine = engrasar una máquina*.

huilerie [ɥil'ʀi] *f* aceitería; fábrica de aceite.

huileux, euse [ɥi'lø, øz] *adj* aceitoso.

huilier [ɥi'lje] *m* vinagreras; alcuza (Amér.).

huissier [ɥi'sje] **1** *m* ujier. **2** portero.

huit [ɥit] **1** *adj* et *m* ocho: *un bâtiment de huit étages = un edificio de ocho plantas*. ● **2** *adj* octavo.

huitante [ɥi'tɑ̃t] *adj* et *m* (regionalismo) ochenta.

huitième [ɥi'tjɛm] *adj/m* ou *f* octavo.

huître [ɥitʀ] *f* ZOOL ostra.

hululer [yly'le] *intr* ulular.

humain, e [y'mɛ̃, ɛn] *adj* et *m* humano: *voix humaine = voz humana*.

humanisation [ymaniza'sjɔ̃] *f* humanización.

humaniser [ymani'ze] *tr* humanizar.

humaniste [yma'nist] *adj/m* ou *f* humanista.

humanitaire [ymani'tɛʀ] *adj* humanitario: *une organisation humanitaire = una organización humanitaria*.

humanité [ymani'te] **1** *f* humanidad. ● **2 humanités** *f pl* humanidades.

humble [œ̃bl] *adj* humilde; modesto.

humecter [ymɛk'te] *tr* et *pron* humedecer.

humer [y'me] **1** *tr* aspirar, inhalar. **2** oler: *humer le parfum = oler el perfume*.

humeur [y'mœʀ] **1** *f* humor. **2** ANAT humor. ◆ **bonne** ~ buen humor; **mauvaise** ~ mal humor.

humide [y'mid] *adj* húmedo.

humidifier [ymidi'fje] *tr* humedecer, humectar.

humidité [ymidi'te] *f* humedad.

humiliant, e [ymi'ljɑ̃, t] *adj* humillante: *un aveu humiliant = una confesión humillante*.

humiliation [ymilja'sjɔ̃] *f* humillación.

humilier [ymi'lje] *tr* et *pron* humillar; sobajar (Amér.).

humilité [ymili'te] *f* humildad.

humoriste [ymɔ'ʀist] *adj/m* ou *f* humorista.

humoristique [ymɔʀis'tik] *adj* humorístico: *dessin humoristique = dibujo humorístico*.

humour [y'muʀ] *m* humor. ◆ ~ **noir** humor negro.

huppe [yp] *f* copete, penacho.

huppé, e [y'pe] **1** *adj* moñudo (ave). **2** (fam) de alto copete.

hurler [yʀ'le] **1** *intr* aullar (animales). **2** gritar: *hurler de rage = gritar de rabia*. **3** vocear, bramar. ● **4** *tr* clamar, gritar: *hurler sa douleur = clamar su dolor*.

hurluberlu [yʀlybɛʀ'ly] *m* atolondrado; extravagante.

huron, onne [y'ʀɔ̃, ɔn] **1** *adj/m* et *f* hurón. **2** (fig) grosero, ordinario.

hurrah! [y'ʀa] *interj* → hourra!

hutte [yt] *f* choza, cabaña.

hybride [i'bʀid] *adj* et *m* híbrido.

hydratant, e [idʀa'tɑ̃, t] *adj/m* et *f* hidratante. ● **crème ~** crema hidratante.

hydrater [idʀa'te] *tr* hidratar.

hydraulique [idʀo'lik] *adj* hidráulico.

hydravion [idʀa'vjɔ̃] *m* hidroavión.

hydrique [i'dʀik] *adj* hídrico.

hydrocarbure [idʀokaʀ'byʀ] *m* hidrocarburo.

hydrographe [idʀo'gʀaf] *m* ou *f* hidrógrafo.

hydrologie [idʀolo'ʒi] *f* hidrología.

hydrologique [idʀolo'ʒik] *adj* hidrológico.

hydrophile [idʀo'fil] *adj* et *m* hidrófilo.

hyène [jen] *f* ZOOL hiena.

hygiène [i'ʒjɛn] *f* higiene. ● **~ mentale** higiene mental; **~ publique** higiene pública.

hygiénique [iʒje'nik] *adj* higiénico.

hygiéniste [iʒje'nist] *m* ou *f* higienista.

hymen [i'mɛn] *m* ANAT himen.

hymne [imn] *m* himno. ● **~ national** himno nacional.

hyperbole [ipɛʀ'bɔl] **1** *f* RHÉT hipérbole. **2** GÉOM hipérbola.

hyperémotif, ive [ipeʀemo'tif, iv] *adj* PSY hiperemotivo.

hyperémotivité [ipeʀemotivi'te] *f* PSY hiperemotividad.

hypermarché [ipɛʀmaʀ'ʃe] *m* hipermercado.

hypernerveux, euse [ipɛʀnɛʀ'vø, øz] *adj/m* et *f* hipernervioso.

hypersonique [ipɛʀso'nik] *adj* hipersónico.

hypertexte [ipɛʀ'tɛkst] *m* hipertexto.

hyperthermie [ipɛʀtɛʀ'mi] *f* MÉD hipertermia.

hypnose [ip'noz] *f* MÉD hipnosis.

hypnotiser [ipnoti'ze] **1** *tr* hipnotizar. ● **2** *tr* et *pron* (fig) hipnotizar, fascinar.

hypocalorique [ipokalo'ʀik] *adj* hipocalórico: *un régime hypocalorique = un régimen hipocalórico*.

hypocondriaque [ipokɔ̃'dʀjak] *adj/m* ou *f* hipocondríaco.

hypocondrie [ipokɔ̃'dʀi] *f* MÉD hipocondría.

hypocrisie [ipokʀi'zi] *f* hipocresía.

hypocrite [ipo'kʀit] *adj/m* ou *f* hipócrita.

hypogastre [ipo'gastʀ] *m* ANAT hipogastrio.

hypothécaire [ipote'kɛʀ] *adj* hipotecario: *prêts hypothécaires = préstamos hipotecarios*.

hypothèque [ipo'tɛk] *f* hipoteca.

hypothéquer [ipote'ke] *tr* hipotecar: *hypothéquer une maison = hipotecar una casa*.

hypothèse [ipo'tɛz] *f* hipótesis.

hypothétique [ipote'tik] *adj* hipotético: *un fait hypothétique = un hecho hipotético*.

hystérie [iste'ʀi] *f* histerismo, histeria.

hystérique [iste'ʀik] *adj/m* ou *f* histérico.

Hz (*abrév de* **hertz**) *m* Hz.

i [i] *m* i. ■ **mettre les points sur les ~** poner los puntos sobre las íes.

ibère [i'bɛʀ] **1** *adj* íbero: *civilisation ibère = civilización íbera*. ● **2 Ibère** *m* ou *f* íbero.

ibidem [ibi'dɛm] *adv* ibídem.

iceberg [ajs'bɛʀg o is'bɛʀg] *m* iceberg.

ici [i'si] *adv* aquí: *il fait plus froid ici que chez toi = hace más frío aquí que en tu casa*. ■ **d'~ peu** dentro de poco; **~ et là** aquí y allí; **par ~** por aquí: *il habite par ici = vive por aquí*.

icône [i'kon] f icono.
iconoclaste [ikonɔ'klast] adj/m ou f iconoclasta.
iconographie [ikonɔgra'fi] f iconografía.
idéal, e [ide'al] adj et m ideal.
idéalisation [idealiza'sjɔ̃] f idealización.
idéaliser [ideali'ze] tr idealizar.
idéaliste [idea'list] adj/m ou f idealista.
idéalité [ideali'te] f idealidad.
idéation [idea'sjɔ̃] f ideación.
idée [i'de] 1 f idea. 2 opinión. ◆ ~ fixe idea fija; ■ avoir l'~ de llevar idea de: avoir l'idée de se marier = llevar idea de casarse.
identification [idātifika'sjɔ̃] f identificación.
identifier [idāti'fje] 1 tr et pron identificar (asimilar). ● 2 tr identificar (reconocer).
identique [idā'tik] adj idéntico.
identité [idāti'te] f identidad. ◆ pièce d'~ documento de identidad.
idéogramme [ideo'gram] m ideograma.
idéologie [ideolɔ'ʒi] 1 f ideología (ideario). 2 PHIL ideología (doctrina).
idéologique [ideolɔ'ʒik] adj ideológico.
idéologue [ideo'lɔg] m ou f ideólogo.
idiome [i'djom] m GRAMM idioma.
idiosyncrasie [idjosɛ̃kra'zi] f idiosincrasia.
idiot, e [i'djo, ɔt] 1 adj idiota; boludo (Amér.). ● 2 m et f idiota; cojudo (Amér.). ◆ l'~ du village (fam) el tonto del pueblo.
idiotie [idjo'si] 1 f idiotez, tontería. 2 MÉD idiotez (enfermedad).
idolâtre [idɔ'latr] adj/m ou f idólatra.
idolâtrer [idɔla'tre] tr et pron idolatrar.
idolâtrie [idɔla'tri] f idolatría.
idole [i'dɔl] f ídolo. 2 REL ídolo.
idylle [i'dil] 1 m idilio (poema). 2 (fig) idilio.
idyllique [idi'lik] adj idílico.
igloo [i'glu] m iglú.
ignare [i'nar] adj/m ou f ignaro.
igné [ig'ne o i'ne] adj ígneo.
ignifuge [igni'fyʒ o ini'fyʒ] adj ignífugo.
ignition [igni'sjɔ̃ o ini'sjɔ̃] f PHYS ignición.
ignoble [i'nɔbl] adj innoble; miserable: un temps ignoble = un tiempo miserable.
ignominie [inɔmi'ni] f ignominia.

ignominieux, euse [inɔminjø, øz] adj ignominioso.
ignorance [inɔ'rɑ̃s] f ignorancia.
ignorant, e [inɔ'rɑ̃, t] 1 adj/m et f ignorante. 2 (~ de) desconocedor de.
ignoré, e [inɔ're] adj ignorado.
ignorer [inɔ're] tr ignorar. ■ ~ la peur desconocer el miedo.

En oraciones afirmativas suele ir seguido del modo subjuntivo para subrayar la idea de duda; en oraciones negativas o interrogativas suele aparecer con verbos en indicativo.

il, elle [il, ɛl] (pl ils, elles) 1 pron él, ella (f), ellos, ellas (f): je suis allé avec elle au cinéma = fui con ella al cine. 2: il fait beau aujourd'hui = hoy hace buen día.

Aparece como sujeto en construcciones impersonales, pero jamás debe traducirse: il neige = nieva ◊ il m'est arrivé ceci = me ha pasado esto.

île [il] f isla.
îlien, enne [i'ljɛ̃, ɛn] adj isleño (especialmente del litoral bretón).
illégal, e [ile'gal] adj ilegal.
illégalité [ilegali'te] f ilegalidad.
illégitime [ileʒi'tim] adj ilegítimo. ◆ enfant ~ hijo ilegítimo.
illégitimité [ileʒitimi'te] f ilegitimidad.
illicite [ili'sit] adj ilícito.
illimité, e [ilimi'te] adj ilimitado.
illogique [ilɔ'ʒik] adj ilógico.
illumination [ilymina'sjɔ̃] f iluminación.
illuminé, e [ilymi'ne] adj/m et f iluminado.
illuminer [ilymi'ne] tr et pron iluminar.
illusion [ily'sjɔ̃] 1 f ilusión (alucinación). 2 ilusión (utopía). ◆ ~ d'optique ilusión óptica; ■ se faire des illusions hacerse ilusiones.
illusionner [ilysjo'ne] tr et pron ilusionar.
illusionniste [ilysjo'nist] m ou f ilusionista.
illusoire [ily'zwar] adj ilusorio.
illustration [ilystra'sjɔ̃] 1 f ilustración. 2 celebridad (persona célebre).

illustre [i'lystʀ] *adj* ilustre.

illustrer [ilys'tʀe] **1** *tr* ilustrar: *il a illustré l'explication par des exemples = ilustró la explicación con ejemplos.* ● **2** s'~ *pron* ilustrarse, distinguirse.

îlot [i'lo] **1** *m* islote. **2** manzana; cuadra (Amér.).

image [i'maʒ] **1** *f* imagen. **2** imagen, estampa. **3** LITT imagen. ◆ ~ de marque imagen pública; une ~ d'Épinal (fig) imagen estereotipada; ■ sage comme une ~ bueno como un ángel.

imagé, e [ima'ʒe] *adj* adornado de imágenes.

imagerie [imaʒ'ʀi] **1** *f* estampería (comercio). **2** imaginería (conjunto).

imagier, ère [ima'ʒje, jεʀ] *adj/m* et *f* imaginero (en la Edad Media).

imaginaire [imaʒi'nεʀ] *adj* et *m* imaginario.

imaginatif, ive [imaʒina'tif, iv] *adj/m* et *f* imaginativo.

imagination [imaʒina'sjɔ̃] *f* imaginación.

imaginer [imaʒi'ne] **1** *tr* et *pron* imaginar. ● **2** *tr* (~ que) imaginar que, suponer que.

imbécile [ɛ̃be'sil] **1** *adj/m* ou *f* imbécil. **2** MÉD imbécil.

imbécillité [ɛ̃besili'te] *f* imbecilidad.

imberbe [ɛ̃'bεʀb] *adj* imberbe.

imbiber [ɛ̃bi'be] *tr* et *pron* embeber.

imbibition [ɛ̃bibi'sjɔ̃] *f* impregnación, empapamiento.

imbrication [ɛ̃bʀika'sjɔ̃] *f* imbricación.

imbriquer [ɛ̃bʀi'ke] *tr* imbricar.

imbroglio [ɛ̃bʀɔ'ljo] *m* embrollo.

imbu, e [ɛ̃'by] *adj* imbuido. ■ être ~ de soi-même creerse superior.

imitateur, trice [imita'tœʀ, tʀis] *adj/m* et *f* imitador.

imitatif, ive [imita'tif, iv] *adj* imitativo.

imitation [imita'sjɔ̃] *f* imitación. ■ en ~ de imitación.

imiter [imi'te] *tr* imitar.

immaculé, e [imaky'le] *adj* inmaculado.

immanent, e [ima'nɑ̃, t] *adj* inmanente.

immatérialiste [imateʀja'list] *m* ou *f* PHIL inmaterialista.

immatérialité [imateʀjali'te] *f* inmaterialidad.

immatériel, elle [imate'ʀjεl] *adj* inmaterial.

immatriculer [imatʀiky'le] *tr* registrar, inscribir. ■ se faire ~ inscribirse.

immature [ima'tyʀ] *adj* inmaduro.

immaturité [imatyʀi'te] *f* inmadurez.

immédiat, e [ime'dja, t] **1** *adj* inmediato. ● **2** l'~ *m* lo inmediato. ■ dans l'~ por ahora, en lo venidero.

immémorial, e [imemo'ʀjal] *adj* inmemorial.

immense [i'mɑ̃s] *adj* inmenso.

immensité [imɑ̃si'te] *f* inmensidad.

immerger [imεʀ'ʒe] *tr* et *pron* sumergir.

immérité, e [imeʀi'te] *adj* inmerecido.

immersif, ive [imεʀ'sif, iv] *adj* TECH por inmersión, inmersivo.

immersion [imεʀ'sjɔ̃] *f* inmersión.

immeuble [i'mœbl] **1** *adj* et *m* DR inmueble. ● **2** *m* inmueble (edificio). ◆ ~ à loyer modéré inmueble de protección oficial; ~ locatif inmueble de alquiler.

immigrant, e [imi'gʀɑ̃, t] *adj* inmigrante.

immigration [imigʀa'sjɔ̃] *f* inmigración.

immigré, e [imi'gʀe] *adj/m* et *f* inmigrado. ◆ ~ clandestin inmigrante ilegal.

immigrer [imi'gʀe] *intr* inmigrar.

imminence [imi'nɑ̃s] *f* inminencia.

imminent, e [imi'nɑ̃, t] *adj* inminente.

immiscer (s') [imi'se] *pron* inmiscuirse.

immixtion [imik'sjɔ̃] *f* intromisión.

immobile [imɔ'bil] *adj* inmóvil.

immobilier, ère [imɔbi'lje, jεʀ] **1** *adj* DR inmobiliario. ● **2** l'~ *m* el conjunto de los inmuebles; el negocio inmobiliario.

immobilisation [imɔbiliza'sjɔ̃] **1** *f* inmovilización. ● **2** immobilisations *f pl* ÉCON inmovilizado.

immobiliser [imɔbili'ze] **1** *tr* et *pron* inmovilizar. ● **2** *tr* DR inmovilizar.

immodéré, e [imɔde'ʀe] *adj* inmoderado.

immolation [imɔla'sjɔ̃] *f* inmolación.

immoler [imɔ'le] **1** *tr* inmolar. ● **2** *tr* et *pron* (fig) inmolar, sacrificar.

immonde [i'mɔ̃d] **1** *adj* inmundo. **2** REL inmundo, impuro.

immondices [imɔ̃'dis] *f pl* inmundicias.

immoral, e [imɔ'ʀal] *adj* inmoral.

immoralité [imɔʀali'te] *f* inmoralidad.

immortaliser [imɔʀtali'ze] *tr* inmortalizar.

immortalité [imɔʀtali'te] *f* inmortalidad.

immortel, elle [imɔʀ'tεl] *adj* inmortal.

immotivé, e [imɔti've] *adj* inmotivado.

immunisation [imyniza'sjɔ̃] *f* inmunización.

immuniser [imyni'ze] **1** *tr* inmunizar. **2** (fig) inmunizar.

immunitaire [imyni'tɛʀ] *adj* inmunitario.

immunité [imyni'te] **1** *f* inmunidad (privilegio). **2** BIOL inmunidad (resistencia). ◆ ~ **parlementaire** inmunidad parlamentaria.

immunologie [imynɔlɔ'ʒi] *f* MÉD inmunología.

impact [ɛ̃'pakt] *m* impacto. ◆ **étude d'~** estudio de impacto; **point d'~** punto de impacto.

impair, e [ɛ̃'pɛʀ] **1** *adj* impar. ● **2** *m* (fam) torpeza. ■ **faire un ~** meter la pata.

imparfait, e [ɛ̃paʀ'fɛ, t] **1** *adj* imperfecto. ● **2** *m* GRAMM imperfecto.

impartial, e [ɛ̃paʀ'sjal] *adj* imparcial.

impartialité [ɛ̃paʀsjali'te] *f* imparcialidad.

impartir [ɛ̃paʀ'tiʀ] *tr* impartir.

impasse [ɛ̃'pas] **1** *f* callejón sin salida. **2** (fig) callejón sin salida, atolladero, punto muerto. ■ **faire une ~** estudiarse sólo una parte del programa (un alumno).

impatience [ɛ̃pa'sjɑ̃s] *f* impaciencia.

impatient, e [ɛ̃pa'sjɑ̃, t] *adj* impaciente.

impatienter [ɛ̃pasjɑ̃'te] *tr et pron* impacientar.

impavide [ɛ̃pa'vid] *adj* impávido.

impénitence [ɛ̃peni'tɑ̃s] *f* REL impenitencia.

impénitent, e [ɛ̃peni'tɑ̃, t] **1** *adj* (fig) impenitente, incorregible. **2** REL impenitente.

impératif, ive [ɛ̃peʀa'tif, iv] **1** *adj* imperativo. ● **2** *m* GRAMM imperativo. **3** PHIL imperativo.

> Es la única forma verbal que lleva los complementos pronominales pospuestos y siempre con guión): *allez-y = id ◊ donnez-le-moi = démelo / dádmelo.*

imperfection [ɛ̃pɛʀfɛk'sjɔ̃] *f* imperfección.

impérial, e [ɛ̃pe'ʀjal] *adj et f* imperial.

impérialiste [ɛ̃peʀja'list] *adj/m ou f* imperialista.

impérieux, euse [ɛ̃pe'ʀjø, øz] *adj* imperioso.

imperméabiliser [ɛ̃pɛʀmeabili'ze] *tr* impermeabilizar.

imperméable [ɛ̃pɛʀme'abl] *adj et m* impermeable.

impersonnel, elle [ɛ̃pɛʀsɔ'nɛl] **1** *adj* impersonal. ● **2** *adj et m* GRAMM impersonal.

impertinence [ɛ̃pɛʀti'nɑ̃s] *f* impertinencia; chocantería (Amér.).

impertinent, e [ɛ̃pɛʀti'nɑ̃, t] *adj* impertinente.

impétration [ɛ̃petʀa'sjɔ̃] *f* DR impetración.

impétueux, euse [ɛ̃pe'tɥø, øz] *adj* impetuoso.

impétuosité [ɛ̃petɥozi'te] *f* impetuosidad.

impie [ɛ̃'pi] **1** *adj/m ou f* impío (ateo). **2** (form) impío (blasfemo).

impiété [ɛ̃pje'te] *f* impiedad.

impitoyable [ɛ̃pitwa'jabl] *adj* despiadado.

implantation [ɛ̃plɑ̃ta'sjɔ̃] *f* implantación.

implanter [ɛ̃plɑ̃'te] **1** *tr* implantar (una moda); establecer (una industria). **2** MÉD implantar. ● **3** s'~ *pron* establecerse.

implication [ɛ̃plika'sjɔ̃] *f* implicación.

implicite [ɛ̃pli'sit] **1** *adj* implícito. ● **2** l'~ *m* lo implícito.

impliquer [ɛ̃pli'ke] **1** *tr et pron* implicar. **2** implicar, involucrar; embarrar (Amér.).

imploration [ɛ̃plɔʀa'sjɔ̃] *f* (form) imploración.

implorer [ɛ̃plɔ'ʀe] *tr* implorar.

imploser [ɛ̃plɔ'ze] *intr* implosionar, hacer implosión.

implosion [ɛ̃plɔ'zjɔ̃] **1** *f* implosión. **2** PHYS implosión.

impoli, e [ɛ̃pɔ'li] *adj* maleducado, descortés. ◆ **manières impolies** malas maneras.

impolitesse [ɛ̃pɔli'tɛs] *f* descortesía.

impopulaire [ɛ̃pɔpy'lɛʀ] *adj* impopular.

impopularité [ɛ̃pɔpylaʀi'te] *f* impopularidad.

importance [ɛ̃pɔʀ'tɑ̃s] *f* importancia. ■ **attacher de l'~ à qqch** darle importancia a algo; **d'~** de importancia, mucho; **quelle ~?** ¿y qué importancia tiene?

important, e [ɛ̃pɔʀ'tɑ̃, t] **1** *adj* importante. ● **2** l'~ *m* lo importante. ■ **faire l'~** (péj) dárselas de importante.

importation [ɛ̃pɔʀta'sjɔ̃] *f* importación.

importer [ɛ̃pɔʀ'te] **1** *tr* importar. **2** (fig) importar, introducir. ● **3** *intr* (~ à) importar a. ■ **n'importe qui** no importa quién, cualquiera; **n'importe quoi** no importa qué, cualquier cosa.

importun

importun, e [ɛ̃pɔʀ'tœ̃, yn] *adj/m* et *f* inoportuno.

importuner [ɛ̃pɔʀty'ne] *tr* importunar; acatarrar (Amér.).

importunité [ɛ̃pɔʀtyni'te] *f* inoportunidad.

imposant, e [ɛ̃po'zɑ̃, t] *adj* imponente.

imposer [ɛ̃po'ze] **1** *tr* et *pron* imponer: *imposer des conditions = imponer condiciones.* ● **2** *tr* gravar: *imposer le capital = gravar el capital.* ■ **~ les mains** imponer las manos; en **~ à qqn** impresionar a alguien; **s'en laisser ~** dejarse impresionar por alguien.

impossible [ɛ̃po'sibl] **1** *adj* imposible. **2** (fam) insoportable. **3** (fam) intratable (persona). ● **4** *m* lo imposible. ■ **faire l'~ pour** hacer lo imposible para; **par ~** de milagro, por casualidad.

impôt [ɛ̃'po] *m* impuesto; contribución. ● **~ foncier** contribución territorial; **~ sur le revenu des personnes physiques** impuesto sobre la renta de las personas físicas; **~ sur les plus-values** impuesto de plusvalías; **impôts locaux** impuestos municipales.

impotence [ɛ̃po'tɑ̃s] *f* impotencia.

impotent, e [ɛ̃po'tɑ̃, t] **1** *adj* impedido, impotente. ● **2** *m* et *f* inválido, lisiado.

imprécation [ɛ̃pʀeka'sjɔ̃] *f* imprecación.

imprécis, e [ɛ̃pʀe'si, z] *adj* impreciso, vago.

imprécision [ɛ̃pʀesi'zjɔ̃] *f* imprecisión; inexactitud.

imprégnation [ɛ̃pʀeɲa'sjɔ̃] *f* impregnación.

imprégner [ɛ̃pʀe'ɲe] **1** *tr* et *pron* impregnar. ● **2** *tr* (fig) imbuir, infundir: *son éducation l'a imprégné de préjugés = su educación le ha infundido prejuicios.* ■ **s'~ d'eau** empaparse.

imprésario [ɛ̃pʀeza'ʀjo o ɛ̃pʀesa'ʀjo] *m* empresario (de un espectáculo).

impression [ɛ̃pʀe'sjɔ̃] **1** *f* impresión (sensación). **2** estampado, impresión (de materiales). **3** ART imprimación.

impressionnant, e [ɛ̃pʀesjɔ'nɑ̃, t] *adj* impresionante.

impressionner [ɛ̃pʀesjɔ'ne] *tr* impresionar. ■ **être impressionné** impresionarse.

impressionniste [ɛ̃pʀesjɔ'nist] *adj/m* ou *f* impresionista.

imprévision [ɛ̃pʀevi'sjɔ̃] *f* imprevisión.

imprévoyance [ɛ̃pʀevwa'jɑ̃s] *f* imprevisión.

imprévoyant, e [ɛ̃pʀevwa'jɑ̃, t] *adj/m* et *f* imprevisor.

imprévu, e [ɛ̃pʀe'vy] *adj* et *m* imprevisto. ■ **en cas d'~** por si acaso; **plein d'~** cargado de sorpresas.

imprimante [ɛ̃pʀi'mɑ̃t] *f* INF impresora. ● **~ à jets d'encre** impresora de inyección de tinta; **~ à laser** impresora láser.

imprimé, e [ɛ̃pʀi'me] **1** *adj* et *m* impreso: *remplir un imprimé = rellenar un impreso.* **2** estampado (tela).

imprimer [ɛ̃pʀi'me] **1** *tr* imprimir. **2** estampar (una tela, una litografía). **3** imprimir, provocar (un movimiento). **4** dejar marcado: *ils ont imprimé leurs pas sur le sable = han dejado marcadas sus huellas sobre la arena.*

imprimerie [ɛ̃pʀim'ʀi] *f* imprenta.

improbation [ɛ̃pʀɔba'sjɔ̃] *f* desaprobación, reprobación.

improductif, ive [ɛ̃pʀɔdyk'tif, iv] *adj/m* et *f* improductivo.

impromptu [ɛ̃pʀɔ̃p'ty] **1** *adj* improvisado; repentino. ● **2** *m* improvisación.

impropre [ɛ̃'pʀɔpʀ] *adj* impropio. ■ **être ~ à** ser inepto para: *il est impropre aux affaires = es inepto para los negocios*; no ser apto para.

impropriété [ɛ̃pʀɔpʀje'te] *f* impropiedad. ● **~ du langage** incorrección lingüística.

improvisation [ɛ̃pʀɔviza'sjɔ̃] *f* improvisación. ■ **se lancer dans une ~** ponerse a improvisar.

improviser [ɛ̃pʀɔvi'ze] **1** *tr* et *intr* improvisar. ● **2** s'~ *pron* ingeniárselas: *ton père s'improvise électricien = tu padre se las ingenia como lampista.*

improviste (à l') [alɛ̃pʀɔ'vist] *loc adv* de improviso. ■ **prendre qqn ~** coger a alguien desprevenido.

imprudence [ɛ̃pʀy'dɑ̃s] *f* imprudencia.

imprudent, e [ɛ̃pʀy'dɑ̃, t] *adj/m* et *f* imprudente.

impudent, e [ɛ̃py'dɑ̃, t] *adj* descarado, impudente.

impudicité [ɛ̃pydisi'te] *f* impudicia.

impudique [ɛ̃py'dik] *adj* impúdico.

impuissant, e [ɛ̃pɥi'sɑ̃, t] **1** *adj* débil, incapaz. ● **2** *adj* et *m* MÉD impotente.

impulser [ɛ̃pyl'se] *tr* impulsar.

impulsif, ive [ε̃pyl'sif, iv] *adj/m* et *f* impulsivo.

impulsion [ε̃pyl'sjɔ̃] *f* impulso: *sous l'impulsion des travailleurs* = con el impulso de los trabajadores.

impuni, e [ε̃py'ni] *adj* impune: *coupable impuni* = culpable impune.

impunité [ε̃pyni'te] *f* impunidad.

impur, e [ε̃'pyʀ] *adj* impuro.

impureté [ε̃pyʀ'te] *f* impureza.

imputation [ε̃pyta'sjɔ̃] *f* imputación.

in [in] *adj* in, en la onda.

inaccentué, e [inaksɑ̃'tɥe] *adj* inacentuado.

inaccoutumé, e [inakuty'me] **1** *adj* inacostumbrado, insólito (no habitual). **2** desacostumbrado (no habituado).

inactif, ive [inak'tif, iv] **1** *adj* inactivo. **2** ineficaz: *le remède est inactif* = el remedio es ineficaz.

inaction [inak'sjɔ̃] *f* inacción, inactividad.

inactivité [inaktivi'te] *f* inactividad. ◆ **congé d' ~** excedencia, cesantía; ■ **se faire mettre en ~** despedirse (de un trabajo).

inactuel, elle [inak'tɥɛl] *adj* inactual.

inadaptation [inadapta'sjɔ̃] *f* inadaptación.

inadapté, e [inadap'te] *adj* inadaptado.

inadéquat, e [inade'kwa, t] *adj* inadecuado.

inadéquation [inadekwa'sjɔ̃] *f* inadecuación.

inadvertance [inadvɛʀ'tɑ̃s] *f* inadvertencia. ■ **par ~** por descuido.

inaltéré, e [inalte'ʀe] *adj* inalterado.

inamical, e [inami'kal] *adj* inamistoso.

inanimé, e [inani'me] *adj* inanimado.

inanité [inani'te] *f* inanidad (futilidad).

inanition [inani'sjɔ̃] *f* inanición. ■ **mourir d' ~** morirse de hambre.

inaperçu, e [inapɛʀ'sy] *adj* inadvertido, desapercibido. ■ **passer ~** pasar desapercibido.

inappétence [inape'tɑ̃s] **1** *f* inapetencia; desgana (falta de hambre). **2** (fig) indiferencia (falta de deseo).

inapproprié, e [inapʀɔ'pʀje] *adj* inapropiado.

inapte [i'napt] **1** *adj/m* ou *f* incapaz, inepto. **2** MIL no apto, incapacitado.

inaptitude [inapti'tyd] *f* ineptitud.

inarticulé, e [inaʀtiky'le] *adj* inarticulado.

inassouvi, e [inasu'vi] *adj* insatisfecho; no saciado.

inattendu, e [inatɑ̃'dy] *adj* inesperado; insospechado.

inattentif, ive [inatɑ̃'tif, iv] **1** *adj* desatento. **2** despreocupado (indiferente).

inattention [inatɑ̃'sjɔ̃] **1** *f* desatención. **2** distracción, descuido. ◆ **faute d' ~** despiste; ■ **par ~** por descuido.

inaugural, e [inogy'ʀal] *adj* inaugural.

inauguration [inogyʀa'sjɔ̃] **1** *f* inauguración. **2** descubrimiento (de una estatua).

inaugurer [inogy'ʀe] **1** *tr* inaugurar. **2** descubrir (una estatua). **3** iniciar, inaugurar (instaurar).

inauthenticité [inotɑ̃tisi'te] *f* falta de autenticidad.

inauthentique [inotɑ̃'tik] *adj* no auténtico.

inavoué, e [ina'vwe] *adj* no confesado (secreto).

inca [ε̃'ka] **1** *adj* inca. ● **2 Inca** *m* ou *f* inca.

incandescence [ε̃kɑ̃de'sɑ̃s] **1** *f* incandescencia. **2** (fig) ardor. ◆ **en ~** incandescente.

incantation [ε̃kɑ̃ta'sjɔ̃] **1** *f* conjuro (palabras mágicas). **2** hechizo.

incapable [ε̃ka'pabl] *adj* incapaz.

incapacité [ε̃kapasi'te] **1** *f* incapacidad. **2** DR inhabilitación. ◆ **~ de travail** incapacidad laboral; **~ électorale** inhabilitación electoral; ■ **être dans l' ~ de faire qqch** resultar imposible hacer algo.

incarcération [ε̃kaʀseʀa'sjɔ̃] *f* encarcelamiento. ◆ **~ préventive** prisión preventiva.

incarcérer [ε̃kaʀse'ʀe] *tr* encarcelar.

incarnat, e [ε̃kaʀ'na, t] **1** *adj* encarnado. ● **2** *m* rosicler (color).

incarnation [ε̃kaʀna'sjɔ̃] *f* encarnación.

incartade [ε̃kaʀ'tad] **1** *f* extralimitación (insulto). **2** incorrección. ■ **faire une ~** echar una cana al aire.

incendie [ε̃sɑ̃'di] *m* incendio. ◆ **~ de forêt** incendio forestal.

incendier [ε̃sɑ̃'dje] *tr* incendiar.

incertain, e [ε̃sɛʀ'tε̃, ɛn] **1** *adj* incierto (dudoso). **2** inseguro (persona). **3** confuso (argumento). **4** inestable (tiempo). **5** indefinido (impreciso). ● **6** *m* lo incierto. **7** ÉCON cotización (de la moneda). ■ **être ~ de** no estar seguro de.

incertitude [ε̃sɛʀ'tityd] **1** *f* incertidumbre. **2** indecisión (de una persona).

incessant, e [ɛ̃sɛ'sɑ̃, t] *adj* incesante.

inceste [ɛ̃'sɛst] *m* incesto.

incestueux, euse [ɛ̃sɛs'tɥø, øz] *adj* incestuoso.

incidence [ɛ̃si'dɑ̃s] **1** *f* incidencia. **2** repercusión. ◆ angle d' ~ ángulo de incidencia.

incident, e [ɛ̃si'dɑ̃, t] **1** *adj* incidente (secundario). ● **2** *m* incidente. ◆ ~ de parcours contratiempo.

incinération [ɛ̃sineʀa'sjɔ̃] *f* incineración: *fours d' incinération = hornos de incineración*.

incinérer [ɛ̃sine'ʀe] *tr* incinerar.

incise [ɛ̃'siz] *f* inciso. ■ en ~ a a modo de inciso.

inciser [ɛ̃si'ze] *tr* hacer una incisión (rajar).

incisif, ive [ɛ̃si'zif, iv] *adj* et *f* incisivo.

incision [ɛ̃si'zjɔ̃] *f* incisión, corte.

incitateur, trice [ɛ̃sita'tœʀ, tʀis] *m* et *f* incitador.

incitation [ɛ̃sita'sjɔ̃] *f* incitación.

inciter [ɛ̃si'te] *tr* incitar.

incivil, e [ɛ̃si'vil] *adj* descortés; grosero, incivil.

incivique [ɛ̃si'vik] *adj* incívico, falto de civismo.

inclinaison [ɛ̃kline'zɔ̃] **1** *f* inclinación. **2** pendiente (de un ángulo, carretera, etc.).

inclination [ɛ̃klina'sjɔ̃] **1** *f* inclinación (preferencias, deseos). **2** cariño; afecto (estima). **3** saludo, inclinación. ■ montrer de l' ~ pour sentir inclinación por.

incliner [ɛ̃kli'ne] **1** *tr* inclinar. **2** (fig) llevar: *ses paroles l'inclinent à penser autrement = sus palabras le llevan a pensar de otro modo*. ● **3** s'~ *intr* et *pron* inclinarse.

inclure [ɛ̃'klyʀ] *tr* incluir.

inclus, e [ɛ̃'kly, z] *adj* incluso, incluido; inclusive: *jusqu'au troisième chapitre inclus = hasta el tercer capítulo inclusive*. ■ ci-inclus, e aquí adjunto.

inclusif, ive [ɛ̃kly'zif, iv] *adj* inclusivo.

inclusion [ɛ̃kly'zjɔ̃] *f* inclusión.

incohérence [ɛ̃kɔe'ʀɑ̃s] *f* incoherencia.

incohérent, e [ɛ̃kɔe'ʀɑ̃, t] *adj* incoherente.

incolore [ɛ̃kɔ'lɔʀ] *adj* incoloro.

incomber [ɛ̃kɔ̃'be] *tr* incumbir.

incombustible [ɛ̃kɔ̃bys'tibl] *adj* incombustible.

incommodant, e [ɛ̃kɔmɔ'dɑ̃, t] *adj* incómodo, molesto.

incommode [ɛ̃kɔ'mɔd] **1** *adj* incómodo (poco práctico). **2** molesto (fastidioso).

incommoder [ɛ̃kɔmɔ'de] *tr* incomodar; molestar. ■ être incommodé estar indispuesto (enfermo).

incommodité [ɛ̃kɔmɔdi'te] **1** *f* incomodidad, molestia. **2** indisposición (enfermedad).

incompétence [ɛ̃kɔ̃pe'tɑ̃s] *f* incompetencia.

incompétent, e [ɛ̃kɔ̃pe'tɑ̃, t] *adj* incompetente (ignorante); incapaz (sin recursos).

incomplet, ète [ɛ̃kɔ̃'plɛ, t] *adj* incompleto.

incompréhensif, ive [ɛ̃kɔ̃pʀeɑ̃'sif, iv] *adj* incomprensivo.

incompréhension [ɛ̃kɔ̃pʀeɑ̃'sjɔ̃] *f* incomprensión.

incompris, e [ɛ̃kɔ̃'pʀi, z] *adj* incomprendido.

inconditionnel, elle [ɛ̃kɔ̃disjɔ'nɛl] *adj* incondicional.

inconduite [ɛ̃kɔ̃'dɥit] *f* DR mala conducta.

inconfort [ɛ̃kɔ̃'fɔʀ] *m* incomodidad.

incongru, e [ɛ̃kɔ̃'gʀy] **1** *adj* improcedente (actitud). **2** intempestivo, inoportuno (visita).

incongruité [ɛ̃kɔ̃gʀyi'te] *f* incongruencia.

inconnaissable [ɛ̃kɔne'sabl] *adj* et *m* incognoscible.

inconnu, e [ɛ̃kɔ'ny] **1** *adj* desconocido. ● **2** l'~ *m* lo desconocido. ■ ~ au régiment (fam) un ilustre desconocido.

inconscience [ɛ̃kɔ̃'sjɑ̃s] *f* inconsciencia.

inconscient, e [ɛ̃kɔ̃'sjɑ̃, t] *adj/m* et *f* inconsciente.

inconséquence [ɛ̃kɔ̃se'kɑ̃s] *f* inconsecuencia.

inconséquent, e [ɛ̃kɔ̃se'kɑ̃, t] *adj/m* et *f* inconsecuente.

inconsidéré, e [ɛ̃kɔ̃side'ʀe] **1** *adj* inconsiderado (imprudente). **2** desconsiderado (indiscreto).

inconsistance [ɛ̃kɔ̃sis'tɑ̃s] *f* inconsistencia.

inconsistant, e [ɛ̃kɔ̃sis'tɑ̃, t] *adj* inconsistente.

inconsolé, e [ɛ̃kɔ̃sɔ'le] *adj* desconsolado.

inconstance [ɛ̃kɔ̃s'tɑ̃s] *f* inconstancia.

inconstant, e [ɛ̃kɔ̃s'tɑ̃, t] *adj* inconstante.

inconstitutionnalité [ɛ̃kɔ̃stitysjɔnali'te] *f* inconstitucionalidad.

Incompréhension / *Incomprensión*

Manque de compréhension	**Falta de comprensión**
Comment?	*¿Cómo?*
Pardon?	*¿Perdón?*
Quoi?	*¿Qué?*
Hein?	*¿Eh?*
Qu'est-ce que vous voulez dire?	*¿Qué quiere (usted) decir?*
Qu'est-ce que vous entendez par là?	*¿Qué entiende usted por...?*
Je n'ai pas bien compris.	*No le he entendido bien.*
Pouvez-vous préciser?	*¿Puede precisarlo?*
Interprétation	**Interpretación**
Un malentendu	*Un malentendido*
Une ambiguïté	*Una ambigüedad*
Un sous-entendu	*Un sobreentendido*
Qu'est-ce que vous insinuez?	*¿Qué está insinuando?*
À quoi faites-vous allusion?	*¿A qué alude usted?*
Être précis, clair.	*Ser preciso, claro.*
Être confus, obscur, embrouillé.	*Ser confuso, oscuro, lioso.*
Explication	**Explicación**
Je veux dire ...	*Quiero decir que...*
Ce que je veux dire, c'est que ...	*Lo que quiero decir es que...*
Je m'explique: ...	*Me explicaré: ...*
Pour être précis, clair, ...	*Para ser preciso (para precisar), claro,...*
Vous m'avez mal compris.	*Me ha entendido mal.*
Ce n'est pas ce que je voulais dire.	*No es esto lo que yo quería decir.*
Vous déformez mes propos.	*Deforma mis palabras.*

---

incontesté, e [ɛ̃kɔ̃tɛs'te] *adj* indiscutido, indiscutible.

incontinence [ɛ̃kɔ̃ti'nɑ̃s] *f* incontinencia.

inconvenance [ɛ̃kɔ̃v'nɑ̃s] *f* inconveniencia.

inconvenant, e [ɛ̃kɔ̃v'nɑ̃] **1** *adj* impropio, fuera de lugar. **2** incorrecto, indecente: *une tenue inconvenante = una vestimenta indecente*. **3** incorrecto (persona).

inconvénient [ɛ̃kɔ̃ve'njɑ̃] **1** *m* inconveniente: *si vous n'y voyez pas d'inconvénient = si no tiene inconveniente*. **2** desventaja. ■ **y a-t-il un ~ à ...?** ¿hay algún inconveniente en...? (objeción); ¿hay algún problema en...? (riesgo).

incorporation [ɛ̃kɔʀpɔʀa'sjɔ̃] *f* incorporación.

incorporel, elle [ɛ̃kɔʀpɔ'ʀɛl] *adj* incorpóreo, incorporal. ◆ **biens incorporels** DR bienes incorporales.

incorporer [ɛ̃kɔʀpɔ'ʀe] *tr et pron* incorporar.

incorrect, e [ɛ̃kɔ'ʀɛkt] *adj* incorrecto.

incorrection [ɛ̃kɔʀɛk'sjɔ̃] *f* incorrección.

incorruptible [ɛ̃kɔʀyp'tibl] **1** *adj* incorruptible (inalterable). **2** incorruptible, honesto.

incrédule [ɛ̃kʀe'dyl] **1** *adj/m ou f* incrédulo; escéptico. **2** REL incrédulo.

incrédulité [ɛ̃kʀedyli'te] *f* incredulidad.

incrimination [ɛ̃kʀimina'sjɔ̃] *f* incriminación.

incriminer [ɛ̃kʀimi'ne] *tr* incriminar.

incroyant, e [ɛ̃kʀwa'jɑ̃, t] *adj/m et f* REL incrédulo; descreído.

incrustation [ɛ̃kʀysta'sjɔ̃] *f* incrustación.

incruster [ɛ̃kʀys'te] **1** *tr et pron* incrustar. ● **s'~** *pron* (fam) pegarse.

incubation [ɛ̃kyba'sjɔ̃] *f* incubación.

incuber [ɛ̃ky'be] *tr* incubar.

inculpation [ɛ̃kylpa'sjɔ̃] *f* inculpación.

inculper [ɛ̃kyl'pe] *tr* inculpar, culpar.
inculquer [ɛ̃kyl'ke] *tr* inculcar.
inculte [ɛ̃'kylt] **1** *adj* no cultivado (tierra). **2** inculto (persona). **3** descuidado (pelo).
inculture [ɛ̃kyl'tyʀ] *f* incultura.
incurie [ɛ̃ky'ʀi] *f* incuria; desorganización.
incuriosité [ɛ̃kyʀjɔzi'te] *f falta de curiosidad.*
incursion [ɛ̃kyʀ'sjɔ̃] *f* incursión.
incurver [ɛ̃kyʀ've] *tr et pron* curvar.
inde [ɛ̃d] *m* índigo (color).
Inde [ɛ̃d] *f* India.
indécence [ɛ̃de'sɑ̃s] *f* indecencia.
indécent, e [ɛ̃de'sɑ̃, t] **1** *adj* indecente. **2** deshonesto.
indécis, e [ɛ̃de'si, z] **1** *adj* indeciso (persona). **2** dudoso (paz, victoria). **3** inestable (tiempo). **4** impreciso (forma).
indécision [ɛ̃desi'zjɔ̃] *f* indecisión.
indéfini, e [ɛ̃defi'ni] **1** *adj et m* indefinido. **2** impreciso (forma). **3** ilimitado (número). ◆ **article ~** artículo indefinido.
indélébile [ɛ̃dele'bil] *adj* indeleble.
indélicat, e [ɛ̃deli'ka, t] **1** *adj* indelicado; falto de delicadeza. **2** deshonesto.
indélicatesse [ɛ̃delika'tɛs] **1** *f* indelicadeza; falta de delicadeza. **2** deshonestad.
indemne [ɛ̃'dɛmn] *adj* indemne; ileso.
indemnisation [ɛ̃dɛmniza'sjɔ̃] *f* indemnización. ◆ **~ de chômage** subsidio del paro.
indemniser [ɛ̃dɛmni'ze] *tr* indemnizar. ■ **se faire ~** cobrar una indemnización.
indemnité [ɛ̃dɛmni'te] **1** *f* indemnización (compensación). **2** prima, dieta (ayuda para gastos). ◆ **~ de licenciement** indemnización por despido; **~ de logement** subsidio de vivienda; **~ journalière de chômage** subsidio de paro.
indépendance [ɛ̃depɑ̃'dɑ̃s] *f* independencia.
indépendant, e [ɛ̃depɑ̃'dɑ̃, t] *adj/m et f* independiente.
indépendantiste [ɛ̃depɑ̃dɑ̃'tist] *adj/m ou f* independentista.
indésirable [ɛ̃dezi'ʀabl] *adj/m ou f* indeseable.
indétermination [ɛ̃detɛʀmina'sjɔ̃] *f* indeterminación.
indéterminé, e [ɛ̃detɛʀmi'ne] *adj* indeterminado.
index [ɛ̃'dɛks] *m* **1** índice (dedo). **2** índice (de un libro).

indexer [ɛ̃dɛk'se] **1** *tr* DR, ÉCON indexar (los precios). **2** INF indexar.
indicatif, ive [ɛ̃dika'tif, iv] **1** *adj* indicativo (que indica). ● **2** *m* prefijo (telefónico). **3** GRAMM indicativo.
indication [ɛ̃dika'sjɔ̃] *f* indicación.
indice [ɛ̃'dis] **1** *m* indicio. **2** índice (de precios). **3** MATH, PHYS, TECH índice. ◆ **~ d'écoute** índice de audiencia.
indien, enne [ɛ̃'djɛ̃, ɛn] **1** *adj* indio. ● **2 Indien, enne** *m et f* indio.
indifférence [ɛ̃dife'ʀɑ̃s] *f* indiferencia.
indifférent, e [ɛ̃dife'ʀɑ̃, t] *adj/m et f* indiferente.
indigence [ɛ̃di'ʒɑ̃s] **1** *f* indigencia. **2** (fig) pobreza.
indigène [ɛ̃di'ʒɛn] *adj/m ou f* indígena.
indigent, e [ɛ̃di'ʒɑ̃, t] *adj/m et f* indigente.
indigeste [ɛ̃di'ʒɛst] **1** *adj* indigesto. **2** (fig) confuso (mal ordenado).
indigestion [ɛ̃diʒɛs'tjɔ̃] **1** *f* indigestión; empacho. **2** (fig) empacho.
indignation [ɛ̃diɲa'sjɔ̃] *f* indignación.
indigne [ɛ̃'diɲ] *adj* indigno.
indigner [ɛ̃di'ɲe] *tr et pron* indignar: *il s'est indigné de la montée des prix = se ha indignado con la subida de los precios.*
indignité [ɛ̃diɲi'te] *f* indignidad.
indigo [ɛ̃di'go] *adj et m* índigo, añil (color).
indiquer [ɛ̃di'ke] **1** *tr* señalar; indicar: *indiquer qqch du regard = indicar algo con la mirada.* **2** anunciar, revelar: *les traces de pas indiquent son passage = las huellas revelan su paso.*
indirect, e [ɛ̃di'ʀɛkt] *adj* indirecto.
indiscipline [ɛ̃disi'plin] *f* indisciplina.
indiscipliné, e [ɛ̃disipli'ne] *adj* indisciplinado.
indiscret, ète [ɛ̃dis'kʀɛ, t] **1** *adj* indiscreto. **2** entremetido; entrado (Amér.).
indiscrétion [ɛ̃diskʀe'sjɔ̃] *f* indiscreción.
indiscuté, e [ɛ̃disky'te] *adj* indiscutido.
indisposé, e [ɛ̃dispo'ze] *adj* indispuesto.
indisposer [ɛ̃dispo'ze] *tr* indisponer.
indisposition [ɛ̃dispozi'sjɔ̃] *f* indisposición.
indistinct, e [ɛ̃dis'tɛ̃, kt] *adj* indistinto.
individu [ɛ̃divi'dy] **1** *m* individuo. **2** (péj) tipo.

individualiser [ɛ̃dividɥali'ze] *tr* individualizar.

individualiste [ɛ̃dividɥa'list] *adj/m* ou *f* individualista.

individualité [ɛ̃dividɥali'te] *f* individualidad.

individuel, elle [ɛ̃divi'dɥɛl] *adj* individual.

indivision [ɛ̃divi'zjɔ̃] *f* indivisión.

indolence [ɛ̃dɔ'lɑ̃s] *f* indolencia.

indolent, e [ɛ̃dɔ'lɑ̃, t] *adj* indolente.

indolore [ɛ̃dɔ'lɔʀ] *adj* indoloro.

indompté, e [ɛ̃dɔ̃'te] **1** *adj* indómito, indomado. **2** (fig) irreprimible.

indonésien, enne [ɛ̃dɔne'zjɛ̃, ɛn] **1** *adj* indonesio. ● **2 Indonésien, enne** *m* et *f* indonesio.

induction [ɛ̃dyk'sjɔ̃] *f* inducción.

induire [ɛ̃'dɥiʀ] **1** *tr* inducir (incitar). **2** deducir.

indulgence [ɛ̃dyl'ʒɑ̃s] *f* indulgencia.

indult [ɛ̃'dylt] *m* indulto.

industrialisation [ɛ̃dystʀjaliza'sjɔ̃] *f* industrialización.

industrialiser [ɛ̃dystʀjali'ze] *tr* et *pron* industrializar.

industrie [ɛ̃dys'tʀi] *f* industria. ◆ **~ du spectacle** industria del espectáculo; **~ légère, lourde** industria ligera, pesada; **~ textil** industria textil.

industriel, elle [ɛ̃dys'tʀjɛl] *adj/m* et *f* industrial. ◆ **quantité industrielle** gran cantidad.

inédit, e [ine'di, t] *adj* et *m* inédito.

inefficace [inefi'kas] *adj* ineficaz.

inefficacité [inefikasi'te] *f* ineficacia.

inégal, e [ine'gal] *adj* desigual.

inégalité [inegali'te] **1** *f* desigualdad. **2** irregularidad: *inégalité d'une surface = irregularidad de una superficie.*

inélégant, e [inele'gã, t] **1** *adj* inelegante, poco elegante. **2** poco fino, poco elegante (descortés).

inepte [i'nɛpt] *adj* inepto; necio.

ineptie [inɛp'si] *f* ineptitud; necedad.

inerte [i'nɛʀt] *adj* inerte.

inespéré, e [inɛspe'ʀe] *adj* inesperado.

inesthétique [inɛste'tik] *adj* inestético.

inexact, e [ineg'zakt] *adj* inexacto.

inexactitude [inegzakti'tyd] **1** *f* inexactitud. **2** impuntualidad (de una persona).

inexaucé, e [inegzo'se] *adj* insatisfecho.

inexécution [inegzeky'sjɔ̃] *f* inejecución.

inexistant, e [inegzis'tɑ̃, t] **1** *adj* inexistente; irreal. **2** (fam) insignificante (persona).

inexistence [inegzis'tɑ̃s] *f* inexistencia.

inexpérience [inɛkspe'ʀjɑ̃s] *f* inexperiencia.

inexpérimenté, e [inɛkspeʀimɑ̃'te] *adj* inexperto, inexperimentado.

inexploité, e [inɛksplwa'te] *adj* inexplotado.

inexploré, e [inɛksplɔ'ʀe] *adj* inexplorado.

inexpressif, ive [inɛkspʀe'sif, iv] *adj* inexpresivo.

inexprimable [inɛkspʀi'mabl] *adj* inexpresable, indescriptible.

inexprimé, e [inɛkspʀi'me] *adj* inexpresado.

infamant, e [ɛ̃fa'mɑ̃, t] *adj* infamante.

infâme [ɛ̃'fam] *adj/m* ou *f* infame.

infamie [ɛ̃fa'mi] *f* infamia.

infanterie [ɛ̃fɑ̃'tʀi] *f* infantería.

infanticide [ɛ̃fɑ̃ti'sid] **1** *m* infanticidio. ● **2** *m* ou *f* infanticida.

infantile [ɛ̃fɑ̃'til] *adj* infantil.

infantiliser [ɛ̃fɑ̃tili'ze] *tr* infantilizar.

infatuer [ɛ̃fa'tɥe] *tr* et *pron* engreír.

infécond, e [ɛ̃fe'kɔ̃, d] *adj* infecundo.

infécondité [ɛ̃fekɔ̃di'te] *f* infecundidad.

infect, e [ɛ̃'fɛkt] **1** *adj* infecto (contagiado). **2** horroroso; muy malo: *il fait un temps infect = hace un tiempo muy malo.* **3** (fam) asqueroso (gusto, olor).

infectant, e [ɛ̃fɛk'tɑ̃, t] *adj* infeccioso.

infecter [ɛ̃fɛk'te] **1** *tr* et *pron* infectar. **2** (fig) corromper (las costumbres).

infectieux, euse [ɛ̃fɛk'sjø, øz] *adj* infeccioso.

infection [ɛ̃fɛk'sjɔ̃] *f* infección.

inférence [ɛ̃fe'ʀɑ̃s] *f* inferencia.

inférer [ɛ̃fe'ʀe] *tr* inferir.

inférioriser [ɛ̃feʀjɔʀi'ze] *tr* infravalorar.

infériorité [ɛ̃feʀjɔʀi'te] *f* inferioridad.

infernal, e [ɛ̃fɛʀ'nal] *adj* infernal.

infester [ɛ̃fɛs'te] *tr* infestar.

infichu, e [ɛ̃fi'ʃy] *adj* (fam) incapaz.

infidèle [ɛ̃fi'dɛl] *adj/m* ou *f* infiel.

infidélité [ɛ̃fideli'te] *f* infidelidad.

infiltration [ɛ̃filtʀa'sjɔ̃] *f* infiltración.

infiltrer [ɛ̃fil'tʀe] **1** *tr* et *pron* infiltrar (traspasar). ● **2 s'~** *pron* (fig) colarse (entrar a escondidas).

infime [ɛ̃'fim] *adj* ínfimo; imperceptible.

infini 534

infini, e [ɛ̃fiˈni] **1** *adj* infinito (sin límites). ● **2** *m* MATH, PHOT infinito. ■ à l'~ infinitamente.

infinité [ɛ̃finiˈte] *f* infinidad (gran cantidad).

infinitésimal, e [ɛ̃finiteziˈmal] *adj* infinitesimal.

infinitif, ive [ɛ̃finiˈtif, iv] *adj et m* GRAMM infinitivo.

> Obsérvese que los pronombres preceden siempre al infinitivo: *le lui dire = decírselo.*

infirme [ɛ̃ˈfiʁm] *adj/m ou f* lisiado; impedido; inválido. ◆ ~ mental deficiente mental.

infirmerie [ɛ̃fiʁməˈʁi] *f* enfermería.

infirmier, ère [ɛ̃fiʁˈmje, jɛʁ] *m et f* enfermero. ◆ infirmière chef jefa de enfermería.

infirmité [ɛ̃fiʁmiˈte] **1** *f* malformación; lisiadura. **2** (fig) imperfección (del lenguaje).

inflammation [ɛ̃flamaˈsjɔ̃] *f* inflamación.

inflation [ɛ̃flaˈsjɔ̃] *f* inflación.

inflationniste [ɛ̃flasjɔˈnist] *adj* inflacionista.

infléchir [ɛ̃fleˈʃiʁ] **1** *tr* encorvar; doblar (inclinar). **2** (fig) modificar; influir en. ● **3** s'~ *pron* encorvarse; desviarse.

infliger [ɛ̃fliˈʒe] *tr* infligir (imponer castigos).

influence [ɛ̃flyˈɑ̃s] *f* influencia.

influencer [ɛ̃flyɑ̃ˈse] *tr* influir en, influenciar.

influent, e [ɛ̃flyˈɑ̃, t] *adj* influyente.

influer [ɛ̃flyˈe] *intr* influir (influenciar).

influx [ɛ̃ˈfly] *m* influjo. ◆ ~ nerveux transmisión nerviosa.

informaticien, enne [ɛ̃fɔʁmatiˈsjɛ̃, ɛn] *m et f* informático.

information [ɛ̃fɔʁmaˈsjɔ̃] **1** *f* información; noticia. **2** informe (estudio).

informatique [ɛ̃fɔʁmaˈtik] *f* informática; computación (Amér.).

informatisation [ɛ̃fɔʁmatizaˈsjɔ̃] *f* informatización.

informatiser [ɛ̃fɔʁmatiˈze] *tr* informatizar.

informel, elle [ɛ̃fɔʁˈmɛl] *adj* informal.

informer [ɛ̃fɔʁˈme] **1** *tr et pron* informar. ● **2** *intr* DR abrir una instrucción.

infortune [ɛ̃fɔʁˈtyn] *f* infortunio; desgracia (mala suerte).

infortuné, e [ɛ̃fɔʁtyˈne] *adj/m et f* infortunado; desgraciado.

infraction [ɛ̃fʁakˈsjɔ̃] *f* infracción: *infraction au règlement = infracción al reglamento.*

infrastructure [ɛ̃fʁastʁykˈtyʁ] *f* infraestructura.

infructueux, euse [ɛ̃fʁykˈtɥø, øz] **1** *adj* infructífero. **2** (fig) infructuoso.

infus, e [ɛ̃ˈfy, z] *adj* infuso.

infusion [ɛ̃fyˈsjɔ̃] *f* infusión.

ingénierie [ɛ̃ʒeniˈʁi] *f* ingeniería.

ingénier (s') [sɛ̃ʒeˈnje] *pron* ingeniarse.

ingénieur [ɛ̃ʒeˈnjœʁ] *m* ingeniero. ◆ ~ des eaux et forêts ingeniero de montes; ~ du son ingeniero de sonido; ~ système INF ingeniero de sistemas.

ingénieux, euse [ɛ̃ʒeˈnjø, øz] *adj* ingenioso.

ingéniosité [ɛ̃ʒenjoziˈte] **1** *f* ingeniosidad (habilidad, astucia). **2** ingenio (de una persona).

ingénu, e [ɛ̃ʒeˈny] **1** *adj/m et f* ingenuo (inocente). ● **2** *f* THÉÂT ingenua.

ingénuité [ɛ̃ʒenɥiˈte] *f* ingenuidad (inocencia).

ingérence [ɛ̃ʒeˈʁɑ̃s] *f* injerencia.

ingérer [ɛ̃ʒeˈʁe] *tr et pron* ingerir (introducir).

ingrat, e [ɛ̃ˈgʁa, t] **1** *adj/m et f* ingrato: *l'adolescent est ingrat = el adolescente es ingrato.* **2** desagradecido.

ingratitude [ɛ̃gʁatiˈtyd] *f* ingratitud.

ingrédient [ɛ̃gʁeˈdjɑ̃] *m* ingrediente.

ingurgiter [ɛ̃gyʁʒiˈte] *tr* ingurgitar; engullir.

inhabileté [inabilˈte] *f* inhabilidad.

inhabité, e [inabiˈte] *adj* deshabitado; inhabitado.

inhabituel, elle [inabiˈtɥɛl] *adj* inhabitual.

inhalation [inalaˈsjɔ̃] *f* inhalación.

inhaler [inaˈle] *tr* inhalar.

inhérence [ineˈʁɑ̃s] *f* inherencia.

inhérent, e [ineˈʁɑ̃, t] *adj* inherente.

inhiber [iniˈbe] *tr* inhibir.

inhibition [inibiˈsjɔ̃] *f* inhibición.

inhospitalier, ère [inɔspitaˈlje, jɛʁ] **1** *adj* inhospitalario. **2** inhóspito (un lugar).

inhumain, e [inyˈmɛ̃, ɛn] *adj* inhumano.

inhumanité [inymaniˈte] *f* inhumanidad.

inhumation [inyma'sjɔ̃] f inhumación.

inhumer [iny'me] tr inhumar.

inimitié [inimi'tje] f enemistad.

inintelligent, e [inɛ̃teli'ʒɑ̃, t] adj ininteligente; falto de inteligencia.

inintéressant, e [inɛ̃teʀe'sɑ̃, t] adj sin interés, falto de interés.

ininterrompu, e [inɛ̃teʀɔ̃'py] adj ininterrumpido.

inique [i'nik] adj inicuo.

iniquité [iniki'te] f iniquidad.

initial, e [ini'sjal] adj et f inicial.

initialiser [inisjali'ze] tr INF inicializar.

initiation [inisja'sjɔ̃] f iniciación.

initiatique [inisja'tik] adj iniciático.

initiative [inisja'tiv] f iniciativa. ■ de sa propre ~ por iniciativa propia.

initié, e [ini'sje] adj/m et f iniciado.

initier [ini'sje] 1 tr et pron iniciar: il m'a initié à la peinture = me inició en la pintura. 2 instruir.

injecter [ɛ̃ʒɛk'te] 1 tr et pron inyectar: inyecter un médicament à qqn = inyectar un medicamento a alguien. ● 2 s'~ pron congestionarse (los ojos).

injection [ɛ̃ʒɛk'sjɔ̃] f inyección.

injonction [ɛ̃ʒɔ̃k'sjɔ̃] 1 f exhortación. 2 DR mandamiento.

injure [ɛ̃'ʒyʀ] f injuria. ■ faire ~ injuriar; ofender.

injurier [ɛ̃ʒy'ʀje] tr injuriar; ofender.

injurieux, euse [ɛ̃ʒy'ʀjø, øz] adj injurioso, afrentoso.

injuste [ɛ̃'ʒyst] adj injusto.

injustice [ɛ̃ʒys'tis] f injusticia.

justifié, e [ɛ̃ʒysti'fje] adj injustificado.

inné, e [i'ne] adj innato.

innocence [inɔ'sɑ̃s] f inocencia.

innocent, e [inɔ'sɑ̃, t] adj/m et f inocente. ■ faire l'~ hacerse el inocente.

innocenter [inɔsɑ̃'te] tr declarar inocente; reconocer la inocencia de.

innocuité [inɔkɥi'te] f inocuidad.

innommé, e [inɔ'me] adj innominado.

innovateur, trice [inɔva'tœʀ, tʀis] adj/m et f innovador.

innovation [inɔva'sjɔ̃] f innovación.

innover [inɔ've] tr et intr innovar.

inoccupé, e [inɔky'pe] adj desocupado.

inoculation [inɔkyla'sjɔ̃] f inoculación.

inoculer [inɔky'le] 1 tr inocular: inoculer un vaccin = inocular una vacuna. 2 (fig) transmitir; contagiar.

inodore [inɔ'dɔʀ] 1 adj inodoro. 2 (fig) insípido.

inoffensif, ive [inɔfɑ̃'sif, iv] adj inofensivo.

inondation [inɔ̃da'sjɔ̃] f inundación.

inonder [inɔ̃'de] 1 tr inundar. 2 (fig) inundar: inonder le marché de produits = inundar el mercado de productos.

inopérant, e [inɔpe'ʀɑ̃, t] adj inoperante, sin efecto.

inopiné, e [inɔpi'ne] adj inopinado.

inopportun, e [inɔpɔʀ'tœ̃, yn] adj inoportuno.

inorganique [inɔʀga'nik] 1 adj inorgánico. 2 MÉD funcional.

inouï, e [in'wi] adj inaudito. ■ c'est ~ (fam) es increíble.

inquiet, ète [ɛ̃'kjɛ, t] 1 adj inquieto, preocupado. 2 (~ de) preocupado por.

inquiétant, e [ɛ̃kje'tɑ̃, t] adj inquietante.

inquiétude [ɛ̃kje'tyd] f inquietud, preocupación. ■ donner des inquiétudes à qqn causar inquietud a alguien; soyez sans ~ no se preocupe, descuide.

inquisition [ɛ̃kizi'sjɔ̃] f inquisición.

inquisitoire [ɛ̃kizi'twaʀ] adj DR inquisitorio.

inquisitorial, e [ɛ̃kizitɔ'ʀjal] adj inquisitorial.

insalubre [ɛ̃sa'lybʀ] adj insalubre: ce climat est insalubre = este clima es insalubre.

insalubrité [ɛ̃salybʀi'te] f insalubridad.

insane [ɛ̃'san] 1 adj loco, insano. 2 sin interés.

insanité [ɛ̃sani'te] 1 f insania, locura. 2 insensatez, estupidez.

insatisfaction [ɛ̃satisfak'sjɔ̃] f insatisfacción.

insatisfait, e [ɛ̃satis'fɛ, t] adj insatisfecho.

inscription [ɛ̃skʀip'sjɔ̃] 1 f inscripción. 2 matrícula (curso, escuela). 3 asiento, registro.

inscrire [ɛ̃s'kʀiʀ] 1 tr et pron inscribir. ● 2 tr matricular. 3 asentar; registrar: inscrire le nom sur une liste = registrar el nombre en una lista. 4 incluir. 5 MATH inscribir. ● 6 s'~ pron entrar.

insecte [ɛ̃'sɛkt] m ZOOL insecto.

insecticide [ɛ̃sɛkti'sid] adj et m insecticida.

insectivore [ɛ̃sɛkti'vɔʀ] adj et m insectívoro.

insécurité [ɛ̃sekyʀi'te] *f* inseguridad.

inséminer [ɛ̃semi'ne] *tr* inseminar.

insensé, e [ɛ̃sɑ̃'se] *adj* insensato. ■ **c'est ~!** ¡es una locura!

inséparable [ɛ̃sepa'ʀabl] *adj* inseparable.

insérer [ɛ̃se'ʀe] **1** *tr* insertar. **2** incluir: *il faut insérer ce paragraphe* = hay que incluir este párrafo; adjuntar. ● **3 s'~** *pron* introducirse, integrarse.

insertion [ɛ̃seʀ'sjɔ̃] **1** *f* inserción. **2** introducción.

insidieux, euse [ɛ̃si'djø, øz] *adj* insidioso.

insigne [ɛ̃'siɲ] **1** *adj* insigne. ● **2** *m* insignia; emblema. **3** distintivo.

insignifiance [ɛ̃siɲi'fjɑ̃s] *f* insignificancia.

insignifiant, e [ɛ̃siɲi'fjɑ̃, t] *adj* **1** insignificante. **2** irrelevante.

insincérité [ɛ̃sɛ̃seʀi'te] *f* insinceridad, falta de sinceridad.

insinuant, e [ɛ̃si'nɥɑ̃, t] *adj* insinuante.

insinuation [ɛ̃sinɥa'sjɔ̃] *f* insinuación, indirecta.

insinuer [ɛ̃si'nɥe] *tr et pron* insinuar.

insipide [ɛ̃si'pid] *adj* insípido, soso.

insistance [ɛ̃sis'tɑ̃s] *f* insistencia. ■ **avec ~** insistentemente.

insistant, e [ɛ̃sis'tɑ̃, t] *adj* insistente.

insister [ɛ̃sis'te] *intr* insistir; hacer hincapié en. ■ **~ auprès de qqn** instar a alguien.

insolation [ɛ̃sɔla'sjɔ̃] *f* insolación.

insolence [ɛ̃sɔ'lɑ̃s] *f* insolencia.

insolent, e [ɛ̃sɔ'lɑ̃, t] *adj/m et f* insolente.

insoler [ɛ̃sɔ'le] *tr* insolar, exponer al sol; solear.

insolite [ɛ̃sɔ'lit] *adj* insólito.

insolvabilité [ɛ̃sɔlvabili'te] *f* DR insolvencia.

insomnie [ɛ̃sɔm'ni] **1** *f* insomnio; desvelo. **2** (fig) desvelo. ■ **avoir des insomnies** tener insomnio.

insonore [ɛ̃sɔ'nɔʀ] *adj* insonoro.

insonoriser [ɛ̃sɔnɔʀi'ze] *tr* insonorizar.

insouciance [ɛ̃su'sjɑ̃s] *f* despreocupación; descuido.

insouciant, e [ɛ̃su'sjɑ̃, t] *adj* despreocupado: *être insouciant de l'avenir* = no preocuparse por el futuro.

insoucieux, euse [ɛ̃su'sjø, øz] *adj* despreocupado.

insoupçonné, e [ɛ̃supsɔ'ne] *adj* insospechado.

inspecter [ɛ̃spɛk'te] *tr* inspeccionar.

inspection [ɛ̃spɛk'sjɔ̃] *f* inspección.

inspiration [ɛ̃spiʀa'sjɔ̃] *f* inspiración.

inspirer [ɛ̃spi'ʀe] *tr et pron* inspirar; infundir.

instable [ɛ̃s'tabl] *adj* inestable.

installation [ɛ̃stala'sjɔ̃] *f* instalación.

installer [ɛ̃sta'le] **1** *tr et pron* instalar. ● **2** *tr* dar posesión. ● **3 s'~** *pron* acomodarse.

instant, e [ɛ̃s'tɑ̃, t] **1** *adj* apremiante. **2** angustioso: *prières instantes* = súplicas angustiosas. ● **3** *m* instante. ■ **à l'~** al momento; **à l'~ même** ahora mismo; **dès l'~ que** en el momento que; **pour l'~** por el momento, por lo pronto.

instantané, e [ɛ̃stɑ̃ta'ne] **1** *adj* instantáneo. ● **2** *m* PHOT instantánea.

instar [ɛ̃s'taʀ] **à l'~ de** *loc prép* a ejemplo de, a la manera de.

instauration [ɛ̃stɔʀa'sjɔ̃] *f* instauración.

instaurer [ɛ̃stɔ'ʀe] *tr* instaurar.

instigation [ɛ̃stiga'sjɔ̃] *f* instigación.

instillation [ɛ̃stila'sjɔ̃] *f* instilación.

instiller [ɛ̃sti'je] *tr* instilar.

instinct [ɛ̃s'tɛ̃] *m* instinto. ◆ **~ grégaire** instinto gregario; ■ **d'~** por instinto.

instinctif, ive [ɛ̃stɛ̃k'tif, iv] *adj* instintivo.

instituer [ɛ̃sti'tɥe] **1** *tr* instituir. **2** nombrar: *instituer qqn héritier* = nombrar a alguien heredero.

institut [ɛ̃sti'ty] *m* instituto. ■ **~ de recherche** centro de investigación.

institution [ɛ̃stity'sjɔ̃] **1** *f* institución. **2** nombramiento: *institution d'héritier* = nombramiento del heredero.

institutionnaliser [ɛ̃stitysjɔnali'ze] *tr* institucionalizar.

instructif, ive [ɛ̃stʀyk'tif, iv] *adj* instructivo.

instruction [ɛ̃stʀyk'sjɔ̃] **1** *f* instrucción. **2** enseñanza, educación. **3** DR sumario. ● **4 instructions** *f pl* instrucciones, normas.

instruire [ɛ̃s'tʀɥiʀ] *tr et pron* instruir.

instruit, e [ɛ̃s'tʀɥi, t] *adj* instruido, culto.

instrument [ɛ̃stʀy'mɑ̃] *m* instrumento. ◆ **~ de musique** instrumento musical; **~ à cordes** instrumento de cuerda; **~ de mesure** instrumento de medida.

insu [ɛ̃'sy] **à l'~ de** *loc prép* a espaldas de, detrás de; inconscientemente.

insubordination [ɛ̃sybɔʀdina'sjɔ̃] *f* insubordinación.

insubordonné, e [ɛ̃sybɔʀdɔˈne] adj insubordinado.

insuccès [ɛ̃sykˈsɛ] m fracaso, revés.

insuffisance [ɛ̃syfiˈzɑ̃s] f insuficiencia: *insuffisance respiratoire = insuficiencia respiratoria.*

insuffisant, e [ɛ̃syfiˈzɑ̃, t] adj insuficiente.

insuffler [ɛ̃syˈfle] tr insuflar.

insulaire [ɛ̃syˈlɛʀ] adj/m ou f insular, isleño.

insultant, e [ɛ̃sylˈtɑ̃, t] adj insultante, ofensivo.

insulte [ɛ̃ˈsylt] f insulto, ofensa. ■ relever l'~ aceptar el reto.

insulter [ɛ̃sylˈte] tr insultar.

insurgé, e [ɛ̃syʀˈʒe] adj/m et f insurrecto, sublevado.

insurger (s') [sɛ̃syʀˈʒe] pron sublevarse; insurreccionarse.

insurrection [ɛ̃syʀɛkˈsjɔ̃] f insurrección.

intact, e [ɛ̃ˈtakt] adj intacto.

intégral, e [ɛ̃teˈɡʀal] 1 adj integral, entero. ● 2 adj f MATH integral.

intégralité [ɛ̃teɡʀaliˈte] 1 f integridad. 2 totalidad.

intégrant, e [ɛ̃teˈɡʀɑ̃, t] adj integrante.

intégration [ɛ̃teɡʀaˈsjɔ̃] f integración.

intègre [ɛ̃ˈtɛɡʀ] adj íntegro, recto.

intégrer [ɛ̃teˈɡʀe] tr et pron integrar: *s'intégrer dans la société = integrarse en la sociedad.*

intégriste [ɛ̃teˈɡʀist] adj/m ou f integrista.

intégrité [ɛ̃teɡʀiˈte] f integridad.

intellect [ɛ̃teˈlɛkt] m intelecto.

intellectualiser [ɛ̃telɛktɥaliˈze] tr intelectualizar.

intellectuel, elle [ɛ̃telɛkˈtɥel] adj/m et f intelectual.

intelligence [ɛ̃teliˈʒɑ̃s] 1 f inteligencia. 2 comprensión. 3 complicidad. ◆ ~ artificielle INF inteligencia artificial.

intelligent, e [ɛ̃teliˈʒɑ̃, t] adj inteligente, listo.

intello [ɛ̃teˈlo] adj (fam, péj) intelectualoide.

intempérant, e [ɛ̃tɑ̃peˈʀɑ̃, t] adj intemperante.

intempérie [ɛ̃tɑ̃peˈʀi] 1 f inclemencia. ● 2 **intempéries** f pl intemperie: *exposé aux intempéries = expuesto a la intemperie.*

intempestif, ive [ɛ̃tɑ̃pɛsˈtif, iv] adj intempestivo.

intendance [ɛ̃tɑ̃ˈdɑ̃s] 1 f intendencia. 2 dirección; administración: *confier l'intendance de ses biens = confiar la administración de sus bienes.*

intendant, e [ɛ̃tɑ̃ˈdɑ̃, t] 1 m et f intendente. 2 administrador.

intense [ɛ̃ˈtɑ̃s] adj intenso.

intensif, ive [ɛ̃tɑ̃ˈsif, iv] adj intensivo.

intensifier [ɛ̃tɑ̃siˈfje] tr et pron intensificar.

intensité [ɛ̃tɑ̃siˈte] f intensidad.

intenter [ɛ̃tɑ̃ˈte] tr DR intentar (un proceso); entablar.

intention [ɛ̃tɑ̃ˈsjɔ̃] 1 f intención. 2 propósito (objetivo). ■ avoir l'~ de faire qqch tener la intención de hacer algo; dans l'~ de con la intención de.

intentionnalité [ɛ̃tɑ̃sjɔnaliˈte] f intencionalidad.

intentionné, e [ɛ̃tɑ̃sjɔˈne] adj intencionado: *être mal intentionné = ser mal intencionado.*

interactif, ive [ɛ̃teʀakˈtif, iv] adj interactivo.

interaction [ɛ̃teʀakˈsjɔ̃] f interacción.

interactivité [ɛ̃teʀaktiviˈte] f INF interactividad.

intercalaire [ɛ̃teʀkaˈlɛʀ] 1 adj intercalar. 2 interpuesto: *papiers intercalaires = papeles interpuestos.*

intercaler [ɛ̃teʀkaˈle] tr et pron intercalar.

intercéder [ɛ̃teʀseˈde] intr interceder; mediar.

intercepter [ɛ̃teʀsɛpˈte] tr interceptar.

intercession [ɛ̃teʀseˈsjɔ̃] f intercesión.

interconnecter [ɛ̃teʀkɔnɛkˈte] tr INF interconectar.

interconnexion [ɛ̃teʀkɔnɛkˈsjɔ̃] f ÉLEC interconexión.

intercontinental, e [ɛ̃teʀkɔ̃tinaˈtal] adj intercontinental.

interdépartemental, e [ɛ̃teʀdepaʀtəmaˈtal] adj interdepartamental, interprovincial.

interdépendance [ɛ̃teʀdepaˈdɑ̃s] f interdependencia.

interdépendant, e [ɛ̃teʀdepaˈdɑ̃, t] adj interdependiente.

interdiction [ɛ̃teʀdikˈsjɔ̃] 1 f interdicción, prohibición. ● 2 inhabilitación, suspensión de funciones (administración).

interdire [ɛ̃teʀˈdiʀ] 1 tr prohibir, vedar. 2 inhabilitar, suspender. 3 impedir (dificultad, obstáculo). ● 4 s'~ pron abstenerse.

interdisciplinaire [ɛ̃tɛʀdisipli'nɛʀ] *adj* interdisciplinario.

intéressant, e [ɛ̃tɛʀe'sɑ̃, t] *adj* interesante. **2** ventajoso (un precio).

intéresser [ɛ̃tɛʀe'se] **1** *tr* interesar. **2** afectar, atañer (concernir). ● **3** s'~ *pron* (s'~ à) interesarse por.

intérêt [ɛ̃te'ʀɛ] **1** *m* interés. **2** relevancia. **3** (se usa más en *pl*) parte, valor económico.

interface [ɛ̃tɛʀ'fas] *f* INF interfaz.

interférer [ɛ̃tɛʀfe'ʀe] **1** *intr* interferir. **2** PHYS producir interferencias.

intérieur, e [ɛ̃te'ʀjœʀ] **1** *adj* et *m* interior. ● **2** *m* hogar; casa; piso.

intérimaire [ɛ̃teʀi'mɛʀ] *adj* interino, provisional.

intérioriser [ɛ̃teʀjɔʀi'ze] *tr* PSY interiorizar.

intériorité [ɛ̃teʀjɔʀi'te] *f* interioridad.

interlinéaire [ɛ̃tɛʀline'ɛʀ] *adj* interlineal.

interlude [ɛ̃tɛʀ'lyd] *m* interludio (música, televisión).

intermède [ɛ̃tɛʀ'mɛd] *m* intermedio.

intermédiaire [ɛ̃tɛʀme'djɛʀ] *adj/m* ou *f* intermediario. ■ **par l'~ de** por mediación de, mediante.

intermittent, e [ɛ̃tɛʀmi'tɑ̃, t] *adj* intermitente; esporádico, irregular.

internat [ɛ̃tɛʀ'na] **1** *m* internado. **2** colegio de internos.

international, e [ɛ̃tɛʀnasjɔ'nal] **1** *adj* internacional. ● **2** *m* et *f* SPORTS internacional.

internationalisation [ɛ̃tɛʀnasjɔnaliza'sjɔ̃] *f* internacionalización.

interne [ɛ̃'tɛʀn] *adj/m* ou *f* interno.

interné, e [ɛ̃tɛʀ'ne] *adj/m* et *f* internado; recluido.

interner [ɛ̃tɛʀ'ne] *tr* internar; recluir.

interpellation [ɛ̃tɛʀpela'sjɔ̃] *f* interpelación.

interpeller [ɛ̃tɛʀpə'le] *tr* et *pron* interpelar.

Interphone® [ɛ̃tɛʀ'fɔn] *m* interfono, intercomunicador.

interplanétaire [ɛ̃tɛʀplane'tɛʀ] *adj* ASTR interplanetario.

interposer [ɛ̃tɛʀpo'ze] **1** *tr* et *pron* interponer. ● **2** s'~ *pron* mediar, terciar (en una disputa).

interprétariat [ɛ̃tɛʀpʀeta'ʀja] *m* interpretación de lenguas (oficio, escuela).

interprétation [ɛ̃tɛʀpʀeta'sjɔ̃] **1** *f* interpretación. **2** exégesis.

interprète [ɛ̃tɛʀ'pʀɛt] *m* ou *f* intérprete.

interpréter [ɛ̃tɛʀpʀe'te] *tr* interpretar.

interrogation [ɛ̃teʀɔga'sjɔ̃] *f* interrogación, pregunta.

interrogatoire [ɛ̃teʀɔga'twaʀ] *m* interrogatorio.

interroger [ɛ̃teʀɔ'ʒe] **1** *tr* et *pron* interrogar; preguntar. ● **2** *tr* (fig) examinar.

interrompre [ɛ̃te'ʀɔ̃pʀ] *tr* et *pron* interrumpir.

interrupteur, trice [ɛ̃teʀyp'tœʀ, tʀis] *adj* et *m* interruptor.

interruption [ɛ̃teʀyp'sjɔ̃] **1** *f* interrupción, suspensión. **2** ÉLEC corte.

intersection [ɛ̃tɛʀsɛk'sjɔ̃] **1** *f* intersección. **2** cruce (de calles, vías, etc.).

interurbain, e [ɛ̃tɛʀyʀ'bɛ̃, ɛn] *adj* interurbano.

intervalle [ɛ̃tɛʀ'val] *m* intervalo.

intervenant, e [ɛ̃tɛʀvə'nɑ̃, t] **1** *adj* que interviene. ● **2** *adj/m* et *f* interventor.

intervenir [ɛ̃tɛʀvə'niʀ] *intr* intervenir, participar.

intervention [ɛ̃tɛʀvɑ̃'sjɔ̃] *f* intervención.

interventionniste [ɛ̃tɛʀvɑ̃sjɔ'nist] *adj/m* ou *f* intervencionista.

intervertir [ɛ̃tɛʀvɛʀ'tiʀ] *tr* invertir (alterar el orden).

interview [ɛ̃tɛʀ'vju] *f* entrevista.

interviewer [ɛ̃tɛʀvju've] **1** *tr* entrevistar. ● **2** *m* entrevistador (periodismo).

intestin, e [ɛ̃tɛs'tɛ̃, in] *adj* et *m* intestino.

intime [ɛ̃'tim] *adj/m* ou *f* íntimo.

intimidant, e [ɛ̃timi'dɑ̃, t] *adj* que intimida.

intimidation [ɛ̃timida'sjɔ̃] *f* intimidación, amenaza.

intimider [ɛ̃timi'de] *tr* intimidar; abatatar (Amér.).

intimité [ɛ̃timi'te] *f* intimidad.

intitulé [ɛ̃tity'le] **1** *m* título (libro). **2** encabezamiento (carta). ◆ **~ d'un chapitre** rúbrica de un capítulo.

intituler [ɛ̃tity'le] *tr* et *pron* titular, intitular.

intolérance [ɛ̃tɔle'ʀɑ̃s] *f* intolerancia.

intolérant, e [ɛ̃tɔle'ʀɑ̃, t] *adj/m* et *f* intolerante.

intonation [ɛ̃tɔna'sjɔ̃] *f* entonación.

intouchable [ɛ̃tu'ʃabl] *adj* intocable, intangible: *l'autorité du ministre est intouchable = la autoridad del ministro es intocable.*

intoxication [ɛ̃tɔksika'sjɔ̃] *f* intoxicación: *intoxication alimentaire = intoxicación alimentaria.*

intoxiquer [ɛ̃tɔksi'ke] **1** tr intoxicar. **2** (fig, fam) influir negativamente, contaminar.

intransigeance [ɛ̃trɑ̃si'ʒɑ̃s] f intransigencia.

intransigeant, e [ɛ̃trɑ̃si'ʒɑ̃, t] adj intransigente.

intransitif, ive [ɛ̃trɑ̃zi'tif, iv] adj et m intransitivo.

intraveineux, euse [ɛ̃trave'nø, øz] **1** adj intravenoso. • **2** f inyección intravenosa.

intrépide [ɛ̃tre'pid] **1** adj intrépido. **2** firme, determinado: *résistance intrépide = resistencia firme.*

intrépidité [ɛ̃trepidi'te] f intrepidez.

intrigant, e [ɛ̃tri'gɑ̃, t] adj/m et f intrigante.

intrigue [ɛ̃'trig] **1** f intriga (de una película, obra). **2** intriga, maquinación: *ourdir des intrigues politiques = tramar intrigas políticas;* cambuyón o cambullón (Amér.). ■ **intrigues de palais** intrigas palaciegas.

intriguer [ɛ̃tri'ge] **1** intr intrigar (tramar). • **2** tr despertar la curiosidad: *la fin de l'histoire m'intrigue = el final de la historia me despierta curiosidad.*

intrinsèque [ɛ̃trɛ̃'sɛk] adj intrínseco.

introductif, ive [ɛ̃trɔdyk'tif, iv] adj introductorio.

introduction [ɛ̃trɔdyk'sjɔ̃] **1** f introducción. **2** admisión, entrada (en un grupo). **3** ÉCON introducción: *introduction de titres en Bourse = introducción de títulos en Bolsa.*

introduire [ɛ̃trɔ'dɥir] **1** tr et pron introducir. • **2** tr admitir (en un grupo).

intronisation [ɛ̃trɔniza'sjɔ̃] f entronización.

introniser [ɛ̃trɔni'ze] tr entronizar.

introspectif, ive [ɛ̃trɔspɛk'tif, iv] adj introspectivo.

introspection [ɛ̃trɔspɛk'sjɔ̃] f introspección.

introversion [ɛ̃trɔvɛr'sjɔ̃] f PSY introversión.

introverti, e [ɛ̃trɔvɛr'ti] adj PSY introvertido.

intrus, e [ɛ̃'try, z] adj/m et f intruso.

intrusion [ɛ̃try'zjɔ̃] f intrusión.

intuitif, ive [ɛ̃tɥi'tif, iv] adj intuitivo. ■ **être ~ en affaires** tener olfato en los negocios.

intuition [ɛ̃tɥi'sjɔ̃] f intuición: *avoir l'intuition que = tener la intuición de que.*

■ **avoir de l'~** tener intuición, ser intuitivo; **avoir une ~** tener un presentimiento.

inusité, e [inyzi'te] **1** adj que no se utiliza, en desuso: *mot inusité dans ce contexte = palabra que no se utiliza en este contexto.* **2** inusitado (insólito).

inutile [iny'til] adj inútil: *il est inutile de crier = es inútil chillar.* ■ **~ de vous dire que** ni que decir tiene que.

inutilisé, e [inytili'ze] adj que no se utiliza, en desuso.

inutilité [inytili'te] f inutilidad.

invaincu, e [ɛ̃vɛ̃'ky] adj invicto.

invalide [ɛ̃va'lid] adj/m ou f inválido. ◆ **~ de guerre** mutilado de guerra; **~ du travail** incapacitado laboral.

invalider [ɛ̃vali'de] **1** tr DR invalidar. **2** MÉD dejar inválido: *l'accident l'a invalidé = el accidente lo dejó inválido.*

invalidité [ɛ̃validi'te] f invalidez.

invasion [ɛ̃va'zjɔ̃] f invasión.

invective [ɛ̃vɛk'tiv] f invectiva.

invectiver [ɛ̃vɛkti've] **1** tr increpar. • **2** intr (~ contre) dirigir invectivas contra.

inventaire [ɛ̃vɑ̃'tɛr] f inventario. ■ **dresser ou faire un ~** hacer inventario.

inventer [ɛ̃vɑ̃'te] tr inventar.

invention [ɛ̃vɑ̃'sjɔ̃] **1** f invención, invento. **2** descubrimiento. **3** inventiva: *il manque d'invention = le falta inventiva.*

inventorier [ɛ̃vɑ̃tɔ'rje] tr hacer inventario, inventariar.

inverse [ɛ̃'vɛrs] **1** adj inverso; contrario. • **2** l'~ m lo contrario: *faire l'inverse = hacer lo contrario.* ◆ **raison ~** MATH razón inversamente proporcional; ■ **à l'~** al revés; **à l'~ de** a diferencia de.

inverser [ɛ̃vɛr'se] tr invertir (cambiar).

inversion [ɛ̃vɛr'sjɔ̃] f inversión. ◆ **~ de température** inversión térmica.

investigation [ɛ̃vɛstiga'sjɔ̃] f investigación.

investir [ɛ̃vɛs'tir] **1** tr investir. **2** (~ dans) invertir en (dinero o tiempo). **3** MIL cercar, sitiar. • **4** s'~ pron (s'~ dans) implicarse en. ■ **~ qqn de sa confiance** otorgar a alguien su confianza.

investiture [ɛ̃vɛs'tyr] f investidura; toma de posesión.

invétéré, e [ɛ̃vete're] **1** adj inveterado, arraigado: *habitude invétérée = costumbre arraigada.* **2** empedernido: *un fumeur invétéré = un fumador empedernido.*

invisible [ɛ̃viˈzibl] **1** *adj* invisible. **2** imperceptible: *invisible à l' œil nu = imperceptible a simple vista.*

invitation [ɛ̃vitaˈsjɔ̃] *f* invitación. ■ **à ou sur l'~ de** a petición de, por invitación de.

invite [ɛ̃ˈvit] **1** *f* envite (juegos). **2** (fig) indirecta.

invité, e [ɛ̃viˈte] *m* et *f* invitado.

inviter [ɛ̃viˈte] **1** *tr* invitar (a una fiesta). **2** (~ à) invitar a (proponer): *je vous invite à réflechir = le invito a que reflexione.*

involontaire [ɛ̃vɔlɔ̃ˈtɛʀ] *adj* involuntario.

invoquer [ɛ̃vɔˈke] **1** *tr* invocar. **2** implorar (clemencia). **3** acogerse a, basarse en (una ley).

invraisemblance [ɛ̃vʀɛsɑ̃ˈblɑ̃s] *f* inverosimilitud.

iode [jɔd] *m* CHIM yodo.

ioder [jɔˈde] *tr* yodar.

ionique [jɔˈnik] **1** *adj* iónico (de los iones). **2** ARCHIT jónico.

iris [iˈʀis] **1** *m* ANAT iris. **2** BOT lirio.

irisation [iʀizaˈsjɔ̃] *f* irisación.

iriser [iʀiˈze] *tr* irisar.

irlandais, e [iʀlɑ̃ˈdɛ, z] **1** *adj* irlandés. ● **2 Irlandais, e** *m* et *f* irlandés. ● **3** *m* irlandés (lengua).

Irlande [iʀˈlɑ̃d] *f* Irlanda.

ironie [iʀɔˈni] *f* ironía.

ironique [iʀɔˈnik] *adj* irónico.

ironiser [iʀɔniˈze] *intr* ironizar.

irradiant, e [iʀaˈdjɑ̃, t] *adj* irradiador.

irradiation [iʀadjaˈsjɔ̃] *f* irradiación.

irradier [iʀaˈdje] *intr* et *tr* irradiar.

irraisonné, e [iʀɛzɔˈne] *adj* irrazonable, no razonado.

irrationnel, elle [iʀasjɔˈnɛl] **1** *adj* irracional. **2** MATH irracional.

irréaliste [iʀeaˈlist] *adj* ilusorio, irreal.

irréalité [iʀealiˈte] *f* irrealidad.

irrécupérable [iʀekypeˈʀabl] *adj* irrecuperable.

irréel, elle [iʀeˈɛl] *adj* irreal.

irréfléchi, e [iʀefleˈʃi] **1** *adj* irreflexivo. **2** involuntario; inconsciente.

irréflexion [iʀeflɛkˈsjɔ̃] *f* irreflexión.

irrégularité [iʀegylaʀiˈte] *f* irregularidad.

irrégulier, ère [iʀegyˈlje, ɛʀ] **1** *adj* irregular; improcedente. **2** inconstante (una persona).

irrésolu, e [iʀezɔˈly] **1** *adj* no resuelto (cuestión, problema). ● **2** *adj/m* et *f* irresoluto (una persona).

irrésolution [iʀezɔlyˈsjɔ̃] *f* irresolución.

irrespectueux, euse [iʀɛspɛkˈtɥø, øz] *adj* irrespetuoso.

irresponsable [iʀɛspɔ̃ˈsabl] *adj/m* ou *f* irresponsable.

irrévérence [iʀeveˈʀɑ̃s] *f* irreverencia.

irrévérencieux, euse [iʀeveʀɑ̃ˈsjø, øz] *adj* irreverente.

irrigation [iʀigaˈsjɔ̃] *f* irrigación.

irriguer [iʀiˈge] *tr* irrigar.

irritant, e [iʀiˈtɑ̃, t] *adj* irritante.

irritation [iʀitaˈsjɔ̃] *f* irritación.

irriter [iʀiˈte] *tr* et *pron* irritar.

irruption [iʀypˈsjɔ̃] *f* irrupción. ■ **faire ~** irrumpir.

islam [isˈlam] **1** *m* islam. **2 Islam** islam.

islamique [islaˈmik] *adj* islámico.

islamisation [islamizaˈsjɔ̃] *f* islamización.

islamiser [islamiˈze] *tr* et *pron* islamizar.

islandais, e [islɑ̃ˈdɛ, z] **1** *adj* islandés. ● **2 Islandais, e** *m* et *f* islandés.

Islande [isˈlɑ̃d] *f* Islandia.

isolant, e [izɔˈlɑ̃, t] *adj* et *m* aislante.

isolation [izɔlaˈsjɔ̃] *f* aislamiento.

isolationniste [izɔlasjɔˈnist] *adj/m* ou *f* aislacionista.

isolé, e [izɔˈle] *adj* aislado.

isoler [izɔˈle] **1** *tr* aislar. ● **2 s'~** *pron* aislarse, apartarse.

isoloir [izɔˈlwaʀ] *m* cabina electoral.

isotherme [izɔˈtɛʀm] *adj* isotermo.

israélien, enne [isʀaeˈljɛ̃, ɛn] **1** *adj* israelí. ● **2 Israélien, enne** *m* et *f* israelí.

israélite [isʀaeˈlit] **1** *adj* israelita. ● **2 Israélite** *m* ou *f* israelita.

issu, e [iˈsy] *adj* descendiente, nacido: *enfant issu d'une famille bourgeoise = hijo nacido de una familia burguesa.* **2** (fig) resultante, procedente.

issue [iˈsy] **1** *f* salida. **2** (fig) salida, solución (para un problema). **3** (fig) desenlace, resultado. ◆ **~ de secours** salida de emergencia; ■ **à l' ~ de** al final de, al terminar.

isthme [ism] *m* GÉOGR istmo.

Italie [itaˈli] *f* Italia.

italien, enne [itaˈljɛ̃, ɛn] **1** *adj* italiano. ● **2 Italien, enne** *m* et *f* italiano. ● **3** *m* italiano (lengua).

italique [itaˈlik] *adj* et *m* cursiva, itálica (letra).

item [i'tɛm] *m* ítem, elemento.
itératif, ive [iteʀa'tif, iv] *adj* iterativo, reiterado.
itération [iteʀa'sjɔ̃] *f* iteración.
itinéraire [itine'ʀɛʀ] *adj et m* itinerario.
itinérant, e [itine'ʀɑ̃, t] *adj/m et f* itinerante, ambulante.
IVG [ive'ʒe] (*sigles de* **interruption volontaire de grossesse**) *f* interrupción voluntaria del embarazo.

ivoire [i'vwaʀ] *m* marfil.
ivre [ivʀ] **1** *adj* ebrio; bolo (Amér.). **2** borracho; tiznado (Amér.). **3** (fig) (~ *de*) loco de, lleno de.
ivresse [i'vʀɛs] **1** *f* embriaguez. **2** (fig) entusiasmo, exaltación.
ivrogne, esse [i'vʀɔɲ, ɛs] *adj/m et f* borracho, alcohólico.
ivrognerie [ivʀɔɲ'ʀi] *f* alcoholismo; embriaguez (habitual).

Jj

j [ʒi] *m* j.

Jamás aparece ante **i** y siempre tiene el sonido /ʒ/, que no existe en español.

jaboter [ʒabɔ'te] *intr* piar.
jacasser [ʒaka'se] **1** *intr* chirriar (una urraca). **2** (fam) cotorrear (las personas).
jacasserie [ʒakas'ʀi] *f* cotorreo, charla.
jachère *f* AGR barbecho.
jacinthe [ʒa'sɛ̃t] *f* BOT jacinto.
jactance [ʒak'tɑ̃s] *f* jactancia.
jacter [ʒak'te] *intr* (fam) charlar, rajar.
jaculatoire [ʒakyla'twaʀ] *adj* REL jaculatorio.
Jacuzzi® [ʒaky'zi] *m* jacuzzi.
jade [ʒad] *m* jade.
jadis [ʒa'dis] *adv* antaño, antiguamente.
jaillir [ʒa'jiʀ] **1** *intr* brotar (un líquido); saltar (chispas). **2** (fig) manar, surgir: *les idées jaillissent de la discussion* = *las ideas surgen de la discusión*.
jalon [ʒa'lɔ̃] **1** *m* jalón (topográfico). **2** (fig) hito.
jalonner [ʒalɔ'ne] *tr et intr* jalonar, marcar.
jalouser [ʒalu'ze] *tr* envidiar, tener envidia de.
jalousie [ʒalu'zi] **1** *f* envidia; celos. **2** celosía (ventana).
jaloux, ouse [ʒa'lu, z] **1** *adj/m et f* envidioso. **2** celoso (en el amor).
jamais [ʒa'mɛ] **1** *adv* nunca, jamás: *nous n'avons jamais vu cela* = *no hemos visto nunca esto*. **2** alguna vez. ■ **c'est le**

moment ou ~ ahora o nunca; **~ de la vie!** ¡nunca jamás!
jambe [ʒɑ̃b] **1** *f* pernil (de pantalón). **2** ANAT pierna. **3** ARCHIT jamba, poste.
jambon [ʒɑ̃'bɔ̃] *m* jamón. ◆ **~ blanc** jamón en dulce.
jambonneau [ʒɑ̃bɔ'no] *m* codillo de jamón.
jante [ʒɑ̃t] *f* llanta.
janvier [ʒɑ̃'vje] *m* enero.
japon [ʒa'pɔ̃] **1** *m* porcelana japonesa. **2** papel japonés.
japonais, e [ʒapɔ'nɛ, z] **1** *adj* japonés. ● **2 Japonais, e** *m et f* japonés. ● **3** *m* japonés (lengua).
japper [ʒa'pe] *intr* ladrar, gañir.
jaquette [ʒa'kɛt] **1** *f* chaqué. **2** sobrecubierta (de un libro). ■ **être de la ~** (fam) ser homosexual.
jardin [ʒaʀ'dɛ̃] **1** *m* jardín. **2** huerto. ◆ **~ d'enfants** jardín de infancia, guardería; **~ d'hiver** invernadero; **~ fruitier** ou **potager** huerto; **~ public** parque público; **jardins suspendus** jardines colgantes; ■ **faire le ~** cuidar el jardín.
jardiner [ʒaʀdi'ne] *intr* ocuparse del jardín (como aficionado).
jardinier, ère [ʒaʀdi'nje, jɛʀ] **1** *adj* del jardín. ● **2** *m et f* jardinero.
jargonner [ʒaʀgɔ'ne] *intr* hablar en galimatías.
jarre [ʒaʀ] *f* jarra, tinaja.
jarretelle [ʒaʀ'tɛl] *f* liga.
jarretière [ʒaʀ'tjɛʀ] *f* liga.
jars [ʒaʀ] *m* ZOOL ganso.

jaser [ʒa'ze] **1** *intr* cotorrear (hablar mucho). **2** cotillear, chismorrear.
jasmin [ʒas'mɛ̃] *m* BOT jazmín.
jasper [ʒas'pe] *tr* jaspear.
jatte [ʒat] *f* bol.
jauger [ʒo'ʒe] **1** *tr* aforar. **2** (fig) evaluar; juzgar: *jauger un film = juzgar una película*. ● **3** *intr* tener una capacidad de: *le navire jauge 1 000 tonneaux = el barco tiene una capacidad de 1 000 toneladas*.
jaunâtre [ʒo'natʀ] *adj* amarillento.
jaune [ʒon] **1** *adj* et *m* amarillo (color). ● **2** *m* ou *f* esquirol (en una huelga). **3** Jaune (péj) amarillo (asiático). ◆ ~ **d'œuf** yema de huevo; ~ **paille** color pajizo; ■ **rire** ~ risa forzada.
jaunir [ʒo'niʀ] *intr* et *tr* amarillear, ponerse amarillo.
java [ʒa'va] *f* java (baile). ■ **partir en** ~ **ou faire la** ~ (fam) ir de juerga.
javel [ʒa'vɛl] *f* → eau.
javelliser [ʒaveli'ze] *tr* esterilizar con lejía (el agua).
jazz [dʒaz] *m* jazz. ◆ **jazz-band** banda de jazz; **jazzman** músico de jazz.
je [ʒə] **1** *pron* yo: *je mange des pommes = yo como manzanas*. ● **2 le** ~ **m** PHIL el yo.
jean [dʒin] *m* vaqueros, tejanos.
jeannette [ʒa'nɛt] **1** *f* cruz (en un collar). **2** tabla pequeña de planchar.
Jeep® [dʒip ou ʒip] *f* jeep, todo terreno.
jenny [ʒe'ni] *f* TECH jenny.
jérémiade [ʒeʀe'mjad] *f* (fam) jeremiada, lloriqueo.
jerrican [dʒeʀi'kɑ̃ ou ʒeʀi'kɑ̃] *m* bidón de reserva (para carburantes).
jersey [ʒɛʀ'zɛ] **1** *m* tejido de punto. **2** jersey.
jésuite [ʒe'zɥit] *adj* et *m* jesuita.
jet [ʒɛ] **1** *m* lanzamiento. **2** chorro: *jet de vapeur = chorro de vapor*. **3** BOT tallo nuevo, retoño. ◆ ~ **d'eau** surtidor; ~ **de lumière** chorro de luz; **premier** ~ boceto; ■ **à** ~ **continu** sin cesar; **d'un seul** ~ de una vez, de un tirón.
jetée [ʒə'te] **1** *f* escollera, espigón. **2** AÉR muelle de embarque.
jeter [ʒə'te] **1** *tr* et *pron* lanzar. **2** arrojar, tirar: *jeter l'ancre = tirar el ancla*; botar (Amér.). ● **3** *tr* construir: *jeter les bases d'une communauté = construir las bases de una comunidad*. **4** tirar, deshacerse de: *jeter à la poubelle = tirar a la basu-*

ra. **5** (fig) sembrar: *jeter l'effroi sur le pays = sembrar el miedo en el país*. **6** emitir (un sonido). **7** enviar: *jeter en prison = enviar a prisión*. ● **8 se** ~ *pron* desembocar (un río). ■ **en** ~ (fam) causar impresión; ~ **un coup d'œil** echar un vistazo; **se faire** ~ (fam) ser excluido.
jeton [ʒtɔ̃ ou ʒə'tɔ̃] **1** *m* ficha (de juegos). **2** (fam) golpe. ◆ ~ **de présence** dietas por asistencia; **un vieux** ~ (fam) un viejo retrógrado; ■ **avoir les jetons** (fam) tener miedo; **faux comme un** ~ (fam) más falso que Judas.
jeu [ʒø] **1** *m* juego. **2** apuesta (lo que se juega). **3** MUS interpretación; ejecución. **4** THÉÂT papel, rol; interpretación. ◆ ~ **de cons** (fam) estupidez; ~ **de dames** juego de damas; ~ **d'esprit** adivinanza; ~ **de hasard** juego de azar; ~ **de mots** juego de palabras; ~ **intellectuel** juego de inteligencia; ■ **d'entrée de** ~ desde el principio; **faire le** ~ **de qqn** seguir el juego a alguien; **faites vos jeux!** ¡hagan sus apuestas!; **jouer double** ~ jugar a un doble juego; **le** ~ **n'en vaut pas la chandelle** no merece la pena; **les jeux sont faits** la suerte está echada; **mettre en** ~ poner en juego; **par** ~ por placer, por diversión; **percer le** ~ **de qqn** ver el juego de alguien.
jeudi [ʒø'di] *m* jueves. ■ **la semaine des quatre jeudis** cuando las ranas críen pelo.
jeune [ʒœn] **1** *adj/m* ou *f* joven. ● **2** *adj* menor: *mon jeune frère = mi hermano menor*. ◆ **jeunes mariés** recién casados; ■ **être** ~ **dans le métier** (fam) ser nuevo en la profesión; **faire** ~ parecer joven; **s'habiller** ~ llevar ropa juvenil.
jeûne [ʒøn] *m* ayuno.
jeûner [ʒø'ne] *intr* ayunar.
jeunesse [ʒœ'nɛs] **1** *f* juventud. **2** (fig) principios.
jeunet, ette [ʒœ'nɛ, t] *adj* (fam) jovencito.
jeunot, otte [ʒœ'no, ɔt] *adj* et *m* (fam) jovencillo.
joaillerie [ʒoaj'ʀi] *f* joyería.
joaillier, ère [ʒoa'je, jɛʀ] *m* et *f* joyero.
jobard, e [ʒo'baʀ, d] *adj/m* et *f* (fam) tonto, primo.
jockey [ʒo'kɛ] *m* jockey.
jodler [jod'le] *intr* MUS cantar como los tiroleses.

jogging [dʒɔ'giŋ] **1** *m* footing. **2** chándal.

joie [ʒwa] **1** *f* alegría, gozo. **2** placer: *les joies de la vie = los placeres de la vida.* ◆ **la ~ de vivre** la alegría de vivir; ■ **avoir la ~ de** tener el placer de; **c'est pas la ~!** (fam) ¡no estamos para lanzar cohetes!; **ne plus se sentir de ~** no caber en sí mismo de alegría; **se faire une ~ de** alegrarse de.

joindre [ʒwɛ̃dʀ] **1** *tr* unir. **2** juntar, ensamblar (piezas). **3** ponerse en contacto. **4** (~ *à*) adjuntar, añadir. ● **5** *intr* ajustar, encajar: *fenêtres qui joignent bien = ventanas que ajustan bien.* ● **6 se ~** *pron* (se ~ *à*) unirse a, adherirse a (un grupo). ■ **~ les mains** juntar las manos; **ne pas ~ les deux bouts** no llegar a final de mes (dinero).

joint, e [ʒwɛ̃, t] **1** *adj* junto. **2** ajustado: *une fenêtre mal jointe = una ventana mal ajustada.* ● **3** *m* (fam) porro. **4** MÉC junta, juntura. ◆ **~ de culasse** junta de culata; ■ **~ à** anexo, añadido; **sauter à pieds joints** saltar a pie juntillas.

La expresión **ci-joint** es invariable a principio de frase o con un nombre sin determinante (*j'envoie ci-joint copie des lettres = le adjunto copias de las cartas*). En los demás casos es variable.

jointif, ive [ʒwɛ̃'tif, iv] *adj* TECH unido por los bordes.

jointoyer [ʒwɛ̃twa'je] *tr* llaguear, rejuntar (construcción).

jointure [ʒwɛ̃'tyʀ] **1** *f* ANAT articulación. **2** TECH juntura.

joker [ʒɔ'kɛʀ o dʒɔ'kɛʀ] *m* comodín.

joli, e [ʒɔ'li] **1** *adj* bonito; lindo. **2** mono, lindo (persona). **3** bueno (resultado). ● **4** *m* lo bonito. ■ **c'est bien ~, mais ...** está bien, pero...; **c'est du ~!** (iron) ¡muy bonito!; **faire ~** quedar bien (una cosa).

joliesse [ʒɔ'ljɛs] *f* belleza.

jonc [ʒõ] **1** *m* junco. **2** anillo (sortija).

joncher [ʒõ'ʃe] *tr* cubrir.

jonction [ʒõk'sjõ] *f* unión, conexión.

jongler [ʒõ'gle] *intr* hacer juegos malabares. ■ **~ avec les chiffres** hacer malabarismos con los números.

jonglerie [ʒõglə'ʀi] **1** *f* juegos malabares. **2** (fig) embrollos.

joual [ʒwal] *m* habla popular de los canadienses francófonos.

joue [ʒu] *f* mejilla, carrillo. ■ **en ~!** MIL ¡apunten!; **mettre en ~** apuntar con un arma.

jouer [ʒwe] **1** *intr* jugar. **2** tener juego (una pieza). **3** actuar (en una obra o película). **4** dárselas de: *jouer au généreux = dárselas de generoso.* **5** (~ *avec*) jugar con, tomarse a la ligera: *jouer avec sa vie = jugar con su vida.* **6** (~ *de*) usar: *jouer du revolver = usar el revólver.* **7** (~ *de*) aprovecharse de. **8** (~ *sur*) especular con. ● **9** *tr* MUS tocar (un instrumento); ejecutar (una pieza). **10** jugarse: *jouer sa maison = jugarse la casa.* **11** dar: *au cinéma on joue un bon film = en el cine dan una buena película.* ● **12 se ~** *pron* (se ~ *de*) burlarse de. ■ **à toi de ~** te toca a ti, es tu turno; **~ à l'imbécile** hacer el tonto; **~ un tour** jugar malas pasadas.

jouet [ʒwɛ] *m* juguete. ■ **être le ~ de** (fig) ser el juguete de.

joug [ʒu] **1** *m* yugo. **2** brazo (de balanza). ■ **sous le ~ de** bajo el yugo de.

jouir [ʒwiʀ] **1** *intr* (~ *de*) gozar de. **2** (~ *de*) disfrutar de, poseer. **3** gozar, tener un orgasmo.

jouissance [ʒwi'sɑ̃s] **1** *f* goce, disfrute. **2** orgasmo. **3** DR posesión, usufructo.

joujou [ʒu'ʒu] (*pl* **joujoux**) *m* (fam) juguete. ■ **faire ~** (fam) jugar.

jour [ʒuʀ] **1** *m* día. **2** luz, claridad. **3** obertura, orificio: *percer un jour dans un mur = hacer una obertura en una pared.* ◆ **~ de deuil** día de luto; **~ et nuit** día y noche, siempre; **~ férié** día festivo; **jours ouvrables** días laborables; ■ **à ce ~** hoy; **d'un ~ à l'autre** de un momento a otro; **de ~ en ~** día a día, poco a poco; **de nos jours** actualmente; **de tous les jours** diario, habitual; **du ~** actual, del día; **être clair comme le ~** ser más claro que el agua; **être comme le ~ et la nuit** ser la noche y el día; **il fait ~** es de día; **~ après ~** día tras día; **mettre à ~** actualizar; **mettre en plein ~** descubrir, sacar a la luz; **un ~ ou l'autre** tarde o temprano; **vivre au ~ le ~** vivir al día.

journal [ʒuʀ'nal] **1** *adj* et *m* periódico, diario. ● **2** *m* diario (personal). **3** libro de contabilidad. ◆ **~ du matin** periódico de la mañana; **~ du soir** periódico vespertino; **~ télévisé** telediario, las noticias de la télévision; **le Journal Officiel** el boletín oficial de la República francesa.

Debe emplearse la expresión **dans le journal** más que "sur le journal", puesto que *journal* es más asimilable a un libro (**dans un livre**) que a un cartel (**sur une affiche**).

journalier, ère [ʒurna'lje, jɛʀ] **1** adj diario. **2** incierto, cambiante. ● **3** m et f jornalero.
journalisme [ʒurna'lism] m periodismo.
journaliste [ʒurna'list] m ou f periodista.
journée [ʒuʀ'ne] **1** f día. **2** jornada. **3** jornal, paga. ◆ ~ **continue** jornada continua; ~ **porte ouverte** jornada de puertas abiertas; ■ **à la** ~ a jornal.
joute [ʒut] **1** f justa. **2** (fig) enfrentamiento verbal.
jouter [ʒu'te] intr (fig) luchar contra.
jovial, e [ʒɔ'vjal] adj jovial.
joyau [ʒwa'jo] m joya.
joyeuseté [ʒwajøz'te] f broma, ocurrencia.
joyeux, euse [ʒwa'jø, øz] **1** adj alegre. **2** feliz: *joyeux Noël! = ¡feliz Navidad!*
jubilant, e [ʒybi'lɑ̃, t] adj jubiloso.
jubilation [ʒybila'sjɔ̃] f júbilo.
jubilé [ʒybi'le] m REL jubileo.
jucher [ʒy'ʃe] **1** intr (~ *sur*) morar en (las aves). ● **2** tr et pron encaramar: *se jucher sur une branche = encaramarse a una rama.*
juchoir [ʒy'ʃwaʀ] m palo de gallinero, aseladero.
judaïque [ʒyda'ik] adj judaico, judío.
judas [ʒy'da] **1** m judas (traidor). **2** mirilla (de puerta).
judicieux, euse [ʒydi'sjø, øz] **1** adj juicioso. **2** acertado, pertinente: *une critique judicieuse = una crítica pertinente.*
judo [ʒy'do] m yudo.
judoka [ʒydɔ'ka] m ou f yudoca.
juge [ʒyʒ] m ou f juez. ◆ **juge-arbitre** juez de silla (tenis); ~ **d'enfants** juez de menores; ~ **d'instruction** juez de instrucción; ~ **de paix** juez de paz; ~ **des courses** juez de meta; ~ **des référés** juez de recursos de urgencia.
jugeote [ʒy'ʒɔt] f (fam) sentido común.
juger [ʒy'ʒe] **1** tr juzgar. **2** (~ *de*) imaginar: *jugez de ma joie = imagine mi alegría.* **3**

DR fallar, dictar sentencia. ● **4** tr et pron considerar. ■ **à en** ~ **par** a juzgar por.
jugulaire [ʒygy'lɛʀ] adj et f ANAT yugular.
juguler [ʒygy'le] tr vencer, contener.
juif, ive [ʒɥif, iv] **1** adj judío. ● **2** m et f (péj) judío, avaro. **3 Juif, ive** judío. ◆ **le petit** ~ (fam) el hueso de la risa.
juillet [ʒɥi'jɛ] m julio.
juin [ʒɥɛ̃] m junio.
julien, enne [ʒy'ljɛ̃, ɛn] adj juliano.
jumeau, elle [ʒy'mo, ɛl] adj/m et f gemelo, mellizo.
jument [ʒy'mɑ̃] f yegua.
jungle [ʒœ̃gl] f jungla.
junior [ʒy'njɔʀ] **1** adj et m júnior. **2** SPORTS júnior. ● **3 les juniors** m pl los jóvenes.
junte [ʒœ̃t] f junta.
jupe [ʒyp] f falda; pollera (Amér.). ◆ ~ **au genou** falda hasta la rodilla; ~ **tube** falda de tubo; ■ **être dans les jupes de sa mère** estar enmadrado.
jupe-culotte [ʒypky'lɔt] f falda pantalón.
jupette [ʒy'pɛt] f minifalda.
Jupiter [ʒypi'tɛʀ] m ASTR Júpiter.
jupon [ʒy'pɔ̃] **1** m enaguas, refajo. **2** (fig) las faldas: *il est un coureur de jupon = es un aficionado a las faldas.*
jurassien, enne [ʒyra'sjɛ̃, ɛn] **1** adj jurasiano. ● **2 Jurassien, enne** m et f jurasiano.
juré, e [ʒy'ʀe] **1** adj jurado: *un ennemi juré = un enemigo jurado.* ● **2 jurés** m pl DR jurado.
jurer [ʒy'ʀe] **1** tr et pron jurar. **2** intr (fig) no combinar, no pegar: *ces couleurs jurent entre elles = estos colores no pegan.* **3** blasfemar. **4** (~ *de*) poner la mano en el fuego.
juridiction [ʒyʀidik'sjɔ̃] f jurisdicción. ◆ ~ **gracieuse** jurisdicción voluntaria.
juridique [ʒyʀi'dik] adj jurídico.
jurisprudence [ʒyʀispʀy'dɑ̃s] f jurisprudencia. ■ **faire** ~ sentar jurisprudencia.
juriste [ʒy'ʀist] m ou f jurista.
juron [ʒy'ʀɔ̃] m taco, insulto.
jury [ʒy'ʀi] **1** m jurado. **2** tribunal (de examen).
jus [ʒy] **1** m zumo, jugo. **2** jugo (de carne). **3** (fam) café. **4** (fam) corriente eléctrica. ■ **c'est du** ~ **de chaussette!** ¡este café es aguachirle!
jusqu'au-boutiste [ʒyskobu'tist] m ou f (fam) extremista, radical.

jusque [ʒysk o ʒys'kə] **1** *prép* (~ *à*) hasta: *ils sont allés jusqu'à Rome* = han ido hasta Roma. ● **2** *adv* (~ *à*) incluso, hasta: *tous sont venus, jusqu'à sa mère* = vinieron todos, incluso su madre. ■ **en avoir jusque-là** estar hasta las narices; **jusqu'à ce que** ou **jusqu'à tant que** hasta que; **jusqu'à présent** hasta el momento; **jusqu'à un certain point** hasta cierto punto; **jusqu'ici** hasta ahora (tiempo); hasta aquí (espacio).

justaucorps [ʒysto'kɔʀ] **1** *m* casaca. **2** mallot (de gimnasia).

juste [ʒyst] **1** *adj* et *m* justo, imparcial. ● **2** *adj* justo, adecuado: *trouver le mot juste* = encontrar la palabra adecuada. **3** exacto (momento). **4** justo, escaso. **5** estrecho (ropa). **6** entonado (voz). ● **7** *adv* justo, exactamente: *c'est juste à côté* = está justo al lado. **8** sólo, solamente: *il a acheté juste une bouteille* = ha comprado sólo una botella. **9** justo: *elle est arrivée juste quand le film commençait* = ha llegado justo cuando empezaba la película. ■ **au** ~ exactamente; **être dans le** ~ llevar la razón; **être un peu** ~ ir justo

de dinero; **il est** ~ **de** es justo que; **tout** ~! ¡eso es!

juste-milieu [ʒystmi'ljø o ʒystəmi'ljø] *m* término medio.

justesse [ʒys'tɛs] **1** *f* precisión, exactitud. **2** corrección. ◆ **de** ~ por los pelos.

justice [ʒys'tis] *f* justicia. ■ **aller en** ~ ir a los tribunales; **en bonne** ~ según lo que es justo; **faire** ~ hacer justicia; **se faire** ~ suicidarse, tomarse la justicia por su mano.

justicier, ère [ʒysti'sje, jɛʀ] *m* et *f* justiciero.

justificatif, ive [ʒystifika'tif, iv] **1** *adj* justificativo. ● **2** *m* justificante, comprobante.

justification [ʒystifika'sjɔ̃] *f* justificación.

justifier [ʒysti'fje] *tr* et *pron* justificar.

juter [ʒy'te] *intr* soltar jugo (una fruta).

juteux, euse [ʒy'tø, øz] **1** *adj* jugoso. ● **2** *m* MIL (fam) brigada.

juvénile [ʒyve'nil] *adj* juvenil.

juxtalinéaire [ʒykstaline'ɛʀ] *adj* yuxtalineal.

juxtaposer [ʒykstapo'ze] *tr* yuxtaponer.

juxtaposition [ʒykstapozi'sjɔ̃] *f* yuxtaposición.

Kk

k [ka] *m* k.

K *m* K (símbolo del Kelvin).

kafkaïen, enne [kafka'jɛ̃, ɛn] *adj* kafkiano.

kaki [ka'ki] **1** *adj* et *m* caqui (color). ● **2** *m* caqui (fruto).

kaléidoscope [kaleidos'kɔp] *m* caleidoscopio.

kamikaze [kami'kaz] **1** *m* camicace. **2** (fig) camicace (persona temeraria).

kan [kɑ̃] *m* khan (príncipe).

kangourou [kɑ̃gu'ʀu] *m* canguro.

kaolin [kao'lɛ̃] *m* caolín.

Karaoké® [kaʀao'ke] *m* karaoke.

karaté [kaʀa'te] *m* SPORTS kárate.

karatéka [kaʀate'ka] *m* ou *f* SPORTS karateka.

kart [kaʀt] *m* kart.

kayak [ka'jak] *m* kayak.

képi [ke'pi] *m* quepis (sombrero militar).

kérosène [keʀo'zɛn] *m* queroseno.

ketchup [kɛt'ʃœp] *m* ketchup.

keuf [kœf] *m* (fam) madero, poli.

keum [kœm] *m* (fam) tío.

KF [ka'ɛf] (*abrév* de **kilofranc**) *m* mil francos.

kg *m* kg (símbolo del kilogramo).

khâgne [kaɲ] *f* (fam) clase de preparación para la Escuela Normal Superior de Letras.

khalife [ka'lif] *m* califa.

kick [kik] *m* pedal de arranque.

kidnapping [kidna'piŋ] *m* secuestro; rapto.

kif-kif [kif'kif] *adj* (fam) lo mismo.

kilo [ki'lo] (*abrév* de **kilogramme**) *m* kilo.

kilocalorie [kilokalɔ'ʀi] *f* PHYS kilocaloría.

kilogramme [kilo'gʀam] *m* kilogramo.

kilomètre [kilo'mɛtʀ] *m* kilómetro.

kilométrique [kilomeˈtʀik] *adj* kilométrico.

kilowatt [kiloˈwat] *m* ÉLEC kilovatio.

kimono [kimɔˈno] *m* quimono.

kiosque [kjɔsk] *m* quiosco, kiosco.

kirsch [kiʀʃ] *m* kirsch.

kit [kit] *m* kit, lote.

kitsch ou kitch [kitʃ] *adj* kitsch.

kiwi [kiˈwi] **1** *m* kiwi, quivi (fruta). **2** ZOOL kivi.

Klaxon® [klakˈsɔn] *m* claxon, bocina.

klaxonner [klaksɔˈne] *intr* tocar el claxon.

kleptomane [kleptɔˈman] *adj/m ou f* cleptómano.

km *m* km (símbolo del kilómetro).

Ko (*abrév de* **kilo-octet**) *m* Kb.

koala [kɔaˈla] *m* ZOOL koala.

korrigan [kɔʀiˈgɑ̃] *m* duende (de Bretaña).

krach [kʀak] *m* ÉCON crac, quiebra.

kraft [kʀaft] *m* kraft.

kung-fu [kuŋˈfu] *m* kung-fu (artes marciales).

kurde [kyʀd] **1** *adj* kurdo. • **2 Kurde** *m ou f* kurdo.

l [ɛl] *m* l.

la [la] *m* MUS la.

là [la] *adv* allí (lejos); ahí (cerca): *les clés ne sont pas là* = *las llaves no están ahí*.

label [laˈbel] *m* marca de fábrica; sello (de calidad, exportación).

labial, e [laˈbjal] *adj* labial.

laborantin, e [labɔʀɑ̃ˈtɛ̃, in] *m et f* ayudante de laboratorio.

laboratoire [labɔʀaˈtwaʀ] *m* laboratorio.
♦ **~ de langues** laboratorio de idiomas.

laborieux, euse [labɔˈʀjø, øz] **1** *adj* laborioso (difícil). **2** laborioso; trabajador (una persona).

labour [laˈbuʀ] **1** *m* labor (de labrar). • **2 labours** *m pl* tierra labrada.

labourer [labuˈʀe] **1** *tr* arar (con un instrumento); cavar; labrar (la tierra). **2** (fig) arañar.

laboureur [labuˈʀœʀ] *m* arador, labrador.

labyrinthe [labiˈʀɛ̃t] *m* laberinto.

labyrinthique [labiʀɛ̃ˈtik] *adj* laberíntico.

lac [lak] *m* lago. ♦ **~ de barrage** pantano; embalse.

lacer [laˈse] *tr* atar (los zapatos).

lacération [laseʀaˈsjɔ̃] **1** *f* desgarramiento. **2** rasgón (de un tejido).

lacérer [laseˈʀe] **1** *tr* lacerar (lastimar). **2** desgarrar.

lacerie [lasˈʀi] *f* pleita.

lacet [laˈsɛ] **1** *m* cordón. **2** lazo. **3** zigzag (de una carretera).

laceur, euse [laˈsœʀ, øz] *m et f* redero.

lâche [laʃ] **1** *adj* flojo (un hilo, un nudo). **2** (fig) vil, indigno. **3** (fig) lánguido, sin nervio (una persona).

lâché, e [laˈʃe] *adj* suelto. **2** descuidado.

lâcher [laˈʃe] **1** *tr* soltar. **2** aflojar (el cinturón). **3** (fig) lanzar (una broma, un chiste). **4** (fig) abandonar (a un amigo). **5** SPORTS dejar atrás (el pelotón).

lâcheté [laʃˈte] **1** *f* cobardía. **2** villanía; bajeza (falta de dignidad).

lacis [laˈsi] *m* red; rejilla.

laconique [lakɔˈnik] *adj* lacónico.

lacrymogène [lakʀimɔˈʒɛn] *adj* lacrimógeno.

lacs [la] **1** *m* nudo corredizo. **2** (fig) trampa.

lactaire [lakˈtɛʀ] *m* lactario.

lactation [laktaˈsjɔ̃] *f* lactación; lactancia (período).

lacté, e [lakˈte] **1** *adj* lácteo. **2** lacteado (a base de leche).

lactescent, e [laktɛˈsɑ̃, t] *adj* lactescente.

lacunaire [lakyˈnɛʀ] *adj* incompleto.

lacune [laˈkyn] **1** *f* hueco (espacio vacío). **2** blanco, laguna (en un texto).

lacuneux, euse [lakyˈnø, øz] *adj* BOT lagunoso.

lacustre [laˈkystʀ] *adj* lacustre (de los lagos).

lad [lad] *m* mozo de cuadra (de carreras).

là-dessus [ladˈsy o ladɔˈsy] **1** *loc adv* ahí encima. **2** (fig) al respecto.

ladite [la'dit] *adj* susodicha.
ladre [ladʀ] **1** *adj* triquinoso (los cerdos).
● **2** *adj/m* ou *f* (form) tacaño (avaro);
amarrete (Amér.).
ladrerie [ladʀə'ʀi] **1** *f* leprosería (hospital). **2** triquinosis (del cerdo).
lady [le'di] (*pl* **ladys** ou **ladies**) *f* lady.
lagon [la'gɔ̃] *m* laguna; albufera.
lagunaire [lagy'nɛʀ] *adj* lagunero.
lagune [la'gyn] *f* laguna.
laïc [la'ik] *adj* et *m* laico.
laïcisation [laisiza'sjɔ̃] *f* laicización.
laïciser [laisi'ze] *tr* laicizar.
laid, e [lɛ, d] *adj/m* et *f* feo. ■ **~ comme
un pou** más feo que Picio.
laideron [led'ʀɔ̃] *m* petardo, callo.
laine [lɛn] *f* lana. ◆ **~ à tricoter** lana para tejer; **~ vierge** lana virgen.
lainer [lɛ'ne] *tr* cardar.
laineux, euse [lɛ'nø, øz] **1** *adj* lanoso. **2**
BOT velloso.
lainier, ère [lɛ'nje, jɛʀ] *adj/m* et *f* lanero.
laïque [la'ik] *adj/m* ou *f* laico.
laisse [lɛs] *f* correa (de un perro). ■ **en ~**
atado.
laissées [lɛ'se] *f pl* estiércol de jabalí.
laisser [lɛ'se] **1** *tr* dejar. **2** dejar (consentir): *laisser partir qqn = dejar marchar a
alguien*. **3** dejar (olvidar). ■ **~ à penser**
dejar que pensar; **y ~ sa vie** costarle a
uno la vida.
lait [lɛ] *m* leche. ◆ **~ caillé** leche cuajada; **~
concentré** leche concentrada; **~ cru** leche
sin desnatar; **~ démaquillant** leche desma-
quilladora; **~ entier** leche entera; **~ homogénéisé** leche homogeneizada; **~ maternel** leche materna; **~ UHT** leche uperisada.
laiterie [lɛt'ʀi] **1** *f* lechería. **2** central lechera (industria).
laiteux, euse [lɛ'tø, øz] *adj* lechoso.
laitier, ère [lɛ'tje, jɛʀ] **1** *adj/m* et *f* lechero. ● **2** *f* vaca lechera.
laiton [lɛ'tɔ̃] *m* latón.
laitue [lɛ'ty] *f* lechuga.
laïus [la'jys] *m* (fam) perorata, discurso.
lama [la'ma] **1** *m* REL lama (budista). **2**
ZOOL llama.
lambda [lãb'da] *m* lambda.
lambic [lã'bik] *m* cerveza fuerte de Bélgica.
lambin, e [lã'bɛ̃, in] **1** *adj/m* et *f* (fam)
calmoso (persona tranquila). **2** remolón
(perezoso).

lambiner [lãbi'ne] *intr* remolonear (hacer el vago); canchear (Amér.).
lambris [lã'bʀi] **1** *m* revestimiento (de
mármol, de madera). **2** ARCHIT artesonado (del techo).
lambrisser [lãbʀi'se] **1** *tr* revestir. **2** artesonar (un techo).
lame [lam] **1** *f* lámina (de metal). **2** hoja
(de un cuchillo). **3** cuchilla (de afeitar). **4**
ola (del mar).
lamé, e [la'me] **1** *adj* laminado. ● **2** *m* lamé (tejido).
lamellaire [lame'lɛʀ] *adj* laminado.
lamelle [la'mel] *f* lámina.
lamellé, e [lame'le] *adj* laminoso.
lamentation [lamãta'sjɔ̃] *f* lamentación,
lamento.
lamenter [lamã'te] *tr* et *pron* lamentar.
lamifié, e [lami'fje] *adj* et *m* laminado.
laminaire [lami'nɛʀ] **1** *adj* MIN laminar.
● **2** *f* BOT laminaria (alga marina).
laminer [lami'ne] *tr* laminar.
laminoir [lami'nwaʀ] *m* laminador (máquina).
lampadaire [lãpa'dɛʀ] **1** *m* lámpara de
pie. **2** farola (de la calle).
lamparo [lãpa'ʀo] *m* farol (para la pesca).
lampe [lãp] **1** *f* lámpara. **2** quinqué (de
petróleo). ◆ **~ de poche** linterna; **~
électrique** bombilla.
lampée [lã'pe] *f* (fam) trago, lingotazo
(de vino).
lamper [lã'pe] *tr* (fam) beber de un trago (ávidamente).
lampion [lã'pjɔ̃] **1** *m* farolillo (de petróleo, de gas). **2** lamparilla.
lampiste [lã'pist] **1** *m* lampista. **2** (fig)
empleado subalterno.
lampisterie [lãpistə'ʀi] *f* lamparería.
lance [lãs] **1** *f* lanza (arma). **2** asta (de
una bandera). **3** lanza (de una mangue-
ra). ◆ **~ d'incendie** manga de incendio.
lance-bombes [lãs'bɔ̃b] *m* lanzabombas.
lancée [lã'se] *f* impulso, arranque.
lance-flammes [lãs'flam] *m* lanzallamas.
lance-fusées [lãsfy'ze] *m* lanzacohetes.
lance-grenades [lãsgʀə'nad] *m* lanza-
granadas.
lance-pierres [lãs'pjɛʀ] *m pl* tirachinas,
tiragomas. ■ **manger avec un ~** (fam)
comer a toda prisa.
lancer [lã'se] **1** *tr* et *pron* lanzar. **2** arrojar,
tirar: *lancer des pierres = tirar piedras*. ● **3**

tr soltar, dar: *lancer des injures* = soltar injurias. **4** echar, lanzar: *lancer des regards* = echar miradas. **5** (fig) dar a conocer, lanzar. ● **6 se ~** *pron* abalanzarse. **7** empezar. ■ **se ~ dans le vide** lanzarse al vacío.

lance-roquettes [lɑ̃sʀɔˈkɛt] *m* lanzaproyectiles; tubo antitanque.

lance-torpilles [lɑ̃stɔʀˈpij] *m* lanzatorpedos.

lancinant, e [lɑ̃siˈnɑ̃, t] **1** *adj* lancinante. **2** (fig) obsesivo: *il a des souvenirs lancinants* = tiene recuerdos obsesivos.

lanciner [lɑ̃siˈne] **1** *tr* punzar, lancinar. **2** (fig) atormentar: *il vivait lanciné* = vivía atormentado.

landau [lɑ̃ˈdo] (*pl* **landaus**) **1** *m* cochecito de niño. **2** landó.

lande [lɑ̃d] *f* landa, páramo.

langage [lɑ̃ˈɡaʒ] **1** *m* lenguaje. **2** lengua (idioma). **3** estilo, lenguaje.

langagier, ère [lɑ̃ɡaˈʒje, jɛʀ] *adj* lingüístico.

lange [lɑ̃ʒ] **1** *m* pañal. ● **2 langes** *m pl* mantillas.

langer [lɑ̃ˈʒe] *tr* envolver en pañales.

langoureux, euse [lɑ̃ɡuˈʀø, øz] *adj* lánguido.

langouste [lɑ̃ˈɡust] *f* langosta.

langoustier [lɑ̃ɡusˈtje] **1** *m* langostero. **2** red para pescar langostas.

langoustine [lɑ̃ɡusˈtin] *f* cigala.

langue [lɑ̃ɡ] **1** *f* lengua. **2** idioma, lengua: *il parle trois langues* = habla tres idiomas. **3** lenguaje. **4** habla. **5** lengua: *langue de terre* = lengua de tierra. ◆ **~ maternelle** lengua materna; **~ vivante** lengua viva; ■ **avaler sa ~** (fig) no decir ni pío; **avoir la ~ bien pendue** (fig) hablar por los codos; **je donne ma ~ au chat** (fig) me rindo; **tenir sa ~** (fig) callarse; **tirer la ~** sacar la lengua.

languette [lɑ̃ˈɡɛt] **1** *f* lengüeta. **2** TECH fiel, lengüeta.

languide [lɑ̃ˈɡid] *adj* lánguido.

languir [lɑ̃ˈɡiʀ] **1** *intr* languidecer. **2** (fig) consumirse. **3** (*~ de*) suspirar por. ■ **faire ~** (fam) hacer esperar.

languissant, e [lɑ̃ɡiˈsɑ̃, t] *adj* lánguido, mustio.

lanière [laˈnjɛʀ] *f* correa, tira de cuero.

lanoline [lanɔˈlin] *f* lanolina.

lanterne [lɑ̃ˈtɛʀn] **1** *f* farol, linterna. **2** ARCHIT linterna, cupulino. ● **3 lanternes**

f pl necedades, sandeces. ◆ **~ sourde** linterna sorda; **~ vénitienne** farolillo.

lanterner [lɑ̃tɛʀˈne] **1** *tr* (fig) entretener, dar largas. ● **2** *intr* perder el tiempo en tonterías. ■ **faire ~** hacer esperar.

laper [laˈpe] *tr* beber a lengüetadas.

lapereau [lapˈʀo] *m* gazapo, conejito.

lapidaire [lapiˈdɛʀ] *adj/m* ou *f* lapidario.

lapidation [lapidaˈsjɔ̃] *f* lapidación.

lapider [lapiˈde] **1** *tr* lapidar. **2** (fig) injuriar, maltratar.

lapidifier [lapidiˈfje] *tr* lapidificar.

lapin, e [laˈpɛ̃, in] *m* et *f* conejo. ◆ **~ de garenne** conejo de campo; **~ domestique** conejo casero.

lapinière [lapiˈnjɛʀ] *f* conejera.

lapsus [lapˈsys] *m* lapsus; lapsus linguae.

laque [lak] **1** *f* laca (para el pelo). ● **2** *m* barniz, laca (para muebles). **3** laca, maque (de Asia).

laqué, e [laˈke] *adj* laqueado.

laquer [laˈke] *tr* barnizar con laca; maquear.

larbin [laʀˈbɛ̃] *m* (fam) criado, sirviente.

larcin [laʀˈsɛ̃] **1** *m* hurto. **2** (fig) plagio.

lard [laʀ] *m* tocino, lardo. ◆ **~ fumé** tocino ahumado; **~ gras** tocino gordo; ■ **faire du ~** (fam) engordar.

larder [laʀˈde] **1** *tr* (fig) acribillar, coser: *larder de coups de poignard* = acribillar a puñaladas. **2** recargar, rellenar. **3** GAST mechar, lardear.

lardon [laʀˈdɔ̃] **1** *m* torrezno. **2** (fam) niño.

large [laʀʒ] **1** *adj* ancho. **2** amplio: *une chambre très large* = una habitación muy amplia. **3** ancho, holgado (ropa). **4** (fig) tolerante. ● **5** *m* anchura, ancho. **6** MAR mar adentro, alta mar. **7** *adv* holgadamente. ■ **~ d'esprit** amplio de miras; **au ~ de** de la altura de; **voir ~** prever de sobra.

largesse [laʀˈʒɛs] *f* largueza.

largeur [laʀˈʒœʀ] **1** *f* anchura, ancho. **2** (fig) amplitud (de miras).

larme [laʀm] **1** *f* lágrima. **2** (fam) gota. **3** BOT lágrima. ◆ **larmes de crocodile** lágrimas de cocodrilo; ■ **en larmes** llorando; **pleurer à chaudes larmes** llorar a lágrima viva; **rire aux larmes** llorar de risa.

larmoyant, e [laʀmwaˈjɑ̃, t] *adj* lagrimoso, lloroso.

larmoyer [laʀmwa'je] intr lagrimear, lloriquear.

larvaire [laʀ'vɛʀ] adj larvario.

larve [laʀv] f ZOOL larva.

laryngite [laʀē'ʒit] f MÉD laringitis.

laryngologie [laʀẽɡɔlɔ'ʒi] f laringología.

larynx [la'ʀɛ̃ks] m ANAT laringe.

las, lasse [la, s] 1 adj cansado. 2 (fig) harto, cansado: il est las d'attendre = está cansado de esperar.

lasagne [la'zaɲ] 1 f lasaña. ● 2 lasagnes f pl lasañas.

lascar [las'kaʀ] m pícaro; bribón.

lascif, ive [la'sif, iv] adj lascivo.

lasciveté [lasiv'te] f lascivia.

laser [la'zɛʀ] m láser.

lassant, e [la'sã, t] adj pesado.

lasser [la'se] 1 tr et pron cansar; enfadar (Amér.). ● 2 tr (fig) agotar. ● 3 se ~ pron (se ~ de) aburrirse de.

lassitude [lasi'tyd] 1 f cansancio. 2 (fig) fastidio.

lasso [la'so] m lazo. ■ prendre au ~ lazar, sujetar con un lazo.

latence [la'tãs] f estado latente. ◆ période de ~ PSY período de latencia.

latent, e [la'tã, t] adj latente.

latéral, e [late'ʀal] adj et f lateral.

latin, e [la'tɛ̃, in] 1 adj latino. ● 2 Latin, e m et f latino. ● 3 m latín (lengua). ■ j'y perds mon ~ no entiendo nada.

latinisation [latiniza'sjɔ̃] f latinización.

latiniste [lati'nist] m ou f latinista.

latino-américain, e [latinoameʀi'kɛ̃, ɛn] (pl latino-américains) 1 adj latinoamericano. ● 2 Latino-américain, e m et f latinoamericano.

latitude [lati'tyd] 1 f latitud. 2 (fig) libertad: latitude pour agir = libertad para actuar.

latrines [la'tʀin] f pl letrina.

latte [lat] 1 f tabla, lata; tablilla. 2 SPORTS listón.

latter [la'te] tr listonar; entarimar.

lattis [la'tis] m armazón de listones; encañado.

laudanum [loda'nɔm] m láudano.

laudatif, ive [loda'tif, iv] adj laudatorio.

lauré, e [lɔ'ʀe] adj laureado.

lauréat, e [lɔʀe'a, t] adj/m et f laureado, galardonado.

laurier [lɔ'ʀje] m BOT laurel. ■ cueillir des lauriers (fig) cosechar victorias;

s'endormir sur ses lauriers (fig) dormirse en los laureles.

lavabo [lava'bo] 1 m lavabo; lavatorio (Amér.). 2 cuarto de aseo. 3 (euphém) servicio.

lavandière [lavã'djɛʀ] 1 f lavandera. 2 ZOOL aguzanieves.

lave [lav] f lava.

lave-glace [lav'glas] m AUT limpiaparabrisas.

laver [la've] 1 tr et pron lavar. ● 2 tr fregar: laver la vaisselle = fregar los platos. 3 limpiar. ■ je m'en lave les mains (fig) me lavo las manos.

laverie [lav'ʀi] f lavadero. ◆ ~ automatique lavandería de autoservicio.

lave-vaisselle [lavvɛ'sɛl] m lavavajillas.

lavoir [la'vwaʀ] m lavadero.

laxatif, ive [laksa'tif, iv] adj et m laxante.

laxiste [lak'sist] adj/m ou f laxista.

layer [lɛ'je] 1 tr trazar, marcar un sendero: layer une forêt = marcar un sendero en un bosque. 2 marcar un sendero en los árboles.

layetier [lɛj'tje] m cofrero, baulero.

layette [lɛ'jet] f canastilla (para un bebé).

layon [lɛ'jɔ̃] m sendero, camino forestal.

le, la [lə, la] (pl les) 1 art el, la (f), los, las (f): le père de l'enfant = el padre del niño, la mère de l'enfant = la madre del niño, les amis de l'école = los amigos de la escuela. ● 2 pron lo, le, la (f), los, las (f) (complemento directo): il la voit toutes les semaines = la ve todas las semanas, il les a achetés ce matin = los ha comprado esta mañana.

lé [le] 1 m ancho (de una tela). 2 tabla (de una falda). 3 paño.

lèche-bottes [lɛʃ'bɔt] m ou f (fam) pelota, lameculos.

lécher [le'ʃe] 1 tr et pron lamer; lambetear (Amér.). ● 2 tr pulir, acabar (muebles).

leçon [lə'sɔ̃] 1 f lección: apprendre une leçon par cœur = aprender una lección de memoria. 2 clase: leçon inaugurale = clase inaugural. ◆ leçons particulières clases particulares; leçons de conduite prácticas de conducción.

lecteur, trice [lɛk'tœʀ, tʀis] m et f lector.

lecture [lɛk'tyʀ] f lectura. 2 INF lectura.

ledit [lə'di] adj dicho, susodicho.

légal, e [le'gal] adj legal.

légalisation [legaliza'sjɔ̃] f legalización.

légaliser [legali'ze] tr legalizar.

légaliste [legaˈlist] *adj/m* ou *f* legalista.
légalité [legaliˈte] *f* legalidad.
légat [leˈga] *m* legado.
légation [legaˈsjɔ̃] *f* legación.
légendaire [leʒɑ̃ˈdɛʀ] *adj* legendario.
légende [leˈʒɑ̃d] **1** *f* leyenda. **2** pie, texto (de una imagen). **3** leyenda, inscripción (de una medalla, moneda, etc.).
léger, ère [leˈʒe, ɛʀ] **1** *adj* ligero. **2** leve: *il y avait cinq blessés légers* = *había cinco heridos leves*. **3** fino (ropa): *une toile très légère* = *una tela muy fina*. **4** ligero, atrevido (una persona). ■ **avoir le sommeil ~** tener el sueño ligero; **d'un pas ~** con paso rápido, ligero.
légèreté [leʒɛʀˈte] **1** *f* ligereza. **2** agilidad (de movimientos): *elle sautait avec légèreté* = *saltaba con agilidad*. **3** levedad (de una falta, etc.).
légiférer [leʒifeˈʀe] *intr* legislar.
légion [leˈʒjɔ̃] **1** *f* legión. **2** (fig) legión, tropa (multitud): *avoir une légion de cousins* = *tener una tropa de primos*. ◆ **d'honneur** legión de honor; **~ étrangère** legión extranjera; ■ **être ~** ser muchos.
légionnaire [leʒjɔˈnɛʀ] **1** *m* legionario. **2** miembro de la Legión de Honor.
législatif, ive [leʒislaˈtif, iv] *adj* legislativo.
législation [leʒislaˈsjɔ̃] *f* legislación.
législature [leʒislaˈtyʀ] **1** *f* legislatura. **2** cuerpo de legisladores.
légiste [leˈʒist] **1** *m* ou *f* legista. **2** forense (médico).
légitimation [leʒitimaˈsjɔ̃] *adj* legitimación.
légitime [leʒiˈtim] **1** *adj* et *f* legítimo. ● **2** *adj* justificado: *excuse légitime* = *excusa justificada*. ● **3** *f* (fam) esposa, mujer.
légitimer [leʒitiˈme] **1** *tr* legitimar (un hijo). **2** justificar (una conducta, un acto).
légitimiste [leʒitiˈmist] *adj/m* ou *f* legitimista.
légitimité [leʒitimiˈte] *f* legitimidad.
legs [lɛ o lɛg] **1** *m* legado, manda. **2** (fig) legado, herencia (del pasado).
léguer [leˈge] *tr* legar.
légume [leˈgym] **1** *f* verdura, hortaliza: *bouillon de légumes* = *caldo de verduras*. ◆ **2** vaina. ◆ **grosse ~** (fig, fam) pez gordo; **légumes secs** legumbres.
légumier, ère [legyˈmje, jɛʀ] **1** *adj* leguminoso. ● **2** *m* fuente para verduras.

leitmotiv [lɛtmɔˈtiv o lajtmɔˈtif] *m* leitmotiv.
lendemain [lɑ̃dˈmɛ̃] **1** *m* el día siguiente; el día después. **2** (fig) porvenir, futuro: *sans lendemain* = *sin porvenir*. ■ **le ~ matin** a la mañana siguiente; **penser au ~** pensar en el mañana.
lénifiant, e [leniˈfjɑ̃, t] *adj* tranquilizador.
lent, e [lɑ̃, t] **1** *adj* lento. **2** tardo. **3** (~ *à*) lento en, lento para: *lent à comprendre* = *lento en comprender*.
lente [lɑ̃t] *f* liendre.
lentille [lɑ̃ˈtij] **1** *f* lenteja. **2** OPT lente. ● **3 lentilles** *f pl* pecas. ◆ **~ cornéenne** ou **de contact** OPT lente de contacto; **~ d'eau** GAST lenteja de agua.
léonin, e [leɔˈnɛ̃, in] *adj* leonino.
léontine [leɔ̃ˈtin] *f* leontina.
léopard [leɔˈpaʀ] *m* ZOOL leopardo.
lèpre [lɛpʀ] *f* MÉD lepra.
lépreux, euse [leˈpʀø, øz] *adj/m* et *f* leproso.
léproserie [lepʀɔzˈʀi] *f* leprosería.
lequel, laquelle [ləˈkɛl, laˈkɛl] (*pl* **lesquels, lesquelles**) **1** *pron rel* el cual, la cual (*f*), los cuales, las cuales (*f*): *un silence pendant lequel tout le monde pensait* = *un silencio durante el cual todo el mundo pensaba*; el que, la que (*f*), los que, las que (*f*): *la hauteur à laquelle il volait* = *la altura a la que volaba*; quien, quienes: *les enfants avec lesquels je travaille* = *los niños con quienes trabajo*. **2 duquel, de laquelle** (*pl* *desquels, desquelles*) del cual, de los cuales: *le programme à propos duquel tu avais émis des doutes a été accepté* = *el programa a propósito del cual habías emitido dudas ha sido aceptado*. **3 auquel, à laquelle** (*pl* *auxquels, auxquelles*) al cual, a la cual (*f*), a los cuales, a las cuales (*f*): *l'homme auquel je viens de m'adresser* = *el hombre al cual acabo de dirigirme*. ● **4** *pron interr* cuál, cuáles: *lequel préfères-tu?* = *¿cuál prefieres?*, *lesquels sont tes amis?* = *¿cuáles son tus amigos?*

> Excepto en las formas femeninas singulares, *lequel* se contrae con las preposiciones à / de: **auquel, auxquels, auxquelles; duquel, desquels, desquelles.**

lerche [lɛʀʃ] **pas ~** *adv* (fam) no gran cosa: *le dîner n'était pas lerche* = *la cena no era gran cosa.*

les [le] **1** *art* → le. • **2** *pron* → le.

lesbien, enne [les'bjɛ̃, ɛn] **1** *adj* lesbiano, lesbio. • **2** *f* lesbiana.

lesdits, lesdites [le'di, t] *adj pl* los susodichos.

lésine [le'zin] *f* tacañería.

lésiner [lezi'ne] *intr* tacañear.

lésinerie [lezin'ri] *f* → lésine.

lésion [le'zjɔ̃] **1** *f* MÉD lesión. **2** DR perjuicio.

lessive [le'siv] **1** *f* detergente (para la ropa). **2** colada (de ropa): *faire la lessive* = *hacer la colada.*

lessiver [lesi've] **1** *tr* lavar, fregar (con detergente). **2** hacer la colada: *lessiver les vêtements de la semaine* = *hacer la colada de la semana.* **3** (fam) despedir (de un trabajo).

lessiveuse [lesi'vøz] *f* cubo para la colada.

lest [lɛst] *m* lastre. ■ **jeter du ~** (fig) soltar lastre.

leste [lɛst] **1** *adj* ágil, ligero (de movimientos). **2** (fig) listo, atrevido (una broma, etc.). **3** (fig) libre.

lester [lɛs'te] *tr* et *pron* lastrar.

léthargie [letaʀ'ʒi] **1** *f* letargo. **2** (fig) apatía, modorra.

léthargique [letaʀ'ʒik] *adj* letárgico.

letton, onne [lɛ'tɔ̃, ɔn] **1** *adj* letón. • **2 Letton, onne** *m* et *f* letón. • **3** *m* letón (lengua).

Lettonie [letɔ'ni] *f* Letonia.

lettre [lɛtʀ] **1** *f* letra. **2** carta. • **3 lettres** *f pl* letras (literatura). ◆ **~ chargée** COMM letra de valores declarados; **~ de change** COMM letra de cambio; **~ de crédit** letra de crédito; **~ de voiture** DR recibo de expedición; **~ italique** letra itálica; **~ majuscule** letra mayúscula; **~ minuscule** letra minúscula; **~ ouverte** carta abierta; **~ recommandée** carta certificada.

lettré, e [le'tʀe] *adj/m* et *f* culto, erudito.

leur [lœʀ] (*pl* leurs) **1** *adj poss* su, sus (de ellos, ellas): *leur famille* = *su familia, leurs enfants* = *sus hijos.* • **2** *pron poss* les (complemento indirecto): *il leur a donné un livre* = *les ha dado un libro;* se (con otro pronombre): *il le leur demandera* = *se lo pedirá.* **3 le ~, les leurs**

el suyo, la suya (*f*), los suyos, las suyas (*f*): *votre ami et le leur* = *vuestro amigo y el suyo, notre maison et la leur* = *nuestra casa y la suya, notre chien et les leurs* = *nuestro perro y los suyos.* • **4 les leurs** *m pl* los suyos (la familia): *ils ont passé le Noël avec les leurs* = *han pasado la Navidad con los suyos.*

leurre [lœʀ] **1** *m* engaño, señuelo; chuchada (Amér.). **2** cebo artificial (para pescar).

leurrer [lœ're] **1** *tr* amaestrar (un ave). **2** (fig) engañar: *ils se sont laissés leurrer* = *se han dejado engañar.* • **3 se ~** *pron* hacerse ilusiones.

levain [lə'vɛ̃] **1** *m* levadura. **2** (fig) semilla, germen.

levant [lə'vɑ̃] *adj* et *m* naciente, levante.

levantin, e [ləvɑ̃'tɛ̃, in] *adj/m* et *f* levantino.

levé, e [lə've] **1** *adj* levantado. • **2** *m* levantamiento. ■ **au pied ~** (fig) de improviso.

levée [lə've] **1** *f* levantamiento, recogida: *heures de levée* = *horas de recogida.* **2** AGR cosecha. **3** COMM recaudación. **4** MIL leva, reclutamiento. ◆ **~ du corps** levantamiento del cadáver.

lever [lə've] **1** *tr* et *pron* levantar. • **2** *tr* alzar (con el brazo). **3** MIL reclutar. • **4** *intr* fermentar. • **5 se ~** *pron* nacer (el día): *le jour s'est levé pluvieux* = *el día ha nacido lluvioso.* ■ **~ le coude** (fam) empinar el codo; **~ le couvert** recoger la mesa.

lève-tard [lɛv'taʀ] *m ou f* (fam) dormilón.

lève-tôt [lɛv'to] *m ou f* (fam) madrugador.

lève-vitre [lɛv'vitʀ] *m* elevalunas.

levier [lə'vje] **1** *m* palanca. **2** (fig) incentivo. ◆ **~ de vitesse** palanca de cambio.

lévitation [levita'sjɔ̃] *f* levitación.

lèvre [levʀ] **1** *f* labio. **2** belfo. **3** BOT labio. • **4 lèvres** *f pl* labios, borde. **5** ANAT labios. ■ **avoir le cœur au bord des lèvres** (fig) no andarse con rodeos; **être sur toutes les lèvres** (fig) estar en boca de todos; **être suspendu aux lèvres de qqn** escuchar embobado a alguien; **manger du bout des lèvres** comer con desgana; **ne pas desserrer les lèvres** (fig) no decir ni pío; **rire du bout des lèvres** reír sin ganas.

levrette [lə'vʀɛt] *f* galga.

lévrier [leˈvʀje] *m* lebrel.
levure [ləˈvyʀ] *f* levadura.
lexical, e [lɛksiˈkal] *adj* relativo al léxico.
lexicalisation [lɛksikalizaˈsjɔ̃] *f* lexicalización.
lexicographie [lɛksikɔgʀaˈfi] *f* GRAMM lexicografía.
lexique [lɛkˈsik] *m* GRAMM léxico.
lézard [leˈzaʀ] **1** *m* lagarto. **2** (fam) problema: *pas de lézard = sin problema*. ■ **faire le ~** (fam) tomar el sol.
lézarde [leˈzaʀd] *f* grieta.
lézarder [lezaʀˈde] **1** *tr* et *pron* agrietar. ● **2** *intr* (fam) tomar el sol.
liaison [ljɛˈzɔ̃] **1** *f* enlace, unión. **2** conexión, relación: *liaison d'affaires = relación de negocios*. **3** enlace fonético (en la pronunciación). **4** comunicación, conexión: *liaisons aériennes = conexiones aéreas*. **5** relación ilícita, amorío, ligue. **6** CHIM enlace. **7** GAST gazón. **8** MUS ligado. **9** MIL comunicación, enlace. ● **10 liaisons** *f pl* relaciones, amistades.
liant, e [ljɑ̃, t] **1** *adj* flexible, maleable. **2** (fig) afable, sociable. ● **3** *m* elasticidad, flexibilidad.
liard [ljaʀ] **1** *m* cuarto, ochavo (moneda). **2** BOT álamo negro. ■ **n'avoir pas un rouge ~** no tener ni una moneda.
liasse [ljas] **1** *f* legajo. **2** fajo (de billetes, etc.).
libation [libaˈsjɔ̃] *f* libación.
libelle [liˈbɛl] *m* libelo.
libeller [libeˈle] **1** *tr* redactar. **2** extender (un cheque, etc.).
libellule [libeˈlyl] *f* ZOOL libélula.
libéral, e [libeˈʀal] **1** *adj/m* et *f* liberal. ● **2** *adj* tolerante.
libéralisation [libeʀalizaˈsjɔ̃] *f* liberalización.
libéraliser [libeʀaliˈze] *tr* liberalizar.
libéralité [libeʀaliˈte] **1** *f* liberalidad. **2** DR liberalidad; donación.
libérateur, trice [libeʀaˈtœʀ, tʀis] **1** *adj/m* et *f* libertador (de un país). **2** liberador.
libération [libeʀaˈsjɔ̃] **1** *f* liberación; puesta en libertad. **2** exención (de impuestos). **3** MIL licenciamiento. **4** ÉCON liberalización. **5** PHYS desprendimiento (de energía).
libératoire [libeʀaˈtwaʀ] *adj* liberatorio.
libéré, e [libeˈʀe] **1** *adj/m* et *f* liberado. ● **2** *adj* exento.

libérer [libeˈʀe] **1** *tr* et *pron* liberar. **2** eximir; saldar (una deuda). ● **3** *tr* licenciar (soldado, promoción). **4** PHYS desprender (energía).
Libéria [libeˈʀja] *f* Liberia.
libérien, enne [libeˈʀjɛ̃, ɛn] **1** *adj* liberiano. **2** BOT del líber. ● **3 Libérien, enne** *m* et *f* liberiano.
libertaire [libɛʀˈtɛʀ] *adj/m* ou *f* libertario.
liberté [libɛʀˈte] **1** *f* libertad. ● **2 libertés** *f pl* fueros. ◆ **~ de parole** libertad de expresión; **~ de conscience** libertad religiosa; **~ de prestations de services** libertad de contratación; **~ provisoire** libertad condicional; **~ sous caution** libertad bajo fianza; **~ sur parole** libertad bajo palabra; **libertés syndicales** derechos sindicales; ■ **prendre des libertés** extralimitarse.
libertin, e [libɛʀˈtɛ̃, in] *adj* et *m* libertino.
libidineux, euse [libidiˈnø, øz] *adj/m* et *f* (form) libidinoso.
libido [libiˈdo] *f* PSY libido.
libraire [liˈbʀɛʀ] *m* ou *f* librero.
librairie [libʀɛˈʀi] **1** *f* librería (venta). **2** editorial (producción).
libration [libʀaˈsjɔ̃] *f* ASTR libración.
libre [libʀ] **1** *adj* libre. **2** sin compromiso (un soltero). ◆ **~ pratique** libre ejercicio; ■ **être ~ comme l'air** ser libre como el viento; **~ à vous de** es usted dueño de.
libre-échange [libʀeˈʃɑ̃ʒ] *m* ÉCON libre cambio, libre comercio.
libre-service [libʀəseʀˈvis] *m* autoservicio (establecimiento); self-service (restaurante).
licence [liˈsɑ̃s] **1** *f* libertad; licencia. **2** diplomatura (tercer año de carrera universitaria). **3** DR licencia, autorización. **4** SPORTS carnet de federado. ◆ **~ judiciaire** DR autorización judicial; **~ poétique** LITT licencia poética.

> Por lo general, tras dos años de estudios universitarios se obtiene un diploma (**DEUG**) y, al tercero, la **diplomatura** (*Licence*).

licencié, e [lisɑ̃ˈsje] **1** *adj/m* et *f* diplomado. **2** despedido (de un trabajo). **3** SPORTS federado.
licencier [lisɑ̃ˈsje] *tr* licenciar, despedir.

licencieux, euse [lisã'sjø, øz] *adj* indecente. **2** (form) licencioso.

licier [li'sje] *m* obrero que monta lizos.

licite [li'sit] *adj* lícito, legal.

liciter [lisi'te] *tr* DR licitar; subastar.

lie [li] **1** *f* poso (de líquidos). **2** escoria, gentuza (de la sociedad).

lié, e [lje] **1** *adj* atado, ligado. **2** MATH no libre. ■ **avoir les mains liées** (fig) tener las manos atadas.

lie-de-vin [lid'vɛ̃] *adj* et *m* rojo violáceo (color).

liège [ljɛʒ] *m* corcho.

lien [ljɛ̃] **1** *m* atadura; lazo. **2** nexo. **3** (fig) lazo, vínculo.

lier [lje] **1** *tr* atar. **2** enlazar, unir: *lier des lettres par un trait* = unir las letras con un trazo. **3** trabar (líquido o masa). **4** trabar (amistad); entablar (una conversación). **5** unir, vincular (personas). **6** GAST espesar, dar consistencia (una salsa). ● **7 se ~** *pron* liarse; comprometerse (juramento).

liesse [ljes] *f* (form) regocijo. ■ **en ~** alborozado, jubiloso. ■ **avoir ~** (gentío).

lieu [ljø] **1** *m* lugar; localidad. ● **2 lieux** *m pl* local. ◆ **~ commun** lugar común, tópico; **au ~ de** en lugar de; **avoir ~** tener lugar, ocurrir, suceder; **avoir ~ de** tener motivos para; **avoir tout ~** tener buenas razones; **en dernier ~** en último lugar; **en haut ~** en las altas esferas; **en premier ~** en primer lugar; **s'il y a ~** si procede.

lieu-dit [ljø'di] *m* el llamado; el lugar dicho.

lieue [ljø] *f* legua.

lieutenant [ljøt'nɑ̃] *m* MAR, MIL teniente; lugarteniente. ◆ **~ de port** comandante del puerto; **~ de vaisseau** teniente de navío.

lièvre [ljɛvʀ] **1** *m* SPORTS liebre (carrera). **2** ZOOL liebre. ■ **courir deux lièvres à la fois** perseguir dos objetivos a la vez; **lever un ~** levantar una liebre; plantear (una cuestión, dificultad).

lifting [lif'tiŋ] **1** *m* estirado, lifting (de la piel). **2** (fig, fam) lifting, renovación.

ligament [liga'mɑ̃] *m* ligamento.

light [lajt] *adj* light.

ligne [liɲ] **1** *f* línea. **2** renglón (de texto). **3** fila; serie (de personas, objetos). **4** sedal (pesca). **5** forma (de un cuerpo, objeto). **6** cordel, tendel (para alinear). **7** MIL frente. ◆ **grandes lignes** largo recorrido (trenes); **hors ~** fuera de serie, excepcional; **~ brisée** línea quebrada; **~ d'arrivée** SPORTS llegada, meta; **~ de charge** MAR línea de flotación (buque); **~ de démarcation** línea divisoria; **~ de départ** SPORTS salida; ■ **aller à la ~** hacer párrafo aparte; **être en ~** estar conectado (teléfono, internet); **garder la ~** mantener la línea (silueta).

lignée [li'ɲe] **1** *f* descendencia. **2** BIOL filo.

ligner [li'ɲe] *tr* rayar, alinear.

ligneul [li'ɲœl] *m* cabo de zapatero.

ligneux, euse [li'ɲø, øz] *adj* leñoso.

ligot [li'go] *m* pequeño haz de astillas (fuego).

ligoter [ligo'te] **1** *tr* atar fuerte, amarrar; maniatar (las manos). **2** (fig) privar (de libertad).

ligue [lig] *f* liga: *ligue de consommateurs* = liga de consumidores.

liguer [li'ge] *tr* et *pron* ligar, coligar.

lilial, e [li'ljal] *adj* liliáceo.

lilliputien, enne [lilipy'sjɛ̃, ɛn] *adj/m* et *f* liliputiense.

limace [li'mas] **1** *f* (fam) blandengue. **2** ZOOL babosa, limaza.

limaille [li'maj] *f* limalla, limadura (hierro).

limbe [lɛ̃b] **1** *m* aureola, nimbo. **2** BOT limbo (flor). ● **3 limbes** *m pl* (fig) tinieblas. **4** REL limbo.

lime [lim] **1** *f* lima (instrumento). **2** BOT lima (fruta). **3** ZOOL *clase de almeja*. ◆ **~ à ongles** lima de uñas.

limer [li'me] *tr* limar.

limette [li'mɛt] *f* BOT → lime.

limettier [lime'tje] *m* BOT limero (árbol).

limier [li'mje] **1** *m* perro rastreador. **2** (fig) sabueso, detective.

liminaire [limi'nɛʀ] *adj* preliminar, liminar.

limitatif, ive [limita'tif, iv] *adj* limitativo; restrictivo.

limitation [limita'sjɔ̃] **1** *f* limitación. **2** restricción. ◆ **~ de la vitesse** velocidad limitada; **~ des naissances** control de nacimientos; **~ forfaitaire** DR limitación alzada; ■ **sans ~ dans le temps** por tiempo indefinido.

limite [li'mit] **1** *f* límite. **2** tope. **3** límite, linde, frontera (de un país, una tierra). ◆ **~ d'âge** límite de edad (jubilación); **~ de validité** plazo de validez (de un billete de transporte); ■ à la ~ en última instancia.

limiter [limi'te] *tr* et *pron* limitar; poner límites.

limitrophe [limi'tʀɔf] *adj* limítrofe; colindante.

limoger [limɔ'ʒe] *tr* destituir; dejar cesante.

limon [li'mɔ̃] **1** *m* limo, légamo. **2** *especie de limón muy ácido.* **3** limonera (de un coche). **4** limón, zanca (de una escalera).

limonade [limɔ'nad] **1** *f* gaseosa. **2** (fam) tienda de bebidas.

limonadier, ère [limɔna'dje, jɛʀ] **1** *m* et *f* vendedor de bebidas; botillero. **2** fabricante de gaseosa.

limonier [limɔ'nje] **1** *m* BOT *variedad de limonero.* **2** limonero (caballo).

limonite [limɔ'nit] *f* MIN limonita.

limousin [limu'zɛ̃, in] **1** *adj* lemosín. ● **2 Limousin, e** *m* et *f* lemosín. ● **3** *m* lemosín (lengua).

limousine [limu'zin] *f* limusina, berlina.

limpide [lɛ̃'pid] **1** *adj* límpido. **2** (fig) claro, lúcido.

limpidité [lɛ̃pidi'te] *f* limpidez, nitidez.

lin [lɛ̃] **1** *m* lino (tela). **2** BOT lino.

linceul [lɛ̃'sœl] *m* mortaja, sudario.

linçoir [lɛ̃'swaʀ] *m* ARCHIT viga maestra.

linéaire [line'ɛʀ] **1** *adj* lineal. **2** (fig) simple.

linéal, e [line'al] *adj* lineal.

linge [lɛ̃ʒ] **1** *m* ropa (de casa, persona). **2** trozo de tela, trapo. ◆ **beau ~** (fig) gente guapa, importante; **~ de corps** ropa interior; **~ de maison** ropa blanca; **~ de table** mantelería; ■ **être blanc comme un ~** estar tan blanco como la nieve; **laver son ~ sale en famille** (fam) lavar los trapos sucios en casa.

lingère [lɛ̃'ʒɛʀ] *f* costurera (encargada de la ropa blanca).

lingerie [lɛ̃ʒ'ʀi] **1** *f* lencería, ropa interior (femenina). **2** lencería (tienda).

lingot [lɛ̃'go] **1** *m* lingote. **2** lingote, blanco (tipografía).

lingual, e [lɛ̃'gwal] *adj* lingual.

linguiste [lɛ̃'gɥist] *m* ou *f* lingüista.

linguistique [lɛ̃gɥis'tik] **1** *adj* lingüístico. ● **2** *f* lingüística.

linière [li'njɛʀ] *f* AGR linar.

links [liŋks] **1** *m pl* SPORTS links (en golf). **2** INF links (enlaces).

lino [li'no] (*abrév de* **linóleum, linotypie, linotypiste**) **1** *m* linóleo. ● **2** *m* ou *f* linotipia. **3** linotipista.

lion, onne [ljɔ̃, ɔn] **1** *m* et *f* ZOOL león. ● **2 Lion** *m* ASTR Leo. ● **3** *m* ou *f* leo (persona). ◆ **~ de mer** ZOOL león marino; ■ **avoir mangé du ~** tener mucha energía; **c'est un ~** es un hombre valiente; **la part du ~** la mejor parte.

lionceau [ljɔ̃'so] *m* ZOOL cachorro de león.

lipide [li'pid] *m* lípido.

lipothymie [lipɔti'mi] *f* lipotimia.

lippe [lip] *f* belfo, morro. ■ **faire la ~** (fam) hacer morros.

lippu, e [li'py] *adj* hocicón.

liquation [likwa'sjɔ̃] *f* licuación.

liquéfaction [likefak'sjɔ̃] *f* licuefacción.

liquéfiant, e [like'fjɑ̃, t] *adj* licuante.

liquéfier [like'fje] **1** *tr* et *pron* licuefacer (líquido); licuar (metal). ● **2** *tr* (fam) exprimir, matar de agotamiento (a una persona). ● **3** se ~ *pron* (fam) perder toda la energía.

liquette [li'kɛt] *f* (fam) camisa.

liqueur [li'kœʀ] **1** *f* licor (con alcohol). **2** solución (de farmacia).

liquidation [likida'sjɔ̃] **1** *f* liquidación (de cuenta, negocio, mercancía). **2** aniquilación (de una persona, un problema). ◆ **~ à l'échéance** liquidación al vencimiento; **~ d'une succession** liquidación de una herencia; **~ de l'impôt** liquidación fiscal; **~ en bourse** liquidación de las operaciones bursátiles; **~ judiciaire** liquidación judicial.

liquide [li'kid] **1** *adj* et *m* líquido. ● **2** *adj* en efectivo (dinero). ● **3** *m* (fig, fam) bebida. ◆ **~ de frein** AUT líquido de frenos; **~ vaisselle** lavavajillas (detergente).

liquider [liki'de] **1** *tr* (fam) terminar, resolver (una situación). **2** (fam) aniquilar, liquidar (a una persona). **3** (fam) dar un atracón (de comida); vaciar (un recipiente). **4** COMM, DR liquidar. **5** COMM hacer una liquidación (mercancía).

liquidité [likidi'te] *f* liquidez. ◆ **~ de caisse** disponibilidades de tesorería.

liquoriste [likɔ'ʀist] *m* ou *f* licorista.

lire *f* lira (moneda).

lire [liʀ] **1** *tr* et *intr* leer. ● **2** *tr* INF leer. ■ **~ en diagonale** leer de corrido.

lis [lis] **1** *m* lis (heráldica). **2** BOT azucena, lirio blanco. ◆ **~ de mer** ZOOL encrina; **~ de Saint-Jacques** BOT amarilla.

liseré [lizeˈʀe] *m* ribete.

lisérer [lizeˈʀe] *tr* ribetear.

liseron [lizˈʀɔ̃] *m* BOT enredadera.

lisière [liˈzjɛʀ] **1** *f* orillo, vendo (bordado). **2** (fig) límite, linde: *la lisière du terrain = el linde del terreno*. ■ **tenir en lisières** (fig) dirigir con rigor.

lisse [lis] **1** *adj* liso. ● **2** *f* MAR cinta.

lisser [liˈse] *tr* alisar; pulir.

listage [lisˈtaʒ] *m* listado.

liste [list] **1** *f* lista. **2** (fig) lista, sucesión: *la liste d'admiratrices = la lista de admiradoras*. ◆ **~ civile** presupuesto del jefe de Estado; **~ d'attente** lista de espera; **~ de mariage** lista de bodas; **~ de paie** nómina; **~ de présence** lista de asistencia; **~ électorale** empadronamiento; **~ noire** lista negra; ■ **grossir la ~** (fig) engrosar la lista.

lister [lisˈte] **1** *tr* poner en una lista; inscribir. **2** INF listar.

listing [lisˈtiŋ] **1** *m* → listage. **2** → liste.

lit [li] **1** *m* cama, lecho. **2** lecho, cauce (de río). **3** GÉOL capa, cama. ◆ **~ conjugal** cama de matrimonio; **~ d'enfant** cama de niño, cuna; **~ de camp** catre de tijera, camastro, tarima; **~ de mort** lecho de muerte; **~ de repos** tumbona; **~ gigogne** cama nido; ■ **faire ~ à part** dormir en camas separadas; **garder le ~** guardar cama; **préparer le ~ de qqn** preparar la llegada de alguien.

literie [litˈʀi] *f* cama; ropa de cama; colchones.

litho [liˈto] (*abrév de* **lithographie**) *f* (fam) litografía.

lithographie [litɔgraˈfi] *f* litografía.

litière [liˈtjɛʀ] **1** *f* litera (vehículo). ◆ **~ végétale** hojarasca, capa de hojas secas; ■ **faire ~ de qqn** (form) hacer caso omiso de alguien.

litige [liˈtiʒ] *m* litigio; contienda; controversia. ■ **parties au ~** partes en el litigio; **trancher un ~** zanjar un litigio; **vider un ~** resolver la cuestión planteada.

litigieux, euse [litiˈʒjø, øz] *adj* litigioso.

litote [liˈtɔt] *f* lítote.

litre [litʀ] *m* litro.

litron [liˈtʀɔ̃] *m* (fam) litro de vino.

littéraire [liteˈʀɛʀ] *adj* literario.

littéral, e [liteˈʀal] *adj* literal.

littérature [literaˈtyʀ] *f* literatura.

littoral, e [litɔˈʀal] *adj* et *m* litoral.

Lituanie [litɥaˈni] *f* Lituania.

lituanien, enne [litɥaˈnjɛ̃, ɛn] **1** *adj* lituano. ● **2** Lituanien, enne *m* et *f* lituano. ● **3** *m* lituano (lengua).

liturgie [lityʀˈʒi] *f* liturgia.

liturgique [lityʀˈʒik] *adj* litúrgico.

livide [liˈvid] *adj* lívido.

livraison [livʀɛˈzɔ̃] **1** *f* entrega; remesa. **2** reparto. ◆ **~ à domicile** entrega a domicilio; **~ clefs en main** entrega llaves en mano; **~ franco** entrega sin gastos; ■ **en ~ por** entregas (fascículos); **prendre ~** recibir.

livre [livʀ] **1** *m* libro. ● **2** *f* libra (moneda, peso). ◆ **~ blanc** libro blanco; **~ de bord** diario de a bordo; **~ d'échéances** libro de vencimientos; **~ de caisse** libro de caja; **~ de messe** misal, devocionario; **~ de poche** libro de bolsillo; **~ paie** nómina; **à ~ ouvert** a libro abierto, sin preparación; **tenir un ~** llevar las cuentas.

livrer [liˈvʀe] **1** *tr* entregar. **2** entregar, remitir (un pedido, una mercancía). **3** delatar, denunciar (cómplices). **4** entablar, librar (una batalla). **5** (se ~) *pron* revelar, confiar (secretos). **6** (se ~ à) entregarse a (un sentimiento); consagrarse a (una actividad). **7** (se ~ à) entregarse a (la policía). ■ **à ~ para** entregar; **être livré** recibir un pedido; **~ passage à** abrir paso.

livresque [liˈvʀɛsk] *adj* libresco.

livret [liˈvʀɛ] **1** *m* libreta, librito. **2** MUS libreto (ópera). ◆ **~ de caisse d'épargne** libreta de ahorro; **~ de famille** libro de familia; **~ militaire** cartilla militar; **~ scolaire** libro de escolaridad.

lobe [lɔb] *m* ANAT lóbulo.

local, e [lɔˈkal] *adj* et *m* local.

localisation [lɔkalizaˈsjɔ̃] *f* localización.

localiser [lɔkaliˈze] *tr* localizar.

localité [lɔkaliˈte] *f* localidad, lugar.

locataire [lɔkaˈtɛʀ] *m* ou *f* inquilino; arrendatario. ◆ **~ en garni** inquilino de local amueblado; **~ évincé** arrendatario desahuciado.

location [lɔkaˈsjɔ̃] **1** *f* alquiler; arriendo. **2** reserva (de pasaje, teatro). ◆ **~ en garni** arriendo de vivienda con muebles; **~ avec option d'achat** arrendamiento con opción de compra; **~ saisonnière** arrendamiento de temporada; **~ à vie** arriendo vitalicio.

locomotion [lɔkɔmɔ'sjɔ̃] f locomoción.
locomotive [lɔkɔmɔ'tiv] f locomotora.
locuteur, trice [lɔky'tœʀ, tʀis] m et f hablante, locutor (de una lengua). ◆ ~ **natif** hablante nativo.
locution [lɔky'sjɔ̃] f locución.
logarithme [lɔga'ʀitm] m logaritmo. ◆ ~ **népérien** MATH logaritmo neperiano.
loge [lɔʒ] **1** f portería, conserjería. **2** logia (masonería). **3** ARCHIT loggia, galería descubierta. **4** THÉÂT palco. **5** ART estudio, sala. **6** BIOL celdilla (fruta). ■ **être aux premières loges** (fig) estar en primera línea de los acontecimientos.
loger [lɔ'ʒe] **1** intr et pron alojarse, hospedarse. ◆ **2** tr meter, colocar (unos objetos). **3** (fig) caber, meter. **4** (fig) cobijar, alojar.
logiciel [lɔʒi'sjɛl] m INF software, programa. ◆ ~ **de base** software básico.
logicien, enne [lɔʒi'sjɛ̃, ɛn] m et f lógico.
logique [lɔ'ʒik] **1** adj lógico. ◆ **2** f lógica.
logis [lɔ'ʒi] m (form) casa, vivienda.
logo [lɔ'go o lɔ'go] (abrév de **logotype**) m (fam) logotipo, logo.
logotype [lɔgɔ'tip] m logotipo.
loi [lwa] **1** f ley. **2** canon, regla: *les lois de la beauté* = *los cánones de la belleza*. ◆ ~ **abrogée** ley abrogada; ~ **antitrust** ley reguladora de la libre competencia; ~ **budgétaire** ley presupuestaria; ~ **cadre** ley marco; ~ **d'amnistie** ley de amnistía; ~ **de finances** ley de presupuestos del Estado; ~ **d'ordre public** ley de orden público; ~ **divine** ley divina; ~ **morale** ley moral; **lois d'honneur** código de honor.
loin [lwɛ̃] adv lejos. ■ **au** ~ a lo lejos; **de** ~ **de lejos; de** ~ **en** ~ de tarde en tarde; ~ **de** lejos de; **pas** ~ de casi, cerca: *il n'est pas loin de minuit* = *es casi medianoche*.
lointain, e [lwɛ̃'tɛ̃, ɛn] **1** adj lejano. ◆ **2** m lejanía.
loir [lwaʀ] m ZOOL lirón. ■ **dormir comme un** ~ dormir como un lirón.
loisir [lwa'ziʀ] **1** m tiempo libre: *n'en avoir guère le loisir* = *no tener mucho tiempo libre*. ◆ **2 loisirs** m pl distracciones. ■ **à** ~ a gusto; con tiempo; **avoir le** ~ **de** tener tiempo u oportunidad para.
lombago [lɔ̃ba'go] m → lumbago.
lombaire [lɔ̃'bɛʀ] adj et f lumbar.

long, longue [lɔ̃, g] **1** adj et m largo. ◆ **2** adj alto. **3** largo (de tiempo). **4** viejo, pasado: *une longue habitude* = *una vieja costumbre*. ~ **de** lento (de): *plat long à préparer* = *plato lento de preparar*; ~ **de** que tiene... de largo: *fleuve long de trois kilomètres* = *río que tiene tres kilómetros de largo*; **tout au** ~ con todo detalle.
longe [lɔ̃ʒ] **1** f lomo. **2** ronzal, riendas (de un caballo). **3** correa (de un animal).
longer [lɔ̃'ʒe] **1** tr bordear. **2** extenderse a lo largo de: *un sentier qui longe la rivière* = *un camino que se extiende a lo largo del río*. **3** MAR costear.
longévité [lɔ̃ʒevi'te] f longevidad.
longitude [lɔ̃ʒi'tyd] f longitud.
longitudinal, e [lɔ̃ʒitydi'nal] adj longitudinal.
longtemps [lɔ̃'tɑ̃] m mucho tiempo: *il a vécu longtemps au Maroc* = *ha vivido mucho tiempo en Marruecos*. ■ **de** ~ desde hace tiempo.
longueur [lɔ̃'gœʀ] **1** f longitud. **2** largo: *la longueur d'une jupe* = *el largo de una falda*. **3** distancia. **4** duración. **5** extensión (de un escrito). **6** lentitud. ◆ ~ **d'onde** longitud de onda; ■ **en** ~ a lo largo; **être sur la même** ~ **d'onde** estar de acuerdo; **tenir la** ~ tener aguante; **tirer en** ~ ir para largo.
longue-vue [lɔ̃g'vy] f gemelos, catalejo.
lopin [lɔ'pɛ̃] m trozo de terreno. ◆ ~ **de terre** parcela.
loquace [lɔ'kas] adj locuaz.
loquacité [lɔkasi'te] f locuacidad.
loque [lɔk] **1** f andrajo, jirón. **2** (fig) piltrafa. ■ **être en loques** ir andrajoso.
loquet [lɔ'kɛ] m pestillo.
loqueteux, euse [lɔk'tø, øz] adj andrajoso, haraposo.
lorgner [lɔʀ'ɲe] **1** tr mirar de soslayo. **2** (fig) echarle el ojo a, codiciar: *lorgner la voiture du voisin* = *echarle el ojo al coche del vecino*.
lorgnette [lɔʀ'ɲɛt] f gemelos. ■ **regarder par le petit bout de la** ~ tener una visión parcial de las cosas.
lors [lɔʀ] **1** ~ **de** loc prép durante, cuando: *lors de son divorce* = *cuando se divorciaron*. ◆ **2** ~ **même que** loc adv aun-

Les loisirs / *El ocio, el tiempo libre*

Les loisirs	El ocio, el tiempo libre	Les loisirs	El ocio, el tiempo libre
amusant	divertido	le cirque	el circo
jouer	jugar	le gros lot	el (premio) gordo
l'aventure	la aventura	le jeu	el juego
les cartes (à jouer)	las cartas, los naipes	le jouet	el juguete
la danse	la danza	le théâtre	el teatro
la discothèque, la boîte	la discoteca	les dames	las damas
la foire	la feria	les échecs	el ajedrez
la loterie	la lotería	les mots croisés	los crucigramas
la poupée	la muñeca	les sports	los deportes
le cinéma	el cine	profiter de – jouir de	disfrutar de
		s'amuser	divertirse

Vacances	Vacaciones	Vacances	Vacaciones
camper	acampar	le maillot de bain	el bañador
faire de la planche à voile	hacer windsurf	le parasol	la sombrilla
l'estivant	el veraneante	le ski nautique	el esquí náutico
l'hôtel	el hotel	le syndicat d'initiative	la oficina de turismo
la bouée	el flotador	le tourisme	el turismo
la buvette	el chiringuito	le touriste	el turista
la plage	la playa	nager	nadar
la planche à voile	la tabla de windsurf	passer ses vacances	veranear
la plongée sousmarine	el submarinismo	pique-niquer	hacer picnic
la randonnée	la excursión a pie	plonger	sumergirse, zambullirse, tirarse al agua
la tente	la tienda de campaña	se baigner	bañarse
le bureau de tourisme	la oficina de turismo	se promener	pasear
le camping	el cámping	une excursion	una excursión
le canoë	la piragua	une promenade	un paseo
le guide	el / la guía	visiter	visitar
le kayac	el kayac, la piragua		

que: *j'irai lors même que tu ne voudrais* = iré aunque no quieras.

lorsque [lɔrsk o lɔrs'kə] **1** *conj* cuando (temporal): *lorsque tu auras fini, je ne serai plus ici* = cuando hayas terminado, ya no estaré aquí. **2** cuando (oposición): *il passe la journée à bavarder, lorsqu'il devrait travailler* = se pasa el día hablando, cuando debería estar trabajando.

losange [lɔ'zɑ̃ʒ] **1** *m* rombo. **2** losange (de un blasón).

loser [lu'zœr] *m* (fam) perdedor, fracasado.

lot [lo] **1** *m* lote, parte. **2** parcela (de terreno). **3** kit. **4** grupo (de personas). **5** premio (de lotería): *lot de consolation* = premio de consolación. **6** suerte, destino: *la souffrance est son lot* = el sufrimiento es su destino. ◆ *gros* ~ premio gordo; ■ *tirer le* ~ caerle a uno el gordo; *traitement par lots* INF tratamiento por lotes, procesamiento batch.

loterie [lɔt'ri] **1** *f* lotería. **2** rifa, tómbola. **3** (fig) lotería: *la vie est une loterie* = la vida es una lotería. ■ *gagner à la* ~ tocarle a uno la lotería.

loti, e [lɔ'ti] *adj* afortunado. ■ *être mal* ~ ser desafortunado.

lotion [lo'sjɔ̃] *f* loción. ◆ ~ *capillaire* loción capilar; ~ *après-rasage* loción para después del afeitado, after-shave.

lotionner [losjɔ'ne] *tr* et *pron* dar una loción.

lotir [lɔ'tiʀ] **1** *tr* dividir en lotes. **2** parcelar (un terreno). **3** dar una parte de un lote.

loto [lɔ'to] **1** *m* bingo. **2** lotería primitiva. ◆ ~ **sportif** quiniela.

louanger [lwɑ̃'ʒe] *tr* elogiar, ensalzar.

louangeur, euse [lwɑ̃'ʒœʀ, øz] *adj* encomiástico.

loubard [lu'baʀ] *m* (fam) gamberro.

louche [luʃ] **1** *adj* bizco. **2** (fig) sospechoso: *une affaire louche = un asunto sospechoso*. ● **3** *f* cucharón. **4** (fam) mano: *serrer la louche à qqn = dar la mano a alguien*. ■ **à la** ~ en gran cantidad; **estimation à la** ~ cálculo a ojo.

loucher [lu'ʃe] **1** *intr* bizquear, ser bizco. **2** (~ *sur*) irse los ojos: *il louchait sur le pot-au-feu = se le iban los ojos al cocido*. ■ **faire** ~ **qqn** (fam) despertar la curiosidad de alguien.

loucherie [luʃ'ʀi] *f* estrabismo.

louer [lwe] **1** *tr* alquilar. **2** arrendar (tierras). **3** contratar. **4** reservar: *il faut louer sa place auparavant = hay que reservar plaza con anterioridad*. **5** alabar, elogiar. ● **6** *tr* et *pron* (~ *de*) felicitar, congratular por. ● **7 se** ~ *pron* (se ~ *de*) estar satisfecho de (una persona). ■ **à** ~ se alquila.

loufoque [lu'fɔk] *adj* chiflado.

loulou [lu'lu] **1** *m* perro faldero. **2** (péj) gamberro. ● **3** *m* ou *f* (fam) joven.

loup [lu] **1** *m* lobo. **2** error, pifia. **3** lubina (pescado). **4** (fig, fam) cariño, cielo. ◆ **homme-loup** hombre lobo; ~ **de mer** lobo de mar; **jeune** ~ (fig) joven ambicioso, trepador; ■ **avoir un appétit ou une faim de** ~ tener un hambre de lobo; **crier au** ~ advertir de un peligro; **hurler avec les loups** bailar al son que tocan; **se jeter dans la gueule du** ~ meterse en la boca del lobo; **un froid de** ~ un frío siberiano.

loupe [lup] **1** *f* lupa. **2** nudo (de árbol). ■ **regarder à la** ~ mirar con lupa.

louper [lu'pe] **1** *tr* (fam) suspender (un examen). **2** (fam) perder.

lourd, e [luʀ, d] **1** *adj* pesado. **2** basto, grosero. **3** torpe. **4** pesado (comida). **5** grave. **6** excesivo: *lourds impôts = impuestos excesivos*. **7** importante: *lourde tâche = tarea importante*. ■ **avoir la**

main lourde tratar con mano dura; **en avoir** ~ **sur le cœur** estar muy apenado; ~ **de** cargado de, lleno de.

lourdaud, e [luʀ'do, d] *adj/m* et *f* torpe, basto.

loutre [lutʀ] *f* ZOOL nutria.

louve [luv] **1** *f* loba. **2** palanca (elevadora).

louveterie [luvet'ʀi] **lieutenant de** ~ *f* jefe de loberos.

louvoyer [luvwa'je] **1** *intr* (fig) andar con rodeos. **2** MAR voltejear.

loyal, e [lwa'jal] *adj* leal. ■ **à la loyale** limpiamente, sin trampas.

loyaliste [lwaja'list] *adj/m* ou *f* leal.

loyauté [lwajo'te] **1** *f* lealtad. **2** honradez.

loyer [lwa'je] **1** *m* alquiler, renta. **2** interés (del dinero). ■ **prendre à** ~ alquilar.

LSD [ɛlɛs'de] (*sigles de* **Lysergsaüre-diäthylamid**) *m* LSD.

lubie [ly'bi] *f* capricho, antojo.

lubricité [lybʀisi'te] *f* lubricidad.

lubrifiant, e [lybʀi'fjɑ̃, t] *adj* et *m* lubricante.

lubrification [lybʀifika'sjɔ̃] *f* lubrificación.

lubrifier [lybʀi'fje] *tr* lubricar, lubrificar.

lubrique [ly'bʀik] *adj* lúbrico.

lucarne [ly'kaʀn] **1** *f* tragaluz (en el techo). **2** lumbrera. **3** SPORTS escuadra. ◆ **petite** ~ televisión.

lucide [ly'sid] **1** *adj* lúcido. **2** consciente.

lucidité [lysidi'te] *f* lucidez.

luciole [ly'sjol] *f* luciérnaga.

lucratif, ive [lykʀa'tif, iv] *adj* lucrativo. ■ **à but non** ~ sin ánimo de lucro.

lucre [lykʀ] *m* lucro.

ludiciel [lydi'sjɛl] *m* INF software de juegos.

ludique [ly'dik] *adj* et *m* lúdico.

ludothèque [lydo'tɛk] *f* ludoteca.

lueur [lɥœʀ] **1** *f* luz, resplandor. **2** conocimientos superficiales (de un tema).

luge [lyʒ] *f* pequeño trineo.

lugubre [ly'gybʀ] *adj* lúgubre, siniestro.

lui [lɥi] (*pl* **eux**) **1** *pron* le, les (complemento indirecto): *je vais lui dire ça = voy a decirle esto*; se (con otro pronombre): *il le lui donne = se lo da*. **2** él, ellos (para insistir): *lui, il savait tout = él lo sabía todo*. **3** sí mismo, ellos mismos: *il est content de lui = está contento de sí mismo*. **4 lui-même** él mismo. ■ **à** ~ **su-**

yo (posesión): *une voiture à lui* = *un coche suyo*; **avec ~** consigo: *il m' emmena avec lui* = *me llevó consigo*; **chez ~** en su casa: *on se voit chez lui* = *nos vemos en su casa*; a su casa: *nous allons chez lui* = *vamos a su casa*.

luire [lɥiʀ] *intr* brillar, relucir.

luisance [lɥi'zãs] *f* brillo, resplandor.

luisant, e [lɥi'zã, t] *adj et m* brillante, reluciente.

lumbago [lœba'go] *m* lumbago.

lumen [ly'mɛn] *m* PHYS lumen.

lumière [ly'mjɛʀ] **1** *f* luz. **2** luz (lámpara). **3** lumbreras. **4** luz (cavidad central). **5** agujero, ojo (de un instrumento). ● ◆ **lumières** *f pl* inteligencia. ■ **donner de la ~** encender la luz; **ouvrir les yeux à la ~** nacer.

luminescence [lyminɛ'sãs] *f* luminiscencia.

lumineux, euse [lymi'nø, øz] **1** *adj* luminoso. **2** claro, lúcido. ■ **c'est une idée lumineuse** es una idea brillante.

luministe [lymi'nist] *m* ou *f* pintor especializado en efectos de luz.

luminosité [lyminozi'te] *f* luminosidad.

lump [lœp] **œufs de ~** sucedáneo del caviar.

lunaire [ly'nɛʀ] **1** *adj* lunar (de la luna). **2** (fig) redondo: *face lunaire* = *cara redonda*.

lunatique [lyna'tik] *adj/m* ou *f* lunático.

lundi [lœ'di] *m* lunes. ◆ **~ de Pâques** lunes de Pascua.

lune [lyn] **1** *f* luna. **2** Lune Luna (astro). ◆ **~ d'eau** nenúfar blanco; **~ de miel** luna de miel; **nouvelle ~** luna nueva; **pleine ~** luna llena, plenilunio; **vieilles lunes** (fig) viejos tiempos; ■ **être dans la ~** estar en la luna; **décrocher la ~** conseguir lo imposible; **demander la ~** pedir la luna.

lunetier, ère [lyn'tje, jɛʀ] *adj/m* et *f* óptico.

lunette [ly'nɛt] **1** *f* catalejo. **2** abertura circular. **3** pieza redonda. **4** cristal trasero (de un coche). **5** ARCHIT luneto. ● ◆ **lunettes** *f pl* gafas. ◆ **~ d'approche** gemelos; **~ d'étambot** MAR tubo de codaste; **lunettes de soleil** gafas de sol; **lunettes noires** gafas oscuras; ■ **mettez vos lunettes** fíjese bien.

lunetterie [lynɛt'ʀi] **1** *f* óptica (tienda). **2** óptica (profesión).

lurette [ly'ʀɛt] **il y a belle ~** hace tiempo.

lustral, e [lys'tʀal] *adj* lustral.

lustration [lystʀa'sjɔ̃] *f* lustración.

lustre [lystʀ] **1** *m* lustre, brillo. **2** lustro (tiempo). **3** araña (lámpara).

lustrer [lys'tʀe] *tr* dar lustre, dar brillo.

lustrerie [lystʀə'ʀi] *f* fabricación y comercio de arañas y lámparas.

lutherie [lyt'ʀi] **1** *f* comercio de instrumentos musicales de cuerda. **2** arte de fabricar instrumentos musicales de cuerda.

luthier [ly'tje] *m* lutier; *fabricante de instrumentos musicales de cuerda.*

lutin [ly'tɛ̃] **1** *m* duende. **2** (fig) diablillo, muchacho travieso.

lutiner [lyti'ne] *intr* bromear.

lutrin [ly'tʀɛ̃] *m* atril, facistol.

lutte [lyt] **1** *f* lucha (combate). **2** conflicto, rivalidad (oposición). **3** campaña (contra un peligro, etc.). ◆ **~ armée** conflicto armado; **~ des classes** lucha de clases.

lutter [ly'te] *intr* luchar.

luxe [lyks] *m* lujo. ■ **un ~ de** una abundancia de; todo lujo de; **vivre dans le ~** nadar en la abundancia, vivir lujosamente.

Luxembourg [lyksã'buʀ] *m* Luxemburgo.

luxembourgeois, e [lyksãbuʀ'ʒwa, z] **1** *adj* luxemburgués. ● **2** **Luxembourgeois, e** *m* et *f* luxemburgués.

luxer [lyk'se] *tr* et *pron* dislocar.

luxueux, euse [lyk'sɥø, øz] *adj* lujoso.

luxure [luk'syʀ] *f* lujuria.

luxuriant, e [lyksy'ʀjã, t] **1** *adj* lujuriante, abundante (la vegetación, etc.). **2** (fig) rico, abundante.

luxurieux, euse [lyksy'ʀjø, øz] *adj* lujurioso.

lycée [li'se] *m* instituto de secundaria; liceo (Amér.).

lycéen, enne [lise'ɛ̃, ɛn] *m* et *f* estudiante de instituto de secundaria.

lymphatique [lɛ̃fa'tik] *adj* linfático.

lymphe [lɛ̃f] *f* linfa.

lyncher [lɛ̃'ʃe] *tr* linchar.

lynx [lɛ̃ks] *m* lince. ■ **avoir des yeux de ~** tener vista de lince.

lyre [liʀ] **1** *f* MUS lira. **2** ZOOL ave lira.

lyrique [li'ʀik] **1** *adj* lírico. ● **2** *f* lírica.

Mm

m [ɛm] *m* m.

Seguida de "b/p" nasaliza la vocal anterior. También nasaliza "e" en los inicios "emm-", pero en los inicios "imm-" la "i" no queda afectada por la nasalización. Generalmente "-omm-" se pronuncia /om/.

M (*abrév de* **Monsieur**) *m* Sr.

ma [ma] *adj poss* mi: *ma mère est ici = mi madre está aquí.*

maboul, e [ma'bul] *adj/m et f* (fam) chiflado.

mac [mak] *m* (fam) chulo.

macabre [ma'kabʀ] *adj* macabro.

macadam [maka'dam] *m* macadam o macadán.

macaron [maka'ʀɔ̃] **1** *m* mostachón, macarrón (pastelería). **2** rodete (peinado). **3** insignia. **4** (fam) golpe.

macaroni [makaʀɔ'ni] **1** *m* (péj) italiano. ● **2 macaronis** *m pl* macarrones.

macaronique [makaʀɔ'nik] *adj* macarrónico.

Macédoine [mase'dwan] *f* Macedonia.

macédonien, enne [masedɔ'njɛ̃, ɛn] **1** *adj* macedonio. ● **2 Macédonien, enne** *m et f* macedonio.

macération [maseʀa'sjɔ̃] *f* maceración.

macérer [mase'ʀe] *intr et tr* macerar.

mâcher [ma'ʃe] **1** *tr* masticar; mascar. **2** cortar sin precisión (una herramienta). ■ ~ **la besogne à qqn** dar el trabajo a alguien mascado; **ne pas** ~ **ses mots** no tener pelos en la lengua; no morderse la lengua.

machette [ma'ʃɛt] *f* machete.

machiavélique [makjave'lik] *adj* maquiavélico.

mâchicoulis [maʃiku'li] *m* matacán (de una fortificación).

machin [ma'ʃɛ̃] **1** *m* (fam) chisme; cosa, trasto. **2** (fam) persona, tipo.

machinal, e [maʃi'nal] *adj* maquinal, mecánico.

machination [maʃina'sjɔ̃] *f* maquinación.

machine [ma'ʃin] **1** *f* máquina. **2** coche, moto (vehículo de motor). **3** (fam) cosa, chisme. ◆ ~ **à calculer** calculadora; ~ **à coudre** máquina de coser; ~ **à écrire** máquina de escribir; ~ **à laver** lavadora; ~ **à sous** máquina tragaperras; ~ **à vapeur** máquina de vapor; ~ **de théâtre** tramoya; ■ **être une** ~ **à faire de l'argent** ser una máquina de hacer dinero; **taper à la** ~ escribir a máquina.

machine-outil [maʃinu'ti] *f* máquina herramienta.

machiner [maʃi'ne] *tr* maquinar, tramar.

machinerie [maʃin'ʀi] **1** *f* maquinaria. **2** sala de máquinas. **3** THÉÂT tramoya.

machiniste [maʃi'nist] **1** *m ou f* conductor. **2** maquinista (de tren). **3** THÉÂT tramoyista.

machiste [ma'ʃist] *adj/m ou f* machista.

mâchoire [ma'ʃwaʀ] **1** *f* mandíbula, maxilar. **2** quijada (de animal). **3** mordaza (de un torno). ◆ ~ **de frein** zapata; ■ **bâiller jusqu'à se décrocher la** ~ bostezar mucho.

mâchonner [maʃɔ'ne] **1** *tr* masticar lentamente. **2** mordisquear. **3** mascullar, farfullar (palabras).

mâchurer [maʃy'ʀe] **1** *tr* romper, hacer trizas. **2** mosquear (imprenta).

maçon, onne [ma'sɔ̃, ɔn] **1** *adj/m et f* albañil. **2** masón (francmasón).

maçonner [masɔ'ne] **1** *tr* construir; reparar. **2** mampostear (revestir).

maçonnerie [masɔn'ʀi] **1** *f* obra de albañilería. **2** mampostería. **3** masonería.

maçonnique [masɔ'nik] *adj* masónico.

macramé [makʀa'me] *m* macramé.

macro [ma'kʀo] *f* INF macro.

macrocosme [makʀo'kɔsm] *m* macrocosmos.

macroéconomie [makʀoekɔnɔ'mi] *f* macroeconomía.

macrophotographie [makʀofɔtɔgʀa'fi] *f* macrofotografía.

macroscopique [makʀoskɔ'pik] *adj* macroscópico.

macule [ma'kyl] *f* mácula (de la retina).

maculer [maky'le] *tr* manchar, macular.

madame [ma'dam] (*pl* **mesdames**) **1** *f* señora. **2** la mujer de. ■ **jouer à la ~** dárselas de señora.

madeleine [mad'lɛn] *f* magdalena.

mademoiselle [madmwa'zɛl] (*pl* **mesdemoiselles**) *f* señorita.

madone [ma'dɔn] **1** *f* madona. **2** Virgen. ■ **une femme belle comme une ~** una mujer muy bella.

madras [ma'dʀas] *m* madrás.

madré, e [ma'dʀe] *adj* astuto.

madrier [madʀi'e] *m* madero.

madrigal [madʀi'gal] **1** *m* (fig) cumplido. **2** LITT madrigal.

maestria [maɛstʀi'a] *f* maestría.

mafia [ma'fja] *f* mafia.

mafioso [mafjo'zo] *m* mafioso.

magasin [maga'zɛ̃] **1** *m* tienda; almacén (comercio). **2** almacén; depósito (en stock). **3** depósito (de un ejército). ◆ **grands magasins** grandes almacenes; ■ **courir ou faire les magasins** ir de tiendas.

magasinier, ère [magazi'nje, jɛʀ] *m* et *f* almacenero.

magazine [maga'zin] **1** *m* revista. **2** magazine, programa de actualidad.

mage [maʒ] *m* mago.

magenta [maʒɛ̃'ta] *adj* et *m* magenta.

maghrébin, e [magʀe'bɛ̃, in] **1** *adj* magrebí. ● **2 Maghrébin, e** *m* et *f* magrebí.

magicien, enne [maʒi'sjɛ̃, ɛn] **1** *m* et *f* mago. **2** THÉÂT ilusionista (prestidigitador).

magie [ma'ʒi] *f* magia. ◆ **~ blanche** magia blanca; ◆ **~ noire** magia negra; ■ **comme par ~** como por arte de magia.

magique [ma'ʒik] *adj* mágico. ◆ **baguette ~** varita mágica.

magistère [maʒis'tɛʀ] *m* magisterio (carrera universitaria).

magistral, e [maʒis'tʀal] **1** *adj* magistral (dogmático). **2** (fig) magistral (grande, perfecto).

magistrat [maʒis'tʀa] *m* magistrado.

magistrature [maʒistʀa'tyʀ] *f* magistratura. ◆ **~ assise** ou **du siège** los jueces y magistrados; **~ debout** los fiscales.

magma [mag'ma] *m* magma.

magnanerie [maɲan'ʀi] *f* sericultura, sericicultura.

magnanime [maɲa'nim] *adj* magnánimo.

magnanimité [maɲanimi'te] *f* magnanimidad.

magnat [mag'na] *m* magnate.

magnésium [maɲe'zjɔm] *m* CHIM magnesio.

magnétique [maɲe'tik] *adj* magnético.

magnétiser [maɲeti'ze] *tr* magnetizar.

magnétisme [maɲe'tism] *m* magnetismo.

magnéto [maɲe'to] *f* magneto.

magnétocassette [maɲetoka'sɛt] *m* casete (aparato).

magnétophone [maɲeto'fɔn] *m* magnetófono.

magnétoscope [maɲetos'cɔp] *m* magnetoscopio; vídeo.

magnifier [maɲi'fje] *tr* magnificar (glorificar, idealizar).

magnifique [maɲi'fik] *adj* magnífico (espléndido, admirable); macanudo (Amér.).

magnitude [maɲi'tyd] *f* magnitud.

magnolia [maɲnɔ'lja] *m* BOT magnolia.

magnum [mag'nɔm] *m* botella de dos litros.

magouiller [magu'je] *intr* (fam) hacer chanchullos: *magouiller pour obtenir qqch* = hacer chanchullos para obtener algo.

magouilleur, euse [magu'jœʀ, øz] *adj/m* et *f* (fam) chanchullero.

mahométan, e [maɔme'tɑ̃, an] *adj/m* et *f* mahometano.

mahonne [ma'ɔn] **1** *f* mahona (galera turca). **2** chalana (embarcación menor).

mai [me] **1** *m* mayo (mes del año). **2** mayo (árbol).

maigre [mɛgʀ] **1** *adj* flaco; delgado (una persona): *être maigre* = estar delgado. **2** sin grasa. **3** fino. **4** escaso (poco abundante). **5** (fam) raquítico (esquelético): *homme maigre* = hombre raquítico. ● **6** *m* magro (carne). ■ **c'est bien ~** es muy poco.

maigrelet, ette [mɛgʀə'lɛ, t] *adj/m* et *f* delgaducho; flacucho (muy delgado).

maigrichon, onne [mɛgʀi'ʃɔ̃, ɔn] *adj* (fam) delgaducho; flacucho.

maigrir [me'gʀiʀ] **1** *intr* adelgazar; quedarse delgado. ● **2** *tr* adelgazar; hacer más delgado: *cette robe la maigrit* = este vestido la hace más delgada.

mail [maj] **1** *m* mazo (martillo). **2** mallo (juego).

maille [maj] *f* malla.

mailler [ma'je] **1** *tr* mallar: *mailler un filet = mallar una red*. **2** MAR amarrar. ● **3** *intr* BOT echar brotes. ● **4** se ~ *pron* entrar en la red (los peces).

maillet [ma'jɛ] *m* mazo (martillo).

maillon [ma'jɔ̃] *m* anillo (de una cadena).

maillot [ma'jo] **1** *m* mantillas; envoltura (de un recién nacido). **2** pañal (de bebé). **3** camiseta de punto. **4** SPORTS maillot. ◆ ~ de bain bañador; malla (Amér.); ~ deux pièces biquini.

maillotin [majo'tɛ̃] **1** *m* macillo. **2** prensa; molino de aceite (para las olivas).

main [mɛ̃] **1** *f* mano. **2** mano (en las cartas). ◆ ~ courante baranda; ~ gauche daga; ■ à deux mains con las dos manos; à la ~ a mano; à ~ armée a mano armada; de ~ en ~ de mano en mano; de sa ~ de su propia mano; en ~ propre en propia mano; la ~ dans la ~ cogidos de la mano.

main-d'œuvre [mɛ̃'dœvʀ] *f* mano de obra.

main-forte [mɛ̃'fɔʀt] *f* ayuda, auxilio: *prêter main-forte à qqn = prestar ayuda a alguien*.

mainlevée [mɛ̃l've] *f* DR levantamiento de embargo.

mainmise [mɛ̃'miz] **1** *f* embargo; confiscación. **2** (fig) influencia; poder.

maint, e [mɛ̃, t] *adj* varios, diversos: *roches de maintes espèces = rocas de varias clases*. ● **2** *pron* muchos: *maints d'entre eux = muchos de ellos*.

maintenant [mɛ̃t'nã o mɛ̃tə'nã] *adv* ahora. ■ ~ ou jamais ahora o nunca; ~ que ahora que: *il faut en profiter maintenant que tu peux = hay que aprovechar ahora que puedes*.

maintenir [mɛ̃t'niʀ o mɛ̃tə'niʀ] **1** *tr* et *pron* mantener: *maintenir la paix = mantener la paz*. **2** sostener (retener, fijar).

maintien [mɛ̃'tjɛ̃] **1** *m* mantenimiento; conservación (del orden). **2** conservación; continuidad (de una candidatura).

maïolique [majɔ'lik] *f* mayólica (loza).

maire [mɛʀ] *m* alcalde. ◆ ~ du palais mayordomo de palacio.

mairesse [me'ʀɛs] *f* alcaldesa.

mairie [me'ʀi] **1** *f* ayuntamiento (lugar). **2** alcaldía (tiempo).

mais [mɛ] **1** *conj* pero; mas: *incroyable, mais vrai = increíble, pero cierto*. **2** sino:

ce n'est pas ma faute, mais la tienne = no es mi culpa, sino la tuya. ■ ~ non claro que no; ~ oui claro que sí.

maïs [ma'is] *m* maíz.

maison [mɛ'zɔ̃] **1** *f* casa. ● **2** *adj* (fam) casero (de fabricación). **3** (iron, fam) bárbaro (de miedo): *qqch de maison = algo bárbaro*. ◆ ~ d'arrêt cárcel; ~ de campagne chalet; ~ de commerce casa comercial; ~ de correction reformatorio; ~ de Dieu iglesia; ~ de fous ou d'aliénés manicomio; ~ de passe casa de citas; ~ de retraite asilo; ~ de santé sanatorio; ~ de ville ayuntamiento; ~ religieuse convento.

maisonnée [mɛzɔ'ne] *f* familia: *toute la maisonnée était réunie = toda la familia estaba reunida*.

maître [mɛtʀ] **1** *m* dueño; amo. **2** señor. **3** señor (Dios). **4** maestro (de escuela); profesor. ● **5** *adj* capaz; cabal (de valor). **6** maestro; capital (clave). ◆ ~ berger mayoral; ~ chanteur chantajista; ~ d'armes maestro de esgrima; ~ de l'ouvrage licitador (propietario); ■ être ~ de son sort ser dueño de su suerte.

maîtresse [me'tʀɛs] **1** *f* dueña; ama (de casa). **2** maestra (de escuela). **3** amante; querida. ● **4** *adj* toda: *une maîtresse maison = toda una casa*.

maîtriser [metʀi'ze] **1** *tr* et *pron* dominar (un incendio). ● **2** *tr* someter; reprimir.

majesté [maʒɛs'te] **1** *f* majestad (alteza). **2** majestuosidad.

majestueux, euse [maʒɛsty'ø, øz] *adj* majestuoso.

majeur, e [ma'ʒœʀ] **1** *adj* mayor (en importancia): *la majeure partie = la mayor parte*. **2** importante. **3** primordial (esencial). ● **4** *m* dedo del corazón.

majorat [maʒɔ'ʀa] *m* mayorazgo.

majordome [maʒɔʀ'dɔm] *m* mayordomo.

majorer [maʒɔ'ʀe] **1** *tr* sobrestimar (una factura). **2** aumentar (los precios).

majorette [maʒɔ'ʀɛt] **1** *f* majorette. **2** bastonera (Amér.).

majoritaire [maʒɔʀi'tɛʀ] *adj* mayoritario.

majorité [maʒɔʀi'te] *f* mayoría (de pluralidad). ◆ ~ absolue mayoría absoluta.

majuscule [maʒys'kyl] *adj* et *f* mayúsculo: *mot écrit avec majuscule = palabra escrita con mayúscula*.

mal [mal] **1** *m* mal. **2** dolor (físico). **3** daño. **4** enfermedad. ● **5** *adj* malo. ◆ ~ au cœur náuseas; ~ au ventre dolor de vientre; ~ de dents dolor de muelas; ~ d'enfant dolores de parto; ~ des montagnes vértigo; soroche, puna (Amér.); ~ du pays nostalgia; ■ au plus ~ muy malo; muy grave; pas ~ bastante bien: *pas mal, et vous? = bastante bien, ¿y usted?*

Cuando va precedido del artículo **un** debe llevar la preposición **de**; si no, debe llevar **à**: *avoir mal aux pieds = doler los pies* ◊ *avoir un mal aux pieds horrible = tener un horrible dolor de pies.*

malabar [mala'baʀ] *m* malabre.
malade [ma'lad] **1** *adj* enfermo; mal (indispuesto): *se sentir malade = sentirse mal*. **2** estropeado (árbol, planta). **3** (fig) en mal estado (la sociedad). ● **4** *m* ou *f* enfermo. ■ ~ à mourir muy enfermo.
maladie [mala'di] **1** *f* enfermedad. **2** (fig) manía: *maladie de la persécution = manía persecutoria*. ◆ ~ héréditaire enfermedad hereditaria; ~ sexuellement transmissible enfermedad de transmisión sexual.
maladif, ive [mala'dif, iv] *adj* enfermizo.
maladresse [mala'dʀɛs] *f* torpeza.
maladroit, e [mala'dʀwa, t] *adj/m* et *f* torpe; inhábil.
mal-aimé, e [male'me] (*pl* **mal-aimés**) *adj/m* et *f* malquisto.
malaise [ma'lɛz] **1** *m* malestar; indisposición: *malaise passager = indisposición pasajera*. **2** (fig) malestar; desasosiego (inquietud, tormento).
malaisé, e [male'ze] *adj* difícil (delicado); trabajoso.
malappris, e [mala'pʀi, z] *adj/m* et *f* malcriado.
malavisé, e [malavi'ze] *adj/m* et *f* imprudente; indiscreto.
malaxer [malak'se] **1** *tr* amasar. **2** dar masaje.
malchance [mal'ʃɑ̃s] *f* mala suerte; desventura.
malchanceux, euse [malʃɑ̃'sø, øz] *adj/m* et *f* desafortunado; desgraciado.
malcommode [malkɔ'mɔd] *adj* incómodo.

maldonne [mal'dɔn] *f* error; equivocación.
mâle [mal] **1** *adj* varonil; masculino (propio del sexo masculino). ● **2** *m* macho. **3** varón (en los hombres).
malédiction [maledik'sjɔ̃] **1** *f* maldición. **2** desgracia; infortunio (fatalidad).
maléfice [male'fis] *m* maleficio; embrujo.
maléfique [male'fik] *adj* maléfico.
malencontreux, euse [malɑ̃kɔ̃'tʀø, øz] *adj* desgraciado; poco afortunado.
malentendant, e [malɑ̃tɑ̃'dɑ̃, t] *adj/m* et *f* sordo (dificultad auditiva).
malentendu [malɑ̃tɑ̃'dy] **1** *m* malentendido; equívoco. **2** equivocación.
malfaçon [malfa'sɔ̃] **1** *f* defecto de fabricación (imperfecto). **2** (fig) fraude.
malfaisant, e [malfə'zɑ̃, t] **1** *adj* maléfico; maligno. **2** dañino.
malfamé, e [malfa'me] *adj* de mala fama; de mala reputación.
malfrat [mal'fʀa] *m* (fam) granuja; mangante.
malgache [mal'gaʃ] **1** *adj* malgache (de Madagascar). ● **2** **Malgache** *m* ou *f* malgache. ● **3** *m* malgache (lengua).
malgracieux, euse [malgʀa'sjø, øz] *adj* grosero; descortés.
malgré [mal'gʀe] *prép* a pesar de. ■ ~ lui a pesar suyo; ~ tout a pesar de todo.
malhabile [mala'bil] *adj* torpe; inhábil.
malheur [ma'lœʀ] **1** *m* desgracia; infortunio (fatalidad, catástrofe): *irréparable malheur = irreparable desgracia*. **2** mala suerte. ■ de ~ maldito; par ~ por desgracia (desgraciadamente); porter ~ traer desgracia.
malheureux, euse [malø'ʀø, øz] **1** *adj/m* et *f* desgraciado; desdichado. ● **2** *adj* nefasto (fatal): *des années malheureuses = años nefastos*. **3** desafortunado: *malheureux en amours = desafortunado en amores*.
malhonnête [malɔ'nɛt] **1** *adj* deshonesto; con poca honradez (desleal). **2** grosero; descortés (incívico).
malhonnêteté [malɔnɛt'te] **1** *f* falta de honradez. **2** descortesía.
malice [ma'lis] **1** *f* malicia. **2** (fig, fam) travesura: *faire des malices = hacer travesuras*. ■ par ~ por malicia.
malicieux, euse [mali'sjø, øz] **1** *adj/m* et *f* malicioso. **2** (fam) travieso.
malignité [malini'te] *f* malignidad (carácter maligno).

malin 564

malin, igne [malɛ̃, iɲ] **1** *adj* maligno (malo). **2** maligno (un tumor). **3** astuto; hábil: *malin comme un singe = astuto como un mono.* ● **4** *m* el demonio.

malingre [ma'lɛ̃gʀ] *adj* enclenque: *un enfant malingre = un niño enclenque;* canijo.

malintentionné, e [malɛ̃tɑ̃sjɔ'ne] *adj* malintencionado.

malle [mal] **1** *f* baúl; cofre. **2** petaca (Amér.). ■ faire sa ~ hacer las maletas.

mallette [ma'lɛt] **1** *f* baulito. **2** maletín (maleta pequeña).

malmener [malmə'ne] **1** *tr* maltratar. **2** dejar maltrecho (al enemigo).

malnutrition [malnytʀi'sjɔ̃] *f* desnutrición.

malodorant, e [malɔdɔ'ʀɑ̃, t] *adj* maloliente.

malpropre [mal'pʀɔpʀ] **1** *adj/m* ou *f* sucio (desaseado). **2** deshonesto (sin honradez). **3** (fig) indecente.

malpropreté [malpʀɔpʀə'te] **1** *f* suciedad. **2** (fig) deshonestidad; indecencia.

malséant, e [malse'ɑ̃, t] *adj* inconveniente; inoportuno.

malsonnant, e [malsɔ'nɑ̃, t] *adj* malsonante.

maltais, e [mal'tɛ, z] **1** *adj* maltés. ● **2 Maltais, e,** *m* et *f* maltés. ● **3** *m* maltés (lengua).

Malte [malt] *f* Malta.

maltraiter [maltʀɛ'te] *tr* maltratar.

malveillant, e [malvɛ'jɑ̃, t] **1** *adj* malévolo; malintencionado. ● **2** *m* et *f* persona malévola.

malvenu, e [malvə'ny] *adj* sin motivo.

malversation [malvɛʀsa'sjɔ̃] *f* malversación (falta grave).

maman [ma'mɑ̃] *f* mamá. ◆ maman-gâteau madraza; petite ~ mamita; mamaíta; mamacita (Amér.).

mamelle [ma'mɛl] **1** *f* mama. **2** ubre. **3** pecho; seno. **4** (fam) teta. ■ être à la ~ estar mamando.

mamelon [mam'lɔ̃] **1** *m* pezón (de los pechos). **2** cerro (de una colina).

mamelu, e [mam'ly] *adj* tetudo.

mammifère [mami'fɛʀ] *adj* et *m* mamífero.

manager [manad'ʒɛʀ] **1** *m* manager (de espectáculos, de artistas). **2** empresario; gerente (que dirige una empresa).

mancenille [mɑ̃s'nij o mɑ̃sə'nij] *f* manzanilla.

manche [mɑ̃ʃ] **1** *m* mango. **2** mástil (de guitarra). **3** (fig) zopenco. ● **4** *f* manga (de la camisa). **5** manguera (tubo de goma). **6** manga; partida. **7** GÉOGR canal. ◆ ~ à air manguera de ventilación; ~ à balai palo de escoba; manche-de-couteau navaja (molusco).

manchette [mɑ̃'ʃɛt] **1** *f* puño (de la ropa). **2** manguito. **3** nota al margen (en imprenta).

manchot, e [mɑ̃'ʃo, ɔt] *adj* manco.

mandarin [mɑ̃da'ʀɛ̃] **1** *adj* mandarín. ● **2 Mandarin, e** *m* et *f* mandarín. ● **3** *m* mandarín (lengua).

mandarine [mɑ̃da'ʀin] *f* mandarina (fruta).

mandarinier [mɑ̃daʀi'nje] *m* mandarino; mandarinero (árbol).

mandat [mɑ̃'da] **1** *m* mandato; poder. **2** orden (de registro, de comparecencia): *mandat d'arrêt = mandato de arresto.* ◆ ~ de paiement orden de pago; ~ postal giro postal.

mandataire [mɑ̃da'tɛʀ] *m* mandatario; representante.

mandat-carte [mɑ̃da'kaʀt] *m* giro postal.

mandater [mɑ̃da'te] **1** *tr* pagar un mandato. **2** acreditar; dar permiso (delegar).

mandat-lettre [mɑ̃da'lɛtʀ] *m* giro postal.

mandchou, e [mɑ̃'tʃu] **1** *adj* manchú; manchuriano. ● **2 Mandchou, e** *m* et *f* manchú; manchuriano.

mandement [mɑ̃d'mɑ̃] **1** *m* mandamiento; orden escrita: *mandement du roi = mandamiento del rey.* **2** DR escrito pastoral.

mander [mɑ̃'de] **1** *tr* ordenar; comunicar (por escrito). **2** convocar; hacer venir (por orden o aviso). **3** anunciar (por carta, mensaje).

mandibulaire [mɑ̃diby'lɛʀ] *adj* mandibular.

mandibule [mɑ̃di'byl] **1** *f* mandíbula. **2** pico (pájaros).

mandoline [mɑ̃dɔ'lin] *f* MUS mandolina. ◆ ~ espagnole bandurria.

mandragore [mɑ̃dʀa'gɔʀ] *f* mandrágora.

mandrill [mɑ̃'dʀil] *m* ZOOL mandril (mono).

mandrin [mɑ̃'dʀɛ̃] **1** *m* broca; taladro (máquina). **2** (fig, fam) bandido. **3** TECH mandril.

manège [ma'nɛʒ] **1** *m* doma (de un caballo); ejercicios de equitación. **2** picadero (para caballos). **3** AGR noria. ◆ **~ d'avions** tiovivo volador.

manette [ma'nɛt] *f* manecilla. ◆ **~ de réglage** manecilla de ajuste.

manganèse [mɑ̃ga'nɛz] *m* CHIM manganeso.

mangeaille [mɑ̃'ʒaj] **1** *f* pienso (para animales). **2** (fam, péj) manduca; jamancia.

mangeoire [mɑ̃'ʒwaʀ] **1** *f* comedero. **2** pesebre (para el ganado).

manger [mɑ̃'ʒe] **1** *tr et intr* comer. **2** devorar (animales). **3** consumir; gastar. ◆ **4** *tr* comerse (el dinero). ■ **~ à sa faim** comer hasta hartarse; **~ comme quatre** comer como un regimiento; **~ de baisers** comerse a besos; **~ des yeux** (fig) comerse con los ojos.

> El horario de las **comidas** francesas es, en general, el siguiente: *le petit-déjeuner = desayuno* suele tomarse entre 7.00 y 8.00 de la mañana; *le déjeuner = comida* a las 12.00 y *le dinner = la cena* a las 19.00.

mange-tout [mɑ̃ʒ'tu] **1** *m* guisante mollar. **2** *judía verde crecida.* **3** (fam) derrochador; despilfarrador (malgastador).

mangue [mɑ̃g] *f* mango (fruta).

maniaque [ma'njak] *adj/m ou f* maníaco; maniático.

manichéen, enne [manike'ɛ̃, ɛn] *adj/m et f* maniqueo.

manie [ma'ni] *f* manía.

manier [ma'nje] **1** *tr* manejar. ◆ **2** se ~ *pron* (fam) darse prisa, apurarse. ■ **au ~** al tacto.

manière [ma'njɛʀ] **1** *f* manera; modo. **2** ARCHIT, ART, LITT modo; estilo. ◆ **3** manières *f pl* maneras; modales (comportamiento). **4** (fam) remilgos, cumplidos. ■ **à la ~ de** al estilo de; **de cette ~ de** esta manera (así); **de ~ à** con objeto de (finalidad); **de ~ que** de manera que; **de telle ~ que** de tal manera que; **de toute ~** de todas maneras.

maniéré, e [manje'ʀe] *adj* amanerado; rebuscado.

maniériste [manje'ʀist] **1** *adj/m ou f* amanerado. **2** ART manierista.

manif [ma'nif] (*abrév de* **manifestation**) *f* (fam) mani.

manifestant, e [manifɛs'tɑ̃, t] *m et f* manifestante.

manifestation [manifɛsta'sjɔ̃] *f* manifestación.

manifeste [mani'fɛst] **1** *adj* manifiesto. ● **2** *m* manifiesto (declaración escrita).

manifester [manifɛs'te] **1** *tr* manifestar (declarar, expresar). ● **2** *intr* hacer una manifestación; asistir a una manifestación. ● **3** se ~ *pron* manifestarse.

manigancer [manigɑ̃'se] *tr* (fam) tramar; maquinar.

manille [ma'nij] **1** *f* argolla; anilla (de una cadena). **2** malilla (juego de cartas). **3** trompetilla (cigarro de Manila).

manipulateur, trice [manipyla'tœʀ, tʀis] **1** *adj/m et f* manipulador. ● **2** *m et f* THÉAT ilusionista. ● **3** *m* ÉLEC manipulador.

manipulation [manipyla'sjɔ̃] **1** *f* manipulación. **2** (fig) manejo (artimaña). ◆ **~ génétique** BIOL manipulación genética.

manipuler [manipy'le] **1** *tr* manipular. **2** (fig) manejar, manipular.

manivelle [mani'vɛl] **1** *f* manivela. **2** biela (de bicicleta).

manne [man] **1** *f* maná (alimento). **2** canasta, cesta de mimbre. ◆ **~ d'enfant** moisés.

mannequin [man'kɛ̃] **1** *m* maniquí. **2** modelo (persona). **3** canasto (pequeño cesto). **4** (fig) maniquí, pelele (persona sin carácter).

manœuvre [ma'nœvʀ] **1** *f* maniobra; manejo. **2** (fig) manejos (trapicheos). **3** MAR maniobra, aparejo (de un barco). **4** MIL maniobra; ejercicio. **5** TECH puesta en marcha. ● **6** *m* peón (obrero). **7** (fig) chapucero (que trabaja mal).

manœuvrer [manœ'vʀe] *tr et intr* maniobrar; manejar.

manœuvrier, ère [manœ'vʀije, jɛʀ] **1** *adj/m et f* maniobrero (persona hábil). **2** (fig) político hábil.

manoir [ma'nwaʀ] **1** *m* casa de campo. **2** morada (en poesía).

manquant, e [mɑ̃'kɑ̃, t] **1** *adj* que falta. ● **2** *m et f* ausente.

manque [mɑ̃k] **1** *m* falta. **2** carencia. ■ **~ à gagner** beneficios no obtenidos.

manqué, e [mɑ̃'ke] **1** *adj* fracasado; frustrado. **2** perdido (una ocasión): *une opportunité manquée = una oportunidad perdida*. ● **3** *m* bizcocho.

manquer [mã'ke] **1** *intr* faltar: *cet élève manque trop souvent* = *este alumno falta a menudo*. **2** faltar (estar incompleto). **3** fallar: *la voix lui manqua* = *la voz le falló*. **4** fracasar (un negocio). **5** carecer (de buenos modales). ● **6** *tr* fallar. **7** perder (una ocasión). **8** malograr. **9** faltar; no acudir: *manquer l'école* = *faltar a la escuela*. ● **10** *impers* faltar: *il manque cinq livres* = *faltan cinco libros*. ● **11** se ~ *pron* fallar en un intento de suicidio.

mansarde [mã'saʀd] *f* buhardilla.

mansion [mã'sjõ] *f* mansión.

mante [mãt] **1** *f* manto; capa. **2** ZOOL (también *mante religieuse*) mantis; santateresa, predicador (insecto). **3** ZOOL manta (pez).

manteau [mã'to] **1** *m* abrigo; tapado (Amér.). **2** manto, campana (de chimenea). **3** (fig) manto. **4** MIL capote. **5** ZOOL manto (de los moluscos). ◆ ~ d'Arlequin THÉÂT segunda embocadura.

mantille [mã'tij] *f* mantilla.

mantique [mã'tik] *f* adivinación.

manucure [many'kyʀ] **1** *m* ou *f* manicuro (oficio). ● **2** *f* manicura.

manuel, elle [ma'nɥel] *adj* et *m* manual.

manufacture [manyfak'tyʀ] **1** *f* manufactura. **2** fábrica, manufactura.

manufacturer [manyfakty'ʀe] *tr* manufacturar.

manuscrit, e [manys'kʀi, t] **1** *adj* manuscrito. ● **2** *m* manuscrito; original.

manutention [manytã'sjõ] **1** *f* manipulación, manutención (de mercancías). **2** almacén; *local donde se manipula la mercancía*.

manutentionner [manytãsjɔ'ne] *tr* manipular.

mappemonde [map'mõd] *f* mapamundi.

maquer [ma'ke] *tr* (fam) chulear.

maquette [ma'ket] **1** *f* maqueta, boceto. **2** modelo (muestra). **3** maqueta (imprenta).

maquettiste [make'tist] *m* ou *f* maquetista, proyectista.

maquignon [maki'ɲõ] **1** *m* chalán. **2** (fig) mercachifle.

maquignonner [makiɲɔ'ne] **1** *tr* chalanear. **2** (fig) andarse con trapicheos.

maquillage [maki'jaʒ] *m* maquillaje.

maquiller [maki'je] **1** *tr* et *pron* maquillar; pintar (embellecer). ● **2** *tr* (fig) falsificar, maquillar. **3** (fig) camuflar, disfrazar (esconder).

maquis [ma'ki] **1** *m* matorral, monte bajo. **2** (fig) complicación, embrollo. **3** HIST resistencia francesa en la Segunda Guerra Mundial.

maquisard [maki'zaʀ] *m* guerrillero, resistente.

maraîcher, ère [maʀɛ'ʃe, ɛʀ] **1** *adj/m* et *f* hortelano. ● **2** *adj* hortense, de huerta.

maraîchin, e [maʀɛ'ʃẽ, in] *adj/m* et *f* hortelano.

marais [ma'ʀɛ] **1** *m* pantano, zona pantanosa. **2** huerta (cultivo). **3** GÉOGR marisma.

marasme [ma'ʀasm] *m* marasmo.

marathon [maʀa'tõ] *m* maratón.

marauder [maʀo'de] *intr* merodear, robar.

marbre [maʀbʀ] **1** *m* mármol. **2** (fig) frialdad, dureza. **3** ART estatua de mármol.

marbrer [maʀ'bʀe] **1** *tr* jaspear (pintar). **2** poner amoratado, amoratar (la piel).

marbrerie [maʀbʀo'ʀi] *f* marmolería.

marbrier, ère [maʀ'bʀje, jeʀ] **1** *adj* del mármol. ● **2** *m* et *f* marmolista. ● **3** *f* MIN cantera de mármol.

marbrure [maʀ'bʀyʀ] **1** *f* jaspeado (color). **2** mancha amoratada (de la piel).

marc [maʀk] **1** *m* marco (medida). **2** marco (moneda). **3** orujo. **4** aguardiente de orujo (licor). **5** poso: *le marc du café* = *el poso del café*.

marcassin [maʀka'sẽ] *m* jabato.

marchand, e [maʀ'ʃã, d] **1** *m* et *f* comerciante, vendedor. ● **2** *adj* mercante, mercantil. **3** COMM comercial. ◆ ~ ambulant buhonero, vendedor ambulante; ~ au détail detallista; ~ en gros mayorista.

marchander [maʀʃã'de] **1** *tr* regatear. **2** (fig) escatimar. ● **3** *intr* vacilar, titubear.

marchandise [maʀʃã'diz] *f* mercancía; género. ■ faire valoir sa ~ hacer el artículo.

marche [maʀʃ] **1** *f* marcha. **2** desfile. **3** peldaño, escalón. **4** manera de andar. **5** paseo (caminar). **6** (fig) curso, desarrollo. **7** MUS, SPORTS marcha. ◆ ~ arrière marcha atrás; ■ en ~ en marcha.

marché [maʀ'ʃe] **1** *m* mercado, plaza. **2** COMM trato, transacción. ◆ ~ à terme operación a plazos; ~ du change mercado de cambio; ~ du travail bolsa de trabajo; ■ faire son ~ hacer la compra.

marchepied [maʀʃ'pje] **1** *m* estribo. **2** grada, escalón (asiento). **3** MAR marchapié.

marcher [maʀ'ʃe] **1** *intr* pisar. **2** andar, marchar. **3** ir a pie (un peatón). **4** ir, estar, ocupar: *marcher sur une ville = ocupar una ciudad*. **5** ir, marchar (desplazarse). **6** (fig) ir bien, desarrollarse: *le plan marche = el plan va bien*. **7** (fig) prosperar: *ses affaires marchent très bien = sus negocios prosperan mucho*. **8** TECH funcionar.

mardi [maʀ'di] *m* martes. ◆ **~ gras** martes de carnaval.

En Francia el correspondiente al "martes trece" es el "vendredi treize".

mare [maʀ] **1** *f* charca. **2** charco.

marécageuse, euse [maʀeka'ʒø, øz] *adj* pantanoso.

maréchal [maʀe'ʃal] **1** *m* herrador. **2** MIL mariscal. ◆ **~ des logis** MIL sargento de caballería.

maréchal-ferrant [maʀeʃalfe'ʀɑ̃] *m* herrador.

marée [ma'ʀe] **1** *f* marea, flujo. **2** pescado fresco. **3** (fig) oleada, marejada. ◆ **~ basse** bajamar; **~ descendante** reflujo; **~ haute** pleamar.

marelle [ma'ʀɛl] *f* rayuela, tres en raya (juego).

margarine [maʀga'ʀin] *f* margarina.

marge [maʀʒ] **1** *f* margen. **2** (fig) tiempo, espacio. **3** ÉCON margen. ■ **en ~ de** al margen, fuera de.

margelle [maʀ'ʒɛl] *f* brocal.

marginal, e [maʀʒi'nal] *adj/m* et *f* marginal.

marginalisation [maʀʒinaliza'sjɔ̃] *f* marginación.

marginaliser [maʀʒinali'ze] *tr* marginar.

marginer [maʀʒi'ne] *tr* apostillar.

marguerite [maʀgə'ʀit] *f* margarita.

mari [ma'ʀi] *m* marido.

mariage [ma'ʀjaʒ] **1** *m* matrimonio. **2** boda, casamiento (celebración). **3** (fig) acuerdo, unión.

marial, e [ma'ʀjal] *adj* mariano, marial.

marié, e [ma'ʀje] **1** *adj/m* et *f* casado. ◆ **2** *m* novio. ◆ **3** *f* novia.

marier [ma'ʀje] **1** *tr* et *pron* casar. ◆ **2** *tr* (fig) unir, juntar.

marihuana [maʀiwa'na] *f* mariguana, marijuana.

marin, e [ma'ʀɛ̃, in] **1** *adj* MAR marino. **2** MAR marinero. ◆ **3** *m* MAR marinero (navegador). ◆ **~ de commerce** marino mercante; **~ d'eau douce** marinero de agua dulce.

marina [maʀi'na] *f* puerto náutico.

marinade [maʀi'nad] *f* escabeche: *marinade de thon = atún en escabeche*.

marine [ma'ʀin] **1** *adj* et *m* marino (color). ◆ **2** *f* marina. ◆ **3** *m* MIL, MAR marine.

mariner [maʀi'ne] **1** *tr* escabechar; marinar (el pescado). **2** adobar (la carne). ◆ **3** *intr* macerar.

marionnette [maʀjɔ'nɛt] **1** *f* títere, marioneta. **2** (fig) pelele, muñeco. ◆ **3** *m* TECH polea vertical giratoria; canilla (bobina).

marital, e [maʀi'tal] *adj* marital.

maritime [maʀi'tim] *adj* marítimo.

mark [maʀk] *m* marco (moneda).

marketing [maʀke'tiŋ] *m* marketing, comercialización; investigación de mercados.

marmaille [maʀ'maj] *f* (fam) chiquillería, prole.

marmelade [maʀmə'lad] *f* mermelada. ■ **en ~** (fig) hecho papilla.

marmite [maʀ'mit] *f* olla, marmita. ■ **faire bouillir la ~** (fig) ganar el puchero.

marmiton [maʀmi'tɔ̃] *m* marmitón, pinche de cocina.

marmonner [maʀmɔ'ne] *tr* mascullar, refunfuñar.

marmot [maʀ'mo] *m* (fig, fam) crío, chaval. ■ **croquer le ~** (fig) esperar mucho.

marmotte [maʀ'mɔt] **1** *f* marmota. **2** pañoleta (peinado). **3** maleta.

marmotter [maʀmɔ'te] *tr* mascullar, bisisear.

marocain, e [maʀɔ'kɛ̃, ɛn] **1** *adj* marroquí. ◆ **2** Marocain, e *m* et *f* marroquí.

maroquin [maʀɔ'kɛ̃] **1** *m* marroquín, tafilete (cuero). **2** (fam) cartera de ministro.

maroquinerie [maʀɔkin'ʀi] *f* marroquinería, tafiletería.

maroquinier [maʀɔki'nje] *m* marroquinero, tafiletero.

marotte [ma'ʀɔt] **1** *f* cetro de locura. **2** fraustina. **3** (fig) manía, capricho.

marquant, e [maʀ'kɑ̃, t] *adj* notable, destacado.

marque [maʀk] **1** *f* marca, señal. **2** insignia (símbolo). **3** mancha, antojo (estigma). **4** señal, huella. **5** señal, cruz (firma). **6** (fig) signo, indicación, señal (prueba): *marque d'amitié = signo de amistad.* **7** COMM marca. **8** SPORTS puesto, tope.

marquer [maʀ'ke] **1** *tr* anotar, inscribir (apuntar). **2** expresar, mostrar (denotar). **3** hacer resaltar. **4** puntuar. **5** señalar, marcar. **6** señalar, indicar (instrumento): *le thermomètre marque la température = el termómetro indica la temperatura.* **7** SPORTS marcar. ● **8** *intr* distinguirse, señalarse. **9** dejar sus huellas (impresión).

marquis [maʀ'ki] *m* marqués.

marquise [maʀ'kiz] **1** *f* marquesa. **2** marquesa (butaca). **3** ARCHIT marquesina.

marraine [maʀ'ʀɛn] *f* madrina.

marrant, e [ma'ʀɑ̃, t] **1** *adj* (fam) extraño, sorprendente. **2** (fam) divertido, cómico.

marrer (se) [səma'ʀe] *pron* (fam) divertirse.

marron, onne [ma'ʀɔ̃, ɔn] **1** *adj* et *m* marrón (color). ● **2** *adj* cimarrón. **3** (fig) falso, clandestino. **4** HIST cimarrón. ● **5** *m* castaña (fruto). **6** (fig, fam) castaña, puñetazo. ◆ **marrons glacés** castañas confitadas.

mars [maʀs] **1** *m* marzo. **2 Mars** ASTR Marte. ■ **arriver comme ~ en carême** llegar como agua de mayo.

marteau [maʀ'to] **1** *m* martillo. **2** MUS macillo, martinete (de un piano). **3** ZOOL pez martillo (animal). ◆ **~ à dent** martillo de orejas.

martel [maʀ'tɛl] **se mettre ~ en tête** preocuparse mucho.

marteler [maʀtə'le] **1** *tr* martillar. **2** recalcar (repetición). **3** (fig) pegar, golpear. **4** MUS destacar.

martial, e [maʀ'sjal] *adj* marcial: *arts martiaux = artes marciales.*

martien, enne [maʀ'sjɛ̃, ɛn] *adj/m* et *f* marciano.

martin-pêcheur [maʀtɛ̃pe'ʃœʀ] *m* martín pescador.

martyr, e [maʀ'tiʀ] *adj/m* et *f* mártir. ■ **jouer les martyrs** hacerse el mártir.

martyre [maʀ'tiʀ] *m* martirio. ■ **souffrir le ~ (fig)** sufrir atrozmente.

martyriser [maʀtiʀi'ze] *tr* martirizar.

marxiste [maʀk'sist] *adj/m* ou *f* marxista.

mas [ma o mas] *m* masía, masada.

mascara [maska'ʀa] *f* rímel.

mascarade [maska'ʀad] **1** *f* disfraz. **2** mascarada, mojiganga (espectáculo).

mascotte [mas'kɔt] *f* (fam) mascota, talismán.

masculin, e [masky'lɛ̃, in] *adj* et *m* masculino.

masculiniser [maskylini'ze] *tr* masculinizar.

masculinité [maskylini'te] *f* masculinidad.

masochisme [mazɔ'ʃism] *m* masoquismo.

masochiste [mazɔ'ʃist] *adj/m* ou *f* masoquista.

masquage [mas'kaʒ] *m* enmascaramiento.

masque [mask] **1** *m* máscara, careta. **2** antifaz (carátula). **3** (fig) apariencia. ◆ **~ respiratoire** máscara respiratoria.

masquer [mas'ke] **1** *tr* enmascarar. **2** disfrazar. **3** (fig) ocultar, esconder (encubrir).

massacrant, e [masa'kʀɑ̃, t] *adj* (fig, fam) insoportable.

massacre [ma'sakʀ] **1** *m* cabeza descarnada (blasón). **2** estrago, destrozo (destrucción). **3** matanza, carnicería. **4** (fig) mala ejecución.

massacrer [masa'kʀe] **1** *tr* degollar, matar. **2** (fig) destrozar, estropear.

massage [ma'saʒ] *m* masaje.

masse [mas] **1** *f* masa. **2** masa (grupo). **3** mole, bulto (cuerpo). **4** multitud (población). **5** (fig) caudal, bienes. **6** COMM junta. **7** ÉLEC tierra, masa. **8** MÉC masa (volumen).

massepain [mas'pɛ̃] *m* mazapán.

masser [ma'se] **1** *tr* agrupar, concentrar; amontonar. **2** dar masaje a; frotar.

massif, ive [ma'sif, iv] **1** *adj* macizo. **2** en masa (intensidad): *on a eu une réponse massive = hemos tenido una respuesta en masa.* **3** masivo; máximo (una cantidad). **4** (fig) grueso, pesado. ● **5** *m* macizo; montaña. **6** macizo, bosque.

mass media [masme'dja] *m pl* mass media, medios de comunicación.

massue [ma'sy] *f* porra, maza; macana (Amér.).

mastic [mas'tik] **1** *m* almáciga (resina). **2** masilla. **3** empastelamiento (imprenta).

mastication [mastika'sjɔ̃] *f* masticación.

mastiquer [masti'ke] **1** *tr* masticar. **2** fijar con masilla (pegar).

mastoc [mas'tɔk] **1** *adj* pesado, tosco. ● **2** *m* (fam) mazacote.

mastodonte [mastɔ'dɔ̃t] *m* ZOOL mastodonte.

masturbation [mastyʀba'sjɔ̃] *f* masturbación.

masturber [mastyʀ'be] *tr* masturbar.

masure [ma'zyʀ] *f* casucha, chabola; casa en ruinas.

mat [ma] *adj et m* mate (ajedrez). ■ **faire échec et ~** dar jaque mate.

mât [ma] **1** *m* palo, mástil (náutica). **2** poste, palo. ◆ **~ de beaupré** palo de bauprés; **~ de misaine** trinquete.

match [matʃ] *m* partido, encuentro, combate. ◆ **~ d'échecs** torneo de ajedrez; **~ nul** empate, tablas.

matelas [mat'la] **1** *m* colchón. **2** (fam) fajo de billetes.

matelasser [matla'se] **1** *tr* acolchar, acolchonar. **2** enguatar (moda). **3** rellenar: *matelasser un cloison* = *rellenar un tabique*.

matelot [mat'lo] **1** *m* marinero. **2** MAR matalote.

matelote [mat'lɔt] *f* GAST caldereta, guiso de pescado. ■ **à la ~** a la marinera.

mater [ma'te] **1** *tr* dar mate (ajedrez). **2** domar, dominar (someter). **3** apelmazar. **4** TECH remachar.

matérialisation [mateʀjaliza'sjɔ̃] *f* materialización.

matérialiser [mateʀjali'ze] *tr et pron* materializar.

matérialiste [mateʀja'list] *adj/m ou f* materialista.

matérialité [mateʀjali'te] *f* materialidad.

matériau [mate'ʀjo] **1** *m* (fig) material. ● **2 matériaux** *m pl* TECH materiales.

matériel, elle [mate'ʀjɛl] **1** *adj* material. **2** (fig) materialista. ● **3** *m* material. **4** lo esencial, lo indispensable (equipo). ● **5** *f* materia. ◆ **~ agricole** AGR aperos de labranza.

maternel, elle [mateʀ'nɛl] **1** *adj* materno, maternal. ● **2** *f* escuela de párvulos.

maternité [mateʀni'te] **1** *f* maternidad. **2** MÉD parto, alumbramiento.

math [mat] (*abrév de* **mathématiques**) *f pl* → **maths**.

mathématicien, enne [matemati'sjɛ̃, ɛn] *m et f* matemático.

mathématique [matema'tik] **1** *adj* matemático. ● **2** *f* matemática.

maths [mat] (*abrév de* **mathématique**) *f pl* (fam) mates.

matière [ma'tjɛʀ] **1** *f* disciplina. **2** materia. **3** causa, motivo. **4** materia, tema.

matin [ma'tɛ̃] **1** *m* mañana. **2** madrugada (alba). ● **3** *adv* temprano. **4** por la mañana: *le matin je me lève à 8 heures* = *por la mañana me levanto a las 8*. ■ **de bon ~** de madrugada.

matinal, e [mati'nal] **1** *adj* matinal, matutino. **2** madrugador, mañanero.

matinée [mati'ne] **1** *f* función de tarde (espectáculo). **2** mañana. **3** chambra (ropa).

mâtiner [mati'ne] *intr* ZOOL, TECH cruzar.

matines [ma'tin] *f pl* maitines.

matois, e [ma'twa, z] *adj* astuto, lagarto. ■ **un fin ~** un tunante rematado.

matou [ma'tu] *m* gato, morrongo.

matraque [ma'tʀak] *f* garrote, porra.

matraquer [matʀa'ke] **1** *tr* aporrear. **2** (fig) tratar duramente.

matriarcal, e [matʀjaʀ'kal] *adj* matriarcal.

matrice [ma'tʀis] **1** *f* matriz; registro original. **2** ANAT matriz (útero). **3** MATH matriz. **4** TECH matriz, molde.

matricide [matʀi'sid] **1** *m* ou *f* matricida. ● **2** *m* matricidio (asesinato).

matricule [matʀi'kyl] **1** *f* matrícula, registro. **2** matrícula (inscripción). ● **3** *m* número de registro. ● **4** *adj* matriz.

matrimonial, e [matʀimɔ'njal] *adj* matrimonial.

matrone [ma'tʀɔn] **1** *f* matrona. **2** comadrona (enfermera).

maturation [matyʀa'sjɔ̃] *f* maduración.

mature [ma'tyʀ] *adj* maduro.

maturité [matyʀi'te] *f* madurez, sazón. ◆ **~ d'esprit** madurez, experiencia.

maudire [mo'diʀ] *tr* maldecir.

maudit, e [mo'di, t] *adj* maldito, execrable. ■ **~ soit** maldito sea.

maugréer [mogʀe'e] *intr* refunfuñar, mascullar, renegar.

mauresque [mo'ʀɛsk] **1** *adj* morisco, moruno. ● **2** *f* HIST mujer mora.

mausolée [mozo'le] *m* mausoleo.

maussade [mo'sad] **1** *adj* huraño, hosco. **2** malhumorado, desapacible (desagradable).

mauvais, e [mo'vɛ, z] **1** *adj/m et f* malo. ● **2** *adv* mal. ◆ **~ caractère** mal carácter; **~ coup** mala pasada; **mauvaise plaisanterie** broma pesada; **mauvaises herbes** maleza; ■ **il fait ~** hace mal tiempo.

mauve [mov] **1** *adj* et *m* malva (color). ●
2 *f* BOT malva (planta).

maximal, e [maksi'mal] *adj* máximo:
*condamné à la peine maximale = conde-
nado a la pena máxima.*

maximaliser [maksimali'ze] *tr* maximizar (optimizar).

maximaliste [maksima'list] *adj/m* ou *f*
maximalista, bolchevique.

maxime [mak'sim] *f* máxima: *il a suivi
cette maxime = ha seguido esta máxima;*
regla, aforismo.

maximiser [maksimi'ze] *tr* maximizar.

mayonnaise [majo'nɛz] *f* mayonesa. ◆
~ à l'ail alioli.

mazout [ma'zut] *m* fuel-oil, fuel, mazut
(combustible).

me [mə] **1** *pron* me: *tu me parles de tes
amis = tú me hablas de tus amigos, il
m'a envoyé cette lettre = él me ha enviado esta carta.* **2** yo: *me voilà tranquille =
aquí estoy yo tranquilo.*

> Sólo aparece pospuesto al verbo en el
> imperativo y seguido de **en** o y. En los
> demás casos debe sustituirse por **moi**:
> *donne-m'en = dame (de esto)* ◊ *don-
> ne-le-moi = dámelo.*

méandre [me'ɑ̃dʀ] **1** *m* meandro. **2** (fig)
rodeo, artificio. **3** ARCHIT meandro.

mec [mɛk] *m* (fam) tío, individuo, tipo.

mécanicien, enne [mekani'sjɛ̃, ɛn] **1**
adj/m et *f* mecánico. ● **2** *m* maquinista (conductor). ● **3** *f* costurera a máquina (moda). ◆
~ navigant AÉR mecánico de a bordo.

mécanique [meka'nik] **1** *adj* mecánico;
automático. ● **2** *f* mecánica (ciencia). **3**
mecanismo, funcionamiento. ■ rouler
des mécaniques (fam) chulear; s'y
connaître en ~ saber de mecánica.

mécanisation [mekaniza'sjɔ̃] *f* mecani-
zación.

mécaniser [mekani'ze] *tr* mecanizar.

mécanisme [meka'nism] *m* mecanismo, proceso.

mécano [meka'no] *m* (fam) mecánico.

mécanographe [mekanɔ'gʀaf] *m* ou *f*
TECH mecanógrafo.

mécanographie [mekanɔgʀa'fi] *f*
TECH mecanografía.

mécène [me'sɛn] *m* mecenas.

méchanceté [meʃɑ̃s'te] **1** *f* maldad. **2**
mala intención, malignidad, jugarreta
(crueldad).

méchant, e [me'ʃɑ̃, t] **1** *adj/m* et *f* insoportable; travieso (un niño). **2** malintencionado (cruel). **3** malo, malvado. **4** peligroso, desagradable, feo.

mèche [mɛʃ] **1** *f* mecha. **2** mechón, mecha (de pelo). **3** pábilo (vela). **4** (fam)
bronca. **5** TECH eje. ◆ éventer la ~ (fam)
descubrir el pastel.

mécompte [me'kɔ̃t] **1** *m* equivocación,
error (en el cálculo). **2** (fig) chasco, desengaño.

méconnaissance [mekɔnɛ'sɑ̃s] *f* ignorancia, desconocimiento.

méconnaître [mekɔ'nɛtʀ] **1** *tr* desconо-
cer, ignorar. **2** menospreciar, quitar importancia (despreciar). **3** negar, no reconocer (descuidar).

méconnu, e [mekɔ'ny] *adj* desconocido, ignorado, menospreciado.

mécontent, e [mekɔ̃'tɑ̃, t] *adj/m* et *f*
descontento, disgustado.

mécontenter [mekɔ̃tɑ̃'te] *tr* disgustar,
contrariar.

mécréant, e [mekʀe'ɑ̃, t] **1** *adj/m* et *f*
incrédulo, no creyente. **2** (fam) infiel,
impío.

médaille [me'daj] **1** *f* medalla (moneda).
2 placa. **3** ARCHIT medallón.

médailler [meda'je] *tr* condecorar, premiar (con una medalla).

médaillon [meda'jɔ̃] *m* medallón.

médecin [med'sɛ̃] *m* médico. ◆ ~ de
campagne médico rural; ~ légiste médico forense; ~ traitant médico de cabecera.

médecine [med'sin] **1** *f* medicina (medicamento). **2** medicina (ciencia). ◆ ~ douce medicina natural; ~ légale medicina
forense; ~ préventive medicina preventiva; ■ faire sa ~ estudiar para médico.

média [me'dja] *m pl* media.

médian, e [me'djɑ̃, an] *adj* central, de
en medio.

médiathèque [medja'tɛk] *f* mediateca.

médiation [medja'sjɔ̃] *f* mediación, intermediario: *médiation entre deux états
= mediación entre dos estados.*

médiatique [medja'tik] *adj* popular,
mediático: *sport médiatique = deporte
popular.*

médiatiser [medjati'ze] *tr* mediatizar.

médical, e [medi'kal] *adj* médico, me-
dical: *prescription médicale = prescripción médica.*

médicalisation [medikaliza'sjɔ̃] *f utilización o expansión médica.*

médicament [medika'mɑ̃] *m* medicamento.

médicamenteux, euse [medikamɑ̃'tø,
øz] *adj* medicamentoso.

médication [medika'sjɔ̃] *f* medicación.

médicinal, e [medisi'nal] *adj* medicinal.

médico-social, e [medikɔsɔ'sjal] *adj*
médico-social.

médiéval, e [medje'val] *adj* medieval.

médiéviste [medje'vist] *m ou f* medie-
valista.

médiocre [me'djɔkʀ] *adj* mediocre; mediano.

médiocrité [medjɔkʀi'te] *f* mediocridad.

médire [me'diʀ] *tr et intr* criticar: *médire
d'un ami = criticar a un amigo*; difamar.

médisance [medi'zɑ̃s] *f* denigración;
difamación.

médisant, e [medi'zɑ̃, t] **1** *adj* maldi-
ciente, difamatorio. ● **2** *m et f* murmura-
dor, difamador.

méditatif, ive [medita'tif, iv] *adj/m et f*
pensativo; meditabundo: *avoir un air méditatif = tener un aspecto meditabundo.*

méditation [medita'sjɔ̃] *f* meditación.

méditer [medi'te] *tr* meditar; reflexionar.

Méditerranée [mediteʀa'ne] *f* Mediterráneo.

méditerranéen, enne [mediteʀane'ɛ̃,
ɛn] **1** *adj* mediterráneo. ● **2 Méditerranéen, enne** *m et f* mediterráneo.

médius [me'djys] *m* dedo corazón o cordial.

méduse [me'dyz] *f* ZOOL medusa.

méfait [me'fɛ] **1** *m* mala acción; fechoría. **2**
daño; perjuicio (resultado, consecuencia).

méfiance [me'fjɑ̃s] *f* desconfianza; recelo.

méfiant, e [me'fjɑ̃, t] *adj* desconfiado,
receloso.

méfier (se) [səme'fje] *pron* desconfiar, recelar.

mégalomanie [megalɔma'ni] *f* megalomanía.

mégalopole [megalɔ'pɔl] *f* megápolis.

mégaoctet [megaɔk'tɛ] *m* INF megabyte.

mégarde [me'gaʀd] **1** *f* descuido, distracción. **2** inadvertencia. ■ **par ~** por
falta de atención; involuntariamente.

mégot [me'go] *m* (fam) colilla (de cigarro).

mégoter [mego'te] *intr* escatimar, raca-
near.

méhariste [mea'ʀist] *m* meharista (soldado saharaui).

meilleur, e [me'jœʀ] **1** *adj* mejor: *ta voiture est de meilleure qualité que la mienne = tu coche es de mejor calidad que el
mío.* ● **2** *m et f* el mejor: *pour moi, c'est
le meilleur = para mí, es el mejor.* ■ **bien
~** mucho mejor; **de meilleure heure** más
temprano; **pour le ~ et pour le pire** en
lo bueno y en lo malo.

méjuger [meʒy'ʒe] **1** *tr et pron* juzgar
mal. **2** subestimar, menospreciar, desestimar: *méjuger les possibilités d'un projet = subestimar las posibilidades de un
proyecto.*

mélancolie [melɑ̃kɔ'li] **1** *f* melancolía.
2 (form) pesadumbre, pena.

mélancolique [melɑ̃kɔ'lik] *adj* melancólico; nostálgico.

mélanésien, enne [melane'zjɛ̃, ɛn] **1**
adj melanesio. ● **2 Mélanésien, enne** *m
et f* melanesio.

mélange [me'lɑ̃ʒ] *m* mezcla.

mélanger [melɑ̃'ʒe] **1** *tr* mezclar. **2** confundir. **3** barajar (los naipes): *pour pouvoir jouer il faut mélanger les cartes =
para poder jugar hay que barajar las
cartas.*

mêlée [me'le] **1** *f* pelea, batalla. **2** confusión, desorden. **3** (fig) lucha (de intereses). **4** SPORTS melé (en rugby).

mêler [me'le] **1** *tr et pron* mezclar; combinar. **2** enredar; enmarañar: *mêler les
cheveux = enredar los cabellos.* **3** implicar, meter (en un asunto). **4** unir, añadir:
*se mêler à un groupe = unirse a un gru-
po.* ● **5** *tr* confundir.

méli-mélo [melime'lo] **1** *m* mezcolanza.
2 (fam) revoltijo, desorden: *quel méli-
mélo! = ¡qué desorden!*

mélo [me'lo] (*abrév de* **mélodrame**) *m*
(fam) melodrama, culebrón.

mélodie [melɔ'di] **1** *f* melodía. **2** cantinela (monótona).

mélodieux, euse [melɔ'djø, øz] *adj*
melodioso, armonioso.

mélodique [melɔ'dik] *adj* melódico.

mélodiste [melɔ'dist] *m ou f* melodista;
compositor de melodías.

mélodramatique [melɔdrama'tik] *adj*
melodramático.

mélodrame [melɔ'dram] *m* melodrama.

mélomane [melɔ'man] *adj/m ou f* melómano.

melon [mə'lɔ̃ o mlɔ̃] *m* melón (fruta). ◆
~ **d'eau** melón de agua; sandía.

melonnière [melɔ'njɛʀ] *f* melonar
(huerta).

membrane [mã'bʀan] *f* ANAT membrana: *membrane cellulaire, nucléaire =
membrana celular, nuclear*.

membraneux, euse [mãbʀa'nø, øz]
adj membranoso.

membre [mã'bʀ] **1** *adj* miembro: *état,
pays membre = estado, país miembro*. ◆
2 *m* miembro: *les membres d'une famille
= los miembros de una familia*. **3** socio.
4 ANAT pene, miembro viril.

membru, e [mã'bʀy] *adj* fornido (robusto).

même [mɛm] **1** *adj indéf* igual: *entre
gens de la même formation = entre gente con una formación igual*. **2** mismo:
*elles sont venues la même semaine =
ellas vinieron la misma semana*. ◆ **3**
pron mismo. ◆ **4** *adv* aun, incluso: *chaque jour, et même chaque heure = cada
día, y aun cada hora*. **5** hasta: *tout le
monde lui tourne le dos, même ses parents = todos le dan la espalda, hasta sus
padres*. ■ **de lui** ~ por sí mismo: *il peut
le faire de lui même = puede hacerlo por
sí mismo*; **de** ~ **que** lo mismo que; ~ **pas**
ou **pas** ~ ni siquiera.

mémé [me'me] *f* (fam) abuela.

mémère [me'mɛʀ] **1** *f* (fam) abuela. **2**
(fam) vieja; viejecita.

mémoire [me'mwaʀ] **1** *f* memoria. **2**
informe, exposición. **3** tesina (universitaria). ◆ ~ **centrale** INF memoria central o
principal; ~ **d'éléphant** (fig, fam) memoria de elefante; ■ **à la** ~ **de** en memoria de; **de** ~ de memoria; **de** ~ **d'-
homme** desde tiempos inmemoriales;
rafraîchir la ~ **à qqn** (fig) refrescar la
memoria a alguien.

mémorial [memɔ'ʀjal] **1** *m* memorial
(recordatorio). **2** COMM libro de asientos
(de una empresa).

mémorisation [memɔʀiza'sjɔ̃] *f* me-
morización.

mémoriser [memɔʀi'ze] *tr* memorizar.

menaçant, e [mǝna'sã, t] *adj* amenaza-
dor: *un regard menaçant = una mirada
amenazadora*.

menace [mǝ'nas] **1** *f* amenaza. **2** intimidación, chantaje. ■ **sous la** ~ bajo amenaza.

menacer [mǝna'se] **1** *tr* amenazar. **2** intimidar.

ménage [me'naʒ] **1** *m* gobierno, cuidado
de la casa. **2** limpieza, mantenimiento:
*produits de ménage = productos de lim-
pieza*. **3** pareja (casada o no). **4** hogar, familia: *un immeuble avec six ménages =
un edificio con seis familias*. ■ **à trois**
trío, pareja y un amante; **de** ~ casero;
faire bon ou **mauvais** ~ hacer buena o
mala pareja.

ménager [mena'ʒe] **1** *tr* arreglar: *ménager un escalier = arreglar una escalera*.
2 disponer, preparar. **3** ahorrar, distribuir,
emplear bien. **4** medir, moderar. **5** considerar, tratar bien (a una persona). ◆ **6** se
~ *pron* cuidarse (salud, aspecto). ■ **se** ~
pour la fin reservarse para el final.

mendiant, e [mã'djã, t] *m et f* mendigo,
pordiosero.

mendicité [mãdisi'te] *f* mendicidad, indigencia.

mendier [mã'dje] **1** *tr et intr* mendigar;
pedir. **2** (fig) mendigar, suplicar.

menée [mǝ'ne] **1** *f* rastro (de un ciervo).
◆ **2 menées** *f pl* (fig) maquinación, intriga; maniobra secreta.

mener [mǝ'ne] **1** *tr* llevar; conducir: *mener un pays à la ruine = conducir un
país a la ruina*. **2** dirigir, mandar. **3**
guiar. **4** pilotar, conducir (un vehículo);
manejar (Amér.). **5** llevar, transportar. **6**
encabezar, liderar: *mener une manifestation = encabezar una manifestación*. **7**
realizar, ejecutar. **8** GÉOM trazar (una recta). ◆ **9** *intr* SPORTS llevar ventaja, ganar
por: *l'équipe mène trois à deux = el
equipo gana por tres a dos*. ■ **à bonne fin** llevar a buen término; ~ **loin** traer
cola, tener serias consecuencias.

ménopause [meno'poz] *f* MÉD menopausia.

menotte [mǝ'nɔt] **1** *f* manita (mano pequeña). ◆ **2 menottes** *f pl* esposas (para
prisioneros).

menotter [mǝnɔ'te] *tr* esposar.

mensonge [mɑ̃'sɔ̃ʒ] **1** *m* mentira; guayaba, macana (Amér.). **2** fabulación, ficción (ilusión): *le mensonge du roman = la ficción de la novela.* ◆ **pieux ~** mentira piadosa.

mensonger, ère [mɑ̃sɔ̃'ʒe, ɛʁ] **1** *adj* mentiroso (una persona). **2** falso: *une accusation mensongère = una falsa acusación.* **3** engañoso: *publicité mensongère = publicidad engañosa.*

menstruation [mɑ̃stʁya'sjɔ̃] *f* menstruación.

menstruel, elle [mɑ̃s'tʁyɛl] *adj* menstrual.

mensualiser [mɑ̃sɥali'ze] *tr* mensualizar.

mensualité [mɑ̃sɥali'te] *f* mensualidad.

mensuel, elle [mɑ̃'sɥɛl] **1** *adj* mensual. ● **2** *m et f* asalariado pagado mensualmente.

mensuration [mɑ̃syʁa'sjɔ̃] *f* medida: *les mensurations d'une modèle = las medidas de una modelo;* mensuración.

mental, e [mɑ̃'tal] **1** *adj* mental. ● **2** *m* moral (de un deportista): *il a un mental très fort, il peut gagner = tiene la moral muy alta, puede ganar.*

mentalité [mɑ̃tali'te] **1** *f* mentalidad; forma de pensar. **2** ideología.

menteur, euse [mɑ̃'tœʁ, øz] **1** *adj* engañoso. ● **2** *adj/m et f* mentiroso; embustero.

menthe [mɑ̃t] *f* BOT menta; hierbabuena.

menthol [mɑ̃'tɔl] *m* mentol.

mention [mɑ̃'sjɔ̃] **1** *f* mención. ◆ **~ assez bien** ou **bien** notable; **~ honorable** mención honorífica, matrícula de honor: *il a eu une mention honorable en littérature = ha obtenido una matrícula de honor en literatura;* **~ passable** aprobado; **~ très bien** sobresaliente; ■ **faire ~** mencionar.

mentionner [mɑ̃sjɔ'ne] **1** *tr* mencionar; citar; nombrar. **2** figurar: *le village n'est pas mentionné dans la carte = la aldea no figura en el mapa.* ■ **il est mentionné de** está especificado de.

mentir [mɑ̃'tiʁ] **1** *intr* mentir; guayabear (Amér.). ● **2 se ~** *pron* engañarse. ■ **sans** ou **pour ne pas ~** a decir verdad.

menton [mɑ̃'tɔ̃] **1** *m* barbilla; mentón. **2** ZOOL labio superior (de los insectos); mandíbula inferior (de las aves). ◆ **double ~** papada.

menu, e [mə'ny] **1** *adj* menudo. **2** pequeño, delgado. ● **3** *m* menú; carta (de un restaurante). **4** (fig, fam) agenda, orden del día. **5** INF menú. ● **6** *adv* muy fino, a trocitos. ◆ **~ touristique** menú turístico; ■ **par le ~** (fig) en detalle, con pelos y señales.

menuiser [mənɥi'ze] **1** *tr* trabajar como carpintero. **2** afinar; rebajar (madera).

menuiserie [mənɥiz'ʁi] *f* carpintería.

menuisier, ère [mənɥi'zje, jɛʁ] **1** *m et f* carpintero. **2** ebanista.

méplat, e [me'pla, t] **1** *adj* chato; plano. ● **2** *m* ART plano. **3** ANAT parte plana (del cuerpo humano).

méprendre (se) [səme'pʁɑ̃dʁ] **1** *pron* confundirse, equivocarse. **2** (~ *à*) dejarse engañar.

mépris [me'pʁi] **1** *m* desprecio; menosprecio. **2** (form) afrenta, agravio. ■ **au ~ de** sin tener en cuenta; sin importar.

méprisant, e [mepʁi'zɑ̃, t] **1** *adj* despreciativo. **2** arrogante, altanero.

méprise [me'pʁiz] **1** *f* error; equivocación. **2** malentendido. ■ **par ~** por error.

mépriser [mepʁi'ze] *tr et pron* despreciar, desdeñar; menospreciar.

mer [mɛʁ] *f* mar. ◆ **basse ~** bajamar; **haute** ou **pleine ~** alta mar; **~ démontée** mar alborotado; **~ fermée** mar cerrada; **~ houleuse** mar agitado; ■ **prendre la ~** hacerse a la mar.

mercantile [mɛʁkɑ̃'til] *adj* mercantil; comercial.

mercenaire [mɛʁsə'nɛʁ] **1** *adj/m* ou *f* asalariado. **2** mercenario (soldado).

mercerie [mɛʁsə'ʁi] **1** *f* mercería (tienda). **2** material de costura.

merci [mɛʁ'si] **1** *f* merced; gracia. **2** favor. ● **3** gracias: *merci beaucoup pour le cadeau = muchas gracias por el regalo.* ■ **à la ~ de** a merced de; **à ~** a discreción; **sans ~** sin piedad.

mercredi [mɛʁkʁə'di] *m* miércoles.

mercure [mɛʁ'kyʁ] **1** *m* CHIM mercurio. **2** Mercure ASTR Mercurio.

merde [mɛʁd] **1** *f* (vulg) mierda; excremento: *une merde de chien = un excremento de perro;* caca. **2** (fig, vulg) mierda: *une merde de voiture = una mierda de coche;* porquería. ● **3 merde!** *interj* (fam) ¡mierda! ■ **de ~** malo, de mierda: *un temps de merde = mal tiempo.*

merdeux, euse [mɛʁ'dø, øz] **1** *adj* (vulg) lleno de mierda, asqueroso; sucio.

● **2** *m* et *f* (vulg) mequetrefe, mocoso (una persona).

mère [mɛʀ] **1** *f* madre. **2** (fig) madre, origen: *la mère de tous les vices = la madre de todos los vicios.* ● **3** *adj* (fig) madre, esencial. **4** TECH puro, fino. ◆ ~ **abbesse** madre superiora; ~ **célibataire** madre soltera; ~ **d'accueil** madre de alquiler; ~ **de famille** madre de familia; ~ **nourrice** ama de cría.

méridien, enne [meʀi'djɛ̃, ɛn] **1** *adj* meridiano: *plan méridien = plano meridiano.* ● **2** *m* et *f* ASTR, MATH, PHYS meridiano. ● **3** *f* tumbona. **4** siesta. ◆ ~ **international** ou **d'origine** GÉOGR meridiano cero.

méridional, e [meʀidjɔ'nal] *adj* meridional.

meringue [mɔ'ʀɛ̃g] *f* merengue (pastel).

meringuer [mɔʀɛ̃'ge] *tr* merengar.

méritant, e [meʀi'tɑ̃, t] *adj* meritorio; merecedor.

mérite [me'ʀit] *m* mérito, virtud.

mériter [meʀi'te] **1** *tr* merecer: *son comportement mérite réflexion = su comportamiento merece una reflexión.* **2** dar lugar a; ser digno. ■ ~ **de** merecer la pena.

méritoire [meʀi'twaʀ] *adj* meritorio, loable: *un effort méritoire = un esfuerzo loable.*

merlan [mɛʀ'lɑ̃] **1** *m* pescadilla. **2** culata de vacuno. ◆ **faire des yeux de ~ frit** (fam) poner los ojos en blanco.

merle [mɛʀl] *m* mirlo (pájaro). ◆ **beau ~** buen pájaro, persona o cosa poco recomendable; **fin ~** (fig) hombre fino; ~ **blanc** (fig) cosa rara; ■ **siffler comme un ~** cantar o silbar muy bien.

merlu [mɛʀ'ly] *m* merluza.

mérou [me'ʀu] *m* mero (pescado).

merveille [mɛʀ'vɛj] *f* maravilla. ■ **à ~ de** maravilla: *ma voiture marche à merveille = mi coche funciona de maravilla*; perfectamente; **c'est ~ que** es maravilloso que; **faire ~** hacer maravillas.

merveilleux, euse [mɛʀvɛ'jø, øz] **1** *adj* maravilloso. ● **2** *m* LITT maravilloso; sobrenatural.

mes [me] *adj poss* → **mon**.

mésalliance [meza'ljɑ̃s] *f* mal casamiento.

mésaventure [mezavɑ̃'tyʀ] **1** *f* contratiempo, desventura. **2** accidente.

mesdames [me'dam] *f pl* → **madame**.

mesdemoiselles [medmwa'zɛl] *f pl* → **mademoiselle**.

mésentente [mezɑ̃'tɑ̃t] **1** *f* desacuerdo. **2** disensión.

mésestimation [mezɛstima'sjɔ̃] *f* desestimación.

mesquin, e [mɛs'kɛ̃, in] **1** *adj* mezquino; ruin (una persona). **2** mediocre (una cosa). **3** sórdido (una historia).

mesquinerie [mɛskin'ʀi] **1** *f* mezquindad. **2** bajeza; mediocridad.

message [me'saʒ] **1** *m* mensaje. **2** aviso. **3** recado (comisión). ◆ ~ **téléphonique** aviso telefónico.

messager, ère [mesa'ʒe, ɛʀ] **1** *m* et *f* mensajero. **2** precursor, anunciador.

messagerie [mesaʒ'ʀi] *f* mensajería.

messe [mɛs] *f* REL misa. ◆ ~ **de minuit** misa del gallo (en Navidad); ~ **des morts** misa de difuntos; ~ **noire** misa negra; ■ **dire la ~** decir misa.

messianique [mesja'nik] *adj* REL mesiánico.

messie [me'si] *m* REL mesías.

messieurs [me'sjø] *m pl* → **monsieur**.

mesure [mɔ'zyʀ] **1** *f* medida; dimensión (valor numérico). **2** determinación, disposición, medida. **3** moderación, mesura (contención). **4** precaución; circunspección. **5** MUS compás; ritmo. ◆ **commune** ~ (en *fr negativas*) comparación; ■ **à la** ~ **de** en proporción, proporcional; **dans la** ~ **de** en relación con, en la medida de: *dans la mesure du possible = en la medida de lo posible*; **dans une certaine** ~ en cierta medida; **outre** ~ exageradamente, excesivamente.

mesurer [mɔzy'ʀe] **1** *tr* medir. **2** apreciar; estimar. **3** calcular, medir. ● **4 se** ~ *pron* medirse.

mésuser (de) [dɔmezy'ze] **1** *intr* (form) abusar. **2** hacer mal uso de.

métabolisme [metabɔ'lism] *m* BIOL metabolismo.

métal [me'tal] *m* metal. ◆ ~ **bleu** cobalto; ~ **jaune** oro; **non-métal** CHIM no metal.

métallique [meta'lik] *adj* metálico.

métallisation [metaliza'sjɔ̃] *f* metalización; galvanización.

métalliser [metali'ze] *tr* metalizar; galvanizar.

métalloïde [metalɔ'id] *m* metaloide.

métallurgie [metalyʀ'ʒi] *f* metalurgia. ◆ ~ **de transformation** metalurgia de transformación; ~ **du fer** siderurgia.

métallurgique [metalyʀ'ʒik] *adj* metalúrgico.

métamorphose [metamɔʀ'foz] *f* metamorfosis.

métamorphoser [metamɔʀfo'ze] *tr* metamorfosear.

métaphore [meta'fɔʀ] *f* metáfora.

métaphorique [metafɔ'ʀik] *adj* metafórico.

métaphysicien, enne [metafizi'sjɛ̃, ɛn] *m et f* metafísico.

métaphysique [metafi'zik] **1** *adj* metafísico. ● **2** *f* metafísica.

météo [mete'o] *f* (fam) meteorología.

météore [mete'ɔʀ] *m* meteoro.

météorisation [meteɔʀiza'sjɔ̃] *f* meteorismo.

météorisme [meteɔ'ʀism] *m* → **météorisation**.

météorite [meteɔ'ʀit] *f* meteorito.

météorologie [meteɔʀɔlɔ'ʒi] *f* meteorología.

météorologique [meteɔʀɔlɔ'ʒik] *adj* meteorológico.

météorologiste [meteɔʀɔlɔ'ʒist] *m ou f* meteorólogo; meteorologista.

méthode [me'tɔd] *f* método.

méthodique [metɔ'dik] *adj* metódico.

méthodiste [metɔ'dist] *adj/m ou f* metodista.

méthodologie [metɔdɔlɔ'ʒi] *f* metodología.

méthodologique [metɔdɔlɔ'ʒik] *adj* metodológico.

méticuleux, euse [metiky'lø, øz] *adj* meticuloso, minucioso.

méticulosité [metikylɔzi'te] *f* meticulosidad.

métier [me'tje] **1** *m* oficio. **2** profesión; carrera. **3** función, obligación (rol). **4** bastidor (máquina textil). ◆ ~ **à tisser** telar; ■ **avoir du** ~ tener mucho oficio.

métis, isse [me'tis] **1** *adj/m et f* mezclado (de dos sustancias diferentes). **2** mestizo: *enfants métis = niños mestizos*.

métisser [meti'se] *tr* mestizar (cruzar razas).

métonymie [metɔni'mi] *f* metonimia.

mètre [mɛtʀ] **1** *m* metro: *mètre carré, cubique = metro cuadrado, cúbico*. **2** RHÉT metro (en poesía). ◆ ~ **à ruban** cinta métrica.

métré [me'tʀe] *m* medición por metros.

métrer [me'tʀe] *tr* medir por metros.

métricien, enne [metʀi'sjɛ̃, ɛn] *m et f* especialista en métrica.

métrique [me'tʀik] **1** *adj* métrico: *onde métrique = onda métrica*. ● **2** *f* métrica (en poesía).

métro [me'tʀo] *m* metro (transporte metropolitano): *prendre le métro = coger el metro*; subterráneo (Amér.). ■ **avoir un** ~ **de retard** (fig) no estar a la última.

métropole [metʀɔ'pɔl] *f* metrópoli.

métropolitain, e [metʀɔpɔli'tɛ̃, ɛn] *adj et m* metropolitano.

mets [mɛ] *m* plato: *confectionner un mets = confeccionar un plato*; manjar.

mettre [mɛtʀ] **1** *tr et pron* poner; colocar. ● **2** *tr* echar (introducir). **3** tardar (tiempo): *mettre plusieurs jours à faire qqch = tardar varios días en hacer algo*. **4** emplear: *mettre ses forces dans qqch = emplear sus fuerzas en algo*. **5** ~ **à** + **inf** ponerse + a + inf: *se mettre à pleurer = ponerse a llorar*. ■ ~ **à bas** derribar; ~ **à bout** sacar de sus casillas; ~ **à flot** poner a flote; ~ **à la poste** echar al correo; ~ **de côté** ahorrar; ~ **en croix** crucificar; ~ **en pages** confeccionar (un texto); **se** ~ **à l'eau** meterse en el agua.

meuble [møbl] **1** *adj* DR mueble. ● **2** *m* mueble (de madera). ● **3** **meubles** *m pl* mobiliario. ◆ **meubles-lits** muebles cama; ■ **faire partie des meubles** ser como de la familia; frecuentar mucho un lugar.

meublé, e [mø'ble] **1** *adj* amueblado. ● **2** *m* amueblado (de un apartamento). ■ **vivre en** ~ vivir en un apartamento amueblado.

meubler [mø'ble] **1** *tr* amueblar (con muebles): *meubler sa maison = amueblar su casa*. **2** decorar; adornar. ■ ~ **sa mémoire** (fig) enriquecer la memoria.

meugler [mø'gle] *intr* mugir; bramar.

meule [møl] **1** *f* muela (de un molino). **2** carbonera. **3** piedra de afilar. **4** (fam) moto. ◆ ~ **de fromage** rueda de queso.

meuler [mø'le] *tr* amolar; afilar.

meurt-de-faim [mœʀdə'fɛ̃] *m ou f* muerto de hambre (hambriento).

meurtre [mœʀtʀ] *m* homicidio; asesinato.

meurtrier, ère [mœʀˈtʀje, jɛʀ] **1** adj mortal. **2** (fig) sangriento (un combate). ● **3** m et f homicida; asesino.

meurtrière [mœʀˈtʀjɛʀ] f tronera; aspillera (de una fortificación).

meurtrir [mœʀˈtʀiʀ] **1** tr magullar; contusionar. **2** machucar (la fruta). **3** (fig) herir (el alma).

meurtrissure [mœʀtʀiˈsyʀ] **1** f magulladura; contusión. **2** machucadura (de la fruta). **3** (fig) herida (del corazón).

meute [møt] **1** f jauría (de perros). **2** (fig, form) manada; banda (de personas).

mévente [meˈvɑ̃t] f venta inferior en cantidad y precio.

Mexique [mɛkˈsik] m México; Méjico.

mi [mi] m MUS mi.

miaou [mjau] m miau.

miauler [mjoˈle] **1** intr maullar. **2** (fam) lloriquear (un niño).

mi-bas [miˈba] m calcetín de media.

miche [miʃ] **1** f hogaza de pan. ● **2 miches** f pl (fam) nalgas, trasero.

mi-chemin (à) [amiʃˈmɛ̃] loc adv a medio camino: il est resté à mi-chemin = se ha quedado a medio camino.

mi-clos, e [miˈklo, z] adj medio cerrado (entornado).

micmac [mikˈmak] **1** m chanchullo. **2** (fam) embrollo, lío.

mi-corps (à) [amiˈkɔʀ] loc adv de medio cuerpo: une photo à mi-corps = una foto de medio cuerpo.

mi-côte (à) [amiˈkot] loc adv a media cuesta.

micro [miˈkʀo] m (fam) micro (micrófono).

microbe [miˈkʀɔb] m microbio.

microbiologie [mikʀobjɔlɔˈʒi] f microbiología.

microchirurgie [mikʀoʃiʀyʀˈʒi] f microcirugía.

microclimat [mikʀokliˈma] m microclima.

microcopie [mikʀokoˈpi] f microcopia.

microcosme [mikʀoˈkɔsm] m microcosmos.

micro-cravate [mikʀokʀaˈvat] m micrófono de solapa.

microédition [mikʀoediˈsjɔ̃] f INF microedición.

microélectronique [mikʀoelɛktʀoˈnik] **1** adj microelectrónico. ● **2** f microelectrónica.

microfiche [mikʀoˈfiʃ] f INF microficha.

microfilm [mikʀoˈfilm] m microfilme.

micrographe [mikʀoˈɡʀaf] m micrógrafo.

micro-informatique [mikʀoɛ̃fɔʀmaˈtik] f microinformática.

micromètre [mikʀoˈmɛtʀ] m micrómetro (unidad).

micro-ondes [mikʀoˈɔ̃d] m microondas (horno).

micro-ordinateur [mikʀoɔʀdinaˈtœʀ] m INF microordenador.

micro-organisme [mikʀoɔʀɡaˈnism] m microorganismo.

microphone [mikʀoˈfɔn] m micrófono.

microprocesseur [mikʀopʀoseˈsœʀ] m INF microprocesador; microplaqueta.

microprogrammation [mikʀopʀoɡʀamaˈsjɔ̃] f INF microprogramación.

microprogramme [mikʀopʀoˈɡʀam] m INF microprograma.

microscope [mikʀosˈkɔp] m microscopio.

microscopique [mikʀoskoˈpik] adj microscópico.

miction [mikˈsjɔ̃] f micción.

midi [miˈdi] **1** m mediodía (las doce). **2** sur (punto cardinal): du nord au midi = de norte a sur. **3** (fig) madurez, edad adulta (en la vida). **4 Midi** GÉOGR sur de Europa. **5** GÉOGR sur de Francia. ■ à ~ juste a las doce en punto; en plein ~ en pleno día.

mie [mi] f miga (de pan). ■ à la ~ de pain (fig, fam) de tres al cuarto (sin valor): c'est un avocat à la mie de pain = es un abogado de tres al cuarto; n'y voir ~ no ver ni jota.

miel [mjɛl] m miel. ■ être tout ~ ser muy amable; faire son ~ de qqch sacar provecho de una cosa.

mielleux, euse [mjɛˈlø, øz] **1** adj meloso; dulzón. **2** (fig) meloso. **3** (fig) empalagoso (pesado).

mien, enne [mjɛ̃, ɛn] (pl miens, miennes) **1** adj poss mío, mía (f) (relativo a mí): un mien cousin = un primo mío. ● **2** pron poss mío, mía (f) (carácter de posesión): ce livre n'est pas le mien = este libro no es el mío. ● **3** m lo mío: le mien est le meilleur = lo mío es lo mejor. ● **4 miens** m pl los míos (mi familia).

miette [mjɛt] **1** f migaja (de pan). **2** (fig, fam) poquito, trocito. ● **3 miettes** f pl restos.

mieux [mjø] **1** *adv* mejor (favorable, próspero): *les choses commencent à mieux aller = las cosas empiezan a ir mejor*. ● **2** *adj* mejor: *il se sent mieux = se siente mejor, il parle le français mieux que toi = habla francés mejor que tú*. ● **3** *m* lo mejor: *le mieux du monde = lo mejor del mundo*. ■ **de ~ en ~** cada vez mejor; **on ne peut ~** no se puede hacer mejor; **pour ~ dire** mejor dicho; **tant ~** tanto mejor; mucho mejor.

mieux-être [mjø'zɛtʀ] *m* mayor bienestar.

mignard, e [mi'naʀ, d] **1** *adj* remilgado. **2** melindroso (dulce).

mignon, onne [mi'nɔ̃, ɔn] **1** *adj* mono (encantador, gracioso); amable. ● **2** *adj/m* et *f* lindo; bonito; gracioso.

migraine [mi'gʀɛn] *f* dolor de cabeza, migraña.

migrant, e [mi'gʀɑ̃, t] *adj/m* et *f* emigrante.

migration [migʀa'sjɔ̃] *f* migración: *migration des cigognes = migración de las cigüeñas*.

migratoire [migʀa'twaʀ] *adj* migratorio.

migrer [mi'gʀe] *intr* emigrar.

mi-jambe (à) [ami'ʒɑ̃b] *loc adv* a media pierna.

mijaurée [miʒo'ʀe] *f* cursilona.

mijoter [miʒo'te] **1** *tr* et *intr* cocer a fuego lento. **2** (fig) tramar, cocer: *on mijote qqch ici = algo se está cociendo aquí*; maquinar.

mil [mil] **1** *m* maza de gimnasia. **2** BOT mijo.

milice [mi'lis] *f* HIST milicia.

milieu [mi'ljø] **1** *m* centro; medio: *le milieu d'une rue = el centro de una calle*. **2** mitad: *au milieu d'un film = en la mitad de una película*. **3** hampa: *l'argot du milieu = el lenguaje del hampa*. **4** (fig) medio (esfera social): *milieu modeste = medio modesto*. ● **5 milieux** *m pl* medios. **6** círculos (políticos). ■ **au beau ~** en el mismísimo centro; **au ~ de** en medio de.

militaire [mili'tɛʀ] *adj* et *m* militar.

militant, e [mili'tɑ̃, t] *adj/m* et *f* militante.

militariser [militaʀi'ze] *tr* militarizar.

militariste [milita'ʀist] *adj/m* ou *f* militarista.

militer [mili'te] *intr* militar.

mille [mil] **1** *num* mil (euros): *mil euros = mil euros*. ● **2** *m* millar: *un mille de bâ-*timents = un millar de edificios*. **3** milla (medida inglesa). ■ **des ~ et des cents** (fam) a millares.

> Como numeral es invariable. Para traducir **varios miles** hay que decir **des milliers**.

mille-feuille [mil'fœj] **1** *f* milenrama (planta). ● **2** *m* milhojas (pasta).

millénaire [mile'nɛʀ] **1** *adj* milenario. ● **2** *m* milenario; milenio (mil años).

millésime [mile'zim] **1** *m* fecha de acuñación de una moneda. **2** año de cosecha (de un vino).

milliard [mi'ljaʀ] *m* mil millones.

milliardaire [miljaʀ'dɛʀ] *adj/m* ou *f* multimillonario; archimillonario.

millier [mi'lje] *m* millar: *milliers de manifestants = millares de manifestantes*.

milligramme [mili'gʀam] *m* miligramo.

millilitre [mili'litʀ] *m* mililitro.

million [mi'ljɔ̃] *m* millón.

millionnaire [miljo'nɛʀ] *adj/m* ou *f* millonario.

mime [mim] *m* THÉÂT mimo.

mimer [mi'me] **1** *tr* mimar; imitar. ● **2** *intr* expresar con gestos: *mimer un désir = expresar con gestos un deseo*.

mimique [mi'mik] **1** *adj/m* ou *f* mímico: *langage mimique = lenguaje mímico*. ● **2** *f* mímica.

minauder [mino'de] *intr* hacer carantoñas.

minauderie [minod'ʀi] *f* carantoña; monería.

mince [mɛ̃s] **1** *adj* delgado: *une femme mince = una mujer delgada*. **2** fino. **3** (fig) pobre; escaso: *tirer un mince bénéfice d'une affaire = sacar un escaso beneficio de un negocio*. ● **4 mince!** *interj* ¡caramba!; ¡diablos!

mincir [mɛ̃'siʀ] *intr* adelgazar.

mine [min] **1** *f* cara; expresión facial. **2** aspecto (exterior): *juger les gens sur la mine = juzgar a las personas por su aspecto*. **3** (fig) mina (fuente, filón): *être une mine de connaissances = ser una mina de conocimientos*. **4** MIN mina. **5** MIL mina. ● **6 mines** *f pl* gestos, actitud: *les mines d'un comique = los gestos de un cómico*. ◆ **~ antipersonnel** mina antipersona; **~ de rien** como si nada, a lo tonto; ■ **faire des mines** hacer muecas; **faire grise ~ à qqn** recibir a alguien con frialdad; **faire la ~** estar de morros, poner cara de pocos amigos; **faire ~ de** hacer como si, hacer amago de: *il a fait mine de se cacher = ha hecho como si se escondiera.*

miner [mi'ne] **1** *tr* minar; barrenar. **2** (fig) minar; consumir.

minerai [min'rε] *m* mineral.

minéral, e [mine'ral] *adj* et *m* mineral.

minéralisation [mineraliza'sjɔ̃] *f* mineralización.

minéraliser [minerali'ze] *tr* mineralizar.

minéralogie [mineralɔ'ʒi] *f* mineralogía.

minéralogique [mineralɔ'ʒik] *adj* mineralógico.

minestrone [mines'trɔn] *m* sopa milanesa.

minet, ette [mi'ne, t] **1** *m* et *f* monín, lindo (persona). **2** (fam) minino (gatito).

mineur, e [mi'nœr] **1** *adj* menor. **2** de poca importancia. ● **3** *adj/m* et *f* menor de edad. ● **4** *m* minero.

miniature [minja'tyr] *f* miniatura. ■ **en ~** en miniatura.

minibus [mini'bys] *m* microbús.

minichaîne [mini'ʃεn] *f* minicadena.

minier, ère [mi'nje, jεr] *adj* minero: *gisement minier = yacimiento minero.*

minijupe [mini'ʒyp] *f* minifalda.

minimal, e [mini'mal] *adj* mínimo: *température minimale = temperatura mínima.*

minimaliste [minima'list] *adj/m* ou *f* minimalista.

minime [mi'nim] **1** *adj/m* ou *f* mínimo. ● **2** *m* ou *f* SPORTS infantil (de 13 a 15 años). ● **3** *m* REL mínimo (religioso franciscano).

minimiser [minimi'ze] **1** *tr* minimizar; reducir al mínimo. **2** quitar importancia.

minimum [mini'mɔm] *adj* et *m* mínimum; mínimo. ● **~ vital** salario mínimo; ■ **au ~** por lo menos, como mínimo.

ministère [minis'tεr] *m* ministerio. ◆ **~ de l'Intérieur** Ministerio del Interior; **~ de la Santé publique** Ministerio de Sanidad; **~ des Affaires étrangères** Ministerio de Asuntos Exteriores; **~ des Finances** Ministerio de Hacienda; **~ des Travaux publics** Ministerio de Obras Públicas; **~ public** ministerio público.

ministre [mi'nistr] *m* ministro. ◆ **~ des Finances** ministro de Hacienda; **~ sans portefeuille** ministro sin cartera.

Minitel® [mini'tel] *m* Minitel.

minorer [minɔ're] **1** *tr* minorar. **2** infravalorar.

minoritaire [minɔri'tεr] *adj* minoritario.

minorité [minɔri'te] **1** *f* minoría: *minorité ethnique = minoría étnica.* **2** minoría de edad. ■ **être en ~** ser minoría.

minuit [mi'nɥi] *m* medianoche; las doce de la noche: *il est minuit = son las doce de la noche.*

minuscule [minys'kyl] **1** *adj* minúsculo. ● **2** *f* minúscula (letra).

minute [mi'nyt] **1** *f* minuto. **2** DR minuta. ■ **à la ~** al instante; **d'une ~ à l'autre** de un momento a otro.

minuter [miny'te] **1** *tr* cronometrar. **2** DR minutar (una escritura).

minuterie [minyt'ri] **1** *f* minutero (de un reloj). **2** interruptor automático.

minuteur [miny'tœr] *m* minutero.

minutie [miny'si] **1** *f* minuciosidad; meticulosidad. **2** exactitud; precisión.

minutieux, euse [miny'sjø, øz] *adj* minucioso, meticuloso.

mioche [mjɔʃ] *m* (fam) chaval, crío.

miracle [mi'rakl] *m* milagro. ◆ **~ crier miracles** extasiarse; **par ~** de milagro.

miraculé, e [miraky'le] *adj/m* et *f* curado milagrosamente.

miraculeux, euse [miraky'lø, øz] *adj* milagroso.

mirador [mira'dɔr] **1** *m* mirador. **2** MIL torre de observación.

mirage [mi'raʒ] **1** *m* espejismo (fenómeno óptico). **2** (fig) ilusión, espejismo.

mire [mir] **1** *f* mira: *ligne de mire = línea de mira.* **2** carta de ajuste (en televisión).

mirer [mi're] **1** *tr* mirar a contraluz (los huevos). **2** apuntar (con un arma de fuego). **3** (fig) codiciar. **4** (form) reflejar. ● **5 se ~** *pron* (form) (se ~ *dans*) contemplarse (en una persona).

mirifique [miri'fik] *adj* mirífico.

mirobolant, e [mirɔbɔ'lɑ̃, t] *adj* (fam) maravilloso.

miroir [mi'rwar] **1** *m* espejo. **2** (fig) espejo, reflejo. ◆ **~ aux alouettes** señuelo; **~ d'eau** estanque de forma geométrica; **~ rétroviseur** espejo retrovisor.

miroitant, e [miʀwa'tɑ̃, t] *adj* reluciente.

mis, e [mi, z] **1** *pp* → mettre. • **2** *adj* puesto. **3** vestido.

misanthrope [mizɑ̃'tʀɔp] *adj/m* ou *f* misántropo.

misanthropie [mizɑ̃tʀɔ'pi] *f* misantropía.

mise [miz] **1** *f* puesta, colocación. **2** apuesta (en el juego): *doubler la mise = doblar la apuesta*. **3** puja (en una subasta). **4** porte (manera de vestir): *soigner sa mise = cuidar su porte*. ◆ ~ **à feu** encendido; ~ **à la retraite** jubilación; ~ **au point** puesta a punto; ~ **aux enchères** subasta; ~ **de fonds** inversión de fondos; ~ **en bouteilles** embotellado; ~ **en chiffre** cifrado; ~ **en liberté** liberación; ~ **en route** iniciación; ~ **en scène** escenificación; ~ **en vente** venta.

miser [mi'ze] **1** *tr* apostar: *miser aux courses = apostar en las carreras*; jugarse: *miser tout à la roulette = jugárselo todo a la ruleta*. **2** pujar (en una subasta). ■ ~ **sur qqn** contar con uno.

misérable [mize'ʀabl] *adj/m* ou *f* miserable.

misère [mi'zɛʀ] **1** *f* miseria. **2** (form) calamidad; desgracia. • **3 misères** *f pl* (fam) pequeñeces. ■ **dans la** ~ en la miseria; **de** ~ miserable; **faire des misères à qqn** hacer rabiar a alguien.

miséreux, euse [mize'ʀø, øz] *adj/m* et *f* pobre, muerto de hambre; desdichado.

miséricorde [mizeʀi'kɔʀd] *f* misericordia.

miséricordieux, euse [mizeʀikɔʀ'djø, øz] *adj/m* et *f* misericordioso.

misogyne [mizɔ'ʒin] *adj/m* ou *f* misógino.

misogynie [mizɔʒi'ni] *f* misoginia.

missel [mi'sɛl] *m* misal.

missile [mi'sil] *m* misil.

mission [mi'sjɔ̃] *f* misión. ◆ ~ **officielle** misión oficial.

missionnaire [misjɔ'nɛʀ] *adj/m* ou *f* misionero.

missive [mi'siv] *f* misiva.

mistral [mis'tʀal] *m* mistral.

mitaine [mi'tɛn] *f* mitón.

mite [mit] **1** *f* polilla. **2** arador (ácaro o arácnido).

mi-temps [mi'tɑ̃] **1** *f* descanso (en un partido). **2** tiempo (de un partido). ■ **à** ~ a media jornada: *être employé à mi-temps = estar empleado a media jornada*.

mitigation [mitiga'sjɔ̃] *f* mitigación.

mitiger [miti'ʒe] *tr* mitigar; suavizar.

mitonner [mitɔ'ne] **1** *intr* cocer a fuego lento. • **2** *tr* et *pron* (fig) preparar cuidadosamente.

mitoyen, enne [mitwa'jɛ̃, ɛn] **1** *adj* medianero: *mur mitoyen = pared medianera*. **2** adosado: *maisons mitoyennes = casas adosadas*.

mitraille [mi'tʀaj] **1** *f* metralla. **2** (fam) calderilla (monedas).

mitrailler [mitʀa'je] *tr* ametrallar.

mitraillette [mitʀa'jɛt] *f* metralleta.

mitrailleuse [mitʀa'jøz] *f* ametralladora.

mi-voix (à) [ami'vwa] *loc adv* a media voz: *ils parlent à mi-voix = hablan a media voz*.

mixer [mik'se] *tr* mezclar (sonidos).

mixeur [mik'sœʀ] *m* batidora.

mixité [miksi'te] *f* carácter mixto.

mixte [mikst] *adj* mixto: *salade mixte = ensalada mixta, école mixte = escuela mixta*. ■ **à usage** ~ de múltiples usos.

mixtion [miks'tjɔ̃] *f* mezcla.

mixture [miks'tyʀ] *f* mixtura.

Mlle (*abrév de* **Mademoiselle**) *f* Srta.

Mlles (*abrév de* **Mesdemoiselles**) *f pl* Srtas.

MM. (*abrév de* **Messieurs**) *m pl* Sres.

Mme (*abrév de* **Madame**) *f* Sra.

mobile [mɔ'bil] **1** *adj* et *m* móvil: *pont mobile = puente móvil*. • **2** *adj* inestable; cambiante.

mobilier, ère [mɔbi'lje, jɛʀ] *adj* et *m* mobiliario.

mobilisation [mɔbiliza'sjɔ̃] *f* movilización.

mobiliser [mɔbili'ze] *tr* et *pron* movilizar.

Mobylette® [mɔbi'lɛt] *f* ciclomotor.

mocassin [mɔka'sɛ̃] *m* mocasín.

moche [mɔʃ] **1** *adj* malo, de mala calidad. **2** (fam) feo; feúcho.

modalité [mɔdali'te] *f* modalidad.

mode [mɔd] **1** *m* modo. • **2** *f* moda. ◆ ~ **texte** INF modalidad de texto; ■ **à la** ~ a la moda; **être à la** ~ estar de moda.

modèle [mɔ'dɛl] *adj/m* ou *f* modelo. ◆ ~ **réduit** modelo a escala reducida.

modeler [mɔda'le] **1** *tr* modelar. • **2** *tr* et *pron* (fig) amoldar.

modéliste [mɔde'list] *m* ou *f* modelista.

modem [mɔ'dɛm] (*acronyme de* **modulateur démodulateur**) *m* INF módem.

modération [mɔdeʀa'sjɔ̃] f moderación.
modéré, e [mɔde'ʀe] adj/m et f moderado.
modérer [mɔde'ʀe] tr et pron moderar.
moderne [mɔ'dɛʀn] adj et m moderno.
modernisation [mɔdɛʀniza'sjɔ̃] f modernización.
moderniser [mɔdɛʀni'ze] tr et pron modernizar.
modernité [mɔdɛʀni'te] f modernidad.
modeste [mɔ'dɛst] **1** adj modesto (mediocre): *une vie modeste* = *una vida modesta*. **2** modesto, humilde (una persona); reservado.
modestie [mɔdɛs'ti] f modestia.
modicité [mɔdisi'te] f modicidad.
modification [mɔdifika'sjɔ̃] f modificación.
modifier [mɔdi'fje] tr et pron modificar.
modique [mɔ'dik] adj módico: *un salaire modique* = *un sueldo módico*.
modiste [mɔ'dist] f sombrerera.
modulaire [mɔdy'lɛʀ] adj modular.
modulation [mɔdyla'sjɔ̃] f modulación.
module [mɔ'dyl] m módulo.
moelle [mwal] **1** f médula. **2** (fig) meollo, parte esencial. **3** BOT médula. ■ *jusqu'à la ~ des os* hasta la médula.
moelleux, euse [mwa'lø, øz] **1** adj blando, mullido. **2** agradable, suave.
mœurs [mœʀ o mœʀs] **1** f pl costumbres. **2** comportamiento, conducta (de una persona, de un animal). ■ *passer dans les ~* pasar a ser costumbre.
moi [mwa] **1** pron (refuerzo del *suj*) yo: *moi, je t'aime* = *yo te quiero*. **2** (*compl*) mí: *il regarde ma femme et moi* = *mira a mi mujer y a mí*. **3** (precedido de *prep*) mí: *il m'a appelé à moi* = *me ha llamado a mí*; mío. **4** (*imperativo*) me: *écoute-moi* = *escúchame*. **5** (dentro de *fr comparativas*) yo: *elle mange plus que moi* = *come más que yo*. ● **6** m ego; yo: *notre vrai moi* = *nuestro verdadero yo*. ■ *à ~!* ¡auxilio!, ¡socorro!; *avec ~* conmigo.
moindre [mwɛ̃dʀ] **1** comp menor. ● **2** le ~ super el menor, el mínimo: *le moindre bruit l'effraie* = *el mínimo ruido la asusta*.
moine [mwan] m monje, fraile.
moineau [mwa'no] m ZOOL gorrión. ■ *être un sale ~* (fig) ser mala persona.
moins [mwɛ̃] **1** adv menos: *elle est moins belle que sa mère* = *es menos guapa que su madre*. ● **2** prép menos; bajo cero (temperatura): *il fait moins trois* = *hay*

tres grados bajo cero. ● **3** le ~ super el menos: *il est le moins riche* = *es el menos rico*. ● **4** m MATH menos (signo). ■ *à ~ de* por debajo de; *à ~ de* excepto si, sólo si; *au ~* al menos; por lo menos; *du ~* en todo caso, sin embargo.
moire [mwaʀ] **1** f muaré (tela). **2** (form) aguas, visos.
moirer [mwa'ʀe] tr tornasolar (una tela).
mois [mwa] **1** m mes. **2** mensualidad.
moïse [mɔ'iz] m moisés (cuna).
moisi, e [mwa'zi] **1** adj enmohecido. ● **2** m moho.
moisir [mwa'ziʀ] **1** tr et intr enmohecer. ● **2** intr (fig, fam) pudrirse; criar moho.
moisson [mwa'sɔ̃] **1** f siega. **2** (fig) cosecha.
moissonner [mwasɔ'ne] **1** tr segar. **2** (fig) cosechar. **3** (fig) segar.
moite [mwat] adj húmedo; sudoroso.
moitié [mwa'tje] f mitad. ■ *à ~* a medias; *moitié... moitié...* medio... medio...; *~ prix* a mitad de precio.
moka [mɔ'ka] **1** m moca. **2** bizcocho de crema de café.
mol [mɔl] adj → mou.
molaire [mɔ'lɛʀ] adj et f molar.
molécule [mɔle'kyl] f molécula.
molester [mɔlɛs'te] **1** tr molestar; importunar. **2** maltratar.
mollasse [mɔ'las] **1** adj blanducho, fofo. ● **2** adj/m ou f (fig, fam) apático.
mollesse [mɔ'lɛs] **1** f blandura. **2** apatía.
mollet, ette [mɔ'le, t] **1** adj blando; suave. ● **2** m ANAT pantorrilla.
molletière [mɔl'tjɛʀ] f polaina.
molleton [mɔl'tɔ̃] m muletón.
mollir [mɔ'liʀ] **1** intr flaquear; flojear. **2** amainar (el viento). **3** (fig) flaquear (el ánimo). ● **4** tr MAR arriar (el cordaje).
môme [mom] m ou f (fam) niño.
moment [mɔ'mã] **1** m momento. **2** momento, ocasión; oportunidad: *profiter du moment* = *aprovechar la oportunidad*. ■ *à ce moment-là* en aquel momento: *à ce moment-là il interrompit son récit* = *en aquel momento interrumpió su discurso*; *à tout ~* a cada momento; *au ~ de* en el momento de; *sur le ~* en un principio; *un bon ~* un buen rato.
momentané, e [mɔmãta'ne] adj momentáneo.

momie [mɔ'mi] f momia.

momification [mɔmifika'sjɔ̃] f momificación.

mon, ma [mɔ̃, ma] (pl **mes**) adj poss mi: mon frère, ma sœur et mes cousins = mi hermano, mi hermana y mis primos.

monacal, e [mɔna'kal] adj monacal.

monarchie [mɔnar'ʃi] f monarquía.

monarque [mɔ'naʀk] m monarca.

monastère [mɔnas'tɛʀ] m monasterio.

monastique [mɔnas'tik] adj monástico.

monceau [mɔ̃'so] m (fig) montaña; montón.

mondain, e [mɔ̃'dɛ̃, ɛn] adj/m et f mundano (persona).

mondanité [mɔ̃dani'te] **1** f mundanalidad. ● **2 mondanités** f pl ecos de sociedad. **3** buenas maneras.

monde [mɔ̃d] **1** m mundo. **2** gente: il n'y a pas grand monde dans le café = no hay mucha gente en la cafetería. **3** sociedad. ■ **aller dans l'autre ~** irse al otro mundo; **mettre au ~** dar a luz; **se faire un ~ de qqch** hacer una montaña de un grano de arena.

mondial, e [mɔ̃'djal] adj mundial.

mondialisation [mɔ̃djaliza'sjɔ̃] f universalización.

mondialiser [mɔ̃djali'ze] tr universalizar.

monétaire [mɔne'tɛʀ] adj monetario: système monétaire = sistema monetario.

Monétique® [mɔne'tik] f informatización de la banca.

mongolisme [mɔ̃gɔ'lism] m MÉD mongolismo.

moniteur, trice [mɔni'tœʀ, tʀis] **1** m et f monitor; profesor: moniteur d'auto-école = profesor de autoescuela. ● **2** m INF, TECH monitor.

monnaie [mɔ'nɛ] **1** f moneda. **2** cambio, vuelta. **3** dinero suelto. ◆ **~ légale** moneda de curso legal; **petite ~** calderilla; ■ **payer en ~ de singe** pagar con promesas vanas; **rendre à qqn la ~ de sa pièce** (fig) pagar a uno con la misma moneda.

monnayer [mɔne'je] **1** tr amonedar. **2** (fig) sacar dinero de.

monnayeur [mɔne'jœʀ] m monedero (persona).

mono [mɔ'no] (abrév de **monophonique** ou **moniteur**) **1** adj (fam) mono. ● **2** m (fam) mono, monitor.

monochrome [mɔnɔ'kʀɔm] adj monocromo.

monocle [mɔ'nɔkl] m monóculo.

monogamie [mɔnɔga'mi] f monogamia.

monolingue [mɔnɔ'lɛ̃g] adj/m ou f monolingüe.

monolithe [mɔnɔ'lit] **1** adj monolítico. ● **2** m monolito.

monolithique [mɔnɔli'tik] **1** adj monolítico. **2** (fig) homogéneo, rígido.

monologue [mɔnɔ'lɔg] m monólogo.

monologuer [mɔnɔlɔ'ge] intr monologar.

monoparental, e [mɔnɔpaʀɑ̃'tal] adj monoparental.

monopole [mɔnɔ'pɔl] m monopolio.

monopolisation [mɔnɔpɔliza'sjɔ̃] f monopolización.

monopoliser [mɔnɔpɔli'ze] tr monopolizar.

monorail [mɔnɔ'ʀaj] adj et m monorraíl.

monosyllabe [mɔnɔsi'lab] adj et m monosílabo.

monosyllabique [mɔnɔsila'bik] adj monosilábico.

monotone [mɔnɔ'tɔn] adj monótono.

monotonie [mɔnɔtɔ'ni] f monotonía.

monseigneur [mɔ̃sɛ'nœʀ] (pl **messeigneurs**) m monseñor.

monsieur [mɔ'sjø] (pl **messieurs**) m señor: bonjour, monsieur = buenos días, señor. ■ **faire le ~** (péj) dárselas de gran señor.

monstre [mɔ̃stʀ] **1** m monstruo: un monstre à deux têtes = un monstruo con dos cabezas. ● **2** adj (fam) monstruo, colosal. ◆ **~ sacré** gran actor.

monstrueux, euse [mɔ̃stʀy'ø, øz] adj monstruoso.

monstruosité [mɔ̃stʀyozi'te] f monstruosidad.

mont [mɔ̃] m monte. ■ **promettre monts et merveilles** (fig) prometer el oro y el moro.

montage [mɔ̃'taʒ] m montaje.

montagnard, e [mɔ̃ta'naʀ, d] adj/m et f montañés.

montagne [mɔ̃'taɲ] **1** f montaña. **2** (fig) montaña: une montagne de livres = una montaña de libros. ◆ **montagnes russes** montaña rusa; ■ **se faire une ~ de qqch** hacerse una montaña de algo.

montagneux, euse [mɔ̃ta'nø, øz] adj montañoso: massif montagneux = macizo montañoso.

montant, e [mɔ̃'tɑ̃, t] **1** *adj* ascendente; creciente. ● **2** *m* ARCHIT montante. **3** ÉCON importe: *le montant des frais = el importe de los gastos.*

monte-charge [mɔ̃t'ʃaʀʒ] *m* montacargas; elevador (Amér.).

montée [mɔ̃'te] **1** *f* subida: *la montée des prix = la subida de los precios.* **2** subida, pendiente; gradiente (Amér.). **3** crecida (de un río).

monte-plats [mɔ̃tə'pla] *m* montaplatos.

monter [mɔ̃'te] **1** *tr* subir (un objeto): *monter une valise au premier étage = subir una maleta al primer piso.* **2** montar (una máquina, una casa, un negocio). **3** montar (un caballo). **4** montar, engastar. **5** organizar, tramar. **6** montar, batir (la mayonesa). **7** THÉÂT montar, poner en escena. ● **8** *intr* subir: *monter par l'ascenseur = subir por el ascensor.* **9** ascender: *la dépense monte à 200 euros = el gasto asciende a 200 euros.* **10** montar (en un vehículo): *il veut monter en avion = quiere montar en avión.* **11** (~ *a*) tener una altura de. ● **12** se ~ *pron* ascender, elevarse (una suma). **13** equiparse, proveerse.

monticule [mɔ̃ti'kyl] *m* montículo.

montre [mɔ̃tʀ] **1** *f* reloj. **2** escaparate. ■ **être en ~** estar expuesto en una vitrina.

montre-bracelet [mɔ̃tʀəbʀas'lɛ] *f* reloj de pulsera.

montrer [mɔ̃'tʀe] **1** *tr* mostrar: *montrer du courage = mostrar valor.* **2** indicar, señalar. **3** demostrar, probar. ● **4** se ~ *pron* mostrarse.

monument [mɔny'mɑ̃] *m* monumento. ■ **être un ~ de** ser el máximo exponente de.

monumental, e [mɔnymɑ̃'tal] *adj* monumental.

moquerie [mɔk'ʀi] **1** *f* burla; farra (Amér.). **2** rechifla; pifia (Amér.).

moquer (se) [səmɔ'ke] **1** *pron* burlarse; mofarse: *traer sin cuidado: je m'en moque = me trae sin cuidado.*

moquette [mɔ'kɛt] *f* moqueta.

moquetter [mɔkɛ'te] *tr* enmoquetar.

moqueur, euse [mɔ'kœʀ, øz] **1** *adj/m et f* burlón. ● **2** *m* ZOOL sinsonte (pájaro).

moral, e [mɔ'ʀal] **1** *adj* moral. ● **2** *m* moral, ánimo: *relever le moral = levantar la moral.* ● **3** *f* moral, ética. **4** mora-

leja: *la morale d'une fable = la moraleja de una fábula.* ■ **faire la ~ à qqn** sermonear a uno.

moralisant, e [mɔʀali'zɑ̃, t] *adj* moralizante.

moralisateur, trice [mɔʀaliza'tœʀ, tʀis] *adj/m et f* moralizador.

moraliser [mɔʀali'ze] *tr* et *intr* moralizar.

moraliste [mɔʀa'list] *adj/m ou f* moralista.

moralité [mɔʀali'te] **1** *f* moralidad. **2** moraleja: *la moralité d'une fable = la moraleja de una fábula.*

morbide [mɔʀ'bid] *adj* mórbido.

morceau [mɔʀ'so] **1** *m* pedazo, trozo. **2** fragmento. ◆ **~ de sucre** terrón de azúcar; ■ **cracher le ~** desembuchar; **emporter le ~** sacar tajada.

morceler [mɔʀsə'le] **1** *tr* dividir en trozos. **2** parcelar (un terreno).

mordache [mɔʀ'daʃ] *f* mordaza.

mordacité [mɔʀdasi'te] *f* mordacidad.

mordant, e [mɔʀ'dɑ̃, t] **1** *adj* (fig) mordaz. ● **2** *m* TECH mordiente.

mordiller [mɔʀdi'je] *tr* mordisquear.

mordre [mɔʀdʀ] **1** *tr* et *intr* morder: *un chien qui mord = un perro que muerde.* ● **2** *tr* picar (los insectos). **3** agarrar: *l'ancre n'a pas mordu = el ancla no ha agarrado.* **4** salir fuera. ● **5** se ~ *pron* morderse.

mordu, e [mɔʀ'dy] **1** *adj* (fam) perdidamente enamorado. ● **2** *adj/m et f* apasionado: *elle est une mordue du théâtre = es una apasionada del teatro.*

morfondre (se) [səmɔʀ'fɔ̃dʀ] **1** *pron* aburrirse (de esperar). **2** consumirse esperando.

morgue [mɔʀg] **1** *f* altanería, arrogancia. **2** depósito de cadáveres.

moribond, e [mɔʀi'bɔ̃, d] *adj/m et f* moribundo.

morne [mɔʀn] **1** *adj* apagado (persona, mirada, color); sombrío; triste: *un visage morne = un rostro triste.* ● **2** *m* morro (monte). ● **3** *f* borne (de una lanza).

morose [mɔ'ʀoz] **1** *adj* sombrío; taciturno. **2** moroso.

morphine [mɔʀ'fin] *f* morfina.

morphinomane [mɔʀfinɔ'man] *adj/m ou f* morfinómano.

morphologie [mɔʀfɔlɔ'ʒi] *f* morfología.

morphologique [mɔʀfɔlɔ'ʒik] *adj* morfológico.

morsure [mɔʀ'syʀ] **1** f mordedura. **2** picadura (de un insecto).

mort, e [mɔʀ, t] **1** adj/m et f muerto. **● 2** f muerte: *avoir peur à la mort* = tener miedo a la muerte. **◆ ~ civile** muerte civil; **■ faire ~** hacer el muerto; **mourir de sa belle ~** morir de muerte natural.

mortadelle [mɔʀta'dɛl] f mortadela.

mortalité [mɔʀtali'te] f mortalidad.

mort-aux-rats [mɔʀo'ʀa] f matarratas (raticida).

mortel, elle [mɔʀ'tɛl] adj/m et f mortal.

mortier [mɔʀ'tje] **1** m mortero (recipiente). **2** birrete (de los magistrados). **3** mortero, argamasa (construcción). **4** MIL mortero (arma).

mortifiant, e [mɔʀti'fjɑ̃, t] adj mortificante.

mortification [mɔʀtifika'sjɔ̃] f mortificación.

mortifier [mɔʀti'fje] **1** tr et pron mortificar. **● 2** tr (fig) mortificar, humillar.

mort-né, e [mɔʀ'ne] adj/m et f nacido muerto.

mortuaire [mɔʀ'tɥɛʀ] adj mortuorio: *chapelle mortuaire = capilla mortuoria*.

morue [mɔ'ʀy] f bacalao.

morve [mɔʀv] **1** f moco. **2** muermo (enfermedad del caballo).

morveux, euse [mɔʀ'vø, øz] **1** adj/m et f muermoso (caballo). **2** mocoso.

mosaïque [mɔza'ik] **1** adj mosaico (de Moisés). **● 2** f mosaico.

mosquée [mɔs'ke] f mezquita.

mot [mo] **1** m palabra. **2** líneas; frase. **◆ gros ~** palabrota, taco; **~ d'esprit** chiste; **mots croisés** crucigramas; **■ avoir son ~ à dire** tener algo que decir; **~ à ~** al pie de la letra.

motard, e [mɔ'taʀ, d] **1** m et f (fam) motorista. **2** (fam) policía motorizado.

motel [mɔ'tɛl] m motel.

moteur, trice [mɔ'tœʀ, tʀis] **1** adj motor, motriz (f). **● 2** m motor. **◆ ~ à injection** motor de inyección; **~ diesel** motor diesel.

motif [mɔ'tif] m motivo.

motion [mɔ'sjɔ̃] f moción.

motivant, e [mɔti'vɑ̃, t] adj motivador.

motivation [mɔtiva'sjɔ̃] f motivación.

motiver [mɔti've] tr motivar.

moto [mɔ'to] (*abrév de* **motocyclette**) f moto.

motocross [mɔto'kʀɔs] m motocross.

motocyclette [mɔtosi'klɛt] f motocicleta.

motocyclisme [mɔtosi'klism] m motociclismo.

motoriser [mɔtoʀi'ze] tr motorizar.

motrice [mɔ'tʀis] (*abrév de* **locomotrice**) f locomotora.

motricité [mɔtʀisi'te] f motricidad.

motte [mɔt] f terrón (de tierra). **◆ ~ de beurre** pella de mantequilla.

motus! [mɔ'tys] interj ¡chitón!, ¡silencio! **■ ~ et bouche cousue!** ¡chitón!

mou, molle [mu, ɔl] **1** adj blando. **2** flácido, fofo: *avoir les chairs molles = tener las carnes flácidas*. **3** suave: *ondulations molles du terrain = suaves ondulaciones del terreno*. **4** bochornoso (clima). **5** flojo, poco enérgico. **● 6** adj/m et f (fam) blandengue (persona). **● 7** m bofe. **■ donner du ~** relajar la tensión.

Ante un nombre que empiece por vocal se utiliza la forma **mol**.

---

moucharder [muʃaʀ'de] tr (fam) soplar, chivar.

mouche [muʃ] **1** f mosca. **2** lunar postizo. **3** mosca, perilla (en los hombres). **◆ ~ artificielle** mosca artificial; **~ de la viande** mosca de la carne; **■ faire ~** dar en el blanco; **il ne ferait pas de mal à une ~** no le haría daño ni a una mosca; **on aurait entendu une ~ voler** no se oía ni una mosca; **prendre la ~** mosquearse; **quelle ~ le pique?** ¿qué mosca le ha picado?; **tomber comme des mouches** caer como moscas.

moucher [mu'ʃe] **1** tr et pron sonar (la nariz). **● 2** tr sacar por la nariz: *moucher du sang = sacar sangre por la nariz*. **3** despabilar (una vela). **4** (fig) dar una lección.

mouchoir [mu'ʃwaʀ] m pañuelo. **◆ ~ de poche** pañuelo de bolsillo; **■ être grand comme un ~ de poche** ser muy pequeño.

moudre [mudʀ] tr moler: *moudre le café = moler el café*.

moue [mu] f mohín. **■ faire la ~** poner mala cara: *il a fait la moue à notre idée = puso mala cara ante nuestra idea*.

mouette [mwɛt] f gaviota.

mouffette [mu'fɛt] f ZOOL mofeta.

moufle [mufl] *f* manopla.

mouillé, e [mu'je] **1** *adj* mojado, empapado. **2** palatalizado (consonante).

mouiller [mu'je] **1** *tr et pron* mojar. ● **2** *tr* aguar (un líquido). **3** palatalizar. ● **4** *intr* MAR anclar. ● **5** se ~ *pron* (fam) mojarse, arriesgarse.

moulant, e [mu'lã, t] *adj* ajustado, ceñido.

moule [mul] **1** *m* molde. ● **2** *f* mejillón. **3** (fam) tonto, zoquete. ◆ ~ à gâteau molde de pasteles; ■ fait sur le même ~ cortado por el mismo patrón.

mouler [mu'le] **1** *tr* moldear. **2** escribir cuidadosamente. **3** ajustar, ceñir (una ropa). **4** (~ *sur*) elaborar según, adaptar.

moulin [mu'lɛ̃] *m* molino. ◆ ~ à café molinillo de café; ~ à eau molino de agua; ~ à légumes pasapuré; ~ à paroles (fig) cotorra; ~ à vent molino de viento.

mouliner [muli'ne] **1** *tr* torcer (la seda). **2** (fam) pasar por el pasapuré. **3** INF (fam) procesar datos.

moulinet [muli'nɛ] **1** *m* molinete. **2** carrete (de pesca). **3** TECH torniquete.

Moulinette® [muli'nɛt] *f* minipímer.

moulu, e [mu'ly] *adj* (fig) molido, (fam) cansado.

moulurer [muly'ʀe] *tr* moldurar.

mourant, e [mu'ʀɑ̃, t] **1** *adj/m et f* moribundo. ● **2** *adj* (fig) lánguido: *un regard mourant = una mirada lánguida.*

mourir [mu'ʀiʀ] **1** *intr et pron* morir; sonar (Amér.). ● **2** *intr* (fig) (~ *de*) morirse de: *mourir de rire = morirse de risa, mourir de faim = morirse de hambre.* ■ à ~ a morir: *s'ennuyer à mourir = aburrirse a morir.*

> Para la conjugación de los tiempos compuestos utiliza el auxiliar **être**: *il est mort à l'hôpital = ha muerto en el hospital.*

mousquetaire [muskə'tɛʀ] *m* mosquetero.

moussant, e [mu'sã, t] *adj* espumeante.

mousse [mus] **1** *f* espuma. **2** musgo. **3** GAST crema batida: *mousse au chocolat = crema batida de chocolate.* ● **4** *m* MAR grumete. ◆ ~ à raser espuma de afeitar; ■ faire de la ~ dar bombo; se faire de la ~ (fam) preocuparse.

mousseline [mus'lin] *f* muselina.

mousser [mu'se] *intr* espumar. ■ faire ~ (fig, fam) dar bombo.

mousseux, euse [mu'sø, øz] *adj et m* espumoso.

moussu, e [mu'sy] *adj* musgoso.

moustache [mus'taʃ] *f* bigote.

moustachu, e [musta'ʃy] *adj* bigotudo.

moustiquaire [musti'kɛʀ] *f* mosquitera.

moustique [mus'tik] **1** *m* mosquito. **2** (fig, fam) chiquillo, niño.

moutarde [mu'taʀd] *f* mostaza. ◆ ~ blanche mostaza blanca; ■ monter la ~ au nez de qqn hinchársele a uno las narices.

mouton [mu'tõ] **1** *m* borrego, carnero. **2** piel de carnero. **3** GAST cordero. **4** (fig) cordero (persona). **5** yugo (de una campana). ◆ ~ à cinq pattes bicho raro (persona); cosa rara; ■ compter les moutons contar ovejas; être frisé comme un ~ ser de pelo muy rizado; revenons à nos moutons volvamos a nuestro asunto.

mouture [mu'tyʀ] **1** *f* molienda. **2** versión: *la première mouture de mon œuvre = la primera versión de mi obra.* **3** (fig, péj) refrito (cosa rehecha).

mouvant, e [mu'vã, t] *adj* cambiante. **2** movedizo: *sables mouvants = arenas movedizas.*

mouvement [muv'mã] **1** *m* movimiento. **2** cambio: *un mouvement d'opinion = un cambio de opinión.* **3** gesto. **4** tráfico. **5** (fig) arrebato: *un mouvement de folie = un arrebato de locura.* ◆ ~ sismique movimiento sísmico; ■ en ~ en movimiento; être dans le ~ estar al día; le premier ~ el primer impulso; prendre du ~ hacer ejercicio; presser le ~ ir más rápido.

mouvoir [mu'vwaʀ] *tr et pron* mover: *mouvoir les jambes = mover las piernas.*

moyen, enne [mwa'jɛ̃, ɛn] **1** *adj* medio: *le Moyen Âge = la Edad Media.* **2** mediano: *moyenne entreprise = mediana empresa.* **3** intermedio: *solution moyenne = solución intermedia.* ● **4** *m* medio: *tu dois l'atteindre par tous les moyens = tienes que conseguirlo por todos los medios.* **5** manera: *il y a mille moyens de le faire = hay mil maneras de hacerlo.* **6** DR causa. ● **7** moyens *m pl* capacidades, facultades: *les moyens physiques d'un sportif = las capacidades físicas de un deportista.* **8** medios, recursos económicos. ■ **par le ~ de** por medio de; **pas ~!** ¡imposible!

moyennant [mwaje'nã] **1** *prép* mediante: *obtenir qqch moyennant un effort = obtener algo mediante un esfuerzo.* **2** por: *acheter une chose moyennant un prix convenu = comprar algo por un precio convenido.* **3** a cambio de: *faire qqch moyennant récompense = hacer algo a cambio de una recompensa.* ■ **~ finances** con o mediante dinero; **~ que** a condición de que; **~ quoi** mediante lo cual, gracias a lo cual.

moyenne [mwa'jɛn] **1** *f* media, promedio. **2** nota media. **3** MATH media: *moyenne arithmétique = media aritmética.* ■ **cela fait une ~** (fam) esto compensa; **en ~** por término medio.

moyeu [mwa'jø] *m* cubo (de la rueda).

mû, mue [my] *pp* → **mouvoir.**

mucosité [mykozi'te] *f* mucosidad.

mue [my] **1** *f* muda (de los animales, de la voz). **2** caponera (jaula); pollera.

muer [mɥe] **1** *intr* mudar (los animales, la voz). ● **2 se ~** *pron* transformarse, cambiarse.

muet, ette [mɥɛ, t] **1** *adj/m* et *f* mudo. **2** silencioso: *une muette protestation = una protesta silenciosa*; callado. ● **3** *m* cine mudo. ■ **en rester ~** no decir palabra.

mufle [myfl] **1** *m* hocico, morro. ● **2** *adj* et *m* (fig, fam) maleducado; grosero.

mugir [my'ʒiʀ] *intr* mugir.

muguet [my'ɡɛ] **1** *m* BOT muguete. ● **2** *f* MÉD estomatitis.

mulâtre, esse [my'latʀ, ɛs] *adj/m* et *f* mulato.

mule [myl] **1** *f* mula. **2** babucha; chinela.

mulet [my'lɛ] **1** *m* mulo. **2** mújol (pescado).

muletier, ère [myl'tje, jeʀ] *adj* et *m* muletero; mulero.

multicolore [myltiko'lɔʀ] *adj* multicolor.

multiforme [mylti'fɔʀm] *adj* multiforme.

multilatéral, e [myltilate'ʀal] *adj* multilateral.

multimédia [myltime'dja] *adj* multimedia.

multinational, e [myltinasjɔ'nal] *adj* et *f* multinacional.

multiple [myl'tipl] **1** *adj* múltiple. ● **2** *adj* et *m* MATH múltiplo.

multiplication [myltiplika'sjõ] *f* multiplicación.

multiplicité [myltiplisi'te] *f* multiplicidad.

multiplier [myltipli'e] *tr, intr* et *pron* multiplicar: *les accidents se multiplient = los accidentes se multiplican.*

multiprocesseur [myltipʀɔse'sœʀ] *adj* et *m* INF multiprocesador.

multiprogrammation [myltipʀɔɡʀama'sjõ] *f* INF multiprogramación.

multipropriété [myltipʀɔpʀie'te] *f* multipropiedad.

multiracial, e [myltiʀa'sjal] *adj* multiracial.

multirisque [mylti'ʀisk] *adj* multirriesgo: *une assurance multirisque = un seguro multirriesgo.*

multitude [mylti'tyd] *f* multitud.

municipal, e [mynisi'pal] **1** *adj* municipal. ● **2 les municipales** *f* las elecciones municipales ◆ **conseiller ~** concejal.

municipalité [mynisipali'te] **1** *f* municipio. **2** ayuntamiento; municipalidad.

municipe [myni'sip] *m* municipio.

munir [my'niʀ] *tr* et *pron* proveer; dotar.

munition [myni'sjõ] *f* munición. ◆ **munitions de bouche** municiones de boca.

muqueux, euse [my'kø, øz] **1** *adj* mucoso. ● **2** *f* mucosa: *muqueuse nasale = mucosa nasal.*

mur [myʀ] **1** *m* muro. **2** pared. **3** muralla. **4** (fig) obstáculo; barrera. ◆ **gros ~** pared maestra; **~ d'appui** pretil; **~ de clôture** tapia; **~ de soutènement** muro de contención; **~ du son** barrera del sonido; ■ **coller au ~** fusilar; **entre quatre murs** entre cuatro paredes; **être dans ses murs** estar en su casa; **faire le ~** fugarse; **les murs ont des oreilles** las paredes oyen.

mûr, e [myʀ] **1** *adj* maduro: *un fruit mûr = una fruta madura.* **2** (fam) bebido, borracho. ■ **être ~ pour** estar preparado o a punto para.

muraille [my'ʀaj] *f* muralla.

mural, e [my'ʀal] *adj* mural.

mûre [myʀ] *f* mora (fruto).

murer [my'ʀe] **1** *tr* amurallar. **2** tapiar. ● **3** *tr* et *pron* (fig) aislar, encerrar: *il se mure chez lui = se encierra en su casa.*

muret [my'ʀɛ] *m* tapia baja.

mûrier [my'ʀje] *m* morera (árbol).

mûrir [my'ʀiʀ] *tr et intr* madurar: *les fruits commencent à mûrir = las frutas empiezan a madurar*.

murmure [myʀ'myʀ] *m* murmullo: *le murmure des élèves = el murmullo de los alumnos*; susurro.

murmurer [myʀmy'ʀe] *intr et tr* murmurar; susurrar.

musaraigne [myza'ʀɛɲ] *f* musaraña.

musarder [myzaʀ'de] *intr* perder el tiempo; vagar.

musardise [myzaʀ'diz] *f* callejeo, vagabundeo.

musc [mysk] *m* almizcle.

muscade [mys'kad] *adj et f* moscada: *noix muscade = nuez moscada*. ■ **passez ~** ni visto ni oído.

muscat [mys'ka] *adj et m* moscatel: *raisin muscat = uva moscatel*.

muscle [myskl] *m* músculo. ■ **avoir du ~** tener buenos músculos.

muscler [mys'kle] **1** *tr* desarrollar los músculos. **2** (fig) reforzar: *muscler un projet avec des idées nouvelles = reforzar un proyecto con nuevas ideas*.

musculaire [mysky'lɛʀ] *adj* muscular.

musculation [myskyla'sjɔ̃] *f* musculación.

musculature [myskyla'tyʀ] *f* musculatura.

musculeux, euse [mysky'lø, øz] *adj* musculoso.

muse [myz] *f* musa.

museau [my'zo] **1** *m* hocico. **2** morro. **3** (fam) cara, jeta. ◆ **~ de porc** GAST morro de cerdo.

musée [my'ze] *m* museo.

museler [myz'le] **1** *tr* abozalar; poner un bozal. **2** (fig) tapar la boca, hacer callar: *museler la presse = hacer callar a la prensa*.

muselet [myz'lɛ] *m* precinto de alambre (de una botella de champán).

muselière [myz'ljɛʀ] *f* bozal.

musette [my'zɛt] **1** *f* gaita (instrumento). **2** morral; cartera.

muséum [myze'ɔm] *m* museo de historia natural.

musical, e [myzi'kal] *adj* musical.

musicalité [myzikali'te] *f* musicalidad.

musicien, enne [myzi'sjɛ̃, ɛn] *adj/m et f* músico: *un musicien de jazz = un músico de jazz*.

musique [my'zik] **1** *f* música. **2** partitura: *jouer sans musique = tocar sin partitura*. **3** (fig, fam) canción, historia: *c'est toujours la même musique = siempre estás con la misma canción*. ◆ **~ classique** música clásica; **~ d'ambiance** música ambiental; **~ de chambre** música de cámara; **~ instrumentale** música instrumental; ■ **connaître la ~** conocer el asunto, saber de qué va; **mettre en ~** musicar, poner música a.

musiquer [myzi'ke] **1** *tr* musicar, poner música a. ● **2** *intr* (fam) tocar (un instrumento).

musqué, e [mys'ke] *adj* almizclado.

musulman, e [myzyl'mɑ̃, an] *adj/m et f* musulmán.

mutant, e [my'tɑ̃, t] *adj/m et f* mutante.

mutation [myta'sjɔ̃] **1** *f* mutación. **2** cambio, transformación. **3** traslado, cambio de destino.

muter [my'te] *tr* mutar; remover, trasladar: *muter un militaire = trasladar a un militar*.

mutilation [mytila'sjɔ̃] *f* mutilación.

mutilé, e [myti'le] *adj/m et f* mutilado. ◆ **~ de guerre** mutilado de guerra.

mutiler [myti'le] **1** *tr et pron* mutilar. ● **2** *tr* deteriorar. **3** cortar, alterar (un texto).

mutin, e [my'tɛ̃, in] **1** *adj/m et f* rebelde. **2** bromista, divertido.

mutinerie [mytin'ʀi] *f* motín, sublevación.

mutiner (se) [səmyti'ne] *pron* amotinarse, sublevarse.

mutualité [mytɥali'te] *f* mutualidad, mutua.

mutuel, elle [my'tɥɛl] *adj* mutuo.

myope [mjɔp] *adj/m ou f* miope. ■ **être ~ comme une taupe** no ver tres en un burro.

myrrhe [miʀ] *f* mirra.

myrtille [miʀ'tij] *f* arándano.

mystère [mis'tɛʀ] *m* misterio. ■ **faire ~ de qqch** ocultar algo; **~ et boule de gomme!** ¡misterio!

mystérieux, euse [miste'ʀjø, øz] *adj* misterioso.

mysticisme [misti'sism] *m* misticismo.

mystificateur, trice [mistifika'tœʀ, tʀis] *adj/m et f* mistificador.

mystification [mistifika'sjɔ̃] *f* mistificación; engaño.

mystifier [misti'fje] *tr* mistificar; embaucar, engañar.
mystique [mis'tik] **1** *adj/m* ou *f* místico. ● **2** *f* mística.
mythe [mit] *m* mito.
mythifier [miti'fje] *tr* mitificar.

mythique [mi'tik] *adj* mítico.
mythologie [mitɔlɔ'ʒi] *f* mitología.
mythologique [mitɔlɔ'ʒik] *adj* mitológico.
mythomane [mitɔ'man] *adj/m* ou *f* mitómano.
mythomanie [mitɔma'ni] *f* mitomanía.

Nn

n [ɛn] *m* n.

Ante consonante o a final de palabra se produce la nasalización de la vocal predecente: **fond marin**.

N (*abrév de* **Nord**) *m* N.
nabot, e [na'bo, ɔt] *adj/m et f* (péj) enano, tapón.
nacre [nakr] *f* nácar.
nage [naʒ] **1** *f* nado. **2** SPORTS natación. ◆ ~ **brasse** braza; ~ **libre** estilo libre; ~ **papillon** estilo mariposa; ~ **sur le dos** espalda; ■ **à la** ~ a nado; **être en** ~ ir sudado.
nageoire [na'ʒwaʀ] *f* aleta (de peces).
nager [na'ʒe] **1** *intr et tr* nadar. ● **2** *intr* (fig) nadar: *nager dans la richesse = nadar en la riqueza.* ■ ~ **comme un poisson** nadar muy bien; ~ **dans le sang** estar bañado en un charco de sangre.
naguère [na'gɛʀ] *adv* hace poco, recientemente.
naïf, ive [na'if, iv] *adj/m et f* ingenuo, inocente.
nain, e [nɛ̃, ɛn] *adj/m et f* enano.
naissance [nɛ'sɑ̃s] *f* nacimiento. ◆ ~ **avant terme** nacimiento prematuro; ■ **de** ~ de nacimiento; **donner** ~ **à** dar origen a.
naissant, e [nɛ'sɑ̃, t] *adj* naciente.
naître [nɛtʀ] **1** *intr* nacer. **2** (~ **à**) abrirse a: *naître à l'amour = abrirse al amor.* ■ **être né pour** haber nacido para; **faire** ~ originar, provocar; **n'être pas né d'hier** no haber nacido ayer.
naïveté [naiv'te] *f* ingenuidad.

nana [na'na] *f* (fam) tía, chavala.
nanti, e [nɑ̃'ti] **1** *adj* pudiente, rico; poderoso. ● **2 les nantis** *m pl* los ricos.
nantir [nɑ̃'tiʀ] *tr et pron* (~ **de**) proveer de.
naphtaline [nafta'lin] *f* naftalina.
naphte [naft] *m* nafta.
nappe [nap] **1** *f* mantel (de mesa). **2** capa, superficie. **3** GÉOL estrato. ◆ ~ **de pétrole** mancha de petróleo.
napper [na'pe] **1** *tr* cubrir con un mantel. **2** GAST recubrir: *napper un gâteau de chocolat = recubrir un pastel con chocolate.*
napperon [nap'ʀɔ̃] **1** *m* mantel individual. **2** salvamanteles (para vasos). **3** tapete.
narcotique [naʀkɔ'tik] *adj et m* narcótico.
narguer [naʀ'ge] *tr* desafiar con insolencia; provocar.
narine [na'ʀin] *f* orificio nasal.
narquois, e [naʀ'kwa, z] *adj* burlón, socarrón.
narratif, ive [naʀa'tif, iv] *adj* narrativo.
narration [naʀa'sjɔ̃] **1** *f* narración, relato. **2** redacción (escolar).
narrer [na'ʀe] *tr* narrar, relatar.
naseau [na'zo] **1** *m* ollar. ● **2 naseaux** *m pl* (fam) napia.
nasiller [nazi'je] **1** *intr* ganguear. **2** parpar (el pato).
nasse [nas] **1** *f* nasa (cesta). **2** buitrón (red).
natal, e [na'tal] *adj* natal.
nataliste [nata'list] *adj* natalista.
natalité [natali'te] *f* natalidad.
natation [nata'sjɔ̃] *f* natación.
natif, ive [na'tif, iv] **1** *adj/m et f* nativo; natural. ● **2** *adj* natural (innato).

nation [naˈsjɔ̃] *f* nación.

national, e [nasjɔˈnal] **1** *adj* nacional. ● **2** *f* nacional (carretera).

nationalisation [nasjɔnalizaˈsjɔ̃] *f* nacionalización.

nationaliser [nasjɔnaliˈze] *tr* nacionalizar.

nationalisme [nasjɔnaˈlism] *m* nacionalismo.

nationalité [nasjɔnaliˈte] *f* nacionalidad.

national-socialiste [nasjɔnalsɔsjaˈlist] *adj* nacionalsocialista.

natte [nat] **1** *f* estera. **2** trenza (de cabello).

natter [naˈte] **1** *tr* entretejer. **2** trenzar (cabellos).

naturalisation [natyralizaˈsjɔ̃] **1** *f* naturalización (de personas). **2** aclimatación (de plantas o animales).

naturaliser [natyraliˈze] **1** *tr* naturalizar. **2** aclimatar (plantas o animales). **3** (fig) adoptar.

naturaliste [natyraˈlist] **1** *adj/m* ou *f* naturalista. ● **2** *m* ou *f* taxidermista (disecador).

nature [naˈtyr] **1** *adj* natural: *yaourt nature = yogur natural*; solo: *café nature = café solo*; sin condimentos: *bœuf nature = buey sin condimentos*. ● **2** *f* naturaleza. **3** naturaleza, temperamento (natural). ◆ **~ morte** naturaleza muerta; ■ **de ~** natural (innato).

naturel, elle [natyˈrɛl] **1** *adj* natural. ● **2** *m* natural (temperamento). **3** naturalidad.

naturiste [natyˈrist] *adj/m* ou *f* naturista.

naufrage [noˈfraʒ] **1** *m* naufragio. **2** (fig) ruina. ■ **faire ~** naufragar.

naufragé, e [nofraˈʒe] **1** *adj/m* et *f* náufrago. ● **2** *adj* naufragado (barco).

nausée [noˈze] *f* náusea: *il a la nausée = tiene náuseas*.

nautique [noˈtik] *adj* náutico.

naval, e [naˈval] (*pl* navals) *adj* naval. ◆ **chantier ~** astillero.

navet [naˈvɛ] *m* nabo.

navette [naˈvɛt] **1** *f* lanzadera. **2** canilla (de máquina de coser). ◆ **~ spatiale** transbordador espacial; ■ **faire la ~ (entre)** ir y venir (entre).

navigateur [navigaˈtœr] **1** *m* navegante. **2** INF navegador.

naviguer [naviˈge] **1** *intr* navegar. **2** pilotar (un avión).

navire [naˈvir] *m* navío; buque. ◆ **~ marchand** buque mercante.

navrant, e [naˈvrɑ̃, t] **1** *adj* lastimoso, desconsolador. **2** lamentable: *son comportement a été navrant = su comportamiento ha sido lamentable*.

navrer [naˈvre] *tr* afligir; desconsolar. ■ **je suis navré** lo siento en el alma; **je suis navré que** siento muchísimo que.

nazaréen, enne [nazareˈɛ̃, ɛn] *adj* nazareno.

nazi, e [naˈzi] *adj/m* et *f* nazi.

ne [nə] **1** *adv* no. **2** (con un *adv* de negación precediendo el *vb*): *jamais il ne viendra me voir = nunca vendrá a verme*. ■ **ne ... guère** casi no: *il ne mange guère = casi no come*; **ne ... jamais** no... nunca: *elle ne vient jamais me voir = no viene nunca a verme*; **ne ... ni** no... ni... ni...: *il ne veut ni manger ni parler = no quiere ni comer ni hablar*; **ne ... que** sólo: *il ne veut manger que du jambon = sólo quiere comer jamón*; no... más que: *il ne voit que son intérêt = no ve más que su interés*.

né, e [ne] *adj* nacido: *il est né à Montpellier = nació en Montpellier*. ◆ **premier-né** primogénito.

néanmoins [neɑ̃ˈmwɛ̃] *adv* no obstante; sin embargo.

néant [neˈɑ̃] **1** *m* nada. **2** (form) miseria: *avoir le sentiment de son néant = ser consciente de la propia miseria*.

nébuleuse [nebyˈløz] *f* nebulosa.

nébuleux, euse [nebyˈlø, øz] *adj* nebuloso.

nébulosité [nebylozˈte] *f* nebulosidad.

nécessaire [neseˈser] **1** *adj* et *m* necesario. ● **2** *m* neceser. ◆ **~ de couture** costurero.

nécessité [nesesiˈte] *f* necesidad.

nécessiter [nesesiˈte] *tr* necesitar.

nécessiteux, euse [nesesiˈtø, øz] *adj/m* et *f* necesitado.

nécrologe [nekrɔˈlɔʒ] *m* necrología.

nécrologie [nekrɔlɔˈʒi] **1** *f* necrología. **2** nota necrológica (en periódico).

nécrologique [nekrɔlɔˈʒik] *adj* necrológico. ◆ **rubrique ~** sección necrológica.

nécromancie [nekrɔmɑ̃ˈsi] *f* nigromancia.

nécropole [nekrɔˈpɔl] *f* necrópolis.

nectar [nekˈtar] *m* néctar.

nectarine [nektaˈkin] *f* nectarina (fruta).

néerlandais, e [neɛrlɑ̃ˈdɛ, z] **1** *adj* neerlandés. ● **2 Néerlandais, e,** *m* et *f* neerlandés. ● **3** *m* neerlandés (lengua).

nef [nef] **1** *f* nave (navío). **2** ARCHIT nave.

néfaste [neˈfast] *adj* nefasto.

néflier [nefliˈje] *m* níspero (árbol).

négatif, ive [negaˈtif, iv] **1** *adj* negativo. ● **2** *m* PHOT negativo. ● **3** *f* negativa. ■ **dans la négative** si es que no.

négation [negaˈsjɔ̃] *f* negación.

négligé, e [negliˈʒe] **1** *adj* descuidado (ropa, estilo); escachalandrado (Amér.). **2** desatendido. ● **3** *m* descuido (desaliño).

négligence [negliˈʒɑ̃s] **1** *f* desidia, dejadez. **2** negligencia, descuido (error).

négligent, e [negliˈʒɑ̃, t] *adj* descuidado; escachalandrado (Amér.).

négliger [negliˈʒe] **1** *tr et pron* descuidar, desatender: *négliger la famille = descuidar la familia.* ● **2** *tr* ignorar. **3** olvidar. **4** dejar escapar: *tu as négligé une bonne occasion = has dejado escapar una buena oportunidad.*

négoce [neˈɡɔs] *m* negocio.

négociant, e [neɡoˈsjɑ̃, t] *m et f* negociante.

négociation [neɡosjaˈsjɔ̃] *f* negociación.

négocier [neɡoˈsje] **1** *tr et intr* negociar. ● **2** *tr* sortear (un obstáculo).

nègre [neɡʁ] **1** *adj* negro. ● **2** *m* (fam) negro (escritor). ● **3** **nègre-blanc** *loc adj* ambiguo: *des paroles nègre-blanc = unas palabras ambiguas.*

négrier, ère [neɡʁiˈje, jɛʁ] *adj et m* negrero.

neige [nɛʒ] *f* nieve. ◆ **~ fondue** aguanieve; ■ **en ~** a punto de nieve (huevos).

neiger [neˈʒe] *impers* nevar.

neigeux, euse [neˈʒø, øz] *adj* nevado.

nénuphar [nenyˈfaʁ] *m* BOT nenúfar.

néoclassique [neoklaˈsik] *adj/m ou f* neoclásico.

néolithique [neoliˈtik] *adj et m* neolítico.

néologie [neɔlɔˈʒi] *f* neología.

néologisme [neɔlɔˈʒism] *m* neologismo.

néonatal, e [neonaˈtal] (*pl* **néonatals**) *adj* neonatal.

néophyte [neoˈfit] *m ou f* neófito.

néoréaliste [neoʁeaˈlist] *adj/m ou f* neorrealista.

népérien, enne [nepeˈʁjɛ̃, ɛn] *adj* MATH neperiano.

népotisme [nepoˈtism] *m* nepotismo.

Neptune [nɛpˈtyn] *m* ASTR Neptuno.

nerf [nɛʁ] **1** *m* nervio. **2** nervio (en encuadernación). **3** (fig) nervio (vigor): *cette femme a du nerf = esta mujer tiene nervio.* **4** ARCHIT nervio, nervadura. ■ **être à bout de nerfs** estar al borde de un ataque de nervios; **passer ses nerfs sur qqn** pagarlas con alguien.

néronien, enne [neʁoˈnjɛ̃, ɛn] *adj* (form) neroniano.

nerveux, euse [nɛʁˈvø, øz] **1** *adj* nervioso: *un tissu nerveux = un tejido nervioso.* **2** (fig) vigoroso.

nervosité [nɛʁvoziˈte] *f* nerviosismo.

nervure [nɛʁˈvyʁ] **1** *f* nervadura. **2** nervio (en encuadernación). **3** ARCHIT nervadura.

net, nette [nɛt] **1** *adj* limpio; nítido. **2** claro (asunto, idea). **3** neto (precio, salario, etc.). ● **4** *adv* de un golpe: *le verre s'est cassé net = el vaso se ha roto de un golpe.* **5** en seco (pararse). **6** rotundamente (negarse).

netteté [nɛtˈte] **1** *f* nitidez. **2** claridad (de ideas, palabras).

nettoyage [netwaˈjaʒ] *m* limpieza. ◆ **~ à sec** limpieza en seco.

nettoyant [netwaˈjɑ̃] *m* limpiador.

nettoyer [netwaˈje] **1** *tr* limpiar. **2** (fig, fam) liquidar, matar. **3** (fig, fam) desplumar, dejar sin dinero.

neuf, neuve [nœf, v] **1** *adj* nuevo. ● **2** *m* nuevo. ● **3** *adj et m* nueve. **4** noveno. ■ **quoi de ~?** ¿qué hay de nuevo?; **remettre à ~** dejar como nuevo; **tout ~** completamente nuevo.

> No hay que confundir *une voiture neuve* con *une voiture nouvelle*. La primera se refiere a un coche recién fabricado, aunque sea de un modelo antiguo; la segunda, a un coche nuevo para el usuario, aunque tenga muchos años.

neurasthénique [nøʁasteˈnik] *adj/m ou f* neurasténico.

neurone [nøˈʁon] *m* BIOL neurona.

neurovégétatif, ive [nøʁoveʒetaˈtif, iv] *adj* ANAT neurovegetativo.

neutralisant, e [nøtʁaliˈzɑ̃, t] *adj et m* neutralizante.

neutralisation [nøtʁalizaˈsjɔ̃] *f* neutralización.

neutraliser [nøtʁaliˈze] *tr* neutralizar.

neutraliste [nøtʁaˈlist] *adj/m ou f* neutralista.

neutralité

neutralité [nøtRali'te] f neutralidad.

neutre [nøtR] **1** adj/m ou f neutro. ● **2** adj POL neutral.

neuvième [nœ'vjɛm] adj/m ou f noveno.

névé [ne've] m nevero.

neveu [nə'vø] m sobrino.

névralgique [nevral'ʒik] adj MÉD neurálgico.

nez [ne] **1** m nariz. **2** proa (de barco); morro (de avión). ◆ **~ aquilin** nariz aguileña; **~ en patate** nariz de patata; **~ retroussée** nariz respingona; **■ ~ à ~ (avec)** cara a cara (con); **rire au ~ de qqn** reírse en las narices de alguien.

ni [ni] conj ni: il ne sait pas lire ni écrire = no sabe leer ni escribir.

niais, e [njɛ, z] adj/m et f bobo; necio.

niaiserie [njɛz'Ri] **1** f necedad. **2** tontería (banalidad).

Nicaragua [nikaRa'gwa] m Nicaragua.

niche [niʃ] **1** f nicho. **2** caseta (de perro). **3** diablura (travesura).

nichée [ni'ʃe] **1** f nidada (de pájaros). **2** camada. **3** (fam) chiquillos, prole.

nicher [ni'ʃe] **1** intr anidar (las aves). **2** (fam) anidar (una persona). ● **3 se ~ pron** anidar (las aves). **4** esconderse: la fontaine se niche dans la forêt = la fuente se esconde en el bosque.

nichons [ni'ʃɔ̃] m pl (fam) tetas.

nickel [ni'kɛl] **1** f níquel.

nicotine [niko'tin] f nicotina.

nid [ni] m nido.

nièce [njɛs] f sobrina.

nième [njɛm] adj enésimo.

nier [nje] tr negar.

nigaud, e [ni'go, d] adj/m et f memo; bobo.

nihilisme [nii'lism] m PHIL nihilismo.

nipper [ni'pe] tr et pron (fam) trajear; vestir: il s'est nippé à la mode = se ha vestido a la moda.

nippes [nip] f pl (péj) trapos (ropa vieja).

nique [nik] f mueca. **■ faire la ~ à** burlarse de.

niquer [ni'ke] tr (vulg) joder, follar.

nitouche [ni'tuʃ] f hipócrita. ◆ **sainte ~** mosquita muerta.

nitroglycérine [nitRoglise'Rin] f nitroglicerina.

niveau [ni'vo] m nivel. ◆ **~ à bulle** nivel de aire; **~ de vie** nivel de vida; **■ au ~ de** a nivel de; a la altura de.

niveler [niv'le] tr nivelar.

nobiliaire [nɔbi'ljɛR] adj et m nobiliario.

noble [nɔbl] adj/m ou f noble.

noblement [nɔblə'mɑ̃] adv noblemente.

noblesse [nɔ'blɛs] f nobleza.

noce [nɔs] **1** f boda. **2** nupcias (matrimonio): il l'a épousée en secondes noces = se ha casado con ella en segundas nupcias. **3** (fam) juerga. **■ faire la ~** (fam) ir de juerga; **ne pas être à la ~** (fam) estar en un apuro.

nocif, ive [nɔ'sif, iv] adj nocivo; dañino.

nocivité [nɔsivi'te] f nocividad.

noctambule [nɔktɑ̃'byl] adj/m ou f noctámbulo.

nocturne [nɔk'tyRn] **1** adj nocturno. ● **2** m MUS nocturno. **■ en ~** SPORTS nocturno.

nodule [nɔ'dyl] m nódulo.

noël [nɔ'el] **1** m Navidad. **2** MUS villancico. **■ de ~** navideño; **présenter ses vœux à ~** felicitar las Pascuas.

nœud [nø] **1** m nudo. **2** (fig) lazo, vínculo. **3** ANAT nudo, nódulo. **4** ANAT nudillo. **5** ASTR nodo. **6** MAR nudo. **7** ZOOL anillo. ◆ **~ coulant** nudo corredizo; **~ papillon** pajarita; **■ avoir un ~ dans la gorge** (fig) tener un nudo en la garganta.

noir, e [nwaR] **1** adj et m negro (color). ● **2** adj oscuro: il fait noir = está oscuro. **3** (fig) no declarado, clandestino (trabajo). ● **4** m oscuridad. ● **5** f MUS negra. ● **6** m et f negro (persona). **■ mettre sur blanc** (fig) poner por escrito; **voir tout ~** (fig) verlo todo negro.

> Debe emplearse obligatoriamente en mayúsculas cuando designa a una persona de raza negra: les Noirs des États-Unis; en los otros casos ha de ir en minúscula.

noirâtre [nwa'RatR] adj negruzco.

noiraud, e [nwa'Ro, d] adj/m et f moreno.

noircir [nwaR'siR] **1** tr ennegrecer (ensuciar). **2** (fig) ensombrecer: noircir la situation = ensombrecer la situación. **3** (fig) difamar; manchar (la reputación). ● **4** intr et pron ennegrecerse. **5** oscurecerse (un material).

noisetier [nwaz'tje] m avellano.

noisette [nwa'zɛt] **1** f avellana. ● **2** adj color de avellana.

noix [nwa] **1** f nuez (fruto). **2** ANAT rótula. ◆ **~ de coco** coco; **~ muscade** nuez

moscada; **vieille ~** (fam) imbécil, mamarracho; ■ **à la ~** (fam) de tres al cuarto.
nom [nɔ̃] **1** *m* apellido. **2** nombre. **3** (fig) título (cualificación). ♦ **~ commun** nombre común; **~ d'emprunt** seudónimo; **~ de famille** apellido; **~ propre** nombre propio; ■ **au ~ de** en nombre de; **se faire un ~** hacerse un nombre.

> Los **nombres** de persona constan de *prénom* (**nombre**) y *nom* (**apellido**), siempre el del padre. Es muy frecuente que las mujeres tomen el apellido del marido al casarse.

nomade [nɔ'mad] *adj/m* ou *f* nómada.
nombre [nɔbʀ] **1** *m* número. **2** GRAMM número. ♦ **~ cardinal** número cardinal; **~ décimal** número decimal; **~ premier** número primo; ■ **en ~** en cantidad.
nombrer [nɔ̃'bʀe] *tr* (form) enumerar, contar.
nombreux, euse [nɔ̃'bʀø, øz] *adj* numeroso.
nombril [nɔ'bʀil] *m* ombligo. ♦ **nombril-de-Vénus** BOT ombligo de Venus; ■ **se prendre pour le ~ du monde** (fig, fam) creerse el ombligo del mundo.
nome [nom] *m* nomo.
nomenclature [nɔmɑ̃klɑ'tyʀ] *f* nomenclatura.
nominal, e [nɔmi'nal] *adj* nominal.
nominatif, ive [nɔmina'tif, iv] *adj* et *m* nominativo.
nomination [nɔmina'sjɔ̃] *f* nombramiento.
nommé, e [nɔ'me] **1** *adj* nombrado. **2** llamado (al pasar lista). ■ **à point ~** a propósito, oportunamente.
nommer [nɔ'me] *tr* et *pron* poner un nombre, llamar: *ses parents l'ont nommé Pierre = sus padres le han llamado Pedro*; dar un nombre: *nommer une maladie nouvellement découverte = dar un nombre a una enfermedad recién descubierta*. ● **2** *tr* nombrar (para un cargo). **3** decir el nombre.
non [nɔ̃] **1** *adv* no: *il m'a dit que non = me ha dicho que no*. ● **2** *m* no: *il a répondu par un non peu convaincant = ha contestado con un no poco convincente*. ■ **~ mais!** (fam) pero, ¿esto qué es?;

pas que no es que; **~ plus** tampoco; **~ que** no porque.
non-activité [nɔnaktivi'te] **1** *f* excedencia, cesantía. **2** MIL reemplazo.
nonagénaire [nɔnaʒe'nɛʀ] *adj/m* ou *f* nonagenario.
nonante [nɔ'nɑ̃t] *adj* et *m* (en Bélgica, en Suiza) noventa.
non-assistance [nɔnasis'tɑ̃s] *f* falta de asistencia. ♦ **~ à personne en danger** DR denegación de auxilio.
non-belligérance [nɔbeliʒe'ʀɑ̃s] *f* no beligerancia.
nonce [nɔ̃s] *m* nuncio.
nonchalance [nɔ̃ʃa'lɑ̃s] *f* indolencia; abandono.
nonchalant, e [nɔ̃ʃa'lɑ̃, t] *adj* indolente; descuidado.
non-conciliation [nɔ̃kɔ̃silja'sjɔ̃] *f* DR falta de conciliación.
non-conformisme [nɔ̃kɔ̃fɔʀ'mism] *m* no conformismo.
non-conformiste [nɔ̃kɔ̃fɔʀ'mist] *adj/m* ou *f* no conformista.
non-conformité [nɔ̃kɔ̃fɔʀmi'te] *f* no conformidad.
non-croyant, e [nɔ̃kʀwa'jɑ̃, t] *adj/m* et *f* no creyente.
non-dit [nɔ̃'di] *m* no dicho.
non-exécution [nɔnɛgzeky'sjɔ̃] *f* DR incumplimiento.
non-fumeur, euse [nɔ̃fy'mœʀ, øz] *m* et *f* no fumador.
non-ingérence [nɔnɛ̃ʒe'ʀɑ̃s] *f* no injerencia.
non-inscrit, e [nɔnɛ̃s'kʀi, t] *adj/m* et *f* DR independiente.
non-intervention [nɔnɛ̃tɛʀvɑ̃'sjɔ̃] *f* no intervención.
non-lieu [nɔ̃'ljø] *m* DR sobreseimiento.
nonne [nɔn] *f* monja.
nonobstant [nɔnɔps'tɑ̃] **1** *prép* no obstante, a pesar de: *nonobstant tous les obstacles, il a atteint son but = a pesar de los obstáculos, ha alcanzado su propósito*. ● **2** *adv* sin embargo, no obstante: *il a travaillé beaucoup, nonobstant, il n'a pas pu finir l'article = ha trabajado mucho, sin embargo, no ha podido acabar el artículo*.
non-paiement *m* DR impago.
non-résident, e [nɔ̃ʀezi'dɑ̃, t] *m* et *f* ÉCON no residente.

non-retour [nɔ̃ʀ'tuʀ] *m* sin retorno. ◆ **point de ~** punto sin retorno.

non-sens [nɔ̃'sɑ̃s] *m* disparate; absurdo.

non-stop [nɔ̃'stɔp] *adj* non stop, sin interrupción.

non-violence [nɔ̃vjɔ'lɑ̃s] *f* no violencia.

non-voyant, e [nɔ̃vwa'jɑ̃, t] *m* et *f* invidente.

nord [nɔʀ] *adj* et *m* norte. ◆ **~ du compas** MAR norte de brújula; ■ **perdre le ~** perder el norte.

nord-africain, e [nɔʀafʀi'kɛ̃, ɛn] **1** *adj* norteafricano. ● **2 Nord-africain, e** *m* et *f* norteafricano.

nord-américain, e [nɔʀameʀi'kɛ̃, ɛn] **1** *adj* norteamericano; estadounidense. ● **2 Nord-américain, e** *m* et *f* norteamericano; estadounidense.

nord-est [nɔʀ'ɛst] *adj* et *m* nordeste.

nordique [nɔʀ'dik] *adj/m* ou *f* nórdico.

nord-ouest [nɔʀ'wɛst] *adj* et *m* noroeste.

noria [nɔ'ʀja] *f* noria.

normal, e [nɔʀ'mal] **1** *adj* normal. ● **2 la normale** *f* lo normal; la normalidad: *revenir à la normale* = volver a la normalidad. **3** MATH normal, perpendicular.

normalement [nɔʀmal'mɑ̃] *adv* normalmente.

normalisation [nɔʀmaliza'sjɔ̃] *f* normalización.

normalité [nɔʀmali'te] *f* normalidad.

normatif, ive [nɔʀma'tif, iv] *adj* normativo.

norme [nɔʀm] *f* norma.

Norvège [nɔʀ'vɛʒ] *f* Noruega.

nos [no] *adj poss* → notre.

nostalgie [nɔstal'ʒi] *f* nostalgia.

nostalgique [nɔstal'ʒik] *adj* nostálgico.

notable [nɔ'tabl] *adj* et *m* notable.

notaire [nɔ'tɛʀ] *m* notario.

notamment [nɔta'mɑ̃] *adv* particularmente, especialmente.

notarial, e [nɔta'ʀjal] *adj* DR notarial.

notariat [nɔta'ʀja] *m* DR notariado.

notation [nɔta'sjɔ̃] *f* notación.

note [nɔt] **1** *f* nota. **2** nota, apunte (anotación): *prendre des notes* = tomar apuntes. **3** cuenta (factura). **4** nota (calificación). **5** MUS nota. ■ **être dans la ~** no desentonar.

noter [nɔ'te] **1** *tr* anotar (apuntar): *j'ai noté votre adresse* = he anotado su dirección. **2** calificar (puntuar). **3** señalar,

marcar: *je les ai notés d'un astérisque* = los he marcado con un asterisco. **4** notar (advertir).

notice [nɔ'tis] *f* reseña, nota: *une notice bibliographique* = una reseña bibliográfica. ◆ **~ de mode d'emploi** instrucciones de empleo; **~ explicative** folleto explicativo; **~ nécrologique** esquela mortuoria.

notification [nɔtifika'sjɔ̃] *f* DR notificación.

notifier [nɔti'fje] *tr* notificar.

notion [nɔ'sjɔ̃] *f* noción.

notoire [nɔ'twaʀ] *adj* notorio.

notoriété [nɔtɔʀje'te] *f* notoriedad.

notre [nɔtʀ] (*pl* **nos**) *adj poss* nuestro, nuestra (*f*): *notre voiture ne marche pas* = nuestro coche no funciona; nuestros, nuestras (*f*): *nos enfants sont l'avenir* = nuestros hijos son el futuro.

nôtre (le, la) [nɔtʀ] (*pl* **nôtres (les)**) *pron poss* el nuestro, la nuestra (*f*): *son fils et le nôtre vont à la même école* = su hijo y el nuestro van al mismo colegio.

nouba [nu'ba] *f* nuba (música militar). ■ **faire la ~** (fig, fam) hacer juerga.

noué, e [nwe] **1** *adj* anudado. **2** encogido (estómago).

nouer [nwe] **1** *tr* et *pron* anudar. ● **2** *tr* contraer (matrimonio); trabar (una amistad).

noueux, euse [nwø, øz] *adj* nudoso.

nougat [nu'ga] *m* turrón.

nouille [nuj] **1** *f* (fig, fam) bobo, lelo. ● **2 nouilles** *f pl* tallarines; pasta.

nounou [nu'nu] *f* (fam) nodriza.

nourri, e [nu'ʀi] **1** *adj* alimentado. **2** (fig) denso: *une conversation nourrie* = una conversación densa.

nourrice [nu'ʀis] *f* nodriza.

nourrir [nu'ʀiʀ] **1** *tr* et *pron* alimentar. **2** (fig) alimentar, nutrir: *la lecture nourrit son esprit* = la lectura alimenta su espíritu. ● **3** *tr* amamantar. **4** (fig) mantener (la esperanza, la ilusión).

nourrisson [nuʀi'sɔ̃] *m* niño de pecho.

nourriture [nuʀi'tyʀ] **1** *f* alimento. **2** (fig) alimento.

nous [nu] **1** *pron* nosotros, nosotras (*f*): *il parle à nous* = nos habla a nosotros. **2** nos: *on nous a dit d'attendre ici* = nos han dicho que esperemos aquí. ■ **à ~** nuestro, nuestra (*f*), nuestros, nuestras *(f)*: *ces cahiers sont à nous* = *estos cuadernos son nuestros*.

nouveau, elle [nu'vo, εl] **1** *adj* nuevo. **2** novedoso (original). ● **3** *adj/m* et *f* novato. ● **4** **le ~ m** lo nuevo. ● **5** *adv* recién: *nouveaux-mariés* = *recién casados*. ■ **à ou de ~** de nuevo, otra vez.

> Ante masculinos que empiezan por vocal o **h** muda, se utiliza la forma **nouvel**: *un nouvel homme* = *un nuevo hombre*.

nouveau-né, e [nuvo'ne] *(pl* **nouveau-nés)** *adj/m* et *f* recién nacido.
nouveauté [nuvo'te] *f* novedad.
nouvelle [nu'vεl] **1** *f* noticia. **2** LITT novela corta.
novateur, trice [nɔva'tœʀ, tʀis] *adj/m* et *f* innovador.
novembre [nɔ'vãbʀ] *m* noviembre.
novice [nɔ'vis] **1** *m* ou *f* novicio (religioso). ● **2** *adj* novato.
noviciat [nɔvi'sja] *m* noviciado.
noyade [nwa'jad] *f* ahogamiento.
noyau [nwa'jo] **1** *m* núcleo. **2** hueso (de una fruta).
noyé, e [nwa'je] **1** *adj/m* et *f* ahogado. ● **2** *adj* (fig) perdido: *une maison noyée dans la forêt* = *una casa perdida en el bosque*.
noyer [nwa'je] **1** *tr* et *pron* ahogar. ● **2** *tr* inundar. **3** diluir (un color). **4** (fig) ahogar (una pena).
nu, e [ny] **1** *adj* et *m* desnudo. ● **2** *adj* yermo (terreno). ■ **se mettre à ~** desnudarse.
nuage [nɥ'aʒ] *m* nube. ◆ **~ de lait** gota de leche (en té o café); **~ de poussière** nube de polvo.
nuageux, euse [nɥa'ʒø, øz] **1** *adj* nublado. **2** (fig) nebuloso, oscuro.
nuance [nɥãs] **1** *f* matiz. **2** rasgo, algo: *son visage avait une nuance de tristesse* = *su rostro tenía un algo de tristeza*.
nuancé, e [nɥã'se] *adj* matizado.
nuancer [nɥã'se] *tr* matizar.
nubile [ny'bil] *adj* núbil.
nucléaire [nykle'εʀ] *adj* nuclear.
nucléique [nykle'ik] *adj* BIOCH nucleico.
nudiste [ny'dist] *adj/m* ou *f* nudista.

nuée [nɥe] **1** *f* nubarrón. **2** nube (multitud).
nuire [nɥiʀ] *tr* et *pron* perjudicar.
nuisance [nɥi'zãs] *f* daño, perjuicio.
nuit [nɥi] *f* noche. ◆ **~ blanche** noche en blanco; **~ de Noël** Nochebuena; ■ **à la ~ tombante** al anochecer.
nul, nulle [nyl] **1** *pron* nadie: *nul n'est capable de faire cela* = *nadie es capaz de hacer esto*. ● **2** *adj indéf* ninguno, ninguna *(f)*: *nulle réponse* = *ninguna respuesta*. ● **3** *adj* nulo (sin valor): *ce film est nul* = *esta película es nula*.

> Sólo aparece en frases negativas y ha de combinarse obligatoriamente con la partícula **ne**: *nul ne viendra* = *ninguno vendrá / no vendrá ninguno*.

nullité [nyli'te] *f* nulidad.
numéraire [nyme'ʀεʀ] **1** *adj* numerario. ● **2** *m* numerario, metálico.
numéral, e [nyme'ʀal] *adj* numeral.
numérateur [nymeʀa'tœʀ] *m* numerador.
numérique [nyme'ʀik] *adj* numérico.
numérisation [nymeʀiza'sjɔ̃] *f* INF digitalización.
numériser [nymeʀi'ze] *tr* INF digitalizar.
numéro [nyme'ʀo] **1** *m* número. **2** (fig) tipo raro, caso. ◆ **~ d'inscription** matrícula; **~ vert** número de teléfono gratuito.
numérotation [nymeʀɔta'sjɔ̃] *f* numeración.
numéroter [nymeʀɔ'te] *tr* numerar.
numide [ny'mid] **1** *adj* númida. ● **2 Numide** *m* ou *f* númida.
numismate [nymis'mat] *m* ou *f* numismático.
numismatique [nymisma'tik] **1** *adj* numismático. ● **2** *f* numismática.
nu-pieds [ny'pje] *(pl* **nu-pieds)** *m* sandalia.
nuptial, e [nyp'sjal] *adj* nupcial.
nuque [nyk] *f* nuca.
nursery [nœʀsɔ'ʀi] *f* cuarto de los niños.
nutritif, ive [nytʀi'tif, iv] *adj* nutritivo.
nutrition [nytʀi'sjɔ̃] *f* nutrición.
Nylon® [ni'lɔ̃] *m* nylon.
nymphe [nɛ̃f] *f* ninfa.
nymphomane [nɛ̃fɔ'man] *adj* et *f* ninfómana.

n

Oo

o [o] *m* o.
ô! [o] *interj* ¡oh!
oasis [ɔaˈzis] *m* oasis.
obéir [ɔbeˈiʀ] *tr* obedecer.

> Este verbo ha de llevar obligatoria-
> mente la preposición à: *les enfants
> doivent obéir à leurs parents = los ni-
> ños deben obedecer a sus padres.*

obéissance [ɔbeiˈsãs] *f* obediencia.
obéissant, e [ɔbeiˈsã, t] *adj* obediente.
obélisque [ɔbeˈlisk] *m* obelisco.
obèse [ɔˈbez] *adj/m ou f* obeso.
obésité [ɔbeziˈte] *f* MÉD obesidad.
objecter [ɔbʒɛkˈte] **1** *tr* objetar. **2** reprochar.
objecteur [ɔbʒɛkˈtœʀ] *m* objetante. ◆ ~
de conscience MIL objetor de conciencia.
objectif, ive [ɔbʒɛkˈtif, iv] *adj et m* objetivo. ◆ ~ à grand angle PHOT objetivo
gran angular.
objection [ɔbʒɛkˈsjõ] *f* objeción. ◆ ~ de
conscience MIL objeción de conciencia.
objectiver [ɔbʒɛktiˈve] **1** *tr* objetivar. **2**
expresar.
objectivité [ɔbʒɛktiviˈte] *f* objetividad.
objet [ɔbˈʒɛ] *m* objeto. ◆ complément
d'~ direct GRAMM complemento directo;
■ être l'~ de ser objeto de; sans ~ sin
objeto.
obligation [ɔbligaˈsjõ] **1** *f* obligación. **2**
compromiso: *sans obligation de votre
part = sin ningún compromiso por su
parte.*
obligatoire [ɔbligaˈtwaʀ] *adj* obligatorio.
obligatoirement [ɔbligatwaʀˈmã] **1**
adv obligatoriamente. **2** inevitablemente.
obligé, e [ɔbliˈʒe] **1** *adj* obligado: *il est
obligé de répondre = está obligado a
responder.* **2** necesario (indispensable).
3 (fam) inevitable. **4** agradecido: *je vous
suis obligé de votre amabilité = le estoy
muy agradecido por su amabilidad.*

obligeance [ɔbliˈʒãs] *f* complacencia,
cortesía.
obligeant, e [ɔbliˈʒã, t] *adj* complaciente.
obliger [ɔbliˈʒe] **1** *tr* obligar. **2** inducir. ■
vous m'obligeriez beaucoup si le esta-
ría muy agradecido si.
oblique [ɔˈblik] **1** *adj* oblicuo. **2** (fig) indirecto. ● **3** *m* ANAT oblicuo (músculo). ●
4 *f* MATH oblicua. ■ en ~ en diagonal.
obliquement [ɔblikˈmã] *adv* oblicuamente, de refilón.
obliquité [ɔblikiˈte] *f* oblicuidad.
oblitérer [ɔbliteˈʀe] **1** *tr* poner el matasellos; marcar. **2** MÉD obliterar.
oblong, ongue [ɔˈblõ, g] *adj* oblongo.
obnubiler [ɔbnybiˈle] *tr* obnubilar, obsesionar.
obscène [ɔpˈsɛn] *adj* obsceno.
obscénité [ɔpseniˈte] *f* obscenidad.
obscur, e [ɔpsˈkyʀ] **1** *adj* oscuro; sombrío. **2** (fig) incomprensible.
obscurantisme [ɔpskyʀãˈtism] *m* os-
curantismo.
obscurcir [ɔpskyʀˈsiʀ] *tr et pron* oscurecer.
obscurité [ɔpskyʀiˈte] *f* oscuridad.
obsédant, e [ɔpseˈdã, t] *adj* obsesivo.
obsédé, e [ɔpseˈde] *adj et m* obseso; maníaco: *un obsédé du jazz = un maníaco del
jazz.*
obséder [ɔpseˈde] *tr* obsesionar.
obsèques [ɔpˈsɛk] *f pl* exequias.
obséquieux, euse [ɔpseˈkjø, øz] *adj*
obsequioso.
observation [ɔpsɛʀvaˈsjõ] **1** *f* observación. **2** advertencia.
observatoire [ɔpsɛʀvaˈtwaʀ] **1** *m* observatorio. **2** MIL puesto de observación.
observer [ɔpsɛʀˈve] **1** *tr et pron* observar. ● **2** *tr* observar; cumplir (las leyes).
● **3** s'~ *pron* dominarse. ■ faire ~ hacer
notar.
obsession [ɔpseˈsjõ] *f* obsesión. ■ avoir
l'~ de estar obsesionado con.
obsessionnel, elle [ɔpsesjɔˈnɛl] *adj*
PSY obsesivo.

obstacle [ɔps'takl] *m* obstáculo. ■ faire ~ à obstaculizar.

obstétrique [ɔpste'tʀik] **1** *adj* obstétrico. ● **2** *f* MÉD obstetricia.

obstination [ɔpstina'sjɔ̃] *f* obstinación; empeño.

obstiner (s') [sɔpsti'ne] *pron* (s'~ à) obstinarse en, empeñarse en.

obstruction [ɔpstʀyk'sjɔ̃] *f* obstrucción. ■ faire de l'~ à obstruir.

obstruer [ɔpstʀy'e] *tr et pron* obstruir.

obtempérer [ɔptɑ̃pe'ʀe] *tr* DR obedecer.

obtenir [ɔptə'niʀ] *tr* obtener, conseguir.

obtention [ɔptɑ̃'sjɔ̃] *f* obtención, consecución.

obturation [ɔptyʀa'sjɔ̃] *f* obturación.

obturer [ɔpty'ʀe] *tr* obturar.

obtus, e [ɔp'ty, z] **1** *adj* obtuso, romo. **2** (fig) obtuso, lerdo. **3** GÉOM obtuso.

obus [ɔ'by] *m* obús.

obvier [ɔb'vje] *tr* (~ à) obviar, evitar.

occasion [ɔka'zjɔ̃] **1** *f* ocasión; oportunidad. **2** ocasión (ganga). **3** ocasión, motivo. ■ à l'~ si llega el caso; d'~ de segunda mano.

occasionnel, elle [ɔkazjɔ'nɛl] *adj* ocasional.

occasionner [ɔkazjɔ'ne] *tr* ocasionar; causar.

occident [ɔksi'dɑ̃] **1** *m* occidente. **2** Occident POL Occidente.

> Va en mayúsculas cuando designa el oeste de Europa o el conjunto formado por la Europa del oeste y los Estados Unidos. También va en mayúsculas en las expresiones: l'*Empire d'Occident*, y le *schisme d'Occident*.

occidental, e [ɔksidɑ̃'tal] **1** *adj* occidental. ● **2** Occidental, e *m et f* occidental.

occidentaliser [ɔksidɑ̃tali'ze] *tr et pron* occidentalizar.

occire [ɔk'siʀ] *tr* (iron) matar.

occlusion [ɔkly'zjɔ̃] *f* oclusión. ◆ ~ intestinale MÉD oclusión intestinal.

occulte [ɔ'kylt] *adj* oculto.

occulter [ɔkyl'te] *tr* ocultar.

occultisme [ɔkyl'tism] *m* ocultismo.

occupant, e [ɔky'pɑ̃, t] **1** *adj* ocupante. ● **2** *m et f* invasor.

occupation [ɔkypa'sjɔ̃] *f* ocupación.

occupé, e [ɔky'pe] **1** *adj* ocupado. **2** comunicando (teléfono).

occuper [ɔky'pe] **1** *tr et pron* ocupar. ● **2** *tr* ocupar, emplear (a un trabajador). ● **3** s'~ *pron* (s'~ de) encargarse de. **4** (s'~ de) hacer caso de.

océan [ɔse'ɑ̃] *m* océano.

Océanie [ɔsea'ni] *f* Oceanía.

océanien, enne [ɔsea'njɛ̃, ɛn] **1** *adj* de Oceanía. ● **2** Océanien, enne *m et f* natural o habitante de Oceanía.

océanique [ɔsea'nik] *adj* oceánico.

océanographe [ɔseano'gʀaf] *m ou f* oceanógrafo.

ocre [ɔkʀ] **1** *f* ocre (mineral). ● **2** *adj et m* ocre (color).

octane [ɔk'tan] *m* CHIM octano.

octante [ɔk'tɑ̃t] *adj* (regionalismo) ochenta.

octave [ɔk'tav] *f* octava.

octet [ɔk'tet] *m* INF octeto, byte.

octobre [ɔk'tɔbʀ] *m* octubre.

octogénaire [ɔktɔge'neʀ] *adj/m ou f* octogenario.

octroi [ɔk'tʀwa] **1** *m* concesión: l'*octroi des droits au peuple = la concesión de derechos al pueblo*. **2** arbitrios municipales (impuesto).

octroyer [ɔktʀwa'je] *tr* conceder; otorgar.

oculaire [ɔky'leʀ] *adj et m* ocular. ◆ ~ de visée visor.

oculariste [ɔkyla'ʀist] *m ou f* especialista en prótesis ocular.

oculiste [ɔky'list] *m ou f* oculista.

ode [ɔd] *f* LITT oda.

odeur [ɔ'dœʀ] *f* olor. ■ avoir une bonne ~ oler bien; avoir une mauvaise ~ oler mal.

odieux, euse [ɔ'djø, øz] *adj* odioso.

odorant, e [ɔdɔ'ʀɑ̃, t] *adj* oloroso; odorífero.

odorat [ɔdɔ'ʀa] *m* olfato. ■ avoir l'~ fin tener buen olfato.

odyssée [ɔdi'se] *f* odisea.

œil [œjl] (*pl* yeux) **1** *m* ojo. **2** vista; mirada. **3** ojo (del caldo, del pan). **4** AGR botón, yema, brote. ■ à l'~ a ojo, a ojo de buen cubero; avoir bon ~ tener buena vista; avoir les yeux grand ouverts tener los ojos muy abiertos.

œsophage [ezɔ'faʒ] *m* ANAT esófago.

œstrogène ou estrogène [østʀɔ'ʒɛn] *adj et m* estrógeno.

œuf [œf] **1** *m* huevo. **2** hueva. ◆ ~ à repriser huevo para zurcir; ~ de Pâques huevo de Pascua; ~ **mollet** huevo pasado por agua; ~ **poché** huevo escalfado; **œufs brouillés** huevos revueltos; ■ **étouffer dans l'~** (fig) cortar de raíz.

œuvre [œvʀ] 1 *f* obra; trabajo. 2 obra (literaria). ◆ **hors-d'~** entremeses (comida); ■ **faire ~ de** obrar como; **mettre en ~** poner en práctica.

œuvrer [œ'vʀe] *intr* (form) trabajar.

offense [ɔ'fɑ̃s] *f* ofensa: *il a réparé son offense* = ha reparado su ofensa. ■ **faire une ~ à qqn** ofender a alguien.

offenser [ɔfɑ̃'se] 1 *tr* et *pron* ofender. ● 2 *tr* ir contra. ■ **soit dit sans vouloir vous ~** con perdón sea dicho.

offensif, ive [ɔfɑ̃'sif, iv] 1 *adj* ofensivo (un arma). 2 agresivo (una persona). ● 3 *f* ofensiva.

office [ɔ'fis] 1 *m* oficio, cargo. 2 oficina. 3 REL oficio. ● 4 *m* ou *f* antecocina. ■ **d'~** de oficio: *un avocat d'office = un abogado de oficio.*

officialiser [ɔfisjali'ze] *tr* oficializar.

officiel, elle [ɔfi'sjɛl] 1 *adj* oficial. ● 2 *m* et *f* funcionario. 3 SPORTS juez.

officier [ɔfi'sje] *intr* REL oficiar; celebrar.

officier [ɔfi'sje] *m* oficial. ◆ ~ **de l'état civil** teniente alcalde; ~ **de police** policía.

officieux, euse [ɔfi'sjø, øz] 1 *adj* servicial. 2 oficioso.

officine [ɔfi'sin] 1 *f* farmacia. 2 (fig) laboratorio.

offrande [ɔ'fʀɑ̃d] *f* ofrenda.

offrant [ɔ'fʀɑ̃] *m* postor: *vendre au plus offrant = vender al mejor postor.*

offre [ɔfʀ] 1 *f* oferta. 2 ofrecimiento, proposición.

offrir [ɔ'fʀiʀ] 1 *tr* et *pron* ofrecer. ● 2 *tr* invitar: *je t' offre à dîner = te invito a cenar*; invitar a: *je t' offre un verre = te invito a una copa.* 3 ofertar. ● 4 *s'~ pron* regalarse. 5 *s'~* exponerse a.

offset [ɔf'sɛt] *m* offset.

offusquer [ɔfys'ke] *tr* et *pron* ofuscar.

ogival, e [ɔʒi'val] *adj* ojival.

ogre, esse [ɔgʀ, ɛs] *m* et *f* ogro.

oh! [o] *interj* ¡oh! ■ **oh là là!** ¡vaya!

ohé! [ɔ'e] *interj* ¡eh! (para interpelar).

oie [wa] 1 *f* ganso, oca. 2 (fig, fam) ganso. ◆ **patte-d'~** pata de gallo.

oignon [ɔ'ɲɔ̃] 1 *m* cebolla. 2 bulbo (de una flor). 3 juanete (del pie). ■ **ce ne sont pas tes oignons** (fam) no es asunto tuyo.

oindre [wɛ̃dʀ] *tr* ungir.

oing ou **oint** [wɛ̃] *m* sebo, manteca.

oint, e [wɛ̃, t] *adj* et *m* REL ungido.

oiseau [wa'zo] 1 *m* pájaro; ave. 2 cuévano para llevar la argamasa (albañilería). 3 caballetes (de techador). 4 (fam, péj) individuo, tipo: *c'est un oiseau rare = es un tipo raro.* ◆ ~ **de nuit** ave nocturna; ~ **de proie** ave de rapiña; ~ **nageur** palmípedo; ■ **à vol d'~** en línea recta; **manger comme un ~** comer como un pajarito.

oiseau-lyre [wazo'liʀ] *m* ave lira.

oiseau-mouche [wazo'muʃ] *m* pájaro mosca, colibrí.

oiseleur [waz'lœʀ] *m* pajarero (cazador).

oiselle [wa'zɛl] *f* (fam) bobalicona.

oisellerie [wazɛl'ʀi] *f* pajarería.

oiseux, euse [wa'zø, øz] *adj* inútil: *cette dispute est oiseuse = esta disputa es inútil.*

oisif, ive [wa'zif, iv] *adj/m* et *f* ocioso.

oisillon [wazi'jɔ̃] *m* pajarillo.

oisiveté [waziv'te] *f* ociosidad, ocio.

O.K. [ɔ'ke] 1 *adj* bien. ● 2 *adv* (fam) de acuerdo.

oléagineux, euse [ɔleaʒi'nø, øz] *adj* oleaginoso.

oléoduc [ɔleɔ'dyk] *m* oleoducto.

olfactif, ive [ɔlfak'tif, iv] *adj* olfativo.

oligarchie [ɔligaʀ'ʃi] *f* oligarquía.

oligo-élément [ɔligoele'mɑ̃] *m* BIOL oligoelemento.

olivâtre [ɔli'vatʀ] *adj* aceitunado.

olive [ɔ'liv] 1 *f* aceituna, oliva. 2 ARCHIT oliva. ● 3 *adj* verde oliva (color).

oliveraie [ɔliv'ʀɛ] *f* olivar.

olivier [ɔli'vje] *m* olivo.

olographe [ɔlɔ'gʀaf] *adj* DR ológrafo (testamento).

olympiade [ɔlɛ̃'pjad] *f* olimpiada.

olympique [ɔlɛ̃'pik] *adj* olímpico: *stade olympique = estadio olímpico.*

ombilical, e [ɔ̃bili'kal] *adj* ANAT umbilical.

ombragé, e [ɔ̃bʀa'ʒe] *adj* sombreado; umbrío.

ombrager [ɔ̃bʀa'ʒe] 1 *tr* sombrear. 2 cubrir, esconder.

ombrageux, euse [ɔ̃bʀa'ʒø, øz] 1 *adj* espantadizo (caballo). 2 desconfiado. 3 susceptible.

ombre [ɔ̃bʀ] 1 *f* sombra. 2 sombreado (en pintura). ◆ ~ **à paupières** sombra de ojos; **ombres chinoises** sombras chinescas; ■ **faire de l'~** hacer sombra; **pas l'~ de** ni sombra de.

ombrelle [ɔ̃'bʀɛl] *f* sombrilla. **2** ZOOL umbrela (de una medusa).

ombrer [ɔ̃'bʀe] **1** *tr* poner a la sombra. **2** ART sombrear.

omelette [ɔm'lɛt] *f* tortilla. ◆ **aux pommes de terre** tortilla de patatas.

omettre [ɔ'mɛtʀ] *tr* omitir. ■ **~ de faire qqch** olvidar hacer algo.

omis, e [ɔ'mi, z] **1** *pp* → omettre. ● **2** *adj* omitido; olvidado.

omission [ɔmi'sjɔ̃] *f* omisión.

omnibus [ɔmni'bys] *adj* et *m* ómnibus.

omnidirectionnel, elle [ɔmnidiʀɛksjɔ'nɛl] *adj* TECH omnidireccional.

omnipotent, e [ɔmnipɔ'tɑ̃, t] *adj* omnipotente.

omniprésent, e [ɔmnipʀe'zɑ̃, t] *adj* omnipresente.

omnisports [ɔmni'spɔʀ] *adj* polideportivo.

omnium [ɔm'njɔm] *m* ómnium.

omnivore [ɔmni'vɔʀ] *adj* omnívoro.

omoplate [ɔmɔ'plat] *f* ANAT omoplato.

on [ɔ̃] **1** *pron* (tercera persona del *pl*): *on a téléphoné ton père* = han llamado a tu *padre*; se: *on ne doit pas mentir* = no se *debe mentir*. **2** alguien: *on a dit qu'il pleuvra* = alguien ha dicho que lloverá. **3** (primera persona del *pl*): *on est resté à la maison* = nos hemos quedado en casa. **4** uno: *on a ses manies* = uno tiene sus *manías*. **5** la gente.

once [ɔ̃s] **1** *f* onza (medida). **2** ZOOL onza (felino).

oncle [ɔ̃kl] *m* tío.

onction [ɔ̃k'sjɔ̃] *f* unción. ◆ **extrême-onction** extremaunción.

onde [ɔ̃d] **1** *f* onda. ● **2** ondes *f pl* radio. ◆ **~ sonore** onda sonora; **~ de choc** onda expansiva.

ondée [ɔ̃'de] *f* chaparrón.

on-dit [ɔ̃'di] *m* rumor.

ondoyant, e [ɔ̃dwa'jɑ̃, t] **1** *adj* ondeante. **2** (form) cambiante, inconstante (persona).

ondoyer [ɔ̃dwa'je] **1** *intr* ondear. ● **2** *tr* REL dar el agua de socorro.

ondulation [ɔ̃dyla'sjɔ̃] *f* ondulación.

ondulé, e [ɔ̃dy'le] *adj* ondulado.

onduler [ɔ̃dy'le] **1** *tr* ondular (los cabellos). ● **2** *intr* ondular. **3** serpentear (un camino).

onéreux, euse [ɔne'ʀø, øz] **1** *adj* oneroso. **2** caro, costoso.

ONG [ɔen'ʒe] (*sigles de* **Organisation Non Gouvernementale**) *f* ONG.

ongle [ɔ̃gl] **1** *m* uña. **2** garra (de animales).

onglet [ɔ̃'glɛ] **1** *m* inglete (en carpintería). **2** muesca (de un cuchillo).

onguent [ɔ̃'gɑ̃] *m* ungüento.

onirisme [ɔni'ʀism] *m* MÉD onirismo.

onomatopée [ɔnɔmatɔ'pe] *f* onomatopeya.

onyx [ɔ'niks] *m* ónix, ónice.

onze [ɔ̃z] *adj* et *m* once.

onzième [ɔ̃'zjɛm] *adj* et *m* undécimo.

opacité [ɔpasi'te] *f* opacidad.

opale [ɔ'pal] **1** *adj* opalino (un vidrio). ● **2** *f* ópalo.

opalin, e [ɔpa'lɛ̃, in] *adj* opalino.

opaline [ɔpa'lin] *f* opalina.

opaque [ɔ'pak] *adj* opaco.

opéra [ɔpe'ʀa] *m* ópera.

opérateur, trice [ɔpeʀa'tœʀ, tʀis] *m* et *f* operador.

opération [ɔpeʀa'sjɔ̃] *f* operación. ◆ **~ chirurgicale** MÉD operación quirúrgica; **~ de banque** operación bancaria; **~ militaire** operación militar.

opérationnel, elle [ɔpeʀasjɔ'nɛl] *adj* operacional.

opératoire [ɔpeʀa'twaʀ] *adj* operatorio.

opéré, e [ɔpe'ʀe] **1** *adj* operado, efectuado. ● **2** *adj/m* et *f* MÉD operado.

opérer [ɔpe'ʀe] **1** *tr* operar, efectuar. ● **2** s'~ *pron* operarse, producirse.

ophtalmologie [ɔftalmɔlɔ'ʒi] *f* MÉD oftalmología.

opiacé, e [ɔpja'sje] *adj* opiáceo.

opiner [ɔpi'ne] **1** *intr* opinar. **2** (~ à) consentir.

opiniâtre [ɔpi'njatʀ] *adj* irreductible, obstinado.

opiniâtrer (s') [sɔpinja'tʀe] *pron* obstinarse, empeñarse.

opiniâtreté [ɔpinjatʀə'te] *f* tesón, constancia.

opinion [ɔpi'njɔ̃] *f* opinión.

opiomane [ɔpjɔ'man] *m* ou *f* opiómano.

opiomanie [ɔpjɔma'ni] *f* opiomanía.

opium [ɔ'pjɔm] *m* opio.

opportun, e [ɔpɔʀ'tœ̃, yn] *adj* oportuno.

opportunisme [ɔpɔʀty'nism] *m* oportunismo.

opportuniste [ɔpɔʀty'nist] *adj/m* ou *f* oportunista.

opportunité [ɔpɔʀtyni'te] **1** f oportunidad. **2** ocasión.

opposant, e [ɔpɔ'zɑ̃, t] **1** adj/m et f oponente. ● **2** m et f POL opositor, oposicionista.

opposé, e [ɔpɔ'ze] adj/m et f opuesto; contrario.

opposer [ɔpɔ'ze] **1** tr et pron oponer. ● **2** tr comparar.

opposition [ɔpɔzi'sjɔ̃] f oposición. ■ **par ~** à en contraste con.

oppressant, e [ɔpʀe'sɑ̃, t] adj oprimente.

oppresser [ɔpʀe'se] tr oprimir.

oppresseur [ɔpʀe'sœʀ] adj et m opresor.

oppressif, ive [ɔpʀe'sif, iv] adj opresivo.

oppression [ɔpʀe'sjɔ̃] **1** f opresión. **2** (fig) angustia.

opprimant, e [ɔpʀi'mɑ̃, t] adj oprimente.

opprimer [ɔpʀi'me] tr oprimir.

opter [ɔp'te] intr optar; escoger.

opticien, enne [ɔpti'sjɛ̃, ɛn] m et f óptico.

optimisme [ɔpti'mism] m optimismo.

optimum adj et m óptimo.

option [ɔp'sjɔ̃] **1** f opción. **2** DR, ÉCON opción, derecho preferente.

optionnel, elle [ɔpsjɔ'nɛl] adj opcional, facultativo.

optique [ɔp'tik] **1** adj óptico. ● **2** f óptica. **3** (fig) óptica; punto de vista.

opulence [ɔpy'lɑ̃s] f opulencia. ■ **nager dans l'~** nadar en la abundancia.

opulent, e [ɔpy'lɑ̃, t] adj opulento.

or [ɔʀ] **1** m oro. ● **2** adj et m (fig) oro (color): *cheveux d'or = cabellos de oro*. ● **~ blanc** oro blanco; **~ noir** (fig) oro negro (petróleo); ■ **en ~** (fam) magnífico, perfecto: *un mari en or = un marido perfecto*.

or [ɔʀ] conj ahora bien; sin embargo.

oracle [ɔ'ʀakl] m oráculo.

orage [ɔ'ʀaʒ] **1** m tormenta, tempestad. ● **2** f (fig) tormenta.

orageux, euse [ɔʀa'ʒø, øz] **1** adj tempestuoso. **2** (fig) agitado, movido.

oral, e [ɔ'ʀal] **1** adj oral. ● **2** m oral (examen).

orange [ɔ'ʀɑ̃ʒ] **1** f naranja (fruto). ● **2** adj et m naranja (color).

orangé, e [ɔʀɑ̃'ʒe] adj et m anaranjado.

orangeade [ɔʀɑ̃'ʒad] f naranjada.

oranger [ɔʀɑ̃'ʒe] m naranjo.

orangeraie [ɔʀɑ̃ʒ'ʀɛ] f naranjal.

orangerie [ɔʀɑ̃ʒ'ʀi] f invernadero de naranjos.

orang-outan [ɔʀɑ̃u'tɑ̃] m orangután.

orateur, trice [ɔʀa'tœʀ, tʀis] m et f orador.

oratoire [ɔʀa'twaʀ] adj oratorio.

orbital, e [ɔʀbi'tal] adj ASTR orbital.

orbite [ɔʀ'bit] **1** f órbita. **2** (fig) área de influencia, órbita. ■ **mettre en ~** poner en órbita.

orchestral, e [ɔʀkes'tʀal] adj orquestal.

orchestration [ɔʀkestʀa'sjɔ̃] f orquestación.

orchestre [ɔʀ'kɛstʀ] **1** m orquesta. **2** platea.

orchestrer [ɔʀkes'tʀe] **1** tr orquestar. **2** (fig) coordinar, orquestar.

orchidée [ɔʀki'de] f BOT orquídea.

ordinaire [ɔʀdi'nɛʀ] **1** adj ordinario, habitual. **2** (péj) ordinario, de a pie. ■ **à l'~ ou d'~** normalmente, habitualmente; **à son ~** como de costumbre.

ordinal, e [ɔʀdi'nal] adj et m ordinal.

ordinateur [ɔʀdina'tœʀ] m ordenador; computadora (Amér.). ◆ **~ portable** ordenador portátil.

ordination [ɔʀdina'sjɔ̃] f ordenación.

ordonnance [ɔdɔ'nɑ̃s] **1** f ordenación, disposición. **2** ordenanza. **3** MÉD receta. ◆ **~ de paiement** orden de pago; **~ pénale** providencia penal.

ordonnancer [ɔʀdɔnɑ̃'se] tr dar orden de pago.

ordonné, e [ɔʀdɔ'ne] adj ordenado.

ordonnée [ɔʀdɔ'ne] f MATH ordenada.

ordonner [ɔʀdɔ'ne] **1** tr ordenar; arreglar. **2** ordenar (mandar). **3** prescribir, recetar (un medicamento). **4** REL ordenar: *ordonner un prêtre = ordenar sacerdote*.

ordre [ɔʀdʀ] **1** m orden, colocación. **2** orden, mandato. ◆ **~ du jour** orden del día; **~ public** orden público.

ordure [ɔʀ'dyʀ] **1** f porquería. **2** grosería (indecencia). ● **3** ordures f pl basura.

ordurier, ère [ɔʀdy'ʀje, jɛʀ] adj obsceno, indecente.

oreille [ɔ'ʀɛj] **1** f oreja. **2** asa. **3** oreja (de un sillón). ■ **avoir l'~ de qqn** ser escuchado por alguien; **avoir l'~ fine** tener buen oído.

oreiller [ɔʀe'je] m almohada.

oreillons [ɔʀe'jɔ̃] m pl paperas.

orfèvre [ɔʀ'fɛvʀ] m orfebre.

organe [ɔʀ'gan] **1** m órgano. **2** voz. **3** (fig) órgano, institución.

organigramme [ɔʀgani'gʀam] m organigrama.

organique [ɔʀgaˈnik] *adj* orgánico.

organisateur, trice [ɔʀganizaˈtœʀ, tʀis] *adj/m* et *f* organizador.

organisation [ɔʀganizaˈsjɔ̃] **1** *f* organización. **2** constitución, estructura.

organiser [ɔʀganiˈze] *tr* et *pron* organizar.

organisme [ɔʀgaˈnism] *m* organismo.

organiste [ɔʀgaˈnist] *m* ou *f* organista.

orgasme [ɔʀˈgasm] *m* orgasmo.

orge [ɔʀʒ] *f* cebada. ◆ ~ **mondé** cebada mondada; ~ **perlé** cebada perlada.

orgeat [ɔʀˈʒa] *m* horchata (bebida).

orgelet [ɔʀʒəˈlɛ] *m* orzuelo.

orgie [ɔʀˈʒi] *f* orgía.

orgue [ɔʀg] *m* órgano.

orgueil [ɔʀˈgœj] *m* orgullo.

orgueilleux, euse [ɔʀgœˈjø, øz] *adj* orgulloso.

orient [ɔˈʀjɑ̃] **1** *m* oriente. **2 Orient** POL Oriente.

oriental, e [ɔʀjɑ̃ˈtal] **1** *adj* oriental. ● **2 Oriental, e** *m* et *f* oriental.

orientalisme [ɔʀjɑ̃taˈlism] *m* orientalismo.

orientation [ɔʀjɑ̃taˈsjɔ̃] **1** *f* orientación. **2** tendencia, posición (ideológica).

orienté, e [ɔʀjɑ̃ˈte] *adj* orientado.

orienter [ɔʀjɑ̃ˈte] **1** *tr* et *pron* orientar. ● **2** *tr* guiar. ● **3** *pron* (~ *vers*) dirigirse hacia: *s'orienter vers la recherche* = dirigirse hacia el campo de la investigación.

orifice [ɔʀiˈfis] *m* orificio.

origan [ɔʀiˈgɑ̃] *m* orégano.

originaire [ɔʀiʒiˈnɛʀ] *adj* originario.

original, e [ɔʀiʒiˈnal] *adj/m* et *f* original.

originalité [ɔʀiʒinaliˈte] *f* originalidad.

origine [ɔʀiˈʒin] *f* origen.

originel, elle [ɔʀiʒiˈnel] *adj* original: *le sens originel d'un mot* = *el sentido original de una palabra*.

orme [ɔʀm] *m* olmo.

ornement [ɔʀnəˈmɑ̃] *m* ornamento.

ornemental, e [ɔʀnəmɑ̃ˈtal] *adj* ornamental.

ornementation [ɔʀnəmɑ̃taˈsjɔ̃] *f* ornamentación.

ornementer [ɔʀnəmɑ̃ˈte] *tr* ornamentar.

orner [ɔʀˈne] *tr* ornar, adornar.

ornière [ɔʀˈnjɛʀ] **1** *f* rodada. **2** (fig) costumbre, hábito.

orpailleur [ɔʀpaˈjœʀ] *m* buscador de oro.

orphelin, e [ɔʀfəˈlɛ̃, in] *m* et *f* huérfano.

orphelinat [ɔʀfəliˈna] *m* orfanato.

orphéon [ɔʀfeˈɔ̃] *m* orfeón.

orphéoniste [ɔʀfeɔˈnist] *m* ou *f* orfeonista.

orque [ɔʀk] *f* orca.

orteil [ɔʀˈtɛj] *m* dedo del pie.

orthodontie [ɔʀtɔdɔ̃ˈsi] *f* ortodoncia.

orthodoxe [ɔʀtɔˈdɔks] *adj/m* ou *f* ortodoxo.

orthodoxie [ɔʀtɔdɔkˈsi] *f* ortodoxia.

orthogonal, e [ɔʀtɔgɔˈnal] *adj* GÉOM ortogonal.

orthographe [ɔʀtɔˈgʀaf] *f* ortografía.

orthographier [ɔʀtɔgʀaˈfje] *tr* escribir correctamente.

orthopédie [ɔʀtɔpeˈdi] *f* ortopedia.

orthopédique [ɔʀtɔpeˈdik] *adj* ortopédico.

orthophonie [ɔʀtɔfɔˈni] *f* ortofonía.

orthophoniste [ɔʀtɔfɔˈnist] *m* ou *f* ortofonista.

ortie [ɔʀˈti] *f* ortiga.

os [ɔs] **1** *m* hueso. **2** (fam) dificultad, problema.

oscillant, e [ɔsiˈlɑ̃, t] *adj* oscilante.

oscillation [ɔsilaˈsjɔ̃] *f* oscilación.

oscillatoire [ɔsilaˈtwaʀ] *adj* oscilatorio.

osciller [ɔsiˈle] *intr* oscilar.

osé, e [oˈze] *adj* osado.

oseille [oˈzɛj] **1** *f* acedera. **2** (fam) dinero, pelas.

oser [oˈze] *tr* osar.

osier [oˈzje] *m* mimbre.

ossature [ɔsaˈtyʀ] **1** *f* osamenta. **2** (fig) armazón, esqueleto.

osselet [ɔsˈlɛ] **1** *m* huesillo. ● **2 osselets** *m pl* taba (juego).

ossements [ɔsˈmɑ̃] *m pl* osamenta.

osseux, euse [ɔˈsø, øz] **1** *adj* óseo. **2** huesudo.

ossification [ɔsifikaˈsjɔ̃] *f* osificación.

ossifier [ɔsiˈfje] *tr* et *pron* osificar.

ossuaire [ɔˈsɥɛʀ] *m* osario.

ostensible [ɔstɑ̃ˈsibl] *adj* ostensible.

ostensoir [ɔstɑ̃ˈswaʀ] *m* custodia (pieza de orfebrería).

ostentation [ɔstɑ̃taˈsjɔ̃] *f* ostentación.

ostentatoire [ɔstɑ̃taˈtwaʀ] *adj* ostentoso.

ostracisme [ɔstʀaˈsism] *m* ostracismo.

ostréiculture [ɔstʀeikylˈtyʀ] *f* ostricultura.

otage [oˈtaʒ] *m* rehén. ■ **être l'~ de** (fig) ser víctima de.

ôter [oˈte] **1** *tr* et *pron* quitar, apartar. ● **2** *tr* suprimir. **3** restar. ■ **s'~ une idée de l'esprit** quitarse una idea de la cabeza.

otique [ɔ'tik] *adj* ótico.
otite [ɔ'tit] *f* MÉD otitis.
oto-rhino-laryngologie [ɔtɔrinɔlarē-gɔlɔ'ʒi] *f* otorrinolaringología.
ottoman, e [ɔtɔ'mã, an] 1 *adj* otomano. ● 2 Ottoman, e *m* et *f* otomano. ● 3 *m* otomán (tejido).
ou [u] *conj* o; u: *sept ou huit* = siete u ocho.
où [u] 1 *pron rel* donde: *voilà la maison où j'habite* = ésta es la casa donde vivo. 2 adonde: *la maison où nous allons est là* = la casa adonde vamos está allí. 3 a donde: *ils sont allés où j'étais* = fueron a donde yo estaba. 4 en que: *dis-moi l'année où tu es né* = dime el año en que naciste. ● 5 *adv* donde: *elle est où je voulais* = está donde yo quería. 6 adonde: *on ira où tu voudras* = iremos adonde quieras. ● 7 *adv interr* dónde: *où travailles-tu?* = ¿dónde trabajas? 8 adónde: *où vas-tu?* = ¿adónde vas? ■ **d'~** de ahí, por eso: *il ne m'avait rien dit, d'où mon étonnement* = no me había dicho nada, de ahí mi sorpresa; **n'importe ~** en cualquier parte.
ouailles [waj] 1 *f pl* REL fieles. 2 (fam) retoño, churumbel (hijo).
ouais! [we] 1 *interj* ¡bueno!, ¡vaya! ● 2 **ouais** *adv* (fam) sí.
ouate [wat] *f* guata. ■ **vivre dans de la ~** vivir entre algodones.
ouaté, e [wa'te] 1 *adj* enguatado. 2 amortiguado (un ruido). 3 acogedor (un ambiente).
ouater [wa'te] *tr* enguatar.
ouatiner [wati'ne] *tr* forrar (con algodón).
oubli [u'bli] *m* olvido. ◆ **~ de soi-même** altruismo, abnegación. ■ **tomber dans l'~** caer en el olvido.
oublier [u'blje] 1 *tr* et *pron* olvidar. ● 2 **s'~** *pron* faltar al respeto.
oubliette [u'bljɛt] *f* mazmorra. ■ **jeter aux oubliettes** dejar de lado, aparcar.
oublieux, euse [u'bljø, øz] *adj* olvidadizo.
oued [wɛd] *m* uadi.
ouest [wɛst] *adj* et *m* oeste. ■ **à l'~** de al oeste de.
ouest-allemand, e [wɛstal'mã, d] 1 *adj* de la República Federal Alemana. ● 2 **Ouest-allemand, e** *m* et *f* alemán del oeste.

ouf! [uf] *interj* ¡uf!
ougrien, enne [u'grjɛ̃, ɛn] 1 *adj* ugriano. ● 2 **Ougrien, enne** *m* et *f* ugriano.
oui [wi] 1 *adv* sí. ● 2 *m* sí. ■ **dire ~ à tout** decir sí a todo; **ne dire ni ~ ni non** no decir ni que sí ni que no.
ouï-dire [wi'dir] *m* rumor. ■ **par ~** de oídas.
ouïe [u'i] 1 *f* oído. 2 ese (de un violín). ● 3 **ouïes** *f pl* agallas.
ouïr [wir] *tr* oír. ■ **~ des témoins** DR escuchar la declaración de los testigos.
ouistiti [wisti'ti] *m* ZOOL tití.
ouragan [ura'gã] *m* huracán.
ourdir [ur'dir] 1 *tr* urdir (un tejido). 2 (fig) urdir, tramar.
ourdissoir [urdi'swar] *m* urdidera, urdidor.
ourdou [ur'du] *m* urdu (lengua).
ourler [ur'le] *tr* dobladillar (la ropa).
ourlet [ur'lɛ] 1 *m* dobladillo. 2 TECH borde, reborde.
ours [urs] 1 *m* oso. 2 (fig) persona arisca, huraña. ◆ **~ en peluche** oso de peluche.
ourse [urs] *f* osa. ◆ **Grande Ourse** ASTR Osa Mayor; **Petite Ourse** ASTR Osa Menor.
oursin [ur'sɛ̃] *m* erizo de mar.
ourson [ur'sɔ̃] *m* osezno.
oust! [ust] *interj* ¡deprisa!, ¡venga, vamos! 2 ¡largo de aquí!
out [awt] *adv* fuera, out (tenis). ■ **être ~** de estar out de.
outil [u'ti] 1 *m* herramienta. 2 (fig) instrumento, herramienta.
outillage [uti'jaʒ] *m* utillaje, maquinaria. ◆ **~ agricole** aperos de labranza.
outiller [uti'je] 1 *tr* et *pron* equipar (con máquinas). 2 (fig) preparar.
outilleur [uti'jœr] *m* especialista en maquinaria.
outlaw [awt'lo] *m* proscrito.
outrage [u'traʒ] 1 *m* ultraje; injuria. 2 DR desacato, ultraje.
outrageant, e [utra'ʒã, t] *adj* ultrajante, injurioso.
outrager [utra'ʒe] 1 *tr* ultrajar, injuriar. 2 atentar contra.
outrance [u'trãs] *f* exageración, exceso. ■ **à ~** ultranza, a muerte.
outrancier, ère [utrã'sje, jɛr] *adj* excesivo, desmesurado.

outre [utʀ] **1** *prép* además de. ● **2** *adv* más allá de. ■ en ~ además; ~ que además de que; **passer** ~ pasar de largo; **passer** ~ **à qqch** no tomar en cuenta una cosa.

outré, e [u'tʀe] **1** *adj* exagerado, excesivo. **2** indignado, escandalizado.

outrecuidance [utʀəkɥi'dãs] **1** *f* orgullo, presunción. **2** arrogancia, impertinencia.

outrecuidant, e [uitʀəkɥi'dã, t] **1** *adj* presuntuoso. **2** arrogante, impertinente.

outremer [utʀə'meʀ] **1** *adj* et *m* azul de ultramar. ● **2** *m* lapislázuli.

outre-mer [utʀə'meʀ] *adv* ultramar.

outrepasser [utʀəpa'se] *tr* sobrepasar, excederse.

outrer [u'tʀe] **1** *tr* exagerar. **2** irritar, indignar.

outsider [awtsaj'dœʀ] *m* outsider, posible vencedor.

ouvert, e [u'veʀ, t] **1** *adj* abierto. **2** (fig) franco, abierto. **3** (fig) claro, patente.

ouvertement [uveʀtə'mã] *adv* abiertamente, francamente.

ouverture [uveʀ'tyʀ] **1** *f* abertura. **2** apertura (inauguración). **3** salida (en los naipes). **4** MUS obertura. ◆ ~ **d'esprit** espíritu abierto.

ouvrable [u'vʀabl] *adj* laborable, hábil.

ouvrage [u'vʀaʒ] **1** *m* trabajo, labor. **2** obra. ◆ ~ **d'art** obra de fábrica; ~ **de référence** obra de referencia; **ouvrages manuels** trabajos manuales.

ouvragé, e [uvʀa'ʒe] **1** *adj* trabajado, labrado. **2** ornado.

ouvrant, e [u'vʀã, t] **1** *adj* que se abre. ● **2** *m* batiente.

ouvré, e [u'vʀe] **1** *adj* trabajado, labrado. **2** laborable (un día).

ouvre-boîtes [uvʀə'bwat] *m* abrelatas.

ouvre-bouteilles [uvʀəbu'tɛj] *m* abrebotellas.

ouvrer [u'vʀe] *tr* TECH trabajar, labrar.

ouvreuse [u'vʀøz] **1** *f* acomodadora (en el cine o teatro). **2** TECH desfibradora (máquina).

ouvrier, ère [u'vʀje, jɛʀ] **1** *adj/m* et *f* obrero. ● **2** *adj* et *f* ZOOL obrera (abeja). ◆ ~ **à la journée** jornalero; ~ **agricole** obrero agrícola; ~ **qualifié** operario cualificado; ~ **saisonnier** temporero.

ouvrir [u'vʀiʀ] **1** *tr, intr* et *pron* abrir. ● **2** *tr* encender. **3** fundar. **4** cortar (sólido): *ouvrir une pâte = cortar una masa.* ● **5** *pron* (s' ~ *sur*) dar a: *les portes s'ouvrent sur le parc = las puertas dan al parque.* **6** comenzar: *la fête s'ouvrit sur un bal = la fiesta comenzó con un baile.*

ovaire [ɔ'veʀ] *m* ovario.

ovale [ɔ'val] **1** *adj* oval, ovalado. ● **2** *m* GÉOM óvalo.

ovation [ɔva'sjɔ̃] *f* ovación.

ovationner [ɔvasjɔ'ne] *tr* ovacionar.

overdose [ɔvœʀ'dɔz] **1** *f* sobredosis. **2** (fig) exceso: *overdose de musique = exceso de música.*

ovin, e [ɔ'vɛ̃, in] *adj/m* et *f* ovino.

ovinés [ɔvi'ne] *m pl* ZOOL óvidos.

ovipare [ɔvi'paʀ] *adj/m* ou *f* ZOOL ovíparo.

OVNI [ɔv'ni] (*sigles de* objet volant non identifié) *m* OVNI.

ovoïde [ɔvɔ'id] *adj* ovoide.

ovulation [ɔvyla'sjɔ̃] *f* ovulación.

ovule [ɔ'vyl] *m* óvulo.

ovuler [ɔvy'le] *intr* ovular.

oxydable [ɔksi'dabl] *adj* oxidable.

oxydant, e [ɔksi'dã, t] *adj* oxidante.

oxydation [ɔksida'sjɔ̃] *f* oxidación.

oxyde [ɔk'sid] *m* óxido.

oxyder [ɔksi'de] *tr* et *pron* oxidar.

oxygénation [ɔksiʒena'sjɔ̃] *f* oxigenación.

oxygène [ɔksi'ʒen] *m* oxígeno.

oxygéner [ɔksiʒe'ne] **1** *tr* et *pron* oxigenar. ● **2** *s'* ~ *pron* (fam) oxigenarse, respirar aire puro: *aller s'oxygéner à la montagne = ir a oxigenarse a la montaña.*

ozone [o'zɔn] *m* ozono.

Pp

p [pe] *m* p.

pacage [paˈkaʒ] **1** *m* pastoreo. **2** pasto, pastizal (terreno).

pacager [pakaˈʒe] *tr et intr* pastorear.

pacfung [pakˈfɔ̃] *m* alpaca.

pacha [paˈʃa] **1** *m* pachá, bajá. **2** MAR (fam) comandante.

pacification [pasifikaˈsjɔ̃] *f* pacificación.

pacifier [pasiˈfje] **1** *tr* pacificar. **2** (fig) apaciguar, calmar.

pacotille [pakoˈtij] **1** *f* cacharro, chisme. **2** MAR pacotilla. ■ **de ~** de pacotilla.

pacte [pakt] *m* pacto: *pacte de solidarité* = pacto de solidaridad.

pactiser [paktiˈze] **1** *intr* pactar. **2** (fig) transigir.

pagaille [paˈgaj] *f* (fam) desorden.

page [paʒ] **1** *f* página. **2** hoja (cuartilla). ● **3** *m* (fam) filtra.

pagne [paɲ] *m* taparrabo.

pagode [paˈgɔd] *f* pagoda.

paie [pɛj] *f* → paye.

paiement [pɛˈmɑ̃] **1** *m* pago, pagamiento. **2** (fig) recompensa. ◆ **~ comptant** pago al contado.

païen, enne [paˈjɛ̃, ɛn] *adj/m et f* pagano.

paierie [pɛˈʀi] *f* pagaduría.

paillard, e [paˈjaʀ, d] *adj/m et f* libertino, indecente.

paillardise [pajaʀˈdiz] *f* libertinaje, indecencia.

paillasse [paˈjas] **1** *f* jergón. **2** escurreplatos. ● **3** *m* payaso.

paillasson [pajaˈsɔ̃] **1** *m* esterilla, felpudo. **2** (fig) persona anodina, pelele.

paille [paj] **1** *f* paja. **2** TECH pelo, defecto. ◆ **~ de fer** estropajo de acero o metálico.

paillé, e [paˈje] **1** *adj* pajizo. **2** TECH defectuoso.

pailler [paˈje] *m* pajar. **2** almiar.

pailleté, e [pajˈte] *adj* bordado, recamado.

paillette [paˈjɛt] **1** *f* lentejuela. **2** pepita (de oro). **3** laminilla (mica). **4** defecto (diamante). **5** resorte (muelle).

pailleux, euse [paˈjø, øz] *adj* TECH con pelos. ◆ **fumier ~** estiércol pajoso.

paillon [paˈjɔ̃] **1** *m* talco (del orfebre); laminilla, cascarilla. **2** cesto (de paja). **3** filtro, cedazo (de paja).

paillote [paˈjɔt] *f* choza de paja.

pain [pɛ̃] **1** *m* pan. **2** (fig) pan, sustento. **3** (fam) puñetazo. ◆ **au chocolat** bollo de chocolate; **~ complet** pan integral; **~ de campagne** pan artesano; **~ de mie** pan de molde; **~ de savon** pastilla de jabón; **~ de sucre** pan de azúcar; **~ noir** pan de centeno; ■ **avoir du ~ sur la planche** tener mucho trabajo por hacer.

pair, e [pɛʀ] **1** *adj* par. ● **2** *m* par. **3** semejante, igual. ■ **de ~** a la par; **hors de ~** sin igual, sin par.

paire [pɛʀ] **1** *f* par; pareja. **2** yunta (bueyes).

paisible [pɛˈzibl] *adj* apacible, tranquilo.

paître [pɛtʀ] **1** *intr* pacer, pastar. ● **2** *tr* apacentar. ■ **envoyer ~ qqn** (fam) mandar a paseo.

paix [pɛ] *f* paz. ■ **faire la ~** hacer las paces; **la ~!** ¡silencio!, ¡paz!

palace [paˈlas] *m* hotel de lujo.

palais [paˈlɛ] **1** *m* palacio. **2** ANAT paladar. ■ **avoir le ~ fin** tener el paladar delicado.

palan [paˈlɑ̃] *m* aparejo, polispasto.

palanquer [palɑ̃ˈke] *intr* maniobrar (con un aparejo).

palatin [palaˈtɛ̃] **1** *adj* ANAT palatal. **2** HIST palatino.

pale [pal] **1** *f* pala. **2** MAR álabe, paleta.

pâle [pal] **1** *adj* pálido. **2** (fig) apagado, débil.

pale-ale [pɛˈlɛl] *f* pale-ale (cerveza).

palefrenier [palfʀəˈnje] **1** *m* palafrenero (cuidador). **2** carretero, bruto.

paléographie [paleɔgʀaˈfi] *f* paleografía.

paléolithique [paleɔliˈtik] *adj et m* paleolítico.

paléontologie [paleɔtɔlɔˈʒi] *f* paleontología.

paleron [palˈʀɔ̃] *m* espaldilla, paletilla.

palestre [paˈlɛstʀ] *f* palestra.

palet [pa'lɛ] *m* chita, chito (juego).
palette [pa'lɛt] *f* paleta.
palétuvier [palety'vje] *m* BOT mangle (árbol).
pâleur [pa'lœʀ] *f* palidez.
pali, e [pa'li] *adj* et *m* pali (lengua).
palier [pa'lje] **1** *m* rellano, descansillo. **2** parte plana. **3** (fig) fase de estabilidad. ■ **par ~** escalonadamente; **vol en ~** AÉR vuelo a altura constante.
pâlir [pa'liʀ] **1** *intr* palidecer. ● **2** *tr* hacer palidecer.
palis [pa'li] **1** *m* estaca. **2** estacada, empalizada.
palissade [pali'sad] **1** *f* empalizada, vallado. **2** seto (árboles, arbustos).
palissader [palisa'de] *tr* empalizar, vallar.
palisser [pali'se] *tr* AGR poner en espaldera; emparrar (las viñas).
palliatif, ive [palja'tif, iv] **1** *adj* et *m* paliativo. ● **2** *m* (fig) paliatorio.
pallier [pa'lje] *tr* paliar: *pallier une inconvenance = paliar una inconveniencia.*
pallium [pa'ljɔm] *m* palio.
palmaire [pal'mɛʀ] *adj* palmar (de la mano).
palmarès [palma'ʀɛs] *m* palmarés.
palme [palm] **1** *f* palma. **2** palmera. **3** aleta (de nadador). ● **4** *m* palmo (medida). ■ **remporter la ~** triunfar.
palmé, e [pal'me] *adj* palmeado, palmado.
palmeraie [palmə'ʀɛ] *f* palmar, palmeral.
palmier [pal'mje] *m* palmera.
palmipède [palmi'pɛd] *adj* et *m* palmípedo.
palmiste [pal'mist] *m* palmito. ◆ **chou de ~** palmito.
palot [pa'lo] *m* pala estrecha.
pâlot, otte [pa'lo, ɔt] *adj* (fam) paliducho.
palourde [pa'luʀd] *f* almeja.
palpable [pal'pabl] *adj* palpable.
palper [pal'pe] **1** *tr* palpar. **2** (fam) cobrar, recibir (dinero).
palpitation [palpita'sjɔ̃] *f* palpitación.
palpiter [palpi'te] **1** *intr* palpitar. **2** (form) estremecer.
paludier, ère [paly'dje, jɛʀ] *m* et *f* salinero.
paludisme [paly'dism] *m* MÉD paludismo, malaria.
pâmer (se) [səpɑ'me] **1** *pron* desfallecer. **2** (fig) (~ *de*) desfallecer: *se pâmer d'effroi = desfallecer de espanto.*

pâmoison [pamwa'zɔ̃] *f* (form) pasmo, soponcio.
pampa [pɑ̃'pa] *f* pampa.
pamphlet [pɑ̃'flɛ] *m* panfleto; libelo.
pampille [pɑ̃'pij] *f* adorno de pasamanería colgante.
pamplemousse [pɑ̃plə'mus] *m* ou *f* pomelo.
pamplemoussier [pɑ̃pləmu'sje] *m* pomelo (árbol).
pampre [pɑ̃'pʀ] **1** *m* AGR pámpano (viticultura). **2** ART adorno con forma de *pámpano.*
pan [pɑ̃] **1** *m* lienzo (pared). **2** cara, lado (de un edificio). **3** faldón (ropa, cortina). **4** armazón relleno. ◆ **~ coupé** chaflán.
pan! [pɑ̃] *interj* ¡zas!, ¡pum!
panacée [pana'se] *f* panacea.
panachage [pana'ʃaʒ] *m* mezcla.
panache [pa'naʃ] **1** *m* penacho (casco). **2** (form) esplendor, brillo. **3** (fig) arrojo, brío. **4** ARCHIT pechina (bóveda).
panaché, e [pana'ʃe] **1** *adj* abigarrado (colores). **2** mezclado (elementos).
panacher [pana'ʃe] **1** *tr* abigarrar (colores). **2** mezclar (elementos). ● **3** *se ~ pron* coger colores variados.
panais [pa'nɛ] *m* BOT chirivía, pastinaca.
Panama [pana'ma] *m* Panamá.
panaméricain, e [panameʀi'kɛ̃, ɛn] *adj* panamericano.
panard, e [pa'naʀ, d] **1** *adj* patizambo (caballo). ● **2** *m* (fam) pie, pinrel.
pancarte [pɑ̃'kaʀt] *f* pancarta.
pancréas [pɑ̃kʀe'as] *m* ANAT páncreas.
panda [pɑ̃'da] *m* ZOOL panda.
panégyrique [paneʒi'ʀik] *m* panegírico.
panégyriste [paneʒi'ʀist] *m* ou *f* panegirista.
panel [pa'nɛl] **1** *m* encuesta. **2** panel (debate).
paner [pa'ne] *tr* GAST empanar.
panier [pa'nje] **1** *m* cesta; cesto. **2** SPORTS canasta (basket). ◆ **~ à salade** (fig, fam) furgón policial; **~ de crabes** (fig, fam) nido de víboras; **~ de la ménagère** cesta de la compra; ■ **mettre au ~** tirar a la basura.
panière [pa'njɛʀ] *f* canasta (grande).
paniquard, e [pani'kaʀ, d] *adj/m* et *f* (péj) alarmista.
panique [pa'nik] *f* pánico.
paniquer [pani'ke] *tr* et *pron* (fam) espantar, aterrar.

p

panne [pan] **1** *f* avería (máquina). **2** manteca de cerdo. **3** pana (tela). ◆ ~ **sèche** depósito vacío (coche); ■ **être en** ~ (fig) no poder continuar (hacer, hablar).

panneau [pa'no] **1** *m* tablero (información). **2** tabla. **3** cuarterón (puerta). **4** red (caza). **5** MAR cuartel de escotilla. ■ **tomber dans le** ~ caer en la trampa.

panonceau [panɔ'so] **1** *m* rótulo. **2** escudo (funcionario).

panoplie [panɔ'pli] *f* panoplia.

panorama [panɔRa'ma] *m* panorama.

panoramique [panɔRa'mik] **1** *adj* panorámico. ● **2** *f* panorámica.

panse [pãs] **1** *f* herbario, panza (rumiantes). **2** (fig) panza.

pansement [pãs'mã] **1** *m* cura. **2** apósito.

panser [pã'se] **1** *tr* curar (herida). **2** almohazar (caballo). **3** (fig) consolar (dolor).

pansu, e [pã'sy] **1** *adj* panzudo. **2** abultado (objeto).

pantalon [pãta'lɔ̃] *m* pantalón. ■ **baisser son** ~ bajarse los pantalones.

pantelant, e [pãt'lã, t] *adj* palpitante.

panthère [pã'tɛR] *f* pantera.

pantin [pã'tɛ̃] **1** *m* títere. **2** (fig) títere, pelele (persona dominada).

pantomime [pãtɔ'mim] **1** *f* pantomima. ● **2** *m* pantomimo (mimo).

pantouflard, e [pãtu'flaR, d] *adj/m* et *f* (fam) casero (hogareño).

pantoufle [pã'tufl] *f* zapatilla; pantufla. ■ **en pantoufles** (fig, fam) con toda comodidad.

panure [pa'nyR] *f* pan rallado.

paon, onne [pã, ɔn] **1** *m* et *f* pavo real. **2** pavón (mariposa).

papa [pa'pa] *m* papá. ◆ ~ **gâteau** padrazo; ■ **à la** ~ (fam) con calma.

papal, e [pa'pal] *adj* papal.

papaver [papa'vɛR] *m* BOT adormidera.

papaye [pa'paj] *f* papaya (fruta).

pape [pap] *m* REL papa.

papelard, e [pap'laR, d] **1** *adj* hipócrita. ● **2** *m* santurrón (falso devoto). **3** (fam) papelucho.

paperasse [pap'Ras] *f* papelucho.

paperasserie [papRas'Ri] *f* papeleo: *la paperasserie d'un service administratif* = *el papeleo de un servicio administrativo.*

papesse [pa'pɛs] *f* papisa.

papeterie [papet'Ri] **1** *f* papelera (fábrica de papel). **2** papelería.

papetier, ère [pap'tje, jɛR] *adj/m* et *f* papelero.

papier [pa'pje] **1** *m* papel: *une feuille de papier* = *una hoja de papel.* **2** letra; efecto (documento de comercio). **3** (fam) papel (artículo periodístico). ● **4 papiers** *m pl* papeles (documentación). ◆ ~ **à cigarettes** papel de fumar; ~ **brouillon** borrador; ~ **d'aluminium** papel de aluminio; ~ **de soie** papel de seda; ~ **sulfurisé** papel vegetal.

papille [pa'pij] *f* ANAT papila.

papillon [papi'jɔ̃] **1** *m* mariposa. **2** cartel pequeño de propaganda. **3** comunicado a la prensa. **4** (fig) mariposón (hombre). **5** TECH válvula.

papillonner [papijɔ'ne] *intr* mariposear.

papillotant, e [papijɔ'tã, t] *adj* deslumbrador.

papillote [papi'jɔt] **1** *f* papillote. **2** envoltorio.

papilloter [papijɔ'te] **1** *tr* poner papillotes. ● **2** *intr* pestañear; parpadear.

papotage [papɔ'taʒ] *m* (fam) parloteo.

papoter [papɔ'te] *intr* (fam) parlotear.

paprika [papRi'ka] *m* páprika.

papyrus [papi'Rys] **1** *m* papiro (planta). **2** papiro (papel manuscrito).

Pâque [pak] *f* Pascua.

paquebot [pak'bo] *m* paquebote.

pâquerette [pak'Rɛt] *f* margarita.

pâques [pak] **1** *m* Pascua. **2** Semana Santa. ◆ ~ **closes** domingo de Cuasimodo.

paquet [pa'kɛ] **1** *m* paquete. **2** bulto (de ropa). **3** (fam) adefesio (persona). **4** INF paquete (de datos). ◆ ~ **de mer** MAR golpe de mar; ~ **de nerfs** manojo de nervios; ■ **faire son** ~ (fig, fam) marcharse.

par [paR] **1** *prép* por (a través de): *passer par la porte* = *pasar por la puerta.* **2** por (por medio de): *obtenir qqch par la force* = *obtener algo por la fuerza.* **3** por (agente, causa): *le roman a été écrit par un journaliste* = *la novela ha sido escrita por un periodista.* **4** por (frecuencia, distribución): *deux fois par semaine* = *dos veces por semana.* **5** en: *elle veut voyager par le train* = *quiere viajar en tren.* **6** de: *se tenir par la main* = *cogerse de la mano.*

parabole [paRa'bɔl] *f* parábola.

parabolique [paʀabɔ'lik] *adj* parabólico.
parachever [paʀaʃ've] *tr* concluir; rematar.
parachute [paʀa'ʃyt] *m* paracaídas.
parachuter [paʀaʃy'te] **1** *tr* lanzar en paracaídas. **2** (fig, fam) nombrar de improviso.
parachutisme [paʀaʃy'tism] *m* paracaidismo.
parade [pa'ʀad] **1** *f* parada (en equitación). **2** quite (en esgrima). **3** (fam) ostentación, alarde. ■ **de** ~ de lujo.
parader [paʀa'de] **1** *intr* desfilar (las tropas). **2** (fig) pavonearse.
paradis [paʀa'di] **1** *m* paraíso. **2** THÉÂT gallinero. ♦ ~ **terrestre** paraíso terrenal; ■ **être au** ~ (fig) estar en la gloria.
paradisiaque [paʀadi'zjak] *adj* paradisíaco.
paradoxal, e [paʀadɔk'sal] *adj* paradójico.
paradoxe [paʀa'dɔks] *m* paradoja.
parafe [pa'ʀaf] *m* → **paraphe**.
parafer [pa'ʀafe] *tr* → **parapher**.
paraffine [paʀa'fin] *f* CHIM parafina.
paraffiner [paʀafi'ne] *tr* parafinar.
parafoudre [paʀa'fudʀ] *m* pararrayos.
parage [pa'ʀaʒ] **1** *m* linaje. **2** TECH pulimento. ● **3 parages** *m pl* alrededores.
paragraphe [paʀa'gʀaf] *m* párrafo; acápite (Amér.).
Paraguay [paʀa'gwe] *m* Paraguay.
paraître [pa'ʀɛtʀ] **1** *intr* aparecer; surgir. **2** mostrarse (dejarse ver). **3** parecer: *il paraît satisfait = parece satisfecho.* **4** aparentar: *ils veulent paraître ce qu'ils ne sont pas = quieren aparentar lo que no son.* **5** manifestar (sentimientos). **6** comparecer (en público). ● **7** *impers* parecer: *il paraît qu'on va augmenter les salaires = parece ser que van a aumentar los sueldos.* ■ **faire** ~ dejar ver; aparentar.
parallèle [paʀa'lɛl] **1** *adj et m* paralelo. ● **2** *f* paralela. ■ **en** ~ ÉLEC en derivación; **mettre en** ~ comparar.
parallélépipède [paʀalelepi'pɛd] *m* GÉOM paralelepípedo.
parallélisme [paʀale'lism] *m* paralelismo.
parallélogramme [paʀalelɔ'gʀam] *m* paralelogramo.
paralysant, e [paʀali'zɑ̃, t] *adj* paralizador.

paralyser [paʀali'ze] *tr* paralizar.
paralysie [paʀali'zi] *f* parálisis.
paralytique [paʀali'tik] *adj/m ou f* paralítico.
paramètre [paʀa'mɛtʀ] *m* GÉOM parámetro.
paramétrer [paʀame'tʀe] **1** *tr* establecer parámetros. **2** INF parametrizar.
paramilitaire [paʀamili'tɛʀ] *adj* paramilitar.
parangon [paʀɑ̃'gɔ̃] **1** *m* prototipo. **2** diamante o perla sin defecto.
parangonner [paʀɑ̃gɔ'ne] *tr et intr* parangonar (en tipografía).
paranoïa [paʀanɔ'ja] *f* paranoia.
paranoïaque [paʀanɔ'jak] *adj/m ou f* paranoico.
paranormal, e [paʀanɔʀ'mal] *adj* paranormal.
parapente [paʀa'pɑ̃t] *m* SPORTS parapente.
parapet [paʀa'pe] *m* parapeto.
paraphe [pa'ʀaf] *m* rúbrica.
parapher [paʀa'fe] *tr* rubricar.
paraplégie [paʀaple'ʒi] *f* MÉD paraplejía.
parapluie [paʀa'plɥi] *m* paraguas.
parapsychologie [paʀasikɔlɔ'ʒi] *f* parapsicología.
parascolaire [paʀaskɔ'lɛʀ] *adj* extraescolar.
parasitaire [paʀazi'tɛʀ] *adj* parasitario.
parasite [paʀa'zit] **1** *adj et m* parásito. ● **2** *m* (fig) parásito (persona). ● **3 parasites** *m pl* (fig) parásitos (radio).
parasiter [paʀazi'te] **1** *tr* parasitar. **2** perturbar (una transmisión radioeléctrica).
parasol [paʀa'sɔl] *m* parasol.
paratonnerre [paʀatɔ'nɛʀ] *m* pararrayos.
paravent [paʀa'vɑ̃] **1** *m* biombo (mueble). **2** (fig) tapadera.
parc [paʀk] **1** *m* parque. **2** cercado (para el ganado). **3** criadero (de peces). **4** aparcamiento (para coches). **5** parque (para bebé). ♦ ~ **d'attractions** parque de atracciones; ~ **zoologique** parque zoológico.
parcelle [paʀ'sɛl] **1** *f* parcela. **2** partícula (pequeña cantidad).
parceller [paʀse'lize] *tr* parcelar.
parce que [paʀsk] *loc conj* porque: *il est parti parce qu'il pleuvait = se fue porque llovía.*

p

parchemin [paʀʃo'mẽ] *m* pergamino.
parcimonie [paʀsimo'ni] *f* parsimonia.
parcimonieux, euse [paʀsimo'njø, øz] *adj* parsimonioso.
parcmètre [paʀk'metʀ] *m* parquímetro.
parcourir [paʀku'ʀiʀ] **1** *tr* recorrer (un lugar). **2** hojear (un libro, etc.). ■ ~ **du regard** recorrer con la vista.
parcours [paʀ'kuʀ] *m* recorrido; trayecto.
par-derrière [paʀdo'ʀjeʀ] *adv* por detrás: *entrer par-derrière = entrar por detrás.*
par-dessous [paʀdo'su] **1** *adv* por debajo: *il faut passer par-dessous = hay que pasar por debajo.* ● **2** *prép* por debajo de: *passer par-dessous le pont = pasar por debajo del puente.*
pardessus [paʀdo'sy] *m* abrigo, sobretodo (de hombre).
par-dessus [paʀdo'sy] **1** *adv* por encima: *sauter par-dessus = saltar por encima.* ● **2** *prép* por encima de: *passer par-dessus le pont = pasar por encima del puente.*
par-devant [paʀd'vã] **1** *adv* por delante: *camion endommagé par-devant = camión dañado por delante.* ● **2** *prép* por delante de: *passer par-devant la maison = pasar por delante de la casa.* ■ ~ **notaire** ante notario.
pardi! [paʀ'di] *interj* ¡pues claro!
pardon [paʀ'dõ] **1** *m* perdón: *je vous en demande pardon = le pido perdón.* ● **2** **pardon!** *interj* ¡perdón!
pardonner [paʀdo'ne] *tr et intr* perdonar.
pare-boue [paʀ'bu] *m* guardabarros.
pare-brise [paʀ'bʀiz] *m* parabrisas.
pare-chocs [paʀ'ʃok] *m* parachoques.
pare-éclats [paʀe'kla] *m* MIL parapeto.
pare-étincelles [paʀetẽ'sɛl] *m* parachispas.
pare-feu [paʀ'fø] *m* cortafuego.
pareil, eille [pa'ʀej] **1** *adj* igual; parecido. **2** semejante: *en pareil cas = en semejante caso.* ● **3** *adv* igual (de la misma manera): *elles sont habillées pareil = ellas van vestidas igual.* ■ **c'est du ~ au même** (fam) lo mismo da; **c'est toujours ~** siempre pasa lo mismo; **sans ~** sin igual.
parement [paʀ'mã] **1** *m* paramento (ornamento). **2** paramento (de una pared); baqueta (Amér.). **3** bordillo (de un camino). ◆ ~ **d'autel** REL mantel.

parent, e [pa'ʀã, t] **1** *m et f* pariente. ● **2** **parents** *m pl* padres. **3** parientes (familiares). ◆ **parents spirituels** padrinos.
parental, e [paʀã'tal] *adj* paterno.
parenté [paʀã'te] **1** *f* parentesco. **2** parentela. **3** (fig) parentesco (similitud).
parenthèse [paʀã'tez] *f* paréntesis. ■ **entre parenthèses** entre paréntesis.
parer [pa'ʀe] **1** *tr* adornar. **2** aderezar (un plato). ● **3** *intr* (~ à) precaverse de (un peligro). **4** remediar (un problema). ● **5** **se** ~ *pron* engalanarse.
parère [pa'ʀeʀ] *m* DR dictamen (certificado).
pare-soleil [paʀso'lej] *m* parasol.
paresse [pa'ʀes] *f* pereza; holgazanería.
paresser [paʀe'se] *intr* (fam) holgazanear.
paresseux, euse [paʀe'sø, øz] **1** *adj/m et f* perezoso. ● **2** *m* ZOOL perezoso.
pareur, euse [pa'ʀœʀ, øz] **1** *m et f* obrero que da la última mano a una obra. **2** encargado de chiflar los curtidos. ● **3** *f* aprestadora.
parfaire [paʀ'feʀ] *tr* perfeccionar.
parfait, e [paʀ'fɛ, t] **1** *adj* perfecto. **2** absoluto: *en parfait accord = en absoluto acuerdo.* **3** perfecto; consumado (acabado). ● **4** *m* GRAMM pretérito perfecto. ● **5** **parfait!** *interj* ¡estupendo!; ¡macanudo! (Amér.).
parfaitement [paʀfet'mã] **1** *adv* perfectamente. **2** (fam) seguro.
parfiler [paʀfi'le] *tr* deshilar.
parfois [paʀ'fwa] *adv* a veces, de vez en cuando.
parfum [paʀ'fœ̃] **1** *m* perfume. **2** sabor. **3** aroma.
parfumer [paʀfy'me] *tr et pron* perfumar.
parfumerie [paʀfym'ʀi] *f* perfumería.
pari [pa'ʀi] *m* apuesta (juego); polla (Amér.).
paria [pa'ʀja] *m* paria.
parier [pa'ʀje] *tr* apostar. ■ ~ **à coup sûr** apostar sobre seguro.
parigot, e [paʀi'go, ɔt] **1** *adj* (fam) parisiense: *accent parigot = acento parisiense.* ● **2** **Parigot, e** *m et f* parisiense.
paris-brest [paʀi'bʀest] *m* GAST tipo de rosquilla.
paritaire [paʀi'teʀ] *adj* paritario: *comité paritaire = comité paritario.*
parité [paʀi'te] *f* paridad (igualdad, similitud): *parité entre deux cas = paridad*

entre dos casos. ■ ~ **de change** ÉCON paridad de cambio.

parjure [paʀˈʒyʀ] **1** *adj* perjuro (desleal). ● **2** *m* perjurio: *être coupable de parjure* = *ser culpable de perjurio.*

parjurer [paʀʒyˈʀe] *pron* perjurar.

parka [paʀˈka] *m* ou *f* parka (abrigo).

parking [paʀˈkiŋ] *m* parking (aparcamiento).

parlant, e [paʀˈlɑ̃, t] **1** *adj* parlante; hablador: *il n'est pas très parlant* = *no es muy hablador.* **2** expresivo: *gestes parlants* = *gestos expresivos.*

parlé, e [paʀˈle] **1** *adj* hablado (oral): *le français parlé* = *el francés hablado.* ● **2** *m* parte hablada (de un musical).

parlement [paʀləˈmɑ̃] *m* parlamento.

parlementaire [paʀləmɑ̃ˈtɛʀ] *adj/m* ou *f* parlamentario.

parler [paʀˈle] *m* habla.

parler [paʀˈle] *tr* et *intr* hablar: *parler en français* = *hablar en francés.* ■ **faire** ~ **de soi** dar que hablar; ~ **à bâtons rompus** hablar sin ton ni son; ~ **à haute voix** hablar en voz alta; ~ **clair et net** hablar clara y llanamente; ~ **pour ne rien dire** hablar por hablar.

parleur, euse [paʀˈlœʀ, øz] *m* et *f* hablador. ◆ **~** hombre de labia.

parloir [paʀˈlwaʀ] **1** *m* locutorio. **2** (regionalismo) sala de visitas.

parme [paʀm] *adj* et *m* malva (color).

parmesan, e [paʀməˈzɑ̃, an] **1** *adj* parmesano. ● **2 Parmesan, e** *m* et *f* parmesano. ● **3** *m* parmesano (queso).

parmi [paʀˈmi] *prép* entre: *se cacher parmi les arbres* = *esconderse entre los árboles.* ■ **~ nous** entre nosotros.

> Sólo se utiliza con cantidades mayores que dos; en caso contrario debe emplearse **entre**: *parmi eux* = *entre ellos (más de dos)* ◊ *entr' eux* = *entre ellos (dos).*

parodie [paʀoˈdi] *f* parodia.

parodier [paʀoˈdje] *tr* parodiar.

paroi [paˈʀwa] **1** *f* pared. **2** tabique (separación).

paroisse [paˈʀwas] **1** *f* parroquia (iglesia). **2** HIST parroquia (unidad administrativa).

paroissial, e [paʀwaˈsjal] *adj* parroquial.

paroissien, enne [paʀwaˈsjɛ̃, ɛn] **1** *m* et *f* parroquiano. ● **2** *m* devocionario (libro de misa). ■ **un drôle de ~** (fam) un tipo raro.

parole [paˈʀɔl] **1** *f* palabra. **2** habla (tono de la voz). **3** dicho (frase). **4** paso (en el juego de cartas). ◆ **~ d'honneur** palabra de honor; ■ **la ~ est à monsieur** tiene la palabra el señor; **sur ~** bajo palabra.

parolier, ère [paʀoˈlje, jɛʀ] **1** *m* et *f* libretista (de una ópera). **2** letrista.

parquer [paʀˈke] **1** *tr* acorralar; encerrar (animales). **2** aparcar (un vehículo). **3** (péj) encerrar; colocar (a personas): *parquer les réfugiés dans un camp* = *encerrar a los refugiados en un campo.*

parquet [paʀˈke] **1** *m* estrado (de un tribunal). **2** autoridades judiciales. **3** parquet (para suelo). ◆ **~ d'élevage** corral (para aves).

parrain [paˈʀɛ̃] *m* padrino.

parrainer [paʀeˈne] *tr* apadrinar.

parricide [paʀiˈsid] **1** *adj/m* ou *f* parricida (persona). ● **2** *m* parricidio (crimen).

parsemer [paʀsəˈme] **1** *tr* sembrar; sembrar (dispersar). **2** cubrir: *champ de bataille parsemé de cadavres* = *campo de batalla cubierto de cadáveres.*

part [paʀ] **1** *m* (*abrév de* **particulier**) part. **2** parto. **3** DR recién nacido. ● **4** *f* parte: *avoir la meilleure ~* = *tener la mejor parte.* ■ **à ~** aparte (separadamente): *servir la sauce à part* = *servir la salsa aparte*; **à ~ entière** de pleno derecho: *français à part entière* = *francés de pleno derecho*; **d'autre ~** por otra parte; **faire la ~ de** tener en cuenta; **pour ma ~** por mi parte.

partage [paʀˈtaʒ] **1** *m* reparto; partición: *le partage de l'argent volé* = *el reparto del dinero robado.* **2** parte (porción). **3** DR partición. ■ **~ d'opinions** división de opiniones; **sans ~** por completo; exclusivamente.

partager [paʀtaˈʒe] **1** *tr* et *pron* partir; repartir; dividir. ● **2** *tr* compartir: *enfant qui n'aime pas partager* = *niño al que no le gusta compartir.* **3** dividir (separar). **4** (fig) tomar parte en (participar). ■ **~ en deux** dividir por la mitad.

partant, e [paʀˈtɑ̃, t] **1** *adj* dispuesto: *je ne suis pas partant* = *no estoy dispuesto.* ● **2** *m* et *f* partidor. **3** competidor.

partenaire [partəˈnɛʀ] **1** *m* ou *f* compañero; pareja (en el juego). **2** socio (en un negocio). ◆ **partenaires commerciaux** *países que mantienen relaciones comerciales*; **partenaires sociaux** agentes sociales.

parterre [paʀˈtɛʀ] **1** *m* cuadro; arriate (de jardín): *parterre de roses = cuadro de rosas*. **2** THÉAT patio de butacas.

parti [paʀˈti] **1** *m* partido (político). **2** decisión; determinación: *hésiter sur le parti à prendre = no decidirse sobre la decisión que tomar*. ◆ **~ pris** prejuicio.

partial, e [paʀˈsjal] *adj* parcial.

partialité [paʀsjaliˈte] *f* parcialidad.

participant, e [partisiˈpɑ̃ t] **1** *adj/m* et *f* participante. **2** concursante (en un juego).

participation [partisipaˈsjɔ̃] **1** *f* participación (colaboración). **2** asistencia: *avec la participation de = con la asistencia de*.

participe [partiˈsip] *m* GRAMM participio. ◆ **~ présent** participio de presente.

participer [partisiˈpe] **1** *intr* participar; tomar parte (colaborar). **2** intervenir.

particulariser [partikylariˈze] *tr* et *pron* particularizar (distinguir).

particularité [partikylariˈte] *f* particularidad (singularidad).

particule [partiˈkyl] *f* partícula.

particulier, ère [partikyˈlje, jɛʀ] **1** *adj* particular; especial: *un cas particulier = un caso especial*. **2** peculiar (característico). ● **3** *m* particular (individuo). ■ **en ~** en particular.

partie [paʀˈti] **1** *f* parte. **2** partida (en el juego). **3** rama; especialidad (profesión). **4** MUS parte. ◆ **~ adverse** parte contraria; **~ lésée** parte perjudicada; ■ **en grande ~** en gran parte; **faire ~ de** formar parte de.

partiel, elle [paʀˈsjɛl] *adj* parcial.

partir [paʀˈtiʀ] **1** *intr* irse (marcharse): *partir de chez soi = irse de su casa*. **2** salir: *partir comme une flèche = salir como una flecha*. **3** saltar (lanzar). ■ **à ~ de** a partir de; **à ~ d'ici** desde aquí; **~ d'un éclat de rire** soltar una carcajada.

partisan, e [partiˈzɑ̃, an] **1** *adj/m* et *f* partisano. **2** partidario, seguidor (de una doctrina). ■ **être ~ de** ser partidario de.

partition [partiˈsjɔ̃] **1** *f* partición; división. **2** MUS partitura.

partout [paʀˈtu] *adv* por todas partes. ■ **~ ailleurs** en cualquier otra parte; **~ où** en cualquier parte donde; **de ~** de todas partes.

parure [paˈʀyʀ] **1** *f* adorno. **2** aderezo; juego de joyas. **3** TECH recortes.

parution [paʀyˈsjɔ̃] *f* aparición; publicación; salida (de un libro).

parvenir [paʀvəˈniʀ] **1** *intr* llegar. **2** medrar (llegar a lo propuesto). **3** alcanzar; conseguir.

parvenu, e [paʀvəˈny] *m* et *f* nuevo rico.

parvis [paʀˈvi] **1** *m* atrio. **2** plaza (de una iglesia): *le parvis de Notre-Dame = la plaza de Notre-Dame*.

pas [pa] *adv* no (negación): *je n'en veux pas = no quiero*. ■ **~ beaucoup** no mucho; **~ du tout** en absoluto.

pas [pa] **1** *m* paso: *faire un pas en avant = dar un paso hacia delante*. **2** paso (manera de andar): *pas léger = paso ligero*. **3** (fig) paso; escalón. ◆ **~ accéléré** MIL paso acelerado; **~ de course** carrera; **à grands ~** a paso largo; **aller bon ~** ir a buen paso; **~ en arrière** paso hacia atrás.

pascal [pasˈkal] (*pl* **pascals**) *m* PHYS pascal.

passable [paˈsabl] **1** *adj* pasable; regular. **2** aprobado (nota).

passablement [pasabləˈmɑ̃] **1** *adv* medianamente (en calidad). **2** un poco; algo: *il a passablement changé = ha cambiado algo*.

passade [paˈsad] **1** *f* capricho; antojo. **2** zambullida (en natación). **3** pasada (en equitación).

passage [paˈsaʒ] **1** *m* paso: *voie de passage = vía de paso*. **2** travesía. **3** pasaje. **4** pasaje; callejón (calle estrecha). **5** proyección; pase (en cine). ◆ **~ à niveau** paso a nivel; **~ clouté** paso de peatones; **~ interdit** prohibido el paso; ■ **de ~** de paso.

passager, ère [pasaˈʒe, ɛʀ] **1** *adj* pasajero (de paso): *un bonheur passager = una felicidad pasajera*. ● **2** *m* et *f* pasajero (persona). ◆ **~ clandestin** polizón.

passant, e [paˈsɑ̃, t] **1** *adj* concurrido; de mucho tráfico. ● **2** *m* et *f* transeúnte. ● **3** *m* presilla (de un cinturón).

passation [pasaˈsjɔ̃] *f* otorgamiento de una escritura o de un contrato. ◆ **~ des pouvoirs** entrega de poderes.

passe [pas] *f* paso (de las aves migratorias). **2** pasa (en el juego). **3** parte delantera de un sombrero. **4** SPORTS pase.

5 MAR paso; pasaje. **6** TECH pasada. ◆ ~ **d'armes** enfrentamiento dialéctico.

passé, e [pa'se] **1** *adj* pasado: *événements passés = acontecimientos pasados.* **2** descolorido; pasado (sin brillo). ● **3** *m* pasado: *regarder vers le passé = mirar hacia el pasado.* **4** GRAMM pretérito: *passé composé = pretérito perfecto.* ● **5** *prép* después de: *passé midi = después del mediodía.* ◆ ~ **de mode** pasado de moda.

passée [pa'se] **1** *f* pasada (pájaros). **2** huella.

passementerie [pasmã'tRi] *f* pasamanería.

passe-montagne [pasmõ'taɲ] *m* pasamontañas.

passe-partout [paspaR'tu] **1** *adj* multiusos. ● **2** *m* llave maestra. **3** orla; marco (de un cuadro). **4** sierra (herramienta).

passe-passe [pas'pas] **1** *m* pasapasa. **2** (fig) jugarreta (mala pasada).

passeport [pas'pɔR] *m* pasaporte.

passer [pa'se] **1** *intr* et *tr* pasar. ● **2** *intr* representarse (una función); proyectarse. **3** pasar (perder el turno). ● **4** *tr* sobrepasar (los límites). **5** seguir (un camino). ● **6** se ~ *pron* pasar (el tiempo); transcurrir. **7** arreglárselas sin (vivir sin): *se passer d'argent = arreglárselas sin dinero.* **8** pasar; ocurrir. **9** prescindir; privarse (abstenerse de). ■ ~ **à côté de la question** salirse del tema; ~ **à l'action** pasar a la acción; ~ **à table** sentarse a la mesa; ~ **commande** hacer un pedido; ~ **dans l'usage** ser de uso corriente; ~ **de mode** pasar de moda; ~ **la parole à qqn** ceder la palabra a alguien; ~ **mal** sentar mal.

passereau [pas'Ro] *m* pájaro.

passerelle [pas'Rɛl] *f* pasarela. ◆ ~ **télescopique** AÉR pasarela de acceso.

passe-temps [pas'tã] *m* pasatiempo; entretenimiento.

passeur, euse [pa'sœR, øz] **1** *m* et *f* barquero. **2** pasador (traficante): *passeur de drogue = pasador de droga.*

passible [pa'sibl] **1** *adj* pasible; merecedor: *être passible d'une amende = ser merecedor de una multa.* **2** sujeto: *être passible de certains droits = estar sujeto a ciertos derechos.*

passif, ive [pa'sif, iv] **1** *adj* et *m* pasivo. ● **2** *m* GRAMM pasiva.

passion [pa'sjõ] **1** *f* pasión. **2** BOT pasionaria.

passionnant, e [pasjɔ'nã, t] *adj* apasionante.

passionné, e [pasjɔ'ne] **1** *adj/m* et *f* apasionado (lleno de pasión): *le récit passionné d'une aventure = el relato apasionado de una aventura.* ● **2** *m* et *f* apasionado (fanático).

passionnel, elle [pasjɔ'nɛl] *adj* pasional.

passionner [pasjɔ'ne] *tr* et *pron* apasionar.

passivité [pasivi'te] *f* pasividad.

passoire [pa'swaR] *f* colador (de cocina).

pastel [pas'tɛl] **1** *m* lápiz pastel. **2** dibujo al pastel. **3** hierba pastel; glasto (planta).

pastèque [pas'tɛk] *f* sandía.

pasteur [pas'tœR] *m* pastor.

pasteurisation [pastœRiza'sjõ] *f* pasteurización; pasteurización: *pasteurisation du lait = pasteurización de la leche.*

pastiche [pas'tiʃ] *m* pastiche; imitación.

pasticher [pasti'ʃe] *tr* imitar; plagiar.

pastille [pas'tij] *f* pastilla.

pastis [pas'tis] **1** *m* pastís (bebida). **2** (fam) follón (lío).

pastoral, e [pasto'Ral] *adj* pastoral, pastoril.

patapouf [pata'puf] *m* (fam) gordinflón.

patate [pa'tat] **1** *f* boniato; batata. **2** (fam) patata. ■ **en avoir gros sur la** ~ (fam) tener el corazón en un puño.

patatras! [pata'tRa] *interj* ¡cataplum!

pataud, e [pa'to, d] **1** *adj* palurdo; patán: *un gros pataud = un gran palurdo.* ● **2** *m* et *f* patudo (perro).

pataugeoire [pato'ʒwaR] *f* piscina infantil.

patauger [pato'ʒe] **1** *intr* chapotear. **2** (fig, fam) enredarse; atascarse.

patchouli [patʃu'li] *m* pachulí.

patchwork [patʃ'wœrk] *m* patchwork.

pâte [pat] **1** *f* pasta. **2** masa (de pan, etc.). ◆ ~ **à choux** pasta de lionesas; ~ **à modeler** plastilina; ~ **dentifrice** pasta de dientes; ~ **feuilletée** pasta de hojaldre.

pâté [pa'te] **1** *m* paté (de cerdo, ave, etc.). **2** (fig, fam) mancha de tinta. **3** ~ **de maisons** manzana (de casas); cuadra (Amér.).

pâtée [pa'te] *f* pitanza.

patelin, e [pat'lɛ̃, in] **1** *adj* empalagoso, meloso. ● **2** *m* (fam) pueblucho.

patent, e [pa'tã, t] *adj* patente.

patente [pa'tãt] *f* patente. ◆ ~ **de santé** MAR patente de sanidad.

patenté, e [patã'te] **1** *adj* patentado. **2** (fig, fam) titulado.

patère [pa'tɛʀ] **1** f pátera. **2** percha, colgador.

paterne [pa'tɛʀn] adj dulzón, almibarado.

paternel, elle [patɛʀ'nɛl] adj paternal.

paternité [patɛʀni'te] f paternidad.

pâteux, euse [pa'tø, øz] adj pastoso. ■ avoir la bouche pâteux tener la boca pastosa.

pathétique [pate'tik] adj patético.

pathologie [patɔlɔ'ʒi] f patología.

patience [pa'sjɑ̃s] **1** f paciencia. **2** solitario (juego). ● **3** patience! interj ¡paciencia! ■ jeu de ~ rompecabezas, puzzle; ■ prendre en ~ llevar con paciencia; prendre ~ tomar paciencia.

patient, e [pa'sjɑ̃, t] adj/m et f paciente.

patienter [pasjɑ̃'te] intr esperar con paciencia.

patin [pa'tɛ̃] **1** m patín. **2** suela. ◆ patins à glace patines de cuchilla; patins à roulettes patines de ruedas.

patinage [pati'naʒ] **1** m patinaje. **2** patinazo (de las ruedas). ■ ~ artistique patinaje artístico.

patiner [pati'ne] **1** intr patinar. ● **2** tr et pron patinar (dar pátina).

patinoire [pati'nwaʀ] f pista de patinaje.

patio [pa'tjo] m patio.

pâtisserie [patis'ʀi] **1** f pastelería, repostería. **2** pastel, dulce: manger des pâtisseries = comer pasteles.

pâtissier, ère [pati'sje, jɛʀ] adj/m et f pastelero, repostero.

pâtisson [pati'sɔ̃] m calabaza bonetera.

patois, e [pa'twa, z] **1** adj regional, provincial. ● **2** m habla regional, patois (dialecto). **3** (fam) jerga, argot.

patriarche [patʀi'aʀʃ] m patriarca.

patricien, enne [patʀi'sjɛ̃, ɛn] adj/m et f patricio.

patrie [pa'tʀi] f patria.

patrimoine [patʀi'mwan] m patrimonio. ◆ ~ génétique BIOL patrimonio genético.

patrimonial, e [patʀimɔ'njal] adj patrimonial.

patriote [patʀi'ɔt] adj/m ou f patriota.

patriotisme [patʀiɔ'tism] m patriotismo.

patron, onne [pa'tʀɔ̃, ɔn] **1** m et f patrón. **2** dueño, amo. **3** profesor. **4** patrono (santo).

patronage [patʀɔ'naʒ] **1** m patrocinio (protección). **2** patronato.

patronal, e [patʀɔ'nal] adj patronal.

patronat [patʀɔ'na] m patronato.

patronner [patʀɔ'ne] tr patrocinar: l'entreprise a patronné cette course = la empresa ha patrocinado esta carrera.

patronyme [patʀɔ'nim] m patronímico.

patrouille [pa'tʀuj] f patrulla.

patrouiller [patʀu'je] intr patrullar.

patte [pat] **1** f pata (de animal). **2** (fam) mano. **3** (fam) pierna. ● **4** pattes f pl patillas. ■ avoir le coup de ~ ser hábil; marcher à quatre pattes andar a gatas.

pattemouille [pat'muj] f almohadilla, trapo mojado para planchar.

pâturage [paty'ʀaʒ] **1** m pastoreo. **2** pasto, pasturaje (para el ganado).

pâture [pa'tyʀ] **1** f pastura. **2** pasto, forraje. **3** (fig) pasto, comidilla: livrer un fait en pâture à la presse = informar de una comidilla a la prensa.

pâturer [paty'ʀe] tr et intr AGR pacer, pastar.

paume [pom] **1** f palma. **2** pelota (juego).

paumé, e [po'me] **1** adj perdido. **2** (fam) miserable, pobre.

paumer [po'me] tr et pron (fam) perder.

paupérisation [popeʀiza'sjɔ̃] f pauperización.

paupière [popi'jɛʀ] f párpado. ■ ouvrir les paupières (fig) abrir los ojos.

paupiette [popi'jɛt] f pulpeta.

pause [poz] **1** f pausa. **2** MUS pausa.

pauser [po'ze] intr MUS hacer una pausa.

pauvre [povʀ] adj/m ou f pobre. ■ c'est un ~ type (fam) es un desgraciado.

pauvresse [po'vʀɛs] f → pauvre.

pauvreté [povʀə'te] f pobreza.

pavage [pa'vaʒ] m empedrado; embaldosado.

pavaner (se) [səpava'ne] pron pavonearse.

pavé, e [pa've] **1** adj pavimentado. ● **2** m pavimento. **3** baldosa, ladrillo. **4** (fam, péj) tocho. ■ le ~ de l'ours (fig) elogio desafortunado.

paver [pa've] tr pavimentar.

pavillon [pavi'jɔ̃] m pabellón. ■ mettre le ~ en berne izar la bandera a media asta.

pavillonnaire [pavijɔ'nɛʀ] adj urbanizado.

pavoiser [pavwa'ze] **1** tr engalanar. **2** (fig, fam) echar las campanas al vuelo. **3** MAR empavesar.

pavot [pa'vo] m BOT adormidera.

payable [pe'jabl] *adj* pagadero.

payant, e [pe'jã, t] **1** *adj* de pago. **2** (fig) rentable, provechoso. ● **3** *adj/m* et *f* pagador.

paye [pej] **1** *f* paga. **2** salario, sueldo. ■ **ça fait une ~** (fam) hace mucho tiempo.

payement [pej'mã] *m* → **paiement**.

payer [pe'je] **1** *tr* et *pron* pagar; enterar (Amér.). ● **2 se ~** *pron* cobrarse: *paie-toi le café* = *cóbrate el café*. **3** (fam) obsequiarse (permitirse). ■ **~ comptant** pagar al contado.

pays [pe'i] **1** *m* país. **2** región, pueblo. **3** patria. ● **4** *m* et *f* (fam) compatriota.

paysage [pei'zaʒ] **1** *m* paisaje. **2** (fig) situación.

paysager, ère [peiza'ʒe, ɛʀ] *adj* paisajístico.

paysagiste [peiza'ʒist] *m* ou *f* paisajista.

paysan, anne [pei'zã, an] *adj/m* et *f* campesino.

paysannat [peiza'na] *m* campesinado.

Pays-Bas [pei'ba] *m pl* Países Bajos.

Pays Basque [pei'bask] *m* País Vasco.

PC [pe'se] (*sigles de* Personal Computer) *m* PC.

PCV [pese've] (*abrév de* à percevoir) *m* cobro revertido: *téléphoner à PCV* = llamar a cobro revertido.

péage [pe'aʒ] *m* peaje.

peau [po] **1** *f* piel. **2** (fig) pellejo. ◆ **~ de lait** telilla de la leche; ■ **entrer dans la ~ d'un personnage** identificarse con un personaje; **avoir le diable dans la ~** (fig) llevar el diablo en el cuerpo.

peaufiner [pofi'ne] **1** *tr* pasar la gamuza. **2** (fig, fam) perfilar, refinar.

peau-rouge [po'ruʒ] *m* ou *f* piel roja.

peccadille [peka'dij] *f* peccata minuta.

pêche [peʃ] **1** *f* melocotón. **2** pesca. **3** (fam) golpe, bofetada: *il va te flanquer une pêche* = *va a darte una bofetada*. **4** (fam) rostro. ◆ **~ à peau lisse** nectarina; **~ sous-marine** pesca submarina; ■ **se fendre la ~** reír.

péché [pe'ʃe] *m* pecado. ■ **son ~ mignon** su debilidad.

pécher [pe'ʃe] **1** *intr* pecar. **2** fallar.

pêcher [pe'ʃe] **1** *tr* pescar: *il vient de pêcher quelques saumons* = *acaba de pescar algunos salmones*. **2** (fig, fam) pescar. ● **3** *m* melocotonero.

pêcherie [peʃ'ʀi] *f* pesquería.

pécheur, eresse [pe'ʃœʀ, ʃʀɛs] *m* et *f* pecador.

pêcheur, euse [pe'ʃœʀ, øz] **1** *adj* pesquero (barco). ● **2** *m* et *f* pescador.

pectine [pɛk'tin] *f* BIOCH pectina.

pectoral, e [pɛktɔ'ʀal] *adj* et *m* pectoral.

pécule [pe'kyl] *m* peculio.

pécuniaire [peky'njɛʀ] *adj* pecuniario.

pédagogie [pedagɔ'ʒi] *f* pedagogía.

pédagogue [peda'gɔg] *adj/m* ou *f* pedagogo.

pédale [pe'dal] *f* pedal. ■ **mettre la ~ douce** (fam) poner la sordina.

pédaler [peda'le] **1** *intr* pedalear. **2** ir en bicicleta. **3** (fig, fam) ir rápido, correr.

pédalier [peda'lje] **1** *m* teclado. **2** piñón mayor, plato (de la bicicleta).

pédant, e [pe'dã, t] *adj/m* et *f* pedante.

pédanterie [pedãt'ʀi] *f* pedantería.

pédantisme [pedã'tism] *m* pedantismo.

pédéraste [pede'ʀast] *m* pederasta.

pédestre [pe'dɛstʀ] *adj* pedestre.

pédiatre [pe'djatʀ] *m* ou *f* pediatra.

pédiatrie [pedja'tʀi] *f* pediatría.

pédicure [pedi'kyʀ] *m* ou *f* pedicuro.

pedigree [pedi'gʀe] *m* pedigrí.

peigne [pɛɲ] **1** *m* peine. **2** peineta: *coiffure maintenue par des peignes* = *peinado sujetado por peinetas*. **3** ZOOL peine. ■ **sale comme un ~** sucio como una pocilga.

peignée [pe'ɲe] *f* (fam) paliza, zurra.

peigner [pe'ɲe] **1** *tr* et *pron* peinar. ● **2** *tr* (fig) cuidar.

peignoir [pe'ɲwaʀ] **1** *m* peinador. **2** albornoz (para la ducha).

peindre [pɛ̃dʀ] **1** *tr* pintar. ● **2 se ~** *pron* (fig) reflejarse: *la joie se peint sur sa figure* = *la alegría se refleja en su rostro*.

peine [pɛn] **1** *f* pena. **2** trabajo (esfuerzo). ■ **à ~** apenas; **sous ~ de** bajo pena de.

peiner [pe'ne] **1** *tr* afligir, apenar. ● **2** *intr* esforzarse.

peint, e [pɛ̃, t] *adj* pintado.

peintre [pɛ̃tʀ] *m* ou *f* pintor.

peinture [pɛ̃'tyʀ] **1** *f* pintura. **2** (fig) retrato. ■ **~ fraîche** recién pintado.

péjoratif, ive [peʒɔʀa'tif, iv] *adj* despectivo, peyorativo.

pelade [pə'lad] *f* peladera.

pelage [pə'laʒ] **1** *m* pelaje. **2** TECH peladura, pelado.

pelé, e [pə'le] *adj/m* et *f* pelado. ■ **il y avait quatre pelés et un tondu** (fam) no había casi nadie.

pêle-mêle [pɛl'mɛl] **1** *adv* confusamente, en desorden. ● **2** *m* revoltijo, batiburrillo.

peler [pə'le] *tr* pelar: *peler une pomme* = *pelar una manzana*. ■ **~ de froid** (fig, fam) pelarse de frío.

pèlerin, e [pɛl'ʀɛ̃, in] *m* et *f* peregrino.

pèlerinage [pɛlʀi'naʒ] **1** *m* peregrinaje, peregrinación. **2** lugar de peregrinación.

pélican [peli'kɑ̃] *m* pelícano (ave).

pelle [pɛl] **1** *f* pala. **2** MAR pala. ■ **à la ~** en gran cantidad; **se prendre une ~** (fam) caerse.

pelletée [pɛl'te] *f* palada, paletada.

pelleter [pɛl'te] *tr* apalear.

pelletier, ère [pɛl'tje, jɛʀ] *m* et *f* TECH peletero.

pellicule [peli'kyl] **1** *f* película. **2** caspa (en el cuero cabelludo).

pelote [pə'lɔt] **1** *f* pelota, bola. **2** almohadilla, acerico (de alfileres). ◆ **~ basque** pelota vasca; ■ **avoir les nerfs en ~** (fig) estar muy nervioso.

peloter [pəlɔ'te] *tr* et *pron* (fam) manosear, sobar.

peloton [pəlɔ'tɔ̃] **1** *m* ovillo. **2** pelotón (grupo).

pelotonner [pəlɔtɔ'ne] *tr* et *pron* ovillar.

pelouse [pə'luz] *f* césped.

peluche [pə'lyʃ] **1** *f* felpa. **2** pelusa (de polvo).

pelucher [pəly'ʃe] *intr* formarse bolitas *en un tejido*.

pelucheux, euse [pəly'ʃø, øz] *adj* afelpado.

pelure [pə'lyʀ] **1** *f* piel. **2** (fig, fam) ropa: *quelle pelure dois-je mettre?* = ¿qué ropa me pongo?

pénal, e [pe'nal] *adj* penal.

pénalisation [penaliza'sjɔ̃] *f* penalización, falta.

pénaliser [penali'ze] **1** *tr* penalizar, sancionar. **2** SPORTS señalar una falta, penalizar.

pénalité [penali'te] *f* penalidad.

penalty [penal'ti] *m* SPORTS penalti.

penaud, e [pə'no, d] *adj* avergonzado.

penchant [pɑ̃'ʃɑ̃] *m* propensión, tendencia: *avoir un penchant à la paresse* = tener tendencia a la pereza.

penché, e [pɑ̃'ʃe] *adj* inclinado. ■ **avoir un air ~** (iron) tener un aire soñador.

pencher [pɑ̃'ʃe] **1** *tr*, *intr* et *pron* inclinar. ● **2** *intr* (~ *pour*) inclinarse por. ● **3 se ~ pron** (se ~ *sur*) interesarse por.

pendable [pɑ̃'dabl] *adj* condenable. ■ **jouer un tour ~ à qqn** hacer una mala pasada a alguien.

pendaison [pɑ̃de'zɔ̃] *f* ahorcamiento. ■ **~ de cremaillère** (fig) inauguración de una casa.

pendant [pɑ̃'dɑ̃] **1** *prép* durante. **2** (~ *que*) mientras que, mientras: *pendant qu'il travaille, on va faire le dîner* = mientras trabaja, vamos a hacer la cena.

pendant, e [pɑ̃'dɑ̃, t] **1** *adj* colgante. **2** DR pendiente, por resolver. ● **3** *m* (fig) semejante, igual. ◆ **pendants d'oreilles** pendientes.

pendentif [pɑ̃dɑ̃'tif] **1** *m* colgante (joya). **2** ARCHIT pechina.

penderie [pɑ̃d'ʀi] *f* guardarropa, ropero.

pendiller [pɑ̃di'je] *intr* balancearse.

pendre [pɑ̃dʀ] **1** *tr* et *pron* colgar, suspender. **2** ahorcar. ● **3** *intr* colgar, pender. ■ **être pendu à** estar pendiente de.

pendu, e [pɑ̃'dy] **1** *adj/m* et *f* colgado, suspendido. **2** ahorcado. ● **3** *m* ahorcado (juego).

pendulaire [pɑ̃dy'lɛʀ] *adj* pendular.

pendule [pɑ̃'dyl] **1** *m* péndulo. ● **2** *f* péndola (reloj).

pendulette [pɑ̃dy'let] *f* péndola.

pêne [pɛn] *m* pestillo. ◆ **~ demi-tour** pestillo de media vuelta.

pénétrant, e [pene'tʀɑ̃, t] *adj* penetrante.

pénétration [penetra'sjɔ̃] *f* penetración.

pénétré, e [pene'tʀe] **1** *adj* penetrado. **2** lleno, impregnado. **3** (iron) convencido.

pénétrer [pene'tʀe] **1** *tr* et *intr* penetrar, introducirse: *pénétrer dans une maison* = introducirse en una casa. ● **2** *intr* inculcar: *faire pénétrer des principes* = inculcar principios. ● **3** *tr* profundizar, percibir (conocer). ● **4 se ~** *pron* convencerse.

pénible [pe'nibl] **1** *adj* pesado, duro. **2** angustioso.

péniblement [peniblə'mɑ̃] **1** *adv* penosamente. **2** difícilmente, con dificultad. **3** apenas.

péniche [pe'niʃ] *f* chalana. ◆ **habiter une ~** vivir en una barcaza.

pénicilline [penisi'lin] *f* penicilina.
péninsulaire [penɛ̃sy'lɛR] *adj/m* ou *f* peninsular.
péninsule [penɛ̃'syl] *f* península.
pénis [pe'nis] *m* ANAT pene.
pénitence [peni'tɑ̃s] *f* penitencia. ■ par ~ para castigarse.
pénitencier [penitɑ̃'sje] **1** *m* REL penitenciario. **2** penitenciaría, penal.
pénitent, e [peni'tɑ̃, t] *m* et *f* penitente.
pénitentiaire [penitɑ̃'sjɛR] *adj* penitenciario.
pénombre [pe'nɔ̃bR] *f* penumbra.
pensable [pɑ̃'sabl] *adj* concebible, creíble. ■ c'est ne pas ~ ¡será posible!
pensant, e [pɑ̃'sɑ̃, t] *adj* pensante.
pense-bête [pɑ̃s'bɛt] *m* recordatorio.
pensée [pɑ̃'se] **1** *f* pensamiento. **2** razón. **3** opinión, parecer. **4** idea. **5** recuerdo.
penser [pɑ̃'se] *tr* et *intr* pensar. ■ avoir autre chose à ~ (fam) tener otras cosas en que pensar; sans ~ à mal sin mala intención.
penseur, euse [pɑ̃'sœR, øz] *m* et *f* pensador.
pensif, ive [pɑ̃'sif, iv] *adj* pensativo.
pension [pɑ̃'sjɔ̃] **1** *f* pensión. **2** pensionario. ◆ ~ complète pensión completa; ~ de famille casa de huéspedes.
pensionnaire [pɑ̃sjɔ'nɛR] **1** *m* ou *f* pensionista. **2** huésped. **3** interno (de un colegio).
pensionnat [pɑ̃sjɔ'na] *m* internado, pensionado.
pentaèdre [pɛ̃ta'edR] **1** *m* GÉOM pentaedro. ● **2** *adj* GÉOM pentaédrico.
pentagone [pɛ̃ta'gɔn] *m* GÉOM pentágono.
pentathlon [pɛ̃tat'lɔ̃] *m* SPORTS pentatlón.
pente [pɑ̃t] **1** *f* pendiente; gradiente (Amér.). **2** inclinación, declive; gradiente (Amér.). ■ en ~ inclinado; être sur la mauvaise ~ ir por mal camino.
pentu, e [pɑ̃'ty] *adj* inclinado, en pendiente.
pénurie [peny'Ri] *f* penuria, escasez.
pépé [pe'pe] *m* (fam) abuelito.
pépère [pe'pɛR] **1** *adj* et *m* abuelito. ● **2** *adj* (fam) agradable, tranquilo.
pépie [pe'pi] *f* ZOOL pepita.
pépier [pe'pje] *intr* piar.
pépin [pe'pɛ̃] **1** *m* pipa, pepita. **2** (fig) complicación, imprevisto: *il nous a arrivé un pépin = hemos tenido un imprevisto.*

pépinière [pepi'njɛR] **1** *f* vivero, semillero. **2** (fig) plantel.
pépiniériste [pepinje'Rist] *m* arbolista.
pépite [pe'pit] *f* pepita (de oro, etc.).
percale [pɛR'kal] *f* percal.
perçant, e [pɛR'sɑ̃, t] **1** *adj* agudo; penetrante: *il a un regard perçant = tiene una mirada penetrante.* **2** estridente, agudo.
perce [pɛRs] *f* TECH taladro.
percée [pɛR'se] **1** *f* paso. **2** MIL brecha, ruptura.
perce-neige [pɛRsə'nɛʒ] *m* ou *f* narciso de las nieves.
perce-oreille [pɛRsɔ'Rɛj] *m* tijereta, cortapicos.
percepteur, trice [pɛRsɛp'tœR, tRis] **1** *adj* perceptor. ● **2** *m* et *f* recaudador de impuestos.
perceptible [pɛRsɛp'tibl] *adj* perceptible.
perceptif, ive [pɛRsɛp'tif, iv] *adj* PSY perceptivo.
perception [pɛRsɛp'sjɔ̃] **1** *f* percepción. **2** recaudación. **3** oficina del recaudador.
percer [pɛR'se] **1** *tr* perforar. **2** herir con arma blanca. **3** abrir (una obertura). **4** atravesar. ● **5** *intr* abrirse, reventarse (un diente, etc.). **6** (fig) manifestarse, descubrise (mostrar).
perceuse [pɛR'søz] *f* taladradora, taladrador.
percevable [pɛRsə'vabl] *adj* perceptible (que se puede cobrar).
percevoir [pɛRsə'vwaR] **1** *tr* percibir. **2** PHIL, PSY percibir, captar.
perche [pɛRʃ] **1** *f* pértiga. **2** (fam) larguirucho. **3** TECH trole.
percher [pɛR'ʃe] **1** *intr* et *pron* posarse, encaramarse. **2** (fam) alojarse.
perchiste [pɛR'ʃist] *m* ou *f* SPORTS saltador de pértiga.
perchoir [pɛR'ʃwaR] *m* percha, vara.
perclus, e [pɛR'kly, z] **1** *adj* tullido. **2** (fig) paralizado.
percolateur [pɛRkɔla'tœR] *m* percolador.
perçu, e [pɛR'sy] *adj* et *m* percibido.
percussion [pɛRky'sjɔ̃] *f* percusión.
percussionniste [pɛRkysjɔ'nist] *m* ou *f* percusionista.
percutant, e [pɛRky'tɑ̃, t] **1** *adj* percusor. **2** (fig) contundente (chocante).

percuter [pɛrky'te] **1** tr percutir. ● **2** tr et intr chocar: *percuter contre un mur = chocar contra un muro*. ● **3** intr (fam) captar, entender.

perdant, e [pɛr'dɑ̃, t] adj/m et f perdedor: *être bon perdant = ser un buen perdedor*.

perdition [pɛrdi'sjɔ̃] f perdición. ■ **une entreprise en ~** (fig) una empresa que va a la ruina.

perdre [pɛrdr] **1** tr, intr et pron perder. ● **2** se ~ pron echar a perder, estropear: *la viande s'est perdue = la carne se ha estropeado*.

perdrix [pɛr'dri] f perdiz.

perdu, e [pɛr'dy] adj perdido. ■ **se sentir ~** (fig) sentirse desamparado.

perdurer [pɛrdy're] intr perdurar.

père [pɛr] **1** m padre; tata (Amér.). **2** (fam) tío.

pérégrination [peregrina'sjɔ̃] f peregrinación.

pérennité [pereni'te] f perennidad.

péréquation [perekwa'sjɔ̃] f DR repartición.

perfection [pɛrfɛk'sjɔ̃] f perfección.

perfectionner [pɛrfɛksjɔ'ne] **1** tr perfeccionar. ● **2** se ~ pron mejorar: *se perfectionner en espagnol = mejorar en español*.

perfectionniste [pɛrfɛksjɔ'nist] adj/m ou f perfeccionista.

perfide [pɛr'fid] adj/m ou f pérfido: *insinuation perfide = insinuación pérfida*.

perforant, e [pɛrfɔ'rɑ̃, t] adj ANAT perforante.

perforation [pɛrfɔra'sjɔ̃] f perforación.

perforer [pɛrfɔ're] tr perforar.

performance [pɛrfɔr'mɑ̃s] **1** f resultado: *les performances d'un champion = los resultados de un campeón*. **2** prestación (de un vehículo). **3** (fig) hazaña.

performant, e [pɛrfɔr'mɑ̃, t] adj competitivo.

perfusion [pɛrfy'zjɔ̃] f MÉD perfusión.

péril [pe'ril] **1** m peligro. **2** riesgo.

périlleux, euse [peri'jø, øz] adj peligroso.

périmé, e [peri'me] adj caducado; prescrito (un proceso).

périmer (se) [sɔperi'me] **1** pron caducar. **2** prescribir (un proceso).

périmètre [peri'mɛtr] m perímetro.

période [pe'rjɔd] f período, periodo. ◆ **~ d'incubation** MÉD período de incubación.

périodicité [perjɔdisi'te] f periodicidad.

périodique [perjɔ'dik] adj periódico.

péripétie [peripe'si] f peripecia.

périphérie [perife'ri] f periferia.

périphérique [perife'rik] **1** adj periférico. ● **2** m INF periférico.

périphrase [peri'fraz] f perífrasis.

périphrastique [perifras'tik] adj perifrástico.

périple [pe'ripl] m periplo.

périr [pe'rir] **1** intr perecer. **2** desaparecer (tener su fin).

périscolaire [periskɔ'lɛr] adj extraescolar.

périscope [peris'kɔp] m periscopio.

périssable [peri'sabl] adj perecedero.

péristyle [peris'til] m peristilo.

perle [pɛrl] **1** f perla. **2** (fig) perla: *leur mère est une perle = su madre es una perla*. **3** gazapo (error ridículo).

perlé, e [pɛr'le] **1** adj perlado. **2** MUS bordado (a la perfección).

perler [pɛr'le] **1** intr perlar. ● **2** tr MUS bordar (ejecutar a la perfección).

perlier, ère [pɛr'lje, jɛr] adj perlero.

permanence [pɛrma'nɑ̃s] **1** f permanencia. **2** servicio permanente. ■ **en ~** permanentemente.

permanent, e [pɛrma'nɑ̃, t] **1** adj/m et f permanente. ● **2** f permanente.

perméable [pɛrme'abl] **1** adj permeable. **2** traslúcido, translúcido. **3** (fig) influenciable: *un homme de caractère perméable = un hombre de carácter influenciable*.

permettre [pɛr'mɛtr] tr et pron permitir, dejar. ■ **permettez!** ¡disculpe!

permis [pɛr'mi] m permiso. ◆ **~ de circulation** pase; **~ de conduire** permiso de conducir.

permissif, ive [pɛrmi'sif, iv] adj permisivo.

permission [pɛrmi'sjɔ̃] f permiso. ■ **en ~** de permiso (un soldado).

permutable [pɛrmy'tabl] adj permutable.

permutation [pɛrmyta'sjɔ̃] **1** f permutación. **2** MATH permutación.

permuter [pɛrmy'te] tr et intr permutar.

pernicieux, euse [pɛrni'sjø, øz] adj pernicioso.

péroné [perɔ'ne] m ANAT peroné.

pérorer [pero're] *intr* perorar.
Pérou [pe'ru] *m* Perú.
perpendiculaire [pɛʀpɑ̃dikyˈlɛʀ] *adj et f* perpendicular.
perpétrer [pɛʀpe'tʀe] *tr* perpetrar.
perpétuation [pɛʀpetɥa'sjɔ̃] *f* perpetuación.
perpétuer [pɛʀpe'tɥe] *tr et pron* perpetuar.
perplexe [pɛʀ'plɛks] *adj* perplejo.
perplexité [pɛʀplɛksi'te] *f* perplejidad.
perquisition [pɛʀkizi'sjɔ̃] *f* pesquisa, registro.
perron [pe'ʀɔ̃] *m* escalinata.
perroquet [peʀɔ'kɛ] *m* loro; papagayo.
◆ ~ de mer frailecillo.
perruche [pe'ʀyʃ] 1 *f* cotorra. 2 MAR perico.
perruque [pe'ʀyk] *f* peluca.
perruquier [peʀyˈkje] *m* peluquero (fabricante de pelucas).
persan, e [pɛʀ'sɑ̃, an] 1 *adj* persa. ● 2 Persan, e *m et f* persa. ● 3 *m* persa (lengua).
Perse [pɛʀs] *f* Persia.
persécuter [pɛʀseky'te] 1 *tr* perseguir. 2 acosar: *les créanciers le persécutent = los acreedores lo acosan*.
persécution [pɛʀseky'sjɔ̃] *f* persecución.
persévérance [pɛʀseve'ʀɑ̃s] *f* perseverancia.
persévérant, e [pɛʀseve'ʀɑ̃, t] *adj* perseverante.
persévérer [pɛʀseve'ʀe] *intr* perseverar.
persienne [pɛʀ'sjɛn] *f* persiana.
persil [pɛʀ'si] *m* perejil. ◆ ~ arabe cilantro.
persillé, e [pɛʀsi'je] 1 *adj* azul, enmohecido. 2 entreverada (carne). 3 con perejil picado (una salsa).
persistance [pɛʀsis'tɑ̃s] *f* persistencia.
persistant, e [pɛʀsis'tɑ̃, t] 1 *adj* persistente. 2 perenne (hoja de árbol).
persister [pɛʀsis'te] *intr* persistir.
personnage [pɛʀsɔ'naʒ] 1 *m* personaje. 2 individuo.
personnaliser [pɛʀsɔnali'ze] *tr* personalizar.
personnalité [pɛʀsɔnali'te] *f* personalidad.
personne [pɛʀ'sɔn] 1 *f* persona. ● 2 *pron* alguien. 3 nadie. ◆ ~ à charge persona a cargo; ~ âgée ou grande ~ persona mayor.

Personne equivale a **persona** en oraciones afirmativas: *c'est une personne aimable = es una persona amable*. Sin embargo, se traduce por **nadie** en frases negativas: *personne ne viendra = no vendrá nadie*.

personnel, elle [pɛʀsɔ'nɛl] *adj et m* personal. ◆ ~ d'encadrement personal directivo; ~ enseignant cuerpo docente.
perspective [pɛʀspɛk'tiv] *f* perspectiva. ◆ ~ aérienne perspectiva aérea.
perspicace [pɛʀspi'kas] *adj* perspicaz.
persuader [pɛʀsɥa'de] *tr et pron* persuadir, convencer: *il persuade tout le monde avec sa sincérité = persuade a todos con su sinceridad*.
persuasif, ive [pɛʀsɥa'zif, iv] *adj* persuasivo.
persuasion [pɛʀsɥa'zjɔ̃] *f* persuasión.
perte [pɛʀt] *f* pérdida. ◆ ~ de connaissance pérdida del conocimiento; ■ à ~ con pérdida.
pertinent, e [pɛʀti'nɑ̃, t] *adj* pertinente.
perturbation [pɛʀtyʀba'sjɔ̃] *f* perturbación. ◆ ~ atmosphérique perturbación atmosférica.
perturber [pɛʀtyʀ'be] *tr* perturbar.
pervenche [pɛʀ'vɑ̃ʃ] *f* hierba doncella.
pervers, e [pɛʀ'vɛʀ, s] *adj/m et f* perverso.
perversité [pɛʀvɛʀsi'te] *f* perversidad.
pervertir [pɛʀvɛʀ'tiʀ] *tr et pron* pervertir.
pesant, e [pə'zɑ̃, t] 1 *adj* pesado. 2 fuerte. 3 duro (penoso).
pèse-bébé [pɛzbe'be] *m* pesabebés.
pèse-lettre [pɛz'lɛtʀ] *m* pesacartas.
pèse-personne [pɛzpɛʀ'sɔn] *m* báscula de baño.
peser [pə'ze] 1 *tr et intr* pesar. ● 2 *tr* medir (las palabras). 3 (fig) sopesar (evaluar). ● 4 *intr* (~ *sur*) pesar en (la conciencia). 5 (~ *contre*) empujar, hacer presión.
peseta [peze'ta o pese'ta] *f* peseta.
pessimiste [pesi'mist] *adj/m ou f* pesimista.
peste [pɛst] 1 *f* peste. 2 (fig) peste (lacra).
pester [pɛs'te] *intr* echar pestes.
pesticide [pɛsti'sid] *adj et m* pesticida.
pestiféré, e [pɛstife'ʀe] *adj/m et f* pestilente, pestífero.
pestilence [pɛsti'lɑ̃s] *f* pestilencia.

pet [pɛ] **1** *m* (fam) pedo. ● **2 pet!** *interj* ¡cuidado!

pétale [pe'tal] *m* pétalo.

pétanque [pe'tɑ̃k] *f* petanca.

pétant, e [pe'tɑ̃, t] *adj* (fam) en punto: *à dix heures pétantes = a las diez en punto.*

pétarade [peta'ʀad] **1** *f* pedorrera. **2** traqueteo (de fuegos artificiales, etc.).

pétarder [petaʀa'de] *intr* traquetear.

pétard [pe'taʀ] **1** *m* petardo. **2** (fig, fam) escándalo. **3** (fam) culo. **4** (fam) petardo, porro.

pet-de-nonne [pɛd'nɔn] *m* suspiro de monja (dulce).

péter [pe'te] **1** *intr* estallar, explotar. **2** (fam) peer. ● **3** *tr* (fam) petar: *je viens de péter mon lacet de soulier = acabo de petar los cordones del zapato.*

pète-sec [pɛt'sɛk] *adj/m* ou *f* (fam) mandón.

péteux, euse [pe'tø, øz] **1** *adj/m* et *f* (fam) cagueta. **2** (fam) mocoso.

pétillant, e [peti'jɑ̃, t] **1** *adj* chispeante. **2** espumoso (el vino). **3** gaseoso (agua).

pétiller [peti'je] **1** *intr* chisporrotear. **2** burbujear (el vino).

petiot, e [pə'tjo, ɔt] *adj/m* et *f* (fam) pequeñín, chiquitín.

petit, e [pə'ti, t] **1** *adj* pequeño. **2** bajo: *il est plus petit que son frère = es más bajo que su hermano.* **3** insignificante. ● **4** *m* et *f* pequeño, crío. **5** cría; cachorro (de animal). ◆ **mon ~** hijito.

> Este adjetivo suele utilizarse para la formación de diminutivos: *une petite maison = una casita.*

petit-bois [pti'bwa] (*pl* petits-bois) *m* TECH marco (de ventana).

petit-bourgeois, petite-bourgeoise [ptibuʀ'ʒwa, ptitbuʀ'ʒwaz] *m* et *f* pequeño burgués.

petite-fille [ptit'fij] *f* nieta.

petite-nièce [ptit'njɛs] *f* sobrina nieta.

petitesse [pəti'tes] *f* pequeñez.

petit-fils [pti'fis] (*pl* petits-fils) *m* nieto.

petit-four [pti'fuʀ] (*pl* petits-four) *m* canapé.

pétition [peti'sjɔ̃] *f* petición, solicitud.

pétitionnaire [petisjɔ'nɛʀ] *m* et *f* solicitante, peticionario.

petit-lait [pti'lɛ] *m* suero (de la leche).

petit-neveu [ptinə'vø] *m* sobrino nieto.

petits-enfants [pti'zɑ̃fɑ̃] *m pl* nietos.

petit-suisse [pti'sɥis] *m* petit-suisse (queso).

pétoche [pe'tɔʃ] *f* (fam) canguelo. ■ **avoir la ~** tener mieditis.

pétoncle [pe'tɔ̃kl] *m* pechina, venera.

pétrification [petʀifika'sjɔ̃] *f* petrificación.

pétrifier [petʀi'fje] *tr* et *pron* petrificar.

pétrin [pe'tʀɛ̃] **1** *m* artesa; amasadera. **2** (fam) aprieto, apuro.

pétrir [pe'tʀiʀ] **1** *tr* amasar. **2** toquetear. **3** (fig) lleno: *être pétri d'espoir = estar lleno de esperanza.*

pétrochimie [petʀoʃi'mi] *f* petroquímica.

pétrodollar [petʀodɔ'laʀ] *m* petrodólar.

pétrole [pe'tʀɔl] *m* petróleo. ◆ **~ brut** petróleo crudo o bruto.

pétrolette [petʀo'lɛt] *f* (fam) velomotor.

pétrolier, ère [petʀɔ'lje, jɛʀ] *adj* et *m* petrolero.

pétrolifère [petʀoli'fɛʀ] *adj* petrolífero.

pétulance [pety'lɑ̃s] *f* viveza.

pétulant, e [pety'lɑ̃, t] *adj/m* et *f* impetuoso, vivo.

pétunia [pety'nja] *m* BOT petunia.

peu [pø] *adv* poco: *un peu de patience = un poco de paciencia.* ■ **~ à ~** poco a poco; **à ~ près** aproximadamente; **c'est ~** es poco; **pour ~ que** a poco que.

peuh! [pø] *interj* ¡bah!

peuplade [pœ'plad] *f* pueblo primitivo.

peuple [pœpl] **1** *m* pueblo. **2** (fam) muchedumbre. ■ **le bas ~** el vulgo.

peupler [pœ'ple] *tr* et *pron* poblar.

peupleraie [pœplə'ʀɛ] *f* alameda.

peuplier [pœpli'e] *m* álamo. ◆ **~ blanc** álamo blanco.

peur [pœʀ] *f* miedo, temor. ◆ **~ bleue** pavor; **~ panique** pavor; ■ **avoir ~ d'un rien** asustarse por nada; **faire ~** aterrorizar.

peureux, euse [pœ'ʀø, øz] *adj/m* et *f* miedoso.

peut-être [pœ'tɛtʀ] *adv* puede ser, quizá: *elle ne viendra peut-être pas = ella quizá no venga.* ■ **~ bien** es muy posible.

pfennig [pfe'nig] *m* pfennig.

phallique [fa'lik] *adj* fálico.

phantasme [fɑ̃'tasm] *m* visión; ilusión óptica.

pharaon [faʀaˈɔ̃] *m* faraón.

phare [faʀ] **1** *m* faro. **2** AUT faro.

pharmaceutique [faʀmasøˈtik] *adj* farmacéutico.

pharmacie [faʀmaˈsi] **1** *f* farmacia. **2** botiquín (de medicamentos).

pharmacien, enne [faʀmaˈsjɛ̃, ɛn] *m et f* farmacéutico.

pharmacologie [faʀmakɔlɔˈʒi] *f* farmacología.

pharyngite [faʀɛ̃ˈʒit] *f* MÉD faringitis.

pharynx [faˈʀɛ̃ks] *m* ANAT faringe.

phase [faz] *f* fase.

phénoménal, e [fenɔmeˈnal] *adj* fenomenal.

phénomène [fenɔˈmɛn] *m* fenómeno.

philanthrope [filãˈtʀɔp] *m ou f* filántropo.

philatélie [filateˈli] *f* filatelia.

philharmonie [filaʀmɔˈni] *f* MUS filarmonía.

philharmonique [filaʀmɔˈnik] *adj* MUS filarmónico.

philo [fiˈlo] (*abrév de* **philosophie**) *f* (fam) filosofía.

philologie [filɔlɔˈʒi] *f* filología.

philologue [filɔˈlɔg] *m ou f* filólogo.

philosophal [filɔzɔˈfal] *adj* filosofal.

philosophe [filɔˈzɔf] *adj/m ou f* filósofo.

philosopher [filɔzɔˈfe] *intr* filosofar.

philosophie [filɔzɔˈfi] *f* filosofía.

philtre [filtʀ] *m* filtro, brebaje mágico.

phlébite [fleˈbit] *f* MÉD flebitis.

phobie [fɔˈbi] *f* fobia.

phoniatrie [fɔnjaˈtʀi] *f* foniatría.

phonie [fɔˈni] *f* fonía.

phono [fɔˈno] (*abrév de* **phonographe**) *m* (fam) fonógrafo.

phonographe [fɔnɔˈgʀaf] *m* fonógrafo.

phonologie [fɔnɔlɔˈʒi] *f* fonología.

phoque [fɔk] *m* ZOOL foca.

phosphate [fɔsˈfat] *m* CHIM fosfato.

phosphore [fɔsˈfɔʀ] *m* CHIM fósforo.

phosphorescence [fɔsfɔʀeˈsɑ̃s] *f* fosforescencia.

phosphorescent, e [fɔsfɔʀeˈsɑ̃, t] *adj* fosforescente.

phosphorique [fɔsfɔˈʀik] *adj* fosfórico.

phosphure [fɔsˈfyʀ] *m* CHIM fosfuro.

photo [fɔˈto] *f* foto. ◆ ~ d'identité foto de carnet; ■ faire de la ~ dedicarse a la fotografía; faire une ~ sacar una foto; prendre en ~ fotografiar.

photocopie [fɔtɔkɔˈpi] *f* fotocopia.

photocopier [fɔtɔkɔˈpje] *tr* fotocopiar.

photocopieur, euse [fɔtɔkɔˈpjœʀ, øz] *m et f* fotocopiadora.

photo-finish [fɔtɔfiˈniʃ] **1** *f* foto de final de carrera. **2** *cámara que toma la foto de final de carrera.*

photogénique [fɔtɔʒeˈnik] *adj* fotogénico.

photogramme [fɔtɔˈgʀam] *m* fotograma.

photographe [fɔtɔˈgʀaf] *m ou f* fotógrafo.

photographie [fɔtɔgʀaˈfi] *f* fotografía.

photographier [fɔtɔgʀaˈfje] *tr* fotografiar. ■ se faire ~ sacarse una fotografía.

Photomaton® [fɔtɔmaˈtɔ̃] *m* fotomatón.

photomontage [fɔtɔmɔ̃ˈtaʒ] *m* fotomontaje.

photo-robot [fɔtɔʀɔˈbo] *f* foto robot.

photosensible [fɔtɔsɑ̃ˈsibl] *adj* fotosensible.

photostyle [fɔtɔsˈtil] *m* INF lápiz óptico.

phrase [fʀaz] **1** *f* frase. **2** GRAMM oración. ◆ ~ toute faite frase hecha.

phraséologie [fʀazeɔlɔˈʒi] *f* fraseología.

phtisie [ftiˈzi] *f* MÉD tisis.

phylloxéra [filɔkseˈʀa] *m* ZOOL filoxera.

physicien, enne [fiziˈsjɛ̃, ɛn] *m et f* físico.

physico-chimie [fizikɔʃiˈmi] *f* fisicoquímica.

physico-mathématique [fizikɔmatemaˈtik] *f* fisicomatemática.

physico-théologique [fizikɔteɔlɔˈʒik] *adj* fisicoteológico.

physiologie [fizjɔlɔˈʒi] *f* fisiología.

physionomie [fizjɔnɔˈmi] *f* fisonomía.

physiothérapie [fizjɔteʀaˈpi] *f* MÉD fisioterapia.

physique [fiˈzik] **1** *adj* físico. ● **2** *m* físico (fisonomía). ■ avoir le ~ de l'emploi encajar en un papel.

physique [fiˈzik] *f* física.

pi [pi] **1** *m* pi (letra griega). **2** MATH pi.

piaffer [pjaˈfe] *intr* piafar (un caballo). ■ ~ d'impatience (fig) saltar de impaciencia.

piaffeur, euse [pjaˈfœʀ, øz] *adj* piafador: *cheval piaffeur = caballo piafador.*

piaillard, e [pjaˈjaʀ, d] **1** *adj* (fam) pión (un pájaro). **2** *m et f* (fam) chillón (persona).

piailler [pjaˈje] **1** *intr* (fam) piar (un pájaro). **2** (fig, fam) chillar (una persona).

piaillerie [pjajˈʀi] **1** *f* (fam) piada (de un pájaro). **2** (fam) griterío (de personas).

pianiste [pja'nist] *m* ou *f* pianista.
piano [pja'no] *m* piano. ◆ ~ à queue piano de cola; ~ **mécanique** organillo.
pianola [pjano'la] *m* MUS pianola.
pianoter [pjano'te] **1** *intr* aporrear (el piano). **2** teclear.
piastre [pjastR] *f* piastra.
piaule [pjol] *f* (fam) habitación.
piauler [pjo'le] **1** *intr* piar (los pájaros). **2** chillar (un niño).
PIB [pei'be] (*sigles de* produit intérieur brut) *m* PIB.
pibale [pi'bal] *f* ZOOL angula.
pic [pik] **1** *m* pico (utensilio). **2** pico (montaña). ■ tomber à ~ (fig, fam) venir de primera.
picador [pika'dɔR] *m* picador (en una corrida).
picaillons [pika'jɔ̃] *m pl* (fam) pasta (dinero).
picaresque [pika'Resk] *adj* picaresco.
pichet [pi'ʃe] *m* pichel.
picholine [pikɔ'lin] *f* aceituna verde aliñada.
pickpocket [pikpɔ'ket] *m* carterista.
picoler [pikɔ'le] *intr* (fam) empinar el codo.
picorer [pikɔ'Re] *intr et tr* picotear.
picot [pi'ko] **1** *m* puntilla. **2** pico (herramienta).
picoter [pikɔ'te] **1** *tr* picotear. **2** picar.
picotin [pikɔ'tɛ̃] *m* picotín.
picrate [pi'kRat] **1** *m* (fam) vino peleón. **2** CHIM picrato.
pictogramme [piktɔ'gRam] *m* pictograma.
pictographie [piktɔgRa'fi] *f* pictografía.
pictural, e [pikty'Ral] *adj* pictórico.
pic-vert [pik'vɛR] *m* → pivert.
pie [pi] **1** *f* ZOOL urraca. **2** (fam) cotorra.
pièce [pjes] **1** *f* pedazo, trozo. **2** pieza. **3** habitación: *un appartement à deux pièces* = *un piso de dos habitaciones.* **4** remiendo (de un vestido). **5** pieza; moneda. **6** documento. **7** pieza (de un juego). ◆ ~ à l'appui comprobante; ~ de bétail cabeza de ganado; ~ de charpente viga; ~ de musique pieza de música; ~ de théâtre obra de teatro; ~ justificative justificante; ■ faire ~ à ir en contra de; mettre en pièces hacer añicos; tout d'une ~ de una sola pieza.
pied [pje] **1** *m* pie. **2** pata (soporte). **3** pie (unidad de medida). ■ à ~ a pie; à pieds joints a pie juntillas; avoir les pieds nickelés ser un perezoso; avoir les pieds sur terre tener los pies en el suelo; des pieds à la tête de pies a cabeza; en avoir son ~ tener bastante; lâcher ~ perder terreno; lever le ~ disminuir la velocidad; mettre le ~ dehors irse; mettre les pieds dans le plat meter la pata; mettre ~ à terre poner pie en tierra; ~ à ~ paso a paso; pieds et poings liés atado de pies y manos; prendre ~ asentarse; se lever du ~ gauche levantarse con el pie izquierdo; sur ~ en pie.
pied-à-terre [pjeta'tɛR] *m* piso en el que se vive ocasionalmente.
pied-de-poule [pjed'pul] *adj et m* pata de gallo.
pied-droit [pje'dRwa] **1** *m* larguero; montante; jambas (de puerta, ventana). **2** ARCHIT macho (pilar).
piédestal [pjedes'tal] *m* pedestal. ■ mettre qqn sur un ~ poner a alguien en un pedestal.
pied-noir [pje'nwaR] *adj et m* francés de Argelia.
piège [pjɛʒ] *m* trampa. ■ tomber dans le ~ caer en la trampa.
piéger [pje'ʒe] **1** *tr* atrapar. **2** proveer de un explosivo: *c'est un colis piégé* = *es un paquete provisto de un explosivo.*
piémont [pje'mɔ̃] *m* GÉOGR llanura al pie de una montaña.
pierraille [pje'Raj] *f* grava.
pierre [pjɛR] *f* piedra. ◆ ~ à briquet piedra de mechero; ~ d'évier pila; ~ précieuse piedra preciosa; ■ dur comme la ~ duro como la piedra; faire d'une ~ deux coups matar dos pájaros de un tiro; jeter la ~ à qqn acusar a alguien; poser la première ~ poner la primera piedra; rester de ~ quedarse de piedra.
pierreries [pjɛR'Ri] *f pl* pedrería.
pierreux, euse [pjɛ'Rø, øz] **1** *adj* pedregoso. **2** pétreo.
pierrot [pje'Ro] **1** *m* gorrión. **2** pierrot (mimo).
pietà [pje'ta] *f* ART piedad.
piété [pje'te] **1** *f* piedad. **2** amor. ◆ ~ filiale amor filial.
piètement [pjɛt'mɑ̃] *m* travesaños.
piéter [pje'te] **1** *intr* corretear (los pájaros). ● se ~ *pron* resistirse.

piétiner [pjeti'ne] **1** tr pisotear. ● **2** intr patalear. **3** marcar el paso. **4** (fig) estancarse.

piéton, onne [pje'tɔ̃, ɔn] **1** m et f peatón. ● **2** adj peatonal.

piétonnier, ère [pjetɔ'nje, jɛʀ] adj peatonal.

piètre [pjɛtʀ] adj pobre, lamentable: il a une allure piètre = tiene un aspecto lamentable.

pieu [pjø] **1** m estaca. **2** (fam) cama.

pieuter (se) [səpjø'te] pron meterse en la cama.

pieuvre [pjœvʀ] **1** f pulpo. **2** (fig) persona exigente.

pieux, euse [pjø, øz] **1** adj piadoso. **2** respetuoso.

pif [pif] m (fam) napia. ■ **avoir qqn dans le ~** (fig) tener atravesado a alguien; **faire qqch au ~** hacer algo a ojo.

pif! [pif] interj ¡pim!

piffer [pi'fe] tr (fam) tragar, soportar: je ne peux pas piffer ce mec-là = a ese tipo no lo trago.

pifomètre [pifɔ'mɛtʀ] m **au ~** (fam) a ojo.

pige [piʒ] **1** f medida tomada como modelo. **2** trabajo por páginas. **3** (fam) año: il a cinquante piges = tiene cincuenta años. ■ **faire la ~ à qqn** (fam) superar a uno.

pigeon [pi'ʒɔ̃] **1** m paloma. **2** (fig, fam) primo, bobalicón.

pigeonne [pi'ʒɔn] f paloma.

pigeonneau [piʒɔ'no] m pichón.

pigeonner [piʒɔ'ne] tr (fam) embaucar.

piger [pi'ʒe] tr (fam) entender, comprender.

pigiste [pi'ʒist] m ou f persona que trabaja por páginas.

pigment [pig'mɑ̃] m pigmento.

pigmenter [pigmɑ̃'te] tr pigmentar.

pignade [pi'nad] f (regionalismo) pinar.

pigne [piɲ] **1** f piña (del pino). **2** piñón (fruto).

pignocher [piɲɔ'ʃe] **1** intr mordisquear. **2** pintar a pequeñas pinceladas.

pignon [pi'nɔ̃] **1** m piñón (fruto). **2** piñón, ruedecilla dentada.

pignouf, e [pi'nuf] m et f (fam) patán.

pilaf [pi'laf] m arroz pilaf.

pilastre [pi'lastʀ] m pilastra.

pile [pil] **1** f pila (batería). **2** pila, montón. **3** (fam) paliza. **4** reverso, cruz (de una

moneda). **5** ARCHIT pilar. ● **6** adv en punto: on a rendez-vous à trois heures pile = tenemos cita a las tres en punto. ◆ **~ ou face** cara o cruz; ■ **tomber ~** venir de perilla.

piler [pi'le] **1** tr machacar, triturar. **2** (fam) moler a palos. ● **3** intr (fam) frenar bruscamente.

pileux, euse [pi'lø, øz] adj piloso.

pilier [pi'lje] **1** m pilar (columna). **2** (fig) pilar, soporte.

pillard, e [pi'jaʀ, d] adj/m et f ladrón.

piller [pi'je] **1** tr saquear. **2** plagiar.

pilon [pi'lɔ̃] **1** m mazo (de mortero). **2** muslo (de pollo).

pilonner [pilɔ'ne] tr machacar.

pilot [pi'lo] m pilote, estaca.

pilotage [pilɔ'taʒ] m pilotaje.

pilote [pilɔt] **1** m ou f piloto. **2** (fig) guía. ● **3** adj piloto, experimental: il s'agit d'une preuve pilote = se trata de una prueba piloto. ◆ **~ automatique** piloto automático.

piloter [pilɔ'te] **1** tr pilotar. **2** (fig) guiar.

pilotis [pilɔ'ti] m pilote.

pilule [pi'lyl] f píldora. ◆ **~ contraceptive** píldora anticonceptiva; ■ **dorer la ~** (fig, fam) dorar la píldora.

piment [pi'mɑ̃] m pimiento. ◆ **~ en poivre** pimienta.

pimenter [pimɑ̃'te] **1** tr sazonar con picante. **2** (fig) dar un toque picante.

pimpant, e [pɛ̃'pɑ̃, t] adj elegante.

pin [pɛ̃] m BOT pino. ◆ **~ parasol** pino piñonero.

pinacle [pi'nakl] m ARCHIT pináculo. ■ **porter qqn au ~** poner a alguien por las nubes.

pinailler [pina'je] intr (fam) ser minucioso.

pinard [pi'naʀ] m (fam) vino tinto de mesa.

pince [pɛ̃s] **1** f pinza. **2** tenazas. **3** garra (de animal). **4** (fam) mano. ◆ **~ à cheveux** pinza del pelo; **~ à ongle** cortaúñas; ■ **aller à pinces** (fam) ir a pata.

pincé, e [pɛ̃'se] **1** adj apretado: elle avait la bouche pincée = tenía la boca apretada. **2** pretencioso.

pinceau [pɛ̃'so] **1** m pincel. **2** brocha. **3** mata (de pelo). **4** haz luminoso. **5** (fam) pie. ■ **s'emmeler les pinceaux** enredarse.

pincée [pɛ̃'se] f pizca.

pincement [pɛ̃s'mɑ̃] m pellizco.

pince-monseigneur [pɛ̃smɔ̃seˈɲœʀ] (*pl* **pinces-monseigneur**) *f* palanca, ganzúa.

pince-nez [pɛ̃sˈne] *m* quevedos.

pincer [pɛ̃ˈse] **1** *tr* et *pron* pellizcar. • **2** *tr* apretar. **3** desmochar (un árbol). **4** hacer una pinza (a un vestido). **5** picar (el frío). **6** (fam) pillar: *les gendarmes l'ont pincé = los gendarmes lo han pillado*. ■ **en ~ pour qqn** (fam) estar enamorado de alguien.

pince-sans-rire [pɛ̃ssɑ̃ˈʀiʀ] *m* ou *f* persona graciosa de aspecto serio.

pincette [pɛ̃ˈset] **1** *f* pinza pequeña. • **2 pincettes** *f pl* tenazas (para el fuego). ■ **il n'est pas à prendre avec des pincettes** está que muerde.

pinçon [pɛ̃ˈsɔ̃] *m* pellizco.

pinède [piˈnɛd] *f* pinar, pineda.

pingouin [pɛ̃ˈgwɛ̃] *m* pingüino. **2** (fam) tipo, individuo. ■ **en ~** con esmoquin.

ping-pong [piŋˈpɔŋ] *m* SPORTS ping pong, tenis de mesa.

pingre [pɛ̃gʀ] *adj/m* ou *f* avaro, tacaño.

pingrerie [pɛ̃gʀəˈʀi] *f* tacañería.

pinson [pɛ̃ˈsɔ̃] *m* ZOOL pinzón. ■ **gai comme un ~** alegre como unas castañuelas.

pintade [pɛ̃ˈtad] *f* ZOOL pintada.

pintadine [pɛ̃taˈdin] *f* madreperla.

pinter [pɛ̃ˈte] **1** *intr* (fam) empinar el codo. • **2 se ~** *pron* (fam) emborracharse.

pin-up [piˈnœp] *f* foto de una chica desnuda.

pioche [pjɔʃ] *f* piocha, pico.

piocher [pjɔˈʃe] **1** *tr* cavar. **2** (fig, fam) empollar (estudiar). • **3** *intr* robar (una carta). **4** rebuscar.

piocheur, euse [pjɔˈʃœʀ, øz] **1** *m* et *f* cavador. • **2** *f* excavadora.

piolet [pjɔˈle] *m* piolet.

pion, onne [pjɔ̃, ɔn] **1** *m* et *f* vigilante. • **2** *m* peón (de ajedrez). ■ **damer le ~ à qqn** ganar la partida a uno.

pioncer [pjɔ̃ˈse] *intr* (fam) dormir.

pionnier, ère [pjɔˈnje, jɛʀ] **1** *adj/m* et *f* pionero, precursor. • **2** *m* et *f* MIL zapador.

pipe [pip] **1** *f* pipa. **2** tubo, tubería. **3** (fam) cigarrillo. ■ **casser sa ~** morir; **par tête de ~** (fig, fam) por persona; **se feindre la ~** partirse de risa.

pipeau [piˈpo] **1** *m* MUS caramillo. **2** reclamo para cazar. ■ **c'est du ~** no es serio.

pipeline [pajpˈlajn o pipˈlin] **1** *m* oleoducto. **2** gasoducto.

piper [piˈpe] **1** *tr* cazar con reclamo. **2** trucar (los dados). ■ **ne pas ~** no decir palabra.

piperade [pipˈʀad] *f* tortilla de pimientos morrones y tomates.

piperie [pipˈʀi] *f* trampa, engaño.

pipette [piˈpet] *f* pipeta.

pipi [piˈpi] **1** *m* (fam) pipí. **2** (fam) colita (de un niño). ■ **c'est à faire ~** es para mearse de risa; **c'est du ~ de chat** (fig) es aguachirle.

pipier, ère [piˈpje, jɛʀ] *adj/m* et *f* fabricante de pipas.

piquant, e [piˈkɑ̃, t] **1** *adj* punzante. **2** picante (sabor). **3** (fig) mordaz. • **4** *m* espina, pincho.

pique [pik] **1** *f* pica (lanza). **2** indirecta: *il n'arrête pas de lancer des piques = no para de lanzar indirectas*.

piqué, e [piˈke] **1** *adj* cosido a máquina. **2** picado, echado a perder (un producto). **3** (fig, fam) chalado. • **4** *m* piqué (tejido). **5** picado (avión). ■ **descendre en ~** caer en picado.

pique-assiette [pikaˈsjet] *m* ou *f* gorrón.

pique-feu [pikˈfø] *m* atizador.

pique-fleurs [pikˈflœʀ] *m* portaflores.

pique-nique [pikˈnik] *m* picnic.

pique-niquer [pikniˈke] *intr* ir de picnic.

piquer [piˈke] **1** *tr* et *pron* pinchar. **2** poner una inyección. **3** picar (un mueble, una fruta). • **4** *tr* picar (un mosquito). **5** sonar (la hora). **6** escocer, picar. **7** picar (cortar). **8** coser a máquina. **9** (fam) atrapar, echar el guante. • **10 se ~** *pron* enfadarse, picarse.

piquet [piˈkɛ] **1** *m* estaca. **2** poste. ♦ **~ de grèves** piquete; ■ **mettre au ~** castigar de cara a la pared; **raide comme un ~** tieso como un palo.

piqueter [pikˈte] **1** *tr* jalonar. **2** salpicar: *le ciel est piqueté d'avions = el cielo está salpicado de aviones*.

piquette [piˈket] **1** *f* vino peleón. **2** (fam) derrota aplastante. ■ **c'est de la ~** es algo sin valor.

piqueur, euse [piˈkœʀ, øz] **1** *adj* chupador. • **2** *m* et *f* obrero que cose a máquina.

piqûre [piˈkyʀ] **1** *f* picadura. **2** inyección. **3** pespunte, costura.

placé

piranha [piʀaˈɲa] *m* ZOOL piraña.
pirate [piˈʀat] **1** *adj* et *m* pirata. ● **2** *m* (fig) bandido, ladrón. ◆ ~ **informatique** pirata informático.
pirater [piʀaˈte] *tr* et *intr* piratear.
piraterie [piʀatˈʀi] *f* piratería.
pire [piʀ] **1** *adj* peor. ● **2** *m* ou *f* lo peor.
pirogue [piˈʀɔg] *f* piragua.
piroguier [piʀɔˈgje] *m* piragüista.
pirouette [piˈʀwɛt] **1** *f* pirueta, voltereta. **2** (fig) cambio brusco. ■ **répondre par une** ~ irse por la tangente.
pirouetter [piʀwɛˈte] **1** *intr* hacer piruetas. **2** girar rápidamente.
pis [pi] *adv* peor. ■ **au** ~ en el peor de los casos; **au** ~ **aller** en lo peor de los casos; **dire** ~ **que pendre de qqn** echar pestes de alguien; **tant** ~ **pour lui** peor para él.
pis [pi] **1** *adj* peor. ● **2** *m* ubre, mama.
pisciculture [pisikylˈtyʀ] *f* piscicultura.
piscine [piˈsin] *f* piscina. ◆ ~ **à vagues** jacuzzi.
piscivore [pisiˈvɔʀ] *adj* piscívoro.
pisse [pis] *f* (vulg) meado.
pisse-froid [pisˈfʀwa] *adj* et *m* (fam) aguafiestas.
pissenlit [pisãˈli] *m* BOT diente de león. ■ **manger les pissenlits par la racine** (fig, fam) criar malvas.
pisser [piˈse] **1** *tr* et *intr* (fam) mear. ● **2** *tr* (~ **sur**) odiar: *je pisse sur l'école = odio el colegio*. ■ **c'est à ~ de rire** es para mearse de risa; **ça ne pisse pas loin** esto no vale gran cosa; **laisser** ~ **les mérinos** dejar pasar las cosas.
pisseux, euse [piˈsø, øz] *adj* (fam) meado.
pissoir [piˈswaʀ] *m* meadero.
pissotière [pisɔˈtjɛʀ] *f* (fam) meadero.
pistache [pisˈtaʃ] **1** *f* pistacho. ● **2** *adj* et *m* pistacho (color).
pistachier [pistaˈʃje] *m* BOT pistachero.
pistard, e [pisˈtaʀ, d] *m* et *f* ciclista especialista en pista.
piste [pist] **1** *f* pista, huella. **2** pista (de baile, de un estadio). ◆ ~ **cyclable** carril-bici; ~ **d'atterrissage** pista de aterrizaje; ~ **de ski** pista de esquí; ~ **sonore** TECH banda sonora; ■ **être sur la bonne** ~ ir bien encaminado.
pister [pisˈte] *tr* seguir la pista.
pisteur [pisˈtœʀ] *m* encargado de las pistas de esquí.
pistil [pisˈtil] *m* BOT pistilo.

pistolet [pistɔˈlɛ] **1** *m* pistola. **2** pistola, pulverizador. **3** orinal. **4** (fig) tipo extraño.
pistolet-mitrailleur [pistɔlɛmitʀaˈjœʀ] *m* ametralladora.
piston [pisˈtɔ̃] **1** *m* pistón. **2** (fig) enchufe (contactos).
pistonner [pistɔˈne] *tr* enchufar, recomendar.
pistou [pisˈtu] *m* verdura hervida al estilo provenzal.
piteux, euse [piˈtø, øz] *adj* lastimoso, lamentable.
pitié [piˈtje] **1** *f* piedad. **2** lástima: *sa vie me fait pitié = su vida me da lástima*. ■ **prendre qqn en** ~ compadecer a uno.
piton [piˈtɔ̃] **1** *m* armella. **2** pico, cima.
pitoyable [pitwaˈjabl] **1** *adj* lastimoso, lamentable. **2** piadoso, compasivo.
pitre [pitʀ] *m* payaso: *le pitre de la classe = el payaso de la clase*.
pitrerie [pitʀɔˈʀi] *f* payasada.
pittoresque [pitɔˈʀɛsk] *adj* et *m* pintoresco.
pivert [piˈvɛʀ] *m* pájaro carpintero.
pivoine [piˈvwan] *f* BOT peonía.
pivot [piˈvo] **1** *m* eje, base. **2** BOT raíz vertical. **3** SPORTS pívot.
pivotant, e [pivoˈtã, t] *adj* giratorio.
pivoter [pivoˈte] *intr* pivotar.
pixel [pikˈsɛl] *m* píxel.
pizza [pidˈza] *f* pizza.
pizzeria [pidzeˈʀja] *f* pizzería.
PJ [peˈʒi] (*sigles de* **Police judiciaire**) *f* (fam) policía judicial.
placard [plaˈkaʀ] **1** *m* armario empotrado; clóset (Amér.). **2** cartel. **3** capa espesa (de pintura). **4** (fam) prisión. ■ **mettre qqn au** ~ marginar a alguien.
placarder [plakaʀˈde] *tr* fijar, colgar (un cartel).
place [plas] **1** *f* plaza. **2** sitio, lugar. **3** puesto, cargo. **4** puesto (clasificación). **5** COMM plaza. ◆ ~ **de parking** plaza de aparcamiento; ■ **à la** ~ **de** en lugar de; **de** ~ **en** ~ de aquí para allá; **faire** ~ dejar sitio; **faire** ~ **nette** dejar el terreno libre; **mettre en** ~ colocar en su sitio; **ne pas tenir en** ~ no parar de moverse; **prendre** ~ situarse, colocarse; **se mettre à la** ~ **de qqn** ponerse en el lugar de alguien; **sur** ~ en el mismo lugar, in situ.
placé, e [plaˈse] *adj* situado, colocado. ■ **être bien** ~ **pour** ser el más indicado para.

placebo [plase'bo] *m* MÉD placebo.
placement [plas'mɑ̃] **1** *m* colocación. **2** inversión (de dinero). **3** colocación (empleo).
placenta [plasɛ̃'ta] *f* placenta.
placer [pla'se] **1** *tr* et *pron* colocar, poner. **2** colocar (dar empleo). ● **3** *tr* situar: *l'action se place en Espagne* = *la acción se sitúa en España.* **4** vender, colocar. **5** invertir (dinero). ■ **chercher à se ~** hacerse valer delante de alguien.
placet [pla'sɛ] *m* DR plácet.
placide [pla'sid] *adj* plácido.
placidité [plasidi'te] *f* placidez.
placier, ère [pla'sje, jɛʀ] *m* et *f* corredor (representante).
plafond [pla'fɔ̃] **1** *m* techo. **2** (fig) tope, límite. ■ **crever le ~** rebasar el tope; **sauter au ~** dar saltos de alegría.
plafonner [plafɔ'ne] **1** *tr* poner un techo de yeso. ● **2** *intr* llegar al límite: *la production industrielle plafonne* = *la producción industrial ha llegado a su límite.*
plafonnier [plafɔ'nje] **1** *m* lámpara de techo. **2** luz interior (de un coche).
plage [plaʒ] **1** *f* playa. **2** MAR puente. ◆ **~ arrière** bandeja (de un coche).
plagiaire [pla'ʒjɛʀ] *m* et *f* plagiario.
plagiat [pla'ʒja] *m* plagio.
plagier [pla'ʒje] *tr* plagiar.
plaid [plɛd] **1** *m* manta de viaje. **2** DR alegato, informe.
plaidant, e [plɛ'dɑ̃, t] *adj* DR litigante.
plaider [plɛ'de] **1** *intr* et *tr* defender. ● **2** *tr* declarar, alegar. ● **3** *intr* DR litigar. ■ **~ en sa faveur** jugar a su favor.
plaidoirie [plɛdwa'ʀi] *f* DR alegato, defensa.
plaidoyer [plɛdwa'je] *m* alegato, defensa.
plaie [plɛ] **1** *f* herida. **2** plaga.
plaignant, e [plɛ'ɲɑ̃, t] *adj/m* et *f* DR demandante, querellante.
plain, e [plɛ̃, ɛn] *m* llano, plano.
plain-chant [plɛ̃'ʃɑ̃] *m* MUS canto llano.
plaindre [plɛ̃dʀ] **1** *tr* compadecer. ● **2 se ~** *pron* quejarse. **3** presentar una demanda.
plaine [plɛn] *f* llano, llanura.
plainte [plɛ̃t] **1** *f* quejido. **2** queja, protesta. **3** DR denuncia, querella. ■ **porter ~ contre qqn** denunciar a alguien.
plaire [plɛʀ] **1** *tr* et *pron* gustar, agradar. ● **2** *tr* querer, desear. ● **3 se ~** *pron* estar a gusto. **4** (se ~ *à*) gustar, interesarse por. ■ **s'il vous plaît** por favor.

plaisamment [plɛza'mɑ̃] **1** *adv* placenteramente. **2** agradablemente.
plaisant, e [plɛ'zɑ̃, t] **1** *adj* placentero, agradable. ● **2** *adj* et *m* chistoso, gracioso. ◆ **mauvais ~** persona que hace bromas de mal gusto.
plaisanter [plɛzɑ̃'te] **1** *tr* burlarse, tomar el pelo. ● **2** *intr* bromear.
plaisanterie [plɛzɑ̃'tʀi] *f* broma, chiste. ■ **c'est une ~!** ¡es coser y cantar!; **par ~** en broma; **tourner tout à la ~** tomarlo todo a broma.
plaisir [plɛ'ziʀ] **1** *m* placer. **2** diversión. **3** placer (sexual). ■ **à ~** a placer; **avec ~** con mucho gusto; **avoir du ~** estar encantado; **faire le ~ de** tener la bondad de; **faire ~ à qqn** ser agradable con alguien, agradar a alguien.
plan [plɑ̃] **1** *m* plan (de actuación). **2** planta (de una casa). **3** plano (cine). **4** disposición, organización (de un discurso, una obra). **5** plan: *je n'ai pas de plan pour samedi soir* = *no tengo plan para el sábado por la noche.* **6** ARCHIT plano. **7** GÉOM plano. ◆ **~ d'eau** estanque; **~ d'épargne** plan de ahorros; **premier ~** primer plano; ■ **mettre au premier ~** poner en primer plano; **sur le ~ de** en el terreno de.
planche [plɑ̃ʃ] **1** *f* plancha (lámina). **2** plancha (para grabado). **3** tabla, tablón (madera). **4** grabado. ● **5 planches** *f pl* THÉÂT escenario. ◆ **~ à repasser** tabla de planchar; **~ à roulettes** monopatín; **~ de surf** tabla de surf.
plancher [plɑ̃'ʃe] **1** *m* piso, suelo. **2** base, nivel mínimo: *c'est le prix plancher* = *es el precio base.* ◆ **~ des vaches** tierra firme; ■ **debarraser le ~** largarse.
planchette [plɑ̃'ʃɛt] *f* tablilla.
planchiste [plɑ̃'ʃist] *m* ou *f* windsurfista.
plancton [plɑ̃k'tɔ̃] *m* plancton.
planer [pla'ne] **1** *tr* alisar. ● **2** *intr* planear.
planétaire [plane'tɛʀ] *adj* planetario.
planétarium [planeta'ʀjɔm] *m* planetario.
planète [pla'nɛt] *f* planeta.
planeur [pla'nœʀ] **1** *m* planeador (avión). **2** planador.
planification [planifika'sjɔ̃] *f* planificación.
planifier [plani'fje] *tr* planificar.
planning [pla'niŋ] *m* plan (programa). ◆ **~ familial** planificación familiar.

planque [plɑ̃k] **1** *f* (fam) escondite. **2** (fig) chollo (trabajo).

planquer [plɑ̃'ke] *tr* et *pron* (fam) esconder.

plant [plɑ̃] **1** *m* tallo. **2** plantación.

plantation [plɑ̃ta'sjɔ̃] *f* plantación.

plante [plɑ̃t] *f* planta. ♦ ~ **potagère** hortaliza; ■ **être une ~ de serre** ser una persona delicada.

planter [plɑ̃'te] **1** *tr* et *pron* plantar. **2** clavar (clavos). **3** poner, plantar (una bandera). ● **4 se ~** *pron* equivocarse. **5** suspender (un examen).

planteur, euse [plɑ̃'tœr, øz] *m* et *f* propietario de una plantación.

planton [plɑ̃'tɔ̃] *m* MIL ordenanza. ■ **faire le ~** estar de plantón.

plantureux, euse [plɑ̃ty'rø, øz] **1** *adj* abundante, copioso. **2** corpulento, relleno. **3** fértil.

plaque [plak] **1** *f* plancha, placa. **2** placa (de policía). **3** placa (conmemorativa). **4** tableta (de chocolate). ♦ ~ **chauffante** placa eléctrica; ~ **tournante** (fig) eje, centro: *Paris est la plaque tournante de la mode = París es el centro de la moda.*

plaqué, e [pla'ke] **1** *adj* chapado. **2** pegado, adherido. ● **3** *m* madera contrachapada.

plaquer [pla'ke] **1** *tr* et *pron* pegar (adherir). ● **2** *tr* alisar. **3** chapar, contrachapar. **4** SPORTS hacer un placaje. **5** (fam) abandonar.

plaquette [pla'kɛt] **1** *f* placa, medalla conmemorativa. **2** folleto, librito. **3** MÉD plaqueta.

plasma [plas'ma] *m* plasma.

plasticien, enne [plasti'sjɛ̃, ɛn] **1** *m* et *f* artista plástico. **2** cirujano plástico.

plastifier [plasti'fje] *tr* plastificar.

plastique [plas'tik] **1** *adj* et *m* plástico. ● **2** *f* plástica.

plat [pla] **1** *m* fuente. **2** plato. **3** lo plano. **4** tapa (de un libro). ♦ ~ **cuisiné** plato precocinado; ~ **du jour** plato del día; ■ **en faire tout un ~** hacer una montaña de un grano de arena; **faire du ~ à qqn** dar coba a alguien.

plat, e [pla, t] **1** *adj* plano. **2** liso (cabello). **3** soso, mediocre (un estilo). **4** generoso. ■ **à ~** horizontalmente; **à ~ dos** boca arriba; **à ~ ventre** boca abajo.

platane [pla'tan] *m* plátano (árbol).

plateau [pla'to] **1** *m* bandeja. **2** escenario. **3** plató (de televisión). **4** platillo (de balanza). **5** plato (de tocadiscos). **6** plato (de bicicleta). **7** meseta (planicie).

platée [pla'te] **1** *f* cimientos. **2** plato lleno (de comida).

plate-forme [plat'fɔrm] **1** *f* plataforma. **2** azotea (terraza). **3** viga. ♦ ~ **revendicative** plataforma reivindicativa.

platine [pla'tin] **1** *f* platino. **2** platina (de radio). **3** TECH platina.

platitude [plati'tyd] *f* banalidad, mediocridad.

plâtras [plɑ'trɑ] *m* cascote.

plâtre [plɑtr] **1** *m* yeso. **2** escayola. **3** estatua de yeso. ■ **avoir la jambe dans le ~** tener la pierna escayolada; **battre qqn comme un ~** moler a palos a alguien.

plâtrer [plɑ'tre] **1** *tr* enyesar. **2** escayolar (un brazo).

plausible [plo'zibl] *adj* plausible.

play-back [plɛ'bak] *m* play back.

play-boy [plɛ'bɔj] *m* playboy.

plèbe [plɛb] *f* plebe.

plébiscite [plebi'sit] *m* plebiscito.

plébisciter [plebisi'te] *tr* plebiscitar.

plein, e [plɛ̃, ɛn] **1** *adj* lleno. **2** completo (entero). **3** preñada, embarazada. **4** total (máximo). **5** borracho. ■ **à ~** totalmente, plenamente; **donner son ~** dar todo de sí; **en ~** en pleno: *la bombe a explosé en pleine rue = la bomba estalló en plena calle*; **être ~ de soi** ser un creído.

pleinement [plɛn'mɑ̃] *adv* plenamente.

plein-emploi [plɛnɑ̃'plwa] *m* ÉCON pleno empleo.

plénier, ère [ple'nje, jɛr] *adj* plenario.

plénipotentiaire [plenipɔtɑ̃'sjɛr] *m* plenipotenciario.

plénitude [pleni'tyd] *f* plenitud.

pléthore [ple'tɔr] *f* plétora.

pléthorique [pleto'rik] *adj* pletórico.

pleur [plœr] *m* llanto, lloro. ■ **être tout en pleurs** llorar a lágrima viva.

pleurer [plœ're] **1** *intr* et *tr* llorar. ● **2** *intr* (~ *sur*) llorar por. ■ **~ après qqch** pedir algo con insistencia.

pleurésie [plœre'zi] *f* MÉD pleuresía.

pleureur, euse [plœ'rœr, øz] *adj/m* et *f* llorón.

pleurnichard, e [plœrni'ʃar, d] *adj* llorón.

pleurnicher [plœrni'ʃe] *intr* lloriquear.

pleutre [pløtr] *adj* et *m* vil, cobarde.

pleuvoir [pløˈvwaʀ] **1** *impers* llover. ● **2** *intr* (fig) llover: *ici pleuvent les nouvelles* = *aquí llueven las noticias*. ■ **comme s'il en pleuvait** en gran cantidad; **qu'il pleuve ou qu'il vente** llueva o truene.

pli [pli] **1** *m* pliegue. **2** arruga. **3** pliego, carta. **4** tabla (de falda). ■ **ne pas faire un ~** no haber lugar a dudas; **prendre le ~ de** coger la costumbre de; **se faire une mise en plis** ondularse el pelo.

pliant, e [pliˈjɑ̃, t] **1** *adj* plegable. ● **2** *m* silla de tijera.

plier [pliˈje] **1** *tr, intr* et *pron* doblar, plegar. ● **2** *intr* et *pron* ceder. ● **3** *tr* acostumbrar: *plier l'étudiant à une discipline* = *acostumbrar al estudiante a una disciplina*.

plinthe [plɛ̃t] **1** *f* zócalo. **2** ARCHIT plinto.

plissé, e [pliˈse] **1** *adj* plegado. ● **2** *adj* et *m* tableado (un vestido).

plissement [plisˈmɑ̃] **1** *m* pliegue (de la piel). **2** GÉOL plegamiento.

plisser [pliˈse] **1** *tr, intr* et *pron* arrugar. ● **2** *tr* plisar (una falda). **3** plegar. **4** fruncir (el ceño).

pliure [pliˈjyʀ] **1** *f* pliegue. **2** plegado (de hojas).

plomb [plɔ̃] **1** *m* plomo. **2** perdigón. **3** plomo (fusible). ■ **avoir du ~ dans l'aile** estar para el arrastre; **avoir du ~ dans l'estomac** tener el estómago pesado; **ne pas avoir de ~ dans la tête** no tener muchas luces; **péter les plombs** perder los estribos.

plombage [plɔ̃ˈbaʒ] **1** *m* emplomado. **2** empaste (de diente). **3** precintado (de un paquete).

plomber [plɔ̃ˈbe] **1** *tr* emplomar. **2** aplomar (un muro). **3** empastar (un diente).

plomberie [plɔ̃ˈbʀi] *f* fontanería.

plombier [plɔ̃ˈbje] *m* fontanero; plomero (Amér.).

plonge [plɔ̃ʒ] *f* (fam) lavado de platos (en un bar).

plongeant, e [plɔ̃ˈʒɑ̃, t] *adj* profundo. ◆ **tir ~** tiro oblicuo; **vue ~** vista desde arriba.

plongée [plɔ̃ˈʒe] **1** *f* inmersión. **2** picado (cine). ◆ **~ sous-marine** submarinismo.

plongeoir [plɔ̃ˈʒwaʀ] *m* trampolín.

plongeon [plɔ̃ˈʒɔ̃] **1** *m* zambullida, chapuzón. **2** SPORTS salto de trampolín; clavado (Amér.).

plonger [plɔ̃ˈʒe] **1** *tr, intr* et *pron* sumergir. ● **2** *tr* et *pron* bañar. ● **3** *tr* clavar, fijar (la mirada): *il a plongé son regard dans son corps* = *clavó la mirada en su cuerpo*. **4** clavar (un puñal). **5** meter (la mano). ● **6** *intr* bucear. **7** tirarse al agua. ● **8 se ~** *pron* (fig) sumirse.

plongeur, euse [plɔ̃ˈʒœʀ, øz] **1** *m* et *f* buzo, submarinista. **2** (fam) lavaplatos (persona). **3** SPORTS saltador.

plouf! [pluf] *interj* ¡chof!

ploutocratie [plutɔkʀaˈsi] *f* plutocracia.

ployer [plwaˈje] **1** *tr* et *intr* doblar. ● **2** *intr* et *tr* ceder, someterse.

pluie [plɥi] *f* lluvia. ◆ **~ acide** lluvia ácida; **~ d'abat** lluvia torrencial; **~ d'étoiles** lluvia de estrellas; ■ **après la ~, le beau temps** después de la tormenta, viene la calma; **faire la ~ et le beau temps** ser muy influyente; **ne pas être tombé de la dernière ~** no haber nacido ayer; **parler de la ~ et du beau temps** hablar de cosas sin importancia.

plumage [plyˈmaʒ] *m* plumaje.

plum-cake [plumˈkek] *m* bizcocho de pasas.

plume [plym] **1** *f* pluma. **2** pluma (estilográfica). **3** (fam) (se usa más en *pl*) cama. ■ **vivre de sa ~** vivir de su pluma.

plumeau [plyˈmo] *m* plumero.

plumée [plyˈme] *f* desplume.

plumer [plyˈme] **1** *tr* desplumar, pelar. **2** (fig) desplumar, pelar.

plumet [plyˈmɛ] *m* plumero, penacho de plumas.

plumier [plyˈmje] *m* plumier (estuche).

plupart (la) [laplyˈpaʀ] **la ~ de** la mayoría de: *c'est vrai dans la plupart des cas* = *es cierto en la mayoría de los casos*; la mayor parte de; ■ **la ~ la** mayoría: *la plupart s'en va* = *la mayoría se va*.

plural, e [plyˈʀal] *adj* plural.

pluralisme [plyʀaˈlism] *m* pluralismo.

pluralité [plyʀaliˈte] *f* pluralidad.

pluridisciplinaire [plyʀidisipliˈnɛʀ] *adj* pluridisciplinar.

pluriel, elle [plyˈʀjɛl] *adj* et *m* plural.

plus [ply o plys] **1** *adv* (*comp*) más: *il est plus gai que toi* = *es más alegre que tú.* más: *je n'en veux plus* = *no quiero más.* **3** cuanto más: *plus elle criait, moins il l'écoutait* = *cuanto más chillaba, menos la escuchaba.* **4 le ~** (*super*) lo más: *le*

poignée

plus important est fait = lo más importante está hecho. ● **5** *conj* más (suma): *trois plus trois font six* = tres más tres son seis. ● **6** *m* MATH más (signo). ■ **de ~** además: *je pars; de plus, je suis déjà en retard* = me voy; además, ya llego tarde; **de ~** de más: *il a dix ans de plus* = tiene diez años de más; **de ~** en ~ cada vez más: *il se trouve de plus en plus mieux* = se encuentra cada vez mejor; **en ~ de** además de: *en plus d'étudier, elle travaille* = además de estudiar, trabaja; **~ ou moins** más o menos.

Por lo general, la –s no se pronuncia en las frases negativas.

plusieurs [ply'zjœʁ] **1** *adj* varios: *je l'ai fait plusieurs fois* = lo he hecho varias veces. ● **2** *pron* algunos: *plusieurs mangeaient; d'autres dormaient* = algunos comían, otros dormían.

plus-que-parfait [plyskəpaʁ'fɛ] *m* GRAMM pluscuamperfecto.

plus-value [plysva'ly] **1** *f* plusvalía. **2** ÉCON superávit, excedente.

Pluton [ply'tɔ̃] *m* ASTR Plutón.

plutonium [plytɔ'njɔm] *m* CHIM plutonio.

plutôt [ply'to] **1** *adv* antes: *plutôt étudier que travailler* = antes estudiar que trabajar. **2** más bien: *il est plutôt timide* = es más bien tímido. **3** un tanto: *c'est une situation plutôt spécial* = es una situación un tanto especial. ■ **ou ~** o mejor dicho: *c'était son juge, ou plutôt son bourreau* = era su juez, o mejor dicho su verdugo; **mais ~** sino: *il ne parlait mais plutôt criait* = no hablaba sino que chillaba.

No debe confundirse *plutôt*, que indica una preferencia (*il aime plutôt celui-ci* = le gusta más éste), con **plus tôt**, que significa 'anterioridad en el tiempo': *il est arrivé plus tôt que moi* = ha llegado antes que yo.

pluvial, e [ply'vjal] *adj* pluvial.
pluvieux, euse [ply'vjø øz] *adj* lluvioso.
pluviosité [plyvjɔzi'te] *f* pluviosidad.

PMA [peɛm'a] (*sigles de* pays les moins avancés) *m pl* países subdesarrollados.
PME [peɛm'œ] (*sigles de* petites et moyennes entreprises) *f* PYME.
PNB [peɛn'be] (*sigles de* produit national brut) *m* ÉCON PNB.
pneu [pnø] (*abrév de* pneumatique) **1** *m* neumático (rueda). **2** cubierta. ◆ **~ à clous** neumático con clavos; **~ dégonflé** neumático desinflado.
pneumatique [pnøma'tik] **1** *adj et m* neumático. ● **2** *m* continental (misiva).
pneumonie [pnømɔ'ni] *f* neumonía.
poche [pɔʃ] **1** *f* bolsillo. **2** bolsa, buche (arruga): *ce pantalon fait des poches aux genoux* = este pantalón hace bolsas en las rodillas. **3** bolsa, cartera: *j'ai le livre dans la poche* = tengo el libro en la cartera.
pocher [pɔ'ʃe] **1** *tr* escalfar (hervir): *pocher les œufs* = escalfar los huevos. **2** hacer un apunte, esbozar (dibujar). ● **3** *intr* formar bolsas (deformar).
pochette [pɔ'ʃet] **1** *f* bolsillito. **2** estuche (plumier). **3** sobre, funda. **4** bolso de mano.
pochoir [pɔ'ʃwaʁ] *m* plantilla de estarcir; patrón estarcido.
podium [pɔ'djɔm] *m* podio.
poêle [pwal] **1** *m* paño mortuorio (tela). **2** velo nupcial (yugo). **3** estufa. ● **4** *f* sartén, tostador.
poêlon [pwa'lɔ̃] *m* cazo, sartén sin mango.
poème [pɔ'ɛm] *m* poema. ◆ **~ symphonique** poema sinfónico.
poésie [pɔe'zi] *f* poesía.
poète [pɔ'ɛt] *m* poeta.
poétesse [pɔe'tes] *f* poetisa.
pognon [pɔ'ɲɔ̃] *m* (fam) pasta, dinero.
poids [pwa] **1** *m* peso. **2** masa (volumen). **3** pesa (medida). **4** (fig) peso, lastre (carga): *le poids de la responsabilité* = el peso de la responsabilidad. **5** SPORTS pesa. ◆ **~ lourd** peso pesado; vehículo pesado.
poignant, e [pwa'ɲɑ̃, t] **1** *adj* punzante. **2** (fig) desgarrador, emocionante.
poignard [pwa'ɲaʁ] *m* puñal, puntilla.
poignarder [pwaɲaʁ'de] **1** *tr* apuñalar, acuchillar. **2** (fig) causar dolor profundo, herir.
poigne [pwaɲ] **1** *f* fuerza en los puños. **2** (fam) energía, fuerza.
poignée [pwa'ɲe] **1** *f* puñado (cantidad). **2** mango, asa (para asir). **3** (fig) puñado. ◆ **~ de main** apretón de manos.

poignet [pwa'nɛ] **1** *m* muñeca (articulación). **2** puño (manguito): *les poignets de la chemise = los puños de la camisa.*
poil [pwal] **1** *m* pelo (vellosidad). **2** pelo (pelaje).
poiler (se) [səpwa'le] *pron* (fam) mondarse de risa.
poilu, e [pwa'ly] **1** *adj* peludo, velludo. ● **2** *m* soldado francés de la Primera Guerra Mundial.
poinçon [pwɛ̃'sɔ̃] **1** *m* punzón (herramienta). **2** troquel, cuño (sello): *ce poinçon démontre son authenticité = este cuño demuestra su autenticidad.* **3** contraste (marca).
poinçonner [pwɛ̃sɔ'ne] **1** *tr* contrastar. **2** picar (el billete). **3** taladrar, perforar (agujerear).
poindre [pwɛ̃dʀ] **1** *tr* punzar. **2** (fig) herir. ● **3** *intr* despuntar, asomar. **4** aparecer, nacer, despuntar (el alba).
poing [pwɛ̃] *m* puño.
point [pwɛ̃] *adv* no; para nada, en absoluto: *je ne t'en veux point = no te guardo rencor en absoluto.* ■ **~ de** no hay.
point [pwɛ̃] **1** *m* punto (lugar). **2** nota, punto (valoración): *il a eu trois points sur dix = ha obtenido tres puntos sobre diez.* **3** punto (signo): *point à la fin d'une phrase = punto al final de una frase.* ◆ **~ de mire** punto de mira; **~ de reprise** dos puntos; **~ noir** punto negro (para la conducción); **~ mort** punto muerto, estancamiento.
pointage [pwɛ̃'taʒ] **1** *m* puntería. **2** puntuación (valoración): *le pointage de l'examen a été compliqué = la puntuación del examen ha sido complicada.* **3** anotación, control (señalización).
pointe [pwɛ̃t] **1** *f* punta. **2** aguja, punta (extremidad). **3** punzón, pico (herramienta). **4** pizca, poco (cantidad).
pointer [pwɛ̃'te] **1** *tr* apuntar: *le voleur lui pointait avec une arme = el ladrón le apuntaba con un arma;* señalar. **2** hacer puntos (coser). **3** herir: *il m'a pointé avec une aiguille = me ha herido con una aguja;* dar una estocada. **4** puntear, anotar (marcar): *il a pointé toutes les réponses = ha punteado todas las respuestas.* ● **5** *intr* aparecer, nacer (surgir). **6** despuntar, empezar a salir. ● **7** se **~** *pron* (fam) llegar.

pointeur, euse [pwɛ̃'tœʀ, øz] **1** *m et f* punteador. **2** apuntador (artillero).
pointillé [pwɛ̃ti'je] **1** *m* punteado. **2** línea de puntos, trepado.
pointilleux, euse [pwɛ̃ti'jø, øz] *adj* puntilloso, quisquilloso.
pointu, e [pwɛ̃'ty] **1** *adj* puntiagudo, picudo. **2** (fig) agudo, susceptible.
pointure [pwɛ̃'tyʀ] **1** *f* pintura (imprenta). **2** número, talla (del calzado).
poire [pwaʀ] **1** *f* pera (fruta). **2** (fam) jeta, cara. **3** (fam) primo (ingenuo). ◆ **~ d'avocat** aguacate.
poireau [pwa'ʀo] **1** *m* puerro (hortaliza). **2** (fam) verruga.
poireauter [pwaʀo'te] *intr* (fam) esperar mucho.
poirier [pwa'ʀje] *m* peral (árbol).
pois [pwa] **1** *m* guisante. **2** (fam) verruga. ◆ **~ chiche** garbanzo.
poison [pwa'zɔ̃] **1** *m* veneno, ponzoña. **2** (fam) mala persona, lengua viperina.

> Debe cuidarse la pronunciación sonora de la "s" para que no se confunda con la palabra **poisson** (donde la "s" es sorda), que significa 'pescado'.

poissard, e [pwa'saʀ, d] **1** *adj/m et f* populachero, grosero. ● **2** *f* (péj) verdulera, pescadera.
poisse [pwas] *f* (fam) mala suerte.
poisser [pwa'se] **1** *tr* untar con pez, empegar. **2** (fig) embadurnar. **3** (fam) birlar (robar).
poisseux, euse [pwa'sø, øz] *adj* pegajoso, peguntoso.
poisson [pwa'sɔ̃] *m* pez, pescado. ◆ **~ d'avril** (fig) broma tradicional francesa; **~ volant** pez volador.
poissonnerie [pwasɔn'ʀi] *f* pescadería.
poissonneux, euse [pwasɔ'nø, øz] *adj* abundante en peces.
poissonnier, ère [pwasɔ'nje, jɛʀ] **1** *m et f* pescadero. ● **2** *f* besuguera (utensilio).
Poissons [pwa'sɔ̃] **1** *m pl* piscis (persona). **2** ASTR Piscis.
poitrail [pwa'tʀaj] **1** *m* antepecho. **2** cho. **3** TECH dintel.
poitrine [pwa'tʀin] **1** *f* pecho. **2** costillar. **3** pecho (senos).

poivre [pwavʀ] *m* pimienta. ◆ ~ blanc pimienta blanca; ~ en grains pimienta en grano.

poivrer [pwa'vʀe] **1** *tr* sazonar con pimienta. ● **2 se ~** *pron* (fam) embriagarse.

poivrier [pwavʀi'je] *m* pimentero.

poivrière [pwavʀi'jɛʀ] **1** *f* pimentero. **2** pimental (plantación).

poivron [pwa'vʀɔ̃] *m* pimiento morrón.

poix [pwa] *f* pez (resina).

poker [pɔ'kɛʀ] *m* póquer (juego).

polaire [pɔ'lɛʀ] **1** *adj* polar. **2** (fig) glacial.

polar [pɔ'laʀ] *m* (fam) novela o película policíaca.

polarisation [pɔlaʀiza'sjɔ̃] **1** *f* PHYS polarización. **2** (fig) convergencia. **3** (fig) focalización (atención).

pôle [pol] *m* polo. ◆ ~ d'attraction (fig) centro o foco de atención.

polémique [pɔle'mik] **1** *adj* polémico. ● **2** *f* polémica.

polémiste [pɔle'mist] *m ou f* polemista.

poli, e [pɔ'li] **1** *adj* pulido. **2** cortés, educado. ● **3** *m* pulidez.

police [pɔ'lis] **1** *f* policía. **2** póliza. ◆ ~ d'assurance póliza de seguro; ~ de caractères fuente (imprenta).

polichinelle [pɔliʃi'nɛl] **1** *m* polichinela (títere). **2** (fig) fantoche, pelele (persona).

policier, ère [pɔli'sje, jɛʀ] **1** *adj* policíaco (cine, literatura). **2** policial. ● **3** *m et f* policía (agente).

policlinique [pɔlikli'nik] *f* hospital de día.

poliment [pɔli'mɑ̃] *adv* cortésmente, educadamente.

polio [pɔ'ljo] (*abrév de* **poliomyélitique** *et* **poliomyélite**) **1** *f* polio. ● **2** *adj* poliomielítico.

poliomyélite [pɔljomje'lit] *f* MÉD poliomielitis.

polir [pɔ'liʀ] *tr* pulir, pulimentar; bruñir (metal).

polisson, e [pɔli'sɔ̃, ɔn] **1** *adj/m et f* licencioso, verde. ● **2** *m et f* (fam) galopín; pilluelo (niño).

politesse [pɔli'tes] **1** *f* cortesía; urbanidad. **2** delicadeza.

politicien, enne [pɔliti'sjɛ̃, ɛn] *adj/m et f* político.

politique [pɔli'tik] **1** *adj/m et f* político. ● **2** *f* política.

politiser [pɔliti'ze] *tr* politizar.

pollen [pɔ'lɛn] *m* BOT polen.

pollinisation [pɔliniza'sjɔ̃] *f* BOT polinización.

polluant, e [pɔ'lɥɑ̃, t] *adj et m* contaminante.

polluer [pɔ'lɥe] **1** *tr* contaminar. **2** manchar.

pollution [pɔlɥ'sjɔ̃] *f* polución, contaminación.

polo [pɔ'lo] **1** *m* polo (camiseta). **2** SPORTS polo.

Pologne [pɔ'lɔɲ] *f* Polonia.

polonais, e [pɔlɔ'ne, z] **1** *adj* polaco. ● **2 Polonais, e** *m et f* polaco. ● **3** *m* polaco (lengua).

poltron, onne [pɔl'tʀɔ̃, ɔn] *adj/m et f* cobarde.

poly [pɔ'li] (*abrév de* **cours polycopié**) *m* (fam) apuntes multicopiados.

polychrome [pɔli'kʀɔm] *adj* policromo.

polychromie [pɔlikʀo'mi] *f* policromía.

polyclinique [pɔlikli'nik] *f* policlínica.

polycopie [pɔlikɔ'pi] *f* policopia.

polycopié [pɔlikɔ'pje] **1** *m* texto multicopiado. **2** *curso universitario con apuntes multicopiados.*

polycopier [pɔlikɔ'pje] *tr* multicopiar.

polyculture [pɔlikyl'tyʀ] *f* AGR policultivo.

polyester [pɔljes'tɛʀ] *m* CHIM poliéster.

polyéthylène [pɔljeti'lɛn] *m* CHIM polietileno.

polygame [pɔli'gam] *adj/m ou f* polígamo.

polygamie [pɔliga'mi] *f* poligamia.

polyglotte [pɔli'glɔt] *adj/m ou f* políglota.

polygonal [pɔligɔ'nal] *adj* GÉOM poligonal.

polygone [pɔli'gon] *m* GÉOM polígono.

polynôme [pɔli'nom] *m* MATH polinomio.

polype [pɔ'lip] *m* pólipo.

polyphonie [pɔlifɔ'ni] *f* MUS polifonía.

polysémie [pɔlise'mi] *f* GRAMM polisemia.

polytechnique [pɔlitɛk'nik] *adj* politécnico.

polyvalent, e [pɔliva'lɑ̃, t] *adj* polivalente.

pomélo [pɔme'lo] *m* pomelo.

pommade [pɔ'mad] *f* pomada.

pommader [pɔma'de] *tr* untar de pomada.

pommard [pɔ'maʀ] *m* vino de Pommard.

Politique et administration / *Política y administración*

1. Régimes politiques
monarchie (absolue, constitutionnelle,
parlémentaire)
république
un empire – un empereur
un régime libéral, totalitaire,
militaire, capitaliste, communiste
un roi – une reine
une dictature - un dictateur

Regímenes políticos
monarquía (absoluta, constitucional,
parlamentaria)
república
un imperio – un emperador
un régimen liberal, totalitario,
militar, capitalista, comunista
un rey – una reina
una dictadura – un dictador

2. Divisions du territoire
un canton
un département
un pays
une circonscription
une colonie
une communauté
une commune, une municipalité
une région

Divisiones territoriales
un cantón
un departamento, una provincia
un país
una circunscripción
una colonia
una comunidad
un municipio
una región

3. Les pouvoirs publics
désigner
élire – une élection
le Premier Ministre

le président
nommer
le sénat – un sénateur
un conseil (municipal, régional)
un conseiller
un gouvernement
un ministre
un parlementaire
une assemblée

une chambre – un député

Los poderes públicos
designar
elegir – una elección
el primer ministro
   (el Presidente del Gobierno)
el presidente
nombrar
el senado - un senador
un consejo (municipal, regional)
un consejero, un concejal
un gobierno
un ministro
un parlamentario
una asamblea
   (el Congreso de los Diputados)
una cámara – un diputado

4. Gouverner
approuver / rejeter
conduire une politique
élection (législative, présidentielle)
gérer les affaires d'un pays
légiférer
promulguer une loi
référendum
suffrage universel
une voix
voter (pour / contre)

Gobernar
aprobar / rechazar
llevar una política
elección (legislativa, presidencial)
gestionar los asuntos de un país
legislar
promulgar una ley
referéndum
sufragio universal
un voto
votar (a favor / en contra)

pomme [pɔm] **1** f manzana. **2** cogollo (de lechuga); repollo (de col). **3** bola (adorno); pomo (de bastón). **4** (fam) cabeza, chola. **5** (vulg) memo, pánfilo. ◆ ~ d'Adam ANAT (fam) nuez.

pommé, e [pɔ'me] adj repolludo.

pommeau [pɔ'mo] **1** m pomo. **2** empuñadura (caña de pescar). **3** perilla (silla de montar).

pomme de terre [pɔmdə'tɛʀ] f patata.

pommelé, e [pɔm'le] **1** adj tordo (caballo). **2** aborregado (cielo).

pommeler (se) [səpɔm'le] pron aborregarse (el cielo).

pommer [pɔ'me] intr acogollarse (la lechuga); repollarse (la col).

pommette [pɔ'mɛt] f ANAT pómulo.

pommier [pɔ'mje] m BOT manzano (árbol).

pompe [pɔ̃p] **1** f bomba (aparato, artefacto). **2** surtidor. **3** (form) pompa, pomposidad. **4** (fam) zapato.

pomper [pɔ̃'pe] **1** tr bombear. **2** absorber (líquido); aspirar (un ser vivo). **3** (fam) pimplar (alcohol). **4** (fam) agotarse. **5** (fam) copiar (exámenes).

pompeux, euse [pɔ̃'pø, øz] adj pomposo.

pompier, ère [pɔ̃'pje, jɛʀ] **1** adj pomposo (estilo). ● **2** m bombero. **3** arte ou estilo pomposo. ● **4** m et f retocador (sastrería).

pompiste [pɔ̃m'pist] m ou f encargado del surtidor (en una gasolinera).

pompon [pɔ̃'pɔ̃] m borla.

pomponner [pɔ̃mpɔ'ne] **1** tr emperejilar. ● **2 se** ~ pron acicalarse, emperejilarse.

ponce [pɔ̃s] adj et f pómez (piedra).

poncer [pɔ̃'se] **1** tr apomazar. **2** estarcir (dibujo).

poncif [pɔ̃'sif] **1** m estarcido (dibujo). **2** ART, LITT tópico, trivialidad.

ponction [pɔ̃k'sjɔ̃] **1** f extracción, toma (dinero). **2** MÉD punción.

ponctualité [pɔ̃ktɥali'te] f puntualidad.

ponctuation [pɔ̃ktɥa'sjɔ̃] f puntuación.

ponctuel, elle [pɔ̃k'tɥɛl] adj puntual.

ponctuer [pɔ̃k'tɥe] **1** tr puntuar. **2** marcar, subrayar (gestos, palabras). **3** MUS marcar las pausas (de una partitura).

pondération [pɔ̃deʀa'sjɔ̃] f ponderación.

pondérer [pɔ̃de'ʀe] **1** tr ponderar. **2** tranquilizar (a una persona).

pondeur, euse [pɔ̃'dœʀ, øz] **1** adj ponedor. ● **2** f ponedora (gallina).

pondre [pɔ̃dʀ] **1** tr poner (ovíparo). **2** (fam) redactar: pondre un texte = redactar un texto.

poney [pɔ'nɛ] m ZOOL póney.

pongiste [pɔ̃'ʒist] m ou f SPORTS jugador de tenis de mesa.

pont [pɔ̃] **1** m puente. **2** (fig) puente (días festivos). **3** MAR cubierta (de un barco). **4** ÉLEC puente. **5** MUS trozo de transición (de una sonata). ◆ ~ aérien puente aéreo; ~ levant puente levadizo; ~ suspendu puente colgante.

pontage [pɔ̃'taʒ] **1** m construcción de un puente. **2** MÉD by-pass (en cirugía).

ponte [pɔ̃t] **1** f puesta (ovíparo). ● **2** m punto (juego). **3** (fam) mandamás.

pontife [pɔ̃'tif] **1** m pontífice. **2** (fam) presuntuoso.

pontifiant, e [pɔ̃ti'fjɑ̃, t] adj (fam) sentencioso.

pontifier [pɔ̃ti'fje] **1** intr pontificar. **2** (fam) perorar.

pop [pɔp] adj et f MUS pop.

pop-corn [pɔp'kɔʀn] m (inv.) palomitas (de maíz).

popeline [pɔp'lin] f popelín, popelina (tela).

populace [pɔpy'las] m (péj) populacho.

populaire [pɔpy'lɛʀ] adj popular.

populariser [pɔpylaʀi'ze] tr popularizar.

popularité [pɔpylaʀi'te] f popularidad.

population [pɔpyla'sjɔ̃] f población.

populeux, euse [pɔpy'lø, øz] adj populoso.

porc [pɔʀ] **1** m cerdo, puerco (animal). **2** cerdo (carne). **3** piel curtida de cerdo. **4** (fig, fam) cerdo, puerco (una persona).

porcelaine [pɔʀsə'lɛn] **1** f porcelana. **2** ZOOL margarita (molusco).

porcelet [pɔʀsə'lɛ] m ZOOL cochinillo, lechón.

porc-épic [pɔʀke'pik] **1** m ZOOL puerco espín. **2** (fig) arisco (una persona).

porche [pɔʀʃ] **1** m porche (iglesia). **2** portal (inmueble).

porcherie [pɔʀʃə'ʀi] **1** f pocilga, porqueriza. **2** (fig) pocilga.

porcin, e [pɔʀ'sɛ̃, in] adj et m porcino, porcuno.

pore [pɔʀ] m poro.

poreux, euse [pɔ'ʀø, øz] adj poroso.

pornographique [pɔʀnɔgʀa'fik] adj pornográfico.

port [pɔʀ] **1** *m* puerto. **2** tenencia. **3** porte, carga. **4** porte (precio). **5** porte (maneras). **6** (fig, form) puerto, refugio. **7** BOT disposición de un vegetal. ◆ **~ autonome** puerto autónomo; **~ de pêche** puerto pesquero; **~ de plaisance** puerto de recreo; **~ en lourd** MAR porte bruto (cargamento); **~ franc** puerto franco.

portable [pɔʀ'tabl] **1** *adj* portátil. ● **2** *m* portátil (ordenador); móvil (teléfono).

portage [pɔʀ'taʒ] *m* porte, transporte (en espalda).

portail [pɔʀ'taj] **1** *m* portal. **2** ARCHIT pórtico. **3** INF portal (en Internet).

portant, e [pɔʀ'tɑ̃, t] **1** *adj* TECH que lleva; sustentador. ● **2** *m* bastidor (teatro). **3** SPORTS batanga (embarcación). ■ **être bien ~** estar con buena salud.

portatif, ive [pɔʀta'tif, iv] *adj* portátil.

porte [pɔʀt] **1** *f* puerta. **2** hoja batiente. **3** (fig) puerta, entrada. **4** SPORTS puerta (esquí alpino). ● **5** *adj* ANAT porta (vena).

porte-aiguille [pɔʀte'gɥij] *m* MÉD portaaguja.

porte-à-porte [pɔʀta'pɔʀt] *m* (inv.) venta a domicilio.

porte-avions [pɔʀta'vjɔ̃] *m* (inv.) portaaviones.

porte-bagages [pɔʀtba'gaʒ o pɔʀtəba'gaʒ] *m* (inv.) portaequipajes.

porte-bébé [pɔʀtbe'be o pɔʀtəbe'be] **1** *m* silla de bebé (vehículo). **2** portabebés (mochila).

porte-bonheur [pɔʀtbɔ'nœʀ o pɔʀtəbɔ'nœʀ] *m* (inv.) amuleto.

porte-bouteilles [pɔʀtbu'tej o pɔʀtəbu'tej] **1** *m* (inv.) botellero. **2** caja (para botellas).

porte-cartes [pɔʀtə'kaʀt] **1** *m* (inv.) tarjetero. **2** estuche (para mapas).

porte-clefs [pɔʀtə'kle] *m* (inv.) llavero.

porte-documents [pɔʀtdɔky'mɑ̃ o pɔʀtədɔky'mɑ̃] *m* (inv.) portafolios.

porte-drapeau [pɔʀtdʀa'po o pɔʀtədʀa'po] **1** *m* abanderado. **2** cabecilla.

portée [pɔʀ'te] **1** *f* alcance. **2** capacidad intelectual. **3** TECH tramo (puente, viga). **4** MUS pentagrama. **5** ZOOL camada.

porte-fenêtre [pɔʀtfə'nɛtʀ o pɔʀtəfə'nɛtʀ] *f* puerta vidriera.

portefeuille [pɔʀtə'fœj] **1** *m* cartera. **2** POL cartera (ministerial). **3** COMM cartera (empresa, persona).

porte-jarretelles [pɔʀtʒaʀ'tɛl o pɔʀtəʒaʀ'tɛl] *m* (inv.) liguero.

porte-malheur [pɔʀtma'lœʀ o pɔʀtəma'lœʀ] *m* (inv.) ser, objeto de mal agüero.

portemanteau [pɔʀtmɑ̃'to o pɔʀtəmɑ̃'to] **1** *m* percha; perchero. **2** MAR pescante.

porte-mine [pɔʀtə'min] *m* lapicero, portaminas.

porte-monnaie [pɔʀtmɔ'nɛ o pɔʀtəmɔ'nɛ] *m* (inv.) monedero.

porte-parole [pɔʀtpa'ʀɔl o pɔʀtəpa'ʀɔl] *m* (inv.) portavoz: *le porte-parole du gouvernement* = el portavoz del gobierno.

porte-plume [pɔʀtə'plym] *m* (inv.) portaplumas.

porter [pɔʀ'te] **1** *tr* llevar. **2** producir (un vegetal). **3** llevar, tener. **4** manifestar: *porter un air de joie sur le visage* = manifestar un aspecto de felicidad en el rostro. **5** dirigir (la mirada). **6** inducir. ● **7** *intr* tratar: *ses commentaires portent sur la vie* = sus comentarios tratan sobre la vida. **8** alcanzar (un objetivo). ● **9** *se ~ pron* estar, encontrarse (salud). **10** presentarse como: *il se porte candidat aux élections* = se presenta como candidato a las elecciones. **11** dirigirse, ir. **12** dejarse llevar.

porte-savon [pɔʀtsa'vɔ̃] *m* jabonera.

porte-serviettes [pɔʀtsɛʀ'vjɛt] *m* toallero.

porteur, euse [pɔʀ'tœʀ, øz] **1** *adj* portador. **2** sujetador. **3** prometedor (un negocio): *c'est un marché porteur* = es un mercado prometedor. ● **4** *m* et *f* mozo de equipajes; porteador (estación). **5** poseedor, portador. ◆ **~ d'actions** accionista; ■ **au ~** al portador.

porte-voix [pɔʀtə'vwa] *m* (inv.) megáfono.

portier, ère [pɔʀ'tje, jɛʀ] **1** *m* et *f* portero (de un establecimiento). **2** portero, ostiario (de un convento, monasterio). ● **3** *m* portero electrónico.

portière [pɔʀ'tjɛʀ] **1** *adj* et *f* AGR paridera. ● **2** *f* portezuela, puerta (de un vehículo). **3** MIL balsa, compuerta (de un barco).

portillon [pɔʀti'jɔ̃] *m* portillo; portillera.

portion [pɔʀ'sjɔ̃] **1** *f* porción. **2** ración (comida).

portique [pɔʀ'tik] *m* pórtico.

Porto Rico [pɔʀtɔʀi'ko] *m* Puerto Rico.

portrait [pɔʀ'tʀɛ] **1** *m* retrato. **2** (fig) descripción. **3** (fam) cara. ■ **être le ~ de qqn** ser el vivo retrato de alguien.

portuaire [pɔʀ'tɥɛʀ] *adj* portuario.

portugais, e [pɔʀty'gɛ, z] **1** *adj* portugués. ● **2** Portugais, e *m* et *f* portugués. ● **3** *m* portugués (lengua).

Portugal [pɔʀty'gal] *m* Portugal.

pose [poz] **1** *f* colocación; instalación (de un objeto). **2** postura (del cuerpo). **3** (fig) afectación.

posé, e [po'ze] *adj* comedido; serio; sosegado.

posément [poze'mã] *adv* pausadamente.

poser [po'ze] **1** *tr* colocar. **2** formular (una pregunta). **3** establecer (una verdad); formular (una hipótesis). **4** MATH enunciar. ● **5** *intr* posar (un modelo). **6** apoyarse. ● **7** se ~ *pron* posarse (pájaros). **8** apoyarse, colocarse. **9** fijarse (mirada). **10** dárselas.

poseur, euse [po'zœʀ, øz] **1** *adj/m* et *f* instalador. **2** (fig) postinero.

positif, ive [pozi'tif, iv] **1** *adj* positivo. **2** práctico; realista. ● **3** *m* positivo. **4** útil; incontestable. **5** PHOT, ÉLEC diapositiva (imagen). **6** GRAMM grado positivo.

position [pozi'sjɔ̃] **1** *f* posición. **2** cargo (en la administración). **3** situación (de una cuenta bancaria). **4** postura (del cuerpo). **5** (fig) situación.

positionner [pozisjɔ'ne] **1** *tr* colocar (en una posición determinada). **2** situar (geográficamente). **3** COMM hacer marketing de un producto. ● **4** se ~ *pron* ubicarse.

positivement [pozitiv'mã] **1** *adv* positivamente. **2** exactamente. **3** absolutamente, completamente. **4** ÉLEC con electricidad positiva.

posologie [pozolɔ'ʒi] *f* MÉD posología.

possédé, e [pose'de] *adj/m* et *f* poseído, poseso.

posséder [pose'de] **1** *tr* poseer. **2** tener. **3** dominar. **4** (fam) embaucar. ● **5** se ~ *pron* (form) controlarse.

possesseur [pose'sœʀ] *m* poseedor, posesor.

possessif, ive [pose'sif, iv] **1** *adj* posesivo. ● **2** *adj* et *m* GRAMM posesivo.

possession [pose'sjɔ̃] **1** *f* posesión. **2** dominio, colonia.

possibilité [pɔsibili'te] **1** *f* posibilidad. **2** ocasión.

possible [pɔ'sibl] **1** *adj* posible. **2** (fam) soportable. ● **3** *m* lo posible.

postal, e [pɔs'tal] *adj* postal.

postdater [pɔstda'te] *tr* posfechar.

poste [pɔst] **1** *m* cargo, puesto (de trabajo). **2** aparato (radio, televisión). **3** teléfono supletorio. **4** partida (de un presupuesto o cuenta). **5** puesto (local). ● **6** *f* correos (organismo público).

poster [pɔs'te] **1** *tr* echar al correo. **2** colocar (en un puesto). ● **3** se ~ *pron* colocarse (para espiar).

postérieur, e [pɔste'ʀjœʀ] **1** *adj* posterior (tiempo). **2** posterior, trasero (lugar). ● **3** *m* (fam) culo, trasero.

postériorité [pɔsteʀjɔri'te] *f* posterioridad.

postérité [pɔsteʀi'te] **1** *f* posteridad. **2** (form) descendencia.

posthume [pɔs'tym] *adj* póstumo.

postiche [pɔs'tiʃ] **1** *adj* postizo. **2** sobrepuesto. ● **3** *m* postizo (pelo, barba, bigote).

postier, ère [pɔs'tje, jɛʀ] *m* et *f* empleado de correos.

postillon [pɔsti'jɔ̃] **1** *m* postillón. **2** (fam) perdigón (de saliva).

postillonner [pɔstijɔ'ne] *intr* (fam) echar perdigones (de saliva).

postopératoire [pɔstopeʀa'twaʀ] *adj* MÉD postoperatorio.

post-scriptum [pɔstskʀip'tɔm] *m* (inv.) posdata.

postulat [pɔsty'la] *m* postulado.

postuler [pɔsty'le] **1** *tr* solicitar (puesto). **2** postular. ● **3** *intr* ser candidato (a un puesto).

posture [pɔs'tyʀ] *f* postura. ■ **être en bonne ~** (fig) encontrarse en una situación favorable.

pot [po] **1** *m* vasija. **2** pote; tarro. **3** maceta (de flores). **4** olla; puchero. **5** bote (juego, lotería). **6** (fam) bebida; refresco. **7** (fam) cóctel (reunión). **8** (fam) potra. ◆ **~ de chambre** orinal; **~ d'échappement** AUT tubo de escape; ■ **payer les pots cassés** (fig, fam) pagar el pato.

potable [pɔ'tabl] **1** *adj* potable (agua). **2** (fam) potable, pasable.

potache [pɔ'taʃ] *m* (fam) colegial; alumno de instituto.

potage [pɔ'taʒ] *m* sopa.

potager, ère [pɔta'ʒe, ɛʀ] **1** *adj* hortense; hortelano. ● **2** *m* huerta; huerto.

potasse [pɔ'tas] *f* CHIM potasa.
potasser [pɔta'se] *tr* (fam) empollar.
potassium [pɔta'sjɔm] *m* CHIM potasio.
pot-au-feu [pɔto'fø] **1** *adj* (fam) casero. ● **2** *m* (fam) cocido. **3** trozos de carne. **4** olla.
pot-de-vin [pod'vɛ̃] *m* soborno.
pote [pɔt] *m* (fam) amigo, compañero.
poteau [pɔ'to] **1** *m* poste. **2** (fam) amigo. **3** SPORTS línea (en una carrera). **4** SPORTS palos de portería (en fútbol). ◆ ~ **indicateur** poste indicador.
potée [pɔ'te] **1** *f* estofado de carne y verdura. **2** TECH arcilla para moldes. **3** TECH preparación en polvo (esmerilado, pulido).
potelé, e [pɔt'le] *adj* rollizo.
potence [pɔ'tãs] **1** *f* jabalcón; guindaste; pescante. **2** horca.
potentat [pɔtã'ta] **1** *m* potentado. **2** déspota.
potentiel, elle [pɔtã'sjɛl] **1** *adj* et *m* potencial. ● **2** *adj* en potencia. **3** GRAMM hipotética. ● **4** *m* ÉLEC potencia.
poterie [pɔ'tʀi] **1** *f* vasija. **2** alfarería. **3** cañería de barro.
potiche [pɔ'tiʃ] **1** *f* jarrón de porcelana grande. **2** persona con título honorífico.
potier, ère [pɔ'tje, jɛʀ] *m* et *f* alfarero (fabricante, vendedor).
potin [pɔ'tɛ̃] **1** *m* (fam) chisme. **2** (fam) jaleo.
potion [po'sjɔ̃] *f* poción.
potiron [pɔti'ʀɔ̃] *m* BOT calabaza.
pot-pourri [popu'ʀi] **1** *m* popurrí (mezcla). **2** MUS popurrí.
pou [pu] (*pl* poux) *m* ZOOL piojo.
pouah! [pwa] *interj* ¡uf! (por repugnancia).
poubelle [pu'bɛl] *f* cubo de basura.
pouce [pus] **1** *m* pulgar (dedo). **2** pulgada (medida). **3** (fig) pulgada, pizca. ● **4** pouce! *interj* (fam) ¡para! (juego infantil).
poudre [pudʀ] **1** *f* polvo. **2** polvos (maquillaje). **3** pólvora.
poudrer [pu'dʀe] *tr* empolvar.
poudrier [pudʀi'je] **1** *m* polvera (de maquillaje). **2** pirotécnico (fabricante).
poudrière [pudʀi'jɛʀ] **1** *f* polvorín. **2** (fig) polvorín.
pouf [puf] *m* puf.
pouf! [puf] *interj* ¡paf!, ¡puf!, ¡zas!
pouffer [pu'fe] *intr* desternillarse.
pouilleux, euse [pu'jø, øz] **1** *adj/m* et *f* piojoso. **2** miserable.

poulailler [pula'je] **1** *m* gallinero. **2** (fam) gallinero (en un teatro).
poulain [pu'lɛ̃] **1** *m* potro, jaco (caballo). **2** piel de potro. **3** carretilla.
poularde [pu'laʀd] *f* capón (gallina).
poule [pul] **1** *f* gallina. **2** (fam) amor (apelativo afectuoso). **3** (fam) mujer; amante. **4** (vulg) zorra.
poulet [pu'le] **1** *m* pollo. **2** (fam) pichón. **3** (fam) poli.
poulette [pu'lɛt] **1** *f* pollita (animal). **2** (fam) pichoncita.
pouliche [pu'liʃ] *f* potra, potranca.
poulie [pu'li] **1** *f* TECH polea. **2** MAR motón.
poulpe [pulp] *m* pulpo.
pouls [pu] *m* pulso.
poumon [pu'mɔ̃] *m* pulmón. ◆ ~ **artificiel** MÉD pulmón artificial.
poupe [pup] *f* MAR popa.
poupée [pu'pe] **1** *f* muñeca. **2** maniquí. **3** muchacha. **4** (péj) chica florero.
poupin, e [pu'pɛ̃, in] *adj* rubicundo.
poupon [pu'pɔ̃, ɔn] **1** *m* et *f* bebé. **2** muñeco de bebé.
pouponner [pupɔ'ne] *intr* (fam) ocuparse de un bebé.
pouponnière [pupɔ'njɛʀ] *f* guardería infantil pública.
pour [puʀ] **1** *prép* por (intercambio, reciprocidad): *je l'ai eue pour mille euros = la he comprado por mil euros.* **2** para (dirección, finalidad): *s'entraîner pour gagner = entrenar para ganar.* **3** por, hacia, para con: *l'amour pour la famille = el amor hacia la familia.* **4** para (resultado, consecuencia): *tant de sacrifices pour cela! = ¡tantos sacrificios para esto!* **5** por, a causa de (causa): *rejeté pour sa lâcheté = rechazado por su cobardía.*
pourboire [puʀ'bwaʀ] *m* propina.
pourcentage [puʀsã'taʒ] *m* porcentaje.
pourchasser [puʀʃa'se] *tr* perseguir.
pourlécher (se) [səpuʀle'ʃe] *pron* (fam) relamerse.
pourparlers [puʀpaʀ'le] *m pl* negociaciones, tratos.
pourpre [puʀpʀ] **1** *adj* et *m* púrpura (color). ● **2** *m* ZOOL púrpura (molusco). ● **3** *f* púrpura (prenda de vestir). **4** (fig) púrpura; dignidad imperial.
pourquoi [puʀ'kwa] **1** *adv* por qué: *pourquoi veux-tu le faire? = ¿por qué*

quieres hacerlo? ● **2** *m* (inv.) porqué: *le pourquoi de ses ations* = el porqué de sus actos.

pourri, e [puˈʀi] *adj* podrido.

pourrir [puˈʀiʀ] **1** *tr* pudrir. **2** (fig) corromper moralmente. ● **3** *intr* pudrirse. **4** (fig) degradarse. **5** (fig) pudrirse; quedarse mucho tiempo (en un lugar).

pourriture [puʀiˈtyʀ] **1** *f* podredumbre. **2** (fig) corrupción (persona, medio).

poursuite [puʀˈsɥit] **1** *f* persecución; perseguimiento. **2** DR diligencia.

poursuivant, e [puʀsɥiˈvã, t] **1** *m* et *f* perseguidor. **2** DR demandante.

poursuivre [puʀˈsɥivʀ] **1** *tr* perseguir. **2** proseguir. **3** importunar. **4** DR demandar.

pourtant [puʀˈtã] *conj* sin embargo, no obstante.

> No debe confundirse con la expresión española **por (lo) tanto**, que debe traducirse por **par conséquent**.

pourtour [puʀˈtuʀ] *m* contorno, perímetro.

pourvoi [puʀˈvwa] *m* DR apelación; recurso.

pourvoir [puʀˈvwaʀ] **1** *tr* (~ *à*) atender: *pourvoir aux besoins de qqn* = atender las necesidades de alguien. **2** dotar, proporcionar. ● **3** *se* ~ *pron* proveerse.

pourvoyeur, euse [puʀvwaˈjœʀ, øz] *m* et *f* proveedor.

pourvu, e [puʀˈvy] **1** *pp* → **pourvoir**. ● **2 pourvu que** *loc conj* a condición de que. **3** ojalá (deseo): *pourvu qu'il arrive à temps!* = ¡ojalá llegue a tiempo!

pousse [pus] **1** *f* brote (de una planta). **2** crecimiento, salida (parte del cuerpo). **3** torcedura (vino). **4** ZOOL huélfago (enfermedad de los caballos).

pousse-café [puskaˈfe] *m* (fam) (inv.) copa (tras el café).

poussée [puˈse] **1** *f* estirón (crecimiento). **2** empujón. **3** empuje. **4** acceso (fiebre).

pousser [puˈse] **1** *tr* empujar. **2** dirigir, llevar. **3** impulsar, incitar: *il m'a poussé à le faire* = me incitó a hacerlo. **4** emitir, proferir: *pousser un hurlement* = emitir un alarido. ● **5** *intr* crecer. **6** proseguir el viaje. ● **7** *se* ~ *pron* abrirse camino.

poussette [puˈsɛt] **1** *f* cochecito para bebés. **2** carrito (para provisiones). **3** SPORTS empujón (en ciclismo).

poussière [puˈsjɛʀ] **1** *f* polvo. **2** mota.

poussiéreux, euse [pusjeˈʀø, øz] *adj* polvoriento.

poussin [puˈsɛ̃] **1** *m* pollito, polluelo. **2** MIL, SPORTS cadete.

poussoir [puˈswaʀ] *m* pulsador (de un mecanismo).

poutre [putʀ] *f* viga.

poutrelle [puˈtʀɛl] *f* vigueta.

pouvoir 1 *m* poder. ● **2 pouvoirs** *m pl* DR poderes. ◆ **pleins ~** plenos poderes; ~ **d'achat** poder de adquisición; ~ **exécutif** poder ejecutivo; ~ **législatif** poder legislativo.

pouvoir [puˈvwaʀ] **1** *tr* poder: *je ne peux pas porter ce poids* = no puedo llevar este peso. **2** poder, estar autorizado para.

pragmatique [pʀagmaˈtik] **1** *adj* pragmático. ● **2** *f* pragmática.

prairie [pʀeˈʀi] *f* pradera.

praline [pʀaˈlin] **1** *f* dulce de praliné. **2** almendra garapiñada.

praliné [pʀaliˈne] *m* praliné.

praticable [pʀatiˈkabl] **1** *adj* practicable. **2** transitable. ● **3** *m* grúa móvil (de televisión). **4** THÉÂT practicable.

pratiquant, e [pʀatiˈkã, t] *adj/m* et *f* REL practicante.

pratique [pʀaˈtik] **1** *adj* práctico. ● **2** *f* práctica. **3** ejercicio (realización): *la pratique d'une profession* = el ejercicio de una profesión. **4** práctica, conducta. ◆ **en ~** en la práctica; **mettre en ~** poner en práctica.

pratiquer [pʀatiˈke] **1** *tr* practicar (un deporte). **2** poner en práctica, aplicar: *pratiquer une méthode* = aplicar un método. **3** ejercer (una profesión). **4** profesar (una religión). **5** aplicar (una regla). ● **6** *se* ~ *pron* practicarse, existir: *ici se pratique le chantage* = aquí se practica el chantaje.

pré [pʀe] *m* prado. ◆ ~ **carré** área de influencia; ■ **aller sur le** ~ batirse en duelo.

préalable [pʀeaˈlabl] **1** *adj* previo. ● **2** *m* condición previa. ■ **au** ~ de antemano, previamente.

préalpin, e [pʀealˈpɛ̃, in] *adj* prealpino.

préambule [pʀeɑ̃ˈbyl] *m* preámbulo.

préavis [pʀeaˈvi] *m* aviso previo.

précaire [pʀeˈkɛʀ] *adj* precario.

précaution [pʀeko'sjɔ̃] f precaución. ◆ précautions oratoires advertencias.

précautionneux, euse [pʀekosjɔ'nø, øz] adj precavido.

précédemment [pʀeseda'mã] adv anteriormente.

précédent, e [pʀese'dã, t] 1 adj anterior. ● 2 m precedente, antecedente.

précéder [pʀese'de] 1 tr preceder. 2 ir delante (personas): je vais vous précéder pour vous montrer le chemin = voy a ir delante para mostrarle el camino. 3 llegar antes: il m'a précédé de cinq minutes = ha llegado cinco minutos antes que yo.

précepte [pʀe'sɛpt] m precepto.

précepteur, trice [pʀesɛp'tœʀ, tʀis] m et f preceptor.

préchauffer [pʀeʃo'fe] tr precalentar.

prêche [pʀɛʃ] m REL prédica.

prêcher [pʀe'ʃe] 1 tr et intr predicar. ● 2 tr evangelizar. 3 (fig) preconizar: prêcher une réforme politique = preconizar una reforma política. 4 (fig) sermonear.

prêcheur, euse [pʀe'ʃœʀ, øz] adj/m et f predicador.

précieux, euse [pʀe'sjø, øz] 1 adj precioso. 2 preciado. 3 útil: votre aide m'est très precieuse = su ayuda me es muy útil.

préciosité [pʀesjozi'te] f afectación.

précipice [pʀesi'pis] m precipicio.

précipité, e [pʀesipi'te] 1 adj precipitado. ● 2 m CHIM precipitado.

précis, e [pʀe'si, z] 1 adj preciso. 2 conciso: un style précis = un estilo conciso. 3 en punto: il est deux heures précises = son las dos en punto. ● 4 m compendio.

précision [pʀesi'zjɔ̃] f precisión.

précoce [pʀe'kɔs] 1 adj precoz. 2 temprano, precoz (fruta, árbol).

préconçu, e [pʀekɔ̃'sy] adj preconcebido.

préconiser [pʀekɔni'ze] tr preconizar.

précuit, e [pʀe'kɥi, t] adj precocinado.

précurseur [pʀekyʀ'sœʀ] adj et m precursor.

prédateur, trice [pʀeda'tœʀ, tʀis] adj/m et f depredador.

prédécesseur [pʀedese'sœʀ] m predecesor, antecesor.

prédestiner [pʀedɛsti'ne] tr predestinar: il était prédestiné à jouer un rôle important = estaba predestinado a desempeñar un papel importante.

prédicat [pʀedi'ka] m predicado.

prédicateur, trice [pʀedika'tœʀ, tʀis] m et f predicador.

prédiction [pʀedik'sjɔ̃] f predicción.

prédilection [pʀedilɛk'sjɔ̃] f predilección: la mère a une prédilection pour un de ses enfants = la madre tiene predilección por uno de sus hijos.

prédire [pʀe'diʀ] tr predecir.

prédisposition [pʀedispozi'sjɔ̃] 1 f predisposición. 2 MÉD propensión.

prédominant, e [pʀedɔmi'nã, t] adj predominante.

prédominer [pʀedɔmi'ne] intr predominar; primar.

préélectoral, e [pʀeelɛktɔ'ʀal] adj preelectoral.

préemballé, e [pʀeãba'le] adj envasado.

préexistant, e [pʀeɛgzis'tã, t] adj preexistente.

préfabriqué, e [pʀefabʀi'ke] adj prefabricado.

préface [pʀe'fas] m prefacio.

préfectoral, e [pʀefɛktɔ'ʀal] adj prefectoral.

préfecture [pʀefɛk'tyʀ] f prefectura. ◆ ~ de police jefatura de policía; ~ maritime departamento marítimo.

préférable [pʀefe'ʀabl] adj preferible.

préférence [pʀefe'ʀãs] f preferencia. ◆ ~ communautaire ÉCON preferencia comunitaria.

préférer [pʀefe'ʀe] tr preferir: je préfère rire que pleurer = prefiero reír a llorar.

préfet [pʀe'fɛ] m prefecto. ◆ ~ de police responsable de la jefatura de policía.

Es el nombre actual del funcionario bajo cuya autoridad se sitúa un departamento o una región.

préfigurer [pʀefigy'ʀe] tr prefigurar.

préfixe [pʀe'fiks] m prefijo. ◆ ~ téléphonique prefijo telefónico.

prégnance [pʀeg'nãs] f imposición.

préhistoire [pʀeis'twaʀ] f prehistoria.

préhistorique [pʀeistɔ'ʀik] adj prehistórico.

préjudice [pʀeʒy'dis] m perjuicio.

préjugé [pʀeʒy'ʒe] m prejuicio: il a des préjugés par rapport aux étrangers = tiene prejuicios con los extranjeros.

préjuger [pʀeʒy'ʒe] *tr* prejuzgar: *il ne faut pas préjuger de leur caractère* = no hay que prejuzgar su carácter.

prélasser (se) [səpʀela'se] *pron* descansar cómodamente.

prélèvement [pʀelɛv'mã] **1** *m* extracción: *faire un prélèvement à la banque* = hacer una extracción de dinero en el banco. **2** deducción, descuento. **3** toma. ◆ ~ **d'échantillons** toma de muestras; ~ **sanguin** extracción de sangre.

prélever [pʀel've] **1** *tr* deducir, descontar (dinero). **2** extraer (un órgano, sangre).

préliminaire [pʀelimi'nɛʀ] **1** *adj* preliminar. ◆ **2** *m pl* preliminares.

prélude [pʀe'lyd] **1** *m* preludio. **2** MUS preludio.

préluder [pʀely'de] *intr* preludiar: *son visage préludait à ce qui allait arriver* = su rostro preludiaba lo que iba a suceder.

prématuré, e [pʀematy'ʀe] **1** *adj* prematuro. **2** BOT temprano. ◆ **3** *m* et *f* bebé prematuro.

prémices [pʀe'mis] *f pl* primicias.

premier, ère [pʀə'mje, jɛʀ] **1** *adj* primero. ◆ **2** *m* et *f* primero. ◆ **3** *m* Primer Ministro inglés. ■ **à la première heure** a primera hora; **en premier** en primer lugar.

premièrement [pʀəmjɛʀ'mã] *adv* primero, en primer lugar.

premier-né, première-née [pʀəmje'ne, pʀəmjɛʀ'ne] *adj/m* et *f* primogénito.

prémisse [pʀe'mis] *f* premisa.

prémolaire [pʀemɔ'lɛʀ] *f* premolar.

prémonitoire [pʀemɔni'twaʀ] *adj* premonitorio.

prémunir [pʀemy'niʀ] *tr* et *pron* prevenir.

prenant, e [pʀə'nã, t] **1** *adj* prensil; adherente. **2** conmovedor. **3** laborioso, entretenido. **4** DR acreedor.

prendre [pʀãdʀ] **1** *tr* et *pron* tomar; agarrar. **2** considerar; tomar: *ce mot se prend dans ce sens* = esta palabra se toma con este sentido. **3** DR atrapar: *ils ont pris le voleur* = han atrapado al ladrón. **4** tener (un dolor): *un mal de tête l'a pris* = tiene dolor de cabeza. **5** pedir (dinero): *combien prend-il?* = ¿cuánto pides por él?* ◆ **6** *intr* ir (en una dirección): *il faut prendre à gauche* = hay que ir a la izquierda. **7** prender (fuego). **8** GAST espesarse. ◆ **9 se ~** *pron* quedarse atrapado. ■ **~ bien** tomarse bien: *il a pris bien sa*

blague = se ha tomado bien la broma; ~ **pour** tomar por: *il me prend pour un fou* = me toma por loco; **se ~ pour** creerse: *il se prend pour un dieu* = se cree un dios.

preneur, euse [pʀə'nœʀ, øz] **1** *m* et *f* tomador. **2** comprador. **3** DR arrendatario.

prénom [pʀe'nõ] *m* nombre.

préoccupation [pʀeɔkypa'sjõ] *f* preocupación.

préoccuper [pʀeɔky'pe] *tr* et *pron* preocupar.

préparateur, trice [pʀepaʀa'tœʀ, tʀis] **1** *m* et *f* preparador (de una disciplina). **2** auxiliar (de laboratorio). **3** practicante (de farmacia).

préparatif [pʀepaʀa'tif] *m* preparativo.

préparation [pʀepaʀa'sjõ] **1** *f* preparación. **2** CHIM preparado. **3** ART boceto.

préparatoire [pʀepaʀa'twaʀ] *adj* preparatorio.

préparer [pʀepa'ʀe] **1** *tr* et *pron* preparar. ◆ **2** *tr* provocar: *la haine a préparé sa ruine* = el odio provocó su ruina.

prépondérant, e [pʀepõde'ʀã, t] *adj* preponderante.

préposé, e [pʀepo'ze] *m* et *f* encargado. ◆ ~ **des douanes** aduanero; ~ **des postes** cartero.

préposer [pʀepo'ze] *tr* encargar: *préposer qqn aux machines* = encargar a alguien de las máquinas.

préposition [pʀepozi'sjõ] *f* preposición.

préretraite [pʀeʀə'tʀɛt] *f* jubilación anticipada.

prérogative [pʀeʀɔga'tiv] *f* prerrogativa.

près [pʀɛ] *adv* cerca: *il habite tout près* = vive muy cerca. ■ **à peu de choses ~** aproximadamente, casi: *il lui ressemble à peu de choses près* = casi se le parece; **concerner de ~** afectar directamente; **connaître qqn de ~** conocer muy bien a alguien; **de ~** de cerca: *ce sont des lunettes pour voir de près* = son gafas para ver de cerca; ~ **de** cerca de (distancia): *il habite près d'ici* = vive cerca de aquí.

présage [pʀe'zaʒ] *m* presagio. ■ **tirer un ~ de qqch** presagiar algo a partir de alguna cosa.

présager [pʀeza'ʒe] *tr* presagiar.

presbytère [pʀesbi'tɛʀ] *m* casa parroquial.

préscolaire [pʀeskɔ'lɛʀ] *adj* preescolar.
prescription [pʀeskʀip'sjɔ̃] **1** *f* orden, instrucción. **2** DR prescripción. ◆ ~ **médicale** prescripción o receta médica; **prescriptions de sécurité** normas de seguridad.
prescrire [pʀes'kʀiʀ] **1** *tr* ordenar, recomendar. ● **2** *tr* et *pron* MÉD recetar. **3** DR prescribir.
préséance [pʀeze'ɑ̃s] *f* precedencia.
présence [pʀe'zɑ̃s] **1** *f* presencia. **2** asistencia. ◆ ~ **d'esprit** presencia de ánimo, serenidad.
présent [pʀe'zɑ̃] **1** *m* presente. **2** regalo, obsequio. ■ **à** ~ actualmente, hoy en día; **à** ~ **que** ahora que.
présentable [pʀezɑ̃'tabl] *adj* presentable.
présentateur, trice [pʀezɑ̃ta'tœʀ, tʀis] **1** *m* et *f* presentador. **2** locutor (de radio).
présentation [pʀezɑ̃ta'sjɔ̃] *f* presentación.
présenter [pʀezɑ̃'te] **1** *tr* et *pron* presentar. ● **2** *tr* presentar, tener: *cette voiture présente de grandes avantages = este coche tiene grandes ventajas*.
préservatif, ive [pʀezɛʀva'tif, iv] *adj* et *m* preservativo.
préservation [pʀezɛʀva'sjɔ̃] *f* preservación.
préserver [pʀezɛʀ've] *tr* preservar.
président, e [pʀezi'dɑ̃, t] *f* presidente. ◆ ~ **du jury** presidente del jurado; **président-directeur général** director general.
présidentiel, elle [pʀezidɑ̃'sjɛl] *adj* presidencial.
présider [pʀezi'de] **1** *tr* presidir. ● **2** *intr* dirigir, encargarse de.
présomption [pʀezɔ̃p'sjɔ̃] *f* presunción. ◆ ~ **légale** DR presunción legal.
présomptueux, euse [pʀezɔ̃p'tɥø, øz] *adj/m* et *f* presuntuoso.
presque [pʀɛsk] *adv* casi: *elle a presque pleuré = casi lloró*. ■ ~ **pas** apenas: *il n'y avait presque pas de quoi manger = apenas había algo para comer*.
presqu'île [pʀɛs'kil] *f* península.
pressant, e [pʀe'sɑ̃, t] **1** *adj* urgente, apremiante. **2** insistente.
presse [pʀɛs] **1** *f* prensa (diarios, revistas). **2** prensa (máquina). ◆ ~ **à sensation** prensa sensacionalista; ~ **du cœur** prensa rosa; ~ **écrite** prensa escrita; ~ **hydraulique** prensa hidráulica.

pressé, e [pʀe'se] **1** *adj* apretado. **2** urgente. **3** prensado. ■ **être** ~ tener prisa.
presse-citron [pʀessi'tʀɔ̃] *m* exprimidor.
pressentiment [pʀesɑ̃ti'mɑ̃] *m* presentimiento, corazonada.
pressentir [pʀesɑ̃'tiʀ] *tr* presentir.
presser [pʀe'se] **1** *tr* apretar; presionar. **2** obligar, forzar. **3** exprimir (fruta). **4** estrechar (entre los brazos). **5** pulsar (un botón). **6** insistir. **7** acosar. ● **8** *intr* urgir; correr prisa. ● **9** se ~ *pron* apresurarse, darse prisa.
pressing [pʀe'siŋ] **1** *m* tintorería. **2** planchado. **3** SPORTS presión.
pression [pʀe'sjɔ̃] **1** *f* presión. **2** PHYS, MÉC presión. ◆ ~ **arterielle** presión arterial; ~ **atmosphérique** presión atmosférica; ~ **fiscale** presión fiscal; **basses pressions** bajas presiones; **hautes pressions** altas presiones; ■ **faire** ~ **sur qqn** hacer presión sobre alguien; **sous** ~ bajo presión.
pressoir [pʀe'swaʀ] **1** *m* lagar (para uva, oliva, manzana). **2** prensa (para frutas, grano).
pressurer [pʀesy'ʀe] **1** *tr* prensar. **2** pisar (la uva). **3** sacar el jugo (a las frutas). **4** (fig) explotar, oprimir. **5** (fig) estrujar, sacar el dinero.
prestance [pʀes'tɑ̃s] *f* prestancia.
prestataire [pʀesta'tɛʀ] *m* beneficiario de un subsidio. ◆ ~ **de services** prestador de servicios.
prestation [pʀesta'sjɔ̃] **1** *f* prestación. **2** subsidio. ◆ ~ **de services** prestación de servicios; **prestations familiales** subsidios familiares; **prestations sociales** prestaciones sociales; **prestations vieillesse** subsidio por vejez, pensión.
preste [pʀɛst] *adj* presto.
prestesse [pʀes'tɛs] *f* presteza.
prestige [pʀes'tiʒ] *m* prestigio.
prestigieux, euse [pʀesti'ʒjø, øz] *adj* prestigioso.
présumer [pʀezy'me] **1** *tr* presumir (suponer). ● **2** *intr* (~ **de**) contar con: *il présumait trop de ses forces = contaba demasiado con sus fuerzas*.
présupposer [pʀesypo'ze] *tr* presuponer.
présurer [pʀesy'ʀe] *tr* cuajar.
prêt [pʀɛ] *m* préstamo. ◆ ~ **sur gage** préstamo con garantía.

prêt-à-porter [pʀɛtapɔʀˈte] *m* prêt-à-porter.

prêté, e [pʀɛˈte] *adj* prestado.

prétendant, e [pʀɛtɑ̃ˈdɑ̃, t] *m et f* pretendiente.

prétendre [pʀɛˈtɑ̃dʀ] **1** *tr* pretender. ● **2 se ~** *pron* presentarse como: *elle se prétend femme du maire* = *se presenta como mujer del alcalde*.

prétendu, e [pʀɛtɑ̃ˈdy] **1** *adj* presunto; supuesto. ● **2** *m et f* prometido, pretendiente.

prétentieux, euse [pʀɛtɑ̃ˈsjø, øz] *adj/m et f* pretencioso; presumido; encolado (Amér.).

prétention [pʀɛtɑ̃ˈsjɔ̃] **1** *f* pretensión. **2** reivindicación. **3** condiciones (de un contrato, una venta).

prêter [pʀɛˈte] **1** *tr* prestar. ● **2** *intr* (~ *à*) dar muchos para: *une simplicité qui prête à sourire* = *una simplicidad que da motivos para sonreír*. ● **3 se ~** *pron* (se ~ *à*) prestarse a: *cette terre se prête à la culture des céréales* = *esta tierra se presta al cultivo de cereales*; consentir.

prétexte [pʀɛˈtɛkst] *m* pretexto. ■ **sous ~ de** con el pretexto de.

prétexter [pʀɛtɛksˈte] *tr* pretextar.

prêtre [pʀɛtʀ] *m* sacerdote.

preuve [pʀœv] **1** *f* prueba. **2** DR prueba. ◆ **~ écrite** prueba escrita; **~ matérielle** prueba material.

> Sólo significa 'prueba' en la acepción de 'demostración'; para traducir los otros sentidos de **prueba** hay que utilizar **épreuve** o **essai**.

prévaloir [pʀɛvaˈlwaʀ] **1** *intr* prevalecer. ● **2 se ~** *pron* (se ~ *de*) hacer alarde de. **3** (se ~ *de*) sacar partido de.

prévenance [pʀɛvˈnɑ̃s] *f* atención: *il est plein de prévenances pour sa femme* = *tiene muchas atenciones para con su mujer*.

prévenant, e [pʀɛvˈnɑ̃, t] *adj* atento; solícito.

prévenir [pʀɛvˈniʀ] **1** *tr* prevenir (una enfermedad, un peligro). **2** prevenir; advertir; avisar. **3** informar: *la police est déjà prévenue* = *la policía ya está informada*. **4** anticiparse a: *il prévenait les questions sur sa santé de mésonges* = *se anticipaba a las preguntas sobre su salud con mentiras*.

préventif, ive [pʀɛvɑ̃ˈtif, iv] *adj* preventivo.

prévention [pʀɛvɑ̃ˈsjɔ̃] **1** *f* prevención. **2** prejuicio.

prévenu, e [pʀɛvˈny o pʀɔvˈny] **1** *adj* prevenido. ● **2** *m et f* DR inculpado.

prévisible [pʀɛviˈzibl] *adj* previsible.

prévision [pʀɛviˈsjɔ̃] *f* previsión. ◆ **~ budgétaire** estimación presupuestaria; **~ météorologique** previsión del tiempo.

prévoir [pʀɛˈvwaʀ] *tr* prever.

prévoyance [pʀɛvwaˈjɑ̃s] *f* previsión.

prévoyant, e [pʀɛvwaˈjɑ̃, t] *adj* previsor; precavido.

prévu, e [pʀɛˈvy] *adj* previsto.

prier [pʀiˈje] **1** *intr* rezar. ● **2** *tr* rogar. **3** invitar: *ils sont priés à déjeuner* = *están invitados a desayunar*.

prière [pʀiˈjɛʀ] **1** *f* oración. **2** ruego; súplica.

primaire [pʀiˈmɛʀ] **1** *adj* primario. **2** (péj, fam) corto de luces.

prime [pʀim] **1** *f* prima (dinero). **2** regalo. **3** subvención. ◆ **~ d'assurance** prima de seguro; **~ de transport** subsidio de transporte.

primer [pʀiˈme] **1** *tr* conceder una prima. **2** regalar. ● **3** *intr* primar.

primesautier, ère [pʀimsoˈtje, jɛʀ] *adj* espontáneo.

primevère [pʀimˈvɛʀ] *f* BOT primavera; prímula.

primitif, ive [pʀimiˈtif, iv] *adj/m et f* primitivo.

primordial, e [pʀimɔʀˈdjal] *adj* primordial.

prince [pʀɛ̃s] *m* príncipe. ◆ **~ héritier** príncipe heredero.

princesse [pʀɛ̃ˈsɛs] *f* princesa.

princier, ère [pʀɛ̃ˈsje, jɛʀ] *adj* principesco.

principal, e [pʀɛ̃siˈpal] **1** *adj* principal. ● **2** *m et f* director de instituto. ● **3** *m* lo principal. **4** capital.

principauté [pʀɛ̃sipoˈte] *f* principado.

principe [pʀɛ̃ˈsip] **1** *m* principio (norma). **2** principio (origen). **3** PHYS principio. ● **4 principes** *m pl* principios (morales). ■ **par ~** por principio; **en ~** en principio.

printanier, ère [pʀɛtaˈnje, jɛʀ] **1** *adj* primaveral. **2** (fig) juvenil.

printemps [pʀɛ̃ˈtɑ̃] **1** *m* primavera. **2** (fig) juventud.

prioritaire [pʀijɔʀiˈtɛʀ] *adj* prioritario.

priorité [pʀijɔʀiˈte] **1** *f* prioridad. **2** preferencia de paso (vehículos).

pris, e [pʀi, z] **1** *adj* tomado. **2** agarrado. **3** ocupado: *il est très pris cette semaine = está muy ocupado esta semana.* **4** ocupado (un asiento). **5** irritado: *il a la gorge prise = tiene la garganta irritada.*

prise [pʀiz] **1** *f* toma. **2** toma; conquista. **3** presa. **4** ÉLEC toma, enchufe. **5** MÉD toma, dosis. **6** SPORTS llave. ◆ **~ d'eau** toma de agua; **~ d'otages** secuestro; **~ de contact** toma de contacto; **~ de corps** DR captura; **~ de judo** llave de judo; **~ de possession** toma de posesión; **~ de sang** extracción de sangre; **~ en charge** encargo.

prisée [pʀiˈze] *f* tasación.

priser [pʀiˈze] *tr* tasar.

prismatique [pʀismaˈtik] *adj* prismático.

prisme [pʀism] *m* prisma.

prison [pʀiˈzɔ̃] *f* prisión. ◆ **~ à vie** cadena perpetua.

prisonnier, ère [pʀizɔˈnje, jɛʀ] **1** *adj/m* et *f* preso. **2** *m* et *f* prisionero (de guerra). ◆ **~ de guerre** prisionero de guerra; ■ **être ~ de** ser esclavo de: *il est prisonnier de son succès = es esclavo de su éxito;* **faire ~** detener.

privation [pʀivaˈsjɔ̃] *f* privación.

privatiser [pʀivatiˈze] *tr* privatizar.

privé, e [pʀiˈve] **1** *adj* privado. **2** particular. ◆ **3** *m* privado: *ils se tutoient dans le privé = se tutean en privado.*

priver [pʀiˈve] *tr* et *pron* privar.

privilège [pʀiviˈlɛʒ] **1** *m* privilegio. **2** monopolio.

privilégié, e [pʀivileˈʒje] *adj/m* et *f* privilegiado.

privilégier [pʀivileˈʒje] *tr* privilegiar.

prix [pʀi] **1** *m* precio. **2** premio. **3** remuneración. **4** precio (etiqueta). ◆ **~ conseillé** precio aconsejado; **~ de fabrique** precio de fábrica; **~ de la journée** salario; **~ de revient** precio de coste; **~ de vente** precio de venta.

pro [pʀo] (*abrév de* **professionnel**) *adj/m* ou *f* profesional.

probable [pʀɔˈbabl] *adj* probable.

probablement [pʀɔbabləˈmɑ̃] *adv* probablemente.

probant, e [pʀɔˈbɑ̃, t] **1** *adj* convincente. **2** DR fehaciente; auténtico.

probatoire [pʀɔbaˈtwaʀ] *adj* probatorio.

problématique [pʀɔblemaˈtik] **1** *adj* problemático. ◆ **2** *f* problemática.

problème [pʀɔˈblem] *m* problema.

procédé [pʀɔseˈde] **1** *m* conducta; modo de comportarse. **2** proceso.

procéder [pʀɔseˈde] **1** *intr* proceder; actuar. **2** (**~ de**) proceder; venir de. **3** (**~ à**) proceder a.

procédure [pʀɔseˈdyʀ] **1** *f* proceso. **2** DR procedimiento. **3** DR enjuiciamiento. **4** DR actuación.

procédurier, ère [pʀɔsedyˈʀje, jɛʀ] **1** *adj* DR procesalista; sumarial. ◆ **2** *adj/m* et *f* liante.

procès [pʀɔˈse] **1** *m* proceso. **2** DR causa.

processeur [pʀɔseˈsœʀ] *m* INF procesador.

processif, ive [pʀɔseˈsif, iv] *adj* reivindicador.

procession [pʀɔseˈsjɔ̃] **1** *f* procesión. **2** REL procesión.

processionnel, elle [pʀɔsesjɔˈnel] *adj* procesional.

processus [pʀɔseˈsys] **1** *m* proceso; desarrollo. **2** procedimiento.

procès-verbal [pʀɔsevɛʀˈbal] **1** *m* atestado. **2** acta (de una reunión). **3** multa.

prochain, e [pʀɔˈʃɛ̃, en] **1** *adj* próximo; que viene. **2** cercano. ◆ **3** *m* prójimo.

proche [pʀɔʃ] **1** *adj* próximo; cercano. **2** íntimo (amigo). ◆ **3 proches** *m pl* padres. ◆ **~ parent** pariente cercano.

proclamation [pʀɔklamaˈsjɔ̃] *f* proclamación.

proclamer [pʀɔklaˈme] **1** *tr* proclamar. **2** proclamar; afirmar.

procréation [pʀɔkreaˈsjɔ̃] *f* procreación.

procréer [pʀɔkreˈe] *tr* procrear.

procuration [pʀɔkyraˈsjɔ̃] **1** *f* DR poder. **2** DR mandato.

procurer [pʀɔkyˈʀe] **1** *tr* proporcionar; facilitar. ◆ **2 se ~** *pron* adquirir: *je me suis procuré un exemplaire = he adquirido un ejemplar.*

procureur [pʀɔkyˈʀœʀ] *m* procurador. ◆ **~ de la République** fiscal; **~ général** fiscal del Tribunal Supremo.

prodigalité [pʀɔdigali'te] **1** *f* prodigalidad; derroche. **2** profusión.

prodige [pʀɔ'diʒ] *m* prodigio.

prodigieux, euse [pʀɔdi'ʒjø, øz] *adj* prodigioso.

prodigue [pʀɔ'dig] *adj/m* ou *f* pródigo.

prodiguer [pʀɔdi'ge] *tr et pron* prodigar.

producteur, trice [pʀɔdyk'tœʀ, tʀis] *adj/m* et *f* productor.

productif, ive [pʀɔdyk'tif, iv] *adj* productivo.

production [pʀɔdyk'sjɔ̃] **1** *f* producción. **2** DR presentación.

productivité [pʀɔdyktivi'te] *f* productividad.

produire [pʀɔ'dɥiʀ] **1** *tr* et *pron* producir. ● **2** *tr* enseñar (un documento). **3** producir (una película). **4** ÉCON producir.

produit [pʀɔ'dɥi] **1** *m* producto. **2** producción. **3** beneficio. **4** MATH producto. ◆ **~ de luxe** artículo de lujo; **~ intérieur brut** producto interior bruto; **~ national brut** producto nacional bruto; **produits de beauté** productos de belleza.

prof [pʀɔf] (*abrév de* **professeur**) *m* ou *f* (fam) profe.

profanation [pʀɔfana'sjɔ̃] **1** *f* profanación. **2** (fig) mal uso.

profane [pʀɔ'fan] **1** *adj/m* ou *f* profano. **2** profano, ignorante: *être profane en la matière* = *ser ignorante en la materia*.

profaner [pʀɔfa'ne] **1** *tr* profanar. **2** (fig) mancillar, deshonrar: *il a profané son nom* = *ha mancillado su nombre*.

proférer [pʀɔfe'ʀe] *tr* proferir.

professer [pʀɔfe'se] **1** *tr* profesar. **2** enseñar, dar clases.

professeur [pʀɔfe'sœʀ] **1** *m* profesor. **2** catedrático. ◆ **~ certifié** profesor en posesión del título de secundaria.

profession [pʀɔfe'sjɔ̃] **1** *f* profesión. **2** profesión; declaración.

professionnel, elle [pʀɔfesjɔ'nel] **1** *adj/m* et *f* profesional. ● **2** *f* (fam) prostituta.

professoral, e [pʀɔfesɔ'ʀal] *adj* profesoral.

profil [pʀɔ'fil] **1** *m* perfil. **2** sección; corte. **3** (fig) perfil; aptitudes: *il a le profil recherché* = *tiene el perfil que buscamos*. ◆ **~ psychologique** perfil psicológico.

profiler [pʀɔfi'le] *tr et pron* perfilar.

profit [pʀɔ'fi] **1** *m* provecho; gabela

(Amér.). **2** ganancia. **3** enriquecimiento: *profit intellectuel* = *enriquecimiento intelectual*.

profiter [pʀɔfi'te] **1** *intr* (**~ de**) sacar provecho (sacar beneficio): *il faut profiter de ses capacités* = *hay que sacar provecho de sus capacidades*. **2** (**~ de**) aprovechar: *il faut profiter de la vie* = *hay que aprovechar la vida*. **3** (**~ de**) aprovecharse de (una persona). **4** (**~ à**) ser provechoso para: *ces mesures profitent à la société* = *estas medidas son provechosas para la sociedad*.

profond, e [pʀɔ'fɔ̃, d] **1** *adj* profundo; hondo. **2** intenso (color). **3** (fig) profundo. ● **4** *m* lo profundo. ● **5** *adv* profundamente.

profondeur [pʀɔfɔ̃'dœʀ] **1** *f* profundidad. **2** fondo (dimensión). ● **3** *profondeurs f pl* profundidades. ◆ **~ de champ** profundidad de campo.

profus, e [pʀɔ'fy, z] *adj* profuso.

profusion [pʀɔfy'zjɔ̃] *f* profusión.

progiciel [pʀɔʒi'sjel] *m* INF paquete de programas.

programmateur, trice [pʀɔgrama'tœʀ, tʀis] *m* et *f* programador.

programmation [pʀɔgrama'sjɔ̃] **1** *f* programación. **2** planificación.

programme [pʀɔ'gram] **1** *m* programa. **2** INF programa.

programmer [pʀɔgra'me] *tr* programar.

programmeur [pʀɔgra'mœʀ] *m* et *f* programador.

progrès [pʀɔ'gʀe] **1** *m* progreso. **2** adelanto.

progresser [pʀɔgre'se] **1** *intr* progresar. **2** avanzar: *l'ennemi progresse* = *el enemigo avanza*.

progressif, ive [pʀɔgre'sif, iv] *adj* progresivo.

progression [pʀɔgre'sjɔ̃] **1** *f* progresión. **2** avance. ◆ **~ arithmétique** progresión aritmética; **~ géométrique** progresión geométrica.

progressiste [pʀɔgre'sist] *adj/m* ou *f* progresista.

prohiber [pʀɔi'be] *tr* prohibir.

prohibitif, ive [pʀɔibi'tif, iv] *adj* prohibitivo.

prohibition [pʀɔibi'sjɔ̃] *f* prohibición.

proie [pʀwa] **1** *f* presa: *les chiens ont traqué la proie* = *los perros acorralaron la* presa. **2** (fig) presa: *il est une proie facile = es una presa fácil.*

projecteur [prɔʒɛk'tœr] **1** *m* proyector. **2** foco.

projectile [prɔʒɛk'til] *m* proyectil.

projection [prɔʒɛk'sjɔ̃] **1** *f* proyección. **2** proyección, exhibición.

projet [prɔ'ʒɛ] **1** *m* proyecto. **2** plan: *quels sont tes projets pour cet été? = ¿cuáles son tus planes para este verano?* ◆ ~ **de loi** proyecto de ley.

projeter [prɔʒ'te o prɔʒə'te] **1** *tr* et *pron* proyectar. ● **2** *tr* lanzar; proyectar. **3** proyectar, idear.

prolétaire [prɔle'tɛr] *adj/m* ou *f* proletario.

prolétariat [prɔleta'rja] *m* proletariado.

prolifération [prɔlifera'sjɔ̃] *f* proliferación.

proliférer [prɔlife'Re] **1** *intr* abundar. **2** BIOL proliferar.

prolixe [prɔ'liks] *adj* prolijo.

prolixité [prɔliksi'te] *f* prolijidad.

prologue [prɔ'lɔg] *m* prólogo.

prolongation [prɔlɔ̃ga'sjɔ̃] **1** *f* plazo. **2** prórroga (de un contrato, etc.). **3** SPORTS prórroga.

prolonger [prɔlɔ̃'ʒe] **1** *tr* prolongar (en el tiempo y en el espacio): *prolonger les vacances = prolongar las vacaciones.* **2** prorrogar: *prolonger un contrat de travail = prorrogar un contrato laboral.* ● **3** se ~ *pron* perpetuarse.

promenade [prɔm'nad] **1** *f* excursión. **2** paseo (acción): *je suis allé faire une promenade = he ido a dar un paseo.* **3** paseo (lugar). **4** (fam) caminata.

promener [prɔm'ne] **1** *tr* et *pron* pasear: *je vais promener le chien = voy a pasear al perro.* ● **2** *tr* desplazar: *promener les doigts sur la guitare = desplazar los dedos por la guitarra.*

promesse [prɔ'mɛs] **1** *f* promesa. **2** DR contrato.

promettre [prɔ'mɛtr] **1** *tr* et *pron* prometer. ● **2** *tr* anunciar: *on a promis du mauvais temps pour demain = han anunciado mal tiempo para mañana.* **3** presagiar, augurar: *la soirée promettait une belle nuit = la tarde presagiaba una buena noche;* predecir.

promis, e [prɔ'mi, z] **1** *adj* prometido (cosa). **2** (fig) dedicado (persona). ● **3** *m* et *f* prometido (novio).

promiscuité [prɔmiskɥi'te] *f* promiscuidad.

promontoire [prɔmɔ̃'twar] **1** *m* promontorio. **2** ANAT promontorio (tímpano).

promoteur, trice [prɔmɔ'tœr, tris] **1** *m* et *f* promotor. ● **2** *m* DR procurador. **3** CHIM promotor (substancia). ◆ ~ **de ventes** promotor de ventas (de una empresa): *il est promoteur de ventes = es promotor de ventas.*

promotion [prɔmɔ'sjɔ̃] *f* promoción.

promouvoir [prɔmu'vwar] **1** *tr* promover: *promouvoir la recherche scientifique = promover la investigación científica.* **2** lanzar (un producto al mercado): *l'entreprise a promu le lait maigre = la empresa ha lanzado la leche desnatada.*

prompt, e [prɔ̃, t] **1** *adj* rápido (personas). **2** inmediato (cosas). **3** LITT diligente.

promptitude [prɔ̃ti'tyd] *f* prontitud.

promu, e [prɔ'my] *adj/m* et *f* promovido.

promulgation [prɔmylga'sjɔ̃] **1** *f* promulgación. **2** publicación: *la promulgation des textes légaux = la publicación de los textos legales.*

promulguer [prɔmyl'ge] **1** *tr* promulgar; editar, publicar. **2** LITT pregonar: *promulguer des vérités qui frappent la société = pregonar verdades que chocan a la sociedad.*

prône [pron] **1** *m* (fam) discurso moralizador, sermón. **2** REL homilía; sermón.

prôner [pro'ne] **1** *tr* predicar. **2** (fig) celebrar, ensalzar: *ils ont prôné les qualités du vin = han celebrado las cualidades del vino.*

pronom [prɔ'nɔ̃] *m* GRAMM pronombre.

pronominal, e [prɔnɔmi'nal] *adj* GRAMM pronominal.

prononcer [prɔnɔ̃'se] **1** *tr* et *pron* pronunciar. ● **2** *tr* articular (palabras): *ne pas pouvoir prononcer un mot = no poder articular palabra.* ● **3** *intr* (form) tomar una decisión.

prononciation [prɔnɔ̃sja'sjɔ̃] **1** *f* pronunciación; articulación. **2** DR fallo, sentencia.

pronostic [prɔnɔs'tik] **1** *m* pronóstico, previsión. **2** MÉD pronóstico.

pronostique [prɔnɔs'tik] *adj* MÉD pronosticador.

pronostiquer [prɔnɔsti'ke] **1** *tr* pronosticar. **2** prever.

641 protection

propagande [pʀɔpaˈɡɑ̃d] **1** f propaganda (ideas políticas). **2** REL *institución para propagar la fe cristiana*.

propagation [pʀɔpagaˈsjɔ̃] **1** f propagación. **2** reproducción (de especies). **3** REL apostolado.

propager [pʀɔpaˈʒe] **1** tr et pron propagar. • **2** tr difundir; divulgar: *propager des idées communistes = divulgar ideas comunistas*.

propane [pʀɔˈpan] m CHIM propano (gas).

propension [pʀɔpɑ̃ˈsjɔ̃] **1** f propensión, disposición. **2** (~ à) tendencia: *propension à tomber amoureux facilement = tendencia a enamorarse fácilmente*; inclinación.

prophète [pʀɔˈfɛt] m profeta.

prophétie [pʀɔfeˈsi] f profecía.

prophétique [pʀɔfeˈtik] adj profético.

prophétiser [pʀɔfetiˈze] tr profetizar.

prophylactique [pʀɔfilakˈtik] adj profiláctico.

propice [pʀɔˈpis] adj propicio; favorable.

proportion [pʀɔpɔʀˈsjɔ̃] **1** f proporción. **2** armonía: *la proportion des formes = la armonía de las formas*. **3** (fig) analogía (entre dos cosas). ■ à ~ de proporcionalmente.

proportionnel, elle [pʀɔpɔʀsjɔˈnɛl] adj proporcional.

proportionner [pʀɔpɔʀsjɔˈne] tr et pron proporcionar.

propos [pʀɔˈpo o pʀoˈpo] **1** m discurso. **2** LITT intención.

proposer [pʀɔpoˈze o pʀopoˈze] **1** tr et pron proponer. • **2** tr mostrar (alguna cosa).

proposition [pʀɔpoziˈsjɔ̃ o pʀopoziˈsjɔ̃] **1** f proposición, propuesta. **2** DR proposición (de ley). **3** GRAMM oración: *la proposition subordonnée = la oración subordinada*. ■ sur ~ de a propuesta de.

propre [pʀɔpʀ] **1** adj propio. **2** decente: *il a fait un examen propre = ha hecho un examen decente*. **3** limpio: *son pantalon est propre = su pantalón está limpio*. ■ au ~ en sentido propio; en limpio; c'est du ~ (iron) ¡qué bonito!

propreté [pʀɔpʀəˈte] f limpieza; higiene.

propriétaire [pʀɔpʀijeˈtɛʀ] m ou f propietario. ♦ ~ foncier propietario de bienes inmuebles.

propriété [pʀɔpʀijeˈte] **1** f propiedad; posesión. **2** finca (casa): *on passe les va-*

cances dans notre propriété = pasamos las vacaciones en nuestra finca.

propulser [pʀɔpylˈse] **1** tr propulsar. **2** (fig, fam) enchufar (inmerecidamente). • **3** se ~ pron (fam) irse (personas).

propulseur [pʀɔpylˈsœʀ] **1** adj et m propulsor. • **2** m varilla de un arpón (etnología).

prorogation [pʀɔʀɔgaˈsjɔ̃] f prórroga.

proroger [pʀɔʀɔˈʒe] **1** tr prorrogar. **2** prolongar. • **3** se ~ pron POL prolongarse: *le parlement s'est prorogé jusqu'en octobre = el parlamento se ha prolongado hasta octubre*.

prosaïque [pʀɔzaˈik] **1** adj prosaico. **2** (fig) vulgar, prosaico.

proscrire [pʀɔsˈkʀiʀ] **1** tr proscribir. **2** (fig) prohibir.

proscrit, e [pʀɔsˈkʀi, t] adj/m et f proscrito; exiliado.

prose [pʀoz] **1** f prosa. **2** estilo (de un escritor).

prosélyte [pʀɔzeˈlit] m ou f prosélito.

prospect [pʀɔsˈpɛkt] m cliente potencial.

prospecter [pʀɔspɛkˈte] tr prospectar (un terreno).

prospecteur, trice [pʀɔspɛkˈtœʀ, tʀis] m et f prospector.

prospection [pʀɔspɛkˈsjɔ̃] **1** f prospección (minerales). **2** investigación, prospección (mercado).

prospectus [pʀɔspɛkˈtys] m prospecto.

prospère [pʀɔsˈpɛʀ] adj próspero.

prospérer [pʀɔspeˈʀe] intr prosperar.

prospérité [pʀɔspeʀiˈte] **1** f prosperidad (abundancia): *la prospérité matérielle = la prosperidad material*. **2** salud.

prostate [pʀɔsˈtat] f ANAT próstata.

prosterner [pʀɔstɛʀˈne] **1** tr inclinar. • **2** se ~ pron prosternarse.

prostituée [pʀɔstiˈtɥe] f prostituta.

prostituer [pʀɔstiˈtɥe] tr et pron prostituir.

prostitution [pʀɔstityˈsjɔ̃] f prostitución.

prostration [pʀɔstʀaˈsjɔ̃] f postración.

protagoniste [pʀɔtagoˈnist] m protagonista.

prote [pʀɔt] m regente de una imprenta.

protecteur, trice [pʀɔtɛkˈtœʀ, tʀis] adj/m et f protector.

protection [pʀɔtɛkˈsjɔ̃] **1** f protección. **2** prevención.

protégé, e [pʀɔte'ʒe] *adj/m* et *f* protegido.

protéger [pʀɔte'ʒe] **1** *tr* et *pron* proteger; amparar. ● **2** *tr* socorrer. **3** garantizar: *protéger l'éducation des mineurs* = *garantizar la educación de los menores*. **4** preservar: *protéger les jardins publics* = *preservar los jardines públicos*.

protéine [pʀɔte'in] *f* proteína.

protéique [pʀɔte'ik] *adj* proteínico.

protestant, e [pʀɔtɛs'tɑ̃, t] *adj/m* et *f* REL protestante.

protestataire [pʀɔtɛsta'tɛʀ] *adj* protestativo.

protestation [pʀɔtɛsta'sjɔ̃] **1** *f* protesta. **2** demostración (de sentimientos): *des protestations d'amitié* = *demostraciones de amistad*.

protester [pʀɔtɛs'te] **1** *intr* protestar. **2** oponerse: *protester contre une interdiction* = *oponerse a una prohibición*. ● **3** *tr* afirmar; asegurar.

prothèse [pʀɔ'tɛz] *f* prótesis.

protocolaire [pʀɔtɔkɔ'lɛʀ] **1** *adj* protocolar. **2** ceremonioso; solemne: *il utilise un ton protocolaire* = *utiliza un tono solemne*.

protocole [pʀɔtɔ'kɔl] **1** *m* protocolo. **2** convención; tratado: *le contenu du protocole est très important* = *el contenido del tratado es muy importante*.

prototype [pʀɔto'tip] *m* prototipo; arquetipo; modelo.

protubérance [pʀɔtybe'ʀɑ̃s] **1** *f* protuberancia. **2** relieve: *les montagnes sont des protubérances* = *las montañas son relieves*.

protubérant, e [pʀɔtybe'ʀɑ̃, t] *adj* protuberante.

proue [pʀu] *f* MAR proa.

prouesse [pʀu'ɛs] *f* proeza, hazaña.

prouver [pʀu've] **1** *tr* et *pron* demostrar; probar. ● **2** *tr* anunciar; revelar: *ce fait ne prouve rien de particulier* = *este hecho no revela nada particular*.

provenance [pʀɔv'nɑ̃s] *f* procedencia.

provençal, e [pʀɔvɑ̃'sal] **1** *adj* provenzal. ● **2 Provençal, e** *m* et *f* provenzal. ● **3** *m* provenzal (lengua).

provenir [pʀɔv'niʀ] **1** *intr* proceder; provenir. **2** derivar: *le problème provient de son comportement* = *el problema deriva de su comportamiento*.

proverbe [pʀɔ'vɛʀb] *m* proverbio; refrán.

proverbial, e [pʀɔvɛʀ'bjal] *adj* proverbial.

providence [pʀɔvi'dɑ̃s] *f* providencia.

providentiel, elle [pʀɔvidɑ̃'sjɛl] *adj* providencial.

province [pʀɔ'vɛ̃s] **1** *f* provincia. **2** región.

provincial, e [pʀɔvɛ̃'sjal] **1** *adj* provincial. ● **2** *m* et *f* provinciano. ● **3** *m* REL provincial.

proviseur [pʀɔvi'zœʀ] *m* director (de un instituto).

provision [pʀɔvi'zjɔ̃] **1** *f* provisión. **2** anticipo (de honorarios). ● **3 provisions** *f pl* víveres: *on a fait des provisions pour un mois* = *tenemos víveres para un mes*.

provisionnel, elle [pʀɔvizjɔ'nɛl] *adj* provisional.

provisoire [pʀɔvi'zwaʀ] **1** *adj* provisorio; efímero: *le bonheur est provisoire* = *la felicidad es efímera*. **2** provisional.

provocant, e [pʀɔvɔ'kɑ̃, t] **1** *adj* provocante. **2** agresivo.

provocateur, trice [pʀɔvɔka'tœʀ, tʀis] *adj/m* et *f* provocador.

provocation [pʀɔvɔka'sjɔ̃] **1** *f* provocación. **2** desafío.

provoquer [pʀɔvɔ'ke] **1** *tr* et *pron* provocar. ● **2** *tr* desafiar.

proxénète [pʀɔkse'nɛt] *m* ou *f* proxeneta.

proximité [pʀɔksimi'te] *f* proximidad. ■ **à ~** cerca: *il y a une église à proximité* = *hay una iglesia cerca*; **à ~ de** cerca de, a poca distancia de: *j'habite à proximité du métro* = *vivo a poca distancia del metro*.

prude [pʀyd] **1** *adj/m* ou *f* gazmoño; mojigato. ● **2** *f* LITT pudorosa.

prudence [pʀy'dɑ̃s] **1** *f* prudencia; cautela. **2** LITT precaución.

prudent, e [pʀy'dɑ̃, t] *adj* prudente.

prune [pʀyn] *f* ciruela (fruta). ■ **pour des prunes** (fig, fam) para nada, en balde.

pruneau [pʀy'no] *m* ciruela pasa.

prunelle [pʀy'nɛl] **1** *f* endrina (fruta). **2** pupila (del ojo).

prunellier [pʀynɛ'lje] *m* endrino (arbusto).

prunier [pʀy'nje] *m* ciruelo (árbol).

P.-S. [pe'ɛs] (*abrév de* **post-scriptum**) *m* PS.

psalmiste [psal'mist] *m* salmista.

psalmodie [psalmɔ'di] *f* REL salmodia.

psalmodier [psalmɔ'dje] *tr* et *intr* salmodiar.

psaume [psom] *m* salmo.

psautier [pso'tje] *m* salterio.

pseudonyme [psødɔ'nim] *adj* et *m* seudónimo.

psychanalyse [psikana'liz] *f* psicoanálisis.

psychanalyste [psikana'list] *m* ou *f* psicoanalista.

psyché [psi'ʃe] *f* psique.

psychédélique [psikede'lik] *adj* psicodélico.

psychiatre [psi'kjatʀ] *m* ou *f* MÉD psiquiatra.

psychiatrie [psikja'tʀi] *f* MÉD psiquiatría.

psychique [psi'ʃik] *adj* psíquico.

psychodrame [psikɔ'dʀam] *m* psicodrama.

psychologie [psikɔlɔ'ʒi] *f* psicología.

psychologique [psikɔlɔ'ʒik] *adj* psicológico.

psychologue [psikɔ'lɔg] *adj/m* ou *f* psicólogo.

psychomoteur, trice [psikɔmɔ'tœʀ, tʀis] *adj* psicomotor.

psychopathe [psikɔ'pat] *m* ou *f* psicópata.

psychopédagogie [psikɔpedagɔ'ʒi] *f* psicopedagogía.

psychophysique [psikɔfi'zik] *f* psicofísica.

psychose [psi'koz] *f* MÉD psicosis.

psychosomatique [psikɔzɔma'tik] *adj* psicosomático.

psychotechnique [psikɔtɛk'nik] *adj* et *f* psicotecnia.

psychothérapie [psikɔteʀa'pi] *f* psicoterapia.

psylle [psil] 1 *m* encantador de serpientes. ● 2 *m* ou *f* insecto hemíptero (de árboles frutales).

puanteur [pɥɑ̃'tœʀ] *f* hediondez; peste.

pub [pyb] *f* (fam) publicidad, anuncios.

pub [pœb] *m* pub (bar inglés).

pubère [py'bɛʀ] *adj* púber.

puberté [pybɛʀ'te] *f* pubertad.

pubis [py'bis] *m* ANAT pubis.

public, ique [py'blik] 1 *adj* et *m* público. ● 2 *m* público; auditor (espectadores).

publication [pyblika'sjɔ̃] 1 *f* publicación (de un libro, de una revista). 2 DR promulgación.

publiciste [pybli'sist] *m* ou *f* publicista.

publicitaire [pyblisi'tɛʀ] 1 *adj* publicitario. ● 2 *m* ou *f* publicista.

publicité [pyblisi'te] *f* publicidad.

publier [pybli'je] 1 *tr* publicar. 2 pregonar.

puce [pys] 1 *f* pulga (insecto). 2 INF chip.

puceau, elle [py'so, ɛl] *adj/m* et *f* (fam) virgen, virgo.

puceron [pys'ʀɔ̃] *m* pulgón (insecto).

pucier [py'sje] *m* (fam) cama, piltra.

pudeur [py'dœʀ] 1 *f* pudor; decencia. 2 discreción; delicadeza.

pudibond, e [pydi'bɔ̃, d] *adj* pudibundo; pudoroso.

pudique [py'dik] *adj* púdico; casto.

puer [pɥe] *tr* et *intr* apestar: *ça pue ici* = aquí apesta; heder.

puéricultrice [pɥeʀikul'tʀis] *f* puericultora.

puériculture [pɥeʀikul'tyʀ] *f* puericultura.

puéril, e [pɥe'ʀil] *adj* pueril.

puérilité [pɥeʀili'te] *f* puerilidad.

pugilat [pyʒi'la] *m* pugilato, riña.

pugiliste [pyʒi'list] *m* pugilista, boxeador.

puis [pɥi] *adv* después; luego. ■ et ~ y además; et puis? ¿y qué?

puisard [pɥi'zaʀ] 1 *m* pozo negro. 2 LITT sumidero.

puisatier [pɥiza'tje] *m* pocero.

puiser [pɥi'ze] *tr* sacar (líquidos).

puisque [pɥisk] *conj* ya que; puesto que: *fais-le, puisque tu sais comment* = hazlo, ya que sabes cómo.

puissance [pɥi'sɑ̃s] 1 *f* poder. 2 autoridad: *une puissance temporelle* = una autoridad temporal. 3 potencia: *la puissance sexuelle* = la potencia sexual. 4 país, estado, potencia.

puissant, e [pɥi'sɑ̃, t] 1 *adj* poderoso. 2 grande, corpulento. 3 eficaz: *un puissant remède* = un remedio eficaz. ● 4 *m* potente, fuerte.

puits [pɥi] *m* pozo. ◆ ~ à chaîne MAR compartimento para el ancla.

pull [pyl] (*abrév* de pull-over) *m* jersey.

pullman [pyl'man] *m* pullman.

pull-over [pylɔ'vɛʀ] *m* jersey.

pulluler [pyly'le] 1 *intr* pulular. 2 abundar (personas, cosas): *dans la rue pullulent les touristes* = en la calle abundan los turistas.

pulmonaire [pylmɔ'nɛʀ] 1 *f* BOT pulmonaria (planta). ● 2 *adj* pulmonar.

pulpe [pylp] *f* pulpa.

pulpeux, euse [pyl'pø, øz] *adj* LITT pulposo.

pulsation [pylsa'sjɔ] *f* pulsación; pulso.

pulsion [pyl'sjɔ] *f* impulsión.

pulvérisateur [pylveriza'tœr] **1** *m* pulverizador. **2** vaporizador.

pulvérisation [pylveriza'sjɔ̃] **1** *f* pulverización. **2** vaporización.

pulvériser [pylveri'ze] **1** *tr* pulverizar. **2** vaporizar. **3** (fig) destruir: *l'ouragan a pulvérisé le village* = el huracán ha destruido el pueblo.

puma [py'ma] *m* ZOOL puma.

punaise [py'nɛz] **1** *f* chinche (insecto). **2** chincheta.

punch [pɔ̃ʃ] *m* ponche (bebida).

punch [pœnʃ] *m* SPORTS pegada (boxeo).

puncheur [pœn'ʃœr] *m* SPORTS pegador (boxeo).

punique [py'nik] *adj* púnico.

punir [py'nir] *tr* castigar.

punitif, ive [pyni'tif, iv] *adj* punitivo.

punition [pyni'sjɔ̃] **1** *f* castigo. **2** DR pena.

punk [pœ̃k o pœnk] *adj* et *m* punk.

pupille [py'pij o py'pil] **1** *f* pupila (ojo). ● **2** *m* ou *f* pupilo (huérfano).

pupitre [py'pitr] **1** *m* pupitre. **2** MUS atril.

pur, e [pyr] **1** *adj* puro. **2** limpio. **3** CHIM puro: *un métal pur = un metal puro.*

pureau [py'ro] *m* parte limpia de una teja.

purée [py're] **1** *f* puré. **2** (fam) pobreza, miseria.

pureté [pyr'te] **1** *f* pureza (sin mezcla): *un diamant d'une pureté incroyable = un diamante de una pureza increíble.* **2** candor; inocencia.

purgatif, ive [pyrga'tif, iv] **1** *adj* purgativo. ● **2** *m* purga.

purgation [pyrga'sjɔ̃] **1** *f* MÉD purgación; purga. **2** REL purificación (del pecado).

purgatoire [pyrga'twar] *m* REL purgatorio.

purge [pyrʒ] **1** *f* purga. **2** desagüe. **3** DR cancelación.

purger [pyr'ʒe] **1** *tr* purgar. **2** purificar.

purifiant, e [pyri'fjɑ̃, t] *adj* LITT purificante.

purification [pyrifika'sjɔ̃] **1** *f* purificación. **2** filtrado (de una substancia).

purifier [pyri'fje] **1** *tr* et *pron* purificar. ● **2** *tr* filtrar (una substancia). **3** depurar (el estilo, la lengua).

puriste [py'rist] *adj/m* ou *f* purista.

puritain, e [pyri'tɛ̃, ɛn] **1** *adj/m* et *f* puritano. **2** REL puritano; protestante (anglicano).

purpurin, e [pyrpy'rɛ̃, in] *adj* purpurina.

pur-sang [pyr'sɑ̃] *m* purasangre.

pus [py] *m* MÉD pus.

pusillanime [pyzila'nim] *adj* pusilánime.

pusillanimité [pyzilanimi'te] *f* pusilanimidad.

pustule [pys'tyl] *f* MÉD pústula.

pustuleux, euse [pysty'lø, øz] *adj* pustuloso.

putain [py'tɛ̃] *f* (péj, vulg) puta. ■ **putain!** ¡joder!

pute [pyt] *adj* et *f* (péj, vulg) puta.

putois [py'twa] **1** *m* turón (animal). **2** abrigo de piel de turón.

putréfaction [pytrefak'sjɔ̃] *f* putrefacción; pudrición.

putréfier [pytre'fje] *tr* pudrir.

putride [py'trid] *adj* pútrido.

putsch [putʃ] *m* POL alzamiento; golpe de estado.

putschiste [put'ʃist] *adj/m* ou *f* golpista.

puzzle [pœzl] *m* rompecabezas.

pygmée [pig'me] *adj* et *m* pigmeo.

pyjama [piʒa'ma] *m* pijama; piyama (Amér.).

pylône [pi'lon] **1** *m* pilar (construcción). **2** HIST pilón (arqueología).

pyramidal, e [pirami'dal] *adj* piramidal.

pyramide [pira'mid] *f* pirámide.

pyrite [pi'rit] *f* MIN pirita.

pyromane [piro'man] *m* ou *f* pirómano.

pyrotechnie [pirotek'ni] *f* pirotecnia.

pyrotechnique [pirotek'nik] *adj* pirotécnico.

pythiques [pi'tik] *adj pl* HIST píticos.

python [pi'tɔ̃] *m* ZOOL pitón (serpiente).

pythonisse [pitɔ'nis] *f* pitonisa.

Qq

q [ky] *m* q.

quadrangle [kwa'drɑ̃gl] *m* GÉOM cuadrángulo.

quadrangulaire [kwadrɑ̃gy'lɛʀ] *adj* GÉOM cuadrangular.

quadrant [kwa'drɑ̃] *m* GÉOM cuadrante.

quadrature [kwadra'tyʀ] *f* ASTR, GÉOM cuadratura.

quadriennal [kwadʀije'nal] *adj* cuatrienal.

quadruple [ka'dʀypl o kwa'dʀypl] **1** *adj* cuádruple. • **2** *m* cuádruplo.

quadrupler [kadʀy'ple o kwadʀy'ple] *tr* et *intr* cuadruplicar.

quadruplés, ées [kadʀy'ple o kwadʀy'ple] *m* et *f* cuatrillizos.

quai [kɛ] **1** *m* muelle (de un río, del mar): *se mettre à quai* = atracar en el muelle. **2** andén (ferrocarril).

> En mayúscula, *le Quai*, designa al Ministerio de Asuntos Exteriores que tiene su sede en el **quai d'Orsay**.

quaker, eresse [kwɛ'kœʀ, ɛs] *m* et *f* cuáquero.

qualificatif, ive [kalifika'tif, iv] *adj* et *m* calificativo.

qualification [kalifika'sjɔ̃] **1** *f* calificación. **2** capacitación, cualificación (de un trabajador).

qualifié, e [kali'fje] **1** *adj* calificado. **2** capacitado, cualificado: *ouvrier qualifié* = *obrero cualificado*. ◆ **vol ~** DR robo con agravantes.

qualifier [kali'fje] **1** *tr* calificar. **2** cualificar (a un trabajador). • **3 se ~** *pron* SPORTS calificarse.

qualitatif, ive [kalita'tif, iv] *adj* cualitativo.

qualité [kali'te] **1** *f* cualidad (propiedad). **2** calidad: *viande de première qualité* = *carne de primera calidad*. • **3 qualités** *f pl* aptitudes, dotes. ■ **avoir ~ pour** tener autoridad para; **en ~ de** en calidad de, como.

quand [kɑ̃] **1** *adv* cuándo: *quand est-il arrivé?* = *¿cuándo llegó?* • **2** *conj* cuando, tan pronto como: *quand il a fini, il est parti* = *cuando terminó se marchó*. **3** aun cuando: *quand tu ne le saurais, je te le dirais* = *aun cuando no lo supieses, yo te lo diría*. ■ **~ même** a pesar de todo: *quand même je parlerai avec lui* = *a pesar de todo hablaré con él*; **~ même!** ¡vamos!, ¡exageras!

quant à [kɑ̃'ta] *loc prép* en relación a, en cuanto a: *quant à son père, je le crois honnête* = *en cuanto a su padre, lo creo honesto*.

quant-à-moi ou **quant-à-soi** [kɑ̃ta'mwa o kɑ̃ta'swa] *m* actitud de reserva. ■ **rester sur son ~** guardar las distancias.

quantième [kɑ̃'tjɛm] *m* día: *le premier ~ de la semaine* = *el primer día de la semana*.

quantification [kɑ̃tifika'sjɔ̃] *f* cuantificación.

quantifier [kɑ̃ti'fje] *tr* cuantificar.

quantique [kɑ̃'tik] *adj* cuántico: *physique quantique* = *física cuántica*.

quantitatif, ive [kɑ̃tita'tif, iv] *adj* cuantitativo: *analyse quantitative* = *análisis cuantitativo*.

quantité [kɑ̃ti'te] **1** *f* cantidad. **2** gran cantidad, abundancia: *il y a quantité de choses là* = *hay gran cantidad de cosas ahí*.

quarantaine [kaʀɑ̃'tɛn] *f* cuarentena: *on a mis les malades en quarantaine* = *han puesto a los enfermos en cuarentena*. ■ **avoir la ~** tener los cuarenta.

quarante [ka'ʀɑ̃t] **1** *adj* et *m* cuarenta. • **2 les Quarante** *loc* (fam) *los cuarenta miembros de la Academia Francesa*.

> En mayúsculas, *les Quarante*, hace referencia a los Académicos franceses.

quart [kaʀ] *m* cuarto (parte): *un quart du gâteau* = *un cuarto del pastel*. ◆ **~ d'heure** cuarto de hora; ■ **au ~ de tour**

(fig) a la primera; **être de ~** MAR estar de guardia.

quartaut [kaʀ'to] *m* cuarterola.

quarté [kaʀ'te] *m clase de quiniela hípica.*

quartelette [kaʀtə'lɛt] *f pizarra pequeña.*

quarteron [kaʀtə'ʀɔ̃] **1** *m* cuarterón (medida). **2** puñado: *un quarteron de personnes* = *un puñado de personas.*

quartette [kaʀ'tɛt] *m* MUS cuarteto.

quartier [kaʀ'tje] **1** *m* barrio. **2** cuarta parte, cuarto. **3** porción. **4** gajo (de naranja). **5** ASTR cuarto: *premier, dernier quartier* = *cuarto creciente, menguante.* **6** MIL cuartel. ■ **avoir ~ libre** estar o dejar libre.

quartier-maître [kaʀtje'mɛtʀ] *m* MIL cabo de marina.

quartz [kwaʀts] *m* MIN cuarzo.

quartzite [kwaʀt'sit] *m* MIN cuarcita.

quasi [ka'zi] *adv* casi.

quasi-contrat [kazikɔ̃'tʀa] *m* DR cuasicontrato.

quasi-délit [kazide'li] *m* DR cuasidelito.

quaternaire [kwateʀ'nɛʀ] **1** *adj* divisible por cuatro. **2** CHIM, MATH cuaternario. ● **3** *adj et m* HIST cuaternario.

quatorze [ka'tɔʀz] **1** *adj et m* catorce. ● **2** *adj* decimocuarto, catorce.

quatorzième [katɔʀ'zjɛm] **1** *adj/m ou f* catorzavo. **2** decimocuarto.

quatre [katʀ] **1** *adj et m* cuatro. ● **2** *adj* cuarto. ■ **se tenir à ~** contenerse, aguantarse.

quatre-cent-vingt-et-un [katsɑ̃vɛ̃te'œ̃ o katʀəsɑ̃vɛ̃te'œ̃] *m* cuatrocientos veintiuno (juego).

quatre-de-chiffre [katʀədə'ʃifʀ] *m* trampa (para animales).

quatre-quarts [kat'kaʀ o katʀə'kaʀ] *m* GAST *bizcocho elaborado con cuatro ingredientes.*

quatre-saisons [katsɛ'zɔ̃ o katʀəsɛ'zɔ̃] *f* BOT *variedad de fresa.* ◆ **marchande des ~** verdulera ambulante.

quatre-vingts [katʀə'vɛ̃] *adj et m* ochenta: *quatre-vingt-un* = *ochenta y uno.*

quatrième [katʀi'jɛm] **1** *adj/m ou f* cuarto. ● **2** *f* AUT cuarta: *passer en quatrième* = *pasar en cuarta.*

quatrillion [katʀi'ljɔ̃] *m* cuatrillón.

que [kə] **1** *pron rel* que: *la voiture qu'il a achetée* = *el coche que ha comprado.* **2** a quien, al que, a la que (*f*), al cual, a la

cual (*f*): *la personne que je cherche* = *la persona a quien busco.* ● **3** *pron interr* qué: *que prend-il?* = *¿qué toma?* **4** de qué, para qué: *que lui sert de faire tout ça?* = *¿de qué sirve hacer todo eso?* ● **5** *conj* antes que: *je ne partirai pas que tu n'aies fini* = *no me marcharé antes que hayas acabado.* **6** para que: *venez que l'on vous félicite* = *venga para que le felicitemos.* **7** que: *je veux que tu m'aides* = *quiero que me ayudes, qu'il vienne* = *que venga.* **8** ya que. **9** *quand on est bon et qu'on est gentil* = *cuando se es bueno y se es bondadoso.* ● **10** *adv* qué: *que peu de temps!* = *¡qué poco tiempo!* **11** por qué: *qu'as-tu besoin de ce livre?* = *¿por qué necesitas este libro?* ■ **à peine ... ~** apenas... cuando; **autant ... ~** tanto... como; **c'est ... ~** es... donde (lugar); es... cuando (tiempo); es... como (manera); es... a quien (persona); **d'autant plus ... ~** tanto más cuanto que; **moins, plus ... ~** menos, más... que; **~ de cuánto:** *que de difficultés!* = *¡cuántas dificultades!*; **qu'est-ce ~** ¿qué...?, ¿qué es lo que...?; **~ ne ... je** quién: *que ne puis-je reposer!* = *¡quién pudiera descansar!*; **~ non!** ¡ca!, ¡claro que no!; **si ... ~** tan... que.

quechua [ket'ʃwa] *m* quechua (lengua).

quel, quelle [kɛl] (*pl* **quels, quelles**) **1** *adj* (seguido de *sust* o *adj*) qué: *dans quelle maison?* = *¿en qué casa?, quel dommage!* = *¡qué lástima!* **2** (seguido de *vb*) cuál: *quel est votre nom?* = *¿cuál es su apellido?* **3** quién: *quel est cet enfant?* = *¿quién es este niño?* ● **4** *pron* cuál: *dire quel est le meilleur* = *decir cuál es el mejor.* ■ **~ que** cualquiera que: *quels qu'ils soient* = *cualesquiera que sean.*

quelconque [kɛl'kɔ̃k] **1** *adj indéf* cualquier, cualquiera: *un jour quelconque* = *cualquier día.* ● **2** *adj* (fam) mediocre, del montón.

quelque [kɛlk] (*pl* **quelques**) **1** *adj indéf* algún, alguno, alguna (*f*): *je voudrais quelque bonbon* = *querría algún caramelo.* ● **2** *adv* cerca de; unos, unas (*f*): *il y a quelque quatre mois* = *hace unos cuatro meses.* **3** por, por muy, más: *quelque riche qu'il soit, il est très généreux* = *por muy rico que sea, es muy generoso.* ■ **~ part** en algún sitio; **~ ... que** por mucho... que, por más... que: *quelque effort qu'il fasse il n'arrive à rien = por mucho esfuerzo que haga no consigue nada*; ~ ... que ou ~ ... qui cualquiera que sea... que: *quelque musique que tu écoutes = cualquiera que sea la música que escuchas*; ~ temps algún tiempo.

quelquefois [kɛlkə'fwa] *adv* algunas veces, a veces: *j'y vais quelquefois = voy a veces*.

quelques-uns, unes [kɛlkə'zœ̃, yn] *pron* varios, varias (*f*); algunos, algunas (*f*): *j'en ai vu quelques-uns = he visto algunos*.

quelqu'un, e [kɛl'kœ̃, œn] **1** *pron* alguien: *il y a qqn qui joue du violon = hay alguien que toca el violín*. **2** alguno, alguna (*f*): *qqn de mes enfants = alguno de mis hijos*; uno, una (*f*). **3** (fam) alguien (importante): *il se croit qqn = se cree alguien*.

quémander [kemɑ̃'de] *tr* et *intr* mendigar: *quémander une réconciliation = mendigar una reconciliación*.

qu'en-dira-t-on [kɑ̃dira't5] *m* qué dirán: *la crainte du qu'en-dira-t-on = el temor del qué dirán*.

quenelle [kə'nɛl] *f* GAST especie de croqueta de pescado o de carne.

quenouille [kə'nuj] **1** *f* rueca (para hilar). **2** copo, husada. **3** AGR tallo.

querelle [kə'rɛl] *f* disputa, pendencia.

quereller [kare'le] **1** *tr* reñir, regañar. ● **2** se ~ *pron* pelearse.

querelleur, euse [kare'lœr, øz] *adj/m* et *f* pendenciero, camorrista.

quérir [ke'rir] *tr* (form) buscar, traer: *aller quérir un papier = ir a buscar un papel*.

questeur [kɛs'tœr] **1** *m administrador de una asamblea legislativa*. **2** HIST cuestor.

question [kɛs'tjɔ̃] **1** *f* pregunta: *poser une question = hacer una pregunta*. **2** cuestión, tema (de discusión). **3** problema: *c'est une question de temps = es un problema de tiempo*. **4** tema, asunto: *une question d'actualité = un tema de actualidad*. ◆ ~ de confiance voto de confianza; ~ piège pregunta capciosa; ■ en ~ de que se trata, en cuestión: *le film en question = la película de que se trata*; être en ~ estar puesto en tela de juicio; il en est ~ así parece; il est ~ de se trata de, parece que; mettre en ~ poner en duda o en tela de juicio, someter a discusión; pas ~! ¡ni hablar!; quelle ~!

¡qué pregunta!; qu'il n'en soit plus ~ que no se vuelva a hablar más de esto.

questionnaire [kɛstjɔ'nɛr] *m* cuestionario.

questionner [kɛstjɔ'ne] *tr* et *pron* interrogar, preguntar.

quête [kɛt] **1** *f* colecta (en la iglesia). **2** cuestación (en la vía pública). **3** (form) busca, búsqueda. **4** MAR inclinación (de un mástil). **5** MAR *ángulo entre el codaste y la quilla*. ■ en ~ de en busca de.

quêter [ke'te] **1** *tr* buscar. **2** ventear (la caza). ● **3** *intr* hacer la colecta, pedir.

quetsche [kwɛtʃ] **1** *f* ciruela damascena. **2** aguardiente de ciruelas.

queue [kø] **1** *f* cola; rabo. **2** faldón (de una chaqueta). **3** mango (de un objeto). **4** fin, final. **5** taco de billar. **6** (fig) cola, fila (de personas). **7** cola (de avión). **8** BOT pecíolo (de las hojas); rabillo (de flores y frutos). ◆ fausse ~ pifia (en billar); ~ à la ~ leu leu en fila india; avoir la ~ basse tener el rabo entre las piernas; faire la ~ hacer cola; prendre ou se mettre à la ~ ponerse a la cola; remuer ou battre la ~ colear, dar coletazos; tenir la ~ de la poêle tener la sartén por el mango.

queue-de-morue [kødmɔ'ry] **1** *f* pincel plano. **2** (fam) frac.

queue-de-rat [kød'ra] **1** *f* MAR rabo de rata. **2** TECH cola de rata, limatón.

queuter [kø'te] **1** *intr* retacar (en el billar). **2** arrastrar (en el cróquet).

qui [ki] **1** *pron rel* que: *la femme qui arrive = la mujer que llega*. **2** quien: *qui vivra verra = quien viva verá*. **3** (precedido de *prep*) el que, lo que, los que, las que (*f*), el cual, la cual (*f*), los cuales, las cuales (*f*), quien, quienes: *celui pour qui j'ai travaillé = aquél para quien he trabajado*. ◆ **4** *pron interr* quién, quiénes: *qui te l'a fait? = ¿quién te lo ha hecho?* **5** a quién: *qui as-tu frappé? = ¿a quién has golpeado?* ■ ce ~ lo que; celui ~ el que, quien; c'est moi ~ soy yo quien; c'est ... ~ es... el que, es... quien: *c'est sa sœur qui pleure = es su hermana quien llora*; chez ~ en casa de quien, en cuya casa; ~ pis est lo que es peor; ~ que ce soit quienquiera que sea, cualquiera que sea.

quia (à) [ɔkwi'ja] *loc adv* sin saber qué hacer. ■ être réduit ~ estar en la mayor miseria; mettre ~ dejar cortado.

q

quiche [kiʃ] *f* GAST quiche.

quiconque [ki'kɔ̃k] **1** *pron rel* cualquiera que, quienquiera que: *quiconque a l'habitude d'y aller = quienquiera que acostumbre a ir.* ● **2** *pron* cualquier, cualquiera, cualquier otro: *je suis plus amusant que quiconque = soy más divertido que cualquier otro.*

quiétude [kje'tyd] *f* quietud; sosiego. ■ **en toute ~** con toda tranquilidad.

quignon [ki'ɲɔ̃] *m* (fam) mendrugo de pan.

quille [kij] **1** *f* bolo (del juego). **2** (fam) zancas. **3** MAR quilla (de barco). **4** MIL licencia. ■ **recevoir qqn comme un chien dans un jeu de quilles** recibir a alguien de mala manera.

quincaillerie [kɛ̃kaj'ʀi] **1** *f* quincalla. **2** quincallería; ferretería (Amér.). **3** (fam) chatarra.

quincaillier, ère [kɛ̃ka'je, jɛʀ] *m* et *f* ferretero, quincallero.

quinine [ki'nin] *f* CHIM quinina.

quinquagénaire [kɛ̃kaʒe'nɛʀ] **1** *adj/m* ou *f* quincuagenario. **2** (fam) cincuenton.

quinquennal [kɛ̃ke'nal] *adj* quinquenal.

quinquennat [kɛ̃ke'na] *m* quinquenio.

quinquet [kɛ̃'kɛ] *m* quinqué.

quinquina [kɛ̃ki'na] **1** *m* quino; quina (planta). **2** vino quinado. **3** MÉD quina; quinquina.

quintal [kɛ̃'tal] *m* quintal (peso).

quinte [kɛ̃t] **1** *f* quinta (esgrima). **2** escalera (en el póquer). **3** (fam) capricho, humorada. **4** MÉD ataque de tos. **5** MUS quinta.

quintessence [kɛ̃te'sɑ̃s] *f* quintaesencia.

quintette [kɛ̃'tet] *m* MUS quinteto.

quinteux, euse [kɛ̃'tø, øz] **1** *adj* intermitente (tos). **2** (fig) caprichoso, malhumorado.

quintupler [kɛ̃'typl] *adj* et *m* quíntuplo.

quintupler [kɛ̃ty'ple] *tr* et *intr* quintuplicar.

quintuplés, ées [kɛ̃ty'ple] *m* et *f* quintillizos.

quinzaine [kɛ̃'zɛn] *f* quincena.

quinze [kɛ̃z] *adj* et *m* quince.

quinzième [kɛ̃'zjɛm] **1** *adj/m* ou *f* decimoquinto. **2** quinzavo (fracción).

quiproquo [kipʀɔ'ko] *m* quid pro quo, malentendido.

quittance [ki'tɑ̃s] *f* recibo.

quitte [kit] **1** *adj* libre. **2** DR exento. ■ **être ~ de** haberse librado de; **être ~ envers qqn** estar en paz con alguien.

quitter [ki'te] **1** *tr* abandonar, dejar: *il a quitté sa famille = abandonó a su familia.* **2** marcharse; irse: *il faut que je vous quitte = debo irme.* ● **3 se ~** *pron* separarse: *depuis cinq jours ils ne se quittent plus = desde hace cinco días ya no se separan.* **4** despedirse: *nous nous sommes quittés au port = nos despedimos en el puerto.*

quoi [kwa] **1** *pron rel* que, lo que: *ils ne trouvaient pas sur quoi s'appuyer = no encontraban en lo que apoyarse.* **2** (precedido de la prep à) para qué: *voilà donc à quoi servent les études = mira para qué sirven los estudios.* **3** (precedido de la prep de) de qué: *vous avez de quoi rire = tenéis de qué reíros*; con qué: *elle n'a pas de quoi se l'acheter = no tiene con qué comprárselo.* **4** (~ que) lo que: *quoi que ce soit = sea lo que sea.* ● **5** *pron interr* qué: *sait-on jamais à quoi pensent les hommes? = ¿sabe alguien en qué piensan los hombres?* **6** qué hay: *quoi de neuf? = ¿qué hay de nuevo?* ● **7** quoi! *interj* ¡cómo!, ¡vaya!: *quoi! tu pars? = ¡cómo! ¿te marchas?*

quoique [kwa'kə] *conj* aunque: *quoiqu'il pleuve on fera l'excursion = aunque llueva iremos de excursión, quoique je serais heureux que vous me réveilliez = aunque estaría contento de que me despertara.*

Debe elidirse sólo ante **il, elle, on, en, un, une**: *quoiqu'on en pense = pensemos lo que pensemos.* Va seguido siempre de subjuntivo.

quolibet [kɔli'bɛ] *m* pulla.

quorum [kɔ'ʀɔm o kwɔ'ʀɔm] *m* DR quórum.

quota [kɔ'ta o kwɔ'ta] *m* cuota, contingente. ◆ ~ **d'exportation** cuota de exportación.

quote-part [kɔt'paʀ] *f* parte proporcional, cuota.

quotidien, enne [kɔti'djɛ̃, ɛn] **1** *adj* cotidiano, diario. ● **2** *m* diario, periódico.

quotidienneté [kɔtidjɛn'te] *f* cotidianeidad.

quotient [kɔ'sjɑ̃] *m* MATH cociente. ◆ ~ **électoral** DR cociente electoral; ~ **intellectuel** coeficiente intelectual.

quotité [kɔti'te] *f* cuota. ◆ ~ **disponible** DR tercio de libre disposición en una herencia.

Rr

r [ɛʀ] *m* r.

rab [ʀab] (*abrév de* rabiot) *m* (fam) sobras. ■ **il y a du ~** hay de sobra.

rabâcher [ʀabaˈʃe] **1** *tr* repetir (muy insistentemente). ● **2** *intr* repetirse.

rabais [ʀaˈbɛ] *m* descuento, rebaja.

rabaisser [ʀabɛˈse] **1** *tr* bajar. **2** rebajar (un precio); sobajar (Amér.). ● **3** se ~ *pron* humillarse, rebajarse. ■ ~ **le caquet à qqn** (fig, fam) bajar los humos a alguien.

rabat [ʀaˈba] **1** *m* ojeo (en la caza). **2** alzacuello (de los eclesiásticos). **3** golilla (de los magistrados). **4** carterilla (del bolsillo). **5** solapa.

rabat-joie [ʀabaˈʒwa] *adj et m* aguafiestas.

rabatteur [ʀabaˈtœʀ] *m* gancho.

rabattre [ʀaˈbatʀ] **1** *tr* bajar. **2** rebajar, descontar. **3** abatir. **4** aplanar. **5** AGR podar, desmochar. ● **6** se ~ *pron* conformarse.

rabattu, e [ʀabaˈty] *adj* vuelto.

rabbin [ʀaˈbɛ̃] *m* rabino.

rabiot [ʀaˈbjo] **1** *m* (fam) sobras. **2** (fam) horas extras. **3** MIL recargo en el servicio.

rabioter [ʀabjoˈte] *tr* (fam) mangar, birlar.

rabique [ʀaˈbik] *adj* MÉD rábico.

râblé, e [ʀaˈble] *adj* (fig) robusto, recio.

rabot [ʀaˈbo] *m* TECH guillame, guimbarda.

raboter [ʀaboˈte] **1** *tr* acepillar, cepillar (la madera). **2** (fig) pulir, corregir.

raboteux, euse [ʀaboˈtø, øz] **1** *adj* áspero, escabroso, abrupto. **2** (fig) tosco, áspero.

rabougri, e [ʀabuˈgʀi] **1** *adj* canijo, enclenque. **2** arrugado, apergaminado. **3** BOT mustio.

rabougrir (se) [səʀabuˈgʀiʀ] **1** *pron* abarquillarse, achicarse. **2** (fig) encogerse (una persona).

rabrouer [ʀabʀuˈe] *tr* despachar.

rabroueur, euse [ʀabʀuˈœʀ, øz] *adj/m et f* regañón.

racaille [ʀaˈkaj] *f* chusma, gentuza.

raccommoder [ʀakɔmɔˈde] **1** *tr* remendar, zurcir. ● **2** *tr* et *pron* (fam) remendar reconciliar.

raccompagner [ʀakɔ̃paˈɲe] *tr* acompañar.

raccord [ʀaˈkɔʀ] **1** *m* racor, empalme. **2** ajuste (en el cine).

raccorder [ʀakɔʀˈde] *tr* et *pron* empalmar, enlazar.

raccourcir [ʀakuʀˈsiʀ] **1** *tr* acortar. **2** abreviar. **3** BOT podar. ● **4** *intr* acortarse. **5** menguar.

raccrocher [ʀakʀoˈʃe] **1** *tr* volver a colgar: *il a raccroché le tableau* = ha vuelto a colgar el cuadro. **2** volver a enganchar. **3** colgar (el teléfono). **4** recuperar. **5** parar, detener (a alguien). ● **6** se ~ *pron* agarrarse.

raccrocheur, euse [ʀakʀoˈʃœʀ, øz] *adj* pegadizo.

race [ʀas] **1** *f* raza. **2** (fig) casta. ■ **bon chien chasse de ~** de casta le viene al galgo el ser rabilargo.

racé, e [ʀaˈse] **1** *adj* de raza (un animal). **2** con clase.

rachat [ʀaˈʃa] **1** *m* nueva compra. **2** rescate. **3** liberación (de una obligación). **4** (fig) redención.

racheter [ʀaʃˈte] **1** *tr* comprar de nuevo. **2** comprar. **3** rescatar. **4** liberarse (de una obligación). **5** (fig) redimir, ganar el perdón. ● **6** se ~ *pron* rescatarse, redimirse. **7** compensar.

rachitique [ʀaʃiˈtik] *adj/m ou f* raquítico.

racial, e [ʀaˈsjal] *adj* racial.

racine [ʀaˈsin] **1** *f* BOT raíz. **2** ANAT raigón, raíz. **3** MATH raíz. **4** GRAMM raíz.

racisme [ʀaˈsism] *m* racismo.

raciste [ʀaˈsist] *adj/m ou f* racista.

racket [ʀaˈket] *m* extorsión.

racketteur [ʀakeˈtœʀ] *m* chantajista.

raclée [ʀaˈkle] *f* (fam) paliza, zurra; cueriza (Amér.).

racler [ʀaˈkle] **1** *tr* raspar, rascar. **2** (fam) rascar (un instrumento). ■ ~ **les fonds de tiroirs** rascarse los bolsillos; **se ~ la gorge** aclararse la voz.

raclette [ʀaˈklɛt] f rascador.

racleur [ʀaˈklœʀ] m (fam) rascatripas.

racloire [ʀaˈklwaʀ] m rasero.

raclure [ʀaˈklyʀ] f raedura.

racoler [ʀakɔˈle] **1** tr enganchar. **2** hacer la buscona.

racontar [ʀakɔ̃ˈtaʀ] m cotilleo, habladuría.

raconter [ʀakɔ̃ˈte] tr relatar, narrar. ■ **en ~** hablar mucho y exageradamente.

raconteur, euse [ʀakɔ̃ˈtœʀ, øz] m et f narrador, cuentista.

racorni, e [ʀakɔʀˈni] adj reseco, endurecido.

racornir [ʀakɔʀˈniʀ] **1** tr endurecer. • **2 se ~** pron resecarse.

radar [ʀaˈdaʀ] m radar.

rade [ʀad] **1** f rada, ensenada. • **2** m (fam) bar, tasca. ■ **laisser en ~** (fam) dejar plantado; **rester en ~** quedarse en la estacada.

radeau [ʀaˈdo] **1** m balsa. **2** armadía (tren).

radial, e [ʀaˈdjal] **1** adj ANAT radial. **2** TECH radial. • **3** f carretera radial urbana.

radiant, e [ʀaˈdjɑ̃, t] adj radiante. ◆ **point ~** ASTR punto radiante.

radiateur [ʀadjaˈtœʀ] m TECH radiador.

radiation [ʀadjaˈsjɔ̃] **1** f PHYS radiación. **2** DR exclusión.

radical, e [ʀadiˈkal] adj et m radical.

radicaliser [ʀadikaliˈze] tr et pron radicalizar.

radier [ʀaˈdje] tr excluir (de una lista).

radieux, euse [ʀaˈdjø, øz] **1** adj radiante. **2** rebosante (de alegría).

radin, e [ʀaˈdɛ̃, in] adj/m et f (fam) tacaño, agarrado; mezquino (Amér.).

radiner [ʀadiˈne] intr et pron (fam) llegar, plantarse.

radio [ʀaˈdjo] **1** f radio. • **2** m radiotelegrafista.

radioactif, ive [ʀadjɔakˈtif, iv] adj radioactivo, radiactivo.

radioactivité [ʀadjɔaktiviˈte] f radioactividad, radiactividad.

radioamateur [ʀadjɔamaˈtœʀ] m radioaficionado.

radiobaliser [ʀadjɔbaliˈze] tr TECH radiobalizar.

radiocassette [ʀadjɔkaˈsɛt] f radiocasete.

radiocommande [ʀadjɔkɔˈmɑ̃d] f TECH mando a distancia.

radiocommunication [ʀadjɔkɔmuniˈkaˈsjɔ̃] f radiocomunicación.

radiodiffusion [ʀadjɔdifyˈzjɔ̃] f radiodifusión.

radiographie [ʀadjɔɡʀaˈfi] f radiografía.

radiographier [ʀadjɔɡʀaˈfje] tr radiografiar.

radioguider [ʀadjɔɡiˈde] tr dirigir por radio.

radiologie [ʀadjɔlɔˈʒi] f MÉD radiología.

radioreportage [ʀadjɔʀəpɔʀˈtaʒ] m reportaje radiofónico.

radioréveil [ʀadjɔʀeˈvɛj] m radiodespertador.

radioscopie [ʀadjɔskɔˈpi] f radioscopia.

radio-taxi [ʀadjɔtakˈsi] m radiotaxi.

radiothérapie [ʀadjɔteʀaˈpi] f radioterapia.

radis [ʀaˈdi] **1** m rábano. **2** (fam) (esp. en fr negatives) blanca, cuarto (dinero): il n'a pas un radis = no tiene ni un cuarto.

radium [ʀaˈdjɔm] m CHIM radio.

radius [ʀaˈdjys] m ANAT radio.

radotage [ʀadɔˈtaʒ] **1** m chochera. **2** desatino.

radoter [ʀadɔˈte] **1** intr chochear; desatinar. **2** repetirse.

radoub [ʀaˈdub] m MAR carena. ◆ **bassin de ~** MAR dique.

radouber [ʀaduˈbe] **1** tr remendar, componer. **2** MAR carenar, reparar.

radoucir [ʀaduˈsiʀ] **1** tr et pron suavizar; ablandar. **2** suavizar, templar (el tiempo): les températures se sont radoucies = las temperaturas se han suavizado.

rafale [ʀaˈfal] **1** f ráfaga: rafale de vent et pluie = ráfaga de viento y lluvia. **2** MIL ráfaga (de armas).

raffermir [ʀafɛʀˈmiʀ] **1** tr et pron fortalecer; endurecer. **2** (fig) consolidar, afirmar.

raffinage [ʀafiˈnaʒ] m refinación.

raffiner [ʀafiˈne] **1** tr refinar. • **2** intr sutilizar.

raffinerie [ʀafinˈʀi] f refinería.

raffoler [ʀafɔˈle] tr estar loco por: Paul raffole du sport = Pablo está loco por el deporte; adorar.

raffut [ʀaˈfy] m (fam) follón, jaleo.

rafiau [ʀaˈfjo] m barcucho; carcamán.

rafistoler [ʀafistɔˈle] tr (fam) remendar; hacer una chapuza.

rafle [ʀɑfl] **1** f saqueo. **2** redada (policial). **3** BOT escobazo (de uvas); carozo (del maíz).

rafler [ʀɑfle] **1** tr saquear, robar. **2** (fam) arrebatar; ganar. **3** hacer una redada (la policía).

rafraîchir [ʀɑfʀeˈʃiʀ] **1** tr refrescar, enfriar. **2** animar, avivar. **3** recortar, igualar (los cabellos). **4** (fig) refrescar: *je vous rafraîchirai la mémoire = os refrescaré la memoria*; avivar. ● **5** intr refrescar, enfriarse: *mettre du vin à rafraîchir = poner el vino a enfriarse*. ● **6** se ~ pron tomar un refresco. **7** refrescarse: *se rafraîchir avant d'aller dîner = refrescarse antes de ir a cenar*.

rafraîchissant, e [ʀɑfʀeʃiˈsɑ̃, t] adj refrescante.

ragaillardir [ʀagajaʀˈdiʀ] tr reconfortar, revigorizar.

rage [ʀaʒ] **1** f rabia. **2** pasión (violenta). **3** dolor (muy agudo). **4** MÉD rabia. ■ **avoir la ~ au cœur** estar rabioso; **écumer de ~** echar chispas, echar espumarajos; **faire ~** causar estragos; **jusqu'à la ~** rabiosamente.

rageant, e [ʀaˈʒɑ̃, t] adj exasperante, irritante.

rager [ʀaˈʒe] intr rabiar.

rageur, euse [ʀaˈʒœʀ, øz] adj rabioso, colérico.

ragot [ʀaˈgo] **1** m jabato de dos años. **2** (fam) chisme, cotilleo.

ragoût [ʀaˈgu] m guiso, guisado.

ragoûtant, e [ʀaguˈtɑ̃, t] **1** adj apetitoso. **2** agradable.

ragréer [ʀagʀeˈe] tr TECH revocar.

raguer [ʀaˈge] intr MAR desgastarse, deteriorarse.

raid [ʀɛd] **1** m MIL incursión: *raids aériens = incursiones aéreas*. **2** SPORTS carrera de resistencia.

raide [ʀɛd] **1** adj rígido, tieso. **2** tirante (estirado). **3** lacio (los cabellos). **4** duro. **5** violento. ● **6** adv violentamente, secamente. **7** de golpe, bruscamente. **8** (fam) completamente, fuertemente. ■ **c'est un peu ~** (fam) eso no se lo cree nadie; **être ~ comme un passe-lacet** (fam) no tener un cuarto; **~ comme une balle** (fam) como una bala.

raideur [ʀɛˈdœʀ] **1** f rigidez, rigor; severidad. **2** (fig) inflexibilidad, rigor; severidad.

raidillon [ʀɛdiˈjɔ̃] m cuesta, repecho.

raidir [ʀɛˈdiʀ] **1** tr endurecer; atiesar. **2** MAR tesar. ● **3** se ~ pron ponerse rígido. **4** (fig) mantenerse firme, resistir.

raie [ʀɛ] **1** f raya. **2** ZOOL raya.

raifort [ʀɛˈfɔʀ] m rábano picante.

rail [ʀaj] **1** m raíl, carril. **2** ferrocarril (línea férrea). **3** MAR canal de navegación. ■ **remettre sur les rails** encarrilar.

railler [ʀaˈje] tr et pron burlarse de, ridiculizar.

raillerie [ʀajˈʀi] f broma, burla; pifia (Amér.). ■ **entendre la ~** saber bromear; **entendre ~** aguantar bromas; **le jeu passe la ~** eso pasa de broma; **trève de ~!** ¡basta de bromas!

railleur, euse [ʀaˈjœʀ, øz] **1** adj burlón, bromista. **2** irónico (mordaz).

rainer [ʀɛˈne] tr hacer una ranura en; acanalar.

rainette [ʀɛˈnɛt] f rana de zarzal, rubeta.

rainure [ʀɛˈnyʀ] f ranura; canal.

raire [ʀɛʀ] intr bramar.

raisin [ʀɛˈzɛ̃] m uva.

raison [ʀɛˈzɔ̃] **1** f razón. **2** causa, motivo: *la raison d'un phénomène = la causa de un fenómeno*. **3** juicio: *il a perdu la raison = ha perdido el juicio*. ■ **acquérir de la ~** llenarse de razón; **contre toute ~** fuera de lo razonable.

raisonnable [ʀɛzɔˈnabl] **1** adj razonable. **2** racional (dotado de razón).

raisonnement [ʀɛzɔnˈmɑ̃] **1** m razonamiento. **2** raciocinio, juicio.

raisonner [ʀɛzɔˈne] **1** intr razonar. **2** reflexionar, meditar. **3** argumentar, discutir. ● **4** tr et pron razonar: *l'amour ne se raisonne pas = no se razona el amor*.

raja [ʀaˈʒa] m rajá.

rajeunir [ʀaʒœˈniʀ] **1** tr et pron rejuvenecer. **2** remozar. **3** renovar, modernizar: *rajeunir une installation = renovar una instalación*. ● **4** intr rejuvenecer: *elle a rajeuni de quinze ans = ha rejuvenecido quince años*.

rajout [ʀaˈʒu] m añadidura.

rajouter [ʀaʒuˈte] tr volver a añadir. ■ **en ~** cargar las tintas, exagerar.

rajuster [ʀaʒysˈte] **1** tr reajustar. **2** rectificar: *rajuster le tir = rectificar el tiro*. **3** arreglar: *rajuster les salaires = arreglar los salarios*.

râlant, e [ʀɑˈlɑ̃, t] adj (fam) irritante.

râle [ʀɑl] m estertor: *un râle d'agonie = un estertor de agonía*. ◆ **~ d'eau** rascón, polla de agua; ~ **des genêts** rey de codornices.

ralenti [Ralã'ti] **1** *m* ralentí. **2** cámara lenta (en cine).

ralentir [Ralã'tiR] **1** *tr* ralentizar; moderar. ● **2** *intr* frenar, desacelerar: *il ralentissait à chaque croisement* = *desaceleraba en cada cruce*.

ralentissement [Ralãtis'mã] **1** *m* desaceleración. **2** disminución.

râler [Ra'le] **1** *intr* tener un estertor. **2** bramar (los animales). **3** (fam) gruñir, protestar.

râleur, euse [Ra'lœR, øz] *adj/m* et *f* (fam) gruñón, protestón.

ralliement [Rali'mã] **1** *m* reunión. **2** (fig) adhesión.

rallier [Ra'lje] **1** *tr* reunir, agrupar. **2** (fig) juntar, unir (personas). **3** (fig) ganar. ● **4** se ~ *pron* reunirse: *troupes qui se rallient* = *pandillas que se reúnen*. **5** incorporarse, adherirse.

rallonge [Ra'lõʒ] **1** *f* añadidura. **2** ampliación. **3** larguero (de mesa). **4** ÉLEC prolongador. **5** (fam) suplemento (de un precio); protestón.

rallonger [Ralõ'ʒe] *tr* et *intr* alargar.

rallumer [Raly'me] **1** *tr* volver a encender. **2** (fig) avivar, animar.

rallye [Ra'li] *m* rallye.

RAM [ERa'em] (*acronyme de* **Random Acces Memory**) *f* INF RAM.

ramage [Ra'maʒ] **1** *m* canto (de pájaros). **2** (fig) lengua, habla. **3** TECH rameado.

ramager [Rama'ʒe] **1** *intr* cantar (los pájaros). ● **2** *intr* TECH ramear.

ramas [Ra'ma] *m* pandilla, banda.

ramassé, e [Rama'se] *adj* acurrucado.

ramasse-miettes [Ramas'mjet] *m* recogemigas.

ramasser [Rama'se] **1** *tr* recoger. **2** reunir (reagrupar). **3** (fam) arrestar, pescar: *le gendarme a ramassé le voleur* = *el policía ha pescado al ladrón*. **4** (fig, fam) recibir (un golpe, una reprimenda). **5** (fig, fam) atrapar: *ramasser un bon rhume* = *atrapar un buen resfriado*. ● **6** se ~ *pron* acurrucarse.

ramasseur, euse [Rama'sœR, øz] *adj/m* et *f* recogedor.

ramassis [Rama'si] *m* (péj) montón; pandilla (de personas).

rame [Ram] **1** *f* remo. **2** AGR rodrigón. **3** resma (de papel). **4** tren. ■ **ne pas en fi-** cher une ~ cruzarse de brazos, no hacer nada.

ramé, e [Ra'me] *adj* rodrigado.

rameau [Ra'mo] **1** *m* rama. **2** (fig) rama (genealógica). **3** ANAT ramificación. **4** GÉOL ramal.

ramée [Ra'me] *f* ramaje, ramada.

ramener [Ram'ne] **1** *tr* traer de nuevo. **2** acompañar: *il nous ramenera chez nous* = *él nos acompañará a casa*. **3** llevar consigo: *il a ramené son chien* = *ha llevado consigo a su perro*. **4** (fig) hacer volver, restablecer. **5** reducir: *ramener à la plus simple expression* = *reducir a la más simple expresión*. ● **6** se ~ *pron* (se ~ à) limitarse a, reducirse a. ■ ~ **tout à soi** pensar sólo en sí mismo.

ramequin [Ram'kẽ] **1** *m* pastelillo de queso. **2** *recipiente para cocinar dicho pastel*.

ramer [Ra'me] **1** *intr* remar. **2** (fam) esforzarse, pencar. **3** ramear (un tejido). **4** AGR rodrigar.

rameur, euse [Ram'œR, øz] *m* et *f* remero.

rameuter [Ramø'te] **1** *tr* agrupar, reunir. **2** atraillar (los perros).

ramie [Ra'mi] *f* ramio.

ramier [Ra'mje] *m* zurita, paloma torcaz.

ramification [Ramifika'sjõ] *f* ramificación.

ramifier [Rami'fje] *tr* et *pron* ramificar.

ramolli, e [Ramo'li] **1** *adj/m* et *f* reblandecido. **2** (fam) alelado, con el cerebro reblandecido.

ramollir [Ramo'liR] **1** *tr* ablandar. **2** (fig) aflojar, debilitar.

ramoner [Ramo'ne] **1** *tr* deshollinar. ● **2** *intr* escalar de chimenea (alpinismo).

ramoneur [Ramo'nœR] *m* deshollinador.

rampant, e [Rã'pã, t] **1** *adj* rastrero. **2** (fig) servicial. **3** ARCHIT inclinado. ● **4** *m* inclinación.

rampe [Rãp] **1** *f* rampa. **2** pendiente, declive (de un terreno). **3** barandilla (de escalera). **4** candilejas, batería de luces (teatro). **5** rampa de lanzamiento (aviación). ■ **passer la** ~ tener éxito.

ramper [Rã'pe] **1** *intr* reptar, arrastrarse. **2** trepar (hiedra). ● **3** se ~ *pron* rebajarse (humillarse).

rancard [Rã'kaR] **1** *m* soplo, chivateo. **2** (fam) cita.

rance [Rãs] *adj* rancio.

ranci [Rɑ̃'si] *m* sabor u olor a rancio.

rancir [Rɑ̃'siR] *intr* ponerse rancio.

rancœur [Rɑ̃'kœR] *f* rencor, resentimiento.

rançon [Rɑ̃'sɔ̃] **1** *f* rescate. **2** (fig) pago, tributo.

rançonner [Rɑ̃sɔ'ne] **1** *tr* exigir un rescate. **2** (fig) robar. **3** (fig) explotar, clavar (un precio).

rancune [Rɑ̃'kyn] *f* rencor.

rancunier, ère [Rɑ̃ky'nje, jɛR] *adj/m* et *f* rencoroso.

randonnée [Rɑ̃dɔ'ne] **1** *f* caminata, excursión. **2** circuito, vuelta.

rang [Rɑ̃] **1** *m* fila, ringlera. **2** rango (orden). **3** clase (grado). **4** posición (función). ■ **de haut ~** de alto rango; **hors ~** sin igual; **par ~ d'âge** por edades; **prendre ~** ocupar su plaza, su sitio.

rangé, e [Rɑ̃'ʒe] *adj* serio, formal.

rangée [Rɑ̃'ʒe] *f* filera, hilera.

ranger [Rɑ̃'ʒe] **1** *tr* arreglar, ordenar. **2** clasificar, colocar: *ranger et étiqueter les dossiers = colocar y etiquetar los dossiers*. **3** guardar. **4** aparcar (un automóvil). ● **5 se ~** *pron* colocarse; ponerse en fila. **6** apartarse.

ranimer [Rani'me] **1** *tr* et *pron* reanimar. **2** reanimar, animar (moralmente). **3** avivar (el fuego).

rapace [Ra'pas] **1** *adj* et *m* rapaz. **2** (fig) ávido.

rapatriement [Rapatri'mɑ̃] *m* repatriación.

rapatrier [Rapa'tRje] *tr* repatriar.

râpe [Rap] **1** *f* escofina. **2** rallador. **3** AGR escobajo (de la uva).

râpé, e [Ra'pe] **1** *m* aguapié (vino). **2** queso rallado.

râper [Ra'pe] **1** *tr* rallar. **2** limar. **3** raspar: *ces chemises râpent la peau = estas camisas raspan la piel*.

rapetisser [Rapti'se] **1** *tr* empequeñecer, reducir. **2** (fig) rebajar, quitar. ● **3** *intr* encoger, disminuir.

râpeux, euse [Ra'pø, øz] **1** *adj* rasposo, rugoso. **2** áspero. **3** bronco: *une voix râpeuse = una voz bronca*.

raphia [Ra'fja] *m* rafia.

rapide [Ra'pid] **1** *adj* rápido. **2** empinado, pendiente (una cuesta). ● **3** *m* rápido (tren, río).

rapiécer [Rapje'se] *tr* remendar (un tejido).

rapine [Ra'pin] *f* rapiña.

ra-pla-pla [Rapla'pla] *adj* (fam) abatido, pocho. ■ **être un peu ~** (fam) estar pocho.

raplatir [Rapla'tiR] *tr* volver a aplastar.

rappel [Ra'pɛl] **1** *m* llamamiento, llamada; llamado (Amér.). **2** (fig) evocación, memoria. **3** revocación (de un embajador). **4** MUS llamada a escena.

rappeler [Ra'ple] **1** *tr* llamar; volver a llamar. **2** volver a telefonear. **3** volver (a la vida, etc.). **4** rememorar, recordar; evocar. ● **5 se ~** *pron* acordarse de; recordar. **6** volver a telefonearse.

> La forma pronominal no lleva preposición, excepto cuando se construye con infinitivo: *il se rappelle l'histoire = recuerda la historia* ◊ *il se rappelle d'avoir dit cela = recuerda haber dicho eso*.

rappliquer [Rapli'ke] **1** *tr* volver a aplicar. ● **2** *intr* (fam) presentarse, acudir.

rapport [Ra'pɔR] **1** *m* exposición, ponencia (de hechos); denuncia. **2** informe (oficial). **3** relación (entre objetos). **4** parecido; parentesco. **5** correlación (dependencia). **6** DR restitución, colación. **7** MATH fracción, cociente. ■ **en ~ avec** en relación con, conforme a; **être en ~** estar en contacto; **par ~ à** en función de; **sous le ~ de** con respecto a.

rapporter [RapɔR'te] **1** *tr* volver a traer; traer. **2** devolver, restituir. **3** aportar (para mejorar). **4** agregar; apedazar (en costura). **5** causar. **6** informar, exponer; chivar, acusar. **7** (~ *à*) relacionar con. **8** ÉCON producir, rendir. ● **9 se ~** *pron* parecerse. **10** corresponderse.

rapporteur, euse [Rapɔr'tœR, øz] **1** *adj/m* et *f* soplón; acusica. ● **2** *m* ponente (de una asamblea). **3** GÉOM transportador.

rapprendre [Ra'prɑ̃dR] *tr* volver a aprender (estudiar).

rapprochement [Raprɔʃ'mɑ̃] **1** *m* acercamiento, aproximación. **2** reconciliación.

rapprocher [Raprɔ'ʃe] **1** *tr* acercar; unir. **2** relacionar. ● **3 se ~** *pron* acercarse. **4** reconciliarse.

rapt [Rapt] *m* rapto.

raquette [ʀa'kɛt] *f* SPORTS raqueta.

rare [ʀaʀ] *adj* raro.

raréfier [ʀaʀe'fje] **1** *tr* enrarecer. **2** PHYS rarificar.

ras, e [ʀa, z] **1** *adj* corto. **2** raso. ● **3** *adv* muy corto.

rasade [ʀa'zad] *f* vaso lleno.

rasage [ʀa'zaʒ] **1** *m* afeitado. **2** TECH tundido.

rasant, e [ʀa'zɑ̃, t] **1** *adj* rasante. **2** (fam) pesado, cargante.

rascasse [ʀas'kas] *f* rescaza.

raser [ʀa'ze] **1** *tr* afeitar, rasurar. **2** rapar. **3** cansar, hacerse pesado. **4** demoler, derribar (un edificio); desmantelar (un navío). **5** rozar. **6** TECH rasar.

rash [ʀaʃ] (*pl* rashs *ou* rashes) *m* MÉD sarpullido.

ras-le-bol [ʀal'bɔl] *m* (fam) fastidio, molestia. ■ **en avoir ~** (fam) estar hasta la coronilla.

rasoir [ʀa'zwaʀ] **1** *m* maquinilla. ● **2** *adj* pesado, cargante. ■ **au ~** a la perfección.

rassasier [ʀasa'zje] **1** *tr* saciar, satisfacer. **2** hastiar, hartar.

rassemblement [ʀasɑ̃blə'mɑ̃] **1** *m* reunión. **2** grupo, agrupación. **3** MIL formación.

rassembler [ʀasɑ̃'ble] **1** *tr* reunir, agrupar. **2** TECH juntar, armar. ● **3 se ~** *pron* volver a reunirse. **4** reunirse.

rasseoir [ʀa'swaʀ] **1** *tr* volver a sentar. **2** reponer. ● **3 se ~** *pron* volver a sentarse.

rasséréner [ʀaseʀe'ne] *tr et pron* serenar, calmar.

rassir [ʀa'siʀ] *intr et pron* endurecerse (el pan).

rassurant, e [ʀasy'ʀɑ̃, t] *adj* tranquilizador.

rassurer [ʀasy'ʀe] *tr et pron* tranquilizar.

rasta [ʀas'ta] **1** *adj/m ou f* (fam) rasta, rastafari. ● **2** *adj et m* (fam, péj) rastacuero.

rastafari [ʀastafa'ʀi] *adj/m ou f* rastafari.

rastel [ʀas'tɛl] *m* (regionalismo) *reunión para beber.*

rat [ʀa] **1** *m* rata. **2** (fig) tacaño, avaro.

rata [ʀa'ta] *m* (fam) rancho.

ratatiné, e [ʀatati'ne] **1** *adj* apergaminado; avellanado. **2** (fig, fam) destrozado, trillado.

ratatiner [ʀatati'ne] *tr et pron* apergaminar; avellanar.

ratatouille [ʀata'tuj] **1** *f* (fam, péj) rancho (comida mala). **2** (fig, fam) paliza, tunda.

rate [ʀat] **1** *f* rata (hembra). **2** MÉD bazo.

raté, e [ʀa'te] ● **1** *m et f* fracasado. **2** *m* fallo (de un explosivo). **3** fallo, mal funcionamiento (de una máquina); dificultad, obstáculo.

râteau [ʀa'to] **1** *m* raqueta (del crupier). **2** AGR rastrillo. **3** TECH rastrillo.

râteler [ʀat'le] *tr* rastrillar.

râtelier [ʀat'lje] **1** *m* comedero, pesebre. **2** herramental. **3** (fam) dentadura.

rater [ʀa'te] **1** *intr* fallar (un arma). **2** fallar; fracasar. ● **3** *tr* fallar el tiro. **4** fracasar; no conseguir; dejar escapar. **5** perder: *on a raté l'avion = hemos perdido el avión.*

ratiboiser [ʀatibwa'ze] **1** *tr* (fam) robar, pelar. **2** (fam) arruinar; desplumar (en el juego). **3** (fam) pelar, rapar (los cabellos).

raticide [ʀati'sid] *m* raticida.

ratière [ʀa'tjɛʀ] *f* ratonera (trampa).

ratification [ʀatifika'sjõ] *f* ratificación.

ratifier [ʀati'fje] *tr* ratificar.

ration [ʀa'sjõ] *f* ración.

rationaliser [ʀasjɔnali'ze] *tr* racionalizar.

rationalité [ʀasjɔnali'te] *f* racionalidad.

rationnel, elle [ʀasjɔ'nɛl] *adj* racional.

rationnement [ʀasjɔn'mɑ̃] *m* racionamiento.

rationner [ʀasjɔ'ne] *tr* racionar.

ratisser [ʀati'se] **1** *tr* rastrillar. **2** (fig, fam) arruinar; desplumar (en el juego).

raton [ʀa'tõ] **1** *m* ratoncillo, rata joven. **2** pastel de queso. ◆ **~ laveur** mapache.

rattacher [ʀata'ʃe] **1** *tr* volver a atar, a unir. **2** atar, ligar. **3** (fig) relacionar, vincular; incorporar. ● **4 se ~** *pron* estar en relación con, depender.

rattraper [ʀatʀa'pe] **1** *tr* volver a coger, coger. **2** alcanzar, coger. **3** recuperar. ● **4 se ~** *pron* sujetarse, atarse. **5** recuperar, volver a ganar.

rature [ʀa'tyʀ] *f* tachadura.

raturer [ʀaty'ʀe] *tr* tachar, borrar.

raucheur [ʀɔ'ʃœʀ] *m* TECH minero.

rauque [ʀok] *adj* ronco (la voz).

rauquer [ʀɔ'ke] *intr* (fig) rugir.

ravage [ʀa'vaʒ] **1** *m* destrozo, devastación. **2** achaque.

ravager [ʀava'ʒe] *tr* destrozar, devastar.

ravageur, euse [ravaˈʒœʀ, øz] *adj* destructor, devastador.

ravaler [ravaˈle] **1** *tr* rebajar. **2** volver a tragar. **3** TECH revocar.

ravauder [ravoˈde] *tr* remendar, zurcir.

rave [ʀav] *f* naba.

ravi, e [ʀaˈvi] *adj* encantado, muy contento.

ravier [ʀaˈvje] *m bandeja para entremeses.*

ravigoter [ʀavigoˈte] *tr* (fam) reanimar, vigorizar.

ravin [ʀaˈvɛ̃] *m* hondonada, valle hondo.

ravine [ʀaˈvin] **1** *f* torrente. **2** torrentera.

raviner [ʀaviˈne] *tr* abarrancar, arroyar.

ravioli [ʀavjoˈli] *m* raviolis.

ravir [ʀaˈviʀ] **1** *tr* arrebatar, quitar por la fuerza. **2** encantar, embelesar. ▪ **à ~ a las mil maravillas, a la perfección.**

raviser (se) [səʀaviˈze] *pron* cambiar de opinión.

ravissant, e [ʀaviˈsɑ̃, t] *adj* encantador; arrebatador.

ravisseur, euse [ʀaviˈsœʀ, øz] **1** *adj* ladrón; arrebatador. **2** secuestrador, raptor.

ravitailler [ʀavitaˈje] **1** *tr* suministrar; aprovisionar (de comida). ● **2 se ~** *pron* abastecerse, aprovisionarse.

raviver [ʀaviˈve] **1** *tr* reanimar, reavivar. **2** revivir, hacer revivir. **3** TECH limpiar, decapar.

ravoir [ʀaˈvwaʀ] *tr* volver a tener, recuperar.

rayé, e [ʀeˈje] *adj* rayado. **2** tachado.

rayer [ʀeˈje] **1** *tr* rayar. **2** estriar (el cañón del arma). **3** tachar, borrar. **4** (fig) excluir, rechazar.

rayon [ʀeˈjɔ̃] **1** *m* rayo. **2** panal (de miel). **3** sección, departamento (de un comercio). **4** estante. **5** TECH radio, rayo. **6** GÉOM radio. **7** AGR surco. ● **8 rayons** *m pl* PHYS rayos, radiaciones. ◆ **~ d'action** radio de acción.

rayonnant, e [ʀejoˈnɑ̃, t] **1** *adj* radial (en estrella). **2** radiante. **3** resplandeciente, brillante.

rayonne [ʀeˈjɔn] *f* rayón.

rayonner [ʀejoˈne] **1** *intr* radiar, irradiar. **2** (fig) brillar. **3** (fig) propagarse, difundirse. **4** GÉOM estar dispuesto radialmente.

rayure [ʀeˈjyʀ] **1** *f* raya; rayadura. **2** estría, surco. **3** estría (del cañón).

ré [ʀe] *m* MUS re.

réabonner [ʀeaboˈne] *tr et pron* volver a abonarse, volver a suscribirse.

réac [ʀeˈak] (*abrév de* **réactionnaire**) *adj/m ou f* (fam) reaccionario, carca.

réaccoutumer [ʀeakutyˈme] *tr et pron* volver a acostumbrar.

réacteur [ʀeakˈtœʀ] *m* MÉC, CHIM reactor.

réactif, ive [ʀeakˈtif, iv] *adj et m* reactivo.

réaction [ʀeakˈsjɔ̃] *f* reacción.

réactionnaire [ʀeaksjoˈnɛʀ] *adj/m ou f* reaccionario.

réactivité [ʀeaktiviˈte] *f* CHIM reactividad.

réactualiser [ʀeaktɥaliˈze] **1** *tr* actualizar, modernizar. **2** reactualizar.

réadapter [ʀeadapˈte] *tr* readaptar.

réaffirmer [ʀeafiʀˈme] *tr* reafirmar.

réagir [ʀeaˈʒiʀ] **1** *intr* reaccionar. **2** (~ sur) reaccionar, oponerse. **3** (~ contre) oponerse. ● **4** *tr* (~ à) responder espontáneamente.

réal, e [ʀeˈal] **1** *adj* HIST real. ● **2** *m* real (antigua moneda).

réalisateur, trice [ʀealizaˈtœʀ, tʀis] *m et f* realizador.

réalisation [ʀealizaˈsjɔ̃] *f* realización.

réaliser [ʀealiˈze] **1** *tr* realizar, llevar a cabo. **2** DR hacer. **3** ÉCON convertir, transformar en dinero. **4** percatarse, darse cuenta. **5** dirigir, realizar (una película). ● **6 se ~** *pron* hacerse real. **7** realizarse (una persona).

réaliste [ʀeaˈlist] *adj/m ou f* realista.

réalité [ʀealiˈte] *f* realidad. ■ **en ~** en realidad, realmente; de hecho.

réanimer [ʀeaniˈme] *tr* reanimar.

réapparaître [ʀeapaˈʀɛtʀ] **1** *intr* volver a aparecer. **2** aparecer repetidamente.

réapprovisionner [ʀeapʀovizjoˈne] *tr et pron* volver a aprovisionar.

réarmer [ʀeaʀˈme] **1** *tr* rearmar. **2** preparar para el funcionamiento (un dispositivo). ● **3** *intr* rearmarse.

réassigner [ʀeasiɲˈne] **1** *tr* volver a asignar. **2** DR volver a citar.

réassortir [ʀeasɔʀˈtiʀ] **1** *tr* restablecer, reponer. ● **2 se ~** *pron* proveerse.

réassurance [ʀeasyˈʀɑ̃s] *f* DR reaseguro.

réassurer [ʀeasyˈʀe] *tr* DR reasegurar.

rebaptiser [ʀəbatiˈze] *tr* rebautizar (cambiar el nombre).

Expresión de las reacciones: sorpresa, indiferencia, temor, ánimo

Expression de la surprise	Expresión de la sorpresa

La sorpresa puede expresarse mediante los verbos: **surprendre, étonner, frapper, ne pas s'attendre à y ne pas croire:**

| *Je suis surpris de ton arrivée* | *Me sorprende tu llegada* |
| *C'est surprenant comme il te ressemble* | *Es sorprendente vuestro parecido* |

Y también mediante expresiones como: **Quoi!, Ça alors!, Incroyable! y Comment?**

Expression de l'indifférence	Expresión de la indiferencia

Los verbos que aparecen en estos casos son los que expresan sorpresa, pero de forma negativa:

| *Ça ne me surprend pas qu'il vienne* | *No me sorprende que venga* |

Otras expresiones para la indiferencia son: **laisser indifférent, être indifférent à, se moquer de, être égal,** etc.

| *Son attitude me laisse indifférent* | *Su actitud me deja indiferente* |
| *Je me moque de ses conseils* | *Me río de sus consejos* |

Expression de la crainte	Expresión del temor

Tener miedo de algo: **craindre, s'inquiéter, paniquer, appréhender:**

| *Je crains qu'il ne se trompe* | *Temo que se equivoque* |
| *Il panique à l'idée d'avoir à nager* | *Siente pánico de tener que nadar* |

Causar miedo: **être effrayé par, effrayer, affoler, épouvanter, terroriser:**

| *Je suis effrayé par les examens* | *Estoy asustado por los exámenes* |
| *La nouvelle a effrayé tout le monde* | *La noticia nos asustó a todos* |

Expression du courage	Expresión del ánimo

El ánimo puede expresarse del siguiente modo: **avoir du courage, avoir le courage de, avoir le moral (de), oser faire qqch, encourager, remonter le moral à qqn:**

| *Il a le courage de le faire* | *Tiene la valentía de hacerlo* |
| *Il encourage ses copains* | *Anima a sus compañeros* |

El desánimo se expresa con: **être découragé (démoralisé, déprimé), ne pas oser, décourager qqn, démoraliser:**

| *Il est démoralisé par ses notes* | *Está desmoralizado por las notas* |
| *Il n'ose pas intervenir* | *No se atreve a intervenir* |

---

rébarbatif, ive [ʀebaʀba'tif, iv] *adj* repulsivo, repelente.

rebâtir [ʀəba'tiʀ] *tr* reconstruir, reedificar.

rebattre [ʀə'batʀ] **1** *tr* volver a golpear. **2** volver a vencer. ■ **~ les oreilles à qqn de qqch** (fig) calentarle a uno la cabeza con algo.

rebattu, e [ʀəba'ty] *adj* trillado, manido.

rebelle [ʀə'bɛl] *adj/m ou f* rebelde.

rebeller (se) [səʀəbɛ'le] *pron* rebelarse; oponerse.

rébellion [ʀebe'ljɔ̃] *f* rebelión.

rebiffer (se) [səʀəbi'fe] *pron* (fam) rebelarse, oponerse.

reboiser [ʀəbwa'ze] *tr* reforestar.

rebond [ʀə'bɔ̃] *m* rebote.

rebondir [ʀəbɔ̃'diʀ] **1** *intr* rebotar. **2** reanudar.

rebord [Rə'bɔR] **1** *m* reborde. **2** borde, límite.

reboucher [Rəbu'ʃe] *tr* volver a taponar.

rebours [Rə'buR] *m* contrapelo. ■ à ~ a contrapelo, al revés; à ou au ~ de contrariamente.

rebouteux, euse [Rəbu'tø, øz] *m* et *f* curandero, ensalmador; yerbatero (Amér.).

reboutonner [Rəbutɔ'ne] *tr* et *pron* volver a abotonar, abrochar.

rebrousser [Rəbru'se] *tr* levantar a contrapelo.

rebuffade [Rəby'fad] *f* desaire, desprecio.

rébus [Re'by] *m* jeroglífico (pasatiempo).

rebut [Rə'by] **1** *m* desecho. **2** (fig) lo peor, zupia.

rebutant, e [Rəby'tɑ̃, t] *adj* cargante, molesto.

rebuter [Rəby'te] **1** *tr* rechazar. **2** desechar. **3** repugnar, disgustar. ◆ **4** *tr* et *pron* desalentar, desanimar.

recacheter [Rəkaʃ'te] *tr* volver a sellar, a cerrar.

récalcitrant, e [Rekalsi'tRɑ̃, t] **1** *adj/m* et *f* recalcitrante. **2** rebelde.

recaler [Rəka'le] *tr* (fam) suspender, catear.

récapitulatif, ive [Rekapityla'tif, iv] *adj* recapitulativo.

récapitulation [Rekapityla'sjɔ̃] *f* recapitulación.

récapituler [Rekapity'le] *tr* recapitular.

receler [Rəsə'le] **1** *tr* esconder. **2** encubrir, ocultar.

récemment [Resa'mɑ̃] *adv* recientemente.

recensement [Rəsɑ̃sə'mɑ̃] **1** *m* recensión, inventario. **2** censo. **3** MIL alistamiento.

recenser [Rəsɑ̃'se] **1** *tr* censar. **2** hacer inventario, enumerar. **3** MIL alistar.

récent, e [Re'sɑ̃, t] *adj* reciente; nuevo.

recentrer [Rəsɑ̃'tRe] **1** *tr* SPORTS volver al centro. **2** reajustar.

receper [Rəsə'pe] **1** *tr* podar. **2** TECH cortar.

récépissé [Resepi'se] *m* recibo, resguardo.

récepteur, trice [Resep'tœR, tRis] *adj* et *m* receptor.

réceptif, ive [Resep'tif, iv] *adj* receptivo.

réception [Resep'sjɔ̃] **1** *f* recepción. **2** acogida (de alguien). **3** gala, recepción. **4** ingreso (en un grupo).

réceptionner [Resepsjɔ'ne] *tr* DR, TECH verificar y registrar una entrega.

réceptionniste [Resepsjɔ'nist] *m* ou *f* recepcionista.

récession [Rese'sjɔ̃] *f* recesión.

recette [Rə'set] **1** *f* ingresos, entrada (de dinero); beneficio. **2** recibo y verificación de una entrega. **3** recaudación (oficina para entregar caudales públicos). **4** receta. **5** (fig) procedimiento, fórmula. **6** DR cobro, recaudación. ◆ **garçon de ~** cobrador, recaudador.

receveur, euse [Rəsə'vœR, øz] **1** *m* et *f* recaudador (de contribuciones). **2** cobrador. **3** MÉD receptor. ◆ **4** *m* plato (de la ducha).

recevoir [Rəsə'vwaR] **1** *tr* et *intr* recibir. ● **2** *tr* cobrar (un sueldo). **3** acoger (a alguien); invitar. ◆ **4 se ~** *pron* caer. ■ **être reçu** ser admitido.

rechange [Rə'ʃɑ̃ʒ] *m* recambio.

rechaper [Rəʃa'pe] *tr* recauchutar.

réchapper [Reʃa'pe] *intr* escapar.

recharge [Rə'ʃaRʒ] **1** *f* recarga; cartucho. **2** TECH recarga, recargo.

recharger [RəʃaR'ʒe] **1** *tr* cargar, volver a cargar. **2** recargar (un arma, etc.). **3** TECH empedrar, recebar.

rechasser [Rəʃa'se] **1** *tr* volver a expulsar, a echar. ● **2** *intr* ir de caza de nuevo.

réchaud [Re'ʃo] **1** *m* hornillo. **2** cocinilla (con alcohol). **3** calientaplatos.

réchauffé [Reʃo'fe] **1** *m* cosa recalentada. **2** (fig, fam) refrito.

réchauffer [Reʃo'fe] **1** *tr* recalentar. **2** reanimar, reconfortar (los sentimientos). ● **3 se ~** *pron* recalentar; calentar.

rechausser [Rəʃo'se] **1** *tr* volver a calzar. **2** volver a herrar (un caballo). **3** AGR recalzar. **4** ARCHIT recalzar. **5** AUT recauchutar.

rêche [Rεʃ] **1** *adj* áspero (al gusto, al tacto). **2** (fig) áspero, rudo.

recherche [Rə'ʃεRʃ] **1** *f* búsqueda. **2** investigación. **3** refinamiento. ■ **à la ~ de** en busca de.

rechercher [RəʃεR'ʃe] **1** *tr* buscar. **2** investigar, determinar (las causas). **3** volver a buscar.

rechigner [Rəʃi'ne] *intr* (~ à) fruncir el ceño, refunfuñar.

rechute [Rə'ʃyt] *f* recaída.

rechuter [Rəʃy'te] *intr* recaer.

récidive [Resi'div] **1** *f* reincidencia, reiteración. **2** MÉD recidiva. **3** DR reincidencia.

récidiver [ʀesidi've] **1** *intr* reincidir, reiterar. **2** MÉD reaparecer (una enfermedad); recaer.

récif [ʀe'sif] *m* arrecife.

récipient [ʀesi'pjɑ̃] *m* recipiente.

réciprocité [ʀesipʀɔsi'te] *f* reciprocidad.

réciproque [ʀesi'pʀɔk] **1** *adj* recíproco. ● **2** *f* recíproca.

récit [ʀe'si] *m* relato.

récital [ʀesi'tal] (*pl* **récitals**) *m* MUS recital.

récitation [ʀesita'sjɔ̃] *f* recitación.

réciter [ʀesi'te] **1** *tr* recitar. **2** declamar.

réclamation [ʀeklama'sjɔ̃] *f* reclamación.

réclame [ʀe'klam] **1** *m* reclamo. ● **2** *f* publicidad, propaganda.

réclamer [ʀekla'me] **1** *tr* et *intr* reclamar. ● **2 se ~** *pron* (se ~ *de*) invocar, referirse a.

reclasser [ʀəkla'se] **1** *tr* volver a clasificar. **2** DR rehabilitar.

reclouer [ʀə'klue] *tr* volver a clavar.

reclus, e [ʀə'kly, z] **1** *adj* recluido. ● **2** *m* et *f* recluso.

réclusion [ʀekly'zjɔ̃] *f* reclusión.

récognition [ʀekɔgni'sjɔ̃] *f* reconocimiento.

recoiffer [ʀəkwa'fe] *tr* et *pron* volver a peinar.

recoin [ʀə'kwɛ̃] *m* recoveco, escondrijo.

récoler [ʀekɔ'le] *tr* DR ratificar (una declaración).

récollection [ʀekɔlɛk'sjɔ̃] *f* REL retiro, recogimiento.

recoller [ʀəkɔ'le] *tr* volver a pegar, a encolar.

récolte [ʀe'kɔlt] **1** *f* recolección. **2** cosecha.

récolter [ʀekɔl'te] **1** *tr* recolectar; cosechar. ● **2** *tr* et *pron* (fig) ganar, recoger.

recommandable [ʀəkɔmɑ̃'dabl] *adj* recomendable.

recommandation [ʀəkɔmɑ̃da'sjɔ̃] **1** *f* recomendación. **2** certificado, certificación (postal).

recommander [ʀəkɔmɑ̃'de] **1** *tr* recomendar. **2** certificar (un envío postal).

recommencement [ʀəkɔmɑ̃s'mɑ̃] **1** *m* reinicio, vuelta a empezar. **2** repetición.

recommencer [ʀəkɔmɑ̃'se] **1** *tr* reiniciar, retomar. **2** recomenzar, rehacer. ● **3** *intr* volver a producirse. ■ **~ sa vie** rehacer su vida.

récompense [ʀekɔ̃'pɑ̃s] **1** *f* recompensa. **2** premio; gala (Amér.). ■ **en ~** como recompensa.

récompenser [ʀekɔ̃pɑ̃'se] *tr* recompensar.

recomposer [ʀəkɔ̃po'ze] **1** *tr* recomponer. **2** reformar.

recomposition [ʀəkɔ̃pozi'sjɔ̃] *f* recomposición, reconstitución.

recompter [ʀəkɔ̃'te] *tr* recontar.

réconciliation [ʀekɔ̃silja'sjɔ̃] *tr* reconciliación.

réconcilier [ʀekɔ̃si'lje] **1** *tr* reconciliar. ● **2 se ~** *pron* reconciliarse.

reconduction [ʀəkɔ̃dyk'sjɔ̃] *f* renovación, prórroga (de un contrato).

reconduire [ʀəkɔ̃'dɥiʀ] **1** *tr* acompañar, llevar. **2** prolongar, alargar.

reconfirmer [ʀəkɔ̃fiʀ'me] *tr* volver a confirmar.

réconfort [ʀekɔ̃'fɔʀ] *m* apoyo, consuelo.

réconfortant, e [ʀekɔ̃fɔʀ'tɑ̃, t] *adj* reconfortante, consolante.

réconforter [ʀekɔ̃fɔʀ'te] **1** *tr* reconfortar; estimular. **2** (fig) reconfortar.

reconnaissance [ʀəkɔnɛ'sɑ̃s] **1** *f* reconocimiento. **2** identificación.

reconnaître [ʀəkɔ'nɛtʀ] **1** *tr* reconocer, conocer. **2** identificar. **3** reconocer, admitir. **4** agradecer. ● **5 se ~** *pron* reconocerse. ■ **se faire ~** darse a conocer; **s'y ~** dar en el clavo.

reconquérir [ʀəkɔ̃ke'ʀiʀ] *tr* reconquistar, recuperar.

reconquête [ʀəkɔ̃'kɛt] *f* reconquista.

reconsidérer [ʀəkɔ̃side'ʀe] *tr* reconsiderar.

reconstituant, e [ʀəkɔ̃sti'tɥɑ̃, t] *adj* et *m* reconstituyente.

reconstituer [ʀəkɔ̃sti'tɥe] *tr* reconstituir.

reconstitution [ʀəkɔ̃stity'sjɔ̃] *f* reconstitución.

reconstruction [ʀəkɔ̃stʀyk'sjɔ̃] *f* reconstrucción.

reconstruire [ʀəkɔ̃s'tʀɥiʀ] *tr* reconstruir, rehacer.

reconversion [ʀəkɔ̃vɛʀ'sjɔ̃] *f* reconversión.

reconvertir [ʀəkɔ̃vɛʀ'tiʀ] *tr* readaptar.

recopier [ʀəkɔ'pje] **1** *tr* copiar a mano. **2** pasar a limpio.

record [ʀə'kɔʀ] *m* récord, plusmarca.

recoucher [Rəku'ʃe] *tr* et *pron* volver a acostar.

recoudre [Rə'kudR] *tr* recoser.

recoupe [Rəku'pe] *f* recorte.

recouper [Rəku'pe] **1** *tr* recortar. **2** mezclar (vinos). **3** (fig) confirmar: *votre témoignage recoupe le sien = su testimonio confirma el suyo.*

recourber [Rəkur'be] *tr* doblar, encorbar.

recourir [Rəku'RiR] **1** *tr* recurrir, apelar a. **2** DR recurrir. ◆ **3** *intr* volver a correr.

recours [Rə'kuR] *m* recurso. ◆ ~ **en grace** DR petición de indulto.

recouvrer [Rəku'vRe] **1** *tr* recobrar, recuperar. **2** cobrar.

recouvrir [Rəku'vRiR] **1** *tr* recubrir. **2** cubrir, revestir. **3** (fig) esconder, ocultar.

recracher [Rəkra'ʃe] **1** *tr* escupir, echar de la boca. ● **2** *intr* volver a escupir.

récréance [RekRe'ɑ̃s] *f* disfrute anticipado de un bien en litigio. ◆ **lettres de ~** cartas de llamada al embajador.

recréation [Rəkrea'sjɔ̃] *f* recreación (nueva creación).

récréation [Rekrea'sjɔ̃] *f* recreo, recreación. ◆ **cour de ~** patio.

recréer [Rəkre'e] **1** *tr* volver a crear. **2** reconstruir.

récréer [Rekre'e] *tr* et *pron* recrear, distraer.

récrier (se) [səRe'kRije] **1** *pron* exclamar. **2** protestar, clamar.

récrimination [Rekrimina'sjɔ̃] *f* recriminación.

récriminer [Rekrimi'ne] **1** *intr* criticar. **2** recriminar (acusar).

récrire [Re'kRiR] *tr* → réécrire.

recroqueviller (se) [səRəkRəkvi'je] **1** *pron* encorvarse (una hoja). **2** encogerse, acurrucarse (personas).

recru, e [Rə'kRy] *adj* cansado, abatido.

recrue [Rə'kRy] **1** *f* nuevo admitido (a un grupo). **2** MIL recluta; conscripto (Amér.).

recrutement [RəkRyt'mɑ̃] **1** *m* contratación (de empleados). **2** MIL reclutamiento.

recruter [RəkRy'te] **1** *tr* seleccionar, contratar. **2** MIL reclutar. **3** MAR enrolar. ● **4 se ~** *pron* contratarse.

rectal, e [Rek'tal] *adj* ANAT rectal.

rectangle [Rek'tɑ̃gl] *m* GÉOM rectángulo.

rectangulaire [Rektɑ̃gy'lɛR] *adj* GÉOM rectangular.

recteur [Rek'tœR] *m* rector.

rectification [Rektifika'sjɔ̃] *f* rectificación, corrección.

rectifier [Rekti'fje] *tr* rectificar, reajustar.

rectiligne [Rekti'liɲ] *adj* GÉOM rectilíneo.

rectitude [Rekti'tyd] **1** *f* rectitud. **2** exactitud, rigor (moral).

recto [Rek'to] *m* anverso (papel).

rectoral, e [Rektɔ'Ral] *adj* rectoral, perteneciente al rector.

rectum [Rek'tɔm] *m* ANAT recto.

reçu, e [Rə'sy] **1** *adj* admitido. ● **2** *m* recibo.

recueil [Rə'kœj] *m* colección.

recueillir [Rəkœ'jiR] **1** *tr* recoger. **2** juntar, reunir: *recueillir des fonds pour les enfants = reunir fondos para los niños.* **3** heredar. ● **4 se ~** *pron* recogerse, meditar.

recuire [Rə'kɥiR] *tr* et *intr* recocer.

recul [Rə'kyl] **1** *m* retroceso. **2** distancia. ■ **prendre du ~** guardar las distancias.

reculé, e [Rəky'le] **1** *adj* alejado, distante. **2** remoto (tiempo pasado).

reculer [Rəky'le] **1** *tr* alejar, hacer retroceder. **2** demorar, aplazar (en el tiempo). ● **3** *intr* retroceder. **4** echarse atrás, renunciar. ■ **ne ~ devant rien** no tener miedo.

reculons (à) [aRəky'lɔ̃] *loc adv* andando hacia atrás.

récupérable [Rekype'Rabl] *adj* recuperable.

récupération [Rekypera'sjɔ̃] *f* recuperación.

récupérer [Rekype'Re] **1** *tr* recuperar. **2** recobrar, volver a obtener. **3** POL manejar.

récurer [Reky're] *tr* fregar, frotar.

récusation [Rekyza'sjɔ̃] *f* recusación.

récuser [Reky'ze] **1** *tr* rechazar. **2** DR recusar, rechazar. ● **3 se ~** *pron* declararse incompetente.

recycler [Rəsi'kle] *tr* reciclar, reconvertir.

rédacteur [Redak'tœR] *m* redactor. ◆ ~ **en chef** redactor jefe.

rédaction [Redak'sjɔ̃] *f* redacción.

redéfinir [Redefi'niR] *tr* volver a definir.

redemander [Rədmɑ̃'de] **1** *tr* volver a pedir. **2** reclamar.

redémarrer [Redema'Re] **1** *intr* volver a arrancar (un coche). **2** (fig) volver a empezar.

rédempteur, trice [Redɑ̃p'tœR, tRis] *adj* et *m* redentor.

rédemption [ʀedãpˈsjõ] *f* redención.

redescendre [ʀədeˈsãdʀ] *intr et tr* volver a descender.

redevance [ʀədˈvãs] **1** *f* renta, deuda. **2** impuesto, contribución.

redevenir [ʀədvəˈniʀ] *intr* volver a ser.

rediffuser [ʀədifyˈze] *tr* volver a emitir.

rédiger [ʀediˈʒe] *tr* redactar.

redire [ʀəˈdiʀ] **1** *tr* repetir. ● **2** *intr* censurar, condenar. ■ **trouver à** ~ **à tout** poner peros a todo.

redistribuer [ʀədistʀiˈbɥe] *tr* volver a distribuir o repartir.

redondance [ʀədõˈdãs] *f* redundancia.

redondant, e [ʀədõˈdã, t] *adj* redundante.

redonner [ʀədɔˈne] **1** *tr* volver a dar. **2** devolver. ● **3** *intr* volver a. ■ *redonne dans les drogues = recae en las drogas.*

redorer [ʀədɔˈʀe] *tr* volver a dorar.

redoubler [ʀəduˈble] **1** *tr* redoblar (repetir). **2** forrar de nuevo. **3** multiplicar. ● **4** *intr* aumentar. **5** redoblar.

redoutable [ʀəduˈtabl] *adj* temible.

redoute [ʀəˈdut] *f* MIL reducto.

redouter [ʀəduˈte] *intr* et tr temer.

redresser [ʀədʀeˈse] **1** *tr* enderezar. **2** corregir (un error). **3** reparar (los daños). ● **4 se** ~ *pron* enderezarse; incorporarse (en la cama).

réduction [ʀedykˈsjõ] **1** *f* reducción. **2** rebaja (de precios).

réduire [ʀeˈdɥiʀ] **1** *tr* reducir. **2** disminuir.

réduit, e [ʀeˈdɥi, t] *adj* reducido.

réduplication [ʀedyplikaˈsjõ] *f* reduplicación.

réécrire [ʀeeˈkʀiʀ] *tr* reescribir.

réédifier [ʀeediˈfje] *tr* reedificar.

rééditer [ʀeediˈte] *tr* reeditar.

rééducation [ʀeedykaˈsjõ] **1** *f* reeducación. **2** rehabilitación.

rééduquer [ʀeedyˈke] *tr* reeducar.

réel, elle [ʀeˈel] **1** *adj* real. **2** auténtico (verdadero). **3** palpable.

réélection [ʀeelekˈsjõ] *f* reelección.

rééligible [ʀeeliˈʒibl] *adj* reelegible.

réélire [ʀeeˈliʀ] *tr* reelegir.

réembaucher [ʀeãboˈʃe] *tr* volver a contratar (a trabajadores).

réemployer [ʀeãplwaˈje] *tr* volver a contratar.

réensemencer [ʀeãsmãˈse] *tr* volver a sembrar.

rééquilibrer [ʀeekiliˈbʀe] *tr* reequilibrar.

réescompter [ʀeeskõˈte] *tr* volver a descontar.

réessayer [ʀeeseˈje] *tr* volver a intentar.

réévaluer [ʀeevaˈlɥe] *tr* revaluar.

réexaminer [ʀeegzamiˈne] *tr* volver a examinar.

réexpédier [ʀeekspeˈdje] *tr* reexpedir.

réexporter [ʀeekspɔʀˈte] *tr* reexportar.

refaire [ʀəˈfeʀ] **1** *tr* rehacer. **2** (fam) embaucar, engañar. ● **3 se** ~ *pron* recuperarse.

réfectoire [ʀefekˈtwaʀ] *m* refectorio.

référence [ʀefeˈʀãs] **1** *f* referencia. ● **2 références** *f pl* informes, referencias.

référendum [ʀefeʀãˈdɔm] *m* referéndum.

référer [ʀefeˈʀe] **1** *tr* (en ~ à) informar: *en référer à son père = informar a su padre.* ● **2 se** ~ *pron* (se ~ à) referir.

refermer [ʀəfeʀˈme] *tr* et *pron* cerrar.

refiler [ʀəfiˈle] *tr* (fam) colar, endosar: *refiler un billet faux = colar un billete falso.*

réfléchir [ʀefleˈʃiʀ] **1** *tr* et *pron* reflejar. ● **2** *tr* (~ sur) estudiar, examinar: *réfléchir sur un détail = examinar un detalle.* **3** (~ à) pensar: *réfléchisse à ce que tu veux = piensa en lo que quieres.* **4** (~ que) considerar: *réfléchissez qu'aujourd'hui est le dernier jour = considerad que hoy es el último día.* ● **5** *intr* reflexionar.

réfléchissant, e [ʀefleʃiˈsã, t] *adj* reflectante, reflejo.

reflet [ʀəˈfle] *m* reflejo.

refléter [ʀəfleˈte] *tr* et *pron* reflejar.

refleurir [ʀəflœˈʀiʀ] *intr* et *tr* reflorecer.

réflexe [ʀeˈfleks] *adj* et *m* reflejo.

réflexion [ʀeflekˈsjõ] *f* reflexión.

refluer [ʀəflyˈe] **1** *intr* refluir. **2** retirarse, retroceder: *faire refluer les gens = hacer retroceder a la gente.*

reflux [ʀəˈfly] **1** *m* reflujo. **2** (fig) retroceso.

refondre [ʀəˈfõdʀ] **1** *tr* refundir. **2** (fig) rehacer: *refondre un écrit = rehacer un escrito.*

reforestation [ʀəfɔʀesˈtasjõ] *f* reforestación.

réformation [ʀefɔʀmaˈsjõ] *f* reformación.

réforme [ʀeˈfɔʀm] *f* reforma.

réformé, e [ʀefɔʀˈme] *adj/m* et *f* reformado.

réformer [ʀefɔʀ'me] *tr et pron* reformar.
refouiller [ʀəfu'je] *tr* ahuecar.
refouler [ʀəfu'le] **1** *tr* hacer retroceder. **2** (fig) reprimir, contener: *refouler son désir = contener su deseo.*
réfractaire [ʀefʀak'tɛʀ] *adj* refractario.
réfracter [ʀefʀak'te] *tr* refractar.
refrain [ʀə'fʀɛ̃] **1** *m* estribillo. **2** (fig) canción: *c'est toujours le même refrain = siempre es la misma canción.*
réfréner [ʀəfʀe'ne] *tr* refrenar.
réfrigérant, e [ʀefʀiʒe'ʀɑ̃, t] *adj* refrigerante.
réfrigérateur, trice [ʀefʀiʒeʀa'tœʀ, tʀis] *adj* refrigerador. ● **2** *m* frigorífico.
réfrigération [ʀefʀiʒeʀa'sjɔ̃] *f* refrigeración.
réfrigérer [ʀefʀiʒe'ʀe] *tr* refrigerar.
refroidir [ʀəfʀwa'diʀ] **1** *tr, intr et pron* enfriar. ● **2** *tr* (fig) enfriar; apagar: *refroidir le désir = enfriar el deseo.*
refuge [ʀə'fyʒ] **1** *m* refugio. **2** amparo (protección).
réfugié, e [ʀefy'ʒje] *adj/m et f* refugiado.
réfugier (se) [səʀefy'ʒje] *pron* refugiarse.
refus [ʀə'fy] **1** *m* negativa. **2** rechazo; repulsa: *conduites de refus = conductas de repulsa.* ◆ **~ d'obéissance** desobediencia.
refuser [ʀəfy'ze] *tr et pron* refutar, negar.
réfutation [ʀefyta'sjɔ̃] *f* refutación.
réfuter [ʀefy'te] *tr* refutar.
regagner [ʀəga'ne] **1** *tr* recuperar, recobrar. **2** volver. **3** (fig) recuperar: *regagner le temps perdu = recuperar el tiempo perdido.*
regain [ʀə'gɛ̃] *m* renadío: *faucher le regain d'un pré = segar el renadío de un prado.*
regard [ʀə'gaʀ] *m* mirada. ◆ **long ~** mirada penetrante; **~ noir** mirada dura.
regardant, e [ʀəgaʀ'dɑ̃, t] *adj* tacaño.
regarder [ʀəgaʀ'de] **1** *tr* mirar. **2** contemplar (un paisaje). **3** (~ à) mirar, fijarse: *regarder trop aux principes = fijarse demasiado en los principios.* **4** (fig) mirar: *regarder avec tendresse = mirar con ternura.* ● **5 se ~** *pron* mirarse: *se regarder dans un miroir = mirarse en un espejo.*
regarnir [ʀəgaʀ'niʀ] *tr* guarnecer de nuevo.
régate [ʀe'gat] **1** *f* regata. **2** corbata (de nudo).

régence [ʀe'ʒɑ̃s] *f* regencia.
régénération [ʀeʒeneʀa'sjɔ̃] *f* regeneración.
régénérer [ʀeʒene'ʀe] *tr* regenerar.
régent, e [ʀe'ʒɑ̃, t] *m et f* regente.
régenter [ʀeʒɑ̃'te] *tr* regentar.
régie [ʀe'ʒi] **1** *f* organización (en cine, televisión). **2** DR administración de rentas.
regimber [ʀəʒɛ̃'be] *intr et pron* respingar: *regimber devant cette humiliation = respingar ante esta humillación.*
régime [ʀe'ʒim] **1** *m* régimen. **2** MÉD régimen (dieta). ◆ **~ vieillesse** plan de pensiones.
régiment [ʀeʒi'mɑ̃] **1** *m* regimiento. **2** (fig) multitud.
région [ʀe'ʒjɔ̃] *f* región. ■ **~ maritime** MAR departamento marítimo.

> Unidad administrativa que agrupa a varios departamentos. Actualmente hay 22 regiones en Francia.

régional, e [ʀeʒjɔ'nal] *adj* regional.
régir [ʀe'ʒiʀ] *tr* regir.
régisseur, euse [ʀeʒi'sœʀ, øz] *m et f* regidor.
registre [ʀə'ʒistʀ] **1** *m* registro. **2** INF registro.
réglage [ʀe'glaʒ] **1** *m* arreglo. **2** ajuste: *mauvais réglage du carburateur = mal ajuste del carburador.*
règle [ʀɛgl] **1** *f* regla. **2** norma (ley). ● **3 règles** *f pl* regla, período (menstruación). ◆ **~ à calcul** regla de cálculo.
réglé, e [ʀe'gle] **1** *adj* regulado, organizado. **2** regulado (un aparato). **3** resuelto: *l' affaire est réglée = el asunto está resuelto.*
règlement [ʀɛglə'mɑ̃] **1** *m* reglamento. **2** pago: *faire un règlement par chèque = hacer un pago con cheque.* **3** arreglo: *règlement d'un conflit = arreglo de un conflicto.*
réglementaire [ʀɛgləmɑ̃'tɛʀ] *adj* reglamentario.
réglementer [ʀɛgləmɑ̃'te] *tr* reglamentar.
régler [ʀe'gle] **1** *tr et pron* reglar. ● **2** *tr* resolver (un problema). **3** saldar, liquidar (una cuenta).
réglisse [ʀe'glis] *f* regaliz.

règne [Rεɲ] **1** *m* reino. **2** reinado: *le règne de Louis XIV* = *el reinado de Luis XIV*. **3** (fig) reinado.

régner [Re'ɲe] *intr* reinar.

regorger [Rəgɔr'ʒe] *intr* rebosar, desbordar.

régression [Regre'sjɔ̃] *f* regresión.

regret [Rə'grε] **1** *m* lamento. **2** pena; nostalgia: *regret du pays natal* = *nostalgia del país natal*. **3** remordimiento: *regret d'avoir offensé qqn* = *remordimiento por haber ofendido a alguien*. **4** decepción: *le regret de ne pas avoir réussi* = *la decepción de haber fracasado*. ■ **à ~** con pesar.

regretter [Rəgre'te] **1** *tr* lamentar; deplorar. **2** echar de menos (a alguien). **3** arrepentirse: *il regrette d'être venu* = *él se arrepiente de haber venido*. ■ **je le regrette beaucoup** lo siento mucho.

regrouper [Rəgru'pe] *tr* et *pron* reagrupar.

régularisation [Regylariza'sjɔ̃] *f* regularización.

régulariser [Regylari'ze] *tr* regularizar.

régularité [Regylari'te] *f* regularidad.

régulation [Regyla'sjɔ̃] *f* regulación.

régulier, ère [Regy'lje, jεR] *adj* regular.

réhabilitation [Reabilita'sjɔ̃] *f* rehabilitación.

réhabiliter [Reabili'te] *tr* rehabilitar.

réhabituer [Reabi'tɥe] *tr* habituarse de nuevo.

rehausser [Rəɔ'se] **1** *tr* levantar. **2** resaltar: *rehausser sa élégance naturelle* = *resaltar su elegancia natural*.

rehaut [Rə'o] *m* ART resalto.

rein [Rε̃] *m* riñón. ■ **avoir les reins solides** tener el riñón bien cubierto.

réincarnation [Reε̃karna'sjɔ̃] *f* reencarnación.

réincarner (ser) [səreε̃kar'ne] *pron* reencarnarse

reine [Rεn] *f* reina.

réinitialiser [Reinisjali'ze] *tr* INF reiniciar.

réinscrire [Reε̃s'krir] *tr* reinscribir.

réinsérer [Reε̃se'Re] *tr* reinsertar.

réinstaller [Reε̃sta'le] *tr* reinstalar.

réintégrer [Reε̃te'gRe] *tr* reintegrar.

réitératif, ive [Reitera'tif, iv] *adj* reiterativo.

réitération [Reitera'sjɔ̃] *f* reiteración.

réitérer [Reite'Re] *tr* reiterar.

rejaillir [Rəʒa'jir] **1** *intr* manar. **2** (fig) recaer.

rejet [Rə'ʒε] *m* rechazo.

rejeter [Rəʒ'te] **1** *tr* volver a echar. **2** arrojar (expulsar). **3** rechazar: *rejeter une proposition* = *rechazar una proposición*. **4** (fig) acusar (culpar). ● **5 se ~** *pron* echarse (tumbarse).

rejoindre [Rə'ʒwε̃dr] **1** *tr* et *pron* reunir. ● **2** *tr* (fig) acercarse, parecerse: *cela rejoint ce que tu disais* = *esto se acerca a lo que decías*.

rejouer [Rəʒu'e] **1** *tr* et *intr* volver a jugar. **2** THÉÂT volver a representar. **3** MUS volver a tocar.

réjouir [Reʒu'ir] *tr* et *pron* alegrar, divertir.

réjouissance [Reʒui'sãs] **1** *f* alegría, júbilo. ● **2** *f pl* festejos.

réjouissant, e [Reʒui'sã, t] *adj* divertido, alegre.

relâche [Rə'laʃ] **1** *m* relax, descanso. **2** THÉÂT día de descanso. ● **3** *f* MAR escala. ■ **faire ~** no haber función.

relâcher [Rəla'ʃe] **1** *tr* et *pron* relajar. ● **2** *tr* soltar (a un prisionero).

relais [Rə'lε] **1** *m* relevo. **2** SPORTS relevo: *coureur de relais* = *corredor de relevos*.

relancer [Rəlã'se] **1** *tr* volver a lanzar. **2** poner en marcha: *relancer un moteur* = *poner en marcha un motor*. **3** (fig) perseguir: *relancer qqn par téléphone* = *perseguir a alguien por teléfono*. ■ **~ la conversation** reanudar la conversación.

relater [Rəla'te] *tr* relatar.

relatif, ive [Rəla'tif, iv] *adj/m* et *f* relativo.

relation [Rəla'sjɔ̃] **1** *f* relación. **2** contacto: *obtenir un emploi par relations* = *obtener un empleo por contactos*. **3** relato (narración).

relativiser [Rəlativi'ze] *tr* relativizar.

relativité [Rəlativi'te] *f* relatividad.

relax [Rə'laks] **1** *m* relax. ● **2** *adj* (fam) relajado: *une soirée très relax* = *una velada muy relajada*.

relaxation [Rəlaksa'sjɔ̃] *f* relajación.

relaxer [Rəlak'se] **1** *tr* poner en libertad. ● **2 se ~** *pron* relajarse.

relayer [Rəle'je] *tr* et *pron* relevar.

relecture [Rəlek'tyr] *f* releer.

reléguer [Rəle'ge] *tr* relegar.

relent [Rə'lã] **1** *m* hedor. **2** (fig) resto: *des relents d'éducation bourgeoise* = *restos de educación burguesa*.

relever [Rəl've] **1** tr et pron levantar. ● **2** tr marcar: relever des erreurs dans un texte = marcar errores en un texto. **3** sustituir, reemplazar (en el trabajo). **4** subir, aumentar (los precios). **5** depender (de una autoridad superior). ● **6** intr et pron reestablecerse de. ● **7** se ~ pron relevarse, turnarse.

relief [Rəljɛf] m relieve. **2** (fig) realce: relief de l' expression = realce de la expresión. ● **3** reliefs m pl restos: les reliefs d' un passé splendide = los restos de un pasado espléndido.

relier [Rə'lje] **1** tr reatar. **2** enlazar: route qui relie deux villes = carretera que enlaza dos ciudades. **3** encuadernar (un libro, etc.). **4** (fig) relacionar: relier ces deux faits = relacionar estos dos hechos.

relieur, euse [Rə'ljœR, øz] m et f encuadernador.

religieux, euse [Rəli'ʒjø, øz] adj/m et f religioso.

religion [Rəli'ʒjɔ̃] f religión.

relique [Rə'lik] f reliquia.

relire [Rə'liR] **1** tr et pron releer. **2** releer, corregir: l' écrivain relit son manuscrit = el escritor corrige su manuscrito.

reliure [Rə'ljyR] **1** f encuadernación. **2** cubierta (de la encuadernación). ◆ demi-reliure cubierta con el lomo de cuero; ~ pleine cubierta de cuero.

reloger [Rəlɔ'ʒe] tr volver a alojar.

reluire [Rə'luiR] intr relucir; brillar.

reluisant, e [Rəlui'zɑ̃, t] adj reluciente; brillante. **2** (fig, fam) brillante: homme pas très reluisant = hombre no muy brillante.

reluquer [Rəly'ke] tr (fam) echar el ojo.

remâcher [Rəma'ʃe] **1** tr rumiar. **2** (fig) rumiar, meditar: remâcher les erreurs du passé = meditar los errores del pasado.

remailler [Rəma'je] tr remallar.

remanier [Rəma'nje] **1** tr revisar. **2** modificar: remanier le gouvernement = modificar el gobierno.

remarier [Rəma'Rje] tr et pron volver a casar.

remarque [Rə'maRk] **1** f observación; constatación. **2** nota: édition accompagnée de remarques = edición acompañada de notas.

remarquer [RəmaR'ke] **1** tr remarcar. **2** fijarse en: avez-vous remarqué si elle est

seule? = ¿os habéis fijado si está sola? ■ se faire ~ hacerse notar, ver.

remballer [Rɑ̃ba'le] **1** tr embalar. **2** (fig, fam) mandar a paseo: remballer qqn = mandar a paseo a alguien.

rembarrer [Rɑ̃baRe] tr (fam) reñir, echar bronca.

remblai [Rɑ̃'blɛ] **1** m terraplén. **2** terraplenado.

rembobiner [Rɑ̃bɔbi'ne] tr rebobinar.

rembourrer [Rɑ̃bu'Re] tr rellenar (de borra).

remboursement [Rɑ̃buRsə'mɑ̃] m reembolso; reintegro.

rembourser [Rɑ̃buR'se] tr reembolsar. ■ être remboursé à la loterie cobrar el reintegro.

rembrunir [Rɑ̃bRy'niR] tr et pron ensombrecer, oscurecer.

remède [Rə'mɛd] m remedio; medicamento. ◆ ~ de bonne femme remedio casero; ■ être sans ~ no haber remedio.

remédier [Rəm-¹'dje] intr remediar.

remember [Rəmɑ̃'bRe] tr concentrar; reunir (parcelas).

remémorer [Rəmemo'Re] tr et pron rememorar.

remercier [RəmɛR'sje] **1** tr agradecer. **2** despedir (a un empleado).

remettre [Rə'mɛtR] **1** tr et pron poner de nuevo. ● **2** tr entregar: je vous remets une lettre de sa part = os entrego una carta de su parte. **3** absolver (remitir). ● **4** se ~ pron volver a sentarse: se remettre à table = volver a sentarse a la mesa. **5** reponerse (de una enfermedad).

remeubler [Rəmø'ble] tr volver a amueblar.

remilitariser [Rəmilitari'ze] tr militarizar de nuevo.

réminiscence [Rəmini'sɑ̃s] f reminiscencia.

remise [Rə'miz] **1** f reposición. **2** entrega: remise d' une lettre = entrega de una carta. **3** descuento (rebaja). **4** absolución.

remiser [Rəmi'ze] **1** tr guardar. ● **2** se ~ pron ocultarse, refugiarse.

rémission [Remi'sjɔ̃] f remisión (absolución).

remmailler [Rɑ̃ma'je] tr remallar.

remmener [Rɑ̃me'ne] tr llevar de nuevo.

remodeler [Rəmɔ'dle] tr remodelar.

remontant, e [Rəmɔ̃'tã, t] *adj* et *m* activo, estimulante.

remonte-pente [Rəmɔ̃t'pãt] (*pl* **remonte-pentes**) *m* remonte; telesquí.

remonter [Rəmɔ̃'te] **1** *intr* et *tr* remontar. ● **2** *intr* aumentar: *la température remonte = la temperatura aumenta.* **3** (fig) remontar: *remonter dans le temps = remontar en el tiempo.* ● **4** *tr* hacer más alto (un edificio). **5** reponer (cobrar fuerzas).

remontrer [Rəmɔ̃'tRe] *intr* volver a enseñar.

remordre [Rə'mɔRdR] *tr* remorder.

remords [Rə'mɔR] *m* remordimiento.

remorque [Rə'mɔRk] **1** *f* remolque. **2** remolque (vehículo sin motor).

remorquer [RəmɔR'ke] **1** *tr* remolcar. **2** (fam) arrastrar.

remouiller [Rəmu'je] *tr* remojar.

rémoulade [Rəmu'lad] *f* salsa mayonesa con mostaza.

remous [Rə'mu] **1** *m* remolino. **2** (fig) alboroto; agitación.

rempailler [Rãpa'je] *tr* poner rejilla nueva a una silla.

rempaqueter [Rãpakə'te] *tr* volver a empaquetar.

rempart [Rã'paR] **1** *m* muralla. **2** (fig) amparo, escudo.

rempiéter [Rãpje'te] *tr* TECH reparar.

rempiler [Rãpi'le] **1** *tr* amontonar de nuevo. ● **2** *intr* MIL (fam) reengancharse.

remplacer [Rãpla'se] *tr* reemplazar. cambiar (renovar).

remplir [Rã'pliR] **1** *tr* rellenar. **2** desempeñar (un trabajo). **3** (fig) llenar: *remplir qqn d'orgueil = llenar a alguien de orgullo.*

remploi [Rã'plwa] **1** *m* reutilización. **2** COMM reinversión.

rempocher [Rãpɔ'ʃe] *tr* embolsarse.

rempoissonner [Rãpwaso'ne] *tr* repoblar (de peces).

remporter [RãpɔR'te] **1** *tr* llevarse. **2** (fig) ganar: *reporter un prix scientifique = ganar un premio científico.*

rempoter [Rãpɔ'te] *tr* trasplantar.

remprunter [Rãprœ̃'te] *tr* volver a pedir prestado.

remuage [Rə'mɥaʒ] **1** *m* meneo. **2** trasiego (del vino).

remuant, e [Rə'mɥã, t] *adj* inquieto. **2** activo (dinámico).

remue [Rə'my] *f* trashumancia.

remuer [Rə'mɥe] **1** *tr, intr* et *pron* mover. ● **2** *tr* agitar, alterar: *l'amour a remué ma vie = el amor ha alterado mi vida.* ● **3** *intr* (fig) sublevarse.

rémunération [Remyneʀa'sjɔ̃] *f* remuneración.

rémunérer [Remyne'Re] *tr* remunerar.

renâcler [Rəna'kle] *intr* resoplar.

renaissance [Rəne'sãs] **1** *f* renacimiento. **2 la Renaissance** el Renacimiento.

renaître [Rə'nɛtR] **1** *intr* renacer. **2** reaparecer: *la végétation renaît au printemps = la vegetación reaparece en primavera.* ● **3** *tr* (~ à) estar animado por.

renard [Rə'naR] **1** *m* zorro. **2** piel de zorro. **3** (fig) astuto: *il est un renard = es muy astuto.* **4** TECH fisura, grieta.

renardeau [Rənar'do] *m* pequeño zorro.

rencaisser [Rãke'se] *tr* reingresar.

renchérir [Rãʃe'RiR] **1** *tr* et *intr* encarecer. ● **2** *intr* (fig) ponderar.

rencogner [Rãkɔ'ɲe] *tr* et *pron* (fam) arrinconar.

rencontre [Rã'kɔ̃tR] **1** *f* encuentro. **2** reencuentro: *rencontre de deux cours d'eau = reencuentro de dos corrientes de agua.* **3** coincidencia (por azar). **4** MIL reencuentro. ■ **de ~** de ocasión.

rencontrer [Rãkɔ̃'tRe] **1** *tr* et *pron* encontrar. **2** reencontrar (topar). ● **3** *tr* SPORTS enfrentarse con. ● **4 se ~** *pron* conocerse: *nous nous sommes rencontrés chez des amis = nos conocimos en casa de unos amigos.*

rendez-vous [Rãde'vu] **1** *m* cita. **2** lugar de la cita. ■ **prendre ~** quedar con los amigos.

rendormir [RãdɔR'miR] *tr* et *pron* dormir de nuevo.

rendre [RãdR] **1** *tr* devolver; regresar (Amér.). **2** rendir: *rendre hommage = rendir homenaje.* **3** devolver, vomitar. **4** expresar (emociones). **5** rendir (ser productivo). ● **6 se ~** *pron* rendirse, entregarse. **7** ponerse: *se rendre malade = ponerse enfermo.* ■ **se ~ compte** darse cuenta.

rendu, e [Rã'dy] **1** *adj* devuelto. **2** llegado (a su destino).

rêne [Rɛn] **1** *f* rienda. **2** (fig) rienda: *prendre les rênes d'une affaire = tomar las riendas de un negocio.*

renégat, e [Rəne'ga, t] *m* et *f* renegado.

renégocier [Rənego'sje] *tr* volver a negociar.

renfermer [RãfɛR'me] **1** *tr* et *pron* encerrar. ● **2** *tr* (fig) contener: *le document renferme des secrets* = *el documeto contiene secretos.*

renfiler [Rãfi'le] *tr* enhebrar de nuevo.

renflammer [Rãfla'me] *tr* inflamar de nuevo.

renfler [Rã'fle] *tr* et *pron* hinchar, inflar.

renfoncer [Rãfõ'se] *tr* hundir.

renforcer [RãfɔR'se] **1** *tr* et *pron* reforzar. ● **2** *tr* intensificar: *renforcer une couleur* = *intensificar un color.*

renfort [Rã'fɔR] **1** *m* refuerzo. **2** MIL refuerzo: *envoyer des renforts* = *enviar refuerzos.*

renfrogner (se) [sərãfrɔ'ɲe] *pron* enfadarse.

rengager [Rãga'ʒe] **1** *tr* contratar de nuevo. ● **2** *intr* et *pron* MIL reengancharse.

rengaine [Rã'gɛn] *f* cantinela.

rengainer [Rãge'ne] **1** *tr* envainar de nuevo. **2** (fig, fam) tragarse: *rengainer son discurs* = *tragarse su discurso.*

rengorger (se) [sərãgɔR'ʒe] **1** *pron* pavonearse. **2** (fig) darse importancia.

renier [Rə'nje] *tr* renegar.

renifler [Rəni'fle] **1** *intr* resoplar. ● **2** *tr* aspirar. ■ **~ sur** (fig, fam) poner cara de asco.

renne [Rɛn] *m* reno.

renom [Rə'nõ] *m* renombre.

renommée [Rənɔ'me] *f* renombre.

renommer [Rənɔ'me] *tr* renombrar.

renoncer [Rənõ'se] *tr* renunciar.

renonciation [Rənõsja'sjõ] *f* renunciación.

renouer [Rənu'e] **1** *tr* reanudar. **2** reconciliarse. **3** (fig) reanudar: *renouer la conversation* = *reanudar la conversación.*

renouveau [Rənu'vo] **1** *m* (fig) renovación; renacimiento. **2** LITT renacimiento, primavera.

renouvelant, e [Rənuv'lã, t] *m* et *f* niño que hace la segunda comunión.

renouveler [Rənuv'le] *tr* et *pron* renovar.

rénovateur, trice [Renova'tœr, tris] *adj/m* et *f* renovador.

rénovation [Renova'sjõ] *f* renovación.

rénover [Renɔ've] *tr* renovar.

renseignement [Rãsɛɲ'mã] *m* información.

renseigner [Rãse'ɲe] *tr* et *pron* informar.

rentabiliser [Rãtabili'ze] *tr* rentabilizar.

rente [Rãt] *f* renta.

renter [Rã'te] *tr* asignar una renta.

rentrant, e [Rã'trã, t] **1** *adj* entrante. ● **2** *m* jugador que sustituye a otro que sale.

rentré, e [Rã'tre] **1** *adj* entrado. **2** hundido: *le ventre rentré* = *el vientre hundido.* **3** contenido (un sentimiento).

rentrée [Rã'tre] **1** *f* reapertura. **2** regreso; retorno (de las vacaciones).

rentrer [Rã'tre] **1** *intr* entrar de nuevo. **2** reempezar (el trabajo). **3** *tr* guardar: *il a rentré sa voiture* = *ha guardado su coche.* **4** (fig) reprimir: *rentrer les larmes* = *reprimir las lágrimas.*

renversant, e [Rãvɛr'sã, t] *adj* asombroso.

renverser [Rãvɛr'se] **1** *tr* invertir. **2** derribar: *renverser son adversaire* = *derribar a su adversario.* **3** (fig) vencer; destruir: *renverser tous les obstacles* = *destruir todos los obstáculos.*

renvoi [Rã'vwa] **1** *m* devolución. **2** expulsión (de un alumno). **3** despido (de un empleado).

renvoyer [Rãvwa'je] **1** *tr* devolver. **2** despedir (a un empleado). **3** expulsar (a un alumno).

réopérer [Reɔpe'Re] *tr* volver a operar.

réorganisation [Reɔrganiza'sjõ] *f* reorganización.

réorganiser [Reɔrgani'ze] *tr* reorganizar.

réorienter [Reɔrjã'te] *tr* reorientar.

réouverture [Reuvɛr'tyr] *f* reapertura.

repairer [Rəpe'Re] *intr* guarecerse.

repaître [Rə'pɛtr] *tr* et *pron* (fig) alimentar, mantener.

répandre [Re'pãdr] **1** *tr* et *pron* derramar. **2** propalar; difundir: *ce journal a répandu la nouvelle* = *este periódico ha difundido la noticia.* ● **3** *tr* dar, proporcionar (dispensar). **4** infundir, emitir (sembrar). **5** popularizar, vulgarizar (propagar).

répandu, e [Repã'dy] **1** *adj* derramado. **2** generalizado (común).

reparaître [Rəpa'Retr] *intr* reaparecer.

réparation [Repara'sjõ] **1** *f* reparación. **2** restablecimiento (cicatrización).

réparer [ʀepa'ʀe] **1** *tr* reparar. **2** reponer (restablecer). **3** (fig) recuperar: *il s'est arrêté pour réparer ses forces* = *se ha parado para recuperar fuerzas*.

reparler [ʀəpaʀ'le] *intr* volver a hablar.

repartie [ʀəpaʀ'ti] *f* réplica, salida.

repartir [ʀəpaʀ'tiʀ] *intr* volver a marcharse, volver a irse.

répartir [ʀepaʀ'tiʀ] *tr et pron* repartir.

répartition [ʀepaʀti'sjɔ̃] *f* repartición.

reparution [ʀəpaʀy'sjɔ̃] *f* reaparición.

repas [ʀə'pa] *m* comida. ◆ ~ **du matin** desayuno; ~ **du midi** almuerzo.

repasser [ʀəpa'se] **1** *intr et tr* pasar de nuevo, volver a pasar. ● **2** *tr* repasar: *il a repassé le travail avant de le rendre* = *ha repasado el trabajo antes de entregarlo*. **3** planchar (alisar).

repasseuse [ʀəpa'søz] *f* planchadora.

repaver [ʀəpa've] *tr* adoquinar, empedrar de nuevo.

repayer [ʀəpe'je] *tr* volver a pagar.

repêcher [ʀəpe'ʃe] **1** *tr* volver a pescar. **2** (fig, fam) sacar de un apuro.

repeindre [ʀə'pɛ̃dʀ] *tr* repintar.

repenser [ʀəpɑ̃'se] *tr et intr* repensar.

repenti, e [ʀəpɑ̃'ti] *adj* arrepentido.

repentir [ʀəpɑ̃'tiʀ] *m* arrepentimiento.

repentir (se) [səʀəpɑ̃'tiʀ] **1** *pron* arrepentirse. ■ **je lui en ferai ~** me las ha de pagar; **il s'en repentira à loisir** ya le pesará.

repercer [ʀəpɛʀ'se] **1** *tr* perforar de nuevo. **2** TECH calar.

répercussion [ʀepɛʀky'sjɔ̃] *f* repercusión.

répercuter [ʀepɛʀky'te] **1** *tr* repercutir. ● **2** *se ~ pron* reflejarse.

reperdre [ʀə'pɛʀdʀ] *tr* volver a perder.

repère [ʀə'pɛʀ] **1** *m* marca, señal. **2** (fig) referencia, indicación: *cette rue me sert de repère* = *esta calle me sirve de referencia*.

repérer [ʀəpe'ʀe] **1** *tr* marcar, señalar. **2** identificar: *ils ont repéré leurs bagages* = *han identificado sus maletas*. **3** (fam) localizar, encontrar: *elle a repéré son père dans la foule* = *ha localizado a su padre entre el gentío*.

répertoire [ʀepɛʀ'twaʀ] *m* repertorio.

répéter [ʀepe'te] **1** *tr et pron* repetir. ● **2** *tr* recitar: *répéter la leçon* = *recitar la lección*. **3** ensayar.

répétiteur, trice [ʀepeti'tœʀ, tʀis] *m et f* profesor particular.

répétitif, ive [ʀepeti'tif, iv] *adj* repetitivo.

répétition [ʀepeti'sjɔ̃] **1** *f* repetición. **2** ensayo: *il faut faire la répétition de l'œuvre* = *hay que hacer el ensayo de la obra*.

repeupler [ʀəpœ'ple] *tr* repoblar.

repiquer [ʀəpi'ke] **1** *tr* repicar. **2** replantar, traspasar: *il a repiqué les salades* = *ha replantado las lechugas*.

répit [ʀe'pi] *m* tregua, plazo.

replacer [ʀəpla'se] *tr* reponer.

replanter [ʀəplɑ̃'te] *tr* replantar.

replat [ʀə'pla] *m* rellano.

replâtrer [ʀəplɑ'tʀe] **1** *tr* revocar, repellar. **2** (fig) hacer chapuzas.

replet, ète [ʀə'plɛ, t] *adj* rechoncho.

repleuvoir [ʀəplœ'vwaʀ] *intr* volver a llover.

repli [ʀə'pli] **1** *m* pliegue, doblez. **2** ondulación (sinuosidad). **3** disminución, debilitación: *un repli des ventes* = *una disminución de las ventas*. **4** (fig) recoveco, rincón: *les replis de l'âme* = *los recovecos del alma*.

replier [ʀə'plje] **1** *tr et pron* replegar. ● **2** *se ~ pron* (fig) recogerse, cerrarse: *se replier sur soi-même* = *cerrarse en sí mismo*.

réplique [ʀe'plik] **1** *f* réplica. **2** réplica, reproducción (copia).

répliquer [ʀepli'ke] *tr et pron* replicar.

replonger [ʀəplɔ̃'ʒe] **1** *tr* sumergir de nuevo. **2** (fig) sumir: *il est replongé dans la pauvresse* = *está sumido en la pobreza*. ● **3** *intr* zambullirse de nuevo.

reployer [ʀəplwa'je] *tr* → **replier**.

repolir [ʀəpɔ'liʀ] *tr* repulir.

répondeur, euse [ʀepɔ̃'dœʀ, øz] **1** *adj* respondedor. ● **2** *m* contestador automático.

répondre [ʀe'pɔ̃dʀ] **1** *tr* responder, contestar. **2** reaccionar. **3** (~ *à*) responder, corresponder (concordar). **4** (~ *de*) responder, garantizar.

répons [ʀe'pɔ̃] *m* responsorio.

réponse [ʀe'pɔ̃s] *f* respuesta, contestación; contesta (Amér.). ■ **avoir réponse à tout** tener respuesta a todo.

repopulation [ʀəpɔpyla'sjɔ̃] *f* repoblación.

reportage [ʀəpɔʀ'taʒ] *m* reportaje.
reporter [ʀəpɔʀ'te] **1** *tr* remitir. **2** transcribir (reproducir). **3** transportar, trasladar: *il a reporté ce matériel à l'autre côté* = ha trasladado este material al otro lado. **4** volver a llevar: *il a reporté la chaise à sa place* = ha vuelto a llevar la silla a su lugar. **5** (fig) transportar (con el pensamiento). ● **6** se ~ *pron* referirse, remitirse.
reporter [ʀəpɔʀ'tɛʀ] *m* ou *f* reportero.
repos [ʀə'po] **1** *m* reposo, descanso. **2** paz, tranquilidad (quietud).
repose-pied [ʀəpoz'pje] *m* reposapiés.
reposer [ʀəpo'ze] **1** *tr* calmar, sosegar (apaciguar). **2** volver a poner: *repose le chien par terre* = vuelve a poner el perro en el suelo. ● **3** *tr* et *pron* descansar, reposar: *elle s'est retirée pour se reposer* = se ha retirado para descansar. ● **4** *intr* dormir, descansar (relajar).
repose-tête [ʀəpoz'tɛt] *m* reposacabezas.
repositionner [ʀəpozisjɔ'ne] *tr* volver a poner en su sitio.
repousse [ʀə'pus] *f* crecimiento.
repousser [ʀəpu'se] **1** *tr* alejar, aplazar, diferir (retrasar). **3** (fig) rechazar, rehusar: *il a repoussé mon invitation* = ha rechazado mi invitación.
reprendre [ʀə'pʀɑ̃dʀ] **1** *tr* recuperar, recobrar. **2** repetir. **3** retomar, proseguir (continuar). **4** volver a tomar: *il a repris deux verres de vin* = ha vuelto a tomar dos vasos de vino; volver a coger. ● **5** *intr* recuperarse. **6** volver a empezar (reanudar).
représailles [ʀəpʀe'saj] *f pl* represalias.
représentant, e [ʀəpʀezɑ̃'tɑ̃, t] **1** *m* et *f* representante. **2** agente comercial, mandatario (delegado).
représentation [ʀəpʀezɑ̃ta'sjɔ̃] **1** *f* exhibición, función (espectáculo). **2** representación, imagen (evocación).
représenter [ʀəpʀezɑ̃'te] **1** *tr* imaginarse, figurar (concebir). **2** sustituir (significar). **3** THÉÂT interpretar (actuar). ● **4** *tr* et *intr* representar. ● **5** se ~ *pron* volver a presentarse.
répressif, ive [ʀepʀe'sif, iv] *adj* represivo.
répression [ʀepʀe'sjɔ̃] *f* represión.
réprimande [ʀepʀi'mɑ̃d] *f* reprimenda, reprensión; raspa (Amér.).

réprimander [ʀepʀimɑ̃'de] *tr* reprender; felpear (Amér.).
réprimer [ʀepʀi'me] *tr* reprimir.
reprise [ʀə'pʀiz] **1** *f* recuperación. **2** reanudación, reactivación (continuación). **3** asalto: *le champion a gagné à la deuxième reprise* = el campeón ha ganado en el segundo asalto. **4** zurcido, remiendo. **5** TECH reparación. ■ **à plusieurs reprises** varias veces.
repriser [ʀəpʀi'ze] *tr* zurcir.
réprobation [ʀepʀɔba'sjɔ̃] *f* reprobación.
reproche [ʀə'pʀɔʃ] *m* reproche, crítica (recriminación); reprimenda. ■ **sans ~** perfecto, irreprochable.
reprocher [ʀəpʀɔ'ʃe] **1** *tr* reprochar, echar en cara. **2** reprobar, recriminar (criticar). ● **3** se ~ *pron* reprocharse.
reproduction [ʀəpʀɔdyk'sjɔ̃] *f* reproducción.
reproduire [ʀəpʀɔ'dɥiʀ] **1** *tr* et *pron* reproducir. ● **2** *tr* copiar (imitar).
reprogrammer [ʀəpʀɔgʀa'me] *tr* INF reprogramar.
réprouvé, e [ʀepʀu've] *m* et *f* réprobo.
réprouver [ʀepʀu've] **1** *tr* reprobar (condenar). **2** maldecir.
reptation [ʀɛpta'sjɔ̃] *f* reptación.
reptile [ʀɛp'til] *adj* et *m* réptil.
repu, e [ʀə'py] *adj* ahíto, harto.
républicain, e [ʀepybli'kɛ̃, ɛn] *adj/m* et *f* republicano.
république [ʀepy'blik] *f* república.
répudiation [ʀepydja'sjɔ̃] **1** *f* repudiación, repudio. **2** (fig) rechazo.
répudier [ʀepy'dje] **1** *tr* repudiar. **2** rechazar (rehusar). **3** DR renunciar.
répugnance [ʀepy'ɲɑ̃s] *f* repugnancia, repulsión.
répugner [ʀepyɲ'ne] *tr* repugnar, repeler.
répulsif, ive [ʀepyl'sif, iv] *adj* et *m* repulsivo.
répulsion [ʀepyl'sjɔ̃] *f* repulsión.
réputation [ʀepyta'sjɔ̃] *f* reputación, fama. ■ **avoir la ~ de** ser considerado; **connaître qqn de ~** conocer a alguien por su reputación.
réputé, e [ʀepy'te] *adj* reputado, famoso (conocido).
réputer [ʀepy'te] *tr* reputar. ■ **être réputé pour** ser famoso por.
requérir [ʀɔke'ʀiʀ] **1** *tr* necesitar, reclamar (deber). **2** pedir, solicitar: *ils ont re-*

quis l'attention du président = han pedido la atención del presidente. **3** requerir. **4** DR demandar (exigir).

requête [Rə'kɛt] **1** *f* solicitud, petición (demanda). **2** DR demanda, requerimiento. ■ **sur la ~ de** a la demanda de.

requiem [Rekɥi'jem] *m* réquiem.

requin [Rə'kɛ̃] *m* tiburón.

requinquer [Rəkɛ̃'ke] **1** *tr* (fam) entonar, animar. ● **2 se ~** *pron* reponerse, recuperarse.

requis, e [Rə'ki, z] *adj* requerido, necesario.

réquisit [Reki'zit] *m* PHIL requisito, premisa.

réquisition [Rekizi'sjɔ̃] **1** *f* DR requerimiento, alegato (demanda). **2** DR requisición, requisa.

réquisitionner [Rekizisjɔ'ne] **1** *tr* requisar. **2** (fig, fam) militarizar (movilizar).

rescapé, e [Reska'pe] *adj/m et f* superviviente.

rescision [Resi'zjɔ̃] *f* rescisión.

rescousse [Res'kus] *f* auxilio, socorro. ■ **à la ~** en socorro de.

réseau [Re'zo] **1** *m* red. **2** INF red. ◆ **~ ferré** red ferroviaria; **~ routier** conjunto de carreteras.

réséda [Rese'da] *m* BOT reseda.

réséquer [Rese'ke] *tr* MÉD resecar.

réservation [Rezervɑ'sjɔ̃] *f* reserva.

réserve [Re'zɛrv] **1** *f* almacén (depósito). **2** discreción, prudencia (cautela). **3** reserva. **4** reserva, provisión: *on a préparé une réserve pour l'hiver* = han preparado una reserva para el invierno. ■ **en ~** en reserva.

réserver [Rezer've] *tr et pron* reservar.

réservoir [Rezer'vwar] **1** *m* depósito, tanque. **2** (fig) reserva.

résidence [Rezi'dɑ̃s] *f* residencia. ◆ **~ principale** vivienda habitual; **~ secondaire** segunda vivienda.

résident, e [Rezi'dɑ̃, t] **1** *adj/m et f* residente. ● **2** *m et f* ministro residente.

résidentiel, elle [Rezidɑ̃'sjɛl] *adj* residencial.

résider [Rezi'de] **1** *intr* residir. **2** (fig) residir, estribar (radicar).

résidu [Rezi'dy] *m* residuo.

résiduaire [Rezi'dɥɛr] *adj* residual.

résigner [Rezi'ɲe] **1** *tr* resignar. ● **2 se ~** *pron* resignarse, conformarse (aceptar). **3** abdicar, ceder (inclinarse).

résilier [Rezi'lje] *tr* rescindir, invalidar.

résille [Re'zij] **1** *f* redecilla. **2** TECH rejilla.

résine [Re'zin] *f* resina.

résineux, euse [Resi'nø, øz] **1** *adj* resinoso. ● **2** *m* conífera, árbol acuicfolio.

résistance [Rezis'tɑ̃s] **1** *f* resistencia. **2** fuerza, solidez. **3** defensa (oposición). **4** **la Résistance** HIST la Resistencia. ◆ **~ électrique** ÉLEC resistencia eléctrica.

résistant, e [Rezis'tɑ̃, t] **1** *adj* resistente. ● **2** *m et f* HIST militante de la Resistencia.

résister [Rezis'te] **1** *tr* resistir. **2** oponerse: *elle résiste à la volonté de ses parents* = se opone a la voluntad de sus padres.

résolu, e [Rezo'ly] *adj* resuelto, decidido. ■ **être ~** à estar decidido a.

résolution [Rezɔly'sjɔ̃] **1** *f* resolución. **2** solución, resolución (de un problema). **3** DR disolución, anulación.

résonance [Rezo'nɑ̃s] *f* resonancia.

résonner [Rezo'ne] *intr* resonar.

résorber [Rezɔr'be] **1** *tr* reabsorber, resorber. **2** (fig) absorber, eliminar (suprimir).

résoudre [Re'zudr] **1** *tr* determinar. **2** solucionar, resolver (encontrar). **3** DR rescindir, anular (revocar). ● **4** *tr et pron* resolver (analizar).

respect [Res'pe] **1** *m* respeto. **2** consideración (homenaje). ● **3 respects** *m pl* saludos respetuosos. ■ **au ~ de** en consideración a; **tenir qqn en ~** mantener a alguien a distancia.

respecter [Respek'te] **1** *tr et pron* respetar. ● **2** *tr* acatar, respetar: *il a toujours respecté mes indications* = ha acatado siempre mis indicaciones. **3** mantener en buen estado (un lugar público).

respectif, ive [Respek'tif, iv] *adj* respectivo.

respectueux, euse [Respek'tɥø, øz] **1** *adj* respetuoso. ● **2** *f* (fam) ramera, prostituta.

respirateur [Respira'tœr] *m* respirador.

respiration [Respirɑ'sjɔ̃] *f* respiración. ◆ **~ artificielle** respiración artificial.

respirer [Respi're] **1** *intr* respirar. **2** (fig) respirar, tener un respiro (tranquilizarse). ● **3** *tr* absorber, inhalar (aspirar). **4** (fig) respirar: *elle respire la bonté* = respira bondad.

resplendir [ʀɛsplɑ̃'diʀ] *intr* resplandecer.

resplendissant, e [ʀɛsplɑ̃di'sɑ̃, t] *adj* resplandeciente.

responsabiliser [ʀɛspɔ̃sabili'ze] *tr* responsabilizar.

responsabilité [ʀɛspɔ̃sabili'te] *f* responsabilidad. ◆ ~ **civile** DR responsabilidad civil; ■ **prendre ses responsabilités** asumir su responsabilidad.

responsable [ʀɛspɔ̃'sabl] **1** *adj* responsable. **2** razonable (serio). ● **3** *m* ou *f* autor (culpable). **4** encargado.

resquille [ʀɛs'kij] *f* (fam) fraude, sisa.

resquiller [ʀɛski'je] **1** *tr* (fam) sisar. ● **2** *intr* (fam) colarse.

ressac [ʀə'sak] *m* resaca (de las olas).

ressaisir [ʀəse'ziʀ] **1** *tr* asir de nuevo. ● **2 se ~** *pron* rehacerse, serenarse. ■ **se ~ de** DR apoderarse de.

ressasser [ʀəsa'se] **1** *tr* rumiar. **2** machacar, repetir: *elle ressasse toujours les mêmes bêtises = repite siempre las mismas tonterías.*

ressauter [ʀəso'te] **1** *tr* resaltar, sobresalir. ● **2** *intr* saltar de nuevo.

ressemblance [ʀəsɑ̃'blɑ̃s] *f* parecido, semejanza.

ressemblant, e [ʀəsɑ̃'blɑ̃, t] *adj* parecido.

ressembler [ʀəsɑ̃'ble] *intr* et *pron* (~ *à*) parecerse a, haber salido a: *cet enfant ressemble à sa mère = este niño se parece a su madre.*

ressemer [ʀəsə'me] *tr* sembrar de nuevo.

ressentir [ʀəsɑ̃'tiʀ] **1** *tr* sentir. **2** experimentar. ● **3 se ~** *pron* resentirse: *il se ressent de son commentaire = se resiente de su comentario.*

resserre [ʀə'sɛʀ] *f* cuarto trastero.

resserrer [ʀəse'ʀe] **1** *tr* apretar: *on a resserré le nœud très fort = han apretado el nudo muy fuerte.* **2** disminuir, condensar. ● **3** *tr* et *pron* cerrar (encerrar). **4** estrechar.

resservir [ʀəsɛʀ'viʀ] *tr* et *intr* servir de nuevo.

ressort [ʀə'sɔʀ] **1** *m* resorte, muelle. **2** (fig) fuerza, energía (motor). ■ **du ~ de** de la competencia de.

ressortir [ʀəsɔʀ'tiʀ] **1** *tr* volver a sacar. ● **2** *intr* salir de nuevo. **3** resaltar, destacarse (un color, un detalle, etc.).

ressouder [ʀəsu'de] *tr* soldar de nuevo.

ressource [ʀə'suʀs] *f* recurso.

ressuer [ʀə'sɥe] **1** *tr* batir. ● **2** *intr* TECH rezumar.

ressusciter [ʀesysi'te] *tr* et *intr* resucitar.

ressuyer [ʀesɥi'je] *tr* secar.

restant, e [ʀɛs'tɑ̃, t] *adj* restante.

restaurant [ʀɛstɔ'ʀɑ̃] *m* restaurante. ◆ ~ **universitaire** comedor universitario.

restauration [ʀɛstɔʀa'sjɔ̃] **1** *f* restauración. **2** reparación, restauración: *la mairie paie la restauration de l'église = el ayuntamiento paga la restauración de la iglesia.* **3** rehabilitación (reconstrucción).

restaurer [ʀɛstɔ'ʀe] **1** *tr* restaurar. ● **2 se ~** *pron* comer.

reste [ʀɛst] **1** *m* resta (diferencia). **2** resto. **3** resto, remanente (excedente). ● **4 restes** *m pl* sobras (de comida). ■ **le ~** lo demás.

rester [ʀɛs'te] **1** *intr* permanecer, quedarse. **2** ser todavía (mantenerse). **3** persistir (durar). ● **4** *impers* quedar: *il me reste de l'argent = me queda dinero.* ■ **en ~ à** quedarse en; **y ~** (fam) morir.

restituer [ʀɛsti'tɥe] **1** *tr* restituir; regresar (Amér.). **2** rehabilitar (restablecer). **3** liberar, devolver: *on lui a restitué la liberté = le han devuelto la libertad.*

restitution [ʀɛstity'sjɔ̃] *f* restitución.

restreindre [ʀɛs'tʀɛ̃dʀ] *tr* et *pron* restringir.

restreint, e [ʀɛs'tʀɛ̃, t] *adj* limitado.

restriction [ʀɛstʀik'sjɔ̃] *f* restricción. ■ **sans ~** enteramente, sin condición.

restructurer [ʀɛstʀykty'ʀe] *tr* reestructurar.

resucée [ʀəsy'se] **1** *f* (fam) nuevo trago. **2** (péj) algo ya muy visto.

résultat [ʀezyl'ta] **1** *m* resultado. **2** solución (de un problema). ■ ~ **d'un match** SPORTS resultado de un partido.

résulter [ʀezyl'te] *intr* resultar, derivarse.

résumé, e [ʀezy'me] **1** *adj* resumido. ● **2** *m* resumen. **3** compendio. ■ **en ~** en resumen.

résumer [ʀezy'me] **1** *tr* et *pron* resumir, extractar. ● **2 se ~** *pron* sintetizar.

resurgir [ʀəsyʀ'ʒiʀ] *intr* resurgir.

résurrection [ʀezyʀɛk'sjɔ̃] **1** *f* resurrección. **2** reaparición (vuelta).

retable [ʀə'tabl] *m* retablo.

rétablir [ʀeta'bliʀ] *tr* et *pron* restablecer.

retailler [Rɔtɑ'je] **1** tr recortar. **2** volver a sacar punta a (un lápiz).

retape [Rɔ'tap] f (fam) caza (de clientes).

retaper [Rɔtɑ'pe] **1** tr componer, poner como nuevo (apañar). **2** reparar, arreglar. ● **3 se** ~ pron (fam) remontarse, reponerse: *avec cette médécine il se retapera* = con esta medicina se repondrá.

retard [Rɔ'taR] m retraso, tardanza. ◆ ~ **mental** MÉD retraso mental; ■ **avoir du** ~ (fam) estar atrasado; desconocer los últimos avances; **en** ~ retrasado.

retarder [RɔtaR'de] **1** tr retardar, retrasar (remitir). **2** aplazar, diferir: *on a retardé l'opération* = se ha aplazado la operación. ● **3** intr retrasarse: *cette montre ne retarde jamais* = este reloj nunca se retrasa.

retenir [Rɔtə'niR] **1** tr alquilar. **2** atar, fijar (sostener). **3** deducir, descontar: *il doit retenir une partie de son salaire* = debe deducir una parte de su salario. **4** retener, detener: *la police a retenu le voleur* = la policía ha retenido al ladrón. **5 se** ~ pron sostenerse, agarrarse. **6** contenerse, moderarse (retenerse).

rétention [Retɑ̃'sjɔ̃] f retención.

retentir [Rɔtɑ̃'tiR] **1** intr resonar, sonar. **2** repercutir (afectar).

retenue [Rɔtə'ny] **1** f descuento, deducción. **2** retención, sujeción (fijación). **3** moderación, comedimiento (discreción).

réticence [Reti'sɑ̃s] **1** f reticencia. **2** reparo, duda (dificultad).

réticent, e [Reti'sɑ̃, t] adj reticente. **2** reacio, dudoso (reservado).

rétif, ive [Re'tif, iv] adj repropio, reacio (rebelde).

rétine [Re'tin] f ANAT retina.

retiré, e [Rɔti'Re] **1** adj retirado. **2** alejado, apartado (aislado).

retirer [Rɔti'Re] **1** tr tirar de nuevo (disparar). **2** retirar, apartar. **3** anular, suprimir: *on a retiré cette œuvre du théâtre* = han suprimido esta obra del teatro. **4** retirar, sacar. ● **5 se** ~ pron retirarse, marcharse (irse). **6** recogerse, retirarse: *il se retire toujours dans sa maison de campagne* = siempre se retira a su casa de campo. ■ **se** ~ **de** abandonar, retirarse de (un negocio, un trabajo).

retisser [Rɔti'se] tr retejer.

rétivité [Retivi'te] f carácter reacio.

retomber [Rɔtɔ̃'be] **1** intr recaer, caer. **2** inclinarse. **3** bajar: *le vent fait retomber la fumée* = el viento hace bajar el humo.

retordre [Rɔ'tɔRdR] tr retorcer. ■ **donner du fil à** ~ dar que hacer.

rétorsion [RetɔR'sjɔ̃] f DR retorsión, represalias.

retouche [Rɔ'tuʃ] **1** f retoque. **2** retoque, arreglo: *elle a fait des retouches à cette robe* = ha hecho arreglos en este vestido.

retoucher [Rɔtu'ʃe] tr retocar.

retour [Rɔ'tuR] **1** m vuelta, regreso. **2** retorno: *c'est un chemin sans retour* = es un camino sin retorno. **3** reciprocidad (intercambio). **4** vuelta, esconce (ángulo). ■ **en** ~ **a cambio**; **être sur le** ~ envejecer; **sans** ~ sin remisión.

retourne [Rɔ'tuRn] f vuelta (naipes). ■ **avoir les bras à la** ~ (fam) ser perezoso.

retourner [RɔtuR'ne] **1** tr emocionar, conmocionar. **2** invertir, cambiar bruscamente (trastocar). **3** volver, dar la vuelta a: *elle a retourné la viande* = le ha dado la vuelta a la carne; voltear (Amér.). **4** volver del revés. **5** intr volver, regresar: *il retourne chez lui pour les vacances* = regresa a su casa en vacaciones. ● **6 se** ~ pron volverse (girarse).

retracer [RɔtRa'se] **1** tr trazar de nuevo. **2** (fig) relatar, contar (describir).

rétractation [Retrakta'sjɔ̃] f retractación.

rétracter [Retrak'te] **1** tr et pron retraer. **2** (fig) retractar: *il s'est rétracté de ce qu'il avait dit* = se ha retractado de lo que había dicho.

rétraction [Retrak'sjɔ̃] f retracción.

retrait [Rɔ'tRe] **1** m contracción, disminución. **2** suspensión; retirada (disminución). **3** salida, retirada: *le retrait d'argent* = la retirada de dinero.

retraitant, e [RɔtRe'tɑ̃, t] m et f persona que hace un retiro espiritual.

retraite [Rɔ'tRet] **1** f asilo, residencia (refugio). **2** jubilación ◆ ~ **anticipée** jubilación anticipada. **3** retiro (reposo). **4** retirada. ■ **prendre sa** ~ jubilarse.

retraité, e [RɔtRe'te] adj/m et f retirado, jubilado.

retraiter [RɔtRe'te] tr TECH reprocesar.

retrancher [RɔtRɑ̃'ʃe] **1** tr suprimir. **2** restar, sustraer. ● **3 se** ~ pron parapetarse:

se retrancher sous la table = *parapetar-se bajo la mesa* ● **4** (fig) protegerse.

retransmettre [ʀətʀɑ̃s'mɛtʀ] *tr* retransmitir.

retransmission [ʀətʀɑ̃smi'sjɔ̃] *f* retransmisión.

rétrécir [ʀetʀe'siʀ] **1** *tr* et *pron* estrechar. ● **2** *intr* et *pron* encoger: *le t-shirt a rétréci au lavage* = *la camiseta ha encogido al lavarla*.

retremper [ʀətʀɑ̃'pe] **1** *tr* et *pron* remojar. **2** (fig) fortalecer.

rétribuer [ʀetʀi'bɥe] *tr* retribuir.

rétro [ʀe'tʀo] **1** *adj* (fam) retro: *la mode rétro* = *la moda retro*. ● **2** *m* AUT (fam) retrovisor.

rétrograde [ʀetʀɔ'gʀad] *adj* retrógrado.

rétrospectif, ive [ʀetʀɔspɛk'tif, iv] *adj* et *m* retrospectivo.

retrousser [ʀətʀu'se] *tr* et *pron* remangar, arremangar.

retroussis [ʀətʀu'si] *m* enfaldo; vuelta.

retrouvailles [ʀətʀu'vaj] *f pl* (fam) reencuentro, encuentro.

retrouver [ʀətʀu've] **1** *tr* encontrar. **2** recobrar (la salud, el sueño, etc.). ● **3** *se pron* reunirse, encontrarse: *on se retrouve à une heure* = *nos encontramos a la una*.

rétroviseur [ʀetʀɔvi'zœʀ] *m* retrovisor.

rets [ʀɛ] **1** *m* red. **2** (fig) trampa: *tendre un rets* = *tender una trampa*.

réuni, e [ʀey'ni] *adj* reunido.

réunification [ʀeynifika'sjɔ̃] *f* reunificación.

réunifier [ʀeyni'fje] *tr* reunificar.

réunion [ʀey'njɔ̃] *f* reunión.

réunir [ʀey'niʀ] **1** *tr* et *pron* reunir. **2** conciliar, agrupar (confundir). **3** convocar, combinar (agrupar).

réussi, e [ʀey'si] *adj* logrado, acertado; exitoso (un acto, una recepción, etc.).

réussir [ʀey'siʀ] **1** *tr* conseguir, lograr. **2** salir bien. **3** cumplir, realizar (prosperar). ● **4** *intr* ser un éxito: *le livre a très bien réussi* = *el libro ha sido un gran éxito*. **5** tener éxito, triunfar: *cet artiste ne réussit pas* = *este artista no triunfa*. **6** (~ *à*) aprobar (un examen).

réussite [ʀey'sit] **1** *f* éxito. **2** triunfo (victoria).

réutiliser [ʀeytili'ze] *tr* reutilizar.

revaloir [ʀəva'lwaʀ] *tr* pagar, recompensar.

revalorisation [ʀəvalɔʀiza'sjɔ̃] *f* revalorización.

revaloriser [ʀəvalɔʀi'ze] *tr* revalorizar.

revanche [ʀə'vɑ̃ʃ] *f* revancha, desquite. ■ **en ~** en cambio; en compensación.

revancher (se) [səʀəvɑ̃'ʃe] *pron* desquitarse.

rêvasser [ʀɛva'se] *intr* soñar despierto.

rêvasserie [ʀɛvas'ʀi] **1** *f* ensueño. **2** (fig) quimera; desvarío (utopía).

rêve [ʀɛv] **1** *m* sueño: *il a toujours les mêmes rêves* = *siempre tiene los mismos sueños*. **2** ensueño, imaginación (visión). **3** (fam) sueño, ideal.

rêvé, e [ʀɛ've] **1** *adj* soñado. **2** (fig) ideal.

revêche [ʀə'vɛʃ] **1** *adj* arisco; áspero. **2** (fig) brusco, arisco.

réveil [ʀe'vɛj] **1** *m* despertar. **2** despertador (reloj).

réveille-matin [ʀevɛjma'tɛ̃] *m* despertador.

réveiller [ʀevɛ'je] **1** *tr* et *pron* despertar. **2** (fig) espabilar, estimular.

réveillon [ʀevɛ'jɔ̃] *m* cena de Nochebuena; cena de Nochevieja.

révélation [ʀevela'sjɔ̃] *f* revelación.

révéler [ʀeve'le] **1** *tr* et *pron* revelar. ● **2** se ~ *tr* mostrarse, aparecer (manifestarse).

revendication [ʀəvɑ̃dika'sjɔ̃] *f* reivindicación.

revendiquer [ʀəvɑ̃di'ke] **1** *tr* reivindicar, reclamar (exigir). **2** asumir (una responsabilidad).

revendre [ʀə'vɑ̃dʀ] *tr* revender. ■ **à ~** en exceso, demasiado.

revenir [ʀəv'niʀ] **1** *intr* manifestarse de nuevo. **2** recobrar. **3** salir, resultar: *revenir cher* = *resultar caro*. **4** volver, regresar: *il revient à la maison ce soir* = *vuelve a casa esta noche*; devolverse (Amér.). **5** (~ *sur*) retractarse de (una promesa); volver a tratar de (un asunto). ■ **~ à soi** volver en sí; **~ sur ses pas** dar marcha atrás.

revenu, e [ʀəv'ny] **1** *pp* → revenir. ● **2** *adj* decepcionado, desilusionado. ● **3** *m* ingreso, beneficio (ganancia). **4** renta. ◆ **~ par habitant** renta per cápita.

rêver [ʀɛ've] **1** *intr* soñar. **2** (~ *de*) soñar con: *elle rêve d'être chanteuse* = *sueña con ser cantante*. **3** pensar (meditar). ● **4** *tr* soñar con: *elle rêve mariage* = *sueña con casarse*.

réverbération

Se utiliza con dos preposiciones: **de** y **à**.
Rêver de equivale a **soñar con**, mientras
que *rêver à* significa **pensar en**.

réverbération [ʀeveʀbeʀa'sjɔ̃] *f* reverberación.
réverbère [ʀeveʀ'bɛʀ] *m* farola.
réverbérer [ʀeveʀbe'ʀe] *tr* et *pron* reverberar.
reverdir [ʀəveʀ'diʀ] *intr* et *tr* reverdecer.
révérence [ʀeve'ʀɑ̃s] *f* reverencia. ■ **tirer sa ~** irse, despedirse.
révérend, e [ʀeve'ʀɑ̃, d] *adj/m* et *f* reverendo.
révérer [ʀeve'ʀe] *tr* reverenciar.
rêverie [ʀɛv'ʀi] *f* ensueño.
revers [ʀə'vɛʀ] **1** *m* revés. **2** dorso (de la
mano); reverso (de moneda). **3** (fig) desgracia. ◆ **le ~ de la médaille** el lado malo; ■ **à ~** de revés.
reversement [ʀəvɛʀs'mɑ̃] *m* transferencia (dinero).
reverser [ʀəvɛʀ'se] *tr* volver a echar.
revêtement [ʀəvɛt'mɑ̃] **1** *m* revestimiento: *un revêtement extérieur = un revestimiento exterior*. **2** cubierta.
revêtir [ʀəve'tiʀ] **1** *tr* revestir. **2** investir:
*revêtir le juge d'une dignité = investir al
juez con una dignidad*. ● **3 se ~** *pron*
vestirse, ponerse.
rêveur, euse [ʀe'vœʀ, øz] **1** *adj/m* et *f*
pensativo. **2** soñador: *c'est un rêveur =
es un soñador*.
revient [ʀə'vjɛ̃] *m* coste.
revigorer [ʀəvigo'ʀe] *tr* vigorar, vigorizar.
réviser [ʀevi'ze] *tr* revisar.
révision [ʀevi'zjɔ̃] **1** *f* revisión. **2** repaso
(de una lección).
revivre [ʀə'vivʀ] **1** *intr* revivir. **2** renacer
(algo). ■ **faire ~** resucitar.
révocation [ʀevɔka'sjɔ̃] *f* revocación:
*la révocation d'un testament = la revo-
cación de un testamento*. ■ **la ~ d'un
fonctionnaire** la expulsión de un funcionario.
revoir [ʀə'vwaʀ] **1** *tr* volver a ver. **2** corregir (un texto). ● **3 se ~** *pron* volver a
verse. ■ **au ~** adiós, hasta luego.
révolte [ʀe'vɔlt] *f* revuelta, rebelión.
révolu, e [ʀevɔ'ly] *adj* cumplido (un ciclo, un año, etc.).

révolution [ʀevɔly'sjɔ̃] **1** *f* revolución. **2**
ASTR revolución. ■ **la Révolution
française** la Revolución francesa.
révolutionnaire [ʀevɔlysjɔ'nɛʀ] *adj/m*
ou *f* revolucionario.
révolutionner [ʀevɔlysjɔ'ne] **1** *tr* revolucionar; agitar (personas). **2** revolucionar, transformar (algo).
revolver [ʀevɔl'vɛʀ] *m* revólver.
révoquer [ʀevɔ'ke] **1** *tr* revocar, destituir
(un funcionario). **2** revocar, anular: *révoquer un contrat = anular un contrato*.
revue [ʀə'vy] **1** *f* análisis. **2** revista (publicación). ■ **passer en ~** MIL pasar revista.
rez-de-chaussée [ʀedʃo'se] *m* planta
baja.
rez-de-jardin [ʀedʒaʀ'dɛ̃] *m* planta baja con jardín.
rhabiller [ʀabi'je] **1** *tr* vestir de nuevo. **2**
reparar, componer.
rhapsode [ʀap'sɔd] *m* rapsoda.
rhapsodie [ʀapso'di] *f* rapsodia.
rhétorique [ʀetɔ'ʀik] **1** *adj* retórico. ● **2**
f retórica.
rhinocéros [ʀinɔse'ʀɔs] *m* rinoceronte.
rhodanien, enne [ʀɔda'njɛ̃, ɛn] *adj*
GÉOGR rodaniano, del Ródano.
rhombique [ʀɔ̃'bik] *adj* rómbico.
rhum [ʀɔm] *m* ron.
rhumatisme [ʀyma'tism] *m* reúma, reumatismo.
rhume [ʀym] *m* catarro, resfriado. ◆ **~
des foins** rinitis.
rhumerie [ʀɔm'ʀi] *f* destilería de ron.
riant, e [ʀjɑ̃, t] *adj* risueño.
ribambelle [ʀibɑ̃'bɛl] *f* retahíla.
riblon [ʀi'blɔ̃] *f* chatarra.
ribote [ʀi'bɔt] *f* (fam) parranda, jarana.
ribouldingue [ʀibul'dɛ̃g] *f* (fam) juerga,
fiesta.
ribouler [ʀibu'le] **~ des yeux** (fam) mirar con ojos de carnero degollado.
ricaner [ʀika'ne] *intr* reír burlonamente.
richard, e [ʀi'ʃaʀ, d] *m* et *f* ricachón.
riche [ʀiʃ] **1** *adj* rico. **2** (fig) excelente:
une terre riche = una tierra excelente. ●
3 *m* ou *f* rico: *le nouveau riche = el nuevo rico*.
richesse [ʀi'ʃes] **1** *f* riqueza. **2** (fig)
abundancia: *la richesse en pétrole d'un
pays = la abundancia de petróleo de un
país*.

ricocher [ʀikɔ'ʃe] *intr* rebotar.

ricochet [ʀikɔ'ʃɛ] *m* rebote. ■ **faire ~** hacer rebotar (una piedra en el agua).

ric-rac [ʀik'ʀak] **il nous a payés ~** nos pagó con exactitud.

rictus [ʀik'tys] *m* risilla.

ride [ʀid] **1** *f* arruga. **2** (fig) ondulación, pliegue.

rideau [ʀi'do] **1** *m* cortina. **2** THÉÂT telón. ◆ **~ métallique** persiana metálica.

ridée [ʀi'de] *f* red para cazar alondras.

ridelle [ʀi'del] *f* AUT adral.

rider [ʀi'de] *tr et pron* arrugar.

ridicule [ʀidi'kyl] **1** *adj* ridículo. ● **2** *m* ridiculez: *le ridicule d'une situation = la ridiculez de una situación*. ■ **couvrir de ~** ridiculizar; **se rendre ~** hacer el ridículo.

ridiculiser [ʀidikyli'ze] *tr* ridiculizar.

rien [ʀjɛ̃] **1** *pron* nada: *je n'ai rien dit = yo no he dicho nada*. ● **2** *m* nadería, pequeñez. ■ **ça ne fait ~** no tiene importancia; **de ~** de nada; **n'y être pour ~** no tener ninguna responsabilidad.

riesling [ʀis'liŋ] *m* riesling (vino de Alsacia).

riflard [ʀi'flaʀ] **1** *m* garlopín (de carpintero). **2** la mejor lana del vellón. **3** (fam) paraguas.

rifle [ʀifl] *m* rifle, carabina.

rigaudon [ʀigo'dɔ̃] *m* rigodón (danza francesa).

rigide [ʀi'ʒid] **1** *adj* rígido, severo. **2** rígido: *un carton rigide = un cartón rígido*.

rigidifier [ʀiʒidi'fje] *tr* volver rígido.

rigidité [ʀiʒidi'te] *f* rigidez.

rigolade [ʀigo'lad] **1** *f* (fam) broma, risa. **2** (fam) chorrada, tontería. ■ **prendre qqch à la ~** tomar algo en broma.

rigolard, e [ʀigo'laʀ, d] *adj/m et f* (fam) guasón, bromista.

rigole [ʀi'gol] **1** *f* acequia: *rigole d'irrigation = acequia de riego*. **2** reguero.

rigoler [ʀigo'le] **1** *intr* divertirse, reírse. **2** bromear: *tu rigoles! = ¡bromeas!*

rigolo, ote [ʀigo'lo, ɔt] **1** *adj* (fam) divertido, gracioso. ● **2** *m* gracioso.

rigoureux, euse [ʀigu'ʀø, øz] *adj* riguroso.

rigueur [ʀi'gœʀ] *f* rigor. ■ **à la ~** como máximo; **tenir ~ à qqn** tener rencor a alguien.

rillettes [ʀi'jɛt] *f pl* tipo de paté de cerdo o de oca.

rillons [ʀi'jɔ̃] *m pl* chicharrones.

rimailler [ʀima'je] *intr escribir versos pésimos*.

rime [ʀim] *f* rima. ■ **sans ~ ni raison** sin pies ni cabeza.

rimer [ʀi'me] **1** *intr* rimar. ● **2** *tr* rimar, versificar.

rinceau [ʀɛ̃'so] *m* follaje (adorno).

rincée [ʀɛ̃'se] *f* (fam) paliza (a golpes).

rincer [ʀɛ̃'se] **1** *tr* enjuagar, aclarar. **2** lavar (con agua). ■ **se ~ le gosier** echarse un trago.

ring [ʀiŋ] **1** *m* cuadrilátero, ring (boxeo). **2** pista (del circo).

ringard, e [ʀɛ̃'gaʀ, d] **1** *adj* (fam) hortero. ● **2** *m* (fam) hortera: *quel ringard! = ¡vaya hortera!*

ripaille [ʀi'paj] *f* (fam) comilona, festín.

ripailler [ʀipa'je] *intr* (fam) estar de comilona.

ripaton [ʀipa'tɔ̃] *m* (fam) pie.

ripe [ʀip] *f* raedera.

riper [ʀi'pe] **1** *tr* raspar. **2** desplazar (la vía de tren). ● **3** *intr* derrapar, patinar. ● **4 se ~** *pron* (fam) largarse, irse.

riposte [ʀi'pɔst] **1** *f* respuesta, réplica. **2** respuesta (esgrima).

riposter [ʀipɔs'te] **1** *intr* responder. **2** MIL atacar, replicar.

riquiqui [ʀiki'ki] *adj* (fam) raquítico, chiquitín.

rire [ʀiʀ] **1** *intr* reír, reírse. ● **2 se ~** *pron* (se ~ *de*) reírse de. ■ **pour ~** en broma; **~ aux éclats** reírse a carcajadas.

risée [ʀi'ze] **1** *f* mofa, burla. **2** MAR ráfaga (viento).

risette [ʀi'zɛt] *f* sonrisita (niños): *faire une risette à maman = echar una sonrisita a mamá*. **2** (fig, fam) risa fingida.

risque [ʀisk] *m* riesgo. ■ **faire qqch à ses risques et périls** hacer algo por su cuenta y riesgo; **prendre des risques** arriesgarse.

risquer [ʀis'ke] **1** *tr* arriesgar. **2** intentar: *risquer une question = intentar una pregunta*. ■ **~ de mourir** correr el riesgo de morir; **~ le coup** probar fortuna; **~ le tout pour le tout** arriesgar el todo por el todo.

risque-tout [ʀisk'tu] *adj/m ou f* audaz, temerario.

rissole [ʀi'sɔl] *f* GAST empanadilla (de carne, pescado).

ristourne [ʀis'tuʀn] **1** *f* bonificación anual (del seguro). **2** comisión (del intermediario). **3** COMM descuento.

ristourner [ʀistuʀ'ne] **1** *tr* bonificar. **2** *pagar la comisión*. **3** DR, MAR anular el seguro.

rite [ʀit] **1** *m* rito. **2** ceremonia (ritual).

ritournelle [ʀituʀ'nɛl] *f* ritornelo. ∎ **toujours la même ~** (fig) siempre con la misma canción.

ritualiser [ʀitɥali'ze] *tr* ritualizar.

rituel, elle [ʀi'tɥɛl] **1** *adj* ritual. • **2** *m* REL ritual.

rival, e [ʀi'val] *adj et m* rival.

rivaliser [ʀivali'ze] *intr* rivalizar.

rivalité [ʀivali'te] *f* rivalidad.

rive [ʀiv] *f* ribera, orilla.

river [ʀi've] **1** *tr* remachar. **2** (fig) clavar: *il est rivé à son travail = está clavado a su trabajo*.

rivet [ʀi'vɛ] *m* remache.

riveter [ʀiv'te] *tr* remachar.

rivière [ʀi'vjɛʀ] *f* río. ◆ **~ de diamants** collar de diamantes.

> Es un nombre femenino que se emplea para designar afluentes y ríos pequeños. El nombre propio no tiene por qué coincidir en género: *le Gardon est une rivière = el Gardon es un río*.

rivoir [ʀi'vwaʀ] **1** *m* martillo (para remachar). **2** remachadora (máquina).

rivure [ʀi'vyʀ] **1** *f* remache. **2** broche, pasador.

rixe [ʀiks] *m* riña, pelea; bola (Amér.).

riz [ʀi] *m* arroz. ◆ **poudre de ~** polvos de maquillaje; **~ au lait** arroz con leche.

riz-pain-sel [ʀipɛ̃'sɛl] *m* MIL (fam) oficial de intendencia.

RMI [ɛʀɛ'mi] (*sigles de* **Revenu Minimum d'Insertion**) *m* RMI (ayuda estatal de inserción).

robe [ʀɔb] **1** *f* vestido, traje (de mujer). **2** toga (de magistrado). **3** hábito (de monje). **4** pelaje (de animal). **5** piel (de frutas, verduras). ◆ **~ de chambre** bata.

robin [ʀɔ'bɛ̃] *m* (fam) golilla (hombre de ley).

robinet [ʀɔbi'nɛ] *m* grifo; canilla (Amér.). ∎ **~ à gaz** llave de paso del gas.

robinetterie [ʀɔbinɛ'tʀi] *f* grifería.

robot [ʀɔ'bo] *m* robot.

roboticien, enne [ʀɔbɔti'sjɛ̃, ɛn] *m et f* experto en robótica.

robotique [ʀɔbɔ'tik] *f* TECH robótica.

robotisation [ʀɔbɔtiza'sjɔ̃] *f* automatización.

robuste [ʀɔ'byst] *adj* robusto.

robustesse [ʀɔbys'tɛs] *f* robustez, solidez.

roc [ʀɔk] *m* roca; peñasco (masa rocosa).

rocaille [ʀɔ'kaj] **1** *adj* ART grutesco. • **2** *f* rocalla.

roche [ʀɔʃ] *f* roca.

rocher [ʀɔ'ʃe] **1** *m* peñasco, peñón. **2** ANAT peñasco. ∎ **faire du ~** escalar.

rock [ʀɔk] *m* MUS rock.

rococo [ʀɔko'ko] **1** *adj* recargado. • **2** *m* rococó (estilo).

rôdailler [ʀɔda'je] *intr* (fam) vagar, errar.

roder [ʀɔ'de] **1** *tr* rodar. **2** TECH reglar (las válvulas).

rôder [ʀɔ'de] **1** *intr* merodear (con intención hostil). **2** errar.

rodomont [ʀɔdɔ'mɔ̃] *adj et m* fanfarrón.

rodomontade [ʀɔdɔmɔ̃'tad] *f* fanfarronada.

rogations [ʀɔga'sjɔ̃] *f pl* rezos, rogativas.

rogatoire [ʀɔga'twaʀ] *adj* DR rogatorio.

rogner [ʀɔ'ne] **1** *tr* recortar. **2** (fig) rebajar, recortar: *rogner les salaires = recortar los salarios*.

rognon [ʀɔ'nɔ̃] *m* GAST riñón.

rognonner [ʀɔnɔ'ne] *intr* (fam) gruñir, refunfuñar.

rognure [ʀɔ'nyʀ] *f* recorte.

rogue [ʀɔg] *adj* altivo, arrogante.

roi [ʀwa] **1** *m* rey. **2** (fig) rey, jefe. **3** rey (en ajedrez). ◆ **les Rois mages** los Reyes Magos.

roide [ʀwad] *adj* → **raide**.

roidir [ʀwa'diʀ] *tr* → **raidir**.

roitelet [ʀwat'lɛ] **1** *m* reyezuelo; rey de poca monta. **2** ZOOL reyezuelo.

rôle [ʀol] **1** *m* personaje, papel (en teatro, cine). **2** función, cometido: *avoir un rôle important = tener una función importante*. ∎ **à tour de ~** uno tras otro; **avoir le beau ~** quedar bien, lucirse.

ROM [ʀɔm] (*sigles de* **Read Only Memory**) *f* ROM.

romain, e [ʀɔ'mɛ̃, ɛn] **1** *adj* romano. • **2** **Romain, e** *m et f* romano.

romaine [ʀɔ'mɛn] f romana (lechuga).
roman [ʀɔ'mɑ̃] **1** m novela. **2** romance (lengua).
romance [ʀɔ'mɑ̃s] f MUS romanza.
romancer [ʀɔmɑ̃'se] tr novelar.
romancier, ère [ʀɔmɑ̃'sje, jɛʀ] m et f novelista.
romand, e [ʀɔ'mɑ̃, d] adj de la Suiza francófona.
romanesque [ʀɔma'nɛsk] **1** adj novelesco. • **2** m lo novelesco: *le romanesque d'une situation* = lo novelesco de una situación.
romaniser [ʀɔmani'ze] tr romanizar.
romantique [ʀɔmɑ̃'tik] adj/m ou f romántico.
rompre [ʀɔ̃pʀ] **1** intr ceder. **2** SPORTS retroceder. • **3** tr romper. **4** (fig) destrozar (físicamente, moralmente). • **5** se ~ pron quebrarse. ■ ~ **les rangs** MIL romper filas; ~ **qqn à qqch** arrastrar a alguien a hacer algo; **se** ~ **le cou** desnucarse.
rompu, e [ʀɔ̃'py] adj roto. ■ **être** ~ **de fatigue** (fig) estar muerto de cansancio; ~ **à qqch** experimentado en algo.
ronce [ʀɔ̃s] **1** f espino, zarza. **2** veta.
ronchonner [ʀɔ̃ʃɔ'ne] intr (fam) refunfuñar, rezongar.
rond, e [ʀɔ̃, d] **1** adj redondo. **2** carnoso. **3** (fam) regordete (persona). **4** (fam) borracho. • **5** m círculo. **6** (fam) blanca, perra (dinero). ■ **avaler tout** ~ (fig, fam) tragar sin mascar; **ça ne tourne pas** ~ (fig, fam) va mal; no va redondo.
rond-de-cuir [ʀɔ̃d'kɥiʀ] m (péj) chupatintas.
ronde [ʀɔ̃d] **1** f ronda (vigilancia). **2** ronda (grupo). **3** redonda (letra). **4** corro (baile, juego). **5** MUS redonda. ■ **à la** ~ **à la redonda**.
rondeau [ʀɔ̃'do] **1** m rondel. **2** MUS rondó.
rondelet, ette [ʀɔ̃d'le, t] **1** adj (fam) regordete. **2** (fig) considerable, cuantioso (dinero).
rondelle [ʀɔ̃'dɛl] **1** f arandela. **2** rodaja: *une rondelle de citron* = una rodaja de limón.
rondin [ʀɔ̃'dɛ̃] m leño, tronco.
rondouillard, e [ʀɔ̃du'jaʀ, d] adj/m et f (fam) regordete.
rond-point [ʀɔ̃'pwɛ̃] m glorieta, rotonda.
ronflant, e [ʀɔ̃'flɑ̃, t] **1** adj ruidoso, sonoro. **2** (fig) rimbombante, pomposo.

ronfler [ʀɔ̃'fle] **1** intr roncar (una persona). **2** zumbar.
ronger [ʀɔ̃'ʒe] **1** tr roer. **2** corroer (metal). **3** carcomer (insectos). **4** (fig) atormentar; consumir. ■ **se** ~ **les ongles** morderse las uñas.
ronron [ʀɔ̃'ʀɔ̃] **1** m ronroneo. **2** (fam) zumbido. **3** (fig) monotonía, rutina.
ronronner [ʀɔ̃ʀɔ'ne] intr ronronear (gato, motor).
roque [ʀɔk] m enroque (ajedrez).
roquefort [ʀɔk'fɔʀ] m roquefort.
roquer [ʀɔ'ke] intr enrocar (ajedrez).
roquet [ʀɔ'kɛ] **1** m gozque (perro). **2** (péj, fam) chisgarabís.
roquette [ʀɔ'kɛt] **1** f BOT jaramago. **2** MIL cohete (artillería, anticarro).
rosace [ʀɔ'zas] f ARCHIT rosetón.
rosaire [ʀɔ'zɛʀ] m rosario.
rosâtre [ʀɔ'zɑtʀ] adj rosáceo.
rose [ʀoz] **1** f rosa. • **2** adj et m rosa (color). ◆ ~ **bonbon** rosa fuerte; ~ **de Noël** eléboro negro; ■ **envoyer qqn sur les roses** mandar a alguien a la porra; **voir tout en** ~ verlo todo color de rosa.
roseau [ʀɔ'zo] m BOT caña.
rosée [ʀɔ'ze] f rocío.
roselier, ère [ʀɔz'lje, jɛʀ] **1** adj que produce cañas. • **2** f cañaveral, cañizar.
roser [ʀɔ'ze] **1** tr dar un color rosa. **2** sonrosar.
roseraie [ʀɔz'ʀɛ] f rosaleda, rosalera.
rosette [ʀɔ'zɛt] **1** f roseta. **2** lazada (cinta). **3** insignia, condecoración.
rosier [ʀɔ'zje] m rosal. ◆ ~ **blanc** rosal blanco.
rosir [ʀɔ'ziʀ] **1** intr sonrosarse: *un visage qui rosissait* = un rostro que se sonrosaba. • **2** tr sonrosar.
rosse [ʀɔs] **1** f rocín (caballo). **2** (fam) persona perversa. • **3** adj (fam) duro, severo. **4** (fam) mordaz: *un commentaire rosse* = un comentario mordaz.
rossée [ʀɔ'se] f (fam) paliza.
rosser [ʀɔ'se] tr (fam) apalear, zurrar.
rossignol [ʀɔsi'ɲɔl] **1** m ruiseñor (ave). **2** (fam) ganzúa. **3** (fam) objeto pasado de moda.
rot [ʀo] m (vulg) eructo.
rôt [ʀo] m asado.
rotatif, ive [ʀɔta'tif, iv] adj rotativo.
rotation [ʀɔta'sjɔ̃] **1** f rotación. **2** rotación, movimiento (existencias, personal).

r

roter [ʀɔ'te] *intr* (vulg) eructar.

rôti, e [ʀo'ti] *adj* et *m* asado.

rôtie [ʀo'ti] *f* tostada.

rotin [ʀɔ'tɛ̃] *m* BOT rota.

rôtir [ʀo'tiʀ] **1** *tr* asar. ● **2 se ~** *pron* (fam) tostarse, asarse.

rôtissoire [ʀoti'swaʀ] *f* asador (utensilio).

rotonde [ʀɔ'tɔ̃d] *f* rotonda.

rotondité [ʀɔtɔ̃di'te] **1** *f* redondez. **2** (fam) gordura.

roture [ʀɔ'tyʀ] *f* plebe; pueblo llano.

roturier, ère [ʀɔty'ʀje, jɛʀ] *adj/m* et *f* plebeyo.

rouable [ʀuabl] **1** *m* rastro; rastrillo. **2** hurgón (de panadero).

rouage [ʀuaʒ] **1** *m* mecanismo; engranaje. **2** (fig) engranaje: *le rouage de l'administration* = *el engranaje de la administración*.

roublard, e [ʀu'blaʀ, d] *adj/m* et *f* (fam) astuto, tunante.

roublardise [ʀublaʀ'diz] *f* (fam) tunantería.

rouble [ʀubl] *m* rublo.

roucouler [ʀuku'le] **1** *intr* arrullar (paloma, tórtola). **2** (fig, fam) arrullar (los enamorados).

roue [ʀu] **1** *f* rueda (máquina de tortura). **2** bombo (lotería). ◆ **grande ~** noria; **~ de secours** rueda de recambio o de repuesto; **pousser à la ~** hacer la rueda; **faire la ~** hacer la rueda.

roué, e [ʀwe] **1** *adj/m* et *f* taimado, astuto. ● **2** *adj* molido (de fatiga, de golpes).

rouelle [ʀwɛl] *f* rodaja (de carne).

rouer [ʀwe] *tr* enrodar. ■ **~ qqn de coups** (fig) moler a alguien a palos.

rouerie [ʀu'ʀi] *f* ardid, astucia.

rouet [ʀwɛ] **1** *m* torno (hiladora). **2** rodete (de cerradura).

rouflaquette [ʀufla'kɛt] *f* (fam) patilla, garceta.

rouge [ʀuʒ] **1** *adj* et *m* rojo (color). ● **2** *adj* bermejo, pelirrojo (cabello, pelaje). **3** candente (brasas, hierro). ● **4** *m* comunista. **5** (fam) vino tinto: *boire du rouge* = *beber vino tinto*. ◆ **gros ~** (fam) tintorro; **~ à joues** colorete; **~ à lèvres** pintalabios; ■ **être au ~** encontrarse en una situación límite; estar en números rojos.

rougeâtre [ʀu'ʒatʀ] *adj* rojizo.

rougeaud, e [ʀu'ʒo, d] *adj/m* et *f* coloradote.

rouge-gorge [ʀuʒ'gɔʀʒ] *m* ZOOL petirrojo.

rougeole [ʀu'ʒɔl] *f* MÉD sarampión.

rouget [ʀu'ʒɛ] *m* salmonete (pez). ◆ **~ grondin** ZOOL rubio.

rougir [ʀu'ʒiʀ] **1** *intr* enrojecerse. **2** ruborizarse: *elle rougissait facilement* = *se ruborizaba fácilmente*. ● **3** *tr* enrojecer.

rouille [ʀuj] **1** *adj* herrumbroso (color). ● **2** *f* herrumbre, orín. **3** BOT roya, tizón. **4** GAST alioli (para bullabesa, etc.).

rouiller [ʀu'je] **1** *tr* oxidar. ● **2** *intr* et *pron* enmohecerse.

roulade [ʀu'lad] **1** *f* voltereta. **2** MUS gorgorito, trino. **3** GAST filete relleno.

roulage [ʀu'laʒ] **1** *m* rodadura. **2** acarreo (transporte). **3** AGR rulado.

roulant, e [ʀu'lɑ̃, t] **1** *adj* de ruedas; móvil. **2** (fam) divertido, cómico.

rouleau [ʀu'lo] **1** *m* rollo. **2** rodillo (para amasar). **3** rollo, carrete (fotográfico). **4** rulo (de pelo). ◆ **~ compresseur** apisonadora.

roulé-boulé [ʀulebu'le] *m* voltereta.

rouler [ʀu'le] **1** *intr* rodar; avanzar. **2** desplazarse (vehículo, pasajeros). **3** (~ *sur*) tratar: *leur conversation roule sur la politique* = *su conversación trata de política*. **4** MAR balancearse. ● **5** *tr* rodar, hacer rodar: *rouler un tonneau* = *rodar un tonel*. **6** enrollar; envolver. **7** pasar el rodillo. **8** apisonar. **9** liar (un cigarrillo). **10** (fam) timar. ● **11 se ~** *pron* revolcarse. **12** envolverse: *se rouler dans les couvertures* = *envolverse en las mantas*.

roulette [ʀu'lɛt] **1** *f* rueda; ruedecilla. **2** ruleta (juego). ◆ **~ russe** ruleta rusa; ■ **marcher comme sur des roulettes** ir sobre ruedas.

roulis [ʀu'li] *m* balanceo (del barco).

roulotte [ʀu'lɔt] *f* caravana; remolque.

roumain, e [ʀu'mɛ̃, ɛn] **1** *adj* rumano. ● **2 Roumain, e** *m* et *f* rumano. ● **3** *m* rumano (lengua).

roupie [ʀu'pi] **1** *f* rupia (moneda). **2** (fig, fam) velas (mocos). ■ **de la ~ de sansonnet** (fam) nada entre dos platos.

roupiller [ʀupi'je] *intr* (fam) sobar (dormir).

rouquin, e [ʀuˈkɛ̃, in] **1** *adj/m* et *f* (fam) pelirrojo. • **2** *m* (fam) tintorro.

rouscailler [ʀuskaˈje] *intr* (fam) rezongar, protestar.

rouspéter [ʀuspeˈte] *intr* (fam) protestar, refunfuñar.

roussâtre [ʀuˈsatʀ] *adj* bermejo.

rousse [ʀus] *f* (fam) poli, policía.

roussette [ʀuˈset] **1** *f* ZOOL panique, bermejizo (murciélago). **2** ZOOL lija (escualido).

rousseur [ʀuˈsœʀ] *f* rubicundez.

roussin [ʀuˈsɛ̃] **1** *m* rocín (caballo). **2** (fam) policía.

roussir [ʀuˈsiʀ] **1** *tr* chamuscar. • **2** *intr* enrojecer.

routage [ʀuˈtaʒ] *m* clasificación de envíos.

routard, e [ʀuˈtaʀ, d] *m* et *f* (fam) mochilero.

route [ʀut] **1** *f* carretera. **2** camino, ruta (itinerario). ■ **faire ~ avec** desplazarse con; **mettre en ~** poner en marcha.

routier, ère [ʀuˈtje, jɛʀ] **1** *adj* de carretera: *carte routière = mapa de carreteras.* • **2** *m* camionero.

routine [ʀuˈtin] *f* rutina.

rouverain ou **rouverin** [ʀuˈvʀɛ̃] *adj* TECH quebradizo (el hierro).

rouvraie [ʀuˈvʀɛ] *f* robledal.

rouvre [ʀuvʀ] *m* BOT roble.

rouvrir [ʀuˈvʀiʀ] *tr, intr* et *pron* reabrir.

roux, rousse [ʀu, s] **1** *adj* et *m* bermejo (color). • **2** *adj/m* et *f* pelirrojo. • **3** *m* GAST salsa rubia.

royal, e [ʀwaˈjal] *adj* real: *la couronne royale = la corona real*; regio.

royale [ʀwaˈjal] *f* perilla.

royaume [ʀwaˈjom] *m* reino.

royauté [ʀwajoˈte] **1** *f* realeza. **2** monarquía.

ruade [ʀɥad] *f* coz.

ruban [ʀyˈbɑ̃] **1** *m* cinta. **2** BOT cinta (planta). ◆ **~ isolant** cinta aislante; **~ magnétique** cinta magnética.

rubaner [ʀybaˈne] *tr* encintar.

rubéole [ʀybeˈɔl] *f* MÉD rubéola.

rubiette [ʀyˈbjet] *f* ZOOL petirrojo.

rubigineux, euse [ʀybiʒiˈnø, øz] *adj* herrumbroso.

rubis [ʀyˈbi] *m* rubí (piedra). ■ **payer ~ sur l'ongle** pagar a toca teja.

rubrique [ʀyˈbʀik] **1** *f* rúbrica. **2** sección.

ruche [ʀyʃ] **1** *f* colmena. **2** volante de tul o de encaje (corsé). **3** (fig) enjambre, hormiguero (gente).

ruchée [ʀyˈʃe] *f* enjambre.

rucher [ʀyˈʃe] *m* colmenar.

rucher [ʀyˈʃe] *tr* encañonar, plisar.

rude [ʀyd] **1** *adj* rudo (persona). **2** áspero (al tacto). **3** duro, penoso (situación). **4** ronco: *il a la voix rude = tiene la voz ronca.*

rudesse [ʀyˈdes] **1** *f* dureza; rudeza (carácter). **2** rigor (clima). **3** aspereza.

rudoyer [ʀydwaˈje] *tr* maltratar.

rue [ʀy] **1** *f* calle. **2** BOT ruda (planta). ◆ **~ piétonnière** calle peatonal; ■ **être à la ~** estar en la calle.

ruée [ʀɥe] *f* avalancha (de gente).

ruelle [ʀɥel] **1** *f* callejuela. **2** *espacio entre la cama y la pared.*

ruer [ʀɥe] **1** *intr* cocear. • **2 se ~** *pron* abalanzarse; precipitarse. ■ **~ dans les brancards** (fam) tirar coces a.

rugby [ʀygˈbi] *m* SPORTS rugby.

rugir [ʀyˈʒiʀ] **1** *intr* rugir, bramar. • **2** *tr* proferir (decir).

rugissant, e [ʀyʒiˈsɑ̃, t] *adj* rugiente.

rugosité [ʀygoziˈte] *f* rugosidad.

rugueux, euse [ʀyˈgø, øz] **1** *adj* rugoso. • **2** *m* rascador (pirotecnia).

ruine [ʀɥin] **1** *f* (se usa más en *pl*) ruina. **2** (fig) ruina, perdición. **3** (fig) ruina; quiebra.

ruiner [ʀɥiˈne] **1** *tr* et *pron* arruinar. • **2** *tr* arruinar; asolar (destruir).

ruisseau [ʀɥiˈso] **1** *m* arroyo. **2** (fig) arroyo, río (cantidad): *un ruisseau de sang = un arroyo de sangre.*

ruisselant, e [ʀɥisˈlɑ̃, t] **1** *adj* chorreante. **2** chorreando.

ruisseler [ʀɥisˈle] *intr* chorrear.

ruisselet [ʀɥisˈle] *m* arroyuelo.

rumen [ʀyˈmen] *m* ZOOL panza.

ruminant, e [ʀymiˈnɑ̃, t] *adj* et *m* rumiante.

rumination [ʀyminaˈsjɔ̃] *f* rumia.

ruminer [ʀymiˈne] **1** *tr* rumiar (algunos animales). **2** (fig) rumiar, cavilar.

runes [ʀyn] *f* runa.

runique [ʀyˈnik] *adj* rúnico.

rupestre [ʀyˈpestʀ] *adj* rupestre.

rupin, e [ʀuˈpɛ̃, in] **1** *adj* (fam) lujoso. • **2** *adj/m* et *f* (fam) ricachón.

rupture [ʀypˈtyʀ] **1** *f* rotura. **2** ruptura: *la rupture des relations = la ruptura de las relaciones.* ■ **en ~ de** agotamiento de.

rural, e [ʀy'ʀal] **1** adj rural. ● **2** m et f campesino.
ruse [ʀyz] **1** f ardid, trampa; cambullón (Amér.). **2** astucia. ◆ ~ **de guerre** estratagema de guerra.
ruser [ʀy'ze] **1** intr trampear. **2** raposear.
russe [ʀys] **1** adj ruso. ● **2 Russe** m ou f ruso. ● **3** m ruso (lengua).
russule [ʀy'syl] f BOT rúsula (champiñón).
rustaud, e [ʀys'to, d] adj/m et f palurdo; grosero.
rusticité [ʀystisi'te] f rusticidad.

rustique [ʀys'tik] **1** adj rústico: *une maison rustique = una casa rústica*. **2** (fig) rústico, tosco. ● **3** m escoda (herramienta).
rustre [ʀystʀ] **1** adj grosero, tosco. ● **2** m (fam) patán, aldeano.
rut [ʀyt] m celo (los animales).
rutilance [ʀyti'lãs] f rutilancia.
rutilant, e [ʀyti'lã, t] adj rutilante.
rutile [ʀy'til] m GÉOL rutilo.
rutiler [ʀyti'le] intr rutilar; resplandecer.
rythme [ʀitm] m ritmo.
rythmer [ʀit'me] tr ritmar; dar ritmo.

Ss

s [ɛs] m s: *le s minuscule = la s minúscula*.

> Una **s** simple puede pronunciarse /s/ o /z/. /s/ a principio de palabra, en posición final en pocas palabras de origen extranjero o culto, y delante de consonante. En posición final suele ser muda. En el resto de los casos se pronuncia /z/.

sa [sa] adj poss → son.
sabbatique [saba'tik] adj sabático.
sable [sabl] **1** m arena. **2** sable (heráldica). **3** MÉD arenilla. ● **4** adj de color beige claro. ◆ **sables mouvants** arenas movedizas.
sablé, e [sa'ble] **1** adj enarenado. ● **2** m pastaflora; polvorón.
sabler [sa'ble] **1** tr enarenar. **2** TECH limpiar con chorro de arena.
sablier [sa'blje] m reloj de arena.
sablière [sa'bljɛʀ] **1** f arenal. **2** arenero (ferrocarril). **3** ARCHIT solera; travesaño.
sablon [sa'blɔ̃] m arenilla.
sablonner [sablɔ'ne] tr arenar.
sablonnière [sablɔ'njɛʀ] f arenal.
sabot [sa'bo] **1** m zueco. **2** casco; pezuña. **3** zapata (freno). **4** (fam) trasto. ◆ ~ **de Denver** cepo (para coche). ■ **dormir comme un~** dormir como un tronco.
saboter [sabɔ'te] **1** tr fabricar zuecos. **2** sabotear. **3** (fig, fam) chapucear, frangollar.

saboterie [sabɔ'tʀi] f fábrica de zuecos.
sabotier, ère [sabɔ'tje, jɛʀ] m et f almadreñaro.
sabre [sabʀ] m sable. ◆ ~ **d'abattis** machete.
sabrer [sa'bʀe] **1** tr golpear con el sable. **2** (fam) chapucear (un trabajo). **3** (fig) cortar, suprimir (un texto).
sac [sak] **1** m bolsa. **2** saco: *sac à blé = saco de trigo*. **3** bolso. **4** saqueo, pillaje. **5** ANAT saco: *sac lacrymal = saco lagrimal*. ◆ ~ **à dos** mochila; ~ **à main** bolso; ~ **à vin** (fam) borracho; ~ **de couchage** saco de dormir; ~ **de voyage** bolso de viaje; ■ **l'affaire est dans le** ~ el asunto es cosa hecha.
saccade [sa'kad] f sacudida. ■ **par saccades** a empujones.
saccadé, e [saka'de] adj brusco, irregular (movimiento).
saccader [saka'de] tr sacudir; dar tirones.
saccager [saka'ʒe] **1** tr saquear. **2** (fam) revolver.
saccharine [saka'ʀin] f sacarina.
saccharose [saka'ʀoz] m CHIM sacarosa.
sacerdoce [sasɛʀ'dɔs] m sacerdocio.
sachet [sa'ʃɛ] m bolsita: *sachet de thé = bolsita de té*; paquete.
sacoche [sa'kɔʃ] f bolsa; cartera.
sacraliser [sakrali'ze] tr sacralizar.
sacre [sakʀ] **1** m coronación. **2** consagración. **3** ZOOL sacre (halcón).

sacré, e [sa'kʀe] **1** *adj* sacro, sagrado: *les livres sacrés* = *las sagradas escrituras*. **2** (fam) maldito. **3** ANAT sacro.

sacrebleu! [sakʀə'blø] *interj* ¡diantre!

sacrer [sa'kʀe] **1** *tr* consagrar. **2** coronar. ● **3** *intr* blasfemar.

sacrifice [sakʀi'fis] *m* sacrificio.

sacrifié, e [sakʀi'fje] *adj/m* et *f* sacrificado.

sacrifier [sakʀi'fje] **1** *tr* et *pron* sacrificar. ● **2** *tr* (~ à) ofrecer un sacrificio. **3** (~ à) seguir: *sacrifier à la mode* = *seguir la moda*; darse a.

sacrilège [sakʀi'lɛʒ] **1** *adj/m* ou *f* sacrílego. ● **2** *m* sacrilegio.

sacripant [sakʀi'pɑ̃] *m* (fam) bribón.

sacristi! [sakʀis'ti] *interj* ¡caramba!

sacristie [sakʀis'ti] *f* sacristía.

sadducéen, enne [sadyse'ɛ̃, ɛn] *adj/m* et *f* saduceo.

sadisme [sa'dism] *m* sadismo.

safari [safa'ʀi] *m* safari.

safran [sa'fʀɑ̃] *adj* et *m* azafrán. ◆ ~ **bâtard** azafrán bastardo.

safraner [safʀa'ne] *tr* azafranar.

saga [sa'ga] *f* saga.

sagace [sa'gas] *adj* sagaz.

sagaie [sa'gɛ] *f* azagaya.

sage [saʒ] **1** *adj* prudente, razonable. **2** casto. **3** bueno: *allons les enfants, soyez sages!* = *¡venga niños, sed buenos!* **4** modesto. ● **5** *m* sabio.

sage-femme [saʒ'fam] *f* comadrona, partera.

sagesse [sa'ʒɛs] **1** *f* sabiduría. **2** cordura. **3** buena conducta, obediencia. **4** moderación: *la sagesse de ses prétentions* = *la moderación en sus pretensiones*.

Sagittaire [saʒi'tɛʀ] **1** *adj/m* ou *f* sagitario (persona). ● **2** *m* ASTR Sagitario.

sagou [sa'gu] *m* sagú (fécula).

sagouin [sa'gwɛ̃] *adj/m* et *f* (fam) marrano, cochino.

saharien, enne [saa'ʀjɛ̃, ɛn] **1** *adj* sahariano. ● **2 Saharien, enne** *m* et *f* sahariano.

sahraoui, e [sa'ʀawi] **1** *adj* saharaui. ● **2 Sahraoui, e** *m* et *f* saharaui.

saie [sɛ] *f* sayo (casaca).

saignant, e [se'ɲɑ̃, t] **1** *adj* sangriento. **2** (fig) sangrante. **3** poco hecho.

saigner [se'ɲe] **1** *intr* et *tr* sangrar: *il saigne du lèvre* = *sangra por el labio*. ● **2** *tr* (fig) chupar la sangre, sacar el dinero a alguien. ● **3 se ~** *pron* sacrificarse. ■ **ça va ~** (fam) va a correr la sangre; ~ **qqn à blanc** arruinar a alguien; **se ~ aux quatre veines** darlo todo.

saillant, e [sa'jɑ̃, t] **1** *adj* saliente. **2** salido: *il a un menton saillant* = *tiene el mentón salido*. **3** (fig) destacado, sobresaliente: *les événements saillants de l'actualité* = *los acontecimientos destacados de la actualidad*.

saillir [sa'jiʀ] **1** *intr* sobresalir. ● **2** *tr* montar (fecundar).

sain, e [sɛ̃, ɛn] **1** *adj* sano. **2** saneado. **3** (fig) sin peligros. ■ **être ~ et sauf** estar sano y salvo.

saindoux [sɛ̃'du] *m* manteca de cerdo.

saint, e [sɛ̃, t] **1** *adj/m* et *f* santo. ● **2** *adj* sagrado. ◆ ~ **homme** santo varón; **la Saint-Jean** el día de San Juan; **toute la sainte journée** todo el santo día.

> Debe escribirse en minúscula ante nombre propio (*saint Pierre* = *san Pedro*) y en mayúscula para las fiestas *la Saint-Jean* = *el día de San Juan*.

sainte-nitouche [sɛ̃tni'tuʃ] *f* mosquita muerta.

saint-frusquin [sɛ̃fʀys'kɛ̃] *m* (fam) bártulos.

saint-glinglin (à la) [alasɛ̃glɛ̃'glɛ̃] *loc adv* (fam) cuando las ranas críen pelo.

saisie [se'zi] **1** *f* embargo, incautación. **2** INF entrada: *saisie manuelle de données* = *entrada manual de datos*.

saisir [se'ziʀ] **1** *tr* agarrar, tomar. **2** atrapar, capturar. **3** comprender. **4** sobrecoger. **5** cautivar, impresionar. ● **6 se ~** *pron* (se ~ *de*) apropiarse de.

saisissant, e [sezi'sɑ̃, t] **1** *adj* sorprendente. ● **2** *m* et *f* embargante.

saison [se'zɔ̃] **1** *f* estación. **2** época, periodo. **3** temporada. ◆ **basse ~** temporada baja; **haute ~** temporada alta.

saisonnalité [sezɔnali'te] *f* carácter estacional.

saisonnier, ère [sezɔ'nje, jɛʀ] **1** *adj* estacional; temporal. ● **2** *m* et *f* temporero.

salace [sa'las] *adj* salaz.

salade [sa'lad] **1** *f* ensalada. **2** lechuga; escarola. **3** (fig, fam) follón. **4** (fam) (se usa más en *pl*) mentiras: *raconter des sa-*

lades = contar mentiras. ◆ ~ **de fruits** macedonia de frutas; ~ **russe** ensaladilla rusa.

saladier [sala'dje] *m* ensaladera.

salaire [sa'lɛʀ] *m* salario; sueldo. ◆ ~ **de base** salario base; ~ **minimum** salario mínimo.

salaison [salɛ'zɔ̃] *f* salazón.

salamalecs [salama'lɛk] *m pl* (fam) reverencias exageradas.

salamandre [sala'mɑ̃dʀ] *f* salamandra.

salami [sala'mi] *m* salami; salame (Amér.).

salant [sa'lɑ̃] 1 *adj* salino. ● 2 *m* saladar.

salariat [sala'ʀja] 1 *m* salariado. 2 (se usa más en *pl*) trabajadores: *le patronat et le salariat = la patronal y los trabajadores*; asalariados.

salarier [sala'ʀje] *tr* asalariar.

salaud [sa'lo] 1 *adj* et *m* (vulg) cabrón. 2 sinvergüenza.

sale [sal] 1 *adj* sucio. 2 (fig) maldito: *cette salle voiture est encore en panne! = ¡este maldito coche todavía está estropeado!* 3 (fig) malo: *c'est un sale type = es una mala persona*. ■ **avoir une ~ gueule** tener mala cara; **faire une ~ gueule** poner mala cara; **quel ~ temps!** ¡vaya tiempo de perros!

salep [sa'ɛp] *m* salep (fécula).

saler [sa'le] *tr* salar.

salésien, enne [sale'zjɛ̃, ɛn] 1 *adj* salesiano. ● 2 **Salésien, enne** *m* et *f* salesiano.

saleté [sal'te] 1 *f* suciedad. 2 (fig) guarrada, marranada.

salicine [sali'sin] *f* CHIM salicina.

salicylique [salisi'lik] *adj* CHIM salicílico.

salière [sa'ljɛʀ] *f* salero.

salifier [sali'fje] *tr* CHIM salificar.

saligaud, e [sali'go, d] 1 *m* et *f* (fam) marrano (persona). 2 (fig) sinvergüenza.

salignon [sali'ɲɔ̃] *m* pan de sal.

salin, e [sa'lɛ̃, in] 1 *adj* salino. ● 2 *m* salina.

salinité [sali'te] *f* salinidad.

salique [sa'lik] *adj* sálico.

salir [sa'liʀ] 1 *tr* et *pron* ensuciar, manchar. ● 2 *tr* (fig) mancillar; manchar.

salissant, e [sali'sɑ̃, t] *adj* sucio; poco sufrido: *c'est une couleur salissante = es un color poco sufrido*.

salissure [sali'syʀ] *f* suciedad.

salivation [saliva'sjɔ̃] *f* salivación.

salive [sa'liv] *f* saliva. ■ **avaler sa ~** tragar saliva; **perdre sa ~** gastar saliva en balde.

saliver [sali've] 1 *intr* salivar. 2 hacerse la boca agua: *il salive avec cette odeur de bonne cuisine = se le hace la boca agua con este olor a buena cocina*.

salle [sal] *f* sala. ◆ ~ **à manger** comedor; ~ **de bain** cuarto de baño; ~ **de cinéma** sala de cine; ~ **de concert** sala de conciertos; ~ **de fêtes** sala de fiestas; ~ **d'opération** quirófano; ~ **de séjour** sala de estar; ■ **faire ~ comble** hacer un lleno total.

salmonelle [salmɔ'nɛl] *f* salmonela.

salon [sa'lɔ̃] 1 *m* salón. 2 feria: *salon du libre = feria del libro*; salón. ◆ ~ **de coiffure** peluquería; ~ **de thé** salón de té; ■ **faire ~** hacer tertulia.

salop, e [sa'lo, p] *adj* (vulg) sinvergüenza.

salopard [salɔ'paʀ] *m* → salaud.

salope [sa'lɔp] *f* (vulg) puta.

saloper [salɔ'pe] 1 *tr* (fam) enguarrar. 2 (fam) chapucear.

saloperie [salɔ'pʀi] *f* marranada, cochinada.

salopette [salɔ'pɛt] *f* mono de trabajo; peto.

salpêtre [sal'pɛtʀ] *m* salitre, nitrato.

saltimbanque [saltɛ̃'bɑ̃k] *m* ou *f* saltimbanqui.

salubre [sa'lybʀ] *adj* salubre, saludable.

salubrité [salybʀi'te] *f* salubridad. ◆ ~ **publique** higiene pública.

saluer [sa'lɥe] 1 *tr* et *pron* saludar. ● 2 *tr* rendir homenaje.

salut [sa'ly] 1 *m* saludo. 2 salvación: *le salut de l'âme = la salvación del alma*. ● 3 **salut!** *interj* (fam) ¡hola! 4 (fam) ¡adiós! ◆ ~ **au drapeau** homenaje a la bandera.

salutaire [saly'tɛʀ] 1 *adj* saludable. 2 útil, beneficioso.

salutation [salyta'sjɔ̃] 1 *f* salutación. 2 saludo. ● 3 **salutations** *f pl* saludo: *recevez mes salutations distinguées = reciba un atento saludo*.

salve [salv] *f* salva.

samaritain, e [samaʀi'tɛ̃, ɛn] 1 *adj* samaritano. ● 2 **Samaritain, e** *m* et *f* samaritano. ■ **faire le bon Samaritain** hacerse el buen samaritano.

samedi [sam'di] *m* sábado. ◆ ~ **saint** sábado de Gloria.

SAMU [sa'my] (*sigles de* **service d'aide médicale d'urgence**) *m* servicio móvil de urgencias médicas.

sanatorium [sanatɔ'ʀjɔm] *m* sanatorio antituberculoso.

sanctification [sɑ̃ktifika'sjɔ̃] *f* santificación.

sanctifier [sɑ̃kti'fje] *tr* santificar.

sanction [sɑ̃k'sjɔ̃] **1** *f* sanción. **2** sanción, aprobación.

sanctionner [sɑ̃ksjɔ'ne] **1** *tr* sancionar. **2** sancionar, aprobar.

sanctuaire [sɑ̃k'tɥɛʀ] **1** *m* santuario. **2** sagrario.

sandale [sɑ̃'dal] *f* sandalia.

sandalette [sɑ̃da'lɛt] *f* tipo de sandalia.

sandwich [sɑ̃d'witʃ] *m* sándwich; bocadillo.

sang [sɑ̃] **1** *m* sangre. **2** (fig) sangre, linaje. ◆ ~ **bleu** sangre azul; ■ **à** ~ **froid** a sangre fría; **avoir du** ~ **sur les mains** tener las manos manchadas de sangre; **avoir le** ~ **chaud** ser de sangre caliente; **avoir qqch dans le** ~ llevarlo en la sangre; **se faire du mauvais** ~ preocuparse.

sang-froid [sɑ̃'fʀwa] *m* sangre fría.

sanglant, e [sɑ̃'glɑ̃, t] **1** *adj* sangriento. **2** ensangrentado. **3** sanguinario, cruel.

sangle [sɑ̃gl] **1** *f* correa. **2** cincha (para caballos). **3** MÉD banda.

sangler [sɑ̃'gle] *tr* ceñir, ajustar.

sanglier [sɑ̃'glje] *m* jabalí.

sanglot [sɑ̃'glo] *m* sollozo.

sangloter [sɑ̃glɔ'te] *intr* sollozar.

sang-mêlé [sɑ̃me'le] *m* ou *f* mestizo.

sangria [sɑ̃'gʀja] *f* sangría.

sangsue [sɑ̃'sy] **1** *f* sanguijuela. **2** (fig, fam) sanguijuela.

sanguin, e [sɑ̃'gɛ̃, in] **1** *adj* sanguíneo. ● **2** *m* et *f* irascible.

sanguinaire [sɑ̃gi'nɛʀ] **1** *adj/m* ou *f* sanguinario. ● **2** *f* BOT sanguinaria.

sanguine [sɑ̃'gin] **1** *f* sanguina (mineral). **2** ART sanguina.

sanitaire [sani'tɛʀ] **1** *adj* sanitario. ● **2 sanitaires** *m pl* sanitarios.

sans [sɑ̃] *prép* sin. ■ **non** ~ no sin, con: *il y arriva non sans difficultés = llegó no sin dificultad*; ~ **que** sin que: *ne faites pas cela sans qu'il le sache = no lo haga sin que lo sepa*.

sans-abri [sɑ̃za'bʀi] *m* ou *f* sin techo.

sans-cœur [sɑ̃'kœʀ] *m* ou *f* (fam) desalmado.

sans-emploi [sɑ̃zɑ̃'plwa] *m* ou *f* desempleado.

sans-façon [sɑ̃fa'sɔ̃] *m* descaro.

sans-faute [sɑ̃'fot] *m* algo sin fallo.

sans-fil [sɑ̃'fil] **1** *m* inalámbrico (teléfono). **2** radiograma.

sans-filiste [sɑ̃fi'list] *m* ou *f* radioaficionado.

sans-gêne [sɑ̃'ʒɛn] **1** *adj* descarado, fresco. ● **2** *m* descaro; insolencia.

sans-le-sou [sɑ̃lə'su] *m* ou *f* (fam) pobretón.

sans-logis [sɑ̃lɔ'ʒi] *m* ou *f* sin techo.

sans-souci [sɑ̃su'si] *adj/m* ou *f* despreocupado, descuidado.

santé [sɑ̃'te] *f* salud. ◆ ~ **publique** sanidad pública; ■ **à ta** ~! ¡a tu salud!; **avoir une bonne** ~ gozar de buena salud; **avoir une** ~ **de fer** tener una salud de hierro; **boire à la** ~ **de qqn** brindar por alguien.

saoul, e [su, l] *adj* → **soûl.**

saouler [su'le] *tr* et *pron* → **soûler.**

sape [sap] **1** *f* mina (para voladuras). **2** zapa. ● **3 sapes** *f pl* (fam) ropa.

saper [sa'pe] **1** *tr* minar. **2** derrubiar.

saperlipopette! [sapɛʀlipɔ'pɛt] *interj* ¡recórcholis!, ¡cáspita!

sapeur-pompier [sapœʀpɔ̃'pje] *m* bombero.

saphique [sa'fik] *adj* et *m* sáfico.

saphir [sa'fiʀ] *m* zafiro.

sapide [sa'pid] *adj* sápido.

sapidité [sapidi'te] *f* sapidez.

sapientiaux [sapjɛ̃'sjo] *m pl* REL sapienciales.

sapin [sa'pɛ̃] *m* abeto. ■ **sentir le** ~ (fig) oler la muerte.

sapine [sa'pin] *f* madero de abeto.

sapinière [sapi'njɛʀ] *f* abetal, abetar.

saponacé, e [sapɔna'se] *adj* saponáceo, jabonoso.

saponification [sapɔnifika'sjɔ̃] *f* saponificación.

saponifier [sapɔni'fje] *tr* saponificar.

sapristi! [sapʀis'ti] *interj* ¡caramba!, ¡cáspita!

saquer [sa'ke] **1** *tr* (fam) echar. **2** (fam) puntuar estrictamente.

sarabande [saʀa'bɑ̃d] *f* zarabanda.

sarbacane [saʀba'kan] *f* cerbatana.

sarcasme [saʀ'kasm] *m* sarcasmo.
sarcophage [saʀkɔ'faʒ] *m* sarcófago.
sardane [saʀ'dan] *f* sardana (danza).
sarde [saʀd] **1** *adj* sardo. • **2 Sarde** *m* ou *f* sardo. • **3** *m* sardo (lengua).
sardine [saʀ'din] *f* sardina.
sardinerie [saʀdin'ʀi o saʀdinə'ʀi] *f* industria conservera de sardinas.
sardoine [saʀ'dwan] *f* sardónice (mineral).
sardonique [saʀdɔ'nik] *adj* sardónico.
sari [sa'ʀi] *m* sarí.
sarment [saʀ'mã] *m* BOT sarmiento.
sarrau [sa'ʀo] (*pl* **sarraus**) *m* blusón.
sasser [sa'se] *tr* cribar.
sasseur, euse [sa'sœʀ, øz] **1** *m* et *f* cribador. • **2** *m* criba (máquina).
satané, e [sata'ne] *adj* maldito: *un satané menteur = un maldito mentiroso*; endemoniado.
satellisation [sateliza'sjõ] *f* puesta en órbita.
satellite [sate'lit] **1** *adj* et *m* satélite: *un pays satellite = un país satélite*. • **2** *m* MÉC satélite. ◆ **~ artificiel** satélite artificial.
satiété [sasje'te] *f* saciedad. ■ **à ~** hasta la saciedad.
satin [sa'tẽ] *m* satén, raso.
satiné, e [sati'ne] **1** *adj* satinado. • **2** *m* brillo.
satiner [sati'ne] *tr* satinar.
satinette [sati'net] *f* rasete (tejido).
satire [sa'tiʀ] *f* sátira.
satiriser [satiʀi'ze] *tr* satirizar.
satisfaction [satisfak'sjõ] *f* satisfacción.
satisfaire [satis'fɛʀ] **1** *tr* et *pron* satisfacer. • **2** *tr* satisfacer, atender. **3** saciar. **4** (~ *à*) cumplir con.
satisfaisant, e [satisfə'sã, t] *adj* satisfactorio.
satisfecit [satisfe'sit] *m* aprobación.
satrape [sa'tʀap] *m* (fig) sátrapa, déspota.
satrapie [satʀa'pi] *f* (fig) tiranía.
saturable [saty'ʀabl] *adj* saturable.
saturant, e [saty'ʀã, t] *adj* saturante.
saturation [satyʀa'sjõ] *f* saturación.
saturer [saty'ʀe] *tr* saturar.
saturnales [satyʀ'nal] *f pl* saturnales.
Saturne [sa'tyʀn] *m* ASTR Saturno.
saturnin, e [satyʀ'nẽ, in] *adj* MÉD saturnino.

satyre [sa'tiʀ] **1** *m* sátiro (mitología). **2** (fig) sátiro, lascivo.
sauce [sos] **1** *f* salsa. **2** carboncillo. **3** (fam) chaparrón. ◆ **~ aigre-douce** salsa agridulce; **~ tomate** salsa de tomate.
saucé, e [so'se] *adj* plateado (una moneda).
saucée [so'se] *f* (fam) chubasco, chaparrón.
saucer [so'se] *tr* mojar la salsa, rebañar. ■ **être saucé** (fam) estar empapado.
saucière [so'sjɛʀ] *f* salsera.
saucisse [so'sis] **1** *f* salchicha; longaniza. • **2** *m* ou *f* (fam) imbécil.
saucisson [sosi'sõ] *m* salchichón.
saucissonner [sosisɔ'ne] *intr* (fam) picar (comida).
sauf [sof] *prép* salvo, menos: *il y en a pour tous sauf pour lui = hay para todos menos para él*; excepto. ■ **~ à** a reserva de; **~ que** salvo que, excepto que.
sauf, sauve [sof, sov] *adj* salvo: *être sain et sauf = estar sano y salvo*; ileso.
sauf-conduit [sofkɔ̃'dɥi] *m* salvoconducto.
sauge [soʒ] *f* BOT salvia.
saugrenu, e [sogʀə'ny] *adj* descabellado, estrafalario: *une idée saugrenue = una idea descabellada*.
saumâtre [so'matʀ] **1** *adj* salobre. **2** (fig) amargo, desagradable.
saumon [so'mõ] **1** *m* salmón. • **2** *adj* salmón (color). ◆ **~ fumé** salmón ahumado.
sauna [so'na] *m* ou *f* sauna.
sauner [so'ne] *intr* producir sal.
saunier [so'nje] *m* salinero.
saupoudrer [supu'dʀe] *tr* espolvorear.
saur [sɔʀ] *adj* ahumado: *hareng saur = arenque ahumado*.
saurer [sɔ'ʀe] *tr* ahumar.
sauret [sɔ'ʀe] *adj* → saur.
saut [so] **1** *m* salto. **2** salto de agua, cascada. **3** (fig) cambio brusco: *la nature fait toujours de sauts = la naturaleza hace siempre cambios bruscos*. ◆ **~ à la perche** salto con pértiga; **~ à ski** salto de esquí; **~ de la mort** salto mortal; **~ en hauteur** salto de altura; ■ **faire le ~** dar el paso.
saut-de-lit [sod'li] *m* salto de cama.
saute [sot] **1** *f* contraste. **2** (fig) cambio (de humor).
sauter [so'te] **1** *intr* et *tr* saltar. • **2** *intr* saltarse, desprenderse: *le bouton a sauté*

= se ha saltado un botón. **3** explotar. **4** caer (un gobierno). **5** (fig) saltar, pasar: *il saute d'une idée à l'autre = pasa de una idea a otra.* ● **6** *tr* saltar, olvidar. ■ faire ~ hacer saltar; forzar (una cerradura).

sauterelle [sotə'Rɛl o sot'Rɛl] **1** *f* saltamontes; langosta. **2** (fig) fideo, delgaducho.

sauterie [sotə'Ri o sot'Ri] *f* (fam) guateque.

sauternes [so'tɛRn] *m* vino de Sauternes.

sautillant, e [soti'jã, t] *adj* brincador. **2** (fig) irregular.

sautiller [soti'je] *intr* brincar; saltar.

sautoir [so'twaR] **1** *m* saltadero. **2** collar largo.

sauvage [so'vaʒ] **1** *adj* salvaje. **2** silvestre. ● **3** *adj/m ou f* (fig) necio, terco.

sauvagerie [sovaʒə'Ri o sovaʒ'Ri] **1** *f* salvajismo. **2** salvajada.

sauvegarde [sov'gaRd] **1** *f* salvaguardia. **2** (fig) protección, defensa: *la sauvegarde de la nature = la protección de la naturaleza.*

sauvegarder [sovgaR'de] *tr* salvaguardar; preservar.

sauver [so've] **1** *tr et pron* salvar. ● **2** *tr* preservar.

sauvette (à la) [alaso'vɛt] **1** *loc adv* ilícitamente; sin licencia. **2** (fig) deprisa y corriendo; precipitadamente.

savane [sa'van] *f* sabana.

savant, e [sa'vã, t] **1** *adj/m et f* sabio; erudito. **2** hábil.

savarin [sava'Rɛ̃] *m* bizcocho borracho.

savate [sa'vat] **1** *f* chancla (zapato). **2** (fig, fam) torpe. **3** SPORTS boxeo francés. **4** MAR falca.

saveur [sa'vœR] **1** *f* sabor; gusto (sentido). **2** (fig) sabor: *l'amour a une saveur spéciale = el amor tiene un sabor especial.*

savoir [sa'vwaR] **1** *tr* saber. **2** conocer. ● **3** se ~ *pron* saberse: *normalement, tout fini par se savoir = normalmente todo acaba por saberse.* ● **4** *m* saber; sabiduría. ■ ~ par cœur saber de memoria; va ~! (fam) vete a saber.

savoir-faire [savwaR'fɛR] **1** *m* buen hacer; delicadeza. **2** DR conocimientos especializados.

savoir-vivre [savwaR'vivR] *m* mundología; educación: *les gens n'ont pas de* savoir-vivre = la gente no tiene educación.

savon [sa'võ] *m* jabón. ◆ ~ à barbe jabón de afeitar.

savonner [savo'ne] *tr* jabonar; enjabonar.

savonnerie [savon'Ri] *f* jabonería.

savonnette [savo'nɛt] **1** *f* pastilla de jabón. **2** saboneta (reloj).

savourer [savu'Re] *tr* saborear.

savoyard, e [savwa'jaR, d] **1** *adj* saboyano. ● **2** Savoyard, e *m et f* saboyano.

saxo [sak'so] (*abrév de* saxophone) *m* MUS saxo.

saxophone [saksɔ'fon] *m* MUS saxófono.

saxophoniste [saksɔfɔ'nist] *m ou f* MUS saxofonista.

sbire [sbiR] *m* (péj) esbirro.

scalde [skald] *m* escaldo.

scalp [skalp] **1** *m* cabellera (trofeo de los indios americanos). **2** arrancamiento del cuero cabelludo.

scalper [skal'pe] *tr* despojar del cuero cabelludo.

scandale [skã'dal] *m* escándalo.

scandaliser [skãdali'ze] *tr et pron* escandalizar.

scander [skã'de] *tr* escandir; medir (los versos): *il faut scander les vers de Baudelaire = hay que medir los versos de Baudelaire.*

scandinave [skãdi'nav] **1** *adj* escandinavo. ● **2** Scandinave *m ou f* escandinavo.

scansion [skã'sjõ] **1** *f* escansión (poética). **2** problema de pronunciación.

scaphandre [skafã'dR] *m* escafandra (de submarinismo).

scaphandrier [skafãdRi'e] *m* buzo.

scarabée [skaRa'be] **1** *m* ZOOL escarabajo. **2** HIST piedra grabada (Egipto).

scarlatine [skaRla'tin] *adj et f* MÉD escarlatina.

scarole [ska'Rɔl] *f* BOT escarola.

scatologie [skatɔlɔ'ʒi] *f* escatología.

scélérat, e [sele'Ra, t] **1** *adj/m et f* criminal. **2** malvado. ● **3** *m et f* bribón; pillo.

scélératesse [sele'Ratɛs] *f* LITT maldad; perversidad.

scénario [sena'Rjo] **1** *m* sinopsis (cine); argumento. **2** HIST intriga; acción.

scénariste [sena'Rist] *m ou f* guionista (cinematografía).

scène [sɛn] **1** *f* THÉAT escenario; escena. **2** THÉAT decorado.

sceptre [sɛptʀ] **1** *m* cetro. **2** (fig) autoridad soberana.

schéma [ʃe'ma] **1** *m* esquema. **2** plan.

schématiser [ʃemati'ze] *tr* esquematizar.

schème [ʃɛm] **1** *m* estructura; forma. **2** PHIL esquema.

schizophrène [skizo'fʀɛn] *adj/m ou f* esquizofrénico.

schizophrénie [skizɔfʀe'ni] *f* esquizofrenia.

schnock [ʃnɔk] *m ou f* (fam) imbécil.

sciatique [sja'tik] *adj* et *f* ANAT ciático.

scie [si] *f* sierra (para cortar).

science [sjɑ̃s] **1** *f* ciencia. **2** LITT conocimiento; saber.

science-fiction [sjɑ̃sfik'sjɔ̃] *f* ciencia ficción.

scier [sje] **1** *tr* serrar; aserrar. **2** (fam) aburrir. **3** (fig, fam) sorprender, asombrar.

scierie [si'ʀi] *f* aserradero; serrería.

scieur [sjœʀ] *m* aserrador; serrador.

scille [sil] *f* BOT cebolla; escila.

scinder [sɛ̃'de] *tr* escindir; dividir.

scintillant, e [sɛ̃ti'jɑ̃, t] **1** *adj* centelleante. ● **2** *m* adorno de Navidad.

scintillation [sɛ̃tila'sjɔ̃] *f* centelleo.

scintiller [sɛ̃ti'je] **1** *intr* centellear. **2** brillar.

scission [si'sjɔ̃] *f* escisión.

sciure [sjyʀ] *f* serrín; aserrín.

scléroprotéine [skleʀopʀɔte'in] *f* BIOL escleroproteína.

sclérose [skle'ʀoz] *f* MÉD esclerosis.

scléroser (se) [sɔsklevɔ'ze] **1** *pron* endurecerse (una cosa). **2** (fig) estancarse.

scolaire [skɔ'lɛʀ] *adj* escolar.

scolarisation [skɔlaʀiza'sjɔ̃] *f* escolarización.

scolariser [skɔlaʀi'ze] *tr* escolarizar; dar instrucción.

scolarité [skɔlaʀi'te] *f* escolaridad.

scolopendre [skɔlɔ'pɑ̃dʀ] *f* ZOOL escolopendra.

scorbut [skɔʀ'byt] *m* MÉD escorbuto.

scorie [skɔ'ʀi] **1** *f* escoria. **2** GÉOL fragmento de lava.

scorpion [skɔʀ'pjɔ̃] **1** *m* escorpión (arácnido). **2 Scorpion** ASTR Escorpio. ● **3** *m ou f* escorpio (persona).

scribe [skʀib] **1** *m* escriba; copista. **2** doctor de la ley judía. ● **3** *m ou f* (fam) chupatintas.

scribouillard [skʀibu'jaʀ] **1** *m* (fam) escribiente. **2** (fam) chupatintas.

scrupule [skʀy'pyl] **1** *m* escrúpulo. **2** duda.

scruter [skʀy'te] **1** *tr* escrutar. **2** otear.

scrutin [skʀy'tɛ̃] *m* escrutinio.

sculpter [skyl'te] *tr* ART esculpir.

sculpteur [skyl'tœʀ] *m* ART escultor.

sculpture [skyl'tyʀ] *f* ART escultura.

SDF [ɛsde'ɛf] (*sigles de* sans domicile fixe) *m ou f* sin hogar.

se [sə] *pron* (pers reflexivo) se: *se regarder = mirarse*.

séance [se'ɑ̃s] **1** *f* sesión. **2** debate.

séant, e [se'ɑ̃, t] **1** *adj* decente. ● **2** *m* postura de quien está sentado. ■ être sur son ~ estar sentado.

seau [so] *m* cubo.

sébacé, e [seba'se] *adj* sebáceo.

sébile [se'bil] *f* escudilla; platillo.

sébum [se'bɔm] *m* sebo.

sec, sèche [sek, ʃ] **1** *adj* seco. **2** delgado. **3** insensible (persona). ● **4** *adv* secamente.

SECAM [se'kam] (*abrév de* séquentiel à mémoire) *adj* et *m* Secam.

sécant, e [se'kɑ̃, t] *adj* et *f* GÉOM secante.

sécession [sese'sjɔ̃] *f* secesión; separación.

sèche [sɛʃ] *f* (fam) cigarrillo.

sèche-cheveux [sɛʃʃə'vø] *m* secador.

sèche-linge [sɛʃ'lɛ̃ʒ] *m* secadora.

sèche-mains [sɛʃ'mɛ̃] *m* secamanos automático.

sécher [se'ʃe] **1** *tr* secar. **2** deshidratar. ● **3** *intr* hacer secar.

sécheresse [seʃ'ʀɛs o seʃə'ʀɛs] **1** *f* sequedad. **2** AGR sequía.

sécherie [seʃ'ʀi o seʃə'ʀi] *f* tendedero; secadero (Amér.).

sécheuse [se'ʃoz] *f* secadora.

séchoir [se'ʃwaʀ] **1** *m* tendedero; secadero (Amér.). **2** secadero (lugar). **3** secador.

second, e [sə'gɔ̃, d] *adj/m* et *f* segundo.

secondaire [sgɔ'dɛʀ o səgɔdɛʀ] *adj* secundario.

seconde [s'gɔ̃d o səgɔ̃d] **1** *f* segundo (tiempo). **2** instante: *il l'a fait en une seconde = lo ha hecho en un instante*.

seconder [səgɔ̃'de o sgɔ̃'de] **1** *tr* secundar. **2** ayudar.

secouer [se'kwe] **1** tr agitar. • **2** tr et pron sacudir. • **3** se ~ pron (fig) decidirse.

secourir [səku'RiR] tr socorrer.

secours [skur o sə'kur] **1** m socorro; auxilio. **2** ayuda; apoyo.

secousse [sə'kus] **1** f sacudida. **2** (fig) conmoción. **3** MÉD convulsión; espasmo.

secret [sə'kRE] **1** adj reservado (de carácter). • **2** adj et m secreto. • **3** m misterio: *les secrets de l´amour = los misterios del amor*. **4** (fig) receta, secreto: *il n´y a pas de secret pour être heureux = no hay ninguna receta para ser feliz*.

secrétaire [səkRe'tER] **1** m ou f secretario. • **2** m escritorio.

secrétairerie [səkRetER'Ri] f secretaría.

secrétariat [səkReta'Rja] m secretaría.

sécréter [sekRe'te] **1** tr segregar; secretar. **2** frotar con nitrato de mercurio.

sécrétion [sekRe'sjɔ̃] m secreción (fisiología).

secte [sekt] f secta.

secteur [sεk'tœR] **1** m sector. **2** (fam) zona; sitio, lugar.

section [sεk'sjɔ̃] **1** f sección; corte. **2** departamento.

sectionner [sεksjɔ'ne] **1** tr et pron seccionar. **2** fraccionar.

sectorisation [sεktɔRiza'sjɔ̃] f división en sectores.

sectoriser [sεktɔRi'ze] tr dividir en sectores.

sécularisation [sekylaRiza'sjɔ̃] f REL secularización.

séculariser [sekylaRi'ze] tr REL secularizar.

séculier, ère [seky'lje, jER] **1** adj laico. • **2** adj/m et f secular (del siglo).

sécurisant, e [sekyRi'zã, t] adj que da seguridad.

sécuriser [sekyRi'ze] tr dar seguridad.

sécurité [sekyRi'te] **1** f seguridad. **2** tranquilidad. ◆ ~ **Sociale** Seguridad Social; ■ **être en** ~ estar fuera de peligro.

sédatif, ive [seda'tif, iv] adj/m et f sedativo.

sédentariser [sedãtaRi'ze] tr asentar a los nómadas.

sédentarité [sedãtaRi'te] f estado sedentario.

sédiment [sedi'mã] m sedimento.

sédimentation [sedimãta'sjɔ̃] f sedimentación.

sédition [sedi'sjɔ̃] **1** f sedición. **2** revuelta; agitación (social).

séduction [sedyk'sjɔ̃] **1** f seducción. **2** atracción. **3** DR adulterio.

séduire [se'dɥiR] **1** tr seducir. **2** sobornar. **3** tentar. • **4** f LITT deshonrar (a mujeres).

séduisant, e [sedɥi'zã, t] adj seductor; atractivo.

séfarade [sefa'Rad] adj/m ou f HIST sefardí.

segment [sεg'mã] m segmento.

segmentation [sεgmãta'sjɔ̃] f segmentación.

segmenter [sεgmã'te] tr et intr segmentar.

ségrégatif, ive [segRega'tif, iv] adj segregativo.

ségrégation [segRega'sjɔ̃] **1** f segregación. **2** separación; discriminación.

seiche [sεʃ] **1** f sepia; jibia (molusco). **2** GÉOGR desnivel.

séide [se'id] m secuaz.

seigle [sεgl] m centeno.

seigneur [se'ɲœR] **1** m señor. **2** HIST señor: *le seigneur féodal = el señor feudal*. **3 Seigneur** REL Dios: *le Seigneur tout puissant = Dios todopoderoso*; el Señor.

seille [sεj] f cubo.

seillon [se'jɔ̃] m cubeta.

sein [sɛ̃] **1** m (fam) teta. **2** ANAT seno. **3** LITT pecho.

seine [sεn] f traíña (pesca).

seing [sɛ̃] m DR firma.

séisme [se'ism] m seísmo; terremoto.

seize [sεz] num dieciséis.

seizième [se'zjεm] adj/m ou f decimosexto.

séjour [se'ʒuR] **1** m estancia. **2** salón de estar.

séjourner [seʒuR'ne] **1** intr residir. **2** habitar.

sel [sεl] m sal.

sélect, e [selεct] adj (fam) selecto.

sélectif, ive [selεk'tif, iv] adj selectivo.

sélection [selεk'sjɔ̃] f selección.

sélectionner [selεksjɔ'ne] tr seleccionar.

sélectivité [selεktivi'te] f CHIM selectividad.

selle [sεl] **1** f banco (de escultor). **2** silla de montar (jinetes).

seller [se'le] tr ensillar (caballos).

sellerie [sɛlˈʀi] **1** *f* guarnicionería. **2** arreos (caballos).

sellette [sɛˈlɛt] **1** *f* banquillo. **2** sillín, arnés. **3** asiento suspendido (para albañiles y pintores). ■ être sur la ~ estar en el banquillo de los acusados.

selon [səˈlɔ̃] *prép* según. ■ c'est ~ (fam) depende: *te verrai-je avant ce soir? - c'est selon* = ¿te veré antes de esta noche? - depende; ~ que según que: *on partira selon qu'il fasse beau ou froid* = nos iremos según que haga calor o frío.

semailles [səˈmaj] *f pl* siembra; sementera.

semaine [səˈmɛn] **1** *f* semana. **2** semanada, paga.

sémantique [semɑ̃ˈtik] *adj et f* GRAMM semántico.

sémaphore [semaˈfɔʀ] **1** *m* semáforo (ferrocarril). **2** MAR semáforo.

semblant [sɑ̃ˈblɑ̃] *m* apariencia. ■ faire ~ de hacer como si; fingir.

sembler [sɑ̃ˈble] **1** *intr* parecer. ● **2** *impers* parecer.

semelle [səˈmɛl] **1** *f* suela (de zapato). **2** plantilla (para zapatos).

semence [səˈmɑ̃s] **1** *f* esperma. **2** BOT semilla; simiente.

semer [səˈme] **1** *tr* esparcir. **2** AGR sembrar.

semestre [səˈmɛstʀ] **1** *m* semestre. **2** renta, pensión.

semi-fini [semifiˈni] **1** *adj* semiacabado. **2** semifacturado.

sémillant, e [semiˈjɑ̃, t] *adj* vivaracho.

séminaire [semiˈnɛʀ] **1** *m* seminario (escuela, universidad). **2** REL seminario.

séminal, e [semiˈnal] *adj* seminal (esperma).

sémiologie [semjɔlɔˈʒi] *f* semiología; semiótica.

sémiotique [semjɔˈtik] *f* semiótica.

semi-ouvré, e [semiuˈvʀe] *adj* semimanufacturado.

semi-public, ique [semipyˈblik] *adj* semipúblico.

semis [səˈmi] **1** *m* siembra; sembradura. **2** sembrado (campo).

sémite [seˈmit] *adj/m ou f* semita.

semonce [səˈmɔ̃s] *f* reprimenda, amonestación.

semoncer [səmɔ̃ˈse] *tr* reprender, amonestar.

semoule [səˈmul] *f* sémola.

sempiternel, elle [sɑ̃pitɛʀˈnɛl] *adj* sempiterno.

sénat [seˈna] *m* senado.

sénateur [senaˈtœʀ] *m* senador.

sénescent, e [seneˈsɑ̃, t] *adj* senescente.

sénile [seˈnil] *adj* senil.

sénilité [seniliˈte] *f* senilidad.

senior [seˈnjɔʀ] *adj/m ou f* SPORTS senior.

sens [sɑ̃s] **1** *m* sentido: *les cinq sens* = los cinco sentidos, *le sens de l'humeur* = el sentido del humor. **2** dirección: *voie à double sens* = vía de doble dirección. ◆ bon ~ sensatez; ~ commun sentido común.

sensation [sɑ̃saˈsjɔ̃] *f* sensación. ■ faire ~ causar sensación.

sensationnalisme [sɑ̃sasjɔnaˈlism] *m* sensacionalismo.

sensé, e [sɑ̃ˈse] *adj* sensato.

sensibilisation [sɑ̃sibilizaˈsjɔ̃] *f* sensibilización.

sensibiliser [sɑ̃sibiliˈze] **1** *tr* sensibilizar. **2** PHOT sensibilizar.

sensibilité [sɑ̃sibiliˈte] *f* sensibilidad.

sensiblerie [sɑ̃sibləˈʀi] *f* sensiblería.

sensitif, ive [sɑ̃siˈtif, iv] **1** *adj* sensitivo. ● **2** *m et f* persona sensible.

sensoriel, elle [sɑ̃sɔˈʀjɛl] *adj* sensorial.

sensualité [sɑ̃syaliˈte] *f* sensualidad.

sensuel, elle [sɑ̃syˈɛl] *adj/m et f* sensual.

sente [sɑ̃t] *f* senda, sendero.

sentence [sɑ̃ˈtɑ̃s] *f* sentencia.

senti, e [sɑ̃ˈti] *adj et m* sentido. ■ bien ~ (fig) claro: *il a fait un discours bien senti* = ha hecho un discurso muy claro.

sentier [sɑ̃ˈtje] *m* sendero, senda. ■ ~ battu (fig) camino trillado.

sentiment [sɑ̃tiˈmɑ̃] **1** *m* sentimiento. **2** (form) punto de vista.

sentimentalité [sɑ̃timɑ̃taliˈte] *f* sentimentalismo.

sentinelle [sɑ̃tiˈnɛl] *f* centinela. ■ être en ~ estar de guardia.

sentir [sɑ̃ˈtiʀ] **1** *tr* sentir. **2** oler. **3** presentir. ● **4** *intr* oler: *sentir mauvais* = oler mal. ● **5** se ~ *pron* sentirse: *elle se sent mieux* = se siente mejor. ■ ne pas pouvoir ~ qqn no soportar a alguien; se faire ~ notarse, sentirse.

seoir [swaʀ] **1** *intr* ir bien, favorecer. ● **2** *impers* convenir: *il sied que nous y allions* = conviene que vayamos.

687   **service**

séparation [sepaʀa'sjɔ̃] f separación.
séparer [sepa'ʀe] 1 tr separar. 2 dividir.
 • 3 se ~ pron separarse. 4 dividirse.
sépia [se'pja] 1 f sepia (color). 2 ZOOL
 sepia.
sept [sɛt] 1 num siete. 2 séptimo.
septante [sɛp'tãt] num (en Bélgica, en
 Suiza) setenta.
septembre [sɛp'tãbʀ] m setiembre.
septennat [sɛptɛ'na] m septenio.
septentrion [sɛptã'tʀijɔ̃] m septentrión.
septicémie [sɛptise'mi] f MÉD septice-
 mia.
septième [sɛ'tjɛm] 1 adj/m ou f séptimo. • 2 m séptimo: il est arrivé le septième = ha llegado el séptimo. • 3 f MUS
 séptima.
septique [sɛp'tik] adj séptico.
septuagénaire [sɛptɥaʒe'nɛʀ] adj/m
 ou f septuagenario.
sépulcral, e [sepyl'kʀal] adj sepulcral.
sépulture [sepyl'tyʀ] f sepultura.
séquelle [se'kɛl] f secuela.
séquence [se'kãs] 1 f secuencia (cine-
 matográfica). 2 BIOCH secuencia. 3 REL
 secuencia.
séquestration [sekɛstʀa'sjɔ̃] f secuestro.
séquestre [se'kɛstʀ] m secuestro; embargo.
séquestrer [sekɛs'tʀe] 1 tr secuestrar;
 embargar. • 2 se ~ pron aislarse, encerrarse.
serbe [sɛʀb] 1 adj serbio. • 2 Serbe m
 ou f serbio.
serbo-croate [sɛʀbokʀɔ'at] (pl serbo-
 croates) 1 adj serbocroata. • 2 Serbo-
 croate m ou f serbocroata.
serein, e [sə'ʀɛ̃, ɛn] 1 adj sereno. 2 tranquilo.
sérénade [seʀe'nad] f serenata.
sérénité [seʀeni'te] f serenidad.
séreux, euse [se'ʀø, øz] adj et f seroso.
serf, serve [sɛʀf, sɛʀv] adj/m et f siervo, esclavo.
sergent [sɛʀ'ʒã] 1 m MIL sargento. 2
 TECH abrazadera.
série [se'ʀi] 1 f serie. 2 SPORTS categoría.
 ■ en ~ en serie; hors ~ fuera de serie,
 excepcional.
sérier [se'ʀje] tr seriar.
sérieux, euse [se'ʀjø, øz] 1 adj serio;
 grave. • 2 m seriedad, formalidad: le sérieux de l'affaire = la seriedad del asunto.

sérigraphie [seʀigʀa'fi] f serigrafía.
serin, e [sə'ʀɛ̃, in] 1 m et f (fam) tonto.
 2 ZOOL canario.
seringue [sə'ʀɛ̃g] 1 f jeringa. 2 jeringuilla.
serment [sɛʀ'mã] m juramento. ■ faire
 le ~ de jurar.
sermon [sɛʀ'mɔ̃] 1 m (fam) sermón, prédica. 2 REL sermón.
sermonner [sɛʀmɔ'ne] 1 tr sermonear.
 • 2 intr (fam) sermonear, predicar.
sérologie [seʀɔlɔ'ʒi] f serología.
séronégatif, ive [seʀɔnega'tif, iv]
 adj/m et f MÉD seronegativo.
séropositif, ive [seʀɔpozi'tif, iv] adj/m
 et f MÉD seropositivo.
sérosité [seʀɔzi'te] f serosidad.
serpe [sɛʀp] f hocino, podadera.
serpent [sɛʀ'pã] 1 m serpiente. 2 (fig)
 serpiente, víbora (persona pérfida). 3
 MUS serpentón.
serpenter [sɛʀpã'te] intr serpentear.
serpentin, e [sɛʀpã'tɛ̃, in] 1 adj ser-
 penteado. • 2 m serpentina (de papel). 3
 TECH serpentín (tubo).
serpentine [sɛʀpã'tin] f MIL, MIN serpentina.
serpillière [sɛʀpi'jɛʀ] f bayeta.
serre [sɛʀ] f invernadero. ■ effet de ~
 efecto invernadero.
serre-livres [sɛʀ'livʀ] m sujetalibros.
serrer [se'ʀe] 1 tr apretar. 2 estrechar,
 acercar. 3 reducir, bajar. • 4 se ~ pron
 apretarse.
serre-tête [sɛʀ'tɛt] 1 m diadema. 2 casco.
serrure [se'ʀyʀ] f cerradura; chapa
 (Amér.).
serrurerie [seʀyʀ'ʀi] f cerrajería.
serrurier [seʀy'ʀje] m cerrajero.
serte [sɛʀt] f engaste.
sertir [sɛʀ'tiʀ] tr engastar.
sérum [se'ʀɔm] m MÉD suero. ◆ ~ sanguin suero sanguíneo.
servage [sɛʀ'vaʒ] 1 m servidumbre. 2
 (fig) vasallaje.
servant [sɛʀ'vã] adj et m sirviente. ◆ ~
 d'autel monaguillo.
servante [sɛʀ'vãt] f sirvienta, criada.
serveur, euse [sɛʀ'vœʀ, øz] 1 m et f camarero. • 2 m sacador (en tenis). 3 INF
 servidor.
service [sɛʀ'vis] m servicio. ◆ ~ militaire servicio militar; ~ public servicio público; ■ être de ~ estar de servicio.

serviette [sɛʀ'vjɛt] **1** f servilleta (de mesa). **2** toalla. **3** cartera (para documentos). ◆ ~ **hygiénique** ou **périodique** compresa.

servilité [sɛʀvili'te] f servilismo.

servir [sɛʀ'viʀ] **1** tr et intr servir: *à quoi ça sert?* = ¿*para qué sirve eso?* ● **2 se** pron servirse. ■ ~ **à** servir para; ~ **la table** servir la mesa.

servitude [sɛʀvi'tyd] f servidumbre.

ses [se] adj poss → **son**.

sésame [se'zam] m BOT sésamo.

session [se'sjɔ̃] **1** f sesión. **2** reunión. **3** período: *session d'examens* = *período de exámenes*.

sesterce [sɛs'tɛʀs] m sestercio (moneda).

seuil [sœj] **1** m umbral. **2** (fig) límite: *le seuil de tolérance* = *el límite de tolerancia*. **3** GÉOGR paso bajo (de un río, de un glaciar).

seul, e [sœl] **1** adj solo. **2** único. ● **3** m et f único: *le seul d'entre nous* = *el único entre nosotros*. ■ **d'un ~ coup** de una sola vez.

sève [sɛv] **1** f savia. **2** (fig) vitalidad, vida.

sévère [se'vɛʀ] **1** adj severo. **2** difícil: *une lutte très sévère* = *una lucha muy difícil*. **3** austero, severo.

sévérité [seveʀi'te] f severidad.

sévir [se'viʀ] **1** intr reprimir con rigor. **2** azotar (una calamidad).

sevrer [sə'vʀe] **1** tr destetar (niño). **2** AGR cortar (un injerto).

sèvres [sɛvʀ] m porcelana de Sèvres.

sexagénaire [sɛksaʒe'nɛʀ] adj et m sexagenario.

sex-appeal [sɛks'apil] (pl **sex-appeals**) m sex-appeal.

sexe [sɛks] m sexo.

sexisme [sɛk'sism] m sexismo.

sexualité [sɛksɥali'te] f sexualidad.

sexué, e [sɛk'sɥe] adj sexuado.

seyant, e [se'jɑ̃, t] adj favorecedor: *une robe très seyante* = *un vestido muy favorecedor*.

shampooing [ʃɑ̃'pwɛ̃] **1** m lavado (de pelo). **2** champú. ■ **se faire un ~** lavarse el pelo.

shooter [ʃu'te] **1** intr tirar, chutar (fútbol). ● **2 se ~** pron (fam) chutarse, drogarse.

short [ʃɔʀt] m pantalón corto.

si [si] **1** conj si: *si je suis seul, je me sens triste* = *si estoy solo me siento triste*. **2** ojalá: *si on pouvait le voir* = *ojalá pudiésemos verlo*. ● **3** adv tan: *il est si beau!* = ¡*es tan guapo!* **4** sí (afirmación a una pregunta negativa): *mais si* = *claro que sí*. **5** por: *si beau qu'il soit* = *por muy guapo que sea*. ● **6** m MUS si. ■ ~ **bien que** tanto que, así que; ~ **ce n'est que** salvo que; ~ **tant est que** si es verdad que.

siamois, e [sja'mwa, z] **1** adj siamés. ● **2 Siamois, e** m et f siamés. ● **3** m siamés (lengua).

sic [sik] adv sic.

sicaire [si'kɛʀ] m sicario.

siccatif, ive [sika'tif, iv] **1** adj et m secante. **2** MÉD desecativo.

siccité [siksi'te] f desecación.

sicilien, enne [sisi'ljɛ, ɛn] **1** adj siciliano. ● **2 Sicilien, enne** m et f siciliano.

SIDA [si'da] (sigles de **syndrome d'immunodéficience acquise**) m SIDA.

sidéen, enne [side'eɛ̃, ɛn] adj/m et f sidático.

sidéral, e [side'ʀal] adj ASTR sideral.

sidérant, e [side'ʀɑ̃, t] adj (fam) pasmado.

sidérer [side'ʀe] tr (fam) dejar pasmado, apabullar.

sidérurgie [sideʀyʀ'ʒi] f siderurgia.

siècle [sjɛkl] m siglo: *au siècle dernier* = *en el siglo pasado*. ■ **dans tous les siècles des siècles** por los siglos de los siglos.

siège [sjɛʒ] **1** m sede: *le siège de l'ONU* = *la sede de la ONU*. **2** asiento. **3** asiento (de un juez). **4** escaño (de diputado). **5** MIL sitio.

siéger [sje'ʒe] **1** intr reunirse, celebrar una sesión: *les députés voulaient siéger* = *los diputados querían reunirse*. **2** residir. **3** (fig) radicar: *voilà où siège la difficulté* = *ahí radica la dificultad*.

sien, sienne [sjɛ̃, ɛn] (pl **siens, siennes**) **1** adj poss suyo: *ce vêtement est sien* = *este traje es suyo*. ● **2** pron poss suyo: *ce livre est le sien* = *este libro es el suyo*. ■ **faire des siennes** hacer de las suyas; **y mettre du ~** poner de su lado.

sieste [sjɛst] f siesta: *faire la sieste* = *dormir la siesta*.

sifflant, e [si'flɑ̃, t] adj silbante.

siffler [si'fle] **1** intr et tr silbar. **2** pitar: *l'arbitre a sifflé une faute* = *el árbitro ha pitado una falta*. **3** (fam) echar un trago.

sifflet [si'flɛ] **1** *m* pito. **2** gaznate, garganta.

siffloter [siflɔ'te] *tr* et *intr* silbar levemente.

sigle [sigl] *m* sigla.

signal [si'nal] **1** *m* señal. **2** signo.

signaler [siɲa'le] **1** *tr* señalar. **2** mostrar. **3** apuntar. ● **4 se ~** *pron* hacerse notar. ■ **rien à ~** nada que declarar.

signalétique [siɲale'tik] **1** *adj* descriptivo: *la fiche signalétique = la ficha descriptiva*. ● **2** *f* señalización.

signalisation [siɲaliza'sjɔ̃] *f* señalización: *la signalisation des routes = la señalización de las carreteras*. ◆ **panneau de ~** señal de tráfico.

signaliser [siɲali'ze] *tr* señalizar: *signaliser une route = señalizar una carretera*.

signataire [siɲa'tɛr] *m* ou *f* firmante.

signature [siɲa'tyr] **1** *f* firma: *la signature de l'artiste = la firma del artista*. **2** signatura (de una impresión).

signe [siɲ] **1** *m* signo. **2** muestra: *observer des signes de vie = observar muestras de vida*. **3** gesto, señal: *faire un signe de la main = hacer un gesto con la mano*. **4** insignia, emblema: *le signe de la croix = el emblema de la cruz*.

signer [si'ɲe] **1** *tr* firmar: *signer un document = firmar un documento*. **2** dedicar (una obra artística). ● **3 se ~** *pron* santiguarse.

signifiant, e [siɲi'fjɑ̃, t] *adj* et *m* significante (en semiología).

significatif, ive [siɲifika'tif, iv] *adj* significativo.

signifier [siɲi'fje] **1** *tr* significar. **2** DR notificar.

silence [si'lɑ̃s] *m* silencio. ■ **garder le ~** guardar silencio; **passer qqch sous ~** silenciar algo.

silex [si'lɛks] *m* sílex.

silhouette [si'lwɛt] *f* silueta.

silhouetter [silwe'te] **1** *tr* siluetear. ● **2 se ~** *pron* perfilarse.

silicate [sili'kat] *m* CHIM silicato.

silice [si'lis] *m* CHIM sílice.

silicone [sili'kɔn] *f* silicona.

sillon [si'jɔ̃] **1** *m* surco. **2** (fig) rastro, pista. ● **3 sillons** *m pl* arrugas.

sillonner [sijɔ'ne] **1** *tr* arar, cavar (la tierra). **2** surcar: *un océan sillonné par des bateaux = un océano surcado por los barcos*.

silo [si'lo] *m* silo.

simagrées [sima'gre] *f pl* remilgos.

simien, enne [si'mjɛ̃, ɛn] **1** *adj* ZOOL símico. ● **2** *m* simio.

simiesque [si'mjɛsk] *adj* simiesco.

similarité [similari'te] *f* semejanza.

similitude [simili'tyd] **1** *f* similitud. **2** semejanza.

simple [sɛ̃mpl] **1** *adj* simple; sencillo. **2** elemental. ● **3** *m* bobo, simplón. **4** simple (tenis). ● **5 simples** *m pl* MÉD simples (planta medicinal). ◆ **~ d'esprit** inocente, simple.

> El **passé simple** se ha asimilado, en los niveles estándar y coloquial, al **passé composé**: *ils ont gagné le match = ganaron / han ganado el partido*.

simplet, ette [sɛ̃'plɛ, t] *adj* simplón.

simplicité [sɛ̃plisi'te] **1** *f* sencillez. **2** simpleza (necedad).

simplification [sɛ̃plifika'sjɔ̃] *f* simplificación.

simplifier [sɛ̃pli'fje] *tr* simplificar.

simulacre [simy'lakr] *m* simulacro.

simulation [simyla'sjɔ̃] *f* simulación.

simuler [simy'le] *tr* simular.

simultanéité [simyltanei'te] *f* simultaneidad.

sincère [sɛ̃'sɛr] **1** *adj* sincero: *un homme sincère = un hombre sincero*. **2** emotivo, sentido. ◆ **sincères condoléances** sentido pésame.

sincérité [sɛ̃seri'te] *f* sinceridad.

sinécure [sine'kyr] *f* sinecura. ■ **ce n'est pas ~** (fam) no es nada fácil.

singe [sɛ̃ʒ] **1** *m* mono (primate). **2** (fig) hombre feo. **3** (fig) imitador. ■ **être malin comme un ~** ser astuto como un zorro; **faire le ~** hacer el tonto.

singer [sɛ̃'ʒe] *tr* imitar burlonamente.

singerie [sɛ̃ʒ'ri] **1** *f* jaula (para monos). **2** caricatura, imitación. **3** mueca, gesto.

singulariser [sɛ̃gylari'ze] *tr* singularizar. ● **2 se ~** *pron* distinguirse.

singularité [sɛ̃gylari'te] *f* singularidad, particularidad.

singulier, ère [sɛ̃gy'lje, jɛr] **1** *adj* singular. ● **2** *m* GRAMM singular. ◆ **combat ~** duelo.

siniser [sini'ze] **1** *tr* expandir la cultura china. ● **2 se ~** *pron* adoptar la cultura china.

sinistre [si'nistʀ] **1** *adj* siniestro. ● **2** *m* siniestro (catástrofe).

sinistré, e [sinis'tʀe] **1** *adj/m* et *f* siniestrado. **2** damnificado.

sinon [si'nõ] **1** *conj* sino: *tu dois manger sinon tu tomberas malade = debes comer, sino te pondrás enfermo.* **2** sino (salvo): *personne ne peut le comprendre sinon lui = nadie lo puede comprender sino él.* ◆ **~ que** sino que.

sinoque [si'nɔk] *adj/m* ou *f* (fam) loco.

sinuosité [sinɥozi'te] *f* sinuosidad.

sinusite [siny'zit] *f* sinusitis.

siphon [si'fõ] **1** *m* sifón. **2** sifón (de fregadero).

siphonné, e [sifo'ne] *adj* (fam) chalado, loco.

siphonner [sifo'ne] *tr* transvasar un líquido.

sirène [si'ʀɛn] **1** *f* sirena. **2** sirena (acústica). **3** (fig) mujer fatal.

sirop [si'ʀo] *m* sirope, jarabe.

siroter [siʀo'te] *tr* (fam) beber a sorbos.

sirupeux, euse [siʀy'pø, øz] *adj* acaramelado.

sismographe [sismo'gʀaf] *m* GÉOL sismógrafo.

sismologie [sismolo'ʒi] *f* GÉOL sismología.

site [sit] **1** *m* vista (lugar). **2** situación, emplazamiento. ◆ **~ web** INF sitio web.

sitôt [si'to] **1** *adv* tan pronto. **2** tan pronto como: *sitôt il entre nous partirons = tan pronto como entre nos iremos.* ■ **~ dit ~ fait** dicho y hecho; **~ que** tan pronto como, al instante que.

situation [sitɥa'sjõ] **1** *f* situación. **2** empleo. ■ **être en ~ de** estar en situación de.

situer [si'tɥe] *tr* situar; localizar (Amér.).

six [sis] *num* seis. **2** sexto.

sixième [si'zjɛm] **1** *adj* sexto. ● **2** *m* sexto.

six-quatre-deux (à la) [alasiskat'dø] *loc adv* (fam) a la buena de Dios.

ski [ski] *m* esquí. ◆ **~ nautique** esquí náutico; ■ **faire du ~** esquiar.

skier [skje] *intr* esquiar.

slip [slip] **1** *m* calzoncillo. **2** traje de baño.

slovaque [slo'vak] **1** *adj* eslovaco. ● **2 Slovaque** *m* ou *f* eslovaco. ● **3** *m* eslovaco (lengua).

Slovaquie [slova'ki] *f* Eslovaquia.

slovène [slo'vɛn] **1** *adj* esloveno. ● **2 Slovène** *m* ou *f* esloveno. ● **3** *m* esloveno (lengua).

Slovénie [slove'ni] *f* Eslovenia.

smart [smaʀt] *adj* (fam) elegante, chic.

SMIC [smic] (*sigles de* salaire minimum interprofessionnel de croissance) *m* salario mínimo interprofesional.

snob [snɔb] *adj/m* ou *f* esnob.

snobinard, e [snɔbi'naʀ, d] *adj/m* et *f* (fam) esnob.

sobre [sɔbʀ] *adj* sobrio. ■ **être ~ comme un chameau** ser muy sobrio.

sobriété [sɔbʀje'te] **1** *f* sobriedad. **2** LITT moderación, reserva.

sobriquet [sɔbʀi'kɛ] *m* mote, sobrenombre.

soc [sɔk] *m* reja (del arado).

social, e [sɔ'sjal] *adj* social.

socialisation [sɔsjaliza'sjõ] *f* socialización.

socialiser [sɔsjali'ze] *tr* socializar.

socialiste [sɔsja'list] *adj/m* ou *f* socialista.

sociétaire [sɔsje'tɛʀ] *adj/m* ou *f* asociado, socio.

société [sɔsje'te] *f* sociedad. ◆ **contrat de ~** DR contrato de sociedad; **~ en nom collectif** sociedad colectiva.

socioculturel, elle [sɔsjokylty'ʀɛl] *adj* sociocultural.

sociologie [sɔsjolo'ʒi] *f* sociología.

socioprofessionnel [sɔsjopʀofesjo'nɛl] *adj* socioprofesional.

socque [sɔk] *m* chanclo; zoclo (Antigua Roma).

socquette [sɔ'kɛt] *f* calcetín.

socratique [sɔkʀa'tik] *adj* PHIL socrático.

soda [sɔ'da] *m* soda.

sodomie [sɔdɔ'mi] *f* sodomía.

sodomite [sɔdɔ'mit] *adj/m* ou *f* sodomita.

sœur [sœʀ] **1** *f* hermana. **2** REL hermana; sor.

sœurette [sœ'ʀɛt] *f* (fam) hermanita.

sofa [sɔ'fa] *m* sofá.

software [sɔft'waʀ o sɔft'wɛʀ] *m* INF software.

soi [swa] *pron* (pers) sí, sí mismo. ◆ **soi-même** uno mismo; ■ **ça va de ~** ni que decir tiene; **en ~** consigo.

soi-disant [swadi'zã] **1** *adj* supuesto: *le soi-disant professeur était un jardinier = el supuesto profesor era un jardinero.* ● **2** *adv* aparentemente. **3** supuestamente.

soie [swa] *f* seda.

soierie [swa'ʀi] **1** *f* sedería (tela). **2** sedería (fábrica).

soif [swaf] *f* sed. ■ **jusqu'à plus ~** (fam) hasta hartarse.

soiffard, e [swa'faʀ, d] *adj/m* et *f* (fam) borrachín.

soignant, e [swa'ɲɑ̃, t] *adj* sanitario.

soigner [swa'ɲe] **1** *tr* curar (una herida). ● **2** *tr* et *pron* cuidar. ● **3** *tr* MÉD tratar. ● **4 se ~** *pron* cuidarse. ■ **~ qqn** (fig, fam) ocuparse de alguien.

soigneur [swa'ɲœʀ] *m* SPORTS entrenador.

soin [swɛ̃] **1** *m* cuidado. **2** esmero. ◆ **premiers soins** primeros auxilios; **soins dentaires** curas dentales; **soins intensifs** cuidados intensivos; ■ **avoir** ou **prendre ~ de** ocuparse de.

soir [swaʀ] **1** *m* tarde. **2** noche. ◆ **demain ~** mañana por la noche; **robe du ~** traje de noche.

soirée [swa'ʀe] **1** *f* noche. **2** velada.

soit [swa] **1** *adv* sea. **2** bien está. ● **3** *conj* es decir.

soixantaine [swasɑ̃'tɛn] **1** *f* sesenta (aproximadamente). **2** sesenta (edad).

soixante [swa'sɑ̃t] *num* sesenta.

soixante-huitard, e [swasɑ̃tɥi'taʀ, d] *adj/m* et *f* (fam) progre del 68.

soja [sɔ'ʒa] *m* soja.

sol [sɔl] **1** *m* suelo. **2** territorio. **3** GÉOL suelo. **4** MUS sol.

solaire [sɔ'lɛʀ] *adj* solar. ◆ **crème ~** bronceador.

solarium [sɔla'ʀjɔm] *m* solario.

soldat [sɔl'da] **1** *m* MIL soldado. **2** LITT conquistador.

soldate [sɔl'dat] *f* MIL mujer soldado.

soldatesque [sɔlda'tɛsk] *adj* MIL soldadesco.

solde [sɔld] **1** *f* sueldo; salario. ● **2** *m* COMM saldo. **3** COMM rebaja.

solder [sɔl'de] **1** *tr* cerrar; liquidar (contabilidad). **2** COMM saldar. **3** MIL pagar. ● **4 se ~** *pron* resultar.

sole [sɔl] **1** *f* lenguado. **2** palma (de un caballo). **3** AGR agavilla.

soleil [sɔ'lɛj] *m* sol. ◆ **~ couchant** sol poniente; **~ levant** sol naciente; ■ **en plein ~** a pleno sol; **sous le ~** (fig) bajo el sol.

solennel, elle [sɔla'nɛl] *adj* solemne.

solenniser [sɔlani'ze] *tr* solemnizar.

solennité [sɔlani'te] **1** *f* solemnidad. **2** formalidad.

solfatare [sɔlfa'taʀ] *m* solfatara (terreno volcánico).

solfège [sɔl'fɛʒ] *m* MUS solfeo.

solfier [sɔl'fje] *tr* MUS solfear.

solidaire [sɔli'dɛʀ] *adj* solidario.

solidariser [sɔlidaʀi'ze] **1** *tr* solidarizar. ● **2 se ~** *pron* solidarizarse.

solidarité [sɔlidaʀi'te] *f* solidaridad.

solide [sɔ'lid] **1** *adj* sólido. **2** consistente; duro. **3** resistente. **4** (fig) indestructible. **5** (fig) fiel. ● **6** *m* MATH, PHYS sólido.

solidification [sɔlidifika'sjɔ̃] *f* solidificación.

solidifier [sɔlidi'fje] *tr* et *pron* solidificar.

solidité [sɔlidi'te] *f* solidez; consistencia.

soliloque [sɔli'lɔk] **1** *m* monólogo. **2** LITT soliloquio.

soliloquer [sɔlilɔ'ke] *intr* soliloquiar.

soliste [sɔ'list] *m* ou *f* MUS solista.

solitaire [sɔli'tɛʀ‖] **1** *adj* solitario. **2** abandonado; despoblado. ● **3** *m* anacoreta; ermitaño. **4** solitario (joya).

solitude [sɔli'tyd] *f* soledad.

sollicitation [sɔlisita'sjɔ̃] **1** *f* solicitación; ruego. **2** incitación.

solliciter [sɔlisi'te] **1** *tr* solicitar; pedir. **2** tentar (cosas). **3** LITT llamar.

sollicitude [sɔlisi'tyd] *f* solicitud; afección.

solstice [sɔls'tis] *m* solsticio.

solubiliser [sɔlybili'ze] *tr* solubilizar; hacer soluble (técnica).

solubilité [sɔlybili'te] *f* solubilidad (técnica).

soluté [sɔly'te] *m* solución (farmacia).

solution [sɔly'sjɔ̃] **1** *f* solución. **2** fin; salida. **3** CHIM solución.

solutionner [sɔlysjɔ'ne] *tr* solucionar; resolver.

solvabilité [sɔlvabili'te] *f* solvencia.

solvable [sɔl'vabl] *adj* solvente.

solvant [sɔl'vɑ̃] *m* disolvente.

somatique [sɔma'tik] *adj* somático.

sombre [sɔ̃bʀ] **1** *adj* obscuro, sombrío. **2** tenebroso, siniestro (cosas). **3** trágico. **4** (fig) amargo (personas): triste.

sombrer [sɔ̃'bʀe] **1** *intr* (fig) desaparecer. **2** (fig) caer, hundirse: *il a sombré dans la folie* = ha caído en la locura. **3** MAR zozobrar; hundirse.

sommaire [sɔ'mɛʀ] **1** *adj* corto; breve. **2** elemental. **3** DR sumario. ● **4** *m* resumen.

sommation [sɔma'sjɔ̃] **1** *f* intimación; conminación. **2** DR requerimiento. **3** MATH suma.

somme [sɔm] **1** *f* cantidad (de dinero). **2** (fig) cantidad: *j'ai une somme de travail incroyable* = tengo una cantidad increíble de trabajo. **3** MATH suma. ◆ **4** *m* siesta. ■ **en ~** finalmente.

sommeil [sɔ'mɛj] **1** *m* sueño. **2** hibernación (animales). **3** (fig) inactividad. ◆ **le ~ éternel** LITT la muerte.

sommeiller [sɔme'je] **1** *intr* dormitar. **2** (fig) descansar, estar en calma; estar latente.

sommelier, ère [sɔmə'lje, jɛʀ] **1** *m et f* sumiller. **2** bodeguero; botillero.

sommer [sɔ'me] **1** *tr* intimar. **2** LITT requerir. **3** DR citar. **4** MATH sumar.

sommet [sɔ'mɛ] **1** *m* cima; cumbre. **2** (fig) cima, apogeo. **3** GÉOM vértice.

sommier [sɔ'mje] **1** *m* somier. **2** ARCHIT dintel. **3** ARCHIT sotabanco.

sommité [sɔmi'te] **1** *f* (fig) persona eminente; eminencia. **2** LITT extremidad; punta (de una planta).

somnambule [sɔmnã'byl] *adj/m* ou *f* sonámbulo.

somnifère [sɔmni'fɛʀ] **1** *adj et m* somnífero, soporífero. ◆ **2** *m* narcótico.

somnolence [sɔmnɔ'lɑ̃s] **1** *f* somnolencia. **2** (fig) inacción.

somnoler [sɔmnɔ'le] *intr* dormitar.

somptuosité [sɔmptyɔzi'te] *f* suntuosidad; lujo.

son [sɔ̃] **1** *m* sonido; ruido. **2** sonido (fonética). **3** salvado (cereal). **4** PHYS sonido.

son, sa [sɔ̃, sa] (*pl* **ses**) *adj poss* su (de tercera persona): *son café, monsieur = su café, señor, sa bouche et ses yeux sont énormes = su boca y sus ojos son enormes*.

sonde [sɔ̃d] **1** *f* sonda. **2** MÉD, MAR sonda. **3** TECH sonda; barrena. ◆ **~ spatiale** sonda espacial.

sonder [sɔ̃'de] **1** *tr* sondear. **2** (fig) tantear, explorar, escrutar. **3** MÉD sondar.

songe [sɔ̃ʒ] **1** *m* sueño. **2** LITT ensueño; ilusión.

songer [sɔ̃'ʒe] **1** *tr* soñar. **2** meditar; pensar. ■ **~ à qqch** pensar en algo.

songerie [sɔ̃ʒ'ʀi] *f* ensueño.

sonnaille [sɔ'naj] *f* cencerro; esquila.

sonnailler [sɔna'je] *intr* sonar: *les clefs qui sonnaillent = las llaves que suenan*.

sonnant, e [sɔ'nɑ̃, t] *adj* sonoro.

sonné, e [sɔ'ne] **1** *adj* dada (hora): *il est midi sonné = son las doce dadas*. **2** (fig)

aturdido (por un golpe). **3** (fig, fam) chiflado.

sonner [sɔ'ne] **1** *tr* tañer (campana). **2** hacer sonar. ◆ **3** *intr* sonar (un instrumento). **4** resonar. ◆ **5** *impers* sonar: *il sonne dix heures = suenan las diez*.

sonnerie [sɔn'ʀi] **1** *f* timbre (de puerta, de teléfono). **2** campaneo; repique. ◆ **3** *m* MIL toque de trompeta.

sonnette [sɔ'nɛt] **1** *f* campanilla. **2** cascabel. **3** timbre.

sono [sɔ'no] (*abrév de* **sonorisation**) *f* (fam) sonorización.

sonore [sɔ'nɔʀ] **1** *adj* sonoro. **2** retumbante, fuerte. **3** sonoro, acústico: *l'église est toute sonore = la iglesia es muy acústica*.

sonoriser [sɔnɔʀi'ze] **1** *tr* sonorizar. ◆ **2** *tr et pron* sonorizar (fonética).

sonorité [sɔnɔʀi'te] **1** *f* sonoridad. **2** tonalidad.

sophistication [sɔfistika'sjɔ̃] **1** *f* sofisticación. ◆ **2** *m* alteración, adulteración (de productos).

sophistiquer [sɔfisti'ke] **1** *tr* alterar; desnaturalizar (una substancia). ◆ **2** *se ~ pron* sofisticar.

soporifique [sɔpɔʀi'fik] **1** *adj et m* soporífico. **2** (fig, fam) aburrido.

soprano [sɔpʀa'no] (*pl* **soprani** ou **sopranos**) **1** *m* ou *f* MUS soprano (persona). ◆ **2** *m* MUS soprano; tiple.

sorbe [sɔʀb] *f* serba (fruto).

sorbet [sɔʀ'be] *m* sorbete.

sorbetière [sɔʀbə'tjɛʀ] *f* sorbetera; heladera.

sorcellerie [sɔʀsɛl'ʀi] **1** *f* brujería; hechicería; mandinga (Amér.). **2** magia.

sorcier, ère [sɔʀ'sje, jɛʀ] *m et f* brujo; hechicero. ■ **il ne faut pas être ~ pour** no hay que ser un genio o una lumbrera para.

sordide [sɔʀ'did] **1** *adj* sórdido. **2** (fig) repugnante.

sornette [sɔʀ'nɛt] *f* cuento; sandez.

sort [sɔʀ] **1** *m* suerte; fortuna. **2** destino. **3** futuro.

sortant, e [sɔʀ'tɑ̃, t] **1** *adj* ganador: *le numéro sortant = el número ganador*. **2** saliente.

sorte [sɔʀt] **1** *f* especie; clase. **2** categoría: *il y a plusieurs sortes d'objets = hay varias categorías de objetos*. ■ **toute ~ de** toda clase de: *dans le zoo il y a toute*

sorte d'animaux = en el zoo hay toda clase de animales; **une ~ de** una especie de: *une sorte de pouvoir naturel* = *una especie de poder natural.*
sortie [sɔʀ'ti] 1 *f* salida. 2 paseo, vuelta: *on fait une petite sortie?* = ¿damos una vuelta? 3 publicación; lanzamiento (de un producto). 4 (se usa más en *pl*) gastos, salidas. 5 (fig) invectiva, diatriba: *elle a des sorties incroyables devant tout le monde* = *tiene invectivas increíbles delante de todos.* 6 COMM exportación. 7 MIL salida. 8 THÉÂT mutis. ◆ **~ de secours** salida de emergencia.
sortilège [sɔʀti'lɛʒ] *m* sortilegio.
sortir [sɔʀ'tiʀ] 1 *tr* sacar: *j'ai sorti les mouchoirs de ma poche* = *he sacado los pañuelos de mi bolsillo.* ● 2 *tr* et *intr* publicar (libros, revistas). ● 3 *tr* et *pron* salir (de una situación). ● 4 *intr* pasear. 5 partir. 6 crecer (plantas). 7 curarse: *je sors de la grippe* = *me acabo de curar de la gripe.* 8 escapar: *cette affaire sort de ma compétence* = *este asunto escapa a mi competencia.* 9 (~ de) salir (de un espacio). 10 (~ de) provenir: *les politiques sortent du peuple* = *los políticos provienen del pueblo;* venir.
sot, sotte [so, ɔt] 1 *adj/m* et *f* estúpido; tonto. 2 ridículo (las cosas). 3 LITT loco; bufón.
sottise [sɔ'tiz] 1 *f* tontería; necedad. ● 2 **sottises** *f pl* (fam) majaderías.
sottisier [sɔti'zje] *m* repertorio de tonterías o de sandeces.
sou [su] *m* (fam) (se usa más en *pl*) dinero, perras, cuartos. ■ **propre comme un ~ neuf** limpio como los chorros de oro.
soubresaut [subʀə'so] 1 *m* sobresalto. 2 estremecimiento.
soubrette [su'bʀɛt] 1 *f* doncella; criada. 2 confidenta.
souche [suʃ] 1 *f* cepa; tocón. 2 tronco. 3 origen: *c'est un mot de souche latine* = *es una palabra de origen latino.* 4 ARCHIT base de una construcción.
souci [su'si] 1 *m* inquietud; preocupación. 2 cuidado; interés. 3 BOT maravilla; caléndula. ■ **avoir ~ de** LITT preocuparse por, dar importancia a; **se faire du ~** preocuparse.
soucier [su'sje] *tr* et *pron* preocupar.
soucoupe [su'kup] *f* platillo (de taza). ◆ **~ volante** ovni; platillo volante.

soudain [su'dɛ̃] *adv* repentinamente; súbitamente.
soudain, e [su'dɛ̃, ɛn] *adj* repentino; súbito.
soudaineté [sudɛn'te] *f* lo súbito o repentino; brusquedad, rapidez.
soude [sud] 1 *f* bicarbonato (farmacia). 2 CHIM sosa. ◆ **~ caustique** sosa cáustica.
soudoyer [sudwa'je] *tr* sobornar. 2 MIL asalariar.
soudure [su'dyʀ] 1 *f* unión. 2 TECH soldadura.
soufflant, e [su'flɑ̃, t] 1 *adj* que sopla (máquina). 2 (fig, fam) sorprendente; formidable. ● 3 *m* revólver (argot). ◆ **machine ~** termo soplante.
souffle [sufl] 1 *m* soplo. 2 suspiro. 3 viento, corriente. 4 aliento: *à bout de souffle* = *sin aliento.* 5 (fig) espíritu: *le souffle créateur* = *el espíritu creador.* 6 MÉD soplo.
soufflé, e [su'fle] 1 *adj* hinchado; inflado. 2 (fig, fam) estupefacto. ● 3 *m* GAST soufflé.
souffler [su'fle] 1 *tr* apagar (una vela). 2 chivar: *il nous a soufflé la réponse de l'examen* = *nos ha chivado la respuesta del examen.* 3 (fig, fam) robar. 4 (fig, fam) dejar estupefacto: *ses réponses m'ont soufflé* = *sus respuestas me han dejado estupefacto.* ● 5 *intr* soplar. 6 descansar, respirar: *on a besoin de deux minutes pour souffler* = *necesitamos dos minutos para descansar.* 7 expirar; exhalar. 8 (fig) aventar (el fuego).
soufflerie [suflə'ʀi] 1 *f* fuelles (forja, órgano). 2 soplador. ◆ **~ aérodynamique** túnel aerodinámico.
soufflet [su'flɛ] 1 *m* fuelle. 2 fuelle (de tren). 3 (form) bofetada. 4 escudete (costura). 5 (fig, form) afrenta; ultraje.
souffleter [suflə'te] *tr* (form) abofetear.
souffrance [su'fʀɑ̃s] *f* sufrimiento; padecimiento.
souffreteux, euse [sufʀə'tø, øz] *adj* enfermizo, achacoso.
souffrir [su'fʀiʀ] 1 *intr* et *tr* sufrir, padecer. ● 2 *tr* aguantar (penuria). 3 (form) admitir: *ce fait ne souffre aucune excuse* = *este hecho no admite ninguna excusa.* 4 (form) permitir. ● 5 **se ~** *pron* sufrirse (aguantarse). ■ **'ne pas**

pouvoir ~ qqn ou **qqch** no poder tragar a alguien o algo.

soufre [sufʀ] *m* CHIM azufre. ◆ **~ natif** azufre vivo.

soufrer [su'fʀe] *tr* azufrar.

souhait [swɛ] *m* anhelo, deseo. ■ **à vos souhaits!** ¡Jesús! (al estornudar).

souhaiter [swɛ'te] **1** *tr* desear. **2** felicitar: *souhaiter sa fête = felicitar el santo.*

souillard [su'jaʀ] *m* TECH sumidero, desaguadero.

souille [suj] *f* revolcadero (de jabalí).

souiller [su'je] **1** *tr* (form) manchar. **2** (fig, form) mancillar (honra).

souillure [su'jyʀ] **1** *f* (form) mancha. **2** (fig, form) mancilla (honor).

soûl, e [su, l] **1** *adj* saciado. **2** (fam) borracho. ● **3** *m* (fam) saciedad. ■ **être ~ de qqch** estar harto de algo.

soulager [sula'ʒe] **1** *tr et pron* aliviar. ● **2** *tr* aligerar. **3** ayudar.

soulane [su'lan] *f* solana.

soûlard, e [su'laʀ, d] *m et f* (fam) borrachín.

soûler [su'le] **1** *tr* hartar. **2** (fam) emborrachar. **3** (fig) embriagar. ● **4 se ~** *pron* (fam) emborracharse; jalarse (Amér.).

soûlerie [sul'ʀi] *f* (fam) borrachera.

soulever [sul've] **1** *tr* levantar. **2** provocar, suscitar (sentimientos). **3** (fig) sublevar, rebelar. **4** (fig) poner en contra. ● **5 se ~** *pron* levantarse. **6** (fig) rebelarse, sublevarse. ■ **~ le cœur** revolver el estómago.

soulier [su'lje] *m* zapato.

souligner [suli'ɲe] **1** *tr et pron* subrayar. **2** (fig) recalcar, subrayar.

soumettre [su'mɛtʀ] **1** *tr et pron* someter. ● **2** *tr* sujetar; estar sujeto.

soumission [sumi'sjõ] **1** *f* sumisión. **2** DR licitación.

soumissionner [sumisjo'ne] *tr* DR licitar.

soupape [su'pap] *f* TECH válvula.

soupçon [supsõ] **1** *m* sospecha. **2** recelo. ■ **un ~ de** (fig) una pizca de.

soupçonner [supsɔ'ne] *tr* sospechar: *la police soupçonne de lui = la policía sospecha de él*; cachar (Amér.).

soupe [sup] **1** *f* sopa. **2** MIL (fam) rancho (comida). ■ **trempé comme une ~** (fam) hecho una sopa.

soupente [su'pãt] *f* sobradillo; altillo; cuarto trastero.

souper [su'pe] *intr* cenar. ■ **en avoir soupé** (fig, fam) estar harto de algo.

soupeser [supɔ'ze] *tr* sopesar.

soupière [su'pjɛʀ] *f* sopera.

soupir [su'piʀ] **1** *m* suspiro (dolor, emoción). **2** MUS suspiro (pausa, signo).

soupirail [supi'ʀaj] (*pl* **soupiraux**) *m* tragaluz.

soupirant, e [supi'ʀã, t] **1** *adj* suspirante. ● **2** *m* (iron) pretendiente.

soupirer [supi'ʀe] **1** *intr* suspirar. **2** (fig) beber los vientos por.

souple [supl] **1** *adj* flexible. **2** plegable (cosas). **3** dócil.

souplesse [su'plɛs] **1** *f* agilidad. **2** flexibilidad. **3** suavidad. **4** (fig) tacto (habilidad).

source [suʀs] **1** *f* fuente, manantial (de agua). **2** (fig) fuente, origen. ■ **de bonne ~** de buena tinta.

sourcil [suʀ'si] *m* ANAT ceja. ■ **froncer les sourcils** (fig) fruncir las cejas.

sourcilleux, euse [suʀsi'jø, øz] **1** *adj* puntilloso, minucioso; tiquismiquis. **2** (form) altivo.

sourd, e [suʀ, d] *adj/m et f* sordo. ■ **~ comme un pot** (fam) sordo como una tapia.

sourdine [suʀ'din] *f* MUS sordina. ■ **en ~** a la sorda.

sourd-muet, sourde-muette [suʀmy'ɛ, suʀdmy'ɛt] *m et f* sordomudo.

sourdre [suʀdʀ] *intr* (form) brotar, manar.

souriant, e [su'ʀjã, t] *adj* risueño, sonriente.

souriceau [suʀi'so] *m* ratoncillo.

souricière [suʀi'sjɛʀ] *f* ratonera.

sourire [su'ʀiʀ] *m* sonrisa. ■ **garder le ~** guardar la compostura (en desgracia).

souris [su'ʀi] **1** *f* ZOOL ratón; laucha (Amér.). **2** INF ratón, mouse. **3** GAST muslo de cordero.

sournois, e [suʀ'nwa, az] *adj/m et f* socarrón.

sournoiserie [suʀnwaz'ʀi] *f* (form) socarronería.

sous [su] **1** *prép* bajo; debajo de (posición). **2** dentro de (plazo). **3** bajo, durante (tiempo). **4** bajo (causa, dependencia). **5** so: *sous prétexte de = so pretexto de*. **6** TECH empaquetado. ■ **~ clef** bajo llave; **~ les yeux** ante los ojos; **~ peu** pronto; **~ tous les angles** desde todos los puntos de vista.

Debe traducirse por **bajo** cuando tiene un sentido abstracto o figurado (*sous Napoléon* = bajo Napoleón), y por **debajo de** cuando tiene un sentido concreto (*sous la table* = debajo de la mesa).

souscription [suskʀip'sjɔ̃] **1** *f* suscripción (a una publicación). **2** firma, suscripción (al pie de carta). ◆ ~ d'un contrat firma de un contrato.

souscrire [sus'kʀiʀ] **1** *tr* suscribir, firmar. ● **2** *intr* suscribir (contribución). **3** suscribirse (a una publicación).

sous-cutané, e [sukyta'ne] *adj* subcutáneo.

sous-développé, e [sudevlɔ'pe] *adj/m et f* subdesarrollado.

sous-entendre [suzɑ̃'tɑ̃dʀ] *tr et pron* sobreentender.

sous-entendu, e [suzɑ̃tɑ̃'dy] *adj et m* sobreentendido.

sous-équipé, e [suzeki'pe] *adj* ÉCON insuficientemente equipado.

sous-estimer [suzesti'me] *tr* infravalorar.

sous-jacent, e [suʒa'sɑ̃, t] *adj* subyacente.

sous-peuplé, e [supœ'ple] *adj* poco poblado.

sous-programme [supʀɔ'gʀam] *f* INF subprograma, subrutina.

sous-sol [su'sɔl] *m* subsuelo.

sous-titre [su'titʀ] *m* subtítulo.

soustraction [sustʀak'sjɔ̃] **1** *f* DR sustracción (de bienes). **2** MATH sustracción, resta.

soustraire [sus'tʀɛʀ] **1** *tr* sustraer. **2** MATH restar. ● **3** *tr et pron* (form) eximir.

sous-vêtement [suvɛt'mɑ̃] *m* ropa interior.

soutane [su'tan] *f* sotana.

soutenance [sutə'nɑ̃s] *f* defensa de tesis.

soutenir [sut'niʀ] **1** *tr* sostener (un objeto). **2** mantener (la atención). **3** defender (una idea u opinión). **4** apoyar, defender: *la coalition soutient le gouvernement* = *la coalición defiende al gobierno*. **5** aguantar: *soutenir le regard de qqn* = aguantar la mirada de alguien. **6** mantener (a un nivel): *soutenir l'euro* = mantener el euro. **7** MÉD estimular (medicamento): *ce médicament sert à soutenir le*

cœur = este medicamento sirve para estimular el corazón. ● **8 se ~** *pron* mantenerse (a flote, en el aire). **9** (fig) mantenerse: *l'attention se soutient au long du récit* = la atención se mantiene a lo largo del relato. **10** ayudarse mutuamente.

soutenu, e [sut'ny] *adj* sostenido. **2** constante, persistente.

souterrain, e [sute'ʀɛ̃, ɛn] **1** *adj et m* subterráneo. ● **2** (fig) secreto.

soutien [su'tjɛ̃] **1** *m* sostén, apoyo. **2** soporte. **3** mantenimiento (de los precios).

soutien-gorge [sutjɛ̃'gɔʀʒ] *m* sostén, sujetador; brasier (Amér.).

soutirer [suti'ʀe] **1** *tr* trasegar (un líquido). **2** (fig) sacar, sonsacar.

souvenir [suvə'niʀ] *m* recuerdo. ■ **rappeler au bon ~ de qqn** transmitir un saludo cordial a alguien.

souvent [su'vɑ̃] **1** *adv* frecuentemente; a menudo. **2** corrientemente.

souverain, e [suv'ʀɛ̃, ɛn] **1** *adj* soberano. **2** supremo, definitivo. ● **3** *m et f* soberano. ● **4** *m* soberano (moneda).

souveraineté [suvʀɛn'te] *f* soberanía.

soyeux, euse [swa'jø, øz] **1** *adj* sedoso. ● **2** *m* sedero (industrial).

spacieux, euse [spa'sjø, øz] *adj* espacioso.

sparadrap [spaʀa'dʀa] *m* esparadrapo.

sparterie [spaʀt'ʀi] *f* espartería.

spartiate [spaʀ'sjat] **1** *adj* espartano. ● **2 Spartiate** *m ou f* espartano. ● **3** *f* sandalia con tiras.

spasme [spasm] *m* espasmo.

spasmodique [spasmɔ'dik] *adj* espasmódico.

spatial, e [spa'sjal] *adj* espacial.

spatule [spa'tyl] *f* espátula.

spécial, e [spe'sjal] *adj* especial.

spécialisation [spesjaliza'sjɔ̃] *f* especialización.

spécialiser [spesjali'ze] *tr et pron* especializar.

spécialité [spesjali'te] **1** *f* especialidad. **2** específico (medicamento). **3** (fam) manía.

spécieux, euse [spe'sjø, øz] *adj* especioso (aparente).

spécification [spesifika'sjɔ̃] *f* especificación.

spécificité [spesifisi'te] *f* especificidad.

spécifier [spesi'fje] *tr* especificar.

spécimen [spesi'mɛn] **1** m espécimen. **2** ejemplar publicitario. **3** (fam, iron) espécimen, fenómeno (persona).

spectacle [spɛk'takl] m espectáculo.

spectateur, trice [spɛkta'tœr, tris] m et f espectador.

spectre [spɛktr] m espectro.

spéculatif, ive [spekyla'tif, ive] adj especulativo.

spéculation [spekyla'sjɔ̃] f especulación.

spéculer [speky'le] **1** intr especular. **2** (fig) (~ sur) contar con.

spéléologie [speleɔlɔ'ʒi] f espeleología.

spéléologue [speleɔ'lɔg] m espeleólogo.

spermatozoïde [spɛrmatozɔ'id] m espermatozoide.

sperme [spɛrm] m esperma.

sphère [sfɛr] f GÉOM, ASTR esfera.

sphéricité [sfɛrisi'te] f esfericidad.

sphinx [sfɛ̃ks] m esfinge.

spiral, e [spi'ral] adj espiral.

spirale [spi'ral] f GÉOM espiral: spiral d'Archimède = espiral de Arquímedes.

spirite [spi'rit] adj/m ou f espiritista.

spiritualité [spiritɥali'te] f espiritualidad.

spirituel, elle [spiri'tɥel] **1** adj espiritual: vie spirituelle = vida espiritual. **2** ingenioso. ● **3** m lo espiritual.

splendeur [splã'dœr] f esplendor.

splendide [splã'did] adj espléndido.

spoliation [spɔlja'sjɔ̃] f expoliación.

spolier [spɔ'lje] tr expoliar; despojar.

spongiosité [spɔ̃ʒjozi'te] f esponjosidad.

spontanéité [spɔ̃tanei'te] f espontaneidad.

sporadique [spɔra'dik] adj esporádico: un fait sporadique = un hecho esporádico.

sport [spɔr] **1** m deporte. ● **2** adj invar deportivo. ◆ ~ de combat deporte de lucha; ~ individuel deporte individual; ■ être ~ (fam) portarse como un caballero.

sportif, ive [spɔr'tif, iv] **1** adj deportivo. ● **2** m et f deportista.

sportivité [spɔrtivi'te] f deportividad.

spot [spɔt] **1** m foco (proyector). **2** espacio publicitario. **3** PHYS punto luminoso.

sprint [sprint] m SPORTS sprint.

spumeux, euse [spy'mø, øz] adj espumoso.

square [skwar] m jardín; parque: enfants qui jouent dans un square = niños que juegan en un parque.

squatter [skwa'te] **1** m ou f (fam) ocupa. ● **2** tr ocupar ilegalmente (una vivienda).

squelette [skə'lɛt] m esqueleto.

stabilisation [stabiliza'sjɔ̃] f estabilización: stabilisation des prix = estabilización de los precios.

stabiliser [stabili'ze] tr et pron estabilizar.

stable [stabl] adj estable (permanente, constante): travail stable = trabajo estable.

stade [stad] m estadio.

stage [staʒ] **1** m período de prácticas: stage pédagogique = período pedagógico. **2** período de formación. **3** período de perfeccionamiento.

stagiaire [sta'ʒjɛr] adj/m ou f de prácticas: avocat stagiaire = abogado de prácticas.

stagnation [staɡna'sjɔ̃] f estancamiento.

stagner [staɡ'ne] intr estancarse.

stalactite [stalak'tit] f estalactita.

stalagmite [stalaɡ'mit] f estalagmita.

stalinien, enne [stali'njɛ̃, ɛn] adj staliniano; stalinista.

standard [stã'dar] adj estándar (normalizado, corriente): pièces standard = piezas estándar.

standardisation [stãdardiza'sjɔ̃] f estandardización.

standardiser [stãdardi'ze] tr estandardizar; normalizar.

star [star] f estrella de cine.

station [sta'sjɔ̃] **1** f pausa; parada: une brève station = una breve pausa. **2** parada (de taxis). **3** estación (de metro). **4** emisora (de radio). ◆ ~ balnéaire ciudad costera (lugar de vacaciones); ~ de lavage túnel de lavado; station-service estación de servicio; ~ thermale balneario.

stationnaire [stasjɔ'nɛr] **1** adj estacionario. ● **2** m MAR barco vigía.

stationner [stasjɔ'ne] intr estacionarse; aparcar (un vehículo).

station-service [stasjɔ̃sɛr'vis] f estación servicio, gasolinera.

statique [sta'tik] **1** adj estático: électricité statique = electricidad estática. ● **2** f PHYS, MATH estática: la statique des fluides = la estática de los fluidos.

statisticien, enne [statisti'sjɛ̃, ɛn] m et f estadista; estadístico.

statistique [statis'tik] adj et f estadístico.

statuaire [sta'tɥɛr] **1** adj estatuario: marbre statuaire = mármol estatuario. ● **2** m ou f escultor. ● **3** f estatuaria (arte).

statue [sta'ty] f estatua.

statuer [sta'tɥe] tr et intr estatuir.

statuette [sta'tɥet] f estatuilla.

statufier [staty'fje] **1** tr asemejar a una estatua. **2** (fam) representar a alguien con una estatua; levantar una estatua a alguien.

stature [sta'tyʀ] f estatura.

statut [sta'ty] **1** m estatuto. **2** estatus, situación de hecho.

steak [stɛk] m bistec.

stéarine [stea'ʀin] f CHIM estearina.

stèle [stɛl] f estela.

stellaire [stel'lɛʀ] **1** adj ASTR estelar. ● **2** f BOT stellaria (planta).

sténo [ste'no] **1** m ou f → **sténographe**. ● **2** f → **sténographie**.

sténodactylo [stenɔdakti'lo] m ou f taquimecanógrafo.

sténodactylographie [stenɔdaktilɔgʀa'fi] f taquimecanografía.

sténographe [stenɔ'gʀaf] m ou f estenógrafo; taquígrafo.

sténographie [stenɔgʀa'fi] f estenografía; taquigrafía.

sténographier [stenɔgʀa'fje] tr estenografiar; taquigrafiar.

steppe [stɛp] f estepa.

stéréo [steʀe'o] adj et f (fam) estéreo.

stéréotype [steʀeɔ'tip] m estereotipo.

stérile [ste'ʀil] adj estéril.

stérilisant, e [steʀili'zã, t] adj esterilizador.

stérilisation [steʀiliza'sjɔ̃] f esterilización.

stériliser [steʀili'ze] tr esterilizar.

stérilité [steʀili'te] f esterilidad.

sterlet [stɛʀ'lɛ] m esturión.

sternum [stɛʀ'nɔm] m ANAT esternón.

sternutation [stɛʀnyta'sjɔ̃] f estornudo.

stérol [ste'ʀɔl] m CHIM esterol.

steward [sti'waʀt] m azafato.

stick [stik] **1** m vara, varita; bastón, barra. **2** SPORTS stick (bastón de hockey).

stigmate [stig'mat] **1** m herida; cicatriz (marcas milagrosas): *les stigmates de Saint François d'Assise* = *las cicatrices de San Francisco de Asís*. **2** BOT estigma.

stigmatiser [stigmati'ze] tr estigmatizar.

stilligoutte [stili'gut] m cuentagotas.

stimulant, e [stimy'lã, t] adj et m estimulante: *médicament stimulant* = *medicamento estimulante.*

stimulation [stimyla'sjɔ̃] f estimulación.

stimuler [stimy'le] tr estimular: *stimuler l'appétit* = *estimular el apetito.*

stipulation [stipyla'sjɔ̃] f estipulación.

stipuler [stipy'le] tr estipular.

stock [stɔk] m stock; reservas; provisión: *avoir un article en stock* = *tener un artículo en stock.*

stoïcien, enne [stɔi'sjɛ̃, ɛn] adj/m et f estoico.

stomacal, e [stɔma'kal] adj estomacal.

stop [stɔp] **1** m stop (señal de tráfico). **2** stop (pausa de un telegrama). ● **3** interj ¡pare!

store [stɔʀ] **1** m persiana de láminas. **2** cortina.

strabisme [stʀa'bism] m estrabismo.

strangulation [stʀãgyla'sjɔ̃] f estrangulación.

strapontin [stʀapɔ̃'tɛ̃] m asiento plegable.

stratagème [stʀata'ʒɛm] m estratagema.

strate [stʀat] f GÉOL estrato.

stratège [stʀa'tɛʒ] m MIL estratega; estratego.

stratégie [stʀate'ʒi] f MIL estrategia.

stratification [stʀatifika'sjɔ̃] f GÉOL estratificación.

stratifier [stʀati'fje] tr GÉOL estratificar.

stratigraphie [stʀatigʀa'fi] f GÉOL estratigrafía.

stratosphère [stʀatɔs'fɛʀ] f estratosfera.

stress [stʀɛs] m estrés.

stressant, e [stʀɛ'sã, t] adj estresante.

stresser [stʀɛ'se] tr estresar.

strict, e [stʀikt] adj estricto. ■ **le ~ nécessaire** lo estrictamente necesario.

stridence [stʀi'dãs] f estridencia.

strident, e [stʀi'dã, t] adj estridente.

stridulation [stʀidyla'sjɔ̃] f estridor.

striduler [stʀidy'le] tr estridular (producir estridor).

strie [stʀi] f estría.

strier [stʀi'e] tr estriar.

strip-tease [stʀip'tiz] (pl strip-teases) m strip-tease.

striure [stʀiˈyʀ] **1** f estría. **2** estriado.

strophe [stʀɔf] f estrofa.

structural, e [stʀykty'ʀal] adj estructural.

structure [stʀyk'tyʀ] f estructura. ◆ **~ des données** INF estructura de los datos.

structurel, elle [stʀykty'ʀɛl] adj estructural.

structurer [stʀykty'ʀe] *tr* estructurar: *structurer un mouvement = estructurar un movimiento*, *structurer un récit = estructurar un relato*.

stuc [styk] *m* estuco.

studieux, euse [sty'djø, øz] *adj* estudioso.

studio [sty'djo] **1** *m* estudio. **2** estudio, apartamento de una sola habitación.

stupéfaction [stypefak'sjɔ̃] *f* estupefacción (sorpresa).

stupéfiant, e [stype'fjɑ̃, t] *adj* et *m* estupefaciente, estupefactivo.

stupéfier [stype'fje] **1** *tr* entorpecer, pasmar. **2** pasmar, dejar estupefacto.

stupide [sty'pid] *adj* estúpido.

stupidité [stypidi'te] *f* estupidez.

style [stil] **1** *m* estilo: *un style très châtié = un estilo muy cuidado*. **2** BOT estilo. **3** TECH estilete.

stylé, e [sti'le] *adj* con clase, con estilo.

stylet [sti'lɛ] *m* estilete.

styliser [stili'ze] *tr* estilizar.

styliste [sti'list] *m* ou *f* estilista.

stylistique [stilis'tik] *adj* et *f* estilístico.

stylo [sti'lo] *m* pluma. ♦ ~ **à bille** bolígrafo; ~ **correcteur** corrector de pluma.

stylo-feutre [stilo'føtʀ] *m* rotulador.

su, e [sy] *adj* et *m* sabido. ■ **au ~ de qqn** en conocimiento de alguien.

suaire [sɥɛʀ] *m* sudario.

subalterne [sybal'tɛʀn] *adj/m* ou *f* subalterno.

subconscient, e [sypkɔ̃'sjɑ̃, t] *adj* et *m* subconsciente.

subdéléguer [sybdele'ge] *tr* subdelegar.

subir [sy'biʀ] **1** *tr* sufrir, soportar: *subir les conséquences de ses décisions = sufrir las consecuencias de sus decisiones*. **2** experimentar.

subit, e [sy'bi, t] *adj* súbito, repentino (brusco).

subjacent, e [sybʒa'sɑ̃, t] *adj* subyacente.

subjectif, ive [sybʒɛk'tif, iv] *adj* subjetivo, personal.

subjectivité [sybʒɛktivi'te] *f* PHIL subjetividad.

subjonctif, ive [sybʒɔ̃k'tif, iv] *adj* et *m* subjuntivo.

subjuguer [subʒy'ge] *tr* subyugar, imponer (someter).

sublimation [syblima'sjɔ̃] *f* sublimación.

sublime [sy'blim] *adj* et *m* sublime.

sublimé [sybli'me] *adj* sublimado.

sublimer [sybli'me] *tr* sublimar.

subliminal, e [syblimi'nal] *adj* subliminal.

sublimité [syblimi'te] *f* sublimidad.

submerger [sybmɛʀ'ʒe] **1** *tr* sumergir. **2** inundar: *à cause des pluies les maisons se sont submergées = a causa de las lluvias las casas se han inundado*.

submersion [sybmɛʀ'sjɔ̃] *f* sumersión.

subodorer [sybɔdɔ'ʀe] **1** *tr* olfatear. **2** (fam) olerse, barruntar.

subordination [sybɔʀdina'sjɔ̃] *f* subordinación.

subordonner [sybɔʀdɔ'ne] **1** *tr* subordinar. **2** subordinar, supeditar.

subornation [sybɔʀna'sjɔ̃] *f* sobornación, soborno.

suborner [sybɔʀ'ne] *tr* sobornar.

subreptice [sybʀɛp'tis] *adj* subrepticio.

subrogatif, ive [sybʀɔga'tif, iv] *adj* DR subrogativo.

subrogation [sybʀɔga'sjɔ̃] *f* DR subrogación.

subroger [sybʀɔ'ʒe] **1** *tr* sustituir. **2** DR subrogar.

subséquent, e [sypse'kɑ̃, t] *adj* subsecuente, subsiguiente.

subside [syb'sid o syp'zid] *m* subsidio.

subsidiaire [sybzi'djɛʀ] *adj* subsidiario.

subsistance [sybzis'tɑ̃s] *f* subsistencia.

subsister [sybzis'te] *intr* subsistir: *subsister avec peu de choses = subsistir con pocas cosas*.

substance [syps'tɑ̃s] **1** *f* substancia, sustancia (materia). **2** esencia (naturaleza). **3** PHIL ser.

substantiel, elle [sypstɑ̃'sjɛl] **1** *adj* sustancial, substancial. **2** sustancioso (rico): *le fruit est un dessert très substantiel en vitamines = la fruta es un postre muy rico en vitaminas*. **3** esencial, sustancial (apreciable): *le thème de ce livre est substantiel = el tema de este libro es sustancial*.

substantif, ive [sypstɑ̃'tif, iv] *adj* et *m* substantivo, sustantivo.

substantiver [sypstɑ̃ti've] *tr* GRAMM sustantivar, substantivar.

substituer [sypsti'tɥe] *tr* et *pron* substituir, sustituir. ■ **se ~ à** ponerse en el sitio de.

substitut [sypsti'ty] *m* substituto, sustituto.

substitutif, ive [sypstity'tif, iv] *adj* substitutivo.

substitution [sypstity'sjɔ̃] **1** *f* sustitución, substitución: *la substitution de ce professeur n'a pas affecté les élèves* = la sustitución de este profesor no ha afectado a los alumnos. **2** conmutación (cambio).

substrat [syps'tRa] *m* PHIL, GÉOL substrato.

subtil, e [syp'til] *adj* sutil.

subtiliser [syptili'ze] **1** *tr* (fig) sutilizar, pulir: *il doit subtiliser ses gestes* = debe sutilizar sus gestos. **2** (fam) hurtar, birlar (robar). **3** *intr* (péj) sutilizar.

subtilité [syptili'te] *f* sutileza, sutilidad.

subvenir [sybvə'niR] *tr* (~ à) atender, satisfacer: *il a toujours subvenu aux caprices de sa fille* = ha subvenido siempre a los caprichos de su hija.

subvention [sybvã'sjɔ̃] *f* subvención.

subventionner [sybvãsjɔ'ne] *tr* subvencionar.

subversif, ive [sybvɛR'sif, iv] *adj* subversivo.

subversion [sybvɛR'sjɔ̃] *f* subversión.

suc [syk] **1** *m* jugo. **2** (fig) substancia, esencia: *il n'a pas su extraire tout le suc à cette œuvre* = no ha sabido extraerle toda la esencia a esta obra. ◆ ~ **gastrique** jugo gástrico.

succédané, e [syksedaˈne] *adj et m* sucedáneo.

succéder [sykse'de] **1** *tr et pron* suceder. ● **2** *tr* heredar: *c'est lui qui a succédé ses biens* = es él quien ha heredado sus bienes. **3** continuar, sustituir (seguir).

succès [syk'sɛ] *m* éxito (fortuna). **2** victoria: *le succès de cette équipe a été très discuté* = la victoria de este equipo ha sido muy discutida. ■ **à** ~ exitoso; **sans** ~ sin resultado.

successif, ive [sykse'sif, iv] *adj* sucesivo.

succession [sykse'sjɔ̃] **1** *f* sucesión: *la succession d'aides a été immédiate* = la sucesión de ayudas ha sido inmediata. **2** DR sucesión, herencia (legado).

successoral, e [syksesoˈRal] *adj* DR sucesorio.

succion [syk'sjɔ̃] *f* succión.

succomber [sykɔ̃'be] **1** *intr* sucumbir. **2** (~ à) sucumbir o ceder a (abandonarse): *il a succombé à ses désirs* = ha cedido a sus deseos.

succulence [syky'lãs] *f* suculencia.

succulent, e [syky'lã, t] *adj* suculento.

succursale [sykyR'sal] *adj et f* sucursal.

sucer [sy'se] *tr* chupar. ■ **se** ~ **la poire** (fam) besarse.

sucette [sy'sɛt] **1** *f* pirulí, chupón (caramelo). **2** chupete.

suçon [sy'sɔ̃] *m* (fam) chupetón, chupendo.

suçoter [sysɔ'te] *tr* chupetear.

sucre [sykR] **1** *m* azúcar: *il prend le café sans sucre* = toma el café sin azúcar. **2** CHIM sacarosa. ◆ ~ **candi** azúcar cande; ~ **de pomme** caramelo de manzana; ~ **raffiné** azúcar refinado; ~ **roux** azúcar moreno.

sucré, e [sy'kRe] **1** *adj* azucarado, dulce: *elle aime les crêpes sucrées* = le gustan las crêpes dulces. **2** (fig, péj) hipócrita, meloso.

sucrer [sy'kRe] **1** *tr* azucarar, echar azúcar. **2** endulzar: *elle sucre tous les desserts* = ella endulza todos los postres. **3** (fam) confiscar, requisar (suprimir): *on lui a sucré le permis de conduire* = le han confiscado el permiso de conducir. ● **4 se** ~ *pron* (fam) echarse azúcar: *sucrez-vous le gâteau* = échese azúcar en el pastel.

sucrerie [sykRəˈRi] **1** *f* azucarera; fábrica de azúcar. ● **2 sucreries** *f pl* golosinas, dulces.

sucrier, ère [sy'kRje, jɛR] *adj et m* azucarero.

sud [syd] *adj et m* sur: *sud-est* = sudeste, *il aime le sud* = le gusta el sur.

sud-africain, e [sydafRi'kɛ̃, ɛn] (*pl* **sud-africains**) **1** *adj* sudafricano. ● **2 Sud-Africain, e** *m et f* sudafricano.

sud-américain, e [sydameri'kɛ̃, ɛn] (*pl* **sud-américains**) **1** *adj* sudamericano. ● **2 Sud-Américain, e** *m et f* sudamericano.

sudation [syda'sjɔ̃] *f* sudación.

sud-est [syd'ɛst] *adj et m* sudeste, sureste.

sud-ouest [syd'wɛst] *adj et m* sudoeste, suroeste.

suédois, e [sɥe'dwa, z] **1** *adj* sueco. ● **2 Suédois, e** *m et f* sueco (lengua).

suée [sɥe] *f* (fam) sudoración abundante, sudada.

suer [sɥe] **1** *tr* et *intr* sudar. **2** TECH rezumar. ■ **en ~ une** (fam) hacer un baile; **faire ~** (fam) cargar, jeringar.

sueur [sɥœʀ] *f* sudor. ◆ **~ froide** sudor frío.

suffire [syˈfiʀ] *tr* et *pron* bastarse, ser suficiente. ■ **il suffit à qqn de** se contenta con; **il suffit de** basta con.

suffisance [syfiˈzãs] **1** *f* cantidad suficiente. **2** suficiencia, engreimiento: *sa suffisance lui rend stupide* = su suficiencia lo vuelve estúpido.

suffisant, e [syfiˈzã, t] **1** *adj* suficiente: *c'est suffisant avec une réponse* = es suficiente con una respuesta. **2** LITT presumido, engreído (arrogante).

suffixation [syfiksaˈsjɔ̃] *f* sufijación.

suffixe [syˈfiks] *m* GRAMM sufijo.

suffocant, e [syfɔˈkã, t] *adj* sofocante, sofocador: *cette chaleur est suffocante* = este calor es sofocante.

suffocation [syfɔkaˈsjɔ̃] *f* sofocación, sofoco.

suffoquer [syfɔˈke] **1** *tr* sofocar (ahogar). **2** (fig) avergonzar, abochornar: *sa réponse nous a tous suffoqués* = su respuesta nos ha avergonzado a todos. ● **3** *intr* ahogarse, sofocarse.

suffrage [syˈfʀaʒ] **1** *m* aprobación. **2** sufragio (elección).

suggérer [sygʒeˈʀe] *tr* sugerir, proponer (insinuar): *il a suggéré d'aller chez lui ce soir* = ha sugerido ir a su casa esta noche.

suggestif, ive [sygʒesˈtif, iv] *adj* sugestivo, sugerente.

suggestion [sygʒesˈtjɔ̃] **1** *f* sugerencia: *personne n'a fait une suggestion* = nadie ha hecho una sugerencia. **2** PSY sugestión.

suggestionner [sygʒestjɔˈne] *tr* et *pron* sugestionar.

suicide [sɥiˈsid] **1** *m* suicidio: *ce cas est clairement un suicide* = este caso es claramente un suicidio. **2** suicida (en aposición): *opération suicide* = operación suicida.

suicider (se) [səsɥisiˈde] *pron* suicidarse.

suie [sɥi] *f* hollín.

suif [sɥif] *m* sebo. ■ **chercher du ~ à qqn** buscar una disputa con alguien.

suint [sɥɛ̃] **1** *m* grasa de la lana, churre. **2** TECH escoria.

suinter [sɥɛ̃ˈte] *intr* rezumarse, chorrear: *l'eau suintait au long des murs* = el agua chorreaba por las paredes.

suisse [sɥis] **1** *adj* suizo. ● **2 Suisse** *m* ou *f* suizo. ● **3** *m* pertiguero (de iglesia).

suite [sɥit] **1** *f* continuación: *je n'ai pas lu la suite de ce livre* = no he leído la continuación de este libro. **2** comitiva, acompañantes. **3** curso, desarrollo: *il faut attendre la suite des événements* = hay que esperar el curso de los acontecimientos. **4** desarrollo, resultado (efecto). **5** séquito, cortejo: *le roi venait accompagné par toute sa suite* = el rey venía acompañado de todo su séquito. **6** serie, sucesión (secuencia). **7** suite, apartamento (estancia): *ils ont réservé la meilleure suite de tout l'hôtel* = han reservado la mejor suite de todo el hotel.

suivant, e [sɥiˈvã, t] **1** *adj* siguiente. ● **2** *m* et *f* acompañante: *il est venu sans suivant* = ha venido sin acompañante.

suivi, e [sɥiˈvi] **1** *adj* seguido (regular). **2** ordenado: *on a parlé de façon très suivie* = han hablado de manera muy ordenada. ● **3** *m* control, seguimiento: *il faut faire le suivi de la production* = hay que llevar el control de la producción.

suivre [sɥivʀ] **1** *tr* escuchar, prestar atención (oír). **2** obedecer, dejarse guiar por: *il suit les indications du médecin* = obedece las indicaciones del médico. **3** perseguir (vigilar). **4** tomar (recorrer): *il faut suivre la première rue à droite* = hay que tomar la primera calle a la derecha. ● **5** *tr* et *pron* seguir. ● **6** *intr* resultar, desprenderse. ● **7 se ~** *pron* sucederse, seguirse. ■ **à ~** continuará; **~ son cours** seguir su curso (evolucionar).

sujet [syˈʒe] **1** *m* materia, tema (asunto): *quel est le sujet de ta recherche?* = ¿cuál es el tema de tu investigación? **2** motivo, causa (razón). **3** sujeto, persona (individuo). **4** MUS, ART, LITT tema (pieza).

sujétion [syʒeˈsjɔ̃] *f* sujeción.

sulfate [sylˈfat] *m* sulfato.

sulfater [sylfaˈte] *tr* sulfatar.

sulfhydrique [sylfiˈdʀik] *adj* CHIM sulfhídrico.

sulfite [sylˈfit] *m* CHIM sulfito.

sulfure [sylˈfyʀ] *m* sulfuro.

sulfurer [sylfyˈʀe] *tr* CHIM sulfurar.

sulfureux, euse [sylfy'Rø, øz] *adj* sulfuroso.

sulfurique [sylfy'Rik] *adj* CHIM sulfúrico.

sultan [syl'tã] *m* sultán.

sultane [syl'tan] *f* sultana.

sumo [sy'mo] *m* sumo.

super [sy'pɛʀ] **1** *adj* (fam) superior; formidable, extra. ● **2** *m* súper, supercarburante: *il remplit toujours sa voiture avec super* = llena siempre su coche con súper.

superbe [sy'pɛʀb] **1** *adj* soberbio. **2** magnífico, soberbio (imponente). ● **3** *f* soberbia, orgullo: *la superbe est un de tes plus gros défauts* = la soberbia es uno de tus mayores defectos.

supercarburant [sypɛʀkaʀby'ʀã] *m* supercarburante, gasolina plomo.

supercherie [sypɛʀʃə'ʀi] *f* superchería.

superficie [sypɛʀfi'si] *f* superficie.

superficiel, elle [sypɛʀfi'sjɛl] *adj* superficial.

superfin, e [supɛʀ'fɛ̃, in] *adj* COMM superfino.

superfinition [sypɛʀfini'sjɔ̃] *f* TECH último acabado.

superflu, e [sypɛʀ'fly] *adj* superfluo (innecesario).

supérieur, e [sype'ʀjœʀ] **1** *adj/m* et *f* superior: *elle fait des études supérieurs à l'université* = hace estudios superiores en la universidad. **2** dominantes, preponderantes: *les classes supérieures de la société* = las clases dominantes de la sociedad.

supériorité [sypeʀjɔʀi'te] *f* superioridad.

superlatif, ive [sypɛʀla'tif, iv] *adj* et *m* superlativo. ■ **au ~** en grado superlativo.

supermarché [sypɛʀmaʀ'ʃe] *m* supermercado.

superposer [sypɛʀpɔ'ze] *tr* et *pron* superponer, sobreponer.

superposition [sypɛʀpɔəzi'sjɔ̃] *f* sobreposición.

superproduction [sypɛʀpʀɔdyk'sjɔ̃] *f* superproducción.

superpuissance [sypɛʀpɥi'sãs] *f* superpotencia.

supersonique [sypɛʀsɔ'nik] *adj* supersónico: *cet avion est supersonique* = este avión es supersónico.

superstitieux, euse [sypɛʀsti'sjø, øz] *adj* supersticioso.

superstition [sypɛʀsti'sjɔ̃] *f* superstición.

superstructure [sypɛʀstʀyk'tyʀ] *f* superestructura.

superviser [sypɛʀvi'ze] *tr* supervisar: *le directeur supervise toutes nos décisions* = el director supervisa todas nuestras decisiones.

supervision [sypɛʀvi'zjɔ̃] *f* supervisión.

supplanter [syplã'te] *tr* suplantar.

suppléance [syple'ãs] *f* suplencia: *il faut que qqn fasse la suppléance de ce collègue* = es necesario que alguien haga la suplencia de este compañero.

suppléant, e [syple'ã, t] *adj/m* et *f* suplente.

suppléer [syple'e] **1** *tr* reemplazar (sustituir). **2** suplir: *suppléer un manque* = suplir una falta.

supplément [syple'mã] *m* suplemento.

supplétif, ive [syple'tif, iv] *adj* et *m* supletorio.

supplication [syplika'sjɔ̃] *f* súplica, suplicación.

supplice [sy'plis] *m* suplicio, tortura, calvario (tormento). ■ **être au ~** (fig) sufrir mucho.

supplicier [sypli'sje] **1** *tr* ajusticiar, ejecutar: *finalement on n'a pas supplicié le condamné* = al final no han ejecutado al condenado. **2** (fig) martirizar (crucificar).

supplier [sy'plje] *tr* suplicar, rogar, implorar: *il a supplié au tribunal sa liberté* = ha suplicado al tribunal su libertad.

supplique [sy'plik] *f* súplica, ruego.

support [sy'pɔʀ] **1** *m* soporte. **2** (fig) sostén, apoyo.

supporter [sypɔʀ'te] **1** *tr* et *pron* soportar. ● **2** *tr* sostener. **3** asumir (las consecuencias). **4** tolerar, encajar (una broma). **5** admitir: *ce plat ne supporte pas le vinaigre* = este plato no admite el vinagre. **6** apoyar (un equipo).

supposer [sypo'ze] **1** *tr* suponer. **2** intuir.

supposition [sypozi'sjɔ̃] *f* suposición, supuesto.

suppositoire [sypozi'twaʀ] *m* MÉD supositorio.

suppôt [sy'po] *m* agente. ◆ **~ de Satan** ou **du diable** demonio, mala persona.

suppression [sypʀe'sjɔ̃] *f* supresión.

supprimer [sypʀi'me] **1** *tr* suprimir. **2** eliminar, liquidar (a alguien). ● **3** se **~** *pron* suicidarse.

suppuration [sypyʀa'sjɔ̃] f MÉD supuración.

suppurer [sypy'ʀe] intr supurar.

supranational, e [sypʀanasjo'nal] adj supranacional.

suprématie [sypʀema'si] f supremacía.

suprême [sy'pʀɛm] **1** adj supremo. ● **2** m filete de pescado con salsa.

sur [syʀ] **1** prép sobre; encima; en: l'affiche est sur le mur = el cartel está en la pared. **2** de cada; entre: une personne sur cent = una persona entre cien. **3** por encima de: l'avion passe sur nous = el avión pasa por encima de nosotros. **4** a: vue sur la mer = vistas al mar; hacia: sur le matin = hacia la mañana. **5** por (a causa de): il l'a découverte sur une grimace qu'elle a fait = la ha descubierto por una mueca que ha hecho. **6** de, a propósito de: j'ai appris beaucoup sur lui = he aprendido mucho de él. **7** tras: livre sur livre = libro tras libro.

sûr, e [syʀ] adj seguro. ■ bien ~! ¡evidentemente!, ¡naturalmente!; être ~ de estar seguro de; ~ de soi seguro de sí mismo.

surabondance [syʀabɔ̃'dɑ̃s] f superabundancia.

surabondant, e [syʀabɔ̃'dɑ̃, t] **1** adj superabundante. **2** excesivo.

surabonder [syʀabɔ̃'de] intr superabundar.

suraigu, ë [syʀe'gy] adj sobreagudo.

surajouter [syʀaʒu'te] tr sobreañadir.

suralimentation [syʀalimɑ̃ta'sjɔ̃] f sobrealimentación.

suralimenter [syʀalimɑ̃'te] tr sobrealimentar.

suranné, e [syʀa'ne] **1** adj anticuado. **2** caduco.

surbaisser [syʀbɛ'se] tr ARCHIT rebajar.

surcharge [syʀ'ʃaʀʒ] **1** f sobrecarga, exceso. **2** recargo (en los impuestos). **3** corrección, enmienda (en un escrito).

surcharger [syʀʃaʀ'ʒe] **1** tr sobrecargar. **2** recargar. **3** corregir, enmendar.

surchauffe [syʀ'ʃof] f recalentamiento.

surchauffer [syʀʃo'fe] **1** tr calentar demasiado. **2** TECH recalentar.

surchoix [syʀ'ʃwa] m extra, de primera calidad.

surclasser [syʀkla'se] tr estar por encima: cet élève surclasse les autres = este alumno está por encima de los demás.

surcouper [syʀku'pe] tr contrafallar (a las cartas).

surcroît [syʀ'kʀwa] m aumento, sobrecarga. ■ de ou par ~ además; venir par ~ ser un suplemento necesario.

surdi-mutité [syʀdimyti'te] f sordomudez.

surdité [syʀdi'te] f sordera.

surdoué, e [syʀ'dwe] adj/m et f superdotado.

sureffectif [syʀefɛk'tif] m exceso de personal (en una empresa).

surélever [syʀel've] **1** tr sobrealzar, realzar. **2** subir.

surémission [syʀemi'sjɔ̃] f emisión excesiva.

surenchère [syʀɑ̃'ʃɛʀ] **1** f sobrepuja. **2** (fig) promesa, oferta superior. ■ faire de la ~ rivalizar.

surenchérir [syʀɑ̃ʃe'ʀiʀ] **1** intr sobrepujar. **2** encarecer (un precio). **3** (fig) prometer más que otro.

surestimation [syʀɛstima'sjɔ̃] f sobrestimación.

surestimer [syʀɛsti'me] tr sobrestimar.

sûreté [syʀ'te] **1** f seguridad. **2** precisión (de palabra).

surexcitant, e [syʀɛksi'tɑ̃, t] adj et m sobreexcitante.

surexcitation [syʀɛksita'sjɔ̃] f sobreexcitación.

surexciter [syʀɛksi'te] tr sobreexcitar.

surexposition [syʀɛkspozi'sjɔ̃] f PHOT sobreexposición.

surf [sœʀf] m SPORTS surf.

surface [syʀ'fas] **1** f superficie. **2** GÉOM superficie, área. ◆ grande ~ hipermercado, centro comercial; ■ de ~ aparente, superficial: une amabilité de surface = una amabilidad aparente; faire ~ emerger; refaire ~ (fig) reaparecer.

surfaire [syʀ'fɛʀ] **1** tr encarecer (un producto). **2** sobrestimar (apreciar demasiado).

surfer [sœʀ'fe] intr SPORTS practicar surf.

surfin, e [syʀ'fɛ̃, in] adj superfino.

surgelé, e [syʀgə'le] adj et m congelado: des pommes de terre surgelées = patatas congeladas.

surgir [syʀ'ʒiʀ] intr surgir.

surhomme [syʀ'ɔm] m superhombre.

surhumain, e [syʀy'mɛ̃, ɛn] adj sobrehumano.

surimpression — survenir

surimpression [syʀɛ̃pʀɛ'sjɔ̃] f PHOT sobreimpresión.

surintendance [syʀɛ̃tɑ̃'dɑ̃s] f superintendencia.

surintendant, e [syʀɛ̃tɑ̃'dɑ̃, t] m et f superintendente.

surjet [syʀ'ʒɛ] m punto por encima (de costura).

surjeter [syʀʒə'te] tr coser a punto por encima.

sur-le-champ [syʀlə'ʃɑ̃] adv en el acto; en seguida: il faut agir sur-le-champ = hay que actuar en seguida.

surlendemain [syʀlɑ̃d'mɛ̃] m a los dos días: il est rentré le surlendemain = volvió a los dos días.

surligneur [syʀli'nœʀ] m rotulador fluorescente.

surmener [syʀmə'ne] tr agotar; imponer un esfuerzo excesivo.

surmonter [syʀmɔ̃'te] 1 tr coronar, dominar. 2 (fig) vencer, superar (el miedo, los problemas). ● 3 se ~ pron dominarse.

surmortalité [syʀmɔʀtali'te] f exceso de mortalidad.

surmulet [syʀmy'lɛ] m ZOOL salmonete.

surnager [syʀna'ʒe] 1 intr flotar. 2 (fig) subsistir, perdurar.

surnatalité [syʀnatali'te] f exceso de natalidad.

surnaturel, elle [syʀnaty'ʀɛl] 1 adj et m sobrenatural: un pouvoir surnaturel = un poder sobrenatural. 2 fabuloso, extraordinario.

surnom [syʀ'nɔ̃] m sobrenombre, apodo.

surnombre [syʀ'nɔ̃bʀ] m excedente. ■ être en ~ estar de más.

surnommer [syʀnɔ'me] tr dar un sobrenombre, apodar.

surnuméraire [syʀnyme'ʀɛʀ] adj et m supernumerario.

suroffre [syʀ'ɔfʀ] f oferta mejor, contraoferta.

surpasser [syʀpa'se] 1 tr et pron sobrepasar, superar. ● 2 tr aventajar, eclipsar: surpasser qqn en connaissances = aventajar a alguien en conocimientos; ventajear (Amér.).

surpeuplé, e [syʀpœ'ple] adj superpoblado.

surplomber [syʀplɔ̃'be] 1 tr dominar: la colline surplombe les champs = la colina domina los campos; estar suspendi-

do sobre. ● 2 intr TECH estar fuera de la vertical (de una pared).

surplus [syʀ'plys] m excedente; exceso. ■ au ~ por lo demás.

surpopulation [syʀpɔpyla'sjɔ̃] f superpoblación.

surprenant, e [syʀpʀə'nɑ̃, t] adj sorprendente.

surprendre [syʀ'pʀɑ̃dʀ] 1 tr sorprender: surprendre l'ennemi = sorprender al enemigo. 2 descubrir (un secreto); percibir. ● 3 se ~ pron (~ à) sorprenderse de: il s'est surpris à soutenir une opinion contraire = se sorprendió de apoyar una opinión contraria. ■ se laisser ~ dejarse sorprender.

surpris, e [syʀ'pʀi, z] adj sorprendido.

surprise [syʀ'pʀiz] f sorpresa. ■ par ~ por sorpresa.

surprise-partie [syʀpʀizpaʀ'ti] f fiesta, guateque.

surproduction [syʀpʀɔdyk'sjɔ̃] f superproducción.

surréel, elle [syʀʀe'ɛl] adj surreal.

sursalaire [syʀsa'lɛʀ] m ÉCON suplemento salarial.

sursaut [syʀ'so] 1 m sobresalto. 2 arranque (de energía). 3 (fig) esfuerzo: dans un dernier sursaut = en un último esfuerzo. ■ en ~ súbitamente.

sursauter [syʀso'te] intr sobresaltarse.

surseoir [syʀ'swaʀ] intr (~ à) aplazar: surseoir au jugement = aplazar el juicio.

sursis [syʀ'si] m prórroga, plazo.

sursitaire [syʀsi'tɛʀ] adj/m ou f persona beneficiada de una prórroga.

surtaux [syʀ'to] m tasa excesiva.

surtaxe [syʀ'taks] 1 f sobretasa (ilegal). 2 recargo.

surtout [syʀ'tu] 1 adv sobre todo: surtout, n'oublie pas d'aller à la banque = sobre todo, no olvides ir al banco. ● 2 m sobretodo, gabán (prenda). 3 centro de mesa.

surveillance [syʀvɛ'jɑ̃s] f vigilancia. ■ être en ~ estar en observación (en un hospital).

surveillant, e [syʀvɛ'jɑ̃, t] adj/m et f vigilante.

surveiller [syʀvɛ'je] 1 tr et pron vigilar. 2 cuidar (el lenguaje, la salud).

survenir [syʀvə'niʀ] intr sobrevenir: une révolution survint dans le pays = una revolución sobrevino en el país.

survente [syʀ'vãt] *f* venta a un precio demasiado elevado.

survêtement [syʀvet'mã] *m* chandal.

survie [syʀ'vi] *f* supervivencia.

survivant, e [syʀvi'vã, t] *adj/m* et *f* superviviente.

survivre [syʀ'vivʀ] **1** *intr* et *tr* sobrevivir: *il a survécu à son fils* = ha sobrevivido a su hijo. ● **2 se ~** *pron* vivir, sobrevivir: *le souvenir de son frère se survit dans sa mémoire* = el recuerdo de su hermano vive en su memoria.

sus [sy o sys] **1** *adv* sobre, encima. ● **2 sus!** *interj* ¡anda!, ¡vamos! ■ **en ~** además, encima; **en ~ de** además de.

susceptibilité [syseptibili'te] *f* susceptibilidad.

susceptible [sysep'tibl] *adj* susceptible. ■ **~ de** apto para, capaz de, susceptible de: *un scénario susceptible d'être amélioré* = un guión susceptible de ser mejorado.

susciter [sysi'te] **1** *tr* suscitar. **2** ocasionar, crear, provocar: *l'affaire a suscité des problèmes dans la ville* = el asunto ha creado problemas en la ciudad.

suscription [syskʀip'sjɔ̃] *f* sobrescrito.

susdit, e [sys'di, t] *adj/m* et *f* susodicho; antedicho.

susmentionné, e [symãsjɔ'ne] *adj* susodicho; arriba citado.

susnommé, e [synɔ'me] *adj/m* et *f* susodicho; arriba nombrado.

suspect, e [sys'pɛ, kt] *adj/m* et *f* sospechoso: *un suspect d'homicide* = un sospechoso de homicidio.

suspecter [syspɛk'te] *tr* sospechar de: *je suspecte mon voisin* = sospecho de mi vecino.

suspendre [sys'pãdʀ] **1** *tr* suspender; interrumpir (una función). **2** suspender, colgar.

suspendu, e [syspã'dy] **1** *adj* suspendido (de un cargo). **2** suspendido, colgado.

suspens [sys'pã] *adj* et *m* suspenso. ■ **en ~** en suspenso.

suspense [sys'pɛns] *m* suspense (de una película).

suspensif, ive [syspã'sif, iv] *adj* suspensivo.

suspension [syspã'sjɔ̃] *f* suspensión; receso (Amér.).

suspicion [syspi'sjɔ̃] *f* sospecha; recelo.

sustentation [systãta'sjɔ̃] *f* sustentación.

sustenter [systã'te] **1** *tr* sustentar; mantener. ● **2 se ~** *pron* alimentarse.

susurrer [sysy'ʀe] *tr* et *intr* susurrar.

suture [sy'tyʀ] *f* sutura.

suturer [syty'ʀe] *tr* suturar.

suzerain, e [syzɔ'ʀɛ̃, ɛn] *m* et *f* señor feudal.

svastika [svasti'ka] *m* svástica, cruz gamada.

svelte [svɛlt] *adj* esbelto.

sveltesse [svɛl'tɛs] *f* esbeltez.

swahili [swai'li] *adj* et *m* suajili.

sweater [swi'tœʀ o swe'tœʀ] *m* suéter; jersey.

sybarite [siba'ʀit] *adj/m* ou *f* sibarita.

syllabe [si'lab] *f* sílaba.

sylphide [sil'fid] *f* sílfide.

sylvestre [sil'vɛstʀ] *adj* silvestre.

symbole [sɛ̃'bɔl] *m* símbolo.

symbolisation [sɛ̃bɔliza'sjɔ̃] *f* simbolización.

symboliser [sɛ̃bɔli'ze] *tr* simbolizar.

symétrie [sime'tʀi] *f* simetría.

sympa [sɛ̃'pa] **1** *adj* (fam) simpático (una persona). **2** (fam) agradable (una cosa).

sympathie [sɛ̃pa'ti] *f* simpatía. ■ **croyez à toute ma ~** con todo mi afecto.

sympathisant, e [sɛ̃pati'zã, t] *adj/m* et *f* simpatizante.

sympathiser [sɛ̃pati'ze] *intr* simpatizar: *il sympathise avec les idées du parti* = simpatiza con las ideas del partido.

symphonie [sɛ̃fɔ'ni] *f* sinfonía.

symposion [sɛ̃pɔ'sjɔm] *m* simposio, simpósium.

symptomatique [sɛ̃ptɔma'tik] *adj* sintomático.

symptôme [sɛ̃p'tom] *m* síntoma.

synagogue [sina'gɔg] *f* sinagoga.

synchronie [sɛ̃kʀɔ'ni] *f* sincronía.

synchronisation [sɛ̃kʀɔniza'sjɔ̃] *f* sincronización.

synchroniser [sɛ̃kʀɔni'ze] *tr* sincronizar.

syncope [sɛ̃'kɔp] **1** *f* síncope (del corazón). **2** GRAMM síncope. **3** MUS síncopa.

syndical, e [sɛ̃di'kal] *adj* sindical.

syndicat [sɛ̃di'ka] *m* sindicato. ◆ **~ d'initiative** oficina de turismo; **~ de propriétaires** comunidad de propietarios.

syndiqué, e [sɛ̃di'ke] *adj/m* et *f* sindicado.

syndiquer [sɛ̃di'ke] *tr* et *pron* sindicar.

syndrome [sɛ̃'drɔm] *m* MÉD síndrome.
synonyme [sinɔ'nim] *adj et m* sinónimo.
synonymie [sinɔni'mi] *f* sinonimia.
synopsis [sinɔp'sis] *f* sinopsis.
synoptique [sinɔp'tik] *adj* sinóptico: *un tableau synoptique = un cuadro sinóptico.*
syntagme [sɛ̃'tagm] *m* GRAMM sintagma.
synthèse [sɛ̃'tɛz] *f* síntesis. ◆ ~ **d'images** INF síntesis de imágenes.
synthétiser [sɛ̃teti'ze] **1** *tr* sintetizar. **2** CHIM sintetizar.
syntonie [sɛ̃tɔ'ni] *f* sintonía.
syntonisation [sɛ̃tɔniza'sjɔ̃] *f* sintonización.
syntoniser [sɛ̃tɔni'ze] *tr* sintonizar.

syphilis [sifi'lis] *f* MÉD sífilis.
systématique [sistema'tik] **1** *adj* sistemático. ● **2** *f* BIOL sistemática. ■ **c'est ~ chez lui** es costumbre en él.
systématisation [sistematiza'sjɔ̃] *f* sistematización.
systématiser [sistemati'ze] *tr* sistematizar.
système [sis'tɛm] *m* sistema. ◆ ~ **D** ou **débrouillard** receta casera; ~ **décimal** sistema decimal; ~ **d'exploitation** sistema operativo; ~ **judiciaire** sistema judicial; ~ **nerveux** sistema nervioso; ~ **solaire** sistema solar; ■ **taper sur le ~** quemar la sangre.

Tt

t [te] *m* t.
ta [ta] *adj poss* → **ton**.
tabac [ta'ba] **1** *m* tabaco. **2** (fam) estanco. ● **3** *adj et m* tabaco (color). ◆ ~ **blond** tabaco rubio; ~ **brun** tabaco negro; ~ **gris** picadura (de tabaco); ■ **du même** del mismo tipo; **faire un ~** ser un éxito; **passer qqn à ~** hacer picadillo a alguien.
tabasser [taba'se] *tr et pron* (fam) pegar una paliza.
tabatière [taba'tjɛʀ] **1** *f* tabaquera (caja). **2** tragaluz.
tabernacle [tabɛʀ'nakl] *m* REL tabernáculo.
table [tabl] **1** *f* mesa (mueble). **2** tabla. **3** plancha, placa. **4** (fig) mesa, comida: *les plaisirs de la table = los placeres de la mesa.* **5** (fig) comensales. ◆ ~ **à repasser** tabla de planchar; ~ **de chevet** mesita de noche; ~ **de cuisson vitrocéramique** cocina vitrocerámica; ~ **de mixage** mesa de mezclas; ~ **de travail** mesa de despacho; ~ **des matières** índice; ~ **pliante** mesa plegable; ~ **ronde** mesa redonda; **tables de multiplication** tablas de multiplicar; ■ **à ~!** ¡a comer!; **faire longue ~** hacer la sobremesa; **faire ~ rase** hacer tabla rasa.
tableau [ta'blo] **1** *m* cuadro (pictórico). **2** tabla. **3** pizarra, encerado (escuela). **4** panel. **5** lista. **6** (fig) cuadro, escena: *tous pleuraient, quel tableau! = todos lloraban, ¡vaya cuadro!* ◆ ~ **clinique** cuadro clínico; ~ **d'affichages** tablón de anuncios; ~ **d'avancement** lista de ascensos; ~ **de bord** cuadro de mandos; ~ **de contrôle** panel de control; ~ **d'honneur** cuadro de honor; ~ **de prix** tabla de precios; **vieux ~** vejestorio; ■ **jouer sur les deux tableaux** jugar a dos bandas.
tabler [ta'ble] *tr* (~ *sur*) contar con: *je table sur lui = cuento con él.*
tablette [ta'blɛt] **1** *f* estante, repisa. **2** tableta (de chocolate, medicamento). **3** alféizar. **4** antepecho (de un balcón). ■ **marquer qqch sur ses tablettes** tomar buena nota de algo; **rayer de ses tablettes** borrar de la memoria.
tableur [ta'blœʀ] *m* INF hoja de cálculo.
tablier [ta'blje] **1** *m* delantal. **2** bata (de colegio). **3** salpicadero (de coche). **4** pantalla (de chimenea). ◆ ~ **à bavette** babero; ■ **ça lui va comme un ~ à une vache** no le pega ni con cola; **rendre son ~** tomar el portante.
tabou, e [ta'bu] *adj et m* tabú.
tabouret [tabu'ʀɛ] *m* taburete; banca (Amér.).
tabulaire [taby'lɛʀ] *adj* tabular.
tabulateur [tabyla'tœʀ] *m* tabulador.

tac [tak] *m* tac. ■ **répondre du ~ au ~** responder con las mismas armas.

tache [taʃ] **1** *f* mancha. **2** (fig) mancha, tacha. **3** (fig, fam) individuo despreciable. ◆ **~ de rousseur** peca; **~ de vin** antojo (mancha); **~ solaire** mancha solar; ■ **faire ~** cantar, desentonar; **faire ~ d'huile** (fig) extenderse; **sans ~** inmaculado.

tâche [taʃ] **1** *f* tarea, labor. **2** INF tarea. ■ **prendre à ~ de** esforzarse en; **remplir une ~** cumplir un cometido.

tacher [taʃe] *tr et pron* manchar.

tâcher [taʃe] *tr* (~ *de*) tratar de, procurar: *je vais tâcher d'y penser = tataré de pensar en ello.*

tacheter [taʃte] *tr* motear.

tacite [tasit] *adj* tácito.

taciturne [tasityʁn] *adj* taciturno.

taciturnité [tasityʁniˈte] *f* taciturnidad.

tacot [taˈko] *m* (fam) tartana, cacharro.

tact [takt] **1** *m* tacto (sentido). **2** (fig) tacto, discreción.

tacticien, enne [taktiˈsjɛ̃, ɛn] *m et f* táctico.

tactile [takˈtil] *adj* táctil.

tactique [takˈtik] **1** *adj* táctico. ● **2** *f* táctica.

taffetas [tafˈta] *m* tafetán.

tafia [taˈfja] *m* aguardiente de caña.

taie [te] **1** *f* funda (de almohada). **2** MÉD mancha en la córnea. ■ **avoir une ~ sur l'œil** estar cegado por algo.

taillade [taˈjad] *f* tajo, corte.

taillader [tajaˈde] *tr* cortar.

taille [taj] **1** *f* talla. **2** tamaño (dimensión): *une photo de grande taille = una foto de tamaño grande.* **3** talle, cintura. **4** corte. **5** filo (de un cuchillo). **6** poda (de árboles). ◆ **~ de guêpe** cintura de avispa; ■ **à la ~ de** a la altura de; **de la ~ de** de la talla de; **de ~** enorme: *c'est un parapluie de taille = es un paraguas enorme;* **être de ~ à** ser capaz de.

taillé, e [taˈje] **1** *adj* cortado. **2** tallado (un diamante). **3** podado (un árbol). ■ **être ~ pour** estar hecho para: *nous sommes taillés pour gagner = estamos hechos para ganar;* **~ en** cortado en forma de; **taillés sur le même patron** cortados por el mismo patrón; **un homme très bien ~** un hombre muy bien hecho.

taille-crayon [tajkʁeˈjɔ̃] *m* sacapuntas.

tailler [taˈje] **1** *tr, intr et pron* cortar. ● **2** *tr* tallar (madera, diamantes). **3** podar

(árboles, plantas). **4** afilar, sacar punta. **5** cortar, arreglar (un vestido). ● **6 se ~** *pron* obtener, lograr: *se tailler un succès = lograr un éxito.* **7** (fam) largarse, darse el piro. ■ **~ dans le vif** cortar en carne viva; **~ une veste à qqn** criticar a alguien a sus espaldas.

tailleur [taˈjœʁ] **1** *m* sastre. **2** traje de chaqueta.

taillis [taˈji] **1** *adj* tallar. ● **2** *m* monte tallar.

taire [teʁ] **1** *tr et pron* callar. ● **2 se ~** *pron* (se ~ *sur*) no decir nada sobre. ■ **faire ~** mandar callar; **~ sa gueule** cerrar el pico.

talc [talk] *m* talco.

talent [taˈlɑ̃] *m* talento. ■ **avoir des talents cachés** tener habilidades escondidas.

talentueux, euse [talɑ̃ˈtɥø, øz] *adj* talentoso.

taler [taˈle] *tr* dañar (la fruta).

talion [taˈljɔ̃] **loi du ~** ley del talión.

talisman [talisˈmɑ̃] *m* talismán.

taloche [taˈlɔʃ] *f* (fam) torta, sopapo.

talon [taˈlɔ̃] **1** *m* talón. **2** tacón (de zapato); taco (Amér.). **3** pulpejo (de caballo). **4** matriz (de un talonario). **5** montón (en los naipes): *tu dois piocher du talon = tienes que robar carta del montón.* ◆ **~ talons aiguilles** tacones de aguja; ■ **être accroupi sur ses talons** estar de cuclillas; **marcher sur les talons de qqn** pisarle a uno los talones; **tourner les talons** dar media vuelta.

talonner [taloˈne] **1** *tr* pisar los talones. **2** espolear (un caballo). **3** (fig) acosar, acuciar: *ses ennemis le talonnent = sus enemigos lo acucian.*

talonnette [taloˈnet] *f* plantilla.

talquer [talˈke] *tr* echar talco.

talus [taˈly] *m* GÉOGR talud, declive. ◆ **~ continental** talud continental; **~ de déblai** talud de excavación; **~ de remblai** terraplén; ■ **tailler en ~** cortar oblicuamente.

tambouille [tɑ̃ˈbuj] *f* (fam) rancho (comida).

tambour [tɑ̃ˈbuʁ] **1** *m* tambor. **2** puerta giratoria. **3** bombo (de lotería). **4** bastidor (de bordados). **5** ARCHIT tambor. **6** MÉC tambor. ◆ **~ magnétique** tambor magnético; ■ **battre le ~** tocar el tambor; **sans ~ ni trompette** discretamente.

tambourin [tãbuˈʀɛ̃] *m* MUS tamboril.
tambouriner [tãbuʀiˈne] **1** *intr* repiquetear, tamborilear (dar golpes). ● **2** *tr* tamborilear, tocar con el tambor. **3** (fig) anunciar a bombo y platillo.
tambour-major [tãbuʀmaˈʒɔʀ] *m* tambor mayor.
tamiser [tamiˈze] **1** *tr et intr* tamizar. ● **2** *tr* dejar pasar en parte (la luz): *son ombrelle tamisait la lumière* = *su sombrilla dejaba pasar en parte la luz.*
tampon [tãˈpɔ̃] **1** *m* tapón. **2** tampón, almohadilla (para sellos). **3** tampón, sello (marca). **4** matasellos (de Correos). **5** taco (de pared). **6** tapadera (de alcantarilla). **7** muñeca (para barnizar). **8** (fig) amortiguador.
tamponner [tãpɔˈne] **1** *tr* sellar. **2** poner un taco (en un muro). **3** topar, chocar. **4** (fig) enjugar, secar: *j'ai tamponné ses yeux larmoyants* = *enjugué sus ojos llorosos.* ■ **s'en ~ le coquillard** reírse de algo.
tamponnoir [tãpɔˈnwaʀ] *m* taladro.
tam-tam [tamˈtam] **1** *m* gong. **2** tam-tam (en África). ■ **faire du ~** dar bombo.
tan [tã] *m* corteza de la encina.
tancer [tãˈse] *tr* reprender, amonestar.
tandem [tãˈdɛm] *m* tándem.
tandis [tãˈdi] **~ que** *loc conj* mientras, mientras que.
tangent, e [tãˈʒã, t] **1** *adj* tangente. **2** (fam) por los pelos: *il a été admis mais c'était tangent* = *lo han admitido pero por los pelos.*
tangentiel, elle [tãʒãˈsjɛl] *adj* tangencial.
tango [tãˈgo] **1** *adj et m* anaranjado (color). ● **2** *m* tango (baile).
tanguer [tãˈge] **1** *intr* bambolearse (balancearse). **2** MAR cabecear.
tanière [taˈnjɛʀ] **1** *f* guarida; madriguera. **2** cuchitril.
tank [tãk] *m* tanque.
tannage [taˈnaʒ] *m* curtido.
tannant, e [taˈnã, t] **1** *adj* (fig, fam) pesado, plomo, pelma. **2** TECH curtiente: *substances tannantes* = *sustancias curtientes.*
tannée [taˈne] **1** *f* casca. **2** (fig, fam) zurra, azotaina.
tanner [taˈne] **1** *tr* curtir (el cuero). **2** (fig, fam) molestar.

tannerie [tanˈʀi] *f* curtiduría; curtiembre (Amér.).
tant [tã] *adv* tanto, tanta (*f*); tantos, tantas (*f*) (mucho): *je lui ai dit tant de fois!* = *¡se lo he dicho tantas veces!* ■ **comme il y en a ~** como hay tantos; **~ et plus** tanto y más (muchísimo); **~ pis** tanto peor; **~ que** mientras: *tant qu'on a la santé* = *mientras tengamos salud;* **~ ... que** tanto... como: *la liberté, tant civile que politique* = *la libertad, tanto civil como política.*
tante [tãt] **1** *f* tía. **2** (vulg, fam) marica, loca. ◆ **~ à la mode de Bretagne** tía segunda.
tantième [tãˈtjɛm] **1** *adj* enésimo. ● **2** *m* tanto por ciento (porcentaje).
tantine [tãˈtin] *f* (fam) tía.
tantinet [tãtiˈne] **1** *adv* poco: *tu exagères un tantinet* = *exageras un poco.* ● **2** *m* poquito; pizca: *un tantinet de pain* = *una pizca de pan.*
tantôt [tãˈto] **1** *adv* dentro de poco: *tu la verras tantôt* = *la verás dentro de poco.* **2** hace un rato. **3** por la tarde: *viens tantôt prendre le thé* = *ven por la tarde a tomar el té.* ■ **à ~** hasta pronto; **tantôt ... tantôt** tan pronto... como; ya...ya.
taon [tã] *m* tábano.
tapant, e [taˈpã, t] *adj* (fam) en punto (hora).
tape [tap] **1** *f* cachete (bofetada). **2** tapón.
tapé, e [taˈpe] **1** *adj* mecanografiado. **2** (fig, fam) chiflado.
tape-à-l'œil [tapaˈlœj] **1** *adj* (fam) llamativo; vistoso (chillón). ● **2** *m* (fam) farfolla.
tapecul [tapˈky] **1** *m* balancín. **2** carraca (coche viejo). **3** MAR ala de cangreja (vela).
tapée [taˈpe] *f* (fam) porrada; gran cantidad de: *ils ont une tapée d'enfants* = *tienen una porrada de niños.*
taper [taˈpe] **1** *tr* pegar. **2** dar golpes. **3** golpear. ● **4 se ~** *pron* (fam) chuparse; cargarse (por obligación): *se taper tout le travail* = *chuparse todo el trabajo.* **5** (fam) zamparse (comer); soplarse (beber). ■ **~ dans l'œil** entrar por los ojos.
tapette [taˈpɛt] **1** *f* golpecito; palmadita. **2** (fam) parlanchín. **3** (vulg) marica. **4** TECH paleta de madera.

tapinois (en) [ɑ̃tapi'nwa] *loc adv* a escondidas, de estranjis.

tapioca [tapjɔ'ka] *m* tapioca.

tapis [ta'pi] **1** *m* alfombra. **2** tapete (Amér.): *tapis de table* = *tapete de mesa*. ◆ ~ **roulant** transportador (de mercancías); ■ **aller au** ~ SPORTS caer derribado (en boxeo); **mettre sur le** ~ poner sobre la mesa.

tapisser [tapi'se] **1** *tr* tapizar. **2** empapelar (paredes).

tapisserie [tapis'ʀi] **1** *f* tapicería. **2** empapelado (para paredes). ◆ ~ **de haute lisse** tapiz de alto lizo.

tapissier, ère [tapi'sje, jɛʀ] **1** *m et f* tapicero. **2** empapelador (de paredes).

tapoter [tapɔ'te] *tr* golpetear (dar golpecitos). ■ ~ **au piano** aporrear el piano.

taquet [ta'kɛ] **1** *m* cuña; taco. **2** tope. **3** MAR cornamusa. ◆ ~ **de pont** prensacabos.

taquin, e [ta'kɛ̃, in] *adj/m et f* guasón.

taquiner [taki'ne] *tr* chinchar; hacer rabiar. ■ ~ **le goujon** pescar con caña.

taquinerie [takin'ʀi] **1** *f* guasería (carácter). **2** broma; guasa.

tarabuster [taʀabys'te] *tr* (fam) dar la lata.

tarasque [ta'ʀask] *f* tarasca.

tarauder [taʀo'de] **1** *tr* perforar. **2** TECH aterrajar.

tard [taʀ] **1** *m* atardecer; anochecer. ● **2** *adv* tarde: *se lever tard* = *levantarse tarde.* ■ **au plus** ~ lo más tarde; **sur le** ~ (fig) en el ocaso de la vida.

tarder [taʀ'de] *intr* tardar (ser lento). ■ **il me tarde de** espero con impaciencia.

tardif, ive [taʀ'dif, iv] *adj* tardío.

tare [taʀ] **1** *f* tara (peso). **2** tara, defecto. ■ **faire la** ~ equilibrar los platillos de una balanza.

taré, e [ta'ʀe] **1** *adj* tarado (con tara). **2** deteriorado. **3** (fig) corrompido, corrupto: *une politique tarée* = *una política corrupta.* **4** (fam) tarado, bobo (una persona).

tarentule [taʀɑ̃'tyl] *f* tarántula.

tarer [ta'ʀe] *tr* tarar.

targe [taʀʒ] *f* tarja.

targette [taʀ'ʒɛt] *f* pestillo; pasador.

targuer (se) [sətaʀ'ge] *pron* (~ *de*) jactarse; compadrear (Amér.).

tarif [ta'ʀif] *m* tarifa (precio); lista de precios. ■ **à ce tarif-là** en estas condi-

ciones; **c'est le même** ~ (fam) de una forma o de otra.

tarifaire [taʀi'fɛʀ] *adj* arancelario.

tarifer [taʀi'fe] *tr* tarifar.

tarification [taʀifika'sjɔ̃] *f* fijación de tarifa.

tarin [ta'ʀɛ̃] **1** *m* verderón; chamarín (pájaro). **2** (fam) narizota.

tarir [ta'ʀiʀ] **1** *tr* secar. **2** hacer cesar (parar). ● **3** *intr* secarse (un pozo). **4** cesar; parar de hablar.

tarot [ta'ʀo] *m* tarot.

tarse [taʀs] *m* ANAT, ZOOL tarso.

tartarin [taʀta'ʀɛ̃] *m* fanfarrón.

tarte [taʀt] **1** *adj* (fam) cursi. ● **2** *f* tarta (de pastelería). **3** (fam) tortazo (bofetada). ◆ ~ **à la crème** (fig, fam) tópico.

tartelette [taʀtə'lɛt] *f* tartaleta; pastelito.

tartine [taʀ'tin] **1** *f* rebanada, tostada untada. **2** (fig, fam) rollo; discurso pesado.

tartiner [taʀti'ne] **1** *tr* untar una rebanada de pan. ● **2** *intr* (fam) dar el rollo.

tartre [taʀtʀ] **1** *m* tártaro (del vino). **2** sarro (de los dientes). **3** incrustación (de calcio).

tartuffe [taʀ'tyf] *m* hipócrita.

tas [ta] **1** *m* montón; pila. **2** (fig, fam) banda, atajo: *tas d'ignorants* = *banda de ignorantes.* ◆ ~ **de charge** hilada; ~ **de fumier** estercolero; ■ **sur le** ~ en el lugar de trabajo.

tasse [tas] *f* taza. ■ **boire une** ~ sufrir pérdidas; **ce n'est pas ma** ~ **de thé** no es lo mío, no me conviene.

tassé, e [ta'se] **1** *adj* apretado. **2** cargado (bebida).

tasser [ta'se] **1** *tr* amontonar; apilar: *tasser le contenu d'une valise* = *apilar el contenido de una maleta.* ● **2** *tr et pron* hacinar. ● **3** *intr* crecer (una planta). ● **4** **se** ~ *pron* hundirse (un terreno). **5** (fig, fam) arreglarse (un problema).

tâter [ta'te] **1** *tr et pron* palpar. ● **2** *tr* (fig) tantear. **3** (fig) probar (un trabajo). ● **4** **se** ~ *pron* reflexionar, vacilar.

tatillon, onne [tati'jɔ̃, ɔn] *adj/m et f* (fam) puntilloso (minucioso).

tâtonner [tatɔ'ne] **1** *intr* buscar a tientas. **2** (fig) tantear, probar.

tâtons (à) [ata'tɔ̃] *loc adv* a tientas.

tatouage [ta'twaʒ] *m* tatuaje.

tatouer [ta'twe] *tr* tatuar.

taudis [to'di] *m* cuchitril.

taulard, e [to'laʀ, d] *m et f* recluso.

taule [tol] **1** *f* (fam) habitación (de hotel). **2** (fam) chirona; cárcel.

taulier, ère [to'lje, ʒɛʀ] *m et f* (fam) patrón; dueño.

taupe [top] **1** *f* topo (animal). **2** (fam, péj) carcamal; vejestorio.

taupière [to'pjɛʀ] *f* trampa para topos.

taure [tɔʀ] *f* ternera; becerra.

taureau [tɔ'ʀo] **1** *m* toro. **2** (fig) toro; roble (persona fuerte). **3 Taureau** ASTR Tauro. ◆ **4** *m ou f* tauro (persona). ■ **prendre le ~ par les cornes** coger al toro por los cuernos.

taurillon [tɔʀi'jõ] *m* becerro; añojo.

taurin, e [tɔ'ʀɛ̃, in] *adj* taurino.

tauromachie [tɔʀɔma'ʃi] *f* tauromaquia.

taux [to] **1** *m* tasa (precio fijo): *taux de l'impôt* = tasa del impuesto. **2** tasa, tipo de interés (porcentaje): *taux d'intérêt fixe* = tasa de interés fijo. **3** MATH coeficiente: *taux d'accroissement d'une fonction* = coeficiente de incremento de una función. ◆ **~ de change** tipo de cambio; **~ de cholestérol** MÉD índice de colesterol; **~ de chômage** tasa de desempleo; **~ de mortalité** índice de mortalidad; **~ de natalité** índice de natalidad.

taverne [ta'vɛʀn] *f* taberna. **2** hostería.

taxation [taksa'sjõ] **1** *f* tasación. **2** fijación.

taxe [taks] **1** *f* tasa. **2** contribución; impuesto. **3** arancel (de aduana). ◆ **~ de base** tarifa mínima (de teléfono).

taxer [tak'se] **1** *tr* tasar, fijar los precios. **2** poner un impuesto a. **3** (fig) tachar (acusar): *taxer qqn d'incompétence* = tachar a alguien de incompetente.

taxi [ta'ksi] *m* taxi.

taximètre [taksi'mɛtʀ] *m* taxímetro.

te [tə] *pron* te: *cela va te rendre malade* = esto te pondrá enfermo.

té [te] **1** *m* te (letra). **2** TECH te (escuadra).

tec [tɛk] (*sigles de* **tonne d'équivalent charbon**) *f* tec.

technicien, enne [tɛkni'sjɛ̃, ɛn] *m et f* técnico especialista.

technicité [tɛknisi'te] *f* tecnicismo.

technico-commercial, e [tɛknikokɔmɛʀ'sjal] *adj/m et f* técnico comercial.

technique [tɛk'nik] **1** *adj* técnico. ◆ **2** *f* técnica.

technologie [tɛknɔlɔ'ʒi] *f* tecnología.

tee-shirt [ti'ʃœʀt] *m* camiseta; niqui; playera (Amér.).

teigne [tɛɲ] **1** *f* polilla. **2** arestín (veterinario). **3** (fig, fam) bicharraco (mala persona).

teigneux, euse [tɛ'ɲø, øz] *adj/m et f* tiñoso.

teindre [tɛ̃dʀ] *tr et pron* teñir.

teint, e [tɛ̃, t] **1** *adj* teñido. ◆ **2** *m* tinte. **3** color, tez.

teinte [tɛ̃t] **1** *f* tinte (color). **2** (fig) matiz; poco: *une teinte de sauvagerie* = un poco de salvajismo.

teinter [tɛ̃'te] *tr* teñir.

teinture [tɛ̃'tyʀ] **1** *f* tintura. **2** (fig) barniz (conocimiento superficial).

teinturerie [tɛ̃tyʀ'ʀi] *f* tintorería.

tel, telle [tɛl] (*pl* **tels, telles**) **1** *adj indéf* tal; semejante (parecido): *ça m'étonne qu'il ait une telle intelligence* = me extraña que tenga una inteligencia semejante. **2** tal; este: *telle est ma décision* = ésta es mi decisión. ◆ **3** un ~ *pron* fulano, mengano: *j'ai rencontré un tel* = me encontré con fulano. **4** un, uno: *tel ou tel* = uno u otro. ■ **de telle sorte que** de tal manera que; **~ père, ~ fils** de tal palo tal astilla; **~ que** tal como: *une femme telle que sa mère* = una mujer tal como su madre.

télé [te'le] (*abrév de* **télévision**) *f* (fam) tele.

téléachat [telea'ʃa] *m* telecompra.

télébenne [tele'bɛn] *f →* **télécabine**.

télécabine [teleka'bin] *f* teleférico.

télécharger [teleʃaʀ'ʒe] *tr* INF cargar; descargar.

télécommande [telekɔ'mɑ̃d] *f* mando a distancia.

télécommunication [telekɔmynika'sjõ] *f* telecomunicación.

téléconférence [telekõfe'ʀɑ̃s] *f* teleconferencia.

télécopie [telekɔ'pi] *f* fax.

télédiffuser [teledify'ze] *tr* emitir por televisión.

télédiffusion [teledify'zjõ] *f* teledifusión.

télé-enseignement [teleɑ̃sɛɲ'mɑ̃] (*pl* **télé-enseignements**) *m* enseñanza a distancia.

téléférique [telefe'ʀik] *adj et m →* **téléphérique**.

téléfilm

téléfilm [tele'film] *m* telefilme.

télégramme [tele'gram] *m* telegrama.
◆ ~ **téléphoné** telefonema.

télégraphe [tele'graf] *m* telégrafo.

téléguider [telegi'de] *tr* teleguiar; teledirigir.

télématique [telema'tik] *f* telemática.

télépathie [telepa'ti] *f* telepatía.

téléphérique [telefe'rik] *adj et m* teleférico.

téléphone [tele'fɔn] *m* teléfono. ◆ ~ **à pièces** teléfono de monedas; ~ **rose** línea erótica; ~ **sans fil** teléfono inalámbrico.

téléphoner [telefɔ'ne] *tr et intr* telefonear.

téléphonie [telefɔ'ni] *f* telefonía.

télescope [teles'kɔp] *m* telescopio.

télescoper [telesko'pe] *tr et pron* chocar de frente (dos vehículos).

télésiège [tele'sjɛʒ] *m* telesilla.

télésignalisation [telesinaliza'sjɔ̃] *f* teleseñalización.

téléski [teles'ki] *m* telesquí. ◆ ~ **à archets** telesilla; ~ **à perche** telearrastre.

téléspectateur, trice [telespɛkta'tœr, tris] *m et f* telespectador.

télesthésie [teleste'zi] *f* telestesia.

télésurveillance [telesyrve'jãs] *f* televigilancia.

télétexte [tele'tɛkst] *m* teletexto.

télétraitement [teletrɛt'mã] **1** *m* teleproceso. **2** INF teleprocesamiento. ◆ ~ **par lots** teletratamiento por lotes.

télétransmission [teletrãsmi'sjɔ̃] *f* teletransmisión.

télévisé, e [televi'ze] *adj* televisado.

téléviser [televi'ze] *tr* televisar.

téléviseur [televi'zœr] *m* televisor.

télévision [televi'zjɔ̃] *f* televisión. ◆ ~ **à péage** televisión de pago.

télévisuel, elle [televi'zɥɛl] *adj* televisivo.

tellement [tɛl'mã] **1** *adv* de tal manera. **2** tan: *il est tellement grand = es tan alto*. **3** tanto (de cantidad): *j'ai tellement de travail = tengo tanto trabajo*. ■ **pas ~** (fam) no mucho; ~ **que** de tal modo que.

téméraire [teme'rɛr] *adj/m ou f* temerario; agalludo (Amér.).

témérité [temeri'te] *f* temeridad.

témoigner [temwa'ɲe] *intr* testimoniar; testificar; atestiguar. ■ ~ **pour** declarar a favor.

témoin [te'mwɛ̃] **1** *m* testigo. **2** TECH muestra; prueba. ◆ ~ **d'un mariage** testigo de boda.

> No tiene forma femenina en francés: *une femme témoin des faits = una mujer testigo de los hechos.*

tempe [tãp] *f* sien.

tempérament [tãpera'mã] **1** *m* temperamento. **2** (fig) carácter. **3** MUS temperamento.

tempérance [tãpe'rãs] *f* templanza.

tempérant, e [tãpe'rã, t] *adj* temperante.

température [tãpera'tyr] **1** *f* temperatura. **2** fiebre (hipertermia). ◆ ~ **ambiante** temperatura ambiente; ■ **prendre la** ~ (fig) tantear el terreno.

tempérer [tãpe're] **1** *tr* temperar. **2** (fig) moderar, aplacar: *tempérer la colère = aplacar la ira.*

tempête [tã'pɛt] *f* tempestad; tormenta. ◆ ~ **de neige** nevasca; ~ **de sable** tempestad de arena.

temple [tãpl] *m* templo.

templier [tãpli'je] *m* templario.

temporaire [tãpɔ'rɛr] *adj* temporal, esporádico.

temporal, e [tãpɔ'ral] **1** *adj* ANAT temporal. ● **2** *m* ANAT hueso temporal.

temporalité [tãpɔrali'te] *f* temporalidad.

temporel, elle [tãpɔ'rɛl] *adj* temporal.

temporiser [tãpɔri'ze] *intr* contemporizar.

temps [tã] *m* tiempo. ◆ ~ **d'accès** tiempo de acceso; ~ **d'arrêt** parada, pausa; ~ **libre** tiempo libre; ~ **mort** tiempo muerto; ■ **à** ~ a tiempo; **à** ~ **partiel** a tiempo parcial; **à** ~ **perdu** a ratos perdidos; **depuis le** ~ desde entonces; **de** ~ **à autre** de vez en cuando; **en même** ~ al mismo tiempo.

ténacité [tenasi'te] *f* tenacidad, tesón.

tenaille [tə'naj] *f* tenaza.

tenailler [təna'je] **1** *tr* atenazar. **2** (fig) atenazar, atormentar: *la faim le tenaille = el hambre le atormenta.*

tenant, e [tə'nã, t] **1** *adj* en el acto. ● **2** *m* mantenedor. **3** (fig) partidario.

tendance [tã'dãs] **1** *f* tendencia. **2** (fig) corriente; movimiento: *à quelle tendan-*

ce politique appartient-il? = ¿a qué corriente política pertenece? ■ **~ à la hausse** ÉCON tendencia al alza.

tenderie [tɑ̃dˈʀi] **1** *f* caza con trampas. **2** sitio lleno de trampas.

tendon [tɑ̃ˈdɔ̃] *m* tendón.

tendre [tɑ̃dʀ] *adj* tierno.

tendre [tɑ̃dʀ] **1** *tr* tender. **2** tensar (una cuerda). **3** alargar: *tendre la main = alargar la mano*. ● **4** *intr* dirigirse; encaminarse.

tendresse [tɑ̃ˈdʀɛs] **1** *f* ternura. ● **2 tendresses** *f pl* caricias.

tendu, e [tɑ̃ˈdy] **1** *pp* → tenir. ● **2** *adj* tenso; tirante: *corde tendue = cuerda tensa*. **3** (fig) tirante; difícil. **4** MIL tenso.

ténèbres [teˈnɛbʀ] *f pl* tinieblas.

ténébreux, euse [teneˈbʀø, øz] *adj* tenebroso.

teneur, euse [təˈnœʀ, øz] *m et f* poseedor. ◆ **~ de livres** tenedor de libros.

tenir [təˈniʀ] **1** *tr* tener, sujetar: *tenir un verre à la main = tener un vaso en la mano*. **2** mantener, cuidar. **3** retener (la respiración). **4** regentar, llevar (un negocio). **5** contener: *bouteille qui tient de l'eau = botella que contiene agua*. **6** sostener, sujetar. **7** ocupar, tener. **8** pronunciar: *tenir des propos scandaleux = pronunciar propósitos escandalosos*. **9** considerar: *tenez-vous le pour dit = considéralo dicho*. ● **10** *intr* tocar con, ser contiguo a: *le jardin tient à la maison = el jardín toca con la casa*. **11** resistir (físicamente). **12** durar (resistir al tiempo). **13** caber: *tous mes livres tiennent dans cette armoire = todos mis libros caben en este armario*. **14** sostener (una opinión). ● **15 se ~** *pron* agarrarse; cogerse (de la mano). **16** mantenerse (en el sitio). **17** celebrarse (una reunión).

tennis [teˈnis] *m* tenis. ◆ **~ de table** ping-pong.

ténor [teˈnɔʀ] *m* MUS tenor.

tension [tɑ̃ˈsjɔ̃] *f* tensión. ◆ **~ artérielle** tensión arterial; **~ nerveuse** tensión nerviosa; **~ d'esprit** esfuerzo mental.

tentaculaire [tɑ̃takyˈlɛʀ] *adj* tentacular.

tentacule [tɑ̃taˈkyl] *m* tentáculo.

tentant, e [tɑ̃ˈtɑ̃, t] *adj* tentador.

tentation [tɑ̃taˈsjɔ̃] *f* tentación.

tentative [tɑ̃taˈtiv] **1** *f* tentativa, intento. **2** DR intento.

tente [tɑ̃t] **1** *f* tienda de campaña; carpa (Amér.). **2** toldo.

tenter [tɑ̃ˈte] **1** *tr* tentar: *le démon tenta Ève = el demonio tentó a Eva*. **2** (~ *de*) intentar (probar).

tenture [tɑ̃ˈtyʀ] **1** *f* colgadura. **2** papel de pared.

tenu, e [təˈny] **1** *pp* → tenir. ● **2** *adj* obligado: *le médecin est tenu au secret professionel = el médico está obligado por el secreto profesional*. **3** ÉCON firme: *valeurs tenues = valores firmes*. ● **4** *m* SPORTS retención.

ténu, e [teˈny] *adj* tenue.

tenue [təˈny] **1** *f* modales (comportamiento): *manquer de tenue = falta de modales*. **2** vestimenta: *tenue très élégante = vestimenta muy elegante*. ◆ **~ de combat** traje de campaña; **~ de soirée** traje de etiqueta; **~ de sport** ropa deportiva.

tequila [tekiˈla] *f* tequila; mercal (Amér.).

tergal, e [tɛʀˈgal] **1** *adj* dorsal. ● **2 Tergal**® *m* tergal.

tergiversation [tɛʀʒiveʀsaˈsjɔ̃] *f* vacilación; titubeo.

tergiverser [tɛʀʒiveʀˈse] *intr* vacilar; titubear.

terme [tɛʀm] **1** *m* término (final). **2** término, plazo: *achat à termes = compra a plazos*. **3** término (vocablo). **4** COMM vencimiento (de pago). **5** MATH término.

terminaison [tɛʀminɛˈzɔ̃] *f* terminación.

terminal, e [tɛʀmiˈnal] **1** *adj* terminal. ● **2** *m* TECH terminal. ◆ **~ conversationnel** INF terminal conversacional.

terminer [tɛʀmiˈne] **1** *tr et pron* terminar. ● **2** *tr* limitar; determinar: *l'élément qui termine la série = el elemento que determina la serie*.

terminologie [tɛʀminɔlɔˈʒi] *f* terminología.

terminus [tɛʀmiˈnys] *m* término.

termite [tɛʀˈmit] *m* termita; comején (insecto).

ternaire [tɛʀˈnɛʀ] *adj* ternario.

terne [tɛʀn] **1** *adj* apagado; deslustrado, empañado. ● **2** *m* terna (en los dados). **3** terno (en lotería).

ternir [tɛʀˈniʀ] **1** *tr* empañar (con vapor); deslustrar. **2** (fig) empañar.

terrain [tɛ'Rɛ̃] **1** *m* terreno. **2** campo, terreno de juego; cancha (Amér.). ◆ ~ à bâtir solar; ~ d'aterrissage campo de aterrizaje; ~ d'aviation campo de aviación; ~ de culture tierra de cultivo; ~ vague solar.

terrasse [tɛ'Ras] *f* terraza.

terrasser [tɛRɑ'se] **1** *tr* cavar (la tierra). **2** nivelar; terraplenar (aplanar).

terre [tɛR] **1** *f* tierra. **2** barro. **3** Terre ASTR Tierra. ◆ ~ à blé tierra paniega; ~ cuite barro cocido.

terre-plein [tɛR'plɛ̃] (*pl* terre-pleins) *m* terraplén.

terrestre [tɛ'REstR] **1** *adj* terrestre (animales). **2** terrenal: *la vie terrestre = la vida terrenal.*

terreur [tɛ'RœR] *f* terror. ◆ ~ panique pánico.

terrible [tɛ'Ribl] *adj* terrible.

terrier [tɛ'Rje] **1** *m* madriguera. **2** terrier (raza de perro).

terrifiant, e [tɛRi'fjɑ̃, t] *adj* terrorífico.

terrifier [tɛRi'fje] *tr* aterrorizar; aterrar.

terrine [tɛ'Rin] **1** *f* barreño. **2** terrina (para conservas). **3** GAST pasta de carne o de ave.

territoire [tɛRi'twaR] *m* territorio.

territorial, e [tɛRitɔ'Rjal] **1** *adj* territorial. ● **2** *m* soldado de la segunda reserva.

territorialité [tɛRitɔRjali'te] *f* territorialidad.

terroir [tɛ'RwaR] **1** *m* tierra; patria: *accent du terroir = acento de la tierra, produits du terroir = productos de la tierra.* **2** AGR tierra (de vides).

terroriser [tɛRɔRi'ze] *tr* aterrorizar; asustar.

tertiaire [tɛR'sjɛR] *adj/m ou f* terciario.

tes [te] *adj poss* → ton.

test [tɛst] **1** *m* test. **2** ZOOL concha; caparazón.

testament [tɛsta'mɑ̃] *m* testamento. ◆ ~ authentique testamento abierto; ~ olographe testamento ológrafo.

tester [tɛs'te] **1** *tr* someter a un test. ● **2** *intr* testar (hacer testamento).

testicule [tɛsti'kyl] *m* ANAT, ZOOL testículo.

testimonial, e [tɛstimɔ'njal] *adj* testimonial.

têtard [tɛ'taR] **1** *m* ZOOL renacuajo. **2** BOT árbol desmochado.

tête [tɛt] **1** *f* cabeza. **2** cabecera (de cama). ◆ ~ baissée con los ojos cerrados; ~ brûlée cabeza loca; ~ carrée terco; ~ chaude terco; impulsivo; ~ de pont MIL cabeza de puente; ■ c'est une grosse ~ (fam) es un sabihondo.

tête-à-tête [tɛta'tɛt] (*pl* tête-à-tête) **1** *m* encuentro entre dos personas; mano a mano. **2** sofá de dos plazas.

tête-de-nègre [tɛtdə'nɛgR] *adj et f* castaño oscuro (color).

téter [te'te] *tr* mamar.

tétin [te'tɛ̃] *m* pezón.

tétine [te'tin] **1** *f* teta. **2** tetina (de biberón).

téton [te'tɔ̃] **1** *m* (fam) pecho; teta. **2** TECH tetón (pieza metálica).

tette [tɛt] *f* pezón; teta (de animales).

texte [tɛkst] *m* texto.

textile [tɛks'til] **1** *adj* textil. ● **2** *m* tejido.

texto [tɛks'to] (*abrév de* textuellement) *adv* (fam) textualmente.

textuel, elle [tɛks'tɥɛl] *adj* textual.

texture [tɛks'tyR] *f* textura; tejido.

TGV [teʒe've] (*sigles de* train à grande vitesse) *m* TAV.

thé [te] *m* té. ◆ ~ dansant té baile.

théâtral, e [tea'tRal] *adj* teatral.

théâtre [te'ɑtR] **1** *m* teatro. **2** (fig) escena: *le théâtre du crime = la escena del crimen.* ◆ ~ boulevardier teatro de género chico.

théière [te'jɛR] *f* tetera.

thème [tɛm] **1** *m* tema. **2** traducción inversa. **3** GRAMM radical. ◆ ~ astral carta astral.

théologien, enne [teɔlɔ'ʒjɛ̃, ɛn] *m et f* teólogo.

théologique [teɔlɔ'ʒik] *adj* teológico.

théorème [teɔ'Rɛm] *m* teorema.

théoricien, enne [teɔRi'sjɛ̃, ɛn] *m et f* teórico.

théorie [teɔ'Ri] *f* teoría.

théoriser [teɔRi'ze] *tr et intr* teorizar.

thérapeute [teRa'pøt] *m ou f* terapeuta.

thérapie [teRa'pi] *f* terapia.

thermal, e [tɛR'mal] *adj* termal: *eaux thermales = aguas termales.*

thermes [tɛRm] *m pl* termas.

thermicité [tɛRmisi'te] *f* termicidad.

thermique [tɛR'mik] *adj* térmico.

thermomètre [tɛRmɔ'mɛtR] *m* termómetro. ◆ ~ médical termómetro clínico.

thermonucléaire [tɛRmonykle'ɛR] *adj* termonuclear.

thermostat [tɛʀmɔs'ta] *m* termostato.
thésauriser [tezɔʀi'ze] *tr* atesorar.
thèse [tɛz] **1** *f* tesis (opinión). **2** tesis (de doctorado).
thon [tɔ̃] *m* atún.
thonier [tɔ'nje] *m* barco atunero.
thoracique [tɔʀa'sik] *adj* torácico.
thorax [tɔ'ʀaks] *m* ANAT tórax.
thymol [ti'mɔl] *m* CHIM timol.
thyroïde [tiʀɔ'id] **1** *adj* ANAT tiroideo. ● **2** *f* ANAT tiroides.
tibia [ti'bja] *m* ANAT tibia.
tic [tik] *m* tic (nervioso).
ticket [ti'kɛ] **1** *m* billete (de transporte). **2** entrada (cine). ◆ **~ de caisse** tique de caja.
tic-tac [tik'tak] *m* tictac.
tiède [tjɛd] *adj* tibio; templado.
tiédir [tje'diʀ] *tr* templar; entibiar.
tien, tienne [tjɛ̃, ɛn] (*pl* **tiens, tiennes**) **1** *adj* tuyo, tuya (*f*); tuyos, tuyas (*f*): *je suis tien = soy tuyo*. ● **2** *pron poss* tuyo, tuya (*f*); tuyos, tuyas (*f*): *voici la tienne = aquí está la tuya*. ● **3** *m et f* lo tuyo, los tuyos: *tu ne penses qu'aux tiens = sólo piensas en los tuyos*.
tierce [tjɛʀs] **1** *f* escalerilla. **2** tercera (esgrima). **3** tercia (oficio divino). **4** última prueba (en imprenta).
tiers, tierce [tjɛʀ, s] **1** *adj* tercer, tercero. ● **2** *m* tercera persona. **3** tercio, tercera parte. ◆ **~ arbitre** DR árbitro supremo.
tiers-monde [tjɛʀ'mɔ̃d] *m* tercer mundo.
tiers-mondisation [tjɛʀmɔ̃diza'sjɔ̃] *f* tercermundización.
tiers-mondiste [tjɛʀmɔ̃'dist] *adj/m ou f* tercermundista.
tif [tif] *m* (fam) pelo.
tige [tiʒ] **1** *f* tallo, tronco (caña). **2** varilla, barra (palo). **3** (fam) cigarrillo. **4** ARCHIT caña, fuste.
tignasse [ti'ɲas] *f* greñas, pelambrera.
tigre, esse [tigʀ, ɛs] **1** *m et f* tigre, tigresa (*f*). ● **2** *f* (fig) mujer de rompe y rasga.
tilleul [ti'jœl] **1** *m* tilo, tila (árbol). **2** tila (infusión).
tilt [tilt] *m* tilt.
timbale [tɛ̃'bal] **1** *f* cubilete, vaso metálico. **2** molde de cocina cilíndrico (base). **3** MUS timbal.
timbre [tɛ̃bʀ] **1** *m* sello. **2** timbre (marca). **3** timbre (sonido). **4** campanilla, timbre. ●

No debe confundirse con la palabra española **timbre**, que debe traducirse por **sonnerie**.

timbrer [tɛ̃'bʀe] **1** *tr* poner un sello, franquear. **2** sellar, timbrar; compulsar (tamponar).
timide [ti'mid] *adj/m ou f* tímido.
timidité [timidi'te] *f* timidez.
timon [ti'mɔ̃] **1** *m* pértigo, lanza. **2** MAR caña del timón.
timoré, e [timɔ'ʀe] *adj* timorato, indeciso.
tinter [tɛ̃'te] **1** *tr et intr* tocar, tañer. ● **2** *intr* zumbar.
tintin! [tɛ̃'tɛ̃] *interj* ¡nada!, ¡ni hablar! ■ **faire ~** (fam) privarse de algo.
tintinnabuler [tɛ̃tinaby'le] *intr* tintinear, cascabelear.
tique [tik] *f* garrapata.
tiquer [ti'ke] **1** *intr* tener un tic. **2** padecer tiro (animales). **3** (fig, fam) poner mala cara.
tiqueture [tik'tyʀ] *f* moteado, salpicado.
tir [tiʀ] *m* tiro. ◆ **~ à l'arc** tiro con arco; **~ au but** remate; **~ au pigeon** tiro de pichón.
tirage [ti'ʀaʒ] **1** *m* emisión, libranza. **2** sorteo (lotería). **3** tiro (chimenea). **4** tirada, impresión (en imprenta). ■ **il y a du ~** (fam) hay dificultades.
tirailler [tiʀa'je] **1** *tr* dar tirones. **2** (fig) molestar, importunar. ● **3** *intr* tirotear. **4** (fig) (~ *entre*) dividir: *il était tiraillé entre les deux alternatives = estaba dividido entre las dos alternativas*.
tirant [ti'ʀɑ̃] **1** *m* cordón (de bolsa). **2** ARCHIT tirante. ◆ **~ d'eau** calado.
tire [tiʀ] *f* tirada, tirón. ◆ **vol à la ~** tirón (robo).
tire-au-flanc [tiʀo'flɑ̃] *m* (fam) vago, holgazán.
tire-bouchon [tiʀbu'ʃɔ̃] **1** *m* sacacorchos. **2** tirabuzón (rizo). ■ **en ~** en espiral.
tirée [ti'ʀe] *f* (fam) tirada.
tire-fesses [tiʀ'fɛs] *m* (fam) percha.
tire-ligne [tiʀ'liɲ] *m* tiralíneas.
tirelire [tiʀ'liʀ] **1** *f* alcancía, hucha. **2** (fam) buche.
tirer [ti'ʀe] **1** *tr et intr* tirar de; arrastrar. **2** (~ *sur*) disparar (lanzar); balacear (Amér.). ● **3** *tr* sacar, extraer. **4** tirar, im-

primir (editar). **5** tirar, trazar. **6** sortear. **7** SPORTS chutar; tirar (rematar). ● **8 se ~** pron salir airoso. **9** (fam) irse, largarse; jalarse (Amér.).

tiret [ti'ʀɛ] **1** m raya. **2** guión (entre palabras).

tirette [ti'ʀɛt] **1** f cordón (cortinas). **2** tablero que sirve de mesa.

tiroir [ti'ʀwaʀ] **1** m cajón. **2** MÉC corredera, distribuidor.

tisane [ti'zan] f tisana. ◆ **~ de champagne** champaña suave.

tison [ti'zɔ̃] m tizón, ascua.

tisonner [tizɔ'ne] tr atizar, tizonear.

tisonnier [tizɔ'nje] m atizador, hurgón.

tisser [ti'se] **1** tr tejer. **2** (fig) urdir, tramar.

tisserand [tis'ʀɑ̃] m tejedor.

tisserin [tis'ʀɛ̃] m tejedor (pájaro).

tissu [ti'sy] **1** m tejido, tela. **2** (fig) sarta, retahíla, ristra.

titan [ti'tɑ̃] m titán.

titane [ti'tan] m CHIM titanio.

titi [ti'ti] m (fam) golfillo de París.

titillation [titija'sjɔ̃] **1** f titilación. **2** cosquilleo, cosquilla.

titiller [titi'je] **1** tr cosquillear. **2** (fig) corroer, carcomer.

titre [titʀ] **1** m título. **2** tratamiento (a personalidades). **3** CHIM grado, graduación.

titrer [ti'tʀe] **1** tr conceder un título. **2** determinar el grado, la proporción.

titubant, e [tity'bɑ̃, t] adj titubeante, vacilante.

tituber [tity'be] intr titubear.

titulaire [tity'lɛʀ] **1** adj/m ou f titular. **2** numerario. ◆ **~ d'un compte** cuentacorrentista.

toast [tost] **1** m brindis. **2** tostada.

toboggan [tɔbɔ'gɑ̃] m tobogán.

toc [tɔk] **1** adj (fam) chapucero, baratija. ● **2** m bisutería, imitación. ● **3 toc!** interj ¡pam, pam!

tocade [tɔ'kad] f (fam) capricho, chifladura.

tocante [tɔ'kɑ̃t] f (fam) → toquante.

tocard, e [tɔ'kaʀ, d] adj (fam) feo, ridículo.

tohu-bohu [tɔybɔ'y] m confusión, barullo.

toi [twa] **1** pron tú, te, ti: c'est toi qui a pris ça = eres tú quien ha cogido eso, mange-toi la soupe = cómete la sopa, il

parle de toi = hable de ti. **2** (precedido de à) tuyo: ce livre est à toi = este libro es tuyo. **3** (precedido de avec) contigo: je vais avec toi au marché = voy contigo al mercado.

toile [twal] **1** f tela. **2** lienzo (pintura). **3** lona. **4** THÉÂT telón. ◆ **à sac** tela de saco.

toilerie [twal'ʀi] f lencería (comercio).

toilette [twa'lɛt] **1** f aseo; limpieza personal. **2** tocador, lavabo. **3** holandilla, lienzo fino (tela). **4** aseo, limpieza, lavado. ● **5 toilettes** f pl servicios; baños. ■ **faire sa ~** asearse.

toison [twa'zɔ̃] **1** f vellón. **2** greñas, melenas. ◆ **~ d'or** vellocino de oro.

toit [twa] **1** m tejado. **2** techo (cobertura). **3** (fig) hogar, techo.

tôle [tol] **1** m → taule. ● **2** f chapa, palastro. ◆ **~ ondulée** chapa ondulada.

tolérance [tɔle'ʀɑ̃s] f tolerancia (indulgencia). ◆ **~ religieuse** HIST, REL tolerancia religiosa.

tolérant, e [tɔle'ʀɑ̃, t] adj tolerante.

tolérer [tɔle'ʀe] tr tolerar.

tollé [tɔ'le] f tole, clamor de indignación.

tomate [tɔ'mat] **1** f tomatera (planta). **2** tomate.

tombal, e [tɔ̃'bal] adj sepulcral, tumbal.

tombant, e [tɔ̃'bɑ̃, t] **1** adj caído, que se cae. **2** lacio.

tombe [tɔ̃b] f tumba, sepulcro. ■ **être muet comme une ~** estar callado como una tumba; **être au bord de la ~** (fig) estar a punto de morir.

tombeau [tɔ̃'bo] m tumba. ■ **à ~ ouvert** a toda velocidad.

tombée [tɔ̃'be] f caída. ■ **~ de la nuit** caída de la noche.

tomber [tɔ̃'be] **1** intr caer, caerse. **2** decaer, perder fuerza (debilitar). **3** encontrar, dar con: j'ai tombé sur ma voiture = he encontrado mi coche. ● **4** tr SPORTS tumbar, derribar. ■ **laisser ~** (fig, fam) dejar, abandonar; **~ bien** caer bien, venir bien: ça tombe bien qu'il ait appelé = viene bien que haya llamado; **~ de son haut** (fig) caer de las nubes.

tombola [tɔ̃bɔ'la] f tómbola, rifa.

tome [tɔm] m tomo.

ton [tɔ̃] **1** m tono. ● **2** f tonelada inglesa. ■ **donner le ~** llevar la voz cantante; **se mettre dans le ~** (fig) admitir las normas de un grupo.

ton, ta [tɔ̃, t] (*pl* **tes**) *adj poss* tu, tus: *prends ton cartable = coge tu cartera, tu parleras avec ta famille = hablarás con tu familia.*

tonalité [tɔnali'te] **1** *f* tonalidad. **2** señal de llamada.

tondre [tɔ̃dʀ] **1** *tr* esquilar; tusar (Amér.). **2** cortar el pelo; pelar. **3** rapar, cortar (el césped).

tonicité [tɔnisi'te] *f* tonicidad.

tonifier [tɔni'fje] *tr* tonificar, entonar.

tonique [tɔ'nik] **1** *adj et m* tónico. ● **2** *f* MUS tónica.

tonitruant, e [tɔnitʀy'ã, t] *adj* (fam) atronador, estruendoso.

tonitruer [tɔnitʀy'e] *intr* atronar.

tonnant, e [tɔ'nã, t] **1** *adj* tonante. **2** estruendoso.

tonne [tɔn] **1** *f* TECH tonelada. **2** MAR boya.

tonneau [tɔ'no] **1** *m* tonel. **2** cochecito de paseo, coche silla (de niños). **3** tonel (en acrobacia). **4** MAR tonelada (medida).

tonner [tɔ'ne] **1** *intr* tronar, atronar. **2** retumbar (el sonido).

tonnerre [tɔ'nɛʀ] **1** *m* trueno (estruendo). **2** salva: *un tonnerre d'acclamations = una salva de aclamaciones.* ● **3** *f* rayo.

tonus [tɔ'nys] **1** *m* tono. **2** vigor.

top! [tɔp] *interj* ¡top!

topaze [tɔ'paz] *f* topacio.

toper [tɔ'pe] *intr* aceptar, consentir.

topo [tɔ'po] **1** *m* exposición, explicación. **2** (fam) plano, croquis (dibujo).

toponyme [tɔpɔ'nim] *m* topónimo.

toponymie [tɔpɔni'mi] *f* toponimia.

toquade [tɔ'kad] *f* → **tocade**.

toquante [tɔ'kãt] *f* reloj.

toquer [tɔ'ke] **se ~ de** *pron* (fam) chiflarse por, encapricharse de.

torche [tɔʀʃ] **1** *f* antorcha, hacha, hachón. **2** TECH tapón de paja.

torché, e [tɔʀ'ʃe] *adj* conseguido. ■ **ouvrage mal ~** (fam) chapuza.

torcher [tɔʀ'ʃe] **1** *tr et pron* limpiar. ● **2** *tr* TECH tapiar con adobe. **3** (fig) chapucear, hacer rápido y mal.

torchon [tɔʀ'ʃɔ̃] **1** *m* paño, trapo de cocina. **2** TECH antorcha. ■ **il ne faut pas mélanger les torchons et les serviettes** (fam) no hay que confundir la velocidad con el tocino.

torchonner [tɔʀʃɔ'ne] *tr* (fam) chapucear.

tordant, e [tɔʀ'dã, t] *adj* (fam) para caerse de risa, mondante.

tord-boyaux [tɔʀbwa'jo] *m* (fam) matarratas.

tordre [tɔʀdʀ] **1** *tr et pron* retorcer, estrujar. **2** torcer. ● **3 se ~** *pron* doblarse (plegar).

tordu, e [tɔʀ'dy] **1** *adj* torcido. **2** (fam) idiota, majadero.

torpille [tɔʀ'pij] *f* torpedo.

torréfaction [tɔʀefak'sjɔ̃] *f* torrefacción, tostado, tostadura.

torréfier [tɔʀe'fje] *tr* torrefactar, tostar.

torrent [tɔ'ʀã] **1** *m* torrente. **2** (fig) hervidero, torrente, mar: *un torrent de gens = un hervidero de gente.*

torrentiel, elle [tɔʀã'sjɛl] *adj* GÉOGR torrencial.

torride [tɔ'ʀid] *adj* tórrido.

torsader [tɔʀsa'de] *tr* retorcer.

torse [tɔʀs] **1** *m* torso. **2** ARCHIT salomónica.

torsion [tɔʀ'sjɔ̃] **1** *f* torsión. **2** retorcimiento.

tort [tɔʀ] **1** *m* culpa. **2** daño, perjuicio (mal): *cela ne fait de tort à personne = esto no hace daño a nadie.* ■ **à ~** sin motivo, sin razón; equivocadamente.

tortiller [tɔʀti'je] **1** *tr et pron* torcer, retorcer. ● **2** *intr* (fig) andar con rodeos.

tortionnaire [tɔʀsjɔ'nɛʀ] *adj/m ou f* torturador.

tortue [tɔʀ'ty] **1** *f* tortuga (reptil). **2** testudo, tortuga.

tortueux, euse [tɔʀt'ɥø, øz] *adj* tortuoso.

torturant, e [tɔʀty'ʀã, t] *adj* atormentador.

torture [tɔʀ'tyʀ] *f* tortura, tormento.

torturer [tɔʀty'ʀe] *tr et pron* torturar, atormentar.

torve [tɔʀv] *adj* torvo, avieso.

tôt [to] **1** *adv* temprano, pronto. **2** presto, pronto, rápido. ■ **au plus ~** cuanto antes; **ce n'est pas trop ~!** (fam) ¡a buena hora!

total, e [tɔ'tal] *adj/m et f* total. ■ **au ~** (fig) en resumidas cuentas.

totalisation [tɔtaliza'sjɔ̃] *f* totalización.

totaliser [tɔtali'ze] *tr* totalizar, sumar.

totalitaire [tɔtali'tɛʀ] *adj* totalitario.

totalité [tɔtali'te] *f* totalidad.

totem [tɔ'tɛm] *m* tótem.

touchant, e [tu'ʃã, t] *adj* conmovedor.

touche [tuʃ] **1** *f* pincelada. **2** tecla (de piano, ordenador). **3** tocado (esgrima). **4** toque. **5** (fam) fama, pinta (aspecto).

touche-à-tout [tuʃ] *m* metomentodo, entrometido.

toucher [tu'ʃe] **1** *m* tacto. **2** MUS ejecución. **3** MÉD palpación.

toucher [tu'ʃe] **1** *tr* afectar, impresionar. **2** cobrar. **3** entrar en contacto, tomar contacto (encontrar): *il voudrait toucher le patron de cette entreprise = le gustaría entrar en contacto con el dueño de esta empresa.* • **4** *tr et intr* tocar. **5** lindar con. • **6** *tr* (fig) atañer, concernir: *ces problèmes ne te touchent pas = estos problemas no te atañen.* **7** (fig) tocar, ser pariente. • **8** se ~ *pron* (fam) masturbarse.

touffe [tuf] **1** *f* mata. **2** manojo, haz. **3** mechón (de pelo).

touffeur [tu'fœʀ] *f* tufo, tufarada.

touffu, e [tu'fy] **1** *adj* tupido. **2** farragoso, prolijo.

touiller [tu'je] *tr* (fam) remover, agitar.

toujours [tu'ʒuʀ] **1** *adv* siempre. **2** todavía, aún: *il est toujours ici, toujours pas parti = todavía está aquí, aún no se ha ido.* ■ ~ est-il (que) por ahora, mientras tanto.

toupet [tu'pɛ] **1** *m* mechón, tufo. **2** (fam) caradura, frescura.

toupie [tu'pi] *f* trompo, peonza. **2** TECH torno, fresa.

tour [tuʀ] **1** *f* torre (edificación). • **2** *m* número (exhibición). **3** vez, turno. **4** paseo, circuito (viaje). **5** vuelta. **6** rodeo (circunlocución). **7** sesgo, cariz. **8** torno.

tourbe [tuʀb] **1** *f* turba. **2** (péj) turbamulta, turba (multitud).

tourbière [tuʀ'bjɛʀ] *f* GÉOGR turbera, turbal.

tourbillon [tuʀbi'jɔ̃] *m* torbellino, remolino.

tourbillonner [tuʀbijɔ'ne] *intr* arremolinarse, remolinar.

tourelle [tu'ʀɛl] **1** *f* torrecilla, garita. **2** torreta.

tourisme [tu'ʀism] *m* turismo.

touriste [tu'ʀist] *m ou f* turista.

tourment [tuʀ'mɑ̃] *m* tormento.

tourmente [tuʀ'mɑ̃t] *f* tormenta.

tourmenter [tuʀmɑ̃'te] **1** *tr et pron* atormentar, torturar. • **2** *tr* sacudir, agitar violentamente.

tournailler [tuʀna'je] *intr* dar vueltas, andar de acá para allá.

tournant, e [tuʀ'nɑ̃, t] **1** *adj* giratorio. **2** sinuoso. • **3** *m* vuelta, recodo.

tourné, e [tuʀ'ne] **1** *adj* torneado, labrado. **2** agriado, rancio: *ce lait est tourné = esta leche se ha agriado.*

tournebroche [tuʀnə'bʀɔʃ] *m* asador.

tourne-disque [tuʀnə'disk] *m* tocadiscos; picap (Amér.).

tournée [tuʀ'ne] **1** *f* gira: *ce chanteur est en tournée = este cantante está de gira.* **2** viaje, visita.

tourner [tuʀ'ne] **1** *tr, intr et pron* dar vueltas a, girar; voltear (Amér.). • **2** *tr* pasar, girar. **3** dirigir, volver. **4** rodar (una película). • **5** *intr* torcer, doblar: *pour aller là-bas il faut tourner la prochaine à droite = para ir allí hay que torcer la próxima a la derecha.* **6** funcionar. • **7** *intr et pron* cambiar (transformar).

tournesol [tuʀnə'sɔl] **1** *m* girasol; tornasol, mirasol (planta). **2** tornasol (colorante).

tournevis [tuʀnə'vis] *m* destornillador. ◆ ~ cruciforme destornillador de estrella.

tourniquer [tuʀni'ke] *intr* dar vueltas, andar de acá para allá.

tournoi [tuʀ'nwa] **1** *m* torneo. **2** competición, torneo (campeonato).

tournoyant, e [tuʀnwa'jɑ̃, t] *adj* que gira, que da vueltas.

tournoyer [tuʀnwa'je] **1** *intr* arremolinarse, formar remolinos. **2** serpentear.

tournure [tuʀ'nyʀ] *f* cariz, giro, sesgo.

touron [tu'ʀɔ̃] *m* turrón.

tourte [tuʀt] **1** *adj* (fam) mentecato, zoquete. • **2** *f* tortada. **3** hogaza redonda (pan).

tourterelle [tuʀtə'ʀɛl] *f* tortolillo.

tous [tu o tus] *m pl* → tout.

tousser [tu'se] *intr* toser.

toussoter [tusɔ'te] *intr* tosiquear.

tout, e [tu, t] (*pl* tous, toutes) **1** *adj* todo, toda (*f*); todos, todas (*f*): *tout lui plaît = todo le gusta, toute la nuit = toda la noche.* **2** único: *cette maison est tout ce que j'ai = esta casa es lo único que tengo.* • **3** *m et f* todo, el todo: *former un tout = formar un todo.* • **4** *pron* todo: *tout est fait = todo está hecho.* • **5** *adv* muy: *tout simplement = muy simplemente.* **6** todo, completamente, absolutamente: *il était tout seul = estaba completamente solo.* ■ **c'est ~** ya está, eso es todo; **comme ~** de lo más, sumamente, muy; **~ le monde** todo el mundo; **tous les deux** ambos.

toutefois [tut'fwa] *adv* sin embargo, no obstante. ■ **si ~** si es que.

toute-puissance [tutpɥi'sãs] *f* omnipotencia.

toutou [tu'tu] *m* (fam) perro, guauguau.

tout-puissant, e [tupɥi'sã, t] *adj* todopoderoso, omnipotente.

toux [tu] *f* tos.

toxicité [tɔksisi'te] *f* toxicidad.

toxicomane [tɔksikɔ'man] *adj/m ou f* MÉD toxicómano.

toxine [tɔk'sin] *f* MÉD toxina.

trac [tʀak] *m* nerviosismo, miedo.

traçage [tʀa'saʒ] *m* trazado.

tracas [tʀa'ka] *m* preocupación, inquietud; gurrumina (Amér.).

tracasser [tʀaka'se] *tr et pron* inquietar, preocupar, molestar.

trace [tʀas] **1** *f* rastro, huella. **2** marca, señal. **3** indicio. **4** MATH traza. ■ **suivre les traces** seguir el rastro.

tracé [tʀa'se] *m* trazado.

tracer [tʀa'se] **1** *tr* pintar (dibujar). **2** rastrear, peinar (un lugar). **3** trazar. ♦ **4** *intr* (fam) ir a todo gas.

tract [tʀakt] *m* octavilla, pasquín, libelo.

tractation [tʀakta'sjɔ̃] *f* (péj) trato.

tracter [tʀak'te] *tr* remolcar.

tractif, ive [tʀak'tif, iv] *adj* tractivo.

traction [tʀak'sjɔ̃] **1** *f* tracción. **2** TECH propulsión total, doble tracción.

tradition [tʀadi'sjɔ̃] **1** *f* tradición. **2** costumbre, hábito.

traditionaliste [tʀadisjɔna'list] *adj/m ou f* tradicionalista.

traduction [tʀadyk'sjɔ̃] *f* traducción. ♦ **~ automatique** traducción automática.

traduire [tʀa'dɥiʀ] **1** *tr* traducir. **2** DR citar, hacer comparecer. ♦ **3** *tr et pron* reflejarse, expresarse, traslucir.

trafic [tʀa'fik] **1** *m* circulación, tráfico (coches). **2** tráfico; comercio. **3** (péj) trapicheo, tejemaneje. ♦ **~ d'influences** DR tráfico de influencias.

trafiquant, e [tʀafi'kã, t] *m et f* traficante.

trafiquer [tʀafi'ke] **1** *tr* traficar, comerciar. **2** (fam) trapichear, trapisondar.

tragédie [tʀaʒe'di] *f* tragedia.

trahir [tʀa'iʀ] **1** *tr* traicionar. **2** faltar a (la palabra). **3** revelar, descubrir (un secreto).

trahison [tʀai'zɔ̃] *f* traición. ■ **par ~** a traición.

train [tʀɛ̃] **1** *m* paso, marcha. **2** tren (ferrocarril). **3** TECH carro, juego, tren. ♦ **~ d'aterrissage** tren de aterrizaje; **~ de vie** tren de vida, modo de vida.

traînard, e [tʀɛ'naʀ, d] *adj* rezagado.

traînasser [tʀɛna'se] **1** *tr* (péj) prolongar, dar largas a. ♦ **2** *intr* vagar, callejear.

traîne [tʀɛn] **1** *m* arrastre. ♦ **2** *f* cola (de ropa). ■ **à la ~** a remolque.

traîneau [tʀɛ'no] *m* trineo.

traîne-misère [tʀɛnmi'zɛʀ] *m* (fam) desgraciado, miserable.

traîner [tʀɛ'ne] **1** *tr* tirar, arrastrar. **2** (fig) eternizar. **3** acarrear, cargar. ♦ **4** *intr* rezagarse, quedarse atrás. **5** arrastrar, colgar: *ton manteau traîne = estás arrastrando tu abrigo.* ♦ **6** *se ~* *pron* andar a gatas, arrastrarse: *ce bébé ne se traîne pas encore = este bebé aún no anda a gatas.*

traire [tʀɛʀ] *tr* ordeñar.

trait, e [tʀɛ, t] **1** *adj* ordeñado. **2** tirado, reducido. ♦ **3** *m* carácter, característica (rasgo). **4** raya, trazo (línea). **5** disparo, tiro. **6** tiro, tirante (tracción).

traitant, e [tʀɛ'tã, t] *adj* tratante; de tratamiento.

traite [tʀɛt] **1** *f* tráfico: *la traite d'esclaves est illégale = el tráfico de esclavos es ilegal.* **2** tirada, trecho; de golpe (tirón). **3** ordeño (de animales). **4** orden de pago, letra de cambio.

traité [tʀɛ'te] *m* tratado.

traiter [tʀɛ'te] **1** *tr* tratar. **2** asistir, socorrer. **3** negociar (acordar). **4** tratar de. **5** MÉD tratar, curar.

traître, esse [tʀɛtʀ, ɛs] *adj/m et f* traidor.

traîtrise [tʀɛ'tʀiz] *f* traición, perfidia.

trajectoire [tʀaʒɛk'twaʀ] *f* MÉC, GÉOM trayectoria.

trajet [tʀa'ʒɛ] *m* trayecto, recorrido.

tram [tʀam] (*abrév de* **tramway**) *m* tranvía.

trame [tʀam] **1** *f* trama. **2** (fig) trama, enredo (historia). **3** TECH trama, retícula.

tramer [tʀa'me] *tr* tramar, urdir.

trampoline [tʀɑ̃pɔ'lin] *m* cama elástica.

tranchant, e [tʀɑ̃'ʃã, t] **1** *adj* cortante, afilado. **2** (fig) resuelto, categórico.

tranche [tʀɑ̃ʃ] **1** f rebanada, loncha, lonja; rodaja, tajada. **2** canto, borde (de un libro). **3** tramo, grupos (serie): *les statistiques portent sur plusieurs tranches d'âge* = *las estadísticas contemplan varios tramos de edades.*

tranchée [tʀɑ̃'ʃe] **1** f zanja (excavación). **2** trinchera, fortificación (circunvalación). ◆ ~ **d'écoulement** desagüe.

trancher [tʀɑ̃'ʃe] **1** tr et intr cortar, cercenar. ● **2** tr decidir, resolver. **3** (fig) zanjar, resolver; dilucidar. ● **4** intr resaltar, destacar: *la couleur de sa robe tranchait sa beauté* = *el color de su vestido resaltaba su belleza.*

tranquille [tʀɑ̃'kil] **1** adj tranquilo, sosegado; quieto. **2** REL recoleto. ■ **laisse-moi ~** déjame en paz; **rester ~** quedarse tranquilo.

tranquillisant, e [tʀɑ̃kili'zɑ̃, t] **1** adj tranquilizador. ● **2** m calmante, tranquilizante; sedante.

tranquilliser [tʀɑ̃kili'ze] tr et pron tranquilizar.

tranquillité [tʀɑ̃kili'te] f tranquilidad. ■ **en toute ~** con toda tranquilidad.

transaction [tʀɑ̃zak'sjɔ̃] f transacción.

transat [tʀɑ̃'zat] m tumbona.

transatlantique [tʀɑ̃zatlɑ̃'tik] **1** adj et m transatlántico. ● **2** m tumbona (silla).

transborder [tʀɑ̃sbɔʀ'de] tr transbordar.

transcendance [tʀɑ̃sɑ̃'dɑ̃s] f trascendencia.

transcendant, e [tʀɑ̃sɑ̃'dɑ̃, t] **1** adj trascendental, trascendente. **2** sublime, sobresaliente.

transcender [tʀɑ̃sɑ̃'de] tr trascender.

transcoder [tʀɑ̃skɔ'de] tr TECH transcodificar.

transcontinental, e [tʀɑ̃skɔ̃tinɑ̃'tal] adj transcontinental.

transcription [tʀɑ̃skʀip'sjɔ̃] **1** f transcripción, copia. **2** DR registro, copia en un registro.

transcrire [tʀɑ̃s'kʀiʀ] tr transcribir, copiar.

transe [tʀɑ̃s] **1** f ansia, ansiedad. **2** trance.

transférer [tʀɑ̃sfe'ʀe] **1** tr transferir. **2** trasladar.

transfert [tʀɑ̃s'fɛʀ] **1** m transferencia. **2** traslado. **3** transmisión.

transfigurer [tʀɑ̃sfigy'ʀe] tr transfigurar.

transformation [tʀɑ̃sfɔʀma'sjɔ̃] **1** f transformación (cambio). **2** transformación de ensayo.

transformer [tʀɑ̃sfɔʀ'me] tr et pron transformar.

transfuge [tʀɑ̃s'fyʒ] m tránsfuga.

transfusion [tʀɑ̃sfy'zjɔ̃] f transfusión.

transgénique [tʀɑ̃sʒe'nik] adj BIOL transgénico.

transgresser [tʀɑ̃sgʀe'se] tr transgredir, quebrantar, infringir.

transgression [tʀɑ̃sgʀe'sjɔ̃] f transgresión, infracción.

transhumance [tʀɑ̃zy'mɑ̃s] f transhumancia, trashumación.

transi, e [tʀɑ̃'zi] adj transido, aterido. ■ **un amoureux ~** un enamorado perdido.

transiger [tʀɑ̃zi'ʒe] intr transigir.

transistor [tʀɑ̃zis'tɔʀ] m transistor.

transit [tʀɑ̃'zit] m tránsito.

transiter [tʀɑ̃zi'te] **1** tr llevar en tránsito. ● **2** intr estar en tránsito.

transitif, ive [tʀɑ̃zi'tif, iv] adj transitivo.

transition [tʀɑ̃zi'sjɔ̃] f transición.

transitivité [tʀɑ̃zitivi'te] f carácter transitivo.

transitoire [tʀɑ̃zi'twaʀ] adj transitorio.

translucide [tʀɑ̃sly'sid] adj traslúcido.

translucidité [tʀɑ̃slysidi'te] f translucidez.

transmettre [tʀɑ̃s'mɛtʀ] tr transmitir.

transmigrer [tʀɑ̃smi'gʀe] intr REL transmigrar.

transmission [tʀɑ̃smi'sjɔ̃] f transmisión. ◆ ~ **d'une maladie** MÉD transmisión de una enfermedad; ~ **par friction** transmisión por fricción.

transmuer [tʀɑ̃s'mɥe] tr transmutar, transmudar.

transmuter [tʀɑ̃smy'te] tr transmutar.

transparaître [tʀɑ̃spa'ʀɛtʀ] intr transparentarse; traslucirse.

transparence [tʀɑ̃spa'ʀɑ̃s] f transparencia.

transparent, e [tʀɑ̃spa'ʀɑ̃, t] **1** adj transparente. ● **2** m transparente. **3** falsilla.

transpiration [tʀɑ̃spiʀa'sjɔ̃] f transpiración.

transpirer [tʀɑ̃spi'ʀe] **1** intr transpirar; sudar. **2** salir a la luz (conocerse).

transplant [tʀɑ̃s'plɑ̃] m BIOL trasplante.

transplantation [tʀɑ̃splɑ̃ta'sjɔ̃] f BIOL, BOT trasplante.

transplanter [trɑ̃splɑ̃'te] *tr* trasplantar.

transport [trɑ̃s'pɔr] **1** *m* transporte. **2** traspaso (cesión). **3** (fig) arrebato. **4** DR inspección ocular, visita. ◆ **transports en commun** transportes públicos.

transporter [trɑ̃spɔr'te] **1** *tr et pron* trasladar. ● **2** *tr* transportar. **3** (fig) sacar de quicio. **4** DR deportar, desterrar.

transposition [trɑ̃spozi'sjɔ̃] **1** *f* transposición. **2** MUS transporte.

transsexuel, elle [trɑ̃sɛk'sɥɛl] *adj/m et f* transexual.

transvaser [trɑ̃sva'ze] *tr* transvasar.

transversal, e [trɑ̃svɛr'sal] *adj* transversal.

trapèze [tra'pɛz] *m* trapecio.

trapéziste [trape'zist] *m ou f* trapecista.

trapu, e [tra'py] *adj* bajo y fortachón.

traque [trak] *f* ojeo; batida (en la caza).

traquer [tra'ke] *tr* acosar, acorralar.

trauma [tro'ma] *m* MÉD trauma.

traumatique [troma'tik] *adj* traumático.

traumatisant, e [tromati'zɑ̃, t] *adj* traumatizante.

traumatiser [tromati'ze] *tr* traumatizar.

traumatologie [tromatolɔ'ʒi] *f* MÉD traumatología.

travail [tra'vaj] (*pl* **travaux**) **1** *m* trabajo. **2** faena. **3** obra (construcción). **4** alabeo (de la madera). ◆ **~ posté** trabajo por turnos; **travaux dirigés** ou **pratiques** clases prácticas; **travaux publiques** obras públicas.

travailler [trava'je] **1** *intr et tr* trabajar. ● **2** *tr* rentar; producir (el dinero). **3** alabearse (la madera). ● **4** *tr* cultivar (una ciencia o arte). **5** atormentar. **6** (fam) preocupar.

travelo [trav'lo] *m* (fam) travesti.

travers [tra'vɛr] *m* imperfección (pequeño defecto). ■ **à ~** a través; **au ~ de** por entre, a través de; **de** ou **en ~ de** través.

traversée [travɛr'se] *f* travesía.

traverser [travɛr'se] **1** *tr* atravesar, cruzar. **2** traspasar. **3** (fig) atravesar, vivir.

travesti, e [travɛs'ti] **1** *adj et m* disfrazado. ● **2** *m* travesti; travestido.

travestir [travɛs'tir] **1** *tr et pron* disfrazar. ● **2** *tr* (fig) disfrazar (tergiversar).

trayon [trɛ'jɔ̃] *m* pezón.

trébucher [treby'ʃe] **1** *intr* tropezar. **2** (fig) tropezar, equivocarse.

tréfiler [trefi'le] *tr* TECH trefilar (un metal).

trèfle [trɛfl] **1** *m* trébol. **2** ARCHIT ornamento trilobulado.

tréfonds [tre'fɔ̃] *m* subsuelo. ■ **le fonds et le ~** los pormenores.

treille [trɛj] *f* emparrado, parra.

treillis [trɛ'ji] **1** *m* enrejado (metálico). **2** arpillera (tela). **3** MIL traje de faena.

treillisser [treji'se] *tr* poner un enrejado a.

treize [trɛz] *adj et m* trece.

treizième [trɛ'zjɛm] **1** *adj* decimotercero. ● **2** *m* treceavo (fracción).

tremblant, e [trɑ̃'blɑ̃, t] **1** *adj* tembloroso. **2** inseguro (un puente). **3** temeroso. ● **4** *f* ZOOL tembladera (enfermedad).

tremble [trɑ̃bl] *m* BOT tiemblo; álamo temblón.

trembler [trɑ̃'ble] **1** *intr* temblar. **2** tiritar (de frío o fiebre). **3** temblar, tener miedo. **4** vacilar (la luz).

tremblotant, e [trɑ̃blɔ'tɑ̃, t] **1** *adj* tembloroso. **2** vacilante (luz).

tremblote [trɑ̃'blɔt] *f* (fam) temblequeo.

trembloter [trɑ̃blɔ'te] *intr* (fam) temblequear.

trémousser (se) [səremu'se] *pron* menearse; agitarse.

tremper [trɑ̃'pe] **1** *tr et pron* empapar. ● **2** *tr* mojar, bañar. ● **3** *intr* estar en remojo. ● **4** **se ~** *pron* darse un remojo.

trempette [trɑ̃'pɛt] *f* sopita. ■ **faire la ~** mojar sopitas; **faire ~** (fam) darse un bañito rápido.

trentaine [trɑ̃'tɛn] *f* treintena.

trente [trɑ̃t] *adj et m* treinta. ■ **se mettre sur son trente-et-un** ir vestido de punta en blanco.

trépaner [trepa'ne] *tr* MÉD trepanar.

trépasser [trepa'se] *intr* (form) fallecer; morir.

trépidant, e [trepi'dɑ̃, t] *adj* trepidante.

trépidation [trepida'sjɔ̃] **1** *f* trepidación. **2** (fig) agitación.

trépider [trepi'de] *intr* trepidar.

trépigner [trepi'ɲe] **1** *tr* pisar. ● **2** *intr* patalear.

très [trɛ] **1** *adv* muy: *ils ne sont pas très intelligents* = *no son muy inteligentes*. **2** mucho: *il a très envie de te voir* = *tiene muchas ganas de verte*.

trésaille [trɛ'zaj] *f* TECH travesaño.

trésor [tʀe'zɔʀ] *m* tesoro. ◆ **Trésor public** Tesoro público.

trésorerie [tʀezɔʀ'ʀi] **1** *f* tesorería. **2** Ministerio de Hacienda (en Gran Bretaña). **3** posibilidades económicas. ◆ **difficultés de ~** problemas financieros.

trésorier, ère [tʀezɔ'ʀje, jɛʀ] *m et f* tesorero.

tressaillir [tʀesa'jiʀ] **1** *intr* estremecerse (de miedo); vibrar (de alegría). **2** temblar (una cosa).

tressauter [tʀeso'te] **1** *intr* sobresaltarse. **2** traquetear.

tresse [tʀɛs] **1** *f* trenza. **2** soga (cuerda).

tresser [tʀe'se] *tr* trenzar. ■ **~ des couronnes ou des lauriers à qqn** loar a alguien.

tréteau [tʀe'to] **1** *m* caballete. ● **2** **tréteaux** *m pl* THÉAT tablas.

trêve [tʀɛv] **1** *f* tregua. **2** pausa. ■ **faire ~** interrumpir.

tri [tʀi] **1** *m* selección. **2** INF clasificación.

triangle [tʀi'jɑ̃gl] **1** *m* GÉOM triángulo. **2** MUS triángulo.

tribal, e [tʀi'bal] *adj* tribal.

tribart [tʀi'baʀ] **1** *m* tramojo. **2** trangallo (para perros).

tribu [tʀi'by] *f* tribu.

tribulation [tʀibyla'sjɔ̃] *f* tribulación.

tribun [tʀi'bœ̃] *m* HIST tribuno.

tribunal [tʀiby'nal] **1** *m* tribunal. **2** juzgado (edificio). ◆ **~ de grande instance** Juzgado de Primera Instancia; **~ pour enfants** tribunal de menores.

tribune [tʀi'byn] *f* tribuna.

tribut [tʀi'by] *m* tributo.

tributaire [tʀiby'tɛʀ] *adj* tributario.

triche [tʀiʃ] *f* (fam) trampa, engaño.

tricher [tʀi'ʃe] **1** *intr* hacer trampas. **2** mentir, engañar. **3** (fig) tapar, disimular.

tricherie [tʀiʃ'ʀi] *f* trampa; fullería.

tricot [tʀi'ko] **1** *m* punto. **2** prenda de punto. ◆ **~ de corps** camiseta.

tricoter [tʀiko'te] **1** *tr* tricotar. ● **2** *intr* hacer punto. ■ **~ des jambes** ou **des pieds** correr mucho.

trident [tʀi'dɑ̃] **1** *m* tridente. **2** AGR azadón de tres dientes.

tridimensionnel, elle [tʀidimɑ̃sjɔ'nɛl] *adj* tridimensional.

triennal, e [tʀije'nal] *adj* trienal.

trier [tʀi'je] **1** *tr* escoger; seleccionar. **2** clasificar.

trifouiller [tʀifu'je] *tr et intr* (fam) revolver, manosear.

trigonométrie [tʀigɔnome'tʀi] *f* MATH trigonometría.

trilatéral, e [tʀilate'ʀal] *adj* trilateral.

trilingue [tʀi'lɛ̃g] *adj* trilingüe.

trilogie [tʀilɔ'ʒi] *f* trilogía.

trimarder [tʀimaʀ'de] **1** *tr* cargar con; transportar. ● **2** *intr* vagabundear.

trimballer [tʀɛ̃ba'le] *tr* (fam) cargar con.

trimer [tʀi'me] *intr* matarse a trabajar.

trimestre [tʀi'mɛstʀ] *m* trimestre.

trimestriel, elle [tʀimɛstʀi'jel] *adj* trimestral.

tringle [tʀɛ̃gl] **1** *f* barra (para cortinas). **2** varilla (de metal). **3** ARCHIT filete, moldura. ■ **se mettre la ~** apretarse el cinturón.

trinité [tʀini'te] *f* trinidad.

trinquart [tʀɛ̃'kaʀ] *m* MAR barco de pesca (de arenques).

trinquer [tʀɛ̃'ke] **1** *intr* brindar. **2** (fam) beber; beber en exceso. **3** (fam) pagar el pato.

triomphal, e [tʀijɔ̃'fal] *adj* triunfal.

triomphant, e [tʀijɔ̃'fɑ̃, t] **1** *adj* triunfante, victorioso. **2** feliz.

triomphe [tʀijɔ̃'f] *m* triunfo; victoria. ■ **porter qqn en ~** llevar a alguien a hombros (para aclamarlo).

triompher [tʀijɔ̃'fe] **1** *intr* triunfar. **2** sobresalir (distinguirse).

triparti, e [tʀipaʀ'ti] *adj* tripartito.

tripartition [tʀipaʀti'sjɔ̃] *f* tripartición.

tripe [tʀip] **1** *f* tripa, mondongo (de animal). **2** (fam) tripa (del hombre). ● **3 tripes** *f pl* GAST callos.

tripette [tʀi'pɛt] *f* tripita.

triphasé, e [tʀifa'ze] *adj* trifásico.

triple [tʀipl] *adj et m* triple. ■ **au ~ galop** muy deprisa.

tripler [tʀi'ple] **1** *tr* triplicar. ● **2** *intr* triplicarse.

triplet [tʀi'plɛ] *m* triplete.

triplette [tʀi'plɛt] **1** *f* bicicleta de tres plazas. **2** SPORTS trío.

triplure [tʀi'plyʀ] *f* entretela.

tripot [tʀi'po] *m* (péj) garito.

tripoter [tʀipɔ'te] **1** *tr* manosear; sobar. ● **2** *intr* trapichear; hacer chanchullos.

triptyque [tʀip'tik] *m* tríptico.

trisser [tʀi'se] **1** *tr* repetir tres veces. ● **2** *intr* gritar, chirriar (una golondrina). ● **3** *intr et pron* (fam) marchar.

721

troupe

triste [tʀist] **1** adj triste. **2** (péj) (delante de *subst*) miserable; lamentable. ◆ un ~ individu un sinvergüenza; une ~ affaire un asunto turbio; ■ c'est pas ~! (fam) ¡qué cachondeo!

tristesse [tʀistɛs] f tristeza.

triturer [tʀityʀe] **1** tr triturar. **2** (fig) manipular: *la radio triture l'opinion sur cette affaire* = *la radio manipula la opinión sobre este asunto*.

trivial, e [tʀivjal] adj grosero, ordinario (palabra, expresión).

trivialité [tʀivjalite] f grosería.

troc [tʀɔk] m trueque.

troglodyte [tʀɔɡlɔdit] m troglodita.

trois [tʀwa] **1** adj et m tres. **2** tercero.

trois-étoiles [tʀwazetwal] adj et m (de) tres estrellas (hotel); (de) tres tenedores (restaurante).

troisième [tʀwazjɛm] **1** adj/m ou f tercero; tercer. ◆ **2** f cuarto curso del bachillerato francés. **3** AUT tercera. ◆ le ~ âge la tercera edad.

trolley [tʀɔle] m trole.

trolleybus [tʀɔlebys] m trolebús.

trombe [tʀɔ̃b] f tromba.

trombine [tʀɔ̃bin] f (fam) jeta, cara.

trombone [tʀɔ̃bɔn] **1** m clip. **2** MUS trombón.

tromper [tʀɔ̃pe] **1** tr engañar. **2** robar (a alguien). **3** (form) frustrar. ◆ **4** se ~ pron confundirse; equivocarse.

tromperie [tʀɔ̃pʀi] f engaño.

trompette [tʀɔ̃pet] **1** f MUS trompeta. ◆ **2** m MUS trompetista. ■ en ~ respingón (nariz).

trompettiste [tʀɔ̃petist] m ou f MUS trompetista.

tronc [tʀɔ̃] **1** m tronco. **2** REL cepillo (de una iglesia). **3** ANAT tronco.

tronche [tʀɔ̃ʃ] **1** f leño; tronco. ◆ **2** m (fam) cara.

tronçonner [tʀɔ̃sɔne] **1** tr cortar en trozos. **2** tronchar (un árbol).

trône [tʀon] m trono. ■ chasser de son ~ destronar; placer sur le ~ entronizar.

trôner [tʀone] **1** intr estar sentado en un trono. **2** ocupar una plaza de honor. **3** resaltar, sobresalir.

tronquer [tʀɔ̃ke] tr (péj) cortar, suprimir.

trop [tʀo] **1** adv demasiado: *il est trop beau* = *es demasiado guapo*. **2** mucho: *ils s'aiment trop* = *se quieren mucho*. **3**

muy: *il est trop aimable* = *es muy amable*. ◆ **4** m exceso. ■ c'est en ~ eso pasa de la raya; de ~ de más: *tu en as de trop* = *tienes de más*; en faire un peu ~ pasarse de la raya; ni ~ ni ~ peu ni tanto ni tan calvo.

trophée [tʀofe] m trofeo. ◆ ~ de chasse trofeo de caza.

tropical, e [tʀɔpikal] adj tropical.

tropique [tʀɔpik] m trópico.

troquer [tʀɔke] tr trocar.

trot [tʀo] m trote (del caballo). ■ aller au ~ ir deprisa.

trotte [tʀɔt] f (fam) trecho, tirada.

trotter [tʀɔte] **1** intr trotar, ir al trote (el caballo). **2** caminar rápidamente. ◆ **3** se ~ pron (fam) darse el piro. ■ ~ par la tête rondar por la cabeza (una idea).

trottiner [tʀɔtine] **1** intr trotar corto (el caballo). **2** andar a paso corto y deprisa.

trottoir [tʀɔtwaʀ] m acera; vereda (Amér.). ◆ ~ roulant cinta transportadora; ■ faire le ~ hacer la calle.

trou [tʀu] **1** m agujero. **2** pueblo perdido. **3** vacío, hueco. **4** descuido. **5** madriguera. **6** ojo (de cerradura, aguja). **7** (fam) chirona. **8** (fig) hueco (agenda). ◆ ~ noir agujero negro; ■ avoir un ~ de mémoire tener un lapsus; boire comme un ~ beber como un cosaco; boucher un ~ cubrir un hueco; faire son ~ hacerse un hueco.

troublant, e [tʀublɑ̃, t] **1** adj desconcertante. **2** excitante.

trouble [tʀubl] **1** adj turbio (un líquido). **2** (fig) turbio, sospechoso. ◆ **3** m trastorno. **4** confusión, desorden. **5** disturbio (revuelta). ◆ ~ de l'ordre publique alteración del orden público; ~ mental trastorno mental.

trouble-fête [tʀublǝfɛt] m ou f aguafiestas.

troubler [tʀuble] **1** tr et pron perturbar. **2** enturbiar (el agua). ◆ **3** tr confundir, desconcertar. **4** aguar (una fiesta). **5** conmover. ◆ **6** se ~ pron perder los estribos.

trouée [tʀue] **1** f abertura. **2** GÉOGR paso natural entre montañas.

trouer [tʀue] tr agujerear; horadar.

trouillard, e [tʀujaʀ, d] adj (fam) miedica.

trouille [tʀuj] f (fam) miedo.

troupe [tʀup] **1** f rebaño. **2** manada (de animales salvajes). **3** MIL tropa. **4** THÉÂT compañía.

troupeau [tʀu'po] **1** *m* rebaño. **2** manada. **3** (fig, péj) rebaño.

trousse [tʀus] **1** *f* estuche. **2** maletín. ◆ ~ de toilette neceser.

trousseau [tʀu'so] **1** *m* ajuar. **2** ropa, muda. ◆ ~ de clefs manojo de llaves.

trousser [tʀu'se] *tr* arremangar, levantar. ■ ~ les jupes arremangarse las faldas.

trouvaille [tʀu'vaj] **1** *f* hallazgo; descubrimiento. **2** invento.

trouver [tʀu've] **1** *tr* encontrar. **2** inventar. **3** sentir: *je trouve du plaisir à te voir* = siento una gran alegría de verte. ● **4** se ~ *pron* encontrarse. ● **5** *impers* resultar: *il se trouve que vous n'étiez pas là* = resulta que usted no estaba allí.

truand, e [tʀy'ã, d] *m et f* truhán.

truc [tʀyk] **1** *m* cosa, chisme, cachivache; chécheres (Amér.). **2** truco. **3** truco (de magia).

truculence [tʀyky'lãs] *f* truculencia.

truffe [tʀyf] **1** *f* BOT, GAST trufa. **2** (fam) zoquete. **3** (fam) morro.

truffer [tʀy'fe] **1** *tr* abarrotar. **2** GAST trufar.

truie [tʀɥi] *f* ZOOL cerda.

truisme [tʀy'ism] *m* perogrullada.

truite [tʀɥit] *f* ZOOL trucha.

truquer [tʀy'ke] **1** *tr* trucar; amañar. **2** falsificar. ● **3** *intr* hacer trampa.

truster [tʀœs'te] **1** *tr* monopolizar. **2** (fig, fam) acaparar.

tsar [dzaʀ o tsaʀ] *m* HIST zar.

tsé-tsé [tse'tse] *f* tse-tse.

tsigane [dzigan o tsigan] **1** *adj* cíngaro. ● **2** Tsigane *m ou f* cíngaro. ● **3** *m* cíngaro (lengua).

tu [ty] *pron* tú: *tu parles l'espagnol?* = ¿hablas español? ■ être à ~ et à toi tutearse.

> **Tu** se emplea sólo con la familia más próxima y los amigos más íntimos; **vous** con desconocidos, con personas de poca confianza, con compañeros de trabajo y, en general, en situaciones regidas por normas sociales.

tuant, e [tɥã, t] *adj* (fam) matador, agotador.

tube [tyb] **1** *m* tubo. **2** (fam) éxito. ◆ ~ à essai tubo de ensayo; ~ digestif tubo digestivo; ■ à plein ~ a toda máquina.

tuber [ty'be] *tr* entubar.

tubercule [tybɛʀ'kyl] **1** *m* BOT tubérculo. ● **2** *f* ANAT tubérculo.

tuberculeux, euse [tybɛʀky'lø, øz] *adj/m et f* tuberculoso.

tuberculose [tybɛʀky'loz] *f* tuberculosis.

tubulaire [tyby'lɛʀ] *adj* tubular.

tuer [tɥe] **1** *tr et pron* matar; chingar (Amér.). ● **2** se ~ *pron* cansarse: *je ne me tue pas à vous l'expliquer* = no me canso de explicárselo. **3** (fig) matarse: *il se tue de travail* = se mata a trabajar.

tuerie [tɥ'ʀi] *f* matanza; carnicería.

tue-tête (à) [aty'tɛt] *loc adv* a grito pelado.

tuile [tɥil] **1** *f* teja. **2** (fig, fam) catástrofe; calamidad. **3** GAST pastelito.

tuilerie [tɥil'ʀi] *f* tejería.

tuilier, ère [tɥi'lje, jɛʀ] *adj/m et f* tejero.

tulipe [ty'lip] **1** *f* tulipa. **2** BOT tulipán.

tumescent, e [tyme'sã, t] *adj* tumescente; tumefacto.

tumeur [ty'mœʀ] *f* MÉD tumor.

tumoral, e [tymo'ʀal] *adj* tumoral.

tumulte [ty'mylt] *m* tumulto; bola (Amér.).

tumultueux, euse [tymyl'tɥø, øz] *adj* tumultuoso.

tune [tyn] *f* (fam) dinero.

tunique [ty'nik] **1** *f* túnica. **2** BIOL membrana protectora. ◆ ~ de l'œil córnea.

tunnel [ty'nɛl] *m* túnel. ■ sortir du ~ salir del túnel.

turban [tyʀ'bã] *m* turbante.

turbine [tyʀ'bin] *f* turbina. ◆ ~ à vapeur turbina de vapor; turbine-compresseur turbina-compresor.

turbiner [tyʀbi'ne] *tr* hacer pasar por una turbina.

turbulence [tyʀby'lãs] *f* turbulencia.

turbulent, e [tyʀby'lã, t] *adj* turbulento.

turc, turque [tyʀk] **1** *adj* turco. ● **2** Turc, Turque *m et f* turco.

turquin [tyʀ'kɛ̃] *adj et m* turquí (color).

turquoise [tyʀ'kwaz] **1** *adj et m* turquesa (color). ● **2** *f* GÉOL turquesa.

tutélaire [tyte'lɛʀ] **1** *adj* DR tutelar. **2** protector.

tutelle [ty'tɛl] *f* DR tutela. ■ être sous la ~ de qqn (fig) depender de alguien.

tuteur, trice [ty'tœʀ, tʀis] *m et f* tutor.

tutoyer [tytwa'je] *tr et pron* tutear.

tutu [ty'ty] *m* tutú.

tuyau [tɥi'jo] **1** *m* tubo, tubería. **2** caña (ta-llo). **3** (fam) información confidencial. ◆ ~ d'arrosage manguera de riego; ~ de cheminée cañón de chimenea; ~ d'échappement tubo de escape (de coche); ~ d'incendie manguera de incendio; ~ de l'oreille (fam) conducto auditivo.

tuyauter [tɥijo'te] **1** *tr* encañonar (una prenda). **2** (fam) pasar información confidencial.

tuyauterie [tɥijot'ʀi] **1** *f* cañerías; tuberías. **2** MUS cañonería.

TVA [teve'a] (*sigles de* taxe à la valeur ajoutée) *f* IVA.

tympan [tɛ̃'pɑ̃] **1** *m* ANAT tímpano. **2** AR-CHIT tímpano.

type [tip] *m* tipo.

typé, e [ti'pe] *adj* formado o creado a partir de un tipo.

typer [ti'pe] *tr* caracterizar.

typhon [ti'fɔ̃] *m* tifón.

typhose [ti'foz] *f* tifosis.

typique [ti'pik] *adj* característico; típico.

typo [ti'po] (*abrév de* typographe, typographie, typographique) **1** *m ou f* (fam) tipógrafo. ● **2** *f* (fam) tipografía. ● **3** *adj* (fam) tipográfico.

typographe [tipɔ'gʀaf] *m ou f* tipógrafo.

typographie [tipɔgʀa'fi] *f* tipografía.

typologie [tipɔlɔ'ʒi] *f* tipología.

tyran [ti'ʀɑ̃] *m* tirano; déspota.

tyrannie [tiʀa'ni] *f* tiranía.

tyranniser [tiʀani'ze] *tr* tiranizar.

tzigane [dzi'gan o tsi'gan] *adj/m ou f* → tsigane.

Uu

u [y] *m* u.

> Debe pronunciarse labializada. Es muda entre "g" y "q". Si debe pronunciarse separada de la vocal anterior lleva diéresis: *Saül.*

ubiquité [ybikɥi'te] *f* ubicuidad.

ulcère [yl'sɛʀ] *f* MÉD úlcera.

ulcérer [ylse'ʀe] **1** *tr et pron* MÉD ulcerar. ● **2** *tr* (fig) ofender; herir.

ultime [yl'tim] *adj* último.

ultra [yl'tʀa] *adj/m ou f* ultra; extremista.

ultramoderne [yltʀamɔ'dɛʀn] *adj* ultramoderno.

ultrason [yltʀa'sɔ̃] *m* PHYS ultrasonido.

ultraviolet, ette [yltʀavjɔ'lɛ, t] *adj et m* ultravioleta.

ululer [yly'le] *intr* ulular.

un, une [œ̃, yn] **1** *num* un, una *(f)*, unos, unas *(f)*: *prends une pomme et deux poires* = toma una manzana y dos peras. **2** primero: *j'ai déjà lu la page un* = ya he leído la primera página. ● **3** *adj* uno *(f)*, unos, unas *(f)*: *la famille est une* = la familia es una. ● **4** *adj indéf* (pl *des*) un,

una *(f)*, unos, unas *(f)*: *j'ai des lettres pour toi* = tengo unas cartas para ti. ● **5** *m* uno: *un et un font deux* = uno y uno son dos. ● **6** *pron* uno, una *(f)*, unos, unas *(f)*: *j'en ai un* = tengo uno. **7** l'un uno, una *(f)*: *l'un d'eux est parti* = uno de ellos se ha ido. ■ comme pas ~ como ninguno; faire la une salir en primera página; l'~ dans l'autre en definitiva; ne faire ni une ni deux no pensárselo dos veces; pas ~ ningún; ~ par ~ uno por uno.

unanime [yna'nim] *adj* unánime.

unanimité [ynanimi'te] *f* unanimidad. ■ à l'~ por unanimidad.

uni, e [y'ni] **1** *adj* unido. **2** homogéneo. **3** liso: *c'est un T-shirt uni* = es una camiseta lisa.

unicité [ynisi'te] *f* unicidad.

unidirectionnel, elle [ynidiʀɛksjɔ'nɛl] *adj* unidireccional.

unième [y'njem] *adj* (después de un *num*) primero: *c'est le vingt et unième* = es el vigésimo primero.

unification [ynifika'sjɔ̃] *f* unificación.

unifier [yni'fje] **1** *tr et pron* unificar. **2** uniformar.

uniforme [yniˈfɔʀm] **1** *adj* uniforme. **2** monótono. ● **3** *m* uniforme (traje). ■ **endosser l'~** hacerse militar.

uniformisation [ynifɔʀmizaˈsjɔ̃] *f* uniformización.

uniformiser [ynifɔʀmiˈze] *tr* uniformar.

uniformité [ynifɔʀmiˈte] *f* uniformidad.

unilatéral, e [ynilateˈʀal] *adj* unilateral.

union [yˈnjɔ̃] *f* unión. ◆ **~ conjugale** unión conyugal; **Union européenne** Unión Europea; ■ **l'~ fait la force** la unión hace la fuerza.

unipersonnel, elle [ynipɛʀsɔˈnɛl] *adj et m* unipersonal.

unique [yˈnik] *adj* único.

unir [yˈniʀ] *tr et pron* unir.

> Admite la preposición **à** y la conjunción **et** con sentido equivalente: *unir la beauté à la raison / unir la beauté et la raison = unir la belleza a la razón / unir belleza y razón.*

unisexe [yniˈsɛks] *adj* unisex.

unitaire [yniˈtɛʀ] *adj* unitario.

unité [yniˈte] **1** *f* unidad. **2** unidad: *on en a vendu cent unités = se han vendido cien unidades.* **3** INF, MATH unidad. ◆ **~ centrale** INF unidad central; **~ de disquette** disquetera; **~ de valeur** crédito (de una asignatura); **~ monétaire** unidad monetaria.

univers [yniˈvɛʀ] **1** *m* universo. **2** (fig) universo.

universalisation [ynivɛʀsalizaˈsjɔ̃] *f* universalización.

universaliser [ynivɛʀsaliˈze] *tr et pron* universalizar; generalizar.

universalité [ynivɛʀsaliˈte] *f* PHIL universalidad.

universel, elle [ynivɛʀˈsɛl] *adj et m* universal.

universitaire [ynivɛʀsiˈtɛʀ] *adj/m ou f* universitario; egresado (Amér.).

université [ynivɛʀsiˈte] *f* universidad.

uranium [yʀaˈnjɔm] *m* uranio.

Uranus [yʀaˈnys] *m* ASTR Urano.

urbain, e [yʀˈbɛ̃, ɛn] *adj* urbano.

urbanisation [yʀbanizaˈsjɔ̃] *f* urbanización.

urbaniser [yʀbaniˈze] *tr* urbanizar.

urbanité [yʀbaniˈte] *f* urbanidad.

urgence [yʀˈʒɑ̃s] *f* urgencia. ■ **en cas d'~** en caso de emergencia.

urgent, e [yʀˈʒɑ̃, t] *adj* urgente.

urger [yʀˈʒe] *intr* (fam) ser urgente.

urinaire [yʀiˈnɛʀ] *adj* urinario.

urine [yˈʀin] *f* orina.

uriner [yʀiˈne] *intr* orinar.

urique [yˈʀik] *adj* úrico.

urne [yʀn] *f* urna. ■ **aller aux urnes** votar.

urticaire [yʀtiˈkɛʀ] *f* urticaria. ■ **donner de l'~ à qqn** ser muy desagradable con alguien.

us [ys] **~ et coutumes** usos y costumbres.

usage [yˈzaʒ] **1** *m* uso. **2** uso, costumbre. **3** buenas maneras (educación). ■ **à ~ de** uso: *c'est un médicament à usage externe = es un medicamento de uso externo*; **à l'~** con el uso; **à l'~ de** para uso de; **d'~** habitual: *c'est l'expression d'usage dans ces cas = es la expresión habitual en estos casos*; **en ~** en uso; **faire de l'~** durar mucho tiempo (un objeto); **faire l'~ de** hacer uso de.

usagé, e [yzaˈʒe] *adj* usado.

usager, ère [yzaˈʒe, ɛʀ] *m et f* usuario.

user [yˈze] **1** *tr* (~ *de*) valerse de, usar. **2** gastar, consumir: *cette voiture use beaucoup d'essence = este coche consume mucha gasolina.* ● **3** *tr et pron* desgastar. **4** agotar, debilitar.

usine [yˈzin] *f* fábrica; usina (Amér.).

usiner [yziˈne] **1** *tr* fabricar. **2** trabajar (una pieza).

ustensile [ystɑ̃ˈsil] *m* utensilio.

usuel, elle [yˈzɥɛl] **1** *adj* usual, habitual. ● **2** *m* manual.

usure [yˈzyʀ] **1** *f* desgaste. **2** ÉCON usura. ■ **rendre avec ~** devolver con creces.

usurier, ère [yzyˈʀje, jɛʀ] *m et f* usurero.

usurpation [yzyʀpaˈsjɔ̃] *f* usurpación.

usurper [yzyʀˈpe] *tr et intr* usurpar.

utérin, e [yteˈʀɛ̃, in] *adj* ANAT uterino.

utérus [yteˈʀys] *m* útero.

utile [yˈtil] *adj* útil.

utilisation [ytilizaˈsjɔ̃] *f* uso, utilización.

utiliser [ytiliˈze] *tr* utilizar.

utilitaire [ytiliˈtɛʀ] *adj* utilitario.

utilité [ytiliˈte] **1** *f* utilidad. **2** THÉÂT figurante. ◆ **~ publique** DR utilidad pública.

utopie [ytɔˈpi] *f* utopía.

Vv

v [ve] *m* v. ◆ **en ~** de pico: *c'est un décolleté en v = es un escote de pico.*

val! [va] **1** *interj* ¡venga!; ¡ándele! (Amér.). **2** (fam) ¡vale!

vacance [va'kɑ̃s] **1** *f* vacante. **2** **vacances** vacaciones; receso (Amér.). ◆ **les grandes vacances** las vacaciones de verano.

vacancier, ère [vakɑ̃'sje, jɛʀ] *m et f* persona que está de vacaciones. ■ **~ de mois d'août** veraneante.

vacant, e [va'kɑ̃, t] **1** *adj* vacante. **2** libre.

vacarme [va'kaʀm] *m* jaleo, ruido.

vacataire [vaka'tɛʀ] *adj/m ou f* substituto.

vaccin [vak'sɛ̃] *m* vacuna.

vacciner [vaksi'ne] *tr* vacunar.

vache [vaʃ] **1** *adj* (fam) duro. ● **2** *adj et f* (fam) guarro, canalla. ● **3** *f* vaca. ◆ **~ à lait** mina: *ce type est une vache à lait = este chico es una mina;* ■ **être gros comme une ~** estar como una vaca; **la ~!** ¡caramba!; **manger de la ~ enragée** apretarse el cinturón; **pleuvoir comme ~ qui pisse** llover a cántaros; **une ~ n'y trouverait pas son veau** estar todo patas arriba.

vachement [vaʃ'mɑ̃] *adv* (fam) muy.

vacherie [vaʃ'ʀi] **1** *f* vaquería. **2** (fam) cabronada, mala jugada.

vaciller [vasi'je] **1** *intr* vacilar; oscilar. **2** (fig) dudar, vacilar.

vadrouiller [vadʀu'je] *intr* vagar, pasear.

va-et-vient [vae'vjɛ̃] *m* vaivén.

vagabond, e [vaga'bɔ̃, d] **1** *adj/m et f* vagabundo. ● **2** *adj* errante.

vagabonder [vagabɔ̃'de] *intr* vagabundear.

vagin [va'ʒɛ̃] *f* vagina.

vaginal, e [vaʒi'nal] *adj* vaginal.

vague [vag] **1** *adj* vago, impreciso. **2** ausente, distraído: *il avait un air vague = estaba como ausente.* ● **3** *f* ola. **4** (fig) oleada (de gente). ● **5** *m* vacío: *regarder dans le vague = mirar al vacío.* ◆ **~ de chaleur** ola de calor; **~ de froid** ola de frío.

vaguer [va'ge] *intr* vagar.

vaillance [va'jɑ̃s] *f* valor, valentía.

vaillant, e [va'jɑ̃, t] **1** *adj* bravo, valiente. **2** fuerte (de salud).

vain, e [vɛ̃, ɛn] **1** *adj* vano. **2** vanidoso. ■ **en ~** en vano.

vaincre [vɛ̃kʀ] *tr* vencer.

vaincu, e [vɛ̃'ky] *adj/m et f* vencido. ■ **s'avouer ~** darse por vencido.

vaisselle [vɛ'sɛl] *f* vajilla. ■ **faire la ~** fregar los platos; **s'envoyer la ~ à la tête** tirarse los platos a la cabeza.

valériane [vale'ʀjan] *f* BOT valeriana.

valeur [va'lœʀ] **1** *f* valor; valentía. **2** validez: *la valeur d'une méthode = la validez de un método.* **3** valor, valía. **4** valor (moral). **5** ÉCON valor. ◆ **objet de ~** objeto de valor. ■ **mettre en ~** poner de relieve; **~ revalorizar** (un capital).

validation [valida'sjɔ̃] *f* validación.

valide [va'lid] **1** *adj* válido. **2** válido, sano.

valider [vali'de] *tr* validar.

validité [validi'te] *f* validez. ◆ **mentale** sano juicio.

valise [va'liz] *f* maleta. ◆ **~ diplomatique** valija diplomática; ■ **con comme une ~** tonto a más no poder.

vallée [va'le] *f* valle. ◆ **~ de larmes** valle de lágrimas.

valoir [va'lwaʀ] **1** *tr* valer: *sa réaction lui a valu une expulsion = su reacción le ha valido una expulsión.* **2** *intr* valer; costar. **3** ser válido. ● **4** se **~** *pron* ser igual de válido: *tous les métiers se valent = todos los trabajos son igual de válidos.* ■ **à ~ sur** a cuenta de; **ça vaut mieux** es preferible; **faire ~** realzar; ejercer (un derecho); **il vaut mieux que** es mejor que; **rien qui vaille** nada bueno; **vaille que vaille** mal que bien; **~ la peine** valer la pena; **~ le coup** valer la pena.

valorisant, e [valɔʀi'zɑ̃, t] *adj* valorizante.

valorisation [valɔʀiza'sjɔ̃] *f* valorización.

valoriser [valɔʀi'ze] *tr* valorizar.

valse [vals] **1** *f* vals. **2** (fig) baile: *quelle valse de prix! = ¡menudo baile de precios!*

valser [val'se] *intr* bailar un vals. ■ **envoyer ~** mandar a paseo; **faire ~** (fig) cambiar continuamente.

vampire [vã'piʀ] *m* vampiro.

van [vã] **1** *m* criba. **2** *especie de furgoneta.*

vandale [vã'dal] *adj/m ou f* vándalo.

vanille [va'nij] *f* vainilla.

vanité [vani'te] *f* vanidad.

vaniteux, euse [vani'tø, øz] *adj/m et f* vanidoso; encolado (Amér.).

vanner [va'ne] **1** *tr* cribar. **2** (fig) reventar (de cansancio).

vannerie [van'ʀi] *f* cestería.

vannier [va'nje, jɛʀ] *m et f* cestero.

vanter [vã'te] **1** *intr* elogiar; alabar. ● **2 se ~** *pron* presumir; fanfarronear: *elle se vante de son argent = presume de su dinero.* **3** jactarse; compadrear (Amér.).

vapes [vap] **être dans les ~** (fam) estar en las nubes.

vapeur [va'pœʀ] *f* vapor. ■ **à toute ~** a toda máquina; **à la ~** al vapor.

vaporeux, euse [vapo'ʀø, øz] *adj* vaporoso, ligero.

vaporisation [vapoʀiza'sjõ] *f* vaporización.

vaporiser [vapoʀi'ze] **1** *tr et pron* vaporizar. ● **2** *tr* pulverizar.

variation [vaʀja'sjõ] **1** *f* variación. **2** MUS variación.

varice [va'ʀis] *f* variz.

varicelle [vaʀi'sel] *f* varicela.

varié, e [va'ʀje] *adj* variado.

varier [va'ʀje] **1** *tr et intr* variar (hacer variado). **2** variar, cambiar.

variété [vaʀje'te] **1** *f* variedad. ● **2 variétés** *f pl* THÉÁT variedades.

vasard, e [va'zaʀ, d] **1** *adj* cenagoso. ● **2** *m* fondo cenagoso.

vasculaire [vasky'lɛʀ] *adj* ANAT, MÉD vascular.

vascularisation [vaskylaʀiza'sjõ] *f* ANAT, MÉD vascularización.

vascularisé, e [vaskylaʀi'ze] *adj* ANAT vascularizado.

vase [vaz] **1** *m* jarrón. **2** florero. ● **3** *f* barro, cieno. ◆ **~ grec** ánfora; **vases communicants** vasos comunicantes; ■ **en ~ clos** aislado.

vaseline [vaz'lin] *f* vaselina.

vaseux, euse [va'zø, øz] **1** *adj* fangoso, cenagoso. **2** (fam) muerto, cansado.

vassal, e [va'sal] *m et f* vasallo.

vaste [vast] *adj* vasto; grande, extenso: *un vaste empire = un vasto imperio.*

vaticiner [vatisi'ne] *intr* vaticinar.

vaudeville [vod'vil] *m* vodevil.

vaurien, enne [vo'ʀjɛ, ɛn] *m et f* golfo, granuja.

vautour [vo'tuʀ] *m* buitre.

vautrer (se) [sovo'tʀe] **1** *pron* tenderse, recostarse: *se vautrer sur le tapis = tenderse sobre la alfombra.* **2** (fig) complacerse.

veau [vo] *m* ternero. ■ **faire le ~** (fig, fam) apoltronarse.

vecteur [vɛk'tœʀ] *adj et m* vector.

vectoriel, elle [vɛkto'ʀjel] *adj* MATH vectorial.

vécu, e [ve'ky] **1** *pp →* vivre. ● **2** *adj* vivido: *une histoire vécue = una historia vivida.* ● **3** *m* lo vivido (experiencia).

vedette [və'dɛt] *f* estrella, figura.

végétal, e [veʒe'tal] *adj et m* vegetal: *l'étude des végétaux = el estudio de los vegetales.*

végétarien, enne [veʒeta'ʀjɛ, ɛn] *adj/m et f* vegetariano.

végétation [veʒeta'sjõ] *f* vegetación.

végéter [veʒe'te] **1** *intr* vegetar. **2** (fig) vegetar, vaguear.

véhémence [vee'mãs] *f* vehemencia: *protester avec véhémence = protestar con vehemencia.*

véhément, e [vee'mã, t] *adj* vehemente.

véhicule [vei'kyl] *m* vehículo.

véhiculer [veiky'le] **1** *tr* (fam) transmitir. ● **2 se ~** *pron* trasladarse.

veille [vɛj] **1** *f* desvelo (insomnio). **2** vela, vigilia. **3** víspera, vigilia (el día anterior): *la veille de sa mort = la vigilia de su muerte.*

veiller [ve'je] **1** *intr* velar: *veiller au chevet d'un malade = velar en la cabecera de un enfermo.* **2** hacer guardia, velar: *homme de veille = hombre de guardia.* ● **3** *tr* velar, vigilar (a alguien): *veiller le malade = vigilar al enfermo.*

veinard, e [vɛ'naʀ, d] *adj/m et f* (fam) afortunado, chambón.

veine [vɛn] **1** *f* vena. **2** (fam) suerte, potra: *avoir de la veine = tener suerte.* **3** (fig) vena, inspiración: *la veine poétique d'un artiste = la vena poética de un artista.*

velléité [velei'te o vɛlei'te] *f* veleidad.

vélo [ve'lo] *m* bici, bicicleta: *faire du vélo = montar en bici.*

véloce [ve'lɔs] *adj* veloz, rápido.

vélodrome [velɔ'drom] *m* velódromo.

velours [və'luʀ] *m* vellosillo, terciopelo.

velouter [vəlu'te] *tr* aterciopelar: *velouter la voix = aterciopelar la voz.*

velu, e [və'ly] *adj* velludo, peludo.

velvet [vɛl'vɛt] *m* velludillo.

venant, e [və'nɑ̃, t] *allant et ~* que va y viene; ■ *à tout ~* a todo el mundo.

vendange [vɑ̃'dɑ̃ʒ] *f* vendimia: *faire les vendanges = hacer la vendimia.*

vendanger [vɑ̃dɑ̃'ʒe] *intr et tr* vendimiar.

vendeur, euse [vɑ̃'dœʀ, øz] **1** *adj/m et f* vendedor. **2** dependiente (de una tienda).

vendre [vɑ̃dʀ] **1** *tr* vender: *vendre son âme au diable = vender su alma al diablo.* ● **3 se ~** *pron* venderse, traicionarse. ■ *à ~* en venta.

vendredi [vɑ̃dʀə'di] *m* viernes.

vendu, e [vɑ̃'dy] **1** *pp →* vendre. ● **2** *adj* vendido. **3** (fam) vendido, corrompido: *un juge vendu = un juez vendido.*

vénéneux, euse [vene'nø, øz] *adj* venenoso.

vénération [venera'sjɔ̃] *f* veneración.

vénérer [vene'ʀe] *tr* venerar: *vénérer un saint = venerar un santo.*

vénérien, enne [vene'ʀjɛ̃, ɛn] *adj* venéreo.

vengeance [vɑ̃'ʒɑ̃s] *f* venganza.

venger [vɑ̃'ʒe] *tr et pron* vengar: *venger son honneur = vengar su honor.*

venimeux, euse [vəni'mø, øz] *adj* venenoso.

venin [və'nɛ̃] **1** *m* veneno: *un venin mortel = un veneno mortal.* **2** (fig) veneno, odio: *un regard chargé de venin = una mirada cargada de veneno.*

venir [və'niʀ] **1** *intr* venir: *venez avec moi = venga conmigo.* **2** venir, llegar (volver): *une idée me vient à l'ésprit = una idea me viene a la cabeza.* **3** salir (proceder): *la justice vient de Dieu = la justicia sale de Dios.* **4** (fig) llegar, producirse: *prendre les choses comme elles viennent = tomar las cosas como llegan.* **5** *~* **de + inf** acabar de + inf: *je viens d'arriver = acabo de llegar.*

vent [vɑ̃] *m* viento. ◆ **coup de ~** golpe de viento; *~* **arrière** MAR viento de popa; ■ **aux quatre vents** en todas direcciones; **bon ~!** ¡buen viaje!

vente [vɑ̃t] *f* venta: *procéder à la vente = proceder a la venta.* ◆ *~* **à credit** venta a crédito; *~* **aux enchères** subasta.

venter [vɑ̃'te] *impers* ventar, ventear.

venteux, euse [vɑ̃'tø, øz] *adj* ventoso.

ventilateur [vɑ̃tila'tœʀ] *m* ventilador. ◆ *~* **à main** abanico.

ventilation [vɑ̃tila'sjɔ̃] *f* ventilación.

ventiler [vɑ̃ti'le] **1** *tr* ventilar, airear. **2** DR (fig) distribuir: *ventiler les dépenses = distribuir los gastos.*

ventôse [vɑ̃'toz] *m* HIST ventoso.

ventouse [vɑ̃'tuz] **1** *f* ventosa. **2** TECH respiradero.

ventre [vɑ̃tʀ] **1** *m* vientre. **2** tripa, barriga (de un animal). **3** (fam) panza, barriga: *il avait un gros ventre = tenía una gran panza.* ◆ **bas** *~* bajo vientre; ■ **à plat** *~* boca abajo.

ventriloque [vɑ̃tʀi'lɔk] *adj/m ou f* ventrílocuo.

ventriloquie [vɑ̃tʀilɔ'ki] *f* ventriloquia.

venu, e [və'ny] **1** *adj/m et f* venido: *être bien venu = ser bienvenido.* ● **2** *adj* desarrollado, realizado (elaborado): *un enfant bien venu = un niño bien desarrollado.*

Vénus [ve'nys] **1** *f* Venus (diosa). **2** ASTR Venus.

ver [vɛʀ] *m* gusano, lombriz. ◆ *~* **à soie** gusano de seda.

véracité [veʀasi'te] *f* veracidad.

véranda [veʀɑ̃'da] *f* mirador, galería.

verbal, e [vɛʀ'bal] *adj* verbal.

verbalisation [vɛʀbaliza'sjɔ̃] **1** *f* levantamiento de acta. **2** proceso de atestado.

verbaliser [vɛʀbali'ze] **1** *intr* formalizar el atestado. **2** verbalizar (hablar).

verbe [vɛʀb] *m* verbo: *conjuguer un verbe = conjugar un verbo.*

verbeux, euse [vɛʀ'bø, øz] *adj* verboso.

verbosité [vɛʀbozi'te] *f* verbosidad.

verdâtre [vɛʀ'datʀ] *adj* verdoso.

verdir [vɛʀ'diʀ] **1** *intr* verdecer. ● **2** *tr* verdear.

verdoyant, e [vɛʀdwa'jɑ̃, t] *adj* verde, verdoso.

verdoyer [vɛʀdwa'je] *intr* verdecer.

verdure [vɛʀ'dyʀ] **1** *f* verdura, verdor. **2** vegetación: *un tapis de verdure = una alfombra de vegetación.* **3** verdura (alimento).

verger [vɛʀ'ʒe] *m* vergel.

verglacé, e [vɛʀgla'se] *adj* helado, cubierto de hielo.

verglas [vɛʀ'gla] *m* hielo (en la carretera).

vergogne [vɛʀ'gɔɲ] *f* vergüenza. ◆ **sans ~** sin vergüenza.

véridique [veʀi'dik] *adj* verídico.

vérificatif, ive [veʀifika'tif, iv] *adj* verificativo.

vérification [veʀifika'sjɔ̃] *f* verificación: *procéder à la vérification* = proceder a la verificación.

vérifier [veʀi'fje] *tr et pron* verificar.

vérité [veʀi'te] **1** *f* verdad. **2** parecido (semejanza): *la vérité d'un portrait* = el parecido de un retrato.

verlan [vɛʀ'lɑ̃] *m* jerga que invierte las sílabas de las palabras.

vermicelle [vɛʀmi'sɛl] *m* fideos: *soupe au vermicelle* = sopa de fideos.

vermine [vɛʀ'min] **1** *f* parásito. **2** (fig) parásito, chusma.

vermisseau [vɛʀmi'so] *m* pequeño gusano.

vermouth [vɛʀ'mut] *m* vermut.

vernaculaire [vɛʀnaky'lɛʀ] *adj* vernáculo: *langue vernaculaire* = lengua vernácula.

verni, e [vɛʀ'ni] **1** *adj* barnizado. ● **2** *m* piel de charol: *un sac en verni noire* = bolso de piel de charol negro.

vernir [vɛʀ'niʀ] **1** *tr* barnizar. **2** charolear (piel).

vernis [vɛʀ'ni] *m* barniz. ◆ **~ à ongles** esmalte de uñas.

vernisser [vɛʀni'se] *tr* vidriar.

verre [vɛʀ] **1** *m* vidrio. **2** cristal: *le verre d'une fenêtre* = el cristal de una ventana. **3** vaso: *un verre à bière* = un vaso de cerveza. ◆ **maison de ~** (fig) empresa transparente; **~ à champagne** copa de champán; ■ **lever son ~** brindar.

verré, e [ve'ʀe] *adj* TECH salpicado de polvo de vidrio.

verrerie [vɛʀ'ʀi] *f* vidriería, cristalería.

verrière [ve'ʀjɛʀ] *f* vidriera.

verrou [ve'ʀu] **1** *m* pestillo, cerrojo. **2** cerrojo (de un arma de fuego). ◆ **~ de sécurité** cerrojo de seguridad; ■ **mettre qqn sous les verrous** encerrar a alguien; **être sous les verrous** estar en prisión.

verrouiller [veʀu'je] **1** *tr* echar el pestillo. **2** bloquear: *verrouiller l'accès à l'information* = bloquear el acceso a la información*. ● **3** *tr et pron* encerrar.

verrue [ve'ʀy] *f* verruga.

vers [vɛʀ] *prép* hacia: *aller vers la sortie* = ir hacia la salida, *vers cinq heures* = hacia las cinco.

vers [vɛʀ] *m* verso. ◆ **faiseur de ~** rimador.

versant [vɛʀ'sɑ̃] **1** *m* ladera. **2** (fig) cara, lado.

versatile [vɛʀsa'til] *adj* versátil.

versatilité [vɛʀsatili'te] *f* versatilidad.

Verseau [vɛʀ'so] **1** *m ou f* acuario (persona) ● **2** *m* ASTR Acuario.

verser [vɛʀ'se] **1** *tr* inclinar. **2** verter: *verser du vin dans un verre* = verter vino en un vaso. **3** depositar (dinero). **4** adjuntar (un documento). ● **5** *intr* volcar. **6** (fig) (~ *dans*) caer en.

versifier [vɛʀsi'fje] *tr* versificar.

version [vɛʀ'sjɔ̃] **1** *f* traducción. **2** versión. **3** MÉD versión.

verso [vɛʀ'so] *m* dorso: *le verso d'une photographie* = el dorso de una fotografía.

versus [vɛʀ'sys] *prép* versus.

vert, e [vɛʀ, t] **1** *adj et m* verde (color). ● **2** *adj* vigoroso, lozano. **3** (fig) duro, fuerte: *un vert discours* = un discurso duro. ● **4** *m* verdura. ■ **les petits hommes verts** los hombrecillos verdes (extraterrestres).

> Permanece invariable si recibe un modificador: *des robes vert foncé* = vestidos verde oscuro ◊ *un chapeau vert bouteille* = un sombrero verde botella.

vert-de-gris [vɛʀdə'gʀi] **1** *adj* verde grisáceo. ● **2** *m* cardenillo.

vertèbre [vɛʀ'tɛbʀ] *f* vértebra.

vertical, e [vɛʀti'kal] *adj/m et f* vertical. ■ **à la verticale** en posición vertical.

verticalité [vɛʀtikali'te] *f* verticalidad.

vertige [vɛʀ'tiʒ] **1** *m* vértigo. **2** (fig) vértigo, miedo: *le vertige de la gloire* = el miedo que da la gloria.

vertigineux, euse [vɛʀtiʒi'nø, øz] *adj* vertiginoso.

vertu [vɛʀ'ty] **1** *f* virtud. **2** honestidad. **3** castidad. ■ **en ~ de** en virtud de, por el poder de; en nombre de; *il a de la ~* tiene mérito.

vertueux, euse [vɛrˈtɥø, øz] **1** *adj* virtuoso, noble. **2** casta, fiel.

vésiculaire [vezikyˈlɛr] *adj* vesicular.

vessie [veˈsi] *f* ANAT vejiga.

veste [vɛst] **1** *f* chaqueta; saco (Amér.). **2** americana (saco (Amér.).

vestiaire [vɛsˈtjɛr] **1** *m* guardarropa (en restaurantes, etc.). **2** vestuario.

vestige [vɛsˈtiʒ] *m* (se usa más en *pl*) vestigio.

vestimentaire [vɛstimɑ̃ˈtɛr] *adj* indumentario.

veston [vɛsˈtɔ̃] *m* americana (chaqueta).

vêtement [vɛtˈmɑ̃] **1** *m* ropa, vestido. **2** (fig) adorno, ornato.

vétéran [veteˈrɑ̃] *m* veterano.

vétérinaire [veteriˈnɛr] *adj/m ou f* veterinario.

vêtir [veˈtir] *tr et pron* vestir.

veto [veˈto] *m* veto. ■ **opposer son ~ à une loi** vetar una ley.

vêtu, e [veˈty] *adj* vestido.

vétuste [veˈtyst] *adj* vetusto.

veuf, veuve [vœf, v] *adj/m et f* viudo.

vexant, e [vɛkˈsɑ̃, t] *adj* vejador.

vexateur, trice [vɛksaˈtœr, tris] *adj/m et f* vejatorio.

vexation [vɛksaˈsjɔ̃] *f* vejación.

vexatoire [vɛksaˈtwar] *adj* vejatorio.

vexer [vɛkˈse] **1** *tr* vejar, molestar. ● **2 se ~** *pron* ofenderse, picarse.

via [vja] *prép* vía.

viaduc [vjaˈdyc] *m* viaducto.

viager, ère [vjaˈʒe, ɛr] *adj et m* vitalicio. ■ **mettre en ~** hacer un vitalicio.

viande [vjɑ̃d] **1** *f* carne. **2** (fam) carne, cuerpo (del hombre). ◆ **~ blanche** carne blanca; **~ rouge** carne roja.

vibrant, e [viˈbrɑ̃, t] *adj* vibrante.

vibraphone [vibraˈfɔn] *m* MUS vibráfono.

vibration [vibraˈsjɔ̃] *f* vibración.

vibrer [viˈbre] *intr et tr* vibrar.

vibreur [viˈbrœr] *m* vibrador.

vicaire [viˈkɛr] *m* REL vicario.

vicariat [vikaˈrja] *m* REL vicariato.

vice [vis] **1** *m* vicio. **2** REL pecado. ◆ **~ de forme** DR vicio de forma.

vicésimal, e [viseziˈmal] *adj* MATH vigesimal.

vice versa [visvɛrˈsa] *loc adv* viceversa.

vichy [viˈʃi] *m* vichy (tela).

vicier [viˈsje] **1** *tr* viciar. **2** DR viciar.

vicieux, euse [viˈsjø, øz] *adj/m et f* vicioso.

vicissitude [visisiˈtyd] *f* (se usa más en *pl*) vicisitud.

victime [vikˈtim] *f* víctima.

victoire [vikˈtwar] *f* victoria, triunfo.

victorien, enne [viktɔˈrjɛ̃, ɛn] *adj* victoriano.

victorieux, euse [viktɔˈrjø, øz] *adj* victorioso.

vidange [viˈdɑ̃ʒ] **1** *f* vaciado. **2** limpieza (de fosas, etc.). **3** desagüe (del lavabo). **4** AUT cambio de aceite. ■ **faire la ~** AUT cambiar el aceite.

vidanger [vidɑ̃ˈʒe] **1** *tr* vaciar. **2** limpiar (fosa séptica, etc.).

vide [vid] **1** *adj et m* vacío. ● **2** *adj* vacante (sin ocupante). ◆ **~ de sens** sin sentido; ■ **à ~** en el vacío; **~ de** desprovisto de.

vidéo [videˈo] **1** *adj* de vídeo. ● **2** *f* vídeo.

vidéocassette [videokaˈsɛt] *f* videocasete, videocinta.

vidéothèque [videoˈtɛk] *f* videoteca.

vider [viˈde] **1** *tr et pron* vaciar. ● **2** *tr* limpiar (pescado, etc.). **3** (fam) agotar. **4** (fam) expulsar.

vidoir [viˈdwar] *m* TECH fosa séptica.

viduité [vidɥiˈte] *f* viudez, viudedad.

vie [vi] *f* vida. ■ **à ~** de por vida; **devoir la ~ à** haber sido salvado por; **donner la ~** dar a luz.

vieil [vjɛj] *adj et m* → **vieux**.

Se emplea en lugar de **vieux** ante nombres que empiezan por vocal o **h** muda: *un vieil arbre = un viejo árbol*.

vieillard [vjeˈjar] *m* viejo, anciano.

vieille [vjɛj] **1** *adj et f* → **vieux**. ● **2** *f* ZOOL budión.

vieillerie [vjɛjˈri] **1** *f* antigualla. **2** (fam) vejez.

vieillesse [vjeˈjes] *f* vejez.

vieilli, e [vjeˈji] **1** *adj* envejecido. **2** anticuado.

vieillir [vjeˈjir] **1** *intr* envejecer. **2** anticuarse (un libro, etc.). **3** añejar (alimentos). ● **4** *tr et pron* envejecer; avejentar.

viennoiserie [vjenwazˈri] *f* bollería.

vierge [vjɛrʒ] **1** *adj et f* virgen. ● **2 Vierge** *m ou f* virgo (persona). ● **3** *f* ASTR Virgo.

vieux, vieille [vjø, vjɛj] **1** *adj/m et f* viejo: *c'est un vieil homme* = es un hombre viejo, *il est déjà vieux* = él ya es viejo, *c'est une vieille femme* = es una mujer vieja. **2** antiguo: *ces meubles sont vieux* = estos muebles son antiguos. ■ **mon ~** (fam) mi viejo (padre); amigo mío.

vif, vive [vif, iv] **1** *adj et m* vivo. ● **2** *adj* intenso: *la lumière est très vive* = la luz es muy intensa. ● **3** *m* carne viva. **4** (fig) meollo. ■ **à ~** a lo vivo.

vigilance [viʒi'lɑ̃s] *f* vigilancia.

vigilant, e [viʒi'lɑ̃, t] *adj* vigilante.

vigne [viɲ] **1** *f* vid. **2** viña.

vignette [vi'ɲɛt] *f* viñeta.

vignoble [vi'nɔbl] *m* viñedo.

vigoureux, euse [vigu'Rø, øz] *adj* vigoroso.

vigueur [vi'gœR] *f* vigor.

viking [vi'kiŋ] **1** *adj* vikingo. ● **2 Vikings** *m pl* vikingos.

vil, e [vil] *adj* vil. ■ **à ~ prix** a bajo precio.

vilain, e [vi'lɛ̃, ɛn] **1** *adj/m et f* despreciable. **2** feo. **3** malo (un niño). ■ **il fait ~** (fam) hace mal tiempo.

vilipender [vilipɑ̃'de] *tr* vilipendiar.

villa [vil'la] *f* villa; chalé.

village [vi'laʒ] *m* aldea, pueblo.

villageois, e [vila'ʒwa, z] **1** *adj/m et f* aldeano. **2** campesino.

ville [vil] *f* ciudad. ◆ **~ d'eaux** balneario.

vin [vɛ̃] *m* vino. ◆ **~ blanc** vino blanco; **~ de table** vino de mesa; **~ doux** vino dulce; **~ rouge** vino tinto; ■ **entre deux vins** achispado.

vinaigre [vi'nɛgR] *m* vinagre. ■ **faire ~** darse prisa; **tourner au ~** (fam) torcerse las cosas.

vinaigrer [vine'gRe] *tr* envinagrar.

vinaigrette [vine'gRɛt] **1** *f* vinagreta. **2** silla de manos (vehículo antiguo).

vingt [vɛ̃] *adj et m* veinte.

> Cuando multiplica debe ponerse en plural (*quatre-vingts* = ochenta), excepto si va seguido de otro número (*quatre-vingt-cinq* = ochenta y cinco).

vingtaine [vɛ̃'tɛn] *f* veintena.

vingtième [vɛ̃'tjɛm] *adj/m ou f* vigésimo, veinteavo.

vinicole [vini'kɔl] *adj* vinícola.

viol [vjɔl] *m* violación.

violacé, e [vjɔla'se] *adj* violáceo.

violacer [vjɔla'se] *tr et pron* volver violáceo.

violation [vjɔla'sjɔ̃] *f* violación.

violâtre [vjɔ'latR] *adj* violáceo.

violence [vjɔ'lɑ̃s] *f* violencia. ■ **faire ~ à** hacer violencia a.

violent, e [vjɔ'lɑ̃, t] *adj* violento.

violer [vjɔ'le] *tr* violar.

violet, ette [vjɔ'lɛ, ɛt] **1** *adj et m* violeta (color). ● **2** *f* BOT violeta.

violon [vjɔ'lɔ̃] **1** *m* violín. **2** violinista.

violoncelle [vjɔlɔ̃'sɛl] *m* violoncelo, violonchelo.

vipère [vi'pɛR] **1** *f* víbora. **2** (fam) víbora. ◆ **langue de ~** (fam) lengua de víbora.

vipérin, e [vipe'Rɛ̃, in] **1** *adj* viperino. ● **2** *f* BOT viperina.

virage [vi'Raʒ] *m* curva.

viral, e [vi'Ral] *adj* viral, vírico.

virer [vi'Re] **1** *intr* girar. ● **2** *tr et intr* MAR virar. **3** PHOT virar. ● **4** *tr* transferir (a una cuenta bancaria). **5** (~ à) pasar a (un color).

virevolter [viRvɔl'te] *intr* redolar.

virginal, e [viRʒi'nal] *adj* virginal.

virginité [viRʒini'te] *f* virginidad.

virgule [viR'gyl] *f* coma.

viril, e [vi'Ril] *adj* viril.

virilité [viRili'te] *f* virilidad.

virtualité [viRtɥali'te] *f* virtualidad.

virtuel, elle [viR'tɥɛl] *adj* virtual.

virtuose [viR'tɥoz] *adj/m ou f* virtuoso.

virtuosité [viRtɥozi'te] *f* virtuosismo.

virulence [viRy'lɑ̃s] *f* virulencia.

virulent, e [viRy'lɑ̃, t] *adj* virulento.

virus [vi'Rys] *m* MÉD virus.

vis [vis] *f* tornillo. ◆ **escalier à ~** escalera de caracol.

visa [vi'za] *m* visado.

visage [vi'zaʒ] **1** *m* cara, rostro. **2** personalidad. **3** (fig) cara, aspecto.

vis-à-vis [viza'vi] **1** *adv* frente a frente. ● **2** ~ *loc prép* (~ *de*) enfrente de, frente a. **3** (~ *de*) en comparación con.

viscéral, e [vise'Ral] *adj* visceral.

viscosité [viskozi'te] *f* viscosidad.

viser [vi'ze] **1** *intr et tr* apuntar. ● **2** *tr* (fig) poner la mira en. **3** visar (un pasaporte, un documento).

visière [vi'zjɛR] *f* visera.

vision [vi'zjɔ̃] *f* visión.

En ville / *En la ciudad*

En ville	En la ciudad	En ville	En la ciudad
les alentours	*los alrededores*	*le zoo(logique)*	*el zoo(lógico)*
un arrondissement	*un distrito municipal*	*les arcades*	*los soportales*
une avenue	*una avenida*	*le bâtiment*	*el edificio*
le banc	*el banco*	*la bibliothèque*	*la biblioteca*
la banlieue	*el suburbio*	*la cathédrale*	*la catedral*
le bassin	*el estanque*	*le cimetière*	*el cementerio*
le bidonville	*el barrio de chabolas*	*le coin*	*la esquina*
la capitale	*la capital*	*une église*	*una iglesia*
central	*céntrico*	*un gratte-ciel*	*un rascacielos*
le centre historique	*el casco antiguo*	*un hôpital*	*un hospital*
le centre-ville	*el centro*	*l' hôtel de ville,*	*el ayuntamiento*
la chaussée	*la calzada*	*la mairie*	
la cité-dortoir	*la ciudad dormitorio*	*le maire*	*el alcalde*
le cours	*el paseo, la alameda*	*un monument*	*un monumento*
les environs	*las afueras*	*municipal*	*municipal*
le faubourg	*el arrabal*	*un musée*	*un museo*
la fontaine	*la fuente*	*l' opéra*	*el teatro*
un H. L. M.	*una vivienda*		*de la ópera*
	de protección oficial	*le palais*	*el palacio*
une impasse,	*un callejón*	*le parking*	*el aparcamiento*
un cul-de-sac	*sin salida*	*un pâté*	*una manzana*
le jet d' eau	*el surtidor*	*de maisons*	*de casas*
le kiosque	*el quiosco*	*stationnement*	*prohibido*
le lampadaire	*la farola*	*interdit*	*aparcar*
le parc	*el parque*	*un terrain à bâtir*	*un solar*
la place	*la plaza*	*le théâtre*	*el teatro*
le plan de la ville	*el plano de la ciudad*	*la tour*	*la torre*
la population	*la población*	*l' autobus*	*el autobús*
la promenade	*el paseo*	*le feu rouge*	*el semáforo*
le quartier	*el barrio*	*la gare*	*la estación*
une résidence	*una residencia*		*(de tren)*
résidentiel	*residencial*	*un habitant*	*un habitante*
une rue commerçante	*una calle comercial*	*habiter*	*vivir*
une rue piétonne	*una calle peatonal*	*le métro*	*el metro*
la rue	*la calle*	*un piéton*	*un peatón*
une ruelle	*una callejuela*	*le rond-point*	*la rotonda*
les taudis	*las chabolas*	*un taxi*	*un taxi*
le train de banlieue	*el tren de cercanías*	*le tramway*	*el tranvía*
le trottoir	*la acera*	*un voisin*	*un vecino*

visionnaire [vizjɔˈnɛʀ] *adj/m ou f* visionario.

visionner [vizjɔˈne] *tr* visionar.

visite [viˈzit] *f* visita. ■ **rendre ~ à qqn** visitar a alguien.

visiter [viziˈte] **1** *tr* visitar. **2** inspeccionar, registrar.

visqueux, euse [visˈkø, øz] **1** *adj* viscoso. **2** (fig) empalagoso.

visser [viˈse] **1** *tr* atornillar. **2** apretar (un tapón, etc.). **3** (fig, fam) atornillar, apretar.

visualisation [vizɥalizaˈsjɔ̃] *f* visualización.

visualiser [vizɥaliˈze] **1** *tr* visualizar. **2** INF visualizar.

visuel, elle [viˈzɥɛl] *adj/m et f* visual.

vital, e [viˈtal] *adj* vital.

v

vitalité [vitali'te] *f* vitalidad.

vitamine [vita'min] *f* BIOCH vitamina.

vite [vit] **1** *adv* deprisa, rápidamente: *elle travaille vite = trabaja deprisa.* **2** pronto.

vitesse [vi'tɛs] *f* velocidad. ■ à toute ~ a toda velocidad.

vitrail [vi'tRaj] (*pl* vitraux) *m* vidriera.

vitre [vitR] *f* cristal.

vitrer [vi'tRe] *tr* acristalar, encristalar.

vitrerie [vitRə'Ri] *f* cristalería.

vitrifier [vitRi'fje] *tr et pron* vitrificar.

vitrine [vi'tRin] **1** *f* escaparate. **2** vitrina (para objetos de valor).

vitupérer [vitype'Re] **1** *tr* vituperar. ● **2** *intr* (~ *contre*) vituperar contra.

vivacité [vivasi'te] **1** *f* vivacidad. **2** (fig) viveza.

vivant, e [vi'vã, t] *adj* vivo, viviente. ● **2** *m* vivo: *les vivants et les morts = los vivos y los muertos.*

vive [viv] **1** *f* ZOOL peje araña. ● **2** vive! *interj* ¡viva!

vivier [vi'vje] **1** *m* vivero. **2** (fig) cantera.

vivifiant, e [vivi'fjã, t] *adj* vivificante.

vivifier [vivi'fje] *tr* vivificar.

vivoter [vivo'te] *intr* ir viviendo, ir tirando.

vivre [vivR] *m* víveres.

vivre [vivR] *intr et tr* vivir. ■ être facile à ~ ser de buen carácter.

vocable [vo'kabl] **1** *m* vocablo. **2** REL advocación.

vocabulaire [vokaby'lɛR] **1** *m* vocabulario. **2** terminología.

vocal, e [vo'kal] *adj* vocal.

vocalisation [vokaliza'sjõ] *f* vocalización.

vocaliser [vokali'ze] **1** *tr* vocalizar. ● **2** *intr* MUS vocalizar.

vocation [voka'sjõ] *f* vocación.

vociférer [vosife'Re] *intr et tr* vociferar.

vodka [vod'ka] *f* vodka.

vœu [vø] **1** *m* voto, promesa: *faire vœu de pauvreté = hacer voto de pobreza.* **2** deseo.

vogue [vog] *f* boga. ■ en ~ de moda.

voici [vwa'si] **1** *prép* aquí está: *voici ma mère = aquí está mi madre.* **2** ya: *les voici prêts à partir = ya están preparados para marcharse.* **3** he aquí. **4** hace: *il est parti voici une heure = se ha ido hace una hora.*

voie [vwa] **1** *f* vía. **2** camino. **3** carril (calzada). **4** ANAT vía. ■ être en bonne ~ ir por el buen camino; mettre sur la bonne ~ indicar el buen camino; en ~ de en vías de.

voilà [vwa'la] **1** *prép* ahí está: *tiens, les voilà! = ¡mira, ahí están!* **2** ya. **3** he ahí: *voilà tous les documents qu'on a = he ahí todos los documentos que tenemos.* **4** hace, hará. ■ ~ tout eso es todo.

voile [vwal] **1** *m* velo. **2** (fig) capa: *un voile de nuages = una capa de nubes.* ● **3** *f* MAR vela.

voir [vwaR] **1** *tr, intr et pron* ver. ● **2** *tr et pron* verse, encontrarse (con gente). **3** ~ + à + *inf* pensar + en + *inf*: *il faudrait voir à partir = habría que pensar en marcharnos.* ■ ~ de loin verlas venir; voyons! ¡a ver!

voisin, e [vwa'zɛ̃, in] **1** *adj* cercano, próximo. ● **2** *m et f* vecino.

voisiner [vwazi'ne] *tr* encontrarse cerca de.

voiture [vwa'tyR] **1** *f* carruaje. **2** coche, automóvil; carro (Amér.). **3** vagón (de tren). ◆ ~ d'enfant cochecito de bebé.

voix [vwa] **1** *f* voz. **2** MUS voz. **3** POL voto. ■ à ~ haute en voz alta; mettre aux ~ poner a votación.

vol [vol] **1** *m* vuelo. **2** bandada (de pájaros). **3** robo. ◆ ~ à voile vuelo sin motor; ~ à main armée robo a mano armada.

volaille [vo'laj] *f* aves de corral.

volant, e [vo'lã, t] **1** *adj* volador, volante. ● **2** *m* AUT volante.

volatil, e [vola'til] *adj* volátil.

vol-au-vent [volo'vã] *m* volován.

volcan [vol'kã] *m* volcán.

volcanique [volka'nik] *adj* volcánico.

volée [vo'le] **1** *f* vuelo. **2** bandada (de pájaros). **3** descarga (artillería). **4** paliza, zurra; golpiza (Amér.). **5** TECH tramo (de escalera). ■ à la ~ de golpe, de una sola vez.

voler [vo'le] **1** *intr* volar. ● **2** *tr* robar, hurtar; chingar (Amér.).

volet [vo'lɛ] **1** *m* contraventana, postigo. **2** hoja (de un tríptico). ■ trier sur le ~ escoger con esmero.

voleur, euse [vo'lœR, øz] *adj/m et f* ladrón.

volontaire [volõ'tɛR] *adj/m ou f* voluntario.

volonté [volõ'te] *f* voluntad. ◆ bonne ~ buena voluntad; dernières volontés últimas voluntades; ■ à ~ a voluntad.

volontiers [vɔlɔ̃'tje] *adv* de buen grado.

volte-face [vɔltə'fas] **1** *f* media vuelta. **2** (fig) cambio súbito (de opinión).

volume [vɔ'lym] *m* volumen. ■ **faire du ~** (fam) ocupar espacio.

volumineux, euse [vɔlymi'nø, oz] *adj* voluminoso.

volupté [vɔlyp'te] *f* voluptuosidad.

voluptueux, euse [vɔlyp'tɥø, øz] *adj/m et f* voluptuoso.

vomi [vɔ'mi] *m* vómito.

vomir [vɔ'miʀ] *tr* vomitar. ■ **être à ~** ser vomitivo.

vorace [vɔ'ʀas] *adj* voraz.

voracité [vɔʀasi'te] *f* voracidad.

vos [vo] *adj poss* → **votre**.

votant, e [vɔ'tɑ̃, t] *m et f* votante.

votation [vɔta'sjɔ̃] *f* (en Suiza) voto.

vote [vɔt] *m* voto. ◆ **~ à main levée** voto a mano alzada.

voter [vɔ'te] *intr et tr* votar.

votre [vɔtʀ] (*pl* **vos**) **1** *adj poss* vuestro, vuestra (*f*), vuestros, vuestras (*f*): *à votre santé! = ¡a vuestra salud!* **2** su, sus (de usted, de ustedes): *à votre santé! = ¡a su salud!*

vôtre [vɔtʀ] (*pl* **vôtres**) **1** *pron poss* (precedido de *le, la, les*) el vuestro, la vuestra (*f*), los vuestros, las vuestras (*f*): *ce livre est le vôtre = este libro es el vuestro*; el suyo, la suya (*f*), los suyos, las suyas (*f*) (de usted, de ustedes): *cette chambre est la vôtre = esta habitación es la suya*. ● **2 les vôtres** *m pl* los vuestros: *nous sommes des vôtres = somos de los vuestros*; los suyos (de usted, de ustedes): *nous sommes des vôtres = somos de los suyos*.

vouer [vwe] **1** *tr et pron* consagrar, dedicar. ● **2** *tr* jurar, prometer (amistad, amor). **3** estar condenado.

vouloir [vu'lwaʀ] *m* voluntad.

vouloir [vu'lwaʀ] **1** *tr* querer. **2** desear: *voulez-vous boire quelque chose? = ¿desea beber algo?* ■ **en ~ à qqch** poner la mira en algo; **en ~ à qqn** estar resentido con alguien; **~ de qqn** interesarse por alguien.

vous [vu] **1** *pron* vosotros, vosotras (*f*): *vous arrivez trop tard = vosotras llegáis tarde*; usted, ustedes: *vous semblez fatigué = usted parece cansado*. **2** os: *je veux que vous vous parliez = quiero que os habléis*; se (ustedes): *je veux que vous*

vous parliez = quiero que se hablen. **4** le (a usted): *je vous connais = le conozco*; les (a ustedes): *je vous connais = les conozco*. ■ **dire ~ à qqn** tratar de usted a alguien.

> Si esta forma representa al sujeto de la oración, no debe traducirse: *vous chantez = cantáis*. Sólo se traduce en casos enfáticos como: *vous, vous irez = vosotros iréis*.

voûte [vut] *f* ARCHIT bóveda. ◆ **~ céleste** bóveda celeste; **~ crânienne** ANAT bóveda craneal.

vouvoyer [vuvwa'je] *tr* hablar de usted.

voyage [vwa'jaʒ] **1** *m* viaje. **2** (fig) viaje (con alucinógeno). ■ **faire le grand ~** morir.

voyager [vwaja'ʒe] *intr* viajar.

voyance [vwa'jɑ̃s] *f* videncia.

voyelle [vwa'jɛl] *f* vocal.

voyou [vwa'ju] *m* bribón, gamberro; zaragate (Amér.).

vrac (en) [ɑ̃vʀak] **1** *loc adv* a granel. **2** (fig) en desorden.

vrai, e [vʀɛ] **1** *adj* verdadero. ● **2** *m* verdad. ● **3** *adv* (fam) verdaderamente. ■ **à ~ dire** a decir verdad.

vraiment [vʀɛ'mɑ̃] *adv* verdaderamente, de verdad.

vraisemblance [vʀɛsɑ̃'blɑ̃s] *f* verosimilitud.

VTT [vete'te] (*sigles de* **vélo tout-terrain**) *m* bicicleta de montaña, mountain bike.

vu, e [vy] **1** *adj* visto. ● **2** *prép* en vista de. ◆ **bien ~** bien visto; **mal ~** mal visto; ■ **au ~ et au su de tous** a vista y ciencia de todos; **c'est tout ~** todo está visto.

vue [vy] **1** *f* vista (sentido). **2** vista, panorama (paisaje). **3** intención, mira. ◆ **à première ~** a primera vista; **avoir qqch en ~** tener proyectos a la vista.

vulgaire [vyl'gɛʀ] **1** *adj* vulgar. ● **2** *m* vulgo. ◆ **latin ~** latín vulgar.

vulgarisation [vylgaʀiza'sjɔ̃] *f* vulgarización.

vulgariser [vylgaʀi'ze] *tr* vulgarizar.

vulgarité [vylgaʀi'te] *f* vulgaridad.

vulve [vylv] *f* ANAT vulva.

Ww

w [dublə've] *m* w, v doble.
W (*abrév de* watt) *m* W.
wagon [va'gɔ̃] *m* vagón.
wagon-lit [vagɔ̃'li] *m* coche cama.
W-C [ve'se] (*abrév de* water-closet) *m* wc, wáter, váter.

Web [wɛb] (*abrév de* World Wide Web) *m* INF Web.
week-end [wi'kɛnd] *m* fin de semana.
welter [wɛl'tɛr o vɛl'tɛr] *m* SPORTS welter.
whisky [wis'ki] *m* whisky, güisqui.

Xx

x [iks] *m* x.

Esta letra representa múltiples sonidos. Se pronuncia /ks/ en **extrême**; /gz/ en **examen**; /z/ en **deuxième** y /s/ en **soixante**.

xénophile [gzenɔ'fil] *adj/m ou f* xenófilo.
xénophilie [gzenɔfi'li] *f* xenofilia.
xénophobe [gzenɔ'fɔb] *adj/m ou f* xenófobo.
xénophobie [gzenɔfɔ'bi] *f* xenofobia.
xérès [gze'rɛs o kse'rɛs] *m* jerez.

Yy

y [i'grɛk] *m* y.
y [i] *adv* ahí, allí: *il y a vécu cinq années* = *ha vivido allí cinco años.* ■ il ~ a hay.
Y [i'grɛk] *m* MATH Y (incógnita).
yacht [jɔt] *m* yate.
yaourt [ja'urt] *m* yogur.
yaourtière [jaur'tjɛr] *f* yogurtera.
yard [jard] *m* yarda.
yatagan [jata'gɑ̃] *m* yatagán.

yeux [jø] *m pl* → œil.
yé-yé [je'je] *adj/m ou f* ye-ye.
yoga [jɔ'ga] *m* yoga.
yogi [jɔ'gi] *m* yogui.
yogourt [jɔ'gurt] *m* → yaourt.
youpi! [ju'pi] *interj* ¡yupi!
youpin, e [ju'pɛ̃, in] *m et f* (péj, fam) judío.
Yo-Yo® [jo'jo] *m* yo-yo.

Zz

z [zɛd] *m* z.
zapper [zaˈpe] *intr* hacer zapping.
zapping [zaˈpiŋ] *m* zapping.
zazou [zaˈzu] *m nombre que designaba a la juventud excéntrica amante del jazz.*
zébrer [zeˈbʀe] *tr* rayar.
zébrure [zeˈbʀyʀ] *f* rayado; estría.
zèle [zɛl] *m* devoción.
zen [zɛn] **1** *adj* (fam) tranquilo. ● **2** *m* zen (moneda).
zénithal, e [zeniˈtal] *adj* ASTR cenital.
zeppelin [zepˈlɛ̃] *m* zepelín.
zéro [zeˈʀo] *m* cero. ■ **avoir la boule à ~** estar calvo; **repartir de ~** volver a empezar.
zest [zɛst] **entre le zist et le ~** (fam) sin saber qué hacer.
zeste [zɛst] **1** *m* cáscara. **2** BOT tastana, bizna (de nuez).
zézayer [zezeˈje] *intr* asibilar las fricativas palatales.
zig [zig] *m* (fam) individuo, tipo.
zigoto [zigɔˈto] *m* (fam) tipo. ■ **faire le ~** presumir de listo.

zigouiller [ziguˈje] *tr* (fam) escabechar (matar).
zigue [zig] *m* → zig.
zigzag [zigˈzag] *m* zigzag. ■ **marcher de ~** andar haciendo eses.
zinc [zɛ̃g] **1** *m* cinc, zinc. **2** (fam) mostrador de un bar. **3** (fam) café (establecimiento).
zingaro [dziŋgaˈʀo o zɛ̃gaˈʀo] (*pl* **zingari**) *m* cíngaro.
Zip® [zip] *m* cremallera.
zipper [ziˈpe] *tr* poner cremalleras.
zodiaque [zɔˈdjak] *m* ASTR zodíaco.
zombie [zɔ̃ˈbi] *m* zombi.
zonal, e [zɔˈnal] *adj* zonal.
zone [zon] *f* zona.
zoo [zo o zoˈo] *m* zoo.
zoom [zum] *m* zoom.
zoulou, e [zuˈlu] **1** *adj* zulú. ● **2 Zoulou** *m et f* zulú. ● **3** *m* zulú (lengua).
zozo [zoˈzo] *m* (fam) bobo.
zozoter [zozɔˈte] *intr* (fam) → zézayer.
zut! [zyt] *interj* (fam) ¡jolines!, ¡cáscaras!
zyeuter [zjøˈte] *tr* (fam) guipar.

Notas/*Notes*

Notas/*Notes*

Notas/*Notes*

Notas/*Notes*

Notas/*Notes*

Notas/*Notes*

Notas/*Notes*

Guía de consulta

Español-Francés

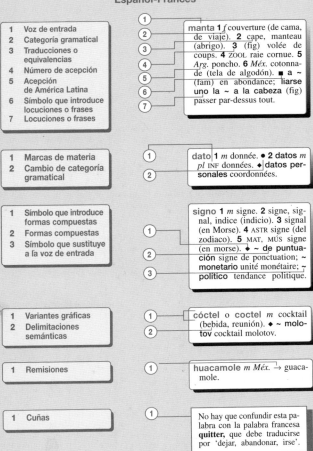

1	Voz de entrada
2	Categoría gramatical
3	Traducciones o equivalencias
4	Número de acepción
5	Acepción de América Latina
6	Símbolo que introduce locuciones o frases
7	Locuciones o frases

1 manta 1 *f* couverture (de cama, de viaje). 2 cape, manteau (abrigo). 3 (fig) volée de coups. 4 ZOOL raie cornue. 5 *Arg.* poncho. 6 *Méx.* cotonnade (tela de algodón). ■ a ~ (fam) en abondance; liarse uno la ~ a la cabeza (fig) passer par-dessus tout.

1	Marcas de materia
2	Cambio de categoría gramatical

dato 1 *m* donnée. ● 2 datos *m pl* INF données. ◆ datos personales coordonnées.

1	Símbolo que introduce formas compuestas
2	Formas compuestas
3	Símbolo que sustituye a la voz de entrada

signo 1 *m* signe. 2 signe, signal, indice (indicio). 3 signal (en Morse). 4 ASTR signe (del zodiaco). 5 MAT, MÚS signe (en morse). ◆ ~ de puntuación signe de ponctuation; ~ monetario unité monétaire; ~ político tendance politique.

1	Variantes gráficas
2	Delimitaciones semánticas

cóctel o coctel *m* cocktail (bebida, reunión). ◆ ~ molotov cocktail molotov.

1	Remisiones

huacamole *m Méx.* → guacamole.

1	Cuñas

No hay que confundir esta palabra con la palabra francesa **quitter,** que debe traducirse por 'dejar, abandonar, irse'.